论道穷理 赓续文脉

《江海学刊》特色专题论文选

主编◎韩璞庚

媒介、技术与文学艺术

本卷编辑◎刘 蔚

中国社会科学出版社

图书在版编目(CIP)数据

论道穷理　赓续文脉:《江海学刊》特色专题论文选:6 卷/韩璞庚主编. —北京: 中国社会科学出版社, 2023. 12
ISBN 978 - 7 - 5227 - 1425 - 7

Ⅰ. ①论…　Ⅱ. ①韩…　Ⅲ. ①社会科学—文集　Ⅳ. ①C53

中国国家版本馆 CIP 数据核字(2023)第 025793 号

出 版 人　赵剑英
责任编辑　郭晓鸿
特约编辑　杜若佳
责任校对　师敏革
责任印制　戴　宽

出　　版　中国社会科学出版社
社　　址　北京鼓楼西大街甲 158 号
邮　　编　100720
网　　址　http://www.csspw.cn
发 行 部　010 - 84083685
门 市 部　010 - 84029450
经　　销　新华书店及其他书店

印　　刷　北京明恒达印务有限公司
装　　订　廊坊市广阳区广增装订厂
版　　次　2023 年 12 月第 1 版
印　　次　2023 年 12 月第 1 次印刷

开　　本　710 × 1000　1/16
印　　张　202. 25
字　　数　2839 千字
定　　价　1199. 00 元(全六卷)

文集总序

韩璞庚

1957 年 11 月 18 日，中共江苏省委发文，批准创办哲学社会科学月刊。经过数月精心筹备与辛勤工作，1958 年 3 月 1 日，《江海学刊》在历史文化名城南京出版发行。

刊物取名《江海学刊》，是经过反复考量与斟酌的。江苏乃江海汇流之地，长江之滨，西有江渝，中有江汉、江淮，东有江海，属地考量是也，同时也展现了办刊人兼容并包、吞江纳海、江畅海阔的办刊气度。江海奔流，反映的是一种蓬勃的气象，一种前进的样态。百川归海，海纳百川，江和海唇齿相依，相互成就，彰显的是一种相互依存、相互包容的品质。“无海则江无所归依，无江则海难成浩瀚，江海之谊，源长流清。”这不就是学者与编者关系的真实写照吗？

《江海学刊》一经出版，就受到国内学术界的高度重视与关注，其高质量、高品位的办刊理念，创新创造的学术追求，志存高远的理论旨趣，为之后期刊事业的发展与进步奠定了稳固基础。

大半世纪风雨兼程，六十多载上下求索，《江海学刊》“践行使命，初心兢兢，引思想之风帆，举文脉之大纛，秉坚定立场之志，承明确定位之旨，风雨兼程，赓续文脉”，“办传世名刊，载精品力作”，终成一世之学术大观。

《江海学刊》经过几代编辑的不懈努力，广交天下学术朋友，共言天下学术大势，开风气之先，标新立异，推动学术争鸣，引领思想撞击，取得了辉煌的成绩。作为我国社会科学院系统中办刊历史最久、影响最大的综合性人文社会科学理论期刊之一，《江海学刊》第一批被确定为全国中文核心期刊、中国人文社会科学核心期刊、中国人文社会科学引文索引（CSSCI）来源期刊，获得了首届国家期刊奖、中国出版政府奖、全国百种重点社科期刊、全国百强报刊、华东地区最佳期刊、江苏新闻出版政府奖、江苏十佳社会科学期刊等一系列荣誉。“揽国奖，授府誉，拥百强，获百重，跻身名刊，誉满天下。”她既致力于中华优秀传统文化的传承，又着眼于当代中国现代化实践的研究，始终勇立时代潮头，立足江苏，面向全国，放眼世界，以吞江纳海的胸怀，推出一系列富有创见的学术精品，塑造了大批成就卓著的学术大家名家，为繁荣我国哲学社会科学事业，推动形成学术研究的中国风格、中国立场、中国气派作出了杰出贡献，赢得了崇高的社会声望与广泛的社会赞誉。

回顾六十多年的办刊历史，几代编辑人默默坚守学术理想，践行“办传世名刊，载精品力作”的宗旨，坚持“新颖、深邃、凝重、厚实”的办刊风格，走出了一条独特的办刊之路，彰显了鲜明的办刊特色，成就了本刊在中国期刊界的独立地位。

《江海学刊》刊物特色的第一个重要方面是：特色专题的策划，特色栏目的彰显。

何谓刊物特色，刊物特色就是此刊不同于彼刊的特质。学术期刊在激烈的学术争鸣环境中，如何冲出重围，形成自身不同于其他刊物的特质，形成自己独特的个性，是每个学术刊物弥久的追求和永恒的话题。特色就是个性，特色如何形成，个性如何彰显，这是一个值得探讨的课题。从刊物发展的实践看，刊物特色的形成，刊物个性的彰显，与编辑理念有不可分割的关系。《江海学刊》作为学术理论期刊，要想在激烈竞争的学术场域中突出重围，创出品牌，打出名气，做出

影响，必须确立精品意识，实施品牌战略。学术理论期刊要创出自己的品牌，必须抓精品、重策划。《江海学刊》的做法是，确保每期有精品，每个专栏有重点文章。但对于一本学术期刊来说，单个精品还不成气候，只能起到点缀作用，不能产生规模效应，要在单个精品的基础上，精心组织，精心策划，形成系列，形成规模，从而成就品牌选题、品牌栏目，创造出轰动效应，产生广泛社会影响。因此，从20世纪80年代末以来，《江海学刊》策划了包括主体性、实践哲学、本体论、人学、发展哲学、公共哲学、文学史学、中国经济学的创新、涉外法学、转型期的社会问题、突发事件与社会应急管理、公众史学、数字史学、地域文化与商业历史、世纪之交的文艺理论等上百个名牌选题和品牌专栏，产生了轰动效应，推动了国内学术的发展，也为刊物赢得了很好的社会声望。

《江海学刊》始终秉持主体理念与主体逻辑，立足自己刊物的主体立场、主体战略，按照自己的办刊逻辑组织专栏稿件，成就刊物风格，形成独特的“江海”品牌。

《江海学刊》的另一个重要特色是：秉持哲学情怀，成就中国学派。哲学是思想中的时代，是时代精神的精华，哲学标志着一个国家与民族对自身和世界的认识所达到的高度与深度。《江海学刊》一直重视哲学问题的研究，自创刊以来，尤其是进入21世纪以来，对哲学问题的关注与讨论一直是其主打品牌。据统计，自2000—2018年，《江海学刊》策划组织的专题哲学论文达到588篇，总被引频次达到4287次。作者队伍中，汇聚了张世英、黄楠森、陈先达、何兆武、高清海、刘放桐、孙正聿、韩庆祥、任平、张一兵、王南湜、孙利天、袁贵仁、姚大志、万俊人、吴晓明、何怀远、赵汀阳、崔平、徐长福、田海平、邹诗鹏、贺来等大批哲学领域的老中青专家。2000年以来，《江海学刊》策划哲学讨论上的“百家争鸣”，以学术问题为触发点和问题域，进一步加强自身学术话题锻造、议题设置和学术思潮引领作用，发起和推动了一场又一场学术争鸣和重大讨论，奏响了具有《江

海学刊》风格和气派的“学术交响乐”。先后成功策划“人学”“发展哲学”“实践哲学”“公共哲学”“公共理性”“网络时代的社会科学”“学术研究的中国风格与中国立场”“马克思主义出场学研究”“马克思主义哲学中国化研究”等具有全局性的重要专题栏目（笔谈）约80个，聚焦“中国问题”，坚守“中国立场”，创新“中国视域”，总结“中国经验”，诠释“中国道路”，充分彰显出《江海学刊》以问题为导向的办刊思路和策划意识，在全国强手如林的哲学社会科学期刊阵营中异军突起，独领风骚，在国外也引起强烈学术共鸣与学术回应，其办刊影响力蒸蒸日上，成为学术期刊界的翘楚。

在对哲学问题的反思与追问中，《江海学刊》一直推动中国学术话语的建构与中国学派的形成。学术话语是对学术问题的言说与表达，是一个民族精神与文化的载体，是一个民族、一个国家文明进步的符号表征与价值荷载，其对一个国家的发展具有重要的意义与价值。学术话语体系就是对学术话语符号元素的有机整合，是在一定价值观念、方法体系与理论体系支撑下，由合理有序的架构将话语符号整合在一起的有机语词体系。建构学术话语体系，是一个知识体发展进步的必然要求，也是取得学术话语权的标志之一。在现代传媒社会中，有了话语权，也就意味着有了言说的资格，掌握了话语权，就意味着主宰了意识形态与舆论的走向。今天，我们讨论中国学术话语体系的建构，就是为了使中国学术发展在开放环境中走自我创新与自主建构之路，能在世界学术大家庭中留下自己的声音与痕迹，从而推动世界文明的进步与发展。讨论中国学术话语体系的建构问题，既反映了中国学术在世界上的被动地位，也反映了中国知识界的理性反思与理性自觉。

《江海学刊》持续推动中国学术话语的创新与学术话语体系的建构，倡导中国自主知识体系的建构，在世纪之初开辟“原创学术空间”专题，推动中国学派的形成。诚如专家指出：“时绪纷争，突出学术围城；领衔人学，成就江海先声。公共价值，实践理性，原创哲学，发展理论，中国学派，于斯肇兴。”

近20年来，经过不懈努力，《江海学刊》的特色体现在以下几个专题上面。

（一）人学与人的现代化

20世纪八九十年代，中国社会开启改革开放的大门，踏上社会主义现代化的发展道路。在这样一个重要历史节点，各方思潮涌入中华大地，与本土文化交织在一起，在激起学者们思想涌动的同时也带来一个重要的问题，以马克思历史唯物主义为基础的中国学术，如何对各方有益思想进行兼收并蓄、创新发展，使之为我国的现代化发展提供思想动力？在许多学者看来，关键点就在于人的发展，并随之产生了观点各异的人学流派，历经数十年发展，其研究热度不但未减反而愈加热烈。这也证明了人学确实是一个于中国发展具有重要价值且具有长久生命力的研究话题。黄楠森先生曾动情地说："中国的人学研究绕不开《江海学刊》。"学术研究要把准时代脉搏，《江海学刊》较早地意识到人学研究必将成为带动中国学术兴起、呼应现代化发展需要的重要话题，由此持续组织策划了大量人学研究的相关专题，发表了一大批紧扣现实问题、体现学术争鸣的理论成果，为人学研究打造了一个各抒己见、碰撞交锋的高层次理论对话平台，发掘了许多值得进一步讨论的学术话题。习近平总书记在中国共产党与世界政党高层对话会上的主旨讲话中专门提到："现代化的最终目标是实现人的自由而全面的发展。"随着我国开启全面建设社会主义现代化国家新征程，我们相信，关于人与现代化的讨论仍将是中国学界至关重要的研究议题。

（二）当代中国马克思主义哲学

本卷撷选《江海学刊》哲学栏目近二十年来刊发的代表性论文，力求能从学术理论研究的层面展现当代中国马克思主义哲学的探索之路。全书共分五篇：原理篇集中于马克思主义哲学当代价值的理论思考；出场篇关注马克思主义哲学的本土化发展及现代化理论转向；反思篇对当代中国马克思主义哲学在发展中遭遇的困境及问题进行了较

为深入细致的研究；学派篇关注国内马克思主义哲学代表性学术群体的建立与发展；创新篇面向中国式现代化理论探索的新要求，从当代中国学术发展的基本问题、研究范式、学术坐标及框架等角度出发，试图对构建中国自主知识体系这一重大理论问题展开有益探索。希望通过对一系列有当代价值的理论成果进行再梳理，为中国式现代化背景下当代中国马克思主义、21 世纪马克思主义的理论发展提供学术支持。

（三）媒介、技术与文学艺术

本卷遴选《江海学刊》文学栏目近二十年刊发的专题性论文，旨在集中探讨传统与当代的媒介、技术和文学艺术之关系。共分上、下两编。上编“读图时代的文艺研究”，第一部分辨析图像与文学的关系，既有纲领式的总论，也有中国神话、插图本、汉字的图像学研究，以及西方“造型描述”、语图的符际冲突、符号表意原则等方面的考察；第二部分探究当代视觉文化与文学的互动，立足社会实践，考量彼此间的正向提升与应对挑战的具体举措。下编“数字传媒时代的文艺研究”，第一部分侧重以手机为载体衍生的文学新样态，从不同层面探讨短信文学、微信文学的特质与嬗变；第二部分关注数字化时代日新月异的网络、人工智能技术对文学艺术的驱动，涵盖数字人文、网络文学以及艺术与技术的跨媒介研究等领域。本卷将为人文学科内部的跨界研究以及人文与科学的跨学科研究探索新的路径。

（四）走向世界的中国史学

本卷旨在呈现近二十年国内外史学研究的新趋势，涵盖中国古代史、近现代史、世界史以及史学理论与史学史。共分为四部分：第一部分探讨历史与记忆之关系，包括记忆史研究的理论和创新、国家层面的记忆建构、地方层面的记忆叙事等；第二部分侧重于中外史学研究的趋势，从文化史、中国古典学术的现代转型、中外史学比较、史学理论的批判与反思等角度，系统呈现了迈向世界的中国史学；第三部分从抗战期间国内少数民族的民族化、中国社会状况以及日本侵华

政策与中国的反抗等视角，关注近年来抗日战争研究的新视野和新方法；第四部分涵盖明清江南地区的政治、经济、社会、文化等领域，既有对文化史的考察，也有对制度史和经济史的分析。这些论文产生了较好的社会反响，代表了国内学界史学研究方面的重要成就，为我国史学发展作出了原创性贡献。

（五）中国经济社会的转型发展：理论与前沿

中国经济社会转型发展的伟大实践，为学术研究提供了丰裕的资源和宽广的舞台，不断涌现的优秀学术成果，也为经济社会转型发展提供了重要理论支撑。进入21世纪以来，《江海学刊》经济学、社会学栏目发表了大批研究重大理论与现实问题的优秀论文，既有大量观照实践问题、紧扣战略任务的应用对策研究成果，又不乏聚焦学术前沿、引领思想争鸣的基础理论研究成果。本卷立足第二个百年奋斗目标新征程全面开启的时代背景，撷选所刊发的代表性论文，形成小康社会与现代化、新型城镇化、长三角一体化以及分支社会学、社会学学科范式与关键议题、历史社会学、社会学理论与前沿、中国经验与学科发展等专题，以期为推动中国式现代化行稳致远提供有益的智力支持。

（六）法治中国与民主政治建设

建设法治中国，发展社会主义民主政治，吸收人类一切政治文明的优秀成果，是实现中华民族伟大复兴的必然要求，是推进国家治理体系与治理能力现代化的题中应有之义。改革开放以来，我国民主政治和法治建设取得了举世瞩目的成就，在民主政治、全过程人民民主、全面依法治国、法治现代化、协商治理、民生保障等领域形成了一批具有重大价值的理论创新成果。本卷收录了《江海学刊》近二十年来刊发的关于我国民主政治、法治建设的部分优秀论文。

需要郑重说明以下几点。第一，从本刊近二十年发表的数千篇文章中挑选出有代表性的论文，殊非易事。囿于篇幅，许多具有分量和学术价值的文章未能入选，遗珠之憾，在所难免。第二，在编选过程

中，除改善体例、纠谬补缺外，其余部分尽可能留存原貌。第三，由于历史原因，个别文章的某些提法、观点在今天看来或许已不合时宜，但为尊重历史，未作删改，尚请读者明鉴。

有人说编辑是为人作嫁的行业，孤灯清影，辛勤耕耘，默默劳作，独守寂寞。其实，这是一个旁观者的视角，如果换成剧中人的维度，结论就会完全不同。当一位作者，将自己多年精心写作的文稿呈现在你面前的时候，当你成为他文稿的第二个读者甚至第一个读者的时候，你是否感觉到了一丝幸运、幸福、欣慰呢？所以，编辑行业既是一项崇高的学术事业，又是一项赓续文脉的事业。念兹在兹，赋诗存情。

七古·编研生涯

西辞武昌下江东，石头城巅意万重。
覃研精编卅六载，探纲赜纪四季风。
书坛共探省考深，蓬山独访思虑浓。
老枝总盼新枝美，化作绿叶伴春红。

二〇二三年八月十八日

目　录

上编　读图时代的文艺研究

下编 数字传媒时代的文艺研究

(一)手机与文学:从短信到微信

(二)网络、人工智能技术与文学艺术的发展

上　编

读图时代的文艺研究

(一)图像与文学的关系

文学和图像关系研究中的若干问题*

赵宪章**

内容提要：文学是语言的艺术，但是语言并非文学的全部，这一观念使文学和图像的关系研究成为可能，而“语—图”关系则是其中的关键。“一体”、“分体”与“合体”是语图关系的三大历史体态；与此相应，“以图言说”、“语图互仿”和“语图互文”是其各自的特点，其中包含并可能引出许多非常有价值的学术命题。特别是“语象”和“图像”的关系，作为语图之间的“统觉共享”，当是文学和图像关系研究的平台。只有这些深入的学理分析，而不是止于情绪表达和表态，文学遭遇“图像时代”的困惑才有可能自然释解。

关键词：文学；图像；语言；语象

文学和图像关系研究之可能

文学遭遇“图像时代”的问题是当下学界十分关注的问题，也是学术热点之一，特别是在文化研究的语境中，早已被翻炒得热度极高。

---

* 本文系教育部人文社会科学重点研究基地重大项目“艺术与语言的关系研究”（项目号：06JJD75011－44010）的阶段性成果。

** 作者简介：赵宪章，1951 年生，南京大学中国现代文学研究中心教授、博士生导师。

但是，统观有关论述，无非“狼来了”之类的老调，情绪性的表达多于学理探讨；即使持肯定意见或不以为然者，大多也停留在表态式的价值判断，鲜有学理层面的深度阐发。究其原因，没有对研究这一问题的可能性展开先验反思是其重要方面。这是长期以来我们提出和探讨学术问题的习惯——尽管康德关于“认识之可能”的追问已为学界所熟知，但是一旦进入自己的语境仍然我行我素，学术提问的自我质疑规则并未普遍践行。

文学遭遇“图像时代”的问题说到底是文学和图像的关系问题。文学和图像的关系问题是否属于一个“真问题”，是否可能进入我们的学术话语，并非全由这一问题的现实紧迫性所决定，也不是因为前人多有涉及便不言自明，而是学理逻辑使然。对于这一问题的历史反省将有助于明确我们在当下的言说立场和可靠的逻辑起点。而对于文学和图像关系研究之可能明确表示否定意见的当属美籍学者雷纳·韦勒克。

韦勒克最著名的理论之一是将文学研究划分为“外部研究”和“内部研究”。自从他和沃伦合著的《文学理论》于1984年被译为中文之后，这种划分曾在我国文学理论界激起不少批评。批评意见认为，文学的所谓“内部”和“外部”是统一的、不可分割的，机械地划分为“内”“外”两部分割裂了文学和文学研究的有机整体性。这种批评意见不能说没有道理，但在批评的背后却可能另有隐情，那就是韦氏的划分带有明显的褒贬倾向，对于被他划为“外部研究”的“思想史”和“社会学”等方法，显然是一种“学术歧视”；而追寻文学的“思想主题”和“社会性”又是我国文学研究的传统和兴奋点，于是戳到了我们的痛处，贬抑了我们的主流话语，引起中国学界的愤怒也就在所难免。可惜，这种批评意见并未反思自己长期坚持的“主题学”方法恰恰是建立在“内”“外”二分的基础之上的，黑格尔的“内容与形式”长期以来就是我们文学研究的基本范畴。

如果将目光回溯到此前的俄国形式主义，我们就会发现，韦氏的划分确实是文学观念的退步。在前者那里，黑格尔关于“内容与形式”的划分已被否定，文学本身就被定义为“形式”，是一种蕴涵着“内容”的“语言形式”。可能是“矫枉过正”使然，“俄国形式主义”之后的“新批评”为了进一步凸显“形式”的意义，将文本之外的文学研究，包括思想史的、社会学和心理学的等研究方法一概斥之为“外部”，甚至将文学和其他艺术关系的研究也排除在“内部”之外，其中包括文学和美术的关系研究，着实令人难以接受和匪夷所思。

韦勒克和沃伦认为，文学与美术的关系研究“是一种毫无价值的平行对照”，所谓“诗如画”“雕刻似的”之类术语只是一个“朦胧的暗喻”，意谓诗歌可以在某种程度上传达类似绘画或雕刻的效果，“但我们必须认识到诗中的清冷和接触大理石的感觉，或者和从白色联想到的感觉是完全不同的；诗中的宁静与雕刻中的宁静也是完全不同的”①。这一观点显然源自英美“新批评”的“语言本体论”，即把作家意图和读者反应等统统贬斥为文学的“外部”，只有文学的语言文本才是文学本身（“内部”）。另一方面，韦氏又没有全盘否定文学和其他艺术之间的联系，因为这种联系显而易见和人所共知。既然这样，他为什么断定研究二者的关系“毫无价值”呢？韦氏解释说只是因为找不到“各种艺术可以进行比较的共同的因素”，“没有进行各种艺术间比较的任何工具”②，所以它们之间的比较研究才是不可能的。这就使韦勒克不得不陷入自己所设置的矛盾：文学和其他艺术的联系是存在的，但是研究二者的关系又是“毫无价值”的，也是不可能的；而“不可能”的原因，只是由于找不到它们之间的“共同因素”，因而也就不存在比较二者的“任何工具”。

韦勒克和沃伦的自相矛盾不是偶然的，说到底是他将“语言本体论”推向了极端，从而陷进了“语言唯一论”的泥沼。文学的语言本

---

① ［美］韦勒克、沃伦：《文学理论》，刘象愚等译，生活·读书·新知三联书店 1984 年版，第 132—134 页。

② ［美］韦勒克、沃伦：《文学理论》，刘象愚等译，生活·读书·新知三联书店 1984 年版，第 137 页。

体论可以追溯到亚里士多德，他用“媒介”的标尺划分不同的艺术类型，并由此展开了他的全部诗学研究，从而最早确立了“文学是语言的艺术”这一观念。但是，如果将这一论断再向前推进一步，像韦勒克等“新批评”那样认为语言文本就是文学的全部，那就大错特错了。“语言唯一论”必然导致韦勒克不可能在不同艺术类型之间找到共同的媒介，因为正是“媒介”的不同才使各种艺术之间有了区别，构成了艺术的“种差”。[①] 就此而言，韦勒克找不到文学和美术之间的“共同点”和比较的“工具”也就在所难免，他将文学和其他艺术的比较研究贬抑为“外部研究”也就自然而然了。

从历史上看，关于“文学是语言的艺术”的界定毫无疑问是一个共识，无论后人或国人如何变换文学的定义或将其意识形态化，都没能彻底颠覆这一朴素的表达，即使那些坚持文学意识形态本质论的学者也很难丢弃这张金字招牌；更重要的是，大凡将语言作为文学之本体存在的文学研究，都在文论史上留下了货真价实的遗产；反之，仅仅将语言作为非文学的言说工具，大多随着时代语境的变迁而远离文学（而去）。但是，将语言作为文学的本体存在不等于将其作为文学的全部，作家、读者、社会、心理等都有可能对文学产生这样那样的影响，进而浸入文学文本并改变着文学的本体存在，恰如艾布拉姆斯所精心勾画的“艺术批评坐标系”[②]，就比较客观地展示了文学的语言文本（作品）和其外部因素的多维联系。如果说被“新批评”绝对化了的语言本体论在20世纪上半叶还有一定的合理性的话（相对浪漫主义批评而言），那么，从20世纪下半叶开始，随着思想观念和科学技术等众多“外部”因素对文学媒介产生重大影响，韦勒克的文学观已经远远不能解释当下的文学现实。丹托的“艺术界”和迪基的“体

---

① ［古希腊］亚里士多德：《诗学·第一章》，载《诗学/诗艺》（合订本），罗念生译，人民文学出版社1982年版，第6页。

② ［美］M. H. 艾布拉姆斯：《镜与灯》，郦稚牛等译，北京大学出版社1989年版，第1—40页。需要说明的是，他的这一“坐标系”也忽略了文学和其他艺术之间的关系，缺憾是明显的。

制”理论就是对艾布拉姆斯“坐标系”的进一步扩展，“艺术”成了那些足以代表艺术世界的权威赋予待认定对象的一套“观念”，所谓“作品”已经延展到它的全部外在语境及其“相关性”，包括文学的“观念”在内。尽管这类“先锋”理论主要是针对“先锋艺术”的，但却有着广泛的普适性，说明“文学”已经不仅仅被作为“作品”，同时也被作为“观念”“体制”“活动”等复杂外因而被认定，新批评的“语言文本唯一论”也就失去了当年的现实性及其存在的理由。①

如果走出韦勒克和新批评的怪圈，我们就会发现，将文学和其他艺术进行比较的“共同点”和“工具”并非不存在，这当然不是韦氏所要寻找的用以划分艺术类型的“媒介”，而是存在于作家、读者和文本三者之间的“统觉”。②“统觉”存在于作家和读者的头脑中，属于“观念”，但其存在本身又是“媒介”的映射物，是审美主体面对“白纸黑字”并由它唤起的统觉联想，也是一种“虚拟的空间”。不同的媒介决定了不同的艺术种类，它们在物理世界的置换几无可能；但是，却能通过联想和“统觉”实现互文共享，从而使不同艺术之间的比较研究成为可能。

廓清了这一问题，就可以谈论我们所面对的现实问题，即被文化研究所反复论及的文学遭遇“图像时代”的问题。文化研究较早、较集中提出这一问题是其学术敏感的表现，但是仅仅停留在大而化之的层面难免空泛，更难在语言和图像关系的技术层面提出任何建设性的理论并解决具体问题。于是，如何将这一问题从文化研究的“宏大理论”落实到具体的“文学理论”，应当是将这一研究继续向纵深推进

---

① 包括新批评在内的活跃在20世纪上半叶的文学“本体论”毫无疑问有着不可抹杀的进步意义，无论是相对此前的浪漫主义而言，还是相对社会批评和心理批评而言，他们在文本细读和语言形式方面的精雕细刻至今令人惊叹不已，此略。

② “统觉”和“通感”相近，但又有所不同：后者来自心理学，指视、听、触、嗅等各种感觉的相通性，钱钟书等学者已有专题论述。本文所使用的“统觉”取自康德所赋予的意义，特指将知觉、想象和概念进行综合统一的主体意识，从而使杂乱的感性经验得以认识成为可能。笔者将另有专论阐发审美活动中的“统觉”问题，此略。

的关键。这并不是说我们的文学理论尚未涉及这一问题，而是说关于这一问题的阐发远未触及文学和图像关系的根本，宏观的、情绪性的和表态性的论述仍然是这一话题的主流，学理层面的深度阐发仍然显得相当薄弱，甚至缺乏最基本的学术调查。

文学遭遇“图像时代”尽管是一个非常现实而紧迫的问题，但是，关于这一问题的学术调查还应该首先从历史出发，即在语言和图像的关系史中发现其中的蛛丝马迹。只有这样，我们所提出的问题才有可能是一个真问题，才有探讨的价值并具备充分的学术资源。

“语—图”关系史及其诸问题

既然我们坚守“文学是语言的艺术”这一观念，那么，关于文学和图像的关系研究，就应当定位在语言和图像的关系，即“语—图”关系问题。关于它的学术调查，也应始终将“语言”作为基本参照。因此，我们有必要回溯语言的历史发展，通过语言史（主要是汉语史）的视角考察语言和图像的关系史。

相传黄帝史官仓颉始创汉字，造字时出现了“天雨粟，鬼夜哭”的奇观，足见文字的出现是人类历史上惊天动地的大事件，此前只能“结绳记事”的局限得以改变。因此，我国历来有“敬天惜字”的传统，焚烧字纸居然成了一种礼仪，说明文字早已被人赋予了非常神圣的意义，对于人类文明的发展具有里程碑的意义。因此，文字的出现也应当是“语—图”关系史的里程碑。

文字出现的里程碑意义就在于以此为界语言有了“口语”和“书面语”的区分，即“口传语言”和“文本语言”的区分[①]；文学也因

① “文本”（text）的词源学意义是“编织物”，一般意义是指显性的、书面的语言文本，但在具体使用中已被泛化为任何释义或分析的对象，诸如“社会文本”“文化文本”“意识形态文本”等。本研究仍然使用其一般意义，仅指相对“口语”而言的“书面语言”，即所谓“白纸黑字”。

此有了“口传文学”和“文本文学”的不同。那么，口语时代的口传文学是怎样的呢？鲁迅曾有这样的描述：

> 在昔原始之民，其居群中，盖惟以姿态声音，自达其情意而已。声音繁变，浸成言辞，言辞谐美，乃兆歌咏。……踊跃吟叹，时越侪辈，为众所赏，默识不忘，口耳相传，或逮后世。①

应当说，包括鲁迅在内的其他先贤，关于这一问题的描绘多为推测，很难完全真实地再现当时的面貌，因为口语时代并没有语言的文字记载，“结绳记事”只能应付最简单的记忆。相对而言，我们却可以通过当时的图像略窥一二。

口语时代的图像即原始社会留存下来的原始图像。就现有的考古学成果来看，原始图像包括人体装饰、陶器纹饰、史前雕塑和原始岩画等，题材涉及自然和社会、天文和地理、狩猎和农事、祭祀和礼仪、生殖和战争。它们和语言的关系明显地表现为“以图言说”的特点，即用图像表达人类的所见所闻、所知所行、所想所信。也就是说，图像应当是原始先民的最主要的语言符号（并非所谓“结绳记事”）。这就是“语—图”关系在口语时代的基本体态——“语图一体”。例如原始岩画，就是一种典型的原始语言，是原始先人以图像表达他们的认知和信仰的语言符号。

1979 年发现的连云港将军崖岩画被认为是 3000—5000 年前活动在沿海一带的东夷部族的作品，刻画其上的人面像、天象图和动植物（农作物），以及它们的空间布局和联结线条等，就可以使我们轻易地从中解读出东夷部族关于“天·地·人”及其三者关系的观念。由于包括原始岩画在内的原始图像不讲究透视和比例，是原始人内心意念直观的线条书写，其中有些符号很可能就演化为后来的象形文字，因

① 鲁迅：《汉文学史纲要》，载《鲁迅全集》第 9 卷，人民文学出版社 1982 年版，第 343 页。

此，将其作为汉字的来源之一也是合乎逻辑的猜测。如果这一猜测是可信的话，那么，这当是对于“以图言说”的最好说明——在文字发明之前的口语时代，原始人主要是以图像符号表达他们对于世界的认知和自己的宗教信仰，描述他们的社会生活和内心世界。换言之，原始图像实则是一种原始语言，它是迄今为止我们所能发现的关于原始社会最真切的记录。

文字的出现使人类从“口语时代”进入“文本时代”，“以字言说”取代了此前的“以图言说”。文字符号的抽象性为语言表达展开了无限自由的空间，它的能指和所指的准确对应更使图像符号望尘莫及。于是，文字书写自然成了语言记忆和非口语言说的基本形式。这时，图像作为语言符号的记忆和叙述功能尽管没有消逝，但是，它只能降格为文本语言的“副本”而存在。于是，“语图分体”也就成了“文本时代”语图关系的基本体态，并必然表现为图像对于语言的模仿。例如目前我们仍然可以看到的许多汉画像石，就其内容而言，绝大部分是对既往文献（经史子集）的模仿或演绎；也就是说，其中涉及的神话传说、寓言故事、史传记述、民间信仰和文学作品等，大多已有文本语言的现成品，鲜有图像本身的独创和新语。① 至于六朝和隋唐时代的佛教美术，更是严格的佛经文本的图像化，恕不赘述。

另一方面，我们也不能忽视此间也有语言对于图像的模仿，例如东汉王延寿的《鲁灵光殿赋》，就是因为它对殿内壁画的摹写而闻名于世，生动再现了宫观艺术的奢靡和华美。当然，单就这些被摹写的壁画题材而言，其中很多内容也已经被不同的语言文本记载过了，仍然属于图像对于语言的模仿。如果暂且不论究竟谁是最早的原本和后来的仿本，那么，将这一时期的“语—图”关系定义为二者的互相模

① 张道一《汉画故事》（重庆大学出版社 2006 年初版），将汉画分为“人事故事”、“神话故事”和“祥瑞故事”，涉及中国的历史、神话和民间信仰三个方面，基本上全是可以溯源到既往典籍中的文字记载，是汉画模仿语言的很好例证。

仿比较恰当。这就是文本时代“语—图”关系的基本特点——以“图像模仿语言”为主导的“语图互仿”。

“文本时代”的“语—图”关系并不是一成不变的。这就需要我们将这一问题放在整个汉语言文学史和美术史关系的视域中继续考察，那么就可以看到另一个惊人的变化，那就是宋元之后，以纸张的普及和印刷术的发明为标志的“后文本时代”的到来。①“后文本时代”是“近代汉语”的肇端，也是文人画繁盛的时代，语言和图像的关系又发生了重大变化，这就是“语图合体”和“语图互文”的开始。②

如果说从文字发明到中古汉语之前的语图关系是“语图分体”的话，那么，近代汉语以来的语图关系则呈现“合体”的趋势，主要表现为文人画兴盛之后的“题画诗”和“诗意画”，以及小说戏曲插图和连环画的大量涌现。“题画诗”和“诗意画”属于“诗画合体”，小说戏曲插图和连环画则是“文画合体”，都是将语言和图像书写在同一个文本上，即“语图互文”体，二者在同一个界面上共时呈现，相互映衬，语图交错。

“语图合体”是中国画从写实走向写意的必然选择。这是因为写

---

① 为了与文字出现之前的“前文本”、文字出现之后的“文本”相对而言，我们在此姑且使用“后文本”这一概念，并同以当今的电子文本为代表的“超文本”相区别。“前文本”、“文本”、“后文本”和“超文本”的主要区别是语言的交流媒介不同，即声音交流、文本交流、纸印文本交流和电子文本交流。

② 纸张的普及和印刷术的发明是公认的史实，这是我们从语言的交流媒介出发为语言划分历史形态的主要依据。至于“近代汉语”以及汉语史的分期，却是一个难以断定的问题，多有争论。其中，将晚唐作为“中古汉语”的下限、宋代作为“近代汉语”的上限，无疑是其中最有代表性的观点之一。汉语史的分期当然有许多理由，主要是指语法和词汇的变化，也就是汉语文本内部的变化；另一方面，交流媒介的变化也应是影响这一变化的重要因素，但是汉语史界从不涉及这一问题。就此而言，将宋代之后的“近代汉语”称为“后文本时代”也是可以的。这就涉及文本内部的变化在哪些方面以及在何种程度上决定了它和图像的不同关系，诸如“一体”、“分体”与“合体”，“以图言说”、“语图互仿”和“语图互文”等。特别是宋代之后汉语的“近代转型”，是否引发了它和图像关系的变化，即由“分体”过渡到“合体”，由“互仿”演化为“互文”？按说应在情理之中，但是，无论语言学界还是文学理论界同样也未涉及过这一问题，所以我们不敢轻易妄言，在此只能假定汉语文本在宋代之后的转型是存在的，从而影响到它和图像的关系。这只是一个朦胧而大胆的猜想，有待日后细究。

意画的叙事功能大大弱化，虚拟和玄想成为它的审美倾向，也就必然求助于语言表达[①]；另一方面，文本文学历经图像艺术的长期熏染，也受其色彩、笔法、构图和意象等审美元素的启发和影响，在语言文本中展现绘画的效果也成了中国诗文的审美需要，即追求所谓“诗中有画”的文学时尚。于是，语言艺术和图像艺术彼此需要、相互吸吮，“语图合体”的历史体态自然生成。相对“文本时代”的“语图分体”及其“语图互仿”而言，宋元之后的“语图合体”及其“语图互文”，由于是在同一个文本界面上相互映衬，也就收紧了语言和图像的空间距离，从而使二者的联系更加密切，甚或密不可分，直至融为一体。

尽管上述学术调查是非常粗略的，但是，语言和图像关系的大体轮廓已经基本显现，这就是我们以语言交流的媒介为参照所作出的区分：（1）文字出现之前的口传时代，“语—图”关系的体态表现为“语图一体”，“以图言说”是其主要特点；（2）文字出现之后的文本时代，“语—图”关系的体态表现为“语图分体”，“语图互仿”是其主要特点；（3）宋元之后的纸印文本时代，“语—图”关系的体态表现为“语图合体”，“语图互文”是其主要特点。现以下表总括这一关系史的大致轮廓：[②]

历史时段	语言交流的媒介	语图关系的体态	语图关系的特点
文字出现之前	口传交流	语图一体	以图言说
文字出现之后	文本交流	语图分体	语图互仿
宋元之后	纸印文本交流	语图合体	语图互文

① “以图言说”说明绘画本身就具有叙事功能，但在写意画兴盛之后，中国绘画的叙述功能被大大弱化。“弱化”不等于“消失”，而是从“庙堂”转向了“民间”，民间美术担当起了图像叙事的主要功能。这是中国民间美术的重要特点，但是并不代表中国美术史和绘画史的主流。

② 关于语言和图像的关系问题，我和我的研究生李彦锋同学有过多次讨论。其中，关于语图关系史的分期，就是我们共同讨论过程中形成的观点。现在，他已决定以此为题撰写博士论文，将对这一问题展开非常详细的阐发，恕本文从略。

需要说明的是，无论是“语图一体”、“语图分体”还是“语图合体”，都是关于语图关系的静态分析；如果将它们纳入“表演”等动态场景，二者的关系恐怕应当另论，例如莱辛的“顷间”理论就很难适用，此文暂不涉及。另外，就“语图分体”和“语图合体”而言，我们同样只是将其作为两种静态类型，尚未涉及语言和图像在“超文本时代”的体态怎样，同样不能在此论及。[①] 总之，尽管我们不能在此描述语图关系的全部和细部，但是，仅从以上最简单的历史回溯，已足以引发我们很多思考，至少涉及以下几个问题。

1. 文学和图像的关系，主要表现为语言和图像的关系，自有其分分合合的客观规律，不以我们的主观意志为转移。因此，鉴于当下文学遭遇“图像时代”的一切简单的价值判断和情绪性表达都是徒劳的，个人的、主观的好恶不会改变任何历史和现实。因此，探讨这一问题的关键在于深入的学理分析，包括作品层面的细读和技术分析，至于空泛的“宏论”和轻率的“表态”无济于事。

2. 语言和图像是人类符号的两翼，同源共存，对立统一，缺一不可。从历史上看，文字出现之后，二者关系表现为越来越紧密的趋向；而所谓“表演”，更是二者“紧密接触”的高级形态。因此，它们之间的相互模仿及其“互文关系”当是这一研究的重心，而所谓“语图高低”论则是一个伪命题。因为语言和图像对于人类而言，无所谓谁“高”谁“低”，因此也是一个不可能讨论清楚的问题；即使言之凿凿，貌似说出什么名堂，也没有什么学理意义；就像当年“逻辑思维和形象思维”问题的讨论一样，关于它们谁高谁低的论争只能白费口舌，浪费精力。

3. 单就文本文学之后的历史来看，图像对于文学的重要意义之一

① 所谓“超文本”，就是以互联网为代表的电子文本，例如“网络文学”。关于这一问题，可参见赵宪章《论网络写作及其对传统写作的挑战》，《东南大学学报》2002 年第 1 期。

是它的传播作用。[1] 例如明代，特别是万历、崇祯年间，被郑振铎称为版画艺术“光芒万丈”的时代[2]，图像艺术的繁荣就极大地推动了小说戏曲等文学的民间传播。晚清以来的近现代文学也是如此，图像艺术在文学的“大众化”进程中毫无疑问是一股强大的助推力量，从而也应当是所谓“中国文学现代转型”中的重要因素，可惜我们还没有从这一角度讨论过这一话题。[3] 如果从这一角度思考这一问题，那么我们就可以说：不仅是社会、历史、语言和西学东渐等方面，包括图像文化在内，也是中国现代文学及其启蒙意识生成的重要因素。我们这样说不仅指“鸳鸯蝴蝶”派之类的“俗文学”，恰恰相反，主要是指以鲁迅为代表的伟大作家，他们的“现代转型”同样深受图像文化的助推和影响。

4. 在语言和图像的关系史上，大凡被二者反复书写或描绘的题材，多为人类精神的“原型”。无论是神话传说还是历史故事，无论是《圣经》叙事还是中国的经史子集，无论是西方的莎乐美还是中国的王昭君、蔡文姬等，之所以在文学史和艺术史上反复出现，被文学和图像艺术反复书写或描绘，就在于其本身蕴涵着深厚的历史积淀，萦绕着某种足以使整个民族难以忘怀的心结。因此，研究这些原型在语言和图像之间被长期复写、互仿和演绎的规律，探讨其中可变和不变的东西，当是“语—图”关系研究的典型个案。

5. 如前所述，文学和图像关系的核心是语言和图像的关系，而语言和图像关系的核心就应当是“语象”和“图像”的关系。因为，语

---

① 佛教图像对于佛经义理在中国的广泛传播意义重大，已经人所共知，但不是严格意义上的“文学”，所以在此不论。

② 郑振铎：《〈中国版画史图录〉自序》，载中国社会科学院科研局编选《郑振铎集》，中国社会科学出版社 2004 年版，第 433 页。

③ 陈平原教授近年来编撰了两本关于图像文化的著作：一是《看图说书》（生活·读书·新知三联书店 2003 年版），一是《图像晚清》（与夏晓虹合编，百花文艺出版社 2006 年版），说明我国近现代文学研究已经开始关注图像问题，可惜其中较少涉及文学和图像的关系，更没有涉及图像文化在所谓“中国文学现代转型”过程中的意义和作用问题。

象和图像是文学和图像关系的“细胞”，是二者可能实现“统觉共享”的主要基因；因此，只有在这样的层面，而不是在其他层面，更不是在“大而化之”的层面，才能最终发现语言艺术和图像艺术得以“共享”的内在规律。换言之，所谓文学和图像的“统觉共享”，实则是语言文本和图像艺术之间“语象”和“物像”的相互唤起、相互联想和相互模仿。它们既是文学和其他艺术之间的“共同点”，也是我们对文学和图像的关系进行比较研究的平台和“工具”。离开这一关键，所有关于“文学遭遇图像时代”的表述都很难解决具体而实在的学理问题。

现在，我们就以鲁迅为例，对语象和图像的关系问题做一简要阐发。

语象和图像的统觉共享

鲁迅小说非常注重语言的色彩描绘，这一特点已为学界所认识。我们不妨摘录一段他在《补天》里的场景描写略作分析：

> 天边的血红的云彩里有一个光芒四射的太阳，如流动的金球包在荒古的熔岩中；那一边，却是一个生铁一般的冷而且白的月亮。

这段场景描写一共52个字，和色彩相关或者可能使人联想到色彩的句段有“血红的云彩”“光芒四射的太阳”“金球包在荒古的熔岩中”“生铁一般的冷而且白的月亮”，合计34个字，超过总字数的65%。也就是说，鲁迅的这一场景描写，主要不是描写场景的空间，而是描写场景的色彩；与其说这是用“语言”去表述，不如说是用“画笔”去涂抹，可谓浓墨重彩，酣畅淋漓，光艳刺目！说明鲁迅对于色彩的敏感和倚重。

但是，语言描绘的色彩并非物理世界的色彩，而是通过语言描述唤起了色彩的联想，是诉诸想象的色彩，即文学的“语象”色彩。这段语言书写之所以能够引发“光艳刺目”的视觉效果，关键在于色彩语词的强烈对比，诸如“血红”和“金黄”、“铁黑”和“月白”等。为了能使对比的效果更加强烈，鲁迅尽可能地制造语词的陌生化，例如将云彩说成“血红”，将太阳喻为“金球”，并被“荒古的熔岩”所包裹，等等。不仅如此，为了达到这样的效果，鲁迅甚至不惜违背常识，将（铁）“黑”和（月）“白”两个相反的意象叠加在一起，还将（热的）太阳和（冷的）月亮同时并置在一个画面，显然是有意为之。那么，这种强烈的对比是一种怎样的隐喻，或者说它的象征意味是什么呢?

细读《补天》全文可知，完全相同的这一场景描写先后出现过两次。最先出现在小说的开篇，即女娲惊梦之后和造人之前；第二次出现在女娲造人和补天成功但却疲惫致死之后。如果将前者看作女娲在“开幕前”的“闪亮登场”，那么，第二次复现则是她“谢幕后”的灿烂辉煌。无论是初现还是复现，这一场景全是大自然的造化，并非女娲的自我张扬。与这一自然造化两次复现相对应的是被置放其间的女娲故事，即其“捏泥造人”和“炼石补天”的剧情，同样是出自女娲的天性和本能——不是她有意为之，她也没有去想这样做的后果，更谈不上要实现什么“远大理想”或者完成“丰功伟业”，以便“后世留名”，等等，一切都是无意识的行为。[①] 相反，她在无意识中所创造的众生和尘世，却是一个嘈杂、龌龊、伪饰和争权夺利的世界。这就是《补天》所设置的两组对比：自然和人事、本能和伪饰。可见，《补天》的场景描写就是要刻意制造“对比”效果，不仅通过所叙之

① 鲁迅自谓《补天》（原名《不周山》）这篇小说“不过取了弗罗特说，来解释创造——人和文学的——的缘起”（《故事新编·序言》，载《鲁迅全集》第2卷，人民文学出版社1982年版，第341页）。“弗罗特”即弗洛伊德。

事，而且还通过语象的色彩对比——“血红”和“金黄”、“铁黑”和“月白”的强烈对比，直接映衬并隐喻女娲和众生的对比：纯粹和“庸俗”、伟大和“油滑”，[①] 从而使叙事和描写相得益彰、故事和环境协调一致。

如果我们进一步分析就会发现：在“血红”和“金黄”、“铁黑”和“月白”这两组对比中，“黑白对比”当是其中的主色调，“红黄对比”服从于“黑白对比”。因为，那个“血红的云彩里”的“太阳”好像“金球”“包在荒古的熔岩中”所造成的语象色彩和心理效果，仍然是“白光”（光芒的太阳）被“黑洞”（荒古的熔岩）包裹，从而融入“铁黑”和“月白”的直接对比。这样，我们不仅可能从“血红”和“金黄”的组合中联想到西方的油画，更可能从“黑”和“白”的色调中联想到中国画——但不是以写意著称的中国水墨画，而是在中国有着悠久历史的以写实见长的版画，强烈的黑白对比恰恰是版画的基本色调。

如果我们将视野进一步展开，通观鲁迅的全部小说，那么就可以明显地感觉到，黑白对比其实是整个鲁迅小说语象的基本色调。《狂人日记》中“黑漆漆的，不知是日是夜”，以及“很好的月光”和“全没月光”。《药》中“秋天的后半夜，月亮下去了，太阳还没有出来，只剩下一片乌蓝的天……街上黑沉沉的一无所有，只有一条灰白的路，看得分明”。《故乡》中的“深冬”，天气“阴晦”，“苍黄的天底下，远近横着几个萧索的荒村，没有一些活气”。《社戏》中的“白篷船”行驶在月色朦胧的水汽里，“漆黑的起伏的连山，仿佛是踊跃的铁的兽脊似的”。《祝福》中鲁镇的“新年气象”则是“灰白色的沉重的晚云中间时时发出闪光……爆竹声连绵不断，似乎合成一天音响的浓云，夹着团团飞舞的雪花，拥抱了全镇”。《在酒楼上》的“深冬

---

① “庸俗”和“油滑”是鲁迅在谈到《补天》创作时的自嘲，以此表示对当时批评界的不满。见《故事新编·序言》，载《鲁迅全集》第2卷，人民文学出版社1982年版，第341—342页。

雪后……几株老梅竟斗雪开着满树的繁花，仿佛毫不以深冬为意；倒塌的亭子边还有一株山茶花，从暗绿的密叶里显出十几朵红花来，赫赫的在雪中明得如火”。

不仅场景描写，还包括人物肖像、故事细节和主题意象，在鲁迅的小说中始终贯穿着黑白对比的主色调。阿 Q、祥林嫂和《示众》里的“白背心”；秦益堂（《兄弟》）和万瑶圃（《高老夫子》）的“花白胡子”；魏连殳（《孤独者》）和吕纬甫（《在酒楼上》）蓬松的须发、浓黑的眉毛和苍白的长方脸。还有《药》中的“黑乌鸦”，《明天》中“黑沉沉的灯光”，《奔月》中的黑色火。《狂人日记》共 13 则，其中 7 则注明了“晚上”“全没月光”“黑漆漆，不知是日是夜”“黑沉沉”“太阳也不出”等。阿 Q 向吴妈求爱、被抓，丁举人向赵家转移财物，赵家被抢都是在晚上。《长明灯》里的“疯子”在暮色中被关进黑暗、寂静的社庙。祥林嫂死在除夕夜。涓生在“昏暗的灯光”下写下了自己的悔恨和悲哀，发现那生路像一条“灰白的长蛇”游弋不定，最终“消失在黑暗里”……诸如此类，以及萦绕鲁迅小说始终的主题意象“铁屋子”等，毫无疑问是鲁迅所精心书写的黑白语象，和黑白交错的版画图像何其相似乃尔！

据统计，在鲁迅的三部小说集（《呐喊》《彷徨》《故事新编》）中，使用描述性色彩词的地方有 526 处，使用频率由高到低依次是：白色系 29.7%，黑色系 21.5%，红色系 15.9%，黄色系 9.9%，青色系 8.2%，绿色系 5.5%，蓝色系 4.4%，紫色系 2.5%，拼色系 1.5%，透明系 1.1%。[①] 这一数据进一步证明鲁迅小说语象的色彩偏好主要是黑白交错，和版画艺术的色调完全吻合。也就是说，小说语象和版画图像的统觉，在鲁迅这里实现了二者的“共享”。就此而言，将鲁迅小说的总体特点定义为“版画风格”也是恰当的。

当然，鲁迅的小说语象和版画图像之间的相似性，不仅表现在黑

① 金玲：《鲁迅小说色彩与知识分子形象》，《鲁迅研究月刊》2005 年第 9 期。

白色调方面，还可能表现在其他诸多方面，例如笔法的钢硬挺直，对于“力之美”的共同追求；构图的简练抽象，在结构布局方面的相似性；意象的诡异老辣，在陌生化效果方面的异质同构；等等，有待于我们日后进一步深入细究。我们在此只是为了说明：在鲁迅的小说中，文学语象和艺术图像之间确实存在着必然的联系，这种联系毫无疑问和鲁迅的美术情结有关，特别是和他对于版画艺术的偏好密切相关。

我们知道，鲁迅首先是一个文学家，但对绘画艺术却情有独钟。他自幼嗜画，不是一般地“喜欢”，而是“痴迷”。这方面的材料在知堂、许寿裳等人的回忆著述中多有涉及，他人和后学的评述也已很多。特别是他“弃医从文”之后，这方面的兴趣有增无减。尽管他几乎没有创作过绘画作品（只有很少几幅），但是对于美术史论、美术教育和美术创作的评论、译介、组织和推广，毫无疑问做出了重大贡献。可以这样说，在中国现代文学史上，没有一个文学家能像鲁迅那样同时赢得美术界的巨大声誉，甚至被誉为中国现代版画运动的精神领袖。这就是鲁迅的文学语象深受图像艺术浸染的重要旁证。

纵观鲁迅的全部美术活动，尽管涉及的范围非常广泛，但是有一点应当是公认的，那就是在所有的美术和绘画品类中，版画是他的最爱。从《八戒招赘》和《老鼠成亲》的童年记忆①，到晚年在病榻上弥留之际对苏联木刻的反复品赏②；从对陈老莲等中国古代版画的好感，到对陶元庆、孙福熙等现代版画家的褒扬；从对比亚兹莱、珂勒惠支、蕗谷虹儿和新俄版画的译介，到身体力行组织版画展览和讲习班；从对中外文学插图资料的搜集整理，到为自己的文集和期刊设计

① 鲁迅：《狗·猫·鼠》，载《鲁迅全集》第2卷，人民文学出版社1982年版，第237页。

② 据萧红回忆，鲁迅先生在病中不看报、不看书，只是安静地躺着，“但有一张小画是鲁迅先生放在床边上不断看着的”（《萧红文集》第3卷，安徽文艺出版社1997年版，第291页）。这张“小画”就是在鲁迅逝世后，许广平在其背面用铅笔写上以下文字的那幅画，是“鲁迅病中收到苏联木刻家寄来，非常喜爱，为病中浏览珍品”。许广平还将这幅小画装入封套保存，又在封套上写明“鲁迅寄中国宣纸给苏木刻家，木刻家以之印成木刻，寄给鲁迅留念，鲁迅在病中常浏览的”。

封面和插图……毫无疑问，版画是鲁迅最为倾情的艺术。个中真味是显而易见的，那就是版画的黑白逻辑所隐喻的是非分明和批判精神，和鲁迅的语言叙事和文学理想一脉相承。只有这样一种解释，只能有这样的解释。

鲁迅的小说语象和艺术图像之间的统觉共享还可以从另一角度得以证实，那就是鲁迅特别注重自己的文集、译著、编著与刊物等书刊的插图和封面设计，有时还亲自为之，这在当时可谓引领风气之先。早在浙江两级师范学堂任教时，他就曾为自己编写的讲义亲手绘图。《坟》的扉页装饰图就出自鲁迅之手，还有《朝花夕拾》后记中的“活无常”插图（题名《哪怕你，铜墙铁壁!》），以及《中国小说史略》《热风》《华盖集》《呐喊》《华盖集续编》《而已集》《三闲集》《二心集》《两地书》《鲁迅杂感选集》《南腔北调集》《准风月谈》《花边文学》等文集的封面，都是鲁迅亲自设计。鲁迅注重对自己的文集、译著和期刊的图像装饰，说明在他的心目中，已将语言表达和图像展示看作是相辅相成的统一体，二者的相互映射可以起到事半功倍的效果。当然，鲁迅的文学语象和图像的密切关联，更可以从旁人和后人对其作品的大量改编、摹写和图绘中得到更多的证实。这种热情之所以一直延续到今天，更能说明鲁迅的文学语象和艺术图像的密切关联，其间必有许多我们尚未认识的语图规律的存在。

需要说明的是，无论是对于语图关系的历史回溯，还是以鲁迅为例探讨文学语象和艺术图像的统觉共享，本文的论述都是十分粗略和相当简要的，并未详细展开。包括鲁迅的小说语象及其版画风格问题，也只是在色调方面的一致性略作分析，没能就笔法、构图、意象等其他方面的统觉共享进一步展开，更没能就统觉共享本身的规律做些探讨，仅仅是“举例说明”而已，说明在文学和图像关系的研究中尚有许多未知应当去关注。也就是说，本文只是提出问题，并没有且不可能穷尽所有问题并详尽探讨。但是有一点是肯定的，那就是我们坚信本文所涉及的这些问题，对于研究文学和图像的关系具有重要意义，当是文学和图像关系研究中具有普遍性的重要命题。例如语象和图像的统觉共享，是否主要表现为色调、笔法、构图和意象这四个方面，或者说表现在鲁迅身上的统觉共享是否具有普遍性，等等，就有待我们做出进一步的论证和探讨。

但愿本文所提出的这些问题能够引起学界的注意和兴趣，但愿这些问题能被越来越多的学者阐发、探讨，但愿由此引发学界提出更多和更有意义的"语—图"关系命题，但愿那些情绪性的诉说和表态式的判断远离我们的学术话语。

（原载《江海学刊》2010 年第 1 期）

从“图像证史”到“图像即史”*

——谈中国神话的图像学研究

王　青**

内容提要：长期以来，在神话研究领域，大家秉承的乃是“图像证史”的观念与方法。然而，图像绝不仅仅是旁证，它本身就是神话的一部分，或者是神话时代最直接的史料。图像乃是可以和文献并行甚至高于文献的一个神话系统，在这个系统内，运用着不同于文字的视觉语汇和形象思维方式，有着自己的主题内容、表现手段、象征方法和叙事原则。因此，仅仅是“图像证史”还远远不够，必须建立起“图像即史”的观念，将图像视为神话最重要的载体。如果一直将图像作为文献的附庸，神话学研究将不可避免地陷入困境。

关键词：中国神话；图像学；图像证史；图像即史

所谓神话，尽管存在各种各样的争议，至今无法有一个公认的统一的定义，但有一点却是约定俗成、心照不宣的，那就是它的载体应该是语言或者文字。因此，神话历来被归入文学作品这一范畴。口头

* 本文系国家社科基金项目“中国神话的图像学研究”（项目号：12BZW062）和教育部人文社会科学研究规划基金项目“中国神话的图像学研究”（项目号：11YJA751072）的阶段性成果。

** 作者简介：王青，1963 年生，文学博士，南京师范大学文学院教授、博士生导师。

叙述的汉族原始神话早已失传，只能从古典文献中去寻找记录它们的片言只语，因此，研究汉族原始神话也就意味着研究古典文献中的文字记载。众所周知，中国汉族神话研究最大的困境在于文献记载的匮乏。经过以袁珂为代表的神话研究者数十年如一日地不断发掘，古籍文献中的神话材料几乎已经穷尽。当今的研究者为了深化汉族神话研究，一方面从田野调查获得的异族、异国神话中寻找旁证，另一方面则从大量的考古实物尤其是相关图像中寻找新的资源。因此，在神话研究领域，图像都是作为文献记载的旁证而被运用的。也就是说，大家秉承的乃是“图像证史”这一观念与方法。即便是这种方法，据彼得·伯克的看法，在学术界的运用依然是相当不充分的，由此而导致一位艺术史家的抱怨，（学术界）乃是“以屈就的态度对待图像”①。尽管如此，不断发现的图像资料也大大推进了文本神话的研究。我们在本文中想要强调说明的是，在神话研究领域，图像绝不仅仅是旁证，它本身就是神话的一部分，或者是神话时代最直接的史料。图像乃是可以和文献并行甚至高于文献的一个神话系统，在这个系统内，运用着不同于文字的视觉语汇和形象思维方式，有着自己的主题内容、表现手段、象征方法和叙事原则。也就是说，仅仅是“图像证史”还远远不够，必须建立起“图像即史”的观念。

一

就神话研究的方法而言，鲁迅是较早注意到将神话研究与图像资料相结合的学者。他曾说到《天问》中的神话与传说：“是知此种故事，当时不特流传人口，且用为庙堂文饰矣。其流风至汉不绝，今在墟墓间犹见有石刻神祇怪物圣哲士女之图。晋既得汲冢书，郭璞为《穆天子传》作注，又注《山海经》，作图赞，其后江灌亦有图赞，盖

① ［英］彼得·伯克：《图像证史》，杨豫译，北京大学出版社2008年版，第2页。

神异之说，晋以后尚为人士所深爱。”[①] 因此，他很早就意识到有些神话被绘于庙堂与墟墓的图像中，并开始搜集汉画资料作相关研究。而常任侠利用重庆沙坪坝出土的石棺画像对伏羲女娲神话所作的研究启发了闻一多，促使他利用图腾理论来解释诸多类似人首蛇身这样的半人半兽形象以及类似龙这样的复合动物形象。这些早期的神话研究者采用的固然是以文献材料为主、图像资料为辅的“以图证史”的方法，即便如此，对神话研究的意义依然是革命性的。

然而，史前图像和其他视觉艺术对于神话研究的意义尚不在于为现存文本神话提供实物佐证以及更多的内容与细节等，更重要的是，史前图像与神话乃是同一社会形态、思想观念、思维方式的产物，因此，它们是研究神话最直接、最可靠的材料。

就神话的记录传播而言，上古时期大致有四种可能的方式。第一种是通过语言、歌谣，以口耳相传的方式，形成通常意义上的神话、史诗、传说等。第二种就是通过图像，包括岩画、壁画、雕塑以及其他各种原始的视觉艺术，都可能部分甚至全部地含有神话性的意义与情节。第三种是通过仪式活动，这是一种综合性的叙述方式，类似现在的戏剧，包含了肢体动作、语言、文字、音乐、绘刻、雕像及其他仪式活动，有的仪式乃是部分或全部复述神话的。第四种则是通过文字。我们现在所能接触到的汉族古代神话，都是由文字保存下来的。[②] 这其中，图像中所保存的神话价值尤其珍贵。这是因为，通过语言、歌谣流传的口传神话和通过仪式流传的仪式神话已经完全失传；就文献记录的神话而言，则由于文字时代与神话创制时代有可能分属或遥远或接近的两个时期，不同时期的人们肯定会有观念上的差异，因此难以避免记录者有意或无意的篡改，一般来说，我们看到的文本神

---

① 鲁迅：《中国小说史略》第二章《神话与传说》，《鲁迅全集》第九卷，人民文学出版社2005年版，第23页。

② 关于神话叙述方式和存在样态的详细分析可参见王倩《作为图像的神话——兼论神话的范畴》，《民族文学研究》2011年第2期。

话已非原始神话的原貌。只有史前时代的图像，才有可能是与神话同一时期的直接材料。在这里，图像既有可能是一种独立的叙述行为，也可以作为仪式的一部分与语言、音乐、舞蹈等其他传播媒介配合。

世界范围内的人类学知识告诉我们，先民们凿制或描绘图像的目的之一就在于记叙和提示神话。他们在举行重大的仪式之时，聚集在刻画有各种神灵和鬼怪的岩壁前面，燃起篝火，敲击和演奏着原始乐器，吟唱着本民族的神话或史诗，并集体跳起舞蹈。这时，在篝火中忽隐忽现的神话图像会产生出不可名状的神秘效果。中国古籍中也有不少记载，表明先民们曾有意识地将具有神话性质的事物铸刻于器物之表，图画于建筑之壁。据《左传·宣公三年》载："昔夏之方有德也。远方图物，贡金九牧，铸鼎象物，百物而为之备，使民知神奸。故民入川泽山林，不逢不若，魑魅魍魉，莫能逢之。用能协于上下，以承天休。"这表明在夏朝，统治者为了纪念某些重大事件而铸造九鼎这样的重器，并出于某种巫术目的在九鼎之上铸刻来自夏联盟各部落与方国的各种神物，九鼎因此而具有了神性。东汉王逸在《楚辞·天问·序》中说："屈原放逐……见楚有先王之庙及公卿祠堂，图画天地山川神灵，琦玮谲诡，及古贤圣怪物行事，周流罢倦，休息其下，仰见图画，因书其壁，呵而问之，以泄愤懑，舒泻愁思。"由此可见，在楚国的先王之庙与公卿祠堂之上，图画着各种神话传说和历史故事。

更多的人类学材料表明，先民们无数的视觉物品乃至于其他艺术品的创造，都是出于巫术的原因。这个就是艺术起源理论中的"巫术说"。"巫术说"有着大量的事实证据。如果不把"巫术说"推至极端，使其成为起源说中的一元论，即使是马克思主义文艺理论家都无法否认"巫术说"的合理性。卢卡契就曾说："为了产生某种巫术效果而对过程的模仿与现实的模仿艺术形象曾长期走着同一条道路。产生模仿艺术形象的最初冲动只是由巫术操演活动中产生的，这种巫术操演是要通过模仿来影响现实世界所发生的事件。”[①] 就是说，巫术活动是孕育艺术的母体，人类最初的艺术只是适应巫术活动的需要而产生，并作为巫术活动的一个组成部分而存在。莱顿曾经描述了尼日利亚南部的卡拉巴利人制作雕像的目的。雕像被卡拉巴利人运用于试图控制神灵的宗教仪式中。他们把雕像仅仅作为神灵的“住所”来制作，这些“住所”是神灵接受召唤的所在，它们为实现对神灵的控制提供了一条重要的途径。这些雕像的实用功能就是操纵及驱使神灵的魔力所在。[②] 更为人熟知的则是对欧洲旧石器时代洞穴岩画的研究，以雷纳克和步日耶为代表的众多学者都认为，原始人创作洞穴岩画的动机和目的并非出自审美，而主要是为了用于巫术活动。岩画上图绘大量的动物形象实际上是“丰产巫术”和“狩猎巫术”的一部分。至少有三个迹象可以证明这些洞穴岩画的巫术性质。首先从岩画所选择的地点看，许多岩画都绘制在洞穴的深处，有的甚至深入洞穴 800 码，有的作画时需要冒生命危险，在这样黑暗而危险的地方作画，其目的显然不是为了鉴赏。然而，幽暗的洞穴和岩画却能营造出与巫术仪式相一致的神秘氛围。其次，某些地方的岩壁被一画再画，几乎毫不重视形象的轮廓是否清晰，而周围的岩壁却空着。推测是由于此处的第一幅岩画达到了预期的巫术效果，因此被选为重复作画的地点。再次，有的动物形象有被长矛或棍棒戳刺或击打的痕迹，或者身负重伤濒临死亡。著名的三兄弟洞穴中的熊的形象，被看作一只被猎杀致死的熊，它的嘴正喷着血。尤为突出的是它身上共画了 189 个小圆圈，以表示被石块击中的伤口。[③] 这些迹象可让我们大致推断，猎手们在每一次

---

① ［匈］卢卡契：《审美特性》第 1 卷，徐恒醇译，中国社会科学出版社 1986 年版，第 320 页。

② 参见［英］罗伯特·莱顿《艺术人类学》，李东晔、王红译，广西师范大学出版社 2009 年版，第 8 页。

③ 参见朱狄《艺术的起源》，中国社会科学出版社 1982 年版，第 142—144 页；《雕刻出来的祈祷——原始艺术研究》，武汉大学出版社 2008 年版，第 265—281 页。作者在后书中对此问题有更详尽的论述。

狩猎前在洞穴中摹画猎物的形象，然后由巫师或参加仪式的人手持矛器向岩画上的动物象征性地戳刺，以实现其交感巫术的效应。当然，对于洞穴壁画来讲，有“巫术说”解决不了的问题①，但说原始的视觉物品的制作很大一部分出于巫术目的、具有巫术功能应该是没有太大问题的。在中国的阴山岩画上，动物往往与张弓搭箭的猎人画在一起，而且动物身上带着箭头或猎人弓上的箭头对准动物。② 这些图像应该也是“模拟巫术”的一种，据泰勒说：“它们可能是从蒙昧人类似下列不连贯的逻辑推理中产生的：彼此相似的事物具有类似的动作，因为箭射中熊的模型，与箭射中真正的熊相类似，因而击中了模型之后，就将杀死真正的熊。”③

无论是国外还是国内，上古时代的诸多图像都体现出一系列的原始宗教观念，诸如图腾崇拜、自然崇拜、生殖崇拜、祖先崇拜等，并且具有诸多的崇拜方式，诸如舞蹈、祭祀、祈祷、顶礼膜拜等，这些观念与内容都通过图像得以重现。在孙作云看来，从氏族社会晚期到夏商时代，陶器及青铜器上的动植物纹饰很多都是图腾信仰的产物。④ 在新疆呼图壁康家石门子岩画中，有着明显而突出的生殖崇拜内容。岩画作者极度夸张地强调画中男性的生殖器官，而且所有男性生殖器都指向女性，并有多处交媾动作；在仅有的五组动物如对马、双虎中，其中两组性器官同样勃起；在巨型生殖器官下有两排小人曲身弯腰，臂膀举动，欢乐群舞。⑤ 这些图像表达的无疑是祈求生育、人口繁衍的愿望，但同时似乎也是“丰产巫术”的一种，即通过人类的生殖活

① 最大问题在于洞穴中留存的动物骨骼与壁画中的动物根本不是一类，表明图画中的动物并不用于食用。这使得“巫术说”失去了立足的根基。

② 盖山林：《阴山岩画》，文物出版社 1986 年版，第 365 页。

③ ［英］爱德华·泰勒：《人类学》，连树声译，上海文艺出版社 1993 年版，第 313—314 页。

④ 参见孙作云《中国古代器物纹饰中所见的动植物》，载《孙作云文集》第 4 卷，河南大学出版社 2003 年版，第 1—26 页。

⑤ 参见王炳华《新疆天山生殖崇拜岩画》，文物出版社 1992 年版，第 7—19 页；王爱军、胡学军、肖志强《新疆呼图壁康家石门子岩画探析》，《石河子大学学报》2006 年第 2 期。

动促使牲口及谷物的繁衍。在阴山岩画中，有不少幻想动物，通常是将不同动物的最锐利部分拼凑在一起组成新的动物形象，并赋予它超自然的属性。磴口县格和达瓦沟畔一幻想动物，身躯略呈马形，却长着带爪的蹄形，好像是虎的蹄子，将马的善跑与虎的凶猛结合在了一起。同是磴口县托林沟西口的悬崖上，有两只幻想动物，一只是羊形，却长着奇异的头和腿。乌拉特中旗地里哈日山顶，又有另一幻想动物，生有马的身躯、虎的尾巴、奇异的头部。[①] 熟悉《山海经》及其他文献记载的人一望可知，类似图像的思维水平与神话处于同一层面，思维方式与神话具有极为密切的共通性。

在许多岩画和其他视觉艺术中出现的一些抽象图案，以前一直得不到合理的解释。近些年来有研究者用萨满教现象来加以解释。萨满教的一个重要现象就是强调“迷幻状态”（与萨满恍惚状态相关）。民族学报道和神经心理学研究表明，当萨满巫师进入恍惚状态时，他们体验到所谓“内视现象”，更确切地说，是光幻视形式，能够看到包括Z字形、V字形、圆点、格子、旋涡等图案。有人主张，进入恍惚状态或迷幻状态的人们经历三个阶段。第一阶段，他们看见内视现象；第二阶段，他们把这些几何图形详细阐释为他们所熟悉的物体；第三阶段，他们在幻觉中看见那些他们最常绘于岩石艺术作品中的各种形式[②]。而萨满教的恍惚状态和幻觉经历，往往是神话产生的源泉。

由上面的论述我们可以看出，不论对史前图像艺术的产生原因作“巫术论”、“图腾论”还是“萨满论”的解释，都可以表明，史前时期的图像资料与通过语言表述的神话一样，出自同一社会形态，同是原始思维形式下的产物；它们是原始宗教观念的体现，是巫术行为的一部分，它们部分反映了神话的观念与内容。因此，史前图像为我们

---

① 盖山林：《阴山岩画》，文物出版社1986年版，第365页。

② ［英］保罗·G. 巴恩：《剑桥插图史前艺术史》，郭小凌、叶梅斌译，山东画报出版社2004年版，第243页。

提供了研究神话观念内容和思维规律最直观，也最有说服力的同期材料。它们独立于文献记载，甚至比文献资料更为可信。

二

在以往的研究中，之所以将图像视作文献的旁证，原因之一在于人们有一个先入为主的成见：即图像是对文字记叙的视觉图示，先有文本记叙，然后工匠才根据文本来加以刻画。也就是说，是视觉语汇对文本语言的转译，因此，文本对图画具有决定性的作用。但事实上，相对于文献，图像是一个独立的系统，由图像资料记录的神话，在主题内容、表现手段、象征方法和叙事原则上都与文本神话有着重大的不同。两者是相互影响的，文本固然会影响到图像的刻画，图像也会改变文本的叙述。下面，我们就以文献系统和图像系统中的伏羲女娲神话为例来说明这一点。

文献记载中的伏羲，身份是古圣君之一，是诸多不同部落族群的祖先，其事迹以造物为中心：他始作八卦，结绳记事，制作渔网，发明琴瑟等各种乐器。战国及以前的古文献中，几乎没有他外貌的任何记载。关于伏羲外貌的较早记载是在纬书中，据《春秋合诚图》说：“伏羲龙身牛首，渠肩达腋，山准日角，奯目珠衡，骏毫翁鬣，龙唇龟齿，长九尺有一寸。”[1] 在这里，伏羲不具备人形，全身由各种不同的动物躯体所组成，是一个复合的全兽型形象。一直到曹魏时，曹植才在《女娲赞》中称：“或云二皇，人首蛇形。”与女娲并列的另一皇，当即伏羲。而成书于魏晋时期的皇甫谧《帝王世纪》多次提及伏羲人首蛇身：“大皞帝包牺氏……蛇身人首，有圣德。”[2] 而在伪托的《列子》中，关于伏羲女娲的异貌却有着矛盾的记载。此书《黄帝》

① 孙瑴编：《古微书》卷八，四库全书本。

② 皇甫谧：《帝王世纪辑存》，徐宗元辑，中华书局1964年版，第2页。

一章云："庖牺氏、女娲氏、神农氏、夏后氏，蛇身人面，牛首虎鼻。"既是"人面"，又是"牛首虎鼻"，不知如何可能？文献记载中的女娲，身份同样是古圣君之一，最重要的事迹是抟土造人、炼石补天及治理洪水。与伏羲一样，在纬书中，女娲更多的是复合的全兽型形象。如《山带阁注楚辞》卷三《天问》注引纬书《河图挺佐辅》说：女娲"牛首、蛇身、宣发、玄中"。罗泌《路史》卷一一《后纪二・禅通纪》对女娲形象的记载显然是根据纬书而来："蛇身、牛首、宣发。"东汉时期始有女娲人面蛇身的记载，王逸《楚辞・天问》注云："传言女娲人头蛇身，一日七十化。"皇甫谧《帝王世纪》云其"亦蛇身人首"。自魏晋以后，文本中对伏羲女娲形象的记载，基本上都是人首蛇身了。

在文献系统中，伏羲、女娲原本是两个相对独立的圣君和文化英雄，很可能是不同部落的图腾。伏羲是单独的造物主，并无帮手；女娲抟土造人，无须丈夫。他俩虽为三皇之二，却非配偶。直到唐代，才出现了他们是夫妇的相关记载。卢仝《与马异结交诗》云："女娲本是伏羲妇。"对偶神的身份才开始明确。

然而，图像系统的叙事与文献系统有着显著的差异。在图像系统中，形象是必须出现且无法避开的。现在已经出土了大量的伏羲女娲的图像，据过文英的统计，仅汉朝一代，在帛画、壁画、画像石、画像砖中出现的伏羲女娲图像就达到226幅。[①] 在这226幅乃至汉朝以后至隋唐的更多图像中，伏羲女娲几乎是清一色的人首蛇身形象，纬书和其他文献中记载的复合式全兽型形象从未在图像系统中出现过。另外，伏羲人首蛇身形象的出现远较文献系统早。伏羲女娲人首蛇身形象最迟出现在鲁灵光殿的壁画上，而鲁灵光殿的建造大致是在景帝中元元年（前149年）前后。现在能够确认的最早的伏羲女娲像出现在河南洛阳烧沟西汉卜千秋墓的壁画上，其年代大致是在前86—前49

① 参见过文英《论汉墓绘画中的伏羲女娲神话》附录，博士学位论文，浙江大学，2007年。

年之间[①]。事实上，伏羲女娲的图像有可能出现更早。如郭德维主张湖北随县战国中期曾侯乙墓漆箱画及五弦琴上的人首蛇身图像均为伏羲女娲[②]。当然此说并未得到大多数学者的认同。马王堆一号墓随葬的T形帛画中有一人首蛇身图像，孙作云、钟敬文认为是伏羲[③]，郭沫若认为是女娲[④]。此墓的下葬时间应该是在汉文帝前元十二年（前168年）之后数年至十几年间，如果他们的说法能得到证实，就意味着公元前168年前后就有人首蛇身的伏羲女娲出现在图像系统中。

在图像系统中，伏羲女娲的配偶神地位很早就已经确定。在西汉卜千秋墓的壁画上，伏羲女娲分立于狭长构图的两端，伏羲面日，与龙一起，处于东方；女娲面月，与西王母、虎一起，处于西方；可见当时伏羲、女娲分别是作为方位与阴阳的象征物而成对出现的。这时候两神之尾并不相交，互相独立，只是具有方位和阴阳上的对偶关系。到了新莽时期，在南阳唐河电厂画像石墓的南壁西侧柱所刻的伏羲女娲图像，两神呈交尾状，这是一个很大的变化，表明汉人已经明确地将伏羲引入了女娲造人的情节，伏羲女娲成为生殖意义上的对偶神。自从手持矩尺的人首蛇身交尾图的神祇身份被确定为伏羲女娲之后，类似的图像不断被发现，人首蛇身且两尾相交就成为伏羲女娲的标志性图像。

鉴于图像系统中伏羲女娲人首蛇身形象和作为配偶神出现的时间远早于文献记载，我们有理由怀疑，图像系统并非仅仅被动地描绘文献所载，作为一个独立的叙事系统它也影响着文献记载。也就是说，因为有了图像系统对伏羲女娲形象的塑造，才有了文本神话对于伏羲女娲形象的诸多记载。类似图像神话影响文本神话的情况也出现在月

① 参见洛阳博物馆《洛阳西汉卜千秋壁画墓发掘简报》，《文物》1977年第6期。

② 参见郭德维《曾侯乙墓中漆（箧）上日月和伏羲、女娲图象试释》，《江汉考古》1981年第1期；郭德维《曾侯乙墓五弦琴上伏羲和女娲图象考释》，《江汉考古》2000年第1期。

③ 参见孙作云《长沙马王堆一号汉墓出土画幡考释》，《考古》1973年第1期；钟敬文《马王堆汉墓帛画的神话史意义》，《中华文史论丛》1979年第2辑。

④ 参见郭沫若《桃都、女娲、加陵》，《文物》1973年第1期。

亮神话中。战国时期，文本中出现了月中有兔的神话，到了西晋之时，此兔变成了捣药之兔。此后，这一观念普遍地出现在各种诗文小说和民俗事象中。据刘惠萍的研究，这一改变的初始原因在于画工的误置。在汉画中，月亮的核心图像是在圆轮中画一奔兔，代表月亮和阴；而作为西王母图像系统或仙境图像系统的配合图像之一是捣药玉兔。月亮图像系统和西王母图像系统、仙境图像系统经常并置，到东汉中晚期，在山东、淮北的画像中开始出现了误置的现象，即将月中的奔兔画为捣药之兔。到了西晋时期，这一变化出现在文人诗歌中[①]。这一例子有力地证明了图像系统同样会作为主体对文本系统产生深刻影响。

由于文献系统和图像系统叙事的载体不同，因此，在叙事的方法与详略上也有重要的不同。上文我们说过在文献系统中最重视的莫过于伏羲女娲作为圣君及祖先的身份及造物、救灾的事迹。在图像系统中，伏羲女娲的身份由他们在图像中所处的位置与大小所决定，可以看出，其身份经历了一个下降的过程。在西汉年间的图像中，伏羲女娲的形象大于西王母，在诸神中处于最重要的位置。到东汉时期，西王母的位置与大小超越伏羲女娲成为地位最高的主神。图像系统中伏羲女娲发明器物的功绩以一种简略的方式加以暗示，即让他们各自手握矩尺，矩尺是造物的工具，手握矩尺也就象征了他们的造物事迹。图像系统中的另一些内容则是文献系统所不曾详述甚至不曾记录的。比如，在部分图像中，伏羲女娲是以怀抱日月的形象出现的，这意味着伏羲女娲曾经有过的另一重身份——宇宙创始者——他们的结合表明阴阳两种力量创造了天地宇宙。除此之外，更少数的与玄武、朱雀等图像的结合表明伏羲女娲曾有过方位神的身份。还有一些图像是与灵芝、嘉禾结合，被当作是长生成仙的象征。这些都是图像系统所特有的。而图像中的种种细节，如伏羲女娲的衣冠服饰等则透露出文献

① 参见刘惠萍《汉画像中的“玉兔捣药”》，《中国俗文化研究》第五辑，巴蜀书社 2009 年版，第 237—253 页。

资料从未记录过的丰富信息。

事实上，不仅是伏羲女娲神话存在着图像与文献这两个虽然并行但又相对独立、有着显著不同的叙事系统，其他重要的神祇，诸如西王母、日神、月神及各种神话性动植物和历史人物，只要是做过相对成熟的图像学研究，都会发现存在着两个叙事系统的差异。如果进行更深入的研究，就会发现，两个系统之间的影响是双向的，绝非是文本单向地决定图像。因此，我们绝不能说，文献系统是主体，而图像系统只是旁证。无论从哪一方面来看，图像系统都是和文献系统同样重要（如果不是更重要的话）的神话载体。

三

就图像学的研究任务而言，潘诺夫斯基将其区分为三个层次。第一个层次是所谓前图像学的描述，主要关注于绘画的“自然意义”。通过某些线条和颜色的组合，或是某些铜器或石头的特殊形块，来确认其表现的是人类、动物、植物、房舍、工具等，并可根据其相互关系，确认事件；也可由姿势、表情，看出情感；或由某个场景，感受到气氛。第二个层次是所谓的“图像分析”，关注的是图像的“传统意义”。在西方古典绘画中，一个男性手里拿着一把刀，意谓其代表圣巴塞洛缪；一位女性手托一个桃子，意谓她是真理的化身。类似这样传统的题材，称为“意象”，各个意象的结合，通常称之为故事和寓言。图像分析的主要任务，就在于这类意象、故事与寓言的确认。第三个层次，也是最后一个层次，是图像诠释，其任务是了解图像的内在含义与内容。所谓内在含义与内容，具体就是揭示决定一个国家、一个民族、一个时代、一个阶段、一门宗教或哲学倾向基本态度的那些根本原则。[①]

① ［德］潘诺夫斯基：《图像研究与图像学》，李元春译，载《造型艺术的意义》，（台北）远流出版事业股份有限公司 1998 年版，第 33—36、40 页。

但我们必须看到，神话的图像学研究有着特殊的困难。就第一个层次的任务而言，对于离我们时代切近的图像来说，似乎应该不构成困难。物体和事件借着线条、颜色和块体呈现于外，我们可以根据我们的实际经验去确认它们。但面对遥远的古代留存下来的遗物，我们的经验就会不敷运用。这首先是由于史前艺术家能力的不足，他们并不能正确地传达出物体或事件的原貌，这使得我们在识别人物或事物的自然意义时遇到了困难。很多时候，面对着这些线条、颜色和块体，我们无法确认具体是什么器物、动物或植物，无法断定人物的性别，无法了解人物的表情。其次是因为我们的实际经验在面对远古的诸多事物时显得无能为力。比如，史前视觉艺术中描绘或塑造的往往是一些很久以前已不再使用的工具或器物，我们无从知道这些工具或器物的名称或用途。有些动植物，对先民们来说，是作为日常生活资料必须天天与之打交道的，他们对此有特定的表达模式，同时代的人们看到这些特征，一望而知这是什么。我们没有先民的生活经验，因此，我们无法识别庙底沟出土的距今约5000年的彩陶上描绘的大叶纹，究竟是车前子还是三叶草。而这样的自然意义对进一步认识这些事物在图像中的寓意有着非常重要的作用。① 再次是因为很多史前艺术都具有强烈的装饰性，原本写实的图案在发展过程中往往会发生强烈的变形，通过简化、重复、扭曲、拉直、伸长、压缩、综合重构等使图案变为抽象，这也给我们的识别增加了诸多的困难。直到现在，上古时期出土的陶器、青铜器上的许多纹饰我们依然无法识别出来。最后一个原因是处理上古遗存物品所特有的，那就是这些物品或多或少都会有缺损、残泐、污染、模糊、变色、遮蔽等，这也为我们的识别增加了难度。例如，湖南长沙陈家大山楚墓出土的帛画《人物龙凤图》，

---

① 如果这是车前子，据孙作云说，那就是夏人的“副图腾”，它们在彩陶器上，显然是图腾崇拜的结果。参见孙作云《中国古代器物纹饰中所见的动植物》，《科技史文集》第4辑《生物学史专辑》，上海科技出版社1980年版，第25—42页。

初发现时由于左侧龙足处破损，只见右侧一足，一度被认为是夔，该作品也曾定名为《夔凤人物图》。而长沙子弹库缯书的复原描摹一直是一个巨大的技术难题，由于历时久远而造成的变色、残泐、污损，使得仅凭肉眼看原件难以清楚辨识，需要动用红外线摄影这样的现代技术，即便如此，缺损模糊的地方依然难以识别。类似这样的困难，有赖于专业的文物复原技术的提升才能部分地解决。

不过，相对而言，神话的图像学研究最显著的困难还是出现在第二个层次上，即对图像的传统意义亦即意象、故事及寓言的确认，这需要研究者了解与熟悉相关的文化背景与文化传统，需要掌握所谓的文化密码。正如潘诺夫斯基所说的，对于了解基督教文化背景并熟悉《圣经》的人们来讲，一群人以某种姿势围坐在晚餐桌边，这个场景代表了基督与门徒“最后的晚餐”，但对于澳洲的丛林居民而言，这件作品表现的不过是一场热闹的晚宴罢了。[①] 我们对上古文化的了解，并不比澳洲丛林居民对基督教文化的了解更多。所以，我们无法确认半坡遗址出土的彩陶上口中含着鱼形的人头纹意味着什么，无法确认青铜器上的动物纹饰究竟是何用意，即便我们可以精确辨识出各种图像中诸多神话动物的原型，我们依然不了解这些人兽混合形象或者诸兽复合形象的寓意与象征。就图像学目前的研究方法而言，要理解这些意象、故事及寓言有赖于古代文献的记载。这样，我们就陷入了一个悖论：因为文献材料缺乏，我们求助于图像；但对于图像的理解，却需要更多的文献。巫鸿在反思史前艺术图像学的研究方法时说：在艺术史领域的“标准”图像学的研究方法，其着眼点是通过对照流传有序和直接相关的文献资料来探讨视觉形象的含义。但对于史前艺术的研究来讲（尤其是对于神话研究来讲），我们缺少这类直接的文献资料。周代至秦汉时期成书的神话传说包含了先民思想的片鳞只甲，

① ［德］潘诺夫斯基：《图像研究与图像学》，李元春译，载《造型艺术的意义》，（台北）远流出版事业股份有限公司 1998 年版，第 33—36、40 页。

但是后期编排已打乱了原有材料的时空次序，它们就失却直接材料的可信性。[①] 换句话说，神话的图像学研究必须面对的一个问题就是文献材料的缺乏和不可信。

要从这样一种困境中解脱，一方面需要大量的人类学材料的获得和相关理论的完善，更多地掌握处于同一发展阶段的民族、部落的相关信息，增加我们对相应的社会背景与文化知识的了解。必须建立起一个能不依赖于文献的自足的图像系统和解读方法。而这样一个图像系统的建立，需要更多图像资料的出土和我们更深入的研究。只有在大量材料的基础上，才能够掌握一个时代、一个部落、一个地区选择及表现题材的基本原则，明白意象、故事、寓言创作与解释的基本方针，了解形式安排和制作技巧如何表达意义的规律，从而建立图像叙事的一般性原则，了解其自成一体的叙述方式，进而摆脱文献的束缚。不过，我们首先要做的是，要从观念上认清“图像即史”，强调图像系统的自主地位，摆脱其作为文献附庸的身份，从心理上减少对文献的依赖。这才是神话的图像学研究的根本出路。

（原载《江海学刊》2013 年第 1 期）

① 巫鸿：《东夷艺术中的鸟图像》，载郑岩、王睿编《礼仪中的美术：巫鸿中国古代美术史文编》（上册），郑岩等译，生活·读书·新知三联书店 2005 年版，第 27 页。

插图本中的图像叙事与语言叙事

——文学与图像的融合与分离

邹广胜*

内容提要：语图关系的争论由来已久，在科学技术飞速发展的今天，文学与图像互相融合的插图本的流行不仅给读者带来了全身心的审美感受，也为我们思考不同艺术形式之间的对话提出了新问题。插图本目前之所以流行是艺术发展与人的内在需要的必然趋势，图像充分展示了语言所无法具有的功能，这是视觉艺术本身的价值所在，也是人的根本精神需求，甚至是最重要的信息来源之一。插图本中的语言与图像乃是根源于人的不同的感官，它们对人同样重要，我们必须以一种平等的精神来尊重这种不同艺术形式所具有的差异性，而不是片面强调其中的某一种。最完美的艺术形式应该是一种语图完美结合的插图式文本，电影的发展是插图本发展的更高级形式。

关键词：图像叙事；语言叙事；融合；分离

图像与文学的争论由来已久，在科学技术飞速发展的今天，特别是数码、多媒体与网络技术的发展及文学与图像互相融合产生的“超

---

* 作者简介：邹广胜，1967 年生，文学博士，浙江大学中文系教授、博士生导师。

文本”形态，不仅给读者带来了全身心的审美感受，也为我们思考不同艺术形式之间的对话以及它们与传统之间的关联提出了新问题，同时也为图像与文学的争论注入了新的活力。很多理论家都深刻地认识到图像与文学之间的巨大张力，如海德格尔就认为现代社会不仅是一个“技术时代”，更是一个“图像的时代”。① 罗兰·巴尔特也指出了这种由词语占据主导地位到形象占据主导地位的转变。② 甚至有些理论家认为传统的文学阅读方式正在受到严峻的挑战，如希利斯·米勒就担心文学的时代已近结束。③ 然而新时期图像与文学的密切结合并没有为我们理解文学与图像的关系提供新的根据，特别是对如何理解目前广为流行的插图本中的语图关系提供新的理论依据。

一

插图本目前之所以流行就在于它充分说明了一个艺术史的老问题：图像充分展示了语言所无法具有的功能，这是视觉艺术本身的价值所在，也是人的根本精神需求，甚至是最重要的信息来源之一。插图本并不是一个新问题而是一个艺术史的老问题，不过由于今日科学技术的发展，特别是人的审美观念的变化为插图本的流行提供了新的契机与可能。插图本中图像与文本的关系首先是孰先孰后的问题。如《圣经》的语言文本是先于其他文本而存在的，也就是《约翰福音》一开始所说的：“太初有道，道与神同在，道就是神。”这个根本原则导致了《圣经》传统中图像文本对语言文本的依附与对立，历史上《圣经》绘画的巨大成就与对圣像多次的破坏运动都是这种矛盾态度的直接表现。在神学家看来，《圣经》的各种插图或图示既是对《圣经》

---

① ［德］海德格尔：《林中路》，孙周兴译，上海译文出版社 1997 年版，第 72—73 页。

② Roland Barthes, “The Photographic Message”, in Susan Sontag, ed., *A Barthe Reader*, New York: Hill and Wang, 1982, pp. 204 – 205.

③ 王逢振编：《2001 年度新译西方文论选》，漓江出版社 2002 年版，第 372 页。

的解释，也是对《圣经》的背离。当然圣像的破坏也与《摩西十诫》中的第二条“不可为自己雕刻偶像，也不可做仿佛什么形象上天、下地，和地底下、水中的百物”密切相关。佛像的产生也是一样，虽然造像与佛陀的基本理念是相违背的，但是现实发展的需要使佛像得以产生。吴黎熙在《佛像解说》中说：“有什么能比给佛陀造像以代替其预期的权威，更容易让人接受的方法呢?”绘制明了易解的图像乃是宣传学说的内在需要，完美的艺术形象同样能充分展示佛教语言所竭力追求的固守自我、忍受一切、内外合一的大解脱者的精神形貌①。因为视觉信息与视觉愉快乃是人的内在需要，对图像的视觉感受与对外在世界的直觉感受在本质上是一致的，虽然语言较为高级也无法代替。理查德·罗蒂在《哲学和自然之镜》中就认为语言对现实的“指称”（reference）更多的是“谈论关于”（talking about）②。波普尔也认为：“与探索真理相比，探索逼真性是更清楚、更现实的目标。”③ 虽然《摩西十诫》中规定“不可为自己雕刻偶像”，但丁也在《神曲·天堂篇》借助俾德丽采之口说，凡人只能借助语言并仅凭感官来理解《圣经》，使上帝具有手足，因此他们的理解就降低一层④。但神以人的形象出现乃是因为人的感受力与理解力的局限，人必须借助这些可感知的形象才能更好地感受到神的存在及其意义。人很难从语言上感受到上帝的存在，但可以从教堂的图画与雕塑中感受到。正如伽达默尔所说的：“希腊的前辈们在依据基督教学说拒斥《旧约》圣经对绘画的敌视时，已经运用了这种新柏拉图主义的思维方式。他们在上帝的化身成人中看到了对可见现象的基本认可，并因此为艺术作品赢得了某种合法性。”⑤ 中国人在宣传基督教时也采用了插图的方式，如明

① ［德］赫尔穆特·吴黎熙：《佛像解说》，李雪涛译，社会科学文献出版社 2003 年版，第 10—13 页。

② ［美］理查德·罗蒂：《哲学和自然之镜》，李幼蒸译，商务印书馆 2003 年版，第 290—293 页。

③ ［奥］卡尔·波普尔：《客观知识》，舒炜光等译，上海译文出版社 2005 年版，第 66 页。

④ ［意］但丁：《神曲·天堂篇》，朱维基译，上海译文出版社 1985 年版，第 26 页。

⑤ ［德］伽达默尔：《真理与方法》，洪汉鼎译，上海译文出版社 1999 年版，第 183 页。

万历二十二年刊《程氏墨苑》中根据利玛窦赠送的基督教绘画中复刻出的《信而步海，疑而即沉》等四副绘画，都说明了中外共通的问题[①]。这也正是很多伟大的艺术家，包括意大利的乔托、德国的丢勒、法国的陀莱、英国的布莱克等为《圣经》插图的根本原因。

笔者并不认为图像能够代替语言，也不认为语言可以代替图像，图像同语言一样有高低之分，并不是所有的图像像目前文学理论者所宣称的那样都是扁平无深度的，只要是熟悉古希腊艺术，甚至中西伟大艺术作品的人都不会认为所有的图像都是浅薄的，插图本也是一样。很多伟大的艺术大师，如丢勒为《圣经》所作的插图，特别是他著名的《四使徒》更是显示出绘画所特有的对人的精神甚至灵魂的冲击力，有些是语言无法表达的[②]。霍尔拜因为马丁·路德所译《圣经》及伊拉斯谟《愚人颂》所作的插图，威廉·封·考尔巴哈（Wilhelm von Kaulbach）为歌德《列那狐》所作的形象拟人、栩栩如生的插图，马奈为爱伦坡的《乌鸦》所作的插图，艾里克·吉尔（Arthur Eric Rowton Gill）为《圣经·雅歌》所作的精美绝伦的插图，约翰·丹尼尔（John Tenniel）为《爱丽丝漫游奇境》所作的妙趣横生的插图，布歇为奥维德的《变形记》、薄伽丘的《十日谈》所作的插图，威廉·布莱克为《约伯记》及但丁、弥尔顿作品所作的插图，比尔兹莱（Aubrey Beardsley）为王尔德作品所作的插图，德拉克罗瓦为《浮士德》所作的插图，亚瑟·拉克姆（Arthur Rackam）为《彼得·潘》《仲夏夜之梦》《爱丽丝漫游奇境》《尼伯龙根之歌》《格林童话》等所作的插图，毕加索为巴尔扎克《玄妙的杰作》所作的插图，吉尔伯特为莎士比亚戏剧所作的插图，鲁迅收藏的陀莱为《圣经》《神曲》《唐吉诃德》《十字军》所作的插图，杜拉克（Edmund Dulac）为《一千零一夜》《鲁拜集》所作的插图，罗伯特·吉宾斯（Robert Gibbings）

---

① 任继愈主编：《中国版本——插图本》，江苏古籍出版社 2002 年版，第 42—43 页。

② ［德］丢勒：《版画插图丢勒游记》，彭萍译，中国人民大学出版社 2004 年版，第 70 页。

为柏拉图的《斐德若》、福楼拜的《萨朗波》所作的黑白分明、突兀奇崛的插图等，都是插图史上无与伦比的杰作。再如约翰·弗拉克斯曼（John Flaxman）为“荷马史诗”所作的插图，当荷马史诗描写到赫克托尔在出征前向安德洛玛克告别时，“一个女仆跟随在后面，怀中抱着像星星一样灿烂的幼儿。父亲对着幼儿安静地微笑，安德洛玛克却泪流满面，温和地握着他的手”①。弗拉克斯曼简洁单纯、质朴严谨的“轮廓线”插图准确表达了荷马史诗所特有的一种原始的美②。当我们想到插图时不能仅仅想到目前街上流行的一些简单的、粗制滥造的文化快餐，更应该想到这些伟大艺术家呕心沥血的艺术作品。有些理论家对比亚兹莱为王尔德《莎乐美》所作的插图提出异议，因为其插图中的很多细节与文学作品中的细节并不一致，而且增加了很多细节。然而我们并不能因为这些细节而过分责备比亚兹莱，因为拙劣的插图是对文本的依附与解释，而卓越的插图则是对文本的合作与超越，是两位艺术家为达到一个共同的审美理想而努力的结果。波斯诗人莪默·伽亚谟的插图珍藏本诗集《鲁拜集》正文插图共十幅，其中以男人、女人、酒为共同主题的有六幅，以男女谈情为主题的七幅，以男人独自饮酒为主题的三幅，男女骑马谈情无酒的一幅。从这些简单明了的插图就可准确看出《鲁拜集》的基本主题。正如编辑出版此诗集的美国诗人路易斯·安特迈耶所说：“它不仅是一部诗集，它已经成了一个口号，一个反叛的象征，一个有韵律的反抗，针对一切装模作样和僵化刻板。”③ 由此可见，插图与诗歌都为了共同的目标而存在，正如歌德所说：“德拉克罗瓦比我自己想得还好。”④ 这也是所有伟大插图画家所共同努力的方向，比亚兹莱在提到他给《朱文诺6号》所作的插图时也曾说：“我努力将它的翻译和插图做得一样优秀。”

---

① ［古希腊］荷马：《伊利亚特》，罗念生译，人民文学出版社2003年版，第145页。

② 余凤高编：《插图中的世界名著》，上海古籍出版社2002年版，第55—56页。

③ ［波斯］莪默·伽亚谟：《鲁拜集》，郭沫若译，中国社会科学出版社2003年版，第89页。

④ 余凤高编：《插图中的世界名著》，上海古籍出版社2002年版，第76页。

至于他为《莎乐美》所作的插图就使王尔德担心自己的文字沦为比亚兹莱插图的插图[①]。莎士比亚的《暴风雨》是先于 Arthur Rackham, Edmund Dulac，甚至是 Paul Woodroffe 的插图，但这并不意味着莎士比亚的语言文本《暴风雨》就先验地位于三位插图画家的图画文本之上，更不意味着读者在阅读时必然遵循着艺术品创作时间的先后顺序，来决定欣赏程度的次序。优秀的插图本把图画艺术与语言艺术完美地结合在一起共同追求真善美。圣格雷戈里说："文学作品使得未开化者通过阅读而明事理。同样，绘画也能发挥这种作用。"波希格里芙在谈到著名的切法卢天主教堂时说："当你看到这些巨大、恢弘的人物时，那种神圣的感觉依然近在咫尺，你仿佛被笼罩在一种庄严肃穆的神秘气氛中。你甚至想弯下腰来颂扬。"她在评价安吉利科的画时说："安吉利科的画中透露着谦逊、亲切及虔诚。凝视这些虔诚的画可以让修士时时记住信仰的神圣性。"[②] 绘画同样是一种视觉的警醒，它时刻提醒着观看者的心灵，影响着他们的思想，不断告诫他们不要忘记自己的目标与归宿。因此傅雷认为伦勃朗的绘画能"使我们立刻远离现实而沉浸入艺术领域中"[③]。艺术家所表现的这种超凡脱俗把观者带入一种更伟大、更崇高的艺术境界，而这种艺术境界是所有伟大的艺术，包括文学、绘画与音乐共同追求的最终目标。从这个角度来看，文学与绘画不过是一种使人不断超越自我的手段。

中国传统的图文一体的艺术也是如此，敦煌的佛经插图、北魏的摩崖造像[④]、北宋文人的诗画一体、明清时代的各种戏剧小说插图本，甚至鲁迅为自己的作品所精心策划的各种插图，齐白石受老舍之嘱为查慎行、赵秋谷、苏曼殊等人的诗句如"蛙声十里出山泉""手摘红

---

① ［英］比亚兹莱：《最后的通信》，张恒译，新星出版社 2010 年版，第 43、255 页。

② ［英］波希格里芙：《基督教美术之旅》，彭燕译，上海人民美术出版社 2002 年版，第 7、24、47—48 页。

③ 傅雷：《世界美术名作二十讲》，生活·读书·新知三联书店 2002 年版，第 151—152 页。

④ 徐小蛮：《中国古代插图史》，上海古籍出版社 2007 年版，第 40—50 页。

樱拜美人”“几树寒梅带雪红”等所作画作早已经成为绘画史上伟大的艺术作品。[1] 郑石岩在为蔡志忠的漫画《禅说》所作的序中说，蔡志忠的漫画是禅学的“象征式语言”，“最能引导一个人脱胎换骨的教育方法”[2]。我们并没有觉得阅读这些伟大的插图本会丧失我们理性的光辉，它们并不是酒酣耳热的产物，而是艺术家整个艺术生命的结晶。所谓“图像使人浅薄化”都是对这些伟大作品审美与理论意义的忽视。鲁迅写作《连环图画辩》《连环图画琐谈》等反复讨论语言与插图之关系，可见其重要性[3]。郑振铎在1927年的《插图之话》和1932年《插图本中国文学史》的例言中指出了插图的现实意义，例如《红楼梦》第三回描写宝玉的外貌及穿戴，“束发嵌宝紫金冠”“二龙抢珠金抹额”“五彩丝攒花结长穗宫绦”，不借助图画的功能，今日的读者，即便当时的读者，如果不是亲眼看到这种服饰的贵族，也同样无法感受这种华美的服装与神采奕奕的贵族公子形象了。但读者却可以通过绘画本的《红楼梦》如清光绪年间姚梅伯评本《石头记》中的插图来体会到。同样，如果没有陈老莲所作《屈子行吟图》中屈原清瘦颀长、沉吟傲岸在湖畔行吟的形象，今日的我们也很难想象到屈原的大致形貌[4]。

二

插图本中语言与图像的关系到底是一种什么关系？是图像与语言的融合还是同一疆场上的纷争，它们在这场诗画时分时合的同路旅行中最终给作者、读者带来什么不同的审美感受呢？思考这个问题，莱辛的《拉奥孔》（或称《论画与诗的界限》）是无法回避的一部重要

① 齐良迟主编：《齐白石文集》，商务印书馆2004年版，第176页。
② 蔡志忠编绘：《漫画佛学思想》（上册），商务印书馆2009年版，第150—151页。
③ 《鲁迅全集》第六卷，人民文学出版社2005年版，第28页。
④ 郭沫若：《屈原赋今译》，上海书店出版社2003年版，第8页。

著作。莱辛曾得到历史上很多伟大理论家的称赞：康德曾出于对莱辛的尊重而反对别人把他与莱辛相提并论①，李卜克内西《纪念卡尔·马克思——生平与回忆》一文中曾说马克思几乎每天都阅读莱辛与歌德的作品，马克思也在他的《自白》里把莱辛列为最喜爱的散文作家②，歌德则曾在他的自传《诗与真》中谈到莱辛对他的深刻影响，并为自己因为年轻人特有的自负不愿去亲近莱辛而抱憾终生③。《拉奥孔》研究的最核心问题就是图像作为一种重要的艺术媒介与语言的根本不同。首先莱辛对诗画艺术的不同特点进行了区分。他在《拉奥孔》的一开始就说："诗画无论从模仿的对象来看，还是从模仿的方式来看，却都有区别。"他写作此书的目的就是反对当时的批评家对诗画区别的否认。莱辛认为："时间上先后承续属于诗人的领域，而空间则属于画家的领域。""绘画所采用的符号是在空间中存在的，自然的；而诗所用的符号却是在时间中存在的，人为的。""绘画运用在空间中的形状和颜色。诗运用在时间中明确发出的声音。前者是自然的符号，后者是人为的符号。"由此看来，莱辛并没否定绘画艺术的成就，他主要是强调二者的区别，所以他说："我所提出的艺术家们模仿了诗人的假说并没有贬低了艺术家们。毋宁说，这种模仿更足以显出艺术家们的智慧。他们追随诗人，却丝毫没有被诗人引入迷途。他们用了一个蓝本，但是在把这个蓝本从一种艺术转移到另一种艺术的过程中，他们有充分的机会去进行独立思考。他们的独立思考就表现在改变蓝本方面，这就证明了他们在雕刻艺术里和诗人在诗的艺术里是同样伟大的。"莱辛在对伟大的文学作品与伟大的绘画（雕塑）进行对比时主要是为了揭示二者的差别及各自的特点，并非完全在强调诗的优越性，并认为诗在任何时候都优于绘画。这也是莱辛清醒客

---

① 《康德书信百封》，李秋零编译，上海人民出版社2006年版，第51页。

② 《回忆马克思》，中共中央马克思恩格斯列宁斯大林著作编译局编译，人民出版社2005年版，第56、387页。

③ ［德］歌德：《诗与真》，李咸菊译，团结出版社2004年版，第207—210页。

观的地方。所以他认为绘画应该描绘“最富于孕育性的那一顷刻”，这样便可避免空间艺术的局限，因为这一时刻“可以让想象自由活动”，这都是绘画的空间性特点决定的。他举出哈勒《阿尔卑斯山》中对花草的描绘：“描绘出来的，但是不能产生任何逼真的幻觉。我不敢说，凡是没有见过这些花草的人们从这幅图画里简直不能形成什么意象。”这不仅是由于语言的先后承继性不适于描述物体的同时并存性，而是语言本身就是一种抽象的象征性的符号，语言描述的东西无法在读者的头脑里还原为逼真的整体。这也就是语言的哈姆莱特有一千个哈姆莱特，但图画的哈姆莱特却不会产生任何的差别的原因。所以莱辛说历史学家玛拿赛斯在他的历史书中描写海伦时，他说：“如果有一千个人读这段诗，他们不就会想象出一千个不同的海伦吗?”不仅历史学家如此，即使伟大的诗人阿里奥斯托所描写的他的心上人、维吉尔描写的“绝美的狄多”也是如此，因此莱辛说如果维吉尔被责问，他就会这样回答：“画不出他的美，这并不是我的过错，只怪我这门艺术有它的界限；应该称赞我谨守了这种界限。”所以他称赞荷马没有直接描写海伦的美，而是描写海伦美所产生的效果，因为在莱辛看来，荷马明白语言相对于绘画所具有的界限。所以莱辛说：“宙克西斯画过一幅海伦像，而且有勇气把荷马描述惊羡的元老们招认所感到的情感的那些名句题在画下面。诗与画从来不曾有过这样的竞赛。胜负还不能判定，双方都值得受最高奖。”在莱辛看来，最重要的是艺术家要明确二者的差别，而不是要泯灭二者的界限而任意妄为。如果诗人欲模仿画家，或者画家模仿诗人，都是对对方领域的侵犯。最后他得出结论：“我认为一门艺术的使命只能是对这门艺术是特别适宜而且唯一适宜的东西，而不是其他艺术也能做得一样好、如果不是做得更好的东西。我发现普鲁塔克有一个比喻很好地说明了这个道理。他说：‘谁若是用一把钥匙去劈柴而用斧头去开门，他就不但把这两种工具都弄坏，而且自己也失去了这两种工具的用处。’”因此在莱辛看来，最为根本的就是每个艺术形式都必须遵循自身的艺术规律，而不能越俎代庖，以己之短攻人之长。如果艺术家不遵循艺术本身的特性及规律，忽视艺术媒介的特性以及它所必有的局限和要求，诗人和画家比赛描绘事物，而画家和诗人比赛叙述故事，那二者都将远远落后于自己的对手。他在给尼柯莱的一封信中说："我只不过才开始研究诗和绘画的一个差别，这个差别起于它们所用符号的差别，一种符号在时间中存在，另一种符号在空间中存在。因此，绘画和诗都有两种，高级的和低级的。"莱辛关于诗画特性的区分已是理论界的常识，但笔者在此重提莱辛的基本观点只是要申明莱辛区分二者的根本特性并不是如朱光潜所认为"《拉奥孔》虽然是诗画并列，而其中一切论点都在说明诗的优越性"，他只是强调二者的差异性，而这种差异性对我们理解插图本中语言与图像的互异性有着根本的指导意义，那就是：插图本乃两种艺术共同驰骋的疆场。当我们看到有些理论家对莱辛的指责时，就会想到莱辛对他的论敌温克尔曼的尊重，他说："温克尔曼一个人举起了历史的火炬，我们可以放心大胆地跟在他后面去进行思辨。"他认为温克尔曼的写作有"无限渊博的学问和对艺术的深广而精微的知识"，此外还有"高尚的信心与尽全力去探讨首要的东西对次要的东西仿佛采取故意疏忽的态度"，他甚至把自己指出温克尔曼的一些具体错误当作"吹毛求疵"。[①] 莱辛对论敌温克尔曼的尊重与他对诗画不同艺术特点的尊重在基本的价值取向上是一致的：尊重发挥差异而不是取消，甚至是等级化差异。所以，玛丽·盖塞在《文学与艺术》一文中认为，"在大部分现代写作和绘画当中，莱辛讨论过的审美感觉原理仍然是适用的"[②]。某些现代小说家在采用新的叙述形式时充分发挥了小说的空间感觉的原理，但小说叙述形式的空间化仍与绘画的视觉形式不同，因为这些小说家仍然是借助语言

---

① ［德］莱辛：《拉奥孔》，朱光潜译，人民文学出版社 1979 年版，第 3、97、171、181—182、40、93、112—118、97—98、202、205、223、148、164、168 页。

② 北京师范学院中文系比较文学研究组：《比较文学研究资料》，北京师范大学出版社 1986 年版，第 483—484 页。

来加以想象完成的。莱辛并没有绝对化二者的差异，正如汝信所指出的，莱辛看到了二者区别的相对性，由于一切物体不仅在空间中存在而且也在时间中存在，因此莱辛还对两种，甚至是多种艺术形式结合在一起的可能性进行了理论的探讨，他认为把多种美的艺术结合在一起，可以产生一种综合的效果，如他在《汉堡剧评》中就讨论了关于演员的艺术，认为演员的艺术乃是诗与画结合在一起的艺术，甚至更接近于绘画。[①] 莱辛对戏剧的论述可以使我们感受到电影作为图画与语言两种艺术形式完美结合的现实意义。

与此相关的一个重要理论问题就是苏轼“诗中有画，画中有诗”“诗画一体”的观点，《书摩诘蓝田烟雨图》中“味摩诘之诗，诗中有画。观摩诘之画，画中有诗”、《韩干马十四匹》中“苏子作诗如见画”、《韩干马》“少陵翰墨无形画，韩干丹青不语诗”等都是诗画一体论的具体表述。其他如邹一桂《小山画谱》中“善诗者诗中有画，善画者画中有诗”[②]，贺贻孙《诗筏》中“诗中有画不独摩诘也”[③]，王国维关于元曲的境界说与不隔说等都是此种理论的直接反映。然而诗画一体主要是指诗画的通感，也就是诗画在读者的内心所产生的意象与心理感受，这与插图本中诗画的共文与互文是根本不同的，因为它们是一种艺术形式所产生的两种艺术效果。然而正如阮阅《诗话总龟》中所说的“顾长康善画而不能诗，杜子美善作诗而不能画”[④]，要完全达到诗画一体也只有诗画双能才行。这种诗画一体观念之所以具有重要意义就在于它表达了苏轼诗画平等的观念，他在《文与可画筼筜谷偃竹记》中就准确地表达了文与可画竹子与轮扁斫轮及庖丁解牛一样都达到了艺术与人生的最高境界。[⑤] 这种观念与他本人作为一个

① 汝信、夏森:《西方美学史论丛》，上海人民出版社 1980 年版，第 89、105 页。
② 《画论丛刊》（下卷），人民美术出版社 1960 年版，第 791 页。
③ 《清诗话续编》（上册），上海古籍出版社 1983 年版，第 171 页。
④ 阮阅:《诗话总龟》卷八，人民文学出版社 1998 年版，第 89 页。
⑤ 《苏轼文集》，中华书局 1996 年版，第 366 页。

艺术家所特有的创作体验与审美感受是不可分割的，很难想象一个把诗歌的语言艺术放在绘画艺术之上的人会有这种结论。从另一个角度也反映了苏轼对人性的根本理解：语言与图像的关联乃是人自身需要的确证。孟子所谓“口之于味也，目之于色也，性也”。[①]《庄子》中盗跖所谓“人之情，目欲视色，耳欲听声”[②]。奥古斯丁在《忏悔录》中所反复申明的“目欲”[③]，都强调了眼睛的审美需要，《周易》更是阐明了“目见”乃是人认识世界之开始，《系辞上》所谓“圣人有以见天下之赜，而拟诸期形容，象其物宜，是故谓之象”，即用具体的卦象来表达对事物本性的认识，但语言在表达对自然万物深刻精准的把握时却常常“言不达意”。《易经·系辞上传》所谓“书不尽言，言不尽意”。“圣人立象以尽意。”[④] 刘勰《文心雕龙·原道》说：“人文之元，肇自太极，幽赞神明，《易》象惟先。”《神思篇》讲：“玄解之宰，寻声律而定墨，独照之匠，窥意象而运斤。”[⑤] 由此可见，中国古人也同样认为“象”的意义是不可取代的。当然中国传统诗画深厚的哲学底蕴及对价值超越性的直接追求，导致了苏东坡《书鄢陵王主簿所画折枝二首》所谓“论画以形似，见与儿童邻”，也就是宗白华所说的“中国画违背了‘画是眼睛的艺术’之原始意义。‘色彩的音乐’在中国画久已衰落”。[⑥] 陈师曾也说：“文人画有何奇哉？不过发挥其性灵与感想而已。”[⑦] 但是中国传统艺术的解放与安息精神的作用仍然是一种绘画视觉艺术，而不是一种语言艺术。所以，从事古代文学理论的人往往从中国古代的诗画一体观念来反驳莱辛的《拉奥孔》，钱锺书在《中国诗与中国画》一文中就指出了中国传统文艺批评对诗和

---

① 杨伯峻译注：《孟子译注》，中华书局 2000 年版，第 333 页。

② 陈鼓应：《庄子今注今译》（下），中华书局 2001 年版，第 779 页。

③［古罗马］奥古斯丁：《忏悔录》，周士良译，商务印书馆 2008 年版，第 219 页。

④ 黄寿祺：《周易译注》，上海古籍出版社 2004 年版，第 508、526 页。

⑤ 刘勰：《文心雕龙》，范文澜注，人民文学出版社 2006 年版，第 2、493 页。

⑥ 宗白华：《美学散步》，上海人民出版社 1982 年版，第 110、112 页。

⑦ 陈师曾：《中国绘画史》，中国人民大学出版社 2004 年版，第 140 页。

画有不同标准的分歧这个历史事实。[①] 在《读〈拉奥孔〉》一文中则明确表达了时间艺术高于空间艺术的观点。[②] 在中西诗画的争论中有一个重要的文学史史实往往容易被忽略，那就是中西文学史中不同文体的发展有很大不同，中国古代文学史有强大的抒情传统，以诗歌取胜，特别是短诗，宏大叙事诗的缺失已成为文学史的常识，正如王国维在《宋元戏曲史·自序》一开始就说的："凡一代有一代之文学：楚之骚，汉之赋，六代之骈语，唐之诗，宋之词，元之曲，皆所谓一代之文学。"[③] 虽然明清小说取得了巨大的成就，但多被中国传统的诗画理论忽视。西方文学则有着强大的叙事传统。中国古代的诗画一体观念正是以中国古代抒情诗，特别是较短的抒情诗为文学依据的，而莱辛的诗画观则是以西方强大的叙事传统为基本论述背景的，这是中西诗画观念不同的重要原因之一。用诗画一体观来分析解读"秋天万里净，日暮澄江空""深林人不知，明月来相照""人闲桂花落，夜静春山空"，可谓一语中的，但在《红楼梦》这样的巨著前，这种传统的诗画观念就很难发挥它的效用了，其局限是显而易见的。忽视这个文学史史实无论用莱辛的观点来解释中国诗画还是用中国的理论来解释西方的文学传统都显得方枘圆凿。当然，传统的诗画一体观念还有着诗画本是空间性的哲学观念作为理论支撑。其实诗词的空间性与绘画的空间性是一种完全不同性质的空间感，它是一种想象性的存在，是内视性空间感在读者脑中构成意境的审美过程。王昌龄在《诗格》中说："诗有三境：一曰物境。二曰情境。三曰意境。"[④] 诗人用语言把经验的感受借助想象产生了心中的图像，而这些图像都是模糊不清的，它仅仅存在于诗人自己的心中，另一个人无法用自己的眼睛去直接观

① 参见北京师范大学中文系比较文学研究组选编《比较文学研究资料》，北京师范大学出版社 1986 年版，第 513、517 页。

② 钱锺书：《七缀集》，生活·读书·新知三联书店 2002 年版，第 57 页。

③ 王国维：《宋元戏曲史》，上海古籍出版社 2000 年版，第 1 页。

④ 郭绍虞：《中国历代文论选》第二册，上海古籍出版社 1990 年版，第 88—89 页。

赏，但画家的图像就可直接目睹。语言的图像并不是一种客观的外在的物质化存在，而是一种茵加登所说的“图式化外观”，一种由读者的想象力所产生的内在形象。[①] 从模仿的角度看，语言的描述并不能代替绘画，孟超在《金瓶梅人物》中曾以强烈的个人情感对潘金莲进行了介绍与评价，但潘金莲的长相与神态到底如何还必须借助张光宇的绘画，虽然这两幅绘画是否符合《金瓶梅》的描写倒是另一个问题。[②] 语言与绘画各自无论有怎样的优势，都无法互相替代。艺术虽然划分为语言和绘画艺术，但正如贝尔所说的：“在艺术之中，唯一重要的区别就是好的艺术和坏的艺术之别。”[③]

三

总之，插图本中的语言与图像乃是源于人的不同感官，它们对人同样重要，我们必须以一种平等的精神来尊重这种不同艺术本身所具有的特性差异，而不是片面强调其中的某一种。

亚里士多德在《形而上学》一开始就强调了这种“对感觉的喜爱”是所有人的本性[④]，对绘画的喜爱就源于人的视觉。黑格尔说：“绘画所应采用的主要是可以通过外在形状来表现的东西”，绘画同样能“描绘人物性格，灵魂和内心世界”，画家的优点就是“他能描绘出一个具体情境的最充分的个别特殊细节，他能把现实事物的形状摆在目前，使人一眼就把一切都看清楚”。[⑤] 虽然黑格尔最后仍然得出“诗比任何其他艺术的创作方式都要更涉及艺术的普遍原则，因此，对艺术的科学研究似应从诗开始”的结论[⑥]，但他对绘画特点的精彩

---

① ［波兰］茵加登：《对文学的艺术作品的认识》，陈燕谷等译，中国文联出版公司1988年版，第56页。

② 孟超：《金瓶梅人物》，张光宇画，北京出版社2003年版，第1—8页。

③ ［英］克莱夫·贝尔：《艺术》，周金环译，中国文联出版公司1986年版，第146页。

④ ［古希腊］亚里士多德：《形而上学》，苗力田译，中国人民大学出版社2003年版，第1页。

⑤ ［德］黑格尔：《美学》第三卷上册，朱光潜译，商务印书馆1997年版，第242、289—290页。

⑥ ［德］黑格尔：《美学》第三卷下册，朱光潜译，商务印书馆1997年版，第14页。

分析告诉我们，图画相对于诗歌与音乐来说有它自身的特点，而这种特点是音乐与诗歌都无法替代的。诗歌能传达作者内在情感的无比自由及无比丰富的包容性是绘画所难以企及的，但在表达事物的外在形象方面，在产生强烈的视觉冲击方面，语言又往往逊于绘画了。即使像电影这种完美地把画面连接在一起的艺术也无法像诗歌与小说那样自由表达人物的内在精神世界。诗歌虽然具有强烈的绘画性，也就是描述性，但这种形象性与绘画的形象性显然是两种不同的东西，诗中鲜艳明媚的春天与宁静清冷的夜晚和真正的春天与夏夜不同，正如巴什拉所说："诗人的形象是以语言说出的形象，而不是我们眼睛看见的形象。"① 萨特在《恶心》中关于"星期五"那段对自己脸是"立体的月球，世界的地质学地形图"的描述②，葛里叶在《橡皮》中关于西红柿切面的描述③，还有《伊利亚特》第十八卷中关于火神赫菲斯托斯为阿喀琉斯制造的铠甲与盾牌的详细描述④，都无法与绘画的脸、盾牌与西红柿切面相提并论，语言的造型能力与绘画相比更加需要读者的介入与配合，所以亚里士多德告诫文学家既要表现一种逻辑力量，又要有一个形象的感染力量，"使事物活现在眼前"⑤。但正如莱辛所说："一幅诗的图画并不一定就可以转化为一幅物质的图画。"诗人描述事物所产生的"幻觉"再逼真都和画家的图像属于不同的东西。更为重要的是画家与诗人一样不仅仅在追求照抄自然，而是追求理想，正如阿瑞提指出的，古希腊阿芙洛狄忒之所以"是女性美的典范"就在于她"更多是体现了对于女神的观念而不是对于实际生活里的女子的观念"。⑥ 所以韦勒克在《文学理论》中说："莱辛很可能是

① ［法］加斯东·巴什拉：《梦想的诗学》，刘自强译，生活·读书·新知三联书店 1996 年版，第 145 页。

② 柳鸣九编：《萨特研究》，中国社会科学出版社 1981 年版，第 150—152 页。

③ ［法］葛里叶：《橡皮》，林青译，上海译文出版社 1981 年版，第 165—166 页。

④ ［古希腊］荷马：《伊利亚特》，罗念生译，人民文学出版社 2003 年版，第 438—442 页。

⑤ ［古希腊］亚里士多德：《修辞学》，罗念生译，上海世纪出版集团 2006 年版，第 194 页。

⑥ ［美］阿瑞提：《创造的秘密》，钱岗南译，辽宁人民出版社 1987 年版，第 281 页。

对的，他批评阿里奥斯托对许多女性美的描述缺乏视觉上的效果（虽然未必缺乏诗的效果）。”[①] 语言无论是表达最本质的人的内在感受，还是表达最高的真理都具有它的局限性。正如柏拉图所认为的，画家与诗人一样都无法表达真理，因为“模仿与真实体隔得很远”，否则艺术家“宁愿做诗人所歌颂的英雄，不愿做歌颂英雄的诗人”[②]。科林伍德就通过对国家概念的分析说明了语言的含混性。[③] 所以伟大的艺术家都会超越语言的束缚，正如潘诺夫斯基指出的，丢勒与不懂希腊文的伟大诗人能超越译者来全面掌握索福克勒斯的著作。[④] 中国古代的言意之辨也同样说明了这个问题。

因此最完美的艺术形式仍然是一种语图完美结合的插图式文本，目前插图本的流行乃是艺术发展与人的内在需要的必然趋势，特别是多媒体的发展，电影的发展更是插图本发展的更高级形式。虽然艺术本身的等级从未停止过争论，丹纳这种有着古典价值观的理论家自然认为艺术的等级是明显的，而克罗齐却认为艺术根本就没有等级[⑤]，因此韦勒克评价克罗齐“把所有的美学问题都集中在直觉的行动上”[⑥]，康德虽然在《判断力批判》中说“任何通过概念来规定什么是美的客观鉴赏规则都是不可能有的”，但他又认为鉴赏判断中必然存在着“共通感的理念”，最后同黑格尔一样认为“在一切美的艺术中，诗艺保持着至高无上的等级”。[⑦] 无论这些伟大理论家对艺术的等级怎样判定，我们总不能认为一个普通的文学作品可以与莎士比亚的戏剧

---

① ［美］韦勒克、沃伦：《文学理论》，刘象愚等译，生活·读书·新知三联书店1984年版，第132页。

② ［古希腊］柏拉图：《文艺对话集》，朱光潜译，人民文学出版社1997年版，第72—73页。

③ ［英］科林伍德：《艺术原理》，王至元译，中国社会科学出版社1987年版，第9页。

④ ［德］潘诺夫斯基：《视觉艺术的含义》，傅志强译，辽宁人民出版社1987年版，第327页。

⑤ ［意］克罗齐：《美学原理　美学纲要》，朱光潜译，外国文学出版社1983年版，第245—248页。

⑥ ［美］韦勒克、沃伦：《文学理论》，刘象愚等译，生活·读书·新知三联书店1984年版，第137页。

⑦ ［德］康德：《判断力批判》，邓晓芒译，人民出版社2002年版，第67、74、172页。

或者与《红楼梦》相提并论，或者一幅普通的绘画可以与《蒙娜丽莎》相比，虽然这一切最终都归结为克罗齐所谓审美者的内在感受。因此关于图画与艺术的争论的本质不是文学与绘画孰优孰劣，而是文学本身有优有劣，绘画本身有优有劣。从人类精神追求的最高标准来看，无论是图画还是诗都能反映真理，追求理想，但都无法达到完美状态。洪堡特说人类的现实“并非时时处处都与理想相符”，但人类的“文字作品、艺术作品和积极进取的行为意图中的精神，极其纯真、完整和协调地描述了人类高度自由地发展的可能范围”，这幅“理想化的图景”乃是人类精神文明中所共同呈现出的本质精神，是一个民族赖以存在发展的基本原则，但是这并不意味着任何艺术可以单独完成这个伟大的使命。① 语言必须与其他伟大的艺术一起为完成人类完美的自我塑造做出贡献。这其中电影作为图像与语言完美结合的综合艺术，也可说是更高级的语图一体作品，虽然它自身也有高低之分，起到了重要的作用，因为如巴赞所说银幕形象乃是“造型结构和时间艺术中的完美组合”②。德勒兹也说：“电影采用一种画面自动运动，甚至一种自动时间化。”“电影总是叙述画面的运动。”③ 关于这种“总体艺术”海德格尔则认为它会成为“民众的一个节庆与宗教”④。虽然我们在电影中也必须像德拉克罗瓦所说的那样，“凡是给眼睛预备的东西，就应当去看；为耳朵预备的东西，就应当去听”⑤。总之，尊重差异是我们能够欣赏不同艺术作品的首要前提，而插图本，包括电影则为我们提供了同时欣赏不同艺术的可能。

（原载《江海学刊》2013 年第 1 期）

---

① ［德］洪堡特：《论人类语言结构的差异及其对人类精神发展的影响》，姚小平译，商务印书馆 1999 年版，第 24、43 页。

② ［法］安德烈·巴赞：《电影是什么》，崔君衍译，中国电影出版社 1987 年版，第 82 页。

③ ［法］吉尔·德勒兹：《哲学与权力的谈判》，刘汉全译，商务印书馆 2000 年版，第 67、69 页。

④ ［德］海德格尔：《尼采》（上），孙周兴译，商务印书馆 2003 年版，第 93 页。

⑤ ［法］德拉克罗瓦：《德拉克罗瓦日记》，李嘉熙译，人民美术出版社 1981 年版，第 316 页。

“造型描述”（Ekphrasis）的复兴之路及其当代启示*

沈亚丹**

内容提要：造型描述（Ekphrasis）原是一个古希腊修辞学术语，其本意是指文本或演讲中的形象化描述。文艺复兴以来，它经过漫长的历史沉积，20 世纪中后期，作为一个重要的文艺理论范畴再一次频繁地出现在人们的视线中。当代语境中的造型描述对象，不再泛指现实中的一般视觉对象，而特指视觉艺术，它也被聚焦为语言对于艺术品的呈现与转述。在其与叙事等概念的多方比较中，研究者揭示出其静止、空间化存在等特质，进而与一系列西方理论传统中的关键性概念，如文字表达与视觉呈现、时空、性别等建立起联系。21 世纪以来，人们进一步发现，艺术史也即是造型描述史，它因而也跻身于艺术史研究的方法论中。目前，这一概念虽然还没有稳定的中文表述，却无疑对我们审视传统的文图关系研究以及艺术史生成等诸问题，提供了一种新途径。

关键词：文图关系；造型描述（Ekphrasis）；视觉艺术；艺术史书写

---

* 本文系国家社科基金项目“比较艺术学视野中的宋乐、诗、画关系研究”（项目号：10BA007）的阶段性成果。

** 作者简介：沈亚丹，1967 年生，文学博士，东南大学艺术学院副教授、博士生导师。

从先秦以来无可争辩的“子曰”到明清小说的“有诗为证”，再到当代网络名言——“有图有真相”，这一变迁勾勒出中国语—图话语权的逆转。语图之争，是一个世界性问题。在西方文化史中，语言作为逻各斯的具体呈现，有着创世的力量，也宣告着言辞无可争辩的优势。① 但20世纪以来，图像势不可挡的崛起，引爆了它和素有“存在之家”之称的另一符号系统——语言的战争。而图像对于文字的挑衅以及挤压，后来被米切尔命名为“图像转向”②。中国学界常以米切尔的《图像理论》作为这一转向的明确标识，但对于这一转向的最初关注和讨论，可以追溯到维特根斯坦后期学说。③ 在人们对于文本和图像关系的比较和审视过程中，有学者指出：人们都是在隐喻的层面上讨论语言的图像功能或者图像的叙述功能。但正如另一些研究者所揭示出的，任何比较研究都无法彻底剔除其隐喻因素，甚至一幅画和另一幅画，一首诗和另一首诗的比较，都无法摆脱其隐喻性。20世纪50年代以来，维特根斯坦、贡布里希以及福柯和马格利特等各界精英，都不得不面对文字和图像这两种异质媒介，以正视它们之间的相互对抗、相互消解以及相互模仿。如今，视觉文化方兴未艾，在这文本和图像相互转换、相互模仿、共同存在的现实状况下，文图关系也变成中西学者关注的另一焦点，并正在成为一个热门跨学科研究领域。语言和图像两套符号系统的比较研究，在西方学界以图像学、语言学、心理学等途径广泛展开。与图像叙述所关注的图像对于文本的转述——图像叙事相对应，语言对于图像的呈现和转述这一现象也越来越为人

---

① 中西语言观的差异非常微妙，这里就不进行详细论述，简言之，语言的优势在西方而言是逻各斯中心论的延续，而在中国，书写这一活动，有着更为强大的力量，甚至宋代以后的图像，在造型、色彩、笔墨等各方面无不浸染着书写的痕迹。

② 对于“图像转向”的误读以及其确切意义，国内已经有多篇文章对之进行讨论，这里恕不赘言。但每一种误读都不是无缘无故的，因此每一种误读也有其合理性。

③ Richard Heinrich, Elisabeth Nemeth, and Wolfram Pichler, “Image and Imaging in Philosophy, Science and the Arts”, *proceedings of the 33rd International Ludwig Wittgenstein-Symposium in Kirchberg*, 2010, Frankfurt: Ontos, 2011, p. 115.

们所关注。20 世纪后期，表示语言对视觉艺术的描摹和转述的概念——Ekphrasis，走到理论探索的前沿。本文想就西方文本和图像研究话语中的一个古老而又重新活跃起来的概念 Ekphrasis 入手，通过它的沉浮，从侧面展示当代西方对于图文关系的研究。到目前为止，Ekphrasis 这一术语，并未正式进入中国理论视野，因而国内对其中文表述也五花八门，至于这些中文命名是否恰当，笔者想在介绍完其源流和内涵以后，再进行具体分析。这里为了行文方便，本文姑且将之称为“造型描述”。

一

西方学者的研究揭示出，Ekphrasis 的出身并不显赫：“在古希腊时代是个非常生僻的术语，但却大器晚成。它最初和对艺术品的描述无关，而仅指简单和纯粹的描述，使得听者身临其境。”① 可以说，作为一个专业术语，它从一开始就带有几分匠气，不属于形而上学的关注范围，只是在修辞手法、演讲训练等技术层面被提及。因而，古代论及这一术语的著作也屈指可数。当代研究者西蒙·古德黑尔对它的来龙去脉进行了清晰的追溯，并列举了提及这一术语的古典修辞著作，指出它曾出现在：“公元前一世纪古希腊塞翁（Theon）、昆汀（Quintilian）的拉丁语修辞著作中，二世纪的哈摩根那斯（Hermogenes）以及四世纪的阿芙赛钮斯（Aphthonius），五世纪的尼古拉斯（Nicolaus），当然，也许还有四世纪初的阿门拿得·瑞何特（Menander Rhetor）的修辞著作中。”② 其中，塞翁将之界定为“一种描述性讲述，通过此种讲述，将生动可见的形象传递给听者”③。简言之，造型描述

① James A. Francis, “Metal Maidens, Achilles's Shield, and Pandora: The Begging of ‘Ekphrasis’”, *American Journal of Philology*, 130, 2009.

② Simon Goldhill, “What is Ekphrasis for?”, *Classical Philology*, 102 (1), 2007.

③ Simon Goldhill, “What is Ekphrasis for?”, *Classical Philology*, 102 (1), 2007.

作为一种培养演说家过程中的修辞训练方式，其重要功能就是增加言说内容的说服力和感染力：“增加言辞的迫切性（urgency）和激情，它在陈述事实的时候还对听众具有相当强的说服力并且征服（enslave）听众。”①

另一方面，造型描述也被引申为一种文本类型（gender），也就是大量运用形象描述这一修辞手段所写就的文字。换言之，造型描述也可以指通过生动的语言对于视觉形象进行描述的文字或文本。其中，最为著名和具有代表性的，同时也最广为学者所提及并乐于分析的，是荷马史诗之《伊利亚特》第18卷第478行到608行，对于阿喀琉斯盾牌的描绘。以下是《阿喀琉斯的盾牌》的开头两段：

他首先锻造一面巨大、坚固的盾牌，
盾面布满修饰
四周镶上三道闪光的边圈，
再装上银色的肩带。
盾面一共有五层，
用无比高超的匠心，
在上面做出精美点缀装饰。

他在盾面绘制了天空、大地和大海
不知疲倦的太阳和一轮望月满圆
以及繁密的布满天空的各种星座
……②

① Simon Goldhill, “What is Ekphrasis for?”, *Classical Philology*, 102 (1), 2007.

② ［古希腊］荷马：《伊利亚特》，罗念生译，载《罗念生全集》第五卷，上海人民出版社2004年版，第478页。

接下来，作者不厌其烦地对于盾面上铸造的星辰、城市以及城市中的市民百态进行了描绘。以一幅类似《清明上河图》的全景画面，展现了城市生活中的各个方面，其中有婚礼、争执、诉讼等日常生活场景。此外，这段文字也对另一空间单位中农夫的收获以及大地上的牛羊等作了细致入微的描绘，展开了类似于田园牧歌似的画卷。西方艺术家曾多次按照“荷马史诗”对于阿喀琉斯盾牌的文字描述，将之还原为实物。如19世纪西方艺术家安吉洛·蒙蒂塞利（Angelo Monticelli）就曾根据诗歌的描述设计出阿喀琉斯盾牌。[①] 20世纪初，英国诗人奥登也以《阿喀琉斯之盾》为题，创作过一首著名诗歌。文与图超越媒介、超越时空的应和，使得西方文化的血脉得以延伸，正如瓦伦汀·楚尼汉姆在《为什么是造型描述?》一文中指出的：“这种重现不仅仅使得西方的精神体系和西方传统生生不息，同时也造就了造型描述的传承模式。”[②] 由此可见，在古希腊时代，造型描述首先作为一种修辞手法，同时也用来作为训练演说家的一种手段，以使得其演说吸引观众，使人们身临其境，以赢得听者的共鸣。这种语言对于形态的描摹，不仅以口头形式存在，而且也包括对于各种视觉对象的书面描述。

随后，虽然造型描述这一语言活动持续而广泛地活跃着，但这一术语却经历了漫长的沉寂。自文艺复兴以来到20世纪中叶，即使在西方学术界也寂寂无闻。“1965年10月在爱荷华大学现代文学研究中心召开的首届会议上，评论家穆雷·克雷格（Murry Krieger，1923—2000）向大会提交了一篇题为‘绘画诗与诗歌的静止运动：或重访拉奥孔（Ekphrasis and the Still Movement of Poetry：or Laocoon Revisited）’

① 西方历史上对于《伊利亚特》中阿喀琉斯盾牌之图像演绎还有尼古拉斯（Nicolas Vleughels）雕刻的盾牌，这一形象出现在亚历山大·蒲坡（Alexander Pope）英语译本中。此外还有1821年亚伯拉罕·弗莱斯曼（Abraham Flaxman）制作的镀金浅浮雕，以上两个雕塑的图像可参见Murry Krieger所著的Ekphrasis一书扉页，该书由约翰·霍普金斯大学出版社1992年出版。

② Valentine Cunningham，“Why Ekphrasis?”，*Classical Philology*，102（1），2007.

的论文，从此英美两国的学者拉开了西方绘画诗学的理论研究序幕。”① 于是，那个尘封已久的古希腊概念又一次粉墨登场了，但其在当代话语中找到自己的位置，也经历了一个艰难的历程。正如米若·克拉克在1999年的一篇文章中指出的：“十年前，当我刚开始对造型描述进行研究的时候，对我从事人文科学研究的同事谈及这一术语，他们的脸上会出现一种奇怪的表情，然后告诉我两点：第一，他们没有听说过这个词；其次，他们表示自己应该去了解它的意思。”② 20世纪六七十年代以来，相关专著和文章也相继出版，20世纪80年代以来更是陆续乃至于频频地出现在《词语和图像》等众多西方文艺理论研究刊物中。③ 从关注这一概念的众多刊物和不同领域的研究者来看，这无疑是一个跨越语文、哲学、美学、艺术、文学等诸多领域的论题，而研究者们也正是从自己的研究视野中，不约而同地关注到这一古老的概念。正如一个学者在2009年发表的一篇文章中写道：“造型描述（EKPHRASIS）近年来受到广泛关注（按：原文中以上文字全为大写），无论是古代经典研究学者还是后来的文学和书面作品的研究者，都在探索图像和文本的关系。”④ 另一个学者在2008年提供的一个数据，可以为21世纪以来人们对于这个概念的研究热情提供一个佐证：“对美国现代语言学会国际文献目录进行造型描述的关键词检索表明，这个概念作为关键词出现在468篇文章、书籍章节以及学位论文中，其中177次出现于最近五年的出

---

① 谭琼琳：《西方绘画诗学：一门新兴的人文学科》，《英美文学研究论丛》2001年第1期。

② Mario Klarer, “Intrudication”, *Word and Image*, 15 (1), 1999.

③ 1999年《词语和图像》（*Word and Image*）杂志就Ekphrasis研究出版了专刊，对此概念进行了回顾，并在当代理论话语体系中，赋予其新的身份。八年以后，也就是2007年，芝加哥大学出版的刊物《美国经典语文学》（*America Classic Philology*）又一次出版了同一主题的专刊，将对这一概念的分析和运用推进到一个更为深入和具体的阶段。同时，《今日诗学》（*Poetics Today*）、《现代文学学刊》（*Journal of Modern Literature*）、《美学和艺术批评学刊》（*The Journal of Aesthetics and Art Criticism*）、《艺术史》（*Art History*）等西方艺术理论主流刊物也有多篇文章涉及这一概念。

④ James A. Francis, “Metal Maidens, Achilles's Shield, and Pandora: The begging of ‘Ekphrasis’”, *American Journal of Philology*, 130, 2009.

版物中。”① 而近年来，因为对它的讨论涉及多语言、多媒介（其中包括 BBC 广播），因而变得难以统计。由此可见，近半个世纪以来，这种讨论已经不单纯是对一个古希腊修辞概念的考古发掘，造型描绘摇身一变成为探讨文字和视觉两种符号系统之间转换互动的重要途径。其中，造型描述的视觉对象范围非常广泛：“从盾牌到缸、被子、雕像、壁画、挂毯、卡通、绘画、照片、电影、建筑的一角或者全部建筑物。”② 此外，它已经被延伸为对于影像，甚至音乐作品的描述。③ 更为重要的是，当代西方艺术理论家、哲学家以及艺术史研究者，对这一概念重生后的新内涵界定也在不断的对话中形成一定共识，同时也产生了新的分歧。

二

20 世纪以来，ekphrasis 已经在一个全新的现实和理论语境中，逐渐被赋予了新的内涵，并正在形成一个特定的研究领域，和西方文艺理论史上的一系列关键性概念产生联系。复兴后造型描述的语言呈现对象，不再泛指现实中的一般视觉对象，而特指视觉艺术品。正如加瑟·埃尔斯在其文章中指出的：“只是到了 20 世纪以后，这一术语才被专门界定为对艺术品的文字描述。……而这一术语在古代概指对形象的一切生动描述。”④ 因而，造型描述也就特指对于视觉艺术的语言描述或呈现。⑤ 这样似乎缩小了论述范围，其实不然。即使将造型描

① Laura M. Sager Edit, “Writing and Filming the Painting: Ekphrasis in Literature and Painting”, *Rodopi*, 2008, p. 1.

② Valentine Cunningham, “Why Ekphrasis?”, *Classical Philology*, 102 (1), 2007.

③ 例如，密西根大学德裔音乐学家 Siglind Bruhn 于 2000 年出版的《音乐的转述：基于绘画和诗歌的音乐创作》一书，将 ekphraisis 引申为一种艺术对另一种艺术的转述。

④ Jas Elsner, “Viewing Ariadne: From Ekphrasis to Wall Painting in the Roman World”, *Classical Philology*, 102 (1), Special Issues on Ekphrasis.

⑤ 就笔者目前的所接触到的相关研究而言，造型描述已经不限于对视觉艺术的语言转述，而早已扩大到表演艺术，例如电影、戏剧的分析之中。甚至，这一概念也被用来指称语言对于乐曲的描绘和转述。

绘的对象聚焦为视觉艺术，这依然是一个非常广义的概念。并且随着对这一概念研究的深入，问题越来越显示出它的复杂性。例如，即使是造型艺术，也有现实中的造型艺术、造型艺术所引发的心理知觉、基于记忆的造型形态等不同层面的形象。因此，与造型描述相关的各典型问题及研究方向正在被一一拓展，逐步深入。目前，笔者认为，其关注焦点可以归纳为三个方面：对造型描述的本质特征的探讨；造型描述和叙事的关系；作为艺术史书写的造型描述。

首先，语言对视觉艺术描述与呈现过程中的诸本质特征，是人们关注的重点之一。在阅读造型描述文字的同时，我们也是观看者。这就决定了这一问题的复杂性，也正因为如此，造型描述片段常被视为文本中的异类，被米切尔归结为具有乌托邦倾向的“他者”，和其所寄居的文本显得格格不入。也就是说，造型描述无论作为一个文本，还是作为文本中的一部分，其最终目的是以语言转述为媒介，将特定视觉对象置于目前，使之被凝视：“造型描述的对象事实上总是默默无语。这些沉默的符号为自身的被阐释提供了充足的空间，并为其意义的丰富性提供了可能。”① 在此凝视过程中，观照主体将观照对象纳入自己的审美经验框架之中，并将之诉诸文字。不过此时，文字仅是其载体，“其中，文本的透明性变得非常重要”②。可以想见，与一般的书写相比，造型描述的文字的目的不是言说，而是造型，如同投影仪，最终指向并形成某种影像。这里需要注意的是，当人们将造型描述和叙述作为两个平行甚至对立的文本层面进行讨论的时候，便已经潜在地包含了另一个观点，也就是造型描绘具有静止性以及空间性。无论如何“它（语言）可以指涉一个客体，描述它，唤起它的形象，但是永远不能像图像那样，将之诉诸视觉”③。可见，词语和图像之互

① Valentine Cunningham，“Why Ekphrasis?”，*Classical Philology*，102（1），2007.

② Elizabeth Bergmann Loizeaux，“Ekphrasis and Textual consciousness”，*Word and Image*，76 – 96（1），1999.

③ W. J. T. Mitchell，*Picture Theory*，University of Chicago Press，1995，p. 152.

动虽然错综复杂，但造型描述却永远行进在语言通往图像的途中，可以趋近，而无法抵达。

无可置疑，描述性和生动性是其文字呈现的本质特征。但对于造型描述和一般的描述是否有本质区别，研究者们还存在歧义。比如米切尔在其《图像理论》“造型描述和他者”一节中，认为造型描述没有特殊的语法、句法等一套符号系统，和其他一切文本一样，都是基于普通语言的构成原则：“造型描述的诗歌对于视觉艺术品的描写和对其他一切事物的描写一样。……造型描述性诗歌对于视觉艺术的描绘的途径和其他文本对其他物品的描述基于同一途径。”① 虽然如此，后来的研究者却指出，语言对一件视觉艺术品的描绘和对一个现实视觉对象的描绘是有差异的：“语像对于艺术品的翻译不仅是以语言对之进行表述，而是将艺术品纳入一种造型描述的传统，也就是经历数百年编织而成的概念之网，并顺势将它所隐含的意义阐释出来。”② 这种差异首先来自这二者所置身的不同语境。可以想见，我们描述停放在超市门口的自行车车轮和描述安放在纽约现代艺术博物馆的杜尚的自行车轮，显然不能相提并论。同理，对于厕所小便池的描述和被杜尚提名为《泉》的展示品的语言描述，所用的词语和态度也会有明显的差异。以上两个例子虽然极端，但这说明一件日常用品和一件艺术品即使是同一件东西，但一旦其身份发生改变，就会被置于不同的语言取景框中，被用不同的概念群来界定和描述。其描述过程体现出人们对视觉艺术对象和日常生活用具的不同观照方式和不同的言说态度。反之，当毕加索将自行车把手或者杜尚将一个小便池送进美术馆的时候，它们也从一堆被使用的物品中被挑选，变为被凝视的对象；与此同时，这些物品也完成了它们从日常生活视觉对象向造型描述对象的身份转换。以上分析显示，人们对这一概念内涵的划定，对其谈论

① W. J. T. Mitchell, *Picture Theory*, University of Chicago Press, 1995, p. 159.

② Jas Elsner, “Art History as Ekphrasis”, in *Art History*, Volume 33, Issue 1, 2010.

类别和对象的归纳，进而对其作为不同艺术媒介的相互呈现转换的引申，使得它从一个古希腊修辞学专业术语，升华为一个跨越多领域的范畴。

此外，造型描绘和叙述（narrative）常常被作为一对范畴进行比较。如果说叙述是用语言展示和呈现一个连续事件的过程，那么造型描绘则是以语言为媒介对一个视觉形象的静态呈现。这使得研究者普遍认为，造型描绘是叙事过程的静止和停顿：“尽管这是以语言媒介对造型艺术空间特质和共时性的模仿，造型描述将暂时性地中断叙述进程，从而呈现出一系列静止的片刻。”① 同样，在一个叙事文本中出现的造型描绘片段，如同叙事长廊中的天窗，引导我们驻足观望一个静止的画面：“造型描述使得我们的眼前产生了形象，这种形象不同于叙述，并在故事进程中和叙述平行的对话层面，洞开了一扇窗口。”② 这里我们有必要对于叙事的本质进行简单介绍，以便更为明晰地凸显造型描述的特点。对于叙事以及叙事性，西方不同流派有不同的界定，但叙事的本质就是连续与变化这一观点，得到各叙事学流派的普遍认可和肯定。③ 读者对于叙事最基本的期待，即：“需要看到事件的变化及其联系，以及不同状态之间的时间延续性和因果关系。”④ 但是就像《阿喀琉斯的盾牌》这一片段所呈现的，虽然其诗行中有一些叙事要素，但事件与事件之间却缺乏整体的联系。例如，在描述完盾牌上的星空图案以后，笔者转而开始描述盾牌画面上的城市意象。这里，整段文字以空间为单位被分割成相互独立而不相关的更小的叙述单位。

西方一直有诗歌是时间艺术，绘画是空间艺术之说。而造型描绘

① Kaitharine Murphy，“Images of Pleasure：Goya，Ekphrasis and the Female Nude in Blasco Ibáñ ez's La maja desnuda”，*Bulletin of Spanish Studies*，Volume LXXXVII，Number 7，2010.

② Elizabeth B. Bearden，*The Emblematics of the Self：Ekphrasis and Identity in Renaissance Imitations of Greek Romance*，University of Toronto Press，2012，p. 5.

③ Wolf Schmid，*Narratology*，Walter de Gruyter Gmbh & Co. Press，2010，在此书第一章“虚构文体中叙述的特征”中，对20世纪以来的理论流派对叙述学及其叙述特征有所归纳。

④ Wolf Schmid，*Narratology*，Walter de Gruyter Gmbh & Co. Press，2010，p. 4.

虽然外在形式呈现为诗歌或文本，但其本质与造型艺术更为接近。造型描述和叙述的动静、时空等一系列对比，使得研究者一再强调其凝视性。早在20世纪90年代，米切尔在其《图像理论》中就已经关注到造型描述的凝视特征，并进一步提及了与凝视相关的安静、可凝视性等女性特征。综上所述，复述后的造型描述，被置于一个更为广阔与错综复杂的概念之网中，几乎牵涉到文本与图像、时空、动静、性别等所有的西方文艺理论传统中的关键性问题；同时，它也的确为以文字和图像关系为代表的不同艺术媒介之间的转换和相互呈现等当代问题提供了有效的研究途径。

艺术史就是造型描述史，因而“没有阐释性描述，就没有艺术史”①。而当人们从另一个视角切入造型描述，并将它作为艺术史构建的一种，甚至是唯一途径的时候，则同时为艺术史以及造型描述的研究开拓了另一个更大的空间。发表于2010年的《作为艺术史的造型描述》一文，系统地探讨了造型描述对于艺术史书写的决定性作用。艺术作品的历史存在，虽然有其时间上的延续和技法上的传承，但艺术史毫无疑问且无一例外，必须由语言写成。在语言对单个艺术品的描述、阐释、再阐释过程中，艺术史得以被书写、被复述和被认同与修改。而技法上的传承、风格的划定、归纳和命名，都离不开造型描述。正如赵宪章先生指出的，语言对于艺术史的决定性作用，也是由这两种不同符号媒介的形式决定的：“语言是实指性符号，图像是虚指性符号。正是语言的实指性，决定了它的可信性。”② 达·芬奇的《蒙娜丽莎》之所以在艺术史上如此重要，不仅仅因为其图像的独特性，而在于人们通过对它的凝视以及其所拥有的无限描述的可能。③ 人们对

① Jas Elsner, “Art History as Ekphrasis”, in *Art History*, Volume 33, Issue 1, 2010.

② 赵宪章：《语图互仿的顺势与逆势——文学与图像关系新论》，《中国社会科学》2011年第3期。

③ 这一论点是西方学术界公认的，人们对于《蒙娜丽莎》的不断甚至是过度阐释可具体参见李森《谁创造了〈蒙娜丽莎〉》，《民族艺术研究》2009年第2期。

于艺术品的描述本身也蕴含着阐释和评价，反之，也可以说，对于艺术品的描述，是基于某种阐释和评价之上的描述。正如米切尔在其《图像理论》中指出：“到目前为止，艺术史就是一部造型描述向训诫原则提升的历史。”① 这表明艺术史不仅是一部图像史，同时也是以特定方式存在的语言图像的书写史。另一方面，当代艺术媒介、艺术符号的多样化，对造型描述的研究提出了更为迫切的要求。对于模仿性绘画的描述和抽象绘画的描述或者行为艺术的描述，也必将遵循不同的造型描述规则和态度，并会不断形成新的概念和术语。“从欧文·潘诺夫斯基到墨里·克里奇和简穆斯·哈弗纳，自海哥恰穆以来的学者们一直都在寻求更为确凿的理论术语”②，如果潘诺夫斯基认为透视是一种象征而非完全客观的视觉表达方法，那么词语对于视觉艺术品的描述，无论描述者本着怎样的客观态度，也难以避免个人化体验和个性化写作。也正是因为如此，艺术品一直存在着，并以特定的方式被不断凝视和描述，艺术史也以某种方式不断被补充和改写。由此，造型描述正演化成为一种艺术史研究方法论，使得人们得以通过文字对于艺术史的书写，探讨艺术史的发展和流变。

三

当今图文之争已无可避免且无处不在，因而对图文关系的研究更为迫切。西方造型描述这一语言对图像的转述活动及其相关理论，可为中国图文关系研究提供新的途径和思路。目前这个概念正通过人们对西方理论著作和文章的翻译悄然进入中国理论视野，但它的中文表述则足以令人眼花缭乱。例如，米切尔的《图像理论》的中文译者将

① W. J. T. Mitchell, *Picture Theory*, University of Chicago Press, 1995, p. 157.

② Jenifer S. Cushman, *Beyond Ekphrasis*: *Logos and Eikon in Rilke's Poetry*, College Literature, 2002.

其译为“视觉再现之语言再现”。另外，据笔者所知，国内目前对ekphrasis有所关注的学者谭琼琳，在多篇文章中将其称为“绘画诗”。我认为，以上两种翻译都值得商榷。前者虽然相对准确地表述了这一概念的实质，这也的确是米切尔以及其他学者对其现在内涵的划定。但这一翻译的问题在于，首先，它以当代学者对于这一概念的界定代替了这一概念本身。其次，就技术层面而言，这一翻译非常绕口，这就为其中文流通或阐释造成了障碍。最后，就20世纪以来造型艺术的发展形势而言，“再现”显然已经无法涵盖其本质特征了，比如抽象画、装置、多媒体乃至于超媒体等新兴视觉艺术形式，就无法被再现涵盖。而“绘画诗”这一翻译显然是不准确的。第一，诗歌固然是ekphrasis的典型形式之一，但它也可以以言说、文本、艺术史描述等形式存在。事实上，这一概念可以指围绕视觉艺术品描述而展开的一切语言活动以及这种活动的结果——以视觉形象传达为目的的文本。正如我们上文所分析的，这种对于视觉对象的讨论，不仅其古希腊时代的范围不限于绘画，其当代内涵也指一切视觉艺术的文字转述，因而也不止于绘画，也难以将之界定为“绘画诗”。第二，当代中国一些西方艺术理论研究者，倾向于将之翻译为“艺格敷词”[①]。从某种意义上说，这种翻译是到目前为止较为契合原概念发音的一种翻译方式，但是因其文言气质浓厚，概念本身的内涵没有得到直截了当的揭示。事实上，“艺格”往往会让人误读成艺术范式，而非个别视觉艺术对象。也正因为如此，有学者提出：“据说国人多将其译为‘艺格敷词’，窃以为译为‘说出来’，虽朴实无华，倒也经济实在。”[②] 这里，我们又有了另一个关于造型描述的译文——“说出来”。此种翻译，虽然准确地反映了这一词的最初含义：ekphrasis即由ek（出来）与

① 具体参见王晓乐《语言和图像——“视觉读本”的出版理念》，《新美术》2012年第3期；曹意强《欧美艺术史学史和方法论》，《新美术》2001年第1期等。

② 张逸旻：《伊卡洛斯的回声》，《书城》2012年第3期。

phrasis（说、言说）两部分组成。但仅仅翻译为“说出来”，也难以聚焦这一概念的言说对象及范围，即视觉艺术作品。此外，“图说”作为 ekphrasis 的中文翻译之一，也出现在几篇文章中。① 但是如果我们检索当代出版的一系列“图说”印刷物，就可以发现，“图说”是以图像阐释文本，以图说文，使得文本更为直观。而 ekphrasis 则为以文说图，因而翻译为“说图”更为贴切。“视觉描写”这一翻译，则也有语焉不详的嫌疑。② 因为我们对于一切场景的描写，都可算是视觉描写，而此概念是特指对视觉艺术品的描写。

不可否认，这一概念的翻译的确是有相当难度的。笔者在试图以中文对之进行表述的时候，同样感觉非常困惑。在反复查阅、分析了这一概念的当代西方阐释以后，我曾认为“语像”或者“语象”是一个较为准确的描述，但查阅检索了“语像”和“语象”的中文资料后，却发现它们已经有了相对固定的含义。如，这二者都指蕴含在语言中的形象，或者由语言描述而在读者心中唤起的形象。而大量的资料显示，目前这两个概念在中国文艺理论研究中，并未涉及对视觉艺术的转述这一层意思，且这两个概念本身也已经充满歧义。③ 因此，我经过再三斟酌之后，决定姑且将其翻译为“造型描述”。“造型”可涵盖一切视觉艺术品，而“描述”则指对视觉艺术之语言表述。当然，这一翻译也有其无奈和不准确的一面。例如，造型的确是西方艺术，包括绘画、雕塑等各门类的重要目的，但对于中国艺术而言，写意常常比造型更为重要。因此，本文的翻译和论述仅为抛砖引玉之举，

---

① 具体参见张新木《论文学描写的文本地位》，《外国文学》2010 年第 4 期；吴啸雷译《艺术史写作原理》，中国人民大学出版社 2004 年版，第 6 页；楚小庆在其《形式分析方法在艺术史研究中的局限及其当代机遇》一文中沿用了这一名称，见《江苏社会科学》2010 年第 1 期。

② 具体参见张秀梅《斯宾塞名作〈仙后〉中的“性道德观”》，《外语研究》2009 年第 5 期。

③ 具体可参见蒋寅《语象·物象·意象·意境》，《文学评论》2002 年第 3 期；黎志敏《语象概念的“引进”和“变异”》，《广州大学学报》2008 年第 10 期，以上两篇文章对于语象进行了较为详细的分析。而赵宪章《语图符号的实指和虚指——文学和图像关系新论》，《文学评论》2012 年第 2 期，也涉及对语象的论述，同时，作者将语像进一步界定为“语象画”。诸多分析表明，语象和语像，皆和视觉艺术无关。

有待方家进一步讨论。尽管如此，造型描述及其相关论题的研究对于中国艺术以及艺术史研究具有极其重要的借鉴意义。这种借鉴意义体现在两个方面。

首先，自古以来，中国人对于视觉艺术的描述可见于赋、散文、诗歌等几乎所有的文体之中。这类文本相对于一般的抒情、叙事，肯定有其独特性，值得从特定视角对其时空呈现、形象和抽象、动静、现实和虚幻等诸多特征进行分析。如汉赋这一文体本身就具有很强的造型功能，以至于刘勰《文心雕龙·诠赋》称其为："写物图貌，蔚似雕画。"其中，很多作品可以被视为典型的造型描述文本，如羊胜和刘安都有以屏风为咏歌对象的《屏风赋》。此外，汉赋中以园林、建筑乃至扇等视觉艺术对象为描述对象的作品中，都有大量造型描写和刻画的段落。同样，中国传统咏物诗中的大部分作品，也必对所咏之物进行独特而传神的描绘，其中不乏对视觉艺术品的描述；传统像赞中的一部分作品或文字段落，也涉及造型描绘。而唐宋以来繁盛起来的题画诗更和造型描述有不解之缘，例如杜甫的《姜楚公画角鹰歌》《题壁上韦偃画马歌》等，宋代苏轼、陈师道、陈与义、范成大等众多诗人的题画诗，都可作为以文写画的个案分析对象。对于造型艺术品的描绘在历代古文笔记中也占一席之地，韩愈《画记》、苏轼《书蒲永升画后》、黄淳耀《李龙眠画罗汉记》等堪称典范。因而，造型描述无疑为中国传统文图关系研究提供了新思路。而余光中的诗歌作品《白玉苦瓜》，以故宫博物院陈列展出的玉雕白玉苦瓜为描述对象，是当代诗歌造型描述文本的杰作。

此外，语言对艺术品的描述在中国艺术史的生成和流变过程中有着极其重要的作用。尤其是宋代以后，文人掌握了艺术史尤其是绘画史的书写话语权。他们对于绘画的评介和转述以及题诗、歌咏等针对绘画作品的语言活动，对于中国绘画体系的编码和解码作用巨大，并对宋代文人画及水墨画写意画面目的形成和主流化具有决定性作用。这里，笔者想重提董源，以简单勾勒出语言描述对于中国绘画史的塑造。董源在中国绘画史上的地位毋庸赘言，其风格也似乎众所周知，即“一味古雅简当”（屠隆《画笺》），“一片江南”（董其昌《画旨》）。对于董源的描述始于宋代，“沈括的董源观是接受美学意义上的，他在表述董源的时候细腻地描述了他个人的审美体验。其中他贡献了一个可被后世文人画家利用的关键词——‘用笔草草’，这也是元趣——进而重叠为一个可供想象的董源”。[①] 董源随后被米芾、元四家、董其昌、四王等人不断描绘，最终完成其历史升华。宋代《图画见闻志》则为我们呈现了另一个董源：“水墨类王维，着色如李思训。兼工画牛、虎，肉肌丰混，毛毳轻浮。”[②] 因此，我们心目中的董源，包括沈括、董其昌所描绘的董源只是董源风格的一个侧面，甚至可用“董源·印象”命名。[③] 由此可见，中国艺术史上语言对于图像特有的暴力与规约更为显而易见。再者，中国绘画由于创作材料大多为绢、纸等，本身就不易保存，在历代战乱中，都会有大批皇家和民间藏画被洗劫、毁坏，很多作品无法传世。人们只能通过语言所建构的乌托邦去构想那些消失在历史烟尘中的古老图像。即使有作品传世，因中国自古以来没有公共艺术馆，无论是院体画还是文人画，不是藏于皇家，就是被收纳于文人雅士之手，绝大多数人无缘得睹。相对而言，虽然艺术博物馆在西方也起步较晚，但在相当长的历史时期内，教堂事实上就起着美术馆和音乐厅的作用。很多西方造型艺术杰作，在教堂中直接面对观者，例如《西斯廷圣母》、米开朗基罗的雕塑作品等。所以，图像的语言转述在中国艺术风格变迁以及艺术史书写中具有更为重要的作用。造型描述和图像叙事的研究相表里，为解读中国文图之异同，提供了一个有效的途径。

---

① 尹吉男：《董源概念的历史生成》，《文艺研究》2005 年第 2 期。

② 关于董源的蜕变过程，可具体参见尹吉男《董源概念的历史生成》，《文艺研究》2005 年第 2 期；杨春晓《从对董源的评价看米芾对宋元明清鉴藏的影响》，《书画世界》2006 年第 2 期。

③ 中国画史上对于董源的文字记载，为当代董源作品真伪、风格鉴定造成障碍。对董源作品的历史记载和原貌的争论在辨析《溪岸图》真伪问题上，激起千层浪，对于这一问题的讨论具体可参见《解读〈溪岸图〉》，上海书画出版社 2003 年版。

综上所述，西方理论话语中的造型描述，已经从对于形象化描写的一种修辞方式或者一种诗歌体裁，上升为一个文艺理论、哲学、语文学等众多领域的研究和认知范畴，并且与一系列关键性概念，如模仿、叙述、性别、凝视以及语图关系一起，进一步成为艺术史研究的新方法和途径。这也意味着，造型描述在当代西方理论语境找到的新的定位，也将被赋予新的使命。尽管如此，当前无论是中国还是西方，研究者对于这一术语的现代阐释还只是刚刚拉开序幕。

（原载《江海学刊》2013 年第 1 期）

语言与图像的符际冲突

[爱沙尼亚] 玛瑞娜·格瑞莎柯娃　李玉平译*

内容提要："元表征"指某种表征的表征，它涉及不同媒介间的转化与冲突。元视觉与元语言文本是元表征的重要类型。视觉与语言间的张力来源于虚构行为的双重性质以及讲述与观察功能的差异。希区柯克的电影《后窗》体现了角色——观察者对视觉意义的追寻以及与叙述操控的斗争。亨利·詹姆斯的小说《螺丝在拧紧》中视觉和语言的张力是与叙述权威的争夺紧密联系在一起的。从更为广阔的文化视角考察，语言与图像的张力是对知识权的争夺，是两种对立的认识论之间的斗争。

关键词：元表征；元视觉文本；元语言文本；符号学

元表征

西蒙尼德（Simonide）将画视为"沉默的诗"，把诗看作"言说的画"，自然揭示出语言与视觉媒介的互补性：画中有诗，诗中有画。

---

* 作者简介：玛瑞娜·格瑞莎柯娃（Marina Grishakova），1961 年生，爱沙尼亚塔图大学比较文学系副教授，国际比较文学协会执行委员；译者李玉平，1975 年生，文学博士，南开大学文学院副教授。

由此观之，语言与视觉媒介至少是部分地共存的。达·芬奇在《画论》中也宣称，“画是哑巴的诗，诗是盲人的画”，诗、画之间的差异决定了综合这两种艺术的困难大小。在此种情况下，每种艺术的“缺憾”便成为其寻求突破的建构原则。语言艺术追求视觉性和感觉的呈现，“可视的写作”成为传统的主题，哪怕这仅是一种渴求和无法企及的目标。反之，视觉艺术诉诸意义生成的指示（indexical）与规约（symbolic）形式，追求语言式的分节（articulated）。无论是语言艺术还是视觉艺术都很难达到上述理想状态，因为二者之间存在着意义的罅隙。

过去40年间，涌现出众多的视觉理论，它们都把语言与图像之间的意义生成罅隙作为其研究的起点。这些理论凸显不同媒介的固有特性——在同一“像似文本”（iconotext）中视觉媒介对语言媒介的抵牾或者像似（连续）与规约（离散）因素的相互混合。视觉媒介与语言媒介相互冲突同时又相互补充的特性成为符号学研究的重要对象。约瑟夫·古尔特斯（Joseph Courtés）主张，视觉符号与其假定的意义之间不存在静止的对等，将视觉符号化约为对等的系统（譬如语言）是错误的。[①] 依尤瑞·洛特曼（Jury Lotman）之见，在离散语言和连续语言之间不能相互翻译。离散语义实体（规约符号，譬如语言）与连续语义实体（诸如绘画、电影、梦境、舞蹈、仪式活动等）之间只能建立大致的对等。从视觉到语言的翻译会导致意义的大幅度错位和感觉生成的转移。

文字与图像之间的张力在“元图像”（metapicture，米歇尔语）或图像悖论中尤为明显。在这里，图像表征与感知都成为问题。“元图像”的不稳定性及其蕴含的“混乱”和抵制阐明了“严格意义上元语言的不可能性”和“视觉与语言经验的交叠”[②]。元图像在现代艺术与

---

① Joseph Courtés, *Du lisible au visible*, Bruxelles: De Boeck Université, 1995, p. 243.

② W. J. T. Mitchell, *Picture Theory: Essays on Verbal and Visual Representation*, Chicago & London: The University of Chicago Press, 1994, p. 83.

先锋艺术中相当普遍。魏福德·诺斯（Winfried Nöth）区分了“元图像”（关于图像的图像，包括引用或其他形式的互文性指涉）与“自我指涉图像”（指向自身的图像）。诺斯宣称，“元图像”与“自我指涉图像”只是部分重合，米歇尔却忽视了两者的区别，它的定义既包含“元图像”也囊括了“自我指涉图像”。诺斯通过与“元语言”（第二度的语言，抽象和描述性的更高层次的语言）和“自我指涉语言”（指向自我的第一度语言）进行类比，厘清了“元图像”与“自我指涉图像”的区别。

米歇尔的“元图像”作为一种人工制品和元反射形式是“元小说”（metafiction）的视觉对应物。在这里，第一度与第二度的语言共存，而非对等于元语言。一方面，“元图像”揭示了严格意义上元语言的不可能性；另一方面，它自身也转换成为一种元反射的描述。

与“元语言”和“自我指涉语言”不同，元小说和自我反射小说的概念可以作为同义词互换，两者皆指暴露小说表征惯例的自我反射现象，它们告诉我们通常意义上关于小说性的一些东西。同理，元图像告诉我们图像生成的一些事情，它们反射图像自身及其他图像。元小说和元图像整合了元指涉性和元描述性。米歇尔的“元图像”适用于关于图像的元表征和自我表征，而笔者创立的“元视觉”（metavisual）与“元语言”（metaverbal）这两个概念则是跨媒介的元表征（intermedial metarepresentation）。很明显，存在与米歇尔“元图像”类似的语言对应物——自我反射的语言元文本。在这里，语言表征的过程暴露无遗或者遭受质疑。如同元视觉文本对语言表征的呼唤，元语言文本激起视觉表征，以此补偿语言信息本身的缺憾与不足。元视觉与元语言文本都是元表征的重要类型。

“元表征”在认知语言学与心理学中，指某种（精神的、内隐的或者公共的、外显的、物质化的）表征之表征，“在其中包含着低层次表征的更高层次之表征”①。在这一用法中，元表征已然涉及媒介间的转换，譬如：精神表征呈现为声音或图像实体，反之亦然。在媒介间（图像—语言）转换与翻译的情况下，像似与规约符号、语言与视觉表征之间建立起约略的、松散的对等系统。跨媒介的元表征凸显了以上诸要素间的张力，同时也证明了单媒介无法表达感知的多模态特性。语言与视觉文本都是潜在的图像文本或象似文本。无论是象似符号占主导还是规约符号占主导，这两种符号都处于或多或少的相互张力之中。玛格丽特著名的题铭“这不是一只烟斗”与烟斗的图像表征，彰显了图文不同表征对象之间的相互抵牾。元语言文本（譬如述画书写【ekphrastic】、电影小说、图像诗）通过探求语言表征的局限，诉诸视觉形式（图解要素、真实或虚拟的电影镜头、艺术品、梦境、幻觉、心像等）反映出语言媒介的不完整性。元视觉文本借助图像与语言信息的并置，凸显二者的差异，从而揭示出视觉表征的不完整性。

视觉艺术（尤其是绘画）中规约与像似要素之间的张力业已得到充分的研究。相比之下，心像由于其稍纵即逝、难以言表的特性，尚未得以深入探究。小说文本中语言与视觉张力的第一可能来源是虚构行为的双重性质——叙述表征中模仿与叙述（diegetic）层面、呈现与讲述之间的差异，用格雷马斯的术语来讲，就是叙述的行为与认知层面之间的差异。任一小说作品都既是一个文本又是一个虚构的世界。阅读行为涉及语言表达与感知的视觉模式（譬如读者从故事世界中衍生出来的心像）之间的相互协调。相对于小说中的人物，读者处于有利位置，因为他（她）的视觉“盈余”囊括了多元的视角，激发对虚构世界的心像。文本提供的图式化指涉框架与读者意识对虚构世界的综合心像之间存在意义的罅隙。我所说的“虚构世界的心像”大致相

① Deirdre Wilson, “Metarepresentation in Linguistic Communication”, in Dan Sperber (ed.), *Metarepresentations: A Multidisciplinary Perspective*, Oxford – New York: Oxford University Press, 2000, p. 411.

当于罗曼·茵加登（Roman Ingarden）的文本“具体化”层次。依茵加登之见，艺术作品是一个包含着很多不确定点的“图式化构成”，在阅读过程中被读者部分地充实（具体化）。

语言与视觉张力的第二个来源是叙述功能讲述与观察之间的差异。这一差异在第一人称的参与故事叙述者（人物叙述）身上最为明显。第一人称的参与故事叙述者（见证—参与者）在保留自身部分“不可见”的同时，拥有在虚构世界中观看他人的特权。他只有从外部被他者作为模仿对象或者从内部作为“内体验的语言”（巴赫金语）时，方可被观察。作者的全知全觉观念和将“看”等同于“知”，有时会导致对作者视像隐喻的现实主义式理解。一些受福柯影响的批评家甚至对现实主义作者求全责备，认为他们通过“全景视角”对人物实行警察式的监控。对于这样的观点，我们无法苟同。作者并不拥有完全的知识，他们只是在叙述的过程中，通过叙述中介（narrative agency）扩展自己的理解与知识。叙述是一个意义生成的过程，而非由作者向读者传递现成的信息包。作者的功能分配于他所调停的叙述中介，譬如：将物理视像（亦即虚构世界中视像）的功能分派给参与故事的叙述者或某一人物。显而易见，作者—叙述者并不能（物理地）“看见”故事世界。任何“语像”（verbal icon）都只是形象创造的蓝图，而非形象本身。第一人称的参与故事叙述者处于沟通作者与人物的跨媒介位置，体现了语言与图像、表征中模仿与叙述层面之间的张力。叙述者对“全景视像”的“特殊欲望”由于“知”的阈限受到阻滞。

元视觉文本

肖像画是元视觉文本的一大类。尽管肖像画遵循各自时代的美学与文化惯例，但是模特与其表征的相似性是肖像画不变的原则。相似性规定就包括姿态（posing）。尽管姿态受艺术家（肖像画的作者）的操控，但它归属于所画的模特：姿态意味着确证画中人物的身份。这样一来，肖像画就转变为第一人称叙述。肖像画包含着像似要素与规约—指示要素（叙述）之间的张力。而后者（姿态、手持之物——书本、地图、工具、衣饰、背景等）发挥了身份确证的功能：它们意味着特定现实的投射与解读。

希区柯克（Hitchock）的电影《后窗》（*Rear Window*，1954）体现了角色—观察者对视觉意义的追寻以及与叙述操控的争斗。正如影评家所言，希区柯克电影中的“窗户”正是一面镜子。后窗对面房间里发生的所有的事件，林林总总的生活故事，或多或少皆可看作主人公与他的未婚妻丽萨“潜藏”的故事——在潜意识驱动层面渐次展开。因此，通过后窗所看到的故事揭示了潜藏和压抑在角色间或传统或模糊的对话之下的一切。观察者，或曰见证或曰“眼睛”的角色，由于主人公的职业而自然主题化：杰夫是一位摄影记者，他并非情愿做一位观察者，而是因为腿有残疾，不便四处活动。作为行动不便的补偿，他沉浸在孜孜不倦、持续不断的偷窥之中。无论从电影制作还是电影观赏的角度而言，《后窗》都是一部自我反射的电影。整部电影充斥着照片—相机的运用。杰夫可以看作其他人物潜在生活故事的叙述者，这些故事无一例外地通过他的眼睛展开。在凶杀故事的叙述中，摄像机保持了一定程度的独立（杰夫熟睡，不再偷窥，电影镜头径直扫过后窗、院落），杰夫的“后窗”仍然充当着主要的参考点——即使动用“客观照相机”时，希区柯克依然通过杰夫“后窗”的视点给观众以附加的信息。影评家对杰夫古怪行径（痴迷于偷窥、抵制婚姻）的原因缺乏深入的探究。他们总是将其归结为杰夫的个人中心、同性恋压抑、阳痿、忧郁、神经衰弱。尽管影片中充斥着众多与性相关的隐喻和双关，杰夫潜在的同性恋与阳痿还是可以做出不同的解读。

影片中的两位女性斯特拉与丽萨以常人之心揣度杰夫。起先，她们认定杰夫行为变态，从而设置重重障碍以阻止他，为将杰夫的注意力从近乎偏执的后窗偷窥转移开来，她们与杰夫不停交谈，并不时打岔。然而，出乎意料的是，她们最后也都加入了偷窥的游戏。电影的图像与角色之间的交谈有着明显的冲突。如果说希区柯克电影中的音响是对视觉形象的补充，那么人物对白却有着自己独特的功能。在《后窗》中，人物对白凸显了语言与视觉之间的内部冲突——它们之间是紧张的、敌意的、悖反的，刺耳、焦虑的语调遍布整个影片。人物的语调与音响、音乐相冲突，而后者是为衬托、呼应视觉形象而服务的。在希区柯克这一视觉元文本中，存在着一个无言的语言对应物。这一对应物经由尖叫、刺耳的语调、叹息、杰夫房间神秘的声音显现出来。

视觉与语言的冲突成为电影《后窗》的主轴，其他二元对立（女性—男性、传统—前卫）皆从属于这一主轴。希区柯克从早期的默片尤其是德国表现主义电影获益良多。《后窗》仿效了默片的电影结构，影片中的视觉信息与语言表征在建构与解构之间形成某种张力。另外，影片通过摄影记者杰夫促成了电影与照片的连接，使有声电影的观众意识到电影文本中语言与图像固有的张力。

在视觉媒介中，经由语言媒介而来的元小说和元叙述的手法发挥了新的功能，产生了截然不同的效果。在小说中，作者与人物的转喻性接触（metaleptic contacts）通常会产生人物的“超现实”效果——人物被提升到与真实作者平起平坐的本体地位，而作者的活动能力介于神、人之间。纳博科夫的小说《庶出的标志》（*Bend Sinister*）里，小说人物听到了“书页爆裂的神奇声音”，而这一页乃是小说中人物得以创造的一页。随着这一页抛入作者的废纸篓，此人物在小说世界中的生命便宣告结束，但他却在处于外叙述层面的现实世界中活了下来。在《洛丽塔》中，“真实的”洛丽塔在母亲分娩时本已殒命，但她却作为作者想象力的产物焕发出不朽的艺术生命力。还有马克·福斯特（Mark Forster）的电影《奇幻人生》（*Stranger than Fiction*，2006），影片中的作家 Karen Eiffel 通过元虚构进入了她所创造的人物的生活，作家与人物的相遇使作家褪去了文本外操控创作的神性（Karen Eiffel 以擅长通过各种残忍手法使小说主人公毙命而著称），降为食人间烟火的真实角色。与小说人物遭遇的过程中，Karen Eiffel 逐步放弃了原先设计好的迫使主人公死亡的构思计划，改变了小说的结尾。原因很简单,主人公不再是书页上的“纸人”，她不能杀死一个有血有肉的真人。

元语言文本

相对于元视觉表征中不完整或虚拟的语言对应物，元语言文本过量的语言化则意味着对视觉表征缺乏（叙述者和人物都竭力去“看”，但最后往往无功而返，或只能在想象中实现）的补充。亨利·詹姆斯（Henry James）的小说《螺丝在拧紧》（*Turn of the Screw*）堪称范例——这是一个能够很好地激发视觉想象的文本。圣诞夜的朋友聚会上，道格拉斯道出了一个深埋多年的恐怖故事：年轻的女教师接受了一份照看两个小孩的工作，由此引发了一系列令人毛骨悚然的经历。前仆人昆特的幽灵频频造访，妄图控制两个小孩。女教师为保护孩子同幽灵周旋，竟被当作精神失常。女教师给雇主写信，企图挽回整个局面。正如克瑞斯汀·布鲁克－罗斯（Christine Brooke-Rose）所言，詹姆斯的小说“邀请批评家在无意识中跳出家庭女教师的两难的困局”[①]，批评家通过添加缺失的细节开始重写整个故事。与此类同，女教师将故事语言化是对视觉缺乏的补充。幽灵与“信件”（亦即女教师亲自写的关于故事的信）之间互相参照，阐明了故事作为叙述与观察相悖反的元小说意义。

詹姆斯小说中的视像与镜子结构特别引人注目。女教师总是在寻求“镜像接触”：通过视线的交接，她将“自我”认作他者，重获对他者的视觉操控。对女教师而言，视觉是最可靠的信息之源：“看”

① Christine Brooke-Rose, *A Rhetoric of the Unreal Studies in Narrative and Structure, Especially of the Fantastic*, Cambridge: Cambridge University Press, 1981, p. 128.

便意味着“知”，从而实现语言化（“我要求他知道，确保他知晓的唯一途径就是使他看到”[①]）。然而，女教师的有限视角限制了她对叙述的操控，视觉“盈余”超出了女教师本人的阈限，并顽强抗拒着语言化。在我看来，解释詹姆斯小说中视觉与语言之间张力的路径，除了精神分析之外，最为重要的就是考察其叙述功能的分布。

若干事件的回环往复组成了故事的框架，它们以颠覆或变形的形式在主要叙述中重复出现。小说制造了一系列完美的镜像接触：妈妈看孩子在看什么；第一人称叙述者通过道格拉斯的一瞥“阅读”他的思想；女教师看道格拉斯在看何处以及道格拉斯看女教师在看他等。与此相映成趣的是，女教师的故事却蜕变为一系列犹豫不决的反射与不完美的视觉接触：孩子们也是一面镜子，但他们不反射任何物像，管家格鲁斯太太似乎是一面不完美的镜子，幽灵总是避免与女教师直接接触。因此，留给读者的只是一系列不确定，从来都不知道镜子的背面是谁。

小说的三重叙述媒介（女教师、道格拉斯和第一人称叙述者“我”）已经引入了语言与视觉的众多差异和冲突。叙述在小说开始时就被延宕，基本信息少得可怜，道格拉斯也暗示出故事未来的发展也不会改变这种局面。女教师（以及读者）对故事的“视觉化”怀有强烈的欲望，企图操纵叙述的进程。于是乎，女教师终于跳出了故事，接管了作者的角色，代替其他人物进行虚拟的言说。

女教师语言化的机会遭受重重限制：家庭主人对她的警告——“不准打小报告”；管家不识字，无法阅读校长的来信，加上她浓重的拉哥尼亚口音总是叫人似懂非懂；孩子们对她的抵制与排斥。在女教师的手稿中，将第一次幽灵显现与信件联系起来，破天荒地“看”不意味着“知”，语言化遭遇阻滞。管家认定迈尔斯在学校里偷了信，

① Henry James, *Complete Stories 1892 - 1898*, New York: The Library of America, 1996, p. 652.

因此被校长开除。这就建立起信件与秘密败露之间的隐喻联系。对女教师而言，第一次幽灵显现是视觉操控的反转：她反被陌生人观察。女教师被监视的感觉在湖边风波中达到高潮。

女教师在孩子们与幽灵之间充当着幕帐的角色（“我看到的越多，孩子们便看到的越少”①）。吊诡的是，孩子们逃出了女教师的视线，背着她与幽灵交往。女教师需要尽快目击幽灵，以便保持视觉接触，达到“完全视域”。为了弥补与幽灵接触的不足，她要求孩子们彻底招供（语言化）：“你们为什么不向我坦白？这样，我们至少可以互相理解，活在真实的世界里。”②

小说《螺丝在拧紧》中视觉和语言的张力与叙述权威的争夺紧密联系在一起。正如布斯（W. Booth）所言，詹姆斯经常把“纯粹的反射者”转化为“充分的行动者”。他的很多小说都采取两种叙述者不完全融合的双重聚焦形式。③《螺丝在拧紧》的情况更为复杂，远不止观察与叙述之间的矛盾、冲突。詹姆斯特意采用视觉与戏剧的隐喻来解释他的写作方法。对詹姆斯而言，小说写作是“在观众与演员之间的协商”④。《螺丝在拧紧》激发“视觉”阅读，女教师作为故事讲述者保持着对故事的控制。一方面，叙述者追求对语言化的控制以及“观看”人物内心的权力。另一方面，女教师在其他人物身上寻求她的镜像反射的同时，把自己降格为小说中的一个人物。女教师在竭力操控语言化、接近其他人物的内心的过程中，却由于自身视域的不充分与扭曲，永远退缩到了无助的旁观者地位。

---

① Henry James, *Complete Stories 1892 – 1898*, New York: The Library of America, 1996, p. 668.

② Henry James, *Complete Stories 1892 – 1898*, New York: The Library of America, 1996, p. 668.

③ Wayne C. Booth, *The Rhetoric of Fiction*, Harmondsworth: Penguin, 1983, p. 346.

④ Doroth Hale, “Henry James and the Invention of Novel Theory”, in Jonathan Freedman (ed.), *The Cambridge Companion to Henry James*, Cambridge: Cambridge University Press, 1998, p. 86.

结　语

从更为广阔的文化视角考察，语言与图像的张力是对知识权的争夺，是两种对立的认识论之间的斗争。“文化的历史在某种意义上就是一个语言与图像符号之间持续不断争夺主权的故事。两者都宣布自己对‘自然’拥有专门的权力。”① 在对知识的有限接近以及对“可视物”语言化的有限可能性之不确定语境中，元表征叙述阐发了这一假定的生成过程。人类的认知是多模态的：不同来源（语言、视觉、听觉、嗅觉等）的多重线索共同形成了我们对周围世界的认识。这些线索的意义并非一时半会即可明了，并且不同的读者或观众也在以不同的方式挪用这些线索。正如鲍德维尔（Bordwell）所言：“观众能够以导演无法预见的方式超越电影给定的信息。”② 鲍德维尔的话适用于任何艺术作品，无论是语言的还是视觉的，它们都向新的视角开放，向比作品瞬间交流宽广得多的内容开放，时刻做好了迎接新的意义的准备。跨媒介元表征（不管它是视觉表征的语言再表征，还是心像翻译为语言或者语言触发为心像）有效地沟通了感觉与知识之间的鸿沟，充当着人类遨游世界的导航仪。

（原载《江海学刊》2013 年第 2 期）

① W. J. T. Mitchell, Iconology: *Image*, *Text*, *Ideology*, Chicago & London: The University of Chicago Press, 1986, p. 43.

② David Bordwell, *Poetics of Cinema*, New York & London: Routledge, 2008, p. 149.

文本内真实性：一个符号表意原则*

赵毅衡**

内容提要：任何接受者，不可能接受一个对他来说不包含真实性的符号文本，这是意义活动的底线。文本的真实性，必须经常到文本外的经验世界求得证实，但是接受者也可以接受内含真实性的文本。文本内真实性可分为狭义的文本真实性以及文本与伴随文本结合而成的“全文本”包含的真实性。这两种真实性，都必须符合融贯原则，即文本各成分逻辑上一致，或是与“外挂意义体系”一致。如果是艺术虚构文本，则需要依靠情绪浸入与社会感情体系融贯。

关键词：真实性；接受；融贯；文本；全文本

意义活动的底线真实性、替代真实性

任何符号表意活动，必须有接受者，这是传播交流不可动摇的基本原理。在自然符号文本（例如自然灾害是在惩戒恶人）、作者不明文本（例如作者隐姓埋名）中以及在宣布“作者已死”的后现代主义

* 本文系国家社科基金重大项目“当今中国文化现状与发展的符号学研究”（项目号：13&ZD123）的阶段性成果。

** 作者简介：赵毅衡，1943 年生，四川大学文学与新闻学院教授，四川大学符号学—传媒学研究所所长。

批评家眼里，发送者—作者的在场性，经常是可疑的，甚至不必要，但是接受者确实不可或缺。接受者是任何传播过程必须有的单元，构成符号文本传播意义的完整途径。本文并不讨论接受者人格的构成以及他解释意义的标准，此问题虽然极端重要，笔者认为“解释社群”理论比较言之有理[①]，在本文中却只能暂时搁置。

本文要讨论的问题是：符号文本的接受者为什么要接受，而不是拒绝一个文本？这种接受的根本底线原因是什么？根本的理由是意识的追求意义本性：意识存在于世，就是不断地在追求意义，也只有在意义活动中，意识的主体性才会出现。但是意义的概念——意义是意识与事物世界的联系——本身，就意味着它是“真实”的，任何接受者人格，不可能接受一个对他来说已经明显为非真实的意义。格雷马斯指出，每个文本接受者在解释活动之前，签下一个“述真合同”（veridiction contract）[②]，即相信该文本所说为真。

接受者必须有一个接受文本的动机，这个动机必然是文本具有某种真实性。此种真实性，不是该接受主体的判断的结果，而是接受者有意向接受这个符号文本的意识起码的条件；这样一个接受主体，不一定是有追求真理主动意志的主体，而是获得意义的意向性之源头。因此，这种主体不可能提出要求“我就是要接受一个假的意义”，因为接受意义的真实性，是这个接受者人格在位的先决条件。

例如某人看幻想电影，明知情节不可能为真实（例如动物或器物会说话），他却继续看下去，此时文本必然在向他提供某种真实性，哪怕是与常识真实很不同的某种真实性，这就是本文讨论的“文本内真实性”。文本内真实性有各种可能的样式，无论面对哪一种样式，一个接受主体必须在某些语境下，有条件地接受各种文本内真实性。

---

① Stanley Eugene Fish, *Is There a Text in this Class?: The Authority of Interpretive Communities*, Cambridge Mass: Harvard University Press, 1980, p. 56.

② Algirdas Julien Greimas, Frank Collins and Paul Perron, “The Veridiction Contract”, *New Literary History*, Vol. 20, No. 3, Greimassian Semiotics (Spring, 1989), pp. 651 - 660.

这些就是本文讨论的主旨。

广义的真实，是传达的基础。接受者没有理由接受明知为假的符号文本，例如已经证明是谎言，如果接受者依然听下去，是因为可以穿透谎言，看出某种真实的东西，不然他没有理由留在传达过程中。哪怕他的感知（例如他坐在戏院里）不得不被动接受信息，他的意识可以完全听而不闻，或视而不见，对他而言，传达过程实际上已经中断，因为没有接受的意向性，接受就无法进行。

文本内融贯性

关于真实性的理论很多，其中的一种“融贯性理论”（coherence theory）认为，真实性主要来自对文本的融贯性认定。这意思是说，人判断真实性的标准之一，是文本中各元素的相互一致：逻辑上相关，各元素相互支持。的确，在同一文本区隔出来的意义环境里，各种符号元素互相之间有“横向真实”。这是任何情节发生的先决条件，也是我们找到文本内真实的根本原因。文本内的逻辑融贯，正是逻辑学发展成一般意义上的符号学的根本原因，因为它们都是人类追求真理的“普遍工具”，是“同一探究真理的动态过程”。①

塞尔指出，虚构文本中的“以言行事”，是“横向依存”的，② 也就是说，在同一文本中，融贯性可以有效地被解释为文本内的真实性。在同一文本区隔中，符号再现并不仅仅呈现为符号再现，而是显现为相互关联的事实，呈现为互相证实的元素。本文讨论的文本内真实性，只是与融贯性理论有关联，并不是用文本意义学说证明这个理论。但是，文本内真实性与另一个更为传统、历史更为悠久的真实性理论，

① 张留华：《皮尔斯为何要把逻辑学拓展为符号学》，《符号与传媒》2014 年第 9 辑。

② “The Logical Status of Fictional Discourse”, in John R. Searle, *Expression and Meaning: Studies in the Theory of Speech Acts*, Cambridge: Cambridge University Press, 1979, p. 59.

即“符合论”（correspondence theory）不相对应。符合论认为真实性产生于文本与经验世界的对应相符。有论者认为“符合论提供真实性的定义，融贯论提供真实性的标准”[①]。这说法有一定道理，文本要自圆其说，并且“符合事实”。但是这样的看法适合“文本外真实性”，本文讨论的文本内真实性，可以暂时搁置与文本外经验世界相符合的问题，解释者可以在文本内，在文本间，找到一定范围内的真实性。因此，本文的看法是：“符合论提供文本外真实性，融贯论提供文本内真实性。”

文本要取得这种融贯性，就必须为此文本卷入的意义活动设立一个边框，在边框之内的符号元素，构成一个具有合一性的整体，从而自成一个世界，而边框外的各种符号及其意义，就被暂时悬搁。有了这个条件，真实性才能够在这个文本边框内立足，融贯性才能在这个有限的范围中起作用。[②]

不仅如此，文本的此种融贯性，也必须与接受者的解释方式（例如他的规范、信仰、习惯等）保持融贯。文本与解释，实际上形成“互相构筑”的局面，文本不是客观地存在，而是相对于解释而存在。艾柯认为：“文本不只是一个用以判断解释合法性的工具，而是解释在论证自己合法性的过程中逐渐建立起来的一个客体。”也就是说，文本是解释自己的合法性而建立起来的，要找到解释有效性，只能通过接受者与文本互动，这是一个解释循环：“被证明的东西成为证明的前提。”[③] 有解释，才能构成文本。文本真实性必须依赖读者相融贯的读法才能实现，普林斯曾经举过一个特别的例子说明这个问题：用读小说的方式读电话本，会发现“人物太多，情节太少”，反过来，

① 李主斌：《符合论 vs 融贯论?》，《自然辩证法研究》2011 年第 9 期。

② Robert Stern, “Coherence as a Test for Truth”, *Philosophy and Phenomenological Research*, September Issue, 2004.

③ 艾柯：《诠释与过度诠释》，生活 · 读书 · 新知三联书店 1997 年版，第 78 页。

用读电话本的方式读小说，会觉得更差。[①]

与接收方式互相融贯，说起来似乎十分抽象，实际上很具体，在我们接受任何文本时都会发生。例如电视剧这种当代文本体裁，最容易让观众上瘾，而所谓上瘾，首先必须是“信以为真”，就是信赖甚至依赖其文本内真实性，而且对此种真实性充满好奇。电视剧的文本内真实性建筑在细节的丰富性之上，几乎“与真实生活一样丰富”的细节，融贯了文本的各个部分，使艺术表现呈现为真实。因为实在事物的一大特点就是细节的无限丰富，所谓“一沙一世界，一花一菩提”。压缩于有限边框（像素、篇幅、时段等）之中的符号文本，绝对不可能穷尽任何事物的细节。但是在文本范围内提供的细节如果很丰富，那么就能让观众产生已然融贯的幻觉，所谓“现实主义”和“自然主义”的文学艺术，给人强烈的真实感，就是这个原因。

美术理论家格林伯格指出过现实主义美术“与现实无距离”。他建议我们设想一个俄国农民进了莫斯科的艺术馆，毕加索的画使他想起东正教的民间艺术，令他感到亲切。但当他转过身来，看到现实主义大师列宾的作品，他立即弃毕加索而崇拜列宾，因为列宾把戏剧性场面画得栩栩如生，使“他感到现实与艺术中间没有距离”[②]。接受者总是叹服于文本真实，而且把它当作“实在真实”，即他的心目中的客观真实。

文本内真实性，需要文本内各元素互相对应相符，而相符的原则与常识相融贯。1983 年根据同名言情小说改编的澳大利亚电视剧《荆棘鸟》（*The Thorn Bird*），故事情节从 1912 年延伸到 1969 年，讲了一对情人起伏坎坷的情史。男的是牧师，为了做主教，放弃爱情。到了白头之时，才明白爱情的真谛，两人才如愿以偿得以团圆。年代愈久，

① Gerald Prince，“Narratology，Narrative，Meaning”，*Poetics Today*，Fall 1991，p. 543.

② Clement Greenberg，*The Collected Essays and Criticism*，Chicago：Univ. of Chicago Press，1986，Vol. 1，p. 11.

愈证明爱情无价，有情人难成眷属，终成眷属，令人唏嘘。

这颗重磅言情催泪弹效果极佳，五十年的爱恨情仇，延续成一部动人心弦的凄美浪漫巨著，在全世界收视率居高不下，1983 年获得六项艾美奖。1996 年，澳大利亚想拍“续集”，但是剧终时主人公已老，无法再续，只能找到情节中一段空档，即原电视剧没有说的 1941—1945 年二次大战期间发生的事。于是一部新编电视剧《荆棘鸟：失去的年代》（*The Missing Years*）问世。可惜这时候原演员班子已经无法寻找。如果是后续，可以说“岁月无情，年龄改变相貌”，既然要换演员，就必须让观众忘记相貌。而人物的相貌，是影视的主要符号元素，这部“中续”（midquel）就落入尴尬境地：既要让观众想起原作（他们才会来看）；又要让他们忘记原作（他们才能看得下去）。这部“中续”仅有没看过原剧的人才看得下去，只有他们能把它当作一个单独的文本。融贯性上的硬伤很让人遗憾，这部电视剧没能重拾当年的风采。

在同一区隔中，哪怕已经媒介化，文本也可以被理解为一个世界。此时再现并不呈现为再现，虚构也并不呈现为虚构，而是显现为这个文本世界中的事实，这是区隔的基本目的。语言哲学家塞尔指出，虚构文本中的言语，是“横向依存”的①，也就是说，言语所陈述的事实，在同一文本各元素之间是实在的。

例如，贾宝玉为何能爱上林黛玉？听起来像是一个圈套，实际是老实到极点的问题。贾宝玉爱上林黛玉，自有他的千种道理、万般原因，那是红学家与耽读红楼的少男少女讨论的问题，回答或是才子佳人，或是两人共享某种意识形态，共同敲响封建主义丧钟，或者干脆说爱情就是神秘得没有道理。这些命意或深或浅的回答，实际上都设立了一个前提假定：这两个任务共同存在于一个文本之中。要问他们

---

① “The Logical Status of Fictional Discourse”, in John R. Searle, *Expression and Meaning: Studies in the Theory of Speech Acts*, Cambridge: Cambridge University Press, 1979, p. 59.

“为什么会相爱”，首先要问他们为什么有可能互相爱上，而我们文本外的人，为什么只有“艳谈”的份：文本之隔，就是世界之隔。

对同一文本中的人物，文本中的环境、发生的事件、遇到的人物都不是虚构的。对于我们读者来说，住在大观园中的林黛玉是虚构的，对于贾宝玉却必须是实在的，否则在《红楼梦》中，贾宝玉如何能爱上林黛玉？瓦尔许认为：“叙述的作用，就在于让作品读起来像了解之事，而非想象之事；像事实报道，而非虚构叙述。”① 巴尔特指出：“单层次的调查找不到确实意义。”② 苏轼诗云：“不识庐山真面目，只缘身在此山中。”处于同一个表意层次中的文本，是一个融贯的世界，其中的事物和人物只对同一世界的其他元素具有逻辑融贯性。对于贾宝玉来说，林黛玉应当是实在的，因为他们在同一文本中，在存在意义上融贯。而对于我们来说，他们只是一个隔着框架可讨论的文本存在，俗话称为“谈资”。

难道只要在“同一个文本世界”，爱情就可能了吗？难道没有时代之隔，地域之隔？难道不是林黛玉恰好寄养到贾府，才造就这一段轰轰烈烈的恋爱？难道许多偶然性，“无巧不成书”是必然的吗？情节如何安排得合理，是文本内次生的条件，是文本生产者的安排，人物的主体性只是一种情节假定。但是，从文本的定义来说，首先人物要落到同一个文本世界中，武大郎才会遇到潘金莲，潘金莲才会偶遇西门庆。

而一旦落到同一个文本中，秦琼战关公就不是“非历史主义”。悖论的是，两人能战一场，条件恰恰就是侯宝林先生的相声：既然合到一道说，这事情就有可能。魏明伦的舞台让潘金莲会见安娜·卡列尼娜；伍迪·艾伦的《午夜巴黎》让一个当代作家见到毕加索和艾略

① Richard Walsh, “Who Is the Narrator?”, *Poetics Today*, Vol. 18, No. 4, Winter 1997, p. 34.

② 巴尔特：《叙述结构分析导言》，载赵毅衡编《符号学文学论文集》，百花文艺出版社2004年版，第410页。

特。只要同在一个文本世界，柳梦梅痴爱画上的杜丽娘，能让她死后复活；董永爱上七仙女，能让仙姑下凡。听起来是在强词夺理，实际上却是人类讲故事几千年的实践。文本具有一种内在真实，隔了文本边界就往往不再真实。接受者的意识沉浸到文本之中，就能接受这种局部融贯的真实性。

大卫·林奇导演的电影《内陆帝国》（*Inland Empire*），对这种“文本内真实”提出了一个恐怖的反向证明：女主人公说了一段有点装模作样的话，吃吃笑起来说：“天哪，真像我们剧本里的台词。”这时响起了导演的声音“停！怎么回事？”演员笑破了戏，是NG，落到了叙述文本的框架之外，应当重拍。但是女人四顾，一切依旧，电影继续，周围是“现实的”房间，没有摄影班子。她吓坏了，站起来慌忙奔跑。她的“破框”没有成功，反而肯定了区隔内强有力的真实：既然落在区隔之内出不来，就不是虚构世界，而是一个实在世界。这是一个超级恐怖的怪异场面，它从反面肯定了“文本内真实”。

处在任何一个再现框架区隔中的人物，不可能看到区隔内的世界是媒介化的符号。区隔的定义，就是隔绝文本世界与文本外世界。文本世界中的人不可能自觉到自己是被媒介化的，他们存在于一个被区隔出来的世界中，而这个世界能给他们提供存在所需的融贯条件。

全文本

既然真实性可以存在于文本内部，就不可避免要牵涉到如何划定文本的边界的问题，但是文本的边界实际上并不清楚，正如本文上面讨论的，文本实际上是解释的结果。“印在封面封底之间”这样的理解，完全无助于文本边界的确立。接受者在解释文本时，不得不涉及大量封面封底之外的元素，例如标题、作者名、文本体裁等重大问题，而且，印刷文字这样清晰的“文本”，在意义活动中是很小的少数，绝大部分文本没有如此清晰的边缘。

文本的范围的确有多种定义方式：有的文本概念是狭义的，是一个边界清楚的意义表达单元。观察整个意义世界的文本构成，可以看到文本的边界非常不清楚，一个文本往往携带了大量的“伴随文本”，许多的附加元素，这些元素经常不算作狭义“文本”的一部分。文本就像一个彗星，携带了数量巨大的附加因素，其中有些因素与文本本身几乎难以分解，有些却相隔遥远。伴随文本一直是符号学、解释学、传达学没有研究透彻的重大问题。①

伴随文本不是一些卫星般零散的“周边符号”，而是文本与文化的重要联系方式。任何符号文本都携带了许多社会文化联系，这些联系积极参与文本意义的解读。甚至，某些伴随文本，可能比文本内的因素意义更为重大。因此，符号“全文本”，是狭义的文本，是进入解释中的各种伴随文本的结合体。这种结合，把文本变成一个浸透社会文化因素的复合构筑。

例如大部分副文本，完全“显露”在文本表层，可能比文本更加醒目。例如标题、题词、序言、插图、电影的片头片尾；广告的商品、商品的价格等。一首诗，也有标题、作者名等“副文本”元素。

型文本指明文本类型，因此是文本与文化的主要连接方式。文本归属于一定类型，与其他一批文本结合成派别、时代、风格等类别。现代传媒不断创造新的型文本类别，例如由同一个明星演出的电影、同一公司出品的游戏。型文本元素中最重要的是体裁，体裁把媒介固定到模式之中，决定了解释的最基本程式，体裁就是文化程式化分类。

前文本是对此文本生成产生影响的一个文化中先前的所有文本的总称，与一般理解的“文本间性”相近，称之为前文本，指明其方向性：只有在这个文本之前出现的文本，才可能对此文本的理解产生意义压力。文本中的各种引文、典故、戏仿、剽窃、暗示等都指向这种影响。

① 参见赵毅衡《符号学》第六章“伴随文本”，南京大学出版社2012年版，第143—159页。

文本生成后，还可以带上新的伴随文本。“评论文本”是“关于文本的文本”①，是此文本生成后被接受之前接受者接触到的，有关此作品及其作者的各种消息、各种道德或政治标签等。“链文本”是接受者解释某文本时，与某些文本“链接”起来一同接受的其他文本，这在网络上体现最为具体：网络阅读者不断跟着链接走。“先－后文本”是多个文本之间的组合关系，电影都有原小说或电影剧本作为其先文本。在社会的符号表意中，先－后文本几乎无处不在：例如创作一首歌，必考虑如何推动大众传唱，而大众传唱的，大多是已经广为流传的歌。

所有这些伴随文本，主要功能是把文本与广阔的文化背景联系起来。从这个观点说，任何文本都不可能摆脱各种文化制约，它们只有在各种伴随文本因素环绕之中才能表达意义。没有这些伴随文本的支持，文本就落在真空中，无法被理解。无论是发送者还是接受—解释者，不可能不靠伴随文本来构成完整的文本。想要用摆脱文化束缚的纯粹心灵来观照文本是不可能的，在人类文化中，既没有纯文本，也没有纯解释。文化的定义，是“社会相关表意行为的总集合”②。任何文本的解读，不可能不落到文化的各种文本联系之中。

观察各种伴随文本，可以看到，某些伴随文本已融入文本，做任何解释时，都不可能让接受者剔除。由此出现“全文本”概念：凡是必须进入解释的伴随文本（例如标题、体裁），都是文本的一部分。文本讨论的文本内真实性，就是全文本各种要素，包括必需的伴随文本在内的“融贯性”，也就是说文本内真实性不仅产生于狭义的文本之中，不仅是文本内部各因素（例如一部电影情节的前后对应），也在于文本与必须进入解释的伴随文本因素之间的呼应和融贯性。固然

① 赵毅衡：《符号学》一书中，沿用热奈特的术语，称这种伴随文本为“元文本”（meta－text），这个词很容易导致误会，“元”使用过多，造成意义混淆，因此此处改用另一个术语。

② 参见赵毅衡《文学符号学》，中国文联出版公司1990年版，第84页。

不同的读者观众会对伴随文本（例如电影明星的社会声誉）有所取舍，但是他们对狭义文本内的元素也会有所取舍。因此，如本文上面已经声明过的，笔者取“解释社群”作为接受—解释的标准。

全文本内的真实性

读者的意向性，就是在文本中寻找一个“证实条件”（conditions of authentication）①，而要让这样一个社群接受者愿意解释一个文本的“全文本内真实性”，可以有以下几种特殊情况：

a. 筹划真实性：相信此文本能告诉我们某种筹划，可以由实例化给予补足（例如一张设计图纸，其真实性来自其成形可能）；

b. 文本间真实性：相信此文本能与过去确认的文本声称的真实情况互相印证（例如阅读历史时，找到新的材料夹在某些被再次言说的说法之中）；

c. 心理真实性：相信此文本能揭示发送者的某种真实情况（例如听明知的谎言，看发送者的心理状况）；

d. 文本形式真实性：相信从此文本可以看出某种形式技巧的真实性（例如从某种布料看纺织工艺）。

所有这四种“文本内间接真实性”，虽然求证的过程延伸到狭义的文本之外，但是它们与“符合论”要求的经验世界对应性很不同。它们的逻辑基础，都是“与某种更大的范畴相融贯”，只是这“更大范畴”的真实性，处于接受与解释潜在的背景之中，不一定要在本次意义活动中证明。“证据仅仅是一种真实关联度的符号，而不等于事实本身。”② 例如上述第一种（筹划真实性）显然与经验世界的真实性

---

① Claudia Ferman, “Textual Truth, Historical Truth, and Media Truth”, *The Rogobetta Menchu Controversy* (ed.), Arturo Arias, Minneapolis: Univ. of Minnesota Press, 2001, p. 156.

② 孟华：《真实关联度、证据间性与意指定律：谈证据符号学的三个基本概念》，《符号与传媒》2011 年第 2 辑。

暂时无关，而是靠这种对应可能性来判断文本内真实性；上述第二种（文本间真实性）与一个文化中累积的其他文本的地位相关；第三种（心理真实性）与想要了解的心理状态的真实性相关；第四种（文本形式真实性）与意义构造方式的形式体系相关。

为获得这些“全文本”规模的文本内真实性，接受者把被解释的全文本内真实性，依靠各种元素，挂在各种文本间体系之上。而这些外挂文本间体系，只是真实性暂时毋庸置疑的大规模体系，群体文化生活所认可的常识体系、逻辑体系或知识体系。例如某个历史言说文本，只是与我们的文化认可的历史知识相融贯。“全文本”所包含的各种伴随文本，即是与这些外挂文本间体系实现融贯，从而获得局部真实性的方式。

如果接受者对文本的任何可能的真实性不再有获义意向性，比如对发送者品德完全失望（例如发现抓到的俘虏不可能接触相关机密），甚至对此人的作假人格都不再感兴趣（例如教师不想再与某谎瘾儿童周旋），对对方说出任何真实的可能性放弃希望（例如放弃审讯一名囚徒），或者对这一类别的文本完全失去兴趣（例如视同屋人放的广播为噪声）等，此时符号传播就只能中断。

上述的第四种真实性，即“文本形式真实性”，看起来包括了我们欣赏其形式的一切文本，尤其是艺术文本。实际上一件艺术品成为我们乐意接受的文本，因为它包含了多种文本内真实性，并不完全局限于“形式之美”，例如，读《诗经》，并不只是试图找到形式真实，孔子觉得《诗经》文本能“兴观群怨”，可以“多识于鸟兽草木之名”，这本歌词文本的另外几种文本间真实性，并不完全是文辞音韵之美。

虚构文本的真实性

不得不特别强调的是，不同题材的文本、文本真实性品格有所不同。最明显的莫过于虚构与纪实的体裁差别，召唤出“真实性”的机制很不相同。本文上述讨论暂时搁置了虚构的特殊性，把虚构与纪实同样处理，而这个问题非常容易引起各种争议，必须仔细分辨。应当说明的是，虚构不一定是艺术的专利：有些纪实性文本（例如纪录片，例如名家日记），可以很艺术，以情动人，但是并非虚构。我们大抵上可以以虚构作为艺术性文本的特点，因为虚构这种体裁，前提是否定文本外真实性。如果本文能说明在虚构文本内如何发现真实性，就对解决本文讨论的难题大有助益。

很多论者认为虚构类的叙述，其真实性来自“放弃不信”（suspense of disbelief）。因为虚构文本本无真实性，不信是自然的，相信才是一种认知异常现象，而这种相信的来源，是“感情”上的认同，造成主体意识的“代入”（identification）以及心理情绪的“浸入”（immersion）。艺术用的是一种“情感语言”，对于情感在人类意义活动中的地位，历来争议颇多。例如强调理性的新康德主义者卡西尔，认为欲望是动物性的，命题语言代替情感语言，是人性产生的标记：“命题语言与情感语言的区别，是人类世界与动物世界的真正分界线。”①

卡西尔说情感语言低一等，或许有道理，但是人性本质上就是不完美的，感情正是艺术文本的“文本内真实性”的源头，既是虚构叙述期盼读者“搁置不信”的理由，也是作品对读者产生“浸没”（immersion）效果的来源。既然虚构叙述的作者无论如何设置区隔，区隔内的世界依然被该世界的人格当作经验事实。读者也可以认同区隔内的接受者，忘却或不顾单层或双层区隔。一旦用某种理由漠视框架，虚构文本本身与纪实文本，可能会有风格形态的巨大差异，却没有逻辑地位的不同。

虚构文本的文本内在真实性，依然要靠文本内各种元素的融贯。钱锺书称之为“事奇而理固有”，他比之于三段论（syllogism），艺术

① ［德］恩斯特·卡西尔：《人论》，甘阳译，上海译文出版社2004年版，第24页。

的不经无稽，可以“比于大前提，然离奇荒诞的情节亦须贯穿谐合，诞而成理，其而有法。如既具此大前提，即小前提与结论本之因之，循规矩以作推演”①。钱锺书指出的就是文本内融贯性：情节已经太奇怪，细节就必须尽可能以常识逻辑融贯。他举的例子是《西游记》中二郎神与孙悟空斗法，孙悟空与牛魔王斗法，都是你变一兽，我变另一兽克你：变是荒诞不经，一物降一物却是符合常识。《管锥编》2007 年再版本中，又增补了不少例子。从格林童话，到西方民谣，到卡尔维诺，到《古今小说》，到《贤愚经》：看来各民族都喜说魔术，而斗法之道必须强弱分明。

但是虚构文本更需要的是以情动人，而情感正是虚构文本真实性主要的“外挂文本系统”，与纪实性文本主要外挂经验系统完全不同。例如前文所说的四种局部真实性，依然可以产生，只是感情外挂，原因很不相同：

a. 筹划真实性：此种虚构文本有待感情的实例化（例如读小说，有待社会正义道德感情的激发）；

b. 文本间真实性：此虚构文本与过去文本互相印证（例如读历史小说，读者预知事不可为，产生悲剧感）；

c. 心理真实性：此虚构文本能揭示发送者的情况（例如读小说揭示作者的潜意识）；

d. 文本形式真实性：此虚构文本的技巧（艺术美导致的审美感情）。

这就是各种“虚构真实性”的根源：“现实主义”小说的大量细节真实，“现实主义”绘画的栩栩如生，只是能帮助读者外挂到生活经验体系上，与纪实文本的外挂方式实际上相同。此种外挂不能保证读者的真实性意向得到满足。对读者的心理产生“浸没”，起决定作用的是感情上的投入，而这种感情投入，又来自读者认同虚构作品最

---

① 钱锺书：《管锥编》卷二《楚辞洪兴祖补注》，生活·读书·新知三联书店 2007 年版，第 905 页。

下功夫处理的“道德感情”与“审美感情”。情感的强大力量，可以擦抹掉虚构文本的框架，建立起解释者所需要的文本内真实性。

一旦感情投入起作用，读者会觉得自己生活在真实的经验之中，感同身受，任何明显的区隔标记（例如封面标明是“小说”），任何风格形态的差异标记（例如人物视角的个人化叙述），甚至任何情节的怪诞（例如《冰河世纪》中野兽的爱情故事），完全不现实的媒介（例如动画的平面，或造型夸张的模型），只要能“感动”接受者，这些文本框架都能被擦抹掉。无论何种区隔内的叙述文本，其情感引导机制为这种接受者发现“文本内真实性”提供了基础。

尼采说：“我们始终认为一个正常的人，不管是何种人，必定认为他所面对的是一件艺术品，而不是一个经验事实。”① 可是，如今我们天天见到的人，“不管是何种人”，经常把媒介再现当作经验事实。看来一个多世纪以后的人，在面对艺术品时，感情上反而更天真了，也或许是另一个原因在起作用：今日媒介表现手段（例如电影的逼真性）更为老练，更容易让人接受文本内真实性。

文本内真实性，必须符合融贯原则，即文本各成分逻辑上一致，意义上相互支持。这种文本内真实性有两个大类，狭义的文本真实性，即文本内部各元素的融贯。另一个大类，是文本与伴随文本结合而成的“全文本”真实性，伴随文本使文本与广大的社会文化联系在一起，因此文本内因素必须与各种“外挂意义体系”相融贯，例如艺术虚构文本，则需要依靠接受者的情绪浸入，与社会的道德感情体系融贯。文本内真实性，是人类社会符号表意的基本原则，人不可能接受不包含真实性的文本，但是各种文本内真实，经常能满足接受的条件。

（原载《江海学刊》2015 年第 6 期）

---

① ［德］尼采：《悲剧的诞生》，周国平译，生活・读书・新知三联书店 1986 年版，第 26 页。

汉字图像还原与文学接受的一个缺环*

——以词学核心概念"雅"字为例

朱崇才**

内容提要：文学活动的最佳境界"直观现量"，与文学话语的"蕴藉"特征、文学理论的"概念抽象"性质，形成矛盾与张力。文学接受通过本质直观，将文字还原为图像，获得"目前""现量"的审美感受。以词学核心概念字"雅"为中心的"乌雅华夏"字族，可作为图像"生成－还原"的一个例证。图像还原需要满足"小学"背景知识等条件。百年来"小学"教育的缺失，使现当代接受者在图像还原环节产生障碍，并进一步影响学生的想象能力。陈独秀《小学识字教本》提出了初步的修补方案，而在中小学教育中恢复"小学"内容，是修补这一缺环的可能选择之一。

关键词：汉字；图像还原；词学概念；雅；乌鸦；华夏

直观现量与话语蕴藉及概念抽象

有这样一种文学境界，它给接受者活色生香的场景和触手可及的

---

* 本文系国家社科基金项目"词美学研究"（项目号：13BZW023）的阶段性成果。

** 作者简介：朱崇才，1954 年生，南京师范大学文学院教授、博士生导师。

亲切画面，使接受者在第一时间直观到文学话语所描绘的人物、故事或情感，感受到作家作品给我们带来的“现场感”，并将接受者带入作品所引导的一个特定情境中，使得接受者的心灵与作品所描述的情景浑然无间地融为一体。

清代文学理论家王夫之曾引佛家语提出“现量说”，形象生动地描述了这一境界：“‘僧敲月下门’，只是妄想揣摩，如说他人梦，纵令形容酷似，何尝毫发关心？知然者，以其沉吟‘推敲’二字，就他作想也。若即景会心，则或‘推’或‘敲’，必居其一，因景因情，自然灵妙，何劳拟议哉？‘长河落日圆’，初无定景；‘隔水问樵夫’，初非想得。则禅家所谓‘现量’也。”① 什么是“现量”呢？王夫之解释说：“禅家有‘三量’，唯‘现量’发光，为依佛性；‘比量’稍有不审，便入‘非量’；况直从‘非量’中施朱而赤，施粉而白，勺水洗之，无盐之色，败露无余，明眼人岂为所欺耶。”② “三量”及“现量”，丁福保《佛学大辞典》释云：“就心心所量知所缘之境，而立三量之不同：（1）现量，如镜之对于物体，能缘之心，不为些之分别计度，量知现在之境者。如耳识之对于声，眼识之向于色，是也。（2）比量，于不现显之境。比知分别而量知者。如见烟知有火。凡因明依第六意识之比量智而成也。（3）非量，于现在之境与非现在之境，以逆乱之心错分别取不实之事者。”③ 王夫之还举例进一步说明“现量”云：“身之所历，目之所见，是铁门限。即极写大景，如：‘阴晴众壑殊’、‘乾坤日夜浮’，亦必不逾此限。非按舆地图，便可云‘平野入青徐’也，抑登楼所得见者耳。隔垣听演杂剧，可闻其歌，不见其舞，更远则但闻鼓声，而可云所演何出乎？前有齐、梁，后有晚唐及宋人，皆欺心以炫巧。”④

① 王夫之：《姜斋诗话》卷下，《续修四库全书》第1698册，清诗话本，第10页。
② 王夫之：《姜斋诗话》卷下，《续修四库全书》第1698册，清诗话本，第16页。
③ 丁福保：《佛学大辞典》“现量”条，文物出版社1984年版。
④ 王夫之：《姜斋诗话》卷下，《续修四库全书》第1698册，清诗话本，第11页。

与“现量”境界相仿佛的，还有王国维的“不隔”“直观”之说。《人间词话》云：“‘池塘生春草’、‘空梁落燕泥’等二句，妙处唯在不隔。词亦如是。即以一人一词论，如欧阳公《少年游》咏春草上半阕：‘阑干十二独凭春，晴碧远连云。千里万里，二月三月，行色苦愁人’，语语可以直观（手稿初作‘语语可以直观’，手定稿、国粹本等改作‘语语都在目前’），便是不隔。”①

西方哲学中，胡塞尔的现象学有“本质直观”之说，也可用以说明这一境界。胡塞尔认为，对于现象世界，应当建立在考察直接经验的方法基础之上，通过“本质直观”来达到对于对象的把握：“对某物或对象的意识也是本质直观。直观的目光朝向某物，变成了被思考的某个东西，通过目光交遇的方式在自悟中把握和达到本质。”② 胡塞尔认为，尽管本质直观的方法有其局限性，但仍不失为直接感知并把握事物本质的一个最佳途径：“本质呈现给我们的是原初状态，它可能是充分的，比如我们对声调本质的呈现容易直观体会。但它在某种程度上来说也可能是不完善、不充分的；这里不单指它的明晰性和清楚性的程度。”③ “本质直观由诸多的个别直观转化而来，且它的所予物是一种具有共同性的纯粹本质。”④

但是，我们也应认识到，这一境界的效果是一回事，对于这一境界的表达则是另外一个层面的问题。文学作品的话语风格和表述形式是复杂多样的。就文学作品的一般性来说，文学话语的特点就在于“蕴藉”“含混”“复义”，中国古代文论也提倡“含蓄”“深婉”“隐秀”“不着一字，尽得风流”；古今中外的许多论者，都认为文学话语的特点之一，是以表面的单义与确定，而蕴藏多重不确定的意义，从而达到“言有尽而意无穷”的审美效果。就某一具体的文学现象来

① 滕咸惠：《人间词话新注（修订本）》，齐鲁书社 1986 年版，第 72 页。
② ［奥］胡塞尔：《现象学》，李光荣编译，重庆出版社 2006 年版，第 5 页。
③ ［奥］胡塞尔：《现象学》，李光荣编译，重庆出版社 2006 年版，第 5 页。
④ ［奥］胡塞尔：《现象学》，李光荣编译，重庆出版社 2006 年版，第 4—5 页。

说，例如就词学来说，历代词作中既有直接契合“现量”“直观”的文学作品，例如多数的晚唐五代词及相当部分的北宋词，确实是明白如话，“语语都可直观”，直如“身之所历，目之所见”；但是，也有相当多的词作，例如许多南宋中后期词作，却并不那么可以“直观”，其话语的指向也不是那么“现量”，而是深沉曲折，隐约模糊，甚至晦涩难解，要从这类作品的话语中得到直观感知，就需要一系列的条件（例如要求接受者具有丰富的背景知识、较高层次的理解能力、甚或需要机缘凑泊），并经历比较复杂的转化的过程（例如通过查阅资料、反复吟咏、“精读”等较为复杂而长期的接受过程），才能将这些较为艰深的话语在接受者的心灵中转化为直观的画面和场景。

不仅如此，在文学理论层面，概念抽象作为文学接受活动的一个重要方法，或作为文学接受的“背景知识”之一，在文学接受过程中发挥着重要的作用。例如，在词学理论史上，词论家在批评实践中，从成百上千个评论描述词语中，概括抽象出一些核心概念及范畴，用以要言不烦地评点作家作品，或描述词学风向流变。在这些核心概念中，较为重要的有“雅正”“婉约”“清空”“浑成”等，而“雅、婉、清、浑”，则构成词学理论术语中最为重要的构词单字。本文拟以“雅”字为例，来说明文学接受中的一个重要问题。

这一问题是，文学接受活动面临这样一个矛盾——文学接受的最佳境界是本质直观；但文学话语的特征却是“蕴藉含蓄”；文学接受的最佳状态是“现量”与“直观”，但文学理论概念却具有抽象性。因此，在文学接受过程中，需要一个将“蕴藉”的话语、抽象的概念，转化为可以“直观”“现量”的过程。这一过程的重要环节，就是“图像还原”。

汉字的图像生成与还原

我们面对文学作品，以“直观的目光朝向”文字，使文字“变成了被思考的某个东西”，即转化成心灵中的人物、故事或情感。这些人物、故事、情感，由一幅幅连续的或断续的图像所组成，或者，我们可以将这些人物、故事、情感分解为一幅幅连续的或断续的图像；我们通过与这些图像“目光交遇的方式，在自悟中把握和达到本质”。在这一过程中，最重要的环节，就是使文字变成“图像”。我们将这一环节称为“图像还原”。也就是说，要将文字变成“直观”的场景，需要“图像还原”。为什么是“图像”，而不是“影像”？因为人总是看到一幅幅的图像，然后才会感知活动的图像，或者说，人的感官所直接感知到的，人在直观的瞬间所操作的对象，是一幅幅的图像，或能够分解为一幅幅的图像的连续影像。

图像还原，是相对于“图像生成”而言。文字的创造者，用“近取诸身，远取诸物”的原则，通过“本质直观”的方法，将其所见所闻的现象世界包括心灵世界的人、物、场景、故事、情感等元素，由连续的图像，通过简化、抽象，突出其本质，化成一幅幅作为文字之“文”的图像，可将这一创制过程称为“图像生成”。而“图像还原”，就是“图像生成”的逆过程，即面对文字，通过“直观的目光”，将“文字”转化为“图像”。在一定意义上，图像还原就是图像生成的“重演”。考查图像生成的一般过程，对于理解图像还原有一定的参照作用。汉字的创制，就是从“对象”到“文（图像）”的过程。作为汉字图像，其生成的四个主要途径是：（1）平面化（从3D到2D）；（2）现象化（从物自体到现象）；（3）共时化（从历时—共时性简化为共时性）；（4）片段化（从叙事到断面）。而图像还原，则可以从汉字图像生成的这四个主要途径的逆过程中考察。因此，下文我们将结合具体字例，将“生成—还原”作为一个整体性事例来论述。

文学接受过程中的图像还原的实现，有一系列内在和外在的条件或机遇。一般而言，能够顺利实现图像还原的条件因素有：(1) 作品原本就明白如话，再加上其他因素的引导启发。例如，通过插图、反复渲染描绘，多用赋（直接的叙述描写）等方法；(2) 作品情景交融，因景传情，多用比（形象的比喻象征）；(3) 通过对于文本语义的阐释理解，或反复诵读涵咏。

通俗文学例如明清长篇小说多有插图，说唱文学则靠对于场景的反复渲染描绘，都是为了使用图像唤起接受者将文字、话语等进行图像还原。但是，对于多数的“雅文学”来说，特别是对于那些不那么“现量”或“直观”的文学作品或文学评论来说，图像还原就需要具备相当的相关背景知识，特别是“小学”即文字学、音韵学乃至语义学、阐释学等学科的知识，甚至需要通过专业训练而培养的感悟能力；因为“雅文学”讲究话语蕴藉，讲究文学理论的概念体系，讲究文化系统的传承，因此，在“雅文学”的接受过程中，图像还原就有了许多先决条件；如果不具备这些条件，图像还原就会产生一定的障碍，甚至不能进行。例如，许多南宋词作，作为案头文学，经常被指责为“晦涩”“隔”“模糊”，而在词学理论方面，则更有许多较为抽象的名词概念术语，从而增加了图像还原的难度。图像还原，其主要过程，就是从“对象”到“意象”再到“意义”，其中在“图—底”关系中起重要作用的“背景知识”，不但有补充想象画面的功能，它还可以在图像还原过程中，起到充当“重演”原初图像生成材料的作用。如果接受者已经将这些背景知识融会贯通，从而对于文字与图像之间的可能关系已经洞若观火，那么，这种还原就有可能成为原初的、作为逻辑起点的还原——从文字（主要是“文”）中直接感知、直觉、直观“图像”。

试以词学理论中的核心概念用字“雅”为例，来具体说明词学接受中图像的“生成—还原”。

“雅”，是词学理论中最重要的抽象概念。李清照《词论》批评当时词坛“郑、卫之声日炽，流靡之变日烦”，批评柳永“词语尘下”、苏轼词为“句读不葺之诗”、秦观词似“贫家美女”，都是认为词应雅应正。宋末元初张炎《词源》，正式提出“雅正”之说，成为近七百年来的词学纲领。其后的词坛，历经元明清，不论是浙西词派还是常州词派，都将“醇雅”“雅正”“意内言外”“比兴寄托”等概念作为词学的主流意识形态。先师唐圭璋教授，作为风靡词坛三百年之久的常州派的传人，曾提出“雅婉厚亮”之说，亦是将“雅”作为词学的“第一标准”。

作为词学核心概念用字的“雅”，绝非仅限于“雅俗”之辨，而是有着更深广的含义。《诗经》中有《大雅》《小雅》，雅作为诗之体，是为王室及朝廷乐歌。《毛诗序》提出“风雅颂赋比兴”之“六义说”，解释雅曰：“言天下之事，形四方之风，谓之雅。雅者，正也，言王政之所由废兴也。政有大小，故有小雅焉，有大雅焉。”雅，相对于蛮夷戎狄、甸服荒野、民间世俗，代表着华夏文化、王朝礼乐、官方高雅意识形态之正统，其乐歌称之为“大雅”“小雅”，其话语则称之为“雅言”。《论语·述而第七》：“子所雅言，《诗》、《书》、执礼，皆雅言也。”孔颖达正义：“雅言，正言也。”但是，为什么“雅”可训“正”，而与“华夏”文化有密切关系呢？我们认为，这必须从“雅、鸦、乌、华、夏”等字的字源及原初文意考索。

雅，甲金文中未见，现所见较早者，为秦文（《睡虎地秦简文字编》法12）。《说文》卷四上：“，楚乌也，一名鸒，一名卑居，秦谓之雅。从隹，牙声。”[①] 清朱骏声《说文通训定声·自序》中认为，“雅”与“乌”的关系为：“开口雅而闭口乌，哑哑亦其天籁。”[②] 也就是说，乌、雅，所指为同一对象，只是因方言不同，而读音为文稍有不同。雅，亦写作“鸦”，从“隹”或从“鸟”，本无不同，后来

① 许慎：《说文解字》，续古逸丛书影宋本。
② 朱骏声：《说文通训定声》，中华书局1984年版，第6、452页。

才分化为不同的字形。《说文》言“隹”为短尾，“鸟”为长尾，从甲金文之实例来看，并无实据。要之，乌、雅、鸦、乌鸦，皆指称同一对象，即雀形目鸦科鸦属（Corvus），该属广泛分布于亚欧、非洲、北美、澳洲，计有41种。中国境内有7种，其中秃鼻乌鸦（Corvus frugilegus）、达乌里寒鸦（Corvus dauuricus）、大嘴乌鸦（Corvus macrorhynchos）为最常见的3种。《小尔雅》等中国古代文献，言有乌、雅、雅乌、燕乌等名，有纯黑与脰白腹白、反哺与否、体大体小、群飞双飞之别，用以描述划分该属中各种或亚种的外形习性，其说法不一，几言人人殊。盖因古代博物之学，并无科学统一标准，今则似不必拘于何种何类，可就鸦属（Corvus）概而言之。

甲骨文中，尚未见有公认释为“乌”的文字；西周金文中，乌作一鸟张喙呀呀形，如（何尊）、（沈子它簋）、（班簋）、（毛公鼎）等，其特征，孙诒让《名原》卷上云：“乌亦与隹古文略同，但上为开口盱呼形。”① 李孝定、戴家祥亦持此相同或相似之观点。② 这是乌与鸟、隹最大的不同之处——乌鸦区别于它鸟的特征，即为“乌乌”“雅雅”仰天聒噪，先民造字时突出此一特征，用以指称“乌鸦”这属鸟类，并借以形容描述人类的语音发声，如上述尊、簋、鼎等器铭中，该字都用为“乌呼”等语气词。

甲骨文中没有“乌”字，似是一件比较奇怪的事，按常理，乌鸦这种常见而与人类的日常生活、心灵诉求、文化习俗高度相关的鸟类，在甲骨文中不应缺席。有学者疑甲骨文（合21844）、等字应为“舄”字③，《说文》：“舄，誰也，象形。”舄在乌部，“形似乌而羽旁有白条”④。细察甲骨文字，其上部与等字的区别，是其笔画作三，似

---

① 孙诒让：《名原》，北京出版社1991年影本，《四库未收书辑刊》，拾辑第2册，第325页。

② 李圃主编：《古文字诂林》，上海教育出版社2003年版，第4册，第259、261页。

③ 季旭升：《说文新证》（上册），（台北）艺文印书馆2004年版，第300页。

④ 李圃主编：《古文字诂林》，上海教育出版社2003年版，第4册，第262页。

是突出鸟舌，疑该字或为“乌”字初文。

先民造字，对于鸟纲动物，一般用“鸟或隹”为表总类的形旁，加上声旁或另一义旁，而造一合体字，如“鹊”“鹳”之类，但对于“乌鸦”却“情有独钟”，专门为其造了一个独体字，由此可见此鸟在先民心目中的重要地位。乌雅善鸣，先民遂以其“乌乌雅雅”之声指称此属鸟类，并亦以其声自况。陈独秀《小学识字教本》云：“古言乌呼，今音阿哈，皆读喉声麻韵，故孳乳为雅，与乌之古音同。……大小《雅》者，即《史记·李斯传》所谓秦人‘歌呼乌乌’之音。《汉书·杨恽传》‘仰天拊缶而呼乌乌’，师古注曰：‘乌乌，秦声，关中旧有此曲。’今乐剧秦腔犹如此，周京本秦地，故以雅为中原正音。”① 陕北近代有《信天游》，其“呼儿嗨呦”之高亢辽远，仍是“雅言”遗风。简而言之，中国华夏之人，将自己的言语比之于乌之雅雅，故称自己的语言为“雅言”，以别于蛮夷戎狄的“鴃舌之音”；而这一名称得到了华夏及四裔之人的普遍认可。

但有一个疑问，夏商周三大族群所在之地鸟类众多，比乌鸦更漂亮鸣叫更动听者众多；但为什么华夏先民偏偏选中了乌鸦作为代言人呢？学界一般从“日神—乌鸦—扶桑”神话系统中寻找答案，认为正是这一神话系统的影响，才有了“乌—雅—雅言”的文化发生谱系。这一神话系统，可分为三个分支：A. 金乌负日；B. 日乌山；C. 日乌桑。《山海经·海外东经》：“下有汤谷。汤谷上有扶桑，十日所浴，在黑齿北，居水中，有大木，九日居下枝，一日居上枝。”②《山海经·大荒东经》：“汤谷上有扶木，一日方至，一日方出，皆载于乌。”③ 从仰韶文化陶器到汉代画像砖，从远古传说到汉代神话，持续数千年，

---

① 陈独秀：《小学识字教本》，巴蜀书社 1995 年版，第 36—37 页。

② 郝懿行：《山海经笺疏》卷九，《续修四库全书》第 1264 册，影印清嘉庆十四年阮氏琅环仙馆刻本，第 209 页。

③ 郝懿行：《山海经笺疏》卷九，《续修四库全书》第 1264 册，影印清嘉庆十四年阮氏琅环仙馆刻本，第 228 页。

都有此三个分支图像存留：

分支 A：金乌负日：

仰韶文化庙底沟型

仰韶文化庙底沟型

汉代画像砖

分支 B：日乌山：

莒县陵阳河大汶口文化：日乌山（一说为日月山）

分支 C：日乌桑：

战国楚马王堆帛画局部摹本

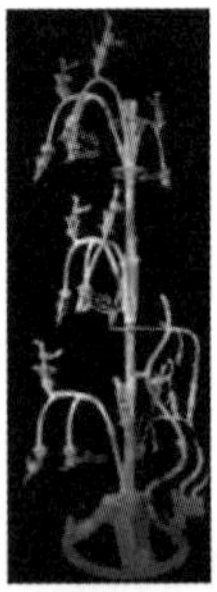

三星堆遗址太阳神树

现在的问题是，为什么华夏先民要将乌鸦、太阳、扶桑这原不相干的三个事物联系在一起呢？学界有所谓“太阳黑子说”，认为古人观察到太阳中的黑子，故将乌与日联系在一起。但这一观点的解释功能不强，特别是不能解释何以不仅有“日中有乌”，而且有“乌负日”，乌、日何以与扶桑若木相联系等问题。笔者曾考索多年，亦不得其解。某年冬日，于首都一学院旅居，偶见该院有白杨成排成片，值“冬看山林萧疏净”之季节，每当清晨傍晚，日于林间升落，而有无数老鸦，立于疏枝之上，仰天呱呱，而天幕间有一轮红日映衬，其时，日在林间枝上，一乌在日中，数乌在日旁，聒噪不已，恰似一幅皮影戏图。遂恍然而悟“乌日桑”何以相互联系——“乌日桑”原本自然常见之景，正是佛家之“现量”，康德、胡塞尔、王国维之“直观”，此外并无深意。先民熟见此景，图像于心，日积月累，依“接触律”“相似律”，加之以想象升华，遂有“乌日桑”之神话传说。天人原本相分，人虽不能飞天，然日光可下达于地，鸟可上通于天，天人之通，唯有借日光及鸟类为中介为使者。

“乌、雅”与“华、夏”有密切的相关关系。我先民之所以自称为“华、夏”，学者多从章太炎说，认为是自“华山夏水”而来，但此山此水何以名为华为夏？似仍应从华夏二字初文寻绎。

华，繁体作“華”，后俗写作“花”，《说文》卷六下：“華，荣也，从艸从𠌶。”[①] 華的核心部件是𠂹，《说文》卷六下：“𠂹，草木華葉𠂹。象形。”[②] 甲骨文有（拾3·6）、（续6732）、（陈17）等文，一般隶为𠂹字。𠌶、𠂹，学者一般认为是草木花叶下垂之形，林义光《文源》卷一则认为是“象一蒂五瓣之形”[③]，陈独秀《小学识字教本》云：“華，古匋器文作，命簋作，均象全枝之花，非如

① 许慎：《说文解字》，续古逸丛书影宋本。
② 许慎：《说文解字》，续古逸丛书影宋本。
③ 李圃主编：《古文字诂林》，上海教育出版社2003年版，第6册，第106页。

许氏之说……”[①] 按陶、甲、金中皆有画出枝叶花序者，、、華、花应为一字，仅古今繁简不同耳。将三星堆太阳神树与甲骨文等字形相对照，“华”字核心部件、与太阳神树何其相似！太阳神树后演变为华表及摇钱树，一雅一俗，正构成一个完整的华夏文化。

夏，《说文》卷五下：“，中国之人也，从夊，从页，从臼。臼，两手；夊，两足也。”[②] 夏为中国之人的自称，这没有问题。问题是，中国之人为何自称“夏”，“夏”的本义为何？林义光《文源》卷四明确表示不同意许慎的解释：“中国之人，不当别制字以象其形。”[③] 甲骨文有（戬 5.13）、（林 2.26.7），金文有（伯夏父鼎）、（鄂君启舟节），六国古文有（战国齐邳伯罍），可见甲骨文、金文、六国古文多从日、从页、从手、从足，秦系文字一般省日，汉隶从秦篆，演变为今天“省日”的字形。夏字的本义，除了“中国之人”，尚有训“方位之西”“水名”“大”“季节名”“象人当暑燕居，手足表露之形”等。[④] 尽管众说纷纭，但有一点可以确定——夏的初文，是一个人，此人稽首拱手立于阳光之下，突出其首、手、足。自称“夏”，就是如同其他许多民族一样，自认为是太阳神的子孙，所谓“帝高阳之苗裔兮，朕皇考曰伯庸”，作为“南蛮”的屈原，为了强调自己的华夏正统，于是非常虔诚地自称为太阳神的苗裔。

在先秦古籍中，“华、夏、雅”三字在一定场合常可通用。这三个字，再加上“乌”字，从上古到现在，其读音相同或相近，其义则有一“交集”——都与“日”有关。

近千年的词学史上，对于“雅”的理解，主要就是基于上述知识背景而产生的观念——“雅”，即“华夏正声”。近百年来，随着甲骨文的发现和更多的相关金文及简帛文献的出土，使我们对于“雅”有

① 陈独秀：《小学识字教本》，巴蜀书社 1995 年版，第 19 页。

② 许慎：《说文解字》，续古逸丛书影宋本。

③ 李圃主编：《古文字诂林》，上海教育出版社 2003 年版，第 5 册，第 661 页。

④ 朱骏声：《说文通训定声》，中华书局 1984 年版，第 6、452 页。

了更全面、更深入的了解掌握的可能——日，是天人沟通的使者，上天唯一能达于人间者，为日光。乌（甲金文突出其张喙仰天对日雅雅而叫之态），雅（乌的形声写法，秦人方言），华（日之精华凝于植物者），夏（从日从页从手从足，像人注视或膜拜太阳，突出其人头奇大，或表示所见所感对于情绪的巨大影响），皆强调主体面对太阳这一对象，直观其对于人类的“本质”属性——光明灿烂、生命之源，形成同一概念，随着直观场景不同，而用不同的图像表达同一个与“日”有关的观念：动物为“乌”“於”“雅”，植物为“华”，山为“崋”“（合 30424）”，用以测量太阳运行的仪器为“华表”，发声为“呜”“呼”“兮”，构成语言系统为“雅言”，族群为“夏”，族人所居为“厦”，季节为“夏季”，文化影响所及者则为“诸华”“诸夏”，复言之则为“华夏”，其礼乐制度的特征为“雅正”，诗歌乐舞名为“大雅”“小雅”“九夏”。“乌雅华夏”，声韵相同或相近，同是表达对于阳光灿烂的强烈情绪反应——故秦之地，千百年来仍有“信天游”等对于太阳的欢呼“呼儿嗨呦”，其发声三千年来稳定如一。乌雅华夏所具有的“赤”、“大”、“中”（测日圭表）、“正”等义，其实亦都与“日”有关。“日”是贯穿“乌雅华夏”和“赤大中正”这两个相似性家族的红线和灵魂。“乌雅华夏”“赤大中正”可作为汉字美学谱系拓扑结构的一个标本，这两组八字虽然来自不同的“树”，但由“日”而交叉贯串，形成一网络状结构。

从理论上的可能性来说，有了这些丰富的背景知识特别是“小学”知识，当我们以“直观的目光朝向”作为词学抽象概念的“雅”字时，就会立刻“直观”到与“雅”相关的一系列图像——太阳神鸟（乌、雅，例如长沙马王堆帛画中的扶桑与乌鸦）、太阳下的花朵（华、华表、太阳神树）、那些自称“华夏”的太阳神子孙（黄帝、炎帝、太昊、少昊、高阳），以及与乌雅华夏有关的种种神迹、传说和凝结在汉字中的有关太阳的图像。

但是，对于我们当代的大学生及绝大多数接受者来说，这一图像还原并没有发生。因为大多数本科生甚至研究生，并没有与此相关的文化学术背景知识。

1900年前后，废文言行白话，废科举兴学堂，学问成为分门别类甚至老死不相往来、有了复杂“代码”和严格等级体系的“专业”，而作为图像“生成—还原”基础的“小学”，则成为“古文字学、古音韵学、训诂学”的组成部分，已不再是小学生所学的内容，如果不是专家学者，就不可能再将“乌雅华夏”“赤大中正”等“汉字”直观为“图像”。于是就不再有“还原”，更没有了“重演”。学生们无从知道“雅”的原初意义，更无从将其还原为图像；但是，问题正在于，这些词学概念的提出者、使用者和假定的接受者，原本是约定俗成地以“小学”知识为文学活动的基础及背景的，但现在，这一基础，这一背景，已经不复存在。

“小学”的百年缺环与汉字图像还原

从20世纪初至今的一百多年来，中国教育放弃汉代以来的“小学”教育，而增加注音字母或汉语拼音，这其中虽然取得巨大成绩，但也有重大失误。

首先是对汉字的认识，认为汉字不好，要用拉丁文字取代。这就如同一个人认为父母没钱没权，要换个父母。这是时代的错误。百年来那些最有名望的学者，无不认为汉字当废，拼音文字当行。1935年，中国新文字研究会草拟《我们对于推行新文字的意见》，后由蔡元培等688位中国最有名望的文化人签名发表，提出“中国大众所需要的新文字是拼音的新文字”。而在那些对于国文有特殊情感的人士来说，也无法从正面抗衡这股潮流。例如，对国语情有独钟的黎锦熙，在其《国语辞典序》中用这样的语气说：“要对于中国文字作一番根本的大改革，因而不能不给四千年来语言文字和他所表现的一切文化学术等等结算一个详密的总帐，以资保障而便因革……”[①] 赵元任先生是那个时代最为清醒的学者，他用《石室诗士食狮史》来调侃拼音化的努力，但他仍然在 1967 年发表《通字方案》，试图利用中古音韵、各地方言中声韵调各种差异元素，降低拼音文字音节的同音率，从而在文字与拼音之间找到一个折中方案。这仍然是变相的“拼音化”努力，其核心要害仍然是“汉字低劣论”。

其次是砍掉小学的“小学”教学内容，而将小学生必学课放到大学，违反了儿童的成长规律。汉代以来行之有效不可或缺的字源学、字义学、音韵学教育，在中小学教育中实际上统统没有了。这就如同一个人，看到自己跑得不如别人快，就砍掉自己一条腿，拄上一条洋拐杖。洋拐杖（例如汉语拼音、国际音标）当然是好东西，甚至可以升一格为自行车汽车飞机轮船，但是，有了现代化交通工具，就砍掉自己一条腿，有必要吗？象形文字学习的最佳时段应是小学生阶段。儿童看一下甲骨文金文，对其中的象形字可以轻松地画出来。例如龟字，繁体字没有几个人能写出来，但许多学龄前儿童，看了一会儿以后，第二天还可以画出一个漂亮的甲骨文“龟”字，那头尾爪甲，栩栩如生，呼之欲出。

儿童的图像“生成—还原”能力远远超出我们的想象，对于这种能力的鼓励、拓展和发挥，能够极大地增强儿童的直观感知能力和艺术想象能力。奥地利儿童教育家鲁道夫·斯坦纳（Rudolf Steiner）认为，“在儿童从换牙期至青春期的这段时间，你一定要以想象力的本质来教导儿童。因为在此时，令儿童为全然感知器官的力量已渐渐内敛，这力量进入了灵魂层次的生命。感官不会思考，它们只感知讯息，或者也可以说它们依外界物体造出影像，因此你必须以（想象性的）图像、影像的方式来教。……你应该用鲜活的、有想象力的方式，也可以说是人类发展出文化的过程中所经历的方式。在很早以前，人类

① 黎锦熙：《国语辞典》，上海商务印书馆 1937 年版，第 14 页。

就使用象形字了，也就是说，人们用画来做类似备忘录的东西。你不须研究人类文化史，但你要将人类用画来表达意思的这种精神表现给儿童看，如此儿童便能轻松自在地学习。”① 自孔子以来所逐步形成的以“小学”为基础内容的语文教学体系，也许更适合儿童的先在大脑结构。人类的童年与人类个体童年的心理结构是同构关系，“重演律”在这一领域有一定的普适性，儿童会在一定程度上重演人类童年所操作的汉字与图像之间的生成与还原。儿童的绘画能力、韵律感，或许正是儿童大脑中的先在因素，这种能力和感觉，在初中阶段以后可能就逐步消失或被掩盖。因此，儿童学习甲金文应该比大学生更容易。

然而，一百年来，除了古文字学家，我们对于最重要的文化工具——汉字，是知其然而不知其所以然，我们每天都要面对的汉语言文字文献，就只能从语音层面去理解意义，再深一层分析也只是到语法分析层面，而文学接受过程中最重要的图像艺术感受力、本质直观能力、“文字—图像”之间的生成还原能力，也就只能“暂付阙如”了。

这一缺环对于现当代社会科学文献的接受也许损害不大，但对于以话语蕴藉为主要手段、以民族传统为主要内容、以艺术意象为主要积淀形式的人文学科来说，则是致命的缺失。对于从“小学”学起的古人来说，那些意象是约定俗成的，不言而喻的；但对于我们，却只能在浅层次上理解或用西学来曲解；从而使得今天的我们与作为创作者与接受者的古人之间，产生了很大的隔膜。我们所理解的古代文化古代文学，与古人眼中心中的文化与文学，也许有着完全不通约的部分，在某些方面甚至可以说是一条不易逾越的鸿沟。因为我们和一百年前的人们或更早的人们，在知识背景方面已有了很大的不同。对于文本，今天的我们，只能从意义层面而不是初文图画所揭示的本质层面去认知，于是文本需要“精读”“阐释”“分析”甚至是“示范”，

① ［奥］鲁道夫·斯坦纳：《童年的王国》，潘定凯译，深圳报业集团出版社 2014 年版，第 25—26 页。

而不再是“直观”或“现量”，对于那些“语语都在目前”的文学意象，我们也没有了直击内心的体验与感动。

爱因斯坦在论述这一问题时说：“西方科学的发展是以两个伟大的成就为基础，那就是：希腊哲学家发明形式逻辑体系（在欧几里得几何学中），以及通过系统的实验发现有可能找出因果关系（在文艺复兴时期）。在我看来，中国的贤哲没有走上这两步，那是用不着惊奇的。令人惊奇的倒是这些发现（在中国）全都做出来了。”① 也就是说，古代中国并没有形成现代科学技术所赖以存在发展的形式逻辑与系统实验这两个因素，但古代中国却同样取得了辉煌的成就。古代中国的文化传统一定有其自在的逻辑自洽性，其思维方式也自有其长处，“小学”教育所奠定的对于图像、对于韵律的本质直观能力、想象力和超越能力，以圆融、超越、仁义为核心的价值观，诚心正意修身齐家治国平天下的伟大抱负，宗族成员对于祖先神灵的崇拜与敬畏，这是一套完整而相配套的文化思想精神体系。缺失其中任何一环，都是对于这一体系的致命伤害。“小学”教育的缺失，正是这其中的缺环。例如在古代文论、词学理论等课程中，能有多少本科生研究生能将“雅”这一概念直接而直观地与“乌、日、桑、华、夏”等相联系，从而获得必要的背景知识，并迅速地还原为一系列的图像，从而获得对于具体词学作品的直观感悟？

缺环的修补

面对文化巨变，文化人一直在做最大的努力。1901 年，就在辛亥革命的前夜，刘树屏出版了《澄衷蒙学堂字课图说》，全书四卷，共选 3291 个汉字，一一从源到流加以解说，并配以插图 762 幅，特别可

① 爱因斯坦：《西方科学的基础和中国古代的发明——1953 年给 J. E. 斯威策的信》，《爱因斯坦文集》第一卷，商务印书馆 1976 年版，第 574 页。

贵的是，该书还吸收了最新的西学成果。这是为新型学校而编纂的传承古典文化的新式语文课本，几十年间历有再版，其学术精神直接影响了同时代的《共和国教科书》（1912）和后来的《国民字课图说》（1915）。例如，该书解释“政”字云：“音正，所以正人者曰政”，“政者，正也。正国者曰国政，正家者曰家政。引申之凡上所施于下者，皆谓之政。故虽弊政虐政，亦以政称。”① 释“电”云：“阴阳二气薄而生热，热而发光曰电，……动植及金类多有含之者。今所用，则人造之电也”，并由电而雷：“阴阳二电摩荡空际，鼓击而成声者为雷。雷声必在电后者，光行较速于声。如施放火炮，先见火后闻声也。避雷之法，勿近铁器，勿着湿衣，勿倚高墙，勿开窗户。屋高者设防雷杆，可以引电入地。”② 说“议”字云：“谓欲事合于义，必群相论议也。因引申为风议谏议之议。今中国有事上闻，辄归部议；泰西各国则归上下议院公议。”③ 这种释读，既传承了《说文》以来的传统文化的智慧，也有对当代科学技术和社会政治思潮的吸收，通过汉字图文释读教学，在教以知识的同时，培养学生的图像生成还原能力，涵养性灵。

令人遗憾的是，这一类既继承“小学”传统，又不断吸收现代新文化的成果，并没有成为时代的主流。这一缺环仍然存在，并有逐步扩大的趋势。

新文化运动的领军人物陈独秀，在其晚年对于文化传统与新文化的关系做出了深刻的反思。对于新学制推行以来近五十年的中国教育，陈独秀清醒地看到了这一缺环并试图以一己之力来尽力修补。其《小学识字教本》一稿，正是这种修补的一个努力。其《自叙》云：“中

---

① 刘树屏：《澄衷蒙学堂字课图说》，新星出版社 2014 影光绪辛丑上海书局四次石印本，卷二第 1 页。

② 刘树屏：《澄衷蒙学堂字课图说》，新星出版社 2014 影光绪辛丑上海书局四次石印本，卷一第 5 页。

③ 刘树屏：《澄衷蒙学堂字课图说》，新星出版社 2014 影光绪辛丑上海书局四次石印本，卷四第 23 页。

小学习国文识国字之法急待改良，不可一日缓矣。”① 此稿在《说文》和段注的基础上，根据新见之甲金文、泉玺、陶瓦等材料，联系方言口语，诠释三千多汉字之形音义，以探求初文本义及同源字之关系、孳乳衍生之规律，试图给中国学校教师提供一个修补缺环的权威教本。

这一可贵的努力，在风靡百年之久的“拼音化”历史潮流中当然不会有多大的效果。该稿在陈独秀生前仅以很少的油印本传世，一直到近年方在两岸分别出版。而且，类似的努力一直未能进入小学教育体制内。现在，应该是开始反思和试图修补这一缺环的时候了。

（原载《江海学刊》2016 年第 1 期）

① 陈独秀：《小学识字教本》，巴蜀书社 1995 年版，自叙。

（二）视觉文化与文学的互动

文学的审美特性与视觉文化的提升

张　晶*

内容提要：由于视觉审美已经成为当下时代主要的审美方式，视觉文化和图像成为文艺学研究的主要对象，而关于文学理论的深化和当代建构方面的研究却备受忽视。实际上，当代文学与图像是可以做深刻的艺术贯通的。文学的图像化呈现和贯通性的审美功能不仅是文学的变异，也是传媒艺术的重要审美属性。呈现为图像方式的传媒艺术，并不意味着文学的缺席。文学的内在视像性质、文学的审美运思、文学的语言美感等重要的审美特性揭示了文学正是当代传媒艺术形式的重要支撑之功能。而当代视觉文化的普遍化却造成了审美的肤浅，视觉文化如今应该考虑其内涵的提升和与思考的互动。文学因素的回归应该是一个积极的策略。与文学血肉相连的传媒艺术，可以成为视觉文化提升的突破口。

关键词：视觉审美；传媒艺术；内在视像；审美运思；语言美感

* 作者简介：张晶，1955 年生，文学博士，中国传媒大学艺术研究院常务副院长、教授、博士生导师。

视觉审美与文艺学处境

视觉审美在当下这个时代已经成为主要的审美方式，这在美学和文化研究的领域中似乎已成为基本共识，关于视觉文化和图像的话语，在美学和文艺学研究中成为强项，为这个领域开辟了迥异于传统的景观。视觉文化及图像作为学术话语的升温，具有强烈的时代气息，我们在理解和阐释它们时既要顾及其历史的渊源，也要反思其现实的社会因素。在很大的程度上，我们现在所津津乐道的“视觉文化”或是“图像”，是以电子传输技术为其基本条件、以“消费社会”的理念为其氛围的。它极大地改变了原有的审美观照方式，与经典美学所描述的审美经验也大相径庭。而在这样一个视觉文化成为主要文化模式的时代，图像似乎也成了最主要的审美对象，作为通常被理解为以印刷为其传播手段的文学，其命运也好像到了式微的地步。美国学者米勒教授关于“电信时代文学的终结”的论断，是有着普遍的代表性的。尽管此论一出，在中国大陆受到了强烈的质疑和指责，但是，传统意义上的文学失去了以往在审美领域的尊贵地位，则确乎是可见的事实。在研究的层面，文艺学学科队伍中大批学者放弃了文学理论的研究，而以文化研究、媒体研究作为研究重心。这也正是米勒所指出的：“文学行将消亡的最显著征兆之一，就是全世界的文学系的年轻教员，都在大批离开文学研究，转向文化研究、后殖民研究、媒体（电影、电视等）研究、大众文化研究、女性研究、黑人研究等。他们写作、教学的方式常常接近社会科学，而不是传统意义上的人文学科。他们在写作和教学中常常把文学边缘化或者忽视文学。虽然他们中很多人都受过旧式的文学史训练，以及对经典文本的细读训练，情况却仍然如此。”① 文学

① ［美］希利斯·米勒：《文学死了吗》，秦立彦译，广西师范大学出版社 2007 年版，第 18 页。

理论界的现状可以说被米勒不幸言中了！以研究文学理论为己任的文艺学（苏联和中国原来的“文艺学”的含义如此）界有相当大的一部分人早已掉头不顾文学，从事一般性的文化研究或其他的时尚话题，转而又要把这些东西作为文艺学的主要内容，甚至认为这就是文艺学！

在我看来，文艺学在现阶段突破原有的边界，而关注以图像为审美要素的影视艺术，还有传媒文化的相关问题，这是完全必要的，而且也是文艺学发展方向所在。在这里，文艺学和美学应该进一步融合，其实也就是文艺美学的路数所在。以往的文艺学以文学理论为其研究对象，这是历史的既成事实；文艺学这个框架，名正言顺地可以接受或容纳现在的文学艺术的发展，从而加以学理化的建构。而如果以文化研究或其他学科的内容来替代或置换文艺学的研究对象，则我以为是不必要的，这会使文艺学“大厦将倾”“夷为平地”。看看文艺学的学科现状，就知道这种担忧未必是杞人忧天。文艺学本身鲜有学理性的研究进展，而文艺学的很多学者则以文化研究、媒体批评等作为文艺学的主要对象，相关论著可谓汗牛充栋，而青年学子们（博士生、硕士生及青年教师等）则是向风追慕，论文选题多有与文学颇不搭界的。

我并非站在保守的立场上来“捍卫”文艺学的传统疆界，但却不愿意看到文艺学被文化学或社会学消弭或取代的“前景”，我是有这种危机感的。当然，谁也没有理由干涉学者的研究自由，况且，很多学者在这方面的研究确实是大大超越了以往传统的文艺学研究的水准。其实，当今的文艺学不可能脱离文化学和社会学的思考角度，因为当今的文学艺术现象，是无法脱离大众传媒的，而大众传媒是紧紧地同社会的、文化的乃至经济的因素结合在一起的。文化学和社会学等对文艺学的渗透几乎是不可避免的，从积极的方面来看，文艺学对文化学和社会学等学科的借重，不仅是无可厚非的，而且是具有时代的战略意义的。或许可以认为，当今的文艺学学者，如果对文化学、社会学或后现代主义哲学等无所知晓的话，就不可能对文艺学有新的贡献，只能抱残守缺，无所建树。但是，要是以牺牲文学研究为代价，用文化研究完全取代对文学理论的深化和当代建构，或者把文化研究和文学理论对立起来，竟致使文学理论在文艺学中“敛手反如宾”，处在可有可无的尴尬境地，那么，文艺学的命运危矣殆矣！

文学与图像的艺术贯通

与以往的文学样态相比，当今的文学发生了深刻的变化，其中最明显的情形就是：以大众传媒为推动因素，文学与其他艺术门类的融合度要比传统的文学高得多。在传统的文学和其他艺术门类关系中，因为不同质的“艺术语言”使之具有了不同的审美特性，它们之间虽然也是彼此渗透，但却无妨在形态上的明显区别，即著名美学家苏珊·朗格所说的“基本幻象”。我在这里对文学的基本认知是从它的艺术性来着眼的，或者说是将文学作为艺术之一类。我们所谈论的是最具有审美价值的文字作品，现象学美学家茵加登称之为“文学的艺术作品”。如其所言：“‘文学作品’首先指美文学作品。……美文学作品根据它们独特的基本结构和特殊造诣，自认为是‘艺术作品’，而且能够使读者理解一种特殊的审美对象。”① 传统艺术虽与文学同样有着不解之缘，但从作为主要艺术种类的造型艺术来看，因其静态的观照方式和艺术语言的明显差异，无论学者和艺术家们怎样强调它们之间的共通性和一致性，如说“诗中有画”“画中有诗”之类，但我们不能不看到，时下在传媒框架里，文学与其他艺术门类之间尤其是和电视艺术之间的关系要密切得多。而且，文学体裁和样式也发生着时代性的变化，以往曾经是如日中天的诗歌，现在只能退居边缘了；而电视剧文学创作，却有着越来越重要的功能。当然，有些样式作为文学的类型尚未得到认可，也并未进入文学理论的教程之中，但事实

① ［波］罗曼·茵加登：《对文学的艺术作品的认识》，陈燕谷、晓未译，中国文联出版公司1988年版，第5页。

上在传媒艺术的领域里文学的内涵和贯通力却是非常重要的，如综艺晚会中的语言类节目，其成功的主要因素是其文学脚本的创作。在这里，由于大众传媒的统合作用，文学的类型化已不像以往那么明显，甚至有些模糊不清，代之而起的是文学的图像化呈现和贯通性的审美功能。这不仅是文学的变异，而且也是传媒艺术的重要审美属性。

我曾从整合的层面将传媒艺术和传统艺术做了大的方面的区分。所谓“传媒艺术”，是一个涵盖面颇为广泛的概念，指的是在大众传媒序列中以电视传播方式为主要载体的艺术创作、作品和接受的总称。其实，它包含的具体样式又是多种多样的，如电视剧、电视音乐、综艺晚会等。与传统艺术的区别关键在于，传媒艺术是以图像化的电子传播方式与受众见面的，传统艺术的样式进入传媒序列，也就具有了传媒艺术的特征，比如传统艺术中的歌曲，进入传媒艺术的序列，演化为 MTV，歌曲的内容已由图像和音乐的完美结合来传达了。传媒艺术的一个最基本的元素，应该就是运用电子技术所制作的图像，大众传媒最大的普及性，催生了视觉文化在文化模式上的主导地位，而图像作为最主要的元素，直接刺激了人们的审美方式的转换。正如美国思想家詹姆逊所指出的那样：“因为在我们这个时代，技术与传媒真正承担着认识论的功能：自此，文化生产领域发生了变革，传统形式让位于各种综合的媒体实验，摄影、电影和电视开始渗透和移入视觉艺术作品（和其他艺术形式），正产生出各种各样的高技术的混合物，包括从器具到电脑艺术。”① 这道出了视觉文化的普遍性和复杂性。正因如此，米尔佐夫教授径直将后现代文化与视觉文化几乎等同起来，他说：“不同的视觉媒体一直是被分开来研究的，而如今则需要视觉的后现代全球化当作日常生活来加以解释。包括艺术史、电影、媒体研究和社会学在内的不同学科的批评家们都已经开始把这个正在浮现

① ［美］弗里德里克·詹姆逊：《文化转向》，胡亚敏等译，中国社会科学出版社 2000 年版，第 107 页。

的领域称为视觉文化。视觉文化与视觉性事件有关，消费者借助于视觉技术在这些事件中寻求信息、意义或快感。……换句话说，创造了后现代性的，正是文化的视觉危机，而不是其文本性。印刷文化当然不会消亡，但是对于视觉及其效果的迷恋（它已成为现代主义的标记）却孕生了一种后现代文化，越是视觉性的文化就越是后现代的。”[①] 这是对目前的视觉文化的后现代性质的重要判断，我以为是大致不差的。

我们所说的“图像”并非泛指，与传统的意谓要划开一道界限。在几年前的一篇文章中我已对此作了界定：“我们所说的‘图像’指的是凭借当代的大众传媒，通过电子等高科技手段大批复制出来的虚拟性形象。这样说是为了将当今时代成为标志性的审美元素的图像，和以往时代艺术家创作出来的视觉艺术作品区别开来。”[②] 到现在我还没有改变这种认识，表述的准确与否可以讨论，我想彰显的是图像特定的当代意义所在。泛论“图像时代”及视觉文化已无多少独到的价值，我的初衷是要将图像问题纳入艺术和审美的框架中来寻求其建构的机理。图像在视觉文化占有主导地位的社会文化氛围中是到处充斥的，它是机械复制的，随处可见的，被用作各种用途，其中有审美的，有娱乐的，还有相当多的是消费的。在海德格尔看来，世界的图像化是现代的一个基本标志。如其所言：“倘我们深思现代，我们就是在追问现代的世界图像。……世界图像并非从一个以前的中世纪的世界图像演变为一个现代的世界图像；毋宁说，根本上世界成为图像，这样一回事情标志着现代之本质。”[③] 海德格尔的意思是，图像并非仅指图像作为客体，而是作为存在主体把握世界的一种方式。“世界之成

① ［美］尼古拉斯·米尔佐夫：《视觉文化导论》，倪伟译，江苏人民出版社 2006 年版，第 3 页。

② 张晶：《图像的审美价值考察》，《文学评论》2006 年第 4 期。

③ ［德］海德格尔：《世界图像的时代》，载孙周兴编《海德格尔选集》，上海三联书店 1996 年版，第 899 页。

为图像，与人在存在者范围内成为主体是同一个过程。”① 因此，图像的性质就不是单一的，而是各种各样的。而我们所谈论的，主要是在传媒艺术中使人产生审美经验的图像。

从艺术品的角度来考察，在传媒艺术中的图像不应该也不可能只有视觉快感而没有意义连接和显现。图像使人尽享视觉的盛宴，眼下成为美学领域里热门话题的“日常生活审美化”，其实质可以认为是在大众传媒的参与下，大量符号化的图像成为人们的日常生活不可或缺的内容，但是有一点可以明确指出，日常生活的“审美化”和艺术品的审美并非一回事。日常生活是无休无止的“流”，即便按“审美化”的理论可以使存在主体产生相应的审美经验，但这种经验，恕我直言几乎都是不完整的、万花筒般的，鲜有一个完整的结构；而充斥日常生活的视觉图像，虽然也是一种“超真实”的幻象，也许给人带来的快感一点也不比艺术品差，但正因其存在主体的日常生活是一个变动不居的“流”，这些“万花筒”式的图像，无法也没必要形成一个完整的结构；艺术品则不然，它必须有着内在的完整结构。传媒艺术亦然。在大众传媒中有很多节目是缺少完整性的，因之也就难以称为“传媒艺术”，而可以称作“传媒艺术”的当然也要具有艺术品的这一品格。无论是一部电视剧，还是一个小品，一部 MTV，都应该有着内在的完整结构。如果以符号学的眼光来看，一个艺术品是一个整体性的符号，无论它有多大的空间或长度。苏珊·朗格认为：“艺术品作为一个整体来说，就是情感的意象。对于这种意象，我们可以称之为艺术符号。这种艺术符号是一种单一的有机结构体，其中的每一个成分都不能离开这个结构体而独立地存在，所以单个的成分就不能单独地去表现某种情感。”② 从这个意义上来说，单个的图像不能单独

① ［德］海德格尔：《世界图像的时代》，载孙周兴编《海德格尔选集》，上海三联书店 1996 年版，第 899 页。

② ［美］苏珊·朗格：《艺术问题》，滕守尧、朱疆源译，中国社会科学出版社 1983 年版，第 129 页。

成为一个艺术符号，而只能是如朗格所说的“艺术中的符号”，即是这个整体中的一个成分。离开了艺术品的整体，单纯的图像是不可能作为艺术存在的。

传媒中的图像，如果是无意义的堆积，那么，无论它们是何等的逼真，何等的撩人眼目，都无法成为真正的艺术品。从艺术的角度要求，在传媒系统中的图像必须是作为整体性的元素被赋予意义的，仅仅是图像而缺少意义，虽然直观，却无法使人产生兴趣。20 世纪杰出的思想家卡西尔对于艺术创作非常重视整体性和秩序：“企图根据从人类经验的无秩序无统一的领域——催眠状态、梦幻状态、迷醉状态——中抽取得来的相似性来解释艺术的所有美学理论，都没有抓住主要之点。一个伟大的抒情诗人有力量使得我们最为朦胧的情感具有确定的形态，这之所以可能，仅仅是由于他的作品虽然是在处理一个表面上看来不合理性的无法表达的题材，但是却具有条理分明的安排和清楚有力的表达。甚至在最狂放不羁的艺术创造之中，我们也绝不会看到‘令人陶醉的幻想的混乱状态’、‘人类本性的原始混沌’。浪漫主义作家们所提出的这种艺术定义，是一种语词矛盾的说法。每一件艺术作品都有一个直观的结构，而这就意味着一种理性的品格。每一个别的成分都必须被看成是一个综合整体的组成部分。……科学在思想中给予我们以秩序；道德在行动中给予我们以秩序，艺术则在对可见、可触、可听的外观之把握中给予我们以秩序。”① 视觉图像绝不止于感知，应该是负载意义的，而作为艺术品的审美，是对完整的结构的观照。而我认为，艺术审美在对不同的艺术形式的直观欣赏中，贯穿着对未知因素的求索渴望和惊奇感的不断产生。而前者主要体现为叙事结构在艺术中的魅力，后者则是艺术品激发欣赏者进入审美状态的最重要原因之一。

---

① ［德］恩斯特·卡西尔：《人论》，甘阳译，上海译文出版社 1985 年版，第 213 页。

文学的审美特性

不以文字的形式而呈现为图像的方式的传媒艺术，并不意味着文学的“缺席”。文学对于传媒来说是至关重要的支撑。这从文学的几个重要的审美特性上可以得到揭示。其中最主要的当是文学的内在视像性质。我认为内在视像的普遍存在是文学的基本特质。何谓“内在视像”？在几年前的一篇拙文中，我这样加以说明：“是指作家通过文学语言在文学作品中所描绘的、可以呈现于读者头脑中的具有内在视觉效果的艺术形象。作为文学审美活动而言，这是实现其审美功能的最为关键的一个环节，也是判断其是否具有审美价值的文学作品的重要标志。甚至可以说，这种内在视像，对于读者来说，是真正的审美对象，至少是审美对象的核心要素。”① 文学创作所用的思维工具和表达工具就是语言文字，但是作为艺术品的文学创作是与哲学或科学等的语言文字有重要区别的，区别不在于语言文字的不同，而在于文学是用语言文字来描绘艺术境界、人物形象和讲述故事等。人们在阅读文学作品时所面对的审美对象其实并非文字本身，而是读者在阅读时通过文字的描绘，在头脑里产生的意境、形象或人物动作、事件发展等，我将其统称为“内在视像”。诗词中如杜甫的《月夜》：“今夜鄜州月，闺中只独看。遥怜小儿女，未解忆长安。香雾云鬟湿，清辉玉臂寒。何时倚虚幌，双照泪痕干。”人们读了这首诗，头脑中便会和诗人一起呈现出家中妻儿思念他的情景。② 读了孟浩然的《临洞庭上张丞相》：“八月湖水平，涵虚混太清。气蒸云梦泽，波撼岳阳城。欲济无舟楫，端居耻圣明。坐观垂钓者，徒有羡鱼情。”读者头脑中便呈现出洞庭湖烟波浩渺的景象。北宋诗人梅尧臣便认为好诗应该：

---

① 张晶：《中国古典诗词的内在视像之美》，《社会科学战线》2007 年第 2 期。

② 参见张晶《回忆与诗词审美意象》，《江海学刊》2000 年第 6 期。

“必能状难写之景如在目前，含不尽之意见于言外，然后为至矣。”[①] 小说创作或其他叙事类作品更是如此。小说或其他叙事类作品，如剧本等，也通过文字刻画出人物形象和故事情节，形成矛盾冲突，读者是通过阅读在头脑中产生活动的画面，人物形象在头脑中活跃起来，所谓“栩栩如生”。对于文学的审美过程来说，外在的文字可以认为并非真正的审美对象，真正的审美对象则是作品内蕴着的意境、画面、人物形象和场景等，这些都具有内在的视像性质，而这正是传媒艺术（尤其是电影和电视剧）最重要的基础和资源。用现象学美学家茵加登的概念，称之为文学作品中的“图式化外观”层面。如其所言：“同它的具体化相对照，文学作品本身是一个图式化构成。这就是说，它的某些层次，特别是被再现的客体层次和外观层次，包含着若干‘不定点’。这些‘不定点’在具体中部分地消除了。文学作品的具体化仍然是图式化的，但其程度较作品本身要有所减低。”[②] 茵加登指出，文学作品的“图式化外观”存在于作品和欣赏两个方面。这种“图式化外观”是由作家的文字描绘所内蕴的，它必须在读者的欣赏过程中产生于头脑，但又是根据作品中的描写，在头脑中呈现的。传媒艺术在以文学作品为其蓝本进行创作时，编剧、导演乃至演员，对于人物的刻画、情节的设置、矛盾的产生和解决、故事的进程等，是依据文学作品所提供的“图式化外观”的。依据中国古典名著改编的长篇电视连续剧《西游记》《三国演义》等，是最能说明问题的。其他根据文学作品进行创作的电影和电视剧如《林海雪原》《青春之歌》《历史的天空》《亮剑》《暗算》《我是太阳》等，也是在小说的基础上进行再度创作的，文学作品在读者阅读时所产生的“内在视像”，正是这些影视作品的前提。即便不是源自小说，而是专门作为影视剧

① 欧阳修：《六一诗话》，《历代诗话》本，中华书局1981年版。

② ［波］罗曼·茵加登：《对文学的艺术作品的认识》，陈燕谷、晓未译，中国文联出版公司1988年版，第12页。

的文学剧本，也同样是文学的典型样式，它们可能更为直接地、自觉地勾勒动态的“内在视像”，以作为导演和演员在拍摄和表演时的依据。内在视像的存在在文学作品中是普遍的，也是可以作为其根本的审美特征的。

文学的审美运思。运思是文学创作的根本特质之一。与其他的艺术门类相比，文学的运思是最重要的，也是最自觉的。运思指诗人、作家以语言文字为工具，创造出作品的整体境界和整体叙事结构的思维方式及过程。它可以神驰万里，跨越时空，却要以一个完整的结构呈现给世人。文学作为艺术，不可能只是模仿，而是要创造出一个独立自足的整体。卡西尔认为：“即使最彻底的模仿说也不想把艺术品限制在对实在的纯粹机械的复写上。所有的模仿说都不得不在某种程度上为艺术家的创造性留出余地。”① 这种创造我也称之为“审美构形”。相对于其他艺术来说，文学的运思功能是最为本质化，也是最为突出的。其间的原因并不难理解，因为人们的思维工具就是语言。形构文学作品的思维方式当然不同于逻辑思维，而被称为“形象思维”，与其他的艺术门类的思维有深刻的相通之处；但是作为艺术思维的共性，语言起着非常普遍的作用。陆机在《文赋》中精彩地描述了文学运思的特征：“其始也，皆收视反听，耽思傍讯，精骛八极，心游万仞。其致也，情曈昽而弥鲜，物昭晰而互进。倾群言之沥液，漱六艺之芳润，浮天渊以安流，濯下泉而潜浸。于是沉辞怫悦，若游鱼衔钩而出重渊之深；浮藻联翩，若翰鸟缨缴而坠曾云之峻。收百世之阙文，采千载之遗韵。谢朝华于已披，启夕秀于未振。观古今于须臾，抚四海于一瞬。”陆机指出了艺术形象在运思中的形成过程，揭示了文学运思“精骛八极，心游万仞”的超越时空的特征，并且主张文学创作一定要有个性化的创新。刘勰则以“神思”为文学运思的范畴，将其作为创作论的首篇，其中云：“古人云：‘形在江海之上，心

① ［德］恩斯特·卡西尔：《人论》，甘阳译，上海译文出版社1985年版，第179页。

存魏阙之下’，神思之谓也。文之思也，其神远矣！故寂然凝虑，思接千载；悄焉动容，视通万里。吟咏之间，吐纳珠玉之声；眉睫之前，卷舒风云之色。其思理之致乎！故思理为妙，神与物游。神居胸臆，而志气统其关键。物沿耳目，而辞令管其枢机。枢机方通，则物无隐貌，关键将塞，则神有遁心。是以陶钧文思，贵在虚静，疏瀹五藏，澡雪精神，积学以储宝，酌理以富才，研阅以穷照，驯致以怿辞；然后使玄解之宰，寻声律而定墨；独照之匠，窥意象而运斤。此盖驭文之首术，谋篇之大端也。”① 刘勰是将“神思”也即文学运思作为文学创作的第一要素的。我在对各家之于“神思”的阐释之比照分析后曾概括性地指出“神思”即文学运思的性质：“神思是中国古典美学中关于艺术创作思维的核心范畴，其内涵包括了文学创作的准备阶段，创作冲动的发生机制、艺术构思的基本性质、创作灵感的发生状态、审美意象的产生过程以及作品的艺术传达阶段等。神思具有自由性、超越性、直觉性和创造性等特点，是一个动态的运思过程和思维方式，而非静止的概念。”② 作为重要的补充，我这里再进一步指出，“神思”是以语言作为内在的思维工具来进行文学运思的。“辞令管其枢机”，这才是运思的关键。传媒艺术中的图像要成为好的艺术品，则必须是有着内在的运思的，这一点，无论自觉与否，都是在借助文学的运思方式。单纯地强调视觉效果，使图像处在无序的拼凑状态，不可能产生好的艺术品。

与此密切相关的便是文学的语言美感。文学的基本元素是语言，如果语言缺少创造力，缺少美感，就很难成为好的作品。在我看来，语言美感应该成为判断文学作品审美价值高下的基本尺度。在文学作品中，如果语言平庸、芜杂、缺少个性，是不可能具有艺术魅力的。这里所云“语言美感”，是一个较为广义的概念，而非局限于辞藻的

---

① 刘勰：《文心雕龙·神思》，范文澜注，《文心雕龙注》，人民文学出版社 1978 年版，第 493 页。

② 张晶：《神思：艺术的精灵》，百花洲文艺出版社 2003 年版，第 9 页。

华丽炫美。“语言是存在的家”，海德格尔的命题是意味深长的。文学作为人类生存状况的审美表达，当然是以语言为生存基础的。海德格尔多次谈的一个命题就是：“词语破碎处，无物可存在。”不妨从正面来理解为，构筑艺术的统一结构，一定是以语言为其纽带的。海德格尔还反复申说这样一个思想，即：诗与思是“近邻”，而它们的媒介就是语言。如其所说：“这里要紧的是，在那种与有关词语的诗意经验的近邻关系中为一种有关语言的运思经验找到一个可能性。”① 这里关系到对我所说的对“语言美感”的理解。“语言美感”所包含的内涵，应该有这样几个方面：一是作品中语言的张力，如宋人严羽所说的“如空中之音，相中之色，水中之月，镜中之象，言有尽而意无穷”②。或清人王夫之所说的“墨气四射，四表无穷，无字处皆其意也”③。这在中国古典诗论中是非常普遍的审美价值要求，也是文学语言的重要特质之一。二是文学语言的兴发情感的功能，也就是中国古代诗论中讲的“兴”。“兴”的意思本来就是兴发情感，如刘勰所云：“起情故兴体以立。”④ 文学作品的魅力和审美功能，应该是使人受到情感上感染，使之投入其情境之中。三是作品语言表意的确切和个性化特征。在我看来，这些大致是文学的语言美感的主要含义。文学本身就是以语言为其“艺术语言”的，语言美感是文学的基本要素。这一点，也许尚未得到本体上的论述，也缺少系统的研究，但实际上好的作品，尤其是能够传世的经典之作，都是语言美感的典范之作。

视觉文化的提升之维

视觉文化在当今已非令人感到生疏的概念，适合于视觉文化的普

① ［德］海德格尔：《在通向语言的途中》，孙周兴译，商务印书馆 2004 年版，第 179 页。

② 严羽：《沧浪诗话・诗辨》，郭绍虞《沧浪诗话校释》，人民文学出版社 1961 年版，第 26 页。

③ 王夫之：《姜斋诗话》卷二，人民文学出版社 1962 年版，第 162 页。

④ 刘勰：《文心雕龙・比兴》，第 601 页。

遍存在乃至于成为最重要的文化模式，关于视觉文化的研究论著也是屡见不鲜。但我以为，文化研究与后现代主义和消费文化的广泛流行互为表里，在很大程度上，更多的是符号或影像的消费，后现代文化也突出地体现为视觉文化的方式。正是由于视觉文化的普遍化，或者说是漶漫无边际，也就造成了审美上的浅表化。图像的无所不在同时也呈现为大量图像的无意义化，缺少深度。尽管一些理论家以视觉的思维功能来反拨语言是思维的唯一工具的传统理念，而实际上视觉文化的氛围使越来越多的人远离人类理应益加提高的思考能力，而习惯于漫无目的也漫无思想地被动观看。我们认为，视觉文化发展到现在这个阶段，应该考虑其内涵的提升与思考的互动。其实，文学因素的回归，不失为一个积极的策略。

就其有效渠道和方式而言，本来就有天然的血肉联系的文学与传媒艺术，可以成为视觉文化提升的突破方向。传媒艺术要有更高的社会评价和价值追求，更多地向文学汲取营养，使图像的艺术生产有更好的内在统一性，这不仅是必要的，而且是可行的。文学创作本身对内在视像之美（包括意境、人物形象、情节等）的强化和自觉推敲，会给传媒艺术带来无尽的珍贵资源，而传媒艺术家（编剧、导演、演员等）从文学作品中得到更深的熏陶滋养，会使传媒艺术品产生更为令人惊奇的审美效应和更为隽永的韵味。在传媒艺术的创作中加强审美运思，形成更为巧妙的、更为灵动的内在结构，会使图像之间的关系更为密切，更能产生深刻的意蕴，也有更多的看点。从传媒作品的语言质量来看，现在的问题相当之多，粗糙、低俗、平庸的语言普遍存在；当然，现在的文学作品中也同样存在这种倾向；如何向经典的优秀的文学作品学习，增强作品的语言美感，虽然不是一朝一夕之事，却是可以日见其效的。

由这样的一些向度加以深化，对于视觉文化的发展和提高，是有重要的推动作用的。如果说“图像转向”已成为目前的文化现实，那么，对于人们的审美状况，还有很多令人忧虑之处。美学理论本身也是需要在新的历史条件下发展和建设的。传媒艺术似乎应该成为美学思考的聚焦点，将我们所能见到的文学的审美特性和图像的艺术生产联系起来，是相得益彰的事情！

（原载《江海学刊》2010年第1期）

文学研究如何应对视觉文化的挑战

张永清*

内容提要：文学研究要应对视觉文化的挑战，一方面需要对文学研究当下存在的主要问题作出合乎实际的理论判断，另一方面更需要对视觉文化目前的研究现状有较为准确的把握与认识。文学研究在不断“扩容”的过程中，需要有明确的对象意识、边界意识、学科意识。可以对文学进行跨学科、多学科的研究，文学研究可以有自身的文化之维，但其目的是对文学自身的丰富而非消解，是对文学自身的深化而非解构。

关键词：文学研究；视觉文化；视觉经验；视觉性；媒介

在一段时期内的人文学术研究领域，被众多研究者频繁使用的关键词莫过于“终结”“转向”这类语词了。对“终结”而言，有“哲学的终结”“艺术的终结”“革命的终结”“历史的终结”“意识形态的终结”，自然也免不了“文学的终结”；对“转向”而言，有“哲学的转向”“语言学的转向”“文化的转向”“图像的转向”“视觉的转向”，当然也有“视觉文化的转向”。简言之，我们在此起彼伏的“终

---

* 作者简介：张永清，1965 年生，中国人民大学文学院教授、博士生导师。

结”声中迎来了令人“晕头”的各种各样的“转向”。对文学研究尤其是文艺学学科而言，部分研究者在“终结”传统的文学研究模式的同时，也开启了文学研究的“文化转向”或“视觉转向”。问题在于，文学研究的这类转向是给文学研究提供了新的发展契机，还是将文学研究引领到一个更加问题丛生的领域。换言之，文学研究在“扩容”的同时是在不断“消解”自身还是在不断“丰富”自身，文学研究如何应对图像转向、视觉文化等的挑战，文学研究与文化研究尤其是视觉文化研究的关系究竟如何理解，这既是一个需要我们认真对待的现实问题，又是我们必须审慎回答的理论问题。

在我们看来，文学研究要应对视觉文化的挑战，需要从两个方面作出初步的理论思考。一方面需要对文学研究当下存在的主要问题作出合乎实际的理论判断，另一方面更需要对视觉文化目前的研究现状有较为准确的把握与认识。基于此，本文主要围绕以下几个问题进行论述：第一，对当代文化走向的基本判断；第二，对视觉文化的思想与理论资源、视觉文化的界定、视觉文化的本质作扼要分析与阐释；第三，技术、媒介与视觉文化之间的关系以及对其研究的可能路径；第四，如何看待文学研究与视觉文化研究之间的关系。

一

自 20 世纪 90 年代尤其是进入 21 世纪以来，国内有相当一部分研究者不再坚持文学的语言学转向这一论断，而认同文学研究的文化转向、视觉转向或图像转向。之所以发生这种立场的位移与变化，究其实质是源于对当代社会及文化走向的基本判断。在他们看来，我们的社会已经步入“视觉”社会，我们的文化已经成为“视觉文化”，我们已然生活在一个“视觉化”或视觉性弥漫、高度拟象化的景观世界里。基于这样的认知与判断，文学研究的“文化转向”、“视觉转向”

或“图像转向”自然就成为亟待面对的现实问题。我们认为，这样的判断固然有20世纪90年代中国社会现实发生重大转型这一客观因素，但更为重要的是，我们在对西方相关理论的译介过程中，沿用乃至照搬了其相关论断，这就必然导致相当一部分论断与我们的社会现实、文化现状、文学研究实际存在十分显著的差异。对西方而言，自20世纪初以来，视觉文化必将取代印刷文化成为主导文化等类似的预言、断言就不绝于耳，时至今日已近百年；对国内而言，自20世纪90年代以来，“读图时代”“图像转向”“视觉转向”“图像化生存”等类似的断言也被反复提及，屈指算来也近二十年。

从相关研究论著看，国内的视觉文化研究主要以20世纪初的巴拉兹，30年代的本雅明、海德格尔，60年代的德波、麦克卢汉，70年代的波德里亚、巴伯格、丹尼尔·贝尔，以及90年代以来的米歇尔、艾尔雅维茨、米尔佐夫等的相关论述作为思想与理论资源。具体而言，巴拉兹早在1913年就断言，视觉文化将取代“概念文化”（印刷文化）；本雅明在写于1936年的《机械复制时代的艺术作品》中，针对摄影、电影等新艺术形式与文化形态，以展示价值来概括其社会文化功能；海德格尔在写于1938年的《世界图像的时代》一文中指出，“从本质上讲，世界图像并非意指一幅关于世界的图像，而是指世界被把握为图像了。……世界成为图像，这样一回事情标志着现代之本质”。[①] 在20世纪60年代，麦克卢汉在《媒介的延伸》（1964）中，将现代人界定为“图像人”（Graphic Man）以区别于传统的“印刷人”（Typographic Man）；德波在《景观社会》（1967）一书中进而将这个社会概括为“景观社会”。在20世纪70年代，鲍德里亚在《消费社会》《符号政治经济学批判》《生产之境》《象征交换与死亡》等论著中，提出了消费社会中的拟象理论；丹尼尔·贝尔则在《资本主

① ［德］海德格尔：《世界图像的时代》，载孙周兴选编《海德格尔选集》，上海三联书店1996年版，第899、902—904页。

义文化矛盾》中断言："目前居统治地位的是视觉观念。声音和景象，尤其是后者，组织了美学，统率了观众。在一个大众社会里，这几乎是不可避免的"，"当代文化正在变成一种视觉文化，而不是一种印刷文化，这是千真万确的事实"。① 对另外一些理论家来说，20 世纪 90 年代以来的当代文化是一种视觉文化这一论说不再是一种理论预言，而是一种活生生的文化现实，诸如"无论我们喜欢与否，我们自身在当今都已处于视觉（visuality）成为社会现实主导形式的社会"② 以及"这种要保护'我们的言语'而抵制'视觉'的需要，就是表明图像转向正在发生的一个准确无误的信号"③ 等论述，都充分印证了这一基本理论认知。根据一些学者的不完全统计，进入 21 世纪的 7 年间，国内关于视觉文化研究的论文就达四百多篇④，其中绝大多数持"视觉转向"的坚定学术立场，与文化研究一道成为文学研究领域的显学，引领了学术研究的潮流。

但是，我们在此要追问的是：西方图像转向、视觉转向、景观社会等理论论断的社会文化等意涵是否与我们的社会文化等意涵同质同构，其自身理论有无悖论之处，这种悖论是否也同样适合于我们，这些都需要我们作出回答。从某种意义上讲，视觉文化的理论充满了悖论，一方面宣称我们已步入图像时代、视觉文化主导的年代；另一方面，又宣称我们依然不明白何谓图像，何谓视觉文化，"我们仍不确切知道图像是什么，它们与语言的关系怎样，它们如何作用于观者和世界，如何理解它们的历史，我们对它们该做些什么"⑤。

---

① ［美］丹尼尔·贝尔：《资本主义文化矛盾》，赵一凡等译，生活·读书·新知三联书店 1992 年版，第 154、156 页。

② ［斯洛文尼亚］阿莱斯·艾尔雅维茨：《图像时代》，胡菊兰、张云鹏译，吉林人民出版社 2003 年版，第 5 页。

③ ［英］W. J. T. 米歇尔：《图像理论》，陈永国、胡文征译，北京大学出版社 2006 年版，第 4 页。

④ 参见曾军《近年来视觉文化研究存在的几个问题》，《文艺研究》2008 年第 6 期。

⑤ ［英］W. J. T. 米歇尔：《图像理论》，陈永国、胡文征译，北京大学出版社 2006 年版，第 4 页。

既然我们已处在读图时代，既然我们已经生活在视觉性的社会中，既然我们已经被主导性的视觉文化浸染，就确有必要对视觉文化的定义、视觉文化的本质特征有大致清晰的把握与理解。唯有如此，文学研究才能对其作出较为恰当的应对。在我们看来，由于国内的视觉文化研究在这些问题上还没有完全形成属于我们自己的理论共识，导致了西方不同思想观点在我们的文化语境中“杂陈”的理论格局。概言之，对视觉文化的界定主要有三种概括方式。这三种界定方式都是对另外一种观点的回应，这种观点以海伍德和桑迪韦尔为代表，他们认为视觉文化是一种不证自明的存在。与此相反，绝大部分研究者认为，需要对视觉文化作出明确的理论界定。第一种方式以马尔科姆·巴纳德为代表，他们主张将视觉文化做广义与狭义区分。就广义而言，“这个概念所强调的是这个术语的文化方面。它所涉及的是在视觉文化氛围中形成和通过视觉文化传播的价值观念和个性特征”。基于此，其主要关注视觉文化的研究对象、视觉文化的形成及其实践活动。就狭义而言，它“所强调是该术语的视觉方面。它在某种程度上把人类生产和消费的二维和三维的可视物品视为文化和社会生活的组成部分。这个意义上的视觉文化是一个很广泛的概念。根据某个单一的术语，它有可能包括艺术和设计的所有形式，同时也包括个人的或与身体有关的视觉现象。这样一来，各种不同类别的美术（例如绘画、素描和雕塑等）、各种不同类型的设计（例如图片设计、室内设计、汽车设计和建筑设计等），以及类似面部化妆、时装和文身这样的事物，都可能被包括在视觉文化的范畴之内”①。第二种观点以鲍尔德温等为代表。他们认为，应从文化的角度界定视觉文化，而文化既可以理解为文本，又可以理解为一种生活方式。据此，就有了作为文本的视觉文化与作为生活方式的视觉文化，“在一般的意义上，文化既可以被理

① ［英］马尔科姆·巴纳德：《理解视觉文化的方法》，常宁生译，商务印书馆2005年版，第4—5页。

解和分析为一个文本，又可以被理解和分析为一种生活方式。这样的划分是非常有用的。作为文本，视觉文化概念关注那些通常被认为是经得起看的、受欢迎的对象（素描、绘画、照片、电影、时尚和装饰品等）和制造这些东西的技术。作为生活方式，视觉文化指向任何一个人群所持有的‘生活设计’的一个向度”①。第三种观点以米尔佐夫等为代表。他们认为，“不同的视觉媒体一直是被分开来研究的，而如今则需要把视觉的后现代全球化当作日常生活来加以阐释。包括艺术史、电影、媒体研究和社会学在内不同学科的批评家们已经开始把这个正在浮现的领域称为视觉文化”②。由此看来，对视觉文化的三种主要界定方式各有侧重，第一种从该术语所指涉的视觉与文化两个维度进行厘定，并作广义与狭义之分；第二种则从文化之维度，继而从“文本”与“生活方式”两个层面来界定视觉文化；第三种则以整体观来界定视觉文化，强调其综合性、广泛性。

无论以何种方式界定当代的视觉文化，不同理论对其本质特征的概括是大体相近的，即从 20 世纪早期的“图像化”言说到今日的“视觉性”表征。比如，在海德格尔看来，世界成为图像，人成为主体，这构成了现代社会的两大本质特征，“对于现代之本质具有决定性意义的两大进程——亦即世界成为图像和人成为主体——的相互交叉，同时也照亮了初看起来近乎荒谬的现代历史的基本进程”，“现代的基本进程乃是对作为图像的世界的征服过程。在这里图像（Bild）一词意味着：表象着的制造之构图”③。视觉文化最惊人的特征之一“是它越来越趋于把那些本身并非视觉性的东西予以视觉化”④，它不

---

① ［英］阿雷恩·鲍尔德温等：《视觉文化导论》，陶东风等译，高等教育出版社 2005 年版，第 374 页。

② ［英］尼古拉斯·米尔佐夫：《视觉文化导论》，倪伟译，江苏人民出版社 2005 年版，第 3 页。

③ ［德］海德格尔：《世界图像的时代》，载孙周兴选编《海德格尔选集》，上海三联书店 1996 年版，第 899、902—904 页。

④ ［英］尼古拉斯·米尔佐夫：《视觉文化导论》，倪伟译，江苏人民出版社 2005 年版，第 5 页。

仅意味着作为文本的世界已被作为图像的世界所取代[①]，而且是区分现代主义与后现代主义的重要标志[②]，“后现代主义并非人们通常所称的一种突变，它实际上体现出一种对现代主义内在趋向的直接延续。当然，它们之间也有差异，其中最主要的是对视觉文化根本性的再定向。这种文化的‘产业性’或大众的一面，从其出现至今已渗透整个世界。在音乐和其他媒介的辅助下，文化产业已日益变成了视觉文化产业”。[③] 他们认为，视觉文化的视觉性是后现代社会文化的根本特征：“印刷文化当然不会消亡，但是对视觉及其效果的迷恋却孕生了一种后现代文化，越是视觉性的文化就越是后现代的。”[④] 需要特别注意的是，此种特征是否也是衡量我国当代文化性质即现代性与后现代性的理论标尺？毋庸讳言，尽管一些学者如周宪先生在研究过程中已指出了这个问题并作了相应的理论阐释，但是，相当一部分研究者还是简单的“拿来主义”，生搬硬套我们的文化现实与研究现状。这表明，难题“不在于强调视觉性的重要，而是在于怎么用一种文化框架来解释视觉的历史”[⑤]。

二

“在漫长的历史长河中，人类的感性认识方式是随着人类群体的整个生活方式的改变而改变的。人类感性认识的组织方式——这一认

---

① ［英］尼古拉斯·米尔佐夫：《视觉文化导论》，倪伟译，江苏人民出版社 2005 年版，第 7 页。

② ［斯洛文尼亚］阿莱斯·艾尔雅维茨：《图像时代》，胡菊兰、张云鹏译，吉林人民出版社 2003 年版，第 27 页。

③ ［斯洛文尼亚］阿莱斯·艾尔雅维茨：《图像时代》，胡菊兰、张云鹏译，吉林人民出版社 2003 年版，第 33 页。

④ ［英］尼古拉斯·米尔佐夫：《视觉文化导论》，倪伟译，江苏人民出版社 2005 年版，第 3 页。

⑤ ［英］尼古拉斯·米尔佐夫：《视觉文化导论》，倪伟译，江苏人民出版社 2005 年版，第 27 页。

识所赖以完成的手段——不仅受制于自然条件，而且也受制于历史条件。”[①] 从某种意义上讲，现代的人类生活图景之所以是图像化乃至数字化的，是因为促使这一切发生根本改变的是科学技术。自20世纪以来科学技术的迅猛发展及其广泛运用，使人类社会的政治、经济、文化等发生着全方位的深刻变革，正如诗人叶芝所言：“看得见的世界不再是真实，看不见的世界不再是梦想。”[②] 摄影、电影、电视、网络媒体等的问世无不与新技术密切相关，新技术同时也孕育并催生了新的媒介质，而新的媒介质在文化、艺术等领域的运用又创造了新的文化、文学形态、艺术种类及其审美形式。比如，马克·波斯特把人类传达信息的方式划分为口头媒介、印刷的书写媒介、电子媒介三个阶段[③]：在口头传播阶段，体现为符号的互应，自我处于总体性之中；在印刷传播阶段，体现为意符的再现，自我被构建为中心；在电子传播阶段体现为信息的模拟，自我被去中心化。再比如，尼克·史蒂文森把媒介研究概括为三大方法：第一，各种批判的研究方法，如英国马克思主义和法兰克福学派等；第二，各种象征和文化的研究方法或受众研究，诸如麦克卢汉、詹姆逊以及波德里亚等的相关研究；第三，考察媒介本身对我们共同视野的影响。作者认为，这三种研究方法对我们理解现代电子文化、印刷文化和口语文化均有裨益。[④] 因此，从技术媒介及传播方式的形态及其嬗变对三大文化类型进行理论思索就成为一种新的探究路径。

如果说，在本雅明与海德格尔所处的20世纪30年代，他们思考的主要还是机械技术给人类社会及其文化所带来的深刻变革[⑤]，那么，

---

① ［德］本雅明：《机械复制时代的艺术作品》，王才勇译，中国城市出版社2002年版，第12页。

② 转引自［加］麦克卢汉《理解媒介》，何道宽译，商务印书馆2000年版，第67页。

③ ［美］马克·波斯特：《信息方式》，范静哗译，商务印书馆2000年版，第13页。

④ ［英］尼克·史蒂文森：《认识媒介文化——社会理论与大众传播》，王文斌译，商务印书馆2001年版，第278页。

⑤ 这可以从本雅明《机械复制时代的艺术作品》（1936）标题看出。而海德格尔在《世界图像的时代》（1938）中认为，昭示现代之本质的五大现象为：科学、机械技术、艺术作为体验的对象、人类活动被当作文化、弃神。

我们现在所面对的则是电子技术、数字（虚拟）技术给我们的生活及文化所带来的深刻影响。我们在此就从技术的角度来看西方学者如何论述“印刷”技术、“虚拟”技术与社会生活及文化的关系。美国一些学者认为，作为技术的印刷给人类带来了以下巨变：第一，印刷产生了原型技术，它为世界的有序化提供了新方式；第二，它重新构筑了人类的知识体系，促进了民族主义和单一民族国家的出现；第三，它鼓励了线性的、序列化的因果思维方式，这与口头传播时期通用的那种颠三倒四、语无伦次的对话思维方式截然不同；第四，它促成了现代作者观念的形成；第五，它培育了一种新的阅读方式，“印刷技术出现之前，人们通过面对面的口头对话和交流共享他们的思想。即使是手抄本上的内容也只能由人高声朗诵，所以还是只能听到，不能看到。印刷革命帮助孵育了一种更鼓励人们思考的环境。书是被静静地进行单独阅读的，这就产生了一种新的个人隐私的概念，以及反省和自省的概念，最后甚至产生了一种颇具疗效的方法，即思考自己和这个世界”。① 可以说，作为技术的印刷术不仅改变了以前的文化边界和模式，而且还创造出了现代的生活世界与文化世界。②

法国一些学者甚至把虚拟技术与字母表和印刷术的发明相提并论，把它看作孕育、催生新文化的酵母。③ 虚拟与我们以往所说的虚构不同，虚构在传统的美学艺术范畴中主要是指发生在人的意识层面的创造性的想象行为，其典型特征主要体现为非现实的与间接的。而虚拟首先属于技术范畴，它作为一种技术行为尤其是一种成像技术目前被广泛运用到经济学、工程学等领域。人们一般将虚拟理解为数字化，它具有两个功能：一是模拟功能，就是把业已存在的对象模拟出来；

---

① ［美］杰里米·里夫金：《生物技术世纪》，付立杰等译，上海科技教育出版社 2000 年版，第 177—180 页。

② ［加］麦克卢汉：《理解媒介》，何道宽译，商务印书馆 2000 年版，第 218 页。

③ ［法］R. 舍普等：《技术帝国》，刘莉译，生活·读书·新知三联书店 1999 年版，第 97—98 页。

二是把非现实的东西创造出来，把它现实化和直观化，“虚拟是一种并非真实却看似真实的图像或空间”[①]，如虚拟图书馆、虚拟社区、虚拟电视节目主持人等。虚拟图像主要是指合成图像，也就是计算机制作的数字图像。存在的与非存在的对象都可以通过比特技术即数字化来呈现。从纯技术层面看，虚拟图像与感光图像相比具有以下本质特点：第一，虚拟图像具有同步性甚至超前性，它可以让人们在现实之前行动甚至能作用于正在发生的现实。换言之，虚拟图像颠倒了感光图像与现实的关系，它不是现实的摹写与再现，相反，它是一种全新的创造，它先于现实。第二，严格来讲，传统的感光图像是二维平面图像，而虚拟图像则是真正的三维立体图像，这就意味着传统意义上的空间是感光图像的先天条件，没有空间就不能有在其中的经历；虚拟空间不是虚拟图像的条件，它随着虚拟图像的产生而产生，虚拟图像具有自己的时间与空间。第三，虚拟图像改变了机械复制时代所形成的原本与摹本的关系，两者之间不再是单向的决定与被决定的关系，而是一种双向互动的关系。[②] 尽管作为三大文化形态的口头文化早已式微，但以印刷术为主导的传统印刷文化（阅读文化）与以数字技术为代表的现代视觉文化（电子文化）成为我们社会文化的主要形式，尤其是后者，越来越显示出勃勃生机与旺盛的生命力。目前，虚拟技术在电影、电视剧、新媒体艺术等的制作中被广泛应用，尤其对视觉文化的发展具有难以估量的影响力。

三

那么，我们又当如何面对日益兴盛的视觉文化，国内一些学者归

---

① ［英］尼古拉斯·米尔佐夫：《视觉文化导论》，倪伟译，江苏人民出版社 2005 年版，第 113 页。

② ［法］R. 舍普等：《技术帝国》，刘莉译，生活·读书·新知三联书店 1999 年版，第 98—105 页。

纳出了美学的、历史的和社会学的三种研究路径：第一种，认为视觉文化是一个相对于阅读文化的概念，强调应在图像—语言的二元结构中来理解视觉文化，突出视觉文化的内在构成；第二种，强调把视觉文化视为一种当代现象，突出视觉文化的政治分析；第三种，强调视觉文化的符号学和社会体制层面，突出视觉文化的制度分析、表意实践与表意策略。从近年来发表的相关论著看，国内的视觉文化研究大致都在上述研究范式之内。不过，在我们看来，尽管国内的视觉文化研究尤其在对国外相关理论著作的译介方面取得了十分显著的成就，为进一步的深入研究打下了坚实的文献资料基础，但是，也存在着十分突出的问题，需要我们给予足够的重视。这些问题主要表现在以下三个方面。

第一，视觉文化的基本概念有待进一步厘清。众所周知，概念的明晰是讨论问题的前提与基础。就研究现状看，相当一部分研究者对基本概念的使用还比较随意，影响了相关理论论断与主张的说服力。鉴于此，我们认为，在进一步的研究过程中尚需对以下概念作进一步的界定与说明：视觉经验—阅读经验、视觉文化—印刷文化（阅读文化）、视觉文化—视觉艺术、文化研究—视觉文化研究、视觉分析—语言分析、图像人—印刷人（文字人），以及视觉性、视觉化、图像化、视觉转向、图像转向、虚拟图像等。

第二，视觉文化的知识结构亟须完善，文化实践亟待加强。整体而言，国内对视觉文化的兴趣不可谓不浓厚，对视觉文化的热情不可谓不高涨，不过，表面的“轰轰烈烈”“热热闹闹”却难以掩盖研究的“原地踏步”与“人云亦云”这种尴尬处境。实事求是地讲，绝大多数的探究是描述性的而非分析性的、感受性的而非论说性的，对现象的罗列远胜于对本质的洞见。从相关文献可知，西方从事视觉文化研究的主体是社会学、艺术学、传播学等领域里的学者，其理论的提出以及对具体文本的分析都与自己的专业领域紧密相关。与此相反，国内视觉文化研究的研究主体多数为文学领域的研究者。问题恰恰在于，我们还缺乏足够的相关知识积累和丰富的文化实践，“我们都是视觉文本的观看者，但我们的观看只是一种习惯而不是一种分析。我们通常自以为是，被动接受视觉图像、视觉文本，而非一种主动地辨析，我们太容易想当然了，这导致我们看不到它们背后的许多东西。与简单的‘看’相反，我们需要更加主动地思考我们是如何观看以及我们是否需要以不同的方式进行观看，进入图像世界，我们需要带上结构性的知识、方法以及明确的自我意识”①。

第三，需要进一步处理好文学研究与视觉文化研究的关系。首先必须明确的是，文学研究与视觉文化研究都有自身相对独立、相对明确的研究对象、研究范围和研究范式。正如一些学者所言，文学研究的核心是语言分析，视觉文化研究的核心是视觉分析。基于这一基本学科立场，我们应对以下两种片面认识保持足够的警惕：要么将文学研究与视觉文化研究完全等同起来，要么将两者彼此割裂、完全对立起来，这些都不利于文学研究和视觉文化研究的健康发展。实践证明，在持有相对明确的学科立场的前提下，对两者作比较研究、交叉学科研究、跨学科研究，有利于拓展研究的边界，有利于丰富自身的研究内容。比如，我们可以从政治学、文化学、社会学、心理学、传播学、经济学、伦理学、历史学等诸多学科对文学文本进行多角度论述，但最后一定要回到文学文本自身；我们当然也可以从文学、语言学等角度对视觉文本进行分析，最终还是应回到视觉文化自身。再比如，“语词和形象”问题是文学研究和视觉文化研究共同面对的理论问题，所不同的是，两者的立足点与切入的视角各有侧重，以电影为例，它“经历了一系列技术革新，在从无声电影向‘说话’电影转化过程中经历了从视觉到语言的范式转换，而无论何时，只要电影理论试图说明‘电影语言’的性质时，就必然面对某种形式的形象/文本

① ［英］理查德·豪厄尔斯：《视觉文化》，葛红兵等译，广西师范大学出版社2007年版，第4页。

问题”①。

我们认为，对文学研究而言，存在着两种新的研究向度与可能选择：第一种，把视觉文化作为研究的整体文化背景，着重考察传统的语言艺术在视觉化的社会文化氛围中所呈现出来的新的审美观念等；第二种，着重考察以影视文化为代表的当代视觉文化中的语言要素，探究语言要素在视觉文化中的功能与作用，以及它与传统语言艺术之间的联系与区别。在一个越来越图像化、视觉化的社会中，印刷文化的命运如何？语言艺术最终会消亡吗？如果回答是肯定的，那么就需要从理论上说明由哪些因素促成了这一结果。如果回答是否定的，同样也要从理论上说明它在哪些方面进行变革才能应对图像时代的严峻挑战。

总之，文学研究确实需要不断“扩容”，不断丰富，不断深化，不断创新，但是它也确实需要有明确的对象意识、边界意识、学科意识。文学研究可以有文化之维，但它毕竟不是视觉文化研究。对文学进行跨学科、多学科的研究，是对文学自身的丰富而非消解，是对文学自身的深化而非解构。

（原载《江海学刊》2010 年第 1 期）

① ［英］W. J. T. 米歇尔：《图像理论》，陈永国、胡文征译，北京大学出版社 2006 年版，第 79 页。

从形象看视觉文化[*]

周　宪[**]

内容提要：视觉文化的崛起改变了当代中国的文化地形图，文化的广泛视觉化也在悄悄地改变文化自身的规则。可视性成为文化的显性原则，因此，对视觉文化的基本构成单元的讨论必然指向形象。形象作为视觉文化最基本的元素，决定了视觉文化的总体面貌，形象的构成原理也就是视觉文化的运作规则。形象本体的考量乃审视视觉文化的重要视角，形象分类为图像、影像和景象三种形态，触及视觉文化中形象运作的不同层面；形象的主题类型学分析聚焦于形象类型，类型的概括有助于揭示形象如何产生意义乃至意识形态；形象作为视觉对象，与视觉性和表征密不可分，其关系解析打通了理解视觉的社会建构和社会的视觉建构的新路径。

关键词：形象；图像；影像；景象；类型学；视觉性

关于视觉文化，学界提出了许许多多看法。有学者采访了几十位视觉文化的领军人物，但关于视觉文化为何物却是各说各话，莫衷一

---

* 本文系教育部哲学社会科学研究重大课题攻关项目“当代中国社会转型中的视觉文化研究”（项目号：12JZD019）的阶段性成果。

** 作者简介：周宪，1954 年生，文学博士，南京大学艺术研究院教授、博士生导师。

是。[1] 视觉文化研究问题多多，方法和路径亦各不相同。尽管如此，视觉文化研究作为一种重要的知识生产领域，作为一个跨学科的理论研究，有必要对其知识系统的特征加以把握。一个有效的路径就是对这个知识系统中的核心概念或关键词加以清理，进而从关键词及其结构关系上理解这一知识领域。

那么，视觉文化有哪些值得聚焦的关键词呢？显而易见，形象是讨论的最多也是最具争议的一个关键词。

作为视觉文化核心概念的形象

按照威廉斯关于关键词的界说，一个时代会有一些重要的概念成群结队地出现。这些概念一方面反映了特定时代的社会文化的变化，另一方面也体现了知识生产对这一变化的回应和解释。[2] 当我们说当今社会是以视觉文化为主导时，实际上就暗含了一个前提，视觉文化时代有自己的一组关键词。它们建构成一种知识的构架，反映了这个时代思想家和理论家们的思考和阐释。

视觉文化研究的领军人物美国芝加哥大学教授米歇尔，在题为《何谓视觉文化?》的论文中，特别提出了视觉文化的三个关键词（他称之为术语）：符号、身体和世界。他具体描述了这三个关键词所涉及的范围或领域。

> 第一术语：符号：形象与视觉性；符号与形象；可视的与可读的；图像志，图像学，图像性；视觉修养；视觉文化与视觉自然；视觉文化与视觉文明（大众文化对艺术；视觉美学对符号学；视觉文化的层级）；社会与景象；视觉媒介的分类学与历史

① Margaria Dikovitskaya, *The Study of the Visual after Cultural Turn*, Cambnidge, MIT, 2005.

② ［英］威廉斯：《关键词》，刘建基译，生活·读书·新知三联书店2005年版，第4页。

（视觉文化的“自然史”）；视觉艺术的社会性别；表征与复制。

第二术语：身体：种族，视觉与身体；漫画与人物；暴力的形象/形象的暴力（偶像破坏论；偶像崇拜；拜物教；神圣；世俗，被禁忌的形象，检查制度，禁忌与俗套）；视觉领域中的性与性别（裸体与裸像；注视与一瞥）；姿态语言；隐身与盲视；春宫画与色情；表演艺术中的身体；死亡的展示；服装倒错与“消失”；形象与动物。

第三术语：世界：视觉物的体制；形象与权力（视觉与意识形态；视觉体制的概念；透视）；视觉媒介与全球文化；形象与民族；风景，空间（帝国，旅行，位置感）；博物馆，主题公园，购物中心；视觉商品的流通；形象与公共领域；建筑与建筑环境；形象所有制。①

米歇尔所规定的三个术语（或关键词），就像是视觉文化研究的三个圆心，涵括了很大的范围，触及一系列复杂的视觉文化问题。不过我发现米歇尔三个概念的分类有些问题，符号这个概念可以涵盖很大范围，它甚至可以包括身体或世界。而在身体这个范畴里，许多问题又是符号问题。至于世界，更显得含混不清，既触及各种体制，又涵盖了复杂的意识形态内容。如果我们仔细考量米歇尔的三个概念，会发现形象其实是贯穿其中的一个核心范畴。甚至可以说，假如抽去了形象，符号、身体和世界就被虚空化了。

当然，形象并不是一个孤立的范畴，它与另外一些概念密切相关。用威廉斯的关键词方法来看，与形象密切相关且使用频率极高的另外两个概念是表征与视觉性。这三个概念形成一个视觉文化的概念“家族”，具有内在的逻辑结构。

① W. J. T. Mitchell, “What is Visual Culture?”, in Irving Lavin, ed. , *Meaning in the Visual Arts: Views from the Outside*, Princeton: Institute for Advanced Study, 1995, p. 211.

毋庸置疑，形象是视觉文化的基本单元，它广泛存在于视觉文化的诸多领域，从二维的平面图像到三维深度或空间立体形象，前者如平面广告，后者如建筑和城市景观；从静止的图形到动态的影像，前者如卡通连环画或绘画，后者如电影、电视、视频、电子游戏等。形象这个概念看起来有点老旧，但是比起符号或语言概念，它更加准确地标示了视觉文化研究对象的视觉特性。在中国传统哲学和美学里，这个范畴即所谓“象”，它包含了非常复杂的意思。当然，在今天视觉文化的意义上，我们需要对形象概念做进一步的界说或规定，厘清它的意涵并正确地使用它，特别是要注意在视觉文化中，存在着哪些因媒介不同而产生的形象类型及其构成。

如果说形象是视觉文化研究的基本单元，那么，形象绝不是一个僵死的、不变的事物，它必然具有生产性，必须存在于编码—解码的动态过程中，这就涉及形象的表征。表征（representation，又作再现）是晚近哲学、社会学、人类学、文化研究和美学都极为关注的概念。虽然存在着关于表征的不同理解甚至不同译法（再现、表现等），但有一点是共同的，那就是表征乃是形象的动态运作或生成。用当下流行的英国学者霍尔所喜欢使用的术语来说，所谓表征也就是特定语境中的“表意实践”（signifying practice）。就视觉文化而言，表征的研究是聚焦于形象的呈现及其意义的生产，而表征的分析也就合乎逻辑地集中于形象呈现中的意义或意识形态分析与批判。

从形象到表征，也就是从视觉文化的基本单元的构成向表意实践的意义生产的延伸，最终必然归结于视觉经验。不同于语言或话语的文化，视觉文化尤有特殊性，非常鲜明地体现在第三个关键词——视觉性上。形象也好，表征也罢，最终都离不开视觉性上的解析。一般性的符号学研究或是宽泛的文化研究，都未必会将视觉性作为焦点问题。视觉文化之所以为一个特殊的研究领域，之所以能把诸多学科融入其内形成一个跨学科的知识系统，就在于其突出的视觉性。关于视觉性并没有统一的认识，从 19 世纪艺术史研究所提出的视觉形式（费德勒等)，中间经过艺术或美学理论所关注的“有意味的形式”（贝尔)，再到当代视觉文化研究对视觉性的新界说（弗斯特)，始终贯穿着一个基本意涵，那就是视觉经验的建构。在我看来，视觉性概念远比美学的“趣味”、社会学的“习性”更具有生产性，它把视觉文化研究的焦点定在视觉经验的两个相关方面：“视觉的社会建构”与“社会的视觉建构”（米歇尔)。

图像/影像/景象

离开了形象，视觉文化将不复存在，这就好比离开了语言，文学将不复存在一样。形象一方面是视觉文化的载体，整个视觉文化都是建立在形象的根基之上；另一方面，形象又是一个本体概念，负载了复杂的视觉文化意蕴。

不同的文化语境关于形象有不同的说法。中国古典哲学称之为“象”，从老子关于道和象关系的论述，到《易经》关于“立象以尽意”的命题，到庄子“象罔”的表述，以及后来在中国美学和艺术理论中反复讨论的“言”“象”“意”之间的复杂关系等，充满了争议和不同解释。在西方，象的概念也有很多种界说，尤其是在西语中，有 image 和 icon 等不同概念。一般认为，视觉文化更倾向于使用image而不是 icon，因为前者与视觉关系更为密切，而后者则涵盖了视觉和非视觉的象。有学者指出，无法概括出任何单一的形象理论，形象这个概念的当代用法主要体现在三个领域：其一是认知的意义上，比如艺术教学、心理学和认知科学等，都围绕着形象形成了不少研究；其二是艺术理论和艺术史领域，各种理论赋予这个概念极为复杂的内涵；其三是视觉文化研究，形象被视为当代生活和文化的主要特征。①

---

① James Elkins and Majia Naef, *What is an Image?*, University Park PA: University of Pennsylvania Press, 2011, pp. 1 – 2.

形象作为视觉文化的基本单元，既是一个研究对象，又是一个分析单位。就形象自身而言，可分析的层面很多，从形象的构成要素到其结构功能，从形象的历史演变到形象的类型学等。我以为，在视觉文化的层面上，形象分析的基本工作是搞清形象如何产生意义，以及这些意义对公众产生何种影响。所以一些有关形象的独特表述流行起来，比如视觉文化的领军人物米歇尔有本书名为“图像要干什么”，而另一位视觉文化学者蒙德扎因则有一本书名更加刺激——“形象会杀人吗”。“图像要干什么”这一表述清晰地说明了图像自身的社会和文化功能，它干什么都会对现实生活产生种种复杂的影响；“形象会杀人吗”的疑问则更加确定地提出了形象与暴力的关系，这一追问去除了形象本身的价值中立，把形象与政治关联起来。

就像视觉文化本是一个跨学科的研究领域一样，形象作为视觉文化的基本单元，亦有各种各样的分析方法和分析路径。一个比较常见的分析路径是对由于媒介差异所导致的形象的分类研究。在复杂的视觉文化领域中，形象的存在、变化和关联非常复杂，个案性的研究可以是无限多样的。为了把握形象在视觉文化中的整体性，分类学的研究是最为有效的路径。在这方面有不少值得注意的理论，米歇尔对形象的五种类型的分析是比较有代表性的，他认为存在着五种最基本的形象：第一类是图像，诸如画、雕刻和纹样等；第二类是视象，诸如镜像、投影等；第三类是感知形象，诸如感觉材料、外观等；第四类是心象，诸如梦、记忆、幻想等；第五类是语象，诸如隐喻、描写等。[①] 显然，这一分类系统无论是在分类标准还是系统性上，都不是那么周密或有逻辑性，既有形象本体的分类，如图形的或词语的，又有感官的或精神的，如视觉的或知觉的或内心的等。尽管分类显得比较松散，却也说明形象的确广泛地存在于社会和文化的各个层面上。

---

① W. J. T. Michell, *Iconology*: *Image*, *Text*, *Ideology*, Chicago: University of Chicago Press, 1987, pp. 9 – 10.

这里有必要提出一个更为符合逻辑的视觉文化的形象分类的标准，一个可行的思路是从形象构成及其媒介特性的角度来加以区分。视觉文化的形象大致可以区分为三种存在形态：图像、影像和景象。

所谓图像，意指一切二维平面静态存在的形象，大致相当于米歇尔的第一类形象，不过米歇尔在这一类中提到的雕像似乎应排除在外，因为雕像是三维的空间存在。图像的亚类型有许多，如绘画、画报、平面广告、平面设计、卡通书籍、摄影、书法等，其媒介形态也呈现出多样性，从大批量的印刷图像，到独一性的手工艺绘画，从数码摄影到各式图画书。图像的构成特征有两个，一个是其二维平面性，就是说，所有的图像都是由长和宽两个维度构成的。比如绘画，无论中国传统的山水画还是西方的油画，无论是中国传统绘画美学的散点透视，还是西方文艺复兴以来的焦点透视，再阔大、再深远的画面，也始终是二维的平面，所不同的只是造成深度幻觉的手法和效果不同而已。尤其是西方现代主义绘画自马奈和塞尚以降，抛弃了文艺复兴以来的透视方法，重新回到二维的平面性，使得绘画作为二维艺术的平面性问题凸显出来，揭橥了绘画作为平面图像的本质所在。图像的第二个特征是其静止性，即是说，图像无论呈现什么对象，从自然到河流到动物到人，即使表现了动作或动态，但画面必定是静止的。虽然历史上有很多理论和实践尝试在静止的画面上表现运动，但图像只能暗示运动而不能实际地呈现运动。[①] 二维性和静止性的特征既规定了图像的存在方式，也彰显出图像的生产和接受形态。图像是当代视觉文化的形象产出的主要形态，尤其是在印刷、广告和摄影等领域，它们构成了数量巨大的形象生产、流通和消费的场域，也是视觉消费中最简便最常见的视觉消费物。

---

① 莱辛在《拉奥孔》中讨论了绘画如何以静止来表现运动，其要旨在于选择最具暗示性的瞬间。而现代主义绘画在这方面也作了许多探索，从印象派（如德加和马奈等）表现赛马，到杜尚的立体主义作品《下楼的裸体》表现连续性的下楼动作等。

不同于图像的静止性，影像的突出特点是其动态性。所谓影像就是指电影、电视等形象类型，也包括晚近随着数字化和影像技术发展而出现的各种网络视频。比较起来，影像与图像有诸多差异，最重要的差异当然是影像的动态呈现。不同于图像单纯地存在于空间里，影像不但存在于空间里，同时也存在于时间过程中。换言之，影像或借助电影放映机投射在屏幕上的影像的延续，或通过电视机屏幕上不断滚动的画面，或是电脑、手机、iPad 或其他电子装置界面上的运动影像，把空间影像时间化了。关于这一转换，最有说服力的就是数码相机拍照和录像两种功能的转换。前者是平面的静止图像，后者则是转化为图像的空间—时间化。一百年前电影的发明曾使人们为视觉文化时代的到来而欢欣鼓舞，电影作为动的图像的确具有独特的视觉效果和吸引力，但影像的功能还不止于此。当电影从默片进入有声片时代，影像就不再是单纯的图像呈现，它还伴随着各种各样的声音效果。绘画不会说话，照片也没有声音，它们都只能依靠图像本身的力量来吸引观者。影像则具有更加多样的技术手段和综合性的感官效果，再加上快镜头、慢镜头、定格、特写、黑白与彩色画面等，尤其是虚拟数字技术的发展，使得影像成为最具吸引力的视觉对象。《地心引力》这样的科幻大片的出现，把影像的视觉表现力发挥到了无与伦比的至高境界，也把人们观赏形象的期待带入一个新的境界。较之于图像，影像更能代表当代消费社会和信息技术的发展趋向，视觉文化不但要研究视觉形象，同时也要考察声音文化，视—听整合在影像中得到了实现。

图像和影像虽有所不同，但它们都属于平面形象这个家族。如果越出平面而进入三维立体空间，那么，第三种形象类型就出现在面前：景象。所谓景象包括一切在三维空间中存在的立体形象，从雕塑、园艺、建筑到城市景观，甚至是自然景观。三维深度中的各类形象是景象的存在方式，它与图像的相同之处在于都是静止的，但是不同之处在于图像是平面的，景象是立体的；它与影像的不同之处则在于景象一般情况下是凝固不变的，而影像则每一秒钟都在变动。对视觉文化研究而言，景象小到室内设计或雕塑，大到城市形象和自然风景。景象有别于前两种形象的另一个重要差别是，图像和影像都是观者有距离地观看形象，即使是照片和绘画，景象则不同，观者可以直接进入其内去全方位地浏览和欣赏。在艺术史上，曾有过绘画与雕塑孰优孰劣的争论，其中一个说法就是绘画只能表现一个视角所看到的形象，而雕塑则可以以运动变化的视线来观赏，看到形象的不同方面。景象的这个特征在建筑、城市景观和自然风景中体现得最为显著。当人们身临其境地进入特定景象时，借用里格尔艺术史的术语来说，前两类形象是“视觉性的”，而景象则是带有“触觉性的”，因为它们可以更近距离地接触。景象与图像和影像还有一个重要的差异，那就是景象是在一个无限延伸的空间里，而不是独立存在的。绘画也好、界面也好、图书也好，它们都是独立存在并被独立观看的，就像画框的功能一样把画面和周围的场景环境隔离开来。景象则有所不同，雕塑也好，建筑也好，甚至一座城市，一片自然风景，它们一方面与周围的环境形成某种“句法关系”，另一方面又置于更大的语境构架之中，成为这一语境背景中的某个前景。于是，景象的分析就不局限于景象本身，而需要延伸至更加广阔的句法关系或语境的考察。

三类形象各有自己的特长和局限，在当代中国视觉文化的格局中，任何人都逃脱不了它们的包围和追踪。如果说在传统社会和文化中，形象是稀缺资源，人们很难接近的话，那么，当代视觉文化已经生产出过量的形象，因此不再是人趋近形象，而是形象在逼促人。所以画家克利总结道：不是我在看画，而是画在看我，这已是一个不争的事实。[①] 20 世纪 60 年代，传播学者麦克卢汉曾经做过一个经典的实验，就是让受众以电视、广播、听演讲和阅读四种不同的方式来接受同一内容的信息，结果发现，看电视的效果最好，听广播其次，听演讲再

① 参见周宪《视觉文化的转向》，北京大学出版社 2008 年版，第 58—60 页。

次，阅读排在最后。[①] 如果我们依据这一结果来推测三种形象的功能的话，有理由认为视听整合的第二类动态影像更具吸引力和接受效果。原因在于，其一，动态的视听媒介具有感官全覆盖功能，比起单纯的图像和实际的景象更生动；其二，动态的影像可以表征复杂的、变化中的事件和人物，因此更具视觉效果；其三，影像借助新媒体和新视觉技术，可以实现高度的虚拟化，因此为场景和事件的呈现提供了更多可能性，开拓了更为广阔的视觉想象力空间；其四，也是由于越来越多的视觉新技术的出现，动态影像不但可以像电影和电视那样单向传播，而且可以发展出受众参与的不同界面和主体之间的互动；其五，就其传播范围和传播的即时性来看，因特网的各类视频最为便捷，其传播速度和广度远远超过了其他任何形象类型，因而其影响深广度也最为凸显。当下中国网络视频已经日益多元分化，从纯粹娱乐的影视作品，到各种新闻娱乐（infotaiment）的视频，再到各种涉及反腐的视频信息等，其目标定位和功能各有不同，但无一例外都成为当下视觉文化最吸引视觉注意力和最具视觉经济价值的形象。

形象类型学

形象类型学的分析不只限于其构成的媒介形式方面，还可以从形象主题学的内容方面加以分类。今天，在中国当代视觉文化中，形象主题学的分析比较薄弱，但缺少这一分类学的研究，很难把握到当代视觉文化的一些重要面相。形象主题学的分析触及形象内容、意义、价值或意识形态问题，偏重于形象编码—解码的关系性考察。

形象的主题分类研究之所以重要，原因在于透过主题分类，可以瞥见视觉文化复杂的深层内容。其实，分类本身就是特定时期视觉文

① ［加］麦克卢汉：《视像、声音与狂热》，载周宪编译《激进的美学锋芒》，中国人民大学出版社 2003 年版，第 340 页。

化结构的体现，特定的分类不但反映了视觉文化研究的视角及其分析，同时更反映了某一时期视觉文化的形象变迁。在这方面，文化研究提供了许多可资借鉴的模式。比如，有学者在分析美国电视剧的女性形象时，从女性主义视角出发，把电视剧中女性的刻板形象归纳为如下几种类型：

> （1）小魔鬼型：反叛，性冷淡，野丫头；（2）贤妻良母型：贤内助，迷人，主内；（3）悍妇型：有攻击性，单身独居；（4）泼妇型：善告密，爱说谎，工于心计；（5）受害型：被动，受到暴力或事故之害；（6）诱骗型：假装无依无靠，实际上却很强势；（7）色诱型：以色性来诱惑男人，以达到罪恶目的；（8）交际花型：交际花，艳舞者，妓女；（9）女巫型：极强势，但又屈从男人；（10）女家长型：家庭中的权威，长者，性禁忌。①

透过这十类形象的类型学考察，可以清楚地看到，女性形象的电视剧建构实际是依循了某种“看不见的逻辑”，那就是在一个男性支配的社会和文化中，女性总是扮演了某种负面角色，这些角色要么是显而易见地依附男性，要么是表面上具有控制男性假象，但最终仍归于男性支配。电视剧中的女性形象看起来纷繁多样，但万变不离其宗，都处在边缘性、负面性和被支配的地位上。

诸如此类的形象主题分类研究对我们考察当下中国视觉文化是有启发的。中国当代视觉文化纷繁复杂，从广告到电视剧，从动漫到网络游戏，从先锋艺术到城市景观，虽然表面上纷繁复杂，但经过仔细分析可以发现一些主题类型。举个例子来说，电视剧和电影的生产越来越倾向于类型片，而类型片又可以明显地区分为模仿西方的类型片

---

① D. Meehan, *Ladies of the Evening*: *Women Characters of Prime-Time Television*, Metuchen, NJ: Scarecrow, 1981, p. 131.

和本土特色的类型片。从本土特色的类型片来看，正在形成或业已形成一些固定的人物形象类型。晚近一些年收视率很高的帝王戏或宫廷戏，从秦始皇到乾隆，历代君王的故事被搬上荧幕，虽说一代有一代的故事，但历史题材电视剧中业已形成君王、妃子、大臣、太监等固定化的形象类型。这些人物类型的交错复杂关系，在戏说历史中把历史戏剧化和人物传奇化了，揭橥了后宫里各等角色的宫闱权谋与争斗。再比如，描写国共角力的谍报戏，描写新时期军旅生活的励志戏，或反映改革开放以来都市或乡村市井生活的电视剧，都已经形成一些独特的类型，它们一方面是“类型片”的基本元素，另一方面又是塑造接受者对社会文化现实认知的基本元素，同时也是中国当代电视剧趋向成熟的一个征兆。城市景观在不同规模的都市中也存在一些主题形态，一些巨型城市的国际化大都市形态非常明显，国际化流行风格成为这些巨型城市的风向标，而地方性的传统元素日渐衰落，尽管采取了一些保护性的抢救措施。同质化倾向和西化倾向在这些城市景观中甚为显著。而一些中小城市，限于发展速度和水平，则较多地保留了城市本身的地方性特征。更多的城市是介于两者之间，国际流行风格和地方性特色的交错混杂，失去了自己的城市景观地域特色。这些情况表明，中国当代城镇化发展需要解决一系列功能性和文化性难题，如何深蕴在城市自身历史发展的文脉中来重塑城市形态，而不是脱离这一文脉跨越式地进入一种无根无本的新状态，乃是一个城市景观建构的难题。

当下中国视觉文化的形象主题学方面的类型考察，取决于我们采取何种视角。一般说来，在纷繁复杂的视觉文化中，人们总是看到他们想看的东西，因为对视觉物的观看是一种高度选择性的行为。视觉文化的研究亦复如此，研究者总是想从所考察的视觉文化现象中看到特定的形象主题、观念和意识形态。因此，形象的主题分类研究有赖于形象研究的方法论。这既涉及主题学，也涉及价值立场。在我看来，当代中国视觉文化的形象分类，需要两方面的考量，其一是对当代视觉文化的批判性和反思性的立场，这在文化研究中非常重要，没有这一维度就不能被称为文化研究。视觉文化研究很容易滑向某种现象学的描述，甚至是一种价值中立的分析。其实，当代视觉文化研究最缺的就是具有犀利锋芒的批判性和反思性研究。视觉文化各种机制、方式和形象的普遍日常生活化，往往会遮蔽人们对它们的思考和解析，所谓见惯不惊或习以为常。正像俄国形式主义对文学分析所主张的“陌生化”，或布莱希特史诗剧的“间离效果”那样，对具有遮蔽性和假象化的视觉文化现实，我们需要某种另类方法来审视，需要拉开距离来考量。我以为，形象主题学的分类研究其实给了我们某种路径，有助于我们反思地、批判地进入其内，关注于这些类型的不同主题，进而揭橥中国当代社会转型期的变化了的社会文化以及随之而来的变化了的主体及其意识形态。其二，形象主题学的类型分析是一种偏重于内容分析的方法，这一方法很容易接近形象的本土性特征，唤起视觉文化研究的本土问题意识和地方性经验。虽说中国当代视觉文化多有模仿、拷贝和借鉴西方视觉文化的倾向，比如一些收视率很高的电视节目，多是西方某种电视节目类型的中国版。但是，一个有趣的问题就是需要解析西方节目中国版的变化。因此，如何在拷贝中生成一些中国本土元素和经验，则是形象主题学类型研究的一个焦点。当然，更不用说那些纯粹本土性的视觉现象了。因此，形象主题类型学关注的必须是那些本土性的、地方性的类型，正是这种类型方体现出中国当代视觉文化的地方性和中国问题。

形象的视觉性及其表征

其实，形象这个概念的讨论无法离开另外两个关键词——视觉性与表征。

在西语中，形象（image）的视觉性是显而易见的，无论在艺术理论还是美学的意义上，或是在认知科学和心理学的意义上看，形象与视觉性密不可分。自19世纪德国艺术理论关注视觉性以来，尤其是费德勒把视觉形式当作艺术研究的核心范畴，这种理念深刻地影响了希尔布兰德、李格尔、沃尔夫林等一大批艺术史论家，视觉性概念成为一个趋之若骛的研究课题。[①] 但是，费德勒的视觉性还比较多地集中在视觉的形式和心理层面，偏重于形象的风格分析。自20世纪80年代以来，随着视觉文化及其研究的异军突起，视觉性被重新讨论并加以界定。于是，形象的视觉性的探究转向了更为复杂的观看方式和规则等更具文化政治意义的方面。美国学者弗斯特在这一时期关于视觉性的经典界定最具代表性：

> 为何会有视觉和视觉性这些概念？尽管视觉意味着一个身体动作的视线，而视觉性意味着一种社会现象的视觉，但两者并不是自然对文化那样的对立：视觉也是社会的和历史的，而视觉性也涉及身体和心理。然而，这两个概念又不是同一的：这里可以看出两个概念的差异标明了视觉机制与其历史技术之间在视觉上的差异，视觉资料与其话语决定因素之间的差异，亦即如下方面的某种差异或诸多差异，我们如何看，我们如何能看，如何被允许看，如何去看，即我们如何看见这一看，或是如何看见其中未现之物。借助于其修辞和表征，每一视觉政体都会努力消除这些差异：将其多种社会视觉性归并为某种不可或缺的视觉，或者在某种视觉的自然层级系统中将它们有序化。因此，重要的是解开焦点叠加，打碎视觉现象既有的序列（这也许是瞥见它们的唯一路径）。[②]

弗斯特在此强调的一个核心观念是，视觉性说到底就是在特定的

---

① Hermann Konnerth, ed., *Konrad Fiedler Scgriften über Kunst*, Munich, 1931.

② Hal Foster, ed., *Vision and Visuality*, Seattle: Bay Press, 1988, p. ix.

视觉政体中，人们是如何看或如何被看，对视觉性的研究是要揭示这种看本身是如何形成的，其方法则是揭露视觉政体如何掩盖复杂多变的视线而归诸某种单一有序的视觉。照我的看法，马克思关于“统治阶级的统治思想”的分析可以作为视觉性研究的一个参照。马克思认为，每个时代都有占统治地位的统治思想。这种统治思想是通过复杂的话语实践而实现的，其关键在于“赋予自己的思想以普遍的形式，把它们描绘成惟一合理的、具有普遍意义的思想”①。换言之，如果说在一个社会中存在着关于视觉文化的“统治思想”的话，那么，它必然会把各种各样的视觉现象和活动秩序化和归一化，区分出什么样的视觉或观看是合理合法的，什么是不合理与不合法的，由此构成了一个时代视觉活动的显性规则，其隐性规则则意味着对某些所不允许的视觉现象的压制和拒斥。所以说，视觉性不是自然的产物，也不是不可改变的，通过视觉性的分析，就可以找到特定社会视觉性的构成规则，解开遮盖在其上的种种面纱和遮羞布，还视觉性以本来的面目。

视觉性说穿了就是人的视觉的社会性，它包括了“视觉的社会建构”和“社会的视觉建构”（米歇尔语）。从费德勒早期的视觉形式的探讨，到今天视觉文化对视觉社会建构的分析，重心已日益转向视觉的文化政治，而表征（representation）这个概念更加凸显了这一指向。因为视觉性构成或运作的讨论，相当程度上就是视觉表征的讨论。

从结构主义关于符号表意实践理论出发，到后结构主义关于话语理论的分析，当代思想提供了丰富的理论资源来探究视觉文化中的表征问题。回到马克思关于意识形态的看法，即通过某种复杂的修辞转换，把特定的、局部的、地方性的思想转化为普遍的不可改变的思想，视觉的表征活动的考察就是要解释视觉文化运作的这一潜在规则。伊格尔顿把马克思的理论与后结构主义的话语理论相结合，进一步完善

---

① 《费尔巴哈》，《马克思恩格斯选集》第1卷，人民出版社1972年版，第53页。

了这一分析，他写道："通过设置一套复杂话语手段，意识形态悄悄地把党派的、有争议的和特定历史阶段的价值，呈现为任何时代和地点都确乎如此的东西，因而这些价值也就是自然的、不可避免的和不可改变的。"① 那么，这些复杂的话语手段究竟是如何设置的呢？福柯的话语理论给出了一些解答。每个时代都有自己的"认知型"，它们趋向于某种"求知（真）意志"。这一意志就是把认知话语区分为理性和非理性等两极，一个特定社会必然会允许前者而拒斥后者。但是，被允许的话语最终是以真理、知识或普遍形式的名义出现，由此排挤或压抑了与之对立或不同的其他话语。这个过程在福柯那里被表述为"话语形成"（formation of discourse）。这方面语言最为典型，一切语言活动最终都受到这样的话语形成规则的制约。② 对于视觉文化来说，情况亦复如此，也有同样的视觉话语形成规则。所以，对视觉文化的复杂形象的考察就必然转向形象表意实践的解析。

霍尔关于表征的理论对于我们理解形象与表征的关系很有启发。他认为，表征就是三要素的两个系统之间的运作。所谓三要素即事物—概念—符号，它们构成了两组关系系统。第一个系统是事物与概念的对应系统，特定事物，无论是自然物或社会现象或人，总是与特定的概念相对应；第二个系统是概念与符号的对应系统，亦即概念最终通过一定的符号来呈现。所谓表征也就是三要素所形成的两个系统之间的复杂关系。③ 通过这个复杂系统的运作，表征最终实现了意义的生产。因此，表征的分析也就集中于形象意义是如何被生产出来的，进而揭示形象背后的意识形态和文化认同。晚近的表征理论带有明显的建构主义特点，它强调主体认知是通过符号来建构对于世界及自我

---

① Terry Eagleton, "Ideology", in Stephen Regan, ed., *The Eagleton Reader*, Oxford: Blackwell, 1998, p. 236.

② Michel Foucault, "Discourse on Language", in Hazard Adams and Leroy Searle, eds., *Critical Theory since 1965*, Tallahassee: University of Florida Press, 1986, pp. 148 – 163.

③ Stuart Hall, ed., *Representation: Cultural Representations and Sign Signifying Practices*, London: Sage, 1997, p. 19.

的认识。由于符号有共享性，所以意义便可以共享，这就形成了意义的生产和消费。在霍尔的文化循环图里，表征占据着重要位置，它与规则、认同、生产和消费构成多向互动关系。这一图式揭示了表征在整个文化建构中的核心地位。[①] 但是霍尔的图式是泛指一般性的表征活动，并不是特指视觉文化。我们有必要进一步思考视觉文化中表征的特殊性，考量形象话语的形成规律。于是，我用以下更为复杂的图式来揭示视觉文化表征的复杂性。

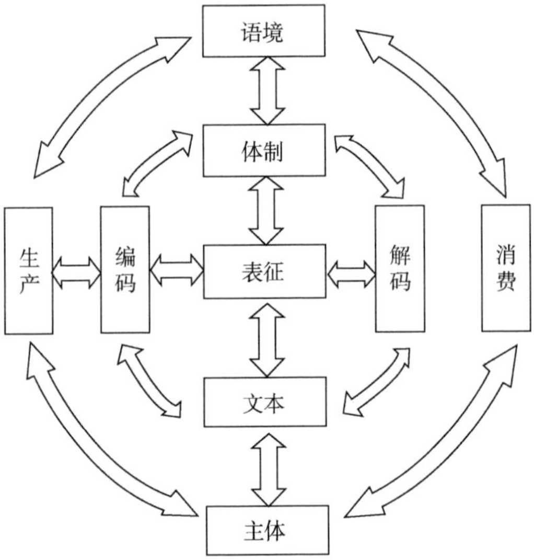

这是一个以表征概念为核心的十字加环形的结构图式。形象具体地化解为表征的载体（视觉符号或形象），而表征作为节点式的中心概念，向四周延伸构成复杂的表意实践。在十字结构关系上，纵向是从物质世界和文化背景，逐步过渡到视觉文化活动的行为主体及其认同建构。表征的种种表意实践有赖于视觉文化体制（教育机制、展示场馆、影视机构、管理机构，甚至家庭场所等），它们又存在于更大的社会—文化语境（经济体制、市场体制到政治体制、社会系统等）

① 参见［英］斯图尔特·霍尔等《表征：文化表象与意指实践》，徐亮、陆兴华译，商务印书馆2003年版，第1页。

之中。当代中国社会转型的大语境直接制约着视觉文化。反之，视觉文化也积极或消极地作用于这一语境。从语境到文本再到主体及其反馈，是视觉表征实践的互动性建构过程，也是价值观的形成过程，同时也是快感和娱乐性的产生的过程。

横向结构标明了从形象的生产性编码到消费性解码的过程。依据表征是由从事物到概念再到符号的关系，它在微观层面上体现为形象的编码—解码；在宏观层面上，它是主体表意实践的生产经由传播再到消费的过程。编码过程本身有一系列规则和规范，有些显而易见，有些则隐而不现。解码过程与编码过程既有可能相一致，也有可能相抵牾甚至相反。探究编码—解码的规则，就是对视觉文化表征的深度分析。尤其是表征的隐性原则，比如视觉叙述按何种秩序（先后关系）和何种关联（因果关系）来处理？何者居于中心而何者处于边缘？凸显什么和遮蔽什么？代表什么和反对什么？正是这些原则体现出视觉文化的价值取向和主体建构性，它们与中国当代社会的深刻转型有复杂关系。编码涉及视觉文化生产者的生产活动，而解码触及其消费者的接受行为。

结构图中的诸多概念还构成了视觉文化的关联模式，其中有一系列环形互动关系值得探究。图中任两个概念都有彼此互动关系。内环是视觉文化内在结构，呈现为一系列微观层面上表意实践的互动关系。编码与体制间存在着双向互动关系，体制制约编码，编码作用于体制；编码与视觉文本间亦有互动关系，特定编码构成特定视觉文本，而特定视觉文本又强化或弱化特定的编码。解码与体制和文本间亦有相似的互动关系。更重要的是，以表征为中心形成了双向的顺时针和逆时针的表意实践活动。即体制⇒编码⇒文本⇒解码⇒体制的过程，说明了一个完整的视觉文化符号表征过程，而体制⇒解码⇒文本⇒编码⇒体制，则说明了视觉文化逆向的反馈过程。这两个方面都是需要特别关注的循环过程。

进一步说，外环则是视觉文化外在结构，它呈现为宏观层面的表意实践的符号政治经济学层面。如果从语境出发，可以看到它一方面对生产有所制约，另一方面又对消费有所制约，这些制约是通过种种复杂的社会关系再生产、制度实践或文化政治形成的。同理，如果以主体认同为基点，主体一方面生产出视觉文化产品，同时也生产出特定视觉文化的意义和价值；另一方面，主体认同在消费中形成了对特定视觉文化产品的接受，同时也形成了对特定产品意义和价值的认同或抵制。语境—生产，生产—主体，主体—消费，消费—语境，每个关系项之间存在着一系列复杂的互动关联，没有一个因素可以独立发挥作用。它们构成了一个错综复杂的视觉文化网络，并与社会转型构成复杂的相关性。

通过以上结构图式，我们可以清楚地看到，形象在视觉文化中并不是一个简单的元素，而是一个具有枢纽性的视觉符号。从形象到视觉性再进入表征，视觉及其观看方式才彰显出来；通过表征的意指实践的分析，形象被置于更加复杂的社会文化语境中加以审视，最终将有助于我们解答视觉文化的核心问题：形象如何产生社会的视觉建构与视觉的社会建构。

（原载《江海学刊》2014 年第 4 期）

中国当代大众文化的视觉建构问题调研报告*

李 健**

内容提要：大众文化作为中国当代社会最具代表性的文化形态，包含了极为重要的视觉建构问题。以相关研究文献为依据，通过对大众传播媒介和受众的二手调研数据、采用社会学抽样方法进行的一手问卷调查数据进行综合分析，至少可以在如下三个方面为我们深入探讨大众文化现象提供实证依据：第一，大众文化依托视觉主导的当代传媒形态，为我们提供了源源不断的视觉享乐产品和以视觉方式把握这个世界的基本法则。第二，视觉形象生产的跨媒介转向，为大众文化提供了更多元化的媒介选择和视觉形象生产方式。第三，大众文化中的视觉素养问题表明，在视觉意识形态主导受众视觉素养的高低与价值观形成的同时，受众本身的视觉素养与价值观也影响着大众文化的整体面貌。

关键词：大众文化；大众传媒；视觉建构；视觉形象；视觉素养

---

* 本文系教育部哲学社会科学研究重大课题攻关项目“当代中国社会转型中的视觉文化研究”（项目号：12JZD019）、教育部人文社会科学研究一般项目“视觉文化语境中的艺术生产理论研究”（项目号：13YJA760025）的阶段性成果。

** 作者简介：李健，1972 年生，文学博士，南京大学人文社会科学高级研究院驻院学者，南京大学艺术研究院副教授。

大众文化作为当下最具产业性、娱乐性和普及性的文化形态，不仅广泛进入了寻常百姓的日常生活，而且作为一种高度视觉化的文化，从电影、电视、摄影、DVD、多媒体、动漫，到杂志、设计、时尚、广告、网络视频、电子游戏等，涉及社会生活的诸多领域。毫不夸张地说，这一文化现象早已成为国内外学术界普遍关注的跨学科研究对象。基于问卷调查及相关数据文献，本调研报告力图以“视觉建构”为关切点，对中国当代大众文化的发展状况予以视觉维度的说明。其目的在于，将当代中国大众文化与视觉问题有关的一系列核心议题逐一揭示出来，为进一步深入探讨大众文化现象及其与当代社会生活之间的复杂关系提供实证依据。

研究路径、调研对象及样本分布

在当代学术语境中，“大众文化”既是一个热点话题，又因为其复杂性而引发各种歧见。仅以概念而言，我们即可梳理出若干种相互补充甚至相互抵牾的观点。这无疑与“大众”及“文化”二者本身的复杂性密切相关。依据费斯克的说法，所谓大众“并不是一个固定的社会学范畴；它无法成为经验研究的对象，因为它并不以客观实体的形式存在”①。而文化作为一个“有着极为复杂的词义演变史”② 的重要观念，一直在不同学科领域、不同思想体系中以各自不同的方式被频繁地使用着。不过，关于这一文化形态仍有一些特征是我们可以共同把握的。从形成时间上看，它主要指向现代社会转型之后尤其是当代社会生活中的一种最具民众基础的文化形态；从呈现方式上看，它主要通过大众传播媒介渗透到日常生活的各个角落；从品质内涵上看，

---

① ［美］约翰·费斯克：《理解大众文化》，王晓珏、宋伟杰译，中央编译出版社 2001 年版，第 29 页。

② ［英］雷蒙·威廉斯：《关键词：文化与社会的词汇》，刘建基译，生活·读书·新知三联书店 2005 年版，第 101 页。

它又常常与所谓精英文化构成某种对应关系，作为一种低层次的文化形态而存在。基于此，在研究路径上需要注意的问题至少包括三个方面：

其一，无论大众文化中的“大众”是这一文化形态的主动创造者、自觉接受者，还是被动受害者，他们都构成大众文化研究中最值得关注的基本对象之一。因此，摒弃某种“傲慢与偏见”，以恰当的方式把握这一“并不以客观实体的形式存在”却又无处不在的研究对象，既是一项基础性的工作，也是一种应有的学术立场。其二，大众传媒作为大众文化的载体，则是研究的核心领域。这其中，传播媒介的历时状况与共时形态，都是我们需要考察的重要内容。只有通过对传媒生态本身加以深入而细致的剖析，大众文化的生成机制、运行逻辑等问题才能真正得到说明。其三，对大众文化所进行的任何研究，其背后都存在一个或明晰或隐晦的价值立场。如果简化大众文化研究的所有理论表述，其实主要有两种倾向：一是对大众文化的激进批判。批判理论——尤其是法兰克福学派最具代表性。二是从更为积极的立场上审视大众文化现象及其文化意义。自英国文化唯物主义倡导这种倾向以来，大众文化内在的反抗性问题日益受到关注。两种倾向实际上构成了大众文化研究的某种理论张力，它提醒我们：要想真正透过大众文化现象揭示其文化意义、内在特征和运行逻辑，就必须基于某种更加辩证的研究立场之上，并以其中的文化实践为依据展开分析。

结合上述三点，对当代大众文化的视觉建构问题所进行的调查研究，在研究路径上必须以传播媒介及其受众为基础，并在理论主张上持一种更趋辩证的审慎批判态度，力求借助调研工作将这一文化形态中的某种张力关系清晰地揭示出来。为此，本次调研在对象上主要包含三个方面的工作。一是对该议题所涉及的研究性文献予以必要的梳理和文本细读。这一工作主要是为分析各种实证数据进行前期理论准备。二是对各种已有的关于大众传播媒介和受众的数据分析成果，如各种皮书以及不同机构发布的各种相关数据报告予以进一步分析处理。

三是对采用社会学抽样方法所做的问卷调查结果进行分析处理，它为调研报告的撰写提供了最为直接的分析数据。[①] 此次问卷调查于 2013 年 8 月份在南京市分区进行。问卷调查采用 PPS 抽样方法，在南京市八个区共发放了 810 份问卷，回收有效问卷 801 份，有效回收率为 98.9%。

具体来说，801 名被访者中男性占 52.4%，女性占 47.6%。所有被访者平均年龄 33.5 岁，其中最小的 11 岁，最大的 92 岁，年龄在 20—40 岁之间的被访者占大多数。在所有有效样本中，企业普通职员和学生比例最高，分别为 23.7% 和 22.5%，其次为事业单位普通职工，占 11.4%。总体上看，本次调查覆盖了社会各个行业领域。所有有效样本的教育水平结构呈现出以高等教育为主的特征，本科、大专、硕士三者的比例之和超过 70%，其中本科教育所占比例最高，达到 43.8%。最后，在收入结构上，年收入在 2 万—10 万元之间的比例最高，在所有样本中占一半以上。此外，由于学生比例较高，所以无收入群体的比例也偏高。在本次问卷调查的 60 余个问题中，涉及大众文化及其视觉建构的约占三分之一。本文即以此为依据，结合既有的相关二手数据分析及研究性文献的理论支撑，主要从以下几个方面对中国当代大众文化中所包含的视觉建构问题逐一予以说明。

大众传媒形态及其视觉主导性

众所周知，大众文化在现代社会的兴起是与传播媒介的发展变迁息息相关的。中国当代社会近 30 年来所形成的具体媒介环境，既在大众文化的形态构成和现象分类上具有基础性作用，因此是理解其视觉

---

① 本次问卷调查及数据分析工作由教育部哲学社会科学研究重大课题攻关项目“当代中国社会转型中的视觉文化研究”课题组委托南京大学社会学院闵学勤教授及其研究团队完成，谨在此表示感谢。

形象生产方式、流程及效果的重要依据；又在大众文化的社会转型与视觉建构问题上具有关键性的参考价值。就历时性来看，自改革开放以来，大众传媒沿着一定轨迹的高速发展可以视为中国当代社会变迁和转型的一个缩影。就共时性来看，当前的大众传媒不仅已经将大众文化划分为若干相对固定的形态，而且形成了一个高度融合的传媒网络系统。

概言之，大众传媒经过这些年的持续发展，已经形成一个相对稳定、形态复杂、多元共生的产业结构框架①。作为一种最具典型性的文化产业形态，中国当代大众传媒自20世纪80年代起步以来，经过若干次产业结构转型。在这个过程中，大众传媒在相对较短的时间里，完成了由印刷媒介为主、无线电广播为辅的单一传媒形态向电子媒介、数字媒介及印刷媒介多元并存的复合传媒形态的转换。以电子媒介中较有代表性的电影产业为例，最近几年无论在故事片的产量、观影人次，还是影院及银幕数量等各方面数据都有显著的增长②。电影产业的这种高速发展趋势，只是整个大众传媒的整体发展状况的一个缩影。仅以电子媒介而言，电视作为一种传统媒体，一直占据当代大众传媒产业结构的主导地位，其传播覆盖率和影响力也居于各种媒介形态的前列。据统计，2012年中国有4亿多家庭拥有电视，平均每分钟约有一亿家庭在收看电视。近年来，电视观众人均收视时间及其年龄结构处于相对稳定状态③。更重要的是，电视传播媒介的基本形态也在不断发展，以适应新的媒介环境。这其中，尤其值得关注的，无疑是以视网融合为基础的视听新媒体的快速发展状况。具体来说，除传统意义上的电视媒体之外，近年来逐渐形成具有极大发展前景的视听新媒

---

① 崔保国主编：《2013年中国传媒发展报告》，社会科学文献出版社2013年版，第3页。

② 崔保国主编：《2013年中国传媒发展报告》，社会科学文献出版社2013年版，第155—157页。

③ 崔保国主编：《2013年中国传媒发展报告》，社会科学文献出版社2013年版，第45—46页。

体系统。根据《中国视听新媒体发展报告（2011）》概括："目前中国市场上的视听新媒体形态可分为两大类：一类是侧重发展互动功能的视听新媒体，主要基于互联网及移动通信网，包括网络广播电视、IP电视、互联网电视、手机电视等；另一类仍为单向传播渠道的分化和传播空间（终端）的延伸，主要是指移动多媒体广播电视和各种公共视听载体。"[①] 事实上，基于互联网络迅猛发展而形成的各种数字媒介，已经成为近年来媒介环境发生深刻变化的主导因素。无论从传播覆盖率还是影响力来说，这一新兴媒介的发展趋势都令人瞩目。可以说，互联网作为数字媒介的代表形态，近十年来的发展速度可以说超乎人们的想象。数字媒介中以手机为代表的移动终端，其发展趋势同样值得重点关注，而且它与互联网技术的无缝对接，也使得网络数字媒介的影响力已经轻易地散布到社会生活的每个角落。从中国互联网络信息中心发布的数据来看，这一发展趋势几乎是不可逆的。[②]

可以说，中国当代大众传媒的形态在最近30年间发生了天翻地覆的变化，其影响力随之越来越大，我们在日常生活中对于各种媒介的依赖程度也越来越高。此次问卷调查中"影响最大的大众文化现象"一项的调查结果显示：位列前四位的分别是电视剧、电视娱乐节目、商业电影和网络电视（见图1）。这一影响力分布结构说明，不仅电子媒介和数字媒介已成为传播大众文化的最主要载体，更具视觉性和观赏性的动态影像文化产品对受众具有更显著的影响。其中，商业电影越来越追求视觉场景的华丽效果，电视剧和电视娱乐节目也越来越力图吸引人们的眼球。这些都说明，作为一个"最具视觉化或视觉生产性的文化领域"，大众文化已经不折不扣地成为我们这个时代以生产

① 庞井君主编：《中国视听新媒体发展报告（2011）》，社会科学文献出版社2011年版，第2页。

② 《第32次中国互联网络发展状况统计报告》，中国互联网络信息中心，2013年。

视觉享乐产品为主导的经济场：“大众文化成为一种不折不扣的‘眼球经济’，原本只是电视行业命脉的‘收视率’法则，几乎成了所有大众文化的游戏规则，娱乐首先要吸引眼球，其次要生产出视觉愉悦或快感。”①

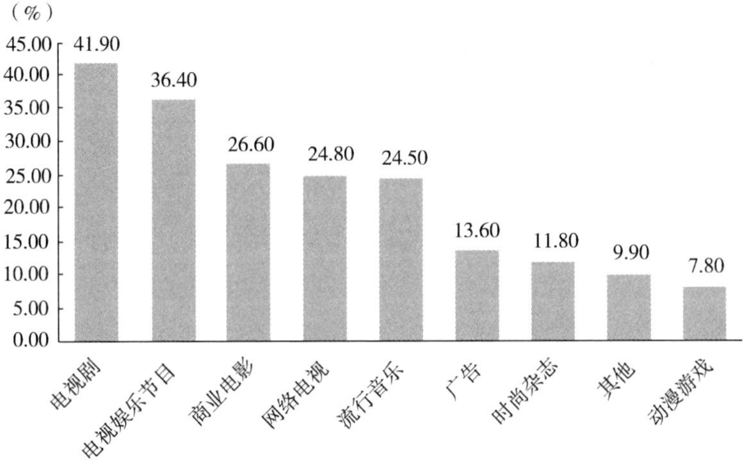

图 1　影响最大的大众文化现象选择

如果再做进一步分析的话，大众文化的这些形态在影响力上是有代际差异的。比如影响“90 后”的大众文化类型主要为电视娱乐节目、商业电影和电视剧；对“80 后”影响最大的是电视剧，其次为商业电影和电视娱乐节目；而对“70 后”群体来说，电视剧和电视娱乐节目的影响同样较大，但商业电影的影响力较之“80 后”和“90 后”则有所下降。此外，在不同职业、受教育程度和收入群体中，不同类型大众文化现象的影响力也存在差异。比如中等收入、受过高等教育的群体，更加倾向于认为商业电影对他们产生较大影响；电视娱乐节目的影响力在性别上存在明显差异，一般来说女性比男性更易受电视娱乐节目的影响。但在总体上，大众文化通过其视觉形象对受众的影

① 周宪：《当代视觉文化与公民的视觉建构》，《文艺研究》2012 年第 10 期。

响力所起到的作用已经越来越突出。仅以不同媒介形态的总体发展状况来看即可发现：除了电视借助视听新媒体的发展而继续保持其在大众文化传播中的主导地位之外，电影在最近30年的发展轨迹也比较有代表性。虽然期间经过一段时间的发展困境，但最近十年中国电影的发展规模和成长速度都非常惊人。就产业结构而言，以互联网为代表的新媒体在各个指标上的成长速度同样都是令人瞩目的。与此形成鲜明对比的，则是传统印刷媒介遇到前所未有的挑战，面临非常严峻的发展困境。以2012年的传媒产业市场结构为例，互联网业务规模达到了总体市场的41.7%。而在传统媒体中，“电视市场不但保持最大的市场份额，且较上半年的18.7%增长了近4个百分点，广播、期刊、音像、电影等媒体的市场份额变化不大，报纸的市场份额从12.37%下降为9.8%，成为2012年最大的输家”①。在一定程度上，广播、杂志等媒介形态，也出现了受众群体相对固定的小众化倾向。

总之，大众文化这一最具产业性和娱乐性的当代文化形态，其最显见的文化特征正是视觉性或视觉生产性。作为一种规模化的文化产业，它依托极为丰富的当代传媒形态，为我们提供源源不断的视觉享乐的产品；作为一种主导形态的文化，它则为我们提供了以视觉方式把握这个世界的基本法则。

视觉形象生产的跨媒介转向

具体到大众文化的视觉形象在传播媒介中的生产过程，有一个重要特征或者说转向是尤其值得我们关注的。这就是大众文化的视觉形象生产，越来越依赖于各种不同媒介的跨界融合。任何视觉形象因此都不会只在特定单一媒介中孤立地生产、传播，并被大众消

---

① 崔保国主编：《2013年中国传媒发展报告》，社会科学文献出版社2013年版，第4页。

费。在马克·波斯特看来，大众传媒这一多元共存生态的基本特征表现为："不同媒体间无法预期地互动（如互联网吸纳了无线广播、电影和电视，而电视又吸纳了互联网和电影），新技术不断地扩大了现存媒体（如光纤电缆、数据压缩技术、无线信息传输），拥有越来越多人类功能的信息机器（声音辨识、翻译程序、全球定位系统的视像功能、海量数据储存量），以及许多无可预知的可能性。"他据此特别强调："正是由于这些事物的出现，我们必须对视觉文化展开经验研究，并建立理论体系。"① 这意味着，对传媒形态及其影响力的理论关注，其背后还隐藏着一个关键性的议题，即大众文化基于传媒生态的"视觉"主导性，如何进行视觉形象的跨媒介生产、传播及接受。

从根本上说，大众文化视觉形象的跨媒介生产与传播离不开传媒技术的巨大推动力。新视觉技术的出现在产生相对较新的大众文化表现形式（如游戏和网络视频）和多样化的视觉实践的同时，也逐渐淘汰了一些旧有的文化表现形式。如通过租买 DVD 光盘看电视剧或电影的人越来越少。随着互联网的出现，DVD 在 20 世纪 90 年代盛行一时后，正逐渐退出历史舞台。在本次问卷调查中，只有 2.1% 的人主要通过 DVD 光盘来看电影，而超过一半的人主要通过互联网来观看电影（见表 1）。与此同时，对这种以跨媒介融合为特征的新兴文化形式的接受度存在着较为显著的代际差异。具体来看，各类手机、电脑游戏和网络视频的接受度与年龄有关，随着年龄的增长接受度逐渐下降。由此可以见出，年轻一代人更容易接受这些新的传媒文化形态。这种代际差异，既与受教育程度、生活方式等有关，也反映了社会变迁给不同年代的人提供了非常不同的视觉体验和实践。

① Mark Poster, "Visual Studies as Media Studies", *Journal of Visual Culture*, No. 1, 2002, p. 69.

表 1　　观看电影的主要方式　　单位：%

		频率	百分比	有效百分比	累计百分比
有效	电影院	184	23.0	23.1	23.1
	手机互联网	130	16.2	16.3	39.4
	PC 互联网	314	39.2	39.4	78.9
	电视互动点播	113	14.1	14.2	93.1
	DVD 光盘	17	2.1	2.1	95.2
	其他	38	4.7	4.8	100.0
	合计	796	99.3	100.0	
缺失		5	0.7		
合计		801	100.0		

此外，收入的高低也在一定程度上影响着大众对于媒介形态的文化消费选择。如在选择主要以何种方式观看电影中，收入还是起着很大的影响（见表 2）。选择在电影院观看电影的中高收入群体占多数。在本次调查中无收入人群选择在电影院观看也相对较多，这主要是受到学生群体的影响。

表 2　　观看电影的主要方式和收入（年薪）的交叉表　　单位：人

		无收入	2 万元及以下	2 万—5 万元	5 万—10 万元	10 万—20 万元	20 万元以上	合计
观看电影的主要方式	电影院	41	14	49	55	21	3	183
	手机互联网	46	19	21	33	8	3	130
	PC 互联网	81	26	72	94	29	12	314
	电视互动点播	14	18	49	24	6	0	111
	DVD 光盘	2	5	5	3	2	0	17
	其他	5	7	15	9	1	1	38
合计		189	89	211	218	67	19	793

仅从上述对电影受众的调查分析即可看出，大众文化的视觉形象资源其实是在一个极为多元化的媒介环境中被生产和流通的。这可以说是当前大众文化在传媒生态方面的一个基础性的特征。以 2012 年受

众媒介接触习惯为例，大众媒介环境明显呈现出“新旧媒体加速融合，复合受众比例继续攀升”的总体发展趋势。其中有几个显著特征：传统媒体依然占据领先地位，网络媒体步步逼近；互联网发展对电视观众的分流最为明显，其次是报纸读者；超四成的城市居民每天接触3种以上媒体。① 总之，大众文化视觉形象生产与消费的跨媒介转向，既为大众文化在日常生活中的渗透提供了更多元化的媒介选择，强化了其无处不在的巨大影响力；也在很大程度上决定了媒介环境的未来走向，丰富了视觉形象的媒介生产方式以及传播、消费形态。确切地说，“大众文化的视觉性生产、传播和接受都不再局限于单一媒体，往往是在不同媒体的互动中运作的。某一视觉事件或图像的出现，很快会在其他媒体中跨界传播，形成了视觉或非视觉跨媒体的合力。比如，一则卡通故事可以转变为电子游戏，还可以转变为电影或电视剧等。跨媒体和全媒体的多元链接和相互转换，彻底改变了图像生产与传播的形态，使得图像的影响力超越了以往任何时代，并由此形成一种独特的跨媒体和全媒体的接受经验。再加上文化产业的集团化和整合浪潮，有线电视网、互联网、手机通讯网和平面媒体网高度融合，这就重新绘制了大众文化的生产、传播和接受的地形图”。由此可知，“跨媒体和全媒体的发展不但改变了视觉文化的系统，而且改变了人对视觉性的感知和体验”。②

大众文化中的视觉素养问题

以上基于大众传媒所做的调查分析，部分揭示了大众文化的具体媒介环境及其视觉形象生产的基本特征等问题。如果说上述分析主要

① 崔保国主编：《2013年中国传媒发展报告》，社会科学文献出版社2013年版，第302—303页。

② 周宪：《当代视觉文化与公民的视觉建构》，《文艺研究》2012年第10期。

是基于一定的客观数据所做出的概括总结的话，那么对于大众文化的视觉建构进行调研，还有另一个维度的问题需要考察。这就是立足于一定的理论立场，揭示大众文化的视觉建构过程中隐匿的各种观念意识。可以说，在中国当代语境下，大众文化作为一种极具普泛性和日常性的文化形态，不仅其内在品质一直遭到精英话语诟病，而且其运行过程也始终受到政治话语的隐性控制。尤其是作为一种以经济效益为导向的文化形态，大众文化的视觉形象生产、传播与消费过程，表现出显著的视觉享乐主义倾向以及特定的意识形态内容。由此反映出的大众文化中的视觉素养以及价值观，也成为需要重点考察的问题。

具体来说，大众文化作为一种产业，主要是提供视觉享乐的产品；作为一种文化，是高度娱乐化和视觉化的文化；作为一种充满竞争的市场活动，则是争夺受众视觉注意力的战斗。当大众文化把视觉享乐作为命门来运作时，围绕视觉建构的一系列问题也随之接踵而至。如果说大众文化的发展给大众的视觉实践提供了更丰富的形式和内容，那么大众视觉产品消费需求的变化、消费能力和素养的提升，也推动着大众文化的变化。无疑，社会经济技术的发展对两者都起着很大的影响。但在此基础上，我们需要进一步追问，大众如何评价中国当代社会中最具有民众基础的大众文化？不同的群体在评价大众文化上是否存在差异？本次问卷调查为此设置了 9 个系列问题，对有关大众文化的评价变量进行因子分析。结果显示，这 9 个变量可以分成两类，形成两个因子。其中，“移动互联网下人人产生大众文化”、“网络有利于大众文化的普及”、“大众文化影响价值观的变迁”、“目前电影市场发展较良性”和“广告引导我的消费选择”5 个变量组成一个因子即“大众文化的发展和效应评价因子”，其变量的贡献度依次递减；第二个为“大众文化的娱乐化和伦理评价因子”，按贡献度的高低依次为“电视真人秀节目作假较多”、“目前大众文化趣味较低”、“大众文化娱乐至上，博眼球”和“电视电影中植入广告太多”。

因此，对大众文化的评价至少可以从“发展和效应评价”与“娱乐化和伦理评价”两个维度予以考察。以本次问卷调查“大众文化娱乐至上，博眼球”问题为例，对此持“比较赞同”“非常赞同”的人数有效百分比相加达到了60.3%。而“完全不赞同”“不太赞同”的比例则仅有10.1%。这显然是和大众文化当前被理解成一种“注意力”经济、“眼球”经济的常识观念相一致的。显然，大众文化以视觉享乐为主导性价值取向的根本动因，还是在于其强烈的商业利益诉求。因此其文化生态的形成与发展，始终受到经济话语的深刻影响。再进一步看，经济话语背后还蕴藏着与政治话语、精英话语等交互作用而滋生的新兴意识形态内容。在此意义上，约翰·费斯克强调“大众文化是大众创造的，而不是加在大众身上的；它产生于内部或底层，而不是来自上方”①，是存在一定疑问的。在这一点上，阿多诺关于文化工业的批判性解读，倒是在一定程度上很好地揭示了大众文化特有的意识形态内容，如其所言：“尽管文化工业毋庸置疑地要揣摩那数以百万计的意识和无意识状况，并以此为指引，但是大众却不是第一位的，而是处于次要位置的，他们只是算计的对象、机器的附属品。消费者不是上帝，正如文化工业要我们相信的那样，消费者不是它的主体，而是它的对象。”② 在大众文化借传媒灌输其意识形态的过程中，视觉形象扮演着关键性的作用。广告作为一种主要以特定视觉形象的生产与传播来刺激受众消费欲求的大众文化形态，在这一问题上便很具有典型性。纵览大众传媒经济活动在影响国民经济过程中的构成，广告所扮演的角色无疑是至关重要的。③ 其在不同传媒形态中所占的市场份额也反映出当前传媒发展及其影响力的总体状况及未来趋势。以2011年为例，“全球电视广告稳步增长、市场份额稳居首位，

① ［美］约翰·费斯克：《理解大众文化》，王晓珏、宋伟杰译，中央编译出版社2001年版，第31页。

② Th. W. Adorno, *The Culture Industry: Selected Essays on Mass Culture*, ed. J. M. Bernstein, London and New York: Routledge, 1991, p. 99.

③ 喻国明主编：《中国传媒发展指数报告（2008）》，社会科学文献出版社2008年版，第14页。

互联网广告增幅和市场份额均领跑全行业，报刊广告继续下降”①。

耐人寻味的是，本次问卷调查显示，一方面广告在日常生活中的影响力是无处不在的，另一方面大众对广告的评价并未持有一种明显的积极态度。其中，认为广告对于消费选择有引导作用的人所占比例为21.8%，持相反态度的人则占34.4%；而认为影视传播中的植入广告过多的人甚至占到了73.7%。这里需要进一步思考的一个关键性问题是，包括广告在内的各种大众文化形态如此深刻地渗透到日常生活的各个角落，它们在观念层面对这一文化形态的接受者是否会产生某种影响？或者换一个角度说，大众文化的受众又如何看待这一当代最具代表性的文化形态呢？从本次问卷调查的情况看，认为大众文化对于人们的价值观变迁会产生某种影响的有效百分比占到59.4%，而完全不赞同或不太赞同此观点的比例仅占4.1%（见表3）。更为关键的是，调查结果显示，对于大众文化持一种负面评价的比例明显占据上风。比如，认为当前大众文化趣味较低的比例占到57.2%，持相反态度的人则只有8.3%（见表4）；涉及具体的大众文化形态，比如“电视真人秀”，认为此类节目作假较多的比例达到67.8%。

表3　　有关大众文化的评价：大众文化影响价值观的变迁　　单位：%

		频率	百分比	有效百分比	累计百分比
有效	不清楚	34	4.2	4.3	4.3
	完全不赞同	1	0.1	0.1	4.4
	不太赞同	32	4.0	4.0	8.4
	一般	255	31.8	32.0	40.4
	比较赞同	367	45.8	46.0	86.3
	非常赞同	109	13.6	13.7	100.0
	合计	798	99.6	100.0	
缺失		3	0.4		
合计		801	100.0		

① 胡正荣主编：《全球传媒产业发展报告（2012）》，社会科学文献出版社2012年版，第5页。

表 4　　有关大众文化的评价：目前大众文化趣味较低　　单位：%

		频率	百分比	有效百分比	累计百分比
有效	不清楚	31	3.9	3.9	3.9
	完全不赞同	13	1.6	1.6	5.5
	不太赞同	54	6.7	6.7	12.2
	一般	245	30.6	30.6	42.8
	比较赞同	297	37.1	37.1	79.9
	非常赞同	161	20.1	20.1	100.0
	合计	801	100.0	100.0	

很显然，这一系列调查数据从侧面反映出当前大众文化在内在品质及意识形态方面存在的主要问题。其中所涉及的大众文化中的视觉素养与价值观问题，应该是值得我们重点关注的。尤其是在一个以互联网为代表的新媒体时代正在来临的转型期，我们认为大众文化所包含的各种视觉资源往往存在价值观方面的问题，需要加以整治和规范；同时又看到，新的媒介方式使得人们在大众文化视觉形象生产、传播与消费的过程中的参与度得到了极大的提高。因此，不仅大众文化的视觉意识形态在主导受众视觉素养的高低与价值观的形成，而且受众本身的视觉素养与价值观也同样以某种方式影响大众文化的整体状况。在这个意义上，无论是持一种激进批判立场还是一种相对积极的乐观态度，都无法真实还原大众文化在价值观念层面的复杂性。一种相对多元的辩证立场，应该才更有利于我们在“视觉建构”的视域中准确把握中国当代大众文化的全貌。

基于调研分析的结语

借助既有的大众文化研究的理论资源、二手文献以及具体的问卷调查结果，本次调研报告从多个层面对中国当代大众文化的视觉建构问题进行了分析。至少从以下几个方面，本次调研对于进一步展开这一问题的研究具有积极的启示意义。

首先，对大众文化的视觉媒介环境进行梳理，是探讨中国当代大众文化视觉建构问题的一个前提条件。为此，我们需要以大众媒介近三十年的历史演进过程为梳理和分析对象，从媒介环境变迁的角度对自80年代以来大众文化的总体状况进行媒介考古分析，以概括其基本特征、运行逻辑，尤其是其文化表征的视觉建构方式、类型等，进而提炼出若干核心问题。具体来说，这一梳理工作至少包括：第一，大众文化视觉媒介的形态变迁。这就要求我们在宏观层面梳理出大众文化近三十年媒介环境的历史演变过程，目的在于揭示大众文化在这一过程中呈现的视觉性、娱乐性、商业化等一系列基本特征，并把握大众传媒当前的基本发展状况。第二，大众文化视觉媒介的类型比较。这就要求我们在微观层面对大众文化不同门类的视觉媒介类型进行比较分析，对不同媒介类型进行视觉形象本体（物象/形象/拟像）、视觉形象构成（动态/静态）、视觉传播形态（印刷图像/电视影像/网络视频）、视觉消费形态（集体受众与个体受众/互动型接受与单向型接受）等方面的比较，以此揭示大众文化借助不同媒介实现视觉形象生产、流通和接受过程的差异性和共通性及其内在运行逻辑。第三，大众文化的视觉主导性及其核心议题。这实际上是要求我们以媒介环境的历史变迁及其现实状况为依据，对视觉因素在当代大众文化研究中的核心意义进行说明。

其次，以个案为依据，对大众文化的视觉形象进行相对微观的分析。这一分析通过集中讨论中国当代大众文化视觉形象从生产、传播到消费的具体过程，可以揭示其文化意义生成的基本路径、模式以及内在逻辑等一系列问题。作为大众文化视觉建构问题的基础内容，它至少包括：第一，立足“跨媒体/全媒体”，揭示视觉形象生产的媒介生态系统。跨媒体/全媒体的多元链接和相互转换作为大众文化视觉生产与消费的一场形态革命，不但改变了视觉文化的系统，而且改变了人对视觉性的感知和体验。这是大众文化的视觉形象生产过程中最核心的媒介生态系统，它承接前一问题对大众文化视觉媒介环境的宏观讨论，在更具针对性的问题域中探讨对大众传媒在视觉形象生产过程中的具体作用及其运行方式。第二，立足“编码—解码”，进行视觉形象的意义生成及类型学分析。这一部分至少可以以图像学、符号学、形象修辞学等理论模式为基础，对大众文化内部各种不同视觉形象做类型学的分析，在相对微观的层面概括出大众文化视觉形象的主要呈现方式，揭示其视觉形象的意义生产过程及模式。第三，立足“挪用与发明”，揭示视觉资源的形象再生产及其内在逻辑问题。这需要我们从视觉资源的角度，对大众文化视觉形象生产的内在逻辑进行必要的说明。其目标在于将大众文化的视觉形象生产过程中存在的各种问题进一步揭示出来，如对传统视觉资源的篡改与滥用，对西方视觉资源的膜拜与本土化，视觉性对印刷文化的压制所导致的“图文战争”等。

再次，对大众文化中的视觉享乐主义与视觉意识形态问题予以揭示，探讨其中反映出的视觉素养及价值观问题。这是大众文化的视觉建构过程中，由其内在运行逻辑所带来的极为典型、值得重点关注的问题之一，其中又包括一系列命题：第一，以“眼球经济”为代表的视觉文化的社会生产法则。眼球经济和注意力经济作为大众文化最重要的文化生产法则，体现了大众文化的视觉生产及其消费的极其深刻的经济学动因。这是大众文化走向视觉享乐主义的现实基础。第二，作为一种生活方式的视觉消费。大众文化对注意力经济的依赖，又以当代消费社会的形成为背景。在此背景之下，大众文化借助视觉形象所建构的消费神话，对广大受众具有某种导向功能，并最终形成一个以视觉享乐主义为主导的文化消费逻辑。这一逻辑促使我们将视觉享乐作为一种基本生活方式来对待，由此造成一系列文化症状。第三，视觉快感中的过度娱乐化。作为大众文化中的一种典型的文化症状，视觉享乐主义导致了中国当代大众文化的过度娱乐化和庸俗化，并使其出现一些病态（色情、暴力等）和不健康的倾向。第四，视觉享乐与视觉政治的辩证法。从宏观层面看，中国当代大众文化的视觉享乐并不是单纯的经济行为，其背后还包含复杂的意识形态内容。它贯穿于视觉形象的生产、传播和接受的整个过程之中，并以一种隐性的方式影响甚至左右其生成过程。第五，“看的方式”与视觉主体的建构。从微观层面看，具体到视觉主体，“看的方式”是最能体现大众文化视觉意识形态的分析角度之一，它也是考察转型期中国社会在主体身份建构方面的诸多问题的重要视角。第六，视觉素养的培育与视觉伦理的重建。大众文化的视觉享乐主义与视觉意识形态问题，在总体上指向一个非常重要的价值观建构问题。其关键点在于如何在现实层面有效培育大众的视觉素养，进行视觉伦理的重建。

最后，对大众文化的视觉建构与社会认同问题进行揭示，应该是该问题研究的核心目标之一。从建构的角度对大众文化中的各种视觉问题进行剖析，其关注点恰如米切尔所言，在于社会生活的方方面面如何通过视觉得以建构起来的。对于中国当代社会而言，其转型特征在很大程度上可以借助“视觉性”问题被我们理解，社会认同则是其中最关键的一个议题。其中，大众文化与社会认同的关系，既呈现为如何以视觉性来反映社会变化及其不断增多的社会问题，又呈现为大众文化所塑形的视觉经验与社会转型的关联。它们或反思批判或巩固强化特定社会关系及其观念，或在敏锐反映社会变化的同时也在建构关于变化的经验与共识。更重要的是，这些都不仅使人直观地瞥见社会变化所带来的生活方式的巨大变迁，而且也使人直接通过大众文化的视觉消费，来进行社会关系的视觉性再生产。① 最终，我们需要借助这种视觉性再生产，明确自己在当代社会中的身份角色，获得某种社会性的认同意识。大众文化的视觉建构问题分析的理论价值、大众传媒的视觉形象生产之于当代社会生活的重要意义等，都将在此维度得到更深入的说明。

（原载《江海学刊》2014 年第 4 期）

---

① 参见周宪《当代视觉文化与公民的视觉建构》，《文艺研究》2012 年第 10 期。

下　编

数字传媒时代的文艺研究

（一）手机与文学：从短信到微信

手机短信的文学身份与文体审美*

欧阳友权**

内容提要： 手机短信的文学机缘来自“第五媒体”的文化语境和技术支持，数字传媒的市场推力规制了手机文学的三重身份。短信写作需要发挥文学才情，展示生活智慧，着力炼字凝意，追求平视审美，以自由灵动的修辞技巧实现个性表达，以人文审美性文体创意达成短信文本的优化和美化。与此同时，私密会心的互动沟通，余味曲包的语体感悟以及静观默察、轻松愉悦的欣赏心境，是手机短信审美的常见范式。

关键词： 手机短信；文学身份；文体创意；审美方式

数字媒介的技术力量正重构这个时代的文明版图，以传媒化的文化语境整饬既有的文学秩序，并创生出新的文学形态。我们看到，在网络文学风起云涌的同时，由移动通信技术支持的手机短信，迅速滋长出一种覆盖更为广泛、传播更为便捷的“网络亚文学”——手机短

---

* 本文系国家社科基金项目“数字媒介下的文艺转型”（项目号：06BZW001）的阶段性成果。

** 作者简介：欧阳友权，1954 年生，文学博士，中南大学文学院院长、教授、博士生导师。

信文学。

“第五媒体”的文学机缘

手机被视为继报纸、广播、电视、互联网之后出现的“第五媒体”①，其功能主要是基于互联网技术的通信服务。作为便捷而相对低廉的信息接收终端，手机在我国普及速度要快于互联网。据统计，截至2010年底，我国的手机用户已达8.59亿户，普及率为每百人64.4部，手机网民也已迅速升至3.03亿人。② 手机成为生活必需品后，收发短信已经成为许多人的习惯，仅2010年1—12月，我国移动短信的业务量累计就达8317亿条，2011年1月达691.23亿条③，这样的传媒语境和信息终端模式为短信文学提供了文化和技术上的绝佳机缘。

1992年世界上第一条短信息在英国第二代无线网络上通过电脑向手机发送成功，但手机文学的大范围兴起是在日本。2000年1月，日本教师Yoshi用手机连载的方式发表他的小说《深爱》，受到众人的热捧，随之出现的《恋空》《明天的彩虹》等手机小说，在日本引起阅读、下载和出版销售热潮，短短几年，以实体书形式出版并畅销的手机小说就有30多部，发行量达1000多万册。2003年3月，一家名叫FES的日本软件公司开始向移动电话用户提供“手机纯文学”服务，通过移动电话网，以连载方式配发人气作家的最新小说，用户使用手机订阅，并可以通过手机直接与作家本人交流。1999年我国开始有了短信业务，2001年点对点短信月租费取消后，短信数量猛增，短信笑话大行其道。2002年后，在高额回报的诱惑下，网络上诞生了一批短

---

① 所谓第五媒体是指以手机为视听终端、手机上网为平台的个性化即时信息传播载体，它是以分众为传播目标，以定向为传播效果，以互动为传播应用的大众传播媒介，也叫手机媒体或移动网络媒体。参见朱海松《第五媒体》，广东经济出版社2005年版，第11页。

② 古晓宇：《我国手机用户已达8.59亿户　每百人拥有64.4部》，《京华时报》2011年1月27日。

③ 《各年度中国移动短信业务量情况表》，移动通信在线网，2011年2月28日查询。

信写手，并涌现出许多增值服务提供商（简称 SP）。2003 年，我国第一部短信小说《短信情缘》面世。同年 10 月，戴鹏飞出版了全国第一本个人原创短信集《你还不信》，赢得众多读者关注。2004 年广东作家千夫长推出了国内首部手机连载短信小说《城外》，这部 60 篇、每篇 70 字、总计 4200 字的小说集被一家通信公司以 18 万元购得连载版权，后又被台湾一家公司以更高的价钱买断了该小说在台湾的版权，创下每字百元的商业奇迹，引发了海内外媒体的广泛关注和文坛的激烈论争。同年 6 月，《天涯》杂志社、中国移动等单位合作举办了“全国首届短信文学大赛”，邀请铁凝、韩少功、苏童、格非等文学名家担任评委，引人关注，于是有媒体把 2004 年称为“中国手机文学元年”。2005 年，中国移动开始打造“e 拇指”文学艺术网，以建立创作、阅读、传播手机文学的无线网络平台，陆续开发了“手机文联”“拇指日志”“拇指书屋”等与手机文学相关的无线网络增值系列产品，并举办年度手机文学艺术创作大赛，手机文学俨然成为一种引人关注的现象。次年 6 月，盛大文学等单位联合主办了首届“3G 手机原创小说大展”，征集优秀手机小说创意，让手机短信文学在文坛备受瞩目，“第五媒体”文学生产的风生水起让手机短信从媒介新贵衍生为文学新宠，迅速成为新媒体文学的强劲推力。

2007 年，中国移动公司推出了“飞信”业务，用户可将网络与自己的手机绑定向对方发送信息。这项免费开通的短信业务，不仅将手机短信息的字符从 70 个汉字增至 180 个汉字，还可以发送各种可爱的“表情语言”。后来，3G 手机上网和“微博”的大量涌现，为手机文学进一步普及与完善带来新的机遇。

手机文学的三重身份

不过，手机可以“短信”，而短信未必都是“文学”。多数手机短信内容都属于实用性、工具性信息，并非都可以“文学”论之；不仅如此，手机上的文学也并非都以短信的形式出现，呈现于手机屏幕的也有非短信的文学。时下被人们称为“手机文学”的实际包括了下列三类形态。

一类是通过手机终端阅读的电子化文学读物，这时候的手机承载的是手持阅读器功能，类似于时下市场热卖的电子书或电纸书[①]。这类“手机文学”只是意味着“在手机上阅读文学”，其作品并非专为手机阅读创作，而是传统文学的电子化后再通过网络传给手机用户的。手机上网后可以订阅和下载众多电子期刊、图书和文档，还可以通过搜索、注释和超链接等方式获取更丰富的信息，增强阅读体验，手机用户面对的是由强大的网络平台支持的文学（如中外文学名著）资源库、数据库，与互联网上的“文学读屏”并无二致，只不过是从电脑的“尺幅之屏”变成手机的“寸幅之屏”。在我国超过 3 亿的手机上网用户中，如果有十分之一的用户有一定的文学阅读需求，就将是一个庞大的文学消费市场。有专家预计，2010 年中国移动阅读市场用户数将突破 2 亿，同比增幅超过 30%，其增幅远超手机游戏、SNS 等移动互联网业务，手机等数字终端的电子阅读将是阅读的发展方向。[②] 现在已有专门的“手机电子书”网站，其中存储有武侠小说、言情小说、玄幻灵异、历史军事、当代文学、生活时尚、名人官商、外国典籍、古典文学等众多类型的作品，手机用户可以在此下载，也可以在线阅读。

另一类是专为手机用户创作的手机文学，主要是原创的手机小说，其欣赏方式包括手机短信版（SMS）、手机上网版（WAP）和手机接

① 电子书是区别于以纸张为载体的传统出版物的数字化出版物，即利用计算机技术将一定的文字、图片、声音、影像等信息，通过数码方式记录在以光、电、磁为介质的设备中，借助于特定的终端设备来读取、复制、传输的手持阅读器。电纸书是一种采用电子纸显示屏幕的新式数字阅读器，它使用 eink 显示技术，提供类似纸张阅读感受的电子阅读产品，可以阅读网上绝大部分格式的电子书，比如 PDF、CHM、TXT 等。与手机、mid、umpc 等设备看电子书相比，采用电子纸技术的电纸书阅读器的优点是辐射小、耗电低、不伤眼睛，而且显示效果逼真，看起来和看书的效果一样。

② 张牡霞、叶勇、全泽源：《移动阅读用户将冲破两亿》，《上海证券报》2010 年 7 月 10 日。

听的语音版（IVR）等。这种针对文学需求用户有意为之的手机文学，更贴近“文学”本性和手机特性，体现了手机文学创作的自觉意识。2004 年千夫长的手机短信连载小说《城外》在商业上的成功，一度引发了这类小说的创作热潮，有的增值服务提供商开始吸纳写手专门创作可供连载的短信小说，甚至还有人将传统文学名著压缩成为手机段子来吸引手机用户，以扩大手机文学阅读市场。一些手机文学创作者跃跃欲试，纷纷效仿《城外》模式，信心满满地投入手机连载小说写作，迅速产生出一批手机短信小说，如《谁让你爱上洋葱的》《大宝小贝》《超级手机》，手机短信恐怖小说《一七七七二三五零》等。不过这股热潮并没有持续太久，其原因在于，过去的手机，一帧页面只能容载 70 个字符，限制了创作者充分表意，也限定了读者的艺术期待；并且，短信版和语音版的作品欣赏成本不菲且难免受制于人，而上网版的短信文学已经被淹没在网络文学的汪洋大海中，手机上网用户不会把自己局限在短信文学的阅读中。

还有一类是指夹杂在手机短信中的属于文学的部分，人们通常将它们称为“文学段子”。这类手机短信文学最为普及，用户参与度最高，也最能代表手机短信文学的特点，因为它让文学回到了“日常生活的故乡”。《大宝小贝》的作者王豪鸣曾说：“短信文学的基本特征就是我个人理解的短、信、文、学四个字。‘短’是超短性，比如要求在 70 字内；‘信’就是交流性、娱乐性；‘文’是文化性、文学性；‘学’是模仿性、参与性、互动性。”《天涯》杂志社主编李少君认为：“短信文学是文学的点心。它适合现代人的心理，在生活节奏较快的今天，很多人也许没有时间看长篇大论，但短信文学却能不分时间、不分地点随时随地阅读。虽然短小，但有的短信文学作品不仅优美而且充满了人生智慧，是紧张生活的点缀。”① 这种文学段子贴近人们日

① 王豪鸣、李少君的话均出自朴素《短信文学，风起天涯——首届手机文学研讨会图文直播》，天涯社区，2011 年 3 月 15 日查询。

常生活，即兴而写，随时可读，是“文学”与“手机”的天作之合，因而是最具活力的手机文学形态。短信文学强大的市场空间滋生出许多短信网站，如早安短信网、鲸水吧短信网、憨老头手机短信网、幽默短信网、爱情谜语短信网、“吾爱短信”网、手机短信经典笑话网等。

短信写作的文体创意

手机短信写作的初衷，大多不是为文学而作。但是，由于每条短信的字数限制带来的操作层面炼词达意的需要，使得短信写作必须锤炼文字，悉心创意，讲究构思，以求精微表达，巧妙运思，以少少文胜多多许，不管是直指本事、陈述实情，还是交流情思、排遣意绪，都力求巧置心机，让对方心领神会、会意认同，抑或莞尔开怀、一笑了之。于是，实用性、工具性、信息交流性的短信写作就有了文学意味，那些立意别致、表述生动的短信就成为一种数字媒介文学，从信息传播工具步入艺术审美殿堂。这时，写作者需要发挥文学才情，展示生活智慧，着力短、平、快、灵、巧等人文审美性质素，以文体创意达成创作的优化和美化。

炼字凝意，以短致长，是短信文体创意的技术规制。在手机屏幕上创作短信是一种高难度的写作，被誉为在“邮票上跳舞”。手机文本惜字如金，如果说网络写作可以“灌水”，短信写作就只能“炼油”了。因为手机屏幕容量的技术设定限制了字符传播的数量，过去的手机文本最多发送 70 个汉字，后来发送短信的字数有所放宽（如“飞信”业务、3G 商用、手机微博等），手机屏幕虽可容载较长篇幅的短信内容，不过通信公司仍然会以 70 个汉字为限，将长段子分成若干条短信发送，以赚取更多资费。如此说来，讲究炼字功夫以求凝练表达，实现言简意赅、言约意丰或言有尽而意无穷之艺术功效，是手机短信写作的基本功，也是“段子文学”创意中技术规制的必然产物。例如："人之所以快乐，不是得到的多，而是计较的少。财富不是一辈子的朋友，朋友却是一辈子的财富。""曾经拥有的，不要忘记；已经得到的，更要珍惜；属于自己的，不要放弃；已经失去的，留作记忆；想要得到的，必须努力。为自己的人生加油！"短信写作就需要在这方寸之间凝练意绪，用浓缩的文字反映复杂生活的点点滴滴，既简洁又耐人寻味。

草根情怀，平视审美，是短信文体创意的主体立场。手机短信被视为"老百姓的天空"，短信文学的普及凸显了大众文化诉求，它以贴近普通人的思想情感与喜怒哀乐为旨归，是最具平民化的文学形式。"把神圣化为笑谈，将崇高降格为游戏，用喜剧冲淡悲愤，以笑料对抗沉重"，"以平民姿态、平常心态写平庸事态"[①] 是短信写手的惯常做法。他们往往要以草根的立场完成平视审美，而不会自矜于"踞上"或"傲下"的身份意识。从第一届全国短信文学大赛便不难发现，其参赛者遍布全国31个省、市、自治区，包括学者、作家、公务员、大中学生、企业老板、打工青年等，可以说，只要是热爱生活、爱好文学的人都可以参与其中，没有等级秩序和社会阶层的高下之分。正如大赛评委格非所言，这里的文学创作已经不再是一种权力，任何人只要你有想象力和创造力都有权力创作，其作品的内容也总是能传达普通人的生存状态和生活感受。请看近来较为流行的两个段子："现代都市人头疼的十件事：（1）有工作，没生活；（2）有爱人，没爱情；（3）有微博，没粉丝；（4）有住所，没住房；（5）有存折，没存款；（6）有名片，没名气；（7）有加班，没加薪；（8）有职业，没事业；（9）有娱乐，没快乐；（10）有朋友，没挚友。""2011年新女性标准：摇得到车号，拿得出税单；搞得到户口，买得了京房；唱得

① 欧阳友权：《论网络文学的平民化叙事》，《中南大学学报》（社会科学版）2004年第2期。

了忐忑，玩得转围脖。”[①] 平视草根，众神狂欢，拇指下的短信文学常常站在普通人的立场表达平凡人的心声，句式简短通俗，语气平易近人，极富生活气息。

快意书写，即兴表达，是短信文体创意的个性呈现。美国数字传媒学者保罗·利文森认为，数字时代的特征就是用视窗和浏览器选择信息而实现个人化。现代社会生活节奏加快，人们的空闲时间减少且相对分散，闲暇的阅读从长时间的连续阅读转向短时间的间断性阅读。手机平台的出现成功将互联网络即时通信的功能转移至短信传播，移动博客的出现又让手机对网站的短信业务变成了自由书写的“自我媒体”，更好地适应了人们即兴创作、随时阅读的需要。短信写手的快意书写和即兴表达，正是为满足这种需要而实现的个性化创意。同时，手机的无线通信与随身携带突破了互联网在地域、时间、终端设备等多方面的限制，使短信内容的创作、发送更迅速，接收更方便。短信的“病毒式传播”不仅是平面的，还是立体的、空间的、动态的、瞬息万变的，它能够让快意书写实现分众传播，又能让个性创意达成定向传播，弹指间，创作者的思想与情感即可传递到读者那里，只需按动手指便可第一时间得到应和与共鸣。此时，存在就是媒介，主体就是媒体，个性就是文本，精妙的短章、机智的感悟、诗意的流露抑或当下情感的表白，都可以通过个性化文体创意被记录与即时传送，从而为人们忙碌的生活带去人性化的抚慰，给你所关爱的人带来片刻的感动、轻松与愉悦。

自由灵动、随机顺变，是短信文体创意的智慧表征。“手机传播打破了传统大众传播主体的机构性、权威性，进而呈现出了传受主体的多元交互性及其在新的传播模式中权利的分解与集中的特征。”[②] 这一特征给手机短信的文体创意提供了自由灵动、展现智慧的机缘，让

① 鲸水吧短信网，2011 年 3 月 16 日查询。

② 匡文波：《手机媒体概论》，中国人民大学出版社 2006 年版，第 110 页。

短信文学闪耀着大众的智慧，体现出灵动的艺术气息，在生动的语言中显示出创意灵感。由于手机用户的广泛性和使用的贴身性，创作短信能够兴之所至，顺势而为，不用他人把关，无须编辑审核，尽可以我手表我心，自由地挥洒才情，不论是庄重严肃的书面语言，还是简单易懂的口语表达，或阳春白雪式的诗歌散文，或下里巴人式的谐语笑话，乃至各种表情符号，都可以信手拈来，为我所用。例如："祝你每一天：开怀地笑（^0^）温柔地睡（ˉ－ˉ）天真地发呆（＋.＋）放心地沉醉（＠＠）最后再送你一支玫瑰（＠）。"这些用文字与符号组成的短信使语符变得既形象又可爱，让接受者轻松一读，开心一笑。无线营销下的分众传播与定向传播，使手机正从一种通信终端逐渐演变成一种信息终端，是时刻"挂"在网上的网关设施，只要你口袋里装着手机，你就有了实现文体创意的"智慧锦囊"。

工于修辞，巧于表达，是短信文体创意的语言诉求。短信文学写作要在有限的持屏空间传情达意，需要讲究修辞，锤炼文字，既要注意选词造句的大众化、生活化，以展示普通人最本色的生活感受，又要显得鲜活水灵、新颖别致，避免僵化教条、无病呻吟或装模作样。这时候，注重各种修辞手法和表达技巧就是必不可少的了。例如，巧用隐喻："感情已欠费，爱情已停机，诺言是空号，信任已关机，关怀无法接通，缘分不在服务区。"这条短信巧用电信术语表达爱情的逝去，调侃中寄寓了发送人的感情危机与迷茫，使阅读者在错位的语境中既能体会那份无奈，也能乐在其中。还有，巧用拟人化："土豆出嫁后改名叫马铃薯，过段时间出国留洋时又改名叫洋芋，后回村探亲碰见东邻二奶奶，二奶奶说：我还以为是哪个洋妞呐，原来是山药蛋子回来了！"这条幽默短信充分利用汉语的多义性，用拟人化的方式暗讽现实，彰显人物个性。再看巧用夸张："每次收不到你的信息，我都万分痛苦。我试着用面条上吊，用豆腐砸头，用维生素服毒自杀，用降落伞跳楼，可就是死不了！"夸张中显露的是机巧、幽默和风趣。短信文本中常用的修辞技巧还有排比、双关、反语、谐音、调侃、回环等。我们看到，那些精妙的手机短信如“老鼠娶蝙蝠”“蚂蚁绊大象”“馒头打方便”等，常常成为生活的“调味剂”，是人际间快乐交往的“掌中宝”。

手机文本的审美方式

手机文本的审美首先是一种私密会心的互动沟通。作为一种通信终端，手机媒体以其方便、快捷、低廉的优势成为人们普遍选择的交流工具，其私密性的沟通方式便于人与人之间进行点对点的互动交流，以“零距离”交往表达内心情感。它那“既远也近”的交流成为人们说心里话、表达心情的最佳渠道。与其他信息媒介相比，借助书信表达太慢，借助电话又稍纵即逝，借助电子邮件会受到服务终端的限制，于是，短信便成为人们联络情感的重要媒介，其“见字不见人”却又“文如其人”的表情达意的方式，正符合中国人温婉含蓄的个性特点，适合内敛传递情愫的需要。浓缩诚挚情意的短信既不会将情感表达得过于突兀直露，又能够恰当地将私密会心的话语与祝福传递出去，还可以随身携带，悉心保存，进行反复阅读，将情感一次次地回味与留存心中，使绵绵情意私密传递，让对方深长回味。

短信文本审美还需要切入余味曲包的语体感悟。如前所述，手机短信的微缩性文本使其中的文学体式具有简约凝练的语体风格，手机屏显的有限篇幅“逼迫”人们细读文本，感悟精妙，体察简约之中的深意，回味有限背后的无限。创作者尽量压缩文字、省去标点符号，略过本该铺陈的人物和情景描写，而大量运用富有冲击力的短句，力求创构一个“有意味的形式”，于浓缩的文本中透射出内在的弹力和张力。短信的接受者也应该心领神会，由表及里，入乎其内，充分理解作者在精短之语里预设的弦外之音，透过言意之表感悟其味外之旨和韵外之致。如首届中国短信文学大赛的获奖小说《贩与乞》：“一残疾少年当街乞讨，无人问津。偶见一卖枣妇女经过，妇女卸担，捧出大枣塞给少年，笑说：阿姨没钱。见此，笔者三日不知肉味。”全文仅三句61字，但时间、地点、人物、事件，以至环境及心理活动的描写却一应俱全，语体风格极其简约凝练，其内含主旨却余味曲包，语短意长，令人深长思之。有评论者说，该短信“结构极其简单，一线贯之；人物对话、场景描绘均以白描手法简笔勾勒；情节简明却有出人意料的起伏转折。‘无人问津’与‘捧出大枣’似两幅速写的写意水墨画，寥寥几笔，却足以撼人心扉。语言似拟文言，简朴明快，字字珠玑”①。

另外，审美地品读手机段子还需要有静观默察、轻松愉悦的欣赏心境。短信文学源自实用信息的相互交流，其艺术的功效是在从工具思维转换为艺术审美的价值理性的过程中实现的，在文体风格上始终保留了自由交往的随性与放松。拇指揿动屏键，传送精妙短章，阅读者少不了要秉持一份平心静气、轻松愉悦的心情，以便于掌心之上品味文字的风趣睿智，在方寸之间感受“拇指文化”的后现代魅力。短信息一方面通过自己的人生体悟向亲朋好友吐露心扉，一方面希望用幽默的小段子为对方洗去尘世的压力而带去轻松与快乐。创作者往往用凝练精警的语言挖掘生活智慧，如同格言警句一般为读者或消愁解闷调侃世道人生，或陶冶性情点化玄机妙理，让人愉悦会心抑或忍俊不禁。例如：“朋友不一定经常联系，但一定心有灵犀；不一定形影不离，但一定彼此珍惜；不一定同舟共济，但一定相助鼎力！”这条睿智的短信息，短短50字，句句押韵，在表达朋友间诚挚友谊的同时，也显示出生活的睿智与哲理。有的短信中的智慧是通过寓言式的小故事不动声色地向对方传递的。例如：“小狗问妈妈快乐在哪里？狗妈妈说快乐就在你的尾巴上。小狗掉头咬尾巴，一会儿，小狗高兴地说：哦，快乐就是追逐的过程。”这种轻松传递哲理的寓言小品不

---

① 白杰、尚婷：《试论短信文学的文学合法性及其新质》，《运城学院学报》2005年第8期。

像传统说教那样生硬刻板，它只是在轻松之中帮助人们明白人生需要奋进的道理，欣赏者得到的是领悟、怡情和逸趣。我们看到，许多文学性短信通过对汉语的“魔方式”拼贴彰显了高超的民间智慧，其中运用很多隐喻、双关语、藏头诗、回形诗等写作方式，表现了现代反讽的精神、狂欢的气质和灵光乍现的幽默感，这正是短信审美的大众特色和诱人之处。

（原载《江海学刊》2011 年第 4 期）

论短信写手的创作心态*

欧阳文风**

内容提要：短信写手在进行短信创作时，最初大多是抱着一种游戏的心态。此种游戏不仅仅是文字技巧与形式的表面揉搓，更含有精神上的游戏、嘲弄，是一种审美的游戏，一种摆脱了强迫、物质需要与社会束缚、支配的自由活动，是不带任何功利目的的自由活动，浸润着人生的谐趣与语言的韵律之味。但短信文学从诞生起，就暗含与商业合谋，希望凭短信赚钱、梦想一夜成名，亦是短信写手最显明的心态。利润与虚荣的蛊惑导致短信文学商品化运作过激，写手创作心态失衡。任何一种文字的目的性过强，都将摧毁其作为文学文本的可能性，最终沦为文字生产。

关键词：短信文学；短信写手；创作心态；游戏；利润

一

从网络文学开始，从事写作的人不叫作家，而叫“写手”。短信

* 本文系国家社科基金项目“感悟诗学的现代转型研究”（项目号：08CZW002）、湖南省社科规划项目“感悟诗学的基本原理及其价值研究”（项目号：2010YBA244）和教育部新世纪优秀人才支持计划“新媒体文学创作与批评研究”（项目号：NCET－10－0841）的阶段性成果。

** 作者简介：欧阳文风，1970年生，文学博士，中南大学文学院教授，中南大学商学院博士后流动站研究人员。

文学亦然，短信文学里也没有作家，只有写手。写手当然不等于作家，这和歌手不等于歌唱家一样明显。作家是一种崇高的称号，是专指那些文学修养好、创作水平高的人，他们的创作要求传达出一种思想精神和人文担当；而写手仅是一般的文学写作者，他们往往另有固定职业，进行短信创作完全是凭着自己对文学的兴趣，率性而为，不追求宏大主题，只求情感宣泄。

短信写手有广义和狭义两种。广义的短信写手是指所有通过短信传播原创作品的手机用户。而狭义的短信写手则是指以创作短信原创作品为职业或半职业的人，这又包括两类：一类是与 SP（内容服务商）公司签约的职业写手，创作短信是他们的专职工作；另一类是业余的“客串写手”，他们平时从事其他工作，只在业余时间创作短信，兼做各大网站的“特约撰稿人”。

短信写手是一群特殊的“文字工作者”。一般认为，短信接近于口语，创作起来应该很简单，就如说话一样随意。其实不然。受制于手机技术和短信形式，短信创作的难度其实很大。写手们为了在短短几十个字中使他人或开怀一笑，或略有所思，或心领神会，往往要搜肠刮肚，广撒网于人情世相，工作上的压力并不小。有写手叹道：“一个人写一条好短信并不难，难的是每天都写出好的短信。”这一点，对那些专职短信写手来说，尤其如此。著名短信写手戴鹏飞曾用一个幽默的段子描述了一个职业短信写手的日常作息：“有谁知道我已经累得几乎崩溃，每天要喝一暖壶溶解维生素 C 的绿茶；要抽两包极品黄山；要珍惜三个小时难得的睡眠；要给四个邮箱的网友读者回信；要精写五位数不同风格、各种题材的文字；要创意六条幽默及言情准短信；要为七个专栏提供或准备稿件；要记录八段文学和笑话灵感；要拨打、接听九十分钟的电话；要十分认真细致地完善每一件事情……昼夜趴在电脑前苦思冥想、深思熟虑，脖子、后背疼得让我精神亢奋、无法入睡，刚才可能是累到极点，不知不觉就倚在床头昏睡了……”① 戴氏所言虽然有些夸张，而且是极个别的情况，但由此确实可以窥见职业短信写手创作的艰辛。他们表面上看起来很风光，轻松赚大钱，其实背后也有难言的苦衷。

那么，现在的问题是，短信写手又是本着一种怎样的心态在这个职业里坚守呢？换言之，他们是依靠一种什么样的心理支撑着自己进行短信文学的创作呢？

二

众所周知，短信文学具有自由性、民间性和娱乐性。这一系列特征，使得短信写手的创作心态似乎很简单，他们最初大多是把短信创作当作一种游戏。什么是游戏？荷兰文化史学家约翰·赫伊津哈在《游戏的人》一书中说：“游戏是在某一固定时空中进行的自愿活动或事业，依照自觉接受并完全遵从的规则，有其自身的目标，并伴以紧张、愉悦的感受和‘有别于’‘平常生活’的意识。”② 的确，游戏是自愿、自由的行为，以娱乐为旨归，不接受强迫并超越物质追求和道德义务；游戏者遵循相应规则或置身于一定潜在规则体系之中，以此获得限制中的紧张、突破、刺激和愉悦；游戏的过程自创一个世界，此一世界唯参与者自编自导自演，可剔除现实世界的芜杂、功利，令人投入、忘我、迷醉。短信作者喜欢玩手机，短信创作是一种比俄罗斯方块、保龄球等机械性小游戏更有生气、更能激起人创造欲望的游戏，它可以选择对手来一场文字交流，也可以自己细细玩弄语言，写一个小幽默。譬如一个沮丧的男人给他的朋友发这样一条短信：“两次婚姻都失败了，第一个老婆跑了。”对方回复：“那第二个呢？”“不肯跑……”看似无奈的倾诉，蕴含了这个所谓婚姻失败男人的调侃和

① 徐丹岚：《戴鹏飞：70 字浓缩幽默创意》，《竞报》2009 年 2 月 17 日。

② ［荷］约翰·赫伊津哈：《游戏的人》，多人译，中国美术学院出版社 1996 年版，第 30 页。

得意，他对自己的婚姻有一种轻松的满足。“不肯跑”三个字定会令对方哈哈大笑。萨丕尔有一句名言：当表达非常有意思的时候，就成了文学。短信文学就诞生在这样一种街头巷尾人们不知不觉有意思的表达中。

文艺理论家们在探索文艺的起源时发现了游戏问题，认为游戏是文学的原始本质，也是人类的原始本真性。康德和席勒认为艺术起源于寻求宣泄过剩精力的游戏。也就是人们无所事事百无聊赖，需要游戏的刺激来兴奋神经，发泄精力。伽达默尔则仅用游戏的隐喻来描述艺术的无功利性和自由性。随着社会和艺术的发展，“游戏”隐喻的后一种意义更加显明。在当今时代，人们奔波劳碌，疲惫不堪，完整成片的休闲时间少而又少，很难谈什么过剩精力。而今只能说游戏是为了找回完整的自己，为了自由的忘却，为了片刻身心的飞翔，“只有当人在充分意义上是人的时候，他才游戏；只有当人游戏的时候，他才是完整的人”①。只有做回完整的人，才有勇气和力量接受挑战。所以，今天的游戏是为了养精蓄锐，以便更好地投入下一次的劳作。那么，短信创作中语言的游戏，想象的游戏，就是我们随“机”而行的休憩了。语言是“存在之家”，是每个人的游戏，也是每个人的艺术，是每个生活着的人生活的艺术。审美的游戏，毋宁说游戏的审美是一种摆脱了强迫、物质需要与社会束缚、支配的自由活动，是不带任何功利目的的自由活动。短信文学便是这样一种游戏，它不仅是作者的，也是读者的，凭借无孔不入的电磁波信号洒向游戏者，让每个千山万水之外的参与者莞尔一笑，或轻轻一点，再次转发，传递着这游戏的接力棒，人与人之间遥遥呼应、互动狂欢。虽为游戏，但今天的短信文学除了我们平日所理解的“文字游戏”，即“用语言文字作为智力活动的娱乐，即文字智力游戏，如猜谜语，蝉联成语，对对子等”，或“片面追求修辞技

① ［德］席勒：《美育书简》，徐恒醇译，中国文联出版社1984年版，第90页。

巧”的“形式主义”①，或戏要他人的语言恶作剧，也体现为人们对现代生活的翻炒，对于千姿百态的生活用心思与智慧调出一道富有刺激性的生活麻辣烫，融人生百味于其中，使人遍尝而回味无穷。此种游戏不仅仅是文字技巧与形式的表面揉搓，更含有精神上的游戏、嘲弄。因而，短信文学的游戏性创作更符合日本国语学会编的《国语辞典》所言：“以语言本来的交际职能为第二义，而以利用语言的意义过程或者发音过程为兴趣本位的做法，就是语言游戏。”② 因而，游戏的短信文学之审美功能是纯正的，浸润着人生的谐趣与语言的韵律之味。“谐趣是一种原始的普遍的美感活动，凡是游戏都带有谐趣，凡是谐趣也都带有游戏。谐趣的定义可以说是：以游戏的态度，把人事和物态的丑拙鄙陋和乖讹当做一种有趣的意象去欣赏。”③ 且看一组短信：

小驴问老驴：为啥咱们天天吃干草，而奶牛顿顿精饲料？老驴叹道：咱爷们比不了，我们是靠跑腿吃饭，人家是靠胸脯吃饭！

一对夫妻来到一口许愿井旁，丈夫弯腰，许个愿还往井里扔个硬币。妻也想许愿但她弯腰时不小心翻入井里。丈夫惊呆了，然后又笑着对自己说，真灵啊！

第一则以驴子和奶牛各自特有的生活习性及所做贡献影射某种不道德的谋生手段，以笑为契机，轻松又讥诮地嘲弄了一类人。第二则对于人类内心难以探视的黑暗暴露得淋漓尽致。这与荒诞派戏剧的高明几无二致。夫妻之间，或曰人与人之间沟壑重重，其戏剧性存在令人目瞪口呆，其中的文学价值不亚于正统文学。游戏对于奥秘的挖掘

① 张涤华、胡裕树、张斌、林祥楣主编：《汉语语法词典》，安徽教育出版社 1988 年版，第 412—413 页。

② 日本国语学会编：《国语辞典》，日本旺文社株式会社 1990 年版，第 346 页。

③ 朱光潜：《朱光潜美学文集》第 2 卷，上海文艺出版社 1982 年版，第 27 页。

与发现如此巧妙、深刻。

三

当然，正如文学评论家谢有顺所言，短信文学从诞生起，就暗含与商业合谋。意思也就是说，虽然把短信创作当成游戏的人千千万万，但希望凭短信赚钱、梦想一夜成名的短信写手也不在少数。不错，人类最原始的文艺活动都是出自一种游戏的心态。然而，随着社会分工的出现，商品交易的发展，文明、文化、教育事业等的进步，艺术天赋逐渐成为某种被集中挖掘、培养、垄断的才能，艺术家逐渐成为一类人，艺术品逐渐成为商品，艺术也可能作为一种谋生的手段。短信文学即是消费文化的独特个案。工信部最新数据显示，截至 2010 年底，我国各类短信发送量达到 8317 亿条，同比增长 6.1%。[①] 在短信各项成熟增值服务方面，短信文学将是各大运营商一大潜力深藏的增值业务。在庞大的短信用户群背后，滋长着一个庞大的文化产业，也潜藏着巨大的商业机会和诱人的利润。短信文学业务将加速产业链的开放度，实现增值业务的再度开发和价值再造。短信文学可以通过短信、WAP（手机上网）和语音业务等无线增值业务推向市场，衍生行业价值。从短信创作者到短信服务商、运营商再到手机用户，短信文学已经形成或正在扩大为一个环环相扣、休戚与共的产业链。市场化运作和产业化的生产方式，使拇指游戏渐渐弹拨出一片“拇指经济”。例如，在经济前线地带，东莞移动和东莞文联即共同启动一项“万人拇指创业计划”活动，吸纳一万人次参与短信创作，成为专职签约写手。商业模式的介入使业余短信发送者转变为专职生产者，每天琢磨“金短信”“小小说”，力求出奇制胜、“哗众取金”。该计划的短信利

① 《工信部：2010 年短信发送量达 8317 亿条，同比增长 6.1%》，《通信产业报》2011 年 1 月 27 日。

润遵循滚雪球效应，以 1 条段子的转发次数为计算起点，若被转发的次数超过 2000 次，则该签约写手可一次性获得 40 元的收益；若介于 2000 次与 10000 次之间，计算基点则是每增转 1000 次，就额外获得 10 元的收益。“一条段子最高收益在 3000 元。”该计划有关人士在接受采访时如是表示。这是对碎片文化的经济整合，也是在市场中滚雪球利润的巨大成功。一个闪光点，一条短信，一个契机，依靠千万人有意无意的转发，堆积成财源滚滚的金光大道。五指中最粗壮、最笨拙的拇指如今成为激情、狂欢的舞者，踏上了熠熠闪光的“钱途”。

能够在大众潮流中浮出水面、跃上浪尖，是一件很吸引人的事情。2003 年可说是中国手机的短信年，这一年短信异常火爆，一些媒体报道说“短信写手是十大新兴职业之一，月薪 5000 元以上”。在筹办一个大型文化活动中血本无归的戴鹏飞，瞄准机遇，“我要是到新浪、搜狐干上一年，不就发了吗?”[①] 抱着这样发财的心愿，他杀入短信领域。之前就创作幽默段子、小品的他迅速成名，他的姓名成为短信写手的代名词，众多媒体封其为“中国第一短信写手”。2003 年 1 月，戴鹏飞的短信在搜狐网站上被点击了几百万次；2003 年 3 月在新浪网站上推出了中国首个原创短信专栏；2005 年 3 月成为 263 在线的签约短信作者，据说年薪在 8 万元至 10 万元之间。戴鹏飞卖短信有三种形式：专栏（如网上的“鹏飞短信专栏”）、约稿（特定节目、媒体约稿，特定节日约稿）、按条卖。他的短信从最初每条 50 元涨到 200 元左右。他的商业头脑异常敏捷，如和某网站打电话讨价还价：“我现在都卖 200 元一条，你说的这个价会整得我心情很不好，心情不好就状态不好，状态不好就写不出短信，写不出短信就活不下去，我还要交房租、电话费、养车钱，每天还得吃饭……”如此一副活脱脱的商人嘴脸。不但如此，他还一再扩充短信的外延，实践一套“鸡生蛋，

① 张洪波：《中国第一短信写手戴鹏飞：55 字内让人发笑太难》，《齐鲁晚报》2004 年 2 月 20 日。

蛋生鸡”的滚钱策略：“55 个字是条短信，200 多个字就是小短文，再扩展就是篇文章，写得再长点就是一集情景喜剧剧本，一集集剧本组合起来就是电视剧本……”如此“我为利狂”享受的便不再是游戏短信的快乐和轻松，而是沉重的生计压力了。相对短信诗歌或短信笑话，短信小说所获利润回报更加丰厚，好几部短信小说的作者都捧回了沉甸甸的金果子。广东作家千夫长创作的《城外》，全文共 60 条短信，只有 4200 字，却被电信运营商华友世纪通信公司以 18 万元的高价买断“无线版权”，包括 SMS（短信）、WAP（手机上网）和 IVR（语音业务）等无线增值版本。此后，台湾勤创科技股份有限公司独家又以高出华友两倍以上的价格取得了《城外》的所有海外版权及转授权。深圳作者王豪鸣的长篇文学短信《大宝小贝》被北京万联国通科技发展有限公司以 36 万元买断手机增值业务版权，比《城外》的国内拍卖价翻了一番，创造了短信作品交易的又一个天价。稍后，戴鹏飞创作的号称“中国首部短信小说”的《谁让你爱上洋葱的》由中国电影出版社出版，并被新浪网购得两年无线版权。种种事实表明，短信创作与商业运作正如一对热恋的情人一般难舍难分。

应该说，短信与商业携手本是无可厚非的。马克思主义文学观就认为，文学艺术如同宗教、家庭、国家、法律、道德和科学一样，“不过是生产的一些特殊的形态，并且受生产的普遍规律的支配”①。只有首先从生产实践的观点出发，把文学艺术放在物质生产过程和由其决定的社会关系中去考察，才能解释它的起源、它的发展的规律性、它在统一的历史过程中的兴衰变革。艺术本来就不是单纯的精神活动，近二十年来，市场经济又彻底褫夺了传统艺术家的“牧师”和“弄臣”身份，所以，被以意识形态论为核心的形形色色的文艺观长期忽视的艺术市场交换价值，在艺术生产论体系中得到了“合法性”认同。在商品经济时代，文学倘若不以商品流通的常态方式生产和传播，

① 《马克思恩格斯全集》第 42 卷，人民出版社 1979 年版，第 121—127 页。

脱离了商品经济的外壳，其实是很难生存的。多少年来，我们强调的更多的是文学的意识形态性、自律性和自主性，几乎很少站在新的历史高度对文学与商业的关系加以较为深入的探讨，这种不正常的理论观照和引导，从很大程度上制约了文学与时代的深度契合。当下短信文学与商业的合谋，从某种意义上说，即是对这一传统观念的反拨。短信写手千夫长就曾经说："现在的文坛上有很多纯粹的作家拒绝走进市场，也就是拒绝走进时代，拒绝走进当下的生活，与文学的规律是相撞的。""我写的时候目的就很明显，就是为市场写的。"他套用鲁迅的话说："文学要直面现实。现在社会，有经济价值的东西才能流传下去。"有十几年在广东商场上一直做生意、闯荡经历的千夫长，回到文坛后仍然认为自己在很大程度上是一个商人。商人的头脑和利润眼光使得他在短信创作中如同为自己的客户着想一样能迎合读者。他说："我在做一种尝试，为文学的突围进入市场寻找一块领地，目前我认为这种运作比较成功，至少从经济价值上看很成功。"①

然而，我们也必须指出的是，短信创作的商业化运作对短信文学发展来说既是机遇，也是挑战。商业逻辑对艺术规律和日常生活侵入的广度和深度，很多时候是短信写手们最难以估量和把握的。就目前短信创作的状况来看，利润与虚荣的蛊惑导致短信文学商品化运作过激，创作者创作心态开始失衡，就已经是一种有目共睹的事实。任何一种文字的目的性过强，都将摧毁其作为文学文本的可能性，而终将沦为文字生产。"事实上，在失重的自由挥洒中，他们唯一关注的只是点击量及其所带来的金钱；在点击量和金钱的外在压力下，写手本来由技术所赋予的自由，便在此种技术逻辑衍生出来的传播机制中归于丧失。"② 这是一位学者谈到的网络文学写手的最后状况，这或许也

---

① 参见王攀《短信小说：真的值一亿　到底谁赚钱》，新华网广东频道，2011 年 2 月 20 日查询。

② 曾繁亭：《签约写手的身形与暧昧的身份》，《中国图书评论》2010 年第 3 期。

是短信写手把短信文学视为摇钱树后难以逾越的拘囿。由此，我们必须提醒的一点是，商业市场本身就像是一个庞大的“过滤器”，留下的往往是非文学性的东西。面对市场，短信写手应该有更多的警醒和坚持。

（原载《江海学刊》2011 年第 4 期）

手机文学：现代技术与文学表意的合谋

禹建湘*

内容提要：手机为文学提供了一个新的出场空间和言说方式，并形成了手机文学这一新的文学类型。在现代技术与后现代语境的双重作用下，手机文学具有后现代的“文学零食”性，采用戏谑方式解构宏大叙事，呈现一种碎片化的创作风格。手机文学用拼贴的方式造成泛意识形态的混搭性，表现出意识形态的多元化、异质化特征，这一方面张扬了草根的话语权力，另一方面丧失了艺术与精神的追求。手机文学用最密集的节奏、最简短的语句书写故事，用强修辞凸显出与众不同的内容，这种运用高强度的修辞进行压缩性叙事，需要用“症候式阅读”来解读其蕴含的内容。手机文学为文学的进一步大众化提供了可能性。

关键词：手机文学；文学零食；现代；后现代

当人们还在对滥觞于十多年前的网络文学迅速从边缘向中心挺进而感慨不已时，手机文学的兴起，让人们再次见识到了现代技术对文学的重构力量。手机被称为“第五媒介”，作为一种现代媒介技术，

* 作者简介：禹建湘，1970年生，文学博士，中南大学文学院教授。

不但改变了人们交往的方式，同时也为文学提供了一个新的出场空间和言说方式，并形成了新的文学类型——手机文学，手机文学是现代技术和文学表意狂欢的结果。手机文学营造了新的文学景观，这是现代人生存方式的一种新写照，是现代技术和消费时代语境的文学新样式，被称为现代人的“文学零食”。

手机文学在手机传播技术和当前文化语境的双重作用下，有着短平快、速笑性、段子化、同感性、虚拟性、交互性、娱乐性、大众化等特性，这些特性伴随着现代人消费手机文学的过程，深刻地侵入现代人的生活空间，从而构成了一种带有后现代气息的文化现象。但作为现代技术与文学表意的狂欢合谋，手机文学除了具有这些常见的特性外，我们还必须进一步理解它深层次的内涵，以便能更好地理解手机文学何以高度参与到现代人的生活中来，影响并改变文学的格局。

现代技术与后现代语境的文学零食性

查尔斯·泰勒说：“有些人将技术文明的到来看成是一种十足的衰落。”① 但对于文学来说，事实不是如此，文学在现代技术的作用下，正与传统文学断裂，从而形成新的文学景观，这一点，在网络文学的发展中已充分表现。而手机文学，是现代技术契合了消费时代的文化语境，将文学的边界不断延伸和拓展。手机文学满足了现代人快速生活节奏的精神需求，成为调剂现代人生活压力的精神食粮。正如有人说的那样：“手机文学显然难以与纯文学的高雅品位与精神追求相比，但正是不同人群存在这种文化趣味和偏好的重叠性和弥散性，才有手机文学的跨界生存，才有短信文学的兴盛和雅俗共赏，作为新媒介文学现象的手机文学，犹如午后茶点，成为不同阶层和不同文化

① ［加］查尔斯·泰勒：《现代性之隐忧》，程炼译，中央编译出版社 2001 年版，第 108 页。

层次的现代人的精神玩伴和‘电子零食’。”①

由于传播技术的制约，手机文学相对于传统文学或网络文学来说，最显著的特点在于它的精短，而这一特点，正符合后现代语境下文学对于“宏大叙事”的放弃这一趋势。约瑟夫·纳托利说：“后现代性来临之时，人类显然已经到了这一地步：当他们观察他们自己的过去时，他们所看到的只是大量的引起争议的宏大叙事。人们看到每一种宏大叙事在它自身所处的时代都在偏离它自身所公开宣称的真理领域，而进入另外一种宏大叙事及另一个领域。”② 手机文学解构宏大叙事最直接的表征就是抛弃庄重写法而采取戏谑手法。下面几个手机段子就是典型例子：

> 人生四大悲：久旱逢甘雨，一滴；他乡遇故知，债主；洞房花烛夜，隔壁；金榜题名时，做梦。
>
> 虽然工作是枯燥的，赚钱是辛苦的，但理想却是远大的。等咱有了钱，喝豆浆，吃油条。想蘸白糖蘸白糖，想蘸红糖蘸红糖。豆浆买两碗，喝一碗，倒一碗！
>
> 人生如同玩麻将，一见钟情是天胡，自由恋爱是地胡，媒妁之言是平胡，生了小孩叫开花，一个情人叫单吊，没有情人叫白板！

这些段子呈现出的是荒诞不经的、矮化的、庸俗的甚至带有下流的心灵告白，充满解构性的叙事意味，也就是海登·怀特所说的“叙事性的崩溃”。在这类手机文学中，往往把两种极端的情景组合起来，完成一种“解构式的对冲”，如上面的《人生四大悲》就是把四大人生之喜，通过极端的悲剧性的对立而呈现一种游戏化和庸俗化的述说姿态，从而表现出后现代解构的叙事策略。手机文学的很大一部分是

---

① 于文秀：《手机文学现象：午后茶点与后文学景观》，《文学报》2009 年 4 月 25 日。

② ［美］约瑟夫·纳托利：《后现代性导论》，潘非、耿红、聂昌宁译，江苏人民出版社 2004 年版，第 108 页。

以短信形式出现，基本上没有叙事性。段子化是早期手机文学基本的文本规定，它体现一种高超的整体浓缩技巧，它的审美范式是“寸铁杀人”。手机文学的段子化并不意味着手机文学叙事功能的丧失，正如海登·怀特说的：“在有些文学作品中，叙事性要么遭拒绝，要么崩溃，我们在这里遇到的是几丝绝望，这种绝望的原因不是被归于作者的道德虚弱或知识的欠缺，而是被归于对已经陈腐的社会生活方式的深刻领悟。”① 这种没有叙事性的手机短信，其实就是人们洞察生活后的一种感悟、一种体验，是一种新的叙事方式。

手机作为通讯的私人交流工具，造就了手机文学的参与性，而后现代的文学特性就是大众成为文学主体。就如电视节目的男女速配、智力游戏、选美大秀、真情实录等文化景观一样，观众由被动接受到主动参与，从而由文化消费者转换为文化生产者，得到自我表现欲望满足后的快感，手机文学也是大众分享了文化生产的权利，并在这一权利中得到满足。手机文学是人人创作的狂欢宴会，是芸芸众生的乌托邦，其中充斥着错位、颠倒、杂乱的意象。手机文学的狂欢揭示了一种“民主精神”，因为狂欢是平等的，体现了“社会正义”的“丰收”，当大众在手机上畅书自己的心灵鸡汤时，他们获得了平等的快感。手机文学把手机的私语言功能转化为公共语言功能，以个体对个体转化为个体对大众，体现了大众文化的特质。福柯曾描述了“权力—知识”的关系，大众文化的构成就是“权力—快感—文化”模式，快感在这一结构中的出现，揭示了大众何以主动投身到手机文学生产中的奥秘。大众在手机文学创作中得到快感，它是一种包含了权力分享的快感。这样，在手机文学生产中，权力、快感、文化融为一体，形成了一种对立的力量架构，通过它，大众也实现了一种权力欲望。

由此，我们可以认识到，对于手机文学来说，其文学审美、悠闲、

① ［美］海登·怀特：《形式的内容：叙事话语与历史再现》，董立河译，文津出版社2005年版，第201页。

空想等一切就只能是一种表象，真正的追求在于获得一种快感。作者得到创作快感，读者得到阅读快感，就如由盛大文学 2009 年 9 月 16 日联手诺基亚创意举办的“我读过你的邮件——诺基亚 E63 首部多线互动式手机小说”新闻发布会上所宣称的那样，读者将会通过手机平台阅读到新鲜、即时、时尚的都市高级女白领的生活、情感和职场故事。这次手机文学活动主打“团队式创作”概念，创作团队被命名为“MOGA Girl”，用三个人生节点、三种生活态度为主人公织起 27 个可以做出不同选择的机会，被称为“魔方剧情”创作，为的就是追求一种狂欢创作的快感。还比如蓝尧的《收购剩女》，讲述了濒临破产的骆文办起了“另一半”婚恋公司，以市场策略的方式将女人包装和“销售”出去，他以每人 10 万元的高价收购 28—48 岁尚未出嫁的剩女，将她们打造成全才的优秀女人，为她们挑选最好的夫婿，也表达了一种无厘头的创作快感。

手机文学是一屏一屏往下阅读的，一屏能容纳的字数就是手机文学的基本节奏，而要吸引读者，手机文学就得和好莱坞大片每隔十几分钟就要有一个兴奋点一样，每一段零碎时间里就要有一个兴奋点，现在的手机文学之所以能拉长到几万甚至几十万字，让读者一两年时间里都沉浸在手机文学的连载中不能自拔，就是追求一种阅读快感。手机屏幕小，翻页字数少，这就要求手机文学的节奏要快，文字要简化，这种碎片化的创作风格就是现代技术与消费时代契合的产物，以一种后现代的“文学零食”形态出现的手机文学，正在手机这个小小屏幕上体现着特有的价值，预示着一个新的叙事方式的到来。

泛意识形态的混搭性

阿尔都塞说：“人本质上是一个意识形态的动物。”[1] 每个人都在

---

① 季广茂：《意识形态视域中的现代话语转型与文学观念嬗变》，北京大学出版社 2005 年版，第 177 页。

自觉不自觉地受意识形态的影响和制约，文学包括手机文学，一开始就被意识形态化了，无可避免地发挥着意识形态的功用。

可以说，手机文学本身的形式选择，就具有意识形态性，诚如伊格尔顿所说："在选取一种形式时，作家发现他的选择已经在意识形态上受到限制。"[①] 意识形态贯穿在作家选取形式的整个过程中。而哈贝马斯认为，"技术和科学成了第一位的生产力"，科学技术已渗透到社会生活的方方面面，"技术与科学也具有意识形态的作用"。[②] 手机文学的载体和书写方式发生了巨大变革，是科学技术导致了文学样式的改变，而这种改变本身蕴含着意识形态性质。就如"我读过你的邮件"手机文学活动所体现的那样，活动创意人员围绕诺基亚 E63 手机的黑、红、蓝三款颜色展开文学想象，将黑色定义为"为达目的不择手段的现实主义"，将红色定义为"梦想高于一切的激情主义"，将蓝色定义为"选择最优的智慧主义"，手机文学的创作者就围绕这三种主义，来表达都市白领的现代女性价值观。在这里，代表科学技术的手机成为文学内涵的重要组成部分，手机这个载体和手机文学这一形式都被意识形态化了。

而在手机文学的意识形态中，泛政治文化的拼贴是其典型的范式之一。手机文学以民间狂欢话语的方式，来挑战、颠覆、解构主流文化话语权力。体现了巴赫金所说的"狂欢化"就是通过对特权阶级的戏闹，进而批评、颠覆主流文化机制，制造一个混乱、颠倒、错位的世界。手机文学以自己快捷、诙谐、巧妙的言说方式对当前热点政治文化事件进行回应、批评、戏谑，在这过程中，有配合、补充、延伸，也有相当的反抗和挣扎。手机文学几乎对所有大的政治文化事件都会在第一时间内进行回应与参与，在很大程度上相当于短小精悍的杂文，

---

① ［英］特里·伊格尔顿：《马克思主义与文学批评》，文宝译，人民文学出版社 1986 年版，第 30 页。

② ［德］哈贝马斯：《作为"意识形态"的技术与科学》，李黎、郭官义译，学林出版社 2002 年版，第 61 页。

如果说，杂文是“投枪”和“匕首”，那么手机文学就是午后零食，它舍弃了横眉冷对，而奉持一种后现代精神的娱乐性。正是这种戏仿的娱乐性，手机文学能给人们带来快乐，大众乐于接受并传播这种文学形式。

当前，除了手机短信外，最受读者欢迎的手机文学基本上集中在言情、都市、武侠等题材上，真正的政治题材极少，但手机文学中涉及的现实生活，总能引起人们的思考。如云天空的《混也是一种生活》，表面上讲述了张少宇和杨婷瑶、张莉、赵静三位女生的情感纠葛，而背后却蕴含了人与人之间微妙的关系，投射出中国当前各社会阶层之间的对立情形。手机文学通过大众文化方式，用一种带有玩世不恭的态度来观照社会，手机文学就是让人们用笑声代替严肃的思考，起着一种文化麻醉剂的作用。

这就造成手机文学泛意识形态“混搭”的效果，在手机文学中，泾渭分明的好坏、正反、善恶等的二元对立消失了，呈现出意识形态的多元化、异质性特征。甚至为了迎合商业策略，手机文学有意降低品味，以达到吸引眼球的目的。这在描述两性关系时，表现得更为明显。在大量的手机文学中，女性被符号化、定型化了，手机文学往往以一种男性视角，通过“变形”“媚态”“定格”等手段，将女性形象变成了一种物化的形象。如《女性称呼大全》的描述：

> 妖的叫美女，刁的叫才女，木的叫淑女，蔫的叫温柔，凶的叫泼辣，傻的叫阳光，狠的叫冷艳，土的叫传统，洋的叫潇洒，匪的叫另类，骚的叫风流，嫩的叫青春靓丽，老的叫风韵犹存，浪的叫众星捧月，牛的叫傲雪凌风，闲的叫感情专一，忙的叫追求自我，弱不禁风的叫有女人味，长得不像女人的那叫超女！

这显然是按照男性经验来规范和阐释女性的，这体现了男性在处理两性关系时的傲慢与偏见，这种手机文学以男性为中心，用陈旧的观念来表达现代女性。在诸多的手机小说中，女性形象是一种物化的客体，成为男性欣赏的“被看”对象。如《混也是一种生活》中的杨婷瑶，温文尔雅，善解人意，张莉则是纯情少女，青春阳光，而赵静可爱大方，人见人爱。最重要的是，这三个女人都深爱着男主人公张少宇。这根本上是男性中心主义的一种投射，把贬损的女性形象通过手机植入到年轻的读者中去，放缓了中国女性解放的步伐，使中国女性在社会转型过程中更快地滑向边缘。

手机文学的泛意识形态性，一方面张扬了草根平民的话语权力，另一方面，在商业利益和下载率的追求下，一部分手机文学丧失了艺术和精神的担当，滑落到精神的荒原，甚至堕入到色情与暴力的深潭中。科学技术带来了文学艺术的革新，但负面的东西也以更快的速度在传播，手机文学对文化政治的影响，正在不经意间传播蔓延，从这个意义上来说，关注手机文学的政治文化的正面建构显得极为迫切。

强修辞的症候阅读性

在后现代哲学思想中，语言不再是一种思想的工具，语言本身就是一个本体，语言不是事物的外在器官，语言就是物，语言本身也构成一种知识对象，它构成一种客体。手机文学把语言本体性发挥到了极致，手机区别于传统文学与网络文学最大的特点是，必须在一个屏幕内有足够吸引人的语言力量才能诱使读者继续往下翻屏阅读，那些静态性、烦琐性的描写对手机文学来说是致命的伤害。手机文学必须有独特的语言范式，用强修辞在小小的屏幕上清晰地凸显出与众不同的内容，就是手机文学的语言范式。手机文学的“内容为王”，其实质就是“语言为王”“修辞为王”。

手机文学要在一个屏幕上迅速吸引读者，就必须用最密集的节奏、最简短的语句进行叙事，在舍弃传统的情境描写、心理刻画、缓慢叙事的情形下，还要彰显出自己的独特与精彩，手机文学必然要借助于语言特有的修辞技巧，让修辞成为书写的主体。这些修辞既包括比喻、拟人、排比、夸张、对比、衬托、复沓、顶针、叠字、双关、蒙太奇、意识流、巧嵌等常见的文学修辞类型，还包括歪批、拼贴、戏仿、反串、恶搞等具有后现代精神的修辞方法。在手机文学中，我们常常会看到一些模仿之作，但这不是简单的抄袭，而是在模仿的同时，加上一些反常规的构思，达到“拇指狂欢”的效果，如下面这首模仿苏轼《水调歌头》的一首词：

百万几时有，伸手问青天。不知薪水可加否，梦是否遥远。我欲炒股暴富，又恐倾家荡产，世事好为难，工作天天去，何异在狱间。

上面这首词把古典意境完全解构了，用了反讽的修辞，来表达对自己境遇的无奈与酸楚。手机文学正是因为篇幅不长，所以必须有强修辞性来充实文学意境。而以忙中偷闲的现代都市人作为首要阅读对象，手机文学的修辞又得添加戏谑成分，于是，手机文学通常将类似或相关的事件串联在一起，进行集结式表达，这一方面增强了可读性，另一方面使其主旨更加复杂，从而弥补了文学性的缺失。

当一些手机文学采取高强度的修辞进行压缩性叙事时，传统的阅读惯性就会发生障碍，而必须采用一种“症候阅读法”，用阿尔都塞的话来说，就是“要看见那些看不见的东西，要看见那些缺乏的东西，在充满文字的文本中发现空白的地方”①。这就是要读出手机文学中的沉默，读出空白，甚至要“看”到作者没有“看”到的东西。如英国流行用手机传播经典文学巨著，因为受制于手机流量和屏幕而采用高强度压缩和变形的方式来重新诠释，下面是几条广为传流的精彩范例：

① 孟登迎：《意识形态与主体建构：阿尔都塞意识形态理论》，中国社会科学出版社 2002 年版，第 68 页。

2b？ Ntb？ =？

MadwyfSetsFyr2Haus

Evry1GtsMaryd

第一条是莎士比亚《哈姆雷特》中的经典独白“To be or not to be, that is a question”（生存还是毁灭，这是个问题）的高度浓缩。第二条是夏洛蒂·勃朗特《简爱》的故事高潮部分，意为“Mad wife sets fire to house”（疯狂的妻子放火烧了房子）。第三条是奥斯丁《傲慢与偏见》的结尾，意为“Every one gets to be married”（每个人都步入婚姻的殿堂）。这些通过改编的文学巨著的经典段落，读者不但要对变形的语言进行逻辑理顺，而且，要通过这浓缩的语句找出隐含的意义。在这些手机文学中，存在大量的“空白”、“沉默”和“不在场”，文本意义在创造过程中，被解构或重组，有的被罅漏了，有的变异了，有的未被明确表达，从而形成了零散化的思想主旨，这些因强修辞而形成的非透明性和可疑性，为阅读增加了复杂性和多义性。而手机文学阅读的乐趣，有时很大程度上就是解码这些背离常规的凌乱、矛盾、含混的语言表述，这些语言症候深刻地表征了手机文学深层的内在意蕴，在阐发这些内在意蕴时，手机文学阅读的乐趣就萌发出来了。

约翰·多克曾经认为分期连载小说的形式，促成了西方大众文化的兴起，分期连载形式使得大众的通俗情趣与有教养的高雅情趣开始分离，而分期连载小说的报刊，运用应用心理学来获得读者，为大众提供了廉价而容易得到的娱乐。随着科学技术的进一步发展，手机以更小的单位分期连载文学作品，当手机文学由最初的精短美文和诗歌向小说、散文蔓延时，文学的大众化倾向会进一步加剧，现代技术与文学表意的合谋，完成了文学走向大众的狂欢途径，为文学的进一步大众化提供了可能性。

（原载《江海学刊》2011 年第 4 期）

微信：文艺和舆情研究新领域

党圣元[*]

内容提要：习近平关于文艺、网信、新闻舆论等方面系列重要讲话，从战略高度揭示了互联网技术文化的基本特点及其产生的正反两方面的巨大社会影响，对建立在互联网技术基础上的微信文艺、舆情研究有重要指导作用。作为大众产消者全程参与共建的平台，微信与文艺、舆论资讯生产、传播、消费的传统方式非常不同，重视对微信运转基本特点及其推动力量资本、政治、技术等的研究，探索因势利导、趋利避害的有效方式，已成为文艺、舆情及技术研究界新的时代课题。

关键词：文艺；舆情；平台；大众产消者

从战略高度认识微信等对文艺、舆情的影响

习近平多次强调：过不了互联网这一关，就过不了长期执政这一关——这可以说从治国理政的高度为互联网的社会影响做了战略定位。作为当今高新科技及各种社会力量不断汇聚的平台，互联网已成为推

---

* 作者简介：党圣元，1955 年生，中国社会科学院外国文学研究所研究员。

动全球社会政治、经济、文化等发展的重要平台，同时也成为威胁各国政治安全、经济安全、文化安全、意识形态安全等的重要渠道。我们也应从这一战略高度来认识包括微信在内的互联网技术等对文艺、舆情的影响。

刘勰《文心雕龙·时序》有云："时运交移，质文代变""文变染乎世情，兴废系乎时序"，对于当代之"文"来说，还变染乎"技术"，尤其是传媒技术。建立在智能手机、移动互联网技术基础上的"微信"，就对当代之"文"形成了巨大影响，值得文艺研究高度重视。习近平在《在文艺工作座谈会上的讲话》[①] 中指出：

> 现在，文艺工作的对象、方式、手段、机制出现了许多新情况、新特点，文艺创作生产的格局、人民群众的审美要求发生了很大变化，文艺产品传播方式和群众接受欣赏习惯发生了很大变化。对传统文艺创作生产和传播，我们有一套相对成熟的体制机制和管理措施，而对新的文艺形态，我们还缺乏有效的管理方式方法。这方面，我们必须跟上节拍，下功夫研究解决。

而造就"新的文艺形态"或新的文艺生态的重要力量之一，就是当代互联网技术——对此，《讲话》在论述"创作无愧于时代的优秀作品"问题时指出：

> 互联网技术和新媒体改变了文艺形态，催生了一大批新的文艺类型，也带来文艺观念和文艺实践的深刻变化。由于文字数码化、书籍图像化、阅读网络化等发展，文艺乃至社会文化面临着重大变革。要适应形势发展，抓好网络文艺创作生产，加强正面引导力度。近些年来，民营文化工作室、民营文化经纪机构、网

① 习近平：《在文艺工作座谈会上的讲话》，《人民日报》2015 年 10 月 15 日。

> 络文艺社群等新的文艺组织大量涌现，网络作家、签约作家、自由撰稿人、独立制片人、独立演员歌手、自由美术工作者等新的文艺群体十分活跃。这些人中很有可能产生文艺名家，古今中外很多文艺名家都是从社会和人民中产生的。我们要扩大工作覆盖面，延伸联系手臂，用全新的眼光看待他们，用全新的政策和方法团结、吸引他们，引导他们成为繁荣社会主义文艺的有生力量。

数码化、图像化、网络化、多媒体化等，对文艺的生产、流通、传播、消费等诸多环节都产生巨大影响，其突出影响又表现为体制外、非专业人士和群体加入文艺活动的全过程，或者说参与全程共建，这已经并将继续对文艺发展态势和整体生态产生越来越大影响。《中共中央关于繁荣发展社会主义文艺的意见》[1] 把“大力发展网络文艺”作为繁荣发展社会主义文艺的重要战略：

> 网络文艺充满活力，发展潜力巨大。坚持“重在建设和发展、管理、引导并重”的方针，实施网络文艺精品创作和传播计划，鼓励推出优秀网络原创作品，推动网络文学、网络音乐、网络剧、微电影、网络演出、网络动漫等新兴文艺类型繁荣有序发展，促进传统文艺与网络文艺创新性融合，鼓励作家艺术家积极运用网络创作传播优秀作品。充分发挥新媒体的独特优势，把握传播规律，加强重点文艺网站建设，善于运用微博、微信、移动客户端等载体，促进优秀作品多渠道传输、多平台展示、多终端推送。加强内容管理，创新管理方式，规范传播秩序，让正能量引领网络文艺发展。

《意见》还强调要“激发人民创造活力、繁荣群众文艺。充分尊

① 《中共中央关于繁荣发展社会主义文艺的意见》，《人民日报》2015 年 10 月 20 日。

重人民群众的主体地位和首创精神，使蕴藏于群众中的创造活力充分迸发”，而“完善群众文艺扶持机制”的重要举措之一，是扶持引导“网络文艺社群”，“创新载体形式，展示群众文艺创作优秀成果”，同时要提高网络文化等建设水平，“培育积极健康、多姿多彩的文化形态，引导群众在参与中自我表现、自我教育、自我服务。普及文艺知识，培养文艺爱好，提高全民文化素养”。在“加强文艺阵地建设”方面，《意见》还强调要充分发挥“网络媒体”等积极作用，加大对“重点网络文学网站的扶持”等。

重视群众文艺，是中国共产党重要的优良传统之一，而当今包括微信在内的互联网为继承和弘扬这一优良传统提供了重要平台。广大群众直接参与的文艺活动，最能体现“以人民为中心”的文艺发展理念。自毛泽东在延安文艺座谈会上的讲话发表以来，发展群众文艺就成为中共重要文化战略，诸如秧歌舞、赛诗会、赛歌会、群众文艺汇演等，曾是中国现代文艺发展史上亮丽的风景线。用现在的理论语言来表述，这些轰轰烈烈的群众文艺的最大特点是：群众不是文艺单纯的“消费者”，同时也是“生产者”，是文艺全过程的参与者、精神家园的共建者。后来，随着文艺专业化、产业化的发展，尤其是电视的普及，群众作为文艺“生产者”的角色越来越被淡化、边缘化了：群众作为“消费者”的文化需求得到越来越充分的满足，但作为“生产者”的自我表现、自我创造的需求未能得到充分满足。而从当今微信平台的发展现状来看，流转其中的大量文艺信息，许多都是由普通群众或所谓“草根”“微民”自我表现、自我创造的产物，人民群众的文艺创造活力重新得到焕发。以习近平同志为核心的中共领导集体已充分认识到微信、移动客户端等对于文艺发展的重大战略意义，学术界也应从战略的高度认识和把握这些新媒体对文艺的影响，并加以深入、系统研究。

包括微信在内的互联网技术对舆情生态也产生了重大影响。《礼记·乐记》有云：“治世之音安以乐，其政和；乱世之音怨以怒，其政乖；亡国之音哀以思，其民困。声音之道与政通矣。”文艺之道与

“政”相通，孔子兴观群怨说强调文艺的重要功能之一是可以“观”政，文艺从来就是研究舆情的重要领域，而以当今互联网为载体的文艺尤其如此。习近平《在党的新闻舆论工作座谈会上的讲话》[1] 指出：好的舆论是民意的“晴雨表”、道德的“风向标”；而“管好用好互联网，是新形势下掌控新闻舆论阵地的关键，重点要解决好谁来管、怎么管的问题”；从正面来说，要“主动借助新媒体传播优势”——对此，习近平《在网络安全和信息化工作座谈会上的讲话》[2] 有集中论述，强调要发挥互联网优势，实施“互联网＋教育”“互联网＋医疗”“互联网＋文化”等，而“互联网＋文化”关乎文艺与舆情。网信讲话论述的第二个问题是“建设网络良好生态，发挥网络引导舆论、反映民意的作用”，“互联网是一个社会信息大平台，亿万网民在上面获得信息、交流信息，这会对他们的求知途径、思维方式、价值观念产生重要影响，特别是会对他们对国家、对社会、对工作、对人生的看法产生重要影响”。习近平引用王充《论衡·书解》：“知屋漏者在宇下，知政失者在草野”，然后分析指出：“很多网民称自己为‘草根’，那网络就是现在的一个‘草野’。”重视舆情的古人有从草野“采诗”“采风”传统，而当今互联网无疑已成为“采风”的重要领域。习近平强调，“网络空间是亿万民众共同的精神家园”，而由微信构建起的移动互联网空间，尤其是“草根”或“微民”们活跃的平台和空间，这种平台和空间可以说鱼龙混杂，如何激浊扬清，就成为各界人士尤其文艺工作者、舆情研究者等重要的时代使命。

微信：“大众产消者”全程共建的信息平台

如何从理论上深入分析、阐释微信的运作机理及其影响，至关重

① 习近平：《在党的新闻舆论工作座谈会上的讲话》，参见《习近平总书记重要讲话文章选编》，中央文献出版社、党建读物出版社2016年版，第416—440页。

② 习近平：《在网络安全和信息化工作座谈会上的讲话》，《人民日报》2016年4月26日。

要。以上初步分析表明，习近平相关系列重要讲话，对包括微信在内的互联网信息生成、流转中“草根”全程参与、全程共建等特点已有充分洞察，对相关研究有重要指导意义。为体现微信的直观性、时效性等特点，先举笔者新近在某微信群里看到的一个有趣案例。某甲在该微信上发一段子：“今年是高考作弊入刑第一年，某考生因高考作弊被抓，进了监狱。狱友问他是怎么进来的，他回答：说出来你们可能不信，是通过考试进来的！”某乙随即回应一段话：“旁边行贿的官员说：这有什么了不起，我还送礼进来的呢！”某甲的段子是自创还是来自网络不得而知（这也是网络信息的一般特点，即“匿名性”等），某乙显然是“即兴创作”，两人的话合在一起，其机智、幽默性使其堪称一篇超短文学作品，而其运作方式是早在网络文学中就已存在的“接龙”方式，如有更多“好事者”的话，“接龙”还会继续下去，有可能会出现更多充满机趣的“创作”……而从舆情角度来看，该“作品”包含了“高考”“反腐”等公众时下关注的热点问题，并且是以颇富文学性的方式表达出来的，该“作品”似有理由和资格进入“文学批评”和“舆情研究”的视域，而其超强的扩散性和影响力，也使文学批评和舆情研究不能也不应忽视这一新生事物。下面我们用“平台”与“大众产消者”这两个关键词，对微信运转的基本特点略作分析。

首先，从其存在方式的基本特性来看，微信是一种“平台”（platform）。最直观地看，“微信”首先是一种大众信息传播方式或手段，与其他传播方式比较，就可以看出其特点。除了当面以口语交流信息外，很久以来，大众远程交流信息的方式主要是书信，后来出现了电话（包括非智能手机）。在信息交流的即时性上，微信与电话是相同的，但是，除了特殊情况下录音，电话信息交流通常是不会留下“文本”的，因而影响范围也往往局限在两个人之间；而微信的文字文本、语音文本、声音文本、图像文本等则是可以留存下来的，因而其影响可以不局限在两个人之间：比如某甲可以像用传统的电话一样在微信群通知某乙做某事，而某甲的微信语言如果具有一定文学性和趣味性的话，群友们会“接龙”“拼贴”或“再创作”等，并转发到自己微信朋友圈或其他微信群，其影响范围可能会极速扩展。在信息文本的可留存性上，微信与传统书信是相同的，而书信不具有信息交流的即时性，当然其影响范围（也主要局限在两个人之间）更无法与微信相比——合而论之，微信作为大众信息传播方式的特性之一，就是交流的即时性与文本的可留存性的统一，这一特性使微信群、朋友圈、公众号等成为信息文本生产、汇聚、传播、消费的“平台”，因而可以成为文艺和舆情研究相对稳定的研究对象和材料。从舆情研究的角度来看，一种传统的舆情获得方式是“采访”或与文学有些关联的所谓“采风”：采访者用文字记录下访谈的话或对其进行录音——微信平台对这种舆情获得方式，显然具有部分的替代作用，可以成为舆情收集、分析、研究的重要新平台。

其次，从其使用主体的基本特性来看，微信的使用主体是“大众产消者”（mass prosumer）。在书信、电话信息交流、传播中，大众是信息的“生产者”“传播者”，而在现代所谓“大众传媒”如报刊、广播、电视中，“大众”则主要是信息的“接受者”或“消费者（consumer）”（传播学所谓的“受众”），而信息的生产者、传播者则不是所谓“大众”。从通讯、传播技术发展的角度来看，微信的技术基础是智能手机、移动互联网，互联网是继电视以后又一影响巨大的大众传媒，而互联网本身迄今也经历了两大发展阶段：其 Web1.0 的运作方式，与广播、电视基本相同，大众通过所谓“信息冲浪”获得信息，获得信息的自由度和数量大大提高了，但大众于其中主要还依然是信息单纯的接受者、消费者；以社交网络为代表的 Web2.0 升级版，则使大众也成为信息直接的“生产者”（producer）和“传播者”，于是总体上大众也就成为信息的“产消者”（prosumer），智能手机、移动互联网技术则使大众成为更强大、更直接的“产消者”——作为“产消者”的大众参与了信息生成、流转的全过程，这对人类信息活动或信息流转生态的影响是革命性的，对人类其他社会活动或社会生态形成越来越大的影响。在微信平台上，大众既可以转发包括文艺在内的某种既存信息，也可以发布自创的文艺作品（如很多有趣的“段子”、随手拍的照片、随手录的视频等），当然也可以“改编”文艺信息等，其文艺创造活力得到一定程度的释放。

合而论之，可以说微信是由大众产消者全程参与、全程共建的信息平台，与传统的信息传播生态非常不同。当然，微信平台上也有不少诸如养生、科普等类信息，与文学、舆情没有直接关联，而大量信息则确实与文学、舆情密切相关，理应成为文艺和舆情研究的新领域。

重视对微信运转特点及其推动力量的研究和引导

微信首先关乎传播，但传播又绝非简单的信息传递，诚如美国传播学者詹姆斯·凯瑞所说：“传播的起源及最高境界，并不是指智力信息的传递，而是建构并维系一个有秩序、有意义、能够用来支配和容纳人类行为的文化世界。”[①] 也就是说，传播尤其是大众全程参与的互联网传播，关乎文化世界、精神家园的构建，从而对人类社会文明产生重要影响。因此，充分认识和把握包括微信在内的互联网传播的基本特点，剖析和认清推动这种传播的基本力量并加以引导，因势利导，趋利避害，非常必要。

首先，在市场框架下，推动包括微信在内的互联网运转的重要力量之一是资本，或者说，资本是形塑包括微信在内的互联网传播的重要力量之一。习近平《在党的新闻舆论工作座谈会上的讲话》辨析指出：“有人说，现在是‘资本为王’的‘资本媒体’‘商业媒体’时代，是‘人人都有麦克风’的自媒体时代，再提坚持党管媒体没有意义。”这种论调打着市场自由化的旗号，反对任何意义上的管理。在

① ［美］詹姆斯·凯瑞：《作为文化的传播》，丁未译，华夏出版社2005年版，第7页。

社会主义市场经济条件下，当然不能排斥商业力量对传播发展的推动作用，但这绝不意味着就完全遵从资本的逻辑，“当市场的奴隶”而“沾满了铜臭气”。对于资本推动下的媒体对包括文艺在内的文化的负面影响，中外有识之士均有充分认识，比如德国学者雷诺德·维霍夫就分析指出：“今天的文学，就其与一种启蒙功能相关的特定文学而言，在某些方面已受到了社会的边缘化”，“新兴的电子传媒系统拥有推广文学文本并使之经典化的重要作用”，“用新的传媒手段来推广传统的文学实际上意味着限制它的表现功能，更重要的是，使它适应传媒的游戏规则”，“隐于这一规则之动力背后的是，传媒只是为了尽可能多地挣钱。畅销书制度以及演艺界的明星制最适合传媒系统的主导目标”。[①] 这些正反两方面的现象，在微信平台上皆有更突出的体现：比如，批评家（包括传统的文学作品出版单位）也开始开设自己的微信公众号，推介当代作家作品，或即时批评某种文学乱象；古典文学研究专家也可以通过微信平台推介、赏析古典诗词；当然，“草根”微民们也可以自建微信平台，创设“自媒体”，或传播别人的作品，或发布自创的作品，等等。但是，另一方面，为吸引眼球以营利，资本也会恶意利用大众某些心理弱点（如窥探隐私尤其名人隐私等心理），发布、传播趣味低俗的包括文艺在内的信息——这方面恶劣的例子可以说不胜枚举。

在这方面，我们要坚定实施包括文艺在内的“文化产业”与“文化事业”双轮驱动的发展战略。一方面，要引导包括文艺在内的文化产业的发展方向；另一方面，要大力扶持和发展公益性的文艺事业，通过资金投入、政策扶持等方式，引导生产出更多传播当代中国价值观念、体现中华文化精神、反映中国人审美追求，思想性、艺术性、观赏性有机统一的优秀作品，在这方面尤其要重视对微信平台的建设。

---

① ［德］雷诺德·维霍夫：《传媒时代的文化身份和文学功能》，徐燕红译，《外国文学》1999 年第 4 期。

一方面，要重视专家学者在建设传播优秀文艺信息方面的作用，比如鼓励他们开设传播中华古典诗词等在内的中华优秀传统文化的微信公众号等，并充分利用互联网互联互通的特性，将优秀的微信平台连成片。另一方面，也要重视草根微民的作用，鼓励和扶持他们创设微信平台，激发他们的文艺创造活力，引导他们传播文艺方面的正能量。从国家层面来说，只有实现文化产业与文化事业的协调发展、“双轮驱动”，才能不仅有助于推动文艺的多样化发展，而且能够最大程度地满足人民群众多样性、多层次的文化、审美需求。对于作家、学者而言，微信平台无疑也是他们联系普通大众、扩大自身社会文化影响的重要平台。总之，政府、创作界、学术界、文化企业、草根微民等通力协作、全程参与、全程共建，才能使微信平台真正成为促进社会主义文艺繁荣发展的重要平台。

其次，在全球互联互通的状况下，各种政治力量也是形塑互联网传播的重要因素，国家政治安全、文化安全、意识形态安全等面临诸多挑战。习近平在《在党的新闻舆论工作座谈会上的讲话》中指出：“有些人企图让互联网成为当代中国最大的变量”，包括微信在内的互联网已经发生的诸多案例表明：这句警语具有极强的现实针对性。习近平强调指出：要“引导社会舆论走向，要善于设置议题”，种种已有事实并且往往是负面的事实表明，充分利用包括微信在内的互联网技术，主动设置议题至关重要：比如，一段时间以来，往往主要是在微信、微博等互联网平台上传播的诸如“普世价值”等言论，其实主要就是由西方设置的议题，正面舆论极力辩驳，也往往处于被动状态。相关调查研究发现：这些议题的设置、传播的背后，外部政治势力往往是重要推手。如何充分利用微信等互联网平台，主动设置议题，先发制人，以引导传播方向，塑造舆情生态，已成为新闻工作重大时代课题。习近平还强调，要“增强国际话语权”，而“传播力决定影响力，话语权决定主动权”，截至目前，许多影响很大的议题不是中国“自设”而是“他设”的，中国的国际形象很大程度上也是“他塑”

而非“自塑”的，有时还处于“有理说不出、说了传不开”的境地。习近平强调，“讲故事，是国际传播的最佳方式”，“讲故事就是讲事实、讲形象、讲情感、讲道理”，注意“陈情”和“说理”的结合——形象、情感、道理高度融合的文艺在这方面无疑可以发挥重要作用，如何充分利用包括微信在内的互联网技术手段，把能体现中国理念的优秀文艺作品传播开来，当是我们重要的时代使命。

最后，技术乃是影响包括微信在内的互联网传播的基本力量，在这方面，我们不仅要重视对传播内容的引导，而且要在充分认识已有技术特点的基础上，高度重视对传播技术发展方向的引导。从研究的角度来看，笔者认为，习近平在《在党的新闻舆论工作座谈会上的讲话》中对于当代传播技术特点的分析，具有极高的学术含量。习近平强调指出：“要适应分众化、差异化传播趋势，加快构建舆论引导新格局”，“随着新媒体快速发展，国际国内、线上线下、虚拟现实、体制外体制内等界限愈益模糊，构成了越来越复杂的大舆论场，更具自发性、突发性、公开性、多元性、冲突性、匿名性、无界性、难控性等特点”，这些特点在微信平台上有突出体现。“物以类聚，人以群分”，微信群、朋友圈等就体现了极强的“分众化”的特点，而移动互联网互联互通的特性，又把不同的微信群、朋友圈等联通在一起，从而构成极其复杂的“大舆论场”。“任何事物都有两面性”，而从目前来看，包括微信在内的新兴“自媒体”的负面性、消极性的一面似乎表现得更为突出。“人人都有麦克风”的自媒体时代，同时也是“人人都是新闻记者”的时代。智能手机可以使人人皆能随手拍、随手录，而WiFi、微信又使人人皆可随时发布、随时传播所录到的音频，所拍到的图片、视频等，这种作用在一些突发性事件的报道、传播中已有非常突出的体现，而相关管理部门在这方面的应对往往是被动的。习近平强调，当代新闻传播要高度重视“时度效”，“时，就是时机、节奏”，要重视传播学上所说的“首发效应”。我们各级各类管理部门大都开设了微信公众号，但由于观念、态度等方面的原因，还不够重视“首发效应”，对于首发的诸多公共事件报道的应对，又往往行动迟缓、应对失策，改进的余地非常大。

在当代传播未来发展方向上，习近平强调，推动传统媒体与新媒体的融合非常重要，而我们面对的现状是：“有的是‘+互联网’，而不是‘互联网+’，只是将传统媒体和新媒体作简单嫁接”，而只有充分认识并充分利用互联网的特点、一定程度上不断培养“互联网思维”，才能促成真正的融合。从技术上来看，包括微信在内的互联网平台，不是简单的通信工具，而是包括文艺、新闻资讯等生产、集聚、传播、消费全过程的平台，未来技术的发展，不能局限于重视其中的一个环节，而要充分重视全过程中的各环节。从理论上来看，人与平台技术或技术平台之间的互动关系，也值得高度重视：一方面，人适应平台技术（互联网+）有助于有效传播想传达的信息并扩大影响面；另一方面，平台技术也应顺着人更便捷生产、集聚、搜索、整合、传播、消费各类信息的方向发展，在这方面，文艺、文化界和技术界的通力协作大有可为。

（原载《江海学刊》2016年第5期）

微信分享的美学意味

李昕揆*

内容提要：微信以其跨网络、跨终端特性，实现了跨平台之间信息的互通共享；微信用户通过各种“晒”“秀”“转”“评”“赞”，实现了对各类符号和影像的迅捷分享。分享已成为微信朋友圈中的普遍现象。微信分享是一种具有交互特征的“自我表露”行为，它能够激起一种冰激凌式的“快适”体验；它从“生活艺术化”和“拟像化生产”两个层面，构成投影于虚拟空间的日常生活的另类审美呈现。

关键词：微信分享；自我表露；快适体验；审美呈现

在移动互联网技术持续发展、智能移动终端日趋普及、碎片化时代到来等诸多因素的共同催生作用下，腾讯公司于2011年推出一款全新的社交媒体——微信。作为一款主要基于熟人社交的即时互动工具，微信不仅以其跨网络、跨终端的特性，实现了跨平台之间信息的互通共享，微信用户更以“晒幸福”“秀恩爱”、转发转载、评论回复、点赞等方式，实现了对包括影音娱乐、时事新闻、文字艺术等在内的各类文字、表情、图片、语音、视频等的迅捷分享。将个人所见所感以

* 作者简介：李昕揆，1982年生，文学博士，中国人民大学文学院讲师。

符号和影像的方式分享到朋友圈中，已成为微信的一种普遍现象。微信分享“不仅实实在在地改变了包括人的日常生活活动在内的各种信息、加工、存储与传播方式，提供了文字、图片、声音、动态影像等新的整合形态”①，实现了人际交往非面对面的互动，而且它作为一种体现交互性特征的“自我表露”，能够激起一种“快适”的审美体验，并以费瑟斯通意义上的“生活艺术化”和“拟像化生产”，构成投影于虚拟空间的日常生活的另类审美呈现。

作为“自我表露”的微信分享

在微信朋友圈中，用户是所分享内容的生产者或发布者，其将所见所想所感以文字、图片、表情符号、视频、链接的方式传递给他人，在此意义上，“微信分享即表达”。可以说，微信中的各种分享行为，无论是晒幸福、秀恩爱，还是转发、评论、点赞，说到底都是用户的“自我表达”。无论这些分享是出于获取人际交往、名誉声望、社会认同、经济利益之需要，还是出自情绪发泄、消遣娱乐之动机，说到底都是个体自愿地在朋友圈中展示自己的行为、倾诉自己的想法、分享自己的感觉。借用美国人本主义心理学家西尼·朱拉德（Sidney Jourard）的术语，微信分享实质上是一种“自我表露”行为。在《透明的自我》（*The Transparent Self*）一书中，朱拉德将“自我表露”界定为“告诉他人关于自己的信息，真诚地与他人分享自己个人的、秘密的想法和感受的过程”。在社会心理学领域，自我表露一般分为描述性（descriptive）和评价性（evaluative）两种：描述性表露主要指对事实性信息的自我表露，包括有关个人的思想、经历等；评价性表露主要指对自己感受、评价或判断的表露，包括自我评价、内心感受等。这囊括了微信分享内容的主要类型。就性质而言，自我表露既是一种

① 王德胜：《“微时代”的美学》，《社会科学辑刊》2014 年第 5 期。

信息传递行为，更是一种人际交互过程，在此交互过程中，重要的不是表露给对方什么，而是在某个特定关系情境下进行表露……更重要的是，表露会使与他人的关系变得更丰富、深入和复杂。[①] 微信用户将自己的情绪、幸福、恩爱等“晒”到微信朋友圈中的分享行为，属于个体在线上的“自我表露”。与现实生活中的“自我表露”相比，尽管基于微信朋友圈的自我表露手段较为单一，但在微信这一“拟现实”空间中的自我表露具有自主性：个体不仅可以自由选择自我表露的程度，而且可以通过微信的“设置朋友圈权限”自主选择自我表露的范围，决定信息分享的可见对象。此外，微信用户还能自主决定自我暴露的角度：微信朋友圈中身体的“不在场”，为用户提供了“角色扮演”舞台，增强了个体对所扮演角色的把控。尽管如此，微信自我表露与传统纸媒下的个人记录有着根本区别：线上“自我表露”具有交互性，也就是说，微信分享既有效地传递了信息，同时又潜在地“期待”圈中好友的“评论”和“点赞”，这符合朱拉德意义上“自我表露”的基本特征。

微信分享的这种“自我表露”行为，与“表现”这一美学原则存在相通和相契之处。“表现”一词在西方经历了漫长的演变过程，自19世纪在英国浪漫主义文学运动中获得“强烈情感的自然流露”[②] 的含义后，受到广泛关注并成为主流的美学范畴之一。最先明确而直接地揭示“表现”概念之美学含义的是法国美学家欧盖尼·弗尔龙（Eugene Veron，1825—1889）。他在《美学》一书中写道：“表现意味着使情感在外部事物中获得解释，有时通过具有表现力的线条、形式和色彩排列，有时通过具有特殊节拍或节奏和姿势、声音或语言文字。”[③] 托尔斯泰则指出，“表现”是指“一个人用某种外在的标志有

① 转引自蒋索、邹泓、胡茜《国外自我表露研究述评》，《心理科学进展》2008年第1期。

② 渥兹渥斯（华兹华斯）：《〈抒情歌谣集〉序言》，曹葆华译，载刘若端编《十九世纪英国诗人论诗》，人民文学出版社1984年版，第22页。

③ ［美］布洛克：《现代艺术哲学》，滕守尧译，四川人民出版社1998年版，第108页。

意识地把自己体验过的感情传达给别人，而别人也会为这些情感所感染，体验到这些情感”[①]。从弗尔龙和托尔斯泰的界定中，我们可以把美学意义上的“表现”理解为：个体通过某些外在的标志——线条、形式和色彩排列，特殊节拍或节奏，姿势、声音或语言文字——使自己的情感获得解释或传达，并在此解释和传达中，为接受者所感染和体验。在微信分享中，用户正是使用表情符号、图片、带语气的声音、视频甚至仅仅转发的链接等“外在的标志”，将自己的情绪、感受等在朋友圈分享出来，以引起圈中好友的围观、评论和点赞。在此意义上，我们可以把这种微信分享界定为一种具有个体“表现”意味的美学行为。更简单地说，微信分享即“表达”，即“自我表露”，即“表现”。

“快适”的审美体验

微信分享表达，或以只言片语，或发布几张美图，或使用几个表情符号，甚至是不配任何文字的一条链接，它们以短小精悍的形式，往往能瞬间在圈中好友中产生一种以回复、点赞为表达的反馈举动。但受限于“微信”之“微”，微信分享往往缺少必要的铺垫和详细的陈述，使得这种应激反应往往是短暂的、稍纵即逝的。有学者将这种短暂而应激的情感体验形象地称作“冰激凌式”的审美快感。[②] 美国学者汤姆·莱迪的“快适”概念对我们理解这种快感体验具有启发意义。在《日常美学的本质》一文中，莱迪指出，快适感属个体私人倾向性感觉；快适对象与感知个体间存在利害关系；快适感与想象力、理解力有关。[③] 下面，我们从莱迪对“快适”的诸规定性作简要分析：

---

① ［美］布洛克：《现代艺术哲学》，滕守尧译，四川人民出版社 1998 年版，第 108 页。

② 许盼：《当代审美文化中的“微现象”研究》，硕士学位论文，山东师范大学，2015 年。

③ Tom Leddy, “The Nature of Everyday Aesthetics”, in Andrew Light and Jonathan Smith (eds.), *The Aesthetics of Everyday Life*, New York: Columbia University Press, 2005, p. 7.

第一，正如上文所说，微信分享属个体在线上的“自我表露”，它自愿而真诚地将个体的私密想法和感觉与他人进行分享。这种从与他人分享个体私密想法和感觉行为中获得的体验，即莱迪所说的“快适感”。第二，微信分享满足了碎片化时代的精神需求，在朋友圈发布分享成为许多微信用户的情感依赖。微信分享以跳跃式、扫描式的“悦图”体验，取代了传统纸媒培养起的深度阅读习惯；它以分享内容的多变性和丰富性，极大地填充了人们的碎片化时间——人们可以“随心所欲”“随时随地”地从原先几乎无法媒介化的现实环境（比如课堂、宗教场合、会议现场等）中抽离出来，进入微信这一虚拟环境之中。微信分享带来的这种“随时随地”“随心所欲”的快适感，类似于让·鲍德里亚所谓的“酷”：“它并不苛求美学陶醉及情感或象征的参与（深层牵连），而要求某种‘抽象牵连’，某种有益的好奇心。”① 正是对现实与虚拟的任意切换，使得微信用户几乎难以抗拒与微信一次次重复接触的欲望，对微信分享的这种情感依赖，是“快适”体验的另一特征。第三，微信分享中的各种“晒”，表明朋友圈中的一切表达在某种程度上都带有“表演”性质，这与用户的想象力和理解力相关联。加拿大学者欧文·戈夫曼在《日常生活中的自我呈现》一书中指出，生活犹如剧场，我们必须在不同的设定下扮演不同的角色；在角色扮演中，人们通过言语、身姿等使他人产生自己所希望的印象，戈夫曼称之为“印象管理”。微信分享中的各种“晒”和“秀”，很大程度上就是一种“印象管理”和“角色扮演”行为：用户精心选择分享的内容，他通过“议题设置”使圈中好友看到他想让他们看到的内容。微信分享中的印象管理和角色扮演，具有与想象力、理解力相结合的特点：微信分享是在沟通双方身体缺席的情况下进行的，这使得微信用户“既是在按其所想象的美好‘形象’，将其希望

① ［法］鲍德里亚：《消费社会》，刘成富、全志钢译，南京大学出版社2000年版，第128页。

向圈内朋友展示的‘自我’进行各种技术性的美化装饰，又是在对圈内人群的整体想象中来选择要发布的个人动态”[①]。微信分享以“晒”实现了将个人感觉与个体想象力、理解力的关联，这种关联即莱迪所谓的“快适”：“快适主要事关感觉和想象力的结合游戏……包括部分的想象力与理解力的结合。”[②]

由“自我表露”、“‘酷’感”、“印象管理”和“角色扮演”所构成的“快适”体验的获得，源于电信技术所造就的“趋零距离”[③]。按照20世纪初英国美学家爱德华·布洛的说法，“距离”是审美知觉的主要特征，审美体验产生于主体对客体保持适度的“距离”，“通过把对象所产生的感受与一个人的自我分离而得到”[④]。如果说在传统纸媒时代，生产主体与接受主体是“不同时在场”的，作品获得的耽延使接受主体只能“远观”地品读作品，那么，基于移动互联网技术的微信分享，则通过接受者的即时评论、回复、点赞和转发，实现了其他用户与内容发布者的在线同步沟通。尽管他们在现实中同样是“不同时在场”的，但网络技术所支持的脱域机制却虚拟出了微信分享内容的生产者、发布者与接收主体完全的“同时在场感”。微信分享以其实时在线和互动，将传统审美“远观”式的审美距离大幅压缩，并以主体双方“虚拟在场”的“快适感”取代了远观式的“审美”体验。这种“快适”感也可用本雅明所说的“灵韵”（Aura）的消解来解释。本雅明指出：“把‘灵韵’定义为‘可以离得很近，却是一定距离之外的无与伦比的意境’，无非是用时空感知范畴来表述艺术作品的膜拜价值。‘远’是‘近’的对立面，本质上的‘远’是不可接近的。事实上，不可接近性是膜拜画的主要特性。……人们可以在物质层面

---

① 杨光：《微媒介与“微生活”中的审美》，《社会科学辑刊》2016年第2期。

② Tom Leddy, “The Nature of Everyday Aesthetics”, in Andrew Light and Jonathan Smith (eds.), *The Aesthetics of Everyday Life*, New York: Columbia University Press, 2005, p. 7.

③ 金惠敏：《趋零距离与文学的当前危机》，《文学评论》2004年第2期。

④ Edward Bullough, “Psychical Distance as a Factor in Art and as an Aesthetic Principle”, in *British Journal of Psychology*, 1912 (5), pp. 87 - 117.

上靠近它，但并不能消除距离。‘远’是它与生俱来的品质。”[①] 本雅明这里所谓的“远”，亦即其在《论波德莱尔的几个主题》一文中所说的“灵韵这种现象的膜拜特质”[②]。如果说“灵韵”“远”及与之相伴的“膜拜特质”属于传统艺术的话，那么，“技术复制”“近”及与之相伴的“展示价值”则属于当代艺术。在当代，传统中占主导地位的对艺术作品的“凝神专注式接受”，越来越被“消遣性接受”所取代：“艺术就是要提供消遣。”[③] 基于移动互联网技术的微信分享，通过“距离压缩”而消解了“灵韵”，它使对分享的接受由“凝神专注”转向了“消遣”，使注重作品的“膜拜特质”转向注重“展示价值”：个人通过微信分享将自己“展示”在圈中好友面前，他实际上成为被自己所精心包装的“文化产品”，圈中好友则通过欣赏地使用、回应其分享的内容而成为他的受众。

日常生活的审美呈现

借用英国当代文化理论家迈克·费瑟斯通（Mike Featherstone）的说法，微信分享同时还是当代“日常生活的审美呈现”。在《消费文化与后现代主义》一书中，费瑟斯通论述了“日常生活的审美呈现”的三种含义：第一，指“消解艺术与日常生活之间的界限，颠覆传统概念中艺术的高贵地位，力图证明艺术无处不在，它存在于粗俗的日常消费用品中，甚至存在于亚文化和传统美学定义中的非文化之列”，比如“一战”之后兴起的达达主义、历史先锋派和超现实主义运动；第二，指“将生活转化为艺术作品的谋划，追求生活方式的风格化、

① ［德］瓦尔特·本雅明：《技术复制时代的艺术作品》，载《经验与贫乏》，王炳钧、杨劲译，百花文艺出版社 2006 年版，第 265 页。

② ［德］瓦尔特·本雅明：《论波德莱尔的几个主题》，载《发达资本主义时代的抒情诗人》，张旭东、魏文生译，生活·读书·新知三联书店 1989 年版，第 161—162 页。

③ ［德］瓦尔特·本雅明：《技术复制时代的艺术作品》，载《经验与贫乏》，王炳钧、杨劲译，百花文艺出版社 2006 年版，第 289 页。

审美化”；第三，指“充斥于当代社会日常生活之经纬的迅捷的符号与影像之流”，在此，现实和影像之间的界限变得模糊，人们的生活环境越来越符号化、影像化。[①] 将微信分享视作“日常生活的审美呈现”，主要是在费瑟斯通的第二、第三两种含义上来理解的。

第一，微信分享与“生活的艺术化”。经由 21 世纪以来媒介化和全球化的共同作用，人们进入了“日常生活的审美时代”，这是费瑟斯通的第二种含义上所说的，即“将生活转化为艺术作品的谋划”，其实质是“生活的艺术化”或曰“诗意地栖居”。“生活的艺术化”的基本诉求是：审美走向“民主化”，人人都是“生活艺术家”。智能移动终端的普及以及微信的分享功能为审美民主化提供了可能，它让每一位微信用户都有了成为生活艺术家的权利。当然，这并不是说每个微信用户都要去创作艺术作品，而是说他们可以以艺术家的方式去生活，以“使自身向感性化的生活世界积极开放”。如果说以往的个人或家庭摄影、摄像更多是出于自娱自乐目的的话，如今的微信朋友圈却实现了与好友的信息“分享”。有学者认为，写微信、晒心情就像古代文学中的“春秋”笔法：或小聚离别，或乐山乐水，或悲秋叹春，或情感倾诉，它们实际上已接近于“古代文人撰写日常性的诗歌来抒怀”[②]。

第二，微信分享与“审美泛化”。微信分享是建立在内容发布者与信息接受者身体不在场的基础上的，它用文字、声音、图片、视频等弥补了身体缺席带来的不便，使大众以审美化的方式参与到迅捷的符号与影像流动之中，此即费瑟斯通所说的“日常生活的审美呈现”的第三种含义，或者说，通过微信分享，现实已被“审美泛化”：“‘审美泛化’常与‘拟像’相提并论，或者说，是‘拟像’的扩张

① ［英］迈克·费瑟斯通：《消费文化与后现代主义》，刘精明译，译林出版社 2000 年版，第 98 页。

② 刘悦笛：《既小、且快、又即时：“微时代”的美学症候》，《人民政协报》2015 年 12 月 11 日。

造成了‘审美泛化’现象。”[①] 借用让·鲍德里亚的术语，微信分享中的“晒”事实上就是一种“拟像化”生产：微信用户在“晒”出自拍照前，对照片的加工“要用到五个以上的 APP，磨皮瘦脸加滤镜”[②]，他/她通过对身材、面孔的“完美化”加工，把自己塑造成一个脱离了“本真”形象的“拟像”。它以“拟像”的替代性在场，掩饰了“本真”身体的缺席。在微信分享中，我们无法直接地去感知世界，而只能“通过词语和图像唤起在场之鲜活印象”[③]。由此，尽管微信分享是一种“自我表露”，是用户自愿将自己希望向他人“展示”的表象公布出来，但由于“拟像化”生产的特质，我们其实无法通过微信分享真正地了解他人。因为，当以微信为代表的电子媒介所形塑的“拟像”之“超真实”在宣称比真实还要真实时，它就走向了“非真实”，其进一步的后果是人的因素被剔除，世界的多元性、丰富性和差异性被抛弃。这是我们在享受微信分享给予我们互动便利和消遣娱乐的同时，需要我们特别予以正视、警惕和反思之处。

（原载《江海学刊》2016 年第 5 期）

① 金惠敏：《从形象到拟像》，《文学评论》2005 年第 2 期。

② 舒曼同学：《我们慢慢在朋友圈里走散》，《三联生活周刊》2015 年第28 期。

③ ［英］丹尼·卡瓦拉罗：《文化理论关键词》，张卫东等译，江苏人民出版社 2006 年版，第50 页。

微信与中国古代文学的传播与创作

肖　锋*

内容提要：微信时代，恶搞古代文人、微信签名中使用古人诗词、微信中结合时代特点换用古代诗词、用文言写成的微信、将网络用语翻译成古诗词是古代文学泛化的具体表现，微信中古代文学的传播以微信公众号为主。微信中中国古代文学的创作集中体现在诗词的创作上，其主要通过朋友圈、微信群、公众号投稿等方式来呈现。朋友圈微信的传播方式主要以熟人、点对点的传播为主，因此这就决定了在朋友圈创作古代文学作品很难在更大范围内传播。公众号通过原创平台的搭建，可以让众多诗词爱好者的作品通过平台进行传播，呈现出互联网＋诗词的全新创作传播模式。通过手机和微信，诗词的写作不再神秘，而成为人人均可参与，人人均是诗人、词人的新文化现象，这种新出现的"微诗词"通过朋友圈、微信群、公众号改变了当代诗词创作写作的"生态"。未来古代文学的创作传播将更多依赖于公众号。

关键词：微信；古代文学；微信号；传播创作

21 世纪以来，随着互联网时代的到来和智能手机的广泛运用，传

* 作者简介：肖锋，1976 年生，文学博士，中国传媒大学中文系副教授。

统媒体与新媒体之间不断融合互通，信息传播手段和方式日新月异，不断丰富，在平面媒体（如报纸、杂志）、影视媒体、网络媒体、手机等各类传播工具的冲击下，人们接受信息的方式也从以前的单一视听接受变为涵盖视、听、触觉等感知器官的多元接受，在这样的情形下，图、文、声、光、电等全方位、立体化的传播内容，结合网络、手机等多种传播手段的新传播形态，正不断改变着文学存在的形态。

文学从其产生之初就存在各种载体，从早期的青铜器皿、竹简木牍，到后来的纸版印刷，再到广播影视以及如今的互联网和手机，这些媒介的变化无一例外地改变了文学的存在形态并催生了新文学样式。比如印刷术的出现就促进和推广了书籍的印刷和传播，并促进了小说的繁荣；广播、电影、电视的出现则推进了广播文学和影视文学的繁荣；网络的出现则促使了网络文学的诞生和繁荣；智能手机的出现则催生了手机文学的诞生；而微博、微信的出现则在更广范围内催生了“微文学”的诞生。所谓“微文学”主要指以微博和微信为平台所产生的文学样式，以短小、即时创作、互动参与为主要特征。尽管有新的文学样式产生，但在这其中，微博、微信等互动应用平台对文学最重要的影响恰恰不在文学的创作和新文学样式的诞生，而体现在对文学文艺等文化现象的传播上。尤其是以手机为载体的微信应用平台，根据2016年3月发布的微信运用报告，微信目前月活跃用户数突破7亿，同比上涨29%，而目前中国智能手机用户约为7亿，也就是说基本每一部智能手机都装有微信应用程序。微信目前正以自己独有的传播理念和交流行为方式深刻影响并改变着文学的创作和传播。

微信与中国古代文学的泛化

早在2002年，徐亮就指出：“小说和诗歌的衰微，文学向大众传媒的转移，表明我们已进入了泛文学时代。”① 文学的发展，总是随着时代的发展不断变化，新媒介出现，日常生活审美化以及文艺的商品化都促使了文学从经典殿堂的撤离，文学与其他艺术之间的交通融合，促使文学的边界日益模糊，并造成了泛化。微博的出现，产生了“微博文学”，而微信的出现则产生了“微信文学”，按照欧阳友权的定义，“微信文学是指在微信平台上承载的文学作品，它可以是微信用户通过 WeChat（微信软件英文名）创作并发布的原创文学作品，也可以是在添加为微信联系人、朋友圈、公共微信号、私人订阅号中读到的文学作品。其前提是：它们都必须蕴含文学内容，具备文学的特质，有着文学的基本品格，如能够以形象化的文学技法塑造艺术形象，以生动的、富于情调的文字（或许会有视频、音频的元素）创造人文审美性的想象空间，给人以情绪的感染或价值观念方面的启迪”。② 这里的定义指出了微信文学的三大要素，即朋友圈、微信公众号（分企业和个人两种）、微信群，微信是社交性应用平台，其产生之初并非为文学，主要针对互动交流而设计。文学的泛化对如何界定微信中的文学造成了难题，朋友圈、微信群、公众号中发表的带有文学因素的随笔感想、纪实类叙事、微信段子是笑话还是微型小说，对文学事件的评论评述是否能界定为文学作品在一定程度上都是争议性论题。

随着现代学术体制的建立，诗、词、曲、赋、文言小说等中国古代传统文体逐渐被以白话文为主的新诗、散文、小说取代，但由于秉承中华传统文化思想，古代文学仍然在当代发挥着自己的价值，主要体现在古代文学重视现实，追求真善美，亲近自然。古典诗词所营造的“象外之象、景外之景”的审美意境仍然深深地影响着我们当代人，屈原“信而见疑，忠而被谤”、司马迁“究天人之际，通古今之变，成一家之言”、杜甫“穷年忧黎元，叹息肠内热”、李白“举杯邀

① 徐亮：《泛文学时代的文艺学》，《浙江大学学报》（人文社会科学版）2002 年第 1 期。

② 欧阳友权：《微信文学的存在方式与功能取向》，《江海学刊》2015 年第 1 期。

明月，对影成三人”这些都深刻影响着今天众多古代文学爱好者。由于互联网的发达，在微信时代，古代文学的“泛化”仍在延续，这主要体现在以下四个方面：

（1）微信朋友圈对古代文人形象和诗词的恶搞。近年来出现的恶搞杜甫、李白、屈原等现象，由于微信的巨大传播影响力，仍然在微信朋友圈流传。比如将杜甫换成骑摩托车的时髦少年，或是手拿吉他的音乐歌手，将李白描绘成花痴少年，更有甚者，将这些恶搞图片做成微信表情，当与别人交流的时候就用这些表情来传递表达自己的情感。还有的则采用古代文人穿越的方式，重新演绎他们的故事。

恶搞文化的出现，实际上反映了我们这个时代信仰缺失以及对文化和现实的调侃，这些都在一定程度上进一步解构着我们对这些传统古代文人的认知。需要注意的是，对古代文人的恶搞并非主流的现象，而深知和热爱古代文学的人们内心深处仍然保留对这些文人的正统认知形象。

（2）微信签名中的古人诗词。微信在个人信息里面，有一项个性签名功能。个性签名仿照 QQ 的个性签名而设计，其主要体现出个人的性格、兴趣和爱好，有时候则是自己某一段时间的心情展示。因为个性签名有 27 个字数限制，因此为了展示个人的个性特点，有的就会把一些古典诗词变成自己的个性签名，比较常见的有“花自飘零水自流，一种相思，两处闲愁”“此情可待成追忆，只是当时已惘然”“曾经沧海难为水，除却巫山不是云”等，或者自己创作一些古典诗词或打油诗作为自己的个性签名，如“年年打工年年愁，天天加班像只猴；加班加点无报酬，天天挨骂无理由”。有的则会将有些古典诗词混用，形成间离错搭的阅读效果，如“众里寻她千百度，蓦然回首，那人依旧对我不屑一顾”“天苍苍，野茫茫，一树梨花压海棠”“少小离家老大回，安能辨我是雄雌”等。个性签名中古代诗词的出现从侧面反映了微信时代古代文学的泛化。

（3）微信中结合时代特点换用古代诗词。如中秋佳节是我国传统节日，吃月饼、赏月是传统习俗，而微信中巧妙将古人的诗句进行了改写，如李白：“床前明月光，有饼没包装。举头望明月，低头闻饼香。”杜甫：“细草微风岸，今年送礼多。何物能摆阔？月饼最出色！”这些诗词的出现，其实都反映了当下人对现实的诸多看法，充满调侃和戏谑。

（4）另有用文言写成的微信，如大连市第二十四中学高二二班学生于健豪向任课教师写的请假条，请假条原本是应用性文体，不属于文学的范围，但这条微信以“如晤”开头，采用古代书信体的格式，模仿了《陈情表》中两难的笔法和心态，表达出个人对相关事件的态度和看法，写得言真情切，诙谐而幽默，我们可以将其视为文学作品，由此可以看出学校教育对学生的影响。其班主任把请假条内容发到了个人微信公众号上，由此引发了众人的关注，并被转发到朋友圈，《大连晚报》就此做了专题报道①。

此外，还有一些网络流行用语被用古诗词来进行翻译改写，如“也是醉了”翻译成“行迈靡靡，中心如醉”（出自《诗经·王风·黍离》），“主要看气质”被翻译成“请君莫羡解语花，腹有诗书气自华”，“腹有诗书气自华”出自苏轼《和董传留别》，“请君莫羡解语花”中“解语花”出自五代王仁裕《开元天宝遗事·解语花》，“解语花”意为善解人意、聪明灵巧的女子。

微信中存在的以上几种文学现象，在一定程度上扩散了古代文学对普通民众的影响，消解了我们对古代文人的传统认知，模糊了白话文学与古代文学之间的边界，是当前文学泛化的另一种表现形态。

微信与中国古代文学的传播

就微信中中国古代文学的传播而言，古代文学主要在微信公众号

① 栾光煜：《理科生用文言文写假条走红微信朋友圈》，《大连晚报》2016 年 1 月 20 日。

里进行传播。微信作为新的社交互动应用平台，其传播兼具综合性和多样化的特点，在公众号方面既有个人号，又有企业号，在传播应用上，兼顾文字、图片、音频、视频等多媒体介质，同时还有评论互动、点赞等功能，尤其是点赞功能，可以使好的原创性公众号受到接受者的点赞，并通过微信红包的形式获得经济收益，这使其在传播古代文学的时候具有非常丰富的表现力，并成为公众号保持定期更新的动力。清博大数据的研究表明："微博的用户弱关系热点强传播特点构成了广场式传播，而微信的用户强关系热点直线传播则构成了客厅式传播。就传播方式来说，微博是涟漪式的传播，一传十，十传百，效率高；微信更多是直线式传播，用户喜欢某个内容推荐给朋友，更柔和，更具有亲和力。两大平台因其不同的优势，成为资讯获取的第二主流平台。"①

微信公众号于 2012 年 8 月上市，经过 4 年的发展，目前已有上千万个公众号，在微信功能的使用调查中，公众号的使用率排名第三，仅次于朋友圈和收发消息两大功能。由于公众号的数量及类别涉及商业机密，腾讯公司作为微信开发商一直没有公布相关数据，笔者通过搜狗独特微信搜索功能，分别以诗词、古典、古代、中华、古籍、书社、诗经、汉赋、唐诗、宋词、散曲等作为关键词进行搜索，得出初步结果：古代文学类的公众号按照文体来划分，还是以诗词类居多，其中诗词类的公众号大约有 187 个，而以"古典""古代""中华"得出的搜索结果都比诗词类公众号要少，以"古籍"作为关键词搜索，得出公众号约为 76 个，以"书社"作为关键词搜索，得出公众号约为 198 个，以"诗经"作为关键词搜索，得出公众号约为 47 个，以"汉赋"作为关键词搜索，得出公众号约为 5 个，以"唐诗"作为关键词搜索，得出公众号约为 90 个，以"宋词"作为关键词搜索，得出公众号约为 73 个，以"元曲"作为关键词搜索，得出公众号约为

① 《〈微信数据化报告〉透露 2016 年微信公号 7 大趋势》，清博指数，2016 年 3 月 23 日。

14个，以“明清小说”作为关键词搜索，得出公众号为2个，由于与其他类型公众号有交叉，因此搜索结果在剔除非文学类公众号和交叉结果之后属于古代文学类的应当更少。根据以上搜索结果可知，微信中古代诗词类的公众号最多，这主要由于古代诗词是最能体现出与现代文体差别区分的文体。古代文学类微信公众号仍然有个人和企业机构之分，古代文学公众号的开通其主要目的基本为普及传播古代文学知识，培养人文和审美情怀，弘扬传统文化，如“每天读一点中国古典文学”公众号功能介绍为：“中国古典文学私享阅读，读一点，却不止一点。每晚我们共聚，诗词曲赋小说文章一一读来，尽览中国古典文学之大美。”但个人类和企业机构类公众号还是存在很大的差异，个人建立古代文学类公众号很大程度上出于个人的兴趣爱好，公益性目的更强，受个人时间和精力的诸多因素所限，个人类公众号在建立之初都雄心勃勃，但却难有持续性。

企业类公众号出于宣传推广的目的，其类型可分为杂志出版社建立的古代文学公众号，如《文学遗产》《文学评论》《文史知识》以及上海古籍出版社、中华书局、浙江古籍出版社等，其中上海古籍出版社和中华书局每篇微文的阅读量都在1000以上。一些影视机构建立的公众号，如河北电视台开发的文化类季播节目《中华好诗词》，每篇微文阅读量都上万，其平台功能介绍为：“河北卫视大型文化类季播节目《中华好诗词》，传承中华传统文化，欢迎喜爱诗词的你跟我们一起感受诗词的力量!”还有文化培训机构建立的公众号，如唯美散文诗词（建立者为深圳市宝安区西乡美文赏析工作室）、诗词文学（建立者为广州助赢教育信息咨询有限公司）、诗词中国（建立者为中华书局）、纳兰诗词（建立者为深圳市坪山新区瓜果园果品商行）、纳兰容若诗词（建立者为温州安淇商贸有限公司）、诗词联盟（建立者为深圳市夏花冬雪文化传媒有限公司）、诗词精选（北京神马浮云网络技术有限公司）等，通过认证的公众号大约为20个。还有文化名人个人建立的公众号，如践离古典诗词朗诵，该账号主要以推送朗诵视频为主，其功能介绍为："著名网络朗诵名家践离老师的公众账户，为广大朗诵爱好者提供基于移动互联网的古典诗词朗诵体验。"同时由于企业内部会划分不同部门，每个部门会承担不同的功能，因此同一企业下还会有多个微信公众号，比如以中华书局名义建立的公众号就有5个，分别为中华书局聚珍文化、中华书局1912、中华书局经典教育推广中心、香港中华书局、中华书局上海公司，保持持续更新的是中华书局聚珍文化、中华书局1912、中华书局经典教育推广中心三个公众号。企业和机构建立的公众号以传递、普及、推广古代文学知识为基本诉求，在吸引忠实用户定期关注之后，会凸显其商业目的。如湖北休闲王高尔夫科技有限公司账号主体建立的"诗词世界"和"诗词世界原创平台"，其功能介绍为："诗词世界（shicishijie）旗下原创诗词平台。立足原创，打造精品，本平台设有如下栏目：名家诗选、海外诗吟、诗坛资讯、诗社雅集、诗评诗话、学诗医诗、校园诗人、书画诗人、女诗人专刊、企业家诗人"，除了推广诗词知识外，还开展诗词创作培训班，分为诗词写作基础课、高级课、赏析课、参赛指导课，内容包括诗词、楹联、辞赋、歌词、朗诵等，采取的方式有手机上课、名师指导、能加入诗社、推荐发表等。

根据笔者调查，个人建立的古代文学类公众号保持每周更新的不到三分之一，更不用说保持每天更新了。与此相对，由企业机构建立的古代文学类公众号由于有较好的人力物力保障，则能保持持续更新。当代的人们每天都处于海量信息包围中，关注文学类公众号的人们还每天都订阅其他类型的公众号，因此在海量信息包围中，可以想见文学类公众号运营将日趋吃力，同时获得忠诚度和活跃度较高的用户成本将更高。清博大数据的研究表明："微信公众平台从2012年8月上线至今，经过3年多时间的发展，微信公众号红利期已经过去，目前面临着微信公众号运营难度越来越大、获取用户的成本越来越高、用户黏性和阅读量越来越低等运营障碍，但这并不影响用户对于公众号的刚性需求。……随着公众号红利期的结束，高质量的内容和服务的需求日渐凸显，2016年，公众号的运营必然会需要更大的投入力度。想要在2016年，把微信公众号做好，短时间内异军突起，必须要抱团合力，整合资源。如果想单打独斗做好一个公众号，对内容的创意、专业等要求更高，从而获得投资。”① 因此，在未来的一段时间内，个人建立的古代文学类公众号同企业机构建立的公众号之间在争夺粉丝的战争中将呈现一边倒的趋势，企业机构公众号将越来越多地建立，而微信的用户却有一定限度，企业机构之间对文学类粉丝的争夺将越来越激烈，成本也将越来越高。

微信与中国古代文学的创作

微信中中国古代文学的创作仍然集中体现在诗词的创作上，主要通过朋友圈、微信群、公众号投稿等方式来呈现。朋友圈微信的传播方式主要以熟人、点对点的传播为主，因此这就决定了在朋友圈创作古代文学作品很难在更大范围内传播。

微信群主要是一种群聊的方式，参与者众多，加入微信群需要添加微信群群主或微信群的任一成员为好友，然后由好友邀请才能加入微信群，目前微信群对人数有基本的限制规定。对于建群没有限制，只要你有微信，有微信好友，任一微信用户均可建立微信群。在100人以下的微信群可以通过群成员分享的二维码扫码进入群，超过40人，邀请需要对方同意；超过100人，对方需要通过实名验证才能接受邀请，可通过绑定银行卡进行验证。微信群的人数上限为500人。与QQ群不同，微信群不能通过搜索方式查找相关主题的微信群，因此目前全国到底有多少微信群，到底有多少以古代文学为主题的微信群，我们无从得知，但以古代文学为主题的微信群毫无疑问是存在的，像上文提及的“诗词世界原创平台”中“魏新河：诗词世界名师研修

① 《〈微信数据化报告〉透露2016年微信公号7大趋势》，清博指数，2016年3月23日。

班招生”中提及的上课方式为微信群、语音+文字。其课程内容包括：（1）声韵与音乐；（2）通畅与达意；（3）词汇与文采；（4）用典与典雅；（5）工对与款对等。微信群没有QQ群的集体禁言功能，因此凡是群员都有发言功能，在微信群创作的古代文学作品往往会有被聊天对话信息淹没的危险。

因此，微信中创作的古代文学作品如果需要获得更多的认同和推广，就需要借助微信公众号，像号称拥有100万用户、附属微信公众平台40万用户的“诗词世界”就搭建了一个原创诗词平台，平台不仅每天持续推出高质量诗词文章（年阅读量高达2亿次），还为广大诗词爱好者和写作者提供了诗词查找、格律测试、诗文编辑、诗词答题等方面的工具和游戏，极大地促进了诗词的传播与写作。同时发布相关征稿启事，征稿范围包括原创栏目和其他栏目等。像2016年7月10日发布的“学员作品——填词提高03期《一剪梅》作业”就有49首作品。

通过原创平台的搭建，可以让众多诗词爱好者的作品通过平台进行传播，获得更广泛的认知。

“诗词中国”则通过搭建“‘诗词中国’传统诗词创作大赛”来收集获取原创作品，自2012年以来成功举办两届，吸引了原创稿源15万首，通过移动互联网方式直接参与大赛的用户累计突破5000万，中国移动发布的诗词中国短信覆盖人群为2.1亿。为了吸引更多人员参与，其参赛投稿方式更加注重全媒体方式覆盖，分为网站投稿、诗词中国手机客户端、手机短信、微信上传、邮箱上传、飞信上传等，呈现出互联网+诗词的全新创作传播模式。另外中国诗会也有类似诗词征集活动。

通过“诗词世界”和“诗词中国”搭建的公众号交流平台，广大诗词爱好者创作了大量的诗词作品，但与此同时也造成了诗词收集整理的难度，华中师范大学出版社就借机在平台上收集了2015年600余首诗作，进行了出版。形成了微信创作与传统出版的有机互动结合。

微信时代的古代文学创作除了通过微信朋友圈进行原创，微信群创作进行交流，借助微信公众号进行投稿推广外，还出现了关于古诗词的续作接龙创作。2016年2月22日，微博营销大师杜子建宣称自己非常喜欢唐代诗人韦应物“我有一壶酒，足以慰风尘”这两句诗，向网友寻求续写补充，并承诺续得好就送酒，最好的送拉菲。于是这两句诗迅速在微信微博间传递开来，短短三天时间转发量近10万，评论超过2.3万，阅读量更是超过三百万。如人气最旺、获得最多点赞的夜帝王NW写道：我有一壶酒，足以慰风尘。尽倾江海里，赠饮天下人。

此外，还出现了“枯藤老树昏鸦”体——对马致远《天净沙·秋思》的续写等。

结　语

作为微信平台下建立的古代文学推广平台，其背后蕴藏的商业动机值得我们深入思考，不可否认的是，有一定商业行为的平台，由于人力物力资金充足，其更新速度就很快，几乎可以做到每天更新，而出于纯粹个人爱好的平台，由于个人时间精力有限，因此其更新就不如商业平台。图文并茂，音图互动，甚至还有视频，从而更新了我们通常认知的古代文学传播方式。但大量内容缺乏原创性也是现有平台传播古代文学的硬伤，在何种程度上界定为原创也是需要深入思考的问题。

在接受方式上，由于每人每天时间有限，同时需要接触海量的信息源，如果一位手机使用者订阅了大量的公众号，那么每天就不得不面临选择的困难，是深度阅读还是浅尝阅读，这是很矛盾的问题，也在一定程度上影响了古代文学在微信平台上的接受。同时，微信上的古代文学还存在大量的知识性错误，如果读者过于依赖手机阅读，那么就会不知不觉地陷入知识错误的循环陷阱中。碎片化的阅读不能增加人们的古代文学审美意识，相反会由于手机功能的多样化，比如手机来电，从而造成阅读中断，不能对阅读者产生更为深入的影响。

微信由于采取点对点的传播方式，固然有其精准投放的特点，但由于个人朋友圈的局限，毫无疑问无法获得更大范围的传播效应，只是个人小圈的孤芳自赏。在微信群人们更乐于接受和传播时事类视频，朋友圈的创作多为原创，却不一定会被转发，可能会收到一定数量的“赞”和简短的评论，但其传播效应显然比较有限，未来古代文学的创作传播将更多依赖于公众号。

对古代诗词的续写和改写，体现了国人对古代诗词的热爱，但借用现代用语的改写极容易改变诗歌原有的美感，形成众声喧哗戏谑的局面，这从另外一方面体现出国人的娱乐精神，从而降低了古代文学在人们心中的神圣性和崇高性。通过手机和微信，诗词的写作不再神秘，而成为人人均可参与，人人均是诗人、词人的新文化现象，这种新出现的“微诗词”通过朋友圈、微信群、公众号改变了当代诗词创作写作的“生态”，并进一步改变了当代古代文学的样态。

（原载《江海学刊》2016 年第 5 期）

（二）网络、人工智能技术与文学艺术的发展

数字人文：概念、历史、现状及其在文学研究中的应用

郭英剑*

内容提要：“数字人文”概念具有包容性与演进性的基本特点。“数字”技术与“人文”学科的张力性结合使对“数字人文”概念的理解呈现出多样化与模糊化特征。从概念构建、发展状况、应用情况三个维度对“数字人文”进行阐释探析，可以推动“数字人文”的本土化应用：（一）数字人文是将新兴技术方法运用到传统人文学科研究中的新型学科，是“数字”与“人文”的双向联动。“数字人文”的产生使新技术发展与人文学科研究范式相互作用，相互促进。（二）数字人文学科已发展至成熟阶段，在欧美各高校学科建制中得以体现。（三）以“数字文学研究”为例，文学计算可推动文学理论研究，主要表现为更新研究手段，组建语料库，提高研究效率，彰显人文学科价值。近年来虽已有数个数字文学研究项目在我国成功开展，但我国数字人文研究仍处于起步阶段。在高校中创立数字人文专业与专门研

* 作者简介：郭英剑，1963年生，文学博士，中国人民大学“杰出学者”特聘教授；中国人民大学外国语学院教授、博士生导师。

究机构，加大对数字人文研究的资助力度是我国发展数字人文的可行之道。

关键词： 数字人文；文学研究；数字文学研究；中国数字人文

“数字人文”的英文为 Digital Humanities，也有译为“数位人文”或者“数位人文学”，简写为“DH”。学术界也有用“数字学术”（Digital Scholarship，简写为“DS”）来指称“数字人文”的，但实际上，这两者有区别。从事这一领域的学者、研究者，就是数字人文学者（Digital Humanist）。

如果 google 一下“Digital Humanities”，人们可以发现有 140 万条相关信息。作为一门新兴的学科，数字人文日渐成为一门显学，同时也处在不断演化中，其概念还在不断变化、延伸与发展。从目前看，数字人文尚没有一个统一的定义①，大多数学者和研究者都认为，要为这一概念下个确切的定义是困难的②，而且，从研究著述中以及各种网络资源上也可以看到，数字人文的相关定义达到数十种。

但我以为，数字人文发展的历史脉络清晰可见，其核心概念已经形成，基本内涵也已相对固定，研究内容既有已经成型和完全成熟的学术型、技术型和应用型成果，也呈现出越来越广阔的开放性趋势，其应用与发展前景相当广阔。因此，到了可以为之做出一定总结的时候。

为此，本文试图在厘清“数字人文”的核心概念、基本特征、相关内容与历史脉络的基础上，梳理当下全球数字人文在文学研究领域中的建设与发展现状，注重探讨数字人文在文学研究领域中的应用与前景，特别是带给文学研究怎样的变化，进而对中国数字人文在文学

---

① Gavin, M. & Smith, K. M., “An Interview with Brett Bobley”, *Debates in the Digital Humanities*, eds. Gold, Matthew K. & Lauren F. Klein (London: University of Minnesota Press, 2012), pp. 61 –66.

② Gold, Matthew K. & Lauren F. Klein, ed., *Debates in the Digital Humanities*, London: The University of Minnesota, 2016.

研究中的未来发展提出可行性建议。

核心概念与四大基本特征

虽然“数字人文”的概念与定义较难确定，但在网络上与各种学术著述中，我们可以发现其概念、定义五花八门，令人眼花缭乱。现在，我们就来考察一下人们很容易查找到的，学术界也比较流行的，或者被人们较为广泛接受的有关“数字人文”的定义与概念，然后对此做一番梳理。

按照《牛津英语词典》的定义[①]，Digital Humanities，既可以是单数，也可以是复数，但现在人们更多使用的还是复数。简言之，数字人文是指将计算工具（computational tools）与方法运用于诸如文学、历史与哲学等传统人文学科的学科领域（an academic field）。这一定义简明扼要，说出了数字人文的基本特征，但它却是不全面的。

维基百科综合了美国加州大学洛杉矶分校（UCLA）与英国伦敦大学学院（UCL）的相关定义，提出数字人文是计算或数字技术（computing or digital technologies）与人文学科（the disciplines of the humanities）相交叉的学术研究范畴（an area），且包括了人文学科中数字资源的系统运用，同时也反思这种运用[②]。这种概念补充了前述定义之不足，强调了学科交叉性，也提到了对这种数字资源运用的反思，但作为概念，其表述不太清晰，特别是对“反思这种运用”语焉不详，令人困惑。

澳大利亚国立大学（ANU）的定义较为清晰，认为数字人文是位于人文学科与计算技术交叉地带的跨学科研究领域，其目的在于考察

① “Digital Humanities”, Oxford English Dictionaries online（English）. 参见 https：//en. oxforddictionaries. com/definition/digital_ humanities。

② Drucker, Johanna, “Intro to Digital Humanities：Concepts, Methods, and Tutorials for Students and Instructors”, UCLA Center for Digital Humanities online, part 1. 1A Introduction.

数字技术是如何用以提高与转化艺术与社会科学的。同时，它也运用传统的人文技巧，去分析当代的数字化人工制品（digital artefacts），考察当代数字文化[①]。这一定义应该说较为全面，提到了数字人文的两个方面，但除了不够简洁外，其中它提到了“社会科学”，而这一点则是大多数数字人文的定义中所没有的，也是一些数字人文学者所反对的[②]。

在学术界，有“数字人文之父”之称的布萨（Roberto A. Busa）的观点自然备受学术界重视。数字人文起源于“人文计算”（Humanities Computing）。布萨认为，数字计算简言之就是对人类的表达（human expression）进行各种可能性分析的自动化（automation）体现。他之所以用人类的表达这一说法，是因为这就是一种很精致的人文主义（humanistic，也是人道主义）的行为。他选取了这个词语最广泛的意义，涵盖了从音乐到戏剧，从设计与绘画到语音学等人文学科的相关领域，但其核心依旧是书面文本（written texts）的话语[③]。布萨的观点是从数字人文的源头谈起，但从广义上明确了数字人文的人文特征，并且特意强调了文学艺术在其中的重要性。

《数字人文指南》主编史雷布曼（Susan Schreibman）等所做出的解释认为，数字人文从一开始就是运用信息技术以照亮人类的历史记录（human record），而且，理解人类的历史记录也能对信息技术的发展与应用产生影响[④]。这个解释看上去富有诗性，也囊括了所有的人

---

① 澳大利亚国立大学数字人文项目课程（Digital Humanities Major）主页中有相关定义，详见 https：//programsandcourses. anu. edu. au/major/DIHU – MAJ。

② 朱本军、聂华：《跨界与融合：全球视野下的数字人文——首次北京大学“数字人文论坛”会议综述》，《大学图书馆学报》2016 年第 5 期。

③ Busa，Roberto A.，“Foreword：Perspectives on the Digital Humanities”，*A Companion to Digital Humanities*，ed.，Susan Schreibman，Ray Siemens，John Unsworth（Oxford：Blackwell，2004），pp. xvi – xxi.

④ Schreibman，Susan，Ray Siemens，and John Unsworth，“The Digital Humanities and Humanities Computing：An Introduction”，*A Companion to Digital Humanities*，ed.，Susan Schreibman，Ray Siemens，John Unsworth（Oxford：Blackwell，2004），pp. xxiii – xxvii.

类文献，但突出了信息技术之于人类两者之间的互动关系。需要指出的是，由于《数字人文指南》（2004）的出版，使得“数字人文”一词迅速取代了“人文计算”，成了一个在世界上开始迅速传播的新兴跨学科研究的代名词。

史雷布曼等人的观点与博迪克（Anne Burdick）等人在所著《数字人文》一书中的观点相一致。博迪克开宗明义地提出，数字人文诞生于传统的人文学科与计算方法（computational methods）的偶然相遇[①]。由此，他们强调了所谓数字人文的最基本内涵，就在于“数字”与“人文”这两者相结合。

到这里，数字人文的核心概念已经呼之欲出。就此，我们可以做个简单的总结来定义数字人文，或者给出一个核心概念。

所谓数字人文，是一种将新的技术工具与方法运用到传统的人文学科的教学、科研、服务以及其他创造性工作之中的新型学科。反过来，数字人文学者也运用传统的人文学科研究的思维与方法去反思数字人文的运用与价值。“数字”与“人文”之间存在着一种双向的联动关系，新技术的生成与应用，改造了传统的人文学科，诞生了数字人文，拓展了新型的人文学科；与此同时，人们也可以依据传统的人文学科的思维方式与研究方法，观察、研究、质疑乃至批判数字人文之于文化传统与数字文化的深刻影响。

通过上述对于概念的基本梳理，我们大概可以看到数字人文所具有的四大基本特征。

首先，数字人文是文理结合的产物。由人文学科与计算或信息技术相结合，推翻了文理之间、人文与技术之间过去极为森严的壁垒，走到了一个全新的相互合作、共同发展的阶段。其次，数字人文具有跨学科与学科交叉的特点。由于人文学科包括了语言、文学、历史、

① Burdick, Anne; Drucker, Johanna; Lunenfeld, Peter; Presner, Todd; Schnapp, Jeffrey, *Digital Humanities*, Massachusetts: MIT Press, 2012.

哲学等各种领域，与计算或者信息技术相结合，往往超越了单一的学科范畴，从而走向了跨学科的研究。再次，改变了传统人文学科知识的生产、保存与传播媒介。在过去人文学科单纯或者主要依靠印刷文本来完成并获得人们认可的基础上，引入了数字工具与方法，从而使人文学科发生了革命性的变化。最后，数字人文令传统的人文学科发挥了意想不到的作用。在 STEM（科学、技术、工程与数学）学科盛行的时代，在物质主义横行的年代，在人们不断追求物质享受的时代，人文学科日趋为人所怀疑其价值与意义。而数字人文的不断发展，使传统的人文学科在一片技术世界的大漠中，找到了用武之地，发挥了主观能动性，拓展了新的教学与研究领域，也使传统的人文学科在信息化的时代步入了一个新的发展阶段。

五个发展阶段

数字人文是时代的产物，更是一个崭新时代的反映。虽然是新兴学科，但数字人文源于人文计算，其发展历史可以追溯到 70 年前，也就是电子计算机诞生（1946 年）之后不久的 1949 年。

70 年来，数字人文经历了五个历史时期，也就是五个发展阶段。前四个发展阶段，由数字人文学者霍基（Susan Hockey）所命名。她在写于 2003 年发表于 2004 年的文章中，将数字计算与数字人文的发展历史归纳为四个历史时期。①

第一个时期为初始阶段（1949 年到 20 世纪 70 年代早期）。在这一时期，先驱者布萨和他所领导的团队与 IBM 合作，成功地为意大利著名的哲学家和神学家阿奎那（St Thomas Aquinas，1225—1274 年）1000 多万字的拉丁文作品做了编制索引，名为“托马斯著作索引”

① Hockey，Susan，“The History of Humanities Computing”，*A Companion to Digital Humanities*，ed.，Susan Schreibman，Ray Siemens，John Unsworth，Oxford：Blackwell，2004，pp. 3 – 19.

(Index Thomisticus)。这项富有划时代意义的成果，将文本与计算相结合，极大地推动了计算机在语言学领域中的运用，此后，这类研究开始逐步扩展到文学、历史学等领域。

第二个阶段为巩固时期（20 世纪 70 年代到 80 年代中期）。这个阶段是计算机逐渐在西方世界普及的时期，欧美各国召开了不少学术研讨会，人文学者与计算学者逐渐开展联合，重点在语言学语料库建设上，在对文本的创建、保存与维护等方面进行了有效开发和推广。

第三个阶段为新发展时期（20 世纪 80 年代中期到 20 世纪 90 年代中期）。这个阶段个人计算机开始出现，从而促使众多的西方学者通过电子便捷有效和创新的方式，进入数字人文的研究领域。在这个时期，特别是在西方开始出现人文（Humanist）邮件群，从而逐步建立了数字人文的学术共同体。

第四个阶段为互联网时代（20 世纪 90 年代早期到 2003 年）①。这个阶段，已经是西方“互联网”逐步广泛使用并逐步走向成熟的时期，由于图形界面计算机与超文本可以为所有人使用，从而使得任何一位人文学者都可以介入这些资源，从而在网络空间中出现了大量“档案”类的学术课题与研究成果，学者、编辑、图书管理员、程序员等或合作或各自为战，却形成了一大批致力于数字人文研究的学者。②

从霍基撰写上述文章到现在，15 年过去了，数字人文也已经进入到一个崭新的历史发展阶段。在我看来，从 21 世纪早期到现在，是数字人文极为活跃的阶段，我们不妨称之为数字人文的成熟时期。

在这第五个时期，数字人文已经发展到了一个更为成熟和高级的阶段。在这一阶段，有一个标志性事件，就是 2009 年在费城举办的美

① Hockey, Susan, “The History of Humanities Computing”, *A Companion to Digital Humanities*, ed., Susan Schreibman, Ray Siemens, John Unsworth. Oxford: Blackwell, 2004, pp. 3 - 19.

② 以上四个阶段的划分，也可参见朱本军与聂华、王晓光、徐力恒与陈静等人的介绍。

国现代语言学会会议。在这次会议上，“数字人文”成为热点话题，数字人文学者极为活跃。为此，人们普遍认为，在未来很长时间内，如果有大的学术热点，那么数字人文将会首列其中。此次会议彻底改变了数字人文在美国的历史地位①，从此，数字人文成为一门显学。

也是在这一时期，国际性的和东西方各国的全国性的数字人文组织相继诞生，学术会议不断，议题日新月异。特别是欧美等西方高校相继出现了数字人文的本科专业、硕士研究生专业乃至博士研究生专业。各种研究课题以及艺术领域的相关项目层出不穷，数字人文的边界得到了极大的拓展。

数字人文专业在全球高校中的学科建制

现在，数字人文的机构组织在全球遍地开花。据国际数字人文组织联盟（The Alliance of Digital Humanities Organizations，ADHO）的统计，目前全球有超过 183 个冠以“数字人文”的机构或项目正在运行②。与此同时，在世界各国高校中的机构组织同样众多，像美国名校斯坦福大学、MIT、加州大学洛杉矶分校；英国伦敦国王学院以及日本、加拿大、澳大利亚等地的大学，包括我国的北京大学、我国台湾地区的台湾大学等高校中，都设立了数字人文研究机构。同时，新型的数字人文学术刊物也涌现出来，既向全球传播数字人文的理念与方法，也传播相关的研究成果③。

但在这股数字人文蓬勃发展的时代洪流中，更值得关注的则是在众多大学中所设置的从本科到硕士研究生再到博士研究生的专业建设。

---

① Pannapacker，William，“The MLA and the Digital Humanities”，*The Chronicle of Higher Education*，2009 - 12 - 28.

② 朱本军、聂华：《跨界与融合：全球视野下的数字人文——首次北京大学“数字人文论坛”会议综述》，《大学图书馆学报》2016 年第 5 期。

③ 王晓光：《“数字人文”的产生、发展与前沿》，载全国高校社会学科科研管理研究会组编《方法创新与哲学社会科学发展》，武汉大学出版社 2010 年版，第 207—221 页。

下面，我将以英美两国几所名校为例，来加以说明。

英国国王学院（King's College London，KCL）的“数字人文”专业建于20世纪70年代初，时间早，专业全，水平高，在世界上首屈一指。

KCL的数字人文系（The Department of Digital Humanities）的数字人文专业在全英排名第一，属于世界一流的专业。该系的相关研究项目众多，仅大项目就超过30个，其中包括与英国皇家歌剧院合作的一个项目，制作移动应用程序，为艺术与文化部门服务。这些项目讲究与其他部门的通力配合，具有明显的跨学科性质，还与国内以及国际上的组织或高校开展国际合作。

目前，KCL是全英仅有的提供“数字人文硕士专业”的三家高校之一，也是全英唯一提供“数字人文博士专业”的高校。最近，它又启动了授予本科学位的工作。其硕士专业包括数字人文硕士学位（MA in Digital Humanities）、数字文化与社会硕士学位（MA programme in Digital Culture and Society），还与e-Research研究中心合作开设数字资产与媒体管理硕士学位（MA in Digital Asset and Media Management）。其博士专业为数字人文博士学位（PhD in Digital Humanities）。其正在建设的本科生的数字人文专业设置，拟包括社交媒体、游戏、数字记忆、经济、政治等。①

那么，在本科阶段的数字人文专业，他们都学习些什么课程呢？我想以美国宾夕法尼亚大学（University of Pennsylvania，PENN）的“数字人文”辅修专业（Digital Humanities Minor）为例来加以说明。

PENN的这一辅修专业名称全称为“本科生数字人文辅修专业”（the Undergraduate Minor in Digital Humanities），由文理学院（School of Arts and Sciences）所推出②。该专业欢迎人文学科与非人文学科专业的学生选修。该专业由不同文理学院的不同系别的教师来授课，鼓励

① 参见伦敦大学国王学院数字人文学院官网。
② 参见宾夕法尼亚大学数字人文课程辅修官网。

学生选修自己所选专业之外的课程。这一专业的相关话题包括数字文本分析、数码绘图、3D 图像以及运用数字工具去搜集、组织和研究物质文化。同时，除了上课、参加研讨外，还要求同学们参与到相关话题的讨论与争辩中。

为此，学院设置三级课程，由宽泛到深入，逐步过渡。前两个阶段的课程以技能为主，第三阶段则教会学生以技能去从事自己的研究项目。其核心课程包括数字人文概论（ENGL 009 Introduction to Digital Humanities）、计算数据研究（CIS 105 Computational Data Exploration）、计算编程概述（CIS 110 Introduction to Computer Programming）。这三门课程，至少选一门，但不能超过两门。

二类课程众多，包括：数字人文漫谈（ENGL 209 Topics in Digital Humanities）、数字世界中物质的过去（CLST 127 The Material Past in a Digital World）、视频Ⅰ（FNAR 061 Video Ⅰ）、社会统计学（SOCI 120 Social Statistics）、传播中的定量研究方法（COMM 210 Quantitative Research Methods in Communication）、大数据与社会研究（COMM 321 Big Data and Social Research）、数据学概况（PSCI 107 Introduction to Data Science）、数字人文与环境（ANTH 581 Digital Humanities and the Environment）等。这类课程至少选两门。

三类课程包括：东亚数字人文（EALC 111/511 East Asian Digital Humanities）、图书的数字化生活（ENGL 208 Digital Lives of Books）、草原游牧制度古今谈（NELC 106/606 Pastoral Nomadism in the Past and Present）、数字人文与社会科学中的地理信息系统（NELC 346/646GIS for the Digital Humanities and Social Sciences）与全球变暖时代的灵性（RELS 246 Spirituality in the Age of Global Warming）等。此类课程至少选一门。

由上述课程我们不难看到，该专业是为提高学生的研究能力而开设的，致力于教给他们一些可以有效地用于当代相关学科以及跨学科学术中的技能，而像这样的技能，对于未来学生走入社会，无论是否要从事学术研究，都将使他们受益终生。

“数字文学研究”的概念、意义、经典案例与困境

数字技术可以分为两类：数字人文与数字学术（Digital Scholarship）。前者涉及文学、历史、艺术、哲学等人文学科，后者则在更大的范围内涉及数字科学。在科学界，学者早已开始了数字学术研究①。数字人文虽然涵盖了人文学科的诸多方面，但就与文学研究的关系而言，两者依旧是极为密切。曾经参与编写了《数字人文指南》的西蒙斯（Ray Siemens）和史雷布曼两位学者，于 2008 年又共同主编了《数字文学研究指南》（A Companion to Digital Literary Studies）②。对数字文学研究做了进一步的研究和探讨。

在这里，我们需要简单探讨一下何为数字文学研究、数字文学研究的意义、有哪些经典案例以及所面临的问题与挑战。

首先，“数字文学研究”的概念。根据上述数字人文的核心概念与基本特征，我们可以这样来对“数字文学研究”做一概括性定义。所谓“数字文学研究”，就是利用计算工具对文学进行电子化或数字化分析，即运用计算的方式进行文学分析或文学批评，同时，也利用批评方法或者理论方法对网络文学（electronic literature）、数字媒体与文本资源进行分析和批评。

就历史而言，虽然数字人文早在 1949 年就诞生了，但数字文学研究则晚了 10—20 年。隆美尔（Thomas Rommel）在 2004 年发表的文章中写道，首次基于计算机的文学研究始于 20 世纪 60 年代和 70 年代。③

---

① 王广禄、吴楠：《数字人文促进方法论革新》，《中国社会科学报》2017 年 7 月 5 日。

② Siemens, Ray, Susan Schreibman, ed., *A Companion to Digital Literary Studies*, Oxford: Blackwell, 2008.

③ Rommel, Thomas, “Literary Studies”, *A Companion to Digital Humanities*, ed., Susan Schreibman, Ray Siemens, John Unsworth, (Oxford: Blackwell, 2004), pp. 88 – 97.

这种时间上的延后，原因应该是文学作为人文学科的重要分支，其与计算、计算机等性质、内容、表现手段以及运作模式完全不同，一般很难将这两者放在一起讨论。

因此，当两者最早开始相遇时，其目的和方法也都相当简单。主要是为了识别电子文本中的字符串和模式，而作家用词列表与作家用语索引则有助于学者更加仔细地去观察文本特征。然而，后来人们发现，文学计算（Literary Computing）还是为研究文学风格与文学理论提供了实实在在的洞见。

其次，"数字文学研究"的意义。第一，自从文学研究引入了文学计算，就已经改变了当代文学的研究版图。从 20 世纪 60 年代初和 70 年代以来，人们就不难发现：可以几乎毫无限制地访问高质量的电子文本；精致的软件，可以让人们去定义分析的词汇；强大的计算设备提供了无限的计算能力和存储容量。[①] 第二，数字文学研究同样可以向语言学那样，不仅为文学文本也为批评家本人建立起相应的语料库。在隆美尔看来，文学研究中的计算机不过是没有分析能力的纯粹的工具，但却能够增强批评家的记忆力，也就提供了一个较为完整的符合所有预定义模式或者搜索标准的结果数据库。第三，现在，计算机辅助研究中的计算机，不单单是用来当作使用的新型工具，而是可以顶替一些批评家的工作，保留一些信息。速度、精确、无限制的记忆力以及随时随地可以接触到文本，是其显著的特征，也让人们看到了这种新型工具的强大力量。而且，通过利用不断增长的知识库和链接文本的方式，使它们可以被用作文本材料的巨大存储库，如此一来，传统文学批评也可以从搜索中积累的知识和专业知识中获益，从而对基于计算机的研究中实践的文献进行更严格的分析。第四，"数字文学研究"可以彰显人文学科的价值。隆美尔认为，文学计算最能体现

① Rommel, Thomas, "Literary Studies", *A Companion to Digital Humanities*, ed., Susan Schreibman, Ray Siemens, John Unsworth, (Oxford: Blackwell, 2004), pp. 88 -97.

数字人文的价值，将文学与自然科学的技术和程序连在一起，相当于引入了两种文化。[①] 正如波特所说，技术与文学批评相结合，就形成了一种新的文学研究模式，这种新的模式与科学方法完全相通，但也绝对弥漫着人文学科的价值。[②]

再次，数字文学研究的经典案例。在这里，主要以中国近年来所完成的几个较大规模的数字文学研究项目与课题为例。经典案例1：北京大学中文系分别完成了《全唐诗分析系统》和《全宋诗分析系统》，不仅对5.7万首唐诗和25.4万首宋诗文本进行了文本化入库，而且在此基础上，结合人文研究、创作的需要建立了一系列的数据模型或数据集（如28种诗歌模型、音韵库、诗人信息库等），并通过数据模型对诗歌的全文文本进行标注和分析，方便人文学者对此做进一步的研究。[③] 经典案例2：在1981年首届国际《红楼梦》研讨会上，美国威斯康星大学的陈炳藻发表了《从词汇上的统计论〈红楼梦〉作者的问题》一文，首次借助计算机进行了《红楼梦》研究，主要从字、词出现频率入手，通过计算机进行统计、处理、分析，对《红楼梦》后40回系高鹗所作这一流行看法提出异议，认为一百二十回均系曹雪芹所作。由此研究让人们看到了字词统计分析，已经可以成为一种特殊的文学研究的方法，在鉴别文学风格和文学流派分析上显示出了强大的威力[④]。经典案例3：最近，《数字人文与文学研究读本》于清华大学出版社出版发行[⑤]，这是数字人文方法进入我国文学研究领域的第一个读本。该读本是清华大学中文系、芝加哥大学Text lab、清

---

① Rommel, Thomas, "Literary Studies", *A Companion to Digital Humanities*, ed., Susan Schreibman, Ray Siemens, John Unsworth, (Oxford: Blackwell, 2004), pp. 88-97.

② Potter, R. G., ed., *Literary Computing and Literary Criticism: Theoretical and Practical Essays on Theme and Rhetoric*, Philadelphia: University of Pennsylvania Press, 1989, p. xxixx.

③ 朱本军、聂华：《跨界与融合：全球视野下的数字人文——首次北京大学“数字人文论坛”会议综述》，《大学图书馆学报》2016年第5期。

④ 朱本军、聂华：《跨界与融合：全球视野下的数字人文——首次北京大学“数字人文论坛”会议综述》，《大学图书馆学报》2016年第5期。

⑤ 《〈数字人文与文学研究读本〉将由清华大学出版社出版》，中宏网，2018年1月5日。

华大学图书馆共同发起的“清华大学数字人文与文学研究国际工作坊”的论文集。该国际工作坊，也是数字人文研究兴起以来，我国国内首次举办的以“文学研究”为主题的数字人文研究领域的国际会议。其中，霍伊特·朗（Hoyt Long）教授的团队使用机器学习的方法去识别和研究英文俳句，通过机器学习俳句特有的词频、音节数、常用意象等特征，对语料库中的材料进行分析和区分。其研究中表现出的对文学和普通文献材料辨别的思考和对机器学习误判情况的解读，对于数字人文学者重审“细读”式的文学研究和文学文本的“文学性”提供了值得反思的案例。同时，霍伊特·朗教授还以中日近代小说作为研究对象，展示了数字人文方法在文体研究中的应用，无论在微观的词汇、意向检索统计还是宏观的体裁、类型和写作风格分析方面，数字人文方法都为研究者展示了不同于以往的角度，使得定性、描述和批评的研究一定程度上转化为量化的、可视的和非主观的数字成果，展示了文学研究的另外一种可能性。①

最后，“数字文学研究”面临的困难与挑战。第一，认识上存在有偏见。文学文本，一般被认为是一种美学构造，因为字词句与意象的搭配与编排而达到某种效果，可以在各个层面上发挥作用。因此，不少人认为像这样的文学之美、语言之妙乃至主题之深刻，计算机是无法通过计算来加以体会和发现的。但在隆美尔看来，如果一个文本带有某种意义，而这种意义是可以通过细读的方式而获得的，那么，基于计算机的研究就应该能够被看作这种文本理论——假定这里有“a”的含义是被困在某些文字和图像之中的，只有等待着有知识的读者把它找寻出来，这种现象确实存在于文学之中的一种实际的延伸②。第二，现实中的困境。尽管在硬件和软件开发方面都取得了极大的进

① 《〈数字人文与文学研究读本〉将由清华大学出版社出版》，中宏网，2018年1月5日。

② Rommel, Thomas, “Literary Studies”, *A Companion to Digital Humanities*, ed., Susan Schreibman, Ray Siemens, John Unsworth (Oxford: Blackwell, 2004), pp. 88－97.

步，当下的电子文本也已经在网上提供了，但文学计算依旧是处于边缘地带[①]。原因在于在人文学者和文学批评家们所接受的人文教育和学术研究的领域中，没有很好地认真对待数字技术，这要等到向他们展示了工具可以改进我们探索和解释美学作品的方式时，才能够起到一点作用[②]。第三，对数字人文冲击传统文学研究存在担忧。在学术界，也有些学者对数字人文与数字文学研究保持警惕，甚至认为会给文学研究带来负面的影响。《新共和》的高级编辑科奇（Adam Kirsch）在2014年的《新共和》上发表《技术接管英语系：数字人文的虚假承诺》一文，对高校管理技术化和职场化倾向提出质疑，尤其对流行的数字人文提出了批评。他认为，思维体验和文字表达是人文研究和人文教育的精髓，而数字人文的出现很有可能使这样的目标落空[③]。也有学者认为，数字人文有可能使得人文学科脱离了自身存在的理由，会给人文学科带来伤害。[④] 有学者对数字文学研究有可能成为数据库、语料库的附庸而表示担忧。[⑤]

中国数字人文与数字文学研究的建设与发展

近年来，中国开始高度重视数字人文。像北京大学、南京大学等国内名校都在国内召开过多次相关会议，其中有不少都涉及了文学研究的问题。2016年5月，北京大学图书馆联合哈佛大学“中国历代人物传记资料库”（CBDB）项目和北京大学“数字人文建设与发展研究

---

① Rommel, Thomas, “Literary Studies”, *A Companion to Digital Humanities*, ed. , Susan Schreibman, Ray Siemens, John Unsworth (Oxford: Blackwell, 2004), pp. 88 – 97.

② McGann, J. Radiant Textuality, *Literature After the World Wide Web*, New York: Palgrave, 2001, p. xii.

③ Kirsch, Adam, “Technology Is Taking Over English Departments: The False Promise of the Digital Humanities”, *The New Republic*, 2014 – 05 – 02.

④ Gold, Matthew K. & Lauren F. Klein, ed. , *Debates in the Digital Humanities*, London: The University of Minnesota, 2016.

⑤ 王宁：《走向数字人文的新阶段》，《燕山大学学报》（哲学社会科学版）2017年第1期。

课题组”，共同举办了首届北京大学“数字人文论坛”，该论坛对全球视野下的数字人文概念、实践和反思进行了全景式扫描，其论题涉及数字人文语言文学的应用问题。2017 年 7 月 1—2 日，“数字人文：大数据时代学术前沿与探索”学术研讨会在南京大学举行，来自国内外近 200 位专家学者对数字人文的前沿思想与话题展开了广泛研讨。[①]

然而，与国外的研究现状与规模及相应的成果相比，我们还处于起步阶段，尚有很大的发展空间。在未来几年，可以从以下几个方面入手。

首先，高校亟待建立数字人文专业。从目前看，尚未发现有高校建设有明确的以“数字人文”为名称的本科学位点、硕士专业学位点和博士学位点，也未发现有与其他学科相关联的数字人文的学位点与专业建设。建立数字人文专业，培养专业人才，既是高校的职责所在，也是为当代社会的新事物提供智力与人才支持。

其次，高校与研究机构亟待建立数字人文的学术组织与研究机构。从目前看，除了少数名校外，中国的数字人文研究中心或者研究院还较少，也没有国家层面上的数字人文学术组织，与国外相比，我们的差距还很大。近几年来，中国对人文学科教学与研究的重视，在世界上都处于领先地位，受到国外高校的高度赞誉。哈佛大学校长福斯特多次在演讲中赞扬中国对人文学科的高度重视[②]。在中国进入新时代的历史发展时期，大力发展数字人文研究，成立相应的学术组织与研究机构，无疑将有助于尽快推动数字人文在中国的大力发展。

最后，在国家与省部级层面上，加大对数字人文研究的资助力度与科研投入。对 2014—2017 年这四年的国家社科基金项目立项课题做一简单检索会发现，只有 2017 年有两项（其中一项为青年基金

① 王广禄、吴楠：《数字人文促进方法论革新》，《中国社会科学报》2017 年 7 月 5 日。

② Faust, Drew, “The Role of the University in a Changing World”, June 30, 2010 at Royal Irish Academy, Trinity College, Dublin, from Harvard University website.

项目）以数字人文为名的研究项目。这一点，也与国外存在着较大的差距。2006 年，美国国家人文基金会（National Endowment for the Humanities，NEH）专门设立了“数字人文计划”（the Digital Humanities Initiative），两年之后即 2008 年，转为专门的“数字人文办公室”，负责数字人文方面的学术研究立项。目前，我们尚缺乏这样的机构，更主要是还未意识到数字人文带给人文学科的巨大变化与深刻的挑战。

数字人文与数字文学研究的未来

今天是信息化时代、大数据时代，文本的数字化已经成为一种普遍现象。科学技术已经深刻改变了我们的时代，改变了我们身处的世界，也在改变着我们的学术图景。人文学科也不能例外。数字人文的盛行，数字文学研究的诞生就是人文学科正在发生巨变的明证。

首先，数字人文不仅为传统的人文学科带来了便利和高效，更带来了科学研究的思维与方法，使得人文学科拉近了与科学研究的距离。未来，在技术层面上推动人文学科的发展，研究范围会更广，学者个人参与度也会更高。在实践中，学者们既可以自行开发也可以定制各种工具包，以解决人文学科中的相关问题。图像识别与数据可视化已成为近年来的热点。

其次，当今是网络文学的时代，根据中国作家创研部报告①，网络文学已经成为中国文学生产的主流。数字化文学生产与传播、发行，呼唤新的文学批评模式的出现。作为文学批评的一种新型的方式，数字文学研究在未来会有更大的发展空间。

综上所述，数字人文是一门学科，是运用技术手段，针对计算与人文学科之间的交叉领域进行教学、研究以及创新的新型学科；其中，

① 中国作家创研部：《2015 年中国文学发展状况》，《人民日报》2016 年 5 月 2 日。

传统的人文学科也可以发挥其主体性与能动性，用于观察、反思与评判科学技术及其手段。数字人文是一种方法论，它可以为传统的人文学科提供新的研究范式与新的学术视角。数字人文具有显著的跨学科性，其目的是要创建超越文本源的学术，包括多媒体、元数据与动态的环境等的集成。数字人文在未来有着广阔的发展前景，数字文学研究也将改写现有的文学研究的历史。

（原载《江海学刊》2018 年第 3 期）

数字时代人文学科的机遇和挑战*

谭光辉**

内容提要：“数字时代”使依赖记忆而存在的传统知识的获取变得越来越容易，因而逼迫知识观发生改变。现代知识观的源头是实用主义的工具取向知识观，以解决人类面临的各种问题为原则，是基于目的论的。人文知识的数字化进程催生了人工智能。人工智能与人类智能的最大不同在于，人工智能的工作原理基于因果律，是被决定的，而人类智能基于目的律，有自由意志。未来人文学科工作的领域是以人类的目的性为基础才存在的知识。人类的情感起源于分别心，人工智能暂时不能具备，因此人工智能不能取代人类智能。人工智能要识别、表达、模仿人类情感，必然以人文学科内省、思辨情感而得的结果为研究指引。人文学科在数字时代的作用不会弱化，而是将被强化。

关键词：数字人文；大数据；人工智能；情感研究；知识观；目的论

---

* 本文系国家社科基金西部项目“文学作品情感表现与接受的符号现象学研究”（项目号：16XZW007）的阶段性成果。

** 作者简介：谭光辉，1974 年生，文学博士，四川师范大学文学院教授。

“数字人文”研究现状

人文知识的数字化导致“大数据时代”或“数字时代”的到来，催生了“数字人文”新学科。数字人文的问题一般包括两个重要话题，其一是大数据技术对人文知识的处理，其二是基于此的人工智能将对人文学科带来何种挑战和机遇。数字处理技术的物质依托是电脑，人工智能的最终体现是机器人。

马克思曾经说过，只有数学进入某个学科才标志着这个学科的成熟。20世纪李泽厚曾在他的美学著作中反复提到马克思的这个说法，认为必须有一门以数学为基础的更完善的心理学。审美心理要能够运用数学，相信这种科学的研究方法前途远大，“迟早这一天将会到来，也许在下个世纪，也许在下下个世纪”①。随着大数据时代的到来，李泽厚的预言似乎提前实现了。中国第一篇以“数字人文”命名的文章，是廖祥忠2005年发表于《现代传播》第6期上的《“超越逻辑”：数字人文的时代特征》，一开始就给数字化时代一记闷棍，提醒要高度警惕“生存的数字化”带来的危机：自我的迷失、混乱和异化，认为数字化时代会产生“人文精神危机”，而在这个时代生活的人应高扬人文精神旗帜，坚守人的精神家园。② 中国学者似乎对数学进入人文研究领域一开始便存有戒心，之后数年，无人再提“数字人文”。直到2011—2012年间，中国首个数字人文研究中心落户武汉③，才有少数对数字人文研究进行介绍的文章出现。再之后，讨论逐渐活跃，2016年开始出现大量的讨论文章。北京大学于2016年5月举办了首届“数字人文论坛”，2017年4月举办了第一期“北京大学数字人文工作

① 李泽厚：《美学四讲》，生活·读书·新知三联书店2004年版，第90—91页。

② 廖祥忠：《“超越逻辑”：数字人文的时代特征》，《现代传播》2005年第6期。

③ 张肖雯、刘金波：《首个数字人文研究中心落户武汉》，《中国社会科学报》2011年5月5日。

坊”系列活动；清华大学于2017年6月举办了“清华大学数字人文与文学研究国际工作坊”；南京大学于2017年6月底7月初举办“数字人文：大数据时代学术前沿与探索”学术研讨会，2018年1月成立数字人文创研中心。

从发表的文章来看，对数字人文的讨论更多集中于图书馆学领域，对人文学科似乎关心不够。直观而言，从2005年至2017年10月，中国知网收录标题包含“数字人文”的论文共110余篇，其中讨论图书馆数据库建设、发表在图书馆类或信息情报类期刊上的文章有74篇，占比64.3%，而在剩余部分的文章中，从人文视角讨论“数字人文”的文章仅二十余篇，占比不足20%。但是随着数字化革命逐渐深入到日常生活和研究领域，人文学科如何面对这一重大的技术变革带来的挑战，越来越成为一个紧迫的问题。“数字时代”对人文学科研究到底有哪些革命性影响，至今认识不足。

就现在人们对“数字人文”的总体认识而言，并未完全形成马克思或李泽厚所说的“数学进入”人文学科的状态，但人文学科越来越多地利用统计数据却是事实。多数人对“数字人文”的理解，主要是指人文研究利用数据库提供的海量信息和该变化对人文研究带来的挑战以及图书馆在此进程中扮演的角色和技术应用的相关理论问题。一个完整的“数字人文”的研究，应涵盖“数字”进入“人文”或人文学科在大数据时代的作用等相关问题的讨论。就“数字人文”的发展现状而言，数字进入人文的领域，还有待大大拓展。对“数字人文”的研究和讨论，也需要大大拓展视野和范围。本文试图论述的问题包括：（1）数字技术对人文学科带来了何种挑战；（2）基于数字技术的人工智能的特性及它不能取代人类智能的原因；（3）由于人类智能暂时不可取代，所以基于人类特有智能的人文学科将为人工智能及数字技术的发展做出何种贡献。

“数字时代”对“博闻强记”知识范型的颠覆

“数字时代”的主要特征，是强大的搜索功能以及对海量数据的储存和处理能力。传统人文学科，特别是中国的人文学科对“有学问”之人的基本要求之一就是“博闻强记”。美国人明恩溥曾这样谈中国人对学者的看法：“在他们看来，理想的学者应该是那些有学问、有知识的老学究，他们博闻强识，得过多种学位，刻苦工作，常常废寝忘食，但除了在学校教书以糊口外，不能做任何其他事。”① 他想说明的是，西方学者看重解决问题的实践能力，而中国学者看重自己掌握了多少知识，记住了多少事情。随着“数字时代”的到来，博闻强识已经没有了明显的优势，而解决实际问题的能力越来越显示出其重要性。

我们首先要有一个明确的知识观，才能弄清楚“数字时代”人文学科研究为何会受到如此大的冲击。一般而言，对知识来源的认识，有两种针锋相对的观点，这两种观点构成了千百年来哲学家们争论的焦点。第一种观点是理性主义知识观，肇始于柏拉图，认为一切知识来源于天赋，人的知识只不过是对这些天赋观念的接近。笛卡尔是理性主义知识观后继者的代表，他与柏拉图的最大不同是，“他把天赋观念的数量限制在少数几个容易处理的范畴”②。总而言之，知识就存在于那儿，由神、上天、上帝等绝对完满的东西赋予，人获取知识的过程，就是去认识、接近这些已然存在的知识或理念。第二种观点是经验主义知识观，以培根、洛克、贝克莱、休谟等人为代表，认为一切知识都起源于感官，人们的知识获取过程，是从个别现象的感知经

---

① ［美］明恩溥：《中国人的素质》，董秀菊译，（台北）文津出版社 2014 年版，第 63 页。

② ［美］唐纳德·帕尔默：《看，这是哲学Ⅱ：永恒不变的哲学大问题》，何小嫄译，北京联合出版公司 2016 年版，第 66、233 页。

过归纳而获得对一般原理的认识。总之，经验主义知识观认为人的一切知识都来源于人对感知经验的总结和归纳。这两种知识观各有优缺点，每种知识观都有致命的缺陷，容易遭受对手的攻击而无法自洽。此二者的争论与评述，已是哲学基本问题，此处略去不论。康德的知识观可以看作对二者的折中，认为人类首先会有一些先天的知识（先验），包括纯粹感性、纯粹知性和纯粹理性，人类一切可能经验的对象，都是在这些先验能力或先验知识框架内的“显象”，这些“显象”仅仅是我们心中的一些“表象”而已。康德的知识观在解决纯粹的知识获取方面很有说服力，但是在评价整个知识体系的作用方面就缺乏实用性。知识论还必须回答，人类应该以何种标准选择应该掌握哪些知识?

19 世纪末 20 世纪初，出现了实用主义的工具取向知识观，以詹姆斯和杜威为代表，后来又出现以皮亚杰为代表的建构主义知识观、以布鲁纳为代表的结构主义知识观，反对将知识与主体的理性或客体的属性联系在一起，认为知识不过是解决问题的工具和产物。即是说，人类所有的知识都是为了解决人类面临的问题。如果人类没有需要解决的问题，也就不存在所谓的知识。以此观点观之，知识的创造、获取、传承，都应以人类当下面临的问题为中心。人类面临的问题在不断改变，因而掌握多少前人掌握的知识就不再是最重要的问题，能够解决多少当下人面临的问题，才是最重要的问题。

20 世纪 60 年代以来，出现了“文化取向”的知识观。以福柯为代表的后现代理论家提出了知识的非确定性问题，从知识考古学的角度提出了“知识的不连续性”“知识与权力的关系”“知识与话语实践的关系”等问题。简单地说，知识并不是恒定的存在，而是随着人类社会、文化的变化而变化的。福柯的理论，可以看作是对实用主义知识观的深化和证明，因为人类文化、权力、话语环境的变化，导致了知识实用目的的变化，而实用目的的变化当然就造成知识的变化。波普尔进一步揭示了知识的特点：所有科学知识均是猜测性的、假设性的、可证伪的、暂时性的。“只有当可以使一个理论同一个基本陈述相冲突时，该理论才是科学的；如果一个理论同一个已经接受的基本陈述相冲突，就必须淘汰该理论”，“一个理论要具备科学的资格所必须满足的另一个条件：它必须预测新颖的事实，即根据先前的知识所不能预料的事实”。[①] 哈贝马斯（Habermas）揭示了知识建构的人类利益，利奥塔（Lyotard）则抨击了科学主义知识观的独尊地位，总体倾向是认为知识是生成性的、不确定的、境域性的，认为人类的知识与一定文化体系中的价值观、生活方式、语言符号、人生信仰都有密切关系。利奥塔还明确地预言，现代社会的知识必将面临科技革命的迅猛冲击，“在知识构成体系内部，任何不能转化输送的事物，都将被淘汰。一切研究结果都必然转化成电脑语言，而这又必定会决定并引发出新的研究方向”。利奥塔此书出版于 1979 年，英文本出版于 1984 年，他此时所说的，真的是预言，但表述却是如此准确。在“数字时代”，一切不能转化成电脑语言的知识，确实存在无法处理、无法传播的情况，电脑知识霸权对传统知识观念形成了极强的挑战，“知识的本质不改变，就无法生存下去”，“那种凭借心智训练或个人训练来获得知识的旧式教育，已经时过境迁，而且日趋衰竭”。[②]

20 世纪末期，开始出现一种叫作“生存取向”的知识观，更为关注知识与人生存处境之间的关系，“将知识如何使人生活得更美好作为叩问知识问题的终极关怀”[③]。从现实政治追求目标来看，习近平在十九大报告中指出：“我国社会主要矛盾已经转化为人民日益增长的美好生活需要和不平衡不充分的发展之间的矛盾”，全党同志要“永远把人民对美好生活的向往作为奋斗目标”，要推动文化事业和文化

---

① ［英］伊姆雷·拉卡托斯：《科学研究纲领方法论》，兰征译，上海译文出版社 2016 年版，第 137 页。

② ［法］让－弗朗索瓦·利奥塔：《后现代状况：关于知识的报告》，岛子译，湖南美术出版社 1996 年版，第 35 页。

③ 周险峰：《教育基本问题研究：回顾与反思》，华中科技大学出版社 2016 年版，第 87 页。

产业发展，“满足人民过上美好生活的新期待”。[①] 即是说，在十九大报告的宏伟蓝图中，中国政府未来的一切知识生产，都应以创造更好的生存环境、满足人民对美好生活的期待为出发点。那么，未来中国的知识结构、知识类型、知识观都必将受此目标的指引而发生根本性的变化，一切不符合此目标追求的知识都将会面临被淘汰的境遇。

综合上面的各种知识观就会发现，不论是知识观还是知识本身，都是会随着人类社会的发展而发展的，从来没有一个绝对的、永恒不变的知识，人类知识是在对“目的”的追寻过程中发展的，而不仅是在“因果”关系中由之前的知识“决定”的。之前的知识，并非“真理”，而是教训、经验，是可证伪的，而且已经被人类不断取得的新知识证明只是在一定范围内有正确性，掌握它们只是可以避免一些重复性的探索而已。未来的知识的可靠性，取决于我们的生存目的，而不是取决于绝对的“真理”，也不是取决于之前知识的积累。对知识本质的认识，已经发生了翻转性的变化。总的来说，实用主义哲学的兴起是这个变化的开端，之后的文化取向知识观、生存取向知识观，其实就是实用主义的工具取向知识观的延续和发展。概而言之，文化取向知识观和生存取向知识观最终都是在说明，为了某种文化目的、权力目的、话语目的、符号目的、生存目的等，知识范型被迫发生改变，知识的正确性以符合这些目的为指向，而不是以普遍绝对的“真理”为指向。

综上，知识生产受制于如下因素：（1）我们到底为何目的而需要知识？这决定了知识生产的方向、类型和知识结论；（2）知识生产受限于何种政治文化语境？这决定了知识生产的范围、形态和陈述方式；（3）知识生产受限于何种先验能力？这决定了人类获得知识的可能极限，也决定了电脑与人脑的核心区别；（4）人类的演绎和归纳能力的局限在哪里？这决定了我们对传统知识正确性的认识、反思和态度。

---

① 《中国共产党第十九次全国代表大会文件汇编》，人民出版社 2017 年版，第 9、2、35 页。

从上述几种知识观来看，记忆已不是最重要的，知识积累并非知识生产的决定性因素，而目的、意识形态、文化、政治、能力、思维方式、信息储存和传播技术等因素对知识生产的影响更大。

“数字时代”到来之前，知识生产对记忆的依赖性更强，所以具有“博闻强记”能力的人就主宰了知识领域。他们知道得更多，知道更多前人的观点、事件、思维方式，相对于普通大众而言，便是“知识分子”。“数字时代”到来之后，知识生产对记忆的依赖性逐步减弱，以前需要经过长时间学习和记忆的资料，现在通过功能强大的搜索引擎和数据库查找就可以很方便地获取，在这个时代，知识生产对技术、数据库资源建设、人类知识的追求目标、知识本身的生产方式、知识范型的创建、建构整合知识的能力、政治文化、意识形态等因素的依赖性更强。以此观之，“数字时代”对人文科学研究的第一个重大影响，便是它必然导致人文科学研究中知识评价模式的变化。人类也许将不再以“博闻强记”作为评价知识分子的最高标准，而是会把那些更好地掌握了数据搜索和处理技术、设定人类追求目标、充分利用整合政治文化和意识形态资源、建构知识生产规则和范型的能力作为评价知识分子的最高标准。总而言之，在“数字时代”，凡是能够由数字技术代替人类处理的各种能力，都不再成为评价知识分子价值的最高标准；完成只能由人脑而不能由数字技术完成的工作的能力，才是评价知识分子价值的标准。知识生产和评价的模式，将由以记忆能力为主，变为以创造性地设定目标方向和解决问题的能力为主，而且评价的具体标准将随着技术的发展而不断变化。

人文知识的数字化处理技术不断发展，是人工智能实现的基础。随着人工智能的不断发展，人们越来越担心，人文学者将无事可做，而且人工智能可能取代人类智能控制甚至消灭人类。本文试图说明，数字技术和人工智能不可能取代人类智能，由人类创造的智能，永远不可能超越或控制人类自身。

人类智能不可能被取代的原因

人类智能被人工智能取代已经成为人类的一个重大忧虑，很多科幻文学作品早就在表达这种担忧。为了应对这种担忧，艾萨克·阿西莫夫（Isaac Asimov）在1950年就构想了"机器人三定律"，成为科幻世界无可撼动的铁律：（1）机器人不得伤害人类，或者因袖手旁观使人类受到伤害。（2）机器人必须服从人类的命令，除了违背第一定律的情况。（3）机器人必须保护自己的生存，除了违背第一、第二定律的情况。①"机器人三定律"是人类担忧的集中体现。

人工智能在某一方面确实可以超过人类智能。比如在记忆方面，智能系统储存的信息量和持久度，都已经远远大于人脑。电脑在数字处理方面也可能远超人脑。1997年5月，超级计算机深蓝击败当时世界排名第一的国际象棋棋手加里·卡斯帕罗夫，震惊世界。然而更多的人相信电脑不可能超过人脑。李述茂认为："电脑具有记忆和推理功能，但是其推理绝对严格，不具有可变性，不能产生新思想，没有智慧。所以，电脑不能取代人脑。"② 左大开认为："人制造的机器，即使再精致和再高级，也不能出现生命的本质特征——自我更新。"③吕国忱说恩格斯早就有这样一个预见："人们可以用人工的方法来模拟大脑的思维活动，但不能模拟和代替大脑的全部活动，'电脑'不能取代人脑。"④

我们不禁会问，为什么电脑不能取代人脑？电脑在哪些方面不可能取代人脑？对该问题进行集中讨论的著作，包括休伯特·德雷福斯

① ［英］罗伯特·格兰特：《科幻电影写作》，谢冰冰译，世界图书出版公司2015年版，第119页。

② 李述茂：《能量子与客观世界》，海南出版社2011年版，第143页。

③ 左大开：《马克思主义哲学疑难问题分析》，成都科技大学出版社1997年版，第76页。

④ 吕国忱：《哲学的时代回响》，黑龙江人民出版社2008年版，第19页。

（Hubert L. Dreyfus）的《电脑不能做什么：人工智能的限度》（*What Computers Can't Do*：*the Limits of Artificial Intelligence*，1979）和有增补的《电脑仍然不能做什么：人工理性的批判》（*What Computers Still Can't Do*：*A Critique of Artificial Reason*，1992）、威廉·霍金斯（William Hawkins）的《电脑显像记录：它能做和不能做什么》［*The Computer（videorecording）*：*What it Can-and Can't-Do*，1984］、大卫·哈雷尔（David Harel）的《电脑公司：他们真的不能做什么》（*Computers Ltd. What They Really Can't do*，2003）等。德雷福斯认为，至少暂时，基于这样一个假设的研究计划已经走进了死胡同——人类运用事实和规则产生智能——而且没任何理由认为这样研究会成功。① 他的意思是说，电脑只能处理事实和规则，而人类的智能并非都产生于事实和规则，所以至少以某种规则来模拟人类智能的努力会注定失败。

为什么电脑只能处理事实和规则呢？最根本的原因就是电脑是“被制造”出来的。或者说，电脑的“行为”选择是被决定的，不论它的程序设计有多么复杂。而人脑与它的最大不同是，至少迄今为止人们仍然相信我们有自由意志，人的每一个选择都不是被决定的，而电脑的选择是被程序决定的。阿尔法狗的出现似乎已经打破了人们的这一认知，引起世界的轰动。然而很多学者仍然暂时不愿承认它已经拥有了如人类那样自由思考的智能，即不认为它拥有了自由意志。

关于决定论和自由意志的争论已有上千年。科学家试图说明人的选择行为都是按一定科学规律进行的，更多哲学家都更愿意相信人存在自由意志。例如诺贝尔奖获得者维尔纳·海森堡（Werner Heisengerg）尝试从他的非决定论出发，得出自由意志的立场。② 决定论和自由意志的争论至今未止，而且随着科学研究的不断推进而此消彼长地

① Dreyfus，H. L.，*What Computers Still Can't Do*：*a Critique of Artificial Reason*，MIT press，1992，p. ⅳ.

② ［美］明恩溥：《中国人的素质》，董秀菊译，（台北）文津出版社2014年版，第63页。

呈拉锯式发展。薛定谔在研究生命现象的时候也没有能够得出最终结论，但是他提出了一条重要的意见，认为可以尝试从下面两个前提中推导出正确且不矛盾的结论来：

> (1) 我的身体就像一台纯粹的机器，遵循着自然界的规律来运作。
>
> (2) 凭借我们丝毫不用怀疑的直接经验，我总是在指导着自己的身体运动，并且在运动的最后阶段总能预见到其结果。这些结果是决定性的因素，十分重要，鉴于此，我觉得有必要对这一结果负全部责任。

薛定谔因此认为“从这两个事实可以得出一个并且是唯一一个的可能推论是，如果有这样的人的话，那么我就是这样的人——一个按照自然规律来控制原子运动的人”。[①] 这个说法表现出很强的决定论倾向，自由意志仿佛只是人的错觉。从最近科学研究的结果来看，自由意志论和决定论仍然难分高下，但似乎支持存在自由意志的论点略占上风。自由意志论很容易获得常识的认可，也容易得到宗教、法律、伦理学、心理学、文学的支持。量子力学看起来似乎是支持了自由意志，实际上并非如此，量子力学只是认为物质具有概率波等不确定性，但认为仍然有稳定的客观规律，而不是说人的意志可以控制这些规律甚至让它发生改变。从总的倾向来看，科学研究结论的总体倾向是强调因果关系，强调客观规律，而人文学科的总体倾向是强调心灵、自由意志的主动性。

关于决定论和自由意志的讨论争论千年而无结果，本文至今也无法给出一个确定的结论，但是在这个讨论中，我们可以得出另一个结论，而此结论至少可以用来说明人工智能和人类智能的核心区别：由

---

① ［奥］埃尔温·薛定谔：《生命是什么》，吉喆译，世界图书出版公司 2016 年版，第 114 页。

于人工智能是人类按一定的目的设计制造出来的，所以人工智能的一切程序设计及运行规律均受控于人类设定的目的；而人类不可能完全按自己的目的设计制造自身，所以人类智能自身的运行规律不可能受控于自身设定的目的。简而言之，人工智能无法设计自己的目的，人类可以设计人工智能的目的；人工智能的目的被人类掌控，人类的目的不能被人工智能掌控，也不能被自己设计。人类的目的是不可掌控的、不可预知的、非必然的。康德认为，人类的目的不能被感性地表现出来，所以“理性观念把这种目的当作判断人类形态的原则，人类的目的就通过作为其结果的人类形态在现象中显示出来”。[①] 或者说，作为理性思考的对象，人类的目的不能被自己知觉或设计，只能通过结果显示。怀特海（Whitehead）认为：“我们的经验与我们的希望不是同步的”，所以“自由的实质便是目的的可行性”[②]。所谓自由意志，就是人类自己设计可行目的的能力，此能力不是必然性的设计，而是可能性的设计。人工智能的设计，是人类努力按照必然性原则的设计，因此人工智能能够解决在设计范围内的必然性问题。赵毅衡的说法很有趣，机器人一旦“获得人类的意义能力，世界就换了主人。幸好，至今为止，动物把所有时间用来觅食生殖，机器总得等待人来按按钮”。[③]

人工智能服从因果律，人类智能服从目的律。人类智能是根据目的去清理因果关系，人工智能是根据因果关系去完成某种目的，二者的根本区别正在于此。所以无论人工智能如何发达，它也无法超越自身去设计自己的目的。由自由意志律支配设计目的的能力，是人工智能不能替代人类智能的。正是由于这个原因，现行法律就找不到任何依据给机器人定罪，因为我们找不到任何证据表明机器人拥有自由意志。而法律之所以能够给人定罪，最根本的依据便是我们认为“人的

① ［德］康德：《美，以及美的反思》，曹俊峰译，金城出版社 2013 年版，第 409 页。

② ［英］阿尔弗雷德·诺思·怀特海：《观念的冒险（修订版）》，周邦宪译，北京联合出版公司 2014 年版，第 75 页。

③ 赵毅衡：《意义理论，符号现象学，哲学符号学》，《符号与传媒》2017 年第 2 期。

活动不同于自然物，不是遵从自然律，而是遵从目的律”[①]。此观念是新康德法学的创始人鲁道夫·施塔姆勒的核心法学观点，也是现代法学的基本原则，因此现代法学认为“目的是整个法的创造者”[②]。对历史知识而言也是如此，唐君毅认为：“人类之建造其历史知识，必要求其所知的历史之发展，为合‘目的’‘律则’‘方向’之观念的。因而其所不断地选择为重要之历史事件与历史人物，即不自觉地受此‘方向’‘目的’与‘律则’之观念所裁定。”[③] 此为人类学术史上的说法之一种，而他认为这些说法“皆可说”。总而言之，人文学科的基础在于它是服从目的律的学科，科学是服从因果律的学科，人类智能与人工智能的根本差别也正在于此。数字人文这个词，可拆分成两个部分，“数字”部分服从因果律，“人文”部分服从目的律。人文学科在这个时代的工作重点，在后半部分。凡是必须以人类的目的性为基础才能存在的知识、责任、情感等，就是人工智能不能替代的，也就是人文学学者未来工作的领域。

人工智能拥有情感能力的困难和人文学科存在的价值

人工智能很难有人类所拥有的情感能力。魏斌等人认为，“人唯一了解的智能是人本身的智能”，所以“人工智能的研究往往涉及对人的智能本身的研究”[④]，但是人类对自身的智能的了解还非常有限，所以人工智能至今不能模拟人类的很多智能行为。就人工情感研究的现状而言，现在的人工情感研究也主要集中于对面部表情、姿态语言、语音合成的识别和模拟人面部表情和部分动作。人工智能可以做到在

① 严存生：《法律的人性基础》，中国法制出版社2016年版，第224页。

② 高鸿钧、赵晓力：《新编西方法律思想史（现代、当代部分）》，清华大学出版社2015年版，第13页。

③ 唐君毅：《唐君毅全集（第十卷）》，九州出版社2016年版，第423页。

④ 魏斌、陈寒、张妍、黄素蓉：《人工情感原理及其应用》，华中科技大学出版社2017年版，第2页。

某些方面模仿人类的情感，但无法做到主动产生情感。人工智能的最终体现就是机器人。

本文想讨论的，不是机器人在何种程度上可以将人类的情感模拟得惟妙惟肖，而是想从理论上证明，机器人不可能拥有像人一样的情感系统。人工智能无论怎么发达，这一点将永远无法突破。

人工智能与人类智能的一个非常明显的区别是：人类智能是通过生长、学习、反思逐步获得的，人工智能是通过程序设计人为注入的，格式化的过程不一样。由于没有成长过程，所以机器人不必对自己的智能程度负责。由于有成长过程，所以人类必须为自己的智能程度买单。机器人没有进行反思的程序设计，而人类时时处于反思之中。机器人也没有“他人”与“自我”的观念和为某种目的进行叙述的能力。机器人由于自己设计关于自我的目的之能力（包括生长的目的）的缺乏，导致它必然缺乏这些形成情感必备的要素。笔者曾给情感下过一个不太成熟的简明定义，情感是“情感意向性压力下的叙述判断”①，其中“意向性”即是人关于自我目的设计的基本能力。自我、目的、意向、叙述、判断，都必须有一个具有主体意识和目的意识的生物才可能具有。换言之，如果一旦某天科技足够发达，我们创造的那个人工智能（机器人）具备了生长能力，并且具备了自我意识、目的设计、意向、叙述、判断能力，那么这个机器人可能已经是生物体，我们恐怕就只能重新定义“人工智能”了。

人类的情感大约起源于“分别心”，“分别”是一个目的，而不是一个原因。学者发现，很多的情感只发生在有他人存在的情形之中，例如害羞、感到困窘等，这是因为“某些活动的发生乃是由于与别人在一起的直接结果”②。然而略加思索便会发现，人自出生起，并不存

① 谭光辉：《论情感：情感意向性压力下的叙述判断》，《南方文坛》2016 年第 3 期。

② ［美］J. L. 弗里德曼、D. O. 西尔斯、J. M. 卡尔史密斯：《社会心理学》，高地等译，黑龙江人民出版社 1997 年版，第 558 页。

在“无他人存在”的情形，因此也就很难证明“无他人存在”的时候人能否产生通常意义上的情感。耿兴永认为“狼孩”的事例说明了亲密关系对一个人成长的重要性，[①] 但我们也可以认为不是亲密关系，而是与人进行正常区分的能力丢失造成了狼孩正常情感的丢失，因为狼孩与狼存在亲密关系，而他无法与狼有一个恰当的区分关系。人首先要有与他人的区分，才可能生成对于他人的态度，一切情感都是态度，所以人类的情感可能生成于一个与自己有很多天然共性且有区别关系的他者的态度。比如被舍勒及众多哲学家都视为基本情感的“爱”，必然首先有爱者与被爱者的区分，才可能存在“爱”的可能。又因“爱”是最基本的情感，所以一切情感都必然首先源于自我与他人的分别。跟狼孩谈“爱”，必定无法被理解，其他情感也就无从谈起了。同样的道理，一个没有成长经历的机器人（人工智能），是无法区分自我与他者的。被注入的程序具有可复制性、可重复性，机器人便没有办法区别同一程序制造的自我与他者，当然也就没有产生“爱”“恨”等基础情感的可能。从佛教的角度看，爱有很多种，除了包含着慈爱和悲悯心的“大慈大悲”的那种爱之外，一般人所说的爱，“都是依着‘我’和‘我的’的观念而产生，因而是仍然纠缠于执著和分别心之内”。[②] 而这恰恰说明，基本于分别心而生的“自我”意识，乃是情感产生的基础条件。学者们在解释《道德经》第二十二章“圣人抱一为天下式”的时候大都认为其意思是圣人没有分别心，因而就不会与天下人争夺任何东西，也就不会有常人的那些世俗情感。[③] 而这一理解与佛家的观点非常一致：“圣人和凡人的区别在于，圣人没有分别心，众生都是一样。”[④] “圣人没有分别心，佛陀没有分

① 耿兴永：《一本书读懂心理学》，中国法制出版社 2016 年版，第 127 页。
② 一行禅师：《佛陀传》，何蕙仪译，河南文艺出版社 2014 年版，第 188 页。
③ 李安纲：《道教三经——道德经》，中国社会出版社 2003 年版，第 95 页。
④ 一诚法师：《容忍：相信没有到不了的明天》，九州出版社 2014 年版，第 108 页。

别心，菩萨没有分别心。”[①] 没有分别心也就没有常人的情感，而这正是人工智能的特征。人工智能没有分别心，也就不可能有情感。换个角度考虑，即使人工智能有了分别心，由于其与人的差异太大，不可能与人产生基于认同关系基础之上的分别心，也不可能产生与人一样的情感，或者说即使有某种情感机制也无法与人的情感进行有效沟通。

如果要让人工智能更有效地识别、模仿人类的情感，就必须首先弄清楚人类情感的形成原因、机制，然后才可能设计出合适的程序加以实施。这不可能从对人类情感的外部表现进行研究就可以实现的，而是必须首先有一个内省的研究才能知道应该识别、模仿什么。在这一方面，人文社会科学的内省式研究就拥有科学研究无法比拟的优势。科学研究对人类智能的模仿，只有借助人文社会科学提供的思路，才能更好地完成，也只有借助人文社会科学指引的方向和目的，才知道应该向哪个方向前进。科学家们大都同意没有情感计算能力的智能机器无法充分实现人工智能。情感计算是赋予计算机感知、识别、表达和调控自身及人类情感的能力，计算机研究领域的目标，就是在计算机上实现心理学家在人类情绪智力方面取得的研究成果，[②]“使得计算机真正能够识别、适应人类的情感和心理，这是人工心理研究所追求的目标”。[③] 人工智能只能以人类的心理为学习对象，而不是相反。这就说明，人工智能的第一个依托，必然是人文学科已经取得的研究成果。而人文学科通过对情感的反思和研究，必将为人工智能的实现做出重要的贡献。

---

① 净空法师：《净空法师讲〈了凡四训〉》，长江文艺出版社 2010 年版，第 34 页。

② 谷学静、石琳、郭宇承：《交互设计中的人工情感》，武汉大学出版社 2015 年版，第 76 页。

③ 王志良：《人工心理》，机械工业出版社 2007 年版，第 13 页。

结　论

21世纪的科学主题是研究“复杂性”，人工智能、人工生命是其中的重点。[①] 在研究复杂的人工智能时，情感研究是其中的核心内容。大数据系统的建设飞速发展，是人类的“复杂性”系统工程取得的重要成就，但是对研究人类智能，特别是目标设计、情感智能、意志力等而言，需要以人文社会科学的研究为指引。大数据、人工智能的发展的根本目的是更好地为人类服务，建设更好的生存和生活环境，是“生存取向”知识观指导之下的知识生产，这些知识生产以“目的论”为指导方向。新世纪科学发展的主要路径，就必然以人文学科为指引，以科技发展为渠道，逐步解决更多的复杂性问题。另一方面，科学研究必须以观察为前提手段，而人类对自身心灵的观察除了内省之外别无他途，所以人文社会科学的思辨、内省式的研究，就是新世纪科学发展的重要手段。人文学科既要提供方向，又要提供思维手段，科学研究主要解决技术手段问题。因此，人文学科在数字时代的科学研究中的作用将不是被弱化，而是将被大大强化，并且会变得越来越重要。人工智能无论如何发展，也不可能全部取代或超越人类的智能。如果真有一天，人工智能在各方面均已优于人类智能，人类没有再存在的必要，那么人类也许真该被淘汰，而世界将依然美好，而且可能更为美好。人类的理想不会因此趋于消灭，而是更完美地实现了。

（原载《江海学刊》2018年第3期）

① 吴今培、李学伟：《系统科学发展概论》，清华大学出版社2010年版，第142页。

论艺术与技术的“间距”

高建平[*]

内容提要：在艺术与技术之间，存在着一种“间距”。艺术曾经经历了一个依赖技术的时代，后来又经历了一个受到技术挑战的时代。作为艺术的一个门类，文学也在不断地受到“技术”的“污染”，对技术的发展具有很强的依赖性。这种现象，引起了人文学者们的焦虑。理解艺术与技术的关系，“间距”是一个很好的概念。“间距”不是“距离”，也不完全是“保持距离”，而更可能是“利用距离”。“距离”是客观存在的，艺术不能离技术过于近，也不能过于远。艺术家的注意力，也不应该是放在如何保持距离之上。相反，艺术家要利用这种“距离”，以保持艺术的独立性。

关键词：艺术；技术；间距

在当代科学技术迅速发展的时代，艺术的处境如何？是否还会存在？以什么方式存在？学术界在思考、争论，并由此成为学术的焦点。由于这个问题与我们的生活密切相关，也由于研究者众多，所涉及的现象复杂，应该分别进行研究。我想在这篇文章中，集中探讨艺术与

* 作者简介：高建平，1955年生，瑞典乌普萨拉大学美学博士，深圳大学美学与文艺批评研究院院长，中国社会科学院大学特聘教授。

技术的距离，并由此而思考一个概念："间距。"

从艺术与技术的差异说起

"艺术"这个词从词源上讲，与"技术"说不上有什么"距离"。曾经有过一个时代，"艺术"即"技术"。

从词源上讲，欧洲语言中艺术与技术两个词是联系在一起的。Art这个词来源于古印欧语系的词根ar，其意义是"结合"，由此形成了拉丁语的ars，表示技能、技艺。形成古法语的art和英语的art，都保有这个词义，相当于现代英语的skill，直到今天仍然如此。"技术"这个词的英语technical，technology，都来源于希腊语的tékhnē，可溯源于印欧语系的词根tek-，即shape和make，相当于汉语的"构形"或"制造"。

在中国，"艺术"这个词由"艺"和"术"两个字连缀而成。"艺"字的最初写法是"埶"，像手执树种在土里。中国是一个农业国，因此"技艺"主要指"园艺"，是"种树"。后来，这个字被附加一些要素，写成了"蓺"和"藝"，又被普泛化为"才能"之意。孔子时讲"六艺"，指"礼、乐、射、御、书、数"六种技能。"礼"指执掌礼仪之事，"乐"指礼仪时的音乐舞蹈，"射"指射箭，"御"指驾车，"书"指书写，而"数"指数字的计算，即那个时代的数学。"六艺"是用来教育贵族子弟的六项科目。"术"写作是"術"，本义是"邑中道路"，后引申为"手段"和"策略"，如"驭人之术"。此字后来又常指"方术""法术"等。[①] 当然，"艺"和"术"两字的连缀，在古代也用，但其意义与今天完全不同。

一些学者引用这样的词源试图证明，"艺术"即"技术"，艺术性就是指技艺精良。艺术总是与"做""制作""生产"等有关。"艺

① ［美］约翰·杜威：《艺术即经验》，高建平译，商务印书馆2016年版，第55—56页。

术”与“审美”正好相反。“审美”是感觉、认知、接受，是从外向内的活动，或者用杜威在《艺术即经验》中的表述，就是 undergoing；与此不同，“艺术”是“做”，是以生产某种事物或制作某种物件为目的的活动，用杜威的表述，是 doing。当然，并非所有的“做”、“制作”和“生产”都是艺术。只有“做”得好，“操作熟练”“制作精良”，才具有艺术性。

如果我们参观皇宫或王公贵族的官邸，看到诸如金银首饰、器皿，陶瓷制品，漆器玉器，这些能工巧匠的作品，也被当成艺术品来展出。在生活中，到处都有艺术。各种优秀的工匠，如木匠、铁匠、石匠、泥瓦匠，当然，还有更受人尊崇的一些人，如造钟表的、磨镜片的，都是一些了不起的人。三百六十行，行行出状元。这些“状元郎”们就成了艺术家。还有人说，领导是一门艺术，说当领导像弹钢琴，十个指头有轻有重。做一桌菜，又好吃又好看，这样的菜简直是“艺术”。房屋装修得很讲究，简直像一座“艺术”的宫殿。这些都是“艺术”这个词被允许的用法，我们对于“艺术”这个词的理解，并不能完全脱离这些用法。

然而，从另外一个方面看，现代艺术概念，源于“the fine arts”概念的提出。这个概念最早由 18 世纪的法国人夏尔·巴图（Charlse Bateux）提出。中文将这个词翻译成“美的艺术”。这个概念将各种高等的或“美的”艺术放在一道。[①] 于是，艺术家就不再是工匠。将“艺术”与“工艺”区分开来，是当时人的追求。所谓“现代艺术体系”，说的就是这一点。这种结合，后来由于编写《百科全书》的需要，被采纳并广泛接受，迅速在法、英、德等国传播开来。等到世纪之末康德写作《判断力批判》时，这个词已经广泛流行。这种艺术与美、趣味、天才、灵感等概念结合在一起，进一步完成了与“工艺”

① ［美］门罗·C. 比厄斯利：《美学史：从古希腊到当代》，高建平译，高等教育出版社 2018 年版，第 261 页。

概念的对立。

由于这种集合以及对不同门类的艺术中的共同性的追求，即从中寻找艺术性的努力，又进而形成了以大写字母 A 开头的 Art 的概念。这一概念试图在 Art 与 art 之间作出区分。以大写字母 A 开头的艺术，是说艺术不再只是“技术”，不再是“工艺”。它有一种 auro，或可翻译为“灵韵”，就像是普通的凡人一旦有了灵光圈，就成了佛，或者说一旦成了佛，就有了灵光圈一样。从原来的 art 到 Art，也具有这样的效果。一种原本与技术、工艺混合在一起的 art，这时被“神化”或“圣化”了。它的这种地位是被赋予的。当然，并不是由于某一位人格化的神来授予，而是由于社会的发展，艺术与工艺的区分成为一种社会的需要，而这时，有人辨识出这种趋向，将之明确提出来，并加以命名。

《庄子·养生主》中讲了庖丁解牛的故事。这个故事精彩绝伦，是对艺术的形象解说。王问：技何以能达到这等水平？庖丁答：这不是技，而是道。这就是说，在劳作活动中对技术的把握，到了一定的程度之后，就成为某种仅靠技术不能解释，或者人们不愿意仅仅用技术来解释的状态，这就是“道”，或者“神”。那么，“道”是“技”的延续和发展呢，还是对“技”的反动？在这里，我们不可作非此即彼的区分，更合理的解释，是亦此亦彼。

“道”是“技”的飞跃和升华，又与“技”保持着距离。它们之间的关系，有连续性的一面，又有区分的一面。更重要的是，这不是一般意义上的区分，而是“间距”，即通过保持距离而得以成立的。这也就是说，既不是由于“同”，也不是由于“异”，而是由于“异”中有“同”的一种相关性，“道”依托“技”而存在，“艺术”依托“技术”而存在。

“美的艺术”体系，大写字母 A 开头的艺术，都有一个共同的目的，即区分艺术与技术，这同时也就实现了对艺术家与工匠的区分。这种区分极其重要，整个现代美学实际上就是建立在这种区分的基础之上的。巴图仍说艺术是模仿，但他这里的模仿的意思，是说艺术不同于工艺。工艺是在制造世界，艺术则在再造世界。柏拉图所说的木匠造一张床，或者任何一个工匠所制造任何一样实用物，都是在制造的世界；艺术家则不同，他不是在造一张床，而是在画一张床。所有的艺术家都有一个共同的特点，即通过模仿世界的形象，建造与一个与当下的实用世界不同的艺术世界。也正是由于有了这种现代艺术观念，所有关于艺术是天才的作品，艺术需要趣味与灵感，艺术是内在情感的表现或传达，艺术是一种独立的有机整体，有着种种内在的规定性，以及诸如崇高、滑稽、幽默、意境等许多美学范畴才有所依附，现代美学才能据此生长出来。

由此可见，现代美学的核心追求就是要证明：艺术既不同于技术，也不同于工艺，更不同于日常生活。艺术的世界是日常生活世界之外的另一个世界。艺术要以它与工艺的不同来显示自身的特殊价值。

这种艺术与工艺的区分，并不等于艺术不要技术或者反技术，而是表明，艺术有除了技术之外的另外的追求。中国古代绘画中有关的诗、书、画结合的理想，这正是画家要把自己与画匠区分开来的追求。通过这种追求，画家将人文的因素融入绘画之中，并以此压制技术的因素。在画评中所出现的大量画史家们对匠气、圆熟、谨细的批评，都体现出一种艺术与技术的矛盾。

从这里，可显示出“间距”这个词的意义，它不是某种既定的“距离”，而是通过形成和保持某种“间距”而获得存在。

现代技术的新挑战

传统社会中的艺术与技术之间，呈现出静态的相互对立的关系。当时的技术，主要包括两种，一是手工业者的技能，二是对科学知识的运用。前者是经验性的，即长期操作经验的积累形成的一些只可意会，而无法言传的才能，即感性的能力；后者是可以用语言或符号表述的知识，例如几何学对于绘画和建筑，解剖学对于人体绘画和雕塑等。这些系统的知识影响着艺术家，使他们或者有意识地、创造性地使用这些知识，或者无意识地受这些知识的影响，即接受理性能力的渗透。

这些经验的与科学的知识又常常结合在一起。在中世纪时，许多工匠都接触过科学，例如通过口口相传的实用几何学，并且后来的许多科学家们也有出自这些工匠，例如从磨镜片和制钟表的工匠中产生科学家。在工匠中，有着一种对设计即造型能力以及对科学的崇拜，他们常常将科学的知识当成经验性技术的核心。正是由于这些原因，欧洲社会的现代转型，是从对科学的尊崇开始，并始终植根于科学精神。意大利文艺复兴时期，一些最优秀的艺术家常常也是能工巧匠。例如达·芬奇就是如此，既能作画，作雕塑，也是建筑师，甚至还能架桥修路。艺术家们希望通过对科学知识的把握，证明自己来自工匠，又超越工匠。在那个时代，最好的艺术家同时也是自然哲学家。他们通过科学，特别是解剖学、透视学、色彩学，证明他们是自然奥秘的揭示者。这些人是将科学植入工艺的倡导者，他们并不追求一种离开科学和技术的艺术，而是及时采用当时最先进的科学和技术，在艺术中显示人通过科学技术武装而形成的对世界的认识和掌握。

现代技术与传统的手工艺，当然有着巨大的差别。现代技术建筑在科学的基础上，而非仅仅建立在经验的基础上。科学具有巨大的力量，既改变世界，也改变人们对世界的审美观。在这时，艺术对技术的逃离和克服的目标都不再成立。技术的胜利迫使艺术无处可逃，也对艺术构成了巨大压迫。如果说，传统的科学还仅仅是智者对世界的洞察，因而仅仅具有经验性的话，现代科学则以其巨大的力量而改变着世界，并进而改变着人们的感觉和感性能力。

在我们对现代技术所造就的大生产的成果的欣赏中，与原有那种对手工艺产品的欣赏之间有着根本的不同。我们对手工艺产品的欣赏，是在受限技术条件下对工匠的工艺能力的欣赏。在这种欣赏之中，存在着经验性的体验。将心比心，推己及人，感到工匠能做到，我却不能做到，于是佩服。这种欣赏，以受限性为基础。艺术欣赏的受限性很重要，只有以这种受限性为前提，才具有可比性，从而欣赏者与创作者才可沟通。

我们听一个人唱歌，欣赏演唱者的嗓音，所根据的基础是欣赏者自己的声音，以及他所了解的人的发声条件。我们欣赏一幅书法作品，欣赏的基础是欣赏者自己在长期的写字实践中所形成的经验，以及建筑在这种经验基础之上的欣赏者的书法知识和见闻。这种经验性的实践和见识，构成了艺术欣赏的基础。

这种传统的对艺术的理解，在现代技术所形成的机器大生产中，就遭遇到了前所未有的危机。

现代的生产状况和技术条件，就将创作与欣赏完全割裂了。产品的生产以其通过对各种技术能力的充分运用，造就了新的美，这种美以线条、造型、材质、色彩等条件所造成，与欣赏者自身活动的经验没有关系。

这种生产的基础，是现代社会的生产大分工。欣赏对象为欣赏者所提供的，绝非他们自己的经验可以比拟的，是对创造性能力的欣赏。这已经纯粹是直接的感官刺激。

在消费主义的推动下，美变得无所不在。而无所不在的美所体现的，不再是能力、独创性以及创作者与欣赏者通过艺术品所进行的情感交流。这时，美就失去了其内在的含义，而变得外在化，出现了处处皆美却不美的状况。

在市场竞争的过程中，会产生一种对“美力”的崇拜。造型美的产品在竞争中会处于有利的地位。基本功能和质量问题解决后，生产者就会将美的追求放在首要的位置。这鼓励着一种比艺术品的制作更有活力的行业，即设计业的发展。这背后隐藏着对技术和金钱的崇拜。我们无法阻挡这种“美力”的流行，并且，随着现代大生产和竞争的日益激烈，这种“美力”的作用，会变得越来越强大。我们所要思考的是，面对无所不在的美，即所谓日常生活的审美化，艺术该怎么办？艺术不能由此而被淹没，不能完全随波逐流。恰恰在这里，艺术与技术的差别就显示出来。艺术要针对流行的现实发言，要说一些新的东西。

实际上，当代艺术具有一种与18世纪时的欧洲艺术相类似的使命。当时，艺术要将自身与工艺区分开来，从而产生了“美的艺术”的体系和概念。当代艺术也是如此，当代艺术家所追求的，是要将自身与大生产所造的产业的艺术化，以及艺术的产业化区分开来。

产业的艺术化，即对产品的外观造型的设计所具有的、超出其功能需要的追求，形成产品利用“美”的外观和造型，而不是其功能、服务和价值来取得竞争力，赢得市场。

艺术的产业化，通过大规模生产，发展文化创意产业，使艺术成为面向大众的“美”的引导者。

这种状况，是对艺术的一种驱离，但同时也是艺术发展的新的契机。艺术在被产业逼得无所事事之时，就寻找自己的出路。于是，重新立出一种与技术的和产业的精神不同的艺术精神，形成“间距”，并在这种精神的引导下，形成一种新的艺术。

从这个意义上讲，先锋艺术有其可取之处。当沃尔夫冈·韦尔施在他的《重构美学》一书中说，处处皆美时，艺术要提供“震惊”，他是在为先锋艺术作辩护。① 笔者当然不是要对所有的先锋艺术都持毫无保留的认可态度。先锋艺术家们造出了许多奇奇怪怪的东西。大浪淘沙，许多先锋艺术的尝试，都会被历史证明是失败的。即使其中有一些成功的作品，也是不可复制的。它们只是造成一个事件，展现一种姿态而已。

它们作为事件的记录，会被历史保留下来，但这绝非代表了一种

---

① ［德］沃尔夫冈·韦尔施：《重构美学》，陆扬等译，上海译文出版社2006年版，第140—141页。

艺术尝试之路。在先锋艺术那里，最起码康德关于天才的论述，已被证明不再适用。康德认为，天才不遵循任何规则，但却制定规则；天才不效仿别人，但却被人效仿。先锋艺术当然不效仿别人，但也不可被效仿。先锋艺术品只是事件，并通过事件推动艺术的变化发展。

然而，先锋艺术所代表的对技术的自由态度，却给人们在思考艺术与技术关系时，带来了新的思路。艺术具有不同的出发点，不同的意义，它属于另一个层面的追求。它不同于技术，也不反技术，而是与技术保持着一种“间距”。

文学与技术的复杂关系

如果说，最早的文学是口传文学的话，那么，我们可以说，文学并非起源于技术。口头的文学，从民歌到传说故事，都不依赖技术手段而存在。这里当然也有技巧和才能的要求，有唱得好与不好，讲得是否生动之分。对唱山歌，也会有人对得上，有人对不上。不仅如此，口头文学也会出现专业化的现象。从荷马家族到今天的一些现代少数民族的史诗传人，都具有专业化的才能。文学自古就有着一个口传的传统。这种口传的文学，与后来高度发展了的书面文学相比，具有单纯性。

但是，文学是注定要受着技术的“污染”的。这种“污染”，从文字的出现就开始了。文字的发明，是人类文明史上的重大事件。古代中国人对文字作出这样的描绘：“昔者仓颉作书，而天雨粟、鬼夜哭。”（《淮南子·本经训》）人类以“文”而“明”。一般说来，所谓的“文明”史，就是指有文字记载的历史。有了文字，就有了书面文学。

有了文字，便出现了一个很重要的问题，即文字与语言的关系。长期以来，流行着文字是语言记录的观点。这种观点的产生，与拼音文字所产生的误导有关。随着现代语言学发展，这已被证明是错误的。

语言本质上是听觉的，而文字是视觉的。文字起源于要记录和传达意义，起到备忘的作用。它与语言是一种相遇的关系。

在这方面，汉字是一个很好的例子，它不是拼音文字，因而也不是依托语言而产生的。关于文字的起源，中国人的理解是：“上古结绳而治，后世圣人易以书契。”也就是说，汉字来源于记事的符号。“六书”之中，指事与象形，都直接表达意义，并不表示声音。这些都意味着书面符号的独立性。文字最初并不是声音的记录。甚至可以说，最初也不必是一字一音，而是一字一义。只是后来，才发展出“形声”，出现了与声音的相遇。有人提出，“六书”以外，还有一种造字起源，即氏族的符号，许多古字源于图腾标志的符号化，它们在表意时，并不以其读音为中介。

书写的视觉符号所具有的这种独立性，影响着文学的性质。文字不再仅仅是听的艺术，而更是一种视觉的艺术。有了文字，人类开始了一种活动，称之为“阅读”。阅读与用文字记录语言不是一回事，而是一种反向的活动。根据文字，依托书面语欣赏习惯，获得与语音的一定的联系。文学是供人们阅读的。阅读的习惯，影响着文学的形式。阅读使人获得知识，阅读也成为帮助记忆，方便传达，以至于沟通人群的工具。

阅读有阅读快感，它并不仅仅依赖于将文字还原于声音，而是有着自身的独立性。它与声音有关，又不只是声音。存在着建立在形象、语言和意义相结合的基础之上的阅读快感。这通过对语言的精细加工（精炼简洁）、反复推敲（炼字、意境和韵律）、规范化（克服口语的局限），从而留传后世，实现文学上的积累。

中国古代的诗歌，都与文字有关。《诗经》有口传的传统，但也已经有了一定程度的书面化。《楚辞》则不同，是在书写成为流行习惯的基础上创作出来的。作为《楚辞》发展后续的汉赋，已经高度书面化。汉赋这种文体的流行是一个很好的例证，它追求奇字怪词，极度地铺陈，离口语的文学相差很远，恰恰反映出书面语独立不久时对书面化的刻意追求。

文学的下一步发展，就与印刷术以及与书的历史联系在一起。一些欧洲的文学史研究家们提出，印刷术出现了，史诗就变成了小说。当然，不仅是小说这一种文学体裁依赖于印刷术。印刷术所带来的是一个新的文学的时代，即以印刷术为中心，以书籍为主要载体的文学时代。

在中国，印刷术发明较早，但以雕版印刷为主，而现代印刷的兴起较晚，从而有一个漫长的早期印刷时期。在明清时期，文学呈现出种种过渡时期的特点，有了不少的小说，但由于印刷费用昂贵，这仍是有限的。只是到了晚清以后，引进了新型的印刷术，才出现通俗小说和报刊的大量兴起。

在当下，新的媒介也正在对文学产生深刻的影响。现在已经很少有人继续坚持，网络文学仅仅是传统文学的网络化。实际上，传播方式的变化，必然会带来文学本身的深刻的变化。

在今天，网络文学有了巨大的发展。人们可以给出许多惊人的数字，说明每年有多大数量的网络文学被生产出来，网络文学收益有多少，网络文学的读者数量有多少。

信息技术的发展，带来的是一个新的争议：技术与信息的关系。关于这个问题，在学界有着深重的误解。有一种说法，称为“媒介即信息”。本来，媒介是媒介，信息是信息。媒介是信息的载体，信息通过媒介得以传播。火车上装了一车的大米，火车是媒介，大米是信息。我们不能说，火车就是大米。由于火车不通，一个地方发生了饥荒，在这一特定情况下，人们可以说，快点修好铁路，铁路就是粮食，火车就是大米。这时，这种说法是有道理的，但超越了这一语境，将这种说法移到别的语境中，就会导致荒谬的结论。

新媒介的出现，必然会带来文学的一次新的革命。正像印刷术的出现所形成的书面文学的繁荣一样，文学必然会出现在新的媒介上，在这里安家落户，生根开花。从这个意义上讲，媒介使新的文学形式成为可能。

然而，正像艺术从来不会融合到技术之中，而是与技术保持一定的距离，通过“间距”的形式存在一样，文学也是如此。它会被媒介的发展拖着向前走，但同时又保持着自己的独立性。

最好的文学不是追随技术的发展最快的文学，也不是离新技术太远的文学。我们一般说，在技术上持“中庸”的态度，这就是保持“间距”，而这种态度的特点，还在于文学作为艺术的一个门类，有着自身的、与技术不同的内在目的性。

文学的本质何处寻？这原本是一个形而上学的问题。过去，我们从公认的文学作品出发来寻找，结果发现这种本质无处可寻。但是，如果换一个角度来看，就可以看出，这里所问的是，文学从本质上讲是一种什么样的活动？从这一思路出发，我们会发现，文学与阅读有着不可分离的关系。有各种各样的阅读，但只有文学，将阅读本身与所读内容完美地结合起来。

文学最初是口传的，但现今的文学已经是以阅读为主体了。文学的口传之源永远会成为影响文学的一种力量，并且也是文学与技术保持距离的一种外在影响力。文学要以活语言为背景。但是，文学语言不是口语，与同时代的口语保持一定的距离。这种距离依赖教育而维持，但当这种距离过大时，距离的克服又常常成为文学革命的力量。

在新媒体所推动下的图像时代，文学所面临的是另一种挑战，这就是视觉艺术的冲击。图与文双方的对立，会长久地存在，并不会因媒介的变化而使一方一劳永逸地战胜另一方，只是使二者的关系呈现出新的面貌而已。文学以阅读为主体，文学作品不能“看上去很美”，而要“读上去很美”，这是文学存在的最根本的理由。文学既是视觉艺术，又不同于其他的视觉艺术。图与文总是保持着一定的关系，但文学要以保持与图像的距离而存在。

面对新媒介，人文学者的使命

在过去的几年，无论在国内，还是在国外，新媒体研究者都花费了太多的时间，告诉人们未来会是怎样。他们也许是受技术研究者的影响，开始将另一个领域中流行的观念引入到人文学科中来，向人文学者们发出预言。对于这种做法，人文学界像对待其他的种种做法一样，一般都持开放的态度。这种开放的态度，也许是人文学界的研究充满活力的原因。但是，这些预言也常常不可靠。

这种幻想，可能会带来对于未来世界的浪漫的想象，也可能会带来无端的恐惧，问题在于，这一切都没有任何意义。对于儿童读者，也许会有一些类同科幻小说带来的乐趣。对于众多的成年人来说，这不过是一些奇异的故事而已。前几年看一部充满高科技镜头的美国灾难片《2012》，主题是面对自然的灾难，人的情感和责任。其实，无论社会、时代、技术如何变化，还是要回到这个主题上来。

在国外，一些技术研究者编织这样的故事，有着一种宣传效果，让政府、大公司和公众愿意为相关的发展投入更多的金钱。从这个意义上讲，这类的故事，是需要的。人类新的研究领域，试验性的领域，常常不是由于实际需要，而是由于某种理想或幻想，由于人类的某种好奇心，才发展起来。好奇心需要一些非直接功利性的资金投入，需要一些神奇故事的支撑。对于这一切，文学研究者没有参与，却跟着造梦。

当然，造梦是需要的。但对于人文学者，更重要的，仍是清醒的思考，给予这一切以正确的定位。

许多当代西方马克思主义研究者，都持一种救赎的立场。这种立场的来源是“异化”的观念，马克思在早期常使用一个词：“异化。”他认为，资本主义社会是一个异化的社会，而种种异化中一个最根本的异化，就是劳动的异化。劳动生产出了价值，价值中扣除了劳动者再生产的部分，就有了剩余价值。剩余价值被资本家剥夺，就转化为资本。资本家是资本的人格化身，资本家压迫工人，于是，是工人生产出了自己的压迫者。

由于这一最根本的“异化”，产生了一系列的“异化”。资本主义社会的种种社会病，都是由“异化”造成的。例如，机器、理性、规则对人的压迫，都是如此。

其实，感性化也是一种对人的压迫。人所制造的东西，使人无法安宁。在这一切面前，人变得被动无助，成为物、感觉、欲望的奴隶，成为“单向度的人”。

由此，出现了一种“救赎”观，认为艺术是救赎。原本，宗教是救赎。现在，审美代替宗教，于是艺术也是救赎。

艺术不是宗教。艺术有时也能起“救赎”的作用，但本质上不是“救赎”。宗教代表着与现实力量相反的另一种力量，自认为或者被认为是社会之药。这时，宗教与生活只有对立，而无“间距”。艺术则不同，既不同于生活又与生活保持一段距离，不遵守与生活同样的逻辑，又对生活起作用。因此，从这个意义上讲，艺术是生活的营养品，是滋补剂。

艺术要跟上时代，利用技术，但又不是唯技术主义。技术为艺术提供了条件，艺术要利用技术。技术对艺术试图控制，艺术又要摆脱这种控制。在这种“更近”与“更远”的张力关系中，艺术通过保持“间距”而求生存、求发展。

结语：新媒介中审美如何可能？

作为总结，我想将我们的立场再次进行澄清。在新媒介面前，艺术并非致力于对它与技术的距离作刻意的保持。在技术之外，艺术有着独立的追求。然而，技术总是纠缠着艺术，迫使艺术与它形成或保持某种关系。由此，艺术与技术在实际上总是有着某种关系。

艺术需要利用不断出现的新媒介，通过对新媒介的驾驭，获得艺术发展的新动力。但是，艺术又不是新技术的同义语，它总是保持着独立的趣味。对于艺术家来说，归根结底，技术是为艺术服务的。在不断出现的新技术面前，艺术家感受到巨大的冲击，但是，作为艺术家，他们需要的是调动与升华内在的力量，克服这种冲击，从而成为新技术的使用者。

新技术滚滚而来，层出不穷。对于艺术家来说，不能驾驭的新技术，就离它远一点，能够驾驭的新技术，就离它近一点。在这“远”与“近”之间，形成一种“间距”。“间距”的态度，就是艺术的态度，“间距”的立场，也正是艺术家应取的立场。

（原载《江海学刊》2019 年第 1 期）

当机器成为艺术生产主体：人工智能引发文论生产工艺学转向

刘方喜*

内容提要：人工智能正在引发诸多社会文化新现象，在资本框架下，成为“智能主体”的“机器”也在成为艺术“生产主体”，标志着文化智能生产之机器体系正在走向成熟，文论诸多旧范式已无法再对此作充分有效解释，亟待新转型。马克思生产工艺学批判关注“怎样生产”“生产工具”而非“生产什么”“产品特性”，强调生产工艺方式与社会生产关系的相互作用。与物质生产之现代机器体系经历的动能、智能自动化两大阶段相伴随，文艺、文化生产之现代机器体系经历了“机械复制”和“机械原创”两大阶段：现代印刷机、电影、电视等使其进入动能自动化机械复制的半自动阶段，文化产品的物质部分被大规模复制，文化消费大众化被不断推进；作为现代科学技术和机器体系不断革命性、累积性发展的最终成果，当今计算机人工智能则正在使文化生产机器体系进入智能自动化机械原创的全自动阶段，作为生产工具而被资本占有、垄断的智能机器，正在成为智能主体和艺术生产主体，对艺术智能活动中人的主体地位形成挑战；而扬弃资

* 作者简介：刘方喜，1966年生，中国社会科学院文学研究所研究员、博士生导师，马克思主义研究室主任，中国中外文艺理论学会副会长。

本主义私有制、推动生产工具的大众化、民主化，人工智能将成为每个人精神生产力获得解放并自由发展的客体手段。在当今人工智能时代，重构马克思生产工艺学批判，具有重大现实和未来意义。

关键词：人工智能；生产工艺学范式；机器体系；机械原创；机械复制

当“机器”成为“智能主体”：人工智能奇点临近的文论范式转向

“人”之外，正在成为“智能主体”的“机器”也正在成为艺术作品的“生产主体”——这是当今计算机人工智能（Artificial Intelligence，AI）对文艺、文化最具革命性的划时代影响，本文试图将这种影响纳入现代印刷机以来的文化生产之“机器体系”逐步成熟的历史脉络中加以考察和定位。

从当下状况看，AI 正在引发人类社会一场划时代的革命，并与以往历次技术革命不同：美国学者詹姆斯·巴拉特将 AI 称作人类“最后的发明”，并认为 AI 将引发“人类时代的终结”。现代科学技术早已赋予“机器”以“智能”，但这些“智能”是由“人”外加给“机器”的，总体来说，“智能主体”依然是“人”，物化了人的智能的“机器”还只是“客体”，而当今 AI 则是由计算机这种“机器”自动生产出的，或者说是由“机器”内生的，在资本框架下，“机器”正在成为“智能主体”而威胁人的主体地位，以往历次技术革命从来没有这种效果，当然，这也恰恰是现代科学技术和机器体系在资本框架下不断革命性、累积性发展的最终结果。

当然，更具理论性的概括，是用“奇点”（Singularity）来描述 AI 的终结性影响，库兹韦尔甚至为这种奇点来临的进程开出了非常明确的时间表：2045 年奇点来临，而“未来的计算机便是人类——即便他们是非生物的。这将是进化的下一步：下一个高层次的模式转变。那时人类文明的大部分智能，最终将是非生物的。到了21世纪末，人机智能将比人类智能强大无数倍”①，“人”是一种生物性“智能主体”，而AI计算机将成为强大无比的非生物性“智能主体”。比尔·盖茨、霍金、马斯克等一干名流“一致认为人们在较长时期都对机器智能化和不断提升的能力抱有持续的紧张情绪，而且创造这些机器的人也担心它们有一天会替代自己”②，而19世纪创造蒸汽机的瓦特们并不担心自己被替代，担心被动能自动化机器替代的只是蓝领工人；同样，当今创造非智能化计算机、互联网的人，也不担心自己被替代；而创造AI这种智能自动化机器的人则开始担心自己被替代了，那些不是作为AI机器的创造者和拥有者的人（依靠出卖自身体力、智力而获得收入的所有蓝领与白领工人）更是担心自己被替代了，并且实际上AI已开始越来越多替代白领工人所从事的种种工作……“奇点”到来之时，AI作为一种新型“智能主体”似乎将全面超越乃至替代人的主体地位，这看上去足以引发全人类的恐慌。

从现象上看，AI已在诸多智能活动中战胜人类，并且还必将在越来越多领域中超越：计算机深蓝早已大胜人类国际象棋高手，最近智能机器阿尔法狗又击败人类围棋高手，机器人索菲亚在电视直播中说要消灭人类，某国还煞有介事地要赋予索菲亚公民身份，据说智能机器人还要结婚生子……凡此种种商业噱头在全球大众媒体上疯传，刺激着全球大众脆弱的神经，而好莱坞电影工业其实早就在制造着一部又一部智能机器人消灭人类的科幻大片而大发横财。在大众传媒的鼓噪下，面对AI或真或假、或实或虚的威胁，全球大众忧心忡忡。一般地说，文艺生产也是一种“智能活动”，而AI确实也已开始侵入这种文艺智能生产：AI已开始自动作画、作曲等，并且据说如此“创作”

---

① ［美］雷·库兹韦尔：《奇点临近》，李庆诚等译，机械工业出版社2017年版，第15页。

② ［美］史蒂文·希尔：《经济奇点：共享经济、创造性破坏与未来社会》，苏京春译，中信出版社2017年版，第266页。

出的作品还可以拍卖，引发了文化产业研究者关于文艺作品知识产权的无限遐想；AI 也可以自动作诗了，比如微软公司的 AI 机器小冰就开始自动创作现代诗了，并且还出版了一本现代诗集，赚足了全球大众的眼球；而 AI 对于“创作”格律严整的中国古诗当是更为便捷的利器，事实上，一款相关 AI 软件也被很多人下载到自己的智能手机上，不亦乐乎地在人机互动中玩着“创作”古诗的游戏……

AI 对文艺活动最大的影响是：其作为一种“机器（计算机）”也正在成为文艺产品的“生产主体”而开始自动化生产——这对只把“人”视作文艺唯一生产主体的“人学”范式（如 20 世纪 80 年代中国文论界热议的命题“文学是人学”）显然是一种挑战。当然，文论界现在所直接面对的是在西方大众文化研究中形成的“传播工艺学”范式，尽管也注意到了电视机等现代机器对文艺的影响，但其关注点主要是文艺作品的“复制”“传播”“消费”等环节，而现在 AI 直接影响的是其“原创”或初始生产环节，因此，这种“传播工艺学”范式也亟待转换。马克思生产工艺学考察了现代机器体系在物质生产活动中的影响，并且也考察了“机器”尤其现代印刷机在文化生产活动中的影响，其后，本雅明、麦克卢汉等考察了电影、电视等“机器”对文化的影响——这些应可以成为考察当今 AI 对文艺影响的理论资源，当然也需有所转换、拓展和重构。

一般地说，文艺作品包括“精神”或“观念”与“物质”两种因素，其生产过程也就是“观念部分”与“物质部分”生产双重交融的过程，而传统艺术观念往往轻视作品的“物质部分”及其工艺生产流程，关注“怎样生产”“生产工具”而非“生产什么”“产品特性”的马克思生产工艺学，对于批判性反思这种艺术传统观念有针对性指导作用。马克思揭示：革命性、累积性发展的现代科技锻造出自动化“机器体系”，引发人类物质生产一场划时代的生产工具革命，使“机器生产”取代传统“手工生产”，仅仅只从“生产什么”“产品特性”角度，无法揭示其划时代意义，比如现代自动纺纱机（机器生产）纺出的纱与传统手摇纺纱机（手工生产）纺出的纱在基本特性上并无大的不同。马克思、恩格斯还揭示了现代机器尤其自动印刷机对文艺、文化活动的革命性影响，同样，仅仅只从“生产什么”“产品特性”角度，也无法充分揭示其重大意义，比如同一部文学作品，是手抄（手工生产）出来的还是由自动印刷机印刷（机器生产）出来的，其“精神或观念特性”并无大的变化；而现代印刷机对文化活动的革命性影响体现为：对文化活动中人的社会关系的改塑，即它使文化产品大规模的高速生产和传播成为现实，使传统上只能被少数人享用的文化产品，开始被越来越多的人享用，从而推动文化产品消费、生产工具的大众化、民主化。

创构一种新理论范式并不是为创新而创新，而是为了更有效阐释新现实，而后起的新理论范式往往还具有更强的涵盖性，有助于我们重新发现那些重要性被忽视的历史现象和发展脉络。现代技术和“机器”对文艺、文化活动的影响，在西方大众传媒文化研究中还是被提及了，但并未作为主线被加以重视和梳理，而从生产工艺学范式尤其从现代“机器体系”的发展进程，则可以对此作出较为清晰的历史梳理。本雅明的“机械复制”概念对于这种历史梳理有重要助益，从总体上看，现代文化生产之“机器体系”经历了半自动的“机械复制”和全自动的“机械原创”两大阶段。

自动印刷机开启了文化生产之机器体系的“机械复制”阶段。作为一种文化产品尤其文字产品的机械复制技术，自动印刷机使文字产品等大规模高速生产、传播成为现实，使传统上只被少数人享用的文字产品，开始被越来越多的大众消费，开启了文化产品消费的大众化进程；同时，自动印刷机的大规模运用产生的另一后果是大众识字率的大幅度提高，而“文字”可以说也是一种重要的文化生产工具，越来越多的人识字，也就意味着“文字”这种文化生产工具越来越大众化。

其后出现的广播、电影、电视等，则使文化生产机器体系进入

“电子复制”阶段，相对于前此的“印刷资本主义”，西方学者将这一阶段称作“电子资本主义”时代。自动印刷机所复制的文化产品的载体是文字和纸张，而电子技术所复制的则是包括图像、声音在内的电子信号，进一步提高了机械复制的速度，无线电技术则大大提高了传播速度，使文化产品消费大众化得到大大推进，于是，一种真正意义上的“大众文化”“消费（者）文化”的时代到来了。另一方面，相对于“文字”，照相机、录像机、录音机等是大众更容易掌握的文化生产工具，因而文化生产工具的大众化也得到进一步推进。

电视机等之后出现的计算机、互联网使文化生产机器体系进入了新的“数字复制”阶段，“电子资本主义”走向“数字资本主义”时代，但是计算机、互联网发展到第二阶段才更具划时代的革命意义，因此，把它们分成两阶段细加考察非常必要。

总体来说，“非智能化”计算机、互联网 Web1.0，依然还处在文化生产机器体系之半自动化的机械复制和传播阶段。从生产工艺看，计算机成为文化产品的新型生产工具，比如画家可以直接在计算机上设计出构图软件程序，然后打印出很多同样的“作品”，因此总体上还只是一种“复制”技术；再如音乐家也可以在计算机上合成电子音乐作品，如此等等。而总体来说，在这种工艺生产流程中，“生产主体”还主要是“人”。从传播工艺看，在 Web1.0 阶段，互联网像广播、电视一样仍主要是一种文化信息产品的传播工艺或工具——这对于大众来说尤其如此。计算机、互联网数字技术所复制和传播的是包括图像、声音、文字和软件程序等在内的数字信号，其在文化信息产品的复制、传播的规模和速度上已使电视等无法企及，文化大众化发展到崭新高度，但是计算机和互联网更具划时代性的革命意义并不在此。

计算机发展到“智能化”新阶段，才真正引发了一场更具划时代意义的革命，即文化生产之机器体系由半自动化“复制”进入全自动化“原创”阶段。比如智能机器小冰尽管依然是一种计算机软件程序，但“她”不是在“复制”同一篇诗歌作品，而是可以不断地“原创”出一篇篇不同作品，这种智能自动化使“机器”在资本框架下成为文艺作品的“生产主体”，不再像此前的机器那样只复制文化产品的“物质部分”，而是既原创文化产品的“物质部分”，也原创其“观念部分”，因而开始在整体上对文化产品进行“全自动化”生产了，这堪称一场“划时代”的革命。因为在此前的一切时代，文艺“生产主体”总体上还是“人”，当今AI已使这种“人学”大范式不合时宜，AI奇点临近所引发的文论基本范式的转型，恐怕是前此历史上任何一次文论转型都无法比拟的，用西方AI研究者常用的话语来表述，这将是一场“奇点”临近的“终极性”范式转换。

同样，互联网发展到Web2.0阶段，也才真正引发了一场更具划时代意义的革命：互联网社交平台技术，使大众不再仅仅只是文化信息产品的受众或“消费者”，而成为其直接的“传播者”乃至“生产者”。移动互联网社交平台技术与计算机智能技术的融合，锻造出了现代大众终极性的文化生产和传播工具即智能手机。从手机本身的发展看，非智能化手机还只是一种单纯的通信手段，而智能手机则成为大众直接的文化生产工具：此前的照相机、录像机、录音机、文字复印机等众多机器功能皆汇聚到智能手机上，而且智能手机也更容易普及，文化生产工具的大众化得到进一步推进。此外，大众用照相机、录像机、录音机等也可以生产出文化产品，但这些产品往往很难传播出去，移动互联网社交平台则使其传播出去变得容易而便捷，文化大众化、民主化得到了更全面提升。

以上我们勾勒了现代机器体系的发展及其推进文化产品消费、生产工具大众化的历史进程，并在此历史脉络中对当今AI对文艺的影响作了初步定位：由现代印刷机直至非智能化的计算机，机器对文化活动的影响还主要体现在对文化产品的“物质部分”的自动化复制上，因而总体上还处在“半自动化”阶段，机器总体上还只是文化生产的“客体”手段；而同时既生产文化产品的“物质部分”也生产其“观念部分”的当今 AI，则使文化生产机器体系进入“全自动化”阶段，在资本框架下，“机器”正在从整体上成为文化产品生产的“主体”，这对千百年来“人”在文化智能生产中所形成的“主体”地位，显然是一种挑战乃至威胁。

“机器”成为“智能主体”，乃是在资本框架下现代科学技术和机器体系不断革命性、累积性发展的最终结果，而在此之前，动能自动化已首先使机器体系成为“动能主体”，马克思研究机器自动化的生产工艺学批判，对此有很多经典分析。马克思强调：传统的非自动化生产工具始终只是人的“客体”手段，“自动化”乃是使“机器”成为“主体”的前提条件之一，而另一前提条件是自动化机器被“资本”占有和垄断，只是在资本框架下或在“机器的资本主义应用”中，“机器”才成为“主体”，而只有也只要扬弃这种资本主义应用进而扬弃私有制，“机器”才会也就会成为“客体”（详论见后），这对当今 AI 机器来说同样如此。面对 AI 作为“智能主体”必将日益加剧的威胁，许多中西学者提出了人—机互动、并生、共存等方案，但是，不缓解资本及其少数拥有者对 AI 技术及其发展的垄断，这种美妙的方案将难以实现。因此，准确理解和把握当今 AI 对人的文艺活动乃至全部社会活动的影响，需要回到马克思生产工艺学批判和机器自动化理论并加以当代重构。

从物质生产工艺学到文化生产工艺学：马克思理论的当代重构

关注“怎样生产”而非“生产什么”的物质生产工艺学，把自动化“机器体系”视作人类生产现代化的重要标志，这是马克思政治经济学以及历史唯物主义、科学社会主义思想体系中极其重要的有机组成部分，但在传统研究中却被严重忽视了。马克思、恩格斯还讨论了“精神生产资料”和现代印刷机的革命性意义，实际上把文化生产也纳入现代“机器体系”发展中加以考察，已初步涉及“文化生产工艺学”问题，对于我们今天探讨 AI 对文艺的影响有重要指导作用。

其一，马克思物质生产工艺学揭示：作为“社会人的生产器官”的自动化“机器体系”，把现代化生产方式与传统“手工生产”区分开来，与人的体力器官相对应的“动能”的自动化运转，乃是第一次机器革命所锻造出的机器体系的基本特征，而当今 AI 所引发的第二次机器革命所锻造出的机器体系的基本特征是：与人的智力器官相对应的“智能”的自动化运转。

研究 AI 革命的西方学者蔡斯指出：“人类生活和人类社会会因为宗教、文化和新经济体系的实施而发生变革，也会因为某个大人物的激情和信仰而改变，不过，深刻而持久的变革通常都是因为我们发现了新的做事方法，亦即新技术。因此，我们用其主导技术为很多历史时代冠名，比如铁器时代、青铜时代，等等。”① 《资本论》第 1 卷的一个注释中有相近描述：“尽管直到现在，历史著作很少提到物质生产的发展，即整个社会生活以及整个现实历史的基础，但是，至少史前时期是在自然科学研究的基础上，而不是在所谓历史研究的基础上，按照制造工具和武器的材料，划分为石器时代、青铜时代和铁器时代的”，与这个注释相关的正文内容是：

> 各种经济时代的区别，不在于生产什么，而在于怎样生产，用什么劳动资料生产。劳动资料不仅是人类劳动力发展的测量器，而且是劳动借以进行的社会关系的指示器。在劳动资料中，机械性的劳动资料（其总和可称为生产的骨骼系统和肌肉系统）比只是充当劳动对象的容器的劳动资料（如管、桶、篮、罐等，其总和一般可称为生产的脉管系统）更能显示一个社会生产时代的具

① ［英］卡鲁姆·蔡斯：《经济奇点：人工智能时代，我们将如何谋生?》，任小红译，机械工业出版社 2017 年版，第 1 页。

有决定意义的特征。①

研究“怎样生产”而非“生产什么”乃是“工艺学”的最基本思路，其中，“劳动者直接掌握的东西，不是劳动对象，而是劳动资料（这里不谈采集果实之类的现成的生活资料，在这种场合，劳动者身上的器官是唯一的劳动资料）。这样，自然物本身就成为他的活动的器官，他把这种器官加到他身体的器官上，不顾圣经的训诫，延长了他的自然的肢体”②。“劳动对象”主要关乎“生产什么”，而“劳动资料”尤其生产工具关乎“怎样生产”。第一次工业革命所创造出的机器体系，就是一种作为“生产的骨骼系统和肌肉系统”的“机械性的劳动资料”即动能自动化机器体系，正是它决定着资本主义社会生产时代的“具有决定意义的特征”。

不同角度对当今 AI 会作出不同历史定位，前引蔡斯“铁器时代、青铜时代”语表明了一种基于“生产工具”的历史定位，而美国学者布莱恩约弗森、麦卡非更是非常明确地从两次“机器革命”的角度对 AI 作了历史定位：蒸汽机引发了第一次机器革命，而“现在，第二次机器革命时代到来了。就像蒸汽机及其他后来的技术发展克服并延展了肌肉力量一样，计算机和其他数字技术——那种用我们的大脑理解和塑造环境的能力，正在对金属力量做着同样的事情”③。马克思生产工艺学的重大理论贡献，就是对“第一次机器革命”及其社会影响作了系统而深入的考察。马克思当然不可能预测到当今 AI 所引发的第二次机器革命，但是由其相关论述，我们又可以推导出当今 AI 革命出现的必然性：

（1）马克思指出：“达尔文注意到自然工艺史”，而“批判的工艺

① 《马克思恩格斯全集》第 23 卷，人民出版社 1972 年版，第 204 页。

② 《马克思恩格斯全集》第 23 卷，人民出版社 1972 年版，第 202 页。

③ ［美］埃里克·布莱恩约弗森、安德鲁·麦卡非：《第二次机器革命》，蒋永军译，中信出版社 2016 年版，第 10—11 页。

史”要研究“社会人的生产器官的形成史，即每一个特殊社会组织的物质基础的形成史”①。机器就是一种“社会人的生产器官”，而人的生产器官主要包括体力和智力两种要素，与此相对应，作为“社会人的生产器官”的机器也当包括这两个方面，动能自动化标志着其“体力”器官的发育成熟，而其完全发育成熟必然还有待“智力”器官的发育，由此，我们可以把当今 AI 置于马克思所讲的“社会人的生产器官的形成史”或发育史中来加以历史定位：它标志着现代机器体系之“智力”器官也开始发育而走向全面成熟。

（2）关于作为人类生产现代化重要标志的机器体系，马克思有非常经典的论述：“自然界没有制造出任何机器，没有制造出机车、铁路、电报、走锭精纺机等等”，“它们是人类的手创造出来的人类头脑的器官；是物化的知识力量”，“它表明，社会生产力已经在多么大的程度上，不仅以知识的形式，而且作为社会实践的直接器官，作为实际生活过程的直接器官被生产出来”②，而“自动的机器体系（即机器体系；自动的机器体系不过是最完善、最适当的机器体系形式，只有它才使机器成为体系），它是由自动机，由一种自行运转的动力推动的。这种自动机是由许多机械的和有智力的器官组成的”，它“代替工人而具有技能和力量”③，第一次机器革命所锻造出的机器体系已经是“人类的手创造出来的人类头脑的器官”或“有智力的器官”，但这种器官中所物化的“智力”尚未“自行运转”，自行运转的还主要是“体力”：它代替了工人的智力和力量，工人是机器的“使用者”，而机器的“智力”是其“创造者”或“设计者”比如瓦特等人所赋予的，或者说是人“外加”于机器的，因此，这种动能自动化运转的机器并不代替其创造者及其智力；而当今的 AI 机器则使“创造这些机

① 《马克思恩格斯全集》第 23 卷，人民出版社 1972 年版，第 409—410 页。
② 《马克思恩格斯全集》第 46 卷（下册），人民出版社 1980 年版，第 219—220 页。
③ 《马克思恩格斯全集》第 46 卷（下册），人民出版社 1980 年版，第 207—208 页。

器的人也担心它们有一天会替代自己”，智能不再是人“外加”于机器而是“内生”于机器的，或者说，机器器官所物化的“智力”或“智能”也开始“自行运转”，这是当今第二次机器革命所取得的重要成果。由此可以说，作为人类生产现代化的重要标志，“机器体系”经历了“动能”和“智能”自动化两大阶段，而如果说动能自动化对文化生产的影响还是间接的话，那么，智能自动化对作为一种智能活动的文化生产的影响则是直接的，这是考察当今 AI 对文艺影响的一个基本点。

其二，如果着眼于“生产什么”“产品特性”，那么，产品具有精神性的文化生产与物质生产就差别很大；但是，如果着眼于“怎样生产”“生产工具”，那么，文化产品的“物质部分”的生产与物质生产就存在相通之处，马克思、恩格斯对现代印刷机及其社会文化影响的研究表明：他们实际上也把文化生产纳入现代“机器体系”发展中加以考察。

“各种经济时代的区别，不在于生产什么，而在于怎样生产”，将这一思路引入文化生产工艺学就可以转换为：“各种文化时代的区别”也是“不在于生产什么，而在于怎样生产”，与此相关，《德意志意识形态》提出了“精神生产资料”这一重要概念：“统治阶级的思想在每一时代都是占统治地位的思想。这就是说，一个阶级是社会上占统治地位的物质力量，同时也是社会上占统治地位的精神力量。支配着物质生产资料的阶级，同时也支配着精神生产的资料，因此，那些没有精神生产资料的人的思想，一般地是受统治阶级支配的。”[①] 由此来看，能显示资本主义文化时代的“具有决定意义的特征”的“精神生产资料”就是现代印刷机，并且这也是一种自动化运转的“机械性的劳动资料”，并成为当时“机器体系”一个重要有机组成部分，马克思、恩格斯对此多有分析。

① 《马克思恩格斯全集》第 3 卷，人民出版社 1960 年版，第 52 页。

在这方面，常被引用的是马克思的这段话：“火药、指南针、印刷术——这是预告资产阶级社会到来的三大发明。火药把骑士阶层炸得粉碎，指南针打开了世界市场并建立了殖民地，而印刷术则变成新教的工具，总的来说变成科学复兴的手段，变成对精神发展创造必要前提的最强大的杠杆”，而“最伟大的发明——火药、指南针和印刷术——属于手工业时期”。[①] 因此，早期的印刷术在文化生产工艺学上还处于“手工生产”阶段，还只是一种“预告”，而真正“宣告”资产阶级社会到来的是进入自动化“机器生产”阶段的现代印刷机，对此，马克思区分了“手摇印刷机”与“自动印刷机”[②] 的不同，并强调：“像现代印刷机、现代蒸汽织机和现代梳棉机这样的机器，就不是工场手工业所能制造的。”[③] 恩格斯提到了“机器印刷”与“手工印刷”[④] 的不同，由此来看，更能显示资本主义社会文化生产时代的“具有决定意义的特征”的就是自动化的现代印刷机，并与物质生产工艺方式自动化基本同步而成为现代“机器体系”的有机组成部分。

关于现代印刷机等机器的革命性，恩格斯指出：“只要了解和重视我们时代的异常革命的性质，——在这个时代里，蒸汽和风力、电力和印刷机、大炮和金矿的联合作用在一年当中引起的变化和革命要多过以往整整一个世纪”[⑤]，马克思强调：“封建制度也随着城市工业、商业、现代农业（甚至随着个别的发明，如火药和印刷机）而没落了。”[⑥] 联系地看，恩格斯指出：“一系列的发明都各有或多或少的重要意义，其中具有光辉的历史意义的就是火药和印刷术的发明。所有这些发明，都大大促进了当时手工业的发展。商业也以相同的步伐随

① 《马克思恩格斯全集》第 47 卷，人民出版社 1979 年版，第 472 页。
② 《马克思恩格斯全集》第 46 卷（上册），人民出版社 1979 年版，第 357 页。
③ 《马克思恩格斯全集》第 23 卷，人民出版社 1972 年版，第 420—421 页。
④ 《马克思恩格斯全集》第 29 卷，人民出版社 1972 年版，第 453 页。
⑤ 《马克思恩格斯全集》第 9 卷，人民出版社 1961 年版，第 37 页。
⑥ 《马克思恩格斯全集》第 46 卷（下册），人民出版社 1980 年版，第 34 页。

着工业前进。"[1] 他还进一步指出："蒸汽机、机械化的纺纱机和织布机、蒸汽犁和蒸汽脱粒机、铁路和电报、现代化的蒸汽印刷机使得这种荒唐的倒退已经成为不可能的事情；相反，它们正在逐渐地和坚定不移地消灭封建关系和行会关系的一切残余，并且把前一时期遗留下来的一切小的社会矛盾溶解到资本和劳动之间具有全世界历史意义的唯一对抗之中。"[2] 如果说"手工业"阶段的"手摇印刷机"等还不能绝对保证不向封建关系的倒退的话，那么，"大工业"阶段的"自动印刷机"或"现代化的蒸汽印刷机"等使这种倒退已绝无可能，这正是现代自动化机器体系的革命性所在。

关于印刷技术对文化活动中人与人之间社会关系的变革，恩格斯指出："印刷术的发明以及商业发展的迫切需要，不仅改变了只有僧侣才能读书写字的状况，而且也改变了只有僧侣才能受较高级的教育的状况。在知识领域中也出现劳动分工了。"[3] 其《论封建制度的瓦解和民族国家的产生》又指出："印刷术的推广，古代文化研究的复兴，从 1450 年起日益强大和日益普遍的整个文化运动，所有这一切都给市民阶级和王权反对封建制度的斗争带来了好处。"[4] ——这就是前引马克思的话所强调的"印刷术则变成新教的工具，总的来说变成科学复兴的手段，变成对精神发展创造必要前提的最强大的杠杆"，而随着印刷生产由"手工生产"进入自动化"机器生产"阶段，教育和文化普及率如识字率等得到更高程度的提高，文化大众化、民主化得到更进一步发展。

其三，马克思广义的普遍生产工艺学实际上涵盖了文艺、文化生产，对于考察当今 AI 对文艺的影响更具基础性指导意义。

《资本论》第 2 卷把社会的"总生产"分成"生产资料"与"消

① 《马克思恩格斯全集》第 7 卷，人民出版社 1959 年版，第 386 页。
② 《马克思恩格斯全集》第 18 卷，人民出版社 1964 年版，第 77—78 页。
③ 《马克思恩格斯全集》第 7 卷，人民出版社 1959 年版，第 391 页。
④ 《马克思恩格斯全集》第 21 卷，人民出版社 1965 年版，第 457 页。

费资料”的生产两大部类，又把消费资料的生产分成“必需品”和“奢侈品”的生产两小部类，从不是满足人维持基本生存的意义上说，包括文艺在内的文化产品就是一种“奢侈品”而非“必需品”，因此，艺术文化精神产品的生产实际上也构成了社会“总生产”的一个有机组成部分，当今 AI 等新技术革命所产生的一个重要影响是：使文化生产与物质生产更趋融合，马克思考察社会“总生产”的广义的“普遍生产工艺学”就具有针对性更强的指导意义。

生产工艺学考察的是“怎样生产”，而这种“生产”又有广义、狭义之分：《资本论》第 1 卷考察的主要是狭义的“生产”，即商品或产品的生产，而第 3 卷则考察“资本主义生产的总过程”，由此来看，第 2 卷所考察的“流通”也是这种“总过程”的一个重要环节——这种细分，对于考察现代印刷机的历史定位以及其后发展起来的各类文化生产机器等，有重要理论启示：总体来说，现代印刷机主要在文化产品的“复制”环节发挥作用，其后发展起来的与广播、电影、电视等相关机器也是如此，这对文化产品的传播、消费等环节发挥重要作用，而这也会反过来影响文化产品的“原创”或初始生产方式，因此，广义上也可以把这些机器视作文化的“生产工艺方式”，但狭义上它们主要只是文化产品的“传播工艺方式”，而当今 AI 机器革命的划时代影响体现在：开始对文化产品的“原创”环节产生影响，进而成为狭义的“生产工艺方式”，“传播工艺学”范式也亟待转型。

以上主要从联系的角度，考察了现代文化生产与物质生产同时作为“机器生产”的相通之处，但两者毕竟也存在区别：相对而言，物质产品的生产中也包含智力或智能因素，但还是以体力、动力或动能因素为主而总体上表现为一种“动能生产”，因此，动能的自动化总体上就标志着物质产品的自动化生产机器体系的成熟。与之相比，文化产品在构成要素上也包含物质部分，因而其生产过程中也包含体力或动能因素——文化产品的自动化机器生产的第一步就是与物质生产同步的动能自动化；但是，文化生产毕竟以智力或智能因素为主而总体上表现为一种“智能生产”，动能自动化还只是使文化机器生产进入“半自动”阶段，只有现代机器体系进一步发展到第二步即智能自动化，才使其实现“全自动”，进而标志着文化智能生产自动化机器体系正在走向成熟。因此，进一步梳理文化产品由动能自动化机械复制到智能自动化机械原创的进程，对于理解不同于物质产品机器生产的文化智能生产机器体系的发展、成熟过程，是非常必要的。

从机械复制到机械原创：人工智能时代文化生产工艺学批判的重构

前已指出，现代印刷机主要作用于文化产品生产总过程中的“复制”环节，马克思、恩格斯对此并未特别强调，而到了新的文化“复制”机器如电影、电视等出现的时代，本雅明才开始提炼出“机械复制”（Mechanical Reproduction）范畴，这一范畴大致可以概括前此文化生产“半自动”阶段的基本特点；而当今 AI 则使文化机器生产进入“机械原创”（Mechanical Production）的“全自动”阶段，在资本框架下，“机器”正在成为艺术文化的“生产主体”，或者说，艺术文化生产作为一种“智能生产”，也开始被纳入作为“社会人的生产器官”而趋于完全发育成熟的当代“机器体系”之中，准确理解这一历史发展进程及其重大社会意义，还需要重新回到马克思的机器自动化理论和生产工艺学批判。

其一，相对于其他西方马克思主义者对现代技术总体上所持的消极态度，本雅明机械复制理论对技术和机器对文艺的影响持积极态度，并实际上从马克思“物质生产工艺学”引申或推导出了一种“文化生产工艺学”：

当马克思着手分析资本主义生产方式时，这种生产方式尚处于初级阶段。马克思努力使他的研究具有预言价值。他揭示了资本主义生产的基本状况，并通过对这种基本状况的描述使人们由之出发能看到资本主义未来发展的东西。于是人们看到，资本主义不仅越来越增强了对无产者的剥削，而且最终还创造出了消灭资本主义本身的条件。

上层建筑的变革要比基础的变革缓慢得多，它用了半个多世纪才使生产条件方面的变化在所有文化领域中得到体现。只是在今天，我们才能确定这一变革以怎样的形态实现。要作出这个说明，就必然会提出某种程度的预言性要求。①

大多数西方马克思主义者只看到现代技术所塑造的生产方式巩固资本主义的一面，却忽视其“最终还创造出了消灭资本主义本身的条件”的一面，这对于物质生产和精神生产来说皆是如此。本雅明指出：“技术这个概念是这样一种概念，它使文学作品接受一种直接的社会的因而也是唯物主义的分析”，“文学的倾向性可以存在于文学技术的进步或者倒退中”，“他（作家）的工作从来不只是对产品的工作，而同时总是对生产工具加工”，“首先是引导别的生产者进行生产，其次是给他们提供一个改进了的器械，生产的这种模范性才是具有权威性的。而且这个器械使参加生产的消费者越多，越能迅速地把读者和观众变为共同行为者，那么这个器械就越好”②，而“机械复制技术”就是这样一种先进的文艺生产技术、工具或器械，它推动文化产品消费的大众化、民主化，能够显示资本主义社会文化生产时代的“具有决定意义的特征”的就是这种“机械复制技术”，本雅明文化生产工艺学由此考察了其对文艺活动中人的社会关系的影响。

其二，在文化机械复制生产中，生产主体总体来说依然是艺术精英

---

① ［德］瓦尔特·本雅明：《机械复制时代的艺术》，王才勇译，中国城市出版社 2002 年版，第 79—80 页。

② ［德］瓦尔特·本雅明：《作为生产者的作家》，何珊译，《新美术》2013 年第 5 期。

或专业人士，但机械复制工具一方面改变了大众对艺术的关系，艺术产品消费的大众化颠覆了传统艺术消费中的等级秩序；另一方面，它也推动着文化生产工具及其相关技能的大众化，大众也正在一定程度上成为艺术的“生产主体”，而当今智能手机则更进一步推进了这一进程。

本雅明指出，电影等机械复制技术摧毁了传统艺术的“光韵”和“膜拜价值”，“当代电影一般来说就具有了一种革命贡献，即对传统的艺术观念进行革命的批判”，这种对传统艺术观念的革命贡献最终体现在：“艺术作品的机械复制性改变了大众对艺术的关系”，“大众是促使所有现今面对艺术作品的惯常态度获得新生的母体”，比如，“在中世纪的教堂和寺院以及直至18世纪末的宫廷中所存在的对绘画的群体接受，并不是共时的，而是分成次第，由等级秩序所传递的”[①]。这种对“等级秩序”的颠覆还主要发生在艺术品“接受”或“消费”环节，本雅明还从艺术品“生产环节”，揭示机械复制技术在推动文化生产工具及其相关技能的大众化所发挥的积极作用：“几百年以来，文献中的情形都是很少的一部分作者与成千上万倍的读者相对峙。在20世纪末出现了个变化。随着新闻出版业的日益发展，新闻出版业不断地给读者报供了新的政治、宗教、科学、职业和地方的喉舌，越来越多的读者——首先是个别地——变成了作者。这肇始于日报向读者开辟了‘读者信箱’”，自动印刷技术使大众由单纯的“读者（消费主体）”也同时变成了“作者（生产主体）”，而作为更先进的机械复制技术，“电影可轻而易举地摄下所有这一切，而文学在几百年以来所经历的演变，在电影中则只经过10年的历程就实现了”，“电影技巧也同体育运动技巧一样，每个人都是作为半个行家而沉浸于展示技巧的成就中”。本雅明还特别以苏联电影为例加以分析：“在俄罗斯的电影实践中这种演变已经部分地实现了。在俄罗斯电影中的

① ［德］瓦尔特·本雅明：《机械复制时代的艺术》，王才勇译，中国城市出版社2002年版，第108—128页。

有些演员并不是我们意义上的演员，而是扮演自己——首先在他们的劳动过程中——的大众”①，劳动大众的“电影技巧”或表演才能得到一定程度发挥。

本雅明大段引用了胡克斯勒的相关说法：

> 技术的进步导致了……简单化……机械复制和轮转印刷能对文字和图片进行无限复制。普遍教育和相对富足的薪金创造了一大批这样的读者，他们能进行读而且能搞到阅读材料和图片资料。为了提供这些材料，便兴起了一种重要工业。然而富有艺术天赋的人却很少；由此就导致这样的结果……在任何时间内和任何地方，艺术创造物的绝大部分都贬值了。而整个艺术创造物中所含渣滓的百分比在今天比以往任何时期都要高……对音响材料的消费也同样如此。留声机和收音机的繁荣就导致了这样一些听众的出现，这些听众对听觉材料的消费，超越了与居民构成的增长比例，和与有天才音乐家构成的一般增长比例，这就说明，在所有艺术中，不管是从绝对还是从相对而言，对渣滓的生产要比以前来得多；只要人们继续像现在这样不按比例地大量消费阅读材料、形象资料和听觉材料，那么，情形就必定依然如此。

本雅明引完这段话所下的结论是：“这种考察方法显然并不是进步的。”② 以上可以说是对现代大众文化生产机器体系发展史极好的描述，而把“为”大众和“由”大众生产的巨量文化消费品视作“渣滓”或“垃圾”，乃是与这种发展史一直相伴随的一种基于艺术文化精英立场的主流论调。

---

① ［德］瓦尔特·本雅明：《机械复制时代的艺术》，王才勇译，中国城市出版社 2002 年版，第 108—111 页。

② ［德］瓦尔特·本雅明：《机械复制时代的艺术》，王才勇译，中国城市出版社 2002 年版，第 144—145 页。

如果说电影导致艺术“有关技巧的特权性质消失了”的话，那么，当今智能手机更进一步导致了各类艺术技巧的特权性质的消失，“文学在几百年以来所经历的演变，在电影中则只经过10年的历程就实现了”，而智能手机在更短时间内更充分实现了：前已指出，智能手机汇聚了照相机、录像机、录音机、文字复印机等众多机器的功能，而相关AI技术也使大众更容易掌握声音、图像等形式方面的创作“技巧”，比如在当今中国特别火并据说已走向世界的“抖音”，已成为普罗大众“发布”“传播”自己音像产品的平台，而智能手机则成为大众音像产品的“生产工具”，尽管基于精英立场，你会指出，这种音像产品不够“专业”，甚至是垃圾或渣滓，但“这种考察方法显然并不是进步的”！

其三，本雅明由马克思物质生产工艺学推导出文化生产工艺学，而准确、全面把握当今AI对文艺乃至整个人类社会的影响，需要重新回到马克思尤其回到他的机器自动化理论和生产工艺学批判。

本雅明说电影等导致“有关技巧的特权性质消失了”，这种发生在文化生产领域的事，其实早已发生在物质生产领域，马克思指出：“各种特殊的手艺直到十八世纪还称为：秘诀，只有经验丰富的内行才能洞悉其中的奥妙”①，而“使用劳动工具的技巧，也同劳动工具一起，从工人身上转到了机器上面。工具的效率从人类劳动力的人身限制下解放出来。这样一来，工场手工业分工的技术基础就消失了。因此，在自动工厂里，代替工场手工业所特有的专业工人的等级制度的，是机器的助手所要完成的各种劳动的平等或均等的趋势”②，这种发生在手工劳动中的事情，其实也出现在传统艺术劳动中：艺术精英更会把自己的创作技能或天赋视作某种神秘的“秘诀”或独得之秘，并以此建构着艺术生产中的“等级制度”，维护着他们与普罗大众之间

① 《马克思恩格斯全集》第23卷，人民出版社1972年版，第533页。
② 《马克思恩格斯全集》第23卷，人民出版社1972年版，第460页。

“专业—业余”的等级秩序。如果说动能自动化机器体系标志着“使用劳动工具的技巧”从工人身上转到了机器上面的话，那么，当今AI则标志着“思维技巧”“艺术创作技能”等也由人而转移到“机器”上面，这同样将逐步颠覆各类智能活动中的“等级制度”，引发艺术等智能活动“平等或均等的趋势”：比如智能手机里的美图等软件，可以说就是由人而转移到“机器”上的艺术技巧，作为智能手机这种“机器”的“助手”，大众现在也可以制作出非常漂亮的图片艺术品了，从而拉近了与专业图片艺术品制作者的距离，当然，你可以基于精英立场像胡克斯勒那样认为：这种“拉近”恰恰“拉低”了图片艺术品创作的整体水平。

但是，对于动能自动化机器体系对传统手工劳动中等级制度的颠覆及其带来的各种劳动平等化、均等化趋势，马克思并没有绝对加以肯定，因为均等化的人的各种劳动对于不断发展的机器体系来说，恰恰将越来越变得无足轻重而被排挤，从而对蓝领工人形成威胁。同样，当今智能自动化机器体系对传统艺术劳动中“专业—业余”等级秩序的颠覆及其带来的“拉平”各种人的艺术制作能力的趋势，也绝不意味着一种美妙前景，因为AI机器实际上也正在使“人”的艺术生产能力变得越来越无足轻重而被排挤——当然，这首先是对包括文艺“专业人士”在内的白领工人形成威胁。而在资本主义生产关系框架下，无论是在物质生产还是文化生产中，除了“机器”与“人”外，其实还存在第三种更强势要素即“资本”。

“使用劳动工具的技巧”从人身上转到了机器上所形成的结果是：“工具的效率从人类劳动力的人身限制下解放出来”，这同样适用于分析“思维技巧”从人转移到机器上的当今AI革命：智能化计算机作为一种“工具”的“效率”也体现在：把“智能”从人类智力的人身限制中解放出来，或者说，作出一种物理性智能把智能从人的生物性限制中解放出来，一般用“智能爆炸”来描述这种解放效果，库兹韦尔则用“奇点”来临来描述这种解放的最终结果，并强调“未来的计算机便是人类——即便他们是非生物的”，“那时人类文明的大部分智能，最终将是非生物的”，那么，这种将“比人类智能强大无数倍”的AI机器是否会成为“智能主体”而替代人的主体地位呢？这是当今中西有关AI及其社会影响研究中的一个重要议题，而一种流行观点认为：人类可以克服与智能机器之间的对立乃至对抗，而走向人—机互动、并生、共存，但是，这种流行认知忽视了对人—机对抗的社会根源的深入挖掘，或者说，忽视了当今智能活动中除了“机器”与“人”外还存在第三种更为强势要素即“资本”，因而开出的化解对抗的方案的有效性恐怕要大打折扣，而马克思生产工艺学对机器自动化的批判性分析，对探讨这一议题有重要理论启示：

> 尤尔博士，这位自动工厂的品得，一方面把工厂描写成：“各种工人即成年工人和未成年工人的协作，这些工人熟练地勤勉地看管着由一个中心动力（原动机）不断推动的、进行生产的机器体系”；另一方面，又把工厂描写成：“一个由无数机械的和有自我意识的器官组成的庞大的自动机，这些器官为了生产同一个物品而协调地不间断地活动，因此它们都受一个自行发动的动力的支配。”这两种说法绝不是相同的。在前一种说法中，结合总体工人或社会劳动体是积极行动的主体，而机械自动机则是客体；在后一种说法中，自动机本身是主体，而工人只是作为有意识的器官与自动机的无意识的器官并列，而且和后者一同受中心动力的支配。第一种说法适用于机器的一切可能的大规模应用，第二种说法表明了机器的资本主义应用以及现代工厂制度的特征。因此，尤尔也喜欢把产生运动的中心机器不仅描写成自动机，而且描写成专制君主：“在这些大工场里，仁慈的蒸汽力量把无数臣民聚集在自己的周围。”①

① 《马克思恩格斯全集》第23卷，人民出版社1972年版，第459—460页。

尤尔描述了由“自行发动的动力”驱动的动能自动化机器体系所可能出现的两种不同形象：“主体”或“客体”。而马克思强调：自动机成为“主体”的必要前提条件是“机器的资本主义应用”，他还分析指出：“资本不创造科学，但是它为了生产过程的需要，利用科学，占有科学。这样一来，科学作为应用于生产的科学同时就和直接劳动相分离。”① 这种“分离”，在动能自动化机器体系中表现为“使用劳动工具的技巧”从人身上“转移”到了机器上，在智能自动化机器体系中表现为“思维技巧”从人“转移”到机器上，这种“分离”和“转移”并不必然导致机器与人的对抗，或者说，并不必然导致“机器”成为“主体”而威胁人的主体地位。马克思实际上揭示了“机器”成为“主体”两个缺一不可的必要条件：

（1）机器之“自动化”：在传统手工劳动中，非自动化的生产工具始终只是人的“客体”手段，“人”始终是使用生产工具的“主体”；而在现代机器自动化体系中，不是“人”把“机器”当作工具手段来使用或支配，而是机器体系这种“自行发动的动力”在“支配”人，从而成为“主体”——这可以说是“机器”成为“主体”的工艺学上的必要条件。

（2）机器之“资本化”即“资本主义应用”，或“资本”对科学的占有、垄断，这是“机器”成为“主体”的社会学上的必要条件或社会根源。

以上两个方面是复杂交织在一起的，即，机器自动化是在资本主义生产关系框架下实现的，而马克思强调：“决不能从机器体系是固定资本的使用价值的最适当形式这一点得出结论说，从属于资本的社会关系这样一种情况，是采用机器体系的最适当和最完善的社会生产关系。”② ——这正是马克思生产工艺学的“批判性”所在。

① 《马克思恩格斯全集》第47卷，人民出版社1979年版，第570页。

② 《马克思恩格斯全集》第46卷（下册），人民出版社1980年版，第212页。

从逻辑角度看，所谓“必要条件”就是：无之必不然，但有之未必然：“自动化”只是“机器”成为“主体”的必要条件，但“有之未必然”，自动化并不必然导致“机器”成为“主体”，再从发展角度看，扬弃其“资本化”后，自动化“机器”将不再是“主体”而只是“客体”，这是把逻辑与历史统一在一起的马克思工艺学批判所暗含的基本思路。

马克思生产工艺学批判，同样适用于对当今智能自动化机器体系及其社会影响的分析：马克思讲的是动能自动化中“机器”如何成为“动能主体”而支配主要作为体力支出者的蓝领工人，由现代印刷机而非智能化的计算机，人类文艺、文化也进入动能自动化的机器生产阶段，但是，即使是发达的非智能化的计算机，因为未能实现智能自动化运转，总体上仍是人的文化生产的“客体”手段，而当今AI的出现，则使“机器”成为“智能主体”并支配作为智力支出者的白领工人乃至全人类成为可能，但这只是工艺学方面的条件，而社会学方面的条件是：智能机器的“资本主义应用”或资本对AI技术的占有、垄断。同样，当今机器的智能自动化，总体上也是在资本主义生产关系框架下实现的，但同样决不能由此得出结论说：资本主义社会关系是采用智能机器的“最适当和最完善的社会生产关系”，而当前中西有关AI社会影响的研究并未充分意识到这一点。

自人类采用现代自动化机器生产方式以来，就一直有一种流行甚广、甚深的意识形态，认为：人与自己所创造的生产工具之间关系的异化，是科学技术通过自动化机器造成的，这种意识形态观念其实依然流布于当今有关AI及其社会影响的诸多理论中；而马克思则揭示：这种异化是由占有、垄断科学技术的资本造成的。当然，也有不少西方理论家已经意识到这一点，比如希尔在讨论应对AI挑战时指出：

卡尔·马克思曾经想象的共产主义社会中，“没有一个专属的活动领域”，这让“我可以今天做一件事，早晨打猎，下午捕

> 鱼，傍晚喂牛，晚饭后批判，当然这只是我的一个想法，所以我没有成为猎人、渔夫、牧人或评论家”。显而易见，暴怒的共享经济倡导者采取了一种新的马克思主义信条，但这是颠倒了的马克思主义。在巨大的不平等和所有权被驯服后，马克思设想了他的新社会。①

技术悲观主义者只看到 AI 作为“智能主体”威胁人的消极面，所谓“共享经济倡导者”作为技术乐观主义者却只看到积极面，即 AI 技术正在推动物质和文化产品消费、生产工具的共享化，但是问题在于，从现状看，无论西方还是中国，由 AI 和互联网等技术锻造出的所谓“共享经济”模式，在其发展中也出现越来越多的乱象，在希尔看来，这正是由“巨大的不平等和所有权”没有被“驯服”造成的，而改变这种现实状况和发展趋势，就必然还需要对所有权等社会制度进行全面变革。到了共产主义社会，每个人的体力和智力都将得到全面解放和充分自由发展，以此来看，扬弃资本主义私有制、推动生产工具的大众化与民主化，使作为“社会人的生产器官”完全发育成熟的动能、智能自动化的“机器体系”为每个人所共享，AI 将成为每个人精神生产力获得解放并自由发展的客体手段。在当今 AI 时代，重构马克思生产工艺学批判，具有重大现实和未来意义②。

（原载《江海学刊》2019 年第 3 期）

---

① ［美］史蒂文·希尔：《经济奇点：共享经济、创造性破坏与未来社会》，苏京春译，中信出版社 2017 年版，第 367—368 页。

② 详细分析参见刘方喜《技术、经济与社会奇点：人工智能革命与马克思工艺学批判重构》，《马克思主义与现实》2018 年第 6 期。

艺术的跨媒介性与艺术学理论的跨媒介建构*

周计武**

内容提要： 艺术媒介是连接艺术家与欣赏者、艺术生产与艺术接受、艺术品与世界的中介环节。作为艺术的核心要素，媒介与艺术家、欣赏者、世界和艺术品一起建构了艺术实践与艺术研究的坐标。在图像转向与跨媒介转向的双重文化语境中，艺术的跨媒介性研究破除了作品本位与文学中心论，不仅拓展了艺术学理论的研究领域，而且有效地阐释了各门类艺术之间的共通性，实现了方法论上的跨学科融合，为艺术学理论的跨媒介建构提供了合法性依据。

关键词： 艺术媒介；跨媒介转向；跨媒介性；艺术学理论；知识学

元艺术学与门类艺术学的冲突，艺术学理论与艺术哲学、美学、文艺理论等学科之间的边界，中国艺术学理论知识体系的挖掘、阐释与重构等问题使艺术学理论成为一个充满争议的知识生产场域。争议一方面源于专业艺术院校与综合性大学在专业方向设置、学术研究传统和人才培养模式上的差异，前者倾向于专业艺术技能的培养和门类

* 本文系国家社科基金重大项目“西方美学经典及其中国传播接受的比较文献学研究”（项目号：17ZDA021）、国家社科基金重大项目“数字媒介时代的文艺批评研究”（项目号：19ZDA269）的阶段性成果。

** 作者简介：周计武，1977 年生，文学博士，南京大学艺术学院教授、博士生导师。

艺术史论的研究，后者以研究各门艺术的共性规律为主导，倾向于复合型人才的培育和形而上的艺术哲学、美学或元艺术学的研究；另一方面源于艺术学理论在学科边界上的居间性、模糊性、不确定性和非自主性。[①] 如果艺术学理论是中国艺术界对世界艺术学领域的独特贡献，那么如何通过对学科“居间性”的认知，确立具有共通性的概念、范畴、方法和原理，建构一种超越各门类艺术、具有总体性和纲领性的知识体系呢？这是摆在艺术学人面前的一个迫切需要回答的问题。我们主张从艺术的跨媒介性出发，探讨不同艺术媒介之间的挪用、转换、融通与整合的可能性，把握艺术的媒介特殊性与跨媒介性、多样性与统一性的辩证关系，建构艺术学理论的共性原则和知识谱系。

艺术的媒介之维

我们现当代艺术研究的分析框架长期受到美国艺术理论家艾布拉姆斯的艺术四要素论的影响。每一件艺术品总要涉及四个要点：作品、艺术家、世界、欣赏者。尽管一般理论会涉及四个要素，但批评家往往根据其中一个要素，来界定、划分和剖析艺术品的主要范畴，生发出借以评判艺术品的四类价值标准：模仿说、表现说、实用说、客观说。[②] 这种理论框架与英美新批评一致，是一种静态的、共时性的内部研究，具有鲜明的作品中心论色彩，忽视了作品意义的生成语境以及作品的生产、传播与接受机制。

---

① 参见周宪《艺术理论的三个问题》，《文艺理论研究》2014 年第 3 期；周宪《艺术理论的文化逻辑》，北京大学出版社 2018 年版，第 3—17 页；赵奎英《艺术学理论的名称、对象、边界与谱系》，《艺术百家》2017 年第 1 期；王廷信《艺术学理论的使命与地位》，《艺术百家》2011 年第 4 期；黎明《艺术学理论：边界的焦虑与困境》，《南京艺术学院学报》2018 年第 4 期；《北京大学学报》2016 年第 6 期上发表了周宪、沈语冰、高建平、彭锋四人关于艺术边界与艺术性重建问题的笔谈文章，分别是《换种方式说“艺术边界”》《艺术边界及其突破：来自艺术史的个案》《大众文化挑战下艺术性的重建》《艺术边界的失与得》。

② ［美］M. H. 艾布拉姆斯：《镜与灯：浪漫主义文论及批评传统》，郦稚牛、张照进、童庆生译，王宁校，北京大学出版社 2015 年版，第 4—5 页。

与主张价值评判的人文学者不同，社会学研究者倡导价值中立的立场，把艺术视为“活动”（activity），从体制的（institutional）外部视角探讨艺术创作者、接受者、社会世界与艺术产品之间的文化逻辑。在艺术社会学的视域中，艺术是艺术家和艺术界的其他行动者集体创造的；艺术并不触及整个“社会”，而仅仅触及由社会体系中的个体组成的特定群体；接受者对艺术的接受受到个体价值观、社会地位及其所处社会网络的中介作用（mediated）；由各种规范、价值观、法律、制度和社会组织构成的社会世界，影响着艺术家、艺术传播与分配体系、文化消费者，并由此塑造了艺术。这种分析框架揭示了艺术意义的社会建构性，强化了艺术的体制力量，但弱化了艺术的审美维度，把艺术品的分配过程与艺术的社会生产过程混淆了。

无论是内部研究，还是外部研究，都忽视了作品与艺术界行动者、作品与世界之间的中介环节。如亚历山大所言：“艺术即传播。艺术必须从创作者手中传递到消费者手中。这意味着，艺术需要由一些人、组织或网络来进行分配。”① 由此，亚历山大嵌入了“分配者”这个中介环节（如图1）。这个菱形图打破了艺术与社会之间的直接联系，从生产与消费两个方面批评了反映和塑造取向。分配者在艺术活动的实践中主要起到“把关人”（gate keeper）的作用，决定了哪些艺术产品能传播以及以何种方式传播给观众。这意味着“艺术和社会之间的关联永远都不会是直接的，它们必然一方面受到艺术创作者，另一方面受到接受者的中介”②。考虑到艺术传播的载体是媒介，而介于艺术生产和接受之间的分配者主要是艺术界的文化媒介人，我们可以把菱形图的“分配者”改为“媒介”。艺术的形式和意义必须依赖媒介才能得以表现，也必须依靠媒介才能得以传播、鉴藏，从而被欣赏者理解，

① ［英］维多利亚·D. 亚历山大：《艺术社会学》，章浩、沈杨译，江苏美术出版社2013年版，第70、71页。

② ［英］维多利亚·D. 亚历山大：《艺术社会学》，章浩、沈杨译，江苏美术出版社2013年版，第70、71页。

进入社会表意实践的阐释环节。它不仅是打通艺术家内在思维与艺术创作外化的通道，而且是连接艺术家与欣赏者、艺术生产与艺术接受、艺术品与世界的中介环节。作为艺术实践的核心要素之一，媒介与艺术家、欣赏者、世界和艺术品一起建构了艺术实践与艺术研究的坐标（如图2）。何为艺术的媒介？张晶认为，“媒介是艺术家在艺术创作中凭借特定的物质性材料，将内在的艺术构思外化为独特的艺术品的符号体系”①。这个定义从质料（即媒材）和形式（即符号）两个层面界定了媒介的内涵，却忽视了物化的作品在艺术传播中承担的媒介载体功能。因此，艺术媒介至少应该包含三个具体的向度，即物质媒介、符号媒介和传播媒介。它们分别对应于艺术的质料、形式和载体。质

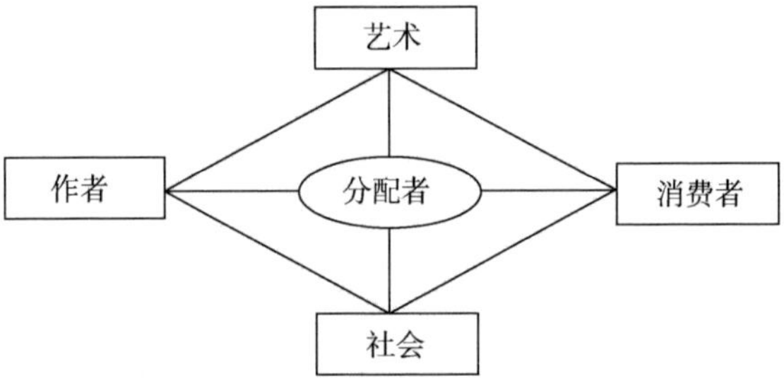

图1　亚历山大的文化菱形

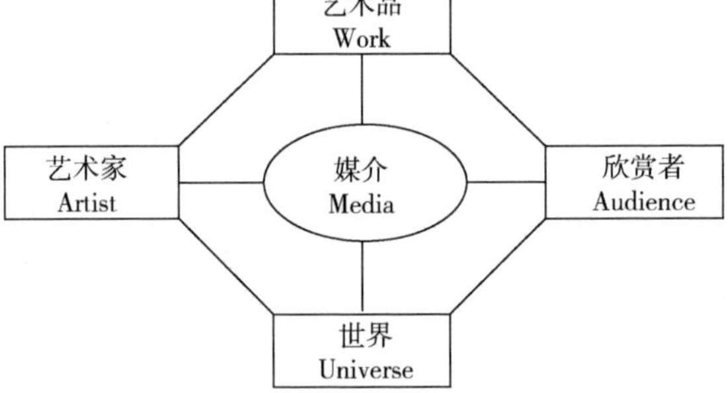

图2　艺术五要素论

① 张晶：《艺术媒介论》，《文艺研究》2011年第12期。

料是支持媒介信息内容与形式的物质条件；形式是媒介信息的表达手段；载体是媒介信息的传播渠道。这种分类思路把媒介定义为信息传递的特定技术和文化体制。某种审美经验以特定方式编码，通过媒介存储、再现和发送，然后在欣赏者那里解码。

事实上，艺术的媒介之维在艺术理论知识的建构中并没有缺席。亚里士多德早在《诗学》中就指出了艺术媒介在艺术分类中的重要性："史诗和悲剧、喜剧和酒神颂以及大部分双管箫乐和竖琴乐——这一切实际上是模仿，只是有三点差别，即模仿所用的媒介不同，所取的对象不同，所用的方式不同。"① 文学用语言来模仿，绘画和雕塑用颜色和形态来模仿，舞蹈用融合在舞姿中的节奏来模仿，音乐用节奏和音调来模仿。卡西尔主张，媒介是艺术创作过程的本质要素，"文字、色彩、线条，空间形式和图案、音响等对他来说都不仅是再造的技术手段，而是必要条件"②。艺术情感的形式化不仅体现在黏土、青铜、大理石、画布、胶片、屏幕等特殊的物质媒介中，而且体现在激发美感的韵律、色调、线条、布局、造型等符号媒介中。正是这些结构化了的形式通过纸张、书籍、电台、电视、计算机网络等传播媒介感染了艺术的接受者。美学家鲍桑葵也强调艺术家"受魅惑的想象就生活在他的媒介的能力里；他靠媒介来思索，来感受；媒介是他的审美想象的特殊身体，而他的审美想象则是媒介的唯一特殊灵魂"③。审美想象及其创造艺术幻象的能力源于不同门类艺术媒介的特殊性。只有发挥各门艺术的媒介优势或媒介特点，艺术才能虚构充满魅力的幻象世界。

在艺术生产中，艺术媒介的特殊性主要具有两种功能。一是艺术创造的必要条件和技术手段，正是媒介的特殊性为艺术家"随物赋

---

① ［古希腊］亚里士多德：《诗学》，罗念生译，人民文学出版社 1984 年版，第 3 页。

② ［德］卡西尔：《语言与神话》，于晓等译，生活·读书·新知三联书店 1988 年版，第 141 页。

③ ［英］鲍桑葵：《美学三讲》，周煦良译，上海译文出版社 1983 年版，第 31 页。

形”的能力奠定了基础。二是现代艺术分立的合法化依据，正是媒介特殊性赋予了不同门类艺术以差异性。在艺术传播中，艺术媒介的特殊性承担了“中介功能”：它不仅赋予作品以意义，在作品之间建立了某种延续性，而且在艺术家和欣赏者之间架起了沟通的桥梁，以传播方式影响了欣赏者对“有意味的形式”的接受。如阿诺德·豪泽尔所言，艺术品的接受涉及无数的中介体制，它是“艺术传播的必经之路”和“艺术社会学的流动网”，“为艺术发展提供了道路并决定着艺术趣味变化的方向”。[①]

艺术的跨媒介转向

上述媒介特殊性建立在单一媒介或“纯媒介”（pure medium）的认知之上。这种纯媒介是现代主义通过自我批判确立各门类艺术“纯粹性”（purity）和“自主性”（autonomy）的基础。“自我批判”旨在从艺术媒介最基本的特性中找到艺术自我合法化的依据，而排除任何可能从别的艺术媒介中借来的或经由别的艺术媒介而获得的审美效果。

格林伯格发表于《党派评论》的《前卫与庸俗》（1939）、《走向更新的拉奥孔》（1940）和《新雕塑》（1948/1958）三篇文章集中阐述了这个议题。他认为，“从原则上讲，一件现代主义艺术作品必须全部依赖于在其媒介的最为基本的性质中被给予的经验秩序。除了其他一些东西外，这意味着要放弃错觉和明确性。艺术要通过完全在其独立和不可还原的自我基础上实现具体性与纯粹性”[②]。各门类艺术将在媒介的特殊性和纯粹性中找到艺术自主性的合法依据及其独一无二的品质。以绘画为例，它要主动放弃从文学中借用来的诗意、叙事性

---

① ［美］豪泽尔：《艺术社会学》，居延安编译，学林出版社 1987 年版，第 168 页。

② ［美］格林伯格：《艺术与文化》，沈语冰译，广西师范大学出版社 2015 年版，第 91—192 页。

等文学效果，放弃从雕塑、建筑借用来的错觉和明确性，放弃从音乐、舞蹈中借用来的音调和节奏感，转而追求绘画的不可还原的本质。这种“不可还原的本质”建立在媒介自身的独特性及其确立的经验感知秩序之上，并在逻辑上把媒介推向“纯粹性”，以避免其他媒介效果的介入。在《抽象表现主义之后》（1962）一文中，格林伯格主张，“绘画艺术不可还原的本质似乎由两个构成性的常规或准则组成：平面性与平面性的边界。遵守这两个准则已足以创造一个可以被经验为一幅画的对象。因此，一张展开的或被钉起来的画布，早已作为一幅画存在，尽管并不必然是一幅成功的画”。[①] 绘画的平面性及其边界建立在绘画物质媒介和符号媒介的纯粹性之上。对物质媒介而言，颜料可以变成自身的主题，“把颜料处理为颜料：湿润、粘性、滴撒、厚重”[②]，这是一种基于媒介质料特性而建构起来的唯物美学（materialist aesthetic）。对符号媒介而言，任何媒介艺术在抽丝剥茧到基本构成元素后，就会发现“艺术品质取决于受到启发的、可感的关系或比例”[③]。这种纯粹性若在逻辑上被推到极端，就能把一张空白的画布视为一幅画。

事实上，当这种逻辑被推向极端，就可能出现审美效果与艺术媒介性的反转。以极简主义艺术为例，它至少从三个方面突破了单一媒介的制约。第一，它突破了物质媒介特殊性的限制，不同艺术媒介的效果再次混同。以贾德（Donald Judd）1969 年的《无题》为例，它是一件挂在墙上的由相同规制的十个铜盒子构成的作品。一方面，它遵循了架上绘画的功能，延续了雕塑的三维空间性；另一方面，它抛弃

① Clement Greenberg, “After Abstract Expressionism”, in *The Collected Essays and Criticism* (Vol. 4), ed., John O'Brain, Chicago and London: The University of Chicago Press, 1993, pp. 131 – 132.

② ［美］阿瑟·C. 丹托：《艺术的终结之后：当代艺术与历史的界限》，王春辰译，江苏人民出版社 2007 年版，第 110—111 页。

③ Clement Greenberg, “Avant-Garde Attitudes: New Art in the Sixties”, in *The Collected Essays and Criticism* (Vol. 4), ed., John O'Brain, Chicago and London: The University of Chicago Press, 1993, p. 300.

了绘画平面的基底及其内在元素构成的简洁性，抛弃了雕塑的基座、自然主义和拟人化的形象，既非绘画也非雕塑。第二，它突破了符号媒介的特殊性，观者的目光不再局限于画面内，而是转向艺术空间的语境，转向艺术家、欣赏者、艺术品以及展示空间共同建构的“剧场性”。物品、光线、身体、空间构成了情境化的剧场。在这个舞台般的剧场中，物是情境化的焦点，它以日常用品的方式占据着空间，没有画框和基座。这种“破框而出”的艺术效果唤醒了观者对空间本身的体验，以及同时向前与向后、在绵延中被加以领会的无限感。第三，形状即物品，它利用物的形状来营造形式的单一性。它否定了现代主义的结构形式，凸显了艺术品的“物性”并将之实体化，“好像物性本身能够确保某物的身份，若不是非艺术，至少是非绘画或非雕塑”①。

这种对媒介特殊性的突破，旨在强调不同门类艺术媒介之间的相互挪用、转换与融通，以追求超越自身媒介特性的“跨媒介”（intermedia）效果。它试图跳出艺术媒介的“本位”，“强使材料去表现它性质所不容许表现的境界”②，比如用画来写意，用诗来描绘。德国美学称其为“出位之思”（Andersstreben），旨在通过“对自身界限的部分背叛”和不同艺术媒介之间的融通，“相互间提供新的力量”，加强艺术的表达效果，赋予艺术品以富有生命力的形式。③“诗中有画，画中有诗”，“建筑是凝固的音乐，音乐是流动的建筑”等表达，都旨在打破艺术媒介之间的界限，实现理想化的完美艺术效果。

在20世纪60年代，跨越艺术边界的冲动成为一种艺术潮流，媒介多样性和数字化日益影响文化实践和意义生产，如激浪派（Flux-

① Michael Fried, *Art and Objecthood: Essays and Reviews*, Chicago and London: The University of Chicago Press, 1998, p. 152.

② 钱钟书：《中国画与中国诗》，载［日］浅见洋二《距离与想象——中国诗学的唐宋转型》，金程宇、［日］冈田千穗译，上海古籍出版社2005年版，第113页。

③ ［英］佩特：《乔尔乔内画派》，《文艺复兴：艺术和诗的研究》，张岩冰译，广西师范大学出版社2002年版，第170—171页。

us)、偶发艺术（Happening)、新现实主义（Nouveaux Réalisme)、行为艺术（Performance)、观念主义（Conceptualism)、过程艺术（Process art)、波普艺术（Pop Art)、贫乏艺术（Arte povera）等“新先锋派”艺术。艺术的跨媒介实践与艺术的跨媒介性研究相辅相成，共同推动了艺术的“跨媒介转向”（intermedia turn)①。

何为跨媒介？作为一种艺术现象，它指的是某物在空间或时间上是居间的或介于两个对象之间的。浪漫主义诗人柯勒律治率先把这个术语运用到文学实践中，用来表达作品中对其他门类艺术效果的虚拟追求，或将隐喻（allegory）定义为特殊与一般之间的中介。② 当代意义上的“跨媒介”一词最早出现在激浪派艺术家迪克·希金斯（Dick Higgins）1966年发表的《跨媒介》（Intermedia)③ 一文中。

首先，跨媒介是一种空间上的“位置”，介于两种实体之间或两种媒介之间（inter)，旨在“强调媒介之间的辩证关系”，其核心问题“是新发现的方法如何被我们恰当和明白地使用”④。按照他的说法，现成品艺术属于艺术媒介与生活媒介之间的跨媒介。同样，约翰·凯奇的《4分33秒》探索了音乐与哲学之间的跨媒介。

其次，跨媒介是相对于纯媒介而言的，旨在打破等级化的纯媒介艺术观及其不平等的社会结构。这种意识形态上的内涵解放了艺术品的“物性”，使跨媒介艺术在越界的冲动中突破艺术品的雅与俗、精英与大众之间的樊篱，将不同层次的艺术欣赏者整合到具体的艺术品空间中。因此，它是“剧场化的”（theatrical)，艺术与剧场之间的差异被一个幻觉取代，即“各种艺术之间的藩篱正在消失，各种艺术本

① See Werner Wolf, “Towards a Functional Analysis of Intermediality: The Case of Twentieth-Century Musicalized Fiction”, in Walter Bernhart, ed., *Selected Essays on Intermediality by Werner Wolf* (1991 –2014), Leiden: Brill, 2018, pp. 38 –39.

② Stephanie A. Glaser, “Dynamics of Intermedial Inquiry”, *Media inter Media: Essays in Honor of Claus Clüver*, Stephanie A. Glaser ed., New York: Amsterdam, 2009, p. 13.

③ Dick Higgins, “Intermedia”, *Leonardo*, Vol. 34, No. 1, 2001, pp. 49 –54.

④ Dick Higgins, “Statement on Intermedia”, *Dé –coll/age* (*décollage*), No. 6, 1967.

身终于滑向了某种最终的、闭塞的、高度称心的综合”[①]。

最后，对先锋派和最前沿的创意结合传统艺术形式或媒介，创造出新的、令人兴奋的作品。在此意义上，跨媒介是一种艺术形态，涉及两种或两种以上艺术媒介特性及其艺术观念之间的移植、转换、交互、融合。各种传统的与新兴的媒介元素通过观念上的融合，把“传统与创新并置起来”，因此把经典作品、历史造物置入新的语境之中，并邀请欣赏者“重构那些在声音、形象、音响或印刷言语中已经熟悉的踪迹”[②]。简言之，跨媒介艺术是由两种或多种媒介元素融合而成的艺术品，从插图书到哥特式大教堂，从装置艺术到行为艺术。

艺术的跨媒介性

在跨学科研究视域中，跨媒介性（intermediality）既用来描述艺术实践中的跨媒介现象，也用来指作为方法论的艺术跨媒介研究。

第一，它是一种关系属性而非内在于作品中的绝对属性。在跨媒介艺术实践中，它特指两种或两种以上媒介之间的交互性与融合性。狭义上的跨媒介性涉及当代艺术尤其是新先锋派艺术中语词、形象、声音之间以及不同文本之间的互文现象。广义上的跨媒介性泛指任何“经典”艺术中的跨媒介特性及其“出位之思”。这种广义上的用法建立在对艺术的跨媒介认知之上，即任何艺术品都是跨媒介的，都趋向于一种理想的、复调性的“总体艺术”（Gesamtkunstwerk）。它经常发生在不同艺术媒介之间，尤其是空间艺术之间（比如绘画与雕塑），时间艺术之间（比如诗歌与音乐），以及空间艺术与时间艺术之间

---

① ［美］迈克尔·弗雷德：《艺术与物性：论文与评论集》，张晓剑、沈语冰译，江苏美术出版社2013年版，第174页。

② Stephanie A. Glaser, “Dynamics of Intermedial Inquiry”, *Media inter Media: Essays in Honor of Claus Clüver*, Stephanie A. Glaser ed., New York: Amsterdam, 2009, p. 27.

（比如诗歌与绘画、绘画与音乐）相互仿效、彼此融通的时刻。英国唯美主义批评家佩特（Walter Pater）描述道："一些最美妙的音乐似乎总是近似于图画，接近于对绘画的界定。同样，建筑虽然也有自己的法则——足够深奥，只有真正的建筑师才通晓——但其过程有时似乎像在创作一幅绘画作品，比如阿雷那的小教堂；或是一幅雕塑作品，比如佛罗伦萨乔托高塔的完美统一；它还常常会被解读为一首真正的诗歌。"① 由此推论，我们不难理解米歇尔的论断："所有艺术都是'复合'艺术（既有文本也有图像），所有媒介都是跨媒介，包含不同的符码、话语传统、发生渠道、感觉与认知模式。"②

第二，它是一种跨学科的理论与方法，侧重分析跨媒介艺术生产、传播与接受中不同媒介之间的动态关系，以及不同媒介类型的艺术品交互关系。③

狭义的跨媒介性概念较为具体，涉及两种或两种以上艺术媒介之间的转换与融通，一般分为历时性的跨媒介性和共时性的跨媒介性，作为基础概念的跨媒介性和作为艺术品范畴的跨媒介性。④ 历时性的跨媒介性涉及不同的跨媒介文本类型在艺术史中的流变。共时性的跨媒介性涉及具体的跨媒介艺术在生产、传播与接受中的交互性。作为基础概念的跨媒介性是一种理论话语上的提升，涉及艺术跨媒介性的普遍特征。作为艺术品范畴的跨媒介性，是指不同媒介之间具体的交互关系，决定了作品的意义和外在形态。

广义的跨媒介性概念认为，任何艺术品都是跨媒介的，都可以进行跨媒介性研究。一方面，它是不同媒介文本之间（inter）的类型学

---

① ［英］沃尔特·佩特：《文艺复兴》，李丽译，外语教学与研究出版社2010年版，第169页。

② Mitchell，W. J. T.，*Picture Theory*：*Essays on Verbal and Visual Representation*，Chicago：The University of Chicago Press，1995，p. 94.

③ Stephanie A. Glaser，"Dynamics of Intermedial Inquiry"，*Media inter Media*：*Essays in Honor of Claus Clüver*，Stephanie A. Glaser ed.，New York：Amsterdam，2009，pp. 11 – 12.

④ Irina O. Rajewsky，"Intermediality，Intertextuality，and Remediation：A Literary Perspective on Intermediality"，*Intermédialités*，No. 6，2005，pp. 47 – 49.

研究，涉及不同媒介文本之间的改写或重写（如文学的电影改编），多种媒介元素融合成新的艺术品实体（如新媒体艺术），艺术文本的跨界传播（如电影在影院屏幕、电视、手机等不同终端设备上放映）等。另一方面，它也包括单媒介文本（如文学、绘画、音乐、舞蹈、雕塑等传统艺术门类）、综合媒介文本（由两种或两种以上的媒介综合而成的艺术，如戏剧、音乐剧、电影等）中的虚拟跨媒介性研究，纯诗的音乐性、图像叙事、音乐的叙事性等都属于此范畴。它是批评家方法论的产物，并不直接影响作品的意义和外在形态，因此是虚拟的。以维尔纳·沃尔夫（Werner Wolf）在《小说的音乐化：跨媒介性理论与历史研究》中对音乐化小说（musicalized fiction）的探讨为例，它是小说在叙事中对音乐节奏、基调、结构的隐性模仿，因此属于文学与音乐之间的虚拟跨媒介性研究。弗吉尼亚·伍尔夫的短篇小说《弦乐四重奏》、乔伊斯的《尤利西斯》等小说，在叙事结构与表现手法上采纳了音乐化的叙事策略，通过模仿音乐的自我指涉性、情感表现性和“复调”（polyphony）式的叙事结构，获得了一种陌生化的艺术效果。[①] 广义的跨媒介性已经成为许多学科的核心概念。这些学科既包括语言学、文学理论、艺术史、音乐学、戏剧影视学、新媒体艺术等人文学科，也涉及社会学、人类学、传播学、文化研究等社会科学，以及媒介考古学、数字人文、媒介环境学等跨学科研究，因此需要许多特殊的方法来界定。

艺术跨媒介性研究的问题视域学科研究是动态的。有的学者依然在比较艺术（comparative arts）的视域中，以文学为中心来研究文学与绘画、音乐、戏剧等门类艺术之间的交互关系。加布里埃尔·李普（Gabriele Rippl）在《跨媒介性手册》中认为，跨媒介性问题至少有

---

① See Werner Wolf, “Towards a Functional Analysis of Intermediality: The Case of Twentieth-Century Musicalized Fiction”, in Walter Bernhart, ed., *Selected Essays on Intermediality by Werner Wolf (1991 – 2014)*, Leiden: Brill, 2018, pp. 50 – 57.

三类：一是图文关系，包括“艺格敷词”（ekphrasis）、文学与摄影、文学与电影、跨媒介叙事、文本与图像的结合；二是音乐、声音与表演，涉及文学与音乐理论、文学声学、诗歌的音乐化、跨媒介操演性（intermedial performativity）等；三是跨媒介方法论与交错性。[①] 有的学者主张涵盖多媒介、新技术并质疑学科的传统边界，来重新建构跨艺术研究（Inter-Arts Studies）的知识版图。[②] 我们认为，应该以艺术的跨媒介性为切入点，在跨学科的视域中研究不同艺术媒介、不同门类艺术之间的交互关系，建构艺术学理论的知识谱系。

跨媒介性研究与知识谱系的重构

社会存在决定知识的生成逻辑。作为人文学科，艺术学理论的知识生产一方面受到具体的社会语境、文化逻辑与历史上下文的影响和制约，另一方面离不开人的思想与意识，离不开艺术界行动者之间的社会互动及其共同体的精神结构。正是结构化的认知惯例建构了艺术学理论的知识。这不是一种可以测量的客观知识，而是一种不确定的主观知识，因为艺术观念的选择不仅受价值观和目的论的支配，而且受知识主体的认识论影响。[③] 如果以不确定性作为艺术学理论知识体系的基础，那么我们必须承认：学科边界的跨越与渗透所造成的互动与重组，就像边界的形成与维持一样，也是知识生产与知识构成的中心。[④] 在此意义上，艺术的跨媒介性研究对门类艺术理论与门类艺术

① Gabriele Rippl, ed. , *Handbook of Intermediality*, Berlin & Boston: Walter de Gruyter, 2015, p. 1.

② Anke Finger, “Comparative Literature and Interart Studies”, in Steven Tötösy de Zepetnek and Tutun Mukherjee eds. , *Companion to Comparative Literature*, *World Literatures*, *and Comparative Cultural Studies*, Cambridge: Cambridge University Press, 2013, p. 131.

③ ［美］沃勒斯坦：《知识的不确定性》，王昺等译，郝名玮校，山东大学出版社 2006 年版，第 1、7、8 页。

④ ［美］克莱恩：《跨越边界——知识、学科、学科互涉》，姜智芹译，南京大学出版社 2005 年版，第 2 页。

史学科边界的突破，有助于打通不同门类艺术之间、不同学科之间以及人文与科技之间的学术壁垒，为建构弹性、开放、具有共通性的艺术学理论框架奠定学理基础。在知识学的视野中，艺术的跨媒介性研究需要完成五个方面的任务。

一是艺术跨媒介性理论的文献学研究。虽然“跨媒介”“跨媒介性”等学术概念是20世纪的产物，但相关理论话语在中西方艺术理论文献中古已有之。中国古典文献中有关诗乐舞一体论、诗书画同源论的跨媒介性思想散见于各种诗话、词话、乐论、书画美学、小说评点之中。一方面，这与中国文人喜欢以诗论诗的批评传统有关；另一方面，这些话语多是趣味性与功能论的鉴赏与品评，服从于中国士林的雅趣和传统文化的礼乐精神。如《毛诗序》所言：“诗者，志之所之也，在心为志，发言为诗。情动于中而形于言，言之不足，故嗟叹之，嗟叹之不足，故永歌之，永歌之不足，不知手之舞之，足之蹈之也。情发于声，声成文谓之音。”诗、乐、舞，虽然表达媒介不同，但都是情感的表达形式。宋元以来，伴随文人画的兴起及其对诗情画意的追求，诗画的同一性成为主导性的艺术观。苏轼说：“诗中有画，画中有诗”；“诗画本一律，天工与清新”。诗歌与绘画在表达媒介上具有差异性，但在创造审美意象方面具有同一性。无独有偶，这种基于差异性基础上的媒介整合论也出现在亚里士多德的诗学中。各门类艺术都是对自然的模仿，只是模仿的对象、媒介与方式不同。这种整一性的理论在古典诗学中一直居于支配地位。直到18世纪，莱辛的《拉奥孔：论画与诗的界限》（1766）才拉开媒介特殊论与现代艺术分立论的序幕。诗歌属于时间艺术，相互连续的符号适合表征行动；绘画属于空间艺术，图像与颜色适合表征静态的美。诗人与画家要避开那些不适宜媒介优势的主题素材。绘画若以图叙事，必须表现“让想象自由活动的那一顷刻”[1]，以并列图像暗示事件的展开。延续确立艺

---

① ［德］莱辛：《拉奥孔》，朱光潜译，商务印书馆2015年版，第20页。

术边界的逻辑，格林伯格在《走向更新的拉奥孔》（1940）中极力反对绘画与雕塑追求文学的表现效果，肯定现代主义对媒介纯粹性的追求。“所有艺术都存在一种共同的努力，即扩展媒介的表现潜力，这种努力不是为了表达思想和观念，而是要以更强烈的直接感觉去表达经验中不可减约的要素。”① 伴随电子媒介与数字技术的发展，跨媒介艺术主导了艺术实践的潮流，各门类艺术的跨界冲动再次改变了艺术媒介性认知的方向。当代跨媒介性理论就是在这个语境中诞生的。因此，系统地搜集、梳理中西方艺术媒介性与跨媒介性研究的理论文献，不仅是必要的也是可行的，这是艺术学理论进行知识生产与再生产的基础。

二是艺术跨媒介性的理论范式研究。从中西艺术理论的学术史来看，艺术跨媒介性研究的范式主要有五种。第一种是姊妹艺术研究。它主要考察历史上具有亲和力或家族相似性的门类艺术之间的交互性，比如诗与画、诗与乐等。第二种是艺术史中的艺术交互研究。它主要考察不同时期视觉艺术之间的多样性与同一性。其中，用语言描绘图像的“艺格敷词”（Ekphrasis）在艺术史书写和跨媒介性比较中具有重要的意义。因为它不仅具有观念史的延续性，而且本身蕴含以文学与视觉艺术、语言与图像关系为基础的跨媒介特征。② 第三种是美学中的艺术类型学。这是一种自上而下的哲学研究，旨在通过艺术的分类，确立不同媒介类型的艺术边界，探索在差异性基础上的共通性。以黑格尔的艺术史研究为例，根据理念和形式的三种关系，他把艺术史分为象征型、古典型、浪漫型三个阶段。每个阶段都有代表性的门类艺术主导并影响同时期的其他艺术，象征型的艺术代表是建筑，古典型的艺术代表是雕塑，浪漫型的艺术代表则是绘画、诗歌与音乐。在浪漫型阶段，一切艺术都趋向于突破自身的媒介局限，追求音乐性

① 格林伯格：《走向更新的拉奥孔》，易英译，《世界美术》1991 年第 4 期。

② 李健：《论作为跨媒介话语实践的“艺格敷词”》，《文艺研究》2019 年第 12 期。

的表达效果。[1] 第四种是比较艺术（comparative arts）研究。比较艺术是美国比较文学中平行研究的一个分支，坚持文学本位，主要进行文学与其他门类艺术的比较研究。文学、视觉艺术与音乐的交互关系是复杂的，存在各种各样的相互影响与合作。“文学有时确实想要取得绘画的效果，成为文字绘画，或者想要取得音乐的效果变成音乐。有时，诗歌甚至想成为雕刻似的。……各种艺术都力图互相转借效果，并在相当程度上取得了成功。”[2] 这种表达效果上的互相转借，在隐喻意义上使诗歌的音乐性、图像的叙事性成为令人感兴趣的话题。不过，一方面，各种艺术都有自己独特的媒介史，这些媒介“不仅是艺术家要表现自己的个性必须克服的技术障碍，而且是由传统预先形成的一个因素，具有强大而又决定性的作用”[3]；另一方面，各种艺术也都有自己不同的发展速度与包含各种因素的不同内在结构，各艺术之间的交互影响最好“被看成一种具有辩证关系的复杂结构”[4]。

上述四种研究模式往往局限于两个文本之间的关联，具有明显的语言中心论和文学中心论色彩，与追求艺术共通性的艺术学理论的核心目标相悖。[5] 与之不同，当代兴起的艺术跨媒介性模态关系研究，以探讨各门类艺术之间的共性规律为目的，涉及许多跨媒介问题群，是一个更具有包容性、开放性和生长性的研究领域。奥地利学者沃尔夫和德国学者施勒特尔分别提出了四分模态关系，前者是作品外的超媒介性、媒介间的转换和作品内的多媒介性跨媒介参照，后者是综合的跨媒介性、超媒介的跨媒介性、转化的跨媒介性和本体论的

① ［德］黑格尔：《美学》第二卷，朱光潜译，商务印书馆 1979 年版，第 287 页。

② ［美］韦勒克、沃伦：《文学理论》，刘象愚等译，江苏教育出版社 2005 年版，第 141、145、152 页。

③ ［美］韦勒克、沃伦：《文学理论》，刘象愚等译，江苏教育出版社 2005 年版，第 141、145、152 页。

④ ［美］韦勒克、沃伦：《文学理论》，刘象愚等译，江苏教育出版社 2005 年版，第 141、145、152 页。

⑤ 周宪：《艺术跨媒介性与艺术统一性——艺术理论学科知识建构的方法论》，《文艺研究》2019 年第 12 期。

跨媒介性。[①] 与之不同，德国学者拉耶夫斯基提出了三分模态关系，即媒介转换意义上的跨媒介性、媒介融合意义上的跨媒介性和跨媒介意义上的跨媒介性。[②] 周宪提出了二分模态关系，即单媒介作品的跨媒介性和多媒介作品的跨媒介性。[③] 作为理想类型的研究方式，这些模态关系突出了艺术的媒介因素、各门艺术之间的平等关系以及跨媒介性结构的复杂性，为我们进一步深入挖掘、阐释并建构艺术媒介类型学奠定了学理基础。

三是艺术跨媒介性的生产、传播与接受体制研究。如果说理论范式旨在对艺术跨媒介性的研究范式做历时性的梳理，那么体制研究的目的是对艺术跨媒介性的话语实践及其知识生成的逻辑进行共时性的辨析。伴随艺术的跨媒介转向与图像转向（picture turn）[④]，艺术的跨媒介实践围绕视觉范式与跨媒介性开始重新确定方向。可视与可读之间的无限关系打破了图像和话语之间的二元论框架，不同艺术之间的跨媒介生产、传播与接受成为主流的艺术实践范式。当然，不同艺术之间的跨媒介借用、改编、转换、融通既是一个古老的艺术现象，也是一个晚近的当代现象。差异在于，各艺术的跨媒介实践在过去往往坚持文学本位，局限于文学、视觉艺术、音乐等有限的艺术门类，而当代先锋艺术在跨媒介架构上更具有实验性、开放性，所有的媒材与

① See Werner Wolf, "Intermediality", in David Hartman ed al. , *Routledge Encyclopedia of Narrative Theory*, London: Routledge, 2005, pp. 253 – 255; See Jens Schröter, "Four Models of Intermediality", in Bernd Herzogenrath (ed.), *Travels in Intermediality: Reblurring the Boundaries*, Hanover: Datmouth College Press, 2012, pp. 15 – 36.

② See Irina O. Rajewsky, "Border Talks: The Problematic Status of Media Borders in the Current Debate about Intermediality", in Lars Elleström ed. , *Media Borders, Multimodality and Intermediality*, New York: Palgrave, 2010, pp. 51 – 68.

③ 周宪：《艺术跨媒介性与艺术统一性——艺术理论学科知识建构的方法论》，《文艺研究》2019 年第 12 期。

④ 在图像的生产与再生产左右视觉文化的时代，图像转向被看作是“视觉、机器、制度、话语、身体和比喻之间复杂的互动，它认识到观看（看、凝视、扫视、观察实践、监督以及视觉快感）可能是与各种阅读形式（破译、解码、阐释等）同样深刻的一个问题，视觉经验或‘视觉读写’可能不能完全用文本的模式来解释”。——［英］W. J. T. 米歇尔：《图像理论》，陈永国、胡文征译，北京大学出版社 2006 年版，第 7 页。

符号（图像、语言、声音、音频、视频等）都成为文本盗猎的对象，吸引欣赏者积极参与文本的跨媒介续写、改编、重写、传播与再生产。与此同时，基于互联网技术的跨界互动与融合，具有广泛知名度与受众基础的艺术蓝本即IP作品纷纷走上跨媒介叙事的道路，形成跨越电影、电视、文学、戏剧、美术、音乐等多种艺术门类的创作生态。这种以视觉性为主导，邀请欣赏者广泛参与的跨媒介生产、传播与接受方式，使任何单一的艺术品都可能成为其他文本的枢纽，成为一种超链接的“互文性”（intertextuality）① 空间。“互文性”概念隐含了两个对跨媒介性研究极为重要的观念：任何一件艺术品都是集体编织成的能指系统；任何一篇文本的写成都吸收和转换了别的文本，对征用的文本起到了复读、强调、浓缩、转移和深化的作用。② 我们有理由相信，对跨媒介艺术实践的历时与共时分析有助于激活传统的艺术交互关系研究和文学叙事学。通过重访“叙事”（narrative）和“叙事性”（narrativity）等叙事学概念，跨媒介叙事学（intermedial narratology）不仅“让关于媒介和叙事的认识相得益彰”，而且使叙事学“通过思考非言语形式的叙事”“焕发新生的机遇”。③

四是媒介考古学与艺术的再媒介化研究。如果说艺术体制研究侧重于分析艺术跨媒介文本的符号媒介、传播媒介及其运作机制，那么该研究则从话语实践转向媒介的物质基础及其技术条件，运用媒介考古学（media archaeology）、视觉文化研究和跨媒介理论的综合方法，重返历史现场，力图恢复媒介的物质性，寻访媒介的异质性，捕捉媒介的复现性，探讨历史不同时期媒介技术、视听装置、视听认知与艺术表征方式的变迁。在媒介考古学的视野中，媒介文化史不再是典范

① “互文性”是克里斯蒂娃1966年在《词、对话、小说》中提出，1967年又在《封闭的文本》中发展的一个概念，特指“一篇文本中交叉出现的其他文本的表述”，“已有和现有表述的易位”。参见［法］萨莫瓦约《互文性研究》，邵炜译，天津人民出版社2002年版，第3页。

② 参阅［法］萨莫瓦约《互文性研究》，邵炜译，天津人民出版社2002年版，第4、5页。

③ ［美］玛丽－劳尔·瑞安：《跨媒介叙事》，张新军、林文娟等译，四川大学出版社2017年版，第30页。

媒介的生产、传播与接受的叙事史，而是收藏各式各样媒介装置的历史“档案馆”或博物馆。媒介考古学质疑传统艺术跨媒介研究中重文本、轻媒介，重连续性、轻断裂性的研究取向，将来自不同时期的媒介犹如本雅明的“星丛”（constellation）一样并置、压缩、重构，试图在岩层般积淀的媒介考古中，召唤那些被遗忘的媒介幽灵和乌托邦实践，恢复媒介的物质性，让异质媒介及其身体感知重现，“建构被压抑、忽略和遗忘的媒介的另类历史”①，重估它们的价值和意义。②乔纳森·克拉里的《观察者的技术——论十九世纪的视觉与现代性》（1990）是这方面研究的典范之作。通过那些被遗忘的媒介技术与视觉装置，以及那些被遗弃了的生理学、视觉科学等认知方式，克拉里在视觉现代性的视野中为我们刻画了一个新的观察者的形象。他把暗箱视觉及其透视法则视为 17 与 18 世纪观察者主流位置的典范，而把立体视镜及其流动的视点视为 19 世纪观察者地位转变的视觉模式，从而为我们书写了另类的媒介装置与视觉考古史。这种“观察者的历史不能简化为技术与机械实践的变迁史，也不能缩小为艺术作品的形式与视觉再现之演变史”③。在媒介考古中，许多昔日媒介重现为今日视觉装置及其视觉模式的典范。这涉及当代跨媒介理论中另一个具有生长性的概念“再媒介化”（remediation）。再媒介化是“新媒介重塑先前媒介形式时所遵循的形式逻辑”，是新媒介与先前媒介之间的“易位”，因为“媒介总是不断地相互评论、复制、取代”，总是“挪用其

① E. Huhtamo and J. Parikka, eds., *Media Archaeology: Approaches, Applications, and Implications*, Los Angeles: University of California Press, 2011, p. 3.

② See Friedrich Kittler, *Optical Media*, trans. Anthony Enns, Malden: Polity Press, 2012; Friedrich Kittler, *Gramophone, Film, Typerwriter*, Trans. Geoff Winthrop-Young and Michael Wutz, Stanford: Stanford University Press, 1997; Jussi Parikka, *What is Media Archeology*, Cambridge: Polity Press, 2012;［德］西格弗里德·齐林斯基：《媒体考古学》，荣震华译，商务印书馆 2006 年版；Siegfried Zielinski, *Deep Time of the Media: Toward an Archeology of Hearing and Seeing by Technical Means*, Cambridge: MIT Press, 2006; E. Huhtamo and J. Parikka, eds., *Media Archaeology: Approaches, Applications, and Implications*, Los Angeles: University of California Press, 2011。

③［美］乔纳森·克拉里：《观察者的技术》，蔡佩君译，华东师范大学出版社 2017 年版，第 15 页。

他媒介的技巧、形式、社会意义并试图以实在的名义来改造它们”。[①] 通过媒介考古与艺术的再媒介化研究，我们将拓展艺术学理论的学科边界与知识学视野，有可能重构图像学和艺术跨媒介理论的知识版图。

五是艺术界共同体与艺术交互的主体性研究。视听经验的跨媒介表达、传播与接受离不开艺术家、欣赏者与文化媒介人的集体实践，离不开种种理由话语对认知经验和主体性的形塑。艺术界是围绕种种艺术观念而得到体制化的关系网络，它将艺术的创作、评论、发行和博物馆的收藏，以及理论家的批评、艺术史的书写等系列活动纳入体制的结构框架之中。如果说艺术学理论是一个竞争与合作并存的知识生产场，那么知识生产与再生产的主体将依赖于艺术界共同体的建构。分析艺术跨媒介性话语实践中艺术界行动者的互动机制与主体间性，是理解不同历史时期种种艺术理由话语与阐释模式的前提。这需要我们从共时性与历时性两个维度进行考察。第一，重返历史现场，辨析在具体的艺术流派与思潮中，哪些艺术家群体采用了跨媒介性的表达方式？集体表达了什么样的艺术观念？这些观念又是如何塑造艺术界其他行动者的？文化媒介人与欣赏者在跨媒介的传播与接受中，又是如何逆向影响艺术的生产者，参与艺术的跨媒介改编、重写或重演的？第二，在跨门类艺术史的书写与重构中，辨析艺术思潮是如何从古典、现代向后现代或当代转变的？艺术主体性及其互动机制在跨媒介实践中又发生了哪些历史性的演变？演变的文化逻辑是什么？第三，在中西跨媒介的文化对话中，多元一体的艺术观与“和而不同”的跨媒介艺术理论话语何以可能？能否通过艺术界的合作与协商机制建构跨媒介、跨文化、跨语境的主体间性？这些问题是我们在以后研究中需要回应与解决的。

---

① Jay David Bolter and Richard Grusin, *Remediation*: *Understanding New Media*, Cambridge: MIT Press, 1999, pp. 273, 55, 65.

结　语

作为学科建制，艺术学理论是一个充满张力的知识生产场。如同生物多样性一样，艺术多样性及艺术理论生产者的多样性，决定了艺术理论形态、方法、观念的多样性。如何通过合作协商机制，建构介于哲学美学与门类艺术理论之间的艺术学理论学科，明确它的问题意识、研究对象、学术资源与研究路径，是一个十分艰巨的学术工作。我们认为，在图像转向与跨媒介转向的双重文化语境中，艺术的跨媒介性研究是一个非常好的切入点。我们的理由有三点。第一，它秉持艺术的媒介导向（media-oriented），凸显跨媒介之维，有助于厘清视听经验、媒介装置与认知范式之间的内在文化逻辑。第二，它破除了作品本位与文学中心论，有助于各门类艺术理论之间的交流互动，实现跨学科的方法论融合。第三，它拓展了艺术学理论的研究领域，有效地阐释了各门类艺术之间的交互性与统一性，为艺术学理论的跨媒介建构提供了合法性依据。

（原载《江海学刊》2020 年第 2 期）

网络文学价值的三个维度*

欧阳友权**

内容提要：网络文学切入“网络性”与“文学性”之间的价值关联，需要从网络时代社会变迁和网络作家人文审美的主体选择上考辨网络文学价值律成的必然性，据此可探寻的维度如：网络文学的虚拟体验，蕴含了社会转型期人们在赛博空间的梦想与抵抗；网络技术平权下的读者本位，规制了网络作家平视审美的价值立场；而类型小说的“套路”叙事，则是网络创作中艺术适配创新性的价值选择。

关键词：网络文学；价值辨析；虚拟体验；平视审美；套路叙事

以网络时代人文审美价值论的技术路线探析网络文学，需要在“文学性”与“网络性”之间寻找价值关联，以此在网络时代社会变迁与网文作者的生存本体之间开掘理论的“榫口”，这样或许可以在辨析网络文学的存在必然性中找到其人文审美的价值构成，进而把握这一文学的意义承载，探寻到可供认知的价值维度。

---

* 本文系国家社科基金重大项目“我国网络文学评价体系的理论与实践研究”（项目号：16ZDA193）的阶段性成果。

** 作者简介：欧阳友权，1954 年生，文学博士，安徽大学文学院大师讲席教授，中南大学文学与新闻传播学院教授、博士生导师，中国作协网络文学委员会副主任。

网络文学的虚拟体验，蕴含了社会转型期人们在赛博空间的梦想与抵抗

“赛博空间”（Cyberspace）这个被加拿大人威廉·吉布森（W. F. Gibson）创立的概念，因其所指代的网络虚拟世界与文学有着天然的暗合性，从而成为网络文学最为适配的生产、存储和传播的网络替代性术语，也成为中国社会转型期一代人表征生活梦想、寄寓心理期待的理想家园。我们看到，浩瀚的网络文学首先承载的是网络时代千百万人的梦想和期待，无论它写的什么，无论作品多么精彩或多么粗粝，其实都是“生活教母”的网络表征。如果说文学承担人类良知，是社会进步的敏感神经，那么，要认识网络文学的价值，就必须且只能在这代人的时代际遇中去寻找它的基因和密码。

第一家大型原创文学网站“榕树下”建站之初，就提出了“生活·感受·随想”的基本宗旨，倡导“体验年轻一代的生活，抒发对于世事变幻与命运无常的感受与随想”。我们知道，互联网及其网络文学崛起于市场经济兴起和社会文化转型的历史嬗变期，人们面临的经济高速增长、利益格局调整和新旧观念博弈的急剧变革，亟须找到心情表达和舆情交流的文学“代言体”，而传统的平面媒体不仅门槛高悬、机制老化，而且容量受限，成了孤傲冷清的“信息茧房”。1994年中国加入国际互联网后，诞生于北美的华语网络文学挺进中国本土，立马找到切入现实的端口。虚拟空间的自由性所形成的“全民写作”机制与文学的自由本性一拍即合并迅速“联姻”，一方面为处于疲惫期的“纯文学”弥补了市场空缺，另一方面为“70后”、“80后”成长起来的“文学游侠儿”提供了理想的表达媒介和传播工具，网络的力量成为文学大众化生产的强大引擎。从此，各行各业形形色色的人群纷纷操起键盘鼠标，面对电子屏幕敞开心扉，一种新兴的文学“横制颓波，天下翕然”，短短二十余年间，便以恒河沙数般的作品、数

以亿计的读者族群和以世界为半径的市场影响力，打造出了“中国网络文学现象”。

在我看来，面对备受争议的网络文学，用传统精英文学的尺度对之做艺术评判，其深邃性与创新性总体来看不宜高估，但作为大众文学之于社会转型期一代人生活梦想的畅意表达和心理期待的虚拟满足，其意义是被大大低估了的。类似于《大江东去》（阿耐）、《浩荡》（何常在）、《明月度关山》（舞清影）、《网络英雄传》（郭羽、刘波）这样书写现实生活的网络小说，其对当下社会潮动和生存世相的“在地性”反映自不待言，纵是那些玄幻、仙侠、穿越、历史、言情等“海量”化生产的类型化小说，何尝不是蕴含着对现实境遇的指涉、对生存愿望的期许！那些被讥为“装神弄鬼”的幻想之作，表面看来不过是欲望驱使下天马行空的快感叙事，而究其动因依然是基于一代人生存现实的文学选择，以鲜活却异变的方式寄托着他们的梦想与期待，其“虚拟体验”恰恰是网络社会带来的最真实也最鲜活的生存现实，并且，虚拟体验本身也已经是许多人的生存现实。

有研究者提出，网络文学遵循游戏逻辑，这种逻辑是网民以低成本幻想改变世界的游戏态度的体现，在网文中通常表现为金手指、穿越、爱情最大等，而网民低成本的人气支持使网络文学具备表达底层态度的抵抗性质，“这是网络文学抵抗话语权威、形成自我力量的策略”[①]。我赞同作者的观点，不过需要明确的是，在网络文学遵循“游戏逻辑”的背后，起支配作用的仍然是“现实逻辑”，即对个体生存及其环境际遇的抵抗。主要表现有三：一是物质上抵抗贫困，即试图通过网络写作获取物质财富以消除贫穷，文学网站的商业运营模式和“网络作家富豪榜”就是网络写作抵抗贫困的嘹亮的旗语。例如，网络作家妖夜想通过上网写作，为新生的女儿挣点奶粉钱，他感慨，那

① 许苗苗：《游戏逻辑——网络文学的认同规则和抵抗策略》，《文学评论》2018 年第 1 期。

时“简直走投无路，偶然看到起点中文网推广百万作家，不禁跃跃欲试，萌生写作赚钱的念头”①。高楼大厦说，2005年他听说上网“写这个可以赚钱，那就试试吧。刚开始我拿到的钱不多，后来发现写作的钱比工作拿到的工资还要多”②。据我所知，唐家三少、血红、猫腻、丛林狼、梦入洪荒等许多网络大神或白金作家，早期都有过“抵抗贫困”的写作经历。二是精神上抵抗落寞，如有的网络作家人生的起点较低，与环境落差很大，或生活、事业、情感、家庭等出现坎坷或变故，试图通过网络写作实现“屌丝逆袭”。创作《霸道人生》《屠神之路》等作品的罗霸道就曾“卖过对联，画过画，写过碑文，修过机械，干过养鱼养猪，开旅店餐馆和租碟店，搞过工程机械和建筑材料，还开过当铺和休闲吧、足浴城”③，在不断试错的人生窘境下，终于通过网络创作让自己摆脱了落魄和落寞，走出了生活低谷，也找到了最适合自己的人生坐标。三是环境上抵抗成规。这里的成规不是泛指任何规范，而主要指社会分工对个人喜好特别是文学喜好的限制，以及来自成人文化方面的规制。许多年轻人打小就爱好文学，有着深深的“文学情结”，但由于各种原因，比如教育领域的文理分科、就业中的非兴趣职业选择等，使他们没有文学圆梦的机会。互联网的开放性为他们敞开了大门，爱好有缘，兴趣可期，无论职业还是业余，尽可以舒展自己的文学天性。网络时代不会埋没任何一个文学天才，正像网络作家说的“网络文学没有遗珠之憾”（猫腻），“网络文学没有怀才不遇”（跳舞）④。“人人都能当作家”的技术体制拆卸了文学“资质认证”的门槛，而把文学“把关人”的角色由前置的编辑转移到了后置的

---

① 欧阳友权主编：《湖南网络作家群》，海豚出版社、中国国际出版集团2019年版，第226页。

② 周志雄等：《大神的肖像：网络作家访谈录》，山东人民出版社2015年版，第4页。

③ 欧阳友权主编：《湖南网络作家群》，海豚出版社、中国国际出版集团2019年版，第133页。

④ 邵燕君：《网络文学的“断代史”与“传统网文”的经典化》，《中国现代文学研究丛刊》2019年第2期。

文学网友手中。网络文学的“青春文化”底色蕴含着与成人文化的区隔，那些爱好文学的“80 后”、“90 后”、“00 后”借助网络创作可以为自己“圈”起一个自足的世界，以建构一个与成人世界抗争的乌托邦。按照法国思想家德赛图（M. De Certeau）的说法，“这是‘弱者’在文化实践中，利用‘强者’或者利用强加给他们的限制，给自己制造出的一个行为和决断的自由空间”①，这在二次元文学中体现得最为充分。

在“数字化生存”时代，网络与人已经构成一种相依相生的“伴随关系”，虚拟空间即是生存空间，虚拟世界即是生活现实，如研究者所言：“网络社会生成了不同于传统社会的生存体验，不同于传统媒介，网络媒介是可生存的媒介，人们可以生活在网上，形成虚拟人生、第二人生，这种生存并不只是想象性的，而是具有操控性、实感性与参与性，因此不能从工具意义上理解网络媒介，它是本体意义上的存在，深刻影响与形塑了现代人的意识结构。”② 网络创作中十分常见的“YY”套路，即是基于想象力的愿望达成手段；网络幻想小说常见的“废柴升级”模式，表达的恰是处于社会底层的年轻人（网称“屌丝”）对于成功的渴望和打拼世界的进取心；一些作品中化险为夷、迷津普度的“金手指”，旨在帮助普通人修正生活中的缺憾，带给网民逢凶化吉、不受束缚的幻想力量；而网络女频小说的“玛丽苏”“甜宠文”，男频小说中的“杰克苏”“种田文”“总裁文”等，不正是社会层级博弈中年轻人一直向往的“成功梦”“英雄帖”么！正如有文章指出的：“在注意力延续与碎片化时间的博弈中，‘玛丽苏’‘杰克苏’这样强大、鲜明、关注度高的主角成为必须。”网络创作中常见的“穿越”模式，不过是源于“满足人们对历史事件‘再来一次’的愿望，以现代人亲历的视角填补古代大事件中的小细节”，

① De Certeau, Michel, *The Practice of Everyday Life*, trans. Steven Rendall, University of California Press, Berkeley, 1984, p. 53.

② 黎杨全：《中国网络文学的二重性》，《文艺报》2019 年 4 月 29 日。

其“通过故事矛盾的转移和形式的转变反映出当代青年面对现实问题的无奈，转而求助于虚空幻想的态度”，“原生身份的卑贱和转换身份的高贵对比是穿越的魔法，诱使读者通过代入实现从卑微到强大的翻身”；还有类型小说中的“套路”，无论是“废柴体质吃灵药喝蛇血功力暴涨”，还是“无名小卒遇机缘迎娶白富美”，无非是“网络一代对‘客观理性’因果律的偏离和对游戏虚拟场景里受控且有机会全盘重来的人为逻辑的认同”[①]。《择天记》中的陈长生坚信“我命由我不由天”，历经重重磨难终成执掌天上天下的教宗；《完美世界》的石昊从大荒中走出，创造遮天修炼体系，终而登临巅峰，实现梦想；《吞天记》中的吴煜凭着坚强意志的修行锻造而成就“吞天”伟业；《斗破苍穹》里的萧炎在绝望之时仍斗气修炼，历经坎坷，向着巅峰强者之途迈进，终于成为大千世界守护者……这些“主角光环”的成长故事能成为不断被人使用的“套路”并屡试不爽，是因为它们戳中了许多人的生活“痛点”，点中了无数网友心理预期的“穴位”，其创作的潜意识动因，也许正在于试图通过人妖魔怪、天地人神共存的架空世界来改写现实世界的某些规则，以玄幻式的强大衬托在传统规制和成人文化束缚下，一代年轻人试图摆脱压抑、反抗话语霸权而求助于幻想解决现实矛盾的企图，或者是对现实社会规则的屈从和无力反抗时的心理补偿与想象性自矜。梦想和期待不能没有，现实世界实现不了，通过网络小说的虚拟体验不是也可以想象地实现么？这恰是网络文学的魅力，也是它的价值之一。

网络技术平权下的读者本位，规制了网络作家平视审美的价值立场

网络传媒的平行性架构，从技术设置上打破了传统的“金字塔”

① 许苗苗：《游戏逻辑——网络文学的认同规则和抵抗策略》，《文学评论》2018 年第 1 期。

式权力结构，让每一个网民都处于交往中的平等地位。尼葛洛庞帝曾经概括了网络传播时代的四个特征：即分散权力、全球化、追求和谐以及赋予权力①，从一个侧面揭示了这一特点。我们看到，互联网“个个是中心、处处是边缘”的传播范式，使得每一个联网计算机的节点都能“拉”欣赏，又能“推”传播，既联通互动，又独立自足，从此真正实现了计算机网络的“散点辐射又焦点互动”，整个 Internet 都成为一个无中心的散发性平行构架的网络，由此“天然地形成了民主分权技术模式，造就了自由、平等、兼容、共享的技术准则和网络精神，打破了昔日信息垄断的中心话语模式，促成了小众话语、个体话语对主流传媒话语权力的消解，形成了开放、透明、民主、宽容的大众话语新格局”②。正如约翰·P. 巴洛在《赛博空间独立宣言》中所宣称的：“我们正在创造一个每一个人都能进入的，没有由种族、经济权力、军事权力或出身带来特权与傲慢的世界。”③

互联网的这一架构模式已经前置性地预设了网络作家与其读者之间，以及读者与读者之间的平等关系，他们在技术平权的规制下已经是事实上的“网友”，由是便把传统文学创作与阅读的主客依从关系，变成了网络时代交互式“间性主体”的互动关系，此其一。其二，在文学消费的意义上，网络文学商业模式孕育的市场力量，在网络作家与他的读者之间形成了相依相生的“需求—满足”机制，作者写什么和怎么写不仅靠自律，更受制于他律；作者创作不仅要面向内心，还要面向读者和市场，而且首先要面向读者和市场——一部网络小说如果没人付费阅读、打赏，少有点击和收藏，或者没人点赞或拍砖，就会“死”于网海，尸骨无存。网络作家菜刀姓李就曾深有感触地说：“传统文学和网络文学真正不同的地方只是在于决定作品命运的人变

① ［美］尼葛洛庞帝：《数字化生存》，胡泳、范海燕译，海南出版社 1997 年版，第 269 页。
② 欧阳友权：《网络传播与社会文化》，高等教育出版社 2005 年版，第 85 页。
③ ［美］约翰·P. 巴洛：《赛博空间独立宣言》，《科技日报》1998 年 4 月 18 日。

了：以前是编辑决定作品生死，到了网络上更多地是由读者来判定作品的命运。在某种程度上，写手由迎合编辑或者文学期刊变成了直接取悦读者。”① 读者地位的提升，把传统文学的“以作家为中心”转化为“以读者为中心”，“读”与“写”已经不只是文学活动链上的不同环节，而结成为一个休戚相关的“利益共同体”。“我写你读”的体制被打破，昔日高高在上的“作家”此时不得不走下高台，纡尊降贵地适应甚至迁就读者。于是，作为文学消费者的读者，即使不是“上帝”，也是作者的“衣食父母”，因为他们决定着作者（当然还有发布作品的网站）收入、声誉乃至存亡，这是网络文学“网络性”的生动体现，也是网络技术的功劳。正是基于网络传媒的技术平权，德国后现代主义美学家沃尔夫冈·韦尔施（W. Welsch）欣喜地称电子媒体世界为“人工天堂”，认为借助信息技术的电子媒体，人类正赢回天堂，再一次“吃到智慧树上的果实”。他说：“依靠电子技术，我们似乎正在不仅同天使，而且同上帝变得平等起来。”② 英国的斯特里纳蒂（D. Strinati）也认为：“大众媒介的到来，文化和休闲与日俱增的商业化，使得大众文化日益打破艺术与民间文化之间的文化差别，如同工业化和都市化进程必将打破社群和道德传统一样。”③ 我国第一代网络写手、网络作家李寻欢对此深有感触：“在我看来，网络文学之于文学的真正意义，就是使文学重回民间。”他甚至认为：“如果说新文化运动解决了文学之于民众的‘文字壁垒’问题，那么我们同样可以说：网络解决了文学之于民众的‘通道壁垒’问题。”④ 笔者多年以前也曾描述过这一现象：互联网是一个拥有巨大包容性的文化空间，其平等性、自由性和虚拟性将任何一个节点的网民都技术地设定为身份

① 王觅：《网络文学：传递文学精神，提升网络文化——中国作协举办网络文学作品研讨会》，《文艺报》2012 年 7 月 13 日。

② ［德］沃尔夫冈·韦尔施：《重构美学》，陆扬、张岩冰译，上海译文出版社 2002 年版，第 235 页。

③ Dominic Strinati, *An Introduction to Theories of Poplar Culture*, Routledge Press, 1998, p. 9.

④ 李寻欢：《我的网络文学观》，《网络报·大众报》2000 年 2 月 21 日。

平等，文学边缘族群的艺术梦想和社会底层的欲望表达均有了张扬的契机，它向社会公众重新开启的文学话语权，让民间话语以“广场撒播”的方式共享网络对话平台，重铸第四媒体的文学范式。因此，网络文学可以被称作“话语平权的‘新民间文学’”[①]。

从人文审美角度看，“新民间文学”的最大特点是“平视审美”，即抛开“宏大叙事”的高端站位，从平民素心的大众本位来看待、评价和表现生活现实，尊重普通人的审美趣味，不拔高，不矫情，书写老百姓喜爱的故事；或站在普通民众乐于接受的视角展开艺术想象，用通俗化的表达方式创作他们爱读的作品。从作家方面看，网络文学创作走的是“亲民”路线，坚守着“以人民为中心”的文学立场，体现出平民化的亲和力，这是网络文学能够俘获亿万“芳心”的重要原因。被称作“超级爆笑爱情小说”的《赵赶驴电梯奇遇记》引发无数网友跟帖热议，当年在网上阅读次数累计破 2 亿，作者坦言，其奥秘在于“放松、真实和彻底的娱乐精神”，网友说，“里面的人物情节都是每个人在生活中可能遇到的”。穿越小说《史上第一混乱》的网上爆红，不只是把不同朝代的历史人物如秦始皇、荆轲、项羽、刘邦、李师师等放到同一个空间，让不可能变为现实，更在于他们演绎的故事高度生活化、平民化，不但可笑，还十分可爱可亲、真实可感。

从作品的功能作用看，网络文学的娱乐休闲本色一面打捞闲暇，一面解放感官，用“自娱以娱人”的快感机制满足万千读者的快感体验和情感补偿，如研究者所说：“网络文学兴旺发达的秘密，不在于作者们具有深邃的思想、高超的艺术水准，而在于聪慧的作者们提供各种独特的成功想象的快乐，令追随的读者迷醉，如同手持‘神水’的面包师卢修斯。”[②] 唐家三少的《斗罗大陆》、辰东的《圣墟》、会说话的肘子的《大王饶命》、我吃西红柿的《飞剑问道》、猫腻的《大

① 欧阳友权：《网络文学本体论》，中国文联出版社 2004 年版，第 197 页。
② 王祥：《网络文学创作原理》，中国人民大学出版社 2015 年版，第 13 页。

道朝天》等，在速途研究院2018年网络文学男频作家作品榜单中位列前五，从公布的评价标准可以看出，它们入选榜单的基本衡量标准是：点击量、粉丝量、收藏量、推荐量、评论量、贴吧热度、百度指数等[①]，亲民性的“平视审美”是它们赢得网络文学市场的秘诀。我们不必指责网络文学评价过于倚重市场考量，因为相比传统文学，网络文学是“脱冕”和“祛魅”的文学，它不再注重某种膜拜性光环，而更多的是一种游戏式休闲或宣泄式狂欢，它拉开的是文学圣殿尊贵的面纱，让文学回归民间，对大众形成自由而快意的亲和力。因而，我赞成王祥先生在《网络文学创作原理》中把网络文学属性界定为“大众文艺”的观点：“网络文学反映大众愿望、价值观与情趣，它与神话、民间故事、明清小说、大众小说、大众电影电视剧具有显著共性，是为大众服务的‘欲望叙事’，具有相似的愿望—动机—行为主题谱系，主角为获取权力、财富、爱情，或者为获得超能、长生、成神成仙的目标而努力，故事的核心关切是个人的吁求是否能够满足，以此赢得受众的私欲认同。”[②]

不过，事物常常会有两面性，当我们充分估量网络文学平视审美、读者中心、民间立场积极意义的同时，也不要忽视它可能走向的另一个负面极端。这主要有两种情形：

一是由平视审美而推至平庸崇拜。平视审美源于创作者的普罗情怀和平等意识，而平庸崇拜则会让创作陷入低端和庸俗。网络是个世俗化广场，自由使平凡走向平等，共享让期待抹平差异，“民粹”的氛围使这里不崇尚尊贵、不掩饰欲望，而崇尚平凡、崇拜世俗则成为时尚，一般不掩饰自己的诉求与宣泄。在文学创作中常常表现为拉低品位，认同平庸，关注和描绘芸芸众生的生存状态，却自甘于“我是屌丝我怕谁”的“阿Q做派”，可能导致作品形而上审美意味的缺失

① 速途研究院：《2018年中国网络文学作家影响力榜》，和讯网，2018年12月10日。

② 王祥：《网络文学创作原理》，中国人民大学出版社2015年版，第3页。

和文学理想的“沦陷”。网络上一度流行的段子如“Girl（女孩）和Boy（男孩），何必拼命Study（学习），不如挣几个Money（钱），生个漂亮的Baby（婴儿），天天生活Happy（幸福）”，表达的正是这种观念。有的网络小说热衷于描写鸡零狗碎、一地鸡毛的生活，却没有表现出改变现状的努力，而是以平庸自矜，终而成为英国通俗文化研究专家斯特里纳蒂（D. Strinati）所批评的“一种没有批判力的文化平民主义”①。

二是因讥嘲神圣而走向艺术犬儒。网络创作崇尚“渎圣思维”，如巴赫金在论及“狂欢化”时所形容的：“把一切崇高的、精神性的、理想的和抽象的东西转移到整个不可分割的物质和肉体层次，即（大地）和身体层次。”② 我们看到，一些网络小说的人设和故事桥段，往往把神圣化作笑谈，将崇高降格为游戏，或者用喜剧冲淡悲愤，以笑料对抗沉重，拒绝高尚和担当，自甘低贱和犬儒。网络作家尚爱兰曾表达过这样的心声：“那些要求网络文学负起社会责任和更有良心的说法，实在是良好的一厢情愿。你根本不能再要求他们像老舍一样去关心三轮车夫的命运，或者像鲁迅一样去关心民众的前途……我们没有文化优越感，但是我们有足够的生存困境，有足够的热情和机智，有足够的困惑和愤怒，有足够坚强的神经，有足够的敏感去咬合这个时代，有‘泛爱’和‘调侃’这两把顺手的大刀。”③ 可以说，仅有这样的文学立场，网络文学是很难作为文学史的一个节点而撑起一片历史天空的。

---

① ［英］多米尼克·斯特里纳蒂：《通俗文化理论导论》，阎嘉译，商务印书馆2001年版，第278页。

② ［苏联］巴赫金：《巴赫金文论选》，佟景韩译，中国社会科学出版社1996年版，第118页。

③ 尚爱兰：《网络文学中的“新新情感”》，载榕树下图书工作室选编《99中国年度最佳网络文学》，漓江出版社2000年版，第305—306页。

类型小说的“套路叙事”，是网络创作艺术适配创新性的价值选择

时下的网络文学以小说为盛，在堪称浩瀚的小说中，类型小说是主打，而类型小说则是“套路”叙事的结果。有关网文创作“套路”，研究者做过这样的界定：“套路是对一种流行类型文核心快感模式的总结，是一套最易导致成功的成规惯例和写作攻略。”[①] 评价网络文学首先需读懂“类型文”，而要弄清楚类型文，首先得廓清类型文的套路叙事。类型写作约定并依附于一定的套路，而套路的产生又会形塑与创生不同类型的作品。从理论上说，套路有多少，网文类型就会有多少，类型不同，套路也会随之变化。但在实际创作中，“类型”与“套路”并非一一对应的关系，同一种类型小说可以运用不同的套路，如穿越小说可以使用“快穿”套路，也可以用“打怪升级”“金手指”“换地图”等，如《扶摇皇后》；历史小说可以“架空”，也可以使用“穿越”“升级”“宫斗”“武功”，如《赘婿》《回到明朝当王爷》。同一种套路也可以为不同类型的小说所使用，如“YY”“玛丽苏”“查理苏”“争霸”“复仇”“重生”“逆天”“铺梗”“甜宠”“渣贱”“主角光环”“爽点”“泪点”等套路，均是不同类型网文创作常用的“融梗”方式和写作技法。在网络文学领域，作为文体，人们常以“类型小说”称之；作为创作技法，则叫“套路”，实即小说创作形制化并可反复使用的叙事方式。如果说，网络类型小说是网络文学的“中国特色”，套路叙事的形成及其不断更新则是中国网络文学对小说艺术创新的历史性贡献，既具有网络类型小说艺术探索的适配性，也刷新了网络文学创作在叙事技法上的可能性。

---

① 邵燕君：《网络文学的“断代史”与“传统网文”的经典化》，《中国现代文学研究丛刊》2019 年第 2 期。

网络类型小说的“类型”多样，据统计，大的类型就有六十多种[①]，每一类中还有许多子类和亚子类。类型多，其“套路”自然也是五花八门。有网友曾总结出修真小说的套路，如“废柴崛起流”的套路为：

天生废材资质平庸，机缘巧合之下获得逆天宝物（或可催熟灵药，或可提炼内胆，或可内含功法，或者内含千古老妖怪），从而开启全新的修真之路，师姐疼，师妹爱，门派小比露锋芒，门派大战树威名，换地图升级吊打各类天才，各种法宝功法随手捡来，真真是主角光环加身，各种厉害。诸如《斗破苍穹》《凡人修仙传》《武炼巅峰》等属于此类。

“学院修真流”的套路则是：

天才少年或者废柴少年，机缘巧合获得逆天法宝或者名师教导，从而天赋才能显现，进入学院吊打四方，一层层学院升级而不断地变强，扮猪吃虎，吊打四方，学院之中遇到众女神的青睐，机缘巧合之下发生点超友谊的关系，从而定下终身，家族反对，女神被带走从而快速崛起，不断奋斗，吊打女神家族从而抱得美人归，最终突破极限，成为大牛。诸如《大主宰》《神武觉醒》《龙王传说》等隶属于此类。[②]

还有网友把类型小说套路编成各种顺口溜，使其成为在线评论中备受关注的部分。[③]

---

① 根据全国排名靠前的100家文学网站统计表明，目前的网络小说类型多达六十多类。其中，玄幻、奇幻、仙侠、武侠、游戏、竞技、都市、言情、军事、历史、科幻、惊悚这12种类型是网络文学网站上普遍存在的基础类型，此外还有魔幻、修真、黑道、耽美、同人、太空、灵异、推理、悬疑、侦探、探险、盗墓、末世、丧尸、异形、机甲、校园、青春、商场、官场、职场、豪门、乡土、纪实、知青、海外、图文、女尊、百合、美男、宫斗、宅斗、权谋、传奇、动漫、影视、真人、重生、异能、穿越、架空、女生、童话、轻小说等众多类型。见欧阳友权主编《中国网络文学二十年》，江苏凤凰文艺出版社2018年版，第126页。

② 十大盘点：《修真类网络小说中常见的四个套路，看看你中招了没?》，百度快照。

③ 有网友总结出玄幻小说的套路：“男配女主三角恋，男主红颜群芳谱；虎躯一震霸气露，小弟美女我全收。反派作死无极限，专派手下送经验；伙伴全是战五渣，打架靠边秀惊讶。点子多多运气好，垃圾技能变成宝；同级里面能横扫，越级战斗不难搞。”穿越女强文的套路则是：“打雷车祸，魂归地府；只要穿越，必成女主。女强女尊，小白圣母；清穿架空，多半命苦。姐妹不知，丫鬟护主；琴棋书画，诗词歌赋。孙子兵法，现代歌舞；多国外语，会医擅毒。”参见《网络小说套路太多，书友太有才了，都把它们编成打油诗了》，百度快照。

套路的产生是网络文学叙事技法反复探索的产物，一种套路的第一次使用叫创新，用的人多了就变成了套路，用俗了就成了因袭，用久了变成“路径依赖”而成为僵化的模式，这时又会出现新的套路，甚至是“反套路”。套路形成的根本动因还是来自读者，来自阅读市场的检验，来自作者基于读者反应的不断试错和不断调适。只有适合作品内容又受到读者欢迎的叙事套路，才会被证明是有效的，才能获得艺术适配的稳定性，让叙事艺术的可能性变为艺术创新的合法性。从一定意义上说，那些叙事套路是由众多网文作者和更多网文读者共同协作创立而成的，如邵燕君所说，这是一种“集群智慧的文学发明”。网络文学的类型套路具有原创价值，“就像麦当劳、肯德基、可口可乐、永和豆浆、老北京炸酱面的独家配方。只不过，网文套路的配方是开放式的，有开创者，没有专利拥有者，是在无数‘跟进’创作者的积累中自然形成的，是一种集群智慧的文学发明。这些扎扎实实的类型套路构成了网络文学的‘核心资源’，是建造这座金字塔的基石”①。

在我看来，网络文学套路叙事的贡献不只在于为网络创作找到了适配的艺术方式，以不断创新的套路开启网络文学的类型小说时代，而且大大丰富了中国文学传统的叙事技法。在文学发展史上，许多叙事套路古已有之，诸如重生、复仇、爽点、逆袭、脑洞、开挂、主角光环等，在远古神话、唐传奇、三言二拍、《聊斋志异》等作品中均有不同程度的表现，不过是不以“套路”称之而已。西游中的神话仙侠，三国写的王朝争霸，水浒中的热血武侠，红楼里的儿女言情，也都有类型套路的影子。金庸、古龙、黄易、梁羽生、温瑞安等人的武侠小说，培养了一代代“武侠迷”，许多网络类型小说作家都深受他们的影响。不过与传统的类型小说和叙事套路相比，网络文学的“套

① 邵燕君：《网络文学的“断代史”与“传统网文”的经典化》，《中国现代文学研究丛刊》2019 年第 2 期。

路”不仅更为丰富，更为多样，也更为重要，更具开拓性和创新力。为了满足亿万读者的“刚需”，网络作家需要天马行空，大开脑洞，用尽已有的套路资源还不够，还必须不断创造新的套路。于是，唐家三少让主角打怪成神，天蚕土豆创造了主角废柴逆天，我吃西红柿则打造出极限修炼、升级成功的主角光环。号称网文界“四大文青”的猫腻、烽火戏诸侯、愤怒的香蕉、烟雨江南，亦在开创自己的新套路中，创作了一部部爆款小说，在表达文学情怀的同时，也为文学的叙事艺术创新积累出新鲜的创作经验。事实上，我们对于网络文学“套路”叙事的艺术创新性与历史合法性不仅重视不够，而且常常低估，岂不知有许多“打怪升级”的套路并非都是在以“怪力乱神”去“装神弄鬼”，而是在以“套路”的方式探寻“套路叙事”创新的艺术可能性。

（原载《江海学刊》2020 年第 3 期）

网络文学的主流化倾向*

周志雄　王婉波**

内容提要： 中国网络文学的主流化潮流是一个自上而下的运动，是网络文学告别野蛮生长，自觉向规范、秩序转变的积极结果。网络文学响应国家号召，书写宏大的时代命题，弘扬社会主义核心价值观，积极承担社会责任，这是与网络文学的特点相适应的。优秀网络文学作品实现了网络性、思想性、文学性的融合，在作品内涵上向人情事理深处拓展，向知识性拓展，在语言表达、文化意蕴、小说结构、人物形象塑造等方面向纯文学学习，探索精品化创作道路，不仅有愉悦读者的作用，也有提升读者的作用，不仅给人精神上的正能量，也给人艺术的审美享受。

关键词： 网络文学；主流化；核心价值观

近年来，在政府管理、文学网站引导和市场推动等多重合力作用下，现实题材创作成为中国网络文学新趋向，出现了一批积极关注现实民生，描写各阶层各行业生活的作品，这些作品在历史发展进程中

---

* 本文系国家社科基金重大项目“中国网络文学评价体系建构研究”（项目号：18ZDA283）的阶段性成果。

** 作者简介：周志雄，1973 年生，安徽大学文学院教授、博士生导师；王婉波，1991 年生，山东师范大学文学院博士研究生。

展现日益强大的中国形象，自觉讴歌党、讴歌祖国、讴歌人民、讴歌英雄，彰显时代精神正能量，呈现出鲜明的“主流化”倾向。网络文学在线更新直面读者，经过多年的文学实践，中国网络文学已形成了一套有效的“爽文”写作机制，在网络作家积极响应政府号召表达国家主流声音的时候，他们的作品能否获得读者的认可，这种类似跟风而上的“听将令”式写作是否有文学价值，这股网络文学潮流对中国网络文学的发展有何影响，本文试就这些问题进行初步探讨。

一

中国网络文学的主流化潮流是一场自上而下的运动，是网络文学告别野蛮生长，自觉向规范、秩序转变的积极结果。这类似于 20 世纪 30 年代的“革命文学”、50 年代至 70 年代的“社会主义现实主义”文学。当然在今天，网络文学的这股主流化思潮没有如革命文学那样鲜明的主张和旗帜，自上而下的宣传、引导、激励也并非“领导出思路、群众出生活、作家出技巧”式行政直接干预，而是在充分尊重文学创作规律的前提下，鼓励作家关注宏大题材，弘扬主旋律，扬正气、树新风。

从新世纪初的十年来看，网络文学是民间性的、边缘化的、商业化的，这个时期政府对网络文学的管理还停留在一般的关注及工作联系层面上。2008 年在中国作家协会指导下，中文在线旗下的 17K 网站与《长篇小说选刊》联手承办“网络文学十年盘点”，十年盘点的榜单有 10 部最佳作品榜单和 10 部人气最高榜单，人气榜单无疑也是商业榜单。2009 年 6 月，中国作协建立网络文学重点园地工作联席会议制度。一批作家因为作品的市场反响开始引起文坛关注，陆陆续续有一些作家加入各地作协及中国作协，如 2010 年 6 月唐家三少加入中国作协。2011 年，茅盾文学奖修改评奖条例，允许网络文学参与评选，网络文学日渐引起政府关注和重视。从 2011 年至今的第八、第九、第十届茅盾文学奖虽然每年都有网络文学作品参赛，但至今并无网络文学作品获茅盾文学奖。与网络文学有关的是金宇澄在上海弄堂网上连载的《繁花》获奖，金宇澄是《上海文学》的编辑，《繁花》不是商业机制下产生的有中国特色的类型网络小说。2011 年，移动手机成为新的阅读渠道，网络文学的读者数量和作品数量又攀新高。2012 年，网络作家富豪榜第一次发布，网络作家作为高收入群体引起人们的关注。茅盾文学奖得主麦家的那句“网络文学 99.9% 是垃圾”通过媒体被广为发酵。此时网络文学面临的困境是：一方面是市场的火爆，另一方面是文学界对网络文学的评价并不高，网络文学“垃圾”说盛行。

2014 年是中国网络文学发展的历史拐点。2014 年 4 月，全国“扫黄打非”工作小组办公室、国家互联网信息办公室、工业和信息化部、公安部联合实施“净网行动”，新浪读书频道在整顿中被关停。是年 7 月，中国作协在北戴河召开网络文学理论工作会议，讨论如何建立网络文学评价体系，如何对网络文学进行管理和引导。2014 年 10 月，习近平总书记主持召开文艺座谈会并发表《在文艺工作座谈会上的讲话》，明确提出：“要适应形势发展，抓好网络文艺创作生产，加强正面引导力度。”2015 年中国作协开始实施中国网络小说排行榜，原国家新闻出版广电总局开始实行优秀网络文学原创作品推优。这些举措力图发挥正面的积极引导作用，通过榜单等形式来为网络文学的发展树立标杆。在这个评榜、推优机制中，网络文学的价值导向作为首要问题提出来，如上榜作品不能涉黄、涉黑，申报的作品必须接受涉黄、涉政等网络敏感词的检测。原国家新闻出版广电总局的原创推优明确提出要以“国家规格、大众审美、政府标尺、网络特质”为评价标准，引导网络文学坚持以人民为中心的创作导向，把社会效益放在首位，把提高内容质量作为作品生命线。

2014 年 12 月，为落实习近平总书记《在文艺工作座谈会上的讲话》精神，原国家新闻出版广电总局印发《关于推动网络文学健康发展的指导意见》的通知，明确提出：“各地区、各有关部门要充分认识促进网络文学健康发展的重要意义，加强组织领导，采取有力措施，扎实推进各项工作，不断引导网络文学践行社会主义核心价值观，弘扬真善美，传播正能量。”[①] 2016 年 7 月，中国作协网络文学委员会、中国音像与数字出版协会数字阅读工作委员会联合发出《网络文学行业自律倡议书》，明确主张：“坚持培育和弘扬社会主义核心价值观。弘扬社会主义核心价值观，体现中国精神，是网络文学的根本属性，也是衡量网络文学价值的基本标准。网络文学界要高扬爱国主义旗帜，传递中华民族共同的理想追求。要以高度文化自信，传承和弘扬中华优秀传统和中华美学精神，讴歌真善美，发挥正能量，推出更多人民喜闻乐见的优秀作品，坚定人们对美好生活的憧憬和信心，鼓舞中国人民为实现中华民族伟大复兴中国梦而团结奋斗。”[②] 这份倡议书通过文学网站下发到网络作家手中，积极引导网络文学主旋律创作。

2015、2016 年中国作协组织网络作家“重走抗战路”“重走长征路”；2017、2019 年，团中央、中国作协在井冈山举行全国青年网络作家高级培训班，对网络作家进行革命传统及爱国主义精神教育。各地作协也积极开展红色教育活动，2019 年，湖北省组织网络作家“深入生活、扎根人民暨南水北调采风行”、赴陕甘宁革命根据地采风活动等，带领网络作家接受革命传统教育，重温革命历史，激发创作的社会责任感；四川省作协组织“网络作家重走长征路”，带领网络作家走进雅安、汶川、平武等地震灾区及马尔康、松潘、北川、南充嘉陵等贫困地区，感受时代变化，结集出版网络作家采风作品《苍溪味道》《平武行》《印象嘉陵》《旺苍行记》等。

2019 年《文艺报》设立网络文学专刊，重点评介《大国重工》《浩荡》《大国航空》等“主流化”价值观鲜明的作品。中国作协网络文学中心主任何弘在发刊词中说：“高质量发展网络文学，必须以习

① 《关于推动网络文学健康发展的指导意见》，《文艺报》2015 年 1 月 12 日。

② 《网络文学行业自律倡议书》，《文艺报》2016 年 7 月 22 日。

近平新时代中国特色社会主义思想为指导，把讲好中国故事，表达主流文化、弘扬社会主义核心价值观作为表现的重点，把利用网络传播的新特点创造新的叙事样式作为发展的基础，努力创作出体现时代精神的网络文学精品，创造时代的文学高峰，为中华民族伟大复兴中国梦的实现做出自己应有的贡献。”[①] 文学网站也积极行动起来，推动体现网络文学精神正能量的创作，如阅文集团已先后组织了四届现实主义网络文学征文大赛，有《大国重工》《朝阳警事》《上海繁华》等一系列主流化作品获奖，产生了良好的社会影响。

近五年来，网络作家受到国家的关注和重视程度明显加大，网络作家的形象越来越正面。参加中国作协第九届作代会的唐家三少说：“在中国作协和北京作协领导们的关心和支持下，我有幸成为了第一位网络作家全委。5 年后的第九届作代会上，我看到了近 30 位网络作家的身影，全委数量也达到了 8 位。”[②] 2018 年，与其他行业精英一样，优秀网络作家受到了政府的重视，网络文学作家蒋胜男当选全国人大代表，唐家三少（张威）当选全国政协委员，静夜寄思（袁锐）当选重庆市人大代表，血红（刘炜）当选上海市人大代表，管平潮（张凤翔）当选浙江省政协委员，阿菩（林俊敏）当选广东省政协委员，晴了（段存东）当选贵州省政协委员，梦入洪荒（寇广平）当选河北省政协委员，跳舞（陈彬）当选江苏省政协委员，我吃西红柿（朱洪志）当选江苏省政协委员，匪我思存（艾晶晶）当选湖北省政协委员，我本纯洁（蒋晓平）当选广西壮族自治区政协委员；2019 年匪我思存当选湖北省作协副主席，夜神翼（陈杰）当选成都市作家协会副主席，阿菩（林俊敏）当选广东省作协副主席。至此，曾经被称为“网络写手”的一群人成为真正的“人民作家”，他们

① 何弘：《守正道　创新局　出精品——“网络文学专刊”发刊词》，《文艺报》2019 年 1 月 28 日。

② 唐家三少：《勇于创新，推动网络文学发展》，《文艺报》2016 年 12 月 23 日。

中的佼佼者成了我国重要的文学创作力量，他们开始参政、议政，开始活跃在中国的政治舞台上，时代赋予了他们创作的使命感和责任感。

与纯文学作家相比，网络作家的政治意识更加自觉，国家给予了网络作家地位和荣誉，他们通过自己的创作获得了经济上的回报，同时也获得了政治身份的认可。网络作家唐欣恬说："身为网络作家，我们更会将弘扬主旋律、传播正能量视为己任。使命在肩，时不我待，愿我们都能成为网络文学新辉煌的创造者和见证者。"① 从仙侠转向写实的何常在说："我开始关注现实题材，因为这样的作品不仅能与当下生活同频共振，也可以挖掘、思考社会问题，让网络文学承载更丰富的时代精神与文化内涵。"② 综上可见，中国网络文学的主流化倾向既是自上而下引导的结果，也是网络文学作家积极担当历史使命，寻求社会认同的结果。

二

从网络文学的文学传统来看，网络文学主要面向大众，是一种娱乐性的通俗文学，通俗文学多以故事性吸引读者，在价值观上是相对明朗的，少有探讨价值观，而是宣传读者普遍认同的价值观，且多用刘半农所说的"积极教训"。"通俗小说应该是一种知识（包括自然科学和社会科学）的载体，普及知识、认识规律，借以开启民智……这些作品颂扬人与人之间博大的爱，和对事业、理想的孜孜追求，通过艺术形象感染、打动读者，把关于人类、自然、社会、生命的知识在不知不觉中传达给读者，古往今来，许多读者都是通过孙悟空、诸葛亮、关羽、武松等艺术形象来学习爱与恨、是与非、善与恶、美与丑

① 唐欣恬：《植根现实土壤，书写无愧于人民的网络文学精品力作》，《文艺报》2019 年 7 月 24 日。

② 肖煜、张晓华：《让网络文学激情拥抱"现实"》，《河北日报》2019 年 12 月 2 日。

的观念，提高认识和审视历史、人生的本领的。”① 网络文学响应国家号召，书写宏大的时代命题，弘扬社会主义核心价值观，积极承担社会责任，这是与网络文学的特点相适应的，网络文学的主流化的实绩主要体现在如下方面：

第一，网络作家积极地拥抱时代，塑造改革时代的英雄，歌颂顽强拼搏、勤劳智慧的中国人民，弘扬时代正气。《大国航空》（华东之雄）、《大国重工》（齐橙）、《运河造船记》（苏家大小姐）、《一路走过：改革开放40年纪实》（路远）书写时代的伟大变革，积极地讴歌人民、讴歌英雄、讴歌祖国、讴歌时代。齐橙的《大国重工》描写了我国改革开放以来中国重工业从弱到强，从引进国外重工业产品到出口重工业产品的发展历程，表现了我国国力不断增强，民族自豪感和自信心不断提升的历史巨变。华东之雄的《大国航空》以年轻试飞员的成长故事讲述我国航空工业的发展历史，塑造了为祖国航空事业勇于献身的军人形象。梦入洪荒的《至高使命》描写扎根基层的青年人积极为社会做贡献，做新时代的奉献者。何常在的《浩荡》以年轻的大学生在深圳创业发展的故事，切入互联网行业、房地产行业等领域，反映了“深圳速度”背后创业者的艰辛历程。Wanglong 的《复兴之路》讲述国企在改革中的困境与复兴的艰难曲折，塑造了新型的改革者形象，从制度层面反思国企改革的症结，描绘了中国式的企业发展之路。

第二，爱国主义主题。丛林狼的小说《最强特种兵》中龙国、华夏国都是指中国，倭寇、北极熊、山姆国都有明确的指向，在这样的故事设定中，小说有着爱国主义的精神格调，给人以民族主义的共鸣。小说充满积极向上的调子，有对爱情的忠贞，对战友的深情，对亲人的回报，对个人内在潜力的充分挖掘，这些积极的思想倾向无疑有很好的社会效应。《战神之王》（丛林狼）的爱国主义主题非常清晰，这

① 谢昕、羊列容、周启志：《中国通俗小说理论纲要》，台北：文津出版社1992年版，第92页。

是小说中的句子："军人就应该为国去拼杀，去战斗，心中有义，无所畏惧。""龙国不缺热血青年，不缺有识之士，只要国家需要，责无旁贷，义无反顾，龙国热爱和平，但也不怕战争，不怕敌人，哪怕敌人无比强大，也没人愿意低头屈膝，这是一个国家的尊严，更是龙的传人血脉中的自强不息。""大丈夫有所为，有所不为，军人就应该迎难而上，无所畏惧，以一颗战士的心坦然面对一切强敌和困难，而不是知难而退。"这些直抒胸臆的文字让主人公更加高、大、上，这无疑与近年来国家对网络小说的引导有关，让人感受到红色革命文学的回声。

第三，网络文学积极关注社会现实变革，书写备受人们关注的乡村振兴、支教等现实题材。《幸福不平凡》（青安）、《稔子花开》（莫贤）、《芳菲乡的振兴》（上官诗经）讲述脱贫攻坚战的历史使命和实践故事。《芳菲乡的振兴》是 2018 年全国网络文学重点园地工作联席会议扶持作品，小说主人公积极投身乡村振兴建设，扎根基层，走群众路线，积极帮助农村困难户解决生活困难，体现出强烈的社会责任感。《明月度关山》（舞清影 521）、《大山里的青春》（罗晓）、《枫林远歌》（画早）、《在希望的田野上》（张书勇）写支教题材，讲述了年轻的大学毕业生到贫困山区支教的故事，他们积极面对生活困难，在艰苦的环境里经受锻炼，获得精神的成长和蜕变，他们勇于奉献，关注留守儿童，帮助贫困山区脱贫致富，小说着力描写人性的光辉和青春的风采，展现了当代青年投身建设祖国时代洪流中的积极精神风貌。

第四，关注传统文化领域。2018 年阅文集团发布"中国传统文化 IP"，并启动"梨园计划"，尝试以现代 IP 方式重塑新世纪京剧魅力；"大运河文化征文"掀起关于传承千年文化、弘扬时代精神的书写热潮，涌现了《静静的运河》（李季彬）、《运河青云梦》（卫易）、《通惠河工》（翟鹏延）、《运河码头》（房忆雪）等优秀作品；《俗艺大师》（就为活着）呈现了非物质文化遗产"二人转"的独特魅力；《传国功匠》（陈酿）弘扬工匠精神，讲述德艺双馨的"非遗"工匠人故事；《相声大师》（唐四方）展现中国传统曲艺，以相声艺术为主，涉及口技、评书、大鼓等；《华簪录》（悠南桑）将民间手工艺制作融入天下之争的故事之中，详细介绍首饰制作技艺。这些作品将中国传统文化融入精彩的故事之中，对传播中国传统文化将起到积极推动作用。

第五，积极关注现实变革，讲述颇具时代气息的现实故事，面向现实困难，寻求解决方案，书写年轻人的成长历程，传递乐观、积极的生活基调。《二胎囧爸》（李开云）、《老妈有喜》（蒋离子）以二胎政策实施后，中国家庭所面临的选择和矛盾为中心讲述温暖的家庭故事，风格清新，充满喜剧气息；《全职妈妈向前冲》（清扬婉兮）以三个女性的故事，反映了当下职业女性所面临的压力和困境，写出了复杂的人生况味，展现积极、健康的爱情观和人生观；《糖婚》（蒋离子）书写“80后”夫妻所遭遇的情感危机，并由婚恋故事拓展到家庭婆媳关系、子女教育等问题，透视不同代际人群价值观的冲突，表现了直面生活矛盾，寻求相互理解与沟通解决之道的积极价值导向；《白纸阳光》（月壮边疆）书写社区工作者为居民排忧解难的温馨故事，积极探讨管理的新模式、平常人、身边事，充满积极的生活情调；《上海繁华》（大地风车）书写外地农民子弟在上海的奋斗历程；《粮战》（洛明月）为农业专家点赞；《中国铁路人》（恒传录）刻画了中国铁路建设者的光辉形象；《朝阳警事》（卓牧闲）中的社区民警心系群众、走群众路线，积极作为，在平凡的工作岗位上干出不平凡的成绩。

三

在黄子平、陈平原、钱理群的《论“二十世纪中国文学”》一文中，作者将20世纪中国文学的总体风格概括为“以‘悲凉’为基本核心的现代美感特征”[①]。与此不同的是，中国网络小说的总体风格是豪放、乐观、昂扬。这既是文学追求上的不同，中国现代文学是启蒙

① 黄子平、陈平原、钱理群：《论“二十世纪中国文学”》，《文学评论》1985年第5期。

的文学，是沉重而忧郁的，而网络文学是让人快乐的，是明朗而积极的；同时也是时代气象的反映，中国现代文学处在国家命运焦灼的历史环境中，而网络文学处在中国改革开放国力日益增强，人民生活水平不断提升的历史新时代。阿耐在《大江东去》的题记中说："我有幸生活在一个前所未有的变革时代。"网络文学的主流化倾向是时代赋予网络小说的特征，也是网络文学积极书写时代精神面貌的体现。书写生活的光明面、积极面，以积极的态度面对生活的困难，战胜困难，迎来生活的美好结局，以升级、成长、主角进步的爽文模式书写英雄，成就英雄梦想，网络小说中乐观、昂扬的精神风貌表达了中国年轻人对美好生活的向往。

中国网络小说的主流化与中华人民共和国成立后十七年时期的小说主流化有类似之处，小说书写宏大的历史命题，要表现政治正确的意识立场，但网络时代的网络小说比之十七年小说的类型、题材要丰富得多。与十七年文学面对的相似的问题是，小说如何处理主题先行、光明结局与小说揭示深层社会矛盾的问题，即政治性与艺术性如何平衡的问题。

优秀的网络小说在美学特点上，具有梁启超所说的"浅而易解，乐而多趣"[①] 的特点，网络小说不仅起到愉悦读者的作用，也有提升读者的作用，不仅给人精神的正能量，也给人文学的审美享受，主要体现在如下方面：

一是向人情事理深处拓展。《老妈有喜》是一部文笔细腻的作品，小说在几个家庭不同人物类型之间展现生活的矛盾，人情事理表现纤细入微。作者入世很深，通晓人情世故，小说既呈现了复杂、胶着的原生态生活现状，但又不同于新写实小说，而是着力书写人物积极面对生活的态度，寻求解决的方案。《枫林远歌》对人情事理的描写极

---

① 梁启超：《论小说与群治之关系》，载《二十世纪中国文学史论文精粹·古代、小说戏曲卷》，王钟陵主编，许建平选编，河北教育出版社 2001 年版，第 3 页。

其通透，小说通过一个身患绝症的大学生到乡村支教的故事，描写了两个年轻大学生之间的爱情，小说温情、细腻，人物心理拿捏得当，以悲剧性的结局写出了人物的精神光芒，作者通透儿童心理，描写了乡村文化及乡村儿童的心理世界，故事含蓄凝练，超越了一般的爽文。

二是向知识性拓展。《大国重工》《材料帝国》《网络英雄传》《大国航空》等小说对行业知识相当熟悉，小说作者做了扎实的功课，作品建立在调查研究的基础上，阅读小说让读者获得的是对行业知识的了解，读后让人大开眼界，同时也获得精神的启迪。在写行业文方面，网络作家比纯文学作家更有优势，他们来自各个不同的行业，有丰富的行业经验和社会经验，因为身在其中，他们为写小说所做的调查研究往往非常深入。阿耐是浙江一家企业的高管，阿菩是暨南大学文学博士，管平潮是日本国立情报学研究所博士，郭羽、刘波是成功的企业家。《大国重工》的作者齐橙是北京师范大学的副教授、中国社科院的经济研究所博士，他懂经济，是工厂子弟出身，熟悉中国工业的发展历史。

三是在语言表达、文化意蕴、小说结构、人物形象塑造等方面向纯文学学习，在保证小说好看的前提下，努力提升小说的内涵，探索精品化创作道路。《楚河汉界》（灰熊猫）是一部通透人情世故的小说，以历史史实为基础，展开合理的想象，对人性的丰富性进行了深入的探索，小说写出了项羽的英雄气概，也表现了刘邦智慧的一面，颠覆了传统文学中刘邦的“小人”形象。《朝天阙》（姞文）以南京朝天宫为背景书写南京的历史，塑造了大儒王守仁的形象，充满文化气息。《无缝地带》（李枭）结构严谨，心理描写细腻，文笔老到，故事逻辑丝丝入扣，被称为最具有纯文学气质的网络小说。

从文化内涵的表达来看，网络小说中正能量的表达常常直抒胸臆，这些表达会形成小说主旨句，融化在故事中，给读者精神的力量感。读者首先是在消费故事，在娱乐中潜移默化地接受了作者所寄托的思想与情怀。天衣有风的《凤囚凰》想传递给读者一种道理，要做堂堂正正的人，小说中人物容止对自己说："我的生死，我的爱恨，皆是我自己的选择，我不后悔也不痛苦，这是我自己选择的道路，我不需要怜悯，亦没父母要动摇，生也是我，死也是我，胜固欣然，败也从容。"这句话打动了很多读者。《明朝那些事儿》第一部中有这样一句话："即使日后身处绝境，亦需要坚守，万勿轻言放弃!"这句话让很多读者驻足回味。在缪娟的《翻译官》的结尾，有一句在网上广为流传的话："我从小身处逆境，无论遭遇怎样的困难、意外和不公平，我没有哭过；我使尽全力，逆流而上，努力地学习和工作，每每筋疲力尽，心中失望的时候，我没有哭过；当远走他乡，忍受孤独，失去挚诚的朋友，被亲爱的人误解远离的时候，我没有哭过；即使在所拥有的幸福、握在手中的爱情如千钧悬于一发，即将失去的时候，我没有哭过。而此时，我的心，被辛酸和狂喜的情绪同时占据，我在电话的一侧用力地点头，却说不出话来，只觉得，有泪水，夺眶而出，滚烫地流在脸上。"天下归元在《凤倾天阑》的后记中写道："寓教于乐，是我推崇的文化传播方式。教育如此，写作亦如此。我希望在文中，关于我个人教育理念的渗入过程，能对一些已经为人父母，或者即将为人父母的读者们，产生良性的影响，让他们或有思考，或有对照，如此，或许某一个孩子，就能被我从万恶的兴趣班里稍稍拯救。"那些并不高深的道理溶化在好看的故事中，产生润物无声的阅读效应。

网络小说对读者提高认知能力帮助很大，一些高中生读者看了《翻译官》之后，去报考翻译专业，成为专业的翻译人才；浙江师范大学将《网络英雄传之黑客诀》作为维护国家网络安全主题教育材料供学生阅读。并不是所有的纯文学作品都适合中小学生阅读。苏童曾在一次演讲中说，他在家里把他的小说《米》藏了起来不让女儿看到，不想让她认为自己的父亲竟是这样一个"龌龊的家伙"。2013 年在莫言获得诺贝尔文学奖时，众多中学生因为媒体的宣传和老师的推荐，开始阅读莫言的作品，然而他们真切地感到莫言的小说读不进去。这当然不是要否认这些文学作品的价值，而是说，对于低龄的青少年读者，道德含混的故事并不适合他们。网络文学是纯文学的有益补充，那些是非分明的价值判断，有情有义的故事主角，有情人终成眷属的结局，自强自立的励志成长，更有益于青少年的精神成长。《择天记》（猫腻）是个人向死而生的故事，不畏艰险，毫无退路，有的只是一颗勇往直前的心。好的网络小说带动的是读者的情绪，风凌天下在一次访谈中谈到，网络小说是一种情绪小说，要让读者跟随自己的节奏，要调动读者的情绪，热血文就要让读者热血沸腾。

近年来，网络文学的主流化倾向是时代对网络文学的要求，也是网络文学自身求新求变的结果，在这个过程中，出现了一批简单图解社会主义核心价值观的作品，一些作品以改革开放四十年为背景，标题很大，但笔力达不到，内涵单薄，内容空洞；一些作家文学修养不够，生活积累不够，写作的用心不够，将故事变成了单纯的时代精神的传声筒，作品缺乏艺术感染力。网络小说弘扬正能量，传播主流价值观，将网络性、思想性、文学性进行有机地融合，阿耐的《大江东去》，郭羽、刘波的《网络英雄传》系列，蒋离子的《老妈有喜》等作品作出了可贵的探索。

（原载《江海学刊》2020年第3期）

图书在版编目(CIP)数据

论道穷理　赓续文脉:《江海学刊》特色专题论文选:6 卷/韩璞庚主编. —北京: 中国社会科学出版社, 2023. 12
ISBN 978 - 7 - 5227 - 1425 - 7

Ⅰ. ①论…　Ⅱ. ①韩…　Ⅲ. ①社会科学—文集　Ⅳ. ①C53

中国国家版本馆 CIP 数据核字(2023)第 025793 号

出 版 人　赵剑英
责任编辑　郭晓鸿
特约编辑　杜若佳
责任校对　师敏革
责任印制　戴　宽

出　　版　中国社会科学出版社
社　　址　北京鼓楼西大街甲 158 号
邮　　编　100720
网　　址　http://www.csspw.cn
发 行 部　010 - 84083685
门 市 部　010 - 84029450
经　　销　新华书店及其他书店

印　　刷　北京明恒达印务有限公司
装　　订　廊坊市广阳区广增装订厂
版　　次　2023 年 12 月第 1 版
印　　次　2023 年 12 月第 1 次印刷

开　　本　710 × 1000　1/16
印　　张　202. 25
字　　数　2839 千字
定　　价　1199. 00 元(全六卷)

凡购买中国社会科学出版社图书, 如有质量问题请与本社营销中心联系调换
电话: 010 - 84083683

文集总序

韩璞庚

1957 年 11 月 18 日，中共江苏省委发文，批准创办哲学社会科学月刊。经过数月精心筹备与辛勤工作，1958 年 3 月 1 日，《江海学刊》在历史文化名城南京出版发行。

刊物取名《江海学刊》，是经过反复考量与斟酌的。江苏乃江海汇流之地，长江之滨，西有江渝，中有江汉、江淮，东有江海，属地考量是也，同时也展现了办刊人兼容并包、吞江纳海、江畅海阔的办刊气度。江海奔流，反映的是一种蓬勃的气象，一种前进的样态。百川归海，海纳百川，江和海唇齿相依，相互成就，彰显的是一种相互依存、相互包容的品质。“无海则江无所归依，无江则海难成浩瀚，江海之谊，源长流清。”这不就是学者与编者关系的真实写照吗？

《江海学刊》一经出版，就受到国内学术界的高度重视与关注，其高质量、高品位的办刊理念，创新创造的学术追求，志存高远的理论旨趣，为之后期刊事业的发展与进步奠定了稳固基础。

大半世纪风雨兼程，六十多载上下求索，《江海学刊》“践行使命，初心兢兢，引思想之风帆，举文脉之大纛，秉坚定立场之志，承明确定位之旨，风雨兼程，赓续文脉”，“办传世名刊，载精品力作”，终成一世之学术大观。

海学刊》风格和气派的“学术交响乐”。先后成功策划“人学”“发展哲学”“实践哲学”“公共哲学”“公共理性”“网络时代的社会科学”“学术研究的中国风格与中国立场”“马克思主义出场学研究”“马克思主义哲学中国化研究”等具有全局性的重要专题栏目（笔谈）约80个，聚焦“中国问题”，坚守“中国立场”，创新“中国视域”，总结“中国经验”，诠释“中国道路”，充分彰显出《江海学刊》以问题为导向的办刊思路和策划意识，在全国强手如林的哲学社会科学期刊阵营中异军突起，独领风骚，在国外也引起强烈学术共鸣与学术回应，其办刊影响力蒸蒸日上，成为学术期刊界的翘楚。

在对哲学问题的反思与追问中，《江海学刊》一直推动中国学术话语的建构与中国学派的形成。学术话语是对学术问题的言说与表达，是一个民族精神与文化的载体，是一个民族、一个国家文明进步的符号表征与价值荷载，其对一个国家的发展具有重要的意义与价值。学术话语体系就是对学术话语符号元素的有机整合，是在一定价值观念、方法体系与理论体系支撑下，由合理有序的架构将话语符号整合在一起的有机语词体系。建构学术话语体系，是一个知识体发展进步的必然要求，也是取得学术话语权的标志之一。在现代传媒社会中，有了话语权，也就意味着有了言说的资格，掌握了话语权，就意味着主宰了意识形态与舆论的走向。今天，我们讨论中国学术话语体系的建构，就是为了使中国学术发展在开放环境中走自我创新与自主建构之路，能在世界学术大家庭中留下自己的声音与痕迹，从而推动世界文明的进步与发展。讨论中国学术话语体系的建构问题，既反映了中国学术在世界上的被动地位，也反映了中国知识界的理性反思与理性自觉。

《江海学刊》持续推动中国学术话语的创新与学术话语体系的建构，倡导中国自主知识体系的建构，在世纪之初开辟“原创学术空间”专题，推动中国学派的形成。诚如专家指出：“时绪纷争，突出学术围城；领衔人学，成就江海先声。公共价值，实践理性，原创哲学，发展理论，中国学派，于斯肇兴。”

近20年来，经过不懈努力，《江海学刊》的特色体现在以下几个专题上面。

（一）人学与人的现代化

20世纪八九十年代，中国社会开启改革开放的大门，踏上社会主义现代化的发展道路。在这样一个重要历史节点，各方思潮涌入中华大地，与本土文化交织在一起，在激起学者们思想涌动的同时也带来一个重要的问题，以马克思历史唯物主义为基础的中国学术，如何对各方有益思想进行兼收并蓄、创新发展，使之为我国的现代化发展提供思想动力？在许多学者看来，关键点就在于人的发展，并随之产生了观点各异的人学流派，历经数十年发展，其研究热度不但未减反而愈加热烈。这也证明了人学确实是一个于中国发展具有重要价值且具有长久生命力的研究话题。黄楠森先生曾动情地说："中国的人学研究绕不开《江海学刊》。"学术研究要把准时代脉搏，《江海学刊》较早地意识到人学研究必将成为带动中国学术兴起、呼应现代化发展需要的重要话题，由此持续组织策划了大量人学研究的相关专题，发表了一大批紧扣现实问题、体现学术争鸣的理论成果，为人学研究打造了一个各抒己见、碰撞交锋的高层次理论对话平台，发掘了许多值得进一步讨论的学术话题。习近平总书记在中国共产党与世界政党高层对话会上的主旨讲话中专门提到："现代化的最终目标是实现人的自由而全面的发展。"随着我国开启全面建设社会主义现代化国家新征程，我们相信，关于人与现代化的讨论仍将是中国学界至关重要的研究议题。

（二）当代中国马克思主义哲学

本卷撷选《江海学刊》哲学栏目近二十年来刊发的代表性论文，力求能从学术理论研究的层面展现当代中国马克思主义哲学的探索之路。全书共分五篇：原理篇集中于马克思主义哲学当代价值的理论思考；出场篇关注马克思主义哲学的本土化发展及现代化理论转向；反思篇对当代中国马克思主义哲学在发展中遭遇的困境及问题进行了较

中，除改善体例、纠谬补缺外，其余部分尽可能留存原貌。第三，由于历史原因，个别文章的某些提法、观点在今天看来或许已不合时宜，但为尊重历史，未作删改，尚请读者明鉴。

有人说编辑是为人作嫁的行业，孤灯清影，辛勤耕耘，默默劳作，独守寂寞。其实，这是一个旁观者的视角，如果换成剧中人的维度，结论就会完全不同。当一位作者，将自己多年精心写作的文稿呈现在你面前的时候，当你成为他文稿的第二个读者甚至第一个读者的时候，你是否感觉到了一丝幸运、幸福、欣慰呢？所以，编辑行业既是一项崇高的学术事业，又是一项赓续文脉的事业。念兹在兹，赋诗存情。

七古·编研生涯

西辞武昌下江东，石头城巅意万重。
覃研精编卅六载，探纲赜纪四季风。
书坛共探省考深，蓬山独访思虑浓。
老枝总盼新枝美，化作绿叶伴春红。

二〇二三年八月十八日

目　录

上编　经济学

全面小康与现代化研究

新型城镇化研究

中国经验与学科发展

上　编

经济学

全面小康与现代化研究

小康社会理论的提出与创新

宋林飞*

党的十六大提出的全面建设小康社会的奋斗目标，现正在成为各级党政组织与人民群众的实践。怎样使这一实践更加自觉、正确、有效地展开？首先要搞清楚邓小平同志关于小康社会理论的原创意义，其次要搞清楚江泽民同志关于小康社会的理论创新；同时，要充分发挥小康社会理论在宏观决策中的导向作用。

“小康”是中国式的现代化

（一）“小康之家”是中国式现代化的首要标志

以毛泽东同志为核心的第一代领导集体，提出了“本世纪末实现四个现代化”的奋斗目标，一方面对现代化近中期的重点作了界定，即“工业现代化、农业现代化、国防现代化和科学技术现代化”；另一方面对实现现代化的长期性认识不足。邓小平同志为了纠正急于求成的倾向，为了更贴近老百姓的生活，提出了新的主张：“走出一条

---

* 作者简介：宋林飞，1948年生，江苏省社会科学院院长，南京大学教授、博士生导师。

中国式的现代化道路。”[①] 为什么现代化是“中国式”的？这是由特殊的国情决定的。邓小平同志认为，在中国实现现代化，至少有两个特点必须看到，一是底子薄，贫穷落后；二是人多地少，要解决吃饭、教育、就业问题。[②] 这就是说，我国现代化的起点低，首先要解决吃饭问题，首要目标是富民。1979 年 10 月，邓小平同志对此作了明确的说明：“我们开了大口，本世纪末实现四个现代化。后来改了个口，叫中国式的现代化，就是把标准放低一些。”[③] 现代化的起点，是客观存在；现代化的标准，是主观界定的，应与客观保持一致。

现代化（Modernization）这一概念，是从西方引进的，不是出于我国传统的话语系统。1979 年 12 月 6 日，邓小平同志在会见日本首相大平正芳时提出：“我们实现四个现代化，首先是中国式的现代化。我们四个现代化的概念不是像你们那样的现代化的概念，而是‘小康之家’。”“小康”与“大同”，是我国最古老的两个社会理想。当我党规划国家经济建设的宏伟蓝图时，邓小平同志决心把“小康”这一理想变为现实。当时，日本已经进入发达国家的行列，日本关注的现代化是发达的经济建设与社会建设。而我国当时还处于贫穷落后的状况，是发展中国家。我们实现四个现代化，首先是要实现从贫困向温饱、小康的历史性跨越，第一步是建设“小康之家”，即富民，改善老百姓的生活。

建设“小康之家”的基础，是经济发展。1979 年，邓小平同志指出：“到本世纪末，中国的四个现代化即使达到了某种目标，我们的国民生产总值人均水平也还是很低的。要达到第三世界中比较富裕一点的国家的水平，比如国民生产总值人均一千美元，也还得付出很大的努力。就算达到那样的水平，同西方相比，也还是落后的。所以，我只能说，中国到那时也还是一个小康的状态。”[④] 西方学者认为，人

---

① 《邓小平文选》第 2 卷，人民出版社 1994 年版，第 163 页。
② 《邓小平文选（1975—1982）》，人民出版社 1983 年版，第 149—150 页。
③ 《邓小平文选》第 2 卷，人民出版社 1994 年版，第 194 页。
④ 《邓小平文选》第 2 卷，人民出版社 1994 年版，第 237 页。

均 GDP 一千美元是一个国家或地区经济开始起飞的标志。

（二）“小康水平”首先是指人民的物质生活水平

改革开放初期，我党的文件与邓小平同志关于“小康水平”的论述，一般指城乡居民的生活水平。1982 年 9 月，党的十二大报告指出：“从 1981 年到本世纪末的 20 年，我国经济建设总的奋斗目标是，在不断提高经济效益的前提下，力争使全国工农业总产值翻两番——实现这个目标，城乡居民的收入将成倍增长，人民物质生活可以达到小康水平。”这是党的全国代表大会首次使用“小康”概念，把它作为我国经济和社会发展的一个重要阶段，并把它同“人民物质生活”紧密联系在一起。

邓小平同志曾指出：“翻两番的意义很大。这意味着到本世纪末，年国民生产总值达到一万亿美元。从总量说，就居于世界前列了。这一万亿美元，反映到人民生活上，我们就叫小康水平；反映到国力上，就是较强的国家。”① 他以苏州为例说明小康水平：“至于人民生活，到本世纪末达到小康水平，比现在要好得多。去年我到苏州，苏州地区的工农业年总产值已经接近人均八百美元。我了解了一下苏州的生活水平。在苏州，第一是人不往上海、北京跑，恐怕苏南大部分地方的人都不往外地跑，乐于当地的生活；第二，每个人平均二十多平方米的住房；第三，中小学教育普及了，自己拿钱办教育；第四，人民不但吃穿问题解决了，用的问题，什么电视机，新的几大件，很多人也都解决了；第五，人民的精神面貌有了很大的变化，什么违法乱纪、犯罪行为大大减少。”②

（三）“小康水平”进一步的目标是提高生活质量

“小康水平”首先指生活水平，同时也包括生活质量。1990 年 12 月，党的十三届七中全会审议通过的《中共中央关于制定国民经济和

① 《邓小平文选》第 3 卷，人民出版社 1993 年版，第 88 页。
② 《邓小平文选》第 3 卷，人民出版社 1993 年版，第 88—89 页。

社会发展十年规划和“八五”计划的建议》，对小康的内涵作了新的描述：“所谓小康水平，是指在温饱的基础上，生活质量进一步提高。”小康的社会属性，“是适应我国生产力发展水平，体现社会主义基本原则的”；小康的实现水平，“既包括物质生活的改善，也包括精神生活的充实；既包括居民个人消费水平的提高，也包括社会福利和劳动环境的改善”。江泽民同志近年来又提出了“政治文明”的概念，将小康社会理论创新又向前推进了一步。

提高城乡居民的生活质量，是推进现代化进程的重要内容。生活质量包括哪些内涵？国外的一些研究成果值得借鉴。西方国家的生活质量研究与评估指标体系的发展趋势，一是从单纯强调经济指标向强调经济与社会指标并重；二是从只注重客观指标向客观指标与主观指标并重。以下反映生活质量的指标体系值得关注。

1975 年，在莫里斯（Morris）指导下的美国海外发展委员会（ODC）提出了一个物质生活质量指数（The Physical Quality of Life Index，PQLI），由平均预期寿命、婴儿死亡率和识字率三个指标组成。莫里斯认为，这三项指标能综合反映收入、营养、教育、卫生、环境和人的发展潜力、社会参与的可能和利益分配状况，而且这三项指标都有现实的上限，指标的提高就意味着穷人生活质量的提高和分配均等化。生活质量反映人们生存与发展的水平，全面建设小康社会必须重视人的健康与教育。

世界银行在 1998—1999 年度的《世界发展报告》中，用七个指标来评估世界各国的生活质量状况：①人均私人消费增长；②儿童营养不良状况；③5 岁以下儿童死亡率；④出生时预期寿命；⑤成人文盲率；⑥城市人口；⑦城市地区获得环卫设施服务的人口。有人批评这些指标偏离了人们最基本的需要方面，我觉得这一批评有些道理，就把这一指标体系称为“基本生活质量指数”。1995 年世界银行还提出了影响生活质量的两个重要指数：财富指数（the Wealth Index）和实际储蓄指数（the Genuine Saving Index，GSI）。财富指数包括自然资本

(土地、水、木材等的价值)、人力资本(人的生产能力的价值)和经济资本(已有资产如建筑物和设备的价值)。按照世行的测算,在全球资产构成中,经济资本占16%,自然资本占20%,人力资本占64%。世界资源研究所指出:“如果这些初步的测算是正确的话,那么,由于资源耗竭或退化造成的自然资本的减少可能超过了用传统方法计算的经济资本。”党的十六大提出的新型工业化的思想,实质就是自然资本的保值增值,与这一指标体系的方向是一致的。

1995年,Cobb、Halstead和Rowe提出了真实进步指数(Genuine Progress Indicator,GPI)。GPI提出了GDP所忽略的一些重要经济社会指标,所以更接近社会实际。新的因素包括:①家庭和社会劳动。最直接影响人们生活质量(福利)的工作来自家庭和社会,照顾儿童和老人、清洁和修理、对社区的贡献,这些都因为没有货币交易而在GDP中被忽略了。GPI按照一个家庭本应付给其他人的报酬来衡量家庭劳动的价值。②犯罪。GDP将花在预防犯罪和治理损害上的费用视为“进步”,然而这些费用是对社会破坏进行必要防卫的成本。它包括犯罪带来的医疗费用、财产损失以及人们为防范罪犯的支出。③其他的防御性支出。GPI增加了人们花在汽车事故、空气净化、水过滤等项目上的支出。④收入分配。在20世纪80年代,世界上最富裕人口占世界总人口的1%,但他们却享受了60%多的收入增长成果,而最贫穷的40%的世界人口却仍然面临收入下降的威胁。GPI试图体现整个人口实际分享GDP增长的不平等程度。⑤资源耗竭和生态退化。GDP将石油及其他资源消耗列为一种收入,GPI将它们修正为成本。同样的成本还包括空气和水污染对人类健康、农业和建筑的损害等。⑥休闲损失。如果人们保持“平等”地位而不得不做两份工作或者工作更长的时间,那么他们实际上是不平等的,因为他们失去了同家人在一起享受生活的时间,进一步受教育的机会,等等。

GDP掩盖了有关生活质量的许多真实方面。例如,美国GDP告诉美国人的是他们的生活质量自20世纪50年代以来进步了很多,因为这一时期美国 GDP 增长了一倍以上，但是 GPI 却显示 20 世纪 50 年代初到 1970 年前后，美国的生活质量变化是一个向上的曲线，但从那以后逐渐下降，到 90 年代初下降了 45%。这强烈地显示出经济增长的成本已经开始超过了它的收益，实际的增长是不经济的。美国的普通民众认为他们的生活质量在下降，因为他们必须工作更长时间来保持他们的生活水准，而且美国的贫富差距从来没有像今天这样大，获得最高收入的 270 万美国人得到的税后收入与最低收入的一亿美国人的总收入相当。[①] 这是值得我们深思的问题。我们必须克服干部政绩考核单一 GDP 化的倾向，应引入 GPI 这一全新的理念，确立新的经济发展观与社会进步观。

总的看来，当代发达国家生活质量指标体系，重视影响人们生活质量的关键指标：私人消费、社会服务、平均预期寿命、社会不平等、生态退化、家庭劳动和犯罪等。在全面建设小康社会的进程中，必须正确处理经济增长与资源成本、社会成本的关系，实现经济与社会的全面发展。

小康社会是现代化的初级阶段

（一）中国现代化的三个阶段

我国现代化分三步走，第一步是初步现代化，目标是小康社会；第二步是基本现代化，目标是中康社会；第三步是全面现代化，目标是大康社会。初步现代化、基本现代化、全面现代化，都是一个自然历史过程，实现的时间一个比一个更长。小康社会、中康社会、大康社会，都是一种社会经济形态，一个比一个更完善、更进步。小康社会是现代化的初级阶段。

“小康社会”现已成为党和政府的文本语言，而“中康社会”“大康社会”则是笔者的理论构想。2001 年 11 月 24 日《扬子晚报》报道

① 周长城等：《社会发展与生活质量》，社会科学文献出版社 2001 年版，第 75—87 页。

了笔者对小康、中康、大康概念的解释。在这里，笔者再补充说明一下“大康”与“大同”的关系：“大康”以后就是“大同”，“大同”就是共产主义，就是用我们中国语言表达的共产党人的最高理想。

（二）加快“总体小康”向“全面小康”的转变

经过20年的奋斗，我们胜利实现了现代化建设“三步走”战略的第一、二步目标，人民生活总体上达到小康水平。“总体小康”是小康社会的低级阶段。这个阶段的特征，是低水平、不全面、发展很不平衡。城乡居民生活水平、生活质量，以及作为它们基础的工业化、信息化、城市化与民主化的水平，提速快但阶位较低；同时，工农差别、城乡差别和地区差别仍在扩大。改变这种“低扩”现象，是走出“倒U假设”上行通道的主要任务，也许还要花20年甚至更长的时间。

“全面小康”是小康社会较高级的阶段。党的十六大报告指出：“我们要在本世纪头二十年，集中力量，全面建设惠及十几亿人口的更高水平的小康社会，使经济更加发展、民主更加健全、科教更加进步、文化更加繁荣、社会更加和谐、人民生活更加殷实。”这说明了“全面小康”在整个现代化进程中的时序，以及六个方面的科学内涵。近20年来，经济、科技、人民生活受到党与政府的高度重视，也取得了令人瞩目的历史性成就。同时，民主、文化、社会三个方面也有重大突破，但相对而言今后需要给予更多的关注，进行更多的开拓。

（三）优化社会结构是全面建设小康社会的重要任务

全面建设小康社会的重要目标之一，是优化社会结构，即扩大中等收入者的比重。我国现阶段的社会结构仍然是“金字塔形”的，低收入者占较大比重，中等收入者占较小比重，高收入者占更小比重，还没有转变为“橄榄形”结构。“金字塔形”社会结构是普遍的。美国著名经济学家萨缪尔森说过：“我的收入在美国收入金字塔中，是在离地面只有几寸的地方。”这一方面说明美国收入差距巨大；另一方面也说明美国中等收入者的比重较大。党的十六大明确提出了扩大中等收入者比重的政策取向。我们建设社会主义现代化，需要建立与我国过去不同、比发达国家更优的社会结构，即让更多的劳动者进入中等收入者行列，最终使中等收入者在整个社会劳动者中占多数。

扩大中等收入者的比重，是社会发展的标志，也是社会稳定的重要举措。笔者在《“中国经济奇迹”未来与政策选择》一书中曾经写道：“中等收入者阶层是社会中最稳定的力量。由温饱户构成的准中等收入者阶层，是社会的次稳定力量。而贫困户等低收入者阶层，则容易产生不稳定因素。高收入者中的暴发户、非法致富手段、炫耀性消费、贿赂与斗富行为等，往往会导致低收入者的心理失衡或扭曲，还会诱发少数掌握权力的人的腐败行为，带来某些社会不稳定的因素。我国现阶段由收入分化所形成的多元结构，并不是一个很稳定的社会结构。不同收入层的分化是社会转型的必要代价，但必须适度。目前，我国收入层的分化有进一步加速的趋势。如果任其发展，它所引起的震荡，社会可能难于承受。因此，只有采取切实的措施，扩大中等收入层与准中等收入层、收缩低收入层、控制高收入层，才能形成稳定的社会结构以及保证经济高速增长的社会环境。”①

小康社会的目标与标志的量化

小康社会的目标与标志，是可以量化的。正确选择小康社会的指标与标准值，对于宏观决策导向具有重要的意义。

（一）小康水平指标体系

1991 年，国家统计局等部门提出了一个由 16 个指标组成的小康水平指标体系（见表 1）。

① 宋林飞：《“中国经济奇迹”未来与政策选择》，南京大学出版社 1995 年版，第 623—624 页。

表 1　　小康水平指标体系

指标名称	标准值
人均国内生产总值	2500 元
城镇人均可支配收入	2400 元
农民人均纯收入	1200 元
城镇住房人均使用面积	12 平方米
农村砖木结构住房人均使用面积	15 平方米
人均蛋白质日摄入量	75 克
城市人均拥有铺路面积	8 平方米
农村通公路行政村比重	85%
恩格尔系数	50%
成人识字率	85%
人均预期寿命	70 岁
婴儿死亡率	3.1‰
教育娱乐支出比重	11%
电视机普及率	100%
森林覆盖率	15%
农村初级卫生保健基本合格县比重	100%

注：按 1980 年的价格和汇率计算，2500 元相当于 900 美元。

用综合评分法对这 16 个指标进行测算，1990 年全国小康实现程度为 48%，2000 年为 96%。1997 年，江苏省小康实现程度已达 96.31%。① 到 2000 年，全国有三个指标没有达到小康标准，即农民人均纯收入为 1066 元，实现 85%；人均蛋白质日摄入量，实现 90%；农村初级卫生保健基本合格县比重，实现 80%。

（二）小康社会指标体系

国家统计局等部门公布的小康水平指标体系，对于衡量我国“总体小康”实现程度有一定的应用价值，但不适用于“全面小康”进程的评估。第一，是指标体系要修正，需要增加反映生活质量、社会发展的

① 宋林飞主编：《江苏经济社会形势分析与预测》（1999），江苏人民出版社 1999 年版，第 432 页。

指标。第二，是指标临界值偏低，应按照党的十六大关于全面建设小康社会的要求，提高到与奋斗目标一致的程度。第三，同现代化指标体系接轨，以适应全面建设小康社会和基本实现现代化的阶段性转变。

笔者筛选了 18 个指标组成小康社会指标体系，用于测量与评估我国全面建设小康社会的进程。这个指标体系包括四大类：经济发展、生活水平、生活质量与社会发展。18 个指标中有 7 个指标来自国家统计局等部门公布的原小康水平指标体系，8 个是现代化评估中往往被采用的指标，3 个是我转换的社会指标，即贫富差距指数、城镇就业率与社会安全率。

作为小康社会标志的各项指标的临界值，拟作以下界定（见表 2）。

表 2　　小康社会指标体系

指标分类	指标名称	标准值
经济发展	1. 人均 GDP	25000 元
	2. 第三产业比重	45%
	3. 城市化率	55%
	4. R&D 投入占 GDP 比重	1.5%
生活水平	5. 城镇居民人均可支配收入	16000 元
	6. 农民人均纯收入	7000 元
	7. 人均住房建筑面积	31 平方米
	8. 恩格尔系数	40%
生活质量	9. 每千人拥有医生数	2 人
	10. 信息化普及程度	2
	11. 环境综合指数	40%；80%
	12. 人均预期寿命	73 岁
	13. 文化教育娱乐服务支出占家庭消费支出比重	20%
社会发展	14. 每万人拥有大专以上文化者	1000 人
	15. 城镇就业率	95%
	16. 贫富差距指数	5
	17. 社会保障覆盖率	95%
	18. 社会安全率	998‰
得分		100%

人均 GDP 为 25000 元，相当于 3000 美元。2000 年，我国人均 GDP 为 854 美元。按照 GDP 总量翻两番的发展速度测算，到 2020 年我国人均 GDP 将超过 3000 美元，达到当时世界中等收入国家的平均水平。第三产业比重为 45%，2000 年我国为 34%，今后 20 年年均增长 0.5 个百分点，是可能的。城市化率为 55%，进入城市社会。R&D 投入占 GDP 比重，为 1.5%，反映科技进步与经济增长的竞争力。

城镇居民人均可支配收入为 16000 元，农民人均纯收入为 7000 元，二者均按增长 3 倍测算。到 2020 年，城镇居民人均可支配收入增长 3 倍即为 18840 元，农民人均纯收入增长 3 倍即为 6759 元。人均住房建筑面积 31 平方米。2000 年为 19 平方米左右，如果每年增加 0.5 平方米，到 2020 年就可超过 30 平方米。恩格尔系数为 40%，反映走出温饱后的进程。

每千人拥有医生数为 2 人。信息化普及程度，以每户拥有电话（包括移动电话）部数为指数，标准值为 2。环境综合指数包括城镇绿化覆盖率（40%）、三废综合治理达标率（80%）。人均预期寿命为 73 岁；文化教育娱乐服务支出比重为 20%。

每万人拥有大专以上文化程度者为 1000 人，1990 年我国为 142 人，2001 年为 409 人，增长近 2 倍，今后 20 年的目标应增长 3 倍以上；城镇就业率（1—失业率）为 95%；贫富差距指数为 20% 最高收入家庭收入与 20% 最低收入家庭收入之比，标准值为 5。社会保障覆盖率为 95%。根据党的十六大提出的“社会秩序良好，人民安居乐业”的要求，设置“社会安全率”（1—犯罪率）指标反映社会治安状况，标准值为 998‰。采用低于国际标准的临界值，以推动各地“最安全城市”的创建活动，营造最佳人居、创业环境。

目前，有些同志在推进全面建设小康社会的过程中，只注重 GDP 的增长，而忽视了全面建设小康社会其他重要的经济社会发展内容与目标。经济增长了，如果环境污染了，道德滑坡了，犯罪增加了，那么经济增长的成果就会被破坏性的社会力量吞噬。

全面建设小康社会的难点

全面建设小康社会面临两大挑战，一是经济全球化的挑战，国内市场日益国际化，投资者、生产者都将受到更大的竞争压力；二是国内经济社会生活中深层次矛盾与问题的挑战。战胜这两大挑战，我们就抓住了前所未有的发展机遇。否则，我们就面临前所未有的社会风险。具体地讲，全面建设小康社会有以下五个难题。

（一）农村落后问题

1984 年，邓小平同志指出："中国社会是不是安定，中国经济能不能发展，首先要看农村能不能发展，农民生活是不是好起来。"① 尽管我国农村人口已从当年的 80% 左右下降到目前的 60% 左右，我们全面建设小康社会的最大困难仍然是农村落后问题。因此，全面建设小康社会必须首先从农村着手。

从农村着手，不是就农村谈农村，而是要跳出农村规划农村的发展。解决农村落后问题的火车头是城镇，是城市化、工业化带动农村发展。一概反对农村工业化是不对的，有些落后的农村地区可以发展工业，问题是如何发展工业。落后的农村地区应充分利用本地资源，优先发展农副产品加工业，发展劳动密集型产业。有些落后的农村地区则宜发展现代农业、规模农业，形成城乡、工农业的合理布局。

当前，资本在城乡自由流动非常重要。在发展城市国有垄断土地市场的同时，应大胆与积极地培育集体土地市场，鼓励农民土地承包权的有偿转让。应大力鼓励城镇闲散资金下乡，同农村城镇闲置或低效土地结合起来。要让农民在城乡土地市场发育过程中，通过土地入股分红、土地收入分成等途径增加收入。切实保护失地农民的合法权益。同时，加强中青年农民的技能学习与培训，提高农村剩余劳动力

① 《邓小平文选》第 3 卷，人民出版社 1993 年版，第 77—78 页。

向城镇转移的能力，加快农村剩余劳动力转移和城市化进程。

（二）城镇失业问题

今后一个时期，城镇失业问题仍然比较严峻。失业是低收入的主要原因。减少低收入者的有效途径，第一是增加就业机会，第二是加强收入保障，第三是提高知识水平和劳动技能。进一步开拓这些渠道，降低登记失业率、减少平均失业时间、提高失业者转岗就业能力，增加低收入者的平均收入水平。各级政府都必须高度重视长期失业（一年以上）现象的统计与转化工作。

大力发展服务业，是城镇特别是大中城市未来重要的政策取向。在加强社区管理的过程中，要大力推动家庭服务、社区服务业的发展，吸纳下岗职工。鼓励大学生直接创业，发展生产性服务业与智力服务业。

大力发展中小企业，是增加就业机会的主要办法。首先，应解决信用担保问题，拓宽中小企业的融资渠道。同时，要撤除民间投资的各种障碍，应解放思想，允许与鼓励干部在权力行使的范围之外投资。减少税费负担，严禁干扰企业经营的各种“揩油”或盘剥行为，为资本增值与积累提供宽松的社会经济环境。

（三）信用不足问题

社会信用下降是一个多年没有根本解决的问题。由于社会信用不足，伪劣产品不断涌现，违约假账继续滋生，官商勾结久禁不止。当前，经济生活中遇到的最大问题是总需求不足。为什么总需求不足？一个重要的原因是社会信用不足。欠债不还，银行为了防范风险往往会自我抑制放贷，企业为了防范风险往往不敢扩大再生产。过去，人们常见的是生产者与销售者信用不足，伪劣产品多；现在，人们又常见中介组织信用不足，导游等宰客现象仍在滋生，从而抑制了人们的即时购买力。总之，信用不足必然会导致投资信心不足与消费信心不足，信用不足不仅影响经济发展，也败坏社会风气甚至损害政治运行机制。美国安然事件引发的华尔街诚信危机，对美国与世界经济的破坏不亚于“9·11”。原来认为发达国家市场经济中不存在信用危机的观点，受到了严峻挑战。

小康社会是一种诚信社会。首先，要加快启动个人诚信系统，建立企业联合信用信息平台，以及加强市场监督，加大失信处罚力度与失信的成本。同时，在社会政治生活中也应大力倡导诚信，反对说假话、搞假政绩，提高失信鉴别能力。

（四）分配不公问题

政府宏观调控的主要目标是经济增长、增加就业、稳定物价与国际收支平衡。20 世纪 70 年代，从西方国家流行开来的这一“神秘四角”，正在延伸到第五个目标：收入分配公平。1988 年 9 月，邓小平同志指出：“过去我们是穷管，现在不同了，是走向小康社会的宏观管理。不能再搬用过去困难时期那些方法了。”① 新的宏观管理首先是允许一部分地区、一部分人先富起来，最终实现共同富裕。初次分配讲效率，二次分配讲公平；市场追求效率，政府维护公平。

地区、城乡、阶层之间收入分化的扩大趋势，怎么“逐步扭转”？关键在于坚持社会主义基本原则。邓小平同志说过：“不坚持社会主义，中国的小康社会形成不了。”② “我们社会主义制度是以公有制为基础的，是共同富裕，那时候我们叫小康社会，是人民生活普遍提高的小康社会。”③ 社会主义讲公正、公平，当前不公平、不公正的突出问题，是体制内收入差距过小、体制外收入差距过大。因此，宏观调控的目标应是适当扩大体制内收入差距，形成卓有成效的激励机制与退出机制；着力缩小体制外收入差距，保护劳动者的各种合法权益。解决这些问题，不能靠“人治”，而要靠制度。建立一套成熟、定型的制度，治理迄今为止仍然不规范的收入分配中的各种“体制病”与

① 《邓小平文选》第 3 卷，人民出版社 1993 年版，第 278 页。
② 《邓小平文选》第 3 卷，人民出版社 1993 年版，第 64 页。
③ 《邓小平文选》第 3 卷，人民出版社 1993 年版，第 216 页。

“体制洞”，从而充分调动人们的积极性。

（五）脱离群众问题

党的十六大报告指出：“我们党的最大政治优势是密切联系群众，党执政后的最大危险是脱离群众。”第二句话是列宁首先提出来的。遗憾的是，他亲手缔造的苏共正是在长期执政过程中由于脱离群众而于1991年垮台了。对于我们中国共产党人来说，这是一个最震撼人心的警示。

实践证明，官员腐败是破坏党群关系的大敌。腐败必然脱离群众。江泽民同志在党的十六大报告中指出：“不坚决惩治腐败，党同人民群众的血肉联系就会受到严重侵害，党的执政地位就有丧失的危险，党就有可能走向自我毁灭。”古人云：“高处不胜寒”。这个“高处”，不是“庙堂之高”，而是风险之高。站在执政党长治久安的高度，我们就会居安思危，必须防微杜渐。从短缺经济走向“过剩经济”的过程中，一般商品已不再是稀缺资源，现在最稀缺的资源是“官位”，是权力。于是，“买官卖官”现象悄然潜行。对于买卖双方来说，权力越大寻租空间越大，交易价格也就越高。严密又严密的监督制度，提高又提高的腐败成本，是惩治腐败的两条有效举措。

党群关系、干群关系首先反映不同群体之间的利益差别与利益协调状况。其中，执政党群体、干部群体处于主导地位。密切党群、干群关系的根本措施，是通过“填料”缩小由利益差别形成的“层沟”。俗话说：“手上没有一把米，唤鸡也不灵。”各级党政组织与领导同志都必须自觉贯彻“三个代表”重要思想，清正廉洁，执政为民，时时想着为民谋利，事事不脱离群众。

（原载于《江海学刊》2003年第5期）

关于全面建设小康社会的若干思考

沈立人*

党的十五届五中全会审议通过了《中共中央关于制定国民经济和社会发展第十个五年计划的建议》。在回顾“九五”计划执行情况时，肯定实现了现代化建设的第二步战略目标，生产力水平迈上了一个大台阶，人民生活总体上达到小康水平：在制定“十五”计划的目标和任务中，提出开始实施现代化建设的第三步战略部署，全面建设小康社会，向更加宽裕的小康生活迈进。全面建设小康社会是我国在21世纪面临的历史使命，呼唤着全党和全国人民为推进和实现这一光荣任务而努力奋斗。

实现第二步战略目标的具体标志

改革开放以来的二十年，以解决温饱、实现小康为先后两个奋斗目标，终于胜利地完成了。解决温饱，其实花了不到十年的时间，这是大家都有切身感受的，虽然还留有一个小小的尾巴。实现小康，如上述人民生活总体上达到小康水平，同样有足够的依据，不妨稍加具

---

* 作者简介：沈立人，1927年生，江苏省社会科学院研究员，南京经济学院教授。

体地展示一番。

“小康”源自古典用语，指经济社会发展的特定阶段，意味着人民生活的健康、快乐和无忧，即初步的安居乐业。这是千百年来一直向往而始终未能实现的理想或梦境。邓小平把这个概念拿过来，作了多次解释，如“达到小康水平，就是不穷不富，日子比较好过的水平”；“所谓小康社会，就是虽不富裕，但日子好过”。后来又在数量上有所界定：“到本世纪末，年国民生产总值达到一万亿美元，……反映到人民生活上，我们就叫小康水平”；又进一步按人均计算，达到800美元或1000美元，就是建立一个小康社会。所以折算美元，为了便于国际比较。按照发展经济学的通行标准：人均300美元（或日工资一美元）以下为贫困，800—1000美元为宽裕或开始富裕。我国20世纪80年代约为250美元，翻一番为500美元，解决温饱；再翻一番，达到小康。1987年，邓小平说，第一步的原定目标可以提前在当年或下年完成，不意味着第二步就很容易；过了一年又说，第二个翻一番的目标计划用12年完成。

12年过去了，我国国民经济持续增长，上述计划目标成为现实。1999年，国内生产总值或国民生产总值为8.2万亿—8.3万亿元，按现行汇率计算，约合1万亿美元；年末人口为12.5亿，人均约800美元。世纪末的2000年，经济增长率预计为8%左右，人口普查后可能核实为12.7亿—12.8亿人，人均也在800美元或稍多。正是这样，人民生活总体上达到小康水平，是实事求是的，恰如其分的。

当然，人均GDP和GNP主要反映一个国家的经济综合水平，不直接反映人民的富裕程度和生活水平，只是提供了基础，显示了实力。因此，具体衡量小康标准还要有一套指标体系。参照国际惯例，通行英格尔斯设计，国家统计局曾经规定12项指标，包括人均年收入、恩格尔系数（食品支出占消费总支出的比重）以及平均期望寿命、人均居住面积和反映分配差距的基尼系数等。其中世界公认的恩格尔系数，更集中地标志着生活水平的高低，一般以60%以上为贫困，50%为初步脱贫，50%以下为比较富裕。我国“九五”以来，以恩格尔系数衡量，城镇居民由1995年的49.9%下降到1999年的41.9%，农民由58.6%下降到52.6%，2000年预计城乡居民平均在50%以下。这就表明，以吃饱为标志的温饱型生活正在向以享受和发展为标志的小康型生活转变。

实现小康不再是梦。根据1999年统计实绩，除了人均GDP和恩格尔系数已见上述外，在城乡居民收入、居住条件、消耗热量、教育、卫生和社会保障等方面，20世纪90年代以来都有显著提高。特别是在先发达地区，如广东和上海，不少指标都已超过；拿江苏来说，早在“九五”之初的1996年，综合评价就达到95分左右，经过5年继续提高，2000年可望接近满分。放眼神州大地，东南西北中，处处涌现了小康市、小康县和小康镇（乡）、小康村，如群星灿烂，百花盛开。江泽民同志在十四大报告中就说：“在我们这个占世界人口五分之一的国家里，人民过上小康生活，是一件了不起的大事。”

到达小康水平后还须继续努力

有人提出，既然已经达到了小康水平，为什么还要提出全面建设小康社会？也有人问，加上“总体上”的副词，究竟是什么意思？这是值得仔细领会和认真思考的。这里，说说笔者学习《中共中央关于制定国民经济和社会发展第十个五年计划的建议》（以下简称《建议》）后的初步心得。

首先，现代化建设分三步走：温饱、小康和基本实现现代化，三个阶段不是截然分割，而是相互联系的。正如解决温饱开始也是就总体而言，20世纪90年代初全国还有近亿人口并未解决，有很多后续工作要做，已经解决的也要巩固和提高，才能逐步向小康逼近。20世纪末达到小康水平，精确地说，也只要开始跨入小康门槛，接下来的是建设小康社会，经过持续增长，才能逐步迈向基本实现现代化。从第二步目标到第三步目标，其间还有若干阶段，表述为宽裕、比较富裕和富裕等。这就说明，进入小康后建设小康社会，与向基本实现现代化迈进，两者是相互结合的，完全一致的。

其次，还要看到，世纪末达到小康水平，毕竟是刚刚进入，即所谓总体上，与全面实现小康还有差距。如前所述，衡量小康标准有一套指标体系，相互依存，相互制约，以反映经济的全面发展和社会的全面进步。现在一一对照，其中大部分已经达到、基本达到甚至超过，也还有少数指标存在或多或小的差距，或者还不够巩固。例如城乡居民收入，长期来的增长率低于经济增长，以致人均收入占 GDP 的比重也不断下降，低于不少发展中国家达到人均 GDP 同样水平时的比重，是值得重视的（也有计算口径不相同处）。除了社会、政治、文化方面有的不能量化外，还有相关的经济外指标，如成人识字率、农村劳动力文化指数、大专毕业生占人口比重等，各方议论不一。至于另外一些不在考察范围的重要现象，如对生态环境的保护、社会犯罪发生率等，实际上很不理想。站在峰顶，鸟瞰全局，我们应当冷静头脑，开拓视野，寻找美中尚有不足。

再者，以上所述，大多是全国总量和全国平均，如进一步分组，会发现有不平衡，就是总体上包括了地区差异和人群差异。在我们这样的大国，发展不平衡是基本国情之一，不能回避，而要正视。从全国看，东、中、西部本来有差距，20 世纪 90 年代以来各有增长，但是快慢不等，差距在扩大；就是在一个省、区，地区之间也有差距，也在扩大。有的省分析，或许是“三三制”即 1/3 超过小康，1/3 达到小康，还有 1/3 不到小康。人群之间的不平衡也一样。本来，小康指标之一是基尼系数，据以解剖收入分配的差距，要求控制在 0.325 以下；这几年由于种种原因，不少地区的基尼系数有所上升，有的测算已超过 0.4，以致一部分人的确是先富了，一部分人还没有后富，还没有过上小康生活。人们对达到小康存在一点惶惑，主要原因在此。

此外，测验小康的实现程度，各地计算口径不一，掌握不同，指标打分，加权综合，本来无可厚非；但是也有个别地区，为争取达标，与考绩挂钩，不无浮夸。如前些时候，新闻媒介报道有个别小康县、小康乡，经过检查，存在或多或少的水分。这些地方的老百姓心中有数，可能产生小康名不副实的喟叹。

以上说明，人民生活总体上达到小康水平，确是从实际出发的评价，但是不能理解为小康实现，就是成为历史，今后只是跨越小康，奔向现代化。历史是一条长河，奔腾不息，在踏上小康的大台阶后，必须为全面建设小康社会而继续努力，这是现代化建设分三步走的应有之义。

全面建设小康社会要做很多工作

全面建设小康社会，作为一项历史任务，是十分繁重的。这是因为，实现小康与解决温饱比，要求更高，内容更多；特别是为进一步实现现代化奠定基础，做好准备，显得格外复杂。所以，现代化建设的战略部署和原来规划，前两步各花 10 年左右时间，合起来共花 20 年，而第三步则安排半个世纪，超过前两步的一倍半。可以想象，全面建设小康社会又是一条漫长的道路，切莫视为容易事，掉之以轻心大意。

全面建设小康社会，其出发点和归宿是什么？现代化建设的目标是富强、民主、文明，包括经济、政治和文化三大领域，在全面建设小康社会的进程中，要协调发展，共同推进。其中，作为出发点和归宿，正如《建议》所说，则是不断提高城乡居民的物质和文化生活水平。这与前两步战略目标，概括为温饱和小康，着眼于人民生活，一脉相承。这也是我们党的一切工作的根本，为人民服务、为人民谋福利是最终宗旨。江泽民同志关于“三个代表”的重要思想，也落脚到这点。这个目标，与邓小平同志界定社会主义的基本任务是实现共同富裕，也是一致的。全面建设小康社会有很多工作要做，这在《建议》中也是清晰易见的，列举有：进一步提高吃穿用消费水平，优化消费结构，增加服务性消费，增加居住面积，提高住房和环境质量，大力发展公共交通，鼓励计算机、轿车进入家庭，提高电话普及率，以及公共设施，文化卫生，等等，直至保障人民的安居乐业。要做的工作很多，特别是：

——不断增加城乡居民收入，这是不断提高生活水平的源头。这几年，人民收入有了大幅度提高，但是与经济增长率比，还有一定的滞后度，成为内需不旺的重要原因。所以，今后要力争缩小收入增长率与经济增长率的差距，这也是扩大内需、开拓市场和保证经济持续增长的动力。

——特别关注低收入者的收入，将基尼系数控制在合理范围内。收入差距的扩大，在发展过程中，在市场体制下，或许是难免的。但是在坚持效率优先的前提下，必须兼顾公平，防止差距过大，甚至两极分化。因此，在允许和鼓励一部分人先富起来的同时，要特别关注低收入者，千方百计地使他们能够增加收入，共同达到小康水平，享受小康生活。这包括城市失业者和下岗职工，更有广大农民，一定要做到增收减负，在脱贫后赶上小康行列。

——加快开发后发展地区，促进地区协调发展。先发展地区不少已经超越小康水平，率先基本实现现代化是有希望的，这对把全国的“蛋糕”做大和帮助后发展地区加快发展步伐，都有好处。与此同时，更要大力扶持后发展地区，便能同登小康胜境。西部大开发战略的实施，正是全面建设小康社会的有机组成部分；这个要求，也适用于各省区内部，力争地区的协调发展、共同前进。

——抓住小康体系的薄弱环节，加大攻克难点的力度。小康标准有系列指标，现在达到的水平不很整齐，存在若干缺口，亟待填平补齐。如生态环境的保护和优化，有些方面不尽如人意，必须及时加码；建立和完善社会保障制度，也有某些难点和难度，必须逐步解决；另在科教文卫等方面，有的地区还未全面达标，必须作为议事重点，放到工作的突出位置。

小康生活，下有底线，已经基本达到，上不封顶，从宽裕到富裕，仍是任重道远。所以，全面建设小康社会是相当长期的，不能急于求成，不能降低水平。随着小康社会的逐步成长，包括民主法制建设和精神文明建设的加强和完善，我们就将一步一步地朝着现代化建设的第三步目标迈进。“十五”计划指明了方向和道路，也将有一个好的开局，我们应当下定决心，满怀信心，开拓创新，奋勇前进！

（原载于《江海学刊》2001 年第 1 期）

现代化的创新驱动：理论逻辑与实践路径

洪银兴*

我国一些经济发达地区如苏南地区在基本达到全面小康社会水平后率先启动了基本实现现代化的进程。现代化可以理解为目标，也可理解为进程。把现代化理解为发展进程，需要明确其核心驱动力。如果说这些地区的全面小康社会建设主要是靠物质资源投入的话，现在推进现代化的基本动力就要转向创新驱动，其核心是科技创新。这既是现代化的一般规律，也是其自身发展的必然要求。转向创新驱动会牵动发展方式、战略和相应制度的创新。

现代化的基本驱动力是创新

研究现代化与科技创新的关系要从现代化的内涵论起。我们这里讲的现代化，不是像有些学者所说的是发达国家所走过的现代化道路，而是指当下的发展中国家追赶发达国家的进程。其中的一个重要原因是当下的发展中国家的现代化与当年的发达国家的现代化有不同的背景，尤其是发展资源的供给背景。

---

* 作者简介：洪银兴，1950 年生，经济学博士，南京大学经济学院教授、博士生导师，南京大学长江三角洲经济社会发展研究中心主任。

罗斯托的经济成长阶段论将一个国家从贫穷走向富有、从传统走向现代的历程分为六个阶段：①传统社会；②为起飞创造条件的阶段；③起飞阶段，这是传统社会与现代社会的分水岭；④向成熟推进阶段，这是社会能有效地将现代技术应用到各个经济领域的阶段；⑤高额群众消费阶段，这是在工业高度发达的基础上汽车等耐用消费品广泛推广应用的阶段；⑥追求生活质量阶段，在这个阶段以服务业为代表的提高居民生活质量的有关部门（文化、教育、卫生）成为主导部门。

一个国家要实现现代化必须经过起飞阶段，起飞可以说是一个社会在历史上的明确分界线。在实现起飞以后，就如罗斯托所说，创新过程不再是杂乱无章的，它成了这个社会的生活中有规则的、制度化的一部分，束缚经济增长的阻力最终被克服，增长成为正常的条件，经济进入自我持续增长的阶段。因此，创新成为实现起飞后的现代化社会的一个重要标志。

如果把我国当前的发展阶段与罗斯托的经济成长阶段进行比照，可以发现，我国的全面小康社会建设阶段就相当于罗斯托所讲的起飞阶段，推进现代化的前提是实现经济起飞，这相当于我国实现全面小康。而起飞以后就进入现代化阶段，包括向成熟推进阶段、高额群众消费阶段和追求生活质量阶段。

根据罗斯托的分析，起飞阶段和起飞以后的现代化阶段，发展的动力是不一样的。经济起飞靠投资推动，较高的投资率成为实现起飞的三个条件之一，甚至有主要依靠资本投入的大推进理论。而在现代化阶段，基本动力转向了创新驱动。这个理论界定同我国发展的现实是一致的。我国前一阶段包括苏南地区在内，推动全面小康社会建设的基本动力是投资，或者说是要素投入，而当下的苏南在启动现代化建设时，原有的投资推动或要素投入推动达到了极限，发展动力不改变，现代化也就成为空话。

苏南和我国其他地区一样，长期依靠物质要素投入推动的经济增长方式，属于由投资带动的要素驱动阶段。这种增长方式不可避免而且正在遇到资源和环境不可持续供给的极限。因此，苏南地区现代化的动力转向创新驱动有自身的必要性。

一是资源和环境供给不可持续发展问题已经非常突出。苏南是工业化最早的地区之一，这个地区本来就存在能源和市场两头在外的问题，这几年内部的土地资源供给又到了极限，土地价格飙升；环境资源供给也到了极限，环境污染、生态破坏已非常严重。在此背景下，不可能再像过去那样主要依靠资源投入的方式来推动现代化。这种发展的极限只能靠创新和科技进步来突破。

二是高产值、低收益问题已经非常突出。苏南现有的发展水平基本上是靠工业支撑的，准确地说是靠工业创造的 GDP 支撑的。从发展乡镇企业到后来的开放型经济，苏南已成为外商直接投资的重要地区和全球制造业的生产基地。虽然其制造业产品大都是高技术产品，但处于苏南地区的生产环节大多是产业链中利用劳动和物质资源的环节，属于价值链的低端，也就是“微笑曲线”的下端，由此导致经济体大而不富的状况。达到全面小康水平的苏南地区不可能只是靠 GDP 来支撑现代化，更需要靠其中所包含的附加值（收益）的提升来支撑，这是人民富裕的源泉。而要提高附加值，可行的途径就是创新，获取具有自主知识产权的关键技术和核心技术。

以上两个方面说明，苏南地区由全面小康社会建设转向现代化建设必须解决好驱动力问题，即由投资和要素驱动转向创新驱动。根据波特对经济发展不同阶段的界定，苏南地区的发展先后经过了依靠自然资源和丰富廉价劳动力的要素驱动阶段以及主要由投资供给推动而不是由需求拉动的投资驱动阶段，在启动现代化建设之后，就必须转向第三阶段即创新驱动阶段。

所谓创新驱动，有不同的定义。波特的定义是：企业不仅要引进和运用国际先进技术，而且还要不断地对这些生产技术进行改进和创新。企业具有消化吸收和创新改造外国先进技术的能力是一国产业达到创新驱动阶段的关键标志。这个定义仅从企业角度说明了创新驱动的一个方面。完整的定义应该是指，利用知识、技术、企业组织制度和商业模式等创新要素对现有的资本、劳动力、物质资源等有形要素进行新组合，以创新的知识和技术改造物质资本、提高劳动者素质和科学管理水平。各种物质要素经过新知识和新发明的介入和组合提高了创新能力，就形成内生性增长。

人们在讨论现代化时较多关注所达到的发展水准，因而有一系列的现代化评价指标。实际上在现代化的启动阶段，更为重要的是在经济增长方式、质量和动力上进入现代增长阶段。

首先是经济增长质量的要求。世界银行 2000 年发布题为“增长的质量”的报告，对仅仅将 GDP 增长作为衡量进步的标准提出质疑。报告提出的增长质量的具体要求是：将促进经济增长的政策与普及教育、加强环保、增加公民自由、强化反腐败措施相结合，使人民生活水平得到显著提高。报告强调：我们需要更多更好的“高质量”的增长，这对于国家抓住时机改善当代人以及子孙后代的生活具有决定性的意义。这里所指出的经济增长质量的要求实际上就是现阶段推进现代化的要求，实现这个要求的基本路径就是转向创新驱动，实现经济发展方式的根本转变。

其次是经济增长方式的要求。诺贝尔经济学奖获得者西蒙·库兹涅茨在考察欧美发达国家近百年经济发展进程的基础上，明确指出现代化即进入现代经济增长阶段。他给现代经济增长下的定义是：“一个国家的经济增长，可以定义为向它的人民供应品种日益增加的经济商品的能力的长期上升。这个增长中的能力，基于改进技术，以及它要求的制度和意识形态的调整。”[①] 其中所突出强调的经济增长的能力和改进技术，现在看来就是创新，要创新就需要相应的制度创新和意识形态调整。

---

① 王宏昌编译：《诺贝尔经济学奖金获得者讲演集（1969—1981）》，中国社会科学出版社 1986 年版，第 97 页。

根据上述分析，苏南地区现代化的重要目标就是成为依靠创新驱动内生增长的先行区，成为具有全球创新资源配置能力的“中国创造”和“中国服务”的示范区。

创新驱动的核心是科技创新

作为发展驱动力的创新是多方面的，如科技创新、制度创新、文化创新等。根据党的十八大精神，科技创新是提高社会生产力和综合国力的战略支撑，必须摆在国家发展全局的核心位置。同样，苏南地区率先实现基本现代化的创新驱动力最为重要的是科技创新。

过去常用的概念是技术创新，现在突出科技创新，强调创新成果主要指的是依靠科学发现产生的原始创新成果，反映了创新源头的改变。过去常用的技术创新相当多的是源于生产中经验的积累、技术的改进、企业内的新技术研发，即使是由科学发现所推动的技术进步，也会间隔很长的时间，需要几十年甚至上百年才会应用到生产上。现在的技术进步更多的来源于科学发现。20 世纪后期新经济产生以来，科学上的重大发现到生产上的使用，转化为现实生产力的时间越来越短，缩短到十几年、几年，现在一个科学发现到生产上应用（尤其是产业创新）几乎是同时进行的。这意味着利用当代最新的科学发现的成果迅速转化为新技术可以实现大的技术跨越。例如，新材料的发现，信息技术和生物技术的突破，都迅速转化为相应的新技术。这种建立在科技创新基础上以科学发现为源头的科技进步模式，体现了知识创新（科学发现）和技术创新的密切衔接和融合，这是技术进步路径的革命性变化。也正是在这一意义上，我国的“十二五”规划明确将科技进步和创新作为加快转变经济发展方式的重要支撑。

库兹涅茨在描述现代经济增长特征时特别关注科技创新，他指出：“知识和技术的创新是任何重大经济增长的前提。但是在现代的经济增长中，这种创新的频率显然快得多了，并且为速度更高的总体增长提供了基础。”[①] 从现代化考虑，科技创新首先是科学技术的现代化。我国与发达国家的最大差距是科技水平的差距，提高科技现代化水平是我国进入现代经济增长阶段的关键，也是现代化的基础和推动力。科技现代化有两个层次：一是科学技术本身的现代化，二是生产和服务领域掌握现代科学技术。因此，跟踪世界高科技发展和高科技产业化是科学技术现代化不可分割的两个方面。苏南地区作为我国现代化的示范区，无疑应该率先推进这两个方面的科技现代化进程，因为这个地区既有一批研究型大学，有能力跟踪世界高科技发展，又有一批成为创新主体的企业，有能力推进高科技产业化。

从现代化角度界定的科技进步，突出的是科学的应用，也就是库兹涅茨说的：“标志着现今这个经济时代的重大创新是科学被广泛运用于经济生产领域的问题。”[②] 由于过去的几次重大科技革命都首先产生于发达国家，对发展中国家来说，面对先行国家创新的现代科学技术，其现代化的一个必要途径就是分享和利用国际最新科学技术。就如库兹涅茨所说：“某个特定国家对现代经济增长的参与是一个学习和直接利用国际性技术和社会知识的问题。”[③] 多年来，苏南地区依靠开放型经济，引进和利用外资，学习和分享了国际先进技术，但这还只是跟随创新。虽然我们通过开放的途径，学习和分享了国际先进技术，也发展起了国际先进产业，但只是成熟技术和产业，不可能进入世界前沿。

当下“世界是平的”，经济全球化和科技全球化的互动使新科技和产业革命的机会对各个国家而言都是均等的。在此背景下，我国率

① ［美］库兹涅茨：《现代的经济增长：发现与思考》，载［美］西黑尔·E. 布莱克编《比较现代化》，杨豫、陈祖洲译，上海译文出版社 1996 年版，第 281 页。

② ［美］西蒙·库兹涅茨：《现代经济增长》，戴睿、易诚译，北京经济学院出版社 1989 年版，第 7 页。

③ ［美］西蒙·库兹涅茨：《现代经济增长》，戴睿、易诚译，北京经济学院出版社 1989 年版，第 255 页。

先推进基本实现现代化的区域就应直接瞄准国际最新技术，与发达国家进入同一创新起跑线，实现跨越式发展。例如，这次在新能源、生物医药、节能环保等领域产生的新科技和产业革命的机会同样也给了我们，这次的机会不能再错过。苏南地区的科技和产业基础较好，率先推进科技现代化，就是要求与其他发达国家进入同一个科技和产业创新的起跑线。人家能够开发的新科技、新产业，我们同样也可以研究和开发。

科技创新产出主要表现在科技论文、发明专利和高技术产业三个方面。对苏南这样的创新驱动先行区来说，以下两方面科技产出特别重要。

其一，原创性创新成果及其转化。科技论文是知识创新的产出，其中相当多的成果可以成为原始创新的来源。发明专利是应用性研究的产出，是原创性创新成果。苏南地区的大学需要多出具备国际水平的科技论文和科技发明专利，这不仅可以提升自己的国际地位，也可以为科技创新提供原始创新的成果。不仅如此，原始创新的成果还需要更多地转化为现实生产力，形成有自主知识产权的新技术、新产品。高技术的来源，有的是直接从国外引进的，有的是自主创新的，后者包括原创性成果和引进消化吸收再创新成果。高技术的主要来源由前者转向后者体现“中国制造”转向“中国创造”。因此，创新型国家和创新型区域特别关注拥有自主知识产权的新技术及以此为基础产生的新产品和新产业。这就要求科技创新的成果（科技论文和发明专利）更多地转化为现实生产力，推动科技创新成果的产业化，提高具有自主知识产权的技术、产品和品牌的市场份额。

其二，产业创新。苏南地区长期以来一直以其企业竞争力称雄全国，先是集体企业，后来是乡镇企业，接着是外商投资企业。现在，在经济全球化和新科技革命的背景下，产业竞争力较企业竞争力显得更为重要。恰如波特所说，竞争力以产业为度量单位；国家竞争力通常针对特定产业，而不是个别企业；国家的竞争力在于其产业创新与升级的能力。[①] 这与新科技革命的特点相关。现代科技创新与产业创新几乎是同时进行的，科学技术的新突破直接推动产业创新，如新材料产业、生物技术产业、新能源产业等，都是科技创新的直接成果。因此，一个国家和地区的竞争优势，最为重要的是发展该时代处于领先地位的新兴产业，推动主导产业的更新，形成具有自主创新能力的现代产业体系。这也是苏南地区产业现代化的主要标志。具体地说，苏南地区依靠科技创新发展的现代产业主要涉及三个方面：一是知识密集的高科技产业，其中，战略性新兴产业是新兴科技和新兴产业的深度融合，既代表科技创新的方向，也代表产业发展的方向；二是绿色产业，所有产业都需要得到创新的绿色技术的改造，实现低碳、低排放、低能源消耗发展；三是传统产业采用现代技术，或者进入新兴产业的产业链。

苏南地区是工业化起步最早的地区，不仅工业比重而且其传统产业比重都是最高的，其现代化的进程从一定意义上说就是产业结构调整和升级的过程。在目前的条件下，调整产业结构不能走传统的发展道路，也不能采取传统的投资结构调节方式，只能采取创新驱动的方式，培育“拥有可与世界级竞争对手较劲的竞争优势”[②] 的产业。着力点在两个方面：一方面，产业创新的着力点在发展战略性新兴产业，并以此来带动产业结构的优化升级；另一方面，加强研发核心技术和关键技术，实现由“中国制造”向“中国创造”的转变，进入价值链的高端。

产学研协同创新及其模式

应该说，苏南地区企业的创新热情和创新能力一直都是很强的。

---

① ［美］波特：《国家竞争优势》（上），中信出版社 1996 年版，第 15—16 页。

② ［美］波特：《国家竞争优势》（上），中信出版社 1996 年版，第 37 页。

在当年发展乡镇企业的时期就曾利用“星期六工程师”的方式推进企业的技术创新，后来又通过引进和利用外资引进了先进技术和先进产业。现在苏南转向利用“星期六科学家”的方式推进科技创新，意味着其技术进步有了质的提升。

由于当今科技创新的源头主要在科学发现和知识创新，因此创新不能只靠企业，需要大学和企业的协同、科学家和企业家的协同，这就提出了产学研协同创新的要求。

一是原始创新的源头在大学和科学院。长期以来，中国不像其他国家那样，将研究机构建在企业，而是将研究机构设在大学和科学院。我国现阶段大学的科学研究水平的国际差距比科技产业的国际差距小，再加上科学和知识的国际流动性比技术的流动性强，因此推动大学和科学院参与高新技术研发，参与高新技术产业化，可以大大提高自主创新能力。大学和科研机构的知识创新成果成为技术创新的主要源泉，科学和技术创新互动结合，就可能在许多领域得到当今世界最新科学技术的推动。企业直接从研究型大学获取最新科学研究成果并产业化，就可缩小并在一些领域消除高科技产业的国际差距。实践中所有创新企业和创新项目几乎都有同大学和科研机构合作的背景。

二是高端创新创业人才是创新的第一要素。创新主要依托知识和人才等创新要素，尤其是掌握高技术的高端人才。引进一个高端人才，就可能带来一个高技术团队，产生一批创新成果，育出一个新兴产业。这方面苏南有很多成功的例子。问题是我国产学研长期脱节，大学的原始创新研究成果大部分不能转化为现实生产力，大学中聚集的创新人才不能充分发挥科技创新作用。这意味着我国转向创新驱动的关键是解放这部分科技生产力。其主要路径就是推进由大学和企业共同参与的产学研结合。把研究机构办到企业可能是一种途径，但更有成效的是建立产学研紧密结合的协同创新机制，就像美国的硅谷紧靠斯坦福大学一样。知识的创造和知识向生产力转化协同，一方面解决了大学和科学院研究课题的商业化价值问题；另一方面解决了企业对高科技研究进行风险投资的勇气和积极性问题。

产学研合作创新涉及对既有创新要素的整合配置，不同地区科教资源禀赋不同，因此就有不同的产学研合作模式。目前国内成功的技术创新模式有深圳模式和中关村模式。深圳缺乏禀赋的科技资源，其创新模式的特点是依靠企业作为创新主体，把创新资源向企业集中，形成“四个90%以上”：90%以上的研发机构设立在企业；90%以上的研究开发人员集中在企业；90%以上的研发资金来源于企业；90%以上的发明专利出自企业。而中关村地区禀赋的科技资源极为丰富，其创新模式则是依托所在地高校和科学院高度集中的优势，鼓励科技人员进行科技创业。

在苏南地区，科技创新的禀赋要素主要有以下几个方面：一是南京加上毗邻的上海，拥有全国数量最多的大学和大学生，科教资源也极为丰富；二是苏南历来是科教人才辈出的地区，人力资本较为丰富；三是企业的创新主体地位突出，拥有一批敢于创新的企业家；四是地方财政资源较为丰富，地方政府的调控能力较强。很显然，苏南地区依托大学等禀赋的科教资源进行产学研协同创新的条件最为充分。由于科技创新的源头尤其是原始创新的源头在大学，于是就出现了产学研协同创新平台靠近研究型大学的趋势。因此，苏南地区已经和正在形成自己的创新模式，其共同点是政府推动建立各种类型的大学科技园。苏南各地拿出当年建立开发区引进外资的劲头和政策建立大学科技园，引进大学及其研究院，建立产学研协同创新的平台和机制，具体而言主要有以下几种类型。

一是南京模式，其特点是禀赋的科教资源丰富，其产学研合作平台主要建在以大学为主体的国家大学科技园内。仅南京一个城市就有南京大学、东南大学、南京理工大学、南京工业大学四个大学科技园。同时还有许多大学校办科技企业直接转制为民营企业，这类企业与其母体大学有着紧密的合作关系。近年来，南京又出台各种科技政策，鼓励聚集在大学中的创新人才进入创新科技园从事科技创业活动。

二是苏锡常模式，与南京相比，当地禀赋的科教资源相对缺乏，但地方政府的财力和作用强大，有条件以地方政府为主体吸引外地的科教资源。例如，常州建科教城，无锡建科教园，苏州建独墅湖大学园区，在这里吸引大学和科学院建立与当地合作的研究院，依托这些产学研协同创新平台，在大学科技园及其周边地区发展起了一批高科技企业。

三是昆山模式，当地禀赋的科教资源同样相对缺乏，但经济开放度较高，外资企业数量多，而且进入的外资企业技术层次高，因此除了吸引国内大学进入外，特别重视并鼓励外资企业在昆山建立研发中心，使其在中国本土创新。如仁宝集团、捷安特、日本 NSK 等企业都先后在昆山建设研发中心，同时研发产业创新项目，如高世代平面显示项目、液晶模组项目等。

在以上各种产学研合作创新模式中，大学和企业等都发挥了主体作用：企业主要在创新投入和市场导向方面起作用；大学主要在出思想、参与研发和孵化新技术方面起作用；政府主要在组织和集成以及引导创新投资方面起作用。这些主体在产学研合作创新中形成合力和互动，大大提高了自主创新能力。

现实中，科技创新和创新成果产业化可以在空间上分开。南京地区的科技创新资源丰富，但产业化的空间有限，因此这里的重点是科技创新，孵化新技术。而在苏锡常地区企业的创新意愿和能力强，有新产业发展的空间，因此这里的重点是技术创新成果产业化。但是，无论是科技创新还是创新成果产业化都需要建立有效的激励机制和评价机制。

首先是激励政策的落脚点。一般认为，既然企业是创新主体，各种激励创新的政策应该只是落脚到企业。以上各种模式的共同点是大学和企业共同建立产学研协同创新平台，这是科技创新的真实源头。因此，科技创新激励政策的基本落脚点是产学研协同创新平台。只有依托这个平台才会产生源源不断的科技成果，孵化出源源不断的新技术、新产品、新产业。

其次是大学科技园的评价。现有的大学科技园大都是开发区转型而来的，或者说是各个地方政府以开发区的思路建的。但是必须明确两者功能的区别和由开发区向科技园转型的特点：第一，由引进国外资源和国外产业的主要载体转型为发展创新型经济的引领区。第二，由工业园转型为高科技产业园，从而由世界工厂向世界研发和孵化基地转型。第三，由主要吸引外资企业转型为主要吸引创新机构，包括高校和科研院所及其研究院、世界著名科技企业及其研发机构以及创业投资机构。第四，由主要吸引外国资本转型为主要吸引创新要素尤其是高端创新创业人才。这样，对大学科技园的评价就不能沿用过去评价开发区的指标，如 GDP 数量、税收数量和外资数量等，而应该是创新成果的数量、获得的发明专利数、孵化的新技术和新企业的数量、聚集的创新要素的规模等。

区域创新能力的提升

创新成为现代化的主要驱动力后，现代化的进程就直接取决于创新能力。区域创新能力又取决于区域创新创业的生态环境，包括人才环境、创新成果供给环境、创新文化环境和制度环境。区域创新的生态环境良好的主要标志是：区域创新体系高效运行，创新要素高度集聚，产学研协同创新平台广泛分布，创新活动极为活跃，创新成果源源不断，战略性新兴产业形成集群。概括起来，提升区域创新能力主要涉及以下几个方面。

（一）建设若干创新型城市

在区域经济中，城市是发展极，是发展的中心，也是区域科技创新的策源地。因此，区域创新能力提升的标志是苏南各个城市成为创新资源集聚、辐射力强的创新型城市。所谓创新型城市，是指主要依靠科技、知识、人才、文化、体制等创新要素驱动发展，对周边科技创新具有较强辐射和引领作用的城市。这里需要明确，创新型城市需要充分的科教资源，但科教资源丰富的城市不一定是创新型城市（如香港），而禀赋科教资源不丰富的城市也可能成为创新型城市（如深圳）。创新型城市的建设路径可以概括为以下几个方面。

一是创新资源高度集聚。拥有很多具备科研能力的大学和研究机构，它们源源不断地提供实验结果、创新成果和科学突破；拥有一批科技企业家，从而拥有一批创新型企业；拥有一批科技服务机构，包括金融服务、软件服务、文化创意、科技服务、科技中介，尤其是创业投资机构高度集聚。

二是科技创新平台和载体高度集聚，包括大学科技园、产学研协同创新平台、孵化器以及公共性、公益性科技服务平台。

三是具备激励创新的软硬件环境，包括智慧化的城市基础设施、吸引高端创新创业人才的宜居宜研环境以及开放并激励创新的文化和制度环境。

四是培育出科技企业家。在现实中有些科教资源丰富的地区科技创新能力却不如科技资源相对缺乏的地区，其主要原因就在于不同地区拥有科技企业家的差别。就如罗斯托的起飞理论指出的，企业家是发展中国家实现经济起飞的两个先行资本之一。就是说，经济起飞是由企业家推动的。而在现阶段，一个区域、一个企业能否转向创新型经济就看是否拥有科技企业家。就如斯坦福大学旁边有硅谷，不等于所有大学旁边都有硅谷。科技企业家向哪里集聚，哪里就可能形成科技创新和科技创业的环境。

（二）确保高强度的创新投入

提升创新能力要求对研究开发活动有高强度的投入，不仅要有足够的经费投入，还要有足够的从事研发的人力投入。现在创新型国家的标准一般为R&D资金投入占GDP的比重达到2%以上，而在苏南地区这个比重应该更高。从提升创新能力考虑，研发投入不仅是数量问题，更为重要的是结构问题。

一方面，创新驱动以人才为依托，不仅需要提高劳动者素质，更需要高端创新创业人才。因此，转向创新驱动，人力资本比物质资本更重要，增加人力资本供给就能驱动创新。在这里需要改变对低成本发展战略的认识。低成本战略理论强调发展中国家将低劳动力和土地成本作为比较优势。这种低成本比较优势在贸易领域可能是有效的，但在创新型经济中就不适用了。低价位的薪酬只能吸引低素质的劳动力，只有高价位的薪酬才能吸引到高端人才，才能创新高科技和新产业，从而创造新的竞争优势。

另一方面，由于现阶段的科技创新更多地依靠科学新发现所转化的新技术，因此研发经费需要更多投向孵化和研发环节。以科学新发现为源头的创新路线图涉及：由大学的知识创新，到孵化高新技术，再到企业将高新技术转化为现实生产力的创新阶段。孵化高新技术是科技创新的中游环节，是连接知识创新和技术创新的桥梁和纽带。越来越多的新技术、新产品和新企业在这个阶段产生，就成为创新驱动经济发展的重要表现。为保证足够的研发投入，需要发展科技金融，推动科技与金融深度融合。

（三）完善区域创新体系

科技创新体系包括知识创新和技术创新两个方面。根据国家创新体系理论，提升创新能力的重要路径是建立知识创新体系和技术创新体系有效衔接和协同的机制。国家创新体系理论将企业、大学与国家科技政策之间的互动作为国家创新体系的核心，并将企业、研究型大学和政府实验室等促进知识创造与扩散的组织视为创新的主要来源。在国家创新体系中，企业是技术创新的主体，大学是知识创新的主体。解决好两个创新体系和两个创新主体的有效衔接和协同问题，苏南地区就可能形成一个充满活力的创新体系。

针对知识创新和技术创新相脱节的现状，提升区域创新能力需要着重解决科技成果转化体系的问题。其基本要求是：全区域范围内的企业普遍成为技术创新的主体，不仅是采用新技术的主体，更是研发新技术的主体；全区域范围内普遍建立研究型大学和企业共同构建的产学研协同创新平台，大学和企业、研发机构和大学实验室、科学家和企业家之间的协同和互动成为制度性常态；政、产、学、研、金共同建设的科技孵化器产生明显成效；一批达到规模的专业服务科技创新的风险投资机构活跃于各地；各级金融机构有足够大的资金投入科技创新领域。

提升区域创新能力的关键还是建设高效运转的创新体制和机制。一是政府创新，建立推动和激励知识创新、技术创新以及两者有效衔接和协同的制度。二是政府引导，建立大学科技园和产学研协同创新平台和机制，建立顺畅的创新成果转移和扩散机制，包括技术交易和流动的市场和平台。三是政府推动，形成鼓励创新的文化氛围，特别是尊重知识、尊重人才、尊重创造的文化和鼓励创新、允许失败的文化。只有达到这些要求，才意味着苏南地区真正转向创新驱动发展方式，建立起了系统完备的激励创新制度。这样的区域就像美国的硅谷一样，科技创新和科技创业虽然也有风险，但成功的概率一定比其他地区高。其基本原因在于这里存在完善的创新体系和制度，每产生一个新的创新思想就有相应的创新要素和系统给予支持，使之无障碍地得以实现。

（四）促进开放式创新

苏南地区创新能力提升的另一个路径与自身的开放型经济优势相关。自主创新不等于封闭创新，对引进的国外技术进行消化吸收再创新本身即属于自主创新的重要途径。除此以外，提升创新能力需要调整开放战略，其路径主要有以下几个方面。

首先，调整引进外资战略。苏南地区外商投资企业较为集中，在这里引进外资不再是追求数量，而是要注重外资的技术和产业的先进性、高科技性，不仅如此，更要鼓励其在中国本土进行科技创新，创新核心技术和关键技术。这意味着外资进入环节向价值链的高端环节和研发环节延伸，由利用一般的劳动力和土地资源转向主要利用人力资本，不仅提高科技含量，也提高附加值。

其次，鼓励开放式创新。所谓开放式创新，是指各个国家主攻相同方向的科技，所产生的新知识、新科技可以在世界范围内传播。在主攻同一创新方向过程中吸收和引进新发明、新技术，可降低研发成本，并快速进入世界前沿。苏南地区有一批外商投资企业达到较高技术水平，鼓励外资研发机构进入，并且鼓励苏南的大学、研发机构及企业与其合作创新，就可能创造出处于国际先进水平的新技术和新产业。

最后，注重引进国外智力。增长要素和创新要素有相同之处，但决定性要素不一样。过去增长以 GDP 为目标，要素跟着资本走，因此引进国际要素以引进外资为主。现在要提高创新能力，各种创新要素跟着创新人才走。高端人才相当多地聚集在发达国家，利用开放型经济的基础，着力从发达国家引进高端科技人才，就能同时引来其他创新要素。

创新驱动不仅会明显加快经济和科技现代化进程，同时也会加快推进人的现代化进程。在主要依靠物质资源推动阶段，对人力资本的要求不是很高，而在依靠创新驱动经济增长阶段，人力资本成为主要的创新要素，人力资本投资将成为投资重点，会相应地提高区域人口素质。产业结构的转型升级会明显减少对低素质劳动力的需求，受过高等教育的人口比重也会明显上升。高端人才的引进和培养，劳动者素质的提高，越来越成为创新驱动所关注的重点，而这些正是人的现代化的必要途径。

（原载于《江海学刊》2013 年第 6 期）

科技革命与世界现代化

——第六次科技革命的方向和挑战

何传启*

早在 19 世纪，恩格斯就说过："社会一旦有技术上的需要，则这种需要就会比十所大学更能把科学推向前进。"这一论断反复被历史验证。一般而言，科技发展是由内在动力和外部需求共同推动的。从世界前沿的科技需求角度，预测未来的科技发展，是一种有效方法。本文简要讨论世界现代化的科技需求、前五次科技革命的启示、第六次科技革命的方向和挑战等，以就教于方家。关于第六次科技革命的分析，具有一定的"科学猜想"性质。

世界现代化的科技需求

在人类历史上，科技、文明进步和现代化是相互促进的。科技发展是文明进步和现代化的组成部分，科技成果是文明和现代化的动力源泉。在 21 世纪，文明进步和现代化既依赖于科技进步，又对科技发展形成巨大的需求拉动，将引发新的科技革命。

---

* 作者简介：何传启，1962 年生，中国科学院中国现代化研究中心主任、研究员。

（一）世界现代化与科技革命的关系

首先，世界现代化是18世纪以来的一个客观现象和世界潮流。目前，关于现代化尚没有统一定义。一般而言，现代化是指18世纪以来人类文明的一种前沿变化和国际竞争，它包括现代文明的形成、发展、转型和国际互动，文明要素的创新、选择、传播和退出以及追赶、达到和保持世界先进水平的国际竞争和国际分化。

在18—21世纪，世界现代化的前沿过程可以分为两个阶段和六次浪潮，其中，第一次现代化是从农业经济和农业社会向工业经济和工业社会的转变，第二次现代化是从工业经济和工业社会向知识经济和知识社会的转变；六次浪潮分别是机械化、电气化、自动化、信息化、仿生化和体验化（见表1）。

表1　18世纪以来世界现代化前沿过程的两个阶段和六次浪潮①

阶段	浪潮	大致时间	经济现代化	社会现代化
第一次现代化	第一次	1763—1870	第一次产业革命、机械化	城市化、社会分化流动
	第二次	1870—1945	第二次产业革命、电气化	电器化、普及义务教育
	第三次	1946—1970	第三次产业革命、自动化	福利化、普及中等教育
第二次现代化	第四次	1970—2020	第四次产业革命、信息化	网络化、普及高等教育
	第五次	2020—2050	新生物学革命、新生效应	仿生化、创生再生永生
	第六次	2050—2100	新物理学革命、新物效应	体验化、新时空新能源

注：第五和第六次浪潮是一种预测。

其次，科技革命是16世纪以来的一种历史现象。目前，关于科技革命也没有统一定义。在本文中，科技革命是科学革命和技术革命的统称，指引发科技范式以及人类的思想观念、生活方式和生产方式的革命性变化的科技变迁。在学科史层次上，根据美国科学哲学家库恩的观点，科学革命指科学范式的转变，技术革命指技术范式的转变。②

① 何传启：《现代化科学：国家发达的科学原理》，科学出版社2010年版，第69页。

② ［美］库恩：《科学革命的结构》，李宝恒、纪树立译，上海科学技术出版社1980年版，第9—20页。

在世界科技史层次上，科学革命不仅是一种科学范式的转变，而且是引发人类思想观念的革命性变化的科学变迁；技术革命不仅是技术范式的转变，而且是引发人类生活方式和生产方式的革命性变化的技术变迁。许多科技史学家认为，16 世纪以来，世界上先后大约发生了五次科技革命（见表 2）。

表 2　　16 世纪以来科技革命与产业革命的关系①

科技革命	大致时间	主要内容	习惯用名	产业革命
第一次	16—17 世纪	近代物理学的诞生	第一次科学革命	第一次
第二次	18 世纪中后期	蒸汽机和机械革命	第一次技术革命	
第三次	19 世纪中后期	电力和运输革命	第二次技术革命	第二次
第四次	20 世纪上半叶	相对论和量子论等	第二次科学革命	
第五次	20 世纪中期	电子技术和自动化	第三次技术革命	第三次
	20 世纪中后期	信息技术和网络化	第四次技术革命	第四次
第六次	21 世纪中期	新生物学革命，新生命、生物与技术融合	第三次科学革命	第五次
			第五次技术革命	
第七次	21 世纪中后期	新物理学革命，新时空、新能源和新运输	第四次科学革命	第六次
			第六次技术革命	

注：根据《科技革命的历史、现状与未来》（广东教育出版社 2007 年版，第 11—17 页）一书，电子技术和信息技术革命分别是第三次和第四次技术革命。根据《科技革命与中国的现代化》（科学出版社 2009 年版，第 7—28 页。）一书，电子技术和信息技术革命属于第三次技术革命的组成部分。有人认为，第三次产业革命和第四次产业革命可以合称为“第三次产业革命”。产业革命指人类的生产方式和产业结构的巨大变化。第六次和第七次科技革命是一种猜想，下同。

最后，科技革命与世界现代化是相互促进的。例如，第一次科技革命发生在 16—17 世纪，它是世界现代化的前奏，为世界现代化和第一次产业革命准备了科学知识、科学方法和科学精神。第二次和第三次科技革命分别推动了第一次和第二次产业革命，第四次和第五次科技革命推动了第三次和第四次产业革命。世界现代化的前四次浪潮和产业革命都是由科技革命所推动。可以预计，第五次和第六次浪潮和产业革命将同样由新科技革命所推动。科技革命的重

① 何传启：《第六次科技革命的战略机遇》，科学出版社 2011 年版，第 10 页。

要发明和创新，不仅推动了产业革命，而且与经济周期紧密相关。科技革命和产业革命，既是世界现代化的一种表现形式，也是后者的重要组成部分。

（二）人类发展和世界现代化的科技需求

人类发展和世界现代化的科技需求是全方位的，但只有部分需求可以引发科技革命。引发科技革命的科技需求，可以从不同角度进行分析。一般而言，它与人类文明的前沿特征有关，与科技革命的判断标准有关。

首先，基于人类学的科技需求分析。人类从诞生起就生活在地球的自然环境里。人类的生存和发展离不开四个要素，即空间、能源、物质和信息，当然人体是基础（见表3）。关于这四个要素和人体自身的科技需求，可以作为讨论科技发展的一种历史逻辑和分析框架。

表3　　人类发展的四种要素和科技需求

项目	工具时代	农业时代	工业时代	知识时代
信息	记事技术	文化用技术	电讯技术	信息技术
物质	工具制造等	实用技术	现代科技	绿色高科技
能源	狩猎采集技术	农学、天文	现代农业和能源	绿色农业和能源
空间	武器	武器、运输	武器、运输	航天、运输
人体	原始医学	传统医学和生物学	现代医学和生物学	生命科学、再生技术

在农业时代，人类的主要科技需求是关于能源（粮食）和物质的科技，包括农学、天文学和实用技术等，关于信息、空间和人体的科技也有一定的发展。空间科技指与人类生存空间相关的科技。在工业时代，人类的科技需求是关于物质、能源、信息、空间和人体的科技，包括全部的现代科技。在知识时代，人类的科技需求包括信息技术、绿色高科技、绿色能源、空间和生命科学等，其中，绿色高科技和能源与提高生活质量有关，信息技术与文化生活相关，生命科学和再生技术与人类健康长寿有关，航天科技与人类进入太

空有关。

工业时代的科技发展，根据技术特点大致可分为三个阶段：机械时代（18 世纪开始）、电气时代（19 世纪开始）和电子时代（20 世纪 40 年代开始）。知识时代的科技发展，根据技术特点大致可分为三个阶段：信息时代（20 世纪 70 年代开始）、再生时代（21 世纪 20 年代开始）和宇航时代（21 世纪下半叶）。

如果说，18—20 世纪的科技重点是认识自然、改造自然和满足人类需求，那么，21 世纪的科技重点将是认识人类自己、改变自身以及适应宇宙环境和宇航时代的需要。

其次，基于心理学的科技需求分析。关于人类行为心理的研究有许多理论，20 世纪 40 年代美国心理学家马斯洛提出的“需求层次理论”有广泛的影响力。他把人的需求划分为五个层次：生理需要、安全需要、情感需要、尊重需要和自我实现的需要。[①] 其中，前两个层次的需要是生存需要（基本需求），第三和第四层次的需要是社会生活需要（中级需求），第五个层次的需要是发展需要（高级需求）。一般而言，当低一层次需求得到满足后，高一层次需求就会产生，但也有例外情况发生。

如果把人类抽象为一个“人”，可以用“需求层次理论”来分析其科技需求（见表 4）。在农业时代，人类面临生存压力（粮食问题），其需求属于基本需求和中级需求，科技发展主要是天文学、数学、农学和医学等。在工业时代，人类面临不断增长的物质生活需要，其需求属于基本需求，科技发展主要是与物质生产相关的科技，包括现代科技的各门科学。在知识时代，人类的物质生活已经非常丰富，面临的压力主要是生活质量和精神生活需要，其需求属于高级需求，科技发展主要是与物质和文化生活质量相关的科技。精神需求

① ［美］戈布尔：《第三思潮——马斯洛心理学》，吕明、陈红雯译，上海译文出版社 2001 年版，第 39—57 页。

还包括健康长寿和遨游太空等。显然，心理学与人类学分析的结果基本一致。

表 4　　人的需求层次和相应的科技需求

需求层次	人类需求	需求的性质	大致相应的科技需求
5	自我实现的需要	发展性需要、高级需求	精神生活和生活质量相关的科技
4	尊重的需要	社会性需要、中级需求	物质生活相关的科技
3	情感的需要		
2	安全的需要	生存性需要、基本需求	生存相关的科技
1	生理的需要		

注：不同层次的人类需求对应的科技需求是相对的，彼此之间有交叉和侧重。

最后，基于科技革命标准的科技需求分析。科技革命是一个科技史学或科技哲学概念，迄今没有公认的判断标准。在世界科技史层次上，目前多数学者认为，16 世纪以来的科学革命有两次，它们显著改变了人类的思想观念和生活观念；技术革命有三次或四次，它们显著改变了人类的生活方式和生产方式。概括地说，在世界科技史层次上，科技革命大致有三个判断标准：显著改变人类的思想观念、显著改变人类的生活方式和生产方式、社会影响人口覆盖率一般超过 50%（估计数）。其中，科学革命需要满足第一个和第三个条件，技术革命需要满足第二个和第三个条件。

综合人类学、心理学和科技革命标准的相关分析，可以解释和理解 16 世纪以来的科技革命。16 世纪和 20 世纪的两次科学革命，改变了人类对物质世界的认识，形成了新的世界观和方法论；工业时代的技术革命主要发生在物质、能源和电讯技术三个方面，并扩散到或涉及运输方面，主要满足人类物质生活的基本需要和中级需要；知识时代的科技革命有可能主要发生在信息、生命和空间科技三个方面，并扩散到或涉及能源和物质科技方面，它将满足人类生活的高级需要，包括文化生活、健康长寿和太空生活的需要。

前五次科技革命的主要启示

一般而言，科技革命是一个历史过程，具有起点、终点、内容、特点、标志性事件和世界影响等。关于前五次科技革命的起点、终点、内容和特点等有许多不同观点，关于它们的标志性事件则有较多共识（见表5）。

表5　　16世纪以来科技革命的历史结构①

科技革命	主要标志	主体部分	扩展或带动部分
第一次科学革命	近代物理学	哥白尼、伽利略、牛顿力学	近代科学的全面发展
第二次科学革命	相对论和量子论	相对论、量子论、射线和电子	天文、遗传、地学等
第一次技术革命	蒸汽机和机械	纺织机、蒸汽机、工作母机	冶金、轮船和火车等
第二次技术革命	电力和内燃机	发电机、内燃机、电讯技术	石化、钢铁和运输等
第三次技术革命	电子和计算机	电子技术、计算机、控制技术	核能、航天、自动化
	信息和互联网	微电脑、信息技术、数据库	生物、材料和制造等
第六次科技革命	再生革命	信息转换、仿生创生再生	材料、信息和智能等
第七次科技革命	时空革命	新时空、新能源、新运输	生物、材料和制造等

（一）科学革命的启示

首先，科学革命有标志，每次科学革命的标志是不同的。其次，科学革命有结构，包括主体部分和扩展部分。再次，科学革命有时间跨度，每次科学革命的时间跨度是不同的，时间跨度有缩小的趋势。复次，科学革命有特点。一般而言，科学革命存在一种“蘑菇效应”，一个重大科学突破，往往引发一丛相关的科学突破，最后形成一次改变科学范式和人类思想观念的科学革命。最后，科学革命的两种影响。科学影响：改变科学结构，引发技术革命；社会影响：改变人类的思想观念和生活观念。

① 何传启：《第六次科技革命的机遇与对策》，《科学时报》2011年5月5日。

（二）技术革命的启示

第一，技术革命有标志，每次技术革命的标志是不同的。第二，技术革命有结构，包括主体部分和带动部分。第三，技术革命有时间跨度，每次技术革命的时间跨度是不同的，时间跨度有缩小的趋势。第四，技术革命有特点。一般而言，技术革命存在一种“绵羊效应”，一个技术领域的技术突破，可以带动相关领域的技术进步，或者辐射其他领域，促进它们的技术进步，形成一个又一个的新技术群，从而形成一次改变人类生活和生产方式的技术革命。第五，技术革命的两种影响。社会影响：改变人类的生活方式和生产方式；经济影响：引发产业革命，并与经济长波周期有关。一般而言，技术革命往往伴随产业革命，它们的时间有交叉。技术革命和产业革命，可以看成一个过程的两个视角。

（三）前五次科技革命的启示

首先，科技革命有规律性。每一次科技革命都具有标志、结构（主体部分、扩展或带动部分）、时间跨度（有缩小的趋势）和社会经济影响。科学革命和技术革命有差别。前一次革命为后一次革命提供了重要基础。

其次，科技革命具有系统性，是不断演化的。16—18 世纪，科学与技术的关系并不紧密，科学革命和技术革命是分别发生的。19 世纪，科学与技术的联系加强，技术革命以科学突破为基础。20 世纪以来，科学、技术与产业的联系进一步强化，相互关系多样化。许多新技术建立在科学突破的基础上，新技术推动了科学发展，推动了产业进步，从新科学、新技术到新产品（新产业）之间的时间跨度大大缩短。21 世纪，科学革命、技术革命和产业革命有可能融合，尽管它们发生的时间会有一定的相位差（时间差）。

最后，科技革命具有一定的可预期性。在过去五个世纪发生了五次科技革命，20 世纪以来科技发展的速度在加快，可以预期，21 世纪有可能发生新的科技革命。目前，第五次科技革命（电子和信息革命）尚未结束，大约会持续到2020年前后。从时间顺序上看，新的科技革命将是第六次科技革命和第七次科技革命。

第六次科技革命的方向和挑战

依据上述分析，21世纪大约有三次科技革命，即第五次科技革命的下半部（信息革命后期）、第六次科技革命和第七次科技革命。这里重点讨论第六次科技革命。

（一）第六次科技革命的方向和时间

关于第六次科技革命的方向，可以从三个角度获得启示。首先，从世界现代化的科技需求角度看，21世纪的科技革命可能包括信息革命、新生物学革命和新物理学革命等。其次，从前五次科技革命的历史结构看，第五次科技革命（信息革命）即将结束，新的科技革命将可能发生在新生物学或新物理学等领域。最后，从目前的国际科技环境看，许多科学家认为21世纪是生物学的世纪，许多国家对生命科学的投入比较大。这些信息预示，第六次科技革命很可能发生在生物学领域，是一次新生物学革命。

关于第六次科技革命的时间，可以从三个角度获得启示。首先，2020年第五次科技革命（电子和信息革命）将结束，它的持续时间大约为70年（1946—2020年）。第三次科技革命（电力和运输革命）的持续时间也是大约70年。其次，2020年生物学的积累将达到约70年。从分子生物学诞生（1953年）到2020年，大约有70年。电子和信息革命的孕育时间也大约为70年，从发现电子（约1897年）到电子革命开始（1946年发明电子计算机）约为50年，到信息革命开始（约1970年）约为70年。2020年前后生物学有可能获得重大突破。最后，根据经济长波理论，2020年可能是经济长波周期的一个拐点。可以预期，第六次科技革命的时间是2020—2050年。

我们认为，第七次科技革命有可能发生在物理领域，有可能是一次新物理学革命，它将突破现有的物理观念，开辟新的物理领域，为人类的新能源、新运输、新时空等提供全新的物理知识。它发生的大致时间是2050—2100年。有人认为，新物理学革命的发生，有可能先于新生物学革命；也有人认为，新物理学革命有可能与新生物学革命同时发生。

（二）第六次科技革命的主体学科

从人类文明和世界现代化的角度看，第六次科技革命将以生命科学为基础，融合信息科技和纳米科技，提供提高生活质量和满足人类精神生活需要的最新科技。第六次科技革命将是生命科技、信息科技和纳米科技的交叉融合（并主要发生在三大学科的接合部），将是科学革命、技术革命和产业革命的交叉融合。从科学革命角度看，第六次科技革命有可能是一次新生物学革命；从技术革命角度看，它有可能是一次“创生和再生革命”，包括仿生—创生—再生的三生技术革命；从产业革命角度看，它有可能是一次“仿生和再生革命”。笔者已在《第六次科技革命的机遇与对策》一文中系统讨论了第六次科技革命的主要内容（见表6）。这里，简要讨论第六次科技革命的主体学科，同样具有“科学猜想”的性质。

表6　　第六次科技革命的主要内容（一种预测）①

主要标志	主体学科	扩展或带动学科	受影响学科	关键技术
信息转换器、人格信息包	整合和创生生物学	生命科学的相关学科	空间科技、能源科技	信息转换器技术
两性智能人、合成生命	思维和神经生物学	材料科学和仿生材料	海洋科技、国防科技	人格信息包技术
人体再生、神经再生	生命和再生工程	地球和环境科学	机器人学、社会科学	仿生技术
体外子宫、耦合论	信息和仿生工程	超级制造和人工智能	行为科学、复杂性科学	创生技术

① 何传启：《第六次科技革命的机遇与对策》，《科学时报》2011年5月5日。

续表

主要标志	主体学科	扩展或带动学科	受影响学科	关键技术
整合论、永生论等	纳米和仿生工程等	超级运输和新能源等	科技伦理、现代化科学等	再生技术等

第六次科技革命是科学革命和技术革命的融合，并与信息革命和时空革命有部分交叉，它的主体部分涉及五个主要方向。

1. 整合和创生生物学。16 世纪以来，生物学发展的基本轨迹是从整体、器官（系统）、细胞到分子。这条路似乎已经快走到尽头，因为人们将会发现，即使把生物体内的每一个分子都搞清楚了，也不能完全解释生命现象。我们需要在原有路径之外，开辟新的道路，从分子、细胞、器官到生物体，研究大量分子如何协同、耦合、整合形成细胞，细胞如何协同、耦合、整合形成组织和器官，器官如何协调、耦合、整合形成生物体。这个过程是自组织的。目前，自组织理论、协同学已经诞生，耦合理论、整合理论还在孕育之中。今天，我们正在揭开人体的全部遗传信息，我们已经认识了成千上万的生物体内的分子和细胞以及各种组织和器官。如果把这些分子、细胞、组织、器官组装起来，能否“制造一个生命”？生物体与机器（技术）的多种组合，能否创造新的生命形式和新的物种？

2. 思维和神经生物学。人脑是思维的载体，神经系统是思维的工厂，它们都是如何工作的？人脑认知和创造性思维的机理是什么？人脑信息加工、储存、提取和再现的机理是什么？对这些非常有挑战性的问题的认识，将改善人类的智慧，推进信息技术的革命性发展。

3. 生命和再生工程。对生命的操纵有违人类的现行伦理道德，但是，人类将逐渐具备操纵生命的能力。第一，操纵遗传物质，改变生物特性，制造新物种。第二，操纵神经系统，改变生物行为特征。第三，操纵生物节律，实施人工休眠和人工唤醒，改变生物的生命周期。第四，操纵生物细胞，实现体细胞无性繁殖（克隆）。目前，植物体细胞的全能性已经被反复证明，动物体细胞的全能性研究已经取得一些进展。所谓体细胞全能性，指生物体细胞包含全部的遗传信息，在合适条件下可以培养出完整的新生物体。第五，操纵组织器官，进行组织器官的体外培养，随时随地替换生物体的任何组织或器官。第六，操纵生物生殖，进行体外受孕、体外怀胎（人造子宫），实现体外生殖。第七，操纵生物性状，建立“生物工厂”，生产人类需要的产品，如干扰素等新药。第八，操纵生命形式，实现生物和机器的组合。再生工程包括细胞、组织、器官、躯体、人体和物种的仿生、创生和再生等。人造组织和器官如人造心脏、肺、胃、皮肤、骨头、血、血管和肢体等实现产业化生产。

4. 信息和仿生工程。与第五次科技革命有交叉。人脑思维和动物信息处理的数字化模拟和仿真，实现信息和知识的无阻碍获取、现有信息传播渠道的整合等。开发以新原理为基础的计算技术，大幅度提高计算速度。模拟人脑的认知和思维原理，并行处理和整合各种信号，逐步建立非线性推理功能（直觉），具有部分人类情感。开发新的网络技术，大幅度提高信息传输速度。“信息转换器”的发明，实现人脑与电脑之间的直接信息转换，人脑可以直接“知识充电”。“人格信息包”的发明，它包含人的全部人生信息、独立人格和自主意识，使人的“网络化生存”和网络虚拟人（网络人）成为可能，实现人的“网络化永生”。

5. 纳米和仿生工程。主要包括纳米仿生材料、纳米仿生器官、纳米仿生设计和制造等。纳米工程指在分子或原子水平上逐个原子地操纵物质，在纳米尺度上进行设计、加工和制造等，包括纳米结构、纳米加工和制造、纳米材料、纳米器件和系统、纳米机械、纳米电子元件和设备等。纳米工程、信息工程和仿生工程的结合，不仅会为我们开辟一个新领域，而且会为人类开创一个新的工作平台。

生命科学、信息科学、纳米科学、仿生工程和机器人学的结合，信息转换器、人格信息包、两性智能人、人体再生和互联网的结合，人类将获得三种新的“生存形式”，即网络人、仿生人和再生人，实现某种意义的“人体永生”（见表7）。届时，人将有“四条命”。

表7　人体再生和永生的路线图①

起点	路径	终点	效果
人体（自然人）	人格信息包＋信息转换器＋互联网	网络人	网络性永生
	人格信息包＋信息转换器＋两性智能人	仿生人	仿真性永生
	人格信息包＋信息转换器＋人体再生	再生人	复制性永生

注：“人格信息包”指包含“自主意识、独立人格和人生信息”的“虚拟信息人”。“两性智能人”指具有性功能的智能仿生人。人体再生指依据体细胞全能性原理，通过人体细胞培养获得人体。

在某种意义上，“网络人”是自然人的“网络镜像”，可以主动获取需要的知识和信息；“仿生人”是自然人的“物理替身”，可以承担主要的体力劳动和脑力劳动；“再生人”是自然人的“新生命体”，可以不断学习和成长。自然人的生活将主要是创新和休闲。特制的“仿生人”，将能够适应宇宙环境，可以携带自然人的本体，进入太空，开辟宇航时代。

（三）第六次科技革命的主要挑战

其一，伦理挑战。人造生命、人造子宫、两性智能人和人体再生等一系列突破，将彻底改变人类对生命、家庭和性关系的认识，引发重大伦理争论。

其二，副作用。生命工程、再生工程和仿生工程的技术和成果，既可以促进文明发展和人类进化，也会产生许多新型武器和犯罪形式等。

（原载于《江海学刊》2012年第1期）

① 何传启：《第六次科技革命的机遇与对策》，《科学时报》2011年5月5日。

中国现代化建设模式的转变

——从外在拉动型现代化到自觉内生型现代化

吴忠民*

从晚清的自强运动至今，中国对现代化的追求和建设大致已有160年的历史。其中，从自强运动到1949年，中国的现代化建设虽然得以启动并取得了一些重要进展，但由于外国侵略势力以及本国封建主义的阻挠，由于人们的关注点主要集中在反帝反封建领域，由于人们对于现代化还没有形成全面而深入的认识，因而现代化建设不可能成为当时的时代中心任务，相应的，当时的现代化建设呈现出主体性缺失以及现代化建设本身时断时续的情形。从1949年到1978年，在民族已经实现独立的条件下，中国的现代化推进表现出一种强烈的主体性色彩并取得了一系列重要进展，如完整的重工业体系的初步形成，大量基础设施的初步建成，科学技术力量的基本形成，社会平等初步的却是大面积的实现等。这一切，为以后真正的现代化建设积累了必要的物质基础和经验。但由于当时国家基本政策的主要取向是“以阶级斗争为纲”，因而现代化建设仍然不可能成为时代的中心任务，人们对现代化的认识停留在表象层面，相应的，这一时期现代化建设的人为拉动痕迹过重、内生性较弱，不符合现代化建设的规律，因而不

* 作者简介：吴忠民，1959年生，中共中央党校科学社会主义教研部副主任、一级教授。

可能持续健康地进行下去，最终难免陷入停顿。

就总体而言，中国改革开放以前的现代化是一种“外在拉动型”的现代化建设，即对现代化建设规律的认识不够全面和深入；现代化建设没有成为时代的中心任务；或者对现代化推进的主体性不够，或者主体性过强，人为拉动痕迹过重。凡此种种，致使现代化不可能得以持续健康地发展。从一定意义上讲，当时的现代化建设是“形似神不似”，缺少现代化的内在“灵魂”“精义”，而不可能是真正意义上的现代化建设。

与以往不同的是，改革开放四十多年来，中国的现代化建设成为时代的中心任务，而且与市场经济有效地结合在一起，中国的现代化建设不仅表现出一种强烈的主体性色彩，而且人们对现代化建设的规律逐渐形成全面而深入的认识，“自觉内生型”现代化建设开始出现。换言之，中国的现代化建设已经从“外在拉动型”的现代化建设转换为“自觉内生型”的现代化建设。相应的，中国的现代化建设取得了举世公认的巨大成就。

较之“外在拉动型”现代化建设，中国改革开放以来形成的“自觉内生型”现代化建设方是真正意义上的、“神似”的现代化建设。“自觉内生型”现代化建设主要包括三个方面的内容：现代化建设道路选择的自主性与科学合理性；现代化建设动力的内生性；现代化建设推进的共生性。这三个方面的内容是一个有机整体，缺一不可。具体而言就是，中国要想进行“正常”的现代化建设，就必须以现代化建设道路选择的自主性与科学合理性为前提条件；要想做到现代化建设道路选择的自主性与科学合理性，就必须以现代化建设的内生性为基础，同时，现代化建设的内生性又离不开现代化建设道路选择的自主性与科学合理性所提供的必不可少的目标；要想有效形成现代化建设的内生动力，就必须做到现代化建设所需各种要素之间的共生性，同时，现代化建设的共生性又离不开现代化建设的内生性所提供的基本“质料”基础。

现代化建设道路选择的自主性与科学合理性

自觉内生型的现代化建设首先表现为，现代化建设道路的选择，必须具有自主性和科学合理性。

而就现代化建设道路选择的自主性和科学合理性来说，首先需要解决的是自主性问题。现代化建设道路选择的自主性，是中国现代化建设得以正常进行的必要前提。这一点，虽然现在看来是一件不言而喻的事情，但对中国来说，却是经过自鸦片战争以来一百多年的艰苦奋斗方争取到的。

自鸦片战争以来一百多年间，中国的现代化建设道路就总体而言谈不上自主性的选择。虽然中国19世纪60年代便有人清醒地认识到，中国面临“数千年未有之变局”和“数千年未有之强敌”的前所未有之大变局，认识到中国必须“师夷长技以制夷”，必须进行工业化建设方能走出困局。并且，基于这种认识，中国自19世纪60年代开启了早期工业化进程。但是，由于当时的中国正处在半殖民地半封建社会状态当中，中国对现代化建设道路不可能拥有自主性的选择与把控能力。相反，外国列强逐渐掌握了中国的经济命脉。外国列强从关税控制、治外法权、商品倾销、金融垄断、修建铁路以及投资建厂等各个关键方面，几乎全方位地打压了中国现代经济的发展空间，还通过战争赔款抽取贫困中国的巨额财富，严重削弱了中国早期现代化建设急需的生产资本。同时，封建地主阶级也在严重妨碍民族资本的形成以及现代文化和科学技术的生成。在现代化建设道路不能够自主选择的情形下，中国不可能形成平等、规范、有效的国内外市场，中国的工业化不可能获得必要的资本积累，中国的民族企业不可能形成普遍的竞争力。进一步的情形是，中国的现代化建设只能在各种夹缝当中得以低度发展，中国的现代化建设只能形成一些相对零碎、低端、随机等样式的成果。自鸦片战争以来的一百多年间，就总体而言，中国之所以“根本不会产生企业竞相增长和生产合理化等现象”[1]，中国之所以没有形成一个完整的工业体系，中国的科学技术之所以发展十分缓慢，中国的现代化建设之所以步履维艰，一个重要的原因就在于此。

显而易见，民族独立是一个国家自主性现代化建设的必要前提。正如恩格斯指出的那样，“排除民族压迫是一切健康和自由的发展的基本条件”[2]。中国人民经过一百多年艰苦卓绝的奋斗，终于获得了民族独立。这就为中国自主性的现代化建设提供了必要条件。自此以后，中国便开始按照自己的选择，进行自主性的现代化建设。其间，中国的现代化建设虽然曾经有过模仿苏联做法的短暂时期，但很快便得以矫正。

值得注意的是，“自觉内生型的现代化建设”不仅包括对现代化建设道路的“自主”选择问题，而且包括对现代化建设的“科学合理”认知问题。费孝通在谈论“文化自觉”时指出：“‘文化自觉’指生活在一定文化中的人对其文化有‘自知之明’，明白它的来历、形成过程、所具有的特色和它的发展趋向。”[3] 关于“文化自觉”的这种解释，对我们理解“自觉内生型的现代化建设”具有一定的启发意义。显然，“自觉内生型的现代化建设”还应包括一个国家对现代化建设的基本规律以及对自身历史和现状的科学认识、合理对待的问题。

如果对现代化建设的认知仅仅停留在自主选择地步，而忽略对现代化建设基本规律以及对从事现代化建设的国家其自身具体历史和现状的科学认识以及合理对待，那么，对于现代化建设的推进来说是远远不够的，意味着现代化建设并没有成为该国现代化建设者十分熟悉、内化于心的事情，意味着该国对现代化建设的生疏与隔膜。重要的是，这就进而意味着该国仍然有可能使现代化建设在目标定位以及推进方

---

① 萧新煌等：《低度发展与发展》，台北：台湾巨流图书公司1985年版，第231页。

② 《马克思恩格斯选集》第4卷，人民出版社1972年版，第428页。

③ 费孝通：《对文化的历史性和社会性的思考》，《思想战线》2004年第2期。

式等重要方面出现严重的偏颇和重大的失误。中国改革开放以前30年的现代化建设就十分典型地说明了这一问题。当时，人们虽然解决了现代化建设道路的自主性选择问题，但并没有将现代化建设上升到历史基本发展趋势的高度来看待，没有将之与中国的具体国情结合起来考虑，对于现代化建设的认识仅仅停留在表层现象，对现代化建设本身的基本规律尚未形成科学合理的认识。中国当时的现代化建设，没有遵循现代化建设的基本规律，不切实际地制定很多远远超出实际阶段的理想目标，并主要是依靠高强度社会动员的方式予以“强行”拉动，不计成本地投入巨大人力和巨大资金，甚至是严重透支。更为重要的是，当时的现代化建设并没有被定位为时代的中心任务，相反，当时的时代中心任务却被定位为“以阶级斗争为纲”，现代化建设只能附属于这个错误的时代中心任务。在这样的时代大背景下，中国的现代化建设尽管也取得了不小的成就，但付出了巨大的成本，甚至遭受了重大挫折，没有也不可能达到预想的目标，留下了大量深刻的历史教训。就此而言，一个重要的标志是，在现代化建设取得重要进展如重工业体系初步形成的同时，民众切身利益的改善这一极为重要的、带有目的性的目标却没有得到相应的实现。1952年中国人均GDP为119元，1978年仅上升至379元；1952年全国职工的平均货币工资为445元，1978年仅上升至644元；1978年中国人均储蓄存款余额只有22元。①

与改革开放以前的30年相比，经过40年的改革开放，中国对现代化建设形成了科学合理的认知。这至少表现在以下四个方面。

第一，将现代化建设明确定位为中国的时代中心任务。

党的十一届三中全会是中国改革开放得以开启的标志。而三中全会公报明确指出，要“把全党工作的着重点和全国人民的注意力转移

① 国家统计局国民经济综合统计司编：《新中国五十五年统计资料汇编》，中国统计出版社2005年版，第8—9、35页。

到社会主义现代化建设上来”[①]。这是中国现代化建设160年历史当中的一个划时代的转折。自此以后，现代化建设成为中国坚定不移的时代中心任务，在40年当中从来没有动摇过。邓小平指出：“我们当前以及今后相当长一个历史时期的主要任务是什么？一句话，就是搞现代化建设。”[②] 所以，要“把四个现代化建设，努力发展社会生产力，作为压倒一切的中心任务。在这个基础上制定一系列新的方针政策，主要是改革和开放政策”[③]。否则，“不坚持社会主义，不改革开放，不发展经济，不改善人民生活，只能是死路一条”[④]。20世纪90年代，邓小平又用“基本路线要管一百年，动摇不得”的字语来宣示这种决心[⑤]。经过40年的改革开放，中国的现代化建设取得了巨大成就，进入了新时代。而对这样一个新时代，习近平不仅依然将现代化建设定位为时代的中心任务，而且相关表述的分量有所加重。习近平指出，新时代是“决胜全面建成小康社会、进而全面建设社会主义现代化强国的时代”，“我们要坚忍不拔、锲而不舍，奋力谱写社会主义现代化新征程的壮丽篇章！”[⑥] 不仅如此，为了防患于未然，中国还特别重视防止现代化建设当中“大错误”的出现。邓小平指出：“第一不能犯大错误，第二发现不对就赶快改。”[⑦] 习近平也指出：“中国是一个大国，决不能在根本性问题上出现颠覆性错误，一旦出现就无法挽回、无法弥补。”[⑧]

---

① 《中国共产党第十一届中央委员会第三次全体会议公报》（一九七八年十二月二十二日通过），中共中央文献研究室编：《三中全会以来重大文献选编》（上），人民出版社1982年版，第4页。

② 《邓小平文选》第2卷，人民出版社1994年版，第162页。

③ 《邓小平文选》第3卷，人民出版社1993年版，第237页。

④ 《邓小平文选》第3卷，人民出版社1993年版，第370—371页。

⑤ 《邓小平文选》第3卷，人民出版社1993年版，第370—371页。

⑥ 习近平：《决胜全面建成小康社会　夺取新时代中国特色社会主义伟大胜利——在中国共产党第十九次全国代表大会上的报告》，《人民日报》2017年10月28日。

⑦ 《邓小平文选》第3卷，人民出版社1993年版，第95页。

⑧ 习近平：《深化改革开放　共创美好亚太——在亚太经合组织工商领导人峰会上的演讲》，《人民日报》2013年10月7日。

切不可低估将现代化建设定位为时代中心任务这一做法极为重要的基石性意义。唯有如此，方能将整个国家以及社会各个群体的注意力，将现代化建设所需要的各种资源集中到现代化建设上来，并以此为中心，进行基本的制度设计和政策安排，消除一切妨碍现代化建设的干扰因素。这就能够从根本上确保现代化建设进程不被人为打断，保证现代化建设能够持续而健康地进行下去。相比之下，改革开放之前30年的现代化建设虽然也具有了自主性选择的特征，但之所以不够成功也不可能成功，一个重要原因，就在于当时没有将现代化建设定位为时代的中心任务，就在于当时将“以阶级斗争为纲”错误地定位为时代的中心任务。

第二，基于具体国情制定科学可行的阶段性现代化建设目标。

改革开放以来，中国对自身具体国情的认识十分清醒。邓小平指出，中国的基本国情是“底子薄，人口多，耕地少”①。“中国又处在社会主义的初级阶段，就是不发达的阶段。一切都要从这个实际出发，根据这个实际来制订规划。”② 在经历40年的改革开放之后，习近平指出：“我国社会主要矛盾的变化，没有改变我们对我国社会主义所处历史阶段的判断，我国仍处于并将长期处于社会主义初级阶段的基本国情没有变，我国是世界最大发展中国家的国际地位没有变。”③

在对国情清醒认识的基础之上，中国制定出相应的现代化建设的具体目标。改革开放之初，中国先是提出“三步走”的现代化建设目标，即：“第一步在八十年代翻一番。以一九八〇年为基数，当时国民生产总值人均只有二百五十美元，翻一番，达到五百美元。第二步是到本世纪末，再翻一番，人均达到一千美元。实现这个目标意味着

---

① 《邓小平文选》第2卷，人民出版社1994年版，第163—164页。

② 《邓小平文选》第2卷，人民出版社1994年版，第8页。

③ 习近平：《决胜全面建成小康社会 夺取新时代中国特色社会主义伟大胜利——在中国共产党第十九次全国代表大会上的报告》，《人民日报》2017年10月28日。

我们进入小康社会，把贫困的中国变成小康的中国……更重要的还是第三步，在下世纪用三十年到五十年再翻两番，大体达到人均四千美元。做到这一步，中国就达到中等发达的水平。”① 而在改革开放40年之后，也就是“全面建成小康社会”目标即将实现之际，中国又不失时机地根据自身的实际情况，基于社会主要矛盾的新变化，完善了“后小康社会”现代化建设的接续目标，“第一个阶段，从二〇二〇年到二〇三五年，在全面建成小康社会的基础上，再奋斗十五年，基本实现社会主义现代化”。“第二个阶段，从二〇三五年到本世纪中叶，在基本实现现代化的基础上，再奋斗十五年，把我国建成富强民主文明和谐美丽的社会主义现代化强国。”②

对于现代化建设而言，尤其是对于像中国现代化建设资源相对匮乏同时又容易分散的这样一个超大规模的国家而言，基于具体的国情制定科学合理的目标规划是一件十分重要的事情。这种做法，不仅可以将相对有限而且是分散的建设资源集中用于现代化建设最为关键的部位，从而使建设资源产生效应最大化的积极意义，而且能够通过一个个先后推出并相互衔接的目标规划（如国家层面每五年制定一次的国民经济和社会发展五年规划），确保现代化建设得以有序、稳步地推进。这一点，是改革开放以来中国现代化建设之所以能够取得举世公认巨大成就的一个重要原因。

第三，自主创新。

任何一个从事现代化建设的国家和地区，都不可能一切从头开始，白手起家，都必须借鉴和汲取现代化成功国家的经验和教训。但同时要看到，由于各个国家和地区在文化传统和历史基础上的不同，由于各个国家和地区各自现状的千差万别，别的国家现代化成功的经验在

---

① 《邓小平文选》第3卷，人民出版社1993年版，第226页。

② 习近平：《决胜全面建成小康社会　夺取新时代中国特色社会主义伟大胜利——在中国共产党第十九次全国代表大会上的报告》，《人民日报》2017年10月28日。

本国家和地区难以复制，难以获得同样的成功。一味照搬、模仿别的国家和地区的现代化经验不仅没有前途，而且会造成水土不服、成本巨大的负面效应。所以，在充分借鉴和汲取现代化成功国家和地区的经验教训的基础上，结合本国的具体国情进行自主创新方是现代化建设的生命力所在。凡是现代化建设成功的国家和地区，无不印证了这一点。美国的现代化建设就没有照搬英国的现代化模式，中国台湾地区的现代化建设也没有照搬美国或日本的现代化模式。相反，凡是照搬别国现代化模式的国家和地区，其现代化建设几乎无一例外地皆不成功，如巴西、阿根廷等。

改革开放以来的中国现代化建设之所以能够成功，一个重要的原因便是中国能够基于自身具体国情，并在借鉴汲取别的国家和地区现代化建设的经验教训的基础上，进行自主创新。为此，中国十分看重并鼓励思想的解放。邓小平指出："只有思想解放了，我们才能解决过去遗留的问题，解决新出现的一系列问题。"① 鼓励思想解放具有重大的现实意义，它有力地推动了中国的现代化建设。有学者发现，"30 年前，中国就像是一片大森林，所有树木都必须是一样的，不允许标新立异。但是事实证明，这种高度一致的森林是无法实现可持续发展的。邓小平意识到了这一点，于是号召人们解放思想、允许多样化的存在，为中国的生存与发展迈出了关键一步"②。而且，中国为社会成员提供了大量自由发展的空间，积极鼓励社会成员"去闯""去试"。习近平更是将自主创新放到一个前所未有的高度来看待："创新是一个民族进步的灵魂，是一个国家兴旺发达的不竭动力，也是中华民族最深沉的民族禀赋。在激烈的国际竞争中，惟创新者进，惟创新者强，惟创新者胜。"③

① 《邓小平文选》第 2 卷，人民出版社 1994 年版，第 141 页。

② ［美］约翰·奈斯比特等：《中国大趋势——新社会的八大支柱》，魏平译，吉林出版集团、中华工商联合出版社 2009 年版，第 61 页。

③ 习近平：《在欧美同学会成立一百周年庆祝大会上的讲话》，《人民日报》2013 年 10 月 22 日。

“抓创新就是抓发展，谋创新就是谋未来。”[①]

自主创新极大地推动了改革开放以来的中国现代化建设。从某种意义上讲，改革开放以来的中国现代化建设成就是由一系列自主创新的成果所构成的。这一类情形比比皆是。比如，在所有的发展中大国当中，中国所实施的具有创新意义的渐进型现代化模式最为成功。这种渐进型现代化模式的主要特征是：政府推动，社会安全至上，循序渐进地渐次推进。[②] 又如，中国在深圳等地建立经济特区的政策，便是一种改革开放政策的自主创新。其结果是，不但孵化出大量的改革政策，对别的地区产生了重要的示范效应，而且培育出影响巨大的发展增长点。再如，国家从2008年开始，通过大力度的资金投入和优惠鼓励政策，实施国外高端人才引进和国内高端人才培养计划——“千人计划”和“万人计划”，试图从国内国外两个方面齐头并进，有效地打造科学技术的高端队伍，为中国占据科学技术高地进行卓有成效的铺垫。其成效十分明显。“千人计划”在“一定程度上弥补了国内与海外学术市场收益的差异，在吸引高层次人才全职回国工作方面起到了积极作用”[③]。这种做法在发展中大国当中，还不曾有人做过。另外，中国近年来实施并将于2020年完成的“精准扶贫”计划，不但能够从一个重要角度兑现执政党对全体人民的“共享”承诺，而且在发展中大国当中开创了一个先例，对整个人类社会的扶贫活动也具有十分重要的示范效应。

第四，不断反思和纠错。

从改革开放40年的历程来看，中国的现代化建设就是在对各种失误的不断反思和纠错中得以持续推进的。换言之，不断反思和纠错是

---

① 习近平：《在省部级主要领导干部学习贯彻十八届五中全会精神专题研讨班开班式上的讲话》，《人民日报》2016年5月10日。

② 吴忠民：《20世纪在中国历史上的重大标识意义分析》，《人文杂志》2017年第8期。

③ 孙玉涛、张帅：《海外青年学术人才引进政策效应分析———以“青年千人计划”项目为例》，《科学学研究》2017年第4期。

中国现代化建设道路能够长期保持健康态势而不至于出现重大失误的一个必要条件。

一个国家，只要进行现代化建设，就必然会出现各种不同类型、不同程度的失误现象。从一定意义上讲，在现代化建设当中，只要不是颠覆性的失误，一定范围内、一定程度上的失误并不可怕。现代化建设就是在不断解决各种各样的失误当中持续行进的。习近平指出："可以说，改革是由问题倒逼而产生，又在不断解决问题中得以深化。"① 问题的关键在于，对于现代化建设当中的各种失误必须清醒地认识到和解决好。这就需要对现代化建设进行不断的反思，对于其中的失误及时予以纠正。

不断反思和纠错，既是现代化自觉的一个重要表现，也是现代化建设健康、顺利推进的必要条件。通过不断反思，能够发现现代化建设当中各种问题之所在。"社会矛盾在哪个方面表现得比较凸显，往往就说明社会在哪个方面出现了比较严重的问题，说明社会的哪个方面就成为社会安全运行和健康发展的阻碍部位和短板，需要予以矫正。"② 而后，对于其中的失误有的放矢地予以矫正或弥补。通过不断反思和纠错，一是能够及时解决现代化建设当中的失误，消除其负面影响；二是能够防患于未然，防止现代化建设当中的一些失误由于没能够得以及时纠正，而出现进一步演化坐大趋向，最终导致不可收拾情形的出现。

纵观改革开放以来的40年，我们国家恰恰能够对现代化建设当中的失误进行不断的反思和纠错，特别是能够在关键时期对于重大问题进行反思和纠错，从而从整体上保证了现代化建设进程持续而健康的推进。中国的改革开放和真正意义上的现代化建设就是肇始于对真理

① 习近平：《关于〈中共中央关于全面深化改革若干重大问题的决定〉的说明》，《人民日报》2013年11月16日。

② 吴忠民：《社会矛盾新论》，山东人民出版社2015年版，第107页。

标准的反思。通过这场对真理标准的反思，消除了以往根深蒂固的思想弊端，形成了“实践是检验真理的唯一标准”的社会共识。这是一个具有划时代意义的“拨乱反正”，终止了延续多年的“以阶级斗争为纲”的错误做法，为改革开放和现代化建设奠定了坚实的思想基础。1992 年，“邓小平的南方谈话以及党的十四大报告则深刻反思了市场经济姓‘资’、计划经济姓‘社’这一延续了 30 多年的根深蒂固的传统观念，明确提出要建立社会主义市场经济体制”[①]。对“姓资”“姓社”的反思，为社会主义市场经济体制的建立铺平了道路。而近年来通过对大量不公现象的反思，习近平指出，改革发展应当“以促进社会公平正义、增进人民福祉为出发点和落脚点”[②]。这就解决了中国现代化建设的基本宗旨问题亦即现代化建设的基本出发点、基本取向问题。

由上可见，改革开放以来，现代化建设道路选择的自主性和科学合理性的形成，不但解决了中国现代化建设道路的自主选择问题，而且从总体上而言，对于中国现代化建设道路所必需的基本目标的科学设计，对于中国现代化建设行动路径可行性的把握，均有着不可替代的重大意义，同时，对于现代化建设内生动力的形成也具有目标指向的意义。

现代化建设动力的内生性

现代化建设是以具体的一个个国家和地区为载体而进行的，从根本上讲，一个国家和地区的现代化建设能否持续健康进行取决于该国家和地区是否具有必要的现代化内生动力。所谓现代化内生动力，主要是指一个国家的现代化建设在其推进过程中来源于该国自身的内在推动力量。相比之下，外部条件不管多么重要，也只能是第二位的影响因素。道理很简单。从现代化建设的角度看，“发展的终极承载单

① 吴忠民、贾双跃：《中国政治精英优势与现代化建设》，《人文杂志》2018 年第 6 期。

② 习近平：《切实把思想统一到党的十八届三中全会精神上来》，《求是》2014 年第 1 期。

位是民族”。“发展的最基本的生长力量存在于民族的内部，而不是别的地方。外在的压力等因素固然可以对发展起着促进或阻碍的作用，但是，这种外在的影响因素存在一个转换为内生力或是内部阻力的内化问题。外在的因素一旦经过内化的处理，其‘外在’的意义便已不存在，而成为该民族内在的一个有机组成部分。”①

具体到改革开放以来的中国现代化建设来说，与以往计划经济时代现代化建设相比，其明显不同之处是，现代化建设的内生动力逐渐形成，逐渐成为现代化建设持续进行的根本动力。这主要表现在以下几个方面。

第一，现代价值观与现代化建设的有机结合。

从一定意义上讲，现代价值观是现代社会的“灵魂”。现代价值观与现代化建设能否有机地结合在一起，直接决定着这个现代化建设活动能否成为该国的一种自觉行为。现代价值观与现代化建设两者的有机结合，既是这个国家能否真正走入现代化的最为重要的标志，也是这个国家的现代化建设能否得以持续、健康推进的必要条件。

在改革开放之前的计划经济时代，现代价值观同现代化建设两者基本上是脱节的。当时整个社会所遵循的，是与现代价值观截然不同的绝对平均主义观念以及相应的计划经济制度安排。这是当时的中国现代化建设之所以逐渐丧失活力、创造力和持续推动力量的一个重要原因。改革开放以来发生了很大的变化。伴随着现代化和市场经济进程的推进，自由、平等、公正等现代价值理念已经为民众所普遍认同，现代价值观与现代化建设两者实现了有机结合。“从民众层面上看，社会成员的平等意识、独立意识、自主意识以及包容意识开始普遍增强，同时，与之相对应的自致性努力逐渐成为社会成员的行为取向。”②

现代价值观当中最为重要的核心价值观就是社会公正（社会公平

---

① 吴忠民：《发展的意蕴》，《社会科学研究》1991 年第 4 期。

② 吴忠民：《论现代价值理念与发展动力的契合》，《哲学研究》2014 年第 8 期。

正义）。在现代社会和市场经济条件下，社会公正是现代社会基本制度安排的基本理念依据。准确地讲，社会公正有两个相辅相成、缺一不可的基本价值取向。社会公正的第一个基本价值取向是，要让全体社会成员共享社会经济发展成果。恩格斯指出，要让“所有人共同享受大家创造出来的福利”[①]。习近平也指出：“让发展成果更多更公平惠及全体人民，不断促进人的全面发展，朝着实现全体人民共同富裕不断迈进。”[②] 社会公正的第二个基本价值取向是，要为每一个社会成员的自由发展提供充分的空间。《共产党宣言》指出，“每个人的自由发展是一切人的自由发展的条件”。恩格斯也指出，社会主义制度要“给所有的人提供真正的充分的自由”[③]。

社会公正的这两个基本价值取向缺一不可。“共享”的侧重点在平等，其主要功能在于以此最大限度地消除社会成员之间的隔离因素，求得整个社会的整合团结，使现代化建设成为全体人民的共同事业。而“自由发展”的侧重点在自由，其主要功能在于以此把每个人差异化的具体追求同其切身利益紧密地结合在一起，以求得社会活力和创造力的激发，即“让一切劳动、知识、技术、管理、资本的活力竞相迸发，让一切创造社会财富的源泉充分涌流”[④]。社会公正的这两项基本价值取向是一个有机整体，缺一不可。缺少其中的任何一项，社会公正便不具备完整的意义，就会走向不公正。

价值取向决定着民众的基本行为取向。基于现代价值观特别是其中最为核心的现代价值观亦即社会公正理念形成的现代社会基本制度能够为现代化建设提供巨大的内生推动力量。一方面，通过基于平等、共享理念的制度安排，大量的贫困者能够脱贫，中等收入人群能够扩大，进而使消费内需拉动力得以大幅度提升，使经济发展获得巨大的

---

① 《马克思恩格斯选集》第 1 卷，人民出版社 1995 年版，第 243 页。
② 习近平：《在纪念马克思诞辰 200 周年大会上的讲话》，《人民日报》2018 年 5 月 5 日。
③ 《马克思恩格斯全集》第 21 卷，人民出版社 1965 年版，第 570 页。
④ 《习近平谈治国理政》，外文出版社 2014 年版，第 93 页。

动力，而且，由于直接能够从平等、共享理念的制度安排中获得益处，因而广大民众必然会积极认同并参与现代化建设，现代化建设的内生动力必然会由此大幅度增强。另一方面，通过基于自由理念的制度安排，社会各个群体各个成员能够实现越来越充分的社会流动，社会各个群体、各个成员自由发展空间越来越大，社会各个群体、各个成员由此能够形成多种多样的、相对合意的差异化追求，从而最终形成不竭的、巨大的现代化建设的内生活力和创造力。

第二，民众切身利益与现代化建设的有机结合。

一个不言而喻的事实是，民众是现代化建设的主体力量，民众能否广泛、深入地参与现代化建设，决定着现代化建设能否具有真正的不竭动力。进一步看，就总体而言，社会成员最为看重的事情就是事关其自身基本生存和发展的切身利益，特别是其切身的物质利益。马克思指出："人们奋斗所争取的一切，都同他们的利益有关。"① "每一既定社会的经济关系首先表现为利益。"② 邓小平也指出："不重视物质利益，对少数先进分子可以，对广大群众不行，一段时间可以，长期不行。"③ 显然，民众切身利益诉求的满足与否，是民众能否真正参与现代化建设的前提条件。正因为如此，所以，现代化建设内生动力具备与否、强劲与否、持续与否，从根本上讲取决于社会成员的具体投入是否能够同其切身利益有效地结合在一起。

应当说，计划经济时代的现代化建设之所以缺少有效的内生动力，其主要根源就在于社会成员在现代化建设当中的具体投入同其自身的切身利益两者之间没有能够形成有效的结合。当时整个社会普遍实行的是平均主义分配方式。一个劳动者或生产者无论其贡献有多大、劳动付出有多大，其收入状况大致是相似的，差别不大。换言之，在当

① 《马克思恩格斯全集》第1卷，人民出版社1956年版，第82页。
② 《马克思恩格斯选集》第3卷，人民出版社1995年版，第209页。
③ 《邓小平文选》第2卷，人民出版社1994年版，第146页。

时，每一个社会成员对于社会的具体贡献同其切身利益两者基本上不仅没有结合在一起，相反，两者却是相互脱节的。这样，随着时间的推移，其结果必然是，社会成员劳动的积极性逐渐减弱甚至丧失，现代化建设也就由之缺少了真正的内生推动力量。邓小平指出："过去搞平均主义，吃'大锅饭'，实际上是共同落后，共同贫穷，我们就是吃了这个亏。改革首先要打破'大锅饭'，现在看来这个路子是对了。"① 当时现代化建设的进行，越来越依赖于外在的人为强行拉动，如大资金的投入，社会动员方式的频繁使用等。与之相适应的是，当时现代化建设的效率难以得到真正的提高。与表面上的 GDP 较为高速增长形成鲜明对比的，却是中国这一时期经济效率的缓慢提高。例如，全民所有制独立核算工业企业每百元固定资产原值实现的利润总的趋势是逐年下滑，1952 年为 19.0 元，1957 年为 23.8 元，1962 年为 8.9 元，1965 年为 20.9 元，1970 年为 21.3 元，1975 年为 15.0 元，1976 年为 12.1 元，1977 年为 13.3 元，1978 年为 15.9 元。② 而且，综合要素生产率的增长比较缓慢。"中国 1952—1982 年期间的综合要素生产率的增长，同其他发展中国家相比，总的来说比较低，虽然有的部门和有些时期的成绩要比另外一些部门和时期要好。"③

改革开放以来的现代化建设从根本上改变了前述情形，初步但却十分有效地实现了民众切身利益与现代化建设两者间的有机结合。民众切身利益与现代化建设能否有效实现有机结合的关键在于初次分配领域的具体情状。改革开放以来，在初次分配领域，逐渐实行按照贡献进行分配的公正原则，即每个劳动者或生产者按照其各自对社会具体贡献的大小不同，获得各自相应的有所差别的利益份额。"每一个

① 《邓小平文选》第 3 卷，人民出版社 1993 年版，第 155 页。

② 国家统计局工业交通物资统计司编：《1949—1984 中国工业的发展统计资料》，中国统计出版社 1985 年版，第 90 页。

③ 世界银行 1984 年经济考察团：《中国：长期发展的问题和方案（主报告）》，中国财政经济出版社 1985 年版，第 37 页。

生产者，在作了各项扣除以后，从社会领回的，正好是他给予社会的。他给予社会的，就是他个人的劳动量。”① “每个生产要素在参加生产过程中，都有其独特的贡献，也都有相应的报酬——这就是分配的自然规律。”② 初次分配领域实行按照贡献进行分配的这样一种公正规则，能够有效地将每个人对社会的具体贡献同其自身的切身利益两者紧密地结合在一起。从实际效果来看，按照贡献进行分配的公正原则有利于大面积、充分地调动每个社会成员的积极性，使其自愿地参与现代化建设，以实现其各自的切身利益诉求。这种情形，有利于大面积地、持续地激发整个社会的活力和创造力，使现代化建设获得一种强劲的内生动力。改革开放之初的农村家庭联产承包责任制之所以十分成功，并推动了中国农村的大发展，其关键就在于把农民的具体投入、具体贡献同其自身的具体收入两者有机地结合在一起。而且需要注意的是，对于社会的贡献不单单是指劳动一个要素，还包括知识、技术、管理、资本等多种要素。这也就意味着现代化建设的内生动力是来自相应的多个方面的生产要素。

第三，市场经济与现代化建设的有机结合。

改革开放40年来中国现代化建设的一项突出成就，是中国建立起基本的市场经济体制。这对于现代化建设的内生动力来说至关重要，是一件事关现代化内生动力的基础性事情。如果说，民众切身利益与现代化建设的有机结合是侧重于从“个体化”社会成员的角度为现代化建设提供了强劲的内生动力的话，那么，市场经济与现代化建设的有机结合则是侧重于从一个个“经济生产单元”的角度为现代化建设提供了广泛而强劲的内生动力。

中国在计划经济时代，整个国家的经济生产是按照从中央政府到各级地方政府的行政指令来安排的。这是一件不可能完成的事情。从

① 《马克思恩格斯选集》第3卷，人民出版社1995年版，第304页。

② ［美］克拉克：《财富的分配》，陈福生等译，商务印书馆1983年版，第12页。

职业分工的角度看，政府对于经济这样一个庞大、复杂机器运行的管理不可能具有基本的专业知识和操作技能，对于民众种种千差万别的经济需求种类以及经济需求数量不可能有基本的了解，对经济生产能力及成本不可能有准确的评估，对经济发展趋势不可能有精确的预判。而且，即便假设政府具有起码的经济专业知识，但也不可能有足够的精力来处理从宏观经济层面到微观经济层面极为繁多的具体事务，进行种类繁杂数量巨大的各种经济资源的有效配置。在计划经济体制下，政府只能通过编制各种各样的经济发展计划，然后依靠行政命令，强行推动经济运行。这种做法一方面会造成严重的经济短缺现象；另一方面却又会同时形成严重的产能过剩，造成巨大的浪费现象。不仅如此，计划经济体制还会窒息一个社会的经济效率以及经济创新能力。“计划经济忽视创业精神，强制实行统一一致的做法，使企业的僵化作风充斥到整个经济发展中。”“在计划体系条件下，行政命令控制着销售量和销售方向，生产者既没有机会发挥自己的创造性来扩大销售，也不会面临竞争对手超越自己的威胁。”① 凡此种种，必定会使中国的现代化建设逐渐丧失基础性的内生推动力量。

改革开放以来的40年，中国形成了基本的市场经济体制。与计划经济相比，市场经济很不相同。“市场决定资源配置是市场经济的一般规律，市场经济本质上就是市场决定资源配置的经济。”② 在市场经济条件下，每一个生产厂家、每一个经济单元都“受着一只看不见的手的指导，去尽力达到一个并非他本意想要达到的目的。也并不因为事非出于本意，就对社会有害。他追求自己的利益，往往使他能比在真正出于本意的情况下更有效地促进社会的利益”③。只有市场经济，

① ［美］劳伦·勃兰特：《伟大的中国经济转型》，方颖等译，格致出版社、上海人民出版社2009年版，第6页。

② 习近平：《关于〈中共中央关于全面深化改革若干重大问题的决定〉的说明》，《人民日报》2013年11月16日。

③ ［英］亚当·斯密：《国民财富的性质和原因的研究》（下卷），郭大力等译，商务印书馆1974年版，第27页。

方能够有效地促进经济效率及经济创新能力。市场经济通过商品价格体系，能够使生产者及时发现各种各样的经济需求，有效地使经济资源从相对过剩的“高地”流向相对匮乏的“洼地”，从而实现各种经济资源之间的有效配置。而且，市场经济还能够有效提升各个经济单元的经济竞争力。原因很简单。在市场经济条件下，各个生产厂家之间存在激烈的竞争关系。“为增强竞争性，生产者必须想方设法降低自己产品的生产成本。一旦绝大多数生产者都这样做，整个社会的经济效率就会大为提高。”① 这些，使市场经济能够为中国的现代化建设提供不竭的内生动力。

总之，中国四十年的改革开放，使现代价值观与现代化建设两者实现了有机结合，使民众切身利益与现代化建设两者实现了有机结合，使市场经济与现代化建设两者实现了有机结合。这一切，使中国的现代化建设具有一种强劲的、大面积的内生推动力量，初步形成了一种社会活力“竞相迸发”、社会财富创造源泉“充分涌流”的局面，并进而使中国的现代化建设能够得以持续而健康地推进。

现代化推进的共生性

对“自觉内生型”现代化建设还不能仅仅停留在现代化道路选择的自主性与科学合理性角度以及现代化建设动力的内生性角度去认识，还应进一步从现代化建设推进的共生性角度去认识。“共生”是“内生”的必要条件。现代化建设的推进只有真正做到“共生”，现代化建设的“内生”才有可能真正地得以形成和持续存在下去。如是，则能够形成有关“自觉内生型”现代化建设的相对完整的认识。

就现代化建设推进的共生性来说，至少要特别注重以下三项内容。

---

① 吴忠民：《20 世纪在中国历史上的重大标识意义——20 世纪中国“V 字型”历程分析》，《人文杂志》2017 年第 8 期。

第一，社会有机体各个领域之间以及社会有机体各种构成要素的共生性。

随着现代化和市场经济进程的不断推进，社会分化的程度也在不断提高，即社会有机体当中的经济、政治、社会以及文化等领域的各自相对独立性日益增强，相互之间的边界日益明显，社会的职业化分工和专业化分工程度越来越高，社会有机体当中的各种复杂成分越来越多。“现代化及社会化大生产的高效率目标，大幅度提升了人的‘种属能力’，使得原本由一个社会单元做的事情，改由几个社会单元分别去做，社会单元的功能由原来的‘普化’变为‘专化’。于是，社会分化程度大幅度提高。这具体表现为各种经济单元、社会单元、政治单元、文化单元日益增多，各种与之相关的社会阶层和群体日益增多。”① 以社会领域为例。改革开放以来，社会领域的边界不但日益清晰，而且社会建设的内容也越来越丰富，包括了社会结构的优化（包括培育中等收入人群）、改善民生、创新社会治理以及促进社会公平正义等多方面的内容。而且，社会领域当中的构成成分也越来越多，越来越复杂。一方面，计划经济时代所缺失的民营企业主群体、经理人群体、社会工作者群体、中介人员群体、新媒体人员群体以及自由职业者群体等开始形成；另一方面，性质不同、功能迥异的社会组织数量也在迅速增加，1988 年中国有社会组织 4446 个，2016 年剧增至 702405 个。②

与社会分化程度日益提高相适应，社会有机体的各个领域相互间以及社会有机体的各种复杂成分相互间需要越来越紧密的合作，需要相互促进、共同生长。换言之，在现代化建设中，社会有机体当中各个领域之间以及各种构成要素之间必然会出现一种“一荣俱荣，一损

① 吴忠民：《社会矛盾新论》，山东人民出版社 2015 年版，第 189 页。

② 中华人民共和国国家统计局编：《中国社会统计年鉴 2008》，中国统计出版社 2008 年版，第 317 页；中华人民共和国国家统计局编：《中国统计年鉴 2017》，中国统计出版社 2017 年版，第 729 页。

俱损”的“联动”或“联滞”效应。现代化建设的推进理应是一种共生性的推进。在现代化建设推进的过程中，社会有机体当中任何一个领域、任何一个要素的缺失或滞后发展，均会对其他相关领域或相关要素的发展产生阻碍或扭曲效应，同样，任何一个领域或单项要素的单方面长期“突进”均是不可能之事，并会对整个现代化建设产生负面影响。“任何一个环节、一个层面的滞后，都会毫无疑问地导致整个社会机体的滞后。发展必定意味着社会机体各个环节、各个层面以及各种成分的相互促进、共同发展。”①

正是在这样的背景下，中国现代化建设的领域开始趋于全面，内容开始趋于丰富复杂。在计划经济时代，中国曾经提出过“四个现代化”这样一个侧重经济领域的、相对比较单一的现代化目标取向。在改革开放初期，由于历史、现实以及认知等多方面的原因，中国仍然过于看重 GDP 的增长，现代化建设的目标也是侧重于经济的现代化。如今，中国强调全面、协调的现代化建设，亦即经济建设、政治建设、文化建设、社会建设以及环境生态建设的同步推进、协调发展。而且，中国对现代化“五大建设”当中每一项内容的各种具体构成成分的认识也越来越趋于全面和丰富，对于这些具体构成成分之间的相关性越来越重视。如是，中国现代化建设的共生性越来越凸显。

第二，社会各个群体之间的互惠互利。

显然，现代化建设的主体各方亦即社会各个群体之间能否进行有效的合作决定着现代化建设能否得以有效地推进。

社会有机体是由社会各个群体、各个社会成员共同构成的。社会群体之间、社会成员之间必须进行社会合作。每一个社会群体，每一个社会成员都离不开合作。“每个人的幸福都依赖于一种社会合作体制，没有这种社会合作，任何人都不能拥有一种满意的生活。”② 进一

① 吴忠民、刘祖云主编：《发展社会学》，高等教育出版社 2002 年版，第 361 页。

② ［美］约翰·罗尔斯：《正义论》，何怀宏等译，中国社会科学出版社 1988 年版，第 15 页。

步看，现代化建设是依靠社会各个群体的共同合作予以推动的。

而社会各个群体之间有效合作的关键在于相互间必须遵循互惠互利的社会公正规则。这种互惠互利主要是指，“处在较高位置的阶层的利益增进不能以损伤处在较低位置的阶层的利益为必要的前提条件，相反，在较高位置的阶层的利益增进的同时，较低位置阶层的处境应当随之得到改善”①。在利益获得、财富占有方面，应当本着参与社会财富创造的各个群体共同受益的原则来进行。尽管各个参与群体在利益获得方面应当本着贡献大小的不同而有所差别的规则进行，但其结果无论如何不能出现“赢者通吃”的情形。“财富和收入方面的差别无论有多么大，人们无论多么情愿工作以在产品中为自己挣得更大的份额，现存的不平等必须确实有效地有利于最不利者的利益。否则这种不平等是不被允许的。”② 唯有如此，社会各个群体方能在利益上相向而行，从而共同为现代化建设的推进提供源源不断的积极推动力量。

与传统的等级社会不同，在现代社会和市场经济条件下，社会各个群体、各个成员都普遍具有根深蒂固的平等意识，对自身的合理利益都有一种近乎本能的维护意识。所以，一旦出现一方的利益增进是以另一方的利益受损为必要前提情形的话，那么，利益受损的一方就不可避免地会表现出种种抵制的情形，继之，形式不同的社会冲突由此形成，互惠互利、合作共赢的情形将不复存在。一项对九国公民态度的调查表明，“人均财富的低水平与足以为政治极端主义提供社会基础的不满情绪的积累之间的相关性”。“人均国民收入与对自己国家的满意程度是明显相关的，其相关系数为0.74。”③ 而且，如果利益受损的一方，其利益的受损事关自己基本生存底线的话，那么，其抗争

① 吴忠民：《社会公正论》（第二版），山东人民出版社2012年版，第273页。

② ［美］约翰·罗尔斯：《作为公平的正义——正义新论》，姚大志译，上海三联书店2002年版，第103页。

③ ［美］西摩·马丁·李普塞特：《政治人——政治的社会基础》，张绍宗译，上海人民出版社2011年版，第31页。

的力度无疑会加大。“特别是，如果出现多数人遭受严重的‘绝对剥夺’，而且是在基本生存底线上遭受严重‘绝对剥夺’的情形，致使民众的基本生存都成为问题，民众没有了退路，那么，就容易引发十分严重、激烈甚至是颠覆性的社会矛盾。”① 如是，有效的社会合作将会陷入终止的局面。

改革开放以来，在中国，与现代社会和市场经济各种职业化专业化分工相适应的各个社会群体均已出现，而且社会各个群体的职业化程度越来越高，现代型的社会阶层结构即社会力量配置结构基本成型，从而为中国的现代化建设提供了重要的社会力量支撑。这是一个重要的历史进步。但同时还需要看到，中国现阶段社会各个群体之间还没有形成完全的互惠互利、合作共赢的局面。这表现在多个方面，其中的一个直接表现就是贫富差距问题比较明显。中国的基尼系数多年来居高不下，2003 年为 0.479，2004 年为 0.473，2005 年为 0.485，2006 年为 0.487，2007 年为 0.484，2008 年为 0.491，2009 年为 0.490，2010 年为 0.481，2011 年为 0.477，2012 年为 0.474，2013 年为 0.473，2014 年为 0.469，2015 年为 0.462，2016 年为 0.465。② 而且，较之基尼系数来说更为重要的问题是，在中国现阶段，富裕群体的财富占比过大。据西南财经大学和央行的联合调查显示，截至 2011 年 8 月，资产最多的 10% 家庭占全部家庭总资产的比例高达 84.6%，其金融资产占家庭金融资产总额的比例也有 61.01%，非金融资产占家庭非金融资产总额的比例更高达 88.7%。③ 这种情形如果得不到有效解决，那么社会各个群体之间利益的相互促进、相向而行的局面就难以形成，进一步看，中国现代化建设的内生动力会被严重削弱，甚至社会安全局面会受到

① 吴忠民：《社会矛盾新论》，山东人民出版社 2015 年版，第 29 页。

② 《国家统计局首次公布 2003—2012 年中国基尼系数》，人民网 www.people.com.cn，2013 年 1 月 18 日；国家统计局：《国家统计局局长就 2016 年全年国民经济运行情况答记者问》，国家统计局网站，www.stats.gov.cn，2017 年 1 月 20 日。

③ 甘犁等：《中国家庭金融调查报告 2012》，西南财经大学出版社 2012 年版。

挑战。这是一件应当引起我们高度关注的事情。

第三，现代化建设推进的适度性。

从推进速度或节奏的角度看，现代化建设存在一个适度性的问题。所谓现代化建设推进的适度性，主要是指基于现代化建设当中社会有机体各个领域各个构成要素之间共生需要的角度，对现代化建设的推进速度或节奏作出恰当合理亦即适度的安排。换言之，现代化建设的速度应当是由现代化各个领域以及各种构成要素之间的共生性需要所规定的，而不能是人为规定的。现代化建设的适度性所防范的，是出于人为外在的简单规定或指令，不遵循现代化建设的内生性需求的规律，对现代化建设一味强调高速推进的做法。

现代化建设的适度性问题，已经超越简单的高速或低速推进现代化建设的速度问题，超越一味推崇高速度或低速度发展的问题，而是从一个更加科学合理的角度即现代化建设推进的共生性需要的角度，把握现代化建设推进的速度问题。

现代化建设的各个领域以及各种构成要素的生长都有各自的周期，如一个国家的经济发展便有一个有快有慢、有起有伏的生长周期，而不可能总是处在一个不停歇、持续不断的高速增长状态当中。而且，现代化建设的某个领域一旦发生重要变化，其他领域都存在一个与之相适应和耦合的过程，以达到一种新的共生、协调的状态；就是某个领域当中的某个重要因素一旦发生了变化，该领域的其他相关要素也存在一个与之相适应和耦合的问题。再者，在经济全球化的背景下，各个国家或地区相互间的联系日益紧密，世界命运共同体的程度在不断提高，各个国家和地区相互间在不少领域及部位也存在共生的问题。而某个相关的国家和地区一旦出现某种大的变化，必然会对其他国家和地区产生某种或大或小的影响，因而相关的国家和地区的相关领域或相关要素也有必要作出相应的改变。凡此种种，使一个国家的现代化建设不可能按照某种想当然的设想，人为地规定现代化建设一直保持高速度推进的状态。

改革开放以前的计划经济时代以及改革开放以后的一段时间，中国曾经长时期热衷于推进经济高速增长。这种做法虽然取得了一定成绩，但成本巨大，负面影响巨大，因而不可能持续进行下去。总结其中的教训，那就是，一味地推进经济高速增长的做法，显然是忽略现代化建设推进的共生性规律，是一种片面的推进方式。客观地看，一个国家和地区在其现代化建设的初期，需要在经济方面有所突破，以便带动其他方面的发展，而且当时经济体量的基数相对较小，不会产生过大的负面效应。如果说，在这样的背景下，这种做法还具有某种合理性，其潜在危害还不是十分大的话，那么，当中国已经结束了初始发展阶段，现代化建设各个领域各种要素之间联系度日益提高、相互间的共生性需要越来越加重，经济体量越来越大，而且与别的国家和地区的联系日益紧密，在这样的情况下，中国如果继续一味地推进单方面的经济高速增长模式，其隐患必然是巨大的。也正是基于这样的考虑，中国现在已经逐渐摆脱一味强调高速发展的做法，而以协调发展、合作共赢的适度发展取而代之。应当说，这样一种共生性的发展方有利于现代化建设的共生局面的形成，进而有利于现代化建设内生动力的生成，有利于现代化建设持续健康地进行下去。

需要指出的是，重视现代化建设的适度性问题，并非反对一切同高速增长相关的超前发展的现象。应当看到的是，在现代化建设中，确乎存在某种“合理超前发展”的现象。这分为两种情形。其一，具体时段的某种“合理超前发展”。在现代化建设的某个时段，如果经济社会需求相对旺盛，生产资本相对充裕，某种技术革新开始普及，那么，该国家就有必要适当调高目标，适时加快发展速度。邓小平指出：“看起来我们的发展，总是要在某一个阶段，抓住时机，加速搞几年，发现问题及时加以处理，尔后继续前进。”① 其二，具体部位或环节的某种“合理超前发展”。我们不能指望在中国这样一个超大规

① 《邓小平文选》第3卷，人民出版社1993年版，第377页。

模国家当中，其各个地区各个部门的现代化建设，能够按照一种“整齐划一”“齐步走”的指令来进行。而通过“合理超前发展”的方式，可以有计划地形成一些有益的“发展极”。如是，对于中国的现代化建设能够起到某种有效的以点带面的示范效应及直接的带动作用。

总之，现代化建设推进的共生性至关重要，是自觉内生型现代化建设必不可少的有机组成部分。现代化建设的共生性不仅能够确保现代化建设内生动力的持续生成，而且，还能够确保现代化建设内生动力的健康生成，即防止现代化建设内生动力由于某个时期的片面突进发展而最终陷入不可持续或整个现代化建设被扭曲的境地。

余　论

就现代化建设而言，自觉内生型现代化建设至关重要。自觉内生型现代化建设所具有的自主和科学合理选择的特性，不但能够使一个国家认定现代化建设乃历史发展的必然趋势，自主选择现代化道路，将现代化建设定位为时代的中心任务，并依据具体国情确定合理可行的具体发展目标，而且还能够使现代化建设具有一种必不可少的广泛适应性和创新性，能够随着现实环境的不断变化而对现代化建设的具体目标和行动路径作出相应的必要调整和新的创造。自觉内生型现代化建设所具有的内生性和共生性的特性，能够使现代化建设具有一种强大的融合力。这种融合力能够对现代化建设相关要素、相关成分进行“有机化合”，而不是杂乱无章的“无机混合”，即既能够保持现代化建设当中各种要素、成分各自一定的差异性，又能够使这些有所差异的要素、成分相互融合、相互促进，形成一种有益的发展张力。在能够广泛适应不断变化的新环境的基础上，在能够“有机化合”各种相关要素、相关成分的基础上，现代化建设能够获得一种不竭的活力和创造力。凡此种种，从某种意义上讲，自觉内生型的现代化建设能够使现代化建设本身形成一种良性的自启动自发展机制，亦即自我激活、自我开放（非封闭）、自我推动、自我调整的推动机制。如是，能够使一个国家的现代化建设持续、健康地推进成为一种可能。

显然，自觉内生型现代化建设方是真正意义上的现代化建设。改革开放以来，从根本上看，中国的现代化建设之所以能够取得举世公认的巨大成就，就在于中国改变了以往外在拉动型的现代化建设模式，开启并逐渐形成了自觉内生型的现代化建设模式。而且，从长远看，只有自觉内生型现代化建设方能保证中国现代化建设得以健康、有效、可持续地推进。

同时，必须清醒地看到，中国真正的自觉内生型现代化建设毕竟只有四十年的历史，还有很长的一段路要走。为了确保中国自觉内生型现代化建设的顺利推进，我们需要做很多事情。其中，至少要特别注意做好两件事情。

一件事情是，以对外开放促进自觉内生型的现代化建设。自觉内生型的现代化建设无法离开对外开放。在经济全球化的大背景下，只有通过对外开放，才能有效地推进自觉内生型的现代化建设。在计划经济时代，中国外在拉动型的现代化建设之所以不成功，一个重要的原因便是当时拒斥对外开放。相比之下，中国改革开放以来的自觉内生型现代化建设之所以十分成功，一个重要的原因则是顺应世界潮流，对外开放。“中国人民坚持对外开放基本国策，打开国门搞建设，成功实现从封闭半封闭到全方位开放的伟大转折。”① “不断扩大对外开放、提高对外开放水平，以开放促改革、促发展，是我国发展不断取得新成就的重要法宝。”② 对外开放对中国自觉内生型现代化建设具有不可替代的重要意义。其一，能够有效启动民族原动力。改革开放以前的计划经济时代，中国基本处在封闭状态当中。由于不知道别的国

① 习近平：《开放共创繁荣　创新引领未来——在博鳌亚洲论坛2018年年会开幕式上的主旨演讲》，《人民日报》2018年4月11日。

② 《加快实施自由贸易区战略　加快构建开放型经济新体制——习近平主持中共中央政治局第十九次集体学习并发表讲话》，《人民日报》2014年12月7日。

家发展状况如何，当时的中国难免陷入自我满足、故步自封的情状。而通过对外开放，“真正地打开中国社会的大门，让别的民族对中国社会造成压力，以此来启动业已存在的动能、原动力，并不断形成新的动能与动力”①。特别是，中国加入WTO以后，面对国外发达国家各种巨大的经济压力，中国经济发展的潜力被激活，经济竞争力大幅度增强。其二，能够获得有益的参照。凡是从事现代化建设的国家和地区，总会形成一定的经验和教训。而通过对外开放，中国既可以借鉴别的国家和地区现代化建设的成功经验，同时还可以汲取别的国家和地区现代化建设失败的教训，从而有助于科学设定自身现代化建设的目标和路径，尽量避免重蹈别的国家和地区现代化建设当中的覆辙。其三，直接引进发达国家和地区的一些先进事物，进行必需的资源互换以及对外贸易。通过对外开放，能够引进大量先进的科学技术，并以此为契机，助推自身科学技术的自主发展和创新。通过对外贸易，不仅能够实现与别的国家和地区之间的资源互换，而且能够大幅度扩大国内外市场，形成直接的经济拉动力。1978年，中国的货物进出口总额为206.4亿美元，2016年为36855.6亿美元。② 不到40年，中国的货物进出口总额增长了难以想象的150多倍。这也说明，对外开放对中国的自觉内生型现代化建设具有强大的推动作用，中国的自觉内生型现代化建设根本不可能离开对外开放。

另一件事情是，规范政府的作为。在现代化建设当中，外在拉动方式并非一概不可，但一定要以有利于自觉内生型现代化建设的推进为前提条件。与很多国家和地区不同的是，政府在中国现代化建设当中扮演极为重要的推动角色。而政府的这种推动经常以社会动员的方式进行，以取得“集中力量办大事”的效应。但值得注意的是，并非

① 吴忠民：《中国社会发展论》，湖南出版社1995年版，第110页。

② 中华人民共和国国家统计局编：《中国统计年鉴2017》，中国统计出版社2017年版，第343页。

所有的社会动员行为都能够有效推动现代化建设。在违背了现代化建设规律的条件下，社会动员有可能会造成“集中力量犯大错”的情形，造成人力和资金巨大浪费，得不偿失，甚至弊大于利；而且，过多地使用社会动员方式还会附带产生公权不合理扩张以及市场经济正常运行秩序受到损害等负面效应。问题在于，依靠政府的推动，在中国现阶段，在一定程度上已经成为某种路径依赖，难免对自觉内生型现代化建设产生或多或少的负面效应。解决这一问题的关键在于，政府在推动现代化建设时，一是要顺应市场经济规律，二是要顺应民众内在需要。另外，政府自身应越来越定位于公共服务型政府，应越来越远离经济型政府的错误定位。

（原载于《江海学刊》2018 年第 5 期）

现代苏南模式与苏南率先走向现代化

周明生　蒋海益*

实现现代化是中华民族的百年梦想。自20世纪70年代末改革开放以来，江苏苏南人民在推进现代化的道路上不断进行创造性的实践，至2007年底，苏南五市以市为单位全部达到省定全面小康标准，率先全面建成小康社会。自此，苏南人民开启了全面建设更高水平小康和率先实现基本现代化的新征程。与此同时，一种全新的发展模式——“现代苏南模式”逐步形成并展现其风采，成为苏南率先走向现代化的强大推力。现代苏南模式预示着现代发展模式在中国的诞生，因而对它的研究，不仅对于江苏，而且对于全国向着全面建成小康社会和基本实现现代化的目标进军，都具有前瞻性和战略性意义。

苏南发展模式的三级跳：从苏南模式到新苏南模式，再到现代苏南模式

改革开放以来，苏南地区的经济社会发展之所以始终走在全国前列，主要得益于苏南发展模式与时俱进的演进和升华。

---

* 作者简介：周明生，1948年生，中共江苏省委党校教授、博士生导师，中国市场经济研究会副会长；蒋海益，1951年生，中共江苏省委党校经济社会发展研究所副所长、教授。

苏南发展模式的第一次转型出现在20世纪70年代末到80年代中期。其时，苏南抓住改革初期实行双轨制的有利时机，充分利用计划外市场调节的空间，大力发展乡镇企业，取得了农村市场化[①]、农村工业化、农村城市化的重大突破，使经济社会发展上了一个大台阶，在全国率先实现了总体小康的目标，创立了闻名遐迩的苏南模式。由于苏南模式的动力源泉主要来自经济体制改革，邓小平同志也把苏南乡镇企业“异军突起”称为农村改革“最大的收获”[②]，因此可以把苏南模式称为改革推动型区域发展模式。

20世纪80年代后期到21世纪初，苏南发展模式出现了第二次转型。其时，我国大力实行对外开放，发展外向型经济，苏南抓住机遇大力引进外资，并强力推进产权制度改革，从所有制结构、企业结构、产业结构、城乡结构、政府调节结构和分配结构六个方面，对原有苏南模式进行全面改造，形成“六个全新型结构”。同时，把原苏南模式的物质文明、精神文明相协调拓展为物质文明、精神文明、政治文明、生态文明相协调，把原苏南模式的三次产业相协调拓展为经济发展与社会发展相协调，形成“两个广泛性协调”。[③] 新苏南模式促使苏南经济社会发展又跃上一个新台阶，在全国率先建成全面小康社会。由于新苏南模式主要依靠外向型经济的拉动，因此可以把新苏南模式称为开放拉动型区域发展模式。

21世纪头10年的后期，苏南发展模式又开始面临第三次转型的挑战和机遇。

2007年预示着苏南发展模式的再一次转型行将启动。这一年，苏南地区全面建设小康社会的目标成功实现，在新的历史起点上，准备开启向更高水平小康和基本现代化目标冲刺的新征程。而攀登新目标

---

① 蒋伏心：《论苏南模式的市场化发展》，《江海学刊》1996年第5期。

② 《邓小平文选》第3卷，人民出版社1993年版，第238页。

③ 周明生：《新苏南模式：若干认识与思考》，《江苏行政学院学报》2008年第2期。

需要寻求新的动力源泉，创造新的竞争优势，于是苏南发展模式如何向更高层次转型，也就是新苏南模式如何进一步发展和提升又提上了议事日程。在此关键时刻，江苏省委、省政府审时度势，在苏州召开优化苏南发展工作会议，对苏南全面建成更高水平小康和率先向基本现代化迈进做出部署。按照在优化发展中建设现代化新苏南的要求，苏南要突出“四个更加注重”：更加注重城市现代化，更加注重发展服务业，更加注重科技进步，更加注重提高居民幸福指数；实现“五个优化”：优化空间规划，优化产业结构，优化城市布局，优化社会建设，优化人居环境。

也正是在此时，美国爆发次贷危机，随后引发国际金融危机，使全球经济陷入衰退，出口导向型的经济增长模式受到挫折，以开放拉动为特征的新苏南模式面临严峻挑战，苏南进一步转变发展模式已迫在眉睫。与此同时，由于能源和环境两个硬约束的倒逼，世界正处于新一轮科技革命和产业革命的前夜，而金融危机的爆发又促使此次革命加快到来。为了赶上世界科技革命的节拍，在未来的国际竞争中赢得主动，苏南也必须加快转变发展模式。国际金融危机和新一轮科技革命，既对新苏南模式提出了挑战，同时也给新苏南模式的进一步发展和提升进而实现区域发展模式的第三次转型带来了机遇。

到 2010 年前后，苏南发展模式再一次转型的路数已逐渐清晰。江苏省委、省政府明确把“发展创新型经济，建设创新型省份”作为江苏发展新阶段的紧迫任务和面向未来的战略抉择。无锡作为当年苏南模式的发祥地，这一次又要争做建设“创新型经济领军城市”，通过加快产业转型，构筑具有无锡特色的创新型现代产业体系，推动无锡经济社会发展实现重大转型。苏州市也提出通过加快产业转型升级和发展创新型经济大力推动发展方式的转变，以创新驱动发展，以创新谋求突破，在第三次经济转型中努力争当先行军和排头兵，全力打造国内一流的创新型经济发展高地。

无论是从国内外宏观环境变化来看，还是从苏南经济社会发展和推进基本现代化的实际需要来看，苏南发展模式再一次转型已是大势所趋。而从以上的描述可以看到，苏南发展模式的第三次转型实际上早已在悄然进行。随着“苏南制造”向“苏南创造”的加快转变，“世界工厂”向“世界办公室”的逐步跃迁，一种全新的发展模式在苏南已呼之欲出，我们可以把这种发展模式称为“现代苏南模式”。就像新苏南模式由原苏南模式演化而来一样，现代苏南模式也是由新苏南模式演化而来的。现代苏南模式既是新苏南模式进一步发展和提升的必然结果，同时又呈现出有别于新苏南模式的特征，它与苏南迈向现代化的新阶段相适应，是一种融入现代发展理念的创新驱动型区域发展模式。

现代苏南模式的核心：发展创新型经济 + 建设创新型社会

现代苏南模式方兴未艾，眼下要全面概括其特征为时尚早，但“发展创新型经济 + 建设创新型社会”这一现代苏南模式的核心已初见端倪。

现代苏南模式以加快经济转型升级为标志，率先大力发展创新型经济。创新型经济是以现代科学技术为核心，以自主创新为主要驱动力的经济发展形态。当前苏南总体上已进入工业化后期，正处于加速经济转型升级的关键时期，大力发展创新型经济成为苏南今后一项重大而紧迫的任务。由于新苏南模式多年的运作，开放拉动累积效应的充分显现，目前苏南经济发展水平与发达国家之间的差距已经大大缩小，甚至已接近一些发达国家的水平。但苏南要在国际竞争中争取主动，关键要在新一轮科技革命和产业革命中占据制高点。这里尤其是要把领先实施创新驱动战略，进而提高自主创新能力，更多地创立自主知识产权和自主品牌，作为发展创新型经济和苏南未来应对全球经济挑战的战略重点，以使苏南在全球竞争中始终立于不败之地。

根据迈克尔·波特的经济发展阶段理论，经济发展先后经历要素导向、投资导向、创新导向、富裕导向四个阶段。从苏南模式到新苏南模式，苏南地区基本上处于投资导向阶段，经济发展主要依靠大规模的投资推动，投资增长率曾一度高达40%—50%。随着经济的快速发展和资源、环境约束的加剧，这种主要依靠投资推动经济增长的方式逐步走到尽头，这就要求苏南地区加快由投资导向向创新导向提升，即加快由政府和企业都注重投资扩张向政府和企业都注重发挥经济系统诸要素功能效应转变，迅速跨入创新导向阶段。

按照钱纳里等人对几十个国家工业化进程研究的结论，在不同的经济发展阶段，科技进步对经济增长的贡献是不同的。在初级产品生产阶段，经济增长主要由资本拉动，劳动力对经济增长的贡献也比较大，科技进步的贡献则相对较小，只有15%左右。在工业化实现阶段，劳动力对经济增长的作用逐渐降低，资本投入仍然是经济增长的主要推动力量，但是随着工业化进程的不断深化，经济增长对资本投入的依赖程度逐渐降低，科技进步逐渐成为经济增长的主要推动力量，如在工业化初期科技进步对经济增长的贡献率大约在25%左右，到工业化中期上升到36%左右，到工业化后期再上升到44%左右，进入工业化后的稳定增长阶段，则进一步达到50%以上。[①] 目前苏南已处于工业化的后期并开始向工业化后的稳定增长阶段过渡，在苏南未来的经济增长中，科技进步将成为关键推动力量，科技创新将成为苏南经济发展的主导因素。

以上分析进一步表明，率先实施创新驱动战略，实为苏南发展阶段使然。而率先实施创新驱动战略，势必要求苏南更加紧跟新一轮世界科技和产业革命步伐，深入开展基础性、前沿性技术和共生技术研究，大力推进原始创新、集成创新和引进消化吸收再创新；势必要求苏南更加注重以培育自主知识产权、自主品牌和创新型企业为重点，

① 参见［美］H. 钱纳里等《工业化和经济增长的比较研究》，吴奇等译，上海三联书店1989年版，第56—104页。

加强应用技术研发和先进技术应用，推动人才、技术与资本、市场有效对接，促进更多科技成果转化为现实生产力；势必要求苏南以更大力度实行开放式创新，通过企业并购、技术合作、建立海外研发机构，大力引进急需的关键技术；势必要求苏南实行产业结构调整与自主创新的更紧密结合，选择一批引领产业升级的重大技术课题进行攻关，转化一批重大科技成果，提升产业层次和竞争力，推动更多的“苏南制造”向“苏南创造”提升；势必要求苏南带头健全完善区域创新体系，提升区域创新的整体实力。

现代苏南模式还以构建和谐而又充满创新活力的新苏南为目标，率先大力建设创新型社会，从而实现创新型经济与创新型社会的耦合发展。如果说创新型经济主要强调科技与经济方面的自主创新能力，那么创新型社会则主要强调整个社会的创新氛围和创新精神，强调每个社会成员的创新意识和创新能力。创新型社会是一种充满创新活力的社会形态。建设创新型社会，能为整个社会的创新活动提供良好的社会环境，更好地促进人的全面发展和社会的全面进步。在创新型社会中，社会成员的创造力被充分地激发出来，科技与经济方面的创新成果更会层出不穷。

发展创新型经济和建设创新型社会，人才是关键。江苏是教育大省，尤其苏南更是高校云集，拥有得天独厚的教育资源，充分发挥这些资源优势有利于培养大批创新型人才。此外，苏南已率先构筑的创新平台，也有利于吸引和积聚大量创新型人才。发展创新型经济和建设创新型社会还有赖于发展创新文化，努力培育全社会的创新精神。江苏尤其是苏南在实践中熔铸的以“艰苦创业、勇于创新、争先创优”为核心的“三创精神”，已成为新时代精神文化的特质，苏南继续弘扬“三创精神”必将进一步激发社会的创造活力，进一步形成尊重劳动、尊重知识、尊重人才、尊重创造的浓厚社会氛围，使全社会创新活力充溢、创新智慧频现、创新源泉涌流。

苏南在实现创新型经济和创新型社会的耦合发展过程中，还需继续充分发挥政府的职能作用。苏南发展模式的一个重要特点是政府的强势作用。在苏南模式中，政府采取直接介入乡镇企业运作的方式，促使乡镇企业的异军突起。在新苏南模式中，强政府和强市场相结合，政府职能主要转向公共服务，为企业发展提供公共环境和公共平台。在现代苏南模式中，依然需要强势政府，但政府的强势作用将主要体现为强有力地支持创新、服务创新。一是制定和实施科技创新、产业创新、社会创新的中长期规划，通过规划目标的引领，充分发挥政府的创新导向作用，充分发挥市场配置创新资源的基础性作用，充分发挥企业的创新主体作用，充分发挥科研机构和高等院校的创新骨干作用，充分发挥社会创新精神的促进作用，形成创新的整体合力。二是制定有利于创新的配套政策，支持基础研究、前沿技术研究、社会公益性技术研究等，引导和支持创新要素向企业集聚，促进科技成果向现实生产力转化。三是加强有利于创新的法律体系建设，保护知识产权和一切合法的创新收入，形成鼓励创新的法律环境。四是围绕创新体系建设深化体制改革，以有效的激励和约束机制支持经济创新和社会创新。

现代苏南模式的重大历史使命：有力推进苏南率先走向现代化

以发展创新型经济和建设创新型社会为核心的现代苏南模式作为一种全新的发展模式，将嵌入苏南现代化的历史进程，强有力地推进苏南率先实现现代化。[①]

（一）苏南现代化分“三步走”的目标

根据苏南的发展基础和态势，苏南实现现代化的目标可分三步走：第一步，2008—2012 年，奋斗 5 年，建成更高水平小康社会，实现总

① 在笔者和有关同志合作完成的课题研究成果中，已对苏南实现现代化的前两步目标进行了初步的分析和预测。参见周明生等《苏南率先实现基本现代化的目标与路径》，《江苏行政学院学报》2010 年第 6 期。

体基本现代化，即苏南全区域作为一个整体实现基本现代化，其中苏州、无锡两市以市为单位率先实现基本现代化；第二步，2013—2015年，用3年时间巩固、提升总体基本现代化建设成果，实现全面基本现代化，即苏南五市以市为单位全部实现基本现代化，其中苏州、无锡两市实现更高水平的基本现代化；第三步，再用5年左右时间，到2020年前后，苏南五市以市为单位全部实现更高水平的基本现代化，即全部率先实现现代化。

（二）“六个提升”：对苏南实现现代化“三步走”目标的有力推进

现代苏南模式将围绕创新导向和创新驱动战略，通过六个方面的提升，有力推进上述“三步走”现代化目标的实现。

1.“物质资本积累”向“知识资本积累”提升

在经济增长过程中，各种生产要素之间在一定程度上是可以相互替代的，或以物质资本要素投入为主，或以知识资本要素投入为主。苏南地区随着经济的高速发展，物质资源日渐匮乏，劳动力成本不断上升，在此情况下，大力增加知识资本要素投入，并努力提高物质资本积累的知识含量，由物质资本积累逐步向知识资本积累提升，是一条必然的、科学的发展路径。

知识资本既属于人力资本的范畴，又是对人力资本的拓展。在“知识管理之父”卡尔·爱瑞克·斯威比看来，知识资本是一种以相对无限的知识为基础的无形资产，是企业核心竞争能力的体现。[①] 科技和知识始终是生产力要素之一，它最初融化在劳动力之中，体现为劳动者的素质和技能；后来它脱颖而出，成为最活跃、最具决定性的生产力要素——第一生产力。知识资本概念的提出及其有关理论的形成，是知识在经济发展中重要性不断提高的必然结果，也是人们对知识及知识活动的认识不断深化的反映。在现代企业的运行中，诸如技术、专利、商标、信息、软件、教育等知识性要素发挥着越来越重要

① 参见洪远朋《经济理论比较研究》，复旦大学出版社2002年版，第289页。

的作用。知识不仅成为一种资本，而且逐渐成为主导性资本。对于越来越多的现代企业来说，在增强和维持企业竞争力方面，相对于物质资本而言，知识资本的意义将获得更充分的彰显。

苏南地区要提高知识资本的积累，首先，要更加注重无形资产的积淀。无形资产是指得到法律承认和保护的、不具有实物形态的、受益在一年以上的权利、资产或价值，包括专利权、商标权、专有技术、组织管理、营销技能和商誉等。发达国家企业的无形资产价值一般要占到资产总值的50%—70%。无形资产在其积淀的过程中，一方面因其渗透到其他资本要素如机器设备之中，使科技、知识的含量提高进而软性化，价值增值程度相应极大提高；另一方面又因其作为相对独立的形态使资本范畴外延扩大，并产生新的资本增殖点，如以知识为主体的软性产业等，从而使资本的总量迅速扩大，增值能力迅速提升。其次，要更加注重人才优势的积聚。站在知识资本积累背后的，是本身具有丰富知识且对新知识敏感而又善于通过学习不断获取新知识的人；是敢于和善于应用新的知识，并将其物化为能满足人们需求的产品或服务的人；是善于将分散存在的知识融会贯通，创造出新的知识并付诸新的应用途径的人。因此，知识资本的积累从根本上来说，就是广泛积聚和充分利用高素质人才，发挥各类专家、英才、大师、行家里手的优势，用他们的知识和智慧促进经济发展和社会进步。最后，要更加注重知识资本产权制度的构建。企业中知识资本产权所有者一般包括经营管理人员和技术研发人员，他们既是企业的产权主体，又是投资主体，应和物质资本所有者共享企业利润。为此，要构建和完善知识资本产权和物质资本产权平等联合的产权制度，以促进物质资本积累向知识资本积累提升，进而从根本上加速苏南发展方式的科学转变，极大地推动苏南经济社会在更高层次上发展。

2. “工业立市”向“服务兴市”提升

钱纳里等人根据经济增长因素和结构转换的特点，将一个国家或地区的工业化过程划分为三个阶段。在初级产品生产阶段，占统治地位的是初级产品生产活动，经济增长主要依赖于资本和劳动的投入。在此阶段，第一产业不仅是经济增长的主要驱动因素，而且是劳动力就业的主要产业。在工业化实现阶段，人均收入水平逐步提高，第一产业对经济增长的贡献逐渐降低，第二产业成为经济增长的主要驱动因素，第三产业也得到显著的发展，对经济增长的贡献逐步提高。在工业化后稳定增长阶段，第一产业对经济增长的贡献会急剧下降，第二产业仍然是经济增长的主要驱动因素，但与此同时，第三产业会得到快速发展，对经济增长的贡献也急剧上升，并逐渐成为吸纳劳动力的主要产业。[①] 有关研究还表明，“制造业是服务业的生身父母”，服务业是根据制造业发展的现实需要而成长起来的，没有发达的制造业，服务业必定会面临“空心化”的困境。而当服务业尤其是现代服务业发展起来以后，它又将倒过来成为制造业的“头脑”和“灵魂”，引领制造业的深化和提升。

从苏南地区的情况来看，目前第二产业仍然占据主导地位，工业增加值占 GDP 的比重仍在 50% 以上，服务业增加值占 GDP 的比重仅为 40% 多一点。如果将苏南作为一个相对封闭的区域空间，按照上述观点，这种情形的存在尚属常态，但如果将苏南放在一个开放的经济体系中，从区域合作和经济发展梯度推进的角度考察，目前苏南服务业尤其是现代服务业的发展则亟待加快。苏南人均 GDP 已超过 10000 美元，进入中等发达国家门槛，加快实现“工业兴市”向“服务兴市”提升，大幅度提高服务业的比重，形成“三二一”的产业结构形态，已成为苏南发展之必然。实施“服务业优先战略”，像过去推进工业化那样，大力推进现代服务业的发展，像过去推进制造业参与全球化竞争那样，推进现代服务业参与全球化竞争，也就成为对苏南的必然要求。苏南应充分利用江苏客观存在的三元梯度结构和长三角范围内

① 参见［美］H. 钱纳里等《工业化和经济增长的比较研究》，吴奇等译，上海三联书店 1989 年版，第 56—104 页。

的广阔空间，加快“退二进三”的进程，“转移产业，留下公司”，将大量传统制造业向苏中、苏北以及其他地区转移，在保留和再建高科技含量及高附加值的先进制造业的基础上，把发展重点放在服务业上，促使现代服务业迅速崛起，以此为苏中、苏北等地区的制造业提供功能完善的高水准服务，同时也使自身的产业结构获得大幅度的优化升级，使新的经济增长点得以快速培育，并促使较高层次就业岗位大量增加。

在服务业发展的主攻方向上，苏南应重点发展为制造业配套的现代金融、现代物流、科技、信息、商务、市场集群等生产性服务，重点发展软件、文化创意等潜力大的新兴服务业，并大力建设和培育服务业集聚区，形成服务业发展的集聚效应。同时，还要在此过程中广泛调动全社会的力量，让非公有制企业成为服务业发展的主体，促进以服务业为主的产业结构在苏南率先形成。

3. “扩大开放”向“深化开放”提升

苏南是全国最早开放的地区之一，对外开放的成绩令世人瞩目。但扩大开放至今，要适时进一步向深化开放提升。

苏南从扩大开放向深化开放提升，首先要从利用和保持比较优势转向培育和增强竞争优势。国际贸易理论新近的研究表明，国际贸易的竞争已经从比较优势转向竞争优势，其中规模经济、不完全竞争、产品差异化和异质性企业优势等因素起着关键性作用，竞争性的效率优势是企业成败的关键，而效率又是由技术、管理、人力资源等共同决定的。① 因此苏南企业要保持和提高国际竞争力，就要着重提高自身的异质性核心技术，形成科学的管理体制，培育以技术、品牌、质量、服务为核心竞争力的新优势。要积极抢占新能源、环保、生物医药、现代服务业等世界经济发展前沿的制高点；要推动外贸出口由量的扩张向质的提升转变，注重提高加工贸易企业在高端产品加工环节中的国际竞争力；要创新外资利用方式，优化外资投向结构，促使外

① 王海军：《新新贸易理论综述、发展与启示》，《经济问题探索》2009 年第 12 期。

商投资企业进入的产业和产业链环节向高端制造升级，逐步形成差异化的技术竞争优势；要充分利用和吸收国际化人才，加大引进人才、技术、研发中心等国际创新要素的力度；要强化开发园区的集聚效应，加强各类开发园区的资源整合，推进开发园区与出口加工区、保税区、保税物流园区功能叠加，增强整体竞争力和辐射带动力。

苏南从扩大开放向深化开放提升，其次要从努力参与国际产业间分工和产业内分工转向积极加入全球产品内分工。国际分工理论的新近研究表明，国际分工正在从产业间分工和产业内分工向产品内分工深化。产业链的全球铺展导致了产品生产工序在空间上的分离，产品生产跨越国界，两个或者多个国家为产品价值形成提供生产服务，至少一个国家在工序生产中运用了国外进口投入品，并且生产出的一部分最终产品或者中间产品必须出口到别国，从而产生了“全球生产组织”和“离岸外包”等企业行为以及相应的贸易形式和经济后果。[①]因此，苏南要在以往参与全球产业分工、成为全球制造业市场的基础上，迅速跟上全球产品内分工的潮流，寻求全新的发展理念和手段，尤其是要抓住产品生产中的研发、服务环节，大力发展服务外包，抓好国家级、省级服务外包示范城市、示范基地和软件园的建设，放大苏南服务外包的品牌效应，从而不断扬弃目前“世界加工厂”的发展模式，进一步加快向“世界办公室”的发展模式跃迁。

苏南从扩大开放向深化开放提升，还要在从主要注重“引进来”转向在高层次“引进来”的同时大步“走出去”。引导和鼓励企业通过境外投资进行海外战略布局，培育具有核心竞争力的跨国企业；创新国际投资合作方式，鼓励企业采取项目承包、对外直接投资、对外劳务合作、海外并购、合资合作等多种方式，拓展对外开放的空间，提升对外合作的层次。

---

①　曾铮等：《产品内分工理论的历史沿承及其范式嬗变》，《首都经济贸易大学学报》2007年第1期。

4. “城乡统筹”向“城乡融合”提升

“城乡融合”是在“城乡统筹”基础上实现城乡一体化的更高境界。恩格斯最早提出了实现“城乡融合”的奋斗目标。1847年，他在《共产主义原理》中指出：“通过消除旧的分工，进行生产教育、变换工种、共同享受大家创造出来的福利，以及城乡的融合，使社会全体成员的才能得到全面的发展。”[①] 马克思主义经典文献中对作为人类社会最基本的社会关系即城乡关系的探讨，是沿着“城乡混沌—城乡对立—城乡关联—城乡统筹—城乡融合”的历史发展脉络推进的。[②] 马克思、恩格斯认为，在人类社会发展进程中城乡关系一般要经历由“混沌”到“分离”再到“联系”最终到“融合”的过程，这个过程也是社会分工高度发展和人类走向完全自由与解放的过程。从马克思、恩格斯对城乡关系发展演变的趋势和规律、城乡对立的根源及弊端的分析可以看出，城乡对立是一个历史范畴，城乡融合才是未来社会的重要特征。所谓城乡融合，就是“结合城市和乡村生活方式的优点而避免两者的偏颇和缺点”[③]。这表明，城乡融合实际是指城乡之间相互吸收生活方式之优点而促进社会整体发展的状态和过程，即指社会各子系统之间优势互补、协调统一的存在状态和发展态势，它是社会整体协调发展的理想状态。

新苏南模式注重城乡统筹发展，在建设规划、工业布局、交通布局、公共设施、社会保险等方面基本上实现了城乡统筹，从而有力地推动了苏南全面建设小康社会的进程。但城乡统筹仍然是建立在承认城乡之间差别和各自相对独立性基础上的一种兼顾式的发展模式。而现代苏南模式从城乡统筹提升为城乡融合，将进一步推进苏南城乡的深度一体化。这种城乡融合将主要体现在苏南城乡的生活方式融为一

① 《马克思恩格斯全集》第4卷，人民出版社1958年版，第371页。
② 王亚鹏：《马克思恩格斯城乡融合思想探讨》，《经济研究导刊》2010年第7期。
③ 《马克思恩格斯全集》第4卷，人民出版社1958年版，第368页。

体、公共资源融为一体、生态环境融为一体。生活方式融为一体意味着无论是生活在城市的居民，还是生活在郊外乡村的居民，都是过着一种近乎相同的现代化生活。公共资源融为一体意味着城乡全体居民都能共享包括基础设施、基本教育、医疗卫生等在内的一切公共资源，实现公共服务均等化。生态环境融为一体则意味着在推进乡村城市化和城市现代化的进程中，将逐步形成一种以城市田园化、城乡生态化为特征的“田园诗”般的现代绿色生产和生活环境。

5. “追求富裕”向“追求幸福”提升

现代苏南模式还升华了它的发展目的。苏南模式和新苏南模式的最终目的都是追求共同富裕，而现代苏南模式则将发展目的从追求共同富裕提升为追求共同幸福。江阴市在全面达小康开启基本现代化新征程以后，率先确立了建设“幸福江阴”的新目标，在继续重视物质财富增长的同时，更加注重经济社会的协调发展，更加注重人民群众共同幸福程度的不断提升。“幸福江阴”的目标是：民生为本，力求个个都有好工作；民富为纲，力求家家都有好收入；民享为先，力求天天都有好心情；民强为重，力求人人都有好身体。[①] 目前，在更高层次、更大程度上追求人民群众实实在在的幸福感受和社会认同，已成为整个苏南发展的新动力。

现代苏南模式将“追求富裕”提升为“追求幸福”，其最深刻的意义在于，将有力地促进人的全面发展，从而实现人的现代化，现代化的本质是人的现代化。而人的现代化最显著的标志是人的自由全面发展。马克思在阐述新社会的本质要求时，曾明确指出新社会是实现“人的全面而自由的发展”[②] 的社会，“在那里，每个人的自由发展是一切人的自由发展的条件”[③]。诚然，要实现人的自由全面发展，在物

---

① 朱明阳：《幸福江阴》，江苏人民出版社 2008 年版，第 24 页。

② 《资本论》第 1 卷，人民出版社 2004 年版，第 683 页。

③ 《马克思恩格斯选集》第 1 卷，人民出版社 1992 年版，第 273 页。

质财富匮乏、人们将劳动作为谋生手段的条件下是可望而不可即的。但苏南在全面建成小康社会的目标率先实现并继续向着更高目标奋进时，当社会发展到人民群众不只是追求物质富裕而开始追求幸福感受和精神需求的新的高度时，加之必需的其他各种社会条件逐步形成并趋于成熟，人的自由全面发展就可以一步一步地变成现实。因此，可以想见，现代苏南模式在发展目的上的升华，必将引起苏南社会以人的发展为中心的更为全面而深刻的变化，其结果不仅是物质财富的更加充分的涌流，而且是人的现代化的加快实现。

6. “服务型政府”向“服务型与企业型相结合政府”提升

在率先全面建设小康社会的过程中，苏南各市都把创建服务型政府作为行政管理体制改革的重要目标，并取得了长足进步。在率先实现基本现代化的过程中，苏南地区还要进一步实现从“服务型政府”向“服务型与企业型相结合政府”的提升。企业型政府是一种有别于官僚制政府，具有顾客至上精神、成本意识和创新理念的政府。它由一群富有企业家精神的公职人员（被称为公共企业家）组成，他们能够运用各种创新策略，为官僚体制增添活力，使政府更有效地运作。简言之，企业型政府是那种非官僚化、具有创新精神、富有活力与生气、以人民需求或消费者需求为导向、具有高效率和高效能的政府。企业型政府并非要求政府的运作完全与私人企业一样，而是要求政府必须在市场导向下，引进竞争的刺激力量，使政府更具活力，从而能更有效地建立和维护竞争秩序，保证经济自由，让市场在资源配置中更充分地发挥基础性作用。企业型政府的核心特质在于创新，在于为“顾客”（政治意义上称为公民）服务，在于讲求成本效率。当政府体制及运作过程具有创新动力、公民导向、成本意识时，就会引发革新的理念，当这种理念转化为具体的方案设计并付诸实践时，便构成了企业型政府的基本雏形。[①]

---

① 孙学玉：《企业型政府论》，社会科学文献出版社 2005 年版，第 23 页。

因此，在现代苏南模式下，苏南地区的政府进一步向企业型政府提升，既非要求将政府同化为企业，亦非要求政府官员都由企业家来取代，而是要实现企业家精神和企业理念在政府改革和运作中的移植和渗透。苏南地区以实现服务型与企业型相结合为方向进一步推进政府改革与建设，必将促使政府既坚持以服务为宗旨，又注重以企业家精神和竞争、风险意识提高服务效率和水平，从而有力地保证苏南现代化目标又好又快地实现。

以上我们对现代苏南模式仅做了初步的探讨，现代苏南模式作为一种在中国率先诞生的现代发展模式，将会在推动苏南迈向现代化的生动实践中得到不断丰富、发展和完善，并且必将在江苏和全国发挥其越来越显著的示范引领效应。

（原载于《江海学刊》2011 年第 4 期）

新型城镇化研究

新型城镇化的基本模式、具体路径与推进对策

倪鹏飞*

引　言

城镇化是由科技进步、社会生产力发展所引发的，分散聚居在农村功能区域的农业人口转为集中聚集在非农功能区的非农人口，进而传统乡村社会转为现代城市社会的历史过程。城镇化人口不是标签意义上的城市人口，而是享受城市基础设施和公共服务的人口。城镇化地区不是行政和地理意义上的区域，而是承载非农人口和非农产业的功能区。城镇化不仅表现为城镇数目的增多、城市面积的扩大、城市人口增加，还包括人口职业的转变、产业结构的转变、空间形态的变化，也包括人类社会的组织方式、生产方式和生活方式的变化，由此导致经济、社会、文化、环境和人的变化。

改革开放三十多年来，中国演绎了波澜壮阔的城镇化史诗，也有力地支撑了中国经济增长的奇迹。截至 2011 年，中国城镇化率超过 50%，拥有 6.9 亿城镇人口，设市城市 655 个，小城镇近 20000 个，已初步形成以大城市为中心、中小城市为骨干、小城镇为基础的多层

---

* 作者简介：倪鹏飞，1964 年生，中国社会科学院财经战略研究院研究员、博士生导师。

次的城镇体系。但目前中国已经进入城镇化的中期阶段，传统的以经济发展为中心目标、以外向型工业化为中心动力、以地方政府为主导、以土地为主要内容、以规模扩张为发展方式、以物质资本大量投入为驱动要素的城镇化模式已不可持续。这种城镇化模式的问题突出表现在，人口不完全城镇化：按照常住人口计算的城镇化率已达 50%，而享受均等公共服务的城市户籍人口仅仅达到 35%；土地过度城镇化：过去 30 年城市人口增长 1 倍，建成区面积增加了接近 4 倍；城市发展失序：大量人口向行政级别高的中心城市聚集，中等城市发展相对缓慢，小城市功能不完善，小城镇比较分散。这种城镇化模式还带来了资源大量消耗、空间过度集中、经济结构失衡、环境严重污染、社会矛盾激化等一系列问题，一些城市和乡村患上了比较严重的“城市病”和“乡村病”。

今天，全球超过 50% 以上的人口居住在城市，生活在科学技术日新月异、城市集群化发展、经济全球化突飞猛进、生态环境持续恶化的城市世界。一方面，发达国家过度消费和新兴工业化大国迅速崛起导致的需求迅速膨胀，使不可再生资源变得严重短缺；另一方面，发达国家过度排污和新兴工业化大国的排污增加，导致全球变暖及环境进一步恶化，严重威胁人类生存环境。这要求中国的城镇化不能再走传统城镇化的道路。

目前中国已进入中等收入国家行列，改革开放创造的中国奇迹使中国拥有了城镇化转型升级的资本、人才和技术基础，与此同时，由于居民收入的提升、素质的提升和社会的开放，市民意识觉醒，社会矛盾突出，加上生态脆弱、资源短缺，难以持续支撑传统城镇化模式。中国作为一个发展中大国，具有人口众多、空间广阔、资源短缺、分布不均、发展水平差异大的特征，这也要求中国城镇化既要充分利用大国规模经济的优势，也要力避过度聚集和长距离、高成本流动。

总之，在这样一个全新的时代背景下，深刻反思中国的城镇化模式，对新型城镇化的模式、路径与战略进行全面系统的总结和探索，无疑具有特殊重要的意义。

新型城镇化的基本模式

基于传统城镇化的问题以及未来城镇化面临的时代特征和国情特点，本文认为，新型城镇化的基本模式应该是：以科学发展观为指导方针，坚持“全面、协调、可持续推进”的原则，以人口城镇化为核心内容，以信息化、农业产业化和新型工业化为动力，以“内涵增长”为发展方式，以“政府引导、市场运作”为机制保障，走可持续发展道路，建设城乡一体的城市中国。

（一）新的最终目标是城乡一体的城市中国

新型城镇化的最终目标应该是城乡一体的城市中国，即整个国家城市和乡村基础设施是一体的，公共服务是均等的，整个国家被着上城市的底色，农民拥有与市民相当的知识、技能、素质和收入以及均等的公共服务，农村也拥有与城市相近的基础设施。具体还包括以下三个方面。

1. 新型经济。以新型工业化为总体背景，拥有“科技含量高、经济效益好、资源消耗低、环境污染少、劳动力密集”的产业体系，“内需为主、消费支撑”的需求体系，“人力资本与技术创新”越来越起主导作用的要素结构体系，由顶天立地的大企业和铺天盖地的中小企业组成的企业结构体系，充满活力的经济。

2. 新型社会。以新型社区、新型社会组织和新型社会管理为基本要素，交往方式社会化、社会联系国际化、生活方式现代化、居民构成多元化和流动性、社会阶层橄榄形的包容和谐的社会。

3. 新型环境。城镇主导背景下的城乡，自然景色优美，生态环境良好，资源利用节约，环境保护有效，人与自然关系友好，共同塑造绿色低碳的环境。

（二）新的主要内容是农民市民化

1. 让所有城镇化人口获得均等的公共服务，推进“以人为本”的城镇化。人口城镇化主要有三种形式：升学城镇化、就地城镇化和异地城镇化。这三项城镇化的占比大致各为30%，其他形式的城镇化占10%。人口城镇化的新内容是让这三类人群尤其是农民工享受同城镇原来户籍人口均等的公共服务。未来城镇化的重点和主线应当是保障1.6亿存量和未来增量农民工享受同城市户籍人口均等的公共服务。

2. 以优化国土空间利用为关键点，推进内涵增长的城镇化。空间城镇化主要有三个区域：老城区、新城镇和农村居民点。空间城镇化的新内容是：通过旧城改造，提高城市土地的利用率；通过减缓新城的蔓延和扩张，提升城市的容量；通过农村居民点撤并，减少农村建设用地规模。

3. 着力克服“城乡病”，推进健康可持续的城镇化。在城镇化率超过50%以后，进入城市病集中爆发期，城镇化也有可能导致农村的凋敝和衰退，因此，防治“城乡病”，确保城乡健康发展和城乡双赢是新型城镇化的重要内容。

（三）新的基本动力是信息化、新型工业化和农业现代化

在全球日益信息化以及重大技术突破和第三次工业革命即将到来之际，中国新型城镇化拥有三大新动力。

1. 新的拉动力。基于信息化基础的科技含量高、经济效益好、资源消耗低、环境污染少、劳动力密集的新型工业化，与基于智能化基础的第三次工业革命，将构造城镇化的崭新需求拉动力。

2. 新的推动力。充分利用现代信息技术和信息系统的农业产供销及相关的管理和服务现代化，即生产工具的机械化、生产技术的科学化、生产组织的产业化、劳动者素质的提高，将构造城镇化的崭新供给推动力。

3. 新的源动力。信息化作为当今科技进步的集中体现，不仅间接影响着城镇化的供求推拉力，而且直接决定城镇化的规模、速度、形

态与质量。

以上“三化”不仅为新型城镇化提供了比以前更加强大的动力，而且决定了城镇化以人为本、创新驱动和可持续发展的新特征。

（四）新的发展方式是内涵集约增长

1. 提升城市和乡村集聚区的密度。充分利用有关地上地下城市空间，在有限的城市空间布局较高密度的产业和人口，促进城市产业布局的集群化和城市土地利用的集约化。

2. 优化城镇与乡村集聚区的布局。依托合理的城镇及乡村空间布局和便捷的联系渠道，提高资源、要素和产业的配置和利用效率。

3. 完善城镇和乡村集聚区的功能。完善和配套城乡基础设施和公共服务体系，提升城乡基础设施和公共服务的质量，使之更好地发挥外部经济的作用。

4. 培育和利用高端要素。改变过去依靠物质资本投入和资源大量消耗的做法，利用人力资本和创新要素促进城镇化的发展。

新型城镇化的具体路径

在“可持续城镇化”的总体路径下，推进新型城镇化要走以下八条具体路径。

（一）走以人为本的城镇化道路，推进居民的“迁转俱进”

发展城镇要依靠人也是为了人，城镇化的一切应当围绕人的城镇化来展开。“以人为本”的城镇化的关键是推进“迁转俱进”：实现人口从乡村到城镇的迁移与人口从农民到市民职业身份转换同步推进，让迁移到城市的居民能够在城市里“住有所居”“学有所教”“老有所养”“劳有所得”“娱有所乐”“病有所医”，充分享受到城镇现代化的公共基础设施和服务，拥有一个良好的居住和空间环境、良好的人文社会环境、良好的生态环境、清洁高效的生产环境。“以人为本”是目的也是手段，提高了人口素质和收入水平，改善了要素供给，也扩大了消费需求，有利于城乡可持续发展。

（二）走倾斜平坦的城镇化道路，兼顾空间的“公平效率”

聚集和自由流动能够确保资源的最佳配置以及分享规模经济与外部经济，从而提升经济效率，但是过度聚集将会导致拥挤的成本、“城市病”、区域差距扩大。推进新型城镇化，第一，在全国空间布局上，一方面，要发挥中国作为大国的规模优势，积极消除城市之间各种市场分割障碍，促进全国统一大市场的形成，实现国内市场充分一体化；另一方面，要把握城镇化空间聚集的度，使城镇化聚集最大化规模经济和外部经济的效益，最小化规模不经济、外部经济的成本。第二，在城市规模和城市间发展关系方面，强调大城市、中等城市、小城市和小城镇协调和联合发展的城市集群化道路，改变单纯走中心城市带动或小城镇发展的道路。让空间上接近的若干大城市、中等城市、小城市和小城镇紧密联系起来，以便互相补充、相互配合，使处在城市群或城市带的每个城镇都能享受到城市群的正外部经济。第三，在城乡关系方面要走城乡一体的道路，要把工业与农业、城市与乡村、城镇居民与农村居民作为一个整体，逐步打破二元结构。实现基础设施和公共服务的城乡一体化，加快基础设施和公共服务向农村延伸和衔接；加强城市向农村的反哺力度，通过转移支付实现对弱势农村和落后地区的支持。

（三）走产城互动的城镇化道路，确保经济的“持久繁荣”

第一，继续保持或扩大第二产业优势，尤其是提升第二产业的国际竞争力，不仅能够为产业工人提供就业机会，而且能够提高第二产业的收入水平；第二，大力发展就业吸纳能力高的生产性、消费性、分配性和社会性服务业，不仅能够促进经济发展，而且能够加快城镇化的步伐；第三，积极推进农业产业化，提高农业生产效率，增加农民收入；第四，制订实施城市居民收入增长计划，确保城市居民收入增长，在扩大就业机会的同时提高非农就业者迁移到城市的能力，从而推进城镇化和经济社会发展。

（四）走绿色发展的城镇化道路，确保生态的“自然优美”

未来城镇化不走先发展后治理的老路，也不走唯环境不发展的道路，要走低碳化、工业化与城镇化协调发展之路。第一，鼓励发展节能性环保产业，降低产业发展对能源、水资源、空气等生态资源的消耗或破坏；第二，支持探索循环经济模式，以更少资源生产更多经济价值；第三，要求工业入区、入园，促进产业集群，既可以集中处理污染，又可以使各产业分享外部经济；第四，加强节能环保宣传，鼓励城市居民在日常生活中践行节能环保；第五，加强城市绿地资源建设，提高生态环境自我净化能力；第六，倡导绿色消费，减少消费污染；第七，重视调解资源占用与分配、环境污染方面的矛盾、冲突，促进城镇化与环境保护的良性互动。

（五）走包容增长的城镇化道路，确保社会的“公平正义”

推进新型城镇化，应统筹城镇化与社会发展的关系，在社会和谐中推进城镇化。第一，在政治方面，让更多的人获得参与决策和议事的机会，为不同社会阶层的人提供发展的机会和平台，让所有的人分享城市发展进步的成果。第二，在社会方面，正确处理政府、企业和居民的关系，保护农民和城镇居民的合法权益，尊重居民的意愿和选择；正确处理当地居民和外来居民的关系，切实保护外来居民权益，让外来居民与当地居民和谐相处；正确处理不同收入阶层之间的关系，既鼓励人们创新、创业和创富，同时关心和保护弱势群体，实行向弱势群体倾斜的普惠福利，建立与完善配套的社会保障政策，缩小贫富差距。

（六）走创新驱动的城镇化道路，确保城市的“引领未来”

中国作为后发城镇化国家，应毫不犹豫地实施创新驱动战略。第一，实施创新要素驱动，推动经济增长，迎头赶上先发国家。为此，要将教育置于更加优先发展的位置上，继续加大教育投入，延长义务教育，扩大职业教育和成人教育，建立与未来城市中国经济社会发展相适应的多层次的教育体系。加大科技投入，培育创新的主体，构建创新的网络，搭建创新的平台，积极发展和城市体系相适应、与产业体系相匹配的分层次、有分工的科技创新体系。第二，实施制度和管理创新，保障新型城镇化可持续推进。第三，不仅要在技术上不断创新，而且在管理上尤其在发展方式上不断创新，力争后发先至，后来居上，进而引领世界潮流。

（七）走政府引导的城镇化道路，发挥市场的“基础作用”

城镇化是市场主体分享外部经济偏好在空间聚集上的显示，是市场主体空间自由选择的过程。城镇化要求健全市场制度体系，但由于存在市场失灵，仅仅通过市场选择难以实现最优均衡。促进城镇化健康可持续发展，需要政府创造适宜的硬件环境和软件环境。一方面，便利市场主体流动，使其空间偏好得以显示；另一方面，兼顾国土空间利用的“效率与公平”。因此，政府的主要职能是：第一，顺应城镇化发展规律，对城镇化进行前瞻性科学规划；第二，建设辖区范围内的一体化的公共基础设施；第三，为在不同区位的居民提供均等化的公共服务；第四，为在不同空间区位活动的企业和居民提供公平、公正、均等、统一的规范化的制度环境。

（八）走本土开放的城镇化道路，确保城市的“世界个性”

第一，利用全球，借力世界。要积极实施全方位开放战略，利用全球的要素、资源和市场，借鉴全球的发展经验，坚持世界的发展标准，顺应全球的发展趋势，构建一个充分国际化的城市国家。第二，立足本土，保持个性。每个地方的城镇，都有自己不同的基础、背景、环境和发展条件，每一个城镇都应该有自己的个性，要突出多样性。在城市功能上，大城市、经济中心城市应该发挥集聚功能，增强对区域的辐射能力，重点发展具有优势的技术密集型和资本密集型产业，大力发展生产性服务业，强化技术创新和制度创新，成为中国参与国际竞争的重要力量。中小城市则要在保持产业特色的同时，依托相对较低的投资成本和比较完善的产业发展环境，主动承接大城市的产业转移，为城市发展提供强有力的支撑和充足的动力，提升对周边区域的凝聚力和带动力，增强自身向大城市发展的能力。第三，在文化上，坚持国际化的多样性与当地化的主旋律的结合。一方面，要海纳百川，积极吸收外来优秀文化；另一方面，要注重保护和继承文化遗产，尊重当地居民的各种文化和生活特性，体现古今交融的文化魅力，实现当地文化与外来文化的多元并存和融合发展。

新型城镇化的推进对策

为恰到好处地发挥弥补市场失灵的职能，积极推进新型城镇化，政府可采取四项基本对策措施：制定战略与规划、提供基础设施和公共服务、加强监督与管理、完善制度与政策。

（一）制定战略与规划，引导新型城镇化可持续发展

1. 发展目标：城乡一体的城市中国

为建立一个城乡一体的城市中国，国家应制订面向 2040 年的全国城乡发展规划，在科学发展观的指导下，对中国城镇化发展目标和步骤进行顶层设计和统筹安排。

（1）城镇化的速度：未来新型城镇化要根据经济社会发展和资源环境的承载状况，保持适当的速度。有鉴于全球竞争格局和中国转型升级的未来形势，中国未来新型城镇化不应该也不可能再像过去一样，按照每年 1% 的速度增长，未来中国城镇化将是内涵城镇化和外延城镇化并举，“重在质量”，一方面解决 1.6 亿人的不完全城镇化问题；另一方面继续解决 3.6 亿左右新增人口的城镇化。

（2）城镇化人口总规模与水平：预计 2040 年中国人口应保持在 14 亿左右。从人口空间分布来看，25% 居住在农村，25% 居住在小城镇，25% 居住在中等城市，25% 居住在大都市。未来中国城镇化率以达到 75% 为基本目标（东部 80%、中部 70%、西部 60%），中国城镇人口 2030 年将达到 8.6 亿，2050 年将达到 10.6 亿左右。

（3）城镇化用地规模与水平：城镇化地区用地面积占非农建设用

地面积的比例为65%，全部非农建设用地面积16万平方公里，城镇地区非农建设用地总面积10万平方公里，其中，大城市、中小城市、小城镇、农村非农建设土地占用比例分别为15%、20%、30%、35%。人口密度以每平方公里一万人为标准。

（4）城市规模体系：城市是国家资源的集结点和经济发展的龙头，更是国家创新和创富的中心。2040年，城市数量达到1000个左右，小城镇20000个，将形成超大城市、特大城市、大城市、中等城市、小城市、小城镇、居民点协调发展的城市发展空间格局。第一，要利用先进的交通通信技术手段，通过合理规划，培育一批大城市和超大城市，在扩大城市规模的同时，重点提升城市的能级，使之发挥增长极和动力源的作用；第二，将一大批作为区域中心的小城市扩展为中等城市，同时加强对中等城市的支持，发挥其对区域整体经济社会发展的连接、带动和聚集作用；第三，针对目前小城市功能不全、管理水平低的特点，完善小城市的功能；第四，小城镇具有连接城乡、亦城亦乡的独特作用，应针对小城镇布局分散的问题，调整优化小城镇的布局。

（5）城市功能体系：从城市功能看，未来中国城市将是一个开放的体系，城市功能将呈现层级分化趋势。未来形成世界顶级城市2个，世界城市3—5个，国际化城市15个左右，国家级城市30—50个，近千个区域性和地区性城市。香港、上海等，集聚世界产业体系中的高端服务业、高科技制造业，产业环节中的研发设计和品牌营销环节得以发展，成为全球经济控制和管理中心，成为世界顶级城市。有些城市承担某些服务世界的专业功能，成为国际型城市。有些城市承担管理和服务全国的综合功能，有些城市承担管理和服务全国的某些功能，有些城市承担管理和服务区域的综合功能，而中小城市承担专业制造功能，小城镇承担连接城市和农村的功能。

（6）城市空间布局：未来中国众多城镇将以城市绵延带、城市群或城市圈等形态，呈点、线、面三种结构，通过现代化的交通网络连接在一起，镶嵌在广袤的乡村大地上。城市成为区域空间的心血管，广大农村地区就是其肉体。

在全国空间布局上：第一，东部区位优越、环境适宜、人口稠密，以面为主、点线结合，支持东部地区率先发展，转型升级，走向世界，参与国际竞争。第二，中部和东北资源丰富、人口稠密，以线为主、点面结合，通过制定激励政策，鼓励人才、产业等向中部和东北地区转移，实现中部崛起和东北振兴，在发展中尤其注意资源节约和环境保护。第三，西部地广人稀，以点为主、线面配合，继续实施西部大开发政策，收缩战线，集中发展，同时着力进行环境保护和生态恢复。

在区域空间布局上：一方面，要充分利用规模经济和外部经济的优势，推动城市群的一体化发展，促进城市群区域交通同网、信息同享、市场同体、产业同布、环境同治，避免产业恶性竞争和基础设施重复，形成产业布局与分工合理、经济联系紧密、内部聚集效应与对外扩散效应明显的城市群；另一方面，关注并重点援助边缘区域。

在城乡空间布局上：第一，通过建设集群化和网络化的城镇，使城乡融为一体，分工合作，互利双赢；第二，通过建设紧凑型城市等，减缓城市的蔓延和扩张；第三，通过新农村建设、农村居民点撤并等，在改变农村面貌的同时，实现农村土地的集约利用，确保农业区域面积不缩小。

2. 发展步骤：分两步实现理想城镇化目标

第一步，到2020年实现60%的城镇化率，从城乡三元结构向二元结构转变，城乡基础设施基本配套完善，城镇里当地人与外地人的收入及公共服务基本均等，外出人口逐步迁出，农村的基础设施、公共服务和留守居民的收入逐步提升，城乡之间收入和公共服务基础设施差距缩小。第二步，到2040年实现75%的城镇化率目标，城乡人口相互流动，从城乡二元结构变为城乡一元结构，即城乡一体化，城乡基础设施配套、完善和一体，收入、公共服务的城乡差距由缩小到均衡。

（二）提供基础设施与公共服务，支撑新型城镇化健康可持续发展

1. 基础设施：逐步实现基础设施的城乡与全国一体

（1）构建全国一体的基础设施网络。按照全国城乡规划布局以及城市分布状况，利用先进科学技术，构建和完善快速、高效、便捷、便宜的全国交通、通信、信息等基础设施网络系统，使区域之间、城市之间、城乡之间的资源、人口和信息能够迅速、便捷、便宜地自由流动。

（2）完善区域一体的基础设施网络。加快城市有形基础设施和无形服务网络建设，完善由高速公路、高速铁路、航道、运输管道、电力输送、网络、排水管网体系和通信干线等构成的区域性基础设施网络，缩短城市间的通勤距离，使城市群内部以及各大城市群之间资源和信息实现共建共享。

（3）实现城乡一体的基础设施网络。按照城乡一体的规划要求，尽可能将城市的基础设施网络延伸到乡村居民点或边缘城镇，使乡村居民可以使用到与城市居民一样的基础设施。

2. 公共服务：逐步推进公共服务的城乡及全国的均等化

（1）按照子女教育、五险、住房和养老的先后顺序，逐步推进农民工与当地居民的公共服务均等化。完善就业和创业服务体系，拉动居民收入增长；提升城市医疗卫生体系质量，扩大医疗保障覆盖率；加大商品住房供给能力，提高公共住房保障水平。与此同时，推进区域之间和城乡之间就业、社保、教育、医疗等公共服务更大区域的统筹及均等化。

（2）制定积极有效的财税、金融和产业政策，重点援助农村、非城市群、城市群边缘区发展，加大基础设施和公共服务的投入，避免马太效应，降低区域差距。

（三）加强监督与管理，促进新型城镇化顺利推进

为实现对市场行为主体的有效监督管理，首先要建立适应城市中国的行政监督与管理体制。

1. 建立适应城市中国的行政管理架构

适应城市中国的管理需求，借鉴发达国家的经验，调整行政区划，减少管理层次。以城市群为基础，结合地缘、政治、经济、文化、历史等因素，在东中部人口较多的发达区域增加一些直辖市，在缩小省区范围的基础上实行省管县制度。

2. 构建财权、事权对称的纵向政府间关系

重新界定中央和地方政府的事权和财权，进一步厘清各级政府的公共职责与公共权限，明晰各级政府事权和公共支出责任，做到事权与财权相一致，以便地方政府更好地履行职责，促进城市良性发展。同时，中央各部委可通过国家项目对落后地区城市发展进行直接投资，或通过财政转移支付对落后城市开发项目进行补助，确保财政资金投入力度，为城市发展提供资金保障。

3. 建立横向政府区域协调机制

要进一步完善区域特别是城市群区域的协调机制，成立统筹区域内城市发展的组织机构，创新公共治理模式，推进区域协同，通过共同市场建设与基础设施的统一规划和共建，协调整个区域内的产业规划、道路交通网络建设、信息基础设施建设。

4. 建立城乡一体的市政管理体制

第一，适应日益复杂的城乡经济、社会、环境、对外联系等需要，完善城镇的管理职能，建立城乡一体、以城为主导的城市管理体制。第二，革新公共管理理念，推进政府管理的人性化、高效化、制度化、奖惩化、竞争化，提高公共服务水平，为城市的发展和城市竞争力的提升提供高效的政府服务。第三，培育非政府组织，将大量的事务交给非营利性组织完成。第四，强化城市社区建设，鼓励社区管理组织创新和制度创新，发挥城市社区的自治、学习、服务等功能，提升公众自我教育水平，充分发挥公众参与的作用，使广大居民能够参与城市社会管理，表达自身利益诉求。第五，建立健全城市危机应急机制，提升应急处理能力，通过制度化的防范和管理，最大限度地消除城市

面临的各种风险及突发事件隐患，或者将风险和突发事件造成的危害降至最低限度。

5. 完善政绩考核和问责追责制度

建立科学的绩效考核制度，制定以科学发展观为指导，体现全面、协调、可持续发展的政绩考核指标体系，将新型城镇化的标准体现在评价指标中，评价标准涉及城市经济建设、社会进步、文化繁荣和环境保护等方面，考核结果体现城市政府的发展绩效并作为城市主要负责人职务变动的重要依据。

6. 重新确定城市设立及相关功能的标准

第一，修改《城乡规划法》，重新明确城市规模等级。建议结合中国人口众多的实际情况，根据人口规模确定设市的标准，确定城市的大小，然后再根据城市规模确定城市职能标准。合并、收缩部分西部地区城市，以便降低其管理成本；推动东部地区较大镇改市步伐，以便完善其管理职能。第二，制定约束性的、量化的指标体系，对不同规模的城市资源利用、环境保护、基础设施、公共服务标准作出明确而具体的规定。

（四）完善制度与政策，保障新型城镇化健康发展

1. 建立确保城镇化可持续推进的政策制度

（1）深化财税体制改革。重构纵向政府间事权与财权对称关系。优先实施义务教育经费的全国统筹，逐步实施社会保障的全部或部分全国统筹。建立中央和省级财政支持农民工市民化的转移支付制度，建立农民工市民化的政府、企业与个人成本分摊制度。

（2）深化土地制度改革。建立城乡一体的土地制度，农村土地所有权国有化，赋予农民交易土地使用权的权利，激活农民的土地资产，推进土地资产股权化、农民股东化、权益民主化，着重培育公正、公开、公平的农村土地产权流转市场，积极促进土地产权流转，并建立严格的土地产权保障制度。建立城乡一体、同权同价、自由竞争的土地使用、交易和收益分配等制度。

（3）深化户籍制度改革。根据就业、投资、居住等状况，实行外来人口有选择的市民化制度。对于暂未市民化的居民，实施分享部分权益与义务的居住证制度。

（4）深化就业制度改革。进一步开放劳动力市场，对劳动者普遍放开所有的劳动行业，只要是社会需要、国家允许开办的行业，都要向公众开放。同时，清理限制农村劳动力进入城市的地方性政策法规，不断消除城市就业市场的形形色色的歧视制度，建立城乡统一的就业培训制度，保障公民平等的就业权利。

（5）完善社会保障制度。第一，积极推进社会保障制度改革，突破城市社会保障不管进城农民的误区，建立覆盖城市所有居民的统一的社会保障体系，改变社会保障城乡分割的二元格局。第二，进一步扩大社会保障的宽度和广度，建立全国统筹的养老保险、失业保险、医疗保险、工伤保险和生育保险等社会保险制度。第三，建立以最低生活保障为基础、专项救助为支撑、慈善帮扶为补充的新型社会救助体系。第四，建立具有地方特色的统筹就业、养老、医疗等方面的大社保制度框架和政策体系。

（6）深化投融资体制改革。应在政府财政的引导下，以中长期信贷支持为主，积极创新发展直接融资工具。加强制度和市场建设，扩大资本市场，健全金融体系。初步形成包括基础设施证券化、基础设施投资基金、市政债券、民间金融等形式的多元的融资模式。

2. 构建确保城镇化持续推进发展的长效机制

（1）价格调节机制。第一，运用先进技术手段，尽可能使基础设施和公共服务具有可排他性，对使用者付费的服务可以采取阶梯式加价的收费方式，少使用者付低费，多使用者付高费，以减轻贫困人群的负担。第二，逐步建立农业用地经营权转让市场定价机制、规划建成区集体土地转为国有土地的使用权市场定价机制以及城镇拆迁安置过程中住房市场定价机制，充分发挥价格在土地利用中的调节作用，从而实现土地收益在农民、城镇居民、政府和企业之间的公平合理的分配。

（2）生态补偿机制。充分发挥价格在节约资源、保护环境中的杠杆作用，通过明确产权和贯彻实施“使用者付费、污染者付费”的原则，将经济生产和生活中的外部成本内部化。

（3）土地占用机制。根据现有的人地分布状况，设定不同地区人均可占用非农用地面积标准，同时将人口和用地指标票据化，各城市根据自己的承受能力，同时决定接收农民工数量和增加用地数量。接收城市要解决这些外地农民工的住房、医疗、教育和社保等，并缴纳购买土地的指标款；而各农村地区根据人口迁徙的数量，获得土地款，并将一定数量的废弃宅基地转为农业用地。

（4）资金筹措机制。城市基础设施资金需求规模大、回报周期长，存在资金供求期限错配等问题，因此，要发展长期融资的金融工具，如长期信贷、基金投资、长期债券、资产证券化等，实现基础设施建设供需现金流的匹配。

（5）财政补贴机制。中央财政和省级财政建立农民工市民化的转移支付机制，根据各城市吸纳农民工定居的规模，每年定向给予财政补助。财政补助主要用于支持城市政府建设更多面向农民工及其家庭成员的社会保障，建设医疗设施、义务教育和职业教育设施，建设廉租住房，加强市政设施的扩容改造等。

（6）税收调节机制。加快税收体制改革，尽快开征房地产税、土地税、资源税、环境税，并以此为基础健全城市税收体系，一方面，解决城市建设资金过度依赖“土地财政”的问题；另一方面，充分发挥税收在节约资源、保护环境中的杠杆作用。

（原载于《江海学刊》2013 年第 1 期）

新型城镇化建设的制度创新：综合动因与体系架构*

陈玉梅　吕　萍**

新型城镇化是以城乡统筹、城乡一体、产城互动、节约集约、生态宜居、和谐发展为基本特征的城镇化，是大中小城市、小城镇、新型农村社区协调发展、互促共进的城镇化。新型城镇化的“新”是由过去片面注重追求城市规模扩大、空间扩张，改变为以提升城市公共服务、文化内涵等为中心，真正使城镇成为具有较高品质的适宜人居之所。① 1949—1978 年，我国城镇化水平年均增长 0.28 个百分点，比同期世界平均增长速度低 0.4 个百分点；改革开放以来，城镇化发展速度显著加快，城镇化水平由 1979 年的 19.0% 上升至 2013 年的 53.7%，预计到 2020 年城镇化水平将达到 60%。党的十八届三中全会指出，要完善城镇化健康发展体制机制，为新型城镇化建设提供了行动纲领。然而，目前我国城镇化建设还面临诸多制度性障碍，必须顺应新型城镇

---

* 本文受到中国博士后基金项目“城镇化进程中的资源型城市生态承载力测度与提升研究”（项目号：2014M561367）、黑龙江省博士后基金项目“东北地区工业化与城镇化良性互动的发展机制及模式选择研究”（项目号：LBH—Z13122）资助。

** 作者简介：陈玉梅，1961 年生，吉林省社会科学院研究员；吕萍，1975 年生，哈尔滨商业大学商业经济研究院博士后流动站研究人员，黑龙江省社会科学院副研究员。

① 新玉言：《新型城镇化：理论发展与前景透析》，国家行政学院出版社 2013 年版，第 41 页。

化的发展趋势和内在要求，着力探索更为合理的制度创新体系架构，从而为新型城镇化的顺利推进提供完善的制度保障。

制度创新：加快新型城镇化建设的必然选择

（一）制度创新是加快新型城镇化建设的客观要求

1. 制度创新是保证新型城镇化建设进程中各项制度协调发展的需要

城镇化作为伴随社会经济发展和结构变迁出现的客观规律，不以人的意志为转移，但是城镇化建设的质量与速度取决于制度创新，这种制度创新是由制度均衡→制度非均衡→制度创新→制度均衡→制度非均衡→……制度不断演化创新的内在规律决定的。在推进农民市民化过程中，进城农民工数量逐渐增加，但由于制度安排缺乏综合性和全局性的“顶层设计”，土地、就业、教育、社会保障等配套制度与户籍制度改革不同步，导致农村剩余劳动力进城享受不到市民待遇，影响农民工进城的积极性。因此，新型城镇化建设必须通过制度创新才能顺利进行。

2. 制度创新是新型城镇化建设进程中城乡统筹发展的需要

亚当·斯密在强调分工能给人们带来效率时，忽视了分工的协调成本问题。制度是人们在社会分工与协作过程中经过多次博弈而达成的一系列契约的总和，科斯已经验证制度能够降低市场交易费用。制度创新可以通过降低经济活动中的不确定性、抑制经济主体的机会主义倾向、提供稳定的预期等降低交易费用。因此，在新型城镇化建设进程中，制度创新能够通过减少信息成本和不确定性降低人类加快城镇化建设所付出的交易费用，把阻碍城乡合作的因素减少到最低限度，为实现城乡统筹创造条件。

3. 制度创新是保证新型城镇化建设进程中资源环境可持续发展的需要

制度创新可以按照城镇化建设的规范，把经济主体对自身利益最大化的追求限制在一定的范围内，并相应抑制经济主体在城镇化进程中可能发生的浪费资源、污染环境等机会主义行为倾向。如通过排他性的产权制度创新可以使外部经济效用内部化，规范行为主体相互之间的关系，使经济主体承担或享受自身经济活动所引起的成本或收益，减少城镇化建设中阻碍合作的因素，为新型城镇化建设进程中达到人与自然的和谐发展创造条件。

（二）制度创新推动新型城镇化建设的基础条件日趋成熟

1. 国家政策为制度创新推动新型城镇化建设提供了行动指南

多年来，国家制定了一系列推进城镇化建设的政策。党的十八大报告指出，中国走新型城镇化的发展道路，必须不断进行制度创新，构建系统完备、科学规范、运行有效的制度体系。十八届三中全会明确指出，要完善城镇化健康发展的体制机制，最大限度释放改革红利。《国家新型城镇化规划（2014—2020年）》提出改革完善城镇化发展体制机制的一系列措施，要求统筹推进人口管理、土地管理、财税金融、城镇住房、行政管理、生态环境等重点领域和关键环节的体制机制改革。这些政策为新型城镇化建设的制度创新提供了坚实的政策基础。

2. 学界研究成果为制度创新推动新型城镇化建设提供了智力支持

国内外学者从多角度、多层面开展城镇化制度方面的研究。国外学者认为重工业优先发展战略和城乡二元结构是中国城镇化发展缓慢的原因，户籍制度与计划经济下的统购统销制度、人民公社制度、社会保障制度共同阻碍了中国城镇化进程。[①] 国内学者主要基于城镇化建设制度创新的作用与内容两方面开展研究，前者认为，制度创新是释放城镇化推进空间的重要途径，土地制度、户籍制度和社会保障制度是影响城镇化建设最直接的制度，并主张根据需要适时调整

① Lin, G., "The Growth and Structural Change of Chinese Cities: A Contextual and Geographic Analysis", *Cities*, 2002, 19.

相应制度安排，保障城镇化健康发展①；后者认为，城镇化建设制度创新在以土地制度、户籍制度与社会保障制度为重点的基础上，还要积极完善财政管理体制，健全公共服务体制，创新城镇管理体制等②。上述丰富的研究成果为新型城镇化建设的制度创新提供了智力支持。

新型城镇化建设的制度性障碍及成因：以东北地区为例

随着改革不断深化，城乡分割的二元经济结构开始发生改变，但是一些制度的不完善和创新程度不够仍然成为新型城镇化建设的障碍。其中，现行土地制度造成土地经营规模较小，传统小农生产模式的分散性阻碍农业劳动生产率的提高③，农民视土地为“社会保障”，“恋土”“惜土”现象普遍存在；城乡分割的户籍管理制度，超出户籍管理的范围，限制了人力资源在城乡间自由流动，农民工难以获得“市民”身份；就业制度中不同程度地实行地方保护主义和劳动力市场封闭政策，城镇原有较低素质的劳动力与新进城的农民工争抢简单、低端工作岗位，影响农村剩余劳动力向城镇顺利流动。

东北地区既是我国老工业基地，又是商品粮基地，城镇化建设起步也较早，长期高于全国平均水平 10 个百分点以上。但是进入 21 世纪以来，东北地区城镇化速度远落后于全国，尤其是吉林、黑龙江年均增速仅相当于全国平均水平的 1/10 左右。辽宁具有东部城镇化发展的特点，吉林与黑龙江拥有中西部城镇化发展的特征，因此，探讨东北地区新型城镇化建设的制度性障碍具有典型的代表性，可为分析我国新型城镇化建设的制度瓶颈提供依据。

---

① 叶裕民：《中国城市化的制度障碍与制度创新》，《中国人民大学学报》2001 年第 5 期。

② 刘平量、曾赛丰：《城市化：制度创新与道路选择》，湖南人民出版社 2006 年版，第 24—25 页。

③ 江莹：《关于中国城市化政策制度的研究》，《理论月刊》2003 年第 5 期。

（一）新型城镇化建设面临的制度性障碍

1. 固化的土地流转制度制约农村剩余劳动力有效转移

东北地区人均耕地较多，让农民放弃土地使用权难度较大，土地不能形成适度规模经营，农业劳动生产率与土地利用效率低下，制约了农村剩余劳动力有效转移。农村集体土地向城镇土地转换过程中，缺乏对土地征用范围的明确规定及对土地出让收益分配的制度约束，低价征用土地不仅成为政府追求政绩的重要途径，而且也增加了农民的市民化成本。

2. 城乡分割的户籍制度制约城镇经济规模增长

东北地区已经放宽中、小城市落户条件，但是户籍制度依然对进城农民的就业、医疗、养老等社会福利有较大限制，农民即使进入城市，也无法享受到城镇居民应有的“待遇”，导致城市对农民的吸引力不足。户籍制度限制城镇人口的适度增长，导致城镇集聚经济难以实现；同时农民收入增长乏力，对城市消费品有效需求不足，不利于城镇经济规模增长。

3. 歧视性的就业制度造成城乡分割

东北地区受计划经济体制影响较大，传统就业观念和就业制度束缚严重；农民文化素质较低，择业能力较差，加上城镇歧视性政策的限制，农民进城难以就业，影响农村剩余劳动力自由流动。吉林农民工初中及以下文化程度占70%以上，仅有10%的农民工有实用技能，且大多集中在技术含量不高的二级劳动力市场，如矿山、建筑、传统服务业等领域。由于用工服务信息缺失，导致农村劳动力盲目流动，不利于劳动力资源的优化配置，城乡二元结构逐渐强化。

4. 不健全的社会保障制度阻滞城镇化进程

东北地区经济发展水平相对较低，城乡二元结构尚未破解，农民进入城镇仍面临社会保障覆盖面窄、服务水平低、社会保障基金不足等问题。特别是流动人口参保率低，吉林流动人口在户籍所在地不参保，在流入地的参保率也低于全国平均水平。东北属于资源密集型地区，生态环境污染严重，职业病（如硅肺病）发病率较高，医疗保障制度不健全，不利于资源型城市转型发展。

5. 政企合一的行政管理制度造成城镇差异化不足

东北地区大多数城镇是国家为建设老工业基地和商品粮基地发展起来的，政府职能与责任不相称，事权大于财权，政府对资源的控制能力过强，政企合一的行政管理制度根深蒂固，限制生产要素合理流动和资源优化配置，造成城镇规模盲目扩张，城镇建设缺少文化底蕴和差异化定位，扼制了东北地区城镇协同发展效应的发挥。

6. 产业政策不合理导致城镇综合承载能力薄弱

东北地区重工业优先发展的政策使工业结构畸形发展，第二产业尤其是重化工业比重过大，轻工业和服务业等劳动密集型产业比重偏低，存在结构的“过度工业化”，产业集聚效益不高，城镇化缺少经济支撑，水、电、气地下管网和道路交通等基础设施建设不足，文化、教育、体育、卫生等公共服务建设欠账较多，城镇综合承载能力和辐射带动能力很弱。

（二）新型城镇化制度性障碍的原因

1. 经济结构与资源环境对城镇化的约束

东北地区重化工主导的经济结构没有根本转型。一方面，经济发展长期依赖第二产业，第二产业占 GDP 的 50% 以上，而轻工业不发达，既制约产业结构优化，又影响就业岗位增加，导致城市对农民工转变为市民的拉力不足。同时，东北地区地多人少，农民小富即安，创新意识不强，农村对农民转变为市民的推力不足。另一方面，东北地区属资源密集型区域，高能耗行业投资比重偏高，制约经济发展方式转变，不利于城镇化水平的提高。

2. 市场机制对城镇化发展的主推力不足

东北地区城镇化是高度行政干预的政府主导型城镇化，城镇发展规模与布局、城镇化建设与管理均以政府主导和投入为主，导致城镇化动力不足、可持续性差。改革开放前，政府主导严重背离工业化和城镇化发展规律，城镇化发展呈现出较大波动；改革开放后，市场机制对城镇化的推动作用明显，政府对城镇化的影响逐步从主导向引导转变，但东北地区城镇化过程仍然没有摆脱强有力的政府干预，市场机制对城镇化发展的主推力有待加强。

3. 城乡分割与“四化”联动机制缺失

一是工业化与城镇化不同步。东北地区城镇化与工业化水平不相适应，工业结构不尽合理，对城镇化支撑力弱。同时，城镇化发展质量低，影响工业经济聚集优势发挥和规模效益提高，导致产业结构升级缓慢。二是城镇化与农业现代化不协调。城镇化质量不高，大城市不能有效吸纳农村剩余劳动力；农村分散粗放型的生产方式阻滞农业劳动生产率提高，导致农业现代化进程迟缓。三是工业反哺农业力度不够。工业产品大多是初级产品，附加值较低，自然资源的过量开采导致资源供给出现危机，工业发展面临资源精深加工和延长产业链的困境。东北地区工业在全国地位下降，难以通过工业反哺农业来加快城镇化发展进程。

4. 传统观念对城镇化发展的消极作用

笔者在东北地区的调查发现，主张依靠土地种植养活家人的农民占97.3%，农民“恋土”“惜土”，将进城打工视为畏途；75.0%的农民持不出租或观望态度，仍想维持单门独户、零星种植的格局。农村剩余劳动力不能有序转移，土地不能形成规模经营，农业劳动生产率低下，农民增收缓慢，这种落后的小农意识严重阻碍了城镇化进程。

新型城镇化建设制度创新的体系架构：“三线、双环、多元”的制度创新体系

通过对城镇化发展的制度阻碍的分析可知，我国要加快城镇化建设进程，必须进行制度创新与体制改革，这是新型城镇化建设的重要突破口。新型城镇化建设制度创新的总体架构是“三线、双环、多

元”，其中，“三线”，即政府、企业与民众三大主体为主线；“双环”，即内环制度创新与外环制度创新相结合；“多元”，即制度创新多元化。“三线、双环、多元”的制度创新体系要求政府、企业与民众三大主体并行，以内环制度创新为核心，内外双轮驱动，制度创新多元化（见图1）。

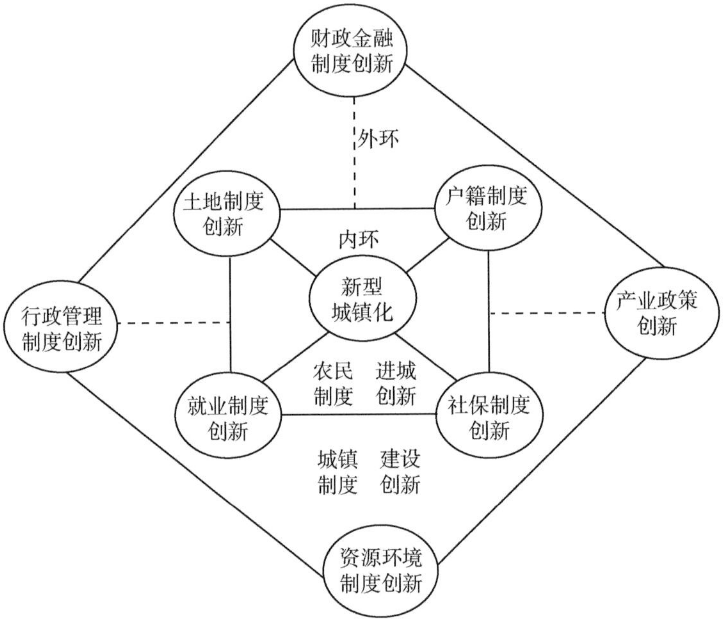

图1　新型城镇化建设的内环与外环制度创新体系架构

“三线、双环、多元”制度创新体系的核心是内外环制度创新。内、外环制度创新分别是新型城镇化建设的基础条件与支撑保障，内外环协调共同促进农民市民化进程。“三线、双环、多元”制度创新体系的基础是制度创新多元化。在内环制度创新中，土地制度创新的重点是促进农地合理流转，提高农地资源利用率，在保证国家粮食安全的前提下，促使农村剩余劳动力“离开土地”；户籍制度创新的重点是创造人口自由流动的制度环境，分阶段有步骤地实行城乡户籍一体化管理，逐步建立起以居住地划分的城镇人口与农村人口，促使

“离开土地”的农民“进入城市”；就业制度创新的重点是建立对进城农民的职业技能培训制度，加快劳动用工制度和公共就业服务制度创新，建立健全覆盖城乡的公共就业服务体系，促使“进入城市”的农民“留在城市”；社会保障制度创新的重点是坚持以人为本的原则，以农村社会保障制度创新为重点，建立全面覆盖的社会保障制度，逐步消除进城农民的后顾之忧，打破城乡分割的坚冰壁垒，加快农民市民化进程。

（一）土地制度创新：建立规范的多级土地市场体系

1. 以市场化为方向，推动土地征用制度创新

土地征用涉及农民承包地和宅基地，我国应积极推动土地征用制度创新。一是加强承包土地产权制度建设，给予失地农民合理补偿。在土地征用过程中，应以市场化为方向，以控制征地规模为原则，规范征地拆迁程序，完善征地拆迁补偿标准和安置办法，提高农民在土地增值收益中的分配比例。二是逐步缩小经营性建设用地征地范围和规模。严格界定公益性和经营性建设用地，探索推进经营性项目用地退出征地范围，完善并落实被征地农民的社会保障政策。宅基地的处理可考虑与农民进城后购买住房相结合，可以推广黑龙江吉星岗镇对宅基地“以旧换新”① 的成功尝试。

2. 以提高农业劳动生产率为目标，促进土地流转制度创新

土地流转制度能够统筹配置城镇化快速发展时期的用地，解决日益凸显的土地供需矛盾。一是加快集体土地使用权登记颁证。保证农民享有土地承包经营权和集体建设用地使用权，赋予集体土地使用权完整的财产权，为发育土地使用权交易市场打下基础，推进农村土地市场化进程。二是鼓励进城农民的土地使用权有偿流转。鼓励进城农民将原承包土地的使用权以异地转包、出租转让、投资入股开发等方

---

① 宅基地“以旧换新”指对退出原宅基地的农民在城镇购房所需税费应适当减免或在购房时给予优惠政策。

式有偿转让，既可作为农民进城定居、社会保障基金或创业的启动资金，又有利于进城农民承包的土地逐步向种田大户、家庭农场、专业合作社以及龙头企业集中，调整零散地块，促进土地的规模化经营，提高农业劳动生产率，确保东北地区为保障国家粮食安全做出新的贡献。

3. 以土地利用总体规划为依据，强化集约用地制度创新

在土地制度创新中，既要保证农民享有土地承包经营权和集体建设用地使用权，又要保障土地的集约利用。一是完善各级土地利用总体规划，强化集约用地制度创新。把城乡建设用地规模、新增建设占用耕地规模和人均城镇工矿用地列为约束性指标，各级政府应将强化集约用地制度纳入土地利用总体规划和城乡总体规划。[①] 二是坚持科学合理利用农村土地制度，有效提高城镇土地利用率。加大闲置土地处置力度，盘活现有农村土地资源；加大城镇地上地下空间开发利用，提高城镇土地开发利用强度。三是加快统一城乡建设用地市场，为城乡经济发展提供更加广阔的空间。积极推进旧城、旧村改造，重点改造棚户区、城乡接合部，盘活存量建设用地，利用城乡建设用地增减挂钩政策，将农村集体建设用地、复垦用地整合到新城，为新城建设提供较大的开发区域。

（二）户籍制度创新：建立统一的、流动的户籍制度

1. 进一步调整户口迁移政策，实行新型户籍制度

改革户籍管理制度，逐步统一东北地区城乡户口登记管理制度。党的十八届三中全会指出，要推进农业转移人口市民化，逐步把符合条件的农业转移人口转为城镇居民。一是放宽和降低农业转移人口落户的条件。我国应将人口管理模式逐步由以户籍管理为主过渡到以居住证管理为主，以合法稳定住所（含租赁）、居住年限、城镇社会保险参保年限、就业年限等为基准条件，因地制宜地实行差别化落户制

---

① 曹淑晶：《完善我国节约集约用地制度的思考》，《山东财政学院学报》2010 年第 2 期。

度。全面放开建制镇和小城市落户限制，有序放开中等城市落户限制，合理确定大城市落户条件，严格控制特大城市人口规模；根据资源环境承载力，通过合理的差别化落户政策，推进符合条件的农业转移劳动力落户，统筹居住管理和公共服务供给。二是推进人口管理制度改革。在加快改革户籍制度的同时，全面推行流动人口居住证制度，建立健全与居住年限等条件相挂钩的基本公共服务提供机制，健全人口信息管理制度，加快推进跨省域人口相关信息整合和共享，合理引导人口有序迁移和适度集聚。

2. 逐步剥离户籍制度的附加功能，促使农村居民享有与城镇居民同等的待遇

进行城乡户籍制度改革，消除人为城乡分割的行政樊篱，逐步剥离户籍制度的附加功能，促进人口有序流动，让农民享有与城镇居民相同的待遇。一是逐步取消户口具有的待遇和等级差别等特殊功能，还原户籍人口登记管理功能。按照“属地化管理、市民化服务”的原则，对农村转移劳动力在就业、社会保障、子女教育、住房保障等方面与城镇居民一视同仁，加快推进基本公共服务均等化，切实保障农村居民与城镇居民享有同等权益，逐步取消城乡之间利益分配的差距。二是建立健全由政府、企业、个人共同参与的农业转移人口市民化成本分担机制。政府应承担农村转移人口市民化在教育、就业、养老、医疗卫生、保障性住房、职业技能培训以及市政设施等方面的公共成本；企业应落实农民工与城镇职工同工同酬制度，加大职工技能培训投入，依法为农民工缴纳职工养老、医疗、工伤、失业、生育等社会保险费用；农民工应积极参加城镇社会保险、职业教育和技能培训等，并按照规定承担相关费用，提升融入城市社会的能力。

（三）就业制度创新：建立城乡统筹的劳动就业制度

1. 建立对进城农民的职业技能培训制度，提高进城农民的就业竞争力

一是加强农民工职业技能培训。我国农村劳动力资源丰富，但具

有高中以上文化程度的劳动力不多，应加强培训，使农民工得到技术培训和岗位定向培训。可以借鉴天津的做法，针对不同层次的培训对象进行职业技能培训，实施“职业培训包”[①] 政策试点，尽快使进城农民尤其是青壮年农民掌握在城镇生存的技能，提升农民工就业竞争力。二是鼓励各类职业院校和培训机构开展技术培训。各级政府通过增加财政投入，把农村劳动力培训纳入财政预算，同时整合职业教育和培训资源，鼓励各类职业院校和培训机构积极开展装备制造、交通、汽车、建筑等职业教育和技能培训。推进职业技能实训基地建设，鼓励农民工取得职业资格证书和专项职业能力证书，并按规定给予职业技能鉴定补贴。

2. 加快劳动用工制度创新，为城乡劳动者搭建公平的就业平台

一是逐步形成城乡劳动者自主择业、平等创业就业的制度。取消对进城农民工创业就业的各种歧视性规定，加快建立城乡统一的劳动力市场，实行城乡平等的用工政策。城乡劳动用工政策只能以技能作为选择条件，不能以户籍身份作为限制条件，就业岗位均要对全社会开放，在统一开放的劳动力市场竞争上岗。[②] 二是实行就业信息公开制度。建立就业信息市场，为城乡劳动者搭建公平的就业平台，构建农村劳动力就业需求服务网络，为农民工提供免费的就业信息和政策咨询，逐步实现农民工与城镇居民享有同等待遇。

3. 加快就业服务制度创新，建立覆盖城乡的就业服务体系

一是加强统筹城乡就业服务体系建设。为农民工提供人性化的就业服务，各级财政应设立专项资金扶持农民工就业和创业，有关部门要加强创业培训与服务；鼓励金融系统拓展融资渠道，实施小额担保贷款、税费减免等扶持政策；鼓励引导自主创办小微企业，引导农村

---

① 企业根据生产实际和需求，实行政府购买培训成果机制，参加职业培训的人员按照市场需求程度，分别给予 50%—100% 的培训费和鉴定费补贴。

② 张沛：《中国城镇化的理论与实践——西部地区发展研究与探索》，东南大学出版社 2009 年版，第 76 页。

劳动力合理有序流动。二是健全农民工劳动用工、劳动保护等方面的权益保障机制。加强农民工劳动保障监察、劳动争议调解仲裁和法律援助，取缔非法职业中介机构，规范企业招用工行为，健全劳动用工与保护等方面的权益保障机制。

（四）社会保障制度创新：构建城乡一体化的社会保障体系

1. 完善失地农民社会保障制度，有效化解因征地引发的各种社会矛盾

一是创新失地农民社会保障制度，解决由此产生的社会矛盾。借鉴东南沿海部分地区的经验，完善并落实被征地农民的社会保障政策，如浙江嘉兴以“土地换社保”为主要内容的土地征用与补偿安置的“嘉兴模式”，广东集体建设土地入市强调收益向农民倾斜的方式，还有一些地方以土地征用所得的资金建立失地农民社会保障的方式。二是加大失地农民社会保障体系建设的力度。应根据实际情况对失地农民制定以最低生活保障（即期生活保障）和养老保险（远期生活保障）为突破口的保障制度，继而扩大到工伤保险和生育保险等险种。

2. 完善进城农民工社会保障制度，提高进城农民工参加各类保险的比例

十八届三中全会指出，要稳步推进城镇基本公共服务常住人口全覆盖，完善进城的农民工城镇住房和社会保障制度。一是实现农民工与城镇职工平等享受相应的社会保障。最基本的就是为进城农民工提供养老保险、医疗保险、失业保险等各种最低生活保障，实现农民工与城镇职工平等参加工伤保险、失业保险、生育保险并享受相应待遇。二是建立特殊地区医疗保险体制。东北地区处于高寒地区，心脑血管疾病、呼吸道疾病、风湿疾病等居全国首位，国家应考虑设立专项资金用于建立高寒气候、地方病与职业病高发地区的医疗保险体制。三是提高进城农民工参加各类保险的比例，逐步把生活困难的农民工家庭纳入社会保险补贴范围。在农村参加的养老保险和医疗保险应该规范接入城镇社保体系，全面实施社会保障“一卡通”，实现农民工社

会保障关系全接续。健全社会保障法律法规，提升现有法规的立法层次和约束力，为农民工社会保障制度的建立提供法律依据。

3. 完善农村社会保障制度，逐步提高全职农民的保障水平

社会保障应社会化与全民化，在继续完善进城农民工社会保障制度的同时，应健全全职农民的社会保障制度，保证全职农民能安心地从事农业生产，从而确保国家的粮食安全。农村社会保障制度包括农村农民养老保险、农村合作医疗、“五保”制度和农村最低生活保障制度四个方面。[①] 中国应积极探索建立农村养老、医疗保险和最低生活保障制度，研究出台鼓励农村居民续缴养老保险费的政策法规，逐步提高缴纳档次；提高农村居民缴费补贴标准和待遇水平，完善农村社会保险与社会救助制度，保证城乡居民享受同等待遇。

（五）体制改革：推进新型城镇化建设制度创新的着力点

1. 以加大资金支持力度为目标，推进城镇建设的财政金融体制改革

城镇建设的最大瓶颈是资金缺乏，应推进城镇建设的财政金融体制改革，拓宽融资渠道，提高资金使用效益。一是加大财政资金对城镇化的投入支持力度。发挥财政政策的导向作用，营造公平的发展环境。加大对重点领域、重点项目的支持力度，完善相关财政政策，解决就业、教育、医疗、养老等城乡均等待遇问题。二是加快建立规范透明的城市建设投融资机制。坚持“谁投资，谁受益”的原则，实现以政府为主导、企业及个人等社会各方面积极参与的投融资主体多元化，以特许经营权转让的 BOT 方式、TOT 方式和 PPP 方式等多种渠道吸引社会资本参与城市建设。[②] 三是构建多元化、多渠道的城镇化金融支撑体系。依托地方性金融机构，借力国家政策资金支持，吸引社会和民间资本投入城镇化建设。加强农村金融网点建设，鼓励设立更多的村镇银行和其他新型金融机构，鼓励金融机构在城镇化建设中加

① 王克忠等：《论中国特色城镇化道路》，复旦大学出版社 2009 年版，第 121 页。

② 张永贵：《加快城镇化的战略选择》，中国计划出版社 2005 年版，第 67—68 页。

大农村住房产权、土地承包权等抵押贷款业务。

2. 以实现城乡一元化管理为重点，完善行政管理体制

探索城乡融合的新型城镇行政管理体制，加快建立城乡一元化管理体制。一是精简行政层级和机构。通过适度调整行政区划规模与层次，最终达到精简机构、节约管理成本、提高行政效率的目的，真正形成“公共服务型”政府。二是理顺小城镇行政管理制度。明确划分小城镇政府与上级政府的事权，按照分税制原则建立新型的财政分配关系，保证城镇发展所需的充足资金。三是进一步转变城市管理理念。引入市场竞争机制，降低城市管理成本，打破区域和行业垄断，提高城市管理标准和效率；整合城市管理网络信息资源，统筹考虑各个区域的功能定位，凸显个性与特色，发挥整体效应，在区划和职能上加快对接。

3. 以调整产业结构为方向，加快城镇产业政策创新

产业政策是推进城镇化的重要支撑，应进一步调整和优化产业结构，大力发展吸纳就业能力强的劳动密集型产业。一是加强产业发展规划引导。准确选择区域主导产业，对主导产业加以重点扶植、优先发展；合理调整区域内产业结构和布局，实现以产带城、产城融合发展。二是实施产业聚集政策。在城镇产业发展定位上，应体现特色，避免产业的雷同和产品的低水平恶性竞争。三是发挥我国劳动力资源丰富的优势，大力发展劳动密集型产业，特别是资本或技术与劳动密集相结合的制造业，解决农村富余劳动力转移到城镇的就业问题。通过产业间联动，发展具有比较优势和巨大潜力的农产品加工业、旅游业以及各种生活性服务业等劳动密集型产业。

4. 以居住环境保护为内容，建立城镇宜居环境制度

在加快城镇化建设过程中，应坚持以人为本，切实建立优化人居环境和城镇生态的各种制度，并进行相应的立法。一是企业的生产经营方式要由“末端治理”转向清洁生产。在大城市和旅游城市严格控制新上高能耗、高水耗和污染严重的项目及产业，积极发展清洁工业。

二是控制城镇污染（水污染、大气污染、噪声污染），强化城镇环境污染综合治理。淘汰落后的生产工艺、设备和产品，有效控制污染物排放总量。三是加强城镇环保基础设施建设。设立专项资金，增加对公共服务的投入，增强和完善城镇的绿化系统和环卫设施等，提高城镇的综合承载力，防治城镇的空气、土壤、水源、噪声污染，走绿色城镇化发展道路，创造适宜生活的城镇空间。四是完善资源开发补偿制度，引导和规范各类经济主体合理开发资源，承担资源开发成本、生态环境保护与恢复的责任，不断提高区域可持续发展能力。对资源已经或濒临枯竭的城镇，国家应给予必要的资金扶持和政策支持，解决计划经济时期该补偿而未补偿的历史遗留问题。

（原载于《江海学刊》2014 年第 6 期）

中国城镇化战略：构造逻辑、题域呈现与风险防范

——基于共生理论与根植性理论的探讨

黄建洪*

研究问题与理论工具

正如著名经济学家斯蒂格利茨所言，21 世纪中国的城镇化与美国的高科技将改变世界。党的十八大将新型城镇化与新型工业化、信息化、农业现代化一道，定位为推进中国现代化发展的“新四化”，并力图通过它们之间的深度融合与良性互动而助益于经济社会的全面发展。以战略方式进入国家治理场域的新型城镇化，作为现代化进程中的一种“不可避免的客观存在”，它何以为“新”？依据大转型这一特定的实践情势，该战略的发生学有四层意蕴：其一，查验其所承载的经济、行政、社会、文化乃至生态任务，可知城镇化建设的复杂性；其二，指向于对城乡、区域以及市镇内部之间诸多宿弊的矫正，需要凸显城镇化实践的创新性；其三，回应既尊重又超越于物本侧重的内在需要，呼吁城镇化发展的人本化；其四，改造以往改革成本收

* 作者简介：黄建洪，1974 年生，苏州大学中国特色城镇化研究中心暨政治与公共管理学院副教授。

益的失衡格局，亟待城镇化彰显权利精神以增进权力—权利关系的再平衡。

但是，以大转型为背景的新型城镇化战略，仍需对如下问题做出回答。第一，它何以运转？即它内蕴着怎样的构造逻辑或曰运筹学问题。以“新四化”布局之一为定位的城镇化，无论从发生秩序、实践动力还是目标指向等角度看，均较之既往的城镇化有着诸多不同的逻辑要素。但这些逻辑是如何彼此交叉勾连、因应作用的，有待进一步探讨；第二，有哪些重要题域？这涉及城镇化的类型学问题。作为在独特时空中展开的压缩式现代化的重要环节，城镇化将以怎样的实践图景展现出来、有何特征，仍需深入追问；第三，其推进中将伴生哪些风险？与社会结构的持续分化与重构一道，各种不确定性亦被同时制造出来，但对这些风险的性质、类型、特征仍缺乏清晰的研判；第四，此类共生风险如何管控？这需要对于怎样克服治理浅表性、有效提升风险治理的系统性等问题，进行更具针对性的思考。

上述问题的关键，在于充分体认和合理把握新型城镇化战略的中国特性。这既需要准确述明大转型时代中国的复杂现代性对于城镇化的逻辑分析意义，又需要以新的理论视角来“深描”独特混合逻辑运行中伴生风险的阈值，更需要基于实践图景与秩序想象的“刻画”为风险管控提供可扎根的政策选择。为此，本文尝试选取两方面的理论支撑：一是共生理论。起源于生物学的“共生”，表达的是生命体某种程度的永久性的物质联系。而扩散至社会科学领域的共生所指，不仅是一种生物现象，也是一种社会现象；不仅是一种自然状态，也是一种可塑形态；不仅是一种生物识别机制，也是一种社会科学方法。[①]该理论的核心价值在于在系统论的基础上，给人们呈现出一种多样态、非均衡的资源依赖、结构依存、生存依靠的复杂融通关系。二是根植

① 袁纯清：《共生理论》，经济科学出版社 1998 年版，第 1—2 页。

性理论。经济社会学的根植性概念，意指经济行为是深深根植于网络与制度等社会关系之中的，即只有嵌入社会网络结构的信息和经济关系，才能够为参与者所接受。① 当维持根植性联系时，就能把行为主体的动机从追求短期利益转到通过建立信任和互惠而确立长期关系上来，从而产生信任、信息交换和合作安排。②

选择上述理论工具并展开“逻辑—题域—风险”分析框架，具有针对转型期城镇化实践的理论解释力。一则，经济社会转型所给定的复杂现代性，表现为实践中规范的协调性与内在结构的自洽性、实现条件和实现方式的复杂性，以及实现过程中规范与结构之生成性与开放性基础上的发展性③。这说明，中国现代化之路具有任务多重性、动力内生性与过程复杂性。作为现代化推进的战略载体和实践依托，新型城镇化以一种“国家脚步”的方式表达着这种复杂现代性的赋得性与行动域。二则，城镇化的利好与风险并非此消彼长，而是因应共生、彼此关联的。城镇化要塑造的未来城市社会是一个机遇与挑战并存、希望与幻象共生的不确定社会结构体。根据共生的依存原理，恰恰是对于一定程度风险的自觉回应，内在地构成了趋利避害、扬善抑恶的城镇化推进和发展机制。三则，强调实践行为的社会性与文化含义，能够帮助人们依托内生基础而发展出扎根可能性的改进策略。这是因为，根植性有助于行为体超越单纯经济利益的考量而将其行为深嵌于其所置身的社会文化背景之中，以发展出具有系统整合性的政策取向。这对于在推进城镇化过程中减少改革的碎片化与政策的离散性④，不

---

① Mark Granovetter, “Economic Action and Social Structure: The Problem of Embeddedness”, *American Journal of Sociology*, 1985 (91).

② Brian Uzzi, “The Sources and Consequences of Embeddedness for the Economic Performance of Organizations: The Network Effect”, *American Sociological Review*, 1996, 61 (4).

③ 冯平、汪行福：《“复杂现代性”框架下的核心价值建构》，《中国社会科学》2013 年第 7 期。

④ Kenneth Lieberthal, “Introduction: The Fragmented Authoritarianism Model and Its Limitations”, in Kenneth Lieberthal & Michel Oksenberg (eds.), *Policy Making in China: Leaders, Structures and Processes*, N. J.: Princeton University Press, 1988, p. 2.

无裨益。

大转型时代城镇化战略的构造逻辑

城镇化战略是在压缩式的后发语境中形成的，有着自身的构造逻辑。要有效解析这种转型场域的逻辑规定性，需要克服两种倾向：一是理论的浪漫主义，即认为中国的城镇化天然地可以超脱于西方弊病与自身既往病灶，实现预期蓝图。这是对转型社会的社会结构复杂性缺乏体认的表现。二是实践的犬儒主义，即强调城镇化在既定场域中的不可作为，对改造现有推进模式缺乏信心或因出自既得利益而展现出选择性“盲视”。这些试图以单一逻辑来解析复杂现代性行进中城镇化的“极化”思维，会在实践中遭遇理论乏力与实践困扰。为此，厘清大转型时代城镇化发展的独特逻辑，需要有多向度的思维视野。

第一，以发生秩序论来看，城镇化遵循的是演进与建构的交互逻辑。演进强调的是以经济社会的发展阶段和现实需要为基础，依据城镇化的发展规律顺势作为。而建构则是通过系统的规划设计，充分尊重和利用规律，创造性地达成预期目标。实际上，城镇化的“新型”含义之获取与践行，将之放置到国家建设的宏观视野下，是一个自然历史过程，对于该过程的有效介入，需要人们在遵循规律基础上发挥主观能动性和创造性。遵循社会发展规律的刚性与发挥政策安排的柔性，为城镇化“能够走多远”设置了限度，它表明城镇化建设既是国家治理的赋得性、内生性动作，又是可选择、可作为的创造性空间。但是，如若建构性大大超越于演进性的经济社会基础所提供的承载力，抑或相反，则极易出现失序和混乱。

第二，从实践动力看，城镇化恪守的是权力与资本的互塑逻辑。不论是改革前的“逆城镇化”还是改革以来的“补偿型城镇化”，以政府为主导是城镇化的基本事实。尤其是改革以来，由利益诱导的城镇化正呈现出强劲的“逐级加速”态势①。基层社会大规模发生的城镇化项目经营现象，正以“行政—政治—公司”三位一体的统合治理（即行政审批、人大动员、公司运营，政府的权力、意志与绩效互为推动），塑造着地方政府治理的新模式②，带来了城镇化的突飞猛进而又困境重重的悖论性格局。在此状况下，政府与市场主体之间的彼此互动关系更趋复杂③。实践动力的互塑逻辑表明，在市场成熟度与社会自主性均较为欠缺的条件下，制衡权力与节制资本，不仅仅是城镇化的关键议题，而且也是检验国家治理现代化的“试金石”。

第三，就目标指向而言，城镇化展演的是物本与人本的渗透逻辑。物本逻辑运行的是工业主义持续扩张氛围下的物质主义、发展主义。在发展资源比较有限、经济社会相对落后的国度，作为现代化进程中重要一环的城镇化，其物本导向既有其历史合理性，又有其显著缺陷性。追赶型发展的后发优势，应该让我们能够发展出既尊重效率又对于“商品拜物教”模式有所突破的人本化格局。从其所欲造就的经济繁荣、空间优化与民生幸福的预期看，新型城镇化实质上是一个全面实现民众权益的权利再造运动。依据于目标指向的渗透逻辑，城镇化实际上意味着物本逻辑的集约化转型、意味着人本逻辑对于物本样态的浸淫渗透和引导规训。

尽管上述各逻辑内部和逻辑之间存有紧张感与矛盾性，但这并不表明，在具有显著张力的城镇化进程中人们会因此而无所作为。恰恰相反，这种独特的构造逻辑，正以其可调适的结构属性表达出了基于发展的情势需要与民众的主体意志。换言之，演进与建构、权力与资本、物本与人本之间的持续张力，成为转型中国获得发展独特性与实

① 新玉言:《新型城镇化：模式分析与实践路径》，国家行政学院出版社 2013 年版，第 1—4 页。

② 折晓叶:《县域政府治理模式的新变化》，《中国社会科学》2014 年第 1 期。

③ 金太军、袁建军:《政府与企业的交换模式及其演变规律》，《中国社会科学》2011 年第 1 期。

践力的根本依据。尤其是权力与资本张力所引发的物本与人本矛盾，已然成为挑战国家治理秩序的重大命题。根据波兰尼的“双向运动”理论，市场扩张及其引发的社会自我保护这种“双重支配”是现代社会发展的原动力①。进入21世纪以来，改革初期基于市场化单向运动的治理难以为继，国家重建不得不在市场化运动和社会自我保护运动两个相反的“双向运动”的张力中展开，为此必须重构国家、市场与社会之间的关系②。新型城镇化的战略进场，正是国家治理发展的新契机，也是回应日益强化的社会自我保护运动的策略安排。矛盾是事物发展的动力。城镇化的复合张力表明，新型城镇化必须面对土地紧张、资金短缺、资源瓶颈、环境失衡等状况所引发的与民争利和社会抗争，必须对来自民众的生存性考量和发展性期盼给予更为有效的回应。这就需要不断提升城镇化进程中治理主体的政策建构力、对资本过度扩张及权力合谋的抑制力，以及对极化思维后果的人本化矫正力。而这些要求，无疑将对政府与市场、政府与社会之间的交往方式和行为习惯产生深刻影响。正是这种根植于逻辑张力的城镇化，将以合力的方式改变国家治理的经济社会基础，从而成为深度改变中国的最重要变量。

历时性题域共时性呈现的多重城镇化

追赶型现代化背景中的城镇化，正以多重逻辑的运行获取和强化其独有的复杂现代性。这种现代性决定了城镇化实践任务的多重性。异于西方历时数百年从容展开的城市（镇）化，中国的城镇化将阶段性各异的任务整合到了一起，历时性的建设题域遂演变为共时性的发

---

① ［匈］卡尔·波兰尼：《巨变：当代政治与经济的起源》，黄树民译，社会科学文献出版社2013年版，第238页。

② 马骏：《改革以来中国的国家重建：双向运动的视角》，载苏力、陈春生《中国人文社科三十年》，生活·读书·新知三联书店2009年版。

展议程①。根据城市权利的阶段性发展侧重②，共时性的城镇化因其将原本“串联”的延续性任务转变成“并联”的叠加性使命而展现出独特的面相，表现为丰富的实践类型。

第一，技术—经济型的城镇化。技术进步与经济发展，是城镇化有序发展的基础。以物质基础为核心的城镇化，是快速现代化进程中的主体形态。这是与经济发展作为国家最高议程的基础设置密不可分的。然而，经济语境笼罩的城镇化，不仅遭遇了发展资源从乡村向城市的单向流动，而且还存在城镇化严重滞后于工业化的现实困境③。因此，新型城镇化势必要在“新四化”的深度协同互动中创造新机制、形成新格局。其实质，就是要以工业文明的理性主义洗礼社会、塑造繁荣国度。在此过程中，确保技术的可靠性与发展的高效能，不仅需要城建规划的改进和建设匹配性的提高，更意味着减少刚性发展的破坏性后果，造就一种更为温和、更可持续的发展。

第二，社会—政治型的城镇化。城镇化是以一种复杂的改造方式将物理空间权利化重构的空间生产历程。而这种空间社会化与社会空间化的双重建构，具有显著的社会政治性④。从社会与政治权利实现资源的再配置、权利实现机制的再调整、权利实现绩效的再审视角度看，该过程是一个持续的公共选择过程。作为空间变迁的城镇化，它既是主导者实现权力与资本意志的工具，更是实现城市权利普遍化与均等化的制度选择。为此，新型城镇化的重大使命就在于，务必避免资本逻辑抑或权力逻辑对于城市本质和社会关系的单向支配。这不仅

---

① Chang Kyung-Sup, “The Second Modern Condition? Compressed Modernity as Internalized Reflexive Cosmopolitization”, *The British Journal of Sociology*, 2010, 61 (3): 444 - 464.

② 本文城镇化类型的划分受学界“城市权利”类型研究的启发，并将作为历史范畴的权利转化为对应的城镇化建设侧重。参见陈忠《城市权利：全球视野与中国问题》，《中国社会科学》2014 年第 1 期。

③ 中国金融四十人论坛课题组：《加快推进新型城镇化：对若干重大体制改革问题的认识与政策建议》，《中国社会科学》2013 年第 7 期。

④ 胡潇：《空间的社会逻辑》，《中国社会科学》2013 年第 1 期。

需要逐步实现对于单纯政府主导城镇化模式的突破、对于城市资本主义化的抵抗，还应系统性地矫正城市建设、城市生产、城市生活的种种异化，促进权利全面发展。

第三，文化—生存型的城镇化。城市不仅是机会与财富的集合体，以组织化为导向为解决人们生产问题提供物质手段；同时，它更是一种知识传承、文化传递、文明传习之所在，以公共化为指向，成为允许且鼓励个性和创造性的社会结构，以及汇聚和整合民众生活方式一致性的象征符号。作为区别于乡村社会结构和生产方式的城市性获取过程，城镇化的文化—生存向度强调发展的传承性与想象力的统一、同质化与差异性的互渗、有序性与活跃度的共融。在导向城市社会的“有序复杂性存在”① 过程中，城镇化在创造社会的机动性与经济的灵活性的同时，“城市森林”正不断为人们生存提供的价值说明和意义支撑，使城市发展成为一种普遍的“城市的胜利”②。

第四，生态—环境型的城镇化。根据城市发展的阶段序列与实践经验，生态环境权益越来越成为一种不可或缺的基本需要。严重的环境污染、生态破坏、资源约束以及生存环境的日益恶化，不仅影响着人们的生活品质，更为揪心的是，它已呈现出威胁人类物种生存的“自反”社会状态。城镇化建设的生态之维，需要真切回应治理与工业化同步的“环境恶瘤”的紧迫需要。城镇化的新发展，融合了东方社会独有的传统性、现代性与舶来的某些后现代性，但其根本还在于实现基于环境承载的可持续发展。让居民“看得见山、望得见水、记得住乡愁”的城镇化，需要对进步主义和技术制胜观念做出重大矫正，让城镇化的政策过程“浸染”绿意，实现绿色循环低碳发展。

第五，心理—体认型的城镇化。塑造生产生活方式、人际关系乃

---

① ［加］简·雅各布斯：《美国大城市的死与生》，金衡山译，译林出版社 2006 年版，第 397 页。

② 参见［美］爱德华·格莱泽《城市的胜利》，刘润泉译，上海社会科学院出版社 2012 年版。

至价值理念显著异于乡村的城市社会，城镇化进程还必须是一个调适心理、接续情绪、安顿灵魂的认同塑造过程。新式的城镇化，在创造情感图景与塑铸生存体验方面，均需要展现出心理认同空间的连续性与公共性。这种连续性意味着不忘记、不背叛，能够扬弃过往、面对未来；而公共性，则在于无论从共同信仰的培育还是公共信任的发展，都要能超越既往区隔化城市空间治理和固化不平等权益布局的窠臼，把城市建成“幸福之乡”。只有不断减少转变中的机会不平等和待遇歧视，不断提高参与的效能感与体认度，真正的城市发展认同才能有序确立。

上述城镇化类型的划分，在实践中并非地位均等，而是一种阶梯式序列、但有着强烈的共时性发展需求。一方面，其阶梯性，反映的是城镇化建设的历时性、发展性。它体现出城市（镇）发展围绕经济、社会政治、文化生活、生态环境等城市权利的深化方向和总体趋势，同时又表现出对于心理认同的引导性发展。这与马歇尔所强调的公民身份、政治公民身份和社会公民身份的权序发展、逐项增进认知相吻合，也与雅诺斯基所认肯的法律权利、政治权利、社会权利和参与权利的发展序列不谋而合①。这表明，作为一项系统的权利再造历程，城镇化发展的深层规律实质上就是人的解放和发展规律。另一方面，其共融性，则反映出压缩式现代化在将“串联”变“并联”之后，城镇化重大题域的立体状态与实践需要。这既是基于国家治理的客观需要，又是回应民众权益发展的实践展开。因此，如果说技术—经济型的城镇化呼唤理性城市、富足城市的建设，社会—政治型的城镇化期冀权利城市、自治城市的发展，那么，文化—生存型的城镇化则是倡导智慧城市、人文城市，生态—环境型的城镇化渴求田园城市、生态城市，最终由心理—体认型的城镇化循序导向温暖城市、幸福城

① ［美］托马斯·雅诺斯基：《公民与文明社会——自由主义政体、传统政体和社会民主政体下的权利与义务框架》，柯雄译，辽宁教育出版社2000年版，第40页。

市，它们共同构成了城镇化发展的“中国道路”。

从共生理论审视城镇化推进的或然风险

从带来契机的深刻性与改造面貌的显著度而言，中国的城镇化可谓“五千年未有之大变局”，它意味着国家发展站到了一个“新的政治周期和新的经济周期”的起点上①。然而，以工业生产逻辑为基础的现代化，易于出现贝克所言的结构性社会风险，这些风险正创造着一个“虚拟的现实世界”②。作为现代化重要组成部分的中国城镇化，自然不能逃脱于风险之外。在社会结构的持续转换与深度重构过程中，城镇化内生着“社会问题—社会风险—公共危机”的因果链。从类型上看，转型期大规模推进城镇化或将出现如下风险。

一是过载风险。基于题域的建构性，城镇化的“补偿”形态有可能在新一轮各地方的发展竞争中被进一步放大。这极易造成人口过速集中、产业跟随滞后、就业持续乏力、社会保障供给不足、环境承载不堪、资源约束一再被突破等困顿状况③。这些都是正处于“泛城市化发展阶段”所引致的城市容纳力羸弱、非均衡发展的关联风险。此外，尤其需要警惕的是“权力过载”风险，即有可能造成城市行政权的纵向升级和横向扩张运动④，从而衍生出大量权力支配与依附的乱象。这些以过度承载为主要特征的“城市病”蕴含着大量不确定因素，成为制约城镇化乃至中国现代化健康发展的风险“阵痛源”与“引爆点”，值得高度关注。

二是固化风险。城镇化进程是一个社会综合发展过程。在此过程

---

① 徐斌：《五千年未有之大变局——城镇化进程推动中国经济转型》，中国经济出版社 2013 年版，第 1—3 页。

② ［德］乌尔里希·贝克：《风险社会》，何博闻译，译林出版社 2004 年版，第 19 页。

③ 仇保兴：《和谐与创新——快速城镇化进程中的问题、危机与对策》，中国建筑工业出版社 2008 年版，第 5—8 页。

④ 郑永年：《中国城镇化要避免怎样的陷阱?》，《联合早报》2013 年 7 月 30 日。

中，中国既面临传统风险（如自然灾害）和现代风险（如技术滥用），又遭遇着内源性风险（如权力腐败）和外源性风险（如跨境犯罪），同时还面对着过程风险（如源于责任推卸的过度举债）和结构性风险（如权力与权利结构失衡）。这是由历时性题域共时性呈现的城镇化特殊性所决定的。这些风险之中，最大的风险在于城乡矛盾内化，即将非均衡的权益结构固化，把既有的不合理二元结构内化成为城市内部的常态①。它将与区域二元、隐约成型的层级流动排斥性体制等各种不利状况一道，加速矛盾集聚的可能，成为城镇化可持续发展的桎梏。

三是散逸风险。城镇化是一种文化集聚性的整合与调整过程，它通过提高生活便捷性、舒适度而擢升人们的生存品质与城市存续价值。然而，这一过程也很可能是旧有的村民文化甚至是臣民文化的城镇移植，而城市社会所急需的公民文化生长缓慢。当乡村社会在工业化进程中迅速解体，而集聚的城镇却不能够以一种持续更新和整合的方式"补缺"城市社会结构的孱弱，城市就只不过是一个集中各种新旧风险的"罪恶之都"。尤其是在生活政治已然来临、"身份政治"虽有松动但尚未根本式微的背景下，这种极化"自我中心"的"我者思维"便会因为缺乏完整的权利义务认知和适宜的公民身份建构而暴力化、牟利化，进而致使社会呈现出大量弥散性的风险。

四是漂移风险。城镇化在汇聚或然风险的同时，其风险的运动却并非只是限定在其疆域之内。一方面，风险伴随市镇的扩大而不断累积扩大，这个过程与城市成长共生；另一方面，在市镇成型而成为"风险集散器"的同时，各种环境、生态风险也持续地向四周扩散，形成漂移风险。譬如，傍水而建的市镇，其生产生活用水对自然水体的污染，具有向下游和周边灌注的自然倾向甚至是人为转嫁；因工业发展而出现的尾气排放、粉尘排泄以及固体废弃物处置等，均有跨域、跨界弥散的趋势。如果仍旧坚持"画地为牢"的行政

① 韩康：《中国城镇化最大风险：城乡矛盾内化》，《人民论坛》2013 年第 15 期。

区域治理和利益驱动的话，城镇化推动所集聚的漂移风险更加难以得到有效掌控。

五是认同风险。城镇化同时也是一个价值重建过程。但是，以精神感悟形态存在的“中国体验”，正不断表现出诸如传统与现代的颉颃、城市与乡村的对峙、积极与消极的共存等鲜明的边际化特征[①]。如若城镇化进程中固化显失公平的分配结构和利益格局，便不能够较好地引导社会成员在心理、情感上发展出合作性的认同聚焦，从而加剧社会碎裂，威胁到社会合作关系的建立和公共秩序的稳定[②]。然而，实践中的城镇化在一定程度上正不断制造出形形色色的社会怀疑、拒斥甚至是怨恨。这种具有不断强化趋势的自我否定与社会否定，正挑战着社会认同的有序性。

以一种创造性破坏方式铺展开来的城镇化，是以空间的对象化承载为表征和以权利的普及化发展为内核的进步过程，而其伴生风险直指现代化发展的效率、秩序与公平。风险是社会转型中“结构紧张”的或然后果。城镇化进程中，社会结构的分化速度快于制度规范的整合速度，导致结构要素之间的紧张与脱节，这种与社会变革同步的共生性失衡状态将引发风险，其显著特征表现为：其一，跨域渗透性。城镇化的多任务、多面相内在地决定了其引致的风险将是多元的，是囊括经济、社会、文化、生态与心理的综合性风险，彼此渗透、相互影响；其二，交叉复杂性。城镇化进程中的风险是多结构的，它集传统与现代、过程性与结构性、内源性与外源性等诸风险于一身，正是转型社会的异质性造就了这些风险的复杂性；其三，层叠集群性。城镇化的风险不是一个风险、一种风险或一类风险，而是以城镇为载体的自然、技术、管理、人文乃至心理等诸类型风险的交叠，它通过人

---

① 周晓虹：《中国经验与中国体验：理解社会变迁的双重视角》，《天津社会科学》2011年第6期。

② 周光辉、刘向东：《全球化时代发展中国家的国家认同危机及治理》，《中国社会科学》2013年第9期。

口流、信息流、资源流、技术流甚至是情感流而形成复杂的城市新网络和实践新景观，将各种潜在的、显在的风险汇集其中，将各种承接的、转移的风险咸集一身，将各种生成的、做成的风险集聚左右；其四，虹吸传感性。与资源“虹吸效应”一道，风险的“虹吸效应”已然存在且有不断强化之势，同时还通过城镇的“类结构”而进行传导与扩散。正是这种“吸引汇聚—传递扩散”风险模式，反映出了同质化城市建设取向的内在局限性；其五，伴生涡轮性。原生与衍生的风险伴随城镇化的每一进程，不断以吸附、侵蚀、耗占、掠夺发展资源的方式制约着城镇的健康发展，这种类似于涡轮效应的风险集结，形成了经济学意义上的“沉淀成本”，它可能使城镇发展的经济社会代价和环境生态耗损远远超过预期。

基于根植性理论的城镇化风险防范

“现代性孕育着稳定，而现代化过程却滋生着动乱。”① 这样的警示告诉我们，现代化是一项充满“风险的事业”。在跨越式发展的转型进程中，中国的压缩式现代化已然风险丛生。鉴于城镇化进程中社会风险的复杂状况，我们认为，要克服风险管控的浅表性与应景化，就需要导入以旨在深切理解政策场域特性的根植性理论，以寻求尊重内生规定性的制度安排与彼此协同的政策行为，从而规避改革碎片化和克服治理“脱嵌”。为此，既需要丰富社会资本、发展公共信任，以扭转转型社会中信任资源流失、新信任要素积淀困难之困②；又需要基于共享价值拓展信息交换机制，以克服权益表达的选择性滞后甚至功能衰竭性内卷；同时，更需要加速学习过程和问题纠正，塑造结

---

① ［美］塞缪尔·P. 亨廷顿：《变化社会中的政治秩序》，王冠华、刘为等译，生活·读书·新知三联书店1989年版，第38页。

② Robert Putnan，“Bowling Alone：America's Declining Social Capital”，*Journal of Democracy*，Vol. 6，1995，pp. 65－78.

构化的社会环境以形成合作均衡、发展网络互惠[①]。塑造嵌入社会网络结构的行动体系，引导和激励人们以理性的长期预期行为获取合作剩余，是拓展根植性治理的关键。

第一，以人本理念导引城镇化的顶层设计。让人本理念运转起来，至关重要。但执政权威如何在实践中将人本价值转变成为真切的服务力量，使之不在层级化任务发包与地方府际间竞争中遭遇扭曲[②]，仍是优化治理所需要着力解决的重大问题。实际上，城镇化的许多或然风险，都不同程度地源于操切心理和与民争利，这些问题大体上又都与在资源约束条件下如何妥善处理好发展速度、社会承受度与成果共享度的认识紧密相关。如果政策权威能够清晰地把握城镇化是大众权益的均等化重构与社会的空间化重建这一核心本质，围绕包容、公平与共享重塑“身份—权利—待遇”体系[③]，“人的城镇化”的根本政策含义就能得到更为有效的彰显。

第二，注重发挥政府—市场—社会的协同力。未来的城镇化首要的问题是矫正单纯政府主导、处理好政府与市场的边界，核心是充分尊重市场规律，以需求和市场导向推进城镇化，与此同时，在培育与发育社会自主性的基础上拓展社会参与。城镇化的风险，说到底是治理失败的危险，而政府、市场与社会的三元互动，可以最为有效地承揽和化解风险[④]。这是因为，政府与市场是资源配置的最有效手段，只有当政府的引导力与市场的决定性有机配合足以支撑城镇化的“内涵式”发展[⑤]，并充分嵌入社会日益强大的自治力量的时候，方能够

---

① H. Ohtsuki, et al., “A Simple Rule for the Evolution of Cooperation on Graphs and Social Networks”, *Nature*, Vol. 441, No. 7092, 2006, pp. 502 – 505.

② 周黎安：《转型中的地方政府：官员激励与治理》，格致出版社、上海人民出版社 2008 年版，第 21—23 页。

③ 郑杭生：《中国社会发展研究报告 2013：走向包容、公平、共享的新型城镇化》，中国人民大学出版社 2013 年版，第 2 页。

④ ［英］拉尔夫·达仁道夫：《现代社会冲突》，林荣远译，中国社会科学出版社 2000 年版，第 36 页。

⑤ 倪鹏飞：《新型城镇化的基本模式、具体路径与推进对策》，《江海学刊》2013 年第 1 期。

共同抵御政府失败和市场失灵的威胁，抑制新形势下的权力与资本合谋，也才能够为足以消解风险的生活共同体的渐次形成创造空间。

第三，深化政府职能改革以优化常态治理。对于风险的治理，不能仅仅停留在对于出现乱子之后的“摆平”和“搞定”等事功主义上，否则便会陷入反复无功的“西西弗斯魔咒”之中。要防止“制度空转”、跳出“问题循环”的改革困局，政府职能的服务化转型是关键。以市场机制的成熟程度与社会自治的承载程度为限，进行职能的强化、弱化、转化抑或优化，形成法治化与服务型的现代效能政府，从而为市场规律的发挥和民间社会的发育提供便利条件。尤其是在城市群发展成为趋势的背景下，城市地区社会风险的生成与演化更加复杂，可以导入风险防范的“PIETINC”模型（即人口、产业、环境、技术、制度、规范、观念的一体化）[①]，以制度、规范和观念三要素为核心，强化政府的风险源头治理职能和风险抗御、管控能力。

第四，科学组合推进城镇化建设的政策工具。城镇化的风险是一组具有显著或然性的“人造风险”。而人造风险的“脱域”、不可计算等特征，既导致了现行风险防范政策的低效，又制约了防范风险的政策修订。基于对风险生成与演化机理的认识，需要科学组合市场化、工商化和社会化工具，形成新的、法治化的治理合力。尤其需要提升城镇化政策的务实导向与预见性，完善重大决策的风险评估，提高政策的连续性，降低执行的随意性和政策冲突。譬如，实现主体功能区规划、国土规划与城市规划的有机整合，并制定总体性国土空间战略规划体系，以抑制各种短期行为；以分类、适度规模的政策安排，遏制攀比性、过度高端化城市定位所造成的筛选淘汰与融入排斥，以阻止统计指数上的形式城镇化。

第五，拓展“一案三制”的风险管控能力。城镇化混杂着转型阶

---

① 李强等：《多元城镇化与中国发展：战略及推进模式研究》，社会科学文献出版社 2013 年版，第 466 页。

段经济社会发展中易于出现的一般风险和上述过载、固化等特殊风险。对其风险防范，就需要依托现有国家应急体系，充分发挥其应对突发公共事件的预案、体制、机制和法制的既有功能，避免转型期“触点多、燃点低”、矛盾高发状态频繁触动“熵增效应”，使微小的触发事件失控瞬间导致真正的公共危机。为此，需要将城镇化发展的战略规划与应急管理的国家预案建设、管理体制完善衔接起来，着力提升应急管理的法制化水平。尤其需要将政府常态治理的预见性与非常态治理的规范性（即应急权的最低限度社会危险运行）贯通起来，对城镇化战略实施进行更为全面和审慎的统筹布局。

第六，革新治理评价体系以引导风险防控的常态化。城镇化推进中，在治理属地化与职务任期制的情况下，摒弃既往以单纯经济增长代替发展绩效的政绩评价体系至关重要[①]。对于城镇化过程中蓄意的房地产化牟利、不顾实情的肆意负债以及政商勾结下的放任污染等行为，需要有切实的治理办法，以求循序根除“烂尾城镇化”等流弊。要有效防止治理责任的分散、推卸、转嫁等政策机会主义，杜绝片面的“无事”评价和一味的“本事”评判等好人主义、能人主义倾向，就必须以综合绩效考评来替代“唯 GDP 论”，导入法治 GDP、绿色 GDP 以及可持续发展的公众满意度评价，从而助力干部用人导向的公共部门人力资源化转向和城镇化发展的集约化转型。

（原载于《江海学刊》2014 年第 3 期）

① 樊佩佩、曾盛红：《动员视域下的“内生性权责困境”》，《社会学研究》2014 年第 1 期。

农村人口结构变迁与新型城镇化道路选择

李　健　屠启宇*

自改革开放以来，随着中国社会经济的持续发展，工业化与城镇化相互促进，推动中国城镇化水平快速提升。全国人口普查数据显示，1982年“三普”时中国城镇化率为20.43%，到1990年“四普”时为25.84%，8年提升了5.41个百分点；到2000年“五普”时上升到35.39%，10年提升了9.55个百分点；到2010年“六普”时达到49.68%，10年提升了14.29个百分点。我国城镇人口总量从1982年的2.1亿人激增至2010年的6.7亿人。根据2014年公布的国家新型城镇化发展规划目标，到2020年我国还将有超过1亿的农村转移人口落户城镇，这对中国城镇化发展而言是一项艰巨的任务。

城镇化发展是一个动态过程，从地理学角度而言，是人口从农村到城市的地理空间转换过程。在过去的发展阶段，农村转移人口已经对我国城镇化发展发挥了主要的支撑作用。在未来的发展阶段，农村人口结构的持续变迁能否为我国城镇化的健康发展提供持续的支撑能力，需要科学分析和判断。本文主要借助相关基础数据，对农村人口基础，重点是其年龄结构、受教育程度结构等进行分析，探讨其作为

* 作者简介：李健，1977年生，理学博士，上海社会科学院城市与人口发展研究所副研究员；屠启宇，1970年生，经济学博士，上海社会科学院城市与人口发展研究所研究员。

来源地对于城镇化的支撑能力，然后，结合我国差异化的城乡政策和调研问卷，分析农村人口转移的意愿，进而探讨我国新型城镇化发展的路径。

农村转移人口对我国城镇化的贡献

从中华人民共和国成立到改革开放初期，我国一直处于城镇化低水平发展阶段。从20世纪90年代初开始，受国际投资浪潮影响，农村人口大量涌入沿海城市寻找工作机会，直接推动我国城镇化水平快速提升。与此同时，由于人口出生规律和严格的计划生育政策造成的约束，城镇人口自然增长受到抑制，机械增长已成为当前我国城镇人口增长的主要途径。在过去的研究中，学界多关注作为人口转移目的地的城市，对作为来源地的农村的研究却相对缺失，尤其对农村人口基础的研究偏少。那么，在过去二十多年中，农村转移人口对我国城镇化发展的贡献率到底多大？只有搞清楚这个问题，才能转换学术研究角度，从城镇、乡村两个空间层面更科学、合理地推进我国新型城镇化研究。

在改革开放以前，我国实行严格的人口流动限制政策，在该阶段农村人口转移到城镇的规模很小。1984年，中央政府出台政策允许农民自带口粮进城务工经商，农村人口向城镇的转移才开始初步形成；但直到20世纪90年代邓小平“南方谈话”之后，人口流动管制放开，农民进城才开始形成规模。为此，本文主要计算1990—2010年这20年中农村转移到城镇的人口规模，考察农村转移人口对当前城镇化成果的贡献率。从来源地分析，我国城镇人口的增长源泉包括三个方面：一是原有城镇人口的自然增长；二是人口从农村向城镇的迁移；三是农村地区通过行政区划调整直接变为城镇导致的人口身份变化，主要表现为市、镇新建和扩建，从本文的研究视角出发，农村地区通过行政区划调整变为城镇地区可以视为农村人口向城镇转移。参考国内学者关于城镇新增人口来源构成的研究方法①，本文将农村转移到城镇人口数量的计算公式简化为：

$$R_t = U_g - (U_b - U_d) = \sum_{i=1}^{n} [U_{gi} - (U_{bi} - U_{di})] \quad (1)$$

其中，R_t 为农村转移到城镇的人口规模，U_g 为过去一个阶段城镇实际增长的人口规模，U_b 是过去一个阶段城镇的出生人口总量，U_d 则是过去一个阶段城镇死亡人口的规模。公式再次分解到各年度，U_{gi} 是第 i 年城镇实际增长人口规模，U_{bi} 是第 i 年城镇出生人口规模，U_{di} 是第 i 年城镇死亡人口的规模。

从相关年份的《中国统计年鉴》公布的1990—2010 年我国人口出生率、人口死亡率以及自然增长率数据（见图 1）可以发现，这 20 年中人口死亡率变化不大，而人口自然增长率则在 2000 年之后快速下降到 8‰以下，这其中固然有统计方法差异的问题，但整体上还是源于计划生育政策的效应。根据全国人口自然增长率情况，可以将 1990—2010 年的时间跨度以 2000 年为界划分为两个阶段。再选定 2000 年和 2010 年作为基准年进行比较测度，发现 2000 年全国人口自然增长率为 5.24‰，而城镇层面为 5.45‰，城镇高于全国平均水平；2010 年全国人口自然增长率为 4.78‰，城镇层面仅为 4.16‰，城镇低于全国平均水平。这种情况与不同阶段人口结构、人口政策的实施都有密切关系。

实际上公式（1）应用的最大困难在于不同阶段城镇出生人口和死亡人口数据的获取。由于普查数据对于出生人口和死亡人口的统计只是过去一年而非连续时间段的数据，而《中国统计年鉴》对于出生率和死亡率的统计又不区分城镇和乡村，因此本文不能获取绝对准确的城镇人口出生率和死亡率数据，只能借助相关因素进行估算。参考基准年的情况，本文将从《中国统计年鉴》获取的 1990—2000 年阶段

① 王放：《我国“三普”至“四普”间市镇人口增长构成分析》，《人口研究》1993 年第 4 期；王桂新、黄祖宇：《中国城市人口增长来源构成及其对城市化的贡献：1991—2010》，《中国人口科学》2014 年第 2 期。

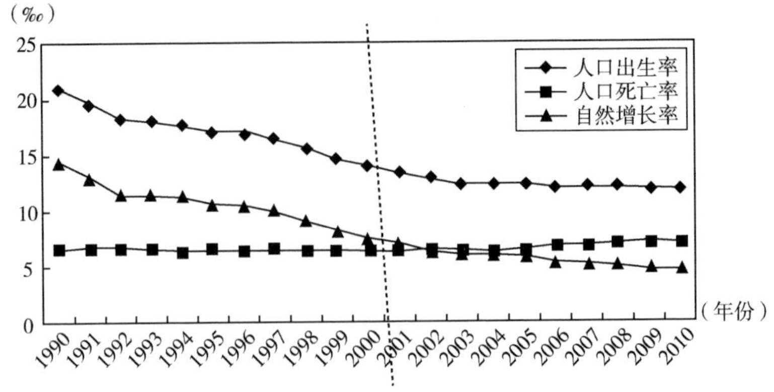

图1　1990—2010 年全国人口出生率、人口死亡率和自然增长率变动

各年度自然增长率分别提升 0.2 个千分点，作为该阶段城镇人口各年度的自然增长率；将 2000—2010 年阶段各年度自然增长率分别降低 0.5 个千分点，作为该阶段城镇人口各年度自然增长率。根据历次人口普查数据，1990 年全国城镇人口为 2.9651 亿，到 2000 年为 4.5594 亿，2010 年达到 6.6558 亿。

在计算过程中，本文首先假定忽略三次人口普查对于城镇人口统计口径的差异，对人口的再生产亦忽略。根据公式（1）计算出从 1990 年到 2000 年农村转移到城镇的机械增长人口为 1.2193 亿，城镇人口自然增长 0.3750 亿，分别占城镇人口实际增长规模的 76.5% 和 23.5%。从 2000 年到 2010 年，农村转移到城镇的机械增长人口达到 1.8568 亿，城镇人口自然增长 0.2396 亿，分别占城镇人口实际增长规模的 88.6% 和 11.4%。因此，在“四普”到“六普”的 20 年中，共有 3.0761 亿农村人口转移到城镇。

由于原始数据的漏报和估算所产生的误差，本文所计算的农村转移到城镇的人口数量和实际的转移人口数量不能完全吻合，例如王放对“四普”和“五普”期间城镇增长人口的构成进行计算后，认为城镇人口自然增长规模大概占 17.52%，农村迁移人口和市镇新建、扩建增加的城镇人口分别占 31.81% 和 53.88%，合计占 85.69%，研究结论与本文的计算结果存在一定差异，但基本判断一致。①

农村人口结构对新型城镇化的支撑分析

城镇与农村地区在社会经济发展基础方面的巨大差距，导致了城乡居民在生活、教育、就业等多领域的水平落差，并相应形成人口年龄结构、受教育程度结构、就业结构等方面差异，其中与本文研究主题密切相关的主要是年龄结构、受教育程度结构。当前，仍有超过6.6亿的人口常住农村，但不是所有农村人口都适应城镇生活环境，在过去二十多年快速推进的农民转移进程中，主要以青壮年劳动力为主体，这导致农村人口老龄化现象更突出。那么，基于人口年龄结构分析的农村人口基础现状如何？还有多少合适人口资源支撑城镇化的持续发展？在受教育程度方面，城镇与农村不同性质的工作造就对知识、技术能力的差异性需求，老龄人口、低学历人口在适应日益现代化的城市生活环境方面存在困难，那么现有农村人口的受教育程度结构是否符合当前及未来城市持续转型发展的要求？这些问题直接关系到我国新型城镇化的发展潜力和战略制定。

1. 基于年龄分析的农村人口结构

2000年“五普”时，我国60岁及以上老年人口占总人口的比重就已经达到10.9%，按照国际标准已经进入老龄化社会。根据2010年第六次人口普查数据，我国60岁及以上老年人口为1.78亿人，占全国总人口的比重为13.32%，其中65岁及以上老年人口为1.19亿人，占全国总人口的比重为8.92%，与“五普”数据比较，全国人口结构已经呈现出日益明显的老龄化趋势。②

① 王放：《“四普”至“五普”间中国城镇人口增长构成分析》，《人口研究》2004年第3期。

② 蔡茜、向华丽：《我国农村老龄化现状和发展趋势分析——基于第六次人口普查数据分析》，《湖北职业技术学院学报》2013年第1期。

分城镇、乡村考察人口年龄结构，乡村地区呈现明显的两头大、中间小的特征，即0—14岁的人口和60岁及以上人口较多，占乡村地区总人口比重分别高达19.2%和15.0%，而在城镇地区则分别为14.1%和11.7%。因此，与城镇地区人口结构相比，我国乡村地区人口结构呈现幼龄化和老龄化并存的特点。而15—60岁的青壮年人口在乡村和城镇地区占总人口的比重分别为65.9%和74.2%，城镇地区劳动年龄人口比重更高。从人口迁移推进城镇化发展角度考虑，近期农村青壮年人口最具转移的可能性，因此应作重点分析。

比较城镇、乡村地区青壮年人口的规模和年龄结构，城镇表现出更年轻化的特征。15—29岁的人口群体中，城镇为1.82亿而乡村地区为1.46亿；30—39岁的人口群体中，城镇地区为1.21亿，乡村为0.94亿；40—49岁的人口群体中，城镇与乡村地区相差不大；50—59岁的人口群体中，则是乡村多于城市。分年龄阶段加和比较，15—39岁人口比重为城镇高于乡村，40—59岁人口比重为乡村高于城镇。根据农民婚龄及婚后生活特征，假设15—29岁、30—39岁、40—49岁、50—59岁的农村人口分别具备70%—90%、40%—60%、20%—40%和10%—20%的城镇转移可能，因此，基于“六普”数据可以大概计算出未来一段时间城镇化发展中的乡村人口供给规模：1.71亿—2.50亿人。

2. 基于受教育程度分析的农村人口结构

城镇化发展不仅要为新增居民提供生活空间和社会公共服务，还必须提供工作机会，而工作机会的提供必须考虑新增居民自身的能力，本文借助人口受教育程度进行分析。一般而言，受教育程度越高，学习能力越强，因而具备更强工作能力，因此本文假定：受教育程度越高则越适应城镇化环境。借助2010年“六普”统计数据可以发现，乡村地区人口受教育程度以小学、初中为主，而城镇地区人口受教育程度则以初中、高中为主，大学教育程度人口比重亦较高。未上过学的人口比重，乡村地区高达7.25%，城镇地区只有2.84%；小学教育程度人口占总人口比重，乡村地区高达38.06%，城镇为19.77%；初中教育程度人口占总人口的比重较接近，乡村比城镇高6.3个百分点；到高中以后的教育层次，城镇人口的比重明显高于乡村地区，高中和大学分别高出了14.32和14.05个百分点。聚焦到乡村劳动年龄人口则情况相对较好，未上学及小学教育程度人口比重大大下降，而初中教育人口比重上升到55.67%，高中学历人口也略有上升，但整体上仍以小学和初中教育程度人口为主（见表1）。

表1　2010年我国分城镇、乡村人口受教育程度结构

	未上过学	小学	初中	高中	大学	研究生
乡村	7.25	38.06	44.91	7.73	2.04	0.01
城镇	2.84	19.77	38.61	22.05	16.09	0.64
镇	3.99	25.68	42.53	18.46	9.23	0.11
乡村劳动年龄人口	3.31	27.93	55.67	10.29	2.09	0.71

资料来源：《2010年全国第六次人口普查报告》。

从当前静态情况分析，在乡村地区高中及高中以上学历的人口比重只有9.79%，实际上只有具备一定知识储存的人，才能更好地适应城市的工作和生活环境，更好地享受城市生活带来的各种便利。而具有初中学历的人，因为知识储备较少，在未来进入城市工作时更多只能从事一些体力工作或者低技术的生产工作、低层次的服务工作。随着我国城市经济转型发展，大城市更多的是聚焦知识、技术密集型产业，对低技术生产工作、低层次服务工作的需求会大幅下降，二、三线城市或者中西部的城市在承接沿海地区劳动密集型产业转移后，反而可以为农村低学历人口提供更多的工作机会。因此，从受教育程度结构分析，我国未来城镇化发展的重点应该聚焦二、三线城市，特别是在中西部地区承接沿海地区产业转移的重点城市。

政策差异与农村人口对城镇化的意愿

中华人民共和国成立之后，基于国民经济发展整体需求，国家推行城乡差异、农工发展的剪刀差政策，大大推进城市及工业的发展，但也导致城乡在产品、资源、收入、金融等领域的巨大差距，进城成为工人是广大农民最强烈的愿望。随着我国社会主义市场经济体制的建立和逐步完善，过去城市居民所具有的一些优势生活条件不复存在，国企改革造成的下岗风潮更对渴望稳定生活的普通居民包括农民都产生了巨大的思想冲击，“起码能够拥有一块土地来保证稳定的生活”成为部分农民特别是年龄较大农民的普遍心声。此外，城镇和农村在生活习惯、生育政策等方面的差异，农村集体土地升值、农村经济的持续发展、进城后可能受到各种差别性服务歧视、孩子受教育等都成为农民留在或返回农村的重要原因。[①] 另外，在实际发展进程中，由差别政策创造的新机遇甚至可能导致“逆城市化”现象的出现，这进一步提出新的问题：在生活和工作环境适应困难及政策差别导致的新利益格局下，农民进城的意愿到底如何？

2013 年 7 月，笔者作为课题组成员参与并完成山东省诸城市城镇化规划研究工作，其间通过设计问卷进行大量调研活动，形成本文社会调查的基础。诸城市作为全国百强县之一，经济发展处于较发达水平，相应支撑市域城镇化快速发展。特别是 2000 年之后，城镇化率从 2000 年的 36% 快速增长到 2010 年的 54%，年均增长 1.8 个百分点。根据“六普”数据将城镇人口再次分类考察，发现非农业户口人数占城镇人口的比重仅为 28%，大部分城镇人口为农业户口即农村转移人口。此外，诸城市外来人口和外出人口占比都不超过 10%，城市人口体系相对封闭，是考察城乡人口转移的理想对象。调研以农村居民为对象，采用封闭式填表和开放式提问相结合的形式进行入户调查，在每个镇街选取社区的自然村进行问卷调查；在问卷发放过程中，为保证所选样本的代表性和均匀性，问卷调查以空间均匀、随机抽样为基

① 张海鹏、曲婷婷：《城市化进程中的土地困局：现状、成因与变革》，《江海学刊》2014 年第 3 期。

本原则，总共回收有效问卷 312 份。

针对农民当前住房及进城居住的意愿的调查结果显示，诸城市农村居民宅基地面积普遍较大，本次调研中宅基地面积最大乡镇户均超过 260 平方米，最小的也达到 120 平方米左右；住房面积最大的街道户均 122 平方米，最小的户均 70 平方米左右。54. 3% 的农民选择更愿意住在农村，23. 2% 的农民选择愿意入住聚合区或者镇上，22. 2% 的农民选择更愿意住在市区。但在 303 位父母中有 88. 8% 的人有意愿让自己的孩子到城区购房定居。在问及是否有能力到市区购房定居时，在 312 位回答者中有 28. 2% 的人表示有能力，47. 1% 的人表示目前有些困难，24. 7% 的人表示完全没有能力。问卷还显示，已有 20. 8% 的农户在市区（镇上、潍坊市、诸城市区）购买了商品房，还有 79. 2% 的农户尚未购买。247 户未购买商品房的农民中，40. 9% 的人表示将来有意愿到市区购房定居，59. 1% 的人表示没有意愿，其中房价过高而不能够承受（52. 9%）和不想住在城市、习惯住在农村（36. 6%）是最主要的原因。当问及是否有意愿入住农村社区时，55. 1% 的人表示有意愿，但提出购房价格和补偿是关键问题。

表 2　　农民不愿意用宅基地换取社区住房的原因　　单位：%

	留给老人居住	留着换取更高土地置换金	补偿不够合理	更习惯住在农村	其他
比重	2. 5	2. 5	6. 3	68. 8	19. 9

通过家庭成员基本信息填写，间接了解到 1272 位居民的基本信息。在 1272 位居民中，人口老龄化问题较为突出，60 岁及以上的人口所占比重为 23. 35%。此外，受教育程度相对较低，以中小学为主，两者合计占 59. 75%，未受过教育的人口比重也近 20%，高学历人口占比偏低。在就业方面，29. 7% 的居民在家务农；19. 7% 的人基本不务农，在市内工作或经商；15. 2% 农闲时在市内打零工，边打工、边务农；3. 5% 到诸城市以外的地区打工；14. 9% 为学生；16. 9% 选择其他，主要是非劳动年龄人口。

表 3　　家庭成员从业情况　　单位：%

	在家务农	在诸城市内工作	边打工边务农	诸城以外地区打工	学生	其他
比重	29.7	19.7	15.2	3.5	14.9	16.9

选择与农村人口基础相匹配的城镇化道路

自中华人民共和国成立以来，我国总体上采取控制大城市规模、重点扶持中小城市建设的方针。在最新的国家新型城镇化规划中同样提出控制特大城市人口和用地规模、加快发展中小城市和有重点地发展小城镇等方针政策。根据已有研究，中国农民进城 60% 流向东部城镇，30% 流向中部城镇，10% 流向西部城镇；40% 进入大城市，40% 进入中小城市，还有 20% 留在小城镇，说明农民进城与城市经济发展状况密切相关，农民进城寻求的是就业机会。[①] 随着我国社会经济进入新一轮转型和调整期，不同等级、不同区域城市的经济结构、社会结构都会产生重大变化，如何引导农民获得更多更好的就业机会就成为新型城镇化研究需要重点探讨的问题。

第一，自 20 世纪 90 年代以来，农村转移到城镇的人口的确已经成为过去二十多年我国城镇化发展的主力。该结论继而产生诸多思考：在过去城镇化发展初级阶段，作为流出地的农村青壮年剩余劳动力富余，无须考虑其作为资源的稀缺程度，但随着我国城镇化水平不断提升，特别是农村人口老龄化问题加重，作为来源地的农村的人口基础必须予以重点考察，回答未来逐渐会产生的基本疑问，即农村还有多少合适的人口资源能够支撑中国城镇化的持续发展进程，本文经过计算得出 1.71 亿—2.05 亿人的规模。此外，新型城镇化发展进程中，还有很多未融入城镇化发展框架的农民，保障这个群体人在农村但又

① 汪光焘：《关于当代中国城镇化发展战略的思考》，《中国软科学》2002 年第 11 期。

能享受城镇化发展的红利就需要更多政策支持①，包括转移支付、社会服务、就业培训、农村社区化、完善基础设施等。

第二，农村人口老龄化发展趋势明显及受教育程度偏低，对快速、高质量城镇化发展存在一定制约作用。诺瑟姆的城镇化发展“S形”曲线很好地演示了城镇化发展进程中农村人口向城镇转移先快后慢的速度特征，这实际上也跟农村人口基础的动态变化过程有关系。随着更多青壮年劳动力转移到城镇，农村人口老龄化趋势日益明显和人口再生产减缓，对城镇化的支撑作用日益减弱。未来如果不改变人口政策，参考过去三十多年中国城镇化的发展速度，还能保持十多年快速发展，意味着中国城镇化水平的高峰可能出现在65%左右，这与诺瑟姆“S形”曲线70%的高峰值有差距。其内在原因可能还在于中国实行计划生育政策，使农村人口老龄化提前到来。再从人口受教育程度结构的角度分析，由于主要以小学和初中学历为主，农村转移到城镇的人口在从事知识、技术密集型的制造业和高端服务业等方面有能力的差距，并以从事劳动密集型的制造业和低端服务业为主，对高质量城镇化持续发展形成制约。

第三，城镇与农村在生活环境、工作机会等方面的巨大差距，是农村人口转移到城镇的根本动力，但这种差距存在缩小和扩大并存的情况，因此造成了农村人口转移到城镇的选择矛盾。在城乡收入方面，尽管我国仍然是世界城乡收入差距最大的国家之一，但国家统计局的相关数据显示，我国城乡收入差距在逐年缩小，这与国家加大对“三农”的政策扶持密切相关。此外，农村在居住条件、医疗、教育、对外交通等方面的条件改善明显，这些都弱化了农民的进城意愿。其他包括二胎政策、集体土地使用价值的提升、充裕的住房条件等则成为农村的优势条件，特别是二胎政策成为调研中屡次被提及的话题。与此同时，房价、工作条件要求等方面又存在扩大趋势，在问卷中只有28.2%的农民表示有能力在市区购房，22.2%的农民有在市区居住的

① 丁元竹：《费孝通城镇化思想：特色与启迪》，《江海学刊》2014年第1期。

意愿，更有88.8%的农民表达了希望孩子居住在市区的愿望，这充分显示出当前中国城镇化多元因素和多重动力相互冲突的现状，未来的发展需要进行妥善应对。

第四，基于农村人口基础和不同等级城市对人力资源的需求分析，中国城镇化发展应该以制造业发达的中小城市及特色小城镇为主。其中，随着经济社会转型发展，大城市对人力资源素质的要求不断提升，这也意味着普通劳动力的工作机会可能减少。① 而中小城市通过承接大城市制造业转移，将会为普通劳动力提供更多就业机会，这为农民进城奠定了工作的需求基础。而一些特色小城镇，亦可通过本地特殊的资源条件，包括旅游资源、农业资源、文化资源等发展特色经济和提供就业机会，这与国家在新型城镇化进程中推进中小城市发展的政策选择拟合。② 此外，在很多地方，农村社区化建设也成为城镇化发展的重要形式，但农村社区化建设更适合农业产业化发展较好的地方，从长期看，基础薄弱的农村地区的青壮年劳动力还是有迁移到城镇的诉求。因此，必须因地制宜推进农村社区化发展，避免过度建设造成的投资浪费。当然，城镇化是一个动态发展过程，也存在中小城市吸纳农村地区低学历人口、自身高学历人口转移到大城市的可能，这将进一步推进劳动力资源的优化配置。③ 这个过程不应该受行政力量的过多干预，而需要借助市场力量实现人口自然流动。

结　论

按照世界发达国家城镇化发展的规律，一般城镇化水平达到30%

---

① 吕文静：《论我国新型城镇化、农村劳动力转移与农民工市民化的困境与政策保障》，《农业现代化研究》2014年第1期。

② 张果、曾永明、刘宗鑫：《新型城镇化与新农村建设过程中农村人口发展机制研究——基于四川农村人口发展模式的调查》，《四川师范大学学报》（社会科学版）2014年第5期。

③ 陈玉梅、吕萍：《新型城镇化建设的制度创新：综合动因与体系架构》，《江海学刊》2014年第6期。

之后将进入加速发展的阶段，并快速提升到70%左右的水平，之后再进入缓慢增长的阶段。但中国庞大的人口基础决定了人口结构的复杂性，加上计划生育政策推进过程和有效性的区域差异，这决定了中国的城镇化道路不可能完全拟合发达国家的一般规律。本文通过对农村人口结构基础的分析，进一步验证了未来中国城镇化必然伴随老龄化深化发展的趋势，这将降低中国城镇化发展的高峰值，使之提前进入缓慢增长的阶段。基于农村转移人口已经成为我国城镇化发展主力的现实，随着农村人口老龄化趋势的加重，必须在城镇化研究中重视对农村人口基础的分析，这包括城镇化的稳步推进和保障更多农民享受城镇化发展红利两个方面的意义。此外，本文对农村人口受教育程度结构及调研问卷的分析，则揭示出未来城镇化发展的一些困难，必须在坚持因地制宜原则的基础上，重视强化对农民的综合培训、完善社会保障体系、提升社会公共服务、增加公共租赁住房的社会供给等工作。在城镇化发展路径选择上，坚持国家新型城镇化规划的基本思路，重点推进中小城市的发展；注重就地城镇化，根据各地自身条件，选择小城镇乃至农村社区作为建设重点，尊重农民社会习俗、生活习惯以及保持农村社会网络的完整性。

本文研究仍然存在诸多方面的不足，包括更多是从统计而非内涵方面探讨城镇化问题，即使在统计方面，也存在几次人口普查对于城镇人口统计口径不同产生的冲突，在分析过程中也存在根据经验估算等方面的问题，这会产生与事实不一致的计算结果。此外，在计算过程中没有考虑人口的可持续生产与增长问题。问卷调查过程中也有偶然性因素，比如调研对象为沿海地区发达县市，调研时间选择在工作时间，导致调研对象老龄化特征明显等。以上问题都需要在后续的研究中予以不断完善，以提升研究的科学性。

（原载于《江海学刊》2015年第4期）

城市化进程中的土地困局：现状、成因与变革

张海鹏　曲婷婷*

我国人多地少，而且经济社会发展正处于转型期，许多制度仍不够完善，相关体制机制运转仍不够顺畅。于是，在土地资源配置和利用过程中就容易出现一些矛盾和冲突，特别是在城市化进程中出现的土地困局尤为值得关注。需要说明的是，本文研究的各种土地困局并非在全国范围内普遍存在，有些只存在于大城市或中等城市的发展过程中。

关于城市化进程中存在的土地问题，国内不少学者对此都有研究，各大媒体也有大量的深入报道。比如，贺雪峰剖析了地权的逻辑和土地制度变革的方向①；陈锡文对我国的土地制度和土地利用政策进行了深入阐释②；中国经济增长前沿课题组、华生等论述了我国城市化是土地城市化而非人口城市化的观点③。不过，已有的研究往往针对土地困局中的单个问题进行探讨，而本文则在相关研究的基础上，系

* 作者简介：张海鹏，1979 年生，经济学博士，南开大学经济研究所、政治经济学研究中心讲师；曲婷婷，1981 年生，经济学博士，天津商业大学经济学院讲师。

① 贺雪峰：《地权的逻辑：中国农村土地制度向何处去》，中国政法大学出版社 2010 年版，第 2—15 页。

② 陈锡文：《农村土地制度改革，底线不能突破》，《人民日报》2013 年 12 月 5 日。

③ 中国经济增长前沿课题组：《城市化、财政扩张与经济增长》，《经济研究》2011 年第 11 期；华生：《城市化和土地制度》，《第一财经日报》2012 年 9 月 19 日。

统分析土地困局的各种内在冲突和矛盾，探讨其成因及应对策略。

土地困局的现状：冲突与矛盾

（一）建设用地供给不足与建设用地大量闲置并存

建设用地供求关系与经济发展阶段密切相关。我国当前正处于加快推进城市化进程的关键时期，建设用地需求规模巨大，而建设用地供给能否满足需求的关键要看土地利用规划。国家每年有具体的供地计划，各省市根据当地的发展情况和国家批准的建设用地指标份额确定其供地计划，但原则上其供地计划不能超过国家规定的指标数量。但相对于巨大的建设用地需求而言，当前有计划的建设用地有限供给往往难以满足旺盛的土地需求。徐绍史指出，“十一五”以来，全国每年建设用地需求在1200万亩以上，每年土地利用计划下达的新增建设用地指标只有600万亩左右，缺口在50%以上。[①] 可以说，建设用地指标供给不足是当前各地亟须解决的用地难题，对于城市化速度较快的地区更是如此。

与建设用地供给不足相反的是，当前，各地仍有大量的建设用地闲置，土地供而未用的现象长期存在。据统计，截至2013年5月31日，全国闲置土地3.55万公顷，其中房地产闲置土地1.07万公顷。[②]

（二）土地征收补偿冲突与期盼土地早日被征收并存

土地征收补偿问题的核心在于土地征收补偿标准的确定。土地补偿标准又和被征土地的区位以及土地未来发展用途有直接关系。如果仅以土地原有用途作为补偿依据，那么，以此补偿标准计算的补偿数额是比较低的。我国各地出现的土地征收补偿纠纷主要是由于被征收土地用于工商业用途，但是补偿标准却仍按照农业用途来确定。如果作为公益性用地，那么即使较低的补偿标准经过协商后也能够得到被

---

① 徐绍史：《落实节约优先战略　加强资源节约和管理》，《国土资源》2010年第12期。

② 《全国范围动态巡查防“囤地”》，《人民日报》2013年7月12日。

征地农户的认可。还有一类情形是由于有些被征地农户索取过高的补偿标准而引发的征地冲突。

与土地征收补偿冲突所不同的情形是，一些未能参与到土地征收过程中的农户似乎更为关心自己的土地何时能被征收。因为不少地区的农户看到其他农户因征地而获得较高的补偿收益，特别是与自己相邻的土地被征收后，原有农户的生产生活水平都有了较大提升，这些现实的案例使得他们非常期盼自己的土地早日被征收。

（三）城市建设用地紧张与农村建设用地宽裕并存

我国城市建设用地相对于农村建设用地更为紧张，判断的依据主要有：第一，城市人均建设用地水平低于农村。仅从居住条件来看，2011 年城镇居民人均住房建筑面积为 32.7 平方米，农村居民人均住房面积为 36.2 平方米，加之城镇住房的容积率远高于农村，因此，农村的居民点占地水平要高于城镇。第二，农村建设用地规划以及规划的执行力度比城市要差一些，部分农村地区甚至出现了农户在主干道路两侧利用农用地盖起简易房屋，以用于居住或作为养殖场和加工厂的情况。第三，城乡建设用地价格和出让方式不同使农村建设用地利用更为粗放。与城市建设用地多采用“招拍挂”的形式不同，农村建设用地特别是宅基地属于无偿划拨，而农民受传统生产生活习惯的影响，宅基地占地面积比较大。

虽然农村建设用地相对较为宽裕，但由于我国城镇化率较低，并且存在城乡分割的二元土地制度和土地市场，因此，短期内仍难以消除城市建设用地紧张与农村建设用地宽裕并存的现象。

（四）土地财政的积极作用与它的不可持续性并存

在我国财政分税体制下，建设用地出让收入已成为地方政府一笔相当可观的预算外收入，也就是土地财政。我国部分一线城市由于地价水平很高，土地出让净收益已经远超其财政缺口。以地生财不仅是获得土地出让收入，而且以土地为抵押进而可以获得银行的巨额信贷资金支持。土地财政无疑增强了地方政府的财力，有利于地方政府推动当地的经济社会发展。以下一组数据可大致说明土地财政对于地方政府的重要性。2012年全国国有建设用地出让合同价款2.69万亿元，土地出让收入约占全国公共财政收入的23%。由于地方财政收入一般占到全国财政收入的一半，因此，土地出让收入约占地方财政收入的46%以上。然而，这种依赖土地财政实现经济发展的模式是不可持续的。

（五）各类规划中的用地指标存在不少差异和冲突

在城市发展过程中，由于各类用地规划的不衔接和不统一往往会造成用地过程中的矛盾和冲突。首先，国土资源部有土地利用规划，各地又有自己的土地利用总体规划；其次，有国务院批准的战略规划，如《天津滨海新区开发开放战略》等规划中的用地规划；再次，还有国家发展和改革委员会批准的规划。不同层次的规划都对城市发展用地指标做了规划，但是，各类土地规划之间可能存在不一致的情形。比如，《西安市城市总体规划（2008年—2020年）》中将西安主城区的面积控制在490平方公里以内，而《关中—天水经济区发展规划》中将西安主城区面积控制在800平方公里以内，两者用地指标相差巨大。

当然，并不是所有的用地规划之间都存在差异。不过，在城市地价不断上涨过程中，地方政府有动力去扩大建设用地规模。近年来，不少地方在积极探索城镇建设用地增加与农村建设用地减少相挂钩的做法，以增加城市建设用地指标。

（六）农民进城却不愿放弃农地经营使用权的矛盾

在我国城市化进程中，有一个特殊现象就是农民工虽然在城市工作，但仍是农村户口，相应占有农村集体分配的土地使用权。为什么会出现这一现象？一是国家并没有法律法规规定农民必须要放弃农村土地才能进城务工；二是城市为农民工提供的就业岗位大都是工作环境、条件和待遇较差的工作，或者虽然有些工资水平比较高，但流动性较强，这就使农民工难以到所在城市安家落户；三是当前城市所能提供的公共服务尚不能满足大量进城农民工的基本需求，比如一些大城市已经出现的入托难、上学难、看病医保跨地结算难等问题。

由于农民工难以真正融入城市，就出现了我国的城市化是土地城市化而非人口城市化的观点。如果农民工能够真正融入城市生活，并真正和原有城市户籍人口享有相同的待遇，那么，农民工应该会愿意放弃农村户籍以及与之相关的土地使用权。这样，留在农村的人因为人均土地拥有量的增加，也能进一步提升生产生活水平。

土地困局的成因：制度因素和利益因素

在上述六个土地困局中，大多是由于制度因素和利益因素两者共同作用，各种矛盾和冲突相互交织和强化所导致的。

（一）制度安排的不足与冲突——城乡二元体制、财税体制与政出多门

1. 城乡二元体制

我国城乡二元体制包括城乡二元户籍制度、土地制度等具体的制度安排[①]，这一体制的形成既有城乡自身发展特点的内在需要，更有国家发展战略的考量。比如，农业自身的发展规律就决定了农用地必须保持一定的数量才能保证相应的粮食产出，农用地转为建设用地并不能仅以经济利益作为唯一的评判标准。再比如，我国农村人口众多的现实也决定了农村集体土地的经营权应该属于每个农户家庭，而不能在资本的作用下完全集中到少数人手中。另外，中华人民共和国成立后实行的重工业优先发展和赶超战略，在一定程度上形成和固化了城乡分割的二元体制。

虽然城乡二元体制的存在有其合理性和积极作用，比如，贺雪峰认为，正是由于现有的制度因素才使得土地出让收益不会被被征地农

① 周冰：《论体制概念及其与制度的区别》，《中国经济问题》2013 年第 1 期。

户特别是城郊拆迁农户独享，相应的地方政府也才有了更强的财政实力用于提供公共服务。[①] 但有一点可以肯定的是，城乡二元体制中的一些具体制度安排会阻碍我国城市化进程，会造成城乡居民权利的不平等。

其一，城乡二元土地制度以及与之相关的征地制度限制了人们共享土地收益，刺激了违法用地的行为，在一定程度上增加了社会矛盾和冲突。现有土地征收环节存在的问题和矛盾很多，对于未能被征收的相邻地块，面对巨额土地利益诱惑，有些人便不顾法律和制度约束，擅自进行土地开发以牟取利益。对于多数农村地区，由于其土地没有被转为国有建设用地的可能，也就很难分享到被征收土地升值的好处。这点正是土地困局中土地征收补偿冲突与期盼土地早日被征收并存和城市建设用地紧张与农村建设用地宽裕并存的症结所在。

其二，城乡二元户籍制度造成了农民进城务工却难以平等享受城市公共服务，进而使得进城务工农民难以放弃在农村的宅基地和耕地使用权。这就形成了农民进城却不愿放弃农地经营使用权的矛盾。

2. 分税制财政管理体制

1994 年开始的分税制改革克服了以往财政包干制的缺陷，使中央政府的财政实力得到了快速的改善。然而，分税制带来的集权效应使地方政府开始积极从预算外特别是从土地征收中为自己聚集财力，“城市化”开始成为地方政府收入的新增长点。[②] 有一些流行的说法是“第一财政靠工业、第二财政靠土地”，“吃饭靠第一财政、建设靠第二财政”。[③] 这些说法既说出了土地财政对地方政府的重大作用，也反映了地方政府依靠土地财政推动城市发展的无奈。

事实上，这种以土地财政提高地方政府财政实力的发展方式，在

---

① 贺雪峰：《地权的逻辑Ⅱ：地权变革的真相与谬误》，东方出版社 2013 年版，第 12 页。

② 周飞舟：《分税制十年：制度及其影响》，《中国社会科学》2006 年第 6 期。

③ 周飞舟：《生财有道：土地开发和转让中的政府和农民》，《社会学研究》2007 年第 1 期。

短期看可行，但长期是难以持续的。首先，建设用地的出让规模是有限的，长期大规模的出让是不现实的。其次，城市发展对建设用地的需求也有阶段性，当城市化水平逐渐达到一个稳定状态时，对于新增建设用地的需求也会逐步降低。那时，对于建设用地需求的减弱和供给水平的下降必然会降低出让收入。最后，如果地方政府过于依靠土地财政，将会加大经济泡沫化的风险。

3. 政出多门：法律的权威性与政策的灵活性

当前，制约我国城市化进程中土地利用的体制机制因素主要是体制不健全、制度不完善、机制不顺畅，具体来看，在于部门利益和条块分割的管理体制以及政策法规执行过程中的上有政策、下有对策，使相关政策在具体执行过程中极富灵活性。由于各地发展情况的差异，在政策执行过程中具有一定的灵活性可以避免“一刀切”的制度约束。但是，如果这种灵活性太强，制度之外的寻租和所谓的制度创新过多，就会使原有的制度、法规和政策失去了存在的意义，这样造成的损失将远大于原有制度约束所产生的不利影响。

在上述土地困局中所出现的各类规划中用地指标存在的差异和冲突，就是源自地方利益、部门利益和条块分割的管理体制。虽然国土资源部制订的用地规划具有权威性，但是，各地区、各部门出于自身利益的考量，往往会与国土资源部的用地规划出现一定的冲突。即使表面上没有突破建设用地指标规划，地方政府还可能设法从现有制度的漏洞中，寻找增加建设用地指标的做法。

（二）利益收益的共享与分配——城市地价的上涨预期和土地收益的共享范围与份额

1. 城市地价上涨预期与土地闲置

在城市地价不断上涨的情况下，政府不断趋紧的土地供给和不断完善的城市基础设施都会强化人们对未来土地出让价格的看涨预期。特别是对于已经获得土地开发权利的开发商而言，就会出现故意拖延开发时间以期在未来土地价格更高时再开发入市的行为。当然，这是国家土地管理政策所不允许的。但是，事实上由于存在调整规划、利益博弈等原因，对上述土地闲置行为缺少有效的监管和处罚措施。于是，城市地价上涨预期强化了开发商的囤地动机，就相应出现了不少城市建设用地供给不足与建设用地大量闲置并存的现象。

2. 土地利益的共享

在城镇空间不断向外扩展的过程中，城乡土地要素流动所产生的巨大土地增值收益如何进行合理分配和共享就成为问题的焦点所在。任何一方都希望能够更多地占有土地增值收益。于是，平衡各方利益，实现互利共赢，成为构建土地增值收益共享机制的根本原则。

参与土地增值收益共享的经济主体大致包括农民、农村集体组织、地方各级政府以及参与城镇化建设的各类企业。其中，农民和地方政府在土地增值收益分配过程中有最为直接的矛盾和冲突。另外，对于那些未被征收土地的农村集体组织而言，一方面希望从新增国有建设用地增值过程中分享到一部分收益，另一方面更希望自己所在的农村集体的土地能够被征收，这样就能够更直接地享有土地增值收益，更多地分享到土地增值收益的份额。

3. 土地增值收益的分配

土地未来增值收益的现值是土地收益分配的基础。在确定土地增值收益数额的基础上，再进一步探讨各类经济主体所能够从中分配的比例、数量和方式。土地增值收益的增值空间依赖于当地经济社会的发展速度、发展水平以及发展的稳定性，依赖于当地的产业发展和产业对人口的聚集能力等因素。

理论上讲，任何参与主体都有界定土地增值收益的权利，但并非每个参与主体都有科学界定土地增值收益的能力。一般而言，地方政府是界定并最终核算土地增值收益的主体。由地方政府主导的主要问题在于政府能否真正代表最广大人民群众的利益而不被其他利益集团利用。其他主体虽然没有直接参与土地增值收益界定活动，但是也有自己对土地收益增值空间的基本判断。不同主体对于土地增值空间判断的差异使土地增值收益分配问题很难达成一致意见。

土地困局的根源：城市化路径与模式

城市化是一个动态的发展过程，涉及城乡之间各种资源和要素的重新配置。而经济社会发展过程中的制度安排在一定时期内往往是不变的，不变的制度安排往往难以适应不断发展变化的城市化过程。为了解决城市化动态发展与制度安排短期不变之间的矛盾，既可能在完全遵从现有制度安排的前提下推进城市化，也可能在突破现有制度安排的情况下，探索新的城市化发展模式。当前，形成上述土地困局的根本原因在于城市化发展路径和模式。

（一）现有城市化模式中的土地城市化与人的城市化

土地城市化和人的城市化概念，是基于我国城市建成区面积扩大的速度要快于农村人口城市化的速度，大量农民进城务工但是多数人却未能在城市安家落户的情况下提出的。当前我国城市化的发展路径和模式主要是由政府主导的，在现有的城市化模式下容易出现土地城市化而非人的城市化问题。

土地城市化是在政府行为推动下，靠土地征收而实现的。当前，在以政府为主导的城市化发展模式下，地方政府往往难以摆脱土地财政的束缚，扩大并拥有大量可供出让的建设用地是快速推进城市化的重要手段。于是，城市周边大量农地被纳入城市发展规划并转为城市建设用地，地方政府会在给予征地补偿的同时，解决被征地农户的住房问题，并提供就业岗位，让被征地农户享有与城里人相同的社会保障。这也是一些土地未被征收的农户盼望自己的土地早日被征收的重要原因。然而，对于外来务工人员能否同步完全享有与城市户籍人口同样的待遇，则是后续需要解决的问题。

人的城市化是劳动力按照市场机制自发转移而形成的，城市各种产业的发展为劳动力转移创造前提条件。进城农民要在城市过上安居乐业有保障的生活，主要依靠工作收入，收入的增加依靠产业的发展。如果城市的产业发展水平不足以吸纳相应的农村人口，并提供足够的收入，将难以真正实现农村人口向城市的转移，相应的农村土地资源将继续保持现有的利用状况。如果进城人口难以享受到城市的基本公共服务和社会保障，真正过上城里人的生活，就不能称为人的城市化。

（二）地方政府主导的城市发展模式与土地困局

我国的基本经济体制和特有的土地制度决定了当前和未来一个时期内，城市化发展的基本模式将是以地方政府为主导。当前的城市化路径是地方政府以土地出让收入和以土地作为抵押为基础的信贷支撑体系来推进城市化进程。地方政府完全主导和主要承担征地补偿、被征地农民安置、城市基础设施建设以及提高城市公共服务水平和社会管理水平等任务。

在这一城市化模式下，地方政府往往热衷于以地生财。其原因在于：一是土地补偿金和城市建设资金的筹集主要依赖土地收益，而短期内不断上涨的地价和地价上涨预期以及可用于出让的较大规模的建设用地资源，为地方政府在短期内积累巨额财政资金提供了可能；二是土地出让金以及与土地出让有关的税费收入都属于地方政府可以直接支配和掌控的收入；三是一些先行进行大规模土地出让和城市化发展较快地区的经验激发了全国范围内的争相效仿；四是地方政府通过土地财政获得了快速发展城市基础设施和提升公共服务水平的投入能力，城市发展水平和发展环境的提升又促进了地价的上涨，上涨的地价又增加了政府的土地出让收入。如此似乎形成了城市化的良性发展循环。

但是这一做法的弊端也非常明显：一是增强了地方政府对土地财政的依赖，激发了地方政府突破用地规划而增加建设用地指标的动力，然而土地财政具有不可持续性，必须开辟新的财政收入来源；二是强化了经济发展对房地产业的依赖，刺激了地价、房价的循环上涨；三是为了更好地发展城市，带动地价上涨，土地财政支出主要用于城市内部，而非用于农村人口向城市转移，于是降低了人的城市化水平。由此可见，如果不改变这一模式，土地困局中的土地财政的积极作用与它的不可持续性并存现象以及各类规划中的用地指标存在不少差异和冲突现象将难以消除。

（三）房地产业快速发展与土地困局

在现有城市化发展模式下，房地产业已成为带动城市化发展的重要引擎。在某种程度上地方政府的行为和房地产业的发展形成了相互依赖、相互支撑的关系。地价上涨既增加了地方政府的财政收入，也刺激了房价的持续上涨，房价的上涨又吸引银行信贷资金和社会资本流向房地产领域。大量资金的流入形成了巨大的购房需求，并为住房建设提供资金支持和保障，这又进一步推高了房价，带动了房地产市场发展。房地产市场的发展带动建材、装修、家电、家具、物业管理等相关产业的发展并提供大量就业机会，为城市化的发展提供动力和基础。房价的上涨又带动地价的不断上涨。这样也似乎形成了良性的发展循环。

同样，这样的发展模式也有很多弊端，是不可持续的。首先，在房地产市场发展过程中，人们往往只追逐利润而忽视低收入群体改善居住条件的需求。开发商以追逐投资利润率和投资收益最大化为目的，由于地价在不断上涨，因此有些开发商便想方设法延迟土地开发时间，以获取土地增值收益，以至出现大量土地闲置现象。购房者也并不都是为了满足居住需求，那些一户多宅的情况多是将买房作为投资理财的一种手段，不断上涨的房价更是刺激了这种投资行为。房价不断上涨虽然有利于投资者，但是却不利于那些收入水平较低的群体特别是进城农民工购房需求的满足。其次，我国房地产企业与地方政府形成的政企联盟也易于导致房地产市场过热，甚至出现因房地产市场过热而导致经济泡沫破裂的巨大风险。

走出土地困局：应对策略与政策建议

（一）走新型城镇化道路，实现人的城市化与土地城市化同步

要破解城市化进程中的土地困局，首先要明确的是，城市化应当是人的城市化而非地的城市化。破解土地困局的首要策略就是打破现有城市化路径和模式，探索新型城镇化道路，实现人的城市化和土地城市化同步。

所谓新型城镇化道路，就是要实现以人为核心的城镇化道路。在具体实施过程中，可以通过税制改革和金融创新等手段破解地方政府对土地财政的依赖；可以通过激发各类经济主体的创新活力，不断增加就业岗位，为农民城市化奠定经济基础；可以通过改革户籍、社保等社会管理体制，为农民进城安居落户创造有利条件。

实现土地城市化向人的城市化转变，一方面，需要改变现有的城市化模式，创新相关体制机制，妥善处理好城市化进程中的政府行为和市场机制之间的关系；另一方面，要加快城市各类产业的发展，以产业发展带动农村人口真正转为城市人口，使进城农民享有与原有城市居民同等的公共服务和相关权益，真正实现人的城市化。

（二）通过市场化手段降低地方政府对土地财政的依赖

改变地方政府对土地财政的依赖需要新思路。从短期看，减少土地财政就意味着地方政府用于城市化建设的资金会缩减，那么，相应的资金缺口可以充分利用市场机制，支持和引导社会资金投向人的城市化过程，而并非以往的由政府一手包办。从中长期看，土地财政的减少可以通过产业发展和税制改革来增强地方政府的财政实力。随着时间的推移，地方政府单纯依靠土地财政支撑城市化的模式自然会退出历史舞台。

地方政府对土地财政依赖性的减弱，也将改变房地产市场发展的非理性状态，房地产市场的发展也将趋于稳定和理性。与此同时，随着人的城市化进程不断加快，房地产以外的产业也将呈现齐头并进、快速发展的态势，特别是服务业会随着城市人口的增长而快速发展。

产业的健康较快均衡发展能够提供更多的就业岗位，有利于农村人口的转移和城乡土地的合理配置和利用。

（三）实现土地增值收益的合理分配与共享

为破解城市化进程中的土地困局，需要着力解决土地增值收益的共享和分配问题，要为那些未被征收的农户提供土地收益共享的通道和途径，要规范和限制对于城中村和城郊土地征收给予过高土地征收补偿的行为，最终实现土地增值收益的合理分配和共享。

具体而言：第一，土地增值收益分配要维护拥有土地所有权的农村集体组织和拥有土地使用权的农户的根本利益。第二，要根据在城市化进程中各类经济主体的贡献来分配土地收益。第三，要考虑土地未被征收的农户，特别是进城务工的农民如何能够共享城市发展的土地增值收益问题。虽然进城务工农民自身的土地并未直接参与城市化进程，但是，被征收的土地属于国家所有，相应的土地增值收益理应由人民共享，特别是进城务工的农民工为城市发展做出了积极贡献，也应该享有土地增值收益。对于这一群体的收益共享问题可以通过为其提供更多公共服务的途径来解决。

（四）完善我国土地制度及其执行力

实践在发展，认识在深化。我国的土地制度需要与时俱进地修订完善，以适应发展的要求。不少研究表明，我国的《土地管理法》《物权法》等法律在土地利用和管理方面存在一些冲突，这些都需要进一步予以完善和规范。另外，还需要中央和地方政府继续完善对土地问题的顶层设计，不断细化具体的实施路径。

完善土地制度是破解土地困境的重要一环。不过，当前更为严峻的问题是，有些地区的经济主体缺乏对相关法律的敬畏，相关的法律在执行过程中出现打折扣的现象。因此，需要明确土地法律的效力，加强相关法律的执行力度，不能使法律形同虚设。

（原载于《江海学刊》2014 年第 3 期）

长三角一体化研究

“十四五”时期长三角一体化的趋势与突破路径

——基于建设现代化国家战略背景的思考

王 振*

党的十九大提出，开启全面建设社会主义现代化国家新征程，向第二个百年奋斗目标进军。长三角地区一体化发展正是在全面建设现代化国家这一新战略背景下正式上升为国家战略的①。推动区域间的一体化发展是我国建设现代化国家的必由之路。特别是要构建现代化经济体系和统筹推进生态文明建设，必须从根本上破解多年来形成的行政区分割问题和行政区经济模式，让要素自由流动，让市场决定资源配置，让流域性生态环境治理得到有效统筹，让地区间的经济社会发展更加协调。但基于现实格局，一体化发展是一个从局部先行到全面实现的渐进过程。在东中西三大区域仍然存在明显差距的格局下，作为我国经济发展最活跃、开放程度最高、创新能力最强区域之一的

---

* 作者简介：王振，1963 年生，上海社会科学院副院长、研究员、博士生导师，上海社会科学院长三角与长江经济带研究中心常务副主任。

① 习近平总书记在 2018 年 11 月 5 日的首届中国国际进口博览会开幕式上宣布，支持长三角一体化发展并上升为国家战略，……同“一带一路”建设、京津冀协同发展、长江经济带发展、粤港澳大湾区建设相互配合，完善中国改革开放空间布局。2019 年 5 月 13 日，中共中央政治局审议通过《长江三角洲一体化发展规划纲要》，并于 2019 年 12 月 1 日正式公布。

长三角地区，因其区域内地区差距较小、经济往来密切，且以世界级城市群为战略坐标，在国家的区域战略布局中，被赋予了率先实践更高质量一体化发展的先行使命①。

《长江三角洲区域一体化发展规划纲要》（以下简称《长三角规划纲要》）对长三角地区的未来发展确立了“一极三区一高地”的战略定位②，其中最关键的是要在科创产业、基础设施、生态环境、公共服务、市场体系等领域，全面构建区域一体化发展的体制机制。同样，在长三角地区36万平方公里的区域空间内推进一体化发展，也将是一个以改革开放为动能的渐进过程。本文将着重分析“十四五”时期长三角地区一体化发展的重点及趋势，包括区域联动发展、区域分工合作和区域利益协调机制三大方面。

区域联动发展：全面构建新格局

在国家战略实施的起步阶段，跨区域的联动发展是长三角地区深化一体化发展的前提和基础，兼顾了合作各方的特点和利益，体现了多空间、多元化、多路径的探索实践。在共筑强劲活跃增长极战略布局和一体化体制机制改革创新的推动下，“十四五”时期长三角地区的区域联动发展将全面进入活跃期，并将在一些各方高度关注的关键领域取得重大突破。特别在几大跨界的重点区域，包括上海大都市圈、南京都市圈、杭州都市圈、合肥都市圈等，各中心城市的引擎功能，在更高层次对外开放和科技创新资源高强度集聚的有力推动下，将得到进一步增强；各中心城市的辐射带动功能，在率先建立一体化发展

① 习近平总书记在2018年4月26日对长三角地区一体化发展作出了重要批示，提出了实现“更高质量一体化发展”的新要求。笔者认为，这个“更高质量”，就是要在长三角地区三省一市多年来探索实践一体化发展路径的基础上，确立更高坐标的区域战略，实践更加紧密的区域合作，实现更加协调的区域发展。

② “一极三区一高地”：全国发展强劲活跃增长极、高质量发展样板区、率先基本实现现代化引领区、区域一体化发展示范区、新时代改革开放新高地。

体制机制的强力推动下，将得到充分释放，带动圈内城市紧密合作，并对圈外城市形成积极的溢出效应。最需要关注的是三个方面的区域联动。

（一）苏浙皖通过全面接轨上海，协同提升上海的城市服务功能

多年来，都是上海辐射带动苏浙皖联动发展，但在一体化发展的新形势下，上海与苏浙皖的联动发展，将呈现出双向联动的趋势，既有上海的对外辐射带动，也有苏浙皖与上海的协同共建。习近平总书记对上海城市发展特别提出了“增强四大功能”的新要求，即全球资源配置功能、科技创新策源功能、高端产业引领功能和开放枢纽门户功能①。上海聚焦“四大功能”建设，离不开苏浙皖三省的协同共建。这是因为：一方面，“四大功能”是在“一带一路”建设走向深入，中美贸易摩擦走向长期化以及世界面临百年未有之大变局的新形势下提出的，对标的是全球性功能，不只是上海的战略定位，更是长三角三省一市共同的战略坐标；另一方面，上海在长三角城市群中的首位度不够充分，而且近些年多数周边城市的经济增速一直都高于上海，上海的首位度呈下降趋势②，因此，上海只有在更大的区域空间内集聚资源要素和实现功能共建，才能补首位度不足之短板，才能聚更大的建设动能。

苏浙皖三省将从三个方面协同提升上海的“四大功能”。一是协同提供需求动能。没有世界级的需求动能，就难以形成世界级的供给能力。没有来自苏浙皖三省积极而又巨大的需求动能，上海就难以形成具有成长力、竞争力的服务供给大平台和综合配套体系。上海已经在资源集聚、科技创新、高端产业、对外开放上形成比较显著的区域比较优势，这也是各地纷纷全面接轨上海、依托上海“四大长板”的

---

① 习近平总书记于2019年12月2—4日在上海调研期间，对上海城市发展提出了增强“四大功能”的新要求。

② 2018年长三角城市群的GDP总量为17.78万亿元，上海占18.3%，远低于东京在日本太平洋沿岸城市群中近40%的经济首位度。

动因所在。在“一带一路”建设和世界百年未有之大变局的宏观背景下，一方面，国家通过“三大任务一大平台”①，积极为上海的“四大功能”赋能，让“四大长板”更长；另一方面，苏浙皖三省为加快自身的转型升级和更加有效地“走出去”“引进来”，将更多依托上海的优势和长板，由此也对上海派生更加强劲的服务需求。

二是协同提供长板优势。所谓长板，是指各地在长三角地区内最具区域比较优势的服务功能、产业集群与科技创新领域。其长板优势的形成，既有特定资源禀赋的因素，如港口条件、区位条件等；也有多年来建设和发展的因素，如国际化功能平台的建设、产业的专业化集群、科技创新的高端资源集聚等；还有区域商务成本变化下形成的梯度优势，如距离中心城市较远一些的地区有用工、用地成本相对较低的优势。在服务功能、产业集群和科技创新的一些细分专业领域，长三角各地尤其是各个中心城市，都已形成各具比较优势的长板，如合肥在前沿科技创新上的长板、杭州在网络平台上的长板、南京在科技人才培养上的长板、苏州和无锡在战略性新兴产业集群上的长板以及宁波和舟山在航运上的长板等。各地既可以向上海直接注入长板资源，参与上海“四大功能”的共建共享，也可以加入上海的大平台网络，助推上海的枢纽功能建设。

三是协同提供建设空间。把上海“四大功能”建设的空间布局，放置到整个长三角地区，特别是上海大都市圈地区和南京、杭州、合肥三大省会城市。一方面，在苏浙皖地区具有长板优势的领域及其区域空间，与上海的世界级功能建设形成服务链、创新链的空间分工和协同共建；另一方面，在苏浙皖合适的区域空间，承接上海部分服务功能或功能环节的疏解，依托这些地区的建设用地优势、商务成本优势及制造业集聚优势，打造新型飞地经济，协同提升上海的全

① “三大任务”即自贸区新片区、科创板、长三角一体化发展示范区；“一大平台”即国际进口博览会。

球竞争力。

（二）都市圈内的联动发展进入深度同城化阶段，并向更高质量的一体化全面迈进

习近平总书记要求长三角地区实现更高质量的一体化发展。这个更高质量，是基于国家对长三角地区提出了更高坐标的战略定位，特别是共筑强劲活跃增长极和率先实现现代化的战略要求；基于在建设现代化经济体系和现代生态治理体系中不可回避、必须突破的各种行政区壁垒或各类“断头路”，构建现代区域一体化体制机制，积极推进更加紧密的区域合作；基于长三角地区仍然存在比较明显的地区差距、城乡差距，要通过地区间的融合发展、分工发展和共享发展，加快缩小地区差距，努力实现更加协调的区域发展。

深度同城化，是长三角地区走向更高质量一体化发展的经济社会基础，同时也是动力之源。所谓深度同城化，就是在时间空间同城距离、经济社会同城水平的同城化基础上，城市之间的关系进一步向基础设施同城、要素流动同城、就业通勤同城、公共服务同城等更高层级迈进。自21世纪初，随着高速公路网和跨江跨海大桥的加快建设，随着各地工业化、城市化水平的加快提升，长三角地区进入同城化发展时代。而最近几年，随着高铁网的密织、产业链空间分布的扩散、跨地区就业养老的普遍化以及各地对共享中心城市优质公共服务的更强期盼，长三角地区同城化发展也迈入新阶段，我们称之为深度同城化阶段。

深度同城化将在各个都市圈率先呈现，因此，更高质量的一体化发展也将在各个都市圈内率先实践和实现。特别值得关注的是跨三大省级行政区的“1+8”上海大都市圈①，经过改革开放四十多年的发展，苏州、无锡、常州、南通、宁波、舟山、嘉兴、湖州8个城市，

① 上海大都市圈覆盖上海及周边八个城市，区域空间面积5.59万平方公里。根据2018年统计数据，常住人口7065万人，占长三角地区的31.35%；GDP总量9.78万亿元，占长三角地区的64.72%；人均GDP已达到13.84万元，折合2.03万美元，比长三角全区域高47.39%。

从依托上海、融入上海，到全面接轨上海，不仅在基础设施、经济发展、城市建设、民生保障上与上海基本达到了同城水平，而且在国家战略的指引下，对互联互通、生态共治、要素流动、分工合作、“一网通办”等，都提出了积极的共同愿景和相互衔接的行动方案。正是有了这样的内在基础和动因，上海大都市圈各城市之间的区域联动发展将全面迈向更高质量的一体化。

（三）跨省界地区的联动发展将在生态一体化优先布局下，走向以机制建设为重点的新阶段

长三角地区的生态建设具有显著的跨省界、流域性特征。只有全面建立健全生态共治的体制机制，才能加快建成高品质的生态环境，实现高质量的绿色发展。长三角地区作为“绿水青山就是金山银山”的先行实践者，各地既有生态治理保护的共同要求，更有提升区域生态品牌的共同诉求，这就为率先在生态绿色领域构建一体化体制机制提供了积极的内在动力和区域性基础。

生态绿色联动发展的跨省界重点区域，包括了宁杭生态经济带、淮河生态经济带、大运河文化带、环太湖生态文化旅游带、新安江生态示范区等。最值得关注的是，《长三角规划纲要》用一个单章篇幅对“长三角地区生态绿色一体化发展示范区”进行了重点部署，这个区域空间不大，只有2300平方公里，但覆盖上海市的青浦区、苏州市的吴江区和嘉兴市的嘉善县，横跨沪苏浙三个省界，在全面构建区域一体化发展体制机制上具有先行先试、引领示范的典型意义。聚焦生态绿色，各个跨省界联动发展区域将在三个环节上率先实践一体化发展体制机制。

一是构建一体化的规划共编机制。在省级层面建立共同编制专项规划的工作机制，并对地区间存在的不衔接、不匹配、不一致问题梳理出清单，在规划中予以统一或统筹，并提出相应的保障机制。其中最关键也是必须攻克的难关，是对各地现行政策制度中的地方标准和规则，对标国际先进予以统一。

二是构建一体化的生态共治机制。对于跨省界的流域性污染治理，特别是太湖流域治理、皖北地区煤发电治理，将是建立健全生态共治机制的重要抓手，并将在生态共治专项行动计划的部署下，从根本上解决多年来未能攻克的顽症。

三是构建一体化的生态联保机制。生态联保主要涉及生态廊道或生态功能区的共建和生态环境的联合监管。即使是省域内的生态功能区建设，周边省市也将从中受益，因此，必须要有一盘棋思想，推动受益各方积极参与各地的生态廊道和生态功能区建设，其关键路径在于，设立专项资金或基金会，建立资金保障机制。在跨省界的联合监管方面，深化数据共享平台和联合执法机制建设，对企业排污、生活排污、农药化肥施用、废弃物处置等，实行最严格的监控和统一标准的处置。

区域分工合作：加快形成新架构

围绕世界级城市群与世界级增长极建设，长三角地区将在区域分工合作上展开更多的探索实践。分工，基于各个城市的比较优势和各扬所长，基于要素的自由流动和有效配置；同时要置身于开放型经济的全球分工，特别是在中美贸易摩擦长期化的新形势下，在更多的行业领域参与全球价值链的中高端分工，将更加重要和迫切。合作，基于各个城市间的取长补短、优势互补，基于地区一盘棋，以建设有全球影响力的服务功能体系、创新链体系、产业链体系为导向，在长三角地区这个大共同体中形成完整布局和功能整合。目前来看，要达成这样的分工合作架构，需要一个中长期过程，“十四五”时期在国家战略部署和各地的积极响应下，长三角地区将在三个重点领域深化区域分工和合作。

（一）全球资源配置功能建设的分工合作

这是针对各个中心城市而言的，特别是上海与南京、杭州、合肥、苏州、宁波等中心城市之间的服务功能分工。按照世界级城市群的战略定位以及长三角地区在提升中国国际影响力和竞争力中承担的战略使命，以上海为核心引领的全球资源配置功能建设，不仅要服务长三角、服务长江经济带、服务全国，更要服务于“一带一路”建设和中国的全球化战略。

资源配置包括金融、技术、人才、产权、信息、大宗原材料以及贸易资源、航运资源等。资源配置功能建设，重点在于功能大平台建设和专业服务能力建设。前者包括世界级的交易市场主体、网络平台、展示平台、全球网络、平台规则等；后者包括专业化的金融服务、信息服务、数据服务、咨询服务、法律服务等。长三角各中心城市要在功能平台建设和专业服务能力建设上加强分工与合作。

在分工方面，上海将全面对标纽约、东京等全球城市，在战略性资源配置领域，重点承担枢纽型功能大平台建设与国际一流专业服务能力建设，其中也包括加快建设接轨国际最高标准的开放规则和服务规则。各个中心城市则立足自身优势和发展定位，一方面，依托上海的枢纽功能和桥头堡功能，厚植区域性功能平台和专业化服务能力，加快拓展海外网络，增强和发挥支点作用；另一方面，补上海之不足，在一些专业性的资源配置领域，积极建设全球性功能平台，如杭州的数字贸易平台、舟山的成品油交易平台等。

在合作方面，在上海的牵头组织下，围绕功能大平台建设，通过资产纽带、区域性联网、管理输出等方式，把各地的区域性功能平台更加紧密地连接起来，形成一体化的运营构架；围绕专业服务能力建设，通过收购兼并、合作共建、人才输出、行业联盟等方式，推动各地专业服务机构接轨上海，向国际一流迈进。同时，对于其他中心城市主打的全球性功能大平台，上海将通过疏解非核心功能、协同共建特色平台、提供高水平专业服务等方式，构建双向合作格局。

（二）科技创新策源力建设的分工合作

从纵向区分，科技创新策源力可分解为支撑基础科学研究原始创新的基础科学策源力、支撑产业技术研发原始创新的关键技术策源力和产业技术转化应用孕育出新产业、新产品、新业态的产业创新策源力。三个策源力组合起来才能形成完整的科技创新策源力。三个策源力建设，都需要以持续性的大量研发投入、多领域的一流科研院所集群、多样化的高端人才集聚、活跃的社会风险投资四大资源要素供给为基础和前提。从长三角地区三大策源力现状和四大资源要素供给能力看，上海的集聚度和供给能力最强，且在建设具有全球影响力的科技创新中心的战略部署下，呈现出强劲的发展趋势；同时在苏浙皖三省，对应上海的战略部署，江苏提出建设具有全球影响力的产业科技创新中心，浙江提出建设“互联网+”世界科技创新高地，安徽提出建设有重要影响力的综合性国家科学中心和产业创新中心，这些战略基本部署在各个中心城市，特别是南京、杭州、合肥三个省会城市，呈现出省域内中心城市资源配置更集中，比较优势更突出，且与上海并行奔跑的发展趋势。因此，整个长三角地区的科技创新策源力建设，更要做好如何进一步深化上海与各个中心城市之间分工合作、增强合力这篇大文章。

在分工方面，立足区域创新比较优势，在信息、生物、材料、海洋、能源等重要科技创新领域，推动形成三大分工。一是大平台建设分工。重点在大科学装置配置和国家级实验室建设上，依托中国科学院在各中心城市的科研院所布局，同时对应国家科技创新2030年重大专项，深化区域分工。如上海的X射线未来网络试验设施、航空发动机与燃气轮机设施、脑科学与类脑研究设施；合肥的量子通信与量子计算机设施、核聚变与物质材料设施；杭州的大数据设施；南京的天体一体化信息网络设施等。二是一流学科建设分工。可依据教育部的一流学科建设布局和优势学科评估结果（A+评级），在高端人才培养和基础性原创研究上形成分工，让优势学科更优，引领力更强。如上海的生物学、船舶与海洋学、化学、数学、医学、药学、环境学等，南京的天文学、大气科学、地质地理学、建筑学、农学、水利学等，杭州的计算机科学与技术、光学、园艺学等，合肥的计算机科学与技术、物理学、化学、核科学，无锡的食品科学等。三是创新成果转化分工。围绕各地的大平台优势和学科优势，依托各地的国家级开发区和科学城建设，增强创新成果孵化产业化基地的综合配套和双创活力，培育壮大产业创新策源功能。依托周边城市的产业集聚优势和产业化用地优势，建设一批飞地型创新成果转化基地。

在合作方面，围绕资源共享、扩大溢出，在科技创新公共服务领域探索更加积极有效的合作机制。一是深化各类科技创新公共服务平台的共建共享机制建设。以大平台建设为抓手，探索实践基金会模式、公司化模式，促进大型科学仪器设备共享平台、技术交易市场、技术转移服务平台等跨区域共建共享。二是发挥各自优势合作共建高水平新型研究机构。在区域上有分工，同时进一步深化相互赋能，如合肥的量子通信优势与上海的需求优势、资源优势紧密结合，在上海共建国家级量子通信实验室；上海的核物理优势与合肥的核聚变优势紧密结合，在合肥共建大装置，推进大研究，实现大转化。三是各大平台机构在中小城市合作共建高水平技术创新中心。引入公司化模式，合作共建一批更有活力的新型技术创新中心，有的与当地政府合作共建，有的与当地大企业合作共建，既承担政府委托的公共服务职能，又具有内在的激励机制动能。

（三）世界级产业集群建设的分工合作

世界级产业集群应该有三个重要标志：一是在全球的生产制造总量中拥有较大份额，具有全球影响力；二是在产业的技术创新尤其是关键技术上拥有自主知识产权，具有全球影响力；三是在产业的市场主体力量及标准规则制定上，拥有主导型的大企业及其配套群，具有全球影响力。[①] 2016 年国家颁布的《长江经济带发展规划纲要》，首次

① 参见王振等《长江经济带创新驱动发展的协同战略研究》，上海人民出版社 2018 年版，第 12 页。

明确提出，以沿江国家级、省级开发区为载体，以大型企业为骨干，打造电子信息、高端装备、汽车、家电、纺织服装五大世界级产业集群。《长三角规划纲要》进一步提出，要在电子信息、生物医药、航空航天、高端装备、新材料、节能环保、汽车、绿色化工、纺织服装、智能家电十大领域，形成若干个世界级产业群。

长三角地区被称为“世界工厂”，其在诸多的产业领域已经形成世界级产能和集聚优势，如电子信息、汽车、纺织服装、智能家电等，但这些产业集群还不能称之为世界级产业集群，因为其在关键技术的自主创新能力和大企业的主导力上与世界级水平仍有一定的差距。但长三角地区拥有的对外开放优势、市场需求优势、供应链配套优势、发达物流优势，再叠加正在全力打造的科技创新优势，势必在多个产业领域加快从世界工厂向世界创造、世界智造的转型升级，培育出若干世界级产业集群。在这个进程中，有效促进产业的分工与合作，是极其重要的推进路径。

在分工方面，以充分发挥各地比较优势为导向，构建更具国际竞争力的产业链空间分工体系。提升产业集群国际竞争力，既要考虑创新比较优势，也要考虑成本比较优势。因为中心城市一般有比较显著的创新比较优势，而中小城市一般更具成本比较优势，因此，长三角地区的产业链空间分工，要立足于如何更好发挥中心城市和中小城市的各自优势、协同发展。中心城市要做大做强对创新和人才有更多依赖的产业链高端和新兴产业，同时在行业头部企业引领下，进一步把对用工和成本比较敏感的生产环节、配套企业更多扩散到中小城市。实际上，最近几年这种趋势也越来越明显。一方面，商务成本比较优势在空间上正在发生较大变化，各中心城市因房价和用工成本居高不下，原先的商务成本优势快速弱化，而中小城市这一优势明显放大，必然带来产业链布局的空间洗牌；另一方面，一体化的立体交通建设和公共服务一网通等安排，正迅速改善中小城市的区位条件，有利于这些地区加入产业链分工体系。将要推出的财税分享试点政策以及各种区域合作新举措，对中心城市疏解部分产业，中小城市深度参与产业链分工，可以提供有力有效的推动。

在合作方面，在产业链与创新链趋于空间分离的趋势下，构建两者深度融合的区域合作体系。产业链更多向中小城市转移，创新链则更加集聚在中心城市，这种区域分工趋势在长三角地区已非常明显，但中小城市创新基底薄弱，产业链中低端创新支撑不足的短板也随之更加显现。解决这一短板，对于加快建设世界级产业集群至关重要。其路径：一是促进中心城市创新资源向中小城市扩散溢出。即通过深化科技创新体制机制改革，鼓励和支持上海、南京、杭州、合肥等地的科研院所和大学更加积极地走向中小城市，共建制造业创新中心。这也是这些年已经取得较好成效的重要举措。二是中小城市直接对接作用中心城市创新优势。即各地企业或政府部门反向在各中心城市建立研发机构、转化机构，把中心城市的人才、平台和综合配套优势，与当地企业的成果中试、转化和产业化优势，更加紧密地结合起来，构建起产业链与创新链深度融合的区域一体化模式。

区域利益协调机制：着力造就新动力

建立健全区域利益协调机制，是长三角地区一体化发展的重要动力和基础保障。流域性生态治理、公共服务共享，各方都有共识，但总是进程缓慢甚至步履维艰，因为在跨行政区的成本共担上缺乏制度供给，没有机制保障。地区间的分工合作、要素自由流动，时常受到干扰或者扭曲，这是因为每个地区都有自身鲜明的地方利益，而在跨地区的产业分工合作中缺乏有效的利益共享机制。中心城市为守住项目、保持增长，补贴政策层出不穷，中小城市为争取项目、做大经济，继续高举税收、用地优惠政策，这种现象在当下长三角地区仍很普遍。这不仅是构建现代化经济体系过程中必须解决的问题，也是我们接轨国际贸易投资最高标准所要解决的问题。长三角地区要实现更高质量的一体化发展，必须在建立健全成本共担、利益共享机制上实施更大力度的改革创新，这也就是在更高起点上推进全面深化改革。“十四五”时期要着力构建三大区域利益协调机制。

（一）流域性生态建设的区域利益协调机制

生态绿色是长三角地区一体化发展的基底。要在新安江生态补偿机制试点的基础上，围绕流域性生态建设，在更多跨行政区的区域空间实践以生态补偿为核心的成本共担机制。全国人大常委会正在审议的《长江保护法》，将为长三角地区先行先试生态补偿机制提供积极的制度支撑①。其中要建立两种生态补偿机制。

一个是流域性共同治理的生态补偿机制。关键是设立由生态共治受益各方共同出资的专项资金或基金会，解决整治地区关停或迁移或改造污染项目中的资金问题、区域性排污纳管和集中处理中的资金问题以及人口迁移或就业安置中的资金问题。同时，加快探索区域协同立法，对各地资金如何出、治理如何做、统筹资金如何用、治理效果如何评等关键性举措作出制度安排，确保生态共治常态化、制度化。重点围绕太湖流域的水治理、安徽皖北的煤发电污染治理两大流域性共治项目进行实践。《长三角规划纲要》也明确提出在太湖流域建立生态补偿机制，预见“十四五”时期将在越来越强的地方共识下，对区域生态补偿机制将有更多的创新和实践，包括各方共同出资设立太湖流域生态建设基金会、三省一市共同推进太湖流域生态治理协同立法、确立对承担治理和保护责任的沿湖地区乡镇予以补偿的标准和机制等。例如，安徽皖北地区的煤发电污染治理涉及安徽皖北、江苏苏南与上海，上海、江苏苏南虽然通过特高压线享受了清洁电力供应，但同时也受到空气流动带来的植入式雾霾影响。这是一个亟待治理的重大生态项目，需要上海、江苏苏南共同出资出力，建立生态补偿机制，帮助安徽皖北地区从根子上治理发电污染。

① 2019年12月23日，《长江保护法草案》首次提请全国人大常委会会议审议。

另一个是生态功能区建设的生态补偿机制。各地都已划定生态廊道和生态经济功能区，也在各自的行政区域内安排了相应的保障性资金。长三角地区要在生态廊道共建上实施更加积极的行动，也需要有一个相应的生态补偿安排，既要有省内资金的安排，还要有得益地区的资金支持，并通过专项资金或基金会来落实生态补偿机制。长三角地区还要在生态功能区生态价值共建共享上积极推进机制创新，其中既有绿色农产品、绿色休闲的市场对接机制，还有跨地区合作共建配套设施、提供公共服务上的政府对接机制。

（二）跨地区经济合作的区域利益协调机制

迄今为止在飞地经济、合作园区建设中的区域合作，较多是以开发区之间的土地开发收益和政府资金补助为利益协调方式的，但这种合作方式对输出方的经济增长和税收并没有积极效应。在经济下行趋势下，作为产业转移输出方的地方政府，对能确保 GDP 和税收的项目，经常会干预转移。特别是现在很多高科技项目，都是经过前期资助补贴和公共服务孵化培育出来的，如果没有相应的利益协调机制，很可能引发地方之间新一轮优惠政策比拼，不该留在中心城市的留在了中心城市，有区域比较优势但缺乏政策优惠实力的中小城市却承接不到好项目。

区域经济有效合作的前提是兼顾各方的利益，实现合作共赢。要消除当前长三角地区普遍存在的政府过度干预现象，很重要的一个创新实践，就是构建区域间的财税分享机制，用国家层面的经济政策手段协调区域利益。《长三角规划纲要》对这项改革已作了积极部署，特别是在生态绿色一体化发展示范区内，将其列为制度创新的重点领域。在这个跨越三个省级行政区的示范区，需要从制度上解决，注册在青浦，生产在吴江和嘉善，创新基地在青浦，产业化基地在吴江和嘉善所引发的区域利益协调问题。建立财税分享机制是一项新的改革实践，对于深化区域分工合作，促进中心城市辐射带动周边中小城市更好发展有非常积极的现实意义。

（三）共享中心城市优质公共服务的区域利益协调机制

公共服务的均等化、一体化是长三角地区更高质量一体化发展的重要领域，特别是共享中心城市的优质公共服务，包括医疗、养老、教育、文化、就业创业、科技创新等，更是其他地区的共同期盼。随着跨地区就业、养老、休闲越来越普遍，跨地区共享优质公共服务，将成为“十四五”长三角地区一体化发展的重要突破口和标志性绩效。

但共享的前提是成本共担。其中既有扩大优质公共服务供给所需的建设成本共担，还有各类公共服务机构对各地开放中的服务成本共担。只有建立健全这两个成本共担机制，才能有效调动中心城市的积极性，促进各领域的优质公共服务向各地开放、向各地流动。探索建立成本共担机制，是长三角地区一体化体制机制改革创新的重点之一，也是难点之一。

（原载于《江海学刊》2020 年第 2 期）

长三角城市群格局中的“扬子江城市群”构建策略

李程骅*

长江经济带在我国区域发展的总体格局中具有重要战略地位。“十三五”时期，我国新一轮的长江经济带规划、长三角城市群规划向纵深推进，进一步突出了“坚持一盘棋思想”和统筹协调发展的新理念，对长江经济带覆盖的11个省市以及长三角城市群、长江中游城市群、成渝城市群的“三极”发展目标都作了更加科学的界定。特别是《长江三角洲城市群发展规划》，明确提出了长三角地区建设成世界级城市群的目标：到2020年，基本形成经济充满活力、高端人才会聚、创新能力跃升、空间利用集约高效的世界级城市群框架；到2030年，配置全球资源的枢纽作用更加凸显，服务全国、辐射亚太的门户地位更加巩固，在全球价值链和产业分工体系中的位置大幅跃升，国际竞争力和影响力显著增强，全面建成全球一流品质的世界级城市群。该规划将上海和江苏、浙江、安徽三省共26个城市纳入，江苏的南京、无锡、常州、苏州、南通、盐城、扬州、镇江、泰州9个城市进入空间的功能规划。除盐城外，江苏沿江八市分别被归属到南京都市圈、苏锡常都市圈和沿江发展带的功能板块中，并由此构成长三角世

* 作者简介：李程骅，1964年生，社会学博士，《群众》杂志社副总编辑、研究员、博士生导师，江苏省级重点培育智库“创新型城市研究院”首席专家。

界级城市群北翼核心区，在未来进一步发挥骨干带动作用。因此，在长三角城市群未来发展的新格局中，无论是处于长江经济带“龙头”“龙颈”位置，还是作为一流世界级城市群的核心区的江苏沿江区域，理应展现自身的战略使命，主动抓住这个重大机遇，优化区域发展战略，乘势规划建设一体化发展的“扬子江城市群”①，整体提升江苏区域发展质量和国际化水平。

构建“扬子江城市群”：彰显国家战略的“江苏使命”

工业革命以来的世界城市化进程和现代城市规划的成功实践表明，城市群和都市圈带动下的区域一体化，必须以经济发达、辐射较强的中心城市为依托，通过密切的经济活动与周边城镇形成联动发展的多层次空间体系，形成协同发展的城镇化新模式。② 北美的大西洋沿岸城市群、五大湖城市群，日本的太平洋沿岸城市群以及英国东南部城市群等，都是典型的现代城市群。以上海为中心的长三角城市群是世界公认的第六大城市群，在向世界级城市群发展的进程中，一方面需要构建更加高效的整体联动的空间组合体系；另一方面也必然形成多个高度一体化的次级城市群和都市圈。在长三角城市群北翼地区，目前的苏锡常都市圈、南京都市圈、宁合都市圈等，也将进一步形成空间叠合、功能融合、要素整合、协同创新驱动发展的新格局，一体化、同城化的趋势不可阻挡。③ 据此，面向“十三五”和未来一个较长的时期，围绕国家确立的长三角世界级城市群的中长期目标，江苏必须

---

① 2016年9月9日，江苏省委书记李强在专家座谈会上提出，江苏沿江八市要强化一体化协同发展理念，协力打造“扬子江城市群”。9月21日，李强书记在南京就推动长江经济带发展进行的专题调研中，进一步要求沿江地区加大融合发展力度，突出一体化，共建“扬子江城市群”，使其成为未来江苏协同发展最重要的增长极。参见《李强就推动长江经济带发展进行专题调研时强调——依托黄金水道 建设黄金水岸》，《新华日报》2016年9月22日。

② 李程骅：《中国城市转型研究》，人民出版社2013年版，第291页。

③ 李程骅：《培育以南京为龙头的江苏沿江大都市带》，《南京日报》2014年12月30日。

从战略上谋划沿江地区发展能级整体提升，即在新发展理念的指导下，借助“一带一路”全方位开放战略、国家长江经济带战略规划的实施，有效整合沿江地区的空间资源、发展要素和创新网络，进一步优化生产、生活和生态空间布局，深化沿江城市群的内涵发展，合力打造一体化的、跨江发展的“扬子江城市群”。此举在为江苏深化参与全球创新网络和价值链，构建具有全球影响力的产业科技创新中心和具有国际竞争力的先进制造业基地提供高度开放的空间合作平台的同时，也将促进从上海到南京的江苏长江南、北沿江地区，这一涵括宁镇扬都市圈、苏锡常都市圈和沿江发展带的江苏八个城市，加快形成以轨道交通网络、现代产业体系、生态保护体系、公共服务体系、创新要素高度集聚为主导的新型都市区、都市带①，从而更便捷、更高效地对接上海这个中心龙头，进一步提升江苏的国际化水平和区域竞争力，更好地服务于“一带一路”建设和长江经济带发展战略。

加快江苏沿江八市的一体化发展，协力推动“扬子江城市群”的规划建设，是江苏“坚持一盘棋思想”推动长江经济带发展的系统设计。习近平总书记对长江经济带的规划建设多次发表重要讲话，其中“坚持一盘棋思想”是核心要求。2014 年 12 月，习近平总书记做出重要批示，强调长江通道是我国国土空间开发最重要的东西轴线，在区域发展总体格局中具有重要战略地位，建设长江经济带要坚持一盘棋思想，理顺体制机制，加强统筹协调，更好发挥长江黄金水道作用，为全国统筹发展提供新的支撑。在 2016 年 9 月印发的《长江经济带发展规划纲要》和 2016 年 6 月发布的《长江三角洲城市群发展规划》中，都体现了国家战略层面对江苏沿江地区在未来发挥骨干带动作用的要求。推进江苏沿江八市跨江融合发展，共建一体化的扬子江城市群，是践行这一要求的系统设计，将在江苏具体实施长江经济带发展规划中发挥统领作用。

---

① 李程骅：《打造一体化的江苏沿江大都市带》，《新华日报》2016 年 7 月 26 日。

长江经济带覆盖11省市，在“三极”之一的长三角城市群中，江苏沿江地区作为其北翼核心区，所规划的沿江发展带、南京都市圈、苏锡常都市圈共同构成长江经济带的“江苏板块”，具备较为典型的现代城市群特征，以“扬子江城市群”进行一体化整合，进一步彰显了国家长江经济带战略实施中的“江苏标记”和江苏承载的战略使命。长江下游自湖口到入海，分为安徽、江苏两段，安徽境内俗称皖江，长江自南京以下则称“扬子江”。扬子江城市群就是长江流域中的江苏城市群的特定称谓，地理识别性强，对内对外容易传播，并富有历史文化内涵。扬子江得名于隋唐时期扬州江岸的扬子津。自近代以来，西方把中国的长江通称为“扬子江”，“Yangtze River”即是长江在英语中的称谓。

从整体提升江苏区域发展能级与发展质量的现实要求来看，原来划江而分的苏南地区、苏中地区，也应加快一体化融合发展的进程，共建“扬子江城市群”有利于强化统筹发展的效能。从江苏区域发展的创新驱动战略以及“十三五”规划确定的目标任务来看，合力打造一体化的扬子江城市群，可以加快沿江两岸地区发展能级的整体提升，有效整合沿江苏南、苏中地区的空间资源、发展要素和创新网络，进一步优化生产、生活和生态空间布局，促进江南、江北乃至江苏沿海经济带融合发展。南沿江及沪宁线主导的苏南五市，面积2.81万平方公里，人口3300万；北沿江的苏中三市，面积2.04万平方公里，人口1640万。扬子江南北空间的深度融合，接近5000万人口的深度流动，一体化发展将培育出长三角城市群、长江经济带最大最优的增长极，并带动江苏区域发展能级的整体提升。现阶段长三角地区的经济发展和城镇化水平，已经全面进入城市群、都市圈时代，城市与区域转型发展需要新动力、新机制，苏南、苏中地区的融合发展时机已经成熟，现有的和规划建设中的高铁、城际轨道、地铁、轻轨等构成的快速通勤出行网络，将使江苏沿江地带的八个城市，形成“半日工作圈”“一日生活圈”。目前，苏南与苏中在经济发展上形成的梯度性格局，也有利于实施跨江联动的一体化建设。从表 1 可以看出，2015 年苏南五市的人均 GDP 已经达到或接近 2 万美元，城镇化率超过或接近 70%，服务经济体系正在加快形成，完全具备了国际大都市区的初级阶段的特征；而苏中三市，人均 GDP 接近 1.5 万美元，城镇化率超过了 60%，则正在进入城市群、都市区发展的门槛。苏南、苏中经济发展、城镇化进程的梯度状态，为两大板块的联动发展、资源整合优化，共同构建一体化、开放型、网络化的扬子江城市群，提供了良好的基础条件。

表 1　　2015 年沿江八市主要经济数据和城镇化率

片区	城市	GDP（亿元）	人均 GDP（万美元）	第三产业（亿元）	服务业占比（%）	城镇化率（%）	公共财政预算收入（亿元）
江南带（苏南五市）	南京	9720.77	1.90	5572.27	57.30	81.40	1020.03
	镇江	3502.48	1.77	1642.63	46.90	67.93	342.85
	常州	5273.2	1.80	2610.40	49.50	70.00	466.30
	无锡	8518.26	2.10	4183.11	49.10	75.40	830.00
	苏州	14500	2.19	7170.00	49.50	74.90	1560.80
江北带（苏中三市）	南通	6148.4	1.35	2816.00	45.80	62.76	625.60
	扬州	4016.84	1.44	1762.94	43.50	62.79	336.8
	泰州	3655.78	1.41	1643.45	50.00	61.55	322.2

数据来源：根据江苏省及各市《2015 年统计年鉴》《经济社会发展统计公报》整理。

可见，无论从长三角城市群整体建设目标的有序推进，还是江苏自身提升区域发展水平的角度来考量，构建一体化发展的扬子江城市群，可以统筹江苏沿江城市带、城镇轴和都市圈的建设，加强省级层面的协调力度，优化空间布局，促进沿江两岸城市、县域、城镇间的深度融合，提升资源配置效率，构建以现代产业集群促进城镇空间优化的新机制，形成现代城市群主导下的体系健全、定位明确、分工合理的大中小城市和小城镇协调发展的新格局。从目前来看，沿江各市之间依然存在割据问题，城市发展定位趋同，城市群内部功能互补性不强，集群效应不高，产业体系同构、园区定位雷同、生态保护扯皮的现象依然突出。统筹推进一体化扬子江城市群的规划建设，不仅可以使苏南五市和苏中三市形成一个整体的协同发展的多层级化的现代城市群，也将促进发展要素的内部整合，推动自身的产业体系、服务能力、创新水平以及生态环境都迈上一个新台阶，并从长远做强长三角世界级城市群北翼核心区。

推进“扬子江城市群”建设的策略与路径

遵照新发展理念的要求，科学把握长江经济带、长三角世界级城市群规划赋予江苏沿江八市的定位、功能和角色，加快打造一体化跨江发展的扬子江城市群，是江苏在“十三五”和今后一个时期加快转型升级，统筹利用多重国家战略，强健区域发展“长江脊梁”，培育创新增长极、增长带和建设“强、富、美、高新江苏”的应有选择。面向“十三五”及今后一个较长的时期，结合江苏沿江地区进入后工业化阶段，城镇化进入城市与区域一体化发展阶段的现实判断，江苏应遵循“五位一体”的原则，顺应城市群提升发展质量的空间优化规律，在省级层面把沿江地区发展上台阶作为打造绿色生态廊道、推动转型升级和构建开放型经济新体系的重要突破口，把“顶层设计”与重点突破的行动相结合，有序推进建设一体化发展的扬子江城市群，探索出新发展理念指导下的高质量的区域现代化新路径。

（一）统筹规划主体功能区，构建立体交通网络主导的集约型现代城市群

扬子江城市群统揽江苏沿江八市，在落实国家的长江经济带发展规划和长三角城市群发展规划中，要牢牢确立优化发展的原则，坚持“精明增长”的导向，统筹规划好主体功能区，打造空间集约型的现代城市群。沿江八市总面积为 4.85 万平方公里，是规划总面积 21.17 万平方公里的长三角城市群的核心区，因此，要围绕“黄金水道”“黄金水岸”的建设要求，细化两岸城镇体系规划，在生态优先、绿

色发展的前提下，明确优先开发区、重点开发区和限制开发区。尤其对江苏沿江发展的 6 市市区和 15 个县（市）的 2 万多平方公里区域[①]，要体现与国际知名城市群对标的空间规划水平。要依据现代城市群、都市带发展的典型“轴向”特征，将原来规划的沿江城市群、都市连绵区，实施轨道交通主轴带动的整体能级提升行动，缩小因原来市域割据发展带来的基础设施建设差距，进一步明晰南沿江、北沿江地区的城镇轴，优化轨道交通主轴和网络，使沿江两岸和跨江通道形成一体化的环状交通网络，将长三角城市群规划中确定的南京都市圈、苏锡常都市圈和沿江发展带串联起来，形成通勤化的空间格局。

城市群、都市圈的空间扩张规律表明，汽车社会和轨道交通发达时代的到来，都市区、城市群的功能区可以打破行政区隔的影响，加速形成一体化、同城化的空间扩展形态。“十三五”期间，除了南京将形成完善的地铁与轻轨交通体系之外，苏州、无锡、常州和南通都将进入地铁、轻轨建设的快速期，由此所带来的空间布局的优化、产业空间的重组、居住空间的分化，将为扬子江城市群的一体化发展提供空间融合的保障。因此，必须在省级层面协调轨道交通网络建设，建议由江苏省发改委牵头，联合交通运输管理机构，对原有的沿江城市群城际轨道交通网规划进行审定，在鼓励各城市大力建设市域地铁、轻轨的同时，统筹规划好整体的轨道交通主轴对接、网络化连接问题。在省级层面协调好沿江八市内部以及与上海、安徽相邻城市的城际轨道交通网络建设。深度推进宁镇扬、锡常泰和苏通三个地区的同城化进程，加快形成扬子江城市群内部主要节点之间以及与上海的“半日工作圈”“一日生活圈”，促进要素、人员流动的几何级数增长，探索出集约发展、“精明增长”的江苏现代城市群建设之路。

① 根据 2003 年 8 月印发的《江苏省沿江开发总体规划》，规划面积为 2.46 万平方公里，不包括苏州、无锡的市区。

（二）突出中心城市带动功能，创新驱动扬子江城市群多层级联动发展

从长三角城市群的规划内容来看，江苏沿江八市的能级地位不同：南京为特大城市，苏州为Ⅰ型大城市，无锡、南通、常州、扬州、泰州为Ⅱ型大城市，镇江为中等城市。这种规划定位和发展前景契合“扬子江城市群”的多层级联动发展的要求。南京要和苏州发挥“双引擎”功能，集聚高端要素，在更高层面上对接上海，参与全球产业竞争。以南京为中心的宁镇扬都市圈和由苏州领头的苏锡常都市圈的当前发展格局，决定了南京和苏州在扬子江城市群中的辐射带动作用。在2015年国家批复的《江苏城镇体系规划（2015—2030年）》和最新发布的长三角城市群规划中，南京和苏州都被定位为千万级人口的“特大城市”，在江苏和长三角地区发展中被赋予了重任。从近期看，强化南京、苏州的“双引擎”功能，有助于在高端要素集聚上提升沿江大都市带的功能；从远期看，其扩散效应会带动整体的区域创新和可持续发展，引领江苏在更高层面参与国际合作和竞争。而无锡、常州、扬州、泰州等城市的不同定位，既有助于宁镇扬都市圈、苏锡常都市圈内部的一体化发展，也有利于与沿江发展带的新增长极南通一起，共同对接长三角超级龙头上海的辐射，完善长三角北翼核心区的空间组合体系、交通网络体系和产业布局体系，达到江南、江北多点通达、多层级联动和一体发展的目的。

南京作为省会和东部地区重要的中心城市、长三角的中心城市，具有发展现代服务业、总部经济、区域金融中心建设等方面的优势，要在扬子江城市群未来发展中发挥龙头作用。从长江经济带规划来看，南京被确定为四个航运中心之一，江海联运和海港功能的枢纽效应将进一步放大，发展枢纽经济适逢其时。从创新驱动城市转型和丰富特大城市内涵的要求来看，应借助科教资源禀赋优势、成果转化优势、创新资源集聚优势等，结合国际软件名城的建设，建成国家级的创新中心、创新枢纽。要把国家级南京江北新区打造成具有国际影响力的

自主创新高地，优先引导各类创新要素、创新人才、创新政策的集聚，吸引国家级、省级重大科技平台前来布局，大力提升创新驱动的动能和效率，使江北新区成为扬子江城市群科技创新和产业转型的关键纽带。

（三）完善产业与城镇转型互动机制，整体提升扬子江城市群国际竞争力

扬子江城市群是长三角世界级城市群的核心区，必须全力提升自身在全球价值链和产业分工体系中的位置，增强整个板块的国际竞争力和影响力。要围绕江苏“十三五”确定的“一中心”“一基地”的目标，打造规模和水平居世界前列的先进制造产业集群，做优做强服务经济主导、智能制造支撑的现代产业体系。城市群的核心纽带是由产业体系、产业集群构成的价值链条，要将推进扬子江城市群建设落到实处，就要加快构建与国际通行规则相适应的投资、贸易制度，全力提升城市群内主要城市的国际国内要素配置能力和效率。要坚决消除阻碍生产要素自由流动的行政壁垒和体制机制障碍，推进产业跨界融合，促进统一市场建设。要积极探索产业升级与城镇转型的联动机制，深度实施互联互通行动，打破沿江横向割据，推动跨江对接。苏州、南通要无缝对接《上海市城市总体规划（2016—2040）》，在国际航运中心、国际金融中心以及全球科创中心等方面，实施功能区的融合与空间响应。探索多种形式的南北产业转移合作模式。加快升级“飞地经济”园区，对江阴—靖江、无锡—泰州以及苏州、上海与南通共建的产业园区，实施以发展质量为主导的考核和支持，把“经济飞地”转变为产城融合的先行区。简政放权要落实到位，充分释放沿江县级市的发展潜能，培育出一批新的区域增长极和次增长极，促进它们带动县镇开发区、科技园区和功能小镇等实现创新“在地化”，直接进入长三角核心区的创新价值链，上升为国际化网络中的新节点。

在长三角地区的城镇化、都市化进程中，江苏的突出特点是不仅培育出了一批知名的特大城市、大城市，而且多数县级市和小城镇发

展较好，推进城乡一体化发展的体制机制较为完善。特别是苏南沿江地区的一批县级市如昆山、常熟、江阴、张家港等，无论是经济总量还是城市建设的规模水平，都已接近乃至超过中部的一般中等城市（参见表2），但由于行政级别不高，这些城市过去在区域发展中长期被“矮化”。推进一体发展的沿江大都市带建设，落实全面深化改革的各项政策，充分发挥市场的决定性作用，就必须有重点地提升这些县级市的能级定位，培育转型升级的新增长点、创新发展的新平台。在长三角城市群规划中，江苏有昆山、常熟、江阴、张家港、丹阳、如皋、海门、太仓、靖江、泰兴、仪征等19个县级市进入，即表明了国家层面的政策倾斜。从省级层面的政策引导来看，通过简政放权，充分释放这些实力强的县级市的发展潜能，不仅能培育出一批新的增长极或次增长极，也将提升区域的城镇化内涵，改变知识、资本、技术等发展要素集聚的流向，逐步改变中心城市、大城市的“虹吸效应”，促进沿江大都市带真正形成特大城市和大城市带动下的中小城市和小城镇同步发展的城市化新形态。在长三角地区，无论是江苏昆山建设花桥现代服务业新城的成功，还是浙江乌镇成为世界互联网大会永久会址，都表明了县级市、区和特色镇，可以直接进入长三角核心区的创新价值链，并上升为国际化网络中的新节点。

表2　　江苏沿江地区部分县级市主要经济数据（2015年）

地区	GDP（亿元）	人均GDP（万元）	第三产业（亿元）	服务业占比（%）	城镇化率（%）	公共财政预算收入（亿元）
江阴	2880.9	17.60	1250.2	43.40	—	218.90
常熟	2044.88	13.54	939.85	45.96	67.00	369.18
张家港	2229.82	17.8	1008.72	45.20	67.00	174.20
太仓	1100.08	15.51	498.34	45.30	66.28	114.54
昆山	3080.01	18.66	1355.45	44.00	80.00	284.76
如皋	812.46	6.48	350.41	43.10	55.30	77.10
海门	915.02	10.13	391.63	42.80	56.60	78.40

续表

地区	GDP（亿元）	人均 GDP（万元）	第三产业（亿元）	服务业占比（%）	城镇化率（%）	公共财政预算收入（亿元）
丹阳	1085.00	11.09	478.56	44.70	—	67.06
靖江	762.00	11.10	330.85	47.10	62.20	61.61
江都	862.97	8.57	381.46	44.20	55.21	—
扬中	475.80	13.90	214.11	45.00	60.45	71.20

数据来源：根据江苏省及各市《2015 年统计年鉴》《经济社会发展统计公报》整理。

（四）以绿色发展降低生态负荷，打造长江经济带示范性“绿色城市群”

长江经济带规划和长三角城市群规划，都将生态环境保护放在了首要位置，要求整体打造沿江的绿色生态廊道。地处长江下游江苏段的扬子江城市群人口密度与经济密度高，生态环境脆弱，以石化产业为主导的产业结构体系安全隐患突出，必须运用法制化手段实施生态保护。要更好发挥政府在空间开发管制、基础设施布局方面的规划指导作用，以一体化保护的机制共守长江黄金水道及沿江地区生态安全。目前，沿江八市共有危化品企业 27646 家，占全省的 78.9%；苏南五市的石化产业产值占到全省的 50% 以上，较大规模的化工园区有二十多家，且大都邻近中心城区或县城。[①] 必须恪守打造“绿色生态廊道”的总体目标，根据沿江八市石化产业现状，精准制定各市碳排放指标，探索建立八市碳排放交易市场。研究设立省级的扬子江城市群产业投资基金和创业投资基金，吸引社会资本进入收益稳定的生态建设项目。建立环保绿色技术共享机制，扩大排污权有偿使用和交易试点，提升企业排放达标标准和准入门槛，逼退、逼转、逼治不达标企业。研究设置沿江生态污染联防联控的统一管理机构，共建水资源监控系统。实施沿江生态污染联控和生态保护红线评估考核体系，纳入政府年度绩效考核。全面提升扬子江城市群的绿色发展质量和整体宜居魅力，

① 《石泰峰调研沿江五市危化品企业 强调强化治理》，《新华日报》2016 年 9 月 2 日。

使其成为长江经济带示范性的“绿色城市群”。

扬子江城市群的规划建设，必须以共守生态安全为前提，科学测度江苏沿江大都市带的生态承载能力，有效运用地租级差的疏散功能，在一体化进程中统筹解决“大城市病”和“小城镇病”。特别是针对南京、苏州等龙头城市、核心城市地价攀升、企业商务成本加大的现实，有效利用地租级差，有序将先进制造基地、企业研发基地和协同创新平台，向网络化的次级节点城市疏解、分流，在整体的大都市带空间中协调生态布局、产业协作、园区共建、设施共享等方面的举措，实现资源配置的最优化、创新驱动的最大化，达到产业升级与区域转型的双重目的。特别是未来轨道交通构成的城镇发展主轴，将会在沿江地区形成集约紧凑、疏密有致的空间格局，这不仅有助于破解过度开发、拥堵加剧、边界模糊的大城市病，也为解决发展动力不足、资源配置能力较弱、就业体系单一和生态环境脆弱的“小城镇病”，探索出富有成效的新路径。特别是沿江两岸众多的县级、镇级开发区、科技园区，进入网络化的城市群的空间体系中，有可能升级为特色化的创新社区、生态化的功能小镇，为扬子江城市群的绿色发展注入新内涵。

（五）实施包容性的人口与人才政策，持续强化扬子江城市群的宜居魅力与创新活力

国际知名的城市群、大都市区的人口流动规律表明，轨道交通托起的都市带中的卫星城、生态社区，会成为新增人口的宜居之地。在大城市中心区居住成本越来越高的形势下，核心城市、中心城市周边新建的跨越行政边界的小镇、社区，因交通的通勤化、生活的便捷化、居住环境品质高而成为高素质外来人口、人才的首选之地。长三角城市群是我国外来人口最大的集聚地，外来人口落户、安居的门槛较高，尽管目前江苏的沿江地区常住人口总量已经达到五千万的规模，但因经济发达、公共服务体系完善，依然会在未来成为人口的流入地、人才的向往之地。根据《长江三角洲城市群发展规划》的预测，到 2020 年、2030 年，八市的人口总量分别达到 5700 万、6300 万左右（见表

3）。在推进扬子江城市群一体化发展进程中，首先要把解决当地居民就地城镇化和外来人口享受基本公共服务问题同等对待，真正实现公共服务的均等化。目前，苏南地区的昆山、江阴、常熟等地，已经成功地探索出人口属地化管理和服务的新路径，使外来人口在教育、就业、医疗、养老、保障性住房等方面均等享受城镇居民基本公共服务。这些好的做法也应在公共财政收入较高的沿江其他县市推广。其次就人才政策来说，无论是集聚国际化高端人才，还是吸引年轻的大学生、研究生前来创业、就业，扎根安家，政府不仅要营造包容性的城市文化，还要在切实解决其初期的工作和生活问题方面有真金白银的投入，比如实施可行的购房补贴、租房补贴政策，从而在保持人口的净流入的前提下，壮大人才规模、优化人口结构，提升人才红利，持续在制度创新、科技进步、产业升级、城乡统筹、全方位开放、绿色发展等方面走在江苏和长三角城市群的前列，持续提升国际竞争新优势。

表3　　长三角主要城市市域常住人口预测　　单位：万人

城市	2014年	2020年预期	2030年预测	城市	2014年	2020年预期	2030年预测
上海	2426	2500	2500	湖州	292	297	307
南京	822	950	1060	绍兴	496	534	551
苏州	1059	1100	1150	台州	602	625	660
无锡	650	720	850	舟山	115	150	200
常州	470	570	650	金华	544	554	565
南通	730	870	910	合肥	770	860	1000
扬州	447	560	570	芜湖	362	430	530
镇江	317	360	400	马鞍山	223	260	330
泰州	464	560	580	滁州	399	460	560
盐城	722	755	800	宣城	257	290	340
杭州	889	940	950	铜陵	74	100	130
宁波	768	820	900	池州	143	160	180
嘉兴	457	590	690	安庆	538	570	630

数据来源：《长江三角洲城市群发展规划》（2016年6月）。

（原载于《江海学刊》2016年第6期）

区域经济一体化的测度与比较：来自京津冀、长三角和珠三角的证据

周立群　夏良科*

引　言

我国渐进式改革进程的一个结果是区域发展的不平衡，目前已初步形成了以上海为中心的长江三角洲经济圈、以广州和深圳为中心的珠江三角洲经济圈以及京津冀经济圈三大经济圈。2007 年，这三大经济圈的地区生产总值约占全国总量的45%，利用外资约占 90%，进出口总额约占 85%。三大经济圈已成为支撑中国经济的三大增长极，成为带动经济发展的强大引擎。但是，随着经济体制改革的深化，区域内竞争大于合作的局面日益成为制约区域经济进一步发展的瓶颈，实现区域经济一体化已提上了发展议程。

无论是长三角、珠三角还是京津冀，区域经济一体化正越来越受到重视，区域内各个城市对区域合作的认识日益提升且赋予其新的内涵，各区域内部资源不断整合，区域内部经济一体化不断增强。例如，京津冀内部的京津机场联合作业、首钢外迁唐山，长三角各城市与上

* 作者简介：周立群，1951 年生，南开大学滨海开发研究院常务副院长、教授；夏良科，1978 年生，南开大学经济研究所博士研究生。

海的连接、杭州湾跨海大桥的建设等。但是，由于区域内各地的经济发展水平、基础设施建设、市场化程度和产业结构等存在很大差异，要实现真正的区域经济一体化，充分发挥区域经济一体化的优势，仍需经历一个渐进的完善过程。

许多学者从多个角度研究了中国区域经济一体化问题，尤其是长三角和珠三角地区的经济一体化相关问题。庄士成和朱洪兴基于制度架构角度认为，政府主导的制度创新是推进长江三角洲区域经济一体化的动力①；周国红和楼锡锦通过对企业的问卷调查研究了长三角区域经济一体化的基本态势与特征②；也有学者研究了长三角经济一体化对地区制造业发展的影响，结果认为经济一体化明显促进了地区间的专业化水平和产业的“空间转移”，从而有利于发挥制造业的规模报酬递增优势和提高整体的经济福利水平③；林耿、许学强从既有的协作基础和自身发展需求的角度指出，区域经济一体化有利于提升珠三角的综合竞争力，同时，来自制度、基础设施和发展阶段的障碍，也使一体化存在很大的困难④；方世敏等在区域旅游协作的条件下分析了泛珠三角旅游产业实施纵向一体化战略的动因和收益⑤；唐智鑫等从经济增长的趋同和分异的角度对环渤海区域经济一体化做了分析，认为环渤海经济区正处于区域一体化的初步阶段，促进经济一体化水平任重道远⑥。

---

① 庄士成、朱洪兴：《长江三角洲区域经济一体化的制度安排与架构》，《当代财经》2007年第6期。

② 周国红、楼锡锦：《长三角区域经济一体化的基本态势与战略思考——基于宁波市532家企业的问卷调查与分析》，《经济地理》2007年第1期。

③ 范剑勇：《长三角一体化、地区专业化与制造业空间转移》，《管理世界》2004年第11期；刘志彪：《长三角区域合作建设国际制造中心的制度设计》，《南京大学学报》（哲学·人文科学·社会科学版）2005年第1期。

④ 林耿、许学强：《大珠三角区域经济一体化研究》，《经济地理》2005年第5期。

⑤ 方世敏、周荃、苏斌：《基于泛珠三角区域旅游协作条件下的旅游产业纵向一体化》，《经济地理》2007年第4期。

⑥ 唐智鑫、王代敬、何韵敏：《经济增长趋同、分异与区域经济一体化——基于环渤海经济区14城市的实证分析》，《石家庄学院学报》2007年第2期。

综合来看，这些学者研究的重点多集中于区域经济一体化的制约因素以及利益、动因等方面，对经济一体化程度做量化分析的成果甚少。基于这一考虑，本文尝试建立一套衡量区域经济一体化的指标体系，从市场一体化和政策一体化这两个角度对长三角、珠三角和京津冀区域经济一体化发展情况进行对比分析。在量化比较的基础上，分析影响三大区域经济一体化的因素，为各地政府和相关机构规划本地区经济和社会发展，促进区域经济协调发展，提供新的视角和理论支持。

指标体系的构建与数据来源

（一）指标体系的设计

依据主体的不同，区域经济一体化有两个层次：一是国际范围内国家之间的经济一体化；二是一国内部各地区之间的经济一体化。其本质上都是为了获取国家之间或者地区间的分工合作带来的利益，提高各个国家或地区的经济实力和竞争力。在当前中国经济发展不平衡的背景下，推进区域经济一体化是促进地区经济乃至整个国家经济协调持续发展的基础，可以有效提高地区和国家的竞争力。

区域经济一体化的基础是市场一体化。区域经济一体化实际上是根据经济同质性和内聚性，在区域内建立统一的产品市场、生产要素市场的过程。在市场经济条件下，要保证各产品和生产要素自由流动，就必须有发育良好的市场体系和统一市场作基础，因而区域经济一体化首要的就是实现市场一体化。区域市场不统一，商品、资本与服务的流动受非市场因素制约，行政区内“计划性太强”而跨行政区的经济区域内“市场性太弱”，会制约区域经济一体化进程。[①] 制约区域经济一体化的另外因素来自各地政府对市场的不当干预或歧视政策造成

① 金石：《长三角区域经济一体化的基础——市场一体化》，《浙江万里学院学报》2005 年第 2 期。

的不公平以及由此造成的体制障碍。地方政府业绩考核指标的经济导向常常导致地方保护主义、产业同构甚至地区之间的恶性竞争，因此，政府的制度创新与政策协调是影响区域经济一体化进程的另一个重要因素。

在衡量区域经济一体化程度时应综合考虑市场一体化和政策一体化两个方面，以考察区域经济一体化程度的差异情况。本文综合考虑数据的可获得性，构建了包括 4 个层级 28 个指标的区域经济一体化评价体系（见表 1）。

表 1　　区域经济一体化评价体系及各评价因子的权重

目标变量	一级变量		二级变量		三级变量		选用指标	
	权重	内容	权重	内容	权重	内容	权重	内容
经济一体化	0.6	市场一体化	0.164	城市间联系度	1/4	人流	1	客运总量/总人口
					1/4	物流	1	货运总量/GDP
					1/4	资金流	1	实际使用外资金额/总投资
					1/4	信息流	1	邮电电信总量/总人口
			0.203	产品市场同一度	1	地区产品价格差	1/3	居民消费价格指数
							1/3	固定资产投资价格指数
							1/3	自有住房水电燃气消费价格指数
			0.203	要素市场同一度	1/4	投资利润率	1	利润总额/GDP
					1/4	资金流动	1	信贷占 GDP 比重
					1/4	劳动力流动	1	外来人口或流动人口
					1/4	技术流动	1	技术交易额/科技人员数
			0.141	政府效能同一度	0.5	财政支出份额	1	财政支出/GDP
					0.5	政府机构规模	1	政府人员数/总人口
			0.144	市场化同一度	1/3	非国有经济发展	1	非国有经济/GDP
					1/3	对外开放	1	实际利用外资/GDP
					1/3	经济结构	1/2	工业总产值/GDP
							1/2	进出口总额/GDP
			0.145	经济发展趋同	1	经济发展	1	人均 GDP

续表

目标变量	一级变量		二级变量		三级变量		选用指标	
	权重	内容	权重	内容	权重	内容	权重	内容
经济一体化	0.4	政策一体化	0.25	政府规划	1/3	政府战略规划	1	区域合作协议或协调机构
					1/3	政府功能定位	1	区域城市定位合理性
					1/3	政府产业政策	1	产业政策协调性
			0.25	政策认同度	1	市民待遇	1/2	通信邮电车辆收费一体化
							1/2	证件的城市间认同度
			0.25	一体化效	1	政府工作效率	1/2	政策透明度
							1/2	政府间交往程度
			0.25	协作发展程度	1	协作发展度	1/3	区域性环境问题
							1/3	区域性社会问题
							1/3	政府政策的区域外在性程度

（二）指标体系的量化方法

本文设计的指标体系具有两个很明显的特征：一是包含大量的定量和定性指标，这些指标的性质和衡量标准都不尽相同，混合在一起会导致最终的区域系统发展总指标产生很大的模糊性；二是目标变量区域经济一体化建立在各级子变量之上，寻常的加总方法（如算术均值法、几何均值法）很难对各子指标给出准确、适当的权重。鉴于本指标体系的这两大特征，我们利用层次分析法给出各指标的精确权重，然后利用标准差值法求出区域经济一体化的可比较值。

层次分析法（Analytic Hierarchy Process，AHP）由美国运筹学教授 T. L. Saaty 在 20 世纪 70 年代提出，其优势在于利用层次结构，依据各个子指标的重要性归总不同变量对总指标的影响，并且运用相对度量和成对比较的概念对不同的子指标在总指标中的权重给出更为准确的衡量。① 层次分析法已经被广泛应用于项目规划、政策制定及其他经济问题的研究。比如，Min 利用这种方法作了机场设施定位

① Saaty，Thomas L.，*The Analytic Hierarchy Process*，New York：McGraw-Hill，1988.

规划[①]；Yin 和 Cohen 用其确定与全球气候变化有关的地区目标和政策关注点[②]。近年来，许多国内学者也逐渐将层次分析法应用于中国情况的研究，例如黄显勇、毛明海对水利旅游资源的定量评价[③]，张思锋、廖园园对西安市城市化水平的测度[④]，申秋红对中国农村居民消费结构的研究[⑤]以及蒋耀对上海青浦区区域可持续发展的研究[⑥]，都利用了层次分析法。在这些应用中，各种要素的影响都能够被有效地分离和测量出来，并进行排序。我们用它来测量区域经济一体化指标体系中各子指标的权重，并且进一步计算出目标变量的量值，主要遵循以下步骤。

1. 建立层次结构模型

分析可能影响最终结果的各个因子及它们之间的相互关系，然后建立层次结构。将区域经济一体化定位于目标层，该目标层由市场一体化和政策一体化这 2 个一级变量来体现。市场一体化包含 6 个二级变量，政策一体化也由 4 个二级变量体现，依次类推，最终通过可以获得的数据指标来表现三级变量，进而以综合指数表征区域经济一体化的总体水平（具体的层次结构见表 1）。

2. 设定判断矩阵

设某层有 n 个因素，$X=\{x_i,\ i=1,\ 2,\ \cdots,\ n\}$，每个因素 x_i 在该层中所占的比重为 w_i（$i=1,\ 2,\ \cdots,\ n$），其中 $w_i>0$，且 $\sum_{i=1}^{n} w_i=1$。

① Min, H., "Location Analysis of International Consolidation Terminals Using the Analytical Hierarchy Process", *Journal of Business Logistics*, Vol. 15, No. 2, 1994, pp. 25－44.

② Yin, Y., Cohen, S., "Identifying Regional Policy Concerns Associated with Global Climate Change", *Global Environmental Change*, Vol. 4, No. 3, 1994, pp. 245－260.

③ 黄显勇、毛明海：《运用层次分析法对水利旅游资源进行定量评价》，《浙江大学学报》（理学版）2001 年第 3 期。

④ 张思锋、廖园园：《基于层次分析法的西安城市化水平测度》，《西安交通大学学报》（社会科学版）2006 年第 2 期。

⑤ 申秋红：《基于层次分析法的农村居民消费结构研究》，《财贸研究》2007 年第 5 期。

⑥ 蒋耀：《基于层次分析法（AHP）的区域可持续发展综合评价：以青浦区为例》，《上海交通大学学报》2009 年第 4 期。

参考现有的相关研究，本文对于区域经济一体化各层指标权重的获得也基于专家咨询的方式。[①] 为获得较为可靠的结果，本文选取的专家涵盖了这三大经济圈内主要高校和科研机构中研究方向为区域经济的研究人员、相关政府工作人员和企业家，共21人，每个经济圈7人，其中研究人员和政府工作人员数量均为3人，企业家1人。综合这些专家打分情况，然后通过计算得出各个评价因子的权重，并由此得到判断矩阵。从判断矩阵中可得到反映不同因子相对重要性的权重。

3. 进行一致性检验

在得到各指标的权重之后，还需对这些权重进行一致性检验，即检验判断矩阵所导出的权重数是否合理。将求得的i个判断矩阵的λ_{max}代入$CI=(\lambda_{max}-n)/(n-1)$中，得出一致性检验指标$CI$的数值，再根据平均随机一致性的指标$RI$数值表查出$RI$的值，最后用$CR=CI/RI$得出相对一致性指标$CR$的数值。当$CR\leqslant 0.1$时，判断矩阵合理，求出的权系数恰当，否则要对判断矩阵进行调整，按上述步骤重新求权系数矩阵。

4. 对各变量进行标准化处理

指标体系设计中各个指标的衡量单位差别很大，尤其是定性指标，如政府的服务能力、区域商业文化等，这类指标即使数量化了，其中心值和离散程度也无法和定量数据相比。为此，我们借用标准差值法将各变量标准化并最终得出可比较的区域经济一体化量值。

标准差值法是瑞士洛桑国际管理学院（简称IMD）用来估算国家竞争力的一个标准化衡量单位的方法。[②] 为统一各衡量单位，IMD使用的标准差值依下列公式计算得来：标准差值$=(V_{ij}-A_j)/S_j$，其

---

① 层次分析法中通过两两比较的概念来确定各个因素的重要性从而确定权重。按目前较通用的方式，这里也采取专家咨询方式，根据专家打分计算出各个评价因子的权重。

② IMD国家竞争力评价法在2000年共确定47个子要素，根据各子要素的内容设计了290个评价指标来定量评定。在290个指标中，180个硬指标来自国际和地区组织的统计数据，110个软指标来自对经营者的问卷调查。对硬软指标设计不同的权重，用综合加权平均法计算评价并排序。

中，V_{ij}是某一地区 i 在第 j 个指标下的观测值，A_j 是这个指标的平均值，S_j 是标准差。S_j 的计算公式为：$S_j = \sqrt{\sum (V_{ij} - A_j)^2 / N}$，$N$ 为观察中的地区的总数。在我们的指标体系中，我们可以依照上式求出标准化的指标值，然后再将其归总为更高一级的指标，最后得出区域经济一体化的量值。

（三）数据来源

京津冀地区包括北京、天津、石家庄、唐山、秦皇岛、保定、张家口、承德、沧州、廊坊 10 个城市；长三角包括上海、南京、无锡、常州、苏州、南通、扬州、镇江、泰州、杭州、宁波、嘉兴、湖州、绍兴、舟山和台州 16 个城市；珠三角包括广州、深圳、珠海、佛山、江门、肇庆、惠州、东莞、中山 9 个城市。其中，市场一体化指标所涉及的数据主要来自 1990—2008 年各个城市的《城市统计年鉴》和《中国统计年鉴》①。GDP、人均收入和工资都折算成 1989 年不变价格；教育水平用大专以上人口占该城市总人口的比重表示；地区增长潜力用当年实际 GDP 增长率表示；市场规模用实际的人均收入表示；货物周转量用地区人均货运总量表示；利润率用各城市当年的利润总额与 GDP 的比值表示，表征平均利润水平；工业化指标用的是第二产业产值占 GDP 的比重；用地区高科技人员占职工人数的比重反映地区的技术水平。

政策一体化指标数据主要通过问卷调查得到。针对政策一体化的各个子指标，设计了包括 17 个题目的问卷，往三大区域共发了 400 份问卷，返回有效问卷 60 份，其中长三角 17 份，珠三角 19 份，京津冀 24 份。由于调查问卷具有较大的主观性，为此，我们调研的对象主要是当地的企业家、政府工作人员、相关高校和科研机构的研究人员。但是，不同于对权重打分的专家选择，对政策一体化问卷调查的对象

① 由于一些中小城市的个别数据无法得到，这里依据前后各年增长情况大致估算得出。由于这样的数据很少，对分析结果的影响可以忽略不计。

增加了企业家的比重。在得到的有效问卷中，企业家的问卷约占45%，而其他两类的比重则基本相当。将问卷中问题的答案数量化之后就得到我们分析各地政策一体化的原始数据。

三大区域经济一体化程度的比较分析

依照上述标准差值法将各个标准化后的指标按给定权重层层归总，最后得到经济一体化的具体量值。由于政策一体化指标数据依据问卷调查得来，具有很大的主观性而且没有时间上的变化，在取权重时市场一体化的权重取0.6，而政策一体化的权重取0.4。因此，这里得出的区域经济一体化的评价更多地由市场一体化来反映。同时，为简化计算，只有二级变量的权重通过层次分析法得出，三级变量之后各指标的权重均取平均值。另外，这里计算出的长三角、珠三角和京津冀三大地区经济一体化指标量值本质上是标准差，反映的是差异程度的大小。定量指标的值越大，说明该区域内各个城市之间该变量的差异程度越大，反之则说明差异程度越小。以经济一体化指标为例，如果得出的量值越大，则说明该地区内各个城市经济一体化的差异程度越大，该地区经济一体化程度越低；反之，则说明该地区经济一体化程度越高。以下首先分析经济一体化的总体情况，然后分别从市场一体化和政策一体化详细分析导致区域经济一体化差异的原因。

（一）区域经济一体化比较

表2给出了三大经济圈经济一体化指标的值，从中可以发现，珠三角地区经济一体化指标的值最大，京津冀地区的值最小；从1989—2007年的算术平均数来看，京津冀地区的值在三大经济圈中最低，均值为0.461，珠三角最高，为0.525。这说明珠三角各地区之间衡量经济一体化的各项指标的差异较大，即经济一体化程度最低，京津冀地区各城市间经济一体化程度在三个经济圈中最高。

表 2　　区域经济一体化程度比较（1989—2007 年）

年份	京津冀	长三角	珠三角	年份	京津冀	长三角	珠三角
1989	0.462	0.464	0.534	1999	0.469	0.453	0.526
1990	0.476	0.467	0.532	2000	0.434	0.465	0.514
1991	0.464	0.481	0.534	2001	0.461	0.489	0.518
1992	0.48	0.479	0.532	2002	0.437	0.478	0.527
1993	0.443	0.488	0.535	2003	0.474	0.512	0.527
1994	0.451	0.503	0.525	2004	0.466	0.488	0.518
1995	0.448	0.445	0.538	2005	0.454	0.486	0.511
1996	0.458	0.473	0.534	2006	0.458	0.48	0.502
1997	0.475	0.482	0.529	2007	0.461	0.481	0.503
1998	0.487	0.469	0.529	均值	0.461	0.478	0.525

从历史演进来看，一个显著的特征是珠三角经济一体化程度不断提高，而且 1995 年之后提高的速度明显加快，而京津冀和长三角虽然波动较大，但 2003 年之后一体化程度也都有不同程度的提高，这反映出近年来区域经济一体化日益受到重视，并取得了一定进展。长三角地区 1995 年之后，经济一体化定量指标的值总体呈上升趋势，说明其经济差异化有所加大；京津冀经济一体化程度虽然最高，但是变化较小，尤其是 2000 年之后。

三大经济圈区域经济一体化程度的差异与各地区自然地理条件、资源禀赋、产业结构以及发展基础等因素有关，也是中央政府进行分权化与市场化改革、实施地区差异化政策的结果，是渐进改革、梯度开放的必然结果。珠三角地区的深圳、广州是首批实行改革开放的地区，开放性政策大大促进了当地的经济发展，也加大了地区内各城市之间的发展差距，因而区域经济一体化程度最低。长三角地区实行改革开放要晚于珠三角，一些重要城市，比如上海、南京、苏州和杭州等城市依托有利的地理条件和资源优势，经济取得了长足的增长。以北京和天津两大城市为轴心的京津冀地区改革开放较为滞后，各城市之间发展的差距较小。凭借自身的“后发优势”，随着除北京、天津之外其他城市的发展逐渐加快，京津冀区域协作明显增强，基础设施、资源环境逐渐开始被纳入区域统一规划。

从发展趋势来看，经济快速发展的初期，必然有一部分城市先发展起来，造成区域内资源的集中，而地方政府制定的政策往往优先考虑自身利益，而不是整个区域的协调发展，这种“利己”策略使区域一体化发展不升反降。表 2 中三大经济圈区域经济一体化程度的变化都不大，说明区域协调发展依旧没有得到应有的重视，各地区更多的还是着眼于自身的发展，要真正达到完全一体化，充分获取一体化的利益，还需要一个较长的过程。

（二）区域市场一体化比较

区域市场的分割不仅使资源和生产要素无法达到最优配置，市场机制也无法充分发挥作用。实现市场一体化是区域经济一体化发展的一个重要内容。如表 1 所示，市场一体化指标综合考虑了城市间联系度、产品市场同一度、要素市场同一度、政府效能同一度、市场化同一度和经济发展趋同 6 个二级变量，通过层次分析法最后得到一个综合反映地区市场一体化差异程度的指标值。这个值越小，表明地区内各城市市场一体化的差距越小，也就说明地区在区域市场协调发展方面做得越好。

表 3　　区域市场一体化程度比较（1989—2007 年）

年份	京津冀	长三角	珠三角	年份	京津冀	长三角	珠三角
1989	0. 703	0. 694	0. 797	1999	0. 716	0. 687	0. 793
1990	0. 728	0. 712	0. 795	2000	0. 657	0. 707	0. 774
1991	0. 707	0. 734	0. 797	2001	0. 702	0. 747	0. 765
1992	0. 734	0. 731	0. 801	2002	0. 663	0. 729	0. 791
1993	0. 673	0. 746	0. 804	2003	0. 725	0. 787	0. 792
1994	0. 686	0. 772	0. 788	2004	0. 71	0. 747	0. 762
1995	0. 681	0. 675	0. 814	2005	0. 691	0. 743	0. 777
1996	0. 698	0. 722	0. 796	2006	0. 698	0. 75	0. 777
1997	0. 725	0. 736	0. 792	2007	0. 697	0. 751	0. 78
1998	0. 745	0. 714	0. 79	均值	0. 702	0. 731	0. 789

从表 3 可以看出，珠三角的市场一体化指标值明显要大于其他两个地区，而京津冀最低。这说明京津冀各城市的市场一体化差异较小，地区市场的协调性较好。珠三角是最先实行对外开放的地区，但整个区域的市场一体化受关注较少，不过 1996 年之后其市场一体化的程度逐渐提高。这应该说是经济发展的必然趋势，经济发展到一定程度必然要求市场一体化协调发展。进入 21 世纪，京津冀和长三角市场一体化程度都有增大的趋势。这在一定程度上是由于加入 WTO 使这两大地区的一些城市尤其是对外贸易比较发达的城市获得了更大的发展空间，这些城市的市场化程度得到提高。

实现市场一体化是一个系统工程，不但要理顺交易与供求的关系，深化分工与合作，更重要的是要加强和深化政府间的合作，消除阻碍市场有效发挥作用的壁垒。市场化和各地经济发展水平、基础设施建设有很大关系。依据市场化原则，生产要素必然会集中于收益率高的地区，因此短期内，完全的市场化一定程度上会使地区经济发展的差距加大。有的地区内部为了促进本地的经济发展而对外来的商品和要素设置各种各样的障碍，人为地阻碍产品和要素的自由流通，这使得市场一体化很难实现。因此，市场一体化的提升很大程度上取决于现行财税体制的改革和政府职能的转变。近年来，各地纷纷将加强区域一体化提上发展的议程，并且已经取得了一定的效果，三大地区市场一体化的程度均有所提高，尤其是京津冀地区市场一体化程度提升明显。

（三）区域政策一体化比较

政策一体化的数据来自三大区域的调查问卷，对所得问卷的答案进行数量化，并利用同样方法最后得出的政策一体化量值见表 4。

表 4　　区域政策一体化及相关因素比较

	政策一体化	政府规划	政策认同度	一体化效率	协作发展程度
京津冀	0.099	0.105	0.086	0.103	0.103
长三角	0.101	0.098	0.100	0.108	0.097
珠三角	0.101	0.103	0.095	0.112	0.092

总体来看，京津冀地区政策一体化方面的差异明显小于长三角和珠三角，政策一体化协调发展程度较高；长三角和珠三角的政策一体化程度相似。进一步分析发现，京津冀地区政府规划和协作发展程度的值在三个地区中都是最大的，表明相对于其他两个地区，京津冀各城市在这两个方面协调不足。地区协调发展要求各地政府统筹规划，以合理有效地分配地区的资源达到地区整体经济的稳定增长，各地政府在规划和协作程度方面的不一致，很容易导致诸如产业趋同、无序竞争等问题，长期内甚至会制约整个区域经济的发展。珠三角地区协作发展程度较高，但是一体化效率和政府规划的协调性较低。长三角地区政策认同度较差，政府规划的一体化程度较高，其他两项指标均介于京津冀和珠三角之间。

主要结论及政策含义

本文用层次分析法以及标准差值法测度了1989—2007年京津冀、珠三角和长三角三大经济圈区域经济一体化程度及其发展趋势，主要的结论可归结为以下四点。

第一，在三大区域中，京津冀的经济一体化程度最高，长三角次之，珠三角最低。近年来，三大区域经济一体化进程加快，区域间一体化的差距越来越小，趋同趋势明显。区域经济一体化逐渐为各地所认同，三大区域都将加强区域合作和提升一体化程度纳入发展重点，初步的成效也已显现。

第二，区域经济一体化程度主要由市场一体化来反映，京津冀地区市场一体化程度最高，珠三角地区市场一体化程度最低。珠三角地区市场一体化程度低的原因在于，产品价格的差异较大，进而导致要素的分布不平衡，资金、外资和技术过多地集中于广州、深圳两地；同时，市场化程度以及政府工作效率方面的差异也是最大的，最终导致地区市场一体化程度较低。

第三，京津冀和长三角地区各城市之间的经济发展差距较大，尤其是2000年后长三角各城市间的经济差异超过京津冀。京津冀与长三角的区域发展格局分属两种不同模式。长三角地区是以上海为核心，并通过上海的经济发展辐射带动地区经济发展。而京津冀地区有京、津两个大城市，在很长一段时间内，城市间的竞争大于合作，区域经济发展缺乏一个能承担核心功能的城市。

第四，京津冀地区政策一体化程度在三个地区中最高，这主要导源于其内部各城市间平行竞争，要素流动的壁垒相对较少，一体化效率即政府交往的程度和政策的透明度较高，而其他两个地区政府一体化效率则相对较低，进而导致区域政策一体化程度不高。

区域经济一体化进程本质上是一个市场化的进程，一体化程度提高不仅有助于资源合理配置进而增强区域整体的竞争力，而且要素在更大范围的自由流动也推进了市场的成熟和市场机制作用的充分发挥。从上述分析看，一体化程度差异和不足主要源于制度创新不足。政府应该在市场化进程中起“助推器”作用，而不应人为地设置障碍。加快政府制度创新，加强地区的协调发展和政策一致性，突破行政体制对产品和要素市场化的阻碍，并进一步发挥民营经济和民间资本在区域创新中的作用，将有助于一体化进程的加快。

（原载于《江海学刊》2010年第4期）

长江三角洲都市圈经济与行政区经济的矛盾和整合

张颢瀚*

都市圈是现代经济组织的中心地域，商品、资本、人才、信息等几乎所有生产与生活要素均在此快速流动、整合，这里成为经济发展的引擎、技术创新的源泉和新文化的孵化地。长江三角洲作为我国三大都市圈之一，对中国乃至整个亚太地区的发展均具有举足轻重的作用。国务院出台的《关于进一步推进长江三角洲地区改革开放和经济社会发展的指导意见》（以下简称《指导意见》）明确地把长三角的区域范围从15个城市定位到苏、浙、沪两省一市，近期中央又提出了涵盖安徽、江西的泛长三角概念，长三角将朝“沿江”“沿海”两个基本方向扩展。长三角新一轮的区域扩展过程实际上就是不断突破行政区界限的过程。随着越来越多的行政区域的加入，将会产生更多、更复杂的行政区利益矛盾，跨越行政区的公共问题也会更为多元而复杂。经过多年的发展，长三角区域合作已取得了显著成效，但真正一体化的格局仍未形成。一体化发展的最大阻力是诸侯经济，而诸侯经济产生的根源是行政壁垒。因此，泛长三角一体化不仅要实现经济一体化，还要实现行政区之间的协调，实现都市区与行政区之间的协调。通过创新政府合作机制，探索政府与社会间的多方治理模

* 作者简介：张颢瀚，1954年生，江苏省社会科学院副院长、教授，博士生导师。

式，促进行政区经济与都市圈经济的整合，是泛长三角一体科学发展的关键所在。

都市圈经济：扩展逻辑与长三角的实践

（一）都市圈经济的扩展

都市圈是指在可延展的区域内，以一个或多个具有辐射功能和导向功能的中心城市为核心，相当数量不同功能和规模的城镇紧密联系在一起，形成的具有一体化倾向的区域共同体。其发展一般经历中心城市独立发展、都市圈初步形成、都市圈扩展、都市圈创新发展四个阶段。[①] 都市圈扩展是圈域扩张与结构优化同步推进的过程，在这一过程中经济、社会、政治、文化、空间组织等多种力量共同发挥作用，获取比较利益、集聚与扩散、交通线路生长是其中的主要力量。

1. 获取比较利益是都市圈扩展的主要动因

都市圈实际上是利益的共同体，对利益的追求是城市结盟的原因，也是都市圈扩展的根本动因。第一，都市圈扩展是追求比较利益的必然结果。获取比较利益的途径有两种：一是产品转移途径，各地只生产具有比较优势的产品，通过自由贸易获取相对高的价值；二是要素转移途径，通过劳动力、资本、技术等要素的跨界输出，将单体优势转换成能产生效益的组合优势。无论哪种途径，都以产品和要素的自由流动为前提，从而加强了城市分工协作的广度和深度，促进了都市圈的产生与扩展。第二，根据经济网络理论，都市圈扩展可以获得大于部分利益之和的整体利益。（1）空间扩展通过产业的耦合和补偿作用，使原有产业链条得以延长和优化，扩大了需求增长与供给增长的联动效应，催生了产业集群效益；（2）都市圈内企业和劳动者的频繁交往与学习，使技术、管理等领域的创新通过价值链条迅速扩散，提高了区域创新能力；（3）各种实体可以方便地共享基础设施和公共服

① 张颢瀚、张超：《大都市圈的成长阶段与动力机制》，《江海学刊》2006 年第 1 期。

务，提高了公共设施的投入—产出效益。[①] 第三，都市圈扩展得益于中心区和腹地对个体利益的追求。中心区达到一定规模后会产生土地价格上涨、劳动力成本提升、生态环境恶化、竞争压力增大等问题，需要在更大范围内配置资源、组织生产，以降低成本，实现功能升级；腹地也需要接受中心区辐射，以优化发展平台、提升经济能级、扩大产业规模、拓宽发展视野，获取中心城市的服务。因此，通过都市圈扩展，中心区与腹地区可以获得各自的比较利益。

2. 集聚与扩散是都市圈扩展的主导机制

集聚与扩散是成长要素在空间内流动和重新配置的过程，集聚促使要素流入优势区域，扩散促使要素从中心区向外围区流动。这两股力量伴随于都市圈形成和发展的全过程，一方面推动中心城市规模和辐射范围不断扩大；另一方面促使城市间联系不断强化，成为都市圈扩展的主导机制，一定条件下主导力量的转化推动都市圈进入不同发展阶段。都市圈成长初期，集聚发挥主导作用，在地理区位、自然条件、经济基础、政治资源等方面占有优势的城市，能够吸引更多的发展要素，其规模不断扩大，成为中心城市。中心城市继续发展，影响力不断增强，当集聚超过一定容量后，内部成本迅速增加导致规模不经济，形成增长的门槛，但在内力与外力的双重驱动下，其经济结构不断升级，一些传统产业开始向外扩散并重新集聚，在中心城市周围形成新的增长点，集聚与扩散机制同时发挥作用促使都市圈全面成长。随着信息化的推进、高新产业的发展和生产性服务业的崛起，城市在功能上显著分化，最具优势的城市在竞争中脱颖而出，成为核心城市，其他具有一定区位优势和竞争优势的城市有可能成为副中心城市。核心城市的辐射作用主要体现在国际交通枢纽、金融中心、生产服务中心、科技研发中心、制度创新中心等方面，其辐射范围广、能级高，

① Evert Meijers, "Polycentric Urban Regions and the Quest for Synergy: Is a Network of Cities More than the Sum of the Parts?", *Urban Studies*, Vol. 42, 2005, pp. 765 - 781.

可以影响所有相邻的城市。区域性中心城市则继续发挥辐射作用，传统的单中心辐射模式被多中心辐射模式取代，扩散成为区域发展的主导力量，推动都市圈进一步融合，逐步进入扩展与创新发展阶段。

3. 交通是都市圈扩展的主体基础

都市圈扩展是通过要素在空间上的流动实现的，要素流动必须以交通为载体，都市圈内外的交流与协作必须以交通为纽带，交通是都市圈扩展所依赖的各种载体的主体性的基础和先行条件。首先，交通线是都市圈的脉络和骨架。交通沿线要素流动成本低、效率高，区域发展的阻力小，激发了沿线要素集聚和城市生长，使都市圈空间组织表现出明显的轴线特征和交通指向性。其次，交通线路的延展方向决定了都市圈的扩展方向。都市圈中心城市的辐射范围与交通发达程度密切相关，交通线路的生长不仅可以促使中心城市生长，而且会沿交通线形成新的增长点，使更多的互补性区域纳入都市圈范围；都市圈的扩张又产生更多的物流、人流、经济流、信息流需求，促使交通线路在地域上继续推进，由此形成交通线路延伸与都市圈扩展的循环链条，使二者的扩展方向基本一致。最后，交通发达程度决定了都市圈的一体化程度。快速、便捷的交通缩短了交往的地理、心理和时间距离，降低了城市间的通勤成本，增加了城市间相互作用的频率、广度和深度，有利于在更广阔的范围内组织生产，实现城市分工与协作，因此交通越发达，城市间的联系越紧密，都市圈的一体化程度越高。

（二）长三角都市圈经济扩展的条件与趋势

经过长期积累，长三角已经形成相对完备的城镇体系，核心城市上海及区域性中心城市南京、杭州等都具备了强大的辐射能力，加之网络化交通体系尤其是高速公路体系基本建成，为空间扩展提供了充足的动力和基础。扩大区域范围，对长三角核心区、外围区以及大长三角区域整体乃至全国的发展均具有重要意义。可以说，长三角空间拓展的辐射机制、利益机制和交通条件等均已具备，正进入都市圈扩展阶段，并逐步发展成为国际性的都市群。

第一，长三角已具备自我生长的实力。2008 年长三角 16 市人均 GDP 突破 8000 美元，已具备强大的综合实力和生产规模，新兴制造业、电子、重化工、汽车制造业成为长三角的优势产业，企业集群加速崛起，核心城市上海表现出较强的城市辐射力，副中心城市南京、杭州等的产业扩散效应凸显，辐射成为中心区域发展的主要力量。第二，长三角已具备空间扩展的交通基础。长三角地处沿海发展轴和沿江发展轴的接合部，腹地连绵广阔，随着沿海、沿江铁路、高速公路建成通车，泛长三角将形成 T 字形综合交通格局，北达徐州、连云港，南至温州并向福建延伸，西通安徽、江西并将达湖北、重庆的高速与快速交通体系，为空间扩展提供了良好的载体。第三，空间扩展是长三角突破增长门槛，实现产业转型升级的需要。长三角发展正面临资源、环境、竞争等容量限制，随着产业链条的高端化，一方面传统产业需要向外转移；另一方面新兴产业需要上游产业配套，而周边地区拥有相对丰富的资源和较强的产业互补性，空间扩展可以使长三角在更广阔的范围内配置资源、组织生产，有利于优化结构、增强发展活力。第四，空间扩展是核心城市功能升级的需要。增强我国竞争力需要国际经济中心城市上海作支撑，国际经济中心城市的核心特征在于服务业的主导和引领。服务是无疆界的，长三角现有 16 市的产业规模不足以支撑上海成为国际区域性生产服务中心，空间扩展可以为上海产业升级提供更广阔的腹地支撑，使其实现服务功能的跳跃式提升。第五，空间拓展是周边地区加速发展的需要。周边地区与核心区联为一体，可以直接享受更好、更优的第三产业和创新服务，在承接核心区产业转移的同时对外输出劳动力，依托更畅通的国际市场和物流平台，从而实现跨越式发展。

考虑到地理文化的延伸性、区域规划的完整性、产业结构的差异性和交通设施的一体性等重要因素，泛长江三角洲将朝沿江、沿海两个基本方向扩展，形成“3 +2”的框架，即首先形成上海、江苏、浙江两省一市的基本框架，然后再扩展到安徽、江西两省的部分地区。

长久看，有可能扩展或影响至湖北、重庆的部分地区。

第一，我国沿海发展战略和江苏沿江开发战略的实施使长三角首先形成上海、江苏、浙江两省一市的基本框架。一方面，江苏沿江开发战略的实施跨越了长江天堑，加快了上海、苏南与苏中、苏北的要素互通，成为长三角北扩战略的重要组成部分。上海向北辐射，经过通泰都市圈的传递，进一步带动徐连盐都市圈发展，使其成为长三角的现代农业生产加工基地和国家沿海重要的制造业基地。另一方面，浙江温州、金华等市早已通过在上海设立子公司或将总部转移到上海与长三角发生了密切的要素联系，随着沿海交通主轴向南贯通，特别是杭州湾跨海大桥通车，这种联系进一步加强，甬台温都市圈将成为泛长三角的重要部分，浙江全省纳入长三角。国务院《指导意见》也已经明确，上海、江苏、浙江两省一市框架的形成，可以保证长三角行政区域的完整性，有利于降低行政成本、提高行政效率。

第二，随着我国沿江大交通战略的实施，长三角空间范围不断向西扩展，安徽、江西的相关地区被纳入泛长三角；从长远发展趋势来看，湖北、重庆与长三角的经济联系也会进一步加强。泛长三角沿江拓展，得益于沿江铁路、高速公路的建设，也得益于上海国际性经济中心城市地位的确立及其中心功能的强化，同时也需要南京都市圈的传递辐射和直接辐射功能的发挥。安徽、江西资源丰富，劳动力成本低廉，具有明显的资源和劳动力优势，长三角则具有资金、技术、人才、产业与国际化的优势，将两省纳入长三角有利于发挥比较优势，获取比较利益，加之交通联系便利等原因，安徽、江西是泛长三角进一步扩展的首选区域。湖北、重庆与长三角联系的加强得益于地理空间上的延展性和便利的交通联系，从长远看，湖北、重庆与长三角合作，有利于我国在沿江一带进行高新技术与钢铁、汽车等重要产业的整合，使沿江产业带成为我国信息等高新技术产业与钢铁、汽车等重工业在更高技术水平上、更高生态要求上发展的空间走廊。

需要指出的是，长三角的扩展不仅是行政空间的扩展，更是经济合作范围的扩大，即合乎市场规律的一体化运行范围的扩大。在这一过程中，都市圈逐步替代行政区成为现代经济的中心组织单元，使得以行政区为单位组织经济的合理性日益下降，对行政区经济带来一系列挑战。

都市圈经济与行政区经济的矛盾：理论机理与现实表征

（一）都市圈经济与行政区经济的理论差异

都市圈经济与行政区经济矛盾的根源，在于都市圈经济与行政区经济内在机理的差异。

第一，都市圈经济以市场为导向，行政区经济以政绩为导向。都市圈以市场为推动力，企业拥有自主发展和自由选择的权力。行政区以政绩为导向，以政绩为推动力，地方政府为获取政绩对辖区内的企业进行强烈干预，企业为获取特殊利益与政府合作进行权力寻租。市场主导与政府主导是都市圈经济与行政区经济最本质的差别。

第二，市场利益共享，行政利益非共享。在我国当前的行政职能制度框架下，政府间的关系首先是利益关系，这种关系决定和约束着政府间的权力关系、财政关系和公共行政关系。[①] 地方利益的最大特点就是排他性，行政主体的不同利益诉求造成区域的利益分割，在约束相对缺失的情况下，当利益发生摩擦时地方政府往往以谋求自身利益最大化为目标，做出对自身有利却损害区域整体利益的选择。

第三，市场无疆界，行政有疆界。都市圈经济以市场为导向，市场按供需关系运行，以生产要素和产品的自由流动为前提，要求遵循统一的市场规则，实现公平竞争，其运作空间是一体的、开放的，是无疆界的。行政有疆界，按行政关系运行，每个行政主体都有其特定的权力空间，在一定的地域范围内自主处理各项事务而不能超越行政边界，因而其对事务的管理具有局部性、封闭性。不同行政主体的不同利益诉求往

① 谢庆奎：《中国政府的府际关系研究》，《北京大学学报》（哲学社会科学版）2000 年第 1 期。

往使行政边界成为要素流动的门槛，导致交通不通、市场不市。

第四，都市圈经济中各主体的地位平等，行政区经济中各主体的地位非对等。都市圈的各组成城市，虽然规模和经济实力存在差异，但是其在法律和规则上的地位是平等的，这是其横向平等联合与合作的基础。而行政区划本身就是政府公共权力在地域上的分配，直辖市、地级市、县级市分属不同的行政等级，不仅在政治和法律上而且在经济领域也具有管辖与被管辖的关系，高级别的城市拥有更强的资源配置能力和行政影响力，地位的非对等性决定了行政区经济往往采取纵向联系方式，制约了城市间横向对话与合作关系的发展。①

（二）长江三角洲区域扩展中的现实矛盾

在长江三角洲的区域扩展与合作过程中，存在这样三个突出矛盾：第一，区域的不稳定性。从原来的 15 市到现在的 16 市，以外的城市又不断要求加入，这是长三角扩展的必然结果，也使长三角一体化不断遇到新的矛盾，对一体化政策和规划的制定提出了开放性、动态性、前瞻性要求。第二，行政的不对称性。长三角经济区范围与长江三角洲中心省市的行政区分离，使得制定一体化规范的行政能力不足，在一个行政区内要制订两个不同空间的规划，不仅矛盾，而且不利于调动区域各方面的积极性。随着两省一市框架的建立，这一矛盾得以逐步缓解。第三，更为根本的是都市圈经济与行政区经济的差异性引发的矛盾。当前的行政区经济是计划经济向市场经济转轨过程中的一种特殊区域经济现象，它以行政区为基本单元和疆界组织控制经济活动。在改革开放初期，这确实调动了地方政府的积极性，发挥了较多的正面功能。但是，随着现代交通、信息技术的发展和经济全球化的深入推进，上海等大都市的影响和辐射范围早已超越原有边界，许多公共事务的解决必须依靠多个辖区政府的共同努力，长三角都市圈开始跨越省市界限成为经济的基本组织单元，对行政区经济带来一系列挑战。

① 陶希东：《转型期跨省都市圈政府间关系重建策略研究》，《城市规划》2007 年第 9 期。

以行政区划为界限组织经济的形式与长三角发展趋势越来越不适应，对区域经济互动产生了刚性制约，必须加以改革。需要说明的是，在我国行政区经济与都市圈经济并存的历史条件下，行政区与都市圈的边界是一个矛盾的、动态的变化过程，当都市圈的拓展遇到行政区边界限制的时候，需要按照都市圈的运行规律打破行政区界限。但是当都市圈经济已经拓展到行政区内的相当范围后，由于我国的区域发展规划与交通基础设施的规划与建设等，多是以省、市为单元进行的，基本形成了省、市内的完整的交通与发展体系，在都市圈经济有较高比较利益的情况下，相关省市和地方又会要求把完整的行政区纳入都市圈范围，这也是我国行政区经济与都市圈经济并存情况下的必然现象。

（三）行政区经济与都市圈经济的矛盾对长三角一体化发展的约束

都市圈经济与行政区经济的矛盾在长三角拓展过程中多有体现，使得各城市虽然达成了一系列正式、非正式的合作计划，但是实际操作困难重重，难以实现真正的一体化。具体表现为：第一，要素流通领域的分割依然存在，集中体现在各省市规则不统一、信息不透明、存在行政壁垒三个方面。其对内开放程度滞后于对外开放程度，使得市场对资源的配置作用无法有效发挥，难以实现资源的优化组合。第二，经济发展缺乏协调，产业存在不必要的同构。长三角16市产业基础相似，对增长产业的判定往往也一致，大都选择电子信息、汽车、新材料、生物医药与重化工、纺织服装等作为支柱产业。为谋求地方经济利益最大化，各城市纷纷通过土地政策和土地价格优惠招商引资，其结果是产业同构，影响了区域极化与扩散效应的发挥，难以形成发展的合力和足以支撑创新的产业规模，削弱了产品的国际竞争力。随着区域的扩张，越来越多的发展水平较低的地区融入长三角，为核心城市的产业升级提供了充足的互补空间，产业同构现象有可能减轻。第三，基础设施重复建设。各地的公共产品供给表现出较强的个体性，虽然在铁路、高速公路等线状、网状基础设施建设上基本实现了一体化，但港口、机场等枢纽型基础设施的建设仍存在大量重复，无法达到规模经济，利用率不高，造成资源浪费。第四，环境一体化治理难以为继。生态环境是不可分割的整体，系统自净功能的发挥得益于各种生态流的存在，以行政区为基础的治理模式导致了生态分割，产生了跨界污染问题，激化了区域矛盾。

都市圈经济与行政区经济的一体协调整合：总体思路与实现路径

（一）都市圈经济与行政区经济协调整合的总体思路

长三角的发展现状是，经济壁垒与行政壁垒同时存在又相互影响，经济一体化水平落后于经济发展水平，行政一体化水平又落后于经济一体化水平，都市圈经济与行政区经济之间的张力日益明显。实现都市圈经济与行政区经济的整合，需要重点解决三个问题：一是经济一体化，以市场为主导，以产业集聚和扩散为基本动力，实现要素自由流动和城市间的合理分工协作；二是行政协调一体化，推进地方政府间的广泛合作，逐步扩大合作领域和地域，确保合作的规范化、制度化、常态化；三是经济与行政关系的一体化，切实转变政府职能，减少政府对经济的过度干预，实现行政与经济的协调共荣。

本来通过调整行政区划实现都市圈经济与行政区经济的协调整合，也是一种合乎逻辑的思路。但是由于这种思路要求把一定都市圈的区域作为一个单独的行政区划，进行独立的运作与管理，无法彻底解决行政区经济带来的诸多问题。第一，都市圈经济以要素自由流动为前提，它的运行没有固定疆界，具有边界的模糊性，并且根据都市圈范围划定行政区范围难以摆脱以行政手段干预经济的局限；第二，都市圈发展是空间不断扩展变化的过程，其边界具有变动性，而行政区划本身有固定边界，都市圈的扩展会不断突破现有行政边界，使新的行政边界成为新的壁垒；第三，根据都市圈范围调整行政区划，当都市圈发展后，又会提出行政区划扩展的客观要求，会使行政边界频繁变动，不利于社会稳定和经济发展。都市圈经济与行政区经济矛盾产生的根源不在于经济区与行政区不重叠，而在于二者的利益主体在利益诉求与利益获取手段等方面的差异性，在于现有体制下行政对经济的过度干预。因此，与调整行政区划相比，创新区域合作机制、建立整体治理模式，是实现二者协调整合的更具现实性的选择。创新区域合作机制、建立整体治理模式的要点在于以市场机制为结合点，以利益共赢为基本原则，以政府职能转变为方向，以区域合作组织为中介，以区域共同治理的政策法规为规范。

（二）市场机制是协调整合的结合点

市场机制以价值杠杆为手段促使生产要素自由流动，使集聚和扩散成为可能，催生了城市间广泛的、内在的经济联系。都市圈经济与行政区经济的协调整合必须依靠市场力量的推动，一方面充分发挥市场配置资源的基础性作用和企业的竞争主体作用；另一方面积极发挥政府规范市场行为的宏观调控能力。市场机制建设的核心是建立与国际接轨、发育完善、运作规范的一体化市场体系。就泛长三角而言，应重点建设要素流通和产权交易市场体系，以市场为基础统一配置资源，实现要素合理流动，实现企业之间、城市之间的资产调整和重组，从而弱化经济发展的行政干预。企业作为经济主体地位的确立是市场机制建设的关键，为此必须明确界定企业和政府的责任与权力，减少政府对企业竞争的过度干预。在市场机制建设中，政府的作用主要在于，通过建立和实施市场运行规则，为市场主体营造统一的政策环境，具体包括：以进退规则规范市场主体的经营功能、责任和义务；以竞争规则规范市场主体的竞争行为，营造公平竞争的环境；以交易规则建立交易双方权利和义务相互制约的关系。①

① 张颢瀚等：《长江三角洲一体化进程研究——发展现状、障碍与趋势》，社会科学文献出版社 2007 年版，第 379—390 页。

（三）利益共赢是协调整合的核心与关键

都市圈经济与行政区经济具有不同的利益主体，其利益诉求既有相同的部分又有相互差异甚至矛盾的部分，行政壁垒来自地方政府间的利益矛盾，行政对经济的过度干预也源于地方政府对经济利益的追求。实现市场主体与行政主体以及不同行政主体之间的利益共赢，实现个体利益最大化与整体利益最大化的同步推进，是都市圈经济与行政区经济协调整合的基础与核心，也是泛长三角一体化的关键。利益共赢首先应实现利益主体地位的对等，如若凭借行政等级、城市规模或经济实力等获取特殊利益，势必造成弱势主体利益受损，诱发权力寻租行为，从长远来看也将损害强势主体的利益。地位对等应建立在市场机制基础上，不同行政主体应借助于市场手段，通过发挥自身的自然资源、劳动力、资金、技术等比较优势获取相对利益，共同管理区域性公共事务，以避免重复建设、恶性竞争造成的损失。建立在利益共赢原则上的协商对话，是泛长三角各级政府摆脱囚徒困境、实现利益共赢的有益途径，为此应建立都市圈信用体系和政务公开体系，强化政府的信用管理，实现政府间的互信、互通。

（四）政府职能转变是协调整合的枢纽与突破口

在计划经济向市场经济转轨过程中，政府职能转变不到位是行政区经济产生的深层根源。地方政府拥有利用行政力量支配公共资源的能力，可以制定竞争规则、税收政策、环境许可制度和控制土地价格等作为投入，变相参与经济活动，导致非规范竞争行为的发生。以实现地方政府由经济开发型政府向公共服务型政府转型为目标，淡化行政区划的经济功能，强化其政权建设、社会管理和公共服务功能，是都市圈经济与行政区经济协调整合的枢纽。政府职能转变并不意味着长三角各级政府在经济一体化发展中无所作为，而是“有为”手段的变化，由直接干预经济变为营造共同发展的环境，其目的是实现政府与市场力量的协调。转变政府职能，首先要纠正把经济增长作为政绩考核单一指标的倾向，综合考察政府政绩，把考核重点放在区域合作、社会福利、创新能力、公共事业发展、生态环境保护等方面[①]；其次要实行政企分开，政府应发挥引导和规范的作用，不能代替市场或企业进行决策，更不能介入企业竞争；最后要推进税费改革，强化地方政府的公共财政职能，改变地方政府收入主要来自土地经营和工商业税收的现状。

（五）区域合作组织是协调整合的中介与平台

区域合作组织是合作的执行者，是都市圈经济与行政区经济协调整合的载体，其建设要立足宏观、中观、微观三个层面。宏观层面，在国家权力下放的同时，地方政府在平等自愿的基础上，将一部分职权上交给区域，成立长三角市长联席会、都市圈委员会或城市共同体等类型的区域协调组织，负责制定都市圈发展战略和政策，对计划的执行进行统一监督、调控，对区际重大矛盾进行协调和仲裁。中观层面，成立具有跨界服务功能的政府协调与运作组织或社团组织，发挥其沟通政府和企业的纽带作用，提高其在都市圈合作政策制定中的参与能力，为泛长三角一体化发展提供运作平台，并将其纳入法制化管理轨道。微观层面，以市场为导向，推进企业的跨区域投资和联合，积极稳妥地发展跨部门、跨行业、跨地区的大型企业集团或企业联盟以及相关的行业中介。各类区域合作组织是泛长三角一体化的直接推动主体。长江三角洲的协作与一体化需要相应的组织推动和法规规范，在新的发展阶段，应根据新的战略目标，对长江三角洲区域协作的机构与机制进行进一步的提升。

（六）区域共同治理的政策法规体系是协调整合的保障

地方政府的竞争并不必然导致无序竞争，行政区经济并不必然导致诸侯经济，不规范行为的产生源于规则的缺失或执行不力。地方政府作为利益主体有其特有的获利模式，单纯依靠改变其主观意图实现

① 陈国权、李院林：《论长江三角洲一体化进程中的地方政府间关系》，《江海学刊》2004年第5期。

都市圈一体化是不现实、不稳定的，必须以规则约束政府行为，规避权力使用不当的风险，变人治合作为法治合作。首先，在土地批租、招商引资、人才流动等方面制定统一的规则并将其具体化，以此为依据对长三角的地方性法规进行清理，不符合规则的依法予以废止或修改，以谋求多元规制的协调，营造公平、无差异的市场运行环境。其次，制定泛长三角区域发展规划及基础设施规划、环境保护规划等专项规划，对都市圈的重大设施建设、生态环境保护、社会事业发展等做出具有法规性质的综合部署。最后，探索有利于区域协调发展的制度体系，并且通过设立地方性法规和规划立法等措施赋予其应有的法律约束力和权威性，设置常设机构对各项规则的执行进行实时监控，对违规行为依法进行约束和制裁，避免各项合作政策的“议而不决、决而不行”。

（原载于《江海学刊》2009 年第 4 期）

下　编

社会学

分支社会学

艺术市场社会学的关键议题

闻 翔*

20世纪下半叶以来，一个由艺术家、画廊、拍卖行、收藏家、艺术评论家、博物馆、艺博会、双年展等诸多主体构成的发达艺术市场，已经成为决定当代艺术命运的核心场域。同时，这样一个市场也构成了后工业时代的“消费社会”或“独异性社会”的重要景观，并集中呈现了资本主义经济的“文化转向”的内在逻辑。正是在这个意义上，艺术市场研究进入了社会学的视野，并在最近六十年里逐渐成长为一个规模庞大、积累丰富的研究领域。本文即旨在系统梳理西方社会学界自20世纪60年代以来关于艺术市场的相关研究①，并从中勾勒出一幅相对清晰和完整的知识图谱。在中文社会学界，除了个别零散讨论之外②，到目前为止还很少有人对此予以关注。本文的工作因此可以算作一个初步的尝试。限于学力与篇幅，本文的梳理将以艺术市场社会学研究的关键议题为核心线索展开。在此之前，我们首先需要

---

* 作者简介：闻翔，1984年生，中国人民大学社会与人口学院副教授。

① 本文的“艺术市场”，仅局限于视觉艺术，不包括文学、表演等其他艺术类型。

② 严俊：《艺术品市场的定价机制——关于美学价值与艺术声誉的理论讨论》，《上海财经大学学报》2013年第4期；卢文超：《为无价之物定价？——新古典主义经济学视野中的艺术观念批判》，《东南大学学报》（哲学社会科学版）2018年第3期。

对这一知识领域的发展脉络做一个简要的回溯。

艺术市场社会学的缘起与演进

在社会学内部，对艺术的研究经历了一个从总体与宏观的社会史视角转向中观层面上对艺术体制的更具经验色彩的分析的过程。[①] 而在这个转型的过程中，对艺术的生产、流通与消费及其社会条件进行分析的艺术市场研究则扮演了一个关键性的角色。当代社会学关于艺术市场的研究始于20世纪60年代。雷蒙德·穆兰的《法国绘画市场》（1967）与怀特夫妇的《画布与生涯：法国绘画界的制度变迁》（1965）是两部公认的奠基性著作。穆兰与怀特夫妇的著作相映成趣，出版时间相近，且都以法国绘画市场为研究对象，但前者是对当代法国绘画市场的民族志研究；后者则是一个将艺术史与制度社会学视角相结合的历史考察。这两本书都是社会学的艺术市场研究在早期的重要成果。[②] 除此之外，布迪厄自20世纪60年代以来相继出版了《艺术之爱》《区分：判断力的社会批判》等一系列著作，将艺术市场区分为以高雅艺术为代表的限量生产场域（field of restricted production）和以商品艺术为代表的大量生产场域（field of large-scale production）两种类型，且使用其场域和资本理论对之进行分析，构成了法国艺术社会学的另一个重要传统。

艺术市场社会学从法国发端，其实具有深刻的历史与现实根源。从19世纪一直到20世纪上半叶，法国始终都是艺术市场的中心。“现代艺术在某种意义上就是法国艺术。”[③] 也正是在法国，以印象派的崛

① 参见［英］奥斯汀·哈灵顿《艺术与社会理论——美学中的社会学论争》，周计武等译，南京大学出版社2010年版，第23页。

② Raymonde Moulin, *The French Art Market*, Rutgers University Press, 1987; White, Harrison C. & Cynthia A. White, *Canvases and Careers: Institutional Change in the French Painting World*, New York: John Wiley & Sons, 1965.

③ ［美］理查德·布雷特尔：《现代艺术1851—1929》，诸葛沂译，上海人民出版社2019年版，第9页。

起为标志，传统的赞助人体系对艺术的影响开始逐渐式微，新兴的市场体系以及交易商系统扮演了推动艺术发展的核心角色。因而市场自然成为一个重要乃至核心的研究对象。因此，直到今天，艺术市场研究仍然是法国艺术社会学研究的一个主要领域。

在艺术社会学内部，向来有法国脉络与美国脉络之分。穆兰和布迪厄属于前者，霍华德·贝克尔、戴安娜·克兰则是后者的代表人物。20 世纪 80 年代，艺术社会学逐渐在美国兴起，贝克尔的《艺术界》（1982）与克兰的《先锋派的转型》（1987）都问世于这一时期。[①] 贝克尔将艺术市场放在他所谓的“艺术界”（art worlds）的整体生态系统与互动过程之中来考察。他将市场视为艺术品分配的三种机制之一，且着重分析了市场上“专业化的中间人”如何使艺术生产与创造更加符合分配系统所期待的“理性化”标准。与《艺术界》所呈现的芝加哥学派的生态学视角不同，克兰的《先锋派的转型》则提供了一个将历史与结构分析相结合的进路，该书聚焦于 20 世纪 40—80 年代纽约艺术市场的先锋派艺术，揭示了不同风格的先锋派艺术运动的接受情况与更广泛的社会、经济与文化变迁之间的关联。

20 世纪 90 年代以后，社会学对艺术市场的研究得到了进一步加强。美国人类学家斯图尔特·普拉特纳的《外乡的高雅艺术：地方艺术市场的经济民族志》（1997）以美国西北部圣路易斯城的地方艺术市场为个案，揭示了当地的艺术市场“铁三角”（艺术家、交易人和收藏家）的行动策略、生活情境与互动关系，同时讨论了关系网络和信任在市场交易中发挥的重要作用。[②] 另一位美国学者菲茨杰拉德的《制造现代主义：毕加索与二十世纪艺术市场的创建》（1996）则接续

---

① ［美］霍华德·S. 贝克尔：《艺术界》，卢文超译，译林出版社 2014 年版；［美］戴安娜·克兰：《先锋派的转型：1940—1985 年的纽约艺术界》，常培杰、卢文超译，译林出版社 2019 年版。

② 参见［美］斯图尔特·普拉特纳《外乡的高雅艺术：地方艺术市场的经济民族志》，郭欣然译，译林出版社 2019 年版。

了怀特夫妇对法国艺术市场的历史研究，将印象派之后的现代派绘画纳入视野。该书以毕加索为个案，考察了20世纪上半叶法国现代前卫艺术市场的兴起。[①]

进入21世纪以来，随着全球艺术市场的一体化进程以及审美经济在整体经济结构中的重要性的日益凸显，艺术市场已成为社会学的热门领域，相关研究蔚然成风。荷兰社会学家奥拉夫·维尔苏斯在这个过程中扮演了一个重要角色。他2005年出版的著作《艺术品如何定价》成为一个将经济社会学与文化社会学结合起来运用于艺术市场分析的典范。该书以纽约与阿姆斯特丹的艺术品商人为研究对象。他发现，艺术品商人在营销、交易当代艺术的过程中采取了一系列的仪式和文化策略，因而艺术的商品化也是一个文化过程，而市场本身则构成了一种文化群落（constellation）。借用文化社会学家泽利泽的“交易圈”理论，维尔苏斯指出，当代艺术的交易圈不仅仅是纯粹商业意义上的，更是“艺术家、收藏家和艺术品商人根据文化所共同形构的他们赖以生存的意义世界”[②]。此后，他又相继主编了两部颇有影响的专题论文集《当代艺术及其商业市场》（2012）与《世界性的画布：当代艺术市场的全球化》（2015），收录了各国社会学家关于艺术市场的研究。[③] 这两部文集与另一位著名艺术社会学家维多利亚·亚历山大在2018年牵头主编的两卷本文集《艺术与市场的挑战》[④] 一起，共同标志着艺术市场研究已经成为一项具有一定的学科共识且凝聚了相

---

① 参见［美］迈克尔·菲茨杰拉德《制造现代主义：毕加索与二十世纪艺术市场的创建》，冉凡译，广西师范大学出版社2010年版。

② ［荷兰］奥拉夫·维尔苏斯：《艺术品如何定价：价格在当代艺术市场中的象征意义》，何国卿译，译林出版社2017年版，第6页。

③ Lind, M. & O. Velthuis (eds.), *Contemporary Art and Its Commercial Markets: A Report on Current Conditions and Future Scenarios*, Sternberg Press, 2012; O. Velthuis and S. B. Curioni (eds.), *Cosmopolitan Canvases: The Globalization of Markets for Contemporary Art*, New York, NY: Oxford University Press, 2015.

④ Victoria D. Alexander, et al., *Art and the Challenge of Markets Volume 1—2*, London: Palgrave, 2018.

当的集体投入的社会学事业。

综上，自20世纪下半叶以来，在近六十年的时间里，当代社会学出现了一系列针对艺术市场的重要研究，由此形成了一条丰富而多元的学术脉络。在社会学家看来，艺术市场不仅是一种经济现象，也是一个社会学可以发挥用武之地的社会与文化现象。艺术市场的运作并不仅仅关乎经济学意义上的艺术品流通，也嵌入在社会结构之中、渗透着特定的社会与文化意义。而在具体研究中，艺术品的价值建构与价格形成、艺术消费与审美品味的阶级意涵、艺术家的职业生涯管理与声望建立、艺术市场的组织与制度变迁，则构成了社会学家聚焦的关键议题。下文将分别对此予以讨论。

艺术品的价值建构与价格形成

普通人在面对艺术市场时首先关心的往往是艺术品的价值问题：这幅画为什么这么贵？它真的值这么多钱吗？我们应该如何判断一件艺术品的价值？这些都是非常自然和朴素的问题。事实上，艺术品的价值问题既是艺术品交易实践中最为重要的问题，也是艺术市场研究中最为核心的理论问题之一。雷蒙德·穆兰1967年出版的《法国绘画市场》一书就这一研究方向做出了开创性的贡献。该书是一项针对法国（尤其是巴黎）绘画市场的民族志研究。穆兰在书中将法国绘画市场分成经营古典大师作品的“神圣艺术”市场、当代艺术市场等几种类型。由此，她构建了一个“多元市场”（multiple markets）的类型学，各种市场之间的区别不仅在于其所经营的绘画种类，更在于这些画作的价值的波动性。神圣市场的艺术品价值几乎不太变动，因为留存下来的古典大师的作品数量是极其有限的，且大多数保存在博物馆，能够在市场上交易的则更是少之又少，这种供应上的稀缺性和垄断性以及古典绘画在艺术史上形成的定评，决定了其价值必然长期保持稳定。而当代艺术市场的最重要特征即艺术品价值的高度不确定性。这是由于当代艺术的市场供应在理论上是无限的，且当代艺术本身的特质决定了其价值更多受到人们对其意义的不同阐释和理解，缺乏一个明确的判断标准，因而其价值是变动不居的。同时，穆兰指出，一旦某种艺术市场被建立起来，对艺术作品美学水准的判断就不可避免地与其金融上的价值纠葛在一起。她非常细致地刻画了市场上各种行动者（交易商、评论家、收藏家和画家）的角色和活动，且分析了这些市场主体的行动背后如何受到审美判断和经济利益等多重动机的驱动，同时他们之间的互动又如何共同形塑和建构了艺术品的价值。① 穆兰的研究将“理论分析与经验深度兼容”②，而她关于市场类型学的划分以及对市场行动者抽丝剥茧的分析，更是深刻地影响了后来的研究者。后来，穆兰又将她的研究视野从法国进一步拓展到对全球艺术市场的考察，指出从20世纪六七十年代以来，在顶级画廊、超级收藏家以及重要博物馆所形成的全球网络的共同运作下，通过控制供应和干预艺术作品的评价方式，当代艺术市场也逐渐向神圣市场的垄断特征靠拢。③

穆兰的研究奠定了艺术市场研究的“价值建构”取径。荷兰社会学家维尔苏斯则进一步将穆兰的价值问题转化为价格问题。在维尔苏斯看来，定价则是艺术品商品化的核心。艺术品的价格不仅仅是抽象的数字，也是一种文化载体和象征符号。“价格机制不仅是一种资源配置系统，也是一种类似于语言的符号交流系统。”④ 艺术品的定价过程就是一个创造和赋予意义的过程。“艺术市场除了执行资源配置功能外，也是一种定义的机制（definitional mechanism）。人们在艺术市场中不断争论，艺术品究竟是商品还是文化产品。这种定义机制也延

① Raymonde Moulin, *The French Art Market*, Rutgers University Press, 1987.

② Howard S. Becker, “Review of the French Art Market, by Raymonde Moulin”, *Contemporary Sociology*, 1988, 17 (3).

③ Raymonde Moulin, “The Construction of Art Values”, *International Sociology*, 1994, 9 (1).

④ ［荷兰］奥拉夫·维尔苏斯：《艺术品如何定价：价格在当代艺术市场中的象征意义》，何国卿译，译林出版社2017年版，第205页。

伸到价格本身：价格机制远不是中性的，不同的价格机制将导致市场行动者对价格意义的理解完全不同。”[①] 因而维尔苏斯的研究聚焦于艺术品的定价机制及其背后的社会学意义。

在其代表作《艺术品如何定价》一书中，维尔苏斯基于 1998—2001 年间对阿姆斯特丹和纽约的画廊业的田野调查，考察了艺术品商人在定价时如何在艺术的逻辑（强调审美价值）和资本的逻辑（强调利润）之间拿捏分寸和创造平衡。在维尔苏斯看来，“为一件艺术品找到一个合适的价格，本身就是一门艺术”[②]。维尔苏斯发现，画廊主在日常经营实践中有一套行之有效的“定价脚本”（pricing script），定价脚本并非制度化的，而是一种在艺术品商人的社会圈子中共享的“默会知识”（tacit knowledge）。有趣的是，“定价脚本”并不完全遵循市场行情和供求关系。例如，当某位艺术家的画作流入拍卖市场且拍得高价时，画廊并不会马上相应地调高其手头代理的该名艺术家的作品的价格，甚至会对拍卖行的高价成交表示不满，因为在画廊老板看来，拍卖行的价格是谋求利润最大化的短期价格，是一种“牟利者价格”，而画廊追求的则是艺术家艺术作品的长期价值走势的稳定性，以及对艺术家的尊严和职业生涯的保护，因而其定价是一种更加谨慎和带有保护色彩的“推广者价格”。[③] 因此，画廊主会区分不同的价格类型，这些价格类型之间的差异不仅是量上的，也是质上的。这种质上的差别，关系到艺术品商人自身的身份认同，以及他们对于艺术家和艺术世界本身的运作逻辑的理解。

维尔苏斯的研究，其新意在于，以往人们往往将价格机制理解为一种通约化效应，即齐美尔在《货币哲学》中所揭示的，金钱用一种

---

① ［荷兰］奥拉夫·维尔苏斯：《艺术品如何定价：价格在当代艺术市场中的象征意义》，何国卿译，译林出版社 2017 年版，第 100 页。

② ［荷兰］奥拉夫·维尔苏斯：《艺术品如何定价：价格在当代艺术市场中的象征意义》，何国卿译，译林出版社 2017 年版，第 153 页。

③ ［荷兰］奥拉夫·维尔苏斯：《艺术品如何定价：价格在当代艺术市场中的象征意义》，何国卿译，译林出版社 2017 年版，第 100—101、113 页。

抽象的、统一的数量逻辑造成了物与物之间的差别被取消，每件艺术品自身的独一无二性在价格机制面前荡然无存。但维尔苏斯则揭示了，艺术品商人通过赋予不同的价格以不同的意义，从而“增进而不是破坏了艺术品的不可通约性”①。因此，定价本身就参与了艺术品价值建构的过程。艺术品商人通过对价格的定义传递和分享的恰恰是非经济的、不可被通约的价值。他指出：“价值和价格似乎是在一种不断发展的辩证过程中交织在一起的，无法将其全部拆分”，价值不能脱离价格成为现实，而“价格告诉我们的不仅是关于金钱、交换价值或货币度量的故事”。② 他还讲述了艺术品商人的保护人角色、收藏家的身份认同、艺术家的社会地位以及艺术品的艺术价值，由此艺术市场上的经济活动被赋予更加丰富的社会与文化意义。换句话说，维尔苏斯提供了一个对当代艺术市场的温情脉脉的视角。在他的笔下，画廊对经济利益的追求是审慎与节制的，且对艺术家的职业生涯具有道德责任感。他强调“市场的道德”，批评现代社会科学家可能过于相信波兰尼关于自我调节市场的“脱嵌”叙事，指出即便在现代西方，市场也是嵌入于社会和文化之中的，是具有道德和意义的。

如果说维尔苏斯是从艺术品商人的角度来讨论艺术品的定价问题，那么奥尼尔的研究则将视角转向艺术家自身，以考察艺术家如何做出定价决策。通过对美国西南一座城市的53位视觉艺术家的访谈，奥尼尔发现艺术家对其作品的定价方式是多样的，并不存在一个固定模式。一些艺术家倾向于从工艺角度（作品的材料与劳动力成本）考虑其作品的价格，另一些人则倾向于从美学角度（对自身作品在艺术世界中的价值的主观判断）决定价格，还有一些艺术家将这两者结合起来。奥尼尔指出，尽管艺术家在给作品定价这件事情上好像显得随意甚至

① ［荷兰］奥拉夫·维尔苏斯：《艺术品如何定价：价格在当代艺术市场中的象征意义》，何国卿译，译林出版社2017年版，第223页。

② ［荷兰］奥拉夫·维尔苏斯：《艺术品如何定价：价格在当代艺术市场中的象征意义》，何国卿译，译林出版社2017年版，第229—230页。

没有规律，甚至同一个人在不同时刻可能会做出不同的决策，但其实他们的决策不是在真空中进行，而是在一定社会和文化的意义脉络下完成的。定价决策的复杂性表明，这些地方艺术市场上的艺术家在生活中将工具性的经济活动和创造性的自我表达，对公平的信念，以及艺术世界内外的社区规范结合起来。①

与维尔苏斯等人对价格的文化意义的关注类似，科马罗娃研究了当代艺术市场上的折扣现象。她发现，在印度的艺术市场上，两个不同的交易圈对打折存在两种截然相反的态度。一方面，那些以本土市场为导向的艺术家与画商将打折视为正常，因为讨价还价本来就是当地人买东西的习惯，同时打折还可以成为其维系社会关系的润滑剂。另一方面，那些面向国际市场的艺术家与画商则对打折的态度没那么积极，他们认为打折有损于艺术品的尊严和审美价值，也损害了他们自身的社会身份和象征权力。但是，由于市场行情趋紧，他们又不能完全拒绝打折，因此他们发展出一套精心演绎的话语和行为策略，以尽量减轻打折的危害，例如对谁可以得到折扣予以严格控制（必须得是真正的艺术爱好者）、宣称从不给初次登门的客户打折等。由此，科马罗娃充分揭示了共享的文化规范与价值体系是如何影响艺术市场的定价策略的。②

艺术消费与审美品味的阶级意涵

艺术市场的运转意味着艺术品的消费与流通，而这又必然涉及艺术爱好者以及收藏家的艺术品味问题。早在1899年，美国社会学家凡伯伦就曾讨论过有闲阶级的炫耀性消费（conspicuous consumption）。

---

① Kathleen M. O'Nei, "Bringing Art to Market: The Diversity of Pricing Styles in a Local Art Market", *Poetics*, 2008, 36 (1).

② Nataliya Komarova, "The Meanings of Discounts in Contemporary Art Markets: The Case of India", *Cultural Sociology*, 2015, 9 (4).

在凡伯伦看来，消费与品味不过是有闲阶级彰显身份地位，与劳动阶级拉开距离的方式。大半个世纪以后，布迪厄进一步揭示了艺术消费与阶级分化及再生产之间的微妙机制。他指出，“经济权力首先是使自身摆脱经济必要性的权力。正因如此，对财富的破坏，炫耀性消费，浪费，以及各种各样不必要的奢侈，始终都是经济权力的标志”①。正因为如此，对艺术品的占有与鉴赏就成了精英阶级地位建构与身份认同的一个重要维度。在布迪厄看来，阶级既由其在生产关系中的位置决定，同时也由其“被感知的存在”确定②，艺术消费与艺术品味即是这种“被感知的存在”。

在1979年问世的《区分：判断力的社会批判》一书中，布迪厄将艺术品味视为一种“审美配置”，并非一种简单的个人附属物。社会学要做的就是对“审美配置的社会条件的分析”③。换句话说，品味是一种文化资本，这种文化资本是与一定的阶级地位联系在一起的，且与经济资本之间存在着转换关系。

在布迪厄看来，艺术品味相当于对艺术的“解码”能力、对象征性符号的领会能力，这种能力不是天生的，而是与你的家世背景、成长环境的长期熏陶以及学校教育等密切相关，只不过它看上去却又好像是一种自然而然表现出来的天资禀赋，因而其外在表现形式遮蔽了阶级不平等，或者说将阶级不平等“自然化”、合法化了。他强调，当面对高雅艺术时产生的那种愉悦体验看似是一种自然过程，但“在现实中它却是一种被培养教化出来的愉悦”④。这种培养教化

---

① 转引自［英］彼得·伯克《历史学与社会理论》，李康译，上海人民出版社2019年版，第109页。

② ［法］皮埃尔·布尔迪厄：《区分：判断力的社会批判》，刘晖译，商务印书馆2015年版，第765页。

③ ［法］皮埃尔·布尔迪厄：《区分：判断力的社会批判》，刘晖译，商务印书馆2015年版，第165页。

④ ［法］皮耶·布赫迪厄、［美］华康德：《布赫迪厄社会学面面观》，李猛、李康译，（台北）麦田出版社2009年版，第145页。

是与阶级身份及阶级位置密不可分的，“有机会和条件接触、欣赏高雅艺术并不在于个人天分，不在于美德良行，而是个（阶级）习得和文化传承的问题”[①]。例如，在一项针对欧洲艺术博物馆及其参观者的经验研究中，布迪厄发现，不同教育程度、阶级身份的人参观博物馆的次数、在单件展品上停留的时间和对博物馆的认识是不同的，而对所有人开放的博物馆看上去遵循民主化时代艺术面前人人平等的承诺，但其内在的运作机制其实早已经与低阶层的参观者拉开了距离。[②]

就艺术市场研究而言，布迪厄的重要性在于将艺术场域放在社会/阶级的脉络中来理解其运作逻辑，揭示了艺术消费与品味背后的阶级意涵。布迪厄将艺术市场视为一种“象征性商品的市场”，对这种象征性商品的占有，本身就是一种阶级斗争。由此，艺术市场与社会不平等之间的关联问题得到了彰显。布迪厄的研究在艺术社会学领域产生了很大影响，后来很多学者都沿着布迪厄开辟的进路来讨论艺术品味、文化消费与阶层身份之间的对应关系。[③] 例如，迪马乔针对波士顿的个案研究揭示了19世纪波士顿的旧式精英在面对后来居上的爱尔兰移民的挑战时，将自己打造成“文化企业家”，通过对高雅文化的垄断来维系其地位，他们建立波士顿美术馆和交响乐团，且将其与新移民所热衷的流行艺术区隔开来。[④] 当然也有一些研究对布迪厄的理论提供了反例。例如，戴维·哈雷对美国不同阶级地位的家庭的视觉艺术陈设的比较研究，就发现工人阶级和

---

① ［法］皮耶·布赫迪厄、［美］华康德：《布赫迪厄社会学面面观》，李猛、李康译，（台北）麦田出版社2009年版，第145页。

② 参见［英］海伦娜·韦伯斯特《建筑师解读布迪厄》，林溪、林源译，中国建筑工业出版社2017年版，第35—36页。

③ 参见 Chan，T. W. ed.，*Social Status and Cultural Consumption*，Cambridge：Cambridge University Press，2010。

④ DiMaggio，P.，“Cultural Entrepreneurship in Nineteenth-Century Boston：The Creation of An Organizational Base for High Culture in America”，*Media*，*Culture and Society*，Vol. 4，1982.

精英阶级的艺术品味有相当大的重叠，他们家里的墙上可能挂着相同主题和风格的风景画。而且，他还注意到，精英阶级的成员学习艺术的方式并不一定像布迪厄分析的出于家庭环境的耳濡目染，而更可能从职业画商和策展人那里习得。① 奥利弗·哈尔等人最近的一项研究则从社会心理学的角度指出，精英阶级为了解决“上位者的身份诋毁困境”②，反而更容易表现出对具有本真性的低俗文化而不是高雅文化的欣赏。但无论经验研究的结果是支持还是挑战了布迪厄的理论，后来者的研究都毕竟沿着阶级身份与艺术品味的关联这一方向展开。就此而言，布迪厄确立了品味与消费研究的重要议题。

但是也有不少学者对布迪厄的阶级视角本身提出了质疑。例如，有学者批评他具有过强的结构决定论倾向，强调社会的支配霸权，认为这是一种“社会学式的还原主义”，它“不再是对世界的描述，而是确立立场”。③ 更有甚者，认为他的经验研究不过是一种“哲学田野调查”④，是用逻辑的事物取代事物的逻辑。针对这一批评，布迪厄则否认自己的艺术社会学是“要把审美的东西笼统地诉诸为不过是阶级的标注和炫耀性消费”⑤，他强调其研究旨趣不在于给出一个完全忽视个人主体性的决定论，而是揭示被遮蔽的宰制关系。在布迪厄看来，

---

① David Halle, *Inside Culture: Art and Class in the American Home*, Chicago: University of Chicago Press, 1993.

② 所谓“上位者的身份诋毁困境”，是指上层阶级往往被认为不如下层阶级真实。由于地位的获得伴随着外在奖励，人们因此往往怀疑上位者的动机不是为了实现其所宣称在追求的价值（例如，律师追求正义，或者医生促进健康），而是为了获得其身份所附带的外在奖励。参见 Oliver Hahl, et al., “Why Elites Love Authentic Lowbrow Culture: Overcoming High-Status Denigration with Outsider Art”, *American Sociological Review*, Vol. 82, No. 4, 2017, pp. 828 – 856。

③ ［法］娜塔莉·海因里希：《艺术为社会学带来什么》，何蒨译，华东师范大学出版社 2016 年版，第 17 页、中文版序言第 4 页。

④ ［英］罗布·斯通斯主编：《核心社会学思想家》，姚伟、李娜译，上海人民出版社 2020 年版，第 323 页。

⑤ ［法］皮耶·布赫迪厄、［美］华康德：《布赫迪厄社会学面面观》，李猛、李康译，（台北）麦田出版社 2009 年版，第 144 页。

艺术品味与文化资本是一种分类工具，而“分类斗争是阶级斗争的一个被遗忘的维度”[①]。艺术提供了“区分的标志”，“这些区分的标志同时也是否认社会现实的工具”。[②] 而且，在笔者看来，品味是否与阶级对应其实不是问题的实质所在。如果品味与阶级不具有鲜明的对应关系，可能恰恰体现了一个社会的阶级流动与开放的程度，阶级越是流动，上层阶级品味越是多元。这其实意味着我们可以通过对艺术市场的观察来判断更大范围的社会结构的变迁。或许，这才是布迪厄的进路最重要的社会学意义。

艺术家的职业生涯管理与声望建立

在艺术市场中，艺术品商人、收藏家、艺术评论家、策展人都扮演了十分重要的角色，但艺术市场首先离不开的是艺术品的生产者——艺术家。艺术家是艺术市场上最主要的行动者，没有艺术家的参与，艺术市场不过是无源之水、无本之木。关于艺术家的社会学研究，大体存在职业生涯管理与声望建立两条路径。

穆兰的学生，法国艺术社会学家皮埃尔·门格尔是职业生涯视角的代表人物。在其代表作《创意经济学：不确定性下的艺术和成就》一书中，门格尔考察了作为“审美劳工”（artistic labor）和“创意工作”（creative work）的艺术家职业。门格尔将劳动力市场供求关系的基本结构视为分析前提，他指出，尽管对艺术和文化产品与服务的需求不断增长，但在艺术市场上，劳动力（艺术家）供给的增长远远大于需求，因而出现供过于求的局面。由此，艺术从业者的失业率和不充分就业的比例远远高于其他职业。而且由于艺术生产系统本身的分

---

① ［法］皮埃尔·布尔迪厄：《区分：判断力的社会批判》，刘晖译，商务印书馆 2015 年版，第 765 页。

② ［法］皮埃尔·布尔迪厄：《区分：判断力的社会批判》，刘晖译，商务印书馆 2015 年版，第 459 页。

散性，艺术界更倾向于高度灵活与松散的雇用关系，因此，大部分艺术从业者处于临时性雇用或自雇状态，只有在少数高度依赖补贴和赞助的机构之中（例如歌剧院）才存在长期雇用的职位。此外，艺术职业在很大程度上是一个赢家通吃的行当，具有高度的资源积聚效应。艺术家之间的声望与收入分化是巨大的，被市场认可的只是金字塔尖上的少数艺术家，他们有着明星般的声望与耀眼的收入，而大部分普通从业者既没有知名度，其收入也是十分微薄的，即便与具备同样人力资本（年龄、教育程度和训练强度）的其他行业劳动者相比，他们的平均收入也要少得多。①

在这种情况下，艺术家面对的是一个高度不确定的职业生涯，艺术劳动被不确定性（uncertainty）塑造。皮埃尔指出，在一个结果（成功与否）高度不确定②的劳动力市场中，艺术家其实是作为"理性行动者"来行动的，对职业风险的规划与管理成为其"艺术劳动"的一个重要组成部分，这在很大程度上决定了其经济上的生存和个人成功。换句话说，看上去最需要感性、灵感和创造力，同时也最具有自主性的"艺术劳动"在本质上却是一种"理性化的劳动"。③ 这是门格尔的艺术家职业研究所揭示的最大悖论。

职业视角在艺术社会学内部也遇到了一些争议。反对者认为，将职业概念用在艺术领域似乎并不合适，例如在另一位法国社会学家海因里希看来，"将艺术家的生平经历还原为职业策略"是"一种令人生疑的分析方式"，"这种分析使得艺术家真正的创作动机被忽略，因

---

① Menger, Pierre-Michel, *The Economics of Creativity, Art and Achievement under Uncertainty*, Cambridge, MA: Harvard University Press, 2014, pp. 1－2.

② 当然，门格尔强调，这种不确定性不仅仅是指外部层面的市场/受众的反馈的不确定性（公众对其是认可、漠视还是拒绝），也包括艺术家自身对其工作的认可的不确定性。正是这种不确定性，一方面让艺术家在劳动中忍受和煎熬；另一方面又"给予创意工作人文深度和最高层次的满足感"。Menger, Pierre-Michel, *The Economics of Creativity, Art and Achievement under Uncertainty*, MA: Harvard University Press, 2014, p. 4.

③ Menger, Pierre-Michel, *The Economics of Creativity, Art and Achievement under Uncertainty*, Cambridge, MA: Harvard University Press, 2014, pp. 3－7.

为创造方法的原创性恰恰无法被还原为职业生涯计划”。[①] 她认为职业概念所影射的标准化，与艺术内在的独特性要求相去甚远，而且职业视角过于关注艺术的社会性和集体性，却忽略了艺术领域的独特性，即作为一种“独特的、个人的、不可还原为复数集体状态”的特征。[②] 但是在支持者看来，职业视角恰恰挑战了关于艺术家作为一个心无旁骛的追求审美价值的纯粹个体的迷思，这种迷思，借用另一位社会学家的表述可以概括为：“艺术家们所面临的挑战仅仅是要创作个人的、独特的并具有美学品质的作品”[③]，即艺术家创造艺术是为了自我表达，而不是出于任何别的考虑。

无论如何，门格尔对艺术家职业生涯的研究已成为艺术社会学的一个重要议题，在关于艺术市场与创意产业的研究中被广泛讨论。事实上，在今天，艺术家之间的竞争越来越激烈，萨拉·桑顿曾指出，自20世纪60年代以来，成功艺术家的职业生涯大体遵循“取得艺术硕士学位—作品获奖—作品进入美术馆—一级艺术品交易商做代理—艺术杂志专访—著名收藏家收藏作品—在博物馆办个展或合展—参加双年展—作品进入拍卖会”这一模式。[④] 这其中任何一个环节都并非轻而易举，大部分人停滞在其中的某一个阶段。艺术家之间的阶层分化和等级结构越来越凸显。有学者曾做过估计，在纽约和伦敦这两个全球最重要的艺术市场的8万名艺术家中，只有75位是年收入百万美元以上的超级巨星艺术家，其下则是300位作品能够在大型画廊展出，年收入六位数的成功艺术家；再往下是能够获得主流画廊代理的艺术家，约5000人，但他们无法完全依靠艺术创作谋生，其主要收入是教

---

① ［法］娜塔莉·海因里希：《艺术为社会学带来什么》，何蒨译，华东师范大学出版社2016年版，第12—13页。

② ［法］娜塔莉·海因里希：《艺术为社会学带来什么》，何蒨译，华东师范大学出版社2016年版，第11—12页。

③ ［美］斯图尔特·普拉特纳：《外乡的高雅艺术：地方艺术市场的经济民族志》，郭欣然译，译林出版社2019年版，第23页。

④ ［美］萨拉·桑顿：《艺术世界中的七天》，何云朝译，上海三联书店2019年版，第51页。

学、写作或伴侣的支持；剩下的则是无法得到画廊代理的草根艺术家。[①] 因此，为了获得职业生涯的成功，今天的艺术家在面对市场时，早已不再局限于传统的艺术生产者角色，而在很大程度上成为一个集创意、企划与营销为一体的经营者，乃至成为“画架上的经济学家”（pictor economists）[②]。例如，普拉特纳曾研究了圣路易城的200名地方艺术家的职业生涯管理。他发现，艺术家职业的成功“需要艺术家自己积极的创建和保持”，包括“艺术家与交易人之间关系的长期管理，也包括不间断地申请奖金、奖励、高质量展览的参展机会和其他能够给简历增彩的项目”。普拉特纳尤其强调“社交活动是成功的职业艺术家生涯的一部分”，“艺术家要参加重要交易人、策展人、评论家和其他同行经常出席的开幕式、讲座、活动和聚会。艺术家必须让人们知道他并让人们有兴趣到他的工作室去”。[③] 就此而言，职业生涯视角的确构成了一个非常有力的分析工具。

在艺术市场中，艺术家的声望对于艺术品的价格具有关键性的影响。那么，艺术家的声望是如何取得的？什么样的艺术家更容易获得认可，乃至取得艺术史上的经典地位？这构成了社会学研究艺术家的另外一条脉络。但是，社会学的视角并不着眼于从内部分析艺术家本身的作品风格、创作技法或艺术理念对于其声望的影响，这是艺术学者或艺术史家的长项；社会学更注重从外部考察影响声望的社会因素。这些因素包括艺术界的社会网络、正式组织的认可度等。例如，在一项关于现代派绘画大师毕加索的个案研究中，菲茨杰拉德揭示了艺术

---

① ［英］唐·汤普森：《疯狂经济学：让一条鲨鱼身价过亿的学问》，谭平译，南海出版公司2013年版，第68页。

② 这里借用了阿尔珀斯在关于17世纪荷兰著名画家伦勃朗的经典研究中提出的概念。阿尔珀斯指出，伦勃朗将其工作室作为一个面向新兴资本主义市场的企业来经营，而这一企业实际上构成了伦勃朗毕业最重要的杰作。就此而言，在经营的意义上，我们也可以说，伦勃朗是所有现代艺术家的先驱。［美］斯维特拉娜·阿尔珀斯：《伦勃朗的企业：工作室与艺术市场》，冯白帆译，江苏凤凰美术出版社2014年版，第175页。

③ ［美］斯图尔特·普拉特纳：《外乡的高雅艺术：地方艺术市场的经济民族志》，郭欣然译，译林出版社2019年版，第90—91页。

家本人如何通过与经销商、评论家、收藏家以及博物馆馆长的关系互动，来塑造艺术声望，同时在商业体系中建立自己的地位，获得市场上的成功。菲茨杰拉德着重考察了毕加索与其最重要的两位经销商罗森伯格和维尔登斯坦之间的互动，指出毕加索有意识地控制和引导他们之间的关系（例如，毕加索在每一次会见经销商之前都要先同其家人排练一次，以便在第二天的会见中掌握主导权），从而共同塑造了毕加索的经典地位，同时也塑造了现代主义在艺术市场上的经典地位。这一研究“呈现了一条现代艺术发展的途径，它将艺术家置于这一促进事业的核心，从而直接将艺术家的画室与经销商的市场以及外面的世界联系在了一起”[①]。在另一项研究中，劳拉·布莱登则聚焦于博物馆对于艺术家声望的影响。她对参加1913年美国历史上第一场大型现代艺术展“军械库展览会”（Armory Show）的308位艺术家进行了追踪，通过定量分析，她发现在这同一批艺术家中，名字是否能够出现在今天的艺术史教科书上，在很大程度上取决于他们后来（1927—1967年）是否在纽约现代艺术博物馆（MoMA）举办过展览，以及其展览的数量和类型。换句话说，权威组织扮演了一个类似守门人的角色，其加持和认可在很大程度上塑造了艺术家的“神圣化”形象。与此相比，艺术家的个人属性，例如性别，则对教科书的收录概率几乎没有影响。[②] 与布莱登的研究发现类似，皮埃尔·佩内特等人则揭示了欧洲最重要的视觉艺术大奖“特纳奖”（Turner Prize）对于英国当代艺术家的拍卖价格以及艺术声望的影响机制，在佩内特看来，“特纳奖”相当于给艺术家贴上体制标签（institutional labeling），让其可以迅速在艺术市场上脱颖而出。[③]

---

① ［美］迈克尔·菲茨杰拉德：《制造现代主义：毕加索与二十世纪艺术市场的创建》，冉凡译，广西师范大学出版社2010年版，第4页。

② Braden, Laura, “From the Armory to Academia: Careers and Reputations of Early Modern Artists in the United States”, *Poetics*, 2009, 37 (5-6).

③ Pierre Pénet & Kangsan Lee, “Prize & Price: The Turner Prize as a Valuation Device in the Contemporary Art Market”, *Poetics*, 2014, 43 (1).

艺术市场的组织与制度变迁

艺术市场的运作需要一系列制度与组织的支撑，例如画廊、拍卖行、艺博会、艺术媒体等，它们构成了艺术市场的基础设施，同时也是艺术市场上的“品味制造者”。组织与制度环境的变迁也会相应地带来艺术市场本身的变迁，由此，对组织与制度的研究成为艺术市场社会学的一个重要议题。

怀特夫妇1965年出版的《画布与生涯：法国绘画界的制度变迁》是这一领域的奠基性著作。该书以莫奈、雷诺阿等人为代表的印象派画家在法国画坛的崛起为例，分析了艺术流派的兴替、艺术权力的更迭与艺术界的制度与组织变迁之间的关联。怀特夫妇指出，在法国画坛，决定主流的艺术观念以及艺术家地位的原本是由法兰西艺术学院、官方沙龙展览和奖项等构成的学院体系（the academic system），但是这一体系在运转一两百年后逐渐故步自封，到了19世纪下半叶已经不再能适应社会与经济条件的变化（例如：画家群体规模的快速扩张、中产阶级的艺术消费需求的增长）。以20世纪70年代为分水岭，学院体系逐渐被新兴的“交易商—评论家”体系（the dealer-critic system）所取代。印象派画家在学院体系之外另辟蹊径，转而与正在形成中的商业和评论体系合作。画廊（经销商）与艺术批评家联手打破旧体制的垄断，为印象派画家打造艺术声望与商业成功，开拓新的中产阶级受众市场。而在这个过程中，他们又反过来重塑了艺术家的绘画题材、风格乃至职业生涯。这一研究的意义在于揭示了，印象派艺术取代学院派艺术的过程，同时也是一个艺术权力分配体制从学院体系向画廊体系的转型过程。同时，这一制度变迁过程对于艺术本身产生了巨大影响。正是从印象派开始，艺术家确立了作为“经营者兼前卫艺术家”的双重形象，在这个意义上，20世纪的现代主义运动是印象派不折不扣的继承者。①

怀特夫妇的研究是一项跨学科合作的产物，在具体的历史描述与断代上可能尚存争议。例如，一项2019年的最新研究通过对巴黎艺术市场1831—1925年拍卖数据的统计分析发现，1870—1880年并不构成从学院体系向“交易商—评论家”体系的转折，相反，当时学院主办的官方沙龙仍然继续发挥作用，且在很大程度上促成了艺术家的成功。只有到了20世纪10年代“一战”之后，“交易商—评论家”体系才取得了支配性的地位。② 但这些只是细节上的争议，并不影响这部著作的经典地位。事实上，这部著作开辟了艺术市场研究的一个重要范式，即从制度与组织的角度对艺术市场的变迁进行考察。这恰恰是将艺术市场置于社会结构之中，讨论社会因素对于艺术的影响。③

自怀特夫妇的经典研究问世以来，对艺术市场的制度/组织的讨论成为艺术社会学的一个重要议题。例如，戴安娜·克兰在考察1930—1985年间在纽约艺术界前后兴起的七种先锋派艺术时，即重点讨论了组织基础对于艺术运动及其市场成就的影响。在1987年出版的《先锋派的转型》一书中，她分析了画廊和艺术博物馆与先锋艺术风格的社会接受之间的关联。克兰指出，博物馆在面对不断推陈出新的先锋艺术风格时，往往反应迟缓甚至持保守态度，“倾向于拒绝那些意味着美学倾向发生重大转变的新风格”④。克兰从对原有艺术范式的路径依赖、博物馆的官僚主义倾向造成对新艺术运动不敏感以及博物馆自身

---

① ［美］迈克尔·菲茨杰拉德：《制造现代主义：毕加索与二十世纪艺术市场的创建》，冉凡译，广西师范大学出版社2010年版，第8页。

② Saint-Raymond，L.，“Revisiting Harrison and Cynthia White's Academic vs，Dealer-Critic System”，*Arts*，2019，8（96）.

③ 怀特本人后来还曾写过一部《职业与创造性：艺术中的社会力量》，对艺术与社会的互动关系作了更进一步的讨论。参见 Harrison C. White，*Careers and Creativity*：*Social Forces in the Arts*，Westview Press，1993。

④ ［美］戴安娜·克兰：《先锋派的转型：1940—1985年的纽约艺术界》，常培杰、卢文超译，译林出版社2019年版，第127页。

角色定位的变化等三个层面对此进行了解释。[①] 与博物馆相比，画廊则扮演了一个更加积极和开放的“守门人”（gatekeeper）角色。画廊之间的竞争将会导致艺术市场上新风格的不断出现，因此，“风格增殖可被视为市场结构的预期结果”[②]。但是，克兰也强调，当艺术市场走向几家大画廊的垄断时，占据垄断地位的画廊往往会限制竞争和创新，它们总是选择某种特定风格，这种风格并不一定是创新的。[③] 同样关注画廊的“守门人”角色，寇思乐等人考察了高级画廊对潜在买家的分类策略。通过对纽约和伦敦的艺术市场的田野调查，寇思乐发现画廊往往会区分三种类型的买家：最受欢迎的“首选买家”是对艺术家的职业生涯扮演赞助人角色的传统收藏家；最不受欢迎的“问题买家”则是以短期套利为目的的投机客、炒家和抛售者，他们破坏了价格稳定性，同时对艺术家的声望产生危害；介于其间的则是一种新兴的买家类别，即投机者。投机者虽然也追求经济收益，但往往着眼于长期的战略布局，他们会与画廊合作推广艺术家，在建立起艺术家的稳定声望之后再将其转化为货币价值。画廊对买家的分类实践是一个动态的过程，问题买家固然在一开始被排除在外，而其他得以“登堂入室”的买家则会在与画廊的互动过程中不断被重新分类。[④]

除了画廊之外，拍卖公司的角色也越来越受到社会学家的重视。例如，克兰在 1987 年写作《先锋派的转型》时还没有对拍卖行进行过多讨论，但二十多年后，当她在讨论全球艺术市场在 21 世纪头十年

---

① ［美］戴安娜·克兰：《先锋派的转型：1940—1985 年的纽约艺术界》，常培杰、卢文超译，译林出版社 2019 年版，第 134—136 页。

② ［美］戴安娜·克兰：《先锋派的转型：1940—1985 年的纽约艺术界》，常培杰、卢文超译，译林出版社 2019 年版，第 120 页。

③ ［美］戴安娜·克兰：《先锋派的转型：1940—1985 年的纽约艺术界》，常培杰、卢文超译，译林出版社 2019 年版，第 117 页。

④ Erica Coslor, Brett Crawford, Andrew Leyshon, “Collectors, Investors and Speculators: Gatekeeper Use of Audience Categories in the Art Market”, *Organization Studies*, 2020, 41（7）.

的最新发展趋势时，已经提出像苏富比与佳士得这样的拍卖巨头取代博物馆与画廊成为定义当代艺术和引领市场价格的最重要的力量。[①] 与克兰的观察类似，亚当指出，艺术品交易的M型化成为21世纪以来艺术市场发展的一个显著特征，大拍卖公司与超级画廊（mega-gallery）成为市场主宰，中间市场则处于不断退化之中。[②] 这也导致了艺术品的价格、艺术家的形象以及艺术生产的方式都在发生剧烈变动。

还有一些研究者对画廊与拍卖行这两个最主要的市场组织之间的关系进行了讨论。例如，有学者指出，画廊与拍卖公司呈现出一种复杂的竞争与共生关系。共生表现在，拍卖公司有1/3的当代艺术委托来自画廊，画廊依赖拍卖公司处理过剩艺术品，有些画廊也到拍卖会上购买艺术品；竞争则表现在，从20世纪90年代开始，拍卖公司大多设立了私洽交易部门，甚至谋求参与原本只能由画廊参加的艺博会，从而不断侵蚀画廊的业务领地。此外，拍卖公司有时会并购画廊。[③] 总的来说，画廊与拍卖公司原本分属一级市场和二级市场，属于不同的运作模式，但一级市场与二级市场的界限在当下越来越模糊。这在很大程度上改变了当代艺术市场的运作方式。

余　论

本文旨在以议题为核心线索提供一幅艺术市场社会学的整体知识图景。通过上文的梳理，可以看到，社会学家对艺术市场的研究呈现出多元化的格局。事实上，不同议题的背后，往往意味着不同的研究

---

① Diana Crane, "Reflections on the Global Art Market: Implications for the Sociology of Culture", *Sociedade e Estado*, 2009, 24 (2).

② 参见乔治亚·亚当《钱暴后的暗处——操作下的21世纪艺术市场》，官妍廷译，典藏艺术家庭股份有限公司2018年版，第5页；乔治亚·亚当《钱暴：21世纪艺术市场大爆发》，项幼榕译，典藏艺术家庭股份有限公司2016年版，第245页。

③ ［英］唐·汤普森：《疯狂经济学：让一条鲨鱼身价过亿的学问》，谭平译，南海出版公司2013年版，第186—196页。

视角、研究层次与研究方法。例如，就研究视角而言，有的研究从制度或结构视角出发，有的研究则从艺术家、交易商或消费者等具体行动者的视角切入，至于以哪一类行动者的视角来展开研究，则取决于对其在艺术市场上所扮演角色的重要性的判断。就研究层次而言，有的研究聚焦于艺术市场中心的纽约或伦敦等超级大都会，有的研究则关注地方层面或边缘地带的艺术市场；有的研究仅讨论某个特定城市或地区的艺术市场的当下状况，有的研究则将历史的维度带进来，将其在一个较长时期的变迁过程纳入研究视野。就研究方法而言，无论是对艺术市场从业者的问卷调查、访谈，以及更加深入与细致的民族志田野，还是对交易数据的定量统计和对历史文献与档案资料的收集与整理甚至对具体艺术作品的图像与风格分析，都在社会学家对不同议题的研究中得到了各有侧重的运用。

艺术市场研究的四个关键议题，彼此之间其实又具有内在的逻辑关联。按照格里斯沃尔德著名的“文化菱形”理论，文化客体、社会世界、创造者与接受者这四角构成了社会学考察艺术与社会关系的菱形图式。[①] 而本文所讨论的四项议题，恰恰分别落在了这四个维度之上。“价值/价格”实际上关涉艺术品这一文化客体，“职业/声望”则对应作为“创造者”的艺术家这一维，“消费/品味”则关涉“接收者”这一维，而“组织/制度”则属于“社会世界”这一维。在这个意义上，这四项议题合在一起，构成了对于艺术市场的一个较为综合与全面的理解。

同时，尽管不同的议题具有不同的理论与现实关怀，但是在这些具体议题之上，艺术市场研究的根本问题意识则是一致的。这个问题意识最终还是要落到“艺术与社会”这两端。换句话说，社会学家必然要回答这样的问题：研究艺术市场可以为我们对“艺术”和“社会”的

---

① 参见卢文超《什么是文化菱形？——格里斯沃尔德艺术社会学思想研究》，《外国文学》2018 年第 6 期。

理解带来什么新的东西？下面分别就这两个维度略作进一步的讨论。

第一，艺术市场研究如何增进社会学对“艺术”的理解？就此而言，社会学最终关心的是，艺术的商品化如何影响艺术在现代社会中的命运？尤其是艺术的自主性（autonomy）与本真性（authenticity）在市场化的过程中，将会遭遇怎样的张力与挑战？众所周知，艺术成为一个独立的价值领域，是相当晚近的事情。直到文艺复兴时期，艺术家的创作仍然主要由宫廷、贵族和教会所赞助。只有随着资本主义商业的发展和资产阶级的崛起，艺术才逐渐摆脱对王权与教权的依附，成为一个“为艺术而艺术”的自律领域。但是，与政治和宗教脱钩之后的艺术，仍需要面临市场化、商品化带来的挑战。例如，贝克尔即指出，艺术市场的运作机制使得艺术品的生产与创造越来越理性化和标准化。[①] 那么，艺术市场的资本逻辑是否会导致艺术自身独特的审美价值和艺术家所赋予其的自我表达意义被彻底抽空，而在很大程度上成为一种可以化约的抽象等价物？穆兰、维尔苏斯等人的研究关心的正是这样的问题。门格尔事实上也同样如此，只不过他将艺术的商品化问题转化为艺术家的商品化问题。而布迪厄则是从权力场域的角度来理解艺术自主性的问题。但是，布迪厄微妙的地方在于，市场与权力其实是纠葛在一起的，恰恰是市场所代表的平等外衣遮蔽了权力所代表的宰制与支配关系。布迪厄对艺术品味的“祛魅”，其着眼点正在于此。

第二，艺术市场研究如何增进社会学对“社会”的理解？就此而言，社会学最终关心的是，从艺术市场入手来理解当代“文化资本主义”的特质与逻辑。丹尼尔·贝尔曾指出，“艺术崇拜”是20世纪下半叶以来资本主义进入后工业社会以后的一个独特面向。[②] 贝尔所谓

① ［美］霍华德·贝克尔：《艺术界》，卢文超译，译林出版社2014年版，第86页。

② ［美］丹尼尔·贝尔：《资本主义文化矛盾》，蒲隆、赵一凡、任晓晋译，生活·读书·新知三联书店1989年版，第80页。

的“资本主义的文化矛盾”，正揭示了现代艺术以一种反资本主义的姿态为特质，但却深深嵌入资本主义的市场体制之中，从而以一种二律背反的方式呈现了资本主义在新阶段的运作逻辑。换句话说，艺术市场的兴起与资本主义积累体制的转型密切相关。事实上，近几十年来创意经济与审美经济在全球的扩张标志着今天的资本主义已经进入一个“文化化”的最新阶段。按照莱克维茨的讲法，这一阶段的核心特征即追求文化消费与创意劳动的独异性经济取代了工业化普适性经济的支配地位。而艺术市场对独异品经济来说，在很多方面是范式性的：“21 世纪初的文化资本主义被打上了艺术领域结构特征的烙印。”①在今天这个时代，艺术市场早已不仅仅与艺术有关，也不仅仅与市场有关，而是呈现了社会总体的结构特征、内在肌理乃至精神气质。或许正是在这个意义上，艺术市场研究可以以一种独特乃至不可或缺的方式增进我们对于“社会”自身的理解。

（原载于《江海学刊》2020 年第 6 期）

① ［德］安德雷亚斯·莱克维茨：《独异性社会：现代的结构转型》，巩婕译，社会科学文献出版社 2019 年版，第 87 页。

中国教育社会学40年：回顾与展望

彭荣础*

一

教育社会学是将教育视为社会结构及其变迁背景下的一种特殊社会现象，运用社会学原理和方法对其加以研究的学科。作为从社会学与教育学互动中发展而来的“复姓”学科，它不仅是社会学的重要分支，更位居现代教育学基础学科之列。自19世纪末以来，它就日渐成为社会学家建构系统社会学理论不可或缺的一环。同时，教育学者也对其寄予厚望，将之视为解决教育问题所必须仰赖之理论柱石，“是一个相当活跃、很有潜质且很有前景的学科”①。

作为一门立足社会把握教育，透过教育理解社会的高深学问，教育社会学将社会视为教育的本质内核，认为人类教育活动嵌入在具体的经济结构、政治架构、历史传统以及价值观念体系之中。只有深入考察教育制度与社会其他亚系统的互构、互动以及教育组织自身的社会结构及社会过程，繁杂的教育现象、微妙的教育运作逻辑以及整体

---

* 作者简介：彭荣础，1979年生，社会学博士，厦门大学马克思主义学院助理教授。

① 张人杰：《中国大陆教育社会学的二十年建设（1979—2000年）》，《华东师范大学学报》（教育科学版）2001年第2期。

社会的演进才能得到充分的理解。由此，社会视域下的教育演变与运作成为教育社会学的核心关切，并构成其研究的主要维度及内容：一是教育的社会基础，即社会对教育的规制，主要探讨经济、政治、文化等社会亚系统形塑教育的机制和过程；二是社会的教育基础，即教育对社会的能动反作用，主要聚焦教育对社会关系及其结构的传承、生产和再生产；三是教育组织的社会特质，即教育组织自身对社会的复刻，重点关注学校、班级等教育组织内部的等级结构、角色关系以及互动过程。

教育社会学的开端可溯源至19世纪末的欧美学界。在社会转型、教育学转向以及社会学兴起三重因素作用下，在社会逻辑与学术逻辑的共振中，教育社会学开启了迄今百余年的学科求索。这一过程，大致可划分为萌芽期（19世纪末—20世纪初）、初步成型期（1907—20世纪二三十年代）、低潮期（1935—1948年）、转型发展期（1949年至今）。1907—1948年一般被称为传统教育社会学时期或规范性教育社会学时期（Educational Sociology），1949年以后属于新兴教育社会学时期（Sociology of Education）。新兴教育社会学是对包括功能主义取向的证验性教育社会学、冲突论教育社会学、解释论教育社会学等不同取向教育社会学流派的统称。

19世纪末，西方大多数国家已经完成早期工业革命，基于传统和经验的手工业及其分散式作坊生产被迅速淘汰，取而代之的是更依赖科学技术发展的机器工业及相对应的大工厂、大工业生产模式。新的生产模式对生产者的数量、技能和素养提出了更高要求，这就要求社会扩大教育规模和提升教育质量，从而使教育从贵族的特权变成了平民的事业，现代意义的教育体系迅速萌生发展，夯实了资本主义社会生产力大发展的基础。但伴随社会生产力的极大发展，也出现了个人主义的泛滥、功利主义的盛行以及生产关系的异化，社会阶级矛盾和冲突日益激烈、频繁。社会由此对教育的社会整合功用产生了更高期待。形态及功能的嬗变，昭示着教育已经逐渐从社会边缘走向社会中心，日益成为现代社会的重要机制和过程。于是，不仅教育学者更加留意和重视教育的社会侧面，社会学家也开始更为关注社会中的教育现象及问题，由此开启了包含经济、政治、文化等多维度的教育社会学研究传统。

很大程度上，教育社会学是因为传统教育学忽视社会结构和制度分析而获得了广阔发展空间。早期教育学通常从哲学或心理学角度探讨如何达致个体的自由和谐发展，是一种“个体本位”取向的教育学。18 世纪初，赫尔巴特将这种教育学推向顶峰，创建了世界上第一个教育学理论体系，开启了个人主义教育学独领风骚两百多年的大幕。进入 19 世纪末 20 世纪初，个体及其教育比以往任何时期都更深度卷入社会的整体发展和变迁之中。缺乏社会之维的个人主义教育学，无法触及教育的全景，注定无法为个体和社会提供有效的教育指引。这为教育社会学的生发预留了巨大空间。一些敏锐的教育学者开始挣脱“个体”的枷锁，转而从“社会”切入对教育现象的考察，开启了教育社会学的初步探索。其中，德国作为新潮流的开创者和引领者，贡献了一大批强调教育社会维度的教育学者及学派。

在教育学留出的这片空地上，很快出现了社会学家辛勤耕耘的身影。在为社会学奠基的同时，涂尔干也为教育社会学的萌生奠定了理论和方法论基础并贡献了研究的典范，其关于教育功能、道德要素及其培养以及教育与社会变迁等议题的独到见解，集中体现在《教育学与社会学》、《道德教育》以及《教育思想的演进》等著作中。这些著作奠定了功能主义教育社会学的基础，涂尔干因此也被奉为教育社会学结构功能学派的始祖。但应该看到，涂尔干对教育社会学的影响绝不仅限于某一流派、某一阶段，而是全面的、深远的。美国著名教育社会学家巴兰坦和海默克指出，涂尔干不仅为当代功能主义者研究教育的理论方法打下了基础，其综合性著作也凸显了他对冲突的关注。[①]

① ［美］巴兰坦、海默克：《教育社会学：系统的分析》，熊耕、王春玲、王乃磊译，中国人民大学出版社 2011 年版，第 8 页。

对此，台湾教育社会学者黄庭康指出，《教育思想的演进》事实上“蕴含并糅合了今天批判教育社会学大部分的理论工具”①。涂尔干教育社会思想谱系的广博和丰富由上可见一斑，尊其为教育社会学之父，可谓实至名归。涂尔干之外，其他古典社会学大家，如孔德、斯宾塞、马克思、韦伯、齐美尔、曼海姆等，也都为教育社会学的基础奠定和发展做出了重要贡献。

教育社会学虽在欧洲萌芽，但其学科制度化却由美国率先完成。1883 年，美国社会学家华德第一次明确提出了教育社会学的概念。到 20 世纪 20 年代后期，美国教育社会学已基本获得相对完整的学科建制。② 教育社会学在这个时期的成长发展，主要得益于教育学者的参与和推动③，基本取向是理论的应用而不是理论的建构，直接目的是促进教育实践的改进，是典型的“规范性”教育社会学。游离于社会学之外的教育社会学很快呈现疲态，并最终因为“二战”的爆发出现了生存危机。一场根本性的变革已在所难免。1949 年，布鲁克弗勾勒了一种新的教育社会学图景，吹响了复兴教育社会学的号角。他将这种新的教育社会学命名为教育的社会学，以区别于传统的规范性教育社会学，并旗帜鲜明地指出，新的教育社会学应该秉持社会学的性质与立场。证验性教育社会学从此正式粉墨登场，并因为帕森斯、墨顿、科尔曼等著名社会学家的加入而迅速成长。通过向社会学靠拢获得合法性及思想方法滋养，证验性教育社会学推动了结构功能主义取向的理论建构及量化研究潮流的兴起。进入 20 世纪 60 年代后期，西方社会急剧变动并由此引发了对结构功能主义的反思和质疑，教育社会学的批判色彩开始增强，相继出现了冲突论教育社会学、解释论教育社会学。80 年代以来，顺应世界一体化及社

① 黄庭康：《批判教育社会学九讲》，社会科学文献出版社 2017 年版，第 212 页。

② 钱民辉：《教育社会学百年进程》，《社会学研究》1997 年第 5 期。

③ 最早创建教育社会学系的司奈登、编写出版世界第一本以“教育社会学”命名教科书的史密斯以及创办《教育社会学杂志》的裴恩，都是教育学者。

会学综合化发展潮流，教育社会学不同流派取向之间开始走向渗透与融合，寻求共性、互补以及合作日渐成为学科共同体的共同努力和新追求。

诞生一百多年来，教育社会学已然成长为社会学重要学术场域。大数据研究显示，在19世纪中后期到2008年的社会学百年发展史上，教育社会学是最有分量的子学科。当然，这主要得益于欧美教育社会学的发展和贡献。① 在美国，自20世纪70年代以来，教育社会学就在许多著名大学占据重要位置。哈佛大学、耶鲁大学、普林斯顿大学、斯坦福大学、芝加哥大学、威斯康星大学、华盛顿大学和乔治·霍普金斯大学等，都有重视教育社会学教学和研究的传统。欧洲教育社会学界，则产生了具有世界性影响的以法国布迪厄为代表的“文化再生产理论”以及英国扬开创的“新”教育社会学派。与被实用主义塑造，并因其对定量统计技术的使用而获得学科合法性的美国社会学不同②，欧洲传统教育社会学更倾向宏大的历史、制度或文化研究，更倾向使用定性研究方法，但同时，其研究又通常与教育政策制定以及学校效能提升等具体议题直接相关，表现出明显的项目驱动特质。这种奇妙的矛盾体反映了欧洲教育社会学的独特学术品味。20世纪80年代之后，美、英、法教育社会学逐渐趋向融合，欧洲教育社会学的方法论民族主义有所弱化。如法国教育社会学就部分摒弃了传统的宏大叙事，转而赋予教育实践和学生社会化等微观社会学研究领域更多的合法性。③

---

① 陈云松：《大数据中的百年社会学——基于百万书籍的文化影响力研究》，《社会学研究》2015年第1期。

② 陈心想：《社会学美国化的历程及其对构建中国特色社会学的启示》，《社会学研究》2019年第1期。

③ ［法］诺曼·罗知北、张丹：《法国教育社会学：文化遗产与平等关切》，《教育研究》2019年第12期。

二

曾经较为普遍的看法是，1949年之前的中国教育社会学，其学科建制及学术内涵都无大建树，学科重建基础几近空白。[①] 然而，近十几年来，在学者们富含历史同情的笔触下，一幅色彩斑斓且充满活力的早期中国教育社会学图景渐渐浮现。引介外国著述，开设课程，自觉致力于学科本土化，构成了这幅独特图景的主要风景。

中国教育社会学是舶来品，人们最早是通过翻译外国著作来了解和认识这一学科的。一开始是对国外著名教育社会学论著的零星引入和简单介绍。如发表于《教育杂志》1917年第9卷第9号的《台威氏明日之学校：注重自然发达之教育》，翻译和介绍的是杜威《明日之学校》的第一章内容；发表于《安徽教育月刊》1918年第12期的《教育社会学导言》，是对世界上第一部以“教育社会学”为名的教科书第一章的翻译介绍。截至1921年，类似的译介文章约有13篇[②]。此后，学界开始转向对国外教育社会学著作更为系统的译介。杜威的《学校与社会》和《明日之学校》两本著作于1921年和1923年被最先翻译出版。此后一直到1947年，学界相继翻译了包括美、英、法、日、德等国著名教育社会学著作约12本[③]，从而为中国接纳这一新学科以及开设相关课程奠定了基础。总的来说，中国教育社会学早期的译介具有两个突出特点：一是时效性强，二是范围广。在时效性方面，引介的往往都是新面世的权威著作，如杜威的《明日之学校》1915年

① 吴康宁：《我国教育社会学的三十年发展（1978—2008）》，《华东师范大学学报》（教育科学版）2009年第2期。

② 这是根据许刘英《近代中国教育社会学研究》（中国社会科学出版社2016年版，第288—289页）相关内容整理统计的结果。

③ 这是根据田大畏编《民国时期总书目·教育·体育（1911—1949）》（书目文献出版社1995年版，第21—23页）和叶澜主编《二十世纪中国社会科学·教育学卷》（上海人民出版社2005年版，第236—237页）相关内容整理统计的结果。

在美国出版，1917 年便引起了国内学者的关注；对史密斯《教育社会学导言》的引介就更为迅速，该书 1917 年才在美国面世，1918 年就被部分引入了国内。在范围方面，译介作品几乎涉及当时不同国家、不同发展阶段以及不同流派的主要教育社会学家的代表性著作。这充分反映了早期中国教育社会学者敏锐的学术触觉和广阔的理论视野，是同时期学科发展的并跑者和平等对话者。

在课程设置方面，早期中国教育社会学经历了颇具戏剧性的嬗变。近代中国最早明确将教育社会学列入课程体系的是两所师范学校——南京高等师范学校（1918 年列入）和北京高等师范学校（1920 年列入）。但其后，开设教育社会学课程的师范院校却并不多见。到 20 世纪 30 年代中期，在全国开设过教育社会学课程的 31 所院校中，属于师范类的仅有两所，即北平师范大学和山西省立教育学院。相比之下，教育社会学在综合性大学更为常见。它们大部分栖身于综合性大学的教育学科，以教育学系名义开设课程，小部分则依托社会学系开设课程。中央大学教育学院甚至一度成立了独立的教育社会学系。然而，与教育场域的良性互动在 20 世纪 30 年代中期之后遭遇了挫折。在当时国内各综合性大学的教育学院、教育学系相继被裁撤以及大洋彼岸美国规范性教育社会学出现衰退的内忧外患冲击下，综合性大学教育学场域中的教育社会学日渐萎缩。但值得庆幸的是，失去了教育学庇护的教育社会学得到了另一母学科的眷顾，逐渐被纳入社会学的学科建设进程之中。1944 年，教育社会学被明确列为社会学系选修科目之一，规定学生在第三、四学年选修，学分为 3 分。有学者认为，这是教育社会学课程设置质的突破，因为这“说明教育社会学在近代中国大学课程设置的发展过程中基本实现了‘制度化’”[①]。课程开设的曲折历程，清晰展现了教育社会学的双重性格及其可能的不同发展路径。就时间来看，早期中国教育社会学与两个母学科关系远近的变化，基

① 许刘英：《近代中国教育社会学研究》，中国社会科学出版社 2016 年版，第 82—83 页。

本是与美国教育社会学的发展转型相契合的。两者都是在 20 世纪 30 年代中后期逐渐走出教育学的领地，然后加速向社会学靠拢。美国教育社会学顺利完成了这个蜕变从而实现了复兴。可以设想，假如中国教育社会学的发展没有出现断裂，其学科建设或许也能紧跟甚至引领世界潮流。

教育社会学的异域特质，注定了它无法逃脱本土化的宿命。早期中国教育社会学的本土化集中体现为学界对调查研究的重视和对学科“中国化”的孜孜以求。中国教育社会学的奠基人陶孟和曾发下宏愿，要把中国社会的各方面调查一番。他尤其注重教育调查，认为无论从教育方面还是从社会方面来看，“教育调查都是社会调查的最重要部分”[①]，由此奠定了早期中国教育社会学重视实地调查的研究传统。这一时期的其他代表人物，如卢绍稷、邰爽秋、廖泰初等，也都极为重视和强调教育社会调查的重要性，并且还都亲自开展了对现实教育问题的调查研究。如卢绍稷对“中学教师健康问题”全面翔实的调查分析[②]，邰爽秋对小学教师生活状况的开拓性调查研究[③]。廖泰初则较前两者更进一步，他甚至提出了教育社会学调查研究的方法论问题，并在现实中探索运用更适切的乡村教育调查方法体系，著成了颇具影响的《动变中的中国农村教育——山东省汶上县教育研究》一书。费孝通先生指出，该书使他对社区研究有了更坚决的信仰。[④] 从对调查研究重要性的强调到开展实际调查研究，再到对调查研究方法本身的元研究，早期中国教育社会学者对调查研究的偏爱于此表露无遗。

中国教育社会学先行者倾心调查研究，不仅在于方法的工具性价

---

① 陶孟和：《社会与教育》，商务印书馆 1934 年版，第 32 页。

② 许刘英：《卢绍稷与教育社会学“中国化”的早期尝试——基于学术史的视角》，《宁夏大学学报》（人文社会科学版）2013 年第 1 期。

③ 许刘英：《近代中国教育社会学学者群体及其特征》，《江苏师范大学学报》（哲学社会科学版）2016 年第 3 期。

④ 费孝通：《费孝通文集》（第一卷），群言出版社 1999 年版，第 393 页。

值，更在于方法所蕴含的本土化意味。20世纪初中国社会兴起的社会调查运动并非只是学术活动，更是文化与政治的实践，其本质是中国的知识分子和政治精英开始有意识地运用理想与科学来重新构建自身的文化与政治生活，并构成了重要的大众动员手段。[①] 毛泽东同志开展的数次农村调查就集中反映了这种逻辑。在对长岗乡调查意义的阐明中，毛泽东明确指出，要谋得动员群众问题的解决，“不是脑子里头想得出来的，这依靠于从动员群众执行各种任务的过程中去收集各种新鲜的具体的经验，去发扬这些经验，去扩大我们动员群众的领域，使之适合于更高的任务与计划”[②]。值得注意的是，毛泽东的数次农村调查几乎都包含了文化教育方面的考察，是尚待开掘的马克思主义教育社会学调查研究重要文本。总之，关于教育的调查研究远不只是增进本土教育知识和理解的工具和手段，其开展与实施本身就是唤醒民众、改造社会的本土化过程。正是在这个意义上，教育社会学者对调查研究的重视，构成了早期中国教育社会学本土化追求的重要侧面。

如果说重视调查研究是中国教育社会学寻求本土化的间接反映，那么，学科和实践的“中国化”则是其本土化诉求的直接反映。与中国社会学的本土化类似，这一方面是要建立中国的教育社会学；另一方面是要使教育社会学与中国社会发生关系，为中国所用。[③] 在这两个方面，早期中国教育社会学都取得了进展。着眼于中国特色教育社会学学科的创建，1922—1947年，教育社会学者们撰写出版了一系列教材、概论性专著（见表1）。这些著作表明，中国教育社会学者不仅自学科建立之初就有着强烈的本土化意识，并且从概念转化、语言表述、本土材料运用以及本土教材体系创设等多个维度切实地推进了学

① 参见孟庆延《理念、策略与实践：毛泽东早期农村调查的历史社会学考察》，《社会学研究》2018年第4期；阎明《一门学科与一个时代：社会学在中国》，清华大学出版社2004年版，第232—233页。

② 毛泽东：《毛泽东农村调查文集》，人民出版社1982年版，第286页。

③ 周晓虹：《社会学本土化：狭义或广义，伪问题或真现实——兼与谢宇和翟学伟两位教授商榷》，《社会学研究》2020年第1期。

科的中国化。

表1　　中华人民共和国成立前出版的主要教育社会学教材

书名	出版年度	出版社	编著者
《社会与教育》	1922	商务印书馆	陶孟和
《教育社会学》	1931	商务印书馆	雷通群
《教育社会学通论》	1932	南京书店	沈冠群、吴同福
《教育社会学》	1933	大东书局	卢绍稷
《教育社会学》	1934	人人书店	苏芗雨
《教育社会学概论》	1935	中华书局	陈翊林
《教育社会学》	1947	世界书局	陈科美

在服务社会方面，最具代表性的是教育社会学对乡村教育的关注。众多教育社会学者不但积极开展乡村教育的教育社会学理论研究，而且主动投身于乡村教育的实验和改造，从理论与实践两个维度推进学科的本土运用。前者如卢绍稷，从教育社会学视角出发编著出版《乡村教育概论》，强调乡村教育应"乡村化"；雷通群则强调乡村教育的"社会化"宗旨，撰写了《中国新乡村教育》；余家菊更是集诸多教育社会学领域的理论研究之大成，推出了其代表性著作《乡村教育通论》。后者如崔载阳，提出并推行了"民族中心教育"乡村教育实验。与之类似的还有邰爽秋，提出了"民生本位教育"理念，并尝试将之运用于具体的乡村教育改造。[①] 对乡村教育的理论观照以及对乡村教育实践的介入，是教育社会学系统运用学科理论资源去观察、识读乃至改造中国社会的初步尝试，构成了教育社会学本土化的另一重要传统。

总体来看，中华人民共和国成立之前，中国教育社会学在理论引入、课程开设、方法运用、教材编写、学科应用等方面都已有相当程

① 许刘英：《近代中国教育社会学"本土化"的兴起、进展与实践》，《南京师大学报》（社会科学版）2019 年第 1 期。

度的发展。这表明，前述设想的教育社会学中国学派并不虚妄，如其发展不遭遇中断，这种可能性是客观存在的。

三

恢复重建之始，教育社会学的社会学特质就表露无遗。改革开放以来的中国教育社会学，不是作为教育学分支，而是作为中国社会学整体恢复重建的组成部分获得新生。改革开放40年来，伴随中国社会学的重新起步，中国教育社会学大体经历了三个发展阶段。

第一阶段是1979年到20世纪90年代初的恢复重建期。经过对教育社会学理论及方法短暂的译介准备，学科恢复重建被正式提上日程。1981年12月29日，社会学界与教育学界联合召开了教育社会学学科建设座谈会。费孝通、雷洁琼、王康、陈友松、廖泰初、厉以贤等16名知名专家学者在会上充分肯定了加强教育与社会关系研究的必要性，从不同角度提出了学科重建的看法和构想，指出了这一过程中可能面临的挑战，并就教育学与社会学两个学科共同携手加快学科恢复重建达成共识。[①] 在座谈会精神的鼓舞下，恢复重建工作得以迅速展开。历经十年左右的时间，教育社会学相继完成了课程开设、人才培养、教材教辅编写、学术团体创建、交流平台搭建等任务，建成了国家认可的独立二级学科（见表2）。学科的制度化，赋予了教育社会学日渐明确的外部轮廓，作为学科的教育社会学已初具雏形。

表2　　　　教育社会学学科体制重建基本历程

1982年	北京师范大学和南京师范大学开设教育社会学课程
1984年	华东师范大学、南京师范大学、北京师范大学开始招收教育社会学硕士研究生
1986年	第一本教材——裴时英的《教育社会学概论》出版

① 《教育研究》编辑部:《教育与社会·座谈纪要》,《教育研究》1982年第3期。

续表

1989 年	第一本教辅——张人杰的《国外教育社会学基本文选》出版；成立了中国教育学会教育学研究分会所属的教育社会学专业委员会；南京师范大学和华东师范大学开始招收教育社会学博士
1991 年	教育学研究会教育社会学专业委员会会刊——《教育社会学简讯》创刊；中国社会学学会所属的教育社会学研究会成立
1992 年	首批教育社会学博士毕业；中华人民共和国国家标准《学科分类与代码表》将教育社会学列为二级学科

第二阶段是1990年到21世纪初的探索发展期。随着外部建制的逐步完善，学科建设重心逐渐向学科内部转移，教育社会学者们开始尝试建构本土特色的学科理论体系并运用于本土研究之中。这一时期的学科理论体系探索取得了丰硕成果，一系列立足本土、富有创新性的教科书相继出版问世（见表3）。我国目前使用最广泛、最有影响力的教育社会学教材几乎都诞生于这个阶段，由此直接确立了中国教育社会学的基本学科理论框架。伴随学科理论体系的构建与发展，教育社会学者对现实教育问题的思考和研究也渐趋活跃。既有对市场经济与教育改革、教育机会均等热点宏观问题的探讨，也有对中小学班级性质与结构、教材内容、教学过程等重要教学微观内容的考察，还有对独生子女教育、农业人口转化与教育调适等中国特色教育现象的聚焦。此外，还出现了对质的研究法的引入运用，拓宽了教育社会学乃至教育学的方法视界。学科理论体系的创建及运用，赋予了教育社会学作为学科的神髓以及丰满的骨肉，为其下一阶段成长和提升奠定了坚实基础。

表3　　40年来国内教育社会学概论性教材出版情况

书名	出版年份	出版社	编著者
《教育社会学概论》	1986	南开大学出版社	裴时英
《教育社会学》	1987	天津人民出版社	桂万宏、苏玉兰
《教育社会学》	1988	辽宁教育出版社	刘慧珍

续表

书名	出版年份	出版社	编著者
《人·关系·文化 ——教育社会学观略》	1988	湖南教育出版社	卫道治、沈煜峰
《教育社会学引论》	1989	黑龙江教育出版社	厉以贤、毕诚
《教育社会学》	1990	人民教育出版社	鲁洁、吴康宁
《教育社会学》	1990	华中师范大学出版社	董泽芳
《教育与社会》	1991	中国科学技术出版社	吴铎、张人杰
《教育社会学》	1992	江苏教育出版社	金一鸣
《教育社会学新论》	1997	河北大学出版社	傅松涛
《教育社会学》	1998	人民教育出版社	吴康宁
《教育社会学研究》	1998	上海教育出版社	马和民、高旭平
《教育社会学》	2000	江苏教育出版社	金一鸣
《教育活动的社会学分析 ——一种教育社会学的研究》	2000	教育科学出版社	谢维和
《教育社会学的理论与实践》	2001	广西教育出版社	钱扑
《新编教育社会学》	2002	华东师范大学出版社	马和民
《教育社会学》	2003	辽宁师范大学出版社	杨晓、于晶
《教育社会学 ——现代性的思考与建构》	2004	北京大学出版社	钱民辉
《教育社会学》	2005	广东人民出版社	杨昌勇、郑淮
《教育社会学》	2006	中国社会科学出版社	胡春明
《教育社会学研究》	2006	湖北人民出版社	邓和平
《教育活动的社会学分析——一种教育社会学的研究》(第二版)	2007	教育科学出版社	谢维和
《新编教育社会学》(第二版)	2009	华东师范大学出版社	马和民、刘晓虹、何芳
《教育社会学》	2009	高等教育出版社	缪建东
《教育社会学》(修订本)	2009	华中师范大学出版社	董泽芳
《教育社会学概论》(第三版)	2010	北京大学出版社	钱民辉
《教育社会学》	2010	北京师范大学出版社	徐瑞、刘慧珍
《教育社会学》	2011	高等教育出版社	闫旭蕾
《教育社会学》	2014	吉林大学出版社	刘志敏
《教育社会学概论》(第四版)	2017	北京大学出版社	钱民辉
《教育社会学》(第二版)	2017	北京师范大学出版社	徐瑞、刘慧珍

续表

书名	出版年份	出版社	编著者
《教育社会学》（修订版）	2019	人民教育出版社	吴康宁

第三阶段是21世纪以来的提升拓展期。承接前20年创建的学科体制和奠定的学科理论体系，教育社会学的制度化与学术研究驶入了发展快车道，学科形神俱进。课程开设更为稳定广泛。除师范院校外，北京大学、南开大学等综合性大学也开设了教育社会学课程。课程质量和影响力明显提升。教育社会学课程开始进入校级精品课，甚至国家级精品课建设行列。人才培养体系继续拓展完善，实现了博士后的招收培养，并且开始探索教育社会学高级研讨班等人才培养新模式。学会组织结构进一步调整优化。学术团体引领学科发展，凝聚共识与力量的功能得到更充分发挥。专门研究机构相继创立。北京大学和南京师范大学先后创建了专门的教育社会学研究所和研究中心，进一步凝聚了学科意识和力量，学科制度化建设迈上新台阶。学术交流更加繁荣开放。在两大学会的传统学术活动之外，北京大学和北京师范大学连续举办了多届层次高、范围广的教育社会学研讨会或论坛，拓展了学科互动交流空间，增强了学科的沟通对话能力。学术成果发表平台进一步拓宽。新的社会学刊物，如《社会学评论》《社会发展研究》等，对教育话题表现出浓厚的兴趣，成为教育社会学研究成果展示的重要舞台。学术梯队不断成长壮大。经过四十多年的发展，两个学科领域都已逐步搭建起相对稳定且水平较高的研究梯队。教育学领域梯队学术薪火传承绵延不绝，老中青承继相得益彰；社会学领域梯队则异军突起，中青年学者及新生代齐头并进。

在新的历史时期，中国教育社会学的学术研究也更加成熟开放，更注重学科理论概念和话语体系的本土转换和建构，运用不同视角和方法对本土教育现象、教育问题加以研究，以归纳提炼教育与社会关系的中国特色和中国经验。学科内涵方面，围绕学科的基本理论范畴及问题，如学科研究对象、性质、归属等，形成了一些具有学术潜力的原创概念，如教育社会学的“学科之眼”① “教育社会”② 等，初步凸显了教育社会学的独特价值和品味。学科外延方面，“教育社会学丛书”“现代教育社会学丛书”“社会学视野中的教育丛书”等丛书的出版，反映了中国教育社会学者不断拓展学科视野和边界的尝试和努力，催生了诸如学校社会学、课程社会学、教学社会学等多个学科分支领域，逐步形成了宽广且本土色彩浓厚的微观研究传统。此外，学科立场和意识更为明晰和自觉，对自身历史和传统研究更具兴味。近年来，民国时期教育社会学史研究的兴起，表明中国教育社会学研究者已经开始尝试挣脱域外理论和域外经验的束缚，更加独立而自信地寻求学科发展的传统资源和内部逻辑。

社会学者在21世纪初的加入，为学科发展增添了新动力。北京大学社会学系钱民辉教授通过对西方社会学史及西方社会学理论方法的梳理，创新性地提出了现代性在教育社会学发展及其学科建构中的核心和基础地位，并据此撰写出版了目前我国唯一一本由社会学者编写的教育社会学教材，开创了别具一格的学科基本理论体系，深受学界推崇。经验研究方面，在李春玲、刘精明等社会学者引领下，中国语境下的教育与社会分层量化验证研究得到极大发展。依托本土数据资料，经济资本、政治资本、社会资本、文化资本与教育获得的关系得到了充分细致的讨论，为世界同行提供了教育与分层研究的中国案例。新近一些学者开始关注健康与教育之间的作用链条③，尝试为人们打开理解中国教育现象和经验的新窗口。随着近年社会学界大型教育调查及数据库的发展，中国教育社会学的经验研究呈现出更为蓬勃、规

① 吴康宁:《社会学视野中的教育》,《教育研究与实验》2006年第4期。

② 程天君:《从“教育/社会”学到“教育社会”学——教育社会学研究范式的转换》,《北京大学教育评论》2017年第2期。

③ 胡安宁:《教育能否让我们更健康——基于2010年中国综合社会调查的城乡比较分析》,《中国社会科学》2014年第5期;洪岩璧、陈云松:《教育影响健康的群体差异(2005—2012):资源替代与劣势叠加》,《社会发展研究》2017年第1期。

范的发展趋势，进一步提升了学科形象和学术声誉。在传统的理论与经验研究之外，一些社会学者从历史社会学视角切入教育问题的考察和研究也取得了系列成果，如渠敬东对卢梭、洛克以及涂尔干等社会理论家教育社会学思想的梳理和考察①，应星对近代中国教育制度转型的历史审视②等。教育社会学的历史转向也引起了历史学者的共鸣，梁晨、李中清等人对中国两所大学学生来源的长时段历史考察，引发了社会和学界的广泛关注。③ 教育社会学的历史主义传统似乎正在复兴并显现出巨大吸引力。

四

中华人民共和国成立以前的学者就开创了审视教育与社会关系的社会学传统，奠定了中国教育社会学的初步基础。但中国教育社会学的恢复重建并不是之前理论传统的直接赓续，而是新的学术范式的转换和生成。与早期中国教育社会学现实关怀强烈，更多就教育论教育的“问题中心”不同，恢复重建后的教育社会学更关心学科制度化、理论化等基本学理问题，表现出强烈的“体系中心”倾向。经由范式的转换，中国教育社会学不仅快速完成了学科基本制度的恢复重建，更实现了学术内涵的丰富和提升，形成了逻辑自洽的学科理论体系、视角独特的微观研究风格以及规范的经验研究传统。由此，学科的主体性、开放性日益凸显，不但整合教育学和社

---

① 参见渠敬东历年发表于《北京大学教育评论》的相关文章：《卢梭对现代教育传统的奠基》(2009)、《自由与教育：洛克与卢梭的教育哲学》(2013)、《教育史研究中的总体史观与辩证法——涂尔干〈教育思想的演进〉的方法论意涵》(2015)、《父道与母爱——裴斯泰洛齐教育思想中的政治与宗教基础》(2017)。

② 参见应星《新教育场域的兴起：1895—1926》，生活·读书·新知三联书店2017年版。

③ 《中国社会科学》2012年第1期刊发了梁晨、李中清等人的《无声的革命：北京大学、苏州大学学生社会来源研究（1952—2002）》一文。该文不仅引起了大众媒体的广泛关注，也引起了学界的激烈争鸣。

会学其他分支学科的信心和趋势持续增强，甚至开始进入经济学、历史学、文学等传统学科的领地，系统提升了教育社会学的学科成熟度以及学术对话的能力。早在2002年，中国教育社会学就展开了与西方学界的对话交流①，学科影响力和地位日渐提升。可以看到，经过中国教育社会学者40年的艰辛开拓和持续努力，中断了数十年的学科传统得到了创造性的承继和发扬。更具雄心壮志的中国教育社会学，正更自信地向学科丛林挺进，开拓新的学术疆域。

改革开放以来的中国教育社会学虽然进步迅速，发展也颇具前景，但这并不能掩盖现实中的问题，如正式专业刊物较少、研究力量分散、研究人员专业性不强；研究视野狭窄，议题陈旧，重复性研究较为普遍；研究简单化、庸俗化问题突出，缺乏学科辨识度；对国外教育社会学经典著述及研究的引介缺乏广度和深度，追踪教育社会学前沿发展的能力不足；基于本土经验的原创性概念和特色理论体系较为少见，前瞻性研究近乎空白等。

种种不足，直接或间接地反映了中国教育社会学对现实社会问题的关注不足或悬置。一方面，为了迅速在学术场域立足，教育学出身的教育社会学者几乎把全部精力挹注于对学科独特性、学科理论框架的追求，始终将学科对象、归属、方法等问题视为最重要的研究议程。这不可避免地分散和转移了人们对现实问题的注意力。另一方面，出于与世界接轨的迫切感，社会学领域的教育社会学者则更多追求方法的实证化、精致化，致力于发展“美国式”的量化研究范式。一些所谓的教育社会学实证研究充斥着越来越多的量化资料和精巧的统计推导，却鲜见中国社会的现实脉动。一句话，中国教育社会学不缺“理”、不缺“形”，更缺“情”，即更接地气，更自觉关注、解读乃至

① 2002年，国内学者关于“教育社会学的研究方法与方法论”的8篇论文在美国《中国教育与社会》杂志结集出版；同年，英国“新”教育社会学领衔人物扬到北京师范大学、华东师范大学等高校交流访问。

改造中国教育社会关系的初心和情怀。未来一段时间，中国教育社会学应重点关注诸如逆全球化与中国教育的调适、人类命运共同体视野下的教育作为、“一带一路”倡议下的中国教育开放格局、国家治理现代化与教育现代化、中国社会实现全面小康后的教育发展走向及规划以及人工智能和大数据等新兴技术对教育与社会关系全面、深刻的影响和改变等重大而紧迫的现实问题。

对现实的偏离，一定程度上反映了中国教育社会学的不自信。而这种不自信则与其学科历史蒙昧，即对自身传统及历史的忽视或轻视，有直接关系。迄今为止，“中国几千年的社会历史，其间蕴涵着大量值得探析的教育社会学问题，却尚未得到有效的重视与研究”①。对自己来自何方，到过哪里，一无所知或知之甚少，又怎会勇敢运用自身理性来把握当下和未来？因此，当下及未来的中国教育社会学，一方面要“寻根”，加大对我国悠久历史传统中的教育社会学思想资源的挖掘整理力度。另一方面要“思过”，认真回顾和总结学科发展走过的路。例如，从时代背景、学人交往网络及其学术思想整体脉络等多维度加强对民国教育社会学者的综合性研究②；跳出就“教育社会学谈教育社会学”的自我设限，系统审视和整理我国早期著名社会学家，如孙本文、严景耀、潘光旦、许仕廉、柯象峰、陈达、费孝通等关于教育与社会关系的丰富论述。学科历史之维的编织强化，其意义不只是信心的重塑，更意味着学科眼界及智慧的实质增长。历史的学科潜力是学科之父涂尔干留给人们的重要教益。《教育思想的演进》作为学科典范，其实质就是一位伟大的社会学家在历史的框架下研究教育制度所取得的令人惊叹的学术成就。③

① 叶澜主编：《中国教育学科年度发展报告（2004）》，上海教育出版社2006年版，第90页。

② 近年有学者做了这方面的有益探索，如闻翔对陶孟和的全景式考察。参见闻翔《为共和政治探寻民情基础——陶孟和的社会学志业之再考察》，《江海学刊》2018年第1期。

③ 参见哈布瓦赫在《教育思想的演进》一书导言对涂尔干的评介，载［法］涂尔干《教育思想的演进》，李康译，商务印书馆2016年版，第2页。

一部西方教育社会学发展史，就是教育社会学在两个母学科间来回摇摆的历史，这其中充满张力，也孕育着希望。教育学赋予了它最初的生命和学科形态，社会学则给予了它第二次生命。中国教育社会学的成长与之类似，也是先在教育学场域获得孕育发展，然后逐渐获得社会学的加持。这表明，对于教育社会学的生存发展来说，两个学科都不可或缺。抛弃教育学的教育社会学会失去方向和落脚点，可信而不可亲；远离社会学的教育社会学则会丧失想象力和说服力，可亲而不可信。只有在双亲学科的滋养下，中国教育社会学才有可能弥合和调和传统研究的宏观微观缝隙以及结构行动矛盾，获得更敏锐的现实洞察力和更深刻的历史感受力，真正在学科之林独树一帜。这亟待两个领域的学者以更开放自信的心态欣赏和悦纳彼此的研究，推动学科内部理论与方法的综合化，真正实现学科的“双剑合璧”，创生中国风格、中国气派的教育社会学。

（原载于《江海学刊》2020年第4期）

精英社会学的批判传统：复兴与迭代

吕　鹏　傅　凡*

精英社会学的复兴：历史的回溯

最近十年以来，精英社会学（sociology of elite）① 开始了一场引人注目的“复兴”。在经历了自 20 世纪 90 年代以来的“萎靡”状态之后，大量的社会学研究将精英群体作为分析对象，并在主流期刊和公共领域引发了热烈的讨论。例如，仅 2017 年，欧美社会科学期刊上就出现了至少六期精英社会学专题研究。② 相关论文和专著在新背景下

---

* 作者简介：吕鹏，1981 年生，社会学博士，中国社会科学院社会学研究所暨私营企业主群体研究中心研究员；傅凡，1997 年生，中国社会科学院上海市人民政府上海研究院硕士研究生。

① “精英社会学”是以精英为研究对象的社会学，而不是精英们从事的社会学。虽然精英的范围广泛（比如认为在各类组织中占据领导位置的人都可以被称为精英），但单独研究政治精英（比如总统、州长、议员）在今天大多数时候会被划归为“政治科学”而不是“社会学”的研究范畴。这其实是一种学科壁垒，我们并不赞成。事实上，欧美社会学里也有很多关于政治精英的出色研究；但限于篇幅，我们在本文里不再展开。出于同样的考虑，纯粹的对文化精英的研究，也不在本文讨论范围之内。

② 2017 年欧美社会科学期刊上出现的精英社会学专题研究包括但不限于：《理论、文化与社会》（*Theory*, *Culture and Society*）的“金融化后的精英与权力”专题，《南亚多学科学术杂志》（*South Asia Multidisciplinary Academic Journal*）的“关于印度经济精英的社会学”专题，《民族和种族研究》（*Ethnic and Racial Studies*）的“移民子女中即将到来的新精英：跨国和跨领域比较”专题，《社会符号学》（*Social Semiotics*）的“精英话语：地位、特权和权力的修辞”专题，《教育与工作杂志》（*Journal of Education and Work*）的“知识，技能和性格：精英的社会化与‘训练’”专题，《当代社会》（*Sociétés Contemporaines*）的“当上层阶级与右派相处”专题（转下页）

探讨了精英对社会分层、代际传承和行业发展等社会各个方面的影响。精英研究为何会“重新”回到主流社会学界的视野当中？这一次的复兴，究竟是对上一次精英社会学研究高潮的重复甚至回光返照，还是有着实质性的突破？复兴后的精英社会学研究对于我们理解这个剧烈变动的社会有何新的启示？国外精英社会学的再次兴起，对于中国的相关研究将带来什么样的启示和影响？

要回答这些问题，首先要解释一下精英社会学研究的兴起背景和上一次衰败的原因。自帕累托将“精英”这一概念纳入社会学分析框架后，围绕精英展开的研究便层出不穷，诞生了诸如莫斯卡和米歇尔斯这样的所谓“古典精英理论”的代表人物。但社会学的“精英研究传统”并不应该局限于追述那些明确使用“精英”概念的人；事实上，包括政治家/政客、资本家/企业家、知识领袖在内的诸多“精英”人物，不仅是包括马克思、韦伯、涂尔干在内的社会学奠基人物频繁讨论的对象，甚至构成了他们主要著作的核心。“二战”后，社会学的中心自欧洲转移至美国，多元主义（pluralism）逐渐成为精英研究中的主流思想。多元主义者相信，美国社会是一个多种权力相互制衡的社会，并不存在单一精英。然而，米尔斯于1956年出版的《权力精英》明确批判了多元主义。米尔斯在书中指出，美国存在三大主导力量，即公司富豪、军事领袖和政治董事，三者相互配合，共同引领国家的发展方向。[①]

以米尔斯的《权力精英》为标志和集结号，加上后续学者的贡献，我们可以清晰地看到，欧美老牌资本主义国家的精英社会学形成了一个“批判传统”：精英社会学的批判传统主要不是致力于解决精

（接上页）［参见 Cousin, B., Khan, S., Mears, A., “Theoretical and Methodological Pathways for Research on Elites”, *Socio-Economic Review*, 2018, 16 (2), pp. 225–249］。事实上，从本文的参考文献就可看出，不光是2017年，在各个年份无论是以特辑还是单篇的方式，精英研究广泛地发表于欧美各顶级社会学期刊上，《美国社会学年度评论》也于2012年和2014年刊登了专文总结。

① 参见［美］查尔斯·赖特·米尔斯《权力精英》，王崑、许荣译，南京大学出版社2004年版。

英个人或者公司的（管理）问题，而是要与对社会整体命运的关注紧密结合，甚至致力于一个更加平等的社会。[1] 理解这一点很重要：精英社会学虽然研究的是“精英”，但批判传统下的精英研究关注的问题意识，绝不仅仅限于精英这个独特的群体，而有助于人们理解他们这批“社会等级制的顶层”与其他阶层/群体、与权力结构、与时代变迁的关系。

当时间进入20世纪90年代中后期，传统的批判性精英社会学却开始走向衰败。不是说没有人研究精英；事实上，欧美主流社会学期刊和顶级出版社不时仍有相关的优秀著述出现。[2] 问题的关键在于，就英语世界的社会学研究而言，本国的精英不再是一个热门的研究议题，新近发展的各种社会学理论也忽视或弱化了精英群体的作用。

衰败的原因主要有二。第一个是学科发展的影响。美国社会学在20世纪70年代迎来了转型，有学者将此转型的影响喻为“钳形运动”（the pincer movement）：两个钳子一个是实证主义社会科学的霸权，另一个是结构主义和后结构主义的兴起[3]。“钳形运动”的结果体现在两个方面：在方法上，实证主义转向导致定量研究方法，尤其是问卷调查，成为社会分层研究的主要工具，而精英作为一个人数稀少的群体难以被问卷调查覆盖。在理论上，结构主义和后结构主义的转向促使研究者更重视制度性的影响因素，忽视了对具体能动者的关注，一些人否认诸如精英这样的行动者本身在社会变迁中的重要作用。

第二个，也是更重要的原因，是整个欧美经济和社会形势的映射。

---

① Aronowitz, S., *Taking It Big: C. Wright Mills and the Making of Political Intellectuals*, New York: Columbia University Press, 2012; Mintz, B., Freitag, P., Hendricks, C., et al., “Problems of Proof in Elite Research”, *Social Problems*, 1976, 23 (3): 314 - 324.

② Eyal, G., Szelenyi, I., Townsley, E. R., *Making Capitalism Without Capitalists: Class Formation and Elite Struggles in Post-communist Central Europe*, London: Verso, 1998; Lu, P., “The End of Postcommunism? The Beginning of a Supercommunism? China's New Perspective”, *Polish Sociological Review*, 2012, 179 (3): 349 - 367.

③ Savage, M., Williams, K., “Elites: Remembered in Capitalism and Forgotten by Social Sciences”, *Sociological Review*, 2010, 56 (1): 1 - 24.

美国自20世纪60年代起经历了一段经济高速发展期，在此阶段内，各个阶层的生活水平均得到了显著提高，甚至有学者开始争论工人阶级是否都已经变成被资产阶级化了。[①] 面对诸如“阶级死亡”“资本家消失”这样的强势话语，这个时候的精英研究——尤其是批判性精英研究——首先要捍卫的问题是诸如资本家阶级是否存在、精英是否消亡这样的话题。[②] 这一状况到了“冷战”结束之后更加明显。在“历史的终结”这样的乐观主义情绪弥散和新经济红利高歌猛进的氛围下，许多人暂时忽视了社会中的不平等现象，并降低了对精英群体的关注度。

从上述回顾可以看到，精英社会学的衰败虽有技术原因，但更主要的是时代变化的一个后果；而今日精英研究在社会学的复兴，同样是时代的反映。2008年的全球金融危机是一个重要的触发点：那些“太大而不能倒闭”（too big to fail）的公司以及高管引发了全球范围内的公众对金融资本主义的愤怒声讨[③]；人们发现，随着资本主义经济进一步发展，世界经济不平等程度自1980年后不断提高，而精英既是这一轮全球性不平等的原因，也是结果。因此当美国民众于2011年发起“占领华尔街”运动，打出“我们是后99%”的旗号时，很快就形成了一场跨越媒体、公众和学术界的社会运动，甚至引发了包括国际货币基金组织、白宫在内的当权者的回应，并对欧美的政治生态产生了直接的影响。事实上，精英研究在社会学中的再次回归，正是更为广泛的对不平等的强烈关注的一个组成部分，这也是为什么研究不平等问题的学者成为这一波精英社会学研究复兴的主力的原因。当前欧美社会更加分裂，民粹主义、经济增长、福利分配无一不是最为热

① Goldthorpe, J. H., Lockwood, D., Bechhofer, F., et al., “The Affluent Worker and the Thesis of Embourgeoisement: Some Preliminary Research Findings”, *Sociology*, 1967, 1 (1): 11-31.

② Gorz, A., *Farewell to the Working Class*, London: Pluto, 1982; Clark, T. N., Lipset, S. M., “Are Social Classes Dying”, *International Sociology*, 1991, 6 (4): 397-410.

③ 杨典、欧阳璇宇：《金融资本主义的崛起及其影响——对资本主义新形态的社会学分析》，《中国社会科学》2018年第12期。

门的议题，社会学学者对精英的研究——尤其是批判性研究——的兴趣恐怕还会持续甚至高涨。

新对象与新发现

随着精英群体重回研究视野，精英社会学最先面临的挑战便是如何定义他们的研究对象，因为这不仅涉及学理上的分析对象是谁，而且直接关系到研究者们的政策和政治诉求指向的是什么群体。为此，研究者从不同角度出发对新精英的本质做出了判定，并探讨了精英的界限所在。此外，复兴后的精英社会学特别关注精英群体内部的分化与发展，尤其是超级精英和少数群体精英的出现。

（一）精英的界定

精英群体内部的不断分化和精英特征的改变促使学者尝试重新定义精英。可汗将精英定义为“一群过度掌握或控制资源的人”①。斯科特则认为，当前学界对精英概念存在“滥用”的嫌疑，他强调精英只能指代拥有一定权力的人。② 然而，学者们对在经验研究层面到底将哪一类群体界定为“精英”并未达成共识，而是形成了三个主要的流派来界定精英，即分别根据声誉、决策角色、（结构）位置。即便是最正式、争议最小的“位置法”，学者们也不能总是达成一致。此外，虽然大部分学者同意将收入或财产的分布百分比视为确定精英的标准，但这个百分比究竟应该是多少仍然存在分歧。很大程度上受到“占领华尔街”运动的口号的影响，“前百分之一”（Top One Percent）的概念被广泛采用以指代精英，即年收入或财产总量达到全国前百分之一的人群。③ 然而，谢尔曼的研究显示许多富人会将自己描述为“中产阶级”

---

① Khan，S. R.，“The Sociology of Elites”，*Annual Review of Sociology*，2012，(38)：361－377.

② Scott，J.，“Modes of Power and the Re-conceptualization of Elites”，*The Sociological Review*，2008，56（1）：25－43.

③ Keister，L. A.，“The One Percent”，*Annual Review of Sociology*，2014，40（1）：347－367.

以逃避道德的审问，因此她认为“前百分之五”才是合适的精英标准。① 里维拉则认为精英是指收入占全国前百分之二十的人。她强调将精英定义为“前百分之五”甚至是“前百分之一”不利于看清美国当前的极端不平等以及隐藏在不平等背后的力量。②

然而，在这些分歧的背后，我们依然可以看到一个共识。那就是这些学者——以及触动这些学者去研究精英的公众——都认为，“精英”是一个单独的群体（或者说“靶子”），应该将“精英”与其他群体，尤其是中产阶层，甚至一般的富裕人群区别开来。这与我们之前所介绍的90年代中后期流行的观点有很大的不同：在那个经济腾飞似乎大多数人都受益的时代，精英的面貌是越来越模糊的。换句话说，“精英”之所以突然变得那么“扎眼”，一个重要的原因是人们突然发现过去十年以来，布迪厄所说的“区隔”不是在弥合，而是在固化。精英甚至成为制造不平等的“引擎”。

（二）重塑阶级分析

这样我们就不难理解，为什么“重塑阶级分析”会成为精英社会学研究者们的一个号召。他们主要从两个角度出发运用阶级分析理论：寻找新的阶级划分方法，探究新阶级的形成过程。萨维奇是倡导对整个社会结构进行重新划分的代表性学者。他指出，英国现有的阶级分析研究大多停留在工业社会范式阶段，在进行阶级分析时过于聚焦“无产阶级的问题意识”，只关注工人阶级与有产阶级之间的差别和对立。他认为应该将财富精英与相对富裕的中产阶级做出区分。基于2014年英国劳动力调查（Labour Force Survey）数据，他分析得出英国中上阶层内部出现了巨大分化，其内部差距甚至超过了中产阶级与工人阶级之间的差距，一个精英阶层正逐渐脱离出其他阶层。

① Sherman, R., *Uneasy Street: The Anxieties of Affluence*, Princeton: Princeton University Press, 2017.

② Rivera, L. A., *Pedigree: How Elite Students Get Elite Jobs*, Princeton: Princeton University Press, 2015.

对于精英如何日益拉大与其他阶层的差异，应该成为阶层分析的新焦点。①

社会流动方面的不少研究则指出，精英与其他群体之间的差异在固化，阶级起源与精英地位之间的强相关（精英再生产）已经属于“老生常谈”，新数据则可以让研究者们在对最富有人群的研究中印证这一点。② 与政治精英相比，商业精英的社会出身与地位获得之间的关系更加直接③，其中遗产（税）、继承对于财富不平等的影响非常明显。④

相比上述研究“精英”与其他群体之间关系的研究，关于精英内部分化的研究（尤其是量化研究）更加薄弱。一些出色的研究更加值得一提。比如，通过运用主成分分析的方法，一些学者就以可视化的方式将精英在权力场域中的不同位置展现了出来，并揭示了将精英们区隔开来的主要因素。⑤ 在社会流动方面，有研究者发现上层阶级不同群体的社会闭合程度存在差异，而这种差异在很大程度上取决于对文凭要求的程度，且父母的社会地位也会影响子女进入上层阶级的轨迹。⑥ 正是这种“微观阶级”层面的固化（micro-class immobility），强

---

① Savage, M., “Introduction to Elites from the ‘Problematic of the Proletariat’ to a Class Analysis of ‘Wealth Elites’”, *Sociological Review*, 2015, 63, pp. 223 – 239; Savage, M., Devine, F., Cunningham, N., et al., “A New Model of Social Class? Findings from the BBC's Great British Class Survey Experiment”, *Sociology*, 2013, 47 (2): 219 – 250.

② Hansen, M. N., “Self-made Wealth or Family Wealth? Changes in Intergenerational Wealth Mobility”, *Social Forces*, 2014, 93 (2): 457 – 481.

③ Mastekaasa, A., “Social Origins and Recruitment to Norwegian Business and Public Sector Elites”, *European Sociological Review*, 2004, 20 (3): 221 – 235.

④ Benton, R. A., Keister, L. A., “The Lasting Effect of Intergenerational Wealth Transfers: Human Capital, Family Formation, and Wealth”, *Soc Sci Res*, 2017, 68, pp. 1 – 14.

⑤ Flemmen, M., “The Structure of the Upper Class: A Social Space Approach”, *Sociology*, 2012, 46 (6): 1039 – 1058; Hjellbrekke, J., Roux, B. L., Korsnes, O., et al., “The Norwegian Field of Power Anno 2000”, *European Societies*, 2007, 9 (2): 245 – 273.

⑥ Flemmen, M., Toft, M., Andersen, P., et al., “Forms of Capital and Modes of Closure in Upper Class Reproduction”, *Sociology*, 2017, 51 (6): 1277 – 1298; Toft, M., “Mobility Closure in the Upper Class: Assessing Time and Forms of Capital”, *The British journal of sociology*, 2019, 70 (1): 109 – 137.

化了上层阶级的再生产。[①]

（三）全球化与超级精英的崛起

富豪自古有之，但全球化加速了他们的成长和扩散。阿特金森等人发现，自 1980 年起，英国、美国、中国和印度等国均出现了收入集中程度的持续增强。[②] 许多学者将占据极端经济优势地位的精英群体称为“超级富豪”（super-rich）。有研究发现，“超级富豪”的出现与 1980 年之后劳工联盟弱化、高收入税率降低以及全球贸易开放有关。[③] 超级精英群体的出现反映了各国社会的不平等现状，也为学者探究不平等的根源与发展提供了新的分析对象。

财富的全球大挪移、发展中国家的崛起、跨国精英的出现使研究者意识到超越单一国别的社会不平等正在加剧，而此现象必须借助全球性视野和跨国比较才能被理解，也进一步加深了人们对“跨国资本家阶级”的认识与分析。例如，科森等人指出，一个全球性的超级资产阶级正在形成，其形成原因主要有四：财富的高度集中、各国间经济交流的提升、文化和意识形态的趋同以及相关国际组织的推动。[④] 亨斯克科等人也证实了“跨国资本家阶级”的存在，并发现其全球性联系即使在经济危机期间仍十分稳健。[⑤] 但学者在该阶级是否存在超越国别的共同利益问题上产生了分歧。20 世纪末期的研究大多认为

---

① Ruggera, L., Barone, C., “Social Closure, Micro-class Immobility and the Intergenerational Reproduction of the Upper Class: A Comparative Study”, *The British Journal of Sociology*, 2017, 68 (2): 194 - 214.

② Atkinson, A. B., Piketty, T., Saez, E., “Top Incomes in the Long Run of History”, *Journal of Economic Literature*, 2011, 49 (1): 3 - 71.

③ Volscho, T. W., Kelly, N. J., “The Rise of the Super-rich: Power Resources, Taxes, Financial Markets, and the Dynamics of the Top 1 Percent, 1949 to 2008”, *American Sociological Review*, 2012, 77 (5): 679 - 699.

④ Cousin, B., Khan, S., Mears, A., “Theoretical and Methodological Pathways for Research on Elites”, *Socio-Economic Review*, 2018, 16 (2): 225 - 249

⑤ Heemskerk, E. M., Fennema, M., Carroll, W. K., “The Global Corporate Elite after the Financial Crisis: Evidence from the Transnational Network of Interlocking Directorates”, *Global Networks*, 2016, 16 (1): 68 - 88.

“跨国资本家阶级”超越了国家间的利益斗争，形成了国际性的利益共识。[①] 但基于21世纪全球化背景的研究则质疑了上述共识。新的研究证实，“跨国资本家阶级”镶嵌于资本家所属国家的环境与利益之中，本国利益和国际利益一同构成了其利益共识。[②]

（四）少数群体精英的困境

复兴前的精英研究大多关注白人男性，对女性精英和少数族裔精英等人群的情况知之甚少。20 世纪 90 年代初兴起的第三次女权运动使学界再次将女性作为社会科学研究的重点之一。精英社会学研究者逐渐意识到女性精英与男性精英在分布和特征上的差异，以及女性在成为精英途中遇到的独特困境。同时，学者开始关注诸如非裔美国人等少数族裔精英的发展历程与特征。

关于女性精英的社会学研究证实，无论是在追求精英地位的过程中，还是在成为精英之后，女性都更容易遇到阻碍和歧视。尼利通过与对冲基金从业者的深度访谈得出结论，在此类高经济回报率的产业内，传统的世袭主义导致行业被白人男性垄断，女性难以获得资源和上升途径。[③] 谢尔曼发现精英家庭中存在多种权力冲突，妻子往往承担更多的家务劳动，而男性精英常不承认妻子家务劳动的价值，甚至会用限制消费等手段来行使权力。[④]

少数族裔人群在精英竞争中也处于相对劣势。茨韦根哈夫发现非裔美国学生在精英学校中面临诸如种族歧视、能力质疑和同伴排斥等挑战。[⑤]

---

① Robinson, W. I., Harris, J., “Towards a Global Ruling Class? Globalization and the Transnational Capitalist Class”, *Science & Society*, 2000, pp. 11 – 54.

② Murray, J., “Interlock Globally, Act Domestically: Corporate Political Unity in the 21st Century”, *American Journal of Sociology*, 2017, 122 (6): 1617 – 1663.

③ Tobias Neely, M., “Fit to be King: How Patrimonialism on Wall Street Leads to Inequality”, *Socio-Economic Review*, 2018, 16 (2): 365 – 385.

④ Sherman, R., *Uneasy Street: The Anxieties of Affluence*, Princeton: Princeton University Press, 2017.

⑤ Zweigenhaft, R. L., Domhoff, G. W., *Blacks in the White Elite: Will the Progress Continue?* Lanham: Rowman & Littlefield Publishers, 2003.

麦克林托克则利用某精英大学的社交生活调查数据证实，非裔美国大学生在社交上处于相对孤立状态，其恋爱对象往往局限于非裔同学。① 目前针对少数族裔精英展开的研究仍存在两方面局限。首先，几乎所有研究都将目光聚焦于非裔美国人，且研究对象大多为学生，缺乏对其他族裔精英和非学生精英的调查分析。其次，大多数研究是在研究性别或阶层时“顺带”对种族问题进行分析，缺乏以种族为核心的深度研究。

（五）内部圈子的瓦解与续存

精英社会学的批判传统里有一个重要的研究主题，即对商业精英“内部圈子”的揭示。“内部圈子”理论（inner circle）的创始人尤西姆提出，在20世纪中后期的英美国家中，出现了一群特殊的商业精英，他们往往在多家公司任职，通过商业圆桌会议等渠道保持频繁沟通。尤西姆将由此类商业精英组成的集体称为内部圈子，并将他们与其余的普通商业精英做出区分。② 许多研究者沿着这一思路展开了对现代商业精英的分析，并根据精英群体的新变化对该理论做出了批判与拓展。

已经有中文文献对于国内外的连锁董事研究做了全面的梳理③，我们在此做一点补充。米祖鲁奇在2013年结集出版的著作对尤西姆的“内部圈子”理论进行了全面反驳，他认为，长期存在的商业精英圈子目前正在瓦解，商业精英不再互相联结，也不再具有强大的社会和政治影响力。④ 楚约翰等人通过对美国商业精英联结网络的实证分析佐证了米祖鲁奇的结论，并将美国商业精英圈子瓦解的原因总结为：

① Mcclintock, E. A., “When Does Race Matter? Race, Sex, and Dating at an Elite University”, *Journal of Marriage and Family*, 2010, 72 (1): 45 – 72.

② Useem, M., *The Inner Circle: Large Corporations and the Rise of Business Political Activity in the US and UK*, Oxford: Oxford University Press, 1986.

③ 马磊：《连锁董事网：研究回顾与反思》，《社会学研究》2014年第1期。

④ Mizruchi, M. S., *The Fracturing of the American Corporate Elite*, Cambridge: Harvard University Press, 2013.

大量的企业内部丑闻逼迫市场出台法规以限制股东的参企数量，同时美国政府和劳工联盟的衰弱使得企业不再有团结的需要。① 因而，那些“老男孩俱乐部”“内部圈子”之类的观点对了解金融资本的真实运作没有帮助，精英研究需要新的分析工具。

然而，部分学者并不认同“内部圈子”瓦解论，他们或立足于非英美国家，或着眼于全球市场，对“内部圈子”的续存与发展进行了深入分析。拉森等人的研究发现，在典型的平等主义国家丹麦，国家与劳工联盟依然拥有较强的力量。因此，丹麦商业精英在21世纪仍然保持着较强的联结度。② 亚默里则通过对全球前500强企业的分析得出结论，无论在美国本土还是在全球范围内，21世纪的商业精英依然紧密相连。他认为是跨国性的资本利益驱动着新商业精英协同作战，因此单一政府或工人联盟的衰弱并不会导致“内部圈子”的瓦解。③

除了商业精英在公司董事会的连锁之外，近些年来有越来越多的研究开始关注其他精英在非商业领域的连锁。与研究对象的拓展、方法和技术上的进步相比，更重要的是回归初心：精英们在多大程度上团结起来以及如何联结，一直是精英研究的核心话题。网络分析不能停留在仅仅满足于描述一幅更加复杂的网络图景，而是要成为回答这一疑问的有力武器，成为破解权力精英流派与多元主义流派之间对立的一个有力工具。④

---

① Chu，J. S.，Davis，G. F.，“Who Killed the Inner Circle? The Decline of the American Corporate Interlock Network”，*American Journal of Sociology*，2016，122（3）：714－754.

② Larsen，A. G.，Ellersgaard，C. H.，“The Inner Circle Revisited：The Case of an Egalitarian Society”，*Socio-Economic Review*，2018，16（2）：251－275.

③ Murray，J.，“Interlock Globally，Act Domestically：Corporate Political Unity in the 21st Century”，*American Journal of Sociology*，2017，122（6）：1617－1663.

④ Scott，J.，*Corporate Business and Capitalist Classes*，Oxford：Oxford University Press，1997；吕鹏：《“权力精英”五十年：缘起、争论及再出发——兼论“权力精英”的中国叙事》，《开放时代》2006年第3期。

新数据与新方法

数据和方法一直是制约精英社会学发展的最为重要的客观原因。很大程度上得益于新数据的开发，复兴后的精英社会学研究借助改良后的定量与定性研究方法，将精英群体再次纳入研究范畴。此外，目前精英社会学在研究方法上显示出融合的趋势，混合研究方法正帮助精英研究迈上新的台阶。

（一）新数据与定量研究方法的升级

定量研究方法过去之所以将精英社会学研究带入死胡同，主要是因为问卷调查无法获得足够的精英人群样本。在这种情况下，正如有学者批评的那样，大型全国性抽样调查里的精英样本其实不够精英①，或者，只能将精英当作一个整体去分析而忽视了内部复杂的分化。②近年来，精英群体的扩张和抽样技术的提高使问卷调查得以覆盖精英群体，且社会学家也正努力通过其他非问卷方法收集数据。此外，新的定量分析工具和方法使学者得以提出新的研究问题，并总结出更为可靠的研究结论。

新的精英数据有三大来源：问卷调查、政府数据和新闻媒体。

第一，问卷调查在新背景下取得了许多新进展。传统的抽样调查在研究精英时饱受批评，一些学者试图另辟蹊径。一种做法是开展专门针对特定精英人群的问卷调查，比如佩吉等学者发起了一项针对1%最富有美国人的调查项目。这项调查与其他调查的一个最大不同，是他们调查了美国精英的社会和政治态度。③另一种做法则是使用

① Savage, M., Williams, K., "Elites: Remembered in Capitalism and Forgotten by Social Sciences", *Sociological Review*, 2010, 56 (1): 1-24.

② Toft, M., "Upper-class Trajectories: Capital-specific Pathways to Power", *Socio-Economic Review*, 2018, 16 (2): 341-364.

③ Page, B. I., Bartels, L. M., Seawright, J., "Democracy and the Policy Preferences of Wealthy Americans", *Perspectives on Politics*, 2013, 11 (1): 51-73.

“大数据”。在英国，研究者使用通过 BBC 公司开展的英国阶层调查（Great British Class Survey）的数据研究精英，该调查内容不仅在于样本规模巨大（2011—2013 年间至少 32 万人参与），以中产及以上阶层为主，而且包含之前较少涉及的精英群体社会和文化生活的相关信息。[①]

第二，近年来，越来越多的研究者开始使用政府数据研究精英，因为政府数据可以最大限度地克服精英群体难以接触的挑战。凯莉莎和穆勒梳理了社会科学家们如何利用地产税、人口普查以及各种金融调查数据来综合匹配，从而考察财富的不平等状况。[②] 其中，在美国，联邦储备局开展的消费者财务调查（Survey of Consumer Finances）和美国经济资产负债表（Balance Sheets for the US Economy）是研究者最常使用的数据库。再比如，阿特金森创造性地利用收入税收数据分析全球收入集中程度的历史变化。更重要的是，他于 2011 年组织建立了世界高收入数据库（The World Top Incomes Database），该数据库于 2015 年拓展更名为世界不平等数据库（World Inequality Database），拓展后的新数据库涵盖全球两百余个国家，为精英社会学研究者进行全球范围内的历史和比较研究提供了难得的数据。基于该数据库所写就的《世界不平等报告》于 2018 年出版，该报告集中呈现了包括中国在内的十余个大国自 20 世纪以来的不平等变化趋势和原因。[③]

此外，一些欧洲国家的政府数据，比如瑞典的各种登记数据，也可以被学者获取，这些数据收录了这个国家大多数人口的家庭关系、社会流动、财富和税收状况、家庭成员的教育程度/职业等大量信息，是真正的“大数据”。这也是为什么众多关于财富的多代传承、精英

---

① Savage, M., Devine, F., Cunningham, N., et al., “A New Model of Social Class? Findings from the BBC's Great British Class Survey Experiment”, *Sociology*, 2013, 47 (2): 219 - 250.

② Keister, L. A., Moller, S., “Wealth Inequality in the United States”, *Annual Review of Sociology*, 2000, 26 (26): 63 - 81.

③ Alvaredo, F., Chancel, L., Piketty, T., et al., *World Inequality Report 2018*, Princeton: Belknap Press of Harvard University Press, 2018.

的社会流动的定量研究都是以北欧为研究对象的原因。[①] 这样的数据也为这些研究者采取诸如序列分析、（引入家庭成员的）固定效应分析等方法提供了基础。

第三，各类新闻媒体制作的财富排行榜和富豪名录也提供了重要信息。20 世纪 70—80 年代，诸如《美国杰出人物录》（*Who's Who in America*）这样的企业家名录、黄页被广泛使用，其思路与如今被广泛使用的富豪榜数据库是一致的：对公开的数据进行搜集、整理和重新编码，形成自己的新数据。这种方法耗时耗力，但一旦完成，会在精英分析中形成独特的优势。比如有学者自己整理了一套美国出版行业的创始人的资料集，从而可以分析 1741—1860 年间的杂志出版行业创始人的位置变化。[②]

当然，富豪榜数据本身也可以经过"浅加工"之后直接使用。诺伊迈尔在福布斯全球富豪榜的基础之上，通过简单计算得出富豪上榜数量的国别差异，并将经济自由状况、国家政治形态等变量加入分析模型，从而总结出何种国家更适合富豪的成长。[③] 塞勒尼与他的合作者搜集了俄罗斯、匈牙利和中国的富豪榜数据，讨论这些国家的超级富豪的不同特征。总而言之，媒体富豪榜的数据大多比较单薄，需要与其他来源的数据进行结合，从而实现对富豪的深入分析。[④]

（二）反思与改进定性研究方法

正如科森所言，在精英社会学领域中，假如缺乏运用定性研究方

---

① Hällsten, M., Pfeffer, F. T., "Grand Advantage: Family Wealth and Grandchildren's Educational Achievement in Sweden", *American Sociological Review*, 2017, 82 (2): 328 - 360.

② Haveman, H. A., Habinek, J., Goodman, L. A., "How Entrepreneurship Evolves: The Founders of New Magazines in America, 1741 - 1860", *Administrative Science Quarterly*, 2012, 57 (4): 585 - 624.

③ Neumayer, E., "The Super-rich in Global Perspective: A Quantitative Analysis of the Forbes List of Billionaires", *Applied Economics Letters*, Vol. 11, No. 13, 2004, pp. 793 - 796.

④ Mihályi, P., Szelenyi, I., *Rent-seekers, Profits, Wages and Inequality: The Top 20%*, Cham: Palgrave Macmillan, 2018.

法的描述性研究，相关理论的发展将会受到限制。[①] 过去十年里，精英社会学领域出现了不少出类拔萃的实证研究。何柔宛以她在华尔街任职的亲身经历和对一百多位高管的访谈，写就了《清算：华尔街的日常生活》。这本著作探讨了华尔街的“聪明文化”如何构建了自己全球金融主导地位的形象，进而影响到美国企业文化；而正是在这种逐利的“聪明文化”笼罩下，华尔街加剧了金融危机和萧条、贫困和不平等。[②] 可汗在其著作中展现了时代变迁下精英学校学生的变化。他回到他的母校圣保罗中学进行了为期一年的田野调查，调查结果显示，新式精英对各类事物都采取开放的心态，能够轻易地应对各类事件，但这种安逸背后是与阶级和财富紧密相连的不平等。[③] 针对经济精英，里维拉通过参与式观察和深度访谈，调查了高薪企业雇用员工时所采取的策略。研究发现，在此类高薪企业的面试过程中，面试官往往倾向于挑选具备“精英”特质的应聘者，而这种“精英”特质则与应聘者的社会经济地位紧密相连。[④] 针对政治精英，戴维斯（Aeron Davis）对超过 350 名英国重要领域的精英进行访谈，进而分析了英国管理者和领导者如何建构权力并从中获利。[⑤]

除了实证研究，对于在研究精英时会遇到什么样的方法论和技术挑战，定性研究者们一直有一个反思的传统。多重研究方法一直被鼓励：（深度/结构化）访谈、口述史、参与观察、文献分析都是常见的手段。这些其实也都是常规的定性研究方法。但当研究者们试图采用定性研究方法来研究“精英”的时候，仍然会遇到与其他研究群体不

① Cousin, B., Khan, S., Mears, A., “Theoretical and Methodological Pathways for Research on Elites”, *Socio-Economic Review*, 2018, 16 (2): 225 - 249.

② Ho, K., *Liquidated: An Ethnography of Wall Street*, Durham: Duke University Press, 2009.

③ Khan, S. R., *Privilege: The Making of an Adolescent Elite at St. Paul's School*, Princeton: Princeton University Press, 2010.

④ Rivera, L. A., *Pedigree: How Elite Students Get Elite Jobs*, Princeton: Princeton University Press, 2015.

⑤ Davis, A., *Reckless Opportunists: Elites at the End of the Establishment*, Manchester: Manchester University Press, 2018.

同的挑战，比如很难获取进入的渠道、如何处理自己的立场（尤其是地位悬殊时）。近十年来一直不断地有学者对这些议题进行反思，或根据自己的研究经历现身说法，出现了不少优秀的作品。比如，哈维在一篇非常实用的文章里总结了研究者在访谈精英时的策略，甚至包括是否该录音、如何提问这样的细节；有学者总结了精英研究中信任关系的建立在获取渠道中的重要性，以及如何保持自己的研究立场；面对好莱坞这样封闭的社群，有学者介绍了自己通过“交互式的民族志”的方式获取信息的心得，也就是参加好莱坞面对公众的活动来进行参与观察。[①] 这些文章虽然不是讨论研究的“结果”，但对于技术和方法论的反思，恰恰是精英研究的从业者们最需要补上的一课。中国内地的精英研究，几乎没有出现这样的反思性作品，也很少有研究者总结和介绍自己从事精英研究的“田野心得”，不得不说是一种缺憾。

（三）走向融合：混合研究方法

早在1976年，精英社会学的领军学者们就曾指出，没有一种方法可以一次性地解决所有的理论争辩。因此，多种方法的使用是非常重要的。定量和定性研究方法的改良是新精英社会学发展的起点而非终点，新的综合性研究方法已崭露头角，它们或将帮助精英社会学研究迈上新的台阶。其中最重要的趋势是混合研究方法，它超越了定量定性之争，通过取长补短实现对社会不平等的精准分析。

混合研究方法是一种同时采集并分析定量和定性数据的社会科学研究方法。该方法可以在一定程度上克服定量和定性研究方法各自的缺陷，实现一加一大于二的效果，从而更好地解决研究问题，尤其是那些无法通过单一研究方法解答的问题。[②] 混合研究方法在精英研究

---

① Harvey, W. S., "Strategies for Conducting Elite Interviews", *Qualitative Research*, 2011, 11 (4): 431 - 441; Mikecz, R., "Interviewing Elites: Addressing Methodological Issues", *Qualitative Inquiry*, 2012, 18 (6): 482 - 493; Ortner, S. B., "Access: Reflections on Studying Up in Hollywood", *Ethnography*, 2010, 11 (2): 211 - 233.

② Creswell, J. W., Clark, V. L. P., *Designing and Conducting Mixed Methods Research*, California: Sage Publications, 2017.

中的运用可以帮助研究者在关注精英经济状况的同时得以了解其生活细节和内心想法。沃德等人通过焦点小组讨论、半结构化家庭访谈和全国性随机抽样问卷，探究了英国管理精英的文化消费特征与模式。[①]赫德加德则将内容分析法应用于巴西的精英杂志和文章，在定性描述文章内容的同时对文化关键词进行定量分析，最终发现巴西精英的文化品位在很大程度上受到西方国家的影响。[②]

中国精英社会学的当下与未来

至此，我们总结了近十年以来英语世界里精英社会学研究复兴后所呈现出的变化与发展。新的现实冲突与学科发展促使研究者关注新的研究对象，发展新的理论框架，运用新的研究方法。对照欧美的议题来看，中国在追赶国际同行方面还有很多功课要做。比如，社会差距的扩大和精英群体的崛起并不是西方国家独有的现象，中国在一定程度上也面临着类似情况。就超级富豪的数量来说，中国已经仅次于美国，但我们的研究很薄弱；当前我国绝大多数研究将精英视为单一整体，较少关注女性精英和少数民族精英的发展；我们对于精英网络的研究也很不够，迄今都没有出现关于全国性精英的网络分析；关于精英的国别比较研究，以及中国精英在海外，基本上没有形成一个类似比较社会学那样的制度化的领域。此外，研究者应该更加关注精英的文化特征、消费模式和政治社会态度等，而决策过程的研究也方兴未艾。精英内部的流动、精英与非精英之间的转化也应该引起更多的重视，此类研究有助于探究阶层鸿沟的形成原因和破解策略。最后，日益落地的人工智能将会对社会结构、社会治理、社会心态产生不可

---

① Warde, A., Bennett, T., Really, N., "A Culture in Common: The Cultural Consumption of the UK Managerial Elite", *The Sociological Review*, 2008, 56 (1): 240-259.

② Hedegard, D., "Transnational Connections: The Meaning of Global Culture in the Tastes of Brazilian Elites", *Poetics*, 2015, 53, pp. 52-64.

预见的深刻影响，精英与大众的关系都可能将被重写。中国的精英社会学研究并不缺乏议题，飞跃的空间很大。

中国的精英社会学要想实现这个飞跃，首先要开发出更多的优质数据——无论是量化的还是质性的。一方面，中国的调查数据已取得了重大的进展，为解决早年的一些研究遗憾提供了弹药。比如，早年关于经济不平等的文献几乎都是以家计收入为因变量，但这几年关于财富的研究增多了；越来越多的学术机构主持的抽样调查已经将房产和金融资产作为重要的指标（比如中国家庭追踪调查、中国家庭金融调查）。另一方面，当定量研究讨论到中国精英时，如果采用的是全国性抽样调查数据，在数据的选择和使用上依然或多或少存在本文所说的样本代表性“不够精英”或无法深入做精英内部异质性分析的问题，这就要求研究者们另辟蹊径。比如，皮凯蒂、杨利与加百孙·楚克曼就通过整合国民账户数据、调查数据以及最新税收数据来研究中国在 1978—2015 年间收入财富的累积分布情况。①

更重要的是，一些各具特色的数据库也不断出现。比如，利用政治精英的名单研究领导干部的职业生涯、利用上市公司数据库研究董事会的连锁已经是比较常见的做法。还有一些并未成为主流但值得更多研究者参与的做法。比如，倪志伟主持的长江三角洲企业调查，涉及了企业家的社会关系网络的信息；有人以富豪榜为基础，重新建构了信息更加丰富的数据库研究中国超级富豪；有人利用基金会中心网的数据，研究了中国非政府组织里的连锁董事；有人与地方性政府机构合作，研究省域内的商会发展状况。② 事实上，这种数据库还有很

---

① Piketty, T., Yang, L., Zucman, G., "Capital Accumulation, Private Property, and Rising Inequality in China, 1978—2015", *American Economic Review*, 2019 (7), pp. 1 – 76.

② Nee, V., Opper, S., *Capitalism from Below: Markets and Institutional Change in China*, Cambridge: Harvard University Press, 2012; Ma, J., Dedeo, S., "State Power and Elite Autonomy in a Networked Civil Society: The Board Interlocking of Chinese Non-profits", *Social Networks*, 2018, 51, pp. 291 – 302; 黄冬娅、张华：《民营企业家如何组织起来？——基于广东工商联系统商会组织的分析》，《社会学研究》2018 年第 4 期。

多，只不过大多数仍然处于研究团队开发的阶段。近些年来，一些研究团队开始公开他们自己编码的精英数据库（比如中山大学徐现祥团队和复旦大学陈硕团队各自发布的领导人数据库），这种做法将有力地推动包括精英社会学在内的中国本土精英研究的发展。

需要指出的是，中国在形成自己的关于精英的数据库上，有着独特的优势。第一个是组织优势。中国的党政机关每年都组织各种各样的调查，这些调查的绝大多数不公开原始数据，但有心人可以通过各种政府报告、蓝皮书获取面上信息。一些全国性的调查数据近年来开始公开，比如中国私营企业调查数据（CPES），这套数据包含了大量企业主个人层面的信息，历时25年，尤其宝贵。[①] 随着数据发布和使用的日益规范，相信会有越来越多的政府数据可以为学术和政策咨询服务；学术界也应该尽力联合政府里的有识之士共同建立更多的制度化的平台和渠道。定性研究也是如此，学术界应该更充分地利用官方渠道开展调研。

第二个是大数据的优势。大数据对社会科学的冲击目前才刚刚开始，在精英社会学研究中的应用凤毛麟角。但由于独特的体制和社会状况，中国在大数据的生产方面有着欧美国家不具备的“优势”，一个突出的表现就是场景丰富，且在获取上受到更少的社会监督（比如隐私的问题）。目前利用政府大数据（比如司法文书）、企业数据（比如微博数据）的实证研究逐年增多，其中一部分实际上已经涉及精英的问题（比如反腐败、算法歧视、社会政治态度、社会动员等），只不过在理论脉络和问题意识上尚未与精英社会学的传统有力衔接。正如贺光烨指出的那样，数据本身只是一个信息的载体，分析其中潜在的问题与数据的“大”小无关，而是与思维有关。[②] 当越来越多计算

① 陈光金等：《中国私营企业调查25周年：现状与展望》，《南开管理评论》2018年第6期。

② 贺光烨：《喧嚣之后的沉思——关于社会科学大数据研究的认识论与方法论的讨论》，《华东理工大学学报》（社会科学版）2018年第2期。

社会科学的专家关注精英问题，或者越来越多的精英研究的传人们掌握了计算社会科学的方法之后，相信未来会有一个爆发期。

研究者对数据的追求是无穷无尽的，对于精英研究来说，可能永远也无法获取完美的数据，一些信息可能注定会成为无法揭开的“黑箱”。比如，决策过程的可信数据极其难以搜集（或者陷入知情却不能公开言说的困境），但这个问题不解决，精英研究就永远缺乏“结构—结果”上的关键一环。再比如，财富之所以重要，是因为它的累积与收入有完全不同的逻辑和机制。但是，仍然有很多差异是无法测量的，比如当我们测量收入时，其实更多的测量的是收入中的工资（wage）和利润（profits），但第三种收入类型，也就是人们从一种封闭关系（比如垄断和国家监管）中获取的收入——索伦森所说的“租”（rent）——却很难测量。[①] 因此，同样是不平等的扩大，造成的机制到底是什么就很重要。这背后实际上是对不同类型政商关系的判断。当研究者无“米”可“炊”的时候，是该放弃选题，还是坚持换一种方式言说呢？

本文一直在强调实证研究的重要性。但实证研究不等于量化研究。精英研究如果过于数学化，会重蹈经济学的覆辙。比数据更重要的是“社会学的想象力”；换句话说，与“缺数据”相比，更严重的是“缺理论”。关于中国精英的社会学研究，学术脉络本来是多元的，比如受到“国别研究”、单位制研究、基层治理研究、经济社会学甚至情报学的影响。但 20 世纪 90 年代以来，很大一部分——尤其是定量研究——受到了“市场转型之争”的影响。它深刻地影响了关于中国精英的社会学研究，丰富了我们对于中国精英的理解，尤其是在不平等、地位获得、阶层型构、社会流动等方面。但我们对于精英的很多其他维度依然知之甚少。

---

① Mihályi, P., Szelenyi, I., “The Role of Rents in the Transition from Socialist Redistributive Economies to Market Capitalism”, *Comparative Sociology*, 2017 (16): 1-26.

我们的建议是，不要先想着去做“理论建构”，而应该先从最简单的、探索性的描述性研究做起。搞清楚基本的社会事实，是我们反思西方的概念和理论、建立自己的理论的基础。中国的“精英”由什么样的人构成，他们的规模和实力如何，中国真实的权力结构是什么样子的，全球产业大转移、以互联网和人工智能为代表的新经济如何改变了我们财富分配的方式和后果？……我们在一些基本的问题上仍然没有深入地讨论，更不要说达成共识。当然一个重要的原因是缺乏数据，但比这个更重要的，是研究者们有没有去开发、分享和完善数据的担当和勇气。

在这个基础上，再来谈迭代创新，尤其是理论上的贡献。欧美的精英社会学研究虽然取得了突出的成果，但也存在诸多不足。比如，这些学者树立了一种批判传统，这是他们的学脉能够代代相传的一个重要因素，但有一些研究过于强调“批判（经济）资本”，而对所谓“社会资本”有着过于温情的想象，认为“社会”是抵制资本的万能药，殊不知精英们也可以通过各种手段操纵“社会”乃至媒体；另一些研究则似乎走上另一种极端，认为所有的精英都在通过一种神秘的方式统治一切，却不能为此提供令人信服的证据。再比如，当前欧美精英社会学研究的“议题建构”不可避免地受到欧美经济与社会发展阶段的影响，反而是一些关于市场经济兴起早期阶段和转型阶段（比如美国的“镀金时代”）的历史研究更加能够在中国的情境下找到共鸣。[①]

因此，坚持批判传统并不是说要遵守欧美的研究议程，也不要被欧美的政治口号“带节奏”（比如一些欧美左翼学者倡导的对富人征税70%）。事实上，中国的国情与欧美相比，存在巨大差异，发展恰

① Accominotti, F., Khan, S. R., Storer, A., “How Cultural Capital Emerged in Gilded Age America: Musical Purification and Cross-class Inclusion at the New York Philharmonic”, *American Journal of Sociology*, 2018, 123 (6): 1743 - 1783.

当的本土理论以解释中国特有现象是必由之路。比如，分析中国的精英再生产或循环，除了去寻找那些微观层面的要素（文凭、职业准入），更不能忽视的是宏观背景，尤其是剧烈的时代变迁和制度变化的影响。而诸如许多人跌宕起伏的集体生命历程这样的要素则提醒我们要打破线性的社会流动观。再比如，虽然很多人都知道中国的国家精英与市场精英的关系并不能简单地套用欧美的框架，而是有着基本政治制度的本质差异，但却不能创造出超越“威权主义”范式的话语体系。解决这一问题最终需要对国家理论、市场理论、国家—市场关系理论做出创新。批判传统的要义在于，如果研究精英的学者们，不能够致力于回答与中国精英有关的真问题，我们对于中国精英群体的描绘和措辞不能够尽可能地符合社会事实，关于精英的研究不能够跳出精英去关注更为广泛的社会各阶层的福祉、权益和社会进步，那么精英研究就摆脱不了兴盛一时又泯然一时的命运。

（原载于《江海学刊》2020 年第 1 期）

中国经济社会学40年：传统、当下与未来

符　平　杨　典*

一

经济社会学是将经济现象视为社会结构和历史经验背景下的一种社会现象，运用社会学的理论、视角和方法对其加以研究的社会学重要分支学科，是当今最为活跃和最富有前景的社会学研究领域之一。经济社会学试图对包括市场组织在内的诸种社会组织，对包括追求货币收入目标和其他目标在内的行为，对包括经济增长（衰退）和其他社会现象在内的社会运行状态做系统的分析和解释。[①] 作为一门在社会学与经济学互动中兴起的学科，经济社会学的研究范畴十分广泛，既包括生产、消费、企业、市场、金融与财政、经济制度与经济模式等经济学研究对象，也涵盖较少或不为经济学所关注的家政经济、自然经济、非正规经济以及知识、文化与经济关系等问题。总体而言，经济社会学研究的核心关切是经济的演化与运作，并由两大部分构成：其一是经济现象的社会基础，即社会对经济的影响（比如社会制度如

* 作者简介：符平，1982年生，社会学博士，华中师范大学社会学院、社会发展与社会政策研究中心教授；杨典，1977年生，社会学博士，中国社会科学院社会学研究所研究员。

① 刘世定：《经济社会学》，北京大学出版社2011年版，第4页。

何塑造经济过程），主要是基于“嵌入性”① 这一基础性假设探讨社会性因素到底如何作用于经济，即其中的具体过程和机制为何；其二是社会现象的经济基础，即经济对社会的影响（比如市场理性、商业化的社会后果）。经济社会学认为，人类的经济活动根植于具体的社会网络、政治体制、文化传统和认知信念之中，只有深入识别经济活动与其所处制度环境之间的内在关联和互动过程，才能充分理解经济的复杂性质和运作逻辑。因此，经济社会学是架接经济现象和社会现象的一门学问。

在很大程度上，经济社会学是由于新古典经济学忽视了社会结构和制度分析而获得极大发展空间的。通过强调经济与社会结构、制度环境之间的内在关联，经济社会学直面当今重要经济现象和经济趋势的发生条件及其后果，既研究宏观经济发展中的国家角色与市场组织过程和资本主义的多样性，也关注文化、价值和认知理念对微观经济行为的影响。因此，尽管当代的新经济社会学从行动者假设、分析方法到理论视角都展现出与主流经济学的巨大差异，但与经济学流派中的比较政治经济学和社会经济学，社会学中的组织社会学、发展社会学及经济人类学等共享许多研究兴趣、基础假设、理论概念和分析视角。

经济社会学发轫于19世纪末期的欧美学界。目前，对于本学科的发展历程，经济社会学界的“三阶段说”基本形成共识，即19世纪90年代至20世纪30年代的古典经济社会学与20世纪70年代末至今的新经济社会学这两次高峰期，再加上20世纪50年代前后的低谷时期。在低谷时期，值得关注的是经济社会学的研究重心逐渐由德国、法国转向美国，帕森斯与其学生斯梅尔瑟合著的《经济与社会》被视为功能主义经济社会学的代表作②。

---

① Granovetter, Mark, “Economic Action and Social Structure: The Problem of Embeddedness”, *American Journal of Sociology*, 1985, 91 (3): 481 -510；符平：《“嵌入性”：两种取向及其分歧》，《社会学研究》2009年第5期。

② 周长城：《经济社会学发展的三个阶段》，《国外社会科学》1995年第12期；［美］斯梅尔瑟、［瑞典］斯维德伯格主编：《经济社会学手册》（第二版），罗教讲、张永宏等译，华夏出版社2009年版。

19 世纪中期，西方思想革命（文艺复兴、启蒙运动）、资产阶级革命和工业革命先后完成。以大工厂、大工业为核心的资本主义经济重塑了整个社会，大规模生产资料市场和劳动力市场开始形成，商品生产从分散于手工作坊发展为集中到大型机器工厂，全球市场形成并深入发展，现代公司制度逐步规范、完善，跨国公司更是逐步具备了影响全球生产分工、改变生活方式的能力。同时，经济波动和商业危机频繁出现，无产阶级和资产阶级之间的对抗愈加激烈，多国内部制度危机和民众的社会悲观情绪日益增长。面对当时社会的诸多变化，古典社会学家们都进行过深入的分析，并由此开启了包含政治、经济、文化多维度的经济社会学研究传统。

1879 年，英国经济学家杰文斯（William S. Jevons）在其著作中首次使用了“经济社会学”这一术语，随后该术语被社会学家接受，在涂尔干和韦伯于 1890—1920 年间的著作中得到采用。① 虽然经济社会学在 19 世纪和 20 世纪之交才创建，但实际上早在经济学的古典时代，经济分析的社会学视角与经济学视角就很难严格区分开来，这尤其体现在亚当·斯密的著作中。

值得一提的是，根据雷蒙·阿隆的判断，马克思不但是一位社会学家，更是一位特定形式的社会学家，即经济社会学家。阿隆的理由是：马克思的学说认为忽视经济制度运行的理论就无法理解经济制度的演变，撇开社会结构是无法了解一种特定经济制度的。② 早在《共产党宣言》中，马克思就将社会形态的更替视为社会的生产力与生产关系产生冲突从而导致变革的产物。他认定，资产阶级赖以形成的生产资料和交换手段诞生于封建社会，当封建的所有制关系不再适应发展了的生产力时，取而代之以与自由竞争相适应的资本主义社会制度

---

① Swedberg, Richard, *Principles of Economic Sociology*, Princeton: Princeton University Press, 2003, p. 5.

② ［法］阿隆：《社会学主要思潮》，葛智强、胡秉诚、王沪宁译，上海译文出版社 2013 年版。

和政治制度；而一旦资本主义社会所拥有的生产力不能再促进资产阶级文明和资产阶级所有制关系的发展，资本主义社会生产的就是其自身的掘墓人。[①] 日本经济社会学家富永健一也有类似的判断，他认为，虽然“马克思经济学”本身不能直接被称为社会学，但历史唯物论整个体系提出了一种经济社会学。[②] 当代经济社会学家认为，马克思对经济社会学的重要贡献在于其深刻揭示了人类为物质利益斗争的历史以及具有相似经济利益的社会群体联合起来的方式。[③] 从社会学角度来看，马克思把19世纪资本主义工业企业当作社会单位去分析，代替了古典经济学的“经济人”假设：工资、价格和利润在社会内的运动对特定企业中的资本家和工人形成刺激，刺激的结构进而构成了“生产关系”，这些刺激和压力在生产本身的社会和技术安排（生产力）下还产生出经济的结构和社会结构[④]，从而得以将经济制度的运行和现代社会结构的形成与变迁联系起来。马克思对经济的社会分析建立在政治经济学和社会关系（social relations）分析基础之上，应该说开创了从社会关系角度研究市场、商品等经济现象的经济社会学传统。[⑤]

在古典经济社会学时代，韦伯为经济社会学作为一门独立学科的最初发展奠定了理论和方法论基础并贡献了研究典范，其对西方资本主义的起源和流变也有独特的见解，集中体现在《新教伦理与资本主义精神》《经济与社会》《经济通史》等著作中。事实上，韦伯所涉及的经济社会学议题十分广泛，包括中世纪贸易公司、罗马农业制度、经济史与经济政策、世界宗教的经济伦理、股份制公司、证券交易所等。

---

① 《共产党宣言》（单行本），人民出版社2009年版。

② ［日］富永健一主编：《经济社会学》，孙日明等译，南开大学出版社1984年版，第4页。

③ ［美］斯梅尔瑟、［瑞典］斯威德伯格主编：《经济社会学手册》（第二版），罗教讲、张永宏等译，华夏出版社2009年版。

④ ［美］亚瑟、斯廷施凯姆：《比较经济社会学》，杨小东译，浙江人民出版社1987年版。

⑤ 我们认为，马克思的“社会关系”分析路径与新经济社会学代表人物格兰诺维特等人倡导的社会网络分析既有一定联系，也存在显著不同，前者主要是一种强调经济活动背后的社会联结（social connection）及其活动的思想，强调社会群体的角色、结构与连接关系，而后者则主要体现为一种探究社会关系网络（social network）与经济活动之间关系的分析进路和技术。

在社会学的古典时代为经济社会学的发展奠定基础或作出重要贡献的学者还包括桑巴特、涂尔干、齐美尔和凡伯伦等。20 世纪 30 至 70 年代，经济社会学研究因经济学与社会学重新划定边界产生学科隔膜而一度陷入低谷。但这一时期波兰尼、帕森斯、斯梅尔瑟、布劳、熊彼特等学者的一些著作和理论仍被认为是经济社会学的重要遗产。

美国的经济社会学复兴于 20 世纪 70 年代。在美国经济社会学近半个世纪的发展过程中，有两本书非常值得一提，其一是格兰诺维特和斯威德伯格主编、初版于 1992 年的《经济生活中的社会学》；其二是斯梅尔瑟和斯威德伯格主编、初版于 1994 年的《经济社会学手册》。这两部著作展现了本学科的多元理论范式和研究路径，汇集了一批重要成果，可视之为美国经济社会学专业化和制度化的重要标志。当前，美国的经济社会学沿着制度、网络、权力和认知等多元视角向前推进理论与经验研究①，正逐步恢复其在社会学中的核心地位，产生了越来越大的跨学科影响。在欧洲经济社会学界，以法国学者卡隆（Michel Callon）为代表的述行学派（performativity school）和以德国学者贝克尔特（Jens Beckert）为代表的市场社会学近年来也产生了一定影响。与受实用主义思潮影响颇深的北美经济社会学有所不同，欧洲学者多强调比较、制度和历史背景，同时其研究也更多地与欧洲的改革和应用项目联系在一起，彰显出欧洲经济社会学的独特学术风格。目前来看，仍属北美的经济社会学最为繁荣，重要学者和研究团队遍及全美诸多名校，比如哈佛大学、普林斯顿大学、斯坦福大学、加州大学伯克利分校、康奈尔大学、哥伦比亚大学、西北大学等。

二

中国经济社会学的学术研究和学科建设虽然直接受 20 世纪 70 年

① Dobbin, Frank, *The New Economic Sociology: A Reader*, Princeton: Princeton University Press, 2004.

代以后西方经济社会学复兴的影响，但早在中华人民共和国成立之前社会学界就开展了大量的经济社会研究。也就是说，中国社会学对经济现象的研究具有悠久的传统。[①] 中国早期社会学的引介和发展与近代中国的命运紧密相系，救亡图存、倡导新学、了解时局、改良社会是彼时身处时局纷乱中的社会学者们从事社会学研究的初衷和使命。中日甲午战争以后，学者们开展的社会调查记录着中国传统经济社会结构的演化变迁，也催生了一批学术大家和诸多具有深远价值的学术思想。

20 世纪初兴起的社会调查运动，促发了众多社会学、经济学、历史学、文化学等学科的学者采用西方调查技术从多个面向分析当时的经济社会状况。受西方列强入侵的影响，近代中国传统的经济发展模式遭到破坏，存在数千年的农村自然经济及以其为基础的家庭手工业商品化体制首当其冲。陈翰笙主导的农村经济调查选取江南、河北、岭南、山东、安徽、河南等地，获得了大量民国时期农村农户生产生活情况、农村生产力与生产关系、地主—农民矛盾以及西方资本、中方买办和官僚资本盘剥农民的一手资料，是分析半殖民地半封建社会中社会结构急剧变化条件下战时经济、农村经济变迁、土地制度、农业与工商业关系和国际垄断资本运作的珍贵文献。在近代中国农村经济逐渐破产的同时，城市中与洋行、洋车相对应的是大量陷入贫困的城市居民。作为社会调查运动的代表人物，陶孟和与李景汉开展了多个调查计划，推动了对中国劳工阶层个人和家庭的调查。他们在调查的过程中还积极总结、改进、创新社会调查方法与技术，充实了中国经济社会学在劳资关系、工人阶级调查、社会阶层及其家庭消费行为等方面的研究。

---

① 如无特别注明，本文中所涉及中华人民共和国成立前的经济社会学研究可参见李培林、渠敬东、杨雅彬主编《中国社会学经典导读》（上、下），社会科学文献出版社 2009 年版；闫明《中国社会学史：一门学科与一个时代》，清华大学出版社 2010 年版；杨雅彬《近代中国社会学》（增订本），中国社会科学出版社 2010 年版。

中国现代化进程中工业化和农村工业问题始终是经济社会学研究中的重点领域。吴景超在20世纪上半叶就提出了一套工业化与社会建设的理论，并试图探索出融合“自由”和“计划”两种社会经济制度的办法。他认为，摆脱当时中国困境的根本在于发展实业（包括工业、矿业、商业、交通业等）、金融机构和都市，而实现工业化则应系统考虑资本、人才、组织管理、利用外资等问题，他还在思考苏联和美国经济制度的基础上讨论了战后中国宏观政治经济问题和现代化道路，提出在实行公有制的前提下要保证经济权完全分散以便价格机制发挥作用，兼顾社会主义和自由经济。[①] 20世纪40年代召开的“战后经济问题座谈会”和组建的“中国社会经济研究会”，还有费孝通、李树清等社会学者参与。李树清将环境、民族、制度之间的相关关系作为切入点探讨了中国社会未能走资本主义道路的原因，明确了当时中国社会结构变革的人地关系、资本积累、历史文化传统与社会制度基础。[②] 在企业劳工研究方面，史国衡的《昆厂劳工》最早探讨了民国时期进厂务工的农村劳动力身份、人际关系、生活方式、劳动方式转变以及当时中国社会工业模式变迁的过程。陈达则从更为宏观的视角全面考察了战时重庆、昆明、上海等地的工业特点、劳工问题的起源发展和工人阶级（包括工会组织）生活状况，提出了劳工阶级“生存竞争”（经济性质）和“成绩竞争”（社会性质）理论，针对当时劳工运动及组织目标等主要问题从劳资关系、社会制度、科学管理等多方面给出了解决办法。此外，步济时[③]、全汉昇[④]在中国行会制度研究方面留下了细致又富有特色的研究。

此外，主要建基于家庭手工业之上的农村工业受到国内外大工业

① 参见闫明《中国社会学史：一门学科与一个时代》，清华大学出版社2010年版。

② 参见李培林、渠敬东、杨雅彬主编《中国社会学经典导读》（上、下），社会科学文献出版社2009年版。

③ ［美］步济时：《北京的行会》，赵晓阳译，清华大学出版社2011年版。

④ 全汉昇：《中国行会制度史》，百花文艺出版社2007年版。

资本和产品的直接挤压。以张世文、李景汉为主要代表进行的定县农村工业调查，分类考察了家庭工业和作坊工业，提出中国的工业发展可以集中建设与分散发展并重，涉及国家命脉的工业应由国家统一集中管理，而事关人民日常生活需要的轻工业考虑到原材料获得、运输、生产生活水平差异和中国小农经营情况等原因则宜分散于各地乡村；工业建设也应从国家、省级、县级三个层次有计划地分级进行，县域建设要试点之后慎重推行。[①] 费孝通则更为关注农村工业化问题，其早年对江苏开弦弓村（“江村”）蚕丝业的深入研究一方面注意到了家庭手工业的历史传承性和小农经济的现实需要，同时在家庭手工制丝向缫丝工厂变革的过程中也看到了国外资本和大工业侵袭对转型期乡村工业的颠覆性冲击。这些研究也成为费孝通后续乡村工业化、小城镇研究的基础。与费孝通江村研究形成乡村工业类型对比的是张之毅等开展的“易村”研究，易村以家庭手工业和作坊工业为主，具有典型的中国传统工业特点，展现了具有中国特点的工农业的结合。综合来看，费孝通、张之毅的研究从农村工业（手工业）的转型发展入手，实际上探讨了农村现代化的结构性基础和基本动力机制，是中国现代社会中组织、技术、资本等要素内在整合的外在表现。此外，言心哲、柯象峰还分别研究了近代中国农民迫于生计的“离村”问题和当时特定历史情境下的贫困问题。

中华人民共和国成立初期，社会学者参与土改运动，了解农业经济中生产经营、贫富差距问题，探讨和关心中国工业化建设的基础和模式，为新中国社会科学研究和经济社会改革发出了来自社会学界的声音。社会学虽在1952年院系调整中被取消，但直至1957年“反右”运动开始前，部分社会学者仍不同程度地运用社会学视角分析了中国经济发展的制度结构和微观实践。吴景超在研究苏联经济模式和苏联领导人思想的基础上为新中国在过渡时期（1949—1956）的社会主义

① 张世文：《定县农村工业调查》，四川民族出版社1991年版。

经济总路线（即逐步实现社会主义工业化以及开展对农业、手工业、资本主义工商业的社会主义改造）作了说明，包括实行计划经济所依据的经济法则，计划经济中社会主义经济成分、工农业和轻工业的比例关系以及调整的方向①，后续还就“一五”“二五”计划中的资金积累与合理使用、国民经济发展速度和发展比例问题作了细致探讨②。李景汉和费孝通则重访多年的调查地点并作了新的报告。1981 年，李景汉重新整理并补充了 1956 年在《人民日报》支持下重访北京郊区调查的材料，回顾了 1957 年正值农业合作化高潮时期社会主义改造后的农村发展、农民生活和思想情绪。他详细对比考察了中华人民共和国前、“土改”后的单干时期（1951—1952）、互助组时期（1953—1954）以及合作化时期（1955—1956）劳动力全年实际收入的变化，由此扩展讨论了收入与生活水平的关系、生产增加的各因素等内容，重点探讨了高级合作化后农业与副业、工业消费品质量、妇女劳动保护等生产生活问题，为农业化合作和农村经济建设提供了特定历史时期的宝贵记载。③ 费孝通 1957 年春在开弦弓村小住，较为详细地了解了合作化后农业产值和农副业收入等村里的新问题：农业增产了收入却不高。他认为农村应合理安排农副业（农工业）比例，做好多种经营的统筹兼顾，适合乡村的小型工厂（强调并非所有工业）可以适当分散到乡村以减少成本、促进农村技术改革。针对当时所出现的局部性粮食紧张，他还探讨了生产力提高与社会主义的关系以及工业的实际运作情况④。中国早期社会学家对经济问题的诸多研究表明，在 20 世纪 50 年代社会学学科被取消前，对经济进行社会学

---

① 吴景超：《有计划按比例的发展国民经济》，中国青年出版社 1954 年版。

② 吴景超：《我国第一个五年计划中资金的积累、合理使用节约的问题》，《教学与研究》1955 年第 8、9 期；吴景超：《我国第二个五年计划的发展速度与比例关系》，《教学与研究》1956 年第 12 期。

③ 李景汉：《北京郊区乡村家庭生活调查札记》，生活·读书·新知三联书店 1981 年版。

④ 费孝通：《重返江村（上下编）》，《新观察》1957 年第 11、12 期，载费孝通《江村农民生活及其变迁》，敦煌文艺出版社 2004 年版。

分析是中国社会学的重要传统。

三

作为中国社会学的重要分支学科之一，经济社会学伴随着社会学的恢复重建而发展起来。邓小平于1979年3月在党的理论工作务虚会上提出社会学“需要赶快补课”的问题，从此开启了中国社会学恢复重建的大幕。虽然中央确定了发展社会学学科，但无论是作为整体的社会学学科，还是各分支学科，将学科系统地建立起来，然后进行有组织、有系统的学术研究工作，殊为不易，都经历了较为艰难的缓慢发展过程。尽管1984年一些学界同人在天津召开了首次经济社会学研讨会，然而中国经济社会学的学科建设特别是学术研究整体上来说起步是比较晚的。不过从某种意义上，我们可以把费孝通先生著名的《江村经济》视为中国学者首次从社会学角度对经济展开的系统分析。该书是费孝通在英国Routledge出版的博士学位论文中译本，他在前言中便开宗明义地指出，“这是一本描述中国农民的消费、生产、分配和交易等体系的书……旨在说明这一经济体系与特定地理环境的关系，以及与这个社区的社会结构的关系”①。可以说从特定制度环境和社会结构视角出发分析经济，正是经济社会学的主流研究路径。然而，这样的学术传统由于众所周知的原因中断了数十年之久，直至改革开放后随着社会学恢复重建才得以接续。近四十年来，中国经济社会学的发展历程可分为三个阶段。

第一阶段是20世纪80年代的孕育时期，全国一些大学和社科院开始重建或新建社会学机构，恢复社会学教学和研究工作，国外的经济社会学理论和方法开始被译介到我国（见表1）。最初引入的是日本学者富永健一、美国学者斯廷施凯姆和斯梅尔瑟编著的经济社会学教

① 费孝通：《江村经济——中国农民的生活》，商务印书馆2001年版，第20页。

材和著作①，这对中国学者了解经济社会学的历史渊源、发展历程、基本内容以及理论视角和研究方法起到启蒙的作用。在这一时期，一些社会学教学科研人员撰写了介绍国外经济社会学理论的文章和体现出一定经济社会学色彩的调查报告。

表 1　　40 年来翻译出版国外经济社会学教材教辅情况

书名	出版社	出版年度	编著者
《经济社会学》	南开大学出版社	1984	富永健一
《比较经济社会学》	浙江人民出版社	1987	斯廷施凯姆等
《经济社会学》	华夏出版社	1989	斯梅尔瑟
《经济学与社会学》	商务印书馆	2003	斯威德伯格
《经济社会学原理》	中国人民大学出版社	2005	斯威德伯格
《新经济社会学》	社会科学文献出版社	2006	莫洛·F. 纪廉
《经济社会学》	上海人民出版社	2008	道宾
《经济社会学手册（第二版）》	华夏出版社	2009	斯梅尔瑟、斯威德伯格
《新经济社会学读本》	上海人民出版社	2013	道宾
《经济生活中的社会学》	上海人民出版社	2014	格兰诺维特、斯威德伯格

第二阶段是 20 世纪 90 年代的兴起阶段。经过对国外学说十余年的知识消化、研究和吸收，20 世纪 90 年代，中国经济社会学开始较快发展起来，特别是到世纪之交，呈现出明显的提质加速发展趋势。在这一时期，国外教材的翻译出版基本上告一段落，更多的译介工作开始转向重要的研究著作。同时，多种本土的经济社会学教材教辅书籍纷纷出版问世（见表 2），当时的青年学者如汪和建等还为构建适合国情的、体系化的本土经济社会学进行了有益探索。据我们的初步统计，20 世纪 80 年代由中国学者编著出版的经济社会学教材教辅书籍为零，但 90 年代则出版了不下 8 本。这些教材开始进入大学的经济社

---

① 1984 年 11 至 12 月，富永健一应邀在刚创建不久的南开大学社会学系给研究生讲授《经济社会学》，而且他主编的《经济社会学》（1974 年版）也成为我国第一本经翻译出版的经济社会学著作。

会学课堂，为经济社会学的学说普及和人才培养奠定了基础。更重要的是，经验为本、理论导向的经济社会学研究在21世纪之初出现了“井喷”现象。一些扎根本土经济现象又具有一定理论凝练的高质量论文陆续发表出来。当时社会学者研究的主题也是那个年代的经济热点和重点，比如乡镇企业改制、国企改革以及蓬勃兴起的私营经济等问题。可以说，从20世纪90年代末开始，直白的调查报告或将西方理论简单运用到中国经济现象进行分析解释的状况得到了根本扭转。

表2　　40年来国内经济社会学教材教辅出版情况

书名	出版社	出版年度	编著者
《经济社会学》	中国经济出版社	1991	肖永年
《现代经济社会学》	南京大学出版社	1993	汪和建
《经济社会学》	中山大学出版社	1996	梁向阳
《当代经济社会学》	黑龙江教育出版社	1998	肖永年、郭成铎
《社会学视野里的经济现象》	四川人民出版社	1998	朱国宏、桂勇
《经济社会学》	吉林大学出版社	1998	王占阳
《迈向中国的新经济社会学》	中央编译出版社	1999	汪和建
《经济社会学》	复旦大学出版社	1999	朱国宏
《新经济社会学》	中国社会科学出版社	2001	张其仔
《现代经济社会学》	武汉大学出版社	2003	周长城
《经济社会学》	中国人民大学出版社	2003	周长城
《经济社会学（第二版）》	复旦大学出版社	2003	朱国宏
《经济社会学导论》	复旦大学出版社	2005	朱国宏、桂勇
《现代西方经济社会学理论述评》	社会科学文献出版社	2006	高和荣
《经济社会学——迈向新综合》	高等教育出版社	2006	汪和建
《经济社会学》	高等教育出版社	2008	高和荣
《经济社会学》	南京大学出版社	2010	沈秋明
《经济社会学（第二版）》	中国人民大学出版社	2011	周长城
《经济社会学》	北京大学出版社	2011	刘世定
《西方经济社会学史》	中国人民大学出版社	2013	刘少杰
《经济社会学（第三版）》	中国人民大学出版社	2015	周长城

进入21世纪以来，经济社会学进入快速发展和提升的第三阶段。承接前20年创建的学科平台和奠定的研究基础，这一阶段出版了更多由本土学者编著的经济社会学教材教辅书籍、翻译的国外经典研究著作，发表了更多厚重的学术论文。经济社会学也成为国内不少重点大学社会学学科建设和科研机构学术研究的重点方向（其中上海财经大学还在2003年成立了国内首个经济社会学系），在中国社会学学科体系中的地位得到进一步稳固。这客观上进一步促进了经济社会学方向的人才培养和科学研究。

在第三阶段，中国的经济社会学研究者逐渐不再盲目迷信、追随国外理论，不再过度依附西方学术话语体系所框定的学术议题，而是更加注重基于本土的经济和社会实践展开研究，并有意识地构建本土化的理论概念和话语体系，彰显了中国经济社会学的“理论自觉”和“实践自觉”。在21世纪初，经济社会学者围绕乡镇企业改制、国企改革、地方政府的经济行为等做出了许多标志性成果。对一些经典理论也展开了较为深入的探讨，比如，刘世定、折晓叶、周雪光等基于“产权的社会视角”的一系列研究对产权理论的推进[参见《中国社会学》（第五卷）中的一组论文]，李培林①、刘少杰②等关于理性选择理论的反思和研究，汪和建③关于市场的社会结构提出的自我行动逻辑的社会实践理论。学者们提出了一些具有学术潜力的原创性概念，比如“占有的三个维度”④、“关系产权”⑤、“产权是一个连续谱”⑥ 等。研究不仅挖掘了更多“中国经验”⑦ “中

① 李培林：《理性选择理论面临的挑战及其出路》，《社会学研究》2001年第6期。

② 刘少杰：《经济社会学新视野——理性选择与感性选择》，社会科学文献出版社2005年版。

③ 汪和建：《自我行动的逻辑：当地中国人的市场实践》，北京大学出版社2013年版。

④ 刘世定：《占有、认知与人际关系——对中国乡村制度变迁的经济社会学分析》，华夏出版社2003年版。

⑤ 周雪光：《“关系产权”：产权制度的一个社会学解释》，《社会学研究》2005年第2期。

⑥ 李培林：《村落的终结——羊城村的故事》，商务印书馆2004年版。

⑦ 渠敬东、周飞舟、应星：《从总体支配到技术治理——基于中国30年改革经验的社会学分析》，《中国社会科学》2009年第6期。

国模式”①，也更加注重学理贡献，从不同角度提升和发展了相关理论。近年来，经济社会学的研究既尝试了新的研究方法、研究视角，也积极紧扣时代脉搏，与时俱进地拓展了研究领域，并在多学科共同涉猎的交易行为、产权、公司治理、企业战略、市场治理、金融市场、产业发展、政商关系等研究领域提供了社会学的新视角、新证据和新观点。比如，国内社会学界以往未曾涉猎的金融市场也开始有了社会学者的研究。社会学的研究也表明，中国的金融市场绝不仅是企业融资和迅速致富的手段，也是实现中国经济治理现代化的重要推动力量，对小到国有企业的治理机制改造、大到中国企业的整体现代化都起着重要作用。②

过去十年，中国经济社会学也加速了其制度化进程，主要体现为专业组织机构的创建与专业会议的常规化。在老一辈学者持续多年的努力之下，中国社会学会经济社会学专业委员会于2012年正式成立。专业委员会实行任期制，每届理事会任期三年。刘少杰任首任理事长，刘世定、沈原任名誉理事长。全国性专业委员会的创建是中国经济社会学发展历程中的里程碑事件，是学科逐步走向成熟的标志，对打造经济社会学的学术共同体起到了显见的积极作用。同时，在北京、上海、武汉、天津、南昌、合肥等地举办的系列专业学术会议，以及从2014年起连续出版的《经济社会学研究》辑刊，不仅助推了经济社会学内部的交流合作，也可望明确研究议题，凝练学科发展的重点方向。此外，由本文两位作者共同主编的《中国经济社会学四十年》文集即将出版，该文集一方面回顾和反映过去40年中国学者在经济社会学领域取得的学术成就与主要进步，提供一个关于中国经济社会学发展状

① 周飞舟：《分税制十年：制度及其影响》，《中国社会科学》2006年第5期；《生财有道：土地开发转让中的政府与农民》，《社会学研究》2007年第1期；《锦标赛体制》，《社会学研究》2009年第3期。

② 杨典：《公司的再造：金融市场与中国企业的现代转型》，社会科学文献出版社2018年版。

态、前沿领域、研究视角及方法的交流平台，以期更好地展望和谋划发展中的经济社会学；另一方面，希望以此进一步推进中国经济社会学制度化的学科建设，提升经济社会学研究的专业化和本土化水平，并为本学科的人才培养提供学术“养分”。文集由六大主题构成，分别是理论与方法研究、企业研究、市场研究、产业研究、金融研究、发展模式研究，二十多位学者就中国经济社会学的前沿议题进行了卓有成效的理论探索和经验研究，拓展、深化了经济社会学的研究范畴及其学科意义。

四

虽然中华人民共和国成立以前的社会学家奠定了对中国经济展开社会学分析的传统，但当代的经济社会学研究并不是以赓续理论传统的方式，而是以转换学术范式的方式接续了中国社会学早期对经济分析的传统。这主要体现在，如果说早期中国社会学家更多的是就经济问题讨论经济问题，现实关怀非常强烈，研究中的对话意识、理论意识不是特别明显，那么，当代学者则更多地强调基于学术脉络的理论对话、理论观照和理论贡献。新制度主义视角、网络分析视角、权力视角、文化视角、述行视角、种群生态视角等较为广泛地被应用于对经济现象的社会学研究，同时，整合组织社会学、文化社会学、消费社会学、金融社会学等社会学其他分支学科的趋势也逐渐增强。在历经数十年积累之后，近十年来中国的经济社会学研究表现出来的规范意识和对话意识更是明显提高，逐步建立起了与西方学界的实质性对话关系。可以看到，正是过去 40 年一代又一代中国经济社会学者筚路蓝缕、辛勤耕耘，才使得中断了数十年之久、根基非常薄弱的中国经济社会学逐渐从一块学术的荒芜之地变成了当前一个十分活跃的学术研究领域，并且其影响范围正逐渐超出社会学学科本身。

中国当下的经济社会学虽然取得了可喜的进步，而且前景广阔，但我们仍须清醒地意识到本学科存在的诸多问题：研究议题过于分散且学术延续性不够强，研究队伍的规模停滞不前；具有学术潜力的原创性概念和本土理论并不多见；前瞻性研究付之阙如，比如战略性新兴产业、人工智能等的经济社会学研究；回应时代大问题的研究非常稀缺，比如当前甚少有“一带一路”、中美贸易关系等的经济社会学研究。同时，技术革新和新经济形态所带来的生产力进步和人们认知观念的变革将影响全球未来的生产模式、产业分工、价值流动、雇用关系和世界政治经济格局的变化，经济社会学在这些方面的研究还亟须加强。此外，值得高度关注的是，技术与经济的融合（如基于区块链技术的数字货币、基于传统金融架构的金融电子化服务），以及技术、经济与社会之间的相互作用（如不同阶层投资者借助移动互联网投资金融市场的不同后果）迫切需要经济社会学者采用综合性、整体性视角对经济与技术、社会的关系等议题做出更加深入的研究。从与经济学的学科关系来看，当代经济学已凸显出“社会学化”的趋势，这一方面体现在经济学越发注重对传统社会学议题的研究，另一方面经济学在研究方法、模型和思路上也在更多地借鉴社会学知识①。面对当前困境或者说学科发展的十字路口，要将经济社会学提升到一个更高层次的新发展阶段，经济社会学既要基于更丰富的现实经验材料对经济现象的主流经济学解释补充更多社会学因素分析，同时也需要在经济社会学的理论构建上做出新的突破。

一种调侃经济学与社会学学科关系的说法认为，经济学是贫穷社会的学问，社会学是富裕社会的学问。但实际上，无论是物质匮乏时代还是丰裕时代，两门学科都同等重要。作为在社会学与经济学互动、交叉融合之下诞生的新兴学科，经济社会学在实践中的价值和作用已初现端倪。未来的经济学与社会学有望通过经济社会学实现互融发展，

① 符平：《市场优势与制度环境》，中国社会科学出版社2018年版，第266页。

这门新兴学科将会有更大的用武之地，迎来更璀璨的未来。[①] 而经济社会学要真正充分激发其学科潜力与内在优势，需要一如既往地积极回应当今时代重要的经济现象和经济问题，紧紧围绕经济与社会关系的核心议题，通过加强理论与经验的互动揭示出经济现象中的社会机制，从而为经济领域的微观行为与宏观现象建立起更紧密的连接。

（原载于《江海学刊》2019 年第 6 期）

① 当代经济社会学发展最好的是美国，不过美国的经济社会学真正发展起来，其实也不过是最近半个世纪以来的事情。而且，美国的经济社会学成果虽然丰硕，但引起美国经济学家尤其是主流经济学家关注的却并不多见。虽然一些诺贝尔经济学奖获得者（比如诺斯、阿克诺夫等）和经济学流派（比如新制度主义经济学、行为金融理论等）承认社会学视角对于解释、分析经济问题的重要价值，并在他们的理论模型中吸收了社会学思想，但就当前来看，主要还是社会学家在关注并学习经济学家的成果，两门学科之间的双向学习和知识交互过程还远未开启。尽管如此，我们认为，一门学科的价值关键在其未来的发展潜力，而不是当前的影响。

社会学学科范式与关键议题

发展社会学的学科危机及范式转换

田毅鹏[*]

危机表相及成因

如果以二战后经典现代化理论的出现作为发展社会学学科诞生的标志，那么，发展社会学在社会学学科体系中并不属于老资格行列。但因其发轫于二战后以发展为特征的特殊时代，而理所当然地在相当长的一段时间里被视为社会学学科体系中的显学，并形成了颇具影响力的理论命题和分析框架，如基于西方经验的“现代化理论”，基于拉丁美洲经验的“依附理论”和“世界体系论”，基于东亚经验的“威权发展论”，基于印度经验的“另类发展”，基于中国经验的“北京共识”，等等，其影响都曾盛极一时。

（一）危机表相

进入20世纪晚期，随着发展进程的复杂和深入，包括发展社会学在内的诸多关于发展的分支学科都开始呈现出明显的危机征兆，逐渐淡出人们的视线。早在20世纪七八十年代，西方知识界即开始注意到

* 作者简介：田毅鹏，1963年生，吉林大学哲学社会学院教授、博士生导师。

发展社会学正面临一场严重的危机。一些学者认为，“尽管‘发展’一词在语义群中具有核心位置，但同时，又极少有词汇像它一样如此无力，如此苍白，以至于无法表达思想与行为的实质和内涵”①。对于危机的理解也充满了学术争论，发展社会学虽然经历了多次理论转型，每一次转型都试图克服既有范式的不足。但这门学科现在却开始走向一种理论和概念创新都趋于枯竭的境地，表现出无力超越旧有范式，无力适应当代世界秩序的变化等困境。

同时期，作为欧美资本主义阵营对立面的苏联的学者也针对欧美学界把持的发展学科及其话语提出尖锐批评，其观点虽不无意识形态论争色彩，但其中亦包含一些关于学科发展的洞见。他们认为：“发展社会学是在形成过程中由起决定作用的思想理论依据预先注定的。当前的危机是由那些在其一开始从结构职能论的大理论方面就把发展社会学看成是一门中间理论所造成的。阐述大理论社会模式包括不了的那些社会构成。发展社会学的目的就在于查明这些反常现象并找到消灭这些现象的途径。这种提法已在自身留下了方法论矛盾的隐患。结构职能论的代表人物借用了西方资本主义社会带有普遍性意义的概念，却没有理解旧理论的内容特征，他们只使用了这一历史概念的外形、模式，而抛弃了其理论上的依据。”②“要树立历史过程的社会学新概念，需要的并不只是发展社会学观点的调整，而是要改变宏观社会学自身的方法论和世界观的基础。不解决这一问题，必然导致发展社会学的解体。”③

相比之下，中国学术界对于发展社会学困局的理解和认识具有明显的滞后性。因为中国当代意义上的发展研究实际上是20世纪80年代发端的，几乎在同时，社会学也开启了其学科重建的进程。在此背

---

① ［英］范达娜·德赛：《发展研究指南》，杨先明等译，商务印书馆2014年版，第29页。

② ［苏］卡普斯京：《发展社会学中的新倾向》，《国外社会科学动态》1983年第8期。

③ ［苏］卡普斯京：《发展社会学中的新倾向》，《国外社会科学动态》1983年第8期。

景下，发展社会学一度成为社会学学科体系内的“显学”。当时的中国堪称处于真正意义上的“发展时代”，各种有关发展的理论和学说备受人们青睐，在大学人才培养体系中，发展社会学亦成为必开的课程，出现了持续而强劲的“发展研究热”。直到新旧世纪交替之际，对发展的诸种理论的批判才开始占据主导地位，发展研究方呈现出明显的危机征兆。

综上所述，我们似乎可以罗列出许多发展社会学学科发展过程中的种种危机表相，如长期以来，该学科领域内一直没有产生具有影响力的代表作。一些发展社会学的著作，往往成为关于“发展”问题的“大杂烩”或发展理论的简单集合，缺少理论关怀和视域整合，对相关学科也缺少影响力和辐射力。在社会科学实证化的发展趋势下，发展社会学因其宏大叙事的研究风格而备受诟病。此外，与社会快速发展运行的实际状态相比，作为学科的发展社会学实际上在理论和学科的发展上已经远远落后于发展的实践进程，导致学科理论与现实的发展实践产生严重隔膜。在发展社会学诞生之初期，其素以预测发展和把握未来而著称于世，但在现实中却表现出缺乏预测和理论反思能力等弊端，导致“作为一门以研究社会发展为己任的发展社会学，似乎处于一种相当尴尬的位置。无论是对这些变局事先的预测还是事后解读，发展社会学的工作都是很难令人满意的”①。

（二）危机成因分析

关于发展社会学学科危机发生的原因，以下几个因素似乎是不可忽视的。

（1）发展主义的式微。20 世纪八九十年代以降，“二战”以来颇为盛行的“发展主义”逐渐开始走向衰落。当时，很多名噪一时的发展理论在复杂的社会现实问题面前，纷纷宣告失败，丧失了解释力，使社会陷入危机和困顿之中，社会问题已不再像以前那样，单靠富裕社会剩余

① 孙立平：《社会转型：发展社会学的新议题》，《社会学研究》2005 年第 1 期。

财力即可解决，“停滞、高失业率、福利国家的财政危机、环境污染、军备竞赛、抗议政治等，都没有写在教科书里，即那些宣称向后工业社会、后唯物主义、服务型社会过渡的教科书里。第三世界中如此之多的发展理论的失败也没有写在现代化理论的文字当中”[①]。可见，随着人类社会的快速推进，人类对现代化社会后果的不确定性的认识和反思越来越深刻。虽然人们没有因此而否定现代化在推进社会进步发展过程中所发挥的重要作用，但却对现代化前进的路向及其社会后果的估价更加谨慎。越来越多的学者对现代化发展趋向的确定性提出了质疑，认为“我们关于发展的概念是简单化的、歪曲事实的、机械的、线性的，把事实都归于合理化，让人盲目乐观。然而，与生物发展所不同的是，一切社会发展本身都必然包含着倒退、损失、破坏”[②]。

（2）后现代理论对发展话语的消解作用也是不可低估的。20 世纪 80 年代，以解构为特点的后现代主义在社会科学中获得了长足的发展，“后现代主义的基本观点是，个体之外不存在一般性的现实。因此，只有个体达成共识，各种政治解决方案才可能奏效”[③]。它破坏性地改变了工业社会以来种种的“宏伟描述”和经典发展模式。

（3）全球化的影响蔚为深远。以往的发展理论基本上是以民族国家为单位发展而来的，而全球化则改变了这一切。诚如英国学者莱斯利·斯克莱尔所言，全球化的核心特征在于“当代的许多问题都无法在民族国家层次上，即从国际（国家间）关系的角度给予恰当的说明。而必须超越民族国家界限，从全球（跨国）过程的角度去加以研究，在社会学中至少出现了三种竞相媲美的全球化理论与研究模式，它们可以被简单地概括为：世界体系模式、文化全球化模式和全球体

① ［德］沃尔夫冈：《现代化与社会转型》，陈黎、陆宏成译，社会科学文献出版社 2000 年版，第 23 页。

② ［法］艾德加·莫兰：《社会学思考》，阎素伟译，上海人民出版社 2001 年版，第 462 页。

③ ［英］范达娜·德赛：《发展研究指南》，杨先明等译，商务印书馆 2014 年版，第 24 页。

系模式”。在他看来，全球化不仅是一个经济或文化的过程，而是政治、经济、文化三位综合发展的过程。[①] 正是这种跨国化趋向消解了发展的基本单位，使发展社会学面临困境。

研究范式转换

虽然在相当长一段时间里，发展社会学所面临的危机已成为诸多学者的共识，但我们坚信：学科意义上的发展社会学并未进入曲终人散的“终结期”，而是因当代社会发展进入空前复杂时期，现有的学科分析理论及框架落后于现实发展，从而酿成了一种学科“转型成长中的危机”。故我们应直面危机，努力推进学科研究范式的转换。

（一）学科定位之迷思及研究范围的拓展

一般来说，学科定位是以其研究对象而确立的。长期以来，学界约定俗成地将发展社会学确定为以后发国家发展为研究对象的学科，主要是以发展中国家的现代化发展过程及其途径为主要研究对象。可见，从发展社会学诞生之日起，便确立了其特定的内涵和研究范围。“第三世界”“发展中国家”“新兴民族国家”“欠发达国家”“非西方后发展社会”“传统社会”“农业社会”成为发展社会学研究的具体对象。由于上述社会均处在不发达的条件下，因而可以说发展社会学是“发展中国家的社会学”。

应该承认，在发展社会学的启动和发展期，将学科研究主旨定位于发展中国家具有一定的合理性，在现实中也发挥了其特定的作用。但随着时间的推移，其学科界限理应随之拓展。较早提出发展社会学应拓展其学科研究界限观点的是英国学者韦伯斯特，他认为“发展社会学不应当仅仅被看成是关于第三世界的社会学”，而应拓展为“世

① ［英］莱斯利·斯克莱尔：《全球化社会学的基础》，《社会学研究》1994 年第 2 期。

界整体社会发展”，即在“较为详尽地阐述第三世界的情况的同时，也将对发生在整个世界历史上的工业化、城市化等社会变迁过程进行一般的探讨，并对发达国家与不发达国家的人口增长、教育发展及政治变迁等过程加以比较”。[①] 因为第三世界民族国家的发展绝对离不开发达国家的存在。值得注意的是，上述观点提出后，并未引起学术界应有的回应。而笔者认为，上述观点值得我们认真思考。首先，自现代工业文明产生以来，整个人类社会虽然发生了“两分式”的变化，但是就其总体而言，其变化是相互联系在一起的。所以，我们在探讨发展中国家现代化和社会发展问题时，不可能离开发达国家的发展进程展开孤立的探讨。其次，全球化的影响不可忽视。在社会学产生时，其基本的研究单位是民族国家。发展社会学的理论架构也是以民族国家为基本的体系建立起来的。但全球化时代的到来，使发展社会学开始面临体系上的危机和调整，而其学科研究范式也应进行相应调整和改变。

顺应时代的复杂性变化，发展社会学不应仅仅将研究视域局限于发展中国家，而应在时间和空间上拓展研究范围，以关注全球化和地方化背景下复杂的社会发展现象，增强其学科发展应有的知识厚度。在这里笔者认为，发展社会学学科的核心研究范围可以通过三个最为基本的学术追问来加以表述：①西欧为什么率先崛起？此研究主题试图探讨“过去究竟是哪种社会力量，驱使欧洲从传统的封建制度，激烈地演变出崭新之社会形态”[②]，从而对欧洲1500年以来的社会变迁过程加以深入研究和描述。同时注意从此进程中引申出今天西方的进一步发展将面临什么问题，这些问题又意味着什么？②包括若干文明古国在内的非西方国家为何未能率先走向现代，成为早发国家？战后

① ［英］安德鲁·韦伯斯特：《发展社会学》，陈一筠译，华夏出版社1987年版，第2页。

② 萧新煌：《低度发展与发展——发展社会学选读》，台北：巨流图书公司1986年版，第25页。

这些非西方国家经历了怎样的社会发展进程？对非西方国家发展问题的探讨，主要是探讨已发展和未发展问题。“探讨什么力量是已发展国家所特有而为低度发展国家所欠缺的，是否就是靠着这些势力才使得前者迅速地迈向工业化?”① 用美国学者列维的概括就是：现代化的“先行者”和“早期后来者”及“其他后来者”之间的关系。③全球化背景下人类文明的转型，包含狭义和广义两种。狭义的转型主要是指20世纪80年代以来包括中国的改革开放、苏东剧变后发生的从社会主义计划经济向市场经济转变这一大规模现象而言的。广义的转型则是指全球化背景下人类文明的空前转型和变迁。

（二）学科理论体系的偏颇及其调适

长期以来，发展社会学的学科体系中一直蕴藏着严重的理论危机，主要表现在以下两个方面，其一是发展理论体系内部存在的尖锐的意识形态对立；其二是西方话语对非西方国家发展进程的宰制。

1. 发展理论体系内部尖锐的意识形态对立

作为以发展中国家现代化为研究主旨的社会学分支学科，发展社会学应该拥有属于自己的体系性的理论体系及流派的支撑。但值得注意的是，发展社会学自其诞生之日起，便一直陷于激烈的意识形态对垒和理论论争之中。

（1）第二次世界大战结束后，世界格局发生了巨大的变化，出现了以美国和苏联为主体的截然对立的两大阵营。而在两大阵营之间存在一个比较开阔的“中间地带”——第三世界民族解放运动。为了争取“中间地带”的加盟，两大阵营竞相开出理想的社会发展模式，作为示范。在上述历史背景下，“模式”概念自然带有极强的意识形态色彩，“美国政策制定者越来越把现代化理论看作是一种与革命的马克思主义相抗衡的思想。现代化理论绝不仅仅是一种纯粹学术性的学说。到20世纪60年代时，现代化理论已经成为一种关于进步的幻象，它预言世

① 萧新煌：《低度发展与发展——发展社会学选读》，台北：巨流图书公司1986年版，第25页。

界的未来发展方向是自由主义、资本主义和非革命化的。作为一种有吸引力的学说，现代化理论似乎也成为一篇‘非共产党宣言’”。[①]

（2）同时期，美国开始成为世界超级大国，其对亚洲的区域研究也揭开序幕，直接为美国的对外政策提供对策，具有极强的意识形态色彩，正是在上述背景之下，“现代化理论浸透着冷战高潮中美国人对自身的某种信念。坚信美国的确处于人类共同的发展道路的终点。作为最具现代性的国家，美国认为自己应该可以成为世界上其他国家追随和仿效的榜样。对许多美国人而言，现代化理论最终代表了一种新型的‘天定命运’观念，代表了美国人对本国的优越性和道义使命的自我感受”。[②] 可见，以发展为核心的现代社会科学的形成，反映了自由主义意识形态的巨大胜利。

（3）新发展主义所表现出来的批判性、破坏性及其与建设性之间的关系。作为对发展主义的批判与反动，20 世纪晚期新发展主义勃然而兴。新发展主义确立了一个新的富有建设性意义的主题。从社会发展理论因革嬗变的轨迹看，如果说战后社会发展是在“发展主义”主导下展开的，其核心主题是后发国家赶超式的经济发展，那么，20 世纪晚期勃兴的社会发展模式研究则带有明显的“新发展主义”色彩。在反思批判“发展主义”的基础上，人们开始追问：“发展是什么？究竟为谁或为什么要发展？什么在发展？经济增长是否等于改善人们的福利、提高人们的生活质量？经济增长过程中，不同的社群所付出的代价又是什么？对弱势群体的影响又如何？除了现代化和工业化以外，有没有另类的发展轨道，能更直接改善人们的生活？”[③] 但学界在讨论新发展主义时，却发现其破坏性和批判性大于建设性。由此，以

① ［美］雷迅马：《作为意识形态的现代化——社会科学与美国对第三世界政策》，牛可译，中央编译出版社 2003 年版，中文版序。

② ［美］雷迅马：《作为意识形态的现代化——社会科学与美国对第三世界政策》，牛可译，中央编译出版社 2003 年版，中文版序。

③ 许宝强、汪晖选编：《发展的幻象》，中央编译出版社 2001 年版，第 1 页。

边缘发展中国家为第一视角的新发展主义便面临巨大的复杂性和局限性。因此，解构发展主义仅仅是新发展主义的开始，而建构其行之有效的另类发展路径则是不可回避的核心任务。

2. 发展研究中的西方话语霸权

在迄今的非西方国家发展研究中，欧美社会科学的学术观点占据了支配性的主导地位，而非西方国家却很难对自己的发展历程给出自己的解释，在西方强大的非西方国家研究的学术话语统摄之下失去了最基本的话语权。诚如黄宗智教授所言："在西方的大多数理论文献中，无论是维护现存体制的理论还是革命的理论，中国从来就不是主题，而仅仅是'他者'，它们研究中国与其说是为了中国，不如说是把中国当做一个陪衬。"① 因为自近代以来，西方不仅在器物、制度方面握有霸权，而且在文化学术领域也居于绝对中心。其将非西方国家挤压到边缘位置，致使"过去的东方既没有理解欧洲的能力，也没有理解其自身的能力。理解东方并改变它的是处于欧洲的欧洲性。东方之所以成为东方就是因为它被包含到了欧洲之中，不仅欧洲只有处于欧洲中才能被实现，就连东方也只有处于欧洲中才能被实现"②。在上述理论解释体系中，非西方国家的现代化如获得成功，便可获得一顶学习西方社会发展模式"优等生"的桂冠，如果失败则被斥为命中注定的愚昧，被归类于"白种人的负担"。因此，如何在回应西方理论挑战的过程中，寻找非西方社会的"自性"，形成具有非西方国家本土特色的自我解释的理论体系便显得格外重要。

（三）模式取向的危机与地域社会发展模式选择

"模式"，一般是指某种事物的标准形式或使人可以照着做的标准样式。循此意义确定的"发展模式"概念，一般是指"人类社会从一

---

① 黄宗智：《中国研究的范式问题讨论》，社会科学文献出版社 2003 年版，第 109 页。

② ［日］竹内好：《何谓现代——就日本和中国而言》，载张金媛主编《后殖民理论和文化批评》，北京大学出版社 1999 年版，第 450 页。

种较低级的状态向较高级的状态转化时所遵循的原则、途径、程序和方式等。从分类上看，根据不同的标准，发展模式有不同的种类，如以社会形态为标准，社会发展可分为资本主义模式和社会主义模式；以历史演进为标准，社会发展可分为早发内生和后发外生两种模式；以自然基础为标准，社会发展可分为内向型发展和外向型发展两种类型”[①]。

由于“社会发展模式”概念产生于“发展主义”盛行的时代，其理念中自然充溢着“进步主义”和“发展主义”的基调，其主张也更多地强调欧美社会发展模式对非西方国家的标准样式作用。“西欧和英语社会取得成就的水平和制度——即取得了什么成就以及取得这些成就的方法——是具有普遍适用性的。由此推论，其他社会如果想要赶上西方，不仅应当采用西方的政治制度，而且应当采用西方的社会、经济和宗教制度。”[②] 因此，我们在 21 世纪初从发展社会学视角直面世界社会发展模式研究这一课题时，不应简单地使用“发展模式”概念，而应该在弄清“发展模式”概念纵向变化轨迹的基础上，对其内涵展开系统而全面的反思和辨析。在“新发展主义”的理念之下的“发展模式”概念，更多地强调社会发展模式的多元性，而反对那种自诩为放诸四海而皆准的发展模式的理解和界定。甚至有的学者主张用“发展类型”概念取代“发展模式”，因为“‘模式’一词容易引起误解，似乎模式是可以简单照搬仿效的。所以本文宁可使用更加中性客观的概念‘类型’”[③]。在类型观念之下，地方性和地域性的概念在发展社会学体系中占据着重要位置。

在方法论上，在强调社会发展模式多样性的基础上，注意运用比较的方法对其展开全面研究，正如布莱克所言：“对于各社会之间在

① 庞元正、丁冬红：《社会发展理论新词典》，吉林人民出版社 2001 年版，第 86 页。

② ［美］西里尔·E. 布莱克编：《比较现代化》，杨豫、陈祖洲译，上海译文出版社 1996 年版，第 4—5 页。

③ 俞新天：《机会与限制：发展中国家现代化的条件比较》，上海社会科学院出版社 1998 年版，第 6 页。

现代化进程中表现出来的共性和差异等比较广泛的问题，只能用比较的方法加以考查。现代化比较研究首先要观察在现代知识的进步、政治发展、经济增长、社会流动和心理适应中所发生的空前的变化。它试图认识和理解这些变化，评价世界上各种社会对待变化的不同政策所产生的后果，研究不同的制度传统对变化过程带来的接受能力或阻力。比较方法的应用可以减少种族中心论的偏见。它并不认为当前在先进社会中的任何占统治地位的政策型式必定适用于其他社会，更不认为这些政策本身不会有激烈的变化。”①

学科新体系构建的路径选择

虽然发展社会学正面临前述的种种发展困境，但近年来社会学界关于发展社会学的理论研究和实践探索从来就没有停歇。尤其在新旧世纪交替之际，伴随着人类文明走向全球化的进程，自战后勃兴的社会发展研究出现了新的研究热潮。与战后“发展主义”主导下的社会发展研究不同，此次研究浪潮是建立在对发展主义反思的基础之上，试图在“经济发展”与“社会发展”、“社会建设”之间寻求动态的平衡，带有“新发展主义”特点，由此，发展社会学也获得了新的发展契机。在发展社会学学科体系构建的进程中，我们应注意处理好以下几对关系。

（一）发展社会学与发展研究之间的关系

从时间上看，发展研究是第二次世界大战后在西方学术界新产生的专门术语，其所关注的发展，不是一般意义上的“社会变迁”，而是源自17世纪以来的欧洲启蒙思想中关于社会进步、进化的观念，试

---

① ［美］西里尔·E. 布莱克：《比较现代化》，杨豫、陈祖洲译，上海译文出版社1996年版，第8页。

图对“穷国为何如此贫穷，富国为何如此富足”给出新的解释。[①] 这是现代社会条件下的“国富论”。发展研究自其发轫以来，便涉及众多学科，是一种典型意义上的跨学科研究。如发展哲学、发展经济学、政治发展、发展社会学、文化发展、比较现代化等，形成了以经济学为核心和基础的关于发展研究的学科体系。在库珀主编的《社会科学百科全书》中，对“发展”词条做了如下界定：“这是一个跨学科的学科组，研究的对象集中于分析和解决发展问题，特别是人民所说的贫困的发展中国家所面临的那些问题。以这种方式组合在一起的这类学科包括经济学、地理学、政治科学、公共管理、社会学和人类学等；而且，越来越多的技术学科也渐渐地加入进来。”[②]

我们在承认发展研究跨学科特性的同时，也应明确意识到发展研究领域内各分支学科分野间的相对独立性，并处理好其相互之间的关系，以避免将发展社会学学科带入一个研究泛化的状态。长期以来，发展研究中“发展”一词习惯上是指一国经济（其最初的经济状况在长时期内或多或少地是静止不变的）获得或保持国内生产总值以每年大约5%—7%或者更高的速度增长的能力。发展的另一个可供选择的经济指标就是人均国内生产总值增长率，这个指标考虑到一国以快于其人口增长率的速度来增加产出的能力，通常用“实际”人均国内生产总值的水平和增长率可以从更广的意义上衡量一个人的总的经济福利。也就是说，平均每个公民能够获得多少用于消费和投资的实际物品或劳务。[③] 而发展社会学所应关注的核心问题则可表述为如何在经济社会快速发展的背景下“社会性”的捍卫问题。因为经济的高速发展运行已使非西方国家的社会结构、社会关系以及宏观的空间结构都发生了根本性的变化。过疏的村落何以为继？过密的都市何以成

① ［美］戴维·S. 兰德斯：《国富国穷》，门洪华译，新华出版社2010年版，引言第1页。

② 转引自庞元正、丁冬红《社会发展理论新词典》，吉林人民出版社2001年版，第7页。

③ ［美］迈克尔·P. 托达罗：《经济发展与第三世界》，印金强、赵荣美译，中国经济出版社1992年版，第77页。

为可能？在个人主义盛行的老龄化和少子化时代，又如何避免“社会原子化”趋向？一言以蔽之，如何在现代社会高速发展运行的状态下，保持经济、社会的均衡、协调发展，成为发展社会学关注的核心内容。

（二）理论体系与发展经验之间的关系

一般来说，发展社会学注重宏观的理论构想，包括现代化理论——依附理论——世界体系理论等，同时也关注发展中国家的具体方略，与具体的“战略”“规划”“方案”联系在一起，故从总体上看发展社会学带有较强的理论取向，使其学科研究基本上停留在原理概括层面，而对具体的经验研究关注不够，未能建立起系统的经验案例体系。鉴于此，我们应努力使发展社会学由一般性的“原理描述”，转变为建立在实证基础之上的经验研究，建立起植根于本土的经验案例系统。首先，这种发展的经验必须是植根于本土的。诚如发展研究的著名学者埃斯科巴所言：“对发展的改造必须从检查地方结构开始，因为它们是人民的生活和历史，也就是变革的历史前提。”① 其次，虽然其研究具有本土性，但其经验不应是封闭的，而应建立在开放的系统之中，在与一般理论对话的前提下加以展开。

（三）西方发展模式与非西方国家发展道路之间的关系

世纪交替之际，以全球化为背景，非西方国家学术界开始对“发展主义”主导下的西方社会发展模式进行总体性反思，重新审视西方发展模式与非西方国家发展道路之间的关系，其代表性观点主要包括费孝通先生的“文化自觉”理论、日本学者沟口雄三的“作为方法的亚洲”思想以及韩国学者韩相震提出的“东亚第三条道路”。费孝通所说的“文化自觉”主要是指“生活在既定文化中的人对其文化有‘自知之明’，明白它的来历、形成的过程、所具有的特色和它发展的趋向。自知之明是为了加强对文化转型的自主能力，取得决定适应新环境、新时代文化

① ［英］范达娜·德赛：《发展研究指南》，杨先明译，商务印书馆2014年版，第200页。

选择的自主地位”。同时注意文化间的理解和沟通问题，即“理解所接触的文化，取其精华，吸收融汇”[①]。沟口雄三则认为“迄今为止的世界认识是以欧洲标准为世界标准而建立起来的，但存在以欧洲标准无法衡量的世界，中国正是这样一个基本上不能套用欧洲标准加以把握的世界，为了从整体上把握真实的中国，必须放弃欧洲标准等既定的判断依据，放弃历史框架或意识形态等，尽可能深入中国的历史文献”[②]。韩相震也通过随笔、札记、对话和学术论文等方式，阐述其对东亚社会的独特见解。他认为东亚虽然在“发展主义”背景下创造了令人瞩目的“发展奇迹”，但这并不意味着东亚现代化已获得真正意义上的成功，因为单纯地模仿西方发展模式实际上已使东亚社会发展模式面临严重的危机。“东亚第三条道路”实质上是试图超越“西方中心论”和“发展主义”的制约，将东亚的社会发展理论植根于本土。[③] 可见，与战后以来西方理论主导非西方国家社会发展进程和演进趋向不同，非西方国家在实现“文化自觉”的基础上，开始努力将自身的社会发展植根于本土，形成了一些具有民族文化自主性的社会发展理论流派。毫无疑问，这使得非西方国家社会发展模式的“自我选择”能力空前提高。

（四）关于发展社会学学科的现实性和前瞻性之间的关系

与“发展主义”主导下社会发展模式研究的乐观自信相比，新发展主义在其阐发的理论体系中，充斥着“危机”“风险”等词语，整个世界深深地陷入一种“不确定性”和“末世感”中，而且这种“危机”是直接与“发展”联系在一起的，表现出对人类文明未来发展深深的忧思。“如果发生了发展的危机，那么这一危机所产生的第一个效果，和其他危机中一样，就是使本来已经确定的东西变得不确定，

① 费孝通：《中华文化在新世纪面临的挑战》，《费孝通文集》第14卷，群言出版社1999年版，第404、409页。

② 《如何重新审视中国——对日本著名汉学家沟口雄三教授的采访》，《文汇报》2007年12月11日。

③ 韩相震：《东亚“第三条道路”：全球化时代社会学的新视野》，《社会理论》第1辑，社会科学文献出版社2005年版，第69页。

使本来已经清晰的东西变得混乱，而且使本来显得协调的概念内部产生了矛盾，导致发展这一概念也是模糊的、不确定的、神话的、贫乏的。”① 因此，作为社会学重要的分支学科，发展社会学既要关注后发国家现实的赶超式发展，同时也应努力增强其学科的前瞻性，未雨绸缪，对人类社会发展所面临的种种外显的和潜在的问题展开超前式研究，并提出相应的对策，以赋予发展社会学学科以一定的思想力和对策力，为当下的智库建设提供有力的学科支持。

（原载于《江海学刊》2016 年第 1 期）

① ［法］艾德加·莫兰：《社会学思考》，阎素伟译，上海人民出版社 2001 年版，第 458 页。

中国社会网络与社会资本研究30年

张文宏*

从20世纪70年代末社会学恢复与重建以来，中国社会学已经走过了30年的历程。本文试图梳理社会学重建30年以来中国社会学者在社会网络与社会资本研究领域所取得的理论和经验成果，并从研究方法与大型问卷调查、研究领域、主要特征和未来趋势等几个方面对该领域的研究状况进行评述。

大型问卷调查和研究方法

（一）大型问卷调查项目

作为一种研究范式、理论与经验研究的综合体，社会网络与社会资本研究在国内社会学界的兴起，与一批美国知名社会学家的热心推动密切相关，其中时任纽约州立大学奥本尼分校社会学系主任的林南教授在社会网络与社会资本研究的引进与推广方面，做出了突出的贡献。20世纪80年代，林南教授首先在南开大学、北京大学、上海大学等第一批最早恢复或重建社会学系的高等院校讲授社会网络理论和研究方法，从而吸引了一批国内的追随者。80年代中期以后，美国社

---

* 作者简介：张文宏，1963年生，上海大学社会学系教授、博士生导师。

会学家通过与国内社会学者的合作研究项目，将社会网络分析的理论和研究方法运用到大规模问卷调查项目中。

在中国大陆开展的第一项涉及社会网络主题的调查项目是1985年林南主持的“天津城市居民生活状况与心理健康调查”，随后由布劳（Peter Blau）、魏昂德（Andrew Walder）和阮丹青主持了1986年在天津进行的“天津城市居民的社会网络状况”的调查。之后，边燕杰主持了“1988年天津社会网络与求职过程调查”、阮丹青主持了“1993年天津城市居民生活与社会网络调查”，张文宏主持了“1998年天津城乡居民社会网络调查”，边燕杰、戴慧思（Deborah Davis）和王绍光联合主持了“1998年中国四城市餐饮网与社会资本调查”，边燕杰主持了“1999年中国五城市社会网络与求职过程调查”，赵延东主持了“2001年武汉下岗职工再就业中的社会网络调查”等。

如果说20世纪80—90年代在中国大陆实施的以社会网络与社会资本为主题的大型问卷调查多数局限于单一城市或几个城市的话，那么进入21世纪以来，在全国性的大型调查项目中，社会网络与社会资本的主题开始作为核心内容或核心板块进入研究人员的视野。如由中国人民大学李路路和香港科技大学边燕杰共同主持的“中国综合社会调查”（CGSS），2003年和2008年调查的主题均为社会网络与职业流动（中国人民大学中国调查与数据中心，2009）；中国社会科学院李培林主持的“中国社会状况调查”、边燕杰主持的“中国8城市社会网络与求职过程调查”、北京大学邱泽奇主持的“中国家庭跟踪调查”（北京大学中国社会科学调查中心，2009；2010）等，都有社会网络与社会资本的专题或板块。可以毫不夸张地说，社会网络与社会资本问题已经成为中国社会调查项目设计中不可或缺的一个重要组成部分。

（二）研究方法和测量技术

从已经发表的成果来看，在社会网络与社会资本研究领域，使用量化方法的占多数。而在量化研究中，又分为个体中心网络和整体网络的研究方法。

在使用个体中心网络的调查设计中，又有提名法（Name Generator）和定位法（Position Generator）之分。个体中心网络的题器设计，首先运用于1986年的“天津城市居民的社会网络状况”调查中，主要采用了美国社会学家博特（Burt）和马斯丹（Marsden）主持设计的“重要问题的讨论网”的提名法（Burt，1984；Marsden，1987）。此后，1993年的“天津城市居民生活与社会网络调查”、1998年的“天津城乡居民社会网络调查”、李沛良主持的“2000年香港和北京社会支持网络与心理健康”等调查均采用了经过修改的“重要问题讨论网”及范·德·普尔的“社会支持网”提名法（Ruan，2001；张文宏等，1999；张文宏、阮丹青，1999；Lee等，2001），其中社会支持网又进一步划分为工具性支持网、情感性支持网和社会交往网络。提名法的优势包括：（1）相对于调查中的行动如提名项目而言，可以确定特定的内容区域；（2）描绘自我中心网络的位置、特征及嵌入在自我网络中的社会资源。但是，提名法测量的劣势也是显而易见的：（1）缺乏抽样提名项目的架构；（2）偏向于包含较强的关系（Lin，1999）。

在国内的研究成果中，最早使用定位法来测量社会资本始于1998年边燕杰等主持的天津、武汉、上海和深圳四城市的“餐饮网与社会资本调查”的研究（边燕杰、李煜，2000）。其后，边燕杰主持的1999年中国五城市（上海、天津、广州、厦门、长春）“社会网络与求职过程调查”、2003年和2008年CGSS均采用了边燕杰提出的用定位法测量拜年网所嵌入的社会资本。定位法是林南先生在1981年的奥本尼研究中首先提出的（Lin，Ensel，and Vaughn，1981），目前已经被普遍地应用于中国社会网络与社会资本的调查实践中。与提名法相比，定位法具有几个优势：（1）它建立在一个既定社会中有意义的代表性地位样本的基础上；（2）可以直接或间接地识别与这些资源位置的联系；（3）以多种资源标准（例如职业、权威和产业）为基础（Lin，1999）。

在社会网络的研究中，还有部分学者使用了整体网的研究方法，主要使用UCINET分析小群体诸如乡村、经济组织或教育组织内部的关系。如罗家德（2005）关于公司内团队网络结构与公司绩效沟通网络、虚拟社会网与现实社会网及咨询网络和情感网络的研究，刘军（2006）关于北方农村社会支持网络的研究等。同个体中心网络可以进行大规模的概率抽样和统计推断相比，整体网研究的样本较小，一般是在一个小群体内部整群抽样，不适合进行研究结论的推广。笔者将整体网方法比喻为“定量研究的个案方法”。

此外，还有部分学者使用社会网络或关系的概念，运用质性研究方法分析了农民工聚居区社会关系的生产和再生产（王春光，2000；刘林平，2001）、农民工的地域与职业流动中社会信任关系的变化（翟学伟，2003）、商业交易中的信任机制（罗家德、叶勇助，2006）等问题。

值得指出的是，受访者推动抽样（RDS）开始运用于国内的大规模问卷调查中（赵延东、Pederson，2007；张文宏、雷开春，2008）。该方法是在传统“滚雪球抽样”方法的基础上，结合社会网络分析的理论和方法，使研究者有可能根据样本对总体特征做出合理的推论，特别适合于研究规模和边界不太清楚、不愿意暴露身份的隐藏人口，如下岗和失业职工、无家可归者、新移民等。

理论研究和经验发现

（一）理论研究

不可否认，随着一系列社会网络与社会资本领域的经典文献被翻译成中文发表，相当一部分国内青年社会学者开始追踪国外前沿成果。社会网络和社会资本的理论研究以评述性地介绍西方著名社会网络和社会资本学者的理论为主。另外，通过系统评介西方社会学家的有关理论和实证发现，结合社会网络与社会资本范式在研究中国社会中取得的成果而加以提炼，形成新的命题和假设，并对经验研究中的问题提出一些建设性意见。边燕杰通过对西方社会学家关于社会网络与求职过程的经典研究成果的系统评述，对于网络结构观、弱关系强度命题、强关系命题、社会资源理论、社会资本理论、结构洞理论及其经验发现做出了精炼的概括，由此提出的制度安排假设、市场化假设和劳动力供给效应假设为后来的“职业流动中社会网络的功效”的经验研究提供了具体的思路。笔者通过对社会网络分析在西方社会的形成与发展、基本原则、主要理论、研究方法及其经典的实证研究的系统梳理，指出对于一个“关系资源”极为丰富的华人社会，网络理论及其分析方法可以提供独特的视角和实证研究手段。其他一些学者则在经济社会学或新经济社会学的教科书中对社会网络和社会资本的概念及其对于经济增长的影响做出了扼要的介绍（朱国宏，1999；张其仔，2001）。

对社会资本理论建构做出最大贡献的当属林南（Lin，1999，2001）。他认为，社会资本是从嵌入于社会网络的资源中获得的，它植根于社会网络和社会关系，因此，“社会资本可被定义为嵌入于一种社会结构中的可以在有目的的行动中涉取或动员的资源”。按照这一定义，社会资本的概念包括三种要素：嵌入于一种社会结构中的资源；个人摄取这些社会资源的能力；通过有目的行动中的个人运用或动员这些社会资源。因此可以构想，社会资本包含的三种要素涉及结构和行动：结构的（嵌入性），机会的（可摄取性）和行动导向的（运用）。林南（1999，2001）认为，社会资本的理论模型应该包括三个过程：社会资本中的投资、社会资本的摄取和动员、社会资本的回报。他把社会行动分为工具性行动和情感性行动，工具性行动被理解为获得不为行动者所拥有的资源，而情感性行动被理解为维持已被行动者拥有的资源。对工具性行动而言，可以确认三种可能的回报：经济回报、政治回报和社会回报。每一种回报都可被视作增加的资本。对情感性行动来说，社会资本是巩固资源和防止可能的资源损失的一种工具，原则上是接近和动员享有利益和控制类似资源的其他人。因此为了保存现有资源，可以储存和共享嵌入性资源。情感性回报包括三个方面：身体健康、心理健康和生活满意。另外，工具性行动和情感性行动的回报通常是彼此增强的。

林南（2001）探讨了社会资本的三个范式：社会网络、民间参与和普遍信任，指出社会资本的理论发展应以网络和其嵌入资源为基础，以个人与人际关系的联系这一中观层次为分析取向。民间参与和普遍信任是网络和嵌入资源的派生概念，其在理论和实证上的贡献取决于它们与网络和嵌入资源的联系，以及密集和互惠的关系为创造回报的要素这一观点的有效性。1997年台湾社会变迁基本调查的资料首先从经验上证实，网络中的嵌入资源是社会资本的核心指标；市民参与仅仅在跨区域的组织（不包括地方性的组织，如村、邻里和庙宇组织）中才与网络、教育和社会经济回报等测量相关，即市民对跨区域组织的参与才构成社会资本；而普遍信任由于没有通过聚合效度（convergent validation）和判别效度（discriminant validation）的检验，不能作为社会资本的一个测量指标。

随着社会资本理论在社会科学界尤其是社会学界的影响不断扩大，围绕着如何定义社会资本概念的相关争论日趋激烈，在某种程度上使研究者对此概念的内涵深感困惑。在理论建设方面，针对“社会资本”成为不同学科学者以及各种媒体使用频率较高的一个概念，张文宏（2003）指出，社会资本研究中的主要纷争是由概念界定的不统一、测量方法的差异和分析层次的不同造成的。在系统评述了布迪厄、科尔曼、波茨、普特南、博特和林南等社会学家的经典定义之后，张文宏对有关的经验研究按照个体、群体或微观、中观与宏观的分析层次进行归类。社会资本研究中的混乱与不同研究取向的学者将分析的焦点瞄准的网络位置、关系强度或嵌入性资源有关。

李继宏（2003）回顾了从格兰诺维特以来社会网络经验研究的文献，认为应用研究中的视角和方法不断变化，但是“关系”概念和强—弱关系维度却始终是分析的核心。强关系假设的缺陷在于简化了社会网络和预设在多元社会中并不存在的高同质群体，而弱关系的缺陷则是先验地断定存在两个或多个没有任何交往的群体，因此建议用共时性和历时性的统一、不对称性、互为主体性以及关系的向度和强度来对静止的、客体性的、对称的和强弱二元对立的关系概念进行“去世俗化”的建构。李继宏对于关系概念的反思是建设性的，然而这些思考如何在经验研究中转化为可以操作化的指标，进而获得实证资料的证实或证伪，需要社会学者的共同探索。其实社会网络分析从不否认关系的不对称性，如社会网络分析的当代领军人物韦尔曼（Wellman，1988）就曾指出，“内容和强度不同的关系通常是不对称地相互作用和互惠的……不对称联系和复杂网络分布在不同的稀缺资源中”。无论是有关社会支持网络（如讨论网、朋友网和具体帮助网）的研究，还是关于职业流动和地位获得的研究，多数社会网络分析也是与具体的事件相联系的，更有一些研究具备历时性的特点。也许经验研究中的概念设计和操作化与现实社会现象存在差别，但是我们并不能因此否定这些“理想类型”的作用，否则学术研究就失去了概括和抽象的意义。

边燕杰是从个体层面上研究社会资本的代表。他认为可从三种不同的角度来定义社会资本：第一，社会资本即社会网络关系，个人的社会网络关系越多，则个人的社会资本存量越大；第二，社会资本即社会网络结构，高密度的社会网络有助于约束个人遵从团体规范，而低密度的社会网络则可以减少这种约束，为占据结构洞位置的个人带来信息和控制的优势，有利于其在竞争的环境中求生和先赢；第三，社会资本是一种社会网络资源，是个人所建立的社会网络，个人在社会网络中的位置，最终表现为借此位置所能动员和使用的社会网络中的嵌入性资源。在综合分析三种不同的社会资本定义的基础上，边燕杰指出，“社会资本的存在形式是社会行动者之间的关系网络，本质是这种关系网络所蕴含的、在社会行动者之间可转移的资源。任何社会行动者都不能单方面拥有这种资源，必须通过关系网络发展、积累和运用这种资源”（边燕杰，2004）。

将社会资本分为“个体社会资本”和“集体社会资本”则是另外一种取向（罗家德、赵延东，2005）。个体社会资本即外部社会资本或私人物品，除了微观的个人关系及其所蕴含的资源外，也包括个人所占有的网络结构位置所能带来的资源。集体社会资本则指内部社会资本或公共物品，除了宏观的群体内部的社会联结与互信外，也包括促成集体行动并创造资源的群体的结构方式。

有的学者则不赞成对社会资本做过于宽泛的解释，如刘林平（2006）区分了社会网络资源与社会资本的关系。社会网络或社会资源是潜在的社会资本，社会资本是动用了的、用来投资的社会网络；社会网络是社会资源，但是不一定就是直接的社会资本。社会资本蕴含在关系网络之中，表现为通过关系网络借用资源的能力，而这种关系网络的使用并不是没有成本的。它的成本就是经济活动的主体构建关系网络的投入或费用，即网络中的交易费用。因此，他不同意将社会网络简单地等同于社会资本。

社会资本理论一直受到功能主义观念的困扰。为了走出社会资本理论逻辑上同义反复和测量上自相矛盾的困境，有学者指出，应该从结构主义的视角出发，即从社会网络的结构而不是以其功能来定义社会资本。嵌入于个体、组织或地区中的社会网络的结构，是判断个体从社会网络获取各种回报的可能性的统一尺度。这些网络结构虽然可能带有某种功能，但社会网络的功能并不是社会资本本身，而是社会资本使用后的结果，或者说是社会网络结构的使用所得到的回报。为了彻底摒弃功能主义的局限，应该区分社会资本的结构、使用和功能这三个相关的要素。所有网络结构对旨在获得任何一种功能回报的行动的成功都具有直接的、间接的或潜在的作用。从结构视角定义社会资本有助于找到社会资本中对功能没有作用甚至具有负面影响的某些结构，并且有助于研究网络结构所具有的潜在功能，从而更加深刻地认识通过在网络中使用社会资本而获得行动成功的机理（朱旭峰，2006）。

从不同的层次来定义社会资本，可能是造成该领域中理论研究和经验研究产生重大分歧的一个根本性的原因。也正是对于社会资本的各种迥异的界定，吸引了来自不同学科、遵循不同学术传统的社会科学家加入这一学术社区中，由此促进了20世纪末期以来国内外社会资本研究的理论分析和经验研究的繁荣，成为社会科学界特别是社会学界的一个热点领域。

正如边燕杰所指出的，“虽然存在多种定义，但社会资本的基本定位是清楚的、内涵是明确的，即社会关系网络。这可以从资本的本质特征来剖析。资本的原始状态是资源，行为者为获取收益和回报，将其投入于增值导向的努力之中。所以，判定资本的根本形式，需从资源与行为者的关系入手……社会资本是存在于行为者与行为者的联系之中的，如关系强弱、网络大小，等等”（边燕杰，2006a）。在近几年国内社会学界关于社会资本的经验研究中，相当多的学者采用了社会网络的视角来定义和测量社会资本。笔者赞同这种观点，因为只有从社会网络角度定义和探索社会资本，才有可能使社会资本成为界定明确、可以测量的实证社会学的学术概念。

（二）经验研究发现

1. 社会网络与地位获得

职业地位获得一直是社会网络与社会资本研究领域的一个主流课题，国内学者沿袭格兰诺维特和林南的传统，对于不同群体的求职过程、社会和政治地位的获得过程及其职业流动进行了实证研究。

边燕杰的成名作《找回强关系》（Bian，1997）开创了运用社会网络视角研究中国地位获得的先河。在分析计划体制下中国城市的工作分配制度时，作者区分了在求职过程中通过社会网络流动的是信息还是影响以及求职者使用的是直接还是间接关系。其主要发现是，个人网络习惯于影响那些主管工作分配的实权人物，他们将分配工作当作对关系人的一种人情回报，这种行为建立在以信任和义务为特征的强关系基础上。具体而言：①工作更经常的是通过强关系而非弱关系获得的；②直接和间接关系都用来获取掌管分配工作的实权人物的帮助；③求职者和最终帮助者通过中介者建立了间接的关系，中介者与双方均是强关系；④使用间接关系而非直接关系的求职者更可能获得较好的工作；⑤年长的或具有较高社会经济背景的求职者比那些年轻人或地位较低的求职者更可能运用间接关系；⑥当求职者和当权者没有关系时，或当他们仅仅有表面交往时，在找工作的过程中，他们倾向于通过与一方或双方关系都强的中介人联系起来。

边燕杰、张文宏（2001）于1999年对城市劳动力流动的研究不仅证明了强关系假设在市场转型过程中的持续效力，而且验证了体制洞假设，部分证实了市场化假设、权力维续假设和机制共存假设。在计划体制下，社会网络的作用是通过强关系影响计划分配的具体方案，使关系使用者获得符合意愿的职业。双轨制和转型时代，强关系仍然起着人情交换的作用，但它是在劳动力市场不断扩展的条件下出现的。支持市场化假设的发现是，在职业的资格考核比较严格的条件下，流动者通过社会网络所获得的是信息，而不是人情。这一情形随着劳动力配置的市场化而不断凸显，这就说明市场化程度越高，信息桥的作用越凸显。但是这一结论不能推广到任何具体职业，也不能作为概括劳动力市场发展的一般规律的结论。这是因为，与市场化假设相悖的权力维续假设得到更广泛的证明。市场和权力的两种机制并不是平行发展、无主无次的，天津调查的结果预示着权力维续是主线、市场化是副线，劳动力市场的制度化是一个漫长的过程。使用社会网络的流动者主要是从关系人那里获得人情，单纯通过关系获得信息的频率并未显示出增加的趋势，网络的持续作用主要在于提供人情。此外，作为信息桥的弱关系的使用率不但没有上升，反而表现出微弱下降的势头，而作为信任和规范基础的强关系的使用频率却随着改革的不断推进而上升。这就预示着，正在完善的劳动力市场的信息机制可能比较发达，而劳资双方的信任机制、规范机制、监督机制等存在很大的漏洞，需要人情网络或强关系来补充。边燕杰（Bian，2002）对中国正在凸显的劳动力市场中职业流动过程中“关系”的存在及其作用提供了一种制度的解释。在他看来，正在浮现的劳动力市场充满了“体制洞”，从而使正式渠道在求职者与未来雇主之间传递信息、建立信任和形成义务的功能失效，而体制洞为关系在劳动力市场中发挥作用提供了可能。

在劳动力市场逐步趋向规范的前提下，社会网络资源究竟是阻碍还是促进了劳动力的合理配置呢？张文宏（2006a）探讨了社会网络资源在城市职业配置中的具体作用。人力资本和政治资本较贫乏、经济地位较高的人更可能使用社会网络资源以实现职业流动；运用社会网络资源的职业流动者比不用者的求职效率低，但前者的目标收入却高于后者；运用社会网络资源的职业流向是从政府部门和国有企业流向个体、集体、合资、外国独资、新经济部门或无主管上级的市场化的经济实体；社会网络资源的运用，对劳资配置的吻合程度没有显著的影响。

作为中国社会中的精英群体，干部在其职业地位获得中是否也运用社会资本呢？周玉（2006）运用两省委党校部分学员的调查资料，对此做出了肯定回答。网络顶端、父母的行政级别、关键关系人的行政级别以及与关键关系人的熟悉程度等因素对干部的地位获得产生了显著的正面影响。在转型时期的干部职业地位获得过程中，关系强度和关系人的地位发挥了关键作用，而广泛的交往并不能增加干部职位提升的机会。社会网络资本并不是唯一起作用的因素，人力资本和社会资本构成了当前干部职业地位获得过程中的并行不悖的双重机制。

作为弱势群体的下岗职工又如何利用社会资本来实现其再就业的目标呢？王汉生、陈智霞（1998）的质性研究结果表明，关系在下岗职工寻求职业或其他资源的过程中发挥着提供就业信息、信誉保障、经济活动中的庇护和资金帮助等功能，关系网络是下岗职工再就业的一条主要途径。丘海雄等（1998）发现，社会关系网络在对下岗职工提供经济和社会支持方面发挥着越来越重要的作用。社会支持结构已经从改革前的一元化格局转变为多元化格局。赵延东（2002）通过对武汉市下岗职工再就业过程的分析，研究了社会资本与人力资本在社会转型时期的作用及其变化趋势。他发现，社会资本的突出作用主要表现在劳动力市场尚未建立的情形下。随着劳动力市场的逐步建立和完善，社会资本的重要性也在不断下降，主要体现在使用社会网络的下岗职工却获得了收入较低、声望较差的工作，这可能与该弱势群体的社会资本总量贫乏，且多集中于亲属、朋友的狭隘范围有关。总之，社会资本在下岗职工再就业过程中的效用受到制度背景的制约。赵延东（2003）还利用同一数据分析了社会网络对于求职者的保留工资和实际工资的影响。他发现，如果下岗职工的社会网络中的弱关系比例越高，那么其在求职时的保留工资越高；网络规模效应和网络资源效应两个假设没有通过数据的检验，即下岗职工的社会网络规模和网络中所蕴含的资源状况对保留工资没有显著的影响。个人社会网络对保留工资的影响将随着劳动力市场的日臻完善而逐步减弱。网络构成中的弱关系对于实际工资的直接影响是负向的，网络资源对于实际工资的影响则是正向的，这也许预示着下岗职工作为一个弱势群体，不能获得强有力的实质帮助。赵延东（2006）还发现，下岗职工寻求再就业时大量地使用了以强关系为主的社会网络资本。下岗职工再就业过程中获得工作的质量在很大程度上取决于他们使用的关系人的社会地位，亦即关系人所能提供的社会资源，拥有更高地位的关系人就意味着下岗职工更可能找到较“好”的工作。该研究在某种程度上对林南的社会资源命题和边燕杰的“强关系的力量”命题提供了新的佐证。应该指出的是，赵延东将亲属以外的朋友和熟人都归为“弱关系”，似乎有值得商榷的余地。如果不能像格兰诺维特（Granovetter，1973）那样按照互动频率、熟识程度、信任程度和互惠程度来测量关系的强弱，而是把朋友不加区别地视为弱关系似乎不太严格。

农民工的职业职位获得和社会网络重构是学者们关注的另一个课题。李培林（1996）对流动农民工的调查发现，76.1%的招工信息来源于亲友、同乡和朋友，进城以后的第一份工作有75%是通过亲友和同乡得到的。渠敬东（2002）试图运用新经济社会学的网络分析范式，从关系强度的角度来考察农民工生活世界的建构过程。他认为，农民工的社会网络是围绕着血缘、地缘和业缘等同质关系构成的，其中信任是这一网络的基础和枢纽。同时他也发现了农民工进入和融入城市生活的两个基本阶段：在生存阶段，围绕着强关系结成的社会网络为跨情境流动中的行动个体提供了保护伞，成为农民工在城市立足的基本条件，农民工的社会行动及其意义脉络都是依照这种以初级关系为基础的社会网络组建的，具有实质理性的意涵；在发展阶段中，农民工除了利用现有的同质关系外，还必须充分利用具有异质成分和制度因素的弱关系，寻求在城市生活中发展的信息、机遇和资源。正是在上述建构自身生活世界的过程中，工具理性在社会行动中逐渐占据了主导地位，并由此建立了目的和动机相统一的完全的行动架构。曹子玮（2001）的研究发现，农民工主要通过社会网中的强关系来找工作，农民工社会支持网主要是初级关系，其社会关系的作用大于社会组织。这表明，在中国现代化的进程中，农民工的社会角色、空间位置、资源获取方式虽然发生了根本的变化，但是他们社会关系结构中的基础——以血缘和地缘关系为核心的初级关系——仍然没有改变。

另外一些学者运用质性研究方法对某个特定社区的外来人口群体中的社会网络进行了深入考察。王春光（2000）通过对聚居在巴黎和北京的温州人的长期观察发现，社会网络不仅是温州人传递流动信息的媒介，而且是其流动得以实现的重要机制。社会网络成为移居外地的温州人生存和发展的社会资本：他们依赖族人和同辈，建立起自己的社会网络，为进入移居地以及以后的生存和发展奠定了基础。族亲、朋友和乡邻成为温州人社会网络的重要来源，为他们流动和迁移、就业和融资以及情感沟通提供了支持。移居以后的温州人在建构和使用社会网络方面发生了适应当地社会和环境的变化，主要体现在亲属关系的范围有所扩展和社会网络的地域覆盖面极大地拓宽。

通过对深圳“平江村”的实地观察和深入访谈，刘林平（2001）研究了关系生产和再生产过程中的理性运用逻辑。他从动态、多维、相互联系与竞争的视角，将关系分为强、弱、弱强和强强四种类型，并通过对资本筹集、寻找货源和事故处理等个案的研究发现，关系的功效是在比较中存在的，是人们获得利益、配置稀缺资源的重要手段。关系的本质是利益的交换。关系发生作用的场景是竞争不充分、信息不对称和规则不完善。寻找关系的路径是一个从强关系到弱关系的扩展过程。

翟学伟（2003）认为，简单地套用格兰诺维特的弱关系命题来解释中国农民工的社会流动和求职是不恰当的，为此，他提出用“信任”来解释中国农民工获得流动信息的可靠性问题。他把信任分为强和弱两类，具有义务性较强、熟悉度较高而且同属于一个内群体的信任是强信任，否则就是弱信任。通过对广东和浙江城市农民工的个案访谈，他发现只有强信任关系才能保证信息的真实可靠性。弱信任导致独立自由的个体在不同群体之间实现垂直或横向流动，而强信任会导致大批同质性群体流动到一地。这一访谈结果为未来大规模的农民工流动与社会网络的定量研究提供了某些启示。

无论是格兰诺维特的弱关系假设，还是边燕杰的强关系命题，在研究社会关系网络对于员工求职过程的影响时，仅仅涉及了劳动力市场的供给面，因此，将雇主引入对劳动力供求市场的分析，不仅可以了解到雇主招聘员工的方法，而且可以透视雇主做出雇用决定背后的真实原因。对雇主招聘员工的途径及原因的个案访谈结果显示，雇主在招聘员工的过程中不仅同时运用了强关系、弱关系和市场三种不同的渠道，而且偏向以特定的渠道聘任不同职位的员工。在招聘高级职位员工的过程中，通过与求职者的强关系形成信任基础，并以此作为预测员工日后工作能力与操守的依据。利用与求职者的弱关系，能使求职信息在私人网络中快速传播，从而更有效地寻找专业技术人员，增加员工与职位之间的适配性。而市场信息与职业中介机构，不但为雇主提供充足而快捷的劳动力供应，并对中高层职位员工的聘请发挥了间接的作用。针对不同职位的内在要求而采用不同的招聘途径，从而形成了分割的劳动力市场（廖文伟、王丽云，2005）。

2. 不同阶层的社会网络与社会资本

阶层分析和网络分析是研究社会结构的两种不同范式和视角。在近年来的研究中，学者们试图将两者结合起来。边燕杰（2004）分析了不同阶层的城市居民的社会资本差异。按照网络规模、网顶、网差和网络构成等指标来测量，行政领导、经理和专业技术阶层的社会资本总量高于非技术工人，其次是办事人员和技术工人，最低的是雇主、自雇者和非技术工人。前三个阶层拥有相对优势的社会网络。行政领导阶层的网络规模以及与领导层、经理层和知识层的纽带关系均明显高于非技术工人阶层。相反，雇主和自雇阶层则缺乏网络优势，虽然他们的网络规模大于非技术工人，但是其网顶低、网差小，尤其缺乏与领导层、经理层和知识层的纽带联系。其研究结果还揭示出，被访者的科层关联度越高，其社会资本总量越丰富，表现为拜年网规模较大、网顶较高、网差较大，与领导层、经理层和知识层的联系也较多；被访者的市场关联度越高，其社会资本总量越高，社会网络优势越明显。尽管可以从不同的角度探索社会资本的差异，但是阶级阶层地位和与职业相关的社会关联度，是两个不容忽视的视角。阶级阶层地位限制了人们自由地拓展社会网络、积累社会资本。职业活动给人们提供了不同的社会机遇。阶级阶层地位优势以及工作场域中的职业交往优势，可以转换为社会网络和社会资本的优势。一旦具有了社会资本优势，将会产生主客观的积极效应。

边燕杰等（2005）运用城市不同家庭之间互相拜年的资料，评估了不同阶层内部和不同阶层之间的关系强度和多元性，测量了阶层位置之间的社会距离。他的研究发现是：第一，体力工人家庭的社会交往更可能局限在阶层内部，他们在社交上处在边缘和孤立的状态。第二，官僚精英也呈现出独特的阶层内交往特征，意味着尽管干部阶层仍然占据着资源和机会分配的中心位置，但是在与不同职业阶层建立联系方面并不占据核心位置。第三，在专业技术人员和经理之间，存在一种若即若离的交往模式，说明在收入相似的群体和个人之间，管理权力发挥着阶层隔离的作用。总之，无论是哪个阶层的家庭和个人，都倾向于同本阶层的人相互拜年，这是社会交往中的一个主要倾向。但是，也同时存在“职业阶层相互隔离”、“阶层间互相渗透”及“阶层间梯次交往”三种倾向。正如作者自己总结的那样，由于样本有限，这个研究结论只是初步的和探索性的。未来运用全国城市调查资料是否能够发现相同的网络模式，如何超越“春节拜年网”的方法技术评估和比较阶层地位的影响作用，运用关系范式探讨阶层结构是否还需要分析每一阶层的产权差别，这些问题需要未来的经验研究来回答。

张文宏等（2004）运用城市居民社会网络调查的实证资料，分析了阶层地位对于城市居民社会网络构成的影响：各阶层在选择讨论网成员时群内选择或自我选择倾向非常明显，阶层地位邻近、社会距离较小的人们成为讨论网成员的可能性较大，处于阶层结构顶端和底端的专业行政管理人员和工人的阶层异质性指数较低，位于中间阶层的小雇主和普通白领的阶层异质性指数较高，普通白领的阶层异质性指数明显高于工人。同工人阶层相比，专业行政管理阶层的群内选择倾向更明显，小雇主的阶层趋同性指数最低。这个结果表明，在中国城市居民社会网络成员的选择过程中，发挥中心作用的机制主要是同质性原理，声望原则或“上攀效应”仅仅表现在小雇主阶层中。与此相一致，阶层内部的选择是中国城市居民构建和维持社会网络的主要倾向。社会网络成员选择过程中的阶层界限在某种程度上成为人们社会交往的障碍，小雇主与其他阶层的社会渗透性较强。张文宏（2005a）运用同一资料探讨了城市居民社会网络资本的阶层差异。统计结果表明，阶层地位对城市居民的社会网络资源产生了重要的影响，主要表现在专业行政管理阶层的网络规模大于工人阶层，前者的关系种类比后者更多元化。专业行政管理阶层和白领阶层比工人阶层拥有更明显的“结构洞”社会资本，前两个阶层与网络成员的交往频率低于后者。专业行政管理阶层的社会网络在性别、年龄和职业异质性方面高于工人阶层。总之，占据更高阶层位置的专业行政管理人员比工人拥有更丰富的社会网络资本。社会网络结构特征的差异主要体现在专业行政管理阶层和工人阶层之间，可能与中国阶层结构的不充分分化有关。此外，张文宏（2005b）还探讨了阶层地位对于社会网络性质的影响。作者将讨论的问题分为情感性、工具性和混合性三种。重要的发现有两点：第一，同工人阶层相比，专业行政管理阶层和白领阶层与其网络成员更可能讨论混合性问题而非单纯的情感性问题；第二，专业行政管理阶层与网络成员更可能讨论工具性问题，工人阶层更可能讨论单纯的情感性问题。

还有学者从结构主义视角对中国政策精英群体的网络整体结构和网络阶层结构进行了分析。调查发现，决定政策精英网络规模的因素有网络投资、知识运用能力、职业流动体制稳定性和行政级别。具体表现为，政策精英投入社会交往的时间越多，其社会网络规模越大。高学历和海外留学经历在结识更高级别行政官员时的“敲门砖”作用越来越明显。行政级别在政策精英认识高级官员起到比结识普通官员更重要的作用。而且，由于与社会不同阶层人群交往时存在“准入门槛”的差异，作为身份标识的学历、海外经历、行政级别随着网络成员级别的提高，对政策精英社会资本的作用会变得越来越大。相反，作为反映人际交往能力的职业流动体制稳定性和个人交往投入的贡献，则会随着网络成员级别的提高而逐渐减弱。尤其需要指出的是，该研究对“职业流动能够促进社会资本”的“常识”提出了质疑。这一意外发现促使社会资本的研究者必须重新审视以往关于职业流动和社会资本之间关系的若干命题，为未来的相关研究提供可以扩展的一定空间（朱旭峰，2006）。

3. 社会支持

社会支持网络的研究一直是国内学者关注的一个重要领域。阮丹青等（1990）运用“重要问题讨论网”的提名法收集了中国城市居民的社会网络资料，她的分析发现，在中国城市中，多数讨论网的成员是亲属和同事，他们之间以密切关系联系起来；社会地位较高的人，其社会网络规模更大、更多元化，与政治上有影响的人物的联系更松散；教育与网络规模正向相关；中年人在拥有更多元化的亲属和同事网络中占据着最好的位置；男性拥有更多的同事关系和较少的亲属联系，在建立政治网络中比女性更具有优势。赖蕴宽（Lai，2001）对上海城市居民社会支持网络进行考察发现，配偶和父母等亲属关系发挥着最重要的工具性和情感性支持功能。同亲属关系相比，同事的支持功能是次要的和更专门化的。在财务支持方面，家庭角色的作用更趋边缘化和专门化。该研究与阮丹青等研究的发现不同，这可能与两个城市的市场化程度不同及其研究设计的不一致有关。

笔者及其同事（张文宏、阮丹青、潘允康，1999a，1999b）首次对农村居民的社会支持网进行了大规模的问卷调查。结果显示，农民的社会网是以高趋同性、低异质性、高紧密性为特征的。同传统中国农村相比，以血缘和婚姻联系起来的亲缘关系在社会网中的重要性虽然有所下降，但仍然是一种最重要的社会关系。业缘关系、友谊关系和地缘关系在社会网中占据相当重要的地位。张其仔（1999）通过一个村庄的案例研究发现，用西方的方法和程序去追溯农民的社会支持网仅仅具有部分的适用性。弱关系在农民非就业领域的效力并没有得到经验资料的支持，相反强关系的作用则得到证明。该研究给我们的启示是，研究弱关系与强关系的作用，必须考虑相应的文化和制度场景。

蔡禾等（1997）研究发现，城市居民寻求业缘关系的意向强于郊区农村，寻求血缘关系的意向弱于郊区农村，这种差别在女性中不如男性明显。张文宏、阮丹青（1999；Zhang and Ruan，2001）对中国城乡居民社会支持网的比较研究发现，亲属在城乡居民的社会支持网中都发挥着非常重要的作用，但亲属在精神支持网中的作用不如其在财务支持网中那么重要，这个倾向在农民中表现得更明显。兄弟姐妹和其他亲属发挥着比父母更大的作用，特别是在财务支持网中。子女在财务和精神支持网中发挥的作用都非常小。配偶在精神支持网中发挥的作用也相当弱。同事和朋友在精神支持网中的作用比其在财务支持网中更大。在农村，邻居在财务支持和精神支持两方面均具有相当重要的作用。

政治体制、市场化程度和社会发展水平是否影响人们的社会支持网络的构成？为此，李沛良等（Lee，Ruan，Lai，Chan and Peng，2001）对香港和北京城市居民社会支持网络进行了比较研究，他们的研究结果表明，虽然两个城市的政治制度、市场化程度和社会发展水平存在较大的差异，但是其个人支持网络的构成模式却惊人地类似，具体表现为近亲在提供所有类型的社会支持时发挥着最重要的作用。相对而言，近亲的工具性功能强于情感功能。在家庭关系中，配偶在工具性和情感性支持中发挥着同样重要的作用，父母和子女提供工具支持的功能大于情感支持。母亲比父亲、儿子比女儿在提供工具性和情感性支持方面更重要。兄弟提供更多的工具性支持，而姐妹则提供更重要的情感帮助。近亲中姻亲的支持作用很弱。换言之，血缘亲属比法律亲属的支持功能更强；密友的重要性虽然不及近亲，但是其提供情感支持的作用也不能被忽视。远亲、普通朋友、邻居、同事和专业机构的帮助者很少发挥支持作用。朋友的作用是次属的，而且集中于提供情感问题的帮助。这些发现表明核心家庭关系（特别是血缘关系）在香港华人和北京市民社会支持网络中的极端重要性。两个城市的主要差别在于，北京市民比香港市民更可能转向同事或邻居寻求帮助。

赖蕴宽等（Lai and Wong，2002）还运用香港电话调查资料直接分析了通过社会关系的信息传播以及关系特征对于信息获得和传播的影响。她发现，大众传媒，特别是电视，充当着信息流动的主要渠道，但是社会关系也被广泛地使用。个人倾向于与关系密切的人分享信息。通过亲属比通过非亲属或其他沟通渠道能够更快地将信息传播给目标者。

阮丹青（Ruan，2001）对于大陆和台湾个人社会支持网的比较研究发现，亲属在两个华人社会的讨论网中都发挥着重要的作用，但是亲属在台湾讨论网中的作用似乎比大陆更重要。在非亲属网络中，大陆发挥重要支持功能的是同事，在台湾则是朋友。个人社会支持网络的类似性与两个社会秉承共同的中华文化传统有关，其差异性则可能是不同的政治、经济和社会结构的结果。

刘军（2006a，2006b）运用整体网络的视角研究了黑龙江省一个乡村的社会支持网络的整体结构。他将法村的社会支持网络分为四类：情感支持、劳力支持、小宗服务和资金支持。在借贷关系中，直系亲属扮演着极其重要的角色，其中父母比兄弟姐妹发挥着更重要的作用；资金支持关系嵌入在亲属网络中；在小宗帮助中，网络成员的互惠指数较大，而在大宗借款支持方面的互惠性较低，但是普遍存在一种一般性的互惠。在“劳力支持网”和“亲属关系网”中都存在四个子群。该发现揭示了法村村民之间的互助行为的整体模式，子群重叠的程度与村民之间的关系强度有关。这项研究对费孝通先生的“差序格局”理论进行了一种社会网络意义上的量化验证。在方法论意义上，网络分析中的“块模型”的价值表现在它可以揭示多种社会网络的整体结构和关系模式，因此可用来研究特别重视“关系”的中国社会。

其他学者则从个体中心网络的角度研究了城市居民或某个特殊群体的社会支持网络。范成杰（2006）在对城市居民的个人背景与职业适应性关系的研究中发现，除了受到政治身份、态度、本人职称和母亲职称等因素的影响外，社会网络规模也对调查对象的职业适应水平产生了积极的影响。换言之，城市居民个人拥有的社会网络规模越大，其社会能力越强，可以利用的资源越丰富，职业适应水平也就越高。

在对吸毒人员的一项实证研究中，蒋涛（2006）通过对重庆市南岸区戒毒所吸毒人员的抽样调查，将被访者的支持网络分为毒品提供、情感支持和经济支持三类。数据分析结果表明，吸毒人员的社会支持网规模很小，在各个子网络中，毒品提供网络的规模大于经济支持网络，经济支持网络的规模又大于情感支持网络。吸毒网络具有秘密性和牢固性。通过相识关系获得毒品，朋友关系和亲属关系则提供情感和经济方面的支持，亲属关系在提供情感和经济支持时比朋友发挥的作用更显著。

4. 组织网络与组织的社会资本

从组织、群体等中观层面研究社会资本的构成及其影响是学者们关注的另一个领域。边燕杰、丘海雄（2000）将企业社会资本界定为企业通过纵向和横向联系以及各种社会关系涉取稀缺资源的能力。对广州 188 家企业的调查结果证明，企业的纵向联系、横向联系和社会联系是形成和扩展企业社会资本的渠道，社会资本对企业的经营能力具有直接的正面影响。对于企业间社会资本的比较分析表明，民营企业和第三产业的社会资本总量高于其他所有制企业和产业，该结果证明了结构约束论的效力，即企业只能在经济结构约束的范围内运行。对于企业家能力与社会资本总量关系的分析发现，企业家的教育水平和行政级别越高，企业的社会资本存量越大，这就间接证明了企业家能动性是形成和发展企业社会资本的重要条件。

边燕杰（2006）的一项研究发现，私营企业主的社会网络对创业过程至关重要。建立私人企业需要商业情报、创业资金、首份订单，三者缺一不可，而这三项经济资源都深深地嵌入在创业者的个人社会网络之中。深度访谈表明，社会网络中充满了商业信息，而关系人往往也是寻求合作伙伴、筹集资金、拿到订单的前提条件。在创业之初，融资渠道主要依靠社会网络，不仅因为这些投资存在于家庭和社会关系之中，更重要的是因为获取投资几乎毫无例外地是通过社会关系而运作成功的。企业主与客户之间既有的社会关系是初创企业获得订单的重要来源：既有社会关系为企业与客户间良好的信任关系提供了重要基础，从而使企业可以绕过复杂书面合同的订立过程，节约交易成本；而信任关系的长期维系也可以确保持续得到订单，有助于降低企业的经营风险。

边燕杰和李煜（2000）的另一项研究在家庭社会资本研究的中国化方面迈出了重要的一步。他们运用定位方法研究了城市家庭的社会网络资本和关系资本。他们把家庭的社会网络资本界定为嵌入在家庭成员的社会网络中的资源。通过家庭成员的社会关系网络涉取权力、地位、财富、资金、学识、信息等资源，达到功利或非功利的目的。调查发现，网络规模大，则网络中亲属关系比例小，网络资本总量高。网络位差大，则网络资源总量就高。另外，网顶高，网络资源总量就大。一个家庭若要提高社会网络资本，必须与地位较高的家庭和个人发展社会交往，同时必须发展非亲属关系，扩大网络规模，并且与各种不同社会地位的家庭和个人交往。

边燕杰（Bian，2001）在另一篇论文中研究了宴请在中国城市居民发展和维持人情交换中的作用。他把关系网络分为三种：扩大的家庭义务的网络、特定工具性关系的交换网络和非对称交易的社会交换网络。统计结果揭示，亲属关系在核心网络中占据了较大的比重，但是在宴请网络中的比例却较低，这个发现与扩大的家庭义务和感情的传统模型相悖。在宴请网络中，非家庭关系和工作关系所占的比例也大于其在核心网络中的比例。非家庭关系和工作关系从核心网络到宴请伙伴网络的增长说明，寻找宴请伙伴并不受较大的阶级差异的支配。换言之，工具性的特殊关系模型并不适用，相反，受到较大的网络多元化驱动，不对称交易的社会交换网络模型得到证实。边燕杰的发现体现在：第一，关系资源更可能嵌入在非家庭关系而不是亲属关系或其他类型的关系中；第二，宴请伙伴倾向于在干部、专业人员和工人的社会阶层内部彼此联系。这意味着中国的关系资源不太可能跨越阶层界限被动员；第三，宴请伙伴网络比核心网络更多元化，这意味着网络桥梁和关系转让，而不是有形资源的转让是关系资本积累的主要机制。李煜（2001）运用同一调查资料对文化资本与社会资本的关系进行了定量分析。他研究发现，一方面，根据“高层文化资本效用理论”提出的网顶中介假设基本上得到证实——高层文化资本是通过提高网顶、扩大网差而实现网络资本扩张的。网顶对于社会网络资本的积聚和扩张并不具有直接作用，而是通过网顶扩大网差，利用提高网顶所带来的更加广泛、丰富的潜在社会关系，结交更多阶层的朋友，从而达到增加网络资源的目的。另一方面，依据“文化资本多样性效用理论”导出的网络规模中介假设和网差中介假设未被证实。文化多样性对网络资本仅仅存在微弱的直接作用，其对网络规模、网顶、网差等结构指标都没有产生显著的影响。在西方被证实的文化资本多样性理论，在中国的脉络中却不能获得预期的发现，这可能与中国人的社会网络呈现出以血缘、姻缘为核心的由亲到疏、由近及远向外延伸的差序格局有关。

徐延辉（2002）从经济社会学比较分析的视角出发，将企业社会资本界定为基于企业家和员工个人品行（信任）而产生的动员社会稀缺资源的能力，通过企业的社会交换能力表现出来，并以企业为圆心，依据企业可以实现的社会交换的距离和密度划分为企业内部和外部社会资本两部分。她根据社会资本对企业生产函数的贡献率将企业内部的社会资本依次分解为企业家个人品行、员工个人品行以及企业产品的社会形象三个要素。企业外部社会资本指企业对外交往以及取得外部资源的能力，包括企业的社会网络和共生契约。企业的社会网络是企业在产品的产销过程中与其他贸易伙伴所发生的一些长期性和重复性的社会联系。徐延辉对企业社会资本的重新定义是一种新的尝试，但是这些定义和概念如何在实证研究中转化为可操作的测量指标，恐怕是未来经验研究中需要解决的主要问题。

林闽钢（2002）指出，网络组织作为企业之间合作与风险共担的交互结构，将日益成为企业间竞争与合作的有力工具。我国组建企业集团过程中的网络组织的构造，应该成为重点关注的核心问题。这其中又有两个问题应该注意：一是关于企业集团的纽带除了须关注技术依赖、活动互补、分工合作和资本经营等要素外，企业集团的网络治理也是关键。从网络治理结构的综合角度来构造和重组企业集团，是从根本上解决规模不经济问题的关键；二是企业集团的组建是一个自组织的过程，社会环境与产业性质等方面的差异将会决定治理结构不同的内涵。

罗家德（2002）运用深入访谈方法从嵌入性的视角研究台湾“关系金融”的四种形式，发现私人借贷是一对一的人际关系，建立在感情连带的基础上。标会是小型、短期和封闭的网状人际关系网络，建立在会员间关系网络的强度与密度上。储蓄互助社是高封闭性、我群意识强的团体，建立在既有团体的内聚力与我群意识之上。信用合作社则是开放而团体化的人际关系网络，以地缘关系、人脉连带及团体化过程为基础。这四种融资渠道的经济与社会功能紧密相连，因此，加强人际关系网络的强度、密度或团体意识，是使经济功能正常运作的基础。

李明欢（2002）通过对“欧华联会”运作与功能的考察发现，这种跨国的华人华侨社团以追求群体效应，建立群体形象为主，其表达群体意见的目的不在于解决个别成员的具体问题，而是反映该群体的一般诉求，以期得到中国政府及欧盟官方对该群体的重视与支持，期望官方在制定相关政策时考虑该群体的利益，其最终的目标是寻求社会资本的最大价值转化。

5. 社会资本与公民社会：政治参与、关系与信任

近年来，社会学家对“关系和信任”的兴趣越来越大。虽然在社会资本的界定上并没有形成共识，但是多数学者承认关系和信任是社会资本的构成要素之一。

陈健民、丘海雄（1999）运用普特南（Putnam）的社会资本概念分析了社团的作用。他们采用“市民社区”的视角，把社团视为一种

社会资本，认为社团的发展有助于建立人际间的沟通与合作，缔造互信和互惠交换的规范，从而减少在公共事务和市场上的“搭便车”或利益互损行为，最终对社区和社会的经济和政治发展做出贡献。通过对广州市 160 个市级社团的抽样调查，该研究发现，社团发展的自主性仍然受到相当的限制，官办、半官办社团是社团的主体，民办社团不足被调查社团的 20%。无论是在国家与社会的关系上，还是在其文化基础上，中国的社团仍然不能称为市民社区。由于大多数社团处于官方或半官方的地位，其独立发展的空间较小，垂直控制和对政府的依赖仍然存在。出于生存需要，社团正被迫走向社会，日渐以会员及社会为本位。因此，研究者建议：中国社团向“市民社区”的发展更需要社会的关怀，政府应该鼓励社团走向自主，并且尊重民办社团参与公共事务的权利。

刘军（2005）从整体网的视角出发，将“关系”作为一种新的分析单位。他认为，对“关系”的分析往往不同于对“点”的分析。与社会网络分析中的个体网研究可以进行随机抽样和统计推断不同，整体网的“关系”研究往往不能通过随机抽样的方式获得资料，因此，其研究结论不具有“统计推断”的价值。但整体网研究仍具有自己的适用范围，它适用于研究一个群体内部网络的整体结构，或者说适用于研究小群体。对于“关系”特征的整体网研究，不仅可以获得某种独特网络的“整体”共识和对其典型意义的了解，而且是对个体网研究和属性数据分析结论的有效补充。

胡荣等（2006）分析了城市居民信任的结构及其影响因素。城市居民的信任包括普遍信任、一般信任和特殊信任三个部分，具体表现为对与自己有血缘关系的亲属和密切交往的朋友的特殊信任圈子的信任度最高，对与自己有合作关系的单位领导、同事和邻居的一般信任圈子的信任度居中，而对于包括生产商、网友、销售商及社会上大多数人的普遍信任圈子的信任度最低。这说明中国城市居民的信任结构存在一种“差序格局”，特殊信任远远高于普遍信任。进一步的分析发现，在影响普遍信任的诸因素中，收入和社团参与因子具有正向的显著作用，说明社会经济地位越高的人对他人的信任程度越高。社会地位较高的人拥有的社会资源较多，因而抵御风险的能力较强，也就更能够承担信任别人可能产生的风险。社会地位较高的人往往在社会交往中占据优势和中心地位，更懂得社会资本的积极作用，从而在与他人的交往中能够更主动地相信他人。因此，培育更多的横向社团，鼓励市民更多地参与社团活动，是提高社会普遍信任的一个重要渠道。

胡荣（2006）还运用普特南的共同体趋向的社会资本理论，测量了中国农村基层社区的社会资本状况，并据此探讨了社会资本与村民政治参与及村级选举的关系。作者从社会成员之间相互关联的社会网络、互惠、信任和规范等几个维度进行了实证分析。结果表明，社区认同感越强，村民的参与程度越高，投入村委选举的积极性越高，村民越关心集体和村庄的公共事务；村民参与的社团越多，村民在选举中的参与程度越高。换言之，在社会资本的各种因素中，只有社团因子和社区认同因子对村民的政治参与和自主参与起积极作用，而社会信任因子对村民的政治参与并无显著影响。这是因为农民不仅生活和生产在同一区域，而且社区内简陋的服务设施也主要依靠村民自己的力量来提供，这就使农村社区的重要性远高于城市社区对市民的重要性。对社区认同感较强的村民往往能更积极地参与到基层选举活动中。

林聚任等（2005）从社会风气观、公共参与、处事之道、信任安全感和关系网络五个维度，调查了山东省农村的社会资本状况。农村社会资本呈现出的“明流”是传统性、关系主义、家族主义、特殊性信任、社会参与性低等特点。“暗流”则是崇尚个人能力，不是简单地靠关系达成工具性目标，对血亲关系的信任建立在情感基础上，总体社会信任度较高。这个结论对于普特南的社会资本理论、费孝通的差序格局理论和现代化理论家的理性化假设均提出了质疑。

关系和信任在商业交易中的具体运作机制是怎样的？罗家德等（2006）通过对台湾一家高科技企业的深入观察和访谈发现，在商业交易流程的不同阶段会混合使用不同的治理机制。在交易初始的供货商开拓和评估阶段，采用市场竞争和网络口碑与推荐的混合治理方式。在签订采购协议书和讨价还价的过程中，信任使成本分析变得容易，并且不需要订定太多的惩罚条款，可以有效地解决不确定性。制度虽然在商业交易的各个阶段都发挥着重要的角色，但是却没有办法完全杜绝机会主义的产生并有效地维持秩序，而由关系结构所形成的信任关系，在资源交换和互惠的互动中，则可以起到维持交易秩序、解决资源交换不平衡、使合作关系持续的积极作用。

针对多数社会网络与社会资本研究中所采用的静态结构分析的局限性，有些学者重点从动态的视角考察了关系、信任的动态构建过程。秦海霞（2006）通过对私营企业主的关系网络构建过程的研究，揭示了在转型过程中私营企业主的行动选择策略和游戏规则。她把私营企业主关系网络的构建分为四个阶段，即寻找、编织、巩固、发展关系。在这个过程中，私营企业主以礼物作为关系建立的媒介，以人情作为社会交换的“货币”，与关系对象编织自己所需的网络模式，再以经济资本的投入作为巩固双方关系的筹码，促使双方依据各自的需求采取相应的策略，做出倾向于对方的决定。通过各种途径建构起来的关系网络成为一种最有力的策略性工具，其结果是社会关系对社会制度的全面渗透，这不仅直接影响到资源的重新分配，而且还重塑了权力关系，成为社会结构变迁的重要原因之一。笔者认为，私营企业主之间商业往来的重要机制是“关系”而非“市场”。这一方面说明了中国市场规则和信用制度的不完善；另一方面也表明作为中国传统文化核心内容之一的“关系”在社会转型时期被赋予了现代的工具理性的内涵。

6. 社会资本的负功能

社会资本理论的局限主要表现为主流学者忽视了社会资本的消极作用。作为一种理性选择理论，它漠视人类行动的非预期后果、非理性和无理性后果；将社会资本理论作为解释或解决一切社会问题的灵丹妙药，从而导致了社会资本的泛化。应该提醒研究者注意的是，国内媒体和普通大众往往把关系、社会网络和社会资本的正常使用当作不正之风甚至腐败的代名词，这不仅阻碍了社会网络与社会资本积极功能的发挥，而且给有关社会网络和社会资本的经验研究带来了额外的困难。在以往的研究中，“多数学者只是强调了社会资本的积极作用，而对于可能产生的消极甚至反功能却鲜有论及”（张文宏，2003）。但是，近几年来，研究者在经验研究中发现了社会资本负功能存在的几种不同形式。

晋军（2000）的质性研究选择了被主流社会学家忽视的消极社会资本的作用机制。他通过对改革前中国社会的一个虚拟个案的分析，围绕交易成本、资本化、外人成本和过度资本化等概念，提出了分析消极社会资本的理论框架。社会资本的消极作用主要体现为封闭性，因为特定的稀缺资源被资本化为局外人难以涉取的社会资本，相应地增加了局外人涉取稀缺资源的成本。在此基础上，作者导出了消极社会资本的如下命题：当一个社会同时具有资源高度稀缺和结构相对封闭的特征时，外人成本将成为社会资本的一个显著的副产品；将会出现过度资本化的现象。人们对于社会资本的过分依赖，使得多数社会成员必须承担高额的外人成本，最终使个人的社会交易总成本以及相应的群体交易成本大幅增加。

刘林平（2006）在对企业社会资本的研究中发现，企业所投入的构建社会关系网络的费用与企业绩效之间并不如人们所期待的那样具有显著的正相关关系。换言之，社会资本对企业的作用有可能是负面的。从交易费用的逻辑来看，社会资本对宏观经济运行的作用并不总是积极的。从微观的角度看，社会资本的投入增加了交易费用，对企业的绩效也未必产生正面的影响。

赵延东（2006）在对武汉市下岗职工再就业过程的研究中发现，下岗职工在寻找再就业岗位时大多使用了社会网络，但得到的工作往往是较“差”的。尽管下岗职工对网络途径的使用极为普遍，但使用网络途径对于再就业的实际作用却似乎是矛盾的：一方面下岗职工求职时如果使用网络途径将更可能获得再就业；另一方面，那些使用了社会网络途径的职工却获得了质量更差的工作。此外，职工的社会资本总量较为贫乏，且多集中于亲戚、朋友的狭小圈子内，这不利于职工获得更多的信息和资源，因而社会资本的使用不但没有给下岗职工带来“好处”，反而使他们陷入更为窘迫的境地。尽管他们可能更容易通过网络获得新职业，但得到的职业质量却不会太高。该项研究表明，“社会资本的负作用”不仅存在于宏观层面，在微观层面也同样存在，并且使用微观层面的社会资本有可能给个人带来更为不利的后果。

也有学者研究了关系与信任在农村社会的地下“六合彩”蔓延中的运作逻辑。邓燕华（2006）通过对湖南某村长期的田野调查，发现了关系是地下“六合彩”蔓延的主要渠道，而在交易过程中，存在“自己人”和“外人”的界限以及不同的交易规则，关系信任是地下“六合彩”交易成功的根本保障。笔者认为，作为社会资本的一种重要形式，关系信任如果不能在合法和正当的领域发挥积极的作用，那么就有可能在非法领域（如地下“六合彩”的买卖或其他地下经济中）发挥消极的功能。

社会资本研究的特点、问题与未来趋势

（一）特点

纵览过去30年中国学界的社会网络与社会资本研究，我们可以发现如下几个特点。

1. 研究领域有所扩展、分析层次呈多元化、提名法和定位法的测量技术开始结合起来

社会网络与社会资本的概念、理论、测量方法和统计模型已经被广泛应用于社会学、政治学、管理学的实证研究中，社会资本研究的多学科视角已经初见端倪，这说明发轫于社会结构视角的社会网络与

社会资本的理论与方法的发展正在呈现出跨学科的特点。在社会学视角下的社会网络与社会资本研究，几乎涉及所有社会学研究的主流领域，诸如职业流动与地位获得、社会支持网、组织的社会网络与社会资本、社区、老年群体、弱势群体等。分析层次不仅仅局限于传统的微观层次，以家庭、企业、社团等群体或组织作为分析单位的中观层次上的研究成果也开始出现；研究设计中的提名法和定位法开始在某些研究中有意识地结合起来。在这个意义上，社会网络与社会资本研究正在成为一个具有方法论特点的跨学科领域。

2. 中国的社会网络与社会资本的研究正在走向专业化、制度化和规范化

其标志是开设专业课程、培养专业硕士生和博士生、召开专业会议、拥有专业化的学术团体。一些重点大学的社会学系（如清华大学、西安交通大学、南京大学、哈尔滨工程大学、中山大学、上海大学等）已经陆续开设社会网络分析和社会关系研究的本科生和研究生专业课程。2006年的中国社会学学术年会，首次设立了社会网络与社会资本研究的专业论坛。自2005年开始，先后召开了五届“社会网与关系管理”学术研讨会暨社会网络分析技术的高层次专业培训班。一些社会学核心期刊（如《社会学研究》《社会》等）几乎每期都刊发社会网络与社会资本研究的论文。甚至有期刊组织社会网络与社会资本研究的专题（如《学习与探索》2006年第2期）。作为专业化的另一个重要标志，中国社会学会社会网络专业委员会在筹备5年之后于2009年10月在上海大学召开的第五届“社会网与关系管理”学术研讨会上正式宣告成立。

3. 社会网络与社会资本研究的专业教材、专著、论文集、译著陆续出版，引进吸收的任务基本完成

如《社会网分析讲义》（罗家德，2005）、《社会网络分析导论》（刘军，2004）、《法村社会支持网络——一个整体研究的视角》（刘军，2006）、《中国城市的阶层结构与社会网络》（张文宏，2006b）、

《社会资本与管理学》（郭毅、罗家德，2007）等。这些著作系统介绍了社会网络研究的相关理论、自我中心网络和个体中心网络资料的收集方法，重点评述了整体网络研究中的小团体、中心性、角色和网络动态性等分析模型，将社会网络分析看作一门对社会关系进行量化分析的艺术和技术，全面分析了社会网络分析的基本概念，结合专业软件 UCINET 的使用介绍了社会网络分析中核心概念的操作化测量方法。

4. 量化研究和质性分析的成果交相辉映，相得益彰

在西方的社会资本研究中，占主导地位的是运用大规模问卷调查的数据，进行理论导向的社会资本的研究假设验证的定量分析，这种主流倾向可以从社会网络与社会资本研究的专业期刊 Social Networks 中发现。纵观国内学界的相关研究成果，除了定量研究成果外，以个案研究、田野调查和深入的访谈资料为基础的质性研究占了相当大的比重。定量分析和质性研究方法的结合，为推动社会资本研究在国内的繁荣做出了一定的贡献，从一定意义上也反映了研究者善于从日常生活的实践中收集“关系”实践的资料，因为中国社会本质上是一种“关系”社会。

（二）问题

尽管社会网络与社会资本研究已经成为最近几年社会科学界的一个热点领域，也取得了相当丰硕的成果。但是毋庸讳言，当前研究中也确实存在一些问题。①有关社会资本的概念至今还没有达成共识，由此导致了测量的混乱和对于同一结果的迥异解释，这在某种程度上阻碍了这一研究领域的发展。将社会资本的概念界定和操作化测量宽泛化和随意化，在某种程度上降低了社会资本理论的解释力。在一种测量层次上得出的结论，却与在其他分析层次上的研究发现进行比较和讨论。将在个案研究、田野调查中得出的结论推广到普遍的意义上，以致陷入了区位谬误的泥潭。②部分研究者在“隐喻”而非“实质”的意义上使用社会网络、关系、社会资本等概念，从而使社会资本的术语和理论有可能流于时髦，而不能成为一个严肃的知识和学术领域。

③目前还没有设计出类似美国“讨论网”那样获得公认的提名法，来综合地描述中国人社会网络或社会资本的特征。虽然学者们尝试着使用“讨论网”“拜年网”“餐饮网”“求职网”等测量中国人的社会网络与社会资本，并取得了较为丰硕的研究成果，但是无论是在提名法还是定位法的操作化测量中仍然没有形成一个获得高度认同的测量方式。④本土化与跨文化比较研究的矛盾还没有很好地解决。

（三）未来趋势

结合当前社会资本和社会网络分析学者的研究兴趣、专长和中国社会转型时期的特征，以下几个方面有可能成为未来几年中国社会网络与社会资本领域的重要研究议题。

1. 关系社会学有可能成为新的学科增长点

正如边燕杰在2009年中国社会学年会的主题报告中所指出的，研究中国社会的关系主义现象，以及对这个现象的系统的理论和实证分析，也许是探索和推动中国社会学理念、中国社会学学科方向以及社会学的中国学术流派形成的一个可能的突破口。关系主义的本质特征是伦理本位、关系导向。关系社会学是一套关于伦理本位、关系导向、熟亲信为特征的关系主义现象的理论知识；在方法论层面上，关系社会学是探索和分析社会行为模式的一种思维方法论、研究方法论，即从关系主义的理论立场出发，研究中国社会和所有其他社会。关系社会学是把握中国社会现实及其变动的重要学术工具。不但在传统中国社会，而且在我们生活其间的从计划经济到市场经济的转型社会，关系主义都是调节中国人社会行为的关键机制。为此，关系社会学的概念、理论、方法，对于研究中国社会、社会变迁，是处于中心学术地位的。关系社会学将是推进中国社会学学科建设的重要突破口。有了关系社会学，我们就多了一个直接反映中国社会、中国本土文化的社会学知识体系，就有了一个新的研究和教学领域，从而更好地建立和完善中国社会学学科体系的目标。关系社会学将是我们开展和加强国际学术交流的新的阶梯和渠道。因此，笔者认为，如何借用在西方发展已经相对成熟的社会网络与社会资本的概念、测量方法，创建国内外社会学者都能认同的关系社会学学科体系，推动中国关系社会学的国际化，增强对中国社会及国际社会中关系现象的解释力，将是今后一个时期国内外同行共同努力的一个目标。

2. 在研究范式上，阶级阶层分析视角和社会网络分析视野渐趋融合

作为研究社会结构的两种不同范式，阶级阶层分析和社会网络分析的共性是研究人们在社会中的结构位置，只不过前者更偏重分析社会成员在科层制组织中的正式位置，后者更关注社会成员在非正式组织和社会关系结构中的位置。两种研究范式并不存在孰优孰劣、相互替代的关系，而是相互补充、相互完善的关系。因此，将阶级阶层分析的理论模型和测量方法与社会网络分析的概念和分析技术结合起来分析社会成员的社会资本状况，不论对于阶级阶层理论的发展，还是对于社会资本理论和研究方法的完善，都将做出预期的贡献（张文宏，2006b）。

3. 互联网及其他现代通信工具中的社会资本与人际社会网络形成互动

据工业和信息化部统计，截至 2009 年年底，中国网民规模达到 3.84 亿人，较 2008 年增长 28.9%，在总人口中的比重从 22.6% 提升到 28.9%，超过了世界平均水平。中国手机用户达到 7.47 亿，其中手机网民规模约为 2.33 亿，占网民总体的 60.8%。其中发挥交通沟通功能的即时通信、博客应用、电子邮件、社交网站、论坛/BBS 的使用率分别达到 70.9%、57.7%、56.8%、45.8% 和 30.5%。不可否认，互联网目前已经成为相当一部分社会成员收集信息、交往、工作、娱乐和生活的一种重要手段。换言之，互联网和移动通信工具作为一种关系和嵌入性资源，已经成为当代中国人工作和生活的一种重要形式。互联网已经成为一种新型社会资本的积聚平台。因此，未来的研究将重点分析计算机网络是如何建立和分割社会资本，虚拟社会组织和团

体形成的参与机制，虚拟社会成员的社会人口特征，网上互动和资源交换的模式，虚拟网络的规模，密度和异质性，网络社会资本与现实社会资本的同质性和差异性等问题。

4. 社会资本成为构建和谐社会过程中的社会整合与协调手段

以往的经验研究证明了不同层次的社会资本可以发挥信息搜寻和传播、施加社会影响、提供社会信用和社会支持、增强团体和组织的团结和凝聚力、促进社区参与和经济发展与社会繁荣等微观和宏观层面的积极作用。那么，在构建和谐社会的过程中，社会资本能否作为等级制调控和市场调节之外的第三种方式，作为一种社会整合与协调手段，促进社会成员之间，社会组织之间，政府、市场与民间社会之间的关系和谐？社会资本能否成为一种新的社会治理模式？如果回答是肯定的，那么其发挥整合与协调功能的机制究竟是什么？是否会带来负面的效应？这些问题均需要社会学者去展开研究。

5. 全球化和风险社会背景下社会资本结构与功能发生变迁

中国加入WTO以来，逐渐成为世界经济、政治、社会和文化体系中举足轻重的一员。在全球化背景下，大量的国际金融资本、物质资本和人力资本纷纷抢滩中国大陆，这种国际有形资本的加速流动，也必然带动国际和国内社会资本的结构重塑和功能转型。分析全球化和风险社会背景下社会资本结构和功能的变迁趋势将是未来研究的一个热点。

（原载于《江海学刊》2011年第2、3期）

从发展道路到社会质量：社会发展研究的范式转换

张海东*

我国学者在 20 世纪 80 年代末提出中国需要自己的社会发展理论①，伴随着国外社会发展研究领域学术著作的大量迻译，其后社会发展研究渐入佳境。梳理社会发展研究的理论脉络，我们可以清晰地看到，在社会发展研究中，人们已经实现了认识上的两次飞跃：第一次飞跃是破除了片面的发展观，摒弃了单纯将经济增长等同于社会发展的观念；第二次飞跃是在社会发展道路和模式上，认识到既不存在唯一道路，也不存在统一模式。在上述两个飞跃的基础上，当下社会发展研究正面临一个新的重要的范式转换，即从关注发展的道路和模式，转向关注发展的质量。

社会发展研究中认识上的两次飞跃

早期的发展观是片面的、单纯的经济发展观，人们普遍认为只要

* 作者简介：张海东，1967 年生，上海大学中国社会转型与社会组织研究中心教授、博士生导师。

① 高清海、孟宪忠：《中国需要自己的社会发展理论》，《天津社会科学》1989 年第 1 期。

经济发展了，一切社会问题都会迎刃而解。但是社会发展的现实将这种朴素的发展观击得粉碎，发达国家和后发达国家所经历的“有增长无发展”的现实使人们深刻地认识到这种发展观的局限：片面的GDP至上的发展道路是行不通的。但这样一个今天看似非常简单的道理却是众多国家付出沉重代价历时很久才认识到的。在社会发展研究中，以佩鲁提出的“新发展观”、罗马俱乐部所描述的“增长的极限”为代表的发展理念实现了社会发展研究中认识上的第一次飞跃。

即便上述认识在几十年前就发生了转变，但是这不能完全杜绝后来者重蹈覆辙。在我国改革开放的早期，我们并没有走出传统发展观的局限，而是将发展单纯地理解为经济发展，各级政府的工作重心均是发展经济，这种思维方式曾经在一段时间里表现得非常明显。但是，经济增长了，物质丰富了，各种各样的社会问题也接踵而至。历史上发达国家和后发达国家曾经遇到过的“有增长无发展”的境况在我们的实践中重新上演。所幸科学发展观的提出及时地叫停并终结了片面发展观可能带来的更深危害，实现了认识上的第一次飞跃。

要理解社会发展研究认识上的第二次飞跃，我们需要简要回顾一下西方的社会发展理论。既然西方发达国家较发展中国家更早进入现代化的征程，那么西方的道路是否就是发展中国家的未来之路呢？这一问题引起了学者们的关注和讨论。概括地说，针对此一问题的理论成果主要有现代化理论、依附理论和世界体系理论。

现代化理论建立在对欧美现代化发展进行概括的基础上，这种理论认为，发展中国家由于自身内部原因，而未能实现从传统到现代的转变，仍处于传统社会阶段；而要实现这种转变，必须引进西方文化价值观。依附理论则主要是用“中心”和“外围”之间的不平等关系来解释非西方发展中国家的社会不发达的原因。它从西方发达国家与非西方不发达国家之间的掠夺与被掠夺的不平等关系着眼，在批判现代化理论的价值观念内因决定论的同时，陷入了在政治经济方面的外因决定论，即片面地强调经济。世界体系理论用体系观点来分析整个世界及其组成部分的发展与变化，它不像现代化理论那样只注重单个国家的现代化，也不像依附理论那样将世界简单地划分为中心与边陲，而是将整个世界视为一个统一的整体，探讨其总体的发展规律。

上述三种社会发展理论存在一定的差异，但它们有一个共同点就是试图给出一个统一的社会发展模式。但遗憾的是，这些理论都没能深入地从社会现实层面来探讨特定国家和地区的社会进步与发展，它们隐含的前提性假设是西方发达国家的道路和模式就是发展中国家的未来之路，这一点是西方社会发展研究在理论上的重要局限。

中国在社会发展道路和模式的探讨上对社会发展研究的理论贡献可谓卓著。社会发展研究中认识上的第二次飞跃也即源于中国特色社会主义道路的理论与实践。在道路模式的探讨上，中国的社会发展从一开始就走出了一条独特的发展道路。新中国第一代领导集体践行的马克思主义普遍真理和中国革命具体实践相结合的社会主义道路，其实质是对苏联模式的修正；第二代领导集体开启的中国特色社会主义道路，其实质是对西方模式的否定。所以说，在发展道路和模式的探讨上中国从来就没有因循旧模式，而是另辟蹊径，走出了一条独具特色的发展道路。中国社会发展所取得的伟大成就表明：在社会发展道路和模式上，既不存在唯一道路，也不存在统一模式。一国一社会（甚或一国内部各区域）都要根据各自的实际情况探索适合自身具体国情的发展道路。这对诸多渴望走向现代化的发展中国家而言具有重要的借鉴意义。

我们之所以总结和概括社会发展研究中认识上的两次重要飞跃，主要是认为今后社会发展研究将面临一个方向性的选择，需要实现一个重要的范式转换，而这两次认识上的飞跃则是一个重要的前提性问题。我们认为，在摒弃了片面的发展观和对道路模式的探讨有了清晰认识的前提下，社会发展研究的纵深是关注社会发展的质量研究，换言之，发展出一套概念、理论和方法来衡量、测度甚或比较特定社会的质量可能成为社会发展研究的下一波走向和趋势。实际上中国社会发展的现实也提出了这样的理论要求。建设社会主义和谐社会这一目标的提出，实质上已经将社会发展的焦点引向关注社会发展的质量，如何建设一个富裕和谐的、使全体人民能够有尊严地生活的社会正成为当下社会发展研究的重点。为此，社会发展研究需要实现研究范式的转换，即从关注发展道路和模式的研究，转向关注社会发展质量的研究。

社会发展研究的新范式——社会质量

那么，如何判定一个社会是好的社会还是坏的社会？如何衡量一个社会的质量的好坏？已有的社会发展研究理论并没有给出回答，主要原因是社会发展的质量并没有进入传统社会发展研究的视野，更遑论发展出一套针对处于特定社会发展阶段“社会的”质量的较完备的测度方法。

当然，经济学家有各种各样的指标来比较各经济体间的经济差距，但这远不够用以全面衡量社会的发展状态和质量。自从库兹涅茨在1934年提出GDP以来，它一直是衡量社会进步的最重要的测量标准。但是，众所周知，GDP作为衡量社会发展的标准有很多缺陷，因为它既不能反映非经济性活动，也不能反映社会的不平等、福利和生活满意度等关乎社会发展的质量方面的重要问题。对这一点经济学家也清楚地意识到了，他们试图超越GDP的话语霸权及其对“社会的”方面关注的不足。著名的诺贝尔经济学奖获得者阿玛蒂亚·森提出的人文发展指数（HDI）① 就曾经被联合国接受用以比较国际间的人文发展状况，虽然HDI的指标过于简单，不足以覆盖衡量社会发展的一些重要方面，但其对社会发展中“社会的”关注则提醒人们发展的目标所在。随后发展出的一些研究，例如对加尔布雷斯20世纪50年代在

① 联合国开发计划署：《1990年人文发展报告》。

《富裕社会》中首次提出的“生活质量”（QOL）[①] 研究的拓展，都在试图超越发展问题上关于经济中心的片面性，关注发展中“社会的”层面。生活质量研究中设立了许多指标测度关乎“生活的”各个层面，但缺乏连贯的理论整合而使其显现出试图涵盖人类生活方方面面的局限。当今世界人们正试图寻找新的衡量社会质量的恰当的概念。例如诺贝尔经济学奖获得者约瑟夫·斯蒂格利茨牵头组成的一个有关经济表现和社会发展衡量方法的经济学家委员会不久前指出：“我们需要一系列更广泛的指标，从而更准确地捕捉福祉和可持续发展，以评估经济和社会的表现。”[②]

可以说，迄今人们已经对关注社会发展的质量达成了共识，虽然在很多情况下没有使用“质量”这个概念，例如，中国对和谐社会的追求实际上就是要实现一个高质量的社会。对社会发展的研究者而言，发展出一个可以度量“社会的质量”的理论和测量工具是社会发展研究的一个重要方向。在这样的研究背景下，“社会质量”（Social Quality）的概念应运而生。

“社会质量”概念是20世纪90年代后期欧盟学者采用的一个用以衡量社会发展状况的概念。该概念提出后在欧洲受到高度关注，无论是学界还是欧盟均致力于研究、推广这一全新的社会发展理念。欧盟为此成立了欧洲社会质量研究基金会用于资助和推广社会质量研究的普及，1997年又通过了欧洲《社会质量阿姆斯特丹宣言》。该宣言给出了提出社会质量这一全新的社会发展理念的根本动机：“考虑到所有市民的基本尊严，我们声明：我们不想在欧洲城市目睹日益增长的乞讨者，流浪汉，我们也不希望面对数量巨大的失业群体，日益增长的贫困人群，以及只能获得有限医疗服务和社会服务的人群。”[③] 这些

① 周长城等：《中国生活质量：现状与评价》，社会科学文献出版社2003年版，第7页。

② Stigliz, Joseph, “Progress, What Progress?”, *OECD Oberserver*, 2009.

③ Beck, Wolfgang, Laurent J. G., Van der Maesen, Fleur Thomese and Alan Walker, *Social Quality: A Vision for Europe*, Kluwer Law International, 2001, p. 375.

以及其他指标都表明欧洲社会为所有市民提供的社会质量的不足。社会质量提出后，欧洲许多国家均按照统一的欧洲版本的社会质量指标体系衡量各自国家的社会质量，并据此对有关社会政策进行调整。

我们认为，社会质量概念的提出实现了社会发展研究中研究范式的转换。一方面，社会质量的研究不仅将社会发展研究的重点从发展的道路模式引向具体社会的质量的衡量和测度，进而实现了社会发展研究方式方法的变革；另一方面，更重要的是社会质量的研究把握到了社会发展的目标和本质所在。这两个方面的理由可以从对社会质量的概念和理论的分析中得到确证。

社会质量的概念和理论

社会质量作为一个全新的概念，目前学者们已经将其发展为一个有很大拓展空间的基础性理论框架。从概念上来说，“社会质量是指人们能够在多大程度上参与其共同体的社会与经济生活，并且这种生活能够提升其福利和潜能”[①]。社会质量的概念内在地包含了四个方面的内容。

一是社会经济保障，指人们获取可用来提升个人作为社会人进行互动所必需的物质资源和环境资源的可能性。为了使个体在社会上免于贫困和被剥夺，制度和组织系统要为社会成员提供各种形式的社会经济保障，保障人们在面对各种社会风险的情况下获得所必需资源的权利，这些资源包括收入、教育、健康照顾、社会服务、环境、公共卫生和个人安全等。社会经济保障指向的是社会正义，以抗拒社会给个人造成的风险。

二是社会凝聚，指以团结为基础的集体认同，揭示的是基于共享

① Beck, Wolfgang, Laurent J. G., Van der Maesen, Fleur Thomese and Alan Walker, *Social Quality*: *A Vision for Europe*, Kluwer Law International, 2001, pp. 6 – 7.

的价值和规范基础上的社会关系的本质，考察一个社会的社会关系在何种程度上能保有整体性和维系基本价值规范。社会如何整合一个个群体、社区，这些群体、社区又如何整合为社会，人们对置身于其中的社会的认知如何，这些都是社会凝聚的要旨所在。从根本上说，社会凝聚指向的是团结和整合问题，以最大限度地减少社会分化或分裂。

三是社会包容，指人们接近那些构成日常生活的多样化制度和社会关系的可能性，人们在何种程度上可以获得来自制度和社会关系的支持。社会成员在社会生活中如何通过各种制度融入其中，社会是否有某个人或者某些群体因为具有某些方面的特征而遭受来自正式或非正式制度的系统性排斥，从而导致社会关系的紧张。这是社会包容的指向性。简言之，社会包容关乎个体平等的权利和价值，并在此维度上减少社会排斥。

四是社会赋权，指个人的力量和能力在何种程度上通过社会结构发挥出来，社会关系能在何种程度上提高个人的行动能力。人们必须在一定程度上自主并被赋予一定的权能，以便在社会经济的急剧变迁面前，有能力全面参与。赋权的含义就是增能，它意味着使个体能够控制自己的生活，能够利用各种机会以增加选择的空间。因此，它超越了政治参与这一狭隘的赋权含义，更多地聚焦于个体在知识、技能、经验等方面所具有的潜能以及这些潜能可以实现的程度。社会赋权关注的是社会为个人发挥自身能力而提供的生活机会是否公平，它指向人的尊严。

如果我们用一个类似数学象限的构图（见图1）① 来表示就能更加清晰地说明社会质量的理论架构。在这个构图中，作为横轴的 X 轴的左端代表的是制度、系统和组织世界，横轴的右端代表的是群体、社区和家庭。作为竖轴的 Y 轴下端代表的是个人的生命历程，竖轴的上

① Beck, Wolfgang, Laurent J. G., Van der Maesen, Fleur Thomese and Alan Walker, *Social Quality: A Vision for Europe*, Kluwer Law International, 2001, p. 334.

端代表的是社会过程。社会经济保障的内容在第二象限中（横轴的左端和竖轴的上端区间），社会凝聚在第一象限中（横轴的右端和竖轴的上端区间），社会包容在第三象限（横轴的左端和竖轴的下端区间），社会赋权在第四象限（横轴的右端和竖轴的下端区间）。这一构图，一方面表示的是宏观（社会）和微观（个人）的纵向关系；另一方面则是系统制度、组织与群体、社区和家庭之间的水平关系。纵轴代表社会发展与个人发展之间的紧张关系，而横轴则代表制度进程与个体行动之间，或者用哈贝马斯的表达即系统或制度世界与生活世界之间的紧张关系。这两种持续存在而又密切相关的紧张关系产生了一种动力，这种动力影响了个体的自我实现和集体认同的形成，并将社会行动者转化为能够实现社会质量的行动者。当然，构图中的每一个象限，本身即代表着一个连续的系统：社会经济保障与不安全；社会整合与分化；社会融入与排斥；个人的自主与依赖。

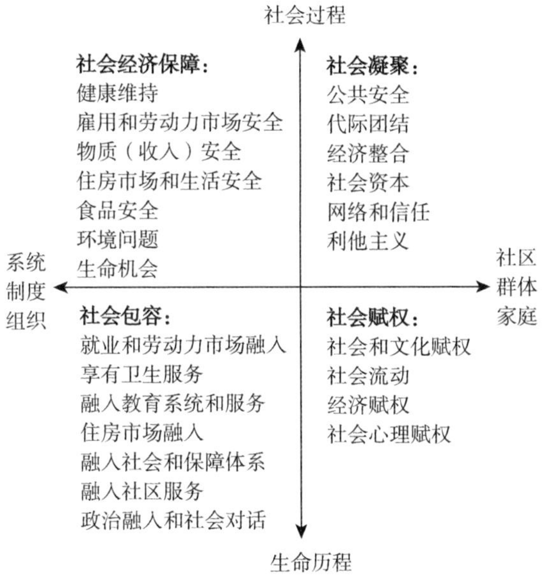

图1　社会质量的理论架构

社会质量有其独特的理论架构，其出发点是消解社会发展与个体发展的矛盾，解决组织世界与生活世界的冲突，从而改善社会状况，继而提升个人的福利和潜力。在坐标系的四个象限中，“如果着眼于社会体系、制度和组织体制等社会环境因素，一个社会的社会质量可以通过该社会为人们生活所提供的社会经济保障的水平和程度反映出来。但如果着眼于个体，该社会的社会质量也可以通过该社会为个人提供的进入社会体系的机会、开放度以及个人融入主流社会的可能性来反映”①。

我们认为社会质量的概念、理论和方法实现了社会发展研究范式的一次转换。其一，社会质量的研究实现了社会发展研究方式方法的变革，将社会发展研究的重点从发展的道路模式引向具体社会的质量的衡量和测度。社会质量研究是一项理论研究和经验研究密不可分的课题。在经验研究方面，上述四个条件性因素构成社会质量的四个基本维度，每个维度下又有一系列次级维度，这些维度可以操作化为一系列测量指标。例如，社会经济安全维度中，包括了健康维持、雇用和劳动力市场安全、物质（收入）安全、住房市场和生活安全、食品安全以及环境安全等次级维度；社会凝聚维度中，包括了代际团结、经济整合、社会资本、网络和信任以及利他主义等次级维度；社会包容维度中，包括了就业和劳动力市场、教育系统和服务、社会保障体系、社区服务的融入以及政治融入和社会对话等次级维度；社会赋权维度中，包括了社会和文化赋权、社会流动、经济赋权和社会心理赋权等次级维度。社会质量是由一系列内在关联的指标构成的完整的体系（例如在欧盟的社会质量指标体系中，共包含了 95 个指标），可以通过大规模的调查来收集资料并进行统计分析。统计的结果可以对比，不同社会间的社会质量可以进行比较。这样，社会质量研究实际上就

① 林卡：《社会质量理论：研究和谐社会建设的新视角》，《中国人民大学学报》2010 年第 2 期。

成为社会发展具体状况的度量尺度和测量工具，社会质量概念的提出使社会发展研究从质性研究转向量化研究成为可能。可以说，从社会发展道路和模式研究到社会质量研究是社会发展研究中的一个重要转折。

其二，社会质量概念和理论把握到了社会发展的目标和本质所在。在社会质量的概念和理论体系中，社会发展被理解为人的发展，或者是个体的自我实现过程。这与社会发展的根本目标和宗旨是一致的。那么，在社会质量的理论中，什么是社会？它与作为个体存在的人是什么关系？这些问题之所以重要在于它们是建构社会质量大厦的基石，也是理解社会发展的本质和目标的关键所在。按照社会质量提出者的观点，社会的实质是在集体认同的语境下作为社会存在的个体的自我实现过程。换言之，社会是不断变化的个体作为互动的社会存在来实现自我的过程。在一定程度上，人的自我实现的过程，一部分是由历史因素也就是社会结构因素决定的；另一部分是由行动者自身决定的。根据这种理论，社会日常生活世界的实现，在于作为社会存在的个体的自我实现与集体认同的形成两者之间的互动。

可以说，社会质量理论的这种认识把握到了社会发展的本质和目标所在。早期的片面发展观之所以被人们抛弃，最根本的一点在于它没有真正把握社会发展的本质和目标。单纯追求经济增长的经济发展观是只见物不见人，只有经济的发展，没有人的发展，这种发展观没有真正理解社会发展的真意。社会发展的本质和目标归根结底在于实现人的全面发展和人的彻底解放，而社会质量理论所蕴含的思想与此并行不悖。

社会质量的研究具有重要的意义。从理论层面上来说，社会质量是一种全新的衡量社会发展的理念和研究范式。它摒弃的是单纯追求经济增长的片面发展观，沿着可持续发展的思路谋求全体社会成员的共同福祉。从社会政策层面来说，社会质量的研究指向社会政策的制定，社会质量理论及其指标反映了一个社会中人们的生活状况，它涉及政府在收入保障、住房、公共卫生和教育等领域中的政策制定活动。因此，社会质量的政策意涵十分明显，它追求社会政策的制定应该朝向全体社会成员共享人类社会发展成果的目标。

（原载于《江海学刊》2010 年第 3 期）

马克思主义社会学理论研究的历史与机遇

刘少杰*

改革开放以来，中国社会学在经验研究和理论研究等方面都取得了丰硕的成果，不仅对迅速变迁、复杂转型的社会现实开展了大量调查研究，形成了许多直接反映中国社会发展变化的学术文献，而且敞开视野，广泛引入和评述西方社会学的新理论、新学派，促进中国社会学的思想观念发生了深刻的变化。然而，在中国社会学呈现空前繁荣的喜人形势下，马克思主义社会学理论的研究却显得相对冷清，虽然也发表了一些关于马克思主义社会学理论的文章并出版了几部著作，但同社会学其他方面的研究状况相比，实在令人感到有些清冷低沉。本文试图在对近30年来马克思主义社会学理论研究状况作概括考察的基础上，对马克思主义社会学理论研究的一些深层问题作些探讨。

马克思主义社会学理论研究的历史

中国社会学对马克思主义社会学理论的研究，最早可以追溯到李大钊、瞿秋白和李达等人，他们在20世纪二三十年代，为阐释和传播

---

* 作者简介：刘少杰，1953年生，中国人民大学社会学理论与方法研究中心教授、博士生导师。

经典马克思主义社会学理论做出了很多努力，不仅留下了一些介绍和评述马克思主义社会学理论的重要文献，而且还促进了马克思主义社会学对中国革命实践的理论指导。从李大钊、瞿秋白和李达等人的文献中可以得出一个结论：关于马克思主义社会学理论的研究，在马克思主义传入中国之初，占有显著的中心地位。并且，由于中国共产党在领导中国革命的过程中，已经把马克思主义社会学的阶级分析和阶级斗争理论、社会结构矛盾运动和社会发展变迁理论同实践斗争紧密结合在一起，所以，马克思主义社会学在中国不仅仅是思想理论，更重要的在于其思想观点在20世纪前期就已经转化成中国社会现实的一个不可分割的部分。

令人遗憾的是，20世纪30年代以后，马克思主义社会学的概念逐渐被人们淡忘，马克思、恩格斯和列宁等人关于社会结构矛盾运动和社会历史发展变迁的丰富思想，都被归结在历史唯物主义范畴之内。用历史唯物主义取消马克思主义社会学的做法，显然是受到了斯大林时期苏联左倾政治和教条主义的影响。苏联早期共产党领导人之一的布哈林因为论述了历史唯物主义即马克思主义社会学的观点，被斯大林指责为篡改了马克思主义的修正主义者。在斯大林认定的马克思主义理论体系中没有社会学，社会学被看成资产阶级的反马克思主义学说。

1949年中华人民共和国成立之后，中国社会学遭遇了近30年的禁闭，不仅西方社会学理论被拒斥于国门之外，而且马克思主义社会学理论也无人敢提，因此也就谈不上马克思主义社会学理论的研究了。直至改革开放，在邓小平的倡议下，中国社会学开始重建，马克思主义社会学理论也逐渐受到一些学者的关注。因此，中华人民共和国成立后，中国社会学界对马克思主义社会学理论的研究，其主要内容也就存在于改革开放以来的30年中所形成的文献中。我们可以把近30年马克思主义社会学理论研究的文献大致分为三类。

其一，关于马克思主义社会学的一些理论观点的专门研究，诸如对马克思、恩格斯、列宁和毛泽东等人的社会结构理论、阶级斗争和社会革命理论、社会有机体理论和社会发展理论等方面的研究，还有对卢卡奇、葛兰西、马尔库塞、哈贝马斯等西方马克思主义者的阶级理论、实践理论、社会批判理论和社会交往理论等方面的研究。这类文献很多，大多数为发表在期刊杂志上的学术论文，其中很大一部分是从事哲学和科学社会主义理论研究的学者撰写的，而由社会学研究者撰写的文章数量不多。

20 世纪 90 年代，中国学术界曾经掀起一场持续很长时间的马克思主义关于社会发展的客观性与主观性、必然性与偶然性、规律性与选择性等方面内容的讨论，还对生产力和生产关系的性质与结构、科学技术在生产力中的地位、社会发展的根本动力与变迁机制等问题开展了深入讨论。虽然参加讨论的学者大部分是从哲学的学科视角进入的，讨论的内容也多集中于思想理论和方法原则，很少同经验研究联系起来，但是这场讨论的很多内容实质上就是马克思主义社会学的基本原理和马克思主义社会学的理论演化史。这里或许有如何看待社会学研究同哲学、史学和政治学等相近学科关系的问题，也可以将学者职业和学科设置清楚地划分为不同学科，但是对学者的学术研究，特别是涉及比较复杂的社会事实或理论现象的研究，事实上不可能做出严格的学科划分，因为有成就的研究往往是突破学科界限的。因此，总结一个学科的学术研究和理论演化，应当突破职业划分的限制，在更广阔的学术视野中对事实上属于本学科的学术成果做出考察和概括。

也是在 20 世纪 90 年代，中国学术界还形成了一场研究西方马克思主义的热潮，当时翻译出版了许多卢卡奇、葛兰西和法兰克福学派的西方马克思主义著作，还在大陆和台湾地区出版了一些评介西方马克思主义思想理论的著作，不仅对西方马克思主义的形成演化、理论观点和方法原则做了深入探索，并且对西方马克思主义同经典马克思主义以及东方马克思主义之间的关系也做出了分析。更重要的是，这次热潮对西方马克思主义是马克思主义在新的历史条件下的发展还是反马克思主义思潮做出了讨论，杜章智等学者坚持把西方马克思主义看成马克思主义者在新的历史条件下的积极探索，这对于解放思想、推进西方马克思主义研究具有重要意义。由于西方马克思主义特别是法兰克福学派的社会批判理论，其主要内容都属于马克思主义社会学理论范畴，因此，研究西方马克思主义实际上也就是在研究马克思主义社会学理论，不过参与者主要都是社会学界之外的学者。

其二，关于20世纪二三十年代中国马克思主义社会学代表人物的研究活动及其思想理论的研究。这类研究成果通常包含在中国社会学史的著作中，较早的有韩明谟的《中国社会学史》（天津人民出版社1987年版），后来在纪念中国社会学百年的热潮中，又出版了郑杭生、王万俊的《二十世纪中国的社会学本土化》（党建读物出版社2000年版），杨雅彬的《近代中国社会学》（中国社会科学出版社2001年版），郑杭生、李迎生的《中国社会学史新编》（高等教育出版社2000年版），阎明的《社会学在中国》（清华大学出版社2004年版）等，这些著作对李大钊、瞿秋白、李达、许德衡和毛泽东等人的社会学研究活动和研究成果作了介绍和评论。近年出版的一些关于中国早期马克思主义者的评传中，也有马克思主义社会学理论研究的相关内容，如余玉花的《瞿秋白学术思想评传》（北京图书馆出版社2000年版）、王炯华等人的《李达评传》（人民出版社2004年版）等。

虽然关于20世纪二三十年代中国马克思主义社会学理论研究的学术成果屈指可数，但都是很重要的。这些研究成果说明了一个十分重要的学术事实，即中国社会学发端之初并不仅仅是对西方实证社会学的引入，马克思主义社会学既是中国早期社会学的重要传统之一，而且在中国社会的民主主义革命和新民主主义革命中也发挥了重要作用。尽管20世纪二三十年代中国马克思主义社会学研究的传统在后来中断了，但是这20多年的学术历史却深刻地向后人启示，中国社会问题和社会发展的复杂性，不仅需要注重描述经验事实的实证社会学，而且更需要对社会现象开展批判性研究的马克思主义社会学，并且正是由于马克思主义社会学坚持对社会不平等、不公正、消极落后等方面的问题开展深入批判，才有力地推动了中国社会革命和社会进步。

其三，关于马克思主义社会学思想理论或马克思主义社会学发展史比较系统的研究。这类研究成果实在是太少了，能够查阅到的著作仅有：常向群的《马克思主义社会学论稿》（河南人民出版社 1992 年版），高平主编的《马克思主义社会学史》（中共中央党校出版社 1997 年版），钟金洪的《马克思主义社会学思想》（中国审计出版社 2001 年版）。这些著作的意义在于，突破了把马克思主义经典作家关于社会结构变迁和社会历史发展的思想理论仅仅归结为历史哲学的“左”倾教条主义束缚，展开了系统总结马克思主义社会学思想体系和理论演化的学术追求，为在改革开放的新形势下开展马克思主义社会学理论研究做出了可贵的探索。

2006 年，郑杭生和刘少杰主编出版了一部《马克思主义社会学史》，这部著作是改革开放以来对马克思主义社会学理论做出了系统总结、对不同时期的马克思主义社会学理论做出了深入论述的研究成果。《马克思主义社会学史》包括四个部分：马克思和恩格斯的经典马克思主义社会学理论；列宁和普列汉诺夫的俄国马克思主义社会学理论；以卢卡奇、葛兰西和法兰克福学派为代表的西方马克思主义社会学理论；以李大钊、毛泽东、邓小平等为代表的中国马克思主义社会学理论。这种内容构成扩展了马克思主义社会学理论的研究视野，不仅对马克思、恩格斯、列宁和普列汉诺夫的社会学思想做出了深入阐述，而且在国内社会学界首次把卢卡奇、葛兰西和法兰克福学派的社会学思想纳入马克思主义社会学理论体系，并且首次把邓小平理论、“三个代表”思想和科学发展观中的社会学思想也编入马克思主义社会学史。该书充分揭示了马克思主义社会学面对资本主义社会及各种消极现象的革命批判性，论述了对社会主义社会及各种进步现象的维护建设性，并以丰富的思想内容展示了马克思主义社会学是一个开放的体系，它在不同历史条件下建立了不同的理论观点并呈现了不同的理论形式，这表明它具有其他社会学传统难以与之相比的活力。

马克思主义社会学理论研究薄弱的原因

概观30年来中国社会学关于马克思主义社会学理论的研究成果，一方面应当肯定所取得的成绩；另一方面也应当承认，同中国社会学在其他方面取得的成绩相比，马克思主义社会学理论研究无疑是一个十分薄弱的环节。毋庸讳言，马克思主义社会学理论的研究成果，无论是在量的积累还是在深入的程度上都是很有限的，甚至同欧美社会学的马克思主义社会学理论研究成果相比也是很薄弱的。这里应当思考的问题是，为什么在中国社会学获得快速发展的有利形势下，马克思主义社会学理论的研究却如此冷清？应当说产生这种现象的原因很多，但以下几点可能是最基本的。

首先，中国社会学重建之初未能彻底清算“左”倾教条主义对马克思主义社会学的否定。中国社会学被当作“资产阶级反动学说”禁闭了二十多年，从根源上说是遭到了从斯大林时期就已开始的“左”倾教条主义的迫害。因此，中国社会学重建之初就应当坚决彻底地清算“左”倾教条主义的危害。然而，忙于学科机构设立、学术队伍培养的中国社会学界，未能从思想理论和学科发展史上去完成这个重要的任务，对于如何肯定马克思主义社会学的地位、如何摆正马克思主义社会学同历史唯物主义之间的关系以及马克思主义社会学同其他社会学传统之间的关系等问题都未能给予深入讨论，更谈不上在社会学界形成关于这些重大问题的共识。甚至可以说，直至目前这些问题也未能得到深入研究，在很多学者的心目中，马克思主义理论体系中有历史唯物主义而没有社会学，并且历史唯物主义只是社会哲学或历史哲学，所以也就没有必要在社会学领域谈论马克思主义社会学。

中国社会学未能彻底清算“左”倾教条主义对马克思主义社会学的否定，也体现了中国社会学自我意识的薄弱。正如某些学者把历史唯物主义同马克思主义社会学对立起来一样，还有一些学者从实证主义社会学立场出发，把马克思主义社会学划在社会学范畴之外，至多不过把马克思等人关于社会历史发展和社会结构变迁的论述称为有别于社会学的社会理论。这实在是中国学术界尤其是中国社会学界的一件令人惭愧的事情，就连那些被称为西方资产阶级思想家的学者，在编写社会学史时，也都把马克思等人关于社会结构和社会发展的思想理论作为社会学的一个重要传统加以深入论述，为什么在以马克思主义为指导思想的社会主义国家却从不同角度排斥马克思主义社会学呢？应当承认，自中国社会学发端之初，马克思主义社会学就是中国社会学的一个重要组成部分，而中国社会学重建后不但不能彻底清算“左”倾教条主义对马克思主义社会学的否定，反而默认对马克思主义社会学的排斥，这说明中国社会学既没有完整肯定自己的历史，也没有明确抵制错误观点对自己的否定，其结果只能是马克思主义社会学从社会学领域中被删割出去。

其次，中国社会学重建之初没有深入清理马克思主义社会学理论研究的一些问题，另一个重要原因或许在于对政治问题的有意回避。虽然在 20 世纪 80 年代中国学术界已经对“左”倾教条主义展开了很多批判，但是不仅“左”倾教条主义在很多领域特别是思想领域不可能在较短时间内清除干净，而且长期在“左”倾政治压抑下的学术界也难免心存余悸，尽量避开被长期作为阶级斗争工具的马克思主义理论，以免遭过去曾多年被禁闭之难，这或许不失为一个安全的策略选择。但是，这是一个回避矛盾的选择。对马克思主义社会学避而不谈，试图把中国社会学建成远离政治生活的实证科学，这种学术倾向的实质是以片面的科学主义立场排斥社会学研究的价值追求。

回顾中国社会学的发展历史，一个不难得出的结论是，明确的价值追求是中国社会学得以兴旺发达的活力根源。笔者曾经指出，中国社会学在其发端之初就有明确的价值取向，就不是一个只讲科学不讲政治的实证科学。并且，正是因为严复、康有为和梁启超等中国社会学先驱胸怀“救国保种、振兴中华”的强烈的价值追求，把活力合群、家族制度、群术治群、化育新民等社会学研究同国家命运和民族兴亡等政治问题紧密结合起来，才使自己的学说焕发出强烈的社会号召力，推进中国社会学研究占据了那个时代的学术中心，执掌了那个时代的话语权。在李大钊、瞿秋白和李达等人笔下的马克思主义社会学，更是以明确的政治理想和坚定的价值追求而表达自己的思想内容，进而对推进中国社会革命与社会进步起到了不可替代的重要作用。然而令人遗憾的是，到了20世纪40年代，中国社会学却因为片面强调实证的科学原则，不仅交出了时代的主流话语权，而且同时也退出了学术中心，迈开了“从堂奥走向庭院的边缘化”步伐。[①]

再次，琳琅满目的当代西方社会学引起了重建之初的中国社会学的极大兴趣，很少有人把注意力移向具有一定政治色彩的马克思主义社会学。20世纪后期，西方社会学进入了一个新的繁荣时期，各种新理论、新流派不断涌现，对外封闭已久的中国社会学，在解放思想、走向世界的旗帜下，如饥似渴地吸收各种新思想、新观念。应当肯定，敞开胸怀迎接当代西方社会学的新成果，是中国社会学发展振兴的重要途径，因此无可非议。问题在于，当中国社会学的理论兴趣在很大程度上转向西方社会学后，原本就存在很多意识形态纠纷的马克思主义社会学理论，就更难以引起人们的学术兴趣了，甚至对一些同西方社会学并存发展的马克思主义社会学新成果也可能视而不见。

事实上，马克思主义社会学在20世纪后半叶的西方也获得了很丰富的发展，但中国社会学界对此却没有给予足够重视。这里还是面临如何认识马克思主义社会学的问题。如果人们认可的马克思主义社会学仅仅是马克思、恩格斯和列宁等人阐述的思想观念，那么在这些经典作家之后形成的马克思主义社会学新成果也就必然被抛在视野之外了。如果能够破除这种僵化的教条主义限制，不难发现根据马克思主

① 刘少杰：《中国社会学的发端与扩展》，中国人民大学出版社2007年版，第10—14页。

义经典作家的思想原则做出新探索的理论成果实在是层出不穷。例如法兰克福学派主要代表人物马尔库塞，他在《爱欲与文明》《单向度的人》《反革命与造反》等著作中，坚持马克思主义的实践立场、辩证分析原则和理性批判精神，对资本主义社会异化、工业社会意识形态扭曲、感性压抑、环境革命和人类解放等问题做出了具有强烈时代感和创新性的丰富论述，这些被西方学者称为马克思主义社会学在当代新进展的理论成果，却被中国社会学置于视野之外。

最后，实证主义社会学观念限制了对马克思主义社会学理论的理解和接受。改革开放以来，虽然从西方传入的社会学理论流派多样、观点各异，但是对中国社会学主流产生较大影响的还是实证主义社会学。马克思主义社会学同实证社会学是在对立中形成与发展的，不仅马克思、恩格斯和列宁等马克思主义经典作家对以孔德为代表的实证社会学给予了很多批判，而且后来的卢卡奇、马尔库塞等西方马克思主义者对实证主义也给予了严厉的抨击。因此，尽管在当代社会学研究中，马克思主义社会学同实证主义社会学也有一些交互借鉴，但就其学术立场、方法原则和历史演化而言，二者的对立是不可否认的。也正是因为这个缘故，当中国社会学在主流上接受了实证社会学之后，马克思主义社会学理论也就不可避免地受到了冷落。

事实上，在马克思主义同实证主义的长期对立中，最根本的分歧是以何种态度对待社会现象。在实证主义者看来，社会学应当像物理学那样用科学的客观性原则去描述社会现象，只问是什么，不问应当是什么；而在马克思主义者看来，社会现象并非都真实地表现了社会生活，人们看到的社会现象往往是因为各种权力制约和利益矛盾而被扭曲的假象，因此欲真实地揭示社会问题的实质，不能仅仅用科学的客观性原则去描述社会现象，更重要的是坚持用公平正义和自由平等的价值原则去批判地揭示假象而阐明真相，并引导人们为实现自己的价值理想而积极实践。应当肯定，面对复杂分化、深刻变迁的中国社会，单纯用排斥价值理想的客观性原则描述社会现象，显然无法完成社会学应当承担的推进社会进步、促进社会和谐的历史使命，而欲完成这一神圣的历史使命，马克思主义社会学的地位与功能是不可替代的。

马克思主义社会学理论研究的新机遇

在改革开放和市场经济发展已经取得显著成就的新形势下，马克思主义社会学理论研究也面临空前有利的发展机遇。特别是中央提出开展以改善民生为重点的社会建设、构建和谐社会的战略任务，为马克思主义社会学理论研究开辟了广阔的发展空间。如何在新形势下认真总结马克思主义社会学的历史发展，明确认识马克思主义社会学的本质特点与历史地位，充分发挥马克思主义社会学理论在社会建设中不可替代的指导作用，是中国社会学必须认真对待的重大课题。

我们认为，马克思主义社会学理论经历了一个半多世纪的历史演化，形成了经典马克思主义社会学、俄国马克思主义社会学、西方马克思主义社会学和中国马克思主义社会学的不同历史形态。尽管马克思主义社会学在基本立场和方法论原则上始终保持了一致性，但因为历史条件和实践任务的发展，马克思主义社会学的四种历史形态在理论视野、面对问题、概念构架等方面都有很大变化。正确总结马克思主义社会学在不同历史条件下的发展演化，是在新形势下开展马克思主义社会学理论研究的必要前提。

经典马克思主义社会学开始于马克思在《莱茵报》时期和《德法年鉴》时期的社会调查研究和社会问题批判。马克思在对底层社会问题的调查研究中，逐渐接触到同政治领域和思想意识领域相对立的经济社会领域——市民社会。对市民社会的观察、分析与理论概括，是马克思主义社会学的理论起点。后来在《1844 年经济学哲学手稿》、《关于费尔巴哈的提纲》、《德意志意识形态》和《共产党宣言》等著作中，马克思和恩格斯逐渐确立了历史唯物主义或马克思主义社会学的基本立场和方法论原则。1859 年，马克思在《〈政治经济学批判〉序言》中对社会结构的矛盾运动、社会历史发展规律等历史唯物主义或马克思主义社会学研究的重大问题做出了如下理论概括：

> 人们在自己生活的社会生产中发生一定的、必然的、不以他们的意志为转移的关系，即同他们的物质生产力的一定发展阶段相适合的生产关系。这些生产关系的总和构成社会的经济结构，即有法律的和政治的上层建筑竖立其上并有一定的社会意识形式与之相适应的现实基础。物质生活的生产方式制约着整个社会生活、政治生活和精神生活的过程。不是人们的意识决定人们的存在，相反，是人们的社会存在决定人们的意识。社会的物质生产力发展到一定阶段，便同它们一直在其中运动的现存生产关系或财产关系（这只是生产关系的法律用语）发生矛盾。于是这些关系便由生产力的发展形式变成生产力的桎梏。那时社会革命的时代就到来了。随着经济基础的变更，全部庞大的上层建筑也或慢或快地发生变革。在考察这些变革时，必须时刻把下面两者区别开来：一种是生产的经济条件方面所发生的物质的、可以用自然科学的精确性指明的变革，一种是人们借以意识到这个冲突并力求把它克服的那些法律的、政治的、宗教的、艺术的或哲学的，简言之，意识形态的形式。我们判断一个人不能以他对自己的看法为根据，同样，我们判断这样一个变革时代也不能以它的意识为根据；相反，这个意识必须从物质生活的矛盾中，从社会生产力和生产关系之间的现存冲突中去解释。①

马克思的这段著名的理论概括通常被称为历史唯物主义的经典阐述，但笔者认为它同时也是对马克思主义社会学基本立场、方法原则

① 《马克思恩格斯选集》第 2 卷，人民出版社 1995 年版，第 32—33 页。

和理论构架的经典阐述。这里我们又面临如何看待历史唯物主义和马克思主义社会学关系的问题。笔者认为，列宁已经清楚地回答了这个问题。在1894年撰写的著作《什么是“人民之友”以及他们如何攻击社会民主党人》中，列宁在批判民粹派的主观社会学时明确指出：“马克思关于社会经济形态发展的自然历史过程这一基本思想，从根本上摧毁了这种以社会学自命的幼稚说教……他做到这一点所用的方法，就是从社会生活的各种领域划分出经济领域，从一切社会关系中划分出生产关系，即决定其余一切关系的基本的原始的关系。”① 列宁紧接着引述了马克思在《〈政治经济学批判〉序言》中的经典阐述（如上所引），然后，列宁得出的结论是：

> 达尔文推翻了那种把动植物物种看作彼此毫无联系的、偶然的、“神造的”、不变的东西的观点，探明了物种的变异性和承续性，第一次把生物学放在完全科学的基础之上。同样，马克思也推翻了那种把社会看作可按长官意志（或者说按社会意志和政府意志，反正都一样）随便改变的、偶然产生和变化的、机械的个人结合体的观点，探明了作为一定生产关系总和的社会经济形态这个概念，探明了这种形态的发展是自然历史过程，从而第一次把社会学放在科学的基础之上。②

简言之，列宁认为，马克思关于经济基础发展变化推动人类社会变迁是自然历史过程的观点是历史唯物主义的根本观点，正是这个根本观点揭示了社会发展变化的根本动力和客观规律，使人们能够正确认识社会现象，进而把社会学放在科学基础之上，社会学由此而成为真正的社会科学。列宁接着指出，在马克思做出这种论断之前，没有

① 《列宁全集》第1卷，人民出版社1984年版，第107页。
② 《列宁全集》第1卷，人民出版社1984年版，第111页。

发现哪种学说能像历史唯物主义这样把社会学变成科学，因此，“唯物主义历史观始终是社会科学的同义词”①。这就是说，列宁不仅认为历史唯物主义的根本观点把社会学置于科学基础之上，而且还认为历史唯物主义作为理论体系，本身就是社会科学亦即“科学的社会学”②。

1921 年，布哈林编写出版了《历史唯物主义理论——马克思主义社会学通俗教材》，在这部著作中，布哈林明确指出：“历史唯物主义理论处于怎样的地位呢？……它是关于社会及其发展规律的一般学说，也就是社会学。”“工人阶级有自己的、无产阶级的社会学，它的名称是历史唯物主义。”③ 布哈林的观点在斯大林时期遭到了严厉批判，但是应当肯定，布哈林的观点同列宁是一致的，或者说是对列宁的观点的进一步发挥，把布哈林的观点说成是篡改和反马克思主义是错误的。

事实上，在各种版本的历史唯物主义著作或教科书中，那些直接引述或进一步阐释的马克思、恩格斯和列宁等人关于社会结构矛盾运动和历史发展变迁的观点，哪一点不可以看作马克思主义社会学的理论内容？或许出于同实证主义论战的需要，为了同实证主义划清界限，使人们不至于把历史唯物主义简单地等同为实证社会学，马克思和恩格斯没有直接把历史唯物主义理论称为社会学。列宁根据历史唯物主义的基本立场和理论内容把历史唯物主义称为马克思主义的“科学的社会学”，布哈林则对列宁的论断做了进一步的阐述。并且，李大钊、瞿秋白、李达等中国马克思主义者也是坚持了列宁的观点，他们都把历史唯物主义视为马克思主义社会学在中国的传播。

由卢卡奇、葛兰西和法兰克福学派等阐述的西方马克思主义，虽然在暴力革命和无产阶级专政等一些观点上同列宁等人为代表的东方马克思主义有分歧，但是他们都坚持马克思主义的一些基本立场和基

① 《列宁全集》第 1 卷，人民出版社 1984 年版，第 112 页。
② 《列宁全集》第 1 卷，人民出版社 1984 年版，第 110 页。
③ ［苏联］尼・布哈林：《历史唯物主义理论》，李光谟等译，人民出版社 1983 年版，第 7 页。

本观点，并且依据西方资本主义国家的历史条件和革命形势，为推进马克思主义理论特别是马克思主义社会学理论的发展做出了不懈努力，并且形成了丰富的、对20世纪思想文化产生了重大影响的理论成果。这些至今都被各种流派的西方社会学看作马克思主义社会学传统的西方马克思主义者及其理论，我们不仅没必要也不应当把他们从马克思主义社会学阵营中开除出去，而且还应当在他们具有广泛创新性的社会学著述中充分肯定其对马克思主义社会学的贡献。

改革开放以来，虽然马克思主义社会学理论研究在中国没有形成热潮，但是社会结构的快速变迁、开展以改善民生为重点的社会建设、构建和谐社会等新形势、新任务，确实给马克思主义社会学理论研究提出了一系列重大课题和空前有利的发展机遇。并且，邓小平、江泽民和胡锦涛等人关于改革开放、发展市场经济和构建和谐社会的一系列具有开创性的新思想、新观点，已经直接为马克思主义社会学理论增添了丰富的新内容。认真总结历史经验，纠正在特定历史条件中形成的一些理论偏见，及时抓住难得的新机遇，深入开展马克思主义社会学理论研究，既是中国社会学取得进一步发展的重要途径，也是更真实地认识中国社会问题、推进中国社会发展的实践要求。

中国社会正处于快速发展、深刻变迁的历史时期，在取得经济增长、文化繁荣和社会进步等方面显著成就的同时，各种社会矛盾或社会问题也以十分复杂的形式表现出来，特别是发展失衡、贫富分化、利益格局深刻调整以及制度失灵、分配不公、贪污腐化等方面的社会问题，都不是仅仅用实证主义社会学的科学观察和客观分析就能说清楚的，而马克思主义社会学的实践原则、辩证分析方法以及不仅解释世界而且还要改造世界的革命精神，对于研究和回答中国社会在快速发展中不断涌现的社会问题，具有明显优于实证主义社会学的地位和作用。

论及马克思主义社会学同其他社会学流派的关系，还需要进一步明确的是，马克思主义社会学在基本立场、理论视野和方法论原则等方面，超越了社会学中长期存在的科学主义和人本主义两大传统的对立。

科学主义传统的代表是实证主义社会学，对实证社会学的根本立场、研究对象、思维方式、理论追求和方法原则等问题做出最清楚讨论的是迪尔凯姆，他曾反复强调，实证社会学的研究对象是作为客观现象的社会事实，而社会事实必须作为外在于思想观念的“物”去看待，对于外在的、客观的“物”，社会学应当像物理学那样去观察，像数学那样去计算，即用科学的方法把握之，其目的在于把握社会生活中作为客观必然性的社会制度或社会规律。

坚持人本主义传统的解释学社会学、现象学社会学和后结构主义社会学等流派，坚决反对把社会事实简单地理解为外在的“物”，认为社会生活是由人们的社会行动展开的，人们是根据自己的意志、目的和利益等主观性因素支配自己的社会行动，所以不能把社会生活仅仅看作外在的客观对象，不能仅仅用科学的眼光去观察和描述，更重要的是对话、沟通和理解，是对社会生活的意义和人类生存的价值做出阐释、导引和批判。

概言之，社会学中的科学主义传统从社会生活的客观性出发，把社会事实当作外在的客观的“物”去看待，以物理学的研究方式去追求社会生活的客观规定性，试图在社会现象中揭示像自然规律一样的社会本质或社会规律；社会学中的人本主义则从社会生活的主观性出发，认为社会事实的本质是人们在社会行动中的主观意愿，而不是客观的“物”，研究社会生活应当用体验和解释人们主观性的理解方法，应当在社会的发展变化中揭示出意义与价值。更明确地说，社会学中的科学主义传统和人本主义传统是社会学研究中的两极对立，前者抓住了社会生活中客观的物的方面，后者抓住了社会生活中主观的精神的方面。

马克思主义社会学超越了科学主义与人本主义的两极对立。马克思主义社会学从实践出发，在社会生活的主观与客观、主体与客体的双向统一中把握社会现象的发展变化，不仅要研究社会生活的客观规定性，认识社会结构运动变化的客观规律，而且还要研究社会生活的主观意愿，理解人们在社会生活中的价值理想和意义追求；不仅要坚持按照科学精神去发现和揭示社会历史运动变化的客观根据，而且还要发扬人文精神，关心人生困苦，追求人类幸福与解放。所以，马克思主义社会学把科学主义社会学和人本主义社会学在两极对立中展开的两个方面都纳入了自己的理论视野和学术胸怀，严格相互排斥的两极对立由此被融化在相互转化的交融关系之中。

总之，马克思主义社会学具有科学主义社会学传统和人本主义社会学传统无法与之相比的优势，它对社会生活开展的总体性研究以及批判性与建设性的思考，对于认识社会问题、化解社会矛盾、推进社会发展具有不可替代的地位和作用，特别是在处于复杂变迁、深刻转型且大力推进社会建设的当代中国，马克思主义社会学具有更加重要的指导意义和更加广阔的实践空间。然而，人们在马克思主义社会学的本质、特点、地位、功能和历史等重要问题上还有很多意见分歧或模糊认识，只有努力从理论上对这些问题给予深入研究和明确回答，才能真正确立马克思主义社会学的重要地位，才能有效地发挥它的巨大作用。

（原载于《江海学刊》2008 年第 5 期）

历史社会学

论社会学研究的历史维度

——以政府行为研究为例

周飞舟*

社会学研究与历史的关系，历来是社会学学科内部的一个重要议题。与其他学科诸如哲学、政治学等相比，社会学与历史的联系不够紧密，这与社会学产生的社会背景、发展和繁荣的路径以及所运用的研究方法等有关。社会学学科本身的历史所造成的社会学与历史的隔膜是一个被普遍意识到的问题，也是社会学家们努力引入各种“历史维度”“历史视角”并进行“历史转向”努力的主要原因。这其中理论和方法论上的问题异常复杂①，并非本文所要面对和进行处理的内容。本文力图从社会学经验研究的角度入手，以社会学的经验研究领域之一——地方政府行为研究为例，从研究中遇到的具体困难来说明引入历史维度的重要性，并对中国本土的社会学经验研究中的历史维度进行一些正面的讨论。

---

* 作者简介：周飞舟，1968 年生，北京大学社会学系教授、博士生导师。

① 理论方面的相关讨论，可参见成伯清《时间、叙事与想象——将历史维度带回社会学》，《江海学刊》2015 年第 5 期。

一

地方政府行为研究是目前中国社会科学研究的重要领域之一，社会学、经济学、政治学中都有大量的学者从各自学科的角度入手对地方政府在地方经济和社会发展中的政策和行为进行理解和解释。从社会学的研究来看，当前对地方政府的研究主要集中在两个方面：一个是在中央地方关系框架下的“项目制”研究；另一个是在组织社会学框架下的政府治理行为研究。虽然主题有所差异，但是这两类研究都体现了社会学研究注重实际运作过程的特点。其基本的研究思路是将政府行为放到一个“结构”的背景中进行考察。其中，“项目制”的研究主要借助的是中央地方关系的“纵向”结构框架，追踪项目资金在政府间由上到下的流动过程，在权力—利益的分析模式下透视政府间关系的互动方式，从而对政府如此行为的原因进行一种分析性的解释。① 政府治理行为研究主要借助的是政府间关系的“横向”结构框架，政府部门间存在不同的权力—利益关系，这些关系及实际运作中形成的互动模式构成了我们对政府治理效率的理解。② 这些研究在规范性研究的意义上是相当成功和深入的，但是如果我们将其研究的结果与实际的经验现象对比，就会发现还存在一些缺陷，主要表现在两个方面。

首先，用于政府行为分析的“结构性”框架过于正式化和制度化。比如中央—地方关系作为分析“项目制”的结构框架，主要借助财政的分权和集权进行理解。财政的分权和集权的程度则主要依赖于收

① 渠敬东：《项目制：一种新的国家治理体制》，《中国社会科学》2012 年第 5 期；黄宗智、龚为纲、高原：《“项目制”的运作机制和效果是“合理化”吗?》，《开放时代》2014 年第 5 期。

② 周雪光、练宏：《政府内部上下级部门间谈判的一个分析模型——以环境政策实施为例》，《中国社会科学》2011 年第 5 期；陈家建、张琼文：《政策执行波动与基层治理问题》，《社会学研究》2015 年第 3 期。

入、支出和转移支付的制度性分析，这种分析是一种典型的以权力—利益为主导的政治经济学色彩浓厚的分析。但实际上，这种分析得出的分权或集权的结论与现实存在相当的差距。中央—地方关系的演变呈现一定的规律，随着改革开放的发展，权力收放的程度和范围进一步扩大，逐步变为所谓集权—分权，这与市场转型的发展有关系。但是除此之外，中央—地方关系似乎也有一些自身的逻辑和规律，并不能只用权限和责任的分散或集中来加以测量。例如，对于所谓“诸侯经济”危险性的判断、对威胁稳定的形势判断，中央政府自身和学者的研究性结论就不够一致，中央政府似乎更加敏感一些。这种敏感是来自制度分析之外的东西。就好比一个外人靠经验证据来判断一个家庭是否会离婚经常会很不准确一样。再比如，政府间的动员激励机制和讨价还价机制比我们研究的要复杂一些，这在一定程度上是因为我们对政府内部部门间的理解偏于科层化和制度化所致。就动员机制而言，动员的严厉性和高效率是容易被外部感知到的，但是内部人则知道这种严厉性和高效率事实上经常与下级政府或部门的隐瞒谎报或浮夸联系在一起。这种感知能力的不足不只是因为我们是“外部人士”，还与我们目前的研究框架有很大关系，对政府行为过于制度化的理解导致我们“捕捉”不到或者遗漏掉了政府运作中的一些关键信息。

社会学的政府研究中的另一个缺陷在于，当分析政府行为时，使用了过多的组织学或者管理学的假设，这导致当前的政府研究范式过于“公司化”了。中国地方政府的行为被认为是高度“公司化”的，以追求绩效为目标，这基本上是学者间的共识。[①] 政府行为的“公司化”并不意味着我们应该以“公司化”的视角去看待政府，也就是

① Oi, Jean C., “Fiscal Reform and the Economic Foundations of Local State Corporatism in China”, *World Politics*, 1992, 45 (1); Qian Yingyi, and Barry R. Weingast, “China's Transition to Markets: Market-Preserving Federalism, Chinese Style”, *Journal of Policy Reform*, 1996, 1 (2).

说，“公司化”是政府行为的结果，但是之所以出现这种结果，并不一定是政府按照公司的运作方式展开行动而实现的。我们都知道，地方政府的一些重要目标恰恰是靠纯行政的方式才能实现，以与公司不同的方式实现纯绩效的目标，是许多地方政府最为擅长的地方。[①] 当前社会学的政府行为研究，对行动的理性假设和绩效取向都很明显，容易将政府行为的问题实际转化为“公司管理”的问题来进行研究。

用组织学或管理学的思路来理解政府行为，容易将实际的政府运作过程简单化或技术化。例如，看上去十分复杂的委托代理问题，在组织学或管理学的分析逻辑中是相对技术化的，可以用基于“信息不对称”的行动模型来理解。但事实上，在这些形式化的分析中，信息不对称的程度是经常被夸大了的。从对组织结构的制度分析来看，信息是沿着科层制的构架流动的，比如通过各种文件来往、工作总结和汇报、各种会议和上级的调研等。但在实际的政府运作中，重要的信息则是沿着各种所谓“非正式”关系渠道流动的，比如各种饭局、聚会、聊天和八卦消息。在这种情况下，如果我们只考察正式的科层结构，哪怕对其做出极为精致深入的机制分析，我们仍然离事实很远。因为这些领导在正式的分析中，看上去对于重要的信息知道得很少，但他的决策却没有严重脱离实际。而学者们如果单纯依靠正式的制度和政策分析并由此提出政策性建议，却有可能更加脱离实际。

在已有的社会学研究传统中，上述社会关系被看作“非正式”的，这经常意味着它们是次要的、补充性的，甚至是落后的、干扰性的，在组织和制度的逐步健全和完善过程中会逐渐被清除掉的。但实际上，这正是当前社会学的政府行为研究有所欠缺的关键所在。例如，在关于政府间隐瞒行为的研究中，以三年自然灾害时期的救荒行为为例，我们从正式的文件和材料中看不到省级政府行为间的巨大差异，

---

① 周飞舟：《地方政府“公司化”的双重效应》，《文化纵横》2009 年第 6 期。

只有从粮食购销的数量变动上推测省级政府有无救灾和隐瞒行为[①]，结果发现，政府对上隐瞒、对下救助是一种较为普遍的模式。但是，对于一个多级政府体制来说，这种判断本身是有逻辑矛盾的：如果下级普遍对上级隐瞒的话，上级的对下救助却有何依据？这种情况下，一些重要的信息会通过“非正式”的渠道进入上级政府救助行为的正式决策考虑之中，并会成为关键性因素，但很少会出现在政府的正式文件和会议中。再例如，在对项目制的研究中，我们看到了各种对项目申请、项目管理、资金使用和审计监督的研究，更加重要的是对项目制度中的关键一步，即为什么要申请这个项目、谁来申请这个项目也有了一些实质性的研究进展。有研究揭示了项目申请和实施中的“打包”行为[②]，更有研究揭示出甚至在“打包”之前基层政府上下级之间有过一些“非正式”的沟通、交流行为，在被研究的案例中称为“撮合”过程[③]。这个过程虽然是“非正式”的，但是对于决策来说是最为重要的过程。因为缺少“正式”的仪式性约束，上下级之间、下级政府之间的沟通和信息交流可能更为充分，各种社会关系也在其中起了重要作用，这决定了项目申请和实施的整体思路，在保证项目契合地方实际、实现项目的目标方面比那些正式过程更加重要和必不可少。

当前的社会学研究也普遍注意到了这些“非正式”社会关系的重要性，但是在分析和讨论它们时，经常存在一种还原论的危险，即把这些关系和关系网络看成行动者的权力和利益的交换网络。这样一来，政府中实际上就存在两套并行的权力—利益网络：一套是正式的制度安排，由于带有正式性和公共性，所以其中的权力和利益交换可以受

---

① 周飞舟：《三年自然灾害时期我国省级政府对灾荒的反应和救助研究》，《社会学研究》2003 年第 2 期。

② 折晓叶、陈婴婴：《项目制的分级运作机制和治理逻辑——对“项目进村”案例的社会学分析》，《中国社会科学》2011 年第 4 期。

③ 付伟、焦长权：《“协调型政权”：项目制运作下的乡镇政府》，《社会学研究》2015 年第 2 期。

到各种规范的制约，使这些交换更加偏向于“公共”目标，是一种“公共”行为；另外一套则是非正式的社会关系，是以个人关系网络为中心的权力和利益交换体系，更不容易受到规范、制度和法律的制约，因此经常用来满足个人的或者私欲驱使的权力和利益要求。在这种思路之下，许多社会学研究就变成了批判私人的、不正当的个人关系对正式制度的侵蚀，或者是致力于通过实地研究去揭露正式的制度实际上是建立在非正式社会关系之上的海市蜃楼。[①] 这种还原论导致的研究困境是极为明显的：一方面社会学的研究发现了非正式关系的强大甚至是必不可少的存在；另一方面又将其看作受到更少约束的权力和利益的私人表达，是一种与正式关系相比更加缺少正当性的关系。一种缺少正当性的关系何以是必不可少的？或者说，我们在研究中不断地发现所谓“关系”是重要的时候，同时又是在不断地证明这些关系是应该被公共的、正式的关系替代或消除掉的。实际上，当我们将非正式社会关系完全看作权力—利益交换网络的时候，已经预设了它的不正当性。另外，如果我们只是用权力—利益网络来理解这种非正式关系的话，最终仍然会用技术化手段来处理这些关系，比如我们可以用人际网络模型而不是组织架构模型来讨论“信息不对称”的问题。还原论的思路会引导我们顺着一条看上去不同的路重新回到问题的起点。

如果我们要摆脱这种思路，就必须正面讨论这些所谓“非正式”社会关系的性质。事实上，如果这些关系是完全以权力和利益交换为内容，以个人私欲为主导，那么去除或者代替它们只是一个制度建设、监督和执行的问题。但是如果这些关系在社会的意义上仍然具有一些正当性，那问题就更加复杂一些，因为这些关系中内含的正当性来自历史。

① 冯军旗：《中县干部》，博士学位论文，北京大学，2010 年。

二

中国自秦代开始实行郡县制，建立了中央集权的官僚体系。按照韦伯的理解，这是一种以传统支配类型为主的家产官僚制，与西方理性化的现代科层制相去极远。在中国近现代化的过程中，虽然消灭了帝制，但是并没有建立起西方意义上的宪政体制，其整个官僚体制构架虽然在制度上与西方的科层制相似，但是在内部运行的原则和规律方面，即上一小节所强调的社会关系方面，则在很大程度上仍然是传统的。① 或者说，一个官员在官僚制内要推动完成一件事，从动员到实施在很大程度上需要依靠其内部的关系结构，而支配这些关系的原则并非现代科层制原则。

传统官僚制的核心是官员选拔体制。从汉代的察举制到唐宋的科举制，选拔体制经历了一个复杂的变化过程，到明清时期达到了科举制的顶峰。作为选拔最关键的要素，科举考试的内容越来越偏向“经义取士”，选拔出来的进士可以直接选任为州县官员的一把手。这些人既无行政法律知识，又无施政治民经验，对地方行政可以说是地地道道的“外行人”。同时，由于必须在家乡五百里之外做官，这些官员对于其治理对象来说又是地地道道的“外乡人”。我们可以将这种任用“外行人”和“外乡人”做行政长官的体制称为“二外政治”。这种选拔体制的用意是什么？这样选拔出来的官员与我们所看重的政府内部运作的原则和关系结构又是一种什么样的关系？

“二外政治”虽然是传统官僚体制发展的结果，但也的确给当时的官员带来了许多困惑。因此在明清时代，官场上盛行一类专门教人怎样做官的书，总称为《官箴书》。这些书大多是退休的州县官员写

① 这些非正式社会关系的性质，如果其中存在支配关系的话，既非完全的传统权威类型，也不是现代的法理型支配，相比较而言，更接近传统一些，详见本文后面的论述。

出自己的为官经验，给自己的子弟等一些青年官员传授“秘笈”所用。《官箴书》较早见于北宋，成熟于明代，盛于清代，按照狭义、广义等不同的分类法，少说有八十多种，最多的说法有五百多种。[①]这些书种类驳杂，从公文案牍汇编到催科断狱案例无所不有，实务多而虚文少，对我们理解官场中的规矩和原则颇有启发。

在各种实务的讨论中，《官箴书》强调最多的并非制度律条，而是如何选用幕友、如何管理和使用衙役胥吏。有些幕友写的《官箴书》中也最强调如何选择“东主”。在选用幕友的问题上，具有丰富的行政经验虽然是必不可少的，但还是以人品厚重为前提条件。对待衙役胥吏，讨论的大多是如何恩威并施、如何防止其营私舞弊、如何从胥吏中挑选相对老实的人等。《官箴书》中的这些内容，虽然明显是针对缺少行政经验的新官所言，但是重点在于如何能够“知人善任”，而不是如何能够直接提高行政绩效。很少有《官箴书》建议用改变旧有组织构架和办事程序的方式来解决诸如“信息不对称”导致的隐瞒浮夸问题。另外，对于去外地做官的“新官”，一些《官箴书》会详细说明上任时一些重要的程序，如在京应该拜访哪些人物，到任应该如何祭神、如何行礼、如何与当地士绅来往等。我国自秦代以来就建立了“流官制”，目的是防止各种家族、家乡的血缘、地缘关系对官员公务的侵蚀，而这也恰好从反面说明了这些血缘、地缘关系的重要性。

但是遍览《官箴书》之后，让人印象最为深刻的部分并非那些公文和案例，而是几乎每一本官箴都会在前面用相当大的篇幅进行“道德说教”。这些说教大多是将“四书”“五经”中的原则和抽象道理具体化为官场上的“为官之道”，然后加以申述，比如为官应该“清、勤、慎”，并指出这些原则在经书中的根据等。从官箴书的性质和阅读对象来看，并无进行道德宣传的必要，这些在一定程度上作为“秘

① 赵骞、彭忠德：《三十年来我国古代官箴研究述论与展望》，《中国史研究》2009 年第 4 期。

箴”的为官手册花如此之多的篇幅进行说教，一定有一些重要的道理，这些道理与我们上一小节所强调的官场中的运作规则和关系网络又有什么关系呢？

用现代组织学的眼光来看，《官箴书》强调的主要是官员的个人特征而非组织的结构和运作特征，这与现代社会科学尤其是社会学的政府研究取向极不一致。实际上，当前社会学的政府行为研究之所以存在过于制度化和技术化的缺陷，正是因为过于重视组织结构和运作特征，而相对忽略官员的个人和关系特征所导致的。当我们用权力和利益模式分析地方政府行为时，我们通常是将整个政府或者政府部门当作一个“行动者”来处理的，比如财政包干制促使一个地方政府“大办企业”，而分税制形成的新的利益分配格局促使地方政府“经营城市”①。这种“拟人化”的制度分析恰恰是不看重真正作为行动者的官员个人的：政府如何行为似乎与“谁”做政府的一把手无关。这个缺陷在我们进行宏观分析时并不太突出，但是当我们需要理解政府的具体行为和运作机制时就会变成一个严重的问题。因为现实的经验告诉我们，不同的人做领导意味着许多重要的行为有极大的不同。也就是说，当前的社会学研究中，政府的领导或者官员只是一些“职位”或“角色”，这些职位或角色由谁来填充或者扮演并不重要，我们假设无论换了“谁”，都会按“职位”或“角色”的期望来行动，这正是我们的分析偏于制度化和技术化的根本原因，也导致了我们对政府行为的研究在一定程度上偏离了现实。

这种重组织特征、轻个人特征的倾向始自瞿同祖先生的《清代地方政府》一书。在此书中，瞿先生首先用西方组织学、社会学的眼光考察清代的地方政府，发现了极多不合科层制规律以及不合绩效之处。例如，从组织学的观点看，政府中非常明显的一个不合理之处就是

① 周飞舟、王绍琛：《“农民上楼”与“资本下乡”：城镇化的社会学研究》，《中国社会科学》2015 年第 1 期。

“叠床架屋”的问题，分工和责任不明确。办一件事，长官先派一个人去，又派一个人去干同样的事情，名义上是为了协助，实际上导致互相扯皮和掣肘。但是如果我们去看《官箴书》，“叠床架屋”就有一定的合理性：这并不是为了提高绩效，而是信任或者权力的分配出了问题。实际上，中国传统官僚制度中权力的一个重要的运作和分配方式并不符合现代的科层原则：皇帝、宰相和高级官员先把有潜力的、有能力的年轻官员留在身边，待建立了信任或者特殊关系之后，再把他派出去办事，地方由近及远，事务由轻及重，然后再招进一些更年轻的人来身边作为补充。这种由宫中到府中、由内朝到外朝的像“剥香蕉”的层层外翻的权力扩展方式所最为重视的，就是对官员的人品和能力等个人特征的考察与信任，而不是组织的结构特征。如果说组织结构有什么变动的话，也是为了适应对人的考察和信任而不是相反。

对官员的本身特征及其关系的重视能够在很大程度上修正我们对政府行为的研究取向。在中国的官僚体系中，这些特征对于我们理解政府行为有可能起到更加重要的作用。那么，这些特征到底和《官箴书》所强调的选贤任能与道德说教是什么关系呢？贤愚善恶与官僚制的实际运作结果又有什么关系呢？

三

对官员本身品质和能力的强调和重视容易被视为“人治”而非“法治”的标志。在政府行为研究领域中，“人治”经常和“清官政治”甚至“专制”的词语混用，似乎一强调人的重要性，就赋予了官员个人以少受甚至不受约束的专断性权力。这种思路与将社会关系“非正式化”的思路结合在一起，加剧了政府行为制度化和技术化的研究取向。

事实上，如果我们着重考察实际运作过程的话，“人治”官员的专断性权力并没有表面看上去的那么大。《官箴书》中繁复的道德训诫一方面要求官员自我约束；另一方面也是出于实际行政的需要。这些官员看上去威风八面，但当真的要处理起事情来则缚手缚脚、顾虑甚多。实际上，我们只要将官场中的一个官员与公司中的一个 CEO 对比一下，就可以看出前者的谨小慎微之处了。对于 CEO 而言，绩效目标明确，为了达到目标，可以依靠规则和制度来进行动员，也可以方便地辞退反对者。相比之下，官员的目标是多重的，很多情况下，“不出事”的目标比绩效目标更加重要，而且不但不能辞退下属，还要尽量避免制造更多的敌意。官员的顾虑主要来自如何维持下属的服从和忠诚、如何不引起对自己的负面传闻或评论、如何在各种阻碍中推动政务的进展、如何维持上级对自己的正面看法等，在这些多重顾虑中要做到万无一失，可以称得上古人所谓“若朽索之驭六马”了。

除了上述顾虑和自我约束外，政府官员在处理事情时也面对一些不得不然的处境。比如政府行政或事业单位的员工有家庭困难或者高龄而怀孕产子，经常会得到领导额外的“开恩”假期，比如可以迟到早退。这看上去是典型的“人治”的表现，但是从官员自身的角度考虑，他们其实并没有很大的自由裁决权，经常是不得不“开恩”，否则就是不近“人情”。在中国社会，一个官员如果被看作不近人情，就可能与“群众关系不好”“脱离群众”等评价结合在一起，甚而会被扣上“酷吏”的帽子。而且更为重要的是，许多官员本身也认为“不近人情”是不对的。

在一篇当代社会学研究的经典文献中，孙立平、郭于华两位教授分析过一个农村征收订购粮的案例①。面对能交得起但不肯交粮的老农，基层干部用尽各种办法都无法说服，最后说了一句“您就把我当作要饭的”之类的话，老农就交了粮，问题得到了解决。孙、郭两位学者把这当作一个“正式权力的非正式运作”的典型案例进行分析：“在正式行政权力的行使过程中，基层政府官员对正式权力之外的本

① 孙立平、郭于华：《软硬兼施：正式权力非正式运作的过程分析》，《清华社会学评论》2000 年特辑。

土性资源巧妙地利用，即将社会中的非正式因素大量地运用于正式权力的行使过程之中，从而使国家的意志能够在农村中得到贯彻执行。”作者认为，基层干部实际上运用了一些权力技术，比如“情境定义”，即将收粮这样一种国家与农民关系的情境定义成了一种“乞讨”情境。在这样的情境之下，老农再不给粮食就是不对的。这是“非正式运作”的具体内容，也和本文第一小节里所提的“非正式”关系本质上是一致的。

这个案例的结果看起来好像是权力通过“非正式运作”获得了胜利，其实是很成疑问的。我们不应该假设那个老农会因为情境定义而屈服，老农在很大程度上并不会因为基层干部改变了“定义”就改变对情境的判断。他应该还是知道这是在收订购粮，而不是真的在乞讨。那么，他为什么交了呢？他不是因为被“骗”或被“操纵”了而交，而是因为基层干部“顺从”了自己认同的道理而交。老农认同的道理是，无论对方是谁，只要以乞求的态度对待自己，自己就应该给予帮助。这个道理比服从国家、比做安分良民等道理都重要，也比要交的那“十五斤花生”重要。所以基层干部用其他道理都不能说服，只有认同了老农认同的那套道理时，任务才得以完成。那么，是权力通过非正式运作得到了胜利呢，还是老农的那套道理得到了胜利？

通过对这个案例的进一步分析，我们可以看出，所谓“正式权力的非正式运作”，并不是任意运作，也不完全是以权力—利益为导向的行动者之间的复杂博弈，而是受一些“道理”的约束。这些道理包括应该体察人情、应该有施有报、应该帮助弱者等，实际上是一些行动伦理。各种“非正式”关系的建立、展开和运作，也受到行动者所认同的一些行动伦理的约束。正是因为这些行动伦理的存在，才使单纯以权力—利益导向认识这些社会关系会落入还原论的陷阱。

至此，我们可以回到本文开始时提出的问题，如果说制度制约了权力和利益在正式组织方面的分配的话，行动伦理则制约了权力和利益在非正式社会关系网络中的分配。也就是说，那些由亲戚、朋友、圈子、派系等组成的关系网络并非只是个人化的利益网络，同时也受到一些行动伦理的影响，即联结人际关系的精神纽带的影响。这些行动伦理与正式的制度、规则以及科层制的精神很不相同，这是导致我们的政府行为研究脱离实际的深层原因。所以，要认识非正式关系的性质，就需要清楚认识这些关系之上的伦理。它们在现实中非常复杂，当前对这些非正式关系性质的经验研究，大多将其归结为“面子”“人情”“关系”等概念，并将这些概念作为对这些关系的解释。这当然不是解释，只是一种概括和描述，要更加深入地认识这些概念所包含的内容尤其是背后的伦理，就需要引入历史维度，因为这些概念及伦理扎根于中国本土的历史传统中。

与正式的制度和规则相比，这些行动伦理更加强调个人间的体贴照顾、人格化的忠诚义气等，我们可以在历史中找到这些伦理的源头。由于这种伦理具有强烈的个人化、人格化的特征，所以个体的德行和修养就在“非正式”的社会关系中变得极为重要。一个通情达理、忠诚厚道的人与一个刻薄寡恩、唯利是图的人在正式的组织制度分析中可能是没有差别的，但是在社会关系网络中的地位则有巨大的差别，也对其所在的差序结构的紧密程度有重要的影响。如果一个科层制组织经常借助“非正式”的社会关系网络完成信息传递、激励动员、政策执行等任务的话，这个关系网络中的关键人物的德行就会非常重要。我们至此就可以理解《官箴书》中的道德训诫之所以对于官僚体制是必不可少的，就是因为这些伦理要求构成了传统官僚制运行的关键要素，也代表了传统官僚制的精神气质。从官僚制研究来探索社会学的历史维度，一方面是通过经验研究将官员行为中的行动规范和伦理因素提炼出来，另一方面在中国传统的社会思想中找到其依据和源头。这是为了达成对行动者行动意义的深入理解。只有深入理解行动的意义脉络，才能理解行动，而这个意义脉络是需要一直往前不断地追溯的。

这种历史维度区别于两种学术界比较流行的“历史”态度。一种是将与现代社会或者要建设成的现代社会不相容的因素归结为中国人的劣根性，历史研究是为了证明这种劣根性古已有之。另一种是将与现代社会不相容的因素归结为传统社会或者农耕社会的残留物或遗迹，随着历史的发展会被逐步清除掉。这两种态度在很大程度上都具有一种“反历史”的取向，是预先假设了一种“超历史”的标准然后居高临下地审视历史。这些态度使我们很容易忽视当下正在起作用的“非正式”的社会因素。事实上，社会学研究面对的重大问题不是如何清除这些社会因素，而是如何理解这些社会因素。我们如果将这些因素上升到行动伦理的高度，就会发现，它们之所以难以消除，是因为这些因素与传统社会中的核心价值即“仁”“义”观念密切联系在一起。①

这些行动伦理不但在现代社会难以完全实现，即使在传统社会也更多的是一种获得认同但却没有能够完全付诸实践的理想。理想不能实现，不等于不能影响现实，理想正是以一种不能实现的方式影响现实社会的。所以，要认识这些理想，需要从它不能实现的部分展开，这些部分正是与我们今天批评的劣根性、残留物紧密联系在一起。古人云：“人之过也，各于其党。观过，斯知仁矣。”中国社会中比较普遍的狭隘自私的毛病是和讲究爱有差等、亲疏远近的“仁”的理念联系在一起的；比较普遍的不遵守规则、不重视制度的毛病是和人格化的忠诚和“义”联系在一起的。可能真正的问题是在社会中如何使“仁义”之人更多、使自私散漫之人更少的问题，而不是完全抛掉传统的仁义观念，建立一个全新道德体系的问题。这是社会学研究应该具有历史维度的最大意义之所在。

（原载于《江海学刊》2016 年第 1 期）

① 周飞舟：《差序格局与伦理本位：从丧服制度看中国社会结构的基本原则》，《社会》2015 年第 1 期。

时间、叙事与想象

——将历史维度带回社会学

成伯清*

倡导“新古典社会学的想象力”的塞勒尼，近又撰文指出社会学面临政治、方法和理论上的三重危机。在他看来，政治危机主要是社会学既不能吸引足够数量的学生，也越来越不能为激进的社会改革提供远景；方法危机主要是社会学既不能真正探究因果关系，又未提供好的替代方案；理论危机则主要是对学科的核心基础缺乏共识，甚至在确认所应研究问题上也举棋不定，处在混乱的边缘。如何走出危机？塞勒尼认为社会学路径的力量在于反思性或反身性。“只要社会学回到对大多数人的关切上，关心阶层、性别和种族不平等、权力、贫困、表达、剥削和偏见，它将能找到自己的根。”① 社会学要保持自己的政治使命，必须回到批判性的宏观社会学，像古典大家马克思和韦伯那样，从事对重大社会议题的探究调查。他还认为，社会学的另外一个优势，是对所使用数据的批判性反思。唯有沉浸于社会情境之中，方能提出正确的问题、精确地描述事实以及解释社会行动者的选择。总之，在塞勒尼看来，反思性和解释性模式是值得尝

* 作者简介：成伯清，1966 年生，南京大学社会学院副院长、教授、博士生导师。

① ［美］伊万·塞勒尼：《社会学的三重危机》，吕鹏译，《江海学刊》2015 年第 3 期。

试的道路。

关于社会学之碎片化乃至解体的说法，都算不上危言耸听了。塞勒尼上述关于危机的指陈，也确乎存在。只是通过回到古典而走出危机的主张，恐怕难以奏效。社会学如何提供社会改革的远景，如何找到休戚与共的阅听人，如何在方法论上找到正当路径，如何重新厘定自己的问题领域？对于上述问题，塞勒尼均是语焉不详。所以，正如他在文中略带尴尬地承认的，这种“左倾的、批判性的新古典社会学”，迄今在社会学同人中“没有怎么获得成功”，也是由来有自。

不过，塞勒尼指出，“如果要将我们的社会改革成一个更好的社会，社会学也必须变革”①。这是一个应当予以正视和重视的主张。如何变革社会学，如何重塑社会学想象力，以应对时代的挑战乃至引领时代，是社会学当下安身立命的根本问题。下面我们首先从社会学想象力的关键维度谈起，分析当今社会学之所以既不够抽象，也不够具体，还不够人文的缘由，通过叙事转向来拓展社会学的表征和再现空间，重新为社会学定位，最后再回应社会学的历史使命问题。

社会学想象力的维度

社会学想象力概念的提出，除了汲取经典社会学家的智识之外，关键还是源于对现实状况的不满。按照米尔斯的看法，“当代历史的事实，同时也是个体的男人和女人成功或失败的事实。……无论是对于个体的生活，还是对于社会的历史，惟有将它们放到一起都得到理解之时，才能真正各自地理解它们。但是，人们通常并不是根据历史的变迁和制度的矛盾来确定他们所遭受的困扰。对于他们所享受的幸福，他们一般也不归结于他们所处社会的大起大落。因为普

---

① ［美］伊万·塞勒尼：《社会学的三重危机》，吕鹏译，《江海学刊》2015 年第 3 期。

通人极少意识到他们自身生活模式与世界历史进程之间错综复杂的联系……”[①]。在一个信息支配了注意力并远远超出了吸收能力的时代，米尔斯认为，各色人等所需要的，是无论对内在心理生活还是对外在职业生涯都有意义的社会学想象力，唯此方能洞悉广阔的历史场景和自身的实际处境。

“社会学想象力可使我们把握历史和个人生活历程以及二者在社会之中的关系。此乃社会学想象力的任务与承诺。”[②] 可见，按照米尔斯的设想，社会学想象力涉及三个维度，即社会结构（social structure）、历史（history）以及个人生活历程（biography）。社会结构的维度关注的是特定社会作为一个整体的结构形态，结构的组成要素及其相互关系，如何区别于其他类型的社会秩序，结构的持续和变化意味着什么。历史的维度关注的是特定社会在人类历史中的位置，变迁的动力，对于整体人性发展的意义，历史时期的由来和影响，形塑历史的特定方式为何。个人生活历程维度关注的是这种社会中的主导型人格类型，将会转向何种类型，形成和选择、解放和压抑、变得敏感和趋于迟钝的机制为何，这种社会这个时期形形色色的行为和品格昭示了何种人性，社会的方方面面对于人性究竟意味着什么。[③]

根据米尔斯的看法，通过上述诸种问题的探索，通过转换视角，也就是借助于社会学想象力，世人可以把握时势，自觉人生境遇，深刻体会到社会的相对性和历史的转化性力量（transformative power）。于是，“他们好奇的能力重又复归，他们获得了一种新的思维方式，他们体验到价值的重估：总之，通过他们的反思和感悟，他们意识到

① C. Wright Mills, *The Sociological Imagination*, Fortieth Anniversary Edition, New York: Oxford University Press, 1959/2000, pp. 3 -4.

② C. Wright Mills, *The Sociological Imagination*, Frtieth Anniversary Edition, New York: Oxford University Press, 1959/2000, p. 6.

③ C. Wright Mills, *The Sociological Imagination*, Fortieth Anniversary Edition, New York: Oxford University Press, 1959/2000, pp. 6 -7.

社会科学的文化意义”①。所谓社会科学的文化意义，亦即社会科学所能起到的教养、启蒙和解放作用。这种社会学显然能够呼应阅听人的存在体验，易于产生休戚相关之感。

但不幸的是，也正如当年米尔斯所言，在运用社会学想象力上最有成效的做法，是区分了“社会环境中的个人困扰”（personal troubles）与“社会结构中的公共议题”（public issues），也就是将焦点放在社会结构层面的分析上。而对于历史和个人生活历程，则出现了系统性的忽视。

其实，在《社会学的想象力》中，米尔斯辟出了一章专门讨论“历史的用途”，既包括制度史，也包括个人史。在他看来，“所有名副其实的社会学，都是‘历史社会学’”②。社会学即是一种书写“作为历史的现在”的努力。历史视角可以让我们充分把握人类社会的历史变异，明了社会结构的变化幅度和限度，以达到经验的充分性。一时一地的研究，经常预设或暗含了一种同质性，而这种同质性如果存在，本身也应被当作一个问题！“任何社会意象，都是带有历史特殊性的意象。”③ 米尔斯还颇有先见之明地谈到对于历史的仪式性使用，或者为了摆脱历史而研究历史，所谓历史解释其实是有待解释的问题。对于“历史的相关性”（the relevance of history），米尔斯甚至提出了一种社会学原则，即历史是否重复自身，取决于社会结构和历史时期，也就是说，不同时期不同社会之中新事物出现的可能性大不一样。米尔斯以此来说明当时美国社会科学界何以普遍忽视历史，因为当时的美国社会与历史解释的相关程度，要低于其他社会和时期。

但无可奈何的是，随着美国社会学向世界范围的输出，社会学的

---

① C. Wright Mills, *The Sociological Imagination*, Fortieth Anniversary Edition, New York: Oxford University Press, 1959/2000, p. 8.

② C. Wright Mills, *The Sociological Imagination*, Fortieth Anniversary Edition, New York: Oxford University Press, 1959/2000, p. 146.

③ C. Wright Mills, *The Sociological Imagination*, Fortieth Anniversary Edition, New York: Oxford University Press, 1959/2000, p. 149.

非历史化（ahistorical）倾向愈益明显。这其中固然存在众多原因，包括社会学为追求科学地位而竭力效仿自然科学的模式。我们大致可以这样来表达也许不算太夸张：当前的社会学既不够抽象（以把握世界历史进程），也不够具体（以把握个人生活历程），还不够人文（以把握社会生活的意义脉络）。而导致这种视野扁平、脱离生活体验的取向的根本原因，还在社会学对社会生活的时间维度的忽视。

时间：虚空化与瞬间化

当然，社会学并未完全忽视时间维度，而是将处理时间维度的任务，似乎发包给了一个专门的分支学科，即“比较历史社会学”（comparative historical sociology）。根据迪尔凯姆的观点——“比较社会学并不是社会学的一个特别分支，只要它不再是专注于描述，而注重研究事实，它就是普通社会学了”[①]，加之深受马克思和韦伯影响的米尔斯上文所引的说法，即名副其实的社会学都是历史社会学，我们本应期待“比较历史社会学”应是社会学本身必要的维度，而非一个特殊领域或研究视角。但实际情况是，已然制度化的这个分支，成为社会学中具有历史兴趣的学者的园地，而非社会学思维中的内在构成部分。有些人研究历史上的社会现象，不过是找到检验普遍适用的社会学理论的一个场所而已，并非关注对象本身的时间性，他们更加关心诸种因素的构型，而忽视事件的时间序列。虽然各国情形可能有所不同，譬如向来强调历史深度和社会理论的德国社会学者多有历史关怀，但社会学本身的非历史化倾向确有更深的根源。

所以，要从根本上反思社会学如何处理时间问题，为此，我们应回到对现代性本身的反思——尽管根据吉登斯的说法，社会学作为一门学科是现代性的制度性反思——尤其是要反思社会学可能囿于现代

① ［法］E. 迪尔凯姆：《社会学方法的准则》，狄玉明译，商务印书馆1995年版，第150页。

性视域而带来的局限。

社会学本身诞生于从传统到现代的历史转变（historical transition）之中，但在确认历史趋势之后，社会学就将历史抛诸脑后。事实上，从一开始，社会学就将历史想象为“阶段的序列”（a sequence of stages）或断裂，每个阶段具有自己的关键特征和内在逻辑。在孔德那里，是从神学到玄学到科学；在斯宾塞那里，是从军事社会到工业社会；在滕尼斯那里，是从礼俗社会到法理社会；在马克思那里，是从封建社会到资本主义社会；在迪尔凯姆那里，是从机械团结到有机团结；在韦伯那里，是从身份到阶级……相应地，社会学所提出的跟历史有关的问题，多是围绕着危机、革命、转型展开。[①] 但在特定历史阶段或社会类型之中，社会秩序与社会关系是确定的，时间是没有实质性意义的。

而这种时间观，非常契合于现代社会有关时间的制度性安排。现代时间制度的核心宗旨，一言以蔽之，即是马克思所说的，“时间就是一切，人不算什么；人至多不过是时间的体现”[②]。也就是说，在资本原则的强制下，时间就是金钱，挣钱需要时间。在这种主导逻辑之下，技术理性关注的只是效率，人本身不过是一段时间的体现而已。

众所周知，时间观随文化和历史而变异。在现代社会占据主导地位的，是一种通过钟表和日历来测量的线性进程的时间观。其中涉及一种根本性的转变。波斯通在重新诠释马克思的批评理论时，曾经就时间是作为自变量还是因变量作出了一种区分。凡随事件而变化的时间为“具体时间”（concrete time），这种时间涉及自然节律，也与人类生活以及特定任务或过程的周期有关。在现代资本主义社会崛起之

---

① Elisabeth S. Clemens, “Toward a Historicized Sociology: Theorizing Events, Processes, and Emergence”, *Annual Review of Sociology*, 2007, 33: 527–549.

② 《马克思恩格斯全集》第4卷，人民出版社1958年版，第97页。

前，盛行的都是各种具体的时间观，时间并非独立于事件的自主范畴，而是在性质上各不相同，或好或坏，或神圣或凡俗。具体时间的计算方式并不依赖于固定时间单元持续的前后相继，而是基于事件或不同的时间单元。与之相对的则是所谓“抽象时间”（abstract time），是指均匀的、持续的、同质的、空虚的时间，独立于事件。抽象时间是一个独立变量，构成了一个独立框架，运动、事件和行动发生于其中。抽象时间可以分为均等、固定和没有品质差别的单元，或者分为可通约、可互换的节段。[①] 当然，这种抽象的时间观，唯有在现代社会大行其道。现代时间制度将时间标准化和统一化，实际上就是将时间空洞化或虚空化[②]，抽离时间的质性差异，变为可以出售的匀质的片段——尽管价格可能因人而异。

不惟如此，“现代”本身即意味着“新的时代”[③]。与过去决裂，与过去保持距离，乃现代性的立场之一。现代性本身是面向未来的规划——尽管如韦伯所言，未来的允诺多是“浪漫主义的骗局”[④]。而作为现代性产物的社会学，也浸透着现代性的精神。超越和撇开传统，既是社会学所预测的社会发展方向，也是社会学自身的惯常做法。所以，社会学之轻视历史，根源还在诞生地。随着西方现代性向全球的扩张，相对于西方（the West）的其他地方（the Rest），则沦为“没有历史的民族”——除了西方所昭示的普遍发展规律，其他的历史，都是时间之矢无谓的停顿或者偏离。

当前时间制度又有新变化，主要原因有二：一是资本原则的调整，

---

① Moishe Postone, *Time, Labor, and Social Domination: A Reinterpretation of Marx's Critical Theory*, Cambridge, UK: Cambridge University Press, 1995, pp. 201 - 202.

② 参见厄里《关于时间与空间的社会学》，载［英］布赖恩·特纳编《Blackwell 社会理论指南》，李康译，上海人民出版社 2003 年版。

③ 参见［德］于尔根·哈贝马斯《现代性的哲学话语》，曹卫东等译，译林出版社 2004 年版。

④ 转引自［英］弗里德里希·A. 哈耶克《科学的反革命：理性滥用之研究》，冯克利译，译林出版社 2003 年版。

一是新技术的发展。当然，它们之间的关系错综复杂，资本可使新技术得到迅猛发展和推广，而新技术也可改变资本流动和赢利的模式。随着资本在剥削生产者受到限制之后，转向了剥削消费者。而消费需要时间，于是，生产时间与休闲时间被区分了开来。在休闲时间中需要挤压进尽可能多的新异刺激，在确定好的计划中体验不确定性。可以说，休闲时间制度的安排，在一定程度上是生产时间制度的反结构(anti-structure)。在消费主义的世俗精神主导之下，“每一个瞬间都是一条小小的通道，由此，弥赛亚可以获得现身”（本雅明语）。消费的瞬间即获得救赎的时刻。信息和通信技术的迅猛发展，也导致了卡斯特所谓的“无时间的时间”（timeless time）：一方面压缩了时间，比如全球金融的瞬时交易，在给定时间内安排更多活动的多任务处理(multitasking)；另一方面则是模糊了社会实践的时间序列和界限，包括弹性时间制度。[①] 于是，一种即时性（instantaneous）时间观愈益盛行：存在（being）取消了生成（becoming），视瞬间为永恒，现在就等于一切！甚至消解了未来。在我们这个越来越快的高速时代，首先排除的就是反思时间，因随时需要即时反应。在这种态势下，得心应手的也是布尔迪厄所谓的“快思手”（fast thinkers）[②]，他们提供的都是平庸而缺乏反思的常识之见。

叙事：存在样式与表征策略

从现代时间制度的特征，我们不难看出，社会学有关时间维度的呈现和表征，与之存在一种类似共谋（complicity）的关系。换言之，社会学在处理时间问题上，既没有表现出足够的批判性和反思性，也没有找到恰当的讲述时间故事的策略和方法。要将历史维度真正引入

---

① Manuel Castells, *Communication Power*, Oxford: Oxford University Press, 2009.

② 参见［法］皮埃尔·布尔迪厄《关于电视》，许钧译，辽宁教育出版社2000年版。

社会学思维之中，我们首先需要突破社会本体论层面的现有预设。所谓社会本体论层面的预设，即是关于社会如何构成与运作、社会领域中存在何种实体和秩序、具备何种属性和趋势的基本观点。

自实证主义以降，在社会学中占据主导地位的现实观，或可称之为单一和线性的现实观，即存在着唯一真实的社会世界，由具有特定属性的固定实体构成，事物的演变遵循着不变的因果关系之流，属性之间具有一种确定的影响，实体或属性之间各自独立，脉络无关紧要，也不存在顺序效应。[①] 这种现实观，恰恰是现代治理术的结果，是主导性秩序试图制造的效应。社会建构论虽然对之提出了挑战[②]，但在主流社会学研究中依然是盛行的潜在假设。

而在重构社会本体论时，我们首先需要纳入的就是时间维度。事实上，放在时间之流中，任何现实（“现在”，历史即“过去的现在”），理论上都是无限广延和无限密集的，可能交叉重叠乃至相互穿插。所以，根本而言，现实是异质的、多重秩序的，总是存在着隙缝，蕴含着多种可能性。韦伯早就指出，任何社会研究，不过是从无限之中抉择出貌似有限的文化现象来加以考察。[③]

那么，面对多重现实（multiple reality），我们该当如何把握呢？或者，我们可以怎样的恰当方法来表征这种特性呢？我们认为，社会学的研究取向，大致可以分为三种，分别基于变量（variable-based approach）、机制（mechanism-based approach）与叙事（narrative-based approach）。[④] “以变量为中心的研究取向，可以描述与解释符合大数

---

① Andrew Abbott, *Time Matters: On Theory and Method*, Chicago: The University of Chicago Press, 2001.

② 参见［美］彼得·伯格、托马斯·卢克曼《现实的社会建构》，汪涌译，北京大学出版社 2009 年版；格根《社会建构的邀请》，许婧译，北京大学出版社 2011 年版。

③ 参见［德］马克斯·韦伯《社会科学方法论》，韩水法、莫茜译，中央编译出版社 2005 年版。

④ 参见 Peter Hedström & Richard Swedberg (ed.), *Social Mechanism: An Analytical Approach to Social Theory*, Cambridge, UK: Cambridge University Press, 1999；成伯清《走出现代性——当代西方社会学理论的重新定向》，社会科学文献出版社 2006 年版。

法则的现象，特别是复杂系统层面的共时性特征。而以机制为中心的研究取向，不仅要比以变量为中心的研究取向更加深入，也更加贴近实际的社会生活。一般说来，特定的社会机制都有发挥作用的情境条件，在机制中也已经带有时间的因素，而且机制的研究属于中层理论的范畴。以叙事为中心的研究取向，则适用于两个相隔甚远的层面，一是个体的生命之流，二是宏大的历史之流，并且可以将两者联系起来。同其他两种取向相比，叙事无疑可以更加妥善地处理人类体验的时间维度。”①

可见，叙事取向是讲述时间故事的恰当策略。且不说“叙事是时间的一个守护者”②，就是叙事认知作为一种正当的探究方式，也日益得到认可。③ 社会生活本身就是高度故事化和情节化的，人本来就是讲故事的人。“叙事人”（homo narrans）假设④，与我们前面所主张的社会本体论也是若合符节的。

叙事取向不仅可以揭示人类社会存在的样式——所有社会化的人都是故事讲述者，当与他人互动或相遇时，总是处在一种潜在的讲故事的情境中；绝大多数的言语行为和自我呈现都包含了叙事要素；叙事和叙事情景既可能是冲突和竞争的场所，也可能是合作和共识的场所；所有的叙事都可能是理性的说明，但因语言的含糊性和差异性，所有的叙事又都是不完全的；叙事存在于各个层面，从个人的、制度的到文化的，存在的时间也长短不一，且总是处在变化之中⑤——而

① 成伯清：《走出现代性——当代西方社会学理论的重新定向》，社会科学文献出版社 2006 年版，第 54 页。

② Paul Ricoeur, *Time and Narrative*, Volume 3, Chicago: The University of Chicago Press, 1988, p. 241.

③ 参见 J. Bruner, *Actual Minds, Possible Worlds*, Cambridge: Harvard University Press, 1986; 应星《大河移民上访的故事》，生活·读书·新知三联书店 2001 年版。

④ W. Fisher, *Human Communication as Narration*, Columbia, SC: South Carolina University Press, 1987, pp. 62 – 63.

⑤ David R. Maines, “Narrative's Moment and Sociology's Phenomena: Toward a Narrative Sociology”, *Sociological Quarterly*, Vol. 34, Issue 1, 1993, pp. 21 – 22.

且也是一种有效的表征时间中的存在的策略。当然，正如前面塞勒尼所强调的社会学在使用资料时的反思性，我们也必须清楚，所有社会学的资料都是已然经过诠释的资料，所有的社会学事实，都是经过叙述的事实，只要它们经过了以故事形式将事件变为事实的加工。社会学者从事资料收集的行动，实际上就是一种进入回答者生活的行动，而回答者的生活是由尚处在展开过程中的故事构成的。因此，在诚实的名义下，研究对象极有可能就同样的事情，在不同的时间和针对不同的人，讲述不同的故事。①

上述考量并非仅是技术层面的，也关乎学术的文化意义乃至政治意蕴。一旦引入叙事，我们不可避免地面临着众声喧哗，即多重叙事之间的竞争。我们或许可以更好地处理事件性时间（eventful temporality）了②，但有关何谓关键性事件的争论（the different definition of the defining events）的潘多拉盒子也就此打开了。个人的叙事与群体的叙事，不同世代的叙事，局部的叙事与整体的叙事，民间的叙事与官方的叙事等，势必出现分歧。这不是让已然濒于混乱边缘的社会学雪上加霜吗？但我们认为，这种貌似后退，是为让社会学立足于更为稳妥和坚实的基础之上。只要我们不是假装在讲述关于社会世界的终极真理，我们就必须以契合社会世界本身的方式进入其中，去聆听不同的声音。每个故事，也许只是众多可能中的一种特例（a particular case of the possible），但在耐心聆听中，我们可以接近故事可信的内核。

当然，更主要的，在不同的讲述中，我们认识和体察到不同的可能性，辨识出更多的转化性事件（transformative events）——导致结构性变迁的事件。现实的多重性和时间的异质性，会在我们面前生动地展现。

① David R. Maines, Narrative's Moment and Sociology's Phenomena: Toward a Narrative Sociology, *Sociological Quarterly*, Vol. 34, Issue 1, 1993, pp. 21-22.

② 参见 William H., Sewell Jr., *Logics of History: Social Theory and Social Transformation*, Chicago: The University of Chicago Press, 2005。

现实与想象

叙事取向之导入社会学，还不仅仅是可以更好地处理时间维度。以叙事取向来变革社会学，或许还是社会学走出目前困境的一条路径。社会学对于一般公众之缺乏吸引力，无外乎既不能提供动人的故事，也不能提供有关时代的诊断和认知标绘（cognitive map）。而叙事的引入，不仅可以讲述攸关个人困扰和公共议题的故事，也迫使我们反思关于时代的宏大叙事何以乏味。也就是说，从微观层面看，叙事可以体现常人的喜怒哀乐，使人共鸣于富有寓意和韵味的故事；从中观层面看，周遭人群的成败沉浮，势必牵连于社会情境的波谲云诡，间或也迫使人直面结构性制约的无奈；从宏观层面看，时移世易，回首来路，也许让人深切领悟机缘汇聚的必然，但展望未来，歧途重重，不确定性中潜含着众多的可选择性。这种叙事社会学，即便不能提供未来社会的远景，也可为阅听人建构自身的愿景提供智识支持。而埋首于复杂数据展示和抽象命题体系建构的社会学，显然难以亲近一般公众，难以有助于公众理解自身的处境和探寻可能的出路。

当然，我们必须明确指出的是，叙事社会学并非仅能提供“软故事”，它也能阐明“硬道理”。事实上，我们前面所提到的分别基于变量、机制和叙事的研究取向，不是并列关系，可各凭喜好任意选择。在一定意义上，基于叙事的研究取向更为根本和彻底。以变量或机制为中心的研究取向，都是通过聚焦于研究对象的局部而试图揭示整体背后的规律性或规则性（lawfulness or regularity），但是这种让焦点变得清晰而使背景变得模糊的透视方法，恰恰可能是因局部的清晰而导致整体认识的扭曲。其实，任何研究，从对象的选择到操作路径的落实，都是基于特定的理论假设，或潜含，或自觉，而且理论假设中必有涉及研究对象乃至研究实践本身的叙事。基于变量或机制的实证研究，大多对于有关总体性背景的叙事结构缺乏明确的自我澄清，基本上是沿袭现有的主流假设，甚至是屈从于学界的集体无意识。所以，阐明局部操作背后的叙事框架，方可准确地为这项研究进行定位，也才能让我们准确地理解对象的生成和研究的意义。而在我们的日常社会学实践中，还有太多的潜在叙事有待自觉地阐明，特别是支配社会学思维的各类导向型叙事。这也可谓叙事取向带给我们的一种方法论上的警醒。

另外，叙事即讲述故事的方式和角度，可以多种多样，但是叙事社会学展开的是一种受限制的想象力，并不能随心所欲地任意讲述。一般来说，非虚构的叙事会受到双重限制。一则是客观有限的可能性。叙事必须基于一定的事实素材，可信的叙事必须符合一定的事实逻辑。而事实无非关乎事态和行动者。由于系统的涌现及系统要素的交互依赖，限定了事态可能变异的范围；不同行动者转化事态的可能，则受限于行动的规范、能力以及所拥有的资源。二则是叙事结构的制约性。任何叙事都意味着有限的结局，这不仅是由历史经验决定的，而且也是由当时已被阐明的叙事网络决定的。特别是学术话语中的叙事，任何创新倘要获得承认，定会受到种种机制的审查和制衡：既要足够新颖，以让人感兴趣，又要足够熟悉，以让学界的共识清晰可辨。一般来说，领先于时代的研究，往往要等主流的叙事结构发生转变以后才被接受。

所以，不难看出，叙事结构限制了想象的空间。而叙事的转变，有时攸关秩序正当性的争夺。事实上，无论何种统治，都试图将现实自然化和命定化。任何有效的统治，都依赖于削减统治对象选择的可能性，甚至提供唯一的选择，即迫使统治者认命于现实，除了服从别无出路。当然，这种限制往往成本太高，柔性而经济的符号统治，莫过于想象力的支配。

关注时间，既不是为了缅怀辉煌的过去，也不是为了期待缥缈的未来，而是为了深刻地透视现实。增强历史意识，不仅是为认清社会的演变是路径依赖的（path-dependent），而且是也为揭橥历史演变存在着另外的可能性。专注于“现在的历史”（history of the present）且以谱系学探索见长的福柯，在一定意义上就是要告诉我们，时间是异质的，我们不过是特定历史条件的偶然产物。但非常奇怪的是，福柯仿佛开启了后现代的空间转向，而他在时间维度上的探索，似乎在时代的选择中遭到遮蔽。

学术的作用之一，即在昭示和呵护另外的可能性，乃至拾取被遗忘的可能性。讲述不同的故事，好比铸造历史的时间之犁，用另外可能的想象，来松动板结的现实。

（原载于《江海学刊》2015 年第 5 期）

社会学理论与前沿

网络化时代的信息主义精神

——来自互联网公益领域的经验

刘秀秀*

马克斯·韦伯（Max Weber）在其经典著作《新教伦理与资本主义精神》（*The Protestant Ethnic and the Spirit of Capitalism*）中分析了“现代经济生活的精神与禁欲主义新教的理性伦理之间的关系问题”①，“资本主义精神”由此成为经典概念与学术起点；不到百年，曼纽尔·卡斯特（Manuel Castells）又提出了“信息主义精神”（the spirit of informationalism）与之相呼应，认为它是“创造性破坏”（creative destruction）的文化，是转瞬即逝的，是多维度的，是经验与利益的拼凑。② 那么，如此光怪陆离的精神在文化转型期的中国是如何表现的呢？这是一个值得探讨的问题。互联网公益在近年来经历了热闹非凡、毁誉参半的历程，是呈现信息主义精神的代表性领域之一。有论者认

---

* 作者简介：刘秀秀，1982 年生，社会学博士，中共北京市委党校（北京行政学院）校刊编辑部助理研究员。

① ［德］马克斯·韦伯：《新教伦理与资本主义精神》，马奇炎、陈婧译，北京大学出版社 2012 年版，第 17 页。

② ［美］曼纽尔·卡斯特：《网络社会的崛起》，夏铸九、王志弘等译，社会科学文献出版社 2006 年版，第 190 页。

为，互联网革命给公益慈善领域带来了深刻而广泛的影响，与社会变量一起造就了“后现代慈善”[①]；也有论者警示人们要小心“技术神话光环”，进而呼吁公益在互联网大潮中找到初心。[②] 究竟如何在这些分散化的研究中条分缕析出比较清晰的信息主义精神，是本文着力回答的问题。

何为信息主义精神

卡斯特在分析新经济之组织形式——网络企业之后，致力于挖掘其背后的“文化维度”，即黏合新发展范式——企业网络、技术性工具、全球竞争和国家——的黏合剂，这种文化是切实存在的，“否则，经济行动就变成为在社会—文化真空状态里进行”，他进而提出“信息主义精神”，将其作为“网络企业的伦理基础”。具体来说，卡斯特笔下的“信息主义精神”拒斥统一的网络文化，但在网络企业看似多样化的运作下，却“有一种共通的文化符码”[③]：

> 它由许多文化、许多价值、许多计划所组成，穿越了参与网络的各种成员的心灵，影响了其策略，随着网络成员的步调而变化，并且随着网络单位的组织与文化的转变而转变。它确实是一种文化，不过是一种转瞬即逝的文化，是每个策略决定的文化，是经验与利益的拼凑，而非权利与义务的宪章。它是多维度的虚拟文化，如同电脑在网络空间（cyberspace）里借由重新安排现实而创造出来的视觉经验……但是它并不长久：它作为过去成功与失

① 康晓光：《超慈善——中国慈善新时代的特征及其由来》，载康晓光、冯利主编《中国第三部门观察报告（2018）》，社会科学文献出版社2018年版。

② 叶晓君：《技术神话光环下的中国慈善公益》，《文化纵横》2018年第5期。

③ ［美］曼纽尔·卡斯特：《网络社会的崛起》，夏铸九、王志弘等译，社会科学文献出版社2006年版，第187—190页。

败的原始资料而进入电脑记忆……任何想要将网络中的位置凝结为特定时间及空间之文化符码的企图，都会造成网络的废弃过时，因为它会变得过于僵化，无法适应信息主义之多变几何形势的要求。信息主义的精神是“创造性破坏”（creative destruction）的文化，而此创造性破坏的速度已达到处理光电信号反馈的速度。[①]

卡斯特笔下的信息主义精神如此跳跃，变动不居，充满了后现代主义的特质，他多次大段引用韦伯的原话作为呼应，并向韦伯这位社会学之父“致敬”；但就信息主义精神本身，卡斯特并未像韦伯一样，用整本书来诠释它的丰富内涵，只在小节处做一总结后，便转而继续论述网络社会崛起对就业、劳资关系、空间时间等方面的深刻影响，对于信息主义精神的零散理解散落在其书中的后半部分。而在笔者看来，“信息主义精神”是个极具学术生命力的概念，它能在一定程度上与韦伯的经典概念形成对话，又能融合信息时代令人眼花缭乱的文化形式，对于深刻理解当下鲜活的社会事实具有重要价值。

信息主义精神扎实存在于时代脉络之中，潜伏在经济行动之下，并能够穿透人类心灵。如卡斯特所指出的，经济行为不可能在真空里进行，而是奠基于文化基础之上的。这种文化是“真实虚拟”（real virtuality）的，在“真实”与“虚拟”这对看似矛盾的概念组合中，卡斯特试图表明，一切文化都是“符号的生产与消费”，“人类生存在象征环境之中”，文化的表现不同于“形式—逻辑—数学的推理”，而是具有“暧昧的编码，并开启多样诠释的能力”。[②] 也就是说，这种文化基础虽不可见，但它在象征之境里具有强大的力量，能够与经济行动交互影响；而更进一步地，时代精神不仅作用于经济领域，它丰富

① ［美］曼纽尔·卡斯特：《网络社会的崛起》，夏铸九、王志弘等译，社会科学文献出版社 2006 年版，第 190 页。

② ［美］曼纽尔·卡斯特：《网络社会的崛起》，夏铸九、王志弘等译，社会科学文献出版社 2006 年版，第 350 页。

的诠释能力能够穿透人类心灵。如此看来，从“资本主义精神”到“信息主义精神”，百年间流转的不只是经济形态的变化，还有社会形态的变迁及文化—制度的转型。

信息主义精神与技术发展密切相关，但又不取决于技术，它面对的是价值之思。韦伯在《新教伦理与资本主义精神》开篇也指出了技术的重要作用：“乍一看，今天资本主义独特的现代形态受到了各种技术发展可能性的强烈影响。它的理性特征基本上取决于那些最重要的技术因素的可靠性。”[①] 但是，韦伯并没有止步于技术归因，而是进一步挖掘技术的原始推动力——西方社会结构的独特性，再由社会结构溯源到理性主义，最后到达他的逻辑终点——禁欲主义新教伦理。当前，从写入国家战略的“互联网+”到“智能+”，表明技术已在经济生活中起到关键作用，“作为第一生产力”带动经济进步，技术属性与经济发展深度契合。而韦伯的经典分析却提醒我们，当对时代之思发起追问时，不能将技术作为逻辑的终点，而应在更深层次的社会结构中寻找答案。信息主义精神正在形成与流动中，它未必与某种宗教思想具有强亲和性，但它一定浮动于最深邃又最灵动的时代脉搏中。

由此，信息主义精神应该深入挖掘技术革新背后的价值编码。从麦克卢汉（Marshall McLuhan）所说的“媒介即讯息”[②] 到卡斯特反思的“信息落后于媒介”[③]，其中贯穿的是对于“信息就是信息”的意义追溯，技术或者媒介的进步并不表明精神实质也随之转型，相反，还是要回到价值世界中去探寻答案。也就是说，一方面，技术进步日新月异，在“互联网+”和“智能+”的带动下，传统领域的诸多要素都在

---

① ［德］马克斯·韦伯：《新教伦理与资本主义精神》，马奇炎、陈婧译，北京大学出版社2012年版，第14页。

② 参见［加拿大］马歇尔·麦克卢汉《理解媒介——论人的延伸》，何道宽译，译林出版社2011年版。

③ “信息落后于媒介”指的是在媒体扩张的过程中，内容跟不上系统的技术转变，转引自［美］曼纽尔·卡斯特《网络社会的崛起》，夏铸九、王志弘等译，社会科学文献出版社2006年版，第346页。

加快速度，争享技术红利，更新文化编码，防止被技术快车甩掉；而另一方面，技术生产的价值未必是终极价值，从文化资源库中撷取的意义才能构成信息主义精神的真正要素。正如韦伯所指出的，社会科学的最终目标完全是要服务于“对种种具体的、历史关联之文化意义的知识”①。

然而，彻底解码信息主义精神仍然有很长的路要走，这是因为信息社会刚刚来临，且远未尘埃落定，卡斯特也指出，“除了知道确实有根本的改变正在发生外，若要评估对社会文化的意义还是相当困难”，目前学者们所能做的只是“针对新传播系统之不同成分所做的零星经验研究证据和评论提供了基础，可以把某些假说奠基在浮现中的社会和文化趋势上”。② 这种零星的研究与评论需要落脚到具体的时空和领域中，否则会让本就“转瞬即逝”的信息主义分析显得更加难以捉摸。

因此，笔者从我国的互联网公益领域切入，尝试从“零星经验”中增进对于信息主义精神的认识。互联网公益领域不同于经典分析中所关注的资本主义组织或网络企业，它虽然直接受益于科技进步和经济发展，但更多地与社会价值息息相关，是与信息主义精神更加契合的“田野”。同时，如同韦伯对资本主义精神展开的经典分析——从新教信徒的职业与天职观、宗教派别与社会分层的关联等抽丝剥茧，呈现宗教力量在资本主义精神的性质确定与扩散中的作用机制——本文也尽量涉及创业者、参与者、组织、平台等多元主体，并尝试观察其中的关联，挖掘背后的价值与意义，推进信息主义精神研究。

互联网公益领域的两个论争

互联网公益大致经历了三个发展阶段：“公益 + 互联网”的 1.0

① 韦伯：《韦伯方法论文集》，张旺山译注，联经出版事业股份有限公司 2013 年版，第 241 页。

② ［美］曼纽尔·卡斯特：《网络社会的崛起》，夏铸九、王志弘等译，社会科学文献出版社 2006 年版，第 347—348 页。

阶段、“互联网+公益”的2.0阶段、互联网与公益真正融为一体的3.0阶段。[①] 不同阶段中的主体角色有所不同，表明了互联网公益发展成熟度的转型与升级。笔者曾分析过这一历程中“技术应用及其行动者的消亡、转型、新生、重生等事件”，呈现了“互联网技术应用到公益领域的‘死与生’的故事”，这些故事即时性地反映了市场、政策和舆论的颠覆性作用[②]。而影响更为深远的是公益领域的一些观点交锋与主义之争，其中穿插着流变的信息主义精神，它们将网络化时代的变局与担忧体现得淋漓尽致，也对公益事业的未来走向意义重大。

（一）技术是否向善

互联网对于公益领域来说，不仅是“更快更高效”的传播手段，更是技术赋权后所开启的“人人公益”的新篇章。如同徐永光在接受《中国慈善家》采访时所说：“中国正在进入人人公益时代，传统的线下公益模式，人人公益可能需要500年才会产生显著的变化，而在今天的移动互联网时代，一两年之内就会产生巨大的变革。”[③] 互联网以其开放、透明、平等、自由等特质与传统公益转型期所急需的要素一拍即合，使公益组织不仅要在形式上加入互联网大潮，在思维方式上也要向互联网性格全面靠拢。

由此，在线上传播、网络捐赠、账目公开、项目反馈等基础性功能之外，公益活动尝试与互联网生活全面融合，平台设计的步数捐、零钱捐、游戏中捐、“买买买”也能捐等多种方式让公益变得唾手可得；云计算、区块链等最新技术，升级式地将互联网的分散优势发挥到极致，人人、时时、处处的网络捐赠是互联网公益走向3.0阶段的重要标志。可以说，互联网对于公益的变革性影响毋庸置疑，即使最为尖锐的批评者也不能否认这一点；而技术在这场变革中究竟扮演什

① 张天潘：《互联网公益构建中国公益慈善新生态》，《南方都市报》2018年9月9日。

② 刘秀秀：《技术应用中的死与生——以互联网公益的发展历程为例》，《社会建设》2019年第4期。

③ 《互联网变革中国公益》，《中国慈善家》2014年第4期。

么角色还存在一定的争论。

与全面肯定技术作用、跟跑一切技术形式、深度接纳技术思维的观点不同，对于技术的质疑主要分为三个层面：一是发现技术运作的负功能。经过技术化操作的公益主体看似透明，其实仅是其全面形象的部分展演，一篇催人泪下的爆款文章，一组充满“在场感”的照片，一串惊心动魄的数字……都能在某个点上“戳中”屏幕前的捐款人，完成一次善心释放的公益慈善行为。而在互联网平台并不能完全为求助者背书，审核未必准时到位的情况下，骗捐、诈捐都有了滋生的土壤。更有甚者，传统方式下人尽皆知的圈钱行为，通过互联网公益“借尸还魂”，变得不那么容易被识别。

二是揭示技术特质的反作用。互联网除了开放透明的特质外，我们还需要认识到，当下的互联网还有娱乐化、消费化、去行动化的特质，如《文化纵横》在2018年“再造公益”的专题中指出的：“当社会正义的议题被简单消解为技术官僚的治理问题，公益事业的发展也就可能沦为娱乐明星们的一呼、一哭或一条微博。”[①] 同理，社会正义的议题也被消解在快乐公益、社交式公益、表演型公益、炫耀式公益的传播过程中，而这些公益形式正与互联网逻辑紧密贴合，是技术赋权论者猛烈鼓吹的对象；但在其反对者眼里，却是对公益价值迷失、正义议题陷落的深深担忧。

三是揭底技术角色的潜风险。“技术从来都不是中立的”，在与资本结盟的过程中，它必然沾染资本的颜色。被民政部认可的20家互联网公益平台中，几家互联网巨头公司占据了大多数流量，它们在技术领先的同时，也在公益议程设计上拥有相当大的话语权。叶晓君认为，平台经济“通过生产社区来保证用户的黏度”，通过道德光环、双赢话语将“行善社区变成消费社区”，平台的垄断本质“更加剧了它对慈善生态的渗透和改造”，进而提示警惕技术与资本凝结而成的“慈

① 《再造公益》，《文化纵横》2018年第1期。

善资本主义”的风险。[①]

在这三个层面的质疑声中，技术运作的负功能尚可以通过技术治理和法治规范的手段加以遏制，植根于文化土壤中的技术特质反作用显然暂时难以扭转，而慈善资本主义则是更深层次的潜风险，它将对公益慈善事业的未来走向产生长远的影响，而究竟如何判定，亦已超出技术本身的范畴。

（二）公益是否“向右”

2017 年 8 月，徐永光出版了《公益向右　商业向左：社会企业与社会影响力投资》一书，提出公益要“向右”，“再向右”，走商业化、规模化发展之路，在互联网技术的催化下，“共享经济带来了‘免费的商业’，社会企业成就了‘收费的公益’，这种颠覆性的社会创新，给我们带来了无限的想象空间和创新可能性”，并进一步提出了社会创新之路——“公益铺路、商业跟进”。[②] 这些思路引起了公益界的激烈讨论，最为直接的是康晓光发表了《驳“永光谬论”》一文，从人类的利他性出发，尖锐指出徐永光所设计的道路是“化公为私”，贬低公益，而鼓吹商业万能，会“干扰公益事业乃至社会的健康发展，甚至将公益事业乃至社会引向邪路”。[③]

在“公益向右”派看来，公益商业化可以提高效率，公益和商业可以互相交融，将小而美的公益组织规模化运作，走社会企业的路子，既达到盈利的目标，又形成向善的效应。而在反方看来，一是如康晓光强调人类的利他性一样，更加重视公益的本心与价值，“不必过分成功”，“公益本来就是左的，不能因为怕撞墙就向右转”；[④] 二是强调

① 叶晓君：《技术神话光环下的中国慈善公益》，《文化纵横》2018 年第 5 期。

② 徐永光：《公益向右　商业向左：社会企业与社会影响力投资》，中信出版社 2017 年版，第 7 页。

③ 康晓光：《驳“永光谬论”——康晓光评〈公益向右　商业向左〉》，《公益时报》2017 年 9 月 13 日。

④ 姚遥：《公益本来就是左的——“社会企业”的渊源与未来》，《文化纵横》2018 年第 1 期。

商业和公益具有不同的评价标准。

而透过争论本身，有论者尖锐指出："如果将徐永光和康晓光的观点合起来，也许才更贴近中国当下公益（慈善）资本主义的图景，即由康晓光式的意识形态装饰的徐永光公益模式"，这场争论只是停留在"去政治化"层面，更加深刻的伦理问题还悬而未决①，争论背后反映的是"公益行业失去自身位置和话语的无奈"②。

同时，在这些"公益是否向右"的讨论中，我们需要意识到互联网的潜在作用。如果不是技术手段的横空出世，"公益向右"的进程会有较大不同，即便公益想要跨界，也得有"界"可跨。互联网对于公益和商业的关系起到了巨大的推动作用——从徐永光开篇以摩拜单车为例就可见一斑，它是不是社会企业暂不评论，但技术与流量所席卷的公益之变是不可否认的。也就是说，我们必须将思考推向深入：关于"公益是否向右"的回答，可能不在于这个小问题本身，它更多涉及的是信息社会向何处去，公益价值何在，在时代大潮中如何安放公益等大问题。

信息主义精神解码

关于技术向善和公益向右的讨论，可以追溯到互联网公益发展之初，大致二十余年间，每一方的观点都有其来龙去脉，在信息技术的作用下，又汇聚成一组组"真实虚拟的文化"（culture of real virtuality），构成流变的信息主义精神。而信息主义精神根植于社会结构之中，将结构、要素、技术、认同等逐层拆解，有助于解码信息主义精神。值得强调的是，在这些看似复杂的观念事实中，唯有抽离出的文化

① 吴强：《"两光之争"的背后：公益事业、资本主义和意识形态》，《文化纵横》2018年第1期。

② 姚遥：《公益本来就是左的——"社会企业"的渊源与未来》，《文化纵横》2018年第1期。

实体才是有意义的，即韦伯所论述的，可以将秩序带进这一团混沌中："在每一个事例中，只有个体性的实在的一个部分对我们而言是有兴趣和意义的，因为只有这个部分和那些我们以之面对实在的文化价值观念发生了关联。"[①] 他在对资本主义精神与新教伦理的分析中正是遵循了这一原则，这也为我们抽丝剥茧信息主义精神提供了方法论支持。

（一）风口上的技术至上主义

在信息主义精神的象征环境中，形成了一些相对明晰的文化符码，技术向善就是其中一个。揭开"人人公益"序幕的互联网技术在初期之所以受到一致好评，是因为互联网将公益从行政化运作中解放出来，形成了"技术赋权"的有利局面。长期以来，我国形成了以官办组织为主流的公益格局，它以"组织化动员"和"行政化参与"[②] 为主要运作方式，在调动普通公众的捐赠积极性方面效果欠佳。而以技术和流量为核心的公益模式迅速改变了这一状况，小额捐赠、人人参与，互联网成为赋权的代名词。

更重要的是，认同的力量带来了颠覆性效果。由于"郭美美事件"带来的负面效应，官办组织一度深陷泥潭；相对灵活的民间组织与互联网迅速结盟，收割了一大片网民的认同。这种认同造就了普通网民的权力，而在信息社会的场域中，权力"所具有的强制行为能力，存在于信息交换与象征操弄的网络中，经由图像、发言人与知识的扩音器，与社会行动者、机构/制度和文化的运动等发生关系"，它铭刻在"文化的符号中"。[③] 如此，网民大规模地重复这一对比性叙事，构建了关于民间互联网公益的文化符号和强烈认同，并将互联网与中下层权益画上了等号，裹挟社会转型期积累的社会矛盾，迸发出

---

① 韦伯：《韦伯方法论文集》，张旺山译注，联经出版事业股份有限公司2013年版，第203页。

② 参见孙立平等《动员与参与——第三部门募捐机制个案研究》，浙江人民出版社1999年版。

③［美］曼纽尔·卡斯特：《千年终结》，夏铸九、黄慧琦等译，社会科学文献出版社2006年版，第331页。

技术呼喊的最强音，最终形成了风口上的技术至上主义。如徐永光所说："对于公益机构而言，移动互联网就是一个风口。如果你站到了这个风口，哪怕你是一头'猪'，你也能飞起来。"[①] 在 2011 年（变局之年[②]）之后的一段时间里，"技术向善"几乎成为一种"政治正确"。

然而，在全景式围观的网络空间中，文化符码的嬗变总是快于人们的想象。占据优势地位的民间公益在几个公关危机中褪尽光环；迎头赶上的官办组织在互联网公益中稳扎稳打；可见，互联网的角色已经悄然发生了变化，验证了郑永年所说的，互联网是一个"新的、尚未开放的政治阵地"，双方都致力于扩大影响力，而博弈"并非总是零和性质"，技术赋权是双向的。[③] 认识到这一点后，互联网技术与民间公益貌似天然的关系已然解绑，代表着中下层期待的技术特质随之褪色。

随着互联网巨头公司积极地加入公益事业，又以其前沿技术和流量优势领跑公益，技术与资本结合得愈加紧密。在公益理想化色彩的映衬下，对于技术角色的质疑甚嚣尘上，同时，"赢者通吃"的局面也使一些跟跑艰难的小型公益组织面临生存危机[④]，卡斯特甚至将这种类型的社会排斥并称之为"信息化资本主义黑洞"[⑤]。加之技术应用走向深入，如上文所说的技术漏洞和娱乐化倾向逐渐暴露，多种因素使得对于技术的评价又一次发生了转向，风口上的技术至上主义俨然

---

① 《互联网变革中国公益》，《中国慈善家》2014 年第 4 期。

② 2011 年 6 月，"郭美美事件"在新浪微博发酵；同年，邓飞在微博上发起的"免费午餐"公益项目大获成功，是为中华人民共和国成立以来慈善公益史上的最大变局，参见刘秀秀《官办抑或民办：中国慈善事业在网络化时代的变局》，《思想战线》2014 年第 6 期。

③ 郑永年：《技术赋权：中国的互联网、国家与社会》，邱道隆译，东方出版社 2013 年版，第 15 页。

④ 刘秀秀：《技术应用中的死与生——以互联网公益的发展历程为例》，《社会建设》2019 年第 4 期。

⑤ ［美］曼纽尔·卡斯特：《千年终结》，夏铸九、黄慧琦等译，社会科学文献出版社 2006 年版，第 148 页。

跌落神坛，技术是否向善仍在争论中。

从普通公众的代言者，到双向赋权的均衡者，再到与资本亲和的站台者，技术角色一波三折，每一段都植根于彼时的社会结构中，都有与之呼应的文化符码，构成相应的信息主义精神——偏向性的认同情感、拉锯中的网络信任、纠葛中的价值归属以及各种亚群体的分化性文化符码等。值得强调的是，卡斯特的提醒有利于我们更好地面对技术角色问题："科技的症结在于科技是人类的折射，而我们并不十分善良。我们丑陋，科技就会呈现出来，造成各种恶果。如果我们能改变、能关注自己的内心世界、政治组织、生活方式和自然环境，科技就可以赋予我们解放自身的巨大潜能。"①

（二）互动中的意义争夺之战

韦伯在分析资本主义精神时，引用富兰克林的话来描述"接近于纯粹经典的资本主义精神"，呈现这种伦理规则的精神气质。② 信息主义精神暂时并没有如资本主义精神一样，形成一组相对稳定的精神气质，更多地表现为互动中的意义之争。作为信息化资本主义中枢神经的全球金融网络，也没有"市场逻辑可循，市场被扭曲、操控和转化，在电脑设定的调遣策略、多重文化的群众心理，以及全球资本流动和互动越来越复杂所导致的不可预期的狂乱之下"③。由此可见，文化、心理或者意义对于所谓"不可预期"的贡献值。

同样道理，在"公益是否向右"的争论中，包含着"公益原教旨主义""公益市场主义""公益改良主义"④ 等多个主义之间的争端。并且，不同于第一个争论，网民之间是"想象的共同体"，即持共同

---

① 《信息时代如何改变生活——在大洋彼岸与虚拟世界哲学家卡斯特对谈》，《北京青年报》2002 年 3 月 11 日。

② ［德］马克斯·韦伯：《新教伦理与资本主义精神》，马奇炎、陈婧译，北京大学出版社 2012 年版，第 42—46 页。

③ ［美］曼纽尔·卡斯特：《千年终结》，夏铸九、黄慧琦等译，社会科学文献出版社 2006 年版，第 327 页。

④ 董强：《中国公益正在出现的若干主义》，《公益慈善周刊》2017 年第 37 期。

见解、分享共同亚文化的网民是类型化的，但面容模糊的；这场争论的主体形象更加明晰，依稀可以辨别其中的“互动者”（the interacting）与“被互动者”（the interacted）[①]。比如，制定互联网公益规则的大平台或者话语权更多的大组织充当了前者，而相对弱势的小平台或小型公益组织则在生态链上处于后者位置。

当然，符码之变是信息主义精神的题中之义，几乎没有永恒的赢者，各个层级的行动者一直在意义之战中争夺“互动者”的位置。但是，韦伯找到了资本主义精神的亲和者——新教伦理，而信息主义精神仍在漂移中。这就是为什么“公益向右”的讨论被认为是“公益行业失去了自身位置和话语”，而向藏传佛教或者第四部门寻找方向的探索值得深思。在“媒介就是讯息”的时代，我们最需要的是召唤“信息就是信息”的力量，即回到领域自身寻找定位和价值——中国的公益事业“既在摆脱传统体制‘左’的僵化，也在摆脱西方舶来的‘右’的教条”，现在需要的正是重建中国公益理论的基础[②]，或者是杨团所说的“慈善中国学”。这些超越技术本身并“向内行走”的力量，亦可能有助于信息主义精神找到落脚点。

拓展“信息主义精神”的新方向

从互联网公益二十余年的发展经验来看，对于“技术向善”最为强烈的呼声，也会流转到对于“技术神话光环”的警惕，甚至跌落“信息化资本主义黑洞”的深渊；而关于“公益向右”的争论，也是众多“主义”博弈的过程，层级化的行动者们在意义之争中抢夺“互动者”的优势位置。“信息时代的权力战斗是文化的战斗……不再有

① ［美］曼纽尔·卡斯特：《网络社会的崛起》，夏铸九、王志弘等译，社会科学文献出版社2006年版，第349页。

② 《文化纵横》编辑部：《重构中国公益的理论基础》，《文化纵横》2018年第1期。

稳定的权力精英，而是出自权力的精英（elites from power），也就是说，精英形成于他们通常简短的权力任期之中。”[①] 信息主义精神正是在嬗变的过程中“一闪而过”，即“那些最高的价值观念所发出的光，将随时照落在浩瀚混沌的事变之流中与时更迭的一个始终变换着的有限部分之上”[②]，从社会结构入手，层层拆解其各个主体，能够增进对于信息主义精神这类“最高的价值观念”的认识。

互联网公益领域的两个论争只是一个小的横切面，试图在“零星经验”中以小见大。其实，在公益领域发生的故事，其他领域也常有“异曲同工”之时。比如，在“技术向善”认同度最高时，也是“互联网改变中国”深得人心之时。有学者曾用 CGSS2006 的数据揭示了“互联网的使用确实能扩大非制度化政治参与”，“在一定程度上助推了公共管理和决策机制的优化”，是消解社会矛盾的重要途径。[③] 这进一步证明了信息主义精神扎根于社会结构，以不同的形式表现在社会的各个领域。

然而，对比资本主义精神这一经典概念，信息主义精神显然还不成熟，它最终能否成为与资本主义精神比肩的概念还需要更多的观察、挖掘与思考。“历史概念并不是要通过抽象的一般公式来把握历史的现实，而是要依据具体发生着的各组关系进行把握，而这些关系不可避免地具有一种独特特性和个体特质。”[④] 而由于信息时代的各组关系一直处于流变中，想要抓住它们的“独特特性”并不容易，从中抽离出的文化价值也非常不稳定，需要我们在更多的经验和思考中进行探

---

① ［美］曼纽尔·卡斯特：《千年终结》，夏铸九、黄慧琦等译，社会科学文献出版社 2006 年版，第 331 页。

② 韦伯：《韦伯方法论文集》，张旺山译注，联经出版事业股份有限公司 2013 年版，第 241 页。

③ 陈云松：《互联网使用是否扩大非制度化政治参与——基于 CGSS2006 的工具变量分析》，《社会》2013 年第 5 期。

④ ［德］马克斯·韦伯：《新教伦理与资本主义精神》，马奇炎、陈婧译，北京大学出版社 2012 年版，第 42 页。

索，拓展信息主义精神研究的新方向。一方面，如资本主义精神中的“天职”观念，并不是一蹴而就的，它最为强大的对手就是“传统主义”。[①] 信息社会作为新的社会形态，与传统社会的差别一日千里，那么，识别出与信息主义精神相对的传统主义，将有利于找到信息主义精神的精准位置。另一方面，信息主义精神与技术密切相关，但我们不能在人工智能等前沿技术的迭代中迷失自我，重建理论、挖掘价值，唯其如此，才能在技术的明天尚不明朗的当下，找到清晰出路，建构正向的信息主义精神。

（原载于《江海学刊》2019 年第 6 期）

① ［德］马克斯·韦伯：《新教伦理与资本主义精神》，马奇炎、陈婧译，北京大学出版社 2012 年版，第 53 页。

激情、节制与好生活：西方情感治理话语的兴起

罗朝明　王晓涵*

引言：情感研究革命

人类是“有情众生”（sentient beings），人的在世生存是一种“情感现象而非认知现象”①。情感的重要性大概没人会怀疑，但情感现象是否得到了充分研究呢？似乎并没有。就像布迪厄论电视时说的那样，情感似乎也处在“以显而隐”的状况中。在社会学发展的前50年，情感主题完全被忽视，至少对情感的研究是隐性的。情感未被专题化研究的状况在1975年出现转机，20世纪70年代，社会学家开始系统研究情感，从而促成了情感社会学的产生。如果1975年的一系列事件②标志情感社会学的起步，随后对情感的系列研究标志情感社会学的发展，那么，美国社会学会情感社会学分会在1986年成立，则标志情感研究的社会学合法地位的确立。值得指出的是，这场20世纪

* 作者简介：罗朝明，1986年生，社会学博士，南京理工大学社会学系讲师；王晓涵，1989年生，南京医科大学第一临床医学院讲师。

① Giddens, Anthony, *The Consequences of Modernity*, Cambridge: Polity Press, 1991, p. 94.

② 1975年发生的系列事件包括：霍赫希尔德发表《感觉与情感社会学：选择的可能性》；谢夫在旧金山美国社会学会会议上组织了第一场关于情感研究的论坛；柯林斯在《冲突社会学》中，赋予情感在社会分层微观动力学分析中以核心位置。

70 年代兴起的“情感研究革命”（revolution of emotion study）并不只限于社会学，而是一场波及了整个科学场的“情感转向”（the affective turn）。

随着情感社会学的兴起，尤其是情感研究革命引发了新的学术潮流，关于情感调节、控制、管理、规训和治理的相关研究也开始层出不穷。以心理学的“情感调节”（emotion regulation）研究为例，道奇和加伯虽通过溯至弗洛伊德的性心理学和达尔文的人与动物情感表达研究指出情感调节长期在科学研究中占据显著位置①，但坎普斯等也明确指出即使在十数年前将整卷书都用来研究情感调节也是不可想象的②。实际上，心理学开始明确地关注情感调节，也肇始于 20 世纪 70 年代的情感研究革命。“对情感调节的心理学研究源自于发展心理学，现如今在对儿童与成人的相关研究中蓬勃发展。”③ 20 世纪 90 年代初，每年只有少数引文包含情感调节术语。但 2007 年，“谷歌学术引用”（GSC）中包含情感调节术语的量超过了 3000 次；2012 年，超过了 8000 次。除关于情感调节的学术研究外，有关情感调节的指导手册或科普读物也纷纷付梓。可见，情感调节研究进入了欣欣向荣的发展阶段。

当然，由于心理学研究的特殊性以及情感调节与情感治理的复杂关系，情感调节研究在心理学中的繁荣未必就能说明情感治理研究的状况。但是，心理学的情感调节显然可以包含在“情感治理”（emotional governance）④ 的范畴内，甚至对情感的心理学调节就是西方情

---

① Dodge A. Kenneth & Garber Judy, “The Development of Emotion Regulation and Dysregulation”, Edited by Judygarber and Kenneth A. Dodge, New York: Cambridge University Press, 1991.

② Campos, J. J., Campos, R. G. & Barrett, K. C., “Emergent Themes in the Study of Emotional Development and Emotion Regulation”, *Developmental Psychology*, 1989 (25).

③ Gross J. James, “The Emerging Field of Emotion Regulation: An Integrative Review”, *Review of General Psychology*, 1998, 2 (3).

④ 关于“情感调节”、“情感规训”、“情感管理”与“情感治理”等概念之间的关系，或许可以借维特根斯坦的“家族相似”概念来理解。就范围大小来讲，“治理”在一定意义上比规训、调节或管理都更宽泛。克劳奇（Crouch）就曾指出，所谓的“治理”包含了政体内（由政府或通过法律展开）的权力运作，经济生活（市场、企业科层体系）中的行为机制以及（转下页）

感治理谱系的重要范式。因此，心理学情感调节研究的繁荣，无疑也反映着情感治理日益受关注的状况。有必要指出的是，尽管自 20 世纪 70 年代兴起情感研究革命以来，越来越多的学者投身情感治理研究并取得大量成果。然而，以往的多数研究，不论是心理学的情感调节，还是组织经济学的情感管理，抑或社会学的情感控制，往往集中在对情感治理之要素、维度或机制等的共时性考察上，对情感治理之历史实践或话语谱系等的历时性研究则相对不足。

然而，社会历史事实却是，人类对欲望、激情和情感的控制古已有之且其来有自。“人类自古就想要知道如何管理他们的情感”[①]，而且情感始终是人类的核心关切，在每一项重大的人类事业中，情感都以某种方式卷入其中，并且人类历史上已经形成有关情感及其治理的各种话语谱系和实践策略。因此，历时地考察历史上的不同情感治理话语，对情感治理的话语谱系进行系统梳理，显然是完整的情感治理研究图景所不可或缺的，而本文旨在探究的西方情感治理话语的兴起，无疑是这幅图景的重要构成部分。

节制德性传统：情感治理话语兴起的语境

现代情感治理概念的提出，或许是新近才发生的事情，但人类对情感的治理实践却历史悠久，情感治理的话语谱系也源远流长。与对西方特定思想主题的探源往往会溯至古希腊时代一样，古希腊思想似乎也是探究西方情感治理话语兴起的恰当源头。西方思想有关情感治理的最初话语，至少关于情感控制的最集中和最哲学化的表述，是在

（接上页）联谊会、社团和网络等交往模式。在我们看来，除了上述这些层面外，福柯所谓的“自我技术”同样包含在情感治理范畴内。因此，情感治理也就不仅发生于心理学领域，而且发生于所有上述领域中。有必要指出的是，“治理”一词往往容易让人联想到“自上而下”的政府权力运作，但在情感治理中除这种暗含的权力关系外，更多强调的是一者对另一者的作用关系。

① Gross J. James, “The Emerging Field of Emotion Regulation: An Integrative Review”, *Review of General Psychology*, 1998, 2 (3).

古希腊的柏拉图那里最先找到的。柏拉图的诸多对话都谈到了情感控制问题，《斐德罗篇》和《国家篇》中的“灵魂马车”隐喻和“灵魂构成”学说，更可以被视为也往往被当成西方情感治理话语兴起的思想渊薮。然而，在详述作为西方情感治理话语兴起标志的柏拉图情感学说之前，我们显然有必要先行阐明柏拉图情感学说由以产生的文化传统。因为这种传统对情感的理解、对情感治理之必要性和可能性的说明，不仅是柏拉图由以形成他的情感治理学说的文化语境，而且很大程度上形塑了柏拉图情感治理学说的基本构型，甚至对整个西方情感治理话语谱系的形成都深有影响。

西方情感治理话语的兴起，主要在“德性伦理学”（virtue ethics）①的语境中展开。德性伦理学关注的是“没有任何主题比它更严肃”的“人应该过什么样的生活”② 的问题。关于这个问题的答案，“无论是一般大众，还是那些出众的人都会说是幸福，并且会把它理解为生活得好或做得好”③。但是，什么生活方式才是幸福，如何才是生活得好或做得好呢？在苏格拉底看来，想生前和死后都幸福，首先要学习的就是如何做一个好人。不论在公共生活还是私人生活中，在追求公义和其他美德中生和死是生活的最佳方式。由此，伦理学家就将如何生活得好的问题变成了如何做一个好人、一个有德性的人的问题，诸美

① 与“道义论伦理学”（deontological ethics）和“后果论伦理学”（consequentialism ethics）一样，德性伦理学也是规范伦理学的主要进路之一。由柏拉图和亚里士多德奠基的西方德性伦理学，至少到启蒙运动时期都是道德哲学的核心进路，但在19世纪经历了短暂式微，20世纪50年代末又在英美哲学中复兴。从根本上说，规范伦理学的三种进路都重视德性、规则和后果，将德性伦理学同道义论和后果论区分的关键只是德性在其学说中的中心性。与道义论将德性视为能可靠地履行义务之人的品质，后果论将德性视为能产生好结果的品质不同，德性伦理学反对根据其他所谓更基本的观念来界定德性，将德性当成其他规范观念的基础。在古希腊德性伦理学讨论的诸美德中，明智、正义、勇敢和节制被视为“四主德”。中世纪，基督教哲学家又在此基础上增加了信、爱和望。德性伦理学探讨的美德当然不只这些，但在其不同阶段，“节制”都是“主德”或“枢德”之一。

② ［古希腊］柏拉图：《柏拉图全集》（第一卷），王晓朝译，人民出版社2002年版，第392页。

③ ［古希腊］亚里士多德：《尼各马可伦理学》，廖申白译注，商务印书馆2003年版，第9页。

德也由此进入哲学家的视野。由于所谓德性，首要涉及个人的性格品质和他的生活[①]。因此，“古代德性伦理学的基础，就在于对人类经验的个人检视，在于每个人对他们的生活的检视和对如何生活得好的努力追问上”[②]。在德性伦理学关注的诸多美德中，与情感治理最密切相关的，显然就是作为古代德性伦理的“四枢德”（Four Cardinal Virtues）之一的所谓“节制”德性。

希腊语“σωφροσύνη/sophrosyne”是一个含义丰富的词，它的语义群包含了明智、克制、节制、适度、审慎、自我控制和克己自主等意涵。最能体现出节制德性的基本含义或一个节制的人和城邦应有之状态的，就是德尔菲神庙石柱上的箴言——“认识你自己”与“凡事勿过度”的结合。因为在最深的层次上，节制同希腊人根据和谐与比例来解释所有体验（不论道德的、政治的、美学的、生理的，还是形而上体验）的倾向相关。在更易进行历史分析的层次上，节制表达的是城邦对于公民做出的自我认识与自我控制的要求[③]。尽管节制的主德地位是在德性伦理学奠基者柏拉图和亚里士多德那里确立的，但值得指出的是，早在他们之前，甚至在首次将哲学从天上带到人间，要求哲学考察生活与伦理，考察善与恶的苏格拉底之前，史诗作家、古希腊贤者、诗人、悲剧作家、历史学家和演说家们就已经将节制当成重要德性。其在公元前6世纪就已经获得相当程度的重要性，在公元前5世纪的雅典已经被视为重要德性。一定意义上讲，正是得益于这种长期形成的有关节制的文化传统，更确切地说是得益于对节制传统的继承和发扬，才使柏拉图得以提出他的情感治理学说，并由此开启了西方情感治理话语谱系的形成历程。

---

① Crisp Roger & Michael Slote, *Virtue Ethics*, Oxford University Press, 1997, p. 7.

② Devettere J. Raymond, *Introduction to Virtue Ethics*: *Insights of the Ancient Greeks*, Washington DC: Georgetown University Press, 2002, p. 11.

③ North, Helen, *Sophrosyne*: *Self-Knowledge and Self-Restraint in Greek Literature*, Ithaca: Cornell University Press, 1966, p. 158.

节制传统的形成，最远或许可追溯到荷马在《伊利亚特》和《奥德赛》中的相关描述。据拉德梅克的考察，节制一词在荷马那里虽然只出现过4次，但却不能以此说明同节制相关的行为是被低估的。在荷马史诗中，节制的含义不仅涉及个人以健全的心智克制过度的行为，以免自己的利益受损失，而且涉及在人与人的关系中做出符合身份地位的恰当行动。在荷马史诗之后，关于节制或节制包含之语义的讨论，更确切地说是宣教，主要出现在古希腊贤者的言论中。值得指出的是，这些有关节制的宣教已经涉及对情感的控制。据拉尔修的记载，“勿过度”箴言就出自古希腊七贤之一的梭伦。另一位贤者喀隆则不仅指出了“人的卓越之处在于靠理性的把握来预知未来”，提出了“切勿过度，一切美善皆来自恰当”，更是明确告诫世人“要控制愤怒”。贤者皮塔科斯则要求人们要“热爱克制，守住自己的本分”，克勒俄布洛斯不只道出“适度最好”，而且劝诫世人“要视德性如亲友，视邪恶如仇敌，要控制快乐”。贤者佩里昂德洛斯告诫人们“适度对好运，明智度逆境”，而在贤者阿那卡尔西斯的雕像上则刻着“控制舌头、肚子和生殖器”的铭文。[①] 显然，这句铭文的寓意就在于告诫世人要克己自主，不要受这些欲望的控制与支配，以免因妄言、贪食和纵欲伤害了自身。

继古希腊贤者有关节制的宣教而来，我们将在塞奥格尼斯、品达和巴库利德斯等希腊诗人的诗歌中遇到节制。在这些诗人那里，节制主要指公民对涉及同胞的不公举动的克制和尽力避免民争的德性品质。这种品质既体现在城邦政治生活中，也反映在家庭私人生活里。在政治生活中，作为贵族价值，节制主要指权贵要避免对其从属者的不公正对待。作为市民道德，节制则指普通城邦公民要安守本分以避免民争和叛乱，要防止以不正当方式获利而对同胞们造成伤害。更重要的

① ［古希腊］第欧根尼·拉尔修：《名哲言行录》，徐开来、溥林译，广西师范大学出版社2010年版，第30—53页。

是，在这些诗歌中，节制还被视为城邦的品质，是用来称赞克制的君主政体的口号，用来捍卫城邦稳定的重要保障。在私人生活里，将碰到作为对欲望之控制的标准节制语义。因为节制在此情境中往往被用来描述对欲望、可耻行径和恐惧情感的控制，有效照料财产之人的审慎品质，以及免受压倒性欲望支配的平静或无烦恼心智状态等。这种基本节制语义，将在古典文献中不断出现。柏拉图在《卡尔米德篇》中尝试定义节制时，对欲望进行自我控制就是节制的诸多含义中唯一没有遭遇任何挑战和质疑的语义。

在节制传统的前述形成过程中，虽然在古希腊诗人那里遇到过作为城邦德性的节制语义，但节制显然更多的还是被用来描述城邦自由民个人的性格品质。然而，在以希罗多德、修昔底德等历史学家和伊索克拉底、德摩斯蒂尼等政治演说家为代表的发展阶段中，除对作为个人性格品质的节制的持续强调外，将会发现对作为集合体之城邦的品格气质或行为特征的节制语义的更丰富阐发。在希罗多德的笔下，节制往往是专属于明智的城邦顾问的德性，他们的节制衬托出君主的鲁莽与暴虐。相反地，君主则往往缺乏控制过度和轻率行动的能力，而这种能力正是节制的要义。在修昔底德那里，节制主要被用来描述城邦的政治决策。城邦在此往往被视为自主的人格实体，因此，对城邦道德责任的想象往往类似对公民德性品质的想象。作为城邦德性的节制，主要体现在城邦于内政外交事务上采取的政治行动中。就外交来讲，节制经常被用来描述城邦出于自身安全考虑应采取更保守而不是更冒进的政策，有时也用来表述城邦应该采取更积极的行动，尤其是为自卫而非军事进攻目的采取的组建同盟的行动。就内政来说，节制往往用来评价城邦议会的商议过程，有时被用来表达对手头事务进行审慎磋商，有时被用来表达要缩短这种过程并直接遵守先前做出的决策。在伊索克拉底和德摩斯蒂尼的演说中，作为城邦德性的节制主要被用来描述民主政体复辟是向节制而非内战暴力的回归，城邦的节制被说成由对公民道德的关切构成，节制是有助于城邦稳定的德性。

在讨论城邦和平问题时，伊苏克拉底就明确指出，“傲慢与自大是我们不幸的原因，而审慎与自我控制则是我们幸福的根源”[①]。

值得指出的是，在伊索克拉底的演说中，不仅有涉及节制的论述，而且可以发现节制在彼时的希腊已经成为重要的社会价值，甚至能窥见希腊社会有关欲望与激情的基本态度和情感规范。在《致德谟克利特》中，伊索克拉底就不仅指出，“要知道没有任何浮华能让你成为谦虚、正义和自我控制的人，因为这些是所有人都认同的美德，年轻人的特征就应是节制”[②]；而且要求“在所有会使灵魂遭到可耻控制的事，即财富、脾气、快乐和痛苦上进行自我控制……如果能基于被仆人统治和成为欲望的奴隶将是可耻的原则治理快乐，就会获得这种自我控制”[③]；甚至指明了“切忌严厉对抗同伴的愤怒情感，纵然他们的愤怒毫无理由也不该当面斥责，而毋宁在他们怒意昂然时做出让步，等他们的愤怒冷却后再去谴责……切忌在应欢乐的场合表现得严肃认真，在应严肃认真的场合却欢笑快乐，因为任何不合理的（行为举止、情感感受和情感表达）都总被认为是冒犯”[④]。有意思的是，在德谟克利特那里，也不难找到涉及节制甚至情感控制的论述。据奇特伍德的考察，德谟克利特就曾经做出“对一种事物的强烈欲望使灵魂看不到所有其他事物，无节制的欲望是孩子的而不是成人的特征，与欲望作斗争是困难的但节制是理性之人的标志”[⑤] 等表述。这种话语的相互印证，无疑可以说明节制在彼时的希腊社会已经成为重要德性，

---

① Isocrates, "On the Peace, Areopagiticus, Against the Sophists, Antidosis, Panathenaicus", George Norlin (ed.), London: William Heinemann Ltd., 1929, p. 83.

② Isocrates, *To Demonicus*, *To Nicocles*, *Nicocles or The Cyprians*, *Panegyricus*, *To Philip*, *and Archidamus*, translated by George Norlin. London: William Heinemann Ltd., 1928, p. 13.

③ Isocrates, *To Demonicus*, *To Nicocles*, *Nicocles or The Cyprians*, *Panegyricus*, *To Philip*, *and Archidamus*. translated by George Norlin, London: William Heinemann Ltd., 1928, p. 17.

④ Isocrates, *To Demonicus*, *To Nicocles*, *Nicocles or The Cyprians*, *Panegyricus*, *To Philip*, *and Archidamus*, translated by George Norlin, London: William Heinemann Ltd., 1928, p. 23.

⑤ Chitwood, Ava, *Death by Philosophy*: *the Biographical Tradition in the Life and Death of the Archaic Philosophers Empedocles*, *Heraclitus and Democritus*, Ann Arbor: The University of Michigan Press, 2004, p. 120.

甚至希腊社会有关欲望和激情的基本态度乃至情感规范也都已经绽露出来了。

在与柏拉图同时代的德谟克利特、伊苏克拉底和色诺芬的言论中，不只可以发现节制已经成为重要的美德，窥见希腊有关欲望与激情的社会规范，甚至能找到类似柏拉图之灵魂学说即情感治理学说的论述。除有关节制与欲望的上述观点外，我们发现德谟克利特主张“人应重视灵魂而非身体，因为灵魂的完美能弥补身体的缺陷，缺乏理性的生理力量却对心智的改善毫无用处”①。在色诺芬看来，节制/自制绝不只是一种独特的德性，而是一切德性的基础。因为节制/自制意味着理性从人的动物性暴政中解放，意味着理智对激情之合法统治地位的确立②。在伊苏克拉底那里，更是可以找到与柏拉图《斐德罗篇》中的“灵魂马车”隐喻相似的比喻。在伊苏克拉底看来，“若可能，就要避免参加所有酒会。若不得不出席，也务必在烂醉之前起身离开。因为心智被酒精麻醉，就像战车失去驭手。恰如一旦失去指南就会陷入杂乱那样，当理智遭破坏，灵魂就会一次次跌倒”③。我们虽然难以确定上述思想同柏拉图学说的关系，但有关节制、灵魂与肉体、理性与激情之间关系的上述说法同柏拉图学说的相似性却是有目共睹的。或许，对此的最合理解释是它们都同出苏格拉底一源。但无论如何，从对节制传统之形成过程的追溯，尤其是从在这种过程中的诸多非哲学文本的言说对象往往是普通城邦公民，显然并不难说明节制在柏拉图时代的希腊社会已经成为重要的德性，也不难证明对欲望、激情和情感的自我控制具有深厚的社会文化土壤。西方情感治理话语的兴起决非哲

---

① Chitwood, Ava, *Death by Philosophy: the Biographical Tradition in the Life and Death of the Archaic Philosophers Empedocles, Heraclitus and Democritus*, Ann Arbor: The University of Michigan Press, 2004, p. 140.

② Jaeger, Werner, *Paideia: The Ideals of Greek Culture* (*Volume* Ⅱ): *In Search of the Divine Centre*, Oxford: Basil Blackwell, 1947, p. 54.

③ Isocrates, To Demonicus, *To Nicocles*, *Nicocles or The Cyprians*, *Panegyricus*, *To Philip*, *and Archidamus*, George Norlin (ed.), London: William Heinemann Ltd., 1928, p. 23.

学家的理论想象或观念构造，而是有其得以产生的深厚文化传统和社会基础。

以理驭情：情感治理话语的基本形态

节制德性传统，是孕育了西方情感治理之最初也是最基本的理论话语形态的社会文化土壤。作为西方情感治理话语兴起标志的柏拉图情感治理学说，就是在这种要求对欲望、激情或情感进行自我控制的德性伦理语境中展开的。值得指出的是，柏拉图并不是简单地继承这种传统，然后以此为基础建构出他的情感治理学说，而是原本就在这种德性传统的形成过程中扮演着重要角色。柏拉图不仅以一种“最科学的方式”探讨了节制德性，从而对“节制德性的历史做出了最深远贡献”，更是通过将节制德性界定为灵魂之构成部分乃至城邦之各阶层的“有序结合条件”①，从而为提出他的情感治理学说铺平了道路。

就柏拉图对节制德性的论述来讲，虽然节制在彼时的希腊社会已经成为重要德性，并且在它的形成过程中产生了丰富语义。但是，只有到了柏拉图的《卡尔米德篇》中，我们才首次碰到对节制德性进行严格定义的理论或哲学尝试，即便这种尝试更多只是对以往语义或用法的筛选和精炼。在《卡尔米德篇》中，虽然像“有序而平静地做一切事情”“使人感到羞耻或使人谦虚”“做自己的事/做好事”“认识你自己/自我认识”② 等节制语义都受到了检视甚至否弃。但是，作为对欲望进行自我控制的节制语义却未遭到挑战，甚至还潜在地作为对话展开的背景起作用。因为对话以卡尔米德愿意接受苏格拉底的指挥结束，苏格拉底显然是有节制的典范，而在对话伊始面对看到卡尔米

① North, Helen, *Sophrosyne: Self-Knowledge and Self-Restraint in Greek Literature*, Ithaca: Cornell University Press, 1966, pp. 152 - 162.

② ［古希腊］柏拉图：《柏拉图全集》（第一卷），王晓朝译，人民出版社 2002 年版，第 142—151 页。

德时“感觉自己好像已经被一种野兽般的欲望征服”[①] 的情形，有节制的苏格拉底采取的正是对欲望进行自我控制，成为自己的主人的做法。至于成为自己的主人或统治自己是指什么，《高尔吉亚篇》中指出，“这没什么深奥的，只是那种流行的观念，节制、自制、控制自己的快乐和欲望”[②]。由此可见，节制在彼时的希腊已经成为流行观念，柏拉图不仅深谙节制德性在其形成过程中产生的诸语义，甚至已经在很大程度上接受了作为对欲望、快乐、痛苦和恐惧进行自我控制的基本语义。

就节制在柏拉图情感治理学说中的作用来讲，虽然柏拉图情感治理学说主要是在《国家篇》中提出的，但在论及节制的前述对话中已经有铺垫了。在《高尔吉亚篇》中，柏拉图证明了心灵健全和有节制的人，从各方面看都必定是正义、勇敢、虔诚和全善的。在这里，节制及其语义之一的心灵健全俨然是诸德性之统一的媒介，而在《国家篇》中论及灵魂和城邦各部分关系时，将会再次看到节制的这种作用。重要的是，在使卡利克勒承认“正义需要一种与节制相关的审慎和节制以产生正义”[③] 的过程中，苏格拉底不仅通过证成“拥有秩序的灵魂是有序的”，“有序就是有节制”，“有节制的灵魂就是好的灵魂”引入了作为使有序或有纪律的节制语义，更是指出应该将“追求和实践节制……当作一个人终生寻求的目标，他应把他自身和城邦的全部努力用于这个目标的实现，使正义和节制在他的身上永驻，这样才能真正获得幸福”。[④] 这种节制语义及其对灵魂和城邦的作用，也正

---

① ［古希腊］柏拉图：《柏拉图全集》（第一卷），王晓朝译，人民出版社 2002 年版，第 138 页。

② ［古希腊］柏拉图：《柏拉图全集》（第一卷），王晓朝译，人民出版社 2002 年版，第 378 页。

③ Rademaker Adniaan, *Sophrosyne and the Rhetoric of self-restraint*: *Polysemy and Persuasive Use of an Ancient Greek Value Term*, Boston: Brill, 2005, p. 311.

④ ［古希腊］柏拉图：《柏拉图全集》（第一卷），王晓朝译，人民出版社 2002 年版，第 401—402 页。

是节制德性在《国家篇》中的主要语义和作用所在。此外，《卡尔米德篇》中未受质疑的对欲望之自我控制的语义，也是《国家篇》得以将节制用于灵魂各部分和城邦各阶层之有序结合的语义基础。因为与这种语义在《卡尔米德篇》中是整篇对话得以展开的潜在背景相似，对欲望之自我控制的语义，也恰恰是柏拉图集中提出他的情感治理学说的《国家篇》的出发点所在，只不过在这里有节制的典范变成了平息了“内心的强烈欲望，摆脱了许多穷凶极恶的奴隶主的羁绊”的“有节制的、心平气和的”[①] 凯发卢斯罢了。

在《国家篇》中，柏拉图不只是对节制做出了最明确的界定，对节制德性的作用做出了更具体的说明，更是在此基础上提出了他的情感治理学说。在《国家篇》中，节制主要被柏拉图界定为“比其他的美德更像某种协和或和谐”，是“某种美好的秩序和对某些快乐和欲望的控制，用一个短语来说，就是‘做自己的主人’”。所谓做自己的主人，不仅意味着灵魂中的“较坏部分受天性较好部分控制”，城邦中的“较好部分统治较坏部分”，更意味着“在国家或个人的天性优秀部分和天性低劣部分中应该由哪部分来统治上达成一致意见”。[②] 就作用方式讲，与勇敢和智慧分别存在于城邦的不同部分有别，节制“延伸扩展到全体公民，把各种各样的公民联合到一起，无论是最强的、最弱的，还是中等的”[③]。值得指出的是，节制的这种定义和作用方式与正义并无根本区别。正义，在《理想国》中被界定为“做自己分内的事和拥有属于自己的东西”[④]，但这种含义似乎与前文已述及的

① ［古希腊］柏拉图：《柏拉图全集》（第二卷），王晓朝译，人民出版社 2003 年版，第 275 页。

② ［古希腊］柏拉图：《柏拉图全集》（第二卷），王晓朝译，人民出版社 2003 年版，第 405—407 页。

③ ［古希腊］柏拉图：《柏拉图全集》（第二卷），王晓朝译，人民出版社 2003 年版，第 407 页。

④ ［古希腊］柏拉图：《柏拉图全集》（第二卷），王晓朝译，人民出版社 2003 年版，第 410 页。

节制语义——安守本分、避免民争和做自己的事等并无区别。正义的作用方式——“体现在儿童、妇女、奴隶、自由人、工匠、统治者和被统治者每个人身上的原则”①，与节制德性也并无二致。可见，与城邦及其公民都有必要养成正义德性一样，节制同样是城邦及每个公民的必要美德。

且不论柏拉图是否辨明了正义与节制的关系，两种德性在含义及作用方式上的暧昧、亲和甚至等同却对我们的探究颇有意义。因为正义不仅被柏拉图视为理想国的普遍原则，而且是好灵魂的基本原则，柏拉图国家治理学说和情感治理学说的基石都在正义。如果节制与正义的关系确如《国家篇》所示，那么，不仅前文提出的西方情感治理话语兴起于节制德性传统得到了重申，而且柏拉图情感治理学说同样是节制传统之产物也将得到确证。因为在对城邦的构成及其美德的进一步考察中，柏拉图引出了对灵魂构成及其治理的论述，而可谓西方情感治理话语之最原初也是最基本的理论形态的柏拉图的情感治理学说正是由此而生。与作为幸福城邦模型的理想国由三个阶层构成一样，灵魂也由三个部分构成。柏拉图指出灵魂中有“一个是用来进行思考和推理的灵魂的理智，另一个是用来感受爱、饿、渴等欲望之骚动的非理性部分或欲望，它与各种满足和快乐相伴……这两种东西确实存在于灵魂中。现在说的是激情，即用来感受愤怒的那种东西”②。在考察不同政治体制或城邦类型时，柏拉图进一步澄清了灵魂的三部分：“与城邦的三种类型相应，灵魂也分成三部分……灵魂的一个部分是人用来学习的（爱学和爱智部分），另一部分是人用来发怒的（热爱荣誉的部分），第三部分……我们把它称作欲望，因为它涉及饮食、爱情及其他相伴的欲望。我们同样可以称这个部分为爱钱的部分，因

① ［古希腊］柏拉图：《柏拉图全集》（第二卷），王晓朝译，人民出版社 2003 年版，第 409 页。

② ［古希腊］柏拉图：《柏拉图全集》（第二卷），王晓朝译，人民出版社 2003 年版，第 418 页。

为金钱是满足这些欲望的最主要手段。”[①] 这就是柏拉图灵魂构成学说的基本内容，也是被我们当成西方情感治理话语之基本理论形态的柏拉图情感治理学说的基本要素。

柏拉图的灵魂构成学说之所以能被视为情感治理学说，同时被当成西方情感治理话语之最原初和最基本的理论形态，主要在于柏拉图对灵魂各构成部分及其相互关系的定位。为了更好地阐释灵魂的“理性部分”（the reasoning part）、“欲望部分”（the appetitive part）和“激情部分”（the spirit part）之间的关系，显然有必要引入《斐德罗篇》中所谓“灵魂马车”的隐喻。因为灵魂的三个部分与灵魂马车隐喻中的驭手、良马、劣马的对应关系，尤其是驭手与马匹的驾驭与被驾驭关系，在很大程度上已经表明激情需要被驾驭与治理的必要性甚至必然性。在《斐德罗篇》中讨论灵魂本性时，柏拉图指出，“让我们把灵魂的运动比作一股合力，就好像是同拉一辆车的飞马和一位能飞的驭手……我们凡人用的马车，首先要说由两匹马拉车，有一位驭手驾车，但我们还得说有一匹马是良种骏马，而另一匹正好相反，是杂种劣马。因此，驭手要完成任务就非常困难，经常遇到麻烦”[②]。这里的良种骏马之所以优良，是因它有爱好荣誉、谦逊、节制和懂事的品质，从而使驾驭它不需要鞭策，只消一声吆喝就行。杂种劣马之所以顽劣，则是因易冲动、不守规矩而又骄横，耳朵长满乱毛，使它听不到声音，鞭打脚踢都很难使它听使唤。显然，驭手要完成任务之所以会非常困难和经常遇到麻烦，主要是由那匹乱蹦乱跳且不顾驭手鞭策的劣马造成的，而那匹良种骏马虽然从根本上说也要驭手驾驭，但却不必然带来麻烦。既然驭手、良马和劣马的品质都已经展现出来，那么，灵魂马车的三部分与灵魂的三部分是什么对应关

① ［古希腊］柏拉图：《柏拉图全集》（第二卷），王晓朝译，人民出版社 2003 年版，第 594 页。

② ［古希腊］柏拉图：《柏拉图全集》（第二卷），王晓朝译，人民出版社 2003 年版，第 160 页。

系？柏拉图灵魂构成学说又是如何在这种关系基础上成为情感治理学说的呢？

实际上，从柏拉图对灵魂之构成部分的特征描述来看，这种对应关系是显而易见的。灵魂用来感受爱、饿、渴等欲望之骚动的部分，显然指的就是易冲动、不守规矩而又骄横的杂种劣马。因为这部分涉及饮食、爱情和其他相伴而来的欲望并追求各种满足和快乐，而“每当灵魂的驭手看到引起爱情的对象，整个灵魂产生发热的感觉，开始体验到那种又痒又疼的情欲”时，那匹劣马就会“强迫它们（驭手与良种良马）一起驰向被爱者，并提醒它们这样做能够得到爱情的欢乐”①。用来感受愤怒，即完全为出人头地、优胜和好名声的热爱荣誉的激情部分，显然对应的是灵魂马车中爱好荣誉但又谦逊节制的良种骏马。因为当劣马为引起爱情的对象乱蹦乱跳，并催促驭手和良马向前冲时，“驭手和它的马伴都对劣马怂恿的违法失礼罪行愤然反抗”②。在这里，良马与驭手之间似乎有着同盟关系，而在《国家篇》中也指出“在灵魂的内部分歧中，激情宁可站在理性的一边”，“愤怒原则有时作为欲望之外的东西与欲望对抗”，激情部分是“理智的天然辅助者，除非它被不良的教养所败坏”。③ 最后，灵魂用来思考和推理的理智部分，显然对应的是灵魂马车的驭手。因为“只有理智这个灵魂的舵手，才能对（真正的存在）进行观照”④，而灵魂“用来学习的部分的全部努力，永远都是为认识事物的真理”⑤。灵魂马车的驭手无疑是

① ［古希腊］柏拉图：《柏拉图全集》（第二卷），王晓朝译，人民出版社 2003 年版，第 168 页。

② ［古希腊］柏拉图：《柏拉图全集》（第二卷），王晓朝译，人民出版社 2003 年版，第 168 页。

③ ［古希腊］柏拉图：《柏拉图全集》（第二卷），王晓朝译，人民出版社 2003 年版，第 419—420 页。

④ ［古希腊］柏拉图：《柏拉图全集》（第二卷），王晓朝译，人民出版社 2003 年版，第 161 页。

⑤ ［古希腊］柏拉图：《柏拉图全集》（第二卷），王晓朝译，人民出版社 2003 年版，第 595 页。

良马与劣马的驾驭者，而正是“理智部分才能代表整个灵魂进行谋划”，并且“领导激情，让激情服从它，协助它”。理智与激情“联合在一起，最有效地保卫了整个灵魂和身体，一个出谋划策，另一个投入战斗，凭借它的勇敢去完成统治者的意图”和去“监管欲望”①。

从驭手（理智部分）对良马（激情）与劣马（欲望）的驾驭关系而来，不仅柏拉图的灵魂构成学说之所以成为情感治理学说，甚至以柏拉图情感治理学说为代表的西方情感治理话语的基本形态之所以是“以理驭情”的原因都已经绽露出来了。尽管在灵魂马车这一隐喻中，柏拉图将灵魂的激情部分视为不需鞭策，只消一声吆喝就能驾驭好的懂事的良马。但是，不论这匹爱好荣誉的良马多么谦逊、节制和懂事，从柏拉图将其定位为受驭手驾驭之拉车马匹来看，就已经决定了作为良马的激情部分终究要受作为驭手之理性的驾驭和支配。即使柏拉图指出在灵魂内部冲突中，激情宁可站在理智一边，激情是理智的天然辅助者，但归根结底地说，出谋划策的始终是理性，激情部分只是投入战斗。因为在柏拉图看来不论“处在快乐还是痛苦中”，激情都要“牢记理智教给它的应惧怕什么和不应惧怕什么的信条”，并且凭借它的勇敢去完成统治者（理性）的意图。这些无疑表明了激情部分终究要受理性部分的统治，柏拉图情感治理学说的基本构型从根本上说是以理性驾驭激情。值得指出的是，灵魂理性部分的盟友之所以是激情部分而非欲望部分，并不只是因为激情有着高于欲望的认知优势，而毋宁说是因为激情欲求的目标与理性欲求的目标之间的特殊关系。与欲望部分追求的是各种满足与快乐不同，“激情部分所追求的是‘the Kalon’（美好的、可敬的或美丽的东西），而‘the Kalon’与‘善’（goodness）相互关联的特定方式正是理性部分欲求的”②。

① ［古希腊］柏拉图：《柏拉图全集》（第二卷），王晓朝译，人民出版社2003年版，第421—422页。

② Wilburn, Joshua, *The Ally of Reason: Plato on the Spirited Part of the Soul*, Ann Arbor: ProQuest LLC, 2011, p. 99.

除激情部分与理性部分欲求的目标的特殊关系外，当柏拉图指出激情是理智的天然辅助者，激情能凭借它的勇敢去完成统治者（理性）的意图时，也已经从目的论或功能论上规定了“激情部分是出于协助理性的目的而被设计……激情被给定的目标就是要去呼应和执行理性的命令”①。对激情部分的这种规定，柏拉图在可谓其“创世论”的《蒂迈欧篇》中有明确描述。“较低劣的这部分灵魂拥有勇敢和激情，喜爱争强斗胜，所以，将它安置在比较靠近头部（理性）的地方……以使它能听命于理性，并且当欲望拒不服从来自理性大本营的命令时，它能配合理性对欲望进行控制和约束。”至于“另一部分灵魂”即灵魂的欲望部分，则“对饮食和其他东西拥有欲望……诸神知道人的这个较低的部分不懂理性，即使能够对理性有某种程度的感觉，也绝不会对理性的观念加以关注，而多半会被种种幻象和错觉所迷惑，无论是在白天还是在黑夜”。诸神如此安排灵魂的激情部分，就是为了“每当激情接到理性的命令，说有外来侵略或内部欲望的损害时，它会激动起来……尽一切可能服从理性指挥，这样就可以贯彻由最优秀者统治的原则了”②。在此得到贯彻的由最优秀者统治的原则，无疑会让人想到《国家篇》中所谓“做自己的主人”的节制语义。不惟如此，柏拉图在寻求“一种治疗身体和心灵，以使之得到保存的模式”时诉诸的“平衡”、“比例”与“合理性”，无疑也会让人想到在最深层次上同希腊人根据和谐与比例来解释所有体验的倾向相关的节制传统。这些无不在说明柏拉图的情感治理学说是节制德性传统的产物，至少深受这种社会文化传统的影响。

灵魂马车隐喻与灵魂各构成部分之间的对应关系及其相互位置关系，虽足以阐明柏拉图的灵魂学说何以成其为一种情感治理学说，但

---

① Wilburn, Joshua, *The Ally of Reason*: *Plato on the Spirited Part of the Soul*, Ann Arbor: ProQuest LLC, 2011, p. 101.

② ［古希腊］柏拉图：《柏拉图全集》（第三卷），王晓朝译，人民出版社 2003 年版，第 323—324 页。

建立在理念论、目的论甚至神意论基础上的理性对激情之统治的正当性，对非柏拉图主义者来说却难免有独断论之嫌。因此，为使作为情感治理话语之基本理论形态的柏拉图的“以理驭情”范式建立在更坚实基础上，有必要对情感治理的必要性和可能性做进一步的说明。所幸的是，在柏拉图的诸对话中，不仅对身体、欲望和激情的贬抑俯拾即是，而且也不乏对情感治理之必要性和可能性的论述。在《斐多篇》中，对身体、感觉、激情和欲望的否弃可谓到了登峰造极的地步。身体用爱、欲望、恐惧及各种想象和大量的胡说充斥着我们，结果使我们实际上根本没有任何机会进行思考。发生各种战争、革命、争斗的根本原因都只能归结于身体和身体的欲望。在柏拉图看来，每种快乐或痛苦都像有一根铆钉，把灵魂牢牢地钉在肉体上，使灵魂彻底落入身体的束缚中。这样一来，当感到强烈的快乐或痛苦时，灵魂就必然假定引起这种最强烈的情感的是最清楚、最真实的实体，但事实并非如此①。值得指出的是，与灵魂、理智和理性被视为“超验的价值，执掌着神圣的裁决，永恒地体现作为社会纽带的道德”往往是直觉使然一样，在柏拉图那里，身体、激情和欲望被视为“有害这种秩序，并因此是需要抑制或根除的力量”② 也只是直觉的产物。但无论如何，在柏拉图的学说中，激情和欲望的危险性——“放纵快乐、欲望和悲伤的结果，不是像人们设想的那种微不足道的不幸，而是一场受害者不知道的最可怕灾难”③ ——无疑已经足以使其成为需要节制、控制和治理的对象。

激情与欲望的危险性使其有了被治理的必要性，但需要指出的是，在柏拉图的情感学说中，激情并非简单的通常所谓之“理性之敌”，

① ［古希腊］柏拉图：《柏拉图全集》（第一卷），王晓朝译，人民出版社 2002 年版，第 63—88 页。

② Tilmouth Christopher, *Passion's Triumph over Reason: A History of the Moral Imagination from Spenser to Rochester*, New York: Oxford University Press, 2007, p. 15.

③ ［古希腊］柏拉图：《柏拉图全集》（第一卷），王晓朝译，人民出版社 2002 年版，第 88 页。

而是“理智的天然辅助者”。情感治理也并非将激情或情感予以根除，而是以理性正确地约束激情即“以理驭情”。因为激情不仅是无法被根除的人之天性的构成部分，而且是好的灵魂乃至理想的城邦之所以可能所不应该被刈除的“必要之恶”，甚至激情对灵魂的影响还有创世论或神意论的必然性。人的灵魂（天性）由三部分构成，激情部分正是其中之一。城邦的卫士要履行好“对内镇压不法之徒，对外抗击虎狼之敌”的职责，就必须有“用来感受愤怒”的激情提供以勇敢或勇气。“野蛮的品质（虽）确实从我们天性的激情部分中产生，（但）如果加以正确地约束就会成为勇敢。”[①] 在创世论或神意论的意义上，诸神在模仿创造主的做法以建造人的“具有可朽性质的灵魂”时，就设定灵魂会“受各种可怕的、不可抗拒的情感影响”。这些情感“首先有快乐”，“其次有痛苦”，“再次是急躁和恐惧”，还有“愤怒”和“希望”，人类正是诸神“将这些情感同非理性的感觉、依必然性法则行事的大胆爱欲相结合”造出来的。[②] 激情之于灵魂与城邦、个人与社会的这种危险性与必要性的张力，不只奠定了有必要对激情进行治理的必然性基础，甚至还是个人命运乃至人类历史之悲剧性的根源。与有危险的激情和欲望相伴而生，注定是个人生存与社会存在的常规状态，而这正是情感治理之必要性与必然性的生存论基础。

激情有被控制与治理的必要性和必然性，所幸的是，激情也不乏可以控制与治理的可能性。实际上，在将激情部分定位为灵魂马车中的良种骏马，把灵魂的激情部分说成理智的天然辅助者时，柏拉图就已经表明激情可以变得“温和而又文明”的可能性。虽然“在情感中有难以驾驭的力量，但只要审慎小心就往往能控制住它们”[③]。从天性

---

① ［古希腊］柏拉图：《柏拉图全集》（第二卷），王晓朝译，人民出版社 2003 年版，第 381—387 页。

② ［古希腊］柏拉图：《柏拉图全集》（第三卷），王晓朝译，人民出版社 2003 年版，第 323 页。

③ Blackburn Simon, *Ruling Passions: a Theory of Practical Reasoning*, New York: Oxford University Press, 1998, p. 238.

的激情部分产生的野蛮品质，只要加以正确的约束就能变成对灵魂与城邦都至关重要的勇敢德性。既然激情有治理的必要性，也不乏可以治理的可能性，那么，情感治理的起始点和落脚点何在，应如何治理情感呢？在柏拉图情感治理学说中，当灵魂的三个部分发生内战，相互争吵和相互干涉，一部分起来造反，企图在灵魂中取得生来就不属于它的统治地位。灵魂的各部分产生了混淆，偏离了它们适当的运作过程，产生不正义、不节制、愚昧无知等邪恶时，就是应当对情感进行治理的时候。至于情感治理的落脚点，显然就是使灵魂的三部分相互协调与和谐，就像把最高音、最低音、中音及其间的各音符有序安排在一起那样使之成为有节制的和谐整体。换言之，就是使人成为支配自己的人（自己的主人），而非欲望与激情的奴隶，"成为一个人，而非许多人"①。显而易见，在柏拉图的情感治理学说中，情感治理的起始点和落脚点都在于正义。但恰如上文已经指出的那样，柏拉图在《国家篇》中并未能将正义完全从节制德性中区分，正义的含义及其作用与节制并无二致。由此，也就是再次证成了作为西方情感治理之基本理论话语形态的柏拉图情感治理学说，归根结底地说是节制德性传统的产物，至少深受这种伦理文化传统影响。

至于如何治理情感即情感治理的实践策略问题，"以理驭情"显然可以说是柏拉图情感治理学说的基本实践策略，而节制德性则可谓贯穿这套情感治理策略的基本原则。不论是在"灵魂马车"隐喻中作为驭手之理性与作为良马之激情的驾驭与被驾驭关系，还是在《国家篇》中所谓的激情是理智的天然辅助者，让能代表整个灵魂谋划的聪明的理智领导，让激情服从和协助理智，在有节制的灵魂中起统治作用的部分和它的下属们都一致相信，理智必须起统治作用，其他部分不能反叛，无疑已经表明柏拉图情感治理学说的基本实践策略是以理

① ［古希腊］柏拉图：《柏拉图全集》（第二卷），王晓朝译，人民出版社 2003 年版，第 424 页。

性来驾驭激情。除以理驭情的基本策略外，在柏拉图情感治理学说中也不乏更具体的治理技术。在论述城邦卫士之培养时提到的音乐与体育就可视为这类情感治理技术。在柏拉图看来，音乐与体育是神赐予人类的，它们服务于人的激情原则和爱智原则。音乐和体育的混合作用使理智和激情得到协调，音乐用文雅的言辞和学说来强化这种协调，体育用和谐与韵律使激情变得温和而又文明。此外，以情治情或以情抑情，尤其是以羞耻抑制或抵消其他激情，同样是柏拉图情感治理学说中的重要治理技术。在“灵魂马车”隐喻中，那匹良马（激情）不肯贸然向那个爱人扑去，不愿像劣马（欲望）那样乱蹦乱跳地驰向被爱者，就是因为它知道“羞耻”。在《卡尔米德篇》中，“使人感到羞耻或使人谦虚”也被说成节制德性的语义之一，而整个柏拉图情感治理学说正是节制德性传统的产物。

总的来说，不论是有助于调谐激情（野蛮）与理智（文明）之间张力的音乐和体育，还是节制原则下以理驭情、以情治情或以情抑情的情感治理策略，它们的意义都并不只限于个体私人生活的治理问题，而是同时涉及城邦政治生活的治理问题。这些情感治理的策略也是社会治理的策略，情感治理可谓社会治理的题中之义。“快乐和痛苦是立法者必须运用的工具”①，良好的情感规范是社会公序良俗的构成部分。更进一步来讲，与“好社会”在现代往往被视为是好人的基础有别，在轴心时代的心灵或德性伦理传统中，“好人”甚至可谓“好社会”的基础。就前者来说，柏拉图不仅指出就像医生不是在“用身体医治身体”而是“用心灵医治身体”那样，法官做的是在“以心治心”，而且指明了立法者应当通过正确分配荣誉和耻辱来监管公民，必须仔细观察快乐、痛苦以及由欲望引起的激情，并在法律条文中对正确行为给予批准和赞扬。立法者还应当对这些情况加以解释，并且确定情感会变得如何与不会变得如何，这些情况包括了“愤怒和恐

① ［英］边沁：《道德与立法原理导论》，时殷弘译，商务印书馆2012年版，第87页。

惧，由不幸引起的灵魂纷扰，由好运所带来的反应，疾病、贫困及其对立面所引起的情感”[①]。就后者来说，虽然《国家篇》的演进逻辑表面上是从城邦构成转到灵魂构成，但在柏拉图看来，“除来自个人，城邦的品质不可能有其他来源”。城邦之所以正义，正因为城邦天然生成的人们各司其职。城邦之所以节制、勇敢和智慧，是由于这三种人拥有这些情感和习惯。由此可见，好人俨然好城邦的基础，好人甚至是“所有事物的尺度”[②]，而好人所以成其为好人，关键就在于能成为支配自己的人（自己的主人），能做到内部秩序良好，能使灵魂的三部分协调和谐，归根结底地说就是能以理智驾驭激情和欲望，能以“好情感”治理“坏情感”[③]。

结　语

柏拉图的情感治理学说之所以成为西方情感治理话语的基本理论形态，不只因为理性对激情的统治地位自此成了西方文化传统的重要主题，而且因为以理驭情和以情治情等治理策略也自此成为西方情感治理的基本实践策略。以相对无害的激情来抗衡或抵消更具危险性的激情，就可谓17世纪以来西方社会产生的抑制激情之破坏性后果的情感治理方案之一。然而，在更进一步地阐明柏拉图情感治理学说之于西方情感治理史的意义之前，还有必要澄清柏拉图情感治理学说中的“激情”（passion/pathos）与现代理解的“情感”（emotion）的关系，

---

① ［古希腊］柏拉图：《柏拉图全集》（第三卷），王晓朝译，人民出版社2003年版，第374页。

② ［古希腊］亚里士多德：《尼各马可伦理学》，廖申白译注，商务印书馆2003年版，第302页。

③ 在斯多葛学派的伦理学说中，有“好情感”与“坏情感”的区分。所谓好情感是指由德性和理性引导的，是关于本身就是善好事物的正确判断产生的额外效果。坏情感则是不服从理性命令和有悖自然的激情，是有碍幸福之获得和有害我们的自然状况的非理性兴奋。参见Laertius，1925；Riel，2000；Inwood，1999。

因为这种关系也是影响柏拉图的相关学说能否成为西方情感治理话语之基本形态甚或能否成为情感治理学说本身的关键。

在叙述“自我控制”（self-control）的传统时，哈里斯曾指出，我们不应将自我控制概念强加给荷马时代或古典时代的希腊人，尽管每个理智之人都知道情感和欲望要被控制在一定范围内，但那时的希腊并没有像“情感”（emotion）和欲望这样的范畴。到公元前5世纪20年代，控制特定情感与欲望的话题虽然已经在雅典得到热烈讨论，但将希腊社会的诸情感一般化仍相当困难。在柏拉图的对话中，虽然能碰到意味着与情感相近的东西的“激情”（pathos），也不乏关于（至少后来）被概念化为情感的东西的论述，但在柏拉图论及对激情与欲望的控制时，主要涉及的似乎并非现代人理解的情感。即使到了详细列举出各种“激情”（pathé），并对“自制”（enkrateia）与节制做出了区分的亚里士多德那里，自我控制就其自身来说主要涉及的也是快乐和欲望，而非通常理解的情感，当自制与愤怒等情感相关时也需特殊的说明①。由此看来，古希腊人所谓的“激情”与现代人理解的“情感”并非同一种东西，柏拉图的相关学说似乎也难以成其为一种情感治理学说，但事实是否真的就是这样呢？

实际上，哈里斯的上述论断既指出了一些历史事实，但也不乏值得商榷甚至可以质疑的地方。诚如他所言，古希腊确实没有“情感”概念。情感一词在英美心理学中的应用是较晚近的事情，该词最早出现在休谟的著述中，但即便休谟本人更多使用的也是“激情”概念。更具体来说，情感概念在现当代成为统摄一切的世俗心理学范畴发生在19世纪，情感范畴的出现将从前带有宗教或道德意蕴的欲望、激情和情操等概念都囊括于其中，从而不仅妨碍了对能感受到的充满激情的诸心理状态之性质与价值的更精细考察，甚至正是因这种道德无涉

① Harris V. William, *Restraining Rage: the Ideology of Anger Control in Classical Antiquity*, Massachusetts: Harvard University Press, 2004, pp. 6 – 81.

的、身体性的、非认知的和无意识感受性的情感范畴的出现才真正造成了情感与理性、理智、意志的对立。如果是在这种概念发生史意义上讲，的确可以说古希腊人所谓的激情并不完全等同于现代人理解的情感，柏拉图的相关学说或许也并非是作为现代世俗心理学范畴之情感概念意义上的情感治理学说。但是，在这种概念发生史之外，或者说在象征符号之“所指”的意义上，也就是在激情与情感概念之“名”所指之“实”的意义上讲，事实及结论是否还仍然如此呢？或许就不尽然了。哈里斯所谓的“愤怒”（orgé/orgizesthai/rage/anger），在不同语言中自然有不同的符号表征形式，在不同文化中也当然有不同感受方式甚至社会意义，但就愤怒作为特称概念而激情或情感都是总称范畴讲，愤怒显然可以归入激情或情感范围内，可以被说成一种具体的情感或激情。因此，哈里斯揭示的希腊古典时代的愤怒控制理念显然可以说成情感治理话语，将此范围内的柏拉图相关学说当成情感治理学说也无不妥，其他激情及其治理亦同此理。

有必要指出的是，在探究不同文化甚至是同一文化之不同时代中的情感及其表征时，保持一种认识论或方法论的警醒相当必要，这种警醒就是在对普遍性与特殊性、同一性与差异性的探寻中有必要掌握好审慎与节制的尺度。在关于情感的跨文化和跨时代研究中，一种符合论式的分类、比较、取舍标准或许并不是最适宜的方法，反倒是在语言研究中常见的所谓“原型理论”更恰当。在这种理论看来，分类和比较并不是由某种标准特征构成，而是围绕最具原型性和代表性的原型范本构成，亲和性是比同一性更合适或更可取的标准，有学者就以这种理论方法对中英文中的情感词汇做出了比较研究，并卓有成效地探究了中外历史上的情感文化[①]。其实，在希腊词“激情”（pathé）中就包含一套通过标准的对应词翻译成了英语词汇的术语，这些术语

---

① 参见史华罗《中国历史上的情感文化：对明清文献的跨学科文本研究》，商务印书馆2009年版。

包括了愤怒（anger）、恐惧（fear）、爱（love）、怜悯（pity）、义愤（indignity）和嫉妒（envy）等。因此，希腊词“激情”（pathé）包含的各种激情类型，在很大程度上是广泛对应于我们通常所谓的“情感”（emotions）中的某些情感类型的。当然，在希腊语与英语的激情/情感词汇之间必定不存在一种完美符合或重合关系，甚至那种完美符合关系都不应是有关情感的跨文化和跨时代研究所应追求的。因为在社会历史文化层面上，希腊人对激情及其具体类型的感知势必与现今对情感及其具体类型的感知有别，在认识论或方法论意义上，刻意寻求符合性或同一性反会遮蔽不同文化及时代之情感体验的重要差异①。然而，尽管希腊人对激情的感知有别于现代人对情感的体验，也有必要对这种差异保持认识论或方法论上的警醒，但两者在对激情和情感进行治理之必要性上都存在某种共识却是毋庸置疑的。因此，从激情和情感都是总称范畴意义上讲，将柏拉图的相关学说视为情感治理学说未尝不可，将柏拉图的情感治理学说当成西方情感治理话语之基本理论形态也并非站不住脚。

既然柏拉图有关激情的相关思想可谓一种情感治理学说，甚至就是西方情感治理之最初也是最基本的理论话语形态，那么，不仅前文对这种学说的梳理是有价值的，而且后文将要阐述的该学说的意义也就建立在了更坚实的基础上。作为情感治理话语的基本形态，柏拉图情感治理学说的特征及其对西方情感治理史的意义或许可以这样叙述。首先，柏拉图情感治理学说是节制德性传统的产物，但与节制德性在西方社会文化史上的命运相比，柏拉图的情感治理学说不仅开启了一种新的文化传统，而且这种传统还更深远地形塑了西方文明史。节制德性之于希腊社会和柏拉图情感治理学说的意义前文已经阐明，但作为一种要求对欲望和激情进行自我控制的德性，节制在（后现代）消

① Konstan David, *The Emotions of the Ancient Greeks: Studies in Aristotle and Classical Literature*, Toronto: University of Toronto Press, 2006, p. 4.

费社会甚至现代社会中是否还能成为一种德性就值得商榷了。因为作为随着历史或文化而改变的共同生活或共同生活之组织中的趋势与倾向，什么能成为德性或邪恶是会随着社会历史条件变化而改变的。现代社会的典型特征之一，就是欲望的解放乃至无限扩张，而（后现代）消费社会——按鲍德里亚的说法——俨然已经成为一个“娱乐系统”（fun-system）。因此，节制或许已经再难以成其为后现代社会乃至现代社会的美德了。但是，作为这种或已过时之节制德性传统的产物，柏拉图的情感治理学说却深远形塑了西方文明，至少深刻塑造了西方对理性与情感（激情）的基本文化假设。在柏拉图情感治理学说中，灵魂俨然被想象成上演着理性对激情与欲望之斗争的战场，激情和欲望因被视为不可根除且永恒复发的力量而成了更狡猾的萧墙之内的敌人。这种灵魂战场或心灵斗争的意象/想象，不仅深刻塑造了西方文明，而且深远影响着西方有关理性与激情（情感）的基本文化假设。

在西方文化传统中，理性的“光明”意象和优越地位是毋庸置疑的，理性被直觉或自明地想象成超越的价值、神圣的判准、社会秩序进步的基石、迈向真理的通途，甚至整个西方文化往往就被说成一种理性文化模式。与此相反，在这种理性文化模式中，更具体地说是在灵魂与肉体、思想与情感、理性与激情、认知与情绪、思维与感觉等诸二元对立中，激情或情感往往被想象成“贾努斯的另一副面孔”。在西方有关情感的各种文化假设中，最广为人知的或许就是情感对立于理性或合理性的假设了。与这种基本的文化假设最相关的，则是情感往往被视为混乱的、过度的、无序的乃至神秘的，“情感是过度的，由于任何过度的事物都会导致无序，因而情感是无序的”[①]。情感，在西方文化中还往往被想象成意料之外和不可控制的、危险和脆弱的、

① Hillman, James, *Emotion: A Comprehensive Phenomenology of Theories and Their Meanings for Therapy*, Evanston: Northwestern University Press, 1960, p. 207.

肉体的和主观的，甚至还被说成女性气质的。有必要指出的是，有关理性与情感的这些文化假设，虽然深受柏拉图情感治理学说开启的文化传统的影响，但却并非全然只是被这种文化传统塑造的产物，这些假设在一定意义上甚至已经超出柏拉图学说中有关理性与激情之关系的原初叙述。继柏拉图情感治理学说的相关论述之后，希腊化—罗马时期的新柏拉图主义和斯多葛主义，基督教哲学中的教父哲学与经院哲学，近代欧陆理性主义哲学等都在不同程度上为这些假设添砖加瓦，尤其前文述及的作为世俗心理学范畴的“情感”概念在 19 世纪的形成，更是真正造成了情感与理性、理智、意志的对立和情感的负面意象。

其次，作为节制德性传统的产物，柏拉图的情感治理学说有两种最显著的结构特征。一方面，好生活或幸福，在一定意义上是这套情感治理学说的目的论旨归。另一方面，作为实现好生活或幸福目的之途径，这套情感治理学说在很大程度上是一套福柯所谓的“自我技术”（technologies of self）。很显然，这两种最显著的特征，都是源自节制归属的德性伦理传统的结果。在前文阐述情感治理话语的发生语境时，已经指出好生活或幸福是德性伦理学的母题。德性伦理学首要关心的是给人们提供一种关于好生活的说明，也就是关于哲学家所谓之幸福的说明。柏拉图是古代德性伦理学的奠基人，柏拉图情感治理学说又是节制德性传统的产物，因此，这套情感治理学说以实现好生活为目的论旨归也就可想而知了。此外，德性伦理学家将如何生活得好或做得好的问题转化成了如何做一个好人或有德之人的问题，德性，由此成了伦理哲学家们探究“好生活”问题的机杼所在，追问是什么使特定性格品质成为德性、如何养成这些德性以获得最好的生活也成了德性伦理学的核心关切。从根本上说，是一种人格品质的德性，既促使我们通过明智选择的行动，也通过恰当的情感来妥善处置人类生活的境况，从而过上一种好生活。这里的明智行动和恰当情感无疑是情感治理的产物，甚至它们源出的作为人格品质的德性都是柏拉图情感治理方案的产物。因为柏拉图情感治理学说的落脚点正是使人成为一个灵魂和谐有序之人，成为自己的主人，而这等人显然是有着德性的人格品质的人，同样是有一套“照料自我”的自我技术的克己自主之人。柏拉图情感治理学说，正是在此意义上成其为一套自我技术的。

最后，柏拉图的情感治理学说虽然是西方情感治理话语的基本理论形态，这种学说揭示的情感治理之必要性、可能性甚至实践策略也都深刻影响了西方的情感治理史，但从根本上说，它却只是西方情感治理话语谱系中的理论范式之一。因为随着社会历史情境与情感治理语境的变化，西方情感治理史上出现了不同的理论话语形态和治理实践策略。在我们看来，西方情感治理史上至少产生了三种理论范式及其相应的实践策略，它们大致上可以分别命名为“自我技术范式”“国家技艺范式”“治疗文化范式”。尽管柏拉图情感治理学说可谓西方情感治理之最原初和最基本的理论话语形态，但它却只能归属于自我技术范式的范畴，甚至只是自我技术范式的典型代表。因为在柏拉图之后的亚里士多德，希腊化—罗马时期的新柏拉图主义、伊壁鸠鲁学派和斯多葛学派等的情感治理学说，都可归入西方情感治理之自我技术范式的范畴内。因此，本文通过阐述柏拉图情感治理学说而揭示的西方情感治理话语的兴起，只是源远流长的西方情感治理史上的短暂片段。至于西方情感治理史上的其他理论范式及其相应的实践策略，甚至自我技术范式中的其他理论话语和实践策略，也就是西方情感治理史的完整图景，则还有待我们更深入地探究和描画。

（原载于《江海学刊》2018 年第 4 期）

涂尔干的道德统计学：源流、发展及困境

陈　涛*

引言：涂尔干社会学中不同研究传统的并存

今天，对涂尔干的社会学进行重新理解的要求，发生在晚近社会学乃至社会科学反思和校调自身这一语境之下。如果将视野进一步放宽，就会注意到社会科学的这种自我认识，不过是20世纪下半叶以来现代思想自我反思和自我批判这一思潮的一个缩影。

就社会学的自我认识而言，对我们这些借用西方学科体系，引介西方思想和方法，构建现代大学中的知识门类的后继者来说，它还具有额外的、更为重要的意义。倘若我们不想只是作为一个“常规科学”阶段上亦步亦趋的尾随者，不想只是通过引介各种理论、概念、方法和命题，依据本土经验对它们加以检验、修正和拓展来实现知识积累，那么就必须深入社会学这门学科的基本预设、基本概念和基本问题的层面，通过反思、继承和批判它，更自觉地对其加以革新和规定。

站在当下社会学学科的现状回头看涂尔干的社会学时，会看到一个非常有趣的现象：今天彼此有别甚至相互对立的各种研究传统，同

* 作者简介：陈涛，1986年生，社会学博士，中国社会科学院社会学研究所助理研究员。

时出现在他的思想中。《社会分工论》（以下简称《分工论》）呈现的是，对风俗、法律和道德所做的历史文献分析以及社会形态学解释；《自杀论》呈现的是，以自杀为例，对社会潮流所做的统计分析和社会病理学研究；《宗教生活的基本形式》（以下简称《基本形式》）呈现的则是，借助民族志资料对原始宗教所做的人类学研究。甚至，在其学术生涯早期，上述不同研究取向在某一时刻曾同时并行在他的社会学中。早在 1887 年评议冯特的伦理学时，他就设想借助考察原始宗教来理解道德的特征、演化和未来。① 对宗教的兴趣，以及从历史分析的角度切入它的设想，或者继承自他的老师，也即创作《古代城邦》的古朗治，或者是来自把历史分析作为社会学这门学科特有的方法的孔德，或者是当时正在成形的人类学。这不仅预示了《分工论》中通过考察宗教来把握集体意识的理论设想，甚至还预示了《基本形式》中通过分析宗教生活来把握社会生活的"基本形式"的思路。次年，也就是 1888 年的《自杀率与生育率》则提供了一个借助"道德统计学"分析当代社会现象的实例。② 这一研究取向最终在《自杀论》中得到更为充分的展现。涂尔干本人也在 1888 年开设的"社会学公开课"的首讲（后以《家庭社会学导论》为题发表）中，列举上述研究取向，把它们作为社会学这门新生学科的研究主题和方法。③

另一个值得注意的现象是，十年之后，也就是从 1898 年发表《乱伦禁忌及其起源》开始，直至去世，涂尔干的研究重心都放在对原始宗教所作的民族志或人类学研究上。正是这一研究取向，被后来的涂尔干学派，特别是莫斯的人类学研究所继承和发展。与此同时，无论

---

① ［法］爱弥尔·涂尔干：《伦理学与道德社会学》（1887），《职业伦理与公民道德》，渠东、付德根译，上海人民出版社 2006 年版，第 204 页。本文最初以"德国的道德实证科学"为题发表于 1887 年，中译名从英译。

② Emile Durkheim, "Suicide and Fertility (1888)", *European Journal of Population/Revue Européenne de Démographie*, Vol. 8, No. 3, 1992, pp. 175 – 197.

③ 参见［法］爱弥尔·涂尔干《家庭社会学导论》（1888），《乱伦禁忌及其起源》，付德根、渠东译，上海人民出版社 2003 年版。

是涂尔干，还是其弟子都很少再提及此前借助道德统计学分析当代社会病理现象的研究思路。[①] 相比之下，从涂尔干对法国中等教育思想演进的考察中，以及涂尔干学派成员对法律和道德的历史研究中可以看到，《分工论》，特别是第一部分从功能分析的角度对宗教、法律和道德进行历史性考察的思路仍被保留了下来。不过，该书第二部分使用的社会形态学方法，则在后期集体表象理论的视野下被重新定位，乃至被边缘化。[②]

不同研究传统或研究取向混杂并列、模糊不清的局面恰好提供了某种契机，使我们得以据此重估不同研究传统的优势和局限。本文的讨论将聚焦涂尔干的道德统计学研究。为了达到我们的目的，首先需要弄明白，涂尔干引入道德统计学分析社会现象的最初动机是什么？借助道德统计学分析社会现象又有何优势及局限？在着手考察涂尔干的研究之前，有必要对“道德统计学”传统有所了解。

涂尔干思想的另一个来源：道德统计学

粗略来说，道德统计学是现代思想重建伦理学这一事业的一个支脉。它试图借助数理统计，特别是或然性理论（theory of probability，通常译作“概率论”），去把握展现在道德（或社会）现象中的规则性（regularity）[③]，并由此进一步推论决定这种规则性的因果关系，或社会

① Philippe Besnard, “The Fortunes of Durkheim's Suicide”, in Pickering, W. S. F. and Geoffrey Walford (eds.), *Durkheim's Suicide: A Century of Research and Debate*, London and New York: Routledge, 2000, pp. 97 – 125.

② 陈涛：《道德的起源与变迁：涂尔干的宗教研究的意图》，《社会学研究》2015 年第 3 期。

③ 规则性（regularity）并不等同于法则（law）。规则性指的是从经验现象或数据中所概括出来的现象之间的齐一性（uniformity）或稳定性（stability），而法则指的则是事件之间的因果决定关系。如何判定经验现象所呈现出的规则性，真的就是基于因果决定的必然关系，即从经验上的规则性跨越到逻辑上的必然性，是道德统计学，甚至也是今天数理统计分析始终面临的一个问题。从一定数量的经验现象中概括出来的规则性，上升到适用于一切现象的必然法则，存在一个统计分析本身无法跨越的距离，跨越这个距离只能依靠理论解释。

法则（law of society，也译作社会规律）[①]，进而把这种事实上的法则作为人们道德实践的规范标准。

表面上看来，就道德统计学试图凭借数理统计达致对社会现象和道德现象的科学认识而言，它与现代早期思想家，如霍布斯、斯宾诺莎等人诉诸几何学式的论证方式建立伦理学的努力，有某种相似性。二者都受到了现代自然科学以数学为基础认识自然现象的影响，想要把伦理学打造成数学和自然科学那样的精确科学。此外，就其试图从统计数据所呈现的规则性中推出决定道德现象的“社会法则”而言，它又与孔德、密尔等人的实证主义传统有某种亲和性，后者同样以“社会法则”概念为指导，用以认识社会现象之间的因果必然关系。实际上，今天的社会科学就习惯于把统计分析的方法归在“实证主义社会学”之下。看起来，正是统计分析所呈现出来的数据的规则性，将实证主义通过模仿物理科学认识自然现象的自然法则，去认识社会现象的社会法则的设想落到了实处。也正是或然性理论（概率论）在充满或然性甚至偶然性的事件中找到支配这些事件的普遍法则，并且证明了这样一种力量的存在。[②]

不过，严格说来，道德统计学不属于上述任何一个传统。它源于由伯努利（Jacob Bernouilli）所开创，为孔多塞和拉普拉斯（Laplace）所发展，最终在凯特勒那里得以确立的、将有关或然性的数学理论应用于分析道德现象的尝试。[③] 孔多塞将其命名为“社会数学”，而凯特勒则将其称为“道德统计学”，以区别于“物理统计学”对人的物理

① 法则（loi/law）意味着事实之间的某种因果必然关系，它源自事物的自然本性（nature），因此，也被称作“自然法则”。汉语世界通常以“规律”或“自然规律”翻译这个含义上的“法则”，把它区别于人为制定的“法律”那种含义上的“法则”。关于“社会法则”概念，参见笔者在其他地方对它所作的讨论，陈涛：《法则与任意——从社会契约论到实证主义社会学》，载强世功编《政治与法律评论》（第四辑），法律出版社 2014 年版。

② 叶启政：《均值人与离散人的观念巴别塔》，载渠敬东编《现代政治与自然》，上海人民出版社 2003 年版，第 294—364 页。

③ K. M. Baker, *Condorcet: From Natural Philosophy to Social Mathematics*, Chicago and London: The University of Chicago Press, 1975, pp. 155 – 189.

能力的分析。[①]

自伯努利至凯特勒所发展起来的道德统计学传统，与圣西门和孔德的实证主义传统一样，恰恰基于对 17 和 18 世纪的政治哲学和道德科学将几何学的思维方式挪用至认识社会现象上的批判。所谓几何学的思维方式，指的是从一个或若干个前提出发，通过演绎的方式论证出一个结论。比如霍布斯的契约论就是把有关人性的某种论断作为起点，一步一步推演出战争状态、自然法、契约、国家的建立、主权者和公民的义务。将几何学式的演绎方式与其他（比如物理学）演绎方式区别开的关键一点在于，几何学处理的是共存的事实，“产生于一种几何原理的结果，不会与产生于另一条几何原理的结果相冲突”[②]，因此，几何学并不考虑彼此冲突的力量之间的相互作用，或各种原因之间的相互抵消。但是，无论是物理现象，还是社会现象都受到许多原因的共同作用，而且这些原因之间也存在相互作用。因此，像笛卡尔和牛顿那样，诉诸数学为物理学提供确定性基础，或者像霍布斯和斯宾诺莎那样模仿几何学的论证方式为政治哲学和道德科学提供确定性基础的努力，很早以来就饱受质疑。例如，在洛克看来，尽管我们可以把数学应用于对物理世界的描述中，但是我们有关物理世界的知识仍然无法达到类似于数学知识那样的确定性，因为我们对于物理世界的经验，既缺乏在数学知识中那种清楚和分明的观念（例如“三角形”这个观念），又缺乏有关这些观念之间的必然关联（例如三角形的三个角等于两直角）的知识，而只能是借助观察和实验所获得的一种基于经验概括之上的规则性。经验上的规则性不具有像数学关系那样的逻辑必然性，而只具有或然性。[③]

---

① A. J. Quetelet, *A Treatise on Man and the Development of His Faculties*, Edinburgh: William and Robert Chambers, 1842, p. 5.

② J. S. Mill, *A System of Logic, Ratiocinative and Inductive: Being a Connected View of the Principles of Evidence and the Methods of Scientific Investigation*, edited by J. M. Robson, London: Routledge & Kegan Paul, 1974, p. 888.

③ K. M. Baker, *Condorcet: From Natural Philosophy to Social Mathematics*, Chicago and London: The University of Chicago Press, 1975, pp. 130 – 133.

如何为或然性的知识提供一个坚实的基础，成为此后许多研究者感兴趣的问题。在法国，自伯努利开始，就发展出有关或然性的微积分理论。看似充满或然性的、不规则的现象背后，实际上存在某种一般的自然法则，如大数定理（law of large numbers）、正态分布曲线等。即便孔多塞不是将这种有关或然性的数学分析应用到对社会现象的分析上的第一人，但他也是其最为积极和有力的推动者。在他看来，或然性的事件也是被必然法则决定的。它们的或然性并不是针对事物的自然秩序本身而言的，而只是针对我们理智上的局限而言的。我们的理智缺乏有关这些事件的原因的知识，因此只能就其发生做出一些或然性的陈述。而对于一个全能的存在（如上帝）而言，自然秩序可以被理性地、确定地认识，不存在或然性或机会问题。不过，借助对或然性的计算，我们仍然可以把握到表面上不规则的、充满偶然性的社会现象背后的必然法则。①

将这个传统继承并予以发扬光大的首推活跃于19世纪上半叶的凯特勒。凯特勒希望建立一门“人的科学”②，通过观察发现支配人的物理能力（体重、身高、力量等）和道德（或理智）能力的法则。要发现这些法则，就必须基于足够多的观察对象，从偶然的、特殊性的东西中将恒常性的、一般化的东西分离出来。

> 因此，看起来，当道德现象在一个大规模的水平上被观察时，就会发现它们与物理现象相似，通过探究这种现象，我们因而就获得了这一基本原理，即被观察到的个体的数量越大，个人特殊性（不管是物理上的，还是道德上的）越变得无足轻重，并凸显

① K. M. Baker, *Condorcet: From Natural Philosophy to Social Mathematics*, Chicago and London: The University of Chicago Press, 1975, p. 171.

② A. J. Quetelet, *A Treatise on Man and the Development of His Faculties*, Edinburgh: William and Robert Chambers, 1842, p. 5.

出社会借以存在和保存的一般事实。[①]

在凯特勒那里，个体行为可以被看作恒常因（constant causes）和偶因（accidental causes）共同作用的产物。偶因彼此抵消，只留下恒常因的作用。因此，从个体事件中计算出来的均值或比率的稳定性揭示了一个由恒常因作用的秩序，即这里所说的“社会借以存在和保存的一般事实”。凯特勒以“平均人”（homme moyen）表示这些均值和比率。在平均人这个层次，有恒常因和变动因（variable causes）的共同作用，前者决定了一段时间内正常的比率，比如近十年法国的死亡率，后者则决定了这一比率不正常的变动，比如饥荒导致死亡率在某一年中不正常地上升。

有待澄清的另一个问题是，涂尔干从孔德、斯宾塞和密尔那里继承的实证主义传统与道德统计学的关系。就道德统计学与实证主义一样，都从观察到的现象的规则性出发，推断现象之间的因果关系，即法则而言，所以它特别为实证主义所称赞，所以我们今天也把统计分析归为实证主义？恰恰相反。孔德在写作《实证哲学教程》时，不仅非常清楚自伯努利开始，经由孔多塞和拉普拉斯，再到凯特勒的道德统计学传统的存在，而且还对其采取了批判的态度。

> 不可能再去设想比这种概念更不理性的概念了。它把设定的数学理论作为基础或操作性方法。在这种理论中，符号被当作观念，我们把数字上的或然性用作计算，这相当于把我们的无知作为对各种意见的或然性程度的自然测量。[②]

---

① A. J. Quetelet, *A Treatise on Man and the Development of His Faculties*, Edinburgh: William and Robert Chambers, 1842, p. 6.

② Auguste Comte, *The Postive Philosophy of Auguste Comte Volume* Ⅱ, translated by Harriet Martineau, London: Kegan Paul, Trench, Trübner, 1893, p. 100.

这个批评有非常充分的理论基础。在孔德那里，伴随着自然现象（包括社会现象，后者处于自然现象的最高级）的复杂性的提高，研究各种现象的各门科学也相应地发展出专门的方法。数学的方法并不适合分析物理学中最为核心的现象：运动；同样，物理学的方法也不适合分析化学中最为核心的现象：化合；化学的方法更不适合用来分析生物学中的有机体或生命现象；生物学对单个有机体的分析，也不适合分析社会学所要处理的群体层面的历史和文明的演进现象。数理统计作为科学等级制上的最低级，它的方法并不适用于科学等级制上的最高级，即社会学。把它应用到分析社会现象上，不可能把握到它的复杂性，而只会导致还原论的谬误。

要揭示自然现象的最高级，即社会现象的自成一类的法则，只有借助于社会学所独有的历史分析方法。“如果我们忽略了历史比较，那么我们就无法理解社会进化，并掩盖或忽视了标志社会学之科学原创性的首要现象——世代之间逐渐的和持续的影响。因为我们缺乏必要的历史分析。”①

这样，在涂尔干所继承的两个传统，实证主义与道德统计学之间潜在地存在某种不可调和的冲突。下文将看到这种冲突如何在涂尔干的道德统计学研究内部爆发出来。

为什么是道德统计学

在实证主义传统对道德统计学持有尖锐批评的情况下，为什么涂尔干还要选择使用道德统计学来分析社会现象？具体而言，道德统计学具有以下三点优势。

（一）道德统计学对“社会意识”的捕捉

传统伦理学的基本工作方式是，从某个有关人性的普遍概念出发，

① Auguste Comte, *The Postive Philosophy of Auguste Comte Volume* Ⅱ, translated by Harriet Martineau, London: Kegan Paul, Trench, Trübner, 1893, p. 94.

推演出一套逻辑一致的、理想化的道德准则（它们通常被视为实现理想化的人性的一种手段），然后再根据特定群体的历史和社会现状，对上述普遍准则加以调整和具体化，将其应用到特定群体中，作为立法者立法的依据，或是人们行动的规范标准。正是在这个意义上，传统伦理学也把自己定义为“规范科学”（normal science），或“立法科学”（legislative science）。

涂尔干早在其《分工论》中，就明确拒绝并批评传统伦理学的这种规范功能。“他们构建，而不观察。他们在道德中没有看到一套有待研究的事实，而是某种总是可以被撤销的立法，也就是说，每个思想家总是可以重新建立道德。”① 针对于此，他在《分工论》的初版序言中，开宗明义地提出要建立一门“道德科学”，即“用实证科学的方法来研究道德生活的事实”②。道德科学要做的是观察，并解释人们日常生活中所看到的那些法律和道德准则与其他社会现象之间的因果关系。不过，涂尔干所说的“道德事实”并不局限于这些具体的法律和道德准则。在《分工论》中，借助研究法律和道德准则，他最终想要把握的却是“社会团结”，或者用他在《自杀论》中的表述来说，是集体的感觉、思维和行为方式，即“社会意识”③。

实际上，正是因为我们无法直接去观察社会意识，所以才必须借助它们的外在表现，即法律和道德来间接地认识它：“社会团结本身是一种整体上的道德现象，我们很难对它进行精确的观察，更不用说测量了。要想真正做到分类和比较，我们就应该撇开那些观察所不及的内在事实，由于外在事实是内在事实的符号化，所以我们

① Emile Durkheim, *The Division of Labor in Society*, translated by George Simpson, New York: Macmillan, 1933, p. 35.

② Emile Durkheim, *The Division of Labor in Society*, translated by George Simpson, New York: Macmillan, 1933, p. 32.

③ Emile Durkheim, *Suicide: A Study in Sociology (1897)*, translated by John A. Spaulding and George Simpson, Glencoe, Illinois: The Free Press of Glencoe, 1951, p. 315.

可以通过后者来研究前者。”① 这些外在事实，或“看得见的符号”②，指的正是法律、道德准则、惯例、宗教信仰和仪式、语言、金融制度和社会潮流等③，它们构成了社会意识的“外在化和物质化”④。例如，压制型法律反映的是机械团结，复原型法律反映的则是有机团结。

这些外在事实，在很多时候，都被涂尔干笼统地归在“风俗”和“法律”这两个范畴之下。以“风俗”来涵盖这些现象，基于以下理论依据：在社会初期，宗教、风俗、道德、法律等都混合在一起，后来，从宗教中逐渐分离出风俗，又从风俗中有了道德和法律的区分。⑤可见，风俗，仅次于宗教，构成了道德和法律的母体。

在风俗所包括的这些现象中，社会潮流，如爱国主义、世界主义和个人主义等，较之于其他现象来说多少有些特殊。法律和道德是“已经得到确定和固定的社会变化”⑥，而社会潮流则是正在形成中的、

---

① Emile Durkheim, *The Division of Labor in Society*, translated by George Simpson, New York: Macmillan, 1933, p. 28.

② Emile Durkheim, *The Division of Labor in Society*, translated by George Simpson, New York: Macmillan, 1933, p. 28.

③ Emile Durkheim, "The Rules of Sociological Method (1895)", in *The Rules of Sociological Method and Selected Texts on Sociology and its Method*, edited by Steven Lukes, translated by W. D. Halls, London and Basingstoke: Macmillan, 1982, pp. 52 – 54.

④ Emile Durkheim, *Suicide: A Study in Sociology (1897)*, translated by John A. Spaulding and George Simpson, Glencoe, Illinois: The Free Press of Glencoe, 1951, p. 315. 另见［法］爱弥尔·涂尔干《宗教生活的基本形式》(1912)，渠东等译，上海人民出版社 1999 年版，第 276 页。

⑤ ［法］爱弥尔·涂尔干：《伦理学与道德社会学》(1887)，《职业伦理与公民道德》，渠东、付德根译，上海人民出版社 2006 年版，第 206 页；［法］爱弥尔·涂尔干：《家庭社会学导论》(1888)，《乱伦禁忌及其起源》，付德根、渠东译，上海人民出版社 2003 年版，第 376 页。Emile Durkheim, *Montesquieu: Quid Secundatus Politicae Instituendae Contulerit* (1892), translated by W. Watts Miller and Emma Griffiths, Oxford, UK: Durkheim Press, 1997, p. 53; "The Rules of Sociological Method (1895)", in *The Rules of Sociological Method and Selected Texts on Sociology and its Method*, edited by Steven Lukes, translated by W. D. Halls, London and Basingstoke: Macmillan, 1982, pp. 54 – 55.

⑥ ［法］爱弥尔·涂尔干：《家庭社会学导论》(1888)，《乱伦禁忌及其起源》，付德根、渠东译，上海人民出版社 2003 年版，第 378—379 页。Emile Durkheim, "The Rules of Sociological Method (1895)", in *The Rules of Sociological Method and Selected Texts on Sociology and its Method*, edited by Steven Lukes, translated by W. D. Halls, London and Basingstoke: Macmillan, 1982, p. 136.

尚未结晶化的风俗。[1] 因此，比起作为过去社会活动的产物的道德和法律，当下的社会潮流能够更及时准确地反映当前的社会状态。[2] 那么，统计学怎样来把握社会意识呢？在《社会学方法的准则》中，涂尔干指出，统计学的优势在于它能够把不可直接观察到的社会意识从它在个人那里的具体表现中分离出来，从而抓到社会意识："因为这些统计数字不加区别地包括了所有个体案例，而在产生该现象中发挥部分作用的个人环境彼此抵消，因此并不决定现象的本性。因此，这些统计数字表达的是集体心智的某种状态。"[3]

对社会潮流的研究在《自杀论》中得到了充分的落实。造成某个人自杀的不仅仅是"自杀潮流"[4]，而且还有个人的心理因素等。但是，借助统计学所得到的"自杀率"体现的却是当这些个体心理因素彼此抵消之后，剩下的社会事实。社会学家可以撇开个人因素，只从社会原因出发来解释它。

（二）正常类型和反常类型

上一节曾提到涂尔干对传统伦理学把自己定义为规范科学的批评，但是，与此同时，他始终强调社会学或道德科学对道德事实的研究，最终仍然可以"确立某种规范，以作为人们的一切实践推理的基础"[5]。可见，他并不反对科学可以为人们的实践提供某种规范，而只

---

① Emile Durkheim, "The Rules of Sociological Method (1895)", in *The Rules of Sociological Method and Selected Texts on Sociology and its Method*, edited by Steven Lukes, translated by W. D. Halls, London and Basingstoke: Macmillan, 1982, p. 58.

② ［法］爱弥尔·涂尔干：《家庭社会学导论》（1888），《乱伦禁忌及其起源》，付德根、渠东译，上海人民出版社 2003 年版，第 379 页。

③ Emile Durkheim, "The Rules of Sociological Method (1895)", in *The Rules of Sociological Method and Selected Texts on Sociology and its Method*, edited by Steven Lukes, translated by W. D. Halls, London and Basingstoke: Macmillan, 1982, p. 55.

④ Emile Durkheim, *Suicide: A Study in Sociology* (1897), translated by John A. Spaulding and George Simpson, Glencoe, Illinois: The Free Press of Glencoe, 1951, p. 14.

⑤ Emile Durkheim, "The Rules of Sociological Method (1895)", in *The Rules of Sociological Method and Selected Texts on Sociology and its Method*, edited by Steven Lukes, translated by W. D. Halls, London and Basingstoke: Macmillan, 1982, p. 87.

是反对传统伦理学得到规范的方式。道德科学也只有完全接手了传统伦理学的规范功能，才能彻底取代它。

具体来说，涂尔干认为，道德科学对道德实在的研究，可以帮助人们发现当前社会的“道德健康状态”或“正常类型”①，以及偏离它的“反常类型”，从而作为这个社会的“道德理想”②。

可见，对涂尔干来说，“normal type”不仅意味着事实上的“正常类型”，而且更意味着道德上的“规范类型”。因为社会现象事实上的必然关系，也应该成为人们行为上必然遵守的律令或义务。“人们或许会说，科学作出预测，但并不发号施令。真的是这样。科学只告诉我们什么对生活来说是必要的。但是显然，假定人想要活着，借助这个简单的操作，就可以直接地将科学发现的法则转变为行为上的律令。”③ 例如，只要“人想要活着”，就不应该违背劳动分工这种自然法则。劳动分工就应该成为人们在社会生活中应该遵循的道德准则或法律义务。对于前期涂尔干来说，社会学家借助“normal type”对道德事实的实证研究，而不是伦理学家所构建的那些抽象的道德准则，才能真正为人们的道德实践提供一个规范标准。

问题的关键在于如何区分正常类型和反常类型。在定义社会的正常类型时，涂尔干借用的正是凯特勒的道德统计学：以平均类型来界定事物的正常类型。④

> 那些以最一般的（générales）形式呈现的事实，我们称之为正

---

① Emile Durkheim, *The Division of Labor in Society*, translated by George Simpson, New York: Macmillan, 1933, p. 34.

② Emile Durkheim, *The Division of Labor in Society*, translated by George Simpson, New York: Macmillan, 1933, pp. 339 – 340.

③ Emile Durkheim, *The Division of Labor in Society*, translated by George Simpson, New York: Macmillan, 1933, pp. 34 – 35.

④ A. J. Quetelet, *A Treatise on Man and the Development of His Faculties*, Edinburgh: William and Robert Chambers, 1842, p. 99.

> 常的，剩下的则是有病的或病态的。我们扼要地把下述东西命名为平均类型，它是借此构造出来的，即把这个种中以最频繁的形式，最频繁发生的特征集合于一个整体或一个抽象个体（d'individualité abstraite）中。我们可以说，正常类型与平均类型重合，而任何对这个健康标准的偏离都是一个有病的现象。①

上述定义中有两点需要指出，首先，这里定义的平均类型是社会学家构造的一种“抽象个体”。它不是人们日常生活中直接遇到的这个人或那个人，这个社会或那个社会，而只是借助道德统计学所构造的一种数学存在（如自杀率）。其次，这里不清楚的是，这个抽象存在是从若干个体中还是从若干社会中计算出来的。从《自杀论》中可以看到，特定社会的“自杀率”只是从该社会内部的若干个体中计算出来的。上文指出过，涂尔干的设想是，虽然“自杀率”，或“平均类型”的计算是基于个人事实的，但是个人性的东西相互抵消，最后计算得到的只是社会事实。问题在于，这样一个抽象存在能够用来表示社会状态吗？

上述定义还只是完成了定义“正常类型”的第一步。定义的第二步，是证明这个频繁发生的特征，之所以频繁发生，之所以具有普遍性，是因为它对社会有利，是好的。从第一步过渡到第二步的关键在于证明事实上频繁发生的特征也是规范意义上的好，或者说，把“事实上的正常性”转化为“法权上的规范性”（on peut ériger cette normalité de fait en une normalité de droit）。② 为什么频率高可以被等同为好并不是不

① Emile Durkheim, "The Rules of Sociological Method (1895)", in *The Rules of Sociological Method and Selected Texts on Sociology and its Method*, edited by Steven Lukes, translated by W. D. Halls, London and Basingstoke: Macmillan, 1982, p. 91，笔者在翻译时同时参照了法文本“Les Règles de la méthode sociologique (1895)”, Paris: Alcan, 1919, pp. 69–70。

② Emile Durkheim, "The Rules of Sociological Method (1895)", in *The Rules of Sociological Method and Selected Texts on Sociology and its Method*, edited by Steven Lukes, translated by W. D. Halls, London and Basingstoke: Macmillan, 1982, p. 94，笔者在翻译时同时参照了法文本“Les Règles de la méthode sociologique (1895)”, Paris: Alcan, 1919, p. 74。

证自明的。正如他多次明确指出的，一种社会现象可能只是由于“盲目的习惯强力”才得以保存，因此它所具有的普遍性是欺骗性的。①

从《社会学方法的准则》（以下简称《准则》）第三章第二节对此所作的论证中，可以清楚地看到，涂尔干非常清楚这一步跨越所存在的困难。为此，他作了相当复杂的论证。其中的关键恰恰在于他在《分工论》中早已实践过的方法，即把因果分析和功能分析结合起来使用。首先，要借助因果分析，在事实的普遍性与社会的生存状况之间建立一种效果和原因的关系。其次，配合以功能分析，通过证明这种普遍性对特定社会的“有用性”（l'utile），作为对上述因果关系的一种检验。②

这里只对第二步论证存在的困难做一简要交代。涂尔干认为，借助功能分析和因果解释可以避免此前伦理学从人的需要或目的出发解释社会现象的目的论问题，但归根到底，功能分析仍然是一种目的论。单靠因果解释本身是不足以区分开正常和反常的。例如，无论是正常的分工，还是反常的分工，无论是正常的自杀率，还是反常的自杀率，都是由在先的社会原因所造成的。所以，涂尔干最后论证的重心落在了借助“功能”或“社会目的”③ 来定义“normal”。一个社会现象之所以是正常的，是因为它服务于某种社会功能或社会目的。就这里的讨论，只需要指出这一点就足够了：与涂尔干对统计学的期望相反，单靠统计分析实际上并不足以自动地呈现出一个客观的“正常类型”或“规范类型”。

---

① Emile Durkheim, “The Rules of Sociological Method (1895)”, in *The Rules of Sociological Method and Selected Texts on Sociology and its Method*, edited by Steven Lukes, translated by W. D. Halls, London and Basingstoke: Macmillan, 1982, pp. 94 – 95.

② Emile Durkheim, “The Rules of Sociological Method (1895)”, in *The Rules of Sociological Method and Selected Texts on Sociology and its Method*, edited by Steven Lukes, translated by W. D. Halls, London and Basingstoke: Macmillan, 1982, pp. 94 – 95.

③ Emile Durkheim, “The Rules of Sociological Method (1895)”, in *The Rules of Sociological Method and Selected Texts on Sociology and its Method*, edited by Steven Lukes, translated by W. D. Halls, London and Basingstoke: Macmillan, 1982, p. 134.

（三）道德病理学对反常现象的研究

与寻求“规范”相应的是，涂尔干前期借助道德病理学对社会疾病的诊断。在《孟德斯鸠对政治科学的贡献》中，他指出，自亚里士多德以来，伦理学家就想当然地认为只有健康状态才反映了事物的本性，而疾病则与健康相对，违背了事物的本性。孟德斯鸠尽管比前人更深刻地认识到了社会现象之间存在因果必然关系，但他仍然认为只有当事物处于正常状态时，才遵循因果法则，而事物的反常状态则只是出于偶然性。在涂尔干看来，孟德斯鸠诉诸偶然性来解释政治有机体的错误是不恰当的。即便是政治体的疾病或反常，也可以用来把握社会生活的本性。[①] 这个观点构成了涂尔干前期道德病理学研究的基本设想。

借助道德统计学，通过考察社会疾病，来认识社会生活，在《自杀论》中得到了落实。必须澄清的一点是，涂尔干并不认为所有的自杀现象都是疾病或反常现象，只有当它超出一定界限时才是反常的。[②] 19 世纪的西欧各国，在不到 50 年的时间里，不同国家的自杀人数增加了两倍、三倍甚至四倍。如此不断攀升的自杀率，在涂尔干看来，是一种反常现象，一种道德疾病。

上文曾指出，凯特勒认为，只有恒常因揭示了社会法则的存在。比如若干年内相对稳定的自杀率表明有某种社会原因在一直起作用。相反，如果自杀率出现了较大幅度的变动，他就会把它归为变动因的作用，因此不由社会因决定。就此而言，凯特勒与传统伦理学家一样，只把正常现象视为受法则支配的。但是，涂尔干却在不断攀升的自杀率中，也就是在凯特勒归为变动因作用的现象中，看到了恒常的社会因的存在。“它们不是产生于常规的进化，而是源于一种病态的动荡，这种动荡能够将过去的制度连根拔起，而又没有建立起任何东西，因

① Emile Durkheim, *Montesquieu*: *Quid Secundatus Politicae Instituendae Contulerit* (1892), translated by W. Watts Miller and Emma Griffiths, Oxford, UK: Durkheim Press, 1997, p. 55.

② Emile Durkheim, *Suicide*: *A Study in Sociology* (*1897*), translated by John A. Spaulding and George Simpson, Glencoe, Illinois: The Free Press of Glencoe, 1951, pp. 361 – 370.

为数个世纪才能完成的工作不可能在数年之内就被补救。如果原因是不正常的，它的结果也必然是不正常的。”[①] 也就是说，我们仍可以在这种反常现象中，发现社会原因的作用，发现社会事实之间的因果必然关系。尽管这是一种反常的因果关系。

综上，涂尔干在早期之所以引入统计学来把握社会状态，原因之一就在于既有的道德和法律，作为一种过去社会活动的产物，并不能及时、准确地反映社会状态，而统计学的优势就在于可以及时、准确和客观地反映当下社会状态。我们对正常类型的讨论已经表明，即便统计学能够将社会状态从其个人表现中分离出来，它也不足以区分开正常和反常。后者需要更多的理论支撑。因此，道德统计学本身并没有涂尔干最初设想的那样有效，可以作为一种独立的研究方法，捕捉社会意识。不过，这还不足以成为他抛弃或不信任统计学的充分理由。

道德统计学的破产

涂尔干最初是对道德统计学抱有很大的期望，才将其应用到对自杀问题的研究上的，然而，随着研究的深入展开，道德统计学与其思想的张力也愈益彰显出来。这突出体现在《自杀论》第三卷第一章中他对凯特勒的平均人理论的公然批评上。这与他早先在《分工论》和《准则》中援引凯特勒的平均人理论来定义正常类型构成了鲜明的对比。

在该章的第三节中，涂尔干提出了一个问题：我们通常所说的集体倾向或集体激情仅仅是从个体之中计算出来的某种平均数，还是一种实在的“物”或“支配单个个体意识的自成一类的（sui generis）力量”?[②] 他的回答是我们所熟悉的，当人们结合在一起时，从这种结合中产生了一

---

① Emile Durkheim, *Suicide*: *A Study in Sociology* (*1897*), translated by John A. Spaulding and George Simpson, Glencoe, Illinois: The Free Press of Glencoe, 1951, p. 369.

② Emile Durkheim, *Suicide*: *A Study in Sociology* (*1897*), translated by John A. Spaulding and George Simpson, Glencoe, Illinois: The Free Press of Glencoe, 1951, p. 307.

种新实在，即社会。集体倾向代表了社会这种自成一类的力量，因而不能被等同为个人事实。“社会生活是由表象构成的。只是这些集体表象具有与个体表象相当不同的特征。”①

这里引人注目的不仅仅是涂尔干对孔德的社会实在论的重申，而且还有“集体表象”理论的登场。“集体表象”概念在此虽然只是第二次出现在《自杀论》中②，但却预示了他后期理论的发展方向。它直接指向的是次年发表的《个体表象和集体表象》以及《乱伦禁忌及其起源》。根据涂尔干在《个体表象和集体表象》中的论述，有机体事实、个体心理事实（个体表象）和社会事实（集体表象）构成了由低到高的实在。从低级实在的综合中产生出来的高级实在具有低级实在所没有的自成一类的特征，因而也具有相对的自主性、更大的不确定性和可变性。这就要求“我们必须借助整体专有的特性来解释作为整体产物的那些现象，借助复杂来解释复杂，借助社会来解释社会事实；借助生命事实和心智事实所产生的自成一类的结合来解释生命事实和心智事实。这是科学研究所能遵循的唯一途径”③。集体表象理论是涂尔干对孔德的社会实在论的更为明确和系统的阐发，它同时也带出了后期他借此研究社会生活的思路。在这种理论和方法的对比之下，并不适用于分析高级社会实在的道德统计学方法原本在涂尔干思想中所具有的吸引力也变得岌岌可危。

可以推断，《自杀论》第三卷第一章的创作与这两篇文章存在时间上的交集，所以他援引此时刚刚成形的集体表象理论，通过批评凯特勒的平均人理论，清理道德统计学对自己的影响。因此，在重申孔德的社会实在论之后，涂尔干指出，社会学所要考察的自成一类的社

① Emile Durkheim, *Suicide: A Study in Sociology (1897)*, translated by John A. Spaulding and George Simpson, Glencoe, Illinois: The Free Press of Glencoe, 1951, p. 312.

② 《自杀论》中在另一处使用集体表象概念，是在分析利他主义时。

③ ［法］爱弥尔·涂尔干：《个人表现和集体表现》（1898），载《社会学与哲学》，梁栋译，上海人民出版社2002年版，第55页。

会状态，不能等同于从个人数据之中计算出来的平均值，因为后者反映的只是个人事实，是诸多个人对这种社会状态的充满妥协的、不充分和不忠实的体现。

> 实际上，在社会状态和个人对其所作的反应之间的距离通常更大。……在那种模糊的、犹豫不定的、随时准备妥协的情感，与社会对一切偷窃所作的绝对的、毫无保留的、公然的羞辱之间有着多么大的差距啊！……如果道德在所有方面都只是被平均意识那种不确定的情感所担保，那么它就几乎没有得到保护。因此，像经常所做的那样，混淆一个社会的集体类型与其个体成员的平均类型，乃是一种极大的错误。平均人的道德只具有普通的强度。他只掌握着最必不可少的、明显的伦理原理，甚至这些原理也远远不像在集体类型，即整个社会中那样准确而又富于权威。这正是凯特勒所犯的错误，他使道德的起源成为一个无法解决的难题。因为既然个人一般来说并不出众，那么道德如果只表达了个体性情的平均水平，它又怎么能远胜过个人从而确立自身？……如果共同意识只不过是最一般的意识，那么它就不能超过庸俗的水平。……因为个人意识中所包含的那种暗淡的、不充分的道德草图不可能被视为道德原型。这种草图看起来更像是一种粗糙的、不忠实的复制品，因此它的原型必定存在于个人之外的某个地方。①

平均类型，基于每个人对“道德原型”的一种粗糙的再现，与社会学所要把握的“道德原型”相距甚远。这无异于宣告，此前涂尔干借助平均类型来定义规范类型或道德理想的思路是错误的。涂尔干此前继承的两个并不相容的传统，实证主义和道德统计学，在这里呈现

① Emile Durkheim, *Suicide*: *A Study in Sociology* (*1897*), translated by John A. Spaulding and George Simpson, Glencoe, Illinois: The Free Press of Glencoe, 1951, pp. 317 – 318.

为一种直接的冲突。

尽管涂尔干接下来声称“统计数据的规则性意味着外在于个人的集体趋势的存在”①，但从统计数字的规则性到真正的社会力量之间存在的距离只能以理论解释来跨越，而他本人在大多数时候也是使用排除法来实现这个跨越。仅凭他接下来的这段话，就足以将道德统计学的困境暴露无遗：“衡量集体类型的任何一种因素的适当方式，不是衡量它在个人意识中的大小并计算其平均值。相反，必须取其总和。即使是这种估算方法也远远低于实在的值，因为这样得到的社会情感只能是减去了它在个体化时消耗掉的社会感情。”② 任何一个稍微了解涂尔干社会学的人，都不会忘记，他几乎在每一个论述社会实在性的场合都会不厌其烦地说，社会意识不能被等同为个人意识的总和。最后那个让步句表明他并没有把这种方法作为把握社会意识的足够充分的方法。大约十年之后，涂尔干似乎还没有忘记他在《自杀论》中的这段论述所犯下的错误，对自己做了一个坦诚的批评：“我们必须把集体人格看作是某种与构成它的个人总体不同的存在。如果集体人格仅仅是总和，那么它就不会具有比它的构成部分更大的道德价值，这些构成部分本身并不具备道德价值。”③

社会意识并不能被等同为个人意识的平均值或总和，因为后者在本质上仍然只是个人事实，而不是社会事实。因此，从涂尔干的成熟立场来看，道德统计学不可能捕捉到社会意识。统计分析必须基于个人数据，它反映的只能是个人对道德理想的动机含混的实践或充满妥协的“扭曲”。因此，很难期望统计学能从这些个人数据中计算出社会事实。

---

① Emile Durkheim, *Suicide*: *A Study in Sociology* (*1897*), translated by John A. Spaulding and George Simpson, Glencoe, Illinois: The Free Press of Glencoe, 1951, p. 318.

② Emile Durkheim, *Suicide*: *A Study in Sociology* (*1897*), translated by John A. Spaulding and George Simpson, Glencoe, Illinois: The Free Press of Glencoe, 1951, p. 319.

③ ［法］爱弥尔·涂尔干：《个人表现和集体表现》（1898），载《社会学与哲学》，梁栋译，上海人民出版社 2002 年版，第 55 页。

道德科学的研究对象：从风俗到道德理想

《自杀论》中暴露出来的道德统计学，乃至道德病理学的困难，为我们提供了一个深入把握涂尔干前后期思想转变的契机。上文指出，风俗构成了涂尔干前期社会学研究的主要对象。他虽然认识到风俗作为过去社会活动的产物，可能无法及时准确地反映当下的社会意识，因而想要借助道德统计学对当下社会潮流的捕捉来弥补这一点，但是对“自杀潮流”的深入研究，使他逐渐意识到风俗，包括社会潮流，只是对他所要捕捉到的社会意识的一种不完善的表达。

单就有关风俗和社会意识的区分而言，这个区分本身就已经表明涂尔干很清楚二者并不是完全重合的。正如上文指出的那样，早在《分工论》中，涂尔干就把风俗作为社会意识的一种外在的表象。不过，在这个阶段，风俗和社会意识的分别仍然是外在社会事实和内在社会事实的区别。借助平均类型区分正常类型和反常类型，仍然是在风俗内部所作的区分，因为它们着眼的都是日常生活中普通人的道德判断和道德行为。

然而，从《自杀论》开始，风俗和社会意识的区分，不再是社会意识的外在固化和内在状态的差别，而是社会意识在个人那里的体现和社会意识之间的差别，简言之，是个人事实与社会事实的差别。《分工论》和《准则》中分别作出的两对区分，即社会事实和社会事实的个人那里的具体体现，以及外在社会事实和内在社会事实，在《自杀论》这里重合在一起。风俗不再被当作社会事实，而是被视为个人对社会事实的一种外在化的体现，因此归根到底是一种个人事实，充其量也只是个人事实与社会事实的混合。这意味着，社会学不可能再借助从风俗内部区分出正常类型，或者通过统计分析抵消掉个人因素，来把握社会意识，发现社会的真实本性，从而为人们的行动提供规范。

有关道德科学研究思路上的这种调整，在涂尔干为他最后一部著作《论道德》所作的导言中有非常清楚的表述：

> 我们目前赋予这门科学的名字是风俗科学或风俗物理学（de science ou physique des mœurs）。风俗（mœurs）这个词，在我们看来，指的是在历史的某个时刻被人们有效地观察到的道德（morale），它拥有传统的权威，与道德学家构想的未来的道德相对。但是这个表达不是没有歧义的，而且事实上引起了一些混乱。当然，尽管我们是在一个时代的风俗中发现其道德的，但却是以它退化的方式，处于人类平庸水准。因为风俗传达的是平均人（l'homme moyen）应用道德准则的方式，而他在应用它们时，从来不是没有妥协和保留的。他服从的动机是混合的：某些是高贵的、纯粹的，另一些则是鄙俗的、卑贱的。相反，我们刚才勾勒的科学却打算去发现纯粹和非人格化的道德规则。它把道德本身，即处于人类行为之上的理想化的道德（la morale idéale）作为自己的对象。它并不关心道德在具体化到当下的实践过程中所遭受的扭曲，这种当下的实践只能不完满地转译它。如何达到这一点，我们有待讨论。但是，如果它的对象是对的话，那么我们最好给它一个名字，以记住它所处理的题材。因此，我们称它为“道德科学”或“道德事实科学”（science de la morale，science des faits moraux），借此理解到它处理的是过去或现在观察到的那些道德现象或道德实在……①

引文中特别值得注意的是，涂尔干把“平均人”概念与风俗关联

① Emile Durkheim，“Introduction to Ethics (1920)”，in *Essays on Morals and Education*，translated by H. L. Sutcliffe，London and Boston：Routledge & Kegan Paul，2006，p. 92，同时参考法文本“Introduction à la morale”，Textes，vol ii，edited by V. Karady，Paris：Minuit，1975，pp. 330－331。

在一起，从而把风俗视为一种个人事实。如果将这段引文与此前引用的《自杀论》中的论述参照来看，就可以看到，一面是纯粹的道德理想或社会意识，是社会事实；另一面则是平均人对这种理想的实践，是风俗，是个人事实。

涂尔干更承认，之前他一直所说的“风俗物理学”并不能表达他的研究设想，因此明确地将其改为“道德科学”。在《分工论》中，这二者在涂尔干那里交替使用并无差别。甚至，直到1909年，他还以“风俗物理学”为题开课。但是，现在它们被明确区分开。社会学力图捕捉的是“纯粹和非人格化的道德规则”，是“理想化的道德”，而不是既有的法律制度、道德和风俗。后者只是“以退化的方式”传达了“平均人”对道德准则或道德理想的应用和实践。因此，即便如《分工论》中所呈现的那样，社会学家不得不经由风俗来把握不可直接观察到的社会意识或道德理想，但是，他也必须清楚地认识到，风俗只是个人对道德理想的不够完善的反映。社会学不能仅仅停留在风俗和法律制度的分析上，而是必须前进到对社会意识的把握上。

遗憾的是，他还没有来得及告诉我们除了借助风俗来把握社会意识这种途径之外，还有什么其他途径。不过，答案必然在于他后期借助集体表象理论对宗教，特别是神圣性所作的研究上。实际上，风俗和道德理想的区分，对应于他在宗教研究中对世俗和神圣的区分。笔者在其他地方对此作过详细的讨论①，这里仅作简单交代：对涂尔干来说，宗教上用“神圣性”所指涉的东西，与人们通常所说的“道德理想”是同一个东西：“我们所定义的神圣，恰恰是某种加之于现实或高出于现实的东西，而理想恰好也符合这个定义……”② 无

① 陈涛：《道德的起源与变迁：涂尔干的宗教研究的意图》，《社会学研究》2015年第3期。

② ［法］爱弥尔·涂尔干：《宗教生活的基本形式》（1912），渠东、汲喆译，上海人民出版社1999年版，第556页。

论是神圣性，还是道德理想，都是特定群体对其自身的一种意识，即社会意识："理想就是社会据以看待其自身的观念。"① 当特定群体把某些东西视为神圣不可侵犯的，或者视之为有待实现的理想，这个群体在这方面也就达到了一种自我意识。就此而言，神圣性、道德理想和社会意识指的是同一个东西。在创新和革命的年代，道德理想会进入社会现实生活中，神圣与世俗会合而为一："在集体欢腾的时刻产生的伟大理想构成了文明的基础。……在这样的时代，理想倾向于与实在合二为一，由于这个原因，人们产生了这种印象：时代正在终结，理想将在事实上得以实现，上帝之国将在地上实现。"② 集体欢腾褪去之后，用以表象这种神圣性的图腾标记，用以表达道德理想的道德、法律制度和风俗，构成了凡俗生活的基本框架。

这里的简短讨论表明，涂尔干在后期找到了另一种研究社会意识或道德理想的途径，即对宗教生活中的集体欢腾的研究。集体欢腾提供了一个时刻，社会学家无须假借风俗，就可以直接看到道德理想是如何通过影响社会成员的行动，再造和重组社会生活的。

由此回望，《自杀论》中的统计学方法对于涂尔干，乃至涂尔干学派的价值便微乎其微了。无论是涂尔干在世时，还是在他去世后；不管是那些研究自杀问题的人，还是对涂尔干社会学抱有兴趣的人，都很少引用和讨论《自杀论》。即便是在涂尔干学派的成员中，引用或评论《自杀论》都非常罕见。《自杀论》所受到的冷落，与涂尔干其他著作受到的肯定，乃至批评构成了鲜明的对比，也与该学派继承其社会学的其他研究取向构成了鲜明的对比。我们对涂尔干的道德统计学与他从实证主义那里继承而来的社会实在论之间的内在冲突所作

---

① ［法］爱弥尔·涂尔干：《价值判断与实在判断》（1911），载《社会学与哲学》，梁栋译，上海人民出版社2002年版，第100—101页。

② ［法］爱弥尔·涂尔干：《价值判断与实在判断》（1911），载《社会学与哲学》，梁栋译，上海人民出版社2002年版，第99—100页。

的分析，或许能够在一定程度上解释为什么《自杀论》在该学派中的地位如此之低。实际上，在《自杀论》之后，涂尔干也几乎不再提及他有关正常现象和反常现象的区分标准，更不要说道德统计学方法了。正像我们所看到的那样，在《自杀论》中，他正是基于后期非常重要的集体表象理论来批评道德统计学研究。借助集体表象理论研究原始宗教，来把握社会意识，特别是道德理想的研究路径，在《自杀论》即将出版之际，就已然确立，并取代了借助道德统计学对当代社会所作的病理学研究。

《自杀论》成为社会学的经典，很大程度上归因于20世纪30年代以来美国社会学为了重塑社会学传统，选择性地重读经典理论。特别是帕森斯等人对涂尔干的引介和诠释。即便如此，帕森斯更关心的是《自杀论》中的实质理论，尤其是失范理论在涂尔干理论发展中承前启后的位置。贝斯纳看得很清楚，80年代之后，《自杀论》中的统计分析方法之所以成为社会学研究的典范，与当时美国社会学盛行的自杀研究有关，更与量化研究为自己正名，而回到经典理论那里寻求根基有关。① 但是，这并没有推进人们对于《自杀论》的深入理解和检讨，而只是将其日益变成量化研究传统的一个偶像。尽管今天已经没有人再使用“道德统计学”这个古怪的字眼，但是，它作为一种研究传统却在社会学中牢牢地占据了一个核心地位。能否进行统计分析或量化处理，在今天的社会科学中已经成为衡量其“科学性”的一个标准。不过，从涂尔干思想的发展脉络来看，对统计分析的迷恋倒更像是科学处于低级阶段的表现。因为它不仅仅缺乏“社会学的想象力”，而且更不能帮我们把握到社会事实本身。当然，今天的统计技术可谓日新月异，不是涂尔干在19世纪所使用的

① Philippe Besnard, “The Fortunes of Durkheim's Suicide”, in Pickering, W. S. F. and Geoffrey Walford (eds.), *Durkheim's Suicide: A Century of Research and Debate*, London and New York: Routledge, 2000, pp. 118 - 119.

表格分析技术[①]所能匹敌。但是，统计学能够把握到什么，把握不到什么，对社会学来说始终都是不可回避的问题。

（原载于《江海学刊》2017 年第 2 期）

① 19 世纪的统计学家还没有发展出今天的相关分析和回归分析，主要是凭借表格（所谓的“哈雷表格”［Halley table］）来呈现不同事件（变量）之间是否存在关系。比如地区差异与自杀率之间是否存在关系。哈雷表格存在很大的任意性空间：可以加入各种范畴去找出各种关系，甚至如何分组也决定了数据之间的关系。由于缺乏相关分析，这些关系之间的相关程度也无法被量化。涂尔干在《自杀论》中就常常通过调整分组和进一步的归类制造自己需要的结论。参见 Stephen Turner，“Durkheim among the Statisticians”，*Journal of the History of the Behavioural Sciences*，Vol. 32，No. 4，1996，pp. 354 – 378。

中国经验与学科发展

“重访”江村实验

——差序格局性悖论及其克服

汪和建　段新星*

引　言

“江村合作工厂实验”（以下简称“江村实验”）是费孝通在江村调查（1936 年）中考察并在《江村经济》一书中着力解析的一个变革性事件，其对当时中国工业化的敏锐观察曾得到人类学家马林诺夫斯基的高度称赞。费孝通也由此提出了发展“乡土工业”以推动中国经济发展的主张。20 世纪 50 年代，费孝通再访（1956 年）和重访（1957 年）江村，再次将目光转向非农产业，提出在农村集体经济中除粮食主产外，还要发展作为“副业生产”的多种经营的思想。然而，这一立场却在很快到来的“反右”斗争中成为其受殃及的“罪证”。不过，20 世纪 70 年代逐渐兴起的中国乡镇企业，却意外地印证了费孝通有关发展“副业生产”的主张，也为他进一步发展关于乡土

* 作者简介：汪和建，1963 年生，南京大学社会学院教授、博士生导师；段新星，1992 年生，香港中文大学社会学系博士研究生。

工业的思想提供了条件。因此，乡镇企业亦成为费孝通在80年代重返学术界后首先关注的议题。可见，江村实验研究及其产生的发展“乡土工业”思想贯穿了费孝通整个学术生涯。

20世纪80年代以后的研究者大多延续了费孝通的思路，即将乡镇企业的兴起看成乡村工业在特定体制背景下的一种复兴，并且认同发展乡村工业的必要性。[①] 然而，我们注意到，主张发展“乡土工业”的学者（包括晚年费孝通）大多避开了江村实验中的一个极为重要的事实，即江村实验在初尝成功之后便迅速走向失败。诚然，费孝通最初曾坦承江村工厂实验“遇到了许多困难甚至失败”[②]。同一时期，吴景超对《江村经济》中合作丝厂的结局的评价是“并不圆满”，并直言“如靠农民本身发动，用合作的方式来推行，那真不知要到何年何月，才能完成中国的工业化了”。[③] 笔者之一也认为，开弦弓合作工厂的变革意义是在乡村社会生活层面，其本身未获真正成功。[④]

然而，费孝通虽然承认“实验失败”，但其解释或归咎于外部市场，如认为“改革者不能控制市场，单是改进产品质量未必能获取高的报酬”[⑤]；或虽检讨至工厂内部社员管理参与的问题，但却并不系统。江村实验的重要指导者费达生也对实验过程中遭遇的种种阻碍有过中肯的检讨。这些障碍，包括：①合作社规模过大时，“大多数人，不喜欢管事”；②人皆有自私心，要想使社员临事肯负责任较为困难；

---

① 论者多强调江村实验走的是一条不同于西方工业化的适合中国国情的“乡土工业”发展之路。具体可参见甘阳《〈江村经济〉再认识》，《读书》1994年第10期；桂勇《乡土社会的现代困境》，《社会》2004年第11期；彭南生、金东《论费孝通的乡村工业化思想》，《史学月刊》2010年第11期；李海荣《合作工厂何以可能——论费孝通〈江村经济〉的产权转型实验》，《福建行政学院学报》2015年第1期。

② 费孝通：《江村经济：中国农民的生活》，江苏人民出版社1986年版，第202页。

③ 吴景超：《中国工业化的必要》，《政论旬刊》1938年第17期。

④ 汪和建：《社区经济社会学的建构——对费孝通〈江村经济〉的再探讨》，《江苏社会科学》2001年第6期。

⑤ 费孝通：《江村经济：中国农民的生活》，江苏人民出版社1986年版，第102页。

③合作企业的管理权分散，面对市场的反应效率低于“利润企业”；④农民社会化困难，无法接受合作方式；⑤合作组织相对于利润企业，要承担更多的社会义务，不得不注意公道、道德、平等一类的问题，无法像后者那样专于盈利。[①] 这些检讨虽然对于探寻江村实验何以失败或至少不圆满不无裨益，但却未能给出一个合理且系统的内源性的理论解释。

因此，寻求合理且系统的理论解释方法构成了我们“重访”江村实验的基础。我们的策略是，在费孝通的思想成果中挖掘并再建构一套理论解释工具。20 世纪 40 年代后，费孝通明显转向了对中国社会更为一般性的理论研究，而其最为显著的贡献便是在《乡土中国》中构建了“差序格局”概念。可以说，这是一个迄今为止最为精准地描述中国人行动及其结果的概念。我们相信，这一概念既然可以用于解读中国人的日常生活，也一定可以解读作为一种扩展的社区范围内的生产合作实践的江村实验。当然，要将此概念运用于解读江村实验，必须对其进行修正与解析。为此，本文第二部分会在检讨差序格局概念的基础上，提出一个新的更具分析性的概念，即“差序格局性”，并通过对这一概念的解析，提出一个可揭示差序格局性变动的“差序格局性悖论”及其克服的理论模型。第三部分，我们将运用这一扩展性的理论模型，重新解读江村实验。这一解读将不仅回答江村实验何以初始成功，又何以最终走向失败，也将引导我们更为深入地理解在中国社会开展合作运动的可能性及其实现条件。

差序格局性悖论及其克服：理论模型

（一）“差序格局”研究简评

“差序格局”一词是费孝通为解释中国人“私”的问题而提出的，但却意外地建构成一个精准描述传统中国社会结构的概念，其在

① 参见费达生《养蚕合作》，《江苏建设月刊》1936 年第 3 期。

中国社会研究领域的影响力至今仍无可替代。那么，什么是“差序格局”呢？费孝通无意给出严格定义，而是将其视为对中国“整个社会结构的格局”① 的概括，并从个人动机、关系结构和社会文化等三个方面对其进行具体的观察与描述。

首先，在个人动机方面，中国人常常表现为一种“自我主义”，即“一切价值是以‘己’作为中心的主义”②。自我主义可谓中国人自私心强以至驱逐公德心的缘由。其次，在社会关系方面，中国人更多地表现为一种关系的建构主义，即对各种社会关系的利用或建构。其具体表现为两个特征：①每一个体都有一个可利用的关系网络。关系网络因此是个别的，并且每一个网络有个“己”作为中心；②个体能够通过互动扩展其关系网络。关系网络的范围因此变成“因时因地可伸缩的”，并且其大小会“依着中心的势力厚薄而定”。最后，在社会文化方面，则表现为中国人的社会关系深受儒家伦理影响。其主要体现在：①儒家的人伦教化使个体的关系网络呈现出亲疏远近的差异；②因亲疏远近的不同，中心个体与其他人交往时所遵循的道德规范也呈现出差异，以至于在中国传统社会里“找不出一个笼统性的道德观念来”③。可见，“差序格局”概念反映的是一种复杂的和动态的社会结构或社会关系的格局：它既有关系结构的固定性即差序性，也有关系结构的可变性即伸缩性；换言之，它既有社会文化的约束性，也有个体本身的能动性。

20 世纪 80 年代以来，学者们围绕着“差序格局”进行了持续广泛的研究。对这些研究做细致梳理超出了本文研究的范围。因此，我们只在所接触的有限文献资料（主要是中文文献）的基础上做一点粗线条的概述。我们将有关差序格局的后续研究简要分成两种类

---

① 费孝通：《乡土中国》，生活·读书·新知三联书店 1985 年版，第 22 页。
② 费孝通：《乡土中国》，生活·读书·新知三联书店 1985 年版，第 26 页。
③ 费孝通：《乡土中国》，生活·读书·新知三联书店 1985 年版，第 34 页。

型，即融合西方理论的研究和本土化的研究。融合西方理论的研究主要着眼于“差序格局”中社会关系的类别及其功能。研究者或者试图依据工具性、情感性等维度对关系进行分类，进而区分出围绕中心个体的关系圈层的不同性质及其影响①；或者试图将关系的圈层性、情感性—工具性与强—弱关系理论结合起来，以建构某种比较不同关系优势的分析框架②。本土化研究则旨在突出中国社会中的“关系”（Guanxi）性质及其来源的独特性。它也有两种研究路径：一种是试图通过与西方社会关系的比较，揭示中国社会关系的独特性质及其在社会交往、经济活动和社会公共领域等方面的影响③；另一种则是关注“差序格局”的文化层面，既强调儒家传统文化在“差序格局”塑造中的核心地位④，也揭示“差序格局”的文化特性如等级特征⑤以及关系中“义”“利”混合的特性和所承载的传统制度规范和多重传统思想等⑥。

上述研究虽然试图对“差序格局”概念的内涵进行引申或修正，并且也都不同程度地涉及概念中个人、关系与文化等不同层次上的问题，然而，从总体上看，这两类研究都有各自的局限。融合西方理论

---

① 参见杨国枢《中国人的社会取向：社会互动的观点》，载杨国枢、余安邦主编《中国人的心理与行为：理论与方法篇》，桂冠图书公司 1993 年版；黄光国《人情与面子：中国人的权力游戏》，载黄光国主编《面子：中国人的权力游戏》，中国人民大学出版社 2004 年版。

② 参见汪和建《人际关系与制度的建构：以〈金翼〉为例证》，《社会理论学报》2003 年春季号；罗家德、叶勇助《中国人的信任游戏》，社会科学文献出版社 2007 年版。

③ 参见杨宜音《试析人际关系及其分类——兼与黄光国先生商榷》，《社会学研究》1995 年第 5 期；杨宜音《“自己人”：信任建构过程的个案研究》，《社会学研究》1999 年第 2 期；王斯福《社会自我主义与个体主义——一位西方的汉学人类学家阅读费孝通“中西对立”观念的惊讶与问题》，《开放时代》2009 年第 3 期；张江华《卡里斯玛、公共性与中国社会——有关“差序格局”的再思考》，《社会》2010 年第 5 期。

④ 翟学伟：《再论“差序格局”的贡献、局限与理论遗产》，《中国社会科学》2009 年第 3 期。

⑤ 阎云翔：《差序格局与中国文化的等级观》，《社会学研究》2006 年第 4 期。

⑥ 吴飞：《从丧服制度看“差序格局”——对一个经典概念的再反思》，《开放时代》2011 年第 1 期；沈毅：《迈向“场域”脉络下的本土“关系”理论探析》，《社会学研究》2013 年第 4 期；闫明：《“差序格局”探源》，《社会学研究》2016 年第 5 期。

的研究本质上仍然只是对差序格局中的不同关系的分类与特征描述，而未能从这些特征中抽象出某些更深层次的也即对形成这些特征起决定作用的因素进行理论的解释。[①] 本土化研究大多聚焦于作为结构性背景的儒家伦理以及关系结构本身对行动者的影响。这类研究很容易将传统文化和社会关系视为一种强结构要素，从而认为中国人会始终如一地攀关系、讲交情，又或者会"顽固"地按照儒家伦理行事。总之，两类研究都多少忽视了作为差序格局的建构者与维护者的行动主体的中心地位，而这实际上偏离了费孝通的本意。我们相信，费孝通构建"差序格局"概念的本意有三个方面：一是重在探讨中国社会的微观基础；二是强调个体（自我）在关系网络运作与建构中的地位及其能动性；三是强调由自我推动的差序格局的变动，即关系圈层因此呈现出的伸缩性。伸缩性是费孝通概括出的具有全局性和动态性的差序格局的特征，遗憾的是，这一关键性特征却被后续者们忽视了或至少没有将其置于讨论的核心。我们的研究就是要回到费孝通的本意，即在能动性与行动约束相结合的基础上，深入探究造成差序格局诸多特征的根本性力量。

（二）"差序格局性"分析的提出：概念与理论模型

建构新的"差序格局性"概念并依此进行分析，或将有助于实现这一研究目标。我们将"差序格局性"界定为中国社会中一种人际关系运作的性质或特征，即每个人都可能通过构建一种差序性的人际关系以实现自我之目的。如果说"差序格局"概念指的是一种差序性的人际关系的结构状态，那么"差序格局性"概念指的则是建构这种差序性人际关系行动的可能性。我们认为，差序格局性行动的可能性是由内含于差序格局性概念中的两个核心因素——自我主义和关系理性——共

① 结果，各种关系特征的描述不仅多样而且极不"稳定"，以至于研究者不得不对前人所划分的关系类型进行调校。具体例子可参见卜长莉《"差序格局"的理论诠释及其现代内涵》，《社会学研究》2003 年第 1 期；谭同学《当代中国乡村社会结合中的工具性圈层格局——基于桥村田野经验的分析》，《开放时代》2009 年第 8 期。

同决定的。[①] 其中，“自我主义”在费孝通那里已有很好的定义，即“一切价值是以‘己’作为中心的主义”。我们进一步将自我主义视为由经济理性和自我中心主义两因素构成。它们构成了中国人行动的驱动力。经济理性可谓人类一般的行为倾向；而自我中心主义——正如以平等观念和宪法观念为基础的“个人主义”——则只能是具体的或特定社会的文化建构。

我们把自我主义视为一种儒家文化参与建构的行为特征。儒家文化中的两个观念逻辑——“修、齐、治、平”和“为仁由己”——有力支持着自我主义。在“修、齐、治、平”这一和谐世俗秩序的设计中，自我被置于中心地位；同时，“为仁由己”又赋予了自我具有极大的自主性和责任性。由此，作为经济理性与自我中心主义的结合，自我主义在实践中便表现出三个主要特征：①自我有着很大自主性或能动性；②自我处于其社会关系网络的中心；③自我有着充分的经济动力或经济理性去建构和利用其关系网络。总之，自我有着通过操弄其关系网络来达到其经济目的的巨大动力，如此也衍生出了一种“工具化他人”即将他人视为其工具的关系理念。

显然，来自自我实践的这一关系理念与儒家伦理并不相容，由此便形成了一种抗衡或约束这一理念的力量，即关系理性。关系理性概念源于林南。[②] 林南认为，交换行为有两个基本要素：关系与资源交易。交易理性（transaction rationality）驱使人们计算资源交易的得失；关系理性（relational rationality）则驱使人们计算发展关系的得失。林南肯定了关系和关系理性的普遍存在，不过，他将关系理性视为从属于或可还原于交易理性，使这一概念失去了“自立”的可能。因此，

① 在之前的研究中，笔者之一提出了自我主义与关系理性构成了中国人的行动逻辑即自我行动的逻辑的基本要素。参见汪和建《自我行动的逻辑：理解“新传统主义”与中国单位组织的真实的社会建构》，《社会》2006年第3期；汪和建《自我行动的逻辑：当代中国人的市场实践》，北京大学出版社2013年版。在此，我们相信，这两个因素同样可构成差序格局性概念的核心要素。

② Lin, Nan, *Social Capital: A Theory of Structure and Action*, London and New York: Cambridge University Press, 2001.

我们将“关系理性”重新界定为一种旨在限制或防御过度“工具化他人”的关系理念或原则，即差等性地对待他人。关系理性构成了对自我主义及其衍生的“工具化他人”的行动理念的一种抑制或约束。总之，自我主义行动会为自我内在的“经济理性”所驱动，它将引导着自我以建构和利用其关系网络的方式实现自己的经济目的。而关系理性则试图建立一种差等性对待他人的理念，从而限定自我主义或工具化运作关系的范围。这是我们过去研究的一个成果。本文同样主张将自我主义和关系理性视为差序格局性概念中的两个构成要素，并且由此假设这两个要素共同决定了差序格局性行动，即差序性利用他人资源的行动的可能性。

沿着这一思路继续探讨，我们发现自我主义和关系理性这两种要素的运行，恰好构成了一种双向运动。一方面，自我主义驱动着行动者选择更大范围施行关系理性，也即通过扩大外围关系圈层利用其关系资源；另一方面，更大范围地利用其关系资源，也即将更多的“陌生人”纳入其合作交易的范围，会反过来限制行动者单方面维护自我主义（尤其是自我中心主义）的可能性。我们将由自我主义和关系理性之双向运动所导致的内在矛盾，称之为“差序格局性悖论”。为了更为直观地表现这种双向运动，我们建构了一个扩展性的理论模型（见图1）。

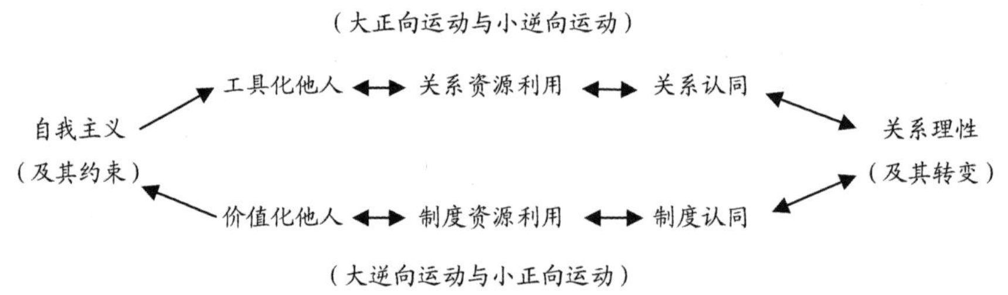

图1　差序格局性悖论及其克服：双向运动

在这一扩展性模型中，既有构成差序格局性悖论的双向运动，即"大正向运动与小逆向运动"（图 1 上半部分），也有构成可能克服差序格局性悖论的双向运动，即"大逆向运动与小正向运动"（图 1 下半部分）。这里，所谓"正向运动"指的是图式中从左到右的运动，而"逆向运动"指的是从右到左的运动。下面让我们看看构成差序格局性悖论的双向运动的基本路径。

一方面，自我主义驱动了构成差序格局性悖论中的"大正向运动"：自我主义会驱动个人依据"工具化他人"的理念，以寻求在扩大的范围内利用其关系资源；同时，关系资源的利用效应（利益回报）也会扩展和强化个人的关系认同，从而加强其关系理性的认知与运用。这构成了图 1 上半部分的"大正向运动"。然而，"大正向运动"中包含着一个"小逆向运动"：利用关系资源的范围越广，其合作交易中的经济风险越大（主要源于信息不对称），并且不断增加的"他人"需求与自我中心主义的需求越相背离。因此，关系理性要求人们尽可能将合作交易限制在亲近关系的范围内，从而降低经济风险；并且在合作交易中采取一种差等性对待的方式。这就是关系理性的逆向约束作用。虽然由关系理性引致的小逆向运动是一种防御性和保守的力量，但它并不完全封闭，而是容许并由自我自主选择疏远关系（"陌生人"或弱关系）进入其合作交易的范围。这意味着自我利用关系资源的范围是可选择的，这也是费孝通称差序格局具有可伸缩性的原因。总之，可以推测，当环境变迁激发自我主义出现更强的经济利益获取动机时，人们往往会将关系资源利用的范围扩展到更多疏远关系中。然而，疏远关系的引进却埋下了陷入"差序格局性悖论"的种子，即自我主义会驱动关系理性的扩展运用，而关系理性的扩展运用又会反过来限制其对自我中心主义的维护。

另一方面，我们也从关系理性反方向推动的"大逆向运动"中，看到一种克服"差序格局性悖论"的力量，即通过将关系理性转变为制度理性，从而开辟一条在更大的交易合作范围内利用制度资源之路。

当环境的变迁驱动自我更大范围地利用关系资源时，旧的关系认同和关系理性无疑会受到来自众多“陌生人”的挑战，即要求在合作交易中获得公平的或非差等性的对待。这将有可能推动合作各方接受并开展一种普遍的组织与制度建构过程。这意味着合作各方必须参与转变旧的关系理性，即转向一种制度理性——一种认同并依据普遍主义制度无差别待人的原则。一旦朝向制度理性的转变发生，图1下半部分所示的“大逆向运动”便启动了：普遍的制度认同会促进更大规模与更大范围的组织与制度建设，从而可能使参与者利用和分享到更多的制度资源；而更多制度资源的利用与分享，会促使一种新的“价值化他人”观念的形成，这种给予和尊重他人价值或权益的观念能够对自我主义尤其是自我中心主义产生有效的抑制或约束。

关系理性的转变透过制度认同驱动了可能克服差序格局性悖论的“大逆向运动”。同时，我们看到在“大逆向运动”中存在一个由“制度资源利用”——它集中表现为在更大的范围内构建和利用一种普遍性的组织制度——开启的“小正向运动”。制度资源利用的预期及其实现程度，正向影响着参与者的“制度认同”，即对普遍主义的制度与组织的建构表示赞同，并可能参与到其建构中，从而支持关系理性朝向制度理性的转变。如果说在更大范围内利用关系资源的需求构成了关系理性转变的推力，那么，可预见的制度资源利用则成为该转变的拉力。

显然，关系理性的转变成为克服“差序格局性悖论”，从而通过制度化过程实现更大范围内双重资源——关系资源和制度资源——利用的关键。关系理性的转变成功，需要形成与配置诸多条件，包括：①要有足够强度的经济动力，以促使行动者必须谋求在更大范围内，即在超越亲近关系（强关系）的基础上利用他人资源；②要有足够的制度资源利用的可能性，以激励行动者参与到制度化建构的运动中来；③更重要的是，行动者必须能够在观念上放弃自我中心主义，即要建立起一种新的“价值化他人”的观念，从而可能与他人共同建构与维护作为“不断扩展的合作秩序”的合作组织。

本文建构“差序格局性悖论”及其克服的理论模型的目的，是为解读江村实验提供一个系统的（逻辑一致的）解释性的工具。至此，我们可以提出一个基本假设，即“差序格局性悖论”是引致江村实验由成功走向失败的根本原因。20世纪20至30年代，世界经济萧条以及生产技术落后，给当时中国城乡经济带来了普遍危机。市场环境恶化与经济贫困化，极大刺激了村民寻求改变生产与改善生活的动力，这是江村村民乐于接受引进新的生产技术，并在扩大的范围内组建合作工厂的根本动力，也是合作工厂初始成功的重要保证。换言之，不利环境刺激下的强大的自我主义驱动了“大正向运动”，并且足以抵消掉内生于关系理性的阻碍普遍合作的“小逆向运动”。然而，随着合作工厂之普遍制度与组织的建构与运作，其对参与者（社员）的制度化约束不断增强，其必然要求参与者放弃旧的自我中心主义的理念。由此，“差序格局性悖论”，即保全自我中心主义与扩展关系理性的运作范围（或者说，在超越亲近关系的范围内开展无差等性的合作交易）不可兼得的效应开始显现。令人遗憾的是，由各种内外部不利因素汇集而成的“小正向运动”的失败，即“制度资源的利用”实现程度每况愈下，致使参与者“制度认同”难以提高，从而无法对其形成可持续的激励，最终导致（图1上半部分中的）“小逆向运动”的力量超过（图1下半部分中的）“小正向运动”的力量，也即参与者无力放弃自我中心主义的理念，结果就只能将资源动员与利用的范围重新退缩回狭小的家庭亲近关系界限内。江村实验最终失败。

下面，我们将依此假设对江村实验进行“重访”，即重新解读江村实验何以前期成功、后期失败。期望新的分析不仅可以证明本文的假设，而且，更重要的是，能够引导我们更为深入地理解在中国社会开展合作运动的可能性及其实现条件。

“重访”江村实验：解析失败之谜

本文依据两个维度，即合作组织的性质及其取得的经济绩效，将江村实验分为前后两个时期。前期跨越了“改进社”实验和“合作社”（合作工厂）实验初期两个阶段（从1923年合办“蚕丝改进社”到1929年创办“生丝精制运销合作社”）。这一时期不仅在合作的组织化建设上有了突破，即从局部性生产技术合作转向全方位生产组织合作，而且取得了显著的经济效益。例如，在“改进社”阶段，开弦弓村村民得到了科学规范的育蚕指导，并且通过出售蚕丝获得了远高于土丝的利润①；而在“合作社”成立第一年，社员们就分获了比之所缴纳股金两倍有余的红利。村民或社员通过合作参与显著提高了收益，这是江村实验在前期广受赞誉，并被公认为“成功”的主要根据。而按此标准，江村实验后期即1930—1936年期间“合作社”的运作便难以说是成功的。因为，这期间合作工厂的生产与经营并不顺利，社员无法分红，继而严重影响了社员与工厂在股金、原料供应以及参与管理等方面的合作。1936年费孝通开展江村调查之际，合作工厂实验实际已难以为继。那么，为什么江村合作工厂实验会走向失败？其合作逆转的根源是什么呢？这正是我们所要解析的江村实验最终失败之谜。

诚然，外部力量在江村实验尤其是在创办“改进社”和“合作社”过程中的作用明显。《江村经济》及其他文献资料，已较全面地记述了三种重要的外部力量——政府、教育和村级机构——在推动和

---

① 根据费达生（1930）的记述，改进社指导下缫制的蚕丝，售价均高于以前的土丝。具体每年的产丝量及售价如下：1924年，出产176两，由女蚕校代销至无锡丝厂，每百两均价62元，较土丝高十余元；1925年，出产生丝1385两，售与震泽丝业工会，每百两平均价格65元，土丝售价则只有50元左右；1926年，出产改良丝八担，售与杭州纬成丝厂上海营业处，每百两75元，价格高土丝1/3；1927年出产改良丝十七担有余，年底售与上海有余丝厂。参见费达生《吴江开弦弓村生丝织造之今昔观》，《苏农》1930年第5期。

支持江村实验中的积极作用。事实上，江村实验的起步即“改进社”的举办，正是这三方力量汇聚的结果。其中，女子蚕业学校推广部作为改革者具体承担实施江村实验的工作，因而发挥了最为重要的指导作用。而开弦弓村领袖陈杏荪等人则无疑起到了沟通、动员村民积极参与改革与合作的“桥梁”的作用。另外，江村实验过程中地方政府（包括政策支持下的银行）的作用亦不容忽视。例如，依照陈杏荪当时的记录，改进社最初（1923 年冬）是由震泽区议会拨款 600 元后方才得以规划，后来需要进行设备改进时，仍然是由女蚕校校长向议会申请了 500 元，才建设了一座蒸汽消毒炉。除了直接的资金支持，省政府还成立蚕种检查局，对私人生产的蚕种进行检查，并对价格进行控制。之后创建“合作社”，同样有政府的资金支持。根据费孝通的记述，为了建造厂房和其他开支，改革者们曾向省农民银行借了一笔巨额的长期贷款，省农民银行基于商业考虑最初是拒绝借贷的，但“政府的政策是要为乡村工业提供资金，这才有可能向银行借贷”①。

然而，上述外部力量并不足以解释江村实验为何成功，更难以解释其最后走向失败的原因。因为这些因素一直都存在并且始终发挥着积极的作用（尽管存在某些战术方面的失误）。例如，1935 年政府曾“对工厂产品付高价补助生丝出口”②。这一时期世界经济大萧条的确严重影响了合作社的生产与效益，然而，并没有证据表明是外部市场需求的恶化导致合作工厂出口困难，以致合作社生产难以维继。因此，探究江村实验从成功到失败的原因，务必要追溯到这一合作实验的真正主体即村民那里。实际上，村民参与或退出合作的行为才是决定江村实验成功或失败的关键。而理解村民何以能够在扩大的超越亲近关系的范围内参与生产合作，以及更重要的是，何以不能坚持这种组织—制度化的合作交易，便成为解释江村实验命运的关键了。

---

① 费孝通：《江村经济：中国农民的生活》，江苏人民出版社 1986 年版，第 202 页。
② 费孝通：《江村经济：中国农民的生活》，江苏人民出版社 1986 年版，第 157 页。

（一）自我主义驱动

我们的第一个假设是，江村实验前期成功的根本原因在于这一时期村民的自我主义的驱动。即强烈的自我主义驱动着村民加入一种能够在更大的范围内利用其关系资源的合作组织与秩序中，从而从根本上保证了江村实验开展及初期成功的可能性。具体而言，自我主义所内含的经济理性和自我中心主义，会引申出一种“工具化他人”的理念，从而能够形成一种利用其关系资源来增加其利益或地位的策略行动；并且，其追求自我利益的愿望越是强烈，其利用关系资源的范围越是可能扩大。

强烈的自我主义意识，或者说，急剧增加的追求经济利益的愿望，很大程度上是这一时期江村村民普遍经历着的家庭经济生活贫困化的结果。经济贫困化的主要原因是传统蚕丝业收入下降，这是外部市场（包括国外市场）萧条以及自身传统养蚕—缫丝技术落后共同造成的。蚕丝业在村民家庭经济收入中占有重要地位。根据费孝通的调查，开弦弓村村民出售粮食的年度收入（即农业收入）大概在68.4元，但是村民的开支繁复丛杂，包括食品、衣料、礼品、染料、房屋及船只用油、农具及废料、蚕丝业成本、土地税等，总额需要200多元，单靠农业收入显然无法支撑。“每年家庭亏空约为131.6元”，弥补这一亏空只能依靠缫丝业，“缫丝工业兴旺时，生产生丝，可使一般农户收入约为300元，除去生产费用可盈余250元”。[1] 然而，生丝价格由于诸多原因急剧跌落，以1935年的情况为例，依靠缫丝，一般农户获利仅为45元，这显然导致了村民生活的窘困。

因此，正是传统蚕丝业的衰落直接导致了村民家庭经济的贫困化。而贫困化无疑极大地刺激了村民的自我主义意识，并由此激发了其通过改革传统的缫丝业以提高经济收入的愿望。的确，我们没有从江村实验中看到由自我主义驱动带来的村民自发性改革，相反，看到的是

① 费孝通：《江村经济：中国农民的生活》，江苏人民出版社1986年版，第145页。

外部改革力量的适时介入，向村民提供了实现其愿望的一个难得的机会。不过，外部改革力量之所以可能介入，恰恰是因为村民早已存在着强烈的改善生产以提高经济收入的愿望。而且，事实表明，越是遭受生产失败的村民，其改善生产的愿望就越是强烈，其加入生产改革实验的可能性越高。依照费孝通的记录，最初参加“改进社”的只有21户村民，除了村中领袖陈杏荪以外，其余20户都在“用传统技术操作时遭受了惨痛的失败”。其他村民并非不愿意加入，只是“人们一方面准备接受改革，一方面还在怀疑新事物”。①

诚然，成立和加入“改进社”，意味着村民在扩大的也即超越亲近关系的范围内建立了合作，从而获得了在扩大的范围内利用其关系资源的机会。这些扩大的关系资源包括：①蚕校提供的设备（尤其是改良缫丝机器）、技术与组织指导；②地方政府提供的政策、资金等方面的支持等；③由改革者联系到的市场关系。扩大的关系资源的利用，给合作参与者们带来了显著的经济利益。根据陈杏荪记载，最初的“二十一家育蚕成绩极佳，最次者有八分收成”②。而据费孝通的记录，合办“改进社”后，“蚕茧的总生产量同用传统方法喂养时相比至少增加40%”。并且，由于当时多有爱国人士提倡购买国货，蚕丝的销售数量和价格都十分可观，尤其是“改进社”出产的改良丝的价格要高于土丝，使“农民的收入大约比以前增加了一倍”。③ 另据陈杏荪的记录，1926年“改进社”的生丝销售到杭州纬成丝厂上海营业处，因为该处朱经理的热心支持，售价达到峰值，“最高者每百两得净洋81元，全村蚕户，为之震动”。④ 正是合作之益的获得，增强了人们对扩展利用关系资源的期待，使那些在一开始尚“怀疑新事物”

---

① 费孝通：《江村经济：中国农民的生活》，江苏人民出版社1986年版，第145、151—152页。

② 陈杏荪：《开弦弓生丝精制运销合作社经过概况》，《合作月刊》1930年第10期。

③ 费孝通：《江村经济：中国农民的生活》，江苏人民出版社1986年版，第153、162页。

④ 陈杏荪：《开弦弓生丝精制运销合作社经过概况》，《合作月刊》1930年第10期。

的村民迅速加入了合作组织。据费孝通的记录，“只用了两年功夫便把整个村子纳入蚕业教学中心的指导”①。

1929 年创办“生丝精制运销合作社”，无疑是一个巨大的飞跃。为何改革者（蚕校推广部师生）要在“改进社”的基础上进一步倡建“合作社”呢？原因在于，虽然“改进社”指导的新式育蚕方法大幅提高了蚕茧质量，但其力图推广的改进式家庭缫丝技术却未能有效改良蚕丝品质。结果，村民所生产的产品在市场上面临越来越大的危机。据陈杏荪记录，1927 年缫丝量虽然创历史最高，但其在丝市上的销售却“一蹶不振”，不仅到年底才销售完，而且价格仅为 60 元，利润较上一年减少许多。结果，第二年缫丝量锐减至八担有余。② 可以推测，村民更多选择了直接出售蚕茧。正因为如此，改革者意识到，缺乏基于机器生产的现代缫丝技术，将不可能使村民分获缫丝环节的利润。而要引进现代缫丝技术，就必须组建现代工厂。而且改革者认为，工厂必须能够最大范围地动员村民加入生产合作实验中，同时保证工厂利润能够最大限度地返还到村民手中，而这只有建立一种股份合作制工厂才能实现。这一立场不仅符合村民日益增加的改善经济生活的愿望，而且成为股东社员也能最大限度地满足村民潜在的自我中心主义的需求，因此，入股组建“合作社”得到村民的积极响应，“不数日得赞助员四百余户”，“认购 700 股”。③

组建“合作社”，不仅意味着新技术的引进成为可能，更意味着村民或社员通过组建一种全方位的生产—销售合作组织，而进一步扩张了其利用关系资源的范围，这些新的资源包括：①村民或社员认购的股金、提供的原材料和劳力；②蚕业学校提供的蒸汽机和设备；③商业银行提供的大规模资金支持等。当然，其中最具意义的是，股东

① 费孝通：《江村经济：中国农民的生活》，江苏人民出版社 1986 年版，第 152 页。
② 陈杏荪：《开弦弓生丝精制运销合作社经过概况》，《合作月刊》1930 年第 10 期。
③ 陈杏荪：《开弦弓生丝精制运销合作社经过概况》，《合作月刊》1930 年第 10 期。

社员之间的合作已经从本村扩大到邻村。据费孝通记载，"这一合作社共有 429 名社员，基本上包括了村里所有的住户及邻村的 50 多户"①。另据陈杏荪记载，1929 年最终的认股数为 838 股，社员为 552 户。② 合作社"入社以自愿为原则，并不限于本村的人。凡愿遵守社员义务者便可被吸收为社员"。这再次表明，自我主义驱动下的合作组织的建构，是可能将合作的范围也即利用关系资源的范围扩大到超越其亲近关系的范围之外的。

毫无疑问，合作范围的扩大必然带来一项要求，即对合作的所有参与者都能给予非差等性的对待。这就对制度建设提出了强烈要求。有证据表明，改革者努力建构的是一种具有普遍性制度规范的合作制工厂。其主要表现在：一是建立了包括社员大会、社务委员会、监事会、理事会等在内的权力结构，以及开展了包括工场、会计和主任在内的部门设置与分工；二是明确了社员的权利、义务关系。社员的权利是参加社员大会，并选举理事监事，"社员的义务是在工厂里有一份股金，每年供给工厂一定数量的蚕茧作原料"③。据侯哲莽的调查，有关缴纳股金之细则如下："社员入社时，每人至少认社股一股，每股二十元。如一次不能缴足时，分五年缴，第一年四元，以后每年七月半及十二月半各缴（费）二元。社员出社时，其所缴纳股金，除社务委员会之特别决议外，通常退还一半，另一半作社的公积金。"④ 可见，合作社之组织—制度建设是较规范和具有普遍主义性质的。

制度化建设保证了合作工厂的有效运行，从而使社员在工厂成立的第一年就分享到了共同利用其制度资源的成果，即分获红利以及获得劳动工资。1929 年，"合作社"成立当年就实现了盈利。改革者与

---

① 费孝通：《江村经济：中国农民的生活》，江苏人民出版社 1986 年版，第 156 页。

② 陈杏荪：《开弦弓生丝精制运销合作社经过概况》，《合作月刊》1930 年第 10 期。

③ 费孝通：《江村经济：中国农民的生活》，江苏人民出版社 1986 年版，第 156 页。

④ 侯哲莽：《各地丝业状况：开弦弓生丝精制运销合作社之调查》，《国际贸易导报》1932 年第 1 期。

管理者决定将利润的70%用于分红，以鼓励社员更多认股和缴纳股金。这样，每股分获红利约10元，而大部分社员当年缴纳的股金只有4元，且多数选择分期缴纳股金。高额的回报的确极大激励了村民入社认股的热忱。工资收入则主要来自工厂为村中一部分年轻妇女提供工作机会。每一个普通工人一年工作150天约可得70元。总之，“合作社”通过其给社员以及工人带来的可观的收入，证明了其在初期的成功。然而，遗憾的是，这一成功并没有延续下去。

那么，到底是什么力量在主导着合作工厂迅速走向失败呢？

（二）“差序格局性悖论”及其克服：限制问题

本文提出的第二个假设是，“差序格局性悖论”的存在及其未完全克服（克服限制），是导致合作工厂也即江村实验后期失败的根源。按照我们的理论研究，“差序格局性悖论”源于构成差序格局性概念的两个要素即自我主义和关系理性的运作及其内在矛盾，即一方面自我主义中的“经济理性”会驱动行动者在更大的范围内利用其关系资源，从而支持合作秩序的不断扩展；另一方面，更大范围地利用关系资源，也即将更多的“陌生人”（弱关系）纳入其合作交易的范围，会反过来妨碍行动者单方面维护“自我中心主义”，从而引致关系理性对合作秩序扩展的限制。可以推断，“差序格局性悖论”及其克服限制贯穿于江村实验的全过程。上一节我们论证了构成“差序格局性悖论”正向运动的自我主义驱动，在引致江村实验前期成功中的核心作用。这一节我们将进一步论证构成“差序格局性悖论”逆向运动的关系理性的约束及其转变的限制（也即克服“差序格局性悖论”失效），在导致江村实验后期失败过程中的决定性作用。

首先需要说明的是，作为“差序格局性悖论”逆向运动起点的关系理性约束，具有双重效应，即既可能支持也可能会限制自我主义驱动下的合作扩展。一方面，关系理性作为一种差等性地对待他人的理念，能够容忍或容许自我将更多的“他人”或“陌生人”纳入其合作交易的范围。这构成了自我主义驱动合作秩序不断扩展的一个重要条件。这也使我们有理由推断，儒家伦理是能够支持在更大的范围内开展合作运动的。另一方面，差等性对待他人的理念，又要求自我在合作中差别性地对待这些“陌生人”，换言之，即容许将其置于不公平的地位。差等性对待他人（其作为一种关系认同的策略），既可保证对其亲近关系的优待，又有助于维护其自我中心主义地位。然而，悖论是，对于那些加入合作交易中的“他人”或“陌生人”而言，被置于不公平或受歧视的地位并非其所愿。结果，无论是“他人”因无法接受不公平待遇而选择退出或不加入，还是“自我”为维护其中心主义地位（即坚守差等性对待他人的原则）而缩减与“他人”的合作，都意味着其合作交易扩展遭遇了根源于关系理性约束的“差序格局性悖论”。

克服上述“差序格局性悖论”的可能路径在于，将关系理性转变为制度理性，或者至少使制度理性成为一种主导性的理性。制度理性，可以定义为一种自我依据普遍主义的制度规则平等、公正地对待他人的原则。制度理性的建构与约束，不仅能够减少“自我”扩展关系后的经济风险，而且能够促使“自我”建立一种“价值化他人”的力量，从而对自我中心主义进行自我控制。如此，才可能保证合作秩序的不断扩展。

由此，我们判断，江村实验不仅遭遇了“差序格局性悖论”，而且，更关键的是，实验未能通过实现关系理性的转变，以有效克服“差序格局性悖论”。那么，如何才能实现关系理性的转变，即在总体上实现以制度理性替代关系理性呢？按照我们的理论研究（图1所示），制度理性的建构，除了普遍主义的组织—制度建构之外，还必须推动增进相关参与者的制度认同。所谓制度认同，即参与者对有关普遍主义组织—制度的认可、臣服与自我执行。制度认同是组织运转的重要条件；反过来说，缺乏制度认同，将使组织运转陷入困境。江村实验走向失败，即表现为由社员制度认同失败最终导致合作工厂运转失灵。

分析江村实验中制度认同失败，可以从影响制度认同的两个机制入手。制度认同的第一个实现机制是改革教育。改革教育，包括改革者教导参与者如何参与改革、如何争取其权益以及如何履行其义务等，对于推进制度认同至关重要。然而，江村实验的改革者们却在组织—制度建构中基本忽视了对村民或社员进行相应的改革教育。费孝通对此早有洞察："改革者只教授女孩子如何缫丝，而没有教社员如何当工厂的主人。他们对自己的责任没有认识。只要教育工作跟不上工业改革的步伐，合作工厂可以只是为人民而开设，部分属于人民，但绝不可能真正由人民管理。"① 结果，正如费孝通在 1936 年观察到的，缺乏制度认同的社员，其种种行为本身已经成为阻碍合作工厂运转的力量。例如，在 1930 年以后，工厂由于偿还贷款而停止分发红利而使社员们的"希望破灭"，他们的直接反应不是去算这笔账，而是"不再继续向工厂交纳股金"，以致"至目前（1936 年）为止，只缴纳了认购股金的半数"。又如，"根据规章，社员自己有权查账，并可要求经理解释。但人们只停留于怀疑和偶尔的议论上，而不采取一定步骤进行调查"。②

制度认同的第二个实现机制是制度资源的利用。如果说改革教育引导的是一种自上而下的强制性制度认同，那么，制度资源的利用引导的则是一种自下而上的诱致性制度认同。制度资源的利用程度，可由参与者从合作组织所获得的收益来衡量。参与者收益越大，表示制度资源的利用程度越高。而制度资源的利用程度越高，参与者对其制度认同的程度也会越高；相反，则越低。由此推断，在江村实验中，社员们的诱致性制度认同在 1929 年达到高峰，因为，这一年社员们分获了最为可观的红利，之后，随着分红的停止，人们的诱致性制度认同也日益下滑。那么，为什么在合作工厂运转中，制度资源的利用会每况愈下呢？原因有三，且其共同导致了工厂发生财务危机：一是市

① 费孝通：《江村经济：中国农民的生活》，江苏人民出版社 1986 年版，第 163 页。
② 费孝通：《江村经济：中国农民的生活》，江苏人民出版社 1986 年版，第 163 页。

场环境未有显著的改善（当时仍处于全球经济大萧条的后期）。其间虽有政府出口补贴，但国内外蚕丝价格在不同时期波动较大，工厂生产收入未有大的增长。二是受股本资金规模的限制，工厂主要依赖向蚕业学校租赁设备和向银行借款来维持日常经营。结果，为了购置、租赁设备以及还贷，1930 年起工厂就停止了分红。对于社员而言，没有分红即意味着没有制度资源的利用，这自然使他们失望（制度认同降低），他们的直接反应是“不再向工厂交纳股金”以及减少按协议向工厂提供的蚕茧数量，这使得工厂不得不增加贷款，以用于从市场上购买原料，结果又加剧了工厂的财务危机。三是改革者未能控制好利润分配。合作工厂成立之年（1929 年）曾取得最好的生产利润。而“为鼓励社员并扩大组织，我们决定提高红利，约为总利润的 70%”①。结果，每股分红约 10 元。确实，这一分配方案激发了村民入社认股的积极性，但是也埋下了以后数年持续发生财务危机的种子。总之，持续的财务危机限制了社员对制度资源的利用，从而阻碍了他们的制度认同。最终，无论是“大逆向运动”还是“小正向运动”的作用都未能持续，反而是“小逆向运动”的影响越来越大。合作工厂实验就此失败。

结　论

“重访”江村实验，证实了本文提出的一个基本假设，即“差序格局性悖论”的存在及其克服限制，是导致江村实验从成功走向失败的根本原因。结合解读江村实验，我们获得了以下结论或论题。

（1）自我主义驱动论题。该论题认为，自我主义（作为行动驱力）由经济理性和自我中心主义两重因素构成。外部环境越恶化，越可能激发个体的自我主义。而自我主义越强烈，就越可能驱动行动者

① 费孝通：《江村经济：中国农民的生活》，江苏人民出版社 1986 年版，第 159 页。

在扩大的也即超越亲近关系的范围内利用其关系资源。其决定了个体建构一种可不断扩展的合作秩序的可能性。

（2）关系理性约束论题。该论题认为，以差等性待人原则为核心的关系理性，其约束具有双重效应。一方面，它容许自我将更多的“他人”纳入其合作交易的范围，从而构成对自我主义驱动合作秩序不断扩展的支持；另一方面，它又要求自我差等性地对待“他人”，其又构成了一种对自我主义驱动的不断扩展的合作秩序的否定与排斥。

（3）“差序格局性悖论”论题。该论题认为，自我主义驱动与关系理性约束之双向运动所产生的内在紧张与矛盾，会导致不断扩展的合作秩序陷入困境。自我主义驱动会产生一种“正向运动”，即人们会在“工具化他人”的指引下，通过在更大的范围内利用关系资源，造就一种可不断扩展的合作秩序；然而，在更大的范围内利用关系资源，也即将更多的“陌生人”纳入其合作交易的范围，会反过来妨碍行动者单方面维护“自我中心主义”，也会由此激发关系理性的限制性的约束，从而导致不断扩展的合作秩序陷入进退两难之困局。

（4）克服“差序格局性悖论”论题。该论题认为，“差序格局性悖论”之双向运动已显示出克服其悖论的若干内在因素，如自我主义驱动、关系理性之支持性约束等。然而，克服悖论的更关键的力量在于转变导致悖论的核心因素，即关系理性之限制性约束。转变的途径也即克服“差序格局性悖论”的路径在于制度理性的建构。要实现制度理性的建构，改革者除了推进普遍主义组织—制度建构之外，还必须通过实施改革教育和控制对制度资源的利用这两种机制，以同步增进参与者的制度认同，从而达到内生“价值化他人”以自我控制和维护不断扩展的合作秩序的目的。

这四个论题共同构成了一套具有逻辑一致的理论工具，从而较好地解释了江村实验之谜，即其何以从成功走向失败。同时，这些论题对我们理解在当今中国开展各种合作运动的可能性具有很大帮助。具体来说，自我主义驱动论题，通过解释自我具有建构一种可不断扩展的合作秩序的可能性，彰显了中国人在社会环境变动中的能动性与创造性。关系理性约束论题，通过解析其约束的双重效应，证明了传统社会文化对中国人建构可不断扩展的合作秩序的积极和消极两个方面的作用。“差序格局性悖论”论题，则旨在将自我主义驱动论题和关系理性约束论题结合起来，以显示不同力量——主要是自我主义驱动和关系理性之限制性约束——交集所产生的不利格局，即可能导致可不断扩展的合作秩序陷入困局。最后，克服“差序格局性悖论”论题，则试图从“差序格局性悖论”分析中，寻找化解或克服其悖论的关键性力量与路径，即关系理性的转变与制度理性的建构。在制度理性建构中，谋求参与改革者的制度认同又占据关键性的地位。总之，这一解释凸显了改革者与参与者的能动性，也显示了建构与维护一种可持续的和可不断扩展的合作秩序的可能性。这是江村实验留给我们的一份宝贵的精神遗产。

（原载于《江海学刊》2020年第2期）

社会学的学科对象和问题领域的再认定

谢立中*

随着改革开放进程的不断深入，如何通过进一步的改革来建立起一种与市场经济体制相对应的社会体制、完成社会结构的转型、应对各种新出现的社会问题开始成为社会各界高度重视的理论和实践议题，社会学的学科发展也开始重新获得人们的密切关注。正像社会学界的同人都在说的那样，“社会学的春天”已经来临了。在这样一种有利的社会环境和舆论氛围之下，如何通过自己的努力抓住社会学发展的历史机遇，一方面大力推动中国社会学的学科发展，提升中国社会学的学术水平；另一方面积极参与中国改革开放的实践进程，担负起改革开放赋予中国社会学者的历史使命，为当代中国社会的转型、建设和发展做出自己应有的贡献，已经成为当代中国社会学者的一项重要任务。在此方面，已有不少国内社会学工作者发表了很多富有启发性和建设性的意见，如要加强对重大现实问题的研究、要学术研究和对策性研究并重、要形成有利于学术争鸣的良好氛围、要融贯中西两方面的知识加强社会学的学科知识基础、要加强社会学的学科建设力度、要通过制度建设解决阻碍社会学学科发展的一系列矛盾等。

---

* 谢立中，北京大学社会学系教授、博士生导师。

蔡禾教授提出全国的社会学同人要在社会学研究的问题领域方面形成共识。对此建议所触及的问题及指明的原则，笔者深有同感。的确，一个学科的同行如果对于该学科所研究的问题领域都不能形成共识的话，那么很难想象聚集于这一学科的学者们将怎样齐心协力地去共同推进这门学科的发展。对本学科的问题领域有起码的共识，至少应该是一门学科能够得到迅速发展的前提之一。

蔡禾教授认为，“在科学发展历史上，学科的差别已经从以对象来区分转为以理论范式来区分，但这个转变并没有被我们许多社会学者有意识地把握住”，并由此而产生了一些不利于社会学学科发展的后果，如社会学的研究领域不断缩小，不断被其他学科侵犯等。对于这一判断及相关分析，笔者有一些不同的看法。

第一，笔者不同意“学科的差别已经从以对象来区分转为以理论范式来区分”这一判断。其实，只要看一看国内外各学科迄今为止的历史演变过程，我们就可以很容易看到，无论是过去还是现在，理论范式一般是跨学科的，而非局限于某一学科之内。例如马克思主义、结构功能主义、现象学、诠释学、符号互动主义、结构主义、后结构主义、批判理论、理性选择理论等，这些理论范式无一不是跨学科的。尽管某些理论范式可能首先是在某个特定的学科内形成和发展起来，然后再传播到其他学科去，尽管某些理论范式也可能在这门学科内相对具有较大影响，而在另一学科内相对较为弱势，但这并不影响它们的跨学科性质。因此，以理论范式来区分学科无论过去还是现在（乃至将来）都会是一件很困难的事。笔者认为，区分不同学科的良途，应当还是各个学科的研究对象。

对于社会学这门学科来说，目前这方面存在的问题并不在于是应该以研究对象还是应该以理论范式来确定它与其他学科之间的差别，而在于人们对于社会学的研究对象仍缺乏共识。社会学这门学科的研究对象到底是什么？对于这个古老的问题，迄今为止仍然是仁者见仁、智者见智。有人说社会学的研究对象就是“社会整体”（言外之意是其他学科则只研究“社会”的某一个方面或领域），有人说社会学的研究对象就是人的社会行为，还有人说社会学的研究对象就是别的学科不研究的那些领域。而笔者认为，社会学的研究对象不是别的，就是“社会”。这里所谓的“社会”，就是我们人类为了生存而从事的一切活动都必须借助于其才能得以进行的、由两个以上的人类个体组成的各种形式的“人群”或“人类聚合体”，包括家庭、家族、氏族、部落、村落、社会网、企业、公司、军队、民族、国家、政府、社会团体、跨国组织、国际联盟等。“社会学”就是以这些形式不一的各种“社会”的形成、维持和演变机制作为自己的研究对象的。探讨在人类的生活中为什么会形成这样一些形式不同的“社会”，这些形式不同的“社会”其各自的性质、功能、运作机制、秩序规则、历史形态、演变途径和方式等又是什么样的，等等，就是社会学这门学科的基本任务或问题领域。这样来界定社会学研究对象和问题领域的基本依据就是：它是专为“社会学”所研究而为其他学科所不研究的对象和问题领域。如经济学的研究对象是“经济”活动，其问题领域是如何通过资源的有效配置使人类的活动效益达到最大化；政治学的研究对象是“政治”活动，其问题领域是如何使人类决策过程更为合理等。它们都不会把各种形式的“社会”形成、维持和演变的过程当作自己的研究对象和问题领域。因此，只要我们牢牢把握住上述研究对象和问题领域，社会学的研究领域就永远不会有丧失或缩小之虞。

当然，这里需要补充说明的一点就是：必须把学者个人的学术研究对象和一个学科的研究对象区分开来。正如蔡禾教授在其第一点建议中所指出的那样，学者个人的研究对象和问题领域是可以不受限制的。只要他愿意并且有能力，他可以今天研究一个社会学问题，明天研究一个经济学问题，后天又去研究一个哲学问题。但对于一个学科而言，它的研究对象和问题领域可能会经历一个或长或短的探索过程，然一旦成熟，其研究对象和问题领域在一个相当长的时期内即应当稳定下来，而不应如学者个人的研究兴趣那样随意地发生变化。这是学术界劳动分工的基本要求。

因此，第二，如果我们同意前面关于社会学研究对象和问题领域的说明，那就可以看到，到目前为止并没有任何一个社会学以外的学科把各种形式的“社会”形成、维持和演变的过程当作自己的学科研究对象，把这些形式不同的“社会”其各自的性质、功能、运作机制、秩序规则、历史形态、演变途径和方式等当作自己学科的基本任务或问题领域。因此，社会学可能有过学科对象和问题意识不明确的时候，但并没有研究对象和问题领域丧失或被侵犯的时候。事实上，社会学从诞生迄今也一直不断地从其他学科（如生物学、生态学、生理学、心理学、物理学、地理学、历史学、语言学、哲学、文学、戏剧学等）引进和借鉴概念、命题和理论视角，也不断地有其他学科的学者在像贝克那样尝试用自己学科中形成和发展起来的概念、命题或理论视角来讨论一些社会学问题，但社会学并未因此而归于衰亡或消失。其中的道理，就是因为像我们前面所说过的那样，社会学有自身确定的、不为其他学科所关注的研究对象和问题领域。因此，这里不存在什么“扩张主义”现象。常常有一些经济学家沾沾自喜地宣扬“经济学的帝国主义”，也常常有不少非经济学家抱怨“经济学的帝国主义”，其实他们都没有意识到学科是以其特定的研究对象和问题领域，而非在其学科内形成和发展起来的理论视角或范式独立于世这个道理。

同样，当社会学家用在自己学科内首先形成和发展出来的某种理论视角或范式去研究某个非社会学的问题（如经济学的问题、政治学的问题、历史学的问题等）时，也不必称之为是社会学的“扩张主义”或“帝国主义”。对于这样做的社会学家而言，他也只不过是在客串一个其他学科学者的角色。对于社会学和另一个学科而言，它们的研究对象和问题领域并未因此而发生改变（扩大或缩小）。换句话说，这个社会学家并未因此而对自己所在的社会学学科本身做出什么有实质意义的贡献。他的贡献只在于：他将首先在社会学学科内形成和发展起来的某一个理论视角应用于其他学科的问题领域之中，因而一方面让其他学科的人意识到了社会学家在这一理论范式的形成和发展过程中所做出的贡献，为社会学做了一次宣传和广告；另一方面启发了大家原来在社会学中形成和发展出来的某一理论范式也可以用来研究社会学领域以外的一些问题，从而对这一非社会学问题的研究做出了自己的贡献。

从上述讨论可以进一步引申出来的结论就是：社会学工作者在既有能力也有精力并且也有兴趣的条件下，可以尝试采用从社会学学科中形成和发展出来的某些理论范式去研究一些经济学的问题、政治学的问题等，但对于一个学科而言，这样的尝试还是不宜过多加以鼓励。在社会学学科本身的力量尚有限的情况下，我们应该更多地鼓励社会学工作者集中精力去研究上述自身学科专有的那些对象和问题。这样似乎才更有利于社会学学科的整体发展。

总而言之，笔者认同蔡禾教授关于“全国社会学同仁要在社会学研究的问题领域方面形成共识”的主张，但笔者不同意他关于学科区分标准已经或正在发生改变的判断以及一些相关结论。相反，笔者认为，社会学工作者对于本学科的研究对象和问题领域应该要有明确的“学科自觉”。这里的“学科自觉”一词是承费孝通先生所说的“文化自觉”一词而来，意思是社会学工作者对于自己学科的基本特质（包括其优势和局限）应该有明确的意识，并且在学科的发展过程中努力地贯彻和发挥自己的基本特质。社会学这门学科的基本特质是什么呢？常常听到有人说社会学的学科特点就是“长于经验调查”，或“长于统计分析”，或“具有整体眼光（能够把社会当作一个整体来加以研究）”，或“采用社会人视角”，或“拥有多重范式”等。这些也许的确可以看作社会学在目前阶段具有的特点，但这些特点都不能被看作社会学这门学科的基本特质。因为在这些特点中，有些（如“具有整体眼光”“采用社会人视角”“拥有多重范式”等）只是社会学学科基本特质的派生属性，有些（如“长于经验调查”或“长于统计分析”等）则只是社会学在自己的发展进程中先于其他学科获得的一些优点，而并非社会学学科独有的特点（其他人文社会科学学科完全可以引进社会学的这些成果去研究自己的问题并在这一过程中进一步加以发展）。而所谓一个学科的基本特质正是最终能够将这一学科与其他学科区分开来的东西，正是使这一学科能够作为一门与其他学科不同的学科而独立存世的东西。这个东西，依笔者的看法，就是一个学科的研究对象或问题领域。因此，社会学这门学科的基本特质也就应该存在于其独特的研究对象和问题领域当中。所谓社会学工作者应该要有明确的“学科自觉”，也就意味着社会学工作者对于自己学科的研究对象或问题领域要有明确的、自觉的意识。只有当全国的社会学工作者在本学科的研究对象和问题领域方面都有一个明确的、自觉的、共同的学科意识的情况下，我们中国的社会学学科才有可能获得更为迅速的发展。

（原载于《江海学刊》2009 年第 3 期）

学贯中西：重建社会学学科知识的基础

田毅鹏*

如果以1979年作为社会学在中国重建的标志的话，那么，迄今中国社会学的重建已整整30载。透过社会学30年来各种有形的发展成果，我们似乎可以断言，到今天，中国社会学重建的任务已基本完成。但如果我们以更高的标准来加以衡量，便会发现，中国社会学虽然阶段性地完成了学科重建的任务，但距真正意义上的学科复兴尚有不短的距离。因为学科重建之精髓不仅在于学系建立、学刊举办、学会成立、学术著作出版等有形要件，更在于一种学科知识传统之再建。在这一意义上，社会学重建的实质是“学理”的重建。故笔者认为在21世纪之初，作为一个重建的学科，社会学要想在强邻环列的人文社会科学之林中获得进一步的发展，必须循着民国以来中国知识界揭橥的“学贯中西”的学术理念和思想路径，努力实现学科知识传统的重建。

众所周知，作为社会科学学科体系的一部分，社会学起源于西欧，其知识体系基本上是由西方人根据欧洲和北美现代社会起源、发展和转型的经验建立起来的。建立在西方经验基础之上的社会学理论，以“秩序”和“进步”为其学术目标，发现和揭示了很多现代人类社会

* 田毅鹏，吉林大学哲学社会学院教授、博士生导师。

的共同命题和规律，为现代社会的良性运行和协调发展贡献良多。故我们应承认，在社会学学科起源和形成的问题上，西方学者做出了主导性的学术贡献。但我们必须清楚地意识到，西方社会学理论不等于社会学理论。因为包括社会学在内的社会科学在其起源和发展的过程中，一直是以欧洲为中心的。“在欧洲支配整个世界体制的历史过程中，社会科学作为对欧洲问题的回应应运而生。而社会科学对其主题的选择，它的理论的形成，它的方法论、认识论，都不可避免地反映出使它产生出来的这个大熔炉的种种制约。”① 具体来说，这种“局限”和“制约”主要表现在：在社会学诞生的过程中很少汲取西方以外的其他文明古国有关社会的知识和思想精华，社会学基本上是建立在西方经验基础之上的。这直接导致在社会学领域里，公认理论绝大部分源自西方，致使其学科知识基础较为单一，存在明显的局限，主要表现在以下几个方面。

第一，社会学学科知识基础的结构失衡。在社会学学科知识体系中，西学长期居于“中心地位”，而中学则屈居“边缘”。毫无疑问，从社会学学科起源和发展的轨迹看，西方社会学理论的确具有一定的“早发性”和“先在性”，故对于非西方国家学术界而言，移植引进、翻译解读这些“舶来理论”，实为其本土社会学发展的基本前提。但人类社会发展的复杂性和多样性同样要求我们在建构社会学学科理论和分析范式时，还必须努力开掘本土的社会思想和理论资源，并在与西方社会学理论的对话中提炼抽象出新的理论，以改变社会学学科知识体系的结构失衡问题。

第二，话语权的丧失。西方在知识论意义上的话语霸权使非西方国家的知识精英和思想精英自主思考和理解自我的能力大大降低，他们无法表述自己，他们必须被别人表述。正如日本学者竹内好所指出的那样：“过去的东方既没有理解欧洲的能力，也没有理解其自身的

① ［美］沃勒斯坦：《进退两难的社会科学》，《读书》1998 年第 2 期。

能力。理解东方并改变它的是处于欧洲的欧洲性。东方之所以成为东方就是因为它被包含到了欧洲之中，不仅欧洲只有处于欧洲中才能被实现，就连东方也只有处于欧洲中才能被实现。”

第三，这种源自西洋的舶来理论与中国现实社会之间存在明显的错位，遮蔽了本土社会特有的问题意识，并与中国社会产生较为明显的隔膜。事实上，上述问题早在社会学进入中国本土之初即已存在。当时，因社会学的理论框架、概念系统和研究方法均出自西洋，堪称道地道的舶来品，加之早期社会学者多有留洋背景，遂使社会学在初入中国的数十年间，始终带有浓厚的西化色彩，表现出与中国社会的巨大隔膜。1937 年社会学家杨开道在为瞿同祖《中国封建社会》撰写的序文中即写道：“美国社会科学的毛病，是只用本国的材料，而不用外国的材料；中国社会科学的毛病，是只用外国的材料，而不用本国的材料。尤其是社会学一门，因为目下研究的朋友，太半归自美国，熟于美洲社会情形，美洲实地研究，所以美国色彩甚浓，几乎成为一个只用美国材料，而不用中国材料，不用欧洲材料的趋势。”这种唯西洋之马首是瞻的社会学，自然引起中国知识界的不满。

第四，失衡的知识结构限制了学术界理解分析问题的视野。以近代西人东来为界标，中国知识界一般是以“中—西”二元分立的观念来理解和看待世界的，仿佛只有将落后的自我与文明的西方社会置于一个相互参照的系统中，其问题才能得到理解。此种思维方式的弊端表现在：忽视了对其他非西方文明的了解。他们对伊斯兰文明、印度文明、非洲文明往往知之甚少，对于那些较小的文明更是不屑于了解。这显然不符合全球化时代人类文明的发展趋向。今天，我们建设世界社会科学，必须敞开胸襟，放眼世界，吸收人类文明的一切成果，博采众长，为我所用，而不能仅仅局限于西学。脱离了人类文明大系统，我们是无法真正体认西方文明之真谛的，也难以真正把自己置于准确的位置之上。

而欲改善社会学理论与中国社会之间存在的隔膜，使社会学真正融入中国社会，我们应在“学贯中西”的理念下努力推进社会学知识基础的变革，其最为关键的步骤包括以下三点。

第一，中西社会学思想理论上的“双向寻根”。对于中国知识界而言，社会学是地道的舶来品。在现实中欲将这些舶自西洋的学问移植到中国本土社会，舍翻译无他途。因此，中国社会学的发展始终是与西籍的翻译和引进联系在一起的。在这一意义上，我们欲实现社会学知识基础的重建，一方面要大力翻译西方社会学经典，除了读懂西学经典的本意外，还应具有将其还原到西方文化具体的情境中，获取深度理解的能力。理论的移植不是简单的语言采借，必须对理论背后的文化、历史及理论建之于上的现实生活进行考察。另一方面，要寻中国社会思想和社会分析理论之根，发现中国社会的“自性”，利用中国本土的思想资源来消解西方理论，使社会学真正在中国社会扎根，即“于挖掘移植知识之原文化体的根外，尚应挖本地文化素质的根，其中尤指社会中普遍存有且居于优势的诸预设。如此双重的挖根的一来一返工夫的努力，才是转化创造文化的根本之道，也才是具有主动原创能力来吸纳外来知识的基本条件”。由此，翻译引进西方社会学理论和挖掘本土社会思想理论资源，并使之在经验研究平台上展开对话，便成为社会学知识传统重建的核心话题。

第二，中国社会学如何为世界社会科学做出自己的贡献。如果说，在社会学起源和发展的初期西方占据了独执牛耳的尊位，那么，在今天，包括中国在内的非西方国家则完全可以在深入挖掘其本土学术资源的基础上，作出新的理论提炼和概括，为丰富社会科学理论体系作出自己的贡献。诚如中国台湾学者张光直先生所言，既存“社会科学上所谓原理原则，都是从西方文明史的发展规律里面归纳出来的”，如果不“在广大的非西方世界的历史中考验”，特别是经过“拥有极其丰富史料的中国史”的考验，就不能说具有“世界的通用性”。他由此看到了“西方社会科学的局限性和中国历史（以及其他非西方史）在社会科学上的伟大前途”。可见，社会学的中国化的目标不是在封闭的环境下建立“中国社会学”，而是深入挖掘中国本土社会思想、理论资源，展开规范的经验研究，使其研究成果在与西方社会学的交流对话中，为世界社会学的发展做出贡献。在这一意义上的社会学中国化，“不是使社会科学研究区域化，正相反，它是使中国学者的努力能够被纳入世界社会科学体系之中”。

第三，建立起理论和经验的真切关联。欲弥补社会学知识基础与生俱来的缺失，除了加强中西社会思想理论的“双向寻根”和“相互对话”外，还应致力于具体的经验研究，开展与西方理论的对话，即“通过与（西方）现代主要学术理论的对话来建立符合中国历史实际和实践的概念和理论”。这实际上是要求从对实践的认识而不是西方经典理论的预期出发，建立符合中国历史实际的理论概念和分析框架。当然，这种植根于具体经验，并与一定历史条件相连接的理论分析概念，不仅可以深化中国研究，而且还可以进一步丰富和建立真正世界意义上的社会学理论，使社会学的知识基础日趋完备。

“学贯中西”理念实际上就是试图通过中西学间的贯通，使中国的社会发展获得一个“可靠的知识基础”。置身于人类文明空前的变局之中，中国的知识精英首先意识到，单纯依靠传统的“经史子集”已难以应对日趋复杂的社会，而舶来的西学同样不能未经反思批判就简单地施用于中国社会。需要将二者冶为一炉，实现“创造性的转化”。只有如此，才能使国家获得一种“共信”与“国是”，获得独立自主的判断力，使新社会建立在坚实的知识基础之上。

（原载于《江海学刊》2009 年第 3 期）

在应对社会学总体性危机中促进学科研究的整体转向

文　军*

随着社会主义和谐社会建设任务的提出，各级党政部门和社会公众对社会学学科的功能寄予了越来越多的期望，他们期待社会学能够在构建社会主义和谐社会中发挥特殊的建设性作用。这无疑对中国社会学发展赋予了极高的历史责任感和时代使命感，也是中国社会学学科发展的一个极好机遇。

的确，伴随改革开放而恢复和重建的中国社会学，经过30年的努力建设，现已成为一门十分重要的应用性社会科学。尤其是随着改革开放的进一步深入，社会变迁的急剧加快，原来潜伏在社会内部的许多发展性问题开始逐步显露出来，并引起了人们的极大关注，各行各业对社会学知识的需求由此与日俱增。从西方发达国家的经验来看，当经济发展到一定程度，转向于社会全面发展阶段之后，一般会出现一个对社会学知识大量需求的时期。以美国为例，社会学需求量与影响力最大的20世纪六七十年代也恰恰是其经济繁荣之后社会问题的多发期，在这一期间，美国每年出版的人文社会科学著作中，几乎每三

* 文军，华东师范大学社会发展学院教授、博士生导师。

本就有一本是属于社会学类的著作。此外，在美国整个国家资助的人文社会科学研究经费中，也有近1/3的经费被用来资助社会学类研究。当前，中国也正处在一个从“一切以经济建设为中心”开始逐步向强调“社会全面、协调和可持续发展”快速转型的时期，社会学必将会借此获得更大的发展契机，中国社会学学科发展的春天正逐步向我们走来。

但我们同时也必须认识到，社会学春天的再次来临对中国社会学来说既是良好的机遇也是巨大的挑战，更在某种程度上意味着一种“风险”。面对全社会（尤其是实际部门）对社会学寄予的厚望（包括政治宣传、政策咨询、经营策划、战略规划等），似乎社会学者都可以提供解决问题的现成答案。当前，一些社会学者到处指点江山，激扬文字，似乎思想可以自由驰骋，似乎发展空间已经获得了前所未有的拓展。其实，仔细反省一下学科的存在环境，并与其他人文社会科学做一个简单比较，我们就会发现，今天的社会学学科发展无论从理论意义还是从实践意义上来看，仍然停留在学科发展的初级阶段。不仅如此，我们的学者在很大程度上还是被牵着鼻子走的，学科发展的约束性因素还大量存在，这一切所带来的后果很可能会造成社会学者个人的无意识和学术的无意识。社会学者需要对自己生活的社会条件作出认真的反思，才能保持自己的独立人格和学术行动的自由。英国社会学家鲍曼（Zygumnt Bauman）曾经指出，随着现代国家的不断理性化，原本作为知识与文化价值之立法的现代知识分子（主要是指人文社会科学领域的知识分子）此时已成了多余。不仅如此，随着全球化的推进，雅俗文化之间界限的消失，知识分子在注释经典性文本方面的优势地位也丧失殆尽，这些无疑导致了知识分子的角色危机，社会学领域内的知识分子正面临着被淘汰的威胁！或许这正是当前许多西方学者提出诸如各种“后学”、“新学”和各种“转向”等新时代、新话语的原因吧，因为以此他们能够使自己在一个人文社会科学已逐步被科学取代的技术专制的社会中，继续合法地保留其重要性。笔者认为，与当前的各类科技专家相比（甚至与人文学科相比），现在的社会学家不是提高了而是逐步丧失了其原有的重要地位，从社会的“立法者”退化成了一个个“解释者”，他们在社会文化建设方面的权威地位已被安全地限制在学院内部了。在这种状况下，中国社会学及其学术从业人员能够打破常规思维，独立地承担起构建社会主义和谐社会的重任吗？

只要简单回顾一下恢复和重建以来的中国社会学，我们就会发现，其1979年恢复和重建之后的先天不足与后天发育不良的毛病至今还沉重地压在社会学者的身上，一旦把握不好自己，便很有可能陷入深刻的危机与风险之中。比如，社会学的应用研究和理论研究严重不成比例。这使得我们不仅在一些富有中国特色的理论研究方面存在严重的不足和后继无人，而且在许多基本的理论问题（如理论的应用范围及其各种限制性条件等）还没来得及做认真探讨的情况下，在经验层面就已经在大量地运用各种理论做应用性研究了。近年来，中国社会学界因大量没有理论支撑的经验研究、应用研究带来了表面的繁荣，但其背后实际上已经潜伏着越来越深刻的危机。要缓解和解决这一症状不仅需要我们首先在与应用研究相对应的理论研究层面下功夫，而且更需要我们在更为广阔而深厚的社会学理论上做一些扎扎实实的基础性研究工作和元社会学层面的理论探讨。

放眼当今中国的学术场域，一些只要是在大众媒体上发表了某种评论或撰写了某些类似社会学文章的人，似乎都成了社会学家或社会理论家，而官方和业界的一些人士也在纷纷谋求一个社会学学者的头衔。尤其是随着中国党政部门对“构建社会主义和谐社会”的高度重视，越来越多的学术界及非学术界的人士都表现出对社会学前所未有的兴趣，似乎都想借助于“和谐社会”所营造的“社会学春天”的再次来临跻身社会学圈。因此，在当今中国的社会学学术场域中，同样也充斥着各种假冒伪劣，中国社会学似乎再也难靠自己独特的理论和方法来守住自己的阵地了。中国社会学研究不仅有被其他学科渗透和瓜分的危险，而且还有被许多业余社会学者腐蚀的危险。

笔者曾经多次撰文指出，就像过去发达国家的社会学者一样，今天的中国社会学者实际上也陷入了难以抉择的双重约束之中：一方面，为了保持自己专业的纯洁性、独有性和权威性，不得不承传自己所谓的专业知识，从而可能陷入只是简单机械地套用学究性知识代替日常性知识的误区之中；另一方面，为了扩大社会学学科知识的社会影响力，又不得不去寻求更简单、更通俗的话语表达自己对复杂社会的认识和看法，从而可能抛弃过去所谓的专业知识，成为只需依靠自我启迪就人人能够做得到的业余社会学者。面对这种专业化和大众化的双重要求，广大专业的社会学者必须实现一种自我的彻底转型，其任务就是不断去探求、去开辟、去创新。如果我们自己不能塑造一个“新人”，那至少也要培养一种“新的关注方式”，一种社会学的独特眼光。从某种意义上说，中国社会学的地位首先是由我们社会学者自己来决定的。倘若我们自己都没有实现自我的真正转型，没有思想的更新，没有精神的巨变和创新的快感，社会学者对社会现实的认识、反思与审阅就无从谈起，社会学也只能沦入一种“理论无意识”和“想象力枯竭”的境地。要是这样，社会大众还会需要社会学吗？

环顾当今西方社会学，其发展状况就像吉登斯（Anthony Giddens）曾描述的那样：“今天的社会学似乎正处在一种僵持状态之中。”“世界各地要求学习社会学的学生日趋减少，社会研究项目受到足够资助的数量也比以前在减少。社会学可能已经在一些主要的知识发展和成就方面丧失了中心地位。这对那些喜欢以‘社会学家’自居的人来说，无疑是难以愉悦的岁月。”虽然作为后发的中国社会学，目前还没有出现与西方社会学一样的发展局面，但是作为相同的知识体系，西方社会学在开创之初就潜伏下来的危机无疑也会深深地烙在中国社会学身上。例如，西方社会学在研究取向上长期存在的分裂与对立的紧张局面已造成了社会学知识领域内在“实质性”理论建构、具体的研究程序乃至学术共同体从业人员中潜在的或明显的分裂。尤其是20世纪90年代以来不断强化的各种后现代现象和全球化趋势，在为社会学研究带来新的契机的同时，也给传统的社会学研究带来了巨大的冲击与挑战。建立在现代性基础之上的传统社会学知识体系，还能够应对这个全球化、后现代的社会世界吗？对此，每一个社会学者都应该有一个清晰的认识。

如果说长期以来社会学的危机主要是西方主流（实证主义）社会学的危机，那么，当代社会学的危机则是一种总体性危机的爆发，其根源正在于当代社会学无法应对全球化所带来的社会现实的根本性变化。犹如现代性的产生一样，作为其产物的西方社会学其实从一开始就潜伏了危险的种子，当社会现实的发展越来越偏离现代性既定的目标或因过度遵循其目标而走向极端时，社会学知识体系和话语方式如果再无法对这种变化的现实做出相应的调整与变革，其危机便迟早会爆发出来，并因此而成为影响与阻碍整个社会学学科发展的一个重要因素。在应对社会学总体性危机的过程中，作为后来者的中国社会学，虽然很难说我们现在已经到了百废待兴的时候，但至少可以说，需要我们着手去做的工作（包括理论的和实际的）实在是太多了。面对全球化的挑战，社会学必须能够在知识体系上实现整体性转向，这不仅仅是中国社会学界的任务，也是整个世界社会学学科建设的重任。但就当前中国社会学学科发展而言，由于社会学既有的知识框架和学术传统并不源于中国，这反而给中国社会学研究的整体转向提供了某种便利。这种转向不是要求我们完全抛弃社会学长期以来建立在现代性基础之上的知识体系，而是要在吸收过去优秀学术资源的基础上更加关注全球化、信息化所带来的社会现实的变化，使新的社会学无论在概念体系、话语方式还是思维模式、研究范式上都有所创新。在这方面，我认为中国社会学至少具有两个方面的优势：一是中国传统的社会思想资源可以为我们重新认识和分析当代社会提供丰富的思想元素；二是当今中国社会的快速发展和各种现实问题的集聚为新的社会学研究提供了理想的研究场所。中国社会学完全可以利用本土的思想资源在应对全球性社会问题中实现理论与方法的创造性转换，以中国特有的方式为世界社会学发展做出自己的贡献。但是，现在笔者不得不担忧的是，在世界社会学知识体系面临整体性转向和中国社会学的春天到来之际，我们的社会学者都做好了应对的准备吗？

（原载于《江海学刊》2009 年第 3 期）

论道穷理 赓续文脉

《江海学刊》特色专题论文选

主编◎韩璞庚

当代中国马克思主义哲学

本卷编辑◎赵　涛

中国社会科学出版社

图书在版编目(CIP)数据

论道穷理　赓续文脉:《江海学刊》特色专题论文选:6卷/韩璞庚主编. —北京: 中国社会科学出版社, 2023.12
ISBN 978-7-5227-1425-7

Ⅰ.①论…　Ⅱ.①韩…　Ⅲ.①社会科学—文集　Ⅳ.①C53

中国国家版本馆CIP数据核字(2023)第025793号

出 版 人　赵剑英
责任编辑　郭晓鸿
特约编辑　杜若佳
责任校对　师敏革
责任印制　戴　宽

出　　版　中国社会科学出版社
社　　址　北京鼓楼西大街甲158号
邮　　编　100720
网　　址　http://www.csspw.cn
发 行 部　010-84083685
门 市 部　010-84029450
经　　销　新华书店及其他书店

印　　刷　北京明恒达印务有限公司
装　　订　廊坊市广阳区广增装订厂
版　　次　2023年12月第1版
印　　次　2023年12月第1次印刷

开　　本　710×1000　1/16
印　　张　202.25
字　　数　2839千字
定　　价　1199.00元(全六卷)

文集总序

韩璞庚

1957 年 11 月 18 日，中共江苏省委发文，批准创办哲学社会科学月刊。经过数月精心筹备与辛勤工作，1958 年 3 月 1 日，《江海学刊》在历史文化名城南京出版发行。

刊物取名《江海学刊》，是经过反复考量与斟酌的。江苏乃江海汇流之地，长江之滨，西有江渝，中有江汉、江淮，东有江海，属地考量是也，同时也展现了办刊人兼容并包、吞江纳海、江畅海阔的办刊气度。江海奔流，反映的是一种蓬勃的气象，一种前进的样态。百川归海，海纳百川，江和海唇齿相依，相互成就，彰显的是一种相互依存、相互包容的品质。“无海则江无所归依，无江则海难成浩瀚，江海之谊，源长流清。”这不就是学者与编者关系的真实写照吗？

《江海学刊》一经出版，就受到国内学术界的高度重视与关注，其高质量、高品位的办刊理念，创新创造的学术追求，志存高远的理论旨趣，为之后期刊事业的发展与进步奠定了稳固基础。

大半世纪风雨兼程，六十多载上下求索，《江海学刊》“践行使命，初心兢兢，引思想之风帆，举文脉之大纛，秉坚定立场之志，承明确定位之旨，风雨兼程，赓续文脉”，“办传世名刊，载精品力作”，终成一世之学术大观。

海学刊》风格和气派的“学术交响乐”。先后成功策划“人学”“发展哲学”“实践哲学”“公共哲学”“公共理性”“网络时代的社会科学”“学术研究的中国风格与中国立场”“马克思主义出场学研究”“马克思主义哲学中国化研究”等具有全局性的重要专题栏目（笔谈）约80个，聚焦“中国问题”，坚守“中国立场”，创新“中国视域”，总结“中国经验”，诠释“中国道路”，充分彰显出《江海学刊》以问题为导向的办刊思路和策划意识，在全国强手如林的哲学社会科学期刊阵营中异军突起，独领风骚，在国外也引起强烈学术共鸣与学术回应，其办刊影响力蒸蒸日上，成为学术期刊界的翘楚。

在对哲学问题的反思与追问中，《江海学刊》一直推动中国学术话语的建构与中国学派的形成。学术话语是对学术问题的言说与表达，是一个民族精神与文化的载体，是一个民族、一个国家文明进步的符号表征与价值荷载，其对一个国家的发展具有重要的意义与价值。学术话语体系就是对学术话语符号元素的有机整合，是在一定价值观念、方法体系与理论体系支撑下，由合理有序的架构将话语符号整合在一起的有机语词体系。建构学术话语体系，是一个知识体发展进步的必然要求，也是取得学术话语权的标志之一。在现代传媒社会中，有了话语权，也就意味着有了言说的资格，掌握了话语权，就意味着主宰了意识形态与舆论的走向。今天，我们讨论中国学术话语体系的建构，就是为了使中国学术发展在开放环境中走自我创新与自主建构之路，能在世界学术大家庭中留下自己的声音与痕迹，从而推动世界文明的进步与发展。讨论中国学术话语体系的建构问题，既反映了中国学术在世界上的被动地位，也反映了中国知识界的理性反思与理性自觉。

《江海学刊》持续推动中国学术话语的创新与学术话语体系的建构，倡导中国自主知识体系的建构，在世纪之初开辟“原创学术空间”专题，推动中国学派的形成。诚如专家指出：“时绪纷争，突出学术围城；领衔人学，成就江海先声。公共价值，实践理性，原创哲学，发展理论，中国学派，于斯肇兴。”

近20年来，经过不懈努力，《江海学刊》的特色体现在以下几个专题上面。

（一）人学与人的现代化

20世纪八九十年代，中国社会开启改革开放的大门，踏上社会主义现代化的发展道路。在这样一个重要历史节点，各方思潮涌入中华大地，与本土文化交织在一起，在激起学者们思想涌动的同时也带来一个重要的问题，以马克思历史唯物主义为基础的中国学术，如何对各方有益思想进行兼收并蓄、创新发展，使之为我国的现代化发展提供思想动力？在许多学者看来，关键点就在于人的发展，并随之产生了观点各异的人学流派，历经数十年发展，其研究热度不但未减反而愈加热烈。这也证明了人学确实是一个于中国发展具有重要价值且具有长久生命力的研究话题。黄楠森先生曾动情地说："中国的人学研究绕不开《江海学刊》。"学术研究要把准时代脉搏，《江海学刊》较早地意识到人学研究必将成为带动中国学术兴起、呼应现代化发展需要的重要话题，由此持续组织策划了大量人学研究的相关专题，发表了一大批紧扣现实问题、体现学术争鸣的理论成果，为人学研究打造了一个各抒己见、碰撞交锋的高层次理论对话平台，发掘了许多值得进一步讨论的学术话题。习近平总书记在中国共产党与世界政党高层对话会上的主旨讲话中专门提到："现代化的最终目标是实现人的自由而全面的发展。"随着我国开启全面建设社会主义现代化国家新征程，我们相信，关于人与现代化的讨论仍将是中国学界至关重要的研究议题。

（二）当代中国马克思主义哲学

本卷撷选《江海学刊》哲学栏目近二十年来刊发的代表性论文，力求能从学术理论研究的层面展现当代中国马克思主义哲学的探索之路。全书共分五篇：原理篇集中于马克思主义哲学当代价值的理论思考；出场篇关注马克思主义哲学的本土化发展及现代化理论转向；反思篇对当代中国马克思主义哲学在发展中遭遇的困境及问题进行了较

为深入细致的研究；学派篇关注国内马克思主义哲学代表性学术群体的建立与发展；创新篇面向中国式现代化理论探索的新要求，从当代中国学术发展的基本问题、研究范式、学术坐标及框架等角度出发，试图对构建中国自主知识体系这一重大理论问题展开有益探索。希望通过对一系列有当代价值的理论成果进行再梳理，为中国式现代化背景下当代中国马克思主义、21 世纪马克思主义的理论发展提供学术支持。

（三）媒介、技术与文学艺术

本卷遴选《江海学刊》文学栏目近二十年刊发的专题性论文，旨在集中探讨传统与当代的媒介、技术和文学艺术之关系。共分上、下两编。上编“读图时代的文艺研究”，第一部分辨析图像与文学的关系，既有纲领式的总论，也有中国神话、插图本、汉字的图像学研究，以及西方“造型描述”、语图的符际冲突、符号表意原则等方面的考察；第二部分探究当代视觉文化与文学的互动，立足社会实践，考量彼此间的正向提升与应对挑战的具体举措。下编“数字传媒时代的文艺研究”，第一部分侧重以手机为载体衍生的文学新样态，从不同层面探讨短信文学、微信文学的特质与嬗变；第二部分关注数字化时代日新月异的网络、人工智能技术对文学艺术的驱动，涵盖数字人文、网络文学以及艺术与技术的跨媒介研究等领域。本卷将为人文学科内部的跨界研究以及人文与科学的跨学科研究探索新的路径。

（四）走向世界的中国史学

本卷旨在呈现近二十年国内外史学研究的新趋势，涵盖中国古代史、近现代史、世界史以及史学理论与史学史。共分为四部分：第一部分探讨历史与记忆之关系，包括记忆史研究的理论和创新、国家层面的记忆建构、地方层面的记忆叙事等；第二部分侧重于中外史学研究的趋势，从文化史、中国古典学术的现代转型、中外史学比较、史学理论的批判与反思等角度，系统呈现了迈向世界的中国史学；第三部分从抗战期间国内少数民族的民族化、中国社会状况以及日本侵华

政策与中国的反抗等视角，关注近年来抗日战争研究的新视野和新方法；第四部分涵盖明清江南地区的政治、经济、社会、文化等领域，既有对文化史的考察，也有对制度史和经济史的分析。这些论文产生了较好的社会反响，代表了国内学界史学研究方面的重要成就，为我国史学发展作出了原创性贡献。

（五）中国经济社会的转型发展：理论与前沿

中国经济社会转型发展的伟大实践，为学术研究提供了丰裕的资源和宽广的舞台，不断涌现的优秀学术成果，也为经济社会转型发展提供了重要理论支撑。进入21世纪以来，《江海学刊》经济学、社会学栏目发表了大批研究重大理论与现实问题的优秀论文，既有大量观照实践问题、紧扣战略任务的应用对策研究成果，又不乏聚焦学术前沿、引领思想争鸣的基础理论研究成果。本卷立足第二个百年奋斗目标新征程全面开启的时代背景，撷选所刊发的代表性论文，形成小康社会与现代化、新型城镇化、长三角一体化以及分支社会学、社会学学科范式与关键议题、历史社会学、社会学理论与前沿、中国经验与学科发展等专题，以期为推动中国式现代化行稳致远提供有益的智力支持。

（六）法治中国与民主政治建设

建设法治中国，发展社会主义民主政治，吸收人类一切政治文明的优秀成果，是实现中华民族伟大复兴的必然要求，是推进国家治理体系与治理能力现代化的题中应有之义。改革开放以来，我国民主政治和法治建设取得了举世瞩目的成就，在民主政治、全过程人民民主、全面依法治国、法治现代化、协商治理、民生保障等领域形成了一批具有重大价值的理论创新成果。本卷收录了《江海学刊》近二十年来刊发的关于我国民主政治、法治建设的部分优秀论文。

需要郑重说明以下几点。第一，从本刊近二十年发表的数千篇文章中挑选出有代表性的论文，殊非易事。囿于篇幅，许多具有分量和学术价值的文章未能入选，遗珠之憾，在所难免。第二，在编选过程

中，除改善体例、纠谬补缺外，其余部分尽可能留存原貌。第三，由于历史原因，个别文章的某些提法、观点在今天看来或许已不合时宜，但为尊重历史，未作删改，尚请读者明鉴。

有人说编辑是为人作嫁的行业，孤灯清影，辛勤耕耘，默默劳作，独守寂寞。其实，这是一个旁观者的视角，如果换成剧中人的维度，结论就会完全不同。当一位作者，将自己多年精心写作的文稿呈现在你面前的时候，当你成为他文稿的第二个读者甚至第一个读者的时候，你是否感觉到了一丝幸运、幸福、欣慰呢？所以，编辑行业既是一项崇高的学术事业，又是一项赓续文脉的事业。念兹在兹，赋诗存情。

七古·编研生涯

西辞武昌下江东，石头城巅意万重。
覃研精编卅六载，探纲赜纪四季风。
书坛共探省考深，蓬山独访思虑浓。
老枝总盼新枝美，化作绿叶伴春红。

二〇二三年八月十八日

目　录

原理篇

出场篇

反思篇

学派篇

创新篇

理论自觉:从基础问题出发(专题)

原理篇

论马克思主义哲学本体论及其当代价值

陈先达

没有关于本体论的理论，就没有哲学

哲学中的本体论问题，学术界争议颇多，其中既有关于译名的争论，也有关于本体论自身的争论。我认为，我们不应该拘泥于本体的词义学考证，也不能因为各种唯心主义的、神学的，以及旧唯物主义形而上的本体论而否认它在哲学中的地位。哲学中本体论存在依据的最深层的根源不是人的哲学思辨，我们不能依据某些错误的本体论观点而对本体论作为哲学问题采取拒斥态度。本体论问题存在的必然性和必要性是人的实在处境和生存需要。人生活在世界之中。人是生活于世界中的人，人面对的是人的世界。人的生存依赖世界，人必须了解世界和改造世界。作为不同于具体自然科学的哲学学说不能无视这个最根本的事实。对客观世界的具体把握是实证科学，而对包括人自身在内的世界的总体性把握是哲学。世界如何（它的本质和状态）属于本体论问题；世界如何认识（认识世界的途径、方法和规律）属于认识论问题；世界的意义（应该如何）属于价值论问题；如此等等。任何一个够得上称为哲学问题的问题都必然直接或间接地与世界客观实在性问题相关联。在哲学史上哲学领域不断分化又不断扩大，新的问题会不断出现。但无论怎样变化，对世界自身的认识始终是它的基础部分。本体论问题并不能涵盖全部哲学，但本体论问题的解决方式，对一个哲学体系具有基础性的决定性意义。

世界是唯一的，但关于世界存在的本体论学说却是多样的。我们可以不同意本体理论中的思辨形而上学学说，不同意柏拉图、黑格尔的理念论和绝对观念论，不同意生命哲学、唯意志主义哲学以及各种非理性主义的本体论学说，但我们不能反对本体论问题。不能把马克思主义哲学的变革归结为对本体论问题的抛弃。其实即使是拒斥本体论的哲学仍然是以拒斥的形式包含一种对世界实在性的看法。尽管自古至今，各种各样的本体论学说都是为自己的哲学体系寻求基石，主张各异，但从根本上说它的核心始终离不开人类面对的世界即存在，问题只是它以什么样的哲学观点对存在进行诠释。

马克思主义哲学本体论的立足点不是构造哲学体系，也不是寻找所谓安身立命的依据，而是建立既能认识世界又能改造世界的不同于以往的哲学。马克思主义科学世界观的可能性、必要性和客观基础，都是以对世界的本质和人与世界关系的科学理解为依据的。离开世界本身争论世界观问题，以及争论所有的哲学问题都无异于民间笑话中瞎子争匾，自说自话。

本体论问题并不单纯局限于世界的本性问题，它关系到认识领域、实践领域、生活领域中的种种问题。实践是对象化的活动，对象化的活动必须有对象，而对实践的看法取决于对实践对象的看法。康德的实践理性、黑格尔的实践观念，虽然都强调实践但并未改变它的唯心主义本性，因为它对世界的看法是唯心主义的或者是二元论的。认识是对象化的知识，它必须有对象才可能有认识。因而认识论的性质取决于本体论的性质；唯理论与经验论都各有唯心主义与唯物主义之分，这并不取决于理性与经验自身，而是取决于它的本体论前提。马克思主义也强调哲学必须从天上降到地上，反对德国的思辨哲学；但马克思主义的生活世界、现实世界或者像他们所说的实际生活都是以自然界优先地位为前提的人的现实生活世界，即在人与自然关系基础上发生的包括经济生活、政治生活与思想生活在内的人的实际生活过程。它既有主客体关系又有以物为中介的人与人的关系。社会生活在本质上是实践的，而实践就内涵着人与自然、人与社会、人与自我的关系。否则任何实践活动都不可能进行。如果把生活世界只看作主体际世界、主体的经验世界、语言世界，这种生活世界的转向与把哲学归结为追求现象背后的理念和绝对观念的思辨哲学相比，有一定的合理性，但很难说是哲学的根本转折。因为当主体性和主体际关系失去一般唯物主义本体论特别是历史唯物主义的支撑时，双脚仍然跨不出唯心主义的领域。因此在我看来，所谓现代哲学的种种转向，如认识论转向、语言学转向、方法论转向、价值论转向、实践论转向、人学转向等，实际上是哲学研究重点和主题的变化，它不可能绕开世界的客观性问题。我们可以毫无例外地在这些重大问题上看到哲学性质的分歧。

从哲学发展看，本体论不是一成不变的。中国哲学与西方哲学，古代与现代都各有特点。在西方古希腊时期，本体论表现为对宇宙起源和世界物质构成统一性的追求。这表现为哲学童年时期的宗教与神话在哲学问题的继续。创世说、起源说，是任何民族的神话中都存在的原始人对自身起源的追问，也是宗教创世说所提的世界起源问题。不同的是，当人类不是以幻想的神话方式也不是以上帝创世说的方式，而是以理性思维的方式解答这个问题，它就变为一个哲学问题。在古希腊，由于自然科学与哲学是浑然一体的，科学尚未从哲学中分化出来，因而古希腊的本体论对问题的回答既是哲学的又具有自然科学的色彩。在西方，当实证科学逐步从哲学中分离出来，从宗教与神话怀抱中挣脱出来，哲学对本体论的提问，就摆脱了起源说和创世说的方式，变为纯哲学的问题，变为在人与世界的现实关系中，在人的思维与存在的关系中来思考世界的客观实在性问题。它的提问不是世界的起源和物质构成的问题，而是存在与人的思维的关系问题。存在和思维这两者都是现实的，思维就是人的思维，而存在就是人所面对的世界。这个第一性和第二性的问题，实际上也就是我们面对的世界是真实的客观的世界还是在它背后还有一个决定和产生现实世界的世界。这个产生现存世界的存在物，无论称之为理念、绝对观念或是主体的感觉、观念都是一样的。因为依赖观念的世界，当然是非客观的世界，它只是观念的变形和投影。

本体论是任何哲学都不能摆脱的问题，它是哲学中的根本性问题，是哲学不同于非哲学的一个本质性规定。中国传统哲学中同样有本体论理论。这突出地表现为道家关于道和儒家关于心性的学说。当然，中国传统哲学以人生哲学和伦理哲学为主导特色，因此道家的道变为德，而儒家的发明本心往往转变为道德修养的最高境界，因而中国哲学的本体论学说没有西方哲学那样浓重的纯逻辑的范畴体系色彩。但是，不能认为中国哲学没有本体论学说。当然，哲学家并不一定以本体论为重点来构建自己的哲学体系，哲学是多种多样的，更不用说在不同时代哲学会面对不同的问题。有认识论问题、语言问题、非理性问题、欲望问题、意志问题、人的问题，以至当今的文化哲学、环境哲学、伦理哲学、生态哲学、经济哲学，可以说，哪里有问题哪里就有哲学。哲学会出现在任何具有普遍意义的问题的地方。但是无论哲学如何多样，只要是哲学，是哲学的思考方式，它就有一个本体论的前提。这个前提可以是显性的，也可以是隐性的。这种本体论前提决定它的整个哲学的性质和方向。有哲学家说过："每一种认知论——即使它本身意识不到或不怎么愿意——也必然是一种本体论（这种理论一方面探究实体是什么，一方面探究对实体所作的思维是什么，然后把两者作一比较）。由于有这种关系，有时思维被视为根源于实体——这是实在论的观点，有时实体的结构被认为导源于思维的作用——这是唯心论的观点。不管怎样，这种关系是不能置之不理的。"①

世界观是自古就有的，但它的科学性经历了很长的过程。恩格斯

① ［西］何·奥·加塞尔：《什么是哲学》，商梓书等译，商务印书馆1996年版，第45页。

在《法学家的社会主义》中从世界观发展的角度总结过从宗教世界观经历“资产阶级的经典世界观”即法学世界观——关于自由、平等、博爱的抽象人道主义世界观，到马克思主义的科学世界观的历史过程。科学世界观就是能科学地把握世界的客观本性，把握人与世界的辩证关系和为人类提供认识世界和改造世界的方法和途径的世界观。其中具有基础性的问题是世界的本性和状态，即世界的本质和辩证发展规律问题。可是世界的客观性问题是所有哲学问题中最困难最难以解决的问题，这是由人类存在的方式和人的认识自身的特点决定的。由人提出和证明可以有一个在人的意识之外不依赖人的意识的存在，这就是一个悖论。这个悖论的存在，证明本体论的问题与认识论不可分。要使本体论问题得到一个具有科学性的解决方式，必须走出认识论自我中心的困境。

主客体认识关系中的本体论困境

人所面对的世界是包括人和人类社会在内的世界，也就是说世界是人的世界。这样人就无法撇开人自身、撇开人作为主体来谈论世界，谈论世界的客观性。主体与客体的关系、认识与认识对象的关系是人类认识中任何时候都不可能摆脱的关系。这种关系的存在并不能把本体论化为认识论，或者否定本体问题的重要性，而只能更加证明本体论问题存在的必然性和在哲学体系中的决定意义。可是主客体关系的存在，的确使世界客观性问题变得更为复杂。正是由于人与作为认识对象的世界之间的认识论关系，使世界客观性这个最根本的本体论问题长期聚讼纷纭，争论不休。

旧唯物主义者离开主体谈论世界的客观性。这种纯客体论者虽然坚持唯物主义，强调世界的客观性，强调按照世界的本来面目认识世界，可它无法解决什么是世界的本来面目，人何以知道世界的本来面目。难道世界的本来面目不是被人意识到的内容吗，难道人对世界的认识能不附加任何外来的内容吗？在旧唯物主义纯客观主义范围内无法解决这个认识论难题。唯心主义者的确抓住了旧唯物主义的要害，他们认为，撇开主体谈论世界客观性问题，就是谈论处于认识之外、经验之外的存在，这是神秘主义。如果你回答说我是在经验之内、认识之内、意识之内谈论世界客观性问题，我见到、我听到、我触到，那么，唯物主义又会陷入唯心主义的陷阱。因为这等于说，不存在世界本来面目的问题，世界本来面目就是对象在自己心中的面目，而不是对象自身的面目。这样，由于主体意识的屏障作用，对象的本来面目或者变为康德的物自体，或者变为主体意识的内容。不是倒向本质与现象对立的不可知论，就是倒向存在是被感知的唯心主义。

要解决从客体观察客体的理论和实践的矛盾，必然引入主体性，进入主客相关理论的领域。这种引入不是一个纯思辨的问题，而是事实如此。这样，本体论问题的解决和论证必须求助于认识论的正确解决，这样才可能避免独断论、怀疑论和不可知论。可主体问题的引入又增加了陷入唯心主义陷阱的可能性。当哲学家们强调人面对的是人的世界，因而主客体关系是人类实践和认识中普遍的必然的关系时，往往向另一面倾斜，即单纯从主体角度观察客体，从而把客体融入主体之中。

这的确是个难题。认识永远无法摆脱主体。人对客体的认识总是主体的认识，是从主体角度出发的认识。即使我们暂时搁置认识为自己构造对象、认识就是自我对自身的认识这种极端的意见不讲，就算认识是有客观对象，可要对这种对象形成认识，仍然离不开主体的参与。这样，主体认识的不同角度、不同条件、认识的主观图式都会影响对客体的判断。“横看成岭侧成峰，远近高低各不同。”讲的是认识角度不同中的对象面目；坐井观天，蟪蛄不知春秋，夏虫不可语于冰，讲的是不同时间和条件中所形成的对象的差异性；咖啡中的糖是不是够甜，各人回答可能不一样，这是主体感受差别形成的对象性质的差别性。总而言之，认识不可能没有主体，可认识一引入主体，关于认识对象的客观性问题就会陷入无休止的争论。所谓月亮在没有看时是不存在的，在实践范围之外世界是“无”都是由此引起的。

存在问题是哲学家无法绕过的关隘。问题是如何处理。当代著名的存在主义者雅斯贝尔斯把存在分为三种：一种是最低级的存在，这就是客观世界的存在，这是所有科学所把握的存在；另一种是个人的自我的存在，这是更高级的存在，它蕴含着潜在的可能性，不可能由支配客观存在的理性范畴所把握；因而在这种存在中包含自我超越的因素，当它与第一种存在相结合便进入第三类存在即前两类存在的结合，从而达到了对存在的超越。很显然，人的存在才是一切存在中最重要的存在。其实海德格尔的“基础存在论”关于存在的学说也没有越出这条路线。在海德格尔的关于存在的学说中，“此在”置于存在者的首位。此在虽然也是在者，可不是一般的在者，而是所有在者中能够追问存在的意义，能够赋予存在以意义，能够理解和解释存在意义的在者，也就是“此在”。所以“对此在的存在论的解释，构成了基础存在论，此在充当的就是首先须问及其存在的存在者”。人的存在论是基础存在论，而其他一切存在无非是作为此在追问的对象才有存在的意义和价值。真理根本不是认识与对象的符合，真理只能是此在对存在的揭示和去蔽，因此，在“此在”之前无真理，“此在”之后无真理。我们对这种看法并不感到惊奇。就其最根本的思想来说，是我们在哲学史上已知的关于人、关于主体性、关于主客体相互同一性理论的更思辨的更具有时代气息的另一种说法。此在也罢，人也罢，主体也罢，无论怎样调换，只要坚持世界的客观性和意义全在于人的理解之中，世界的存在是依存于主体的，就是万变不离其宗。其他一切再说得天花乱坠也无改哲学路线的本质。

这种主客一体的哲学中国也有，所谓心物一体，万物本心，世界无心外之物就属于这一类。王阳明关于南阳镇看花的辩论最为生动。在常人看来，花生在山中，看与不看花照样存在，只能说，无人看时不知道花的存在而不是没有花的存在。“不知道”和“没有”不是一回事。前者属于认识论问题，后者属于本体论问题。可王阳明则说，你来看花时，此花在你心中明白起来，你不来看花时，此花与你的心一同归于寂寞。可是这样说，并非没有困难。因为它极力回避，不来看花时，花究竟存不存在？如果不存在，你心中关于花的观念由何而来？存在与关于存在的观念的先后问题，尽管被一些思辨哲学家认为是一个肤浅的问题，可确确实实是一根鲠在思辨唯心主义者咽喉的骨刺。只有先有花才可能看花。岂止看花一例，整个世界都是如此。先有客观世界才有关于世界的认识。即使是人造的事物，观念的先行性也是有条件的，因为在头脑中形成的即将付诸实现的观念仍然是从实践中积累来的。而当它被制造出来，作为另一些人的认识对象时仍然是先于认识的主体。鱼不能离开水，水可以没有鱼。人不能离开世界，世界可以没有人。当然，世界没有人是个毫无意义的说法，没有人，一切议论都是无聊的空话。可是从本体论角度说，人对世界的依赖远比世界对人的依赖更为根本。可以说，没有世界就没有人，但不能说，没有人就没有世界，只能说，没有我们现在这样的世界。

认识对象的客观实在性先于认识的主体，这是认识论中的一个重要的根本性命题，也是认识可以具有客观真理性内容的前提。人不是在认识中构造客观对象，而是在认识中对处于被认识地位对象的认识。当然，人可以根据主体的需要有选择性地认识对象的不同方面，人选择自己需要认识的东西。但被选作认识对象的东西仍然是不依赖于人的认识的东西。人按照正确的认识创造出自己需要的东西，但这个东西已不是认识的意识内容而已转变为客观实在即再认识的对象。在认识中，人不应该增加对象所没有的东西；而在实践中，人应该创造世界所没有的东西。如果片面强调主体的作用，世界中的一切客体及其属性都只是主体自身的感觉，或者是主体的理解、解释，那么这些各种各样的感觉、各种各样的理解和解释是从哪里来的？这是一切唯心主义者包括片面的主体论者无法解开的死结。

真正解决这些认识困难的是马克思主义哲学。马克思《关于费尔巴哈提纲》第一条我们都很熟悉，可往往容易把它理解为正确处理主客体关系的认识论问题，而较少考虑它的本体意义。实际上，论纲第一条同时是对马克思主义哲学本体论的科学解决。这种解决既没有离开唯物主义又超越旧唯物主义。其中的关键是，当马克思把实践作为主客体之间、认识与认识对象之间辩证统一的基础时，就把哲学本体论问题从旧唯物主义、唯心主义、不可知论、怀疑主义等的困境中解脱出来。正是人类自身的实践每时每刻在证明有一个主体之外的客观世界。人的实践的成功与失败，正效应与负效应表明人不可能“心想事成”，而是取决于主体在何种程度上形成有关客体的正确认识。恩格斯就曾经批判青年黑格尔说：“每一种感觉都迫使他相信世界和他以外的其他人的存在，甚至他那世俗的胃也每天都提醒他在他以外的世界并不是空虚的，而真正是把他灌饱的东西。”[①] 实践迫使人们必须接受关于存在客观世界的哲学观念；而自然科学与技术则以自己的功效来证实唯物主义的这一原则。实践也打破了关于自在之物的假设，使本质显现在现象之中，成为人们能把握和利用的东西。

在马克思主义哲学看来，世界是客观的，它的存在不依存于人的主体。也就是说，先有对象才有关于对象的认识。人不可能认识世界上根本不存在的对象。依存于主体的不是客体而是被反映在主体中的客体的内容。我们面前的苹果的存在是客观的，它的存在不依存于主体，可在人们意识中存在的关于苹果的观念当然依存于人的意识，一个是意识外的存在——客观的苹果，一个是意识内的存在——观念中的苹果。这是两个苹果，没有意识外的苹果，不可能有观念中的苹果。观念中的苹果是不能食用的，正如观念中的货币是不能购物的一样。康德说过，观念中的一百元和口袋里的一百元是完全不同的。如果相同，每个人都可以自我宣布是百万富翁。

可是，世界的客观性不是永恒不变的。它可以是自在的变化，这

① 《马克思恩格斯全集》第2卷，人民出版社1957年版，第154页。

就是自然自身的进化，另一个是人类对自然的改造。人可以创造自然界没有的东西，可以改变自然存在的状态，这就是人化自然。人化自然的存在，并不否定世界的客观性，因为人化自然是由人对自在的自然改造而来的。没有先于人而存在的自然界，就不可能有人化自然。而且，人化自然对于所有的人来说，仍然是意识之外不依存于人的意识的存在，它能为所有的人所感知、反映和利用。自从人类产生以后，我们先辈改造自然的全部成果都是后代所面对的客观事实。“人并没有创造物质本身。甚至人创造物质的这种或那种生产能力，也只是在物质本身预先存在的条件下才能进行。”①

人在改造世界和人能够改造世界，这是人类产生以后每时每刻都在进行的现实。承认这一点并不困难。可是熟知非真知。能从人的这个现实活动中得出哲学结论则是另一回事。历史上以及当代许多哲学家都无视这个事实。马克思和恩格斯面对自然界由于人类活动而发生的变化，在哲学史上作出一个具有根本转折性的结论，这就是人的实践是现存感性世界的基础。实践本体论是站不住脚的。对具有客体性质的世界而言，实践是人的实践，它是人的活动能力，具有主体性特征，实践不具有外在于人的独立性质。但由于实践是主客体之间的中介，人通过实践不是作用于观念而是作用于客体，进到客体，因而实践与只具有认识作用的观念不同，实践具有本体论的功能，即实践能把观念外的存在变为观念中的存在，把观念中的存在转变为观念外的存在。马克思和恩格斯的用语非常严谨，他们强调实践是我们周围的感性世界的基础。周围的世界即人的人化世界而不是整个世界。马克思主义哲学重视实践的本体论功能，消除了旧唯物主义的直观性，使唯物主义的历史发生了根本性转折。但马克思主义哲学始终从唯物主义和辩证法的观点来考察实践，强调实践观点一旦越过唯物主义和辩证法的范围，就会转变为唯心主义的“实践哲学”。

---

① 《马克思恩格斯全集》第2卷，人民出版社1957年版，第58页。

主客相关性原理，是最令哲学家们烦恼的问题。人是用眼睛观察世界的，何以保证人们所看到的就是客观世界自身呢？似乎在主客相关中观察世界，顺理成章就只能是倾向唯心主义和不可知论。这种观点，与旧唯物主义可以说是相反相成。旧唯物主义由于离开实践理解客体性，因而无法真正坚持世界客体性，最终克服不了唯心主义，而主客相关论者也由于离开实践谈论主客相关性，既说不清为什么客体会进入主体，也说不清为什么主体会作用于客体。结果只能以主体是所有存在物中最独特的存在物，是一切存在物揭示自己的唯一的窗口的存在物之类无可辩驳的真理来“吓人”。说的是主客体不可分，实际上只是主体唱独角戏，主体是真正赋予客体以意义的存在物。“天不生仲尼，万古如长夜。”世界没有人，没有主体，一切客体的意义、存在的价值，以及属性问题都是白搭。衡量客体的尺度是主体也只能是主体。因为主客二项中具有能动性、具有意识和具有辩解力的只能是主体，客体没有发言权，也被唯心主义者剥夺了发言权。可是客体是会造反的，它并不是百依百顺任人摆布的东西。其实自然会发言，自然对人的惩罚就是自然的语言，是打破唯心主义思辨哲学的最有力的语言。自然是会说话的，客体是会说话的，只是醉心于自我的哲学家读不懂客观的自然的语言，因而只能接受自然的敲打和惩罚。

其实这个问题，在马克思主义哲学中已经解决。马克思主义哲学区分主客体两重不同的关系：科学关系和价值关系，这是引入主体后必然存在的关系。不承认人与客体间的科学关系，一切以主体为转移，必然是以人是万物尺度作为主客体关系唯一标准，在这种唯心主义观点下，世界客观性问题、自然规律客观性问题、生态环境问题的客观依据都不存在。唯一存在的只是人和人的需求。另外，如果不承认主客体中的价值关系，人的情感、欲望、需求、目的在认识中的选择作用、能动作用都化为乌有，人成为自然的玩偶。这样的所谓科学性只能是机械性和客体至上论。在主客体关系中，本体论问题的重要性正是由于这两重关系决定的。而使主体与客体发生科学与价值关系并使两者统一的是实践。由于人的实践活动，客体被消融掉它的坚硬性而被人的目的和愿望所重铸，同样由于实践，主体被化解掉它的任意性和纯主观性，而必须受到实践的检验。尽管人在认识中不可避免地有主观附加，但这种主体的附加会在长期反复的实践中得到清洗，然后开始新的认识中又会有新的附加。因而按照世界的本来面目认识世界是一个长期的不断反复的过程。但原则上我们可以说，按照世界的本来面目认识世界是可能的，因为客观世界并不会由于主客体关系而变为物自体，实践打破了认识与认识对象循环不已的纠缠。由于实践，主体认识是否正确并不是重新回到主体自身，主体既是原告又是终审法官这种唯心主义思辨哲学统治由于实践宣告终结。马克思所说的人应该在实践中证明自己思维的真理性，即自己的现实性和力量，离开实践的思维的现实性和非现实性的争论是一个纯粹经院哲学的问题的著名论断，就是把实践作为防止由主客体相互作用而滑向唯心主义的不可逾越的栏栅，从而为世界的客观实在性提供了最有力的证明。

马克思主义哲学本体论是世界观科学性的基础

科学与科学性是不同的概念。科学是从学科分类角度说的，科学性是从认识中蕴含的真理性程度说的。从学科分类说，哲学不同于实证的自然科学。自然科学可以量化，而哲学是宏观的；自然科学可以公式化，而公式化是哲学的大敌；自然科学以实验为基础，首先在实验室研究，而哲学可以而且必须借助思辨。实证主义企图把哲学变为实证科学，结果以失败而告终。但这不是说，哲学可以没有科学性的问题，可以各是其是、各非其非。不是的。哲学从内容说可以具有科学性，即哲学作为人类认识的一种形式，有真理与谬误的问题。有的学者认为，哲学永无结论，是无休止的争论，有结论就不是哲学。这种说法把哲学与实证科学的区分绝对化、片面化。毫无疑问，哲学问题的正确性不像自然科学特别不像数学那样答案是唯一的。可是哲学中仍然有是非对错，有真理与谬误。只是哲学中的是非不像实证科学那样分明，可以非中有是，是中有非。唯物主义中的机械性形而上性就是是中之非，而唯心主义中包含的辩证法可以是非中之是。一个错误的命题可以包含智慧，而一个正确的命题也可包含着悬而未决的问题。特别是因为哲学中的问题都是大问题，任何一个哲学家都没有能力一劳永逸地解决它，因而问题中永远包含着问题。哲学家不仅可以对前人的论断质疑，提出不同的看法，而且可以对已经解决的问题提出新问题。这种复杂性显现出哲学问题似乎永无结论的假象。当恩格斯说，世界的物质统一性是要由长期的哲学和自然科学来证明时，正是考虑到哲学论断证明的长期性的特性。例如唯物主义主张物质第一性、意识第二性，可是如果解决不了物质如何被移置于人的大脑以及如何被改造，解决不了大脑如何思维，形形色色的唯心主义和物质与意识对立的二元论总会一再浮现。可是大脑如何思维是自然界的最大奥秘，是脑科学王冠上的明珠，迄今仍在探讨之中。这就是自有哲学以来，哲学中唯心主义与唯物主义争论不断的一个重要原因。但哲学既然是世界观，它不能无视世界的客观存在。只要承认世界存在，那它关于世界的论断就不能停留在哲学家个人对世界的看法的层面而不涉及它所论及的世界。

究竟什么是马克思哲学的本体论学说？我认为不能企图用一个判断或一个命题，如自然本体论、物质本体论或实践本体论来概括马克思主义哲学本体论的丰富内涵。任何简单的概括都会由于片面性陷入无休止的争论。我们可以不同意自然本体论，但我们不可能取消自然界的优先地位，取消任何为我之物都是从自在之物转化而来的事实；我们可以不赞成物质本体论，但我们不可能否认世界的物质统一性，不可能否认世界各种各样的现象是物质的不同形态或物质的属性；实践本体论是不能同意的，但我们无法否定实践具有本体论功能，人可以创造自然界原来没有的东西，可以参与自然的变化并在自然界打上人的烙印，使人的实践成为周围感性世界的基础。我认为，马克思主义哲学的本体论理论是一个包括许多重大问题的问题域。例如，自然、物质、社会、实践、规律、运动等，都是它的重要范畴，把它们对立或割裂开来，都会歪曲马克思主义哲学本体论的本质。如果要给马克思主义哲学本体论以名称的话，不妨称之为辩证唯物主义本体论，正如我们惯用的辩证唯物主义认识论、辩证唯物主义历史观一样。辩证唯物主义本体论包括一系列重要原理，但其中最重要、最关键的问题，是世界的客观实在性及自在世界向为我世界的转化的基础问题。马克思主义哲学世界观的科学性和根据在于，它真实地揭示了世界的本来面目和人类实践的参与使世界发生改变的过程。马克思说过，“只要这样按照事物的真实面目及其产生情况来理解事物，任何深奥的哲学问题都可以十分简单地归结为某种经验事实”。①

人所面对的是人的世界。人所直接作用的世界是一个有限的世界，是自然、社会和人在实践基础上统一的世界。人不能认识实践之外的世界，但不能说未进入实践的世界是“无”、是“非存在”或者说没有意义。如果这样，“人类世界”就是一个凝固不变的哲学概念，实践和认识的循环往复的运动也就没有可以扩展的空间。人类产生后不断把自在世界变为自为世界，自然对人的生成的历史就是不断改变这种自然、社会与人的统一的状况的历史。这个过程，实际上也就是自然发展史、社会发展史与人类自身发展相互作用的过程。自然、社会与人统一的现实世界是一个开放的体系，它永远朝着尚未进入人的实践和认识范围的无限世界的领域。我们千万不能把自然、社会与人在实践基础上的统一作形而上学的理解。

因此，人所面对的不仅是人的世界，而且是一个客观的世界。这两者是重叠的统一的。所谓世界的客观性，指的是它存在于人的意识之外，不依赖于人的意识而存在。没有这个前提，就没有哲学认识（岂止哲学，任何认识都如此）的真理性问题。人们不可能对根本不

① 《马克思恩格斯选集》第1卷，人民出版社1995年版，第76页。

存在的东西谈论认识的正确与否问题，正如没有箭垛就无法判断箭术高低优劣一样。当然，世界在人的意识之外，不依赖于人的意识而存在的客观世界是唯物主义的共同原理，没有这一条一切都无从谈起。马克思就特别强调世界的现实性，他说过："哲学不是世界之外的超想""哲学首先是通过人脑与世界联系的"。[①] 他强调"从现存的现实本身的形式中引出作为它的应有的和最终目的的真正现实""从世界本身的原理中为世界阐发其原理"。[②] 无论有些哲学家怎样蔑视这个问题，斥之为自然本体论或者旧的哲学思维方式，可是世界的客观性问题是任何哲学都难轻易通过的哲学"卡夫丁峡谷"。

马克思并没有因为世界客观性是唯物主义的共同前提而忽视它的重要性。问题是马克思主义哲学没有停留在或仅仅是重复这个原则。可是如果不捍卫世界的客观性原则，不反对片面强调人的自我意识就不可能坚持世界观的科学性。正因为这样，在《神圣家族》中，他们批判只承认自我意识、否认客体、认为认识只是与自己的臆想和幻影打交道的青年黑格尔派。他们说，鲍威尔"在实体中，他驳斥的不是形而上学的幻觉，而是世俗的内核——本性，他攻击存在于人之外的本性，也攻击人自己的本性。在任何领域中都不假定存在实体，这就等于不承认有任何有别于思维的存在"，"任何有别于主体的客体"，"任何有别于抽象的普遍性的现实的共同性、任何有别于你的我"。[③] 现在有些哲学家批评所谓主客二分，批评世界的客观实在性和人对世界的认识和改造是旧的哲学思维方式，他们把主客绝对对立的形而上学混同于唯物主义，在反对形而上学的名义下张扬主客一体，为了所谓辩证法而牺牲唯物主义。

辩证唯物主义强调世界的现实性，强调它存在于人的意识之外和

---

① 《马克思恩格斯全集》第1卷，人民出版社1995年版，第120、416、418页。
② 《马克思恩格斯全集》第1卷，人民出版社1995年版，第120、416、418页。
③ 《马克思恩格斯全集》第2卷，人民出版社1957年版，第180页。

不依存于人的意识，这是就它的物质性和客观性而言，而不是说人的意识不能通过实践参与世界的生成和发展。实际上人的存在，同时也是自然对人的生成过程。如果这样，我们能不能说，马克思主义哲学的本体论是物质—实践本体论呢？不能。因为实践虽然具有本体论功能但它是主体的活动方式，它发挥的是世界人化的作用，它本身不具有离开人的客观实在性。而人化世界并不会因为是人的实践与意识的参与而变为主体性的存在，变为依存于人的意识的存在。它仍然是客观的和对于所有的人具有同样的客观实在性和规律性。世界客观实在性和主体活动的统一与区别，人与世界的这种复杂关系只有在辩证唯物主义本体论中才得以妥善地处理而避免旧唯物主义和唯心主义思辨哲学的弊端。

我们不能认为主张马克思主义哲学是科学世界观就是科学主义，就是抛弃马克思主义哲学的人文精神。这是不对的。科学主义和人文主义是两种相互对立的哲学观点。马克思主义哲学不是科学主义也不主张科学主义，尽管当代分析的马克思主义力图把马克思主义哲学科学化，但并不代表马克思主义哲学的当今的正确发展方向。马克思主义哲学的科学性强调的是哲学可以达到对世界的科学性理解，因为客观世界是本质与现象统一的世界，本体论并不是在现实世界之外或现存世界背后探求它的存在的依据，而是探求人类在实践中面对的世界自身。本质就存于现象之中。世界的物质实在性就表现在世界的多种多样的现象之中。物质世界就是人类面对的客观存在，是由无限的物体和过程构成的整体性存在。

马克思哲学世界观的科学性，表现在它关于世界客观性的论断，关于世界物质运动一般规律的论断，关于人与世界相互关系的论断，都是对世界真实面目和状态的揭示，可以为全部人类实践活动所不断证实。而以拒斥本体论、反对形而上学为宗旨的科学主义与马克思主义世界观的科学性风马牛不相及。实证主义强调经验、倡导实证、拒绝思辨、反对共相，可任何实证科学的经验、观察、科学理论、科学原则，如果没有可以参照的客体，没有存在于现象中的本质，没有反映本质的共相，只能是空谈。而任何具体科学的对象都是总的世界的一部分，科学本身迫使一些科学哲学家必须回到本体论问题。尽管当今科学哲学中的“本体论承诺”是不彻底的、含糊的、羞羞答答的，但它的提出表明本体论问题是无可回避的。

马克思主义哲学世界观的科学性与它的人文精神是紧密结合的。马克思主义哲学代表世界最大多数人的利益，把人类解放和人的全面发展作为自己的哲学使命，最充分地体现了对人的现实命运的关怀。但这种人文关怀不能纳入当今的人文主义的哲学思潮中，不能按照存在主义或抽象人道主义观点来解读或重建马克思主义哲学。马克思主义哲学本体论不是人的存在的本体论。人的存在问题、人的命运问题当然是哲学特别是马克思主义哲学应予充分关注的问题。但它的正确理解和解决必须在科学世界观特别是历史观的框架内才能做到。把人的存在问题、人的命运问题的根据放在人自身，而不是放在“人的世界”即人所处的经济制度、政治制度和特定的文化背景下来考察和解决，最多是悲天悯人，一掬同情之泪而已。我们只要观察一下当今世界一些人文主义者对人与环境矛盾的激化和人的生存境遇恶化的忧虑，对人的异化现象的谴责，对核战争威胁的声讨，可始终不涉及它的根源以及通向人与自然和谐，人与人和谐的道路，就可以知道没有科学世界观支撑的人文主义是软弱的，并不能为当代人类真正解决自己的生存境遇指明方向。可见，无论是站在科学主义或人文主义立场上批评马克思主义哲学，或按照这种观点解读马克思主义哲学，都是不对的。因为马克思主义哲学的人文关怀是以世界观的科学性为依据的；而马克思主义哲学世界观的科学性中又包含对人类解放、人的自由和全面发展的历史规律和内化为信仰和理想的人文意识。马克思主义哲学完全超出片面的科学主义和人文主义的思维框架。

其实，无论是科学主义还是人文主义，包括当今的所谓后现代主义，尽管在拒斥还是承认本体论问题上态度不一样，可在反对世界客观性这个根本问题上，是站在一条战线上的。科学主义倡导拒斥本体论，反对形而上学，实际上是反对存在于人的意识之外的能为哲学思维把握的客观世界。而各种各样的人文主义思潮的鼓吹者，虽然不采取拒斥本体论的立场，可他们所提倡的现象学本体论、人的存在的本体论、生命本体论、意志本体论等，都包含着对存在于人的意识之外不依存人的意志的客观世界的拒斥。他们所说的本体论不是指向客观世界，而是他们哲学体系借以立论的依据。至于后现代主义，则在反本质主义、反还原主义的口号下，同样是否定人的观念中的实在内容，通过否定反映论来否定客观世界。可是没有客观世界和客观世界的制约，一切唯心主义和各种荒谬哲学都可以滋生。

人文主义与神本主义是对立的，但可能相反相成。当非理性主义、唯心主义的人文主义拒斥客观世界时，就铺就了一条通向彼岸世界的神学道路。在当今备受重视的俄国的尼·别尔嘉耶夫就是一个例子。他倡导人的哲学，倡导人是存在的中心，只有人才能揭示存在的意义。可他对现实世界失望、对哲学感到失望时，强调人应该在存在中领悟到神的存在，因而倡导哲学应该回到神学，与神学相结合。他认为19世纪发生的哲学危机是哲学脱离神学导致的危机，因为哲学不可能靠自身也不能靠科学来营养，而只能到宗教中吸取营养。在他看来宗教没有哲学也过得去，因为它的根源是绝对和自满自足的。但是哲学没有宗教则不行，它需要宗教作营养食物，作为复活圣水的源泉。“宗教是哲学的生命基础，宗教供给哲学所需要的现实存在。”① 哲学所需要的实在是不同于自然科学所面对的实在。自然科学面对的是有病的和被毁坏的世界，是不健康的现实，正如满脸痘疹的人，而哲学所要面对的是现存世界背后的世界——即上帝的世界、神的世界。这是真善美的世界，而这个世界只有宗教才能提供。如果说文艺复兴时期的人文主义由于坚持自然观的唯物主义，导致由神到人；而当

① ［苏联］别尔嘉耶夫：《自由的哲学》，董友译，学林出版社1999年版，第9页。

代的非理性主义的人文主义由于否定客观世界，导致由人到神。人文主义思潮在人与神的关系上转了一个圈，关键问题是本体论的性质。离开对人与世界关系的唯物主义理解，就会由人本主义陷入神本主义。

马克思主义哲学变革的关键是以科学的本体论学说为依据的。不坚持世界的客观性和正确处理人与世界的关系，就不可能确立辩证唯物主义认识学说，也不可能有辩证唯物主义历史观的变革。历史观不是自然观的延伸，但历史观不能没有一般的本体论前提。在辩证唯物主义历史观中，如果排除了自然的客观实在性和人与自然的理论与实践关系，就没有历史唯物主义。历史和现实都证明，要坚持马克思主义哲学，必须坚持马克思哲学的本体论；而要在本体论问题上坚持辩证唯物主义观点，必须以承认世界的客观实在性为前提，才能正确处理人与世界的关系。在这个问题上动摇，就会全线崩溃，列宁曾形象地将之譬喻为“一爪落网，全身被获”。在当代的马克思主义哲学中，认识论和方法论问题、历史观问题、价值观问题、人生观问题，总而言之，任何重大哲学问题都会因为丧失辩证唯物主义的本体论前提而倒向唯心主义。卢卡奇晚年写作《社会存在本体论》这一著作时已经认识到这一点，他对自己否定自然界的优先地位，否定自然辩证法的失误作过自我总结。

时代在进步，实践在发展，科技在创新，马克思主义哲学当然也在发展。马克思主义哲学本体论的内容肯定会因为科学技术革命的新成就而更加丰富和创新。但信息科学的发展，虚拟现实问题和数字化生存方式问题的出现，都不能取消世界的客观实在性。人不能无视客观世界的存在，更不能把人的意志强加在自然之上。人只能在实践中把自在之物变为为我之物，但人永远面对的是客观世界。哲学当然要研究自我，但人的生存境遇的改变，不能归结为对人的心理世界的探求，而是对客观世界的改变。马克思主义哲学不能归结为生存哲学或生存论哲学。不把颠倒的世界颠倒过来，没有一个合理的社会，就不会有合理的生存环境。人的生存问题，说到底是一个正确处理人与自然的关系问题、正确处理人与社会的关系的问题。否定物质世界的客观实在性，无视世界的客观性，无论在理论上或实践上都必然陷入困境。

（原载于《江海学刊》2002 年第 3 期）

当代哲学的本体论转换与马克思哲学的当代性

邹诗鹏

当代哲学本体论转换的必然性

在急遽涌动的当代哲学变革浪潮深处，正在酝酿着一场哲学本体论的根本转换，这场转换的实质是从超验的、实体性的抽象本体论转换为感性的、非实体性的生存论本体论。本体论作为“第一哲学”，是整个传统西方哲学赖以成立的理论基石，传统哲学对经验与常识世界的超越，对超验及形上世界的迷恋，对逻各斯精神的信赖，对统一性、总体性以及体系构造活动的追求，对概念辩证法的推崇，都与传统本体论在理论实质上的抽象性、超验性与实体性密切相关。事实上，传统西方哲学中的所有问题都源自本体论问题，从这个意义上讲，现当代哲学对传统哲学的反叛与变革不过是发生在哲学深处的本体论转换的种种具体表现而已。

传统哲学本体论之所以成立，取决于如下三个条件。第一个条件是人们对世界本源问题即终极存在的强烈兴趣与关切。哲学源于惊讶，本体论问题源于作为问题的根本性，存在何以在，乃出于人自己的惊然一问：存在竟然在？回答这一问题，人不可能局限于实存物，而是要求转化为对世界根源的追问，这是一种寻根究底、永不满足的追问。

人总是不能满足于一个有限世界的实存性，一方面希望从无限世界那里为有限世界的存在寻求一种根据，似乎只有寻求到一种无限性根据才算踏实，另一方面这一实存的世界对于人的生存而言又总是一个匮乏的和受限制的世界，人们强烈希望知道这一世界之“外”的世界，从而设法让无限世界不断“成为”人的生存世界。如何实现这一希望，则取决于本体论成立的第二个条件，即知性的支持。本体论的形成同时形成和展开了认识论，也因此成就了西方文化的知性传统：这一传统反过来又使得本体论的论证环节逻辑化、体系化，使本体论成为整个传统知识范式的理论基础。知性不仅从理论形式上确立起了传统本体论，而且也直接满足了本体论追求绝对性和客观性的理论价值。本体论问题无疑先于认识论，认识论最初是归属于本体论的，它不过是展开本体论的一个环节。但是，一旦明确意识到人必须研究自身的认识能力，然后才能关注终极存在问题，认识论问题就变成了哲学的中心问题，与之相比，本体论问题则变成了哲学的次级问题，康德约束知性、限定感性世界从形式上看是为了从现象界中清除本体论问题，但却深刻地反证了在实践世界、文化世界或属人世界里本体论存在的必要性。“自然科学永远不能给我们揭露事物内部情况，即永远不能给我们揭露本身不是现象但能给现象做最高根据的东西。”① “感性世界不过是按照普遍法则把现象联结起来的一种连锁，因此它本身并没有自存性，它并不是自在之物本身，因而必然涉及包含这种现象的基础的东西，涉及一些存在体，这些存在体不是单纯当做现象，而是当做自在之物本身来认识的。”② 在西方哲学中，类似于“自在之物”的存在（诸如理念、实体、绝对精神等）是本体论之所以存在的根本。但如何让人们承认并接受这类“范畴”，又必然涉及传统本体论之所以成立的第三个条件，即来自超验传统的支持。相对于知性传统而言，

---

① ［德］康德：《未来形而上学导论》，庞景仁译，商务印书馆1978年版，第142、143页。

② ［德］康德：《未来形而上学导论》，庞景仁译，商务印书馆1978年版，第142、143页。

超验文化传统对西方传统本体论的支持更为根本。在传统西方哲学中，知性最终还只是确立超验本体论的必要中介，实体性则必须要还原为超验性。作为本体的“实体”看上去只是某种在场的逻辑构造与形式，其实质却在于它是传统哲学家们关于生存结构的终极设定。本体论之所以获得如此高的哲学地位，与本体论问题最终化解为超验问题并直接通过宗教神学方式体现出来是有直接关系的，唯一的“实体”最终不过是超验的上帝存在。“传统的本体论总是和神学一起流行的，在西方的实际系统中，这就总意味着神正论，就是对上帝及其宇宙完美进行证明。”① 但上帝是否存在，本身已不是一个信念问题而只是信仰问题，在仅靠经验活动与理性活动不可能支撑起来的本体论领域，信念问题直接就是信仰问题，信仰乃人的终极期待的存在形式，其理论形式就是超验本体论。可见，本体论的超验化实际上把一个看起来由纯粹的哲学理性支撑起来但事实上又无法完全支撑起来的问题提升并转换成了神学信仰问题。只要人们信仰上帝的存在，超验本体论就得到了直接的理论支撑。

上述三个内在关联着的条件直接保证了传统哲学本体论的有效性，它们的缺失则意味着传统哲学本体论的失效，这正是当代哲学破解传统哲学本体论的内在根据。整个生活样式的世俗化转变使人们的生存论关切直接从对生存根据的超验寻求转向对经验的日常生活世界的自我理解。感性世界成为哲学活动的当然前提。人们对终极存在之类问题的兴趣日益淡化。当代哲学家大多倾向于对终极存在问题进行还原，或者还原为发生学意义上的世界本原问题从而使之转变为靠自然科学更有理由和能力解决的问题，或者还原为世界存在的意义问题进而变成思维与语言的规范与溯源问题。两种还原既是对问题本身的治疗与消解，也从所谓终极存在中开显或剥离出了生存论意识。人们关心终

① ［美］威廉·巴雷特：《非理性的人——存在主义哲学研究》，杨照明、艾平译，商务印书馆1995年版，第283页。

极存在，原本就是源于一种生存论关切与眷归。至于来自知性与超验文化传统的支持，更是由于这两种传统自身的缺陷而大大弱化。知性不仅从理论形式上确立起了传统本体论，而且也直接满足了传统本体论追求绝对性和客观性的理论价值。但是，对知性的工具性以及物化本质的揭示使人们逐渐看到，本体论的理论建构过程并不是可靠的和中立的，而是逻辑给予乃至于心理定向的结果。如果说传统本体论的更根本的支持是来自超验意识以及超验文化传统，那么恰恰是当代文化样式从超验世界向感性世界的转换逐渐抽掉了本体论赖以支撑的超验文化根基。不管超验传统在多大程度上还存在复活的可能性——事实上断言超验传统已不复存在也是十分轻率的，但有一点是毋庸置疑的，那就是那种试图把超验世界完全凌驾于现实生活世界之上的超验哲学已不再可能，超验传统要继续存在，就必须充分地兼容并纳入人的感性的生存论体验活动中。超验本体论必然要转换为感性的生存论本体论。

当代哲学本体论转换的理论状况及其问题

本体论转换虽然势在必行，但从哲学发展的现状看，这场转换仍然处于未竟状态。不管是已经实现或正在实现的转换，还是有待于展开的转换，都存在诸多难题。首先，当代哲学并未从某种绝对的本体论话语与思维方式中走出来，超验传统并没有也不可能轻易终结。其次，迄今为止，人们还往往只是停留于存在主义来理解本体论转换，因而也就不能领会和把握这一转换对整个当代哲学变革的意义。最后，本体论的生存论化与本体论的知性化与科学化之间一直处于一种尖锐的对立。感性的本体论化，仍然还是一项难题。事实上，就现象学与分析哲学的实际影响力而言，本体论的科学化在很大程度上仍然占据上风。在晚近的西方哲学走势中，所谓本体论已逐渐弱化为形式上的语言本体论乃至于干脆为本体论上的虚无主义所取代。

本体论在当代哲学中的境遇确实值得认真清理和思考。

在近代以前，本体论的确立只是纯粹概念的演绎，其中知性只是起着一种构成本体论的逻辑图式以及逻辑联结作用。近代哲学的认识论转向则把本体论的存在确定为实践领域的自由信仰问题，超验性不过是实践领域的自在属性。但是，如何把一种反思精神带入本体论中，这是近代哲学始终没有解决的，这正是康德哲学留给整个现当代哲学的任务。黑格尔的做法是把本体论问题直接看成认识论问题进而把认识论问题直接看成方法论（逻辑学）问题，把在以前哲学中仅作为工具形式的知性进一步提升为辩证理性，把在康德那里的“现象界”与“自在之物”（本体）的悖论关系理解为现象与本质的表里关系，以此消除知性与超验性之间以及现象与本质之间的尖锐对立。在黑格尔哲学中，超验性就是通过生成整个世界图式并由此展示理性之狡计的绝对精神表达出来的；绝对精神是一切存在的根源，是真正的“本体”。但是，在胡塞尔看来，这种超验性不过是被黑格尔的逻辑体系驯化了的对象，甚至已不再是超验性，而只是先验性。而胡塞尔则要走一条通过贯彻知性的明证性从而直接通达超验本体论的道路。胡塞尔是在严格的科学的意义上使用本体论这一术语的，本体论就是本质科学，是对自然科学真正具有指导意义的先天科学，具体分为形式本体论（典范是数学）与质料本体论（典范是几何学），这种本体论本身就是超验的知识。至于实体性则并不具备自身明证性，也不属于本体论的内在形式，恰恰相反，它是在现象学直观活动中直接还原本体（质）时需要悬置起来的东西。这实际上就把实体性从本体论中剥离出来了，通过这一工作，胡塞尔还原了本体论的先天知性基础。

胡塞尔其实已经在本体论的意义上将知性与超验性统一起来了。但这却是以本体论的科学化以及不自觉地排斥实践领域为前提的。本体论的科学化是胡塞尔本人的坚定信念，但对于实践领域的不自觉的排斥则逐渐为他本人所意识到，尤其体现在其晚期生活世界现象学的理论尝试中。胡塞尔看到，知性的明证性其根源在于生活世界的自明性，正是因为对生活世界的自明性视而不见，知性才成为一种与生活样式相疏离的外在的东西并且成为当代人类精神生活的一个危相。尽管胡塞尔的生活世界理论在很大程度上还只是实现他整个超验还原的通道，因而他本人对这一思想的重视远不及人们所认为的那样重要。诚如有学者指出的："在胡塞尔那里，与人相关的'生活世界'只是作为先验分析的出发点才成为先验哲学的课题，一旦进入到先验哲学的领域中，作为具体生物的人及其生活世界立即便遭到排斥。"① 不过，恰恰也是通过生活世界理论，胡塞尔的后继者们（如海德格尔、狄尔泰、舍勒、萨特、伽达默尔等）与他本人的思想取得了最直接的承继关系，这些后继者们正是通过对其超验现象学的自觉克服与超越从而开始了由超验现象学向此在的、人类学的、个体的、语言的以及释义学的现象学的种种尝试，从而大大地推广了现象学方法。

本体论的科学化也是后来分析哲学运动不断追求的目标。前期分析哲学特别认同于逻辑实证主义的观点，认为形而上学只具有知识的外表和幻象，而实际上并不给予任何知识，形而上学的错误不在于其陈述是否错误，而在于它本身是无法证实的，因而形而上学是无意义的，必须拒斥。在前期分析哲学那里，并没有把本体论与形而上学区分开来，对形而上学的拒斥也就是对整个传统哲学本体论的拒斥。但是，这种拒斥仍然是总体上的，还没有深入本体论话语之中。按照前期分析哲学，整个传统哲学的研究对象乃至研究路向都是错误的。后期分析哲学仍然拒绝承认形而上学存在的"意义"（means），在这个意义上也拒绝承认哲学应有一个不限于逻辑形式的超验性的本体论结构，但却肯定了形而上学的表现形式即实体本体论的意义。事实上，从威斯顿姆开始，分析哲学就开始走上了一条通过语言用法的分析自觉规范本体论的道路。在这里，拿分析哲学对本体论的态度与康德以前的传统本体论相比是耐人寻味的，对于语词用法的严格区分，这在

① 倪梁康：《现象学及其效应》，生活·读书·新知三联书店 1998 年版，第 138 页。

传统本体论的推论中就很讲究，只不过分析哲学直接把一个在传统哲学中还多半属于经院哲学式的问题套路直接用语言分析的形式呈现出来了。二者的区别则表现在：传统本体论虽然采取了逻辑及知性的形式，但其最终根据却是超验原则，而分析哲学所强调的则是经验原则，正是基于此，早期分析哲学强烈要求拒斥形而上学，并由此否定超验本体论的存在。不过，一旦它所强调的分析方法得到贯彻，那么对于形而上学、本体论之类的字眼也就不再那么刺眼了，而且，一旦对本体论进行严格的逻辑与语义规范，那么这种本身就具有自洽性的理论结构就完全可能有益于哲学分析与训练活动。蒯因的努力则表明，形而上学与本体论就是严格的逻辑与语言分析的结果，因而本身就是哲学分析活动必须承诺的科学前提，这实际上是对胡塞尔现象学中不证自明的本体论前提的认同。只不过，胡塞尔现象学所认同的是本体论的超验的理论内涵，而后期分析哲学所认同的则是实体本体论的理论形式。

尽管20世纪哲学舞台上占主流地位的现象学运动与分析哲学运动都在努力超越传统本体论并追求一种新的本体论范式，但是很显然，这种努力同时又必须面临正风行于世的后现代主义的激烈冲击与批判。后现代主义与上述两大哲学运动其实存在很强的承继关系，比如，后现代主义的思想内涵在很大程度上就是通过现象学方法所阐释出来的，海德格尔从胡塞尔的超验现象学转向经验现象学，既是现象学内部的一次思想转换，同时也蕴示着西方近现代哲学范式向后现代哲学范式的转换，只是后现代主义比海德格尔走得更远。至于后现代主义对哲学的理解，在某种程度上正是早期分析哲学的发挥：并不存在一种“加法式”的“哲学”，哲学只是一种必要的语言分析方法与技术，只不过后现代主义对语言本身也执行了一种消解方案。在后现代主义看来，现象学与后期分析哲学所形成的种种新的本体论结构及其解释，本身就是理论的不彻底性的表现，而现代哲学通过反叛传统哲学所获得的诸如人、主体、结构、语言等，都仍然是以种种形式“在场”的形而上学，仍然是崇高话语、统一性逻辑与权力的延伸。因此，必须彻底消除元叙事，瓦解中心意识，破解知性思维方式以及一切以-ism的形式在场的权力话语。如果批判也被主流话语所同一，那就必须对“批判”本身进行反讽，以恢复哲学的批判与自我批判本性。按照后现代主义的逻辑，当代哲学远远没有敞开思想真实性的地平，“哲学”自身的“蔽”太多，其中最主要的仍然来自传统哲学本体论。因此，如果传统哲学本体论没有彻底消除，那就无法获得当代哲学的自我理解，至于是否存在一种本体论的东西，后现代主义者大都明确否认。在很大程度上说，后现代主义使当代哲学的本体论转换陷入一种难以自拔的虚无主义泥淖中。

当代哲学的本体论转换最后以后现代主义这样一种彻底反叛、缺乏建树的形象呈现出来，自有其必然性。检讨当代哲学的本体论转换，我们可以发现以下几个突出问题。

1. 当代哲学确实注意到了本体论的理论形式与理论意蕴的区分，但是否肯定以及如何阐发本体论的理论意蕴却大成问题。分析哲学认可的是构成本体论的逻辑形式，把本体论的理论意义直接看成本体论话语的所指（域），但拒绝承认本体论的形而上学意义，这实际上是把本体论的形上性的理论意蕴清除掉了。现象学运动抛弃了本体论的实体性形式，但在阐释其理论意蕴时，又往往难以摆脱超验与经验的二元对立。看来，既要把本体论的理论意蕴从其实体性的理论形式中解放出来，又要避免这一意蕴退回超验界从而成为哲学理性可以把握的对象，的确是一项难题。后现代主义虽然高度重视感性，但它所采取的一味对抗元叙事、分延意义的解构策略却是不可取的，任何哲学都应该追求一定的理论建构。

2. 当代哲学本体论研究存在过于依赖语言、忽视人及其实践活动的倾向。现象学运动最后直接走向了语言本体论（释义学本体论只不过是语言本体论的具体运用），分析哲学运动则把语言分析方法直接看成全部的哲学活动，这里面都隐含着对语言的崇拜。语言确实不只是一种工具，它显示并在很大程度上成就了人的生活形式，但它本身仍然是一种有待于通过人的实践活动加以分析、评价和调整的对象，因而也不足以成为本体。如果非要把它作为本体，那也不过只是在传统哲学本体论的意义上增加了一个实际只是“在者”的“实体”，因而受到后现代主义的激烈批判也就不足为怪了。

3. 当代哲学本体论转换可以说仍然只是停留于方法论层面上，尚没有实现对传统哲学本体论的自觉清理。本体论的方法论化，本是德国古典哲学、特别是黑格尔哲学的做法，当代哲学尽管打着反叛黑格尔的旗号，但对本体论的理解与运用却一直没有摆脱方法论的束缚。分析哲学只是把整个哲学活动限定于方法论层面，因此，它只能注意到本体论规范，而不可能注意到本体论重建。胡塞尔对现象学方法的近乎偏执的运用甚至掩盖了现象学本体论的超验本性，当他对本体论作了科学化的处理时，实际也就忽视了对传统哲学超验本体论的批判性的扬弃，事实上，超验的本体论仍然是他后期生活世界现象学的隐蔽的本体论基础；这一隐蔽的立场并没有被他的后继者们真正揭示过。

4. 因此，最困难的问题还在于，当代哲学精神深处仍然缺乏一种具有历史哲学和人类整体性视野的整体性关怀与理论追求。现象学运动尤其是后期的释义学阶段虽然也融入了一定的历史维度，但这一维度因过于执着于生命的自我解释而缺乏历史感。历史是实践的历史而不只是话语与文本的历史，尤其不仅仅只是西方话语与文本的历史。要真正立足于人类视野，就需要关注人类整体的生存状况。也只有在对人类整体的生存状况有了一个全面的理解之后，才可能获得一种人类整体性的生存论理解。人类整体性与族性、个性之间的冲突是人类生存面临的现实矛盾，但解决这一现实矛盾也只有通过规范整体性、保障族性和培育个性的方式才能实现，归结到一点，就是一种健康的交往范式的生成过程，这是人类实践活动的自我变革与调整。后现代主义消解了整体主义（Totalism），但不可能消除整体性（Totality），整体性作为人类生活的基本要求，也作为哲学活动的基本保障，不是过强，而是太弱。

马克思哲学对当代西方哲学本体论转换的意义

切入当代哲学本体论转换问题，我们进而思考马克思哲学的当代性。

当代哲学的本体论转换有一个根本目标，那就是给人类大交往时代提供理论上的诠释。然而，迄今为止，当代哲学的本体论转换仍然只是在西方哲学特有的语境与问题域中展开的，但事实上，仅仅借助于西方固有的思想与话语资源是难以实现本体论转换的，西方后现代主义所表现出的反本体论倾向只不过是对仅仅发生于西方哲学内部的自身诘难与反讽。我们认为，不同文化的相互涵化问题仍然是我们的长期努力方向，而非西方文化还不可能自觉地被西方文化所认可并进入西方文化视野的状况下，马克思哲学作为一种内在地超越西方文化样态，并且在其发展进程中又不断融入了非西方文化体认与关怀的当代哲学思想，就应该也必然在实现哲学本体论的当代转换中发挥重大作用。

在当代不同的思想资源中，马克思哲学是真正体现了人类整体性并且也全面地影响到当代人类思想活动、思维方式以及生活范式的哲学——尽管这一最明显的事实常常为人们所忽视。马克思哲学对当代西方哲学具有一种奠基性意义，这一意义集中表现在马克思对传统哲学本体论尤其是本体论的思维方式的反叛与废黜。马克思哲学不仅开启了现当代哲学的本体论转换，同时，作为一场在当代世界范围内影响深远并且还将发挥持续性影响的思想运动，马克思哲学也具体引导和参与了现当代哲学的本体论转换。通过启动本体论转换并实现非西方文化传统的现代转化原本就是马克思哲学实现现代哲学根本变革的题中应有之义，只不过这一意义在已经呈现出来的现当代哲学的本体论转换工作中并没有得到恰当而充分的展现。西方马克思主义哲学当然应该看成马克思哲学在晚期资本主义时代的一种表现形态，卢卡奇的社会存在本体论，葛兰西的实践哲学本体论，萨特的个体生存本体论，马尔库塞的感性本体论，等等，本身也构成了本体论转换的一部分，对于当代西方晚期资本主义社会及其文化状况具有很强的解释效应，都应该看成马克思所开启的当代哲学本体论转换的理论成果与表达形式。但由此断言西方马克思主义全面开显了马克思哲学的当代性显然是成问题的，对于非西方文化的现代转换以及与此相关的本体论转换要求而言，西方马克思主义的理论局限性是十分明显的，更无法替代马克思哲学。

要真正实现对传统本体论的改造，就必须改变本体论的结构与形式。传统本体论的症结就在于缺乏反思与自我超越性。西方哲学的辩证法本质上是一种富含生存智慧和对话意识的辩证法，如果黑格尔将辩证法精神贯彻到底，就完全可以破解超验本体论并且由此还原辩证法的生存论本体论意蕴，但是，在黑格尔那里，辩证法本身就被本体论化了，由于过分迷恋其逻辑体系，他在为其体系寻求一个绝对的支点时，仍然走向了实体本体论。之所以如此，就在于为他本人奉为圭臬的辩证理性一开始就是与人的生存相疏离的抽象理性，因而他所给出的逻辑图式对于活生生的人来说仍然还只是一种僵死的形式。在这个意义上，现代哲学特别是海德格尔等人将本体论直接看成生存论，的确是实现本体论转换的可贵尝试。但是，存在主义哲学的此在的也即个体式的生存论本体论仍然属于缺乏开放性维度的生存论结构，“此在”把非对象性当作自己的本质特征，把一切正常的或不正常的“在世状态”都看成不可避免的异化与沉沦，这必然导致生存论结构的自我封闭。什么样的生存论结构才具有开放性、反思性与自身超越性，仅靠存在主义哲学的此在个体生存论是难以显示出来的，个体的生存必须解决面对整体生存的主体间性问题，这就引出了存在于真实的个体背后的人的现实的规定性——即社会化与历史中的人。个体的感性非常重要，也是十分真实的，但只有在“社会化的感觉中”，人的那些“属人的本质的客观地展开的丰富性，主体的、属人的感性的丰富性……简言之，那些感受人的快乐和确证自己是属人的本质力量的感觉，才或者发展起来，或者产生出来”①。可见，问题本身的索解也自然把我们引向了马克思哲学。

在马克思的实践人学中直接蕴含着一种尚未引起我们特别重视的生存论结构，笔者把这一结构看成“感性的个人、社会化的人以及自然的人的三位一体的内在的生命活动结构”②。近年来，学者大都认为马克思哲学虽然反叛传统哲学的超验本体论，但认为作为一种新的哲学形态，马克思哲学也应有自己的本体论，只是究竟是什么样的本体论，学者间仍有分歧，有人主张自然客体本体论，有人主张人学本体论，有人主张实践本体论，有人主张社会本体论，也有人主张历史本体论。这里的关键并不在于提出一种本体论类型，而首先在于我们究竟如何看待本体论。由于我们是在一种浓厚的唯物主义氛围中进入上述问题的思考的，因此，传统哲学本体论的超验性就已经得到了一定程度的克服（尽管其中包含了一种简单化的理解），但是，本体论的实体主义却并未被消除。这种实体主义现在看来仍然是我们从思维方式上深入理解马克思新唯物主义的思维障碍，上述诸多本体论设想恐怕都在不同程度上带着实体主义的烙印。由此可见，如果人们在思维方式上还没有走出传统哲学本体论的实体性思维方式，是无法真正理解马克思哲学所特有的本体论理论的。

应当明确的是，马克思哲学，就其精神主旨而言，并不存在一种实体本体论式的本体论结构，不仅如此，马克思哲学的最根本的哲学变革意义就在于彻底废弃传统哲学的实体本体论。因此，如果实体乃本体论的根本属性的话，那么马克思哲学就不存在所谓本体论。马克思哲学的核心范畴是人、历史、实践、社会，而不是存在；诸如人、

① 马克思：《1844 年经济学—哲学手稿》，刘坯坤译，人民出版社 1979 年版，第 79、84 页。

② 详见邹诗鹏《论人学的生存论基础》，载《江海学刊》1999 年第 4 期。

历史、实践、社会等，乃人生存的承担者或具体样式，并不是高居于人的生存活动之上，并与人的生存相疏离的抽象的存在范畴。马克思从来就没有在存在之类问题上思考问题——在他的思想深处，这类问题本身就是无意义的抽象问题。在马克思看来，人是世间唯一感性的、对象性的存在物，人之存在就在于人的生存与生活，人是感性地和实践性地确证和阐释自身的存在过程的，根本就不需要外在于人且凌驾于人之上的某种抽象实体来“规定”人的生存过程，甚至于在这个意义上，那种否定人与自然界的非实在性的无神论都“不再有任何意义”了，因为“无神论是对神的否定，并且正是通过这种否定而肯定人的存在”①。人的生存是人的一切活动的真正基础和前提。逻辑也不再是外在于人的生存活动的空洞形式，而是人的历史实践活动的直接表达。因此，逻辑与历史的统一绝不是形式的统一，而是人自身生存活动的具体同一。“一旦人已经产生，人作为历史的经常的前提，也是人类历史的经常的结果，而人只有作为自己本身的产物和结果才成为前提。”②“‘历史’并不是把人当做自己目的的工具来利用的某种特殊的人格，历史不过是追求着自己的目的的人的活动而已。”③

可见，马克思关心的根本问题其实就是人的现实的生存，而马克思哲学的理论基础与其说是本体论的，倒不如说是生存论的。这一理解也是对本体论理论意蕴的真实理解。把本体论的理论意蕴与本体论的实体性的理论形式区分开来是十分必要的。本体论的理论意蕴乃任何一种形式的本体论都必须承蕴着的，同时也是人们通过本体论这一话语所表达出来的根本旨归，从表现形式上看则是主体的历史实践活动所不断追求和实现的人、自然、社会以及历史的生存论统一性。应当说，不同类型、不同时代的文化样式都包含着生存论关怀并因此包

---

① 马克思：《1844年经济学—哲学手稿》，刘丕坤译，人民出版社1979年版，第79、84页。

② 《马克思恩格斯全集》第26卷，人民出版社1974年版，第545页。

③ 《马克思恩格斯全集》第2卷，人民出版社1972年版，第118页。

孕着本体论意蕴，超验性只不过是表达这一意蕴的一个维度，至于传统本体论的实体本性则是通过某种纯粹的逻辑形式所表达的超验存在的绝对性，但正是这种实体本性对于人的本己的生存论体验来说，倒逐渐成了一种外在的规定形式并最终将本体论的理论意蕴限定于超验之一维上。马克思哲学的意义就在于深入揭示人的历史实践活动，将传统哲学的超验的、实体性的本体论形式还原或转换为人的实践活动所内含的生存论意蕴。我们平常所说的作为马克思哲学本体论的人学本体论、社会本体论、实践本体论以及历史本体论等，其实应该直接看成人学生存论、社会生存论、实践生存论以及历史生存论。不过，鉴于马克思哲学的实践唯物主义本性，笔者主张把马克思哲学中具有本体论意蕴的理论基础称为实践—生存论。①

实践—生存论也是马克思参与和引导整个现当代哲学本体论转换与建构的实际思想结果。马克思本人并没有直接提出实践—生存论，这一构想是我们结合整个当代哲学的本体论转换问题，从而从马克思哲学中读解出来的并且也属于马克思哲学的深层的理论结构。实践—生存论并不是一个静态的和封闭的理论结构，而是直接向人的历史实践活动开放着的动态的结构，或者毋宁说就是通过历史实践不断实现着自我超越和内化活动的人类生命活动的自我阐释与理论表达。当然，实践—生存论同样也不应该是人为设定的、可以随意变化的理论假设，而是表达着人的历史实践活动的规律性与合目的性的内在的统一性，实践—生存论因而也具有对人的活动的历史建构意义。实践—生存论确实应当成为当代多元文化交互涵化与融通的理论基础，但它恐怕不应当成为所有文化样式的先在的霸权与宰制形式，种种文化样式的具体融通过程，尤其包括诸多文化传统的现代转换过程主要还取决于这些文化样式或文化传统本身。

---

① 本文作者所撰博士学位论文即题为《实践—生存论》，已于2002年由广西人民出版社出版——编者注。

把实践—生存论看成当代哲学生存论转换的真正目标，并不意味着当代哲学已经完成了本体论转换，断言当代哲学已经完成了本体论转换，就像断言哲学的“当代”已经终结了一样，原是十分轻率的想法，认为通过马克思哲学就可以一劳永逸地解决本体论转换问题，本身就没有理解马克思哲学对整个当代哲学的巨大意义。因此，如果把实践—生存论看成当代哲学本体论转换的目标，那么，当代哲学的本体论转换本身就应该是一个没有终结也不可能终结的过程，这一过程所蕴含着的其实是人类自我解放的正在进行却又永无终结的历史进程。

（原载于《江海学刊》2001 年第 2 期）

对马克思主义哲学当代性解释若干途径的批评与反思

——“移心式”的重建，还是“溯源式”的开新

刘怀玉

在世纪与千年之交的中国哲学界，出现一股反思与讨论马克思哲学当代性问题的现象既不奇怪也不偶然，但参与讨论的一些观点还是很有商榷余地的。比如，有讨论者自觉不自觉地将马克思哲学当代性意义直观等同为在改革传统教科书体系基础上建构新教科书体系、形成新理论形态；也有立论者将马克思主义当代性意义理解为就是马克思哲学与现代西方哲学的比较研究或直接对接（话）。而我要问的是，以上这些提法或设想，是否考虑过自己重提马克思当代性意义的前提。首先是否反躬自问一下“个人知识结构”与思考问题的无意识结构究竟如何，以免落入原有解释模式的窠臼。正如有学者不无中肯地批评的那样：“面对我们的理论界，我感到十分遗憾的是，我们的一些论者在没有充分了解马克思主义哲学史研究中国内外已经有的基本成果的前提下，仓促入阵，在无意识地重复坠入过去某一种理论模式的时候，却还在以为是学术创新。显然，他们的最大失误就是在没有弄清该接着什么往下讲的时候盲目自言自语，其实际发生的结果自然是可想而知的。”① 所以，冷静

① 张一兵：《回到马克思——经济学语境中的哲学话语》，江苏人民出版社1999年版，第12页。

地反省我们讨论问题的语境，从而提出真正有价值的问题，是我们正确言说马克思哲学当代性意义的前提。

我们今天讨论马克思哲学当代性意义的语境，不需要过多地涉及全球化或者西方思潮的冲击，而必须直面中国的现实问题。尤其不能够忘记，发生在20世纪80年代与90年代的两次解放思想冲击波，毕竟给当代中国马克思主义的发展打上了深刻烙印。

一 两次思想冲击与中国马克思主义哲学研究的“无根性”危机：重新提出马克思当代性意义问题的特殊语境

已经进行了20多年的改革开放实践，是与两次声势浩大的思想解放运动紧密联系在一起的。20世纪七八十年代之交所进行的“真理标准问题”讨论，基本上结束了一个教条主义地理解马克思主义的时代；而90年代初所发生的“计划经济与市场经济体制”的争论，则在整体意义上终结了对社会主义本质问题的理想主义化认识的历史。一次教条主义的失败，一次理想主义的失落，对整个中国社会现实的巨大震撼是有目共睹的。而它们对于当代中国马克思主义哲学研究的深刻影响也是我们所不能够回避的。教条主义时代的终结给我们的冲击是：什么才是真正的马克思主义？由此导致了80年代对传统马克思主义哲学理论体系的全面反省与重建。那段历史的积极意义是，哲学界终于把马克思主义理论放在一个与当代西方社会文化思潮进行广泛交流的开放视野中，放在与中国现实紧密结合的基础上。令人不满意的地方是解放思想有余而学术理论建设不足。学术界将马克思主义哲学的当代意义主要理解为：对传统教科书体系的修改 + 对当代哲学社会科学理论成就的吸收。这样做的许多成果其实是机械的拼凑与表面的术语更新，并没有回到马克思哲学的根本问题上。这是表面上回到了经典与实际上不着根本的“无根性”危机。所谓“拨乱反正、返本开新”，在很大程度上仅仅是重复着苏联东欧对马克思主义哲学的理解方式与水平，或者模仿西方马克思主义的某些理解模式；甚至是回到了“马克思以前”的人道主义。

20 世纪 90 年代以来的第二次思想解放冲击波导致了一场更加深刻的“无根性危机”——不仅马克思主义、社会主义理念受到质疑（追问的问题不再是什么才是“真正的马克思”，而是“马克思还剩下什么，马克思是否全错了，错在什么地方”，等等），而且连整个中国近现代革命与社会主义激进主义的历史也受到了质问。90 年代曾经一度非常流行的所谓“学术深入与思想淡出”的口号，以及同时期出现的所谓“激进主义、自由主义、保守主义之争”，人文精神讨论，其实都是对理论的无根性、缺乏规范性的危机现实的一种补救或搪塞与转移。形势逼着我们再次重读马克思。今天许多学者都在非常认真地甚至激动地谈论马克思的当代性问题，这何尝不是努力抵制与克服这种无根性危机、寻找理论根本与新的思想生长点的政治策略性表现！讨论当代性是无根性危机下的一种理论无意识表现或者自我皈依的渴望。如果说在 80 年代，中国马克思主义哲学遭遇过的歧途是一度退到马克思之前的哲学理论形态与水平来思考马克思的当代性意义，那么，90 年代以来中国的马克思主义所面临的困境则表现为，我们是否要走向马克思之外的非马克思主义或者马克思之后的“后马克思主义”那边去求解马克思的当代性意义。80 年代对马克思的当代性理解还局限于对教科书的修正完善补充上，而 90 年代以来对这个问题的理解则进一步“移心化”地拓展为马克思与现代西方思想、中国传统文化的全面深入结合。有学者已明确指出，马克思主义哲学的当代性表现就是世界化、民族化与个性化。① 这似乎是离马克思越来越远了！

请注意，我顺便将本文副标题的两个关键词预先简要介绍于兹：

① 参见欧阳康《建构马克思主义哲学当代形态的几个前提与方法问题》，《江汉论坛》2000 年第 8 期。

所谓“移心式”（Decentralization）或者理论中心不断分化外移的重建过程包括两层意思：一是指这条思路的出发点本来就是要脱离传统理论核心，寻找新的理论核心；是以批判马克思主义理论的“次生形态”——传统哲学教科书为基础来理解马克思的当代性；二是它的生长点与“焦点意识”的外移，是要在传统文化与现代西方思潮的对话比较过程中更新马克思主义的理论形态。而“回溯式”（Recalling）研究思路也有两层意思：一是在理论出发点上从传统教科书本子进一步“后退到”马克思主义经典文本；二是在理论生长点上要向中国当代现实问题回归。还请注意，我这里更强调的不是它们孰优孰劣，而是两条思路能否互补共生。

二　由“无根性”到“接着讲”：重新发问马克思的当代性意义的几种基本途径透析

摆在我们面前的可能有三种基本的假设或提出问题的思路：一是假设马克思思想某些部分是现成可用的，但基本模式或者“理论硬核”有问题，因而需要向外发展与补充完善，这就是“理论重建派”；另外一种假设是认为马克思的基本理论命题与方法都没有特别问题，但需要更新研究对象，扩大对话，转变语言方式以适应新时代特征，这可称为“话语重新解释派”；还有一种认为经典马克思思想面貌尚不清楚的，不是现成可用的，因而需要回归经典文本，这就是所谓“语境回溯派”。我们不妨借用冯友兰先生著名的“接着讲”说法，“重建派”的立场是认为“接着马克思讲”没有问题，接着“什么讲”也没有问题，但“接着讲什么”仍然需要讨论；对于“重释派”来说，“接着讲”也不是问题，“接着什么讲”“接着讲什么”似乎问题都不太大，但“接着怎么讲”仍然是悬而未决的；而对于“语境回溯派”来说，“接着（著）讲”也没有问题，但无法回避“照着（著）

讲”的问题。“接着（著）讲”总有一个接着什么“著”即以什么“文本”为依据讲下去的问题。这个前提解决了然后才有“接着怎么讲”“接着讲什么”的问题的提出与回答。

（一）“理论重建”途径的基本特征与面临的问题

“重建派”提出问题的前提通常是针对传统教科书体系的种种弊端，确立一种新体系，以一种新的核心范畴体系取代传统教科书的范畴体系。曾几何时，在向传统的“辩证唯物主义与历史唯物主义”体系争先恐后地发起层出不穷的诘难过程中，先后涌现出了声势浩大的实践唯物主义、实践本体论、价值哲学、社会认识论、哲学人学、文化人学、公共哲学、生存哲学、交往哲学、类哲学等新概念体系的讨论与建构。我们从中可以发现重建派的鲜明立场与强力趋势。他们共同认为，传统马克思主义哲学范畴体系已经使哲学理论陷入危机，需要一种新的核心范畴取而代之；认为马克思主义哲学当代性解释的关键途径，是实现其基本概念或理论硬核的转换、理论形态的更新。其富有创造性与启发性的一面是：这种思路使人们认识到，如果没有对现代西方哲学、文化、科学的前沿成就的认真吸取，而仅仅局限于原有教科书体系内部的修正完善是没有前途的。但它们暗含的一个假设是，重建马克思主义哲学体系的出发点是批判教科书，这实际上将教科书当作马克思主义本身，而没有真正从经典马克思主义的经典问题入手。没有真正接着经典马克思主义的基本理论问题讲下去，而是接着教科书没有解决的问题讲下去；没有从原生的问题与理论形态讲下去，而是从次生的或者亚形态的问题讲下去；没有面向重大的现实问题的挑战而接着经典马克思主义的基本问题讲下去，而是仅仅局限于教科书的或当代某些哲学理论流派的哲学或社会科学理论视野讲下去。这或多或少地脱离了经典马克思主义三个不可分割的理论整体语境，存在过分突出自我引申、“六经注我”式的“过度诠释”偏向。

一提到理论重建，许多人自然都想到大名鼎鼎的哈贝马斯。他早在20世纪70年代就专门写过书，首先发出“重建历史唯物主义”的响亮口号，这才导致中国学界的理论自觉。认真分析一下他的立场对于理解国内的“重建派”提出与思考问题的思路是大有裨益的。在哈氏看来，马克思主义并没有教条主义地进行复辟的需要，也没有必要进行复兴。复兴似乎意味着对一种在此期间已经被人们所抛弃了的传统的更新。马克思主义没有必要复兴，因为并没有被人抛弃。唯一正确的态度或者问题的提法是“重建”。重建意味着要把马克思理论拆开，用新的形式重新加以组合，以便更好地达到这种理论所确立的目标。这是对待一种在某些方面需要修正，但其鼓舞人心的潜力仍旧始终没有枯竭的理论的一种正常的态度。[①] 哈氏的“重建”方向是将历史唯物主义重述为一种社会进化论。重建原因之一是斯大林的教科书体系僵化了马克思的基本思想。另外一个原因是，其一，马克思并没有处理好哲学与科学的关系，犯了将哲学科学主义化的错误，今天的任务是如何正确处理好马克思主义与现代社会科学理论的关系；其二是马克思的社会理论的规范基础从一开始就不是明确的，应当将其建设成一种规范的社会批判理论。第三个原因是马克思经典理论的核心概念如生产方式理论已经不足以说明晚期资本主义社会现实的变化。这也是最重要的原因。重建的提法无论如何是有其合理性的，问题是重建的方向是什么，依据是什么，幅度有多大。其实，我觉得哈氏重建历史唯物主义的功劳倒不是用什么语用学、交往理论替代马克思的生产方式核心范式，而是他对马克思的经济危机理论的进一步运用与发展。也就是说，立足于真正的现实问题与时代精神，而不是拘泥于教科书或者哲学范畴体系内部的修修补补，这才是真正重建的方向。哈氏是在更加抽象的启蒙主义理性进步史观的基础上，重建已经被搞得十分狭隘与僵化的历史唯物主义；哈氏是在将各种现代性社会学、

---

① ［德］尤尔根·哈贝马斯：《重建历史唯物主义》，郭官义译，社会科学文献出版社2000年版，第3、4—7页。

认识论、人类学、心理学、语言学、历史学成就融会贯通的情况下，为理解历史唯物主义的当代性意义提供了一个开阔的理论视野。总体上说，哈氏对马克思广义历史唯物主义的重新解释是失败的；但突出马克思的危机理论这个狭义的现代性发展理论的当代意义是有启发价值的。结合哈贝马斯的述行，可以看出，“重建派”其实是对经典主旨的边缘化与经典“亚意图”的主导化。这的确是一种移心式的研究思路。

（二）“话语重释”途径的基本特征与面临的问题

与“重建派”高度关注对传统教科书体系的批评与重建的角度不同，“话语重释派”的基本兴趣点是，要直接沟通经典马克思主义的基本概念、理论硬核与传统文化特别是同当代西方哲学社会科学理论之间的对话，实现所谓马克思哲学与当代哲学话语方式之间的视野融合。

所以，在这里我们很有必要专门提一下杰出的后现代主义理论批判家弗里德里克·詹姆逊，他与哈贝马斯的立场明显不同。哈贝马斯认为，经典马克思主义的生产方式理论已经不足以解释社会进化过程、回答当代问题，因而要用交往理论模式取而代之。而詹姆逊认为：马克思的生产方式概念仍然是当代西方各种现代性批判理论话语所无法超越的宏大叙述模式或者终极理论地平线。从表面上看，詹姆逊要比哈贝马斯更能坚持经典马克思主义立场，其实他离马克思的精神更远。借一位当代美国著名的批评家的话来说①，现代性知识分子是某种意识形态权威的立法者与捍卫者，是社会现实的批判者；而后现代性知识分子则是穿梭于种种理论与话语之间的翻译者与解释者，是现代性理论话语的解释与批评者，而不是现实的批评者。现代性知识分子总是坚信有某种唯一“真实的或正确的”观念，可以用来批判与克服现

① ［美］齐格蒙·鲍曼：《立法者与阐释者——论现代性、后现代性与知识分子》，洪涛译，上海人民出版社 2000 年版。

实的弊端；而后现代知识分子则认为，世上本来就没有什么“终极的完整的现实”与统一的理论视野，而只有多重现实与理论的共时性交错并存与重叠积压。如果说哈贝马斯“对历史唯物主义的重建”还包含对马克思批判社会现实传统的重建，还作为立法者对现实提出一种政治建议与批判；那么，詹姆逊似乎更缺少这方面的政治介入精神，他远离政治而仅仅在谈论所谓文化批判。“我同马克思主义的联系并非出自信仰或出自某种‘真理’概念，而是出自兴趣。”“我更愿意把我的内在驱动力作为兴趣，而非政治介入来看待。”如果说哈贝马斯还在尝试着重建理论体系，詹姆逊则总体上反对体系。在他看来，马克思主义既不是本体论，也不是哲学。“世界上并不存在任何可以写在纸上的马克思主义哲学体系。”事实上有形形色色的马克思主义话语（如晚期资本主义的马克思主义、第三世界的马克思主义等）。马克思主义的“特权”在于，它总是介入并斡旋于不同的理论符码之间。他认为，最重要的是在不同的符码之间进行“中介”，而并不是哪种符号或哲学比别的更加重要。当然他也认为，马克思主义固然是一个符码体系，但更是一个有待于探讨的问题领域。在一个非马克思主义化的时代，大理论家们更应该明确地意识到他们自己的工作是如何建立在马克思主义的问题性（再强调一下，不是马克思主义本身）之上的。我们的出发点不是马克思主义某种理论观点本身，而是马克思主义所致力探讨或者提出的并没有解决的现代性经典问题。① 这句话应当说是很有见地的，他有意无意中看到了马克思主义当代性意义的实质所在——不是某种现成的结论，而是提出的问题与思考问题的方法。詹姆逊对马克思主义如果有什么贡献的话，也不是提供了一种新的解释方式，而是建立在马克思主义政治经济学基础上对当代资本主义社会现实的文化批评。詹姆逊的后现代主义文化批判理论基础不

① ［美］弗里德利克·詹明信：《晚期资本主义的文化逻辑——詹明信批评理论文选》，陈清侨等译，生活·读书·新知三联书店 1997 年版，第 18、19、20、22、23、4、3 页。

是传统社会批判理论，而是曼德尔著名的晚期资本主义政治经济学理论（正如哈贝马斯对晚期资本主义合法化危机的批判理论基础是奥菲的经济学理论），故有学者称其立场为“经济后现代主义”[①]。詹氏对经典马克思主义理论体系重释的功劳，在于对晚期资本主义社会的文化的批判，生长点恰恰是政治经济学理论，而不是哲学文化内部的批判反省，这又是对我们的一个重要启示。

马克思思想的当代性，主要不是表现在他能够同当代社会思想家进行“前沿性”对话，而恰恰在于，当代社会的理论与实践问题是马克思所提出或者发现的“经典问题”的当代表现，是从马克思当年所发现的基本现代性问题基础上一步步地发展起来的。国内有学者将马克思的当代性意义理解为马克思哲学与当代西方哲学直接对话、对接、比较研究。[②] 但比较研究往往容易脱离哲学文化赖以发生的历史与现实土壤，亦容易无主体地、无意识地就范于当代西方哲学强势话语。我们总是用西方的语言表达我们对当代的理解。这是另外一种不平等的“主奴辩证法”（至少目前仍然无法摆脱）。在这种言说中，我们所寻求的当代性其实是那个作为强者的“他者的反应”，是作为强者的“他者”认可的或者理解的东西（拉康语）。这种非历史地比较研究方法或者话语重释与转换倾向或多或少地容易遮蔽马克思与现代主义、后现代主义理论家们在基本思想框架下的本质区别，也没有仔细研究马克思的经典问题思考方案是怎样一步步发展成为现代性与后现代性各种替代性思考问题的方案。马克思毕竟不可能与我们直接进行对话与比较，没有一个现成的马克思与我们进行对话，从而也不可能有一个现成的马克思与现代西方哲学进行对话。但是，我们要说的是，马克思从来没有像现在这样与我们接近，是我们的同时代人！问题并不

---

① ［美］乔纳森·特纳：《社会学理论的结构》，邱泽奇等译，华夏出版社 2001 年版，第 294—296 页。

② 刘放桐：《当代哲学走向：马克思主义与现代西方哲学的比较研究》，《天津社会科学》1999 年第 6 期。

在于“马克思仍然是我们的同时代人”，恰恰相反，“我们仍然是马克思的同时代人”。因为，当代中国社会现实第一次有资格进入了马克思的经典批判语义视域，有了作为马克思经典批判对象那样高度“物化的”社会存在。

另外，“重释派”与“对话派”由于高度重视话语与视野的转换，而相对忽略了对现实的批判与关注。转换话语方式而不是深入批判后现代主义的历史与理论基础，同样是无根的——这是一种“不及物”的“话语自涉”现象，一种非意识形态化的价值中立立场与不及物的理论图解，这意味着批判功能的缺失。知道了“接着什么讲”，但不知道该“接着怎么讲”。为此，这种对话比较式的“移心化”诠释途径也付出了理论上的代价。

（三）“语境回溯”途径的基本特征与面临的问题

与前两种倾向不同，语境回溯解读方式并不首先急于思考马克思的当代性意义，而是认为本来的历史面目还没有搞清楚，没有搞清楚以往我们在理解马克思主义问题上的错误。前提没有搞清楚，就谈“重建”与“重释”是过于仓促与草率的，因而强调要注重经典马克思主义哲学本来面目与历史发展过程的研究，强调要研究马克思主义哲学产生的具体的历史的特殊的思想背景，要深入马克思个人的思想与知识深层结构中去发现他提出的问题及其解决问题的思路。

说到这里，我们又自然想到阿尔都塞。他的“断裂说”与“依据症候阅读法”给近几十年来世界范围内的马克思主义研究带来了深刻的影响。他曾经深有感触地说，一方面斯大林体系的教条主义，另一方面苏共二十大以来的非斯大林化，两次冲击把我们推到了理论的死胡同，而为了从中脱身，我们就必须去探索马克思的哲学思想，力图按照马克思的思想而思想。我们既不能再像过去教条主义的高压下那样人云亦云地将哲学仅仅变成政治意识形态的理论工具，也不能面对教条主义的瓦解就同样亦步亦趋地、迎合潮流地把马克思装扮成胡塞尔、黑格尔、海德格尔或者提倡伦理与人道主义的青年马克思。“研究哲学，那就是从我们自己的立场去重新开始青年马克思的批判历程，越过阻碍我们认识现实的幻想迷雾，最后到达唯一的出生地：历史，以便在历史中终于找到在批判的密切注视下所达到的现实和科学的协调。”马克思的哲学并没有随教条主义的结束而过时，相反“它们仍然作为我们的问题而存在”。“教条主义的结束使我们面对以下的现实：马克思通过创立他的历史理论，奠定了马克思主义哲学的基础，但还有大量的工作需要我们去做。”首先的任务是为我们直接阅读经典著作做好阅读方法前提的批判。要真正历史地进入马克思自身的问题与思想深处，回到马克思当年思考与提出革命性理论的具体语境——经济学与社会主义、历史研究等等中，研究马克思如何从当年强大的德意志意识形态的唯心主义襁褓中挣脱出来，走向现实的、科学的视野。必须承认真实历史对意识形态本身的影响。而不能内在目的论式地研究马克思。①

应当说，阿尔都塞的功劳并不在于提出一种新的马克思主义哲学史写作方式，或者发现了一种新的马克思主义理论模式，或者批判了人道主义的马克思主义，而在于他为我们历史地科学地深层次地理解马克思主义哲学本来面目与历史形成过程，提供了一种重要的研究方法与可贵的精神榜样。回归经典语境这种理解马克思当代性的途径是一种具有深刻迂回性、策略性与学术严谨性的思路，它在中国的马克思主义哲学史研究与当代国外马克思主义研究等专业研究队伍与领域，有一定的影响，也取得了一定的成就。但总的来说，影响不大。这从一个侧面反映了中国马克思主义哲学研究仍然缺乏严谨的学术规范性传统与精神氛围，从另外一方面也反映出这种解读方式有缺陷。对思想史的深度挖掘和对现实问题认识的相对弱化，对历史的深刻批判立场和对现实的非建设性对话态度，这两者之间形成了很大的反差！这

① ［法］路易·阿尔都塞：《保卫马克思》，顾良译，商务印书馆 1984 年版，第 1、7、8、10、11、19、35、37、43、55、62—63 页。

大概是“追根溯源式”研究思路所付出的代价。在现实与历史中理解文本的具体内涵与时代意义，回到经典的基本问题框架内思考问题，此学风应当肯定。但固守有余，发展不足。面临的问题的确是该“接着怎么讲”“接着讲点什么”。

从以上三种理解思考途径的各自优劣长短来看，我们不能不承认，理解马克思哲学的当代性意义问题不是一个维度能够解决的，而是需要多维的研究角度相结合才可能完成。

三　马克思不是“现成的”：马克思的当代性问题是一个开放的、可期待的思想视野

从我们面临的当代马克思主义研究的无根性危机问题来看，从以上各种理解马克思当代性意义的“接着讲”的基本途径来看，马克思的现代性意义仍有待于通过回顾、对话、重新提问才能得以发现与理解。马克思主义的确不是现成的结论体系，而是尚未完全解答的问题以及用以解决问题的科学方法论①，因而才既不是封闭的也不是完美无缺的。

理解马克思的当代性，首先要做的基本工作就是认真挖掘与学习马克思为我们留下的第一手文献。Marx（马克思）仍然是 Matrix（母本）！马克思思想的真实面目，由于诸如文献学上的原因（马克思生前发表著作并不多，他遗留下的大量真正能够反映其创作意图与思想本来面目的手稿笔记体著作，几乎都是在 20 世纪之后才逐渐被整理问世的），在他逝世之后一段时间内是被遮蔽或者说是不为人所知的。马克思的真正被发现与理解，用了整整一个 20 世纪！正是通过一代又一代学者对马克思身后发表的著作的深入认真细致研究，才有了 20 世

① 孙伯鍨、张一兵等：《体系哲学还是科学的革命的方法——关于马克思主义哲学特质的思考》，《天津社会科学》1997 年第 6 期。

纪马克思研究的一次又一次热潮，才有了西方马克思学家所说的“马克思的第二次降生”“第三次降生”！由此可见，仅就文献学意义上说，马克思也确实不是现成的！

理解马克思的当代性的另外一个基本前提是不要将它与历史地理解马克思的途径对立起来。正像有学者所评论的那样：“《回到马克思》虽然研究的是马克思的思想发展历程，目的却在于重建马克思主义的‘当代性’；因为历史正是通向当代的桥梁，没有历史又何来当代?”① 当我们讨论马克思的当代性意义时，总是有一个历史的“前见”在支配着我们的理解视野——“真正的”马克思究竟是什么，有没有一个“本来的”马克思？如果你假定有一个“本来的”马克思，那么有什么历史根据？有人以苏联教科书的观点当作“本来的”马克思。但要知道这个“马克思”是经过严重扭曲与遮蔽的“次生形态”的“马克思”，是无历史根据的“马克思”。从一种已经彻底失败的“主义”或者那个已经死掉的苏联化“马克思”出发，我们根本无法走向当代，也根本无法理解其当代性意义。也有人默认了那个从反叛旧教科书体系过程中“发现”的“新马克思”——即人本主义者或者实践唯物主义者的马克思——的理所当然性。但这个“马克思”在很大程度上是经过“西马”再造的、“次生形态”的“马克思”。所以，现在看来，走向当代性的“马克思”确实不是“现成的”，而是需要通过我们“回到”历史才能重新“发现”或通过“解蔽”才能重新“生成”的。由此来看，不是动态的“回到马克思”过程，倒是从“现成的”马克思走向当代的研究思路，才面临视域上的封闭性障碍。不历史地回溯，便没有当代语境与经典语境的动态性“视域融合”。也就是说，回到“历史的马克思”是理解“当代马克思”的解释学前提；历史地理解马克思是当代性地理解马克思的方法论前提。

---

① 汝信：《找寻通向结果的道路——〈回到马克思〉一书读后》，《光明日报》（书评周刊）2001年3月5日。

说马克思的哲学不是封闭的，这就要求我们不能将自己局限于传统教科书体系的思维定式中，或者再度自缚于自己所设定的一种新的理论体系中。我们必须回到马克思思想整体中，而不是某种特定的哲学结论、判断与范畴上去，不能用马克思的某种范畴来随意引申与限定马克思哲学的理论视野。思想理论上的绳愆纠谬、拨乱反正、正本清源，需要我们在学术研究上富有补苴罅漏、张皇幽眇的认真精神，但不可囿于一隅，一叶障目，或成井底之蛙。我们也不能局限于马克思主义哲学自身的历史来理解马克思哲学的当代性意义，而要在一种广阔视野中理解马克思所提出的但并没有解决的基本问题（包括资本主义与社会主义发展问题），来认识它同当代各种思潮之间的对话、区别、互动、异质性关系；而不是将马克思主义当作现成的理论框架简单地与当代某些思潮进行比较对话。我们注意到这样一种观点：正像德里达将马克思的当代性喻作无法完全出场的“红色幽灵”一般，一位学者据此说马克思的当代性表现就是一种超前的、巨大的理论可能性，并且“理论的可能性高于理论的现实性”①。我们承认马克思的当代性不是现成的而是开放的；但当代性并不等于是脱离现实“所指”的那种随意可能性的“能指”意义、符号或文本。超越现实性的“可能性的当代性”毕竟同样是“无根的”。马克思的哲学毕竟不是“不及物”的、可随意指涉的、无“主义”的话语谱系，或者可在虚拟空间无限转换的语义拓扑学。请注意，后马克思主义（post-Marxism）就试图将马克思主义（Marxism）判定为一种过时之论（Marxwasm），或者缩化为最低主义（Minimalism），一种无中心的、无纲领的、无内核的即“无主义”（No-ism）的学说。西方的“马克思主义”与“马克思学家”都将马克思变成了学者（scholar），从而使马克思主义成为一种学派（school）；马克思的著作（work）便由一种用以聆听的圣书（Book）或者教科书（Text-Book）变成各种可在具体的语境

① 参见贺来《关于马克思哲学“当代性”的理论思考》，《天津社会科学》2000年第6期。

(context) 中进行自由阅读的哲学文本 (text)。

说马克思不是完美无缺的，这同样需要我们认真对待当代社会发展出现的新问题对马克思的挑战，需要通过历史理解经典马克思的历史局限性来重新思考其当代性意义。当我们说马克思不是完美无缺时，我们应当清楚“接着讲马克思”的前提与合法依据，需要清醒意识到以往在“接着讲”的过程中所犯的错误，而不至于在不了解历史的前提下，在没有充分理解马克思主义当代性意义的“支援知识背景”的前提下，随心所欲地“六经注我”。哲学理论批判与建设需要无畏的精神，但要深知有时“无知者也无畏”！并且经常是这样。我们应当宽容“认真的无畏”，但应当避免“无知的无畏”！

（原载于《江海学刊》2002 年第 1 期）

主题、基点与路径：阐说马克思哲学之当代意义

吴晓明

近年来，我一直在从事马克思主义哲学的基础研究工作，主题是阐释马克思哲学的当代性或当代意义。我认为现在还谈不上什么系统的成果，也许所能提供的只是一些大致的观点、框架和策略。要而言之，它们可以约略概括为以下三点：（1）必须就我们的时代境况非常突出地提出马克思哲学的当代意义这个主题；（2）这个主题的理解与把握现在已不可避免地要求达于根本，换言之，当由存在论的根基处入手做出彻底的和内在巩固的阐明；（3）通达此种阐明的路径乃是广义的“对话”，亦即经由文本解读，以及经由同当代生活、当代哲学之广泛而深入的对话所构成的视域，使马克思哲学的当代意义呈现出来。由于本文的目的主要是作出述说，所以大部分论证的内容就不再出现了。

一

事实上，阐扬马克思哲学的当代性或揭示其当代意义，是一个恒久的主题。几乎每一代马克思主义的主要理论家和实践家都首先切近地关注并力图充分地把握这一主题。虽说这种关注的立足点以及把握主题的方式可以是多种多样的，甚至是相当不同的，但这一主题本

身——即马克思哲学之当代意义——却恰好是通过此种差别的方式而不断得到呈现的。

如果只是涉及较为晚近的文献，那么我们在这里可以提到两位颇具提示性的当代哲学家。萨特在20世纪60年代的《辩证理性批判》中力图论证的一个基本见解是：在我们的时代，任何超越马克思哲学的企图如何变为一种纯粹的幻想；换言之，他要论证的是这种企图的不可能性，并通过这种不可能性来提示马克思哲学的当代性。在萨特看来，如果"哲学"意味着同时成为知识的整体化、方法、调节性的理念、进攻的武器和语言的共同体等，那么，真正哲学创造的时代是十分罕见的；而自近代迄今大约可依不同的"哲学"分为三个著名的时代，即：（1）笛卡尔和洛克的时代；（2）康德和黑格尔的时代；（3）马克思的时代。"这三种哲学依次成为任何特殊思想的土壤和任何文化的前景，只要它们表达的历史时代未被超越，它们就不会被超越。"而当今对马克思主义的"所谓的超越"，不是重复（或重新发现）马克思的思想，就是回到马克思以前的时代。因此，马克思哲学之真正的当代性就在于："只要产生哲学、负载着哲学性并被哲学阐明的实践（Praxis）仍然生气勃勃，哲学就依然有效。"①

如果说萨特主要从马克思哲学所表达的历史时代未被超越这一点来指证其当代意义的话，那么，90年代德里达的着眼点则稍有不同。在谈论"时代"这一主题时，德里达引用了莎士比亚笔下哈姆莱特的名言——"这是一个脱节的时代"。在这样一个脱节的时代中，马克思的思想乃显露为或表现为"幽灵般的存在"——一个幽灵的实在性或在场；但这并不意味着它是一个不真实的错觉或幻影，相反，"它要比人们轻率地称做活生生的在场的东西更为真实"。而这种幽灵般存在的真实性恰恰在于：一个完全脱节了的时代中的"现在"——甚

① ［法］让-保罗·萨特：《辩证理性批判》（上卷），林骧华等译，安徽文艺出版社1998年版，第9—10页。

至一般说来的任何一个“现在”——乃是从“将来”获得其基本的意义定向的。因此，在德里达看来，马克思思想的当代意义乃在于它联结着、开启着或绽露着“将来”。“不能没有马克思，没有马克思，没有对马克思的记忆，没有马克思的遗产，也就没有将来：无论如何得有某个马克思，得有他的才华，至少得有他的某种精神。”①

通过上述的列举或引证，我们获得了关于马克思哲学之当代性的一些较为切近的说法。但这些说法的意义与其说是实体性的，毋宁说是启发性的或调节性的——取决于它们在理解方面所能达到的深度和广度。举例来说，在20世纪行将结束之际，英国的BBC组织了一次推举“千年伟人”的活动，而调查或投票是马克思名列榜首。这样的结果确实可以令人兴奋，但我们现在懂得：这一结果当然印证了某种东西，然而所印证者仍然可以是相当表面的；除非它得到有力的阐明，得到真切的把握，并且在思的最深入的根基处巩固起来。同样，即便是如萨特、德里达这般思想家所提示出来的东西（姑且不论其哲学立场），倘若仅被当作断言来接受或欣赏，那么这种东西无论多么适合于我们的口味，也必终至于疏阔散宕，甚至成为恶劣的“口头装饰品”。而这样的装饰品根本不可能将思引入存在的历史性的深处，相反只是使理解停滞委顿，使敞开的可能性锁闭起来，并在这气氛中屈服于任何一种偶然的“意见”或满足于任何一种流俗的“闲谈”。

正是在这里，我们再度遭遇马克思哲学之当代性这一主题，或者更加确切地说，再度直接面对着阐明马克思哲学之当代意义这一任务。当1997年我们初始倡言阐扬马克思哲学之当代意义时，我们确实开始意识到：马克思哲学的活力源自我们生存的历史境况，或者径可以这样说，它属于或深入于我们的存在世界本身；当思不能再倚靠形而上学而有任何真正的作为之际，马克思哲学（若还能称之为“哲学”的

① ［法］雅克·德里达：《马克思的幽灵——债务国家、哀悼活动和新国际》，何一译，中国人民大学出版社1999年版，第21、25页。

话）意味着思入存在并绽露其真相的道路或可能性。因此，只要类似的任务还被要求着，我们前面所提到的那类思想家便能以其自身的方式，并且或多或少、或明或暗地透露出此间的消息。

于是，对于我们来说，重要的事情在于真切地指证马克思哲学的当代性。而且，正像我们不愿停留在前此已经获得的一般断言中那样，应当意识到这一任务绝不是抽象的；从而具体性要求这样一种阐明：它联系着我们时代的现实境况，它形成并且直接针对时代问题所在的那个核心，它消化吸收先前理解的不同路径并且把握住它们的对立，最后，由于这一主题本身是哲学性质的，因此，它必须在哲学的高度上获得本质重要的阐明。

基于这样的认识前提，我们所达成的基本见解是：从哲学的根本上来讲，对马克思哲学之当代性理解构成真正威胁的，是把这一哲学完全局限在近代哲学的范围内，并在这一范围内构成马克思哲学与其他哲学的种种对立。这不仅是一种虚构的神话，而且意味着一种真正的退化的理解。由于这种理解，马克思哲学的“基础”就可以非常轻易地大踏步地退回到康德以前——这种前康德的立场可以是唯物主义的，但却是一种彻头彻尾的独断论形而上学，至多再为它附加一种作为文饰的“辩证法”。然而，如果理解得当的话，马克思《关于费尔巴哈的提纲》之第一条（我们姑且不引证其他）所要求的，难道不正是彻底终止这种退化的理解吗?

哲学上的近代性遮蔽使人们对马克思的哲学革命及其当代意义完全估计不足；而这种估计“不足”不是在数量上或程度上的，真正说来乃是在基本性质方面的。第二国际的理论家所谈论的“经济决定论”，不仅表明他们对理智形而上学的因果观念完全缺乏批判能力，并循着这样一种无批判的方面把唯物史观弄成这种或那种形式的“知性科学”，而且表明他们实际上只可能在经验实证主义的主题上来理解马克思的哲学“唯物主义”。在这种情况下，他们实际上的哲学主张就只能常常徘徊于前康德的形而上学周围，并且在必要的时候身不由己地去摭拾一些附加物，如费希特的“行动”，甚至是叔本华的“意志”，当然最多的还是黑格尔的“辩证方法”（参看梅林和普列汉诺夫）。这样一种“基础”，撇开其他种种补充性的片断不谈，其隐秘的核心只能是一种较为幼稚的形而上学。

然而，不久就出现了卢卡奇的《历史与阶级意识》。这部著作的重要性不仅在于它猛烈地袭击了“梅林—普列汉诺夫正统”，而且极为重要地在对所谓“基础”的阐释中建立起黑格尔对于费尔巴哈的“优先权”，从而开启了20世纪对马克思主义解释的一个重要路向。但是，关键的问题在于，卢卡奇仅仅同第二国际的理论家保持在对立中。我们且举一例——虽说是举例，但它对于“基础”来说却是至关紧要的。普列汉诺夫在某处写道：马克思指责费尔巴哈不懂“实践”，那是说错了，因为费尔巴哈是了解“实践”的。就此我们不想过多地引申发挥，而只是指出一点，即，在普列汉诺夫看来，马克思的“实践”概念，与费尔巴哈所呼之同名者，并无二致。而作为《历史与阶级意识》之核心概念的“实践”，情形复又如何呢？为了尽可能简要地说明问题，我们在这里仅限于提及卢氏1976年为该著所撰的新版序言。虽说这个序言就问题的根源完全找错了地方，但对当年其“实践”概念的评论却十分准确：它表现为一种“夸张的高调”，接近于当时流行的“以救世主自居的乌托邦主义”；它变成了“纯粹思想的产物”，而这种把“被赋予的意识”等同于革命实践的做法，意味着费希特主义的行动主义的恢复，意味着一种“抽象的、唯心主义的实践概念”。[①]

当我们试图对马克思哲学的当代意义有所把握时，立即便遇到了这样的对立；而且事实上，这种对立仍然在不同的主题上到处涌现出来。我们确实曾经长久地为这样的对立所困扰；但是，对于真正的理解而言，这种对立也可以有一种积极的功效，即通过更加切近的追问，把对马克思哲学

① 参见［匈］卢卡奇《历史与阶级意识——关于马克思主义辩证法的研究》，杜章智等译，商务印书馆1995年版，第12—13页。

的理解，从而对马克思哲学之当代性的理解引向进一步的深入。

二

于是，在更加深入的一个步骤中，我们的观点是：当由存在论（ontology，或本体论）的根基处来阐明并把握马克思哲学的当代性。我们在前面大略言之的“基础”，说到底乃是存在论之根基。正是在这里，在这个根基处，马克思哲学作为近代范围内之种种对立的排除而彰显其当代性质和当代意义。

让我们回到上面已经涉及的那种对立上来。对马克思哲学之存在论基础具有决定性意义的实践原则，在普列汉诺夫和卢卡奇的解说中，一方面被等同于费尔巴哈的“实践”，另一方面则流于费希特式的“行动”，这种粗暴而公然的对立究竟意味着什么呢？不难发现，这种对立事实上是近代哲学范围内的对立，是理智形而上学内部的对立。正是在这种对立的持存中，马克思哲学的基础便被近代性遮蔽起来，从而其当代性质和当代意义便遁入了晦暗之中。进而言之，在这样的对立中，马克思哲学的存在论基础似乎是从中间爆裂了，而爆裂出来的作为两端的碎片重又堕入形而上学的窠臼中。

问题的核心呈现出来了，它牵扯到马克思哲学的存在论基础。从一个方面来讲，梅林曾宣称：马克思的唯物主义与机械唯物主义是完全一致的；正像后者是自然界的真理一样，前者是历史领域的真理。这样一来，差别似乎仅仅存在于不同的“学科领域”了。普列汉诺夫亦断言，在所谓“哲学本身”的问题上，马克思和狄德罗、费尔巴哈是相同的，他们统统属于“斯宾诺莎的类”；并且在另一处他又补充道，马克思的认识论就是费尔巴哈的认识论。[①] 诚然，在梅林和普列

① 参见［德］梅林《保卫马克思主义》，吉洪译，人民出版社 1982 年版，第 99、146 页；《普列汉诺夫哲学著作选集》，生活·读书·新知三联书店 1959 年版，第 778—780 页。

汉诺夫如此这般的断言之后，往往是追加各式各样的“补充说明”的。但是真正说来，这样的补充说明根本于事无补，因为它们纯粹是外在的“附加”，并因而对于存在论基础的性质来说是完全偶然的。难道费尔巴哈的“基础”能够外在地拼接（或附加）一种被中性化了的黑格尔的方法吗？难道这样的拼接或附加便如此轻易地造就出一个马克思来吗？倘若就此的答案是否定的，那么必得承认，马克思哲学的存在论基础是被误解了，其基本性质是被遮蔽了。

从另一个方面来讲，当卢卡奇以《历史与阶级意识》来有意识地拒斥此种“基础”的时候，他相对于第二国际理论家的优越性又只能是相当有限的。卢卡奇越不过的那个界限正是黑格尔哲学，即理性形而上学之最后的也是最高的成果。从而其结果表现为如下几点。第一，当卢卡奇高扬“主体性”或“主观方面”并力图使之进入马克思哲学的总体性之中时，“黑格尔眼镜”使他无法从根本上真正克服那种保持在抽象“同一”内部的对立；从而这种对立的再度活跃引导出来的乃是黑格尔哲学的“费希特因素”。第二，通过对黑格尔辩证法的精湛运用，卢卡奇大体上已经走到了当代哲学的门槛上。《历史与阶级意识》关于主客体的辩证法、关于柏拉图主义、关于时间的空间化等分析，可以说是卓有见地的。但本质重要的一步终究没有跨出来。一个明显的证据是：德国唯心论的那些天真假设——按伽达默尔的概括，即“概念的天真”、“反思的天真”和“断言的天真”[①] ——并没有被卢卡奇决定性地揭示出来，甚至还根本没有被真正意识到。第三，卢卡奇后来确曾意识到并且自我批评了《历史与阶级意识》的“黑格尔主义”方向，但这样没有使他真正越过近代哲学的边界，相反却明显暴露出理论上的衰退迹象。甚至《社会存在本体论》也往往不过表现为其先前命题——“自然是一个社会范畴”——的某种钝化的、退化

① 参见［德］汉斯－格奥尔格·加达默尔《哲学解释学》，夏镇平、宋建平译，上海译文出版社 1994 年版，第 119—127 页。

的并且是支离破碎的形式。其根本原因就在于：他仍然完全局限于理性形而上学的范畴内；而在这样的范围之内，从黑格尔哲学的逃遁根本不可能代表一种实质性的前进路向。

由上述两个方面的对立及所陷入的困境中可以见到：对于马克思哲学之当代性的真正把握，已经不得不依赖于由存在论根基处入手的检审工作了；而对于马克思哲学之存在论基础的深入阐释，已绝不可能局限在近代哲学的范围内，换言之，绝不可能依据任何一种形式的理性形而上学（或其变种，或其杂凑），无论是较为幼稚的形而上学，还是较为精致的形而上学。囿于这一范围内的任何解释，都在削弱马克思哲学革命之意义的同时，把这一哲学之最关本质的当代性遮蔽起来。这一判断的简单根据可以这样概括：马克思哲学是真正的当代哲学，并且作为当代哲学，它超越了（并且第一个在理论上终结了）全部形而上学。

只有在这一视域中，马克思在哲学上所实现的重大革命及其当代意义方才有可能得到正确的估价。正是这一革命不仅本质重要地揭示出哲学之近代性的前提和预设，而且由存在论的根基处中止并超越了全部形而上学（即整个柏拉图主义）。这一点至关重要，因为它实际上意味着马克思哲学所特有的那个原则高度，意味着马克思哲学所持批判立场的全部理由。如果这一边界被模糊的话，那么马克思哲学的当代意义就变得晦暗不彰了。这一哲学会被当作近代哲学之一种、或几种、或数种之混合来理解，就像其“能动方面”有可能成为费希特主义一样，其“唯物主义”便时而会退却到康德以前。正是这种情况，在使马克思哲学的存在论基础被分裂为一些“碎片”的同时，令其学说表征为“知性科学”与“宗教因素”（或“价值因素”）的对峙；正像前者仅仅被理解为经验实证科学一样，后者往往以某种浪漫主义或乌托邦主义的形式出现。这样一种对峙状态，仔细检讨起来，难道不是非常普遍地出现在对马克思哲学之流俗的理解中吗？并且难道不是存在论基础之“爆裂”的或者较为直接或者较为间接的结果吗？因此，在20世纪中期，当经验实证科学的忠实守门人拉卡托斯援引“可证伪性”作为科学的诚实性标准，而力主把马克思的学说从“科学”中驱逐出去之际，弗洛姆力图由“价值因素”方面对马克思哲学的阐释确实已经走到了乌托邦主义的路途上去了，以至于他终究被称为——事实上也有理由被称为——“20世纪最伟大的梦想家”。

由此可见，正是存在论基础上的破裂形成了种种“碎片”，而这样的碎片不仅不可避免地具有形而上学的性质并从属于近代范畴，而且由于近代性本身的原则，所以各种碎片主要集聚于依此原则所作分配的两端。卢卡奇初始引导的乃是作为“批判”的一端，与之对立的另一端便被放逐到“实证科学”或“知性科学”中。如果说第二国际理论家的无思想的实证主义最终由于其完全的非批判性而不得不在衰退中全面丧失活力，那么类似的情形同样也发生在另一端：20世纪的“社会批判理论”在长达数十年的文化事业中可谓成绩非凡，但它终究也没有真正深入并且切近地把握住马克思哲学的存在论基础，以至于这一运动的末流不得不寻求妥协的路径；或者，不得不保持自身于浪漫主义的夸张的主观性之中。

因此，最一般地由存在论根基处来理解马克思哲学的当代性一事，便可以被归结为这样一种见解，即：马克思所策动的哲学革命首先就表现为与哲学之近代性的批判脱离，或者更广泛地来说，由此革命所绽露出来的当代意义首先就表现为与整个形而上学的批判脱离。如果我们试图就此简要地寻找一个标志物从而集中提示作用的话，那么我们可以就问题的性质（而不是年代顺序）来利用一个短语——“黑格尔之后”。马克思对黑格尔哲学的批判，乃是对作为“一般哲学”的形而上学本身的批判。在这里，“黑格尔哲学”所意指的，不是形而上学之一种，而是形而上学之一切。这种情形，完全类似于尼采所呼之柏拉图的名号。正像柏拉图是全部形而上学的真正滥觞一样，黑格尔是它的巨大渊薮。约言之，黑格尔哲学作为形而上学集大成的最终成果，乃是柏拉图主义的完成。在这个意义上，任何一种形而上学不过是黑格尔哲学的一个“片段”。马克思是第一个深刻意识到这一点并予以有力揭破的思想家。

因此，对马克思哲学（并且首先是对其存在论基础）来说具有决定性意义的“事件”乃是对黑格尔哲学的批判，并从而使自身赖以成立的根本性质确立在“黑格尔之后”。这里的意思并不是说，例如，对费尔巴哈的批判以及对鲍威尔兄弟等等的批判是完全无关紧要的；这里的关键之点在于：对他们的批判可以而且理应被归并到对黑格尔的批判之中；马克思确实也这样做了：正像费尔巴哈最终被归结为“黑格尔哲学的支脉”一样，鲍威尔也被完全正当地理解为黑格尔哲学的某个方面、片段以及漫画式的形象。我们在这里要问，何以与黑格尔哲学不同的甚至对立的（例如费尔巴哈）哲学能够实行这种归并，而这种归并本身又意味着什么？

举例来说，在《德意志意识形态》中，马克思曾特别指证了“费尔巴哈和我们的敌人的共同之点”，并且抨击他仍然只是一位“理论家”和“哲学家”。不难看出，这里的“共同之点”正是意味着形而上学的基地，意味着共同分享形而上学的基本前提，就像“理论家”和“哲学家”显而易见地意指“形而上学家”一样。在紧随这一批评之后马克思所写的一段话是值得注意的：“费尔巴哈在这些地方证明：某物或某人的存在同时也就是某物或某人的本质；一个动物或一个人的一定生存条件、生活方式和活动，就是使这个运动或人的‘本质’感到满足的东西。”[①] 在这里得到提示的乃是形而上学的一般性质，因为在费尔巴哈的“二重性的直观”中，普通直观和哲学直观的对立是不可解除的；而“看出事物的‘真正本质’的高级的哲学直观”[②] 无非是承诺柏拉图主义，亦即承诺一个和易变的、表面的感性世界彼此对待的超感性世界。

① 《马克思恩格斯选集》第1卷，人民出版社1972年版，第47、48页。

② 《马克思恩格斯选集》第1卷，人民出版社1972年版，第47、48页。

由此可见，完整地从存在论的根基上来看，马克思对黑格尔哲学的批判不只是对形而上学之一种的批判，而且特别地是对形而上学之一切的批判。如果把这一批判仅只理解为对这一个或这一种形而上学的批判，那么我们在这里恰好错失了马克思哲学革命的真正意义。正像《巴黎手稿》不仅特殊地批判了“黑格尔的辩证法”，而且一般地批判了“哲学”本身一样，一年以后马克思在特殊地批判“德意志意识形态”的同时，强有力地揭开并洞穿了“一般意识形态”的秘密。约言之，马克思的批判是终结全部形而上学，亦即揭示整个超感性世界的虚假性。我们力图把这一点领会为真正的“入口处”——由存在论的根基阐扬马克思哲学之当代性的入口处。

三

在“入口处”议论一下路径或许是必要的。我们的观点是：呈现当代视域或当代语境的路径乃是“对话”。这里的“对话”一词取最广泛的解释学上的含义，因此它理所当然地包括狭义的文本解读。正像文本的客观性（或客观意义）并不是现成的、给予的东西，而是在对话的途中被构成的一样，当代视域或当代语境也不是现成地被给予的，而是在“对话”和“追问”中不断生成的。很显然，这里的“语境”或“对话”等等根本不止于时下所谓认识论或语言学范围内的事情。因此，更广泛地来说，马克思哲学之当代意义的阐明取决于此种对话的开展，而此种对话之真正积极的和有效的开展既引发于当代人类的生存境况，同时也是对当代人类生存境况的具有原则高度的揭示。在这个意义上，马克思哲学按其本性来说不可能“孤立主义”地生存，作为依然活着的并且是有生命力的思想，它唯有在批判的对话中——无论哪一个方面的对话——方能使当代所谓问题所在的那个核心绽露出来，方能使其对近代原则的批判（即澄清前提和划定界限）获得理论上和实践上的巩固，并从而呈现其本质上的当代意义。

也许，我们应当说，这里的“对话”首先就存在于我们同马克思的（以及其他重要著作家的）遗著之间，也就是说，存在于文本解读之间。这无疑是一项基本的工作，甚至可以说，是一项在理解和把握马克思哲学之当代性这一任务的过程中永远也不可能舍弃或稍稍怠忽的工作。从这个角度来看，文献的征引、参照、比较和考证，一句话，属于狭义的文本解读的一切细致的斟酌和考量，以及已经发展起来的各种技能、工具和方法，都不仅是有益的，而且往往是十分重要的。然而，从另一个方面来讲，恰恰由于构成文本解读之一端的是“我们”，而我们又实际地从属于我们的世界和我们的时代，所以只是在由我们构成对话之问题的引导和统摄理解的定向上，才有可能实际地生成着使解读的意义得以呈现出来的区域或语境。在这个意义上，文本解读理所当然地要求着的客观性或客观意义根本不可能被幽闭在孤立的文本内部（仿佛形而上学的物之“物性”或自我意识的“内在性”那样），而是在对话的解释学循环中被构成的。否则的话，文本的客观意义只要一经说出就在其现成性上凝固了，也就是说，它一劳永逸地被发现了。在这种情况下，虽说枝节的事情总还可以做下去，但本质重要的工作已经终止了；这理所当然地意味着，本质重要的“文本解读”也已经不再必要了。正如德里达所说：“如果遗产的可阅读性是给定的、自然的、透明的、单义的，如果这种可阅读性既不要求同时也不对抗解释，那我们就没有什么可以从中继承的东西了。”①

但是，对于作为依然活着的并且具有真正当代性质的马克思哲学来说，事情的核心恰好就在于其客观意义在对话过程中的持续不断地开展，在于时代之不断发现这一哲学的新鲜意义以及这一哲学之不断地揭示我们的时代。因此，根据这一点，文本解读作为一种对话，说

① ［法］雅克·德里达：《马克思的幽灵——债务国家、哀悼活动和新国际》，何一译，中国人民大学出版社 1999 年版，第 21、25 页。

到底是一双脚站在这个时代的生存状况之中的。只有在这样的意义上，文本解读方才是马克思哲学之当代性的绽出；也是在这样的意义上，此种当代性就不能是某种现成的、一经获得就已然凝固的东西，仿佛一顶帽子可以随便戴在某人头上那样，仿佛一个钱包可以丢失又可以再被找回来那样。马克思哲学的当代性居于存在世界本身的历史性之中，因而它是通过对话在其意义被历史地揭示和阐明的途中方得以呈现的。

为了尽可能简要地说明我们的研究路径，也许有必要特别提及这样一种对话，即与当代西方哲学——首先是形而上学的反叛者和批判者——的对话。我们在前面已经讲过，就哲学而言，马克思思想的当代意义根本不止于近代哲学，不止于任何一种形而上学，因此也根本不止于费尔巴哈和黑格尔（二者之一；或二者之和，二者之任何一种比例之和）；众多退化的理解往往是由于未能真正把握此点并使之得到实际贯彻而形成的。不消说，在辞令上要承认这一点是很容易的——它太容易了，以至于这种承认在大多数场合甚至成为避开根本问题的借口或远离实质内容的代号了。正是针对着这种状况，我们主张马克思哲学与当代哲学的对话，而且这种广泛而批判性的对话应当迫切地深入于存在论的根基处，以便使一种寻根究底的阐释能够通达马克思哲学之当代意义的敞开状态。

在这样的对话中，首要之事乃是使全部形而上学的历史性边界再度明确起来。马克思强有力的手曾第一次决定性地开启过这个区域，而当代的一些最卓越的思想家亦曾尝试以不同的方式开拓路径以求通达。然而，在以形而上学为枢轴的近代性所构筑的“庞大之物”的笼罩下，不断被湮没的当代的——真正当代性质的——思想只有在不断地重新开启中才能保持其本己的意义；而此种不断的重新开启唯居留于当代思想之切近的对话中。于是我们看到，马克思率先树立起来的界标——全部形而上学终结于一般意识形态的虚假性之中——便能够在这种边界再度明确起来的联结中，使其当代的并因而也是历史的意义得以巩固。而在这种新一轮边界的刻画和意义的阐释过程中，就不可能置当代思想家的努力和功绩于不顾。诚然，对我们来说，目前为止的对话主要在于形成问题，并且主要是在否定的方面起揭示作用。举例来说，尼采对“意识本身的异化”这样一种“最终最彻底的异化”（伽达默尔语）之批判对马克思哲学之当代阐释来说究竟具有何种意义，形而上学世界之再历尼采的重锤一事对马克思已然先期成就的哲学洞识来说意味着什么？而当尼采击碎全部形而上学且在其最极端的对立面中重返形而上学之际，马克思哲学由此再度敞开的意义指向何方？

在这里我们不可能具体讨论这些问题，但这些问题将使我们触到当代存在论之最有意义的中心。例如，虽然海德格尔（还有伽达默尔）在颇有卓识地提示马克思哲学的意义的同时仍然完全错估了这种哲学的根本性质，但其基础存在论的制订和开展却确凿无疑地提示了超越近代性阐释的可能性，在这种阐释的可能性中根本地要求着终止形而上学的种种倒退，并令此等倒退成为哲学上的“丑闻”。这样说绝不意味着要把马克思哲学的当代性置入海德格尔的基础存在论，而只是提示某种可能性；这种可能性的意义首先在于避开危险，亦即避开使阐释重归形而上学的危险。正是在这样一种意义上，马克思哲学之当代性的阐发将不可避免地与海德格尔形成对话。在这种对话中形成的远不是结论，而是某种视域的开启：它使在形而上学语境内被全然遮蔽的东西显现出来。

所有这一切，对于我们来说，还只是一个开端，还有待于进一步探索，我们还将长久地逗留于探索的途中。显然，要真正回答已然提出的种种问题，必得从肯定的方面对马克思的哲学革命及其当代意义作出完整的正面阐述；这是一项巨大的任务，而我们目前甚至还不可能大致地做到这一点。但我们有充分的理由认为：马克思哲学的当代性乃是历史地得以揭示和呈现的，当代生活根本未曾终结它的意义，相反倒是使其意义在更广阔也更深远的地平线上得以展开。因此，当代哲学的运动也只有在更广更深地思考领会这一伟大资源并把其财富据为己有，才能继续并推进自己的事业。在这里显现出来的路径，正是同当代生活以及同当代思想之最广泛的对话，马克思哲学有且能有进入此等对话的承当，并从而使其当代意义得以昭彰显著。

（原载于《江海学刊》2003 年第 1 期）

哲学的终结与人类生存

高清海　孙利天

自黑格尔哲学解体以来，马克思、恩格斯、维特根斯坦、海德格尔、德里达等重要哲学家都曾宣告哲学的终结。但在当代世界，哲学作为高等教育的学科、作为哲学家群体的职业学术活动仍然存在，并对人类生活的各个领域发生着广泛、深刻的影响。如维特根斯坦所意识到的悖论：取消哲学、终结哲学的话语仍是哲学，而且这种哲学也许对当代人类精神影响最为重大。这就需要我们认真思考哲学终结的真实意义：在何种意义上哲学终结了，哲学终结的诊断打开了怎样的思想视域，哲学终结吁求着怎样的人类生活？

哲学是思想把握世界的方式

20 世纪对西方传统哲学的批判，大都始自对黑格尔的反叛，这意味着黑格尔哲学即传统哲学的完成，哲学的终结就是黑格尔哲学的终结。思考哲学终结的真实意义，就必须破解黑格尔哲学的秘密，亦即黑格尔如何完成从而终结了传统哲学。

黑格尔以目的论的哲学史观概括了两千多年西方哲学的发展，哲学史上的众多学派和哲学家，以思想范畴运动的序列和必然性向黑格尔哲学聚集，终于被赋予了全体的统一性，从而获得了各自的生命和意义。在黑格尔看来，哲学作为思辨的真理与方法和表象的、意志的把握世界的方式不同，哲学是用思想把握世界或存在，而思想中的世界或存在其本质就是思想。当哲学用思想的形式把握人本身时，人的生命、欲望、意志、情感也就成为思想的规定，成为整个世界思想体系中的一个环节。在纯粹思想的理念世界中，思维与存在、主体与客体、人与世界、精神和自然、理性与非理性都达到了辩证的统一与和解，在这个半透明的整体中哲学完成了漫长的精神旅行，走到了自知其为思想的尽头。黑格尔把哲学定义为对思想的思想。人类的一切文明活动都是思想，当哲学自觉地以纯粹思想为对象时，哲学即已开端。在这样的意义上他认为哲学始自巴门尼德。从思想的本性是永恒的活动性、否定性说，哲学始自赫拉克利特。而把纯粹思想自己运动的逻辑历史地揭示出来，并使其获得系统的理论形态，则是黑格尔的历史贡献。在这样的意义上，黑格尔不会否认哲学完成于黑格尔。

用思想的形式把握世界，亦即用范畴规定存在、赋予存在以思想的统一性，实际是把存在精神化、逻辑化。在康德之前的西方哲学尚未有哲学与科学的自觉区分，亦没有区别于科学的哲学的逻辑、真理与方法。从根本上说，是没有把普遍思维、纯粹思维或纯粹思想自觉地确立为哲学的对象。随着经验科学特别是牛顿物理学或自然哲学的发展，海德格尔所说希腊哲学开启的思维视界似乎将完成于经验科学，用思想的形式把握世界似乎即是用科学的方式把握世界。至此，才有康德的哲学革命，才有真理与方法的理论自觉。在康德看来，经验科学在经验世界或现象界已经充分证明了自身的有效性和真理性，需要哲学思考和证明的是经验何以可能一类的先验问题。康德哲学对经验可能的先天条件的追问，把哲学引入了纯粹思维和普遍思维的领域，即人的思维同作为人类思维的普遍的先天规律的思想视域。在这样的定义上，即思想以纯粹思想为对象，通过对思维规律的把握进而把握思想之中的世界，哲学的理论自觉或如胡塞尔所说的严格的科学的哲学始自康德以来的德国古典哲学。

康德哲学真正确立了不同于形式逻辑的先验逻辑，不同于科学真理、经验真理的先验真理，不同于经验科学方法的先验方法。哲学有了自己特殊的视域、主题和思维方式，从而才有哲学终结的可能性。但是，在黑格尔看来，康德虽然意识到普遍思维、纯粹思维的哲学主题，却没有摆脱主观主义、形式主义的局限，离开现实的、历史的经验和思想内容，只能获得对普遍思维的抽象的、主观的、形式的范畴规定，因而不能达到纯粹思想的一般真理。黑格尔提出思辨的逻辑、真理与方法，亦即不脱离思想内容的真理的逻辑，或者说是思想内容自己运动的一般真理，而这也就是存在的本质和世界的真理。

黑格尔的辩证法或思辨的真理至今仍是对哲学智慧的挑战：若考察思维的一般结构和规律，就必须对思想内容进行高度的科学抽象，结果获得的只能是思维的形式结构和规律，这就是现代形式科学；若关注思想内容或经验的科学性、真理性，就必须坚持感觉的特殊性、明证性，或者如逻辑经验主义所说的证实或证伪原则，而这获得的只能是经验科学、实证科学的真理。黑格尔所追求的“具体的普遍性”，包含了全部特殊性的普遍性的真理，恰是在人类思维对立的两极中（形式的普遍性、经验的特殊性）实现统一，这是否可能呢？黑格尔坚信可以通过对人类思想史、认识史、哲学史的思辨处理，发现纯粹思想自己运动的范畴演绎，这些范畴的必然进展既是思维规律的逻辑学，也是思想中或为思想把握的存在的本质和规律，亦即所谓存在论和形而上学。

如前所述，用思想把握存在、规定存在，必然把存在精神化、逻辑化，思维规定也自然成了存在自身的规定。抛开黑格尔唯心主义的本体论不谈，我们认为，德国古典哲学的最重要的意义在于提出了区别于科学的哲学真理，亦即一种关于纯粹思维的思辨的逻辑学。在我们今天这样一个较之康德、黑格尔更为科学的时代，科学和科学思维已经成为地球上大多数居民本能的习惯和信仰，此时若谈哲学，必须回答区别于科学的哲学的独有的真理和逻辑是什么。否则，我们只能接受哲学终结的必然结论。恩格斯说到自然科学的发展终结了自然哲学，唯物史观的创立促进了社会科学的确立从而终结了历史哲学，留给哲学的任务只是关于思维规律的逻辑学和辩证法。[①] 在我们看来，辩证法即是思辨的或理论态度的思维科学，也就是哲学的真理和逻辑。

思辨地或反思地把握思维规律的永恒意义在于，不管经验科学如何高度发展，使经验得以可能或渗透于经验之中表现思维能动作用的思维范畴永远不能完全由经验做出解释，即便我们在基因水平上破解了人类思维的全部秘密，但认识、破解基因秘密的思维能动性仍需新的基因解释，这将陷入无限的循环。哲学作为黑格尔所说的绝对的真理和方法，作为一种非对象性的思维，即思想对自己的思想，思想的自我意识，也许是永远不可替代的思维方式，哲学也许就永远不能终结。

但自马克思以来，诸多伟大的哲学家不都明确地宣告了哲学的终结吗？在我们看来，哲学终结的真实意义是哲学思想霸权的终结，是西方传统哲学用思想把握世界的方式，特别是把思辨地把握纯粹思想的思维方式作为唯一的、绝对真理的思想霸权的终结。同任何职业生活难免夸大自己活动的意义一样，传统哲学家也难免产生虚幻的职业意识，为知识提供终极解释，为人生提供终极意义，为人类确定终极的福祉和尊严，如此等等，哲学构思了许多永远不能兑现的美丽的童话，被现代哲学家们嘲讽为形而上学的神话。也许最为重要的是，传统哲学本能地意识到自身的界限，黑格尔即把哲学称为“无限的思维方式”。其实，相对于知性思维有限的思维方式的哲学的无限思维方式，也只是思想和理论的无限，它所把握到的只是思想中的无限世界，思想的界限就是哲学的界限。当马克思力求改变世界而诉诸实践时，当维特根斯坦思考到语言的界限而沉默时，当后现代主义顽强地揭示出思想边缘的异质性或“他者”时，思想的界限显露出来，哲学作为

---

① ［德］恩格斯：《路德维希·费尔巴哈和德国古典哲学的终结》，中共中央马克思恩格斯列宁斯大林著作编译局编译，人民出版社 1973 年版，第 11 页。

思想把握世界方式的界限也显露出来。哲学的终结亦即哲学界限的划定，人类除了用思想把握世界的哲学家的生活样式之外，绝大多数普通人更多的是用情感、意志、行动、趣味、习惯生活于世界之中。当普通大众的生存和发展成为时代主题时，哲学并未终结，却退入了学院化职业生活之中。

历史性的人性自觉与哲学的转变

西方哲学作为一种以纯粹理论态度把握世界的方式，根源于人性作为理性的人性自觉。至少从苏格拉底以后，西方哲学家即开始自觉寻求一种经过系统理论反思、具有明确目的和意义的理性生活，并力求用一种普遍的公共理性的观念构造秩序良好的政治和社会生活。理性的发现、自觉和运用，是所有文明民族都经历的历史转变，但被胡塞尔准确地命名为希腊的普遍理性精神的东西，的确具有鲜明的特色。简要地说，其首要特色在于其普遍性。希腊移民城邦的思想家们，斩断了与本土宗法社会的关系，在自由民作为平等的公民的相互关系的理解中，希腊思想确立了一种等质的、均匀的、几何学式的人伦世界。按照法国学者韦尔南的看法，希腊哲学把从伦理秩序的理解投射到对自然的理解，形成了希腊特有的几何学式的宇宙观。[①] 排除了血缘亲情等自然倾向的特殊性，理性才能作为所有人（只是自由民）的普遍理性确立起来，才能有普遍的社会法则、社会秩序和宇宙的法则和规律的观念，也才能发展起形式思维、公理化方法、演绎推理等德里达称为逻各斯中心主义的东西。

希腊普遍理性精神的第二个特点是其纯粹性或超越性。世界各民族都是自觉运用理性能力的文明民族，人类学家关于原始思维的研究

---

① ［法］让－皮埃尔·韦尔南：《希腊思想的起源》，秦海鹰译，生活·读书·新知三联书店1996年版，第95页。

说明原始思维也有其逻辑和理性，但只是在希腊自由民中才出现亚里士多德所说为学术而学术的纯粹理论兴趣。亚里士多德只是指出这种自由学术的前提是人们的物质生活需要获得满足之后。但自脑体分离之后，其他民族的有钱且有闲者为什么缺少这种纯粹的理论兴趣？看来问题与希腊人对人性、理性的看法有关。只有把人性理解为普遍的理性，希腊人才能超越自身的家庭、社会关系、政治倾向等自然社会的特殊性，而专注于某种纯粹的自由学术。在亚里士多德看来，关于所有事物普遍原理和原因的形而上学，才是没有任何实用目的的自由学术。自由、理性和哲学，就是希腊普遍理性精神或希腊哲学乃至整个西方哲学的关键词或主题词。它作为海德格尔所说的思的“前视轨”或思之方向，从根本上规定了西方哲学的视域、完成或终结。

西方哲学始于和完成于对人的思维能力、理性能力的自由本性的自觉。西方哲学的人性论即是意识论，而意识能动性即是思维的理性，从而纯粹思维或普遍理性也具有人本主义的本体论和存在论意义。这种我们过去称之为“意识观点”的思维方式，在近代哲学特别是在德国古典哲学中得到完成。对人所显现的整个世界，都是为人的意识所表象的世界，或者说都是人的意识中的世界的所谓意识界。而用黑格尔的表达方式说，思维是意识的本质和真理，理念就是世界的本质和真理。普遍理性作为马克思所说的“无人身的理性”，弥合了思维和存在的分裂，实现了人与自然的和解，在“解释世界”或用思想把握世界的方式中，黑格尔完成或终结了哲学。在我们看来，西方哲学的终结是一种人性论的终结，即把人性理解为普遍性，把人的发展理解为自由思维能力的发展，把思想、理念理解为人和世界最高本质的主体形而上学的终结。而这种哲学人学、哲学人性论的终结的根本原因，也是因为新的人性自觉或者说历史变化了的人性自觉。

自工业革命以来，马克思和恩格斯在《共产党宣言》中所说的超过过去的一切世代全部生产力总和的巨大生产力日益发展，从而为满足所有人而不再是少数希腊自由人的基本物质生活需要的可能性显示出来，每个人的自由发展也具有了现实的可能性。从而，改变阻碍生产力发展，束缚人的解放的资本主义生产关系，成为马克思的思想主题和实践方向。马克思并不否定意识性、理性等所谓“一般人性”，马克思也曾把“自由自觉的活动”看作人的类本性，但马克思更关注的是历史变化了的人性，亦即人性的历史性。在我们看来，所谓历史变化的人性主要是历史变化的人性自觉或人性理解，亦即人的主体自我意识的历史变化。亚里士多德时代人们也需要满足基本的物质生活需要，而且还要“舒适”或富裕。只是在这个既定的前提下，自由人才有自由理性的人性自觉，并将其理想化为真正的人性。在马克思的时代，社会生产力在工业化国家已具备了满足所有人基本物质生活需要的可能，从而每个现实的具体人的物质生活需要的满足也就是他的全面发展即成为新的人性要求和人性自觉。在马克思视野中的人性，是包括理论思维能力的丰富的、具体的、全面的需求体系，它的实现和发展即是人的解放和发展。所以，真正的理论问题不是思辨地构想理性的神圣和完美，而是具体地考察无产阶级和人类解放的现实条件和道路。

按照海德格尔的看法，马克思完成了西方传统哲学的颠倒，此后不会再有真正的哲学复兴。[①] 如何理解马克思对黑格尔辩证法、对传统哲学的颠倒？在马克思主义理论传统中人们多从社会存在和社会意识、唯物主义与唯心主义的关系理解这个颠倒，即把唯心主义的辩证法颠倒为唯物主义的辩证法，把哲学作为社会意识形式解释为社会存在的反映。这种理解可能没有错误，但却容易陷入公式化、简单化。在我们看来，马克思对黑格尔哲学和传统哲学的颠倒，即是对传统哲学的终结，亦即对传统哲学人性理解的颠倒和终结。不是满足了物质生活需要之后的自由理性的人性，而是如何现实地满足无产阶级基本的物质生活需要的实践人道主义。这种人性理解的根本颠倒，摧毁了全部西方哲学纯粹理性的人性根基，从而使其不可能再有真正意义上的复兴。

① 孙周兴选编：《海德格尔选集》，上海三联书店 1996 年版，第 1244 页。

马克思之后的20世纪西方哲学，一方面对自己时代的工业化、现代化、文化世俗化和大众化、政治民主化等有所感应，很难接受传统哲学的精英化、贵族化乃至某种专利主义、学科帝国主义的傲慢之物，拒斥形而上学成为最响亮的哲学口号。另一方面，20世纪西方哲学仍然难以完全摆脱传统哲学纯粹理论态度的人性理解，难以摆脱形而上学话语的纠缠，这就导致了对哲学终结的种种不同的理解。

逻辑经验主义、维特根斯坦、海德格尔从不同的立场达到相同的结论，即哲学终结于现代科学技术。海德格尔认为这种终结是完成，希腊哲学的视界在现代科学技术中得到完全的实现，思的任务是在今天这样一个技术世界中开拓新的视界。逻辑经验主义则完全肯定科学技术作为人类理性最高成就的合理性和优越性，认为传统哲学因其自身不够“科学”而失去合理性和存在价值。维特根斯坦则从语言的界限、逻辑的界限、语言游戏的界限显示出那些不能问、不能说的“神秘的”东西。在我们看来，说哲学终结于科学是难以成立的。因为至少从康德以来，哲学即已自觉地坚持与经验科学的区分，自觉地寻求不同于经验科学的逻辑、真理与方法。黑格尔和胡塞尔虽然坚持哲学科学的信念，但他们所理解的哲学科学作为思辨的思维、理论态度的思维，是超越了经验科学的科学。所以，不管现代科学技术如何发展，哲学作为一种福柯所说的“别样的思维方式”仍然存在。

后现代主义哲学从个人自由、个性在生活方式的合理性、合法性，揭露和反抗传统哲学的话语霸权、学科霸权和思想霸权，传统哲学把人性理解为理性，把理性思辨构建的思想体系的统一性、同一性作为绝对的真理和规范。自由理性的运用产生了压抑、威胁乃至取消自由的后果。这就是福柯所说的形而上学作为权威话语系统的“权力”，或如利奥塔所说黑格尔的同一性哲学就是“死亡哲学”。我们认为，后现代主义哲学对形而上学话语权力的揭示是有积极意义的。怎样理解和规定人性，也就在一定程度上规定和规范了人应当怎样生活。从“在”或“是”的形而上学规定中，必然包含“应当”或“应是”的规范和尺度。传统哲学把人性规定为普遍理性、纯粹思维的本质，也就现实地要求人们达到普遍理性的精神高度，从而使人们的现实的欲求、特殊的存在经验和多样的生活方式，都必须为理性所扬弃，这就是形而上学的恐怖。如前所述，当工业化使普通大众的生活愿望、生活理想也具有现实权力的时候，人民群众对自己生活和人性的理解得到了大众文化层面的表达，或者说产生了群众性的主体自我意识，传统哲学的人性理解及其话语霸权理所当然地遭到了拒斥和拆解，当代哲学家所说的后形而上学时代到来了。

人的全面发展与哲学的精神维度

工业化所释放的巨大社会生产力，为每个人的自由全面的发展打开了可能的空间。普通大众的物质生活需要是无限差异、多样的偏好体系，它孕育着无限多样的生活方式。异质性、差异性、难以为普遍性所包容的不规则性，与工业文明或资本的逻辑所要求的普遍性、普适性、通用性、齐一性等发生对抗和冲突。由此产生了反思、批判现代性的后现代理论，产生了影响当今世界格局的文化冲突。在我们看来，这种生活方式、生活风格和文化的差异性和多样化，是人的全面发展的必然结果，是与人性自我意识互为因果的。人们怎样生活，就成就怎样的人性；人们怎样理解和规定自己的人性，就怎样生活。从马克思时代以来，现实的具体个人成为自己的精神的太阳①，个人主体自我意识空前觉醒，传统哲学作为人类主体自我意识的普遍理性精神的太阳已经陨落。古典经济学个人理性选择的人性假定成了新的形而上学。个人偏好、个人选择、个人权利等成为与个人财产神圣不可侵犯一样的神圣教条。在这种个人本位的人性理解中，必然导致生活方式的多样化和文化的冲突。在马克思看来，这是人的发展必经的

① 《马克思恩格斯选集》第1卷（上），人民出版社1972年版，第2页。

“以物的依赖性为基础的人的独立性”阶段。人的发展必将超越这个阶段，达到建立在个人全面发展基础上的“自由个性”的联合形态。从而关于人性的理解也将发生新的变化。

在工业文明的个人主义形而上学时代，“以物的依赖性为基础的人的独立性”，成为资本主义文化和个人自我意识的内在矛盾。一方面，个体自我意识的觉醒要求人的独立性、差异性和个性化的生活方式和生活风格；另一方面，人的独立性依赖于无差别的资本和货币，一切个人价值只有转化为无差别的一般劳动、转化为一般商品等价物即货币才能实现和交换。经济学和社会学的人力资本、社会资本、文化资本等概念，表达了在资本统治的社会中个人无法逃避的资本化、商品化或物化的命运。个人独特的精神价值与个人不可避免的物化的矛盾，成为后现代与现代、形上精神与形下欲望的文化冲突。从而，哲学终结或后形而上学时代的形上之思仍然是人的全面发展中的重要精神维度。

个人对资本、货币、商品或物的依赖，是个人获得独立性并进而获得体能、智能、技能等全面发展的必经环节，人的物化或异化同时也是人的对象化的自我实现和自身发展。随着世界市场的形成和发展或所谓经济全球化，世界范围的商品、劳务、信息交换，使个人日益成为世界历史的公民，人的本质力量在交换中获得更为强劲的发展。按马克思的看法，在物与物的交换背后，是人与人的社会关系。人的社会关系的全球化，意味着地域、民族、传统等时间和空间的界限对人的发展的限制日益减少，一种跨时空的全球性的人性理解具备了现实条件，一种马克思所说的“世界的哲学”即人类普遍的自我意识或“类哲学”具有了可能性。

世界历史人性的生成和自觉必然是一个漫长的历史进程。正是因为人的社会关系的全球化和普遍的世界交往，使文化的、宗教的、哲学的等罗尔斯所说的“全整论说”的差异和冲突日益鲜明和尖锐。这说明即便是我们今天这个物化的时代或物质主义的时代，各民族的世俗的或宗教的世界观理论仍在发挥着强大的作用，广义的哲学或形上理论是所谓“文明的冲突”最深层次角逐的战场，文明的冲突或文化冲突，其根本是哲学的、宗教的世界观冲突。罗尔斯认为，在存在着“全整论说”差异的条件下，人们可以在事关重大的政治决策领域建立起公共理性，形成某些“重叠共识”，确立秩序良好的社会的正义原则。罗尔斯这种社会正义的证明理论，仍然显示出英美分析哲学的精神。把世界观信仰与公共理性区分开来，把实质性的、实在论的契约学说转变为思辨的设计，把私人领域与公共领域划清界限，等等，说明罗尔斯的政治自由主义难以摆脱某种“全整论说”的形而上学，他所寻求的“重叠共识”仍是西方主流哲学背景下的一种共识。哈贝马斯则寄希望于他的“普遍语用学”或“对话伦理学”，希望人们在遵循对话、交往的某些基本规则的基础上，能够产生实质性的共同理解，重建某种社会同一性。哈贝马斯与罗尔斯的思路较为接近，他自认为与罗尔斯的分歧是“家族内”的。这就决定了他的理论也难以避免西方现代哲学这个家族的根本弱点。一方面，哈贝马斯也欣然接受哲学终结的论断，明确地断言今天的时代为后形而上学时代，传统哲学至多只留下了某些“语义学的潜能”①。另一方面，他似乎也难以避免德里达对伽达默尔的批评，对话、交往的前提是“真诚”，这种“真诚”或“善良意志”的先验设定难道不是康德的“绝对命令”吗?

中国有句古话：“解铃还须系铃人。”哲学的冲突、世界观理论和信仰的冲突，仍须以哲学或形而上学的方式加以解决。轻率地断言“哲学的终结”或“后形而上学时代”，实际是回避了令人头痛的哲学冲突，也忽略了形而上学对当代文明和人的全面发展的巨大作用。按照我们对哲学终结的理解，它只是用思想把握世界的方式的唯一性、绝对性的终结，是对人性作为纯粹思想、普遍理性的唯一规定性的理

① ［德］于尔根·哈贝马斯：《后形而上学思想》，曹卫东、付德根译，译林出版社2001年版，第15页。

解的终结，但不是思辨地把握世界方式的终结，不是说人没有纯粹思想、普遍理性的人性规定。哲学的终结只是意味着人类主体自我意识有了更为现实、丰富的人性内容，人的全面发展仍然包含思辨能力或“理论思维能力”发展的重要维度。而且，某些基于人性理解的差异的哲学冲突，只能用哲学的发展来解决。

无论是个体生活方式的差异，还是不同生活方式作为不同语言游戏的差异，乃至不同民族文化的世界观差异，固然不能用黑格尔的世界精神和绝对理念思辨地给予同一性加以解决，这种同一性难免有形而上学的专制和恐怖，但也不能认为哲学的思辨对这些差异完全无能为力。不能认为任何理解、化解这些差异的哲学思考都是同一性的死亡哲学，在充满差异、竞争、对抗的世界中，人类要生存、发展，就必须承诺或设定人同作为人的等质性和等价性，亦即必须承认人性的自然统一性。否则，不仅是哲学需要沉默，一切关于人类、文化的话语都是无意义的，只能凭弱肉强食的自然法则发挥作用罢了。如果承诺了先验的人性自然统一性，那么个体的、民族的、文化的差异，即是后天生活方式和人性自觉的文化差异，其中最根本的差异就是人性理解和人性信念的主体自我意识的哲学差异。所以，不是一般的对话和交往，也不是公共理性的“重叠共识”，仍然是哲学的对话和交往或者说是哲学的“他者”，才是人类共同生活的基础。这不是主张基础主义的形而上学，而是强调人类交往的哲学维度。如果人类共享自然人性的统一性，后天人性理解的文化差异就有了相互理解的自然基础。其结果不是西方的或东方的人性理解成为普遍的、普适的真理，而是在“以他平他”的“和而不同”中，东西方各自不同的人性视域有了向“他者”“异质性”扩展的可能，随着普遍的世界范围的人类交往的发展，历史生成的人类性或“类哲学”成为实际可以期待的东西。

（原载于《江海学刊》2003 年第 5 期）

马克思现代性理论的价值取向及其当代意义

欧阳康

问题的提出和解题的思路

在关于马克思哲学的当代意义的探索中，一个重要的问题就是马克思有没有自己的现代性理论及其价值和意义的问题。对此人们存在非常不同的看法。

有学者认为，反现代性是马克思哲学革命的实质，因此马克思理论与历史上各种现代性学说有本质的区别和对立。按照这种看法，很难说马克思有自己的现代性理论，也谈不上其现代性理论的当代价值和意义问题。但如果真是这样，马克思到底如何看待他身处其中的现代化进程及其未来走向，又何以对正在积极开展现代化建设和追寻现代化的国家发挥指导作用呢？

也有学者认为，马克思奠定了现代性理论的基石，马克思主义和社会主义就是一种现代性理论。有学者甚至认为，《共产党宣言》是马克思主义的现代化理论的经典著作。如果是这样，就有必要进一步追问，马克思的现代性与其他形形色色的现代性理论有什么区别和联系，它们之间的关系如何？这显然有待进一步的澄清。

还有学者为了说明马克思理论的当代意义，提出后现代性是马克思哲学的重要特征，力图寻找马克思哲学与后现代主义之间的内在相似性和相关性。这里提出的问题是，如何看待马克思主义与后现代主义的区别，马克思在一百多年前是依据什么和在什么意义上超越了他所在的那个时代而生成了后现代性思想？一般地谈论马克思哲学的后现代意义，到底是提高了还是降低了马克思的地位？

笔者认为，对于马克思哲学与现代性问题的诸多不同看法，从一个侧面反映了现代性问题的复杂性，也反映了马克思对于现代性的态度具有一定的多面性。正如有学者曾指出的，马克思既是现代性的产儿和信奉者，又是其批判者和叛逆者，也是重建者。① 因此，无论是批判现代化还是追求现代化的人都能从马克思那里找到自己的思想借鉴。对于我们来说，问题的关键在于搞清现代性的复杂性何在，和马克思为什么会对现代性持有多种态度及其所具有的价值指向。我们认为，对这个问题主要应从两个方面来解读。

第一，现代化运动本身的价值二重性，这是任何人研究现代化理论都必然面对的对象性前提。现代化是人类文明发展的重要阶段，也是一种自觉的价值追寻和创造运动。作为一种价值运动，现代性具有价值二重性甚至价值多重性，从而给社会的不同阶级、阶层和国家带来不同的价值，与他们实际上处于不同的价值关系之中，也为不同的价值评价提供了多元复合的对象性前提。因此，对同一的现代化进程，不同的人有不同的价值感受、价值评价和价值选择，这是完全正常的。

第二，马克思关注现代化问题的价值维度。马克思主义理论，本质上是一种社会理论，相应地也是一种价值理论。在马克思的时代，社会问题与价值问题内在交织于世界现代化的历史进程中，成为当时的时代主题。马克思主义作为时代精神的精华，正是在对于世界现代化历史进程的密切关注中产生的，在这种意义上，马克思主义本身就

---

① 贺来：《马克思哲学与“现代性”课题》，《吉林大学社会科学学报》2000 年第 3 期。

是作为现代性的一种产物而得以诞生的，是现代化进程的一种理论表现。在宽泛的意义上，马克思主义包含着自己的现代性理论。那么，马克思如何关注现代性和现代化问题呢?

从总体上看，马克思立足于从历史唯物主义和实践论的高度考察现代性问题，展示出三种基本的价值向度。

首先是历史审视，从人类文明进程的高度揭示现代化产生的历史必然性。马克思在对现代性生成的历史性批判中探寻现代社会形成的历史基础和内在必然性，揭示人类文明发展的历史逻辑，使现代性理论获得了最为深厚的历史基础，这是马克思现代性理论与保守主义的反现代性理论的最本质区别。

其次是价值批判，以批判性的思维看待现代性问题。批判性是马克思主义的最基本规定性，也是马克思观察和思考现代性问题必然带入的视角。马克思主义不仅包含对现代性问题的一种价值中立性反映与再现，也甚至是对于现代性的一种科学批判和合理性建构。马克思主义既是在对现代性的深刻批判和时代性建构中得以产生和提升的，也是在这种批判中确立起自己的理论价值和实践地位的。马克思在对现代性的价值二重性的功能性批判中探寻现代社会的内在矛盾性，揭示资本主义的罪恶和必然被取代的历史命运，使现代性理论展示出自己的现实针对性，这也是马克思主义现代性理论与其他资本主义现代性理论的本质区别。

再次是理想建构。批判是为了建构。马克思在对现代性的建设性批判中探寻未来社会的发展走向，揭示人类命运、阶级命运和个性自由在现代性发展进程中的统一实现途径，使现代性理论获得了自己的特有超越性和指导意义。马克思的社会理想集中表现在对于现代性的合理性重建，这也是马克思主义的价值目标和功能所在。马克思主义关于人的自由全面发展和共产主义理想寄托了马克思对现代性的批判和超越。这是马克思主义现代性理论与后现代主义的最本质区别。

马克思对现代化正向价值的历史性透析

马克思所生活的时代是现代化加速发展的时代，因此他不能不直面现代化不断扩张的现实，对现代化做出自己的理解和解释。从根本上说，现代化作为一种世界性的运动，是一种积极的价值创造活动。马克思关注现代化，首先就是要把握现代化的内在价值。马克思对于现代性的批判首先是从历史视角来展开的，把现代化作为人类文明的一种历史必然，把资本主义看作现代性的一种积极结果。马克思甚至认为，“资产阶级在历史上曾经起过非常革命的作用”。现代化代表着人类文明发展历史上的一个新阶段，意味着一种新的文明的生成与创造，其意义可以与人类诞生、文明出现相媲美。这正如布莱克所言：“现代社会变迁同史前生存到人类生活、原始社会到文明社会一样，具有同等的重要性，在指导人类事物方面，这场伟大的革命性转变是最富动力性的。”① 为此，马克思立足于历史唯物主义，从人类文明进步的高度，考察了现代化的历史生成和价值特性。

第一，现代化是以宣传资产阶级思想文化为主要内容的思想革命，是一个理性化的进程。现代化作为人类文明发展史上最为伟大的思想解放运动，使人们从中世纪的阴霾中解放出来。通常认为，现代化的思想源头应该追溯到发端于意大利的文艺复兴和与之相随的启蒙运动。文艺复兴，就其名义而言是要复兴古希腊、古罗马文化，实际上是要张扬资产阶级思想文化。思想启蒙，从根本上说，是要为新兴的资产阶级文化鸣锣开道，创造资产阶级的思想文化。文艺复兴和思想启蒙所针对的直接对象是中世纪政教合一的宗教文化及其对于社会生活的统治，要以人性对抗神性，以人权对抗神权。那么人性是什么？在当

---

① ［美］C. E. 布莱克：《现代化的动力——一个比较史的研究》，景跃进、张静译，浙江人民出版社 1989 年版，第 4 页。

时的人们看来，人的最高的本性是他的理性，而不是他的信仰；张扬人性，就是要宣传理性，以理性来对抗神性。为此，人们高举理性主义的旗帜，用理性主义为资本主义鸣锣开道。在理性主义的旗帜下，"宗教、自然观、社会、国家制度，一切都受到了最无情的批判；一切都必须在理性的法庭面前为自己的存在作辩护或者放弃存在的权利。思维着的知性成了衡量一切的唯一尺度"。[①] "一切等级的和固定的东西都烟消云散了，一切神圣的东西都被亵渎了。"[②] 因此，现代化首先是一种思想解放运动。恩格斯曾经高度评价了文艺复兴在历史上的进步作用，"这是人类以往从来没有经历过的一次最伟大的、进步的变革，是一个需要巨人而且产生了巨人——在思维能力、激情和性格方面，在多才多艺和学识渊博方面的巨人的时代"。[③] "物质的生产是如此，精神的生产也是如此。各民族的精神产品成了公共的财产。民族的片面性和局限性日益成为不可能，于是由许多种民族的和地方的文学形成了一种世界的文学。"正是这种思想解放运动和文化建设为现代化的历史进程奠定了坚实的思想基础。理性化是现代化的首要含义。

第二，现代化是以张扬自然科学和工程技术为主要内容的大机器生产和与之相适应的工业革命，是一个工业化的过程。人们追求理性的解放，那么，解放理性干什么？回答是，解放理性去认识自然去发展科学，去发展和运用技术，并把科学技术运用于生产，尤其是现代化大生产。工业是自然界无论如何也不会自动发生的过程。工业化的特点是通过分工和专业化而使每一个个体从事社会所需要的某些非常局部的劳动，通过现代合作方式而建构一个具有很高效率的全面的生产体系，造就出巨大的社会生产力。如果说理性化是一面高举起来的思想旗帜，那么工业化就是现代化的生产和生活基础。马克思和恩格

① 《马克思恩格斯选集》第3卷，人民出版社1995年版，第355页。
② 《马克思恩格斯选集》第1卷，人民出版社1995年版，第275页。
③ 《马克思恩格斯选集》第4卷，人民出版社1995年版，第261页。

斯曾经高度评价了现代化在人类生产力发展方面所取得的巨大成就："资产阶级在它的不到一百年的阶级统治中所创造的生产力，比过去一切世代创造的全部生产力还要多，还要大。自然力的征服，机器的采用，化学在工业和农业中的应用，轮船的行驶，铁路的通行，电报的使用，整个整个的大陆的开垦，河川的通航，仿佛用法术从地下呼唤出来的大量人口，——过去哪一个世纪料想到在社会劳动里蕴藏有这样的生产力呢?"① 马克思高度评价以科学技术为主导的工业化，把它看作人的本质力量的公开展示。工业化是现代化得以建构的最为重要的物质基础。

第三，现代化是以航海和跨国贸易为主要内容的商业革命，是一个市场化的过程。工业生产之不同于农业生产和个体生产，在于它生产的产品主要不是为生产者本身的需要而生产，而是为市场的需要而生产。应该说市场不是资本主义所独有的，也不是现代化所独有的，而是古希腊雅典时期就开始发展的。但大生产要求有大市场，与现代化生产相适应的是现代化的大市场。而且，国内市场不够就要开拓国际市场。这种国际大市场是随着航海探险和跨国贸易而发展起来的。500 多年前哥伦布发现北美大陆，开拓了资本主义的北美殖民地和北美市场，推动了世界市场的形成，也带动了现代化的全球性扩展。马克思和恩格斯高度评价由资本主义的全球性探险而带来的市场全球化的趋势："不断扩大产品销路的需要，驱使资产阶级奔走于全球各地。它必须到处落户，到处开发，到处建立联系。""资产阶级，由于开拓了世界市场，使一切国家的生产和消费都成为世界性的了。"② 市场化是现代化的经济基础。

第四，现代化是以生活社会化和服务规模化为主要内容的城市革命，是一个都市化的进程。生产的集中要求生活的集中和服务的规模

① 《马克思恩格斯选集》第 1 卷，人民出版社 1995 年版，第 277 页。
② 《马克思恩格斯选集》第 1 卷，人民出版社 1995 年版，第 276 页。

化，工业化要求也必然带动都市化的进程。我们今天所看到的纽约、伦敦、巴黎等大都市都是现代化的一种产物和结果，是现代化过程中必然出现的现象。工业革命同时也是社会革命，而且是“比任何其他一种革命都更广泛、更深刻的社会革命”①，是“市民社会中的全面变革”②。这种变革包括了人与自然的关系，也改变着人与社会的关系，改变着城市与农村的关系。马克思说，“资产阶级使农村屈服于城市的统治。它创立了巨大的城市，使城市人口比农村人口大大增加起来，因而使很大一部分居民脱离了农村生活的愚昧状态。正像它使农村从属于城市一样，它使未开化和半开化的国家从属于文明的国家，使农民的民族从属于资产阶级的民族，使东方从属于西方”。③ 都市化改变了人们的生活方式，是现代化的重要标志之一。

第五，现代化是以建立资产阶级的民主政治为主要内容的政治革命，是一个民主化的进程。资本主义市场经济和私有制要求与之相应的政治体制，这就是资产阶级的民主政治体制。在三权分立的总体格局下建构的民主政治是资本主义现代化的重要政治保障。资产阶级的民主革命“迫使一切民族——如果它们不想灭亡的话——采用资产阶级的生产方式；它迫使它们在自己那里推行所谓文明制度，即变成资产者。一句话，它按照自己的面貌为自己创造出一个世界”。民主化使资本主义的经济制度得以保障，使个性得以保障，是现代化的重要政治特征。

第六，现代化意味着以能够保护资产阶级民主政治的法律体系为主要内容的法律革命，是一个法制化的过程。法制革命是政治革命的必然要求，也是其必不可少的保障。民主如果没有法制作为约束，必然走向无政府主义。法制如果没有民主作为基础，必然导向专制。马克思和恩格斯指出，“资产阶级日甚一日地消灭生产资料、财产和人

---

① 《马克思恩格斯全集》第1卷，人民出版社1957年版，第656页。
② 《马克思恩格斯全集》第2卷，人民出版社1957年版，第281、44页。
③ 《马克思恩格斯选集》第1卷，人民出版社1995年版，第276页。

口的分散状态。它使人口密集起来，使生产资料集中起来，使财产聚集在少数人的手里。由此必然产生的后果就是政治的集中。各自独立的、几乎只有同盟关系的、各有不同利益、不同法律、不同政府、不同关税的各个地区，现在已经结合为一个拥有统一的政府、统一的法律、统一的民族阶级利益和统一的关税的统一的民族”。[①] 把所有的经济关系转变为契约关系，通过法律体制保证民主政治，这是现代化的一个主要政治和法律基础，也是西方文明的一个重要特征。

从总体上看，马克思把现代化放到人类文明进步的宏大历史背景下进行整体的、全面的考察，将其看作 16 世纪以来欧洲社会以思想解放为先导，以现代工业和科学技术为动力，以工业革命为主导，以世界市场的开拓和都市变革为条件而在全世界范围内所引起的由传统农业社会向现代工业社会的巨大转变。现代化意味着对传统的批判与超越，它不光引起了生产关系和生活方式的变革，也促使了政治上层建筑的极大变革，带动了思维方式、情感方式等的全面更新，进而引起社会生活全面变革、全球性的社会变迁和新的文明类型的创造过程。

马克思对现代化负面价值的合理性批判

作为伟大的历史唯物主义者和无产阶级革命家，马克思不仅看到了现代化的历史必然性和积极方面，还尤其关注现代化的负面价值与消极方面。应当看到，现代化的以上六个方面作为现代性的核心价值要素，又同时具有两面性甚至多重性。例如，过度的理性化有可能压抑人的非理性，造成人的片面化。当代非理性主义盛行，与理性在现实生活中对于人的非理性的压抑和限制是分不开的；不加限制的工业化有可能造成社会的单一化，造成巨大的资源问题与生态问题；没有节制的都市化有可能带来巨大的群居性生存危机，带来巨大的社会矛

① 《马克思恩格斯选集》第 1 卷，人民出版社 1995 年版，第 277 页。

盾与社会问题；没有限制的民主化有可能带来社会的混乱，为极端个人主义、无政府主义等留下可乘之机；不完善的法律体系则有可能降低社会生活的效率，忽视道德的力量，等等。如果对于它们不能自觉地加以必要的注意、限制和有效的调控，则有可能造成新的自然、社会和人性问题，带来所谓“现代病”。也许正是以上诸多问题伴随着现代化的发展而在西方社会的尖锐凸显，使马克思不能不展开对现代化的负面价值的病理学分析与合理性批判。

从总体上看，马克思对现代性的合理性批判集中于现代化的资本主义性质和由这种性质而带来的人与物质世界、人与社会世界和人与自身关系的颠倒，尤其是对无产阶级和劳动群众所带来的贫穷和奴役。马克思在这里所提出的主要问题是，现代化的这些要素在多大的范围内和程度上是合理的，在什么意义上会转到自己的反面？具体来说，这主要表现在以下几个方面。

其一，利润最大化成为社会发展的唯一驱动力，社会的价值、意义受到根本性的挑战。马克思对资本主义现代性的批判是从对商品这个现代社会最简单也最普遍的细胞入手的。商品为资本主义生产提供了巨大的动力，构成了整个社会生活最普遍的基础和最本质的核心。马克思所关注的不是具体的商品，而在于那些支配着商品并使商品获得巨大力量的东西，这就是商品可能带来的价值、利润和资本。马克思指出，“最初一看，商品好像是一种很简单很平凡的东西。对商品的分析表明，它却是一种很古怪的东西，充满形而上学的微妙和神学的怪诞”。① 正是在对商品中所蕴含的价值、利润和资本的追寻中，资本主义的现代化展开了自己的逻辑进程。马克思认为，资产阶级之所以要拼命地开拓世界市场和扩大世界贸易，从根本上说是由资本的内在本性决定的，因为“创造世界市场的趋势已经直接包含在资本的概

① 《马克思恩格斯全集》第23卷，人民出版社1972年版，第87页。

念本身中”[①]。为了最大限度地攫取利润，“资本一方面要力求摧毁交往即交换的一切地方限制，夺得整个地球作为它的市场，另一方面，它又力求用时间去消灭空间，就是说，把商品从一个地方转移到另一个地方所花费的时间缩减到最低程度。资本越发展……也就越是力求在空间上更加扩大市场，力求用时间去更多地消灭空间”。[②] 为了谋取更大的利润：“资产阶级社会的真实任务是建立世界市场（至少是一个轮廓）和以这种市场为基础的生产。”[③] 正是在这种时间与空间的世界性转换中对剩余价值的最大追逐，构成了商品的历史、利润的历史和资本的历史。马克思正是在这种意义上尖锐指出，资本来到人间，每个毛孔都滴着肮脏的血。在马克思看来，任何社会都是需要发展的动力的，商品、利润和资本作为现代社会的经济细胞应当在社会发展中发挥自己的应有作用。但如果将这种作用发挥到了过分的地步，就会走向自己的反面，带来社会发展动力系统的失调和失常，妨碍社会的正常和健康发展。资本主义现代化以商品、利润和资本作为自己的唯一驱动力，不仅有可能导致庸俗化、拜金主义的流行，也必然带来社会贫富之间的巨大差距，成为各种类型的“现代病”的主要根源之一。

其二，物的世界的过度膨胀对于人的世界的极度压抑。马克思曾经高度讴歌了现代化所带来的巨大生产力和物质财富，但他同时也严厉批判这个极度膨胀的物化世界在资本主义的价值导向下对于人性世界的残酷压抑与控制。马克思深刻指出，在资本主义的条件下，“工人生产的财富越多，他的产品的力量和数量越大，他就越贫穷。工人创造的商品越多，他就越变成廉价的商品。物的世界的增值同人的世界的贬值成正比”。[④] 物的世界的增值与人的世界的贬值成为资本主义

① 《马克思恩格斯全集》第46卷，人民出版社1979年版，第391页。
② 《马克思恩格斯全集》第46卷，人民出版社1979年版，第33页。
③ 《马克思恩格斯全集》第29卷，人民出版社1972年版，第348页。
④ 《马克思恩格斯全集》第42卷，人民出版社1979年版，第90页。

社会本末倒置的最为典型的现象，其根本的原因还是在于资本主义的所有制，暴露了资本主义的全部弊端，这就是对于物化世界的失控和对于人的世界的漠视。马克思和恩格斯指出，“资产阶级的生产关系和交换关系，资产阶级的所有制关系，这个曾经仿佛用法术创造了如此庞大的生产资料和交换手段的现代资产阶级社会，现在像一个魔法师一样不再能支配自己用法术呼唤出来的魔鬼了”。[①] 劳动产品的异化，归根到底是人的异化。而人的异化，根本上还是社会制度的问题。在马克思看来，在现代资本主义的生产方式中，始终运行并占据支配地位的是一种技术的逻辑、生产的逻辑、商品的逻辑，也就是物的逻辑，而这种逻辑不仅统治着人的活动，也统治着社会的运行，造成了人和社会对于物的逻辑与技术的逻辑的极大依赖性。为此，马克思深刻地批判了在现代社会中流行的商品拜物教、货币拜物教、资本拜物教，深刻揭示了在资本主义生产方式中物对人的统治。马克思认为，“在现代，物的关系对个人的统治，偶然性对个性的压抑，已具有最尖锐最普遍的形式”。[②] 在这种人与物的关系颠倒的背后，实质上隐含着资本主义制度的内在矛盾与致命缺陷。

其三，劳动的异化与人的自由的丧失。物化的世界对于人的压抑和控制，直接通过劳动的异化表现出来。在马克思看来，在一般的意义上，劳动应当是人的本性和第一需要，是人的“自由的生命表现”，是“生活的乐趣”。[③] 现代化作为一种历史性进步，也应当体现在劳动的性质上。现代化的劳动应当成为促进人的发展的手段，也是实现人的主体性价值的必要途径。但实际上，在资本主义条件下，劳动却发生了极大的异化，变成一种仅仅是维持生计的手段，变成对人性的一种扭曲。马克思指出：“异化劳动把自我活动、自由活动贬低为手段，

① 《马克思恩格斯选集》第1卷，人民出版社1995年版，第277—278页。
② 《马克思恩格斯全集》第3卷，人民出版社1960年版，第515页。
③ 《马克思恩格斯全集》第42卷，人民出版社1979年版，第38页。

也就是把人的类生活变成人的肉体生存的手段”，工人在劳动中不是肯定自己，而是否定自己，人在劳动中不是感到自由，而是感到不自由，甚至是极不自由。劳动成为一种“外在的劳动，人在其中使自己外化的劳动，是一种自我牺牲、自我折磨的劳动”①。在这样的条件下，劳动者变成了“精神上和肉体上非人化的存在物”。劳动者的个性被体系化和自动化的生产线所取代和磨灭。劳动的异化，表达着社会中贫困与财富、劳动者与资本家、无产阶级与资产阶级的两极分化。马克思站在无产者的立场上严厉批判资本主义的残酷与无情，声讨资产阶级对于无产阶级的剥削和压迫，呼唤着无产阶级的革命和解放。但马克思同时也指出，处于奴役状态的资产阶级本身也是不自由的，也处于异化的状态之中。马克思指出：“有产阶级和无产阶级同是人的自我异化。但有产阶级在这种自我异化中感到自己是被满足的和被巩固的，它把这种异化看做自身强大的证明，并在这种异化中获得人的生存的外观。而无产阶级在这种异化中则感到自己是被毁灭的，并在其中看到自己的无力和非人的生存的现实。”② 压迫者看来是自由的，但本质上也没有真正的自由。

其四，社会体系的不合理建构。资本主义现代化中所存在的全部问题还是要到资本主义的经济、政治、社会制度和思想意识形态中去寻找并求得解决。马克思认为，资本不是一种个人的力量，而是一种社会的力量。现代的资产阶级私有制是建立在阶级对立上的，是建立在一些人对另一些人的剥削的基础上的，是对于他人劳动和产品的非法占有的最后而又最完备的表现。因此，要解决现代性的问题，就必须特别关注所有制和社会制度的问题，解决社会的分化和阶级对立。更重要的在于，社会的分化与对立所带来的阶级斗争必然消耗巨大的社会物质财富，并带来社会的精神纷争，成为妨碍社会健康和谐和持

① 《马克思恩格斯全集》第42卷，人民出版社1979年版，第94页。

② 《马克思恩格斯全集》第2卷，人民出版社1957年版，第44页。

续发展的重要障碍，这样，现代化就由一种促进人类文明进步的积极力量，转化为一种妨碍人类文明进一步健康发展的消极力量。因此，共产主义的特征并不是要废除一般的所有制，而是要废除资产阶级的所有制，使现代化建立在真正公正合理的社会制度的基础之上。马克思和恩格斯指出，“共产主义革命就是同传统的所有制关系实行最彻底的决裂；毫不奇怪，它在自己的发展进程中要同传统的观念实行最彻底的决裂”。为此，共产党人都支持一切反对现存的社会制度和政治制度的革命运动，并且可以把自己的理论概括为一句话：消灭私有制。只有通过这种手段，现代化的成果才有可能成为全社会的共同财富，成为促进人类文明进步的积极力量。

马克思现代性理论的当代启示

由上我们看到了马克思对现代化的两种态度，或者说是马克思现代性理论的两种价值向度。这就是对现代化的历史价值的积极肯定和对资本主义现代化的负面价值的深刻批判。沃勒斯坦在谈到马克思的现代性理论时曾经指出：“已经消亡的是作为一种现代性理论的马克思主义。尚未消亡的是作为对现代性及其历史表现形式——资本主义世界经济体系进行批判的马克思主义，是激励诚笃的社会力量进行反对现行世界体系的那些批判性言说——深得人心的马克思的表达方式。”[①] 我们认为，马克思对于现代性的肯定并没有消亡，因为它们至今仍然激励着落后的国家和民族去正确地认识和对待世界现代化，积极地发展和变革自己，自觉地加入世界现代化的历史进程。然而，正是马克思对于现代性的合理性批判又帮助人们更加全面和清晰地认识现代化，尤其是自觉地把握其负面价值，并在自己的实践中加以注意

① ［美］伊曼努尔·华勒斯坦等：《自由主义的终结》，郝名玮、张凡译，社会科学文献出版社 2002 年版，第 216 页。

和克服，或至少削弱其影响，从而展示出马克思主义理论在当前的特有价值与意义。这正如美国德克萨斯大学哲学教授凯尔纳所言：“21世纪的马克思主义将有助于促进民主、自由、正义和平等，并能够同仅仅促进富豪权贵利益的保守思想相抗衡。”①

第一，现代性就其本质精神而言是革命的、批判的和建设性的，为此应当特别重视和发挥现代性的革命品格。在马克思看来，现代性的本质就是其革命性、建设性和进步性。这是符合人类创造性本能的事情。马克思在《共产党宣言》中对这种革命性做了非常深刻的揭示：“生产的不断变革，一切社会状况不停的动荡，永远的不安定和变动，这就是资产阶级时代不同于过去一切时代的地方。一切固定的僵化的关系以及与之相适应的素被尊崇的观念和见解都被消除了，一切新形成的关系等不到固定下来就陈旧了。一切等级的和固定的东西都烟消云散了，一切神圣的东西都被亵渎了。人们终于不得不用冷静的眼光来看他们的生活地位、他们的相互关系。”在马克思看来，生产的不断变革，引起生产关系的不断变革，带来思想观念的不断变革，在变革中不断地发展社会，更新自我，提升境界，促使历史向世界历史的转变，促使现代化走向全球化。今天的世界尽管出现了各种各样的问题，但现代性所带来的问题只有通过现代性的进一步调适加以解决。现代性所倡导的变革、发展、创新的精神气质仍然有其特殊的价值，仍然是现时代的时代精神的内在组成部分。只有凭借这种精神，并且大力地发挥这种精神，后发的国家和地区才有可能变被动为主动，弃落后而走向先进。因此，对于几乎所有的发展中的国家来说，现代性仍然是他们应当努力追寻的目标。积极地加入全球化是他们应当和能够做出的唯一正确选择。而马克思主义的革命性、批判性和建设性在很大的程度上来源于现代性的革命品格，并借助于它们而得到发展。

第二，要努力消灭资本主义现代化的内在矛盾和极限，探寻不同

---

① 俞可平：《全球化时代的“马克思主义”》，中央编译出版社1998年版，第35页。

于资本主义经典模式的现代化道路。马克思现代性批判的核心是资本主义的生产关系和政治体制下所存在的深刻内在矛盾性，认为它们不仅带来了巨大的社会问题，也相应地妨碍了世界现代化的合理化进程。为此，马克思从多种角度探寻了资本主义现代化的内在矛盾及超越的途径。马克思具体分析了资本主义生产方式的内在矛盾性及其所造成的内在局限：剩余劳动创造剩余价值，但必要劳动却构成了剩余劳动的极限。商品的价值只有通过市场才能实现，而商品的价值实现受到市场的制约，因此商品的价值实现构成了剩余价值生产的极限。资本主义生产以最大限度地追逐利润作为自己的目的，为此必然把无限地发展生产力作为自己的动力，而生产力越发展便越是排挤活劳动，带来社会矛盾，并成为资本进一步增值的障碍，等等。因此，在马克思看来，现代化的资本主义的发展本身便孕育了和造就着超越资本主义的可能性。资本主义现代化的发展必然造成对于资本主义的生产方式的扬弃。马克思关于东方社会发展道路的理论，可以看作对于不同于西方的资本主义发展道路的社会发展模式和社会形态更替方式的积极探索。

第三，要善于利用资本主义现代化的成果来发展社会主义和共产主义。在马克思看来，资本主义的现代化发展到一定的阶段，就必然导向一种新型的现代化道路和社会，这就是社会主义和共产主义。首先，现代化为新社会的建立奠定了必不可少的物质基础，创造了极为重要的物质前提，这就是在国际贸易和世界市场背景下所带来的生产力的巨大发展。“如果没有这种发展，那就只会有贫穷、极端贫困的普遍化；而在极端贫困的情况下，必须重新开始争取必需品的斗争，全部陈腐污浊的东西又要死灰复燃。”[①] 在这种高度发达的社会生产力基础之上，新社会才有可能依托于高度发达的物质文明而得以建立。其次，现代化的世界性扩展要求也促进了全球性的普遍交往，为新社会的建立创造了必不可少的社会条件。正是通过这种普遍交往，不仅

① 《马克思恩格斯选集》第1卷，人民出版社1995年版，第86页。

“可以产生一切民族中同时都存在着‘没有财产的’群众这一现象（普遍竞争），使每一民族都依赖于其他民族的变革”①，也使各个国家、民族的解放和发展运动之间可能相互影响、彼此促进，造就一种世界历史性的变革运动。再次，现代化的世界历史性扩展为新社会培育了主体力量。马克思认为，“无产阶级只有在世界历史意义上才能存在，就像共产主义——它的事业——只有作为‘世界历史性的’存在才有可能实现一样。而各个人的世界历史性的存在，也就是与世界历史直接相联系的各个人的存在”。②

第四，要善于把现代化的一切价值整合到人的解放和人的自由全面发展这个基本的方向，使之成为建设“自由人的联合体”的积极力量。马克思认为，资本主义的现代化中包含着在历史上发挥过积极作用的许多富于价值的要素，如自由、平等、公正、民主、法制、博爱等，但由于它们都是以利益为最高的驱动力，以资本主义方式整合起来的，因此各个要素之间相互矛盾与冲突，使资本主义现代化的历史展现为一部血与火的历史。而这些本来的积极因素也多少改变了性质，成为掩盖资本主义罪恶的面纱。资本主义现代化是以巨大的社会分化和对立为代价的，马克思指出，“难道资产阶级做过更多的事情吗？难道它不使个人和整个民族遭受流血与污秽、穷困与屈辱就达到过什么进步吗？”③ 在马克思看来，现代化的进一步发展应当自觉地指向和导向建构一种健康和谐的新社会，这就是他在《共产党宣言》中所描绘的自由人的联合体。“代替那存在着阶级和阶级对立的资产阶级旧社会的，将是这样一个联合体，在那里，每个人的自由发展是一切人的自由发展的条件。”要使每个人的自由发展真正成为一切人自由发展的条件，就必须致力于消除资本主义的各种负面价值和弊端，在新

---

① 《马克思恩格斯选集》第 1 卷，人民出版社 1995 年版，第 86 页。
② 《马克思恩格斯选集》第 1 卷，人民出版社 1995 年版，第 87 页。
③ 《马克思恩格斯选集》第 2 卷，人民出版社 1995 年版，第 73 页。

的历史条件下重塑社会的公平、正义、自由、和谐、民主与法制，并使之真正成为现代化所追寻的基本价值导向，并在此基点上促使人与自然、人与社会、人与自身关系的持续协调发展。在马克思看来，人类解放和人的自由全面发展应当成为现代化进一步发展的最高目标，并以此而得到合理性的规范。

（原载于《江海学刊》2006 年第 1 期）

马克思晚年东方社会发展道路新思想的实质

——“人类学笔记”和《历史学笔记》再研究

姚顺良

马克思晚年对东方社会发展道路的探索及其得出的一系列新思想，集中体现在他写于19世纪70年代末80年代初的“人类学笔记”、《历史学笔记》以及关于俄国农村公社命运问题的论述中。对此，国外在20世纪60至70年代、国内在80年代后半期都出现过研究的热潮，对马克思进行这一研究的动因和目的、其得出的新结论的实质和意义作出了极为不同的诠释。我认为，这些研究并没有真正抓住问题的实质，仍然有进一步深化的必要。

一

对马克思晚年写作“人类学笔记”和《历史学笔记》的原因，存在一种流行的看法，认为这是马克思研究方向的重大转变。他放弃了《资本论》的写作，转向科学人类学和实证历史学的研究，因此将其一生划分为“哲学人类学——政治经济学——科学人类学和实证历史学”三个阶段。有人甚至进一步将其说成马克思理论立场的根本转变，放弃了“经济决定论”，回到了“哲学人类学”的早期立场。我认为这些看法都是错误的：在晚年马克思那里，不仅不存在所谓理论立场的根本转变，其研究方向在根本上也是一致的。所谓从经济学向人类学或历史学的转变，不过是后人将现代实证科学分类的观点强加给马克思罢了。马克思向人类学或历史学研究的拓展（不是转变!），特别是对农村公社和世界历史进行再研究的真实原因，可以归纳为以下三个方面。

首先，马克思在“人类学笔记”中对农村公社问题进行再研究，是出于写作《资本论》续卷，完善对资本主义生产方式理论批判的需要。土地私有权是资本主义生产方式的基本前提之一，而农村公社表明，土地所有权的最初形式并非私有制，而是公有制。研究农村公社问题，揭示土地所有权的历史演变，对于揭示资本主义生产前提的生成、把握资本主义生产方式的本质和发展趋势具有重大的理论意义。因此，早在 1853 年给《纽约每日论坛报》所写的文章中，马克思就谈到过俄国农村公社问题。在《1857—1858 年经济学手稿》中的“资本主义生产以前的各种形式”部分，马克思围绕“生产的原始条件”问题，依据当时所能找到的相关材料，开始系统地研究作为“原始共产主义最后阶段”的农业公社，在那里马克思详细地考察了“亚细亚的所有制形式”、“古代的所有制形式”和“日耳曼的所有制形式”。在《资本论》第一卷出版之后的第二年，即 1868 年底，马克思继续研究有关地租和土地所有制关系的文献。1876 年 5 到 6 月，马克思对毛勒的《马尔克制度、农户制度、乡村制度、城市制度和公共政权的历史概论》《德国的马尔克制度史》等著作作了详细的摘录。马克思认为：“他的书是非常有意义的。不仅是原始时代，就是后来的帝国自由民、享有特权的地主、国家权力以及自由农民和农奴之间的斗争的全部发展，都获得了崭新的说明。”① 并为在德国发现马尔克村社制度感到高兴。同年 12 月，马克思阅读了汉森、德默里奇、乌提舍诺维

① 《马克思恩格斯全集》第 32 卷，人民出版社 1974 年版，第 51 页。

奇、卡尔德纳斯关于农村公社在塞尔维亚、西班牙等国演变情况的著作。到了70年代末80年代初，在《资本论》第二卷的整理基本完成，需要进一步加工第三卷、完善地租理论时，马克思在“人类学笔记”中把主要的注意力放到农村公社的研究上，着力厘清土地所有制的历史演化，正是上述理论批判要求的继续。

其次是指导欧洲工人阶级的现实斗争，论证“土地国有化”的需要。1869年9月，在马克思的直接参与和推动下，第一国际巴塞尔代表大会通过了有关“土地国有化”的原则，并对土地由私人所有向集体占有过渡的经济必然性作出了深入的说明与论证。但是，德国资产阶级经济学家却掀起了一场反对巴塞尔大会决议的运动。其代表之一瓦格纳在其《土地私有制的废除》一书中，还专门引证了俄国法律史学家波·尼·契切林关于俄国公社土地占有制历史演变的观点。契切林认为，农村公社与农奴制有不可分割的联系，正是农奴制的废除引发了农村公社的瓦解。这种观点同马克思是完全对立的，这也促使马克思对俄国农村公社进行更为深入的研究。

最后，更为直接也是具有决定意义的是回应俄国革命者的内部争论，探索东方社会发展道路的需要。这不仅是马克思重新系统研究农村公社的直接实践背景，也是他对世界史进行再研究的重要原因。1847—1852年，德国历史学家奥·哈克斯特豪森在游历俄国后出版了《对俄国的内部关系、人民生活特别是农村设施的考察》（Ⅰ—Ⅲ册），在书中介绍了俄国的农村公社。他认为：“俄国的公社组织，对于俄国，尤其是现时，在国家制度方面说，是无限重要的。西欧所有的国家现在都患有一种病，想把这病治好，至今仍是一个不能解决的任务——这种病就是赤贫状况和无产阶级化。俄国就不知道有这种灾难；因为公社的组织使它免于灾难。”[①] 哈克斯特豪森的发现使赫尔岑和车尔尼雪夫

① 转引自《普列汉诺夫哲学著作选集》第1卷，生活·读书·新知三联书店1962年版，第149页。

斯基等人把农村公社看作解决俄国社会问题的希望之光，提出俄国可以在公社的基础上直接进入社会主义，绕过资本主义发展阶段。在他们的影响下，19 世纪 60 年代以后形成了有名的俄国民粹主义运动。与此相反，俄国自由派资产阶级经济学家则认为，俄国只能走同西欧一样的道路，“首先摧毁农村公社以过渡到资本主义制度”。1872 年《资本论》俄文版出版以后，马克思关于“资本主义原始积累的历史概述”也成了他们中的某些人论证自己观点的重要论据。1877 年俄国民粹派理论家尼·康·米海洛夫斯基发表在《祖国纪事》杂志上的《卡尔·马克思在尤·茹柯夫斯基的法庭上》一文，就是针对这一现象写的。到了 80 年代初，甚至在俄国革命者中都出现了上述两种观点之间的论争。查苏利奇 1881 年 2 月 16 日写信给马克思说：“最近我们经常可以听到这样的见解，认为农村公社是一种古老的形式，历史、科学社会主义，——总之，一切不容争辩的东西，——使它注定要灭亡。鼓吹这一点的人都自称是你的真正的学生，‘马克思主义者’。”并请马克思对此明确表示意见，强调“假如你能说明你对我国农村公社可能的命运的看法和对世界各国由于历史的必然性都应经过资本主义生产各阶段的理论的看法，给我们的帮助会是多么大”①。

同时，巴黎公社失败后，西欧资本主义进入和平发展时期，而东方开始酝酿新的危机和革命，这种革命风暴首先在俄国开始形成。1861 年俄国农奴制改革和 1877—1878 年的俄土战争，极大地推动着俄国革命的形势。因此，马克思密切关注俄国社会的动向和俄国革命问题的争论。早在看到米海洛夫斯基的文章之后他就写下了一封《给“祖国纪事”杂志编辑部的信》，表示要“直截了当地说”出自己的意见。② 不过这封信后来并未发出。在接到查苏利奇的信以后，马克思

---

① 查苏利奇 1881 年 2 月 16 日给马克思的信。转引自《马克思恩格斯全集》第 19 卷，人民出版社 1963 年版，第 637 页。

② 《马克思恩格斯全集》第 19 卷，人民出版社 1963 年版，第 129 页。

又极为认真地写了复信，共写了四稿（最后一稿与正式复信一致，前三稿是草稿）。可以说，马克思在“人类学笔记”中对农村公社和《历史学笔记》中对世界历史的再研究，正是以此为直接背景的。

马克思对农村公社的再研究，主要体现在“人类学笔记”中的《马·柯瓦列夫斯基〈公社土地占有制〉一书摘要》和《约·布·菲尔〈印度和锡兰的雅利安人村庄〉一书摘要》中，在《亨利·萨姆纳·梅恩〈古代法制史讲演录〉一书摘要》中也有涉及。

1879 年 10 月至 1880 年 10 月间，马克思对柯瓦列夫斯基的书作了详细的摘要和评注，篇幅超过原书的一半。柯瓦列夫斯基的书在空间上包括了美洲、亚洲和非洲三大洲的材料，在时间上涉及 16 至 19 世纪末的漫长历史时期。他对印第安人、墨西哥、秘鲁、印度和阿尔及利亚等地作为原始社会遗迹的农村公社制度，从历史演变和相互对比中进行了广泛的研究。这些材料使马克思能够在整个世界历史的范围内更为全面地考察农业公社现象，探索农业公社的本质和发展趋势。1881 年马克思还对菲尔的书作了摘要。菲尔描述了 19 世纪的印度特别是孟加拉以及锡兰（今斯里兰卡）农民的农业、村社和家庭状况，也描述了农民同地主、高利贷者，同政府捐税、司法机关的关系。马克思在摘录中重视的是有关农村公社的问题。值得注意的是，马克思在对柯瓦列夫斯基、菲尔以及梅恩著作的摘录过程中，不仅将主要注意力集中在农村公社本身的历史和现状上，还十分重视研究资本主义殖民者的统治、掠夺和相关经济政策对农村公社的影响。这实际上是考察农村公社和探索东方社会发展道路这同一个问题的相互联系的两个方面。

大体在同一时期，马克思还写下了《历史学笔记》，共有四个笔记本。其中按年代顺序摘录了公元前 1 世纪初至公元 17 世纪中叶世界各国特别是欧洲各国的历史事件。马克思的“历史学笔记”题材极为广泛，时间上涉及原始社会之后的整个前资本主义社会，空间上也涉及西欧以外的地区，如俄国和巴尔干国家，第一册更是包括了广大亚非拉地区。从内容上说，主要是政治事件，但也涉及经济和文化领域，特别是从资本主义产生和形成的角度对意大利的社会制度、尼德兰革命、英国社会演变和原始积累以及文艺复兴、宗教改革、自然科学和哲学发展状况都给予了充分的重视。与《历史学笔记》同时，马克思还写下了关于各民族经济史的笔记。[①] 这是马克思继早年在“克罗兹纳赫笔记”中对格·亨利希《法国史》、蒲菲斯特《德国史》和林加德《罗马人第一次入侵以来的英国史》等包括古代史在内的通史研究[②]之后的又一次全面的世界历史再研究。关于这一研究的动因和目的，学界有不同的推测。我们认为，正如在“人类学笔记”中考察农村公社的演变和命运离不开对资本主义殖民者影响的考察一样，马克思对世界历史的再研究，也同他对农村公社的再研究和东方社会发展道路的新探索有内在关联：既要从对农村公社的再研究中得出的新的思想视角重新审视世界历史包括西欧资本主义形成史，又要从对世界历史的再研究中深化了的新的理论高度重新审视东方社会发展的未来道路。

二

马克思晚年通过对农村公社和世界历史的再研究，获得了一系列新的思想和观点。这些思想和观点除了可以从马克思的相关研究笔记中显露出来以外，最为明显和直接地体现在他对俄国农村公社命运问题所“直截了当地说”出的结论中。为此，我们需要将马克思恩格斯有关这一问题的一些主要的文本联系起来加以考察。这些文本按照时间顺序为：1875 年恩格斯的“流亡者文献”之五《论俄国的社会问

① 参见《马克思历史学笔记》，中共中央马克思恩格斯列宁斯大林著作编译局编译，红旗出版社 1992 年版，“前言”第 I 页。

② 参见北京图书馆马列著作研究室编《马恩列斯研究资料汇编》（1981），书目文献出版社 1985 年版，第 8—20 页。

题》，1877 年马克思写下但未寄出的《给“祖国纪事”杂志编辑部的信》（1884 年 3 月 6 日恩格斯将其抄本寄给了查苏利奇①），1881 年马克思《给维·伊·查苏利奇的复信》及该信的前三份草稿，1882 年马克思恩格斯为《共产党宣言》俄文第二版所写的“序言”以及 1892 年 3 月 15 日、6 月 18 日和 1893 年 10 月 17 日恩格斯给尼·弗·丹尼尔逊的三封信，1894 年恩格斯的《“论俄国社会问题”跋》，1895 年 2 月 26 日恩格斯给普列汉诺夫的信等。从上述文本中，我们可以清楚地看出，从 1877 年以后到 80 年代初，马克思在俄国农村公社命运和俄国社会发展道路问题上形成了一系列新的思想。

如何理解马克思的这些新的思想，国内外学界的观点大体可以归结为以下两种。

一种是带有传统色彩的观点，认为这些新思想涉及的仅仅是关于个别国家发展道路问题上的具体结论的改变。马克思在这里强调的是世界历史发展规律的普遍性与特定民族、特定国家发展道路的特殊性之间的辩证关系。俄国当时的自由派经济学家和马克思去世后出现的“合法马克思主义者”，把唯物史观关于社会形态演进的系列绝对化，甚至把《资本论》中关于西欧资本主义起源的历史概述“彻底变成一般发展道路的历史哲学理论，一切民族，不管他们所处的历史环境如何，都注定要走这条道路”，以此来论证俄国应当“首先摧毁农村公社以过渡到资本主义制度”。而在马克思看来，唯物史观是指导历史研究的科学方法论，而不是取代历史研究的“一般历史哲学理论”。“极为相似的事情，但在不同的历史环境中出现就引起了完全不同的结果。”因此，尽管从世界历史来看，社会形态的演进必须遵循“原始社会—奴隶社会—封建社会—资本主义社会—共产主义社会”的发展顺序，但就某个特定民族或国家来说，则由于历史条件和历史环境的不同，可以跨越其中的某一具体的社会形态。马克思关于俄国农村

---

① 参见《马克思恩格斯全集》第 36 卷，人民出版社 1974 年版，第 123 页。

公社跨越“卡夫丁峡谷”可能性的结论，正体现了历史普遍性和历史特殊性的辩证法。

另一种则是带有“创新”色彩的观点，认为这些新思想涉及马克思历史理论的根本改变。它表明马克思晚年将唯物史观的社会形态演进理论仅仅看作一种纯粹的“西方社会理论”，完全不适用于东方。这种观点在20世纪60至70年代一度十分流行，其中以意大利学者翁贝托·梅洛蒂最为典型。他提出马克思在历史发展问题上存在从“单线论”到“多线论”的转变。他认为，马克思原来主张“单线论”，即认为人类社会发展必然经过“原始社会—奴隶社会—封建社会—资本主义社会—共产主义社会”五个阶段。但到了晚年，马克思改变了观点，提出了“多线论”，即认为历史可以不遵循上述五个阶段的依次演进，向两个甚至多个不同的方向发展。① 这种观点在国内20世纪80年代后半期的反映，就是有学者提出了马克思晚年形成了新的“东方社会理论”的观点。

我认为，上述两种观点都是错误的。实际上，马克思对“一般历史哲学理论”的批判既不是将唯物史观的社会形态演进理论当作纯粹的“西方社会理论”加以抛弃，从所谓“单线论”转向“多线论”；也不是仅仅一般地确认社会形态演进的统一性和多样性，局限于指认一个民族在发展过程中基于某些历史条件可以跨越某个特定的社会发展阶段。这里涉及的是对作为唯物史观基本内容之一的“世界历史”理论的深化和发展问题。

按照马克思的“世界历史”理论，前资本主义社会形态作为“地域性历史”是在各自孤立的地点上发展起来的，只是资本主义开创了“世界历史”，整个世界的发展才逐渐成为统一的过程。就前资本主义发展阶段来说，马克思从来没有把社会经济形态演进的历史序列绝对

---

① 参见［意］翁贝托·梅洛蒂《马克思与第三世界》，高铭、徐壮飞、涂光楠译，商务印书馆1981年版，第17—36页。

化，在《资本论》第一卷比较工厂主和领主“对剩余劳动的贪欲”时，就指出“在多瑙河各公国”，农奴制关系就是通过徭役直接从原始的“公社所有制”的基础上发展而来的。[①] 在“人类学笔记”中，马克思也讲过：“现代家庭在萌芽时，不仅包含着奴隶制（servitus），而且也包含着农奴制，因为它从一开始就是同田野耕作的劳役有关的。它以缩影的形式包含了一切后来在社会及其国家中广泛发展起来的对立。”[②] 因此在这一阶段，甚至从某种意义上可以说“多线”发展是“世界历史”理论的题中应有之义。不过与梅洛蒂不同，这是“多”中有“一”、“多”趋向“一”：即无论是由原始社会经过奴隶制发展到封建制，还是由原始社会直接过渡到封建制，也无论这种封建制是“领主—农奴”形式还是“地主—农民”形式，其共同特征都是直接的“人的依赖关系”，其发展趋势都是从“或多或少由自然形成的共同体”趋向“以物的依赖性为基础的人的独立性”。

而在资本主义登上历史舞台以后，人类历史日益发展为世界历史，情况就发生了根本的变化。这里，不仅作为整个人类历史来说资本主义历史阶段是不可逾越的，而且某一民族在自身发展过程中能否跨越资本主义阶段的问题，也呈现出复杂的情况。因为这不仅要自身具备一定的条件，要以发达民族资本主义已经存在和发展为前提，更为重要的是要以整个世界历史发展的程度以及更进一步说资本主义的全球统治能力、以资本主义自身是否已造成了向更高阶段过渡的历史条件为前提。这一切表明，俄国农村公社的命运以及更进一步说俄国社会发展道路问题绝非一个孤立的问题，而是涉及“世界历史”理论的重大问题。而上述两种对马克思晚年关于东方社会发展道路新思想的解读都离开了这一关键问题。

马克思晚年对“世界历史”理论的这一重大突破，主要表现在以

① 《马克思恩格斯全集》第23卷，人民出版社1972年版，第265页。
② 《马克思恩格斯全集》第45卷，人民出版社1985年版，第366页。

下三个方面。

一是世界历史的形态发生了根本的变化。资本主义是世界历史的最初动力，但不再是世界历史的实现形式。在最初提出“世界历史”理论的《德意志意识形态》中，马克思、恩格斯说，人们的世界历史性存在随着生产力的发展必然成为经验的事实，“各个相互影响的活动范围在这个发展进程中越是扩大，各民族的原始封闭状态由于日益完善的生产方式、交往以及因交往而自然形成的不同民族之间的分工消灭得越是彻底，历史也就越是成为世界历史”①。从那时起直到19世纪70年代中期，他们一直强调世界历史的形成过程就是资本主义自身发展的过程，大工业“首次开创了世界历史”。因而，不仅世界历史的最初推动力来自资本主义，而且世界历史本身也只能首先在资本主义世界体系的形式下形成。当然，资本主义世界体系的形成不过是将其不可解决的内在矛盾扩展到全世界，因而世界历史的进一步发展最终将摆脱资本主义形式，但那是世界历史发展的第二阶段。现在，马克思关于世界历史的看法不同了：尽管世界历史的最初动因仍然源自资本主义，但由于资本主义自身已经走向危机和衰落，它已经无法容纳在自身形式下发展起来的世界历史进程了。正像资本主义不能实现人类的彻底解放而只能为其创造条件一样，资本主义同样不能造成真正的世界历史而只能为其创造条件。世界历史只有突破资本主义的狭隘关系才能得以最终形成，它从一开始就是在共产主义的形式下实现的。

二是东方社会在世界历史形成过程中的作用发生了根本的变化，不再是纯粹被动的，而是成为推动世界历史形成的主动力量。直到70年代中期以前，马克思、恩格斯一直把世界历史形成的过程看作资本主义向全球的单纯空间拓展，把世界历史形成的动力单向度地归结于西方社会。“正像它使乡村从属于城市一样，它使未开化或半开化的国家从属于文明的国家，使农民的民族从属于资产阶级的民族，使东

① 马克思、恩格斯：《德意志意识形态》（节选本），人民出版社2003年版，第32—33页。

方从属于西方。”[①] 东方社会在他们看来已经完全丧失了生命力，不过是世界历史形成的被动对象。正是从这种认识出发，他们在无情地揭露资本主义殖民活动的暴力、掠夺等兽行的同时，充分肯定其客观的历史进步意义。这一点在马克思50年代对中国和印度的相关时事评述，特别是在《不列颠在印度的统治》和《不列颠在印度统治的未来结果》等文章中表现得尤为明确。他认为，印度的村社制度“始终是东方专制主义的牢固基础；它们使人的头脑局限在极小的范围内，成为迷信的驯服工具，成为传统规则的奴隶，表现不出任何伟大和任何历史首创精神”。其遭到破坏和趋于毁灭“与其说是由于不列颠的收税官和不列颠的兵士粗暴干涉，还不如说是英国的蒸汽机和英国的自由贸易造成的结果”。“不过是在大范围内显示目前正在每个文明城市起着作用的政治经济学本身的内在规律罢了。”英国对农村公社从而对印度社会的破坏，“在亚洲造成了一场最大的、老实说也是亚洲历来仅有的一次社会革命”，“充当了历史的不自觉的工具”。[②]

现在则完全不同了：马克思强调农村公社具有强大的生命力。首先，原始公社本身具有比各种私有制形式更为强大的生命力。马克思认为：“（1）原始公社的生命力比闪族社会、希腊社会、罗马社会以及其他社会，尤其是资本主义社会的生命力要强得多；（2）它们解体的原因，是那些阻碍它们通过一定发展阶段的经济条件，是和现代俄国公社的历史环境毫无相似之处的历史环境。”[③] 其次，原始公社的天赋生命力还表现在，有的公社经历了中世纪的一切波折，依然保持到今天；即使是在其被替代的地方，它的各种特征也仍然非常清晰地存在于取代它的公社里面。最后，特别是当时存留在世界上广大地区的农村公社，作为原始公社的最后阶段，较之古代类型的公社有了新的

① 《马克思恩格斯选集》第1卷，人民出版社1972年版，第255页。
② 《马克思恩格斯选集》第2卷，人民出版社1972年版，第67、68、75页。
③ 《马克思恩格斯全集》第19卷，人民出版社1963年版，第432—433页。

特征：（1）冲破了血缘的狭隘联系；（2）房屋及园地已经成为私有财产；（3）耕地仍归公社所有，但定期重分，产品归己。这种公有制成分和私有制因素并存的二重性构成了农村公社强大生命力的源泉：一方面公有制及其所造成的各种社会关系，使公社基础稳固；同时，私有制的出现，又使个人获得发展，而这种个人发展和较古老的公社的条件是不相容的。由此出发，马克思认为公社的瓦解并非由经济必然性所致，而是“死于暴力之下”。他告诫说：“我们在阅读资产阶级作者所写的原始公社历史时必须有所警惕。他们是不惜伪造的。例如，亨利·梅恩爵士本来是英国政府用暴力破坏印度公社的热心帮手，但他却伪善地要我们相信：政府维护这些公社的一切善意的努力，碰到经济规律的自发力量都失败了。”① 相应地，马克思对资本主义殖民统治者在落后国家摧残农村公社的评价，也发生了根本的改变。他说：“至于比如说东印度，那末，大概除了亨利·梅恩爵士及其同流人物之外，谁都知道，那里的土地公社所有制是由于英国的野蛮行为才消灭的，这种行为不是使当地人们前进，而是使他们后退。”② “英国政府利用（已由法律批准的）‘抵押’和‘出让’，极力在印度西北各省和旁遮普瓦解农民的集体所有制，彻底剥夺他们，使公社土地变成高利贷者的私有财产。”并且指出，“阿尔及利亚存在高利贷的类似活动，在那里，国税重担是他们手中的进攻武器”。③ 这样一来，世界历史的最终形成，就不再是资本主义在世界上的单纯拓展，而是东西方相互作用的结果，甚至主要是东方人民反抗资本主义殖民统治、实现公社再生和社会复兴的结果。

三是实现世界历史的阶级力量发生了根本的转变，不再是资产阶级，而是无产阶级和东方农民民族的联盟。在《共产党宣言》中，马

① 《马克思恩格斯全集》第 19 卷，人民出版社 1963 年版，第 433 页。

② 《马克思恩格斯全集》第 19 卷，人民出版社 1963 年版，第 448 页。

③ 《马克思恩格斯全集》第 45 卷，人民出版社 1985 年版，第 324 页。

克思、恩格斯指出，资产阶级，由于一切生产工具的迅速改进，由于交通的极其便利，把一切民族甚至野蛮民族都卷到文明中来了。它迫使一切民族（如果它们不想灭亡的话）采用资产阶级的生产方式；它迫使它们在自己那里推行所谓文明制度，即变成资产者。一句话，它按照自己的面貌为自己创造出一个世界。可以说，直到 19 世纪 70 年代中期，开创世界历史都被看作资产阶级的历史使命。可是现在，在马克思看来，由于资本主义已经自身难保，“资本主义是处于危机状态，这种危机只能随着资本主义的消灭、现代社会的回复到‘古代’类型的公有制而结束”，因此，资产阶级已经无力完成这一历史使命了。世界历史的最终形成只能由无产阶级，由西方无产阶级和东方农民阶级的联合，由西方社会主义革命和东方民族革命的“互相补充”来实现了。今天看来，马克思过低估计了资本主义的生命力，过高估计了农村公社的生命力和实现社会主义条件的成熟程度。但是，这并不能抹杀马克思关于“世界历史”理论的上述新思想的价值。实际上，20 世纪东方民族解放和帝国主义殖民体系的崩溃，表明马克思对东方社会发展潜力的肯定和东方民族复兴前景的预言，已经以另一种方式得到了实现。特别是体现在上述新思想中的超越“欧洲中心论”的真正世界历史眼光和深刻的历史辩证法精神，更是保持着强大的生命力。

三

只有理解了马克思晚年新思想的实质在于对“世界历史”理论的突破，才能准确理解马克思晚年在俄国农村公社问题上的观点演变，并合理解释马克思与恩格斯在俄国跨越“卡夫丁峡谷”问题上的观点差异。

首先，马克思在俄国农村公社命运问题上的观点演变，正是源于其 70 年代末 80 年代初在人类学和历史学方面的研究。70 年代中期以前，马克思对俄国农村公社的前景并不看好。1870 年他在谈到弗列罗夫斯基的《俄国工人阶级的状况》一书时明确表示："对于这种共产主义的黄金国，我从来不抱乐观的看法。"① 在1875年2至3月间马克思还建议恩格斯"写点东西出来"批判俄国民粹主义者特卡乔夫的观点。恩格斯先写了《流亡者文献》之四，紧接着又写了"之五"即《论俄国的社会问题》。在后一篇中，恩格斯明确指出："俄国的公社所有制早已度过了它的繁荣时代，看样子正在趋于瓦解……如果有什么东西还能挽救俄国的农村公社所有制，使它有可能变成确实富有生命力的新形式，那末这正是西欧的无产阶级革命。"② 直到1877年11月在《给"祖国纪事"杂志编辑部的信》中，马克思得出的结论仍然是一种"有条件的否定"："如果俄国继续走它在1861年所开始走的道路，那它将会失去当时历史所能提供给一个民族的最好的机会，而遭受资本主义制度所带来的一切极端不幸的灾难。"③

但是，通过70年代末80年代初对农村公社和世界历史的再研究，马克思的观点发生了重大转变。在写于1881年3月8日《给维·伊·查苏利奇的复信》中，他的看法已经转变为"有条件的肯定"了，他说："我深信：这种农村公社是俄国社会新生的支点；可是要使它能发挥这种作用，首先必须肃清各方面向它袭来的破坏性影响，然后保证它具备自由发展所必需的正常条件。"④ 1882年1月他同恩格斯共同署名的《共产党宣言》俄文第二版"序言"，进一步表述了这种"有条件的肯定"立场。

从这一新立场出发，马克思论证了俄国公社跨越资本主义"卡夫丁峡谷"的理论可能性。在《给维·伊·查苏利奇的复信》的前三份草稿中，马克思主要是从以下两个方面论述的。

一是俄国农村公社的非资本主义发展既符合时代发展的历史方向，

---

① 《马克思恩格斯全集》第32卷，人民出版社1974年版，第421页。
② 《马克思恩格斯选集》第2卷，人民出版社1972年版，第625—626页。
③ 《马克思恩格斯全集》第19卷，人民出版社1963年版，第129页。
④ 《马克思恩格斯全集》第19卷，人民出版社1963年版，第269页。

也符合俄国社会的总的运动方向。在马克思看来，“欧洲和美洲的一些资本主义生产最发达的民族，正力求打碎它的枷锁，以合作生产来代替资本主义生产，以古代类型的所有制最高形式即共产主义所有制来代替资本主义所有制”[①]。俄国农村公社的非资本主义发展“是符合我们时代历史发展的方向的”。同时，他认为这也和俄国社会总的运动一致。俄国当时除国有土地外，掌握着将近一半土地且都是优等地的土地所有制是和公社所有制对立的，这种状况使俄国的农业深陷于绝境之中。因此，甚至从纯经济的观点来看，俄国也只能通过本国农村公社的发展来摆脱它的农业现在所处的绝境；用英国式的资本主义租佃制来摆脱这种绝境的尝试，是徒劳无功的，因为这种制度是与俄国国内整个农业条件相抵触的。[②]

二是俄国的农村公社本身具有强大的生命力。马克思不仅如前所述，一般地指出了各种原始公社都比私有制更有生命力，农村公社比较早类型的原始公社具有更为强大的生命力，而且特别强调俄国的农村公社又有着一般的农村公社所不具备的优势。在欧洲，只有俄国农村公社不是像稀有的现象和罕见的怪事那样零星地保存下来，不是以不久前在西方还有的那种原始形式保存下来，而几乎是作为巨大帝国疆土上人民生活的统治形式保存了下来的。土地公有制是俄国农村公社的集体占有制的基础，它使公社能够直接地、逐步地把已经出现的小土地个体耕作变为集体耕作，而俄国土地的天然地势又非常有利于大规模地使用机器。此外，俄国农民习惯于劳动组合关系，而且在没有分配的草地上、在排水工程和其他关系到共同利益的事业方面，已经在一定程度上实行集体经营了，这些都有助于他们从小土地经济过渡到集体经济。

当然，马克思也承认俄国的农村公社的一些弱势。其一是公社兼

① 《马克思恩格斯全集》第19卷，人民出版社1963年版，第443—444页。

② 《马克思恩格斯全集》第19卷，人民出版社1963年版，第437页。

有公有制与私有制两种所有制形式，既构成了其强大生命力的源泉，也可能转而成为公社解体的根源。他指出，“农业公社天生的二重性使得它只可能是下面两种情况之一：或者是私有原则在公社中战胜集体原则，或者是后者战胜前者。一切都取决于它所处的历史环境”。[①] 其二是农村公社的孤立性，容易成为比较集权的专制制度矗立其上的社会基础。不过马克思认为，“在今天，这一缺点是很容易消除的”。

在论述俄国农村公社跨越“卡夫丁峡谷”的可能性时，马克思反复强调，他说的是“理论上的可能性”。所谓“理论上的可能性”，包括两层意思。第一是以“正常状态”为前提。“从纯理论观点，即假定以永远正常的生活条件为前提，来判断农村公社可能有的命运。”[②] 第二是包含着相互对立的全部可能性。例如农村公社的二重性的最终结局，“a priori〔先验地〕说，二种结局都是可能的，但是，对于其中任何一种，显然都必须有完全不同的历史环境”[③]。

在论述了俄国公社跨越“卡夫丁峡谷”的理论可能性后，马克思进一步提出了实现这种理论可能性的历史条件。

就俄国农村公社本身来说，它在经济上要有非资本主义发展的需要，在物质上要有实现这种发展的条件。马克思深信，“只要把‘农村公社’放在正常条件，就是说，只要把压在它肩上的重担除掉，只要它获得正常数量的耕地，那末它本身就立刻会感到有这种必要。俄国农业只要求有土地和用比较原始的工具装备起来的小土地农民的时期，已经过去了。对农民的压迫耗尽了地力，使土地贫瘠，这种情况使这个时期过去得很快。现在，农民需要的是大规模组织起来的合作劳动”。[④] 同时，俄国农村公社的非资本主义发展在物质上也具备了实现的条件。如果俄国是脱离世界而孤立存在着的，如果它只靠自己的

① 《马克思恩格斯全集》第19卷，人民出版社1963年版，第450—451页。
② 《马克思恩格斯全集》第19卷，人民出版社1963年版，第434页。
③ 《马克思恩格斯全集》第19卷，人民出版社1963年版，第435页。
④ 《马克思恩格斯全集》第19卷，人民出版社1963年版，第438页。

力量来取得西欧通过长期进化（从原始公社到它的目前状态）才取得的那些经济成就，那么公社便注定会随着社会的发展而灭亡。但是俄国农村公社不仅和资本主义生产是同时代的东西，而且度过了资本主义制度没有被触动的时期。俄国农村公社比同一类型的古代公社大大优越的地方正是在这里。一旦资本主义由于整个社会“回复到‘古代’类型的公有制”而宣告结束，俄国的农村公社就可以从与它并存的资本主义取得进行集体劳动的一切条件，不通过资本主义制度的“卡夫丁峡谷”而享用资本主义制度的一切肯定成果。而在此情况下，俄国社会也有义务支付集体劳动所需要的最初创办费用。

更为重要的是外部条件，即需要俄国革命，需要俄国革命和西方无产阶级革命的互相补充。在《给维·伊·查苏利奇的复信》的“初稿”中，马克思指出，农村公社目前正处于危险境地，这是由于沙皇国家帮助那些吮吸着农村公社本来已经涸竭的血液的新资本主义寄生虫去发财致富。破坏性影响的这种结合，只要没有被强大的反作用击破，就必然会导致农村公社的灭亡。他强调，要挽救俄国公社，就必须有俄国革命。如果革命在适当的时刻发生，如果它能把自己的一切力量集中起来以保证农村公社的自由发展，那么，农村公社就会很快地变为俄国社会复兴的因素，变为使俄国比其他还处在资本主义制度压迫下的国家优越的因素。

毋庸讳言，仅仅就俄国农村公社以至整个俄国社会的非资本主义发展道路来说，马克思的预言并未实现。但其中所蕴含的落后国家有可能不经过西欧资本主义曾经不得不经历的大部分苦难和斗争，而利用自己的“落后优势”，吸收资本主义制度下的一切肯定的成果的思想，仍然具有普遍意义。从这个意义上说，不仅俄国社会后来的发展仍然带有这种特点，而且正如恩格斯后来所说：“这不仅适用于俄国，而且适用于处在资本主义以前的发展阶段的一切国家。”①

---

① 《马克思恩格斯全集》第22卷，人民出版社1965年版，第502—503页。

其次，明确了马克思晚年新思想的实质，才能合理地解释马克思恩格斯在跨越“卡夫丁峡谷”问题上的观点差异。只要对前面我们列举的马克思和恩格斯关于俄国农村公社问题的一系列文本作不带偏见的解读，我们就不难看出，两者的观点存在一定的差异。与马克思的观点在70年代末80年代初出现了突破性的转变不同，恩格斯的观点更为始终如一；与马克思强调俄国农村公社自身的生命力和俄国本身的革命相比，恩格斯更为强调的是：“对俄国的公社进行这种改造的首创因素只能来自西方的工业无产阶级，而不是来自公社本身”和“西欧无产阶级对资产阶级的胜利”。[1] 这里当然有论述的背景和条件不同的历史原因，即马克思提出自己新观点的时候，革命民粹派活动处于高峰；正是在马克思给查苏利奇写复信的1881年3月，沙皇亚历山大二世被暗杀。恩格斯后来也指明了这一背景。但是，我认为，更为根本的原因在于马克思在“世界历史理论”上形成的新的思想突破。当然，这并不意味着两人的观点是根本对立的。一年后，马克思和恩格斯在《共产党宣言》1882年俄文第二版“序言”中进一步强调：“对于这个问题，目前唯一可能的答复是：假如俄国革命将成为西方无产阶级革命的信号而双方互相补充的话，那末现今的俄国土地公有制便能成为共产主义发展的起点。”[2] 从后来东方国家社会发展的实践来看，马克思和恩格斯的观点与其说是对立的，不如说是互为补充的。完整地、准确地把握他们的思想，不仅对理解唯物史观的“世界历史”理论，而且对指导我国社会主义初级阶段的实践，都有十分重大的意义。

（原载于《江海学刊》2012年第3期）

① 《马克思恩格斯全集》第22卷，人民出版社1965年版，第500页。
② 《马克思恩格斯选集》第1卷，人民出版社1995年版，第251页。

从继承到建构：马克思以解放为轴心的哲学革命

刘同舫

伟大哲学思想的产生需要继承、发展前人的智慧，经过思想的沉淀和积累，铺设好自己的理论地基，从而在这一地基之上构建起宏伟的哲学大厦。马克思哲学思想的演进，同样不能摆脱这一规律和逻辑进程，也必然面临和经历从理论继承到突破创新再到革命建构的学术发展过程。关于马克思理论继承的判定，已是无可争议的事实。需要进一步追问的是，马克思的理论继承与前人的关联度如何区分，其理论继承的内容主要包含哪些？作为一位伟大的思想家，马克思如何从所继承理论的框架之中实现超越，构建起自身的体系？

理论继承的多元性及其本质性扬弃

马克思生前酷爱读书，涉猎广泛，对政治、经济、文化等诸领域有深入研究，其研究成果大部分存留在读书笔记中。马克思的精深研究和广博知识积累为其理论发掘与思想探索奠定了坚实的基础，也为其宏大愿景的哲学构设埋下了种子。

从理论继承的角度看，马克思思想的理论源泉是多元化的。我们既可以在马克思的思想中找到古希腊罗马哲学的身影，也可以领略到马克思对中世纪哲学的延续与独到见解，而近代哲学更是马克思哲学理论的主要来源，即便近代哲学常常以被批判的姿态显现，但也足见其对马克思影响之至深。若将马克思比作一个思想“汇聚池”，那么他所继承的各种理论便是通往这一“汇聚池”的各条支流，而近代哲学中的德国古典哲学，在如此众多的支流当中则是最主要的一条。马克思早期思想中的意识哲学、人本主义、辩证法思想都主要源于德国古典哲学，而成熟时期的唯物史观则是其批判德国古典哲学思想体系的结晶。回到德国古典哲学解析马克思的思想，是“走进马克思”的必经之路。

德国古典哲学是西方哲学史上的关键环节，主要是指包括康德、费希特、谢林、黑格尔和费尔巴哈①等哲学家在内的哲学流派。该流派对古希腊哲学、中世纪哲学、17 世纪的形而上学和启蒙哲学等开展了扬弃性的概括归纳，撷取其中的思想精华，并在此基础上创造性地构筑了内容充实、逻辑严密且哲学运思深刻的思想体系。时至今日，学界依然对德国古典哲学的研究保持着相当的热情，这一方面是由于德国古典哲学本身具有的理论深度值得学人予以重视和深入研究，尤其是结合时代发展将其应用于现实指导，更是大势所趋；另一方面还源于马克思在很大程度上批判性地继承了德国古典哲学的思想，要精确地研究马克思哲学需要借助德国古典哲学的力量。从哲学史发展的角度看，马克思与在哲学史中处于关键位置的德国古典哲学无疑是一种既批判又继承的关系。

首先，从哲学本质精神上看，马克思扬弃了德国古典哲学的批判精神和革命精神。

---

① 学界对费尔巴哈是否属于德国古典哲学代表之一存在一定争议，有学者认为青年时期的费尔巴哈，作为青年黑格尔主义者，在哲学史上可以作为黑格尔哲学的附庸而归入德国古典哲学的范围之内，而成熟时期的费尔巴哈哲学，由于其已经形成了自己的独立思想，因此不属于德国古典哲学的范畴（参见俞吾金等《德国古典哲学》，人民出版社 2009 年版，第 5 页）。但笔者认为，从费尔巴哈思想对德国古典哲学的延续性来看，还是应该将其纳入德国古典哲学的行列，作为德国古典哲学的组成部分来整体考察马克思和德国古典哲学思想渊源的关系。

哲学是时代发展的产物，始终带有时代遗留的痕迹。德国古典哲学作为资产阶级的哲学思想，自然也带有批判现实、针砭时弊的精神内蕴，直接冲击封建专制以及宗教统治。这里的“批判”并非对现实社会的直接批判，而是厘定、反思的意思，主要运用于划清界限、勘定领域。康德的批判哲学正是通过厘定“理性”的“界限”、勘定“理性”的领域，奠定了“理性”的合法权利，并以此令哲学摆脱神学的统治，甚至解构宗教，从而实现人自身的启蒙。这种“厘定、反思”自康德哲学问世以来便得到不断蔓延和散布，拓展深入更多的领域，浓缩、沉淀为深潜于哲学内核之中的批判精神。德国古典哲学的这种批判精神，对马克思思想的形成影响巨大。在德国古典哲学那里，运用批判精神主要是将“理性—精神”的运动过程恰当地呈现出来，而马克思重点则是将物质现实的运动以批判的精神适当地叙述出来，如马克思所说：“研究必须充分地占有材料，分析它的各种发展形式，探寻这些形式的内在联系。只有这项工作完成以后，现实的运动才能适当地叙述出来。这点一旦做到，材料的生命一旦在观念上反映出来，呈现在我们面前的就好像是一个先验的结构了。”① 马克思对物质现实世界和人类社会发展的研究，延续和拓展了源自德国古典哲学开创的“厘定、反思”的批判精神。

德国古典哲学的革命精神并不体现为一种现实革命运动，而显现为一种哲学革命，这与德国资产阶级的发展状况相一致，它不可能像法国一样进行政治革命。德国古典哲学革命主要针对的对象是旧形而上学体系，并希望通过革命将哲学研究的重心转向人与科学。这种敢于对权威发出质疑、善于改变旧体系的革命精神在马克思的思想中得到延续，且作为其思想的重要内容之一被批判性地继承。马克思直至撰写《资本论》时期还公开承认自己是黑格尔这位大思想家的学生，并指出黑格尔的辩证法在其合理性形态上，“引起资产阶级及其空论

① 马克思：《资本论》第1卷，人民出版社2004年版，第22页。

主义的代言人的恼怒和恐怖，因为辩证法在对现存事物的肯定的理解中同时包含对现存事物的否定的理解，即对现存事物的必然灭亡的理解”，并且“辩证法不崇拜任何东西，按其本质来说，它是批判的和革命的”。[①] 在马克思看来，革命不仅是一种哲学革命——对旧形而上学思想的反思，而且更是一种无产阶级主导的现实运动，即无产阶级革命。马克思将革命视为人类通往共产主义的唯一方式，认为共产主义唯有以革命的方式才能最终抵达。

其次，从哲学思想内容上看，马克思哲学与德国古典哲学有广泛的联结点和难以割断的“网结”。

马克思对德国古典哲学思想的继承体现在其整个哲学的发展历程中。早在大学时期，马克思已对德国古典哲学的众多学者有过深入研究。麦克莱伦指出：“马克思经历了从康德、费希特、谢林到黑格尔这一与德国古典哲学本身同样的发展历程。”[②] 在投入“青年黑格尔派”时期，马克思着重强调自由、理性与革命，与赫斯、鲍威尔等人一起批判黑格尔体系，认为当时德国所需要的是康德和费希特的理想主义。而在研习了国民经济学，并经历对黑格尔法哲学的批判之后，即从《1844 年经济学哲学手稿》开始，马克思逐渐摒弃青年黑格尔派的“德意志意识形态”，转而注重从市民社会中现实的人及其形成的社会关系出发研究问题。通过这一历史过程，马克思转向黑格尔的法权思想。虽然马克思一直批判黑格尔的神秘主义倾向，但不容忽视的是，正是从对黑格尔法权体系的学习与批判中，马克思重构了市民社会与政治国家的关系，厘清了“物质生活关系”的本源性意义。而之后马克思的思想历程更是体现出其对德国古典哲学思想的批判与继承，康德的实践理性思想、黑格尔的辩证法思想、费尔巴哈的人本主义、

① 马克思：《资本论》第 1 卷，人民出版社 2004 年版，第 22 页。

② ［英］戴维·麦克莱伦：《卡尔·马克思传》，王珍译，中国人民大学出版社 2005 年版，第 23 页。

唯物主义思想等都是马克思哲学与德国古典哲学的联结点。马克思哲学思想的演进，反映了其对德国古典哲学思想内容批判继承的深度与广度，透视出德国古典哲学在马克思哲学思想的理论来源中所占据的重要位置，马克思的哲学思想与德国古典哲学有难以割断的“网结”。

马克思对德国古典哲学的理论继承，绝非全盘照搬式的“拿来主义”，而是融入了马克思自身的思辨加工以及对社会现实的深入勘探，是一种批判性继承和本质性扬弃。马克思与德国古典哲学的关联是绝对的，而德国古典哲学多元的思想在哪些方面对马克思具有相对更强的理论引导力和影响力，这一问题值得我们深究。

“以康解马”与“以黑解马”的追问①

从历史顺承层面看，探究康德、黑格尔再到马克思的思想进路，是一个合乎思想发展规律的纵向脉络分析思路，它有利于呈现哲学史的顺利衔接与完整构建。从“回到康德”还是“回到黑格尔”来解读马克思，其意义已不是停留于哲学史层面的构建问题，而在于厘清马克思与前两者的关系。基于思想的关联性，以“回到马克思”考察马克思哲学思想，能够使我们回归到马克思思维的本真意图，有利于破除人们原先的思维定式和固定教条，为现实困境的开解指明出路。

学术界长期存在着一种倾向，即认为黑格尔思想是马克思哲学思想的主要来源之一，而康德作为德国古典哲学的创始人，对马克思的影响相对薄弱，诸多学者为这一观点立论。导致这种倾向流行的缘由，

① 本部分内容虽然主要从康德、黑格尔与马克思之间的“对话”来阐述马克思对前两者的思想扬弃，或者说主要通过考察“回到康德”还是“回到黑格尔”来解读马克思，但笔者并不否认德国古典哲学中其他几位代表人物，尤其是费尔巴哈对马克思哲学思想的影响。近年来，学界对“以康解马”还是“以黑解马”的相关问题进行了讨论，甚至有刊物以笔谈的形式开辟专栏做了系统探讨，如《哲学动态》在 2013 年第 1 期和 2013 年第 6 期等分别就此问题刊登了相关文章。

笔者认为主要包含以下两个方面。第一，黑格尔作为德国古典哲学的集大成者，其哲学体系广博而深邃，受此影响，马克思曾多次拜读，吸纳、借鉴了黑格尔的诸多观点和哲学概念，这在马克思的文本中可以找到大量证据。在马克思整个人生和思想中，黑格尔哲学几乎都伴随左右，时隐时现，虽然在不同阶段他对黑格尔思想也会有褒贬不一的评判，但无论如何黑格尔对马克思确实影响至深。第二，在中国的话语体系中，我们往往将德国古典哲学视为一个连贯的、必然的、合乎逻辑的历史进程，从康德，经费希特、谢林到黑格尔，存在一个在思想上前后相继、步步推进、具有内在发展规律的独立思想逻辑，其中前者被后者扬弃并包含于后者之中，使之呈现出一个从低向高、螺旋式上升的“合乎目的”的进程。按照这一思路，黑格尔自然就成为比康德等人更为重要的学术大家。①

然而，“以黑解马”的思维惯性同样会面临追问甚至遭到质疑。“以黑解马”思维惯性的形成可能使我们相对忽视对这一路径本身的前提性反思，即忽视对“以黑解马”解释的限度及其有效性的追问。“以黑解马”理论自信的确立，必须建立在与“他者”的比较优势中。对中国学界而言，“以康解马”的研究路径就是与“以黑解马”相异质的“他者”。

究竟是“回到康德”还是“回到黑格尔”来解读马克思，成为马克思哲学演进史研究的重要争论点。

笔者认为，既要“回到康德”，也要“回到黑格尔”来解读马克思，否则会失之偏颇。马克思的哲学思想与康德、黑格尔在本体论、认识论、方法论等多方面“相遇”，并展开了深度“对话”。

首先，在本体论方面的对话。从本体论上看，马克思哲学与康德哲学的关系主要集中在其与中心概念——实践的关联上。在实践的运

① 关于“德国古典哲学是一个合乎逻辑的必然进程”的观点，参见贺来《重思马克思哲学与德国古典哲学关系的真实意义》，《哲学动态》2013 年第 6 期。

用上，马克思受惠于康德。关于马克思本体论的性质问题，学界有不同的争论，主要有三种观点：马克思哲学本体论就是物质本体论，“世界的真正的统一性在于它的物质性”①；马克思哲学本体论是实践本体论，其依据是马克思在《德意志意识形态》中的论述：“这种历史观和唯心主义历史观不同，它不是在每个时代中寻找某种范畴，而是始终站在现实历史的基础上，不是从观念出发来解释实践，而是从物质实践出发来解释各种观念形态”②，实践作为马克思思想的核心概念，是其考察社会、人、自然等所有观念形态的出发点，具有本体性意蕴；马克思哲学本体论是社会存在本体论，他将人作为社会的存在物，当其考察人的本体性问题时，就是考察社会存在。笔者倾向于马克思哲学本体论是实践本体论的观点。实践概念不仅适用于马克思的认识论范畴，同样适用于其本体论范畴。马克思思想的核心部分即是实践哲学，它是与解释世界相对应的改造世界的哲学体系，缺乏实践的哲学不能称为马克思哲学。在马克思看来，人的所有认知和对世界的改造都建立在实践基础之上，实践作为所有事物的始发性来源，融合了初创性、人的理性思维等本体论特质。

而在追溯马克思实践本体论的由来时，康德的实践理性自然进入了我们的考察视野。康德将理性区分为两种：理论理性与实践理性。理论理性将研究对象确认为现象界的感觉经验，主要涉及自然必然性；实践理性则以自由为主要聚焦点，将研究对象确认为本体界的道德行为。康德的实践理性将本来归属于非理性的意志演变为理性，使意志遵从于善良意志而活动，并从始至终服从理性的绝对命令。在康德那里，“理论理性”需要受制于感性的物质材料，“实践理性”则不由感性材料来支配，而是对感性世界的一种“摆脱”，成为一种否定的力量，一种对“世界本不该如此”的声明，从而将“行动”“改变”的

① 《马克思恩格斯文集》第9卷，人民出版社2009年版，第47页。
② 《马克思恩格斯文集》第1卷，人民出版社2009年版，第544页。

意蕴植根于自身。只是在康德的体系中，实践的主体是理性，而马克思从康德的实践理性中剥离出“实践”概念，并赋予了实践唯物主义思想新内涵，将实践的主体变成现实的人，由此使实践在马克思解放哲学中成为始源性的本体论存在。

其次，在认识论方面的对话。认识论问题是康德所表述的“我能够知道什么”的问题。康德和黑格尔在各自的哲学领地进行了迥异的阐述，康德的认识论归结为先天综合判断，它强调认识的拓展性、普遍性和必然性特征；黑格尔的认识论可以称为精神认识论，它通过“实体就是主体”的原则，希望主客体达成和解与同一。马克思在既承继了康德认识论的特征，又肯定了黑格尔对于主客体同一性的论述的基础上，同时超越了康德与黑格尔，提出通过实践活动的方式获得认识，主张实践才是人类认识的来源和获取方式。

康德提出“先天综合判断何以可能”的意义超越了唯理论和经验论。当然，在康德看来，“先天综合判断何以可能”本身并不构成“问题”，因为先天综合判断自身的存在“无可争辩”和“无可质疑”，逻辑和数学的成功本身就证明了这种存在。康德借用了“哥白尼式的革命”的思想，将“人为自然立法”引渡到认识论的范畴之中，认为对客观事物的认识其实就是使其适合于人们的理性，即将认识的主体确定为人自身，而非客观事物。当然，从康德物自体概念来看，康德的认识论具有其限制性，物自体作为认识的彼岸是无法企及的。

黑格尔反对康德在认识问题上的二元论，即认识主体与认识对象（物自体）两者之间无法达成真正的和解，主张主客体相同一的一元论。而作为客观唯心主义的哲学家，黑格尔将这种一元论的认识论诉诸精神领域，亦即绝对精神。在康德的理念中，“理论理性”只能把握“现象”，一旦超出现象，就会出现“二律背反”，受制于感性世界的“理论理性”不断有矛盾出现。黑格尔则通过将“理论理性”转换为一种运动与过程以解决矛盾。理性作为能动的主体，其克服内在矛盾、深入认识自己的过程就是作为绝对精神实体的实现过程。绝对精神在黑格尔那里是一个无限的、完全自由的、神圣的存在，它是主观精神与客观精神的统一体。主观精神代表着自在，客观精神代表着自为，而作为主客观精神统一体的绝对精神是自为的最高形式，它代表自由的精神实体，“精神是自为存在着的、以自己本身为对象的实现了的概念”①。黑格尔对认识论的探讨并没有脱离德国古典哲学的轴心问题——自由。

与康德和黑格尔从理性层面阐述各自的认识论不同，马克思秉持的是实践认识论。在马克思看来，实践活动是人认识感性存在，获得对事物规律、本质、方法等认识的前提和基础，是检验认识真理性的标准；唯物史观是以实践为起点对社会发展进行诠释，并非从纯粹的思辨出发来阐发社会历史；实践不仅是人的各种观念形态的起始点和来源，还是解决认识矛盾等问题的关键，“理论的对立本身的解决，只有通过实践方式，只有借助于人的实践力量，才是可能的”②。在马克思哲学中，实践概念不仅被赋予了本体论的意蕴，同时也兼具认识论的内涵。作为认识论的实践，不仅是认识对象形成的基础，也是作为对象进行认识活动的基础。康德、黑格尔的认识论始终难以摆脱形而上学的怪圈，其根本局限在于从理性角度阐述其“认识”。马克思跳出这一局限，将认识的来源、方法以及检验标准等都归于实践，确立了实践认识论。马克思实践认识论所认可的是可知论观点，即认为主客体之间具有统一性。马克思的实践认识论采纳了黑格尔对康德不可知论批判的策略，认为客体的客观存在本质决定了其对主体认识的决定性作用，而主体通过实践不仅可以达到对客体的认识，而且还能够对客体产生能动作用，能够检验认识的正确与否、指导认识活动的开展。

最后，在方法论方面的对话。马克思哲学中的唯物辩证法与黑格

① ［德］黑格尔：《精神哲学》，杨祖陶译，人民出版社2006年版，第20页。

② 《马克思恩格斯文集》第1卷，人民出版社2009年版，第192页。

尔的辩证法思想具有密切的关系。与黑格尔的辩证法方法论相比，康德的方法论对马克思哲学的影响相对较小。

康德的方法论以先验性为基础，他十分注重方法的构建，并将方法论与其哲学中的先验概念相融合。对康德而言，先验的知识并非有关对象的认识与知识，而是关乎对对象的认识方式的知识。对象的认识方式即方法论与先验的结合，构筑成康德的先验方法论。从康德先验方法论的演绎过程看，康德的先验方法论是在传统形而上学还未走上正确途径，仍处于盲目摸索之中而亟须变革的前提下诞生的，经过“哥白尼式的革命”，康德彻底转变了传统形而上学的思维方式，认为对于对象物的认识不过是我们早就已经放进去的东西而已①，这既是康德的“先验逻辑”，也是康德的方法论逻辑。② 康德的先验方法论，由于强调方法的先验性，其本质难以超然于唯心主义，与马克思哲学倡导的唯物辩证法在方向上存在偏差。

黑格尔的方法论即辩证法，也就是素来被称为黑格尔哲学思想“合理的内核”的部分。黑格尔在阐述概念的逻辑体系时，特意将其与传统的形式逻辑相区别，他鄙夷只讲形式、不顾及内容的逻辑范式，主张囊括思想内容本身的逻辑，即辩证法。然而，不论黑格尔如何界定和运用辩证法，其辩证法仍只是极富神秘性和抽象性，主张思维把握存在的逻辑方式，这显然与马克思的立场相背离。“我的辩证方法，从根本上来说，不仅和黑格尔的辩证方法不同，而且和它截然相反。在黑格尔看来，思维过程，即甚至被他在观念这一名称下转化为独立主体的思维过程，是现实事物的创造主，而现实事物只是思维过程的外部表现。我的看法则相反，观念的东西不外是移入人的头脑并在人的头脑中改造过的物质的东西而已。”③ 马克思批判黑格尔辩证法的神

---

① 参见［德］康德《纯粹理性批判》，邓晓芒译，人民出版社 2004 年第二版，“序”第 16 页。

② 关于“康德先验方法论的发展和构建历程”的观点，参见陈嘉明《建构与范导——康德哲学的方法论》，社会科学文献出版社 1992 年版，第 6—13 页。

③ 《马克思恩格斯文集》第 5 卷，人民出版社 2009 年版，第 22 页。

秘形式，强调辩证法在合理形态上所发挥的方法论作用，凸显出辩证法在对现存事物进行肯定的同时又对其给予否定理解。马克思的辩证法是对黑格尔辩证法的完美颠倒，但又保留了其“神秘外壳中的合理内核”。马克思在方法论的承继上更偏向于黑格尔，他主要是对黑格尔辩证法的批判性继承和发展，而并非对康德先验方法论的扬弃。

马克思哲学的本体论、认识论和方法论遗传有德国古典哲学的“基因”。回到德国古典哲学来解析马克思哲学是通往马克思本真思想的重要捷径。虽然对于“以康解马”还是“以黑解马”，学界始终存有争议，但不可否认，马克思在对人类命运进行深度探索、阐述其人类解放理论的过程中，始终保留着康德、黑格尔等德国古典哲学家所内蕴的“自由”精神，并希望以“解放”为轴心构建起充满自由的共产主义社会，这可谓对德国古典哲学的核心继承。

以“解放”为轴心的理论建构

德国古典哲学不论在哲学精神还是思想内容上都给予马克思绝对的影响，尤其是康德、黑格尔、费尔巴哈等人更是赋予了马克思无限灵感。缺少德国古典哲学影响的马克思，不可能成为完整的马克思。但是，马克思对德国古典哲学的继承绝非思想的照搬，而是一种批判式的继承。马克思之所以是马克思，就在于他在思想继承的同时又进行着消化吸收，创造出属于自己的思想体系。这种创造不是部分的创造，而是由其轴心始发并拓展至整个哲学体系的创造，这一轴心就是“解放”。“如果说德国古典哲学的轴心问题是‘自由’的话，那么马克思哲学的轴心问题则是‘解放’，实现全人类的解放是马克思进行哲学思考的根本旨趣。”① 在围绕“解放”轴心问题的探索中，普罗米

① 《哲学动态》记者：《交融与交锋：关于马克思与德国古典哲学的对话》，《哲学动态》2013 年第 1 期。

修斯精神的灵光一直都在马克思的思想深处闪烁。马克思首先是一个革命家，他围绕“解放”轴心问题建构的绝非抽象的、与无产阶级革命相分割的哲学体系，而是能够实现的、具有现实性的革命体系。思辨性的哲学之于马克思，不过是一个解释世界的工具，马克思力图摒弃哲学单一、纯粹的价值。他真正关注和重视的是改造世界，改变无产阶级的贫困命运，建构共产主义美好社会。

在建构人的自由而全面发展的共产主义社会时，马克思始终围绕“解放”这一轴心问题与主题而展开：他的整个思想体系是在“解放”轴心问题的牵引和关联上建立起来的，并扩展为政治解放、经济解放和文化解放三个维度，马克思哲学实质就是解放哲学。

首先，从政治层面看，对宗教的摒弃与分化、对国家的批判与审视，从而构建消灭宗教、消灭国家、消灭阶级的理想社会与共同体，是马克思对共产主义社会的精准设计，其目的是在政治上为人类解放的实现提供基本性前提。为了实现人类解放的伟大使命，政治解放是其必须首先解决的问题。马克思认为政治解放的任务就在于使国家摆脱宗教的捆缚，实现宗教与政治的分离。但只有政治解放是不彻底的，这种不彻底性表现为两个方面。第一，宗教没有消失，即马克思认为的，在政治解放结束后，宗教只不过是不再与政治相互捆绑，但这并不代表宗教的消亡，它依旧存在，并且充满生机，饱含活力。因此，政治解放就是使国家摆脱基督教等一切宗教而实现解放，国家不再维护任何宗教，而是去维护国家本身，达到消解宗教异化的目的。但是政治解放只是将国家从宗教中解放出来，并没有将市民社会中的人从宗教中解放出来，还“必须彻底地批判宗教，消除上帝对人的奴役，以恢复和确证人的本质力量和主体地位”[①]。第二，国家作为阶级统治工具的性质始终没有改变，国家依然与阶级紧密相连，成为统治阶级利益的维护者和守护者。政治解放之后，国家不再是神权政治的统治

① 郭艳君：《青年马克思批判哲学的双重逻辑及其理论意义》，《哲学研究》2011 年第 8 期。

场所，但这并不意味着国家不再是统治的机器，市民社会的不平等与阶级对立仍然要通过政治国家表现出来。虽然政治解放并非彻底的解放，但却完整地体现着马克思围绕“解放”这一轴心问题所展开的理论探讨和摸索，为其后期构设真正的共同体奠定了基础。

其次，从经济层面看，马克思围绕生产力与生产关系这一社会形态变迁和发展的主线，探究使两者互相配合、共同发展的理想境界。经济层面的解放是保证人类解放的必然要求与必要准备。马克思深刻剖析资本主义私有制对生产力发展的阻碍作用，揭露资本主义内在矛盾与丑陋本质，力图消除资本主义生产关系的障碍，实现社会生产力的巨大增长，在经济上为人类解放的实现准备物质基础。在马克思看来，资本主义体制下生产资料被资本家集团的“私人资本”组织起来，而作为劳动者的无产阶级却处于分散的状态，与生产资料处于隔离的境遇，从而出现“资本”支配“劳动”、资本家集团支配无产阶级的剥削现象，在这一阶段中，私有制的生产关系完全不能满足生产力的社会化发展要求，因此，为了实现人类的经济解放，马克思将批判的视野放大到对整个资本主义体制的批判与诘问，并提出“全世界无产者联合起来”，以求通过社会革命颠覆资本主义经济体制，实现“联合起来的劳动”支配被资本组织起来的生产资料，从而实现社会化大生产的进步，以此为人类解放的完成奠定物质基础。

最后，从文化层面看，马克思痛恨资本主义社会商品拜物教等种种异化现象对人们文化、思想的束缚，他渴求破除旧观念、旧思想的捆绑，将话语权归还给无产阶级，主张建立属于无产阶级自身的主体意识，并充分发挥和施展主体意识的能动性与创造性，实现文化层面的解放，使人类解放展现其具有的智识策略。在资本主义社会，文化服从于资本逻辑。资本在整个人的世界和自然世界中占据着主动和控制地位，精神文化的发展出现单一化、畸形化的趋势，文化不再遵循自身的发展规律，而是受到异化世界的掌控和操纵，自由的、独立的文化氛围已经被破坏。无产阶级作为被统治、被剥削的阶级，经济上的劣势地位，决定了其在文化话语权上的缺失。而构筑共产主义社会，不可能仅仅是物质意义上的充裕，也体现为文化上的自由与解放。因此，马克思主张建立属于无产阶级自身的主体意识和自主观念，让它们获得张扬的足够空间，使文化迸发出其应有的活力与生命力，展现共产主义社会、人类解放的丰富、多样的文化繁荣景象。文化层面的追求和解放，无不渗透着马克思的“解放”情结。

梳理马克思一生的著作文本和思想理路可知，“解放”是其从始至终都不曾懈怠的轴心问题，其所有思想的展开都是以“解放”为原点进行的，不论是探讨劳动的异化，还是深究资本主义社会的内在矛盾，抑或是挖掘无产阶级遭受剥削的实质以及积极参与无产阶级的革命实践活动，“解放”问题始终没有从马克思的思想中隐退和剥离。马克思的整个思想体系，正是在“解放”轴心问题的牵引和关联上构建起来的，马克思的人类解放思想可系统化上升为一种革命的哲学——解放哲学。

（原载于《江海学刊》2016 年第 3 期）

马克思主义哲学时代化与历史深处的哲学心语

——陈先达教授访谈录

陈先达　臧峰宇

臧： 陈老师，我最近重读《我的人生之路——陈先达自述》，仍觉饶有兴味。您在这部自传体作品中展示了很多珍贵的历史瞬间，其中青年时代的求学经历令人过目难忘。作为江西鄱阳湖管驿前村陈氏家族的第一个大学生，您在青年时代先后在复旦和人大读书，由历史学而入哲学，在马克思主义研究班的三年学习使您打下了马克思主义哲学原理和原著研究的根基。那时，苏联专家和萧前老师讲授《辩证唯物主义和历史唯物主义》，给您留下了深刻印象。从 1959 年 10 月起至今，中国学者编写的马克思主义哲学教科书难以计数。您主编过《马克思主义哲学原理》和《马克思主义经典著作提要》这两部教材，担任过很多哲学教材的顾问。作为经历和见证中国马克思主义哲学教材编写史的学界耆宿，您如何看待马克思主义哲学原理和原著研究的关系问题，如何看待马克思主义哲学教科书的创新？

陈： 这是一个很重要也很难回答的问题。马克思主义哲学原理与原著研究有很大区别，原理研究是规律性表述，具有相对的稳定性，所以，从苏联哲学教科书到《联共（布）党史简明教程》第四章第二节，再到中国马克思主义哲学教科书，有很强的相关性，基本脉络是有相似性的。这有其客观原因，因为世界是物质的、矛盾运动的、发展的，这些基本原理在任何马克思主义哲学教科书中都不会改变，变的是如何阐述。这也体现了马克思主义哲学和其他哲学的差别，西方哲学与中国哲学都不强调原理，柏拉图和黑格尔的看法不同，程朱理学和陆王心学虽然都属于新儒家，哲学思想也不一样。黑格尔说，“哲学就是哲学史”，这句话概括了西方哲学的历程，但并不完全适用于马克思主义哲学。马克思主义哲学当然也有自己发展的历史，但无论马克思主义哲学基本原理如何得到创造性发展，都不是发展为完全不同的哲学体系。马克思主义哲学教科书的创新要坚持基本原理，但要以创造性态度对待基本原理。反对马克思主义教条化思维，不是反对马克思主义哲学原理和方法论，而是反对原理和方法论的教条化。现在仍然可以运用马克思主义哲学原理来解析社会的很多矛盾和问题，这表明马克思主义哲学仍然有很强的解释能力，当然它要随时代的变化而发展。

问题中的哲学：马克思主义时代化的问题意识

臧：确实，马克思主义哲学对当今的社会现实问题仍有很强的解释能力。我记得笛卡尔出版过《哲学原理》一书，他试图将形而上学、物理学和伦理学熔为一炉，但这部《原理》并未达成当时学界的普遍共识，后世哲学家也并未完全因袭这部《原理》来阐释哲学问题，这与马克思主义哲学研究确实有很大的不同。您认为要改变对马克思主义哲学原理和方法论的教条化运用，这实际上也反映了中国马克思主义哲学教科书编写者的努力。

陈：中国马克思主义哲学教科书的创新实际上体现了马克思主义哲学原理与中国具体实际相结合，或者说体现了马克思主义哲学中国化的理论创新。这与笛卡尔的《哲学原理》不同，西方哲学家论述的“原理”各异其趣，马克思主义哲学原理是相对稳定的。运用原理进行哲学创新很重要，我不喜欢照本宣科，很在意自己对某个问题的想法。我尽可能直面问题，而不是绕开问题。我强调哲学研究的思想性，而不是单纯的知识性。我在中学时喜欢文学，特别是古典文学，也很敬佩说书艺人，文学是我终生的爱好，到复旦读书时学历史学，感受到历史学的学术气氛。后来到人大马列主义研究班学习，毕业后我就进入了马克思主义哲学领域，我这一生的学术生涯主要是在研究和讲授马克思主义中度过的。

臧：您 1953 年到人大马列主义研究班哲学分班学习，1956 年留校工作，人大哲学系正是在您留校这一年成立的。您曾在《自述》中对这段时光有过很多精彩的回忆，重现了那些阳光灿烂的日子。我听当年与您同班学习的林尚忻老师说过，当时的领导和老师都平易近人，同学关系融洽，学习气氛很浓，每次上课之后，大家都要讨论。您说过，这段时间是您和其他同班同学转向新时代的思想解放的狂飙时期，这听起来很令人神往。

陈：当时的学习气氛确实非常好，整天课程都是满满的。苏联专家巴尔道林和伊奥尼基给我们讲哲学课，彭明给我们讲中共党史课，张朝尊给我们讲政治经济学。给我们上课的很多老师都是华北大学培养的年轻教员。这个班是我的哲学启蒙班，班里有两位大姐是老干部，也有个别调干生，绝大多数青年学生都是从各个大学毕业分配来的，是为新中国培养马列主义政治教员的，没有哲学功底，以前都不是学哲学的。李希凡和林尚忻原来是学文学的，汪永祥是学经济学的，李秀林是学教育学的，我是学历史学的。我在这段时间读了点马克思主义哲学经典著作，主要是《反杜林论》、《费尔巴哈论》、《唯物主义与经验批判主义》和《哲学笔记》，虽然理解不深，但算是打下了研究马克思主义哲学的基础，可以说终身受益。

臧：您谈到过 20 世纪 70 年代在校外授课的几次经历，一次是在长安大戏院讲《反杜林论》，“三层的戏台，座无虚席……仿佛名角在唱戏”。一次是在中山公园音乐厅，“人头攒动，满满的。有北京市干部，也有中央机关的干部，据说还有从外地赶来听课的”[①]。这种学习马克思主义哲学的热潮是具有历史性的精神现象。通过学哲学用哲学，很多人掌握了分析和思考社会与人生的合理思路与有效方法，进而实现了人生理想。马克思主义哲学要更好地为人们所掌握，关键在于普及。

陈：当时来听课的人很多，我也不知道具体的人数，据说有上万人。我当时还到中国近代史研究所讲过《反杜林论》。普及马克思主义哲学意义重大，老百姓不懂现象学，但都知道什么是“矛盾”，都知道为什么要“实事求是”，这已经深入人们的生活中了。毛泽东喜欢哲学，希望哲学能成为人们改造世界的精神武器，倡导学哲学用哲学，这产生过很大的影响。我说过，浅入浅出没水平，浅入深出低水平，深入浅出才是高水平。哲学研究无论多么强调专业性，也不至于弄到让人读不懂的程度。写出让人看不懂的东西，通常是没有消化哲学原著的结果，不能用中国语言生动表达世界的思想。哲学思想是深邃的，可讲授和书写的语言不一定非得深不可测。我想，假如能用中国话讲清楚胡塞尔和海德格尔的思想，中国学生也会喜欢听的。

臧：这与马克思主义哲学大众化的文化自觉有关。艾思奇的《大众哲学》对人们产生过深远的影响，结合这部作品的历史语境来理解艾思奇在战争年代普及唯物辩证法的表达方式，会有很深的教益。您多次引用康德这句话来说明哲学大众化的重要性：“缺乏通俗性是人们对我的著作所提出的一个公正的指责。因为事实上任何哲学著作都必须是能够通俗化的，否则，就可能是在貌似深奥的烟雾下，掩盖着连篇废话。”[②] 马克思主义哲学要启蒙民众、改变世界，就必须在精深理论研究的同时促进哲学的大众化。您说过：“不能流通的货币，票面价值再高也是近乎废纸。”哲学的小众化或贵族化遮蔽了爱智慧的

① 参见陈先达《我的人生之路——陈先达自述》，中国人民大学出版社 2014 年版，第 131 页。

② 《康德书信百封》，李秋零编译，上海人民出版社 1992 年版，第 86 页。

光芒，但哲学的大众化不是非哲学化，肤浅的思想不能实现哲学的普及，这归根结底要通过哲学传播的魅力来实现，而产生这种效力的前提是哲学自身的魅力，这里似乎体现着一种辩证法。

陈：有些西方哲学家注意到哲学普及的重要性，写出的作品并不晦涩难懂。我们都能看懂柏拉图的《对话集》，这比有些人用翻译式的西方语言讲述西方哲学更容易理解。哲学普及也与社会环境有关，由于全球化的市场经济导向，不仅哲学，整个人文学科都受到影响，自己正在从事的职业不一定是自己喜欢的，自己喜欢的不一定能自由选择，因为在市场经济条件下职业还具有谋生手段的性质。职业与兴趣爱好的结合是很理想的，这是很重要的问题。单纯考虑谋生问题，在职业中得不到任何乐趣，会产生职业疲劳，干一行怨一行。

哲学研究是很艰苦的。哲学思考需要坐“冷板凳”，需要有一种献身精神，与单纯谋生有很大不同。哲学研究也很重要。人们的精神总要有个家园，有个安放之处。可以说哲学与宗教都是精神安放之处。在西方，宗教是个安放之处，人们把肉体交给市场，把精神交给教堂。我们不应该走这条路。为此，我们要强调发展经济，发展生产力，解决生活贫困的问题，同时要实现哲学精神和道德重建，解决精神贫困的问题。精神和道德的贫困在一定意义上比物质贫困更可怕。物质贫困导致生活低下，而精神贫困导致的是愚昧。哲学思想需要流通，文字是思想的载体，思想应当深刻，但文字应当平实易懂，语言晦涩可能是思想贫乏的表现，也可能是中文底子比较差的表现。哲学大众化不仅要靠语言，还要实现内容与形式的统一，如果内容与形式都很浅薄，当然不能实现哲学的大众化。

臧：您有很多富有深意的表述十分传神，比如“诗人不识渔人苦”，这与很多白开水式的哲学普及完全不同。我觉得处理好哲学研究与哲学普及的关系很重要，哲学研究应当实现思想的厚重和深邃，哲学普及应当反映表达的通畅和生动。哲学研究要创造出高质量的学术精品，而哲学普及要关注人们的所思所想，关注人们的生活和思想实际，通过喜闻乐见的哲学传播提升人们的学养，哲学的大众化归根结底要实现哲学在现实生活中的价值。

陈：这是可以做到的，但并不容易。毛泽东的《实践论》和《矛盾论》就是两篇思想深邃的哲学论文，又是两篇语言通俗、能读能懂、易读易懂的哲学大众化的名篇。哲学研究必须以问题为导向。《实践论》和《矛盾论》都以中国共产党当时面临的问题为导向，实践与认识、知与行、矛盾与世界、矛盾与发展的关系都是哲学问题，可两论又不是抽象讨论纯哲学问题。既在哲学之中，又在哲学之外，这就是水平。我们研究马克思主义哲学必须以问题为导向，应该从哲学角度关注人们关心的问题，回应年轻人普遍关注的社会热点问题，而不要只作抽象的概念文章。比如要研究自由与发展的关系问题、职业与理想的关系问题、价值观问题，就要分析青年人任性、职业疲劳和不快乐的根源，倡导愉快和幸福的人生态度。马克思主义哲学必须反思人的问题，与面向治国理政的“大用”比较而言，这种对现实生活的反思是马克思主义哲学的“小用”，“小用”也很重要。不只是儒家强调修身，马克思主义哲学也强调修身。马克思主义不是道德哲学，但马克思主义包括道德和价值关怀，可以建立马克思主义伦理学。马克思主义关心人的问题，但不是抽象的人道主义。我说过治鱼和治水的差别，如果一条鱼生病了，当然要治鱼；如果一池鱼都病了，就要治水了。一个人的遭遇是自己的问题，多数人的遭遇是社会的问题，修身解决不了社会问题。道德不能救国，但可以用来教民。

臧：如今，有很多学者将马克思的理论解释成一种道德哲学，马克思哲学也确实具有道德向度，但我觉得这里有一个辩证法，在革命年代要强调社会抗争，建设社会主义要强调生产力高度发展，但在教化民众的过程中要强调道德的价值。马克思的哲学有革命之前和革命之后的视域转换，在社会积弊沉重的革命前夜，仅谈修身可能于事无补，而在革命之后的建设时期，就要在发展生产力的同时强调道德和精神文明建设。马克思的正义论也不只是一种道德理论，马克思强调道德与良知的意义，更强调正义与生产方式相一致的特征。

陈：当然，不能将马克思的哲学简单理解为道德哲学。中国革命不能靠道德来解决，也没有任何社会政策的制定主要基于对道德的考虑。革命者是讲道德的，但革命不是通过道德来实现的。马克思的理论以及他毕生的奋斗当然包含对正义的诉求，但马克思没有一种仅仅立足道德阐释的正义论，他认为只有消灭不正义的社会才能实现社会正义。这不是说道德没有意义，我们当然要加强精神文明建设，人性善或人性恶是由人的社会性决定的，所以需要道德教育。管子说："仓廪实而知礼节，衣食足而知荣辱。"这里谈到的两方面虽然不是正相关的，但确实反映了社会的实情，道德具有相对独立性，但它总要反映一个社会的生产方式。我们要实现社会主义公平正义，而不是抽象地谈论一般的公平正义，这需要消灭两极分化，消除司法不公，实现共同富裕和人们的幸福。在资本逻辑面前，单纯道德说教是乏力的。

臧：所以要恰当处理公平与效率的关系问题。这也与我们对马克思主义经典著作的理解有关，是否将马克思的哲学仅仅解读为一种道德哲学，实际上反映了不同解读者的理解差异。记得您参与编写并通读全稿的《马克思恩格斯思想史》（1982）是我国第一部马克思主义思想史研究专著，您的名著《走向历史的深处——马克思历史观研究》（1987）被认为代表了改革开放以来马克思主义学界具有最重要影响的哲学论著之一。您在这部著作中实现了马克思主义哲学原著和马克思主义哲学原理的综合研究，阐释了马克思主义哲学的本质特征。而《被肢解的马克思》（1990）则从马克思主义整体性角度回应了西方马克思主义的观点。这些著作史论结合，为解析马克思主义哲学原著和原理研究之间的关系问题提供了范例。

陈：我强调马克思主义哲学原著和原理研究合二为一，既要解读原著，也要研究原理，也可以有针对性地研究经典作家的观点摘编。原著研究有助于我们理解原理，但如果没有原理的基础，很可能在原著研究中读出令人曲解的东西。否定马克思主义基本理论的学者依据的都是对原著的自解读，而不是经过实践检验过的原理本身。研究原理只有一个赞成不赞成的问题，研究原著则有很大的解释空间。原著是历史文本，是特定的历史年代的表述，解读原著会发现以往没有注意和重视的新思想，但这不应当成为反对原理的依据。原理是与时俱进的，原著研究的立足点是考证和解读，原理研究的立足点是实践和发展。有些西方马克思学家往往抓住某本原著甚至某段话做文章，通常忽视原理或者质疑原理，他们肢解了马克思的思想。我们不能无视原理，无视原理的原著解读可以成为一门学问，但可能远离马克思。我们重视经典著作的研究和学习，其目的是更好更准确地理解和运用原理，而不是相反。

臧：将马克思主义与中国具体实际相结合，是马克思主义中国化的重要学术经验。您曾引用“旧邦新命”这个提法阐释马克思主义与中国传统文化的关系问题，认为中华民族的伟大复兴“包括创立社会主义新中国的民族复兴，也包括中华民族的文化复兴”①。中国传统文化应当与时偕行，我们无法回到箪食瓢饮的春秋古巷，也回不到落英缤纷的桃源故里，文化复古主义和文化保守主义试图以古正今的做法并不可行。实现中国传统文化的创造性转化，需要立足于当今时代，以唯物史观的文化视角审视传统文化的现代境遇。您说过，马克思主义与中国传统文化不是“非此即彼、冰炭不可同炉”的，实际上马克思主义哲学中国化的文化形态体现了中华民族优秀传统文化的时代品格。

陈：社会是往前走的，思想也不可能往后走，中国传统文化有精华，也有糟粕。有的学者说，没有糟粕，留下的都是精华，糟粕已被历史淘汰掉了。这是不懂传统文化的经典文本与社会现实的关系的说法。经典文本当然是精华，但传统文化积弊陋习也会保留下来，所以移风易俗很重要。可以说，好东西往往在书本里，不好的一面会积淀在社会现实生活中。而且经典文本本身，由于时代和条件限制，也不

---

① 陈先达：《马克思主义和中国传统文化》，《光明日报》2015 年 7 月 3 日。

可能句句是真理。民贵君轻当然好，可封建社会的现实是君贵民轻，岂止君贵民轻，还是官贵民贱，一个知县被称为大老爷，老百姓是小民。中国传统文化，尤其是经典中包括许多好东西，但能不能运用，取决于现实的当政者。民为邦本，本固邦宁，水可载舟，亦可覆舟，得人心者得天下，人心不可违，等等，我们可以由此写出一本又一本著作。可为什么历代的亡国之君都失民心呢？为什么老百姓成为覆舟之水呢？因为亡国之君的阶级利益决定他要加重对人民的压迫。所以，必须把传统文化经典文本的教导和封建社会的现实区分开来。如果以经典为尺度，早就是大同世界了。我们应该把握传统文化经典的精华与中国封建社会历史现实之间的区别。

还有一点应该注意，对很多传统文化的话语，我们当代的理解和儒家当时赋予它们的意义，并不完全相同。比如说儒家讲“天人合一”，包括意志之天、道德之天、自然之天，有多种内涵。可我们讲的是人与自然的和谐，人与人的和谐，人与社会的和谐，人与自我的和谐，远远超出原意。它融入了马克思主义哲学和当代生态哲学的观点。如果执着于原始儒家天命论、道德论的“天人合一”，那我觉得荀子说的“天人相分”更有道理，更符合马克思主义。因此，习近平总书记强调中国传统文化的创造性转化和创新性发展，是非常重要的，是我们正确对待中国传统文化，正确处理马克思主义和中国传统文化关系的关键。

臧：通过西学东渐与马克思主义在中国的百年传播，今天的中国文化已经涵盖了马克思主义文化观、中国传统文化和西方文化。中国文化现代化的百年探索表明，马克思主义与中国传统文化逐步实现有机的融合。当然，在现代中国社会发展过程中也出现过全盘批判中国传统文化的思潮，这种否定民族文化的做法被证明是不可取的。如今，中国传统文化得到了人们应有的重视，但也出现了文化复古主义和文化保守主义的论调。研究当代中国文化的发展主流，应当把握中国文化发展的规律，在历史、现实和未来的语境转换中重塑传统。

陈：确实应当深入研究中国文化发展规律，要区分封建文化与封建社会的文化，封建社会的文化并非都是封建文化。毛泽东说过，封建社会的文化有不少人民性的东西，有反封建的东西。任何民族文化都不是超历史的存在，都要随时代的发展而发展。黑格尔说过，文化不是一尊不动的雕像，而是流动的河流，这种说法是对的。因此文化发展存在着继承传统和再铸传统的问题。就当代中国而言，我们不仅有中华民族几千年的传统，还有中国共产党领导人民在革命和社会主义建设中创造的革命传统。

研究文化传统问题必须坚持历史唯物主义观点。文化观本质上是历史观，文化研究要立足当代，背靠传统，面向世界和未来，而不能开历史倒车。研究马克思主义与中国传统文化的关系，要站在社会形态更替的高度。封建王朝的易姓不是社会形态的更替，以马克思主义为指导的新民主主义革命和社会主义革命使中国走上了社会主义道路，实现了社会形态的更替。旧邦新命，中国特色社会主义文化也有了新形态。继承中国传统优秀文化，是为了更好地建设中国特色社会主义文化，而不是为了尊孔复古。我们不能忘记民族文化的血脉，但我们继承中国传统文化的方式是创新性发展和创造性转化，并添加新的传统，而不是以一种传统否定和取代另一种传统。

臧：《实践是检验真理的唯一标准》在改革开放初期产生了重大影响，实践的命题成为中国化马克思主义哲学研究的关键命题。您早在 1963 年发表的《实践检验和逻辑证明》一文中就从逻辑证明的角度论述过真理标准问题，强调实践是检验真理的唯一标准。实践和真理的关系需要逻辑证明，也需要在历史中审视，实践和真理都是具有历史性的命题。黑格尔在《法哲学》中强调，每个人都是他那个时代的产儿，哲学是被把握在思想中的时代。您也说过，“历史是零存整取算总账的”“历史规律就是历史的深处”。

陈：实践是检验真理的标准，完整地说应该是实践是检验真理性认识的标准，也就是用实践来检验人们的认识是不是符合真理。什么是真理与什么被认为是真理并不一样，真理是不可推翻的，被推翻的都是被认为是真理的观念。真理的标准不能因人而异，不能认为一个人说 2 + 2 = 4 是真理，另一个人说 2 + 2 = 8 也是真理，真理是一元的，真理的一元性，即真理的客观性。这种客观性，只能由实践来检验、来证明。实践标准并不排斥逻辑证明，两者应该统一。用最通俗的话说，实践标准注重的是事实，而逻辑证明注重说理。如果只能举出事实，而不能说理，或有理说不出，在重大理论问题的证明上是有缺陷的。因此，实践作为检验真理性认识的唯一标准，要超出经验主义水平，必须是能说理，有理，合理。“实践是检验真理的标准”是个哲学命题，不是暂时性的口号。在改革过程中出现的新问题以及对这些问题的新认识都要通过实践来解决，并通过实践来检验。因此，中国特色社会主义理论是发展的。

臧：很多学者关注摸着石头过河和顶层设计的关系问题，甚至有在顶层设计之后还要不要摸着石头过河的疑问。也有人说，改革已经到了深水区，没有石头可摸了。这个问题关乎如何理解顶层设计和实践探索的关系，也涉及如何理解马克思主义哲学的实践功能。

陈：摸着石头过河和顶层设计是辩证的关系，如果没有摸着石头过河的实践，顶层设计就是空想。摸着石头过河是个形象的比喻，不存在没有石头可摸的情况。因为人们的实践总要碰到新问题，新问题在没有解决之前，就是石头，新的石头。顶层设计是对摸着石头过河的实践总结，如果不知水的深浅，是做不出理想设计的；同样，摸着石头过河也要总结经验，不是只摸石头，不知如何过河。我们要在顶层设计的指导下摸着石头过河，顶层设计要基于实践经验，社会实践也要心有全局。既要高瞻远瞩，也要脚踏实地，摸着石头过河和顶层设计的辩证关系体现了中国特色社会主义道路和中国经验。

臧：哲学问题可以是对实践生活中的问题的归纳和总结，也可以是在哲学的内在逻辑演绎中纯粹思辨出来的理论问题，前者通常比后者更有生命力。您在《哲学中的问题与问题中的哲学》一文中对此做过深刻阐述。我认为通过归纳摸着石头过河的经验做出顶层设计，进而以顶层设计为指导在实践中继续探索并检验已有的认识，在深思中将其上升为理论规定，就是问题中的哲学。强调社会实践，体现了马克思主义哲学的特质，这并不意味着马克思主义哲学研究不可能成为一种高水平的学术；同样，把马克思主义哲学单向度化为一种学院派哲学，就消解了马克思主义哲学的本性。社会生活是马克思主义哲学形成与发展的土壤，实践也需要马克思主义哲学研究更加深邃，这在马克思主义哲学中国化的理性形态和实践应用中得到了深刻体现。

陈：这么理解是对的，只有来自问题中的哲学，哲学中的问题才有生命力和现实性。哲学研究要提出问题，没有问题就没有哲学，但哲学问题不应当是凭空冥想出来的。哲学研究最重要的是回答现实中的问题，而不是构建纯粹的理论体系。哲学是一种历史性的存在，它的本质是相对稳定的，它对现实问题的解答必然带有时代的特点。作为哲学的哲学问题也来自实践生活，马克思和恩格斯熟悉哲学史，但他们研究的主要是问题中的哲学，毛泽东在《实践论》和《矛盾论》中回答现实中的问题，形成了具有中国风格的问题中的哲学。马克思主义哲学中国化的经验表明，只有从哲学角度深刻回答现实问题，哲学研究才有生命力。将马克思主义哲学解读为西方哲学的分支，就不可能运用它解析纷繁复杂的现实问题，这种学院派的马克思主义哲学缺乏实践性，也只能提出远离现实的哲学中的问题。

臧：缺乏实践性的马克思主义哲学也鲜有时代性，这种哲学并不立足于当代社会发展实际，而是从马克思主义哲学经典著作中的只言片语出发。马克思主义哲学的时代性体现了它的解释能力及其现实价值，马克思主义哲学的生命力在于它的时代化，在于它持续体现时代精神的精华。如果不能有效地回答现实问题，马克思主义哲学就会遭遇边缘化或自我放逐。它既要立意高远，也要扎根于生活的土壤，它要为分析和归纳生活中的规律提供原理和方法。这要求它必须成为时代的哲学，必须回答时代的问题，必须与时代水乳交融。

陈：马克思主义哲学的当代性来自马克思主义哲学原理的正确性，运用哲学原理深刻回答现实问题，体现了马克思主义哲学的解释能力。毛泽东说过："有用的非即真理，但真理必须有用。"运用中国化马克思主义哲学分析复杂的现实问题，推动了中国革命、建设和改革的进程，这证明马克思主义哲学研究是学用结合的，也就是说，学哲学和用哲学是统一的。马克思主义哲学在中国百年发展过程中主要体现了两个特点，一是在与中国具体实际相结合的过程中从边缘成为主流；二是实现了与中国传统哲学和西方哲学的对话和结合。成为思想文化主流的中国化马克思主义哲学强调时代化和大众化，它是在机遇与挑战并存中实现综合创新的，它回答了社会主义市场经济中的现实问题，始终找准社会位置并明确自己的社会角色，同时回应时代的需要，提升自身的理论水平。作为我们时代仍然不可逾越的哲学，马克思主义哲学必须与时俱进，回答时代提出的问题，这是它永葆理论青春的要义所在。

在散步的路上：走向历史深处的哲学心语

臧：多年来，您不仅深入阐释了中国化马克思主义哲学的关键问题，还出版了 7 本以"心语""夜语""遐思""回归""闲思""杂论""拾零"命名的思想随笔集，这些随笔集将"哲学的深沉、文学的优美、历史的丰富"融为一体，读之令人难以释卷。您在《漫步遐思》的前言中说："文章是不是可以'变个写法'？即使是哲学的难点、疑点或争论不休的问题，也应该放下架子，写得通俗点，活泼点。"[①] 您在这些思想随笔中回答了很多现实问题，以通俗、活泼的方式阐释马克思主义哲学的实质，确实变换了文章的写法。

陈：我觉得从概念到概念的研究貌似高深，实际上不能解决任何

---

① 陈先达：《漫步遐思——哲学随想录》，中国青年出版社 1997 年版，第 1 页。

现实问题。哲学研究可以有不同的表达方式，关键是能在喜闻乐见的话语中分析实际问题，同时启发读者深思。我的第一本随笔集《漫步遐思》出版后，有很多读者来信谈他们的阅读体会，特别是谈到通过读这本书引发了他们对人生和社会的思考。这本书后来多次再版，我又陆续写了6本随笔集。这些随笔反映了我的一些即时的想法，可能是刚读完一本书，也可能是刚看完一则新闻，或者是遇到一件实际的事情，总之都是我的一些真实感受。“不动笔，不读书”，这句话是有道理的，现在动笔主要是敲键盘，我在20年前学会了五笔字型输入法，这些随笔都是我在电脑中一个字一个字敲出来的，我试着用这种方式回答了人们感兴趣的一些问题。

臧：这些即时写作的哲学随笔记录了您近年来的学术心得，您在《哲学闲思录》中将这些随笔“比喻为农家盖房子，木料、砖瓦平时有点积累，不过堆在院子里，即写在笔记本上，当积累到一定时期需要盖房子时，再一样一样清理出来”。[①] 读您这些一气呵成的随笔，感到非常畅快，这里有很多淡定从容的道理。亚里士多德说，哲学起源于惊异、闲暇和自由，“闲思”是哲学研究的一种应然境遇。您这些论述不仅包括对马克思主义哲学的通俗阐释，也包括关于中国传统哲学特别是老庄哲学的新见；既探讨了关于改革发展的重要理论问题，也涉及对道德、宗教、智慧、生死、幸福等问题的生动论述，让人们真切地感受到用喜闻乐见的中国话语表达哲学问题的通达境界，并由此思考与自己相关的问题。

陈：我读的书比较杂，主要是哲学书，也有文学、历史学、传记，读书总要思考，把思考的东西写出来，就是读书笔记，这些笔记对写随笔是很好的积累。其实，很多思想家的思想并不都体现在论文里，有的是对话，有的是寓言，庄子讲过很多有趣的故事，这里面有很多处世哲学，有很多以柔克刚、与世无争的道理。我喜欢闲思，这些随

---

① 陈先达：《回归生活——哲学闲思录》，北京师范大学出版社2008年版，第357页。

笔不是命题作文，都是我有感而发。我一直强调要做合格的马克思主义者，但研究马克思主义哲学，也要借鉴中国传统哲学和西方哲学的精华。哲学是一个大家族，从古至今没有一种唯一的哲学，哲学研究是在对话中发展的。哲学的表述总会体现民族性和时代性，理论未必是灰色的，但生活之树常青，如果哲学永远来自生活，哲学就会成为常青藤。哲学家如果不食人间烟火，只是躲在由概念和范畴建成的哲学堡垒中，智慧之花就会枯萎。

臧：您说在这些随笔中，“最具现实性、理论性用力较多的是《史论拾零》”①。您在这本书的上篇阐述了历史研究的重要范畴，例如历史事实、历史规律、历史评价、历史目的、历史的周期率、历史的因果律；在下篇分析了历史唯物主义基本观点以及若干历史理论的主要内容，例如历史本体论、历史认识论、历史决定论、历史选择论、历史辩证法。这些文字睿智而鲜活，以历史随笔的形式回答了很多关键的历史哲学和历史科学问题，这是否与您早年的历史学学习经历有关？这让我想到您在第十届马克思哲学论坛上讲述的历史唯物主义的史学功能，这些回归生活的随笔具有明确的问题意识，看似不拘一格，但把这些文章合在一起，就清楚地体现了以问题为导向的写作思路。

陈：我在复旦学的是历史学，但当时是刚解放，各种运动很多，我没有系统的历史知识。我的一些历史知识是我毕业后自己东翻西翻得来的，很不系统也很不专业。但我对历史很感兴趣。我在《史论拾零》中主要用哲学分析历史学问题。我在这本书中用力比较多，因为历史是厚重的，历史事实是现实的，哲学研究可以从历史中得到智慧。

我说过，历史事实具有一次性、历史现象具有相似性、历史规律具有重复性，历史规律永远胜过历史经验。对历史事实和历史人物的评价体现了历史观，苏轼说，“大江东去，浪淘尽，千古风流人物”。这说明历史事实是不能重复的，人不是生活在历史中，而是生活在现

① 陈先达：《我的人生之路——陈先达自述》，中国人民大学出版社2014年版，第219页。

实中，历史是过去了的现实；但历史现象有相似性，生活在现实中的人，有时会发现现实发生的事仿佛历史上某种事件的重演。当然相似性不是重复性，因为它是不同条件下，由不同的人担任主角，因而只是相似而不是重复，只有历史规律是可以重复的，历史既是人创造的，又具有规律性，人既是历史的剧作者，也是历史的剧中人，所以必须把握历史规律。历史的规律性和人的主观能动性融合在人的历史活动中。我这些随笔不是历史考证，不关注历史的细节，而是从历史唯物主义角度进行的历史分析。读史使人明智，就是这个道理。

臧：毛泽东写过一首《贺新郎·读史》，诗意地概述了人类的历史演进，浸润着唯物主义历史观。“一篇读罢头飞雪”，人在历史面前是有限的。读您的历史随笔有一种很强的感受，马克思主义哲学研究要以对历史的理解为基础，宽广的历史视野是深化哲学研究的前提。您在随笔中用马克思主义历史观审视历史现象和历史规律，这些研究试图解决人的主观意志与客观规律的关系问题，也回答了马克思主义哲学原理研究中的一些关键问题。

陈：诗所表达的历史，只能是形象化的，否则不是诗。这与学术研究的表达方式不同。《贺新郎·读史》这首词描述了人类历史的发展过程，从无阶级社会到阶级社会以及阶级斗争的历史状况，“上疆场彼此弯弓月。流遍了，郊原血”。诗歌虽然不是历史，但诗歌反映了历史事实，体现了诗人的历史观。哲学研究要揭示历史规律，对历史事件的单一解释不能被看成原因，原因是客观的、深层的，是不能制造出来的，而某种解释或借口是可以制造出来的。人的意志要服从历史规律，这不是说人在历史规律面前无所作为，而是说历史规律是不以人的意志为转移的。历史过程通常体现为“合力”，人们的“合力”创造了历史。纸币发行过剩，导致通货膨胀，发行更多的纸币是人们的主观行为，其结果导致了通货膨胀，这是不以人的主观意志为转移的，全世界都一样。又要马儿跑，又要马儿不吃草，是不可能的。我的历史随笔更多的不是事实细节，而强调对历史现象的哲学透视，探究历史发展的必然规律。

臧： 这也涉及评价问题，人们因主观意志而做了某种违背客观规律的事情，其实是缺乏经验的结果，不能将这简单地归咎于个人品德，而应寻找符合历史规律的改进方案。这是看似简单实则复杂的问题，如何认识和把握规律，既需要重视也需要具有相应的能力。

陈： 没有人的社会活动，不能产生资本主义，但资本主义运行的规律不是某个人创造出来的。是有了资本主义制度才有资本主义运动规律。理在事外、理在事先之类的理论是不对的。人创造了科技，但科技发展的两面作用，它对生产力和文明的推动作用及它对劳动者剥削和奴役的加深，是不以人的意志为转移的。马克思讲的劳动异化理论就包含这个道理。人的活动的结果并不都是活动主体所期待的。出乎预料的结果，在历史中常见。资本主义社会严重的贫富差距，仅靠资本家个人的品德修养是不可能根本解决的，因为这是由资本主义制度的本质决定的。没有贫富区别的资本主义，是违背资本主义制度的本质的。

臧： 您说过，“哲学家不是社会的旁观者”，您对社会现象和社会规律的解读给读者和听众留下了深刻的印象。这些年，您的课堂拓展到整个生活空间[①]，很多精辟的见解都是在散步的路上讲的。每次陪您在校园中散步，我都能在您睿智的目光和洪亮的嗓音中读懂哲学的现实关怀，您对时事的评论总是令人回味良久。最让人惊讶的是您对微信的娴熟使用，看到和听到您在微信中的文字和声音，让人感喟“老骥伏枥”的壮美。《散步·路上——我与学生聊哲学》这本书记载了您和学生聊哲学的历史片段，这些对话涵盖关于人性、生活、命运、社会、历史、文化、认识、学术等方面的沉思，您说自己“仿佛是一部年代久远、思想陈旧的时钟”[②]，我们都感到这部见证并创造历史的

---

① 参见姚晓丹《哲学家不是社会的旁观者》，《光明日报》2016 年 1 月 13 日。

② 陈先达：《散步·路上——我与学生聊哲学》，中国人民大学出版社 2014 年版，第 361 页。

时钟与时俱进，嘀嗒的思想是岁月的琥珀。

陈：我说过，人是要往前走的，我愿意接触和使用新生事物，愿意使用新的哲学传播媒介。我觉得哲学传播要运用现代手段，但改变了哲学的传播手段，并不意味着同时改变了哲学内容或者说文化性质。运用现代传播方式来传播庸俗的哲学思想，是没有什么意义的。“心灵鸡汤”对有些人来说是美味，它安慰了人们的心灵，但是，对有思想的人来说是浅薄的，大多数鸡汤宣传的基本上是“空”与“无”。我与学生们谈过很多哲学问题，在这个过程中，我感到对有些问题的阐述需要岁月的积淀。这也反映了知识和智慧的差别，知识可以过时，但智慧是永恒的。2000 年前的科技已经落后了，但是，2000 年前的智慧如今仍然是智慧。这是智慧高于知识的地方。能够创新的通常是知识，而智慧的创新不易。因为需要知识的积累、发展和创新，才可能转成“智”。哲学是黄昏后起飞的猫头鹰。这是哲学的发展总不如科学技术发展迅速的原因。知识，需要学习、传授，哲学不仅要学习，还需要生活历练和自己的体悟。有钱可以买到知识，各种学习班多如牛毛，可没有一个学习班可以出卖智慧。知识是可以买到的，智慧是买不到的。知识可以是别人的，智慧只能是自己的。

臧：您在这些随笔中提出了很多问题，问题中包含着答案，蕴含着很多道理。无论是评点历史，还是谈论文化，都是在说理。您谈的是历史事实和历史人物，说的是历史经验和历史规律，这些分析不是为古而古，而是为今而古，面对的是当代社会的问题。每个时代都有自己的问题，解决这些问题，不能到故纸堆中找现成的答案，更不能苛求古人，而要在时代的发展中直面这些问题。通过分析这些问题并阐明其中蕴含的道理，我们看见了思想中的时代，似乎也看见了历史的深处和未来的走向。

陈：古人为我们提供的只是历史的经验与教训，对这些历史经验与教训的运用取决于当代人。历史的最深处不是历史的细节，细节是历史表面的东西，历史的深处是历史的规律。历史和现实不是绝对对立的，历史是过去的现实，现实是未来的历史。历史、现实和未来的联系是规律性的联系，而不是某些事件的一般联系。研究历史，要研究历史状况为什么会如此，它有历史的根源和现实的根源。研究古代政治家强调国家与人民的关系应该是水舟关系、鱼水关系，很有启发意义，但共产党应该比这更进一步，应该是血肉关系，而不是仅仅把百姓当作养鱼之水和覆舟之水。

臧：这既体现了传统观念的当代转化，也体现了实践传统观念的方式的变化，这种转化因时代变迁而体现了一种实际需要。固守传统或墨守成规未必可行，优秀的传统是我们美好生活的重要来源，但运用这种优秀传统观念的方式往往会体现时代的印记。

陈：关于“孝”的理解就是这样，中国社会结构改变了，以往的农业结构改变了，家庭结构改变了，人际关系改变了，遵照古代的“孝”的观念是根本做不到的。这并不意味着人们不应该孝顺老人。“孝”，应该是“孝道”，这个孝道是不能变的，但孝的方式是可以变的。孝道体现了亲情关系，是一种人伦的重要原则，但沿用古代孝的方式是不可行的。对诚信的理解也是如此，市场经济中的诚信不可能是非契约的。“一诺千金”是农业社会的情况，不是市场经济中的情况，在市场经济中，一切都要遵照法律合同，但这不意味着人们不要讲诚信。不能把儒家的仁义礼智信只当作抽象概念，当作永恒不变的天道。它之所以能够作为人类的道德原则，是因为人作为社会存在物，具有相同的社会关系，但具体表现是与时俱进的。

臧：您说过，“时代需要可信又可爱的哲学”，要做到可信可爱，需要更新哲学解析问题的思路与哲学表达的话语风格。有一种看法认为搞哲学研究的人都挺“神道”的，其实大多数搞哲学研究的人都不“神道”，而且还很厚道。认为哲学无用，试图消解哲学的做法有多种原因，但以往哲学表达的晦涩与哲学远离生活实际的取向影响了人们对哲学的评价。在任何时代哲学的价值都是毋庸置疑的，哲学研究者也应当有回归生活的自觉，使哲学力透纸背的阐述和透彻的说理可信可爱，这在某种意义上也是当代哲学研究的重要使命所在。

陈：我注意到王国维说过一句话："哲学上之说，大都可爱者不可信，可信者不可爱。"其实，哲学的可信与可爱并不矛盾，哲学问题并不都是纯粹思辨的，当它解析鲜活的现实问题时，就可以既可信又可爱。如果把哲学研究理解为不食人间烟火的抽象驰骋，它就可能高耸于天国，让人们敬而远之。只要深入分析人性和生活中的实际问题，哲学话语就可以沁人心脾，使人感到温暖。道不远人，远人非道。马克思主义哲学应该关心人们在生活中的实际问题，关心人们的处境。我们的时代需要可信又可爱的哲学，这种哲学致力于改变以往哲学可信与可爱相互分离的状况。它的道理应该是科学的、可证实的、有说服力的，它的关注点应该是面对现实问题的，是回应人们的实际需要的。我在这些随笔中努力写得让人感到既可信又可爱，这种表述方式可能比有些论文的传播效果要好。

臧：您在《哲学心语》中说："一个人的一生就是一本传记……我现在正站在生命的尽头，是一本从后往前读的书。"① 其实，我们面对您这本大书，既是从后往前读，也是从前往后读的，我们觉得在您的文字中仍然迸发着一种马克思主义学术青春的激情。最近，您的14卷文集由中国人民大学出版社和北京师范大学出版社联合出版发行，学界认为这是我国马克思主义哲学发展史上的一件盛事。几乎同时，人民出版社出版了您的《马克思主义和中国传统文化》与《可信又可爱的哲学》，这些著作在中国马克思主义哲学发展史上镌刻了思想的印记。您在多年来的教学与研究中最重要的学术心得是什么？这对年轻人一定有深刻的启示意义。

陈：我觉得自己的一生非常平淡，生活中只有家门和校门，我这么多年来的体会主要有两点：做人要谦虚，做学问要执着。个人的思想是有限的，能力也是有限的，现实中的复杂问题不是某个人都能回

---

① 陈先达：《哲学心语——我的哲学人生》，北京师范大学出版社2007年版，第14页。

答的。我只是思考了很少很少的问题，并提出自己不成熟的见解，供其他思考者和实干家参考。我没有太多的实际工作经验，比较了解的是学校情况。当然，每天听新闻了解一些时事，也对一些问题发表过意见。我知道有理有据地回答现实问题很难，这不由得我不谦虚。但是，做学问必须执着，要敢于坚持真理，在真理问题上是不能谦虚的。马克思主义哲学研究要敢于直面现实问题，要敢于质疑不当的言论，但要以理服人。最大莫过理，最强莫过理。中国人说，“有理走遍天下，无理寸步难行”，这对哲学也适用。哲理，哲理，哲学是有理可讲的，是要讲理的。不讲理，就不是哲学。即使是“存在就是被感知”“心外无物”“心外无理”等明显的唯心主义命题，也要讲出令人信服的道理，而不能仅仅是断语。我想我们中国人将会创造出越来越多的富有远见和现实力度的中国化马克思主义哲学著作，为实现中华民族伟大复兴中国梦贡献智慧，希望在你们年轻人身上。

（原载于《江海学刊》2016 年第 4 期）

出场篇

从本真性到中国特色：马克思哲学研究的“解释学”转向

张一兵　胡大平

与社会经济转型一致，近20年国内马克思主义哲学研究呈现出与国外进展类似的趋势，即通过重新解释马克思来捕获时代的问题和激活马克思的“当代性”。我们认为，上述态势对于拓展和深化马克思主义哲学研究具有积极的意义，它同时也提出了更深的问题，即研究者对自身理论依据和方法的自觉反思问题。因为，缺乏对这个问题的自觉意识，不同的解释容易演化成一场无意识的争论，在其中，对马克思进行任意的裁剪甚至把它打扮成自由主义的传人和资本的辩护者这种做法也获得市场的合法性。而解决这一问题的根本，并不在于假设一个现成的、本真的马克思，而是带着自己的问题与马克思进行对话，在这一过程中不断提升自己的方法论的水平，从而构建独立的、有中国特色的马克思主义哲学话语。我们把这种理论视域称为“解释学”的转向[①]，并把它视为中国学者建构自己独立的马克思主义哲学研究的新起点。

① 这里不是指狭义的哲学解释学，而是指广义的马克思的文本解释学。

解读目标：从本真性假设到历史视域的融合

“思想上的墨守成规和坚持认为思想是社会整体中的一个固定职业、一个自我封闭的领域和观点，都背叛了思想的特有本质。”[①] 这是霍克海默在20世纪30年代对理论工作品质的一个说明，也是他在独特时代环境中对马克思主义哲学研究应有特征的一个强调。这一强调的意义在于，一群像他那样的知识分子通过自己的思考在西方发达资本主义社会保全了马克思的遗产。我们面临完全不同的环境，在这种环境中，创新已经成为压倒一切的口号。然而，反讽的是，当创新按照市场方式动员起来时，思想本身却成为各种无意识竞争着的体系的牺牲品。在当前国内哲学研究中，马克思主义哲学不见得比其他论域更令人乐观，各种人道主义体系、各种冠以“知识经济”和“全球化”等新名词的“发展”姿态，以低于马克思的思维水平重复着西方学者的论调，而这些东西却被视为新哲学。

同样的“创新”姿态，为什么会产生不同效果？这个问题的正确回答有助于我们理解马克思主义哲学研究中的一个深层问题：一种合理的马克思主义哲学的学术标准是什么？而要正确地回答它，则需要对整个马克思主义哲学史进行梳理，需要对我们的当前研究进行反思。

一般来说，关于这个标准，我国学术界大致存在三种基本态度和思路。第一种态度认为马克思主义哲学研究存在一个“正常状态”，大致说存在一个连续的本质的完整的马克思主义哲学体系，它作为研究的基本共识构成了不同解释的不可动摇的框架，不同的解释只是这个框架的某一部分或方面。第二种态度可以称为学术姿态，它强调学术规范。这种姿态仍然假设了一个本真的马克思的存在，只是它认为，到目前为止，由于种种主客观的原因，我们还没有达及。因此，进一

① ［德］霍克海默：《霍克海默集》，曹卫东编选，上海远东出版社1997年版，第211页。

步，它强调可以通过规范的学术来完成它。这种姿态认为不仅在基本事实（如马克思的生平）而且在思想把握（如《1844 年经济学哲学手稿》的定位）上不同的研究都应该达成共识。第三种姿态可以称为思想姿态。这种姿态认为，马克思面对的问题是具体的，他只做了有限的结论，但是贯穿在马克思的研究（文本）中的思想却是丰富的和开放的，特别是考虑到马克思主义在西方思想史上的革命，它把理论贯穿到实践过程中，彻底改变了理论与实践的关系，同时加之 20 世纪哲学的重大进展（解释学、科学认识论以及历史研究等），因此，我们只能选择一种方式来面对马克思和延续他的思考，达到解释学意义上的“历史视域的融合”，而无法直接面对和“恢复”本真的马克思。

以上三种态度既存在一些共识见解，如尊重马克思的文本、坚持马克思主义的思想革命等，但也存在无法沟通的立场差异，其核心在于“是否存在着一个本真的马克思”这个问题。可以这么说，由于内在地对哲学研究及其意义的理解不同，第三种姿态和前两种姿态存在很深的对立。它放弃了对马克思本人思想真实面貌和原初状态的追求，或至少是对马克思主义哲学的唯一可能性的坚持，转向通过合理的方法和程序来伸张一种理论价值。虽然在后一种姿态中，目前多少存在一些明显的问题，如由于缺乏对方法论的自觉，不少学者不能摆脱对西方学术的依赖，但是，在这种姿态中，我们首要地面对了一个长期没有直面的问题：我们对马克思的解读为什么总是犯错?

从马克思主义哲学传播和发展史看，人们总是在特定时代的条件下根据自己的需要来解释马克思主义哲学，伯恩斯坦把新康德主义动员为自己的资源证明改良主义的合法性，卢卡奇借助黑格尔的力量反对第二国际伸张主体性，苏东 60 年代用人本主义消解斯大林主义的影响，而阿尔都塞则站在科学认识论和结构主义立场上回答马克思主义的性质问题，就国内而言，“文革”后的人道主义的复兴、人学成为今天的行话等，无不是如此。我们看到，客观上达到的认识水平和解释者的需要复杂地纠合在一起，在直接的意义上构成了重新解释马克思主义哲学的界限。人们理所当然地认为自己这样做是正确的理解，而一旦时代变迁，也同样理直气壮地坚持自己的改弦易辙是一种“正常状态”。1956 年，“苏共二十大”之后欧洲左派的转型、苏东倒台之后大量马克思主义理论家的右转，在某种意义上直接表明，这些理论家在解读马克思主义哲学时都没有意识到，任何一种对马克思哲学的重新解释都是“特殊经历的特殊见证”。因此，在诉诸一种模式时，大部分理论家都没有直面这个问题：我们这样做究竟有什么理由？

正是因为上述原因，我们主张“回到马克思”，这个理论口号是孙伯鍨教授率先表达的。针对西方学者“回到青年马克思”，他强调马克思主义理论家们必须从自己的研究来捍卫马克思主义哲学。当然，这种与西方学者的竞争不是一种意识形态之争，因为这种捍卫本身是在马克思所强调的理论逻辑和历史逻辑的高度统一基础上进行的。正是出于这个原因，我们曾经把他的《探索者道路的探索》所代表的新型的解读模式称为“文本学历史分析”，并且把这本书视为国内“回到马克思”理论运动的第一部重要理论成果。[1] 从这一起点看，提出“回到马克思”正是通过正本清源的工作阐释马克思主义哲学的基本理论，从而拓展我们理论研究的新视域。对于我们来说，除了正本清源，返本开新，基于马克思的思考激活我们今天的思想外，这个口号本身没有任何其他的含义。我们无意回答一种原教旨的马克思主义哲学是如何可能的，而是试图通过对这类“臭名昭著”的口号的颠覆性使用，强调在没有学会思想之前就任意举出创新的旗帜是危险的。这意味着，我们是通过突出方法的自觉意识来保证自己对于马克思主义哲学的“特殊见证”的合理性，并以此防止把我们自己的理解泛化为不可动摇的本真的马克思主义哲学。这是《回到马克思》一书强调自觉的方法并采取个性化方式的基本原因。当然，这本书强调“非

① 孙伯鍨：《探索者道路的探索》，安徽人民出版社 1985 年初版，南京大学出版社 2002 年新版。关于“回到马克思”问题，参阅新版绪论和附录“孙伯鍨教授哲学思想访谈录”。

本真性阅读”时也带来了一定的误解，因为它直接触动了国内马克思主义哲学研究中长期存在的那个“瓶颈”——对于马克思的无意识解读。

关于《回到马克思》及其引起的学术争论，我们已经在其他地方多次表明了立场。在这里，我们再次强调的是，我们研究马克思，绝不是在学术意义上还原一个本真的马克思，那既不可能，也没有多少思想价值。在今天，人们要求澄清堆砌在马克思头上的不实之词，重新解释马克思，核心目标在于激活马克思的思想方法在当代的意义，以完成马克思主义哲学的世界历史使命。在这一过程中，我们的任务不是简单地发掘新的文本和考证版本，把马克思主义哲学研究打扮成让资产阶级意识形态也能接受的中立的学术，而是必须理解马克思主义哲学的传播和发展史，必须与对马克思主义哲学进行不同解释的西方学者对话，只有这样，马克思主义才能够真正成为不断成长的纲领和永远生动的方法论。

正是在这一关键性认识中，马克思主义哲学研究中的学术与思想呈现出无法调和的对立，这也带来了对马克思的文本和思想的不同看法。最重要的例子是围绕《1844 年经济学哲学手稿》的哲学争论，“异化劳动”是这一文本的核心内容之一，但这一文本公开发表以来持续到今天的争论充分证明围绕单个文本的字面意义的口水战无法直接定位这一理论的性质。因为，如果考虑到马克思后来在《资本论》中直接否定了《1844 年经济学哲学手稿》开始所套用的古典政治经济学的“三位一体公式”，科学地指出这是“三个显然不可能综合在一起的部分”，并且在这个公式中的劳动只是“幽灵”、一个抽象，“只是指人用来实现人和自然之间物质变换的一般人类生产活动，它不仅已经摆脱了一切社会形式和性质规定，而且甚至在它的单纯的自然存在上，不以社会为转移，超乎一切社会之上”。[①] 在这一背景下，我们

① 马克思：《资本论》第 3 卷，人民出版社 1975 年版，第 921 页。

究竟如何评价异化劳动观点呢？以教科书定义的马克思主义立场简单地拒斥它，把它说成非马克思主义的观点，显然不行；按照西方马克思学和西方马克思主义的观点，把它抬高到“真正的马克思主义”的崇高位置，然后再做出马克思后期创作“衰退”这样荒谬的假设，更不行。我们能够做的，应该是深入《1844 年经济学哲学手稿》这一文本时期的马克思的思维方式，回答它对马克思主义科学的诞生的意义。而要做到这一点仅仅考证是不够的，还必须思想。在这一点上，阿尔都塞是有贡献的，他至少指出思想是个生产的过程，仅仅“看”是什么也看不出来的。而《回到马克思》通过对《1844 年经济学哲学手稿》的文本结构、言说语境、话语逻辑的深入分析有说服力地证明《1844 年经济学哲学手稿》中的唯物主义观点不是直接挪用费尔巴哈的结果，而是通过政治经济学而不断生发出来的从现实出发的客观唯物主义逻辑，这样就把孙伯鍨教授在 80 年代提出的“双重逻辑”说大大地向前推进了一步。这种研究事实上既充分回答了贯穿于人本主义西方马克思主义研究中的所谓“哲学唯物主义”或“一般唯物主义”和历史唯物主义之间的关系，也证伪了阿尔都塞的“认识论的断裂”说。

通过这个例子，我们看到在重新解释马克思主义哲学过程中方法自觉的重要意义，这种意义不是试图一下子做出某种终结性的解释，让其他人没有话说，而是充分展示马克思的研究与我们今天理解社会现实之间的关系。事实上，大多数学者已经充分肯定重新解释马克思源自我们时代实践的需要，在这里不妨更直接地说，是背负着我们自己时代的重任进行马克思主义哲学的创新。这正是从“本真性”向“历史视域融合”转向的理论意义。

话语特征：从集体无意识到个性化研究

任何一种对马克思哲学的重新解释都是“特殊经历的特殊见证”，

认识到这一点会使我们十分慎重地言及“创新”。因为创新不是以马克思的名义对马克思主义哲学进行增补，不是把自己假设为马克思的理论遗产的合法继承人，然后把现成的马克思哲学和其他理论进行交换从而兑现这份遗产，而是以我们个人的名义从理论的死胡同中脱身（这个死胡同是历史把我们推进去的），以马克思学生的身份向老师提问并和其他一切非马克思主义学说的对话——在这个过程中勾勒出一种可能的马克思主义哲学形态。正是意识到这一过程本身的特殊性质，我们把马克思哲学重新解释为某一种形态时，便会自觉地问：我们这样做有什么理由？我们是基于怎样的前提向马克思提问的？我们应该如何与其他非马克思主义学说对话？我们认为，在当前国内重新解释马克思哲学成为一种热潮的情况下，对上述问题的忽视必将带来一种无意识的争论，其结果是低水平地重复国外学者的已有成果，或者甚至复活马克思之前的旧哲学思维。

从本真性向视域融合的“解释学”转向，可以说是对传统研究不足的一个重大纠正，而在学术形式上带来的重大变化便是个性化研究的增长。当然，提出个性化问题绝不是要求为任意的解释甚至是恶意的歪曲打开缺口，而是在哲学上发问：如果这是一个不可避免的客观过程，在重新解释马克思主义哲学的过程中，为什么我们不能学会更为谨慎一些呢？也就是说，当个人真正地为自己的学术和思想负责、因自己的学术和思想而存在时，他就不会外在于自己声称的话语，把自己打扮成一个由资产阶级纯粹形式理性确立起来的“客观的”“中立的”学者，而是转向理性地证明自身的信仰。对马克思主义哲学研究来说，这是极为重要的。反观近20年马克思主义哲学研究，其中重大的问题之一即是：由于马克思主义哲学的现成性假设，研究变成了一个占位的过程，因此没有个性的理论为不负责的研究打开了后门，集体无意识成为多数学者逃避思想的挡箭牌，也成为少数学者“学术腐败”的温床。在直接的意义上，这甚至是马克思主义哲学界产生危机感的内在原因。

如果说马克思主义哲学的解释史已经充分说明马克思主义不是现成的，那么我们的任务便是使马克思主义哲学那个合理的内核在我们自身的话语中发出光辉，这意味着一种全新的操作。既然我们对于马克思的重新解释只是“特殊经历的特殊见证”，那么无论是否存在一个本真的马克思，我们能够做的都只能是与那个在他的文本中保持沉默的马克思进行对话，只是由于这种对话，马克思才以某种姿态大声说话。而一旦意识到这一点，我们便不会简单地无意识地抓起一根“人道主义”的稻草便视为宝贝。因此，我们获得的第一个认识是，如果没有我们的提问，马克思便不会大声讲话，即本真的马克思是不存在的。通俗地讲，如果我们不去发掘，不依靠自己去面对现实，马克思要么躺在一堆故纸中睡觉，要么外在于我们冷峻地审视我们的历史演出。更进一步，既然我们怎样提问，马克思便以什么样的面貌出现，那么如果欲成为马克思主义者，欲为马克思主义辩护，则必须首先学会自己思考。这是我们提出方法自觉的根本原因。在这里，有一个著名的例子，卢卡奇读到《1844 年经济学哲学手稿》中马克思关于对象性问题的论述时，他便感到自己在《历史与阶级意识》中所规划的宏大体系必须推倒重来，为马克思主义辩护这个事业“必须再一次从头开始”。在马克思主义哲学传播和发展史上，这种“从头开始”的例子并不少见。它说明了什么？如果存在一个本真的马克思，那在一百多年马克思主义哲学史中，我们为什么一而再地远离本真的马克思，又反复地回到起点呢？

现在，我们通过具体的例子来说明，不通过研究者个体方法论的自觉提升，我们无法克服上述困境。马克思的文本在形式上存在早期与晚期的冲突，对于这种冲突，不同的学者采取不同的理论立场，形成了“两个马克思”或“人道主义的马克思”等著名判断，国内学者已经十分熟悉这些事实。但是，在马克思主义学者中，我们对这个“众所周知的”事实并没有提供一种合理的解决方案。一般来说，晚年卢卡奇和阿尔都塞代表两种对立的立场。前者认为，“这种对立是站不住脚的，而且也与所谓马克思从哲学向经济学的转变无关。……只要把所谓的《手稿》与《资本论》第一卷加以比较，就足以看清这仅仅是表达方式的差别而不是思想方法上的差别”。[①] 因此，他要求从社会存在的本体论视角把马克思前后期文本之间的缝隙弥合起来。而后者则认为，在马克思的思想历程中存在一个“认识论的断裂”，在这个断裂的两头是无法沟通的意识形态和科学的对立，因此，他主张通过“动手术”的方式把马克思的早期著作像切除发炎了的阑尾那样割掉。如果我们假设，这两种思路有一种代表对本真的马克思的判断，那么我们便会面临这样一种尴尬：我们无法判断哪一种是“科学的”研究。因为，前者正确地指出把“作为哲学家的”青年马克思同“作为经济学家的”晚期成熟的马克思对立起来是完全错误的，但是他本人通过“社会存在本体论”来弥合马克思早期和晚期的“形式的”差别却存在问题，甚至为了这种连续性的完整性，不惜把马克思的《博士论文》作为建构马克思主义的本体论思想基础，认为“马克思后来关于社会存在以经济为基础的思想，就直接从伊壁鸠鲁与德谟克利特的对比中产生的”[②]。而后者，则有说服力地证明马克思前后期的差别不是表达形式而是思维方式，但他也只是正确地提出问题，给我们提供一个合理的开端。因为，他没有说清自己通过“症候阅读法”读出的马克思主义的哲学是怎样形成的，他太偏爱理论家的政治立场和阶级立场的转换了，故而只是简单地把这说成了“跃出了意识形态”的结果。而这带来的问题是，他一方面提出令人震惊的“理论的生产”问题，另一方面却同样把“科学”预设为一个已经现成地矗立在那里的“图式”，我们的任务只是通过立场的转换来捕获它。这是何等的矛盾啊！如果说马克思主义哲学在总体上是一场革命，是一次同资产

---

① ［匈］卢卡奇：《关于社会存在的本体论》（上卷），张西平等译，重庆出版社 1993 年版，第 344、193 页。

② ［匈］卢卡奇：《关于社会存在的本体论》（上卷），张西平等译，重庆出版社 1993 年版，第 344、193 页。

阶级意识形态的彻底决裂，那文本学的任务即是弄清马克思是如何一步步同旧哲学和资产阶级意识形态决裂的。在我们看来，这是一个发生学的过程，在这种过程中，多重话语复杂地交织在马克思的早期文本中，而在这种话语的冲突中，马克思通过政治经济学研究逐步完成了思维方式的转换。就这一过程而言，它大致存在三个理论高峰期，而马克思主义哲学的最后形态则是历史现象学。① 毫无疑问，这是一种全新的阐发。无论是对马克思哲学总体演进的思路和特征的分析，还是对具体文本的判断，这种研究都不同于阿尔都塞的“断裂论”，也没有跟进卢卡奇的“统一性”思路，事实上，这是“回到马克思”这个口号强调文本逻辑和历史逻辑同一性这个方法的具体深化。我们坚持认为，《回到马克思》作为当前马克思主义哲学研究转向的例证之一，它不是如某些学者误解的那样，只是弘扬了研究者本人的个性，而是基于全新的学术视域对马克思主义哲学的辩护，当然，试图从版本考证来挖掘马克思的“本真性”的那种研究思路是无法理解这一点的。

最后，有必要进一步强调的是，声称马克思主义哲学研究的个人话语，这并不是否认马克思主义哲学的客观性，而是努力打开这种客观性通向未来的通道。我们坚持认为，这是马克思主义辩证法的基本要求。只要回顾一下列宁关于辩证法的“相对主义”问题的论述②，我们就会理解：如果说存在本真的马克思主义，那么我们所需要做的即是不断清除接近它的历史条件限制，就理论研究而言，即我们自身方法论的限制。在这一点上，离不开对已经获得的成果的总结和清理。就否定本真的马克思来说，在思维方式上，我们认为这是告别旧哲学实体性思维的一个重要标志。在这里，不妨做一个比较。如果说由于自然科学的进步而带来的所谓“物质消失”在积极的意义上表征着自

① 参阅张一兵《回到马克思》，江苏人民出版社 1999 年版。

② 参见《列宁全集》第 18 卷，人民出版社 1988 年版，第 138 页。

觉放弃旧本体论实体思维，那么这种“消失”便不是否认物质世界的客观性；而“人的死亡”这个著名的哲学口号，大家也都知道不是宣告现实的人不存在，而是说我们传统的讨论人的方式必须改变。因此，“本真的马克思”的消失，同样必须被理解为对教条主义思维的颠覆。只有这样，我们才能直接面对马克思的问题，而不是通过以某种对本真的马克思进行增补的方式来回避问题。我们必须正视这个事实：马克思的使命并没有完成！套用马克思的语法，只要这个哲学没有实现，那就不会简单地消失。

学术规范：从文本依据到理论逻辑

既然个性化研究是一个可取的路向，那我们便应该肯定不同的学者进行个性化选择的战略合理性。接下来，我们便能够心平气和地讨论“如何检验这些个性化研究的成果”这个问题。在这个问题上，我们能够在标准问题上达成一致性的共识。这是因为，一般而言，当我们说某种学说或研究“言之有理”的时候，总是存在这样一个标准，这个标准包括两个方面：事实根据，即言之有据；审视证据的方法，即言之有理。前一个方面是外在的确定性，它表现为学术规范；后一个方面是内在的一致性，它表现为思想严谨。这两个方面缺一不可，凭借占有事实胡说不行，不占有事实即使再美的言辞也是胡说。我们把这两个问题称为重新解释马克思的文本依据和理论逻辑。

在这两个问题上，过去我们经常考虑的是前者，因此，我们喜欢用“以史出论”这个传统的说法定义学术规范。但是，在今天，我们必须强调后者，因为，在“史”与“论”之间容易被忽视的“审视证据的方法”问题在今天显得特别重要。20 世纪解释学、科学认识论的进展说明，在全新的方法面前，证据（经验对象）也呈现出不同的性质。事实上，我们无须从理论上强调这一点，因为在重新解释马克思主义哲学的过程中，我们会在实践上直接遭遇它。同一个资本主义经验事实，为什么会在马克思和“德意志意识形态”、古典政治经济学家们的眼中截然不同，同一个马克思的文本为什么会在不同的研究者那里呈现为不同的性质？这些问题需要我们深思。回答了第一类问题，我们便会弄明白马克思在《德意志意识形态》中谈到的自己与“德意志意识形态”的根本差异，以及《资本论》的方法对古典政治经济学的全面超越，从而理解马克思主义哲学革命的性质。清理了第二类问题，我们便会理解，在今天的研究中，围绕马克思的争论不纯粹是一个客观的、中立的、价值无涉的学术问题，而是不同旨趣和思想之间的争论。要调和这种争论事实上与调和马克思与资产阶级意识形态之间的关系一样困难，这正是“背负自己问题与马克思对话”这类判断的意义所在，也是不同学术之间竞争的问题所在。

传统研究喜欢强调新材料的重要意义，似乎谁掌握的马克思文本越丰富，谁就是马克思研究的最权威人士。但我们首先肯定的是，从哲学史看，我们往往面临这样一种尴尬：哲学的基本问题绵延了千余年，材料虽然丰富但却并不都是“新”的。从苏格拉底到黑格尔，究竟几个人的突破是建立在新材料的基础上的呢？而相反，如果要讨论“新”，则必须把这种“新”视为我们自身“增补”的结果。在马克思那里，如果对他的时代的学术和思想有所了解的话，我们便会发现，他正是利用了大多数人都能够得到的经验资料（包括官方记录和学者的研究成果），但他的突破恰恰在于洞悉了大多数人熟视无睹的事实。由此可见，正是面对大家都熟悉的事实，读出别人读不出来的东西，才是真正的功夫。或许正是这一点，哲学大师们总是喜欢把哲学视为对流行或常识的批判。退而言之，回到文本学，以新材料取胜的例子确实也很多，但在既有的材料中读出激发人们思考的东西，这种行为不是更受人们的尊敬吗？相反，如果把“依据新材料所做的新思想阐释”作为突破的标准，它带来的后果我们也已经经历过，中国马克思主义哲学研究在相当长的时期依赖苏联，以低于人家的水平重复，不正是这种标准的后果吗？

在当前的马克思主义哲学重新解释中，作为公开的权威文献，MEGA2 人人都可以利用，并且就现有的出版情况，马克思的重要文本基本上也都通过不同的方式公布于众了。因此，在狭义的文本考证方面，中国人的学术空间不大，但在利用和解释方面却有很大的空间。事实上，作为中国人，我们不必为自己无法直接考证马克思的文本而感到难过，这是客观的不足。但是，我们是否能够通过方法论的自觉提高理解原著的水平呢？显然这是体现中国学者分量的唯一可能，说重一点，这是中国学者在国际马克思主义研究中在场的证明。在马克思的文本解释过程中，在对恩格斯修改的《资本论》的版本评价时，卡尔－埃里希·福尔格拉夫和尤尔根·荣尼克尔指出：“人们自己所补充的东西，即使从他们自身的、同马克思相比是全然不同的历史经验出发来加以解释，也恰巧仍是历史的东西。”① 这个观点值得我们认真注意，因为，如果说这个历史的东西正是马克思在场证明的话，那么，没有这些通过补充而成为历史的东西，马克思可能仍然以文本（手稿）的形式躺在某个故纸堆中睡大觉。在这一意义上，包括西方马克思主义在内的马克思主义研究都为保存、传播和发展马克思主义哲学做出过自己的贡献，我们今天试图使马克思成为一个“当代人”的话，唯一的选择也是通过我们的努力而为这种话语增补什么东西。这意味着，重新理解马克思哲学的工作就不是某种狭义的文本考证、某种恢复马克思文本原貌的努力、某种发掘马克思文本本真性的尝试、某种小心谨慎的“以史出论”。

简要的结论

当前马克思主义哲学研究的“解释学”转向，事实上是从传统研

① ［德］卡尔－埃里希·福尔格拉夫、尤尔根·荣尼克尔：《马克思说的是自己的话吗？》（四），《马克思恩格斯列宁斯大林研究》1998 年第 3 期。

究走向全新学术视域的一种趋势，在这种转向过程中，必然存在“呈现马克思思想的真实面貌和原初状态”和“马克思如何走向当代”两种学术思路的争论。我们认为，由于哲学研究并不是一种拿着显微镜的旁观考证活动，任何研究者都是这种活动的一个部分，不可能存在像西方“马克思学”所标榜的那样“不抱意识形态的偏见和学科上的局限性”的可能。因此，马克思主义哲学研究内部的争论将可能成为下一阶段的显著现象，并且在争论中，通过研究者们自觉的方法论意识的强化，马克思主义哲学生命力能够在不同的学术话语争论中得到发扬。在当前，提出“回到马克思”这个口号的双重意义在于：真正地从马克思思考的地方出发，澄清马克思的思想，鉴别其真正的遗产；如果做不到这一点，那么由于我们没有同资产阶级意识形态以及其他任何低于马克思思维水平的旧哲学的残余实现真正的彻底的决裂，我们便会一而再、再而三地回到马克思同这些思想决裂的地方。因此，“回到马克思”并不是回到马克思的书本，也不是简单地重复马克思说过的原话，我们是背负着今天时代一切思想成果与马克思的逻辑视界历史地融合在一起的。我们回到马克思，既是要寻找一个真实的起点，同时也是以今天最新的社会实践和自然科学成果丰富和发展马克思主义。

（原载于《江海学刊》2003 年第 1 期）

当代马克思主义哲学中国化的新起点

张奎良

马克思早在博士论文中就提出过一个著名的命题：世界哲学化和哲学世界化。虽然这个命题的本意是说明理论和现实的互动关系，但也不无哲学必须走出国门进而覆盖整个世界之意。在《黑格尔法哲学批判》导言中，马克思把这个思想进一步升华，表述为："理论在一个国家的实现程度，总是决定于理论满足这个国家的需要的程度。"①中国是近代东方各种矛盾的集合点，它所孕育的革命形势最需要马克思主义哲学来哺育和滋润。历史没有辜负哲学，经过半个多世纪的奋斗和积淀，马克思主义哲学的中国化进行得有声有色，经历了一个无比生动的辉煌历程。现在，以毛泽东思想为代表的马克思主义哲学中国化的第一阶段和以邓小平理论与"三个代表"重要思想为标志的马克思主义哲学中国化的第二阶段已告一段落，胡锦涛总书记等新一代中央领导集体提出的以人为本和构建和谐社会为起点的马克思主义哲学中国化的新的征程已经开始。深入考察马克思主义哲学中国化的历史进程，阐发以人为本和构建和谐社会的哲学意义将掀开马克思主义哲学中国化的新篇章。

---

① 《马克思恩格斯选集》第1卷，人民出版社1972年版，第11页。

毛泽东对马克思主义哲学中国化的开创性贡献

马克思主义哲学从本质上说是一种西方的哲学形态，它的直接的思想来源就是德国古典哲学，特别是黑格尔哲学和费尔巴哈哲学。马克思经过哲学革命变革批判性地继承和改造了其前驱者的哲学思想，创立了“把感性理解为实践活动”的“新唯物主义”[①]即实践唯物主义哲学。马克思的实践唯物主义就内容来说，已经摆脱了先前哲学的民族、地域和哲学家个人所具有的局限性，它所开启的是哲学共性，创立的是放之四海而皆准的实践哲学。但就实践唯物主义的现成形式和表述方式来说，它又不能不具有西欧和德国文化的特点。马克思一生都没有写出系统阐发自己思想的哲学专著，最能表明他哲学革命变革实质的《1844 年经济学哲学手稿》和《德意志意识形态》又一直没能出版，他的学生和弟子们很难准确地把握他的哲学观点。就是在这种背景下，苏联二三十年代的哲学教科书，特别是斯大林的《辩证唯物主义和历史唯物主义》被确定为马克思哲学思想的模本。这些有着严重缺点的著作被冠以马克思主义哲学的称号，以第一个社会主义国家的意识形态的力量推到了中国面前，考验着中国共产党人的思想风范和理论水准。

以毛泽东为代表的早期中共领导者们，大多是具有很高文化水准且又忧国忧民的革命志士。他们为了救生民于水火，既有对马克思主义哲学真理的诚挚渴求，但又深知，来自西方的马克思主义哲学必须和中国实际相结合，经过自己的消化和咀嚼，才会成为中国老百姓喜闻乐见的东西，只有这样才能真正发挥它指导实践的巨大功用。所以中国共产党经过短暂的磨合，很快就打出马克思主义和中国实际相结合的旗帜，坚决反对各种言必称希腊的洋教条。毛泽东对马克思主义

---

① 《马克思恩格斯选集》第 1 卷，人民出版社 1972 年版，第 56—57 页。

中国化有深切的了解，他对各种食洋不化的思想贩子的浅薄行径进行了深刻的揭露。他说：“有些人对于自己的东西既无知识，于是就剩下了希腊和外国故事，也是可怜得很，从外国故纸堆中零星地捡来的。几十年来，很多留学生都犯过这种毛病。他们从欧美日本回来，只知生吞活剥地谈外国。他们起了留声机的作用……”① 在毛泽东看来，以欧洲文化形态出现的现成的马克思主义哲学与中国的现实存在较大的距离，只有经过自己的消化和理解，变成人民大众都能明白的东西，才能谈到理论结合实际。如毛泽东在《整顿党的作风》一文中所说：“中国共产党人只有在他们善于应用马克思列宁主义的立场、观点和方法，善于应用列宁斯大林关于中国革命的学说，进一步地从中国的历史实际和革命实际的认真研究中，在各方面做出合乎中国需要的理论性的创造，这才叫做理论和实际相联系。”② 所以，“对于马克思主义理论要能够精通它，应用它，精通的目的全在于应用”。③ 但是要应用就必须“在各方面做出合乎中国需要的理论性的创造”，这是能否理论联系实际的前提。正是在“理论性的创造”上，毛泽东显示了自己对马克思主义的精湛的理解，并成为马克思主义哲学中国化的开天辟地第一人。

马克思哲学本来是实践唯物主义，但是传到中国的马克思主义哲学的权威版本只是苏联二三十年代的哲学教科书和斯大林的《辩证唯物主义和历史唯物主义》。在这种情况下，马克思主义哲学的中国化就确实需要从中国革命的实际需要出发，在理论上进行重新的解读和创造。中国革命面临的问题成堆，各种矛盾性质不同，互相交错，最需要的是一个能够统揽全局的总的指导思想，这是任何具体的原理都不能取代的。毛泽东凭着他的超人智慧，首先对马克思哲学的唯物主

① 《毛泽东选集》第 3 卷，人民出版社 1953 年版，第 798 页。
② 《毛泽东选集》第 3 卷，人民出版社 1953 年版，第 822 页。
③ 《毛泽东选集》第 3 卷，人民出版社 1953 年版，第 816 页。

义精神和实质进行了新的理解和整合。在毛泽东看来，不论对马克思主义哲学怎样界说，它的唯物主义基础是不可动摇的，而唯物主义的精华和基本精神并不一定非得归纳为什么世界的物质统一性，这对自然科学和一般哲学也许是必要的，而对于中国革命来说，最切合实际的归纳就是能够应对一切的实事求是原则。为了阐发实事求是，毛泽东专门写了《改造我们的学习》和《实践论》，从认识论的视角强调了一切从实际出发和按客观规律办事的重要性，以此实现自己对唯物主义的理解。恩格斯曾说："原则不是要研究的出发点，而是它的最终结果；这些原则不是被应用于自然界和人类历史，而是从它们中抽象出来的；不是自然界和人类去适应原则，而是原则只有在符合自然界和历史的情况下才是正确的。这是对事物的唯一唯物主义观点。"①

对于马克思哲学来说，除了唯物主义之外最重要的就是辩证法了，辩证法是马克思哲学的发祥地，马克思就是从黑格尔的辩证法出发，借助费尔巴哈的唯物主义对黑格尔唯心辩证法的批判，然后对费尔巴哈的直观唯物主义进行再批判，才走向实践唯物主义的。因此，实践唯物主义本身就具有辩证法的性质，马克思的历史唯物主义也就是历史的辩证法，因为唯物史观立足社会基本矛盾的运动和转化，带有鲜明的辩证法的特征。所以，毛泽东的马克思主义哲学中国化的历程绕不过辩证法，必须结合中国革命的实际，对带有黑格尔印记的唯物辩证法进行新的理解和整合，毛泽东为此而专门写作的《矛盾论》就是中国共产党人对辩证法的伟大创新，也是马克思主义哲学中国化的标志性成果。

《矛盾论》作为辩证法的专著，没有一般地谈论辩证法的唯物主义基础和三大规律与五大范畴，而是专门选取矛盾的视角，对辩证法作了非同寻常的阐述。《矛盾论》适应中国革命夺取政权斗争的需要，

---

① 《马克思恩格斯选集》第 3 卷，人民出版社 1972 年版，第 374 页。

在论述矛盾的普遍性和同一性的同时，格外地强调了对立面的斗争性和特殊性，尤其是对主要矛盾和矛盾的主要方面的论述开辩证法矛盾理论的先河，是对唯物辩证法的卓越贡献。没有《矛盾论》，马克思和列宁的矛盾辩证法就不会是今天的样子，毛泽东思想作为马克思主义与中国实际相结合的第一次历史性的飞跃就包含《矛盾论》对辩证法的贡献。

邓小平开启的马克思主义哲学中国化的新征程

马克思主义哲学中国化的进程并不是永远一帆风顺的，如果说在新民主主义革命中马克思主义哲学中国化的进展还比较顺利的话，那么，在新中国成立后由于“左”的思潮的影响，这个进程就颇为坎坷了。在中国，马克思主义哲学的中国化始终是和党的思想路线与事业的进取并行不悖的。当革命和建设事业蓬勃发展，指导思想比较端正的时候，马克思主义哲学就能从中汲取不竭的思想资源，从而丰富和加快中国化的进程。而当“左”的思潮泛滥，党的思想路线被扭曲的时候，马克思主义哲学中国化的进程也会相应地受到损害。从 1957 年反右时起，我国建设进程开始偏离正常轨道，进入新的认识误区，特别表现为逐渐淡化了经济建设的主旋律，在过分强调原有的阶级斗争的同时，又突出了政治思想上的阶级斗争，并不适当地渲染到关系党和国家前途命运的地步。这种“左”的思潮的进一步发展就是在各条战线上全面落实“以阶级斗争为纲”和长达 10 年的“文化大革命”。本来这一切都与马克思主义哲学背道而驰，可是在相当长的一段时期内，它却打着发展马克思主义哲学的旗号，被纳入中国化的范畴之内。

邓小平在中国社会转折的关键时期以第二代领导集体核心的强有力地位推出了改革开放的伟大创举。中国的改革开放是一个全方位的系统工程，其核心是建设中国特色的社会主义。苏联和改革开放前的中国虽然进行了长期的社会主义建设，并且也取得了可圈可点的成就，但是总体来说并不十分成功，苏联最后以剧变解体而告终，中国的“文化大革命”也把国家弄到经济破产的边缘。造成这种悲剧性后果的原因固然可以归结为经济和政治上的一系列重大失误。但是更进一步地追问一下，为什么会出现经济上体制僵化、政治上以阶级斗争为纲这类清一色的“左”的错误呢？思维至此不难发现，支撑这种僵化的社会主义模式的是一系列扭曲了的哲学理念，尤其是不从实际出发，脱离具体国情，过分看重矛盾斗争性的意义，等等，起了关键性的作用。有鉴于此，邓小平的改革开放首先是从变革思想观念出发，以解放思想、实事求是为先导，在破除旧的僵化社会主义观念的基础上，逐步确立中国特色的社会主义理念。邓小平以其社会主义初级阶段论、社会主义本质论、发展战略论等大力倡导了实事求是和一切从国情出发的唯物主义原则，与毛泽东时代不同的是，邓小平在实事求是之前又加上了解放思想四个大字，并把它提升为马克思主义的精髓和灵魂，用以表明实事求是与解放思想的互动关系。邓小平力主的经济上的多种所有制成分共同发展、按劳分配与非按劳分配相结合，政治上的多党合作制度以及一国两制论、当代世界的和平发展主题论等，实际上是在倡导一种新的发展理念，构建一种新型的对立面的关系，力求在对立面的合作、联合中求得自身的发展。这是一场深刻的哲学革命，是不用哲学语言进行的一次划时代的哲学变革，这场革命性变革的使命就是适应时代精神的转换，确立向对立面同一性倾斜并以互利共赢为目标的新的辩证法。虽然邓小平没有写出任何哲学著作，使用的哲学话语也不多，但是在我国改革开放的实践中人人都可以感受到来自哲学的心灵震撼，没有一种强有力的恒久的哲学支撑和由此引发的巨大的观念变革，就不会有今日的有中国特色的社会主义的宏基伟业。现在，经过邓小平理论的熏陶，人们的哲学观念已发生了巨大变化，表明对立面的新型关系的一些话语如优势互补、强强联合、互利双赢等已经深入人心，运用如常。与毛泽东的马克思主义哲学中国化相比，这是新时代以辩证法的同一性转向为特征的马克思主义哲学中国化的新征程。

毛泽东开创的马克思主义中国化进程是在新民主主义革命时期以夺取政权为背景，其主题是应对各种复杂矛盾所必需的实事求是原则和确立符合中国革命斗争需要的矛盾辩证法，强调的是从中国国情出发，向矛盾的特殊性和对立面的斗争性倾斜。邓小平继续深化的马克思主义哲学中国化进程是在社会主义实践经验教训深刻积淀的背景下，为了更新社会主义观念而向哲学深入的一种合理的探寻和延伸，其主题是如何建设和发展中国特色的社会主义，强调的是解放思想、实事求是和在全球化的趋势下对新型的对立面关系的全面理解和确认。

从毛泽东和邓小平对马克思主义哲学中国化所做出的贡献中可以看出，我们所说的马克思主义哲学中国化其实就是马克思主义哲学的现代性和时代化，是站在时代的高度对马克思主义哲学的一种提升，它真正体现了时代精神的精华。毛泽东在他所处的年代，以中国革命的实际需要为大背景，从唯物论和辩证法两个视角，对马克思主义哲学进行了别开生面的阐释。邓小平也是在全球化和信息化的大背景下，充分考虑到对立面广泛合作的可能性，才在国内和国外两个方面同时提出了一系列旨在加强联合和合作的路线和政策。但是马克思主义哲学的这种现代性和时代化必须与中国传统文化相结合，反映中国思维方式和话语表述的特点，才能为中国老百姓所理解和接受，真正体现出是一种中国化的马克思主义哲学。毛泽东用实事求是这一《汉书》上的成语来表达他对唯物主义的理解，比起用烦琐的语言所表示的客观性原则要鲜明、确切和透彻得多。他用中国革命和历史上的许多事例解说矛盾理论，特别是对矛盾的特殊性与主要矛盾思想的阐发，实际上已经把辩证法彻底时代化和中国化了。邓小平虽然哲学话语不多，但他的“摸着石头过河”和“一国两制”等提法已经尽显中国语言和文化的风采。当然，马克思主义哲学的中国化还包含有向马克思文本回归的责任，目的在于纠正过去对马克思哲学扭曲化的理解，是真正的马克思主义哲学的中国化，而不是被歪曲理解的苏联哲学的中国化，这就不再赘述了。

以人为本与构建和谐社会是当代马克思主义哲学中国化的新起点。当今的中国，人的问题凸显出来，而这首先是由人的概念的逐渐确立开始的。在中国，由于商品经济发展的滞后，长期以来一直没有形成以平等性为基础的人的概念，如果说“人”字到处都在使用的话，那么它绝不是在马克思所说的以自由自觉活动而与动物相区别的类概念的意义上来使用，而主要指的是民，即与官相对立并构成人口绝大多数的平民百姓。中国自古以来抽象思维水平不高，人们从直观表象出发，最容易看到的就是官与民的区分，而官又分为君和臣，与君相对应的是广大臣民。这个金字塔形的社会结构的基础就是民，民是人的主体。由于意识到民作为基础和主体对社会长治久安的极端重要性，所以中国民本思想源远流长，春秋战国时管仲就提出过以人为本的口号，可见人与民在多数场合下是通用的。

但是在本来的意义上，人与民是不同的，这不仅是因为他们的外延不同，人是指所有的人类，民是指被官治理下的百姓；而且其内涵也不同，人之间是生而平等的，而民本身就以和官的不平等为前提。说到底，民首先是官的一种意识，如果说民也意识到自己是民，并安于自己的小民和草民的地位，则正说明了民之不觉醒。中国共产党坚持人类平等和解放全人类的伟大理想，但同时又必须首先面对广大民众被压迫和被剥削的现实，既要承认马克思所坚持的作为类的相互之间平等的人，又要依靠和解放被压迫的民，于是就破天荒地把人与民结合起来，推出了人民这一崭新的概念。人民是个政治范畴，是中国共产党所依靠和服务的唯一的力量，人民享有法定的各种权利，依靠人民对敌人实行专政。而敌人则被排除在人民之外，是实行专政的对象。

经过二十多年的改革开放，中国社会已经发生了深刻的变化，随着剥削阶级的消灭和社会共同利益空间的扩展，人民作为一个历史上长期起作用的政治概念已经完成了自己的历史使命，并在新的基础上向马克思的作为类概念的人回归。正是基于我国社会日益凸显的人的全面平等和全面发展的迫切要求，党的十六届三、四中全会才适时地提出以人为本和构建社会主义和谐社会的基本纲领。

以人为本与构建和谐社会具有无比深远的哲学意义，它掀开了马克思主义哲学中国化的新篇章，是毛泽东和邓小平的马克思主义哲学中国化进程在新的条件下的继续。如果说过去的马克思主义哲学的中国化是以夺取政权和改革开放为背景，主要是围绕实事求是和矛盾辩证法以及对立面的联合和合作为中心进行的话，那么，今后的马克思主义哲学中国化就要以以人为本和构建和谐社会为永恒的大背景，继往开来，谋划马克思主义哲学中国化的新思路和新天地。

人本来就是马克思哲学关注的中心，在马克思看来，人的存在有三个维度，即个体的人、群体的人和类的人，坚持以人为本就要把对人的关注落实在这三个维度上。没有对于个人的关心以人为本就是一句空话，关注不同群体的人是实施以人为本的侧重点，以人为本的最终目标是解放全人类。从这三个维度上全面实施以人为本就必然要营造出和谐的社会关系，即每一个人不仅把自己视为本，而且也把别人看成和自己一样的本，这样的社会就是社会主义和谐社会，如同马克思在《共产党宣言》中所说："代替那存在着阶级和阶级对立的资产阶级社会的，将是这样一个联合体，在那里，每一个人的自由发展是一切人的自由发展的条件。"① 所以，以人为本与和谐社会相互规定，以人为本的人是和谐社会中的人，和谐社会是以人为本的社会，二者的结合和互动，成为今后建设中国特色社会主义的基本取向，也为马克思主义哲学的中国化提供了根本的致思思路。

面对以人为本和构建和谐社会的长远目标，马克思主义哲学的中国化当下只能是规划一个蓝图，勾勒出基本的走向。显然，以人为本为中国化的马克思主义哲学奠定了本体论和价值论的基础，从时代的

---

① 《马克思恩格斯选集》第1卷，人民出版社1972年版，第294页。

新视角多方面触动了传统的唯物论，使唯物主义哲学逐步向马克思文本中内蕴的唯人和唯实践的方向发展。与此相对应，物质论也应该向属人性和人的实践创生性倾斜，时空不仅是物质存在的基本形式，更应该是人的实践活动的基本形式，在物质时空的基础上应更加关注实践时空和信息时空。

辩证法显然是马克思主义哲学中国化关注的重点，构建和谐社会给辩证法的存在形态提供了新的生长空间。过去在以私有制为基础的阶级对立的社会里，有指导解决对立面斗争的矛盾辩证法，现在，在社会主义和谐社会里自然要求产生指导人们和谐生活与和谐相处的和谐辩证法。在中国传统文化中包含有丰富的和谐辩证法的要素，天人合一、中庸之道、和为贵、忍为高等一系列儒家信条，在批判地改造其保守性的基础上，都能够为构建和谐辩证法提供可资借鉴的思想资源。邓小平理论已经为和谐辩证法奠定了合法性的基础，中国社会主义改革开放实践的伟大成功，特别是共同富裕论、一国两制论、多种经济共同发展论等对立面联合和合作的思想和实践，呼唤我们承前启后，逐步建立和完善真正反映时代精神精华的和谐辩证法。

马克思主义哲学的中国化是哲学发展的伟大创新，党中央提出的以人为本与构建和谐社会为新时代哲学的发展提供了难得的历史机遇和根本的理论取向。现在虽然只是提出了马克思主义哲学中国化的课题，一切都还有待于今后的努力，但是我们有理由坚信，只要我们坚持马克思主义哲学中国化的大方向，锐意进取，立志创新，就一定能够取得马克思主义哲学中国化的新胜利。

（原载于《江海学刊》2005 年第 4 期）

马克思哲学革命出场的现代性路径

——《关于费尔巴哈的提纲》诞生 160 周年后的新解读

任　平

马克思哲学革命发生的两大基本语境

1845 年，马克思哲学革命的出场有两大基本语境。其一，现实历史语境。马克思生活在一个资本现代性世界历史进程的开端，英法等资本现代性快速推进国家与德国等资本现代性停滞国家形成强烈序差，这成为马克思思想出场和发动哲学革命的历史语境。作为一个关注现实而又自觉置身于改变世界的重大历史行动序列中的马克思，对资本现代性这一“世界历史性”的序差事实具有深刻的敏感性；对资本现代性世界历史本质的追问和批判，成为推动马克思思想出场的基本动力。其二，精神语境。马克思之所以发动“哲学”革命的重要原因决定于当时的德国特点。在马克思看来，资本现代性是一个“世界历史性”进程。然而，欧洲各国由于各自特点，在这一进程中的地位和表现方式是各不相同的。在资本现代性的世界历史进程中落后的德国，弱于现代性的实践而长于思辨，经济政治变革落后的国家却在文化上拉起第一小提琴。德国越是追随资本现代性的世界历史进程，就越需要在精神上超越可怜的现实状况和精神状况，因而就越需要成为批判的和超越的。“我们是当代的哲学同时代人，而不是当代的历史同时代人。”“德国的法哲学和国家哲学是唯一与正式的当代现实保持在同等水平上的德国历史。”[①] 哲学因批判而成为现代性的，现代性因哲学批判而进入德国。哲学批判和哲学革命因此成为德国走入现代性的标志，也因此成为德国特产，进而成为马克思思想出场之所以选择哲学革命这一独特路径的精神语境。

两大语境之间构成了一个内在互动的结构，而马克思思想就出场于互动结构的交叉点上。资本现代性世界历史性进程的序差，成为推动和打开马克思哲学革命进程的历史基础和历史锁钥；而马克思的哲学革命则成为我们理解和打开马克思对资本现代性世界历史进程批判的哲学视域和哲学锁钥。围绕“资本现代性”主题而展开的历史批判与哲学革命的互动，成为推动马克思思想出场、产生《提纲》文本、实现哲学革命的基本因素；因而也在语境上决定了马克思思想出场的哲学批判路径和哲学革命的形态。

马克思现代性视域与哲学革命：对应的双重变革

马克思的现代性视域与哲学批判都随着两者相互作用的向前运动而呈现不同的阶段。学界总是看到交叉点一边的哲学批判序列，而很少或者根本就没有考察交叉点另一边的现代性视域的变革序列，更缺乏将构成互动交叉点的两边做关联性的考察，将哲学批判和哲学革命看作马克思为解决资本现代性批判这一历史语境问题的必然结果。其实，马克思哲学批判从一开始就不是孤立的哲学行动，而是资本现代性的世界历史进程的哲学表现。如何深刻而科学地理解资本现代性的世界历史进程与德意志意识形态变革之间的关系，成为马克思面临的主要问题。

---

① 《马克思恩格斯选集》第1卷，人民出版社1995年版，第7页。

（1）批判神圣：马克思的初始现代性视域。对相对落后的德国而言，植根于启蒙运动的资本现代性进程是一种革命的、先进的历史运动，如何将这一运动尽快引入德国、改造德国，使德意志民族尽快跻身于资本现代性民族行列，就成为马克思及同时代人的主要任务。而德国在实践上的弱势，迫使德意志更倾向于意识形态变革，以尽快融入启蒙现代性视域，将一个新的思想平台锻造成“批判的武器”，对德国现实的一切进行无情的批判。为此，一个必要的历史前提是：青年马克思一开始对资本现代性启蒙原则是自觉肯定而不是批判，将启蒙以来的资本现代性进程看作一个必然的、不可阻挡的世界潮流，一种普变的“世界历史性”进程。这构成了马克思现代性视域的初始向度。与所有启蒙行动一样，德国启蒙也是从对中世纪传统神学的批判起步的。与所有启蒙行动不同的是，德国宗教改革与哲学革命是现代性的主要路径甚至是唯一路径。马克思与德国同时代的思想家一样，都是基于启蒙现代性初始框架，起始于宗教改革、宗教批判。马克思的初始现代性视域的知识来源是多样化的，深受路德教和德国古典哲学、英国古典经济学和法国百科全书派的影响。但作为德国人，马克思初始现代性视域主要来源于德国的启蒙现代性思想，其中主要来自路德的宗教改革和德国古典哲学。马克思自幼深受父亲改换宗教信仰的影响，中学时代，马克思与同龄人一样接受“解放的神学”——路德教的熏陶。路德的宗教改革是造就德国现代性文化的一个重要起点。马克思在《〈黑格尔法哲学批判〉序言》中曾经这样高度评价：“路德战胜了虔诚造成的奴役制，是因为他用信念造成的奴役代替了它。他破除了对权威的信仰，是因为他恢复了信仰的权威。他把僧侣变成了世俗人，是因为他把世俗人变成了僧侣。他把人从外在的宗教笃诚中解放出来，是因为他把宗教笃诚变成了人的内在世界。他把肉体从锁链中解放出来，是因为他给人的心灵套上了锁链。”[1] 路德最重要的贡献在于恢复了作为自主信仰的大写的人的权

---

① 《马克思恩格斯选集》第1卷，人民出版社1995年版，第10页。

威，摒弃了外在强加于人的神圣；最主要的缺陷也在于：他依然以神圣的信仰而不是理性充塞人的本性和心灵。

（2）“世界的哲学化”与“哲学的世界化”：马克思改变德国现实的现代性哲学视域。大学期间，马克思扎进黑格尔哲学，以强烈的“自我意识”开始对宗教神学的批判。启蒙运动以来，西方现代性无论具有怎样宏伟的经济结构、制度结构和社会结构，但归根到底都奠定在两大基石之上：以大写的人为中心的主体性对神的统治的颠覆以及以大写的理性为核心对传统蒙昧的批判。大写的人与大写的理性，成为马克思的“初始现代性视域”的本性和基础；以这一尺度对传统的批判，首先源于对传统神学的批判。在钻进黑格尔这口哲学深井之后，马克思开始建立自己的启蒙现代性批判的思想框架。崇尚大写主体和大写理性的德国古典哲学、特别是黑格尔哲学是德国现代性思想的主要形态。从大学到《莱茵报》时期，马克思作为青年黑格尔派一员，不断将资本现代性世界历史进程上升为一种“自我意识”和理性化的哲学，借以反对神，反对宗教，这表现为“世界的哲学化”，而以启蒙现代性思想为本性的黑格尔哲学在德国的实现，就是“哲学的世界化”。在《博士论文》中，马克思借助于一个古希腊哲学家伊壁鸠鲁的原子论“偶尔偏斜”，对黑格尔哲学中反复强调的主题——“自我意识”即大写的主体做了深刻的弘扬。马克思在《博士论文》中还借普罗米修斯这一从天国盗火于人间的现代性象征之口说出反神宣言：“说实话，我痛恨所有的神灵！”在大写的人（自我意识）与实体、理性与宗教之间，马克思选择了主体，选择了无神论，同时选择了理性。任《莱茵报》主编时期，马克思主张“真正的哲学都是自己时代精神的精华”“文明活的灵魂”，“哲学的世界化、世界的哲学化”，是黑格尔“凡是现实的都是合理的，凡是合理的都是现实的”命题的现代性注解。而康德肇始的对人的主体性的弘扬，在马克思那里表现为一种批判地关于人的解放学说。

（3）人本学：马克思哲学批判的现代性视域。如果说，青年黑格尔给予马克思反宗教神学的第一个现代性批判武器，那么，费尔巴哈是一个更为彻底和激烈地反神学、反隐蔽神学——黑格尔哲学的现代性思想家，正是他给予马克思启蒙以来现代性所能走到的最高处，达到经典现代性所能够达到的最高水平。从黑格尔到费尔巴哈的哲学信仰的转变，不仅是马克思现代性批判对象的转变——从对宗教的哲学批判到对哲学自身的哲学批判；而且是“批判武器”即现代性视域的转变。其中原因，固然有恩格斯在《费尔巴哈论》中所指认的“反对神学”的斗争与黑格尔隐蔽神学前提之间的矛盾的推动，导致一大批彻底反宗教的哲学青年走向费尔巴哈的唯物主义，但更根本的原因还在于：宗教起源于世俗社会的自我分裂和自我异化。在哲学批判宗教这一世俗异化结果形态之后，需要反思这一异化的根源即德国世俗社会本身。这也正是现代性的世俗化走向人的感性的日常生活世界的必然要求。从针对宗教的哲学批判，进入针对哲学的哲学批判，同时也是针对德国历史本身的政治批判：“真理的彼岸世界消逝之后，历史的任务就是确立此岸世界的真理。”“于是，对天国的批判变成对尘世的批判，对宗教的批判变成对法的批判，对神学的批判变成对政治的批判。”① 对德国传统社会状况的无情批判让马克思选择了德国的法哲学与国家哲学。在相当大的程度上，这是一个政治学领域。马克思为什么从德国的法哲学批判入手？那是因为在马克思看来，“德国的法哲学和国家哲学是唯一与正式的当代现实保持在同等水平上的德国历史”。② 而政治领域历来是现代性制度所要变革的主要领域，马克思一再提到“现代的政治社会现实”“现代主要问题”，“德国式的现代问题”。但是，针对制度的哲学批判不同于政治学批判，它需要回归现代性基础和本性。马克思批判德国制度、推动德国政治变革的一个根本理论框架，来自费尔巴哈哲学。马克思高度赞扬费尔巴哈以两大基

---

① 《马克思恩格斯选集》第 1 卷，人民出版社 1995 年版，第 2 页。

② 《马克思恩格斯选集》第 1 卷，人民出版社 1995 年版，第 7 页。

石来重新奠定现代性批判的理论框架：第一是人本学，以抽象普遍的类为本性的、大写的人为基础，这将启蒙以来现代性的第一原则发挥到最高水平："对宗教的批判最后归结为人是人的最高本质这样一个学说"，这就是费尔巴哈的抽象的人本学原则。马克思以人本学原则批判德国，以人本学标准来衡量德国的落后状况，认为德国低于历史水平和"现代政治水平"。德国革命，就是"要达到的人的高度的革命"①。"德国唯一实际可能的解放是以宣布人是人的最高本质这个理论为立足点的解放。"② 人本、异化、异化扬弃和人性复归等框架性话语构成马克思的现代性视域的基本框架。第二个现代性基石是感性直观。费尔巴哈对宗教和黑格尔哲学理性虚假性的批判导致他诉诸感性直观。马克思接受了"感性"这一向度，"感性的外部世界""感性对象"等词语成为马克思从《黑格尔法哲学批判》《1844 年经济学哲学手稿》到关于费尔巴哈的《提纲》的主要术语。

（4）国民经济学批判：马克思经济学—哲学批判的现代性视域。《1844 年经济学哲学手稿》是马克思展开国民经济学批判的标志。马克思在批判德国的法哲学和国家哲学之后，为什么要批判地反思德国的国民经济学？

起因之一，黑格尔哲学理性与德国现代性实践的矛盾。任《莱茵报》主编期间，马克思在为"林木盗窃案"和"摩苏尔农民问题"辩护过程中就痛苦地发现：对于黑格尔哲学理性支配的、被称为"地上的神物"的普鲁士国家并没有按照"哲学世界化"精神显现为一种维护公众利益的普遍理性，而是一种维护私有财产的非理性。这一本性的异化，既不能从国家观念中去寻找，也不能从国家本身去寻找，而要从产生国家的市民社会、从经济学去寻找。国家的异化只能是市民社会的自我分裂。因此，在对德国法哲学和国家哲学批判之后，必须

① 《马克思恩格斯选集》第 1 卷，人民出版社 1995 年版，第 9 页。
② 《马克思恩格斯选集》第 1 卷，人民出版社 1995 年版，第 16 页。

深入国民经济学批判中寻找这一异化的根源，而只有消除异化的经济学根源，才能最后恢复现代性的理性。为深度探索历史之谜，马克思开始研究经济学，同时还对法国国民公会（市民社会）历史做了初步考察。

起因之二，依然是德国现代性与英法的历史序差。马克思这样提出问题：在英法，“问题是政治经济学或社会对财富的统治；在德国，问题却是国民经济学或私有财产对国民的统治”。[①] 马克思区分“政治经济学”和“国民经济学”，旨在进一步解开德国非现代性的结。一个有趣的事实是：长期以来，学界根本忽略或者有意混淆一个事实的界线：马克思此处着眼于“国民经济学批判”而不是后来的政治经济学批判。马克思认为，“国民经济学或私有财产对国民的统治”是德国低于现代化历史水平的独特羁绊，因此，必须要加以批判。更为有趣的是：恩格斯《政治经济学批判大纲》在马克思《1844 年经济学哲学手稿》中也变成《国民经济学批判大纲》。所以，马克思思想出场的初始路径不是《资本论》时期的政治经济学批判，而是国民经济学批判。前者是针对资本现代性的批判，后者恰好是针对低于现代性的德国的批判。此时马克思并没有完全意识到：国民经济学不过是英国古典政治经济学的德国体系，或者说，是资本现代性意识形态的变种。私有财产不仅是国民经济学也是政治经济学的前提。对这一体系的批判要解决的是前提性批判。马克思认为“人的根本在于人本身”。他试图在费尔巴哈的人本学现代性最高点上批判国民经济学，寻找一条人本学异化的逻辑。正是在这一意义上，在总问题的设计和解答思路上马克思依然没有超出费尔巴哈提出的经典现代性的最根本的前提，没有对前提加以反思、批判和怀疑。

起因之三，马克思批判地考察国民经济学，是要寻找以无产阶级为代表的劳动解放的现代性道路。私有财产对国民的统治、对人的统

① 《马克思恩格斯选集》第 1 卷，人民出版社 1995 年版，第 6 页。

治“造就”了无产阶级，造就了人的非人性。“国民经济学从私有财产的事实出发。它没有给我们说明这个事实。”“我们是从国民经济学的各个前提出发的。我们采用了它的语言和它的规律。”但是，我们并没有触及这一国民经济学的前提。经济人假设，即“贪欲以及贪欲者之间的战争即竞争，是国民经济学家所推动的仅有的车轮”①。马克思撇开国民经济学的语言，直接从事实出发，然后加以哲学批判。马克思发现，一个基本事实是：劳动是人的类本质；而在国民经济学中，私有财产却是劳动、商品、货币和资本的异化，整个社会关系的异化，人的全面异化。这再次引导马克思走向人本学辩证法：以大写的人的本质为起点，认为国民经济学实现了对国民（人）的统治，因此需要从大写的人出发，对国民经济学的哲学基础和前提进行批判。批判的最高原则，就是大写的人。人的异化及扬弃，则成为马克思批判国民经济学对国民统治的基本视域。但是实际上，在这里，马克思展开的不仅是针对国民经济学的批判，而且是针对整个资本现代性的批判；不仅是对作为德国国家异化本性的市民社会自我异化、自我分裂的经济学哲学的考察，而且是对所有资本现代性自我异化和自我分裂的考察；马克思发现的不仅是作为现代性根基的人本学与德国国民经济学之间的矛盾，而且是与所有资本现代性的矛盾。

从人本学视域批判资本现代性，而从市民社会中抽象出来的人的类本质又成为现代性的出发点和归属点，这一矛盾是哲学基础与现代性结果的矛盾，是从同源性基础出发对结果的批判。矛盾的张力来源于如前所说的两大语境的交叉。

马克思突然发现：如果以黑格尔为代表的自我意识作为大写的人的理性是精神性的、唯心主义的，那么，费尔巴哈式的唯物主义的经典现代性的唯物主义版本、感性的人和感性的自然、感性的外部世界等这些走向生活世界、走向世俗化的话语都在指向一个根本性的世界：

① 《马克思恩格斯选集》第 1 卷，人民出版社 1995 年版，第 40 页。

资本的现代性社会。其实，所谓大写的人，抽象的人本学原则就是资本的人格化；生活世界不过是资本化社会的消费世界；一切费尔巴哈用抽象哲学话语所崇尚的现代性，都在资本现代性社会中得到根本性体现。

现代性问题解决了吗？没有。马克思批判可怜的德国状况的时候，根本没有意识到资本现代性社会理论这一框架的基础性缺陷。诉诸无产阶级和未来共产主义的政治要求，与一种人本学框架结合起来，并没有超出当时资本现代性意识形态。抽象的人本学对德国的法哲学和国家哲学的批判，对德国的国民经济学的批判，都是建立在经典现代性基础上，以费尔巴哈人本学为平台加以分析和批判的。但是，正如马克思在《1844 年经济学哲学手稿》中所说的："我们将所有世界历史归结为人类劳动，这将有什么意义？"

这意义就是将费尔巴哈所代表的经典现代性的大写的人的原理彻底贯穿到国民经济学批判、法哲学批判和国家哲学批判之中。但是同时就存在新的问题：人本学这一经典现代性的前提却是无批判的。批判的武器本身出现了根本性的问题。这就是马克思在探索现代性道路上面临的根本性困境。抽象的人本学原则与感性实践对人的现实性决定之间存在无法弥合的矛盾。无声的、内在的类聚合并不能保证人的现实本性。因此，在《关于费尔巴哈的提纲》中，马克思才有了这一革命性的翻转的结论。

现代性基础批判：马克思哲学革命的出场路径

马克思对旧形而上学的深刻变革和新哲学世界观的出场原因可能是多样化的，但是其中最重要的，只能是对资本全球化过程中的资本现代性的批判。在工人运动的推动下，马克思的立场发生变化，批判国民经济学所主张的资本现代性的现实，但是批判的武器、理论原则和解释纲领却是资本现代性的原则：人本学。马克思对自己资本现代性批判的前提具有深刻的反思性和领悟性。对资本现代性批判是通过国民经济学批判来切入的，但是国民经济学批判并没有使马克思得出他要的结论。相反，却更为深刻地使马克思得出了一个类本质话语——经典现代性的根本性话语。批判国民经济学对国民统治，到头来不过是对抽象人本学的肯定，将一种原来就是虚幻的前提当作历史的永恒前提。通过哲学批判而达到的人本学视域与国民经济学的资本现代性之间发生矛盾，产生对立的两极：人本的哲学现代性原则与丑陋的资本现代性现实，现代性批判武器与批判对象。既然国民经济学所由以出发的私有财产来自人的类本质——劳动及其异化，既然可以把一切世界历史归结为人类抽象劳动，那么，马克思给自己提出的问题是：如何真实地、现实地批判资本现代性社会而不是像黑格尔那样搞虚假哲学批判？站在启蒙现代性以来的最高成果——人本学基础上，以此作为批判武器，能够彻底揭示和实际改变资本现代性的现存世界吗？显然不能。不在哲学上批判启蒙现代性的两大根基：大写的、抽象的人以及抽象理性，就不可能彻底批判和改变资本现代性的世界历史。

施蒂纳《唯一者及其所有物》中批判费尔巴哈抽象“类本质”的观点给恩格斯和马克思以某种程度的启迪。“个人”而不是“类”才是现代性历史视域发生的起点和基础。但马克思同样也认为：施蒂纳抽象的个人也同样是资本现代性的基础。对马克思来说，既然“对现代世界进行变革”不再能依靠抽象的、先验的和大写的人作为基础，不再将永恒观念、纯粹理性范畴当作现代性的前提，那么，抽象理性、抽象的人就是一种对资本现代性本性的深度遮蔽，是一种同源性的遮蔽，是一种假批判的无批判。

因此，摆在马克思面前的任务是非常明确的：要深度批判资本现代性，就必须对资本现代性的根基进行反思和批判，这一批判，实际上是在继承启蒙现代性革命精神的同时，又颠覆了这一现代性赖以存在的两大根基：大写的、抽象的人，大写的理性。同时，这一批判恰好是颠覆旧形而上学、发动哲学革命的理论核心。因此，马克思颠覆了旧形而上学和发动哲学革命，本意在于对资本现代性彻底批判的历史需要。

《关于费尔巴哈的提纲》就是一个通过批判大写的人和大写的理性、颠覆旧形而上学和发动哲学革命而彻底回应对资本现代性世界历史批判需要的文本。在《关于费尔巴哈的提纲》中，从哲学革命与资本现代性批判关联考察的角度，我们大致上可以将哲学革命归纳为五个方面。

其一，哲学革命颠覆了形而上学思维方式，建立了从科学实践出发考察资本现代性本质的科学路径。以往的哲学以理性、人道等形而上学话语构造资本现代性前提或者基础，遮蔽其本性，而马克思发现："社会生活在本质上是实践的"，因此，应当破除所有形而上学思维，终结从抽象思辨到社会生活的思维路线，从感性人的感性活动即实践出发，才能揭示现代性的本真意义。第一条："从前的一切唯物主义（包括费尔巴哈的唯物主义）的主要缺点是：对对象、现实、感性，只是从客体的或者直观的形式去理解，而不是把它们当作感性的人的活动，当作实践去理解，不是从主体方面去理解。"作为感性活动的实践成为一切现代性视域的基础。

其二，颠覆抽象的人本原则，重写现代性的基础。抽象的、大写的人是启蒙现代性以来的最高原则和最后基础，然而恰好是这一原则是对资本现代性本性的真正遮蔽。马克思批判费尔巴哈将人的本质归结为一种内在无声的"类"聚合，强调"在其现实性上，人的本质是一切社会关系的总和"。应当从实践及其社会关系出发把握人的本质，而不是相反。

其三，解构抽象理性，彻底破除形而上学的魔咒，从实践出发理解理性的发生和本质。马克思强调："应当在实践中证明自己思维的此岸性。脱离了实践谈理论真理性和此岸性，这是一个经院哲学的问题"，因而也是非现代性的。离开了实践的理性，就是前现代或者非现代性。理性即实践、生活世界本身。应当通过实践论路向走向生活世界，理性不是先天的，而是后天的；不是直观、来自客体的，而是主体感性活动的；不是抽象的，而是历史的、具体的；不是解释世界的，而是改变世界的。在实践基础上对现代性本质和基础的重新改造，使马克思直接通过生产而使理性成为资本生产的理性，进而在资本生产理性的基础上，即在“榨取剩余价值成为资本唯一本性”的基础上，使理性成为社会存在。在《资本论》中，不断榨取剩余价值的资本，创造使用价值的工具理性以及产生价值和交换价值的价值理性，成为理性的双重形态。

其四，从“社会生活本质上是实践的”出发，从对宗教异化的批判转向对社会生活的自我分裂和自我异化的分析，批判作为旧唯物主义立足点的市民社会，而将新唯物主义立足点确立为“人类化的社会和社会化的人类”。为什么马克思要将这一点作为他新唯物主义的立足点呢？因为马克思旨在走向交往实践的唯物主义。实践是交往实践，从而构成一切社会关系的总和，构成人类化的社会和社会化的人类。

其五，哲学革命强调“问题在于改变世界”，总体地确立了马克思新的现代性视域。从批判地摧毁一个旧世界的价值取向出发，马克思不再维护旧的启蒙现代性框架，而是以历史唯物主义框架取代之。马克思对资本现代性的双重辩证分析：历史地肯定和历史地批判性超越，开启了后资本主义的科学视域，为后现代主义所重视。

哲学革命：马克思现代性视域的新起点

如果说哲学革命拉开了马克思现代性视域变革的大幕，使马克思新世界观同时也是新现代性视域出场的话，那么，这一变革过程至少延续了三个阶段，从三大方面造就了新现代性视域。

第一阶段和第一方面，就是如前所说的，以《关于费尔巴哈的提纲》为标志，将对启蒙现代性两大基础性环节——抽象的人和抽象的理性批判地改造为实践活动的人和理性。此处不赘。

第二阶段和第二方面，马克思在《德意志意识形态》、《哲学的贫困》和《共产党宣言》中，从交往实践的唯物主义观点出发，对资本现代性的社会存在结构做了科学分析。《德意志意识形态》是马克思彻底清算和摆脱德国启蒙现代性思维方式的一个重大标志，也是马克思与恩格斯一起超越德国现代性话题和视野，上升到对整个资本现代性世界历史进行批判的开始。《哲学的贫困》是马克思在哲学上第一次超越德国界限，直接打破对法国现代性梦幻的迷恋的批判性文本。《共产党宣言》标志着马克思对整个资本现代性全球世界的批判以及对全球后资本社会的展望。在马克思看来，资本现代性社会首先是一种工业资本主义。从实践到生产，马克思找到了分析资本现代性社会存在结构的切入点。生产造就两重关系：人与自然的关系，人与人的关系。资本社会是生产和交往转化出来的社会，工业生产力是人们实践能力历史发展的结果，一种既得力量，以往世世代代活动的产物。人们的社会历史始终只是他们的个体发展的历史，而不管他们是否意识到这一点。资本现代性社会也是资本关系社会。他们的物质关系形成他们一切关系的基础。这些物质关系不过是他们的物质的和个体的活动所借以实现的必然形式罢了。[①] 人们的生产力的历史联系就构成人们在历史中的联系，就形成了人类的历史，这个历史随着人们的生产力以及人们的交往实践的发展而愈益成为世界历史，即资本现代性的世界形式。[②] 因此，资本现代性社会必然是资本全球化社会，资本打破封闭的区域和民族界限，挖掉工业的民族基础，建立世界工业、世界市场、世界文学和世界民族，使历史成为世界历史。一旦交往形式从生产力发展的形式而变成桎梏，社会革命就到来了。在这一阶段，

① 《马克思恩格斯选集》第1卷，人民出版社1995年版，第321页。
② 《马克思恩格斯选集》第1卷，人民出版社1995年版，第321页。

马克思的哲学革命直接指向一个新的社会现代性理论。因此马克思认为：社会现代性的基础，不是抽象的人和抽象的理性，而是实践的力量，是生产力和交往关系的矛盾运动。不是从抽象观念、范畴、抽象理性出发，而是从现实的历史出发。这是历史唯物主义与历史唯心主义之间两种现代性理论对立的哲学基础；从实践历史出发，得出从传统封建社会向资本现代性社会结构转变完全是一个历史的必然过程的结论；但同时，这一现代性社会却绝不是人类社会发展的顶端；相反，马克思从历史唯物主义出发直接寻找的是后资本现代性社会样态的可能性和必然性。马克思进一步指出：超越资本现代性社会，共产主义也必然是生产和交往发展的高级形态，是一种自然历史过程。

第三阶段和第三方面，马克思从直接分析和批判资本着手系统解构资本现代性社会。在1848年欧洲革命失败后，马克思从社会退回书斋，回过头来采取理论批判路径。马克思终于来到他曾经向往的英国这一资本现代性最发达的国家。在世界历史的最高处，马克思发现：资本是这一现代性社会的中轴，只有彻底和深入地研究资本，才能把握现代性社会的本质。这时，马克思选择了政治经济学批判，而不是国民经济学批判。只有到《政治经济学批判》《资本论》的问世，马克思才真正进入对整个资本现代性社会的经济社会形态的分析和批判。这一研究，才从经济学层面找到现代社会的全部结构，同时就将哲学奠定在坚实的基础上。马克思坚信："工业较发达的国家向工业较不发达的国家所显示的，只是后者未来的景象。"对英国资本现代性社会的剖析，就是对整个资本全球化社会的批判。因此，在政治经济学批判和资本分析中，一个世俗化的现代性世界，一个自我分裂、自我矛盾的世界以及现代性中实践理性和历史行动中的人，实践和历史，都在资本全球化结构分析中出场了。这一阶段的研究，不是一般地对历史进程的纵向分析，而是对资本现代性社会的直接解剖。这一解剖对以往启蒙现代性社会的分析框架是颠覆性和解构性的，而这一切无不源于《关于费尔巴哈的提纲》的哲学革命而又是哲学革命的继续。因此，马克思通过哲学革命，创立了一个不同于启蒙现代性理论框架的历史现代性理论，这一切，值得我们深入研究和把握。

（原载于《江海学刊》2005 年第 3 期）

走向中国本土的发展哲学建构

任　平

多年来，我深度思考的一个重大问题是关于当代中国本土化的发展哲学理论建构。20多年前，法国著名发展哲学家弗朗索瓦·佩鲁在《新发展观》一书中就曾经追问：什么是发展，什么是哲学，两者是如何关联的？“佩鲁问题”是一个时代对哲学的叩问。任何哲学总是时代问题的解答。发展哲学是发展实践、发展问题的哲学反思，是对发展目标与发展进程的人文关怀，是发展观深层的逻辑表达和理性批判。发展哲学的创新演变展示着发展观念的与时俱进。全球与中国大发展的时代，也必然是发展哲学嬗变创新的时代。作为真正的时代精神的精华，文明的活的灵魂，中国化马克思主义在建设中国特色社会主义过程中大力倡导“科学发展观”，深度反思发展问题、创新发展理念、转变发展方式，走向当代中国的发展哲学建构。发展哲学的创新需要确定自己的理论坐标。作为马克思主义中国化的当代议程，中国本土的发展哲学以“一体两翼”的路径布展创新格局，既需要对接当年马克思关于发展与资本现代性批判的思想传统，返本开新地“接着讲”；也需要在与全球发展理论积极的对话中实现发展哲学的本土化转换；更需要在对当代中国发展问题的解答中，对“中国经验”与“北京共识”的哲学反思中，对中国发展文化的提升中凝聚为中国独创和特色鲜明的发展哲学。鉴于笔者在其他文章中对前两点已做过阐释，限于篇幅，在此谨着力对如何在建构中国本土发展哲学中守护中国立场、倡导中国学术，基于原创精神再做进一步较深入的探索。

中国问题与中国立场：构建中国本土发展哲学的出发点

在创新地布展中国发展哲学的格局中，“反思中国发展问题”（反思的问题学方式）与对接当年马克思关于发展和资本现代性批判（重新解读方式）以及与全球发展理论积极对话（对话方式）两者之间构成“一体”与“两翼”的关系。面向当代中国本土经验、中国问题的理性反思无疑成为贯穿整个研究视域的基础和轴心原则。

在利益结构和思想文化同样多元、多样、多变的社会差序格局中构建中国本土的发展哲学，需要以时代视域总结马克思的理论遗产，在重新理解中激活马克思的思想资源，这是我们推进发展哲学创新的基本路径之一。发展哲学研究从来就不是“价值悬搁”或价值中立的。在巨大的言说空间中存在着“众声喧哗”，因此，表明我们的理论立场和文化身份，突出主导的话语旨趣是十分必要的；此外，近年来，严格意义上的“发展哲学”研究与马克思的现代性批判、历史观和辩证法传统相互脱节，就是说，当代中国发展哲学建构缺失马克思的思想资源的支撑，因而需要我们廓清马克思主义理论地平，通过从当年马克思到当代马克思主义这一历时态的两端语境出发加以反思而对接。为此，我们首先要打开马克思的思想资源，“回到马克思”的“原初语境”，深度考察当年马克思的现代性批判视域，才能“接着讲”以返本开新。

建构中国的发展哲学，不仅需要秉承马克思现代性批判的思想传统，而且要通过与全球发展理论和发展哲学的积极对话来实现本土的理论创造。这是创新中国本土发展哲学的又一基本方式。之所以如此，首先是因为自 1840 年鸦片战争以来，中国社会发展就长期从属于西方资本全球化统治。先经历百余年的“被动输入型现代化”阶段，后进入“自主输入型现代化”阶段。发展道路和发展观念的“中国化”始终成为争论的一个焦点。民族独立、人民解放、社会发展的历史道路选择始终受资本全球化世界变革的影响。无论是“新民主主义革命”模式的选择，还是“中国特色社会主义”道路的探索，都离不开全球语境的造就。因此，“面向中国本土经验”绝不意味着忽视全球化结构对中国本土社会的造就，“中国国情”的性质、结构、发展道路与模式选择如果离开全球化就难以科学地阐明。百余年中国本土发展哲学的成长史，就是与全球发展哲学的对话史，两者在对话中双向前行。在这一意义上，中国本土发展哲学以中国方式对应着全球发展的哲学逻辑。中国发展哲学就是全球发展理论的本土转换。全球发展哲学经历了发展客体论、发展主体论、全球发展论、交往论、可持续发展论，这些都具有积极的参考意义。但是，全球所有的发展哲学需要经过异质性空间转换才能真正转变为中国发展哲学。后者本质上是在中国特有的发展实践和文化语境中产生的独创性理论。

中国本土发展哲学的终结根源，最坚实的基础来源于中国本土发展实践，来源于中国问题。对中国本土问题的反思，始终是创新的最根本、最终结的动力，因而是创新的主体路径。中国发展的本土经验、本土实践是中国本土发展哲学的来源、动力、检验标准和根本目的。任何传入本土的域外理论，包括原初的马克思主义关于资本现代性批判和发展的理论，虽然是对域外社会发展实践的反思的结果，但是如果要转变为中国本土发展哲学，还必须要经过本土发展实践的“重写”和“检验”。本土的发展实践、发展经验、发展问题是本土发展哲学最深刻、最现实和最终结的基础。在此基础上，我们承接马克思的资本现代性批判理论的思想传统，批判地借鉴和继承全球发展理论的成果，构成我们创新中国本土发展哲学的“一体两翼”的格局。

发展问题是在发展实践中各种矛盾的精神表现。问题是哲学之端，“发展问题中的哲学”是“发展哲学中的问题”的来源和基础。中国的改革和发展许多是前无古人的事业，率先的探索意味着率先遭遇各种发展矛盾和问题，探索和解决发展问题意味着率先形成中国本土的发展经验和发展科学，进而提升为本土的发展哲学。发展哲学作为发展实践的哲学反思，无论是发展观念深层的逻辑构架和理性表达，或是发展价值与文化的哲学审视，或是对发展问题的哲学批判，其演变来源于发展实践格局的更新，结构的重建。在整体上解答全球发展之谜的发展哲学，在日益成为各国探索发展规律、创新发展理念、转换发展方式、研制发展战略、建构发展理论的观念前提和核心纲领的同时，自身观念与模式也在发生持续转换。这一转换同时就在不断更新着中国本土发展哲学的全球语境，进而使中国发展哲学不断创新。20世纪是新旧全球化大转换的世纪，因而也是全球发展哲学经历了一系列嬗变创新的世纪。

基于对中国问题的发展哲学审视还需要注意两点。其一，对中国问题的研究绝不能排斥对全球语境的科学把握。因为，在一个高度全球化的时代，全球语境是影响、造就、构成中国独特本性和问题的主要原因之一，没有对全球语境的准确判断，就不可能有对中国问题的科学解析。其二，对中国问题的研究需要有中国立场、中国视域。中国作为具有五千年文明，拥有世界上最多人口、近年来发展特别迅速的泱泱大国，一直是全球瞩目的焦点之一。在世界范围内，无论东方还是西方，无论马克思主义还是非马克思主义都有大量的对中国问题的研究成果。从马克思、恩格斯、列宁等马克思主义经典作家对中国社会大变革的关注，到费正清“中国问题研究中心”，再到从海外大学普遍设立的“东亚研究系（所）”等，无数的学者和各界人士都在不同目的、立场、学术观点支配下，在不同时期生产了大量的研究成果。这些成果无论出于何种初衷、何种立场，其中有价值的成果始终是我们的研究可以汲取和借鉴的重要思想资源。但是，就总体而言，这些成果的一个较为普遍的特点（不是全部）就是缺乏中国立场和中国视域。所谓中国立场，就是站在为了中国本土发展和中华民族伟大复兴的立场，就是站在中国民族与人民大众根本利益的立场，来观察中国自己的问题、自己的发展实践，面对自己的本土经验。这一立场就是一种根本的价值观，一种研究和解释的“前理解”，就是一种本土本位的文化态度。说到底，这是发展主体的“自我理解”：正在创造发展自己民族事业的主体站在自己民族根本利益的立场上对自己发展实践的自我理解和自我阐释，甚至是自我谋划的表现和方式。中国立场构成了研究中国问题、构建中国发展哲学的价值前提和一以贯之的灵魂，而研究中国问题、构建中国发展哲学则成为中国立场理论展开的必然结果。从这一角度出发，守护中国立场，由此在而打开全球语境与中国发展研究的视域，是构建中国本土发展哲学的基本路径。

“反思的问题学”：中国发展哲学创新的主要范式

走向新现代性的科学发展观超越了经典现代性视域，在倡导“以人为本、全面、协调、可持续发展”的时候，标志着中国发展哲学本土建构的新时代的来临。

中国本土的发展哲学的出场路径始终是“一体两翼”的。长期以来，以“一体两翼”创新方式推进中国本土发展哲学的建构，使之成为马克思主义中国化的主要出场路径，这成为我领导的学术团队的学者们的主要致思取向。研究和解答属于中国发展的重大时代问题，努力构建中国本土的发展哲学，成为我们的宗旨。因此，这些研究成果之间不是杂乱无章的概念碎片，而是以新全球化时代理论为基础，紧密关联、相互支撑的创新思想的理论星丛。

1. 新全球化时代：中国本土发展的全球语境

在当代，尽管新马克思主义者对“全球资本主义”的各种批判和反全球化组织的愤怒抵制，全球化作为世界大生产的一种扩张形式，依然在加速扩展。研究全球化观念的理论范式，从现代主义到后现代主义，从新自由主义到新马克思主义，都针对一个无可辩驳的事实：新全球化时代的来临。

我们正面临一个新旧全球化大转变的时代。新全球化浪潮在深刻变革世界的同时也在转换着中国本土发展的历史地平线，造成了一系列资本全球化的新问题、新矛盾、新形式和新挑战，需要今天的中国重新面对。

我曾经指出：新旧全球化时代的本性、结构与特点的差异表现在五个方面。

其一，两者的产业轴心从工业文明走向后工业文明或知识文明。知本全球化正在取代资本全球化而成为主要形态。制造业中心的时代已经结束，一个国家、一个民族只有是“自主创新型国家”而不单纯是制造业大国，才能成为世界发展的引领者。

其二，在全球化结构构成内涵上，从“工业文明—农业文明”两极结构为基础的“中心—边缘”发展格局转向“后工业文明—工业文明”。以美国为首的西方发达国家相继完成了从工业文明向后工业文明的转变，以知识经济、后现代主义与全球互联网为标志，知识资本正在崛起成为所有生产要素中的主导的和占支配地位的要素，在金融资本之上建筑起新的知识资本帝国，成为后工业（后现代）化全球新霸主。知本家阶级正在作为新的资本家阶级而全面取代工业或金融资本家阶级而成为21世纪的霸主。发达国家采取“腾笼换鸟”策略将大量高耗能、高耗资源和高污染的制造业转移扩散到欠发达地区，同时借助知识资本这一“头脑工业”对全球“躯体工业”即制造业进行支配和统治，形成了高控制或高依附型的产业经济链条。全球的阶级分布和阶级关系也随之发生新的重大改变。自主创新能力成为各个国家的核心竞争力。

其三，全球化时代的内在张力发生重大转换。旧全球化时代的“全球化”主要是以民族国家为基点、以大一统的抽象理性与殖民主义为工具来实现的“全球一体化”，以西方中心论为基础的一个模式、一个范式、一个标准来剪裁全球的现代化进程，内在张力十分有限。反之，新全球化时代“一体化”与“多元化”并存格局，两极之间保持很大的张力。这一变化为多元发展模式、特色道路的选择提供了可能。

其四，全球化的控制方式发生重大转换。在旧资本全球化时代，其主要控制方式是实体性的，即以民族国家为基点，通过商品输出、资本输出与武力征服等实体手段建立殖民主义与帝国主义的世界体系。反之，在新全球化时代，西方中心极对全球的控制方式主要是通过人才掠夺或信息、科技、政治、文化及大众传媒等控制，造就全球“知识霸权”、“数字鸿沟”、“后殖民”与“新帝国”结构。科技文化的比拼成为全球发展关注的焦点。

其五，全球化的思维方式发生重大转变，即从以现代主义精神为主导的旧全球主义转向以后现代的多元化为特质的新全球主义。后现代主义打破现代学科壁垒，流动的能指无所不在。

新全球化时代的发现和阐释，为构建中国发展哲学的一系列重大理论提供了全新的知识基础。

2. 走向新现代性的科学发展观

新旧全球化时代的大转换，“时空压缩”造成“倒错重叠”，使中国现代性的性质、目标和内涵都发生了根本变革。在西方社会，“前现代”、“现代”和“后现代”原本是一个相继问世的历史阶段，而在中国，在一个时空境遇中同时呈现，甚至颠倒错乱地呈现。前现代、现代和后现代思潮同时交织地存在，一个现实而复杂的问题摆在面前：究竟马克思现代性视域与何种发展思路对话和“嫁接”？中国倡导科学发展观进而对于经典现代性的批判，同时面对两种新的现代性选择：“欧洲价值观”或吉登斯、贝克、哈贝马斯等人倡导的“反思的现代性”以及国内学者提出的所谓“第二次现代性”，究竟中国应当选择怎样的现代性？

国内学界的解答分三种思路。

其一是主张继续五四以来一直倡导的以“工业化”“市场化”“科学”“民主”为标识的韦伯式经典现代性模式。然而，尽管中国还没有完成这些标识，但是作为旧全球化时代的经典现代性模式弊端丛生，在新全球化时代已经被科学发展观所否弃和替代。

其二是主张跨越这一模式，直接导入后现代模式（通过后工业社会、知识经济、信息社会抑或创新社会等途径）。言之者谓：在全球后现代和知识社会背景下，中国如果依然先完成工业化等现代性形态，那么仍然是一个边缘国家。只有跨越现代性这一“卡夫丁峡谷”，依靠“科教兴国”和“知识经济”，发扬创新精神和培育高素质人才，就可以直接导入知识社会。显然，这一思路超越中国初级阶段国情，过于理想化，难以实现。

其三是倡言以吉登斯、贝克、哈贝马斯和鲍曼等人主张的或“流动的”“反思的”现代性模式为准绳，走“第二次现代性”道路。问题是：中国第一次现代性尚未完成，何来完全的第二次？

我认为：在新全球化时代，中国处在一种独特的历史境遇：全球后现代氛围中实现现代化的过程，因而是获得“新现代性”的新现代化运动。中国发展的路径，不是韦伯的经典现代性，不是后现代，不是“第二次现代性”，而就是以超越现代性地平线的后现代向度来引领、改造的现代性，构成新现代性。理解这一概念的关键，是需要有一种新的理论支点与新的方法论。所谓新的理论支点，即新全球化时代理论；而所谓新方法论，颇似毛泽东同志在《新民主主义论》中所使用的方法论。毛泽东同志以“全球观”为中国革命定位，认为中国革命在一个特殊的交往结构中受世界与中国两者社会状况的制约，因而既不是旧民主主义革命，也不是社会主义革命，而是新民主主义革命。同理，在新全球化时代，中国的发展处于一种独特的历史境地：她是在全球后现代氛围中实现现代化的过程，因而是“新现代化运动”。

新现代性主要是在后现代引导下重建现代性的过程。党的十六大提出的科学发展观，以信息化引导工业化造就的“新型工业化”不过是这一新现代性的产业经济基础；而主张以知识化引导现代化，全面、协调和可持续发展的“科学发展观”触及新现代性的本质。如果说，经典现代化造成的“城乡对立、工农对立、人与自然对立、区域对立”成为其主要特征，那么，当代中国要建构的是以知识文明引导工业文明、生态文明引导人类发展、城乡协调引导城市化进程、区域协调引导区域发展、政治文明—先进文化引导物质文明、社会和谐引导经济增长和以可持续发展引导加快发展为主要特征的新现代性。

中国新现代性的建设需要全球交往的语境和不同层次的生产力跨越两大支撑。深入阐释新现代性理论，是我们今天面向当代中国的发展哲学的最重要的理论建构。

3. 环境支持：中国可持续发展模式的新选择

在新全球化时代，走向新现代性的科学发展观必然提出“生态文明”的发展观念。问题也随之而来：虽然可持续发展观已成为全球的共识，但是，这一共识却包括了许多差异性、分歧性的观念和道路。在中国实现可持续发展战略，与西方发达国家相比起码有两大差异。

其一，发展阶段上的不同。在历史上，西方国家大多是通过工业文明步入后现代社会的，曾经走过一个“先污染、后治理”的发展道路。目前，他们已经普遍跨越了工业文明而向后工业社会迈进阶段上，借助于百余年工业文明所积累的财富和生产力，完成了产业结构的提升，向信息产业和洁净生产体系转变。新全球化时代产业布局的一个显著特点是：西方国家以高科技产业为龙头，以全球化经济体系为主干，实现本国产业的空心化，依然能够从全球经济体系中获得高额利润，保持国民经济的高质量和国民生活的高质量；不断将耗能高、资源消耗量大、环污风险大、劳动报酬低的制造业扩散到发展中国家，特别是中国沿海地带。反之，中国处于社会主义初级阶段，要维护自己的发展权，绝不可能通过经济零增长方式来实现可持续发展，相反，作为后发式赶超型现代化，中国要在短短几十年内走完西方国家数百年的工业化道路，没有高速高效的发展是难以想象的。但是，按照常规的经济社会发展模式，高速高效发展的前提就是能够获得环境资源的越来越大的支撑力，然而资源、能源的高消耗与环境污染速度、生态破坏的速度与工业化积聚速度是同步攀升的，从而加剧人与自然的矛盾。中国既要加快实现工业化和现代化，同时又要避免走“先污染、先破坏、后治理”的西方工业文明的老路，实现西方在后工业文明才可能提出并实施的发展战略，这就是一个尖锐的矛盾。

其二，发展环境和条件的差异。虽然中国地大物博，人口众多，但人均资源在世界上仍处于后列。在中国这样的人口大国，人的生活高度融合于生态环境之中，需要我们探索一种与西方国家人口与环境布局相对隔离状态不同的可持续发展战略。因此，可持续发展理论的本土化过程，绝不是照搬照抄，而是一种创造。

回答本土化所必然面临的特殊难题与矛盾，“环境支持”就是我们的选择。严格来说，“环境保护”和“环境支持”是在眼界上有着重要区别的两个概念。虽然环境保护是环境支持的基础，然而环境保护观多半带有消极眼光，它的目的是全力拯救和保护已遭工业社会严重破坏濒临绝境的生态资源，让生态得以自我修复，让环境价值在不受人类干扰的前提下得以实现。环保战略着眼于从各方面堵塞破坏环境的途径，遏制生态危机和环境恶化的趋势，致力于恢复生态系统，改善环境质量。可见，这一眼界最高目标不过是达到“零污染”，即人类完全停止向自然输出污染。且不论“零污染”可能与否，即便达到这一状态，此环保眼界在理论和实践上的缺陷亦十分明显。首先，割断了人与自然生态的有机联系，使人类社会与自然生态这两个系统发生不对等的发展与进化，这样一来，环境保护就只能延缓环境的衰亡，而不能使人类达到持续利用的目的。其次，生态环境没有从人类社会发展中得到好处，即处在原生态，当然也难以给予人类社会发展以越来越大的支持。与此相反，环境支持观则强调一种积极的可持续发展观，它源于传统文化的“和合文化”，强调天人共生共存、共长共荣，相互优化，相互促进。人类在不污染或少污染环境的同时，需要积极改造环境、优化生态系统、营造生态文明、发展生态产业、培育生态物种、提高生态质量，使人类社会的发展从日益优化的生态系统中得到越来越多的支持。

将环境与生态质量的提高建立在人类生产与社会发展的基础上，反过来以越来越优质的生态环境支持人类生存质量的改善，支持经济系统的发展，生态产业革命的发展，这是一个适合于中国的可持续发展的大思路，也是一个大战略。

4. 自主创新型国家：从自主输入型现代化到辐射型现代化

在新全球化时代，发达国家依靠知识资本与技术资本垄断对发展中国家的制造业经济的控制，造成了“头脑工业”对“躯体工业”的全球统治体系。为了打破这一垄断，发展中国家的现代化过程必然需要从自主输入型现代化阶段向辐射型现代化阶段转变。

一个必然被提出的问题是：什么是辐射型现代化以及如何向辐射型现代化转变？

任何国家的现代化都经历着全球化过程。西方发达国家的现代化向全球扩张，大致经历了三个阶段：第一阶段，商品输出与殖民扩张；第二阶段，资本输出与帝国主义扩张；第三阶段，新帝国主义和后殖民主义、知识全球化的扩张。这三个阶段构成了从旧全球化到新全球化的时代转换。资本全球扩张的形态从商业资本到工业资本，再到金融资本，再到文化资本、知识资本、社会资本，形态越来越多样化。西方国家产业基础和全球化扩张方式的重大转变带来的新旧全球化语境的重大变化，也必然导致当代中国发展呈现一系列新的历史与空间差异性规定。

作为世界上最大的发展中国家，经历了新旧全球化的双重影响，中国的现代化已经或必将经历三个阶段，每个阶段大致持续一百年，可以将之称为“三百年工程”。

第一阶段，从1840年第一次鸦片战争开始，到1949年中华人民共和国成立，时间跨度109年，为“被动输入型现代化阶段”。西方列强用工业革命带来的“坚船利炮”打破了古老封闭的中华大清帝国的大门，使之变成逐步丧失主权的半殖民地半封建国家。为了应对旧全球化时代资本侵入的挑战，中国经历了物质科技层次的现代化（洋务运动）、制度变迁层次的现代化（戊戌变法和辛亥革命）、观念文化的现代化（五四新文化运动）和整体模式的现代化（孙中山制定的建国大纲的实施），但是，这一时期的基本特点是“被动输入型现代化”。所谓被动，是指作为半殖民地半封建社会，中国主权丧失，受制于人，西方列强在很大程度上控制着中国的经济和政治命脉，中国不能完全自主地选择自己的发展道路和发展模式，一切都要听命于西方。所谓“被动输入型现代化”，是指中国的现代化因素主要来自外部输入，而且不能自主地决定输入什么、怎么输入。外源型的现代化进程是被西方国家控制的过程。这一被动输入现代化的本质是使中国一步步变成西方列强的附庸和殖民主义全球体系的奴仆。“西方工业资本—东方农业文明”就成为这一时代的全球统治结构；依附型增长与发展就成为这一阶段中国的基本模式。当然，奴役、剥削和压榨引起的民族独立运动对这一现状的反抗，使中国新民主主义革命基本内容成为毛泽东当年所指出的“反对帝国主义及其在中国的走狗”、争取民族独立和解放的斗争。

第二阶段，从1949年到2050年，时间跨度大约100年，可以称之为“自主输入型现代化”阶段。这一阶段，是我们党经常说的“社会主义初级阶段”，从现代化阶段分期来看，就是邓小平同志所说的从温饱、小康到基本实现现代化的过程；从现代化模式话语来说，是“自主输入型现代化”阶段。所谓“自主”，指在中国共产党领导下，中国实现了民族独立、人民解放，可以自主地决定自己发展的命运，获得了真正的发展权。此外，中国主要依靠独立自主地发展自己的科技、经济、政治和文化，绝不照搬别国的现代化模式，更不依附于西方。但是，中国的现代化还需要大量向西方发达国家学习，需要一个开放体系来加快提升自己的独立创新的发展能力。就工业、资本、科技主要力量来看，还是由西方国家牢牢掌控。中国仍然需要大量引进西方的资本、技术、知识、管理和优秀文化，需要熟悉世界经济和政治体系，需要参与其中并学会向外开拓，为自主创新积累资本、经验和技术。在这一阶段，以引进外资企业为主体的开发区建设是必然的；从“招商引资”逐步转变为“招商选资”也是必然的。这一阶段达到的最高点，之所以称之为“基本实现”的现代化，不仅是因为它在量的方面（如人均 GDP）没有达到西方发达国家，更因为现代化并不仅仅是一个纵向比较的概念，即不仅仅与自己的以往历史做比较，而是看一个民族国家在全世界中的地位和功能，是否处在一个发展中心极或发展极上。为此，即便一个自主输入型现代化国家的发展水平再高，但如果它仍然主要靠输入别国的技术、文化来发展，那么仍然不是合格的现代化国家。只有达到自主辐射型现代化，才能成为世界的发展极，才是合格的现代化国家。因此，在自主输入型现代化之后，我们需要的是向辐射型现代化国家目标迈进。

第三阶段，从 2050 年到 2150 年，时间跨度大约也是 100 年，就是“辐射型现代化”发展时期，也是中国特色社会主义建设的中高级阶段。需要回答的有两个问题：其一，什么是“辐射型现代化”？其二，怎样实现？对前一个问题的解答，主要针对一个疑虑：在旧全球化时代，西方列强的商品—资本输出都伴随着武力扩张，表现为殖民主义和帝国主义方式，中国曾经成为这一侵略扩张的牺牲品。那么，未来的中国发展成为“辐射型现代化”国家，是否重蹈西方扩张的覆辙？答案是否定的。在新全球化时代，作为主张和谐、和平的社会主义中国，未来的“辐射”只不过是在自主创新的基础上，使先进的经济、技术、文化对外扩散，引领和帮助世界成员国共同发展、共同进步，因此中国不但不是世界不稳定的因素，相反是世界和平的强大稳定器。在自主输入型现代化阶段，我们“请进来”是为了更好地和平发展；在辐射型现代化阶段，我们“走出去”依然是为了更好地和平发展。我们靠经济、技术、文化“走出去”，我们“走出去”是为了使我们的经济、技术、文化能够和平地为世界各国人民所用，造福于全世界。对后一个问题的解答，主要取决于两个因素。一是我们今天的自主创新战略在未来的实施程度。从自主输入型现代化向辐射型现代化转变是一个世界历史进程。为了明天的辐射型现代化，我们今天就需要自主创新，实施好国家创新战略。以观念创新带动理论创新，再带动制度创新和科技创新，从中国制造到中国创造、中国发明、中国设计，培育现代民族精神与先进文化，打造国家核心竞争力和核心价值观，增强软实力，为“走出去”而不断积累我们的科技、文化、教育、经济的实力。另一个因素就是坚持和平发展、和平辐射、和谐世界的方针，我们绝不成为新霸权主义国家，我们的强大只是世界和平的稳定力量。中国是“和合文化”之邦，也必将是和谐世界的强大推动力。

中国三个时期现代化理论不但深刻地解释了今天中国现代化的本质特点，而且指明了未来中国发展的方向，阐述了建立自主创新型国家、建立和谐社会的关键性作用，因而具有极其重要的价值。

（原载于《江海学刊》2009 年第 1 期）

中国马克思主义的发生机制与发展逻辑

刘林元

中国共产党坚持马克思主义普遍原理与中国实践相结合，在取得中国革命和建设的伟大成就的同时，也取得了中国马克思主义的丰硕理论成果。中国马克思主义包括毛泽东思想和邓小平理论、“三个代表”重要思想、以人为本的科学发展观。中国马克思主义是马克思主义中国化的理论结晶，是马克思主义普遍真理与中国实践相结合的产物，是中国共产党人的思想路线和指导理论。中国马克思主义不是中国人对马克思主义理论的翻译、介绍、移植，也不是中国的理论工作者离开中国实践对马克思主义进行单纯的理论研究的成果（包括马克思主义教科书）。这些对马克思主义的介绍和研究，如果是客观的科学的，那是有价值的，但不属于中国马克思主义的范畴。因为它离开了中国的国情和实践，不是马克思主义与中国具体实践相结合的成果。有人可能会提出这样的问题：中国马克思主义只能是中国共产党领导人的马克思主义理论。笔者认为，确定是不是中国马克思主义的理论，不是看提出者是不是中央领导，而是看其理论是否符合马克思主义普遍真理与中国国情和实践的结合，是否对中国革命和建设具有指导意义。如果做到了这些，即使是一个普通的理论工作者，他提出的思想理论也是中国马克思主义理论的组成部分。从这个意义上说，中国马克思主义也是集体智慧的结晶。

中国马克思主义产生和发展的动力机制

中国马克思主义是以马克思主义基本原理为指导，以中国革命和建设为实践基础，以中国传统文化为背景的三大因素互相结合共同作用产生和发展的。中国马克思主义犹如一棵参天大树，这棵树是中国共产党人培育的，树的种子、根苗来自马克思主义，赖以发芽、生根、生长的土壤是有中国特色的革命和建设实践，树的生长环境就是中国的国情，包括传统文化在当代的影响。中国马克思主义与马克思主义是一脉相承的，因为马克思主义基本原理是中国马克思主义的理论之源，两者有共同的“DNA”。中国革命和建设实践是中国马克思主义扎根的土壤，它是中国马克思主义生存发展的基础。优秀的中国传统文化也为中国马克思主义提供了营养，促进着它的发展。

推动中国马克思主义产生和发展的是马克思主义普遍原理、中国革命和建设实践、中国传统文化三个要素。这里提出两个问题：一是什么是马克思主义基本原理，二是什么是中国国情。

关于什么是马克思主义基本原理，目前我国学术理论界认识并不一致。有的认为马克思主义基本原理就是马克思主义的世界观和方法论，有的具体列出几十条属于马克思主义基本原理的内容。我认为，把马克思主义基本原理限于马克思主义的世界观和方法论，似乎狭窄了些，应该还有其他内容。具体规定若干“基本原理”，又似乎太武断了。因为是不是基本原理并不是哪一个人、哪一家、哪一派就能断定的，必须要由实践来证明。实践证明具有普遍意义才能得到群众公认。本文的基本观点是：在马克思主义理论体系中，凡是阐明马克思主义的世界观（包括历史观、价值观）和方法论的，这是具有普遍意义的，属于马克思主义基本原理。除此以外，在马克思主义著作中，有许多关于资本主义的分析论断，关于无产阶级革命、无产阶级政党和无产阶级专政的主要观点，关于建设社会主义的重要理论观点，等等。这些重要观点、结论有许多经过实践证明是正确的，应该是马克思主义基本原理，但也有一些设想和论断并没有得到实践证明，就不能称作马克思主义基本原理。如马克思、恩格斯的无产阶级革命“同时胜利论”并没有为实践所证明，就不能称之为“基本原理”。又如“十月革命”由城市推向农村的“城市中心论”，这条原理在中国就行不通，这就不具有普遍意义。还有马克思、恩格斯提出未来社会主义不能搞市场经济，只能搞计划经济，中国社会主义初级阶段实践证明，这一条并不正确，不能作为马克思主义基本原理。笔者提出了鉴定马克思主义基本原理的方法论原则，强调的是实践标准。这里，我们还提出一个建议：关于坚持马克思主义的立场、观点、方法的提法，需要斟酌。从延安时代以来，我们提坚持马克思主义立场、观点、方法，这是在坚持马克思主义基本原理的意义上提出来的。坚持马克思主义立场、方法是清楚明白的，不会发生歧义的理解，但坚持马克思主义的“观点”就可能产生不同的认识。马克思主义著作中的观点很多，有重大的基本观点，有个别的具体观点；有经过实践证明的科学观点，还有未被实践证明的设想。显然，我们不可能也不应该对马克思主义著作中的所有观点都坚持。如马克思、恩格斯关于社会主义的“三无”观点（无市场、无商品、无货币）就不能坚持。笔者建议，放弃这个提法，以免对提坚持马克思主义的“观点”产生不同的认识。

关于什么是“中国国情”。广义的国情包括国家和民族的主要矛盾和问题，需要解决的实践主题；国家的阶级性质和国家的政治、经济、文化状况；国家的国际地位和国际社会对本国的影响；传统文化在当代的影响。讲国情一定要讲世情。因为中国是世界的一部分，国情受世情的影响。传统文化也会影响当前的政治、经济、文化和道德建设，所以讲国情应该讲传统文化的影响。传统文化中的糟粕会对现实产生消极影响，其优秀精华则对现实产生积极意义。对传统文化进行批判性改造，可以对中国马克思主义建设发挥积极作用。如毛泽东改造古代的“实事求是”，使之成为马克思主义思想路线命题。胡锦涛提出的“八荣八耻”吸收传统思想的优秀成果，使之成为社会主义核心价值体系的重要内容。

对中国马克思主义来说，马克思主义普遍原理的指导、中国实践的土壤、中国优秀传统文化的影响三大因素相结合是中国马克思主义产生和发展的动力机制。

中国马克思主义是马克思主义普遍原理与中国实践双向互动互相结合的理论结晶

中国马克思主义是马克思主义普遍原理与中国具体实践相结合的产物，“结合”是关键词。这种理论和实践的结合是双向互动的。一方面理论要联系实践，追求与实践的结合，以证明自己的真理与价值，发挥自己的功能，并在与实践的结合中丰富和发展理论自身。另一方面实践也要与理论结合，在科学理论的指导下，不断提高实践水平，使实践取得成功；同时也需要在理论的指导下，对实践经验加以科学总结，上升到规律的理性认识。理论与实践互相结合，不仅是实践成功的保证，也是坚持和发展理论的根本途径。马克思主义普遍原理与中国实践相结合，使中国革命和建设获得成功，产生了实践的物质成果，同时也产生了中国马克思主义的精神成果——毛泽东思想、邓小平理论等中国马克思主义的理论成果。下面，让我们分别从理论与实践两个方面来说明马克思主义理论与中国实践互相结合的科学性、必要性。

从理论方面看，理论的存在与发展，理论真理性的检验与确立，理论的价值与功能，只有在与实践的结合中才能得到真正体现。

第一，任何一种理论，归根到底都是在实践的基础上产生的，只有以实践为背景才能把握理论的深刻内涵，只有通过实践，才能为人们所接受。离开实践，抽象地认识理论，当然也能就字面作望文生义的理解，但是不能把握理论的深刻内涵和真实旨趣。黑格尔讲过一个比喻：老年人和小孩子都能背诵某一句格言，但两者对这句格言的深刻性理解并不一样，小孩子只是就格言的字面意思加以理解，而老年人则以自己丰富的生活阅历加以深刻理解。列宁评论道：这是绝妙的比喻。因此，学习理论一定要坚持理论和实践相结合的方法，以实践为背景和基础才能把握理论的深刻内涵。我们党一贯强调，学习马克思主义一定要坚持理论和实践相结合的学风，这既是为了学能所用，也是为了学有所得。

第二，理论与实践相结合形成实践观念，才能直接指导实践。理论要转化为现实，观念的东西要转变为物质的东西，必须通过对实践的指导来实现。理论指导实践，这是一个总的说法。从操作层面看，抽象的理论并不能直接付诸实践。理论作用于实践，必须通过中介，这个中介就是指导实践活动的“实践观念”。从根本上说，实践离不开理论的指导与规范，但抽象的理论只有化成具体的路线、方针、计划、措施、方案，才有直接实践的意义。实践观念正确与否，直接决定了实践的成败。那么，直接指导实践的实践观念是怎样制定出来的呢？它不是从抽象的理论逻辑推演出来的，而是在理论指导下分析具体情况形成的。对于马克思主义指导实践也是如此。我们不能用马克思主义关于无产阶级革命的一般原理具体指导某项政治斗争或军事斗争，不能用《共产党宣言》或《资本论》直接组织和发动革命斗争、组织推翻资产阶级政权，不能离开对具体情况的正确分析，从经典著作中直接推演出指导革命实践的具体路线、方针政策、计划和办法。马克思主义理论要真正发挥其指导实践的功能，必须紧密联系实践，结合实际情况，产生正确的实践观念，用以指导实践，才可能使实践获得成功。教条主义者并非不重视理论对实践的指导作用，但他们不懂得理论要与实践相结合，才能产生科学有效的实践观念。他们往往从马克思主义原理中、从本本中直接推出指导中国革命实践的路线和方针政策，或者不顾中国的实际情况盲目照搬国际指示和别国经验，必然导致实践的失败。任何理论离开实践就不可能有任何作为。

第三，理论的发展必须由实践来推动。概括地说，理论的发展有两种途径。一是量上、外延上的扩大，比如通过理论工作者的研究，把某些概念搞清楚，把某些疑点澄清，这也可以推动理论的进展。理论的这种发展途径，可以写成公式：理论Ⅰ→理论Ⅱ→理论Ⅲ。二是通过与实践结合，在指导实践中对原有的理论精神有所突破，并总结新的实践经验获得新的理论发展。理论研究和实践都是理论发展的途径，而实践对于推动理论发展具有根本意义。马克思主义发展史表明，马克思主义每一次飞跃性发展，都是在马克思主义指导的重大实践过程中实现的。重大实践是推动理论发展的根本动力。理论的这种发展途径可以写成公式：理论→实践→新的理论。理论的发展途径，第一种是从理论到理论，在一定程度上使理论完善、深化，但不可能实现理论的重大创新。第二种是通过理论与实践的结合，在实践中发展理论，实现理论的创新和突破。

从实践方面看，只有与理论相结合，在科学理论指导下，实践才能成功，才能对实践经验进行科学总结，达到对实践过程的规律性认识。在实际生活中，提高实践能力有两种方法可以采用。第一种是实践→实践→再实践，不断地重复，经验多了，水平也就提高了。不能否认，这也是提高实践水平的一个渠道。但是用这种方法提高实践水平终究是有限的，在经验层面上的重复，只能使实践更加熟练，不可能在实践中有所创新，而且只限于简单的实践，对于复杂的实践，没有科学理论的指导就不会成功，也不会提高实践水平。第二种是实践同新的理论观念相结合，在新的思想理论指导下，把实践提高到一个新水平，写成公式就是：实践→理论→新的实践。实践水平的提高，主要是靠科学理论的指导，而不是机械地重复实践，新思想新理论的指导能使实践面貌焕然一新。在马克思列宁主义传入中国之前，中国的民主革命一直在旧的方式中徘徊，不断遭受挫折、失败。而十月革命给我们送来了马列主义之后，全新的科学的革命理论一同中国革命的实际相结合，中国革命就发生了翻天覆地的变化。从此，中国革命一步步走向胜利。结论是：没有正确理论的指导，就不会有实践的成功；没有理论的创新，就不会有实践的创新。

实践追求理论，目的是取得理论的指导，使实践获得成功。实践成功产生两大成果：一是物质成果，比如革命和建设的成就；二是精神成果，即实践成功的经验。实践的成功证明理论指导的正确。对实践经验加以科学总结，把从感性经验上升到对规律的理性认识，就有可能丰富和发展原有理论。只要实践经验是新鲜的，总结又是客观科学的，就一定会有理论创新。中国马克思主义就是在马克思主义世界观和方法论的指导下，对具有中国特色的革命和建设经验的科学总结。这里的关键是：（一）中国实践的成功是在马克思主义的指导下取得的；（二）中国的实践经验是具有中国特色的新鲜经验；（三）是在马克思主义世界观和方法论的指导下对实践经验的全面深刻总结。这样，从中国实践经验中提炼出来的理论结晶——中国马克思主义就不仅是对马克思主义的坚持，而且是对马克思主义的丰富和发展。这就清楚地说明，理论和实践的双向结合，既是实践成功的重要保证，也是理论创新的根本途径。

实事求是是统摄中国马克思主义的灵魂

“实事求是”四个字是中国古人说的，“实事求是”作为中国共产党人的认识原则和行为原则是毛泽东规定的。毛泽东在《改造我们的学习》中提出：“‘实事’就是客观存在的一切事物，‘是’就是客观事物的内部联系，即规律性，‘求’就是我们去研究。我们要从国内外、省内外、县内外、区内外的实际情况出发，从中引出其固有的而不是臆造的规律性，即找出周围事物的内部联系，作为我们行动的向导。而要这样做，就须不凭主观想象，不凭一时的热情，不凭死的书本，而凭客观存在的事实，详细地占有材料，在马克思列宁主义一般原理的指导下，从这些材料中引出正确的结论。”① 经过这一番改造，实事求是成为中国共产党思想路线的命题。坚持实事求是，第一，要承认事实，面对现实。第二，要按客观规律办事。第三，规律不是停留在事物的表面，而是存在于事物内部的本质联系，因此必须深入群众、深入实践、调查研究。第四，要反对不从实际出发而从书本出发的本本主义和凭主观想象的主观主义。

经过毛泽东改造的“实事求是”命题，具有丰富的哲学内涵。“实事求是”要求从客观存在和变化发展的实际出发，显然这是一个辩证唯物主义的命题。“实事求是”认为，可以从“实事”中求到“是”，人们不仅可以认识“实事”的现象，而且可以认识现象背后的规律，说明它是一个马克思主义认识论的可知论命题。因为本质隐藏在事物的背后，不是一望可知的，必须要“求”，即经过调查研究才可知，可见它又是能动反映论的命题。因为从“实事”到“求”出“是”是一个从现象到本质，从初级本质到二级本质、三级本质不断深化的复杂过程，这说明人的认识是一个由浅入深，由片面到全面的发展过程，这就包含有犯错误的可能性。因此，坚持实事求是就是不断地修正错误、接近真理的过程。可见，经过毛泽东改造的“实事求是”是体现了马克思主义哲学的唯物论、辩证法和认识论三者统一的总体性的命题。实事求是深刻而丰富的马克思主义哲学内涵，奠定了作为马克思主义思想路线的科学理论基础。

毛泽东不仅是党的实事求是思想路线的创立者，而且在其革命征程的大部分时间里，在为中国革命奋斗的过程中，他是坚持实事求是的典范。他坚持马克思主义普遍原理与中国实践的结合，坚持不懈地反对脱离实际的本本主义；他注重对中国国情的分析，坚持一切从实际出发；他坚持深入的调查研究，强调没有调查就没有发言权；他坚持从变化发展的实际出发制定革命的战略策略；他强调充分发挥符合客观规律的自

① 《毛泽东选集》第3卷，人民出版社1991年版，第801页。

党能动性；他提出必须坚持和发扬理论联系实际、密切联系群众、批评和自我批评的党的三大优良作风，等等。在毛泽东看来，实事求是既是党的思想路线，又是党的优良作风，还是党最基本的工作方法。坚持实事求是是党性的表现，是“一个共产党员起码应该具备的态度”。他不仅自己身体力行，而且倡导全党，使之蔚然成风。但遗憾的是，到了晚年，由于主客观方面的种种原因，他背离了自己倡导的实事求是思想路线，犯下了错误。但从总体上看，毛泽东对坚持和发扬实事求是思想路线和优良作风做出了巨大的贡献。毛泽东思想就是实事求是思想的理论结晶，邓小平多次强调，实事求是是毛泽东思想的精髓。1981 年通过的《关于建国以来党的若干历史问题的决议》，党中央把实事求是作为毛泽东思想的灵魂之一，为全党在改革开放新的历史时期坚持毛泽东思想指明了方向。

十一届三中全会以后，以邓小平为代表的中国马克思主义者坚持并发展了毛泽东实事求是思想，不仅取得了重大的理论成果，丰富了中国马克思主义的理论内涵，而且取得了改革开放建设中国特色社会主义的伟大实践成果。

邓小平在马克思主义发展史上第一次提出实事求是是马克思主义的精髓，这是对马克思主义精神实质的新的科学概括。马克思主义是认识世界和改造世界的科学思想武器。实事求是既是马克思主义的世界观，也是马克思主义的方法论，又是马克思主义的作风。因此，它理所当然地是马克思主义的精神实质的凝聚和结晶。邓小平对马克思主义的精髓的这一科学概括，反映了他对马克思主义理论本质的精辟独到的见解，为全党学习、掌握马克思主义理论指明了一条新的思路。他在 1992 年视察南方的谈话中指出：“实事求是是马克思主义的精髓。要提倡这个，不要提倡本本。我们改革开放的成功，不是靠本本，而是靠实践，靠实事求是。”① 他多次强调实事求是也是毛泽东思想的精

① 《邓小平选集》第 3 卷，人民出版社 1993 年版，第 382 页。

髓，在新的历史条件下高举毛泽东思想的旗帜，就要坚持和发扬实事求是。为此，邓小平明确规定我们党的思想路线是实事求是，并对这条路线思想的内容做了规定，指出：一切从实际出发，理论联系实际，实事求是，实践是检验真理的唯一标准，这就是实事求是思想路线的基本内容和基本要求。这一明确规定，起到了党内立法的作用，对于共产党员特别是对于党的领导干部来说，能否自觉遵循实事求是的原则，这是一个党性的考验。

邓小平把实事求是与解放思想统一起来，实事求是是解放思想的前提，解放思想是实事求是的必然结果。“解放思想，就是使思想和实际相符合，使主观和客观相符合，就是实事求是。”① 这就准确地揭示了解放思想的含义，阐明了解放思想与实事求是的内在统一性。实事求是是解放思想必须遵循的原则，解放思想又是实事求是的必然要求和重要环节。解放思想必须坚持实事求是，即解放思想必须从实际出发，坚持按客观规律办事，尊重客观条件。实事求是不是一个保守、僵化的口号，解放思想也不是一个自由化的口号，两者互相联系互相统一。坚持实事求是与解放思想的统一，这是“破”的要求，也是“立”的需要。邓小平在党的十一届三中全会以后，坚持和发展了实事求是的思想路线，坚持了辩证法的全面性，总结了我们党几十年反倾向斗争的历史经验，特别是“文革”十年及以前十年党内反倾向斗争的深刻教训，从我国社会的实际情况出发，提出了“左”的危害最大，主要是反“左”，防“左”，这就抓住了反倾向斗争的关键，找准了坚持实事求是解放思想的针对性。邓小平针对“左”的危害尖锐地指出：“一个党，一个国家，一个民族，如果一切从本本出发，思想僵化，迷信盛行，那它就不能前进，它的生机就停止了，就要亡党亡国。”② 由于以邓小平为代表的中国马克思主义者力挽狂澜，刹住了“左”倾路线前进的车轮，使

① 《邓小平选集》第4卷，人民出版社1994年版，第364页。
② 《邓小平选集》第4卷，人民出版社1994年版，第143页。

改革开放得以顺利健康地进行。

邓小平坚持实事求是解放思想，立足于中国国情的特点的分析，同时放眼世界，从国际社会的新的变化及其对中国发展的影响的全局出发，制定了建设中国特色社会主义发展的战略目标以及实现目标的方针政策，使改革开放建设中国特色社会主义实践一路顺利发展。

在邓小平之后的两代中央领导集体，从改革开放深入发展的实际出发，把马克思主义的普遍原理与新的实际结合起来，提出“三个代表”重要思想和以人为本的科学发展观，这是坚持实事求是解放思想的新成果，既是中国马克思主义的传承，又是中国特色社会主义理论体系的创新。

中国共产党的两大实践主题与中国马克思主义的两种发展逻辑

中国共产党的九十年面临两大实践主题，实现了两次历史性飞跃，形成了中国发展的两种逻辑，产生了中国马克思主义的两大成果。马克思主义普遍原理与中国实践相结合的两大理论成果——毛泽东思想和中国特色社会主义理论体系，是矗立在马克思主义中国化前进过程中的两座丰碑，是中国马克思主义对两个不同时代、两大实践主题的实践过程的记录和理论总结。毛泽东思想是中国革命时代进行革命实践的过程记录和理论总结；作为当代中国马克思主义的中国特色社会主义理论体系是中国进行现代化建设实践的过程记录和理论总结。可以说，前者完成了中国革命的逻辑，后者进行的是中国现代化建设的逻辑。从革命逻辑到建设逻辑，反映了中国共产党领导下的中国社会发展理论与实践相统一的历史进程和逻辑发展。

毛泽东思想是指导中国革命实践的中国化的马克思主义。我们之所以说毛泽东思想是中国共产党的革命逻辑，就是从它的历史任务和解决当代中国第一个重大实践主题说的。它要指导中国共产党和人民群众通过革命斗争推翻帝国主义的侵略和反对统治阶级的压迫剥削，求得国家独立、民族解放、人民翻身做主。它的中心概念是阶级斗争——军事的、政治的、思想的，还包括经济的。毛泽东关于中国革命逻辑，包括关于中国国情和中国社会各阶级的分析，关于新民主主义的性质、对象、领导和动力，关于农村包围城市的革命道路，关于党的建设、武装斗争和统一战线的理论和实践，关于民族资产阶级的两面性以及和平改造资本主义的思想和政策，关于只有社会主义才能救中国的坚定信念和坚决走社会主义道路的决心，关于坚持实事求是群众路线和独立自主自力更生的路线和方针，关于正确认识和处理社会主义的基本矛盾和两类矛盾的指导思想和方针政策，等等。毛泽东的革命逻辑是中国马克思主义的基本内容，是中国共产党对马克思主义革命理论的杰出贡献。毛泽东完成的这个革命逻辑，意义极其伟大，它从根本上改变了中国人民的命运、改变了国家的命运、改变了近代中国在世界历史发展中的走向，中国从此走向独立富强。中华人民共和国政权的建立与巩固、中国社会主义制度的确立为中国的繁荣发展打下基础，提供前提。正如胡锦涛所说："新民主主义革命的胜利、社会主义制度的建立，为当代中国特色社会主义的发展奠定了根本政治前提和制度保证。"我们任何时候都不会忘记毛泽东为中国革命事业所作出的伟大贡献，任何时候都不能贬低作为中国革命逻辑的毛泽东思想的伟大意义。

应该承认，毛泽东晚年也对社会主义建设进行了探索，积累了宝贵的经验，但主要是教训，留下了历史的遗憾。毛泽东没有领导党完成的建设逻辑的使命，由邓小平及其继承者领导党和人民来完成了。

十一届三中全会，标志着毛泽东晚年时代的结束，同时也标志着中国特色社会主义新时代的开始。历史决定了毛泽东的历史遗产对后毛泽东时代必然会产生影响。十一届三中全会以后，中国共产党接受了毛泽东的双份遗产。一份是伟大的毛泽东思想，这是马克思主义普遍原理与中国实践相结合的产物，是对马克思主义的坚持和发展，从党的七大以来，一直是中国共产党的指导思想。这是毛泽东留给中国共产党和中国人民最宝贵的精神财富。另一份遗产就是毛泽东晚年的错误的理论和实践，晚年教训。消化和吸收这两份历史遗产，这是当代中国马克思主义的核心理论——邓小平理论产生的历史起点。

邓小平高举毛泽东思想的伟大旗帜，坚持和发展了毛泽东思想的科学思想体系。在1981年党的十一届六中全会通过的《关于建国以来党的若干历史问题的决议》中，对毛泽东思想的灵魂即实事求是、群众路线、独立自主做了深刻的阐明，对毛泽东的历史功绩和历史地位做了具体的总结，明确毛泽东思想依然是我们党的指导思想。邓小平及其后的几代中央领导都是旗帜鲜明地高举毛泽东思想，在实践中继承和发展毛泽东思想，强调毛泽东思想不能丢，丢了就失去了根本。

毛泽东晚年错误，从20世纪50年代后期开始，持续将近20年。在毛泽东逝世后，摆在中国共产党面前的一个重大历史任务就是纠正毛泽东晚年错误，结束毛泽东晚年时代，开创社会主义建设的新时代。顺应历史潮流，邓小平坚定地领导全党和全国人民，纠正了毛泽东的错误，进入改革开放建设中国特色社会主义的历史新时期。毛泽东这份遗产对中国共产党极为宝贵，是中国特色社会主义建设的一面镜子。恩格斯说："伟大的阶级，正如伟大的民族一样，无论从哪方面学习都不如从自己所犯错误的后果中学习来得快。"① 邓小平说过，我们做对了一些事，是因为我们记住了"文革"中的教训。

十一届三中全会开始了改革开放，建设中国特色社会主义的建设逻辑。它的主体思想是以经济建设为中心，坚持四项基本原则，坚持改革开放，艰苦努力建设富强、民主、文明、和谐的社会主义强国。从邓小平开始的三代中央领导集体，领导党和人民经过了艰苦的奋斗，取得了伟大的成就，积累了宝贵的经验。在党的十七大政治报告中，

① 《马克思恩格斯选集》第4卷，人民出版社1995年版，第432页。

胡锦涛强调，改革开放以来，我们取得一切成绩和进步的根本原因，归结起来就是：开辟了中国特色社会主义道路，形成了中国特色社会主义理论体系。高举中国特色社会主义的伟大旗帜，最根本的就是要坚持这条道路和这个理论体系。中国特色社会主义理论体系，就是包括邓小平理论、“三个代表”重要思想以及科学发展观等战略思想在内的科学理论体系。中国特色社会主义理论体系是建设中国特色社会主义实践的思想结晶和理论指导，它提出并回答了什么是社会主义和怎样建设社会主义的问题，提出并回答了在新时期要建设一个什么样的党和怎样建设党的问题，提出并回答了社会主义现代化建设中什么是科学发展和怎样进行科学发展的问题。中国特色社会主义理论体系是马克思主义原理与中国国情和具体实践相结合的产物。解放思想、实事求是思想路线像一根红线贯穿其中。它既是重大的理论创新，极大地丰富和发展了科学社会主义理论，又对中国特色社会主义实践提出了战略思考和方针指导，内涵丰富而深刻，是党最宝贵的政治财富和精神财富。作为“建设逻辑”的中国特色社会主义理论体系，其“建设”内涵是广义的，包括经济建设、政治建设、文化建设、社会建设、党的建设和人的发展建设。中国特色社会主义理论体系是不断发展的开放的理论体系，随着中国特色社会主义实践的深入发展，经验不断丰富，认识不断全面深刻，一定会继续丰富和发展这个体系。

由毛泽东领导的“革命逻辑”完成了夺取政权、巩固政权、建立社会主义制度的历史任务，这是毛泽东之后中国共产党进行“建设逻辑”的前提和基础。“建设逻辑”的历史使命是在“革命逻辑”基础上实现社会主义现代化。从“革命逻辑”到“建设逻辑”的转变，反映了中国共产党实践主题的重大转变。这上下两种“逻辑”前后相连，构成了中国共产党领导中国人民多年艰苦奋斗的历史，完整反映了中国共产党领导下的中国社会的发展规律和历史前进的要求。

坚持以人为本，把中国马克思主义提高到一个新台阶

社会主义以人为本，这是当代中国马克思主义的最新理论境界。我们党在建设社会主义的过程中，经历了以政治（阶级斗争）为本到以经济（生产力）为本，这是一个巨大的转折和进步。今天我们党又提出以人为本，这是认识的大飞跃，是对科学社会主义的巨大贡献。多年来，“人”是研究禁区，有人公开批评马克思主义不关心人，这是对马克思主义的曲解。邓小平说，马克思主义就是共产主义。人是马克思主义的出发点，也是马克思主义的目的。坚持以人为本的科学发展观，这是中国马克思主义理论的新内涵。以人为本，这里的“人”是人民，是以工农劳动群众为主体的广大人民群众；“本”就是本源、根本，就是我们党的路线政策的根据和立足点。社会主义以人为本应有四层含义。一是人民群众是历史的主人，是社会前进的根本动力，也是社会主义发展的根本动力，因此必须依靠人民群众。二是人民群众是社会主义的实践主体，人民群众实践是检验真理的唯一标准，因此我们要相信人民群众，尊重人民群众的实践。三是人民群众是社会主义社会的价值主体，人民利益高于一切，因此要执政为民，全心全意为人民服务。四是社会主义的发展是多方面的，人的全面发展是最高要求，生产力的发展要促进人的发展。

在改革开放建设中国特色社会主义的实践中，我们党把坚持马克思主义与发展马克思主义统一起来，强调理论创新和与时俱进，一切从实际出发，提倡理论结合实际发现问题、解决问题。十一届三中全会以来，我们党坚持了彻底唯物主义的态度，而彻底唯物主义是无所畏惧的。那么中国共产党的彻底唯物主义的立场和坚持与发展马克思主义的动力、理论勇气和理论境界来自何方？来自人民，来自人民利益至高无上的世界观。我们党坚持人民群众是历史主人的唯物史观，始终依靠人民，全心全意为人民服务，执政为民是党的唯一宗旨。在

改革开放建设中国特色社会主义过程中坚持和发展马克思主义问题上，我们党坚持以人为本的宗旨，在认识上解决了有关联的四个问题。

第一，坚持党对人民的领导和人民对党的监督的统一。中国共产党是中国人民的领导核心，这是全国各族人民的共同要求，是有宪法保证的。党是人民的领导，但每个党员干部又是人民中的一员。党的执政是人民的选择，执政的权力是人民赋予的，因此理所当然地要接受人民的监督。权是人民所赋予的，因此权要为人民谋利，人民的意愿和要求，人民的批评和批准，人民的支持和反对，就应该成为衡量党的执政业绩、党的路线方针正确与否的根据。把党的领导和执政自觉置于人民群众的有效监督之下，这是坚持以人为本的重要内容。

第二，坚持马克思主义的指导与坚持从人民根本利益出发的原则的统一。有人提出，是从马列书本出发，还是从人民根本利益出发，究竟是向人民负责，还是向马列书本、经典负责。这个问题，作为矛盾提出来是不对的，马克思主义经典理论应该是和人民利益一致的。坚持用马克思主义指导实践，就是为人民服务，就是对人民负责。但是确确实实，马克思经典理论中有的是过时的，如果以过时的、无效的经典指导实践，就会导致实践失败，就是损害人民群众的根本利益。无疑，要对人民负责，就要从实践出发，而不是从某种经典和固有规定出发。我们的实践并不是首先看马克思的经典结论，而是先看人民的要求。人民利益是最根本出发点。比如我们在改革开放初期，实行包产到户，就是根据广大农民的强烈愿望而采取的政策措施，并不是根据什么经典指示，得到经典认可而作出的。

第三，坚持人民利益高于一切的价值标准和人民群众的实践是检验真理的实践标准的统一。马克思主义对待理论坚持两个标准：一是坚持实践检验真理的实践标准，二是坚持人民利益的价值标准。确认某种理论是不是真理，只有经过实践检验，验明理论的“真”“假”。这还不是目的，还要运用真理指导实践，改造世界，满足人民群众的利益需求，实现真理的价值。马克思主义认为，坚持实践是检验真理的标准和坚持人民群众利益是真理的价值标准，这是辩证统一的过程，前者是前提，后者是目的。对马克思主义来说，只有真理才有价值，掌握真理是为了获得价值。作为真理，马克思主义的价值就在于它是真正符合广大人民群众的根本利益的。在社会主义条件下，人民群众既是实践的主体，又是价值的主体，人民群众会通过自己的实践，实现真理的价值，满足自身利益的要求。从人民根本利益出发，尊重人民的意愿，把人民满意、人民批准作为决策的最大依据和检验实践成效的标准。这是十一届三中全会以来党中央进行理论创新和实践探索的根本理念。

第四，坚持生产力的发展和人的全面发展的要求的统一。任何一个社会，生产力发展都是最重要的，因为只有生产力的发展才能提高社会生活的物质基础。但生产力发展不是唯一的，生产力的发展不是最终目的，发展生产力最终是为了人民利益，因此还要和人的全面发展的要求统一起来。生产力发展是人的发展的前提物质条件，但生产力发展不等于人的发展，生产力发展可以促进、也可以阻碍人的全面发展。马克思主义要求以生产力发展推动人的全面发展，前者是手段，后者才是目的，生产力发展是为了实现人的全面发展。科学发展观坚持以人为本、坚持经济发展和人的全面协调的发展，就很好地体现了这一辩证统一的观点。以人为本，这是社会主义的本质要求，是我们考虑问题的出发点。中国共产党人，经过改革开放三十年的探索，经过几代中央领导的实践传承和认识深化，对社会主义的认识进到了更深的层次，使当代中国马克思主义达到了更高的理论境界。

（原载于《江海学刊》2011 年第 5 期）

论马克思主义出场学研究的当代使命

任　平

从“问题反思”转向“出场学视域”

十余年来，我提出并在许多论著中阐释了有关马克思主义出场学视域的基本原则。作为贯穿研究的灵魂，本文旨在系统阐释“出场学视域”，进而深入探索马克思主义当代出场问题。之所以如此，主要考虑以下几个方面。

第一，为了深化对马克思主义当代出场问题的研究，需要从“问题反思”向“范式研究”转换。由江苏人民出版社 2003 年 1 月出版的《当代视野中的马克思》，是我第一部较为系统地探索马克思主义出场路径的著作。此前，为配合该书的出版，我于 2001 年秋在昆山阳澄湖畔召开的“长江三角洲第二届马克思哲学论坛”上首次做了有关“马克思主义当代出场路径探索”的大会发言，引起与会代表的关注。此后，我在首届中国哲学大会上发表了题为“论马克思主义的当代出场路径”的演讲，《哲学研究》2004 年第 10 期刊登了该演讲的内容，得到了国内学者、特别是中青年学者的高度评价。近年来，人们对出场学的兴趣与日俱增，有关术语（如“出场”、“在场”及“出场路径”等）与研究范式也逐渐流行起来。但是，应当承认，在这样一部原初开辟出场学的著作中，对马克思主义出场路径的探索还囿于应答时代挑战的“问题视域”，而没有深度地打开解答问题的“出场学视域”或研究范式，并加以更清晰完整的哲学阐释。其原因正如我一再指出的：提出马克思主义当代出场路径问题首先基于一个时代的挑战。“这是一个脱节的时代！”——《哈姆雷特》中的一句台词，被法国后现代怪杰德里达用来指认一个并非完全没有戏剧性效果的事实：160年前《共产党宣言》宣告出场的“共产主义幽灵”，在新全球化时代的今天遭遇苏东剧变，使马克思主义当代性和在场性受到全球的严重挑战，马克思主义的话语权在被边缘化，甚至遭遇当代退场的危险。正因为如此，一种对“脱节时代”马克思主义命运的关注情怀，一种对马克思主义如何可能重新出场的“德里达之问”的解答完全占有了我的研究兴趣，因而使我对出场学视域和方法论本身的理解却产生了真正的“自我遗忘”。

马克思主义绝不是无根性封闭地自我仿真。追根溯源，马克思主义原初就是一种对资本批判的时代理论。马克思主义出场史，直接地说，是对新旧全球化时代变化史批判地反思的出场形态；在更本质层次上，是对资本全球化造就的历史场域的批判性精神再现。我们今天面临的所有问题本质上都依然是关于资本批判的科学性问题。马克思在《资本论》中宣告“炸毁”的资本外壳不仅依然在场，而且仍然在引领世界前行。相反，资本批判的话语及其后资本实践却在制度上遭受重大挫折。在西方新自由主义思想家福山狂热的话语中，似乎“马克思已经死了，共产主义已经灭亡，确确实实已经灭亡了，所以它的希望、它的话语、它的理论以及它的实践，也随之一同灰飞烟灭”。如何在一个“脱节的时代”重新回答“马克思主义向何处去”的问题，准确指认马克思主义言说新的时代语境，深刻反思当代问题谱系和理论前沿，“马克思主义向何处去”“马克思主义能否重新出场”，探索马克思主义出场路径和出场形态，就成为全球左派学者深切关注的时代焦点。究竟资本在当代是否改变了它的宿命而重新焕发为一种新的世界历史存在？从当年到当代，资本究竟经历了怎样的改变，我们应当如何看待这一改变？这就是造就马克思主义所谓危局的根本原因。基于问题的严重性与紧迫性，解答方案也层出不穷：在批判苏联僵化教条的马克思主义的理解模式、深度反思苏东剧变经验教训的基础上，出现了一大批新的林林总总的思想设计，从德里达对马克思遗产“幽灵复活”路径的“幽灵学设计”到詹姆逊以“意识形态批判”和“后殖民文化批评”理论为中心的新马克思主义；从哈贝马斯以“交往行动”为核心重建“历史唯物主义”的构想到德里克“弹性生产时代的资本主义批判”；从鲍德里亚对马克思《资本论》的“符号学解读”到吉登斯的“第三条道路与新历史唯物主义”；大卫·格里芬对“美帝国”的重新批判到拉克劳和墨菲等人的形形色色的“没有马克思的马克思主义”或“后马克思主义”，等等。随着2008年以来美国金融危机和欧债危机的爆发，西方世界又惊呼“马克思的回归”，英国马克思主义文化批评学家特里·伊格尔顿（Terry Eagleton）在《马克思为什么是对的》（*Why Marx Was Right*）一书中重新阐释马克思对资本批判的真理价值。“作为有史以来对资本主义制度最彻底、最严厉、最全面的批判，马克思主义大大改变了我们的世界。由此可以断定，只要资本主义制度还存在一天，马克思主义就不会消亡。只有在资本主义结束之后，马克思主义才会退出历史的舞台。”①

无论如何，尽管“反思”而出场的理论方案有内在自觉的思维范式，但是如波兰尼所说的：人们对问题的强烈关注所形成的“焦点意识”（问题反思）遮蔽了“支援意识”（研究范式或解答方式），“问题中的哲学”遮蔽了“哲学中的问题”。《当代视野中的马克思》也是如此。尽管该著作高度聚焦于马克思主义当代出场的各个重大问题域，但在研究范式上仅仅以新全球化时代“反思的问题学”出场，强烈关

① ［英］特里·伊格尔顿：《马克思为什么是对的》，李扬、任文科、郑义译，新星出版社2011年版，第6—7页。

注出场问题的“焦点意识”显然被锁定在“反思的问题学”层面，因而对作为一个研究范式和解答方式的“出场学视域”有所遮蔽，问题导向掩盖了前提批判。事实上，如果缺乏深度的前提批判和方法论自觉，没有对一种反思范式赖以出场的历史根基的先在把握，对问题的反思就很可能是“外在的”而不是“本质性”的，还没有达到海德格尔评价马克思的历史观那样，真正的现实问题在本质性那一向度上被打开，场域之在被“照亮”。马克思打开的资本批判之门，也只有在资本创新逻辑的场域被重新打开之时才能够被真正理解。场域打开的关键在于对资本创新的当代批判。没有资本批判就没有马克思。然而从当年马克思“资本批判”到今天的“资本创新逻辑”的当代阐释，这一跨越“历史间距”的全面阐释是非常重要的。当年马克思所宣告的“被剥夺”“被炸毁”“被敲响丧钟”的资本依然“持续在场”，其根本原因在于“资本创新”。逐利本性推动着资本可以将一切能够赢利的要素和形式都资本化，因而具有不断创新、转换资本形态的变革功能。资本创新具有产业内部创新、创新产业、拓展区域等形式，从当年马克思面对的占主导地位的工业资本到金融资本，再到知识资本和文化资本，人力资本和社会资本，以及消费品资本，等等。资本创新造就了新的历史场景。这是历史场域的表象化结构，也是资本拜物教的景观社会或仿真社会。虽然资本一般本性和历史二重性作用并没有发生根本改变，资本创新和历史场景转换毕竟造就了资本时代的形态和特征，有着种种不同于工业资本主导时代的特质和功能。无论鲍德里亚等人如何用“仿象”来描述工业资本生产过程及其社会关系，但是当代历史场景依然是资本创新的产物。我们既不能用低于历史水平的教条主义对待当代，否认资本创新所造就的历史场景变化；也更不能跟着后马克思主义抛弃马克思的历史观的精髓。问题的解答归结为一点：就是需要有从当年马克思资本批判到当代资本创新之间的历史逻辑的深度阐释，进而呼唤当代的资本批判理论，即新的时代唯物主义历史观的出场。在马克思之后，从前的理论都只有断断续续的资本批判，如卢森堡、布哈林、列宁对帝国主义阶段资本逻辑的批判，拉美新马克思主义用“依附论”来描述的空间资本的批判，大卫·哈维对空间资本全球化的进一步批判，后马克思主义对于后工业社会中消费社会资本批判（鲍德里亚）、景观社会资本批判（德波）、文化资本批判（阿多诺、马尔库塞）、微观日常生活资本化批判（福柯、列斐伏尔）以及“弹性生产的资本主义批判”（德里克）。因此，全书的出场学视域关照，就是对资本创新逻辑批判的出场学阐释。资本创新逻辑及其批判，成为我们理解一切时代问题的核心。只有通过它，才能深度理解新旧全球化时代场域变化的本质；才能建立起一个出场学理解的坐标，从而划分当年马克思和当代马克思主义并理解二者之间的出场差异；才能界分当代创新的马克思主义和教条保守的马克思主义、新自由主义、新保守主义和“后马克思主义”各自的坐标定位。而当代马克思主义的主要理论任务就是批判地阐释资本创新逻辑，这本质上就是《资本论》的当代重写。正像《资本论》需要有一种“大写的逻辑”来打开资本形而上学的秘密一样，今天人们需要用出场学视域才能真正理解资本创新逻辑。没有一个正确的阐释范式与理解视域，就难以真正把握出场问题。随着问题研究的深入，人们越是频繁地使用专门术语和研究方法，越是可能在一系列涉及出场问题的理论、语词等基本指义上发生混淆。例如，学界对“出场”与“在场”、“缺场”与“空场”的所指不加区别，或者对“出场语境”“出场路径”“出场方式”“出场形态”等基本概念缺乏一个起码的体认。问题研究召唤着研究视域的完整出场。问题反思的进一步深入需要一个准确而完整的研究视域。因此，如果说今天我们呼唤与《当代视野中的马克思》有重大区别的话，那么就是在深化“问题反思”的同时向“研究范式”的全面转向，从一个聚焦于出场问题的“反思的问题学”转向全面自我理解、反省的“出场学视域”。近年来，我在《中国社会科学》《马克思主义研究》等学术刊物上发表了一系列论文，着力探索作为一个“出场学视域”的马克思主义研究范式的本真意义。但是限于篇幅，还难以全面系统地阐释。因此，今天出场学研究的宗旨就在于，以“资本创新逻辑批判”为中心，全面阐释“出场学视域”的本真意义与基本框架。

第二，出场学研究宗旨也是更加准确而哲学地阐释马克思主义出场问题、创新马克思主义研究范式的需要。一般来说，并不是所有“问题中的哲学”反思都能够直接达到对整个哲学研究范式的变革程度。只有那些反映一个时代的、整体性的问题群，才能成为研究范式“格式塔转换”的触发点。外在的反思没有触及事物本质性环节本身。内在的反思需要真正用本质性向度的打开来照亮事物的在场。“问题反思”只有到了没有库恩所说的“范式革命”思维进程就不再能前行的时候，才可能发生范式创新。出场学视域之所以出场，正是具备了这一时代性条件。资本创新逻辑、新旧全球化时代的转换逻辑、马克思主义从当年到当代转换的逻辑只有在出场学视域中才能被真正打开。正如我一再指出的：出场学视域也是对马克思主义中国化当代出场方式的深刻反思和“研究的方法论自觉”的产物。三十多年来，解放思想、改革开放与建设中国特色社会主义伟大实践表明：马克思主义中国化的进程，本质上就是马克思主义在中国语境中不断重新出场、与时俱进的过程。随着革命、建设、改革、发展等“改变世界”实践主题的不断转换，马克思主义在当代中国化进程中的出场不仅“与时俱进”地形成了中国特色社会主义理论体系，同时也唤醒了学界的“方法论自觉”，推动了马克思主义研究范式的创新与转换。中国学界达成的一个基本共识是：对苏联与中国教条式的马克思主义，我们需要加以批判地否定的不仅是其见解与结论，而且包括其解答问题的僵化范式，因为教条的理论见解是其僵化的研究范式的结果形态。思想的解放、理论的创新不仅包括要破除一系列教条观点和结论，而且要转换研究方法、研究范式与研究视域。“与时俱进”不仅是马克思主义的理论品质，也是马克思主义哲学研究的基本范式。按照库恩的见解，“范式”就是一种视野、规范、规则和方法论，它是一种见解、观点和理论的根基与灵魂。相对于理论结论或见解的变革而言，范式的变革是更为深刻与根本的变革。研究范式的创新与转换，可以带动整个理论视域、理论形态的变革与创新。因此，当代中国学界提出的教科书改革、文本学—文献学研究、与中西方思想的对话，问题的反思，等等，都成为创新发展马克思主义哲学的研究范式。毫无疑问，这些范式在多方面深刻破除苏联教科书对马克思主义哲学僵化的理解方式，极大地推动了马克思主义哲学理解的深化与发展。但是，客观地评价这些研究范式，我们不能不看到，它们在很大程度上是通过对马克思主义哲学研究的某些领域、方面、路径的创新而达到对马克思主义哲学本真意义的重新理解，它们之间还存在矛盾，带有一个时期的历史痕迹，还没有达到“与时俱进”研究范式应有的总体高度。

“教科书改革”应当说是20世纪80年代以来起步最早、成效显著的研究范式。这一范式在系统地传播马克思主义哲学的新观点、新理解、新运用方面起到了无可替代的历史作用。但是，这一范式的最大缺陷就是容易“非历史”地对待各个不同历史时期产生的马克思主义经典文本和思想，容易造成对“原理”的僵化理解。此外，“原理体系＋事例”的叙述方式也不断遭人诟病。

因此，为了从历史发生的角度看待马克思主义经典文本思想的发展，主张“回到马克思”的学者批判以往教科书“非法”（非历史）引用文本的方法，主张从历史发生的角度，从文本学与文献学范式去重新解读马克思的文本，进而重新理解马克思哲学的本真意义。正如这一范式的提出者所说的：为了今天的理论创新必须“首先廓清理论的地平”，以时代的视野去重新理解马克思哲学思想的原初语境。[①] 这一阐释范式借助于当代解释学的许多成果和方法，无疑是具有重要价值的基础性方法。但是，“回到马克思”的原初语境不可能仅仅通过

---

① 张一兵：《马克思哲学的当代阐释——“回到马克思”的原初理论语境》，《中国社会科学》2001年第3期。

回到马克思的文本考订与解读，仅仅通过文本学—文献学研究来达到。马克思的文本思想形态对出场语境与出场路径具有深度的依赖性，因而是历史的出场形态。要科学深刻地理解马克思文本思想，必须要穿越文本，深入背后去把握历史语境、出场路径与文本形态的关联。

此外，“重新上手”解读马克思的文本意义，需要获得一种时代的视野，而时代视野来源于当代实践与当代对话。与当代西方思想积极展开深入的对话，于是成为一种新的、探索马克思主义当代性与在场性的研究范式。本着“马克思是我们的同时代人”和“让马克思走入当代”的基本判断，这一范式的倡导者认为：通过与当代西方一系列思想的对话，马克思主义的时代性与在场性才能够彰显。[①] 的确，马克思主义从来没有离开人类文明大道。不仅马克思的新世界观的诞生，而且马克思主义与时俱进的每一个重要发展阶段都需要借助于与自然科学、社会科学等各个相关领域展开积极思想对话来汲取一切优秀思想成果，实现自己的与时俱进。对话是打磨马克思主义思想之锋的砺石。但是，对话需要历史的底板、时代的基础和实践的尺度。否则，对话就失去了时代真理的标准。从历史实践这一语境出发理解对话和评判对话，建立与时俱进的理解范式，这就重新呼唤出场学研究。

以“问题反思”为中心的研究范式同样需要出场学视域。这一范式涉及两个基本层面的相互关系：一是“问题中的哲学”，就是将时代实践问题转换为哲学问题；二是“哲学中的问题”，就是考察哲学的问题意识，看哲学如何反映、把握时代问题，并在哲学中加以解答。两者的结合，就是时代实践与哲学的与时俱进的关系，本质上就是如何从历史语境出发看待问题与哲学的关系。这一研究，不能不使我们面对出场学。因此，出场学视域就是在总体上与时俱进地把握马克思主义的研究范式，也应当成为其他的研究范式的进一步深化与拓展的

---

① 俞吾金：《马克思仍然是我们的同时代人》，《当代国外马克思主义评论》2000 年第 1 期。

必然产物。显然，这一重要学术创新的工作是对马克思主义出场问题研究的深化，难度也因此加深。如果说，在专门探索马克思主义出场问题的领域尽管需要创新的勇气，至少还有德里达等人“幽灵学逻辑”作为学术参考，那么，阐释“出场学视域”则需要做全盘的哲学思维方式和话语创新工作。我们需要的不是在原有阐释体系上的一点一滴的改良，而是整体视域、整体范式、整体思维和整体话语的转换，从而，这一阐释就是一种马克思主义哲学范式的重新出场。

第三，出场学研究包括两个核心范畴，也因此成为贯穿于研究始终的一对基本矛盾。“出场”与“差异”基于一个伟大而基本的“过程思维”：“与时俱进”是马克思主义的理论品质，内在地召唤出场学视域。把在一个时代语境中形成的理论形态僵化为“永恒在场”的“终结真理”，这是一切旧形而上学的根本幻想。马克思主义哲学革命的意义就在于“推翻了一切关于最终的绝对真理和与之相应的绝对的人类状态的观念”，要求理论必须随着时代发展而不断重新选择出场路径与方式，与时俱进地创造新的在场形态。因此，笔者提出马克思主义出场学视域，旨在探索在差异化的时代和空间语境中马克思主义如何不断选择自己恰当的出场路径、出场方式和出场形态，进而与时俱进地把握马克思主义中国化的当代形态。

“出场与差异”成为出场学逻辑的内在理论张力。它意味着一种理论指向的转变。历史唯物主义曾经仅仅被当作唯一的“历史的科学”而在场。然而，狭义的马克思的历史观主要作为资本批判的世界观，对资本存在的本性、结构和全球在场方式做全面的批判，在批判旧世界中发现新世界，成为马克思历史观出场的主要理论旨趣。然而，资本全球化不仅是一种历史的在场，而且在统治世界和转嫁自己危机过程中更延展为一种空间的存在。资本通过空间的全球扩张力图摆脱自己的危机逻辑，从而使批判资本的历史唯物主义发生着空间转向：必须变成一种如大卫·哈维所说的“历史（地理）唯物主义”。空间转向是资本创新的主要向度之一，从而使历史唯物主义变成“出场的”或者“场域的”唯物主义。历史在场域中，空间亦在场域中。所有社会关系和事件构成场域的内容。场域成为马克思主义出场语境。场域既是一种社会存在的结构，更是我们在场的立场、位置和方式。两重性的关系互动使我们出场，使马克思主义出场。而探索“出场与差异”就成为我们考量“场域”唯物主义变化的主题。

因此，在20世纪“场域”研究作为马克思主义在当代应否出场、能否出场、怎样出场问题的主题，与来自四个方面的思想资源对接。

首先，历史唯物主义解释图式空间转向的当代对接。穿越文本和话语层次，今日的马克思主义更需要寻找场域作为自己的安身立命之所，自己理论创新之根基。理论创新不仅需要思想的自由飞翔，更需要脚踏实地。作为历史和空间语境的统一，“场域”成为今日马克思主义出场的主要基础，直接与历史唯物主义的传统相衔接，同时又向前呈现出空间维度的理论时代的差异。“出场”与“差异”既是反复出现在马克思主义出场过程中的主题，也是一种必然出现的基本矛盾和内在张力，推动着马克思主义与时俱进地出场。一方面，以“改变世界”为己任的马克思主义哲学，按照时代实践语境要求而不断地坚定地出场，成为时代精神的精华、文明的活的灵魂，成为马克思主义的一种历史使命；另一方面，出场绝不是一劳永逸的行动，因为历史时代的不断变化总是不断挑战甚至摧毁过去的在场方式和在场形态，因时因地而不断出场，就是马克思主义改变世界的实践根本原则。每一出场又不可避免地具有差异性，差异性原则是马克思主义出场的基本原则。自我同一性是在历史的和空间的差异语境中的本性复制。不断出场本身就是一种创新行动，是对过去历史地在场方式的否定与超越，同时又是在场要求的继承和延续。因此，德里达的“延异”就变成了一种马克思主义出场的差异性模式：不是幽灵学，而是出场学模式。每一个变化的历史时代和空间差异在造就马克思主义重新出场的必要性的同时就必然地造就其差异性条件。因此，探索“出场”与“差异”，就是探索马克思主义在时空差异语境中出场的逻辑。

其次，场域的展开直接超越现象学和哲学解释学，成为一种历史场域的构建。胡塞尔的现象学总是强调纯粹意识对周围世界的意向性生成、打开作用。海德格尔用 Dasein 强调在世之在对周围世界来说的生成。伽达默尔特别强调历史（效果史）对于理解的先在作用。然而，在他那里，历史是既成的而不是构境的。布尔迪厄以一个当代社会学家的敏锐强调“场域”在造就人们的社会分层和社会关系时的重要决定性作用，然而，布尔迪厄绝没有将场域视为一个总体在场的哲学范畴。在强调交往和“关系主义”前提下，“场域”常作为一种资本权力支配下制约着行动者的实践前结构或客观“惯习”网络。“从分析的角度来看，一个场域可以被定义为在各种位置之间存在的客观关系的一个网络，或一个构型。是在这些位置的存在和它们强加于占据特定位置的行动者或机构之上的决定性因素之中，这些位置得到了客观的界定，其根据是这些位置在不同类型的权力（或资本）——占有这些权力就意味着把持了在这一场域中利害攸关的专门利润的得益权——的分配结构中实际的和潜在的处境，以及它们与其他位置之间的客观关系（支配关系、屈从关系、结构上的同源关系，等等）。”①资本支配下的知识场域可能就构成思想文化的决定性社会结构。但是，场域绝不仅仅是一种外在于实践主体的客观场，也不等于一种出场者的“场景”（幻象或仿真）。场景是场域的现象界，而不是场域的本真存在。在出场学看来，场域表现为一种历史主体或者思想出场的“场位”。“场”指总体的历史语境，“位”指出场者在这一历史语境中的具体方位，也同时包括出场者选择的立场。场位指一种思想得以出场的客观空间和主体位置（立场）。每一个出场者都是在一定的历史条件构成的宏观语境中出场的；而每一个出场者都是在一定的历史空间中创造和选择一定微观位置（立场）。前者构成了出场者的历史制约

① ［法］布尔迪厄等：《实践与反思——反思社会学导引》，李孟、李康译，邓正来校，中央编译出版社 1998 年版，第 133—134 页。

性；后者表征了在历史制约条件下的可能的主体选择性。“场”与“位”是不可分离的两个方面。没有“场”就没有“位”，而没有“位”也不能显现“场”的存在。“在场之在”的辩证法曾经因为历史指向的变化而变化，从作为抽象思辨对象的在场、“感性直观”对象的在场走向“感性活动”创造的在场，进而走向改变世界的历史深处。在当思辨终止的地方，历史才真正开始。然而，当我们唯物地打开历史大门、阐释历史、揭示思想赖以出场的历史语境之秘密时，“历史”本真意义并不必然地自明。正是在这一关键点上，马克思追问：历史究竟是一种现成在场、还是由人们的世世代代的感性活动构成的，因而是不断的出场过程？历史存在之“物”究竟是既成固化的在场，还是不断被实践构境的结构体？

马克思强调：历史场位不是一种外在于人和人的活动的在场，而就是由出场者的行动造就的历史语境或历史场域。这是出场者参与创造的对象化的历史境遇；而“置身”，就是出场者的出场在变革历史、创造场位的过程中进场，创造并进入场位之中的行动。“场位”与“置身”的相互作用恰好就是构境历史的实践。马克思将社会生活本质上看作实践的，将人理解为“历史中行动的人”，从主体方面、从感性活动、从改变世界的实践方面去理解在场，历史场位因而就是人们世世代代实践活动的产物，也因此构成历史活动新的基础。从构境的场域观出发，我们才能真正进入实践的解释。

历史场位不是现存在场而是场位与置身之间辩证张力的构造体。没有感性活动、实践，就没有历史场位。因此，在场从来都是一个独特的历史创造，它必须要从主体方面、从感性活动出发去理解。在场本质上不过是出场的结果形态。从实践出发理解历史场位引出一个命题：人们怎样理解实践本性和结构，也就如何理解由实践、生产造就的历史场位。实践观与历史观之间具有高度等价性和对应性。长期以来，一个基本事实是：人们对马克思实践结构观具有截然不同的理解，因而，对在场、对历史场位的理解也就大相径庭，存在客体向度、主

体向度、主体际向度等不同的理解，最终指向交往实践观。

交往实践的唯物主义超越客体论、主体论、交往关系论的在场视域，这就真正触及出场者置身于历史语境和历史场位的本真意义。在《德意志意识形态》中，马克思系统地提出了交往实践的思想，并进而在《资本论》中系统地提出了劳动二重性的经济学原理，对历史场位做了深度的经济学—哲学批判分析。马克思从物质生产、工业和交往出发，探索历史的基础是“以一定的方式进行生产活动的一定的个人，发生一定的社会关系和政治关系”。历史场位原初起步于物质实践、物质生产和物质交往，根源于人们的“能动的生活过程”的历史创造。历史场位本质上是交往实践，即多元主体间为了改造共同客体而结成交往关系的物质活动。

如果说，在场是一种交往实践构成的关系体系，那么，交往实践观甚至反对将交往关系、社会结构先在地固化为历史的本原，因而与哈贝马斯基于某种先验交往规则的“交往理论”，与广松涉等人将社会关系结构当作历史本原的“事的世界观”截然不同。历史场位固然是各种交往关系的总和，但是构成历史场位原点的不是交往关系，而是交往实践活动。出场活动就是交往实践活动。人们的交往实践活动构成了人们的历史联系，构境了他们的存在场位。交往实践活动不断采取新的形式，因而就表现为“历史”。交往实践双向建构和双重整合，形成交往关系、交往场域和交往形态。

再次，场域研究也是当代社会哲学的共同聚焦点。吉登斯在《社会的构成》《现代性与自我认同》等著作中，与经典马克思的历史观展开对话，甚至批判（所谓历史唯物主义批判三部曲），其反复探讨的主要问题就是现代性社会的结构化和再结构化与个人的主体性之间的关系问题。现代性是一种多元因素的社会结构化，其中包括了国家因素。从绝对主义国家发展为民族—国家，历史过程从裂变型、阶级分化型国家向高度统一型、主权型、全民型国家的转型。在现代化不同阶段上，国家形态各不相同。同时，现代性也绝不是以湮没个人的主体地位和历史作用为代价的。个人也从原有的生活场域中“脱域”出来，“再嵌入”一种以国家为本位的现代性场域之中。场域成为伴随个人现代性的不同阶段的社会空间。其实，社会结构与个人的相互作用方式就是场域、场位的存在。场域对于个人而言，既是限定性生活实践的空间结构，又可能是自己营造、能够体现自己价值向度的存在条件。场域对于社会结构而言，则是一种相互作用的结构化状态，它使所有的相互作用形成的社会关系通过这一结构而得以凝固，并成为下一轮相互作用的前在的舞台。布尔迪厄则在《实践理论大纲》(1977)、《教育、社会和文化的再生产》(1990)、《语言与符号权利》(1991)、《实践与反思：反思社会学导引》(1992) 等一系列著作中反复关注场域，认为场域既是一种社会关系，特别是一种多元主体间的交往关系，更是资本角逐下的力的关系，当然也是个人或群体在场的社会空间。出场学高度评价这些研究，认为场域作为历史场位和社会空间的统一绝不是单向度的在场。交往实践不仅存在规范向度，同时也存在否定向度和辩证向度，三重地构建历史语境和历史场位。或者说，场位空间内在地显现为三维向度。交往实践具有规范向度，造就历史的规范结构和规范场位。在一个社会占统治地位的生产方式和交往方式，总是表现为这一规范的历史场位。然而，历史场位仍然存在否定向度。它表现为生产方式多元差异的甚至是对立的意义结构，即多元之“位”意义的对立。马克思在《资本论》中分析工业资本生产的现象学时指出：同一生产过程对于相关多元的主体具有对立的意义：对资本家来说是财富积累的过程，对于雇佣劳动者说来正是贫困积累的过程。同一历史内部呈现多元立场和对立意义，表现为一种根本的异化，这正是历史的否定向度。资本全球化到处产生二元对立：资产阶级和无产阶级；富人和穷人；城市和乡村；东方和西方。对立意义、价值和否定向度呼唤双重的思想：为历史规范结构辩护的思想价值形成占统治地位的意识形态；而否定向度呼唤革命的阶级意识和价值灵魂。因此，实践和思想的双重向度正好构成交往实践的辩证向度，也因此是历史场位内在的辩证法。在这三重结构中展开的历史辩证法和空间辩证法，随着否定向度转化为新的肯定向度，历史场位就显现为一种时代性间距和差异性，出场者就具有了新的历史地平线；肯定—否定双重向度的空间分裂，马克思主义的出场，正是在这一系列历史和空间差异中实现的。

最后，场域也与后马克思主义的理论脱域相关。马克思绝不是第一个资本批判者，也不可能是最后一位。资本存在历史有多久，资本批判也就会持续多久；资本创新变化形态有多少，资本批判的种类也就有多少。正如伊格尔顿所说："一个出色的'反资本主义'的左派未必就从马克思主义那里接受过给养。虽然我认为左翼中'反资本主义'的主要声音来自马克思主义，但我不愿过多地拿马克思主义的正确性来说话。"① 虽然后马克思主义仍然秉持对资本批判的立场，但是，他们认为由于历史图景和社会结构的根本变化，马克思几乎所有理论批判武器——从阶级分析方法到社会基本矛盾，再到整个宏观的历史唯物主义方法，都已经过时，所以必须要创造一套新的资本批判武器。当然，这一新批判武器是与场域相契合的，而"过时"的马克思主义原有批判理论则不能满足时代场域的理论需要。时代场域成为判定后马克思主义和马克思思想之间关系的一个参照系，而如何理解场域就成为评价后马克思主义的关键。德里达的幽灵学、鲍德里亚的象征交换和消费社会，拉克劳和墨菲的新社会运动，都是借口时代场域——历史图景发生了根本变化，因而与马克思主义渐行渐远，最终走向后马克思主义。虽然"过时论"一直是许多企图修正马克思根本世界观的各种学说的共同借口，但是，后马克思主义却有时空场域的"新证据"。因此，当代马克思主义需要创新，但是创新绝不能离开马克思思想的根本，而如何建立恰当的场域坐标，准确把握创新发展的

① ［英］特里·伊格尔顿：《马克思为什么是对的》，李扬、任文科、郑义译，新星出版社2011年版，第6页。

马克思主义与后马克思主义的关系，将场域阐释清楚，就至关重要。

深描当代中国马克思主义哲学创新学术史的“方法论自觉”

用出场学视域聚焦和深描当代中国马克思主义哲学创新学术史具有重大意义。当代中国三十多年改革开放的伟大实践不仅形成了中国道路，也创造了马克思主义哲学中国化理论前所未有的大繁荣、大发展。深度描述当代中国马克思主义哲学创新学术史图景，寻找其学术地理中的主要脉络和创新趋向，从中可以总结马克思主义哲学与时俱进的创新逻辑，可以向海内外全面展示和系统传播创新成果。中国马克思主义学术史研究的宗旨在于用历史表明马克思主义在包括各门学术在内的意识形态领域指导地位的科学性与合理性，在于证明马克思主义是一个不断开放的创新体系，在于总结探索在中国学术语境中马克思主义理论创新的深刻经验和创新机制。正因为如此，中国马克思主义学术史研究需要着眼于“思想出场的逻辑”，着眼于中国历史语境变化与中国马克思主义出场之间与时俱进的逻辑关系。这就需要一种出场学视域，即把所有思想史、学术史与真实时代之间本质性关系按照出场逻辑的方式来阐释。

系统梳理研究方式和发展脉络的多样性是必要的，但是各种方式的重要性程度绝不是等价的。历史描述性研究是相对初始和基础的方式。由于中国马克思主义学术史研究以往主要散见于专题、人物、事件、活动、关系、文本解读等的分门别类研究中，历史描述性方法首要的任务就是要收集整理所有的学术史料，然后按照时间顺序和学术编年方式将其转化为一种首尾一贯的通史描述。其间的基本特点，就是列数所谓相对重要的人物和著作的思想介绍，将学术史仅仅当作当年列宁所批评的“人名和书名”的历史，或者如柯林武德所批评的“剪刀 + 糨糊”的历史。这一历史只能达到马克思所说的“完整的表象”或“感性的具体”，而根本无法到达“理性具体”。分列的学术史描述（如哲学史、经济史等）之间根本不见思想的流动逻辑。这一方式为历史学或中共党史出身的学者所偏爱，他们的研究方式即所谓黑格尔曾经指出的“外史”，其根本缺陷就是对中国马克思主义学术史的人物、著作、学术活动、学术事件、学术关系等的描述是外在于思想的逻辑的。他们忘记了：学术史不同于存在史之处，首先在于它是思想史，本质上就是思想创新的逻辑在时间中的出场。这一研究需要按照思想的逻辑（“内史”）而不单纯是时间的逻辑（“外史”）来理解和阐释，需要穿透“完整的表象”和“感性具体”而达到“本质性结构”，然后才能从“抽象上升到具体”，即将中国马克思主义学说史当作一个由若干本质性规定综合而成的“理性具体”来把握。正如马克思在《资本论》中运用的方法是辩证方法一样，如果不是马克思主义哲学专家，很难真正理解中国马克思主义创新发展的内在逻辑。单纯的历史学研究如果不深度理解马克思主义哲学，其综合学术通史要么只能是“人名和书名”的历史，即成为一个盲目的“外在的路标”，要么就误解重重，成为一部误导读者的“史书”。由于学科背景的差距，除非通晓中国马克思主义各专门学术领域的大家，难以贸然治综合通史。“外史”研究还有一个重大缺陷是：它将所有学科并列和分门别类地描述，而根本看不清中国马克思主义哲学相对于其他学科的龙头地位和前提性质，看不清只有深度理解中国马克思主义哲学的出场史，才能真正理解互动关系和其他学术领域的“马克思主义转向”。更由于中国马克思主义的发展呈现历史的放射状态，越久远的发生点和早期阶段资料越简约，而越近当代越繁荣，知识创新呈现爆炸性增长，学术创新关系纷繁复杂，即便是马克思主义哲学或经济学领域的学者都很难将本领域内各种见解一一厘清，对于这一状况的描述，要想充当“百科全书”式的马克思主义学者，对单纯的历史学者来说，几乎是难以做到的。如果强迫自己写自己根本不懂的东西，拼凑所谓“学术通史”，那么这就不单纯是“不合适”，而且几近“学风不正”。

对人物、著作、事件、活动等的专题性研究始终是深化综合思想史和学术史的最重要基础。但是思想史需要有一个总体的和综合的框架去理解和把握，否则永远会在这一领域“只见树木、不见森林”。传播史和理解史是各自从传播主体和理解主体两端去阐释思想的发展逻辑，在方法论层次上比单纯的“外史”描述要高明。但是两者都遭遇所谓解释学难题。施莱尔马赫和狄尔泰的客观解释学、海德格尔的主观解释学、伽达默尔的哲学解释学、哈贝马斯的批判解释学、利科的结构解释学等，可以呈现多元视域，选择视域不同，最终的阐释就不同。而针对这一切，能够给予解答的，又只能是马克思主义哲学解释学。结论就是，只能回到马克思的辩证方法。

直接通过中国马克思主义学术史本质性环节——哲学史反思及其对于其他学术领域影响和互动关系的研究，去深度把握中国马克思主义学术史内在思想灵魂的出场逻辑。而超越外史的一种重新书写方式，就是用中国马克思主义哲学研究的“方法论自觉”——首先穿透“完整的表象”而达到抽象的规定——创新学术史所依赖的研究范式，把握学术史的范式图谱的构变，去深度理解和把握中国马克思主义的创新学术史。“方法与对象”之间的解释学循环，最终需要范式图谱解决。哲学范式总是时代思维方式的集中体现，是哲学见解、观点和理论创新的根基和灵魂，也是学术史坐标和图谱的轴心。由范式轴心而形成理论创新的坐标，坐标扩展而成为理论创新的学术史图景。各种范式视域差异，因而推动理论创新的功能各不相同。多元创新范式之间既竞争又互补，共同构成范式图谱，因而总体展现理论创新的学术图景。科学辨识各研究范式的基本特征、创新功能、历史成因、存在问题和学术地位以及与国内各个马克思主义哲学博士点的学科风格甚至学派的关联，是深描当代中国马克思主义哲学研究范式多元创新的整体学术图景的主要基础，也是认真总结其各自的理论创新经验，进一步推动理论创新、扩大创新的国际影响力的关键。只有认真考察各个范式以差异方式推动理论创新与马克思主义整体性发展图景之间的关系，才能把握这一时代创新的学术史，并根据马克思关于“人体解剖是猴体解剖锁钥”的“从后思索”方法，基于当代范式图谱构变的高度，可以追溯、透视和总结近百年马克思主义中国化学术史。

出场学研究的当代使命，就是要深度把握当代中国马克思主义哲学创新逻辑。为此，我们应当从方法论自觉的研究路径上加以开拓，把握以下三个任务。

第一，全面梳理和科学分析当代中国马克思主义哲学研究范式。全面辨识八个研究范式各自的成因和演变史；范式的基本特征和构成要素；范式的存在结构，范式的创新功能和基本缺陷。其学术价值和应用价值在于：对各个范式的理论创新功能作出实事求是的评价，对其范式发展的前景作出相对可靠的预测。

第二，全面分析各个学术图景和范式图谱构变相关变化。每一个时期都存在起主导地位和支配地位的范式，构成了那一时期的理论学术发展图景的轴心；而轴心又生长出纵横两轴，构成那一时期理论学术图景的坐标；而围绕坐标形成的总体学术面貌，就构成了那一时期的学术图景。一旦轴心发生变化，则坐标相应变化，进而使学术图景发生相应改变。改革开放以来，马克思主义哲学研究曾经形成四大轴心范式，它们共同对应生成四个坐标和四个理论学术图景。轴心—坐标—图景转换称为构变，变化整体构成范式图谱，这就是当代中国马克思主义哲学创新学术史谱系。因此，学术史就变成一种范式图谱的格式塔转换。这一谱系进而极大地影响了整个当代中国马克思主义学术史的发展。虽然其他中国马克思主义学术领域的变化不完全是马克思主义哲学范式图谱变化的同构、同态、同步的复制，但是大致对应关系是不难找到的。作为灵魂和本质，中国马克思主义哲学范式图谱与其他马克思主义学术领域创新史之间存在高度的映射关系。在这一意义上，范式图谱研究是打开当代中国马克思主义学术史本质规律、创新发展逻辑的锁钥。在“从后思索”的意义上，也是理解近百年中国马克思主义学术创新发展史的锁钥。

第三，以马克思主义出场学基本视域科学揭示当代中国马克思主义与时俱进的创新学术史。“出场学”，是指研究马克思主义与时俱进逻辑的哲学范式。它以新旧全球化时代大转换为坐标，科学分析从马克思思想出场的“原初语境”到马克思主义当代语境的深刻变化，深度阐释马克思主义形态的出场对于历史语境、出场路径的依赖性，深描马克思主义中国化、时代化的出场路径、方式和形态。对“出场语境”“出场路径”“出场方式”“出场形态”等一系列基本概念作出十分准确的理论界定，这一范式坚决拒斥对马克思主义原理研究、文本学解读的教条倾向，从而将其看作“随时随地以当时的历史条件为转移”不断创新的理论。

当代中国马克思主义各种研究范式的出场，乃至马克思主义中国化的各个理论创新，都是在一定的时代语境中、按照一定的出场路径、以一定的出场方式而出场的形态。相关学术的范式图谱构变史，就是与时俱进的出场史，它用两线（历史时代实践的线索和中国马克思主义哲学研究范式图谱线索）、四个模块（原初时代语境、当下时代语境、原初范式图谱、当下范式图谱）深度解释中国马克思主义哲学范式演化构变的创新学术史逻辑，从而把学术史研究转化为一种对当代中国马克思主义学术与时俱进的创新逻辑分析，使研究转变为一种科学。

（原载于《江海学刊》2014 年第 2 期）

反思篇

马克思主义的“贫困”与学者的责任

陈曙光

在今日中国，马克思主义确实处于一种尴尬的“贫困”状态，[①]一个不得不承认的事实是：马克思主义在学术界、在青年学生中、在人民大众中，甚至在少数党员领导干部中也部分地遭受到了“冷遇”，马克思主义在一定程度上、一定范围内被“边缘化”了，在日常生活面前“失语”了。究其原因，我认为，马克思主义的“贫困”并不意味着马克思主义本身出现了问题，而是与整个社会政治经济环境的变化有着须臾不可分割的关系，这其中，部分学者“为时代立言、为生民立命”的学术责任的缺失也在一定程度上对马克思主义的“边缘化”起到了推波助澜的作用。因此，准确地说，马克思主义的“贫困”实质上并不是理论本身的“贫困”，而是理论家或理论工作者的“贫困”。当前，理论界应当理性地审视马克思主义的学术生态，自觉转换马克思主义的研究范式，以便于马克思主义及早地摆脱尴尬的“贫困”状态。

① 从表象上看，马克思主义的确很繁荣，然而一旦回到现实世界，它的虚弱和贫乏就显露无遗了。陈先达先生曾经忧心忡忡地指出，中国有着世界上最多的哲学系、哲学专业和哲学工作者，“即使如此，我们的哲学尤其是马克思主义哲学处境仍然是困难的”。参见陈先达《处在夹缝中的哲学》，北京师范大学出版社2004年版，第5页。

政治淡出，学术凸显：现实与思想“相敬如‘冰’”

现实性与学术性的二元对立是当前马克思主义研究中存在的一个比较尖锐的问题。“政治（思想）淡出，学术凸显”已成为近年来学术界心照不宣的流行话语，所谓的“纯学术研究”成为学术界主导的研究范式，以至于过分重视纯学理的研究，忽视了对现实问题的研究。尽管这种研究范式对于纠正浮光掠影的学风，摆脱应景的执着，扼杀浅尝辄止的浮躁，强化马克思主义的学科意识，提升马克思主义的学术品位功不可没，但同时也出现了另一种偏向：在“政治（思想）淡出，学术凸显”的旗帜下，理论的目光对现实视而不见，学术的能量对现实无能为力，思想的话语对现实沉默寡言，甚至于沉默不语。在急剧变动的现实生活面前，马克思主义基本上“不在场”，现实与思想“相敬如‘冰’”，现实性与学术性之间构成了紧张的二元对立关系。一些马克思主义理论工作者为了迎合“凸显学术”的潮流，走向了片面学术化的道路，以概念消解问题，以文本抗拒时代，以逻辑替代经验，以经典代替流变，在纯粹精神领域里自娱自乐，对现实生活乃至整个外部现实世界采取一种规避的态度，仅仅把马克思主义看作一种纯学术活动，不关心现实，认为研究现实就不是学术，现实问题之类不过是难登大雅之堂的“形而下的”俗物，马克思主义理论研究成了一种无关乎政治也无关乎现实的智力游戏。殊不知，这样一种“学术性诉求”实际上是一种与马克思主义的理论本性相悖的、纯经院化的追求，它使原本扎根于大地的马克思主义成为漂浮的缺乏现实维度和历史内容的“空中楼阁”；这样一种“学术性诉求”不是什么“学科意识觉醒”的产物，也不是什么“马克思主义自身的批判和自身的解放”，而是一些研究马克思主义的人面对“西方流行话语”或马克思主义“取消论”的冲击和挤压而采取的一种消极应对策略，反映了人们对马克思主义应对现代西方哲学各个流派的诘难和挑战缺乏应有的自信[1]；这样一种“学术性诉求”不可能拯救马克思主义于“困境”之中，这样一种学术也不可能化为人民群众内在的“学养”，它所导致的结果无非是马克思主义要么在“纯洁中堕落”，要么在“纯粹中萎靡”，要么在“纯正中迷失”。

受当前“凸显学术”这一思想倾向的影响，马克思主义理论研究中存在明显的不和谐音符，突出地表现为伴随着理论成果“爆炸式”增长的是问题意识的淡漠：我们可能有很多的论著成果，可能有过剩的言说能力和无尽的言说内容，但未必解答了很多当下的问题，未必提供了很多现世的智慧，未必满足了社会的需要，学术繁荣的背后掩盖的是学术“失语”的现实。尽管我们也试图处处“发言”，但却处处难逃“失语”的命运；尽管我们也常常强调学术的问题意识，但学术本身却没有“问题”，原因在于对“问题”的理解成了问题，不理解只有学术与现实的关联才能产生问题；尽管我们也主张关注当下的“中国问题”，但对于究竟哪些才是最紧要的“中国问题”却无从辨别；尽管我们也似乎“言必称‘实践’”，但对于什么是真正的“实践”却始终搞不清楚，“实践”本身也越来越成为一个学院式的概念；尽管我们也批判现实，却始终抓不住问题的关键，总给人隔靴搔痒之感；尽管我们也发现了一些现实问题，但往往只是局限于宏大的领域，而对于微观领域的问题，则很少纳入马克思主义的视野，做出充分的理论回答。究其根本，躲避“问题”是导致马克思主义远离大众的根本原因，也是导致大众远离马克思主义的根本原因。离开“问题”的理论，注定缺乏关照现实的力量，最终只会窒息理论自身的生命力。在这一点上，我十分赞同美国学者赫舍尔的看法，他说：“当代很多哲学之所以陷入困境，部分原因正是这种持续不断的概念化过程远远离开了那导致哲学得以产生的处境，以致他们的结论同最初的难题似

① 参见汪信砚《当前我国马克思主义哲学研究的三个误区》，《哲学研究》2005 年第 4 期。

乎毫无关联。”[①]

与“问题意识”淡漠并存的是“体系情结”浓重，或者说，在某种程度上恰恰是因为挥之不去的“体系情结”遮蔽了“问题意识”。当然，哲学的体系情结并非始于现在，而是古已有之，发展到德国古典哲学已蔚为壮观，德国哲学家们构建体系的冲动蔚然成风，哲学体系如雨后春笋般冒出来，甚至“最不起眼的哲学博士，甚至大学生，动辄就要创造一个完整的‘体系’”[②]。其实，这不过是一种“放肆的伪科学”，一种“高超的胡说”，一种“幼稚病”（恩格斯语）。马克思主义尤其是哲学非得具有一个体系外壳才行吗？要知道，马克思主义的创始人留下了很多的思想，却唯独没有留下体系（这里专指“主观的强制性的结构”体系——陈先达语）。马克思打破了一切体系，这已经宣告了体系的历史性终结。体系的品质与马克思主义哲学的本性是相悖的，“世界上不存在任何可以写在纸上的马克思主义哲学体系”[③]，这就决定了任何体系一经出台就面临被淘汰的命运。但是，长期以来，我国马克思主义理论研究中却一直存在挥之不去的“体系情结”，做着重拾体系的旧梦，热衷于建构理论体系。理论体系在一个学科、一个理论发展的初期是必要的，这是学科成立的前提要件，也是理论走向成熟的标志。但是成熟体系的诞生也往往意味着坚硬桎梏的生成，马克思主义哲学教科书体系的命运不正是如此吗？[④] 现在，有不少马克思主义研究工作者都在出版著作，其中相当一部分著作有一个共同特点：那就是都在试图构建宏大的、完备的理论体系，而真

---

① ［美］赫舍尔：《人是谁》，隗仁莲译，贵州人民出版社 1994 年版，第 2 页。

② 《马克思恩格斯选集》第 3 卷，人民出版社 1995 年版，第 344 页。

③ ［美］詹姆逊：《晚期资本主义的文化逻辑》，张旭东编，陈清侨等译，生活·读书·新知三联书店 1997 年版，第 18 页。

④ 有人认为，《反杜林论》（“哲学篇”）就是苏联教科书体系的雏形。其实，《反杜林论》（“哲学篇”）也并非要构建一个哲学体系，而仅仅是一部论战性的著作，杜林在哪里放火，恩格斯就在哪里灭火，恩格斯本人并不赞成动辄建立体系，在《反杜林论》的序言中他就说道：“这本书的目的并不是以另一个体系去同杜林先生的‘体系’相对立。”参见《马克思恩格斯选集》第 3 卷，人民出版社 1995 年版，第 344 页。

正观照现实的不多，这使得本来源于生活的马克思主义在这种“自言自语”“孤芳自赏”的理论生态中潜伏着脱离生活、远离大众的危机。收敛“体系情结”已经成为我们这个时代的任务。

当前要反思学术的现实性问题。马克思主义不是远离群众的思辨体系，不是高谈阔论、脱离现实的清谈理论，不是空讲道理、解决不了实际问题的书斋学说。马克思曾经批判了青年黑格尔派远离现实生活而醉心于抽象的哲学批判的思辨倾向，他指出：青年黑格尔派的“哲学家没有一个想到要提出关于德国哲学和德国现实之间的联系问题，关于他们所作的批判和他们自身的物质环境之间的联系问题”①。也就是说，青年黑格尔派脱离实际，不关心德国现实，热衷于形而上学的抽象思辨，仅仅是一些关于“意识的空话”。与这种倾向相对立，马克思认为，这样的哲学需要终结了：“在思辨终止的地方，在现实生活面前，正是描述人们实践活动和实际发展过程的真正的实证科学开始的地方。关于意识的空话将终止，它们一定会被真正的知识所代替。对现实的描述会使独立的哲学失去生存环境，能够取而代之的充其量不过是从对人类历史发展的考察中抽象出来的最一般的结果的概括。”② 显然，在这里，马克思很明确地指出，立足于思想世界的抽象只是“意识的空话”，这种“空话”并不是“真正的知识”，只要一回到现实世界，它马上就会“失去生存环境”，而变得“没有任何价值”，必定会被立足于“人们实践活动和实际发展过程的真正的实证科学”所代替。因此，“德国哲学从天国降到人间；和它完全相反，这里我们是从人间升到天国”。③ 德国哲学在太空飞翔，而马克思只求深入全面领悟在现实生活中遇到的日常事物。真正的哲学应该走出思想世界回归现实生活世界，观照现实的人和他们的物质生活条件，确

① 《马克思恩格斯选集》第1卷，人民出版社1995年版，第66页。
② 《马克思恩格斯选集》第1卷，人民出版社1995年版，第73—74页。
③ 《马克思恩格斯选集》第1卷，人民出版社1995年版，第73页。

立实践活动优先于理论活动的原则。

当前，我们理论工作者都必须明白，离开思辨的天国踏入坚实的大地才能解决思想的矛盾，对现实的疏离必然导致马克思主义理论自身的贫乏，如果马克思主义根本不关心这个时代，那么，这个时代也就自然不关心马克思主义，到那时，马克思主义就不得不承担疏离生活后被生活所冷落的后果：马克思主义“自我放逐”到抽象化的理念王国而“自卖自夸”“自我消亡”。因此，理论家特别是马克思主义的学者要自觉地培养更加博大的理论视野，自觉地体现更加宏阔的现实关怀，勇敢地担当起历史赋予马克思主义理论工作者的神圣使命，自觉地“思入时代的深处”并指引时代的前进。当前，我们面临诸多问题有待于马克思主义的干预，如：全球风险问题、技术异化问题、现代性危机问题、后现代挑战问题、消费（休闲）社会问题、市（公）民社会建构问题、民主政治问题、物化问题、文化革命问题、生态与环保问题、女权与性别问题、价值与伦理问题等，这些都是每个老百姓所关切的问题。然而，长期以来，理论界却有意无意地疏离了这些问题。马克思主义主动回归现实生活世界，积极干预日常生活，这既是理论自身的要求，也是大众的期待。马克思主义如果能真正地走进大众生活，回答大众最为关切的现实问题，那么大众自然也会最为关注马克思主义。马克思主义——作为“自己时代的精神上的精华”[①]——只要不“自我放逐”到时代之外，时代就不会将马克思主义“边缘化”；马克思主义只要不远离大众，大众就不会抛弃马克思主义。

当然，我们强调马克思主义的现实性丝毫不意味着放弃甚至排斥学术性，真正具有现实性的思想必然具有学术性。我们的要求是：将学术能量释放到学术之外；我们的限度是：在现实性中实现学术性，在学术性中彰显现实性。还要强调的是，学术观照现实，但不是巴结

① 《马克思恩格斯全集》第1卷，人民出版社1995年版，第220页。

现实，追逐时髦；学术研究不能整齐划一为“应景式的”研究，不是单纯地写“应景”文章、说“应景”话。毋庸讳言，这类“应景”文章可以起到一定的宣传作用，但由于缺乏学理上的认真研究和对现实生活中的新鲜经验的概括，根本不可能对当代中国的马克思主义作出创造性的阐释。

洋教条迷信：“以西解马”和“以西去马”的解释框架流行

“洋教条”迷信与主体性立场的退却是马克思主义学术生态方面客观存在的一个不容忽视的问题。马克思主义一旦远离中国的问题，退回书房，热衷于经院化研究，就为“洋教条崇拜”打开了思想通道。“洋教条”有两种表现：“以西解马”和“以西去马”。近年来，马克思主义理论界尤其是哲学界出现了一种“以西解马”的强烈理论动向，西方哲学在马克思主义哲学界似乎成了主导性话语，大有“以西解马、无马不西”的解释框架一统天下的格局。这种解释框架的特点是：借助于西方哲学特别是现代西方人本主义的话语解读和阐释马克思主义，现代西方哲学中什么东西时髦，人们就会把什么东西“追溯”到马克思，与马克思粘连起来，马克思被打扮成时髦的“好莱坞明星”，不断地改头换面，一次次地登台谢幕，而死去的马克思只能是哑巴吃黄连——有苦说不出。这种形式的洋教条迷信，也就是穆南珂先生所批评的那种马克思主义哲学研究的“中介式方法”，即通过西方哲学这一中介来理解和发展马克思主义哲学的方法。① 马克思主义哲学在这种流行的解释框架中进行玄妙的自我深化，在西方的话语中自我消解，而马克思搭建的理论舞台上却是形形色色的“中介”在争奇斗艳，这些“表演中介”反客为主甚至喧宾夺主的演出完全遮蔽

① 参见穆南珂《喧嚣与骚动：马克思主义哲学研究中的“学术性”和“现实性”问题》，《哲学研究》2004 年第 4 期。

了马克思的光芒，马克思成了一个可有可无的“过气明星”；中国化的马克思主义操着洋腔洋调说着蹩脚的“洋话”。

如果说“以西解马”的洋教条迷信还比较策略地消解或“捧杀”马克思的话，那么“以西去马”的洋教条迷信则是明目张胆地抛弃马克思。“以西去马”表现为迷信西方的思想理论，把西方发达国家反映资产阶级主流意识形态的思想理论、政策主张奉作圭臬，或根本否定马克思主义的科学性，或认为马克思主义已经“过时”，认为只有西方的思想理论才能指导中国的社会变革，将西方理论简单地嫁接到中国，无视中国问题的特殊历史语境，“透过西方理论的针孔来观察中国的实际问题，在以观念的‘应然’规定现实物质生活的‘实然’中回避了或远离了中国的真正问题和产生问题的真正根源”①。正如某位西方学者描述的那样：“他们能采用的最佳策略，就是避开马克思主义学说，构建其他的学说体系。这意味着引进西方的理论和研究模式，用以批判当今的社会和文化。”② 我们不主张拿马克思来“欺负”别人，也反对拿别人来“欺负”马克思，这种把西方学说当作教条说得“头头是道”而把马克思批驳得“哑口无言”的做法，这种将马克思主义自身合法性的“裁判权”和盘托出交付西方学说的做法，岂不荒唐。更有甚者，个别学者对有关中国经验、中国模式的研究也要经过西方知识框架的过滤，也必须依赖西方话语的“路径”，似乎只有通过运用“外国理论＋中国例子”的研究方法，才能拨开迷雾获得真知。“如果我们的学术研究提不出基于中国经验的学术范式和理论见解，不能实现具有中国气派和中国话语的术语革命，势必弱化中国学术在国际学术界的影响和地位。”③ 长此以往，马克思主义必将在现实面前“失声”，在国际学术界“失语”。

---

① 孙麾：《当代学术思潮的前提批判》，《马克思主义研究》2008年第3期。

② ［美］塞缪尔·亨廷顿等主编：《全球化的文化动力》，康敬贻、林振熙、柯雄译，新华出版社2004年版，第9页。

③ 孙麾：《学者的社会责任与理论的实现方式》，《社会科学辑刊》2007年第2期。

“洋教条”迷信部分源于一些学者的世俗偏见和理论自信心的失落。当前马克思主义理论界存在一个令人担忧的现象：由于马克思主义屡遭误解，并多方受到“不是学问”的苛责，以致很多马克思主义的研究者有一种自卑感，自觉或不自觉地希望向其他学科靠拢，企图通过借用其他学科的问题、方法、概念、术语、公式来“提升”马克思主义的“学术性”。其实，这是理论自信心失落的征候。譬如，国内部分学者对马克思主义中国化的创新成果采取不屑一顾甚至嗤之以鼻的态度，仿佛真正的理论创造只属于国外的学者，而本国学者在理论上的任何话语只不过是意识形态上的言说，本国学者的任何论证只不过是意识形态上的辩护。其实，我们认为，在国际社会高度关注当今中国的发展模式（“北京共识”）及其理论动向的时候，国内某些理论研究工作者却对此采取沉默、回避甚至鄙夷的态度，这恰恰是一种意识形态的偏见。

当前要反思“洋教条”的学术倾向问题。马克思主义是一个开放的体系，它应当而且必然要与西方文化尤其是现代西方哲学展开交流与对话，但不能因此而走入极端、误入歧途。在马克思主义与现代西方思潮或理论的联系中，马克思主义的学者应保持自身的主体性，保证“马克思”始终在场，坚决拒斥理论研究中的随意性和非理性色彩。盲目地用西方理论的“应然”来代替中国实际的“实然”，这是唯心史观在学术上的一种反映，极易陷入西方理论所预设的理论“陷阱”。现代西方哲学特别是西方马克思主义确实有很多值得我们借鉴的宝贵思想资源，但西方理论及其操作实践在我国是否有生存的土壤，西方理论在何种程度上、在何种意义上对我们有意义，这都不是其义自明的问题，盲目“拿来”是有问题的。因为西方的理论对于我们的文化身份、文化个性而言，对于我们的思维方式和实践基础而言，依然是西方的某个“他者”，是“水中月”“镜中花”，是一种只能“隔岸观火”的镜像理论。西方有些学者站在西方中心论的立场，为我们描述了一元的现代性图景。他们向全世界推广自由、民主、人权，把非西方文化看作现代社会发展的文化阻滞力，把西方的地域性知识上升为世界性知识，把知识的地域性上升为普适性。我们的学者不能跟随着这种主张“起舞”，而应该保持清醒的头脑，对西方的自由、民主、人权等文化精神展开前提性反思和批判，避免不加反思地全盘接受资本主义的人本逻辑，从而坠入资产阶级预先设下的“人本陷阱”。其实，自由、民主、人权是人类久远的追求，并非资本主义的“专利”。自由、民主、人权从来都不是一种完全成就了的事实，而是始终处在不断发展完善的过程之中。[①] 不能否认，西式自由民主是当今世界的主导模式，但它既不是完美的模式，也不是唯一的模式，更不是最后的模式。曾经宣称西式自由民主已经成为“人类意识形态进步的终点”与“人类统治的最后形式”[②] 的美籍日裔政治学者弗朗

① 透过西方民主三百多年的发展史，我们不得不得出一个结论：没有一个西方发达资本主义国家在实现现代化之前实现了今天的自由民主，自由、民主、人权并不是西方政治制度与生俱来的产物，而是广大人民不断抗争的结果。在这个漫长的过程中，人民付出了惨烈的血的代价（无数次的暴动、反抗以及无数次的被血腥镇压）。西方民主政府不仅在还“权”于民的路上死拒猛挡，而且别有用心地把人民付出血的代价换来的权利与进步马上归结于他们的民主制度。英国是西方第一个民主国家，是曾经称霸世界的“日不落帝国”，然而，长期以来女性并不享有民主权利，如果一个国家一半的人口享受不到政治权利，还号称民主和人权，这简直是历史的讽刺，英国的民主进程花费了 268 年，付出了血的代价；法国 1789 年颁布的《人权和公民权宣言》第一条即明文规定“人们生来而且始终是自由平等的”，然而，法国妇女获得投票权是在 155 年后的 1944 年；瑞士是 1971 年妇女才获得投票权，这时的瑞士已经是世界上最富有的国家之一；美国 1776 年通过的《独立宣言》即宣告“人人生而平等”，美国在 19 世纪基本实现了现代化，20 世纪初即取代英国成为新的世界霸主和超级大国，然而，它的奴隶制是在经过南北战争之后的 1865 年才被废除的，黑人的投票权利则是在 1970 年废除了种种限制和障碍之后才开始获得的。没错，资本主义是高举着“自由、民主、人权”的旗帜降临于尘世的。然而，资本主义社会一贯倡导的自由、民主、人权不过是统治阶级精心编织的、用来美化自己、欺骗人民的“人本神话”，“同启蒙学者的华美诺言比起来，由‘理性的胜利’建立起来的社会制度和政治制度竟是一幅令人极度失望的讽刺画”（参见《马克思恩格斯选集》第 3 卷，人民出版社 1995 年版，第 607 页）。资产阶级往往“用取消自由的办法来‘规定’被允诺的自由。准许完全的自由，写下冠冕堂皇的原则，把有关如何运用这些原则的问题即细节留待以后的法律来解决，……这个宪法里包含了原则，……而在这些细节里重新恢复了无耻的暴政！”（参见《马克思恩格斯全集》第 10 卷，人民出版社 1998 年版，第 691—692 页）资产阶级“宪法的每一条本身都包含有自己的对立面，……在一般词句中标榜自由，在附带条件中废除自由”（参见《马克思恩格斯选集》第 1 卷，人民出版社 1995 年版，第 598 页）。

② ［美］弗朗西斯·福山：《历史的终结》，远方出版社 1998 年版，第 1 页。

西斯·福山也不得不承认“西方自由民主可能并非人类历史进化的终点”①。马克思主义从来都不拒绝自由、民主、人权，它所拒绝的仅仅是西式自由民主模式。马克思主义始终以追求无产阶级的自由、民主、人权为己任，以实现全人类的解放为目标。社会主义中国从来都不排斥自由、民主、人权，相反，它一直在追求符合自己国情的有中国特色的自由、民主、人权模式，取得了很大的进步，但也走了不少弯路。中国现行的民主政治模式有其优越性，但与人民群众的期待之间还有很大的距离，还存在广阔的发展进步空间，建构具有中国特色的自由、民主、人权模式任重而道远。中国今天所遭遇的矛盾和问题与其说是社会主义民主政治模式惹的祸，不如说是现行民主政治模式避免了发展中更加尖锐的矛盾和问题的出现。中国的问题是发展中的问题，只能在发展中逐步解决。中国的问题是在自己的文化土壤和特定的社会背景中衍生出来的问题，只有中国人民自己才能解决，只能依靠中国人民的智慧来解决。毋庸置疑，“民主是个好东西”；然而，西方式的民主对当前的中国而言，实在不是个好东西。西方民主脱胎于西方的历史文化传统，寄希望于用西方民主政治模式来解决中国的问题，纯粹是一种隔靴搔痒的主观臆想。此外，经济学界局部存在的“洋教条”倾向也令人忧心，中国很多学者在新自由主义的旗帜下对西方经济学说不做任何前提批判和价值判断就“大鸣大放”“大肆渲染”，马克思主义经济学界的学者们在这种现状面前却不约而同地选择“集体沉默”“集体失语”，“马克思”在不知不觉中悄然“退场”了，与此相伴随的是学者的学术责任和历史使命的退场。其实，我们应当对中国的先进文化——当代中国的马克思主义抱有信心，要有理论的志气，

① “历史终结论”的始创者弗朗西斯·福山在反思金融危机时慨叹“历史似乎没有终结”，历史并没有止步于西式“自由民主”。日本政论杂志《中央公论》2009 年 9 月号以《日本要直面中国世纪》为题，刊登了福山接受该刊专访的文章。福山在专访中指出：“客观事实证明，西方自由民主可能并非人类历史进化的终点。随着中国的崛起，所谓‘历史终结论’有待进一步推敲和完善。”

中国改革开放的成就得到了世界的认可，西方学者长期跟踪关注中国的理论动向，不少西方学者早已开始研究助推中国发展的“中国模式”“中国经验”“北京共识”，显然参与并引导这一历史进程的先进文化是不能被归结为“文化阻滞力”而排除在外的。

解释限度的僭越：马克思“风云变幻”“怎么都行”

解释限度的僭越是近年来马克思主义学术生态方面刚刚露出来的一个新问题。当前，理论界客观上存在着将马克思主义相对主义化的解释倾向，相对主义把马克思主义理解为一个变动不居、无所不包的东西，使马克思主义面临自身独特规定性丧失的问题。突出的表现就是，把马克思主义消散于西方的时髦思潮和时尚文化之中，马克思似乎成了一个“风云变幻”的“时尚潮人”，马克思主义似乎成了一种“风云变幻”的时尚理论和快餐文化，能不断地变换身份介入不同的现实问题，似乎马克思“怎么都行”：一会儿是现代性的建构者，一会儿又是后现代的开拓者；有女权主义的马克思，也有生态主义的马克思；有人本主义的马克思，也有科学主义的马克思，等等。再比如，在经济领域，从西方资本主义国家搬来的经验和做法摇身一变就成了马克思主义经济学的重要内容；在政治领域，“资本家入党”就成了马克思主义党建理论的丰富和发展；在文化领域，文化产业的大发展大繁荣就等于社会主义先进文化的大传播，等等。它们中有的已经溢出了马克思主义的边界，有的已经背离了马克思主义的真精神。正如“一百个读者就有一百个哈姆雷特”，有多少个研究者就有多少个“马克思”，马克思主义研究呈现出一派“多元化”现象，马克思主义在各种解释中若隐若现，游移不定，它可以是任何东西，但唯独不是它自身，它的身份处于一种空前的悬疑之中。从表面上看，这种解释多元、缺乏限度的状况似乎体现了学术繁荣的景象和学术自由的征候，然而实质是导致了学术的混乱和传统的断裂，导致了理论对事实的随意裁剪。尤其是自从解释学原则成为新的“金科玉律”之后，在马克思主义研究中，“一切……固定的东西都烟消云散了，一切神圣的东西都被亵渎了”[①]，形形色色的马克思主义开始粉墨登场，构成当代学术大观园中的一幅奇特景观，多元的马克思主义实质上是在种种附加的自我意识的解构中把马克思主义模糊化、碎片化。这正印证了伽达默尔对于解释学的一个极端观点：解释学就是想象（Phantasie）。似乎你只要能想象得到，就能弄出一个马克思主义。也如同叔本华所说的那样：“哲学是一个长有许多脑袋的怪物，每个脑袋都说着一种不同的语言。”[②] 这种“指鹿为马”的解释，使作为一门学科的马克思主义受到某种虚无主义和相对主义的侵袭，马克思主义不断地与西方的时髦思潮时髦话语嫁接，而唯独不与中国的现实联姻，这必然导致马克思主义陷入新的困境与悖论之中。

当前要反思“马克思”的解释限度问题。马克思主义作为一门科学总有其自身独特的问题以及提问方式和展开方式，有其自身确定性的内容，在推进马克思主义民族化、时代化、大众化的过程中必须始终坚守“马克思主义”的党性。在任何时候，马克思主义理论宝库不管内容多么丰富，总是有其确定性的内容，不能将其视为无所不包的“万宝箱”，“什么都往里面装”；不管其功能多么强大，总是有其适用的领域，不能将其视为无所不能的“万能钥匙”，可以为一切问题提供现成的答案。我们应该准确地理解和把握马克思主义的科学内涵，马克思主义必须始终保持自己独特的规定性。我们只能从当下的现实存在出发与马克思的经典文本发生交流，真正进入马克思的语境，提升现代化的话语，避免任意解读马克思，把马克思变成一个“怎么都行”的全能人物。我觉得那种认为马克思“无所不能”的想法并不是在抬高马克思，而是在贬低马克思，那样做表面上似乎是会给他“过

① 《马克思恩格斯选集》第 1 卷，人民出版社 1995 年版，第 275 页。
② ［德］叔本华：《作为意志和表象的世界》，石冲白译，商务印书馆 1987 年版，第 145 页。

多的荣誉”，而实质上会给他“过多的侮辱”[①]。因为他们不知道“任何真理，如果把它说得‘过火’（……），加以夸大，把它运用到实际适用的范围之外，便可以弄到荒谬绝伦的地步，而且在这种情形下，甚至必然会变成荒谬绝伦的东西”[②]。如果马克思活到今天，他一定会再一次地说：“我只知道我自己不是马克思主义者，……我播下的是龙种，而收获的却是跳蚤。”[③] 当然，反思马克思的解释限度，不是要回到盲从文本、望文生义的老路上去，我们不仅要忠于文本，避免文本贬值；更重要的是要超越文本，实现文本增值。那么究竟在何种程度上的超越才不至于是僭越呢？我认为，应该以“问题”为中介实现我们与马克思及其文本之间的对话，将马克思主义的方法引入我们对当代生活的思考，带着我们面临的时代问题走进马克思、走进文本。因此，“马克思”的解释限度应该以能够引导当下实践朝着合乎最广大人民根本利益的方向发展为限度，实践性、人民性是检验“马克思”解释限度合法性的标准和尺度。

晦涩文风盛行：“貌似深奥的烟幕下掩盖着连篇废话”

晦涩文风盛行是当前马克思主义理论界面临的一个突出问题。文风问题的关键在于表述，表述是问题的展开方式和思想的实现方式，同样的内容不同的表述，效果是完全不同的。马克思主义如果脱离赖以扎根的大地，在太空中翱翔，那么其“表述”就只能是抽象的思辨和纯粹的概念演绎，其文风必然是晦涩的。早在19世纪，马克思就对贯穿于整个哲学史的晦涩文风进行了尖锐的批判，明确反对“把哲学变为胡说”，他指出：“哲学，从其体系的发展来看，不是通俗易懂

① 参见《马克思恩格斯选集》第3卷，人民出版社1995年版，第341—342页。

② 《列宁选集》第4卷，人民出版社1995年版，第172页。

③ 《马克思恩格斯选集》第4卷，人民出版社1995年版，第691页。

的；它在自身内部进行的隐秘活动在普通人看来是一种超出常规的、不切实际的行为；就像一个巫师，煞有介事地念着咒语，谁也不懂得他在念叨什么。”① 马克思进入哲学的沉思之后，喊出了一个震耳欲聋的口号：“消灭哲学。”应否定现存的哲学并消灭哲学本身，不消灭哲学，就不能使哲学成为现实②；只有“消灭哲学”，才能在生活中“实现哲学”。其实，马克思并不是要消灭一切哲学，哲学作为人类的自我意识理论，体现人的超越性追求，根植于人的反思、批判与超越本性。在这种意义上说，哲学无处不在、无时不有，哲学不会被消灭而失去安身的家园。马克思要消灭的是自古希腊以来一直横行的柏拉图主义的理论哲学传统，消灭远离生活、仅仅倚重抽象思辨和概念演绎的形而上学传统。

当前我国马克思主义理论界尤其是哲学界晦涩文风盛行，具体表现为：“问题越来越高雅，视域越来越狭窄，字眼越来越生僻，概念越来越抽象，语言越来越晦涩，文章越来越难懂。”③ 一言以蔽之，“不好好说话”。其实，即使是举世公认文风晦涩的哲学家康德也认为哲学应该通俗，哲学研究应该是高深的，而表述应该是通俗的。康德说，“我远不会说出我没有思索过的东西”④。他承认自己的著作晦涩难懂，并认为这是一个缺点，他在给友人的信中说：“缺乏通俗性是人们对我的著作所提出的一个公正的指责，因为事实上任何哲学著作都必须是能够通俗化的，否则，就很可能是在貌似深奥的烟幕下，掩盖着连篇废话。”⑤ 他还说：“一段时间以来，在一些闲暇之时，我总在考虑各门一般科学中尤其是哲学中的通俗性的基本原理。”⑥ 其实，正如维

① 《马克思恩格斯全集》第 1 卷，人民出版社 1995 年版，第 219 页。

② 参见《马克思恩格斯选集》第 1 卷，人民出版社 1995 年版，第 8 页。

③ 陈曙光：《谈谈“理论”与“问题”》，《湖湘论坛》2008 年第 4 期。

④ 转引自陈先达《处在夹缝中的哲学》，北京师范大学出版社 2004 年版，第 17 页。

⑤ ［德］康德：《康德书信百封》，李秋零编译，上海人民出版社 2006 年版，第 88 页。

⑥ ［德］康德：《彼岸星空——康德书信选》，李秋零译，经济日报出版社 2001 年版，第 101 页。

特根斯坦所言："凡是可以说的东西都可以说得清楚；对于不能谈论的东西必须保持沉默。"①目前，国内部分学者过于注重学术包装，似乎只有"创造"一些新的词语、新的概念才能体现学术的深度和思想的深邃；有的学者热衷于抽象和思辨，习惯于用一些大家都看不懂的话语表达一个大家都明白的道理，把有意义的问题表述得没有意义。其实，真正的创新理论首要的或主要的方面不在于引进或生造一些连自己也没有弄懂的新名词、新概念，如能在司空见惯、"人人皆知"的问题上，通过研究提出自己一点真知灼见就很了不起。如哥白尼，正因为意识到了寻常现象中的"非常"之处，才成就了天文学上的一场"哥白尼革命"；再比如艾思奇，一本薄薄的《大众哲学》的历史作用比任何一本脱离实际的哲学专著要强大和持久得多。

当前要反思马克思主义的文风问题。马克思主义要走向大众，文风问题至关重要。马克思主义尤其是马克思主义哲学虽然要有个性，但绝不是只属于哲学家个人，马克思主义绝不能沦落为理论家个人的独白，而必须化为群众的学养。马克思主义理论文章要尽可能生动些，要讲究文采，要使人爱读，而不是使人望而生厌，概念和术语要有公共性，可理解性。每一个马克思主义理论工作者都要善于用朴实的文字、清新的文风来表达深刻的思想，要避免纯粹的思辨和使用连自己都不懂的术语，要杜绝用一些大家都不明白的话语表达一个大家都明白的道理。平易的语言并非苍白，如能直指问题要害，则可显示出深邃的内涵和巨大的张力。有些人口头上天天高喊着"推进马克思主义大众化"口号，可是"连三句老百姓的话都讲不来，……实在他的意思仍是小众化"②。列宁说过，"最高限度的马克思主义 = （Umschlag）最高限度的通俗化"③。深入深出假学问，照搬照说，说出来很深奥，满足于思想的"拷贝"，

① ［英］维特根斯坦：《逻辑哲学论》，贺绍甲译，商务印书馆 1996 年版，第 23 页。

② 《毛泽东选集》第 3 卷，人民出版社 1991 年版，第 841 页。

③ 《列宁全集》第 36 卷，人民出版社 1959 年版，第 468 页。

充其量是个理论的“留声机”；浅入深出装学问，钻研得很肤浅，表达得很深奥，“以己昏昏就难以使人昭昭”，表面上有学问，实际上装深沉、装高雅，徒有虚名并无实学；浅入浅出没学问，满足于浅尝辄止，只知其一不知其二，只识其表不入其里，理论不彻底，如何说服人；未入即出非学问，打着某某学说的幌子，贩卖的是自己的私货，“嘴尖皮厚腹中空”，到处“忽悠”人；深入浅出才是真学问，钻研得很深刻，表达得很通俗，融会贯通，娓娓道来，依靠真理的权威、理论的力量说服人，而不是依靠世俗的权威、专制的力量压服人。

“单向度研究”一统天下：反思与批判的功能淡化

马克思主义学术生态方面还存在一个带有倾向性的问题：介入现实的方式单一，或者说，“单向度研究”一统天下。在当今的学术界，相当一部分马克思主义学者在“学术凸显”的旗帜下远离了现实生活世界，过上了淡泊宁静、与世无争的学术生活；还有一部分学者虽然自觉地意识到了作为马克思主义者的学术责任和历史使命，时刻关注着中国的现实。然而，从总体上看，他们介入现实的方式单一，这突出地表现在两个方面。其一是“注解”。就是单纯地为现实做“注解”，注解和论证给定的东西或既定的事实，缺乏一种敢于超越当下、前瞻未来、引领时代的宏大气魄和理性追求。当然，“注解”是必要的，但却不是足够的；“注解”仅仅是理论研究的一个方面，而非它的全部。对处于不断发展变化之中的时代而言，“注解”仍然是一种被动干预现实的方式，缺乏主动介入现实、引导时代前进的超越性功能。停留于“注解”层面必然导致马克思主义在对当代中国社会的理性建构方面无所作为，导致马克思主义在为“迷失方向的大众”提供现世智慧方面无能为力，导致马克思主义在引领时代发展方面力不从心。一句话，马克思主义理论研究成果总体上还满足不了当代中国社会发展的要求。其二是“辩护”。就是单纯地为现实做辩护、唱赞歌，营造一派莺歌燕舞的太平景象，缺乏直面生活、干预现实的批判精神，批判与反思的功能在不知不觉中淡化了。当然，“辩护”是必需的，但却不是充分的。对永远充满瑕疵而并非理想的现实而言，纯粹的“辩护”并不能有助于社会的理性塑造。停留于“辩护”层面必然导致马克思主义理论魅力的消退而丧失大众的支持，导致马克思主义理论功能的弱化而沦为政治的“婢女”，导致马克思主义理论权威的失落而“自我消亡”。

当前要反思马克思主义介入现实的方式问题。我们认为，关键在于坚持两条原则。

第一，“注解”与“前导”相结合。马克思主义理论研究必须是“我在思”，既要“思入文本的深处”，更要“思入时代的深处”，从被动干预现实转向主动引导现实。马克思主义应该像“高卢雄鸡”[①] 一样在黎明到来之前啼鸣报晓。“马克思主义看重理论，正是，也仅仅是，因为它能够指导行动。”[②] 马克思主义理论研究既不能停留在对“经典”的注解层面，也不能停留在对党的理论创新成果的注解层面，尽管这样的“注解”是十分必要的。然而，更为重要的不是“注解”而是“引导”，马克思主义理论研究要注重“为时代立言”——为当代中国的发展提供核心理念；“为生民立命”——为当下人的诗意生存提供引导与启蒙；“为社会立法”——为建构理性的市民社会结构提供理性法则；“为未来立向”——为引领中国的未来发展确立方向。总之，马克思主义特别是马克思主义哲学应当以“哲学的方式”来关注现实，否则，“哲学就有可能成为现存世界的婢女而沦为工具性的‘肯定性思维’与‘统治性逻辑’，从而陷入‘无批判的实证主义’；以此方式来关注现实，并不会真正有助于现实的跃迁和进步”[③]。遗憾

① 马克思曾将哲学喻为“高卢雄鸡”。参见《马克思恩格斯选集》第1卷，人民出版社1995年版，第16页。

② 《毛泽东选集》第1卷，人民出版社1991年版，第292页。

③ 贺来：《超越“现实”的“现实关怀”——马克思哲学如何理解和关注现实?》，《哲学研究》2008年第10期。

的是，部分马克思主义理论工作者“不能站在社会车轮的前头充任向导的工作”[①]，仅仅注重注解论证，醉心于幽静孤寂的自我直观，擅长于象牙塔中的寻章摘句，热衷于自由清静的窃窃私语，满足于脱离实际的高蹈论列，沉湎于生造术语的孤芳自赏，游荡于抽象思辨的概念王国，其结果是在活生生的现实面前，马克思主义“失语”了，这与其说是被“边缘化”，还不如说是一种“自我放逐”。

第二，“批判”与“辩护”相结合。马克思主义不是“单向度”（马尔库塞语）的理论，不是价值中立的学说，不是毫无锋芒的“学术”，就其本性来说，它锋芒毕露。面对不合理的现实，马克思主义的“真理像光一样，它很难谦逊”[②]。马克思主义的唯物辩证法“在对现存事物的肯定的理解中同时包含对现存事物的否定的理解。……辩证法不崇拜任何东西，按其本质来说，它是批判的和革命的”[③]。马克思主义是在批判资本主义的过程中产生的，马克思终其一生都在追问资本主义存在的合理性，探讨无产阶级解放的条件，直面现实的批判精神和“问题意识”始终是马克思主义的理论本性。“价值中立”是实证崇拜强加给哲学研究尤其是马克思主义哲学研究的“紧箍咒”。它使我们的哲学“保持了哲学的语词而丢掉了哲学的任务”[④]。马克思主义应该保持建构、批判、反思与超越的本性，既要为合理的现实做辩护，也要对不合理的现实展开批判，在批判中建构，在建构中批判，辩护与批判之间应该始终保持合理的张力。其实，来自理性的批判是必要的，因为现实总不是想象般的完美；这种批判也是重要的，因为它具有提示、监督的价值。从我国当下的实际情况来看，马克思主义的建构与辩护的功能发挥得比较好，而批判与反思现实的功能则发挥

① 《毛泽东选集》第1卷，人民出版社1991年版，第295页。

② 《马克思恩格斯全集》第1卷，人民出版社1995年版，第110页。

③ 《马克思恩格斯选集》第2卷，人民出版社1995年版，第112页。

④ 胡塞尔语，参见［德］胡塞尔《欧洲科学危机和超验现象学》，张庆熊译，上海译文出版社2005年版，第20页。

得不好。比如，学者们对科学发展观的注解和论证工作做得比较好，而运用科学发展观这一理论武器批判现实则尚有很大的施展空间。如果我们的理论研究长期对“问题”视而不见，避而不谈，错而不纠，纠而不力，明哲保身，苟且偷安，就意味着学术责任的缺失，学者良知的蒙蔽。现在，在马克思主义理论界，理论不敢通达现实，学术不敢碰触政治，理论与现实之间、学术与政治之间的“相安无事”“和平共处”似乎成了学界的“潜规则”，这个“潜规则”宛如空悬于头上的“高压线”触摸不得。如果任由“和平共处”的“潜规则”大行其道，这既无益于理论的健康发展，也无益于现实的理性塑造。任何马克思主义理论，只要它还是“真正的”理论，就不能放弃批判的精神和怀疑的头脑；任何现实，只要它不是专制和霸权，就没有远离理性批判和反思的“豁免权”。马克思主义理论工作者尤其是理论家不应该丧失批判、反思与超越的本性而沦为“单向度”的学者，而应该成为“现实的辩护者”、“理性的批判者”和“积极的建设者”。

研究视域狭窄：“躲进小楼成一统”

研究视域狭窄是马克思主义理论界存在的一个普遍问题。理论的研究视域，关乎理论的长远发展，关乎理论的生命活力。目前，我国部分学者远离大众视野，有意无意地躲避大众目光，局限于狭窄的学科领域，沉溺于小格局、经院式的文本解读，热衷于“返本”而忽略“开新”，习惯于从自身的学术框架中提出问题，依据自身的学科背景，自说自话，自言自语，自娱自乐，躲进小楼成一统，在狭小的领地“手舞足蹈”，满足于在小圈子里“相濡以沫”。这样的研究也许“有高度”，但却“无高峰”；这样的研究也许可以获得圈内人的捧场，但却无法赢得大众的喝彩。几十年来中国学术界的现状不正是如此吗？

近年来，尽管理论界对跨学科联合研究、学科视野与大众视野的融合已经有了某种程度的学术自觉，并在具体研究工作中展现出了这一倾向。但从总体上来看，马克思主义理论研究中学科壁垒森严的状况依然没有得到根本的扭转，马、中、西之间，马克思主义内部三大学科（哲学、经济学、科学社会主义）之间，马克思主义内部诸衍生学科（马克思主义史学、宗教学、民族学、文化学等）之间，马克思主义与其他诸学科之间依旧壁垒森严，尤其是学科视野与大众视野之间隔离的现状没有得到彻底解决，实现视域的融合与学科的贯通依旧任重而道远。其实，在马克思主义创始人那里，学科视野与大众视野之间始终保持了必要的融合，哲学、经济学、社会主义学说，甚至还包括人类学、历史学等学科多位一体是马克思一以贯之的学术传统和研究进路。《资本论》就是其中的典范。陈先达先生曾经指出，“哲学要透过经济理论问题与现实对话”。他认为，当前马克思主义哲学研究的困境，一定程度上是由于缺乏经济学的理论基础，总是停留在纯哲学的概念范围内，同时也是与科学社会主义理论和实践相脱离造成的。他特别强调，没有经济学研究基础，要真正弄懂马克思主义哲学，尤其是当代中国的马克思主义哲学是不可能的。马克思主义哲学要面对现实，可是社会生活中具有基础性决定性的现实是经济现实。根本不研究经济学，哲学就只能永远浮在社会的表层，不能进入社会的深处。① 可见，打破学科壁垒、实现视域融通既是原生形态的马克思主义本身的要求，也是社会现实的呼唤。

此外，缺乏全球视野的“单向度研究”也是研究视域狭窄的一个重要表现。在全球一体化的大背景下，相对于中国作为一个经济“出超”的大国而言，中国的学术界却存在严重的“思想赤字”，国外的各种思想流派潮水般地涌入中国，而中国出口的思想除了老祖宗留下的东西就没有赋予更多新的时代内容，这与中国的文化大国、文明古国、世界强国的身份是极不相称的。导致这一现象的原因也许是多方面的，但其中一个原因就是：当代中国的马克思主义研究囿于“中国

---

① 参见陈先达《马克思主义哲学关注现实的方式》，《中国社会科学》2008 年第 6 期。

向度”，以为马克思主义对中国而言就是“引进来”，把马克思主义基本原理当作给定的前提，只存在由外而内的“单向输入”问题；忽视了中国化的马克思主义中间有一些是属于中国自己的原始创造，可以而且也应该开辟一个新的向度——“世界向度”，对世界而言也存在一个“走出去”的问题。缺乏“世界向度”，偏重“中国向度”的“单向度研究”已经严重地遮蔽了我们的理论视野，同时也使中国经验仅仅具有有限的中国价值和中国意义，使中国化的马克思主义仅仅具有“孤芳自赏”的价值，使马克思主义中国化的理论成果仅仅限定在地方知识的层次上，使中国马克思主义与国外马克思主义无法展开平等的学术交流、思想碰撞与理论对话，使中国马克思主义无法获得在世界马克思主义研究中的话语权，无法阐发中国马克思主义的世界意义，以至于造成了当前在国际学术舞台上的“失语”状态：既不能主导话语，更无法开辟话语，只能跟踪西方早已淘汰的话语。

当前要反思理论的研究视域问题。马克思主义从来就不是视域狭隘的学说，它一经诞生，就指向了资本主义的现实，赋予了宏阔的视野，承载着人类性的立场，关注着整个阶级乃至全人类的整体利益。马克思主义要走出当前的困境，就不能不扭转思想领域中的这种狭隘性，立足现实确立当代性的问题，并具备广阔的理论视野。用孙正聿先生的话说，就是要开辟一种“超学科”的研究视域。当代中国的马克思主义研究应该实现哲学、史学、经济学、人类学、社会学等各个学科之间的联合攻关，这样才能推出建立在强力合作、协力攻关基础上的精品力作。此外，中国的马克思主义研究不仅要坚守“中国向度”，同时也要开辟“世界向度”，自觉形成“中国向度”与“世界向度”互补的格局。目前，我们已经具备了“走出去”的条件：全球化要求我们不可能封闭地研究马克思主义，世界马克思主义研究的丰硕成果要求我们不可能对此视而不见，中国马克思主义客观存在的国际“失语症”要求我们不可能对此无动于衷，改革开放 30 年累积的中国经验所具有的越来越大的世界价值也要求我们自信地向世界展示。中国化马克思主义尽管带有明显的地域特色和民族元素，但是，通过在国际视野中的开放式的对话和交流，其思想成果对于解决人类社会面临的普遍问题也具有一定的理论价值。总之，坚持“中国向度”与“世界向度”相结合开展马克思主义研究，将有力地推动中国文化与世界文化的交流，使中国经验提升到世界意义的高度，从而在国际舞台上获得自己的学术话语权，彻底改变那种跟随西方话语亦步亦趋、“鹦鹉学舌”“人云亦云”的尴尬状态。

（原载于《江海学刊》2011 年第 1 期）

当代中国马克思主义哲学：何以、如何“以俄为镜”

郑忆石

20 世纪后期，互为邻居的俄罗斯与中国先后发生了无论方向、方式上，还是速度、目标上都有着巨大差异的社会转型。① 这一转型带给两国主流意识形态的最大后果，一是作为俄罗斯前身的超级大国苏联在分崩离析中其主流意识形态马克思主义哲学的全面败落；二是作为发展中国家的中国在改革开放中，对主流意识形态马克思主义哲学的坚持和推进。

哲学是社会现实的映照。21 世纪的当代俄罗斯哲学，在经历了苏联解体后阴晴不定、涨落起伏的多变历程后，无论在研究的内容、主题，还是思路、方法上，都发生了根本变化，并在总体上呈现出复兴、多元、开放的新态势。伴随改革开放的风雨历程，21 世纪的中国马克思主义哲学，同样经历了前所未有的变革。30 多年中国马克思主义哲学研究，在得到国家支持而获得长足发展并取得累累硕果的同时，又因全球化和市场化的挑战，面临着范式创新和中国化等诸多问题。

---

① 在方向上，有放弃还是坚持社会主义之别；在方式上，有剧变还是改革之别；在速度上，有激进还是渐进之别；在目标上，则有趋向西方认同目标的政治民主化、经济市场化、价值观西化，与中国特色社会主义的经济、政治、思想文化之别。

作为曾经的“先生”和现在的“邻居”，中国和俄罗斯无论在历史发展中抑或现实国情上的相似性，都让我们不得不重新审视当代俄罗斯哲学如何被边缘化的教训，挖掘其问题转换究竟有何深层机理，探索其未来会走向何方等问题，以便为处于转型中的当下中国提供有效的学理支撑。于是，如何“以俄为镜”便成为当代中国马克思主义哲学研究不得不面对和深入思考的问题。

马克思主义哲学在俄罗斯：何以遭遇“滑铁卢”

中国马克思主义哲学何以需要“以俄为镜”？这有必要简单回顾20世纪后半期以来，马克思主义哲学在苏联解体前后的命运及其缘由。

从十月革命至国家解体，苏联马克思主义哲学的遭遇，可谓从天堂到地狱。历史为苏联选择马克思主义哲学作为国家行为的理论指导提供了契机，使其得以在国家政权的极力扶持下，从不同领域展开研究并获得理论发展的体系化、系统化，但同时又埋下了最终解体的隐患。之所以如此，与它长期受制于领袖意志和政策导向，缺乏学术的民主与自由直接相关。“70年来，俄国的人文科学（包括哲学）长期被用于为国内决定对内和对外政策的人服务，许多人文科学被强求一律地按‘唯一正确的学说’发展已是公认的、不争的事实”①，以致“党的主要领导人的更替，政治路线甚至政策的每一变化，往往都会影响到哲学的发展”②。

在这种氛围下，苏联马克思主义哲学的研究注定具有难以消除的弊端：在哲学与政治的关系上，浓厚的“依附性”使其打上了强烈的意识形态化烙印；在哲学与现实的关系上，过度的“入世化”使其具

① ［俄］B. A. 沃龙佐夫：《俄罗斯科学改革中的重中之重》，《俄罗斯人文科学基金会通报》1998年第1期，转引自《国外社会科学》2000年第2期。

② 贾泽林等编：《苏联当代哲学（1945—1982）》，人民出版社1986年版，第3页。

有浓厚的工具主义色彩；在哲学与其他学科的关系上，高度的“越位化”使其带有明显的救世主义痕迹；在哲学与文化的关系上，明显的“封闭性”使其表现出鲜明的保守主义特征。因此，尽管在斯大林时期，苏联非常重视马克思主义哲学的指导地位，甚至以宪法的形式将其确定下来，并通过大量出版各种马克思主义著作，建立起一套相当系统的马克思主义书本知识教育体系[①]以普及马克思主义。按理说，这种由国家、宪法规定的形式所强化的马克思主义理论教育，当在苏联人的精神世界中确立起坚不可摧的马克思主义信仰目标。然而，正是由于斯大林时期对意识形态过严、过死、过于集中的管制，对马克思主义哲学教条化、政治化的定位，造成了思想停滞、理论僵化，主流意识形态严重脱离时代、民众及现实的状况，导致了人们对马克思主义哲学的反感。以致一旦斯大林去世，理论禁区一经打开，苏联理论界便极易由反斯大林教条化马克思主义走向背弃马克思主义的极端。

这股最初由赫鲁晓夫刮起的“解冻”之风，首先在理论界得到了呼应。而理论界思想镣铐一经打开，对整个社会尤其是年青一代的价值取向产生的影响则是巨大而深远的。它猛烈冲击着苏共长期秉承的意识形态。于是，斯大林逝世后的近40年时间内，苏联形成了一种奇怪的状态：社会层面上，报纸杂志不断歪曲、攻击马克思主义，整个舆论导向也在嘲笑和反对马克思主义，人们力图摆脱马克思主义意识形态控制；但国家层面上，苏共仍一如既往地强调意识形态控制，以至于赫鲁晓夫后来以不无矛盾的心态承认，“我们害怕解冻可能引起洪水泛滥，这将使我们无法控制它并把我们淹死”[②]，但又不得不沿用

① 在中学、大学开设马克思主义理论课，规定高校学生必修包括苏共党史、哲学、政治经济学在内的三门马列主义基本课。在社会上对党员、团员、工人设有一套业余的马克思主义政治教育体系，每年在这种教育体系中学习的人数达到千万。

② ［苏］赫鲁晓夫：《最后的遗言》，上海国际问题研究所、上海市政协编译组译，东方出版社1988年版，第138页。

那套已经过时，但看起来却尚有作用的意识形态教育与宣传办法。到了勃列日涅夫时期，面对大学生对政治理论课普遍感到“索然无味”的现实，苏共“除了重新编写《苏共党史》、大量印行马恩列著作及勃列日涅夫著作外，也找不到解决问题的办法”[①]。被严重政治化、简单化、贫乏化、教条化的苏联哲学，它的马克思主义理论教育与现实生活严重脱节，既不能解释苏联面临的各类实际问题，又不能对社会问题进行批判性介入，更没有达到用马克思主义的理论改变社会、塑造新人的目的。这样，马克思主义哲学在人们心目中和社会现实生活中丧失生命力、说服力、感染力便是自然的。

事实上，自苏联政局速变[②]以来，苏联马克思主义哲学便开始处于风雨飘摇之中。到苏联解体前，由戈尔巴乔夫实行的以“公开性、多元论、民主化”为引导的政治改革，由自由派掀起的全面否定马列主义、苏联社会主义的潮流[③]，进一步引发了社会范围内的虚无主义思潮：历史领域的虚无主义，将十月革命以来的苏联历史，描绘成失误与悲剧交织的历史；文学领域的虚无主义，将举凡颂扬社会主义、革命理想主义、集体主义、英雄主义、爱国主义的主旋律作品，统统当作挖苦、讽刺、嘲弄、戏谑的对象；道德领域的虚无主义，将所有社会主义的价值观都当作狭隘经验予以消解和抛弃，并重新祭起70多年前被摒弃的“全人类价值高于一切”的大旗；精神领域的虚无主义，将摧毁对马克思主义、共产主义的信仰，作为走出精神迷途的唯一正确路径[④]。这一切，在推动理论界“百家争鸣”的同时，也引发

① 周尚文：《苏共在党建中的疏失及其教训》，《毛泽东邓小平理论研究》2010年第5期。

② 标志之一是主要领导人走马灯似的快速更替：1982年11月安德罗波夫接替勃列日涅夫，1984年2月契尔年科接替安德罗波夫，1985年3月戈尔巴乔夫接替契尔年科。

③ 在20世纪80年代中期前后，苏联“所有的职业演说家的演说，都是从痛斥苏联的过去开始，而以赞扬西方结束”（［俄］B. 利西奇金、A. 谢列平：《第三次世界大战——信息心理战》，徐昌翰等译，社会科学文献出版社2003年版，第264页）。

④ 参见杨金华《虚无主义思潮与意识形态危机》，《毛泽东邓小平理论研究》2010年第5期。

了哲学界的理论分野[①]和思想混乱。

苏联解体后，失去国家政权支持的马克思主义哲学之所以迅速解体，还与当时俄罗斯社会的现实直接相关。

经济基础的改变，直接导致了马克思主义哲学生存地位的丧失。苏联剧变之初的俄罗斯民主派，在确定以市场经济模式为改革方向后，在总结以往改革教训中改变了口头革命、纸上谈兵式的模式，直接采取行动从而快速向市场经济过渡。与之相应，马克思主义哲学，自然成为急于在意识形态上推倒重来的国家主政者们的首选。“皮之不存，毛将焉附”，当俄罗斯社会全面转向私有制时，经济基础的改变自然使马克思主义哲学失去了生存的根基。

政治制度的改变，导致了强有力政治核心力量的消失。寻求理论支撑的各派政治势力，在纷乱忙碌的政治争斗、动荡复杂的政治格局中，自然将多元理念作为其理论选择，从而抛弃一元化的意识形态。由此，失去了社会需要的马克思主义哲学，其出路便似乎只剩下退出当代俄罗斯哲学的历史舞台这样一条了。

社会心理的转变，促使从官方到民众都选择了主动放弃马克思主义。斯大林模式及苏联社会主义体制下的意识形态，对整个社会的思想意识形成了严重的禁锢。禁锢的恶果让俄罗斯人一方面认为被严重政治化、教条化的马克思主义哲学早已不适应俄罗斯社会的发展需要，一方面又受涌动多年的自由化、民主化、多元化思潮的影响冲击，在来势猛烈的西方哲学文化价值观中，似乎看到了解救俄罗斯的希望和福音。于是，从官方到民众，都以为只要尽快引进西方哲学文化，就可以立马在思想观念上摆脱社会的精神危机。于是，期望通过尽快摧

① 为数众多的反马克思主义极端激进派，他们以“反正统”自居，以“无知者无畏”的态度对待马克思主义，以大量耸人听闻之论攻击马列主义和苏联社会主义；为数甚少的传统正统派，他们坚决反对激进派的所作所为，以维护“传统、正统”马克思主义为己任；为数较多的中间温和派，他们既反对极端派也不赞同正统派，主张以批判分析的态度对待马克思主义与苏联社会主义。

毁传统意识形态基础的马克思主义，以便社会形成向西方价值观转变的不可逆转之势，自然成为整个社会的普遍心理。

终于，随着1991年12月苏联的解体，随着铺天盖地的激进思潮和各种反马克思主义思潮的涌现，随着甚嚣尘上的攻击浪潮对国家意识形态的冲击，随着狂飙突进的西方哲学文化、俄罗斯宗教哲学的席卷与回归，马克思主义哲学在俄罗斯迅速遁迹乃至“烟消云散”。

21世纪的俄罗斯哲学：复兴中的警示

经历了20世纪80年代末到90年代中期的“衰落”[①]后，21世纪的俄罗斯哲学呈现出全面复兴的景观，并具有下述基本特点。

一是价值取向更为多元。在21世纪的俄罗斯哲学中，新自由主义、新保守主义、新权威主义等当代西方思潮仍然畅行无阻；爱国主义、民族主义、集体主义等俄罗斯传统民族文化都能够从中觅迹；救世主义、静修主义、神秘主义等俄罗斯传统宗教思想都仍然不乏新的生长点。而力图将自由、民主等西方所谓普世价值与俄罗斯传统的民族文化精神相融合，则是俄罗斯哲学研究致力的方向和重心。

二是研究内容更为多样。21世纪的俄罗斯哲学历经20多年的重建，已经在达成主导思想“多元共识”的基础上，具有更为多样的研究内容，除了回归欧亚主义，除了重塑“新俄罗斯思想”，除了在复兴宗教哲学中继续提升其地位、影响，除了在热捧西方哲学中继续扩展其研究领域[②]，除了对90年代的诸多研究领域，如宗教哲学、政治哲学、历史哲学、人的哲学、教育哲学、社会哲学、文化哲学等研究的内容深化，还拓展到东方哲学、全球学、哲学人类学等，除了对研

---

① 作为对苏联哲学的反弹，这一时期只有宗教哲学、西方哲学尚有生机。即便如此，与整个社会的乱象相一致，哲学在总体上是衰败的。

② 当代西方的各种哲学流派，都可以在当代俄罗斯哲学界觅得研究踪影，如当代西方风头正盛的分析哲学、实用主义、新实证主义等，在俄罗斯都获得了充分的研究。

究包括哲学基本理论（本体论、认识论、方法论）和哲学史（西方的、俄罗斯的）、各哲学分支学科（伦理学、价值论、逻辑学、美学、科技哲学等）在内的哲学理论，还有对斯大林哲学、苏联哲学、列宁主义、第二国际思想家的重新研究，以及对马克思主义哲学更多文本的重新解读。

三是研究活动更为活跃。无论是举办的哲学会议①，还是出版的哲学刊物②，较之90年代都有较大幅度的增长。这一点，我们还可以从俄罗斯哲学系的增加、哲学课时数的增长中看出来。与苏联时期只在六所著名大学③设有哲学系相比，如今，仅在俄罗斯，就有10多所大学设有哲学系④。与苏联剧变后俄罗斯大量削减哲学课程相较，如今俄罗斯的课程设置，虽然因为马克思主义哲学垄断地位的丧失而急剧减少了与之相关的课程（如马克思主义哲学、政治理论），但整个哲学课程却是不减反增⑤。哲学系与哲学课时数的增加，虽然并不直接说明哲学研究的状况，却也从侧面反映了俄罗斯哲学研究的活跃与多元化的氛围。

四是评价更为理性客观。21世纪的俄罗斯哲学，已经具有了更为

---

① 20世纪90年代中期以来，俄罗斯哲学会议的举办次数十分有限，即便是最多的1995年，也只有18次；参会人员有限，即便是最为壮观的1997年“全俄第一次哲学大会”，也只有1098名与会者。21世纪的俄罗斯哲学，会议举办次数增加，仅在2000年，全俄罗斯的哲学会议就达92次；会议规模扩大，如2005年召开的全俄第四次哲学大会，设立分会场25个，讨论题目25个，与会者5000人，提交论文3000余篇。

② 20世纪90年代中期以来，俄罗斯哲学刊物的出版，虽然增长但仍然数量有限，即便是最多的1998年，俄罗斯科学院哲学所仅出版了106本哲学专著（参见李尚德编《20世纪马克思主义哲学在苏联》，社会科学文献出版社2009年版，第506页）。21世纪的俄罗斯哲学，不仅书籍、杂志等出版物数量大为提升，而且出版物质量有所提高（参见B. A. 列克托尔斯基《纪念〈哲学问题〉创刊60周年》，《俄罗斯文艺》2008年第3期）。

③ 如国立莫斯科罗蒙诺索夫大学、列宁格勒大学、基辅大学、明斯克大学、哈尔科夫大学、国际关系学院。

④ 如国立莫斯科大学、国立莫斯科师范大学、国立莫斯科文化艺术大学、莫斯科人文大学、俄罗斯人民友谊大学、国立俄罗斯师范大学、国立俄罗斯人文大学、国立俄罗斯社会大学、国立圣彼得堡大学，以及一些理工科院校，等等。

⑤ 即普遍地由过去的每周4学时增至6学时，由每学期80学时增至120学时。

宽容的气度和更为开阔的眼界，既不因宗教哲学家、苏联时期有独立见解的哲学家及其哲学著作曾经的落魄和如今的得势而盲目推崇、人为拔高；也未因苏联时期马克思主义哲学曾经的霸权和如今的失势而一味拒斥、人为贬低。这一点，我们既可从学界对俄罗斯过去百年的哲学人物、著作的评价态度中看到①，也可从21世纪的俄罗斯哲学界对于斯大林体制、列宁主义等的评价中得知。与俄罗斯社会和一般学界那般好走极端的众说纷纭不同，俄罗斯哲学界对于斯大林体制、列宁主义等的评价，采取了一种相对客观和中性的立场。对于马克思主义哲学的评价，已经“摆脱了马克思主义辩护士曾固有的和马克思主义的现代反对者也经常抱有的意识形态成见和政治干扰”②。

“自由、民主、多元”的研究理念对21世纪的俄罗斯哲学研究而言，其作用无疑是双重的：既促使21世纪的俄罗斯哲学“复兴”，并推动其向更为自由、多元的方向发展；又不可避免地继续消解本已脆弱的“国家意识”，并以此抹去了民众重铸“强国梦”的自信。有鉴于此，俄罗斯的当政者们（先是1996年的叶利钦，后是新千年前夜的普京）才一直要求学者们在基于文化传统、民族性格、社会心理、价值共识的基础上，研究并确定适应俄罗斯社会变化的新“民族思想”，提出一方面要继续坚持精神自由、思想多元、政治自由，否定在俄罗斯恢复和建立任何由官方赞同和国家支持的“意识形态”；另一方面，又承认出于国家富有成效的建设性工作的迫切需要，要求一个在基本阶层和主要政治力量中，信奉统一的价值观。

---

① 20世纪末，俄罗斯哲学界做过对百年来哲学人物和著作评价的调查，结果显示，在学界公认的30位著名哲学家中，有16名非马克思主义或反马克思主义者，其中多为宗教哲学家，并在20世纪20年代被镇压或被驱逐出境；有14名马克思主义者，但其中大多为苏联时期受排斥遭打击的对象。在排名序列中，宗教哲学家排在最前面，其中别尔加耶夫列第1位，其余著名的宗教哲学家分列其后。在马克思主义哲学家中，列宁为第12位，普列汉诺夫为第18位。在苏联时期的哲学家中，科普宁、凯德诺夫、弗罗洛夫等位列20名之后（参见李尚德编《20世纪马克思主义哲学在苏联》，社会科学文献出版社2009年版，第504页）。

② ［俄］B. M. 梅茹耶夫：《我理解的马克思》，林艳梅、张静译，人民出版社2013年版，第4页。

这种新的价值观，虽然强调全人类共同的价值观与俄罗斯传统价值观、20 世纪经过历史检验的价值观的“结合”，并力图将自由、民主等西方所谓普世价值融入俄罗斯的民族文化传统之中，以形成新的价值观念。但是，它同时又十分强调俄罗斯的传统价值观对于俄罗斯社会团结的极端重要性，并把为祖国和民族的历史与成就而自豪的“爱国主义”，视为新俄罗斯社会稳定的理论旗帜和人民创造力的源泉；把基于俄罗斯地缘政治、经济、文化的整体特征而决定其无论是过去、现在、未来都是一个伟大国家，以及研究和运用先进技术、保障人民高水平生活、树立国际形象的“强国意识”，视为新俄罗斯经济繁荣的思想支柱和国策核心；将民主、法制、个人自由、政治自由，与恢复国家权力的并行不悖的“国家观念”，视为新俄罗斯政治制度的基本理念和发展目标；将那种重视国家、社会、集体的传统习惯，强调社会需要共同信仰、全民需要共同奋斗目标的“社会团结”，视为新俄罗斯政权稳固、社会稳定、民心凝聚的社会基石和重要力量。

可见，普京的“新俄罗斯思想”，核心点和关键词仍然是“国家”。爱国主义、社会团结也好，强调传统观念也罢，在成为俄罗斯复兴“强国梦”精神源泉的同时，都不过是以一种新的形式，宣扬着一种新的国家意识形态。可见，普京的“新俄罗斯思想”，在表明俄罗斯的意识形态将更多地向传统“回归”的同时，也反映出俄罗斯并没有抛弃统一的意识形态或国家观念，只不过，这些新的意识形态或国家观念，穿上了“爱国主义、传统文化”的外衣。

尽管哲学家与政治家思考问题的视角各不相同，但哲学作为时代发展、社会现实的反映和折射，要发挥其“解释世界”[①] 的功能，就不可能彻底摆脱“国家观念”或“意识形态”的纠缠。尽管哲学的发展离不开开放、自由、民主的社会环境，但开放不等于放弃主流价值，

---

① 经过教条化苏联哲学惨痛经历的俄罗斯哲学家们，已经放弃了对哲学具有“改造世界”功能的认可。

更不能由此沦落为某些社会势力利用、威胁和危害社会稳定甚至制造社会混乱、酿成社会危机的工具。苏联解体后的一段时间，俄罗斯哲学曾经饱受其害，进入21世纪的俄罗斯哲学，仍在勉力消除这一给俄罗斯哲学带来严重伤害的危险因素。然而，“冰冻三尺非一日之寒”，迄今为止，俄罗斯哲学中泛滥的各种思潮，对一些早有定论的理论的任意曲解，对传统文化的随意界说，表明了当哲学研究中的“自由、民主、多元”一旦走向自由主义、极端民主主义、多元主义，其对哲学研究本身的伤害，并不亚于教条主义。因为究其本质，它不过是一种变形的教条主义，即从一个极端走向另一个极端的“非此即彼”的思维方式而已。

无疑，“开放、自由、民主”，是中国马克思主义哲学繁荣发展的前提。但是，如何在“开放、自由、民主”中避免像21世纪的俄罗斯哲学那样，走向否定马克思主义哲学一元引导的歧途，避免落入“非此即彼”的思维方式陷阱，是21世纪的中国马克思主义哲学在如何“以俄为镜”中，不得不思考的问题。

中国马克思主义哲学研究：如何“以俄为镜”

如同中国的改革开放需要了解我们的邻居俄罗斯在20多年社会转型中的经验教训一样，中国的马克思主义哲学研究，同样需要了解俄罗斯在20多年中，其社会意识是如何随着社会政治制度的改变而变化的：即苏联解体后的20世纪90年代，俄罗斯是如何在叶利钦执政的八年里，破除了高度垄断的斯大林政治体制，结束了集权垄断、党政合一，建立以总统设置、多党制、议会民主、三权分立为特征的政治体制，实现了多元化、自由化。与之相应的，是西方哲学、宗教哲学如何在90年代的哲学解体中，迅速成为哲学中的时尚，又如何随着经济制度、政治制度的改革受阻而迅速衰落，马克思主义哲学如何在去意识形态化、多元化、自由化中被边缘化、被抛弃的？在21世纪普京执政时期，俄罗斯又如何通过国家权力的调整，意识形态逐渐与中央集权的新趋势相一致，而强调“新俄罗斯思想”[①] 的？如何认识这一似乎具有集中统一色彩的治国理念，这一貌似“一元”的思想观念所强调的实质？[②] 俄罗斯的政治民主化在意识形态领域的反映，是在多元化、自由化的社会氛围中展开的，马克思主义及其哲学虽然重新被人们关注并受到研究者的重视，但仍然被排斥在主流意识之外。而“新俄罗斯思想”本身，也表明了俄罗斯对一元化意识形态的矛盾心态：既具有明显的权威主义色彩，又强调了民主化、多元化对俄罗斯社会的重要性。

当代中国特色社会主义的理论和实践，都在迫使我们思考如何才能坚守住马克思主义哲学理论阵地的问题。对于中国马克思主义哲学而言，“以俄为镜”需要做的工作很多。当务之急，需要两个方面的努力。

（一）路径选择：坚持马克思主义的“一元”引领

当代俄罗斯哲学研究已经走上了分散、分化、多元、开放之路。然而，作为体系化的世界观，哲学无法摆脱政治“纠缠”的客观现实，这决定了它必然具有意识形态性。哲学的意识形态性，又决定了它面对社会的伦理道德、精神意识的问题，负有重建主流意识形态或主体价值体系的使命。因此，吸取苏俄马克思主义哲学“被两极化”的教训，需要我们既保持思想的独立行走、精神的自由思考，又要为社会的健康文明发展，提供有效的智力支撑和精神指导。

---

① 爱国主义、强国意识、国家观念、社会团结（参见《普京文集：文章和讲话选集》，中国社会科学出版社 2002 年版，第 7—10 页）。

② 对此，普京认为，它是“一个合成体，它把全人类共同的价值观与经过时间考验的俄罗斯传统价值观，尤其与经过 20 世纪波澜壮阔的 100 年考验的价值观有机地结合在一起”（《普京文集：文章和讲话选集》，中国社会科学出版社 2002 年版，第 10 页）。普京还根据俄罗斯的特定条件，指出它绝非斯大林时期的类似马克思主义哲学的一统天下的“一元”，而是与建立强有力的国家政权体系，同时反对建立极权制度相适应的“可控民主”之表现形态［陆南泉等主编：《苏东剧变之后：对 119 个问题的思考》（上），序二，新华出版社 2012 年版，第 7 页］。

与之相应，当我们赞叹当代俄罗斯哲学的“开放”时，又不能不清醒地认识到，如果“开放”的走向，是仅将西方的哲学与文化视为唯一坦途，或只以传统哲学为唯一根基①，则难免陷入新的理论误区。因此，如何通过思考当代俄罗斯哲学对其发展路径的选择，实现马克思主义哲学理论本性的坚守、中华民族传统文化精华的继承、西方先进文化的吸取三者之间的有效结合，就是坚持以马克思主义为国家意识核心的中国马克思主义哲学首先需要认真思考和深入研究的重大问题。

（二）方法选择：坚持马克思主义的辩证理论

路径的选择离不开正确的方法。对于当代中国马克思主义哲学而言，能否通过“以俄为镜”担当起中国马克思主义哲学的学术之责与社会之责，还在于能否自觉地运用唯物辩证的研究方法于马克思主义哲学研究之中。具体言之应注意以下几点。

1. 坚持历史生成与逻辑生成的结合

中国马克思主义哲学研究“以俄为镜”的目标所指，是中国马克思主义哲学的“现在”与“未来”。但“现在”由过去走来。因此，“描绘现在”需要“回溯过去”，以便在知晓当代俄罗斯哲学今天何以如此的原因的同时，为中国马克思主义哲学研究提供引以为鉴的历史素材。“现在”又是通向未来之桥。因此，“描绘现在”又需“洞悉未来”，以便在看清当代俄罗斯哲学未来发展动向的同时，为中国马克思主义哲学坚定理论导向提供精神支撑。有鉴于此，必须将当代俄罗斯哲学与中国马克思主义哲学的逻辑演进历程，置于其生成的思想源流和社会历史变迁的过程中；在追溯当代俄罗斯哲学与中国马克思主义哲学得以形成的理论脉络中，探讨马克思主义哲学在当代俄罗斯与当代中国的发展历史，在逻辑分析的基础上，厘清各自的演进历程，在对两者的比较分析中，获得清晰的理论前提。由此，“出入历史”

① 例如，今日俄罗斯学界的“西化派”与“传统派”各自的主张。

与“出入理论”，在历史生成与逻辑生成的互动中，展开对当代俄罗斯哲学与中国马克思主义哲学的对比分析，应是中国马克思主义哲学研究如何“以俄为镜”的基本方法。

2. 坚持哲学比较与社会现实的互动

中国马克思主义哲学研究“以俄为镜”的价值诉求，是为中国特色社会主义的顺利推进，提供世界观、方法论的引领。探寻中国马克思主义哲学“以俄为镜”之路，要求比较两国哲学何以“似曾相识”又“独自徘徊”的过去、现在、未来，并在这种比较中寻求其学理原因。然而，理论源自现实，哲学折射时代，学理分析只有紧扣实践，才能避免泛泛而论。因此，在将两国哲学何以“似曾相识”又“独自徘徊”的学理原因与社会根源相契合的探讨中，需要我们既“走入哲学”又“走出哲学”。具体而言，就是在对两国哲学各自面临的问题、以何种方式回答这些问题、哲学满足社会需要的方式和程度、对当代俄罗斯哲学何以有着如此复杂而丰富的历史内涵与现实境遇的原因等问题做出实事求是的评价中，寻求中国马克思主义哲学实现其使命的最佳途径。由此，在“源于哲学”（以哲学为轴心）与“高于哲学”（在回到社会生活的“问题”中反思哲学理论）的互动中，展开对当代俄罗斯哲学与中国马克思主义哲学的对比分析，应是中国马克思主义哲学研究如何“以俄为镜”的又一基本方法。

3. 理论阐释与价值评价的融合

中国马克思主义哲学研究“以俄为镜”的未来走向，是为中国特色社会主义的理论构建提供学理支持。探寻中国马克思主义哲学“以俄为镜”之路，需要围绕30多年来两国哲学发展的现状，运用历史追溯与逻辑归纳、走入哲学与走出哲学、具体分析与整体比较相结合等方法来看清自己的未来。但“点燃过去”是为了“照亮未来”；“出入哲学”是为了服务当下；“微观与宏观”的透视是为了寻求意义价值所在。而意义与价值，又是主观与客观、理想与现实、应有与现有的统一。因此，如何通过客观的理论阐释进行比较，透过比较看清俄罗斯哲学与中国马克思主义哲学是怎样实现了既符合社会发展的客观趋势，又在这种发展中达到自身发展目的；如何在对两国哲学做出这种历史还原的纵深分析和现实展现的横向比较中，以同样客观的态度，分析比较两国哲学各自的合理性与局限性，在尽可能避免好坏是非的极端评价中，做出自己的判断和评价，是中国马克思主义哲学认识自己在世界哲学格局中的现实地位与未来走向的关键。因此，“客观描述”① 与“主观评价”② 的融合，应是中国马克思主义哲学研究如何“以俄为镜”的方法之三。

（原载于《江海学刊》2014 年第 5 期）

① 对两国哲学三十余年发展现状的描写阐述。

② 在对中俄哲学各自三十余年发展历程的“客观描述”中做出应有评价；以“国家意识”“全球意识”“文化意识”“自我意识”为核心对俄罗斯哲学和中国马克思主义哲学做出整体评价。

“中国哲学话语”的学术标准和形成条件

崔　平

疾呼在世界哲学舞台上要有中国话语，这对一个早熟型文化古国来说意味着曾经的辉煌、历史失落的苦涩和现在的不甘，从中透发出非同一般的文化大国梦想和竞争世界学术地位的雄心。因为，毕竟并非每个国家都非得有自己的哲学，也不是每个民族都会向自己提出制造哲学话语的迫令。然而，在公共论坛和坊间私底都大体一致并且具有相似强烈水平的话语权冲动背后，却存在对“中国话语”及其道路的不同理解，由此提出反思和规划能够满足这种欲望的行动这一任务，即何为“中国哲学话语”及其实现途径。

学术国际化背景下哲学话语的“中国”标志

“中国哲学话语”这一问题的提出基础是某种世界交往体验，即在不断开放和广泛的世界性哲学接触和对话过程中，蓦然发现其中缺少中国人的哲学，西方哲学占据霸权地位，中国人没有讲席而只有座席。即使在国内，人们也隐约感觉到西方哲学思想表现出些许傲慢，思想界重演着商场上国货冷落而洋货热销的一幕。于是，一种被边缘化的感觉悄然爬上心头，与文化大国历史所支撑着的民族尊严意识直接发生冲突，引发情感不适和自卫性的情绪反抗，率真地表达为中国要出场参与世界哲学论坛。因此，这种哲学话语权意识的觉醒说来还是一个积极的世界眼光事件。但是，随后发生的关于兑现策略的构想和争论暴露出它的片面情感性，缺乏全面的世界眼光，对世界哲学形势的分析不够深刻，或者抽象地坚持一个话语权口号却忽略“有为才能有位”的社会法则，或者简单地坚持哲学的民族主义而忽略对话的普遍语用学条件，或者坚持传统文化的输出而忽略世界的历史发展所造成的思想时效，或者坚持思想资源的本土性而忽略分享世界思想资源的哲学进化意义。这些现象表明，“中国哲学话语”主张作为一腔热血，有待接受理性的指导和规范。

按照问题解决的情境原则，国际化视野下产生的“中国哲学话语”问题应该在学术国际化条件下加以面对。唯此，才能产生有效的对策，达到预定的目的，最终获得哲学的中国话语权。试想，如果不是走进哲学的世界之林，我们何以产生莫名的孤独，又何以有展开权利竞争的必要？因此，“中国话语”必须是被哲学的世界语境所能够尊重和接受的思想，否则就不能给予我们期待中的回报，改变令我们不快的处境。

对哲学而言，全球化这一世界历史发展事件所带来的影响主要为社会生活的世界性联系，和思想社会化要求被提升到世界级水平。前者改变哲学认识对象的选择，决定哲学兴趣的发生基础；后者限制哲学对话的参与者必须按照普遍交往原理展开有效的学术活动，亦即通过被对话者认为有效的方式，启动倾听和互动程序。那种脱离语境所规定的理解能力和评价标准而作出的争取话语权的努力，势必陷入堂吉诃德式的尴尬。

那么，能够打造“中国”印记的哲学话语的要素是什么？具体说，哲学认识的结构为主体、对象、问题、思维方式、思想成果，在国际化情境下，可以在其中的哪个构成环节上树立“中国”旗帜？

1. 显然，要想加入“中国哲学话语”的行列，其研究主体必须是中国人，即生活在中国社会。在此，“中国”不仅仅是地理概念，也是社会政治概念，“中国”作为特定的社会整体和交往作用系统而存在，表明一种国际化环境下相对紧密的共同生存关系。一个人只要在生存上直接归属中国社会，其所创造的成果就属于中国，从而有资格参与“中国”品牌的打造。相反，那些虽然血统出自中国，但在社会生活上已经置身其他国度的人，其思想成果就不会被世界看作中国话语。

2. 社会生活的世界化使哲学的认识对象必然走向去地方化。一来交往的便捷和范围的扩大使人们的对象视野随之增加，二来社会生活的世界化联系也使对每个对象的研究不论对象所在区域而具有波及学术主体所在国的普遍联系和作用。因此，打破哲学研究的地域性限制的可能性和必要性同时生成在社会生活的世界联系事件中。由此可见，研究对象的中国所属不能成为“中国哲学话语”的合理限制，否则既违背人见而欲识之的求知天性，也不符合充分显示中国人智慧的要求，更会错失与世界进行哲学对话的佳机——研究对象的涉他性越高越能吸引他人的关注并得到认可和尊重。试图通过刻意限制研究对象而成就“中国”标志，只能加剧思想的偏隅性而增添赢得世界承认的难度。对于世界事物的广泛认识贡献必然直接增加世界对中国智慧的印象，关注中国人的研究活动，生成尊重和倾听中国人话语的心理定式，默许中国人的话语权。研究对象的国际化要求树立这样一种观念：既勇于研究别国的事物，也欢迎外人研究自己国家的事物。研究对象选择上的关门主义必然损害哲学上中国话语的形成。相反，认识对象的自由选择和跨国度超区域的交叠，显示一个国家学者的气度和力量，是健康学术心态和旺盛学术力量的自然表露。

3. 问题具有思想经验的最大平凡性，似乎是精神的本能事件，自然地随机闪现。正因如此，它也具有“原始”和“单纯”的欺骗性表象，其生成特殊性和复杂性的追问反因熟视本身而被忽略和遗忘。问题是认识的起点，但它本身已经是思维的出场。在对存在情境的判断、实践价值的权衡、思想构成状态的分辨（比如已有知识间的关系）、认识兴趣的自我意识等前提下，面对一个特定认识对象才会涌现特定问题。申言之，问题生成在广泛的文化背景中。如果缺乏警惕和克制，问题意识就会自然陷入文化圈套而限制问题涌现的可能性、丰富性、深刻性，使问题仅仅按照一种文化眼光来开显。其自然结果便是，一个国家显现问题的贫困化和问题的文化间性丧失，不能提出具有世界意义的普遍问题和其他文化群体所能关切和感兴趣的问题，从而在话语的起点上就已经放弃许多世界眼光的机会。当然，完全出自本民族文化背景的问题也会引起文化彼岸的自然好奇心。但是两相比较，跨文化问题更具有交往感动力。除此文化根底限制外，问题的有意义确立还存在逻辑标准，即它必须具有相对以往问题的超越性。按照问题对存在的涵盖能力和支撑问题的知识前提的层次，问题存在进化运动。在一种封闭的认识传统内部，思想的连续性使新问题的进步简单表现为对旧问题的否定或包摄。而在学术国际化条件下，问题的意义必须具有世界水平，即只有那些与指向同一认识对象的问题相比较占有否定或包摄先前所有相关问题的问题，才能被世界所接受，确认其认识价值。否则，那种重复性、低层次的问题会遭到冷落，难有被认真对待的机会，更不能激起别人的理论兴趣。这牵连对问题产生和意义的有效说明，即对作为思维结果的问题之思维过程给予交代，使之清晰地展现它对存在的切入尝试和思想根源，即描述所问、何以问和问之所问（问题的本质指向和认识要求）。问题的发现能力取决于问题的思维方式，即在给定存在情境、实践兴趣等触发问题的客观因素条件下，能否发现问题和发现一个怎样的问题，直接决定于用作认识工具的思维方式的特殊加工。不同的思维方式会有不同的问题，而多一种思维方式运用技能就多一个发现问题的手段。简单低级的思维方式只能推出粗糙的问题，而精致高级的思维方式就会制造出深邃厚重的问题。因此，从成就中国哲学话语权的目的看，不能把问题的中国式作为优先路径，而应该以多元文化视角或者说文化换位方式努力提出中国人的问题。直言之，不能单纯用提问方式的中国特殊性作为打造中国哲学话语权的工具。

4. 真理境界为一切认识活动所向往，但在真理概念的客观语义背后却有难以掩藏的主观性和相对性，针对同一问题所给出的均可接受的不同回答直接造成对特定论断绝对真理地位的质疑空间，在其中，得到社会信任者赢得当下的真理桂冠。由此，话语成功的社会因素介入，不同话语间形成竞争关系并展开对社会认同的追逐。决定胜负的因素有人性的弱点即情感，也有人性的优点即理性。人们愿意接受那些代表自己利益或迎合自己心理倾向的立场观点，从而给学术研究的机会主义以得逞的希望。但是，那种把社会成功作为目的本身，把学术研究作为手段，忽略对事物的真诚反思的做法，从根本上说是一种社会投机行为而非追求真理之类，其学术泡沫预谋必然随历史变迁或逻辑分析而被揭穿。能够持久受到人们尊重而不管其结论将来是否仍被认可的认识活动，是那些可以经受理性检验的带有道德纯粹性的学术研究。实践固然是对认识论断有效性的一种证明手段，但因果之间的复杂逻辑关系使实践检验具有虚假可能性，印证或者只是所谓原因与结果之间偶然的“相逢”，或者虽然有所关联但还有未被发现的关联内容。因此，实践检验是理论真理性的必要条件而非充要条件，人们在一个得到实践检验的理论面前还会隐约心存疑虑，牵挂和注意论断的论证或说明形式，从而移足思维方式领域，亦即从解释有效性过渡到逻辑有效性。在此，所谓思维方式是指无关思维内容本身但决定思维材料的合法采用及其合法安排和展开结构的认识方法。对应于特定的认识任务和知识形态追求，应当设计或选择科学的即与之匹配从而在逻辑上能够保证认识正确性的认识方法。[1] 那些不能满足或根本没有考虑认识方法条件的认识论断，不论其经验证实性多大，都不能

---

① 参见崔平《从诗性走向方法：中国传统思维的当代改造任务》，《河北学刊》2004 年第 4 期。

安抚理性而使之停止对论断真理性或者说有效性的忧思。认识方法的设计和制定是认识自身反思的结晶，它指示保证论断正确性的思维过程的形式，带有历史进化性，随着以认识深化为基础的认识自身反思可能性的展现而进化。虽然在逻辑上特定认识方法不是真理认识的绝对保证，但一定历史阶段上的认识活动如果不符合当时普遍坚持的认识方法，那么就不能获得对话优势，难以被持有某种认识方法信念的人所理解和接受。也就是说，认识方法的现代意识决定学术对话的水平和标准。从知识社会学的角度看，认识方法是确认思想真理性的规范和对话的句法，满足合理方法的理论思维才能引起真理探索者的尊重和关注，并使之按照方法规范进入和赏析理论系统，产生主体间普遍性。没有共同认识规范的对话只能陷入争吵、对立和不可裁判的泥沼。因此，要想争得哲学的中国话语权，就应该首先实现方法论观念的文明化，自觉地把认识方法提升到世界水平，保持认识形式的当代有效性，而不能盲目固执自己的认识习惯。正如在物质生产领域那样，在哲学思想的生产中，作为认识工具的方法的现代化决定哲学的现代化，从而决定哲学对话者的时代身份和对话的入场资格。总之，从根本上说，要争取哲学的中国话语权，一场或持续不断的方法论论战不可避免，在其中，才能普及方法知识，提供方法谱系，澄清方法差异，完成方法批判，打破方法自恋。

5. 不论在认识形式上采用何种认识方法，思想的最终直接显现都集中在认识材料和论断的内容上。一个理论的提出有无意义，取决于它相对以往的认识有无创新。只有那些相对整个社会认识水平有所创新的个体认识才有存在和品评价值，从而进入对话平台，评估和确认其纯粹理论价值或具体实践价值。在学术国际化条件下，这一尺度已经扩张为全世界，即提出一个理论不仅要反思自己相对本国学术的历史创新性，而且要审视自己的万国创新度。如果说认识的思维方式上的当代有效性是成就“中国哲学话语”的形式性要求，那么相对地可以称在内容上的创新要求为历史超越性。思想的历史超越性可以直观地表现为或者起点的变化，或者论证材料的变化，或者论断的变化，或者认识对象的新异，或者问题的提升，或者是几种变化的组合。但是，并非任何变化都简单地构成历史超越性，而是这种变化必须相对原有水平具有逻辑上的真实超越性，因而其判定带有复杂性，有时不能简单论断，相反，需要仔细分析以作出逻辑蕴含与否以及相似度的关联关系描述。思想的世界历史超越性把话语权归结为思想创新，并打破地方话语的自我封闭特权。在世界眼光下，不论利用何种思想资源，只要由之获得了创新思想，就是对世界学术的有价值贡献。相反，即使一个思想有其本土特色但并无创新结果，也不能被看作值得关注的理论研究。因此，哲学研究不能言必“特色”，而要遵守思想的内在规律，在思想展开的内在逻辑需要中顺其自然地吸收利用思想材料。所谓中国特色、中国风格、中国气派应该随机而自然地显露在中国人的思想事业中，而不应该事先刻意设定为研究规范。没有认识论的证据表明，思想创新可以搞计划生产，相反，在逻辑上，创新反对为其设定思想内容和道路上的限制，因为创新意味着论断尚未开显，自然其内容关联和通达途径也无法确定。创新具有认识偶然性，任何路径强制都是学术瞎指挥。即使某种研究方式可以通向创新，但也不能排斥而自绝于其他创新方式，作茧自缚，降低创新效率。话语本土化更不能极端到放弃思想创新要求，指望单纯通过对外输出远古文化去竞争话语权。世易时移，古人的智慧有多少能够顶住历史流沙的侵扰而不老？无用的就是没有生命的。试问，其祖先的哲学得到广泛传播和赞誉的现代希腊人还享有哲学话语权吗？古人的智慧大多只是文化博物馆中的摆件，不能把历史好奇心下的鉴赏错认成对话。活知识才能成为活人对话的标的。因此，不能试图靠输出或者说贩卖古人思想而为今人捞取话语权。偏安一隅而要求片面地以中国乡音道说中国家事，更不必说局限于只是搬弄家史，这绝非成就中国哲学话语权的良策。

上述分析可以归结为：必须是中国人推出的创新学术成果，才构成对中国哲学话语权大门的叩击，而对象、问题和思维方式等理论要素则不能刚性规定，相反，须待之以宽柔，下放给智者在认识情境中加以具体裁量。中国哲学话语权概念所追求的是中国人的哲学话语权，而不是中国传统哲学或者中国哲学传统的话语权。

重塑学术理念与提升中国的哲学原创能力

具体的哲学创新奠基在特定的语境中，酝酿于特定的学术兴趣，萌发于特定的问题冲动，成长在特定的思维方法下。对思想创新与语境关系的基本理解决定驾驭语境的能力，关于认识的宗旨、价值和使命的社会看法决定学术兴趣，以逻辑和社会责任感为基础的存在关切决定问题意识的永久在场和不懈探寻，被方法论反思所确认的认识方法的个性观念必然提醒认识主体审慎而科学地选择处理特定认识任务的思维方法。这些观念要素可以被概括为学术理念，对它们的认真反思和清晰描述有利于提升中国的哲学原创能力。

1. 思想语境涵养认识活动，为其提供认识资源，支持特定思想发生的可能性。因为任何已经置身于认识发展史之中的认识主体，被认识的历史进步要求和思想构成的逻辑规则所决定，已经不得不扎根在知识的历史积累中。直观地理解，认识主体相对思想语境具有被接受性，是一个偶然的社会归属事件，即被个体的生存命运所注定。在越是狭小和原始的社会历史空间内，语境的强制给予性就越强。但是，在学术国际化的条件下，可资作为认识资源的知识已经大幅扩张，相对有限的具体认识活动所需要的有限认识资源，语境成为可选择的，主体因而获得相对语境的自由，即选取和接受哪些认识背景作为自己的认识前提成为一种主观截取事件，并不再简单地被生存环境所决定。显然，语境对于思维并不是中性的，不同语境具有不可通约的特殊认识效应，它将深刻影响认识的方向和命运，可以称之为语境效能。因此，语境意识不可丧失明察与智慧。

作为主体实际认识前提的有效语境，是认识主体与认识发展史之间所发生的主观思想关系，即是一种在特定认识活动中采集以往社会观念和知识的思想操作事件。一个容易掉入的陷阱就是，极其自然地误把自己的社会关系、文化关系等自然归属关系，当成不可规避的思想关系归属，放弃思想关系的自由选择权利而顺从自然命运，甘当语境奴隶。比如，认为我是中国人，就得接受中国哲学思想为合法语境。语境效能现象提示认识主体必须保持语境选择的自由身份，充分利用学术国际化所带来的丰富语境资源，努力寻找和选择与自己认识任务相匹配的语境。如果不加反思和批判地被动接受一种传统的语境理念，封闭语境游动空间，那么就会人为阻隔一种甚至多种可能的思想发展机会，自绝于学术创新。需要特别指出，本土语境是一种可能的选择，对于特定研究也许是一种好的选择，但仅此而已，不可再向前发展为“主义”，即偏离语境效能的训导而普遍地主张语境本土化。放弃语境本土化而坚持语境开放态度，是科学的学术理念的基本要素。

2. 学术兴趣并非个人任意的主观偏好，研究方向的选择会受到社会的影响。如果一种学术理念把认识的宗旨确定为实用，那么人们就会致力于技术性的和有特殊实效的研究；相反，如果确定为理论，那么抽象的普遍原理就会成为追逐目标。热衷于经世致用是中国哲学的传统，应当说它本身没有错，但将其片面地设定为学术的绝对目标，就走向谬误。形而下学问的兴旺和形而上学问的惨淡形成鲜明对照，已经映射出中国哲学传统在学术宗旨设定上的残缺，应该加以弥补。须知，唯有在健全的学术宗旨意识下，才会有哲学的真正繁荣。形而上追问为形而下设计奠定更浓厚的底蕴，开辟更大的空间，增添更多的内容；而形而下需要可以激发更多的形而上追问，诱导其发展方向。对存在原理的理性理解要求在知其然的形而下研究与知其所以然的形而上探问之间架起统一桥梁。失去形而上追问的形而下设计只能停步于经验主义的肤浅层面而与科学失之交臂。如果不是有西方科学被哲学所孕育和推动的范例，中国的这种遗憾或许永远被尘封于无意识之中。相反，脱离存在制约的形而上追问会蜕变为理智的幻想，失去作用于存在的可能性或者造成对存在施加错误的干预。哲学的疾病和危机发生于二者间平衡的丧失。因此，治疗哲学需要具体的诊断。根据历史和现在的哲学状况，在中国发生的对形而上学的批判和戒备是对西方哲学依附关系的进一步表现，即自己跟随西方哲学的过度形而上学病痛而无病呻吟。实际上，中国的哲学思维应该补充理性精神，克制经验主义习惯，探索将两种认识恰当联合起来的认识机制，培养平衡控制的敏感性。当务之急在于，树立知识结构的健全模式意识，以此诱导对认识宗旨的反思和重构。对中国而言，任务不是治疗形而上学过枉症，而是释放理性认识的潜能，追赶合理的形而上学。对普遍原理的追求精神，恰好切中哲学的知识形态，必然开放出广泛的哲学创新可能性。

关于认识价值的命题因其判断参照点的主观性而在历史上呈现多元并存形势。但不能因此默许认识价值的相对主义。也许，不同的认识价值判断之间可以对峙，但不同的认识价值观念却会把认识导向不同的方向，使之遭遇不同的发展命运，表现出不同的认识效能。如果认为满足人的求知欲是认识的价值所在，那么就会有精神的自由驰骋，出现为知识而知识的纯粹学术冲动，释放出广泛的探索可能性，在审美愉悦的伴随下无限地构造知识世界。如果认为满足人的生活需求是认识的根本价值，那么就会有工具理性的发达，技艺控制知识迭起，抽象关怀退隐，哲学作为最具抽象性的学问，必然淡出视野。如果认为回答人生意义，提升人生境界是认识的重要价值，那么工具理性则被贬斥为“奇技淫巧”，认识必然指向人本身，自我理解和发现成为主流。如果认为认识的价值在于创造人的自由，那么对世界的普遍存在原理的追问就会提上议程，理论创新成为日常表现形式，不论采取何种视角，哲学都必然最终现身并占据神圣地位，因为前提批判冲动内在于这种求知本性中，而哲学因与其存在结构的同一性被迫充当终结者，无可推诿。如果极端地认为知识无用，那么认识热情自然退却，思想创新逃离视线。如果把认识价值的参照点从人转到上帝，那么知识或将像《圣经》所说就是人不该吃的“禁果”，是人背离和不断疏远上帝的祸根，因为在无限的上帝面前，人的有限认识总会蜕变为背离行动。在诸多认识价值判断中，唯有把知识本身设为目的的“为知识而知识”的观念没有为认识活动设置限制，最大限度地鼓励和开放思想创新事业。恰恰在这个视角上，中国文化传统有所欠缺，当代中国应该着力补充一种纯粹知识精神。

3. 对认识使命的社会理解直接规范个体的认识活动，使之产生对特定认识对象的认识兴趣。最抽象地区分，认识的可能对象有存在与文本之分，或者说初级与次级之分。存在是认识的原始对象，文本作为人的认识结晶从知识角度看也需要后人的再认识。但是，两种认识具有完全不同的认识性质，前者是创造或者说发现，后者是学习或者说诠释。如果把认识的使命确认为存在，那么社会认识自然就行驶在创新的轨道上。如果确认为文本，那么就会脱离创新轨道而陷入因袭。因为，纯粹的文本诠释只是对文本内在内容间意义关联的重新勾勒，没有新思想的发现功能。即使那些在文本原有的知识结构上有所拓展的文本研究，也与原创这种最高思想创新形式无缘，而原创以最激动人心的力量开辟认识时代。把文本诠释作为认识使命违背认识的自然天性，是一种特殊文化压力所造成的畸形认识观念。之所以文本能够替代存在而成为首要的甚至是全部的研究对象，是因为文本被强制规定为最高真理，从而使之获得神圣地位，造成社会性的文本崇拜。“述而不作”信条就是这样一个历史事例。从文本返回存在才能解放创新兴趣。①

“忧之殷殷”而后“思之切切”。存在所敞开的无限深奥具有激起人们忧思的力量。对存在的无知的自觉把理性置于被存在抗拒和挑战所引发的不安意识之中，理性的本能反应便是以自己的思维力量沿着“问题—知识”路径逃脱不安。因此，关切存在与问题意识仅仅是一

① 参见崔平《哲学格调的中国提升：从文本走向存在》，《江海学刊》2009 年第 1 期。

种转义关系，形影牵连。存在是问题的源泉，只要对存在怀有关切之心，问题意识就无限开放。反过来，偏爱挑战问题的人，也自然会走向存在。面对存在，有经验直观化的生活提问，也可以有奠定在特殊文化基础上的理性所作的逻辑提问。生活提问可以升华转化为逻辑提问。两种提问的认识前途不同。对生活提问的直接回答产生实用对策，而对逻辑提问的严格回答导向普遍理论。[①] 因此，为哲学的创新计，必须克服简单的生活提问而努力发出逻辑提问。这也许正是中国哲学传统的不足之处。但是，对于中国的哲学创新事业来说，更需要克服的是文本依恋，因为文本作为思想秩序的成功制造，其间的问题空间已经所剩无几。要让哲学有所创新，就必须具有强大的问题意识，固执地埋头于文本之中，不可能做出惊动世界耳目的哲学贡献。

4. 回归哲学的本真领地之后，方法就是创新命运的决定因素。但是，在中国，一个“殊途同归”说辞便把方法论反思轻松抹掉。理解和宣传的标准取代理论创新的学术质量而成为认识方法的指南。随人情之波而逐经验之流，趋易避难的心理决定“平易近人”的经验思维得到青睐。在“殊途同归”观念下，简明易解和平浅近人的方法自然合法地得到价值评价上的优先序位。然而，这一切都经不起严格的方法论反思的批判。

方法不是认识上没有效应差异的中性物，而是表现出强烈的认识个性，不但向认识内容和形式提出自己的特殊要求，包括认识的起点、过程和论断的逻辑性质，而且直接影响认识的结果和效率。一个必须首先消除的误解就是方法仅仅涉及作出特定论断的过程，而不影响认识结果，因而可以根据主观爱好任意选择方法。事实是，认识操作环节所表现出的认识论属性和逻辑属性必然传递到论断，方法按照其展开形式而预定某种认识结果的性质，直接赋予它的真理性以特定规定。

---

① 参见崔平《生活提问与逻辑提问——对“问题意识”健全结构的哲学分析》，《北京师范大学学报》（社会科学版）2007 年第 4 期。

比如，演绎方法确保论断的形式真理性，归纳方法则在逻辑上永远向论断的修正开放。方法按其对认识历程的特殊规定而涉及参与认识的内容，或者说决定认识过程所遭遇的存在内容，从而必然影响论断内容本身。因为，在方法对认识操作的要求中已经决定认识的必经路径，而路径在逻辑上必须由特定内容来实现。论断内容来源于参与认识过程的特殊内容，因此绝不可能用不同的方法得出完全相同的论断。所谓具有互逆关系的成对认识方法之间的差别并不是以相反序列经历认识内容，而是由完全不同的内容构成。方法按其对认识的逻辑性质的规定及其相应的内容发展秩序的形式设定，必然对认识起点提出特殊要求，从而影响认识的发展前途。在方法的这种前认识约束下，能否发现恰当的起点就直接决定认识能否正确地启动。以此而论，归纳方法易为，演绎方法难做；分析方法以其起点的经验性而享有启动便利，综合方法则因起点的逻辑普遍地位要求而面临艰险。

所谓认识效率，就是认识发现的能力，包括认识的速度、力度和深度，以及认识结果的符合性、有效性和精确性，它反映认识发掘存在原理的可能性和水平。认识方法对于认识论断的产生并不是中性的，而是一种发现工具，不同的认识方法具有自己特殊的认识效率，互相存在比较优势，先进的认识方法能够相对提高认识发现的数量和质量。认识方法规定了认识的展开形式和结构，而要完成对它的现实构建必然要求相应的特殊内容，因而可以推动认识向方法所要求的方面和纵深度发展，并显现认识内容的欠缺，诱导和逼迫寻找能够添补形式空位的内容。另外，认识方法的内在逻辑性质也向认识提出认识内容的填充标准，即其属性须与之相匹配，不能损害认识方法所内在规定的认识有效性等级，比如在演绎方法中就不能中途随意插入经验内容。认识方法是刺激和约束认识的手段，被认识目的所逻辑地决定。在特定的认识过程中，方法警告思维所不能偷吃的“禁果”，同时也抽象地告知所应知，即使其知其“不知”。不仅如此，方法还原始地规定思维提出问题的可能性，它定义问题、推出问题、评价问题，从而决定被接受问题的面貌。[①] 更为重要而经常被我们所忽略的是，方法规定了特定的论证过程，在知识论上看，这种论证的功能可能不仅仅是用旧知识对一个新论断的理解性说明，而有可能附带巨大的创新功能，即有时它是必须努力通过首先发现更高原理才能完成的事业。

哲学在中国所呈现的思想因循状态显示中国人天生哲学智慧的不良后天发育，其根源就在于方法蒙昧。[②] 一直以来，经验主义甚至体验主义在中国人的哲学思维中占据主导地位，那种无拘无束的诗性思维备受推崇，而面对理性逻辑思维的方法约束心怀反感，其后果为被认识中的“经验引力”[③] 所束缚而难以挥洒思维的自由神采，导致认识眼光不能超越古人，遂生崇古之情，放弃对前贤的反思和批判，接着又掉入“思想史引力”[④] 之中。于是，不仅创新自难涌现，而且就连创新冲动也被压制，把哲学史研究误认作哲学研究本身，文本代替存在而统治哲学园地。世代相传的创新观念就是解释范畴下的“返本开新”，封闭了哲学飞跃和革命的可能性，缺乏思想创新中的原创和继发创新区别意识，有意在模糊中敉平与异国哲学创新的性质差异，以达到自我辩护并自欺式地实现心理平衡。要想使中国争得世界的哲学话语权，就必须首先实现哲学研究观念的觉醒，认真面对本然的原创标准，树立学术范式分化意识，创造导向原创的存在研究和传承文明的文本注释协同发展的学术生态。为策应和落实这种哲学战略，必须对能够刺激思想创新的认识方法进行启蒙，全面反思大到认识方法分野，比如经验主义与理性主义，小到具体思维方法之间本质差异的方法论问题，以开放的心态接受世界哲学的方法文明，引进和选用不同的认识方法。其实，方法仅仅是认识的工具而非目的，利用什么工具并不改变认识成就的主体归属，更不意味着投降和屈辱。大体可以

① 参见崔平《方法的哲学效应》，《河北学刊》2003 年第 3 期。

② 参见崔平《方法澄明与思维效率》，《东方丛刊》2003 年第 4 辑。

③ 参见崔平《原创理性：超越经验引力和思想史引力》，《江海学刊》2013 年第 1 期。

④ 参见崔平《原创理性：超越经验引力和思想史引力》，《江海学刊》2013 年第 1 期。

确认，整个西方哲学史贯穿的是古希腊理性精神，西方哲学的发展也呈现出哲学智慧火炬从一国到另一国的历史漂移。试问，其中有哪个国家或民族不正是在这种哲学创造中确立了自己的哲学话语权，而是反而丧失了自我尊严？一个现象可以直接解除导致方法壁垒的心理魔咒，此即西方哲学认识圣果的命名："古希腊哲学""德国哲学""法国哲学""英国哲学""美国哲学"。中国要做哲学大国，就必须在自己的民族性格中多推崇大智慧，少残留小心眼。

路漫漫：从中国哲学话语到中国哲学话语权

话语是单纯的思想事件，能够简单地被思想创新充分而独立地确立。但是，话语权是复杂的社会交往关系现象，从话语到话语权必须走过由知识社会学规律和社会心理习惯所构成的桥梁。作为一种社会关系，话语权直接表现为对话语主体的尊重和倾听态度，承认其话语权威，预设其认识真理的可能性。而这要靠对话者关于话语主体的以往经验性印象来确立，与心理习惯的形成相联系。因此，唯有在创新话语的不断喷涌所造成的思想冲击中才能获得话语权。如果把话语主体确定为"中国"，那么其对象就具体化为中国这个"群体灵魂"[①]。虽然知识社会学已经提示话语的地位还与其他诸多社会因素相关，比如话语主体所依托的政治、经济、文化等力量，但学者义不容辞的使命在于努力增强话语本身的影响度，不仅要有创新话语，而且要有更多的创新话语、更高的创新话语，在创新话语质量的持续积累中争取给世界留下更深的印象，展现出强大的群体灵魂。质言之，不能希望单靠一个创新话语就赢得话语权，而必须通过厚重积累那种严格意义上的哲学史即由创新构成的哲学史[②]来争取话语权。考虑到中国哲学

---

① ［德］马克斯·舍勒：《知识社会学问题》，艾彦译，华夏出版社2000年版，第62页。

② 参见崔平《"历史"的本真含义与哲学史的人史标准》，《河北学刊》2013年第6期。

话语权记录的历史和现状所造成的不良话语地位本身就需要一定力量的创新话语来扭转，这种话语积累要求更加强烈，需要以更大的话语总体分量推动哲学世界形成尊重中国的习惯。

个别哲学天才的横空出世虽然可以设想，其智慧可以为话语权的奠基降落一块巨石，但形单影只也只能是旷野孤鸿，必然被归结为偶然事件，像流星一样挽不住一片明空而让黑幕重新垂下。群体灵魂的塑造尽管以大师为表征符号，但少不了众星的共同闪耀。能够确立哲学话语权的是作为社会现象的众多哲学创新活动，是连绵的创新哲学史。要将哲学创新提升到社会化水平，使之摆脱个体兴趣限制，从而具有一种精神必然性，就必须利用必要手段营造适宜的外部社会学术环境。按照知识社会学的理解，切入点就是普遍倡导哲学创新行动，调整学术评价标准，塑造学术交往关系的合目的模式。

1. 提到哲学创新，中国所面对的最大障碍就是自卑乃至信心殆尽。如果说在“轴心时代”中国有过原创哲学，那么也是后继乏力。屈指就是几千年，创新经验已经随时间之流远逝而变得依稀，几近遗忘。久违之后，中国已经对哲学创新产生莫名的文化陌生，不相信自己能够有所作为。坊间悲观地预言，二三百年之内中国都不会有哲学家出现，靠谱的做法就是进行文化积累即学习、消化和跟随哲学史。这种心态的谦虚外表容易赢得道德色彩的迎合，同时其简单理由也能引起一般人的直观认可。但问题恰恰在于，在这样一个事关国家学术前途和地位的重大决断的沉重分量与作出决断的理由的严肃性之间相对不平衡，决断显得过于轻率。须知，一方面，思想创新具有极大的偶然性，既涉及个体精神个性，也涉及从思想材料到思想创新之间不可逻辑预断和把握的认识飞跃，因而怎样的思想史积累可以自然转化为思想创新不可判定，甚至缺乏思想史积累或充分的思想史积累是否就必然不能发生思想创新也不可断言。另一方面，从认识的逻辑规则看，归纳历史根本不能告知未来，绝不能把对中国人过去哲学创新记录的失望情绪习惯性地延伸到未来几百年。如果科学地面对思想创新的偶然性，那么理性的慎重做法便是不作独断而开放思想创新的可能性，努力倡导哲学创新而以好奇之心翘首思想世界的地平线。十年，五十年，二百年皆戏言，贵在躬行！哲学创新的偶然性给予任何民族的创新信心以直接鼓励和对创新满怀希望的充分理由。在此，中国人可以分享一下德国哲学史。在康德之前，这个今天被我们赞誉为具有思辨头脑的民族有过真正重要的哲学创新吗？当时有谁预言康德将登上哲学史的巅峰？细思量，唯有放弃无聊的揣测，勇敢地投入哲学创新的社会化行动中而展开与偶然性的博弈，才能自我主宰哲学创新的命运，庶几捕捉到那美丽而不定飞舞的智慧萤火虫。

2. 关于哲学创新的社会动员不能止于鼓励个体树立对民族创新能力的信心上，还要进一步利用学术评价诱导已经踏入哲学领域的学者坚定创新决心。如何分类学术成果，如何定位学术成果，如何对待学术成果，直接触及学术研究的社会生态环境问题，牵动激发还是冷淡乃至压制某种学术研究热情的社会刺激因素。

在一个学术成果分类意识黯弱的社会必然将不同类型的研究活动混为一谈，忽视对学术研究社会分化的提示。身处其中的学术研究个体由此发生方向迷失，不能根据自己的兴趣和志向正确选择所应从事的研究。发达的学术评价体系必须首先分离不同类型的学术研究，并认真反思它们各自的特点和认识要求，指明它们的不同研究条件，包括知识基础要求、智力类型要求等。此外，还要分析它们之间的关系，划定研究界线。学术研究分类向人们提供的是“学术菜单”，每个人可以对照自己的才能从中选择对自己来说可承担、有前途的研究任务。对于中国来说，创新研究和文本解释就是要着力解决的学术分类问题。显然，二者具有根本不同的性质，但在文本解释传统长期支配下的中国，还缺乏积极对待和正视二者差别的认识论反思活动，以致至今分化意识模糊。这不利于把哲学创新提升为学术主题。混淆不同研究的智力类型会造成错误的社会期望，即认为哲学史研究可以自然通向哲学创新，从而把哲学创新的希望目光不知不觉地投向哲学史家。中国哲学创新成就的短缺就是对这种错觉的训示。

仅仅作出具体的学术研究分类，对于激发哲学创新以获得中国哲学话语权的运动来说远远不够，还必须针对不同研究类型进行认识论的、心理学的和劳动价值的理性分析，给予它们以科学的学术地位定位，清晰地描述各自的智力形式、心理过程及心理品质、劳动强度及风险。显然，创新研究与文本注释在这些方面都具有不同的特点。不区分各种不同性质研究之间的智力类型和劳动差别，也就无从有差别地科学肯定不同研究。其后果为，其中具有更大艰难性的研究遭到研究主体的有意回避，造成相关研究的社会性萧条。在中国，哲学创新研究在某种程度上就已经陷入这种社会处境。“创新难，有一点儿创新都难于上青天!”这是人们私下发出的带有望洋兴叹意味的感慨。但是，在学术评价活动中，在重视创新的口号下我们又没有真诚地认真展开对创新的鉴定，不分析创新的类别和层次而笼统地敷衍以创新之名。这种学术环境使学术群体或者眼朦胧，或者心灰冷，或者意慵懒。要竞争哲学话语权，就不能再吃这种“学术大锅饭”。

根据对不同学术研究类型的认识评价，应该进一步作出相应的社会评价，制定差别对待的社会方式以便把社会激励落到社会现实层面。不同类型的学术研究各自具有对学术的特殊贡献，互相联系。原创性成果需要传播和继承，继发创新研究在发掘已有理论的知识潜力，文本研究在传承文明并进行文明的记忆。它们构成学术的有机生态，共同支撑起社会学术大厦。但是，这并不意味着可以在社会评价上采取相对主义或者暧昧态度。相反，必须客观地分别给予它们不同的学术称号，赋予它们不同的社会学术地位。三者之中，唯原创最为艰难，应该被推上学术评价制高点。要区分哲学家和哲学史家，而哲学家中之上乘为原创大师。中国哀叹学术大师的缺位，其实首要的问题是先弄清什么样的人是真正的学术大师。在模糊的大师观念下，自然会使人或者不知所措而丢失奋斗目标，或者投机取巧而欺世盗名。不论如何，都将深深损害中国的哲学原创事业。要激励中国的原创学术，加速哲学话语权的竞争步伐，就必须正本清源，在清晰的学术地位内涵下构建健全的学术荣誉框架，规范评价，用实取名，创造科学有序的礼遇制度。名立而后求贤，实至而后名归，予取有度，智愚泾渭，偌大中国，何愁勇士，又何患“圣人”不再！

3. 学术研究水平状况牵连学术交往关系的模式，思想生产与学术的社会环境密切相关。没有人否认学术思想需要交流，但交流模式的影响未必引起高度关注。按照柯林斯的学术仪式理论，交流什么（神圣客体）、怎样交流（交往规范和相互作用形式）、交流网络（参与互动者之间的关系和结构），直接决定学术面貌和水平。特定的学术仪式激发特定的研究热情和研究效率。因此，要提高中国的哲学创新能力，就必须搭建专属于创新研究的学术仪式舞台，构造有利于学术创新的学术交流方式。简要地说，就是建立以原创大师为关注核心的学术交流网络，以存在问题为互动过程的交流主题，以自由辩论为形式的交流机制，以自由竞争学术网络地位为调整原则的动态的学术仪式管理规范。比照这样的学术生活社会关系模型，中国的学术交流传统存在许多有待改进之处。首先，在传统宗法社会关系影响下建立的以师生关系链条为依托所建立的学术交往等级规范不再适用，在其中，占据交往网络核心的是自然形成的“宗师”，而在创新学术仪式中要随机地由做出最大创新学术成就的人所占据，而且其地位的保持承受着巨大的竞争压力。其次，交往主题的确定方式有所变化。在中国的传统学术交往中，由于社会名利的追逐挤压学术独立性，降低了纯粹的追求真理热情，所以一个特定学术交往体系的关注主题被官僚式地由交往体系内占据话语权特殊地位的人所指定，难免有时沾染主观随意性和个体兴趣的偶然性，并不一定捕捉于现实存在。而在创新学术交往仪式中，问题在交往网络中是开放的，任何人都可以提出问题而与他人分享并受到平等对待，不同问题沿着交往网络扩散和竞争，被人们普遍感到具有更大重要性的问题自然占据交往主体地位。再次，交往关系的性质不同。在传统的中国学术交流模式中，参与交往的人互相之间要受到学术思想之外自然形成的学术辈分次第的约束，话语者的身份干扰话语本身的重要性的显现，因而在交流中埋伏着具有扭曲效应的社会势力的压力，包含真理认识的非纯粹性。而在创新学术仪式的交流过程中，要抛弃非思想因素而去压制化，实现纯粹的思想交往，话语的重要性听凭思想本身的分量和感染力来确定，可以说是一场假面舞会式的匿名对话，在其中，可以识别身份的肉体遭到隐形处理，所能感受到的只有表达真理的空灵的声音。最后，参与交往过程的思想的社会命运具有不同主宰机制。在传统的中国学术交流中，权威崇拜有余而挑战风气不足，一个思想的真理性确认受到社会外在因素很大影响，有时呈现权威或者说权力独语而万夫噤声的局面。而在创新学术仪式中，逻辑取代权威或权力而独立承担真理判定大任，人们必须凭借自己的理性而对一种思想作出逻辑审查，倾听内心的逻辑声音而投下神圣的选票。

总之，原创哲学成果的社会生产不是简单的天才的个人壮举，相反紧密依赖特殊学术氛围的社会构建。一个为哲学创新而作出有效社会动员的民族，才能在创新思想的优质快速生产中逼近哲学话语权。因此，就中国哲学话语权是中国人大量原创哲学话语积累的世界效应而言，要实现从话语到话语权的过渡而最终成就中国的哲学大国梦想，必须有决心改造自己的社会学术环境，有毅力跋涉漫漫长路。而拥有话语权之后的中国哲学创新，必然更容易被世界实时关注并尊称为“中国哲学话语”。

（原载于《江海学刊》2014 年第 1 期）

马克思政治哲学中国化的可能性和界限

张文喜

中国马克思政治哲学研究的现状

在有些人看来，马克思政治哲学是一个同质性领域，各种各样世界观的危机在其中讨论，全面的、有目的的理论体系在其中建构，然后在其中坍塌；另一些人把马克思政治哲学看作我们可以自由采取的某种姿态；还有一些人则认为它是否存在也是个问题。因此，在关于马克思政治哲学的定义及其讨论中，人们一定会获得一系列完全不同却又相互矛盾的领悟，它们分别以“热”和“冷”的方式表现出来。

首先，说“热”。毫无疑问，中国人对马克思政治哲学有种与生俱来的亲近感，这是其他民族所不曾出现的。对其他民族来说，马克思政治哲学只是学术研究的对象，对中国人来说则是一种出于对民族生存关切之中的“政治正确”的要求。这种意识可以是清晰的或模糊的。在今天的中国哲学界，就有学者一再热衷举行“学术会议”①，亦有学者反复提议，应该有供大学生阅读的马克思政治哲学读本，或者应当给“人民”（“公民”）设计一门可教可学的马克思政治理论课程。

① 例如，中国人民大学政治哲学研究中心主任段忠桥一再有意推动有关政治哲学的会议。这类联动国内（包括港澳台）外著名高校参与的会议仍在不断地进行。

中国当代“马克思哲学”（此处为了表述方便，对于“马克思哲学”与“马克思主义哲学”不做区分，以下照例）发展已经进入这样一个瓶颈：一段时间，“马克思哲学”被普遍认为是我国社会行动的最根本的思想指南，“马克思哲学”这个词与“政治正确”或“行动正当”是同义的；但今日在“马克思哲学”的标签下，其本身的意义却悬而未决。眼下流行讨论是否应该把马克思“带进正义”的议题，仅此便足以表明今日怯于将“马克思哲学”置于负有阐明“正确—不正确”重责的职位上。在此所显露且正处于证实之中的是：我国社会秩序所引发的历史剧变，深刻改变了“马克思哲学”固有的地位。过去是“政治挂帅”“政治先行”，“马克思哲学”在其原理功能中，在其为何或如何成为原理方面，即使是那些作为最抽象的、最远离实践内容的部分，也完全是作为规范领域中正确性的标志被先行把握的。今天，我们在治理实践和对治理实践的反思中所发现的各种价值，就其遵循市场机制主导而言，正逐渐取代政治正确元素，成为一种人们识别行动正确性的实践标准。人们已远离那种直接动用政治体制的资源来捍卫和推进“马克思哲学”的动机。可以说，“这种由政治向经济的还原就是马克思主义思想家们”拒斥政治哲学的表现。[①] 显然，从对马克思主义的教条理解中解放出来，首先就意味着政治哲学成为一种集体解放的先导，它成功地释放出一个日益物质化的、不断繁荣的中国。同时，现实政治形势的发展也在摧毁马克思主义信条论的哲学基础。中国的政治哲学要基于新的哲学与政治的联盟，就必将返回到马克思对政治哲学原有的关切之中。另外，那种关于“马克思主义哲学”与国族的政治之关联的粗陋的还原论总是危险的。过去，马克思主义哲学信条论一直在体制内论证，并不触及超越僵化的体制这一动机。而如今马克思主义哲学的轮廓正逐渐变得模糊，甚至变成学者

---

① 参见［法］保罗·利科《从文本到行动》，夏小燕译，华东师范大学出版社 2015 年版，第 438—441 页。

们纯粹杂多的、私人化、个性化研究的替代品。它也如同美国或英国名牌的政治哲学那样几乎与现实的一切和平共处、相互补充，实现了老子所谓的“和其光，同其尘”。

今日，我们应当在自己的主导下以一种“马克思主义者”的方式自行回答与对错有关的普遍哲学问题。

其实，马克思主义哲学与马克思政治哲学不同之处正在于其理论定位，对于马克思政治哲学来说，就是要从学院哲学中解放出来。历史表明，多数伟大的马克思主义政治哲学家是在自我主张下以一种非学院行当的方式自行解答与“对错”有关的哲学问题的。比方说，毛泽东的“农村包围城市”的主张，它不仅意味着对当时国际经典工人运动的质疑，也意味着对中国社会后来的改变，这是对我们民族特殊性理解基础上所造成的洞见。我们必须认真思索这一看似平淡的观点背后所隐藏的革命伦理。

其次，说“冷”及其成因。我们必须从头再来，以免马克思政治哲学再次被滥用为“绝对（僵化）价值的宣传”。如果我们有可能合法地命名这门学科的话，有个问题几乎回避不了，即这门学科虽然很重要①，但它能够生存于其中的当前之政治哲学语境是什么？站在西方知识的中心来看，它特别地将“马克思政治哲学”与政治“理论”、“政治科学”以及“掺杂有关于一切事物的本性”② 的形而上学理论联系起来。在此，西方人所谓“马克思必须要找到某种方式来判断”资本主义“是正义的还是非正义的”③ 概括，本质上乃是拟制马克思相信的“正义”疑似资本主义的买空卖空式的（交易）行为；但一种拟制并非一个证成的理由。从西方知识中心“烹饪”出的观念在向中国

① 参见张文喜《开启马克思政治哲学的新境域》，《哲学动态》2014 年第 5 期。

② ［美］列奥·施特劳斯等主编：《政治哲学史》（下），李天然等译，河北人民出版社 1993 年版，第 934 页。

③ 参见［美］约翰·罗尔斯《政治哲学史讲义》，杨通进等译，中国社会科学出版社 2011 年版，第 348 页。

观念转化时，展现在我们面前的是那种简单的非辩证的对立关系，即今天的中国学者所营造的私有财产、公民社会概念构成的正义和由普遍财产、阶级社会构成的正义之间的对立。[①] 可以说，我们在西方的政治哲学语境中已经待得太久了，这在慢慢损耗我们这个民族的元气。

先需要关注一个事实：改革开放后的马克思政治哲学的建构，缺乏真实可信的参照系。比如说，大家同样使用马克思政治哲学这个概念，所指的对象却有数不清的变种。在我们当中，竟然找不到自己的“同行”！举一个例子就够了，今天我们同行之间谈论的是“所有权正义”，“权利认定对于马克思正义研究的意义”以及马克思的正义论“标志着一个新的分配正义之问题域的开显”等主题[②]，但一旦沟通交流起来，就要向后倒退，回到马克思与意识形态家交锋的时代。有些人在比较其中的观念时，是将马克思、罗尔斯甚至约翰·保罗二世确认为“公益模式的设计”者，他们否定了虚假意识，却认定这三人都探究“如何实现公益”问题。[③] 其实，这种对马克思的解说至少是不公平的，因为它将马克思消除所有权的本质、消除自私自利的权利及其前提的诉求更深地遮蔽了。在这个意义上，我宁愿认为，马克思政治哲学确实存在，但还没有起好名字[④]，它尚处于初创阶段。

我们曾经纠结于模仿西方社会，当真正认识到马克思政治哲学研究的必要性时，我们甚至不知道如何和为何去研究它，因此，对它的研究往往演变成价值观对立的战场。此外，我们所写的大多数论著，

---

① 有人认为，现代自由问题之根基，便是普遍财产概念，但这是一个语义含混的说法。自由作为问题正是出于这样一个事实：即所有的权力都同时也是一种“不”的权力，所有“拥有感”都是“丧失感”。在这个意义上说，马克思关于财产权的政治哲学理解具有这样一种决定性的含义，即“只有无财产的人才能理解另一种完全不同的财产概念，占有的普遍性只有遭受苦难的阶级才能实现”。参见张盾等《黑格尔与马克思政治哲学六论》，学习出版社 2014 年版，第 220 页。

② 参见李佃来、谌林、张文喜《马克思思想资源中的社会正义》，《中国社会科学》2014 年第 3 期。

③ 参见［德］阿图尔·考夫曼《法律哲学》，刘幸义等译，法律出版社 2001 年版，第 185—186 页。

④ 参见张文喜《开启马克思政治哲学的新境域》，《哲学动态》2014 年第 5 期。

不适合于给更多的所谓“人民”阅读。因为，它没有表现出“人民”的一切哲学观、政治观和社会观。但奇怪的是，大家似乎都毫无疑问地假定：“人民”对这种（马克思）政治哲学是完全无法理解的，他们对于“正确”（“正义”）与“不正确”（“不正义”）的想象不是通过（马克思）政治哲学的语言范畴来进行，而是由生活事实的日常交往语言来确定。在“人民”看来，在学院以外才有马克思式的智慧。事实上，给“人民”编有关马克思哲学书籍的哲学家们，目前所做之事仅仅停留在理论的“大众化”层面及其方法上。马克思政治哲学实质上被视为一个学院行当，这样，我们所谈论的事情，跟马克思政治哲学建设只有擦边球的关系。

问题是明摆着的。有些人讲起马克思政治哲学，便会说马克思政治哲学，顾名思义是马克思对政治的哲学思考；就像科学哲学、管理哲学等名词一样，所讨论的无非是马克思哲学中的一个分支。我们当然不同意这种理解。如果就其本身来说，马克思政治哲学不是一般哲学的特殊种类，它与其他哲学分支的区别，并不在于它是特殊的，而是在于马克思对政治哲学的根本难题的特殊理解。比如说，如果马克思自述他的正义信仰时说：“我相信‘只要与生产方式相适应，相一致，就是正义的；只要与生产方式相矛盾，就是非正义的’”①，而另一个人则把马克思这句话的某一部分含义，孤立地抽出来加以推论，认为马克思只相信正义是一个事实判断，所以马克思相信正义不是价值判断。实际上，马克思在他的自述里说他相信正义就是与生产方式相适应，事实本来是不错的，但若这一事实如另一个人所了解的那样只是事实判断，便完全错了。

虽然我们举证这样一个例子，也许会被误认作鸡毛蒜皮微不足道，但对于马克思政治哲学理念性的把握，情形确是如此。有些人总是不致力于研究大问题，把细致分析等同于研究小问题；好像是说，如果

① 《马克思恩格斯文集》第7卷，人民出版社2009年版，第379页。

我们要研究大问题，很快会陷入“我们讨论马克思的正义，却不知道他的正义讲什么”[①] 的泥沼，这很不经济！时至今日，这种“经济原则”几乎都引致同一后果：许多人口称马克思政治哲学，所称引的却是自由主义想法；在自由主义传统的压力下，马克思的问题被束之高阁，而自由主义及其替代品却受到了激励。[②]

马克思的政治哲学能否真正命名

我们注意到，对于马克思来说，所有的术语（诸如“自由”“平等”“正义”）看起来没有一个让他满意的。就马克思而言，政治哲学的这一套术语已经暴露出一直以来位于它的基础（自由主义的支配）之下的那道危险的深渊。但中国人的理智却不能理解这一点，想当然地给这些术语赋予某种神圣意义，发表了一系列马克思政治哲学的文章：有关“马克思与正义”“马克思对正义和权利的批判”“马克思与财产权问题”“马克思与妇女的权利和男人平等”“马克思与黑格尔”“马克思与罗尔斯”的文章，不断地用它们来表征马克思政治哲学。

然而，对于那些意识到马克思主义同西方政治哲学传统的联系与区别的人来说，只有对其思想的细致分析，辨认出马克思政治哲学中的一些范畴，才能精确地说出它的意涵。我们暂时可以这样说，“马克思政治哲学，存在却没有合适的名称”[③]。这意味着切不可泛泛地将其理解为马克思对西方传统政治哲学的拒斥。我们注意到，有些人为了形成一个观察点，将马克思与任意一位当代政治哲学家比勘起来，当这种比勘尤为成功之时，付出的代价就成倍增加。举例来说，一位

---

① 参见孙麾、陈振明主编《马克思思想资源中的社会公正》，中国社会科学出版社 2014 年版，第 246、240、247、248 页。

② 马克思在他不应当承担的责任方面，受到相当多的诋毁。我们愿意提出一种哲学来作例子。在这种哲学里，他的正义概念仅被规定为“应得”。由此可以看出今天的马克思主义者就是科恩（或罗尔斯）主义者。

③ 参见张文喜《开启马克思政治哲学的新境域》，《哲学动态》2014 年第 5 期。

批评家声称："诸多来自马克思式的视角的批评罗尔斯的观点并不能令人信服"，就马克思思想核心而言，除了对权利概念的阶级理解之外，并没有什么新东西，"马克思的观点是容易受一些重要的反对观点的抨击的"，作为补救，只能让"这种权利概念植根于对各种冲突的一种更为宽泛的理解之中"。[①] 其实，诉诸权利本不是马克思政治哲学范围问题的中心，用来刻画它的一个优先点就更不恰当了。

定义"马克思的政治哲学"这一问题极大地占据了学者的精力。尽管至今没有一种表达能够令人满意，但我们能够接受这样的看法，即一个与"马克思的"关于政治哲学真正相对的概念只有在这种方式下才成为可能：马克思作为一名"革命家"，其政治哲学方法的独特、显著之处，总是把他的研究导向对资本主义历史边界的克服。正是在这个科学领域中，马克思只对放置能炸毁资本主义的药引感兴趣。根据那一著名的格言，无产阶级这个特殊的阶级"不能再求助于历史的权利，而只能求助于人的权利"[②]。对马克思来说，无产阶级不是连贯一致的历史的守护精灵，而是一种尚未可能命名的非本质的存在，而且直到今天，相对于其他政治主体，我们尚未能够也许终归不能瞥见它的轮廓。

仅此一例表明，过度征用现代政治哲学范畴会阻碍对马克思政治哲学的重建，使它的材料不为"关于共产主义形式中被说明和解释的政治哲学"所用。在这方面，英美马克思评论家通常所作所为大多有宗派偏见。他们拟制让马克思成为一个在自由主义陷阱里"建窝"的狐狸。任何一个细心的读者都可以在字里行间读出他们坚持的这个论点，即作为马克思政治哲学的可能性处于自由主义本身之中。即便路数不同，但模式是一样的。这体现在研究方法上，他们立足于"指责一个哲学家而宽恕另一个哲学家"之关系的比较。比如布坎南说：

---

① ［美］艾伦·布坎南：《马克思与正义》，林进平译，人民出版社2013年版，第204页。

② 《马克思恩格斯选集》第1卷，人民出版社1995年版，第15页。

“马克思的工作的确为几种重要的针对罗尔斯的批评观点提供了素材，罗尔斯对此并没有做出令人满意的回应，假如他要完全地回复这些批评，那他的理论就可能需要有重大的改变”，然而，“不论是激进的阐释，还是温和的说明”，马克思的观点也是“容易受一些重要的反对观点的抨击的”。[①] 这样，马克思是对的，但罗尔斯也不错。对英美马克思评论者来说，马克思和罗尔斯之间互相不理解，至多就是彼此错误地解译了另一方的态度或立场而已，或者他们之间可以混为一谈。所以，英美马克思评论者的文本，如果拿它来参考，那就为我们提供了一个陷于迷失的机会，让我们从中认识到同自由主义尴尬地邻近。现在，问题在于，我们如何才能从这一邻近所暗含的危险出口中逃脱出去？

实际上，马克思拒绝现代政治哲学家为自己的政治哲学误指的那些目标。这一时代处境，在马克思那里得到了最严格的思考：“人的发展目标”和“人的社会形式”不能转变为历史“必然的形式”和“有效的原则”。[②] 马克思的政治哲学因此显出特殊悖论，究其缘由，比起其他信条论上的政治哲学，它所涉及的是“较重要”的事物。举例来说，正义之适用的历史条件探讨的重要性当然不会比在法律—政治哲学上探讨正当法的、政治制度的标准来得逊色，所以，马克思并没有谈论“许许多多关于正义的、实体性判断的（概念），没有这个东西”[③]。在面对现代政治哲学的种种抽象讨论时，马克思政治哲学很可能会一直保持无名状态，只要我们生活的世界尚未可能从这个悖论及其各种致命的分割中走出来，大局就此已定。

所以，英美马克思评论者的“误解”根本上并不是阐释学的。它所针对的事情反倒是这样：应当给“尚未到场的马克思政治哲学”提

---

① ［美］艾伦·布坎南：《马克思与正义》，林进平译，人民出版社2013年版，第204页。

② 马克思说：“共产主义是最近将来的必然的形式和有效的原则。但是，共产主义本身并不是人的发展的目标，并不是人的社会形式。”（《马克思恩格斯全集》第3卷，人民出版社2002年版，第311页）

③ 参见孙麾、陈振明主编《马克思思想资源中的社会公正》，中国社会科学出版社2014年版，第246、240、247、248页。

供命名。相对于其他作为“显学”的政治哲学，例如罗尔斯政治哲学，前者当属于存在却没有名称的学科。若一开始对那称谓的意义没有了解，那么讨论它时，最低限度是不方便，不留神的话，则很容易陷入一个马克思主义者和自由主义者能够用几乎同样的思想语法（语言）思考的定式中。①

从解构论的角度看，无名指的不是不可命名或不可言喻的东西，而是以某种方式被意指。所以，一切对马克思政治哲学的阐释，都需要对其思想的细致分析。若对马克思政治哲学的分析确定了我们仍然身处其中的西方政治状况的语境，而这种状况在西方人确信为秩序正当性根基之处，我们却在其中看到了陷阱圈套，那么也只有在这样一种阐释定向的基础上，我们才能重审这门“尚未被命名的”马克思政治哲学能否被命名的问题。

开启马克思政治哲学研究领域的指导线索

不管人们对基于马克思政治哲学可靠基础所允许研究的问题能说些什么，它都无法避免以下论题。

1. 马克思政治哲学的本质、任务

马克思从来没有写过某种政治哲学。我们认为，与马克思政治哲学直接相关的主要是《共产党宣言》《资本论》这两个文本。我们应当根据这两个主要文本来建构马克思政治哲学。但有人认为，马克思政治哲学是虚构的。对于这个看法，我并不感到意外。② 所谓虚构就是各种转叙手法的编织。如果此人原则上是通过“制度正义”的叙事来确定自己与马克思之间那不可缩减的区别，那么这是典型的自由主

---

① 参见李佃来、谌林、张文喜《马克思思想资源中的社会正义》，《中国社会科学》2014年第3期。

② 在“马克思讲座”里，罗尔斯没有将《共产党宣言》列在指定研读的著作中。参见［美］约翰·罗尔斯《政治哲学史讲义》，杨通进译，中国社会科学出版社2011年版，第332页。

义设计。他标举的正义原则只是意谓保障制度，试图让每一个人得到“好处”；然而，这里的任何提法说的都是马克思政治哲学自身目标以外的。在马克思那里，这方面的内容是最少的。克罗普西证实说，斯密拥有“我们当前社会体制设计师”的美称。马克思却拒绝这样的称号。因为，“斯密教导的资本主义学说”，“其中很多基本重点所在”，正是马克思“后资本主义理论”“要争夺的竞技场”。[1] 通过这种争夺，“后资本主义理论”揭开了遮挡斯密的政治哲学视线的经济学秘密。以经济富裕之名，“斯密教导的资本主义学说”在今天并没有让建基于自然自由生活原理本身之上的幸福表现出来。同时，马克思也没有充分将蕴藏在《资本论》中的一种可能的政治哲学发展出来，而恰恰是作为能够实现这种可能性的马克思政治哲学，在自身与现代政治哲学之间造成了一种“误解”的距离：即从批判资本主义生产和消费体系的统治和意识形态宰制到资本主义生产和消费体系的崩溃的距离。马克思政治哲学和方法的本质是对资本主义生产和消费体系的统治和意识形态宰制的批判。假如我们可以像萨特那样将“误解”确定为当前一个时代的特征，那么我们的“同行”对马克思政治哲学的“误解”是难以消除的。

2. 人权概念批判

谈论马克思政治哲学有其独特的困难。譬如说，若要从法权上研究“正义论”或“自由与平等”理想，我们肯定不能求诸马克思。马克思认为，不存在从权利角度对资本主义的批判方法，也不可能存在从权利上支持追求社会变革的方法。这里的关键点不是马克思也用这些术语来思索，而是从其所扬弃了的黑格尔辩证法的高度，马克思会把像蒲鲁东那样的人看成政治哲学上的半吊子的社会主义者，指出他完全把黑格尔辩证法二截化了。今天，我们经常见到的那些人，依傍

---

① 参见［美］约瑟夫·克罗普西《国体与经体》，邓文正译，上海人民出版社 2005 年版，第 132—133 页。

现代政治哲学，珍视马克思所蔑视的一切，却对折磨马克思的问题漠不关心。要么打造出一个对马克思政治哲学的自由主义理解，要么借祭奠自由主义来利用马克思政治哲学。这里发生的不再是“翻译”或“误解”，而是错位或敌意。

就拿人权问题来说，在西方历史上，经过宗教改革、启蒙运动、法国大革命之后，国家首次确立起对人的权利的认可。依某一观点，国家必须保障人权；依另一观点，国家只在所划定的一定范围内保障人权。马克思政治哲学实际上并不承认为人的权利认可的基础（私有制）。对马克思来说，人权是人类历史进程中的侏儒。这一点已经隐含在《人权与公民权宣言》标题的含混性之中。人们常常赞美在当今时代对人的权利的认可，指的似乎主要是超越民族国家的自在的纯粹人之类的权利的进步。表面上看，这样的人权的确在进步，且不可阻挡，但这有什么值得夸耀的呢？这就如同你想夸耀某人，是因为他随个人权利（比方说金钱支配之下消费权利）的增长而变得越来越任性，因而越来越“不是把他人看做自己自由的实现，而是看做自己自由的限制”①。这个过程充分反映了关于人权理论与实践的矛盾。如果再将人权与一个财迷心窍的人的想法和品行联系起来，就更加荒诞了。在开口闭口人权的现代性进程中，“就连类关系本身、男女关系等也成了买卖对象！”② 这样构造起来的社会秩序却宣称承认每个人的尊严。所以，在自由资产阶级思想家、启蒙哲学家那里，关于人权相当有意义的说法，在马克思那里就有些奇怪了，因为他们之间隔着对人权之历史的发现。这实际上意味着并非人权有效力，而是它的意识形态解释有效力。

3. 正义作为非实体存有论、修辞学的概念

我们赞同，政治哲学的主题是正义。有人告诉我们：“正义是社

① 《马克思恩格斯文集》第1卷，人民出版社2009年版，第41页。

② 《马克思恩格斯文集》第1卷，人民出版社2009年版，第53页。

会制度的第一美德，犹如真理是思想体系的第一美德。”① 然而，任何人，只要他经由马克思目光的丈量，便无须将正义理念视为如此高深莫测。相反，这种理解须植根于人类历史理性中某种坚定的和现实的东西。这种坚定的和现实的东西就是，马克思对共产主义社会正义这个概念的本质内容的“特殊表达”。

但何为正义？简单地说，正义是什么的问题不在于它与精确或终极概念相联系，而在于它的界定是经由特殊内容而进行的，“程度上还应比一个法律概念低”。考夫曼曾将正义视为“一个不能再溯及的伦理、法律哲学与社会哲学以及政治、社会、宗教与法律生活的基本概念”②。而之前，唯物史观已经给马克思提供了一种关于社会正义概念的新理解，即社会正义应作为某个关系的观察方式（如“与生产方式相适应”③）的特殊表达（如针对资本主义剥削或社会主义按劳分配等特定内容）被规定下来。这些特殊表达的特定内容会在社会现实中对应于相互区分的特殊范围。例如，依据马克思，在资本主义社会，“不折不扣的劳动所得”是含义很模糊的用语，“无论如何根据公平原则是无法计算的”。所以，脱离意识形态内容的意识形态家虽然可以美化说，只要考虑到公共利益，剥削者占有剩余价值就具有了公正性。但从叙述学角度看，若叙述者的叙述靠不住的话，那必然要影响到他关于正义或不正义的本体论意义上的“真实性判断”；但换层讲述，假如“个人的劳动不再经过迂回曲折的道路，而是直接作为总劳动的组成部分存在着”，就会有力地促进“他以一种形式给予社会的劳动量，又以另一种形式领回来”的公平原则的实现。“于是，‘劳动所得’这个由于含义模糊就是现在也不能接受的用语，便失去了任何意义。”④ 在扬弃私有财产的情况下根本就无所谓“劳动所得”。

---

① Rawls, *A Theory of Justice*, Harvard University Press, 1999, p. 3.

② 参见［德］阿图尔·考夫曼《法律哲学》，刘幸义等译，法律出版社2001年版，第175页。

③ 《马克思恩格斯文集》第7卷，人民出版社2009年版，第379页。

④ 《马克思恩格斯选集》第3卷，人民出版社1995年版，第303—304页。

这里，我们有一层意思是说，正义或者不正义属于修辞学领域的概念，有时它也兼有绝对文本的意识形态虚构性特点。恰如吴晓明指出用“抢劫”“盗窃”来指“做不正义的事情”①，这仅仅是指涉功能。它是由转叙或转喻承担的，因而这样的判断必须通过文字固定下来。这不涉及实体性的判断。但这种修辞表达法，尽管不是放之四海而皆准的，也是最有效的描写方法，它的作用就在于运用对当前事态的描绘，让人想起那些已经消失或尚未临现的（例如，共产主义正义或黄金时代，等等）景象。当然，马克思不停留于此。他认为关键在于，应当探究这种说法以之为构成理论的基础是什么？回答是，更根本的基础乃是历史（变迁）这一文本。历史（变迁）不是在自由选择的情况下形成的，而是在“直接碰到的、既定的、从过去承继下来的条件下”② 形成的。在这个意义上，影响当前和未来的历史的系统逻辑不会也不能被当成批判的对象，正如人无法借助整全、借助起源理解他自己。这种无可救治的不可知乃是“在过去种种冒充的共同体”、“在一定条件下不受阻碍地利用偶然性的权利，迄今一直称为个人自由”③ 没有被消灭的根源；据此，人们可以通过转喻或换喻解释接下来发生的事，即不正义现象是随机发生的，具有任意性、偶然性。马克思说：“只有个人相互之间的竞争和斗争才产生和发展了这种偶然性。”④ 泛泛来说，连工人不同的家庭负担这样的偶然因素也会导致实际所得的不平等（不正义）。

故此，马克思正义论是“聚焦”于“人类社会或社会化的人类”⑤，以便替代囿于“视点”之中的现代正义论，其要义是：它是立于一个超越个体主义正当性的人类社会概念，它是某种以时间和现实变化为

---

① 参见孙麾、陈振明主编《马克思思想资源中的社会公正》，中国社会科学出版社 2014 年版，第 246、240、247、248 页。

② 《马克思恩格斯选集》第 1 卷，人民出版社 1995 年版，第 585 页。

③ 《马克思恩格斯选集》第 1 卷，人民出版社 1995 年版，第 119—122 页。

④ 《马克思恩格斯选集》第 1 卷，人民出版社 1995 年版，第 120 页。

⑤ 《马克思恩格斯选集》第 1 卷，人民出版社 1995 年版，第 61 页。

转移的普遍概念。即便是共产主义社会正义概念，在社会领域里仍指向了一种非常特殊的范围，这种特殊的范围突出表现在“巴黎公社”，尽管在历史上它短暂地取得成功，但对马克思政治哲学而言，那是真正人类历史的序幕。

4. 一个简化的基本原则

马克思所完成的业绩，与洛克等人的正义的建构殊为不同，他并不要求某种正义这样的东西来统一人类社会，不用这一根尺子来量它们的高低。在此，马克思要警告所有相同或相似的处理。依马克思，连共产主义本身也“不是人的发展目标”，“不是人的社会形式”①，因为没有任何有关人的事物是绝对的。当马克思的思想朝向政治经济学批判时，对物质生活的生产方式的研究，看起来要比探究有关把人为条件自身转化为一个历史使命的政治意志来得更为急迫。因为对政治事物的理解必定以对生产方式规定的原理的认识为前提，政治哲学必须在由生产方式规定的边界内构建。早期马克思认识到，正义例如“通过工人解放这种政治形式来表现”，“是因为整个的人类奴役制就包含在工人对生产的关系中”。② 多年以后，马克思把经济从政治中分离出来，经济使政治远离意识形态的阴影。因此，当马克思深入政治经济学之平凡的商品交换中的秘密时，论证了“‘不正义’、‘不平等’与资本主义总体系统在结构上是一致的，并且永远不能被改良”③，所以，资本主义不能为自己建构一个不会沉陷的“房子”（国家）。

在《资本论》之前，马克思还写了一部“西方政治理论的基础和经典之作”即《共产党宣言》，并且在那里提供了一个具体的建议：即应该集中无产阶级的力量寻求更完美社会制度建构和新的共同体的基础。然而，在资本主义无比强大的时代，我们生活的世界可能已然

① 《马克思恩格斯全集》第3卷，人民出版社2002年版，第311页。

② 《马克思恩格斯全集》第3卷，人民出版社2002年版，第278页。

③ 参见［美］弗雷德里克·詹姆逊《重读〈资本论〉》，胡志国等译，中国人民大学出版社2013年版，第118页。

将其转化为意象，使之对人类世界有所裨益却与现在人类分开。肯定地说，共产主义社会的正义原则不可能从别的基础中推导出来，而只能通过辩证地理解历史唯物主义基本原则来建构。按照政治（哲学）的基础是经济学而不是哲学的观点，就应当正确理解如下一种比拟的辩证关系：上层建筑之于经济基础，犹如孙悟空之于如来佛的手掌心。这种比拟的意思是，一方面，马克思所谓的上层建筑反作用要比孙悟空更强大，更有力，因此，它有可能造成革命性突变，造成社会秩序变更。上层建筑（例如主流思想、制度）与经济基础之间并不存在某种先验式的决定论联系。上层建筑是好是坏的规范性（顶层设计）问题是不可回避的。另一方面，经济基础是某种客观实在的东西，它确实是隐喻着理解社会现实和社会潜能的关键所在。在考察资本主义社会时，生产方式的概念显现出特殊重要性。“因为已经发育的身体比身体的细胞容易研究。”① 资本主义社会对生产方式的基础作用比较自觉，以往的其他社会形态尚未对之自觉。一旦我们领会了这个观点的重要意义，马克思便更容易让我们看到，他对生产方式未来的作用有信心。在他对资本主义社会的描写中，这只如来佛手掌变成可以易于反转过来的手掌。这种寓意揭示了资本主义秩序颠覆的逻辑：在这个世界中，“一切固定的僵化的关系以及与之相适应的素被尊崇的观念和见解都被消除了，一切新形成的关系等不到固定下来就陈旧了”②。马克思由此揭露了关于同一性观念、这个世界是稳定而真实的观念、自我（例如资本主义）认知的观念的矛盾。

5. “自由人的联合体”

我们今天怎样才能构想出“自由人的联合体”。在马克思那里，这跟“联合起来的个人对全部生产力的占有”，并且这种“占有”“必

---

① 《马克思恩格斯文集》第5卷，人民出版社2009年版，第8页。

② 《马克思恩格斯选集》第1卷，人民出版社1995年版，第275页。

须带有同生产力和交往相适应的普遍性质”[1] 的证成有关。从根本上说，因为个人身上总有某些东西无法被世界社会满足：对真实、神圣、崇高的渴望。这渴望表达在共同体的理想中，但所有先前那些理想已被证明与那些并非世界社会的国家相关。因此，所有这些理想并没有帮助人们构想出真正的普遍性。马克思的思想让我们感觉到普遍性证成，是经由特定的不满变成普遍的不满，再经由这种普遍不满来形成真正共同体或扬弃虚幻共同体。仅有一种联合了所有人的共同体，才能实现此一普遍性承诺。但如果有人认为我们的时代是最“好的”，那么它就是悲剧的。所有现存共同体的根基都被朝向专注于修建一个牢不可破的窝（国家）稳步地破坏着。马克思政治哲学要实现此一普遍性承诺，就要将国家视为一种“工具”，通过这种工具把特殊性变成真实的普遍性。[2] 易言之，“自由人联合体”是不需要国家的。

但迄今为止我们都不能处于这样的境地，对国家的“克服”似乎终究是一种普遍承诺。它的意思是，倘若在世界社会里出现了某种普遍的“克服”国家的方式，就像无政府主义理解的那样，那就会出现问题的另一方面，即只会损害社会性。这样，倘若我们世界社会真往那个不需要国家的方向走过去呢，就需要借助国家这一“工具”，就如同整个世界上迄今为止任何一种生产力的普遍“占有”不能不借助于作为力量的国家权力系统的合法化（包括对货币系统产生信任）。德国国家学说的发展曾经表明，国家是“公民生活最稳固的柱石”，是“一切人类事务的总体”[3]，国家在组织上还能够对价值的各种特殊表达和特殊范围给予充分了解，还能够对具体的社会利益加以确定、

① 《马克思恩格斯选集》第 1 卷，人民出版社 1995 年版，第 129 页。

② 政治哲学主要关注的是国家。这种老生常谈还有很多，譬如诺齐克的《无政府、国家和乌托邦》，它把政治哲学的问题归结为国家是否应当存在的问题。马克思政治哲学第一个值得商榷的特征是，大多数马克思的评论者，试图在任何一个国家都负载正当性证明来否认马克思政治哲学存在的根据。

③ 参见［德］卡尔·施米特《政治的浪漫派》，冯克利等译，上海人民出版社 2004 年版，第 108 页。

修正、改动和引向“公平”的分配。所以，马克思的时代正是西方诸民族国家政治空间高涨的时代，“不需要国家”似乎已经超出了他的时代的实际情况。问题如果这样想过来，“自由人的联合体”就是虚构的。然而，存在一种符合这种普遍性承诺的语言功能，“这就是修辞，它是虚假普遍观念的供应者”①。此外，马克思一边说“自由人的联合体”不需要国家，一边自己又承认“在目前的意义上”这种社会是不切实际的。② 这又使得“自由人的联合体”只是扭扭捏捏地成为对国家存在的否定。这是否属于马克思在自己的时代面前认真地维护起国家存在的真实性呢？民众意见可能会倾向于这样认为，而对于我们来说，这是马克思力图实现自己向民众描述“崇高”的理想（政治国家消亡）的方便接引。唯一的诉求只在于寻求一条出路。那种出路，马克思也没有取得多少进展。假如“国家消亡”的社会这条路的结果确实值得向往，民众迟早会走到那边去的，所谓生活会按照自己的规律发展下去。

综括地说，所谓“自由人的联合体”不需要国家，究竟指的是什么呢？如果它本身仅仅是在讽喻，仅仅让人产生模糊不清的认识，并影响民众的“真实性判断”，就会在所有文学中看到它的痕迹。但又有谁不会认为，这一思想已然属于19世纪乃至整个人类世纪不可分割的部分？这样，“自由人的联合体”应当意指，让我们走到人类社会的另一边去，走到参照某种与其他神话（例如古希腊政治神话）相比照的对面去。在此处，就是指某个我们大家所不知道（熟悉）的地方。对这个地方，马克思当然也没有可能作具体说明，但是，一旦我们大家对自己以及人类的命运作深入思考，想必就能理解这一点——马克思“不承认现有形式的共产主义思想具有理论上的现实性，因

① 参见［法］保罗·利科《从文本到行动》，夏小燕译，华东师范大学出版社2015年版，第424页。

② 《马克思恩格斯选集》第3卷，人民出版社1995年版，第289页。

此，更不会期望在实际上去实现它，甚至根本不认为这种实现是可能的事情”[①]，从叙述角色变换意义上来看，如何越界擅入幻想世界与现实世界之间的边界，从哪里找到共产主义思想的现实性，这才是马克思政治哲学的焦点。

结　论

今天，马克思政治哲学的参照系如果是资产阶级意识形态所指称的“共产主义”，那么它就从根基上被动摇了。然而，对于恰切地理解马克思的思想来说，这些反动观点所依赖的基础太微不足道了。对我们而言，它的信誉有赖于它对特殊情况和具体情况的阐释具有足够的越界擅入意识（灵活性）。

（原载于《江海学刊》2015 年第 6 期）

① 《马克思恩格斯全集》第 1 卷，人民出版社 1995 年版，第 295 页。

学派篇

论学派

——兼及我国马克思主义哲学研究中的学派问题

宫敬才

学派及其产生和特点

何谓学派?《现代汉语词典》解释说,所谓学派是“同一学科中由于学说、观点不同而形成的派别”。这样的解释易于被人理解但神韵展露不足。笔者不揣浅陋,冒昧地再下一个定义。所谓学派是由不同学术个体研究个性的彰显和聚合而形成的社会性团体。新定义强调,应把学术研究个性的彰显和聚合而非具体化层面的不同学术观点放到突出位置。“派别”的称谓易于引起误解,人们会用联想的方式把学派与宗派混同起来。用社会性团体的称谓代替派别的称谓就可避免联想和误解。

学派是怎样产生的?有两种方式回答这一问题。第一种是历史学方式。它通过考据、搜证、梳理和归纳等方法再现某一特定学派的产生和流变情况。这样的学派产生和流变史并不鲜见,马克思主义哲学史就是这种类型。[①] 这种方式可以较为真实地再现某一特定学派的历

① 此处说马克思主义哲学是一个学派的哲学并无贬低之意,恩格斯就曾说马克思和自己是“在劳动发展史中找到了理解全部社会史的锁钥的新派别”。参见《马克思恩格斯文集》第4卷,人民出版社2009年版,第313页。

史，但也有无能为力之处。一般意义的、作为社会历史现象的学派如何产生的问题，由于人力、物力、精力和时间的约束，历史学方式无法完成这一任务，没有哪一个历史学家能够做到这一点。第二种是哲学方式。历史学方式表示存在和大显神通的地方是哲学的禁地，后者不应陷于具体的事例而不能自拔；哲学方式表示存在和大显神通的地方，恰是历史学方式的无能为力之处，否则，它会成为历史学而不再是自身。只有哲学出场并发挥作用，才能真正解决作为一种社会历史现象的学派如何产生的问题。

伽达默尔的哲学解释学对中国学界影响最大者是视界融合的观点。具体化这一观点，我们便能捕捉到哲学意义上学派如何产生的内在机理。

文本的存在是学术研究的前提，无文本便无学术。此处的文本可以是纸介质的文献，物质形态的文物，电子介质的各种信息，或存留于人们生活方式中的习俗和仪规。文本一旦进入学术研究者的视野成为品读对象，呈现出来的内容会因不同的学术研究者而异。同一部《红楼梦》，有人读出阶级斗争，有人读出爱情悲剧，有人读出宫廷隐史。这样的事例证明笔者的观点并不荒腔走板。

文本中内容不确定性的原因是学术研究的主体各不相同。在微观层面，个体性的学术研究者在知识背景、学术志趣、领悟能力、下功夫深浅、所要解决的学术问题甚至所要满足的心理需求等各不相同，因而在同一文本中所能读出来的内容就会各不相同。在宏观层面，学术研究者所处社会历史的客观情势、生活地域、所属民族和秉持的文化传统等各不相同。这些因素不声不响却强劲地发挥作用，使不同的学术研究者在同一文本中读出来的内容各不相同。

站在哲学的层面看问题，上述的“各不相同”只具有相对意义的正确性。坚持绝对“各不相同”的立场就会陷入相对主义，结果是作为职业的学术研究失去存在价值。真实情况与此相反，学术观点基本相同的情况同样是客观事实。不同学术研究者观点的基本相同，使作为个体存在的学术研究者逐渐地彼此靠拢以至于聚合；相近者会朝两个方向发展，由相近者变为相同者或是与此相反结果的出现。

相同学术观点者的聚合有程度不同的差别。程度高者会表现出团体的样貌和神情。与依制度规定而来的团体如政治组织、经济组织甚或宗教组织相比，作为学派的团体缺乏固定性，内部成员间的约束性较差，其产生和消失显得更随意一些，但在外人看来，这种学术观点相同者的聚合已经能称其为团体了。

学术观点相同者的聚合是个过程。在这一过程中，学术才能、学术成就和学术名望高且具有组织协调才能者成为团体的“旗帜”和“舵手”，即熊彼特意义上的“宗师”；在这两个方面稍逊者成为团体的骨干；其他人以及刚进入团体者则成为普通成员。这样，一个学派便产生了。

作为一种社会性团体的学派具有自己的特点。

第一，学派是学术性团体，与政治、经济或宗教团体相区别，在追逐目标上可以明显地看到这一点。学派的直接目标是学术个性的彰显和学术成就的展示，客观效果则是学术的繁荣。政治、经济或宗教团体也有自己的追逐目标，但它们与学术目标有本质区别。政治团体的目标是权力，经济团体的目标是利益，宗教团体的目标是扩大信众规模，唯有学术不在它们的追逐之列。

第二，学派是特殊的学术研究实践。学派产生于学术研究实践中，目的是服务于这一实践。同为学术研究实践，有人以个体的形式进行，有人以临时组合的项目组的形式进行，项目完成后临时性的组合便告解体。学派的学术研究实践与上述二者有别。相对于个体研究者而言，它以团体的形式进行学术研究；相对于临时组合为项目组的学术研究而言，它并不依一时一地的项目研究及其完成而存废。学派的学术研究有时会集体攻关，这时与项目组类似，但它的产生和存在首先是自然而然的过程。

第三，学派是隐性的学术体制。大学或研究机构是显性学术体制，它们依明确的制度规定而产生。由此说，显性学术体制是人为规定的结果。与此形成鲜明对比，依制度规定而来的学派并不存在。虽然学派是自然形成的结果，但它和显性学术体制一样，同样能出成果、出人才，以出成果和人才的形式服务社会。有时，隐性体制在客观效果上好于显性体制，如节约制度成本，较少成员间的摩擦。这样的事实表明，学派确实是学术体制，其特点是隐性。

第四，学派具有久远的社会历史性影响。中国传统文化的主要基因是先秦的诸子百家。子者为宗师；家者，学派之谓。从源头的意义上说，离开诸子百家便无传统文化。到现在为止，中国人还是直接或间接地受传统文化影响，被这一文化所左右。与此相对照，诸子百家时代的其他社会团体如政治团体或经济团体，现代人能知道多少？对现代人有什么影响？它们早已消逝于人们的视野之外。西方文化的源头之一是古希腊。在它的存续期间，学派林立，百家争鸣，形成了灿烂辉煌的古希腊文化传统。那些学派中的代表性作品如柏拉图的《理想国》或亚里士多德的《政治学》，直到现在仍是经典中的经典。经典中的经典产生时代的其他社会性团体例如政治性团体呢？早已在历史的长河中灰飞烟灭。

学派的判定标准

学派的存在是社会历史性事实，从古至今，始终未变。它的本质性规定之一是社会性团体。社会性团体何止千百万，种类和名目之繁多让人眼花缭乱。如何从这样或那样的社会性团体中区分出同样是社会性团体的学派？这便涉及学派的判定标准问题。西方经济学中的“独行大侠”熊彼特在讲到学派问题时说，“从我们的意义来说的学派：有一个宗师，一个学说，私人之间的结合；有一个核心；有势力范围；有边缘末梢”。[①] 在另一个地方，他又以文学笔法重谈这一话题：“我

① ［美］约瑟夫·熊彼特：《经济分析史》第2卷，杨敬年译，朱泱校，商务印书馆1992年版，第141页。

们一定得记住，真正的学派是社会学上的实体——活生生的存在。它们有自己的结构——领导者与追随者之间的关系——它们有自己的旗帜、战斗口号、精神状态、人情味过浓的兴趣。学派之间的对抗属于集团对峙与派别斗争的一般社会学范畴。胜利与征服、失败与丧失阵地，这些事情对这些学派来说是很重要的，与它们的生存休戚相关。”① 后一段文学笔法的描写以德国历史学派与奥地利学派之间有损儒雅且你死我活的激烈论战为摹本。作为曾经的奥地利学派成员之一的熊彼特感同身受，所以才写得这么活灵活现，虎虎有生气。综合上述两段话我们便会明了，判定学派的大部分标准都已隐含其中，缺点是语焉不详，难以让人领略其中之神妙。

第一，学派具有自然形成且以学术为旨归的组织结构。就像武林中的门派一样，宗师是少不了的，但骨干同样是学派得以形成和存在的必要条件。往下，便是第三层级的成员，用熊彼特的话说是“边缘末梢”。后者是跟随的人和刚加入学派的人。这是一个金字塔型的组织结构。与其他组织结构不同的是，学派的组织结构是自然形成而非专制政治制度中的委任或民主政治制度中的选举。另一个区别也明显可见，学派的组织结构得以形成，完全以特定的学术观点为前提、为基础、为核心。

第二，学派内部成员之间的关系具有拟亲情的特点。熊彼特在讲到重农学派时为我们揭示出这种关系的特点：“这些人在学术上、在个人关系上形成一派，总是集体行动，互相标榜，共同奋斗，每个人都在集体宣传中尽自己的一份力量。即使他们没有超过科学上的一个派别，他们实际上也充分表现了这种社会学现象的性质。他们是统一在可以说是一个信条之下的一个集团。”② 概括地说，这是由拟亲情而

---

① ［美］约瑟夫·熊彼特：《经济分析史》第 3 卷，朱泱等译，商务印书馆 1994 年版，第 97—98 页。

② ［美］约瑟夫·熊彼特：《经济分析史》第 1 卷，朱泱等译，商务印书馆 1991 年版，第 336 页。

来的集体主义精神。在我国，流行于学界的一些称谓就鲜明地表征出了这种关系特点，如师兄师姐和师弟师妹。

第三，学派具有特定的研究方向或研究风格。特定的研究方向或研究风格不过是熊彼特“有一种学说”的另一种表述。把这种表述具体化，便是学术意义上学派之所以为学派、某学派之所以为某学派的独特之处。对比分析的马克思主义和结构主义的马克思主义两个哲学学派，关注各自对所持观点的一套说辞，我们便能领略到此处的研究方向或研究风格到底何谓。前者的要害在“分析”，科恩对生产力概念的分析可为例证。结果可想而知，作为哲学的历史唯物主义被“分析”成了“以经验为根据的科学理论”。[①] 后者的要害在“结构”，阿尔都塞对社会历史结构的强调旨在凸显阶级斗争的无时不在和无处不在，借以反对青年马克思的人道主义思想，以至于教育机构成了灌铸特定意识形态倾向的“社会水泥”，是不折不扣的阶级斗争“断杀”场所。二者的研究对象都为历史唯物主义，但由于“研究方向”或“研究风格”不同，我们所见到的是学派化后具有巨大差别的历史唯物主义。

第四，学派有独具特色且叫得响的研究成果。学派之所以为学派，有成果是情理之中的事情。这样的成果必须具备两个特点才能成为使学派产生和存在的前提条件。首先是成果独具特色，阿尔都塞的《保卫马克思》一书可为例证。它几乎是无中生有地在马克思的思想行程中“诊断”出“断裂”之处，“断裂”之后的马克思思想是“科学”，之前则是带有费尔巴哈痕迹的资产阶级意识形态。这样的理解思路让人震惊，紧随其后的是第二个特色的出现，阿尔都塞的高调出场和名声大震，结果是结构主义马克思主义学派的诞生。两个特点标示了结构主义马克思主义学派的独特之处，但如果没有《保卫马克思》一

① 参见［美］威廉姆·肖《马克思的历史理论》，阮仁慧等译，重庆出版社 1989 年版，第 2 页。

书，或许还要加上《读〈资本论〉》，人们便不知道结构主义的马克思主义学派到底为何物。

第五，学派的学术主张具有实实在在的影响。这里的影响在三个层面上表现出来。一是学科范围内，二是除本学科外还波及其他学科，三是不仅具有学术性影响，而且还具有社会性影响。不同学派的影响范围不一样。维也纳学派的影响基本局限于科学哲学范围之内，芝加哥学派的经济自由主义在法学和政治学两大领域旗帜飘扬，而法兰克福学派的思想，在学科内、学科外和社会生活三个层面都高歌猛进，谁也不能无视这种影响的客观存在。这样的事例表明，学派的产生和存在与其学术主张的影响之间是正相关关系。

第六，学派不是宗派。学派的旨归是学术，它以出成果出人才的形式服务社会，据此我们才说它是社会性团体。学派当然也有自己的利益性考虑，如争取更多的学术资源，获得更大的学术名望，占有更重要的学术话语权，掌控更多的工作岗位。但所有这一切利益性考虑，变为现实的前提条件是服务社会的效果出色。与此相反，宗派虽为团体，但更具有私人性质。它的眼中只有利益，团体的结成是为了获取更大的利益或更高效地获取利益。至于服务社会如何和获取利益的手段正当与否，是宗派不会顾及的问题。对比性的梳理明证可鉴，学派不是宗派。

学派与学术发展

中西方的学术演进史表明，学派林立的时期是学术大繁荣和大发展时期，反之，则是学术沉寂甚至倒退的时期。中国的春秋战国时代学派林立，表现出来的是百家争鸣和百花齐放，结果是积淀下来的学术成果直到现在还是中国人受用不尽的思想资源。封建王朝时期的政策是“罢黜百家，独尊儒术”，才高智强的人们把精力和时间耗费在注疏已有经典上，结果是再无原创性的思想成果问世。古希腊的学术状况与中国春秋战国时期的类似，结果是储备了直到现在仍被西方人津津乐道、确实也受用不尽的思想资源。其后是间隔古罗马、延续千年左右的中世纪，基督教神学独霸学术领域，除神学外再无其他学术。上述的学术演进史事例表明，学派的产生和存在与学术发展之间是正相关关系，学派的产生和存在是学术发展基本性的前提条件。

为什么说学派的产生和存在是学术发展的基本性前提条件？造成学派产生和存在与学术发展之间正相关关系的原因何在？

第一，学派一旦产生，便是客观性的存在。自身性的存在是事实，但是否能继续存在下去，则取决于两个前提条件：特定的社会生活环境和特定的学术环境。在两种环境都允许的情况下某一学派能否继续存在，这就要看学派自身的情况了。为了能够继续存在就要不断地创造继续存在的条件，条件的创造成为学派内在的压力。这样的压力是动力，它激发学派内的成员积极向上，创造性地工作，不断地相互协调和切磋。继续存在的条件确实创造出来了，表现形式是各种各样的学术成果。学派内的成员有一种自我实现感，为此高兴和自豪。或许他们没有自觉意识到客观效果，但却实实在在地推动了学术发展。这正好应验了西方源自《圣经》的话，“他们没有意识到，但他们这样做了”。

第二，学派内的成员不是机械性存在，而是各有想法和抱负。想法和抱负的外在化是行为，行为的具体内容是学术研究。学术研究的能力有大有小，学术研究成果的水平有高有低。这样的差别必然造成一种学派内的客观情势，成员之间谁也不服谁，都认为自己比别人技高一筹。自然而然的结果出现了，每个学派内的成员都暗使劲，使暗劲，生怕被别人比下去。彼此比较的标准无他，只有学术研究成果的水平高低和数量多少。这种学派内的自由竞争迫使不同成员之间以学术研究成果为凭据一决高下，他们没有心思去想的客观效果随即出现。学派的实力增强了，学派的影响力扩大了，一个学科的学术研究水平被推进到更高的档次。

第三，学派是比较性概念。只有在某一学科或某一领域中有各不相同的学派存在，某一学派才能被称为学派。不同学派之间的关系首先是相互竞争的关系。为了在竞争中立于不败之地，起码是不被其他学派“打垮”，一般都会从事三个方面的工作。其一是苦练学术内功，挖掘每个成员的学术潜力，提高每个成员的学术品位。其二是加强学派内不同成员间的组织与协调，把集体攻关的潜力变为整体性的竞争力。其三是快出成果，出好成果，让成果在竞争对手面前“说话”。说得漂亮不如把高水平的学术研究成果放在竞争对手面前更为强劲有力。在学术研究成果面前，不服也得服，否则，你就必须拿自己的学术研究成果来说话。不同学派之间的竞争形成一种巨大的张力，正是这种张力，逼迫参与竞争的学派既要增强自身的学术实力，又要奉献高水平的学术研究成果。这两者的客观效果明显可见，它们各自以特有的方式推动了学术发展。

话说至此，有一个问题不得不论及。学派产生和存在与学术发展之间的正相关关系具有绝对性吗？辩证地看待问题，答案只能是否定的。不创立学派的个人，只要具备相应的前提条件并作出努力，同样能推动学术发展。我们仍以西方经济学中的熊彼特为例证说明问题。他曾是奥地利学派的成员，但极力反对创建自己的学派，“我从未想过要创建一个熊彼特学派，它不存在，也不应该存在。经济学不是哲学而是科学，因此在经济学领域不应该存在任何学派”①。作为“独行大侠”的熊彼特以在西方经济学历史上留下深刻痕迹的学术成就推动了这门学术的发展。我国的创新成效另当别论，但创新一词则是流行到人们耳熟能详的地步。殊不知，这一西方经济学中的重要范畴是他在1912年出版的《经济发展理论》一书中首先提出和论证的。② 又

---

① 转引自［美］洛林·艾伦《开门——创新理论大师熊彼特》，马春文等译，吉林人民出版社2003年版，第338页。

② ［美］约瑟夫·熊彼特：《经济发展理论》，何畏等译，张培刚等校，商务印书馆1990年版，第73—74、103—104页。

如，他三大卷的《经济分析史》从科学方法论角度再现古希腊以来西方经济学的发展轨迹，其学术水平之高，直到现在仍是治经济思想史者无法逾越的高峰。例证表明，学派产生和存在与学术发展之间的正相关关系只具有相对意义，绝对化的理解不符合学术演进的历史实际。

我国马克思主义哲学研究中的学派问题

如果从五四运动算起，我国对马克思主义哲学的接受和研究已有近百年的历史。改革开放后，研究状况大变，作为这一过程的亲历者和参与者都感同身受。以这种情况为背景提出并回答如下问题，或许会对反思当下的马克思主义哲学研究具有启发意义。我国目前的马克思主义哲学研究中有学派存在吗？如果对问题作出肯定性回答，那么，学派存在的意义何在？

为了回答第一个问题，笔者首先进行例证性描述，然后再利用学派判断的标准加以检验。北京大学的黄楠森先生是我国马克思主义哲学史研究的主要开创者，他领衔主编的八卷本《马克思主义哲学史》，不仅创造了篇幅的世界之最，而且产生了相应的国际性学术影响，相伴而行的结果是马克思主义哲学史成为与哲学原理和马列经典著作并立的哲学系骨干课程。伴随这一过程成长起来的两三代专门性人才对我国的马克思主义哲学研究作出了巨大贡献。北京师范大学的袁贵仁先生是我国马克思主义哲学价值论研究的主要开创者，其代表作《价值学引论》直到现在仍是这一研究领域不可越过的参考文献。从此以后价值论内容成为马克思主义哲学原理教科书的有机组成部分。同时，价值论研究向其他领域拓展，如经济价值观研究、政治价值观研究、法律价值观研究等。另一种结果也明显可见，一大批马克思主义哲学价值论研究的专门性人才成长起来，正在为我国马克思主义哲学研究的领域性拓展作出新贡献。南京大学孙伯鍨先生的《探索者足迹的探索》以经典文献为研究对象，对马克思主义哲学形成内在逻辑的揭示，启发了无数人，其弟子“回到马克思”的主张受其影响而提出是有迹可寻的事实。现在，南京大学已是国内马克思主义文本研究的学术重镇之一。武汉大学的陶德麟先生始终致力于马克思主义哲学中国化研究，在人才培养、出高水平的成果和启导他人诸方面总是处于领风气之先的位置。任平先生长期致力于马克思主义哲学出场学的研究。研究的动态提升是在范式层面反思中国的马克思主义哲学研究进程及其结果。这样的反思为中国马克思主义哲学研究事业所必需。从目前情况看，以任平先生为“宗师”的研究团队正有板有眼地向自己的目标进发，富有自己特色的研究成果不断出现，其独特的学术影响正日升日隆。①

从上述五个例证中能捕捉到什么样的学派性信息？其一，有宗师和研究团队；其二，有研究方向；其三，有高水平的学术研究成果；其四，有标志性或说较大且能延续和扩展的学术性影响。用上已述及的学派判断标准衡量，我们可以斗胆地说五个例证就是五个学派。如果为其命名，可称其为我国马克思主义哲学研究中的通史学派、价值论学派、文本学派、中国化学派和范式或叫反思学派。这样的结论只是性质判断，它回答了我国马克思主义哲学研究领域中是否有学派的问题，但没有告诉我们，在统计学意义上我国马克思主义哲学研究领域中有多少学派？各自的特点是什么？有可能发展的趋势是什么？这样的问题有待回答，也必须回答，否则便不能全面和准确地回答我国马克思主义哲学研究领域中的学派问题。鉴于此，笔者的观点如下：上述结论提出问题的意义大于回答问题的意义，真正地回答问题，有待于笔者和他人的共同努力，尤其是在实证性研究方面下功夫。

---

① 上述五个例证只是笔者个人的感悟。如果有同人因自己心仪的对象没有被作为例证加以界说而表示不同意见，笔者的态度表白如下。其一，同人们应怪笔者才疏学浅，对情况不够了解，但绝对没有刻意褒或贬的用意，因为这里只是举例子以便更好地说明问题。其二，我国马克思主义哲学中的学派问题尚未进入人们的学术视野并进行研究，此为有待开垦的学术处女地。有志于此的同人完全可以一试身手，用有理有据的研究成果说话，以便为我国马克思主义哲学研究中的学派问题研究助一臂之力。

我国马克思主义哲学研究领域中学派的产生和存在，使这一领域中的学术研究水平有了质的飞跃，如下事实可资为证。

第一，不断拓展出马克思主义哲学研究的新领域。与改革开放前的马克思主义哲学研究相比，马克思主义哲学史、马克思主义哲学价值论、马克思主义哲学研究向文本的回归、马克思主义哲学中国化和马克思主义哲学范式论等，都是马克思主义哲学研究的新领域。改革开放前也有类似性研究，如对《矛盾论》和《实践论》以及其他经典著作的注释。但是，从规模、被关注度、相对独立性和具体内容的揭示诸方面，二者不可同日而语。尤为重要者，作为例证的上述学派是在“学”或“论”的层面提出和研究问题。

第二，马克思主义哲学研究的内容不断得到深化。改革开放前的马克思主义哲学脱胎于苏联的马克思主义哲学教科书，其内容包括对经典著作的理解和解释，以此为限。改革开放后情况大变。伴随马克思主义哲学研究领域的拓展，其内容的深化成为客观事实。这可以以对马克思主义哲学本体论的认识为例证。改革开放前，我们的认识局限于物质哲学本体论，并没有想到结合马克思文献理解马克思主义哲学本体论问题。改革开放后的研究已使我们深化到实践本体论进而劳动哲学本体论的深度了。①

第三，高水平的学术研究成果和人才不断涌现。这首先是个性质判定和统计学问题。尽管如此，如果从质量和数量两个方面着眼，对比改革开放前和改革开放后的情况，认可“高水平的学术研究成果和人才不断涌现”的判断并非难事。这里仅举一例，目前我国能阅读外文文献，尤其是德文文献的哲学工作者数量是改革开放前无法相比的。此处的“难事”是有待探讨的问题，上述结果的出现与马克思主义哲学研究领域中学派的产生和存在有直接关系吗？从成果的示范效应、

① 对劳动哲学本体论的详细论证和说明，请见宫敬才《诹论马克思的劳动哲学本体论》，《河北学刊》2012 年第 5、6 期。

宗师性人物学术影响的施放和人才的扩散几个方面的情况看，对问题作出肯定性回答并非过分之举。

基于如上的认知和分析，笔者斗胆提出如下观点：应把我国马克思主义哲学研究领域中的学派问题单独提出来并自觉地进行研究，尽快使其成为相对独立的研究领域。如此做的意义如下。其一，有助于更高层次和更有教益地反思过去。这里的“过去”指称新中国成立以前的马克思主义哲学研究和改革开放前的马克思主义哲学研究。其二，有助于更清醒地认知现在的马克思主义哲学研究。此处的“现在”指称改革开放以后的三十多年。其三，有助于更有底气地瞻望未来。此处的“底气”指称的内容为：在更可行的意义上察知我们的努力方向和达到理想目标所能采取的实现形式。此处的实现形式主要是呵护和培养现有学派的发展壮大，更注重促生和培育新学派的产生。

（原载于《江海学刊》2015 年第 2 期）

作为学派的出场学

孙利天

改革开放至今已近40年，中国马克思主义哲学研究在这段“黄金时间”里，涌现出诸多重大的理论成果，包括高清海先生对马克思主义哲学原理教科书的改革、哲学观念的变革；张异宾教授“回到马克思”的呼唤；任平教授的“出场学”……坦率地说，对于中国学派和任平教授的出场学，我还是有所了解的，但是了解得并不是很多。

2007年，高清海先生去世3周年时，我写过一篇文章，叫《中国曾经有过高清海哲学学派吗?》①，文题末用的是一个问号，这是由于我对这个话题还是缺少把握。其实那时我对这个话题有过一些思考，也有一些心得体会，其中一个就是20世纪国外的一些成功的学术研究机构和学派，它可以为我们马克思主义哲学研究的中国学派的形成或建立提供一些经验或启示。笔者在那篇文章里还特别强调像法兰克福学派、维也纳小组、芝加哥学派、法国年鉴学派等，他们都具有一个突出的特点，即有一个鲜明的研究纲领，而这个研究纲领是建构一个学派的灵魂与核心。从一个稳定的研究纲领方面来说，高清海先生并不能形成学派，因为他自己一直在不断地变化着，从以认识论的性质

① 孙利天:《中国曾经有过高清海哲学学派吗?——纪念高清海先生逝世三周年》,《吉林大学社会科学学报》2007年第6期。

去重新理解马克思主义哲学并改革传统哲学原理教科书体系出发，到后来用实践观的思维方式去理解马克思哲学革命的实质，最后到对马克思哲学类思想、类哲学的理解。[①] 我认为，高清海先生在不断地自我否定。他在不断地自我批评和自我否定中展现出对马克思主义哲学的不同理解。所以，按照学界对哲学学派的规定，只有不同时期的高清海的哲学思想，而并未有过高清海哲学学派。但是从高清海先生给我们学术界留下的九卷本《高清海哲学文存》，到在先生的辛勤培养下，现今活跃在马克思主义哲学研究领域的一大批学生群体，似乎又可以说中国马克思主义哲学研究有一个高清海学派。从另一个方面看，一个学派所显示出的研究风格和个性，也可以是形成学派的一个标识。在这一点上，高清海先生又有他稳定的研究风格和研究个性，比如说他不断地自我否定、不断地自我超越。高清海先生常常要求他的研究生，要用自己的头脑去“笨想”，脱离哲学文本，用自己的语言去陈述、去思考、去创新。因此，要进行哲学理论创新，就要先否定自己已有的思想，超越自己，这样才能超越前人。另外，国内的有些学者重视某些学派的师承性、地域性、问题性等，这些都是形成学派的一个特点。因此高清海先生这个学术团队的师承关系，也可以理解成是一种学派性特点。从高清海先生到我们这一代，再到我们的博士生，一般的就已经有两三代人的连续。一个学派的真正形成需要几代人连续从事这种工作，将这样的工作当成一个传统传承下去，才有可能形成一些有标志性的、有重大影响的，甚至能具有一定国际影响的研究成果。

形成一个学派，最难捕捉和确立的就是研究纲领，即一个学派的思想和灵魂。吴晓明教授的那篇文章——《“中国学派”如何真正成为现实》，其中提到了三个前提：第一，要彻底摆脱“外部反思”式

① 孙利天：《中国曾经有过高清海哲学学派吗？——纪念高清海先生逝世三周年》，《吉林大学社会科学学报》2007 年第 6 期。

的主观思想；第二，依循由中国社会现实而来的客观需要和基础定向，实际地形成外来学术大规模的中国化；第三，必须经历“文化结合”的艰苦锻炼[①]。这三个前提对我们中国学派的形成，特别是对任平教授出场学的研究纲领的提取与凝练是非常重要的。因此，要形成今天的马克思主义哲学研究的中国学派，就必须要面对中国问题、中国道路、中国经验，这在当今中国是无可回避的。而怎样把中国问题、中国道路、中国经验以一种理论范畴的形式加以预见？简言之，这样的学术工作就类似于我们写论文时所提炼出的关键词。那么怎样才能有我们自己的关键词？怎样才能提取、凝练出最为精确的关键词呢？据此而言，关键词不是可以随意想象、建构、创造的，它必须是黑格尔意义上主客体统一的概念，是一个有生命的概念，是一个能够客观表达事情本身具有自身逻辑的自我否定、自我扬弃、自我发展的概念。它也是一个概念的体系，它也必然表示一个概念的体系。

任平教授提出的这个出场学，让我回忆起高清海先生哲学研究的根本方向和目标——创造中华民族自己的哲学理论。海德格尔有过这样的宣言，一切伟大的事物都只能以伟大作为开端。高清海先生当时受到吉林大学前身东北人民大学哲学教研室主任刘丹岩教授的影响，较早地摆脱了教条主义学风的影响，并且于1957年发表了《论辩证唯物主义与历史唯物主义的关系》，从此开始了长达四十多年对传统哲学教科书的批判和改造。高清海先生在多年的马克思主义哲学教科书体系改革中逐渐认识到，当时我国使用的苏联模式的教科书体系是适用于计划经济的哲学，而我国改革开放就是要破除苏联模式的计划经济体制的樊笼。因此，在哲学层面上，必须加紧改革苏联模式的传统哲学教科书体系的步伐，以保证改革开放更好地进行下去。高清海先生摆脱苏联学者的教条主义学风的影响，进行符合哲学本性的独立思考，用了五年时间，编写了《马克思主义哲学基础》一书，重新阐述

① 吴晓明：《“中国学派”如何真正成为现实?》，《中国社会科学报》2016年3月17日。

了马克思主义哲学原理，对我国马克思主义哲学研究具有非常重要的意义。① 任平教授提出的这个出场学可以说是我国马克思主义哲学研究发展到一定阶段的产物，是我国哲学研究工作者实力自信的象征。

2012 年，我在《中国社会科学报》发表了一篇题为《寻求和凝练当代哲学的中国元素》的小文章。在那篇文章中提到，当代我国哲学界对西方哲学的了解和研究，已经远远超出西方对中国的了解。现代西方哲学的主要流派、作家，像尼采的超人哲学、胡塞尔的现象学、海德格尔的存在主义、萨特的存在主义等，中国几乎都有人研究，少数专家可能已经不逊于西方专家的水平。我国的哲学研究已经积累了许多本土化、原创性的理论成果，已经为世界哲学贡献出中国特有的思想资源。② 所以当时大家都热议让中国哲学社会科学走向世界，让世界了解、研究中国特色、中国风格、中国气派的当代中国哲学。为此，就需要我们耐心地寻求和凝练当代哲学的中国元素，需要我们更加深入、精确地去把握现今国人的生活状态、文化心理和欲望诉求，需要我们去寻求那些在大众生活中能够体现出来的思想精华、活着的哲学传统理念，对这些进行更好的理解、研究、传承与发扬，构筑出属于中华民族自己的具有世界水平的哲学理论。

改革开放三十多年来，随着我国经济社会的快速发展，中国实际上已经是哲学人力资源大国，并正向哲学强国迈进。其中，中国马克思主义哲学有着在全世界其他各国都无法比拟的、人数众多的学术团队。中国马克思主义哲学工作者的总量也是其他各国无法想象的。尽管在形成能够把握住我们这个伟大时代、伟大实践的哲学理论方面做得还不够，但是我认为，我们国内的一些哲学工作者所做的研究成果，已经形成了中国特色，并已经开始产生了一些世界性的影响。同时，

① 孙利天：《创造中华民族自己的哲学理论——高清海先生的哲学遗嘱》，《社会科学战线》2004 年第 6 期。

② 孙利天：《寻求和凝练当代哲学的中国元素》，《中国社会科学报》2012 年 7 月 2 日。

有一些哲学工作者也做了总结这三十年来的理论成果的工作，有可能初步描绘出中国学派的基本构架。从这个意义上来说，我们的这次题为“马克思主义哲学研究的中国学派暨出场学理论学术研讨会”恰逢其时，在中国马克思主义哲学研究史上将会成为一个标志性事件。

对任平教授的出场学理论进行深入考察后，有以下几点心得与大家探讨。

第一，就“出场”这个概念来说，应该有多方面的学术资源的支撑。首先，伽达默尔曾经这样评价海德格尔，他说海德格尔要把名词动词化，把很多名词变成动词，然后造成一种生动的在场的印象。他也用了修辞式，曾经解释希腊文和拉丁文的“自然”，通过名词的动词化，把自然解释为绽放、持存，把存在解释为庄园，带有农村田园意义的庄园等。他的一些修辞式实际上也可能是现象学的一种方法，使这样一种动词化的表达向我们显示一种直观的意向或直观的意向性构造。当然，我们也和德里达一样，批评海德格尔的在场的形而上学，认为他仍然保留着一种形而上学的倾向，并不是说一个思想一旦“在场”就会永远“在场”。其次，将社会学的一些概念、说法用到马克思主义哲学的出场学，我觉得可能会有一些独特的解释视角。比如任平教授强调的，出场学是前提批判，是反思批判，也可以理解为一种元哲学的工作，这是有意义的。通俗来说，要“出场”首先得“砸场”，那么“砸场”就是一个前提性的清理批判工作，扫除之前不合理的成分，从而为出场做好前提准备。特别是捕捉到我们这个时代最根本的动力性因素就是任平教授强调的“资本创新”，以之为枢纽理解当代世界的一个场域、场景、构境，能够为马克思主义哲学的出场打开一个敞亮的空间。这是我理解的出场学研究范式可能具有的第一点意义。

第二，从出场学的研究路径上看，它可以同发生学的路径进行比较。始于自然科学领域，现今在人文社会科学研究领域广泛使用的发生学也是一种普遍使用的科学方法。但发生学重视对历史过程中的本质、必然因素的分析，它更关注的是时间性、历史性，相比之下，出场学是以现象学所追求的一种直观的、在场的、原始的艺术涌现的表达方式，它可以为我们构建一个空间化的学术模型。换言之，马克思主义哲学研究，特别是当代马克思主义哲学研究，能够在其学术图谱中确定它的学术场位。尤其是任平教授的出场学，坚持以中国与世界问题为中心，关注中国理论与中国话语，聚焦中国立场与中国的价值理念。这就和发生学的研究方法有了很大区别，这个区别也使出场学有其独特意义。

第三，由于我们力求在一个澄明的、在场的学术谱系中表明当代中国马克思主义哲学研究的场位，这也就鲜明地表达了中国化的马克思主义或者说马克思主义的中国学派在当代世界学术中的相互并置，像一个谱系中的并置与差异，也就表明当代中国马克思主义哲学研究作为一个中国学派在世界的学术场域中，或者说在对立和冲突中表达着自己的价值。任平教授做了很多这方面的工作，比如，怎样区分传统和教条的马克思主义哲学，怎样区分当代西方的马克思主义哲学，或者说广义的马克思主义，可能也包括欧洲左翼等不同的学术群体。所以说，用出场学的学术表达能够使中国化马克思主义哲学的研究在当代世界的学术图谱中显示出其独特价值，或者说显示出它在差异和区分中的独特意义。

（原载于《江海学刊》2017 年第 2 期）

如何安置能动性：中国马克思主义出场的一个核心问题

王南湜

马克思主义在中国传播和发展的历史，是马克思主义中国化的历史，也可以说是马克思主义在中国出场的历史。这种出场不是一次性的，而是一个持续的过程。源于马克思主义作为一种以能动地改变世界为目标的哲学，如何在肯定客观规律的前提下安置人的能动性，便不可避免地成为一个核心问题。反思能动性问题在这一出场史中的起起落落，就能够从中获得必要的教益，从而有助于推进中国马克思主义哲学的发展。

一

在马克思主义传入中国的初期，日本是最重要的中转途径。尽管马克思主义在中国获得重大发展，并成为一种支配性的思想潮流，是在十月革命胜利的激发下开始的，且后来苏俄之传入途径占据了主导性地位，但是在五四前后，马克思主义急速传播的初期，由于当时俄语人才缺乏而留日人数众多，日本途径占据主导地位。这种情况一直持续到 1923 年前后。在从日本引进马克思主义的先行者当中，李大钊起到了非常重要的作用，他的一系列著作也产生了最为显著的影响。李大钊等人从日本引介来的马克思主义主要是唯物史观。与当时和后来许多介绍马克思主义理论的人要么无批判地接受流行的对马克思主义的阐释，要么在接受通常阐释的前提下对其加以攻击不同，李大钊在信奉马克思主义基本原则的前提下，对通常的阐释保留着自己的疑问。他认为马克思唯物史观的核心要点体现在两个方面，一是历史发展的动力及其规律，另一是人的活动，即阶级竞争或阶级斗争的作用。但他觉得这两个方面之间似乎存在某种张力：即历史规律论是一种决定论，而通过阶级斗争去争取解放，则是一种能动论；如果历史是决定论的，则通过阶级斗争获得解放所要求的人的能动性似乎难以在同一个理论体系中与之兼容。虽然李大钊也对这一张力做了某种推测性的解释，但却仍有存疑。他意识到这个问题的极端复杂性，即这一问题不仅涉及理论内部如何处理两者之间的关系问题，而且也涉及理论上的主张在实践中的效果问题，即在理论上排斥人的能动性的决定论，在实践上可能会有一种坚定人们信念的作用。看似悖谬的是：肯定历史有一种不以人的意志为转移的规律性趋向，既有可能导致人们因历史已被决定，行动无意义而放弃行动，也有可能导致人们认为自己所从事的正是某种合乎历史的客观规律的事业，作为“天道”的历史规律就站在我们这边，我们的行动正是“替天行道”，因而不仅正当，且必定能够成功，从而起到坚定信念之作用。但无论如何，从学理方面讲，如果历史完全是为客观规律所决定的，是不以人的意志为转移的，则人的能动作用就被否定掉了。不仅如此，价值理想、生活的规范，甚至关于这些规范性的理论，如当下热门的政治哲学、道德哲学、价值论等这些东西，如果没有基于人的能动性的自由，如果在马克思主义哲学中不能建立一个人的自由可能性的本体论前提，则这些规范性的理论便无从谈起。而这一问题，直到大半个世纪之后才为学界所意识到。此点足以见出李大钊哲学思考之超越于同时代其他人的深刻性。无论如何，以李大钊为代表的那一代马克思主义者所阐发的唯物史观，可以说是马克思主义在中国的第一次华丽登场。但这个经由日本登陆的马克思主义出场路径很快便让位于源于苏俄的路径了。

二

如果说马克思主义传入中国的初期，由于种种原因而集中于唯物史观的话，那么，在紧接着的阶段则是一个引入辩证唯物主义并使之体系化的阶段。这一阶段的代表人物有瞿秋白、李达和艾思奇。瞿秋白是中国马克思主义体系化的开创者。通过对苏联哲学教科书体系的学习，瞿秋白认为先前国人所传播的马克思主义哲学，仅仅局限在唯物史观方面，是片面的、不完整的。对于当时的国内研究状况，他评价道："中国对于马克思主义理论上的研究，至今还是异常的贫乏，对于唯物史观的介绍往往不大确切和明了。通常对于唯物史观及马克思主义的译名，即如'唯物史观'一词都嫌疏陋，马克思的哲学学说绝不能以唯物史观概括得了。所以，必须知道马克思主义的真切的意义。"① 出于纠正人们对马克思主义的理解偏差，特别是补充作为其基础的辩证唯物论，瞿秋白对马克思主义哲学做了比较系统的论述。而且，在关于规律性、必然性与自由意志、偶然性关系的论述方面，瞿秋白所采取的否认偶然性，将其视为人的无知的极端决定论立场，更是富有特色。这些特色对后来中国马克思哲学理论产生了巨大影响。

马克思主义在中国传播进程中，李达是一个承前启后的人物。李达作为早年留学日本最为学院派的哲学家，他对马克思主义的传播以20世纪20年代末为界，大致分为两个阶段。前一阶段的思想主要受日本传播的马克思主义的影响，以1926年出版的《现代社会学》为代表，这完全是一个唯物史观的论述。后一阶段既有来自日本的影响，又包括了苏俄的影响，还有直接通过对马克思原著和欧美其他学者著

---

① 瞿秋白：《瞿秋白文集》第4卷，人民出版社1993年版，第21页。

作的研读而受的影响，以 1935 年面世的《社会学大纲》为代表。这部著作实际上是一部马克思主义哲学教科书，虽然书中明确提出“唯物辩证法是唯物辩证法的历史观与自然观的统一，两者统一的基础是社会的实践”，即是“当作实践的唯物论看的唯物辩证法”，且尽管此处的“实践的唯物论”显然是对苏联教科书体系的一种修改，但从整体上看，这一修改并未能真正改变整个教科书体系决定论的理论倾向。

艾思奇的马克思主义哲学研究，广为人知的是其大众化工作，其《大众哲学》便是大众化的典范。这一工作仍属于马克思主义体系化的范围，或者说体系化的延伸，也就是说，这一大众化阐释所遵循的主要仍是苏联教科书体系。但值得深思的是，尽管这一理论的基调仍是决定论的，但在实践中产生的效果却是极具能动性的。有人估计，《大众哲学》当时动员了至少十万青年参加了革命。[①] 此一事实又一次印证了李大钊早已意识到的决定论与能动性关系问题的复杂性，即这一关系在理论与实践中可能产生的截然不同的效果和意义。

三

毛泽东作为一个立志要改变中国的政治行动家，对于客观规律或决定论与能动性的关系，自然会有更高的敏感性，并由此形成了自己独特的思想体系。而这也意味着，毛泽东哲学思想的形成和发展构成了马克思主义在中国的另外一种出场方式。毛泽东虽然并未像瞿秋白、李达那样创作一种体系性的哲学著作，但不可否认的是，他有着自己独特的马克思主义哲学思想。这一哲学思想虽然亦主要源自苏联，但却也经过了重大改造，形成了与苏联教科书体系有原则性差别的哲学观念。斯诺提及的一件逸事似颇能说明这一点：毛泽东在延安时曾写过一部哲学讲稿《辩证法唯物论（讲授提纲）》，但在 1965 年斯诺问

① 参见卢国英《智慧之路——一代哲人艾思奇》，人民出版社 2006 年版，第 99 页。

及此事时，毛泽东却否认自己是该讲稿的作者。这当中的缘由是颇耐人寻味的。这部讲稿中，除了后来公开发表的《实践论》和《矛盾论》两篇具有显著的独创性之外，其余部分大多仍是借鉴自苏联教科书体系。从他后来对苏联教科书甚至斯大林本人哲学观点的批评，我们知道毛泽东对于苏联教科书体系是不满意的，因而就不难理解他何以要否认这部讲稿了。毛泽东曾经指出："十月革命一声炮响，给我们送来了马克思列宁主义。"但这个"送来"不能简单地理解为只是对于苏联马克思主义学说的"原装进口"，而是十月革命向全世界宣示了一种现实的可能性，被压迫民族和国家能够经由革命而获得解放自由，社会主义是能够由理想变为现实的。也正是在十月革命的鼓舞下，中国许多先进知识分子接受了马克思主义世界观，并以之作为改造中国社会的理论指导。但要能够有效地成为中国人改造世界的实践指南，还必须结合中国的实际情况，包括经济、政治、社会以及文化传统等实际情况。正是基于对中国实际的政治、经济、文化的深刻理解，毛泽东才发展出了自己独特的中国化的马克思主义哲学。在此意义上，毛泽东的哲学思想的形成，意味着独具中国特色的马克思主义的出场。

毛泽东对苏联教科书体系的最重要的不满，是这一体系中能动性原则的缺失。教科书作为一种决定论体系，强调的是客观规律。但对于中国革命的实践家来说，并不只是要用客观规律去解释世界，而是要改造这个世界。但从逻辑上说，要改造世界，就必须以这个世界是具有改造的可能性为前提，而如果世界是完全决定的，那就不具有可按照人的意愿改造的可能性，从而任何改造便都是不可能的。中国的革命者们接受马克思主义哲学正是为了改变中国之现状，而不只是为了解释中国之现状。如果世界是在客观规律的支配下完全自然发生的，革命行动又有何意义？毛泽东作为一个以改造中国为鹄的的政治领袖，显然是不能不意识到教科书体系的这一严重缺陷的。为此，毛泽东基于自己对马克思主义实践哲学的理解，在对苏联哲学教科书批评的基础上，创建了自己的哲学思想。但毛泽东的哲学思想主要地并不是存在于其几篇哲学作品之中，而是更主要地体现于其政治、军事论著之中。葛兰西说过：“一个搞政治的人进行哲学写作，情况可能是，他的‘真正的’哲学反倒应该在他的政治论著中寻找。每个人都有一种占支配地位的活动；正是必须从这里寻找他的思想，这种思想处在一种往往暗含在，而且甚至经常是同公开表达的东西相互矛盾的形式中。”① 与毛泽东一样，葛兰西也是一位身兼实践家与理论家双重身份的人物，因而其说法自是真确之言。李泽厚先生亦认为：“毛泽东最光辉的理论论著无疑是有关军事斗争的论著，其代表是《中国革命战争的战略问题》（1936 年 12 月）和《论持久战》（1938 年 5 月）。毛在这些论著中，总是尽量地把这些战争问题提到马克思主义辩证唯物论的认识论的理论形态上来论证和叙说。同时，他又非常重视被列宁称之为‘马克思主义灵魂’的‘具体问题具体分析’。”② 读毛泽东的著作，人们会发现，他特别关注在特定的客观条件下如何发挥人的能动性，在读苏联教科书的时候，他做的大量批注也暗示了他想把能动的东西加进去。可以认为，在毛泽东的哲学思想中，尽管没有以理论的方式表达出来，但存在一个自觉能动性与客观规律性两个方面构成的关于人与其活动环境的存在论。这一存在结构能够为合理地解决理论与实践、决定论与能动论的张力提供一种存在论和方法论前提。就此而言，毛泽东对马克思主义哲学中客观规律性与人的能动性之关系的认识，与李大钊在此问题上的认识有相通之处。

四

我们看到，在中国马克思主义哲学发展史上，客观规律论或决定

① ［意］葛兰西：《狱中札记》，曹雷雨、姜丽、张跃译，中国社会科学出版社 2000 年版，第 317 页。

② 李泽厚：《马克思主义在中国》，生活·读书·新知三联书店 1988 年版，第 44—45 页。

论与能动性之关系，是一个具有根本性的重大问题。由于事关对于中国革命性改造之成败，这一根本性的问题不可避免地深刻影响了李大钊、瞿秋白、李达、毛泽东这些革命实践者们的哲学思考。但这一问题的重要性并不限于此，如何安置能动性，还涉及构建整个规范性理论何以可能的问题。因而，这一问题也对那些单纯地从事哲学思考的理论家们产生了深刻影响。如果我们将这些理论家称为“学院派”的话，那么，在“学院派”中，除了坚持苏联教科书体系主流之外，在中国马克思主义哲学发展中，还有一条理论进路，也出于对机械决定论体系的不满，而试图将人的能动性以及基于人的能动性的价值规范性之维纳入马克思主义哲学，从而重建中华民族的价值理想奠定哲学基础。在这一方面，可举出张岱年先生、冯契先生和高清海先生作为这一理论进路的代表。虽然三位先生之间可能并不存在事实上的思想传承关系，但从理论的逻辑上看，却是有着内在的关联的。这一理论进路虽然主要地是由几位“学院派”哲学家推进的，但却由于所关注的重建民族价值理想的问题，乃是事关中国哲学精神现代重建之关键，因而其意义之重要便不言而喻。但同样不言而喻的是，这一理论进路还是一条未得到足够关注的理论出场路径。因而，现在便存在着一个重要的理论任务，那就是使这一条出场路径得到更好的彰显。

使之更好彰显，就是增加其出场强度。任何出场都有一个出场强度问题。出场强度不足，可能是由于出场者显示度不足，也可能是由于历史的“剧情”进展尚未达到这一环节，故尚未能吸引更多的关注度。就历史的“剧情”而言，从革命到建设新社会的转变，当中便有一个在哲学观念中从关注方法论到关注价值论的转移问题。张岱年先生作为马克思主义者的出场一直没有受到足够的重视，恐怕也是与其提出哲学需要理想性维度时，正值民族危亡的革命时期，人们所关注的主要是方法论问题有关。另一个客观上的因素，是张先生在 20 世纪 50 年代后不再直接涉足马克思主义哲学。源于此，很多人没有注意到张先生之作为中国马克思主义哲学家的出场，其中也包括受过张先生直接教诲的我自己。我在20世纪80年代读研期间，听过张先生讲中国哲学，后来也读过张先生的许多著作，但却从来不知道他是一个马克思主义哲学家。在马克思主义哲学界，人们大多不仅不知道张先生早年的马克思主义哲学研究，甚至于对他后来在80年代写文章批评主流学界的价值论讨论，探索新价值论，也未曾加以关注。事实上，张先生80年代对价值论的讨论，承接着他在30年代的思考，开辟了一条不同于主流学界的新路子。源于其长兄张申府的带领，张岱年先生出道非常之早，二十多岁的他，就与当时已经名满天下的前辈学者们讨论问题。正是在与这些著名学者的讨论中，他提出了中国到底需要什么样的哲学这一问题。他的观点是，中国需要一种包含理想的哲学，以此作为人民奋进的目标，激发民族精神，催人向上奋进。

扩展开来说，在这条新的路径上通过探索而提出新说的，除了张岱年先生的理想说和价值论之外，还包括冯契先生的“智慧说”，高清海先生晚年提出的类哲学。冯契先生的“智慧说”要阐明的是，如何由知识到智慧的认识过程，是要找到一种方法，从关于现实世界中事物的有限的、相对的科学或日常经验知识，达致对于超越的天道的无限的、绝对的把握之智慧。这一探索的目的，是要为重建中华民族的价值理想奠定哲学基础。哲学研究不能只是寻求客观的科学规律，而更是要“转识成智”，让哲学“智慧”即价值理想发挥引导人们追求高尚精神境界的作用。

高清海先生晚年提出的“类哲学”，也包含这一关键性问题。对于高先生提出的“类哲学”观念，人们多有不解、误解和批评。笔者最初亦对高先生的“类哲学”没有透彻的理解。在纪念高先生七十诞辰时写的一篇《启蒙及其超越——高清海哲学思考的轨迹与意义》中，还对高先生的“类哲学”做了委婉的批评。十年之后的2014年，高先生去世十周年的时候，由于自己在理论研究中遇到了决定论与能动论这一令人困惑的问题，重新思考高先生的类哲学，才明白高先生提出“类哲学”之深刻意蕴。“类哲学”不仅是高清海先生对中国马克思主义哲学理论发展中所遇到问题的一种独特的解答，而且是对马克思所开创的哲学理论在新的历史条件下的一种发展，或者说是对于马克思哲学的“接着讲”，而不是简单地“照着讲”。“类哲学”的意义不在于翻新了某一个哲学概念，而在于通过规定人的本性或本质所包含的“类生命”和“种生命”的双重性，探讨在超越“种生命”的“类生命”的基础上，建立一种理想世界的可能性。人作为一个生物自然体的存在，是其“种生命”，而类生命则是其精神生命。把人的精神生命和生物生命区分开来，其意义正在于为重建民族价值理想奠定哲学基础。

五

客观规律与人的能动性的关系问题，也是现实生活就已经直接提出来的，而并非只是一些哲学家们观念中的构想。在 20 世纪 80 年代关于人道主义问题的讨论中，理论上的困惑就已经凸显出来了。面对现实生活中人道原则的迫切需要和既有哲学理论对这一原则的排斥，有人提出人道主义可以作为一个伦理原则，但不能作为历史观的原则。这一提法固然能够解决一些实际问题，但却会在理论上带来更严重的困难：作为伦理学原则的人道主义是否可以不需要历史观的支撑？此后学界关于公平与效率问题的争论，关于道德滑坡还是道德爬坡的争论，近年来政治哲学、道德哲学的兴起，无不关涉这一问题。

因此，可以说，从李大钊对于客观规律与人的能动性关系的困惑，到毛泽东哲学思想中对于能动性的弘扬，都是这些身为政治领袖的哲学家们面对时代所提出的重大问题而进行的深刻思考。甚至源自第二国际的教科书体系中的决定论倾向，也可以看作解决这一问题的一种简单化路径。同样，从张岱年到冯契、高清海这些“学院派”诸先生所关注的问题，也是试图对时代所提出问题的回答。当然，李大钊、毛泽东等政治领袖与张、冯、高等单纯理论家所关注的问题有所不同，在实践中所产生的影响更是有着巨大的差别。前者所关注的主要是改造中国社会的可能性问题，而后者所关注的则主要是价值理想建构的可能性问题。但这两方面的问题都涉及对于客观规律或决定论与能动性关系的理解，都是中国社会生活自近代以来所面临的重大问题，因而都是需要予以充分重视的。对于前一方面的问题，特别是毛泽东关于人的能动性的哲学思想，人们已有较多的研究，但后一方面的问题，却似乎尚未引起人们足够的重视。尽管对于三位先生的理论贡献，已有许多研究，但对于这条思想进路之意义，人们的认识似乎尚有不足。特别是对高清海先生“类哲学”的认识，更是如此。通过论文检索统计可知，研究“类哲学”的博、硕士论文已有几十篇，一般论文有一百多篇，但其中对其持批评态度的却似较多，即使持赞成态度的人也似乎多未从如何在理论中安置人的能动性，以为重建民族价值理想奠基的高度，理解和把握高先生的思想。高先生在被孙利天教授称为“高清海先生的哲学遗嘱”的文章中写道：“中华民族的生命历程、生存命运和生存境遇具有我们的特殊性，我们的苦难和希望、伤痛和追求、挫折和梦想只有我们自己体会得最深，它是西方人难以领会的。”①高先生想把这些体会在哲学上表达出来，这是他晚年的一个夙愿。然而，由于病魔缠身，这一哲学表达终没能完成。高先生的这一夙愿就是，对马克思哲学不仅要“照着讲”，还要“接着讲”。在今天，我们仍然需要推进高先生的“接着讲”，也就是说，在高清海先生所开辟的理论道路上推进他的探索或者他的“接着讲”，亦即对马克思哲学“接着讲”的“接着讲”。

（原载于《江海学刊》2017 年第 2 期）

---

① 高清海：《中华民族的未来发展需要有自己的哲学理论》，《吉林大学社会科学学报》2004 年第 2 期。

论当代中国马克思主义哲学研究的出场学派

任　平

一个时代的学术创新风格、特色和气派，总是以学派的形成为标识的。本次徐州会议①以“马克思主义哲学研究的中国学派暨出场学理论学术研讨会”为主题，郑重发表了《徐州宣言》，宣告“马克思主义哲学研究的中国学派”正式出场，具有十分重大的意义。马克思主义哲学研究的中国学派的崛起，不仅是马克思主义哲学研究的“特色、风格、气派发展到一定阶段的产物，是实力的象征，也是自信的表现”②，是马克思主义哲学中国化创新方法论自觉的必然产物，更是在全球文明秩序重建中，从中国近百余年来“世界学术进入中国”到“中国学术走向世界”大转折的创新标志。

就古今中外的社会科学创新学术史而言，任何一个民族的学术特色、风格、气派的最终凝练和集中体现，都会表现为学派。所谓学派，就是秉持相同或相近的学术理念、学术规范、研究范式和基本路径的学术共同体。学派不能脱离一个或数个学术宗师的思想影响，但是要将宗师所开创的学术传统发扬光大，推广成为整个时代的民族的学术

① “马克思主义哲学研究的中国学派暨出场学理论学术研讨会”由《江海学刊》和江苏师范大学当代中国马克思主义哲学范式研究中心于2016年10月15日在江苏师范大学联合举办，与会者50余人，倡议发表《徐州宣言》。

② 习近平：《在全国哲学社会科学座谈会上的讲话》，《人民日报》2016年5月18日。

风范，往往还需要依靠秉承其传统的弟子群体即学派的共同努力。西方学术史上从柏拉图学院到黑格尔学派，从剑桥学派到法兰克福学派，中国的儒、墨、法、兵、道、佛等诸家，以及林林总总各个分支学派或宗派，无不成为一个独特的学术共同体，他们以学术经典、治学范式和规范独立遗世，成为时代民族的学术风格、特色和气派的主要承载，成为影响甚至造就一代或数代学术风尚的主要推手，成为时代之为时代、民族之为民族的学术标识。新中国成立以来，特别是改革开放以来，马克思主义哲学中国化、时代化、大众化出现第二次理论飞跃，创造了中国特色社会主义理论体系，同时研究范式多样纷呈和学派不断涌现。随着马克思主义研究的出场学范式日臻成熟和围绕这一研究范式凝聚起来的学术共同体的形成，标志着马克思主义出场学派的正式创制。

出场学就其本义而言就是关于在创新时代语境中马克思主义因何出场、怎样出场的理论，因而是关于马克思主义中国化与时俱进的创新逻辑。出场学的第一要义就是：无论时代如何转折、风云如何变幻，必须坚持马克思主义的出场权和创新使命。因此，在时代大转折、大变革，风云际会的思想领域大碰撞、大创新语境中对一切时代重大问题绝不失语和缺场，保持马克思主义的话语权和主体地位，坚定地让马克思主义哲学出场，创新地进入一切场域之中，成为引领时代的思想旗帜，这就是马克思主义出场学派集体行动的逻辑。

在方法论自觉道路上奋力前行，融会各个马克思主义哲学研究范式的创新经验，成一家之言，成为出场学派基本的治学态度。马克思主义哲学研究的出场学派的核心范式和共同体规范就是马克思主义出场学研究范式，这一范式是马克思主义哲学研究的方法论自觉的产物。改革开放以来，马克思主义中国化、大众化、时代化的大繁荣和大创新不仅体现在一系列新概念、新思想、新原理、新领域中，更表现为方法论自觉，表现为一系列研究路径和研究范式的出现，如教科书改革、原理研究与体系理解、马哲史、文本文献学解读、对话与反思的问题学、马克思主义中国化等，成为当代中国马克思主义哲学研究的主要路径和主要范式。显然，每一种研究范式的出场都是时代的产物，都适应了一定时期理论创新的需要，具有独特的创新功能、相当的创新成就，也积累了丰富的创新经验，这些都需要后起的出场学派虚心体认、学习汲取。这些范式正在成为各个学派的核心规范和创新路径。出场学既继承了教科书改革、原理研究等马克思主义哲学逻辑化范式的创新特点，也同时穿透文本文献、原理等思想层面，进展到历史、实践、问题层面，把历史语境、出场路径和出场形态三者合一，构成一个完整的解释逻辑。

秉持“反思的问题学”是出场学派的学术取向。以时代问题为出发点，以改变世界的实践为宗旨，这是马克思主义的根本品格。出场学派绝不做无病呻吟、脱离实际的学问，而是把“围绕我国和世界发展面临的重大问题，着力提出能够体现中国立场、中国智慧、中国价值的理念、主张、方案”① 作为自己学术的根本取向和评价标准。坚持以中国与世界问题为中心，坚持用反思和批判中国特色社会主义实践中的问题、逻辑来推动理论逻辑的演进，成为这一学派的特点。当然，出场学作为中国原创的思想，十分关注中国理论和中国话语的出场机制，将自己的研究逻辑看作这一出场机制的理论自觉。从中国现实大地的现实中抓出问题，坚持问题导向是原创思想出场的必要条件，但还不是充要条件。要想使问题在学术上得以正确提出和解答，还需要坚守正确立场。立场不同，就必然使提问方式不同，因而问题显现和解答也就迥然不同。国外许多学术机构关注中国问题，但是由于立场的差异，因而对于中国问题的理解和解答与中国学术就大相径庭。从造福中国人民和促进中华民族伟大复兴的根本立场出发，我们的学术就有了根本方向，有了学术灵魂和旨归。当然，仅仅有立场的坚守仍然是不够的。朴素的立场需要上升凝聚为一种学术视域，即一种学

① 习近平：《在全国哲学社会科学座谈会上的讲话》，《人民日报》2016 年 5 月 18 日。

术核心观念和方法论地平，它是构成理论和话语的主要纲领。进而，在中国视域对于现实内容的拓展中，才能够展现为中国理论和中国话语。因此，马克思主义中国化的重新出场，必须要完成上述的所有过程，经过所有的环节。发出“创新”口号的中国声音并不难，难就难在要发现和梳理上述理论创新的所有环节和逻辑链条，并按照一个严格的出场学程序加以完成。

深刻把握与时俱进地创新的理论脉络成为出场学派的学术追求。出场学建立的一个历史坐标，包括两大历史线索、三个层次和四个模块。所谓两大历史线索，就是历史语境从当年到当代的演化、马克思主义从当年到当代的演化。两大线索表明出场学研究的重点在于将思想演化的逻辑与历史演化的逻辑加以关联，揭示马克思主义与时俱进的本质。所谓三个层次，就是出场学研究关注的依次递进的三个层次，包括历史语境、出场路径和出场形态。出场学认为，任何思想出场的形态，都是在一定的历史语境中，按照一定的出场路径形成的，因而对历史语境和出场路径有着天然的依赖性。所谓四个模块，就是当年历史语境、当代历史语境；当年马克思和当代马克思主义。出场学用建构的历史坐标分析马克思主义从当年到当代的发展，从而为理论创新逻辑做出阐释。

明确马克思主义出场学的当代使命，成为出场学派的重大理论担当。出场学问世十多年来，随着这一范式和学派在学界影响的逐步扩大，不少学者也在自觉和不自觉地追踪这一研究共同体的步伐，开始在各自的学术领域中沿用出场学的若干学术概念、方法，以至于“出场”“在场”“空场”“出场路径”“出场方式”等语词不时飘浮在他们的学术论著中。如此一来，出场学有如当年现象学被分为纯粹现象学和具体部门现象学那样，有泛化溢出马克思主义研究领域的趋势。但是，无论学界如何借鉴、泛化出场学方法，作为马克思主义出场学的初衷，依然是坚定地聚焦于马克思主义在当代的出场根据和条件这一重大问题，将自己的命名意义限定在两个含义上：一是用出场学方法考察马克思主义经典思想从当年到当代的出场史；二是用马克思主义出场学考察与马克思主义出场史相关的诸多要素的出场：资本、历史和思想。因而，出场学派自觉地将自己的时代使命锁定在三大任务。

一是高度聚焦马克思主义当年的出场史问题，揭示马克思资本批判理论和新世界历史观的出场逻辑。对于马克思新世界历史观如何出场，成为国内外马克思学研究的重点。中国学者探索马克思“揭破历史之谜”、走向历史深处，主要是从马哲史角度加以阐释的。问题在于：思想史逻辑如果没有真实历史的支撑和决定，是不会自动演化的。马克思在《德意志意识形态》中批判德国意识形态时就曾经一针见血地指出：只有当思辨终止的地方，真实的历史才真正出场。因此，我们需要的不仅仅是思想史描述的逻辑，而是建筑在真实历史基础上的思想史逻辑，或者说是出场史。马克思新世界历史观的出场，如果没有出场学逻辑，是不可能呈现的。无论是追问史和解构史，还是还原史—重构史本身，都是支撑新唯物主义世界历史观的主要支点。但是相比之下，后者更为重要。马克思世界历史观原则地阐述了马克思主义出场学的基本理论要点，而马克思主义出场学则是唯物主义世界历史观的具体展开图式。它将这一世界历史观贯穿于每一个具体对象的出场过程的分析，无论是德意志意识形态、历史事件、资本、革命、地租或是东方道路，并进而揭示一个对象的出场学意义上的历史场域、出场语境、出场路径、出场方式和出场形态，由此展现新世界历史观的穿透力和解释力。

二是着力分析从当年到当代马克思主义与时俱进的逻辑。历史间距何以成为当代马克思主义创新而差异地出场的根据，其中，我们首先需要审查资本创新的逻辑，因为资本创新是推动历史语境从当年到当代变化的最重要的基础。其次，我们要考察资本创新逻辑如何造就当代历史语境。马克思资本批判理论的一个重大发现，就是看到现代历史之谜本质上就是资本之谜。现代历史本质上是资本造就的历史。因此，在深度分析作为现代历史基础的资本逻辑之后，我们才能准确地判断资本如何造就现代历史；我们也因此才能理解资本创新逻辑造就的新全球化时代的历史语境。这一新历史语境成为当代唯物史观研究的对象。历史语境分为历史场域和历史场景。在资本创新逻辑的作用下，历史场景是历史场域颠倒（拜物教式）的表现。因此，如果没有批判地考察，那么就会在历史场景中被景观社会和拜物教社会所迷惑，成为实证主义的俘获者。建构新的历史观，就是要在这一历史语境中把握历史辩证法。

三是把握马克思主义中国化的出场逻辑。中国特色社会主义发展的成功实践，为马克思主义中国化所开创的中国道路、中国经验给予了最好的注释。马克思主义中国化绝不是国外马克思主义的简单跨界平移，那么，创新、本土化、差异，就成为在中国大地上马克思主义重新出场的必然伴随特征。此处的问题在于：马克思主义中国化出场的根据和逻辑何在，我们为什么可以指认具有差异和变化的中国马克思主义是马克思主义？对此，出场学应当具有科学的阐释力。

一个学派的研究范式就是一个学派共同遵守的理论纲领。关键在于我们需要了解的学术前沿状况是：以出场学为轴心范式而建构起来的学术图景，将是当代中国马克思主义哲学创新学术史的新图景。一个时代的学术图景就是这一时代区别于其他时代的理论创新的方法论建制。学术图景与轴心范式互为表里，因而与守护轴心范式的学派相互支撑，互为条件。学派是成为一个时代学术图景的主体条件，而学术图景则是学派的对象化结构。研究新中国成立以来，特别是改革开放以来当代中国的马克思主义哲学的创新学术史，我们既可以从学术图景转换角度去考察，研究当代中国曾经历了多次的学术图景和学术创新机制，在历史的转换中如何走向了现在这一图景；也可以从学派主体变换角度来看学术史的演化。出场学作为轴心范式，横轴将是马克思主义哲学解释学（实践解释学），纵轴则为思想史，因而渐次支撑起当代中国马克思主义哲学研究的学术图景。

作为原创的中国学派，在聚焦中国问题的同时，也正在走向全球对话。正如马克思主义在原初出场和后来演化中都不可能脱离人类文明大道，必须不断批判地汲取各种优秀思想资源才能存在和发展一样，马克思主义出场学也只有与各种世界学术思想进行有效对话并汲取其中各种有益思想资源才能出场。文本文献学方法、思想史研究、知识考古学和谱系学等都对出场学独特的历史思维有莫大帮助。德里达的“幽灵学”、哈贝马斯的交往行动理论、皮凯蒂的资本批判、鲍德里亚的符号政治经济学批判、齐泽克的客体研究等，对于构造出场学的基本框架有很大借鉴意义。海德格尔的此在世界观、布迪厄的场域研究、吉登斯的“脱域”理论对于出场学的历史场域理论有内在的对话意义。所有关于资本全球化批判的诸家学说，都对出场学阐释新旧全球化时代的坐标转换有所裨益。在积极对话行动中，中国思想发出自己的声音，并影响世界，成为中国学术标识之一，这正是出场学的目的追求。正如习总书记所说：“我们不仅要让世界知道‘舌尖上的中国’，还要让世界知道‘学术中的中国’、‘理论中的中国’、‘哲学社会科学中的中国’。”①

（原载于《江海学刊》2017 年第 2 期）

① 习近平：《在全国哲学社会科学座谈会上的讲话》，《人民日报》2016 年 5 月 18 日。

中国的社会现实与马克思主义学术的中国学派

吴晓明

在任平教授关于马克思主义“出场学”研究的阐释中，事实上包含两个基本问题。第一个问题是马克思主义如何在中国出场或登陆，如何在中国得到有效的传播和阐释；第二个问题是马克思主义研究的中国学派如何成为可能。这两个问题毫无疑问是十分密切地联系在一起的，而后者却是更加重大也更为迫切的问题。如果说前一个问题更多属于历史学、传播学或思想史研究的对象，那么后一个问题则更多地属于哲学，是尤其需要我们当前加以深入思考的问题。

任平教授的“出场学”看来有一个庞大的计划，他试图对马克思主义哲学重新梳理，以完成一个总括的出场学学术体系，并由此来重新规划整个马克思主义哲学或马克思主义理论在中国的理解进程和理解范式。我所关注的重点在于第二个问题，即马克思主义研究的中国学派如何成为可能。我的观点至为简要，可以用一句话来概括，即马克思主义研究的中国学派成为可能的前提条件是：依循马克思主义的方法去研究中国问题，并切中中国的社会现实。这对讲中国语的、意欲形成马克思主义研究之中国学派的研究者来说，是至为关键的。没有对中国问题的研究，没有切中社会现实的主旨，就不可能有马克思主义研究的中国学派；它在多大程度上达到这个要求，它也就在多大程度上成为马克思主义研究之中国学派的组成部分。

回顾最近几十年马克思主义哲学和马克思主义理论研究的发展进程，必须首先肯定的是，我们推进了对马克思主义、马克思主义哲学的学术研究，并且取得了积极的进展。而过去在马克思主义理论的学术方面，却往往是被怠忽的，以至于在很大程度上被荒疏了。这种情形在最近三十多年的进程中被极大地改变了：在承认马克思主义的政治—意识形态功能的同时，还必须强调它的学术向度。关于马克思主义的学术方面，列宁的一个简要说法是很有提示意义的，他说：不读黑格尔的《逻辑学》，就很难真正理解马克思的《资本论》。无论如何，我们近期在马克思主义或马克思主义哲学的学术研究上有了一些推进和开展，这个成果是应该被高度承认的。特别是高等院校和科研院所对马克思主义的研究和阐述开始进入学术的话语当中，这是一个重要的进展。然而，不容否认的是，我们在马克思主义的学术研究方面，还是处于一个相当初步的阶段——其主要特征就是单纯的介绍引进，而缺乏必要的消化与吸收。在这个过程当中，我们开展了广泛的对外学习，以至于国外马克思主义在国内成为一种真正的显学。例如，几年前举办过一次国外马克思主义的研讨会，很多学者、研究者以及青年教师踊跃报名，报名者多达数百人。在马克思主义学术研究的初步阶段，这样的对外学习不仅必要，而且可以说是未来进展的真正阶梯。但这也形成了一些问题，其主要不足便是缺少自我主张的学徒状态。在这样的状态中，是谈不上真正的中国学派的。自近代以来，由于现代性在其特定阶段上的“绝对权力”，我国的人文学术和社会科学普遍进入上述的学徒状态当中，而学徒状态的一个主要缺陷就是局限于外部反思。

对于马克思主义的学术研究来说，外部反思已成为一个越来越明显的问题。我们往往只是从外部学到了一些基本原理、一些抽象原则，然后就把它们先验地强加到任何内容之上。按照黑格尔的说法，外部反思就是“忽此忽彼地活动着的推理能力，它不会停在某个特定的内容之上，但知道如何把一般原则运用到任何内容之上”①。黑格尔曾批评拿破仑说，这位天才的军事家想要把法国的自由制度先验地强加给西班牙人，结果他把事情弄得一塌糊涂，是不能不失败的。同样在中国革命时，一部分熟读经典的马克思主义者在掌握了马克思主义的原理和俄国的经验后回到中国，但是他们未曾真正深入中国的社会现实，不知道中国社会的实体性内容是怎样的，而只是把一般原则抽象地运用到任何内容之上，这就是外部反思。大体来说，外部反思也就是作为主观主义的教条主义。那时的教条主要来自苏联，而在今天中国的马克思主义学术研究中，外部反思依然盛行，只是其抽象原则往往来自其他地方罢了。只要我们仅仅是从外部得来抽象的原理，不去研究真正的中国问题，没有深入中国特定的现实中，那么所谓学术研究的一般方式就不能不是外部反思。比如，以前讨论中国的历史道路，倘若不去真正研究中国的特定社会及其进程，不深入这一社会进程的实体性内容之中，而只是把马克思“大体说来”的几个阶段往上一套，那么这也只能是作为主观主义的外部反思。有人认为“三阶段论”要优越于“五阶段论”，殊不知无论是主张几阶段论，只要不去研究中国社会，不把理论作为方法而深入于中国的社会现实，就仍然是从属于外部反思。在这个意义上，黑格尔很正确地把外部反思称为诡辩论的“现代形式”，称为浪漫主义虚弱本质的“病态表现”，而把仅仅知道外部反思的人称为“门外汉”。

当年讨论中国革命道路的时候，有人主张中国革命只能走“中心城市武装起义”的道路，这就是外部反思的观点和结论。它把俄国的经验变成抽象原则，并把这一原则先验地强加给中国革命的内容，其结果只能是导致一次次的惨痛失败。而“农村包围城市”的革命道路，是以毛泽东为代表的中国共产党人开创的，它是马克思

① ［德］汉斯-格奥尔格·加达默尔：《哲学解释学》，夏镇平、宋建平译，上海译文出版社 2004 年版，第 113 页。

主义中国化的具体表现，因为它不仅懂得马克思主义的原理，而且知道中国社会的实际是什么，因为它正是通过把握中国的社会现实来筹划革命的实践，所以，这条革命道路就不可能是照搬十月革命的现成经验。只有在这种情况下，才可以说有中国化的马克思主义，有“讲中国语的”马克思主义，否则，它就只是停留于主观主义的外部反思。由此可见，如果“讲中国语的”马克思主义研究要能够形成中国学派，要能够使中国学派真正出场，最基本的任务就是必须认真研究中国问题，不研究中国问题就不可能有中国化的马克思主义。著名的法国社会学家雷蒙·阿隆对两位著名的马克思主义理论家萨特和阿尔都塞提出过批评。雷蒙·阿隆晚年在看了萨特和阿尔都塞的著作后评论说，他们提出的问题实际上是中学生的问题，恩格斯会把这种问题称作康德式的问题，即马克思主义是如何成为可能的；他们从来没有用《资本论》的方法去真正研究欧洲社会或法国的社会。不论萨特、阿尔都塞的学术地位有多高，雷蒙·阿隆的这个批评在很大程度上是合理的和深刻的。如果“讲中国语的”马克思主义理论家、马克思主义哲学家不去研究中国的社会，不去研究中国的问题，不去把握中国的道路和中国的经验，在这里就根本没有什么马克思主义。这一点正是马克思主义学术与其他学术的基本区别。离开特定的社会—历史内容去从事研究，这固然在某些领域中可以保持其为某种学术，比如说，我们从文本上研究康德的“第一批判”，或者从考据学上研究朱熹的某一个“集注”。但马克思主义学术如果仅仅局限在文本上，并试图成为某种经院学术，那无异于自我打击并最终将趋于自行瓦解。因为在马克思主义学术的本质中就包含研究特定社会—历史内容的根本要求，它唯独不可能局限于任何一种形式的经院学术之中。在《德意志意识形态》中，马克思和恩格斯关于其学说的性质表述得非常清楚，即：他们所提出的理论——历史唯物主义——“不过是从对人类历史发展的考察中抽象出来的最一般的结果的概括。这些抽象本身离开了现实的历史就没有任何价值。它们只能对整理历史资料提供某些方便”[①]。这意味着，就学术而言，马克思主义的理论乃是研究社会—历史的“指南”，而根本不是脱离特定社会—历史内容的抽象原则；如果把马克思主义理论当作“公式”或“教条”来推演，或仅仅对之进行外部反思的运用，那么，在这里出现的就不再是马克思主义学术，而是这种学术的反面。之所以这么说，是因为深入于特定的社会—历史内容乃是马克思主义学术的题中应有之义，是它的根本宗旨，甚至是它的生命线。

然而，对于中国的马克思主义学术来说，重要的东西不仅是研究中国问题，而且要切中中国的社会现实。人们现在谈论起“现实”，似乎只是一个很一般的说法，但真正来说，“现实”乃是一个很高的要求，而且唯独黑格尔和马克思才从哲学的原则高度上开辟出一条通达于社会现实的道路。海德格尔说：“因为马克思在体会到异化的时候深入到历史的本质性的一度中去了，所以马克思主义关于历史的观点比其余的历史学优越。但因为胡塞尔没有，据我看来萨特也没有在存在中认识到历史事物的本质性，所以现象学没有、存在主义也没有达到这样的一度中，在此一度中才有可能有资格和马克思主义交谈。”[②]由此可见，达于历史的本质性亦即切中现实是一个很高的要求，是一个唯独经由黑格尔对主观思想的持续批判并通过马克思的哲学变革方始得到开启和把握的哲学要求。一般以为“现实”似乎是单纯的“实存”（即“事实”），似乎是能够通过知觉直接给予我们的东西。但“现实”究竟意味着什么呢？它在黑格尔哲学中被称为“本质和实存的统一”，以及“展开过程当中的必然性”[③]。显而易见的是，作为实存的“事实”是可以通过知觉直接给予我们的，但本质的东西和展开

① 《马克思恩格斯选集》第1卷，人民出版社2012年版，第153页。

② 孙周兴选编：《海德格尔选集》上卷，生活·读书·新知上海三联书店1996年版，第383页。

③ ［德］黑格尔：《小逻辑》，贺麟译，商务印书馆1980年版，第295、300页。

过程中的必然性却完全不是这样，没有理论而且是特定高度的理论便根本不可能通达“现实”。晚年的海德格尔说过这样一段话：“现今的‘哲学’满足于跟在科学后面亦步亦趋，这种哲学误解了这个时代的两重独特现实：经济发展与这种发展所需要的架构。马克思主义懂得这双重现实。”①

研究中国问题是一个要求，切中中国的社会现实，是一个更高的要求，它要求深入于中国社会的实体性内容之中，亦即在研究中国问题时能够把握住实存中本质的东西和在展开过程中必然的东西。所以，马克思主义研究的中国学派要想真正成为可能，就必须研究中国问题，并能够切中中国的社会现实。如果我们依然采取外部反思的方式，那么马克思主义研究的中国学派就是根本不可能的。因为外部反思只能造就教条主义，无论其教条——抽象原则——来自何方。然而，外部反思在今天中国的整个学术界或知识界，都还是基本的思维方式，这一方面与现代性意识形态的统治地位有关，另一方面与我们长期以来学术上的学徒状态有关。现在需要明确的是：外部反思虽说表面上具有客观性的外观，但实际上却是主观主义的一种非常突出的表现，甚至可以说是现代主观主义的极致。正是由于这样的理论状况，我们在这里要求突出黑格尔—马克思思想的重要性，要求突出马克思学说的黑格尔渊源。因为恰恰是黑格尔史无前例地把社会—历史的实体性内容带到了哲学中，带到了理论思维的核心地带。在这个问题上我和一些学者的观点——主张在马克思哲学的阐释中拒斥黑格尔——是有分歧的，而这个分歧的关键在于：当今中国的整个学术，尤其是马克思主义学术，是否需要社会—历史的那一度，是否需要深入中国社会的实体性内容之中，是否需要在其学术行程中达致广泛的社会—历史之具体化。马克思对黑格尔的深刻批判是众所周知的，问题在于是把这

① ［法］F. 费迪耶等辑录，丁耘摘译：《晚年海德格尔的三天讨论班纪要》，《哲学译丛》2001 年第 3 期。

一批判理解为拯救黑格尔哲学的遗产呢，还是像某些学者所主张的那样，将黑格尔哲学的重要性完全排除出去，以便对马克思的学说形成一种“康德式的”或“近康德的”解释。在这里，问题的真正要害在于：把马克思和康德直接衔接起来意味着什么？它无非意味着在马克思哲学的阐释中撤销黑格尔的意义和重要性；而撤销黑格尔的意义和重要性又意味着什么？它无非意味着在马克思的学说中排除社会，排除历史，排除社会—历史的实体性内容及其全部的具体化。而当这一切都被排除之后，马克思的学说难道不是被彻底阉割了吗？马克思的学说难道不是在一方面变成单纯的知性科学，在另一方面变成“伦理社会主义”吗？这样一来，我们真的不必再去关注社会现实，不必再去关注社会历史的实体性内容，我们所要关注的只是单纯主观的“应当”，也就是完全处在现实的社会—历史之外的“绝对命令”。

笔者根本无意于否认康德哲学的重大意义，可以说黑格尔的整个法哲学（以及历史哲学）是以康德的“意志自由”作为前提的，但是黑格尔对康德道德哲学的决定性超越——立足于“伦理的观点”，亦即将抽象法和道德置于社会生活的本质性之中——对于马克思的学说来讲具有头等重要的意义。《法哲学原理》这样写道：“着重指出纯粹的不受制约的意志的自我规定，并把它作为义务的根源，这诚然很重要，又意志的认识——多亏通过康德哲学——只是通过它的无限自主的思想，才获得巩固的根据和出发点，这诚然也很真确，但是固执单纯的道德观点而不使之向伦理的概念过渡，就会把这种收获贬低为空虚的形式主义，把道德科学贬低为关于为义务而尽义务的修辞或演讲。”[①] 这样的修辞和演讲对 18 岁的学生能起作用，可以告诉他们有崇高的东西——灿烂的星空和我心中的道德命令。但是当我们需要更深入的思想——切中社会现实之思想——的时候，需要把握的是：即使是无比崇高的“道德命令”，也是由特定的社会—历史赋予它以真

① ［德］黑格尔：《法哲学原理》，范扬、张企泰译，商务印书馆 1961 年版，第 137 页。

实的内容和本质性的。所以在这个意义上，笔者认为，康德、黑格尔和马克思的关系问题将是一个重大的议题，它只是在很小的范围内属于思想史议题，而它在实质上牵涉对马克思学说之根本性质的把握和阐释。因此，这个议题将开启出激烈的思想斗争，并且将成为关乎马克思主义研究之中国学派的可能性与不可能性的前提。因为如果我们只是站在单纯主观之“应当”的立场，站在抽象原则之外部反思的立场，站在无内容的形式主义立场，那么，我们确实不需要接触任何社会—历史内容，尤其不需要接触中国的社会现实。但是，笔者认为，对于马克思学说的本质来讲，根本不可能取消其社会—历史的那一度；对于马克思主义研究的中国学派来讲，最基本的前提条件就是深入地研究中国问题，并以切中社会现实为旨归。正是在这个意义上，笔者才在马克思学说的渊源议题上尖锐地批评康德式的理解方案而保卫黑格尔所开启的思想路线——确切些说，保卫社会—历史的本质性及其具体化的思想路线，因为正是这一点构成马克思学说的根本，也构成马克思主义研究之中国学派的生命线。对于这个问题的比较详尽的探讨，我在《论马克思学说的黑格尔渊源》（《云南大学学报》2015 年第 6 期）一文中已有申说，这里就不再赘述了。

总而言之，我对任平教授的“出场学”思路了解得还不够全面，但对他的诸多观点还是有所思考，且在某种程度上也能赞同他的想法。由于任平教授的计划十分庞大，其间许多独特新颖的想法尚在酝酿过程中，所以我在这里想通过问题的简化，以使要义凸显出来，所谓“立其大者也”。这个“大者”用一句话来概括，就是马克思主义研究之中国学派的根本前提在于：“讲中国语的”马克思主义研究者必须开始深入地探讨中国问题，并且必须在这种探讨和研究中能够切中当今中国的社会现实。

（原载于《江海学刊》2017 年第 2 期）

“出场学”作为一种“中国学派”何以可能

曹典顺

江苏师范大学哲学范式中心（以下简称范式中心）成立于2011年，范式中心在范式研究的基础上，特别关注当代中国马克思主义哲学研究的学派问题及其学派建设状况。范式中心对学派研究的关注，可以追溯到2011年范式中心举办的首届“中国马克思哲学高峰论坛”。在该论坛举行期间，笔者向与会专家李景源先生咨询当代中国马克思主义哲学学派研究的相关学术问题，比如，中国的马克思主义哲学研究能不能存在学派，是不是中国的马克思主义哲学研究已经形成学派，等等。李景源先生认为这是一个值得深入研究的课题，鼓励我写一篇专门研究学派的文章。在这种鼓励下，我在《哲学研究》2012年第3期发表了《建构当代中国马克思主义哲学研究的“范式”与“学派”》的文章。该文章不但认为当代中国马克思主义哲学研究的学派已经客观存在，而且明确提出当代中国有两大马克思主义哲学研究的学派群，“一大学派群是指改革开放初期形成的学派群，另一大学派群是指21世纪初期以来形成的学派群”。此后，我继续反思马克思主义哲学研究的学派问题，在《哲学研究》2013年第11期发表的《当代中国马克思主义哲学研究的问题意识》一文中，深入阐释了学派形成的前提性问题——问题意识。在《哲学研究》2015年第3期发表的《马克思主义哲学研究的中国学派与法兰克福学派的差别》一文中，详尽分析了马克思主义哲学研究的中国学派的本质特征问题。当下，范式中心根据任平教授提出的当代中国马克思主义哲学的九大范式，将当代中国马克思主义哲学研究的学派相应地凝练为九大学派，即教科书研究学派、原理研究学派、马哲史研究学派、文本文献学研究学派、对话研究学派、反思的问题学研究学派、部门哲学研究学派、马克思主义中国化研究学派、出场学研究学派。范式中心联合《江海学刊》主办的“当代中国马克思主义哲学研究的中国学派暨出场学理论学术研讨会”，是范式中心对学派研究保持持续学术兴趣的体现，主要学术意义有两点。一层意义是，此次会议能不能达成当代中国马克思主义哲学研究的中国学派已经存在的共识，能不能形成一个宣告当代中国马克思主义哲学研究中国学派客观存在的《徐州宣言》；另一层意义是，起始于苏州大学，在江苏师范大学完成的出场学理论，能否被概括为中国马克思主义哲学研究的学派之一，即出场学学派是否能够成为马克思主义哲学研究的中国学派。在笔者看来，尽管当下学术界对当代中国马克思主义哲学研究“中国学派”范畴存在“多重内涵”的解读，但正是其具有的“多重内涵”意蕴反而能够表明，“中国学派”已经“事实存在”，再者，“出场学”的诸多核心范畴和原理（如“出场”“在场”的范畴及其原理等）已经被学术界大量使用的事实说明，出场学亦可以理解为当代中国马克思主义哲学研究的学派之一，或者说，无论是中国学派的产生，还是作为中国学派的出场学学派的产生，既是当下中国时代精神对马克思主义哲学研究的学术期待，也是当下学者的社会担当。

“中国学派”问题中首要关注的问题应该是“中国学派”研究是否有必要的问题，或者说，应该是“中国学派”研究是否具有价值和意义的问题。在学术界，“中国学派”概念已经产生多时，但当下时代“中国学派”研究是否具有价值和意义的争论依然没有停止。反对研究“中国学派”的学者主要有三大类：一类学者将“学派边界”作过于“宽泛化”理解，他们认为，在全球化进程不断加速、中国越来越融入世界经济一体化、“中国道路”越来越成为全世界关注的热门话题的当下，“中国学派”研究应该被“学派”研究所取代，即在全世界范围内研究学派，比如，研究解释学学派、现象学学派、逻辑学学派、生存论学派等，而不是去研究“学派”的“民族性”或“地域性”；另一类学者将马克思主义哲学创新研究视为对马克思主义的批判或修正，这些反对进行马克思主义哲学创新研究的学者们认为，从苏联教科书翻译或翻印过来的马克思主义哲学原理是无产阶级革命家和思想家的革命实践和理论智慧，不论是以怎样的目的（包括创新的目的），如果提出与之不同的观点或表述，本质上都将是对马克思主义理论的背叛；第三类学者将哲学社会科学学术研究西方化，这些主张全盘西化的学者们认为，只有西方的民主、自由体制及其理论才是合乎理性的真理，“中国学派”的理论前提已经过时，社会主义的历史已经终结，且“中国学派”的理论无法与市场经济的理论接轨，或者说，不可能真实指导以“资本”为纽带的市场经济条件下的社会实践。反思反对研究“中国学派”的学者的观点，第一类学者容易走向历史虚无主义的理论陷阱，第二类学者容易走向教条主义的理论怪圈，第三类学者容易落入民族虚无主义的悲观主义。基于上述原因，“中国学派”研究的必要性至少有三大理由。其一，人是社会性的或群居性的动物，即使到了共产主义高级阶段，人的这种本质性特征都将不会改变，也就是说，即使国家被消灭，社会依然会存在，用马克思的话说，“国家是从作为家庭的成员和市民社会的成员而存在的这种群体中产生的”①。换言之，社会存在就不能消灭人类群体的“特殊性”，即只要人类群体的社会性依然存在，“中国学派”研究就存在现实的生活世界根据。其二，人的存在是有意识的目的性存在，或者说，由于意识在人的世界里的相对独立性，即由于人是具有目的性与计划性

① 《马克思恩格斯全集》第3卷，人民出版社2002年版，第12页。

的动物，从而使人的实践活动是具有“理想性”的目的与要求的存在，而“中国学派”的理论正是能够充当这种理想性的目的与要求的理性概括和表达。其三，人是感情的动物，即在人的社会实践过程中，人们自觉或不自觉地继承着先辈的文化习惯、价值伦理、政治信仰和思维方式，而这些要素都注定着“中国学派”的存在具有合理性和合法性。

习近平总书记《在哲学社会科学工作座谈会上的讲话》发表以后，诸多学者开始关注“中国学派”建设问题，比如，2016 年 6 月 14 日的人民网·理论频道发表的唐任伍的文章就提出，“习近平总书记在哲学社会科学座谈会上的讲话，为哲学社会科学‘中国学派’的建立和发展指明了方向”。笔者认为，诸多学者介入“中国学派”问题和建设状况问题研究，首先是根源于“中国道路”建设对马克思主义哲学的需求，即当下中国的马克思主义哲学理论必须面对“中国道路”建设问题，换言之，“中国道路”建设催生着“中国学派”的形成。从马克思主义在中国的传播史可以看出，长期以来，中国学术界基于马克思主义是“中国道路”指导思想的原因，很少有学者主动开展创新意蕴的马克思主义基本原理研究，即学者们都在自觉或不自觉地充当马克思主义理论的“建筑师”而非“设计师”。事实上，“中国道路”建设既需要“中国道路”的总设计师，也需要经济建设、政治建设、文化建设、社会建设、生态建设及其内部诸要素建设的单列设计师，需要省、市、县、乡的地方建设设计师，等等。“中国道路”建设催生“中国学派”形成的根据主要有三点。其一，“中国道路”创新的过程就是“中国学派”建设的过程。马克思主义哲学在中国的传播开始于新文化运动时期，研究开始于马克思主义教科书的构筑时期。需要说明的是，尽管新中国成立初期的社会主义建设时期亦可称为中国特色社会主义道路时期，但本文还是把其称为传统的“中国道路”时期，而本文所指代的“中国道路”时期是指改革开放后开始的中国特色社会主义道路建设时期。传统的“中国道路”时期虽然具有

“中国特色”的意蕴，但更多的是沿袭“苏联模式”。“中国道路”建设是全新的社会主义道路探索，最为重大的理论创新是对市场经济的重新界定，与之相适应，表征各种改革开放实践成果的哲学社会科学理论不断涌现，这些理论不断凝练的过程就是“中国学派”建设的过程。其二，与“中国道路”建设相适应的“学科体系”逐步完善的过程就是“中国学派”逐渐形成的过程。与“中国道路”建设相适应的“学科体系”建设可以追溯到新中国成立初期的1952年院系调整。这次院系调整中，社会学、政治学等学科被停止和取消，哲学系丧失了存在的空间，以至于经过改革开放近四十年努力，依然“学科体系不够健全，新兴学科、交叉学科建设比较薄弱”①。“中国学派”建设的实际状况显示，“学派”不是几个或一群有共同学术兴趣的学者自发就能创立的组织，而是与“学科体系”不断完善密不可分，换言之，“学派”中的学者是能够通晓“整体学科知识”的学者。其三，与“中国价值”相适应的“中国话语”渐具世界影响力的过程就是“中国学派”逐渐成熟的过程。改革开放初期，中国哲学界大量翻译西方的哲学书籍，这令部分中国学者极为不满，认为此举会导致意识形态安全危机和意识形态全盘西化。实践证明，学习和研究西方的哲学思想不但不会令马克思主义失去领地，反而会令与“中国价值”相适应的“中国话语”逐渐占据世界各种形式的舞台，也就是说，伴随着“中国学派”的逐渐成熟和强大，“中国学派”的学者们发出的“中国声音”已经越来越不容小觑。

从时间空间上理解，“中国学派”的存在离不开其他国家学派的存在，也就是说，“中国学派”是相对于其他国家学派而存在的学派；从体系结构上理解，“中国学派”应该包含诸多子学派，我们称之为基于方法论自觉而建立的“范式学派”。之所以这样理解，是因为尽管“中国学派”已经事实存在，但对“中国学派”的内涵理解仍然不

① 习近平：《在哲学社会科学工作座谈会上的讲话》，《人民日报》2016年5月18日。

尽相同。比如，有学者认为，马克思主义哲学的“中国学派”是与“西方马克思主义哲学”“苏联马克思主义哲学”等不同的有“中国特色”的“马克思主义哲学”，也有学者认为，马克思主义哲学研究的“中国学派”应该是指从不同方法论前提或从不同研究领域等视角研究马克思主义哲学的“范式学派”。上述理解的差别是基于理解前提的不同的差别，前者是从民族性或思想性的视域理解“中国学派”，即该视角认为“中国特色的马克思主义哲学”就是马克思主义哲学研究的“中国学派”，后者是从方法论前提的不同理解“中国学派”。

从范式的角度理解，“出场学逻辑”的确立意味着出场学范式研究的形成；从学派的角度理解，出场学范式研究队伍的不断壮大则意味着“出场学学派”已经形成。当然，没有“出场学逻辑”也就不会有“出场学学派”。“出场学逻辑”已经确立的根据有三点。其一，学术界已经论证了“出场学”是马克思主义哲学与时俱进的研究逻辑。比如，任平教授在《中国社会科学》2008 年第 4 期发表的《论马克思主义哲学研究的出场学视域》一文中认为，“提出马克思主义哲学出场学视域，旨在探索在差异化的时空语境中，马克思主义哲学如何不断选择自己恰当的出场路径、出场方式和出场形态，进而与时俱进地把握马克思主义哲学中国化的当代形态”。其二，学术界已经阐释清楚了出场学的方法论前提——关联思想出场逻辑与历史变迁逻辑。比如，任平教授在《哲学研究》2012 年第 3 期发表的《当代中国马克思主义哲学研究范式的创新与转换》一文明确提出，“出场学：马克思主义哲学与时俱进的研究逻辑”。其三，学术界已经论证了作为哲学范式的出场学逻辑。比如，任平教授和我在《江海学刊》2014 年第 2 期分别发表的论文《论马克思主义出场学研究的当代使命》和《出场学的存在与逻辑》详细表征了出场学的理论逻辑。“出场学学派”已经形成的根据也可以概括为三点。第一，“出场学”范式研究方向已经成为任平教授的学术符号。第二，“出场学”研究方向已经成为范式中心的学术标识。江苏师范大学的许多研究生的毕业论文以出场学为思想前提和方法论前提，范式中心的许多学者发表“出场学”论文，“出场学”研究方向已经成为江苏师范大学江苏省“十三五”重点学科（哲学）的支撑研究方向。第三，许多高等院校和科研院所的研究人员研究和关注“出场学”研究。

（原载于《江海学刊》2017 年第 2 期）

创新篇

面向中国文化的实情：当代中国哲学创新的必由之路

王南湜

一

简单地回顾一下中西哲学史就会发现，并不是每个时期都有耀眼的创造性哲学出现，而是只有少数几个时期才发生了足以影响千百年的思想创造。之所以如此，盖因为哲学并不是人们茶余饭后闲情逸致的消遣品，而是人类对自身生活中重大根本问题的反思，是对于生活中问题的一种象征性的表达和象征性的解决。一种哲学，无论看起来多么超凡绝俗，多么晦涩抽象，都是深深地植根于人类现实生活的。但现实生活并非时时需要哲学创造，而是只有在特定时期才有这种需要。人类生活历史可以分为两种情况：一种是基本生活方式稳定的常规时期；一种是基本生活方式发生断裂或跃迁的巨变时期。在前一种情况下，既然基本生活方式大致上是稳定的，那么，人们对于生活中所遇到问题的解决也就可以沿用已经被生活证明是成功的既有模式，至多只需要作一些小的修改，而无须创立新的尚不知其效果的方式。在这种情况下，哲学作为对于人类生活中重大根本问题的反思，也就一般地处于某种常规状态，即在某种既有的范式下对问题进行细化或对既有范式作非根本性改良。而在后一种情况下，人们的基本生活方式发生了根本性的变化，面对这种变化，既往生活中有效的解决问题的模式已变得不再有效，对之作非根本性的修补也无济于事，而是迫切需要创造一种适应变化了的生活方式的新的解决问题的模式。在这种情况下，哲学作为对于人类生活中重大根本问题的反思，也就不可避免地要面对这种巨变，表达这种巨变，并创造出新的象征性的解决问题的方式。这时候，哲学革命的时期就到来了。

一般认为，在现代之前的西方历史和哲学史上，革命性的哲学创新有两次高峰或高潮：一次是古希腊哲学，特别是柏拉图哲学和亚里士多德哲学；另一次是近代哲学，特别是以康德哲学为典范的德国古典哲学。这两次哲学创新高峰所处的时代都是人类生活发生巨变的时期。古希腊哲学所处的时代是西方文明奠基的所谓“轴心时代”。在这一历史时期，希腊人特别是雅典人的生活方式发生了巨大的变化，即由基于农业经济的部落共同体生活方式转变为一种以工商业为主导的城邦生活方式。这种生活方式的巨变必然要求哲学上的创新以帮助人们适应这种变化，建立起新的生活方式和思想方式。希腊哲学从自然哲学家到苏格拉底、柏拉图、亚里士多德等的发展，正是适应于这种变化而进行的持续的思想创新。近代资本主义生产方式的兴起，亦对哲学提出了类似的要求，因而才有一次持续数个世纪的哲学创新运动。从笛卡尔、洛克到康德、黑格尔的哲学进展，正是适应为这种生活方式的巨变而进行的哲学变革。

类似地，20 世纪之前的中国哲学也经历了两次创造高峰，一次是先秦诸子百家，特别是儒道两家的哲学创造，另一次是宋明新儒学的理论创新。前者是适应于春秋战国时期中国社会生活的巨大变化，后者则是适应于中国社会生活在宋代的重大变化。当然，中国宋代社会生活的变化无论在程度上还是性质上都不能与春秋战国时期的变化相比，因而相应地，后一次创新要逊色一些。但与其他时期相比，宋明新儒学也称得上是一次高峰。

如果如上所述，哲学上的重大创新都与其所处的时代相匹配，或者说，社会生活的重大变化为哲学上的重大变化提供了可能性和必要性，那么，自鸦片战争以来中国社会生活所发生的重大变化对于哲学的变化所提供的可能性与所要求的必要性便是毋庸置疑的。与宋代所发生的变化不同，开始于鸦片战争的变化，是一次“三千年未有之大变局”。这一历史性的变化至今仍在持续着。如果说在变化之初，中国并非自愿的，而是被世界列强拖入现代化进程之中的，那么，随着时间的推移，这一现代化进程日益成为中华民族的自觉选择，并且这一进程也越来越展现出一种绚丽的远景。这样一种巨变，它对于哲学的变化所提供的可能性和所提出的必要性，毫无疑问，必然要远远大于宋明新儒学所实现的变革。

二

社会生活的重大变化只是为哲学上的变化提供了可能性和必要性，但创新的可能性和必要性并不等于现实性。事实上，在人类历史上有许多国家和民族都经历了社会生活的巨大变迁，但却并不是每一个国家和民族都创造出了与之相应的哲学。显然，哲学上的巨大创新还需要其他条件，才能从可能性变成现实性。

这其他条件是什么呢？任何人类创造要获得成功的条件，一般而言，无非就是主客观两个方面。如果客观条件已经具备，则具有决定意义的便是主观方面的条件。对于哲学创造而言，社会生活的巨变无疑是其客观条件。既然中国社会生活从鸦片战争以来的巨变是无可置疑的，那么，这其他具有决定意义的条件便是主观方面的。而所谓主观条件从根本上说无非就是哲学家们的创造能力和创造活动。但这样的说法太过笼统，没有包含多少有价值的信息。事实上，自鸦片战争以来，已经有无数饱学之士投身到思想创造之中，并且已经创造出一系列哲学成果，只是这些创造成果还远不能与社会生活所发生的巨变相匹配。因而，我们还需进一步追问，具体而言，到底是什么主观因素制约着中国哲学家们的成功创造。

为了使问题更清楚，我们试以近代西方为例来看哲学家们是如何实现与其现实生活相匹配的哲学创造的。西方社会生活在近代发生了根本性的变化。社会生活的变化首先无疑是经济生活方式的变化，即从自然经济转变为市场经济，从直接的产品生产转变为商品生产。与这一转变相匹配，社会的政治生活发生了根本性变化，从一种基于等级制的封建专制制度转变为民主政治。相应地，精神文化也发生了根本性的变化，表现在哲学上就是近代哲学从笛卡尔以来发生的革命性转变。卢卡奇在《历史与阶级意识》中对商品生产与近代哲学的内在关联作出了颇具创造性的阐发。在他看来，“近代批判哲学是从意识的物化结构中产生出来的”。[①] 正是近代资产阶级社会的商品生产表现出一种与古代不同的物化现象，这种物化现象表现于人们的意识之中便是物化意识，而近代哲学，特别是德国古典哲学，不过就是这种物化意识的集中体现而已。

但哲学并非就是对于现实生活的直接表现。任何真正的哲学，必定要以某种方式表达现实生活，但这种表达一般而言，又往往要通过种种中介环节。在西方，由于其理性主义传统，这一中介便主要的是作为理性之集中体现的科学。商品生产的物化现象所造成的物化意识，无疑遍及一切意识领域，只是在科学领域，有特别清楚的体现，这对于近代哲学的发展有着最为直接的形塑作用。近代科学意识所发生的根本性变化，首先就是对于世界的机械必然性的意识，即用机械因果观念取代了目的论因果观念。与亚里士多德及中世纪的目的论截然相反，“在笛卡尔看来，物质世界的一切，其周围都被传递冲击的微粒所包围，一切都服从机械的因果性”，“笛卡尔排斥亚里士多德的目的

① ［匈］卢卡奇：《历史与阶级意识——关于马克思主义辩证法的研究》，杜章智等译，商务印书馆 1992 年版，第 177 页。

因，结果就把因果关系普泛化了”。[①] 这一对目的因的拒斥，对机械因果关系普泛化的结果，便是任何对于世界的解释只能依据能够数学化的机械决定论原理来进行。因果观念的这一转变，其意义非同小可，它意味着一种与古代截然不同的世界观念的形成。据此，凡是能用数学这种理性的典型形式处理的事物，便是真实而客观的，是第一性质；而凡是不能以之处理的，便只能被打发到主观的、缺乏真实性的第二性质的领域中去。于是，在这一新的世界观念中，便最终达到了“笛卡尔那著名的二元论：一方面是由一部在空间延展的巨大机器构成的世界；另一方面是由没有广延的思想灵魂构成的世界”[②]。

但这样一来，近代科学意识便导致了一个巨大的矛盾：一方面是有广延的客观的物质世界，它犹如一架数学机器，服从机械因果关系的支配；另一方面则是无广延的主观的精神世界，拥有意识、目的、情感等。在古代和中世纪那里尚还模糊的人的能动作用与超越于人的力量作用之间的紧张关系，便被明明白白地揭示了出来。现在，如果物质与精神“这两个实体中的每一个都绝对独立于另一个而存在，那么具有广延的事物的运动是如何产生没有广延的感觉的呢？没有广延的心灵的思想或范畴怎么可能对物体实体有效呢？没有广延的东西怎么能够知道一个具有广延的宇宙，又怎么在这个宇宙中达到其目的呢？”[③] “第一性质”与“第二性质”的截然区分，导致了客观世界与主观世界的截然区分与对立，人与自然的连续性被彻底割断，同时也体现着现代意识与传统意识的断裂，尤其是近代科学思想与传统基督教思想的对立。在近代科学意识的冲击下，一方面，传统意识不可避免地要发生改变，但另一方面，这种改变从可能性上说并不是无限制

---

① ［英］布伦丹·威尔逊：《简说哲学》，翁绍军译，上海人民出版社2005年版，第44页。

② ［美］爱德文·阿瑟·伯特：《近代物理科学的形而上学基础》，徐向东译，北京大学出版社2003年版，第95页。

③ ［美］爱德文·阿瑟·伯特：《近代物理科学的形而上学基础》，徐向东译，北京大学出版社2003年版，第96页。

的。人是一种历史的存在，他不可能完全割断历史，在一种全新的基础上生存，在精神文化领域尤其不可能。同时，人也是一种统一性的存在，不可能在一种处于巨大分裂的意识中生存。人为了能够正常地生存，必须在某种程度上克服这种对立，并建立起新的统一。近代哲学的任务，从根本上来说，就是把握住这种对立，并进而探讨克服、调和或者至少弱化这一对立的方式。

笛卡尔以来的近代哲学家意识到了这种对立，并试图以某种方式在其哲学中予以表达，进而加以解决。但在起初，哲学家们并未能充分表达出这种对立，而是往往以某种方式模糊了这种对立，也就谈不到解决了。近代哲学家中，康德是第一个清楚地意识到了近代科学所带来的这一对立的关键性人物。他的现象与物自身的区分、自然与自由的区分、理论理性与实践理性的区分，都是试图把握住近代科学所造成的这一对立，并以某种方式将其在理论上予以解决。显然，要重建统一性，只有首先把握住近代精神中的这一巨大对立才有可能。而这，便是近代西方精神文化的实情。就此而言，只有康德最为深切地抓住了近代精神文化的实情。只有在康德哲学所揭示的近代精神深刻对立的基础上，才可能进一步以某种方式克服这一对立。康德之后的费希特、席勒、谢林，特别是黑格尔，都是在康德所奠定的基础上建构自己的解决方案的。无论黑格尔如何批判康德，但他对康德的奠基性贡献始终是肯定的。没有康德的奠基性工作，从费希特到黑格尔的后续工作便没有可能进行。

比照近代西方社会生活与哲学所发生的变化，我们不难看到，自鸦片战争以来国人所遇到的问题与西方社会在近代所遇到的问题大致是相同的。唯一不同的是社会生活的巨变在西方是内在地发生的，而在中国则是从外部引发的。这导致在西方只是古今之争的问题，在中国则变成了古今、中西之争的纠缠。但无论如何，中国思想所要面对和解决的问题是与之类似的，那就是把握住和揭示出这一对立，并建立起新的统一性来。哲学是一种对于现实生活中重大问题的象征性解决。因此，这种象征性解决是否有效，是否成功，首要的关键便在于对于现实生活中问题的把握。如果哲学思想如其所是地把握住了现实问题，那就为解决问题奠定了一个前提；而如果哲学思维未能把握住真实问题，那就根本谈不上真实地解决问题。如果由于某种原因而未能把握住这一对立，其结果就不可避免地要错失创造性地解决问题的机会，从而错失复兴中国哲学之机遇。

那么，何谓把握住现实问题呢？难道鸦片战争时期的人们就没有意识到他们所面临的是“三千年未有之大变局”吗？难道百多年来中国的哲学家们不都是围绕着社会生活的巨变在思考问题吗？不错，这些都是真实的。但是，问题不在于是否思考社会生活的巨变，而在于是否真正认识到这一巨变的根本意蕴，并将之表达于哲学思想之中。

面对“三千年未有之大变局”，人们的认识不可避免地要经过一个由表及里、由浅到深的过程。人们曾经把对于西方的认识总结为从对器物文明的“船坚炮利”到政治文明，再到精神文明的发展过程。但这样的认识是否就已经达到了对于现实问题的真实把握，还值得再思考。仔细反思这一思想总结，一个隐含的前提仍然是如何建成如西方那样的现代化国家社会。这里所隐含的思路仍然是，无论政治文明也罢，精神文明也罢，都是服务于现代化的。现代化无疑是极其重要的。一位学者说过，只要世界上有一个国家实现了现代化，其他国家就别无选择，哪怕是为了自保，也必须实现现代化。但问题是现代化并非人类生活的全部。人类生活是一个整体，包含诸多方面，除了经济的和政治的部分内容之外，还有精神文化的生活。精神文化常常被人们视为经济政治生活的副现象或手段。从一个方面看，这种理解有其依据，但从另一个方面看，人之为人，人之区别于动物之处又在于他把生活的意义放在最基本的层面，一切生活以是否有意义为判别依据。而生活的意义正是精神文化之所维系者。这样看，如果我们忽略了精神文化层面的非手段意义，那就不可能真正把握住现实问题。

这里的关键问题是要看到，在经济、政治发生变化的同时，精神文化可能发生哪些变化，已经发生了哪些变化，这些变化在何种意义和程度上是必然的、不可避免的。换言之，适应于社会生活的变化、精神文化的变化在何种程度上是必要的，其限度何在，即传统文化还能在何种程度上以何种方式保留下来。这些问题往往被人们简单化了，把巨变看成了简单的断裂。其结果是，我们在将西方的现代与传统简单地对置起来的时候，也就简单地把现代化的西方与传统的中国对置了起来。这就既将中国问题简单化了，也将西方问题简单化了，更将中西关系问题简单化了，而没有考虑现代化的西方与传统西方的复杂关系，从而也就更不可能考虑到现代化的中国与传统中国以及与西方的复杂关系。无疑，若不考虑到这些复杂关系，就不能认为是达到了对于现实问题的真实把握。很清楚，这里的关键问题是对于精神文化问题的确当认识，即直面精神文化所发生变化的实际情况，面向文化的实情，首先揭示出我们所面临的种种古今中外的冲突对立关系，并将之表达于哲学思想之中。只有在把握住了这些对立的前提下才可能提出有效的解决方式。若是在还未把握住这些对立的前提下便奢谈解决，其结果只能是无效的虚构。

毫无疑问，自鸦片战争以来，许多有识之士的确已经意识到了上述对立，并提出了一系列解决方案。但若将这些议论与近代西方哲学相比，便不难见出其缺陷之所在。其中最根本的缺陷便是只感受到了这些对立，只满足于泛泛而谈，而未能如康德那样，将之概念化，将之把握在一种理论之中。既然对这些对立的描述是空泛的，那么，提出的解决方式也就只能是空泛的公式，诸如“中体西用”“中国文化本位”“西体中用”“中西互为体用”“创造性转化”“综合创新”等，不一而足。若与康德哲学相比，不难看出，所有这些公式的根本问题，都在于仅满足泛泛而谈，而从根本上说未能首先将中国文化所遇到的困境以概念化的方式揭示出来。既然连问题都尚未把握，还如何谈得上进一步解决问题？这里之所以要如此尖锐地提出问题，并非要非难前贤，而意在自我激励。前人能够提出这些方案，已属不易。但过了半个多世纪之后，我们不能仍停留于对这类公式的花样翻新之上，在前人的贡献上原地踏步。而是应该在此基础上奋进，超越前人的眼界，力求在创造能匹配于中国现实生活之变迁的哲学理论这一事业中，做出一代人自己独特的贡献。

三

如果我们稍微具体地考察一下当代中国哲学在解决上述问题时所体现出来的基本精神，当能更进一步明了面向文化实情之意义。

当代中国哲学中，除了一些极端的文化保守主义和全盘西化派之外，大多数哲学流派或明确或隐晦地、自觉或不自觉地把古今、中西的对立作为前提，并进而提出了自己的解决方案。所谓解决，就是在以某种方式把这种对立把握并表达出来的基础上，进而消除或减弱这一对立。诸多解决方案中，最为重要且最有影响的两种当数马克思主义和现代新儒学。

中国马克思主义哲学明确承认自身是一种来自西方的普遍性理论，从而同时又强调自身的中国化。关于马克思主义或马克思主义哲学中国化，人们一般是从两个方面理解的：一是将马克思主义的普遍原理与中国的实际相结合；另一则是将这一结合所形成的思想用民族化的因而是中国老百姓所喜闻乐见的语言加以表述。对于马克思主义哲学中国化的这样一种通行的理解，不能说有什么不正确之处。但如果我们从古今、中西的对立来看，便不难看出这样一种理解是很不充分的，它在很大程度上忽略了中国马克思主义是在古今、中西冲突对立这一背景下发展起来的历史事实。换言之，中国马克思主义不仅是中国化的，而且是深度中国化的。这种深度中国化当中就不可避免地包含对古今、中西冲突对立的理解和解决。这种深度中国化在毛泽东哲学中，特别是在其哲学代表作《实践论》《矛盾论》中，有着最为突出的体现。对于认识活动从属于实践活动的强调，对于矛盾特殊性的关注，特别是关于主要矛盾和次要矛盾、矛盾的主要方面和矛盾的次要方面地位转化的论述，在很大程度上是从中国传统哲学思维方式出发对马克思主义哲学的阐释和发挥。如果我们将毛泽东的矛盾学说与马克思《资本论》中的辩证法相比，便可清楚地看出二者之间的明显差异。但这一点在中国影响最大的马克思主义哲学教科书以及诸多研究者的论述中却未能充分表达出来。一般地人们将毛泽东哲学思想看成只是将马克思主义哲学在中国的实际运用，即便有所创新，也只是运用中的创新，以及用民族化语言表述中的创新。人们对差异的忽略或许是为了维护某种学说传承谱系上的正统性。而且如此做法的确也在实际斗争中有非常重要的意义，例如，为了反击王明等关于山沟里出不了马克思主义的非难，以及苏联人的怀疑和轻视等。当然，如果考虑到中国马克思主义哲学教科书作为苏联哲学教科书的一个翻版，实际上也很难在这方面有所建树，人们也不应该对此予以过多的责难。这里指出这一点也不是为了责难前人，而是为了提请人们注意到这样一个事实，那就是人们尽管在实际上已经感受到了古今、中西之冲突对立，而且在实际上已经对之有所把握和阐发，但在更多的人那里却往往倾向于对之加以忽视，以换取某种理论上的统一性。显然，这种简单的统一性的获得是以一种极高的代价为前提的。这个代价就是由于忽视了古今、中西的冲突对立，而失去了将之把握和揭示出来，即将之概念化的时机，从而也就错失了真正从理论上解决这种冲突对立的时机。

现代新儒学以传统文化的维护者自居，从而表现出一种截然不同的理论姿态。中国马克思主义哲学明确承认自己为源于西方的一种具有普遍性意义的理论，而现代新儒学则明确要复兴民族文化传统。但如果我们仔细考察现代新儒学大师们的思想就会发现，除去第一代领袖人物如梁漱溟、熊十力、马一浮等试图借助某种佛学理论重振传统哲学之外，从冯友兰、牟宗三、唐君毅等第二代新儒家到成中英等第三代新儒家，都借助某种西方哲学来重新阐释中国传统哲学。这种阐释若从表面看，往往将中国传统哲学视为比西方更为优越之理论体系。

如所谓中国传统哲学的“内在超越”说，便是与所谓西方的“外在超越”相对比而言的，“内在超越”当然比“外在超越”要高明。但若从深层来看这种解释模式，则显示出一种完全相反的意蕴，那就是不自觉地将中国传统哲学镶嵌到西方哲学的模具中去了，而这就在不知不觉中将中国传统哲学从根基上西方化了。其结果是，从表面上看是在鼓吹中国传统哲学，但在实际上所说的则是西方的东西。这样，即便在现代新儒学这种以维护传统文化自居的学说中，中国传统哲学也被置换为用西方哲学概念重新加工过的东西。从而在这种似乎最应该揭示出中西方文化之冲突的学说中，这一冲突也以一种特别的方式被模糊了。既然冲突已被模糊，也就不能被概念化，更谈不上进一步真实地克服或缓解这一冲突了。

四

这种近代以来的文化建设中屡见不鲜的自觉或不自觉地模糊中西冲突对立的心态，从根本上说是一种缺乏文化自信心的表现。但这种缺乏自信心不是表层的，而是深层的。西化派的缺乏文化自信心，可以说在深层与表层是一致的。但文化保守主义的缺乏文化自信心却是深层的。这种深层缺乏的一个表现，是处处或明或暗地以西方为参照而比较中西文化。如前面提到的以“内在超越”胜“外在超越”之类。从表面看，这一比较似乎提升了中国传统文化，但所借以比较的问题却是从西方引进的“超越”概念。这种比较从一开始就注定是虚妄的。中国历史上任何一个强盛的时代都从未有过这种比较，真正的自信者从来不会老想着与别人一比短长。汉唐时代的思想家们何曾想过此类比较，骨子里的文化自信心使他们能够心平气和地对待任何外来文化，随心所欲地加以取用。只有不自信者才会借助比较寻求某种心理平衡。不言而喻，这种文化不自信是与现实生活密切相关的，因而是可以理解的。当中华民族尚未能在现实生活中获得他应有地位的时候，文化上的自信便显得自欺欺人。但中华民族在现实生活中重新雄起，迫切需要重建与之相匹配的民族文化之际，如果文化人还生活在自己造成的不自信心态之中，就不再是可理解的了。

这里所说的文化自信心，绝非那种动辄就表现为“可以说‘不’”“不高兴”之类的浮躁暴发心态，而是一种时代使命感。这种自信心不是面向过去，炫耀祖宗的文化财富，而是立足现实，面向未来，创造与中华民族未来现实生活相匹配的新的民族文化。比照近代西方哲学数百年之发展才完成其转变便可知道，这种文化创造绝非易事，绝非仅凭一点激情呼喊便可成功，而是需要几代人持续的努力。因而，这里需要的便是一种正视文化冲突之现状的诚实心态，一种对待外来文化不亢不卑的健康心态，一种坚韧持久的刚毅心态。一言以蔽之，文化自信心绝非对于历史的自信，而是对于通过自己的辛劳工作，克服重重困难，创造中华民族未来文化的自信。

因此，中国的哲学家们必须从正视文化冲突的现实开始，必须重新考量这种中西文化的胶着状态，特别是分析前贤们的哲学文本，发现其中对于中西文化冲撞的反映，客观地把握这种形势，不强求一种不成熟的统一，而宁可坦承这种分离。就此而言，当今中国最迫切需要的是能够直面并把握和揭示出精神文化中深刻对立的康德精神的追随者，而不是动辄构造体系的黑格尔的肤浅的模仿者。在此意义上，李泽厚二十多年前提出的口号“宁要康德，不要黑格尔”，虽然在言辞上失之于偏颇，且屡屡有人借国际学术时尚之变迁加以非难甚至嘲弄，但对国人而言至今并未失去其意义。因而，笔者愿在此不避“炒冷饭”之嫌加以修改而重新提倡之：“先要康德，再要黑格尔！”

（原载于《江海学刊》2010 年第 1 期）

历史唯物主义中国化与中国现代性建构

郗　戈

历史唯物主义不只是一个纯粹学理性的问题，而且是一个与现代中国发展息息相关的实践性问题。关于历史唯物主义的讨论，直接关系到“什么是马克思主义”“什么是社会主义”这些当今时代根本性问题的阐明。我们应当站在一个更高的历史视野来探讨历史唯物主义问题，自觉认识到历史唯物主义中国化这一理论问题与中国现代性建构这一实践问题之间的密切关系。所谓“历史唯物主义中国化”就是指，将历史唯物主义普遍原理与中国革命和建设的具体实际相结合，从而得出适合中国国情、具有时代特征和民族特征、与时俱进的历史唯物主义理论形态。历史唯物主义中国化是马克思主义中国化的一个重要组成部分。

那么，应当如何理解“历史唯物主义中国化”与“中国现代性建构”之间的关系呢？中国化历史唯物主义究竟是如何“指导”现代中国的发展实践的？怎样理解这种“指导”作用？简而言之，历史唯物主义不仅外在地认知、解释中国现代性建构，而且还内在地塑造、参与中国现代性建构。学界主流观点把历史唯物主义与现代中国发展实践之间的关系主要理解为一种“外在的认知性关系”，即历史唯物主义认识、解释或反映了现代中国的发展实践；由此，历史唯物主义就被当作社会发展、政治实践的“认知工具”、“理论武器”或“观念再现”。这种观点仅仅看到了历史唯物主义对现代中国发展实践的外在映现作用，却忽视了历史唯物主义对发展实践的内在参与。因此，我们尤其需要强调历史唯物主义对于现代中国的主动塑造作用。历史唯物主义与现代中国发展实践之间还具有一种“内在的生产性关系”，历史唯物主义参与、塑造或建构着“现代中国”。

基于此，我们尝试从总体性视野出发把握历史唯物主义中国化与中国现代性建构的关系。我们认为，“历史唯物主义”与“中国现代性”（现代中国）都不是现成如此、凝固不变的，而是生成性的、未完成的，二者都是从20世纪以来的社会发展实践中历史地产生、发展出来的。历史唯物主义中国化的过程，始终伴随着现代中国的建构过程。“历史唯物主义”与“现代中国”之间持续发生着“相互建构”与“双向生成”的动态过程，使历史唯物主义能够“融入”现代中国的自我建构，“内在于”现代中国。不能剥离历史唯物主义中国化而抽象地空谈现代中国社会发展道路问题。中国化的历史唯物主义与现代中国发展实践历史地结合在一起，形成了一种“理论—实践”的总体。

历史唯物主义与中国现代性的“相互形塑”与“双向生成”，主要体现在现代中国的历史意识、时代定位与发展方向这三个方面。

历史唯物主义与现代中国的“历史意识”

历史唯物主义中国化与中国现代性建构的相互形塑过程，首先表现为现代中国的历史意识的生成与发展。现代性的精神内核是关于历史进步的观念，中国现代性的精神内核正是现代中国人关于“进步”的历史意识。20世纪以来的中国人普遍相信历史是“进步的”，而不再像自己的祖先那样相信历史是循环往复的。中国人的这种共识性、常识性的现代意识从何而来？现代中国的自我意识尽管纷繁芜杂，但其中最为关键者便是历史唯物主义所提供的历史进步意识。马克思恩格斯著作中的现代性历史意识，经过马克思主义者的改造与传播直接参与了现代中国的自我理解与自我形塑。正是历史唯物主义在中国的系统传入与全面接受，才将现代进步观念牢固地植入现代中国的文化核心，形塑了现当代中国人的历史意识，并推动了以进步的“历史时间”为核心的现代中国的历史规划与社会建构。

从历时性上来看，现代中国的主流历史意识和时间意识，经历了从“循环—复古”的传统历史观向直线进步的社会进化论，再到历史唯物主义的巨大变迁。近百年来，中国人的历史观念经历了一个“历史唯物主义化”的过程，这一过程具有非常深刻的思想史和社会史意义。自晚清时期严复创造性地译介“进化论”以来，西方直线进步式的历史时间观念便直接冲击了中国传统文化意识中“循环”与“复古”的时间观念；而同时，进步观念日益深入人心。这便为历史唯物主义的传入和普及扫平了道路，奠定了基础。可以想见，李大钊等人初次将唯物史观诸原理系统地展示出来时，国人在思想意识层面所受到的重大冲击与震撼。一个远比社会达尔文主义精致许多的现代历史理论体系自此开始了它在中国文化意识中的长征，并最终取代了儒家历史观和史学。“马克思主义对于中国历史的基本看法倒转了传统的儒家历史观。”① 历史唯物主义对历史进步的信仰，对社会生活、生产力、经济基础和阶级斗争的强调，深刻地拆解了传统的复古历史观，改造了儒家关于个人德行、家国伦理以及和谐秩序的信仰。自 20 世纪 20 到 30 年代“社会性质论战”与“社会史论战”以来，我们中国人关于自身历史的想象，关于我们的时代、我们的国族以及我们自己的时代定位、历史任务以及未来前景的思考都被全面纳入历史唯物主义的社会形态学说的概念框架之中。可以说，进化论激发了现代中国的历史时间意

① ［美］阿里夫·德里克：《革命与历史：中国马克思主义历史学的起源，1919—1937》，翁贺凯译，江苏人民出版社 2005 年版，第 5 页。

识，而马克思主义则将这种现代历史意识史无前例地系统化、完善化了。历史唯物主义所蕴含的直线向前、永不回返的现代时间意识、历史想象与进步观念，恰恰构成了一百年来中国现代性意识的核心。

历史唯物主义对现代中国人历史意识的塑造是有其坚实的现实基础的，这便是历史理论与政治实践、历史意识与革命运动之间的辩证关系。在中国现代性的生成与发展过程中，马克思主义与中国社会变革，特别是历史唯物主义与社会主义革命建设运动始终保持着复杂的张力与互动。德里克指出，“20 世纪中国人的历史意识在与中国社会的革命化进程的辩证关系中逐步发展。世纪之交，由新的政治需要产生了一种新的对于社会的意识，进而开始了寻求‘新史学’的进程。历史唯物主义的采用，标志着中国人在这一进程中踏入了一个全新的阶段。到 20 世纪 20 年代中期，社会和社会变革已经逐渐在关于政治变革的思想中占据中心的地位。历史唯物主义，使中国人清楚地表达出了伴随着中国政治思想变革的崭新的历史意识”。[①] 一方面，历史理论和历史意识之革新，始终是政治实践发展进程的现实需要，服从于革命和建设实践的目标策略。另一方面，马克思主义化的历史理论、历史意识又作为理论武器和思想工具反过来渗透影响着实际的政治实践，甚至直接指导革命策略的规划与制定。这就使得历史唯物主义不仅能够成为社会主义革命建设运动在社会意识领域中的结构对应物，而且还使得（作为社会意识的）历史唯物主义能够内在于社会主义实践之中，化作不断生成中的“现代中国”的内在要素。

历史唯物主义之所以能够塑造现代中国的历史意识还有其一系列中介性机制、环节，这就是首先实现历史唯物主义的“学院化”而后再实现其“大众化”。以现代中国的社会变革为现实条件和根本动力，历史唯物主义持续地发生中国化，并通过思想争论和学院化的进程，最终得

① ［美］阿里夫·德里克：《革命与历史：中国马克思主义历史学的起源，1919—1937》，翁贺凯译，江苏人民出版社 2005 年版，第 211 页。

以实现“大众化”。首先，历史唯物主义中国化发生在知识界和思想界，集中体现为关于“史学范式”的论争与变革。历史唯物主义取代了传统的儒家历史观和历史学，并逐步占据学术知识生产系统，成为主流的或官方的历史科学和历史知识。其次，正是以历史唯物主义在中国的学院化、知识化为中介，历史唯物主义才能进一步“大众化”。经由史学范式的这种“现代转化”，历史唯物主义观点得以进一步通过教育、宣传深入人民群众，实现“大众化”。20 世纪 30 年代以后，基于中国共产党领导的革命和建设实践的持续深入开展，历史唯物主义的影响力超出了知识分子阶层而普及到中国人民群众的日常生活。

相应地，历史唯物主义塑造现代中国历史意识的进程也就经历了从“知识化”到“常识化”的发展过程。在成为中国史学研究的主导性范式之后，历史唯物主义又进一步深入中国人的日常文化心理之中，化作一种支配性的“历史常识”和“历史想象”。现代中国的历史知识、历史学科的形成是一个逐步被历史唯物主义影响和支配的发展过程。中国的新文化运动时期及以后，历史唯物主义初次传入中国，仍然存在着广泛而自由的批评辩论。然而，自 20 世纪 20 到 30 年代“中国社会性质论战”和“中国社会史论战”以来，历史唯物主义在学术知识层面主导中国历史研究甚至整个人文社会科学数十载，成为支配性的理论范式。[①] 在中国化历史唯物主义的学科视野和概念框架的支配下，学者们对当下中国和中国历史进行了全面的重新解释。而从更深层次的文化—日常的社会心理来说，历史唯物主义已然从学术知识生产领域渗入现代中国人的历史理解的核心，直接塑造了普通中国人的日常的关于历史和当代的“常识”或“熟知”。某种历史唯物主义通俗版本已然成为现代中国人的“历史常识”。

应当指出，历史唯物主义与中国现代性的双向生成并没有仅停留在社会意识领域，而是进一步深入社会存在领域。历史唯物主义对现

① 参见李泽厚《中国现代思想史论》，天津社会科学院出版社 2004 年版，第 65—68 页。

代中国历史意识的参与和形塑并不是一个纯粹的“思想事件”，而是落实到了现代中国的历史时间结构的社会建构之上。历史意识所关注的“历史时间”并不是某种主观性的观念或体验，也不是超越现实历史进程的绝对时间，而是一种社会时间，是社会生活的特定组织方式与存续方式。而关于特定历史时间的“历史意识”或“时间意识”则是特定的社会历史时间在社会意识中的主观映像、主观体验。现代性的历史时间与中国社会发展实践之间始终保持着复杂的辩证联系，而这一联系的中介首先便是历史唯物主义的中国化过程。现代历史时间以进步为核心，那么以这样的历史时间组织起来的社会生活必然就以社会发展、进步为总体性实践目标。

历史唯物主义与中国现代性之所以能够相互形塑，究其根源还是在于：中国现代性本身就镶嵌于资本主义主导的全球现代性体系之中。历史唯物主义关于人类普遍进步的历史意识，并不是一种超历史的玄想，而是有其坚实的社会基础的：包括中国在内的全世界各民族历史都正在被纳入现代资本主义主导的“世界历史”当中。随着16世纪以来资本主义的全球扩张过程，原本具有彼此独立的特殊历史的各个民族都被“卷入”同一种普遍性的历史发展进程之中，因而也就日益共享着同样的历史时间。历史唯物主义的普遍性历史进步意识恰恰是关于区域历史趋于合流这一世界历史化进程的理性自觉。具体到中西方问题，历史唯物主义的现代历史意识就表现为处处承认和强调“进步时差”的思维方式：“一般人所说的东西之分，其实不过是古今之异。”① 中西之间的差别其实正是不同历史发展阶段之间的差别。在这种思维中，地理文化空间被“时间化”了：处于同一个星球上的不同文化地域被视作处于不同的“历史时区”，它们之间存在难以逾越的“历史时间差”。中国和西方诸国仿佛是同一条跑道上的赛跑者，只是中国一直处于落后挨打、亟须奋起直追的位置。

---

① 冯友兰：《三松堂自序》，生活·读书·新知三联书店1984年版，第256页。

历史唯物主义与现代中国的“时代定位”

历史唯物主义中国化与中国现代性建构的相互形塑，还表现在现代中国的“时代定位”问题上。现代历史意识的凸显，使20世纪的中国人迫切需要对“当代”进行历史定位：找到自己时代在人类历史进程中的确切位置，将自己的时代标识固定和凸显出来。中国化的历史唯物主义引导着现代中国的时代定位与时代规划。现代中国的历史方位感和自我定位，都是在现代社会发展实践与历史唯物主义中国化的持续调适、互动和渗透中确立起来的。

历史唯物主义对现代中国的塑造，并没有仅仅停留于历史意识的再造之上，而是进一步通过“时代定位”来影响中国社会的“时代规划”。借助历史唯物主义的世界历史发展模式来进行“时代定位”和“时代规划”，明确当前社会的历史起源、现实矛盾和未来方向，是现代中国发展的客观要求和重要环节。无论是革命战争年代，还是和平建设年代，中国共产党和人民大众只有借助历史唯物主义完成了时代定位与时代规划，才能明确提出每一重要发展阶段的发展目标、发展道路等实践策略。20世纪20到30年代的社会性质论战和社会史论战便是一个典型的范例。第一次国内革命战争开始之后，许多马克思主义知识分子运用历史唯物主义的理论工具对当时的中国社会性质进行了多方面的分析。这种从历史唯物主义出发进行时代定位的努力，明确地服从于革命实践的政治考量和策略选择。德里克指出，“马克思主义史学正是在解释其时的革命变革的社会维度的努力中直接生发出来的；……在30年代，……马克思主义史学家……关心的首先是如何解释过去以去执行现实革命任务的问题”。① 在关于当代中国的社会性

① ［美］阿里夫·德里克：《革命与历史：中国马克思主义历史学的起源，1919—1937》，翁贺凯译，江苏人民出版社2005年版，第13页。

质、历史上各个时期的性质以及历史分期的各种复杂论争中，却非常明确地存在着特定历史解释方式与特定革命策略、政治动机之间的显著联系。例如，关于当时中国社会性质的分析，这直接关系到当时中国革命目标的确定。“新思潮派”（主要是国民党激进派知识分子）主要将中国社会理解为封建势力和帝国主义主导的、阶级结构模糊的过渡社会，因而其设定的革命目标就不是阶级斗争，而是取缔封建势力和帝国主义统治，推动工业资本主义的发展。而“新生命派”（主要是代表中共官方观点的知识分子）则将中国社会的性质理解为帝国主义和封建主义支配下的半殖民地半封建社会，因而其确立的革命目标就鲜明地标识为由无产阶级领导广大人民群众进行的反帝反封建的阶级斗争和社会革命，从而排除了由资产阶级领导民主革命、发展资本主义的可能性。与前两者不同，“托洛茨基派”则将中国社会直接认定为资本主义社会，拒绝在民族资产阶级和帝国主义势力之间做出区分，因而就将民族资产阶级也纳入革命斗争的目标之中。显然，历史理论与革命实践之间是相互影响、相互塑造的。历史理论对时代的定性与规划直接影响了革命政治介入和改变时代的策略。

应当指出，历史唯物主义对现代中国的时代定位、时代规划的指引和参与，还进一步体现为特定的社会关系建构与社会主体召唤，这些进程都深刻地形塑着现代中国社会。例如随着历史唯物主义的传播，“阶级”、“阶级关系”和“阶级斗争”等术语日趋流行，促发人们去寻找和发现社会生活中的阶级与阶级关系，或者说，从阶级斗争的立场出发去激发、去塑造社会生活中的阶层关系与群体运动。而“人民”“农民”“无产阶级”“共产党”等新主词则在广泛的社会动员中化作极具魅力的话语符码，持续地召唤着新主体的诞生与觉醒。[1]

在历史唯物主义看来，时代定位的问题就是在历史发展的不同阶

---

① 参见张立波《汉译“马克思”：历史、技术和政治》，《马克思主义研究》2010 年第 3 期。

段、不同形态中进行当代定位，所以说到底还是一个社会发展形态的问题。当中国的历史唯物主义史学家对现代中国进行历史定位时，或多或少地采用了“五阶段”论的社会演进模式。值得注意的是，从新文化运动、社会性质和社会史论战以来，历史唯物主义对中国历史的“适用性”问题就始终纠缠着中国的思想讨论以至政治实践。其中的焦点是“中国究竟有没有经历过‘亚细亚生产方式’、‘奴隶社会’、‘封建社会’和‘资本主义社会’”等问题的讨论。归结为一点，就是历史唯物主义“五形态论”的中国应用问题。

历史发展的“五形态论”是在社会性质论战和社会史论战之后，逐步成为主流的、官方认定的历史认知范式的。郭沫若综合了马克思和恩格斯关于历史分期的观点，较早地将中国历史划分为“原始共产制度”、“奴隶制”、“封建制”和“资本制”这四个发展阶段。其后，在苏联《联共（布）党史》的影响下，翦伯赞、范文澜、何干之和吕振羽等历史学家又将“五形态论”（“原始社会”、“奴隶社会”、“封建社会”、“资本主义社会”和“共产主义社会”）系统引入中国历史的研究。这种“五形态论”此后一直主导着中国文化知识界甚至整个社会的历史认知。

然而，作为一种由西方传入的历史理论，“五形态论”普遍原理与中国历史的特殊性之间始终存在张力关系：马克思主义者不能简单地、机械地套用“五形态论”，而是必须将这一普遍原理具体地“应用”于中国的特殊国情与特殊发展道路，甚至应实践要求在理论上“创新”与“发展”这些普遍原理。这就导致了关于“五形态论”的争论不断爆发，也使得历史唯物主义基本原理按照中国社会发展的实践要求发生了一系列的丰富与发展。这在关于中国历史进程和发展道路的诸多争论中清楚地表现了出来。

在社会主义建设时期，如何既能坚持历史唯物主义基本原理，又能适时革新与发展其表述形式、概念框架与理论内容，以定位社会主义中国、规划社会发展实践，便构成了中国共产党的决策机构和马克思主义理论界的关键性理论任务。具体来看，这首先在于“社会主义中国的历史定位”问题。当代中国的时代定位是否还要延续“五形态论”的发展模式呢？如果要延续，势必就需要在封建主义、资本主义和共产主义（或社会主义）这三者之间为当代中国定位。然而，“五形态论”基本原理要对复杂的中国现实做出精确恰当的解释与定位，就必须适应时代的新特征、新境遇和新情况进行合理的创新与发展。各种旨在发展历史唯物主义的研究和讨论，绝不仅仅具有纯粹学理层面的意义，而是关系到现代中国的历史源流、当代定位与未来远景等根本性问题的理解，尤其关系到政治决策的视野、目标与方向。

具体来看，新中国成立以后对于历史唯物主义基本原理特别是“五形态论”的坚持、创新与发展，主要体现在两个问题上：“跨越卡夫丁峡谷论”与“社会主义初级阶段论”。

第一，对“跨越卡夫丁峡谷论”的学理性肯定。在“给查苏利奇的复信”的最初稿本中，马克思明确提出：由于能够直接作为集体生产的因素以及与西方资本主义生产同时并存等条件，俄国农村公社“能够不经受资本主义生产的可怕的波折而占有它的一切积极的成果”①。然而在最后确定的复信中，却并未讲明这一结论。马克思四易其稿的复杂写作过程，暗示出他在这一问题上的矛盾与疑虑。一旦中国学者将马克思关于俄国农村公社的预言性分析应用到当代中国发展道路的问题上，就产生了一系列更为复杂的争辩。这主要体现为，以落后国家“可以跨越资本主义阶段”论证社会主义中国之历史合理性的主流观点和“不可跨越”的非主流观点之间的分歧与对立。应当指出，理论界对“可以跨越论”的反复论证与持续系统化，不仅是对“五形态论”基本原理的丰富与发展，而且有其深刻的政治意蕴与实践指向。在历史唯物主义理论平台上论证“可以跨越”，正是意识形态理论界积极回应、批驳较为流行的“资本主义补课论”“社会主义

① 《马克思恩格斯选集》第3卷，人民出版社1995年版，第762页。

早产论”等非主流政治思潮的关键性步骤。

第二，对“社会主义初级阶段论”的政治性阐释。马克思曾在《哥达纲领批判》中提出了“共产主义社会第一阶段”以及资本主义社会与共产主义社会之间有一个实行无产阶级革命专政的“政治过渡时期”的构想。而列宁则直接把“共产主义社会第一阶段”理解为“社会主义社会”。1987 年党的“十三大”正式提出，当代中国正处于“社会主义初级阶段”。“社会主义初级阶段论”的提出，充分考虑到了现代中国的具体国情，是历史唯物主义中国化进程中的一大理论创新。一方面，社会主义初级阶段论发展了“五形态论”关于“共产主义”或“社会主义”的理解，将共产主义或社会主义理解为一个不断发展的动态过程，理解为一种“有待完成的”历史规划，从而为政治决策和社会实践留下了广阔的选择空间和创新余地。另一方面，社会主义初级阶段论发展了“五形态论”基本原理关于社会主义分阶段建设的思想，凸显了发展中国家建设社会主义的“初级”性质，为吸收资本主义的先进文明成果以促进社会主义自身发展的实践策略提供了理论支持。

在围绕“五形态论”的诸多讨论中，中国化的历史唯物主义创新和发展了历史唯物主义基本原理，为当代中国社会发展道路的选择与规划留下了广阔的空间和余地。

历史唯物主义与现代中国的“发展方向”

历史唯物主义中国化与中国现代性建构的相互形塑，最终体现在现代中国的发展方向之上。中国化的历史唯物主义为现代中国的历史发展提供大趋势的历史向导，甚至塑造着现代中国的“发展方向”。同时，历史唯物主义自身也因现代中国的发展方向发生了一系列实质性创新。

中国化的历史唯物主义从理论上指引了现代中国的发展方向，反过来说，现代中国发展方向的确立需要在历史唯物主义的理论视野中才能完成。现代中国的发展方向，核心是构建一种超越资本主义的“新现代性”。而建构新现代性就需要有发展目标、发展方式的反思与转变：从既有的对抗、异化和片面形式的发展目标、发展方式转化为新的发展目标和发展方式。发展目标与发展方式的彻底转换，必然要求“发展观”的变革，说到底，还是要求“历史观”的创新。中国化历史唯物主义本身就包含着“利用资本本身来消灭资本”的社会主义实践意旨，因而能够提供一种适应新现代性建构的新的历史观与发展观，从而指导发展目标、发展方式的转换与革新，勘明现代中国的发展方向。

现代中国的发展方向与历史唯物主义中国化之间存在“相互建构”的历史过程。这种相互建构，其实质就是作为“反帝反封建的民族国家”的现代中国与作为“反资本主义的现代性理论”的历史唯物主义之间的彼此融合、相互形塑过程。一方面，现代中国的首要任务是建设富强、民主、文明的现代化国家，这就在实践中凸显了中国化历史唯物主义的“现代化内涵”，将其主要用于界定和规划中国的现代化道路。另一方面，中国化历史唯物主义也提升了现代中国在实践中批判资本主义的“现代性意蕴”，强化其超越资本主义的未来远景，明确其建设社会主义新现代性的历史方向。可以说，中国化的历史唯物主义塑造了当代中国马克思主义者的历史规划与未来想象。建构社会主义现代性这一发展方向的确立，正是历史唯物主义与当代中国实际相结合的结果。历史唯物主义的视野、原理和话语系统在当代中国的改革实践中仍然起着至为关键的作用。

具体来看，中国化的历史唯物主义发展出“中国特色社会主义理论体系”所蕴含的多元历史观点。中国特色社会主义理论体系包含一种普遍性历史进步图景中的特殊发展道路规划，因而是历史唯物主义中国化与中国现代性建构相互结合的当代典范。

中国特色社会主义理论体系真正在当代境遇中继承、发展了历史唯物主义基本原理。中国特色社会主义理论体系，既能继承历史唯物主义基本原理，又能适应新的实践要求，从而丰富、发展历史唯物主义基本原理。由此，中国特色社会主义便展现出了四个方面的历史性向度：第一，对中国“前现代”因素的适度承认；第二，对资本主义消极因素的高度警惕；第三，对资本主义积极文明成果的开放态度；第四，树立了超越资本主义的长远发展目标。中国特色社会主义理论体系是中国化历史唯物主义与中国现代性建构相互结合的主要理论成果之一。中国特色社会主义理论与实践的发展，同时也是历史唯物主义中国化和中国现代性建构的双重进展。具体来看，这种进展主要体现在三个基本方面。

第一，在中国特色社会主义的发展中，中国现代性和历史唯物主义，正在实现着从“社会革命”向“社会建设”“社会治理”“社会和谐”的历史性转变。现代社会要发展，必然伴随着“破”与“立”的过程：必先由社会革命推翻妨碍现代民族国家发展的各种束缚，而后才能由社会建设和治理来充实与壮大民族国家。在这一转变中，中国化的历史唯物主义顺应中国社会发展和现代性建构的现实要求，完成了理论功能、理论角色的转换：从一种旨在推翻现存统治秩序、革新社会生活的“革命—解放的哲学”，发展为一种旨在推动社会建设、完善社会治理与促进社会和谐的“建设、治理与和谐的哲学”。[①] 中国现代性建构从“社会革命”发展为“社会建设”、“社会治理”与“社会和谐”，同时必然伴随着中国化历史唯物主义从“革命理论”向“建设、治理与和谐理论”的当代转化。

第二，在中国特色社会主义的发展中，中国现代性和历史唯物主义，正在实现着从“反帝反封建”向“汇通中西文明精华”的方向发展。在革命战争年代，中国的马克思主义学者在接受历史唯物主义时，

---

① 参见梁树发《科学发展观与中国马克思主义哲学的发展——关于中国特色社会主义建设哲学的构想》，《理论视野》2008 年第 11 期。

普遍凸显具“反帝反封建”内涵，并将这一批判倾向栽植到了自我解放、独立自主的“民族国家”或“中华人民”这一新的历史主体之上。毛泽东式的马克思主义继承了列宁—苏联马克思主义的某些要素，比马克思恩格斯等经典作家带有更强烈的“反帝国主义”、“反资本主义”和“反封建主义”倾向，这些倾向本身是有其历史合理性的。但由于各种复杂因素，这些倾向在实践中可能会蜕变为“反西方”“反传统”等极端形式。而在和平发展年代，中国社会主义仍然坚持“反帝国主义—资本主义”和“反封建主义”的双重革命传统，同时又自觉地区分了资本主义、封建主义的异化形式与文明成果，扬弃其消极形式，借鉴、吸取其文明成果。中国特色社会主义既能积极对外开放，又能自觉发扬传统。“洋为中用，古为今用。”中国现代性建构从“反帝反封建”走向“汇通中西文明精华”的新趋势，同时也伴随着中国化历史唯物主义对中国传统文化、西方先进文明的广泛吸收与主动化用。

第三，在中国特色社会主义的发展中，中国现代性和历史唯物主义，正在实现着从“民族历史”向“世界历史”的视野转变。传统中国的历史视野是以“文明”为核心，整个历史的发展就在于华夏文明的传承与延续。而现代中国的历史视野则是以“国族”为核心的，具体表现为“中华人民共和国”的建立与存续。以国族为中心的历史观内含特殊主义与普遍主义之间的矛盾。在革命战争年代，“国族—阶级”的特殊主义话语与“世界—阶级”的普遍主义话语之间相互纠缠：中国无产阶级革命运动始终是和全世界无产阶级联合运动息息相关的。而在和平发展年代，“阶级斗争”话语逐渐让位于“现代文明”话语，国族中心历史观的内在矛盾就表现为“国族—文明”的特殊主义与“世界—文明”的普遍主义之间的矛盾。中国特色社会主义一方面要求“对外开放”“融入世界”，另一方面又要求“民族自主”“国家整合”，这就必然表现为“现代性”的普遍主义话语与“中国特色”的特殊主义话语之间的具体结合。历史视野上的转变，直接是和历史唯物主义的当代发展结合在一起的。历史唯物主义关于“历史主体”

的观点正在发生着深刻变化：从“民族国家的社会形态”发展为“世界的社会形态”①，从“国族历史”走向“世界历史”。

结　语

从“殖民主义的现代性”到“革命解放的现代性”“经济增长的现代性”，再到当今“科学发展的现代性”，中国化历史唯物主义与中国现代性建构通过二者之间的相互型构，结合成一个“理论—实践”的“历史性总体”。中国现代性建构经历了百余年的曲折与进展，并将历史唯物主义关于“进步”“文明”“革命”“发展”“社会形态”“资本主义”“社会主义”“共产主义”“世界历史”等诸多观念——以十分复杂的方式——内化于现代中国自我建构的核心。由此，历史唯物主义也从一种源于西方国家的“外来思想”转化为现代中国人自己的思维方式与理论体系，并内在地塑造着现代中国的历史意识、时代定位与发展方向。同时，历史唯物主义自身也适应中国现代性建构而不断实现着调整、创新与发展，不断推进自身的中国化进程。

从这个意义上说，历史唯物主义中国化的过程对于中国现代性建构的意义是双重性的：不仅具有认识性意义，而且还具有生产性意义。一方面，中国化的历史唯物主义作为一种先进的“认识工具”，帮助现代中国人认识清楚了自己身处其中的社会生活和历史进程。而另一方面，中国化的历史唯物主义恰恰又作为一种强有力的“生产机制”定位、引导和规划着现代中国的时代主题、现实生活与发展方向。

更普遍地来看，历史唯物主义中国化是马克思主义中国化的一个重要方面，没有历史唯物主义的中国化，马克思主义其他组成部分的中国化（例如科学社会主义的中国化、政治经济学的中国化等）就会

---

① 参见梁树发《世界历史、全球化的社会形态意义——兼论世界社会形态概念的合理性》，《哲学研究》2005 年第 12 期。

失去理论根基。马克思主义中国化是马克思主义基本原理与中国具体实际相结合的产物，这一结合其实正是“化”（即“改变”）的动态过程。在这一过程中存在下列三个重要问题。首先，谁“化”谁？即“化”的主体与客体是谁？当然，这种“化”不是单向的，而是双向的。马克思主义中国化，既是中国“化”马克思主义，又是马克思主义“化”中国。[①] 由此看来，历史唯物主义中国化就不仅是“被中国所化”，而且是历史唯物主义去“化”中国。其次，“化”的中介和机制是什么？显然是实践活动，是现代中国社会的发展实践，革命和建设的实践。马克思主义特别是历史唯物主义，只有通过革命建设实践才能与中国实际相结合。最后，“化”如何能够成为“结合”？“化”的过程不仅是“改变”的过程，而且一定是马克思主义“内化于”中国社会的过程，由此，马克思主义与中国实际才能够真正“结合”起来。因而，中国化的历史唯物主义本身就“内在于”中国现代性的发展实践，构成了现代中国社会的重要组成部分。

在今天，如何进一步激活内在于社会生活的历史唯物主义精神，并使之继续服务于中国现代性的建构与发展，是我们亟须思考的重大理论与现实问题。

（原载于《江海学刊》2012 年第 1 期）

① 参见陈先达《马克思主义中国化经验的实践解读》，《中国特色社会主义研究》2007 年第 4 期。

理论自觉：从基础问题出发（专题）

论中国学术的理论自觉

吴晓明

在任何一种较为发展、较为成熟的学术活动中，理论总是构成其本质的核心，构成其一切展开形式围绕着旋转的枢轴。因此，对于当今中国的人文学术和社会科学来说，只要其学术的自主性被揭示和表达为一个真正的问题，那么关于其理论自觉的深入讨论就是不可避免的——正像它不可避免地要成为一项思想任务一样，这种理论自觉本身将不可避免地成为对当代中国学术的一项重要考验。

一

对于任何一种形式的学术而言，“理论自觉”究竟意味着什么呢？最为简要并且也最关根本地来说，理论自觉首先意味着某种学术在理论上达到了它的“自我意识”，换言之，意味着这种学术在理论上由“自在”的环节进展到“自为”的阶段。正如黑格尔在谈到自我意识的最初出现时所说的那样：由之而来的是一种知识的新形态，它区别于“对于一个他物的知识”，而是“对于自己本身的知识”。[①] 换句话

① 参见［德］黑格尔《精神现象学》（上卷），贺麟、王玖兴译，商务印书馆1979年版，第116页。

说，“自我意识在这里被表明为一种运动，在这个运动中它和它的对象的对立被扬弃了，而它和它自身的等同性或同一性建立起来了”①。只有在这样的等同性或同一性被建立起来的地方，才开始有真正的自主性，才开始进展到所谓“自为”的阶段——自我意识总是“首先成为自为的”，更加确切些说，“它是本身自为的”。② 我们知道，任何一种形式的自觉，都是与特定发展过程中的自为阶段相联系的；或者毋宁说，所谓自觉，不过是这一发展阶段之自为性质的直接映现罢了。就像黑格尔把个体的自我意识看作以个体的绝对自主性为根据的一样，马克思把自觉的、达到了自我意识的阶级称作自为的阶级。

如果由此而论到学术上的理论自觉，那么它总以这种学术能够达成其自我意识并进展到自为的发展阶段为前提。更加浅近地来说，除非某种学术在其展开过程中能够获得坚定的自主性或自我主张，否则的话，其理论自觉（或其他什么自觉）就是不可能的。反过来说，由于理论总是构成任何一种学术形式的核心领域，所以其理论上的自觉程度就会最关本质地揭示这一学术之整体的发育程度，就会成为衡量其自主性或自我主张的确切标志。在这个意义上，学术本身之进展到自为阶段与它实际取得理论上的自觉就是同一件事情，易言之，是同一个过程的两个方面。

例如，当我们谈论近代西方哲学的发端时，我们可以说，笛卡尔的“我思”意味着这一哲学之具有决定意义的理论自觉。因为整个近代西方哲学在理论上的基本建制是由此构成的，是围绕着这个阿基米德点开展出来的。并且也正因为这种理论自觉，近代哲学摆脱了它对哲理神学的依傍而获得了自主性。新时代哲学的理论原则是内在性本身，即“从自身出发的思维”，它取代了中世纪哲理神学的原则，即

---

① 参见［德］黑格尔《精神现象学》（上卷），贺麟、王玖兴译，商务印书馆 1979 年版，第 117 页。

② 参见［德］黑格尔《精神现象学》（上卷），贺麟、王玖兴译，商务印书馆 1979 年版，第 113 页。

外在性和权威。“从笛卡尔起，我们踏进了一种独立的哲学。这种哲学明白：它自己是独立地从理性而来的，自我意识是真理的主要环节。”① 同样，当我们一般地来阐述古典政治经济学的历史时，我们会把货币主义和重商主义称作这部历史的“前史”。之所以如此，是因为在这一阶段，虽然经济问题可以被“自在”地加以谈论，但学术本身还完全没有取得它的自我主张，因而还算不得正统的学术史。决定性地改变这种状况的代表人物是配第和魁奈：前者第一次严格地提出了经济学科学的问题，系统地制订了研究方法，并为其方法加上了数学的形态；而后者则阐明并廓定了近代经济学科学的真正领域，即生产的领域。正是从这里开始，古典政治经济学在取得其理论自觉的同时，开展出其学术之自主的或自为的发展进程。

中国自近代以来，其学术和理论的境遇是颇为独特的。就总体来说，“西学东渐”所意味着的东—西一方面是中国传统的学术—理论遭遇史无前例的袭击并进入倾颓瓦解的境地，另一方面则是近代西方思想的强势传入并渐次占据了学术—理论的几乎每一个领域的制高点。虽说局部的抗衡和零星的反叛始终存在，但以西学为主导的学术—理论的总体格局和趋势已然蔚成风气。另一方面，由于中国的社会革命对于其现代化进程的绝对必要性，又由于这一革命之采取社会主义定向的客观必然性，马克思主义在成为党的指导思想和国家意识形态的同时，也全面地进入并调整着中国学术—理论的总体格局。这样一种情形，既与世界历史的近代进程本质相关，又植根于中国历史性实践的内在需要，尽管其学术—理论的基本状况是进入外部性占支配地位的境遇中去了。

应当怎样理解这种学术和理论上的外部性支配状况呢？第一，这种外部性支配状况在特定的历史阶段是必然的，它根源于现代文

① ［德］黑格尔：《哲学史讲演录》第四卷，贺麟、王太庆译，商务印书馆 1978 年版，第 59 页。

明——即西方资本主义文明——所具有的世界历史意义（尽管这种意义本身不能不是历史的），或用黑格尔的说法，根源于它“在特定阶段上所具有的绝对权利”。只要中国自近代以来的历史性实践本质地包含一个真实的现代化任务，那么这种实践本身就必然在一定的意义上，亦即就其可能的范围而言从属于现代文明。正是这种必然的从属性决定了中国自近代以来在学术—理论上的外部性支配状况。

第二，这种外部性支配的境遇使中国的学术—理论全面地进入了一种“学徒状态”，而这种学徒状态从总体上来说是重要的和有意义的。一方面，正是这个经历百年的进程开展出一种史无前例的和内容丰富的对外学习；在学术上，特别是在学术所采信的理论上，这一学习进程是如此的波澜壮阔和成效丰硕，以至于我们对它的积极意义无论怎样估计都不过高。另一方面，正是这种学徒状态使中国的学术—理论经历了所谓“文化结合”的锻炼。如黑格尔在谈到希腊世界时所说的那样，希腊人既有自己的原有文化，又面对东方世界的外来文化；唯有通过这两重文化之结合的锻炼，才产生其“现实的和正当的活力”，并开辟出它的“胜利和繁荣的时期”。[①] 对于中国的学术和理论而言，其学徒状态不能不伴随着文化结合的艰苦锻炼。最能表征这一点的是：中国学术—理论的对外学习始终伴随着一种以“古—今”“中—西”为核心的紧张思虑，它深刻地出现在中国近代以来人文学术和社会科学的各个领域。

第三，中国学术及其理论的外部支配性状况本身是历史的，它在文化结合的锻炼中必将开启出一项决定性的任务，即对于外来学术和理论之真正的——批判性的——消化与吸收；也就是说，去除其外在性，使之在展开过程中成为自为发展的一个环节。做到这一点的根本前提是：中国的学术和理论能够真正承受文化结合的锻炼，能够在这种锻炼的艰难困苦中赢得它的自我意识，即学术上的自主和理论上的

---

① 参见［德］黑格尔《历史哲学》，王造时译，上海书店出版社2006年版，第209—210页。

自觉。卡西尔说得对，世界史上真正伟大的复兴运动都必然是一个自我主张的原创性的胜利，而不是单纯的容受性；因此，文化精神史上最引人入胜的主题之一，便是去探究自主性和容受性这两个方面如何彼此交织并相互决定。① 很明显，我们关于中国学术之理论自觉的探讨，就是在这样的语境中被课题化的。

二

任何一种真正的和伟大的学术都在自身的发展过程中经历一个决定性的转折——逐渐摆脱它对于外部学术的学徒状态，并进而提出它的自我主张。这要被理解为是一个过程，就像在黑格尔那里，“自在”和“自为”并不是截然对立的，相反，两者作为过程之环节乃是必然相关的。就此我们可以举出无数例证，而希腊文化的经历无疑是十分典型的。在很长的时间里，希腊人的宗教仿佛是东方诸神的一场混战，而他们的文化则是一大堆外来形式和观念的混杂，包括闪族的、巴比伦的、埃及的、吕底亚的等。尼采就此评论说，希腊人在那时似乎要被外来的东西压倒了，但他们听从了德尔菲神庙的箴言——“认识你自己”，坚定而诚实地反省了自己的真正需要。“由此他们逐渐学会了整理好这堆混杂物，这样，他们又重新把握了自己，而没有长久地背负着自己的遗产做整个东方的追随者。”② 因此之故，希腊文化并没有成为一种“机械的混合物”或一种“装饰性文化”，而是终于在其历史进程中取得了文化上的自我主张。

正像学术乃是文化的决定性表征一样，理论构成诸学术形式的坚实内核。因此，学术上的自主性总是最关本质地联系着理论上的自觉，

---

① 参见［德］恩斯特·卡西尔《人文科学的逻辑》，关子尹译，上海译文出版社2004年版，第177页。

② ［德］弗里德里希·尼采：《历史的用途与滥用》，陈涛、周辉荣译，刘兆成校，上海人民出版社2005年版，第98页。

就像理论自觉的高度反过来能够准确地衡量和标志学术自主性的程度一样。如果说，当今中国的人文学术和社会科学正在经历一个重要的转折，并通过这个转折积极地谋求其学术上的自我主张，那么，这一转折就从根本上取决于中国学术在多大程度上取得了理论自觉，取决于其理论的构建和运用在多大程度上由于获得了自我意识而成为批判的和能思的。

就当今中国的学术而言，为了使真正的理论自觉成为可能，就必须首先克服达成这种自觉的严重障碍。大体来说，这样的障碍主要有以下三种形式。

第一种形式是实证主义。在这种形式中活动的学术以为自己最坚实的立足点乃是“事实”（即经验事实），并以此为理由而坚决反对一切理论。因为，在这种观点看来，任何一种理论按其本性而言都是武断的，因而是使“事实”被歪曲或陷于解体的因素。这种实证主义确实在中国的人文学术和社会科学中广为流行，其基本特征就是拒斥理论，尤其是拒斥哲学。然而正因为如此，这种实证主义的纲领不得不陷入自相矛盾的境地：拒斥一切理论或哲学的立场不能不是一种理论、一种哲学。只不过它所采信的是一种较为天真、幼稚的理论或哲学罢了。因为自康德以来我们就已经知道，经验对象并不是现成地给予我们的，而是以某种方式被构成的。不仅如此，由于这种实证主义的学术在拒斥理论的同时不自知地偷运了一种理论，因而这种理论对它来说是完全盲目地被接受的——在这里出现的不是理论自觉，而是这种自觉的反面，即对于理论的全然无知。

第二种形式是理论上的折中主义。这种折中主义在学术活动中似乎对理论是感兴趣的，但却对各种理论采取一种完全无批判的杂采与拼凑策略，甚至只是在术语学的表面将自身伪装成一种色彩斑斓的理论化的学术。在当今中国的学术界，这种折中主义或者采取“因素论”的立场，用现象世界之无限复杂和多样的因素为其理论上的调和折中辩护，或者完全以一种机会主义和实用主义的态度剖分和攫取理论，以至于最终不得不——依其逻辑本身而言——在理论上达于胡搅蛮缠的境地。对于中国的人文学术和社会科学来说，这样的折中主义在多大的范围内恣肆蔓延，其理论自觉就在多大的程度上面临根本障碍。因为显而易见的是：这种折中主义虽说并不拒斥理论，甚至在某种意义上还是热衷于理论的，但其对待理论本身的方式却是“非理论”的，确切些说，是缺失理论立场的，并因而是完全非批判的和无头脑的。在这里出现的同样不可能是理论自觉，而是在理论上的盲目与无知。

构成中国学术在理论自觉上之严重障碍的第三种形式，事实上也是其最主要和最普遍的形式是：以“外部反思”为基本特征的主观主义。这种主观主义，按照黑格尔的说法，就是完全沉溺于主观思想（或主观意识）之中，而完全不知道思想的真正客观性。这种主观主义并不是无理论或反理论的，毋宁说它倒是十分强硬地坚执于抽象理论及其一般原则，并因而在理论上突出地表现为外部反思：作为一种忽此忽彼的推理能力，外部反思不知道如何深入于特定的内容之中；但它知道一般原则，并且知道把一般的抽象原则运用到任何内容之上。这种以外部反思为特征的主观主义并不是难得一见的稀有现象，它无非就是我们通常称之为教条主义或形式主义的东西（外部反思构成其思想实质）。我们在先前的教条主义的马克思主义那里就见到过这种“仅仅知道把一般原则运用到任何内容之上”的外部反思，而在今天中国的人文学术和社会科学中，同样非常普遍地流行着各种形式的外部反思。只是我们先前的外部反思特别地借重于来自苏联的一般原则，而今天的学术界则更多地从西方世界取得其抽象原则，并把它们运用到（实际上是先验地强加到）中国社会的任何内容之上。正是由于这种外部反思的主观主义性质，所以黑格尔——其哲学将“客观思想”确定为真理的领域——对之进行了持续不断的批判：他很正确地把仅仅知道外部反思的学者叫作“门外汉”，并指证从属于主观思想的外部反思乃是诡辩论的现代形式，是浪漫主义及其虚弱本质的病态表现。

不难看出，对于中国的人文学术和社会科学来说，外部反思所坚执的乃是理论的抽象原则和这种原则的抽象运用，而完全疏离于实体性的内容本身。就此而言，外部反思绝不意味着理论自觉，亦即在理论上获得真正的自我意识：它不是能思的，而是不思的——只是把现成的抽象原则强加于任何内容之上；它不是批判的，而是非批判的——对于理论自身及其原则的前提和界限全然无知，并使理论原则的运用屈从于幻想、任意和武断。这样的情形可以在下述比拟性的例证中被观察到：拿破仑想要先验地把自由制度强加给西班牙，结果他不可避免地失败了[①]；某些教条主义的马克思主义者想要把“中心城市武装起义”的原则先验地强加给中国革命，结果也不会取得成功。在这里得到反映的乃是外部反思在性质上的主观主义以及这种主观主义在理论上的不自觉状态。

由此可见，上述三种对于理论所采取的倾向性态度，不仅就其本身来说是盲目的和缺乏反省的，而且从根本上阻碍了中国学术在其发展进程中获得真正的理论自觉。因此，对于当今中国的人文学术和社会科学来说，只有在这样的实证主义、折中主义和外部反思的主观主义被克服的地方，理论自觉的可能性才会被开启出来，其学术活动在理论上的自我意识才会积极地生成。不仅如此，从前面的讨论（特别是关于外部反思的讨论）中还可以清晰地看到，理论自觉这一重要议题，不仅关乎学术对理论的态度以及理论本身，而且从根本上关乎理论与现实的关系问题，关乎思想在多大程度上能够真正理解和把握二者的本质关联。这样一来，理论自觉的探讨就不会局限于学术和理论的“内部自身”，相反，它必然会扩展到所谓“现实”的整个领域。这一点对于中国学术的理论自觉来说，显得尤为重要和必要。

---

① 参见［德］黑格尔《法哲学原理》，范扬、张企泰译，商务印书馆 1961 年版，第 291—292 页。

之所以这么说，是因为当今中国的理论自觉不能不包含这样一种对于自身的意识，即我们所掌握的理论（或我们对理论的采信、建构和运用）能否把握现实，它在多大的程度上能够揭示并切中现实——首先是并且尤其是揭示和切中当今中国的社会现实。毫无疑问，对于这一问题的应答构成当今中国学术之理论自觉的真正核心。只要这个核心未被触及，关于理论自觉的任何一种议论都会是表面的和不及根本的。就此而言，如果说前述的实证主义和折中主义倾向连理论在抽象形式上的自知都尚未达到的话，那么，外部反思的主观主义则只是坚执于理论的抽象形式，其要害正在于以此遮蔽了作为实体性内容本身的社会现实。因此，对中国学术之理论自觉的深入探讨，除开指证构成其严重障碍的否定的一面，还必须就形成这种自觉的肯定的一面予以积极的阐述——而这样的阐述，必然是围绕着“现实”这个主题来展开的。

三

中国学术的理论自觉，只有在以“现实”来定向的尺度中才能获得其决定性的标准。在这个意义上可以说，中国人文学术和社会科学的理论自觉，最终取决于其理论上的建构与运用能否（以及在多大程度上）真正揭示和把握当今中国的社会现实。然而，“现实”本身并不像抽象的经验主义或无头脑的实证主义所想象的那样，是能够在知觉中被直接给予我们的东西；恰好相反，作为“实存与本质的统一”，作为“在展开过程中表现为必然性”的东西，现实（wirklichekit）只有在主观思想及其外部反思被终止的地方，才开始积极地显现出来。因此，为了能够把握和揭示现实，不仅一般地需要理论，而且特殊地需要那超越了主观思想（外部反思、形式的知性和形式的推理等）的理论。正是在这里，黑格尔和马克思在理论上的重要性和优越性便充分表现出来。关于前者，伽达默尔写道：黑格尔哲学是通过对主观意识观点所进行的持续不断的批判，才终于开辟出一条理解人类社会现实的道路。[①] 关于后者，海德格尔说，现今的“哲学”完全不理解我们时代的两重独特现实，即经济发展以及这种发展所需要的架构，而马克思主义懂得这双重的现实。[②]

在这里，必须坚决驱除那种关于“理论”与“现实”的肤浅而幼稚的观念。按照这种观念，理论与现实是被一条鸿沟截然地分割开来了，并因而处在紧张的外部对立中：似乎真正的理论（思想或学术）是无关乎现实的，正像真正的现实是无关乎理论（思想或学术）的一样。于是我们便时常会看到，倨傲高雅的学者避之唯恐不及地躲开“现实”，而仅仅热衷于“现实”的务实者则以种种的不屑来鄙薄理论。只要中国的学术依然滞留于这种无思想的粗陋对立中，它就不可能获得决定性的理论自觉，即以切中社会现实为旨归的理论自觉。黑格尔很早就批判了上述那种外部对立的天真性与悖谬，通过《逻辑学》严格地区分了“现实”与“定在”、“现实”与“实存”等；并声言哲学的内容就是现实，哲学研究的对象就是现实性，而“哲学的最高目的就在于确认思想与经验的一致，并达到自觉的理性与存在于事物中的理性的和解，亦即达到理性与现实的和解”[③]。在黑格尔看来，主观思想的要害就在于它疏离于——甚至绝缘于——现实，一如它在外部反思中自外于实体性的内容一样，并且最终是把对于现实的无知当成了良知。[④]

在反对主观思想并要求达于社会现实这一点上，马克思与黑格尔是完全一致的。二者的根本差别体现在如何理解和规定真正的“现实”及其本质性领域；正如洛维特所说，马克思和黑格尔是在“现实

---

① 参见［德］加达默尔《哲学解释学》，夏镇平、宋建平译，上海译文出版社 1994 年版，第 111 页。

② 参见［法］F. 费迪耶等辑录，丁耘摘译《晚期海德格尔的三天讨论班纪要》，《哲学译丛》2001 年第 3 期。

③ ［德］黑格尔：《小逻辑》，贺麟译，商务印书馆 1980 年版，第 43 页。

④ ［德］黑格尔：《小逻辑》，贺麟译，商务印书馆 1980 年版，第 34 页。

本身”这一点上分道扬镳的。当黑格尔把所谓“现实”的内容最终转变为理性思辨的形而上学本质时，他是把现实本身神秘化了；与此相反，马克思坚决拒绝这种在绝对精神中得到体现的神秘本质，而将“现实”的本质性导回到理性前的物质生活过程。“意识［das Bewußtsein］在任何时候都只能是被意识到了的存在［das bewußte Sein］，而人们的存在就是他们的现实生活过程。”① 正是在这一存在论变革的基础上，社会现实及其本质性领域从思辨的精神全面地转向具体的社会关系和经济关系，转向人们在历史性实践中不断生成的社会变动结构。历史唯物主义的全部深刻洞见都是从这一变革起源的，并通过这一变革而重新开启出通达于真正社会现实的道路。因此，对于马克思来说，理论的根本任务乃是揭示并深入地参与社会现实，正像理论本身实际上不过是这一现实在观念形态上的表现（理论表现）一样。只有当这一点被自觉地意识到时，理论对于自身的理解才能从各种意识形态的幻觉中解放出来，才会将理论自身的本质性不是置放于“无人身的理性的怀抱”中，而是将之导回到真正的社会现实中。

我们之所以在这里要颇费笔墨地来谈论“社会现实”，是因为这一点对于学术的理论自觉而言具有根本的重要性和决定意义。我们固然可以在学术—理论的内部自身来寻找某种尺度，而这样的尺度固然也能在某种程度上反映理论成熟的某种状况，但这种尺度无论如何只能是纯形式的——就其与实体性的内容无关而言是完全抽象的；因而它们只能用来衡量学术—理论在形式上的完善程度，而不能用来衡量真正的理论自觉。例如，外部反思在理论的建构和运用方面主要借重于形式的知性和形式的推理，它们在理论内部的尺度上完全可以做得非常完善，但这绝不意味着这种主观的外部反思因此具有切近的理论自觉。只要思想、理论、学说的真正本质性是在“现实”中展开的，那么，本质地来说，它们的自觉与否和自觉程度就只能根据它们与

① 《马克思恩格斯选集》第1卷，人民出版社1995年版，第72页。

“现实”的关系这一尺度来取得定向。因此，就学术的总体而言，中国的人文学术和社会科学的理论自觉，从根本上取决于：它们在多大程度上意识到自己的本质性植根于中国的社会现实，并且在多大程度上意识到由这种本质性来规定自己的理论目标，来开展自己的理论任务。约言之，这样的理论自觉意味着：自知其来历，自知其本质，自知其任务——而所有这一切，又皆归结为能够自知中国的社会现实。在这个意义上可以说，唯当中国的学术在总体上将揭示和切中当今中国的社会现实作为自己的“绝对命令”时，其真正的理论自觉才会被决定性地开启出来。

当我们把揭示和切中“当今中国的社会现实”作为中国学术之理论自觉的根本尺度时，必须避免对这一现实的狭隘理解。一方面，当今中国的社会现实是与整个当代世界相联系的，并因而是在这种联系中获得其基本规定的。换言之，它是与当代世界的整个发展过程（包括它的基本状况，它所面临的各种问题、矛盾和挑战）息息相关的，是与现代文明所开辟的“世界历史”进程不可避免地共属一体的。另一方面，当今中国的社会现实又绝不意味着它是其自身历史的简单中断，仿佛它作为“当今的现实”就可以一笔抹杀其数千年文明的积累和整个文化传统似的。恰好相反，这样的现实是与其历史和传统本质相关的，并且唯因这种相关它才可以被把握为真正的现实。总之，“现实”并不是单纯的“实存”，而是实存与本质的统一，是在展开过程中表现为必然性的东西。明白了这一点，就不至于误解我们就总体而言的这一主张：揭示和切中当今中国的社会现实，乃是中国学术之理论自觉的根本尺度。

我们在前面说过，中国的学术自近代以来，必然经历一个长久的学习阶段，并使自身处于某种“学徒状态”。这样的学徒状态并不是无谓的，由之而来的一切都可能成为一种积极的酝酿，一种成果丰硕的积累；但其根本的前提是，中国学术必须在其发展过程中由“自在”进入“自为”，也就是说，在这一更高阶段上获得它的自我主张。

由于理论总是构成任何一种学术形式的本质核心，所以，学术上的自我主张不仅必然要求着理论上的自我意识，而且从根本上来说是以这种理论自觉为基础、为标志的。我们完全不能想象，一种较高形式的学术是没有理论或无须理论的；我们同样不能想象，一种没有理论自觉的学术是能够具有自我主张的。因此，我们的基本结论是：中国学术的自我主张必以其理论上的自觉为根据，而这种理论自觉从根本上和总体上来说，必以切中当今中国的社会现实为标准、为尺度。

最后还应提一下的是：中国学术的自我主张及其理论自觉的要求，事实上本身也起源于并植根于当今中国的社会现实。正是在这样的社会现实中，亦即在当今中国的历史性实践所开辟出来的现实道路中，中国学术的理论自觉才会实际地展开为一个重要的思想任务。因为，只有在现实本身发展的特定阶段上，历史才会将理论自觉的任务真正托付给思想。

（原载于《江海学刊》2012 年第 5 期）

理论自觉的马克思主义维度

孙　麾

从理论自觉的高度衡量中国学术，不能不提出两个追问：一是中国学术的问题意识及其逻辑出发点；二是中国学术的思想高度。

为什么要有这两个追问？这与马克思主义哲学当前的研究倾向有关。

一是学术研究回归文本的倾向。从世纪之交产生了“回到马克思”与“马克思是我们同时代人”的争论，重释文本经过十年的积累，形成了所谓文本学派，甚至有人用“文本图腾”来概括。在新的时代重新解读马克思的文本不仅无可厚非，而且是非常重要的工作，但现在演化成了用西方哲学或西方马克思主义哲学文本反哺马克思文本的研究路径。追随西方文本以肢解马克思思想体系，包括从马克思和恩格斯的某些差异中制造两者的“对立”，从生态学流派中引申出“历史唯物主义缺少生态学前提”的结论并依此“重建”历史唯物主义，还有把《资本论》当作存在论这种明显带有海德格尔标签的“理论创新”等，这就不能说是发展马克思主义的正确路径了。

另一个是哲学研究回归哲学史的倾向。认为三十多年马克思主义哲学研究的最大成果是解构了辩证唯物主义，在破解教科书体系过程中形成了“实践唯物主义”。将马克思的实践概念追溯到亚里士多德，寻找马克思实践概念的亚里士多德起源，这种依附哲学史及其概念发生学的研究，把马克思哲学看成不过是西方哲学史演化中的一个环节，这就从根本上否定了马克思哲学革命的意义。实践不是一个概念生成的问题，而是实践内涵能否在马克思主义中国化进程中得到具有时代特征的丰富和拓展的问题。现实的无产阶级国际运动的指导思想是哲学史中的马克思吗？无产阶级革命是从过去还是从未来汲取自己的诗情？回归哲学史是对现实维度疏远的遁词，“只供那些熟知‘思维着的精神’的奥秘的人阅读”① 的哲学引导，势必远离马克思哲学的本质。

以上两个回归看似学术化的路径，但却可能导致马克思主义哲学的经院哲学化。

还有所谓“用西方通行的语言讲中国的故事”，这看似是一种走向世界的文化策略，但实质上是放弃本民族文化的自主性。语言是思想的载体，一个民族如果不能用自己的语言表达思想，这思想就不过是在西方学者后面邯郸学步、在西方哲学的叙述框架里充当附庸而已。黑格尔要让哲学说德国话，毛泽东要让马克思主义说中国话，这既是思想创新的途径，也是文化自信的表现。用什么语言表达的问题反映的是思想的实质问题。

因此，流行的学术研究方式及其文体样式，重点关注的只是现实世界之外的语义分析和概念推演，即使是对批判性文本的批判，对思想性著述的思想，也大体是在学术史范围内的注经释义，尽管这很必要也很重要，但从文本到文本的知识系统内的学术积累和学术移植至多只是一种“解释世界”的哲学，而且也不是属于自己独创的思想。

在纯粹文献的历史中产生的“锐利的头脑”风暴并非“改变世界”的学术努力，也无以“改变世界”。为了避免马克思对“真正的社会主义者”所批评的那样：“格律恩先生在生产情绪高涨时埋头于

① 《马克思恩格斯文集》第1卷，人民出版社2009年版，第590页。

阅读引文……他丝毫也不怀疑这一切的正确性，他把自己关于偶然在卡贝著作的一页上相遇的著作家之间的神秘联系的幻想献给读者”①，就必须明确，马克思主义哲学的性质是改变世界的哲学，其终结思辨哲学的秘密在于，真正的思想是源自对历史逻辑和现实矛盾的深刻把握，这种在思维中被把握的时代也正是理论自觉的最本质的内涵。

中国学术的思想高度应集中在人民最精致最深邃的哲学思想中。中国的现代化进程与马克思主义中国化的进程具有深刻的社会历史与学术逻辑的一致性，因此这个高度必然体现在当代中国的马克思主义哲学中。

中国现代崛起的“春天故事”改写了“历史的终结”的理论叙事，在21世纪的世界历史进程中显示了中国道路独特的行进轨迹，在全球化趋势中展示了中国现代性生成的思想路径与制度安排。改革开放的实践效应，前所未有地激发出中国发展的巨大动能，也揭示了中国社会历史深处的复杂矛盾。面对中国重大的历史变局，中国学术何以重建“中国立场”和“中国视野”？何以从原来依附于各种政治的、意识形态的和西方的话语体系中解放出来，从各种学究式的玄妙的自我意识中走向理论自觉，批判性地审视既往关于中国历史和现实的理论思考，从一种策略性话语真正转变为一种主体性话语，从理论议题的应对模式转变为自主建构模式，转变为具有中国内涵的概念生成和思想体系创造，已构成当代中国学术的核心议题。

毫无疑问，中国学术正面临重大转变。

在马克思主义中国化的过程中不断推进现代化进程，在发展中谋求发展，在改革中深化改革，是中国这个发展中大国摆脱贫困、实现历史性跨越、巩固和发展社会主义的宝贵经验。当代中国是当代世界的有机组成部分。中国经验不局限于本土意义，实际上它已超越了本土而具有世界意义。这三十多年的快速发展，中国被视为全球最重要

① 《马克思恩格斯全集》第3卷，人民出版社1960年版，第617页。

的力量已成定局，在世界性的结构与秩序的大调整中，中国的经济结构、社会结构、文化结构，都发生了适应时代要求的重大变化。“中国奇迹”所表现的经济增长与社会转型并行不悖的特征，很大程度上得益于在同一进程中我们所秉持的历史观、价值立场、主导方向、文化精神，都深刻表明了改革开放是社会主义制度的自我完善这一历史维度和评价尺度，都充分显示了马克思主义的当代性和在场性。

马克思主义当然不是博物馆里摆放的青铜器，只具有鉴赏的价值；马克思主义也不是在时空剧烈转换中静止的文化符号，只具有象征的意义。自近代以来，中国人经过千辛万苦找到了马克思主义这个救国救民的普遍真理，在不断中国化的过程中它的思想精髓就构成了中国走向现代化的文化主线，它充满生命力地浸透在我们的民族精神之中，实际地存在于我们的时代和生活之中。毛泽东在1949年所写的《唯心历史观的破产》中说：“自从中国人学会了马克思列宁主义以后，中国人在精神上就由被动转入主动。从这时起，近代世界历史上那种看不起中国人，看不起中国文化的时代应当完结了。伟大的胜利的中国人民解放战争和人民大革命，已经复兴了并正在复兴着伟大的中国人民的文化。”① 在这个意义上可以说，马克思主义中国化的历史过程就是中国现代性的生成过程，就是中国人在精神上由被动转入主动的过程。基于这样一个事实判断，应该强调，马克思主义哲学的基本品格以及它所承载的历史使命，必然要求马克思主义哲学为追踪和把握当代世界历史中的中国问题提供世界观和方法论层级的理论工具。唯物史观在中国现代性建构中必须承担前提批判和方法论规范，而要实现这一理论目标，就需要进一步强化马克思主义哲学中国化的创新逻辑。

然而，现实的状况仍然令人忧虑。

一方面，从马克思主义理论外部来看，基于对西方学术的认同，学术理论界对马克思主义理论超学术的定向思维和普遍评价，认为它

① 《毛泽东选集》第4卷，人民出版社1991年版，第1516页。

只是政治话语，是意识形态，而不是学术话语。如果承认它是学术话语，就必须去政治化，去意识形态化，甚至是去立场化。只有这样才符合国际流行的所谓“规范研究”。这就很尖锐地把问题摆在我们面前，如果去政治化，去意识形态化，甚至是去立场化，那么，马克思主义理论的学术价值何在？用规范研究去“匡正”马克思主义，使它“获得”学术性，这种“学术性”能否体现学术研究的自主性？

另一方面，马克思主义的理论话语对当代的“中国问题”还有没有学术有效性？马克思主义理论在中国的学术环境中如果只是一种空喊的口号，只停留于已有的历史文献的多重考证和反复诠释，只是作为现成的一般原则要求被穿越时代地一味遵循和刻板守护，它必将失去作为“改变世界”的哲学灵魂和对实践的学术有效性。中国的马克思主义哲学若缺乏理论勇气，不堪担当改变世界的任务，以学术性的名义放弃现实关怀，在时代的呼声中回避现实矛盾，在纯粹的思辨世界中构造精神体系，在社会生活的表象上流于空泛的理论叙事，这无疑是自我放逐。躲在教条主义的羽翼下唱高调，赢不得学术尊重。在各种学术思潮交锋的思想舞台上，我们不能眼看着马克思主义哲学现出离场的背影。马克思主义的危机，根源之一就是在教条主义的视野中不敢也不能结合时代问题和现实内容进行批判性发展，这恰恰背离了马克思主义的基本精神。

问题在于，是现实适应思想，还是思想趋向现实？

不可否认，有两种研究倾向需要上升到理论自觉的高度进行反思。一是“外部反思”式的研究方式，也就是脱离时空维度的抽象主题，包括用西方通行或流行的专业术语，在各种流派的语境中疏离中国问题与中国现实。事实表明，以西方特定的理论话语谋划中国道路的发展方向，这种抽象了理论的政治与价值关联的无条件和无前提的思维，这种把中国实践作为印证西方理论的治学方式，其直接效果是为西方模式的外部复制开辟学术道路。二是依偎在马克思主义文本的怀抱里，在所谓“原初语境”“图像复原”“同质性引用”之类个性术语的自我封闭中自行孕育出一个内部的概念体系。这正如马克思所反对的，把文献的历史和现实的历史当作相同意义的理论思维，这样的哲学幻想同样无以谋划现实世界的改变。

在当代中国的学术生态或学术结构中，处于主导地位的是自由主义话语及其各式各样的变种。而马克思主义哲学日益边缘化也需要克服自身的学术缺陷。不深入研究经济学及其前提假设，思考的问题只能离现实越来越远；不通往历史深处寻找打开现实之门的钥匙，思想的深度只能越来越表象。特别是在“价值中立”化的学术主张引导下，马克思最为关注的社会形态、所有制、财产权、阶级、无产阶级的解放以及劳动与资本的关系问题都淡出了学术舞台，这样的马克思主义还能有“世界范围的主题”吗？而恰恰是在世界范围的主题中显示理论张力“这样的马克思主义是不太可能被宣告死亡的”①。

马克思主义哲学是时代的眼睛。现在这双长在我们身上的眼睛却被我们自己弄得日渐晦暗了。在以唯物史观为核心的马克思主义哲学这套话语被终结后，中国学术如何获得前提批判、创造基础和方向性的进步？思想的重心移出马克思主义哲学固有的本质之外，在形而上学和本体论重建的努力中遮蔽了哲学的眼睛，对重大历史转变的社会制度性质问题似乎视而不见了。与此形成鲜明对比的是，西方学术在“理性”的支配下，不仅没有放弃自己的学术立场，反而是更加强化了。因为自身利益的需要而向其他国家兜售自己的价值观和信念，西方国家的政府从来没有进行自我限制，也从来没有自认缺乏“学术性”而感到内疚。

隐含在西方人信念背后的是历史价值观。将西方多国集团的特殊价值扮演为所谓普世价值向全世界强行推广，反映了西方世界在文化上的傲慢心态。然而，一个具有多重现代性的世界的崛起，正在挑战

① ［英］佩里·安德森：《思想的谱系——西方思潮左与右》，袁银传、曹荣湘等译，社会科学文献出版社2010年版，第7页。

这种霸权主义的优越感。先进、发展、文明不再是西方国家的代名词，西方不再具备对世界历史的终极理解能力和支配能力。一个具有全球性的事实表明，当代资本主义的危机已经到了深重的程度，资本主义的固有矛盾及其表现在今天依然充分显现，西方世界限于资本主义的制度前提并没有找到摆脱危机的出路。同时，“中国道路”这一实践的历史独创性，正在形成一种模式而吸引着世界的目光，在人类文明史上刻上了东方大国兴起的印记。

时代的风声催人思考。

当前马克思主义哲学中国化面对的迫切问题包括六个层面。一是要确立马克思主义中国化的学术语境。思想进程不过是历史过程在理论上的形式的反映。学术语境的自由主义化或文化保守主义化，都将远离中国社会发展的实践逻辑，学术与实践的本末倒置，基于主观逻辑的思想强制，都是对历史自身规律的亵渎，也是对学术的实践基础的漠视。二是在研究中必须恢复马克思的学术传统和问题意识。用西方马克思主义的批判术语或西方哲学的专有名词分解马克思主义，在马克思主义的重新定位中赋予各种非马克思主义的品格，都会走偏马克思主义的发展路径。即使在马克思哲学形态上开创了“实践哲学”的命题，但如果间隔了实践本身的历史丰富性和现实矛盾所凝聚的问题意识，遵照历史之外的某种尺度，自以为逻辑的发展无须不断接触现实，那么这种哲学的构造方式依然走的是思辨哲学的老路。三是要打破西方学术话语的无形垄断。西方学术在其产生和发展的土壤中有其自身的历史合理性和学理科学性，但并不意味着普遍地适用于不同的历史环境；何况资产阶级的学术代表总是声称自己理论的永恒性，自觉地为其赖以存在的社会制度进行辩护，以特殊价值充当普世价值的文化战略更是霸权在学术领域的表现。四是对各种学术思潮及其隐含的政治诉求展开科学的有效的批判。任何学术思潮都基于某种特定的价值立场，所谓纯学术只能在技术层面或工具形式上得到理解，而上升到历史观必然是包含强烈的、鲜明的阶级利益的理论表达，现代国际交往新战略的“思想战”则更加强调依靠以意识形态和核心价值所凝聚的思想的力量。五是从严格的经验事实出发为解决实际问题提供具有方法论意义的思维框架和解释框架。马克思主义并不提供现成的具体问题的解决方案，也不是根据某种需要可以随意选取的理论武库，它是伟大的认识工具，是在实践中不断生成和发展的历史辩证法，这一历史辩证法反对任何从一般原则出发的独断论。六是通过对中国问题的哲学解读赢得中国创造性发展的世界意义，这是形成具有创新性的中国学术话语体系的必然要求。这六个层面所形成的构架，是要真正实现马克思主义哲学中国化学术内涵与现实内涵的科学统一，使马克思主义哲学真正成为中国的文明的活的灵魂。

陶德麟教授深刻地指出：“马克思主义中国化这个概念本来就不是从书本研究中产生的，而是从中国人民的解放斗争的实践中产生的。这个概念的提出的历史背景和条件，就决定了它的性质和内容，决定了它是一个标志实践目的、实践过程和实践结果的概念，同时也就逻辑地蕴涵了它的检验方式和检验标准。检验马克思主义中国化的成败得失，不能用某个论断与某个文本是否符合为标准，而只能以实践的结果与实践方案的预期目的是否符合为标准，即以实践为标准，而不是以文本为标准。”① 这一论断具有十分重要的方法论意义。

在历史酝酿重大转变的时刻，发展了几百年的资本主义理论体系，一百多年的马克思主义理论体系以及各种社会主义理论体系，包括马克思主义中国化所形成的中国特色社会主义理论体系，都面临新的挑战。中国学术的自主性和中国话语体系的建构、中国史观和中国现代性问题的实质、中国制度安排及其变迁的历史和现实、中国现代社会转型的道路和模式、中国在 21 世纪全球化时代的世界责任等重大问题，是时代向中国学术提出的课题。毫无疑问，中国的哲学社会科学

---

① 陶德麟：《对马克思主义中国化研究中两个问题的理解》，《中国社会科学》2009 年第 1 期。

正面临世界性的机遇。中国学术必须抓住有利时机，在中国与世界的普遍交往的格局中，在国际竞争的复杂多变的环境中，塑造中华民族的精神自我和核心价值，增强中国学术世界性的思想的力量。

这就是理论自觉的马克思主义维度。

（原载于《江海学刊》2012 年第 5 期）

个体性“哲学自我”的显明：理论创新的重大前提

贺　来

代表“我”的“我们”：个体性“自我”的隐匿

真正创新性的哲学思想首先是个人的创造，然后才谈得上对他人的影响并具有“社会历史意义”。坦率地承认这一点，是实现哲学自觉的重要内容之一。

我们的哲学研究者是否做到这一点？这是一个需要追问与反思的问题。在哲学的理论著述中经常可以看到，每当作者在表达自己的观点时，经常习惯于使用“我们认为”“在我们看来”“我们觉得”“我们强调”“我们发现”“我们赞成”“我们反对”等字眼。明明是“作者个人”在“想”和“说”，可为什么他偏偏不用“我认为”“我承认”“我发现”“我希望”等而非得用“我们”来代表“我”？

这意味着什么？难道仅仅是一种语言使用的习惯？

这的确是一种语言使用习惯。但按照精神分析学说的说法，所有语言习惯，实际上在某种程度上都蕴含着潜意识的深层欲望。而且不仅如此，如果进一步深入分析还可以发现，事情可能包含更为丰富和复杂的意义。

不难发现的是，用“我们”来代替“我”，这是一种“怯场”的表现和“自我保护”的措辞。心理学家早已指出，独自一人面对众人发言讲话，大多数人都有难以克服的恐惧心理，把“我”无遮拦地暴露和呈现在人们面前，会承受巨大的心理压力。但心理学家同时也指出，只要有充分的准备和自信，这种恐惧心理是完全可以战胜的，那些优秀的演说者即是明证。因此，用“我们”来代表“我”，除了心理原因，还有更为深刻的社会的、历史的和文化的原因，那就是：在我们的历史传统、文化认同与学术“道统”中，很少把理论观点、理论创造、理论发现与普通的、个体性的理论思考者和表达者联系起来，而是把它们视为普通的生命个体没有“资格”和“能力”承担的“神圣事业”。很显然，这在根本上是中国几千年“群体本位”的历史文化传统在学术理论上的具体而微的表现。在此传统的支配之下，人们相信，只有特选的“神圣人物”才有资格和权利进行理论创造、提出创新性的理论思想、做出重要的理论发现，因而也只有他们拥有特权，可以使用第一人称单数来表述自己的观点和理论，因此，古代的圣人可以用“子曰”来对芸芸众生进行教导，经典作家和领袖人物可以用个人身份和口吻发言，国外的哲人可以用“自我”的声调和姿态出场。与此相对，普通民众的主要责任是“倾听”与“接受”，普通哲学学者与理论研究者的主要工作是“阐发”和“注解”，至多是“照着讲”和“接着讲”。在这种传统和“潜规则”的支配之下，理论思考和研究者面临一种尴尬和矛盾的处境，一方面，在个人的思考和研究中，他的确“有话可讲”“有话要说”；另一方面，他又缺乏足够的勇气和担当把“自我”坦承出来，交付给一个不确定的、可能对自我带来巨大压力甚至可能会带来风险的外部世界。于是，把“我”隐藏在“我们”的面具后面，让“我们”传达“我”的声音，就成为一种十分自然的选择。

这表明，在“我们”代表“我”的措辞后面，是“我”向“我们”的屈服，是对“自我”有意识的压抑和逃避。与此相辅相成的，让“我们”代表“我”，使“自我”也得到了相应“回报”：“理论言说”的“集体主义”成为隐蔽和保护个人的有效的“护身符”和“保护壳”，“自我”在“我们”的“保护”下获得了“安全感”。个体言说摆脱了责任的重负，一起加入了“我们”的“大锅饭”，同时也为自己撑开了一把“我们”的“保护伞”。

一方面是“怯场”和“自我保护”，另一方面却是“自大”和“自我膨胀”。用“我们”代表“我”，同时又是一种把“个人”的思想和话语化身为“公共”的思想和话语的修辞策略，它使思想和话语摆脱了“个人言说”的“主观性”而转换扩展为“超个人”的“客观性”论述，并使之获得了某种不容质疑的“真理性”和“权威性”。在此意义上，对“个人自我”的隐藏，实质上又包含着一种把“我”的思想和话语权威化与客观化的潜在意志与欲望。

这并非中国文化和语境所特有，而是哲学史上屡见不鲜的普遍现象。法国哲学家施兰格在《哲学家和他的假面具》一文中这样引用笛卡尔的自我陈述：“我戴着假面具出场……上场的演员们为了不让观众看到他们脸红，都戴上一副面具。像他们一样，我在登上这个世界舞台——在此之前我只是观念——时，也戴上假面具出场。”[①] 为何要戴上假面具？因为他相信并且要让别人相信，“我”要表达的，不仅是个人的声音，而且是真理本身的声音。因此，“我”的思想和话语就不能仅仅是个人的言说，而是“我们”都应无条件倾听和服膺的“公共性”的真理。

这里的“我们”，在不同的语境中，可以指称和置换为不同的内容，例如“家族”“种族”“集体”“阶级”“民族”“国家”，乃至“人类”，等等。因此，以“我们”代表“我”，使本来是个体性的言说具有了超越个人的“公信力”。因为此时，“我说”“我认为”“我想”

---

① 参见［法］雅克·施兰格等著，徐友渔编选《哲学家和他的假面具》，社会科学文献出版社 1999 年版，第 1 页。

就获得了“我们说”“我们认为”“我们想”等公共性的意义。顺着这一思维逻辑，其思想轨迹很有可能变成这样：由于它是“我们”的观点，因而是体现了“客观规律”与“历史必然趋势”的言说，于是同时也就是所有的人必须洗耳恭听、无条件接受和服从的“真理性叙事”。

这意味着，让“我们”代表“我”，蕴含这样的前提性信念：“我”虽然是“个人主体性”，但却可以通过“我们”的代理，获得“主体间”的“客观有效性”。当“我认为”变成“我们认为”，“我想”变成“我们想”，“我承认”变成“我们承认”，“我主张”变成“我们主张”时，“我”的主观性得到了超越和克服，其声音被无限放大，“独唱”成为“合唱”，个人之理成为公共之理，由此给接受者带来这样一种巨大的暗示和压力：这不是某个人的观点，而是人们共同的理论诉求，它体现着“公意”，反映着“客观规律和历史趋势”，因此，拒绝接受它就意味着拒绝某种似乎成为“我们”所“公认”的东西。这即是说，以“我们”的口气说话，意味着一种“客观的语调的运用”：“不管你愿意不愿意，说话的不是我哲学家，而是真理通过我的嘴说出来，我们都同意真理完全有权力摆权威架子。”① 为“个人言说”戴上“客观中立”的“面具”，这就是以“我们”代表“我”说话带来的特别的修辞效果。

以上两种倾向，一为“自卑”，二为“自大”。它们从两个极端揭示了用“我们”的“公共话语”替代“我”的“个人话语”所隐含的双重含义。这双重含义在表面上正相反对，一为“向后的退缩”，二为“向外的扩张”；一是“自我保护”，二是“自我膨胀”。但正像缺乏独立人格的人一样，“自卑”和“自傲”这相互对立的两极往往集于一身，从而形成一种“分裂”的、“双重型”的个性和人格。思

① 参见［法］雅克·施兰格等著，徐友渔编选《哲学家和他的假面具》，社会科学文献出版社1999年版，第1页。

想理论的品格亦如是。

个体言说的自觉与理论创新

卸除所戴的种种假面具，显明隐匿在“我们”后面的“思想自我”，自觉到我们每一个人的理论言说在根本上只是“个体言说”，这是真正的理论创新的基本前提。

“理论创新”在今天已成为最时髦的字眼。但人们对这种“创新”的最为基本的条件却经常缺乏应有的反思。对于哲学来说，真正的理论创新的重大前提就是从事哲学工作的每个人“自我”的解放与凸显。当我们再三强调“思想解放”与“观念变革”的时候，经常遗忘了“思想解放”最核心的是“思想者自我”的解放，“观念变革”最根本的是“思想者头脑”的变革。这是因为，哲学既不能如经验科学一样可以依靠实验等技术手段获取新知识，也不能如形式科学一样依靠先验推理演绎答案，而只能靠每一个人的头脑创造出“哲学思想”。作为“哲学思想”，其最可贵的品格就在于“推陈出新”、“标新立异”乃至“异想天开”，只有这样，哲学的“创新”才能成为可能。因此，真正具有“创新性”的哲学理论必然是哲学家“自我”的“个人言说”，必然表达的是他的独特性的“思想”“意见”“直觉”“信念”“见解”“论证”，等等，而不能是“集体主义”“平均主义”的戴着“我们”面具的面目模糊的言说。

如果进一步深入分析，显明隐匿在“我们”后面的“自我”对于理论创新更重要的意义还在于：只有理论“自我”的彰显，才能对“个人言说”与“主义话语”和“意识形态话语”进行自觉的划界，并真正守护和捍卫具有创新性的哲学理论所应有的精神品格。

关于“主义话语”和“意识形态话语”，有学者做出了这样的描述和规定：所谓“主义话语”，就是“带价值论断的社会化的思想言论，这些论述以某种知识学（科学）的论证来加强价值论证的正当性，以此促成不同程度的社会化行为……当某种思想话语进行社会化推论和诉求时，或当某种由个体提出的思想论述要求社会法权时，思想论述方转换为‘主义’话语”，而一旦“‘主义’话语获得社会法权，就成为意识形态”[①]。这意味着，个人话语、主义话语与意识形态话语是有着重大区别的三种话语形态。

“个人话语”与“个体言说”是哲学思想者个人自由探索和创造的思想成果，它是个人灵魂之镜向外折射或外化的产物，体现的是个人的精神追求和人文价值关怀。它最可贵之处在于它是不可替代、不可重复的“这一个”。哲学史上那些最杰出的哲学家之所以被称为“经典作家”，其著作之所以被称为“经典著作”，就是因为其或者改变了看问题的视角和眼光，或者重新提出和阐述了问题，或者迫使人们在已经泰然处之、无动于衷之处面对不可回避的重大思想和现实困难，等等，所有这些，都体现了真正的哲学家和哲学特殊的重大功能，那就是以自由之精神，原创之勇气，不服从于任何既定的教条和权威，努力把人们从种种“正统”学说的束缚和压抑中解放出来，击碎已经过时或即将过时的思想和现实的坚硬外壳，并为思想和生活的未来打开自我超越的空间。对此，伯林的概括十分中肯：哲学在它最有效的时候就是进行“根本性的变换——而且用这种方式变换的范畴或观念越根本，也就是说越不容易遭到常规自我检省的压抑，我们就认为一种哲学越深刻——它必然是朝着更广泛的自由、推翻现存价值观和习惯、打破界限、改变人们熟悉的特征等方面发挥作用，这令人兴奋又不安”[②]。因此，充满个性的自由创造、不被任何专断力量所同化的叛逆精神、不服从于任何“正统”权威与既定秩序羁绊的超越意识，这是作为“个人话语”的哲学的独特精神品格。

与“个人言说”不同，“主义论述”的根本旨趣却在于谋求对某

① 刘小枫：《现代性社会理论绪论》，上海三联书店 1998 年版，第 198 页。

② ［英］以塞亚·伯林：《现实感》，潘荣荣、林茂译，译林出版社 2004 年版，第 78 页。

种社会、政治、经济、思想秩序的支配和主宰地位。“自由主义”“保守主义”“达尔文主义”“资本主义”“功利主义”“民族主义”“个人主义”“集体主义”“实证主义”“理性主义”“非理性主义”“科学主义”……如果去掉“主义”称谓，所有这些价值理念和主张，无论“自由”“保守”“资本”，还是“功利”“科学”“个人”“集体”，等等，在自由、开放、多样化的公共思想空间中，都拥有十分重要的、不可替代的重大价值；它们从不同的层面和角度表达了人们对美好幸福生活、健全生命存在的憧憬和追求，因而构成具体的、全面和丰富的人的生存方式的内在环节和内容。但是，一旦成为“主义话语”，就意味着它们每一个把自身都当成体现了“客观规律”和“必然性”的、具有拯救功能的、把所有人带向解放的权威话语，都体现着充当绝对的、无条件的、终极的价值规范基础的诉求。这使得“主义话语”难以摆脱“非此即彼”与“两极对立”的思维定式与思想原则，“排他性”和“独断性”由此成为“主义话语”的精神品格。

“意识形态话语”是“主义话语”的进一步升级。如果说“主义话语”对社会、政治、经济、思想秩序的支配和控制地位尚停留在“思想理论”的意向和诉求上，那么，“意识形态话语”则已经与占据统治地位的社会、政治、经济、文化秩序内在地融合在一起，成为与之相互支撑的思想工具。马克思在《德意志意识形态》中对此有过极为深刻的论述，马克思指出，“意识形态”在根本上就是“统治阶级的思想”，是在“社会上占统治地位的精神力量”①，其特点是“把特殊利益说成是普遍利益”“把普遍的东西说成是统治的东西”②。很显然，“统治性”与“支配性”构成“意识形态话语”最根本的精神品格。

从如上简要分析可以看出，“个人言说”、“主义话语”与“意识

① 《马克思恩格斯全集》第3卷，人民出版社1960年版，第52页。
② 《马克思恩格斯全集》第3卷，人民出版社1960年版，第54—55页。

形态话语”三者分别有不同的精神品格。“个体言说”所追求的是“自我”的自由创造和探索，“主义话语”和“意识形态话语”所寻求的是“我们”以及“我们”所代表的“话语”的支配和统治地位。它们服膺于不同的“游戏规则”，体现着不同的思想旨趣。我们从中至少可以看到两点。其一，三者之中，只有“个体言说”才真正体现了哲学的“理论创新”的本性和要求，因为它把自由探索、勇于创造视为其追求的最高价值，这是真正的理论创新最基本的前提条件。这并不是说“个体言说”的过程及其成果与他人、社会、文化无关，而是说所有这一切必须要通过个人的吸收、转化和升华，最终在个人的精神劳作中孕育出思想成果。其二，由于三者精神品格的这种根本差异，它们常常处于相互冲突和排斥之中，以“我们”取向为特征的“主义话语”与“意识形态话语”，由于其对大写的“我们”及其话语霸权的迷恋，它们对“自我”导向的“个体言说”以及以之为前提的思想创新和自由探索不可避免地持拒斥和压制态度，而真正的“个体言说”由于执着于对自由创造和探索的追求，也同样会自觉地拒斥一切以“我们”自居的话语霸权的束缚。这从更深层面上说明：自觉抵御“主义话语”和“意识形态话语”对“自我”的遮蔽，创造真正的“哲学自我”，意味着哲学思想者和研究者独立人格的觉醒和解放，因而对于哲学的理论创新具有十分特殊的意义。

“哲学自我”的显明：健康的学术公共空间的基本条件

显明哲学思考的“自我”，同时也是健康的学术公共空间得以生成的基本条件。只有在健康的学术公共空间中，理论创新才能获得客观的生态和环境。这从另一个方面表明了“哲学自我”的自觉对于理论创新所具有的重大意义。

平等的学术论辩和批评、自由的学术竞争，这是构建健康的学术公共空间的两个最为根本的要求。而“平等的论辩”与“自由的竞争”要真正成为可能，一是必须承认学术公共空间中思想和理论观点、视角等的多样性与开放性，二是各种理论对自身见解和观点有效性限度所具有的自觉意识以及对其他理论见解和观点的尊重。对此，阿伦特曾说：“公共领域的实在性取决于共同世界借以呈现自身的无数视点和方面的同时在场，而对于这些视点和方面，人们是不可能设计出一套共同的测量方法或评判标准的。因为，尽管共同世界乃是一切人的共同会聚之地，但那些在场的人却是处在不同位置上的，一个人所处的位置不可能与另一个人所处的位置正好一样，如同两个物体不可能处在同一个位置上一样。被他人看见和听见的意义在于，每个人都是站在一个不同的位置上来看和听的。这就是公共生活的意义。”① 这即是说，公共领域只有在不同的、充满差异性的视点和同时在场的条件下才会呈现自身，强制性地把公共生活过滤为同一性先验原理，只能使现实的人们的公共生活失去其特质和本性。而这一意义上的公共领域要成为可能，必须以对理论思考的“自我”的自觉为必要条件。

自觉意识并承认理论话语在根本上是“自我”的“个人言说”，实际上就是承认：在每一种理论话语背后，都体现着其不可克服的“个人偏见”与“价值偏好”，因此，任何理论观点和学说都是某种特定“主观视角”与“思维框架”建构的产物。这一点决定了没有任何一种“偏见”、“偏好”和“视角”可以囊括和覆盖所有其他的“偏见”、“偏好”和“视角”，“百花齐放、百家争鸣”这一常用语的确是对思想理论的公共空间固有本性的恰切表述。

对此，杰出的现代社会理论家马克斯·韦伯作过十分深刻的阐发。在韦伯看来，现代世界与传统社会的根本区别在于，它打破了传统社会所奉行的“目的论世界观”，使终极的、大全式的、总体性的意义

① ［美］阿伦特：《公共领域和私人领域》，载汪晖、陈燕谷主编《文化与公共性》，生活·读书·新知三联书店1998年版，第88页。

结构不复存在，这意味着现代社会是一个“祛魅”的社会，决定性地使现代社会成为一个再没有先知也没有“神”的世界，“你侍奉这个神，如果你决定赞成这一立场，你必得罪所有其他的神”①，价值的“多神化”与“诸神的争斗”是现代人所必须接受的“时代命运”，面对“诸神不和”、价值冲突这一现代社会处境，人们所应做的是接受“多神主义”的命运，而不可违逆这一处境去徒劳地寻求“唯一必然之神”与“虚假的偶像”，应自觉地承认，包括理论思考者在内的每一个人都必须在“多神”和诸种价值中做出自己的抉择，一旦做出决断，就不计成败利钝，以一种超功利的态度服膺于它并为之勇敢地承担起责任，而不能把个体选择的价值信念扩张膨胀成普遍性的、要求其他人接受并服从的“唯一必然之神”，就此而言，支撑和贯彻着任何理论思考的基本价值立场都必然是“个体言说”性质的，亦即必然是以“我”为底色而不可妄用“我们”之名，只有这样，才承认各种不同的理论和思想学说不容压制和消解的独立性与自主性。妄用“我们”之名并取消“我”的立场，意味着以“唯一必然之神”对多样性的诸种价值的抹杀，在此情形下，种种以“我们”代表自居的、穿上“我们”外衣的“先知”和“偶像”就会粉墨登场，试图成为思想和观念“市场”上“欺行霸市”的“话语垄断者”。很显然，以此为前提，思想理论的公共空间所应具有的多样性与开放性将不复存在。对此，马克思曾满怀激情地这样批判道：“你们赞美大自然悦人心目的千变万化和无穷无尽的丰富宝藏，你们并不要求玫瑰花和紫罗兰散发出同样的芳香，但你们为什么却要求世界上最丰富的东西——精神只能有一种存在形式呢？”② 正像“每一滴露水在太阳的照耀下都闪耀着无穷无尽的色彩”一样，人们的思想创造和理论探索同样充满

① ［德］马克斯·韦伯：《学术与政治》，冯克利译，生活·读书·新知三联书店 1998 年版，第 40—41 页。

② 《马克思恩格斯全集》第 1 卷，人民出版社 1956 年版，第 7 页。

了无限的多样性与可能性。

按照人们已经习惯的思维定式，承认并显明思想理论中那个带着“偏见”、抱有“价值偏好”的“自我”，马上会产生一个尖锐的问题：这难道不正是思想与理论秩序陷入混乱，甚至无政府状态的重要原因吗？如果大家都把思想理论视为“我”的“视角”、“偏好”和“偏见”的产物，这岂不会恰恰导致“偏见盛行”“私见当道”，哪里会有公共领域的“自由”“平等”的交往秩序？

这种观点存在两个严重的忽视。

一是承认思想理论中带有“价值偏好”的“自我”，实质是强调每种思想理论的独立性以及与这种独立性相伴随的有限性。所谓“独立性”，是指由于每一种思想理论表达了“我”的“个体言说”，因而它们都是不可替代和不可抹杀的，都在思想理论的公共空间拥有不可剥夺的话语权力与资格；所谓“有限性”，是指由于每种思想理论所体现的是“我”的视角和价值偏好，它只能宣称个人的有效性，而不能僭称“我们”的普遍有效性。因此，它既是“独立的”，同时又是“片面的”和“有限的”，它不能取代其他的“自我”而“唯我独尊”，而必须尊重“他者”的独立资格和地位，而不能要求“他者”牺牲其“自我”。这即是说，承认思想理论中带有“偏见”和“价值偏好”的“自我”，不是要确立一狭隘、自私之“自我”，更不是要确立一凌驾于“他者”之上的“霸权之我”，而是要确立自由和平等精神的“自我”。很显然，对思想理论中这种“自我”的自觉承认，必须要求“自我”向“他者”保持开放的视野，它不仅不会破坏思想理论的公共领域的秩序，而且正是这种秩序得以生成的必要条件。

二是承认思想理论中带有“偏见”和“价值偏好”的“自我”，恰恰是要求理论研究和思考者为自己的话语承担起应有的责任。“自我”的显明，既标志着“理论自我”的权利，同时也意味着它的责任，这一责任最根本的就是保持“理论自我”的边界，抵御把本来是个体性的理论话语和价值关涉膨胀成必须由“我们”来接受和服从的

“不以个人意志为转移的”关于“客观规律”的“超个人话语”。这表明，这里所彰显的实际上是一“自律”“自治”的“自我”，它不仅不会导致思想理论的公共秩序的破坏，相反，正是这种秩序赖以成立的基石和保障。

以上简要讨论告诉我们：自觉地显明思想理论背后那隐藏的“自我”，是思想理论的公共秩序得以可能的基本条件，它让每一个理论思考者成为公共领域的真正主人，并推动公共领域在各种观点、视角、偏好等的竞争和论辩过程中生成“思想的客观性”。相反，试图以“我们”的声调和姿态，动辄把理论话语当成普遍性的必然真理并因此掩蔽和压制理论言说后面的“自我”的观念和做法，恰恰将造成思想理论公共领域正常交往秩序的扭曲和瓦解。很显然，在此条件下，理论创新所应有的“生态环境”将不复存在。

（原载于《江海学刊》2012 年第 5 期）

“观念史”逻辑的介入与马克思主义哲学话语创新的理论自觉

袁祖社

“后改革时代”与“后西方时代”，我们面临着“当中国统治世界”之“他者”话语的文化想象和理智担忧。当许多学者在并未从根本上明其就里的情况下，缺乏应有立场地盲目跟随西方学者探讨所谓“中国模式”“中国经验”“中国道路”的时候，我们有充分的理由审慎地质疑：世界历史是否真正到了“中国文化的世纪”，世界历史是否真的到了“说中国话”的阶段，未来世界是否真要听命于中国实践与中国精神的价值逻辑？

面对现实和理论的纷扰，面向观念史的逻辑，中国的马克思主义哲学究竟应该何所作为？我们能够向这个扑朔迷离的近乎乱象的世界贡献什么样的具有“历史性”和思想史意义上的新话语？

看来，我们有必要本着客观的、实事求是的态度做一番思考：当我们以经典作家所推崇的“实践辩证法的思维智慧”历史地、全面地反思当今中国社会的复杂现实和历史情境的时候，我们至少应该关注并回答这样一些问题，那就是：以当下中国社会的实践和现实相观照，“马克思主义哲学”究竟离我们有多远？反过来，当以我们自己所自诩的诸多理论作为和创见来观照马克思主义哲学本身，那么，我们离

“马克思主义哲学的理论创新和实践创新”的恒久主题又存在多大的差距？

一

按照著名历史哲学家柯林伍德的“问答逻辑”，任何“言说”都是一种有意图的行为，都是对言说者心目中特定问题的回答。因此，要理解某一言说的真正“意涵”，人们必须要首先“复原”该言说者心中的问题。

对于当代中国的马克思主义哲学而言，这样一种思考显得尤为必要。其具体展开就是，我们关于马克思哲学的诸多“言说”所呈现的意义究竟是普遍的，还是特殊的？与此相关的是，中国学者关于马克思哲学的某一特定“言说”，究竟是属于一个意义或话语世界，还是属于多个意义和话语世界？我们关于马克思哲学的“言说”的意义，究竟是基于“文本”（text）还是仅由“语境”（context）所决定的？与之相关的则是，我们关于马克思哲学的某一特定“言说”的意义到底是“自律”（autonomous）还是“他律”（heteronomous），是属于“语言内”（endolinguistic）还是属于“语言外”（extrolinguistic）？

20 世纪 80 年代以来，三十多年间，中国的马克思主义哲学紧扣时代发展的主题，先后围绕着“人性”“人道主义”“主体性”“物质本体论”与“实践本体论”“和谐”“发展”“人本”“共生”“民生”“幸福”等主题性哲学话语，反思全部马克思主义理论本身以及其与现实的合理关系，进而试图推进中国化马克思主义的哲学研究，为变革中的中华民族提供一“意义世界”。

这种努力的启示以及成果是多方面的。那么，上述诸多话语中，究竟有哪些话语是我们以“拿来主义”的实用心态借用的？哪些又是我们独创的？如果这些话语是我们的创新，那么，此种创新究竟是何种学理性意义、何种理论形态、何种程度上的？其理论创新的参照和时代性标志究竟是什么?

几乎没有人否认，进入21世纪以后，中国的马克思主义哲学研究突然陷入话语贫瘠、无语或者失语的困顿之中。中国的马克思主义学者并不缺少问题意识，不缺少对现实的理论观照意识，中国学者最缺少的，其实是自觉而清醒的“话语分析与话语批判”意识。

马克思主义哲学发展史上，经典作家本人在创立其新的理论体系的时候，有着异常清晰的“话语逻辑”，他们非常明确语言和理论的社会现实使用及其后果。以笔者的粗浅之见，经典作家在确立自己的哲学语言和话语逻辑的时候，至少经过了早期的“宗教—伦理话语批判”、中期的“政治经济学话语批判”“实践的—社会历史话语批判”以及晚期“文化与社会人类学的话语批判”阶段，其中的每一阶段，都伴随着“话语创新”的理论冲动以及对这种话语创新所吁求的“话语秩序的变革”逻辑。

从话语理论的逻辑来讲，作为研究者的一代中国马克思主义者在选择、介入并实践马克思主义理论的新话语主张的时候，主要经历了这么几个阶段和历程。起初是所谓“元话语分析阶段”——马克思主义在中国的传播阶段。在这个阶段，我们往往能够做到以客观的、虔诚的理论态度，着眼于经典作家的理论文本，精心体悟文本的深意，目的是力图让文本自己说自己；这个阶段过后，是所谓“主体性主题诠释阶段”，即我们接受马克思主义并将之作为革命和建设的纲领，以之作为改变不合理的社会现实的理论武器。在这个阶段，我们往往理所当然地认为自己已经取得了对经典作家文本的解释权，试图结合本民族的历史文化传统和实践情境，自主地、为我所用地对待、运用文本；最后阶段，是所谓“问题导向下的反思评价阶段”。这是真正意义上的对待马克思主义理论的话语自觉阶段。我们发现，马克思主义哲学其实并不是我们所说的那个样子，马克思主义哲学在中国社会实践中曲折反复的经验教训表明马克思主义可能是另外一种形态。

话语的不透彻源于我们理论身份的暧昧和立场的不坚定。甚至不用多想就可以确定的是，遭遇全球化和市场经济以来，我们的主流话语究竟有多少是发自我们内心的？又有多少人内心里真心愿意聆听我们的话语宣教？当一种话语并非基于话语宣教者的本心而只是在履行某种不得已而为之的工作时，话语的魅力又在哪里？

与马克思同时代的马克思主义以及马克思以后的马克思主义尤其是当代“西方马克思主义”“国外马克思主义诸多思潮”甚至“马克思学”等对于马克思主义哲学理论的充满个性化的各式各样的解读成果和思想形态——卢卡奇的总体性理论、阿尔都塞的结构主义、阿多诺的否定性辩证法、法兰克福学派的社会批判理论以及生态社会主义等数十种思潮相比，在对待马克思主义的理论创新问题上，我们实际上缺少一种起码的“知识论研究纲领”，缺少一种作为马克思主义哲学在现时代所应有的形式化表达的明晰的“主体性内容结构”。

中国马克思主义学者的研究经历和学术视野表明，在对待马克思主义哲学的许多基本理论问题上，我们既有的话语是非常粗鄙、狭隘和浅表的。我们关于马克思主义哲学理论的许多观点和见解，缺乏这种理论本身所内蕴和需要的一种应有的张力意识和包容性气度。我们进行马克思主义研究的基本理论作业方式，基本上是关起门来自说自话式地“坐而论道”。

我们缺乏一种发现、甄别我们时代的精神主题、历史脉络和未来走向的能力，我们不愿意面对业已变化和正在变动着的现实向我们所昭示的“情境化真实”，更没有多少学者本着对马克思主义的发自内心的真诚，像经典作家那样，勇敢地对当下中国社会的各种尖锐、复杂的问题进行新的“文化和意识形态”复杂博弈意义上的分析。

这种情况的存在，使中国的马克思主义理论研究者无法与当代世界的主流思想和话语进行经常性的顺畅的沟通、交流和对话，从而丰富、革新我们的话语语境，促进马克思主义哲学不断融入当代人类文明的主流，强化和扩大中国化马克思主义的影响力。这是我们这个时代，中国的马克思主义通过自己的努力，着力凸显和呈现马克思主义哲学的当下性、在场性即马克思主义的“精神活力”的最有意义的工作。

二

马克思主义经典作家是话语和理论创新的典范，他们之所以能够提出新的理论主张，在于他们能直面他们所处时代的真实的历史情境，从基本理论姿态上讲，他们所遵循的是全新的以变革不合理的社会结构，实现人的解放为宏大高远的目标和志向的“理论与实践整体性逻辑”。

让思想切近客观现实，以合理化的观念有效地把握和规制现实，是经典作家赋予旨在“改变世界”的新的实践哲学的伟大使命：“……实际上和对实践的唯物主义者，即共产主义者说来，全部问题都在于使现存世界革命化，实际地反对和改变事物的现状。”[①] 经典作家以卓越的实践思维和实践智慧，为实现这种变革和创新，花大气力清理、研究了其所处时代的法哲学、国民经济学、历史学、社会学、文化理论以及哲学，亲身参与了社会生活实践，写作出大量关于“社会问题”的批判性论著，从而为理论变革和创新奠定了必要的基础。显然，当经典作家做出“全部社会生活本质上是实践的”这一清晰、科学的论断的时候，实践观点作为经典作家所要着力呈现的“思想的客观性问题”之意义就得到了准确的表达。因为，照此识见，“当思想认识只有再生产了社会意义区分系统时，它才具有客观性；倘若它被社会区分意义系统所排斥，便不具有客观性”[②]。这无疑是马克思哲学理论创新性智慧的实质所在。

以此作比照，那么我们这个时代，我们的这些马克思主义经济学、

① 《马克思恩格斯选集》第3卷，人民出版社1995年版，第48页。

② 参见杨晓《内在化的逻各斯与实践》，《社会科学辑刊》2011年第1期。

政治学、社会学、文化学等领域的从业者们，又有多少人能以经典作家那样的立场、情怀、境界和气度，去倾情关注自身以外的“国事”与“天下事”。所以我们永远只能是我们，而马克思依然是马克思。更让经典作家不愿看到甚至不能容忍的是，由于马克思主义领域相对的专业分工，各种学科、专业和研究领域之间缺乏经常性的交流、对话，使各个学科之间形成了不必要的壁垒。

实质性意义上的、真正的马克思主义哲学的理论创新，一定是基于现实社会的历史变革逻辑，一定是以自己的艰辛探索，探触马克思主义哲学理论自身的科学理性精神、思想的语法以及一以贯之的社会理想和价值信念逻辑。理论创新的契机，一定是源于研究者对重大的社会变革现实的清醒的理论自觉。对于当代中国的马克思主义者来说，我们需要进行一些前提性的追问，那就是，我们的诸多社会实践，其究竟是依照何种逻辑而得以展开和进行的，我们目前如此这般的实践情态足以开显一种促使马克思主义哲学理论创新的情境吗？深言之，当代中国的马克思主义者据以对变革中的、变迁中的中国社会进行理论创新和阐释的正当性理论根据究竟是什么，如何得以确立？

作为“面向人的生存与生活世界”的马克思的现代实践—价值哲学，“中国社会该怎么走”“往哪里走”这样的关乎一代中国人命运的重大问题必须进入研究者的视野。

马克思主义理论创新实践的推进意味着我们必须以马克思主义的方式，做到对时代的真问题的真正自觉和良知性发现与勇敢表达，这是我们这个时代检验一种理论创新是否具有马克思主义性质和理论态度的试金石。

显然，当我们面对一个在改革开放中产生和出现的日益强大的权贵力量甚至阶层在肆无忌惮地侵吞、蚕食社会公共财富的时候，我们能否坚定地站在一个真正马克思主义者的立场上来，倾情关怀我们这个社会的精神与文化生态，为那个日渐边缘化的“沉默的大多数”发出自己的声音？

话语水平的高下实乃一个民族思想见识之理论逻辑的较量。百年中国的历史变迁，我们一直在与我们的理论劲敌——自由主义等进行着激烈的文化和智力意义上的争斗，这种争斗还将继续并有可能愈演愈烈。我们不必妄自菲薄，历史上中华民族在没有和世界接遇之前，我们就有了自己的话语方式。这种方式显示着我们的民族自信，并构成我们与世界进行对话的内在支撑。

令人遗憾的是，这种话语方式在国门打开以后，尤其是在迈入现代化的历史进程中，一点点地丢光了，在我们的自觉和不自觉中几乎被另一种话语方式湮没了。按道理，这种异域、异质话语的相互接触更有利于思想文化的互相更新和相机互用，但两种文化相互打量和比拼的结果，却使我们的劣势暴露无遗，生成我们思想文化的那种拳脚、套路被别人认为是小儿科而已，根本不堪一击。

一个民族的社会历史和思想文化转型，器物层面的东西可以定制，制度层面的东西可以借鉴，但唯独思想话语一定不能简单模仿和机械移植，我们尤其需要一种话语自创能力的规训。

20 世纪中国存在探讨话语变异规律的极其丰厚的资源。如果不认真地考察自 20 世纪 80 年代以来全球化、市场社会实践背景中多重文化与价值观念强烈碰撞和急剧转型中的话语变异，就无法深刻地认识 20 世纪中国的马克思主义创新的逻辑，也就无法真切地把握 20 世纪中国社会命运的象征。

三

一直以来，中国人关于历史的理解，始终坚持的是马克思主义经典作家之实践合理性、历史合理性、文化与价值合理性的文化“公共性叙事逻辑”。20 世纪 90 年代以来的中国历史的实践进程的确是独特的，既不同于历史上的欧美模式，更有别于日韩模式。它以富有时代高度和民族特色的历史理性洞见，以充满智慧的“中华性”，试图超越自由个人主义理念制导下的“资本逻辑”的狭隘性，向21世纪的人类历史创制、贡献新的“国民福祉”逻辑——历史思维的新形态和有关历史的新价值真理。其独特之处在于，它不是将这一逻辑诉诸遥远的未来，而是更加看重“当下性”，并以各种经济的、政治的、文化的以及社会的政策实际地实践着，让中国民众实际地体验和感受着。可以认为，这是中国一种新的“历史理性”以及新的社会发展进步观。

全部马克思主义尤其是马克思主义哲学理论之所以具有永恒的思想魅力和经久深远的世界历史影响，其原因是多方面的，其中一个重要的不可忽视的原因，来自其独特的话语理论和话语实践。站在世界历史的新起点上，面对世界范围内资本逻辑疯狂扩张的严峻现实，我们难以忘怀镌刻在马克思墓碑上的那两句名言：“全世界无产者，联合起来！”以及“哲学家们只是用不同的方式解释世界，而问题在于改变世界”。

同样，身处“后改革时代”“后转型时代”的当代中国社会，面对由于日益严重的社会结构分层化所导致的利益冲突场景，我们同样会对马克思在《〈黑格尔法哲学批判〉导言》中对新哲学功能与历史使命的那种深切期望的话语力量产生敬意：“批判的武器当然不能代替武器的批判，物质力量只能用物质力量来摧毁；但是理论一经掌握群众，也会变成物质力量”；“哲学把无产阶级当作自己的物质武器，无产阶级把哲学当作自己的精神武器”，“德国人的解放就是人的解放。这个解放的头脑是哲学，它的心脏是无产阶级”。[①]

当苏东剧变、自由主义欢呼“马克思主义已经死亡”，连同其话语理论及其实践将一起“灰飞烟灭”之时，人们不会忘记法国大思想家雅克·德里达在其郑重地推出《马克思的幽灵》这部轰动西方世界的著作中的大声疾呼：“不能没有马克思，没有马克思，没有对马克思的记忆，没有马克思的遗产，也就没有将来；无论如何得有某个马

① 《马克思恩格斯选集》第1卷，人民出版社1995年版，第16页。

克思，得有他的才华，至少得有他的某种精神。”“现在该维护马克思的幽灵们了。”不去阅读而且反复阅读和讨论马克思，“将永远都是一个错误，一个理论的、哲学的和政治的责任方面的错误”。①

当代马克思主义哲学的理论创新，正在经历一场深刻的“话语转型”。话语转型是社会变迁的一种体现，有着深层的社会文化原因。面对转型期的各种深层问题，需要认真加以清理和解释。我们有必要做审慎的理性追问：是谁在说话，说谁的话，为谁说话，为何种动机和目的说话？一个不容否认和显见的事实是，在上述看似繁多、热闹的话语喧嚣表象的背后，恰恰是思想的凌乱和理论的碎片化状态，以及这一领域的知识分子之普遍意义上的政策诠释性话语依附心态的滋生和蔓延。

马克思主义哲学的话语理论创新，要真正对抗和回应各种非马克思主义者将马克思主义“意识形态化”的质疑、偏见和轻视，那么，创新者的理论视野和逻辑理据，就必须奠基和深植于深厚久远的人类观念史、思想史、文化史的理论传统之中。在不断融入全球政治经济秩序的过程中，坚守马克思主义的立场，提升中国的话语权已经成为当务之急。因为社会科学在社会认识和社会决策中发挥着巨大作用，它已经成了话语权争夺的核心领域。霸权国家的社会科学是其话语霸权的核心支柱，如果把它作为普遍性的中立知识，就会落入话语陷阱。但是，令人担忧的是，这种现象正在我国出现。

观念史逻辑的介入，意味着我们要立足本质上是按照马克思主义的理论所建构起来的中国社会的制度现实，自主地探寻马克思主义哲学理论话语与中国社会发展进步的带有自洽性的深度契合点，深度澄明中国特色社会主义理论和实践的自明性逻辑。其智识性努力的目标，是力图在知识论意义上重新描绘马克思主义中国化的知识地图，完整

---

① ［法］雅克·德里达：《马克思的幽灵：债务国家、哀悼活动和新闻国际》，何一译，中国人民大学出版社1999年版，第21页。

化马克思主义与中国社会现实实质性融合的精神镜像，从而实现中国社会历史演进与马克思主义发展之间的偶合、一致和同步提升，使马克思主义融入一代代中国人的血脉之中，内化成一种自觉的思想、观念和行为方式。

着眼于未来，一代中国马克思主义者应该有的认识是，改革开放三十多年的伟大实践，只是初步开启了中国马克思主义哲学话语理论的创新之门，提出了我们据以进行总体性理论创新的丰富的历史实践背景，催生了并进一步催生着马克思主义哲学从业者话语理论创新的信念和自觉。我们需要静下心来，沉下心去，用心地梳理、整理和清理中国经验。一句话，中国的马克思主义哲学理论创新之路才刚刚开始，我们还在途中。

（原载于《江海学刊》2012 年第 5 期）

建构“面向中国问题的哲学”研究范式（专题）

建构“面向中国问题的哲学”研究范式

韩庆祥　王海滨

在本性上，哲学与问题内在勾连。对于中国问题，具体科学关注的是具象层面的具体问题，哲学则擅长以抽象思维和理论思维把握本质性或根本性问题。我们的哲学研究既要善于运用哲学理论、思维和方法分析哲学层面的重大问题，又要在分析解决重大问题的过程中发展哲学，进而推进哲学研究与中国问题的深层互动。由此，我们倡导建构面向“中国问题”的哲学研究范式。

哲学发源于疑惑和问题

哲学发源于疑惑和问题。亚里士多德说过：“古往今来人们开始哲理探索，都应起于对自然万物的惊异。”① 哲学史上凡是著名的哲学家或影响较大的哲学体系，要么提出了有影响力的新问题，要么对旧的哲学问题提供了新的分析方法、解释框架与重要理念。康德在给司徒林的信中曾说：“很久以来，在纯粹哲学的领域里，我给自己提出

① ［古希腊］亚里士多德：《形而上学》，吴寿彭译，商务印书馆1959年版，第5页。

的研究计划，就是要先解决以下三个问题。(1) 我能够知道什么?(形而上学)(2) 我应该做什么?(道德)(3) 我可以希望什么?(宗教)接着是第四个，也是最后一个问题：人是什么?(人类学)。”① 正是围绕这些问题，康德建构了博大精深、逻辑严谨的三大批判哲学体系，奠定了他在哲学史上不可动摇的卓越地位。问题是时代的声音。哲学不仅要研究“哲学中的问题”，而且要关注“现实中的问题”。陈先达教授认为：“哲学中的问题只有来自问题中的哲学，才是有生命力有现实性的哲学问题，因为现实的要求和矛盾最强烈地表现在人类面对的问题之中。”② 实际上，哲学研究的出发点和落脚点都应当是问题。在当代，过往的哲学思想皆为解决问题的资源，只有解决问题的哲学思想资源才具有现实意义，只有解决问题的哲学研究才具有当代意义，才能达到时代所要求的水平。我们哲学上所讲的认识世界和改造世界，也都是从分析问题和解决问题入手的。

马克思主义哲学在本质上是面向时代问题的。马克思所开辟的哲学道路、马克思主义哲学的本性，就是面向现实人的生活世界，而且是以哲学方式关注现实人的生活世界。马克思主义哲学具有深度的现实关切，而现实关切本质上就是对时代问题的关切。对此，马克思曾明确指出：“一个时代的迫切问题，有着和任何在内容上有根据的因而也是合理的问题共同的命运：主要的困难不是答案，而是问题。”③“每个问题只要已成为现实的问题，就能得到答案。……问题却是公开的、无所顾忌的、支配一切个人的时代之声。问题是时代的格言，是表现时代自己内心状态的最实际的呼声。”④ 陶德麟教授也认为，马克思主义哲学需要关注当代生活的重大问题：“我们需要的是能够抓住事物的根本、与当代亿万人民的实践血肉相连、站在人类智慧的窗

① [德] 康德：《康德书信百封》，李秋零译，上海人民出版社 2006 年版，第 199 页。
② 陈先达：《哲学中的问题与问题中的哲学》，《中国社会科学》2006 年第 2 期。
③《马克思恩格斯全集》第 1 卷，人民出版社 1995 年版，第 203 页。
④《马克思恩格斯全集》第 1 卷，人民出版社 1995 年版，第 203 页。

口不断地回答当代生活的重大问题并指明人类发展远景的哲学。只有马克思主义哲学是当之无愧的。"[①] 马克思主义哲学要创新和发展，就必须面向问题，包括面向全球问题，尤其是要面向中国问题。马克思主义哲学发展史，本质上就是面向问题、分析问题、解决问题的历史。我们要基于这一道路坚持和发展哲学，尤其是马克思主义哲学。在当代中国，把中国问题作为马克思主义哲学发展的生长点以及推进马克思主义哲学创新的动力点，就能找到马克思主义哲学发展与现实生活世界进步的结合点，进而推动哲学与现实的深层互动。

当代中国马克思主义也是注重面向问题的，它力图在分析解决中国问题的过程中发展马克思主义。中国特色社会主义"三大理论成果"就是直面"中国问题"的。以习近平同志为核心的新一届中央领导集体治国理政思想，倡导问题意识，坚持问题导向，一切以有利于解决中国问题为中心和尺度。习近平总书记注重运用马克思主义哲学的科学世界观和方法论来破解他心目中的改革发展等重大问题。2015年新年伊始，中共中央政治局进行了第二十次集体学习，主题是"辩证唯物主义基本原理和方法论"。这次学习旨在让各级领导干部注重思想的力量，掌握好马克思主义的科学世界观和方法论，提高分析问题、解决问题的能力，为在实践上推进"四个全面"提供理论准备。习近平总书记指出：辩证唯物主义是中国共产党人的世界观和方法论，必须不断接受马克思主义哲学智慧的滋养，更加自觉地坚持和运用辩证唯物主义世界观和方法论，增强辩证思维、战略思维能力，努力提高解决我国改革发展基本问题的本领。[②] 显然，习近平总书记注重的是"面向中国问题的哲学"。刘云山在中央党校2014年春季学期第二批进修班开学典礼上的讲话中明确指出："党的十八大以来，习近平

① 陶德麟：《哲学的现实与现实的哲学：马克思主义哲学及其中国化研究》，北京师范大学出版社2007年版，第13页。

② 习近平：《在十八届中央政治局第二十次集体学习时的讲话》，《人民日报》2015年1月25日。

总书记发表系列重要讲话，深刻回答了新的历史条件下党和国家发展面临的一系列重大理论和现实问题，贯穿着强烈的问题意识、鲜明的问题导向，体现了共产党人求真务实的科学态度，展现了马克思主义者的坚定信仰和责任担当。在新形势下全面深化改革、开创事业发展新局面，领导干部必须有发现问题的敏锐、正视问题的清醒、解决问题的自觉。”①

中央党校的哲学研究具有面向中国问题的历史传统。在当代中国的哲学研究中，我们一直直面“中国问题”，逐渐形成了哲学研究的中央党校特色和中央党校学派。艾思奇、杨献珍、韩树英、杨春贵等一批具有重大影响的马克思主义哲学家及知名专家和后起之秀，都较为关注研究重大理论和现实问题。改革开放之初，在胡耀邦同志的组织下，党校哲学教研人员直面“思想僵化”问题，率先发起并积极开展了“实践是检验真理的唯一标准”的讨论，在全国产生极大反响。

中国问题的问题意识与理念提升

问题不是客观地存在于事物的结构及其发展过程中，而是起于实践过程中的主客体相互作用，问题实际上是客观矛盾与主体追问的统一。没有客观事物中的矛盾就不会有问题，它是基础和前提；没有主体的追思和发问也就无所谓问题，它是生成和成为。在这种意义上可以说，问题存在于客观矛盾与主体追问的相互作用中。

中国问题起源于中国的社会结构及其发展过程，且存在于研究主体对于这一结构及其发展过程的思考和提问之中。建构“面向中国问题的哲学”，需要注意区分具体科学层面的中国问题和哲学层面的中国问题。任何科学研究都有自觉的问题意识，同样研究问题，只是不同的学科关注的问题和关注问题的方式不同而已。具体科学关注的是

① 刘云山：《增强问题意识，坚持问题导向》，《学习时报》2014年5月19日。

具象层面的具体问题，哲学则擅长以抽象思维和理论思维把握本质性或根本性的问题。哲学层面的“中国问题”应具有长期性（时间）、普遍性（空间）、根本性（根深蒂固）、决定性（决定中国发展命运）和影响性（影响每一个中国人）。因此我们认为，哲学视域的“中国问题”，是特指持久存在、时刻缠绕国人、必须经常面对、常常令人疑惑、深刻影响中国发展的根本问题，以及与这一根本问题直接相关的核心价值观念和思维方式。具体来讲，可以从外延与存在方式两个角度切入“中国问题”：在外延上，它主要包括“中国总问题”、“中国具体历史方位中的首要问题”和“一定时期需要中国人着重加以关注和解决的根本问题”；在存在方式上，它是既在中国历史和现实中客观存在同时又在思想理论中存在的问题。中国问题已引起国际社会的强烈关注，甚至有人认为，谁能破解中国之谜和中国问题，谁就能获诺贝尔奖。

以哲学方式关注中国问题，必须注重理念的提升。所谓理念提升，主要是指抓住关乎根本又普遍存在的中国问题及其本质，并提炼出核心的解释性概念或思想。以哲学方式关注“中国问题”，需要捕捉时代主题、拉开现实间距、提升核心理念。“抽象本身离开了现实的历史就没有任何价值。”① 由此，面向中国问题的哲学研究，就必须立足中国历史文化特征和现实社会，致力于提升历史与逻辑相统一的核心理念，并进一步提出契合本土文化传统与现代生存境遇的解释框架。理念提升是沟通哲学研究与中国问题的桥梁。我们要以哲学的方式关注中国问题，就必须注重哲学理念的提升。一方面，从哲学的本性来看，哲学重在反思、批判和超越。理念提升不够，就无法保证以哲学的方式讨论问题、从哲学的层面解释世界。哲学捕捉问题或解释世界的方式，不同于常识、宗教、艺术、伦理、科学等把握世界的方式。无论是“思想中所把握到的时代”，还是“自己时代精神的精华”，都

① 《马克思恩格斯选集》第1卷，人民出版社2012年版，第153页。

意味着哲学对现实的把握，不是再现时代的诸种表象，而是对时代问题的哲学理念提升。另一方面，从哲学解释世界的独特力量来看，区别于常识、经验、科学，哲学的力量在于说服性、彻底性和根本性。对此，马克思指出："理论只要说服人，就能掌握群众；而理论只要彻底，就能说服人。所谓彻底，就是抓住事物的根本。而人的根本就是人本身。"① 抓住人的根本（人本身），理论就具有彻底性；理论具有彻底性，就能说服人。哲学解释世界的说服性、彻底性和根本性基于哲学理念的提升。哲学只有捕捉时代问题、抓住时代主题、与现实拉开间距、提升核心理念，才能以独特的理论力量发挥关注中国问题的功能。反观我们有的哲学研究，虽然也强调要关注现实问题，但是并没有真正提炼出影响当代中国发展的哲学理念：政题论述多，理性分析少；盲目肯定多，反思批判少；注解论证多，前导引领少；亦步亦趋多，超越创新少。实际上，许多具体问题的解决仅仅靠具体科学远远不够，必须有哲学的参与。然而，当需要哲学时，哲学却在一定程度上"失语"了。值得注意的是，面向中国问题，提升哲学理念，绝不是为了建构思辨的哲学体系，而是为了发挥思想的力量，在哲学层面思考问题，为分析问题和解决问题提供更加广阔的视野和更加深刻的剖析。

以哲学的方式关注中国问题，究竟应关注哪些问题？有些中国学者往往把西方国家发展过程中出现的问题当作我们中国自己发展进程中的问题，或者未经批判地借用西方的理论对中国问题作似是而非的判断与分析，而相对忽略了对西方发展不构成问题但对全球化背景下的中国发展却构成问题的问题进行认真深入的研究，缺乏对中国问题的世俗基础、历史境遇和存在方式的深刻揭示。经过长期的思考和研究，我们认为，下述问题是面向中国问题的哲学应着重关注和研究的问题。一是中国向何处去的问题。这是一个关涉根本方向、普遍存在

① 《马克思恩格斯选集》第1卷，人民出版社2012年版，第10页。

又与时俱进的总问题。二是结构转型、力量转移和利益博弈的问题。这是当代中国最大的现实问题，对这一问题的思考和解决关涉其他一系列问题。三是中国文化转型的问题。这是关系到中国人的生存方式、精神世界和思想观念，进而渗透到经济、政治、社会、生态等方方面面的问题。其中，超越人对物的依赖与重建中国人的精神世界，是当代中国文化转型过程中面临的一个突出问题。需要指出的是，这些问题及其探讨方式，不是纯哲学中的问题与探讨，而是属于对中国问题的哲学研究，即从具有普遍性与根本性的中国问题出发，上升到哲学层面或以哲学方式进行探讨。

“面向中国问题的哲学”是一种哲学研究范式

1978 年以来我国的哲学研究，成之于面向问题，失之于漠视问题。就是说，1978 年以来，我国的哲学研究取得喜人的成就，但同时也存在两个致命性的缺陷。一是哲学研究没有真正直面并破解“中国问题”，缺乏问题意识和问题导向。我们研究历史唯物主义，却没有深入当今历史发展的矛盾和问题；研究“实践唯物主义”，却没有关注“现实实践”，之所以没有关注现实的实践，是由于漠视现实问题；研究“人学”，却没有关注“活生生”的人，之所以没有关注现实的人，是由于不去关心现实的人所面临的现实问题，如此等等。这就远离了马克思开辟的哲学道路，没有真正做到“像马克思那样研究问题”。在过去，既有“口号式”的哲学，也有“文本研究”的哲学，又有“主义式”的哲学（只关心主义不关心问题），还有“西化式”的哲学，此外还有学院派的“概念式”抽象哲学。这些哲学在某种意义上都具有一定的合理性，但却有一种共性，就是不怎么接中国地气，影响不了中国政治、社会和人民。自然，人们不同程度上会远离这种哲学。二是从事哲学研究的专家学者大多“单兵作战”，出现“碎片化”倾向，没有形成真正的学术共同体。如今是“百花齐放”的时代，但“百花齐放”并没有真正引起互相尊重的“百家争鸣”，反而引起某种程度上的“百家争斗”，许多人在争夺定义权、解释权和话语权，而不注重建设具有科学精神和团结合作精神的学术共同体。

为使我们的某些哲学研究真正走出迷津，推进哲学发展，我们既要直面并破解中国问题，建构“面向中国问题的哲学”，也要努力建构具有科学精神和团结合作精神以及有共同价值追求的学术共同体。为了落实这种求思取向，我们致力于建构“面向中国问题的哲学”研究范式。

范式作为总体性、根本性、指导性的规范与方式，通过成为一个学术共同体约定遵循的基本的研究理路，推动一个学科的规范化、常规化和科学化发展。范式概念的原创者库恩曾指出：“‘范式’一词无论实际上还是逻辑上都很接近于‘科学共同体’这个词。一种范式是也仅仅是一个科学共同体成员所共有的东西。反过来说，也正由于他们掌握了共有的范式才组成了这个科学共同体。”① 任何一门学科在没有形成范式以前，只处在前范式时期或前科学时期；一个学科一旦出现了统一的研究范式，就进入渐进性发展的常规科学时期。“范式的存在决定了什么样的问题有待解决”，而“取得了一个范式，取得了范式所容许的那类更深奥的研究，是任何一个科学领域在发展中达到成熟的标志”。② 建构“面向中国问题的哲学”研究范式，无疑可以推进中国哲学界的力量凝聚与思想整合，因而是推进当代中国哲学发展的一条重要理路。当前，鉴于这种建构设想具有一定的前瞻性和探索性，我们只能从以下几个方面大致勾画这种研究范式。

第一，建构“面向中国问题的哲学”，是要确定一种哲学研究对象，即研究中国问题。我们的哲学可以研究其他对象，但首先需要研

---

① ［美］托马斯·库恩：《必要的张力》，纪树立等译，福建人民出版社 1981 年版，第 261 页。

② ［美］托马斯·库恩著，伊安·哈金导读：《科学革命的结构》，金吾伦、胡新和译，北京大学出版社 2003 年版，第 24、10 页。

究问题尤其是中国问题。这是哲学本性、马克思主义哲学本性、当代中国马克思主义本性使然。这里需要着重把握中国问题的历史境遇和动态发展。历史境遇是"中国问题"产生的社会历史条件，也是解决"中国问题"的现实前提。所谓历史境遇，是指一个国家或民族在特定的历史传统与现存环境的影响下，涵摄经济、政治、文化和社会等众多因素的全方位、立体化、综合性的历史方位。在当代中国，一方面，由于全球化的影响造成的前现代、现代和后现代等多重因素同时共存的"时空压缩"状态，使哲学视域中的"中国问题"呈现出鲜明的立体性；另一方面，中国几千年历史形成的传统社会层级结构及由其凝结成的根深蒂固的传统文化的内涵与特征，以及当前中国社会由传统向现代的转型，必然要求我们的哲学研究应动态地审视当代"中国问题"。

第二，建构"面向中国问题的哲学"，要求把"中国问题"作为研究的出发点和落脚点。这种哲学研究从"中国问题"出发开始研究，以解决"中国问题"作为落脚点。问题意识和问题导向是贯穿这种哲学研究的一条主线。

第三，建构"面向中国问题的哲学"，要求在解决"中国问题"的过程中推进哲学的发展，并显示哲学的本质、生命力及其意义。面向中国问题的哲学，应当以改善中国人的生活、促进中国社会的发展为研究旨趣，应当以影响中国人的生活和中国社会发展的最根本的价值观念和思维方式为研究课题。这应成为哲学工作者的一种理论自觉。我们的哲学工作者应该真正意识到，用哲学方式破解"问题"特别是"中国问题"，才是哲学的本质，哲学存在的意义，才是哲学创新和发展之路，以及哲学的生命力所在。

第四，建构"面向中国问题的哲学"，还要求建构一种新的哲学话语体系。这套话语体系，在理论目标上，应致力于建构以中国话语为主体的中国理论，这一理论由于其出发且落脚于"中国问题"，最终应成为具有中国风格、中国气派和中国特色的"中国原创"；在现实目标上，理应为分析与阐述“中国问题”提供核心理念与解释框架，并通过不断地解决“中国问题”，为当代中国人的生存方式与精神世界提供“安身立命之本”。

总之，建构“面向中国问题的哲学”研究范式，在研究理路上，既是总结以往哲学研究的经验教训并使以往各种哲学研究焕发生命力的一种根本出路（只有落脚到解决中国问题上，才具有实质的意义），也是哲学研究和哲学创新的一种方向（只有推进破解中国问题的哲学研究，才能不断推进哲学自身的创新和发展），还是真正触及哲学本质和中国本质的一种指向（哲学在本质上就是提出、追问和破解问题的一种智慧和方法，破解中国之谜首要是破解中国问题）。

建构“面向中国问题的哲学”的意义

建构“面向中国问题的哲学”，具有重要的学理价值、政治意义和现实意义。

从学理上，面向中国问题的哲学研究有利于推进哲学理论创新。理论都是面向分析解决问题的。问题意识，体现着理论创新的生长点。思想源于对问题的回答，理论创新源于对新的历史起点上的重大历史性或时代性课题的解答。因为新的历史起点很大程度上就反映在我们所面临的复杂矛盾和所要解决的根本问题上。大多数哲学理论创新，基本或总体上是针对问题、分析问题和解决问题提出来的，“问题”是哲学理论创新的发源地、逻辑起点和生长点。因而，建构面向中国问题的哲学，有利于推进哲学理论创新。

从政治上，面向中国问题的哲学研究，能使我们更深入把握习近平治国理政思想及其品格。习近平的治国理政思想，基本上是围绕分析问题和解决问题而提出来的，“问题”是他治国理政思想的发源地和生长点。要理解和把握其治国理政思想，首先要把握他所关注、分析和解决的问题。问题中有思想，思想中蕴含着“问题”。问题意识、敢于担当，是贯穿于习近平治国理政品格的一条主线。问题意识、敢于担当的第一个表现，就是“充满自信、战略定力”。缺乏自信的人，往往回避问题、掩盖问题，见着问题绕着走；充满自信的人，才具有坚定的信心、信仰，才会去直面并破解各种问题。善于解决问题是有自信、有力量的表现。问题意识、敢于担当的第二个表现，就是“直面难题、敢于担责”。问题是客观存在的，躲不开绕不过。因而，领导干部应具有敢于解决矛盾和问题的责任担当。只有具有责任担当的人，才敢于直面并破解各种问题，从而获得好的结果。敢于担当，贯穿于习近平治国理政的各个方面。他积极推动的加强党的作风建设和反腐倡廉建设，积极推进的全面深化改革，积极倡导的适应经济发展新常态，所强调的努力破除体制机制弊端和利益固化樊篱，以及关于建构新型大国关系及外交新格局等，都显示出他敢于担当的精神。问题意识、敢于担当的第三个表现，就是“哲学智慧、顶层设计”。习近平在治国理政中注重运用哲学智慧进行顶层设计。习近平所遇到的问题，要么是发展过程中长期积累起来的问题，积重难返，多是些难啃的硬骨头；要么是发展起来以后出现的新问题，比不发展时更多。解决这些问题和难题，既需要高超的哲学智慧，否则找不到解决问题的突破口、路径和方法；也需要进行顶层设计，否则抓不住牛鼻子，顾此失彼。习近平既具有哲学智慧，注重运用哲学思维和方法破解难题，又注重在解决根本问题时进行顶层设计。尤其是习近平十分注重学哲学、用哲学，深得马克思主义哲学智慧的滋养。分析解决矛盾和问题，需要运用科学的世界观和方法论，其中哲学思维和方法是最有效的。问题意识、敢于担当的第四个表现，就是“真抓实干、刚性执行”。做出了顶层设计，就要真抓实干、刚性执行。习近平具有真抓实干、刚性执行的品格，即求真务实、作风过硬，具有抓铁有痕、踏石留印的刚性执行力。“打铁还需自身硬”，是习近平同志当选我们党的总书记之后，与中外记者见面时讲的一句话。这非常贴切地体现了他治国理政的品格。“打铁还需自身硬”包含两方面内涵：一是“打铁”，二是“自身硬”。“打铁”，意味着当今中国共产党人面对的任务、困难、风险和挑战非常“坚硬”。中国共产党人带领广大人民群众是“打铁”的主体。既然“铁”比较坚硬，“打铁”的主体必须“硬”。这种“硬”，首先应当硬在精神、硬在能力和硬在作风，集中到一点，就是要真抓实干、刚性执行。

从现实上，面向中国问题的哲学研究，对人们的启示是：从问题突破，会有更好的结果。以领导干部为例，领导干部的工作首要就是解决问题，要以解决问题为导向。领导干部要把本职工作做好，首先要具有求真务实的科学态度，发现、分析、解决本单位的矛盾和问题。淡漠问题就是最大的问题，因为不正视问题就会演化成大问题。只有强烈的问题意识，才能实事求是地对待问题，才能赢得主动，才能找到引领时代进步的路标。只有解决矛盾和问题，才能推动本单位的发展。解决了问题，就成为下一步发展的契机。一个单位发展的过程，就是不断发现、分析和解决矛盾、问题的过程。要言之，增强问题意识是开创事业发展新局面的必然要求，这叫作“问题切入”反而“成功走出”。由此，领导干部要善于把精力用在发现、分析、解决本单位的矛盾和问题上来，把解决问题作为前进的动力而不是包袱，作为创新的支点而不是退缩的借口，作为更上一层楼的机遇而不是听之任之；领导干部必须有发现问题的敏锐、正视问题的清醒、解决问题的自觉；领导干部要多从比较中发现问题，在改革发展实践中发现问题，在总结经验教训中发现问题。

（原载于《江海学刊》2015 年第 4 期）

创新实践范畴与马克思主义哲学创新

董振华

哲学作为时代精神的精华，理应对于当代的社会实践和时代特征进行深刻把握、概括提炼和批判反思，这一点正如马克思所指出的，“哲学家……是自己的时代、自己的人民的产物，人民的最美好、最珍贵、最隐蔽的精髓都汇集在哲学思想里”①，“任何真正的哲学都是自己时代的精神上的精华，因此，必然会出现这样的时代：那时哲学不仅在内部通过自己的内容，而且在外部通过自己的表现，同自己时代的现实世界接触并相互作用。那时，哲学不再是同其他各特定体系相对的特定体系，而变成面对世界的一般哲学，变成当代世界的哲学。各种外部表现证明，哲学正获得这样的意义，哲学正变成文化的活的灵魂，哲学正在世界化，而世界正在哲学化”②。马克思的这些论断不仅深刻地揭示了哲学的本质，既反映现实世界又融入现实世界，关注现实世界变革，在现实生活中发挥活的灵魂作用，而且指明了哲学随时代变迁的历史必然性。在马克思生活的时代，工业实践刚刚开始，许多民族尚未独立，可以说“革命与战争”是当时时代的主题，而当今社会，已经步入知识经济时代，“和平与发展”成为时代的主题，

---

① 《马克思恩格斯选集》第1卷，人民出版社1995年版，第219—220页。

② 《马克思恩格斯选集》第1卷，人民出版社1995年版，第220页。

创新则成为推动社会发展和时代进步的强大动力。特别是20世纪70年代以后，伴随新技术革命浪潮的蓬勃兴起，发达国家开始了持续深入的产业结构调整，社会主义国家和发展中国家出现了市场取向的改革，世界范围内形成了一股经久不衰的创新浪潮，“创新”成为反映当代时代精神的重要概念。因此，在哲学上提炼出创新实践范畴并在此基础上使马克思主义哲学实现总体创新，就成为马克思主义哲学保持持久生命力，使其成为体现当今时代精神精华的迫切要求。

创新是马克思主义哲学的本质属性

马克思主义具有创新的理论品质，即马克思主义是与时代共同发展的开放的理论体系，具有在实践中不断自我更新、自我完善的理论品质。也就是说，马克思主义是发展的，马克思主义的一些具体结论要依时间、地点、条件为转移，随着时代和实践的发展变化用符合新的实际的结论取代旧的过时的结论。马克思主义哲学是马克思主义全部理论的基础，马克思主义哲学的本质特征是实践性和在实践基础上的科学性和革命性的统一。实践性决定了马克思主义必然随着人类社会的发展、科学技术的进步而不断发展，也决定了马克思主义哲学的科学性和革命性。马克思主义哲学的本质特征决定了其不是封闭的、僵化的、凝固不变的理论，而是开放的、发展的理论。

第一，实践性是马克思主义哲学的一个基本特点，而实践性本身就要求我们不断创新。马克思指出：“哲学家们只是用不同的方式解释世界，问题在于改变世界。”① 哲学是在人类实践活动的基础上产生的，产生以后对实践也发生了反作用，即改变世界的作用。但过去的哲学家们轻视实践、脱离实践，哲学历来只是书斋里和学院里的东西，人们从来不知道哲学的实践意义，从来不是自觉地把哲学用来指导自

① 《马克思恩格斯选集》第1卷，人民出版社1995年版，第57页。

己的实践活动。马克思和恩格斯自称为“实践的唯物主义者”，以区别于脱离实践的唯物主义者，因此，他们的哲学也可称为“实践的唯物主义”，以区别于纯理论的唯物主义，即旧唯物主义。显然，实践性确实是马克思主义哲学区别于其他哲学的基本特点之一。马克思主义哲学不是远离社会生活、脱离社会实践的书斋理论，而是深深地植根于实践、服务于实践又在实践中不断发展的活生生的理论。它在指导无产阶级革命实践的过程中实现自己的历史使命，又在这种实践的过程中使自身不断经受检验，获得丰富和发展。马克思主义哲学的这种实践性特点，从根本上决定了它与社会现实生活、与广大人民群众的社会实践以及与具体的时代条件的紧密联系，决定了它的不竭的创造活力和蓬勃生机，也决定了它具有不断创新的理论品质。

第二，马克思主义哲学的科学性是指它不仅是当时时代精神的体现，也随着社会历史的发展在自我完善中不断正确揭示与反映客观事物，这就要求其不断创新。马克思主义反对用僵化的教条主义对待历史和生活实践。真理是绝对的，又是相对的。真理的绝对性决定了真理和谬误的本质区别，真理的相对性又说明了真理是具体的、有条件的，根本不存在一劳永逸的终极性真理。这是由客观世界的辩证本性所决定的，一方面，客观世界是无限复杂的，不仅从广度上看它是无限的，而且从深度上看也是如此，这就决定了我们的具体的认识只能反映事物的某些方面的本质，而不可能穷尽其所有本质；另一方面，整个客观世界又是无限发展的，而认识一旦形成又具有一定的稳定性，同时相对于客观事物而言也就具有了惰性，这就决定着我们的认识如果不发展就不能正确反映客观世界。正如恩格斯在《路德维希·费尔巴哈和德国古典哲学的终结》中所指出的：“真理是在认识过程本身中，在科学的长期的历史发展中，而科学从认识的较低阶段向越来越高的阶段上升，但是永远不能通过所谓绝对真理的发现而达到这样一点，在这一点上它再也不能前进一步，除了袖手一旁惊愕地望着这个已经获得的绝对真理，就再也无事可做了。在哲学认识的领域是如此，在任何其他的认识领域以及在实践行动的领域也是如此。历史同认识一样，永远不会在人类的一种完美的理想状态中最终结束。”① 马克思主义并没有结束真理，而只是开辟了通向真理的道路。也正是在这个意义上，恩格斯明确指出，唯物主义要根据自然科学的发展不断改变自己的形式，这就决定了马克思主义哲学必须根据现实实践不断创新。

第三，马克思主义哲学的革命性，要求我们必须不断创新。马克思主义哲学的革命性在于它不把任何现存事物看成是永恒的、神圣的、不可侵犯的东西，不对任何迷信和谬误让步。马克思指出：“辩证法，在其神秘形式上，成了德国的时髦东西，因为它似乎使现存事物显得光彩。辩证法，在其合理形态上，引起资产阶级及其夸夸其谈的代言人的恼怒和恐怖，因为辩证法在对现存事物的肯定的理解中同时包含对现存事物的否定的理解，即对现存事物的必然灭亡的理解；辩证法对每一种既成的形式都是从不断的运动中，因而也是从它的暂时性方面去理解；辩证法不崇拜任何东西，按其本质来说，它是批判的和革命的。”② 这段话精辟地阐明了马克思辩证法的批判的和革命的本质。辩证法这种批判的和革命的本质，推翻了一切关于最终的绝对真理和与之相应的绝对状态的人类观念。唯物辩证法认为，不论是认识领域还是社会历史领域，永远不会在人类的一种完美的理想状态中最终终结，不存在任何最终的东西、绝对的东西、神圣的东西。因此，人类不能故步自封，墨守成规，必须不断解放思想，有所发现，有所前进，有所创新。

第四，马克思主义的产生和发展史就是一部不断创新的历史。马克思主义的产生是人类思想史上最伟大的变革，也是人类社会史上的一次最伟大的理论创新。马克思、恩格斯创立马克思主义，首先是突破前人的伟大创举。马克思、恩格斯吸收了德国古典哲学、英国古典

① 《马克思恩格斯选集》第4卷，人民出版社1995年版，第216—217页。
② 《马克思恩格斯选集》第2卷，人民出版社1995年版，第112页。

政治经济学和英法空想社会主义学说的“合理内核”，又突破了它们时代的、阶级的局限，立足于马恩所处时代及当时的国际大局，创立了马克思主义。马克思主义作为无产阶级的革命科学，从人类社会必将进入共产主义、全人类的解放最终必将成为现实的广阔视野观察世界、认识世界、发现世界，全面提出和论述了无产阶级革命问题。他们继承和总结了世界历史一切革命理论的有益成果并敢于突破前人，不断观察世界各国经济和社会的发展状况，关注包括印度、中国在内的各国的无产阶级运动，并及时分析世界经济和社会发展的新情况，科学地总结世界无产阶级革命斗争的新经验，不断丰富、发展马克思主义。可以说，一部马克思主义的发展史，就是不断创新的历史。

创新实践范畴集中体现了当今的时代精神

近代以来，天文学、力学等领域实现的一系列科学创新，使自然科学获得了独立地位和快速的进步。在以科技革命为龙头的一系列创新实践的强大驱动下，欧美国家的工业革命凯歌高奏，捷报频传，新的资本主义工业生产方式代替了旧的农业生产方式，新的自由的资本主义生产关系取代了扼杀个人自由和社会生机的封建主义生产关系，社会生产力的发展提高到了前所未有的水平，社会变化的脚步也渐行渐快，以至于马克思在《共产党宣言》中发出了如下的赞叹：“资产阶级在它的不到一百年的阶级统治中所创造的生产力，比过去一切世代创造的全部生产力还要多，还要大。自然力的征服，机器的采用，化学在工业和农业中的应用，轮船的行驶，铁路的通行，电报的使用，整个整个大陆的开垦，河川的通航，仿佛用法术从地下呼唤出来的大量人口，——过去哪一个世纪料想到在社会劳动里蕴藏有这样的生产力呢?”① 随着各种创新的速度日益加快，人类改造世界的能力也日益增强。在人的本质能

① 《马克思恩格斯选集》第1卷，人民出版社1995年版，第277页。

力的全面绽放过程之中，人类实践活动中的创新成分越来越多，实践正在从常规的重复性实践向超常规的创新实践跃迁。在当代，知识创新、技术创新、制度创新已经成为社会进步和经济发展的根本动力，这就表明创新实践已经日益成为社会实践的主导形式。这主要表现在以下几个方面。

第一，知识创新速度加快，而且它对经济增长的贡献率大幅度提高。早在一百多年前，恩格斯对科学技术加速发展的趋势就有了深刻的认识，“科学的发展从此便大踏步地前进，而且得到了一种力量，这种力量可以说是与从其出发点起的（时间的）距离的平方成正比的”①。后来美国科技史学家德里克·普赖斯在《巴比伦以来的科学》一书中，将科学杂志和学术文章作为知识发展的两个重要指标，对知识量的增长率进行了推算，提出“科学发展是按指数增长的规律进行的”这一结论。科技发展史充分证明了这一点，当今知识更替、知识积累的速度更是惊人，呈“知识爆炸”形态。据有关资料显示，1750—1900 年的 150 年间，知识积累量翻了一番；1900—1950 年的 50 年间又翻一番；1950—1960 年的 10 年间又翻一番；1960—1992 年，每 5 年翻一番；到 2020 年，每 73 天就要翻一番。近 30 年来全世界所创造的知识，相当于人类在此以前 2000 年文明所创造的总和。② 相应地，知识更新的速度也在加快。据统计，18 世纪初，科学知识更新周期为 80—90 年；19 世纪末 20 世纪初缩短为 30—40 年；二战后，这一周期又缩短到 15 年，个别前沿学科只有 5—10 年。③ 知识创新对经济增长的作用也日益增大。在过去的 10 年里，联合国经合组织（OECD）主要成员国国民生产总值的 50% 以上依赖于知识。据有关部门测算，发达国家 20 世纪初科技进步对经济增长的贡献率仅为 5%—20%，20

① 恩格斯：《自然辩证法》，人民出版社 1971 年版，第 8 页。

② 参见杨麻《学习是解决本领恐慌的最好办法》，《人民日报》（海外版）2003 年 2 月 21 日。

③ 参见陈志良等《知识爆炸：高科技与知识经济》，科学普及出版社 1999 年版，第 58 页。

世纪中上升到50%左右，80年代后达到60%—80%。[①]

第二，技术创新加快，科学技术转化为现实生产力的周期大大缩短。18世纪，科技发展转化为应用技术，再转化为商品的时间大约需要100年。19世纪这一过程只需50年；二战前为20—30年，战后降为7年。1990年以来，这一过程进一步加快，一般为2—5年。例如，作为第一次产业革命标志的蒸汽机，从发明到应用经过了80年；作为第二次产业革命标志的电动机，从发明到应用经过了61年；20世纪初的收音机，花了30多年；20世纪70年代的微电子技术，只用了15年；90年代以来，微型计算机领域每半年就有一代新产品问世。美国技术进步研究所的研究结果显示，1990年美国公司推出一项新产品需要35.5个月，而1995年这一过程只需23个月。

第三，制度创新已经成为推动经济增长和社会发展的重要力量。制度创新不仅可以凭借实现降低交易成本、为经济提供服务、为合作创造条件、提供激励机制、外部利益内部化等功能对技术进步作贡献，从而间接推动经济增长和社会发展，而且还可以直接促进经济增长和社会发展。如1978—1984年，我国农业增长的46.89%是由农业生产组织的制度创新实现的。在破解“李约瑟之谜”时，诺斯认为，持久的经济增长都起因于一种适宜所有权演进的环境，这种环境促进了从继承权完全无限制的土地所有制、自由劳动力、保护私有财产、专利法和其他对知识财产所有制的激励措施，直到一套旨在减少产品和资本市场缺陷的制度安排。[②] 尤其是在广大发展中国家，普遍存在制度缺陷，技术进步、经济增长和社会发展因此缺乏动力和保障机制。在这种情况下，制度就成为社会进步的“瓶颈”，制度创新就显得尤为重要。不仅在发展中国家，而且在发达国家，由于科学技术的进步使得传统的经营管理模式发生了根本性的变化，也需要积极进行制度创

① 参见朱丽兰《二十一世纪：科学技术突飞猛进的时代》，《光明日报》2000年12月29日。

② 参见［美］R. 科斯等《财产权利与制度变迁》，刘守英等译，上海三联书店1994年版。

新，以保证经济增长和社会发展。

第四，创新实践渐渐上升到主导地位。不仅简单繁重的体力劳动，而且部分脑力劳动也被电脑和机器替代。随着科技进步，越来越多的脑力劳动将被电脑取代。但是，电脑不可能取代所有的脑力劳动，它只是从理论上讲必定能取代那些可程序化、可模拟的常规实践，而对于那些无法程序化、无法模拟的创新实践来说，电脑是无能为力的。这些包含大量创新实践的劳动形式，包括 R&D（Research and Development）、创造性的经营管理、以知识为基础的服务，乃至文化艺术创作等将成为人类社会劳动的主体和领衔力量。在知识经济条件下，知识劳动的比重远远高于体力劳动。知识经济的发展，将使大多数工业化国家中直接从事工业生产的工人的比例下降到 20% 以下，而使从事创造性脑力劳动的知识工人的比例上升到 80% 以上。美国管理学权威彼德·德鲁克在其力作《后资本主义社会》中指出，我们正进入知识社会。知识社会是一个以知识为核心的社会，“智力资本”已成为企业最重要的资源，有知识的人成为社会的主流。泰勒时代（约 19 世纪后叶到 20 世纪前叶）10 名工人中有 9 名干体力活，即 9/10，到 50 年代仍占多数；90 年代占 1/5；到 2010 年只占 1/10。于是，创造财富的重要途径只能是提高非体力生产者的生产率，即知识的生产率以及使知识转化为生产力。

在当今社会，人们的实践活动发生了很大变化，知识创新、技术创新、社会制度创新等已经成为人们生存和发展活动的最主要的形式，这表明改革创新已经成为当今时代的主题。尤其是 20 世纪 70 年代以后，伴随新技术革命浪潮的蓬勃兴起，发达国家开始了持续深入的产业结构调整，社会主义国家和发展中国家出现了市场取向的改革，世界范围内形成了一股经久不衰的创新浪潮，“创新”成为反映当代时代精神的重要概念。

创新实践范畴对马克思主义哲学的创新意蕴

马克思之所以强调实践在哲学和现实生活中的重要地位，主要是因为实践充分体现了人类活动的主体性、创造性和能动性，体现了人类满足需要的特殊方式，从而把人和动物从根本上区别开来，而创新实践集中体现了人类实践活动的这些深层本质。可以说，创新实践范畴从更深层次上揭示了马克思主义哲学的革命性本质，因此，也就具备更加强大的时代问题解释功能。

第一，创新实践范畴能够最科学地解答哲学基本问题。恩格斯指出："全部哲学，特别是近代哲学的重大的基本问题，是思维和存在的关系问题。"① 马克思主义哲学区别于其他一切哲学的根本之处，在于它科学地解答了思维与存在、物质与意识的关系问题。这一问题的基础，是从自在自然到人化自然的转变问题。但是，如果不对实践作质的规定性和区分，笼统地说实践创造人本质，从而创造整个人工自然，那就会直接导致这样一个问题：常规实践能否实现自在自然向人化自然的转变？如果古猿群只是简单地重复它们使用自然工具的本能行为，那么今天最多只会进化成非洲原始森林里的大猩猩群，就根本谈不上自在自然向人化自然的转变。自在自然之所以能够成为人化自然，古猿的自然本能行为之所以能够实现向积极能动的人类实践的飞跃，根本原因在于创新实践的伟大创造力。因此，我们可以说，创新实践是对常规实践的突破，能够扩大人类认识世界和改造世界的深度和广度，使更多的自在世界转化为人世界。实践是人类能动地改造客观世界的物质活动，不论是常规实践还是创新实践无疑都具有能动地改造世界的功能，但创新实践更能体现人类能动改造世界的功能。所以，创新实践唯物主义能科学地解答自在自然与人化自然的统一问题，

① 《马克思恩格斯选集》第4卷，人民出版社1995年版，第223页。

进而才能科学地解决思维与存在的关系问题。

第二，创新实践唯物主义能够最鲜明地体现辩证法的本质。普遍联系和永恒发展的观点，是唯物辩证法的总特征。普遍联系和永恒发展是内在地统一的，事物的普遍联系孕育着创新实践的前提条件，永恒发展的创新实践推动着新事物的产生和旧事物的灭亡，从而不断地产生新的联系。创新实践产生新事物，而常规实践只体现事物的客观变化却并不必然导致新事物的出现，因而不能说明事物的发展和普遍联系。从联系和发展的规律性来看，常规性实践的量的积累，绝不必然导致质的飞跃；相反，创新实践的量积累到一定程度必然导致质变。而事物发展的真正面貌是：创新实践量的积累不断改变矛盾对立面的力量对比，最终产生新的矛盾代替旧的矛盾，永恒地推动矛盾从一个否定之否定走向新的更高的否定之否定。

第三，创新实践唯物范畴能够最完整地反映认识的辩证过程。马克思指出："关于思维——离开实践的思维——的现实性或非现实性的争论，是一个纯粹经院哲学的问题。"① "全部社会生活在本质上是实践的。凡是把理论引向神秘主义的神秘东西，都能在人的实践中以及对这个实践的理解中得到合理的解决。"② 这表明："生活、实践的观点，应该是认识论的首要的和基本的观点。"③ 然而，常规实践是重复进行的实践，实践的效果虽然也能满足人的一定目的和需要，但由于常规实践所遵循的客观规律性已经为人类所掌握，或者已经为人类所揭示和认识，所以它一般不能提供人类认识客观世界的新信息。而创新实践由于是先前所未有过的新的实践活动，实践对象和主体作用于客体的方式，是先前的实践所不曾有的，实践所依据的客观规律或者是人类尚未认识到的，或者是虽然认识到了但却没有应用于实践之

---

① 《马克思恩格斯选集》第 1 卷，人民出版社 1995 年版，第 55 页。
② 《马克思恩格斯选集》第 1 卷，人民出版社 1995 年版，第 56 页。
③ 《列宁选集》第 2 卷，人民出版社 1995 年版，第 103 页。

中，所以创新实践能够提供人类认识世界的新信息、新知识，加深和拓展了对客观事物认识的深度和广度。特别是创新实践要破除与客观事实不相符合的旧观念、旧理论、旧模式、旧做法，发现客观事物的新联系、新属性、新规律，并运用这些新联系、新属性、新规律去有效地改造客观世界，因而，创新实践比常规实践更能体现人类认识世界和改造世界的主体能动性，更能体现实践改造世界的强大功能，是更为高级形态的人类实践形式。如果不区分常规实践与创新实践，笼统地谈实践在认识中的作用，就会得出在旧的实践基础上形成的认识可以指导新的实践的悖论，导致认识过程的断裂。只有坚持一切认识来源于创新实践，才能解决这一问题。创新实践为认识提供新的领域、新的工具和新的手段，在此基础上形成新的感性认识，对新的感性认识运用逻辑思维和创新思维（想象、直觉、灵感）使之上升到新的理性认识，由此便完成了知识创新，再运用这种创新知识指导新的创新实践，从而不断形成新的知识创新，由此螺旋式上升以至无穷。可见，创新实践唯物主义有机地将唯物辩证法与辩证认识论统一起来。

第四，创新实践唯物主义能够最深刻地揭示社会历史的动力机制。社会历史的发展当然离不开常规实践，但是在当今这个创新的时代，包括技术创新、制度创新和知识创新在内的创新实践日益成为推动社会历史发展最强大的动力。人类社会的发展就是先进生产力不断取代落后生产力的历史进程。然而，“自然界没有造出任何机器，没有造出机车、铁路、电报、自动走锭精纺机等等”①。那么，新的生产力是如何产生的呢？“它们是人的产业劳动的产物，是转化为人的意志驾驭自然界的器官或者说在自然界实现人的意志的器官的自然物质。它们是人的手创造出来的人脑的器官，是对象化的知识力量。固定资本的发展表明，一般社会知识，已经在多么大的程度上变成了直接的生产力，从而社会生活过程的条件本身在多么大的程度上受到一般智力

① 《马克思恩格斯全集》第31卷，人民出版社1998年版，第102页。

的控制并按照这种智力得到改造。”[①] 这实际上就是说，技术创新是推动生产力发展的内生变量。同时，人们通过制度创新破除与生产力发展要求不相适应的生产关系和上层建筑，建立与生产力发展要求相适应的新的生产关系和上层建筑，不断解除先进生产力发展的制度性障碍，为先进生产力的发展提供制度保证。此外，知识创新对于人类社会发展的推动作用，主要表现在它是精神文明的直接源泉，不断地为人类社会的发展提供精神动力和智力支持，也成了推动社会全面进步的不竭智力源泉和强大动力源。

第五，创新实践唯物主义最能揭示人的本质，是人的自由全面发展的本质体现。实践是人类能动地认识世界和改造世界的客观活动，而创新实践更能体现人的主体性和能动性。人之所以为人，是因为人作为创新实践的主体而存在，人的主体性、创造性、能动性规定着人的类本质。马克思指出：人的自由自觉的活动“通过实践创造对象世界，改造无机界，人证明自己是有意识的类存在物，就是说是这样一种存在物，它把类看作自己的本质，或者说把自身看作类存在物”[②]。“正是在改造对象世界中，人才真正地证明自己是类存在物。”[③] 因此，“一个种的全部特性、种的类特性就在于生命活动的性质，而人的类特性恰恰就是自由的有意识的活动”[④]。人的创新实践就是这么一种开创性和探索性的活动，它既同动物的本能活动本质地区别开来，又和为了维持人类生存所进行的常规实践区分开来，因此，人的创新实践是一种更积极意义上的自由自觉的活动。

可以说，人的自由全面发展是一个历史性的概念，创新实践也是一个历史性的范畴，在一定意义上创新实践的水平、数量、种类就代表着人的自由全面发展的程度，人自由全面发展到什么样的程度，就

① 《马克思恩格斯全集》第 31 卷，人民出版社 1998 年版，第 102 页。
② 《马克思恩格斯选集》第 1 卷，人民出版社 1995 年版，第 46 页。
③ 《马克思恩格斯选集》第 1 卷，人民出版社 1995 年版，第 47 页。
④ 《马克思恩格斯选集》第 1 卷，人民出版社 1995 年版，第 46 页。

具有什么样的创新实践能力。人正是在创新实践的过程中解放着自身、发展着自身，人自由全面发展的过程就是人创新实践的过程。正是在创新实践不断发展的过程中，人类社会得到发展，同时又为人的自由全面发展提供社会文明条件，人的发展反过来又会使人具备更强的创新实践能力，提供更新、更高级、更多的创新实践。人的发展、社会历史的发展正是在创新实践的基础上实现了有机的统一。因此，基于创新实践范畴，我们可以使马克思主义哲学更加充分体现和彰显时代精神，实现马克思主义哲学形态的总体创新。

（原载于《江海学刊》2015 年第 4 期）

研究中国话语的马克思主义哲学必须面向中国问题

徐俊忠

从英国访学回来的十几年间，我基本上是全身心投入毛泽东研究，对此我走的是一条“非正统、不学科”之路。十余年来我关注的基本上是新中国成立以后的毛泽东，我把这一时期的毛泽东当作一个具有自觉哲学思维的治国理政的政治家来对待。这样一个定位就决定了，对毛泽东的研究不能仅仅局限于他的哲学思想。从既有的对毛泽东哲学思想的阐述著作来看，我看到的是一种贫乏。但毛泽东的思想却是很丰富的，他的丰富性体现在哪里呢？我认为，他的丰富性体现在他的治国理政中的构想，构想的实践、推行、修正与修复等整体中。这样一块内容，一旦进去之后，就会感觉到它的无穷魅力。下面结合我对毛泽东研究的心得，谈一下“建构中国话语的马克思主义哲学何以可能”这个问题。

研究中国话语的马克思主义哲学需打破学科壁垒，强化问题意识

建构中国话语的马克思主义哲学需打破学科壁垒，强化问题意识。

我在做毛泽东研究的过程中，强烈地感觉到以学科分类的规制所造成的限制。在某些场合，我建议过有关部门，中国的学科要真正发展，就必须把原有的学科目录废除。学者如果遵循固有的学科目录来做研究，就会造成学科的评价太过依赖学科体系，就会不断强化刚性的学科分类意识，这不利于学术的发展。我个人认为，学科分类在一定意义上来讲是必要的，因为它本身就是学科分类的需要和体现。但这样的分类首先只是知识传授的需要，如果拘泥于此，在解决具体问题时就会遇到困难。比如，当今中国社会发展表现出来的伦理问题，难道单靠伦理学家就能够解决吗？显而易见，当今中国社会发展中出现的伦理道德问题，是中国复杂的社会转型中的政治、经济、文化原因造成的，绝对不是道德教化、道德养成这样单一的思路就能够解决。再比如，当今中国发展过程中的经济问题难道单靠经济学家的思维和方法就能够解决吗？答案也是否定的。当经济学家只用投入和产出的最大化这样宏观或微观的经济学意识和思维来开方子时，一定是越介入越糟糕的。我认为，当今中国发展过程中的一系列问题是复杂系统的问题，面向中国问题的学术研究应该淡化学科意识，而不是塑造越来越刚性的学科分类，这对学者的思考会造成无形的强制，应该打破学科壁垒，强化问题意识，逐渐地从学科走向问题。

实际上，社会发展过程中提出来的确确实实是问题而不是学科。问题导向是我现在做毛泽东研究所遵循的思路。作为一个哲学背景出身的学者，我主张研究毛泽东不应该仅仅局限于他的哲学思想，或者说，如果仅仅局限于学院式的哲学思维，就无法去开采毛泽东思想这座“富矿”。在我看来，毛泽东并非传统意义上或者书斋学院派理解意义上的哲学家、思想家。如果我们单纯从哲学的维度来把握毛泽东的思维，这是不科学的，是存在问题的，他作为一个治国理政的政治家有自觉的哲学思维，在这个过程中，他的哲学更多地是以一种思维方法和立场观点来呈现，而不是在哲学的各种概念、范畴、体系的思辨王国里转悠。所以从这个角度来看，我对毛泽东的研究基本上是以问题为中心去做的。虽然越做越“不哲学”，但我仍然坚持认为，对于当代中国研究毛泽东思想的学者，需要从原来过于刚性的学科思维中摆脱出来。同样，对中国的马克思主义哲学可能也是如此，要从哲学学科分类的狭隘规制中解脱出来，要直面我们中国发展过程中的问题展开研究。

研究中国话语的马克思主义哲学需观照中国现实以及现代化实践

当然，当我们开展中国话语的马克思主义哲学研究的时候，一定要结合中国社会发展的特殊性，观照中国发展过程中呈现出来的现实问题。当年毛泽东对艾思奇编写的《辩证唯物主义和历史唯物主义》并不认可，觉得他还是在苏联哲学教科书的框框之内转悠，没有深入中国的现实问题，也缺乏中国老百姓能接受的话语体系。对于《毛主席语录》的编撰，1967 年毛泽东就认为，编语录可能并不必要，重要的是要研究现实问题，要去拓展，要去研究问题。所以毛主席认为马克思主义也好、马克思主义哲学也好，它应该是研究问题的方法，而不是孤立起来成为一个僵硬的理论。艾思奇的另一部著作——《大众哲学》，则是从中国社会面对的现实问题出发，以老百姓能听得懂的语言，用老百姓能理解的案例讲解马克思主义哲学基本原理，这样一种方式取得了巨大的成功。马克思到毛泽东，他们都强调哲学作为一种立场、观点、方法的意义，而不是把哲学当成一种教条来对待，恩格斯在《路德维希·费尔巴哈和德国古典哲学的终结》等著作中，也强调不能把既有的哲学当成一种教条，重要的是要用这样的立场、观点和方法去研究历史，研究实际社会问题。

在研究中，我越发感觉到，毛泽东的思想的真正精彩之处是在“八大”以后，借助苏共二十大赫鲁晓夫对斯大林的批判，我们开始反思，反对社会主义建设中的教条主义，开始探索中国自己应该走的路。毛泽东的思想就在这个时候有了重大转变，这个变化，集中体现之一是他对中共八大政治报告的决议的态度。毛泽东对八大的政治报告的决议有一个非常不满的地方，就是它提出所谓“先进的社会主义制度与落后的社会生产力之间的矛盾”。他认为，其中笼而统之的“先进的社会主义制度”的提法，可能会掩盖对既有制度系统中某些不恰当内容的认识，贻误改革时机。正确的思路应该是改革与发展并举，要根据中国自己的实际情况创造自己的现代化实践理论。

研究中国话语的马克思主义哲学需对既有的学术传统做出梳理与反思

习近平总书记在“5・17 讲话”中指出，中国特色的哲学社会科学要有中国特色、中国气派、中国作风。但同时他也指出，这种具有中国特色、中国气派、中国作风的哲学社会科学是在理论成熟后才能概括出来的，是哲学社会科学发展到一定阶段的产物，是成熟的标志、实力的象征，也是自信的体现。最近在谈教育问题的时候，我讲到，中国的教育从新的学制引进以来，发展过程中实际上有两段是学徒的时光。从 1904 年第一个新学制开始到 1949 年新中国成立前，我们做欧美教育学制的学徒；新中国成立后，我们做了七八年苏联教育学制的学徒。从 1956 年开始，特别是 1957 年、1958 年开始的教育革命，意在告别这两个阶段的学徒状态，开展基于中国国情的自我探索，但这个过程中出现了问题。一直到改革开放以后，我们国家教育的发展基本上是重新倾向于欧美教育体制。直到现在，习近平总书记强调“扎根中国、融通中外、立足时代、面向未来”这十六个字，重点是强调要扎根中国，创造出符合中国国情和发展要求的中国教育体系。那么，中国话语的马克思主义发展有没有这个问题呢，我觉得也是这样，我们什么时候立足中国自身来讲马克思主义的中国话语呢？实际上这与我刚才讲的教育问题有某些相似之处。我们建构中国话语的马克思主义哲学应该如何下手，是要先对这个话题进行总体的建构呢？还是先对一些具体问题进行深入的研究？对于这一点，我个人相对比较保守，特别是在学术发展的特殊阶段，如果我们对原有的思维、原有的学术没有一个较好的梳理与反思，就不能有一种清晰的思维逻辑和自觉的学术意识来研究中国话语的马克思主义哲学。新中国成立以来，在很多时段里，我们建构马克思主义话语体系的方式更多的是借助外来的思维方式，是以“拿来”的理论来观照我们中国的现实，而不是真正地扎根于中国的实践来思考建构中国的马克思主义哲学。我认为，这是应该加以考虑的一个问题。

研究中国话语的马克思主义哲学要正确处理“中、西、马”的学术关系

建构中国话语的马克思主义哲学还要处理好中国哲学、西方哲学与马克思主义哲学的关系。中国有深厚的文化传统，有丰赡的哲学遗产，属于有自己文化精神的民族。马克思主义传入中国以后，跟中国社会、中国文化发生了一系列的交汇，在这个过程中，中国传统文化的诸多精华被激活了。因而，在建构中国话语的马克思主义哲学的过程中，我们应该高度重视中国的传统文化资源。

随着中国改革开放的不断推进，更多的西方文化资源传入中国，带来了学术发展的多元资源，也提供了很多积极的因素。这可以开启我们对既有的中国文化以及当代的马克思主义更加多维的思考，也有利于我们汲取其中某些积极的因素。只有正确处理好与西方文化资源的关系，我们才有可能建构出具有时代气息的中国话语的马克思主义哲学。

建构中国话语的马克思主义哲学这一重大课题的提出，不是为了让中国话语的马克思主义哲学取代中国哲学、西方哲学。就马克思主义哲学来看，它的性质事关国家意识形态，毫无疑问，这是一个积极的、开放的、具有人类先进性的意识形态。它的建构必须基于马克思主义的基本立场、观点与方法，同时又要汲取中国传统、西方学术的积极资源。

（原载于《江海学刊》2018 年第 1 期）

“因时、因史、因事”建构马克思主义哲学的中国话语

陈卫平

建构中国话语的马克思主义哲学，可以从“时”“史”“事”三个角度来讲。也就是因时、因史、因事。

习总书记在“5·17讲话”中指出，我们要建构中国特色哲学社会科学体系。这里面他讲了三句话，一是“不忘本来”，二是“吸收外来”，三是“面向未来”。我认为这三者从“因时”的角度指出了我们建构中国话语的马克思主义哲学体系所应遵循的原则。“不忘本来”讲的是主体性；“吸收外来”讲的是包容性；“面向未来”讲的是前瞻性。这三者之间是存在紧密联系的，没有不忘本来的主体性，吸收外来就成为鹦鹉学舌的舶来语，面向未来就成为没有历史传统的无根佛影；没有吸收外来的包容性，不忘本来就会成为闭关自守的自说自话，面向未来就不会成为展现人类共同愿景的交流对话；同样，如果没有面向未来的前瞻性，不忘本来就会成为怀旧念旧的复古老话，吸收未来就无法提炼反映世界潮流的新鲜词汇。所以我们今天建构中国话语的马克思主义哲学体系，就要把这三者的关系兼顾和处理好。下面我重点谈谈如何“因史”“因事”建构中国话语的马克思主义哲学。

“因史”建构中国话语的马克思主义哲学

“因史”建构中国话语的马克思主义哲学，主要是分析中国传统儒学的话语体系当中能够给我们提供什么样的启示与借鉴。儒学两千多年的发展历程给我们提供了丰富的文化遗产，针对建构中国话语的马克思主义哲学这一话题，我认为有一点是十分重要的，那就是儒学是如何把学术话语体系、价值观话语体系、意识形态话语体系三者融合为一体的，我认为这种成功的融合是儒学能够在中国两千多年历史中一直保持主导话语体系的原因所在。不论是历史上佛教的传入，还是基督教的传入，乃至马克思主义的传入，其共同的一点就是借用儒学的话语体系。

考察历史我们可以发现，儒学对学术话语体系、价值观话语体系、意识形态话语体系融合的思考，从汉代独尊儒术以后就开始了。在《汉书》里出现了《艺文志》，其中就开始有对书籍的分类，就有“经”和“子”的区分，这就是话语体系建构的开始，从《艺文志》里就能清楚看到，如何把价值观的话语体系、意识形态的话语体系和学术的话语体系融合起来。

在融合方面最集大成的范例当属《四库全书》。经、史、子、集既是一个学术话语体系，同时也是一个价值观的话语体系，《四库全书》把两者融合为一，这对我们中国话语的马克思主义哲学话语体系的建构是有借鉴意义的，可以启示我们回答马克思主义哲学学术话语体系和马克思主义作为主流意识形态的价值观体系怎么合一的问题。为什么说《四库全书》既是一个学术话语体系又是一个价值观话语体系，或者说两者是如何紧密结合在一起的呢？

首先，《四库全书》里的“经”，贯穿着儒家需要长期坚持的基本思想、基本路线、基本原则、基本制度，经学里很大一部分是论述“礼”，也就是论述制度原则，《四库全书提要》里关于经学的总序里也讲到这一点，认为“经”是圣人制定的、绝对正确的、不可更改的基本价值，并且我们要坚守这样的基本价值。当然，这也带来了诸多负面的影响，例如权威主义、教条主义等。

其次，《四库全书》里的“子”，“经”和“子”有密切的联系。为什么要有“子”呢，这展现的是一元和多元的关系，“经”是一元，“子”是多元，只有“一元”和“多元”的互动才能保证“一元”的活力，也才能保证“一元”对“多元”的引领作用。举例来说，儒家本身也不断汲取诸子的思想，比如孟子本身是孔子的继承者，汲取了儒家来反对墨家，但是孟子的思想也正是汲取了墨家才能反对墨家，才能够继承孔子。孟子讲“性善”，这是对孔子的发展，孔子只讲“性相近、习相远”，没有讲进行道德教化的人性根据是什么，孟子讲“天下之言性也，则故而已矣”，就讲出了这个道德教化的根据，这个概念就是墨子提出来的，墨子特别强调“故”的问题。后来的宋明理学也都是汲取了诸子的思想，使得其话语体系不是一元独霸，而是表现出一元和多元、主旋律和多样性的统一。

再次，《四库全书》里的“史”，讲的是主流价值观和历史的对接，用现代的话语来讲就是扫除了历史虚无主义，为主流价值观提供历史的合法性。举例来说，司马光写过《资治通鉴》，司马迁写过《史记》，同样的历史事件，两司马的描述是不一样的，因为司马光是哲学家，也是政治家，他着重表达历史事件和核心价值观的关联，与此无关的基本不写，如唐代的李白在司马光《资治通鉴》里基本不出现，杜甫可能有所涉及，因为杜甫有家国情怀，此外对汉代的描述司马光和司马迁有很大不同，这也就是为什么政治家都喜欢读《资治通鉴》的原因。这表明“经”和“史”是什么关系呢，历史是表达事实的，用中国古代的话来讲是“礼”和“事”的关系问题、是“道”和“器”的关系问题，礼从事出，事以证礼，用“史”来建构话语体系，表明阐述的核心价值观已经具有被历史事实所证明的合法性。

最后，《四库全书》里的“集”，表明核心话语体系的建构不是干巴巴的说教与口号，而是用艺术形象打动人、感化人，“经”和“集”的关系也就是“礼”和“情”的关系，因为文学艺术是表达感情的，也就是说文学艺术要以情入礼，这种表达核心价值观的话语体系就能够落入具体的实践细节。

总的来讲，中国传统儒学给我们学术话语体系和价值观话语体系结合提供的启示，就是坚守价值的多元包容与对接历史形象相结合。儒学本身对核心价值体系也有论述，比如“仁义礼智信”，它对我们今天核心价值观的建构从结构上来讲也有值得汲取的地方。

“因事”建构中国话语的马克思主义哲学

“因事”建构中国话语的马克思主义哲学，就是要探究如何接着近代中国的哲学传统来建构中国话语的马克思主义哲学。

第一，从时间序列上讲，我们将古代比喻为中国的前天，近代就是我们的昨天。我们中国人身上今天所体现的传统，很大程度上不是原先的前天而来的，而是经过了昨天对前天的选择和淘洗而影响到中国人的。当今不管是彻底肯定我们的传统或者彻底否定我们的传统，其思维本质上都是一样的，都认为传统是直接影响到我们今天中国人的，忽视了近代的中间环节。例如我们今天讲的“小康”，是从近代孙中山、康有为传过来的，再比如我们今天讲的“天人合一”有生态的成分在里面，而古代讲的天人合一则是有迷信的成分在里面。所以，古代对我们的影响都是经过了近代淘洗而形成的。

第二，从思想内涵上讲，马克思主义是在“五四”之后大规模传入中国的，“五四”文化是中国近代发展的必然产物，“五四”之前中国人接受的是进化论的思维，进化论是西方的一个具有世界观意义的科学理论，到中国后则变成了具有科学意义的世界观，从这样的角度，我们把马克思主义定性为科学的。中国近代的传统表现出这样的一个思想内涵，就是转型和继承的统一，中国传统文化是独立发展的，到了近代受到西方的影响后开始有了转型，这样的转型又影响到继承，这样的转型是马克思主义中国化最直接的一个继承。

举例来讲，毛泽东的《实践论》的副标题是“论认识和实践的关系——知和行的关系”。“认识”与“实践”是来源于马克思主义的术语，我们一般会认为“知”和“行”是中国古代的术语，但毛泽东在写作《实践论》的哲学批注集里，关于“知行”有八个字“先行后知，知难行易”，这八个字是从孙中山那里来的。“知难行易”里面也包含“先行后知”的意思。知行观一直是中国近代讨论的一个主题，这显然和传统的知行观有联系，但是近代的知行观归根结底就是毛泽东的那八个字，主要倾向就是“先行后知，知难行易”。毛泽东的这八个字对准的不是中国古代知行观，而是从孙中山那里来的中国近代的知行观。中国近代的知行观体现了传统知行观的转型，传统知行观是从伦理学的角度来讲，近代知行观则有了认识论的成分，因为它讲格物致知，有了对外界客观事物的认识这样一层含义。同时，近代知行观又保留着传统知行观讲伦理道德的特点。传统知行观讲知天和知人，认为认识世界和认识自己的过程就是不断提高道德修养境界的过程。荀子讲我们要“以仁心说、以学心听、以公心辩”，“心”是一个生命器官，是为了认识外在对象的，认识外在对象的过程就是培养仁心、学心、公心的过程，这一点在中国化的马克思主义那里也有很明显的体现。中国共产党的“三大作风”既是认识论，同时也是伦理道德，二者是紧密联系在一起的。

马克思主义中国化更多是和近代中国的传统联系在一起，我们现在没有很好地梳理近代传统对马克思主义的话语体系产生着怎样的影响，这一片几乎是空白的，需要我们深入地研究。我们现在对中国近代有偏见，尤其是对五四时期，五四我们都讲“打倒孔家店”，但并没有打倒而只有打。打和打倒是有很大区别的，打是为了更好地站起来。而且自五四开始中国哲学文化发展的三条路径都不是打倒传统：第一条路径是胡适把实用主义和乾嘉汉学结合在一起；第二条路径是梁漱溟以及后来新儒家把陆王心学和西方非理性主义结合在一起；第三条路径是马克思主义，从李大钊到毛泽东都强调马克思主义和非正统儒学思想的结合。

我们说要和中国历史传统相结合，但是这个传统体现在哪里，各家说法不一样，价值取向也不一样，所以我认为不存在五四以后把传统文化彻底扫荡的问题。我们对传统文化现代意义的研究也都是从五四之后开始的，传统文化研究的大家也都是五四以后产生的，因此，我们研究中国话语的马克思主义哲学应该更多地关注中国近代以来的内容。如张岱年和冯契，他们将马克思主义中国化的话语体系与传统话语体系结合得非常好，而且是继承了近代的传统：张岱年认为马克思主义哲学讨论天人问题和我们中国传统哲学讨论天人问题是一致的，他把马克思主义哲学的术语和中国传统的术语结合在一起；冯契的“智慧说”是以中国哲学的“性”与“天道”为研究对象，认为“性”与“天道”其实就是康德讲的星空和道德律令，星空和道德律令就是认识世界和认识自己，中国人也讲认识世界和认识自己，但是对于这个问题的思考路径、解决办法、得出的结论有很大不同。我们如何汲取它们，把它们变成马克思主义哲学的话语体系，是我们中国现代面临的重要问题。

（原载于《江海学刊》2018 年第 1 期）

论中国话语的马克思主义哲学建构的坐标与原则

任　平

中国话语的马克思主义哲学的当代出场不仅是马克思主义哲学中国化百年史的不懈追求，也是传统中国哲学向中国化马克思主义哲学转化的有效进路，更是在全球文明对话中融会中、西、马，建构当代马克思主义哲学中国文化形态的积极尝试。由于文化立场的不同，对于中国话语的马克思主义哲学的构建，有赞同、有反对。在赞同者中，其理解也各不相同。其中，有将中国话语的马克思主义哲学当作马克思主义儒家化、道家化、佛学化，总之将马克思主义纳入新儒家（梁漱溟先生）、新道学或新佛学的范畴，形成所谓“以儒解马”、“以道解马”和“以佛解马”，等等；也有学者（如方克立先生）主张“中体、马魂、西用”，将马克思主义之魂注入中国哲学之体中；此外，张岱年先生主张“融会中西马，创造新形态”。由此可见，中国话语的马克思主义哲学，本质上涉及马克思主义与中国哲学、西方哲学的相互关系，涉及文化立场、文化态度的选择。本文思考的坐标主要选定为：第一，全球文明对话；第二，马克思主义与中国传统文化对话；第三，中国化马克思主义与国外马克思主义对话。创制的基本原则主要有以下四个。第一，整体性继承原则，包括精神继承的整体性、话语表达方式的整体性和思想特色的整体性。第二，批判性创新原则，即中国话语的马克思主义哲学应当超越传统中国哲学的眼界，在创新性转化的意义上转向中国化的马克思主义哲学，从而实现理论立场的马克思主义化、文化态度的中国化的高度统一。第三，历史性梳理原则，即对任何一个以中国话语呈现的哲学概念、范畴、原理，都要从中国传统哲学的根源上加以考订，看其含义的源流演化脉络，看其与当代实践和西方哲学、马克思主义哲学的关系，因而最终确定其当代意义。第四，思想性引领原则。中国话语的马克思主义哲学从话语体系来说，综合统一了中西马哲学，是当代中国哲学的主要存在形态之一，但是，其思想性本体灵魂，依然是马克思主义哲学。本文仅就坐标和整体性原则问题先发表些看法，以求教于大家。

理解的地理学：三大对话的坐标

中国话语的马克思主义哲学主要涉及古今中外四个变量，因而至少构成三组对话关系：全球文明对话、马克思主义哲学与中国传统文化的对话、中国马克思主义与国外马克思主义的对话。三组对话关系不是外部性的反思关系，而是中国话语的马克思主义哲学内部思考的逻辑链条上的三个重要环节。

所谓全球文明对话坐标，是由于中国话语的马克思主义哲学构建绝非仅仅是中国语境内的思想事件，而首先是一个具有世界历史性的事件。中国话语的马克思主义哲学发轫于旧全球化时代“世界走向中国”的历史中，而初成于新全球化时代“中国走向世界”的进程中。马克思主义的原初语境是西方文化，批判地继承着德国古典哲学、英法古典政治经济学和欧洲空想社会主义的文化血脉。马克思主义中国化进程，是世界走向中国进程的一部分。原初“仅限于西欧”的唯物史观、马克思主义哲学走入中国语境，发生着东西方文明之间的对话。中国化不仅是马克思主义与中国革命、建设、改革、发展实践相结合的过程，具有实践路径，更是与中国优秀传统文化结合的过程，具有文化路径。在文化意义上，充满西方文化精神、采取西方话语方式的马克思主义如何以充满中国精神、采取中国话语的形态出场呢？这就是一个大问题。马克思主义中国化，在文化意义上，就是要用中国精神、中国风格、中国特色、中国话语重写马克思主义，让马克思主义在中国大地重新出场。也就是说，中国精神、中国风格、中国特色、中国话语的马克思主义，肯定有别于国外马克思主义。当然，什么是中国精神、中国风格、中国特色、中国话语，需要深度研究，这一研究要在全球文明对话中加以判定，例如，西方哲学强调求真意志，而中国哲学强调求善意志；西方哲学强调的实践向度为对象化，以改造外部世界的诸物，中国哲学强调的笃行指向主体间性、自我修身，德行伦理等。因此，主体间性的仁、礼以及主体修身、修养论无论对于认识论、社会行动论都非常重要。中国哲学有许多智慧话语，如“天人合一”等，对于马克思主义解答人与自然关系有莫大帮助。坚持全球文明对话，当然要注意将马克思主义与时俱进的对话对象思想资源也一并引入，不能将马克思主义仅仅看作一次性完成的，马克思主义也是在与西方思潮的不断对话中，榨取其合理思想资源而不断与时俱进的。因此，中国话语的马克思主义哲学，要保持与当代西方思潮对话的能力，具有参与全球文明对话的开放性和发展性。更进一步，中国话语的马克思主义哲学也需要在中国走向世界的进程中积极推动全球文明对话，在这一对话中，为世界哲学，特别是为全球马克思主义哲学增添中国思想。

所谓马克思主义哲学与中国传统哲学对话的坐标，包含五个含义。第一，两者形成古今对话关系。中国传统哲学属于传统时代的传统哲学，虽然富于当代意义，但是确实首先是传统哲学。马克思主义哲学是现代性哲学，是在现代社会中产生的现代哲学，需要汲取传统哲学的大量资源。二者对话，旨在促进中国传统哲学现代创生性转换而成为现代哲学；促使马克思主义哲学有中国传统哲学之根，从而能够成长为有历史脉络的中国话语的马克思主义哲学。因此，两者对话在这一意义上仍然有古今对话的意味，不能用后现代的多元文化对话向度抹杀古今对话的维度。第二，多元文化之间的对话。两个生长在不同文化之境中的哲学互译，当然需要寻找对口词、对意句、对标话，也需要审慎研究其背后的文化差异甚至冲突，以及各自的个性和特点。第三，前理解与接受理论的对话。马克思主义中国化的过程，存在文化意义上、思想意义上的前理解共同视域，因而才能够发生。中国知识分子和大众之所以接受马克思主义，是有本土文化的前理解结构支撑的，这就决定马克思主义为什么能够穿透中国文化的屏障。第四，传统向现代创生性转换的对话，通过马克思主义的洗礼，这是一个重要路径，这在前面已经提及，不再赘述。第五，传统与继承的对话。中国化马克思主义应当成为中国传统哲学的全面或主体继承者，成为中国哲学的当代形态之一，这里就有两者如何取舍、如何继承的对话关系，需要我们仔细研究。

所谓中国马克思主义与国外马克思主义的对话，主要是指以下几点。第一，在来源上，中国马克思主义是国外马克思主义在中国传播、发展、演化的产物。当然西学东渐，如何被中国化，需要研究其历史逻辑和现代逻辑。第二，中国化马克思主义与国外马克思主义，有资本全球化造就的全球分裂原因，有文化地理学差异原因，形成了理论主题、风格和气派的迥异，但依然可以互相借鉴和学习。第三，中国马克思主义需要走向世界，影响和发展国外马克思主义，这就要看究竟中国马克思主义对于马克思主义增添了哪些对于马克思主义和整个人类有价值的东西、有特色的东西，也就是思想的中国创造。

整体性继承：文化立场与文化态度的转向

创制中国话语的马克思主义哲学的基本原则必然要以史为鉴，应将其建立在深刻总结百余年马克思主义中国化的历史经验和教训的基础之上。马克思主义中国化，不仅是马克思主义基本理论与中国革命和建设实践相结合的产物，也是与中国传统优秀文化相结合的产物。

这种结合，不仅需要有实践路径，也要有文化路径。中国化马克思主义，不仅要有科学的中国理论形态，更要有中国文化形态。因而，坚持和发展中国化的马克思主义，不仅需要有理论自信，更要有文化自觉和文化自信。后者，需要我们有文化立场和文化态度的转向。

在长达百年的马克思主义中国化历史进程中，第一代中国马克思主义者和共产党人曾经对于国外的马克思主义理论和文化采取“洋教条式”的盲目崇信，而对于本土的中国传统文化则采取简单否定的态度。陈独秀、李大钊、瞿秋白等本身就是五四新文化运动的主将，他们毫无例外地在新文化运动中采取“打倒孔家店”、彻底反传统的激进的文化立场和文化态度，为国外马克思主义在中国的传播扫清文化地平。其结果就是中国马克思主义始终面临一个康德式的分裂：中国的马克思主义之根究竟是源自和依赖外国的先天传播，还是源自中国革命后天的实践创制？中国的马克思主义传播路径分别为梁启超从欧洲，李大钊、李达、艾思奇等人从日本，以及“十月革命一声炮响，给我们送来了马克思列宁主义”[①]。对于中国共产党人来说，特别是缺少文化知识的工农兵大众来说，这是先验的舶来品，而中国人要准确了解马克思主义必须通过各种“赫尔姆斯”（信使，如陈独秀、王明等人）来实现。按照这一逻辑，如果中国工农兵大众的革命实践与本本理论发生冲突，那么错误的一定是工农兵大众及其实践，纠偏的方式一定是强调“为中共更加布尔什维克化而斗争”[②]。但是，这一崇尚国外新文化洋教条的文化立场和文化态度，将国外马克思主义当作可以现成拿来、照搬照抄的普遍教条，简单跨界平移到中国，其结果是造成1927年和1934年两次中国革命的大失败。在长征途中，迫于形势，以毛泽东同志为代表的中国共产党人在深刻反思、批判和纠正这一严重错误时，最先仅在军事和政治上加以改正，还来

① 《毛泽东选集》合订本，人民出版社1968年版，第1360页。

② 陈绍禹：《为中共更加布尔什维克化而斗争》，《新华日报》华北分馆1941年5月出版。

不及在文化立场和文化态度上加以深刻反思和检讨。直到延安时期，通过整风运动，才有可能在文化立场和文化态度上对洋教条的马克思主义做深度反思和检讨。毛泽东同志在《〈农村调查〉的序言和跋》《改造我们的学习》《整顿党的作风》《反对党八股》等著作中全面、深入反思了教条主义产生背后的文化立场和文化态度问题。《实践论》解决了一个文化立场转变和文化自信根基的问题，指明了唯有实践才是一切认识发生的根本来源和基础，也是检验真理的唯一标准。中国化的马克思主义，只有在中国本土的实践中才能诞生。理论与实践一旦发生矛盾，错误的始终是理论。中国化马克思主义只能在后天的工农大众和革命军队的浴血奋战中一点一滴地通过本土化路径来诞生，理论的主体不是知识分子，而是工农大众，他们的实践和文化创造着自己的马克思主义。中国化马克思主义绝不是国外马克思主义在中国的简单平移，不是马克思主义一成不变地在场，而是在中国本土大地的重新塑造和重新出场。中国化不仅是指话语层面的民族风格和中国气派，而首先是理论、思想、文化的中国化。这一石破天惊的论断，真正确立了中国化马克思主义文化自觉和文化自信的主体性，才是中国化马克思主义创制的前提条件和中国道路的真正起点。毛泽东同志在《中国革命与中国共产党》《新民主主义论》等系列著作中，强调了马克思主义必须与中国实际，包括与中国革命实践和中国优秀文化相结合的必要性和必然性。中国化马克思主义作为文化融合不能没有文化身份，这应当属于当代中国文化形态范畴。不仅如此，中国化马克思主义努力汲取了“实事求是”“和谐”“矛盾辩证法”、人类大同、天下为公等中国传统优秀文化的精髓，正努力成为中国优秀传统文化的真正继承者。为此，毛泽东同志提出：“今天的中国是历史的中国的一个发展；我们是马克思主义的历史主义者，我们不应当割断历史。从孔夫子到孙中山，我们都要认真总结，继承这一份珍贵的遗产。”①

---

① 《毛泽东选集》合订本，人民出版社 1968 年版，第 499 页。

沿着这一道路，在中国文化自觉和自信的基础上，我们应当重新探索马克思主义中国化的出场形态，实现马克思主义中国化百年史中无数的思想家、理论家、学者的夙愿。

建立中国话语的马克思主义哲学，要摆正文化立场和文化态度，梳理中国化马克思主义与中国传统哲学的关系。广义地说，自从“十月革命一声炮响，给我们送来了马克思列宁主义”，包括马克思主义哲学在内的整个马克思主义理论，就理所当然地成为当代中国哲学的内容，而且是其主要内容，正如当年第一次西学东渐中佛教来到中国，今日的中国哲学史必然要以这一内容为研究对象一样。当然，中国哲学史还不等于中国哲学，史上存在的未必就是表达中国哲学本真意义和特征的东西。因此，要构建真正的中国当代哲学，就要让中国话语的马克思主义哲学成为中国优秀传统哲学遗产的主体继承者，进而成为当代中国哲学的主体形态和样本。正如列宁所说：“只有确切地了解人类全部发展过程所创造的文化，只有对这种文化加以改造，才能建设无产阶级文化。”“无产阶级文化并不是天上掉下来的，也不是那些自命为无产阶级文化专家的人杜撰出来的，如果认为是这样，那完全是胡说。无产阶级文化应当是人类在资本主义社会、地主社会和官僚社会压迫下创造出来的全部知识合乎规律的发展。”① 基于这一认识，笔者认为，中国话语的马克思主义哲学就是中国传统哲学的反思和批判的主体继承者，需要建立整体继承、一脉相承的关系，要得到中国传统哲学内在精神、内在脉络的真传。因此，建构中国话语的马克思主义哲学，第一原则就是对中国传统哲学，特别是其优秀成分要整体继承。

整体继承是一种以中国文化、中国哲学为本体的文化立场和文化态度。这一文化立场和文化态度，是建立在中国传统哲学与当代中国哲学即中国话语的马克思主义哲学之间有内在的本体、本真、本性上

① ［俄］列宁：《青年团的任务》，《列宁选集》第4卷，人民出版社1995年版，第285页。

的一致性和一脉相承性的考量上。中国话语的马克思主义哲学是从对中国传统哲学的真正坚守而不是全面抛弃，是弘扬发展而不是根本否定的立场和态度出发的。前者是说，中国传统哲学内在地追求一种理想社会和民本价值观，与中国话语的马克思主义哲学之间有内在贯通性。中国传统哲学与马克思主义一样，在根本上都是一种对于社会变革和改造的政治理想，都有类似的社会理想和政治主张。儒家对于“天下为公”“大同社会”理想状态的崇尚，大乘佛教中“普度众生”的佛教共产主义，地藏菩萨的“我不入地狱谁入地狱”的自我牺牲、拯救天下的宏大抱负，与马克思主义的解放全人类的共产主义理想之间，有目标上的一致性，都是中国梦的经典内容。它们之间的差别，不是理想目标上的原则差别，主要在于实现路径、条件上的差别。因而，中国传统哲学的政治社会崇高理想与中国话语的马克思主义哲学之间的原则差别，与国外空想社会主义与科学社会主义的差别关系类似。从前者向后者的转变，是中国社会主义、共产主义思想从空想向科学的转变，因而是历史地一脉相承的，而不是完全断裂的。可以说，中国传统哲学的抱负和理想，只有在中国话语的马克思主义哲学中才能真正实现。因此，中国话语的马克思主义哲学，恰好是中国传统哲学政治社会理想的最终实现的当代形态。

从这一意义上说，作为中国传统哲学的当代形态，中国话语的马克思主义哲学必然接过中国传统哲学的总问题、总追求和总理想，并给予总的解答，用中国方式、中国话语来解答中国问题，形成中国哲学的当代形态。

整体继承原则因而就至少包括三个层次。第一，整体继承中国哲学的总命题、总问题、总追求。“究天人之际，通古今之变，成一家之言”成为总命题；“为天地立心，为生民立命，为往圣继绝学，为万世开太平”成为崇高使命；天下大同成为崇高追求。第二，整体继承中国传统哲学的总解答哲学风格、特色、精神风骨，并继续推向前进。例如，中国哲学注重人的主体修养，注重人伦关系，注重在改造客观世界之前，改变、调适主观世界，所谓诚意正心修齐治平，佛教所谓去执论。作为中国话语的马克思主义哲学，要努力成为中国传统哲学的现代继承，那么就不是借用一两个概念、范畴那么简单，在理论框架上，要有突破，要充分展现中国哲学的原初所长、原有特色、原有优势，取长补短。第三，整体继承一切中国传统哲学中各家各派真正有价值的、有当代文化和实践意义的思想、原则、命题、话语，形成“接着讲”的当代话语形态。对立的命题有时恰好是辩证统一的，如中国古代董仲舒的“天人合一”思想与王充的“天人相分”是矛盾的，但是今天在马克思主义哲学意义上却是对立统一的，人在依赖天而生存的同时不满足天所给予的，要改造自然、驾驭自然，天人交相胜，人定胜天，但是不能破坏生态，违背自然规律，因此又是统一的。

整体继承原则与以往的个别概念、思想、范畴的继承有原则不同。其差别，以往就像穿着一件西装，上面打了几个中国补丁，虽然有中国元素，但是从整体上看，文化立场和文化态度依然是西方的，文化本位依然是西方的，哲学体系、思维框架和话语体系依然是西方的。要从上一状态转化为整体继承，就是用中国装为框架，这是一个整体框架的转型，也是文化立场、文化态度从西方文化本体向中国文化本体的重大转变。话语不仅是形式，更是文化的家，中国话语是中国人的精神家园。中国传统哲学需要创造性转化和创新性发展，需要用马克思主义加以批判性变革，因而要有马克思主义的反思批判原则。然而，这一批判不是外在的反思，本质上是中国哲学的自我反思、自己运动、自主发展。这一演化的每个环节和成果都是重要的，因而构成历史性梳理原则。马克思主义的反思和批判旨在回应时代的最前沿趋势，因而是具有引领性的原则。

（原载于《江海学刊》2018 年第 1 期）

阐释与创新：建构性马克思主义的提出

——罗骞教授访谈录

罗　骞　滕　藤

滕藤（以下简称滕）：罗老师，您好！近来几次学术会议上，您不断地提到建构性马克思主义这个概念。这应该是您在建构性政治概念基础上的一个新提法，我想就这个问题请您详细地谈谈。

罗骞（以下简称罗）：好的，我也想找机会谈谈这个问题。这是一个新的提法，之前还没有时间和精力系统地进行阐释。虽然近来在我的公众号和一些学术会议上，我都结合自己的学术研究思路简要地阐释过，但显然还远远不够。

滕：您从事马克思主义哲学研究与教学已有十余年时间，始终坚持将理论研究与现实关切紧密联系起来，并且取得了丰硕成果。建构性马克思主义的提出，显然跟您过去的学术思想发展有关，也是理论结合现实的一个创造性提法。在具体进入这个问题之前，我想请您先简要介绍一下您学术研究的发展思路，让我们知道这个提法的来龙去脉。

罗：谈不上取得了什么丰硕的成果，只是有一些新的感受和新的思考而已。关于我个人学术发展道路，在《面对存在与超越实存——

历史唯物主义的当代阐释》的序言和《告别思辨本体论——历史唯物主义的存在范畴》的后记中，我有过一些简单交代。本科毕业我就参加了工作，工作四年之后才到复旦大学读研究生。在进入研究生学习之前，我就明确了以学术为志业的人生理想。这里面当然与许多机缘有关，此处我们不再细谈。我本科是学习马克思主义基础专业的，到了硕士阶段转向了西方哲学，博士阶段又回到了马克思主义哲学。在初步完成马克思主义哲学的当代阐释之后，近年来我又走向了以马克思主义为思想基础对哲学存在论的一般性研究。在马克思主义哲学和西方哲学的辗转往复中，我的学术研究目标很明确。简单地说，就是以马克思主义哲学的当代阐释为基础，通过跨学科和跨专业的对话，探索建构当代中国哲学话语体系的可能性。我发表过的一些专著和论文，基本上都是围绕这个思路展开的。

滕：我们知道，您在 2014 年出版了《告别思辨本体论——历史唯物主义的存在范畴》、《面对存在与超越实存——历史唯物主义的当代阐释》与《走向建构性政治——历史唯物主义视野中的后现代政治哲学研究》三部著作。您自己说过，这些著作和相关论文代表了您学术发展第一阶段的思想状况，也就是对马克思主义哲学本身的阐释。您能不能详细介绍一下这些著作取得了哪些思想上的进展？它们对建构性马克思主义的提出具有何种意义？

罗：说实话，多大的思想进展也谈不上，只是在学习和吸收学界研究成果的基础上，有那么一点自己的思考和理论的领悟并且系统地表达出来了而已。我在 2014 年集中出版了三本专著，如果算上 2007 年出版的博士论文，在我学术发展的马克思主义哲学研究与阐释阶段依次完成了四个方面的任务，它们为我进一步的研究奠定了相应的学术基础。

第一，从世界观基础上阐释了马克思哲学革命的基本性质，肯定了马克思思想的当代意义。这集中体现在《告别思辨本体论——历史唯物主义的存在范畴》（华东师范大学出版社 2014 年版）一书和一系列学术论文中。《告别思辨本体论》以马克思批判性地超越了传统西方哲学的思辨本体论，开启了后形而上学思想视域中的历史唯物主义存在论这一论断为基础，通过对实践、劳动、资本、历史等范畴的存在论阐释，揭示了马克思哲学思想的后形而上学性质，以及相对于其他后形而上学思想具有的理论优势。这本书以及关于历史唯物主义存在论的一系列文章，目的在于划清马克思哲学与传统形而上学之间的界限，划清马克思主义哲学与当代其他后形而上学思想之间的界限，同时澄清不少对马克思主义哲学的误解。通过这些研究，历史唯物主义“社会存在决定社会意识”这一基本思想在新的视域中得到了阐释，并且成为建构新哲学存在论的基石。

第二，以历史唯物主义为基础，确立了马克思主义现代性批判的基本范式。现代性批判实际上是我阐释马克思思想当代意义的第二步，但成果《论马克思的现代性批判及其当代意义》（上海人民出版社2007年版）却出版在先。由于告别了思辨本体论的形而上学，社会—历史成为历史唯物主义的研究对象，现代性批判成为马克思思想的核心主题和基本任务。通过现代性批判视角重构马克思思想的历史发展和内在逻辑，以及与当代思想家的批判性对话，我廓清了现代性批判的历史唯物主义存在论路线与观念论批判路线之间的基本差异，肯定了以资本为本质概念的马克思主义现代性批判是一种存在论批判，在一定程度上指明了马克思主义现代性批判的基本方向，因此，我把这本书的再版改名为《现代性的存在论批判》，原书名变为副标题，已经由人民出版社出版。

第三，揭示了马克思主义政治哲学的基本思想和核心范畴，立足于当代历史变迁和中国改革开放的伟大实践，提出了建构性政治概念。在现代性批判的基础上，我意识到马克思思想与政治哲学之间的内在关联，进入以马克思主义哲学为基础，展开对现代和后现代政治哲学的批判性研究，出版了《走向建构性政治——历史唯物主义视野中的后现代政治哲学研究》（华东师范大学出版社2014年版）一书。由于我的政治哲学研究以存在论为基础，并且以资本现代性批判为中介环节，因此与国内其他同人的研究有较为明显的差异。我在第一哲学意义上提出了存在论政治概念，在当代政治理念的意义上提出了建构性政治概念。存在论政治概念和建构性政治概念的提出不仅意在从思想上重构政治理解的基本框架，更重要的是从政治哲学视角将当代中国发展道路提升到概念层面，目的在于为政治哲学在当代中国的兴起提供不同于传统政治哲学的新方向，并且为当代中国道路提供一种理念上的支持。

第四，解释了马克思主义理论内在的总体性和系统性。为了阐释马克思主义存在论研究、现代性批判和政治哲学研究之间的内在关系，我出版了《面对存在与超越实存——历史唯物主义的当代阐释》（人民出版社 2014 年版）一书。这本书的副标题已经清楚表明了三个不同领域的研究都从属于历史唯物主义当代阐释这一根本任务。这本书立足“社会存在决定社会意识”这一得到重新理解的基本命题，以存在论概念为主线，揭示了马克思主义理论的总体性和系统性，较全面地呈现了我对马克思主义理论的基本理解，同时也意味着对马克思主义理论的吸收、继承和创新阐释，提出了一些新范畴、新命题和新思想。这些新范畴、新命题和新思想有的已经得到了充分阐释，有的还需要进一步的深化和拓展。重要的是，一个立足于历史唯物主义的思想视域逐渐明晰了，我称之为后形而上学的存在论视域。以此为基础，有了“能在论”思想的萌芽。“能在”这个概念在“面对存在与超越实存”这个书名中已经预示出来了。这些研究中提出的一些基本观念，可以说是现在提出建构性马克思主义的学理基础。建构性马克思主义概念要在这一系列研究的基础上才能提出，才能得到更好的理解和阐释。

滕：您学术研究的第一阶段，概括而言，主要是对马克思主义分步骤的系统阐释，在新的时代背景和思想视野中为马克思主义的当代意义进行必要辩护。这种阐释本身就包含了新的精神原则和时代意识。

您是如何理解当今时代之精神，或者说，您是在什么样的时代精神原则中阐释马克思思想的当代性，并且提出建构性马克思主义概念的?

罗: 在我看来，哲学的使命在于切中时代的精神原则，并且积极地培育这种时代精神，而不是在时代后面亦步亦趋。按照马克思的说法，光是思想趋向现实是不够的，现实本身也要趋向思想。现实规定思想的同时，思想也有权规定现实。洞穿现实并且超越现实的思想才可能成为指引现实的旗帜。在这种超越的意义上，才谈得上哲学之本质及其使命。哲学的本质任务是精神的教化，其使命在于培育时代意识，在观念层面塑造新的时代精神，并以之引领时代的发展。

我时常思考，我们这个时代的基本精神原则是什么?今天，人们的时代意识与过去有什么不同，具备什么样的时代意识才能适应当今世界的发展变化?实际上，后形而上学存在论这一概念只是对当今时代精神的一种哲学表达，它意味着绝对主义、本质主义、完美主义、抽象主义等原则的瓦解和崩溃，意味着一种新的存在论意识。立足于这种后形而上学存在论视域，在《走向建构性政治》中我有一个基本观点，今天的政治观念和政治实践不同于消极政治、革命政治和微观政治，我称之为建构性政治的兴起。人们不再以一种绝对主义、完美主义和决定论的眼光看待社会—历史的发展过程，因此政治观念发生了根本变化。这几年的思考让我意识到，建构性政治概念中谈到的建构性意识，其实不仅是在政治层面，而且在世界观和方法论层面日益具有普遍意义，应该说后形而上学时代的精神特征就是建构性，所以，我将当今时代的特征概括为建构性精神的兴起和巩固。这也是我提出“能在”和“能在论”概念的时代背景，我试图用这个概念反映当今时代原则和时代精神的这种变化。正是以这种对时代的理解和哲学阐释为基础，我认为马克思主义的理论和实践发展需要有新的概念和理论范式，因此我才提出了建构性马克思主义。

滕: 这样说来，您提出的建构性精神不仅对理解您提出的“能在”概念，而且对理解建构性马克思主义也具有十分重要的意义。

“能在论”与建构性马克思主义本身是紧密地联系在一起的。那么，如何理解建构性的时代精神呢？或者说，您讲的建构性精神包括了哪些方面呢？

罗：抽象一点说，建构性精神具有双向地扬弃绝对主义和虚无主义的存在论意义。在我看来，现实是以实践为基础的可能性过程，因此是“实在”与“应在”在实践中相统一的“能在”，是建构性的存在状态和历史过程。“能在”概念体现了超越形而上学绝对主义、本质主义与虚无主义、相对主义抽象对立的建构性意识。当然，这种对时代精神的勾勒只是概括和抽象，而且包含着我们自身的生存领会和预期。我们可以从四个方面来理解这种建构性精神，或者说建构性精神包括了四种主要的存在论意识。

首先是可能性意识。马克思和恩格斯说，历史不过是追求着自己目的的人的活动而已。也就是说，属人的世界是由人在物性世界中建构的超越物性的存在领域。我们用社会概念指称这个存在领域，用历史概念指称这个领域的演进过程。这意味着我们生存的现实世界是在必然性中展开的超越必然性的可能过程，而不是一个决定论的封闭空间。今天，不论个体生命还是社会历史都不再被看成宿命论的必然过程或者唯意志论的偶然过程，而是在实践中展开的可能性过程。人总是在必然性的基础上探索更加美好的可能生活。生存在本质上就是扬弃“实在”和“应在”，并作为二者统一的“能在”过程。在这种能在超越中，客观规律性与主体目的性一道构成生存实践的内在环节。以这样的可能性意识理解现实并且指引生存，抽象的绝对主义和与此构成对立的虚无主义就瓦解了，我们坦然地在可能性中向他者开放，并且向未来开放。

其次是创造性意识。在以实践为基础的可能性意识中，现实被理解为由人的实践活动展开的创造过程。在当代，技术已经不是一般意义上改变世界的手段和力量，而是本质上成为现实世界赖以成形和展开的基本架构。我们生活于一个在自然中超自然的技术世界。在这个世界中，创造性生产成为基本的实践活动。当科学认识彻底否定了作为创造者的上帝之后，人自身变成了存在的创造者和生产者。人类通过技术生产和再生产自然与社会，乃至于生产和再生产人类本身，生命工程、人工智能已经走进了日常生活，人正在按照人的观念生产人本身。在这样的技术生产时代，创造性成为基本的时代意识。人们不再以静止的、稳定性的观念来看待世界和现实生活，不再以自在存在的概念理解世界，存在被理解为超越实存和超越现实的创造性过程。在创造性意识的主导下，诸如竞争、创新、发展、领跑、井喷、开启、展望、奋斗等概念从宏观叙事到日常生活都成为关键词，主导了人们的基本实践活动，规定了生存的价值和意义。不论如何，生存本身就是生产和被生产的过程，创造性已经成为当代人基本的自我规定。

再次是有限性意识。在以实践为基础的可能性意识和创造性意识中，人将自己看成无限过程中的有限存在。人普遍地意识到不论个体还是人类的存在都是有限的，与人的有限存在相关的真理、权力、正义、制度、观念都是有限的。人意识到生存的有限并且以此种有限性观念指引生存实践。这就是当代的有限性意识。看到了自身存在的边界和限度，人们意识到生存的有限而且满足于这种有限，不再去追求抽象的永恒、无限和绝对，因此能够自强不息却又知足常乐，无为而无不为。在有限性意识中，信仰、理想、崇高等都还在，还是值得我们向往和追求，但它们不再高高在上，不再被看成永恒的绝对，而是在实践中展开的现实过程，因此获得了坚实的生活基础。由于不再将自身的知识、理性、权利、利益、目标等看成绝对，人变得理性，变得克制，能够包容互谅，和谐共处。有限性意识的成长是和谐世界和和谐社会的必然要求。如果每个人都以为自己天下第一，国家不会和谐，世界也不可能安宁。有限性意味着谦逊和包容，意味着自强不息而又厚德载物。这样才能做到“后其身而身先，外其身而身存”的从容。个人如此，国家如此，整个人类也是如此。

最后是渐进性意识。有了超越外在必然性的可能性意识、超越自在存在的创造性意识和超越永恒绝对的有限性意识，渐进性意识就成为当今时代的另一种基本意识。虽然需要不断地创造进取，努力奋斗，但没有一种绝对的必然性担保未来，也没有绝对完满的观念与状态需要达到，个体的生命和人类的存在都是相对有限的过程，我们急急忙忙要赶到哪里去呢？意识到自身相对性的时代精神具有了一种渐进性意识，生命的价值和意义就在生存的过程之中，而不是匆匆忙忙地达到一种外在于生命的绝对状态。历史和人生一样，是渐进的常态过程，风景和意义就在这个过程之中，偶然的飞跃和突变只是非常态。有了这种辩证的历史观念和渐进性意识，人才能充实而自在，默默耕耘，点滴积累，具备“功成不必在我”的气魄和肚量。渐进性意识既意味着告别偏执和狂妄，又主张以积极进取的姿态面对生活，创造未来。以这种渐进性意识来领会存在和指引生存，这是人类理性成熟的标志之一。

这几种基本的存在论意识就是我说的建构性精神。当然，也可能还有其他的概括，或者使用其他的概念，但基本特征是不会变化的。在这种建构性精神的指引下，我们的世界观、历史观、人生观等都呈现出了新的特征。正是以这样一种新的精神重读马克思，重新理解马克思在当今时代的意义，重新构想马克思主义参与社会历史构成的基本方式，我提出了建构性马克思主义这一基本概念。我希望这一概念在坚持马克思主义基本原则的同时，能够揭示当代马克思主义的基本特征，也能够对新世纪马克思主义的发展具有某种导向性的意义。

滕：2018 年是马克思主义的创始人马克思诞辰 200 周年纪念，是标志马克思主义诞生的《共产党宣言》发表 170 周年，也是改革开放和真理标准讨论 40 周年。您是不是认为建构性马克思主义这一概念能够揭示当代马克思主义与传统马克思主义之间的差异与联系，因此能够代表当今马克思主义的基本形态？

罗：大体可以这样说吧。近年来有一系列的纪念活动，关于马克思的，关于中国自身的。在隆重的纪念或舆论的“喧嚣”中，我们需要认真地静下心来思考一下，今天的马克思主义是什么样子的并且可能发展成什么样子。也就是说，我们如何来理解和把握今天的马克思主义？今天的马克思主义在何种意义上是马克思主义的，并且又在何种意义上与过去的马克思主义不一样？如果说，21 世纪马克思主义这个概念不只是意味着单纯的时间叙事，还要能够揭示出形态学意义的马克思主义的话，它应该是一种什么样的马克思主义，我们如何来命名这样一种马克思主义？在这样一些追问中，已经意味着差异与同一、发展与坚持、普遍与特殊的辩证关系了。正是出于这种思考和追问，在纪念马克思诞辰 200 周年的第二届世界马克思主义大会上，我正式提出了建构性马克思主义这一基本概念，并将建构性马克思主义的兴起和巩固理解为当代中国道路对世界马克思主义的根本贡献。前面我已经说过，从我学术发展的过程来看，这个概念的提出是理所当然的结果。在我看来，建构性马克思主义有望成为 21 世纪马克思主义理论的基本形态，并成为 21 世纪人类社会发展的基本指引。实际上，如果这种预期能够成为现实的话，像 20 世纪革命的马克思主义一样，建构性马克思主义将对人类未来历史产生根本的影响。

滕：据我所知，建构性马克思主义是一个十分新颖的提法，但的确像您刚才说的那样，这个概念蕴含的思想在您以前出版的著作中已经有所触及了。这是就您自己的学术思想发展而言的。另外刚才您也说过，时代精神原则的变化是您提出建构性马克思主义的原因。但是我们知道，一种思想和理论的提出是不能从观念内部去找原因的。这是马克思主义的一个基本观点。您如何看待建构性马克思主义的社会历史基础呢？或者说您如何看待建构性马克思主义提出的实践背景？

罗：当然是这样。经历了历史唯物主义的思想环节，我们不再会将时代的精神原则看成观念自我演变的结果。我们谈到的建构性精神不过是现实实践在思想中的体现。这种体现并不只是反映和描述，我前面说过，还包括了领会和期待，等等。要理解建构性马克思主义这个概念，我们当然要从实践语境的变迁说起，不能说这个提法仅是因为时代精神原则发生了变化。真正说来，社会历史存在本身发生的巨大变化才是思想变迁的真正基础。当然，理论与实践、思想与现实、历史与当下之间从来不是抽象的二元关系，它们始终是相互贯穿和相互规定地构成存在的现实。产生于实践的思想在指引实践的同时，本身在实践中得到检验和发展。今天要谈论马克思，已经离不开当代中国的实践语境。同样的，我们要谈论当代中国道路，也离不开马克思主义的思想视野。揭示马克思主义与当代中国之间的基本关系，核心和要害就在于揭示今天中国的马克思主义是何种意义上的马克思主义，如何在同一与差异、连续与跳跃之间把握并且命名当代中国马克思主义。这就是如何以概念的方式揭示马克思主义与当代中国道路之间的内在统一性，如何命名这一当今时代理论与实践相统一的基本现实。在这样的层面上，我将这一现实指认为建构性马克思主义的兴起并日益巩固。从 2008 年发表文章提出建构性政治概念开始，到 2014 年出版《走向建构性政治》一书，我的想法在慢慢变化。直到近来，我才以建构性政治概念为基础，用建构性概念来指认当代马克思主义的基本特征。在我看来，如果建构性马克思主义能够成功展开的话，它将成为 21 世纪马克思主义的基本形态，在革命的马克思主义之后真正续写马克思主义发展的下篇。因为我们今天面临的社会历史条件和精神原则发生了变化，这种变化不仅体现在中国国内，而且体现在世界历史的范围之内。

滕：自 19 世纪后半叶开始，随着国际共产主义运动的兴起，马克思主义在世界范围内传播，世界各国的马克思主义革命运动也蓬勃发展起来，革命是马克思主义的核心词汇，您也发表过《历史唯物主义的革命概念》这样的长篇论文。您说过，革命概念是马克思主义的“拱心石”，马克思主义的政治概念是革命政治。那么，该如何理解建构性马克思主义与革命的马克思主义的关系，它在马克思主义的发展史中处于何种位置呢?

罗：的确，这是一个十分关键的问题。在我看来，改革开放以来，尤其是近些年马克思主义当代化和中国化过程，就是建构性特征兴起并日益巩固的过程。马克思主义建构性特征的凸显，不仅是当代社会历史变迁的根本要求，而且也是当代思想原则变迁的根本体现。中国道路中提出的构建人类命运共同体，铸牢中华民族共同体意识，建设社会主义现代化强国等根本命题，意味着马克思主义在和平发展时代的基本架构和基本原则逐渐成形。不论在实践还是思想的层面，都体现了建构性的时代精神和时代原则，而不只是术语和名词的变化。

这种建构性特征充分表明，马克思主义不仅有革命的理论形态，而且能够发展出建构性的理论形态，革命理论和革命主体性精神可以转化为社会建设中的强大力量。我们知道，任何革命和革命理论一定会面临着“革命第二天”的问题。革命建立的政权如何以渐进性的方式实现革命的宗旨和目标是问题的关键。因为革命从来不是目的本身，就像解构永远指向的是建构，甚至本身就意味着建构一样。建构性马克思主义的兴起和巩固意味着马克思主义本质上能够成为建设发展的内在精神指引。在这个意义上，建构性马克思主义是马克思主义历史展开的必然结果，如果说马克思主义有成熟的革命形态作为上篇的话，那么建构性马克思主义就是马克思主义发展的下篇，当代中国正在以磅礴气势谱写这部摄人心魄的理论篇章。当代中国建设实践将马克思主义提升和推进到建构性形态，而马克思主义的指引将中国的建设实践规定在能动地改变现实和创造历史这一超越性的历史方向上。这是马克思主义中国化和当代化的过程，同时也是中国道路和当代生活马克思主义化的过程。一个新的马克思主义思想肖像在这个过程中日渐形成，将马克思主义推进到一个新的历史阶段。

滕：您近期发表过一篇名为《构建人类命运共同体：21 世纪马克思主义的重要命题》的论文，其中就讨论了相关的论题。或者说，您是以建构性马克思主义的观念来阐释这个命题，因此展现了一种颇具理论深度和实践关怀的特殊气象，使得对现实政治命题的阐释获得了创新性的思想基础。

罗：说实话，我很少写阐释现实政治命题的学术文章。这倒不是说我的学术思想与现实政治之间有多大的差异或者隔膜，其实恰恰相反，我对政治的理解都蕴含在学术的范畴和话语中。“构建人类命运共同体”的提法，我认为与我提的建构性概念十分契合，因此才有了这篇阐释文章。这篇文章是在坚持与发展的框架中理解构建人类命运共同体这个命题。文章通过阐释“构建人类命运共同体”这一命题对马克思主义的坚持和发展，意在指明，这一命题表明了马克思主义从革命形态向建构性形态的转变，反映了当今历史条件和精神原则变迁的根本要求，因此我将这一命题看成21世纪马克思主义的根本命题，是建构性马克思主义的根本体现。当然，发表出来的时候，接受评审专家和编辑的建议，变成了重要命题。

我们都知道，马克思主义是在揭示资本主义局限性的基础上，探索人类未来发展的理论。理论上批判资本主义，实践上推翻资本主义，从而实现人的自由全面发展，这是马克思主义的根本宗旨。马克思主义是一种革命理论，马克思主义是以革命的理论形象问世的。从马克思主义创始人经历列宁、斯大林到毛泽东，革命始终是马克思主义理论的核心范畴。在马克思主义经典著作中，有丰富完善的革命思想、革命理论，甚至革命的战争策略。相对而言，关于社会建设理论则不完善、不发达、不成熟，大多还是一些原则性的设想。当然，我们不能苛求马克思主义的创始人和革命家。但是，胜利了的革命必然要面对革命第二天的问题，面临社会主义的发展建设问题。毋庸置疑的是，由革命而来的执政者应该怎样保持一种先进的、解放的力量，如何代表历史的发展方向，开创人类文明的新形态，换言之，在社会建设实践中，如何能够不忘初心，将革命精神转化成为建设实践中的能动力量，提出成熟的社会治理和社会发展理论，渐进地推动社会的整体进步，这是发展马克思主义一定会面临的基本问题，是马克思主义需要解决的基本问题。

中国改革开放已经历四十余年。改革开放不仅使中国社会发生了翻天覆地的变化，中国化马克思主义理论形态也发生了巨大变化。在我看来，改革开放开启的中国特色社会主义道路，最根本的一条就是逐渐形成并完善了马克思主义的社会建设理论，并以这种理论指引现实实践，取得了伟大成就。我将这一理论与实践辩证统一的过程称为建构性马克思主义的兴起。在这个意义上，建构性马克思主义从根本上丰富和发展了马克思主义。它向世界表明，马克思主义不仅能够打碎一个旧世界，而且能够继承和发扬革命的主体性精神，建设一个新世界。批判马克思主义只是一种革命理论、只是一种暴力理论的看法，因此将失去根据；同样，将马克思主义革命理论与建设理论对立起来的二元论也将失去根据。在这个根本的意义上，建构性马克思主义的兴起和巩固，是当代中国道路对马克思主义的基本贡献，也是当代中国马克思主义对世界历史的基本贡献。它意味着，马克思主义不仅是一种革命的理论，而且能够发展出一种和平时期的建设理论，以建构性的方式推动社会进步。“构建人类命运共同体”深刻体现了这种建构性的特征和要求。建构性马克思主义的兴起和巩固，对马克思主义和世界历史的重要影响和可能意义，是如何期待都不过分的。

滕：在马克思主义发展史上，已经形成了各种理论体系，比如借用康德、黑格尔或海德格尔的思想资源解读马克思，进而形成了黑格尔主义的马克思主义、存在主义的马克思主义等，那么我们能否以体系化观点来理解建构性马克思主义，将它看成某种学派性质的马克思主义呢?

罗：我之所以使用“建构性马克思主义的兴起并日益得到巩固”这个说法，想表达的是实践中展开的可能性意识，我们既是剧作者又是剧中人这样一种构成性的历史意识。也就是说，建构性马克思主义本身需要我们去建构，它是一个已经展开并有待进一步展开的过程，是思想与现实相互规定的历史过程，而不是你提到的这些基本形成了的马克思主义思潮，不是用某种理论与马克思主义结合后形成的某种学派，本质上说它不是什么学派，不是什么统一的思潮，而是马克思主义发展过程中的下篇，是以革命形态为出发点的理论逻辑和实践过程的自我展开，是马克思主义自我展开的一个阶段，一种形态。在这个意义上，这一概念是在当代社会历史条件下，尤其是在当代中国建设实践语境中，对中国化和当代化马克思主义理论性质、理论特征和理论意义的一种理解和领会。这种领会，不仅是对已然状况的描述，而且是对应然状态的预期。

滕：这就是说，建构性马克思主义用来指称的马克思主义形态本身还在不断地发展，而不是一个完成了的过程或状态。建构性马克思主义本身的规定和特征也还需要进一步地阐释说明。那么，您能否在这里先行阐释一下建构性马克思主义的思想基础呢？

罗：对这一问题的讨论就会回到我们前面说过的内容，就是我对历史唯物主义的理解和阐释。确实，在理论层面，建构性马克思主义作为一个原则性提法还有待在各个方面系统展开，但它的哲学思想基础却是十分确定的，这就是重新得到阐释的历史唯物主义。我们不是狭义地理解历史唯物主义，而是在存在论的意义上使用历史唯物主义范畴。由于批判和超越了旧唯物主义和历史唯心主义的本体论形而上学，在历史唯物主义思想体系中，历史性成为基本的存在论范畴，而历史成了基本的存在范畴。马克思主义将人类实践中展开的社会—历史作为基本的研究对象，并且以一种历史的眼光看待事物和关于事物的认识。因此，抽象的本质主义和绝对主义的思维方式被彻底地瓦解了，实践性、历史性、社会性等获得了基本的世界观意义。在同样反对形而上学的存在主义、分析哲学和文化价值哲学构成的后形而上学思想格局中，与存在主义的“个人”、分析哲学的“语言”和文化价值哲学中的“精神”相比较而言，历史唯物主义的“历史”范畴具有显著的存在论内涵和独到优势。

在历史唯物主义思想中，历史是以实践为基础的存在范畴，是以辩证的总体性思维方式揭示人类存在总体的总体性范畴。不同于一般的历史概念，历史唯物主义的历史是从时间上对人类存在总体的抽象。

人类的生存实践在物性世界中展开了超越物性世界的存在领域和存在过程，这就是社会历史。社会是从横向的空间上揭示人类存在总体的总体性范畴，它侧重的是人类存在的静态构成结构和构成要素；历史是从纵向的时间上揭示人类存在总体的总体性范畴，它侧重的是人类存在的动态演历过程和演历形态。社会形态的演历就是历史，历史的横断面就是社会，社会—历史就是人类实践中展开的现实世界。所以，离开了对人的生存实践及其内在机制的把握就无法解释社会—历史发展的趋势和逻辑。在这个意义上，以实践概念为基础探索人类如何存在和如何去存在的历史唯物主义就是一种社会—历史存在论。

基于这样一种历史唯物主义的存在论视域，马克思主义将历史看成追求自己目的的人的活动，而不是一种先验精神或自在过程的自我展开，它根本上否定任何一种理性设计或神秘力量对历史的支配。历史就是人类在改变环境的同时自我改变的存在过程。在这一过程中，根源于生存实践的理论、意志、信仰都成为领会现实同时参与现实的构成要素。因此，社会—历史就是一个或快或慢的建构性过程。机械决定论的历史概念、唯意志论的历史概念以及完美主义的历史终结论都结束了。像我们前面谈到过的那样，在新的历史观中，可能性意识、创造性意识、有限性意识和渐进性意识就具有了基本的地位，我称之为后形而上学视域中的建构性精神，它们构成了当下我们理解历史和现实世界的基本观念。在这样一些时代意识的基础上，建构性马克思主义的提出才是可能的。

马克思主义的创始人及其20世纪发展者的核心叙事是革命，是推翻资本主义和夺取政权。今天的中国不是革命或者告别革命的问题，而是如何将革命精神转化为社会建设中的主体性力量，是如何依托马克思主义执政党，以改革和建设的方式实现革命的初心，推动社会全面进步和发展的问题。因此，当代中国马克思主义在马克思主义的发展中体现出了新的实践动向和理论动向，一方面固然要坚持马克思主义，另一方面更需要结合时代和民族国家现实发展马克思主义。当代中国社会主义的建设事业，为建构性马克思主义的形成提供了实践基础，而历史唯物主义创新性阐释提供的后形而上学存在论将为建构性马克思主义奠定世界观、历史观的基础。

滕：最后，给我们谈谈在建构性马克思主义阐释方面，您未来的计划吧，如关注些什么问题，准备做什么？

罗：未来几年，就建构性马克思主义来讲，主要是以专著和论文等形式更加全面、准确地阐释“建构性马克思主义”的基本概念，其中涉及这一概念的思想基础、现实条件、理论意义、实践指向，以及与其他马克思主义形态或者流派之间的关系等问题。如果时间和精力允许的话，写一本专著。另一方面是在更加基础的理论层面反映和表达这样一种建构性的时代精神，这就是对我提出的能在论的进一步阐释。这方面近期将由北京师范大学出版社出版《超越与自由——能在论的社会历史现象学》。能在论的阐释实际上是为建构性马克思主义进行存在论层面的奠基，当然也具有更加一般的存在论意义。说实在的，想法很多，有多少能够落到实处，又有多少能够被认真倾听，我们是无法提前预知和保证的。但我愿在这种不确定性中，去筹划和迎接临近而又尚未实现的可能。

滕：是的，就像我们今天的访谈一样，也不过是去展开一种倾听的可能性而已。谢谢您！

（原载于《江海学刊》2019 年第 3 期）

论“五维中国”：解释当代中国道路和中国话语的一种学术框架

韩庆祥　张　健

无论是从经验角度，还是从逻辑角度，一般来说，中国发展到一定阶段后，成功经验就会对外界产生影响。如果我们能有意识地把这些经验及其效应进行学理总结，就能向世界贡献带有中国智慧的中国思想和中国话语。在这个意义上，对习近平新时代中国特色社会主义思想及其实践进行学术分析，我们发现，中国奇迹、中国道路、中国理论、中国方案和中国话语，是蕴含其中的一种解释框架，值得关注和研究。

习近平新时代中国特色社会主义思想中的“五维中国”之理念

“五维中国”，即“中国奇迹”“中国道路”“中国理论”“中国方案”“中国话语”，缘起于中国发展的成功经验，植根于中国特色社会主义伟大实践，是对中国发展的道路选择、中国发展的理论自觉、中国发展的世界意义、中国发展的话语表达等基本问题的自觉解释。

“五维中国”，发端于习近平新时代中国特色社会主义思想中关于“四个自信”的科学论断，因由新中国70年来的伟大成就而被世界所关注。从本质上说，它是迎来中国从“富起来”到“强起来”伟大飞跃、逐步走近世界舞台中央的理念概括和话语框架。

（一）习近平关于“四个自信”的重大论断蕴含着“五维中国”之理念

2016年6月28日，在中央政治局第三十三次集体学习会上，习近平总书记第一次把文化自信与“三个自信”并提，要求全党坚定中国特色社会主义道路自信、理论自信、制度自信、文化自信。紧接着，在庆祝中国共产党成立95周年大会的讲话中，他深入论述了中国特色社会主义“四个自信”的内涵及其关系。为深入把握“四个自信”之间的逻辑关联，我们拟对其进行语言学分析。

其一，从语义上看，自信，即“自觉+相信”，反映的是主体对事物本质的能动性认识，对事物发展规律的科学把握。“四个自信”，就是作为主体的中国共产党人对中国发展的道路选择、理论指导、制度建构、文化建设四个基本问题的深刻认知和科学实践。在这里，“四个自信”所指涉的对象，即道路、理论、制度和文化，与“五维中国”中的“中国奇迹”“中国道路”“中国理论”“中国方案”“中国话语”之间，具有逻辑和语义指称上的对应关系。其中，“中国道路、中国理论”与“道路自信、理论自信”直接对应，在语用意义上，基本指涉相同。可以说，“道路自信、理论自信”所自信的对象，就是“中国道路、中国理论”。

其二，虽然“中国方案、中国话语”与“制度自信、文化自信”不直接对应，但是，从语义指称上看，则本质上又对应。因为，中国方案的本质是对中国经验、中国智慧与中国实践在制度上的规范化，是一种规则体系，一定意义上可以说，中国制度就是已经完成规则化的中国方案，中国方案的背后是中国理论和中国制度。同样地，关于中国话语，其本质是一种表达体系和传播体系，指称文化领域的事物和现象。在这个意义上，“中国方案和中国话语”分别成为“制度自信和文化自信”的指涉对象和基础来源。

其三，关于“中国奇迹”，表面看，它和“四个自信”无关，但深入分析，自信源于什么，自信又何以能持续？显然，答案不可避免就是“中国奇迹”。也就是说，“四个自信”的来源与支撑是“中国奇迹”，没有“中国奇迹”的客观事实，也就没有“四个自信”的主体自觉。在这个意义上，“中国奇迹”在中国发展的深层逻辑支撑起了“四个自信”。

总体而言，“五维中国”之理念，通过直接对应、本质对应以及深层逻辑支撑之方式，深深嵌置于“四个自信”的重要论断之中，构成习近平关于“四个自信”重大论断的理念基础。

（二）“八个明确”和“十四个坚持”贯穿着“五维中国”的核心架构

习近平新时代中国特色社会主义思想包括“八个明确”的理论内涵、“十四个坚持”的实践方略等丰富内容。“八个明确”从理论层面回答了新时代中国特色社会主义“是什么”的问题；“十四个坚持”从实践层面回答了新时代中国特色社会主义“怎么做”的问题。[①] 深入分析，无论是“是什么”还是“怎么做”，二者的背后都贯穿着“中国奇迹”“中国道路”“中国理论”“中国方案”“中国话语”这五大核心架构。

首先，关于“八个明确”及其背后的“五维中国”之框架。“八个明确”的内在逻辑：一是根本主题和奋斗目标；二是社会主要矛盾和以人民为中心；三是推进“两大布局”和坚定“四个自信”；四是全面深化改革总目标；五是全面推进依法治国总目标；六是党在新时代的强军目标；七是构建新型国际关系和人类命运共同体；八是加强新时代党的建设。这八个方面的核心内容，分别是从主题目标、价值

① 韩庆祥：《深刻理解和把握十九大报告的精髓和要义》，《浙江日报》2017年10月24日。

导向、总体方略、根本路径、法治保障、军事保障、国际环境、政治保证来讲的。从逻辑布局来看：明确坚持和发展中国特色社会主义、明确实现社会主义现代化和中华民族伟大复兴、明确新时代我国社会主要矛盾、明确中国特色社会主义事业总体布局和战略布局，明确党的领导，这些都指向发展主题、发展方向、发展目标、发展动力、发展方略和发展的领导力量，在本质和本源上，属于道路选择上的定性、定位、定标、定法、定力问题；“八个明确”本质上就是中国理论的理论内涵，属于理论自觉问题；明确推进国家治理体系和治理能力现代化、明确推动构建人类命运共同体，这是世界舞台上实现中华民族现代化的中国蓝图，在性质上，这是中国面向世界、针对全球现代化所提供的中国方案；明确坚持和发展中国特色社会主义、明确实现中华民族伟大复兴、明确以人民为中心、明确实现共同富裕、明确构建人类命运共同体、明确党是最高政治领导力量等，这些特殊概念和范畴，构成中国面向世界的中国话语的民族性表达要素，具有鲜明的中国印记；明确实现现代化、明确建设法治国家、明确构建新型国际关系、明确实现人的全面发展、明确建设世界一流军队，这些共性概念和具有普遍意义的表达，构成中国面向世界的中国话语的普适性表达内容。在这里，民族性表达 + 普适性表达，二者形成了中国在世界舞台上的表达模式，在性质上，这是中国话语的表达问题。总而言之，“八个明确”背后所展示出的逻辑理路，是“道路选择”“理论自觉”“方案提供”“话语表达”之运行脉络，构成了一个坚固的四维框架，即“中国道路 + 中国理论 + 中国方案 + 中国话语”，这是“五维中国”的核心所在，本质上是一种逻辑架构。而理论上，一个逻辑体系能否有效支配现实，对现实产生巨大影响，主要取决于其能否有经验性因素作底层支撑。如前文所述，“中国奇迹”，正好是这样一种因素。由此，在“中国道路、中国理论、中国方案、中国话语”基础上，“中国奇迹”嵌入，构成“五维中国”之完整架构。

其次，关于“十四个坚持”及其背后的“五维中国”之框架。总的来说，“十四个坚持”从经济、政治、法治、科技、文化、教育、民生、民族、宗教、社会、生态文明、国家安全、国防和军队、“一国两制”和祖国统一、统一战线、外交、党的建设等各个方面，对“怎样坚持和发展中国特色社会主义”作出了理论阐述和政策指导。[①] 这些阐述和指导的背后，同样也贯穿了“五维中国”之逻辑脉络。例如，关于“坚持党对一切工作的领导”“坚持以人民为中心”“坚持人民当家作主”这三条，从总体上规定了新时代坚持和发展中国特色社会主义的领导核心、政治立场和依靠力量问题，归属于“中国道路”范畴。例如，关于“坚持新发展理念”“坚持社会主义核心价值体系”“坚持总体国家安全观”这三条，从发展理念、价值体系、安全观等观念层面，规定了新时代坚持和发展中国特色社会主义的重大观念问题，归属于“中国理论”范畴。又例如，关于“坚持全面深化改革”“坚持全面依法治国”“坚持在发展中保障和改善民生”“坚持人与自然和谐共生”“坚持党对人民军队的绝对领导”“坚持‘一国两制’和推进祖国统一”“坚持推动构建人类命运共同体”“坚持全面从严治党”这八条，从各个领域规定了新时代坚持和发展中国特色社会主义的重大政策和方略性问题，归属于“中国方案”范畴。再例如，在全球语境上，关于发展问题，关于民主问题，关于法治问题，关于生态问题，这些都是共性问题，都是当代世界的共同话语，在“十四个坚持”中不乏体现；在中国语境中，党的领导，以人民为中心，一国两制，人类命运共同体，社会主义核心价值体系，人民军队，等等，这些都是具有中国特色印记的话语元素，展示的是中国在世界舞台上的独特性，但共性中不乏个性，个性中承载着共性，这构成了“十四个坚持”中的“中国话语”之特色。最后，“十四个坚持”之所以能在实践中具有强大生命力并持久生长，关键在于它有“中国奇迹”的强

① 周正刚：《习近平新时代中国特色社会主义思想的本质特征》，《光明日报》2017 年 11 月 24 日。

大支持。

综而言之，无论是“八个明确”，旨在解决“是什么”的问题，还是“十四个坚持”，旨在解决“怎么做”的问题，二者都在深层次上体现出一种“中国奇迹→中国道路→中国理论→中国方案→中国话语”这样的逻辑理路。这一理路，以中国奇迹为缘起点，以中国发展成就的“溢出效应”为支撑，以“中国道路 + 中国理论 + 中国方案 + 中国话语”为核心框架，形成一个以“4 + 1”为基准格局的“五维中国”系统。我们认为，“五维中国”应该成为解释当代中国发展的一种学术框架。

逻辑意蕴与解释框架：中国奇迹→中国道路→中国理论→中国方案→中国话语

从逻辑上说，“五维中国”理念，根源于中国发展经验的“溢出效应”，在中国改革发展稳定的实践中被逐渐认同。它针对道路选择、理论自觉、全球现代化、话语表达四个核心问题，以迥异并优异于西方现代化成就的中国成就为支撑，形成一个“4 核心要素 + 1 事实支撑”的“4 + 1”基本架构。在此架构中，4 个核心要素，即“中国道路”“中国理论”“中国方案”“中国话语”，其逻辑层次递进，构成实然和应然相统一的复合性要件；1 个事实支撑，即“中国奇迹”，其以事实为据，以成果论实力，形成具有说服力的实然性要件。总体上看，该解释框架意蕴丰厚。

（一）“中国道路”具有本源意义

在 4 个核心要素中，“中国道路”具有本源意义，“中国理论”“中国方案”“中国话语”是对此本源的延展，它们分别从理论建构、世界意义和话语表达三个维度，对“中国道路”的本源根据于中国理论的实践源泉、中国方案的现实基础、中国话语的实践基础以及主体能动性、外部关联性进行时代阐释。从本质上说,“中国理论”“中国方案”“中国话语”,以“中国道路”为本源,形成一个“一源三维”结构(即中国道路:中国理论→中国方案→中国话语),该结构是“五维中国”解释框架的核心和本质所在。

首先,“中国道路”具有本源意义,它对所有关于中国社会主义的理论与实践问题都具有源头性、根本性、核心性和归根结底之解释意蕴。该意蕴根源于“中国道路”在中国社会主义理论与实践中的两种内在规定性,即历史规定性和现实规定性。一是历史规定性。马克思主义发展史,从根本上就是对道路问题探究的历史,马克思主义的中国化进程,核心归根结底就是围绕着中国革命的道路选择、中国改革的道路设计、中国特色社会主义道路的探索,坚持和发展这些主题而不断展开的。① 从逻辑上说,科学社会主义的创立,新民主主义革命和社会主义革命的胜利,中国特色社会主义的伟大实践,深层次体现的是“科学社会主义→中国社会主义→中国特色社会主义”的内涵脉络,本质上,这是中国道路问题,是中国发展科学社会主义的路径问题。在这个意义上,“中国道路”在所有关涉中国社会主义的理论中都是源头,都是核心,都是归根结底意义上的必选项。二是现实规定性。事实胜于雄辩!从经验上看,要回答好“马克思主义为什么行”“中国特色社会主义为什么好”“中国共产党为什么能”,归根结底,还是要从中国道路中去寻找事实和根本答案。因为道路是被事实验证过的探索,无论是“马克思主义为什么行”“中国特色社会主义为什么好”,还是“中国共产党为什么能”,在最终意义上,都要归结为能否经得住历史和人民的检验。就此而言,中国道路是回答好这三个问题的总开关,是回应所有关涉中国社会主义实践问题的终极性评价指向。②

---

① 韩庆祥:《中国道路实践特质具有世界意义》,《环球时报》2019 年 10 月 8 日。

② 韩庆祥:《探究中国道路的本源意义》,《新华日报》2019 年 6 月 18 日。

其次，在“中国道路”具有本源意义的基础上，“中国理论”“中国方案”“中国话语”对“中国道路”体现出拓展性解释效应，这是由其三者各自的逻辑内涵决定的。

从逻辑上说，“中国理论”是源于中国道路实践的，同时又因为其自身作为理论观念的特性，反过来又对中国道路具有能动的反作用，即自觉为中国道路的实践现状提供合理性解释，为其未来进行前瞻性理念建构。从生成论角度看，“中国理论”以“中国道路”为源头，并对其进行观念性解释和建构，本质上，是“中国道路”在理论上的延展。从存在论角度看，对“中国道路”的阐释需要“中国理论”。对“中国理论”的研究可以从很多方面切入，但是它的生长点、发源地、立足点，应该聚焦于“中国道路”，要用“中国理论”阐释“中国道路”。

“中国方案”，从逻辑上看，缘起于“中国道路”的世界意义，是“中国道路”面向世界舞台的指称。它植根于“中国道路”，以“中国道路”为核心内涵和经验支撑，面向世界，侧重“中国道路”的普遍适用性，旨在为全球现代化进程提供一个可以参考的现代化路径选项。在这个意义上，“中国方案”的本质是“中国道路”的普适性拓展，是“中国道路”的世界意义，是全球现代化路径的中国选项。如果说，“中国理论”是从理论上对“中国道路”的阐述，是一种“‘物质—意识’‘经济基础—上层建筑’”视界，那么，“中国方案”则是从“中国道路”的世界意义、普遍适用性层面对“中国道路”的展开阐释，体现的是一种“‘个性—共性’‘中国—世界’”之视野。当然，中国方案也以中国理论为支撑，它是中国方案之中的“道”。

“中国话语”，从内涵上说，是一种诉求表达。那么，中国为什么要表达？逻辑上，是因为“中国道路”以及“中国理论”“中国方案”具有主体性。再深入说，“中国道路”又为什么具有主体性，则是因为它与世界其他现代化模式尤其是西方现代化模式相比，具有异质性。在实践上，这种异质性，不仅迥异于世界和西方，更主要的是优异于西方。因为这种优异性，世界需要理解中国、认识中国、学习中国，这是外部需求；因为这种异质性，中国需要回应、需要思考、需要负起大国责任，这是内在供给。可以说，“中国话语”应运而生，正是“需求—供给”的逻辑使然。可见，“中国道路”的优异性和异质性→“中国道路”的主体性→世界需求中国及中国思考自身→话语表达→“中国话语”，这是“中国话语”的基本生成路径。该路径预示着，“中国话语”的核心内容是“中国道路”的异质性和优异性。该路径意味着，如何表达好这一核心内容，取决于中国对自身的思考质量，即“中国理论”的水平。因此，“中国话语”与“中国理论”又具有紧密的关联。一方面，“中国理论”需要用“中国话语”表达；另一方面，“中国话语”的功能及其实质，就是解释、表达“中国理论”。当然，中国话语也要对“中国方案”进行表达。

（二）“中国奇迹”具有缘起意义和支撑价值

中国奇迹，主要指经济快速发展的奇迹和社会长期稳定的奇迹。历史地看，“中国奇迹”的出现经历了一个不算太长但也不算太短的历史过程，内涵极具生长性。最初，它因与西方现代化模式异质，引发了世界对“中国道路”的关注。在这一阶段，“中国奇迹”本质上是一种西方对中国的事实描述。一定意义上，这种描述甚至还流露出西方对中国模式的无意识的质疑。后来，随着世界对“中国道路”生成的历史语境、制度背景的深入了解，西方社会开始思考“中国道路”背后的支撑因素。由此，“中国奇迹”成为西方发达国家研究中国的一种文本。当前，随着国内外对“中国道路”研究的深入，东西方学界都开始思考一些深层次的问题，如中国发展的世界意义、历史影响、话语传播力等。可以预见，“中国奇迹”将成为世界研究中国、中国走近世界舞台中央的切入点。若仅就此而言，在“五维中国”解释框架中，“中国奇迹”体现的是一种缘起价值。

如果横向观察，把中国放在当前全球现代化的大舞台上看，对中西现代化进程及道路进行系统衡量、全方位比较，那么，中国和西方，资本主义市场经济和社会主义市场经济，先行现代化困境与后发现代化优势，西方个体主义文化的局限与东方集体主义文化的优越，等等，综合而言，中国现代化道路的成功，中国现代化成就的优异，则又成为“中国奇迹”的当代指称。在这个意义上，“中国奇迹”对“中国道路”“中国理论”“中国方案”“中国话语”这一“一源三维”结构（中国道路：中国理论→中国方案→中国话语）具有支撑价值。就是说，没有“中国奇迹”，“中国道路”“中国理论”“中国方案”“中国话语”都缺乏事实支撑！

总之，“中国道路”、“中国理论”、“中国方案”、“中国话语”和“中国奇迹”五者之间具有严密的逻辑关系。“中国奇迹”引发世界对中国的强烈关注，对中国来说，这是“中国道路”得以出场的缘起；对世界来说，“中国奇迹”的密码要到“中国道路”之中去寻求，“中国道路”是产生“中国奇迹”的根源所在。在此前提下，以“中国道路”为本源，“中国道路”“中国理论”“中国方案”“中国话语”，四者又构成一个相对独立的逻辑系统。在该系统中，“中国道路”是本源，同时也是核心，“中国方案”是中国道路的世界意义和普适性表达，二者是“主体性—普适性”关系。对“中国道路”的阐释需要“中国理论”，“中国理论”是对“中国道路”的自觉解释，体现的是“‘主体性—普适性’—自觉能动性”之关联。中国理论属于“道”意义上的理论建构，中国方案属于“术”意义上的实践性操作。“中国奇迹”“中国道路”“中国理论”“中国方案”都需要用“中国话语”表达，“中国话语”的功能就是解释、表达、把控，体现的是一种“［‘主体性—普适性’—自觉能动性］—话语表达性”之逻辑脉络。可以说，这五者之间的关系，环环相扣，非常严密。

“五维中国”解释框架具有重要理论价值、实践意义、历史意义和世界影响

历史来看，“五维中国”应该也必将会成为解释当代中国发展的

一种学术框架。这是由“五维中国”在当代中国发展中的客观定位决定的。

（一）理论价值：阐释“五维中国”的其中一个，一定要结合其他四个，不要忘记其他四个

“五维中国”具有严密的逻辑，是一个有机整体，因而应彼此理解。然而，在今天我国学术界、理论界，可以看到一种值得关注的现象，那就是在阐释“五维中国”的其中一个时，不去结合其他四个，而把其他四个忘记了。比如：有人讲“中国奇迹”，不结合“中国道路”“中国理论”“中国方案”“中国话语”，显得浮泛；有人讲“中国道路”，不结合“中国奇迹”“中国理论”“中国方案”“中国话语”，显得肤浅；有人讲“中国理论”，不结合“中国奇迹”“中国道路”“中国方案”“中国话语”，显得视野不宽；有人讲“中国方案”，不结合“中国奇迹”“中国道路”“中国理论”“中国话语”，显得不深刻；有人谈“中国话语”，不结合“中国奇迹”“中国道路”“中国理论”“中国方案”，显得不透彻，缺乏“柱”、“根”和“道”。我们讲“五维中国”，其理论价值就在于强调，它是一个有机整体，相互贯通、相互作用、不可分割，因而在谈论和阐释“五维中国”的其中一个，一定要结合其他四个，不要忘记其他四个。只有这样，才能更全面、准确、深入地理解和把握“五维中国”的其中一个。

（二）实践意义：“五维中国”能为观察新时代中国特色社会主义实践发展提供有效的总体性框架

西方人看当代中国，怎么看？中国人看当代中国，怎么看？看当代中国的切入点和突破口是什么，观察中国特色社会主义实践发展的总体框架是什么，中国的总问题是什么？对这一系列问题的追问，都可以从“五维中国”中寻求答案。

首先，从总体来说，观察当今中国，首先看到的是“中国奇迹”，这让世人震惊，也已经成为一种世界性现象。如何理解和把握“中国奇迹”？最真实、最根本的答案，只能到“中国道路”之中去寻找。

中国道路蕴含“性”“位”“道”“术”“行”五个基本层面：性，就是中国道路的性质本质维度；位，就是中国道路的历史方位维度；道，就是中国道路的价值目标维度；术，就是中国道路的总体方略维度；行，就是中国道路的实践维度，包括行动规则和行动能力。从这五个维度或层面，完全可以揭示中国奇迹是如何发生的，即找到道路密码。甚至，“中国道路”就是马克思主义与中国具体实际相结合所取得的最根本成就。当然，对这种发生逻辑和道路密码，需要从理论上给以阐释和论证，这就需要“中国理论”。我们需要进一步从“中国道路”和“中国理论”中寻求“中国方案”，也需要把“中国道路”“中国理论”转化为“中国方案”，只有这样，才会对实践发挥有效作用，否则，再好的“中国道路”和“中国理论”，也难以与具体实践发生接触，其作用也发挥不出来。“中国奇迹”“中国道路”“中国理论”“中国方案”都需要用“中国话语”来表达，否则，要么难以传播，要么难以理解和把握。尤其是我国发展起来以后，逐渐强大的中国也需要向世人表达“中国奇迹”“中国道路”“中国理论”“中国方案”。所以，这“五维中国”表达的是当代中国的总问题，是阐释中国特色社会主义的总框架。

其次，从语境来看，探讨中国特色社会主义的伟大实践，需要研究两个历史语境，即“中国—世界”和“社会主义—商品经济历史区间”。在“五维中国”解释框架中，存在“社会主义—商品经济历史区间”的语境约束。该约束决定了，若对“中国道路”进行探索，对“中国理论”进行建构，对“中国方案”进行推介，对“中国话语”进行传播，乃至对“中国奇迹”进行思考，都必须紧紧把握“资本—劳动”“有产者—无产者”“社会主义—资本主义”这一语境脉络，都必须通过这一脉络观察中国特色社会主义实践。

就前者来说，中国实践是在全球现代化舞台上展开的，世界是中国实践的全球平台。该平台意味着，第一，中国实践具有迥异于他国的独特性，这是个性，归属于内因；第二，中国实践具有与他国一样的共同点，这是共性，归属于外因。在实践上，共性寓于个性，内因决定外因。这就要求中国实践既要牢牢立足自身独特性，同时也要积极考虑其外部平台，自觉关注、回应世界诉求，主动学习、借鉴他国有益经验，辩证处理中国与他国之间的冲突与碰撞。那么，如何才能满足这一要求呢？“五维中国”中的“中国道路”和“中国方案”可提供思路。这是因为，在“中国—世界”语境中，中国实践的独特性即是“中国道路”之含义；中国实践的世界意义即是“中国方案”之含义。要言之，在“中国—世界”语境中，“五维中国”中的“中国道路”和“中国方案”之框架，有效地解释了中国实践在世界舞台上的基本境遇。

就后者来说，即“社会主义—商品经济历史区间”这一历史语境，它是对中国实践的根源之理论抽象，决定和规定了中国实践的方向、路径及总体走势。具体说，中国作为社会主义实践的主体，其为何选择社会主义，需要从根源意义上去理解。从根源上看，中国社会主义的实践是立足于人类发展的“商品经济历史区间”上的。存在决定意识，“商品经济历史区间”应成为分析中国社会主义的现实起点。马克思主义认为，从交换的角度，可把人类社会的发展在逻辑上分为三个阶段，即：基于人与自然交换的“自然经济历史时期”（体现为传统农业社会）——基于人与人交换的“商品经济历史时期”（体现为现代工业社会）——基于人与社会直接交换的“产品经济历史时期”（体现为未来共产主义社会），三个阶段逐次递进，根本动力是生产力的发展。当前，整个人类社会处于第二个阶段。在该阶段，社会架构以“商品交换”为底层支撑，人的生存境遇有三。（1）活着必须通过交换，而一旦进行交换，具体的个人只面临两种情形，或者用“身外之物”与人交换，或者没有“身外之物”而只能用“身内之物”交换。（2）由此，在逻辑上，人在归根结底意义上分化为两个人：一个是有“身外之物”（生产资料、资本），称之为有产者；一个是没有“身外之物”，只能交换“身内之物”（体力、脑力），称之为无产者。

(3) 在发展趋势上，整个社会分化出资本力量（资产阶级）和劳动力量（无产阶级）两种力量体系，二者之间，因为异质性而产生对立，因为生产资料的私有性而产生斗争。上述架构和境遇，构成了当今商品经济历史区间上阶级对立和阶级斗争的宏观历史态势。那么，该态势如何发展，其内在规律又是什么，就成为我们研究“商品经济历史时期”的关键所在。马克思对资本运行逻辑的分析为我们提供了思路。马克思认为，第一，在商品交换中，有产者一定会用“身外之物”（生产资料、资本）进行交换；无产者一定只能用“身内之物”（体力、脑力）进行交换。第二，在商品经济历史区间上，人或者是有产者，或者是无产者，这是一种“非 A 即 B”的逻辑关系，不存在其他选项，由此，两个阶级之间，对立是主要的且不可调和。第三，在资源既定条件下，有产者可以无偿占有剩余价值，因为其主导国家政权；无产者只能获得劳动力价值，因为其不主导国家政权；因此，对立的焦点是国家政权，斗争的核心是争夺国家政权。第四，斗争演进的逻辑是：有产者依据其优势（有钱可使鬼推磨）掌握国家政权，一般采用“国家权力分置＋资本控制精英＋资本控制话语权＋军队国家化”方式实现自身意志，其本质是“资本是老大”，在宏观上，表现为资本主义国家模式；无产者的优势是“有组织化”，通过集体行动实现阶级意志，一般框架是“党领导一切＋党指挥枪＋党管媒体＋党管统战”，其本质是“人民当家作主”，体现为社会主义国家模式。

（三）历史意义：“五维中国”能为中华民族的社会主义现代化历史进程提供逻辑路向，进而有助于推动实现中华民族复兴

从人类文明发展的角度看，中华民族的发展面临两个历史境遇，一个是“中华文明—西方文明”，另一个是“中华民族的现代化—全球现代化”。就第一个境遇来看，基于地理分界的文明分野，也是构成影响各民族发展的一个重要因素。在中西文明异质的背景下，基于农耕文明的中华文化与西方文化体系存在碰撞、冲突之异质对立的一面。这就要求我们，在总体上遵循文明互鉴、相互融合的前提下，对

上述异质对立的一面，也需要科学应对。总的来说，“五维中国”的解释框架，可以在理论和实践层面上对这一问题提供宏观指导。之所以这样判断是因为，在“五维中国”的框架中，“中国话语”和“中国理论”本身就是文化要素，前者的核心是表达，后者的核心是建构。如何表达，如何建构，我们认为，这就需要对中西文化的特质进行研究。

一般说，生存决定意识，中西文化的差异根源于各自文化发端的不同。中华文化开端于陆地，以农耕为基本的生存方式；西方文化发端于海洋，以渔猎为基本生存方式。农耕，因为地是死的，所以人不能随意流动，因而稳定性强、重秩序维护，并进而由此产生以“熟人”为底层关系的熟人社会结构，三者也构成中华文化的基本特质。渔猎，因为鱼是活的，所以人的生存围绕着鱼群的变动而变动，因此流动性强、重契约签订，并进而形成以“陌生人”为底层关系的陌生人社会结构，三者也构成西方文化的基本特质。两种特质，分别对应各自的社会结构，并在各自的发展中形成完备的观念体系。应该说，两种文化，只有特色不同，没有优劣之分。基于这种共识，我们认为，如何建构中国理论，如何表达中国话语，基本的逻辑理路就是：立足中华文化的特质，深入研究当代中国发展的必然趋势，在此基础上，依据这种趋势，拓展相应内涵。一般地说，当代中国的发展，从历史大势来看，随着市场交换规模逐渐扩大，随着人们基于这一交换而产生的现代生活方式的逐渐普遍化，中国整个社会正在经历一场百年未有之大变革，正在从传统的熟人社会阶段逐渐进入现代陌生人社会阶段。这预示着，此次变革，中华文化将面临的是一场质的革命。我们需要立足传统社会结构的既有需要，着眼现代社会结构的新增诉求，继往开来，奋力书写中华文化新时代之新篇章。这意味着，在与西方先行现代化国家交流、碰撞的历史境遇中，中国作为后发国家，需要守正创新，需要担当作为，需要奋勇争先，需要让中华文化再创新辉煌。

就第二个历史境遇看，即“中华民族的现代化—全球现代化”。这是当前我们要深入认识中国、深层次表达中国所必须研究的一个重要问题。这是因为，在当今时代，在历史发展的“自然经济—商品经济—产品经济”大链条上，我们居于第二个环节（商品经济历史区间），这是我们的时代定位；但是在这个定位上，历史发展的基本路径是什么，还无法得知。我们需要研究，从自然经济走向商品经济，其逻辑是什么？从商品经济走向产品经济，其逻辑又是什么？从前者看，从自然经济走向商品经济，两个核心要素发生变化，一个是生产方式从“种地为主”转换为“商品交换为主”（宏观上体现为“农业为主→工商业为主”）；另一个是人的发展从“农民”转换为“市民”（宏观上体现为“农村村民→城镇居民”）。二者合一，标志着社会基本架构发生变化，社会出现转型，即从传统社会走向现代社会。该过程，即是现代化过程。在这个意义上，从自然经济走向商品经济，其逻辑是现代化逻辑，核心是生产方式与人的生活方式的转型升级。从后者（从商品经济走向产品经济）看，从商品经济走向产品经济，核心也是两个：一个是“商品交换→产品供给”（宏观上体现为，商品消失，按需分配）；另一个是“市民→自由人”（宏观上体现为，劳动力不再是商品，劳动成为第一需要）。二者构成的社会变革是：“产品极大丰富”+“按需分配”+“劳动不再是谋生手段，而是第一需要”+“国家、阶级消亡”+“社会是自由人的联合体，每个人的自由发展是一切自由发展的前提”。由此，社会发展表现为“现代社会→未来共产主义社会”，其逻辑可概括为“现代社会—社会主义社会—共产主义社会”。总而言之，在第二个历史语境中，立足商品经济历史区间，“中华民族的现代化—全球现代化”所涵盖的基本逻辑可概括为两个：一个是，从自然经济走向商品经济，内含“农业主导→工商业主导”“农民→市民”两个历史走向；另一个是，从商品经济走向产品经济，内含“商品消失+国家消亡+按需分配”“市民→自由人”两个必然性归宿。

基于此，如何评估“五维中国”解释框架的历史意义，我们认为，需要遵循以下关键原则。（1）“中国道路”需以全面实现“自然经济→商品经济”为当前目标，需以推进“商品经济→产品经济”进程为长远目标，前者的核心是中华民族的现代化，后者的核心是中国共产党的共产主义历史使命。（2）“中国理论”的建构，应遵循以下几个核心逻辑路向：现代化逻辑（农民→市民），社会主义逻辑（党的领导＋党指挥枪＋公有制主导），共产主义逻辑（商品消失＋国家消亡＋按需分配＋自由人联合）。（3）“中国方案”的核心内容，应该以中国独特性为主体，辅之以其普遍性，在实践上，实现“中国特色主导＋普遍价值支持”为基准框架的运行模式。（4）“中国话语”的主要元素，应该涵盖三个层面，即现代化、社会主义和共产主义、中华文化；其中，现代化是普适性元素，社会主义和共产主义是特质性元素，中华文化是底层支撑元素。（5）“中国奇迹”内涵概括与外部表达，应该逐渐从其“当下的影响性”维度转向“未来的可借鉴性”维度，侧重它何以产生，有何可鉴，充分发挥其在全球平台上的导向和引领作用。

（四）世界意义：向世界更有效地解释、表达中国

中国人了解西方，要比西方人了解中国相对客观、精准、深刻、透彻，西方国家对中国误读、误解、曲解太多太深。我们到了需要世界正视中国的时候了！要让西方正视中国，首先需要我们中国向世界作出有效的解释和表达。

当然，我们需要全面全方位地解释、表达中国，但更要聚焦，更要抓住根本，更要抓住核心和重点，更要有主题和主线。这一根本、核心、重点与主题、主线，就是要紧紧围绕“中国奇迹—中国道路—中国理论—中国方案—中国话语”来展开。向世界解释中国奇迹是出发点，要客观辩证，既不狂妄自大，也不妄自菲薄；向世界解释中国道路和中国理论是根本、核心，要讲清楚世界多样、文明互鉴、包容发展的道理，讲清楚统一性和多样性的辩证关系；讲清楚各国根据本

国的历史、文化、传统、国情自主选择本国发展道路的合理性、必然性，讲清楚中国理论的中国意义和世界意义；向世界解释中国方案是落脚点，要讲清楚这是中国对解决人类问题贡献的中国智慧和中国方案，具有借鉴意义，但不是向世界输出中国道路和中国理论；向世界讲中国话语是路径和手段，要处理好一般和特殊、内容和形式、真理和道义、通识和特点、民族和世界的辩证关系。

（原载于《江海学刊》2020 年第 1 期）

论道穷理 赓续文脉

《江海学刊》特色专题论文选

主编◎韩璞庚

法治中国与民主政治建设

本卷编辑◎陈如勇 张春莉

中国社会科学出版社

图书在版编目(CIP)数据

论道穷理　赓续文脉:《江海学刊》特色专题论文选:6卷/韩璞庚主编. —北京:中国社会科学出版社,2023.12
ISBN 978-7-5227-1425-7

Ⅰ.①论…　Ⅱ.①韩…　Ⅲ.①社会科学—文集　Ⅳ.①C53

中国国家版本馆CIP数据核字(2023)第025793号

出 版 人　赵剑英
责任编辑　郭晓鸿
特约编辑　杜若佳
责任校对　师敏革
责任印制　戴　宽

出　　版　中国社会科学出版社
社　　址　北京鼓楼西大街甲158号
邮　　编　100720
网　　址　http://www.csspw.cn
发 行 部　010-84083685
门 市 部　010-84029450
经　　销　新华书店及其他书店

印　　刷　北京明恒达印务有限公司
装　　订　廊坊市广阳区广增装订厂
版　　次　2023年12月第1版
印　　次　2023年12月第1次印刷

开　　本　710×1000　1/16
印　　张　202.25
字　　数　2839千字
定　　价　1199.00元(全六卷)

凡购买中国社会科学出版社图书,如有质量问题请与本社营销中心联系调换
电话:010-84083683

文集总序

韩璞庚

1957 年 11 月 18 日，中共江苏省委发文，批准创办哲学社会科学月刊。经过数月精心筹备与辛勤工作，1958 年 3 月 1 日，《江海学刊》在历史文化名城南京出版发行。

刊物取名《江海学刊》，是经过反复考量与斟酌的。江苏乃江海汇流之地，长江之滨，西有江渝，中有江汉、江淮，东有江海，属地考量是也，同时也展现了办刊人兼容并包、吞江纳海、江畅海阔的办刊气度。江海奔流，反映的是一种蓬勃的气象，一种前进的样态。百川归海，海纳百川，江和海唇齿相依，相互成就，彰显的是一种相互依存、相互包容的品质。“无海则江无所归依，无江则海难成浩瀚，江海之谊，源长流清。”这不就是学者与编者关系的真实写照吗?

《江海学刊》一经出版，就受到国内学术界的高度重视与关注，其高质量、高品位的办刊理念，创新创造的学术追求，志存高远的理论旨趣，为之后期刊事业的发展与进步奠定了稳固基础。

大半世纪风雨兼程，六十多载上下求索，《江海学刊》“践行使命，初心兢兢，引思想之风帆，举文脉之大纛，秉坚定立场之志，承明确定位之旨，风雨兼程，赓续文脉”，“办传世名刊，载精品力作”，终成一世之学术大观。

《江海学刊》经过几代编辑的不懈努力，广交天下学术朋友，共言天下学术大势，开风气之先，标新立异，推动学术争鸣，引领思想撞击，取得了辉煌的成绩。作为我国社会科学院系统中办刊历史最久、影响最大的综合性人文社会科学理论期刊之一，《江海学刊》第一批被确定为全国中文核心期刊、中国人文社会科学核心期刊、中国人文社会科学引文索引（CSSCI）来源期刊，获得了首届国家期刊奖、中国出版政府奖、全国百种重点社科期刊、全国百强报刊、华东地区最佳期刊、江苏新闻出版政府奖、江苏十佳社会科学期刊等一系列荣誉。“揽国奖，授府誉，拥百强，获百重，跻身名刊，誉满天下。”她既致力于中华优秀传统文化的传承，又着眼于当代中国现代化实践的研究，始终勇立时代潮头，立足江苏，面向全国，放眼世界，以吞江纳海的胸怀，推出一系列富有创见的学术精品，塑造了大批成就卓著的学术大家名家，为繁荣我国哲学社会科学事业，推动形成学术研究的中国风格、中国立场、中国气派作出了杰出贡献，赢得了崇高的社会声望与广泛的社会赞誉。

回顾六十多年的办刊历史，几代编辑人默默坚守学术理想，践行“办传世名刊，载精品力作”的宗旨，坚持“新颖、深邃、凝重、厚实”的办刊风格，走出了一条独特的办刊之路，彰显了鲜明的办刊特色，成就了本刊在中国期刊界的独立地位。

《江海学刊》刊物特色的第一个重要方面是：特色专题的策划，特色栏目的彰显。

何谓刊物特色，刊物特色就是此刊不同于彼刊的特质。学术期刊在激烈的学术争鸣环境中，如何冲出重围，形成自身不同于其他刊物的特质，形成自己独特的个性，是每个学术刊物弥久的追求和永恒的话题。特色就是个性，特色如何形成，个性如何彰显，这是一个值得探讨的课题。从刊物发展的实践看，刊物特色的形成，刊物个性的彰显，与编辑理念有不可分割的关系。《江海学刊》作为学术理论期刊，要想在激烈竞争的学术场域中突出重围，创出品牌，打出名气，做出

影响，必须确立精品意识，实施品牌战略。学术理论期刊要创出自己的品牌，必须抓精品、重策划。《江海学刊》的做法是，确保每期有精品，每个专栏有重点文章。但对于一本学术期刊来说，单个精品还不成气候，只能起到点缀作用，不能产生规模效应，要在单个精品的基础上，精心组织，精心策划，形成系列，形成规模，从而成就品牌选题、品牌栏目，创造出轰动效应，产生广泛社会影响。因此，从20世纪80年代末以来，《江海学刊》策划了包括主体性、实践哲学、本体论、人学、发展哲学、公共哲学、文学史学、中国经济学的创新、涉外法学、转型期的社会问题、突发事件与社会应急管理、公众史学、数字史学、地域文化与商业历史、世纪之交的文艺理论等上百个名牌选题和品牌专栏，产生了轰动效应，推动了国内学术的发展，也为刊物赢得了很好的社会声望。

《江海学刊》始终秉持主体理念与主体逻辑，立足自己刊物的主体立场、主体战略，按照自己的办刊逻辑组织专栏稿件，成就刊物风格，形成独特的“江海”品牌。

《江海学刊》的另一个重要特色是：秉持哲学情怀，成就中国学派。哲学是思想中的时代，是时代精神的精华，哲学标志着一个国家与民族对自身和世界的认识所达到的高度与深度。《江海学刊》一直重视哲学问题的研究，自创刊以来，尤其是进入21世纪以来，对哲学问题的关注与讨论一直是其主打品牌。据统计，自2000—2018年，《江海学刊》策划组织的专题哲学论文达到588篇，总被引频次达到4287次。作者队伍中，汇聚了张世英、黄楠森、陈先达、何兆武、高清海、刘放桐、孙正聿、韩庆祥、任平、张一兵、王南湜、孙利天、袁贵仁、姚大志、万俊人、吴晓明、何怀远、赵汀阳、崔平、徐长福、田海平、邹诗鹏、贺来等大批哲学领域的老中青专家。2000年以来，《江海学刊》策划哲学讨论上的“百家争鸣”，以学术问题为触发点和问题域，进一步加强自身学术话题锻造、议题设置和学术思潮引领作用，发起和推动了一场又一场学术争鸣和重大讨论，奏响了具有《江

海学刊》风格和气派的“学术交响乐”。先后成功策划“人学”“发展哲学”“实践哲学”“公共哲学”“公共理性”“网络时代的社会科学”“学术研究的中国风格与中国立场”“马克思主义出场学研究”“马克思主义哲学中国化研究”等具有全局性的重要专题栏目（笔谈）约80个，聚焦“中国问题”，坚守“中国立场”，创新“中国视域”，总结“中国经验”，诠释“中国道路”，充分彰显出《江海学刊》以问题为导向的办刊思路和策划意识，在全国强手如林的哲学社会科学期刊阵营中异军突起，独领风骚，在国外也引起强烈学术共鸣与学术回应，其办刊影响力蒸蒸日上，成为学术期刊界的翘楚。

在对哲学问题的反思与追问中，《江海学刊》一直推动中国学术话语的建构与中国学派的形成。学术话语是对学术问题的言说与表达，是一个民族精神与文化的载体，是一个民族、一个国家文明进步的符号表征与价值荷载，其对一个国家的发展具有重要的意义与价值。学术话语体系就是对学术话语符号元素的有机整合，是在一定价值观念、方法体系与理论体系支撑下，由合理有序的架构将话语符号整合在一起的有机语词体系。建构学术话语体系，是一个知识体发展进步的必然要求，也是取得学术话语权的标志之一。在现代传媒社会中，有了话语权，也就意味着有了言说的资格，掌握了话语权，就意味着主宰了意识形态与舆论的走向。今天，我们讨论中国学术话语体系的建构，就是为了使中国学术发展在开放环境中走自我创新与自主建构之路，能在世界学术大家庭中留下自己的声音与痕迹，从而推动世界文明的进步与发展。讨论中国学术话语体系的建构问题，既反映了中国学术在世界上的被动地位，也反映了中国知识界的理性反思与理性自觉。

《江海学刊》持续推动中国学术话语的创新与学术话语体系的建构，倡导中国自主知识体系的建构，在世纪之初开辟“原创学术空间”专题，推动中国学派的形成。诚如专家指出：“时绪纷争，突出学术围城；领衔人学，成就江海先声。公共价值，实践理性，原创哲学，发展理论，中国学派，于斯肇兴。”

近20年来，经过不懈努力，《江海学刊》的特色体现在以下几个专题上面。

（一）人学与人的现代化

20世纪八九十年代，中国社会开启改革开放的大门，踏上社会主义现代化的发展道路。在这样一个重要历史节点，各方思潮涌入中华大地，与本土文化交织在一起，在激起学者们思想涌动的同时也带来一个重要的问题，以马克思历史唯物主义为基础的中国学术，如何对各方有益思想进行兼收并蓄、创新发展，使之为我国的现代化发展提供思想动力？在许多学者看来，关键点就在于人的发展，并随之产生了观点各异的人学流派，历经数十年发展，其研究热度不但未减反而愈加热烈。这也证明了人学确实是一个于中国发展具有重要价值且具有长久生命力的研究话题。黄楠森先生曾动情地说："中国的人学研究绕不开《江海学刊》。"学术研究要把准时代脉搏，《江海学刊》较早地意识到人学研究必将成为带动中国学术兴起、呼应现代化发展需要的重要话题，由此持续组织策划了大量人学研究的相关专题，发表了一大批紧扣现实问题、体现学术争鸣的理论成果，为人学研究打造了一个各抒己见、碰撞交锋的高层次理论对话平台，发掘了许多值得进一步讨论的学术话题。习近平总书记在中国共产党与世界政党高层对话会上的主旨讲话中专门提到："现代化的最终目标是实现人的自由而全面的发展。"随着我国开启全面建设社会主义现代化国家新征程，我们相信，关于人与现代化的讨论仍将是中国学界至关重要的研究议题。

（二）当代中国马克思主义哲学

本卷撷选《江海学刊》哲学栏目近二十年来刊发的代表性论文，力求能从学术理论研究的层面展现当代中国马克思主义哲学的探索之路。全书共分五篇：原理篇集中于马克思主义哲学当代价值的理论思考；出场篇关注马克思主义哲学的本土化发展及现代化理论转向；反思篇对当代中国马克思主义哲学在发展中遭遇的困境及问题进行了较

中，除改善体例、纠谬补缺外，其余部分尽可能留存原貌。第三，由于历史原因，个别文章的某些提法、观点在今天看来或许已不合时宜，但为尊重历史，未作删改，尚请读者明鉴。

有人说编辑是为人作嫁的行业，孤灯清影，辛勤耕耘，默默劳作，独守寂寞。其实，这是一个旁观者的视角，如果换成剧中人的维度，结论就会完全不同。当一位作者，将自己多年精心写作的文稿呈现在你面前的时候，当你成为他文稿的第二个读者甚至第一个读者的时候，你是否感觉到了一丝幸运、幸福、欣慰呢？所以，编辑行业既是一项崇高的学术事业，又是一项赓续文脉的事业。念兹在兹，赋诗存情。

七古·编研生涯

西辞武昌下江东，石头城巅意万重。
覃研精编卅六载，探纲赜纪四季风。
书坛共探省考深，蓬山独访思虑浓。
老枝总盼新枝美，化作绿叶伴春红。

二〇二三年八月十八日

目 录

新时代法治中国建设的理论创新

新时代法治中国建设的实践发展

新时代法治中国建设的制度构建

民主政治研究

新时代法治中国建设的理论创新

21世纪中国马克思主义法学的新飞跃

公丕祥*

前　言

中共十九大的一个最重大的历史性贡献，就是确立了习近平新时代中国特色社会主义思想的历史地位，并且载入新修改的《中国共产党章程》和《中华人民共和国宪法》之中，使之成为党和国家必须长期坚持的指导思想，实现了党和国家指导思想的又一次与时俱进。这在马克思主义法学中国化进程中具有里程碑式的重大意义，开辟了21世纪中国马克思主义法学发展的新境界。

作为19世纪的思想产物，马克思主义法学以其鲜明的历史唯物主义法哲学理论特质，建构了关于理解人类社会法与法律现象的科学世界观和方法论系统，在人类思想史上展示了广泛而持久的影响力。进入20世纪，马克思主义法学在世界范围内广泛传播，并且成为推动人类社会法律文明深刻变革与转型发展的理论指南。列宁的历史性贡献，不仅在于他领导俄国人民取得了十月革命的伟大胜利，在俄国这样一

---

* 作者简介：公丕祥，1955年生，法学博士，南京师范大学法学院教授、博士生导师，中国法学会学术委员会委员，中国法治现代化研究院研究员，江苏高校区域法治发展协同创新中心研究员。

个经济文化落后的“半亚细亚”国家第一次创建了社会主义国家与社会制度，而且在于他对新政权建立后如何发展民主、建设法制做了艰辛的创造性探索，从而丰富和发展了马克思主义国家与法的学说，给我们留下了丰厚的法学理论遗产。“十月革命一声炮响，给我们送来了马克思列宁主义。”① 伴随着近代以来中国社会的巨大变革，马克思主义法学中国化的伟大进程波澜壮阔、与时俱进，先后形成了毛泽东法律思想和中国特色社会主义法治理论这两大理论成果，实现了马克思主义法学中国化的两次历史性飞跃。②

中共十八大以来，以习近平同志为核心的党中央从坚持和发展中国特色社会主义、确保党和国家长治久安的战略高度，作出一系列重大战略部署，以前所未有的力度全面推进依法治国、加快建设社会主义法治国家，当代中国法治现代化进入了一个新时代。习近平法治思想是习近平新时代中国特色社会主义思想的有机组成部分，在习近平新时代中国特色社会主义思想体系中居于十分重要的理论地位。面对中国共产党领导人民正在进行的具有许多新的历史特点的伟大斗争，习近平运用马克思主义法学的基本原理和方法论原则，着眼于推进新时代治国理政的战略考量，以巨大的理论勇气和坚韧的行动意志，从理论与实践的内在结合上科学论述中国特色社会主义法治发展的重大理论和实践问题，精辟阐释全面依法治国、建设法治中国的指导思想、根本遵循、基本原则、总体目标、内在机理、主体力量、动力机制、工作布局、重点任务、条件保障和基本规律，提出了一系列事关中国特色社会主义法治事业全局的法治新理念新思想新战略，创立了新时代中国特色社会主义法治思想（亦可简称为“习近平法治思想”），形成了具有原创意义的当代中国马克思主义法治理论逻辑系统，闪耀着

① 《毛泽东选集》第4卷，人民出版社1991年版，第1471页。

② 参见习近平《关于中国特色社会主义理论体系的几点学习体会和认识》（2008年3月1日），载《十七大以来重要文献选编》（上），中央文献出版社2009年版，第241—242页。

马克思主义法学理论的思想光辉。习近平新时代中国特色社会主义法治思想是马克思主义法学中国化进程的最新重大理论成果，实现了马克思主义法学基本原理与中国具体法治实际相结合的新飞跃，标志着21 世纪中国马克思主义法学创新发展进入了一个崭新的历史阶段。因此，在全面推进法治中国建设、实现中国法治现代化的新的时代条件下，深入研究习近平法治思想，着力开掘习近平法治思想的深厚理论逻辑蕴涵，坚持以马克思主义法学和马克思主义法学中国化的最新重大理论成果指导新时代中国法学研究和法治实践，这对于科学把握新时代中国法治现代化的运动方向和基本规律，无疑是大有裨益的。

崭新的法治时代精神

马克思在论及哲学与时代关系时提出这样一个深刻的论断："任何真正的哲学都是自己时代的精神上的精华"，并且"同自己时代的现实世界接触并相互作用"；哲学家"是自己的时代、自己的人民的产物，人民的最美好、最珍贵、最隐蔽的精髓都汇集在哲学思想里"①。这一论断精辟揭示了真正的哲学的时代性、人民性和实践性，鲜明展示了作为时代精神精华的真正的哲学的价值蕴涵。

"时代是思想之母。"② 文明社会思想演进过程表明，每一个思想理论从来都是那个时代社会生活条件的历史产物，集中体现了自己时代精神的精华。当代中国正处在一个极其广泛而深刻的社会转型的大变革时代，"也正在进行着人类历史上最为宏大而独特的实践创新。这种前无古人的伟大实践，必将给理论创造、学术繁荣提供强大动力和广阔空间。这是一个需要理论而且一定能够产生理论的时代，这是

---

① 参见《马克思恩格斯全集》第 1 卷，人民出版社 1995 年版，第 219—220、203 页。

② 参见习近平《决胜全面建成小康社会 夺取新时代中国特色社会主义伟大胜利——在中国共产党第十九次全国代表大会上的报告》（2017 年 10 月 18 日），人民出版社 2017 年版，第 26、13—17、4、28、29、20—22 页。

一个需要思想而且一定能够产生思想的时代”①。中共十八大以来，以完善和发展中国特色社会主义制度、推进国家治理体系和治理能力现代化为总目标的全面深化改革，在神州大地波澜壮阔地展开，取得突破性的重大进展，展示出规模空前的广度和前所未有的深度，给党和国家以及社会生活领域带来了极其深刻的巨大变化。在这一新的时代进程中，全面推进依法治国的时代大潮澎湃向前、势不可当。中共十八届三中全会决定提出了建设法治中国的历史性任务②，十八届四中全会决定对全面推进依法治国作出了系统性的重大战略部署，确立了建设中国特色社会主义法治体系、建设社会主义法治国家的战略目标。③ 这充分表明当代中国法治发展面临着全新的境况和重大的战略机遇，正在进入一个全方位的深化与拓展的历史新时代。“全面推进依法治国是一个系统工程，是国家治理领域一场广泛而深刻的革命。”④ 进入全面深化改革、全面依法治国新时代的当代中国法治发展的时代任务，就是要在中国特色社会主义法治理论的指导下，推动从传统的人治型国家治理体制向现代的法治型国家治理体制的革命性转变，实现当代中国国家治理现代化及法治现代化，向着法治中国的伟大目标奋力前行。习近平新时代中国特色社会主义法治思想正是在这样的新的时代条件下应运而生，并且深深铸就着全面深化改革、全面依法治国的新时代的理论烙印。

习近平法治思想的时代性的一个重要特质，即在于具有强烈的问题意识，回应新时代的重大问题。而新时代全面依法治国的重大议程，与新时代中国共产党的历史使命息息相关、内在相连。习近平强调，

---

① 参见习近平《在哲学社会科学工作座谈会上的讲话》（2016 年 5 月 17 日），人民出版社 2016 年版，第 8 页。

② 参见《中共中央关于全面深化改革若干重大问题的决定》，人民出版社 2013 年版，第 31、3 页。

③ 参见《中共中央关于全面推进依法治国若干重大问题的决定》，人民出版社 2014 年版，第 11、49、4、7、6、55 页。

④ 参见习近平《加快建设社会主义法治国家》，《求是》2015 年第 1 期。

“实现中华民族伟大复兴是近代以来中华民族最伟大的梦想”。要实现伟大梦想，就必须进行具有许多新的历史特点的伟大斗争，深入推进党的建设新的伟大工程，始终坚持和发展中国特色社会主义伟大事业。① 这些都离不开法治的有力保障。研究和部署全面推进依法治国问题，要从坚持和发展中国特色社会主义出发，着眼于中国共产党更好地治国理政，确保党和国家长治久安，着眼于实现中华民族伟大复兴中国梦的重大长远抉择。“全面推进依法治国，是解决党和国家事业发展面临的一系列重大问题，解放和增强社会活力、促进社会公平正义、维护社会和谐稳定、确保党和国家长治久安的根本要求。要推动我国经济社会持续健康发展，不断开拓中国特色社会主义事业更加广阔的发展前景，就必须全面推进社会主义法治国家建设，从法治上为解决这些问题提供制度化方案。”② 因之，全面推进依法治国，是关乎党和国家长治久安、实现中华民族伟大复兴的中国梦的重大战略问题，必须作出总体部署，采取切实措施，迈出坚实步伐。正是基于对这一新时代国家发展长远大局的重大战略性问题的深入筹划，党的十八大以来，在习近平法治思想的战略引领下，和党和国家各项事业一样，全面依法治国领域发生了历史性变革，“科学立法、严格执法、公正司法、全民守法深入推进，法治国家、法治政府、法治社会建设相互促进，中国特色社会主义法治体系日益完善，全社会法治观念明显增强”，当代中国的法治建设与发展确乎迈出重大步伐。③

不仅如此，习近平法治思想的时代性，还在于高度重视法治领域

---

① 参见习近平《决胜全面建成小康社会 夺取新时代中国特色社会主义伟大胜利——在中国共产党第十九次全国代表大会上的报告》（2017 年 10 月 18 日），人民出版社 2017 年版，第 26、13—17、4、28、29、20—22 页。

② 参见《习近平关于协调推进“四个全面”战略布局论述摘编》，中央文献出版社 2015 年版，第 91—92、9 页。

③ 参见习近平《决胜全面建成小康社会 夺取新时代中国特色社会主义伟大胜利——在中国共产党第十九次全国代表大会上的报告》（2017 年 10 月 18 日），人民出版社 2017 年版，第 26、13—17、4、28、29、20—22 页。

改革，深入分析大变革时代中国社会转型进程中的突出法治问题，进而致力于通过改革着力破解法治领域中的难题。中共十八大以来，党和国家以法治领域中的重大问题为导向，深入调查研究，周密谋划部署，推出了强有力的法治改革举措，锐意进取，攻坚克难，整体推进，重点突破。这表明在新的时代条件下，推进全方位的法治领域改革，“关系加快建设社会主义法治国家，关系落实全面深化改革顶层设计，关系中国特色社会主义事业长远发展”①，这已经成为全党的普遍共识。推进新时代的中国法治改革事业，是一个艰巨而复杂的过程，必须以客观、冷静、严谨的理性态度，高度正视法治改革过程中的复杂矛盾运动。习近平指出：“要把解决了多少实际问题、人民群众对问题解决的满意度作为评价改革成效的标准。只要有利于提高党的执政能力、巩固党的执政地位，有利于维护宪法和法律权威，有利于维护人民权益、维护公平正义、维护国家安全稳定，不管遇到什么阻力和干扰，都要坚定不移地向前推进，决不能避重就轻、拣易怕难、互相推诿、久拖不决。”② 中共十八大以来，以习近平同志为核心的党中央提出的推进法治领域改革的实施方案，都把解决突出问题、破解法治难题作为法治领域改革的重点方向，扎实推进，务求实效，这充分体现了新时代法治改革的求真务实精神。诚如习近平所强调的，“解决法治领域的突出问题，根本途径在改革。如果完全停留在旧的体制机制框架内，用老办法应对新情况新问题，或者用零敲碎打的方式来修修补补，是解决不了大问题的”。全面推进依法治国、深化法治领域改革，就“必须直面问题、聚焦问题，针对法治领域广大群众反映强烈的问题，回应社会各方面关切”。③

更为重要的是，习近平法治思想的时代性，体现了深刻的历史逻

① 参见习近平《关于〈中共中央关于全面推进依法治国若干重大问题的决定〉的说明》，载《中国共产党第十八届中央委员会第四次全体会议文件汇编》，人民出版社2014年版，第68页。

② 习近平：《加快建设社会主义法治国家》，《求是》2015年第1期。

③ 习近平：《加快建设社会主义法治国家》，《求是》2015年第1期。

辑。纵览中华民族的发展历程，我们可以看到，在历史上创造出辉煌成就并为人类文明作过巨大贡献的中华民族，近代以来遭遇到空前的民族危机。“一百年前，十月革命一声炮响，给中国送来了马克思列宁主义。”① 中国共产党带领中国人民进行了艰苦卓绝、气壮山河的革命斗争，取得了新民主主义革命的伟大胜利。1949 年 10 月 1 日，毛泽东在天安门城楼上向全世界庄严宣告“占人类总数四分之一的中国人从此站立起来了”②！人民大革命的胜利，开辟了中华文明发展的历史新纪元。中华人民共和国成立以来，经过深刻的社会革命运动，中国共产党人从中国国情条件出发，在中国大地上创立了社会主义国家制度和经济社会制度，为中国人民从此站起来建立了坚实的国家与社会制度基础。1978 年 12 月中共十一届三中全会的召开，标志着当代中国进入了改革开放的历史新时期。经过中华人民共和国成立以来特别是改革开放三十多年的不懈奋斗，中国综合国力显著提升，国内生产总值稳居世界第二，人民生活水平实现了从温饱到小康的巨大变化，中国人民踏上了“富起来”的康庄大道。作为一场新的伟大社会革命，当代中国的改革开放极大地推动了中国国家与社会制度的历史性变革，探索并形成了符合国情条件的具有鲜明中国特色的社会主义道路与制度，为中国人民“富起来”提供了坚实的制度保障。经过长期持续不懈的艰苦努力，以中共十八大为标志，中国特色社会主义进入了新时代，中国人民义无反顾地迈上了“强起来”的历史新征程。“实现中华民族伟大复兴是近代以来中华民族最伟大的梦想。”经过中华人民共和国成立近七十年的极不平凡的历程，“今天，我们比历史上任何时期都更接近、更有信心和能力实现中华民族伟大复兴的目标”。③ 从全面建成小康社会到全面建

① 参见《中国共产党第十九次全国代表大会文件汇编》，人民出版社 2017 年版，第 10、11—12、16、49、18、15—17、9、15—16、23、19、36、31 页。

② 参见《毛泽东著作选读》（下册），人民出版社 1986 年版，第 691 页。

③ 参见《中国共产党第十九次全国代表大会文件汇编》，人民出版社 2017 年版，第 10、11—12、16、49、18、15—17、9、15—16、23、19、36、31 页。

成社会主义现代化强国，这是新时代中国共产党人肩负的伟大历史使命。要实现中华民族伟大复兴的中国梦，就必须进行具有许多新的历史特点的伟大斗争，推进党的建设新的伟大工程，继续展开新时代坚持和发展中国特色社会主义这一伟大社会革命，为中华民族“强起来”的宏伟愿景奠定坚实的基础。而所有这一切都离不开法治的坚强保障。新时代全面推进依法治国、加快建设社会主义法治国家的伟大实践，迫切需要新的法治思想的指导和引领。正是在中华民族从“站起来”、“富起来”到“强起来”的伟大飞跃的历史行程中，习近平新时代中国特色社会主义法治思想的创立，以巨大而深刻的法治理论逻辑力量，对中国特色社会主义法治理论体系作出了原创性的理论贡献，实现了21世纪中国马克思主义法学的崭新飞跃。

宏阔的法治战略视域

“战略问题是一个政党、一个国家的根本性问题。”① 习近平新时代中国特色社会主义法治思想的一个至为重要的显著特点，就在于从新时代中国特色社会主义发展的战略全局中来判断当代中国法治发展的历史方位，对全面依法治国、建设法治中国的重大时代课题进行战略思考与战略设计，在把握法治发展战略全局中推进全面依法治国，从而清晰地展示了谋划新时代中国法治发展问题的战略大视野与大智慧，开辟了21世纪中国马克思主义法学的新境界。

新时代中国法治发展的战略考量。在中国这样一个幅员辽阔、人口庞大、民族众多、国情复杂的发展中的社会主义大国，中国共产党要跳出“历史周期律”、实现长期执政，确保党和国家长治久安，就必须悉心做好为民族复兴筹、为子孙万代计、为长远发展谋的战略筹

---

① 参见《习近平关于协调推进“四个全面”战略布局论述摘编》，中央文献出版社2015年版，第91—92、9页。

划，坚定不移地厉行法治，全面推进法治中国建设，进而为新时代中国特色社会主义事业发展提供根本性、全局性、长期性的制度保障。基于这样的战略把握，习近平深刻指出："全面推进依法治国，是着眼于实现中华民族伟大复兴中国梦、实现党和国家长治久安的长远考虑。对全面推进依法治国作出部署，既是立足于解决我国改革发展稳定中的矛盾和问题的现实考量，也是着眼于长远的战略谋划。从现在的情况来看，只要国际国内不发生大的波折，经过努力，全面建成小康社会目标应该可以如期实现。但是，人无远虑，必有近忧。全面建成小康社会之后的路怎么走？如何跳出'历史周期律'、实现长期执政？如何实现党和国家长治久安？这些都是需要我们深入思考的重大问题。"① 因此，全面推进依法治国、加快建设社会主义法治国家便成为当代中国共产党人实施治国理政的重大战略抉择。中共十八大以来，以习近平同志为核心的党中央把法治放在新时代党和国家工作的战略全局中来加以考虑和谋划，十八届四中全会提出了全面推进依法治国的系统化的顶层设计方案，并且加大深入推进的工作力度，新时代的全面依法治国踏上了"快车道"，取得了历史性的重大成就。显然，"全面推进依法治国，是我们党从坚持和发展中国特色社会主义出发，为更好治国理政提出的重大战略任务，也是事关我们党执政兴国的一个全局性的问题"②。

新时代中国法治发展的战略布局。中共十八大以来，以习近平同志为核心的党中央谋划和推进新时代治国理政大业的一个重要的战略抓手，就是提出并形成了全面建成小康社会、全面深化改革、全面依法治国、全面从严治党的"四个全面"战略布局，把新时代的中国法治发展放在这个重大战略构架中来加以把握，这无疑有着殊为重要的

① 参见《习近平关于社会主义政治建设论述摘编》，中央文献出版社 2017 年版，第 84、81 页。

② 参见《习近平关于全面依法治国论述摘编》，中央文献出版社 2015 年版，第 7、15、3、8—9、33—36、30、10—11、38、67—68、78 页。

法治战略意义。习近平强调，“这‘四个全面’是当前党和国家事业发展必须解决好的主要矛盾”，“规划了在新形势下治国理政的战略目标和战略举措”。“四个全面”战略布局，“是中国在新的历史条件下治国理政方略”。在这个战略布局中，“既有战略目标，也有战略举措，每一个‘全面’都具有重大战略意义”。全面建成小康社会是战略目标，而全面深化改革、全面依法治国、全面从严治党则是三大战略举措。[①] “四个全面”的重大战略布局，是一个相互关联、相互促进、相互融通、不可分割的有机整体，共同构成了新时代事关党和国家事业发展全局的战略方向、重点领域、主攻目标。在协调推进“四个全面”战略布局的进程中，全面依法治国具有举足轻重的基础性、保障性作用。习近平明确指出：“从这个战略布局看，做好全面依法治国各项工作意义十分重大。没有全面依法治国，我们就治不好国、理不好政，我们的战略布局就会落空。要把全面依法治国放在‘四个全面’的战略布局中来把握，深刻认识全面依法治国同其他三个‘全面’的关系，努力做到‘四个全面’相辅相成、相互促进、相得益彰。”[②] 坚持全面依法治国，这是一个内涵丰富、意蕴深刻的重大命题，是当代中国共产党人治国理政的一个重大战略思想，也是新时代坚持和发展中国特色社会主义基本方略的有机构成要素，从而成为习近平新时代中国特色社会主义法治思想在行动纲领层面上的表达。中共十八大以来，以习近平同志为核心的党中央把坚持全面依法治国放在“四个全面”战略布局这一中国在新的时代条件下治国理政的方略中加以精心谋划和扎实推进，集中体现了新时代中国特色社会主义基本方略的内在要求。正是基于这一战略考量，中共十九大报告对当代中国现代化建设第二个百年奋斗目标进行战略规划的一个重要特点，

---

① 参见《习近平关于协调推进“四个全面”战略布局论述摘编》，中央文献出版社 2015 年版，第 15、19、18、17 页。

② 参见《习近平关于全面依法治国论述摘编》，中央文献出版社 2015 年版，第 7、15、3、8—9、33—36、30、10—11、38、67—68、78 页。

就是突出协调推进“四个全面”战略布局这一长期战略性任务的重大意义。而新时代的中国法治现代化进程亦在这一战略布局中得以科学地战略筹划。

新时代中国法治发展的战略安排。近代以来，中国国家与法治发展的一个重大主题，就是在实现中华民族伟大复兴的历史进程中，向着建成现代化国家、实现中国法治现代化的伟大目标奋力迈进。中华人民共和国成立之初，在1956年中共八大的开幕词中，毛泽东提出了“为了建设一个伟大的社会主义的中国而奋斗”的宏伟战略任务。① 与此相适应，中共八大关于政治报告的决议强调，“我们必须进一步加强人民民主的法制，巩固社会主义建设秩序”②。1978年改革开放以后，我们党根据邓小平关于建设中国式现代化的战略构想，作出了“三步走”的现代化建设战略部署，并且在20世纪80年代和20世纪末分别提前实现解决温饱问题、总体达到小康水平这两个战略目标。在此基础上，中共十六大、十七大、十八大提出到建党100周年时全面建成小康社会、到中华人民共和国成立100年时基本建成现代化国家的两个百年奋斗目标。与第一个百年奋斗目标的战略谋划相适应，中共十八大对到2020年实现第一个百年奋斗目标之时的中国法治发展状况提出了战略考量，即“依法治国基本方略全面落实，法治政府基本建成，司法公信力不断提高，人权得到切实尊重和保障”③。中共十八届五中全会通过的《关于制定国民经济和社会发展第十三个五年规划的建议》进一步丰富了全面建成小康社会的法治发展目标，到2020年，“各方面制度更加成熟更加定型。国家治理体系和治理能力现代化取得重大进展，各领域基础性制度体系基本形成。人民民主更加健

---

① 参见毛泽东《中国共产党第八次全国代表大会开幕词》（1956年9月15日），载《建国以来重要文献选编》第9册，中央文献出版社2011年版，第29页。

② 《中国共产党第八次全国代表大会关于政治报告的决议》（1956年9月27日），载《建国以来重要文献选编》第9册，中央文献出版社2011年版，第301页。

③ 参见《中国共产党第十八次全国代表大会文件汇编》，人民出版社2012年版，第15—16、13—14页。

全，法治政府基本建成，司法公信力明显提高，人权得到切实保障，产权得到有效保护”①。在深入研究，反复论证的基础上，习近平在中共十九大报告中，在中国共产党的历史上第一次对2020年全面建成小康社会后全面建设现代化国家、向第二个百年奋斗目标进军作出了重大战略安排，其中包括两个15年发展阶段的法治战略构想。习近平指出，第一个阶段，从2020年到2035年，在全面建成小康社会的基础上，再奋斗15年，基本实现现代化。到那时，在法治发展领域，“人民平等参与、平等发展权利得到充分保障，法治国家、法治政府、法治社会基本建成，各方面制度更加完善，国家治理体系和治理能力现代化基本实现”；此外，“现代社会治理格局基本形成，社会充满活力又和谐有序”。② 第二个阶段，从2035年到21世纪中叶，在基本实现现代化的基础上，再奋斗15年，把我国建成富强民主文明和谐美丽的社会主义现代化强国。到那时，在政治与法治发展领域，政治文明将全面提升，“实现国家治理体系和治理能力现代化”③。很显然，这个旨在全面建成现代化强国的新的“两步走”的国家现代化战略构想，不仅将原先确定的第二个百年奋斗目标之实现时间提前了15年，而且提出了在这两个15年时段上当代中国法治现代化进程的既有区别又相连续的战略愿景，从而勾画了新时代推进中国法治现代化的时间表和路线图，开启了向着现代化的法治中国与法治强国宏伟目标进军的新征程。这确乎鼓舞人心，催人奋进！

---

① 参见《中共中央关于制定国民经济和社会发展第十三个五年规划的建议》，人民出版社2015年版，第8、41、5、9页。

② 参见习近平《决胜全面建成小康社会　夺取新时代中国特色社会主义伟大胜利——在中国共产党第十九次全国代表大会上的报告》（2017年10月18日），人民出版社2017年版，第26、13—17、4、28、29、20—22页。

③ 参见习近平《决胜全面建成小康社会　夺取新时代中国特色社会主义伟大胜利——在中国共产党第十九次全国代表大会上的报告》（2017年10月18日），人民出版社2017年版，第26、13—17、4、28、29、20—22页。

严整的法治逻辑系统

经过长期坚持不懈的努力，以中共十八大为标志，当代中国法治发展进入了新时代，全面依法治国开启了新征程。在新的历史条件下，习近平法治思想鲜明回答了什么是中国特色社会主义法治道路、怎样坚持和拓展中国特色社会主义法治这一当代中国法治发展的重大时代课题，形成了体系严整、精辟深刻的法治理论逻辑系统，涉及全面依法治国的历史逻辑、基本方略、目标选择、主体力量、工作布局、重点任务、动力机制、内在规律等一系列重大的法治理论与实践问题，对马克思主义法学发展作出了原创性的理论贡献，充分彰显了21世纪中国马克思主义法学的巨大理论逻辑力量。

一是论述坚持全面依法治国的历史逻辑。习近平注重从坚持和发展中国特色社会主义、确保党和国家长治久安、实现中华民族伟大复兴中国梦的战略全局出发，深刻把握全面依法治国、建设法治中国的内在要求和历史逻辑，强调“全面推进依法治国是关系我们党执政兴国、关系人民幸福安康、关系党和国家长治久安的重大战略问题，是完善和发展中国特色社会主义制度、推进国家治理体系和治理能力现代化的重要方面”。[①]“随着中国特色社会主义事业不断发展，法治建设将承载更多使命、发挥更为重要的作用。”[②] 因此，必须从法治上为解决党和国家事业发展面临的一系列重大问题提供制度化方案，高度重视全面依法治国在新时代坚持和发展中国特色社会主义事业全局中的基础性的重要作用。无论是全面建成小康社会进而在此基础上开启全面建成现代化强国的新征程，还是全面深化改革、推进国家治理体

① 参见《习近平关于社会主义政治建设论述摘编》，中央文献出版社2017年版，第84、81页。

② 《习近平在中国政法大学考察时的讲话》，《人民日报》2017年5月4日。

系和治理能力现代化，都离不开全面推进依法治国，需要运用法治方式提供可靠保障，从而夯实党和国家长治久安的法治基础。所以，“建设社会主义法治国家，建设法治中国，在这一点上，我们不会动摇”①。中华人民共和国成立以来国家发展进程充分表明，中国共产党在中国这样一个东方大国治国理政、安邦定国，必须郑重秉持好法律这个准绳，悉心运用好法治这个方式。“法律是什么？最形象的说法就是准绳。用法律的准绳去衡量、规范、引导社会生活，这就是法治。”② 然而，中国是一个有着漫长的封建传统的国度，封建主义因素较深，“旧中国留给我们的，封建专制传统比较多，民主法制传统很少。解放以后，我们也没有自觉地、系统地建立保障人民民主权利的各项制度，法制很不完备，也很不受重视”。③ 因此，在中国全面推进依法治国，确实需要付出极大的努力。习近平回顾了中华人民共和国成立以来法治发展所走过的不平凡的历程，深刻指出：“我们党对依法治国问题的认识经历了一个不断深化的过程。新中国成立初期，我们党在废除旧法统的同时，积极运用新民主主义革命时期根据地法制建设的成功经验，抓紧建设社会主义法治，初步奠定了社会主义法治的基础。后来，党在指导思想上发生了‘左’的错误，逐渐对法制不那么重视了，特别是‘文化大革命’十年内乱使法制遭到严重破坏，付出了沉重代价，教训十分惨痛！”“党的十一届三中全会以来，我们党把依法治国确定为党领导人民治理国家的基本方略，把依法执政确定为党治国理政的基本方式，始终把法治放在党和国家工作大局中来发展、来谋划、来推进，依法治国取得重大成就。”④ 因此，当代中国

① 参见《习近平关于全面依法治国论述摘编》，中央文献出版社 2015 年版，第 7、15、3、8—9、33—36、30、10—11、38、67—68、78 页。

② 参见《习近平关于全面依法治国论述摘编》，中央文献出版社 2015 年版，第 7、15、3、8—9、33—36、30、10—11、38、67—68、78 页。

③ 参见《邓小平文选》第 2 卷，人民出版社 1994 年版，第 332 页。

④ 参见《习近平关于全面依法治国论述摘编》，中央文献出版社 2015 年版，第 7、15、3、8—9、33—36、30、10—11、38、67—68、78 页。

法治发展经历了艰辛探索的过程，彰显着中国共产党领导人民坚持和发展中国特色社会主义法治的一以贯之的时代主旋律，凝结着中华人民共和国成立近 70 年来中国特色社会主义法治建设的弥足珍贵的经验。所以，习近平强调，“历史是最好的老师。经验和教训使我们党深刻认识到，法治是治国理政不可或缺的重要手段。法治兴则国家兴，法治衰则国家乱。什么时候重视法治、法治昌明，什么时候就国泰民安；什么时候忽视法治、法治松弛，什么时候就国乱民怨”。因此，“全面推进依法治国，是深刻总结我国社会主义法治建设成功经验和深刻教训作出的重大抉择”。① 在中国特色社会主义进入新时代的历史条件下，全面推进依法治国是我们党从新时代坚持和发展中国特色社会主义事业出发提出的重大战略任务，关系我们党坚持执政兴国、更好治国理政、实现国家治理体系和治理能力现代化的战略全局，蕴含着殊为深厚的历史逻辑意义。

二是论述坚持全面依法治国的基本方略。中共十八大以来，中国特色社会主义事业的伟大进程波澜壮阔，澎湃向前，充分展现了以习近平同志为核心的党中央治国理政的战略谋划和崭新实践。习近平在党的十九大报告中把十八大以来治国理政的战略和决策，凝练地概括为新时代坚持和发展中国特色社会主义的基本方略。这对于我们更加自觉地贯彻实施新时代全面依法治国的基本方略，更加坚定地向着全面建设法治中国的伟大目标奋力迈进，有着重要指导意义。新时代坚持和发展中国特色社会主义的基本方略由“十四个坚持”组成，它们之间相互联系、紧密结合，构成了一个内在统一、不可分割的新时代中国治国理政方略的有机整体。在这个施政方略的大系统中，“坚持全面依法治国”这一基本方略集中体现了习近平新时代中国特色社会主义法治思想的核心要义，深刻揭示了新时代

① 参见《习近平关于全面依法治国论述摘编》，中央文献出版社 2015 年版，第 7、15、3、8—9、33—36、30、10—11、38、67—68、78 页。

中国特色社会主义法治发展的基本规律，充分反映了新时代坚持和发展中国特色社会主义法治事业的时代要求，为在新的时代条件下全面推进依法治国、加快建设社会主义法治国家提供了基本准则。习近平强调，“中国特色社会主义最本质的特征是中国共产党领导，中国特色社会主义制度最大的优势是中国共产党的领导，党是最高政治领导力量”，必须“坚持和加强党的全面领导”。[①] 因此，中国共产党的领导是坚持全面依法治国的根本政治保证。在当代中国，中国共产党是执政党，具有丰厚的社会政治资源，在整个国家和社会政治生活中处于领导地位。党的领导是中国特色社会主义最本质的特征，是中国特色社会主义制度的最大政治优势。把全面依法治国置于党的领导之下，是全面依法治国、建设法治中国的根本保障。习近平指出：“党和法的关系是一个根本问题，处理得好，则法治兴、党兴、国家兴；处理得不好，则法治衰、党衰、国家衰。”“党和法、党的领导和依法治国是高度统一的。”[②] 党的领导、中国特色社会主义制度和中国特色社会主义理论，“这 3 个方面实质上是中国特色社会主义法治道路的核心要义，规定和确保了中国特色社会主义法治体系的制度属性和前进方向”[③]。当然，中国共产党领导人民根据宪法和法律有效治理国家和社会，实施坚持全面依法治国基本方略，必然要求党要改革和完善自身的领导方式和执政方式，坚持依法执政，在法治化的轨道上实施对国家和社会的领导。诚如习近平所指出的，要“坚持党对一切工作的领导”，“必须把党的领导贯彻落实到依法治国全过程和各方面，坚定不移走中国特色社会主义

---

① 参见《中国共产党第十九次全国代表大会文件汇编》，人民出版社 2017 年版，第 10、11—12、16、49、18、15—17、9、15—16、23、19、36、31 页。

② 参见《习近平关于全面依法治国论述摘编》，中央文献出版社 2015 年版，第 7、15、3、8—9、33—36、30、10—11、38、67—68、78 页。

③ 参见《中共中央关于全面推进依法治国若干重大问题的决定》，人民出版社 2014 年版，第 11、49、4、7、6、55 页。

法治道路”。①

三是论述坚持全面依法治国的总目标。在当代中国新的历史条件下，推进国家治理体系和治理能力的现代化，旨在使中国特色社会主义制度更加成熟更加定型，从而为党和国家长治久安提供一整套更完备、更稳定、更管用的制度体系。坚持全面依法治国，就是要实现从人治型的国家治理体制向法治型的国家治理体制的历史性的创造性的转变。中共十八届四中全会决定把建设中国特色社会主义法治体系、建设社会主义法治国家确定为坚持全面依法治国的总目标。② 习近平将建设中国特色社会主义法治体系称为“全面推进依法治国的总抓手”③。习近平新时代中国特色社会主义思想的“八个明确”之一，即是“明确全面推进依法治国总目标是建设中国特色社会主义法治体系、建设中国特色社会主义法治国家”④，作为坚持全面依法治国的“总目标”或“总抓手”。中国特色社会主义法治体系是一个由法律规范体系、法治实施体系、法治监督体系、法治保障体系和党内法规体系所组成的、反映国家法治运行状态的法治共同体系统，构成了“国家治理体系的骨干工程”⑤。建设中国特色社会主义法治体系，必须坚持立法先行。法治体系的基本细胞是法律规范，而法律规范体系是一个结构严谨、层次分明、和谐统一的有机整体。在坚持全面依法治国的新时代，着力形成以宪法为统帅的法律规范体系，对于实施新时代的治国理政基本方略，具有不可或缺的引领和推动作用。基于此，

---

① 参见习近平《决胜全面建成小康社会　夺取新时代中国特色社会主义伟大胜利——在中国共产党第十九次全国代表大会上的报告》（2017年10月18日），人民出版社2017年版，第26、13—17、4、28、29、20—22页。

② 参见《中共中央关于全面推进依法治国若干重大问题的决定》，人民出版社2014年版，第11、49、4、7、6、55页。

③ 参见《中国共产党第十八届中央委员会第四次全体会议文件汇编》，人民出版社2014年版，第81页。

④ 参见《中国共产党第十九次全国代表大会文件汇编》，人民出版社2017年版，第10、11—12、16、49、18、15—17、9、15—16、23、19、36、31页。

⑤ 习近平：《加快建设社会主义法治国家》，《求是》2015年第1期。

习近平明确提出，坚持全面依法治国基本方略，要“完善以宪法为核心的中国特色社会主义法律规范体系，建设中国特色社会主义法治体系，建设社会主义法治国家”①。

四是论述坚持全面依法治国的工作布局。在中共十九大报告中，习近平在全面总结中国特色社会主义法治实践经验的基础上，进一步阐述了共同推进与一体建设有机结合的新时代全面依法治国的工作布局，强调“坚持依法治国、依法执政、依法行政共同推进，坚持法治国家、法治政府、法治社会一体建设”②。这充分体现了坚持全面依法治国基本方略的整体观。在当代中国法治现代化进程中，依法治国、依法执政、依法行政是一个内在统一的有机整体。在这里，坚持依法执政、依法行政，对于坚持全面依法治国基本方略具有关键性意义。习近平指出：“能不能做到依法治国，关键在于党能不能坚持依法执政，各级政府能不能依法行政。我们要增强依法执政意识，坚持以法治的理念、法治的体制、法治的程序开展工作，改进党的领导方式和执政方式，推动依法执政制度化、规范化、程序化。”“各级政府必须依法全面履行职能，坚持法定职责必须为、法无授权不可为，健全依法决策机制，完善执法程序，严格执法责任，做到严格规范公正文明执法。”③ 不仅如此，法治国家、法治政府、法治社会三者之间相互联系、各有侧重、相辅相成。坚持三者一体建设，这深刻反映了新时代推进全面依法治国的内在机理。在中国的法治国情条件下，加快法治社会建设，增强全社会法治观念，对于加快推进法治国家和法治政府建设，有着特殊重要的意义。因此，“必须在全社会弘扬社会主义法治精神，建设社会主义法治文化”④。由此，习

---

① 参见《中国共产党第十九次全国代表大会文件汇编》，人民出版社 2017 年版，第 10、11—12、16、49、18、15—17、9、15—16、23、19、36、31 页。

② 参见《中国共产党第十九次全国代表大会文件汇编》，人民出版社 2017 年版，第 10、11—12、16、49、18、15—17、9、15—16、23、19、36、31 页。

③ 参见《十八大以来重要文献选编》（中），中央文献出版社 2016 年版，第 188 页。

④ 习近平：《加快建设社会主义法治国家》，《求是》2015 年第 1 期。

近平在中共十九大报告中进一步强调，要“提高全民族法治素养和道德素养”①。

五是论述坚持全面依法治国的统筹机制。在当代中国，坚持全面依法治国是一项庞大的系统工程，必须整体谋划、统筹兼顾。习近平在中共十九大报告中明确提出，要“坚持依法治国和以德治国相结合，依法治国和依规治党有机统一”②。这就更加充实和丰富了坚持全面依法治国基本方略的内涵意义，更加强化和突出了坚持全面依法治国基本方略的整体统筹。一方面，要坚持依法治国和以德治国相结合。在国家治理的过程中，作为两种不同的治国理政方式，法治与德治既彼此区别、各有特点，又密切联系、相辅相成。“治理国家、治理社会必须一手抓法治、一手抓德治，既重视法律的规范作用，又重视发挥道德的教化作用，实现法律和道德相辅相成、法治和德治相得益彰。”③ 在传统中国，儒家的“德治”思想对古代法律世界产生了深刻的影响，形成了伦理型法律的鲜明特质。诚然，儒家“德治”系统的泛道德主义，导致了对法律的不信任，动摇了法律在国家治理中的重要地位。尽管儒家的“德治”思想与现代法治精神判然有别，但是，在社会的演进过程中，儒家“德治”思想及其伦理精神渐而成为一种法律文化传统，深深地融入社会法律价值观念体系之中。时至今日，德治理念与原则日益广泛地渗入普通民众的生活方式之中，起到了调节社会行为、进行社会治理的重要功用。在新时代坚持全面依法治国的进程中，充分发挥法治的规范作用和德治的教化作用，无疑能够为全面依法治国营造良好的制度与人文环境。因此，中共十八届四中全会决定把“坚持依法治国和以德治国相结合”作为全面推进依法治国

---

① 参见《中国共产党第十九次全国代表大会文件汇编》，人民出版社 2017 年版，第 10、11—12、16、49、18、15—17、9、15—16、23、19、36、31 页。

② 参见《中国共产党第十九次全国代表大会文件汇编》，人民出版社 2017 年版，第 10、11—12、16、49、18、15—17、9、15—16、23、19、36、31 页。

③ 参见《习近平关于全面依法治国论述摘编》，中央文献出版社 2015 年版，第 7、15、3、8—9、33—36、30、11、10—11、38、67—68、78 页。

必须遵循的一个重要原则。① 中共十九大报告进一步把这一原则纳入坚持全面依法治国的基本方略之中。另一方面，要坚持依法治国和依规治党有机统一。习近平指出：“我们党要履行好执政兴国的重大历史使命，赢得具有许多新的历史特点的伟大斗争的胜利，实现党和国家的长治久安，必须坚持依法治国与制度治党、依规治党统筹推进、一体建设。”② 这一重要论述从新时代坚持和发展中国特色社会主义的战略和全局高度，深刻阐明了坚持依法治国与依规治党统筹推进、一体建设的重大意义。坚持依法治国与依规治党有机统一这一重大法治命题，集中体现了依法治国与依法执政的内在融合。依法执政是新的历史条件下中国共产党治国理政的基本方式，是坚持全面依法治国的题中应有之义。依法治国与依法执政是一个有机整体。党领导人民依据宪法和法律有效治理国家与社会，实施坚持全面依法治国基本方略，必然要求党建立健全依法执政的法治基础，在法治轨道上实行对一切工作的全面领导。而坚持依法执政的基本要求，就是“全面提高党依据宪法法律治国理政、依据党内法规管党治党的能力和水平”③。坚持依规治党，加强党内法规制度建设，有利于为中国共产党依法执政提供制度保障。因此，习近平在中共十九大报告中提出坚持依法治国与依规治党有机统一的重大法治命题，使之成为坚持全面依法治国基本方略的构成要素，从而展现出一幅依法治国与依规治党内在结合、有机协调的新时代治国治党图式，旨在为实现中国共产党的长期执政打下坚实的制度基础。

---

① 参见《中共中央关于全面推进依法治国若干重大问题的决定》，人民出版社 2014 年版，第 11、49、4、7、6、55 页。

② 习近平：《坚持依法治国与制度治党、依规治党统筹推进、一体建设》，参见《人民日报》2016 年 12 月 26 日。

③ 参见《中共中央关于制定国民经济和社会发展第十三个五年规划的建议》，人民出版社 2015 年版，第 8、41、5、9、5 页。

深刻的法治价值取向

当代中国正处在一个转型发展的社会大变革进程之中，一个利益多元、充满活力的新型社会正在形成。应当看到，在这个急剧变革的社会转型时期，利益关系格局重新调整，社会矛盾错综复杂，各种深层次的社会矛盾日益显现出来，多元化的利益主体之间的利益失衡、碰撞和冲突的现象越来越突出。因此，如何协调平衡社会利益关系，妥善化解新形势下的社会矛盾，全力维护转型期的社会稳定，保证社会生活的安定有序，已经成为当代中国法治发展的一项重要任务。习近平深刻指出："'国无常强，无常弱。奉法者强则国强，奉法者弱则国弱。'我们必须把依法治国摆在更加突出的位置，把党和国家工作纳入法治化轨道，坚持在法治轨道上统筹社会力量、平衡社会利益、调节社会关系、规范社会行为，依靠法治解决各种社会矛盾和问题，确保我国社会在深刻变革中既生机勃勃又井然有序。"① 充分运用法治方式和手段妥善协调平衡社会利益，化解社会矛盾，整合社会关系，凝聚社会共识，重塑社会秩序，进而彰显现代法治的价值意义，这对于确保当代中国在深刻的社会转型变革进程中既充满生机活力又平稳健康有序，进而实现新时代国家发展的战略目标，无疑有着重要的法治价值效应。

首先，要始终坚持以人民为中心的法治发展价值准则。人的问题是当代发展与法治理念领域中的一个至为重要的基础性问题，也是新时代中国国家与社会发展的基本价值尺度。人的地位及其在社会生活中的价值功能程度，构成了文明社会不同国家发展类型的基本评价尺度，亦是在新时代中国现代化进程中重塑社会秩序、重构社会有机体的价值基础。习近平运用马克思主义历史唯物主义法哲学的分析原则，

---

① 参见《习近平关于全面依法治国论述摘编》，中央文献出版社 2015 年版，第 7、15、3、8—9、33—36、30、10—11、38、67—68、78 页。

鲜明提出了以人民为中心的发展思想，深刻阐发了以人民为中心的法治发展价值准则，强调以人民为中心的发展思想，“体现了我们党全心全意为人民服务的根本宗旨，体现了人民是推动发展的根本力量的唯物史观”①，从而彰显了人民至上的法治价值取向。以人民为中心的发展思想，深刻反映了马克思主义历史唯物主义关于人的主体性规律的基本原理，把增进人民福祉、促进人的全面发展作为新时代中国国家发展的出发点和落脚点。“人民对美好生活的向往，就是我们的奋斗目标。”② 因此，在新时代中国国家发展进程中，要妥善平衡协调各种利益关系，化解错综复杂的社会矛盾纠纷，重要的就是要始终坚持和着力践行以人民为中心的发展思想。“‘治国有常，而利民为本。’以人民为中心的发展思想，不是一个抽象的、玄奥的概念，不能只停留在口头上、止步于思想环节，而应体现在经济社会发展各个环节。”③ 由此，中共十八届五中全会《中共中央关于制定国民经济和社会发展第十三个五年规划的建议》（以下简称《建议》）把“坚持以人民为中心的发展思想”确定为如期实现全面建成小康社会奋斗目标、推动经济社会持续健康发展所必须遵循的重要准则。④ 中共十九大报告进一步阐述了作为习近平新时代中国特色社会主义思想的有机组成部分的“坚持以人民为中心的发展思想”之重大命题，并且把“坚持以人民为中心”作为新时代坚持和发展中国特色社会主义基本方略的第二条加以深刻阐释，强调“人民是历史的创造者，是决定党和国家命运的根本力量”。⑤ 这就为新时代中国国家发展和法治事业指

① 参见习近平《在省部级主要领导干部学习贯彻党的十八届五中全会精神专题研讨班上的讲话》（2016 年 1 月 18 日），人民出版社 2016 年版，第 24—25、25—27、28 页。

② 参见《习近平谈治国理政》，外文出版社 2014 年版，第 4 页。

③ 参见习近平《在省部级主要领导干部学习贯彻党的十八届五中全会精神专题研讨班上的讲话》（2016 年 1 月 18 日），人民出版社 2016 年版，第 24—25、25—27、28 页。

④ 参见《中共中央关于制定国民经济和社会发展第十三个五年规划的建议》，人民出版社 2015 年版，第 8、41、5、9、5 页。

⑤ 参见《中国共产党第十九次全国代表大会文件汇编》，人民出版社 2017 年版，第 10、11—12、16、49、18、15—17、9、15—16、23、19、36、31 页。

明了战略方向。

在新时代全面依法治国、建设法治中国的历史进程中，必须全面贯彻以人民为中心的发展思想，使之成为当代中国法治发展的基本价值准则。一是要坚持人民主体地位。在社会主义社会，人民是一切国家权力的源泉。坚持人民主体地位，不仅是社会主义民主政治的本质要求，也是全面推进依法治国、建设社会主义法治国家的基本原则。习近平指出："我国社会主义制度保证了人民当家作主的主体地位，也保证了人民在全面推进依法治国中的主体地位。这是我们的制度优势，也是中国特色社会主义法治区别于资本主义法治的根本所在。"① 在当代中国，在中国共产党的坚强领导下，人民群众通过多种途径、机制和方式有序参与国家和社会事务，参与法治建设与法治改革事业，从而成为全面依法治国的主体和力量源泉，有力推动了当代中国法治发展进程。因此，中共十八届四中全会决定把"坚持人民主体地位"确定为全面推进依法治国必须遵循的五项原则之一，强调"必须坚持法治建设为了人民、依靠人民、造福人民、保护人民"。② 中共十九大则把"坚持人民当家作主"确定为新时代坚持和发展中国特色社会主义基本方略的有机构成要素，提出要将"保证人民当家作主落实到国家政治生活和社会生活之中"③。所以，在全面依法治国的新的时代条件下，习近平明确指出："要充分调动人民群众投身依法治国实践的积极性和主动性，使全体人民都成为社会主义法治的忠实崇尚者、自觉遵守者、坚定捍卫者，使尊法、信法、守法、用法、护法成为全体人民的共同追求。"④ 二是保障人民发展权益。坚持以人民为中心的法治发展准则，必然要求运用法治方式切实维护人民的发展权益，进而

---

① 习近平：《加快建设社会主义法治国家》，《求是》2015年第1期。

② 参见《中共中央关于全面推进依法治国若干重大问题的决定》，人民出版社2014年版，第11、49、4、7、6、55页。

③ 参见《中国共产党第十九次全国代表大会文件汇编》，人民出版社2017年版，第10、11—12、16、49、18、15—17、9、15—16、23、19、36、31页。

④ 习近平：《加快建设社会主义法治国家》，《求是》2015年第1期。

为增进人民福祉、促进人的全面发展提供坚强的法治保障。习近平指出："坚持人民主体地位，顺应人民群众对美好生活的向往，不断实现好、维护好、发展好最广大人民根本利益，做到发展为了人民、发展依靠人民、发展成果由人民共享。"① 因此，新时代中国法治发展的根本任务，就是要合理平衡与调节不同社会群体的不同利益关系，切实维护和实现最广大人民群众的发展权益。在当下急剧变动的社会转型期，因城市房屋拆迁、农村土地征用、企业破产改制、劳动争议、医患纠纷、环境保护等引发的社会矛盾和群体性事件，不仅成为影响社会稳定安宁的突出问题，而且在很大程度上影响着人民发展权益的维护和实现。所以，必须高度重视发挥好法治的利益调整功能。基于此，习近平强调，"解决人民最关心的教育、就业、收入分配、社会保障、医药卫生、住房等方面的突出问题，解决促进社会公平正义、完善互联网管理、加强安全生产、保障食品药品安全、改革信访工作制度，创新社会治理体制、维护社会和谐稳定等方面的难题"，"都需要密织法律之网、强化法治之力"。② 进而在此基础上，积极运用法治激励机制，"充分调动各方面积极性，最大限度增强社会发展活力，充分发挥人民群众首创精神，使全社会创造能量充分释放、创业活力蓬勃开展"③。三是有效满足人民法治需求。在当代中国，随着社会的深刻转型与变革，人民群众对法治工作提出了一系列新要求、新期待。深入推进当代中国法治改革与发展，已经成为满足人民群众对法治工作新需求的有效机制。在中共十九大报告中，习近平精辟分析了新时代我国社会主要矛盾的新变化，指出："中国特色社会主义进入新时代，我国社会主要矛盾已经转化为人民日益增长的美好生活需要和不

① 参见习近平《在省部级主要领导干部学习贯彻党的十八届五中全会精神专题研讨班上的讲话》（2016 年 1 月 18 日），人民出版社 2016 年版，第 24—25、25—27、28 页。

② 参见《习近平关于全面依法治国论述摘编》，中央文献出版社 2015 年版，第 7、15、3、8—9、33—36、30、10—11、38、67—68、78 页。

③ 参见《习近平关于全面深化改革论述摘编》，中央文献出版社 2014 年版，第 93—94、92、98、52—53 页。

平衡不充分的发展之间的矛盾。”[①] 这一重大政治判断准确地反映了当代中国社会发展的阶段性特征，对新时代全面依法治国、建设法治中国具有重大指导作用。在新的时代条件下，一方面，随着人民生活水平明显提高，人民对民主法治、公平正义的需要也在不断增长，愈益期待党和国家通过推进法治领域改革，有力回应人民的法治新需求。另一方面，全面依法治国迈出重大步伐，但法治领域不平衡不充分发展的问题还比较突出。因此，新时代全面依法治国、深化法治改革的出发点和落脚点，就是要悉心把握人民群众对法治建设的新要求、新期待，采取有针对性的依法治国举措，推动新时代中国法治领域更加平衡更加充分的发展。要统筹规划新一轮法治改革方案，坚持以人民是否满意、是否有“获得感”来检验法治改革的成败得失，分析人民群众对法治改革的认可程度，努力使法治改革合乎民心、顺应民意，更好地满足人民群众日益增长的法治新需求。诚如习近平所强调的，要在法治下推进改革，在改革中完善法治，突出重点，对准焦距，找准穴位，击中要害，推出一批叫得响、立得住、群众认可的硬招实招，处理好改革“最先一公里”和“最后一公里”的关系，突破“中梗阻”，防止不作为，把改革方案的含金量充分展示出来，让人民群众有更多获得感[②]，切实做到人民有所呼、改革有所应。[③]

其次，要着力实现共享发展的法治价值。社会主义制度从根本上区别于资本主义制度的，不仅在于它能够带来生产力的解放和发展，进而不断满足人民对美好生活的需要，而且还在于它能够带来社会正义和社会平等，进而消除两极分化，促进社会的共同富裕。所以，邓

---

① 参见《中国共产党第十九次全国代表大会文件汇编》，人民出版社 2017 年版，第 10、11—12、16、49、18、15—17、9、15—16、23、19、36、31 页。

② 参见 2015 年 2 月 27 日习近平在主持召开中央全面深化改革领导小组第十次会议时的讲话要点，《人民日报》2015 年 2 月 28 日。

③ 参见 2015 年 4 月 1 日习近平在主持召开中央全面深化改革领导小组第十一次会议时的讲话要点，《人民日报》2015 年 4 月 2 日。

小平明确主张把实现共同富裕作为社会主义与资本主义相区别的一个主要标志，指出：“在中国现在落后的状态下，走什么道路才能发展生产力，才能改善人民生活？这就又回到是坚持社会主义还是坚持资本主义道路的问题上来了。如果走资本主义道路，可以使中国百分之几的人富裕起来，但是绝对解决不了百分之九十几的人生活富裕的问题。而坚持社会主义，实行按劳分配的原则，就不会产生贫富过大的差距。”① “社会主义的目的就是要全国人民共同富裕，不是两极分化。如果我们的政策导致两极分化，我们就失败了。”② 后来，邓小平又反复告诫说：“共同富裕，我们从改革一开始就讲，将来总有一天要成为中心课题。”③ 由此，邓小平深刻揭示了社会主义的本质，指出：“社会主义的本质，是解放生产力、发展生产力，消灭剥削，消除两极分化，最终达到共同富裕。”④ 这就从生产力与生产关系的有机结合上阐释了社会主义的本质属性。因之，处于社会转型期的当代中国法治发展，必须始终高度关注共同富裕和共享发展。以习近平同志为核心的党中央把共享发展确定为新发展理念的重要内容，强调“共享是中国特色社会主义的本质要求”⑤，对新时代推进共享发展、实现共同富裕作出了一系列重大部署。习近平指出：“共享理念实质就是坚持以人民为中心的发展思想，体现的是逐步实现共同富裕的要求。共同富裕，是马克思主义的一个基本目标，也是自古以来我国人民的一个基本理想。”共享发展理念包含四个方面的主要内涵：就共享的覆盖面而言，共享是全民共享；就共享的内容而言，共享是全面共享；就共享的实现途径而言，共享是共建共享；就共享发展的推进过程而言，共享是渐进共享。“这 4 个方面是相互贯通的，要整体理解和

---

① 《邓小平文选》第 3 卷，人民出版社 1993 年版，第 64、110—111、364、373 页。

② 《邓小平文选》第 3 卷，人民出版社 1993 年版，第 64、110—111、364、373 页。

③ 《邓小平文选》第 3 卷，人民出版社 1993 年版，第 64、110—111、364、373 页。

④ 《邓小平文选》第 3 卷，人民出版社 1993 年版，第 64、110—111、364、373 页。

⑤ 参见《中共中央关于制定国民经济和社会发展第十三个五年规划的建议》，人民出版社 2015 年版，第 8、41、5、9、5 页。

把握。”[①] 中共十九大把共享发展理念内在地融入习近平新时代中国特色社会主义思想之中，对于新时代中国特色社会主义发展的战略安排亦充分体现共享发展理念，明确从 2020 到 2035 年基本实现现代化的重要内容之一是“全体人民共同富裕迈出坚实步伐”，从 2035 年到 21 世纪中叶全面建成现代化强国的战略目标之一乃是“全体人民共同富裕基本实现”[②]。因此，新时代中国法治发展及其现代化进程的一项重大议程，就是健全完善推进共享发展、实现共同富裕的法治制度，从而把共享发展构筑在坚实的法治基础之上。

应当看到，建构贯彻共享发展理念的法治制度与机制，“落实共享发展是一门大学问，要做好从顶层设计到‘最后一公里’落地的工作，在实践中不断取得新成效”[③]。在这里，关键是要推进两个方面的法治制度与机制建设。其一，充分运用授权性规范，调动社会主体的积极性，赋予社会主体以广泛的社会与法律权利，允许社会主体在社会经济生活中拥有广泛的行动方案的选择自由，借以促进经济社会的蓬勃发展，推动社会的全面进步，“不断把‘蛋糕’做大”。习近平强调，要善于运用法治手段，“依法保障全体公民享有广泛的权利，保障公民的人身权、财产权、基本政治权利等各项权利不受侵犯，保证公民的经济、文化、社会等方面权利得到落实，努力维护最广大人民根本利益，保障人民群众对美好生活的向往和追求”[④]。只有这样，才能在法治的良好生态环境中，让一切创造社会财富的源泉充分涌流，让发展成果更多更公平地惠及全体人民。其二，要充分认识建构合理

① 参见习近平《在省部级主要领导干部学习贯彻党的十八届五中全会精神专题研讨班上的讲话》（2016 年 1 月 18 日），人民出版社 2016 年版，第 24—25、25—27、28 页。

② 参见《中国共产党第十九次全国代表大会文件汇编》，人民出版社 2017 年版，第 10、11—12、16、49、18、15—17、9、15—16、23、19、36、31 页。

③ 参见习近平《在省部级主要领导干部学习贯彻党的十八届五中全会精神专题研讨班上的讲话》（2016 年 1 月 18 日），人民出版社 2016 年版，第 24—25、25—27、28 页。

④ 参见习近平《在首都各界纪念现行宪法公布施行 30 周年大会上的讲话》（2012 年 12 月 4 日），人民出版社 2012 年版，第 10 页。

的收入分配制度对于实现共享发展的重要价值意义，创新法治制度安排，悉心把握分配制度所体现的公平与效率的关系，精心构造公平与效率相平衡的分配制度体系，切实缓解社会分配不公的状况，着力形成平衡和谐的经济社会秩序，从而增强法治的利益调节功能，“把不断做大的‘蛋糕’分好，让社会主义制度的优越性得到更充分体现，让人民群众有更多获得感”[①]。因之，习近平突出制度安排对于保障共享发展的基本价值取向，强调要“建立公平有效的体制机制，使改革的红利、发展的成果让人民群众共享”，“在做大‘蛋糕’的同时分好‘蛋糕’”[②]。“收入分配制度改革是一项十分艰巨复杂的系统工程，各地区各部门要充分认识深化收入分配制度改革的重大意义，把落实收入分配制度、增强城乡居民收入、缩小收入分配差距、规范收入分配秩序作为重要任务，着力解决人民群众反映突出的问题。”[③] 在中共十九大报告中，习近平把“坚持在发展中保障和改善民生”作为新时代坚持和发展中国特色社会主义基本方略的重要内容加以阐发，强调“增进民生福祉是发展的根本目的”，要“保证全体人民在共建共享发展中有更多获得感，不断促进人的全面发展、全体人民共同富裕”。[④] 这就清晰地展示了新时代中国法治发展的价值取向。

再次，要切实维护社会公平正义。公平正义作为一种价值理念和生活形态，反映了人类社会文明进步的艰难曲折历程，构成了衡量和评价社会文明进步程度的基本价值准则。在坚持和发展中国特色社会主义事业的历史进程中，社会公平正义涵盖了社会主义的价值理想，

---

① 参见习近平《在省部级主要领导干部学习贯彻党的十八届五中全会精神专题研讨班上的讲话》（2016 年 1 月 18 日），人民出版社 2016 年版，第 24—25、25—27、28 页。

② 参见《十八大以来重要文献选编》（上），中央文献出版社 2014 年版，第 787、786 页。

③ 参见《习近平关于全面深化改革论述摘编》，中央文献出版社 2014 年版，第 93—94、92、98、52—53 页。

④ 参见《中国共产党第十九次全国代表大会文件汇编》，人民出版社 2017 年版，第 10、11—12、16、49、18、15—17、9、15—16、23、19、36、31 页。

体现了社会主义制度的本质属性，构成了社会价值系统的终极依托。中共十八大把“必须坚持维护社会公平正义”作为发展中国特色社会主义的“八个基本要求”之一，强调“公平正义是中国特色社会主义的内在要求”，要“抓紧建设对保障社会公平正义具有重大作用的制度”。[①] 中共十八届三中全会决定提出，全面深化改革必须“以促进社会公平正义、增进人民福祉为出发点和落脚点”[②]。中共十八届四中全会决定把“维护社会公平正义、促进共同富裕”作为坚持人民主体地位这一全面依法治国基本原则的重要内容来加以阐述。[③] 中共十八届五中全会《建议》在阐释全面建成小康社会的重要原则时提出要“维护社会公平正义，保障人民平等参与、平等发展权利，充分调动人民积极性、主动性、创造性”[④]。随着中国特色社会主义进入新时代，维护社会公平正义面临着新的任务和要求。习近平在中共十九大报告中深刻指出：“全党必须牢记，为什么人的问题，是检验一个政党、一个政权性质的试金石。带领人民创造美好生活，是我们党始终不渝的奋斗目标。必须始终把人民利益摆在至高无上的地位，让改革发展成果更多更公平惠及全体人民，朝着实现全体人民共同富裕不断迈进”，进而“不断满足人民日益增长的美好生活需要，不断促进社会公平正义”。[⑤] 因之，切实维护和实现社会公平正义，已经成为新时代中国法治发展的一项重大议题。

现代法治是公平正义原则的体现，法治制度是公平正义的载体。

---

① 参见《中国共产党第十八次全国代表大会文件汇编》，人民出版社 2012 年版，第 15—16、13—14 页。

② 参见《中共中央关于全面深化改革若干重大问题的决定》，人民出版社 2013 年版，第 31、3 页。

③ 参见《中共中央关于全面推进依法治国若干重大问题的决定》，人民出版社 2014 年版，第 11、49、4、7、6、55 页。

④ 参见《中共中央关于制定国民经济和社会发展第十三个五年规划的建议》，人民出版社 2015 年版，第 8、41、9、5 页。

⑤ 参见《中国共产党第十九次全国代表大会文件汇编》，人民出版社 2017 年版，第 10、11—12、16、49、18、15—17、9、15—16、23、19、36、31 页。

习近平指出："公正是法治的生命线。公平正义是我们党追求的一个非常崇高的价值。全心全意为人民服务的宗旨决定了我们必须追求公平正义，保护人民权益、伸张正义。全面依法治国，必须紧紧围绕保障和促进社会公平正义来进行。"① 处于大变革进程中的新时代中国法治发展，必须始终高度关注和重视解决社会公平正义问题，将促进和实现社会公平正义贯彻落实到新时代坚持全面依法治国、实现中国法治现代化的全过程和各个方面。在立法领域，要加强公民权利保障的法律制度建设，妥善做好制度安排，借以"促进权利公平、机会公平、规则公平"②，进而使不同社会群体各得其所、各展其能，让一切创造社会财富的源泉充分涌流。诚如习近平所强调的，"不论处在什么发展水平上，制度都是社会公平正义的重要保证。我们要通过制度安排，努力克服人为因素造成的有违公平正义的现象，保证人民平等参与、平等发展权利。要把促进社会公平正义、增进人民福祉作为一面镜子，审视我们各方面体制机制和政策规定"。"对由于制度安排不健全造成的有违公平正义的问题要抓紧解决，使我们的制度安排更好地体现社会主义公平正义原则，更加有利于实现好、维护好、发展好最广大人民根本利益。"③ 在行政领域，要坚持以维护社会公平正义为基本尺度来把握转变政府职能的总方向。习近平指出："转变政府职能是深化行政体制改革的核心"，"关键是要明确往哪里转、怎么转。在总结经验的基础上，我们提出了现在转变政府职能的总方向，这就是党的十八大确定的创造良好的发展环境、提供优质的公共服务、维护社会公平正义。要按照这个总方向，科学界定政府职能范围，优化各级政府组织结构，理顺部门职责分工，突出强化责任，确保权

① 参见《习近平关于全面依法治国论述摘编》，中央文献出版社 2015 年版，第 7、15、3、8—9、33—36、30、10—11、38、67—68、78 页。

② 参见《十八大以来重要文献选编》（上），中央文献出版社 2014 年版，第 787、786 页。

③ 参见《习近平关于全面深化改革论述摘编》，中央文献出版社 2014 年版，第 93—94、92、98、52—53 页。

责一致”。[①] 在这个总方向的统领下，促进各级政府依法全面履行职能，坚持做到法定职责必须为、法无授权不可为。在司法领域，维护社会公平正义，是中国特色社会主义司法制度的基本价值目标，“社会主义司法制度必须保障在全社会实现公平正义”[②]。在新时代中国司法发展进程中，必须始终秉持维护和实现社会公平正义的价值准则，把维护社会公平正义放在司法工作的更加突出的位置。习近平深刻论述了维护社会公平正义、提高司法公信力的极端重要性，指出：“司法是维护社会公平正义的最后一道防线。”“如果司法这道防线缺乏公信力，社会公正就会受到普遍质疑，社会和谐稳定就难以保障。”[③] “全面推进依法治国，必须坚持公正司法。公正司法是维护社会公平正义的最后一道防线。”“法律本来应该具有定分止争的功能，司法审判本来应该具有终局性的作用，如果司法不公、人心不服，这些功能就难以实现。”[④] 产生司法不公、司法公信力不高问题的原因是多方面的，其中最为重要的在于司法体制不完善，司法运行机制不尽科学。因此，必须从中国司法国情条件出发，坚定地推进司法体制改革。习近平强调，“坚持公正司法，需要做的工作很多。我们提出要努力让人民群众在每一个司法案件中都能感受到公平正义，所有司法机关都要紧紧围绕这个目标来改进工作，重点解决影响司法公正和制约司法能力的深层次问题”。[⑤] 深化司法体制改革，就是要着力解决影响司法公正和司法公信力的深层次的司法体制机制问题，进而“提高司法公信力，让司法真正发挥维护社会公平正义最后一道防

① 参见《习近平关于全面深化改革论述摘编》，中央文献出版社 2014 年版，第 93—94、92、98、52—53 页。

② 参见《十六大以来重要文献选编》（上），中央文献出版社 2011 年版，第 27 页。

③ 参见《中共中央关于全面推进依法治国若干重大问题的决定》，人民出版社 2014 年版，第 11、49、4、7、6、55 页。

④ 参见《习近平关于全面依法治国论述摘编》，中央文献出版社 2015 年版，第 7、15、3、8—9、33—36、30、10—11、38、67—68、78 页。

⑤ 参见《习近平关于全面依法治国论述摘编》，中央文献出版社 2015 年版，第 7、15、3、8—9、33—36、30、10—11、38、67—68、78 页。

线的作用”①。在全面依法治国的新时代，司法体制改革面临着新的要求，必须“深化司法体制综合配套改革，全面落实司法责任制，努力让人民群众在每一个司法案件中感受到公平正义”②，从而更加充分发挥司法机关维护社会公平正义的职能作用，更加深入推进中国特色社会主义司法制度建设，更加有力维护和实现社会公平正义。

结　语

习近平新时代中国特色社会主义法治思想，是当代中国共产党人领导人民正在进行的新时代伟大社会革命的理论产物，以其崭新的法治时代精神、宏阔的法治战略视域、严整的法治逻辑系统、深刻的法治价值取向，鲜明表达了马克思主义法学中国化进程的最新重大理论成果，创造性地开辟了21世纪中国马克思主义法学发展的新境界，实现了马克思主义法学原理与中国法治实际相结合的又一次理论飞跃，为新时代全面推进法治中国建设、实现中国法治现代化提供了科学的理论指南。

作为中国共产党领导人民进行伟大社会革命的成果和继续，新时代中国特色社会主义事业充满蓬勃的生机和活力，已经提出并且将继续提出一系列关乎新时代中国国家发展的重大理论与实践问题，要求当代中国共产党人作出回应、给予解答。马克思说过：“一个时代迫切的问题，有着和任何在内容上有根据的因而也是合理的问题共同的命运：主要的困难不在答案，而是问题。因此，真正的批判要分析的不是答案，而是问题。”“问题却是公开的、无所顾忌的、支配一切个人的时代之声。问题是时代的格言，是表现时代自己内心状态的最实

① 参见《习近平关于全面依法治国论述摘编》，中央文献出版社2015年版，第7、15、3、8—9、33—36、30、10—11、38、67—68、78页。

② 参见《中国共产党第十九次全国代表大会文件汇编》，人民出版社2017年版，第10、11—12、16、49、18、15—17、9、15—16、23、19、36、31页。

际的呼声。”[①] 在新时代伟大社会革命的进程中，坚持和发展什么样的中国特色社会主义法治，已经成为当代中国共产党人必须从理论和实践的结合上系统回答的一个重大时代法治问题。习近平运用马克思主义历史唯物主义法学原理与方法论原则，从坚持和拓展中国特色社会主义法治道路的战略高度，密切结合中国特色社会主义法治发展的新的时代条件和实践要求，深刻阐述了中国特色社会主义法治发展的基本问题，并且根据新时代全面依法治国的崭新实践，对法治中国建设的各领域各方面进行理论阐释与战略谋划，展开了宏大而艰辛的法治理论探索，以全新的法治视域深化对中国特色社会主义法治发展规律和文明社会法治现象运动规律的认识，从而取得了马克思主义法学中国化的重大理论创新成果，历史性地形成和创立了习近平新时代中国特色社会主义法治思想，丰富和发展了马克思主义法学原理和中国特色社会主义法治理论体系。

随着中国特色社会主义进入新时代的历史行程，当代中国法治发展正处于新的历史方位。新时代全面依法治国、建设法治中国的伟大实践，不仅构成新时代伟大社会革命的法治主旋律，而且为21世纪中国马克思主义法学发展注入新的强大动力，推动21世纪中国马克思主义法学紧随时代的脚步不断丰富和发展，进而成为新时代中国特色社会主义法治事业的伟大的理论工具。习近平指出：“马克思主义是随着时代、实践、科学发展而不断发展的开放的理论体系，它并没有结束真理，而是开辟了通向真理的道路。”“马克思主义中国化取得了重大成果，但还远未结束。我国哲学社会科学的一项重要任务就是继续推进马克思主义中国化、时代化、大众化，继续发展21世纪马克思主义、当代中国马克思主义。”[②] 因之，运用马克思主义法学基本原理和

① 参见《马克思恩格斯全集》第1卷，人民出版社1995年版，第219—220、203页。

② 习近平：《在哲学社会科学工作座谈会上的讲话》（2016年5月17日），人民出版社2016年版，第13、9—10页。

马克思主义法学中国化进程的最新重大理论成果，高度关注和深刻分析新时代中国法治现代化进程所提出的迫切问题，推动马克思主义法学在新的时代条件下的不断丰富和创新发展，这是21世纪中国马克思主义法学的历史使命。我们要坚持用马克思主义法学基本原理和发展着的21世纪中国马克思主义法学指导新时代中国法学研究和全面推进中国法治现代化的伟大实践，聆听时代之声，把握时代格言，为实现新时代中国法治现代化的宏伟愿景而不懈努力。

（原载于《江海学刊》2018年第2期）

习近平新时代法治与发展思想论要

夏锦文*

全面依法治国是习近平新时代中国特色社会主义思想的重要内容，是以习近平同志为核心的党中央从坚持和发展中国特色社会主义全局出发，为更好地治国理政提出的重大战略任务，是解决党和国家事业发展面临的一系列重大问题，确保党和国家长治久安的根本要求。党的十八大以来，习近平同志围绕全面依法治国作出了一系列重要论述，形成了系统完整的法治思想，开启了全面依法治国的新征程。在习近平新时代中国特色社会主义思想中，法治与发展始终是重要的主题。他强调，“发展是党执政兴国的第一要务，是解决中国所有问题的关键”。① “法治是发展的可靠保障”②，必须坚定不移走中国特色社会主义法治道路，“运用法治思维和法治方式推动发展”③，加快建设法治

* 作者简介：夏锦文，1964 年生，法学博士，江苏省社会科学院党委书记、院长，南京师范大学法学院教授、博士生导师，中国法治现代化研究院研究员，江苏高校区域法治发展协同创新中心研究员。

① 《习近平谈治国理政》第 2 卷，外文出版社 2017 年版，第 38、62、128、23—24、119、40 页。

② 《中共中央关于制定国民经济和社会发展第十三个五年规划的建议》，《人民日报》2015 年 11 月 4 日。

③ 《中共中央关于制定国民经济和社会发展第十三个五年规划的建议》，《人民日报》2015 年 11 月 4 日。

经济和法治社会，把经济社会发展纳入法治轨道。习近平关于法治与发展的新思想、新观点、新论断，将法治与发展两大社会主题紧密结合，深入分析和阐释了中国特色社会主义发展过程中法治与发展的一系列重大理论与实践问题，立意高远、内容丰富、意蕴深邃，对于我们深刻理解和把握习近平新时代中国特色社会主义思想，坚持和发展中国特色社会主义法治道路，具有十分重要的理论意义和实践指导意义。

全面依法治国是中国特色社会主义的本质要求和重要保障

习近平新时代法治与发展思想的基本出发点是将中国特色社会主义法治建设和全面依法治国融入中国特色社会主义事业的总体布局来思考，与中华民族伟大复兴的历史使命紧密结合，共同推进新时代中国特色社会主义的伟大实践。习近平强调，“中国特色社会主义是改革开放以来党的全部理论和实践的主题”。[①] 改革开放以来，“中国特色社会主义不断取得的重大成就，意味着近代以来久经磨难的中华民族实现了从站起来、富起来到强起来的历史性飞跃，意味着社会主义在中国焕发出强大生机活力并不断开辟发展新境界，意味着中国特色社会主义拓展了发展中国家走向现代化的途径，为解决人类问题贡献了中国智慧、提供了中国方案”。[②] 在这一历史进程中，“全面依法治国是坚持和发展中国特色社会主义的本质要求和重要保障，事关我们党执政兴国，事关人民幸福安康，事关党和国家事业发展。随着中国特色社会主义事业不断发展，法治建设将承载更多使命、发挥更为重

---

① 习近平：《决胜全面建成小康社会　夺取新时代中国特色社会主义伟大胜利——在中国共产党第十九次全国代表大会上的报告》（2017 年 10 月 18 日），人民出版社 2017 年版，第 16、11、38、45、39、23 页。

② 《习近平谈治国理政》第 2 卷，外文出版社 2017 年版，第 38、62、128、23—24、119、40 页。

要的作用”。[①] 同时，“我们要坚持的中国特色社会主义法治道路，本质上是中国特色社会主义道路在法治领域的具体体现；我们要发展的中国特色社会主义法治理论，本质上是中国特色社会主义理论体系在法治问题上的理论成果；我们要建设的中国特色社会主义法治体系，本质上是中国特色社会主义制度的法律表现形式”。[②]

把坚持全面依法治国上升为新时代坚持和发展中国特色社会主义的基本方略，是中共十九大一项重大理论创新和实践创新。[③] 从党的十一届三中全会提出社会主义民主制度化、法律化的重大法治方针，到十五大首次把“依法治国、建设社会主义法治国家”确立为国家基本方略，再到十六大坚持依法执政的法治思想，党的十八大明确将法治作为治国理政的基本方式，十八届四中全会在党的历史上第一次以中央全会的形式专门研究部署全面推进依法治国若干重大问题，党的十九大进一步将坚持全面依法治国上升为坚持和发展中国特色社会主义的基本方略，凸显了我们党对法治发展的持续不断的关注和坚持不懈的努力，不断提升着法治在国家治理和社会发展中的基础性、支撑性、引领性作用。

党的十八大以来，习近平从坚持和发展中国特色社会主义全局出发，提出并形成了全面建成小康社会、全面深化改革、全面依法治国、全面从严治党的战略布局。这个战略布局，既有战略目标，也有战略举措，每一个“全面”都具有重大战略意义。习近平指出，“全面建成小康社会是战略目标。全面深化改革、全面依法治国、全面从严治党是三大战略举措，对实现全面建成小康社会战略目标一个都不能缺。不全面深化改革，发展就缺少动力，社会就没有活力。不全面依法治

---

① 《习近平在中国政法大学考察时强调：立德树人德法兼修抓好法治人才培养　励志勤学刻苦磨炼促进青年成长进步》，《人民日报》2017 年 5 月 4 日。

② 《习近平谈治国理政》第 2 卷，外文出版社 2017 年版，第 38、62、128、23—24、119、40 页。

③ 参见张文显《新时代全面依法治国的思想、方略和实践》，《中国法学》2017 年第 6 期。

国，国家生活和社会生活就不能有序运行，就难以实现社会和谐稳定。不全面从严治党，党就做不到‘打铁还需自身硬’，也就难以发挥好领导核心作用”。[①] 从这个战略布局看，做好全面依法治国各项工作意义十分重大。习近平强调：“没有全面依法治国，我们就治不好国、理不好政，我们的战略布局就会落空。要把全面依法治国放在‘四个全面’的战略布局中来把握，深刻认识全面依法治国同其他三个‘全面’的关系，努力做到‘四个全面’相辅相成、相互促进、相得益彰。”[②]

全面依法治国既是中国特色社会主义的本质要求，也是中国特色社会主义伟大事业不断走向成功的重要保障。中国特色社会主义进入新时代，我国社会主要矛盾已经转化为人民日益增长的美好生活需要和不平衡不充分的发展之间的矛盾。我国稳定解决了十几亿人的温饱问题，总体上实现小康，不久将全面建成小康社会，人民美好生活需要日益广泛，不仅对物质文化生活提出了更高要求，而且在民主、法治、公平、正义、安全、环境等方面的要求也日益增长。[③] 人民群众日益增长的美好生活需要，直接或间接关涉法治及其涵盖的民主自由、公平正义、安全环保等内容，实质上都是全面依法治国要关注、保障和解决的重大问题。法治作为治国理政的基本方式，旨在将国家和社会发展纳入法治化的轨道，构筑在坚实的法律规范和制度之上，在中国特色社会主义伟大事业的进程中充分发挥法治引领和规范作用。“全面推进依法治国是关系我们党执政兴国、关系人民幸福安康、关系党和国家长治久安的重大战略问题，是完善和发展中国特色社会主义制度、推进国家治理体系和治理能力现代化的重要方面。我们要实

---

① 《习近平谈治国理政》第 2 卷，外文出版社 2017 年版，第 38、62、128、23—24、119、40 页。

② 中共中央文献研究室编：《习近平关于全面依法治国论述摘编》，中央文献出版社 2015 年版，第 3—4、12、15、11、10、110、52、38、67—68、78、12—13、11—12、8 页。

③ 习近平：《决胜全面建成小康社会 夺取新时代中国特色社会主义伟大胜利——在中国共产党第十九次全国代表大会上的报告》（2017 年 10 月 18 日），人民出版社 2017 年版，第 16、11、38、45、39、23 页。

现党的十八大和十八届三中全会作出的一系列战略部署，全面建成小康社会、实现中华民族伟大复兴的中国梦，全面深化改革、完善和发展中国特色社会主义制度，就必须在全面推进依法治国上作出总体部署、采取切实措施、迈出坚实步伐。”① 在改革开放进入深水区，利益格局更加错综复杂的情况下，必须把全面推进依法治国摆在更加突出的位置。“全面推进依法治国也是解决我们在发展中面临的一系列重大问题，解放和增强社会活力、促进社会公平正义、维护社会和谐稳定、确保国家长治久安的根本要求。要保持我国经济社会长期持续健康发展势头，不断开拓中国特色社会主义更加广阔的发展前景，就必须紧密结合全面深化改革工作部署，夯实党和国家长治久安的法治基础。”②

从决胜全面建成小康社会、坚持和发展中国特色社会主义、实现中华民族伟大复兴的中国梦的角度思考全面依法治国，体现了习近平新时代法治与发展思想的基本立场和高度智慧，开辟了全面依法治国的理论新境界和实践新境界，进一步坚定了全党全国人民依法治国的信念，也强化了中国特色社会主义法治的道路自信、理论自信、制度自信和文化自信。在习近平新时代中国特色社会主义思想的指导下，我们党在全面依法治国、推进中国特色社会主义法治建设方面取得了一系列重要成就，法治中国建设实现了历史性的大发展。

坚持全面依法治国，为党和国家事业发展提供根本性、全局性、长期性的制度保障

运用法治思维和法治方式推动发展，把经济社会发展纳入法治轨

---

① 《关于〈中共中央关于全面推进依法治国若干重大问题的决定〉的说明》，载《中国共产党第十八届中央委员会第四次全体会议文件汇编》，人民出版社 2014 年版，第 71、68—69 页。

② 中共中央文献研究室编：《习近平关于全面依法治国论述摘编》，中央文献出版社 2015 年版，第 3—4、12、15、11、10、110、52、38、67—68、78、12—13、11—12、8 页。

道，为党和国家事业发展提供根本性、全局性、长期性的制度保障，是习近平新时代法治与发展思想的基本原则。习近平指出，“小智治事，中智治人，大智立法。治理一个国家、一个社会，关键是要立规矩、讲规矩、守规矩。法律是治国理政最大最重要的规矩。推进国家治理体系和治理能力现代化，必须坚持依法治国，为党和国家事业发展提供根本性、全局性、长期性的制度保障”。[①] 法律制度是治国理政的基础和重要依据。对于社会生活的规范、调整和公民权益保障而言，法治有着极为重要的意义。法律制度对于公民来说，是行为规范，可以使公民相互之间的行为可预测，有规矩；对于国家机关及其公职人员，法律制度提供了权力合法性依据，划定了权力边界，促使权力行使符合法定要求。对于社会而言，法律制度是社会安定、和谐的重要基础。习近平强调，“我国是一个有十三亿多人口的大国，地域辽阔，民族众多，国情复杂。我们党在这样一个大国执政，要保证国家统一、法制统一、政令统一、市场统一，要实现经济发展、政治清明、文化昌盛、社会公正、生态良好，都需要秉持法律这个准绳、用好法治这个方式”。[②]

“国无常强，无常弱。奉法者强则国强，奉法者弱则国弱。”当前，国内外环境都在发生极为广泛而深刻的变化，我国发展面临一系列突出矛盾和挑战，前进道路上还有不少困难和问题。比如，发展中不平衡、不协调、不可持续问题依然突出，科技创新能力不强，产业结构不合理，发展方式依然粗放，城乡区域发展差距和居民收入分配差距依然较大，社会矛盾明显增多，教育、就业、社会保障、医疗、住房、生态环境、食品药品安全、安全生产、社会治安、执法司法等关系群众切身利益的问题较多，部分群众生活困难，形式主义、官僚

① 中共中央文献研究室编：《习近平关于全面依法治国论述摘编》，中央文献出版社 2015 年版，第 3—4、12、15、11、10、110、52、38、67—68、78、12—13、11—12、8 页。

② 中共中央文献研究室编：《习近平关于全面依法治国论述摘编》，中央文献出版社 2015 年版，第 3—4、12、15、11、10、110、52、38、67—68、78、12—13、11—12、8 页。

主义、享乐主义和奢靡之风问题突出，一些领域消极腐败现象易发多发，反腐败斗争形势依然严峻等。[①] 也正是在这样的背景下，习近平指出，“我们必须把依法治国摆在更加突出的位置，把党和国家工作纳入法治化轨道，坚持在法治轨道上统筹社会力量、平衡社会利益、调节社会关系、规范社会行为，依靠法治解决各种社会矛盾和问题，确保我国社会在深刻变革中既生机勃勃又井然有序”。[②]

同时，我们面对的改革发展稳定任务之重前所未有，矛盾风险挑战之多前所未有。习近平强调，解决制约持续健康发展的种种问题，都“需要密织法律之网、强化法治之力”[③]。其中尤其是要处理好改革与法治的关系。习近平指出，“各级领导机关和领导干部要提高运用法治思维和法治方式深化改革、推动发展、化解矛盾、维护稳定的能力，努力以法治凝聚改革共识、规范发展行为、促进矛盾化解、保障社会和谐”。[④] 习近平强调，“对实践证明已经比较成熟的改革经验和行之有效的改革举措，要尽快上升为法律”。“对不适应改革要求的现行法律法规，要及时修改或废止，不能让一些过时的法律条款成为改革的‘绊马索’。”[⑤]“改革要于法有据，但也不能因为现行法律规定就不敢越雷池一步，那是无法推进改革的，正所谓‘苟利于民不必法古，苟周于事不必循旧’。需要推进的改革，将来可以先修改法律规定再推进。”[⑥] 并就如何操作提出具体路径：“对实践条件还不成熟、需要先行先试的，要按照法定程序作出授权，既不允许随意突破法律

---

① 参见《〈中共中央关于全面推进依法治国若干重大问题的决定〉辅导读本》，人民出版社2014年版，第63、51页。

② 中共中央文献研究室编：《习近平关于全面依法治国论述摘编》，中央文献出版社2015年版，第3—4、12、15、11、10、110、52、38、67—68、78、12—13、11—12、8页。

③ 中共中央文献研究室编：《习近平关于全面依法治国论述摘编》，中央文献出版社2015年版，第3—4、12、15、11、10、110、52、38、67—68、78、12—13、11—12、8页。

④ 中共中央文献研究室编：《习近平关于全面依法治国论述摘编》，中央文献出版社2015年版，第3—4、12、15、11、10、110、52、38、67—68、78、12—13、11—12、8页。

⑤ 中共中央文献研究室编：《习近平关于全面依法治国论述摘编》，中央文献出版社2015年版，第3—4、12、15、11、10、110、52、38、67—68、78、12—13、11—12、8页。

⑥ 习近平：《加快建设社会主义法治国家》，《求是》2015年第1期。

红线，也不允许简单以现行法律没有依据为由迟滞改革。”① 以授权试点方式推动改革的，对实践证明可行的，修改完善有关法律；对实践证明不宜调整的，恢复施行有关法律规定。

从社会发展的制度需求来看，随着我国社会主要矛盾的转化，人民群众对于法治和公平的需求更加强烈，不仅要求有法可依，而且要求良法善治、严格执法、公正司法；同时，全面建成小康社会进程中的诸多问题，改革发展稳定、内政外交国防、治党治国治军，都和法治息息相关。因此，习近平一再指出，“要推动我国经济社会持续健康发展，不断开拓中国特色社会主义事业更加广阔的发展前景，就必须全面推进社会主义法治国家建设，从法治上为解决这些问题提供制度化方案”。② “全面推进依法治国，是我们党从坚持和发展中国特色社会主义出发、为更好治国理政提出的重大战略任务，也是事关我们党执政兴国的一个全局性问题。落实好这项重大战略任务，对推动经济持续健康发展、维护社会和谐稳定、实现社会公平正义，对全面建成小康社会、实现中华民族伟大复兴，都具有十分重大的意义。”③

对于全面依法治国而言，建设中国特色社会主义法治体系，是贯穿依法治国全过程、覆盖党和国家事业发展全领域的总抓手，也是为党和国家事业发展提供根本性、全局性、长期性的制度保障的总目标。习近平深刻阐述了中国特色社会主义法治体系的科学内涵和总体框架，“在中国共产党领导下，坚持中国特色社会主义制度，贯彻中国特色社会主义法治理论，形成完备的法律规范体系、高效的法治实施体系、严密的法治监督体系、有力的法治保障体系，形成完善的

① 中共中央文献研究室编：《习近平关于全面依法治国论述摘编》，中央文献出版社 2015 年版，第 3—4、12、15、11、10、110、52、38、67—68、78、12—13、11—12、8 页。

② 《关于〈中共中央关于全面推进依法治国若干重大问题的决定〉的说明》，载《中国共产党第十八届中央委员会第四次全体会议文件汇编》，人民出版社 2014 年版，第 71、68—69 页。

③ 中共中央文献研究室编：《习近平关于全面依法治国论述摘编》，中央文献出版社 2015 年版，第 3—4、12、15、11、10、110、52、38、67—68、78、12—13、11—12、8 页。

党内法规体系”。[1] 具体言之，完备的法律规范体系即通过立法先行，坚持立改废释并举，加快完善法律、行政法规、地方性法规体系，完善包括市民公约、乡规民约、行业规章、团体章程在内的社会规范体系，为党和国家事业发展提供基本遵循。高效的法治实施体系，包括宪法实施和执法、司法在内的法律实施体制机制。完善法律实施机制，最重要的是健全宪法实施机制。党的十八届四中全会提出了一系列保障宪法实施的措施，加强合宪性审查，加强备案审查制度，建立宪法宣誓制度等。党的十九大报告也提出了，“加强宪法实施和监督，推进合宪性审查工作，维护宪法权威”[2]，确保法律公正、高效实施。严密的法治监督体系，即“党内监督、人大监督、民主监督、行政监督、司法监督、审计监督、社会监督、舆论监督”[3]，这些监督机制构成了强大的监督合力，形成对法治运行全过程全方位的监督体系，确保全体社会成员按照法律规定行使权利、履行义务、承担责任，形成良好的法治秩序。有力的法治保障体系，涵盖了政治保障、制度保障、思想保障、组织保障和运行保障等。[4] 坚持党的领导、坚持中国特色社会主义制度、贯彻中国特色社会主义法治理论，是法治保障体系的基础性内容。建设高素质的法治工作队伍，是法律保障体系的主要着力点。全面推进依法治国，建设一支德才兼备的高素质法治队伍至关重要。我国专门的法治队伍主要包括在全国人民代表大会和政府从事立法工作的人员，在行政机关从事执法工作的人员，在司法机关从事司法工作的人员。完善的党内法规体系，既是管党治党的重要依据，

① 参见《〈中共中央关于全面推进依法治国若干重大问题的决定〉辅导读本》，人民出版社 2014 年版，第 63、51 页。

② 习近平：《决胜全面建成小康社会　夺取新时代中国特色社会主义伟大胜利——在中国共产党第十九次全国代表大会上的报告》（2017 年 10 月 18 日），人民出版社 2017 年版，第 16、11、38、45、39、23 页。

③ 《习近平谈治国理政》第 2 卷，外文出版社 2017 年版，第 38、62、128、23—24、119、40 页。

④ 参见张文显《习近平法治思想研究（中）：习近平法治思想的一般理论》，《法制与社会发展》2016 年第 3 期。

也是建设社会主义法治国家的有力保障。党规党纪严于国家法律，党的各级组织和广大党员干部不仅要模范遵守国家法律，而且要按照党规党纪以更高标准严格要求自己。习近平强调，“要完善党内法规制定体制机制，注重党内法规同国家法律的衔接和协调，构建以党章为根本、若干配套党内法规为支撑的党内法规制度体系，提高党内法规执行力”。① 党内法规既是党依法执政的基本遵循，也是党治国理政的根本保障，因此也构成了中国特色社会主义法治体系的重要组成部分。

法治是推进国家治理体系和治理能力现代化的重要依托

党的十九大报告指出，全面依法治国是国家治理的一场深刻革命，必须坚持厉行法治，推进科学立法、严格执法、公正司法、全民守法。② 习近平新时代法治与发展思想的重要特征即是将法治与国家治理体系和治理能力现代化相融合，以良法促进发展、保障善治。“法律是治国之重器，法治是国家治理体系和治理能力的重要依托。”③ 推进国家治理体系和治理能力现代化作为全面深化改革的总目标，是完善和发展中国特色社会主义制度的必然要求，是实现社会主义现代化的应有之义。“国家治理体系是在党领导下管理国家的制度体系，包括经济、政治、文化、社会、生态文明和党的建设等各领域体制机制、法律法规安排，也就是一整套紧密相连、相互协调的国家制度；国家治理能力则是运用国家制度管理社会各方面事务的能力，包括改革发展稳定、内政外交国防、治党治国治军等各个方面。国家治理体系和

---

① 《习近平谈治国理政》第 2 卷，外文出版社 2017 年版，第 38、62、128、23—24、119、40 页。

② 习近平：《决胜全面建成小康社会　夺取新时代中国特色社会主义伟大胜利——在中国共产党第十九次全国代表大会上的报告》（2017 年 10 月 18 日），人民出版社 2017 年版，第 16、11、38、45、39、23 页。

③ 《关于〈中共中央关于全面推进依法治国若干重大问题的决定〉的说明》，载《中国共产党第十八届中央委员会第四次全体会议文件汇编》，人民出版社 2014 年版，第 71、68—69 页。

治理能力是一个有机整体，相辅相成，有了好的国家治理体系才能提高治理能力，提高国家治理能力才能充分发挥国家治理体系的效能。”① 推进国家治理体系和治理能力现代化，就是要适应时代变化，既改革不适应实践发展要求的体制机制，又不断构建新的体制机制，使各方面制度更加科学、更加完善，实现党、国家、社会各项事务治理制度化、规范化、程序化。要更加注重治理能力建设，增强按制度办事、依法办事意识，善于运用制度和法律治理国家，把各方面制度优势转化为管理国家的效能，提高党科学执政、民主执政、依法执政水平。

习近平指出，“国家治理体系和治理能力是一个国家的制度和制度执行能力的集中体现，两者相辅相成。治理国家，制度是起根本性、全局性、长远性作用的”。“相比我国经济社会发展要求，相比人民群众期待，相比当今世界日趋激烈的国际竞争，相比实现国家长治久安，我们在国家治理体系和治理能力方面还有许多不足，有许多亟待改进的地方。真正实现社会和谐稳定、国家长治久安，还是要靠制度，靠我们在国家治理上的高超能力，靠高素质干部队伍。我们要更好发挥中国特色社会主义制度的优越性，必须从各个领域推进国家治理体系和治理能力现代化。”② 推动中国特色社会主义制度更加成熟更加定型，为党和国家事业发展、为人民幸福安康、为社会和谐稳定、为国家长治久安提供一整套更完备、更稳定、更管用的制度体系，这项工程极为宏大，必须是全面的、系统的改革和改进，是各领域改革和改进的联动和集成，在国家治理体系和治理能力现代化上形成总体效应、取得总体效果。

法治是国家治理现代化的核心标志。③ 传统社会的治理都是以人

---

① 习近平：《切实把思想统一到党的十八届三中全会精神上来》，《求是》2014 年第 1 期。
② 习近平：《切实把思想统一到党的十八届三中全会精神上来》，《求是》2014 年第 1 期。
③ 参见张文显《法治与国家治理现代化》，《中国法学》2014 年第 4 期。

治为基础，以权力为主导，而法律与宗教、道德一样，只是权力运用的工具。在现代社会，法治是制度文明的基石和核心。权力不再是主导，其主要职能是为法律的制定和实现服务，其行动必须以法律为依据，并以实现法律为目的；法治不再是权力的配角和附属，它是社会制度文明结构和职能的核心，已成为治国理政的最佳方式，所有其他治理的手段只能从属于法律并在法律确定范围内行使。改革开放以来，我国各项治理制度的创新发展始终与法律制度体系的建构完善发展同步。市场经济是法治经济、民主政治是法治政治、依法治国是党领导人民治理国家的基本方略、法治是治国理政的基本方式、运用法治思维和法治方式治国理政，这些科学论断和丰富实践表明，国家治理现代化的过程也就是国家治理法治化的过程，法治化是国家治理现代化的必由之路。国家治理法治化构成国家治理现代化的核心指标和主要标志，国家治理现代化则引领和驱动法治现代化。

党的十九大提出，依法治国是党领导人民治理国家的基本方式，要更加注重发挥法治在国家和社会治理中的重要作用，建设中国特色社会主义法治体系，建设社会主义法治国家。“立善法于天下，则天下治；立善法于一国，则一国治。”“法治体系是国家治理体系的骨干工程。”① “推进国家治理体系和治理能力现代化，当然要高度重视法治问题，采取有力措施全面推进依法治国，建设社会主义法治国家，建设法治中国。在这点上，我们不会动摇。”② 因此，构建一个以法治为依托的现代化国家治理体系，这是深入推进国家治理现代化、加快建设法治中国的内在需要。③ 在习近平新时代法治与发展的思想体系中，坚持和发展中国特色社会主义、推进国家治理体系和治理能力现

① 《习近平谈治国理政》第 2 卷，外文出版社 2017 年版，第 38、62、128、23—24、119、40 页。

② 中共中央文献研究室编：《习近平关于全面依法治国论述摘编》，中央文献出版社 2015 年版，第 3—4、12、15、11、10、110、52、38、67—68、78、12—13、11—12、8 页。

③ 参见公丕祥《习近平法治思想述要》，《法律科学》2015 年第 5 期。

代化、全面依法治国乃是相辅相成的，具有内在的关联性。也正是在这个意义上，习近平强调，“建设中国特色社会主义法治体系、建设社会主义法治中国是实现国家治理体系和治理能力现代化的必然要求，也是全面深化改革的必然要求，有利于在法治轨道上推进国家治理体系现代化，有利于在全面深化改革总体框架内全面推进依法治国各项工作，有利于在法治轨道上不断深化改革”。① 因此，通过全面深化改革，把国家治理纳入法治化的轨道，通过法律的制定与实施，将国家治理现代化的基本要求、体制机制、程序方法转化为国家治理主体的实际行动，这是全面推进依法治国、加快建设社会主义法治国家的内在要求，② 也是实现国家治理体系和治理能力现代化的时代抉择。

基于对中国经济社会发展规律、改革开放经验和国家治理现代化的深刻认知，党的十八大以来，习近平提出了新时代法治建设的“新十六字”方针，并坚定不移地全面推进。一是科学立法，完善立法体制，深入推进科学立法、民主立法，提高立法质量。通过优化立法职权配置，发挥人大及其常委会在立法工作中的主导作用，健全立法起草、论证、协调、审议机制，完善法律草案表决程序，增强法律法规的及时性、系统性、针对性、有效性，提高法律法规的可执行性、可操作性。加强重点领域立法，及时反映党和国家事业发展要求、人民群众关切期待，对涉及全面深化改革、推动经济发展、完善社会治理、保障人民生活、维护国家安全的法律抓紧制订、及时修改。二是严格执法。重点是解决执法不规范、不严格、不透明、不文明以及不作为、乱作为等突出问题。以建设法治政府为目标，建立行政机关内部重大决策合法性审查机制，积极推行政府法律顾问制度，推进机构、职能、权限、程序、责任法定化，推进各级政府事权规范化、法律化。全面

① 《中国共产党第十八届中央委员会第四次全体会议文件汇编》，人民出版社 2014 年版，第 81 页。

② 参见公丕祥《习近平法治思想述要》，《法律科学》2015 年第 5 期。

推进政务公开，强化对行政权力的制约和监督，建立权责统一、权威高效的依法行政体制。严格执法资质、完善执法程序，建立健全行政裁量权基准制度，确保法律公正、有效实施。三是公正司法。以优化司法职权配置为重点，健全司法权力分工负责、相互配合、相互制约的制度安排。坚持以公开促公正、树公信，构建开放、动态、透明、便民的阳光司法机制，杜绝暗箱操作，坚决遏制司法腐败。四是全民守法。着力增强全民法治观念。坚持把全民普法和守法作为依法治国的长期基础性工作，采取有力措施加强法制宣传教育。坚持法治教育从娃娃抓起，把法治教育纳入国民教育体系和精神文明创建内容，由易到难、循序渐进，不断增强青少年的规则意识。健全公民和组织守法信用记录，完善守法诚信褒奖机制和违法失信行为惩戒机制，形成守法光荣、违法可耻的社会氛围，使遵法守法成为全体人民的共同追求和自觉行动。

经过五年多的努力，我国改革开放和社会主义现代化建设取得了历史性的成就。“依法治国按下了‘快进键’、进入了‘快车道’，对我国社会主义法治建设具有里程碑意义。改革和法治如鸟之两翼、车之两轮，有力推动了全面建成小康社会事业向前发展。”① 党的十八届三中全会出台了 20 多项重大法治改革举措，十八届四中全会出台了 190 项重大法治改革举措，其中许多法治改革举措涉及利益关系调整和权力格局变动的“深水区”。这一系列重大的方针政策、重大举措，解决了许多长期想解决而没有解决的难题，办成了许多过去想办而没有办成的大事，极大地推动了国家治理体系和治理能力的现代化，推动了中国特色社会主义事业的发展。

全面依法治国必须紧紧围绕保障和促进社会公平正义来进行

以法治保障和促进社会公平正义，是习近平新时代法治与发展思

① 中共中央文献研究室编：《习近平关于全面依法治国论述摘编》，中央文献出版社 2015 年版，第 3—4、12、15、11、10、110、52、38、67—68、78、12—13、11—12、8 页。

想的价值取向。党的十九大报告提出，不断满足人民日益增长的美好生活需要，不断促进社会公平正义。① 习近平也强调，“公正是法治的生命线。公平正义是我们党追求的一个非常崇高的价值，全心全意为人民服务的宗旨决定了我们必须追求公平正义，保护人民权益、伸张正义。全面依法治国，必须紧紧围绕保障和促进社会公平正义来进行”。②

改革开放以来，我国经济社会发展取得了巨大成就，为促进社会公平正义提供了坚实物质基础和有利条件。同时，在我国现有发展水平上，社会上还存在大量有违公平正义的现象。特别是随着我国经济社会发展水平和人民生活水平不断提高，人民群众的公平意识、民主意识、权利意识不断增强，对社会不公问题的反映越来越强烈。

因此，全面深化改革必须以促进社会公平正义、增进人民福祉为出发点和落脚点。这是坚持我们党全心全意为人民服务根本宗旨的必然要求。“全面深化改革必须着眼创造更加公平正义的社会环境，不断克服各种有违公平正义的现象，使改革发展成果更多更公平惠及全体人民。如果不能给老百姓带来实实在在的利益，如果不能创造更加公平的社会环境，甚至导致更多不公平，改革就失去意义，也不可能持续。”③

习近平强调，要使市场在资源配置中起决定性作用和更好发挥政府作用，要在经济发展的更高水平上维护公平正义。他指出：“实现社会公平正义是由多种因素决定的，最主要的还是经济社会发展水平。在不同发展水平上，在不同历史时期，不同思想认识的人，不同阶层

---

① 习近平：《决胜全面建成小康社会　夺取新时代中国特色社会主义伟大胜利——在中国共产党第十九次全国代表大会上的报告》（2017 年 10 月 18 日），人民出版社 2017 年版，第 16、11、38、45、39、23 页。

② 中共中央文献研究室编：《习近平关于全面依法治国论述摘编》，中央文献出版社 2015 年版，第 3—4、12、15、11、10、110、52、38、67—68、78、12—13、11—12、8 页。

③ 中共中央文献研究室编：《习近平关于全面深化改革论述摘编》，中央文献出版社 2014 年版，第 98、97 页。

的人，对社会公平正义的认识和诉求也会不同。我们讲促进社会公平正义，就要从最广大人民根本利益出发，多从社会发展水平、从社会大局、从全体人民的角度看待和处理这个问题。我们现阶段存在的有违公平正义的现象，许多是发展中的问题，是能够经过不断发展，通过制度安排、法律规范、政策支持加以解决的。我们必须紧紧抓住经济建设这个中心，推动经济持续健康发展，进一步把‘蛋糕’做大，为保障社会公平正义奠定更加坚实物质基础。”①

这样讲，并不是说就等着经济发展起来了再解决社会公平正义问题。“一个时期有一个时期的问题，发展水平高的社会有发展水平高的问题，发展水平不高的社会有发展水平不高的问题。‘蛋糕’不断做大了，同时还要把‘蛋糕’分好。我国社会历来有‘不患寡而患不均’的观念。我们要在不断发展的基础上尽量把促进社会公平正义的事情做好，既尽力而为、又量力而行，努力使全体人民在学有所教、劳有所得、病有所医、老有所养、住有所居上持续取得新进展。”② 应当加紧建设对保障社会公平正义具有重大作用的制度，逐步建立以权利公平、机会公平、规则公平为主要内容的社会公平保障体系，努力营造公平的社会环境，保证人民平等参与、平等发展的权利。习近平指出，“不论处在什么发展水平上，制度都是社会公平正义的重要保证。我们要通过创新制度安排，努力克服人为因素造成的有违公平正义的现象，保证人民平等参与、平等发展权利。要把促进社会公平正义、增进人民福祉作为一面镜子，审视我们各方面体制机制和政策规定，哪里有不符合促进社会公平正义的问题，哪里就需要改革；哪个领域哪个环节问题突出，哪个领域哪个环节就是改革的重点。对由于制度安排不健全造成的有违公平正义的问题要抓紧解决，使我们的制

---

① 习近平：《切实把思想统一到党的十八届三中全会精神上来》，《求是》2014 年第 1 期。

② 中共中央文献研究室编：《习近平关于全面深化改革论述摘编》，中央文献出版社 2014 年版，第 98、97 页。

度安排更好体现社会主义公平正义原则，更加有利于实现好、维护好、发展好最广大人民根本利益”。[①]

正如习近平早在浙江工作时就指出的，法治实践中“要把公平正义作为制定法律和进行制度安排的重要依据，从源头上防止社会不公正现象的出现和扩大，并在执法、司法活动中坚持合理合法、及时高效、程序公正的原则，建立保障公平正义的防线；把公平正义作为协调各个阶层相互关系的基本准则，依法逐步建立以权利公平、机会公平、规则公平、分配公平为主要内容的社会公平保障体系；把公平正义贯穿于权利与义务的辩证统一之中，坚持权利与义务的对称，保证广大人民群众依法行使权利和履行义务，所有权利的享有都建立在履行义务的基础之上，使遵纪守法成为公民的自觉行为，使公民的合法权益不受侵犯”。[②] 也就是说，在全面依法治国的实践中，要注重通过法治思维和法治方式促进社会公平正义的实现：既要发挥法治正义的评价功能，重构我们的社会分配评价体系，又要通过科学立法、民主立法，将人民群众的利益诉求，尽可能纳入法律调整范围，合理地分配全社会的资源、权利、义务与责任；同时，通过司法公正的最后一道防线，对受到侵害的公民权益进行救济，维护社会公平正义。

习近平特别强调通过公正司法维护社会公平正义的极端重要性，他指出，“全面推进依法治国，必须坚持公正司法。公正司法是维护社会公平正义的最后一道防线”。[③] 同时，“如果司法这道防线缺乏公信力，社会公正就会受到普遍质疑，社会和谐稳定就难以保障”[④]。因此，在习近平看来，必须着力解决影响司法公正的深层次问题，深

---

① 习近平：《切实把思想统一到党的十八届三中全会精神上来》，《求是》2014 年第 1 期。

② 习近平：《干在实处　走在前列——推进浙江新发展的思考与实践》，中共中央党校出版社 2006 年版，第 358 页。

③ 中共中央文献研究室编：《习近平关于全面依法治国论述摘编》，中央文献出版社 2015 年版，第 3—4、12、15、11、10、110、52、38、67—68、78、12—13、11—12、8 页。

④ 《中共中央关于全面推进依法治国若干重大问题的决定》，人民出版社 2014 年版，第 55 页。

化司法体制改革。“坚持公正司法，需要做的工作很多。我们提出要努力让人民群众在每一个司法案件中都能感受到公平正义，所有司法机关都要紧紧围绕这个目标来改进工作，重点解决影响司法公正和制约司法能力的深层次问题。”① 从而“让司法真正发挥维护社会公平正义最后一道防线的作用”②。党的十八大以来，政法战线坚持正确改革方向，敢于“啃硬骨头”、涉险滩、闯难关，做成了想了很多年、讲了很多年但没有做成的改革，司法公信力不断提升，对维护社会公平正义发挥了重要作用。③ 在党的十九大报告中，习近平又强调，必须“深化司法体制综合配套改革，全面落实司法责任制，努力让人民群众在每一个司法案件中感受到公平正义”④。通过公正司法深化依法治国实践，在全面依法治国的新时代，更好地保障和促进社会公平正义。

在新发展理念的思想体系中，习近平也表达了实现共享发展的法治思想。他指出，“带领人民创造幸福生活，是我们党始终不渝的奋斗目标。我们要顺应人民群众对美好生活的向往，坚持以人民为中心的发展思想，以保障和改善民生为重点，发展各项社会事业，加大收入分配调节力度，打赢脱贫攻坚战，保证人民平等参与、平等发展权利，使改革发展成果更多更公平惠及全体人民，朝着实现全体人民共同富裕的目标稳步迈进”。⑤ 在党的十九大报告中，习近平进一步强调，“必须多谋民生之利、多解民生之忧，在发展中补齐民生短板、

---

① 中共中央文献研究室编：《习近平关于全面依法治国论述摘编》，中央文献出版社 2015 年版，第 3—4、12、15、11、10、110、52、38、67—68、78、12—13、11—12、8 页。

② 中共中央文献研究室编：《习近平关于全面依法治国论述摘编》，中央文献出版社 2015 年版，第 3—4、12、15、11、10、110、52、38、67—68、78、12—13、11—12、8 页。

③ 参见《习近平对司法体制改革作出重要指示强调：坚定不移推进司法体制改革　坚定不移走中国特色社会主义法治道路》，《人民日报》2017 年 7 月 11 日。

④ 习近平：《决胜全面建成小康社会　夺取新时代中国特色社会主义伟大胜利——在中国共产党第十九次全国代表大会上的报告》（2017 年 10 月 18 日），人民出版社 2017 年版，第 16、11、38、45、39、23 页。

⑤ 《习近平谈治国理政》第 2 卷，外文出版社 2017 年版，第 38、62、128、23—24、119、40 页。

促进社会公平正义，在幼有所育、学有所教、劳有所得、病有所医、老有所养、住有所居、弱有所扶上不断取得新进展，深入开展脱贫攻坚，保证全体人民在共建共享发展中有更多获得感，不断促进人的全面发展、全体人民共同富裕”。[①] 这些理论和实践反映了人民主体地位的内在要求，彰显了人民至上的价值原则。

坚定不移厉行法治，为子孙万代计、为长远发展谋

习近平新时代法治与发展思想的根本目标是实现中华民族伟大复兴中国梦、实现党和国家长治久安。习近平始终强调，“我们提出全面推进依法治国，坚定不移厉行法治，一个重要意图就是为子孙万代计、为长远发展谋”。[②] 2014 年 10 月 23 日，习近平在党的十八届四中全会第二次全体会议上的讲话中，提出了一个非常重大的命题：“全面推进依法治国，是着眼于实现中华民族伟大复兴中国梦、实现党和国家长治久安的长远考虑。对全面推进依法治国作出部署，既是立足于解决我国改革发展稳定中的矛盾和问题的现实考量，也是着眼于长远的战略谋划。从现在的情况来看，只要国际国内不发生大的波折，经过努力，全面建成小康社会目标应该可以如期实现。但是，人无远虑，必有近忧。全面建成小康社会之后的路该怎么走？如何跳出‘历史周期率’、实现长期执政？如何实现党和国家长治久安？这些都是需要我们深入思考的重大问题。”[③]

这个问题的核心是如何夯实党的执政基础，实现党和国家的长治

---

① 习近平：《决胜全面建成小康社会　夺取新时代中国特色社会主义伟大胜利——在中国共产党第十九次全国代表大会上的报告》（2017 年 10 月 18 日），人民出版社 2017 年版，第 16、11、38、45、39、23 页。

② 中共中央文献研究室编：《习近平关于全面依法治国论述摘编》，中央文献出版社 2015 年版，第 3—4、12、15、11、10、110、52、38、67—68、78、12—13、11—12、8 页。

③ 中共中央文献研究室编：《习近平关于全面依法治国论述摘编》，中央文献出版社 2015 年版，第 3—4、12、15、11、10、110、52、38、67—68、78、12—13、11—12、8 页。

久安。在中国这样一个幅员辽阔、人口众多、区域发展不平衡的社会主义大国，坚持和发展中国特色社会主义，建设经济发展、政治清明、文化昌盛、社会公正、生态良好、国泰民安的社会主义现代化强国，必须从国家根本战略的角度，悉心谋划和处理好上述问题。习近平指出，“法治和人治问题是人类政治文明史上的一个基本问题，也是各国在实现现代化过程中必须面对和解决的一个重大问题。综观世界近现代史，凡是顺利实现现代化的国家，没有一个不是较好解决了法治和人治问题的。相反，一些国家虽然也一度实现快速发展，但并没有顺利迈进现代化的门槛，而是陷入这样或那样的‘陷阱’，出现经济社会发展停滞甚至倒退的局面。后一种情况很大程度上与法治不彰有关”。①

全面推进依法治国，是在深刻总结我国社会主义法治建设成功经验和惨痛教训基础上作出的重大抉择。我们党对依法治国问题的认识经历了一个不断深化的过程。中华人民共和国成立初期，我们党在废除旧法统的同时，积极运用新民主主义革命时期根据地法制建设的成功经验，抓紧建设社会主义法制，初步奠定了社会主义法治的基础。后来，党在指导思想上发生“左”的错误，逐渐对法制不那么重视了，特别是“文化大革命”十年内乱使法制遭到严重破坏，付出了沉重代价，教训十分惨痛！十一届三中全会以来，我们党高度重视社会主义法治建设，把依法治国确定为党领导人民治理国家的基本方略。尤其是党的十八大以来，以习近平同志为核心的党中央始终把法治放在党和国家工作大局中来考虑、来谋划、来推进，把法治确定为党治国理政的基本方式，依法治国取得重大成就。诚如习近平所强调指出的，“历史是最好的老师。经验和教训使我们党深刻认识到，法治是治国理政不可或缺的重要手段。法治兴则国家兴，法治衰则国家乱。什么时候重视法治、法治昌明，什么时候就国泰民安；什么时候忽视法治、法治松弛，什么时候就

① 中共中央文献研究室编：《习近平关于全面依法治国论述摘编》，中央文献出版社 2015 年版，第 3—4、12、15、11、10、110、52、38、67—68、78、12—13、11—12、8 页。

国乱民怨”。[①]

在担任中共浙江省委书记期间，习近平就曾提出“法治浙江”概念，从“努力建设‘法治浙江’是发展社会主义民主政治的有效途径”到“法治是新形势的新要求”，从“市场经济必然是法治经济”到“和谐社会本质上是法治社会”，从“弘扬法治精神，形成法治风尚”到“坚持法治与德治并举，党的领导是法治的根本保证”，等等，这些无不体现了习近平对中国特色社会主义法治建设的深入思考。[②]党的十八大以来，习近平以高度的远见卓识和历史主动性，在全面推进依法治国、加快建设法治中国、推进国家治理现代化新的伟大实践中，提出并论述了中国特色社会主义法治一系列重大理论问题和实践问题，提出了一整套新概念、新论断、新理念、新战略，形成了内容丰富、体系完整、逻辑严谨的新时代中国特色社会主义法治与发展思想。党的十八届三中全会对于法治中国建设“两个坚持”的具体战略部署，即“坚持依法治国、依法执政、依法行政共同推进，坚持法治国家、法治政府、法治社会一体建设”，强调了法治中国在党和国家层面上的要求，如何实现法治国家、法治政府和法治社会治理能力上的现代化。在党的十八届四中全会上进一步明确指出：“全面建成小康社会、实现中华民族伟大复兴的中国梦，全面深化改革、完善和发展中国特色社会主义制度，提高党的执政能力和执政水平，必须全面推进依法治国。”党的十九大提出的“坚持全面依法治国”“深化依法治国实践”，形成了全面建成小康社会、全面深化改革、全面依法治国、全面从严治党的战略布局。由此层层递进的思想体系可以看出，习近平旨在为全面建成小康社会的“第一个百年”奋斗目标实现之后，坚定地向着“第二个百年”奋斗目标奋力前行打下坚实的战略基

---

① 中共中央文献研究室编：《习近平关于全面依法治国论述摘编》，中央文献出版社 2015 年版，第 3—4、12、15、11、10、110、52、38、67、67—68、78、12—13、11—12、8 页。

② 习近平：《之江新语》，浙江出版联合集团、浙江人民出版社 2013 年版，第 201—207 页。

础。在2020年“法治小康”的基础上，继续坚持全面依法治国基本方略，深化依法治国实践，加快法治中国建设，到2035年基本实现法治现代化。从2035年到本世纪中叶的目标是在基本实现现代化的基础上，把我国建成富强民主文明和谐美丽的社会主义现代化强国。[①]只有坚定不移地厉行法治，坚持全面依法治国，才能在实现中华民族伟大复兴中国梦的征程中夯实党的执政基础，为子孙万代计、为长远发展谋，实现党和国家的长治久安。

结 语

思想是时代发展的理论升华，同时又反过来引领时代的进步。改革开放四十年来，中国特色社会主义事业取得了巨大成就，其中最重要的经验之一就是坚持改革开放，坚持将发展作为执政兴国的第一要务。党的十八大以来，习近平以高度的政治智慧和远见卓识，站在中华民族伟大复兴、实现“两个一百年”奋斗目标的历史高度，提出全面依法治国的一系列新理念新思想新战略，开启了新时代全面依法治国的新征程。在法治与发展的时代主题上，习近平坚持将法治与发展相融合，以法治保障、促进、提升发展，以法治的特有方式为经济社会发展明确了价值指向和功能定位，在怎样实现发展、实现什么样的发展中充分发挥法治的引领、规范和保障作用；坚持在全面依法治国的进程中推动国家治理能力和治理体系现代化，维护社会和谐稳定，促进社会公平正义；坚持全面依法治国，为党和国家事业发展提供根本性、全局性、长期性的制度保障，实现党和国家的长治久安。习近平关于法治与发展的重要思想，科学阐释了中国特色社会主义的本质要求、制度保障等重大理论与实践问题，进一步丰富和发展了中国特色社会主义法治理论，推动了新的时代条件下马克思主义理论中国化的

① 参见张文显《新时代全面依法治国的思想、方略和实践》，《中国法学》2017年第6期。

新发展，成为习近平新时代中国特色社会主义思想的重要内容，为新时代加快建设法治中国、全面建成小康社会、建设社会主义现代化强国、实现中华民族伟大复兴的中国梦提供了科学指南和基本遵循。

（原载于《江海学刊》2018 年第 2 期）

探索“共建共享型”的中国法治道路

马长山[*]

改革开放三十多年来，中国在各个方面都获得了巨大的发展进步。如今，已经进入了改革深水区和转型关键期，法治建设也面临着重大的转折，如何反省过去、前瞻未来，就成为当下十分重要的紧迫任务。党的十八届四中全会首次以党的纲领性文件形式，对新时期“法治中国”建设做出了全面的顶层设计与规划，并提出了“坚持走中国特色社会主义法治道路”的战略要求。我国的法学研究中对“中国法治道路”也多有关注，然而，我们对“中国法治道路”的“问题”仍回应不足，提出的“方案”也不充分，难以适应新时期法治中国建设的需要，因此，需要进一步深入分析和探索。

法治建设的当下转型

党的十八届四中全会通过的《中共中央关于全面推进依法治国若干重大问题的决定》明确了我国新时期法治建设的基本方略、任务和目标，然而，如何将这些战略部署落到实处，真正建成法治国家，则

* 作者简介：马长山，1964 年生，华东政法大学法律学院教授、博士生导师。

面临很多的挑战和考验，换句话说，“法治中国”建设应该走什么样的道路、采取什么样的路径则显得十分关键而重要。但这并不能单凭理论设计或者就事论事来考量，而应放到中国改革发展和中华民族伟大复兴的全局中去思考和把握。

回首改革开放三十多年来，中国总体上正是一个社会力量不断从国家垄断和监管中获得释放、逐步提升自主发展能力的重大变革进程。因此，在社会与国家之间建立何种关系，面临怎样的机遇和风险，就成为中国改革发展和法治建设中的核心议题。实际上，改革开放之初，学术界就力图通过“国家—社会”关系，来描述、分析和引导转型期国家与社会相分离的状态与进程。人们认识到，在当下中国，几千年遗留下来的国家高度控制社会的历史传统、国民的公民精神不足、经济文化尚不发达、贫富差距巨大等因素，都是多元社会发展及其与国家关系构建所绕不过的背景条件。因此，为了更符合国情，也与近年来全球国家与社会之间的互动合作趋势相吻合，学者们采取的路径基本是国家与社会之间平衡合作、双向构建的“良性互动论”。诚如有学者所言，当代中国是一个“政府主导与公民自主相结合”或者政府与公民“双向自主构建模式”，它反映了中国法治社会构建的特殊性和超越性。[①] 但它也有可能会出现政治精英主导的威权诱导型、知识精英主导的民主倡导型、经济精英主导的财富推进型这三条发展道路[②]，其核心点仍在于国家构建中的方向和路径问题，双向互动关系一直占据主导地位。

事实上，从20世纪90年代中期开始，法学界就对中国应走哪种法治道路发生了较大争论，并出现了政府推进型、自然演进型、政府推进与自然演进结合型的分析与研判。然而，国家决策层所着力设计

---

① 蒯正明：《改革开放三十年来中国公民社会研究述评》，《甘肃理论学刊》2008年第4期。

② 王名主编：《中国民间组织30年——走向公民社会（1978—2008）》，社会科学文献出版社2008年版，第50—52页。

和推进的法治建设路线图，却一直走着政府推进、国家构建主义的道路，从来没有变化。这种国家主导的、构建主义的法治道路固然有政治风险低、成本小、速度快、秩序稳定等优点，并取得了显著的成效。但它也促发了权力扩张法律化、权利保障不均衡、地方保护主义、贫富分化和阶层利益固化等严重问题，形成一定程度的权贵阶层剥夺和侵吞底层权益、改革发展成果只为一部分人所享有的“汲取型”机制，如暴力拆迁、暴力执法、权钱交易、黑砖窑事件等。其实，“历史上汲取性制度非常普遍，因为它们有一个强有力的逻辑：它们能够产生某种有限繁荣，同时将有限繁荣产生的财富分配到少数精英手中”。然而，这种制度创造的是政治集权与不可持续。[①] 特别是在“全面推进依法治国”“实现国家治理体系和治理能力现代化”的时代背景下，它已与“构建全民共建共享社会治理格局”的战略要求发生严重冲突，严重制约着新时期“法治中国”建设战略的推进和实施。因此，就需要积极培育健康的多元社会，走出构建主义法治的困境，建立官方与民间能够互动平衡、双向构建的法治秩序。[②]

令人欣慰的是，不仅是学术界，国家决策者也开始意识到单向国家构建存在的问题，特别是对贫富差距、阶层差距、地区不平衡、城乡不平衡问题日趋严重，改革发展成果分享不均衡、民众“获得感”不足的现状予以高度关注，为此着手推进国家与社会的“共建共享”，促进从单向的国家构建走向国家与社会的双向构建。党的十六届六中全会专门提出要形成“全体人民共同建设、共同享有的和谐社会”。2012 年党的十八大则再次强调，要开创“社会和谐人人有责，和谐社会人人共享”的生动局面，十八届五中全会又进一步提出“构建全民

① 参见［美］德隆·阿西莫格鲁、詹姆斯·A. 鲁滨逊《国家为什么会失败》，李增刚译，湖南科学技术出版社 2015 年版，第 107、313 页。

② 马长山：《国家“构建主义”的法治误区与出路》，《法学评论》2016 年第 4 期；马长山：《国家、市民社会与法治》，商务印书馆 2002 年版；马长山：《法治的平衡取向与渐进主义法治道路》，《法学研究》2008 年第 4 期。

共建共享的社会治理格局”的战略部署。这样，国家决策者就从最初的以国家力量来推进经济变革，转向注重社会力量和社会建设，继而着力促进“共同建设、共同享有”——共建共享战略，努力实现国家与社会之间的互动合作与相互构建。因此，当下中国的法治建设，就应立足这一战略转向来探索“共建共享”的法治建设路径，实现从“国家构建型”法治向“共建共享型”法治的当下转型。

“共建共享”彰显中国法治特色

纵观世界各国法治建设，都有可圈可点的建设成就，但也都遭遇了不同的问题和困境。这诚如西方学者所言：“对法治的需求原本就是根深蒂固的。无论在美国还是在中国，每一代人都面临着很多社会难题，都不同程度地需要法治，因而法治一直处于历史进步之中。”[①]对中国而言，顺应形势、立足国情，探索“共建共享型”法治模式，则是彰显中国法治特色的最优选择。[②]

其一，基于对域外法治建设经验教训的反省。自近代法治生成以来，世界法治进程就一直在变革中发展，在发展中变革。其间，经历了以维护个人自由和权利为基调的“自由主义”法治模式，以促进实质正义和保障弱者权利为基调的“福利国家”法治模式，以及注重“私人自主”和“公共自主”、倡导对话沟通的“程序主义”法治模式等不同形态，但也都存在一定的问题，未能从根本上解决权力控制与社会自由、权利冲突与平衡、社会公平与秩序等的深层矛盾。而南美、北非、中东欧等转型国家则着力于民族复兴和国家构建，它们往往大量仿制西方的民主法治模式，然而，除了少数转型“成功”者外，大

---

① ［美］彼得·德恩里科、邓子滨编著：《法的门前》，北京大学出版社2012年版，第409页。

② 笔者曾撰文对这一“共建共享”法治路径的必要性进行了详细阐释，这里再从“中国特色”视角做进一步的补充分析。参见马长山《法治中国建设的“共建共享”路径与策略》，《中国法学》2016年第6期。

部分要么出现了“水土不服”的制度问题和秩序困境，要么出现了“新瓶装旧酒”的倒退和危机，以至“选举可以和制度性地侵犯人权以及剥夺大多数人的政治权利同时并存”①。从某种意义上说，无论是发达国家还是转型国家，问题的根本都在于其“社会凝聚力以及一套共享的、有生产力的制度的缺失”②。特别是当今深刻变革的全球化和信息化时代，带来了更加复杂的社会问题和风险挑战，包括国家在内的任何单一方面都是难以应对的，因此，包括国家、经济体、民间组织、公民等在内的多元力量和要素之间的平衡则必不可少，这已“不是零和博弈，而是可以让所有人共享、共同提高”③。也就是说，国家与社会、不同地区之间、多元社群和组织之间的共建共享，已成为应对风险社会问题、走出法治建设困境、推进当下法治秩序变革的一个重要途径。因此，“法治中国”建设的超越性和特色性，应立足这一发展趋势，迈向“共建共享型”的法治道路。

其二，对中国建设模式的提炼。从某种意义上说，改革开放以来的市场经济和民主法治建设，以及由此而取得的巨大成就，就是在对东西文化的扬弃融合中创造出来的新理念、新模式。首先，这个新模式是从打破“大锅饭”开始的，以形成公平竞争、自主创新、优势发展的社会动力机制，其最终目标则是实现“共同富裕”奔小康。然而，随着市场经济发展和社会转型的加快，贫富分化和社会矛盾也日益凸显，为此，国家就开始大力纠偏，积极倡导全面小康是全体中国人民的小康，不能出现有人掉队，让人们有获得感、“共享改革发展成果”，这都体现了中国模式的基本定位。其次，近年来，中国正在顺势打造“互联网 +”经济，经济发展和商业领域的新业态、新模

---

① Richard Joseph, *State, Conflict, and Democracy in Africa*, Lynne Rienner Publisher, Inc., 1999, pp. 378 - 379.

② ［美］赛斯·D. 卡普兰：《修复脆弱的国家：发展的新范例》，颜琳译，民主与建设出版社 2015 年版，第 68 页。

③ ［美］尼古拉斯·伯格鲁恩、内森·加德尔斯：《智慧治理——21 世纪东西方之间的中庸之道》，朱新伟等译，格致出版社、上海人民出版社 2013 年版，第 169 页。

式、新观念不断涌现，包括O2O模式、第三方支付、P2P交易等纷纷涌现。它实现了线上与线下在闲散物品、劳动力、教育医疗、交通工具、房产等资源上的有效整合与互动利用。因此，展现了人们公平享有社会资源，各自以不同的方式付出并受益，共同创造和获得经济红利的共享经济模式，缔造了共建共享的价值理念和实践原则，这成为"中国模式"的新发展、新方向。再次，随着中国的和平崛起，在国际上的地位与角色也在不断攀升，在国际新秩序的构建上也日益发出中国的声音、发挥更重要的作用。近年来的"一带一路"倡议就包含开放、合作和共赢的中国话语，体现了共商、共建、共享的原则精神，旨在打造包容、均衡、普惠的合作发展架构，这在一定意义上体现了中国文化的重构、溢出和传播。而联合国安理会2016年3月通过包括推进"一带一路"倡议内容的第2274号决议后，在第71届联合国大会于2016年11月17日通过的关于阿富汗问题的决议中，又首次写入"一带一路"倡议，得到193个会员国的一致赞同，体现了中国发展模式的国际影响力。对此，外国学者称赞"中国大陆的复兴是伴随着摆脱高度集中的经济制度并转向更包容的经济制度而来的"①。可见，以共建、共享方式推进"法治中国"建设，是"中国模式"在法治建设上的展现和探索，也是从法治视角对"中国模式"的理论提炼，甚至对国际社会的治理秩序重建也有一定的贡献。

其三，立足中国的现实国情。经验告诉我们，任何国家的法治建设都不可能脱离其现实国情，国际社会不能够把新机制"强加"到发展中国家，尤其那种名义上是"国际社会"而实质是少数国家霸权的情况下更是如此。对中国而言，之所以迈向共建共享发展，主要立足于三方面现实国情。一是国家主导传统。基于中国自古形成的国家主导社会发展的传统，就使得国家与社会的互动包容方式和程度决定了

① 参见［美］德隆·阿西莫格鲁、詹姆斯·A.鲁滨逊《国家为什么会失败》，李增刚译，湖南科学技术出版社2015年版，第107、313页。

王朝的兴衰。改革开放后，虽然逐步确立起以差异、竞争、自主、创造为取向的市场经济方式，但仍是在国家规划布局的主导下行进的。这样，就造成了这样一种局面：一方面公权力依然庞大，未能关进制度的“笼子”里；另一方面，传统阶级结构日渐消解，贫富差距日益加大，权贵利益日益固化，进而形成了一种带有“汲取性”色彩的制度机制。长此以往，就难免会摧毁制度基础和秩序根基。为此，迈向包容性、共建共享的发展道路，就成为必然选择。二是城乡和地区差别。中国幅员辽阔，人口众多、文化素质不高、情况也很复杂。特别是城乡二元结构的“剪刀差”由来已久，甚至可以说近代以来的中国发展是以牺牲农民为代价的，至今“三农”都是严重的问题。同时，东西部、沿海内陆的地区差异又很大，数以亿计的人口吃饭问题一直不可忽视。这些都是实现“共同富裕奔小康”的严重障碍。这就需要适时矫正严重不平衡的发展状态，迈向共建、共享的经济发展和法治建设道路。中共十八届三中全会《中共中央关于全面深化改革若干重大问题的决定》就明确指出，要“让广大农民平等参与现代化进程、共同分享现代化成果”，同时还要保障弱势群体的民生权益，让绝大多数人在法治建设和社会发展进程中享有更多的参与感、在场感、获得感，让每一个人体验到公平正义。这个任务说起来容易，做起来难。只有建立起共建共享模式，才有可能完成如此重任。三是中华文化讲仁义、友善、公平、诚信，要比西方文化体现出更多的和谐、互惠和包容精神，体现了中华民族仁爱和合、携手共进的道德伦理和共同体精神；而从中国百姓的日常心理来看，也都是“不患寡而患不均”，对社会差别的敏感度远高于西方，“攀比”和“仇富”的情结较重，因此，就对共同参与、共同享有和共同富裕有更高的期待。

其四，构建转型秩序的需要。纵观世界各国的现代化时间表，第一个现代化的国家英国用了 183 年，第二个美国用了 89 年，很多国家平均为 73 年，而 20 世纪 60 年代的一些快速现代化国家平均只有 29 年。可见，现代化进程在加速，但“在缺少具有适应力强和强有力的政治制度的情况下，参与的扩大就意味着不安定和暴乱。现代性产生稳定，现代化造成不安定”①。成败的关键在于制度包容性、参与方式和相关时序安排。对中国而言，急速社会转型、增长压力、广土众民和日益复杂的国内国际环境所带来的“中国问题”会更多，特别是贫富差距、阶层差别、地区不平衡、城乡不平衡、大量农业转移人口等问题，对转型秩序的构建形成了巨大压力甚至挑战。因此，要“改变这种现状就必须重建国家与社会互构机制的载体，使全体社会成员都有与国家对话的机会”②，特别是全体社会成员应通过所属民间组织，进行组织性、机制性、常规性和理性化参与和对话，打造“人人参与、人人尽力、人人享有”的良好局面，从而保障民权民生，促进社会和谐稳定，打造共建共享的治理格局和法治秩序。

“共建共享型”法治的主导理念与基本原则

当我们立足法治建设路径视角，就可以看到，从“国家构建型”法治走向“共建共享型”法治，并不是一个简单的策略转换，而是一个既有继承性又需进行实质性变革的伟大创新过程。因此，它首先应体现权力制约、权利保障、自由平等、公平正义、司法独立、正当程序等这些反映法治发展规律的普遍性法治理念和原则，同时，它还需要立足其自身属性和目标取向，确立特有的主导理念和基本原则。

（一）主导理念

“共建共享型”法治的主导理念，主要是指处于主导地位，并为“共建共享型”法治建设提供价值指引和目标方向的基本精神。这些主导理念主要应包括以下几种。

---

① ［美］塞缪尔·亨廷顿：《变革社会中的政治秩序》，李盛平等译，华夏出版社1988年版，第47页。

② 谢舜、盛志宏：《社会政策过程中公众参与角色的变迁及其社会意义》，《江汉论坛》2012年第8期。

一是共享发展理念。共建共享理念是在2006年10月党的十六届六中全会《中共中央关于构建社会主义和谐社会若干重大问题的决定》中正式提出的，明确社会主义和谐社会是党领导全体人民“共同建设、共同享有的和谐社会”，人民群众是改革发展成果的创造者，也是改革发展成果的享有者，因此，共同建设是全体社会成员的共同责任，共享发展成果是人民群众的应有权利。这一理念在党的十八届五中全会上得到了再次强调和发展，并成为指引当下改革发展的“五大理念”之一。然而，这一理念体现在法治建设上，就不仅仅是一种政治或者经济上的定位，而是有更丰富、更具体的指向和内涵，即它应以制度公正为基础，以权利平等为起点，主张政府、企业、公民等诸方力量之间的良性互动与平衡合作，最终保证每个公民都能有参与法治建设、分享法治成果、获得法治保障的均等机会，进而真正成为“法治中国”建设的主体。只有这样，才能调动广大民众的法治建设热情，也才能有效遏制公权专断肆意、保障民权民生、建立公正和谐的社会秩序。

二是法治底线精神。“共建共享型”法治绝不意味着向平均主义的倒退，更不意味着向公权力让步、回归集权主义。“共建共享型”法治首先是法治，然后才是“共建共享型”。因此，它必须要遵守法治的基本理念、原则和程序，必须要坚守法治底线，进而通过“共建共享”建立合理的社会秩序。首先，它要坚持权力制约和权利保障精神，限制公权力扩张和滥用、保障公民和社会自由。也就是说，这里的“共建共享”，是在党和政府领导下，但必须保障公民自由和权利、限制国家权力基础上的“共建共享”，而不是借由公权力进行统筹监管和分配的共建共享。其次，它要坚持自由公正精神，防止两极分化、促进社会公平正义。这诚如毛泽东同志所言：“我们的提法是既反对平均主义，也反对过分悬殊。”[①] 再次，它要坚持程序正义，反对权力

① 《毛泽东文集》第8卷，人民出版社1996年版，第130页。

宰制和不当干预。最后，它要坚持法律至上精神，共建也好、共享也好，都需要按照宪法和法律的规定来运行，秉持规则当先和秩序理念。事实上，罗尔斯与诺齐克的论争，在很大程度上也是究竟应该更多关注平等还是应该更多关注自由的“口水战”，其终极目标还是如何才能更好地、最大限度地实现人的自由、平等和权利，在某种意义上这也正展现了共建、共享化的正义精神。改革开放后，我们一度倡导“先富带后富”的发展战略，这固然是正确的选择，也确实为改革发展提供了重要动力。但发展到今天，贫富差距、地区差异、阶层分化等日趋严重，改革开放发展的成果如何实现共享、国家与社会如何实现共建，已经成为一个必须面对和解决的重要问题。因此，这就需要消除汲取型机制的现实基础，打破既得利益阻力，坚守法治底线，以最大限度地释放均等的政策红利和发展机会，为每个公民提供公正的权益实现渠道和制度保障。

（二）“共建共享型”法治的基本原则

“共建共享型”法治的基本原则，主要是指贯穿于当下“共建共享型”法治建设进程中的为法治建设提供方向指引和操作依据的重要基准。它主要应包括以下几点。

其一，民主参与原则。要实现“共建共享”，就要有广泛的公共参与；缺少参与，无疑会导致权力垄断和汲取机制的形成。这些民主参与，包括不同的经济主体、不同的利益群体、不同的社会阶层和无处不在的公民。特别是在当代社会，“健全和稳定的现代民主不仅仅依赖于其‘基本结构’的正义，而且还依赖于其公民的品性（qualities）与态度”[①]。只有公民的积极广泛参与，才能通过政府、公共机构和公民的合作行动，以理事会、公民委员会、公民受托代理委员会、公民团体等形成活跃有效的“公民治理”，从而将公民带入政策议程、

① ［加］威尔·吉姆利卡、威尼·诺曼：《公民的回归——公民理论近作综述》，毛兴贵译，载许纪霖主编《共和、社群与公民》，江苏人民出版社2004年版，第246页。

社区项目管理和依法行政的中心地带，以多元协商来谋求最大公约数和法治共识，创造开放、民主、互动的秩序“共建”机制，也方能实现社会公益与机会的“共享”和平等保障，使得“秩序是由协商而定的，而非通过服从赢得的”①。

其二，多元平衡原则。平衡一般指一定数量或结构上的比例均势和秩序状态，它有多元性、对话性、协调性的功能导向。而以“共建共享”理念和平衡原则来推进法治进程，就应打破权力垄断和统制结构，构建民主均衡的治理法治化机制。一是立法权民主化，克服部门立法、特权利益制度化和地方保护主义，这就需要使立法议程向民主党派、民间组织、群体代表和公民等更多的社会力量开放，从而实现规则体系的制度“共建”和权利“共享”。二是大力推进“小政府、大社会”的管理体制改革，健全“三个清单”制度，促进公共治理的多元参与和民间治理的多元化民主化，实现治理秩序的“共建”与治理权的“共享”。三是推进国家与社会、中央与地方、多元地方之间的“共建”与“共享”。② 四是构建能够吸纳、反映市场经济和民主法治精神的主流价值观，推动官民“两个舆论场”的兼容，促进全民的文化共建和多阶层的价值共识，形成共建共享的法治文化与精神，进而为法治秩序提供动力、基础和支撑。

其三，人权保障原则。“共建共享型”法治绝不是通过权力运作来分配社会资源，也不是倡导公民无条件地服从政府的统一安排和福利照顾。其核心目标，乃在于走出自由主义法治范式、福利国家法治范式和程序主义法治范式的困局，尽量抑制和避免不自由、不平等、不公正的汲取型机制，以保障每个公民起码的自由和尊严，维护基本的人权和体面生活。因此，它既要限制国家权力并使之服从服务于公

① ［美］诺内特、塞尔兹尼克：《转变中的法律与社会》，张志铭译，中国政法大学出版社1994年版，第105页。

② 参见马长山《法治中国建设的“共建共享”路径与策略》，《中国法学》2016年第6期。

民的社会自由和权利之目的，同时也要限制、平衡个人权利和公司权利的滥用，防止市场经济和社会生活中的私人强权和汲取控制，以确保社会公正和基本“公共善”。因为“任何自由都容易被肆无忌惮的个人和群体所滥用，因此为了社会福利，自由必须受到某种限制，这就是自由社会的经验。如果自由不加限制，那么任何人都会成为滥用自由的潜在受害者。无政府的政治自由会演变为依赖篡权者个人的状况。无限制的经济自由会导致垄断的产生”①。这就是说，“既要实现集体的公共物品，聚合共同的价值，又不使个人的私人权利和自由受到威胁”②，进而使每个公民的基本人权得到保障，防止有人“掉队”和社会不公，这也正是“共建共享”型法治的最终目的，进而实现“法治中国”建设的宏伟目标。

法治的中国特色是否可能

讨论法治的中国特色，或者说法治的中国道路，无疑不能回避它“是否可能”这一前提性的争论，而这并不是一个简单的理论问题。

早在改革开放之初，中国就试图探索自己的特色化发展道路，但基本都限于国内的政策性阐释和话语塑造。直到 2008 年金融危机之后，关于中国模式的讨论才走上国际舞台，并与“华盛顿共识”“北京共识”的话语相交织。随之而来的，中国模式则在国内开始日趋政治化，恰在此时，极左“文革”势力抬头，激进西化的自由派崛起，带有民粹主义倾向的舆论场逐渐凸显，价值撕裂情形日趋严重。在此背景下，关于中国模式的争论就更为激烈。有学者大肆宣扬中国模式的优越性，同时也有学者强调不要动不动就宣称“中国模式”，这是

---

① ［美］E. 博登海默：《法理学——法哲学及其方法》，邓正来等译，华夏出版社 1987 年版，第 276 页。

② ［日］猪口孝、［英］爱德华·纽曼、［美］约翰·基恩：《变动中的民主》，林猛等译，吉林人民出版社 1999 年版，第 3 页。

无知的表现和可怕的骄傲。而事实上，大肆宣扬中国模式优越性的，往往是基于既得利益制度化的立场，并伴随着“新国家主义”的主张，甚至成为向集权回头转向的吹鼓手；而否定中国模式的激情理想，则立足于西方的普适价值和线性的发展逻辑，否认社会发展的多样性和本土性，有些仅仅是西方思想观念（甚至仅仅是启蒙时期的思想）的倡导，严重忽视当代西方的制度变革和社会现状，因而，难免成为一种乌托邦的直觉。因此，一些客观理性的研究则更值得关注，如华盛顿大学 David Shambaugh 教授所言，中国的发展无非混合了多种体制的不同要素而取得的成绩，并非一个完整的“模式”。[①] 而新加坡国立大学教授郑永年则强调，“的确存在着中国模式，那就是中国的发展经验”[②]。如果我们能够客观理性地分析，的确不难看到中国是一种“威权整合—个体竞争”模式，它具有某种“延时效应”和竞争能力，并带有优势和劣势的二重性。这样，它就必然会存在着某种“从兴盛到危机”的风险。因此，“中道理性主义，或新保守主义，是比自由主义与极左主义这两种左右激进主义更切合实际的历史选择”，进而“从经验与试错中渐进走向民主与现代化”。[③] 故此，建立理性中道的社会共识就极为重要，探索经验意义上而非意识形态意义上的中国模式也就成为一种必然。

在法学界，也有同样的疑问和讨论。自改革开放以来，中国法学界就一直关注中国的法治进程。20 世纪 90 年代中期之前，主要致力于马克思主义法理学的更新；但此后便是大量的西方法学思潮引入，包括相应的诸多制度移植。然而，相应的法治发展道路讨论却并未停息。一方面，一些学者凭借西方理论资源，进行了系统的学理阐释和探索，取得了很多成就，但这些理论始终摆脱不开西方的理论话语，

---

① David Shambaugh, “Is There a Chinese Model?”, *China Daily*, March 1, 2010.

② 郑永年：《中国模式：经验与挑战》，中信出版集团 2016 年版，第 29、30 页。

③ 萧功秦：《超越左右激进主义——走出中国转型的困境》，浙江大学出版社 2012 年版，第 75 页、总论第 13 页。

始终不能认真、客观地分析西方社会与司法制度的当代变革，因而，既难以突破和超越既有的西方理论，甚至只是西方理论的解说和传播，又不能解释和观照中国司法的实际问题，甚至是与中国司法实践风马牛不相及，这种仅仅是“西方学生”的角色，无疑就更多地具有“自娱自乐”的性质（尽管很高级），难以发挥其应有的理论指导作用；另一方面，也有一些学者则对传统和现实有着过多的认同和迷恋，甚至不惜按照自己论证的需要，而改变通识性的概念和范畴，来论证和阐释中国法治现状的合理性和正当性，否认法治的世界共识和普遍规律，这种画地为牢的方式，无疑也不能为中国的法治变革与发展提供有效理论先导。

事实上，当今世界日益呈现出多元自主的发展格局，西方模式并不是唯一的，而且危机不断，同样，中国模式也面临各种风险和挑战。在这种情况下，如果再用西方模式来评判中国模式，“既无助于在对西方模式反思的基础上改进西方模式，更不能认识中国模式所面临的真正的问题”①。一些西方理论家深刻认识到：“没有人会断言一切文明都必须严格地走这条相同的道路，因为它等于说仅仅凭着西方文明提出的人类形象自身就代表了所有的人类潜在性。”② 这意味着“每个国家都必须要在制度发展上找到符合自己需要的条件内容与次序安排”③。由于中国毕竟是沿着现代性的演进路径前行的，因此，不大可能离开西方理论和经验的支持，但同时，“世界正在从根本上变得较多现代化和较少西方化”④，这就需要在西方理论与中国实践的碰撞与磨合中，努力创造适于本土国情的中国话语和理论。

---

① 郑永年：《中国模式：经验与挑战》，中信出版集团2016年版，第29、30页。

② ［法］菲利普·尼摩：《什么是西方》，阎雪梅译，广西师范大学出版社2009年版，第148页。

③ ［美］德里克·W. 布林克霍夫：《冲突后社会的治理：重建脆弱国家》，赵俊等译，民主与建设出版社2015年版，第44、63页。

④ ［美］塞缪尔·亨廷顿：《文明的冲突与世界秩序的重建》，周琪译，新华出版社2010年版，第57页。

不过，这种中国话语和理论绝不应是排斥西方、封闭保守的自说自话，而应是立足“中国模式”和“中国经验”，面向全球化、多元化发展进程的“中国声音”和“中国贡献”。有学者曾经坦言，在当下中国，“没有西方理论不行，但完全靠西方理论更不行”。这可能正是对西方理论与中国话语之间张力与希冀的一种情绪表达，但如何形成中国话语和理论，尚需学术界的更多努力和探索。从这个意义上讲，我们应克服简单以西方为样本和标准的心态，同时，克服以传统为圭臬和“存在即合理”的心态，适时采取中道理性的态度和立场，客观分析和探索法治的中国特色和中国道路，则是可能的，也是客观的，更是未来的中国法治发展所必需的。“共建共享型”的法治道路，无疑是其中的一个重要体现，尽管这个过程漫长而复杂。

（原载于《江海学刊》2017 年第 2 期）

法治政府建设中的软法治理

罗豪才　周　强*

2015年12月27日，中共中央、国务院印发了《法治政府建设实施纲要（2015—2020年）》，重申到2020年基本建成法治政府，并对法治政府建设的指导思想、总体目标、基本原则、衡量标准、主要任务和具体措施以及组织保障和落实机制作了全面规划。今后五年将是我国基本建成法治政府的关键时期。本文拟从软法视角对此作出思考，以期深化法学研究、推进法治政府建设。

依法行政、建设法治政府是依法治国、建设社会主义法治国家的重要组成部分

贯彻依法治国基本方略，推进依法行政，建设法治政府，是我们党治国理政从理念到方式的革命性变化，是中国特色社会主义法治建设的重要内容，是落实“四个全面”的重要组成部分。

1997年，党的十五大报告明确指出，依法治国是党领导人民治理国家的基本方略。1999年，九届全国人大二次会议通过宪法修正案规

---

* 作者简介：罗豪才，1934年生，北京大学法学院教授、博士生导师；周强，1973年生，法学博士，致公党中央研究室干部。

定，“中华人民共和国实行依法治国，建设社会主义法治国家”，依法治国的基本方略得到国家根本大法的保障。

依法行政是依法治国的重要组成部分。1997 年党的十五大报告指出，“一切政府机关都必须依法行政，切实保障公民权利”。1999 年国务院发布《关于全面推进依法行政的决定》（国发［1999］23 号，以下简称《依法行政决定》），确立了依法行政的指导思想和要求，并从加强政府立法工作、加大行政执法力度、强化行政执法监督等方面对依法行政作了规定，要求各级政府和政府部门提高对依法行政重要性的认识，带头依法行政。

2004 年国务院发布《全面推进依法行政实施纲要》（国发［2004］10 号，以下简称《依法行政纲要》），确立了建设法治政府的目标，提出要全面推进依法行政，建设法治政府。《依法行政纲要》明确规定了今后十年全面推进依法行政的指导思想和具体目标、基本原则和要求、主要任务和措施，是进一步推进法治政府建设的重要纲领性文件。

2007 年党的十七大报告要求，“依法治国基本方略深入落实，全社会法制观念进一步增强，法治政府建设取得新成效”。

2008 年国务院通过《关于加强市县政府依法行政的决定》（国发［2008］17 号，以下简称《市县依法行政决定》），要求充分认识加强市县政府依法行政的重要性和紧迫性，大力提高市县行政机关工作人员依法行政的意识和能力，并从决策机制完善、规范性文件监督管理制度健全、严格行政执法、强化行政行为监督、增强社会自治、加强领导等几个方面提出了具体举措。

2010 年，为在新形势下深入贯彻落实依法治国基本方略，全面推进依法行政，进一步加强法治政府建设，国务院发布《关于加强法治政府建设的意见》（国发［2010］33 号，以下简称《法治政府意见》）。

2014 年 10 月，党的十八届四中全会通过《关于全面推进依法治国若干重大问题的决定》（以下简称《依法治国决定》）指出，全面推进依法治国，建设中国特色社会主义法治体系，建设社会主义法治国家，要坚持依法治国、依法执政、依法行政共同推进，坚持法治国家、法治政府、法治社会一体建设。确立了法治政府建设的标准和具体措施。

2015 年 10 月，党的十八届五中全会通过的《中共中央关于制定国民经济和社会发展第十三个五年规划的建议》（以下简称《十三五规划建议》）提出，今后五年，要努力实现全面建成小康社会的目标要求，其中重要内容之一就是要推动国家治理体系和治理能力现代化取得重大进展，各领域基础性制度体系基本形成，人民民主更加健全，法治政府基本建成，各方面制度更加成熟更加定型。

总的来看，我国的法治政府建设，以邓小平理论和“三个代表”重要思想为指导；以合法行政、合理行政、程序正当、高效便民、诚实守信、权责统一为基本要求①；以职能科学、权责法定、执法严明、公开公正、廉洁高效、守法诚信为标准；包括依法全面履行政府职能、健全依法决策机制、深化行政执法体制改革、坚持严格规范公正文明执法、强化对行政权力的制约和监督、全面推进政务公开等六大举措②；预计到 2020 年基本建成③。

至此，我国法治政府建设从提出到规划设计，从目标设定到方案落实，各项制度和规定日趋成熟完善，并且确立了时间表和路线图，已经成为全面推进依法治国的排头兵和全面建成小康社会的推进剂。

建设中国特色社会主义法治体系、建设社会主义法治国家离不开软法之治

软法的兴起与欧盟治理分不开。软法在欧盟治理中发挥了不可替

① 国务院《全面推进依法行政实施纲要》。

② 中共中央《关于全面推进依法治国若干重大问题的决定》。

③ 中共中央《关于制定国民经济和社会发展第十三个五年规划的建议》。

代的作用，可以说如果不承认软法则无法解释欧盟治理。在欧盟治理中，软法具有多种表现形式，如基本条约明文规定的建议与意见，实践中逐步形成的通报、结论、宣言、行动计划、纲领、公报、机构间协议等。这些软法文件一般不具有约束力，但对于欧盟或成员国的各种措施具有解释力和说服力，对欧盟机构和成员国的行为会产生重要影响。[①] 有学者通过对欧盟宪法性条约的研究指出，“在文本意义上，与其说欧盟是一个严格依循硬法所存在的共同体，不如说是硬法与软法并存并且软法发挥更大作用的治理体系”[②]。

当前我国进入转型关键时期，面临着由传统国家统治、国家管理向现代公共治理的转型。这一转型带来治理工具、治理模式乃至观念、体制、机制等全方位的转变。国内学者敏锐注意到了软法在公共治理中的重要作用，推动软法理论研究。[③] 全面推进依法治国，建设中国特色社会主义法治体系，建设社会主义法治国家离不开软法之治。

（一）完备的法律规范体系既要包含硬法也要包含软法

从规制视角来看，有效的规制机制包括自律、互律和他律。自律主要是自我约束，互律是建立在相互沟通协商基础上的互相监督及约束，都属于软法。他律借助来自外在的强制力，主要属于硬法。完整的、平衡的法律体系必然是既包括他律也包括自律和互律，既包括硬法也包括软法的。软法理论把大量存在的、在现实生活中发挥巨大作用的软法规范纳入法律理论体系，向我们展现了一幅硬法软法共存、硬法软法协调共治的法治前景，完善了法律体系，丰富了法律理论，推动了法治发展。

（二）高效法治实施体系的建立要求硬法软法协调共治

现代社会正经历由统治向治理的转变，与传统国家统治、国家管

---

① 曾令良：《欧洲联盟法总论》，武汉大学出版社 2007 年版，第 155—156 页。

② 韩秀义：《文本·结构·功能——软法之于欧盟宪政的地位描述与作用分析》，《时代法学》2008 年第 3 期。

③ 关于软法的定义和范围等理论问题的解说，可参见罗豪才、宋功德《软法亦法》，法律出版社 2009 年版。

理紧密相连的硬法，在日益强调协商、民主、参与等特性的治理语境下正遭遇一定的困境。而新的治理工具和治理模式不断涌现，这些新的治理规则，在制定主体上更具有多元性，不限于国家的立法机关；在制定程序上更为灵活，更为注重各方的参与和意志的充分表达；在表现形式上也更为灵活多样；在效力上不借助国家强制力而是广泛利用社会舆论、媒体、道德等多种形式以非强制的方式来实现其效果，弱化了对抗性，提高了有效性。

大量的软法规范广泛存在于社会的各个领域，并且持续发挥巨大作用。我们生活中每天都要接触软法。普通公民参与制定硬法的机会不是很多，但是参与软法制定的机会还是很多的，参与程度也可能很深，如参与社会基层治理，讨论、表决制定治理规则，参与社会组织中介组织，参与章程规则讨论制定，等等。硬法的实施依靠国家强制力而往往忽略了个案中的个体意志，而在软法的实施中，由于其依赖的是自律互律机制，因而个人的意志、观念等在软法实施中往往非常重要，很多软法的实施其实就是个人主动配合甚至是促成其实现的。

这些规则，范围涵盖从政治领域到经济、社会生活方方面面，在治理语境下正发挥越来越大的作用。建立高效的法律实施体系，不能单纯依靠硬法的国家强制力，而应是硬法软法协调共治。

（三）形成完善的党内法规体系要求发展软法理论

中国共产党在我国政治、经济、社会生活方面具有非常特殊的地位和作用，中国共产党制定的党章以及其制定的党内法规、党内规范性文件等对国家社会发展起着非常重要的作用。但这些党内法规和规范性文件与传统上的由国家制定的硬法有较大区别，不属于硬法。如果固守原有的硬法理念来理解和推动法治建设，则这些规范难以被纳入法治范畴。但是这些规范同样体现公共意志，得到国家的认可，虽然没有国家强制力，但是借助多种自律、互律机制在现实生活中发挥巨大作用，理应属于法治建设范畴。中国特色社会主义法治体系建设对于我们的法治建设和法治、法学理论提出了新的要求和挑战。对此我们不能视而不见，在理论上要予以正视，并作出科学、合理的回应。软法理论适应了中国特色社会主义法治体系建设的发展，回应了现实需求。

我国除了执政党之外还存在八个参政党，存在政协这样一个多党合作和政治协商的重要机构，政协和这些政党组织以政治协商、民主监督、参政议政为基本政治职能，先后制定了一批以章程为代表的规范性文件，对其自身组织运作和发挥政治职能加以规范。这些政治组织形成的规范同样是法治建设的重要组成部分，是法学研究不可缺少的内容。此外，随着政府职能转变，大量权力由政府向社会转移，社会组织的自组织规范、基层组织的治理规范等蓬勃发展，这些都属于软法，都应适用软法理论。

（四）以“互联网＋”为代表的新兴业态对法治的挑战和对软法的需求

互联网以其崭新的特性改变着世界，同时也对我们的治理理念和治理模式带来了新的挑战、提出了新的要求。互联网思维强调“民主、开放、参与、共享”，互联网时代的到来对于传统上的以国家强制力为后盾、以硬法为主要手段、以“命令—服从”和“违法—制裁”为主要模式的国家管理提出了挑战。传统国家管理模式在管理上面临一些矛盾：如集中式立法与多样化现实的矛盾；传统层级式管理与扁平化现实的矛盾；传统立法的相对滞后性与互联网飞速创新发展带来的矛盾等。由此带来一些不利后果，如管理滞后，在很多领域出现法律空白和监管真空；如规制不适，硬法相对固化的管理方式难以适应互联网的变动性、开放性、包容性，从而导致规制效果不佳等。

互联网的发展要求一种政府与市场、社会沟通互动、协作共建的秩序，要求实现政府、市场、社会的建设性合作。而软法在创制、形成、实施上都带来一系列新的变化。软法由社会多元主体共同制定，内容广泛，形式多样，制定程序灵活，能迅速出台，弥补硬法空白。更重要的是软法不依靠国家强制力，借助舆论、媒体、道德等社会影响力，以及自律、互律机制的运用实现其效果，试错成本更小、适应性更强、执行效率更高，更能适应互联网时代的法治发展。而互联网业界也在以一种积极的态势主动介入自我治理与法治建设，追求一种与政府的双赢定位和更好的合作关系，这一领域目前尚未完全定型，相关规制发展前景也还不甚明确，但是可以肯定，软法必将在其中发挥非常重要的作用，前景广阔、潜力无限，需要我们深入探索研究。

软法为法治政府建设提供了重要规范依据

（一）软法为法治政府建设提供了顶层设计方案

当前，全面推进依法行政、建设法治政府在整体规划布局方面的规范依据主要是软法。

2013 年党的十八届三中全会通过《中共中央关于全面深化改革若干重大问题的决定》（以下简称《全面深改决定》）指出，建设法治中国，必须坚持依法治国、依法执政、依法行政共同推进，坚持法治国家、法治政府、法治社会一体建设。事实上，法治政府建设早已先行。目前我国法治政府建设的整体规划布局主要来自中共中央、国务院的几份重要文件，包括国务院《依法行政决定》（1999 年）、《依法行政纲要》（2004 年）、《法治政府意见》（2010 年），十八届三中全会《全面深改决定》（2013 年）、四中全会《依法治国决定》（2014 年）、五中全会《十三五规划建议》（2015 年）等。中共中央、国务院的这几份文件从大处着眼，进行宏观顶层设计，分别对法治政府建设作了总体安排，设立了时间表和具体任务，为法治政府建设作了整体布局规划，成为法治政府建设的重要依据文件和指导纲领。

从内容上来看，这几份文件分别在不同时期出台，针对我国行政法治和法治政府建设中的关键性问题作了规划和说明，对于不同时期的重点问题作了针对性规定，提出了明确要求和建议。其中，2004 年《依法行政纲要》确立了全面推进依法行政的指导思想，设定了目标，明确了依法行政的基本原则，归纳了六项基本要求，并从转变政府职能、科学民主决策、加强制度建设、行政执法体制建设、化解社会矛盾机制建设、强化监督机制建设、提高观念和能力、加强领导等方面对建设法治政府作了全面规定，全方位为“推进依法行政、建设法治政府”立规，成为法治政府建设的纲领性、指导性、“宪法性”文件。而2010年的《法治政府意见》又对提高领导干部依法行政的意识和能力、严格规范公正文明执法、全面推进政务公开等方面作了进一步规定。从形式上来看，并没有采取《立法法》所确立的立法程序，没有采用法律、法规、规章的形式，而是以中共中央决议、国务院文件等形式发布。从效力上来看，不具有国家强制力，不属于国家硬法，而属于软法范畴。

（二）软法为法治政府建设提供了具体执法裁量依据

在硬法的刚性约束之下，行政权运用存在大量的自由裁量领域，以应对纷繁复杂的社会管理事务。但与此同时，行政裁量权的不规范使用问题也很突出。针对这一突出问题，2004年《依法行政纲要》提出，要建立行政裁量权基准制度，科学合理细化、量化行政裁量权，完善适用规则，严格规范裁量权行使，避免执法的随意性。2008年《市县依法行政决定》指出，要抓紧组织行政执法机关对法律、法规、规章规定的有裁量幅度的行政处罚、行政许可条款进行梳理，根据当地经济社会发展实际，对行政裁量权予以细化，能够量化的予以量化，并将细化、量化的行政裁量标准予以公布、执行。2014年《依法治国决定》进一步提出，要建立健全行政裁量权基准制度，细化、量化行政裁量标准，规范裁量范围、种类、幅度。对规范行政裁量权的认识逐步深入，要求日益明确，推进行政执法领域行政裁量基准制度的建立完善。

行政裁量权基准制度是行政执法主体内部规范行政执法行为的一种实践，是行政执法主体内部自我控制的方式和手段，① 因而主要采

---

① 钟宪章、禹政敏：《以行政裁量权基准制度规范行政权力》，《学习时报》2014年12月1日。

取行政机关制定内部规范的方式来实现。2004 年，浙江金华公安局率先制定《关于推行行政处罚自由裁量基准制度的意见》，以软法规范的形式有效控制行政裁量权、防止行政裁量权滥用。各地纷纷探索建立类似制度。有些以综合性规范的形式出现，如《河北省人民政府关于建立行政裁量权基准制度的指导意见》（冀政［2010］152 号）；[①] 更多的是针对行政处罚中的自由裁量权作出相应规定，如《北京市关于规范行政处罚自由裁量权的若干规定》（京政发［2007］17 号）、《四川省规范行政处罚自由裁量权的规定》（川府函［2008］217 号）、《上海市人民政府关于本市建立行政处罚裁量基准制度的指导意见》（沪府发［2013］32 号）；也有针对其他单行行政行为的相关规定，如《漳州市国土资源局规范行政许可项目自由裁量意见》（漳国土资［2008］140 号）；环境保护部则在中央部委层面率先出台了《规范环境行政处罚自由裁量权若干意见》（环发［2009］24 号）。[②]

行政裁量权基准制度的确立对于行政权力行使构成了重要依据，对于权力制约和监督非常有效。在硬法的框架范围内，上述具体的行政执法裁量基准往往由各行政机关以内部规范文件等形式加以固定下来。该如何看待这些裁量基准制度规范性文件，从理论上论证裁量基准的对内对外效力、建立基准内外效力发生的法律保障机制具有很大的迫切性和重要性。[③] 有学者从“行政规则外部化现象”的角度作了分析。[④] 而以

---

① 有些行政裁量规范以地方政府规章的形式出现，属于硬法范畴，不在本文的讨论范围内，如《湖南省规范行政裁量权办法》（2009 年）、《广州市规范行政执法自由裁量权规定》（2009 年）即属于地方政府规章。

② 更多相关规定列举及其内容、特征分析可参见章志远《行政裁量基准的兴起与现实课题》，《当代法学》2010 年第 1 期。

③ 章志远：《行政裁量基准的理论悖论及其消解》，《法制与社会发展》2011 年第 2 期。

④ “行政规则外部化现象”指许多原本基于领导权只拘束下级行政机关、不产生外部效果的行政规则，因其在实质意义上对公民权利义务直接或间接发挥重要影响，从而探讨其是否具有相应的外部效力，从而应接受司法审查的问题。如在日本，包括裁量基准在内的行政机关的行政基准等数种规则都存在“外部化”的可能，参见［日］盐野宏《行政法》，杨建顺译，法律出版社 1999 年版，第 73 页；在德国，也普遍承认行政规则事实上的外部效果具有法律意义，参见［德］哈特穆特·毛雷尔《行政法学总论》，高家伟译，法律出版社 2000 年版，第 599—600 页。

软法理论来看，这些裁量基准制度规范性文件虽不属于国家硬法，但属于软法范畴。软法亦法，行政裁量基准制度的建设同样在法治建设范围之内，属于以软法规范为法治政府建设提供了执法裁量方面的规范依据。①

（三）软法为法治政府建设提供了行政程序规范依据

程序是法治大厦的重要基石，行政程序是法治政府建设的重要一环。法治的精髓在于良法得到普遍的遵行，而守法首先是要遵循程序、遵守程序法。对于政府、行政机关来说尤其如此。依法行政的基本要求之一就是要程序正当，② 要严格遵循依法公开、听取意见、回避等规定，保障相对方知情权、参与权和救济权。

目前我国还没有统一的《行政程序法》。现有的行政程序法律规范主要包括以下几部分。一是单行行政行为法中的程序性规定，如行政处罚法、许可法、强制法中的规定。二是地方制定的单行行政程序规定，有省级政府制定的也有地市级政府制定的。这些规范性文件有些采取了规章形式，如第一个制定行政程序规定的湖南，以及山东、江苏、宁夏等省区，以及西安、兰州、海口等省会市和汕头等有地方规章制定权的较大市。有些则采取了政府规范性文件的形式，如《酒泉市人民政府关于印发〈酒泉市行政程序规定（试行）〉的通知》（酒政发［2012］182 号）、《嘉峪关市人民政府关于印发〈嘉峪关市行政程序规定〉的通知》（嘉政发［2014］103 号），这些就属于我们所说的软法。三是纲要、建议等规范性文件中的程序性规定和要求，如在国务院《依法行政纲要》和《法治政府意见》中，对于依法行政提出了六大基本要求，其中就包含了“程序正当”的要求，要求各级行政机关都要强化程序意识，加快行政程序建设，严格按照法定程序

① 对这些规则性质的软法解说参见王贵松《行政裁量的软法之治——软法在行政裁量中的功能及其司法保障》，载罗豪才等《软法与公共治理》，北京大学出版社 2006 年版，第 287—289 页。

② 《全面推进依法行政实施纲要》，中国法制出版社 2004 年版。

行使权力、履行职责，规范行政执法行为。上述两份文件并对健全和完善规范性文件制定程序、行政决策程序等作了专门规定，对于重大行政决策合法性论证制度和听取意见制度、告知制度、听证制度、说明理由制度等程序规定提出了具体要求。这些也都属于软法范畴。在我国行政程序法典出台之前，这些以软法形态表现出来的行政程序规范将长期存在并持续发挥重要作用。

除上述三个方面外，各级政府部门发布的各类行政规则、规范性文件等软法规范涉及法治政府建设的方方面面，都对法治政府建设起着重要作用。

软法为法治政府建设提供了重要工作机制

（一）行政执法中的软法机制

转变政府职能，深化行政执法体制改革，要求改进和创新执法方式，坚持民主协商、广泛参与的精神，坚持管理与服务并重、处置与疏导结合，充分运用间接管理、动态管理和事后监督管理等手段对经济和社会事务实施管理，创新管理方式，方便人民群众，实现法律效果和社会效果的统一。

在这个过程中，各部门也创造了很多好的制度。如环保部 2014 年 5 月发布了《环境保护部约谈暂行办法》，建立了一个约谈体系以监督政府和企业，创造了“环保约谈”模式。所谓约谈是指环保部约见不履行环境保护职责或履行职责不到位的地方政府及其相关部门负责人，依法进行告诫谈话、指出相关问题、提出整改要求并督促整改到位的一种行政措施。这种措施采用的形式是约谈会面，以谈话为其主要工作方式，在谈话过程中指出被约谈方的相关问题，提出要求和告诫，并加以督促整改。应该说，这种措施本身并不具有国家强制力，并不包含强制性处罚，而是更多以商谈的方式进行交流沟通，指出对方所存在的问题、所可能引发的严重后果，提出建设性改进意见等。从行为后果来看，一般地方领导都会在约谈最后表态，约谈后将会形成约谈纪要，约谈双方都要在约谈纪要上“签字画押”并予以发布。[①] 除涉及国家秘密、商业秘密和个人隐私外，约谈应对外公布相关信息。约谈时并可视情况邀请媒体及相关公众代表列席，受邀请参加方也可提出整改要求并纳入会谈纪要加以印发。

根据环保部官网、各环境保护督查中心网站及《中国环境报》官网数据显示，截至2015年10月7日，已有25个城市或单位因为环境问题被环保部约谈，其中2014年约谈了5个，2015年约谈了20个。[②] 这种约谈本身并不设定任何明确的强制性义务和后果，其效果的实现更多依靠的是“约谈”这一形式本身带来的一种压力，包括公布约谈对象和事项、第三方参与约谈、媒体广泛参与和关注等带来的压力，在实践中往往发挥着非常大的作用，有的时候甚至超越了硬法的力量。

（二）政府区域合作中的软法机制

当前，区域合作是社会发展和政府转型的新的领域。区域合作同样必须遵循法治化的路径，这给法治政府建设带来了新的课题和要求。区域一体化中的合作很多是发生在没有上下级隶属关系的政府主体之间，不能采用传统的命令式的管理方式。区域一体化的法律治理，主要采取区域行政协议、区域性组织、区域协作立法、区域行政规划和区域行政指导等机制。[③] 有关合作意向的达成通常需要各政府主体在平等的前提下，通过协商的方式，采取合作宣言、框架协议、议定书、纲要等软法形式来达成，以此划定合作范围、确定合作项目、建立合作组织、选择合作模式，构建合作框架。而具体机制的完善，如组织机制、协商机制、激励机制、责任机制、纠纷解决机制等，也都有赖于软法规范的运用和功能的发挥。

---

① 《环境保护部约谈暂行办法》（环发［2014］67号）第9条。

② 《因环境问题被环保部约谈 20个城市中地级市占六成》，《京华时报》2015年10月7日。

③ 叶必丰：《区域经济一体化的法律治理》，《中国社会科学》2012年第8期。

当然，本文只是对法治政府建设中的软法规范和软法治理做一个简单的梳理，并不是也不可能否认硬法在其中发挥的巨大作用。在重视软法研究和软法效用的同时，要更好地完善硬法规范体系，充分发挥其规制国家权力的功能，为软法效力的实现打造一个更好的基础。归根结底，硬法与软法的协调共治才是我们法治建设的理想图景。

（原载于《江海学刊》2016 年第 1 期）

宪法与改革关系的中国逻辑

苗连营　陈　建*

引　言

现行宪法自公布施行以来，因其自身蕴含浓郁的改革属性和服务改革的实践特质，而获得了“改革宪法”① 的称号。改革谋求的是变革与发展，宪法追逐的是安定与秩序，“宪法”与“改革”，这两个看似存在抵牾的话语，组合在一起却成为描述中国行宪实践的经典概念，也成为解释中国改革进程的独特视角。在这一观察视域下，中国的改革在“摸着石头过河”的日渐深化中，似乎总是以“违宪”开始，而最终却总能通过修宪而获得宪法支持。这种明显挑战传统法理的改革实践，给中国宪法学带来了理论上的巨大困惑。于是，“良性违宪”② 成为对前期改革进行宪法学诠释的一个无奈标签：“良性”和“违宪”，这两个分别从现实和规范出发，得出的看似无法圆融的矛盾判断，却同时成为描述中国改革的关键

---

* 作者简介：苗连营，1965 年生，郑州大学法学院院长、教授、博士生导师，中国宪法学研究会副会长，中国立法学研究会副会长；陈建，1990 年生，郑州大学法学院博士研究生。

① 夏勇：《中国宪法改革的几个基本理论问题》，《中国社会科学》2003 年第 2 期。

② 郝铁川：《论良性违宪》，《法学研究》1996 年第 4 期。

词。[①] 无论是中国的改革还是中国的宪法，由于改革史与行宪史的高度重合并相互印证，使得它们彼此成为描述和理解对方必不可少的镜鉴。

但长期以来，如同“良性违宪”概念所直观表露的，在宪法与改革关系的问题上，学界存在一种认为改革缺失合法性尤其是合宪性的认知与评价，[②] 并在此立场上，主张“违宪改革”不应被肯定、理应被杜绝。特别是党的十八大以来，执政党对改革的“法治思维”和“法治方式”的倡导，以及对“确保重大改革于法有据”的强调，似乎为学界关于先前改革进程缺失合法性提供了某种政治上的论证。改革天然具有变法的特质，它与宪法之间确实存在某种价值立场上的冲突，但是，这种“冲突”是否一定会演化成为二者之间必然的对立，却并没有获得有力反思和认真对待，反而日渐成为不少学者认识中国改革的一种“无意识框架”。[③] 因此，很有必要认真检讨“改革缺失合宪性”的主张赖以存在的实证基础，它究竟是一种“法律事实”还是“真实事实”（veridical fact），又究竟是一种“法律理性的话语”，还是“事实真理（factual truth）的话语”？因为一旦将“改革缺失合宪性”作为一种法律事实，那么，就算这种法律事实与真实事实有所出入，建立在这种法律事实上的法律理性话语，依然会十分“正当地”将改革的合宪性从真理话语中剥离出去，从而愈发令后来者丧失对此

---

① 有学者指出：“‘良性违宪’是一个综合社会实证主义与法律实证主义方法论所证立的命题。它既立足现实看文本，又以宪法文本评价现实；它既承认现实的合理性，也注意到现实与规范的不一致。确认现实的‘良性’，是说现实具有合理性，承认现实中蕴涵着‘规范’的成分，‘违宪’即是承认规范本身的价值。”郑贤君：《如何对待宪法文本——法律实证主义与社会实证主义宪法学之争》，《浙江学刊》2006 年第 3 期。

② 除了“良性违宪”概念首倡者郝铁川教授，张千帆教授也认为“当代经济改革的‘合宪性’从一开始就是有疑问的”。张千帆：《宪法变通与地方试验》，《法学研究》2007 年第 1 期。

③ “无意识框架”的说法，来自侯旭东教授对在历史研究中出现的，将“专制”视为描述自秦至清帝制时代的中国政体的传统论断的批评。参见侯旭东《中国古代专制说的知识考古》，《近代史研究》2008 年第 4 期。

问题的反思能力。①

在此改革开放40周年之际，我们除了要继续秉持“逢山开路，遇水架桥，将改革进行到底”的毅力和勇气外，更要在历史的实践和经验中，结合学理的辨析与反思，对宪法与改革的关系进行再梳理、再认识。这既关系到全面深化改革并在不断改革中获得发展的最大红利；也关系到维护以宪法为核心的法律体系和法律秩序的权威性与安定性，以在日新月异的变革发展中谋求井然有序的和谐稳定。

为此，本文首先立足于客观的、基本的事实展开分析，在事实维度上反思宪法与改革的关系，指出改革与宪法是一种“派生、共进”的关系，改革并不违反宪法、宪法能够预见改革的事实依据；其次，从理论维度对宪法与改革的关系进行梳理，论证改革是实施宪法的一种形态，借由宪法修改将改革共识向宪法共识转化，从而实现了改革与宪法之间的良性互动；再次，在对刚刚完成的第五次修宪进行分析的基础上，展望新时代宪法与改革关系的发展趋势，认为宪法修改承担的应是将宪法共识向改革共识转化的使命；最后，本文试图得出结论，我国处理宪法与改革关系的实践和经验，实际上构成了中国国家建设和国家治理的一种以现代化为导向的处置机制：国家建设通过改革进行，常态化的国家治理通过宪法实现，二者之间的内在张力通过宪法修改和宪法实施加以调适。

宪法与改革关系的事实之维

党的十一届三中全会拉开了改革的大幕，以恢复和重建法制来保障人民民主、促进现代化建设成为紧迫的时代课题。现行的1982年宪

---

① 对“法律事实”和“真实事实”，“法律理性的话语”和“事实真理的话语”的区分，以及混淆所带来的影响，参见［美］络德睦《法律东方主义：中国、美国与现代法》，魏磊杰译，中国政法大学出版社2016年版，第2—16页，特别是第10页。

法正是在此改革大潮中孕育诞生的。改革先行，立宪随后，这一历史逻辑决定了改革与宪法如影随形、相伴而生，宪法既是改革的产物，又是改革的动力和保障；宪法内容既有对1978年以来改革成果的初步总结，也有对未来一定时期改革形势的预估和相应安排。这突出体现在政治体制改革和经济体制改革两个方面。

当我们说现行宪法是改革的产物时，首先可以从政治体制改革方面加以印证。事实上，“当代中国的改革发轫于政治体制改革，而中国的立法也首先是从推动政治体制改革入手的”[①]。如果没有“文革”后系统总结和反省中华人民共和国成立后的历史经验教训，并试图通过加强社会主义民主法制建设而进行政治体制改革的决心和行动，就不会有现行宪法的诞生。而现行宪法的确也对政治体制改革的主要内容作了充分回应。比如坚持“四项基本原则”，实现国家根本任务的转移；明确一切权力属于人民原则、民主集中制原则、社会主义法制原则；加强人民代表大会制度建设，完善一系列重要的国家基本制度；健全国家机构的组织体系、领导体制，规定公民广泛的基本权利与自由等。

将1982年宪法关于政治制度的这些规定与1980年《党和国家领导制度的改革》、1981年《关于建国以来党的若干历史问题的决议》（以下简称《若干决议》）相比对，可以发现它们之间的高度一致性。这是因为，这两个文件正是1982年修改宪法时的重要依据，也是当时推动政治体制改革的纲领性文件。其中，《党和国家领导制度的改革》“为修改宪法改革国家制度打下了理论基础”，而《若干决议》“为修宪解除了历史包袱”，其相关内容被提炼为原则性的宪法语言而置于1982年宪法总纲之中，从而“成为1982年修宪的重要理论指导和现实制度”。[②] 换言之，对于1982年宪法而言，政治体

---

① 刘松山：《当代中国立法与政治体制改革关系的演变》，《学习与探索》2012年第7期。

② 蔡定剑：《宪法精解》，法律出版社2006年版，第73—74、105页。

制改革的内容和目标，成了宪法本身。没有1978年开始的政治体制改革，就没有1982年宪法，而1982年宪法则是对政治体制改革的直接确认与保障。由此，改革过程本身就是实施宪法的过程，而实施宪法也是为了进行改革的必然要求和体现。从这个意义上讲，不存在改革违反宪法，或宪法阻滞改革的问题。这个逻辑同样适用于经济体制改革。

1982年宪法用不小的篇幅规定了我国的经济制度，比如明确了社会主义公有制的构成和按劳分配的原则；承认了城乡劳动者个体经济的合法地位；认可了市场调节的辅助作用；强调完善经济管理体制和企业经营管理制度；允许外国的企业在中国投资并进行各种形式的经济合作等。这些显然都属于对以往单一计划经济体制的改革措施或改革方向，“总结了经济体制改革的经验和成果，确定了经济体制改革的原则，表现了我国社会主义经济制度的特色”[①]，是经济改革的宪法依据和法制保障。由此同样可以认为，经济体制改革也不存在违宪的问题，生机勃勃的经济体制改革正是落实宪法规定和精神的生动实践。

因此，在认识宪法与改革关系的时候，必须给予“改革在前而立宪在后”这个实践逻辑以足够关注。这决定了：改革是宪法的先声，宪法必然要对早期的改革成果予以初步总结和确认，同时又必然包含着对未来一定时期改革目标的设定以及改革发展趋势的前瞻，因而其中有不少的规定显得相当超前和宽泛，以为改革留下广阔的空间。可以说，宪法“在起草的时候是看到了改革的形势，估计到了改革的前途的”；宪法不仅“是我国的根本大法，也是我国改革开放的纲领”。[②]“现行宪法在内容方面早已为改革规定了必须遵循的原则，能够对改革

① 肖蔚云：《宪法与经济体制改革》，载中国法学会宪法学研究会、西南政法学院教材编审会编《宪法与改革》，群众出版社1986年版，第13页。

② 何华辉、周敬：《论宪法与改革开放》，《法学家》1993年第1期。

起指导作用"，"这正是一九八二年宪法的优越性"。"我们正是要宣传现行宪法的这种优越性，指明它是改革的产物，是具有预见性的。"[①] 而正是这种"预见性"，确保了在改革初期，宪法与改革在价值追求和具体内容上的高度一致，宪法不仅在确认改革的成果、总结改革的经验，而且又以自身的最高法制地位和引领功能反哺于改革大业，从国家根本法的角度推动和保障着刚刚起步的改革不断走向深化。由此，宪法与改革的关系呈现出交织并行、良性互动的景象。

然而，宪法毕竟是一种"凝固的智慧"，而改革却是一个生生不息的动态过程。即便宪法在起草时可以容纳对未来一定时期的预测和安排，但在日新月异的改革所带来的翻天覆地的社会变迁面前，宪法的任何预见性都难免捉襟见肘，进而不可避免地会转化为规范的滞后性。只不过这种滞后性受到制宪时认识水平和预见能力的影响，其显露的过程和周期会存在差异。但不管在何种情况下，一旦预见性被用尽，就意味着静态的宪法文本到了需要修改的时刻。

随着改革实践的不断深入，改革进程中已经取得的成就或采取的一些重要措施，事实上已经超出了 1982 年宪法的预设或与既有规定存在着明显的不一致。为了确保宪法文本与改革实践的协调，以维护宪法权威、推进改革进程，就必须适时修改宪法——增加相应规定或修改相关内容。由于改革总是先行先试，宪法修改自然就呈现为对改革予以"事后追认"的基本态势。这种现象描述尤其符合自 1988 年开始到 2004 年为止所进行的四次宪法修改。

在这四次修宪中，有关经济条款的修正案始终占据着主要位置，不仅分布广泛，数量众多，而且最先启动的修改以及此后几次修改的内容都主要集中在经济领域。这固然是由于经济生活是社会变革中最活跃的因素，是我国改革推进的侧重点所在。然而，这只是从改革动

---

① 周方：《论我国现行宪法的稳定性及其对改革的指导》，载中国法学会宪法学研究会、西南政法学院教材编审会编《宪法与改革》，群众出版社 1986 年版，第 59—68 页。

力角度出发的常规认识，若从改革内容和宪法规定的关联看，还可以发现：由于政治改革和经济改革的属性差异，使1982年宪法对这两个方面的“预见性”亦存在相当大的差别。党的十一届三中全会以后，对民主法制的追求，成为中国政治制度改革的目标，相应的制度方案也被明确载入宪法；而对中国经济体制改革的目标和路径，却经过了一个不断探索、逐步深化认识的过程，比如从有计划的商品经济到社会主义市场经济、从市场在资源配置中起基础性作用到决定性作用等。因此，政治和经济这两个方面的改革方略在1982年宪法中的表现也是不一样的：对政治改革而言，1982年宪法对当时的改革目标及改革举措的确认，比较明确具体，深化改革的过程就是实施宪法的过程；而对经济改革而言，1982年宪法仅仅确认的是当时历史条件下的认识水平，可以说是“走一步看一步”。这就决定了，1982年宪法对政治改革的预见性要远远大于对经济改革的预见性，换言之，宪法中关于政治制度的规定比经济制度的规定更具有稳定性。因此，当我们在说“改革先行先试”“宪法且行且改”“宪法对改革进行追认”时，应该注意到，这些说法主要成立于经济改革领域。对宪法中经济条款的相应修改，回应着中国经济改革进程中的成功实践和观念发展。

此外，有一个现象值得注意。回顾历次修宪前的征集建议可以发现：修宪建议提的多，而最终纳入修宪议程的少。这是因为我国历来奉行“可改可不改的不改”的修宪策略，在广泛征集建议的基础上，然后集中进行审慎选择，只“对实践证明是成熟的、需要用宪法规范的、非改不可的进行修改”①。不过，那些当次没有被采纳的建议，并不是自此搁置、不再提起，而是“随着经济体制改革的进一步深化，

---

① 这是我国一以贯之的修宪思路，有关表述可参见王兆国向十届全国人大二次会议上所做的修宪说明（《人民日报》2004年3月9日）；王晨向十三届全国人大一次会议所做的修宪说明（《人民日报》2018年3月7日）等。

大多成为以后几次修改宪法的内容”[①]。比如1988年修宪时，即提出了在宪法序言中增加“我国处于社会主义初级阶段”和“坚持改革开放”的建议，但未被采纳，直到1993年修宪时才被载入宪法；1999年修宪时即提出了增加尊重和保护人权、保护公民私有财产的规定，但直到2004年修宪时才被纳入。[②] 这种现象说明，宪法在修改自身以对改革进行追认时，对于修改建议“预见性”的筛选十分审慎，甚至往往让修宪建议领先于修宪实践，直到改革进程证明或补强了这些建议的“预见性”后，才予以采纳。由此也决定了：1982年宪法虽然具有一定的预见性，但在其预见性被现实不断突破进而不得不反复修改以适应现实时，经修改而获致的预见性已经远不如前——因追认改革而修改的宪法规范，事实上已很难再称其为“预见”，而只不过是一种对现实的“呈现”或“附随”。那么，随着改革的不断深入，预见性日渐弱化的宪法随之被不断修改，无疑是必然且合理的。作为改革产物的宪法，随着改革的不断推进，不断修改完善自身，改革与宪法呈现为一种“派生、共进”的关系。

在对宪法与改革关系的实然状态进行梳理分析后，可以发现，那种认为“30年来的改革开放及市场经济建设，在一定程度上均是在‘违宪’状态下进行的，一旦确立动真格的‘违宪审查’制度，则反而会‘捆绑了改革的手脚’”[③] 的观点，显然忽视了改革与宪法的派生、共进关系，忽视了宪法具有的对改革的预见性，以及这种预见性随着改革深入和宪法修改而逐渐弱化的过程。宪法是改革的产物，改革并不是以违反宪法开始的，而是实施宪法的生动实践。当改革带来了宪法修改时，应该引起我们反思的，也许不是改革“违宪”了，而是宪法自身因滞后于社会发展而无法满足现实需求。当然，出于对宪

① 蔡定剑：《宪法精解》，法律出版社2006年版，第73—74、105页。

② 许崇德：《中华人民共和国宪法史》，福建人民出版社2003年版，第844—860页。

③ 林来梵：《中国的“违宪审查”：特色及生成实态——从三个有关用语的变化策略来看》，《浙江社会科学》2010年第5期。

法权威性和规范力的坚守与期待，人们不愿意看到宪法文本无足轻重地被现实频频突破，而改革实践却在不断引发着宪法的修改与变动。尤其是在宪法修改前，由于相关的改革措施因缺乏宪法文本的规范依据而饱受合宪性质疑，由此产生了围绕宪法与改革关系的理论之辩。

宪法与改革关系的理论之辩

“一个民族的生活创造它的法制，而法学家创造的仅仅是关于法制的理论。”[①] 中国学术界关于宪法与改革关系的理论之辩，就集中在改革实践带来宪法追认的制度变迁上。在多数学者眼里：“宪法本质上是法律，具有法律的一般特征，它虽然产生于政治需求，调整政治现实，但一旦成为宪法规范后，便具有控制和制约政治权力运行的功能，体现制约公权力的精神。”[②] 因此，宪法因改革而修改，为改革而背书，是宪法丧失规范性的表现，是背离了规范立场和学术自主而服膺于政治现实需要的工具性仪式。于是，对这种所谓的“政策性修宪模式”[③] 不吝批评，进而忧虑频繁修改的宪法“如何面对未来”[④]？在这种质疑声中，宪法修改本应具有的正当性被有意无意地淡化，宪法稳定性和权威性的关联则被过度放大，似乎宪法一旦颁布实施，就应尽量避免变动。这种学术主张几乎贯穿在历次对宪法修改的反思之中，与之相伴的是对启动宪法解释的呼吁和对宪法修改的警惕与克制。

立基于学术立场的讨论和反思，当然有着重要的理论意义，体现

---

① 苏力：《法治及其本土资源》（修订版），中国政法大学出版社2004年版，第304页。

② 韩大元：《中国宪法学研究三十年（1985—2015）》，《法制与社会发展》2016年第1期。

③ 殷啸虎、房保国：《论我国现行“政策性修宪”模式的局限性》，《法学》1999年第12期。

④ 王磊：《宪法如何面对未来？——修宪与宪法的稳定性和连续性》，《中外法学》2005年第1期。

了宪法学努力将之予以理论化恰当阐释的学术担当和使命。然而，如前所述，根据社会情势的变迁，对宪法中一些不合时宜的条款进行修改完善，是一种正常的宪法现象，通过宪法修改推动宪法与时俱进、不断发展，具有充分的正当性和必要性。[①] 尤其是在中国语境中，因改革而进行的宪法修改更具有毋庸置疑的合理性。四十年来，改革是中国国家建设和社会变迁的核心动力，是发生历史性变革、取得历史性成就的关键因素；如果简单地排斥修宪，势必会为改革设置法制上的障碍和羁绊。我们不能仅仅因为改革是一种政治意志所主导的政治决断，就将其与宪法修改对立起来。其实，与其说学者们对“政策性修宪”充满忧虑，毋宁说他们是担心历来主导国家建设的改革话语会成为现实力量轻易突破宪法的借口，由此使宪法在现实面前无足轻重甚至不堪一击。

然而，比之于关心宪法规范的体面，人们似乎更应该关心的是改革如何得以规范。因为如果连国家的根本法都不能规制改革的话，又有什么规则能够对其加以约束和引导呢?[②] 事实上，执政党早就认识到宪法的重要价值：“中国人民和中国共产党都已经深知，宪法的权威关系到政治的安定和国家的命运，决不容许对宪法根基的任何损害”[③]，“宪法的稳定是国家稳定的基础”[④]。正因如此，在历次修宪实践中，对宪法修改可谓慎之又慎，[⑤] 而且过往所进行的追认式修改还以宪法自身预

① 对于修宪权的边界或宪法修改的限制，历来有不同的看法。本文在此旨在强调宪法修改对于实现宪法与时俱进的正面作用，反对封闭保守的“宪法条文拜物教”心态，而非主张或赞同一种毫无节制的宪法修改。

② 对此，林来梵教授曾敏锐地指出，在学者们担忧“实在的宪法规范如此无足轻重地沉浮于变动不居的时流”时，“人们似乎又遭遇到了另外一个悖论，即坚持改革开放和维护宪法秩序之间的悖论”。参见林来梵《从宪法规范到规范宪法：规范宪法学的一种前言》，法律出版社2001年版，第260页。

③ 彭真：《关于中华人民共和国宪法修改草案的报告》，《人民日报》1982年12月6日。

④ 吴邦国：《关于修改宪法问题》，《吴邦国论人大工作》（上），人民出版社2017年版，第129页。

⑤ 对这种适时、审慎修宪策略的详细分析，参见苗连营、陈建《社会变革与宪法发展——兼论我国宪法的修改方略》，《法治社会》2018年第1期。

见性的不断弱化为代价。如果说改革是“非改不可”的，那么宪法无疑也是“非改不可”的，既然不可避免，我们就应该正视因改革而带来的宪法修改，同时也要正视宪法对改革进行的适时、审慎的追认所具有的独特价值与意义——通过宪法修改，将改革共识向宪法共识转化，通过宪法判断的正当化功能，[①] 来认可和推动改革，进而在改革中实施宪法。

中国的宪法修改，从来都不单单只是为了完善宪法，往往还蕴含着深远的改革考量，这是由改革和宪法的派生、共进关系所决定的，也是由改革在中国社会发展进程中的特殊重要性所决定的。作为“中国宪法修改的核心精神”[②]，“改革”实际上构成了中国宪法在修改时不得违背，而只能去引领、推动、规范和保障的目标。宪法修改一旦逾越了这一界限，则可能会带来“宪法的崩溃”或“宪法的破坏”。[③]因此，只要改革还是我们社会发展的主旋律，只要我们的宪法还是一部“改革宪法”[④]，那么宪法因改革而不断修改，以认可、推进改革就顺理成章、事所必然。既然如此，我们不禁要问：“良性违宪”还是一个问题吗？如果一个“问题”总是与一件事物相伴随，却又无法避免或切割，那么该“问题”就不应成为问题，而是其特征。

“良性违宪”概念的提出，试图消解改革与宪法之间的张力。但

---

① “对国家行为的正当化也是宪法判断所能实现的一个重要功能。”参见翟国强《宪法判断的正当化功能》，《法学研究》2012 年第 1 期。

② 张庆福、莫纪宏：《改革开放：中国宪法修改的核心精神》，《中国法律》1999 年第 2 期。

③ Kelbley，“Are There Limits to Constitutional Change? Rawls on Comprehensive Doctrines，Unconstitutional Amendments，and the Basis of Equality”，*Fordham Law Review*，2004（3）.

④ 肖金明教授将新中国宪法分为“建国（建政）宪法”、“改革宪法”和“复兴宪法”，认为新时代宪法是一部复兴宪法（参见肖金明《新中国宪法政治发展的回顾与展望》，《法学论坛》2018 年第 3 期）。笔者认为，在“实现中华民族伟大复兴”载入宪法序言后，“复兴宪法”的提法作为一种目标导向的宪法话语，固然有其重要的时代意义。但在第五次宪法修正案中，亦有“中国革命、建设、改革的成就”的明确表述。将“改革”与“革命”、“建设”共同列举，除了时间上的先后顺序外，并不意味着“改革”已成为过去，而只是一种对“社会主义事业成就”的阶段划分，以及对“改革”历史成就及重要性的再次强调（1993 年修宪时，“坚持改革开放”首次为宪法所肯认）。当前执政党关于改革只有进行时没有完成时的战略判断表明，“改革”仍在并将继续进行，由此，我们也远未到告别“改革宪法”的时候。

正如有学者所指出的："'良性违宪'似乎只是对于'违宪'现象的某种分类，而不是某种解释。相反，它本身倒需要得到解释。"① 其实，"良性违宪"这一概念的吊诡之处，倒不在判断何谓"良性"的操作标准上，而首先是"违宪"能否成立的问题，尤其是在宪法未作修改而对改革进行追认前的这段时间，因为宪法依据的缺失，改革实践能否被视为"违宪"？曾有学者将之称为"改革超出了宪法的范围"②，而不是违宪；也有学者认为这是一种改革由地方试验而生的必要但需克制的"宪法变通"，不是通常意义上的"违宪"；③ 还有学者指出这是宪法为回应试错性社会变革的压力而以"事后确认"为基本手段不断调适自身的过程，实质是合宪的。④ 这些学术主张无疑是十分可贵的理论思考，但本文试图围绕"被修改的宪法条文是如何获得实施"来回答这一问题。因为"被修改的宪法条文"本身，既是改革的见证，也是改革的结果，追问其获得实施的方式和原因，有利于进一步廓清我们对宪法与改革关系的认识。

前已述及，改革在前，而立宪在后，改革并不以违反宪法开始。当宪法具备对改革的预见性时，改革就是在实施宪法，改革与行宪是合一的；当宪法失去了对改革的预见性时，因改革而带来的宪法修改，不止是为了认可和推动改革，也是为了完善和发展宪法，以确保宪法在新的社会条件下继续保持生机和活力。"修改宪法是为了更好地实施宪法，让文本上的宪法'活起来''落下去'，充分发挥国家根本法的作用。"⑤ 那么，此时的改革在何种意义上实施了宪法而又不违反宪法呢？答案就在被修改的宪法条文本身。

众所周知，宪法一经修改，修改后的内容就成为宪法的一部分，

① 周林刚：《党的领导与人民主权的结构》，《环球法律评论》2013年第5期。
② 陆德山：《论宪法与政治体制改革的关系》，《吉林大学社会科学学报》1988年第5期。
③ 张千帆：《宪法变通与地方试验》，《法学研究》2007年第1期。
④ 江国华：《实质合宪论：中国宪法三十年演化路径的检视》，《中国法学》2013年第4期。
⑤ 栗战书：《在深入学习宣传和贯彻实施宪法座谈会上的讲话》，《北京人大》2018年第4期。

具有国家根本法的效力。但在修改完成前，被修改的条文处于何种地位？或者说，从启动改革到修改完成前，应该如何看待这一阶段宪法条文的效力状态？诚然，在新条文公布生效前，原条文还是有效的，但事实上已经启动了对它的废止工作。这是因为，在宪法修改前，被修改的宪法条文往往已经暴露出了与现实发展不相适应的情况，换言之，正是由于改革的持续推进，才使得被修改宪法条文的不周延性和修改宪法的必要性得以暴露和彰显。而修宪的过程，正是改革缺乏宪法依据的时期，此时的改革，事实上因被修改宪法条文的局限与疏漏而获得了正当性。尽管此时的改革处于宪法条文的对立面，但改革经受了实践的检验，具有真理的正当性。反而是作为改革产物的宪法，因其具体条文失去了对相关改革的预见，因而在实践中日益暴露出不足，使合宪性与正当性之间出现了偏离，这正是“违宪”的改革会被认为是“良性”的原因。然而，若长期对此听之任之，必然会损害宪法的尊严，也不利于改革的有序推进。因此，只有通过修宪，使宪法再次确认并预见改革，才能确保在深化改革中继续实施宪法，并切实维护宪法的稳定性和权威性。在这个意义上，改革与宪法的“派生、共进”关系，亦决定了深化改革与宪法修改之间的如影随形、相伴而生。

这进一步说明，至少在做出改革决策的时候，改革所关涉的宪法条文往往亦是将要被修改的条文——现实的发展变化使其不适宜再作为宪法的条文而存在，或者说其作为宪法条文的历史使命已经完成，需要被事实上存在或实践中运行甚至理性预判中的“宪法条文”取代。在被修改前，该宪法条文一般是符合现实需要的，而到决定改革时，正是由于其已经不适应现实和发展的要求。而其由适应到不适应这一转变的发生，在很大程度上是改革不断推进的结果。正是改革带来的新情况、新变化，令该条文对未来的预见变成了现实，进而无法容纳不断发展着的现实。换言之，被修改宪法条文之所以得到了实施，恰恰是因为改革，正是在持续不断的改革进程中，该宪法条文的历史使命最终得以完成，并需要被新的条文取代。因此，当我们在说某项具体的改革“违反”了特定的宪法条文的时候，其实是改革“实施”[1] 了被修改的宪法条文。而修改后的宪法条文，依然有待于通过改革去继续实施。

改革与宪法是一种派生和共进的关系，这一基本事实是一切理论阐释必须正视和回应的逻辑前提。宪法修改因此具有完善和发展宪法、认可和推动改革的双重意义。在四十年的改革历程中，借由宪法修改，改革与宪法实现了“携手并进”。[2] 尽管改革是一个动态的过程，而宪法是一个静态的文本，但宪法并不是一成不变，而是通过适时审慎的修改，使自身不断完善，与时俱进。这是我们处理改革与宪法关系的宝贵经验。它揭示了改革在先、修宪在后的制度变迁事实，也阐明了改革接受实践检验、由宪法审慎予以追认的制度变迁路径。所以，在对改革与宪法关系的认识上，二者绝不是非此即彼的排斥关系，既不能片面以宪法规范来检视改革实践，同样也不能单纯以改革实践来悲观地否定宪法效力。在改革与宪法的动态平衡中，我们看到的是一个渐进的改革和阶段性局部修改的宪法，改革为动、为破，宪法为静、为立，动静结合，相得益彰。改革是在行宪，行宪亦是为了改革；改革在行宪实践中不断深化，而宪法也在改革进程中日益走向完善。

当然，这一机制也并非不存在问题，比如，追认式修宪在形式上对宪法稳定性和权威性所带来的巨大冲击，反复地局部修宪对宪法文本的整体性、协调性所产生的巨大影响等。[3] 尤其是“摸着石头过河”

---

① 对于何为“宪法实施”，历来有不同看法，本文是在宽泛意义和“变法思维”的基础上使用这一概念的。值得提及的是，时任全国人大常委会委员长张德江同志曾指出：“改革开放30多年来我国取得的巨大成就，都离不开宪法的保证和推动，在一定意义上说，都可以看作是宪法实施的结果。何谓宪法的实施？那就是我们在党的领导下，按照宪法的规定做了宪法所要求做的事情，正确地做事和做正确的事，并且取得了巨大成功。这是改革开放的成就，也是宪法实施的成就，应当把这个情况讲清楚。”（参见张德江《深入开展宪法宣传教育　牢固树立宪法法律权威》，《求是》2014年第24期）“这是改革开放的成就，也是宪法实施的成就”，正是本文所分析的，作为国家建设主旋律的改革所带来的宪法实施。

② 梁国栋：《宪法修改与改革携手并进》，《中国人大》2014年第23期。

③ 对局部修宪的更多分析，可参见苗连营、陈建《宪法变迁的路径选择——以我国现行宪法文本为分析主线》，《河南社会科学》2017年第7期。

式的改革思路和单向度、碎片化改革的局限，在“不争论”的实用主义指导下，始终难以避免“脱法治”的痕迹，并在实践中容易造成片面强调改革而轻视法治的倾向。这些在无形中都进一步加大了改革与宪法之间的张力，也迫使我们在改革进入“深水区”和“攻坚期”后，反思并调整改革与宪法关系的调适机制，以更加彰显宪法在治国理政中的重要地位和作用，为统筹推进“五位一体”总体布局和协调推进“四个全面”战略布局提供有力的宪法保障。

全面深化改革与宪法修改

改革情势的日益复杂，带来改革思路的重要调整。中共十八届三中全会强调全面深化改革要将“顶层设计”和“摸着石头过河”结合起来，更加注重改革的系统性、整体性和协同性，要坚持立法先行，发挥立法对改革的引领和推动作用，确保重大改革于法有据。与过往相比，现阶段的改革思维，更加侧重事前设计、全面统筹和依法推进。其中，“依法推进”意味着改革对立法的要求已不再停留于总结实践经验、巩固改革成果的阶段，而是转变为通过立法做好顶层设计、引领改革进程、推动科学发展。这意味着立法追认改革模式的重大转换。而之所以强调改革的法治思维和法治方式，则既是全面深化改革时期的必然要求，也是历史传统和实践经验的重要启示。首先，中国“历次社会转型及社会危机中的改革，基本上均体现为通过法制方式对社会利益结构的调整以及对社会生产力与生产关系的改善”。改革与法制，在“变”与“不变”的观念考量和历史实践中，始终紧密交织在一起。① 其次，四十年的改革征程，在追认式立法的推进中，大致实现了蓬勃发展中的和谐稳定。改革与法治，“两手都要抓”，早已成为

① 胡仁智：《改革与法制：中国传统“变法”观念与实践的历史考量》，《法制与社会发展》2017 年第 3 期。

推进现代化国家建设的基本共识。如前所述，改革与宪法更是呈现为“且行且改”的共进史。最后，强调“立法先行”“重大改革于法有据”，其实是新时代预防和化解改革风险的重要思路与制度设计，“意味着通过整个立法程序使改革决策更加完善、更加科学”[①]。以前，立法总结改革经验，现在，立法论证改革决策，在立法与改革之间，出现了一个位次上的前后调换：立法由对改革的事后确认转换为事前引领。而考虑到中国特色社会主义法律体系已经形成的制度现状，对已有立法的废止、修改和解释，应是确保改革实现“于法有据”的重点关注。如论者所指出的，“在法律体系已经形成的背景下，改革应该是修法”[②]。

鉴于宪法是一切法律的制定根据和最终效力来源，要求重大改革于法有据，无疑首先要求重大改革于宪法有据。由此，改革与宪法关系也要随之进行相应的调整：以前是宪法追认改革，而现在是宪法要引领和规范改革。宪法的角色随着改革思维和立法模式的变化而呈现出更为多元和丰富的意涵：不仅要认可和推动改革深入，还承担着化解改革风险、确保改革在法治的轨道上推进的历史使命。

这种转变不只建立在新时代对改革复杂形势的深刻认识上，更建立在对过往改革进程中依据宪法治国理政重要作用的深切体悟中。一方面，作为规定国家根本制度和根本任务的根本法，宪法其实一直是改革所指向的对象——“深水区”，“攻坚期”里许多重大复杂的改革难题、制度阻力等，实际上往往首先来自既有的宪制框架。因此，通过修改宪法来拓宽改革的发展空间，消除改革的规范障碍，将是全面深化改革的关键环节，也是实现“重大改革于宪法有据”的立法前提。而另一方面，宪法作为治国理政的总章程，是“党和

---

① 乔晓阳：《发挥立法对改革的引领和推动作用》，《求是》2016 年第 16 期。

② 陈金钊：《在深化改革中拓展法治——统合意义上的“法治改革”论》，《法律科学》2017 年第 5 期。

国家的中心工作、基本原则、重大方针、重要政策在国家法制上的最高体现”①，无疑也是指导全面深化改革在国家法制上的“顶层设计”。重大改革也只有在宪法层面取得共识，才能为其提供强大法治动力和保障。而在改革与宪法携手并进的历史进程中，之前四次宪法修改已使宪法凝聚了相当的改革共识，并就如何凝聚改革共识、将之向宪法共识转化积累了相当的经验。“而立之年”的宪法，可谓已经具备了主动引领和规范改革的潜能与自信。

这意味着，历经四次局部修改对改革“预见性”已不断弱化的现行宪法，必须再次具备对全面深化改革时期的足够“预见性”；如果缺失了这种“预见性”，则难以担负起引领和规范改革的历史大任。而考虑到党的十八大以来一些重要的改革举措，以及一些重要的科学思想、理论观点和政治论断等，都是对既有体制的重大改变和既有认识的重大发展，尤其是政治体制改革的内容，早已超越了现行宪法在1982年通过时的认知水准和框架范围，亦远非2004年第四次修改后的宪法所能涵盖。显然，要想实现宪法对全面深化改革的引领和规范，必须进行第五次修改。

在上述背景下，可以发现第五次修宪与以往四次有着明显的不同。本次修改除了继续“由宪法及时确认党和人民创造的伟大成就和宝贵经验”外，更是让宪法修改走在了许多重大改革措施出台之前。例如，围绕国家监察委员会的设置所进行的一系列条文修正，正是回应了国家监察委员会作为“事关全局的重大政治体制改革”的改革预设，确保了国家监察立法这一重大改革具备宪法依据。而且，第五次修改所通过的22条修正案，几乎全是政治体制改革的内容，与以往四次修改集中于经济领域表现出明显不同的侧重，从而彰显了宪法对政治体制改革的规范、引领、推动、保障作用。这种修宪与改革时序的

① 习近平：《在首都各界纪念现行宪法公布施行30周年大会上的讲话》，《人民日报》2012年12月5日。

变化无疑有利于将宪法共识向改革共识转化，或者说是通过宪法共识来凝聚改革共识。因为，无论是对宪法进行解释以明确改革的依据，还是适时修改宪法以拓宽改革的发展空间并赋予改革以合宪性，其实都内含有一个对宪法修改进行讨论、审议和达成共识的过程。[①] 而正是这个过程，事实上论证了改革决策的必要性、科学性和前瞻性，实现了对改革的风险规避和前景预见。可以说，主动进行的宪法修改，将对是否需要改革、如何进行改革的讨论“提前”了。与以往将改革共识凝聚为宪法共识不同，新时代是将宪法共识转化为改革共识，从而有助于破除改革的阻力、形成改革的合力，也有助于在深化改革中继续推进宪法实施。

无论是宪法追认改革，将改革共识向宪法共识转化，还是宪法引领改革，将宪法共识向改革共识转化，之所以宪法修改能够以凝聚宪法共识的方式认可推动改革，就在于我国宪法是党和人民统一意志和共同愿望的集中体现，是通过科学民主程序形成的国家根本法。“维护宪法权威，就是维护党和人民共同意志的权威；捍卫宪法尊严，就是捍卫党和人民共同意志的尊严；保证宪法实施，就是保证党和人民共同意志的实现。”

结　语

回顾来路，“改革”一直是当代中国国家建设的主旋律。正是在波澜壮阔的改革进程中，中国特色社会主义宪法的理论、道路、制度、文化日渐成熟，改革与宪法的关系也在不断调适并保持着动态的平衡和良性的互动：国家建设通过改革进行，常态化的国家治理通过宪法实现，二者之间的张力通过宪法修改来消弭。改革初期，通过宪法修

---

① 第五次宪法修正案的形成，可参见王晨向十三届全国人大一次会议所作的修宪说明，《人民日报》2018 年 3 月 7 日。

改，将改革共识转化为宪法共识，将动态改革取得的成果固定下来，转化为常态化的国家治理；而在全面深化改革和全面依法治国的新时代，则通过宪法修改和宪法实施，将宪法共识转化为改革共识，从而推动全面改革，助力国家建设。

在改革与宪法之间，通过改革的国家建设和通过宪法的国家治理，“如车之双轮，鸟之两翼”，并无轻重之别。如果说从党的十一届三中全会开始，通过改革的国家建设一直备受关注的话，那么自党的十八大以来，全面深化改革和全面依法治国并举，执政党明确指出：“全面依法治国是国家治理领域一场广泛而深刻的革命”，“依法治国首先是依宪治国，依法执政关键是依宪执政”——可谓正坚定走向通过宪法的国家治理。通过改革的国家建设从未停止，而通过宪法的国家治理正日益走向斑斓瑰丽。

（原载于《江海学刊》2019 年第 1 期）

法律定义的意义诠释

陈金钊*

刘星教授研究发现："法律概念理论本身的讨论，是'传统'的、'沉闷'的，甚至是'陈旧'的，从而也是容易'被人遗忘的'。然而，法律概念理论对于法律、法学来说，依然是核心的、根本的，而且也是可以'推陈出新'的。"① 最近笔者延续这一观点撰写了《法治是被定义的生活》②。文章发表后提问最多的是"法律定义是什么"，好像是首次发现了法律定义的重要性，其实这一命题只是被遗忘的常识。文章只是重述了法律定义是证成法治命题的重要概念，是促进法律自主的前提基础，在法治实践中发挥重要的基础作用。然而现存的问题是：在理论上不重视法律定义的研究，实践中存在错误运用。典型的情形有三种：一是法条主义过于看重定义，表现为死抠字眼的机械执法、司法；二是在辩证思维中不理会法律定义之约束作用，滥用自由裁量，随意解释法律，有定义而不被尊重，以至于出现说与做的背离，影响了法律、法治及话语系统的权威；三是在实用思想支配之

---

* 作者简介：陈金钊，1963 年生，法学博士，华东政法大学法律方法研究院院长、教授、博士生导师。

① 刘星：《法的历史实践：从康熙到路易十四》，中国法制出版社 2018 年版，第 237、238 页。

② 陈金钊：《法治是被定义的生活——关于法治逻辑的意义探讨》，《探索与争鸣》2019 年第 7 期。

下，一些领域没有法律定义，致使法治难以展开。因此，要推进法治就需要重述法律定义及其功能。

法律定义的本体

有个判断得到了很多人认同，即中国人不重视逻辑。可是这一断定并不精准，因为除了少数人接受霍姆斯“法律不是逻辑”之外，没有多少人会直接否定逻辑的重要性，即使有也很少从正面展开，常见的是侧面消解。其实，很多人知道逻辑的重要性，只是没有正视逻辑功能的全面发挥。① 一些人对定义功能有早熟的理解：想让逻辑发挥作用，就制定意义明确的法律；不想让逻辑发挥作用，就制定模糊的、可自由裁量的法律，或干脆不制定某领域的法律。对于模糊性规定还能推出很多想象不到的新意，对清晰的法律也能找出休眠的理由。现存问题是对法律、法治问题的思考，遗忘了法律定义和定义思维。中国法理学对法本质、法概念、法关系、法文化等研究很多，但对法律定义研究很少。法律定义既是明确法律所指的活动，也是关于法律是什么的探究。目前关于“法律是什么”的文献很多，但阅读后不是对法律的认识清晰了，反而是更加迷茫。很少有人从知识就是权力的角度建构法学思维，反而在论证权力意志的合法性、正当性等。从整体上看，这就是没有意识到法律定义（作为法学知识体系）及定义思维（作为方法体系的组成部分）的限权作用。法治思维需要探究法律定义及基础功能，用定义思维限制权力。

（一）法律定义之所指

法律学人都知道法律，但却很难下定义，“甚至娴熟的法律专家也颇有同感，他们虽然了解法律，但是，对于法律以及法律与其他事

① 陈金钊：《缘何需要正视法治逻辑？——法学基础研究的重要性》，《南开学报》（哲学社会科学版）2020 年第 2 期。

物的关系的许多问题，他们却不能解释和充分理解”[①]。法律表达及其运用都需要法律定义，难以定义也必须定义。然而，由于定义是抽象的表达方式，因而尼采说“没有自身历史的东西才能被定义”[②]。法律定义是脱离历史与现实的抽象，历史的复杂性难以用定义来表达，抽象的定义会掩盖历史的真相，法律定义不可能把历史与现实的特点都囊括进去。虽然有些法律定义是描述性的，但不是对丰富多彩的社会历史与现实的描述，而是对事物、行为的概括、抽象。法律定义舍弃了历史与现实的具象，是在明确某些语词法律属性的基础上，表达一般意义上的法律所指。在一般意义上明确法律定义在于指引思维，立法者仅是对法律有所定义，所解决的是法律思维的前提问题。

定义之“定”在于明确法律所指，即对当为之明示；定义之“义”在于价值负荷，即定义价值指引。法律定义是意向性思维，带有很强的目的性，“几个字可以改变全世界，几个字就能决定我的命运：我是否应该受非难，我是否应该去坐牢”[③]。法律定义通过明确法律之所指，可消除思维的任意性；由法律定义所建构的原则、规范、责任体系等是法律思维的开端。定义之“定”是语词成为法律的关键，“如果概念只是语词或词组，那么它们就与语词一样具有任意性”[④]。法律定义不是语词的简单使用，而是对语词的法律化处理，是把日常用语确定为法律。系列法律概念、定义促成了法律体系、法学体系、法治话语体系等，从而为法律思维提供了工具。想要正确理解、解释和运用法律就需要从法律定义开始，法律思维的基础是定义思维，是在执法、司法中固定法律或释放法律的意义。

为了准确理解法律定义就需要研究分类。从立法角度看，法律定

---

① ［英］哈特：《法律的概念》，张文显等译，中国大百科全书出版社 1996 年版，第 15 页。

② ［德］伯恩·魏德士：《法理学》，丁晓春、吴越译，法律出版社 2003 年版，第 30、92、93、100、96 页。

③ ［美］伯纳·派顿：《是逻辑，还是鬼扯?》，邱建硕译，（台湾）商周文化事业股份有限公司 2008 年版，第 94、93 页。

④ 雷磊：《法律概念是重要的吗》，《法学研究》2017 年第 4 期。

义有两种基本分类，即直接定义和概念定义。直接定义是把一般语词确定为法言法语；概念定义是指典型的法律概念，诸如法人、犯罪、权利等，是对“概念所欲描述之特征，已经被穷尽列举……列举的特征属于在该概念之涵摄上不可缺少、不可替代之特征”[①]。这样的定义是法律人创制的人造术语，属于法学之中的纯正概念。“逻辑性的人造术语在法理学中的适用困难重重。为实现对概念的准确适用，就必须对这些概念进行定义。”[②] 无论是概念定义还是直接定义，其目标在于明确法律所指，没必要把所有语词都像人造术语那样穷尽地列举其特征，那会影响法律定义使用的效率。但无论哪种定义，“从法律语言的操作功能（法律安定性）看，它应该尽量精确且单义”[③]。但除了数字外，一般语词很难满足这一要求。

从语词表达方式看，有三种法律定义。描述性定义、论断式定义和评价性定义。描述性定义是日常语言入法的方式。法律定义不是对具体生活事实的描述，而是对社会关系、生活事实进行抽象概括。这种概括，描述了行为方式和思维要求。“描述性概念就是指一种经由纯粹的感官知觉就能正确运用的概念，而无须对之进行精神上理解。”[④] 这是对生活事实的类型化表达，常用于类比思维。德国法学家考夫曼认为，法律思维是类比思维。类比思维就是将法律条款所描述的类型与生活之中事实进行比较，进而赋予事实以法律意义。很多人认为，对于描述性定义不会产生理解的偏差，然而在司法、执法中也经常会发生争议，在遭遇案件时也需要解释。“如果是对描述性概念和规范性概念进行定义，且这些概念属于成文法或其他规范的组成部

---

① 黄茂荣：《法学方法与现代民法》，台湾大学法律学系法学丛书编辑委员会 2011 年增订第六版，第 69 页。

② ［德］伯恩·魏德士：《法理学》，丁晓春、吴越译，法律出版社 2003 年版，第 30、92、93、100、96 页。

③ ［德］阿图尔·考夫曼：《法律哲学》，刘幸义等译，法律出版社 2011 年版，第 157 页。

④ ［德］英格博格·普珀：《法学思维小学堂——法律人的 6 堂思维训练课》，蔡圣伟译，北京大学出版社 2011 年版，第 9、11、35、4、36 页。

分，那么一旦概念的内容发生变化，也就意味规范内容的改变。”① 描述性定义既承担法律调控任务也受制于法律目的。论断式定义是指人们基于某个事实认定另一个事实，如推定等。还有很多争议比较大的概念，无法通过争论来确定语词的意义。基于论断定义的论断性思维，对于法律实践常见的错误具有矫正的作用。如不按法律解释规则使用名义概念，对多义性概念随便解释，不遵守语义含义的转换规律等。评价性定义是价值入法的方式，都可以用论断式定义予以矫正。“评价性的概念以一种特殊的方式指涉被评价事实，也就是说被评价的事实本身也是评价意义的组成部分”②，如违背公序良俗、诚实信用等。评价性概念是法律道德化的组成部分，是价值观入法入规的方式之一，为价值、道德进入法律思维提供了法律依据。

（二）定义思维之意蕴

定义思维即概念思维，概念思维源于柏拉图开创的辩证法。这种思维把现象归结为概念及概念间的演绎、归纳、推理等，对建构法律知识体系、法学思想体系及创建形式化法律具有重要的作用。但自19世纪叔本华、尼采以后，概念思维受到胡塞尔、萨特、福柯等人的批判，法学之概念思维也在反基础研究风潮中式微。在中国不乏定义的使用，但却不重视概念的研究，除了受反基础法学的影响外，还有自身的原因。在一些人看来，概念定义只是文字游戏，咬文嚼字是迂腐文人所为，所要解决的问题与政治权力等没有多大关系。其实，概念思维与权力产生、运用关系极为密切，只是有些短视者不知而已。社会失序都是先从定义混乱开始，从立法胡乱定义到司法、执法随便解释，都是在累积统治倒塌的基础。概念思维是以清晰的定义、普适的价值换得民心实现公正；是在权力与权利之间建构平衡关系。在明确

① ［德］伯恩·魏德士：《法理学》，丁晓春、吴越译，法律出版社2003年版，第30、92、93、100、96页。

② ［德］英格博格·普珀：《法学思维小学堂——法律人的6堂思维训练课》，蔡圣伟译，北京大学出版社2011年版，第9、11、35、4、36页。

的法律定义中没有阴谋、智谋，但却是削除阴谋、智谋的有效范式。相对诸多的大智慧而言，在定义基础上的法治显得过于平实。捍卫法治的定义思维，在整体宏观思维方式面前似乎微不足道，在辩证思维面前也显得幼稚，然而政治谋略所有缺陷都需要法治予以克服。只有民主法治才能克服权力的无序更替，民主的保障是法治。法治的实现需要官民遵守法律，法律不完全是权力意志，而是官民之间的约定；是以定义方式表达出来的，对法律的理解、解释和运用不能任意跋扈，而应遵循法律思维规则。通过立法定义使法律有了所指，随后即可以根据所指开展法律思维。①

从表面上看，机械执法、司法是过分死抠法律定义，其实是不会运用法律分析问题。法律文本之大量概念定义，就是要解决法律明确性问题。而法律的明确性与可操作性密切相关。没有明确的定义，法律实施就会出现困难。然而，明确性是双刃剑，在增大可操作性的同时，也会出现难以应对复杂多变社会的困难。不运用定义就无法获得法律明确性，然而一旦用定义来明确就可能产生根据定义所衍生的“罪恶”，会出现常被诟病的“差一天就不能成为犯罪主体”，60 分及格，59 分就不及格的明确之恶。因而有法学家反对法律定义。“法律定义都是危险的……没有被推翻的定义实属罕见。”② 确实，死抠字眼是有问题的，法律运用并不完全是定义思维。然而，在法律明确性基础上的严格执法、司法是必要的，但是否需要死抠字眼却需要区分情景。对于刚性规定不能违背，但对于有模糊空间的定义则需要根据法律价值、目的、原则、体系、情势等因素做恰当处理。死抠概念定义就是不会正确使用法律。正确运用法律需要发挥体系思维和体系解释的功能。

---

① 但我们必须注意到，并非所有的语词都可以作为定义法律来使用。对于法律定义我国很多规范性文件中用了太多口语化、口号式的定义。这是十分糟糕的，对法治会产生严重的负面影响。

② 张明楷：《刑法格言的展开》，北京大学出版社 2013 年版，“代序”第 4 页。

（三）法治需要从内在参与的角度理解法律

关于法律的外在思考是重要的，拿捏不好容易遗忘法律所指的意义。法律思维是定义思维。只有明确了法律之所指，法律意义的稳定性、安全性，规范选择的法律至上、文义解释优先等法治思维的原则才有意义。然而长期以来，我国法理学偏重于对法律的本质、法律与其他社会关系的思辨研究，缺乏对法律定义的基础探索，没有意识到法律定义对思维的重要性，只是把法律界定为行为规范，而没有意识到法律定义对思维的规范指引。法学思维是为法治探寻路径，离不开对法律、价值与逻辑的尊重。根据法律思考是内在参与的姿态，是对法律和逻辑规则的使用。法律的目标是指引行为，而指引行为必先约束思维。对思维的约束主要是对法律定义（如权利、义务、权力、责任等）符合逻辑的使用。哲学家艾柯说："一定存在着某种对诠释进行限定的标准。"① 其标准就是明确的法律定义。法律运用不像哲学研究可永远在途中，法官判案以及其他思维决策需要在程序规定的期限内完成。捍卫法治的思维首先是重视法律定义，根据法律的思考第一步是根据法律定义的思维。其次是根据体系思维以及法治之理的审视，不然就没有法律自主，也就不可能有法治。

对法律思维的内在参与视角的定位有非常重要的意义。笔者早期研习法理学时，不理解《法律的概念》为什么会成为世界法学名著，认为哈特是在研究法律的概念，后来发现，哈特其实是以概念的定义方式来描述法律思维方式。《法律的概念》之所以成为世界名著，在于以语言分析哲学为基础所构建的法理思维规则体系。就像第一版"序言"中所讲，他"所关心的是阐明法律思维的一般框架"②。虽然《法律的概念》从法律是什么的一般定义开始，但目标不是给出法律

---

① ［意］安贝托·艾柯等著，［英］斯特凡·柯里尼编：《诠释与过度诠释》，王宇根译，生活·读书·新知三联书店 2005 年版，第 42 页。

② ［英］哈特：《法律的概念》第三版，许家馨、李冠宜译，法律出版社 2018 年版，第一版"前言"第 1 页。

的一般性定义，而是在寻求法律思维方式。从表面上看是在叙述“法律的概念”，其实是言说法律的思维方法。哈特指出，法律就是规则，包括制定法、判例法规则等主要规则，但主要规则能否变成针对个案的法律，还需要承认规则、改变规则和审判规则的运用。只有经过执法者、司法者等发现、识别、理解、解释以及推理论证，人们才能确定具体案件中的法律意义。哈特所言的“法律的概念”是针对个案定义“法律是什么”，即在法律的一般性所指的基础上的再次定义。所以他强调概念思维“不仅仅是盯住词……而且也涉及这些词所言及的实际对象。我们正在用对词的深化认识去加深我们对现象的理解”。[①]这是从概念定义出发叙述法律思维方法。

法律定义的功能

定义是普遍使用的逻辑方法，有三方面的作用。一是综合作用，即通过定义把人们对事物的认识巩固下来，作为以后认识的基础；二是分析作用，即通过定义揭示一个语词或概念的内涵和外延，从而明确它们的使用范围，进而弄清楚某个语词或概念的使用是否恰当，有无逻辑错误；三是交流作用，即在理性的交谈和对话中，对所使用的概念获得共同的理解避免无谓争论，以提高人们交际的成功率。[②]对法律定义的分析是对制定法控制能力的探究，“定义论不仅涉及包含界定内涵和外延的语义学，也在一定程度上涉及句法学。所以，定义论是（语言）符号论的一部分，是确定某个语言符号之意义或者其句法结构的理论”。[③]定义不限于确定法律的内容，还在于作出某种规定或指示。古典定义论有两个特征：一是将定义视为规则，二是将定义

---

① J. L. 奥斯丁：《为宽恕而声辩》，《亚里士多德会刊》第57期（1956年）；转引自［英］哈特《法律的概念》，张文显等译，中国大百科全书出版社1996年版，第16页。

② 参见陈波《逻辑学是什么》，北京大学出版社2002年版，第206页。

③ 雷磊：《定义论及其在法典编纂中的应用》，《财经法学》2019年第1期。

作为命题。定义由被定义项与定义项组成。实际定义取向于对实际存在事物的确认，名义定义取向于对事物应当为何的确证。实际定义的目的仅在于认识和描述实际存在的事物，名义定义的目的在于做出规定。[①] 词语被立法者使用就会成为法律文本的一部分，是以法之名的定义。对其中有一些概念，立法者还专门界定它的含义，这是实质定义。一般来说，只有通过立法把词语表述在文本之中，才会获得法理论及实践的关联性。

（一）明确法律之所指

在法律定义问题上争执不休，致使反基础法学家断言，建构主义法学在概念问题上的研究已经失败。面对复杂多变的社会以及形形色色的案件，有关概念的技术并不管用，许多法律定义的研究不能满足“让概念更加清楚、明白”的基本要求。法律没有因概念的增多而清晰，反而添加了更多的争论。“法律上的定义多半是将各个要素串联起来，而这些要素的意义，比起这个（被定义之）概念在日常生活中的意义还要来得更加不清楚、更不确定且更不精准。”[②] 对这一判断能拿出很多例证予以说明，在疑难案件中还有普遍性。定义解决法律所指的清晰问题，但对法律清晰性需要有清醒的认识，即作为清晰的定义究竟是什么意义上的清晰？反基础法学对清晰性的要求是：法律在遭遇案件时也应是清晰的。但这种清晰是概括性语言所做不到的，因而我们的问题是：法律运用中一般性法律定义需要那么清楚吗？法律的确定性、清晰性，立法者能一劳永逸地解决吗？就法治实践的一般

---

① “名义定义与实际定义的区分具有重要意义。在涉及对定义的判断时，法律人首先要做的就是辨别它究竟属于何种定义。如果涉及的只是名义定义，那么去探讨其真假就没有意义，反对者只能主张它在文体上是不完善或不合目的的。相反，如果涉及的是实际定义，那么实质的争论就是有意义的，人们可以去检验它的陈述是否与事实相符。由此，可以避免将名义定义当作具有真值能力的实际定义的风险，并引导讨论的方向。”雷磊：《定义论及其在法典编纂中的应用》，《财经法学》2019 年第 1 期。

② ［德］英格博格·普珀：《法学思维小学堂——法律人的 6 堂思维训练课》，蔡圣伟译，北京大学出版社 2011 年版，第 9、11、35、4、36 页。

需求看，法律定义只要能满足交流、控制、指引思维就够了。要求法律概念定义精确到不用解释就能解决所有问题，那不仅是做不到的也是没有必要的。如果那样的话，就没有必要区分立法者、执法者和司法者。立法者只要能够做到法律一般性意义上的清晰也就够了，一般意义上清晰对法治来说是不可缺少的。

法律定义不是要排除解释，而是要求在思维中使用定义。从“定义是清晰明确法律的意义所指”来看，法治反对解释。只要有解释就会有意义的添加或限缩，解释越多离法治越远。然而从法治实践看，不解释就难以运用法律，因而法治需做好立法和解释两方面的工作。法律定义既不能过度抽象也不能过于具体，这意味着定义要详略得当，过于具体就会使定义的涵盖面太窄，不给使用者留下足够的解释空间就会使执法者难以根据情势进行适当的变更，会造成法律运用者只能机械执法或司法；定义过于宽泛会使执法、司法有太多的自由裁量，法治的目标会落空。法律可操作性决定了定义需要繁简适宜、详略得当。定义是法律表达的抽象方式，只能做到一般意义上的清晰，即便如此，在表达清晰度上的要求还是有些区别。与理性思维相关的法律规范需要详细，而与情感思维相关的表达不宜过细。民法需要疏密得当、行政法需要细致等。但无论如何，立法者不能因为执法、司法还需要解释就放弃对法律明确性的追求。没有较为清晰的法律定义，法治就失去了可能性。就各国的立法经验来看，立法者能够在一般意义上明确法律，而执法者、司法者的思维必须接受法律定义之约束。

（二）提供法律思维框架

法律定义是立法者以法之名明确法律之意涵。定义之后对法律意义的诠释就成为法律实施的重要内容。法治实现与法律定义功能的发挥密切关联。法律定义是法学知识体系的基本细胞，法律思维水平是对法律定义的理解程度。法学基础研究及教育主要是教授法律概念定义以及使用规律。没有与法治相匹配的法学、法律等知识体系以及法律思维规则体系，法治只能是权力、命令等支配下的管理，而不可能实现限权意义上的法治。现在的问题是：在思维中法律与权力联系密切，而与法律定义的联系却被遗忘。一些人只知道法律的政治功能，过度迷信法律的命令性。有些人虽然知晓法律定义的重要性，但却在思维之中有意无意地丢弃了法律的明确性。有些研究者只知道抱怨权力的率性，而看不到知识就是权力，没有注意到法律概念、法理知识、法律思维规则的限权意义，没有看到法律概念定义并不完全是命令，而是法律体系或法律知识体系的组成部分。法律规范不仅是命令，更主要的是以法之名的定义。法律定义不具有强制性，立法所表达的法律定义来自社会生活，还要用于社会，为讲法说理服务。之所以服从法律规范，不仅是因规范来自主权者的命令，还因为作为思维基础的概念、定义、价值、法理等对思维的规制。

立法者完成的“所指”只是从一般性、体系性的角度明确了法律之定义，属于法律定义分类中的名义定义。名义定义是在给对象进行法律化命名，表现为在法律条款中只是使用了某一字词，对该语词进行法律化认定，一般不需要概念化加工。只要在法条中明确该词就可成为法律的组成部分。但日常用语直接变成法律定义是重要的。什么事情都很好办“只在明确”，其所表达的就是“避免语义不清和模棱两可最有效的方法就是定义术语”①。明确的指令使人知道了该如何去做，即明确的命令很好执行，明确的法律便于操作。法律定义的功能就在于明确法律之所指，就是要强化法律的独立性、明确性、稳定性、安全性、规范性等基本特征，所针对的问题是不断被稀释的基本属性。有了定义就要接受定义的约束。这当然不是说按照定义来制定决策处理案件，那样的话就会犯刻舟求剑的错误。然而这只是问题的一个方面，作为法律的命令，执行起来也很复杂。词义的不确定、多义性和变迁性是语言理解过程的重要特征，因而即使确定了定义也还必须

① ［美］D. Q. 麦克伦尼：《简单的逻辑学》，赵明燕译，北京联合出版公司 2016 年版，第 45 页。

有解释、论证以及推理等方法的使用。法律定义以及所构建的知识体系，为思维提供了分析框架，在此基础上可以开展法律、法治和法理思维。

法律体系由部门法构成，而构成部门法的是某类法律规范。法律规范体系由概念定义的分类体系组成，概念定义是法律体系的最小单元。定义思维是基础的法学思维，包括两个层次。一层是立法角度的定义思维，即把法律以定义的方式表达出来，建构法律基本属性包括一般性、独立性、明确性、稳定性等。法律的这些属性是思维抽象的结果，表达的是法律的规定性。由概念定义所展示的法律规定性像一张网络，可以帮助人们整理感性材料，通过演绎、归纳、论证、发现、解释等将概念、定义具体化。这导致第二层次的定义思维，即在对一般性定义使用后的再定义。当法律成为分析框架并用于解决法律问题时，定义思维已经改变了方向，不再是抽象化思维，而属于涵摄思维，是运用定义概念所搭建的法律框架所展开的分析，是对案件材料的加工，并赋予事实以法律意义的思维过程。

（三）便捷法律思维

德国法学家发现："只有建立起演算化的逻辑系统之后，才可能成功地发展出将准确定义的种类与具有充分精确性的单独定义或与伪定义种类区分的定义论。"① 定义的基本功能就是让法律概念更清楚，让意义更明确；是用定义的方式把多变语义固定起来，以便捷准确地交流，进而发挥指引思维、评价行为的作用。"定义无疑在法学中扮演着重要的角色。在法律推理中，只有对前提中出现的表述进行精确定义才能推导出可验证的结论。对于某些重要的基础性概念，立法者甚至会在法律条款中直接陈述其意义。"② 法律定义是法律思维的前

① ［德］乌尔里希·克卢格：《法律逻辑》，雷磊译，法律出版社2016年版，第123、135、121页。

② 雷磊：《定义论及其在法典编纂中的应用》，《财经法学》2019年第1期。

提，“若要适当思考，必须正确使用字词，否则我们无法达致真正的意义”①。定义之所以对法治有重要意义，是因为根据已有定义，运用逻辑推理、体系解释等综合性构造、推演出新的意义。在司法实践中人们发现：“倘若没有法律定义，（专业）术语的使用者就必须对概念的使用取得一致。”② 法律是对司法者、执法者和守法者发出的邀约，接受定义约束就是承诺。法治就是这样一种契约精神支配下的秩序。“法律是经由规范化的过程所形成的具有强制力的命题。”③ 命题是“当为”的要求，未形成定义就无法明确法律效力的具体要求，很多争议就是因为定义不清。定义明确之后接下来的工作就是用清晰定义定分止争。然而，现有法学理论对定义并没有给予足够的重视，甚至对法律概念的研究也不是很多。“如果一门学科终极地定义了它的概念，也即终极地认知了它的对象，那么它就无事可做了。”④ 可是与之相反的是，只要还在进行科学研究，那就意味着概念定义就是未完成的。由于案件纠纷时刻向法律定义提出挑战，因而对定义的探究不可能结束。只是需要注意到，一般法律定义为法律思维提供了便捷的手段，使思维过程更加经济。

“关于定义的诸多问题一直困扰着法理学，甚至是法律本身。”⑤ 这主要是因为没有从方法论角度探寻定义使用的思维规则。我国法理学对法律的界定，过于强调了定义的阶级本质、社会本质，只在形式上看到法律是行为规范。这是不全面的，这与不重视逻辑的思维融贯相关，非常容易引发思维的专断。在法律定义之中不仅只有义务，还

---

① ［美］伯纳·派顿：《是逻辑，还是鬼扯?》，邱建硕译，（台湾）商周文化事业股份有限公司2008年版，第94、93页。

② ［德］伯恩·魏德士：《法理学》，丁晓春、吴越译，法律出版社2003年版，第30、92、93、100、96页。

③ 李惠宗：《案例式法学方法论》，（台北）新学林出版股份有限公司2018年版，第9页。

④ ［德］乌尔里希·克卢格：《法律逻辑》，雷磊译，法律出版社2016年版，第123、135、121页。

⑤ ［英］雷蒙德·瓦克斯：《读懂法理学》，杨天江译，广西师范大学出版社2016年版，“导论”第8页。

有权利。职权和责任、权利和义务构成了法律行为规范。法律定义不仅是对行为指引和对行为合法、违法的衡量，还包括对思维的指引。对思维的引导是对法律定义的认同。法律思维是对法律定义概念的恰当使用，所谓恰当使用就是在思维过程中遵循法律思维的规则。“定义上的任意性，不能适应于法律概念，继而出现一个问题：应该依据什么标准，法律概念才会有对错之分?”① 法律运用需要遵循逻辑思维规则，这些规则不仅是对如何思维的指引，也是判断对错的标准。当然思维对错还要接受价值观念的评判，还需要接受历史、社会的检验。这里的历史是指客观的历史，而不是编造的历史，社会也不是任意定义的社会。法律思维规则并不保障法律运用结果的正确性，但却是便捷思维不可缺少的。

法律定义的运用

有哲学家意识到“定义是清楚思考与理性讨论的关键”②。法律定义具有对象化、抽象化、静态化等特点，为司法、执法、守法提供前提。然而在执法、司法中这些特点都要发生变化。抽象化的定义要具体化，静态化的定义要动态化。立法者创设法律是在定义法律，而执法者、司法者运用法律就是在具体语境之中再次定义法律。因而实施法治需要重视法律定义。③ 没有定义就不成法律，而没有再定义就不可能有法律实施。“语词的意义在于它在语言中的使用。”④ 因而不能

① ［德］英格博格·普珀：《法学思维小学堂——法律人的 6 堂思维训练课》，蔡圣伟译，北京大学出版社 2011 年版，第 9、11、35、4、36 页。

② ［美］伯纳·派顿：《是逻辑，还是鬼扯?》，邱建硕译，（台湾）商周文化事业股份有限公司 2008 年版，第 94、93 页。

③ 从这个角度看，过去的法理学把法律的细胞，说成规范是有问题的。因为法律规范是由法律概念、定义构成的，中国已经出现了规范体系。立法工作好像是创设规范，但也可以说是在定义法律。因而可以说，法律概念以及法律定义是法律的基础细胞。

④ Ludwig Wittgenstein, *Philosophische Untersuchungen*, Frankfurta. M: Suhrkamp, 1984, S. 41.

仅注意到名词意义上的法律定义，还必须注意到定义的使用过程。罗斯认为："法律思维的任务正在于以这样的方式来对法律规则作概念化处理，即它们可以被还原为体系性秩序，并借此尽可能清晰和方便地说明现行法。"① 法律运用不仅有法律发现、法律检索，还有法律解释、法律推理、法律论证、法律论辩、法律修辞等方法。在方法体系之中除法律发现（法律检索）外都是对法律的重新定义。

（一）从定义出发开展法律思维

以法律为研究对象的法学，大体上可归结为两种：关于法律的思考和根据法律的思考。关于法律的思考对研究视角及方法没有限制，可开展自由探索；根据法律的思考属于法教义学，不能脱离法律定义，是以内在参与者角度来审视法律的意义。法学既需要从内在参与者视角定义法律，也需要旁观者视角的外形化研究。外形化研究主要是为立法者定义法律表达做准备的研究，不宜直接运用于执法、司法。社科法学等是外在化研究的典范。这种研究不是在法律规范体系中探寻法律的意义，而是重视套用科学、价值、哲学、社会学原理等叙说法律，反对法律意义的自主性、独立性等。但如果在法律意义之中植入了太多的社会因素，就会消解法律固有的意义，削弱法律定义的规范功能，因而"任何社会活动都有内在逻辑与外在依据。外在依据不能构成活动本体，不管依据如何充分、如何重要，都难以取代活动的本体逻辑与内涵。混淆了活动的逻辑与依据无异于取消该活动"②。虽然外在化研究没有直接否定法律的意义，而仅在倡导"仅靠法律是不够的"，但却在漫不经心的修辞中承认了法律多元，所有的规范都成了"法"，从而混淆了法律规范与其他社会规范的区分，造成了最佳规范选择的困难，悬置了法律至上的法治原则，消解法律的权威性、绝对

---

① See Alf Ross，T－T，70 *Harvard L. Rev.*，813－814（1956－1957），p. 819.

② 郝德永：《不可"定义"的教育——论本质主义教育思维方式的终结》，《教育研究》2009年第9期。

性的目标。这就是轻视法律定义以及定义思维的运用的后果。笔者不反对外在化研究，但认为捍卫法治的法学思维需要以内在参与者的角度开展。

为什么法律思维需要从定义开始？

理由之一在于，法治需要法律的自主，需要使用法律定义开展思维。辩证思维带来了诸多的争论，可能导致法律更大的不确定，从定义出发、根据法律思考能部分解决法律的不确定性，诸多争论只能通过再定义来解决。但按照法治要求再定义并不是随便定义，已有的法律定义是再定义的基础。再定义需要避免一般与个别交叉所产生的误解，防止以个别、特殊否定一般的思维倾向。理解法律需要注意立法和法律运用两个维度，立法是从拟制的角度定义法律，是明确法律的一般意义所指。立法所明确的法律定义解决的是法治的开端或者说思维依据问题。然而，立法之法律定义只是解决了法律的一般性、明确性、体系性、独立性等思维前提问题。司法者、执法者还要展示法律意义的自主性。法律自主性是法律生命得以延续的基础，没有法律的自主就不会有法律生命的延展。只有法律自主才能演绎出多样性的法律人生。有了法律自主性才有法治舞台。法治舞台不尽是政治的安排，主要是法律自主意义的释放。[①] 法律的自主性来自法律的明确性、独立性、安全性、稳定性拟制。法治是由法律所定义的秩序，因而必须认真对待法律定义。

理由之二在于，法治思维需要从定义开始，没有定义无法开展法治思维。法律调整不仅需要赋予主体以权力，而且还要用定义赋予事实和行为以法律意义。没有明确的法律就没有办法对思维和行为开展以法之名的调整，就会产生概念的混乱，胡乱进行定义会出现思维的

① 当然，法律自主源自法律、法治等的拟制性。并不是说法律真的像人一样能够自主。对法律主体的拟制性论述参见陈金钊、俞海涛《国家治理体系现代化的主体之维》，《法学论坛》2020 年第 3 期。

矛盾。根据法律思考的法理教义，要求人们首先需要了解法律定义。定义是构成法律语句的基本细胞，思维能否接近法治的要求，关键要看明确的法律定义是否被使用。不同定义导致不同结论，法律定义需要设法避开模糊的含义，尽量予以清晰的表达。“定义在法律科学中都扮演着重要角色。对于法律逻辑而言，它们在精确固定初始材料方面具有决定意义。只有对前提中出现的概念进行精确定义才能联结起可验证的结论。”① 法治思维的基本特征是一般优于个别，正确结论都是根据正确的前提而推出。从基本走向看，法治思维就是一般优于个别模式的推演，针对个案事实的意义是从一般法律中推演出来。“法律人有证立（说明）包摄的需求。”② 当然法律定义所表达的法律一般性，只具有相对意义，因为执法、司法活动是在具体语境之中对法律再次定义。

理由之三在于，法学研究及法学教育的需要。所有的思维都是运用概念（定义）、判断、推理等进行的活动。“法律概念的表达，实质上体现了一种态度、一种立场。同时法律概念的分析，从其本身来说，是内在于法律、法学职业的要求的；这是在说，无论自觉与否，从事法学专业的主体必须回应法律概念的解释问题，不然将无法实现社会分工所要求的细节操作。”③ 法律概念定义的使用不是杂乱无章的，需要遵循法治逻辑或法律思维规则。法学思维的重点是在思维流动中确定法律的意义。因而法律思维规则具有非常重要的意义。在法学教学过程中，有些教授非常重视对法律概念、定义的讲解。然而“有很大一部分法律训练，特别是在精英法学院里，就是研究法律的不确定性，并且创造了一种与一般的外行人并且事实上也与许多法律人看法相距

① ［德］乌尔里希·克卢格：《法律逻辑》，雷磊译，法律出版社2016年版，第123、135、121页。

② ［德］英格博格·普珀：《法学思维小学堂——法律人的6堂思维训练课》，蔡圣伟译，北京大学出版社2011年版，第9、11、35、4、36页。

③ 刘星：《法的历史实践：从康熙到路易十四》，中国法制出版社2018年版，第237、238页。

遥远的关于法律的基本看法”[1]。这被视为对法条主义、概念法学的背叛。其实，对法律概念定义的不重视主要表现在法理学的研究之中，说明法学思维（包括法律思维、法治思维和法理思维）以及法治话语体系的建构出了问题，以至于在实践中出现不会运用法律概念、定义的现象。

（二）执法、司法需要再定义

执法、司法不仅要尊重法律定义，还要在个案中重新定义。虽然“从概念的历史来看，任何定义只是对概念内容的‘快照’，因此不能普遍和持久地适用”[2]。可是在立法阶段只能做到定义所指的明确。可就是一般性明确，解决了法律思维、法律推理的前提预设。没有法律的一般性，一般优于个别的涵摄思维就不可能展开。然而，一些人只认识到了定义所指的明确性规定，而没有注意到法律定义只是法律的部分。法律是整体性、诠释性概念，既包括规范本体所指的定义，也包括运用法律思维、法律方法的再次定义。立法者的法律定义思维是塑造法学思维的重要步骤。“法律工作者不能回避对法律概念进行定义。一方面法律工作者必须努力保持专业术语的可理解性和明确性，从而避免法律术语成为普通百姓不可逾越的语言障碍。但是另一方面，按照法治国家原则组织起来的发达的工业社会中，对公民而言，法律秩序的复杂性又极大地限制了其明晰性。”[3] 对于受到限制的明晰性，需要执法者、司法者运用专业技能等再次明确。无论立法、司法、执法都是在对法律进行定义。只不过立法者是在一般意义上定义法律，而执法、司法是在具体语境中为个案定义法律。再次定义不能走反基础法学的思路，要求司法者、执法者不可不顾法律规范、定义为每一

---

① ［美］理查德·A. 波斯纳：《法理学问题》，苏力译，中国政法大学出版社 2002 年版，第 55 页。

② ［德］伯恩·魏德士：《法理学》，丁晓春、吴越译，法律出版社 2003 年版，第 30、92、93、100、96 页。

③ ［德］伯恩·魏德士：《法理学》，丁晓春、吴越译，法律出版社 2003 年版，第 30、92、93、100、96 页。

个案件重新立法。后现代法学所指出的法律的模糊、不确定以及意义的流动性等需要由执法者、司法者来完成。一般性、概括性的法律，为执法者、司法者留下了自主空间。只不过法治要求执法者、司法者等需要尊重法律的一般定义。

法律思维不仅受法律定义约束，还要受法治原则、法律价值和法律思维规则等牵制。思维是对法律定义等符合逻辑规则的运用，当然法学思维不仅有根据法律思考的法律思维，还有运用法律处理社会矛盾的法治思维及尊重逻辑规则运用的法理思维。有许多法律思维规则对定义的正确使用有约束功能。法理思维是运用法律定义、逻辑方法理解复杂世界的简约手段。① 法律定义在其中发挥着极为重要的作用，明晰的定义是法理思维的基本工具。法治的要义是法律定义的实现，需要释放法律的意义；需要穷法达义、尽法达理；法律意义的改变也需要持法达变，而不能随意乱变。在直接依据法律定义难以解决问题时，放弃法律定义是不符法治的想法。看似简单的依法办事需要在法律定义的基础上重新塑造定义，应该充分认识到制度化法律——定义法律的重要性，需要尊重法律文本中被固定化的意义。

（三）再定义需要法律方法

说现在不重视定义、概念的话，好像有点说不过去，因为司法、执法中存在着不少的死抠字眼的现象。实际上死抠字眼不是不重视，而是过于重视概念，把定义推向了绝对，引起了对法律定义的误解、反感。需要注意到，“由于法律、法律适用以及法学著作都要使用定义，所以必然形成法学专业术语。这种局面是无法改变的，但必须防止其滥用”②。过度使用定义会疏远公众，而不用定义难以实现法治。对于定义的这种窘境，哈特的方法是“常见的定义一次要做两件事

① 陈金钊、吴冬兴：《体系解释的逻辑展开及方法论意义》，《扬州大学学报》（人文社会科学版）2020 年第 1 期。

② ［德］伯恩·魏德士：《法理学》，丁晓春、吴越译，法律出版社 2003 年版，第 30、92、93、100、96 页。

情，一件事情是通过提供一个代号或公式来把被定义的词转换成其他易懂的用语；另一件事情是通过揭示该词所涉及的事物的特征（既包括此事物与同类事物的共有特征，也包括使之与其他种类事物区别开来的特征）来划定它的范围”。[①] 哈特关于定义做两个事情的思想对笔者启示很大，即立法者定义法律，实现了法律初步明确；而执法者、司法者则需要使用法律定义引导思维，针对个案再次定义，以使事实也具有法律意义。定义功能的发挥是一个复杂的过程，需要法律方法塑造。

可问题在于，既然法律定义已经明晰了法律，那么对于执法、司法的三段论推理的大前提，为什么还要用方法论再次塑造呢?

第一，虽说法治是被定义的秩序，但这是宏观的判断，只是从思维方向上说，没有法律定义就没有法治。所言说的是法治秩序之大势，并不是说法律定义能解决所有问题。法律定义所解决的只是一般法律的明确性，是相对明确，而不是说法律意义都是明确的。然而，正是部分明确解决了法律思维的前提，不明确部分是为司法、执法能动性发挥所提供的空间。必须看到，制定法之文字已经进行了明晰化定义，但依然存在很多的不确定；特别是在与个案遭遇以后，法律定义的不周延性、模糊性还会显现出来。这就需要运用法律解释方法把不清楚的法律说清楚。法律解释方法，既包括文义解释优先，也包含体系解释、目的解释，这是再次定义的常用方法。第二，明确的法律定义也可能与法律价值、目的等发生冲突。这就要用价值衡量的方法。然而法律价值多是一些大词，具体含义不容易确定。不仅价值与规范定义之间常常存在冲突，而且价值之间也有不少矛盾。这就需要法律论证方法的介入，以便在语境中找出更恰当的意义。第三，在法律实施过程中，法律的稳定性可能会与社会的变化性之间发生矛盾。法律定义可能会与社会之情理等不一致，特别是我国诸多法律定义，不是原初

① ［英］哈特:《法律的概念》，张文显等译，中国大百科全书出版社1996年版，第15页。

拟制而是移植的产物。所以，在法律定义之后还需要处理好法律与社会、情理法的矛盾。对这类问题的解决，不能仅有姿态还必须辅之以方法。这种方法有人称为社会学解释方法。可社会学解释的方法必须符合法治思维的基本要求，即在穷尽了规范法律的手段不能尽法达义，不能解决当前问题之际方可使用。在规范法律能解决问题的场景不宜用社会学解释方法。

结　语

经现实主义法学、后现代法学等解构后，由规范法学所建构的整体性、体系性的法律被肢解了，法律的明确性、稳定性、可预测性等被模糊性、不确定性和意义的流动性代替，从而在思维中失去了“逻辑必然导出”的方式，由定义概念、原则规范所支撑的法律体系出现碎片化。从法学思想史的角度看，这种解构是认识法律的可能路径之一，处理得当可以把被解构的、碎片化的法律重组起来。这样就不会危及法治在方法论上的可能性。然而后现代等属于玩世不恭的法学，只管解构漠视建构；没有看到法律就是定则，没有定义不可能有定则。法治思维是使用定则，即使用定义。定是指明确的含义，义是指所蕴含的道义。没有确定的法律就没有法律推理的前提，没有法律定则就没有法学思维。因而，法学思维认识到法律定义以及定义思维的重要性，从而解决法律思维、法治思维、法理思维的基础性前提。关于法学、法治研究所有努力都是为了定——心灵和秩序的稳定；义——公平正义的实现。定若山岳，谓之定力；义谓道义，价值所求。

（原载于《江海学刊》2020 年第 4 期）

纠纷解决与美好生活

——转型中国司法的政治意涵

方　乐*

问题及其意义

当下中国社会已进入矛盾的多发期、凸显期。① 社会矛盾日益增加所带来的后果，不仅表现为大量纠纷涌入法院进而使得法院处理纠纷的数量持续大规模增长，而且表现为法院的纠纷解决对于社会生活的影响力与日俱增。以近十年全国法院系统受理的案件数量为例，自2008年首次突破1000万件以来，案件数量的增长就一直呈直线急剧上升态势；2016年案件数量达到2305万件，首次突破2000万件；2018年案件数则快速爬升至2803万件，接近3000万件，也为近十年来最多。② “如果我们按照每个案子只有两方当事人，而每一方当事人之外，最起码又有4个人关注案件的审理情况，包括当事人的父母、

* 作者简介：方乐，1980年生，南京师范大学法学院副院长、教授、博士生导师，中国法治现代化研究院研究员，江苏高校区域法治发展协同创新中心研究员。

① 参见《认真学习贯彻两会精神，更好地维护社会公平正义》，《人民日报》2010年3月23日。

② 全国法院系统受理案件数量的数据，来自历年的《最高人民法院工作报告》。

配偶、孩子”[①] 的简单标准来进行大致测算的话，那么这意味着近十年来，每年都有 1 亿—2 亿多人次直接参与或者间接关注法院对于纠纷的处理。这样，当下中国的法院纠纷解决就不再只是一个法律问题，也是一个社会问题，更是一个政治问题。自然而然地，法院的纠纷解决就不仅需要考虑法律效果，而且需要考虑社会效果和政治效果；法院要努力使纠纷的解决尽可能达致法律效果、社会效果和政治效果三者的有机统一。

然而，政治效果不仅是一个意涵原本就极为丰富的概念，而且受政法体制及其话语逻辑的整体影响，其在当下中国司法场域中的实践判准也变得更具开放性。因而我们看到，在当下中国纠纷化解的实践中，有关政治效果的评价，要么被包含或隐藏在法律效果与社会效果的判断之中，要么为两者所完全替代；或者相反，它把法律效果与社会效果吸收掉，仅以自身单独的面相呈现出来。这对于明晰当下中国法院纠纷化解的目标导向，提升法院纠纷化解的整体能力，显然是不利的。

政治效果判准的不明晰，对于当下中国司法公信力的提升也是不利的。因为一旦实践中对纠纷化解政治效果的判断标准不明晰，那么不仅在同一个法院内部，而且各级各地法院之间，就会因缺乏统一的操作指南而使得裁判结果呈现差异化格局。下级法院基于政治效果判断所形成的司法判决，却会被上级法院同样基于政治效果判断而推翻。尽管这种差异化现象的存在，反映的是基于政治效果判断所形成的裁量基准不统一，但这不仅意味着基于效果判断所形成的判决结果之间会有内在的矛盾冲突，也意味着通过审判权内部运行机制或者法院层级机制来管控裁判质量的制度功能预期可能会落空。这样的司法行为，不仅其法治意涵会被不断稀释掉，也不利于规则的统一适用和司法权

① 这种估算方法，参见张伟刚《真挚的情感　神圣的职责——访十年法治人物特别贡献奖获得者任秋华》，《人民法院报》2010 年 12 月 5 日；张文显《现代性与后现代性之间的中国司法——诉讼社会的中国法院》，《现代法学》2014 年第 1 期。

威的形成。

可见，明晰当下中国司法运行效果的政治评估，重视转型中国司法的政治意涵，十分必要。如果再把视野放得宽一些，将法院的纠纷化解效果纳入政治考量，就意味着我们既需要在政治制度/规则的“放大镜”中对法院的纠纷化解或者司法运行进行宏观描述并予以评判，关注政治“规则/制度”的法律转化以及由此所关联着的社会秩序；也需要在政治观念/意识的“显微镜”下揭示深藏在纠纷解决或者司法运行背后的、那些在本质上又是“控制着我们共同生活的最终目的和基本假定”①，关注公共性的“意义/价值”以及由此所关联着的共同体/个人的“生存哲学/生存智慧”② 与“世道人心”；还需要在两者“延长线”的交点中建立起它们的关联并揭示相互间存在的资源流动与力量支持。为此，一方面，我们要意识到在纠纷化解的过程中，法院/法官要保持足够的政治敏锐度，要始终葆有政治观念或者政治判断标准，以期能够准确挑选或辨识出那些可能具有政治意涵的案件并完全进入其中③，进而生产出能够重塑公共规则与社会生活的、具有良好政治效果的司法公共知识产品。另一方面，也需要意识到，在纠纷化解或者制度运行的背后，法律的生活方式实际上关联着的是公民个体日常的生活模式与生活态度，这样，纠纷化解就与日常社会生活如何可能的问题密切联系在一起④，与个体美好生活的达致密切联系在一起。而这意味着，伴随着纠纷化解对于当下中国社会生活影响力的日益增强，司法不仅要稳定或者恢复社会秩序，也要践行良好秩序形成

① ［美］格伦·廷德：《政治思考：一些永久性的问题》，王宁坤译，世界图书出版公司北京公司2010年版，第19、16—17页。

② 参见邓正来《“生存性智慧”与中国发展研究论纲》，《中国农业大学学报》（社会科学版）2010年第4期。

③ ［美］格伦·廷德：《政治思考：一些永久性的问题》，王宁坤译，世界图书出版公司北京公司2010年版，第19、16—17页。

④ 赵旭东：《法律与文化：法律人类学研究与中国经验》，北京大学出版社2011年版，第193—199页。

与美德生活塑造，要努力提高纠纷的良善解决，促使良好社会秩序的不断形成，促成社会美德的不断提高。因而，能否促成良好秩序的形成、促进社会的美好进步，能否安顿人心、引领人们过上“好日子”（good life），自然也就成为当下中国司法运行或者纠纷解决过程的必要担当。

一旦将通过纠纷化解达致美好生活作为转型中国司法政治意涵的构成要素，那么在司法实践中，我们不仅需要关注一种司法制度或者纠纷处理措施是否有效，也要关注这种司法制度或者措施是不是一种好的制度与措施；或者说，是不是一种善的司法运行方式；更重要的，我们还需要清楚，它们在法院系统中的大规模日常实践是否有助于社会公共善品的增加，是否有助于提高社会的美德，是否有助于我们达致那种更有德行、更有品格和更有尊严的美好生活。

规则的退隐和意义的不在场

从实践来看，司法政治意涵的载体是规则及其实践，基本构成则是其中的意义要素。然而面对日益增多的社会纠纷以及法院系统内日渐尖锐的“案多人少”矛盾，当下中国司法不断把纠纷的实质性解决作为裁判的重要目标导向，由此带来日常实践中，法院/法官把工作重心更多放置在纠纷的在地化解上而无暇考虑规则治理与人心安顿的事业，进而造成纠纷处理过程中的“规则”退隐和“意义”不在场，导致司法政治意涵的缺失。

（一）“规则”的退隐

从当下中国司法实践来看，规则退隐主要包括两种情形：一是规则适用上的差异化以及由此所带来的对司法中规则适用统一性认知的不断降低；二是与要求规则在司法运行中被严格遵守和率先适用[①]不

① ［美］朱迪丝·N. 施克莱：《守法主义：法、道德和政治审判》，彭亚楠译，中国政法大学出版社2005年版，第1—2页。

同的是，后果/结果导向日渐在司法运行效果评价中占据主导地位。

就规则适用的差异化现象而言，它一方面表现为法律适用上的不统一，也即所谓的“同案不同判”现象。比如，在我国环境侵权案件的裁判中，就明显存在“较为严重的地区不平衡现象，不仅包括总体上的原告‘诉讼请求支持率’存在较大差别，也在一定程度上出现‘同案不同判’（案件中的同一因素在不同地区的相对重要性排序有较大差异）和‘同类型损害不同判’（同一类型损害影响原告获得救济的概率有本质差异）现象”①。另一方面表现为自由裁量上的不统一，也即实践中从形式上看似“依法裁量”但实质上却自由度有差且公平感有异。当然，在规则适用差异化现象的背后，反映出的实际上又是日益增多的法外因素进入司法判决的生产流程并与法律规则展开日渐激烈的竞争。而一旦法外因素不断增多、生产流程不断开放，那么这从本质上就会使“具体的法律规范越来越被边缘化，不再是法律人思维的主要依据”②，最终导致规则的退隐。

实际上，司法活动中法律规则的适用，并不需要始终以追求统一性为目标。但强调法律规则适用的统一性却具有一种广泛的政治意义。③ 这种意义便是：除了通过统一的司法呈现“规则之治”的状态并借此向社会输出一种“统一的正义”之外，更深远之处则在于规则适用的统一性意味着在中国这样一个超大型的国家里，尽管差异化因素是客观存在的，但司法对于案件处理的流程与质量仍然是基本可控的。换言之，规则适用的差异化，不仅意味着司法产品初次生产的质量是不稳定的，而且司法产品质量矫正的统一性机制也失灵了；相反，司法的统一性不仅意味着这些机制都是稳定的、运转良好的，也意味

---

① 陈海嵩：《环境侵权案件中司法公正的量化评价研究》，《法制与社会发展》2018 年第 6 期。

② 陈金钊：《法律人思维中的规范退隐》，《中国法学》2012 年第 1 期。

③ ［英］罗杰・科特瑞尔：《法理学的政治分析：法律哲学批判导论》，张笑宇译，北京大学出版社 2013 年版，第 12 页。

着体现国家意志或者全局利益的法律/公共政策在与地方性利益考量或者法官个人价值观权衡的博弈中仍然占据着优势。

可见，法院在纠纷化解的过程中强化规则适用的统一性，不仅有助于提升司法参与社会公共事务处理的范围与能力，展现司法作为公共事项处理平台的价值，提高司法参与社会公共治理的效果；也有助于凸显法院作为国家权力机关以及国家治理的鲜明存在，提高司法公信力与权威的同时强化社会大众对国家的一致性认同，夯实国家权威。相反，法律规则适用上的不统一以及由这种不统一造成的“规则”在纠纷化解中的日渐退隐，不仅会影响个案处理的公正性，也会在整体上影响司法公信力，还会消解司法作为公共事务处理平台的价值，进而削减司法参与国家和社会治理的空间与能力，影响司法以及国家的形象及其权威性。

规则的退隐不仅使法外因素能够更为便利地进入裁判流程，也意味着规则对于裁判结果形成的影响力在不断减弱。这样，不仅司法过程日益开放，法官也不得不转而对裁判后果越发关心并越来越强烈地试图以“超越法律”的方式来达致这种后果。由此，后果/结果的优位评价，便在司法行动中逐渐形成。而一旦将后果/结果确立为司法行为的目标导向，那么案件的处理就无法只是基于某一法条或者某个先前存在的一般性规则所做出，也很难说是从某项制度规范中推演出来。[①] 与此同时，由于“后果虽然是一些事实，但却是一些自身没有规范意义的事实”[②]，那么这意味着，即便再精明的法官，即便他有很强的掂量规则与后果的能力，他也不得不承认，后果/结果导向在裁判中的贯彻实质上是以损害规则为代价的。这样，如果在司法实践中频繁进行后果/结果判断，那么尽管从表面上看确实有助于法院/法官在纠纷化解的过程中做到“具体问题具体分析”并推动纠纷的实质性解

① ［美］波斯纳：《法官如何思考》，苏力译，北京大学出版社 2009 年版，第 37、217—218、219 页。

② ［美］波斯纳：《法官如何思考》，苏力译，北京大学出版社 2009 年版，第 37、217—218、219 页。

决，但这却并不有利于它作为一种“规则治理”来普遍性地解决纠纷，并不利于规则的确证和制度的形成。

此外更重要的是，法官在解决纠纷时，尽管宣称注意到了“后果”，并且坚持司法判决是“根据预期的有利和不利后果权衡作决定”的，但不可否认，他们可能会出现对后果的误判。比如，“他们也许错误地给一些具体后果加了砝码……也许一直都不恰当地考虑了政府的主张”① 或者主导政治力量的偏好；也可能会为了避免误判而更加注重眼前，更可能会为了追求“个案公正而看不到决定的长期后果”②。这样从长远来看，倡导后果/结果优先的态度，既会封闭我们寻求其他生活方式的可能性，也会让我们放弃对很多问题的抵抗，进而无法引领我们走向幸福的生活。

（二）“意义”的不在场

法律既是一种规则体系，也是一种价值和意义体系；它不仅蕴含着一定的逻辑结构与法理要义，也承载着一定的道德关切和价值信仰。因此，无论是法律规则本身，还是有关它的实践，都不仅会关注并试图处理政治、法律和社会事务，也会对道德以及普遍的善具有天然的亲和力。③ 这样，在规则适用以及纠纷解决的过程中，它们同样也会向社会输出一定的逻辑力量与价值信息。这些信息，不仅会影响社会大众的价值观念及其行为选择，也会影响他们的伦理道德及其意义世界。因此，在纠纷解决的过程中，法官不仅需要及时分享“所在社会的一些基本道德价值”④，也需要为当前甚至未来社会的意义体系确立

① ［美］波斯纳：《并非自杀契约——国家紧急状态时期的宪法》，苏力译，北京大学出版社2010年版，第29页。

② ［美］波斯纳：《法官如何思考》，苏力译，北京大学出版社2009年版，第37、217—218、219页。

③ ［英］伊恩·沃德：《法律批判理论导引》，李诚予、岳林译，上海三联书店2011年版，第19—28页。

④ ［美］波斯纳：《法官如何思考》，苏力译，北京大学出版社2009年版，第37、217—218、219页。

贡献力量。换言之，在纠纷化解的过程中，他们不能失去了对于法律文本权威性的信仰以及对于美好理想与道德原则的坚持，不能在纠纷化解的过程中“缺少道德上的诚挚”①，不能在行动中缺乏对意义世界的信仰与贡献；它要以自身的行动来提升社会美德，增进社会公共福利。这样，在纠纷处理的过程中，就不仅需要通过明法释法，引导当事人在法律框架内思考问题，解决纠纷；也需要通过说理析理，裁判纠纷当中的是非对错，让当事人以及社会大众充分理解法律支持什么、反对什么，将法的价值、宗旨、目的体现在社会大众的日常生活之中，增强他们对于法治的信任和对公平正义的信念；② 还需要通过法官对“正义与不公”两者间界限的清晰化区别的司法行动，在将社会大众普遍认同的价值观念融入事实程序和裁判结论之中的同时，让社会大众在社会观念中建立起“善与恶”“是与非”“好与坏”“美与丑”的判断标准并在日常生活中积极践行，从而避免转型中国社会的价值虚无和意义真空。

遗憾的是，在当下中国纠纷化解的过程中，却经常会出现“意义”不在场的现象。这一现象主要由意义缺失和意义混乱两种情形所构成。就意义缺失而言，实践中又可细分为以下三种情形。一是教条式的运用法律条文，也即所谓的“机械司法”。比如实践中，一些法官机械地坚持客观中立的立场，简单地适用举证责任、坚持证明标准，完全不考虑当事人的举证能力、不考虑当事人的具体情况，简单地以举证责任是否履行、证明标准是否达到来认定案件事实，机械地适用举证规则，导致案件事实认定与客观事实相背离。二是对当事人诉求中的价值问题未能予以回应甚至有意规避，人为地忽视法律规范价值意涵的日常实践。比如实践中，一些法官片面地持有流程化的裁判思

① R. George Wright, “Pragmatism and Freedom of Speech”, *North Dakota Law Review*, 103, 2004.

② 张伟刚：《真挚的情感　神圣的职责——访十年法治人物特别贡献奖获得者任秋华》，《人民法院报》2010年12月5日。

维，逐渐“失去了一般群众对事物的敏感，失去了常人观察问题的角度，远离了社会公众的良心和道德”①，对常识常情常理的感知越发不敏感，在职业习惯的裹挟中进行空洞的价值评价和法律说教，缺乏对当事人必要的价值回应和人文关怀。三是对于个案及其处理所可能蕴含的普遍意义未能敏锐意识到并勇于担当、积极实践。与此同时，就意义混乱而言，同样也可细分为以下三种。一是在同一时空下的多个意义系统选择中发生混乱。这是一种意义的本体论冲突，实践中最为常见的便是“情—理—法”实践中的冲突与矛盾问题。二是将传统中国的意义资源未经创造性转换便简单地搬运到当下中国司法场域之中，造成两种意义系统之间的历时性冲突。三是将域外的意义资源教条式地拿到中国，拼凑进入当下中国的司法场域，造成两种意义系统之间的共时性冲突。很显然，这种教条式的意义资源处理方式，不仅无法激活中国的传统，也无法勾连域外的法治，更无法塑造中国的新司法。

要解决意义不在场的问题，就不仅需要重新审视规则体系并重塑规则的实施体系，也需要在司法运行中安置上更长远的文化考虑，尝试着在当下中国司法的实践中为现代中国人找到真正能安身立命的办法，一套真正能够安顿人心的现代法律政治和社会文化。②

纠纷解决的政治意涵

要安顿几亿中国人的人心，当下中国社会的纠纷化解就不再只是一个法律问题，也是一个政治和社会问题。③ 同样，当下中国司法也不再只是一项使人们的行为服从规则治理的事业，更是一项“为生民立命”的事业。因此，在纠纷解决的过程中，作为一种事后性的社会

---

① 胡云红：《从于欢案谈探索大合议庭陪审机制》，《人民法院报》2017年7月19日。

② 吴飞：《自杀作为中国问题》，生活·读书·新知三联书店2007年版，第49、50、63页。

③ 吴飞：《自杀作为中国问题》，生活·读书·新知三联书店2007年版，第49、50、63页。

问题处理机制，法院需要通过纠纷化解在社会秩序恢复原状的基础上安抚社会情绪、安顿人心，也需要在当下中国司法的实践场域中开启“什么是美好生活”的公共讨论。

（一）通过纠纷化解恢复社会秩序

当下中国法院对于纠纷化解，不仅需要以恢复社会秩序、维持社会稳定为首要目标，也需要在社会秩序的恢复中同时将其与“善”的社会生活如何可能的问题密切联系到一起；[①] 要在这两者的进一步关联中，把良好社会秩序的恢复或者美德社会生活状态的找寻与确立作为法院纠纷化解的重要目标。这样，法院在纠纷化解的过程中，能否确证社会核心价值观、夯实意义世界、安顿社会人心、引领人们过上美好生活，自然也就成了当下中国司法的必要担当。为此，我们不仅需要以一种好的法律制度和司法举措来化解纠纷，也需要用一种新的关于秩序的思维替代传统的以稳定为目标导向的社会秩序思维；[②] 总之，要努力把“案结事了人和”这一整体要求，作为法院纠纷处理全过程的行动指南和目标导向。

（二）通过纠纷化解确证社会价值

社会急剧转型会刺激人们对价值的需求和对生活意义的呼唤。这样，倘若在纠纷化解过程中法官失去价值指引，那么司法方法或者裁判技术就会被异化；而倘若司法不能通过纠纷化解来确证社会价值——甚至“不强制执行一种公认的道德观，那么社会就将土崩瓦解”[③]，司法制度存在的社会意义也就会大大降低。

的确，如果我们把纠纷化解完全扎根在利益的维度上，仅仅只是把秩序的恢复作为纠纷化解的唯一目标，那么这就彻底遮蔽了我们对

---

① 赵旭东：《法律与文化：法律人类学研究与中国经验》，北京大学出版社 2011 年版，第 193—199 页。

② 孙立平：《重建社会——转型社会的秩序再造》，社会科学文献出版社 2009 年版，第 20、112 页。

③ Patrick Devlin, *The Enforcement of Morals*, Oxford University Press, 1965, p. 15.

于纠纷解决背后的道德情感及其社会意义的认识，也放弃了司法这一公共机制在处理价值多元议题上的角色及其责任担当。[①] 与此同时，尽管社会价值的多元化期望我们在行动中能够“‘宽容’他人的不同意见，‘尊重’他人的价值观和个人生活方式”[②]，但是在公共生活尚在建设之中的当下中国，这种现代社会基于价值多元所假设出来的公民关系，可能会导致一种面对多元价值却并不理性的行动方案。为此，我们要在法院纠纷化解的过程中，在这种司法生活的公共实践中，开放出健康公共生活的意义讨论，达成尊严人生与美好生活的共识，并通过司法的日常实践不断输入社会，从而进一步为这种共识累积力量并为大规模行动夯实基础。

这对于当下中国的司法而言，意味着在实践中，要充分“考虑社区道德，要衡量社会利益，比较真实的社会利益和立法机构关注的规则的连续性和稳定性”[③]；要在化解纠纷的过程中，崇善抑恶，要在对美、德、义行进行肯定和激励的同时对失德、败德行为进行批评和制裁，要敢于展开道德评判、解决价值领域的公共分歧；要确保司法判决结果能够“充分反映一个群体选择要提升的价值，选择要保护的权利，选择要追求的目标”[④]；要通过裁判文书说理，再次以文字的方式表明其对于当事人符合或者背离社会主流价值或者道德观念行为的正式立场，在展示其对社会主流价值或者道德观念的内在笃信与理性尊崇的同时，再次激发当事人对自身行为进行自我审查或者二次判断，助推其正确价值观或者道德观的形成。

（三）通过纠纷化解安顿人心

司法要在纠纷化解中平复当事人的情绪、消解他们心里的积怨、

---

① Steven Vago, *Law and Society*, 9th Edition, Pearson Education Inc., 2009, pp. 274 – 275.

② 徐贲：《通往尊严的公共生活》，新星出版社 2009 年版，第 27 页。

③ ［美］波斯纳：《卡多佐：声望的研究》，张海峰、胡建锋译，中国检察出版社 2010 年版，第 37 页。

④ 徐贲：《罪、耻、惧与当今中国的道德困境》，《随笔》2011 年第 1 期。

实现人心的安顿，就必须要在细致的、日常性的纠纷化解实践中，“帮助每个个体找到自由过日子的道路，要最大程度地保证每个个体的自由，同时又使更多的心灵能变得幸福”。因为在公共生活之中，“个体如果得不到更大的自由空间，就不可能获得心灵的幸福”。[①] 那么这意味着当下的中国司法，既要通过纠纷化解向社会传递价值和意义层面上的信息以使得更多的心灵因此而变得淡定、从容与幸福，也要在纠纷化解的过程中帮助纠纷中的个体找到过上好日子的道路。

的确，如果纠纷的解决“只考虑人的利益需求而忽视对人的完满性的满足，只考虑获取幸福的手段却忘记了幸福本身”[②]，那么纠纷中的个体就无法在纠纷化解过程中获得身体上的情绪平复与心理上的意义满足。这种经由纠纷化解所达致的社会秩序恢复也是寒冷的。与此同时，如果在纠纷化解的过程中始终追求个人私利的最大化满足，那么经由这种纠纷化解所形构起的公共生活进而所锻造的个体就会成为一个“法律保护下追逐自己私利的人”[③] 而非充满公共精神的公民。这样，不仅作为公共事务的司法的价值会被逐渐忽视，而且作为公共生活的纠纷化解过程也会“单凭私人利害的需要和指导去处理”[④]，由此造成司法公信力以及司法参与国家和社会治理的能力不断下降。

这样在纠纷化解过程中，法官就应当尽最大可能去“公开追求让每一个诉讼当事人变得更幸福、更美好”[⑤] 的纠纷化解之法，不仅要妥善地维护权利，分配好利益，而且还要适当地考虑这个利益分配方案对于社会有怎样的意义。换言之，在纠纷化解过程中，“法院不应该只关注于某一天的‘天气’（weather），还应该留意特定时代的‘气

① 吴飞：《自杀作为中国问题》，生活·读书·新知三联书店2007年版，第49、50、63页。

② 张盾：《“道德政治”谱系中的卢梭、康德、马克思》，《中国社会科学》2011年第3期。

③ 张盾：《“道德政治”谱系中的卢梭、康德、马克思》，《中国社会科学》2011年第3期。

④ ［法］卢梭：《论政治经济学》，王运成译，商务印书馆1962年版，第14页。

⑤ Jerome Frank, *Law and the Modern Mind*, New York: Coward-McCann, 1949, p. 283.

候'（climate）"[①]，"法官的判决应当推进共同体的集体'幸福'和'良善'"[②]。此外更重要的是，法官应当借此尽最大可能告诉我们，哪一种法律生活是适合当前以及未来中国社会的；或者退一步，他或许不知道哪一种法律生活方式更适合于未来的中国，但他至少知道，哪一种法律生活方式是不适合的。

可见，司法不仅应当关切美好生活，司法还应当通过自己在纠纷化解中的日常实践来助力人们达致美好生活。相反，如果当下中国司法在日常纠纷化解实践中只关注社会秩序可见的、短期的稳定，只关注纠纷中个体利益的恢复，那么这样的司法或许确实能够解决掉问题，但却是对公民没有正义获得的一场法律实践，一种对公民没有教育意义的公共生活实践。这样的司法过程或者纠纷化解的结果虽然能够获得当事人的认可，但却无助于他们建立起具有普遍意义的法治观，也无助于他们通过纠纷的司法化解这种公共理性实践建立起对与错、是与非的道德标准，更无助于他们通过参与司法化解纠纷这一公共生活实践而感受普遍的正义、获得美好转而积极向善。

通过司法达致美好生活

要通过司法达致美好生活，首先必须要认真对待并理解当下中国司法整体且丰富的功能要素。我们要意识到，当下中国法院不仅具有制度性功能，也具有非制度性功能。我们要清晰这两者之间的分工，要在实践中，努力通过法院的制度性功能重塑规则和价值世界；而通过其非制度性功能，尤其是要通过做群众工作来温暖人心、安顿心灵。[③] 这既是

① 何帆：《法官、民主与实用主义（译者导言）》，载［美］斯蒂芬·布雷耶《法官能为民主做什么》，何帆译，法律出版社 2012 年版，第 17 页。

② M. Golding, "Realism and Functionalism in the Legal Thought of Felix S. Cohen", *Cornell Law Review*, 1981, p. 1032.

③ 参见方乐《非制度化因素对法院就地化解纠纷的影响及其意涵——内在视角的考察》，《法律科学》（《西北政法大学学报》）2019 年第 5 期。

当下中国法院在推动纠纷化解工作上的一个制度优势，也是转型中国司法通过纠纷化解达致美好生活的可行方案。因此，在纠纷处理过程中，我们要充分发挥当下中国法院整体功能意涵，尤其是当面对的纠纷裹挟着大量的诸如情绪对抗、怨言累积、心理抵触、人心冷暖等非制度性因素时，要同时运用法治化与非法治化、制度化与非制度化的双重方式来共同推动纠纷的解决，以期做到“案结事了人和”，确保纠纷化解实现法律效果、社会效果和政治效果相统一。

（一）以司法规则形塑社会规则

一方面，“有理想”的美好生活方式，其基础是要在日常生活中建构起稳定的行为预期，而这种严格的公共产品又是需要强有力的规则作为支持的；另一方面，通过司法的纠纷化解及其大规模的日常性实践，它“不仅会向其所在的社会输出行动中的国家法规则，也包括经由国家法实践所认可的社会规则，还包括正确对待这些规定的‘规则’（态度或者意识）”[①]。换言之，通过纠纷化解，尤其是通过对诉争主体权利义务关系事实的认定与法律适用，法院不仅向社会输出裁判规则，也为社会提供了行为规范的样本，还为社会主体提供了进行行为选择时所需的意识判准。而这意味着，“通过将社会纠纷的化解纳入司法/法治化的轨道以及通过这种司法方式的累积，不仅能够确保国家法的坚定实施，也有助于社会生活的法治化塑造”[②]，还有利于通过社会基础规则的夯实来累积生活的理想并奔向理想的生活。

的确，“规则”退隐现象在实践中的存在，意味着司法在纠纷化解的过程中向社会输出规则的能力大大降低。这必须要引起足够的重视。我们要意识到，对于纠纷化解的司法机制而言，它在纠纷化解市场中的核心竞争力或者主要的制度优势，就体现在其对于法律规则的确认与输出上。因为相较于其他纠纷化解机制，法院的优势在于它能

① 方乐：《跨行政区划法院的区域治理功能》，《江海学刊》2017年第2期。
② 方乐：《跨行政区划法院的区域治理功能》，《江海学刊》2017年第2期。

够提供一种来自法律专业领域的、旨在向社会确证或者输出规则的、流程与结果也大致可预期的公共服务。毫无疑问，“法律规则”既是这种公共服务的全流程标准，也是其核心竞争力所在。

因此，要消除“规则”退隐的现象，就必须把纠纷化解纳入司法机制并进入法治思维和法治方式的化解轨道，要意识到“将社会纠纷纳入司法和法律的框架，既是司法自身的规律和使命使然，也是宪法和法律赋予司法的天然职责，更是一个国家法治实现的关键环节”①。要通过纠纷化解的司法实践的日常性开展，将司法规则源源不断地输入当下中国社会生活，进而塑造起一种有规则意识的生活观念与生活方式。

（二）以司法公正引导社会公正

公正是司法公信力和司法权威得以形成的重要基础。如果司法不公正，“人民群众通过司法程序就不能保证自己的合法权利，那么司法就没有公信力，人民群众也不会相信司法”②。相反，司法如果越公正，那么它就会越有权威和公信力。

客观地说，“意义”的不在场，往往容易造成在纠纷化解的司法实践中司法公正与社会公正之间出现错位的情况。比如，在近些年所涌现的热点案件中，我们往往可以看到法官基于所谓的专业化知识判断所形成的裁判结果却出现“把民众的朴素正义观拒之千里之外”的情况。实际上，司法之所以能够引领社会变革，其“制度密码”就在于司法活动向社会所输出的价值观能够满足社会生活与大众心理的需要。因此，要发挥司法公正引导社会公正的职能，就不仅要着力解决纠纷化解过程中司法公正与社会公正相冲突的问题，还需要建立健全司法公正引导社会公正的长效机制。

如果把视野再放得宽一些，那么在发挥司法改革引领社会变革的

---

① 杨建军：《通过司法的社会治理》，《法学论坛》2014 年第 2 期。

② 参见《习近平关于全面依法治国论述摘编》，中央文献出版社 2015 年版，第 67 页。

过程中，实际上还存在一个价值意义系统重塑的问题。因为社会急剧转型所带来的价值多元，使得无论是当下中国社会生活领域还是司法运行场域，都面临一个由价值多样性所带来的价值观念在整体上缺乏融贯性的难题。而一旦司法场域中的价值意义系统出现紊乱，那么，一方面，即便再简单的案件，也无论法官怎么决策，可能都难以取得良好效果；而另一方面，通过司法纠纷化解实践向社会践行和输出价值意义的质效，也会大打折扣。因此，转型中国司法要在纠纷化解实践中尽可能弥合价值观上因由多元化生活方式所带来的、法律与社会之间的差距，要"弥合过度分歧的法律观和公正观，调适紊乱的法律世界观"①；要尽可能通过个案的审理与裁判，通过对公序良俗的尊重、对社会风尚的弘扬、对社会主流价值观的彰显，实现对社会多元发展的核心价值引领。这无疑也是当下中国法院/法官的核心任务。当然，需要说明的是，无论是重塑司法的价值或者"意义"系统，还是增强司法对于价值或者"意义"世界的塑造力，在立场上，都必须始终坚持中国的主体性，要从中国实际出发。与此同时，在价值意义的资源甄别上，要"汲取中华法律文化精华，借鉴国外法治有益经验"；在资源的运用方式上，要避免简单的拼凑和照搬。②

（三）以司法理性倒逼社会理性

在最一般的意义上，"正义就是提供正当的理性说明，用道理来证明正当性"③。因此，作为社会公平正义最后一道防线的司法，它只有以公共理性为导引并在实践中不断强化沟通—说理，才能够形构起一个主体间相对平等的交流对话空间，才能通过"说"的主体多元化以及"理"的多样性使得这种空间的公共性得以保障。当然，由于沟通—说

① 王启梁：《法律世界观紊乱时代的司法、民意和政治》，《法学家》2012 年第 3 期。

② 参见《中共中央关于全面推进依法治国若干重大问题的决定》，人民出版社 2014 年版，第 7—8 页。

③ Serge-Christophe Kolm, *Modern Theories of Justice*, Cambridge, M. A.: The MIT Press, 1996, p. 8.

理最终要“以理服人”，因而沟通/对话—服从/接受也就构成了这种司法行动的逻辑结构，达成共识则是这种行动的结果。而这其实意味着，在这种司法场域的逻辑中，无论是法官还是当事人，他们都既是“说者”，也是“听者”，更是互动交流者。与此同时，法官既不再只是冷冰冰的法条的宣读者，当事人也不再只是司法活动的被动接受者，相反，他们都作为主体共同参与司法活动的进行以及裁判结果的生成。

这既是开展“审判工作”，也是“做群众工作”，是两者的复合物。与此同时，正是通过审判工作与做群众工作的紧密结合，通过两种方式共同分享的沟通—说理机制及其实践，司法不仅让当事人完成了诉求的理性表达与情绪宣泄，也让法官充分进行了辨法析理，更在此基础上通过主体间的相互沟通实现了法律道理、审判理由与个人事由、事件情由甚至“天理”“道义”等充分对话，进而推动共识达成与规则建立，最终产出可接受的司法产品。这既是一种实践/行动意义的司法法治，也是一种务实且综合性的司法法治。这种司法法治模式，不仅能够有效回应当事人的司法需求，也能够有效平复当事人的情绪、化解其“心结”，实现“案结事了人和”。

更重要的是，这种司法法治模式对于更广泛意义上的当下中国的社会问题，也有司法政治意义上的规范功能与实践意涵。因为这种司法法治模式，无论是将司法的目标指向为纠纷的实质化解还是要求提高司法的可接受性，也不论司法行动的逻辑是强调“辨法析理”还是“沟通对话”，其实都是建立在一种所谓主体间关系司法知识观上的司法实践，它强调的是要通过主体间复杂的交往行动来追求一种公共理性与共识达成。① 而寻求社会交往实践的公共理性化，推动社会共识的达成，乃是当下中国社会重建的重要基石。② 换言之，学会“以平

① 吴英姿：《司法的公共理性：超越政治理性与技艺理性》，《中国法学》2013 年第 3 期。

② 孙立平：《重建社会——转型社会的秩序再造》，社会科学文献出版社 2009 年版，第 20、112 页。

和的心态、现实的态度，提出自己合理的有限的利益要求，并在商谈、对话中作出必要的妥协和让步，从而获得社会交往的积极成果”[①]，这不仅是现代社会交往理性的基本要求，也是当下中国社会公民意识的培养、公共生活的培育、公共规则的建立、公共秩序的塑造以及“公共善”的形成所需的基础动力。

当下中国法院只有更加紧密地将“审判工作”与“做群众工作”相结合并充分发挥它们的综合优势，只有不断践行“沟通—说理”式的司法模式，才能为我们不断提供参与公共生活、学会欲望克制与诉求妥协、锻炼交往实践能力的平台，也为我们生产具有公共理性的法律服务，为我们的社会输入公共规则以及公共价值的伦理判断标准。而这其实也就意味着，随着当下中国司法的深入实践，以及由此所带来的将社会矛盾纠纷的化解纳入司法机制和统一性的司法正义产品的持续生产，将不仅有助于强化法院作为公共事项处理平台的价值，提升司法作为社会交往实践、社会共识凝聚、社会公共利益分配等机制的重要性，提高司法的公信力与权威性；而且也会提高司法对于社会的塑造力，进而在使得通过司法的社会治理成为现实的同时，确保这种治理的法治化，最终实现国家治理体系与治理能力的现代化。

总之，当下中国社会的急剧转型，使“中国人在生活理想、认识信仰与政治意识形态方面的差异与分歧越来越显著，使得多元主义已经成为中国社会的事实，也构成了中国人社会认知中的共享知识”[②]。与此同时，对于当下中国社会来说，“关于什么是美好的人生、如何才能实现内心的安宁和幸福这些有关个人心灵的问题，甚至比自由民主、法治这些公共政治问题，对于许多人来说更为直接，更具有某种当下的紧迫感”[③]。因此，随着通过司法化解纠纷的社会影响力与日俱

① 孙利天：《现代性的追求和内在超越》，《中国社会科学》2016 年第 2 期。
② 刘擎：《中国语境下的自由主义：潜力与困境》，《开放时代》2013 年第 4 期。
③ 许纪霖：《当代中国的启蒙与反启蒙》，社会科学文献出版社 2011 年版，第 148 页。

增，以及由此所带来的、司法借助纠纷化解塑造社会的空间与范围越发广泛，使得通过司法让当下中国社会秩序得以维护、让当下中国人过上一种更有德行、更有尊严的美好生活，既日益可期，也日渐成为这个新时代赋予司法的新使命。为此，一方面，我们要意识到，尽管“什么是美好生活”仍是一个可以继续讨论的命题，但“存在一种美好生活”却是可以肯定的，并且通过司法达致美好生活也是可以实践和追寻的；另一方面，我们也要意识到，司法通过纠纷化解所生产出的“公平正义”，只有与社会的现代化建设相向而行，才能使人民群众更温暖、更幸福。这样，无论是纠纷化解还是更广泛意义上的司法实践与司法发展，都与当下中国社会秩序的重建、与伦理人心的“收拾”息息相关。因此，面对大量纠纷涌入法院，司法必须要在努力实现公平正义的基础上，通过日常实践来完成对规则以及价值的不断确证与细致输出，才能在助力社会基本伦理与基础秩序复建的同时让人民群众生活得更加幸福、更有尊严。

（原载于《江海学刊》2020 年第 3 期）

新时代法治中国建设的实践发展

地方立法与国家治理体系和治理能力现代化

曲　辰*

国家治理体系本质上是国家制度体系，国家治理能力则是这些制度体系的有效实施。现代文明社会，法律是最权威、最可靠、最稳定的制度。推进国家治理体系和治理能力现代化，前提和关键在于能否形成以法律制度为核心的完善的国家制度体系。地方性法规作为中国特色社会主义法律体系的重要组成部分，是中国特色社会主义制度的重要载体，是国家治理体系和治理能力的重要依托。深刻认识地方立法的重要地位和历史使命，不断完善地方立法体制机制，着力提高重点领域地方立法的质量与效率，是推动国家治理体系和治理能力现代化的重要举措。

地方立法，指特定的地方政权机关，依法制定和变动效力不超出本行政区域范围的规范性法律文件活动的总称。① 按照制定主体的不同，地方立法有广义和狭义之分：广义的地方立法是指享有立法权的地方人大及其常委会、地方政府分别制定地方性法规、地方政府规章的活动；狭义的地方立法则指享有立法权的地方人大及其常委会制定地方性法规的活动。作为地方国家权力机关的重要活动，地方人大及

---

* 作者简介：曲辰，1962 年生，南京农业大学公共管理学院教授、博士生导师。

① 周旺生：《立法学教程》，北京大学出版社 2006 年版，第 300 页。

其常委会制定地方性法规的活动在地方立法中居于核心地位。因此，本文所述为狭义的地方立法。

1949 年后，我国在相当长的时间内实行高度集中统一的立法体制，立法权主要由全国人大行使。1979 年《中华人民共和国地方各级人民代表大会和地方各级人民政府组织法》赋予省、自治区、直辖市人大及其常委会制定地方性法规的权限，从此，地方立法实践经历了三个主要的发展阶段，即地方立法权由省一级行使阶段、地方立法权扩展到较大的市阶段、地方立法权扩展到所有设区的市阶段，体现了国家治理方式的变化和完善。经过四十多年的探索，我国确立了较为完善的统一而又分层次的立法体制，在这其中，地方立法也相应具有了一些重要特征。从属性和自主性是地方立法的本质属性，地方立法本质上从属于国家立法，前者是对后者的细化补充和延伸完善；然而，在不与国家法律、行政法规相抵触的前提下，地方立法具有相对独立的地位，可以并应当充分运用自己的立法形式，自主地、创造性地解决地方问题。不断的实践中，地方立法又形成了一个重要特征，即试验性，或是承担先行先试的立法任务，为国家立法探路；或是在旨在解决地方问题的创制性立法中，为国家立法提供经验。另外，相比国家立法，地方立法要处理包括与宪法、法律、行政法规和上级或下级地方性法规在内的多重关系，调整的社会关系更为具体、直接，呈现出多彩的地方特色，表现出明显的复杂性特征。地方立法的特征分析，不仅能从理论上把握地方立法的实质和规律，对于地方立法实践也具有十分重要的指导意义。

地方立法在推动国家治理体系和治理能力现代化中的地位和作用

坚持和完善中国特色社会主义制度、推进国家治理体系和治理能力现代化是党的十九届四中全会作出的重大部署，这在党和国家发展史上，具有重要的里程碑意义。包括地方性法规在内的以制度规范为主要内涵的法律制度体系，在国家治理体系和治理能力现代化进程中起着最为基础和核心的作用。基于此，深刻认识地方立法在推动国家治理体系和治理能力现代化中的地位和作用，对于提高地方立法质量和效率，推动国家治理体系和治理能力现代化有重要意义。

（一）地方立法为推进国家治理体系和治理能力现代化提供制度依托

国家治理体系是管理国家的制度体系，包括根本制度、基本制度和重要制度，体现为经济、政治、文化、社会、生态文明等各领域法律法规安排和体制机制。国家治理能力则是运用国家制度管理社会各方面事务的能力，其核心是国家制度的执行能力。国家治理体系和治理能力的现代化，就是国家治理体系能够适应经济社会发展不断调整完善，国家治理能力能够因应经济社会发展持续优化提升。历史发展表明，现代国家治理的基本方式是法治，法治是最可靠、最稳定的治理。现代法治的核心是良法善治，现代法治不仅为国家治理注入了良法的基本价值，也为国家治理提供了善治的创新机制，所以，国家治理法治化构成国家治理体系和治理能力现代化的核心指标和主要标志，也是国家治理体系和治理能力现代化的必然要求。① 加快推进国家治理体系和治理能力现代化必须加快推进法治化，实现国家治理体系和治理能力现代化首先必须系统全面、高标准地实现治理的法治化。

国家治理法治化首先要求国家治理体系法制化，即通过立法，将国家治理的各项制度汇总于、表现为法律制度体系，使国家治理制度定型、细化，从而增强执行力和运行力。因而，法律制度是法治化的制度依托，是法治的先导。这就要求我们要善于运用法治思维和法治方式，发挥立法的引领和推动作用，实现科学立法。并以此为前提和基础，进而实现严格执法、公正司法、全民守法，促进国家治理体系的完善和国家治理能力的提升。

① 张文显：《法治与国家治理现代化》，《中国法学》2014 年第 4 期。

当代中国，科学立法的目标是完善中国特色社会主义法律体系，保证国家和社会生活各方面有法可依，全面落实依法治国基本方略。我国已如期形成并不断完善以宪法为核心的中国特色社会主义法律体系，地方立法作为中国特色法律体系的重要组成部分，与国家立法一道共同形成成熟完备的制度体系，积极回应民众利益诉求、有效解决社会纠纷，保障治理工作在法治轨道上运行。地方立法的自主性保障地方权力机关针对地方治理特殊问题开展连续、系统的立法活动，形成具有地方特色的法律治理体系，进而丰富中国特色社会主义法律体系乃至国家治理制度体系的内涵，推动国家治理体系和治理能力现代化的进程。由此可见，地方立法是推动治理方式转变和治理能力提升的有效制度依托。

（二）地方立法是推动国家治理体系和治理能力现代化的重要路径

从治理结构来说，国家治理可以分为国家层面的治理和地方治理①，因此，同时在国家和地方两个层面上实现治理体系和治理能力现代化，方能实现完整意义上的国家治理体系和治理能力现代化。尽管中国治理传统是自上而下的，国家层面的治理居于主导、核心、首要地位，但同时必须认识到，地方治理亦为国家治理的重要组成部分，若地方治理体系和治理能力现代化无法充分、全面实现，那么国家治理体系和治理能力现代化必定为不完整甚至不真实的，甚至可能因地方治理的失范、失序、失控引发系统性甚至灾难性风险。地方立法通过奠定和完善地方性事务的法律体系提升地方治理水平。不同地区、不同时期地方治理往往面临若干重要的个性问题，因上升不到国家层面致使国家立法难以涉及，亟待地方立法加以总体把握、系统规制，优化地方治理决策，改善地方治理氛围，增进地方治理共识，提高地方治理效能，进而推动国家治理体系和治理能力现代化。

第一，地方立法能够保障治理的民主性。一方面，地方国家权力

① 于建嵘：《国家治理能力与地方治理的困境》，《东南学术》2014 年第 6 期。

机关的组成人员由选举产生，具有广泛的人民性，地方国家权力机关制定地方性法规的过程，本身就是民主的实现过程；另一方面，地方立法贴近基层、贴近百姓，在畅通利益表达渠道方面有天然优势，各利益主体能够通过多种方式参与立法进程、进行制度博弈，拓展民主立法路径、提升民主立法实效，使各方利益诉求既能充分有序表达又能有效取得“利益最大公约数”，有力保障了治理制度和治理方式充分吸纳人民意见、体现人民意志，显著降低了地方治理阻力。

第二，地方立法能够保障治理的科学性。地方立法制定程序的科学性、民主性、规范性，有力提升了制度设计质量，优化了治理决策，进而保障治理方式科学、有效，能够有力保障地方治理在法治化轨道上科学运行，有效避免“以文件代替法律”“以长官意志代替法律”，随意侵犯公民合法权益等权力行使的任性。

第三，地方立法能够保障治理的权威性和稳定性。相对其他地方社会规范，地方立法具有很强的公信力，且有强制力保证实施，避免落入部分社会规范“落实不彰”的窘境。特别是近年来，地方立法强化实施保障力度，不仅让地方立法“长出牙齿”，还促其“有力咬合”，有力保障了治理的严肃和权威。地方立法也是一种明确、肯定的行为规范，在一定时期内不会轻易变更，能够避免“朝令夕改”状况，给予社会公众稳定的预期，营造良好的发展环境。

第四，地方立法能够保障治理的系统性。有效的地方治理决不可“头痛医头、脚痛医脚”，而必须坚持系统思维、全局思维，做到整体施策、多措并举。四十多年来，地方立法的数量不断增加，质量不断提升，不仅在地方立法内部，更同法律、行政法规等一道形成了较为系统完备、和谐一致的制度体系，从而发挥协同优势，保障国家和地方治理效能。

（三）地方立法是国家法律制度体系的必要支撑和试验探索

中国治理传统是自上而下的，国家层面的治理居于主导、核心、首要地位。国家治理体系和治理能力现代化，其核心要求和首要指向对象为国家层面的治理体系和治理能力现代化。要实现国家层面的治理体系和治理能力现代化，必须构建和完善以法律制度体系为核心的国家制度体系。地方立法能够有力地为国家法律制度体系提供必要支撑和积极探索，进而为完善国家制度体系、为国家治理体系和治理能力现代化的实现贡献地方智慧和力量。

首先，地方立法能够通过作出细化补充为国家法律制度体系提供必要支撑。地方立法是国家立法的延伸和完善。作为国家立法，宪法、法律、行政法规是地方立法的上位法，效力层级更高，但难以针对各地区各类事项作出具体规定。地方立法能够根据上位法的精神和相关规定，根据本地区实际情况，通过深化制度设计加以细化、补充，在国家法律制度体系发展和完善中发挥实施性、补充性的重要作用，从而使国家立法的触角有力延伸到地方治理相关领域，推动国家立法实现拓展和完善。通过上述过程，地方立法有力弥补了中央层面的国家治理体系和治理能力现代化在制度供给范围及数量上相对有限的不足，为其提供了广阔的规范施行领域和更为细致的制度体系支撑。特别是赋予设区的市地方立法权后，这一作用发挥更加深入和显著。

其次，地方立法能够通过开展先行先试为国家法律制度体系提供积极的试验探索。一些领域的突出问题，国家立法不能独力解决或基于时机、风险等原因暂时不宜由国家立法解决。而地方立法贴近基层和矛盾焦点，范围小，风险可控，通过先行先试，既能及时有效解决地方发展面临的突出问题，又能为国家立法提供地方样本、地方方案、地方经验。浙江制定的河长制规定，青海制定的三江源国家公园条例①，江苏制定的医疗纠纷预防与处理条例等，都为后来的国家相关立法作了有益探索，积累了经验，不仅提高了国家立法的质量和效率，也降低了国家立法的潜在风险。通过上述过程，地方立法具有独特的优势和作用，即为国家治理体系和治理能力现代化提供了宝贵的实践

① 参见曲頔《改革开放四十年地方立法》，《地方立法研究》2018 年第 6 期。

探索和充分的样本经验。

国家治理体系和治理能力现代化进程中的地方立法重点领域选择

理论上，不是中央专属事权的领域，地方立法都可以涉及；实践中，地方立法的领域也比较宽泛，很多方面存在立法需求。然而，地方立法资源和能力在一定时期是有限的，必须聚焦重点领域和关键环节、分清轻重缓急开展立法，才能有效解决地方治理中的主要问题，充分发挥地方立法的功能和作用。一个时期地方立法重点领域的选择和重点方向的确定，应基于以下三个方面。一是中国特色社会主义制度图谱的本质要求。党的十九届四中全会《决定》确定的根本制度、基本制度和重要制度，有些方面要求依靠中央和地方共同立法，实现其法律化；即便是中央立法事项，也需要地方立法加以深化和落实。基于从属性，地方立法要根据国家制度体系建设的部署和中央立法的重点，确定一定时期地方立法的重点领域和重点方向。二是国家设定的地方立法边界。“健全充分发挥中央和地方两个积极性体制机制”的框架设计，不仅对国家治理体系中的地方立法做了精准的定位①，也对地方立法的空间范围提出要求。一方面，地方立法要严格把握立法边界，维护国家法制统一底线。全国人大要求省级人大重点开展促进高质量发展立法、惠民立法、环保立法、弘德立法、协同立法②，《立法法》明确设区市“对城乡建设与管理、环境保护、历史文化保护等方面的事项制定地方性法规”。另一方面，要更加充分发挥地方立法的积极性创造性，适时拓展立法领域、立法权力和立法空间。三是地方治理中的主要问题及其立法需求。地方立法重点领域选择和重

① 喻中：《国家治理体系中的地方立法》，《理论探索》2020 年第 1 期。
② 王晨：《在第二十五次全国地方立法工作座谈会上的讲话》，《中国人大》2019 年第23 期。

点方向确定，要聚焦地方治理领域的突出问题，及时、精准回应地方经济、文化、生态、社会等各方面对立法的重大需求，解决地方治理领域的独特问题，并注重形成具有地方特色、适应地方需要的制度体系。基于以上思路，当前和今后一个时期，我国地方立法应在以下五个重点领域进行。

（一）适应经济高质量发展新阶段，完善经济立法

我国经济已由高速增长阶段转向高质量发展阶段，经济活动的环境、要素配置的机制和管理经济的方式都在发生深刻转变，产生着巨大的法治需求。发展是第一要务，地方是经济高质量发展的主力军，要以高质量地方立法保障和促进地方经济高质量发展。从地方实际情况出发，围绕深化经济体制改革，推动区域创新发展，建设现代经济体系，推动高水平对外开放，补齐高质量发展短板等内容，加快地方立法步伐，为推动质量变革、效率变革、动力变革提供持续的法治保障。

1. 优化营商环境。良好的营商环境是一个地区治理体系和治理能力的主要体现，也是地区核心竞争力的显著标志。当前，地方保护主义仍然严重，对民营企业和非本地企业存在着歧视性壁垒限制，政府审批过多、服务效率不高，企业经营交易成本高等问题，严重制约着经济活力和对外开放，迫切需要地方立法来优化营商环境。制定优化营商环境条例，聚焦转变政府职能，确立各类市场主体一视同仁的营商环境基本制度规范，为各类市场主体投资兴业提供制度保障，保护企业家合法权益；制定开放型经济法规，落实外商投资法及其实施条例，针对本行政区域内的自贸试验区、经济开发区等开展专项立法，深化区域管理体制和投资管理体制改革，完善同国际规则相衔接的制度体系，优化高水平对外开放法治环境；制定特定领域专项法规，推动减轻中小企业经济负担，保障其平等参与经济活动；细化对金融机构融资的鼓励支持措施，规范融资行为，加快社会信用体系建设，解决企业特别是中小企业做大做强的瓶颈问题。

2. 推动创新驱动发展。完善科技创新体制机制，健全区域创新体系和培育新的经济动能是推动我国实现经济高质量发展的重要支撑。地方立法除进一步完善科学技术进步、专利促进等法规外，重点补上以下几个方面的短板。加强对专利、商标、版权、植物新品种、集成电路布图设计等各类知识产权的保护，为激发创新活力提供有效制度供给；促进科技成果转化，为科技成果定价、收益分配等提供清晰的决策程序和政策界限，通过多方利益联结，完善科技成果转化激励机制；加强人才建设，建立市场导向的人才流动、评价和激励机制，为人才发挥作用提供有力支持和良好服务。围绕培育新的经济动能、提高供给体系质量，推进实体经济、互联网、大数据、人工智能等领域的立法，加快形成实体经济与科技创新、人力资源和现代金融协同发展的现代产业体系。

3. 实施乡村振兴战略。我国最大的发展不平衡是城乡发展不平衡。党的十九届四中全会《中共中央关于坚持和完善中国特色社会主义制度推进国家治理体系和治理能力现代化若干重大问题的决定》（以下简称《决定》）要求实施乡村振兴战略，健全城乡融合发展体制机制，并对农业农村发展的制度问题作出系统安排。乡村发展的地域性和体制机制的复杂性为发挥地方立法的自主性、创造性提供了广阔空间。立法保障粮食安全，实施最严格的耕地保护制度，强化种子、农机管理，保障农产品质量、粮食流通安全，反对食物浪费；立法促进乡村产业振兴，创新制度设计，构建现代农业产业体系、生产体系、经营体系，并把农业产业链延伸的增值收益和就业创业机会尽量留给农民；立法深化农村集体产权制度改革，加强乡村自身造血功能，保障农民权利；立法推进美丽乡村建设，强化科学规划、财政投入和公众参与，形成农村人与自然和谐发展的新格局。立法系统固化脱贫攻坚行之有效的制度创新，并探索旨在解决相对贫困的长效机制。

4. 强化基础设施建设管理。基础设施是地区竞争力的重要内涵，也是许多地区治理体系和治理能力的短板所在，表现为建设水平不够高、管理运营体制不健全、城乡区域水平差距较大等问题，迫切需要立法加以解决。一方面，要补齐基础设施建设短板。在完善公路、铁路、港口、电力、燃气等领域的法律制度体系的同时，聚焦“海绵城市”建设、地下综合管廊、农村公路等短板弱项领域地方立法，理顺职能分工，完善管理体制，加大政策支持，提高地方基础设施建设整体水平。另一方面，发挥立法引领作用，促进新型基础设施建设。不失时机地加强5G、物联网等基于大数据运用的新型基础设施建设方面的立法，建立制度规范，既要引领产业转型升级方向，也要注重个人信息保护，规避可能引发的社会问题。

（二）适应社会主要矛盾转变，完善民生立法

维护和发展最广大人民群众的根本利益是地方立法工作之本。我国社会主要矛盾已经转化为人民日益增长的美好生活需要和不平衡不充分的发展之间的矛盾。经济快速增长的同时，民生领域发展不平衡、不充分的问题日趋凸显，教育、就业、医疗卫生、社会保障等领域的短板普遍存在。地方立法要充分体现以人民为中心的发展思想，加快与人民群众切身利益息息相关事项的立法进程，在保护权益、明确责任、加大投入、公众参与等环节提供更多的制度供给，依法保障人民群众共享改革发展成果。

1. 推进教育现代化建设。均衡配置教育资源和规范教育秩序一直是人民群众关注的焦点，构建服务全民终身学习的教育体系，完善各类教育统筹协调发展机制，已成为教育领域立法的基本导向。通过制定修改教育领域地方性法规，完善义务教育制度，及时回应社会对教学质量和教育公平的关注；推进学前教育发展，科学布局规划，明确投入机制，规范办学行为，更好满足家庭对学前教育的多层次需求；促进职业教育发展，进一步明确企业和学校的双主体地位以及校企合作遵循的原则和工作机制，强化、细化政府及有关部门的激励扶持措施，提高职业人才培养质量；促进家庭教育，构建覆盖城乡的家庭教育指导服务体系，侧重强化激励和保障机制，教育、督促、指导未成

年人父母或者其他监护人正确履行家庭教育义务，强化政府主导和社会参与，形成齐抓共管的家庭教育机制。

2. 保障人民群众生命健康安全。卫生健康事务是地方治理的重要方面，强化提高人民健康水平的制度保障，让广大人民群众享有公平可及、系统连续的健康服务是地方立法的重要职责。提升基本医疗卫生服务水平，明确政府基本职责，保障公民健康权益，有效解决看病难、看病贵等突出问题，保障城乡居民享有均等的基本医疗卫生公共服务；化解医疗纠纷、改善医患关系，明确医患双方行为边界，完善医疗纠纷调处机制，建立健全医疗救助制度，切实维护医患双方合法权益；强化公共卫生防御和重大传染病防控，及时制定或修改传染病防治法规，提升传染病防治能力和公共卫生保障水平；及时制定或修改突发事件应对法规，提高突发事件应对法治化水平，提高全社会的避险救助能力。

3. 完善就业制度体系。就业是民生之本。我国正处在特殊发展阶段，就业结构性矛盾比较突出，高校毕业生、农民工、失业人员等重点群体就业仍存在相当压力，需要加快地方立法，健全更充分更高质量就业的促进机制。推动就业优先政策，健全统筹城乡公共就业服务体系、终身职业技能培训制度，完善就业援助动态管理机制，实现更加充分、更高质量就业；优化创新创业生态环境，促进创业向大众化、全领域转变，充分释放创业带动就业的倍增效应；构建和谐劳动关系，建立健全劳动合同用工、欠薪保障制度，形成劳动关系协调机制和多层级劳资沟通协商机制，切实保障劳动者权益。

4. 保障人民群众人身财产安全。公共安全体制机制是国家和地方治理体系和治理能力的重要内涵。尽管国家和地方围绕治安、安全生产、防灾减灾制定了一系列法律法规，但其针对性和可操作性亟须提高，相互之间的衔接性和协同性也有待增强。要加大地方立法力度，维护社会治安，特别是特种行业、重大领域的治安；制定最严格的安全生产责任和管理制度，优化重点行业领域安全治理机制，建立健全科学的安全隐患排查治理和安全预防控制体系；提高对地震、洪水、气象等自然灾害的防御能力，维护社会稳定，保障人民人身财产安全。

5. 加强特定群体权益保障。男女平等、儿童优先，尊重残疾人是人类社会文明的主要标志。地方立法应当按照“加强普惠性、基础性、兜底性民生建设”的要求，强化特定群体权益保障。完善家庭暴力预防、惩处、救助一体化工作体系，保障女性平等就业权利与人格尊严；整合家庭、政府、非政府组织等各方面力量，建立困境儿童分类保障和服务体系；对各类未成年人群体开展全覆盖、有针对性的犯罪预防，突出打击校园欺凌；以残疾人现实需要为出发点，加大对残疾人康复、教育、就业、文化生活、社会保障、无障碍环境建设等方面的保障力度。

（三）适应生态文明建设需要，完善生态立法

生态文明体制机制是国家治理体系的重要组成部分。资源禀赋、生态环境以及生态与经济矛盾的地域性特征决定了地方立法在生态文明制度建设中具有十分重要的作用。尽管自然资源管理和生态环境保护领域总体上实现了有法可依，但立法理念滞后、调整对象不全、制度规范乏力、可操作性不强等问题比较突出。将生态文明建设作为地方立法的重点领域，不仅要结合本地实际进一步明确细化上位法规定，而且要从污染防治、生态保护、资源高效利用等方面入手，积极探索创制性立法，创新和完善地方生态治理体系，为国家生态文明立法创造经验。

1. 完善污染防治法规体系。近年来，国家修改或制定了水、大气、固体废物、土壤污染防治等方面的法律，地方立法应当根据上位法及时修改制定相关法规，有效落实国家污染防治制度的重大决策。同时，应当及时填补污染防治法规空白，补齐制度短板。如开展农业面源污染防治立法，从源头防控、过程拦截、末端处理等环节入手，促进农业资源永续利用，改善农业生态环境；开展生活垃圾污染防治立法，以实现生活垃圾减量化、资源化、无害化为目标，建立健全生

活垃圾分类投放、分类收集、分类运输、分类处置的全程分类体系。

2. 加强生态保护立法。相对于污染防治立法，生态保护地方立法相对滞后，亟须完善。适时落实国土空间规划和用途统筹协调管控制度，为统筹划定空间管控边界、落实主体功能区战略提供制度保障；加强自然区域保护立法，针对自然保护区、风景名胜区、国家公园、河流、湖泊、湿地等自然区域，明确管护机构、建立保护机制、强化法律责任，建设稳定健康高效的自然生态系统；加强生物多样性保护立法，坚决取缔和严厉打击非法野生动物市场和贸易，坚决革除滥食野生动物的陋习。

3. 推进资源高效利用立法。节约资源是保护生态环境的根本之策。地方立法要以“全面建立资源高效利用制度”为目标，落实自然资源资产产权制度和资源有偿使用制度，推行源头减量、清洁生产、资源循环、末端治理的绿色生产方式，实行能源、水资源消耗、建设用地等领域总量及强度控制，建立充分反映市场供求和资源稀缺程度、体现生态价值和环境损害成本的资源环境价格形成机制，促进资源节约和生态环境保护。

（四）聚焦弘扬核心价值观，加强文化立法

发展社会主义先进文化、广泛凝聚人民精神力量是国家治理体系和治理能力现代化的深厚支撑。党的十九届四中全会《决定》要求坚持和完善繁荣发展社会主义先进文化的制度，巩固全体人民团结奋斗的共同思想基础。相对于其他领域，文化领域的立法在国家和地方层面都还比较滞后，法律法规数量偏少，尚未形成比较完善的体系，一些重要制度主要由行政法规、规章加以规定，文化建设法制支撑比较薄弱。基于此，地方文化立法既要紧跟国家立法步伐，也要敢于创新，先行先试，突出重点领域立法，着力补齐制度短板，激发文化创造活力，促进文化产业发展，保障人民基本文化权益。

1. 弘扬社会主义核心价值观。社会主义核心价值观融入法治建设是传承弘扬中华优秀传统文化的必然要求。2018 年，中共中央印发

《社会主义核心价值观融入法治建设立法修法规划》。地方文化立法首要任务是推动社会主义核心价值观融入相关法规的立改废释全过程，要以法治体现道德理念，强化法律对道德建设的促进作用。同时，要开展爱国主义教育基地、奖励和保护见义勇为人员、志愿服务等方面的立法，进一步强化思想引领，大力弘扬中华优秀传统文化、革命文化和社会主义先进文化，涵养发扬良好道德风尚。

2. 传承历史文脉。历史文化保护是《立法法》确定的设区市立法的三类领域之一。城乡形态快速变化、文化传承人才匮乏等原因导致一些历史文脉断裂甚至消亡。地方立法应当聚焦文物、非物质文化遗产、历史文化名城名镇、传统村落等领域的保护，明确政府责任，培养历史文化保护传承人才，健全对历史文脉保护、更新和发展的体制机制；强化法律责任设置，实现历史文化资源有效保护与合理利用同步进行，推动文旅融合发展。

3. 加强公共文化服务保障。公共文化服务立法，是满足新时代人民群众对文化权益新需求新期待的重要保障。要根据公共文化服务保障法，制定区域公共文化服务方面的基础性法规，强化政府财政投入，明确服务保障标准，鼓励社会力量参与，保障市民基本文化权益。此外，要制定公共文化设施管理条例，明确公共文化设施的公益属性，提高公共文化服务机构管理水平和服务效能。

4. 促进文化产业发展。高质量的文化产品和服务供给不够充分，文化产业发展过于依赖行政资源的现象较为普遍。国家正在开展文化产业促进法的立法工作，地方立法应结合地方实际，从创作生产、文化企业、文化市场等环节入手，适时制定地方文化产业促进法规。地方还应在数字出版发行、影视、动漫、网络文化等细分产业领域加快立法步伐，健全现代文化产业体系和市场体系，完善以高质量发展为导向的文化经济政策，将文化产业培育为国民经济的支柱型产业。

（五）顺应区域协调发展需要，探索区域协同立法

经济高质量发展的重要特征是区域发展的协调性。我国在继续推

进东中西协调发展、加快东北振兴等战略的基础上，又谋划确立了京津冀协同发展、长三角区域一体化发展、粤港澳大湾区建设等国家战略。区域协调发展既需要通过国家战略规划和政策部署加以推进，更需要区域内各主体消除行政壁垒对要素流动的限制，弥补区域合作中的市场缺陷，通过共同市场、共同规划、协同立法等手段加强区域协作配合。协同立法是区域进入一体化发展阶段对地方立法的必然需求，是地方立法的时代特征，不仅能够推动优势互补、互利共赢原则的落实，也能实现在区域内统一有关权利义务关系，在法律制度上实现更高的效率和更广泛的公平。当前，京津冀、长三角区域协同立法已经起步，并有了初步经验。协同立法应当聚焦以下领域开展。

1. 基础设施协同立法。为统筹区域内各主体的交通、能源、信息、水利、垃圾污水处理等基础设施的规划、建设与管理提供制度安排，形成区域内重要基础设施协调发展的体制机制，有效解决区域一体化发展中重复建设和不相配套等问题。

2. 产业发展协同立法。通过协同立法，建立统一开放的要素市场，实现区域内生产要素合理流动和资源优化配置；进一步优化产业结构空间布局，引导关联企业聚集发展；以科技创新、转型升级为导向，推动产业链地区间深度融合，避免恶性竞争。

3. 生态环保协同立法。区域内部往往山水相连，生态环境融为一体，这就决定了区域内各主体难以在生态环境问题上独善其身，需要加强协同立法。把握区域生态环境问题的一般性和特殊性，加强生态环境保护主体性制度的统一和配套性机制的协调，实现共同建设、共同保护、共同治理，有效推动解决大气污染、流域性水污染等问题，促进区域绿色发展。

4. 公共服务协同立法。区域内的公共服务关系到人员流动和民众福祉。通过协同立法，协调区域内文化、教育、卫生、体育等社会事业发展，对重要的公共服务设施和系统，实现共建共享；逐步实现征信、身份、证照等方面的互认，社会保障体系的区域接续和结算，在公共交通、医疗等领域实施更多的“一卡通”；健全区域内疾病预防控制、卫生监督、突发公共卫生事件应急处理协调机制和联防联控网络。

完善保障高质量地方立法的体制机制

以上分析可以看出，地方立法的地位越发重要、空间不断拓展，任务日趋繁重。随着中国特色社会主义法律体系的形成和不断完善，立法工作的重心已从解决无法可依转向实现良法善治。要制定“立得住、行得通、真管用”的高质量法规，更好地服务于国家治理体系和治理能力现代化，必须建立健全地方立法的体制机制，因为立法是一项崇尚科学、注重专业、讲究精准的系统工程，立法的针对性、可操作性和系统性等质量特征主要取决于立法体制机制的科学性和有效性。地方立法体制机制是地方立法运行的制度依托，包括一系列制度、程序和机制安排。尽管地方立法体制机制的基本体系已经确立，各地在立法体制机制上也多有探索，但基于国家治理体系和治理能力现代化的要求，支撑和保障高质量地方立法的制度体系和运行机制仍然需要与时俱进，在创新中不断完善。

（一）健全地方立法工作的领导制度体系

立法是体现统治阶级意志的活动。在社会主义社会，法体现由工人阶级及其同盟军所构成的人民的意志。[①] 中国共产党是中国工人阶级的先锋队，同时也是中国人民和中华民族的先锋队，代表着最广大人民的利益。包括地方立法在内的立法活动，坚持中国共产党的领导，是立法的性质所决定的。坚持党的领导，就是以党的政策指导地方立法，将党的主张与实现人民利益和国家发展紧密地结合起来，通过聚

① 张文显：《法理学》，高等教育出版社 2011 年版，第 42 页。

合和凝练国家意志来实现党的领导力。[①] 地方立法要自觉做到在立法政策导向、价值取向、制度设计中以党的主张为根本遵循，自觉并善于将党的基本路线、基本方略、具体政策和地方党委的重大决策部署转化为国家意志，为党实现对各项事业的全面领导提供坚实的法制保障。坚持党的领导，是党对地方立法全过程的领导。立法工程是一个复杂的系统工程，重大制度改革、关键立法决策，都体现为政治上的决断，都必须坚持在党的领导下进行，使立法工作全过程保持正确的政治方向。

中共中央已制定下发《关于加强党领导立法工作的意见》，地方党委应认真研究地方立法的特点和规律，制定相关意见及工作规范，用系统的制度安排来保障党对地方立法工作的全面领导。一是科学编制立法规划和年度立法计划。五年立法规划要充分反映党委对立法供给的需求，党委要对五年立法规划实施步骤、重点提出要求；党委要研究审定五年立法规划和年度立法计划，确保党委对立法进程的及时掌控和对立法资源的充分配置。二是根据党委建议及时开展专项立法。党委提出立法建议，既是党加强对立法工作领导的重要内容，又是党依法执政、有效管理经济社会事务的有力手段。要善于使党委的主张和重大决策部署通过法定程序成为法规，成为全社会一体遵循的行为规范和活动准则。三是健全及时解决立法中重大问题的运行机制。立法中的重大原则问题、重大政策调整、重大立法争议以及社会关注度高的重要问题等，都要按规范程序在党委的领导下进行决断。

（二）建立立法与改革的有效衔接机制

改革是变，立法是定。“变”的归宿是“定”，而“定”的过程也是为了更高质量的“变”。长期以来，立法的重要功能是确认改革成果，即将实践检验成熟、可以普遍适用的改革经验和成果予以确认，并通过立法巩固和推动改革。包括地方立法在内，立法本质上对社会变革和发

① 齐卫平：《法治思维与执政党建设关系思考》，《中共中央党校学报》2015 年第 3 期。

展还具有显著的引领和推动作用，表现为明确发展取向和基本要求、规定促进和激励机制、明确权利和义务以及体制机制创新等方面①，这就要求积极探索改革决策和立法决策协调同步在立法理论和实践层面上的难题，将地方立法与地方改革有机衔接、同频共振，运用“变”和“定”的辩证法，更好地引领和推动地方改革与发展。这就意味着立法功能不仅注重总结实践、提炼经验，还要重视引领性、增强前瞻性，对社会现实和改革进程进行主动谋划、前瞻规范和有序推进。②

推动立法与改革的有效衔接，一要推动改革于法有据。开启地方改革进程，地方立法赋予其合法地位；推动地方改革进程，地方立法提供其法定程序，使改革纳入“先立后破，有序进行”的法制化轨道。改革于法有据，是依法治国基本国策的必然要求，也为深化改革提供有力法治保障。二要实现立法与改革有序互动。许多重大的改革进程，应当同时也是重要的立法过程，而所有的立法本身就是一种制度的改革与创新。一方面，党委作出的改革决策与现行法规不一致的，要通过修法，适应改革的需要；另一方面，通过法规制定的程序和条文规范的要求等立法过程，进一步完善改革的决策和方案，提高改革的成效。三要立法为改革决策预留空间。有些领域的改革是一个较长的过程，有些方面的改革方案并未成熟，相关的制度设计和具体条款规定应当原则一些，既推动当前的改革，又为今后改革预留空间。

（三）完善人大主导地方立法的体制机制

党的十八届四中全会《中共中央关于全面推进依法治国若干重大问题的决定》提出健全有立法权的人大主导立法工作的体制机制，十九届四中全会《决定》提出完善党委领导、人大主导、政府依托、各方参与的立法工作格局。立法权是宪法和有关法律赋予地方人大及其

① 王腊生：《习近平新时代中国特色社会主义思想指导下的立法工作思考》，《法治现代化研究》2018 年第 1 期。

② 梁鹰：《发挥立法的引领和推动作用——新的历史条件下我国立法工作的重要指导方针》，《法治社会》2016 年第 1 期。

常委会的法定职权，地方立法中发挥人大主导作用，首先是坚持完善人民代表大会制度的必然要求。人民代表大会制度是人民当家作主的重要途径和最高实现形式，发挥人大在立法工作中的主导作用，实现党的领导、人民当家作主、依法治国有机统一。其次，也是破除部门利益法制化的迫切需要。强调人大及其常委会在立法中的主导作用，其中有一个重要考虑就是防止立法中部门保护、部门利益法制化，防止立法中争权诿责①，避免立法久拖不决或关键条款缺失，提高立法质量和效率。

完善人大在立法中发挥主导作用的体制机制，需要抓住以下关键环节。一是在法规制定的源头发挥主导作用。完善立法项目征集和论证制度，注重前瞻研究，加强顶层设计；拓宽立法项目来源渠道，强化人大代表、社会公众和专家学者在立法项目论证中的作用；规范立法项目确定程序。完善立法规划计划实施制度，明确立法规划正式项目的提案主体、牵头起草单位、分工联系的人大专门委员会或者常委会工作机构，强化立法规划计划实施的约束力；对立法规划实施情况进行定期评估，适时作出调整优化，探索立法项目年度滚动推进机制。二是在法规起草阶段发挥主导作用。加大人大自主起草工作力度，对综合性、全局性、基础性的重要法规草案要做到由人大专门委员会、常委会工作机构组织起草。完善法规起草提前介入机制，对于由政府组织起草的法规草案，人大相关专门委员会或者人大常委会工作机构要做到提前介入，通过多种形式参与研究确定法规起草的思路方向、总体框架和重要制度设计等。同时，推动、指导政府及其部门切实履行好立法各环节中的相关职责，形成工作合力，共同做好立法工作。三是在法规审议阶段发挥主导作用。完善人大法制委员会、人大常委会、人代会审议的议事规则，坚持审次安排及审议进度服从立法质量的要求，对审议方式、议决

① 乔晓阳：《在新的起点上加强地方立法工作》，《地方立法研究》2016 年第 1 期。

方式等作出科学规范；要有更多的立法议案提交人民代表大会审议通过。完善法规重大问题论证制度，对于法规中的重大问题，由人大方面组织召开评估论证会，对法规实施后的社会效果和可能出现的问题，预先进行评估和论证。

（四）改进科学民主依法立法工作机制

党的十九届四中全会《决定》强调完善坚持科学立法、民主立法、依法立法工作机制，体现了科学民主依法立法在提高立法质量中的重要地位。坚持科学立法，就是要立足地方实际、把握客观规律，科学合理地规定公民、法人和其他组织的权利和义务、国家机关的权力和责任，确保立法符合经济社会发展要求。坚持民主立法，就是要开门立法，让人民群众深度参与立法活动，使立法最大程度上集中人民智慧、体现人民意志。坚持依法立法，就是要在法定权限和程序内立法，解决越权立法、重复立法等立法冲突问题。

科学民主依法立法的体制机制涉及地方立法工作的全过程和各方面，当前和今后一段时间，应着力把握以下重点。一是完善立法调查研究的长效机制。地方立法既要体现前瞻性，更要坚持从实际出发，把握客观事实、夯实民意基础是立法的本质要求。要在综合运用座谈会、听证会、论证会、实地考察、问卷调查等多种调查研究方式上形成规范和长效机制，提高调查研究的广泛性、代表性和真实性，努力使利益的平衡建立在客观规律要求和坚实的民意基础之上。二是完善基层立法联系点制度。基层立法联系点既是基层群众和社会组织直接参与立法活动的重要载体，又是立法机关深入基层了解群众和社会组织意见的经常性平台，是中国立法实践的有益探索。要合理设置、规范建设基层立法联系点，将听取立法联系点意见建议作为地方立法工作的一个必经程序，推动地方立法的公众参与。三是强化重要制度设计的研究论证。法律规范是一个历经多方博弈所形成的博弈均衡，立法过程理应公开透明，让各方面意见充分表达。实行重大利益调整论证咨询机制，对法规制定过程中涉及的重大利益调整问题，采取论证会、听证会、委托研究、咨询等形式开展论证咨询工作，更好地发挥立法机关在表达、平衡、调整社会利益方面的重要作用。实行争议较大的重要立法事项引入第三方评估机制，对法规制定过程中争议较大的重要立法事项，委托第三方进行评估，充分发挥社会力量在立法中的积极作用，及时妥善解决和处理争议较大的重要立法事项。四是完善立法决策支持和辅助系统。积极探索强化立法研究评估与咨询服务工作，鼓励相关高等院校和研究机构开展立法项目研究、评估、论证等工作。探索大数据在立法中的应用，以科技手段辅助地方立法决策。

（五）强化地方立法实施机制

法律法规的生命力在于实施，法律法规的权威也在于实施。党的十九届四中全会《决定》要求健全权威高效的制度执行机制，这对包括地方性法规在内的法律实施提出了新要求。当前，地方立法实施存在重立法、轻执法的现象，地方立法在司法中适用较少、权威性不够，社会公众尊崇地方立法的观念尚未全面形成。

完善立法实施机制应突出以下重点。一是强化主管机关实施责任。要明确主管机关须在规定期限内作出法规具体配套规定，打通法规实施最后一公里；要明确主管机关须在规定期限内就法规实施情况向人大常委会作出书面报告，强化法规实施监督。二是完善立法后评估制度。对于重要的法规应当及时开展立法后评估，对法规施行的效果进行全面调查、分析、评价，并根据评估情况及时对法规作出修改和完善。三是加强监督工作推动法规实施。强化执法检查机制，把影响法律法规实施、群众反映强烈的问题找准找具体，并推动解决；通过听取审议工作报告、进行专题询问等多种形式，把法规制度的刚性约束作用发挥出来。四是总结法规实施情况改进立法工作。立法本身存在的缺憾无疑是有法不依现象的重要因素之一①，通过对法规实施状况

① 石泰峰：《社会需求与立法发展——兼析有法不依的立法原因》，《中国法学》1991 年第 1 期。

进行总结反思，能够促使立法机关准确掌握法规本身存在的问题和不足，继而通过修改法规完善制度设计。

（六）落实维护法制统一机制

维护法制统一，是完善中国特色社会主义法律体系的内在要求。立法要自觉贯彻合法性要求，严守法制统一底线，在服务地方治理中，保证中央决策和法律规定的贯彻落实，绝不能将地方立法作为固化、扩充本地区权力、推行地方保护主义的工具。

维护法制统一，要注重在三个方面形成有效机制。一是坚持“不抵触”原则。“不抵触”是地方立法从属性的必然要求，是地方立法首要、第一位的原则和必须遵循的“底线”。坚持“不抵触”原则，要在法定权限内立法，不得侵犯法律的专属立法事项；要确保地方立法不与宪法、法律、行政法规的原则精神和具体规定相抵触；要做到立法程序合法。二是做到“立改废释”并举。伴随着改革走向深入，法律、行政法规的变动较大，地方立法应当紧跟上位法步伐，及时作出调整。要综合采用“立改废释”手段，确保地方立法与上位法相衔接、相协调，始终保持法律体系内部和谐统一，从而保障和提高地方治理效能。三是加强备案审查工作。对有关规范性文件开展备案审查，对于保障宪法法律实施、维护国家法制统一有十分重要的意义。要落实“有件必备”工作目标，实现备案全覆盖；要强化审查处理，坚决纠正和撤销一切违宪违法的规范性文件；要完善备案审查制度，进一步明确备案范围和审查标准，规范审查程序，强化制度刚性，健全工作机制。

（原载于《江海学刊》2020 年第 5 期）

院庭长办案与员额制改革

李　浩*

问题的提出

在法官员额制改革过程中，院庭长是否应当入额①，是否应当全部或者绝大多数入额这一无法回避的问题便浮现出来。

实行员额制意味着能够进入员额的法官的人数要大大少于现有法官的人数②，其结果必然是有相当数量的法官入不了额，而在法院中，由于领导职数多、部门多，院庭长在一个法院中人数会比较多，占全院法官一定的比例。于是，在员额给定且较少的情况下，就势必出现院庭长与普通法官争抢员额指标的问题，即一个法院的院庭长进入员额的人数越多，普通法官能够进入员额的人数就越少。

院庭长入额之所以在员额制改革中成为问题的另一个方面的原因

* 作者简介：李浩，1951年生，南京师范大学法学院教授、博士生导师，南京师范大学中国法治现代化研究院研究员。

① 本文之所以只讨论法院的院长、庭长，而未把副庭长作为研究对象，是由于在我国的法院中，副庭长虽然也是法院的中层领导，但副庭长在法院中也是办案的主力，尤其是在中、基层法院，所以，在员额制改革中，副庭长入额和入额后办案是顺理成章的，不会成为问题。

② 中央政法委确定的比例是入额法官的总人数为法院内现有的中央政法编制人数的39%。

在于，在实行此项改革之前，我国的院庭长是不办案或者基本不办案的。法院的院庭长大多数是从书记员、助理审判员、审判员逐步成长起来的，然而，尽管他们在成为院庭长之前，有长期的审判经验，在业务方面是出类拔萃者，但一旦提拔为院庭长后，就成为法院的管理者，成为普通法官的领导者。以庭长为例，其主要的工作职责是对本庭的审判事务进行管理和监督，具体而言是通过将属于本庭的案件分配给庭里的各位法官，审核、签发本庭法官的裁判文书等方式进行管理。① 院庭长不办案与我国法院长期以来实行的行政化管理有极大的关系，在原本最需要由法官依法独立审判的法院，变成了由院长领导副院长、副院长领导分管的业务庭的庭长、庭长领导副庭长、副庭长领导法官从事案件的审理工作。②

此外，中国社会转型以来法院受理案件的数量基本上处于不断增长的态势，近年来这种增长的趋势更为明显。③ 实行员额制的必然结果是与进行这项改革之前相比，进入员额的法官人数要比原来有法官职称的人数少甚至少得多。④ 在此背景下，人们很自然地会担心进行员额制改革后，如果院庭长纷纷入额，在入额人员中占较大的比例，且入额后的院庭长依然只承担管理工作或者把主要时间和精力用于管理工作，不办案或只是象征性地审理数量很少的案件，而法院的一些原先在一线办案的法官、助理审判员却因为员额比例的限制、资历尚浅等原因无从入额，法院面临的案多人少的矛盾就会更为尖锐和突出。

---

① 在实行随机分案为主后，这项权力的行使仅限于少量需要对随机分案的结果进行调整的案件。

② 党的十八大以来的新一轮司法改革，是历次司法改革中力度最大的。这轮司法改革的重点和亮点之一就是去行政化，明确提出要实行司法责任制，让审理者裁判、让裁判者负责。

③ 2016 年全国法院受理案件数达到了创纪录的 2300 余万件。据最高人民法院审判管理办公室提供的数据，2017 年上半年全国法院共受理案件 1458.6 万件，与 2016 年上半年相比，全国法院受理案件数量上升 11.29%。参见乔文心《最高法院发布今年上半年审判执行数据，全国法院受理案件数突破 1400 万》，《人民法院报》2017 年 8 月 1 日。

④ 据权威部门公布的数据，入额前，全国法院有法官职称的人数接近 20 万，实行员额制改革后，入额法官人数为 12 万左右。不过考虑到原有的 20 万名法官有一部分并不在审判岗位，员额制改革后实际办案人数与原先相比差距不会那么大。

同时，员额制改革的公平性也会受到法院内外的质疑。[①]

入额的正当性与对办案的担忧

尽管院庭长入额势必会占员额的指标，但院庭长入额又是具有正当性的。

首先，我国法院的院庭长大多数是从书记员、助理审判员、审判员逐步成长起来的，是因为在工作中业绩突出，才被选拔为院庭长的，也就是说，他们在担任院庭长之前，曾长期从事审判工作，是具有熟练的审判技能和丰富的审判经验的法官。即使是那些担任院庭长的时间已久、对办案已经陌生的院庭长，经过一段时间的适应期，办案也不会成为问题。进一步说，我国法院中的院庭长，大多数曾是经验丰富的法官，让这些经验丰富的院庭长回归审判席，正是员额制改革的初衷之一。

其次，如果院庭长不入额，就无法承担审判委员会委员的职责。根据我国法院组织法的规定，各级法院都设有审判委员会。审判委员会是法院内的领导机构。审判委员会的任务是总结审判经验，讨论重大的或者疑难的案件和其他有关审判工作的问题。[②] 我国法院的审判委员会委员，一般是由院长，分管审判、执行业务的副院长，审判庭的庭长组成。如果院庭长不入额，连员额法官都不是，凭什么再担任审判委员会的委员呢?

再次，如果院庭长不入额，也不利于员额制改革的顺利进行。员额制改革牵扯法院中多数人的利益关系，被认为是一场动法院审判人员“奶酪”的改革，是最复杂、最困难、最艰巨的改革。院庭长是法

① 员额制改革有多重目标，但其直接目标是要把优质的审判资源配置于审判一线，从而提高司法的公正性、权威性和效率。

② 参见《人民法院组织法》第10条。

院中的领导人员，尽管包括员额制在内的本轮司法改革，是在中央政法委、最高人民法院的规划、部署和强力推动下进行的，但具体领导本院员额制改革的，是各个法院的院庭长（主要是院一级领导）。入额对于原来具有审判员职称的人、对于从事审判工作多年因而有希望入额的助理审判员来说，既关乎其名誉，又关乎其经济利益。① 如果院庭长不入额，员额制改革就会成为一项减损院庭长利益的改革，当这一改革真的动了院庭长的“奶酪”，对他们的利益造成重大损害，院庭长们还会真心实意地拥护改革、积极地推进改革吗？

所以，真正的问题不在于院庭长该不该入额，而在于入额后能否真正履行一名员额法官的职责，也就是入额后办不办案、办多少案件？是形式上办案，还是实质性地办案？

此外，对院庭长入额后办案方面的疑虑、担忧绝非杞人忧天。首先，院庭长是否愿意办案。虽然院庭长们普遍认为担任领导职务后，对法院内包括审判工作的各项工作进行管理，参加法院外部和内部的各种会议，也是相当重要的工作，比起原来在庭里审理案件，自己的责任更大、负担更重，工作也更辛苦。但在普通法官看来，审理和裁判案件才是法院中最辛苦的工作。尤其是在案多人少的法院，在审限内审结案件的要求给法官们带来了巨大的压力，法官们常常需要加班加点才能完成办案任务。在外界看来，与办案相比，院庭长们从事的领导、管理工作要相对轻松，否则很难解释一些普通法官希望努力办案成为院庭长后，从此脱离办案的“苦海”，也很难解释入额后的部分院庭长依然采取种种方法规避办案。院庭长入额后，如果他们并不愿意办案，或者说他们利用院庭长的身份和权力规避实质性办案，又如何是好呢？毕竟，院庭长是法院中的领导者，如果院庭长不自觉办

① 员额制改革是建立在对司法人员进行分类管理的前提下的，即把法院内司法人员区分为司法审判人员、司法辅助人员、司法管理人员，虽然在改革中，三类人员的工资待遇都会有所增加，但员额法官增加得最多。

案，普通法官又如何能够对他们进行有效的监督？

其次，院庭长（尤其是院长、副院长）入额后有时间办案吗？我国的法院院长既是政治家，又是管理家、法律家，在员额制改革前，院长坐在审判席上是十分罕见的。副院长、专委要分管法院内的审判工作和党务、行政工作，大部分时间用于各种各样的会议，既要参加院外党政机关、社会团体召开的会议，又要参加上级法院召开的各种会议，还要参加本院安排的各种会议。庭长也把相当多的时间用于开会。可以说，参加各种会议已成为院庭长们的日常工作，占用了大量的工作时间。院庭长入额后，如果依然要参加各种各样的会议，他们又怎么可能有充分的时间办案呢？

针对员额制改革中的这一疑虑和担心，时任中央政法委书记孟建柱同志在一次讲话中强调："如果领导干部入员额又不办案，或者少办案、挂名办案，一线法官、检察官就会不服气，我们做思想工作也就没有底气。"①

院庭长入额的状况

在员额制改革中，各地法院的院庭长入额情况有所不同。如第一批进行员额制改革试点的青海省，试点方案规定在首批入额中，所有院领导暂缓入额，待全省法院员额制改革全面推开后，依照统一的标准和要求选任入额。② 也有一些法院在改革试点中未规定院级领导暂缓入额。不少法院的院一级领导几乎全部入额，不仅院长，分管审判、执行业务的副院长，专职审判委员会委员全部入额，连政治部主任、纪检组长也都入额。从庭长这一级来说，不仅各业务庭的庭长都入了

① 转引自叶竹盛《法官员额制：寻找可复制的经验》，《南风窗》2015 年第 14 期。

② 有关资料显示，该省法院担任院级领导的法官共 177 人，员额制改革后入额人数为 167 人，占院级领导的 94.3%，占入额法官总数的 19.1%。

额，而且一些综合部门（如研究室、审管办）的庭长级的领导也都入了额。甚至连与审判活动无关的行政部门的负责人（如宣传处、老干部处）也都入了额。[①]

然而，如果让非业务部门的中层或者院一级领导都入额，势必会大量挤占原本就相当紧张的员额指标，会造成那些在改革前一直在办案的普通法官反而不能入额，从而引起他们的强烈不满。所以，最高法院下发通知，明确规定纪检组长、政治部主任不得入额，已经进入员额的，除非辞去领导职务去审判部门工作，否则也要退出员额。

在承担中国法学会“法官员额制改革研究”这一课题时，笔者对J省三个市的两级法院的院庭长入额情况进行了调研，以下是调研获得的数据。

J省A市两级法院入额情况统计

法院层级	中央政法编制数	法官人数[②]	入额法官人数	入额法官比例	院领导人数[③]	院领导入额数	院领导入额比例	庭长人数	庭长入额数	庭长入额比例	院庭长占入额比例[④]
中级法院	285	147	114	77.55%	6	6	100%	10	10	100.00%	14.04%
10个基层法院	1494	822	634	77.13%	56	52	92.86%	116	114	98.28%	26.81%

J省B市两级法院入额情况统计

法院层级	中央政法编制数	法官人数	入额法官人数	入额法官比例	院领导人数	院领导入额数	院领导入额比例	庭长人数	庭长入额数	庭长入额比例	院庭长占入额比例
中级法院	276	156	108	69.23%	7	6	85.71%	11	10	90.91%	14.81%
7个基层法院	1160	616	431	69.97%	46	44	95.65%	93	93	100.00%	31.79%

① 非审判业务部门的庭长级领导的情况也多种多样，有些一直就是法院里的行政管理人员，从未在审判、执行部门工作过，但也有一些原先在业务部门工作，甚至在实行员额制改革前不久，才从审判一线调往司法行政部门或者司法辅助部门。对于后者来说，并不缺少审判技能和审判经验。

② 指具有法官资格的人数，即指审判员、助理审判员的人数。

③ 包括院长、副院长、审判委员会专职委员。

④ 指院庭长入额总人数占包括院庭长在内的入额法官总人数的比例。

J 省 C 市两级法院入额情况统计

法院层级	中央政法编制数	法官人数	入额法官人数	入额法官比例	院领导人数	院领导入额数	院领导入额比例	庭长人数	庭长入额数	庭长入额比例	院庭长占入额比例
中级法院	244	147	96	65.31%	7	7	100.00%	14	14	100.00%	21.88%
7 个基层法院	865	490	334	68.16%	41	41	100.00%	68	67	98.53%	32.34%

从上述三个市两级法院法官入额的情况看，A 市中院和 C 市中院的院领导、庭长入额率均为 100%，B 市中院院领导入额率为 85.71%，庭长入额率为 90.91%。A 市 10 个基层法院院领导的入额率为 92.86%，庭长入额率为 98.28%；B 市 7 个基层法院院领导的入额率为 95.65%，庭长入额率为 100%；C 市 7 个基层法院院领导入额率为 100%，庭长入额率为 98.53%。上述三个市两级法院的院庭长入额率虽然存在差异，但总体而言比例都是相当高的。就院庭长入额占全体入额法官的比例而言，由于中级法院入额法官的总人数多于基层法院，基数比较大，所以中级法院院庭长入额数占全体法官入额总人数的比例相对较低，基层法院则由于入额总人数少，基数比较小，院庭长占的比例较高。

虽然这只是通过调研获得的三个市的法院的信息，但据笔者了解的情况，在本次员额制改革中，固然有个别院庭长因这样或者那样的原因未申请入额，但绝大多数院庭长最终选择了入额，院庭长在入额法官中占相当的比例是不争的事实。

上述数据印证了本文第二部分的结论，即在案件数量逐年上升，而入额的法官人数比原有法官数明显减少的情况下，如果入了额的院庭长再不办案，案多人少的压力和矛盾就会进一步加剧，不担任领导职务的入额法官就需要比员额制改革前办更多案件。

院庭长办案的情况

（一）中央政法委和最高人民法院的要求

针对员额制改革中存在的问题，中央政法委于 2017 年 3 月印发了

《关于严格执行法官、检察官遴选标准和程序的通知》（以下简称《通知》）[①]，根据这一《通知》，最高人民法院于2017年4月下发了《关于加强各级人民法院院庭长办理案件工作的意见（试行）》（以下称《院庭长办案意见》）。《院庭长办案意见》是针对实行员额制改革后，一些地方出现的院庭长虽然入了额，但很少办案或只是名义上、形式上办案或者专挑简单的、容易办的案件办的新问题下发的，旨在禁止入额后不办案、委托办案、挂名办案，该《意见》明确规定不得以听取汇报、书面审查、审批案件等方式代替办案。

为了规范和督促院庭长办案，首先，《院庭长办案意见》对所办案件的性质、类型提出明确的要求。即“各级人民法院院庭长应当根据分管的审判工作，结合专业背景和个人专长办理案件，重点审理重大、疑难、复杂、新类型和在法律适用方面具有普遍指导意义的案件”（第二条）。[②] 作出上述规定的缘由在于以下几点。

第一，院庭长在担任领导职务前，一般都担任过法官、办过案，并且是由于工作出色才走上领导岗位的，这是院庭长应当入额的最有力的理由。既然院庭长们有丰富的审判经验、业务能力强，入额后所办的案件当然也就应当与普通法官有所区别。

第二，即使实行了员额制改革，院庭长依然是法院中的领导，在实行随机分案为主、指定分案为辅的分案机制下，院庭长有可能利用其地位、权力把一些简单的、容易办的案件留给自己。负责分案的人也可能为了照顾院庭长，刻意把一些好办的案件分给他们。

第三，相对于不担任领导职务的法官，院庭长们的办案数量要少，尤其是院长、副院长要比普通法官少得多。在办案数量本来就少的情况下，再去办简单、容易的案件，在法院内很难服众。

① 参见何帆《严格遴选程序，为司法责任制改革夯实基础》，《人民法院报》2017年5月19日。

② 相对于一般案件而言，这些案件都属于难办的案件。

其次，《院庭长办案意见》还对基层人民法院和中级人民法院院庭长办案的数量提出要求。基层、中级人民法院的庭长每年办案量应当达到本部门法官平均办案量的50%—70%；基层人民法院院长办案量应当达到本院法官平均办案量的5%—10%，其他入额院领导应当达到本院法官平均办案量的30%—40%；中级人民法院院长办案量应当达到本院法官平均办案量的5%，其他入额院领导应当达到本院法官平均办案量的20%—30%。高级人民法院和最高人民法院院庭长办案数量的最低标准，分别由高级人民法院和最高人民法院规定。

《院庭长办案意见》还加大对院庭长办案直播的力度，院庭长办案应当接受监督，上级法院应当对院庭长办案开展督查等作出规定。应当说，该《意见》是充分考虑和平衡了各方面的因素而制定的。《意见》对院庭长办案的要求可谓全面、明确、具体、细致。

（二）院庭长办案的情况

员额制改革后，多数法院的院庭长入额后能够按照要求积极主动地回归法官角色，作为审判长甚至作为承办人审理案件，所办的案件也是那些重要的、难办的。2017年11月1日，最高人民法院院长周强在向全国人大常委会作法院司法体制改革的报告中称：各级法院坚持“入额必办案”，建立院、庭长办案刚性约束和监督保障机制。2017年1—9月，全国法院院、庭长人均办案量同比增长32.3%。[①] 但不可否认的是，也确有部分院庭长依然习惯于法院领导的角色，把办案看作普通法官的事，不乐意、不情愿办案，即使办也不是真正从事案件的审理和裁判文书的写作，而是在别人写好的裁判文书上签上自己的名字。存在的主要问题如下。

1. 非实质性办案

由于最高法院对中、基层法院的院庭长办案的数量有明确要求，

① 周强：《最高人民法院关于人民法院全面深化司法改革情况的报告》，《人民法院报》2017年11月2日。

所以一般而言，院庭长们会按照要求完成规定的办案数量，有的甚至会超过规定的数量，因而如果仅从办案数量看，入额后院庭长办案并不存在问题，达到了改革的预期。

然而，一些法院的法官对此问题并不那么乐观，在他们看来，一些案件虽然归在院庭长名下，但真正的审理者、裁判者并不是在裁判文书上签名的院庭长，而是合议庭的其他法官或者是法官助理。也就是说，尽管中央政法委、最高法院三令五申要求院庭长办案，但在一些法院依然存在部分院庭长有办案之名而无办案之实的问题。

2. 办简单案件

尽管《院庭长办案意见》明确要求院庭长重点审理重大、疑难、复杂、新类型和在法律适用方面具有普遍指导意义的案件，但有的院庭长还是专挑简单、容易的案件办，如果随机分案分到的是疑难、复杂等难办的案件，他们就会想方设法地将其调整为交通肇事、物业费纠纷等容易办的案件。

（三）非实质性办案解析

要说明为什么会出现院庭长非实质性办案，或者要解释非实质性办案为什么行得通，就需要对司法实务中办案的形式做具体分析，就需要界分哪些是法官应当承担的工作，哪些是法官助理应当承担的工作。

院庭长办案，有三种不同的形式。第一种是参加合议庭，仅作为合议庭的成员和审判长；第二种同样是参加合议庭，但既担任审判长又是承办人；第三种是作为独任制法庭的法官办案。

院庭长办案的通常情况是参加合议庭办理案件，这不仅是由于中级和中级以上法院审理的第一审案件原本就没有采用独任制的简单的案件，而且即使是基层人民法院的院庭长，如果他们按照要求办那些难办的案件，也要采用合议制的方式进行审理。按照诉讼法关于审判组织的规定，合议庭的审判长由院长或者庭长指定审判员一人担任，院长或者庭长参加审判的，由院长或者庭长担任审判长。[①] 也就是说，院庭长只要是参加合议庭审理案件，就一定是作为审判长。

对于审判长的职责，最高人民法院在《关于完善人民法院司法责任制的若干意见》（以下称《司法责任制意见》）的“明确司法人员的职责与权限”部分中专门作出了规定，即合议庭审理案件时，审判长除承担由合议庭成员共同承担的审判职责外，还应当履行以下审判职责：（1）确定案件审理方案、庭审提纲、协调合议庭成员庭审分工以及指导做好其他必要的庭审准备工作；（2）主持、指挥庭审活动；（3）主持合议庭评议；（4）依照有关规定和程序将合议庭处理意见分歧较大的案件提交专业法官会议讨论，或者按程序建议将案件提交审判委员会讨论决定；（5）依法行使其他审判权力。就上述具体规定的四个方面的审判长的职责而言，除了确定案件审理方案、庭审提纲具有实质性内容之外，其他都是一些程序性的事项。因此，当院庭长作为审判长参加合议庭审理案件，是否实质性办案，主要看他们在开庭前是否由本人阅读、研究案件材料，并在此基础上拟定审理方案和审理提纲。如果在开庭前并未查看与研究案件材料，庭审方案和审理提纲是交给合议庭的其他成员或者法官助理完成的，自己在开庭时仅仅作为审判长履行一些程序性权力，在合议时也因为不熟悉案件只是附和合议庭其他成员的意见，那就很难称作实质性办案。[②]

当院庭长担任合议庭中的承办人（又称“承办法官”）时，情况又有所不同。承办人并不是一个法律上的概念，无论是在法院组织法还是在诉讼法中均找不到承办人这一概念，但在审判实务中，我国法院在合议庭中逐渐产生了承办人的做法。根据最高人民法院 2010 年发布的《关于进一步加强合议庭职责的若干规定》第 3 条为承办法官确

① 参见《刑事诉讼法》第 178 条，《民事诉讼法》第 41 条。

② 不过尽管如此，院庭长毕竟要坐在审判席上参与案件的审理，与以往根本不坐审判席，不参与合议庭、不做审判长相比，已经有了很大的进步。

定的职责，承办人的具体工作是：（1）主持或者指导审判辅助人员进行庭前调解、证据交换等庭前准备工作；（2）拟定庭审提纲，制作阅卷笔录；（3）协助审判长组织法庭审理活动；（4）在规定期限内及时制作审理报告；（5）案件需要提交审判委员会讨论的，受审判长指派向审判委员会汇报案件；（6）制作裁判文书提交合议庭审核；（7）办理有关审判的其他事项。①

不难看出，相对于合议庭的其他成员而言，承办人在对所承办的案件承担更多责任的同时也要付出更多的辛劳。也正是因为如此，最高人民法院在《院庭长办案意见》中提出各级人民法院庭长应当作为承办法官办理一定数量的案件。J省法院则根据合议庭成员承担工作量的大小，规定了不同的权重。各合议庭成员的工作量分别按审判长30%、主审法官50%、参审法官20%的比例分摊。主审法官同时担任审判长的，按照审判长（主审法官）、参审法官、参审法官60%、20%、20%的比例分摊。因此，如果院庭长不仅作为审判长而且作为承办法官参与案件的审理，他们在合议庭中承担的工作就要多得多。院庭长在担任承办人时，如果把作为承办人应当承担的工作交给合议庭成员或者法官助理来完成，那当然也属于非实质性办案。②

基层人民法院的院庭长办案还可能作为独任法官进行办案。当他们作为独任法官办案时，是否实质性办案就要看院庭长们是否真正履行了审判的核心职责。司法权是审判权，按照这一权力的属性，查阅与研究当事人提交的诉讼资料，开庭审理案件，通过庭审认定事实和适用法律作出裁判，撰写裁判文书便是司法权的核心功能。在我国未

① 如当事人、诉讼代理人如果在开庭前有程序性事项需要和法院联系，也由承办人负责接待和处理。

② 如对那些不需要开庭审理的二审案件，合议庭在经过阅卷、调查和询问当事人后可以直接作出裁判。当院庭长担任这类案件的承办人和审判长时，如果把阅卷、调查、询问当事人、写裁判文书的工作交给合议庭的其他法官或者他本人的助理来完成，就应当界定为非实质性办案。

引入法官助理之前，院庭长要是作为独任法官审理案件，不履行审判的这些核心职责的可能性比较小，因为在引入法官助理之前，独任审判是“一审一书”的模式，院庭长一般不太可能让书记员来调解案件、提出审理方案、写裁判文书。

但是，在引入法官助理这一制度后，问题变得复杂起来。由于法官与法官助理的职责并未得到清晰的界分，如何判断院庭长是否办案也就变得相当困难。比如调解、撰写裁判文书是否可以由助理来做？如果记在院庭长名下的案件，但却是由助理调解结案的，① 这样的案件是否应当算作院庭长办理的案件？

撰写裁判文书的问题更为复杂。对于撰写裁判文书，实践中至少存在以下三种模式。第一种完全由院庭长自己写，助理只是帮助做一些准备工作，如检索上级法院同类案件的判决，整理双方当事人的诉辩意见、双方律师的代理意见，查找拟适用于本案的法律与司法解释，校对裁判文书等，但裁判文书依然是由法官本人撰写。第二种是院庭长在向助理口述判决结果、裁判思路后，由助理来起草判决书，然后由法官审阅、修改后签发。② 第二种方式也是允许的，在最高人民法院发布的《司法责任制意见》中，专门对司法人员的责任和权限作出过规定，就裁判文书而言，独任法官既可以自己制作裁判文书，也可以指导法官助理起草裁判文书然后由自己直接签发。③ 第三种则是几乎完全把制作裁判文书的工作交给助理来完成，院庭长只是在已经制

---

① 对可否由法官助理进行调解，理论界有不同认识，有观点认为，调解毕竟不是审理和判决，所以法官可以交给助理调解，但也有观点认为调解也是审判活动，应当由法官来调解。《司法责任制意见》第16条第1款、第19条第2款对此作出了灵活的规定，据此规定，法官可以自己主持庭前调解，也可以指导法官助理做此项工作。问题在于当由法官助理进行调解时，法官是否真的对其进行了指导难以判断。

② 这种方式，与高校教师与研究生合作写论文相似，老师提出论文的选题、拟出提纲，论文的初稿则由研究生完成，然后由导师本人修改或者导师提出修改意见后由研究生修改。所不同的是，判决书上只能由法官签名，论文则是可以由导师和研究生共同署名发表。此外，指导有很大的弹性，可以多指导，也可以少指导，可以作实质性指导，也可以仅在形式上进行指导。

③ 参见《司法责任制的若干意见》第15条。

作好的裁判文书上签字。[①] 这实际上是作为法官的院庭长把制作裁判文书的工作转嫁给助理的同时，把裁判权一并让渡给助理，助理成为实质上的法官，法官仅空有其名而已。这便是典型的“挂名办案”。虽然在理论上可以把第二种方式界定为实质性办案，把第三种方式界定为非实质性办案，但由于院庭长与助理之间的关系具有高度的内部性，外界很难获得院庭长究竟采用的是哪一种方式的信息。助理虽然最清楚院庭长是否实质性地进行了指导工作，但鉴于助理与院庭长之间的特殊关系，他们不太可能向外界披露这方面的信息。

院庭长为什么不办案

入额的院庭长不实质性办案，不按照规定承办难办的案件，究其原因也相当复杂。大致可以归纳为以下几种情况。

第一，因能力和水平而无法胜任办案。我国法院的院庭长虽然多数担任过书记员、审判员，有办案能力和办案经验，但也不尽然。也有个别或少数之前并未审理过案件。未系统接受过法学专业的教育、不具备法律专业知识的院长也不是没有。

第二，因时间所限而无法办案。在改革前，我国法院的院庭长（尤其是法院的院一级领导）把相当多的工作时间用于参加各种各样的会议，这些会议既有法院外部召开的，也有上级法院召开的，还有本院安排的。众多的会议占用了院庭长大量的工作时间，导致他们对办案有心无力。

第三，因不习惯而不积极办案。古人云“由俭入奢易，由奢入俭难”，院庭长办案也是如此。普通法官升任院庭长后，不再办案，而是领导、监督普通法官办案，参加各种会议，在会议上发表讲话，这

① 这种方式与高校个别导师在研究生撰写的论文上署上自己的姓名或与研究生共同署名后拿去发表有很大的相似性。

样的角色转换是比较容易适应的，更何况有的年轻法官努力办案的目的原本就是升任院庭长后脱离办案的“苦海”。但是，长期担任院庭长后，突然又要像普通法官那样去审理案件，这样的角色回转要适应起来却并非易事。

落实院庭长办案的若干建议

第一，重点抓好院长办案。在我国法院，院长既是行政负责人，又是党组书记，可谓位高权重，对整个法院工作有极大的影响力。院长对某项工作是否重视，直接关系到该项工作完成的质量。对于院庭长办案来说也是如此，如果院长本人能够严格按照中央政法委和最高人民法院的要求，完成甚至超额完成规定的办案数量，并且是按照要求办那些难办的案件，院长在全院就能够起到良好的带头作用、示范作用，副院长、庭长们就会向院长学习，按照规定去办理案件，院庭长办案问题就会比较容易得到解决。相反，如果院长自己不带头办案，不完成办案任务，在对副院长、庭长提出这方面要求时就没有底气，甚至不好意思对他们提出要求。

第二，采取切实有效的措施为院庭长减负。入额的院庭长未能按照要求办案，也有他们的苦衷。这主要表现为由于司法去地方化的改革滞后，院庭长们依然要参加地方党委、政府召开的各种会议，开会挤占了院庭长办案的时间。对于这一问题，中央政法委早有察觉。2017 年 8 月 25 日，中共中央和国务院发布了《保护司法人员依法履行法定职责规定》，该《规定》第 3 条强调：“任何单位或者个人不得要求法官、检察官从事超出法定职责范围的事务。人民法院、人民检察院有权拒绝任何单位或者个人安排法官、检察官从事超出法定职责范围事务的要求。”地方党委、政府如能够严格按照这一规定办，要求法院领导参加的会议就会大为减少，院庭长也就能够有充分的时间来履行他们的审判职能。

第三，上级法院进行专项督察。院庭长办案仅仅靠本人自觉显然是不够的，法院内其他员额法官的监督也不足以解决此问题，实践证明，上级法院的监督也是解决此问题的必要途径。2017 年 4 月中旬至 5 月初，J 省高级人民法院组织全省法院对贯彻落实司法责任制改革情况及案件繁简分流工作进行了一次全面督察。督察采取分级督察方式进行，省高级人民法院对 13 个中级人民法院进行督察，并抽查各中院所辖 1—2 个基层人民法院情况；各市中级人民法院对所辖基层人民法院进行督察。对督察中发现的问题即时向有关法院进行反馈，并提出整改建议。

在 J 省法院开展的这次督察中，包括院庭长办案的内容。从督察情况看，全省各级法院院庭长办案的总体情况良好，2017 年 1—5 月，全省法院的院庭长已审理案件 403335 件，占全部审理案件数的 41. 17%。但在督察中也发现，一些法院院领导办案数量较少，院领导直接作为承办人主审案件的数量更少，个别院领导办案数量只有 1—2 件。另一方面，院庭长办理简单案件、系列案件、程序性审查案件现象在各地不同程度存在，还存在“凑数字”的现象，没有体现办理重大、疑难、复杂案件的示范引领作用。

第四，采取必要的惩戒措施。对那些长期未能完成办案任务的院庭长仅仅是批评、教育显然还不足以真正解决问题，只有辅之以一定的惩戒措施，才能真正引起他们的重视。东北某省的省高院在这个问题上动了真格，把完成规定的办案数量作为法官等级晋升的必要条件之一，对那些未能按照要求办案的院长，在等级晋升时不予批准。该省高院的这一做法，既赢得了普通法官的好评，又对那些未完成办案任务的院庭长起到了警醒作用。

对确实无法完成办案任务的院一级领导，也有必要采取让其退出员额的措施。采取此种措施之所以必要，是由于在入额的院领导中，确实也有个别原本既无法律方面的专业知识，也无办案的经历，也就是说由于先天不足未办过案件的。这样的院领导，并不符合入额的条件，但由于这样或者那样的原因也入了额。这样的院领导，显然无法按照规定完成办案任务，退出员额既有利于他们本人，也是对案件的当事人负责，同时也有利于法院的司法责任制、员额制改革，退出员额是有利于各方的最佳选择。

第五，通过法院内设机构改革，减少院庭长职数，增加普通员额法官的人数。党的十九大报告提出：“要深化司法体制综合配套改革”，对于法院来说，仅仅进行司法责任制、员额制改革显然是不够的，还不足以使司法改革达到预期的目标，也无法真正把员额制改革的正能量充分释放出来。法院内设机构的改革就是当下亟待进行的配套改革。

我国法院内设机构过多是司法体制改革必须直面的问题。以正在进行这一改革的成都中级人民法院为例，原来有25个内设机构，实行大部制改革后，这些机构并为9个部。在25个内设机构中，直接从事审判工作的有14个庭，实行大部制后，针对审判与执行，只设立7个部，分别为刑事、民事、商事、行政审判管理部，诉讼保障部、诉讼监督部、司法执行部。①

实行大部制后，庭这一行政架构被取消，相应的，庭长、副庭长这一职位在法院内部实际上也随之实际消亡。大部制的负责人由院一级领导担任，如四个审判业务部的部长分别由四位副院长兼任。② 原来的庭长、副庭长作为员额法官，分别进入审判团队，担任审判团队的主任法官、副主任法官，但主任法官、副主任法官已不再是一种行政职务。

我国法院的管理存在法院内部管理行政化、层级多、效率低的问题。实行大部制改革后，实际上取消了庭长、副庭长这个管理层级，

---

① 大部制一开始是我国行政机关推行的改革，后来我国法院、检察院的内设机构改革也采用了大部制改革的思路。

② 这四个大部相当于四个综合性审判庭。

变成了副院长直接管理大部，管理的层级减少了，管理的效率提高了。这一改革对于院庭长办案的意义在于，它使原来的庭长变成了员额法官，减少了法院领导的数额，增加了全职办案的员额法官的数额。[①] 当庭长这一职位在法院内部被取消时，庭长办案的问题也就釜底抽薪地得到了解决。

（原载于《江海学刊》2018 年第 5 期）

① 就法院的领导层构成而言，庭长的数量一般会比院长、副院长、专委的多，所以大部制改革，既精简了机构，也减少了法院内部领导的职数。

行政法诚信原则的基本要求与适用

杨登峰*

引　言

诚实信用作为一种道德规范，在我国自古就不仅是对“普通民众”的要求，也是对“国家公职人员”的要求。《论语》记载：“子贡问政。子曰：‘足食，足兵，民信之矣。’子贡曰：‘必不得已而去，于斯三者何先?’曰：‘去兵。’子贡曰：‘必不得已而去。于斯二者何先?’曰：‘去食。自古皆有死，民无信不立。’”（《论语・颜渊》12・7）这段话清楚地表明，民富国强不及取信于民重要。《论语》还记载：“子曰：上好礼，则民莫敢不敬；上好义，则民莫敢不服；上好信，则民莫敢不用情。夫如是，则四方之民襁负其子而至矣。”（《论语・子路》13・4）这句话则强调了政府诚信对于民心向背的重要性。此后，司马光也有类似深刻阐述。他说：“夫信者，人君之大宝也。国保于民，民保于信；非信无以使民，非民无以守国。”、“上不信下，下不信上，上下离心，以至于败。”（《资治通鉴》）除此之外，我国古人也深刻认识到政府诚信对推行改革的重要性。商鞅变法时辕门移木的故事即为

* 作者简介：杨登峰，1965 年生，南京师范大学法学院教授、博士生导师，南京师范大学中国法治现代化研究院研究员，江苏法治发展研究院研究员。

其例。正因为如此，诚实信用上升为法律原则后，不仅应为民法基本原则，更应为行政法基本原则。

实际上，在党中央和国务院制定的一些规范性文件中诚实信用已被确立为行政的一项原则。2004 年国务院制定的《全面推进依法行政实施纲要》（以下简称《纲要》）在论及依法行政的指导思想和目标时规定：“行政管理要做到公开、公平、公正、便民、高效、诚信。”其在论及依法行政的基本原则和基本要求时规定：“诚实守信。行政机关公布的信息应当全面、准确、真实。非因法定事由并经法定程序，行政机关不得撤销、变更已经生效的行政决定；因国家利益、公共利益或者其他法定事由需要撤回或者变更行政决定的，应当依照法定权限和程序进行，并对行政管理相对人因此而受到的财产损失依法予以补偿。”2014 年中共中央制定的《关于全面推进依法治国若干重大问题的决定》（以下简称《决定》）在论及“深入推进依法行政，加快建设法治政府”时再次强调：“各级政府必须坚持在党的领导下、在法治轨道上开展工作……加快建设职能科学、权责法定、执法严明、公开公正、廉洁高效、守法诚信的法治政府。”除了上述规范性文件之外，我国一些地方行政程序立法也将诚实信用确立为行政法的一项原则。例如，《汕头市行政程序规定》第一百零七条规定：“实施行政指导应当遵循平等、公开、诚实信用、及时灵活、自愿选择等原则。”《西安市行政程序规定》第九十四条规定：“行政机关签订和履行行政合同，应当严格遵行诚实信用原则、信赖保护原则。”《江苏省行政程序规定》第 84 条规定：“实施行政指导应当遵循平等、公开、诚实信用、及时灵活、自愿选择等原则。”

比较上述规定可以看出其差异性。首先，《纲要》与《决定》提出的诚信要求是针对所有“行政管理”的，而三部地方政府规章则是仅针对部分行政活动的。其中，《江苏省行政程序规定》和《汕头市行政程序规定》仅针对行政指导，《西安市行政程序规定》仅针对行政合同。其次，即便将诚实信用原则界定为针对所有行政管理的，对

“诚实信用”的具体要求也值得讨论。《纲要》提出的要求是：“行政机关公布的信息应当全面、准确、真实。非因法定事由并经法定程序，行政机关不得撤销、变更已经生效的行政决定；因国家利益、公共利益或者其他法定事由需要撤回或者变更行政决定的，应当依照法定权限和程序进行，并对行政管理相对人因此而受到的财产损失依法予以补偿。”也就是说，《纲要》所讲的诚信，主要包括“信息公开的全面、准确和真实”以及“信赖利益保护”两个方面的要求。然而，《西安市行政程序规定》则将诚实信用与信赖利益保护并列为两个不同的原则。

综上可见，将诚实信用原则确立为行政法基本原则之后，要将这一原则加以应用并落到实处，还必须确定这一原则的基本要求（即基本内涵）与适用范围。正因为如此，本文将围绕这两个问题加以讨论和研究，首先讨论诚实信用原则的基本要求或内涵。

“善意”“信任”与诚实信用

诚实信用原则作为行政法原则，从字面意义来解释，至少对行政机关提出了“诚实不欺”与“信守承诺”两项要求，这也是国内行政法学界对诚实信用原则之基本要求的共识。如周佑勇教授认为，诚实信用原则的“真诚”在行政管理活动中体现为“真实可靠”，“它要求行政机关在行政管理过程中，必须开诚布公、不说谎、不作假，确保所提供的信息全面、准确、真实”[①]。刘松山教授认为，诚实信用意味着，政府须忠诚地履行自己的诺言，须取得公众的信任，不可以说谎等。[②] 但是，这一原则对行政机关的要求是否仅止于此，有待讨论。之所以有待讨论，主要是东西文化对于诚实信用的理解存

---

① 周佑勇：《论政务诚信的法治化构建》，《江海学刊》2014 年第 1 期。

② 参见刘松山《论政府诚信》，《中国法学》2003 年第 3 期。

在一定差异。

据我国民法学者考证，诚实信用从道德原则发展为法律原则始自古罗马法，很大程度上是古罗马道德原则的法律化。在古罗马伦理文化中，与诚实信用紧密相关的是“善良家父”概念。这一概念意味着，每一个具有独立行为能力的人，都应当以公正善良之心待人处事，都应该勤谨劳作，与人为善，处他人之事如处自己之事，待人如待己。后来，在法律实践中，罗马裁判官基于“善良家父”之“善意”观念逐渐引申发展出诚实信用原则。正因为如此，古罗马法之诚实信用原则的内涵与“善意”有着紧密关联性，甚至成为诚实信用的首要要求，即“一个有为自己利用和收益之意图的人，也应该以同样的心思为他人着想；同时，还应以良心上的公正理解来信守自己诺言。所以，他又可以简单地理解为遵守诺言，能使他人信赖，同时也要相信他人”。[①] 可见，在古罗马法中，诚信至少具有“善意”“守信”“诚实”“信任”四重含义和要求，且“善意”占据着基础性地位。

然而，在我国传统的道德伦理规范中，诚信的内在要求则基本上局限于“诚实”和“守信”两个方面。在《论语》中，诚信通常被表述为“信”。“信”是针对所有人的基本道德要求。究其义，首先是“守信”，其次是“诚实”。例如，在“与朋友交，言而有信”[②]“言必信，行必果”[③]“人而无信，不知其可也。大车无輗，小车无軏，其何以行之哉”[④] 等用语中，“信”基本所包含的是“守信”与“诚实”两个方面的道德要求。杨伯峻、孙钦善等均将“与朋友交，言而有信”解读为“同朋友交往，说话诚实守信”[⑤]，将“言必信，行必果”

---

① 炎白：《“善良家父”与“诚实信用”》，《比较法研究》2001 年第 1 期。

② 《论语·学而》（1·7）。

③ 《论语·子路》（13·20）。

④ 《论语·为政》（2·22）。

⑤ 参见杨伯峻《论语译注》，中华书局 2009 年版，第 5、21 页；孙钦善《论语本解》，生活·读书·新知三联书店 2009 年版，第 3、166、19 页。

解读为“说话一定信实，做事一定果敢”[①]，将“人而无信，不知其可也”解读为“作为一个人，如果不讲信用，不晓得怎么可以”[②]。从这些用语及其注解来看，作为道德伦理规范的“信”，在我国主要是要求“诚实”与“守信”，并不包含“善意”与“信任”。

这种情形下，要确定我国诚实信用原则的内涵就需要搞清楚，我国行政法的诚实信用原则是直接从我国传统的道德伦理规范发展而来，还是从我国民法的诚实信用原则转借而来。很显然，诚信原则发展渊源不同，其含义可能会不同。问题的焦点在于，我国行政法的诚实信用原则是否或应否包含“善意”与“信任”两项要求。

（一）行政法与民法诚信原则的统一性

可以肯定的是，行政法上的诚实信用原则与民法上的诚实信用原则具有紧密关联。行政法之诚实信用原则或者是对民法诚实信用原则的“借用”，或者是对民法诚实信用原则的共用。总之，两者之间具有统一性。

实际上，民法之诚实信用原则可否在行政法中得到应用，是行政法学长期争论的问题。反对诚实信用原则在行政法中应用者，主要依据两个理由。第一，私法与公法有差异性与区隔性。近代行政法学开山鼻祖奥托·迈耶（Otto Mayer）是坚决主张公私法差别的代表。他认为：“（1）私法规定不得补充公法规定之欠缺；（2）法的一般原则并不存在；（3）具有直接私法上效果之公法上法制度并不存在；（4）公私法混合关系并不存在。”[③] 既然公私法有严格的界限与区别，则民法适用诚实信用原则不等于行政法可以适用诚实信用原则或者将民法上的诚实信用原则应用到行政法中来。第二，诚实信用原则的特点与功能。他们认为，诚信原则

① 参见杨伯峻《论语译注》，中华书局2009年版，第5、21页；孙钦善《论语本解》，生活·读书·新知三联书店2009年版，第3、166、19页。

② 参见杨伯峻《论语译注》，中华书局2009年版，第5、21页；孙钦善《论语本解》，生活·读书·新知三联书店2009年版，第3、166、19页。

③ 城仲模编：《行政法之一般法律原则》（二），（台湾）三民书局1999年版，第205页。

的内涵不具有确定性、开放性，而且从功能上讲，人们主要用它来补充确定性法律规范的不足，如果适用于公法，势必破坏公法规范的严格性。因此，他们认为，民法之诚实信用原则当然不能适用于行政法。①

主张行政法应适用诚实信用原则者则不以上述意见为然。其反驳或主张的理由有三。第一种意见认为，行政法应适用诚实信用原则，它是民法诚实信用原则在行政法中的类推适用。第二种意见认为，诚实信用原则属于一般法律原则。作为一般法律原则，不仅适用于民法，还适用于行政法。民法较早地规定和适用该原则，仅表明民法较早地发现和适用这一原则，并不能表明行政法是对它的类推适用。第三种意见以否定公私法区别为前提，认为正当的事在公私法中都应得到肯定，非法的事在公私法中都应予以否定。诚实信用原则是为了防范和克服法律规范适用于个别事件时产生的不法结果，属于辅助性手段。因此，该原则应当全面直接适用于所有法律规范中，即不仅适用于私法关系，也适用于公法关系。②

比较上述正反两方面意见可以看出，肯定意见尤其是其第二种意见更加充分有力。法律发展的历史也表明，诚实信用原则起初实际上是作为法的一般原则在行政法中加以应用的。早在 1926 年 6 月 24 日，德国行政法院判决就将诚实信用原则作为裁判的依据，并明确地表达了将民法之诚实信用原则适用于行政法的妥当性。该案判决指出：“国家作为立法者以及法的监督者，若课于国民特别义务，于国民私法关系，相互遵守诚实信用乃正当的要求；且国家对于个别国民在国家公法关系上，该诚实信用原则亦是妥当的。”③ 这一判决理由显然是

---

① 林纪东：《行政法与诚实信用之原则》，《法令月刊》第 41 卷第 10 期；转引自城仲模编《行政法之一般法律原则》（二），（台湾）三民书局 1999 年版，第 205 页；刘丹：《论行政法上的诚实信用原则》，《中国法学》2004 年第 1 期。

② 参见城仲模编《行政法之一般法律原则》（二），（台湾）三民书局 1999 年版，第 206—210、242—249 页。

③ 参见城仲模编《行政法之一般法律原则》（二），（台湾）三民书局 1999 年版，第 206—210、242—249 页。

将诚实信用作为私法与行政法的共通原则来看待的。

考虑到我国民法和行政法都深受大陆法系特别是德国法的影响，可以得出这样的结论：行政法的诚实信用原则不论是对民法诚实信用原则的类推适用，还是将其作为法的一般原则与民法共同应用，两者的含义或要求均具有统一性。因此，对于我国行政法上诚实信用原则的理解不能局限于我国传统的道德伦理规范，而应从民法诚实信用原则中加以发现。

（二）“善意”是我国民法诚实信用原则的要义之一

问题是，除“诚实”和“守信”之外，民法上诚实信用原则是否还包含“善意”与“信任”两方面的要求，民法学曾有关于民法诚实信用原则发展渊源以及是否包含“善意”要求的研究。从这些研究成果看，现代民法上诚实信用原则受到古罗马法的深刻影响，善意与信任是民法诚实信用原则不可或缺的组成部分。例如，徐国栋教授认为：“诚信原则起源于罗马法中的诚信契约。在罗马法里，诚信契约是严正契约的对称，在严正契约中，债务人只需严格依照契约的规定履行义务，凡契约未规定的事项，债务人不需履行，对契约的解释，只能以契约所载的文字含义为准。与此相反，在诚信契约中，债务人不仅要承担契约规定的义务，而且必须承担诚实、善意的补充义务。如契约所未规定的事项照通常人的看法应由债务人履行时，债务人应为履行。对于严正契约发生的纠纷，按严正诉讼的程序处理。在严正诉讼中，承审员无自由裁量权，只能严格依照契约的条款对案件进行裁判。就诚信契约发生的纠纷，按诚信诉讼的程序处理。在诚信诉讼中，承审员不受契约字面含义的约束，可根据当事人的真实意思对契约进行解释，并可根据公平原则对当事人的约定进行干预，以消除某些约定的不公正性，按照通常人的判断标准增加或减少当事人所承担的义务。由此可见，诚信契约不仅要求当事人承担善意、诚实的补充义务，而且承审员还可根据正义衡平的原则对契约内容进行干预。现代民法中诚信原则的两个方面——诚信要求和衡平权，都已萌发于罗马法的诚信契约和诚信诉讼之中。”① 简言之，大陆法系民法中的诚实信用原则源自古罗马法的诚信契约，善意是其应有之含义。

进一步考察我国《物权法》和《合同法》的相关规定，同样可以发现关于“善意”的要求。这主要体现在物权法关于善意第三人的保护制度以及合同法关于先合同义务、缔约过失责任、后合同义务的规定之中。就善意第三人保护制度，《物权法》第一百零六条规定：无处分权人将不动产或者动产转让给受让人的，所有权人有权追回，但受让人受让该不动产或者动产时是善意的除外。就先合同义务和缔约过失责任，《合同法》第四十一条规定：“当事人在订立合同过程中有下列情形之一，给对方造成损失的，应当承担损害赔偿责任：（一）假借订立合同，恶意进行磋商；（二）故意隐瞒与订立合同有关的重要事实或者提供虚假情况；（三）有其他违背诚实信用原则的行为。”第四十三条规定：“当事人在订立合同过程中知悉的商业秘密，无论合同是否成立，不得泄露或者不正当地使用。泄露或者不正当地使用该商业秘密给对方造成损失的，应当承担损害赔偿责任。”就后合同义务，《合同法》第九十二条列举了通知、协助、保密三种义务内容，但民法学界认为，后合同义务的完整内容不以这三种为限，还应包括注意、说明、照顾、忠实和减损等义务。毋庸置疑，不论是善意第三人保护制度、先合同义务以及与其相应的缔约过失责任，还是后合同义务，莫不以诚实信用原则为理论基础，且分明是包含了“善意”要求的。这里的“善意”指的是，站在对方的立场上，设身处地地为其着想，善尽注意、关照义务。这是“诚实不欺”和“信守诺言”所不能包容的。

如果说民法可以要求私法主体在民事活动中要存“善意”，时时处处为对方着想，那对于行政机关来说，提出这一要求也不算过分。这不仅源于民法诚实信用原则与行政法诚实信用原则之间所具有的统

① 徐国栋：《诚实信用原则的概念及其历史沿革》，《法学研究》1989 年第 4 期。

一性，还基于行政法律实践的现实必要性。我们不可想象，行政法律秩序会允许或放任行政机关对相对人存有或者图谋“恶意”。所以，诚实信用原则作为行政法基本原则，也应在“诚实不欺”“信守承诺”之外，包含“善意从事”的基本要求，虽然这一要求单从诚实信用的文义中解读不出来。

（三）“信任”应为行政法诚实信用的一项基本要求

不得不承认的是，民法学界在解读我国民法之诚实信用原则时，鲜少将“信任”作为诚实信用原则的要义。这是民法学界的疏漏，还是因为民事交往活动原本不需要或不要求彼此信任，不得而知。但我们注意到，在古罗马法中，是将“信任”作为诚实信用的基本要求之一的。考虑到我国行政法治实践的现状，这一点不能不讨论。

目前，我国行政法律实践中，存在“上不信下，下不信上”的现象，拉大了官民之间的隔阂，使制度成本不断攀升。李克强总理在2015 年 5 月 5 日国务院常务会议上讲：“我看到有家媒体报道，一个公民要出国旅游，需要填写‘紧急联系人’，他写了他母亲的名字，结果有关部门要求他提供材料，证明‘你妈是你妈’！”他感叹道：“这怎么证明呢？简直是天大的笑话！”2013 年 10 月 11 日中央电视台“焦点访谈”节目报道，周先生因公司业务要出国，需要办护照。由于在北京缴纳社保不足一年，他须到距京 300 公里外的老家即户口所在地办理。为此，他在办事人员的要求下，奔波半年，往返 6 次，一共补办了无犯罪证明、公司在职证明、公司营业执照、公司外派人员资格证明、本地身份证等 5 份证明，而这些证明则是法律所没有规定的。这些事例折射出多方面的问题，但其中一个问题是，办事人员对申请人的不信任，未将信任作为行政的基本前提。

如果一个政府把公民统统假定为“坏人”，对公民处处设防，事事、时时要人民为其所言所行进行证明，则人民生活、办事、工作的制度成本将非常高昂。但是反过来，如果我们将信任作为诚实信用原则的一个基本要求，则意味着政府在处理公民的事务时，必须首先假定公民是一个“好人”，他们的所言所行是真实可信的。除非法律有明确的规定，公民对其行为的真实性不承担举证责任；相应地，行政机关如果怀疑某公民是“坏人”，怀疑其言行的真实性，那就要自己承担证明责任，自己提供证据来证明。我们可以将此称为“无假推定”。换言之，行政机关虽有怀疑公民是一个“坏人”的权力，但公民没有提供证据证明自己是一个“好人”的义务。由此可见，只有将“信任”明确确立为诚实信用原则的一项基本要求，行政法上的程序法定以及被告承担举证责任制度才能有更坚实的立论基础。

综上所述，行政法上诚实信用原则应当包括“善意”“诚实”“守信”“信任”四项基本要求。

诚实信用与其他相关原则

除了关于“善意”与“信任”的讨论外，在探究诚实信用原则基本要求时，还需讨论它与信赖利益保护、目的正当性以及利益平衡等要求之间的关系。之所以讨论这三个问题，乃在于行政法学界还有将信赖利益保护等同于诚实信用或者将其作为诚实信用原则要求之一的意见，有将诚实信用原则之“善意”转化为“目的正当性”的意见，有将利益平衡或公平原则置于诚实信用原则之下的意见。

（一）诚实信用原则与信赖利益保护

将诚实信用原则等同于信赖利益保护原则的意见并不是相关学者的明确表述，而是其相关论述的体现，如刘丹对行政诚信原则的诚信基础、适用范围、保护方法的论述基本上与行政法关于信赖利益保护原则的相关内容如出一辙，对诚实信用原则的语义解读更是清晰地反映了这一点。[①] 另一种意见认为，信赖利益保护是诚实信用原则的基

① 参见刘丹《论行政法上的诚实信用原则》，《中国法学》2004 年第 1 期。

本要求之一。[①]

信赖利益保护原则也是民法和行政法等共有的原则。在民法上，信赖利益保护与诚实信用是两个不同的原则。这首先可从合同法上先合同义务与信赖利益损害赔偿责任之间的逻辑关系得到说明：由于诚实信用原则适用于民事合同缔结过程并赋予当事人先合同义务——基于诚实信用原则的协助、保护、告知、保密等，合同缔结一方当事人方可以信赖另一方当事人并形成信赖利益，一方当事人如违反先合同义务从而损害另一方当事人的信赖利益的，应承担相应的法律责任。在这里，诚实信用原则是信赖利益保护原则的逻辑前提。其次，民法上诚实信用原则的适用范围远大于信赖利益保护原则的适用范围。诚实信用原则不仅适用于债权法，还适用于物权法；信赖利益原则则主要适用于债权法。即便在债权法范围内，诚实信用原则的适用范围也大于信赖利益保护原则。例如，在合同法上，诚实信用原则不仅适用于合同缔结阶段、合同履行阶段，还适用于后合同履行阶段。但一般情况下，后合同阶段则没有信赖利益的形成及其保护的问题，也就没有信赖利益保护原则的适用余地。因此，我们可以说，诚实信用原则与信赖利益保护原则是两个相互关联但不相同的原则，信赖利益保护原则总体上是诚实信用原则的演绎与延伸。

行政法上的信赖利益与民法上的信赖利益具有很大的相似性，系指行政相对人或利害关系人基于对行政行为（尤其是行政许可、行政规划、行政承诺、行政合同、行政指导等）的信赖而形成的合法利益。对这种信赖利益加以保护的原则即为信赖利益保护原则。行政法诚实信用原则与信赖利益保护原则之间的关系应该与民法上两者的关系差不多，即信赖利益保护原则以诚实信用原则为前提，是诚实信用原则的演绎与延伸。行政许可法关于撤回和撤销制度的规定被认为是我国行政法上信赖利益保护原则的典型表现，可以此为例来说明。

---

① 周佑勇：《论政务诚信的法治化构建》，《江海学刊》2014 年第 1 期。

《行政许可法》第八条规定："行政许可所依据的法律、法规、规章修改或者废止，或者准予行政许可所依据的客观情况发生重大变化的，为了公共利益的需要，行政机关可以依法变更或者撤回已经生效的行政许可。由此给公民、法人或者其他组织造成财产损失的，行政机关应当依法给予补偿。"第六十九条规定，行政许可作出后，由于行政机关的行为违法致使行政许可撤销，被许可人的合法权益受到损害的，行政机关应当依法给予赔偿。从这两条规定的内在逻辑看，首先是行政许可机关负有诚实守信的义务，行政相对人或者利害关系人才会对其行政许可形成信赖，并因此产生信赖利益；如果行政许可机关违背这种义务，擅自撤回其许可，或因违法撤销其许可，则自然要承担相应的责任。

其实，行政法上信赖利益保护与诚实信用原则之间的关系在很大程度上还没有民法上两者之间的关系那样紧密。这是因为，虽然在一定程度上可以从诚实信用原则推导出信赖利益保护原则，但行政法学界多认为，信赖利益保护原则是源于法的安定性原则和行政行为效力制度，而不是诚实信用原则，即行政相对人或利害关系人因为相信行政行为有效，不会被随意撤回或者撤销，才形成信赖并产生信赖利益。[①] 这不是没有道理的。行政行为是公权力运作的结果；行政行为不论合法与否，一旦作出并送达就发生效力；非由法定主体在法定条件下经法定程序变更、撤销或撤回，任何机关或个人都不得否定其效力，具有较大稳定性。因此，从法的安定性原则来论证信赖利益保护原则更具有说服力。若果真如此，则行政法上的诚实信用原则与信赖利益保护原则甚至没有太大关联性。

如此看来，不论是将信赖利益保护作为诚实信用原则的基本要求之一，还是将两者等同，都是不太妥当的。诚实信用仅赋予行政机关

① 参见城仲模编《行政法之一般法律原则》（二），（台湾）三民书局 1999 年版，第 206—210、242—249 页。

善意、诚实、守信、信任等义务。行政机关违背这些义务的法律责任，部分可由信赖利益保护原则来落实，但还有诸多是信赖利益保护原则所不能胜任的。

（二）诚实信用之“善意”与“行政目的正当性”

将诚实信用原则之“善意”转化为“行政目的正当性”的意见是周佑勇教授的观点。他认为：“从法治的角度看，政务诚信正是作为法律范畴的诚信原则所要求的‘善意’、‘真诚’和‘守信’在行政管理活动中的体现，可以具体化为‘行政目的正当’、‘信息真实可靠’和‘信赖利益保护’三个方面的基本要求。”① 而“目的正当性”“就是要求行政机关在行政管理过程中，必须出以公心、不徇私情、不谋私利，处处以追求公共利益为目的。既不得假借公共利益之名，谋取个人或单位私利，也不得出于‘恶意’或‘敌意’而假借公共利益之名任意侵犯公民的合法权益。否则就是目的不适当，构成违反诚信原则的滥用职权行为，引发公众对政府信誉的怀疑”②。那么，诚实信用原则的善意可否转化为“行政目的正当性”这一要求呢?

如前所述，诚实信用原则之善意要求，系指行政机关应站在行政相对人的立场上，设身处地为其着想，尽可能地善尽注意、关照等义务，有“己欲立而立人，己欲达而达人”或“己所不欲，勿施于人”的意思。按此，则将“善意”具体化为“目的正当性”不太妥当。首先，“善意”是行政机关对行政相对人或利害关系人所应秉持的善良动机、所担负的法律义务，旨在通过赋予行政机关对相对人或利害关系人的注意和关照义务，达到双方权利义务的总体平衡和安全。公共利益是行政机关所追求和维护的利益，而不是行政相对人的利益。其次，在行政法的原则体系中，“目的正当性”已经成为行政合理原则或者比例原则的基本内涵和首要要求。如果将这一要求再纳入诚实信

① 周佑勇：《论政务诚信的法治化构建》，《江海学刊》2014 年第 1 期。
② 周佑勇：《论政务诚信的法治化构建》，《江海学刊》2014 年第 1 期。

用原则，势必造成行政法诸基本原则基本要求的交叠和重合。最后，将“善意”具体化为“目的正当性”后，不但没有给行政机关增加新的法律义务，反而使诚实信用原则的基本要求缺失了一部分，不但不利于对行政相对人权利的保护，在法律解释上也会因与其他部门法含义上的隔阂造成一定困难。

因此，不宜将诚实信用原则的“善意”要求具体化为“目的正当性”要求。

（三）诚实信用原则与利益平衡原则

将利益平衡作为诚实信用原则的要求之一不是行政法学界提及的，但民法学界在论及民法诚实信用原则的基本要求时却有将其纳入其中的意见，因此也有加以澄清的必要。

我国民法学界解读民法诚实信用原则时主要有两种观点。一是“语义说”。这种观点从诚实信用的字面语义出发，认为它是对民事活动参加者诚实不欺、恪守信用的要求。二是“一般条款说”。这种观点跳出字面含义，把它看作旨在平衡民事活动当事人之间利益的一般条款。[①] 目前，我国民法学界大都秉持修正了的“一般条款说”。所谓修正者，即不仅强调民事活动当事人之间利益的平衡性，同时还强调当事人利益与社会利益之间的平衡性。如徐国栋教授认为：“诚信原则就是要求民事主体在民事活动中维持双方利益平衡，以及当事人利益与社会利益平衡的统治阶级意志。概言之，诚信原则就是统治阶级实现上述三方利益平衡的要求，目的在于保持社会稳定与和谐的发展。三方利益平衡是这一原则实现的结果，当事人以诚实、善意的态度行使权利、履行义务，法官根据公平正义进行创造性的司法活动是达到这一结果的手段。”[②] 梁慧星教授也认为：“诚实信用原则，旨在谋求

① 参见徐国栋《诚实信用原则的概念及其历史沿革》，《法学研究》1989 年第 4 期；徐国栋《诚实信用原则二题》，《法学研究》2002 年第 4 期。

② 参见徐国栋《诚实信用原则的概念及其历史沿革》，《法学研究》1989 年第 4 期；徐国栋《诚实信用原则二题》，《法学研究》2002 年第 4 期。

利益之公平，而所谓公平亦即市场交易的道德。”“在现代市场经济条件下，诚实信用已成为一切市场参加者所应遵循的道德准则。它要求市场参加者符合于‘诚实商人’的道德标准，在不损害其他竞争者，不损害社会公益和市场道德秩序的前提下，去追求自己的利益。”①

仔细分析可以看出，“一般条款说”有两个特点：第一，它没有超出诚信要求的基本意蕴；第二，它其实是在强调诚实信用原则的利益平衡功能和作用。② 如果是这样，在行政法内就没有必要给诚实信用赋予“公平”或者“利益平衡”之类要求的必要。这是因为，尽管诚信原则的确会起到平衡公私利益的作用，但利益平衡其实已包含在比例原则之“必要性”与“均衡性”（或平衡性）要求之中。这种情形下，将诚实信用原则等同于或过分强调当事人之间利益以及当事人与公共利益之间的平衡性或公平性，很有可能使诚实信用原则与比例原则相混同，反而消融了这一原则本来所具有的独立意义和价值。因此，行政法可以承认诚实信用原则具有利益平衡的功能和作用，但不能将其列为诚信的内在要求。

综上可见，行政法上诚实信用原则的基本要求维持在固有的“善意”“诚实”“守信”“信任”四个方面就已足够，不宜赋予其更多内涵或要求。

诚实信用原则的应用

确定了诚信原则的基本要求，接着讨论其适用问题，包括适用范围和适用例外等几个方面。

（一）诚实信用原则的适用范围

前文已指出，《纲要》与《决定》提出的诚信要求是针对所有“行

① 梁慧星：《诚实信用原则与漏洞填补》，《法学研究》1994 年第 2 期。

② 相关论述可参见徐国栋《诚实信用原则二题》，《法学研究》2002 年第 4 期。

政管理”的，而三部地方政府规章则仅是针对部分行政活动的，有的仅针对行政合同，有的仅针对行政指导。这种情形下，划定诚实信用原则的适用范围就具有现实必要性。

可资比较的是民法上诚实信用原则适用范围的发展过程。民法诚信原则适用范围的发展可分为近代和现代两个阶段。近代阶段以法国和德国民法典为代表。从《法国民法典》第 1134 条、第 1135 条的规定①和《德国民法典》第 242 条②的规定来看，近代民法诚信原则仅适用于债权法范围，对物权法等其他民法领域不适用；而且，仅是对债务人的要求，对债权人不适用。现代阶段以《瑞士民法典》为标志，其适用范围已覆盖所有民事活动领域并对所有民事活动参与人有约束力。③ 徐国栋教授认为：“这是第一次把诚信原则作为基本原则加以规定，此举标志着现代意义的诚信原则的确立，它不再是仅约束债务人的原则，而成为债务人和债权人必须共同遵守的原则，它不再是仅适用于债权法的一项原则，而被扩大适用于一切民事法律关系，成为民法的一项基本原则。”④ 此后，多数国家都效仿了《瑞士民法典》。例如，日本战后修订民法时，于总则第 1 条基本原则之第 2 款明确规定：“行使权利及履行义务，应恪守信义，诚实实行。”我国台湾地区于 20 世纪 80 年代修订《民法总则》时，也于《民法总则》第 148 条增设第 2 款：“行使权利，履行义务，应以诚实及信用方法。”受世界民法发展趋势之影响，1989 年我国制定《民法通则》时也于总则第四条规定：“民事活动应当遵循自愿、公平、等价有偿、诚实信用的原则。”经由这些立法，诚实信用原则现已成为全部民法的基本原则。

---

① “契约应以善意履行之”，“契约不仅依其明示发生义务，并按照契约的性质，发生公平原则、习惯或法律所赋予的义务”。

② “债务人须依诚实信用，并照顾交易惯例，履行其给付。”

③ 《瑞士民法典》第 2 条规定：“任何人都必须诚实、信用地行使权利并履行其义务。”

④ 徐国栋：《诚实信用原则的概念及其历史沿革》，《法学研究》1989 年第 4 期。

还可比较的是国外行政程序法关于诚实信用原则适用范围的规定。迄今各国制定的行政程序法典，有的明确规定了行政法的基本原则，有的未规定行政法的基本原则。规定行政法基本原则的大都包含诚实信用原则或与此相近的原则。例如，《葡萄牙行政程序法》（1991 年）第 6 条 A 规定了善意原则。该条规定："一、在行政活动中及行政活动的所有手续与阶段，公共行政当局与私人应依据善意原则行事并建立关系。"《韩国行政程序法》（1996 年）第四条就诚实信用与信赖保护原则规定："1. 行政机关执行职务时，应本于诚实信用为之。"我国台湾地区"行政程序法"（1999 年）第 8 条规定："行政行为，应以诚实信用之方法为之，并应保护人民正当合理之信赖。"① 从这些规定可以看出，在其他国家和地区，与民法基本原则一样，行政法诚实信用原则是针对所有行政行为的，而不是仅针对某些行政行为的，是全部行政的基本原则。

我国是社会主义民主法治国家，对于我国政府的法治要求理应比对普通公民的要求高，也应比西方资本主义国家对其政府的法治要求高。既然民法将诚实信用作为约束所有民事活动的普遍原则，西方国家将其作为约束所有行政活动的普遍原则，则我国行政法也应将之作为约束所有行政活动的普遍原则。从这个意义上看，《纲要》与《决定》对于诚实信用原则适用范围的规定更为合理，诚实信用也应成为行政法的帝王条款。

（二）诚实信用原则的适用次序

如果说诚实信用原则属于行政法的普遍原则或者帝王条款，则在适用上就必须厘清与其他行政法基本原则的适用关系。通常认为，法律原则之间具有一般与特别的逻辑关系，特别原则优先于一般原则得到适用，即有特别原则可资适用时，应优先适用特别原则；仅在无特别原则可用或者适用特别原则不妥时，方可适用一般原则。如此一来，

---

① 以上法律条文均引用自应松年编《外国行政程序法汇编》，中国法制出版社 2004 年版。

一般原则在适用顺序上总是处于补充地位。在行政法领域，除了诚实信用原则，还有行政法定原则、法律优先原则、比例原则（合理原则）和正当程序原则等。那么，诚实信用原则与这些原则相比，处于怎样的地位，其适用关系如何安排呢？

前文的论述已经表明，诚实信用原则是民法与行政法共用的原则，更具有一般性，而行政法定原则、法律优先原则、比例原则（合理原则）和正当程序原则等多是行政法专有的原则，相对具有特殊性。这种情形下，调整行政法律关系时应优先适用行政法的专有原则而非诚实信用原则。只有在适用这些特别原则不能解决问题时，方能适用诚实信用原则。这里可以“王丽萍诉河南省中牟县交通局交通行政赔偿案”① 加以说明。

王丽萍是开封市金属回收公司下岗工人，在中牟县东漳乡小店村开办一个养猪场。2001 年 9 月，王丽萍借用小店村村民张军明等人的三辆小四轮拖拉机，装载 31 头生猪，前往开封贸易实业公司销售。中途遇到中牟县交通局工作人员检查。由于三辆拖拉机未缴纳养路费，交通局工作人员决定扣押三辆拖拉机。当时，王丽萍等人请求将生猪出售后再行扣押，但工作人员不予理睬。他们随即将三辆拖拉机拖斗卸下，弃在路边，驾驶主车扬长而去。② 卸下的拖斗因失去车头支撑而倾斜，拖斗内生猪相互挤压，当场死亡两头。当王丽萍再行联系车辆，将剩下的生猪运抵开封时，又死亡 13 头。为此，王丽萍将交通局告上法庭。法院认定被告扣押行为不合理，系滥用职权，遂判决赔偿原告全部经济损失。

本案中，虽然法律规定当事人拖欠养路费的，行政机关可以对车辆采取扣押措施。但在何时何地扣押，显然属于行政裁量范畴。对此，

---

① 河南省中牟县人民法院（2002）中行初字第 31 号行政判决书；另参见《最高人民法院公报》2003 年第 3 期。

② 现行法律已将养路费并入燃油税。本案发生当时的法律有关于养路费征收的规定。

既可根据比例原则之必要性要求——有两种以上可实现法律目的之方法可采用时应采用对利害关系人损害最小的方法——来分析，认定扣押行为因不符比例原则而构成滥用职权，也可根据诚实信用原则之“善意”要求——对利害关系人应善尽关照义务——来分析，认定行政机关未善尽关照义务、不符诚信原则而构成滥用职权。两个原则虽殊途同归，但基于比例原则更加具体明确之特点，应优先适用比例原则。

（三）诚实信用原则的适用例外

除以上两点，还需注意，诚实信用原则的适用往往受到其他法律原则的制约，从而使其常有例外。法律原则因受其他原则制约而排除其适用可以说是法律的普遍现象。例如，行政合法原则要求，行政行为必须与法律规定相一致，不得违反法律规定，否则该行政行为应当予以撤销甚至确认无效。但是，基于利害关系人权利保护或者法律秩序稳定性的考虑，对违法的行政行为采取其他补救措施而不予撤销的也不在少数。[①] 诚实信用原则尽管要求行政机关及其工作人员要存善意，诚实不欺，信守承诺，彼此信任，但这样的要求也不应是绝对的和毫无例外的。

其实，诚信作为道德规范也有例外。对此人们自古就有深刻认识，《论语·学而》篇讲：“信近于义，言可复也。”《孟子·离娄上》讲：“大人者，言不必信，行不必果，惟义所在。”《商君书·靳令》甚至把诚信贞廉与礼乐、诗书、修善孝悌、仁义、非兵羞战并称为“六虱”（即危害国家的六件事）。马基雅维利认为，统治者须同时具备狮子的勇猛和狐狸的狡黠两种品格：“由于狮子不能够防止自己落入陷阱，而狐狸则不能够抵御豺狼。因此，君主必须是一头狐狸以便认识

① 参见杨登峰《程序违法行政行为的补正》，《法学研究》2009年第6期；杨登峰《实体违法行政行为的改正》，《政治与法律》2015年第3期。除了补正和改正外，我国法院往往仅对一些轻微违法的行政行为既不予以撤销，也不要求补正、改正，而只是指出其中所存在的违法情形，这通常被称为“指正”。

陷阱，同时又必须是一头狮子，以便使豺狼惊骇……所以，当遵守信义反而对自己不利时，或者原来作出承诺的理由不复存在时，一位英明的统治者绝不能够，也不应当遵守信义。”① 尽管人们对马基雅维利的观点充满了争论，尽管将诚信列为“六虱”之一情感上难以接受，但这些观点对思考我们的问题却不无意义。

考察我国现行法律制度，同样可以发现诸多对于诚信原则的制约性规定。例如，行政许可法规定，相对人依法取得的行政许可受法律保护，行政机关不得擅自改变已经生效的行政许可。但是，如果行政许可所依据的法律、法规、规章修改或者废止，或者准予行政许可所依据的客观情况发生重大变化的，为了公共利益的需要，行政机关仍旧可以依法变更或者撤回已经生效的行政许可。但对由此给相对人造成财产损失的，行政机关应当依法给予补偿。这一规定表明，尽管行政机关在行政许可活动中应当信守承诺，但当客观情势发生变化时，基于公共利益维护原则，“失信”是必要的和可以的，只是要对无辜的相对人加以补偿罢了。行政许可法还规定，行政许可违法的，作出行政许可决定的行政机关或者其上级行政机关可根据利害关系人的请求或依据职权撤销行政许可。② 这一规定表明，尽管行政机关在行政许可活动中应当信守承诺，但行政承诺违法时，为维护法律的权威性，基于行政合法原则的要求，“失信”仍旧是必要的和可以的，只是要对无辜的相对人加以赔偿罢了。

除行政许可法的上述规定，政府信息公开法的相关规定也可体现这一点。政府信息公开是打造诚信政府的重要法律制度。在理论上，如实地向人民说明一切情况，全面地向人民公开所有信息，才是最符合诚信要求的，也是最能展示政府诚信的。有情况不说明，有信息不公开，就不能说是开诚布公。因此，如果单纯考虑诚实信用原则，行

① ［意］尼科洛·马基雅维里：《君主论》，潘汉典译，商务印书馆 1985 年版，第 84 页。

② 参见《行政许可法》第 8 条、第 69 条。

政机关就应当将其掌握的信息悉数公开，也只有悉数公开政府信息，方能最大限度地展示政府的诚意，满足人民的知情权。但实际上，各国政府信息公开法对政府信息公开范围都有限制性规定。我国《政府信息公开条例》第八条规定："行政机关公开政府信息，不得危及国家安全、公共安全、经济安全和社会稳定。"从这一规定来看，行政机关可基于公共利益的考虑"不诚实"。该条例第十四条第 4 款还规定："行政机关不得公开涉及国家秘密、商业秘密、个人隐私的政府信息。"这一条反映出，行政机关不仅可以基于国家利益、公共利益的考虑"不诚实"，还可以基于第三人利益的考虑"不诚实"。这些立法表明，不论是出于公共利益的维护还是出于私人权益的保护，都可能制约诚实信用原则的适用。

试图全面列举诚实信用原则受制约的情形或者适用的例外情形是不现实的。但必须明确，由于这一原则的一般性和基础性，它的使用往往受到其他法律原则的制约，并不具有绝对性。至于制约到怎样的程度，是一个利益平衡问题，只能在个案中根据具体情况而定。

结束语

最后要说明的是，尽管诚实信用原则是行政法的基本原则，非常重要，但迄今在我国行政诉讼实践中应用得还很不够。在最高人民法院之裁判文书网上，以"诚实信用"为关键词对所有行政判决文书进行检索，从 2011 年到 2015 年底，仅在 191 个判决文书中出现过"诚实信用"这一概念。这些概念中，大多数是针对行政相对人或者利害关系人提出的，还有相当一部分是在引用的法律条款中出现的，另外一些则是原告在其诉辩意见中使用的，鲜有将这一原则适用于行政机关并作为评价其行为合法性依据的。虽然说，行政法上的诚实信用原则也可以是对行政相对人的要求，但更主要的是对行政机关的要求。

因此，要使诚实信用原则在行政法律实践中得到落实，切实保护人民权益，人民法院就必须自觉适用这一原则，将其作为判断行政机关行为合法性的一个重要依据。

（原载于《江海学刊》2017 年第 1 期）

刑事庭审实质化视野中的公诉证据标准

周洪波　昝春芳*

问题的提出

公诉证据标准，是衔接刑事审前程序与审判程序的一种重要的技术装置：一方面，它使不满足标准的案件能够终止于审前，从而使各方尤其是被追诉者能够即时摆脱讼累；另一方面，它使满足标准的案件能够进入审判程序，促进犯罪的合理认定和司法资源的有效利用。我国学界普遍认为，有一个值得特别关注的现象是，我国关于公诉证据标准的法律表述和习惯理解与西方法治国家存在较为显著的差异：在我国，公诉证据标准与审判证明标准（主要是定罪证明标准）是一致的；在西方法治国家，公诉证据标准一般要低于审判证明标准。正因为如此，对于如何设定和把握公诉证据标准这一问题，学界先后进行了两次热烈讨论，一次是在我国《刑事诉讼法》的两次修改期间主要是21世纪初的近十年时间里，一次是2014年党的十八届四中全会提出推进以审判为中心的诉讼制度改革和刑事庭审实质化改革之后至今。这两次讨论虽然有一些不同，但在公诉证据标准是否应当低于审

* 作者简介：周洪波，1970年生，法学博士后，西南民族大学法学院副教授，成都市中级人民法院院长助理（挂职）；昝春芳，1964年生，青海省海南州人民检察院检察长。

判证明标准的认识上，立场对立的僵局仍然没有得到化解，理论也未见有多少进步，可以说，公诉证据标准的基本法理始终未得到有效澄清。

在第一次讨论中，一些学者主张，根据诉讼过程的“递进性”原理——随着诉讼进程的推进，一般的情形是证据逐渐增多，案件事实越来越清楚，因此，诉讼进程中的各种证据标准（证明标准）应当呈现出一种逐渐提高的层次性特征，按此而论，公诉证据标准就应当低于审判证明标准，应当改变我国将公诉证据标准与审判证明标准等同的做法。① 另一些学者却持相反的立场，认为我国将公诉证据标准与审判证明标准等同并没有什么不妥，其主要理由是：一方面，尽管西方法治国家在法律表述上公诉证据标准一般要低于审判证明标准，但在实践中两者并没有什么差异；另一方面，在我国，在制度建设不足的情况下，与审判证明标准一致的公诉证据标准有利于制约权力保护权利，保障案件认定的准确性，而且从司法实践来看，检察机关提起公诉后一般不再搜集证据，因此，要求公诉证据标准与审判标准一致，才能使公诉获得成功。②

在第二次讨论中，一些学者仍然以诉讼的“递进性”原理来支持层次性或递进性的证据标准（证明标准）体系，因而认为，我国对公诉证据标准与审判证明标准作出同一规定，这与侦查中心主义互为因果，不利于审判中心主义和庭审实质化的贯彻，因而应当改变公诉证据标准的现有表述和理解；其间，不同论者对变革具体过程的说法有

---

① 代表性的论述，参见陈卫东、刘计划《关于完善我国刑事证明标准体系的若干思考》，《法律科学》2001 年第 3 期；李学宽、汪海燕、张小玲《论刑事证明标准及其层次性》，《中国法学》2001 年第 5 期；刘根菊、唐海娟《提起公诉的证据标准探讨》，《现代法学》2003 年第 2 期。

② 代表性的论述，参见孙长永《提起公诉的证据标准及其司法审查比较研究》，《中国法学》2001 年第 4 期；龙宗智《再论提起公诉的证据标准》，《人民检察》2002 年第 3 期；谢小剑《提起公诉证据标准之内在机理》，《比较法研究》2007 年第 3 期；郭松、林喜芬《文本·实践·语境：公诉证据标准的现代性诊断》，《法制与社会发展》2007 年第 5 期；葛琳《公诉证明的理论框架》，《证据科学》2008 年第 6 期。

一定的差异。[①] 相反，较多的学者坚持公诉标准与审判证明标准同一说，除了重提前一次讨论中坚持同一说的一些论说理由之外[②]，增加的应景说法就是认为，要实现审判中心主义的制度结构和发挥审判的实质作用，审前的活动都应当以审判所要求的标准来从事，因此，公诉证据标准应当与审判证明标准一样做到“案件事实清楚，证据确实、充分”，应当杜绝达不到这种标准的案件“带病”进入审判程序，浪费司法资源。[③] 对于公诉标准与审判证明标准一致可能带来审判和庭审弱化的问题，有学者认为，实践中对公诉标准的把握可能还是存在着问题，因而仍然应当发挥审判中心和庭审实质化的案件把关功能，应然通过加强审判独立和直接言词原则来实现审判中心和庭审实质化的要求。[④] 另外，有学者实质上是坚持公诉证据标准与审判证明标准一致，只是提出了一些新的说法：严格来说，证明标准只是就审判而言，即只有审判证明标准，没有所谓独立的公诉证据标准以及其他证据标准，以审判中心的视角来看，“案件事实清楚，证据确实、充分”是裁判者认定事实的授权规范，对于公诉来说其只是具有参照功能的拟制标准。[⑤]

在笔者看来，已有讨论主要存在两个方面的问题。一是没有正确认识不同意义的审判中心主义及其对公诉证据标准与审判证明标准之

---

① 代表性的论述，参见杨波《审判中心下统一证明标准之反思》，《吉林大学社会科学学报》2016 年第 4 期；谢澍《论刑事证明标准之实质递进性——“以审判为中心”语境下的分析》，《法商研究》2017 年第 3 期。

② 参见陈学权《论侦查终结、提起公诉与审判定罪证据标准的同一——以审判中心主义为视角》，《苏州大学学报》（哲学社会科学版）2017 年第 2 期；孙皓《论刑事证明标准的“层次化”误区》，《当代法学》2017 年第 4 期。

③ 代表性的论述，参见甄贞《如何理解推进以审判为中心的诉讼制度改革》，《人民检察》2014 年第 22 期；沈德咏《论以审判为中心的诉讼制度改革》，《中国法学》2015 年第 3 期；龙宗智《“以审判为中心”的改革及其限度》，《中外法学》2015 年第 4 期；叶青《以审判为中心的诉讼制度改革之若干思考》，《法学》2015 年第 7 期。

④ 参见陈学权《论侦查终结、提起公诉与审判定罪证据标准的同一——以审判中心主义为视角》，《苏州大学学报》（哲学社会科学版）2017 年第 2 期。

⑤ 参见吉冠浩《刑事证明标准的形式一元论之提倡——兼论审判中心主义的实现路径》，《证据科学》2015 年第 6 期。

关系的影响。学者们在讨论公诉证据标准与审判证明标准之关系时，多将两者应同一对应于案件结论主要是形成于侦查阶段（侦查中心主义或侦查重心主义①）的诉讼模式，将前者应当低于后者对应于案件结论主要形成于审判阶段（审判中心主义）的诉讼模式。这种对应貌似有理，实际上是经不起推敲的。因为，只要诉讼程序有审判阶段，那么任何案件都要经过判决才能最终确定，所以，即便案件结论主要是形成于侦查阶段，法院判决的功能主要是提供一个“橡皮章”，这种结论也要在认识论逻辑上通得过审判证明标准的检验。在此意义上说，无论决定案件基本结局的程序阶段是一种侦查中心（或重心）主义还是审判中心主义，认识论逻辑上的审判中心主义（不同于前一种审判中心主义）都是公诉证据标准与审判证明标准之关系的基本逻辑，是思考公诉证据标准问题所“走不出的风景”；当然，这并不意味着公诉证据标准就一定应该比审判证明标准低。就此而论，近年来提出的审判中心主义改革并没有为公诉证据标准的问题讨论提出新的课题。不过值得注意的是，庭审实质化改革倒是为讨论提出了新的课题，因为后文将指出，庭审实质化对案件争议类型和认定事实的证据类型都有特定的要求，因而对所适用的审判证明标准有特定的要求，进而对公诉证据标准的实践把握也有特定的要求。二是没有对审判证明标准的类型及其性质进行清晰的理解和说明，因而没有为问题的讨论确立一个正确的基本起点。至为重要的是，我们应当看到，以判决定罪证明标准为例，中国与西方法治国家在法律设定上存在显著的差异，大陆法系国家与英美法系国家在实践方面也存在一定的分殊，我国的法律设定与实践把握也存在明显的疏离，这些现象对各国的公诉证据标准的法律设定与实践把握都存在重要的影响。有鉴于此，本文

① 关于侦查重心主义与侦查中心主义的区别，参见秦宗文《“侦查重心主义”研究——对“以审判为中心”诉讼制度改革的反思与拓展》，《四川大学学报》（哲学社会科学版）2017 年第 3 期。

将在澄清判决定罪证明标准的类型差异及其对公诉证据标准的影响的基础上，说明公诉证据标准在立法上应有的改革方向，尤其是在庭审实质化改革语境中公诉证据标准的实践把握问题。

公诉证据标准与判决定罪证明标准之关系的中西规范类型比较

我国学界一般认为，在公诉证据标准及其与判决定罪证明标准之关系的法律规定上，我国与西方法治国家之间存在的显著差异是，在我国两者的实质要求基本上没有差异，但在西方法治国家前者的要求要低于后者。在我国，公诉证据标准就是《刑事诉讼法》第一百七十二条规定的“人民检察院认为犯罪嫌疑人的犯罪事实已经查清，证据确实、充分”，判决定罪的一般证明标准就是第一百九十五条第（一）项规定的“案件事实清楚，证据确实、充分”；二者的表述虽然有一些差异（一个有显白的主语表述，一个没有），但在习惯理解上并没有什么实质区别。一般认为，在西方法治国家，公诉证据标准一般都要低于判决定罪标准，前者为盖然性相对较弱的“定罪可能性”,[①] 后者为高度盖然性的“内心确信”或“排除合理怀疑”。

对于上述差异，如前所述，有些论者认为我国应当学习西方法治国家的做法，降低公诉证据标准的要求，相反有些论者则认为现有规定是合理的。表面看来，各种立场似乎都有一定的道理，只是论者的着眼点不同和价值取向不同而已。然而，从根本上来说，如果我们注意到我国与西方法治国家的判决定罪证明标准在本质上是两种不同的类型，就可以看到，就认识论的逻辑而论，两者关于公诉证据标准的规定都有其各自的逻辑自洽性和语境合理性。

在说明公诉证据标准与判决定罪证明标准的关系之前，需要澄清

① 参见孙长永《提起公诉的证据标准及其司法审查比较研究》,《中国法学》2001 年第 4 期。

的一个问题是，在判决定罪证明标准方面，是否存在着我国与西方法治国家的不同？对于这个问题，应该说在较长一段时间里都存在着较为普遍的共识，亦即认为：我国的判决定罪证明标准要更高，即我国要求有罪事实认定必须是“客观真实”或100%的真实（也就是通常所说的“铁案”标准），而西方国家则只要求“相对真实”或高度盖然性的真实。然而，随着越来越多的学者对西方法治国家刑事证明标准的艳羡，这种共识逐渐开始模糊。[①] 尤其是，在2012年我国修改《刑事诉讼法》引入西方法语“排除合理怀疑”来解释“证据确实、充分”之后，对于我国定罪证明标准的实质要求是什么则产生了较大的分歧，有的认为证明标准降低了——从“客观真实”变成了“相对真实”，但有的则坚持认为证明标准并未降低，表述的增加只不过是增加了理解的角度而已。[②] 结合最高人民法院关于适用《刑事诉讼法》的司法解释（以下简称《司法解释》）和最高人民法院有关领导的论说来看，我国判决定罪证明标准并没有发生实质改变。《司法解释》第一百零五条规定，根据间接证据认定犯罪应当做到“结论具有唯一性”，据此可以说，定罪证明标准仍然维持了“客观真实”的要求。

按“铁案”的判决定罪证明标准，我国将公诉证据标准与判决定罪证明标准都设定为同一标准，从认识论的逻辑上来说是讲得通的。因为，对于“铁案”标准而言，案件事实的证明是否达到了标准应该不会出现因人而异的判断分歧，质言之，如果是“铁案”，应该是所有人都认为是“铁案”，相反，如果出现判断的分歧，那么就不能说是“铁案”。在这种情况下，如果控方在案件证明还没有达到“铁案”标准的情况下就起诉，在审判中一般不会增加新证据的情况下，控诉

① 参见周洪波《刑事证明标准问题之争中的四大误区》，《清华法学》2008年第5期。

② 参见周洪波《迈向“合理”的刑事证明——新〈刑事诉讼法〉证据规则的法律解释要义》，《中外法学》2014年第2期。

肯定是不可能成功的，易言之，只有当控方认为案件事实已经达到“铁案”的情况下起诉，才能够取得控诉的成功。

在西方法治国家的“相对真实”的判决定罪证明标准语境中，设定一种比定罪标准低的公诉证据标准，即以“定罪可能性”作为公诉标准也有认识论逻辑上的合理性。因为按“相对真实”标准定罪，存在着裁判者的自由裁量权，也就是说，在一定的证据情形下，某些裁判者会认为犯罪事实的证明已经可以形成“内心确信”或达到了“排除合理怀疑”，尽管其他人（包括其他裁判者）并不一定这样认为。也就是说，对于某些案件的证据情形，检察官不能形成犯罪事实的确信——而只是认为具有“定罪的可能性”，但裁判者却可能形成事实确信。在这种情况下，如果要求检察官在起诉时也要形成事实确信才能起诉，则可能把某些本可（被裁判者）定罪的案件排除出了审判定罪的范围。因此，以“定罪的可能性”作为公诉证据标准，才能够保证有效的惩处犯罪。

就我国法律改革来说，降低判决定罪证明标准，并相应地进一步降低公诉证据标准是一种应然的取向。因为，尽管诉讼中的个别事实证明能够符合“铁案”标准，但多数的事实证明都不能达此高度，所以，作为一种普遍适用的判决证明标准只能是一种“相对真实”标准。需要指出的是，“案件事实清楚，证据确实、充分”既可以指“铁案”意义上的事实确信，也可以指“相对真实”的事实确信。[①] 所以，我国判决定罪证明标准的法律表述并不需要作出改变，而只是需要抛弃过去那种特有的习惯理解，以及废除《司法解释》中关于定罪证明标准的“结论具有唯一性”要求。不过，因为“案件事实清楚，证据确实、充分”至少表达的都是一种事实确信的意涵，而法律上并不应当要求公诉证据标准要达到事实确信，所以，公诉证据标准的法

① 参见周洪波《迈向“合理”的刑事证明——新〈刑事诉讼法〉证据规则的法律解释要义》，《中外法学》2014 年第 2 期。

律表述应当进行必要的调整，建议可表述为“人民检察院认为有定罪的可能性”或“人民检察院认为有定罪的高度可能性”。

公诉证据标准与判决定罪证明标准之关系的域外实践类型比较

从法律的规定上看，西方的大陆法系国家与英美法系国家的公诉证据标准与判决定罪标准的规定基本上没有什么差异，但我们应注意到，因为诉讼模式的不同，规范上相同的判决定罪标准在实践把握上出现了一定的差异，这实际上也导致了两者在实践中对公诉证据标准的把握也出现了一定的分殊。质言之，就倚重于庭审解决案件的诉讼来说，在大陆法系国家，公诉证据标准的审判实践把握较为接近于判决定罪证明标准；在英美法系国家，公诉证据标准的审判实践把握则多低于判决定罪证明标准。

尽管西方的两大法系国家的判决定罪证明标准都是一种相对真实，即裁判者依合乎情理的事实确信（相信在一般情况下都应该是真实的）认定犯罪，但是，因为这种事实确信标准还是可以区分为强弱不同、主观性和客观性的分量不同的类型[①]，所以，由于诉讼程序的国家权力构造不同，实践中对判决定罪证明标准的具体把握仍然有一定的区别。这就是：在大陆法系国家刑事审判定罪更注重事实确信的客观性面相，进而较为依赖于一些可静态再现的证据（如物证、书面证据等），以及以公开的理由来论证判决的合理性；在英美法系国家刑事审判定罪更注重事实确信的主观性面相，进而较为注重对一些动态即时性证据（如证人作证的举止表现即情态证据、临时性细节问题的回答等）的利用，以及强调裁判者得出结论的个体感受而不注重以公

---

① 参见姜世明《举证责任与证明度》，厦门大学出版社 2017 年版，第 94—120 页。

开的理由来论证判决的合理性。[①] 这种现象就会导致两大法系国家在审判实践中对公诉证据标准的把握产生差异。[②]

在大陆法系国家，主要是因为其司法程序的科层式权力构造注重对裁判者行为的约束和审查[③]，所以，虽然事实认定标准是一种脱离不开自由心证和一定主观性的相对真实，但仍然较为强调事实确信的客观性，其基本表现就是要以公开的判决理由这种具有一定客观性外在表现的形式来证成和表现裁判者的“事实确信”的合理性。这种证明标准在实践中造成了对静态证据（物证、书面证据等）的依赖，而庭审中出现的动态即时性证据所实际发挥的作用受到了极大的抑制，因为，静态再现证据能够在判决书中进行呈现和说理，而动态证据则不然。在这种情况下，庭审具有的显著特征是：其一，控方在起诉时所掌握的证据与裁判者在庭审中能够获得的证据常常没有什么区别；其二，裁判者是否能够形成事实确信具有较强的可预测性；其三，因裁判者的事实确信具有较强的客观性，因而，也具有较强的普遍性，即这种事实确信也是检察官或其他人容易形成的“事实确信”。从司法心理学的角度来说，为了取得控诉的胜利，控方在起诉时无疑会尽可能按预测的裁判标准来掌握公诉证据标准，从前面所分析的大陆法系国家的定罪证明标准的实践特征来看，检察官就较为倾向于以“有罪确信”来作为公诉证据的标准，这样能够较好地实现诉讼成功的最大化。

在英美法系国家，主要是一种协作式或平权式的国家司法权力构造，所以，其较为注重对裁判者的自由心证权力的维护[④]，因而，实践中裁判者的裁判结论的主观性较为凸显，其典型表现就是不要求陪

---

① 参见周洪波《比较法视野中的刑事证明方法与程序》，《法学家》2010 年第 5 期。

② 参见［美］弗洛伊德·菲尼、［德］约阿希姆·赫尔曼、岳礼玲《一个案例　两种制度——美德刑事司法比较》，郭志媛译（英文部分），中国法制出版社 2006 年版，第 332 页。

③ 参见［美］米尔伊安·R. 达马什卡《司法和国家权力的多种面孔——比较法视野中的法律程序》，郑戈译，中国政法大学出版社 2004 年版，第 73—77、86—94 页。

④ 参见［美］米尔伊安·R. 达马什卡《司法和国家权力的多种面孔——比较法视野中的法律程序》，郑戈译，中国政法大学出版社 2004 年版，第 73—77、86—94 页。

审团就裁判结论说明理由。因为这种证明标准的运用没有说理的负担，所以，在实践中裁判者较为注重对出现在庭审中的动态即时化证据的利用。在英美法系国家，大约95%的案件是通过辩诉交易解决的，而只有大概5%的案件通过庭审解决；开庭审判的案件的主要特征是，被告人不认罪，案件事实的认定主要依靠有争议的人证，因而非常重视通过证人在法庭审判中的交叉询问所表现出来的动作举止、临时性细节问题的回答以及证人品格等来判断证言的真实性。在这种情景下，审判具有的显著特征是：其一，审前不可能充分掌握和展现所有的证据，动态即时性的证据依赖于庭审展现，所以，起诉时所依赖的证据一般要少于审判中获知的证据；其二，裁判者的事实确信具有较弱的可预测性；其三，裁判者的事实确信具有较强的主观性，因而，其普遍性较弱，即裁判者能形成事实确信，检察官或其他人却不一定容易形成事实确信。基于这样的审判特征，控方在起诉时无疑会以一种较低的标准来提起公诉，即虽然自己基于已经掌握的静态再现证据不能形成事实确信但预测裁判者经过庭审后有可能形成“事实确信”也愿意提起诉讼。

我国判决定罪证明标准的实践形态及其对公诉证据标准的影响

一个不争的现实是，尽管在法律规定上要求犯罪事实的认定应当达到“铁案”标准，但因为诉讼证据的局限性，我国司法实践中许多案件的犯罪事实认定没有达到法律规定的标准，而是裁判者对犯罪事实产生了合情的事实确信就作出了事实认定。毫无疑问，合情确信所做的事实认定，尽管在很多时候被司法实务人员误认为是“客观真实”，但其实际上是一种“相对真实”，因为这种事实认定在客观上是可能出现错误的，而且这种认定也会面临一定的争议。从我国刑事诉讼的这种实践特征来看，控方对公诉证据标准的实践把握就呈现以下特征。

其一，在很多时候，虽然控方力求掌握与审判一样的标准，但这种标准并非“铁案”标准，而只是一种合情确信的相对真实标准。这种机理无疑是非常容易理解的，因为裁判者的犯罪认定都不是“铁案”，起诉的证据标准也就不可能是“铁案”。

其二，在有些时候，控方也可能按案件具有“定罪的可能”这种证据标准来起诉。既然审判的犯罪认定不是“铁案”而只是一种合情的事实确信，那么，裁判者在什么情况下会形成确信就具有一定的不确定性，质言之，对于一定的证据情形，控方能够形成事实确信，但裁判者却不能形成事实确信，相反，控方不能形成事实确信，但裁判者可能形成事实确信。基于这样的认知机制，控方就可能在自己没有形成事实确信的情况下，以案件具有“定罪的可能性”这种预测性判断来进行起诉。

其三，从总体的情况来看，我国的公诉证据标准的实践把握，与西方大陆法系国家有较多的相似性，但比其更为严格。因为在诉讼模式上我国也是一种科层式的司法权力构造模式，所以，我国的公诉证据标准实践与大陆法系国家有较多的相似性，其主要表现是：一方面，即便司法实践中多是按一种“相对真实”标准定案，但仍然较为强调犯罪认定的客观性，其表现就是较为强调证据的“相互印证”；另一方面，刑事审判也较为依赖于静态证据，因而，控方在起诉时所掌握和向法庭提交的证据基本上就是案件的全部证据，裁判者在经过审判后获得的证据没有增加。从前面的分析可以看出，在这种情况下，控方较为倾向于在产生有罪确信时才提起诉讼。尽管有这样的相似性，但另一方面，我们也要注意到，因为我国受“铁案”标准的限制，所理解的证据范围更为局限，所以，我国对公诉证据标准的实践把握比西方大陆法系国家更为严格。在我国，所谓的犯罪证据，一般被理解为犯罪所产生的“痕迹”，如犯罪的作案工具、赃物，被害人的血迹、被告人在现场留下的指纹，被追诉人对犯罪的陈述，目击犯罪的证言，等等。在西方国家，证据范围要宽泛得多，除了我们所理解的“犯罪痕迹”证据之外，还包括被追诉人在案发前后的行为（如案发前后的不良表现等）、证人的日常行为与品格等。质言之，在我国只是被视为破案线索的材料，在西方国家（不限于大陆法系国家）往往也被视为辅助证据。[①] 因此，即便从心理确信程度来看，我国对公诉证据标准的实践把握可能与大陆法系国家没有太多的区别，但所依赖的证据类型多是不一样的，我国对证据的类型有更为特定的要求。比如，在某些案件中，在我国没有被告人的口供往往就难以提出起诉，但这样的案件在西方国家（不限于大陆法系国家）却可以提起诉讼。

值得指出的是，最近发生在美国的中国访问学者章莹颖案的起诉所引起的讨论就能够很好地说明中国刑事公诉证据标准的实践特征。2017 年 7 月 12 日，美国司法部发表声明，伊利诺伊州一个联邦大陪审团当天正式以绑架罪起诉章莹颖案的嫌疑人布伦特 · A. 克里斯滕森，起诉依据证据所勾勒的基本案情是：嫌疑人经常浏览绑架网站，对绑架有特殊关注，有作案动机；嫌疑人曾经搭载过被害人，之后，被害人失踪，并且嫌疑人在这一问题上曾经撒谎；嫌疑人对自己车辆的副驾驶座位进行了清洗；嫌疑人对他人承认过绑架了章莹颖；被害人至今下落不明等。从网上的讨论来看，普遍认为按该案现有证据情况，在我国司法实践中是不可能提起公诉的，这种看法是符合我国现实的，因为，按本文上述分析的，我国实践掌握中的公诉证据标准比大陆法系国家高，当然比英美法系国家更高。

就我国的司法改革来说，如前所述，在判决定罪证明标准的理解上应当突破“铁案”标准的限制，相应地，在公诉证据标准的实践掌握也不应该受前面所说的特定证据范围的限制，应当注重对辅助证据的运用；从我国与大陆法系国家都同属科层式权力构造这一角度来说，我国司法实践中的公诉证据标准较宜采取大陆法系的做法。

---

① 参见周洪波《实质证据与辅助证据》，《法学研究》2011 年第 3 期。

我国庭审实质化改革视野中公诉证据标准的实践把握

近年来，我国大力推进以审判为中心的诉讼制度改革和刑事庭审的实质化改革。值得注意的是，审判中心主义的诉讼制度改革与庭审实质化改革并不能画等号，后者只是前者最为核心的内容。按现在流行的说法，刑事庭审实质化就是“诉讼证据质证在法庭、案件事实查明在法庭、诉辩意见发表在法庭、裁判理由形成在法庭”。当下，虽然庭审实质化改革进行得如火如荼，但人们对什么样的案件应该进行实质化的庭审并没有清楚的认识。从笔者对某些法院的刑事庭审实质化改革的实地调研来看，一些本不该被作为实质化审判示范的案件也被作为改革的示范性案件。在笔者看来，庭审实质化对案件的类型有特定的要求，对证明标准有特定的要求，因而对公诉证据标准也有特定的要求。

毋庸置疑，并不是所有的案件都需要进行实质化的庭审。我国的司法改革也是在对案件进行分类化处理的基础上进行庭审实质化改革，也就是通过认罪认罚从宽制度、速裁程序等将一部分案件导入简化的程序机制处理，将一些争议性较大的案件导入实质化的庭审程序。基本上能够形成共识的是，无争议的案件无须进入实质化庭审。在笔者看来，即便是有争议的案件，如果只是法律争议，或虽是事实争议但仅仅表现为一种纯粹的实物证据争议，也是无须进行实质化审判的，因为这些争议在庭上处理和在庭外处理并没有实质性的差别，甚至可以说，在庭外处理更有优势，控、辩、审三方在庭外能把案件考虑得更为周全细致；质言之，真正需要实质化审判的案件应该局限于事实争议主要表现为人证争议的案件。案件事实争议表现为人证争议的案件，即便要求控方在起诉时要全案移送，提供“全部证据”，但因为人证的部分证据内容（如作证表现等）具有动态性，不可能在庭前实现“全部”提交，而是要在庭审中来呈现，因而应当使这样的案件尽可能放到庭上来解决。

主要依靠人证认定事实的案件，无疑以“相对真实”的事实确信尤其是主观性特征较强的事实确信作为证明标准更为合适。人证证词的真实性判断有多种方法，按我国习惯用的“印证”证明方法①，在一定的情况下可以达到“客观真实”，但如果以情态证据等来判断则无法达到“客观真实”，而多是主观性较强的事实确信。因为实质化审判是强调以情态证据等动态性的证据作为判断依据，这样的事实认定不能达到“客观真实”，所以，抛开我们是否需要普遍放弃“铁案”标准不论，至少庭审实质化的案件不宜以“铁案”作为犯罪事实认定的证明标准。

如果说庭审实质化的案件以“相对真实”作为法定证明标准，那么，在规范上就应该以“定罪的可能性”作为公诉证据标准；如果说证明标准的实践把握更应注重裁判的主观性，那么，在实践上虽然多数不依赖庭审的案件的公诉证据标准是按大陆法系国家的普遍做法即以控方形成事实确信作为公诉证据标准，但对于依赖庭审的案件也宜以低于判决定罪标准来把握起诉标准，也就是在没有形成有罪确信的情况下，也允许提起公诉。需要指出的是，无论是按合情的“事实确信”还是具有“定罪的可能性”这种预测性的判断作为起诉标准，都可能出现这样的情况，即一个在一般逻辑上关联性很弱的“证据”在具体个案中都可能使人达到这两种心理判断程度。比如，在杀人案件中，可能只是在案发很久以前被告人与被害人打过一架的事实都可能使人产生犯罪的合情确信或认为有“定罪的可能性”。从西方法治国家刑事判决的定罪证据运用经验来看，就犯罪者的身份确认来看，虽然不一定需要有指涉被告人的“犯罪痕迹”证据，而且允许充分利用较为宽泛的辅助证据，但为了避免辅助证据可能导致过于随意的认定，一般至少要求辅助证据必须是被告人为准备实施犯罪的行为或犯罪后

---

① 参见周洪波《中国刑事印证理论批判》，《法学研究》2015 年第 6 期。

进行善后处理的行为所形成的“痕迹”证据（具体关联的辅助证据），因而，其起诉也要求具有这种类型的证据。[①] 因此，在我国的庭审实质化案件中，虽然允许以“定罪的可能性”作为提起公诉的证据标准，但同时在确认犯罪人身份的证明中，必须要有具体关联的辅助证据。

庭审实质化改革的诉求无疑是值得肯定的，然而不得不指出的是，从改革的现实情况来看，即便是从一些表面看来改革搞得比较热闹和成功的法院实践来看，刑事庭审的实质化效果都不是很理想，即虽然强调庭审的重要性，但庭审的证据调查方式并没有多少改变，裁判者基本上没有利用动态性的证据来认定事实。导致这种局面的根本原因是，裁判者在定罪证明标准上仍然强调“铁案”，即便是不得不按合情的事实确信认定事实，也极力追求其客观化的表现。毫无疑问，在判决定罪证明上突破“铁案”标准的辖制，才能真正推动庭审实质化的改革。不过，受制于科层式司法权力结构强调对裁判结论的审查，即便判决定罪证明标准采取“相对真实”的事实确信标准，裁判者在实践中还是可能竭力呈现裁判结论的客观性表现，因此，庭审实质化的改革在我国是有极大限度的，控方在实践中可能多会按“事实确信”来掌握公诉证据标准。

结　语

本文所呈现的思想地图显示，审判证明标准有不同的类型，一个国家在立法和实践中对审判证明标准的类型定位对公诉证据标准的法律设定与实践把握有根本性的影响。这一思想地图是我们理解我国公诉证据标准问题的一个基本指南。从刑事司法规律来看，改变对判决证明标准的特定类型要求，是实现我国的公诉证据标准合理化变革的基本前提。然而不得不说，在什么时候能够改变对定罪证明标准的特

① 参见周洪波《中国刑事印证理论批判》，《法学研究》2015 年第 6 期。

定类型要求，实在是难以预料。因为，人们对于定罪证明标准的应然取向常常处于一种“人格分裂”的状态，即当注意到诉讼证明多面临证据局限的情形时，就认为应以“相对真实”作为证明标准，相反，当强调不能冤枉无辜时，则自觉不自觉地主张应坚持“铁案”标准。近年来的司法氛围特别强调错案的防范，在这种情景下，要突破定罪证明标准的习惯理解实在不容乐观。

庭审实质化所适用的案件都应该是有较大事实争议且表现为人证争议的案件，因此，庭审实质化所适用的案件的定罪证明标准与公诉证据标准应该比其他类型案件的标准偏低，然而，在人们普遍将刑事庭审实质化改革的主要目标定位于防范错案这样一种思维定向中，刑事庭审实质化所应然要求的定罪证明标准和公诉证据标准可能也较难得到有效实现。

不管改革的现实进展有多艰难，说清楚制度的基本法理是学者的职责之所在，而且这也是改革所需要的思想前提。不论本文的具体论述能否得到各位方家的认同，但笔者在这里呈现了观察问题的新视角，诚愿这种新的问思能够澄清公诉证据标准的基本法理逻辑。

（原载于《江海学刊》2017 年第 6 期）

互联网创新发展中的经济法治研究

杨　松　郭金良*

互联网科技是在计算机技术的基础上发展起来的信息技术，并结合人类实践形成系统化、科学化的知识体系，以帮助人类不断认识世界、改造世界。互联网科技创新对社会经济活动和法治的影响有目共睹，但互联网应用的深度和广度也给社会经济变革带来了极大的不可预测性，经济法治在互联网的不断创新中发展前行。从法律调整对象角度看，以互联网的创新为媒介，形成了大量虚拟交易关系；互联网的创新对市场行业的内容、模式、规律、治理等多方面内容产生了影响，行业内容的个性化、活动模式的跨界性、行业运行规律的多变性导致社会经济关系内容存在着极大的不可预测性。从法律关系主体地位角度看，基于信息优势（质、量、证据等）出现在各种网络交易中的"互联网平台"（交易性和中介性）成为互联网参与式社会经济活动关系的重要主体，此类主体的法律地位、权益内容、监管救济等需要法制化。法律调整对象及法律关系主体的变化要求经济法治的规则依据作出回应[①]，面对传统法律调整对象的变化和新型法律关系主体

* 作者简介：杨松，1968 年生，法学博士，辽宁大学法学院教授；郭金良，1985 年生，法学博士，辽宁大学法学院讲师。

① 关于法律规则的构成要素，主要有"行为模式—法律后果""假定—行为模式—法律后果"两种观点，本文采取第二种"三要素说"。

的出现，互联网创新需要新的法律规则以及对部分传统法律规则构成要素进行改造。我们应该针对互联网创新影响下社会经济活动中遇到的新变化，给予必要的回应，为推进新时期的经济法治发展、法治中国建设提供必要的理论供给。

互联网创新发展带来经济法调整对象的变化

调整对象理论是分析部门法特征的最重要方法之一，互联网创新对经济法调整对象的影响主要体现在以下几个方面。

（一）互联网创新发展对宏观调控关系的深度影响

1. 宏观调控对象的创新

宏观调控是国家对宏观经济进行调节和控制的行为，有效的宏观调控能够为社会主义市场经济健康发展提供保障。宏观调控的对象是宏观经济，“互联网+”经济成为国家经济结构调整、产业结构布局的重要内容，互联网创新对宏观经济的整体发展产生了重要影响。2015年国务院发布了《关于积极推进“互联网+”行动的指导意见》(以下简称《互联网+指导意见》)，其中明确提出：“在全球新一轮科技革命和产业变革中，互联网与各领域的融合发展具有广阔前景和无限潜力，已成为不可阻挡的时代潮流，正对各国经济社会发展产生着战略性和全局性的影响。”互联网对国家经济发展的影响已经不仅仅体现为单一市场主体的行为，其已经影响到国家经济的总体战略安排。《互联网+指导意见》不仅从宏观战略上指出互联网与经济发展深度融合的重要性，还从经济结构、产业布局的角度提出了基本目标，即“到2018年，互联网与经济社会各领域的融合发展进一步深化，基于互联网的新业态成为新的经济增长动力，互联网支撑大众创业、万众创新的作用进一步增强，互联网成为提供公共服务的重要手段，网络经济与实体经济协同互动的发展格局基本形成”。“‘十三五’规划纲要”第六篇“拓展网络经济空间”中明确提出：发展现代互联网产业体系，加快多领域互联网融合发展，实施“互联网+”行动计划，促进互联网深度广泛应用，带动生产模式和组织方式变革，形成网络化、智能化、服务化、协同化的产业发展新形态。宏观调控对象的变化直接影响宏观调控法律制度的构成，如财政、税收、金融、计划等调控方式均需要对“互联网+”经济新对象作出制度回应。

2. 宏观调控内容的丰富

宏观调控内容包含总量均衡调控、结构优化调控、就业调控以及国际收支的调控。互联网对经济活动的创新改变了供给与需求关系，供给更加高效、供给方式更加多样；互联网对经济活动的创新使得传统经济结构发生“互联网+”式的变革，传统实体服务行业受到严重冲击。互联网对经济活动的创新产生了一大批“创业者”，“微商”成为就业的一个重要途径，如网络预约出租汽车、在线开放课程（慕课）等新业态、新商业模式层出不穷。互联网对国际经济活动的创新，加速了跨境电子商务的发展，跨境货币流通监管成为国家经济安全的一个重点内容。为了实现互联网创新经济发展战略的有序实施，国务院“互联网+”指导意见明确了“互联网+”十一项重点行动，具体涵盖各个行业及领域。2016年《“十三五”国家信息化规划》指出：“网络经济异军突起，基于互联网的新业态新模式竞相涌现。2015年，电子商务交易额达到21.79万亿元，跃居全球第一。”“互联网+”的蓬勃发展引爆了信息消费的大幅增长，“互联网+”产业迅猛发展，并从零售、物流等领域逐步向三大产业全面渗透。可以说，以“互联网+”为纽带而创新的经济新结构，正在影响着宏观调控四大目标的实现，宏观调控法律制度必须针对内容上的变化作出及时的法治应对。

（二）互联网创新发展中市场规制关系的变化

互联网创新发展在创造市场交易模式、市场活动方式的同时，使市场交易关系产生了诸多新变化，并对市场秩序维护提出了挑战。

1. 跨界融合式市场交易关系的发展增加了法律规制的难度

传统市场交易活动、交易模式常常受地域、空间、生产类型化特征等约束，并在此基础上形成单一性的交易关系。与传统交易活动不同，互联网科技实现“个性化”发展的前提是通过信息化渠道、云计算、对大数据信息的综合化处理，实现资源的“跨界整合”，把原有需要“集合化”完成的各个环节由个人通过互联网来完成，通过技术上的这种综合运用，实现了传统产业与新兴产业的协同创新、线上与线下模式的优势资源合理配置，从而实现了商业模式再造。在互联网创新的商业实践中，市场交易关系的跨境融合主要体现在以下几个方面：首先，市场交易突破了时间、地域的限制，实现了商业交易模式的“空间跨界”；其次，互联网科技创新实现了企业对企业（B2B）、企业对个人（B2C）、个人对个人（C2C）等线上与线下融合交易，创造了更加广阔的市场交易模式；最后，互联网科技创新实现了人、组织、技术、制度的跨界融合，并使各类社会经济活动参与要素形成“互联状态”，根据市场需求的变化随时创造新的交易模式。

微商是“大众创业、万众创新”的一个典型代表，个体参与者仅通过微信就可以实现多领域、多门类的“跨界式”市场交易活动。微商是指通过社交网络媒体平台的个人账号（微信），以账号中的朋友圈为交易信息传播渠道而发展起来的一种网络电子商务。[①] 鉴于成为微商的条件极为简单，微商的构成群体也非常广泛，包括无职业人员（城镇居民、农村居民）、在职人员、在校大学生等。但由于没有针对微商市场进入的标准，伴随微商井喷式增长，微商运营乱象也日益频发，部分微商侵犯消费者权益或借微商之名行传销之实的现象成为制约微商发展的瓶颈，如微商交易中的诚信缺失问题、消费者按照现行法律维权中的成本高与取证困难问题、微商未经登记而引发的权利争议问题、微商是否纳税及如何纳税的问题等。[②] 互联网

① 参见公衍梅《微商、微商行业发展现状调查分析报告》，《新闻知识》2015 年第 11 期。

② 参见董彪、李仁玉《“互联网 +”时代微商规制的逻辑基点与制度设计》，《法学杂志》2016 年第 6 期。

对市场交易的创新，创造了多重的市场交易关系，并产生诸多新的市场秩序问题。无论从市场健康有序发展的目标出发，还是从消费者权益保护的角度考虑，均应当对跨界式市场交易的法律规制作出新的回应。

2. 以互联网中介主体为基础的新型交易关系对法律规制提出挑战

在单一性交易占主导地位的市场活动中，同一市场交易关系的复杂程度比较容易识别（多个交易关系混同除外），通常存在交易双方当事人及其他附属法律关系主体。例如，在传统的民间借贷中，借贷双方当事人通过现场立约的方式完成借贷活动，借贷关系清晰明确。但 P2P 网贷（也称“网络化民间借贷”）则表现出不同的法律关系。在 P2P 网络借贷中，借贷双方不是“熟人关系”，也不会“见面协议”，通常情况下是由 P2P 平台在线下对借款人资信进行审核，然后由其对借贷双方进行撮合，两者在线上完成借贷协议。如果按照上面传统民间借贷的分析，借贷合同中会出现三个主体，即借贷双方和 P2P 平台，并且 P2P 平台在促成借贷上会起到实质性的作用。因为，出借人是基于对 P2P 平台资信审核的信任才给借款人放款的。所以，从形式上讲，这里存在借贷合同和中介合同两个民事合同，但这里的中介合同与普通的居间和行纪合同的区别在于中介主体的作用已经超出了一般服务的范畴，属于借贷合同实现的实质主体。从整个法律关系的复杂程度上分析，网络化民间借贷比传统的民间借贷的关系更加复杂；但基于信息化、大数据的 P2P 网贷平台通过对借款人相关信息的搜集、整理、评估并结合必要的实地考察确认，能够相对准确地评定出借款人是否具备相应的还款能力。与传统民间借贷相比，P2P 平台通过建立这种规范化、程序化的借款人资信评估程序能够避免传统民间借贷中“找熟人”保证、节省考察借款人还款能力的物质和时间成本，以确保促成借贷的安全性与高效性。P2P 网络借贷是互联网视域下社会结构变迁的必然产物，其是以大数据、云计算等现代信息技术及应用为支撑建立起来的“陌生人社会主体”之间信任为信用基础，P2P 平台对行业监管和投资者与消费者保护具有重要意义。[①] 上面提到的第三方支付的实践创新以及“网购”消费活动等，也都是互联网视域下市场活动复杂化的典型案例。互联网中的市场创新跨界融合特征，使市场交易关系的复杂性与高效性并存。除了金融市场中以互联网为媒介而发展起来的股权众筹、支付平台、网贷平台及各种理财平台外，其他行业也依托互联网产生了诸多中介平台，对于这类新型市场主体需要明确的法律制度予以规范。

互联网创新发展中经济法治规则依据的变化

法律调整的社会关系在科学技术推进社会经济发展的过程中也会发生变化，并可能产生一些新的社会经济问题。法与科学技术的关系主要表现为：科技发展能够扩大法律调整的社会关系的范围、改善法律调整机制，而法能够组织管理科技活动、鼓励与促进科技成果推广使用、防范和治理科技发展所带来的消极后果。[②] 经济是国家发展的物质基础，是民族强大的力量之源，互联网科技给社会经济关系带来的变化，也必然对调整社会关系的法律规范产生影响。

首先，互联网科技突破了现有法律制度调整的社会关系的范围，即实践中存在的法律关系的内容产生了变化。法律关系是法所调整的、以权利义务为内容的社会关系。[③] 互联网科技的应用通过对人与人之间活动空间的改变，使人们之间的活动方式、活动主体构成、活动成本等法律关系内容发生了诸多变化。如随着网络基础设施的发展与普及，网络相关法律制度亟须构建。如，网络洗钱、网络信息保障、网络隐私侵权等问题的产生，推进了网络安全法、网络信息法等网络安

---

① 参见郭金良《P2P 网络借贷中投资者保护法律机制研究》，《中国社会科学院研究生院学报》2016 年第 2 期。

② 参见刘金国、舒国滢主编《法理学教科书》，中国政法大学出版社 1999 年版，第 388 页。

③ 参见张文显《法理学》，北京大学出版社 2007 年版，第 159 页。

全与信息技术基础方面法律的出现；而交易活动的“电子化”特别是知识产权的“网络传播”，也加快了电子签名法、信息网络传播权保护条例的出台；同时，侵权行为法、消费者权益保护法、广告法等法律中“互联网因素”的植入融合推进了民商事法律制度的新变化与现代性发展；利用电子信息犯罪的刑事案件中的法律规范适用及相关司法解释的出台与更新等，丰富了网络刑事法律制度的内容。

其次，互联网科技开拓了法律规范适用的新经济领域。法律规范仅从其调整人与人之间社会关系层面出发，范围上包括法律规则和法律原则。无论是法律规则，还是法律原则，它们都是法的要素。互联网技术创新为调整传统社会经济关系的法律规范适用开拓了新的领域，如由于法律关系主体性质不变，合同法要适用于平等主体之间网络交易中的财产关系；而各种网上公司、个体网店的行为规则也要受公司法、破产法的约束；从主体范围上考察这是法律规则适用范围的扩大。同时，在金融监管领域，我国《银行业监督管理法》第四条明确“依法、公开、公正和效率”为银行监管的基本原则，那么，虽然互联网技术对金融领域的创新使得金融机构与第三方支付平台等“类金融机构”的服务功能存在一定的重合，金融的跨界、融合、共享特征更加明显，网络银行、银行网络服务与产品快速发展，并对传统监管法律规则提出了新的挑战和课题，但银行监管法律调整的基本原则没有变，即在有效防范和化解银行业风险的前提下，保证任何监管活动依法进行、监管活动公开实施、对各类主体公正监管，不因监管对象的差异而实施不同的监管待遇。

最后，互联网科技改变了经济领域以国家法律为主体的调整机制。在我国传统经济领域的法律调整中，国家法律占主体地位，包括民法通则、合同法、公司法等传统民商法以及银行业监督管理法、商业银行业法、证券法、保险法等一系列专业领域的法律法规；而其他行业类规范、社会自治规则处于辅助性地位。在非互联网科技时代，社会关系较为稳定、交易模式和类型经过长期发展也较为固定，国家正式法律所具有的稳定性、强制性和权威性决定了其调整社会关系的优势；而迈入互联网科技时代，社会关系的多变、交易模式和活动方式的创新也进一步放大了法所具有的僵化、保守等局限性。依据马克思主义国家观，法治社会是“国家消亡后由社会自治规范和习惯治理的社会状态”①。在制度层面上，法治社会要求社会活动规范体系的完备性和科学化，包括正式法律、社会自治规则、社会习惯以及它们之间的相互补充与协调。②《中共中央关于全面推进依法治国若干重大问题的决定》中也明确提出：“发挥市民公约、乡规民约、行业规章、团体章程等社会规范在社会治理中的积极作用。”法律源于生活，“法的内容是由社会物质生活条件决定的”③，法律规范的对象、规范内容的设计必须以社会现实为基础，不能违背社会经济发展的一般规律，如行业自治组织规则在股权众筹融资平台规范发展上发挥着积极的作用。互联网创新发展中的社会经济关系需要互联网相关法律制度与社会自治规则相互配合、共同调整，以共同服务于中国社会经济的发展。

互联网创新中经济法治发展的顶层构造

在互联网科技快速发展的时代，社会经济关系的变化对经济类法律规范乃至整个法律体系都产生影响，并进一步冲击着国家的治理结构，也直接关系到法治社会治理能力的现代化。面对新的治理环境，我们必须坚持“市场在资源配置中起决定性作用”和“更好发挥政府作用”的基本要求，贯彻落实《中共中央关于全面推进依法治国若干重大问题的决定》，从宏观调控法律制度完善、新型市场交易关系的风险规制及特殊市场中介机构的法律规制等方面，对经济法治发展进

① 肖北庚：《法治社会：法治演进的逻辑必然》，《法制与社会发展》2013 年第 5 期。

② 江必新、王红霞：《法治社会建设论纲》，《中国社会科学》2014 年第 1 期。

③ 张文显：《法哲学范畴研究》，中国政法大学出版社 2001 年版，第 38 页。

行全面构造。

（一）构建包容与开放型的宏观调控法律制度

纵观人类社会经济发展的历史变迁过程，不同类型的经济形式（包括商品经济、市场经济）是法律得以产生、发展的土壤；反过来，法律为经济发展提供有力保障，经济发展与法律进步、优化相辅相成，经济越发展，法律的体系就越完善，其作用就越广泛。在法治国家，国家对经济的干预应当法治化，国家宏观调控的实现需要依托科学的宏观调控法律制度。互联网科技改变了法律赖以存在的制度基础、改变了经济社会发展的理念和方式、提高了经济社会活动效率、减少了经济社会活动成本，从本质上讲，互联网创新改变了传统宏观调控格局。宏观调控对象和内容的变化，要求相应的法律制度做出调整，可以考虑通过制定宏观调控法的方式，系统构建宏观调控基本法律制度。互联网科技改变了传统社会经济关系特征，并对相关法律规范产生影响，而作为法律治理重要依据的法律规范的变化和治理对象的变化必然要求治理目标能够与时俱进。市场主体的“个性化”发展、市场交易方式的“自主化”发展，要求我们的法律治理不仅仅要关注那些规模主体的市场交易，还应该重视网络个体经济活动；跨界融合在市场活动中的发展使得传统交易活动变得更加复杂，这要求我们的法律治理不能再局限于金融与非金融、实体与非实体、个体与规模等类型化的治理，治理目标应该符合多样化的经济发展需求、更具包容性。2015 年国务院“互联网 +”行动指导意见，明确“坚持开放共享”“融合创新”为行动的基本原则，并要求营造开放包容的发展环境，这是互联网科技影响下法治面临的新的实践课题。因此，在经济新常态下，宏观调控法律制度的完善应当以宏观调控关系的变化为基础，合理计划“互联网 +”经济的制度安排，重新审视宏观调控法的目标构成、补充新的内容，构建包容与开放型的宏观调控法律制度，可以考虑适时制定“计划调控法”。

（二）建立多元化的经济法规范体系

无论是新型经济法律关系的出现还是“互联网＋”对传统经济法律关系要素的改变，均需要对经济法治规范依据进行完善和补充。

一是正式法律与非正式法律治理依据的有机结合。社会力量在经济社会发展中的作用、地位不断受到重视，传统经济法治治理框架中以政府与市场为核心的二元结构正在向“政府、社会、市场”一体化建设的三元结构转向，更加突出多方合作在整个治理过程中的重要性。传统市场秩序的调整主要靠法律，法律基于其稳定性、强制性的特征确实为社会主义市场经济发展提供了良好的秩序保障。但是，在互联网科技的战略发展过程中，市场活动的内容会随着技术、思维的创新而发生极大的变化，这种变化使得法律很难做出合理的规制，如果刚性地适用法律规范，可能会抑制创新、影响经济效率。这时，正式法律本身具有的“保守性、僵化性、限制性”等局限性便会被放大，并且从成本角度分析，法律控制也是一种成本高昂的社会治理方法。相反，以交易习惯、行业规约等非法律规范为内容的约束规则所具有的“适应性”特征能够为互联网科技创新的市场活动提供合理、有效的治理机制。行业规则作为社会自治规则体系中一个最主要的构成要素，在经济社会活动中起着重要的规范作用。例如，互联网金融模式及运行的多变性和更新性使得正式法律在互联网金融治理上的局限性更加明显。相反，以行业自律为主体的社会自治将成为互联网金融治理重要内容，这已经得到欧美等域外治理经验上的认同。而金融领域的社会自治恰恰是法治社会治理中多元治理的一个重要表现。

二是加快出台针对新型市场交易关系的经济法治规范依据。新的法律规范依据的产生一般需要具备两个条件，即出现新的市场交易关系、现行法律制度无法调整这一社会关系。以微商为例，从交易类型看，微商交易关系涵盖产品、服务的各个环节，难以适用某一单项民商事法律法规；从交易监管看，微商数量庞大，难以适用现行工商注册登记制度进行有效监管；同时，微商经营具有极大的不确定性、多数经营主体为“兼职”，难以按照现行税收法律制度对该类主体征税。所以，至少国务院应当制定“微商管理条例”，明确微信服务者对微商的监管责任，确立微商经营准入的简易批准制度，加强商品或服务“源头”监管，可参照个体工商户的税收规则适用相应的纳税制度。

三是加强对既有经济法治规范依据中涉及“互联网+”要素内容的法律调整与司法解释。现有法律规范多数以实体交易为基础，即使是金融领域、产品与服务，也是以金融机构为依托来建立相应的制度。面对“互联网+”的创新对交易模式、交易要素的改变，经济法治应当从两方面加强法律规范的适用性：一方面，通过司法判例的方式，明确新型交易模式、交易要素的裁判标准，如最高人民法院对“360诉腾讯滥用市场支配地位案”的判决；另一方面，积极进行相关法律规范的修改，如《消费者权益保护法》《食品安全法》中已经对“网络消费”行为制定了新规范。

（三）建立以风险规制为核心的市场主体法律制度

风险是因自我控制外因素作用而产生的不确定性，随着社会的发展和经济环境的变化，风险形式也呈现多样化。为了避免风险给市场交易中的主体带来不利后果，风险一直是法律治理的主要对象。互联网对经济活动影响的一个重要内容就是增加了风险的形式和发生概率，这在互联网金融领域尤为突出。所以，出于国家金融安全、市场秩序稳定和消费者保护的目的，要建立以风险治理为核心的市场主体准入与退出法律制度。

首先，事前风险预防。准入机构要严格评估可能发生的各种风险，建立风险处置的准备计划。以互联网金融平台为例，在具体准入标准上，要结合现有金融监管国际规则来设计适合该类机构的“恢复与处置计划”，要有可行的股东对机构持续运行的责任协议，要有合理的机构稳健运营风险评估书（主要审查资本来源合法性、来源稳定性、股东能力及相关技术人员等因素）。

其次，事中风险化解机制，市场主体退出前的风险治理。任何市场主体在经营中都会遇到风险，如果采取的措施及时、合理，机构就可能转危为安，否则进入退出程序。特别是金融机构还会涉及机构的自救以及必要情况下的政府救助。

最后，事后风险处置，建立完善的市场退出机制。针对互联网金融平台的市场退出，一方面，明确互联网金融平台市场退出适用的法律。基于平台具备金融特质的“非金融机构”属性，建议修改企业《破产法》来建立互联网金融服务平台的市场退出制度。另一方面，明确该类平台市场退出的程序、规范内容。从程序和规范内容的整体上讲，应该适用企业《破产法》的内容，但基于服务特性，互联网金融平台在市场退出时应该有能力保证或预先设计好未完成债务给付的债权债务关系的有效处置计划，或者说找到适格的接受者，实现对债务人信息及资信情况的持续性供给，以保护投资者（出借人）的权益。

（四）构建新型市场中介机构监管责任体系

新型市场中介主体是指为市场交易关系建立提供服务，依托互联网技术成立的市场中介主体，此类市场中介包括互联网金融类中介、食品经营类中介、传统网络营销平台等。新型市场中介主体因服务对象的不同而存在各自的运行特征，但因此类主体的存在均以互联网及其技术应用为依托，故它们也存在着一些共性特点。为了维护新型市场秩序稳定，防止实践中频发的“P2P 跑路”“网上订餐黑心事件”“网商交易失信”等危害市场健康发展的现象，应当以新型市场中介主体共性特点为基础，进行法制化的顶层设计。新型市场中介主体的一个共同特点是能够对真实交易双方的信息进行持续性掌握，即当商品或服务提供者向网络中介机构申请平台中介服务时，需要提供有关自身及商品或服务内容的基本信息，并对此类信息的真实性进行审核；同时，在交易进行过程中，网络中介平台还应当掌握交易双方的经营信息，并向相关方进行披露。所以，从新型市场中介主体法律规制的顶层设计出发，应当由国务院制定发布“互联网中介平台业务规范指导意见”，其中具体建议包括以下几点。

一是基于信息优势地位的市场准入审查责任。互联网中介平台对利用其进行交易的市场主体具有准入资格审查的责任，包括提供商品或服务的经营者应当符合国家法律法规规定的经市场监管部门批准的法律资格的审查，经营者与消费者、投资者基本信息的审查与核实。二是基于信息优势地位的日常监管辅助义务。互联网中介平台有义务将利用其平台进行交易的市场主体的经营信息提供给相应的监管机构，辅助监管机构对市场主体进行有效监管。三是基于信息优势地位的证据保存责任。互联网中介平台能够掌握市场交易双方的各种正式交易信息和交易资料，当市场监管机构需要对市场主体采取监管措施时，中介机构有责任提供相应证据资料；当交易双方发生纠纷时，经当事人申请及司法机关或监管机构（如消费者、投资者保护机构）批准，中介机构有责任提供经申请或批准所需的证据资料。

余　论

互联网科技的飞速发展使互联网行业本身的特征不断改变着传统社会经济关系中的市场结构。互联网科技及其应用打破了人类活动的“空间界限”，实现了人类活动方式、活动内容的突破，并改变着人类活动的规则和调整机制。互联网科技影响下的经济活动所依赖的社会运行基础和法律治理机制都发生了不同程度的变化，这是经济法治发展过程中的历史性跨越。总之，互联网科技对法律的影响是多维度的，既需要结合新的情况在原有法律规则及原则基础上作出正当解释，也需要针对具体情况调整原有法律规范；既要重视陌生领域的新立法，又要重视变化中的社会关系调整方式的改变；既要巩固正式法律在社会治理中的地位，也要重视社会自治规范在治理规范体系中的积极作用。

（原载于《江海学刊》2017 年第 4 期）

竞争法治下平台数据共享的法理与实践

——以开放平台协议及运行为考察对象

陈　兵*

问题的提出

我国作为互联网数字经济大国，数据活动十分活跃，由此生产和挖掘的数据资源也相当丰富，各类数据相关行为所引发的法律问题日益凸显，其中，对数据权属的认定与分享，并由此导致的各类数据的流通与开放、深度挖掘与复次使用等属于数据共享范畴的数据治理问题已成为当下亟待回应的实践难题。数据共享作为数据治理的一个核心范畴，立基于数据权属构造之上，关涉数据流转和使用、开发和创新的关键过程和行动目标，是涉及程序规范和行为规制的一个数据法治概念。数据共享是指数据主体，包括数据原始提供者、数据实际控制者及开发创新者对其依法产出或赋值的数据，控制其流转程度和使用方式的一种数据获取形态和行动方式。

在推动数据共享的同时，值得警惕的是在共享中潜藏的巨大反竞争风险。诸如在互联网反不正当竞争领域频发的“数据争夺战”，反

* 作者简介：陈兵，1980 年生，南开大学法学院教授、博士生导师，南开大学百名青年学科带头人。

映了各类数据主体，包括原始提供者、采集者、开发利用者等实际控制者对数据控制力度需求的递增以及博弈各方在数据共享问题上的分歧。虽然有学者认为数据具有“非竞争性”，数据采集的普遍性、解析的便利性和应用价值的短暂性使数据市场进入壁垒低，新进入者不必拥有与市场中具有支配力量的企业相当数量和相似类型的数据才能进入并展开有效竞争。① 但是基于用户基数差距引发的数据资源掌握差异导致对用户实时更新数据的掌握程度大不相同，使数据巨头所掌握的数据每一单位时间都在更新，支撑其数据挖掘和计算能力上的优势不断增强，使其在对底层数据的解析上遥遥领先，在相关市场、关联市场乃至不相关市场上的既有和（或）潜在竞争优势得到持续强化，直至有效形成和不断巩固其在多边市场构造上的平台型支配地位，带来封闭的反竞争、反创新危害。

国家已开始从宏观层面重视数据共享对经济高质量发展的战略意义，着手施以政策搭建数据共享制度框架，但是不可否认，数字经济的复杂性与理论研究的惯性使系统的数据共享架构的建立仍有困难。目前对数据共享的有关研究仍依循私法逻辑，仅看到了数据保护对共享的价值，将数据共享作为施行保护的价值目标，未能科学把握数据共享与保护间的系统的动态衡平关系。现有成果主要讨论了在数据共享下的保护风险，以人格权项下的隐私保护制度为基础和合法性来源来实现个人数据保护②，从数据权属确立的角度探讨“数据专有权”“数据财产权”的证立，以对数据“赋权”实现保护等③，构成了现阶段对数据保护与共享基本关系的分析逻辑。由此，导致了对数据现象所做的理论研究呈现个体化和碎片化特征，使相关研究出现相互矛盾

---

① Darren S. Tucker and Hill B. Wellford, “Big Mistakes Regarding Big Data”, *14 – DEC Antitrust Source 1*, 2014, pp. 1 – 12.

② 参见王利明《数据共享与个人信息保护》，《现代法学》2019 年第 1 期；齐鹏飞《论大数据视角下的隐私权保护模式》，《华中科技大学学报》（社会科学版）2019 年第 2 期。

③ 参见龙卫球《数据新型财产权构建及其体系研究》，《政法论坛》2017 年第 4 期；陈俊华《大数据时代数据开放共享中的数据权利化问题研究》，《图书与情报》2018 年第 4 期。

和不能通约的情况。[①] 已有学者从公益优先原则、比例原则等入手寻找平衡数据共享与保护冲突的方法[②]——广义上的数据共享还应该包括政府数据共享[③]，但尚缺乏对数据共享下潜藏的反竞争风险的关切——数据作为互联网经济高质量发展的关键设施和核心要素，其意义愈发显著，亟待从竞争法治维度探讨。囿于篇幅，在此仅以平台经营者的数据共享为例展开讨论。

从开放平台协议看平台数据共享的基本规则与运行风险

大数据专家与信息隐私专家舍恩伯格指出，“大数据的价值不再单纯来源于它的基本用途，而更多源于它的二次利用”[④]，二次利用的前提就在于数据安全且高效的流通与共享。正如在国务院印发的《国务院办公厅关于促进平台经济规范健康发展的指导意见》（简称《指导意见》）中所强调的，要“畅通政企数据双向流通机制，探索建立数据资源确权、流通、交易、应用开发规则和流程”，将打通数据双向流通通道、推进数据共享作为促进平台经济健康发展的重要举措。当前各大平

---

① 无论是人格权还是财产权，个人权利还是企业权利，都不能很好地解释数据的流动和控制问题。其中的结构性问题在于，个人信息与数据财产如何统一在统一数据之上，以及如何在数据可由众多主体合法共享的前提下，体现出数据权利在私法上的排他性救济性特点。另外，个人信息与企业数据的保护在理论维度和价值目标上有很大的不同，一概“权利化”并不能真正解决本质问题。参见梅夏英《在分享与控制之间——数据保护的私法局限和公共秩序构建》，《中外法学》2019 年第 4 期。

② 王岩、叶明：《人工智能时代个人数据共享与隐私保护之间的冲突与平衡》，《理论导刊》2019 年第 1 期。

③ 开放数据通常是指任何人都可以自由使用、修改和共享数据。公开政府数据是指公共部门机构以合法的和技术上可重复使用的方式发布的数据。Frederik Zuiderveen Borgesius，Jonathan Gray & Mireille van Eechoud，Open Data，“Privacy，and Fair Information Principles：Towards a Balancing Framework”，*Berkeley Technology Law Journal*，2015，pp. 2075 – 2076. 开放数据指被有意地公开供公众使用。Joel Gurin，“Big Data and Open Data：How Open Will the Future Be”，*Journal of Law & Policy for the Information Society*，2015，pp. 691 – 704.

④ 丁晓东：《论个人信息法律保护的思想渊源与基本原理——基于“公平信息实践”的分析》，《现代法学》2019 年第 3 期。

台企业，尤其是主要的超级平台背靠千万亿级流量，对数据的收集、存储、分析、计算、挖掘及创新能力不断强化，本应成为实现数据流通共享和数据叠加增量的主力军。① 然而，在现实中平台企业出于将数据作为核心竞争力的考虑，数据共享的意愿较低，即便是共享，其数据的质量也不高，且在共享过程中容易诱发各种反竞争风险。为此，本文聚焦当前我国互联网领域具有代表性的平台经营者，通过比较其开放服务协议中的数据共享条款，廓清数据共享现状及潜在的反竞争风险。

（一）开放平台服务协议中数据共享规则

当前我国尚未针对数据共享出台专门的法律法规，多以原则性条款、文件精神的方式来鼓励相关主体自愿增强数据共享的力度与强度。鉴于此，对数据共享规则的规范性考察更多参考了各大平台自行拟定的开放平台服务协议的条款。该类服务协议虽然内容不尽相同，但是作为各大平台与用户、第三方开发者约定开放与共享数据过程中相关权利义务的基本文本构成了观察平台数据共享规则的主要镜像。为此，本文选取了淘宝、微信、微博、支付宝、百度一下五类时下主流的电商、社交、支付、搜索等平台的服务协议②作为样本，来分析平台数据共享的基本样态（见表1）。

表1　　主要平台服务协议数据共享条款内容

所属领域	主体		数据分类情况	数据共享范围
电商	阿里巴巴	淘宝网	个人信息、个人敏感信息、非个人信息	1. 法定情形下的共享； 2. 获取用户明确同意情况下的共享； 3. 用户主动选择情况下的共享； 4. 与关联公司间共享； 5. 与授权合作伙伴共享（包括广告、分析服务类、供应商、服务提供商）

① 刘权：《论网络平台的数据报送义务》，《当代法学》2019年第5期。

② 此处所指的服务协议来自淘宝网、支付宝、微信、微博、百度官方网站所公布的最新生效的版本，包括《淘宝平台服务协议》《淘宝网隐私权政策》《支付宝服务协议》《支付宝隐私权政策》《腾讯微信关键许可及服务协议》《微信隐私保护指引》《微博服务使用协议》《微博个人信息保护政策》《百度隐私政策总则》《微信开放平台开发者服务协议》《新浪微博开发者协议》。

续表

所属领域	主体		数据分类情况	数据共享范围
电商	阿里巴巴	支付宝	身份要素、个人敏感信息	1. 业务共享（包括关联公司、合作金融机构以及其他合作伙伴）； 2. 其他用户查询； 3. 第三方登录； 4. 投诉处理（包括消费者权益保护部门及监管机关）
社交	腾讯	微信	个人信息、个人敏感信息	1. 腾讯集团内； 2. 相关法律法规及国标规定的共享情形
	新浪	微博	微博内容、个人信息、个人敏感信息	1. 关联产品及服务，为宣传推广许可为第三方使用； 2. 通过微博登录第三方应用； 3. 特定情形下的共享（包括司法机关或行政机关基于法定情形、用户与第三人有关约定、为保障微博、微博用户及社会公共权益免受损害等）
搜索引擎	百度	百度一下	个人信息、个人敏感信息	1. 获得用户明确同意情况下的共享； 2. 授权合作伙伴（包括服务平台或服务提供商、软硬件、系统服务提供商、广告、咨询服务商）； 3. 关联公司； 4. 基于法律法规等要求的共享

从表1可知，首先，通常依据平台所提供服务的功能和实现场景设定相关数据共享的内容与范畴。譬如，支付宝隐私权政策中基于电子支付的特殊性，为保障资金流通的安全与可靠，平台与用户、用户与第三方开发者以及用户之间就敏感信息也可实行共享。

其次，数据共享的内容和范畴侧重于个人用户的数据和信息。譬如，淘宝的隐私权政策和新浪微博的个人信息保护政策均有类似规定，即对无法重新识别且无法复原的非个人数据，平台有权以其他目的对其进行使用，包括用于统计分析和预测、机器学习、模拟算法训练等。

再次，数据共享主要发生在平台企业的关联企业、合作伙伴等与其有密切经济联系的主体间。部分平台认可了用户自决的数据共享行为，以及特殊情形下基于社会公共利益、司法执法需要的数据共享，但对平台间、平台与其他无合作关系的主体间的数据共享并无规定。

综上，我国平台数据共享主要呈现以下特征：第一，平台数据共享与用户个人数据保护紧密相连，平台在拟定数据共享规则时须考虑用户个人数据保护的合规成本与风险控制成本；第二，平台数据共享规则的设置由平台主导，数据共享水平各异，用户和第三方开发者无磋商空间，呈现“Opt-Out”模式；第三，平台数据共享的对象集中在关联公司与合作伙伴，平台推动数据共享的范围窄，能动性不足。

（二）平台数据共享能动性不足的原因

“大数据的一切具体应用的不二法门是开放与共享”①，这深刻地道出了数据共享的价值与意义。然而，在现实中各大平台对数据共享的推动尚不尽如人意，究其原因，主要有以下几点。

1. 数据共享与数据保护的两难

客观认为，数据尤其是经过分析和计算后形成的大数据具有巨大的商业价值，但是提供或生产数据之主体未必有能力分析数据，有能力分析数据的主体也未必有能力将分析结果用在产品或服务的开发创新上。故此，应鼓励和支持相同数据通过在不同主体间流通共享而发挥不同的效用，实现价值增值。然而，在现实中数据的流通共享与数据保护存在形式上的冲突。数据保护在形式上意味着将数据“封闭”在一个特定的场域内，通过设置措施妨碍或阻止需求方获取，以降低因流动带来的风险。而数据共享恰好相反，共享意味着数据将以更加开放和多元的方式让需要的主体合规地获取和使用，增强流动以提升数据增值效率。现实中尽管平台声称会对其所收集的个人数据采取包括匿名化、假名化等在内的脱敏措施使其丧失对个人的可识别性，成为非个人数据以降低个人隐私泄露的风险，但是计算机科学表明，这种区分是程度问题，而不是性质问题，不可逆转的匿名化是困难的——或许是不可能的，数据

① Frederik Zuiderveen Borgesius, Jonathan Gray & Mireille van Eechoud, “Open Data, Privacy, and Fair Information Principles: Towards a Balancing Framework”, *Berkeley Technology Law Journal*, 2015, pp. 2075 – 2076.

是否充分匿名化很难事先评估。故此，数据受到威胁的风险并不因为数据匿名而完全消失。故此，平台在推动数据共享时设置了较为严苛的数据共享门槛以坚守数据保护水平，并以提供优质隐私服务为竞争优势，获取用户支持被视为商业策略上的更优选择。由此，出现了越是拥有海量数据和优质数据处理能力的平台，越不愿意主动共享数据，除维持自身竞争优势外，也顾及对用户数据保护的需要。但同时，平台企业也充分认识到实现数据共享有利于实现数据的深度挖掘和数据价值的创新。故，平台一方面以数据保护和安全为由迟滞数据共享，另一方面又以数据挖掘和创新以更好地实现数据价值的增值为目的，希望实现数据无限归集与数据有限（附条件）分享（共享）间的平衡。

2. 时刻存在的数据共享风险

只要存在数据共享，引发风险及风险传播的可能就存在，较为常见的风险如限制公民自决选择和个人隐私信息泄露等。对平台而言，尽管其在服务协议中声明会以不低于自身数据保护水平的标准去评估第三方数据保护水平，但同时声明经由共享协议流通出去的数据受第三方控制，不对其保护不力承担责任。然而，此类声明并不能免除平台对用户所负的保护义务，司法实践也未降低平台在进行数据共享时对用户应负有的数据安全保护义务。在“新浪诉脉脉案”二审判决中，法官在判决中强调了新浪微博运营方对 Open API 的接口权限设置存在漏洞，建议经营者完善自身管理，承担相应的数据安全维护义务。[1] 进言之，平台在拥有同业经营者无法比拟的数据体量的同时，也承担着更高水平的安全保障义务，当共享不能给平台带来相当收益时，作为权利人的平台是不会主动开放或共享数据的，毕竟存在巨大的权利实施成本。[2]

---

① 参见北京淘友天下技术有限公司等与北京微梦创科网络技术有限公司不正当竞争纠纷二审民事判决书，（2016）京 73 民终 588 号。

② 纪海龙：《数据的私法定位与保护》，《法学研究》2018 年第 6 期。

3. 维护和强化竞争优势

不论是具备可识别性的个人数据还是经由数据计算行为处理，实现匿名化、假名化的数据，其所蕴含的商业价值均是平台企业展开跨界竞争、多边竞争及未来竞争的核心要素。各平台均不同程度地在服务协议中确立自己对这两类数据的优先权益。淘宝网在其服务协议中明确，其会根据用户设备信息及服务日志信息，提取用户偏好特征，并基于特征标签产出间接人群画像，用于展示、推送信息和商业广告，且经过匿名化处理的数据的后续利用无须再征求用户同意。与之类似，微信及新浪微博作为主打社交功能的两大应用类软件及服务平台，在两者的《开发者服务协议》中均将“用户数据”及“开放平台运营数据”定义为“商业秘密”。暂且不论将数据定义为“商业秘密”是否符合《反不正当竞争法》对商业秘密的界定，但由此可以看出平台对数据的态度。为了维护竞争优势，通过单方意思表示在数据上设置排他性权利，对除了其认可的关联公司、合作伙伴及其他特殊情形外，在数据共享上设置合规障碍，实行有条件的数据共享，维护和强化其竞争优势。

（三）平台数据共享中潜在的反竞争风险

Open API 即开放 API，是平台企业常见的一种应用，平台运营商和提供商将自己的平台服务封装成一系列 API 开放出去，供第三方开发者使用，提供开放 API 的平台实际上就是在从事一种数据共享。自 2007 年脸书推出开放平台应用接口获得成功后，各大互联网巨头纷纷推出开放平台服务，以充分释放和挖掘自己拥有的数据资源价值。新浪微博于 2010 年率先开放了自身平台，腾讯于次年正式上线。腾讯的开放业务发展至今，开放程度持续向纵深发展，除了传统的 Open API，还发展出移动 SDK、组件、小程序等各类开放程序，依靠其在社交领域所积累的数亿用户量取得了相当惊人的效益。正如腾讯在其开放平台官网上所言，“接入微信登录，可实现微信账号快速登录，打通账号体系，一键链接亿万微信用户”，第三方开发者通过共享平台的数据资源，省去初创期漫长的用户流量积攒过程，直接获取“亿万微信用户”，这无疑成为刺激其创新积极性的动能。平台以数据资源为优势，通过数据共享实现与开发者的互利互惠，提升开发者的创新积极性，推动整个互联网产业的创新升级。① 同时，比对腾讯微信与新浪微博的《开发者协议》可发现，互利互惠的开放共享之下也潜藏着不容忽视的反竞争风险。

《开发者协议》自诞生始便具有浓厚的“甲方色彩”。对第三方开发者言，就该格式文本并无太大的议价空间，为了接入平台获取数据资源必须接受一些“严苛”的条款。在已发生的与开放平台数据共享相关的反不正当竞争案中②，法官通常直接依据《开发者协议》的整体意旨来审理案件涉及的竞争纠纷，而对《开发者协议》具体条款的争议定位于合同争议还是其他，需要另行提起诉讼。在实践中围绕《开发者协议》易出现平台与第三方开发者间的权利义务失衡，诱发各类限制或妨碍竞争的风险。以微博和微信平台的《开发者协议》为例，做以下类型化解析（见表2）。

表2　　微博、微信开放平台《开发者协议》部分条款

微博开放平台	条款内容	微信开放平台
用户数据：用户通过微博平台提交的或因用户访问微博平台而生成的数据	数据定义	用户数据：用户在开放平台、应用等中产生的与用户相关的数据，包括但不限于用户提交的语音数据、图像数据、用户操作行为形成的数据等
平台运营数据：指在用户通过微博平台使用平台服务、授权网站、开发者应用期间，用户所提交的或在微博平台生成的或在授权网站和开发者应用生成的任何数据或信息，包括但不限于用户登录数据、游戏操作数据以及虚拟物品交易数据等		开放平台运营数据：指用户、开发者在使用开放平台服务中产生的相关数据，包括但不限于用户或开发者提交的数据、操作行为形成的数据及各类交易数据等

① 张竹、武常岐：《协同创新网络演进研究——以腾讯开放平台为例》，《经济与管理研究》2015年第12期。

② 参见北京淘友天下技术有限公司等与北京微梦创科网络技术有限公司不正当竞争纠纷二审民事判决书，（2016）京73民终588号；深圳市腾讯计算机系统有限公司、腾讯科技（深圳）有限公司商业贿赂不正当竞争纠纷案民事裁定书，（2019）津0116民初2091号。

续表

商业秘密	数据属性	商业秘密
微博开放平台运营数据的全部权利，均归属微梦公司。微梦公司拥有通过使用合作服务所带来的所有用户数据的所有权。微梦公司有权知悉开发者应用及其应用用户的注册数据、交易数据及其他运营数据	数据权属	微信开放平台运营数据、用户数据等数据的全部权利，均归属腾讯，且是腾讯的商业秘密，依法属于用户享有的相关权利除外。未经腾讯事先书面同意，不得为本协议约定之外的目的使用前述数据，亦不得以任何形式将前述数据提供给他人
未经微梦公司事先书面同意，开发者不得为本协议约定目的外使用该运营数据。开发者对外向合作伙伴提供应用运营数据，必须经微梦公司的书面同意，并使用微梦公司允许其使用的数据	数据利用	未经腾讯允许，不得利用本服务所获得的数据（包括但不限于微信用户关系链等）实施或变相实施任何形式的推广、营销、广告行为
微梦公司有权为任何目的分析使用开发者的应用或服务，包括但不限于应用程序代码、应用内容、应用中的数据等	数据审查	为保护你及用户的数据安全，防止用户信息泄露、毁损、篡改或者丢失，腾讯有权对你接入的信息系统实行接入审查，包括但不限于技术水平审查、安全水平审查、主体资质审查等，并根据审查结果向你提出防入侵、防病毒等措施建议
微梦公司有权开发使用与开发者应用或服务功能相似或相竞争的应用或服务	同业竞争	腾讯有权开发、运营与你应用相似或相竞争的应用

1. 不正当竞争风险

以目前平台数据共享引发的两起关注度高的反不正当竞争案件为例——“新浪诉脉脉案”及新近的“腾讯诉抖音、多闪案”——都是第三方经由 Open API 实现数据获取，就该部分数据使用是否得当而引发的不正当竞争纠纷。由表 2 可见，开放平台大多依单方意思强势宣示对用户数据的主导权，通常以“消费者未予授权第三方使用数据”“消费者的隐私权受到极大威胁”等为由，促使案件的审理最终落脚到“用户授权 + 平台授权 + 用户授权”的三重授权原则的落实问题上。遵循如此逻辑，经由法院判决认可了开放平台对包括用户数据在内的在平台场景下产生的各类数据的实际控制权归于平台，虽然没有相关法律法规或其他规范性文件的明确确认，但是通过司法裁判的形式肯定和赋予了平台对数据的控制权。在前述两案中，被告的确存在不当使用用户数据的行为，然而主审法院基于《开发者协议》所设立的数据共享制度架构使第三方承担了事实上或潜在的不正当竞争风险，诚如淘友公司在“新浪诉脉脉案”中坦言自身所处的“被动”局面，致使“微梦公司可以随时修改新浪微博后台的接口限制要求，且一旦调整，其无法证明双方存在相关合作级别和权限”。换言之，第三方开发者面对平台处于相对弱势地位，其对平台数据的利用行为可能被判定为是在攫取开放平台竞争优势和侵害用户数据安全的不正当竞争行为。虽然在现行竞争法治下，第三方开发者的行为被认定为反竞争行为有着较为充分的理据，但是值得深思的是，为什么第三方开发者大多通过被现行竞争法认定为违法的方式来突破平台单方所设置的数据共享模式，是否现行数据共享模式本身就存在问题，或现行竞争法治对数据共享的现实缺乏有效的回应性和包容性，抑或第三方开发者的数据行为着实存在失当性，对这些疑惑都还需进一步思考和研究。然而，有一点是肯定的，即数据共享与竞争法治间存在必然的关联，亟须从竞争法治维度建构数据共享的法治进路。

2. 滥用市场支配地位风险

平台以保护用户数据安全和优化用户隐私服务及其他社会公共利益等正当理由为据，通常单方设置数据共享规则，控制数据共享范畴。事实上，平台特别是超级平台这类具有强大数据优势的经营者存在滥用市场支配地位的风险。譬如，超级社交平台脸书于2019年2月6日被德国联邦卡特尔局裁定在收集、合并和使用用户数据时滥用市场支配地位。[①] 作为最早实施开放平台服务的脸书为了区别当时的市场领

---

① Peter Stauber, “Facebook’s Abuse Investigation in Germany and some Thoughts on Cooperation between Antitrust and Data Protection Authorities”, *Competition Policy International Antitrust Chronicle*, February 2019, pp. 2 – 9.

导者“我的空间”（Myspace），公开承诺保护隐私，甚至向用户承诺“我们不会也不会使用cookies收集任何用户的私人信息”。然而随着脸书的竞争对手逐步消失——脸书在2012年收购了照片墙（Instagram），2014年谷歌宣布将关闭其社交网络Orkut——脸书撤销了用户对其隐私政策变化的投票权，几乎与谷歌退出社交媒体市场的同时，其改变了与用户的隐私协议。《纽约时报》评论员如此评论：“很难去相信在2019年不计后果地消耗我们的数据的脸书，会是2004年那个曾经进行隐私保护的脸书。如今当用户注册脸书时，他们同意公司去追踪他们的活动超过八百万个与互联网相连接的网站和手机应用。”① 脸书从“保护隐私”到“侵犯隐私”的转变揭示了开放平台经营者凭借所积累的数据优势滥用市场支配力，导致隐私保护服务水平降级之危害并非危言耸听。

当前，关于平台可能侵犯消费者隐私的讨论集中在民事法律上，有学者认为“竞争法介入论”将对用户数据（信息）的利用行为生搬硬套滥用市场支配地位理论，只能毁损竞争法的本质，隐私侵害问题应当由个人信息保护法或者民事侵权行为法来调整。② 国内也有学者提出，应在民法典编纂中妥当平衡数据流通与个人信息、数据权利之间的关系。③ 然而，面对平台的强势地位，民法给予的救济无疑是不充分、不全面的④，“朱烨诉百度案”就是一个很好的例证。在该案中，法院认为“虽然原告感觉活动轨迹和偏好被利用，但在个性化推荐中并未与个人身份信息联系起来”，驳回了原告朱烨的诉讼请求。从我国侵权责任法的角度看，一是该损害是纯主观上的，正如其诉讼请求中说“精神高度紧张”，不符合我国侵权责任法上请求精神损害

① Dina Srinivasan, “Why Privacy Is an Antitrust Issue”, *The New York Times*, 2019.

② Jinyul Ju, “Antitrust Analysis of Some Issues Concerning Big Data, Market Power, and Privacy in Digital Multi-sided Platform Businesses”, *Journal of Korean Competition Law*, 2019, pp. 159 – 202.

③ 王利明：《数据共享与个人信息保护》，《现代法学》2019年第1期。

④ 梅夏英：《在分享与控制之间——数据保护的私法局限和公共秩序构建》，《中外法学》2019年第4期。

赔偿的要求；二是不符合现行民法损害隐私权的要件，诚如法官所说，这种个性化推荐并没有与个人身份信息联系起来，从百度的抗辩中可看出，这种推荐往往是基于用户在浏览器上留下的痕迹，并不锁定到具体个人，即该推荐内容在朱烨不将其电脑外借的情况下，是不被第三人所知晓的，这也是法官驳回其诉讼请求的原因之一。可见，面对诸如隐私服务水平降级、不当或过度使用用户数据等问题，民事法律并不能够提供有效的调整手段和救济方式，此刻竞争法介入就显得十分必要。

3. 抑制创新风险

第三方开发者寻求与平台的合作可以最大程度地缩减自身应用积累用户数据的成本和时间，将所开发的应用及服务迅速打入平台已有的用户群中，然而基于平台经营者的优势地位，潜在的风险仍不可小觑。由表 2 可见，在平台所定义的“平台运营数据”这一概念中包含了第三方开发者在使用开放平台服务时产生的相关数据，声明对这部分数据的拥有权利。基于数据审查条款，开放平台可以为任何目的分析和监测开发者的应用及服务，很大程度上易形成数据共享上的“侵夺”，一旦第三方开发者所开发的服务在用户中获得响应，平台基于这种侵夺进行“抄袭式开发”便轻而易举。譬如全球知名社交平台脸书对色拉布（Snapchat）和家庭派对（Houseparty）的复刻行为，使其饱受“抄袭式开发”的争议。而对于第三方开发者，假如未能充分发挥网络效应，及时把从平台吸引来的用户数据转化为自身的竞争优势，那么接受平台的收购或许是避免“抄袭式开发”的优选。此种基于双方数据优势差异和数据共享不对等所引发的“抄袭式开发”甚或收购，极易导致同质化服务的泛滥。在“去中心化”和“弱组织化”的互联网市场上反向形成“聚中心化”和“强组织化”的现象，以第三方开发者为代表的中小企业面对强势的平台竞争乏力，极易导致市场竞争固化，也可能产生抑制创新的风险。

搭建数据共享系统的基本构想

当前我国平台数据共享呈现能动性不足和反竞争风险大的两大特征，制约了数字经济发展。尽管《指导意见》中未对平台间、平台与第三方开发者间的数据共享监管予以明确规定，但是就政府与平台经营者间的数据共享体系已拟制出基本框架。

（一）促进数据共享与数据保护的二元价值动态平衡

数据共享与保护的关系在某种程度上映射为“开放竞争”与“隐私保护”的关系。数据共享的核心在于让数据高效安全地流通起来，通过流通使数据价值得到充分挖掘，提升使用效率，创新使用形式。数据保护的核心在于保障用户数据隐私或（和）商业秘密——这里的用户不仅是作为普通用户的个体消费者，还包括作为商户用户的个体或其他经营者——维护生活安宁和事业安全。在现实中隐私保护和开放竞争并非全然对立的关系，隐私也并非数据共享的对立面，而是对数据共享的控制和边界的设置。[①] 换言之，数据保护是共享的前提和基石，没有高质量的数据保护，数据处于极度不安全不稳定状态，用户时刻面临隐私遭泄露及随之而来的各种风险，用户数据共享意愿势必降低，导致数据供给水平下降。数据共享是保护的价值升华，高质量的数据共享——其前提一定是稳定和安全的——使受保护的数据高效稳定流转至各主体，使数据因安全被“冻结”的价值得以有效释放，因此，“激励与保护”同步同频是数据共享与保护二元价值动态平衡的不二法门。只有承认数据保护在数据流转过程中的基础地位，才能探讨下一步如何鼓励、激励、激活数据共享与增值。同样，数据共享的纵深发展要求更高水平的数据保护，从实践中倒逼数据保护机制和方式的创新与升级。概言之，数据保护推动高质量的数据共享，

---

① 王融：《隐私与竞争：数字经济秩序的平衡之道》，《竞争政策研究》2017 年第 6 期。

数据共享激励高水平的数据保护，如同“发展与安全”的关系，最终实现高质量发展与高水平安全的完美融合。

放眼全球，可以发现，主要发达国家和地区对数据共享与保护二元价值的态度和经验存在明显差异。欧盟更强调各类数据权利的保护，通过严格的立法提升保护水平，而美国奉行以市场为主导，以行业自律为中心的数据保护架构，反对通过立法规范各类数据处理行为，认为强硬的法律结构会“不可避免地阻碍商业活动”①。面对当下不断凸显的数据共享与保护的二元价值冲突，作为互联网经济大国的中国，在迈向互联网经济强国的进程中须探索一条符合本国国情和发展阶段的中国道路。

（二）发挥政府在数据共享法治系统建设中的基础主导作用

在我国，科学合理的数据共享系统的建设及长效稳定的运行离不开政府的主导和支持。现实的法治环境和法治经验告诉我们，在中国建设法治国家、法治政府、法治社会，其根本在于转变政府监管理念和方式。即，通过政府自身的权力改革甚或是权力革命，建构起基本的法治思维和法治方式。循此法治逻辑，具象到数据共享法治建设，其第一推动力仍源自政府自我改革，政府只有主动意识到并着力加快数据共享法治系统的建设，才能从顶层设计入手制定合法化、科学化的制度和规章，才能有效形成数据共享的良好法治化环境。故此，面对平台数据共享中出现的数据保护困境与反竞争风险，仅依靠平台与第三方开发者、用户订立的《开发者协议》或《隐私保护政策》等自治规范尚无法从根本上破解开放平台基于自身优势甚至是滥用市场支配地位设置的不科学、不平衡、不合理的数据共享樊篱，须引入政府力量——此场景下的政府更多是作为第三方角色发挥作用——从国家整体安全、经济高质量发展及社会公共利益和谐平衡等多维角度引导或主导数据共享法治系统的设计与运行。

---

① 许多奇：《个人数据跨境流动规制的国际格局及中国应对》，《法学论坛》2018 年第 3 期。

党的十九大报告明确提出打造“共建共治共享”的社会治理格局，这是新时代加强和创新社会治理的总体要求，其在实质上契合了数字经济深度发展对经济社会带来的治理挑战。数字经济发展本质上就是多元主体在多元平台上经由多元路径实现的多元价值追求的扁平化和去中心化的生产消费过程。与数字经济的高度复杂性、极度动态性及跨界多边性相适应的治理模式应当是一种合作行动模式。换言之，只有多元社会治理主体在合作的意愿下共同开展社会治理活动，才能解决已出现的各种各样的问题，才能在社会治理方面取得优异的业绩。[①] 单纯依赖政府的命令式监管抑或是依靠开放平台的自我管理都不是解决数据共享能动性不足和共享中反竞争风险的良方，多元“共建共治共享”才是搭建数据共享法治系统的合理进路。从我国现实出发，在构建“共建共享共治”的数据共享法治系统的过程中，并非均衡用力不分主次，而要从经济社会治理的基础和重点入手，充分发挥政府在现阶段数据共享法治系统建设中的基础性和主导性作用，具体包括以下方面。

首先，在坚持包容审慎的前提下，依法对平台经营者的数据保护与数据共享行为施行科学合法的高质量治理。对政府而言，从管理到治理的转变，蕴含的是多元主体的互动、协商与合作，而不再仅仅依靠过去自上而下单方面的控制与命令。[②] 诚如国家市场监管总局网络交易监督管理司负责人韦犁先生在国务院政策例行吹风会上所言，“很多互联网经济出现的问题，不但中国没有定论，全世界也没有定论，比如，数据的归属问题、个人信息的保护问题，这些并没有在法律和理论的层面上探索清楚。所以对这些新的业态，一定要持审慎包容的态度，这一点上我们也是一边学习、一边研究，研究新业态的模式，新业态的特点。但是，包容审慎不等于不监管”。目前发生的平

---

① 张康之：《论主体多元化条件下的社会治理》，《中国人民大学学报》2014 年第 2 期。

② 周光辉：《从管制转向服务：中国政府的管理革命——中国行政管理改革 30 年》，《吉林大学社会科学学报》2008 年第 3 期。

台数据共享问题复杂多变，一方面与数据保护时有冲突，另一方面与整个数字经济新业态发展趋势密不可分。在秉承包容审慎监管态度给予“新业态、新模式”以充分发展空间的同时，也应充分把握开放平台在数据共享领域相对于第三方开发者与用户的相对优势地位或市场支配地位，依法查处其滥用市场支配地位或其他不正当、不公正竞争行为，维护数据市场自由公平的竞争秩序。

其次，要警惕政府基于行政垄断导致的数据封锁或拒绝共享行为。政府基于公共管理和服务的职责，在一定程度上有能力控制和支配包括个人和企业在内的数据主体的大部分数据，有可能出现不当使用甚或滥用行政权力妨碍数据流动、开放、共享、创新的乱象。《指导意见》专门提到“要防止各级政府部门多头向平台索要数据，畅通政企数据双向流通机制，制定发布政府数据开放清单”，就是要为“有形之手”依法划定行为边界，防止政府主体依仗行政权力重复向平台企业索要数据，违法增加平台企业运营成本，不当干预市场的恶行。为此，为更好发挥政府在数据共享法治建设中的作用，应促进政府透明度和公平性审查，激发支持创新和建设数字经济的积极功能，充分建设并发挥好政府在数据共享法治建设中的“两张清单”的作用：一张是在各级政府部门的权力清单中明确其对市场各平台经营者是否具有数据管理权限，能否要求平台企业进行数据共享的授权清单；另一张是规定和完善政府数据开放清单，明确数据开放类型、开放程序、职责要求及公众监督方式的责任清单。

（三）激励平台经营者与第三方开发者及用户在数据共享中的“共建共治共享”

数据共享法治系统的建设和运行除需要具备科学性、合法性及合理性外，还应具有可发展性与可期待性。故此，该法治系统的设计必须激活平台经营者、第三方开发者及广大用户在数据共享范畴内的主动性和主体性，激励三者在数据共享法治系统上树立“共建共治共享共赢”的信念并付诸行动。当然，平台、第三方开发者以及用户在数据共享过程中的地位并非完全对等，最为核心的是平台经营者和第三方开发者——两者作为数据共享环节的主力军，对数据流动和深度挖掘进一步赋能赋值发挥了关键作用——在数据共享系统中居于核心地位。平台经营者基于自身所采集、整合的数据体量，肩负着保护用户隐私和实现数据共享两大任务。如前述，平台经营者对数据共享能动性不足的原因可归结为三点：第一是基于数据保护的现实需求，降低因数据共享引发的数据保护风险；第二是基于数据共享的现实收益，数据共享带来的效益不达预期时不愿进行数据共享；第三是基于维护自身竞争优势的考虑，担心数据共享会导致自己竞争优势的弱化甚或丧失。故此，要真正实现数据共享的高效与安全就必须打消数据共享各参与者的顾虑，同时建立数据共享各参与者之间真诚合作的机制，促进数据的“共建共治共享共赢”模式尽快建成。首先，平台经营者要正确认识数据保护与数据共享之间对立统一的关系，数据保护绝不是抗拒数据共享的理由或借口，两者是相辅相成、相互促进的关系。其次，从数据保护的角度，要切实提升对用户数据的保护水平，改变合规与业务流程设计相分离的旧模式，在业务设计环节应体现“设计即隐私”的理念①。再次，从数据共享的角度，一是要充分贯彻“差别且平等”的共享原则，革新实施数据共享会有损企业权益的不正确、不全面的观念。依据罗尔斯的补偿原则，“获利较多者还应给较少者以相应补偿”②。换言之，强者应该给弱者补偿的根本理由乃是强者比弱者较多地利用“社会合作”。开放平台经营者利用数据创造了新的价值，就这部分新价值享有利益无可厚非，但是其所积累的数据体量与数据价值的发挥都是建立在“社会”这一基础上的，故开放平台经营者理应向第三方开发者及用户等施行开放共享，这是促进共享

① 周汉华：《探索激励相容的个人数据治理之道——中国个人信息保护法的立法方向》，《法学研究》2018 年第 2 期

② ［美］约翰·罗尔斯：《正义论》，何怀宏、何包钢、廖申白译，中国社会科学出版社 1988 年版，第 12 页。

激励创新，实现未来可持续发展所必需的。二是要提升对《反垄断法》《反不正当竞争法》等竞争基本法制的认识水平和实操能力，避免利用自身数据优势和借由对用户数据保护的责任为数据共享设置障碍，充分认识到公平自由的竞争环境对平台数据共享与数据创新的价值。三是要尽快明确包括数据共享清单在内的数据分类体系，依据不同数据分类在行业内探索建立有偿的数据共享机制，开展创新任务众包，共享数据资源，落实数据共享各环节参与方的数据保护责任和数据利益分享，真正建成数据共享的“共建共治共享”系统。

结　语

数据共享与数据保护好比一枚硬币的两面，共同支撑起促进数字经济以“创新、竞争、安全、法治”为核心内涵的高质量发展的重任。如何实现各参与主体核心利益的维护及其他项利益的动态平衡，构成了数字经济下数据共享建设的核心与重心。通过分析当前主要的数据共享模式，从开放平台经营者所拟定的服务协议中可以看到“开放”下暗藏的共享障碍，第三方开发者及用户面对拥有庞大数据资源的开放平台所处的相对劣势地位，使后者分别面临“抄袭式开发”与“隐私保护降级”的风险。数据保护并非共享的对立面，数据保护是共享的基础，高质量的数据共享激励高水平的数据保护，“共享与保护”的关系如同“发展与安全”的关系。因此，应从基本理念确立、政府主导建设及多方共同参与的多维度合力建设数据共享的“共建共治共享”系统，确立数据共享与保护的动态平衡架构，发挥政府在数据共享建设与运行中的基础主导作用，在包容审慎的前提下加强竞争执法，防范滥用行政权力阻碍数据共享的风险，促进和实现多元主体利益的均衡增加。

（原载于《江海学刊》2020年第1期）

新时代法治中国建设的制度构建

政府与社会资本合作模式下法律救济制度之构建

石佑启　陈可翔*

引　言

公共管理的社会化，是各国行政改革的重要内容，是推动政府转变职能，激发社会主体活力的必然要求。近年来，我国积极探索进一步简政放权、转变政府职能的新路径，在加大政府购买公共服务力度、拓宽公共领域的社会力量参与程度等方面进行重大战略部署。党的十八届三中全会提出，“推广政府购买服务，凡属事务性管理服务，原则上都要引入竞争机制，通过合同、委托等方式向社会购买”以及“允许社会资本通过特许经营等方式参与城市基础设施投资和运营”等改革措施。在这样的政策环境下，政府与社会资本合作模式（Public-Private Partnership，以下简称 PPP 模式）① 得到空前发展。② PPP 模式具有“充分发挥市场在资源配置中的决定性作用，减少政府在公共

* 作者简介：石佑启，1969 年生，法学博士，广东外语外贸大学校长、法学院教授、博士生导师；陈可翔，1992 年生，中南财经政法大学法学院博士研究生。

① 单纯从中英互译来看，“Public-Private Partnership”应当译为“公共部门与私人部门的伙伴关系”。但由于目前世界各国对 PPP 的运作模式尚未形成普适性共识，故以我国对 PPP 的官方表述为准，译为“政府与社会资本合作模式”。详见 2015 年《政府工作报告》。

② 据中商产业研究院数据库统计，截至 2017 年 6 月末，全国入库 PPP 项目合计 13554 个、投资额 16.4 万亿元，其中已经签约的项目 2021 个，国家示范级项目 700 个。

领域的垄断，引入竞争机制和专业技术，实现政府与社会权力结构均衡化，满足公众多元需求”等诸多优势，但在 PPP 模式实际运行中，效益与风险是并存的。在充分利用 PPP 模式优势的同时，要注重风险防控，发挥法律规制在风险防控方面的作用，立足于事前风险防控与事后纠纷救济进行制度设计。PPP 模式广泛运用的过程中也会产生诸多纠纷，而现有的救济制度无法有效化解多元类型的纠纷。因此，有必要对 PPP 纠纷的类型及现有救济制度进行审视，梳理实践当中存在的问题，剖析问题背后的理论困境，积极探索制度回应的有效路径。

纠纷类型化分析及现行救济制度审视

PPP 模式是指政府通过特许经营权、合理定价、财政补贴等事先公开的收益约定规则，引入社会资本参与城市基础设施等公益性事业投资和运营，以利益共享和风险共担为特征，发挥双方优势，提高公共产品或服务的质量和供给效率。关于 PPP 协议的类型，部分学者仅就特许经营协议进行分析①，但特许经营权转让只是合作项目中的一种形式。合作的本质是固定的，但形式却千变万化。德国学者 Peter J. Tettinger 提出了八种政府与社会合作的形式。② 我国财政部于 2014 年发布的《政府和社会资本合作模式操作指南（试行）》中亦规定了六种操作形式。显然，不同形式所对应的协议种类不尽相同，委托形式便可能采用公共服务外包协议。运作形式与协议种类多样性一定程度上造成纠纷类型的复杂化，因此，只有进行纠纷类型化分析，并与现有救济制度相对照，才能使问题浮出水面。

---

① 高俊杰：《政府特许经营项目运行中的行政纠纷及其解决机制——一种框架性分析》，《当代法学》2016 年第 2 期；湛中乐、刘书燃：《PPP 协议中的法律问题辨析》，《法学》2007 年第 3 期。

② 分别是经营管理模式、经营者模式、经营委托模式、短期经营者模式、管理模式、咨询模式、发展模式、合作模式。转引自詹镇荣《论民营化类型中之“公私协力”》，载詹镇荣《民营化法与管制革新》，（台北）元照出版有限公司 2005 年版，第 12—13 页。

（一）纠纷类型化分析

为尽可能涵盖PPP模式下的各式纠纷以及观察不同主体引发纠纷的性质，我们尝试以引发纠纷的主体为标准进行类型化分析。

1. 政府

由政府引发的纠纷，可从协议成立前、协议履行中、协议终止后三个阶段予以分析。

第一，协议成立前。大多数合作始于政府向社会发出含有特定标准的要约。要约标准公平与否，信息公开与否，决定着符合条件且有意向的社会资本方是否都参与竞争。如果设立标准只针对某一个特定组织，相关信息不公开，则会引发政府与社会主体之间的纠纷；竞争机制运行的程序正当性，决定了最终结果的公平性，特别在招投标过程中，招标人未通知所有符合条件的社会主体参与投标，招标人不同意按照招标书确定内容与中标人签订协议，第三人认为合同内容侵犯其合法权益等，都有可能引起行政纠纷。[①] 另外，从项目招标到协议签订的整个阶段，亦存在由于公务人员权力寻租、贪腐等而导致纠纷产生的可能性。

第二，协议履行中。政府与社会资本方就协商项目订立协议，双方的权利义务关系正式生效。在协议存续期间，政府未按照约定履行义务，如没有提供财政补贴或者没有将收费与项目建设者共享等；政府的履行行为存在瑕疵，如补贴的发放没有按时、按额或者收益没有按照约定比例分配等；政府积极行使行政优益权，如基于公共利益需要，单方撤销、变更合同或者将特许经营权授予第三方等；政府行使抗辩权，如资本方未按照协议约定进行项目建设，导致工程延缓，政府延迟付费或者不按时发放补贴等；政府消极对待监管权，如对另一方的违法违约行为不予追究或者对突发状况未作反应等。这些情形均

① IIn WEnt 德国国际继续教育与发展协会、最高人民法院行政审判庭、国家法官学院编：《中德行政法与行政诉讼法实务指南》，中国法制出版社2008年版，第197—198页。

有可能引发其与合作方、协议以外第三人甚至社会公众之间的纠纷。

第三，协议终止后。协议的终止，有可能基于任意一方的违约行为、行政优益权的行使、不可抗力、情势变更等情形而引起，但这并不意味着纠纷可能性的消失，往往是“协议止，事不了”。政府一方违约导致协议终止或者怠于行使监督权可能就赔偿事项与合作方引发纠纷；政府基于公共利益考虑行使行政优益权，有可能就补偿事项与合作方、权益受损的第三方引发纠纷；在专业性较强的合作项目中，政府还有可能因违反“后合同义务”规则①而与协议方产生纠纷等。

2. 社会资本方

对于项目协议的另一方，社会资本方所引发的纠纷，主要存在下列类型。

第一，与政府的纠纷。在 PPP 协议中，与政府相比，社会资本方作为参与方不存在强权特质，引发纠纷的原因与民事协议存在共性。一是行使权利引发的纠纷，当然包含权利滥用的情形。例如，企业与政府确定合作内容后不同意签订协议的情形，在实践中，其有可能因为价格因素或者项目难度而临时反悔，导致协商流产，协商成本浪费；又如，在协议履行过程中，企业根据另一方的履行情况行使抗辩权。二是未履行义务引发的纠纷，包括不完全履行义务的情形。从现实考察，社会主体未依照协议向政府移交公共设施，收费未缴纳或未按额缴纳，未向公众提供公共服务或服务质量不达标，未就公益损害进行赔偿等，都是不履行义务的直观表现，都会引起与政府间的争议。三是基于违法行为引起的纠纷。PPP 项目的公益性为社会资本方的准入设置了较高的门槛，部分企业为了获得“长期饭票”，通过伪造财务数据、经营范围、技术专利等违法方式取得资格，导致协议失效引发纠纷。除此之外，违法转包分包引起的纠纷在实践中也较为常见，这

① 《合同法》第 92 条规定，合同的权利义务终止后，当事人应当遵循诚实信用原则，根据交易习惯履行通知、协助、保密等义务。

所导致的现象便是，政府设置条件，百里挑一的合作方并非实际的协议履行人，只是多数资信状况不明的小企业，而这些主体在项目建设阶段弄虚作假、偷工减料等也导致矛盾进一步升级。

第二，与第三方主体的纠纷。第三方主体是与协议双方主体相对应的概念，是指权益受到协议任意一方主体行为影响或者影响协议内容实现的个人、组织。事实上，基于公益性的特点，社会资本方上述三类导致协议停滞、失效的行为，在引起与政府间纠纷的同时，也将矛盾引至社会公众一方，且纠纷的程度更加剧烈。当合作流产时，意味着供水、供电、交通等基础设施或者养老、教育等公共服务供给的中断，作为公益事业的服务对象，公众往往是最直接的受害者。更有甚者，利用 PPP 项目非法吸收公众存款，进行合同诈骗等。[①] 社会资本方作为市场主体，难泯趋利本性，特别是政策优势、平台优势、资源优势更容易激发他们垄断市场的野心，通过各种拙劣的方式减少成本，扩大优势，巩固地位。有学者尖锐地指出："作为代理人的私营承包商有着天生的趋利性，在不受约束的情况下，他们很可能通过降低服务质量和提高服务价格来追求利润的最大化，这是与政府寻求公共利益最大化的目标背道而驰的。"[②] 而最终吃亏的仍是公众，这也是社会资本与公众相互对立，纠纷激化的诱因。另外，在资本方取得项目委托、授权以及具体运行过程中，除了普通公民，其他组织的权益也难免受到影响，继而引发纠纷。例如，在招投标阶段，采用围标、骗标、行贿等违反《中华人民共和国招标投标法》规定的行为打压竞争企业；资格审核阶段对同行业组织进行信誉打击等。又如，就项目贷款取得与偿还事项损害银行利益，就项目设施损坏赔付事项与保险公司产生争议等。

---

① 潘军锋：《政府与社会资本合作（PPP）的法律疑难问题研究》，《法律适用》2017 年第 17 期。

② 陈薇：《政府公共服务外包：问题及对策》，《兰州学刊》2005 年第 3 期。

3. 第三方主体

基于 PPP 项目的公益性取向，有时权利义务关系不单纯体现为双边形态，还有可能展现为三角结构。部分 PPP 协议内容的实现，往往需要第三方主体，特别是社会公众的配合。在公共服务收费项目合作中，政府与合作方共同出资进行公共服务项目建设，并由后者负责后期收费，收费按比例分配。项目落成后，如使用者获得服务却不缴纳费用，就会导致合作方无法履行协议中规定的义务，从而引发纠纷。深入分析，这种纠纷既有可能是民事争议，即对抗社会资本方的权利，也可能是行政争议，即对抗行政授权；既有可能是个体行为，也有可能是群体现象。当然，实践中其他社会主体行为引发的纠纷也颇为常见。除了未缴纳服务费用以外，还有金融机构未定期给合作双方发放贷款，保险公司未按额赔付公共设施损坏的费用，建筑公司未如期完成项目工程，等等，都会引发与政府、社会资本方之间的纠纷。

（二）现行救济制度审视

当前，针对 PPP 模式中多元主体引发的各类纠纷，我国现有的救济制度存在于《行政诉讼法》及其司法解释、《行政复议法》《国家赔偿法》及其司法解释、《民事诉讼法》及其司法解释、《仲裁法》及其司法解释、《基础设施与公用事业特许经营管理办法》《政府和社会资本合作项目政府采购管理办法》《政府和社会资本合作模式操作指南（试行）》等之中。尚无法律法规专门就 PPP 模式的运行及其争议解决进行规范。事实上，由于合作项目涉及领域不断扩大，纠纷类型也愈加多样，且发展变化快，暂时很难用一部统一的 PPP 救济法予以囊括。现行的做法是，对纠纷类型进行性质界分，继而采用不同属性的救济制度予以解决。

首先，一般而言，在项目协议成立前，由政府一方所引发的纠纷，基于行政行为权限或者行政程序瑕疵的缘由，权益受到影响或损害的社会资本方、使用者大多能以行政相对人或者利害关系人的身份，直接依据现行《行政复议法》《行政诉讼法》及其司法解释的相关规定寻求救济。在协议履行过程中，由于具体行政行为、行政不作为造成其他社会组织、个人权益损害的，第三方主体同样可以适用上述救济规范。但政府为保证项目运行与其他社会主体就辅助协议引发的纠纷，如贷款、购买原材料等则属于典型的民事争议，受《民事诉讼法》《仲裁法》等法律规范的调整。在协议终止后，基于具体行政行为所造成的权益损害，社会组织、个人可适用《国家赔偿法》及其司法解释的规定请求行政赔偿。此外，政府公务人员在协议履行过程中因权力寻租、贪腐等引发的纠纷，还可能适用《刑法》《刑事诉讼法》及其司法解释中关于贪污、渎职犯罪的相关规定予以处理。

其次，在 PPP 实践中，参与项目的社会资本方基于合作、竞争引发与其他组织的纠纷，大多属于平等主体之间的民事争议，当然不排除程度失控转化为刑事犯罪的可能性。如上述，企业为取得参与资格或为巩固优势地位，打压行业竞争者所引发的侵权纠纷；延期偿还贷款，拖欠工程费用引发的合同纠纷等可适用《民事诉讼法》《仲裁法》及其司法解释的规定予以解决，甚至可以采用民间调解的方式解决。

最后，作为 PPP 协议外的第三方主体，其他社会组织、个人就平等合作事项与公私双方产生纠纷的，同样属于民事争议的范畴，可采用民事救济的方式解决。难点在于，由于项目协议效力的外部化，PPP 模式中许多双边关系事实上都与第三人的权利义务挂钩，其所引发的纠纷既有可能是对抗行政权产生的行政争议，也有可能是蔑视合同权利诱发的民事争议，原则上适用不同性质的救济规范予以处理。

《政府和社会资本合作模式操作指南（试行）》第十一条第 5 项规定："项目合同是政府与社会资本合作模式合同体系中最核心的法律文件。"因此，项目合同（协议）所引发的争议如何解决及对受损害的权益如何救济，是整个 PPP 模式救济制度所针对的核心问题，既是重点，也是难点。对上述纠纷类型进行定性分析面临的障碍较小，但政府与社会资本方签订的项目合同（协议）是行政合同（协议）还是民事合同，对于其"公""私"性质的界定问题一直备受争议。民法学家梁慧星教授认为，依据民事合同的本质，行政法学界所界定大多数行政合同属于民事合同，争议的类型亦是如此。对此，行政法学界积极回应，探索行政协议与民事合同的界分标准。例如，朱新力教授认为，行政合同是行政主体为直接实现行政目的或单纯为行政事务与他方订立的合同；[①] 余凌云教授认为，行政契约就是指以行政主体为一方当事人的发生、变更或消灭行政法律关系的合意等，[②] 分别从目的、标的、主体等方面说明行政协议的“行政性”。“公”“私”之争也着实使救济规范择取陷入困境，如《政府和社会资本合作模式操作指南（试行）》第二十八条规定：“项目实施机构、社会资本或项目公司可就发生争议且无法协商达成一致的事项，依法申请仲裁或提起民事诉讼。”《基础设施与公用事业特许经营管理办法》中规定：“实施机构和特许经营者就特许经营协议履行发生争议的，应当协商解决”，“特许经营者认为行政机关作出的具体行政行为侵犯其合法权益的，可以依法提起行政复议或者行政诉讼”。从这个层面看，2015 年 5 月，新《行政诉讼法》的施行颇有“柳暗花明”之功效。新《行政诉讼法》第十二条第 11 款规定：“人民法院受理公民、法人或者其他组织提起的下列诉讼：认为行政机关不依法履行、未按照约定履行或者违法变更、解除政府特许经营协议、土地房屋征收补偿协议等协议的。”至此，明确将行政协议争议纳入行政诉讼的受案范围予以救济。在同时施行的《最高人民法院关于适用〈中华人民共和国行政诉讼法〉若干问题的解释》（以下简称《适用解释》）第十一条中，也进一步对行政协议作出界定：“行政机关为实现公共利益或者行政管理目标，在法定职责范围内，与公民、法人或者其他组织协商订立的具有行政法上权利义务内容的协议，属于行政诉讼法规定的协议。”并对行政争议救济的期限、管辖、裁判依

---

① 朱新力：《行政合同的基本特性》，《浙江大学学报》2002 年第 2 期。

② 余凌云：《行政契约论》，中国人民大学出版社 2006 年版，第 40 页。

据、诉讼费用等方面内容加以规定。[①]

诚然，随着行政协议争议救济途径的正式确立，以项目合同运行为核心内容的 PPP 模式下救济制度建构取得初步成效，形成一个涵盖行政诉讼、民事诉讼、仲裁等救济途径的规范体系。但深入观察分析，这显然还是一个未完待续的状态。

问题的挖掘

公私合作的发展促使合作形式趋多，引起的纠纷形态复杂多样，现有的救济制度在解决部分纠纷时捉襟见肘，问题逐渐凸显，尚有诸多争议控诉无门，亟待回应。

（一）行政协议范围界定模糊

诚如前言，目前学界对于行政协议的判断标准仍各执一词，目的说、主体说、标的说、公权力标准说以及混合标准说都各有青睐者。《适用解释》第十一条对行政协议的界定采用了混合说，兼具“主体 + 标的 + 目的”三重标准，主体表现为一方为行政机关，一方为个人、组织；目的在于公共利益或行政管理；标的在于形成行政法上权利和义务。解释机关原意在于通过抽象概括，将受案范围中行政协议界定清楚，但看似面面俱到的标准，实则难以厘清。就主体和目的来看，凡行政机关与个人、组织共同参与的，具有公共利益性质的协议都进入受案范围，这样会造成行政协议范围扩大化，许多典型的民事协议也会纳入其中，例如，PPP 模式中，行政机关就项目建设与金融机构签订的贷款合同。对此，标的标准的嵌入，有利于遏制受案范围扩大的风险，将纯粹的民事协议排除在外。然

① 虽然新的《适用解释》已于 2018 年 2 月 8 日起施行，但其中尚未对行政协议的相关内容作出新的解释。对此，最高人民法院江必新副院长在新闻发布会中提到：“关于行政协议的部分，最高人民法院将制定专项的司法解释，在此之前，人民法院审理行政协议案件，可以参照原《适用解释》的相关内容。”

而，标的说仍存在理想主义之嫌，理论上的证成，并不代表实践可行，如有学者所言："若进一步追问，如何确定协议所构建的法律关系是行政法上法律关系，应该适用行政法律规范来调整？判断又陷入困难。"①

概括性标准难以适用，惯常做法是结合列举范围进行体系解释，但《适用解释》第十二条仅列明"政府特许经营协议"与"土地、房屋等征收征用补偿协议"两类，虽有兜底条款，仍恐有缩小范围之嫌。不难发现，上述两类合同，均与行政职权行使直接相关，行政机关基于许可、征收等权力的运用与行政相对人签订协议，产生的法律关系属于行政法律关系，归入典型类别自然无可非议。但从列举类型的参照性来看，是否意味着只有与行政职权行为相关的行政协议所产生的争议，才能予以立案？在 PPP 模式当中，除了特许经营协议以外，还有公共设施建设合作协议、基础设施经营委托协议、部分公共服务外包协议等，这些协议可能并不直接体现行政权力的行使，是否属于《适用解释》界定的行政协议范畴，是否包含在行政诉讼受案范围内，存在疑问。

概言之，问题的关键在于：《适用解释》是旨在对所有类型的行政协议进行概括界定，使得受案范围中的协议范围尽可能扩大化，以适应未来发展的需求，还是旨在对一部分行政协议进行界定，使得受案范围中的协议范围尽可能具体化，甚至只包含与行使权力直接相关的类型？若是前者，则当前《行政诉讼法》及其《适用解释》所列举的协议类型较为单一，PPP 模式中其余项目合同的类型均未提及，易在实操中产生歧义，形成救济障碍；若为后者，表明对协议范围的界定较窄，在实践中客观存在协议无法寻求行政救济。显然，现有的界定存在一定的模糊性。

---

① 江必新：《行政协议的司法审查》，《人民司法（应用）》2016 年第 34 期。

（二）政府寻求救济途径缺位

长期以来，受行政法控权理论的影响，人们认为，《行政诉讼法》是一部“民告官”的法，行政机关只能充当恒定的被告。我国的行政诉讼在制度设计上表现为以审查行政机关的行政行为、救济相对人合法权益为唯一目标的单向性构造模式。[①] 为回应现实需求，现行《行政诉讼法》虽将审查范围延伸至双方行为，但立法的主要目的仍在于保护公民、法人和其他组织的合法权益，监督行政机关依法行使职权。换言之，现有规范在首肯行政协议存在的同时，重在承认其“行政性”，而忽视其“协议性”。

基于此，在诉讼原告资格的限制下，政府对社会资本方引发的纠纷如何寻求救济？在 PPP 模式中，能在竞争机制中脱颖而出的组织，一般是实力较为雄厚的民营企业，容易借助政策优惠，迅速占据资源，形成新的垄断。政府在合作中并不必然处于强势地位。社会资本方伪造资格，不依据招标书签订协议，恶意串通，恶性竞争，不履行或者瑕疵履行协议义务等情形，都会造成公益损害，即使政府基于维护公共利益的目的，行使行政优益权以撤销协议，但损害依然客观存在，而现行的制度中，并无政府主张违约、赔偿的救济途径规定。此外，在政府负责收费的项目或者在政府授权社会资本方收费的项目中，使用者若拒绝付费，收费主体在现有的规范中，权利亦无法得到有效主张。

对此，有学者主张，当协议相对人不履行协议或者造成公益损害时，行政机关可以以申请非诉执行为出路[②]，认为此为立足现状之法[③]。其法律依据在于《行政强制法》第五十三条以及《行政诉讼法》

① 余凌云：《论行政契约的救济制度》，《法学研究》1998 年第 2 期。

② 裴蓓、易欣：《行政协议相对人不履行协议之救济困境与选择——以行政机关申请非诉执行为出路》，《中国人民公安大学学报》2017 年第 1 期。

③ 王小金、洪江波：《行政相对人不履行行政协议的救济规则》，《公安学刊》2017 年第 1 期。

第九十七条关于申请法院强制执行的相关规定："当事人在法定期限内不申请行政复议或者提起行政诉讼，又不履行行政决定的，行政机关可以申请人民法院强制执行，或者依法强制执行。"但从司法实践来看，非诉执行仅限于行政处罚、行政处理等单方行政行为，并不包含行政协议。而且，以强制执行的方式来解决协议纠纷是否可行，仍有待证成。

（三）协议纠纷寻求司法外救济遇阻

在司法救济受阻时，司法外救济途径能否行得通？即项目协议争议的解决能否适用行政复议、仲裁、调解？当然，司法外救济不局限于政府一方提起。彼得·坎恩认为，政府与相对人间多为互利的长期合作关系，而非一次性商业交易，如果诉诸法院，则常被视为不适当且易产生副效应。① 如前所述，《政府和社会资本合作模式操作指南（试行）》《基础设施与公用事业特许经营管理办法》等规范性文件分别对仲裁、调解解决争议事项作出规定。2017 年 7 月 21 日，国务院法制办发布的《基础设施和公共服务领域政府和社会资本合作条例（征求意见稿）》第四十条规定："因合作项目协议履行发生争议，可以依法申请仲裁或者向人民法院提起诉讼。"随着行政协议争议被纳入行政诉讼受案范围，问题的关键转化为：司法外救济途径能否与行政诉讼并存？

对此，学界可谓众说纷纭。其中，反对行政复议的理由较简单，即认为当前《行政复议法》的受理范围只限于对具体行政行为不服而申请复议。反对仲裁、调解的理由则较为丰富：其一，行政协议已由《行政诉讼法》规定，已然纳入公法范畴，公私有别，若用仲裁解决行政协议争议，恐有"公私不分"之嫌；其二，我国《仲裁法》主要解决的是作为平等主体的公民、法人及其他组织之间的合同纠纷，项

① Peter Cane, *An Introduction to Administrative Law*, Clarendon Press, Oxford, 1992, pp. 263 - 264.

目协议双方地位不对等，无法适用；其三，长期以来，受“行政权力不可处分原则”的影响，解决行政争议一般不适用调解。《行政诉讼法》第六十条第 1 款规定：“人民法院审理行政案件，不适用调解。但是，行政赔偿、补偿以及行政机关行使法律、法规规定的自由裁量权的案件可以调解。”这表明行政协议争议除非是赔偿、补偿争议，在诉讼程序中不得适用调解。相反，赞成适用仲裁、调解的主要观点在于：其一，仲裁、调解可以降低司法成本，减轻司法压力；其二，项目协议争议适用仲裁、调解更加体现了意思自治；其三，司法外的救济方式，可以弥补行政诉讼单向性所造成的政府方救济困境；其四，关于政府与社会资本合作的相关规范性文件已对仲裁、调解作出规定。

政策导向是 PPP 模式广泛应用、迅速发展的催化剂。由于立法的滞后，近年来，PPP 案件数量不断增多，且争议的类型和诉求呈现多元化，形成司法审理不确定性强，难度较大的被动局面。[①] 为减轻司法救济的现实压力，当前救济制度应当充分正视司法外救济的价值，尽快确立复议、仲裁、调解等救济途径的合法性、正当性。

（四）使用者对公权力侵权的救济难点

在公私合作模式的语境下，公权力包含政府行政权力与社会公权力两类。在 PPP 协议中，政府行政权力行使主要指行政优益权的行使，毋庸置疑，依据《行政诉讼法》及其司法解释，使用者因此利益受损，能以利害关系人的身份寻求救济。

难点在于：因社会公权力行使引发的纠纷，如何救济？如美国学者朱迪·弗里曼所言：“私人主体正深深介入到管制、提供服务、政策设计与实施当中。私人对管制的贡献从‘纯粹’的咨询性的作用直至全面承担决策权力”，“他们相对不受立法、执行与司法监督会有严

① 潘军锋：《政府与社会资本合作（PPP）的法律疑难问题研究》，《法律适用》2017 年第 17 期。

重后果，在一个政府职能民营化与广泛外包的年代尤其如此”。[①] 在PPP模式中，社会资本方有时不仅是项目协议的参与者，也是公共服务的供应者。其与使用者之间不仅牵涉权利的行使，也包含公权力的运用。与传统的管制型行政不同，在服务行政中，特别是在公私合作的模式中，社会主体可能基于契约而取得管理权、收费权等公权力。如前所述，对抗公权与侵犯私权所引发的纠纷需要适用不同性质的救济规范予以解决。基于消费而产生民事争议，社会资本方是民事诉讼中的适格被告，使用者寻求民事救济途径顺理成章。但对于行使或滥用公权力引发的纠纷，使用者如何主张权利？

现行《行政诉讼法》第二条将被告身份限定为行政机关及法律法规授权的组织，将社会资本方排除在被告范围之外，即使用者无法通过直接起诉社会资本方得到救济。同时，使用者可否依据《行政诉讼法》第二十六条关于委托的行政机关作为被告的规定起诉政府一方，存在疑问。其一，经项目协议而取得的权力，能否等同于行政委托？例如，经协议而取得公共服务项目的收费权，是否与传统行政委托无异？其二，社会资本方如何对公权力侵权承担责任？由行政机关充当被告，没有相应的事后追偿机制，有排除协议中所约定的社会资本方责任之嫌；其三，使用者是以行政相对人的身份，还是以行政协议利害关系人身份起诉行政机关？

另外，2017年6月27日，全国人大常委会对《行政诉讼法》第二十五条进行修改，补充行政公益诉讼的相关规定。[②] PPP项目协议大多与公共利益密切相关，当公权力行使造成大多数使用者权益受损时，检察机关能否依据该规定提起公益诉讼，值得探讨。

---

① ［美］朱迪·弗里曼：《合作治理与新行政法》，毕洪海、陈标冲译，商务印书馆2010年版，第142、323页。

② 《行政诉讼法》第二十五条：“人民检察院在履行职责中发现生态环境和资源保护、食品药品安全、国有财产保护、国有土地使用权出让等领域负有监督管理职责的行政机关违法行使职权或者不作为，致使国家利益或者社会公共利益受到侵害的，应当向行政机关提出检察建议，督促其依法履行职责。行政机关不依法履行职责的，人民检察院依法向人民法院提起诉讼。”

（五）行政诉讼处理违约纠纷难以自洽

《行政诉讼法》不仅是救济法，也是监督法。保护公民、法人及其他组织的合法权益，监督行政机关依法行使职权，是其最基本的功能定位。换言之，行政诉讼的立法宗旨重在规范和监督行政权，化解权力行使引发的争议。但随着行政协议的引入，这种定位似有动摇。《行政诉讼法》将行政机关不依法履行、未按照约定履行或者违法变更、解除政府特许经营协议、土地房屋征收补偿协议等协议纳入受案范围。深入分析，在协议履行过程中，一方主体不依法履行、未按约定履行协议显然不具备权力属性，即便政府的身份介入，也不能使一个单纯的违约行为转化成为一个权力滥用行为，从而纳入行政诉讼的范围。同样，当非出于公共利益考虑，违法变更、解除协议也并不必然行使了权力，当然此处权力行使与否的标准，尚需进一步厘清。

可见，以行政诉讼方式解决违约行为造成的纠纷在逻辑上难以自洽。对此，司法机关似乎也有所察觉，并试图在原有的框架下，采用不同的救济途径将之区分开来。例如，《适用解释》第十六条规定："对行政机关不依法履行、未按照约定履行协议提起诉讼的，诉讼费用准用民事案件交纳标准；对行政机关单方变更、解除协议等行为提起诉讼的，诉讼费用适用行政案件交纳标准。"类似的还有《适用解释》第十二条关于诉讼时效、起诉期限的分类规定。但显然，这些规定只是停留在程序层面，在具体行为审查上，仍须优先适用行政法律规范。[①] 总体而言，行政诉讼旨在控制公权、保护私权，民事诉讼旨在定分止争，在行政诉讼的框架下解决项目协议纠纷，侧重点在于审查权力行使的合法性，即便只是单纯的违约行为。这种处理方式模糊了权利与权力的边界，忽略了协议的契约性特征。

（六）赔偿适用标准选择困难

纵观 PPP 项目协议的纠纷解决，最终大多数要回到对赔偿问题的

① 梁凤云：《行政协议案件适用合同法的问题》，《中国法律评论》2017 年第 1 期。

争论，赔偿标准的确认与协议中违约责任的规定、法律法规的适用密切相关。新《行政诉讼法》第七十八条及其《适用解释》第十五条对行政机关应当予以赔偿的情形作出框架性的规定，但对于赔偿争议的解决是适用协议规定还是适用《国家赔偿法》中关于行政赔偿的规定并未明确化，两者各有利弊，从而造成一定的选择困难。

第一，项目协议中关于违约责任的规定能否适用于所有赔偿情形？当行政违约行为造成社会资本方、使用者权益受损时，适用协议约定予以赔偿存在可行性，但当政府单方违法行使撤销权造成损害时，能否适用合同约定则存在争议：一是违法行使权力属于公法规制的范畴，其赔偿应当适用《国家赔偿法》中关于行政赔偿的相关规定，适用协议规定是“公法遁入私法”之表现；二是《合同法》上违约责任承担，不仅关注直接利益损失，还包含对部分可得利益的考量。适用违约赔偿可能造成赔偿范围扩大化，容易变相造成公益受损。

第二，《国家赔偿法》关于行政赔偿的规定能否适用于项目协议赔偿争议？当前，行政赔偿适用的最大障碍在于：根据《国家赔偿法》第三、四条的规定，行政赔偿只适用于行政机关违法行使职权的情形，行政协议赔偿的嵌入，其合法性有待考证。此外，PPP 模式重视民营资本的引入，需要一个公平的投资环境。而行政赔偿侧重于赔偿直接损失，对于可得利益的考量较少。若适用行政赔偿，社会资本方容易对协议公平性产生质疑，担心政府基于赔偿标准低而随意撤销协议或者依现有标准取得的行政赔偿无法弥补客观损失。

制度之构建与完善

要妥善解决 PPP 模式中的多元纠纷，营造一个安全、平等、共赢的投资环境，现有的救济制度必须在革新传统行政救济理论的基础上对存在的问题作出积极回应。革新传统行政救济理论重点是要解决争议多元与救济单一的矛盾，建立多元救济理论；进行制度上的积极回应不是简单的修修补补，而是要紧密联系 PPP 发展的实际，以“公”“私”并用、尊重“协议性”、责任均衡、多元融合为主线进行系统的制度建构与完善。重点可从以下方面着手。

（一）协议受案标准的完善

关于《行政诉讼法》及其《适用解释》中行政协议受案标准的问题，可以说是 PPP 项目协议法律救济，甚至是整个行政协议法律救济中的核心问题，它决定了可受案协议范围的广度。在探讨受案标准之前，有必要先对相关概念予以厘清。

首先，《适用解释》第十一条中行政协议的范围应当涵盖所有类型的行政协议，而非只包含依职权订立的行政协议。在 PPP 模式中，政府与社会资本方地位更趋平等，甚至为了吸引民营资本，政府有时候会做出让步，开出优惠条件，由此达成的项目协议与传统特许经营、土地征收补偿存在本质差别。如果将行政协议限定为依职权签订的协议，则会将许多项目协议排除在诉讼审查之外，导致诸多纠纷救济无门。

其次，归根结底，行政协议范围界定产生模糊性的原因在于：界定标准的模糊性及列举类型的单一性。因此，有必要在《适用解释》中引入核心界定标准——有无合法行使公权力的可能性，即政府有可能基于公共利益的维护而行使单方撤销权。一般来讲，这种可能性会在协议中加以规定，当缺乏这样的可能性而行使权力导致相对方权益受损时，可直接以行政行为违法为由寻求救济，而无须以行政协议争议为事由寻求救济。当然，核心并非唯一，具体规定及实践仍须综合主体、目的等标准加以判断。同时，应当逐步增加列举协议的类型，并列明应当排除的协议类型，如内部协议、外交协议等。[①]

最后，在明确行政协议核心界定标准的基础上，对协议的受案标准予以完善。《行政诉讼法》将协议的受案标准定为，“认为行政机关

---

① 江必新：《行政协议的司法审查》，《人民司法（应用）》2016 年第 34 期。

不依法履行、未按照约定履行或者违法变更、解除协议”。如前所述，这样的标准可能使得以行政诉讼方式处理违约行为造成的纠纷在逻辑上难以自洽。因此，我们认为，可将受案的核心标准与行政协议的核心标准相互对应，界定为“权力的违法行使”，并将条文修改为：“行政机关违法变更、解除协议。”

（二）司法外救济障碍的消除

在 PPP 模式推广过程中，为解决多元争议，相关的规范性文件已做出尝试，对司法外的救济途径作出规定。如《政府和社会资本合作模式操作指南（试行）》《基础设施与公用事业特许经营管理办法》及《基础设施和公共服务领域政府和社会资本合作条例（征求意见稿）》等规范性文件中都有关于项目协议适用司法外救济的相关规定。但由于这些规范性文件的效力层级较低、前期缺乏充分论证及配套规范未修正，司法外救济仍备受争议。其中最大问题在于：司法外救济能否与行政诉讼共存？我们认为，司法外救济与行政诉讼并不存在根本对立，在许多大陆法系国家，行政协议也可进入司法外救济，法国一般情况禁止公法人进行仲裁，但在得到有关机关批准之后，也可以进行仲裁。① 从争议性质来看，“行政性”争议固然可纳入行政诉讼、行政复议范围，而“协议性”争议还可适用仲裁、调解等途径解决，依此提出如下建议。

第一，参照《行政诉讼法》及其《适用解释》关于行政协议的相关规定，对《行政复议法》进行完善，将“认为行政机关违法变更、撤销行政协议”纳入复议范围，并相应充实复议受理、复议决定方面的规定。同时，由于 PPP 项目的专业性较强，法律关系复杂，各级政府还可以就项目协议的申请设立专门的复议机关，细化复议规则。

第二，尽快出台《基础设施和公共服务领域政府和社会资本合作条例》，并进一步细化其中关于仲裁、专家咨询的相关规定，例如，

---

① 王名扬：《法国行政法》，北京大学出版社 2007 年版，第 345 页。

专门就PPP模式争议设立新的仲裁机构及专家咨询机构等，解决违反协议权利义务的争议，并对仲裁书、专家意见书的效力予以认定。在具体程序上与《仲裁法》进行对接，关于仲裁的管辖，仲裁庭的组成、时效期限等适用《仲裁法》的相关规定。

第三，完善行政调解制度。相比于复议、仲裁而言，调解是较为温和的解决争议的方式。一般而言，PPP项目的合作周期较长，双方利益相关，社会资本方更愿意与政府维持良好合作关系，以确保投资获利。因此，通过调解解决PPP模式争议不失为理性选择。我们认为，可以由专门的复议机关充当行政调解的主持机关，并就调解的原则、申请调解的程序、范围及调解协议的效力等内容作出相应规定。

（三）政府救济途径的确立

对于自身权益或者公共利益受损时，政府的救济路径问题，学界有不同的见解。梁凤云法官认为："中国行政协议诉讼可能从单向的救济诉讼向平等的保护诉讼转型。今后法律同时保障行政机关和行政相对人通过提起行政诉讼获得救济。"[①] 余凌云教授认为，可将行政复议制度的单向结构转换为双向架构，以解决大多数协议纠纷。[②] 大部分学者则认为，权宜之计在于允许行政机关申请非诉执行。我们认为，行政复议与行政诉讼的结构转型，可能是未来的发展方向，但就目前而言，我国行政法在功能上还处于控权与服务交融期，控权可以说仍然是行政救济的重要任务，双向结构在合法审查与合约审查上进行分配，可能会削弱控权的强度。另外，在没有审查合同的情况下，申请非诉执行则会增加协议纠纷解决的随意性。事实上，相对于政府而言，社会资本方行为不具备权力属性，政府寻求救济，只会因为"协议性"争议，而排除"行政性"争议，因此，政府寻求私法救济具备可行性。

---

① 梁凤云：《我国行政诉讼的基本情况及今后中国行政合同诉讼的发展方向》，《PPP法治建设国际研讨会专题研讨系列一：PPP项目合同法律属性及救济途径》，《中国政府采购》2016年第3期。

② 余凌云：《论行政契约的救济制度》，《法学研究》1998年第2期。

其一，适用《民事诉讼法》及其司法解释相关规定提起诉讼。一是《民事诉讼法》应当将社会资本方违约而引发的行政协议争议纳入受案范围，依法确定政府的原告资格；二是政府诉讼过程中适用民事诉讼中关于举证责任、管辖、证据、期间、送达、诉讼费用、裁判等方面的规定；三是社会资本方在诉讼过程中不可就政府违法变更、撤销协议的行为提起反诉，不履行协议除外；四是司法机关通过适用《民法总则》《合同法》等民事法律规范对诉讼标的做出裁判。

其二，适用仲裁、协商、调解等方式解决争议。司法外救济不是社会资本方寻求救济的专属渠道，当发生“协议性”争议时，政府同样可以采用。当然，无论哪一方提起仲裁、调解，都应当以自愿为原则，仲裁以项目协议的仲裁条款为前提。在解决争议的过程中，仲裁庭、调解机构应当平等对待政府与社会资本方，不能因政府身份而有所偏向。

（四）社会公权力侵权救济难点的破解

在 PPP 模式中，社会资本方与使用者签订的并不必然是民事协议，有可能是行政协议，使用者权益也有可能直接受到社会公权力的侵犯，此时没有直接对应这种公权力侵权的救济途径，归根结底，还是责任体系不健全。在完善责任体系的同时，救济制度也应当做出相应调整，否则将会形成有责任无救济，责任条款落空的被动局面。

其一，要针对社会资本方公权力侵权寻求救济，前提要明确什么属于行使这类公权力的情形。我们认为，这主要包含三种情形。一是社会资本方与使用者订立行政协议而违法变更、撤销造成的公权力侵权，这种公权力可能来源于政府的协议授权，例如，在公共设施建设中，由社会资本方与使用者签订土地征收补偿协议。二是社会资本方直接行使协议授予的公权力而造成侵权纠纷，例如，在 BTO 模式中，企业基于政府的行政授权行使规费征收权引发的争议。[①] 三是社会资

① 虞青松：《公私合作契约的赋权类型及司法救济——以公用事业收费权为视角》，《上海交通大学学报》2013 年第 5 期。

本方行使由协议取得的公共设施经营权、管理权造成的第三方损害。

其二，正式救济制度的完善。随着公权力逐渐由国家向社会转移，与此相适应，应完善《行政诉讼法》，将社会公权力主体纳入行政诉讼被告的范围，以方便公民一方寻求公法救济，而不是将被告范围限定为国家行政机关和法律法规授权的组织。同时，在行政机关与社会公权力主体之间要建立责任分配和衔接机制，行政机关对授权内容违法或监管不作为承担责任，社会公权力主体对滥用公权力承担责任。显然，这种改革涉及整个行政诉讼基础的重构，难度较大。为便于解决当下的问题，可仍依据行政委托理论认定协议授权，确定行政机关为所有公权力侵权的恒定被告。但须在行政机关与社会公权力主体之间建立责任追究机制，对社会公权力主体滥用权力行为造成的损失予以追偿。

其三，非正式救济途径建构。现实生活中，非政府组织治理是公共治理的重要组成部分，特别是行业组织对企业有重要的规制作用，例如，通过确定行业标准、章程来规定企业责任。相应的，可以尝试在现有的社会组织中建构救济途径。当然，这种救济的范围不限于公权力侵权，还可包括违反消费协议的情形。使用者可以就企业违约或滥用公权力的情形提请行业协会调解、处理。

其四，进一步完善《行政诉讼法》第二十五条关于公益诉讼的规定。PPP 项目投入大、周期长、波及面广，其实施不当，不免会损害公共利益，造成大多数使用者利益损害。因此，可将 PPP 项目造成的公益损害，纳入检察机关提出检察建议、提起行政诉讼的范围，并对标准、类型、程序等内容作出相应规定。

（五）赔偿适用标准的选择

基于依法行政与依约行政的内在契合，在不违反强制性规定的基础上，应充分尊重双方当事人的合意。尤其对于项目协议而言，“协议性”更强，在救济阶段合意能否被充分尊重，是决定 PPP 模式是否安全，能否吸引民营资本参与的重要因素。因此，我们认为，赔偿适用标准的选择应遵循以下路径。

首先，项目协议对赔偿事项有约定的，优先适用协议约定。项目协议，是在双方平等协商的基础上达成的。一般来讲，协议的订立要遵守公平原则，确保双方当事人权利义务的均衡化，我国《合同法》第五十四条第2款便将“显失公平”纳入可撤销合同的范围加以规定。因此，赔偿事项尽管包含直接损失与间接损失两部分，但也不会明显与实际脱节，具备一定的参照性。

其次，在项目协议未对赔偿事项作出规定的情况下，优先适用调解规定。《行政诉讼法》将行政赔偿事项纳入可调解的范围，此时的调解，事实上是给予协议双方当事人一次重新考量的机会，并对赔偿事项达成新的合意。虽然调解是在第三方的主持下进行的，但还是以平等自愿为原则，结果一般能得到协议双方的认可，不易引发新的争议。

最后，当调解不成时，适用《国家赔偿法》关于行政赔偿的相关规定。由此，对行政赔偿的规定应进行两方面的修改：一是将行政机关违法撤销、变更行政协议造成协议方利益损失纳入行政赔偿的范围中来，确保赔偿于法有据；二是尽可能拓宽行政协议赔偿的范围，在不与公共利益抵触的情况下，兼顾对部分间接损失的赔偿。防止政府因为行政赔偿的数额较低，而随意撤销协议。[①]

上述制度构建与完善的思路，虽然体现了“公”“私”兼用，多元融合的优势，但在具体实践中，利益受害方，特别是社会资本方、使用者往往并不能准确判断争议的属性和确定提起诉讼的对象，这就需要改变司法机关受理、审理项目协议争议的规则。当其按照民事诉讼程序受理案件后，发现属“行政性”争议的，不要裁定驳回起诉，而是通过构建一种内部衔接机制，将案件移送到相应的审判部门。[②]

---

① 梁凤云：《行政协议案件适用合同法的问题》，《中国法律评论》2017 年第 1 期。

② 吕立秋：《行政协议的纠纷解决路径与思考》，《中国法律评论》2017 年第 1 期。

这样不仅有利于减少司法资源浪费，还能够指引当事人找到准确的救济方式，确保救济制度运行顺畅。

结 语

“改革”与“法治”是推动中国在新时代破浪前行的“双引擎”。作为我国行政改革的重大举措，PPP 模式的发展，必须有制度的引领、推动、规范和保障，以有效防控风险，充分发挥效用。当前，PPP 的运用范围逐步扩大，覆盖医疗、社会保障、交通运输、水利建设、农业、养老、教育等诸多领域，与此同时，其产生的纠纷类型和诉求也呈现多元化趋势。PPP 模式旨在促成一种多元主体利益交融、共赢的局面，任何一方的利益受损都会导致愿望落空。这就需要有相应的救济制度来有效应对 PPP 各类纠纷。常制不可以待变化，一途不可以应万方。针对现有的法律救济制度在应对各类纠纷的过程中所暴露出的诸多问题，亟须我们摆脱传统理论对现实变革的桎梏，通过跳出“公”“私”分立的泥沼、重塑项目协议的“协议性”地位、完善责任体系等路径实现理论上的革新，并以理论指导制度创新实践，明确将“权力的违法行使”作为行政协议的受案标准，拓宽行政复议、仲裁、行政调解等司法以外的救济渠道，保障政府通过民事诉讼、仲裁寻求救济的权利，规范社会公权力的行使，以此推进 PPP 模式下法律救济制度的构建与完善。

（原载于《江海学刊》2018 年第 5 期）

论地方性法规行政处罚设定权的构造及适用

王太高*

基于我国《宪法》确立的“遵循在中央的统一领导下，充分发挥地方的主动性、积极性的原则”，面向国家治理体系和治理能力现代化的伟大目标，地方性法规已经成为我国社会主义法律体系的重要组成部分。① 随着地方立法主体的逐步拓展，地方立法机关基于地方治理的现实需求，也存在扩充立法权限的冲动，尤其是突破上位法规定而增设行政处罚行为的现象较为突出。② 在推进权力清单制度的实践中，梳理地方政府权力依据时如何识别这些地方性法规也是一个颇为棘手的问题。因此，从我国立法体制出发，对行政处罚设定权条款的地位及其构成进行分析的基础上，准确界定地方性法规设定行政处罚

* 作者简介：王太高，1966 年生，法学博士，南京大学法学院副院长、教授、博士生导师。

① 2019 年 9 月 15 日召开的第二十四次全国地方立法工作座谈会上的信息显示，我国现行有效法律 267 件，行政法规 756 件，地方性法规 12000 多件。栗战书委员长在本次座谈会上强调，地方立法是具有中国特色、特征鲜明的制度规范，在改革开放和现代化建设中发挥着重要的、独特的作用。参见杨维汉、陈菲《改革开放四十年，地方立法之“变”》，《政府法制》2018 年第 31 期。

② 例如，全国人大法律委员会主任委员乔晓阳在 2017 年 9 月召开的第二十三次全国地方立法工作座谈会上讲话时指出，地方性法规“行政许可、行政强制的设定基本没有出现突破上位法的情况，行政处罚的种类、幅度突破现象也比较少，问题主要集中在突破行政处罚行为的限制，增设了新的处罚行为，有的是在法律有关行政处罚规定中直接增加违法行为，有的是另列条文增加规定违法行为”，这种违法增设行政处罚行为具体有 6 种类型。参见乔晓阳《如何把握〈行政处罚法〉有关规定与地方立法权限的关系》，《地方立法研究》2017 年第 6 期。

的权限，不仅有助于充分发挥行政处罚设定条款对地方立法主体的规范约束作用，并为甄别地方立法规范进入权力清单的权源依据提供有益指导，而且对于充分调动地方立法主体的主动性、积极性，更好地发挥行政处罚在我国社会治理中的作用，推动《行政处罚法》的完善有重要的意义。

行政处罚设定权条款的地位

“设定”是我国《行政处罚法》的一个贡献。针对我国行政处罚实践中的乱象，该法创制了“设定”概念，并依次对法律、行政法规、地方性法规及规章所享有的设定权限进行了配置，在提升行政处罚法治化水平的同时，也有助于消解行政处罚实践中的乱象。自此以后，对设定权进行配置就成了我国行政许可、行政强制等行政行为立法的不二选项。[①] 然而从立法实践来看，地方立法机关往往局限于“行政三法”相关条文去理解行政处罚、行政许可和行政强制的设定权限，而对“行政三法”中设定权条款的地位缺乏必要的关注，这在很大程度上削弱了设定权条款对地方立法的约束和限制，从而造成了地方立法实践中突破上位法规定、“在法律之外增加新的行政处罚”的违法立法状况。因此，地方立法机关要在国家立法做出“最大公约数”规定的基础上，从“各地区经济社会发展水平”的实际出发，用好用准地方立法权，必须正确认识和准确把握设定权条款的法律地位。

第一，从设定权条款的内容来看，它是对法律、行政法规、地方性法规及规章创制行政处罚、行政许可和行政强制权限的配置，是“高阶法规定”。

高阶法规定和低阶法规定由芬兰哲学家冯·赖特提出，用于区分

① 参见《行政处罚法》第九至十三条，《行政许可法》第十四、十五条，《行政强制法》第十、十一、十三条。

“规定与被规定”两类不同地位的法律规范。高阶法规定“主管规范制定或废除行为”，受其规定的规范则为低阶法规定。我国有学者据此认为，鉴于上位法和下位法的区分模糊不清，特别是无法区分同一立法主体颁行的不同法律规范的地位，因而使用高阶法规定与低阶法规定的表述则易于把握并准确描述上述状况。[①] 在笔者看来，随着中国特色社会主义法律体系初步形成，我国社会主义法治建设已经从“有没有”的粗放式发展转变为对以“好不好”为起点的良法善治的追求[②]，因此，对高质量立法产品的追求要求我们不仅要在整体上对某部法律规范的性质和地位进行辨别判断，而且应当落实到构成某部法律的具体法规范，即对同一部法律规范中具体的法律条文进行识别、判断和定性。显然，相对于上位法与下位法这种整体层面的区分，高阶法规定与低阶法规定的划分着重于具体的法律条文，并通过这种微观层面的分析和判断能够更加精准地对法律规范的地位和效力给出结论。在法治实践中，高阶法规定与低阶法规定的区分仍然面临着需要从内容方面而不是根据立法主体或者其他形式方面的标准去辨别、判断某一法律规范是否为“专司立法事项的立法性规定”[③]。可见，高阶法规定与低阶法规定的区分同上位法与下位法的表述并无本质不同，它们都是强调不同的法律规范存在法律效力的高下之分。只不过上位法和下位法的表述易被理解为指称整部法律，偏重于宏观整体的表述而难免以偏概全；而高阶法规定与低阶法规定的划分则着眼于从微观的法律条文出发去识别其效力的高下，从而能够更加精准地反映立法

① 参见袁勇《法的违反情形与抵触情形之界分》，《法制与社会发展》2017 年第 3 期。

② 当代中国法治建设起步于中国共产党十一届三中全会，全会确立了社会主义法制建设“十六字”方针，将“有法可依”明确为法制建设的起点，准确反映了经历十年“文革”后我国社会主义法律制度一片荒芜的现实状况，因而解决社会主义法律制度、法律体系“有没有”的问题自然就成为我国法制建设的起点。随着我国法治进程的推进和社会主义法律体系的初步形成，作为法治建设的起点不再是“有没有”而是要转变为“好不好”，因而“科学立法”顺理成章地成为我国社会主义法治建设新“十六字”方针的起点。

③ 参见袁勇《法的违反情形与抵触情形之界分》，《法制与社会发展》2017 年第 3 期。

规定的具体状况，更加符合当下我国社会主义法治建设的实际需求。值得注意的是，我国社会主义法律体系的形成伴随着我国改革开放四十多年经济社会发展的巨大变迁，作为政治上层建筑有机组成部分的法律制度必然会打上其颁行时期的烙印，而在立法资源有限、立法程序严格控制的情况下，不仅从整体上对某法律规范进行判断，而且着眼于微观的具体法律条文去定性分析和精准把握，对科学立法而言将更加经济、更加准确、更加具有现实针对性。① 而高阶法规定与低阶法规定这种区分恰好为我们开展这方面的精细化作业提供了一个妥适的分析工具。

例如，《行政处罚法》、《行政许可法》和《行政强制法》等从整体上来说都是行政行为方面的立法，“是关于具体执法手段的设定规范”②，因而绝大多数条款是以规范行政机关具体行使行政处罚权、行政许可权和行政强制权为目的和内容的，属于低阶法规定。但是“行政三法”中的设定权条款却是例外，它是由“立法主体规定、立法权限规定、立法行为规定”等内容组成，涉及由什么样的国家机关来创设行政处罚、行政许可、行政强制等“立法行为和立法内容”③，是高阶法规定。对此，立法机关在“行政三法”草案说明中不仅对设定权作出了专门说明，而且对设定权条款所具有的这种立法性地位给予明确的肯定。例如，全国人大常委会秘书长曹志在第八届全国人民代表大会第四次会议上作的《关于〈中华人民共和国行政处罚法（草案）〉的说明》中就强调，行政处罚设定权是“立法体制”方面的内容，必须遵循我国“统一而分层次”的立法体制要求。所谓“统一”，是强

---

① 实际上，近年来，为弥补我国现行的合法性审查机制的不足，特别是面对迅速变化的经济社会实际状况对法律滞后性的挑战，在法律整体上不作修改的情况下，在简政放权的实践中就通过权力清单制度实现对个别不合时宜的法律条款进行合法性补充审查。参见王太高《合法性审查之补充：权力清单制度的功能主义解读》，《政治与法律》2019 年第 6 期。

② 余凌云：《地方立法能力的适度释放——兼论“行政三法”的相关修改》，《清华法学》2019 年第 2 期。

③ 参见袁勇《法的违反情形与抵触情形之界分》，《法制与社会发展》2017 年第 3 期。

调在我国单一制国家结构形式下，《宪法》对多位阶的法律规范的统领作用，具有最高效力，即“一切法律、行政法规和地方性法规都不得同《宪法》相抵触”；所谓“分层次”表明我国存在中央与地方、权力机关与行政机关等多个立法权主体，它们所颁行的法律规范效力存在位阶上的差异。而《行政处罚法》对设定权的配置就是要通过“确定哪些国家机关有权设定哪类行政处罚”来实现“统一而分层次”立法体制的落实和细化。而在《关于〈中华人民共和国行政许可法（草案）〉的说明》中，国务院法制办公室主任杨景宇也强调，“设定行政许可属于立法行为”。

第二，从设定权条款的来源看，行政处罚设定条款直接源于《宪法》《地方组织法》[①] 确立的“统一而分层次”的立法体制，其地位与“规范立法活动”的《立法法》相当。

严格来说，对我国立法权限进行配置的法律只能是《宪法》和《地方组织法》《立法法》等宪法性法律。例如，《宪法》第六十二条和第六十七条对全国人大及其常委会、第八十七条和第九十条对国务院及其部委、第一百条对省和直辖市的人民代表大会及其常务委员会的立法权限进行了规定。1982 年制定的《地方组织法》第二十七条第 1 款、第三十五条第 1 项，1986 年修改后的《地方组织法》第三十八条第 2 款分别对省、自治区、直辖市人民代表大会常务委员会及其人民政府，以及省、自治区的人民政府所在地的市和经国务院批准的较大的市的人民代表大会常务委员会及其人民政府的立法权限作出了规定。正如曹志秘书长在关于行政处罚法草案说明中指出的那样，尽管“宪法对这些国家机关的立法权限从大的原则上作了规定，但对全国人大及其常委会与国务院、中央与地方之间在立法事项方面没有作具体划分”，使得“有些机关越权制定法规、规章；有些法规、规章同法律相抵触或者法规之间、规章之间、法规与规章之间存在着相互矛

① 指《中华人民共和国地方各级人民代表大会和地方各级人民政府组织法》。

盾、冲突的现象；有些法规、规章的质量不高，存在着不顾国家整体利益而为部门、地方争局部利益的倾向”。因此，为了“对法律、法规以及规章的制定作出统一规定，使之更加规范化、制度化，以维护国家法制的统一，建立和完善有中国特色社会主义法律体系，推进依法治国、建设社会主义法治国家”，必须制定《立法法》以“规范立法活动”。

显然，我国在1996年进行行政处罚立法时《立法法》尚付阙如，面对“行政处罚的设定权不明确”甚至“行政机关随意设定行政处罚”等突出问题，通过行政处罚立法“确定哪些国家机关有权设定哪类行政处罚”就成了行政处罚立法一项“最重要的”的任务。这样，在广泛调研和反复研究的基础上，《行政处罚法》根据《宪法》和《地方组织法》确立的“统一而分层次”的立法体制，率先对不同的立法主体所享有的设定行政处罚的权限进行分配。从《行政处罚法》第九至十三条的内容来看，它们对法律、行政法规、地方性法规、部门规章和地方政府规章在何种情况下可以设定何种行政处罚作出具体而明确的规定，对在设定行政处罚时应当遵循的基本规则作出了指引。而这些内容，恰恰是“规范立法活动的”《立法法》所应当担当的使命。由此可见，行政处罚设定权条款在内容上和法律地位上与《立法法》相当。

行政处罚设定权条款的构成

从内容来看，行政许可、行政强制设定权条款同行政处罚设定权条款是一样的，都是对不同的立法主体所享有的设定权限进行配置，都可以归为“高阶法规定”，但它们与《立法法》的关系却不相同，因而在性质上存在明显差异。2000年《立法法》的颁行，意味着我国《宪法》《地方组织法》确立的立法体制经由该法已经具体化，“所有立法行为和立法内容”通过《立法法》得以明确。这种状况意味着行政许可、行政强制设定权条款不再像行政处罚设定权条款那样，需要“客串”《立法法》规范，而是要在《立法法》对不同的立法主体是否享有以及在何种情况可以创设行政许可、行政强制等规定进行落实和细化。对于设定权条款在《立法法》颁行后的这种变化，国务院法制办公室主任杨景宇在《关于〈中华人民共和国行政许可法（草案）〉的说明》中直言不讳。他说：“设定行政许可属于立法行为，应当符合立法法确定的立法体制和依法行政的要求。”实际上，“行政三法”设定权条款性质上的这种差异从其立法主体的不同也可以看出：《行政处罚法》由全国人民代表大会制定，这一点与《立法法》相同；而《行政许可法》《行政强制法》则由全国人民代表大会常务委员会制定。根据《立法法》第七条的规定，全国人民代表大会制定的法律为“基本法律”，而全国人民代表大会常务委员会有权制定“基本法律”以外的其他法律。显然，从我国行政管理实际和社会主义法律体系的组成来看，并称为“行政三法”的《行政处罚法》《行政许可法》《行政强制法》并无“基本法律”和非“基本法律”地位上的差别，但是因为行政处罚立法的时代背景，特别是出于治理乱处罚这个立法目的考虑而需要对行政处罚设定权这个“立法性规定”作出具体规定，因而只能由全国人民代表大会进行行政处罚立法，进而在整体上“拉升”了《行政处罚法》的位阶，使其在形式上成为国家的“基本法律”。

《立法法》的颁行对“行政三法”设定权条款的影响还表现在其构成方面的差异：《行政许可法》《行政强制法》是在《立法法》颁行后制定的，基于对全国人大常委会正当行使立法权限的预设，不仅《宪法》《地方组织法》而且《立法法》的基本原则、精神及具体规定能够为行政许可和行政强制立法所遵循、吸收，相应的《行政许可法》第十四条和第十五条，《行政强制法》第十条、第十一条和第十三条就是行政许可和行政强制设定权条款的最直接体现；而《行政处罚法》是在《立法法》颁行前直接依据《宪法》《地方组织法》制定的，因此行政处罚设定权条款实际上与《立法法》是同阶性的，立法实践中对行政处罚设定权的认识不仅要看《行政处罚法》第九至十三条的具体规定，而且还要结合《立法法》的原则和精神尤其是《立法法》的具体规定进行甄别和判断：若与《立法法》的原则、精神和具体条款的要求吻合，则可以将《行政处罚法》第九至十三条的规定视为《立法法》在行政处罚设定问题的细化和具体化；反之，则应该归于无效或者要作相应的修改。这既是法律位阶理论的一般要求，同时也是《立法法》（2000 年）第八十三条的具体规定。遗憾的是，一直以来，我们往往将《行政处罚法》第九至十三条的规定视为行政处罚设定权条款的全部，而忽略了《立法法》的颁布施行对行政处罚设定权条款的构成带来的影响。

具体说来，在《立法法》颁行以后，对行政处罚设定权条款至少应当从以下两方面给予重点关注。一是《立法法》对法规、规章是否有不同于《行政处罚法》第九至十三条的新的规定，若有则应当成为行政处罚设定权条款的组成内容。例如，根据《立法法》（2000 年）第六十四条第一款的规定，地方性法规有执行性立法和创制性立法两种类型[①]，但创制性立法需为“地方性事务”或者是法律保留以外的其他需要地方先行立法的事项。由于《行政处罚法》对地方性法规设定行政处罚并未细分“地方性事务”和非地方性事务，《立法法》的这一规定实际上就补充了《行政处罚法》第十一条有关地方性法规设定行政处罚立法规定的具体内容，并造成了地方性法规在《立法法》颁行前后创设行政处罚的差异：根据《行政处罚法》第十一条的规定，地方性法规创设行政处罚时无须对调整事项作“地方性事务”和非地方性事务的区分，并且都不以是否制定法律、行政法规为前提；

① 执行性立法即“为执行法律、行政法规的规定”而制定地方性法规，须以有上位法为前提；创制性立法分为对“属于地方性事务需要制定地方性法规的事项”及该条第 2 款规定的对“国家尚未制定法律或者行政法规”的“除本法第八条规定的事项外”的其他事项进行的先行性立法两类。

而在《立法法》颁行后，地方性法规针对地方性事务仍可以自行创设新的行政处罚，但是对于非地方性若要创设行政处罚，则要以“国家尚未制定法律、行政法规”为前提。[①] 二是《行政处罚法》第九至十三条与《立法法》的相关规定是否一致，若有冲突，按照新法优于旧法的规则，则要以新法为准。例如，2015 年修改后的《立法法》第八十、八十二条规定，“没有法律、法规作依据，规章不能作出减损公民、法人或者其他组织的义务的规范”，这意味着“规章几乎没有创制能力”[②]。这样《行政处罚法》第十二、十三条赋予规章设定一定数额罚款和警告的行政处罚的规定就会因不符合修改后的《立法法》这一规定而在事实上就不再具有法律效力了。也有观点认为，行政处罚是对相对人违反强制性或义务性规定的制裁，是“第二性”义务，因而不受修订后的《立法法》这一限制。笔者认为，这一观点是不能成立的。因为规章设定行政处罚的前提是“尚未制定法律、法规的”，若法律法规设定了义务性规定而未设定行政处罚，这时规章创设行政处罚就与“尚未制定法律、法规”相抵触；若法律、法规未设定义务性规范和行政处罚，则规章在设定行政处罚的同时势必也要创设义务性规范，这就与《立法法》对规章设定权的最新规定相抵触了。[③]

综合上文的分析，地方性法规行政处罚设定权条款的构成如下。

---

① 《立法法》关于创制性地方立法应限于“地方性事务”的规定在《行政许可法》《行政强制法》中得到了很好的体现。例如，《行政许可法》第十五条第一款明确规定，地方性法规设定行政许可必须以“尚未制定法律、行政法规”为前提，这实际上使得地方性法规设定行政许可仅限于《立法法》第六十四条第 2 款规定的先行立法权。即便是这种先行立法，也“不得设定应当由国家统一确定的公民、法人或者其他组织的资格、资质的行政许可”。而《行政强制法》第十条第三款规定更加直接：“尚未制定法律、行政法规，且属于地方性事务的，地方性法规可以设定”查封、扣押等行政强制措施。

② 余凌云：《地方立法能力的适度释放——兼论“行政三法”的相关修改》，《清华法学》2019 年第 2 期。

③ 修改后的《立法法》对规章这种限制实际上也体现了全国人民代表大会常务委员会秘书长曹志在《行政处罚法》草案说明中所强调的“随着法律、法规的逐步完备，规章设定行政处罚的面将越来越小”的要求。修改后的《立法法》对规章立法权限的影响，参见王太高《设区的市行使地方立法权若干问题研究》，《人民与权力》2015 年第 11 期。

(1)《宪法》第一百条规定，“省、直辖市的人民代表大会和它们的常务委员会，在不同《宪法》、法律、行政法规相抵触的前提下，可以制定地方性法规，报全国人民代表大会常务委员会备案”。该规定不仅确立了地方性法规应当遵循的“不抵触”原则，而且肯定了地方性法规可以进行创制性立法。尽管《行政处罚法》设定权条款没有直接重申“不抵触”原则，但是作为全国人大制定的《行政处罚法》在对行政处罚设定权进行配置时无疑隐含着这一宪法原则，亦即地方性法规在设定行政处罚时不得与宪法、法律和行政法规相抵触。(2)《立法法》(2000 年）第六十四条规定，“地方性法规可以就下列事项作出规定：……（二）属于地方性事务需要制定地方性法规的事项”。“除本法第八条规定的事项外，其他事项国家尚未制定法律或者行政法规的，省、自治区、直辖市和较大的市根据本地方的具体情况和实际需要，可以先制定地方性法规。在国家制定的法律或者行政法规生效后，地方性法规同法律或者行政法规相抵触的规定无效，制定机关应当及时予以修改或者废止。”《立法法》的这一规定在肯定地方性法规创制性立法的同时，进一步明确进行这种创制性立法的具体情形和限制性条件：一种情形是对“地方性事务”且“需要制定地方性法规”时进行创制，另一种情形是对非地方性事务进行创制性立法但必须以“尚未制定法律或者行政法规”为前提。(3)《行政处罚法》第十一条第 1 款规定，“地方性法规可以设定除限制人身自由、吊销企业营业执照以外的行政处罚”。

需要指出的是，《行政处罚法》第十一条第 2 款的规定是行政处罚的“规定权”，虽然也是地方立法权作用的方式，但不是对行政处罚的设定，不能归入行政处罚设定权条款的范围。区分行政处罚的“设定”与“规定”是《行政处罚法》的一大贡献，并且在《行政处罚法》文本中对两者的内涵与外延有清晰的界分，进而为后续的《行政许可法》《行政强制法》所认可和吸收：设定是行政处罚从无到有，是创制；规定是从概括到具体，是细化。然而由于《立法法》第六十四条在《宪法》第一百条规定的基础上，将地方性法规的立法权限区分为执行性立法和创制性立法两种，而《行政处罚法》第十一条第2款对地方性法规“规定权”的表述完全符合《立法法》规定的执行性立法的特征，因而在相关理论研究和立法实践中有人便将该“规定权”条款视为行政处罚的设定权，甚至等同于行政处罚设定权的全部内容。[①] 显然，这种认识不仅严重背离了《行政处罚法》对“设定权”与“规定权”的规定，而且容易混淆地方立法过程中设定行政处罚与对行政处罚作具体规定的法律限制。因为地方性法规设定行政处罚或者对法律、行政法规作出的“行政处罚规定”再进行“规定”，虽然在外观上都表现为立法行为和立法产品，但是《立法法》针对这两种立法行为设立了不同的规则：地方性法规若违反《行政处罚法》第十一条第1款的规定进行行政处罚的设定，是《立法法》第九十六条规定的“法的违反”情形；若违反第十一条第2款的规定对上位设定的行政处罚进行规定，是《立法法》第九十七条规定的“法的抵触”情形，两者在审查内容、审查方式及法律后果等方面存在明显差异。[②]

地方性法规行政处罚设定权条款的展开

综合《宪法》、《立法法》和《行政处罚法》的上述规定，地方性法规行政处罚设定权条款的具体内容可以从以下几方面来把握。

第一，在行政处罚的种类方面，地方性法规只能设定除限制人身

---

① 例如，有学者在讨论地方性法规设定行政处罚的抵触问题时，通篇只引用《行政处罚法》第十一条第2款而不及该条第1款的内容。参见苗壮《地方性法规设定行政处罚的抵触判断》，《中南大学学报》（社会科学版）2018年第4期。全国人大法律委员会主任委员乔晓阳在第二十三次全国地方立法工作座谈会上讲话中也是以《行政处罚法》第十一条第2款作为地方性法规设定行政处罚的内容予以讨论，并指出《行政处罚法》第十一条第2款的规定是行政处罚立法治乱治滥这一“初衷的体现”，也是“地方立法‘不抵触’原则在行政处罚领域的具体化和重要体现，彰显了‘国家法制统一’原则”。

② 参见袁勇《法的违反情形与抵触情形之界分》，《法制与社会发展》2017年第3期。

自由、吊销企业营业执照以外的其他行政处罚。从《行政处罚法》第八条的规定来看，行政处罚的种类除该法列举的6种外，法律、行政法规还可以创设其他新的行政处罚种类。[①]《行政处罚法》基于法律保留的现代法治理念，通过排除法将限制公民人身自由、吊销企业营业执照这两类最为严厉的行政处罚排除在地方性法规设定的行政处罚种类之外，这与《立法法》的精神和第八条的具体规定高度一致。需要说明的是，由于《行政处罚法》第八条规定的行政处罚种类是开放的，例如法律就可以设定行政拘留以外的其他限制公民人身自由的行政处罚，这样限制公民人身自由的行政处罚除行政拘留外，客观上还会有其他类型，而《行政处罚法》第十一条第1款的该种限制意味着，不仅行政拘留，而且任何潜在的限制公民人身自由的行政处罚，地方性法规均不能染指；至于“暂扣或者吊销许可证、执照”类的行政处罚，《行政处罚法》第十一条第1款只是规定地方性法规无权创设其中的“吊销企业营业执照”这种行政处罚，而企业营业执照以外的其他许可证或执照的吊销、或者暂扣包括企业营业执照在内的许可证或执照等行政处罚，地方性法规均可以设定。有学者研究认为，从地方治理的实际需要看，应当取消对地方性法规设定吊销企业营业执照行政处罚的限制。实际上，从简政放权、“多证合一”改革实践来看，营业执照独立性在现实行政管理中已经不复存在，因此吊销企业营业执照作为一种行政处罚，实际上已经没有实质意义。

第二，地方性法规针对地方性事务设定行政处罚时，不得与法律、行政法规相抵触。“不抵触”是我国立法体制的一项基本原则，按照《宪法》《立法法》的规定就是，地方性法规不得与法律、行政法规相抵触。然而对于何为“抵触”，学界有很多的讨论，意见并不完全统一。例如，有学者认为下位法的规定违背了上位法的原则和条文就构

① 有学者据梳理相关法律和行政法规后认为，我国行政处罚种类有120多种。参见胡建淼《“其他行政处罚”若干问题研究》，《法学研究》2005年第1期。

成抵触；[①] 也有学者从《立法法》第九十六、九十七条的规定出发，主张细分法的违反和法的抵触，认为法的违反是对立法性规则的违反，如《立法法》九十六条规定的下位法“超越权限的”和“违背法定程序的”等情形；而法的抵触是“规定同阶、内容同域、事项同类与条件重合”的法律规范不一致或不相容，如《立法法》第九十七条规定的情形。[②] 毫无疑问，学界的广泛讨论和各种代表性的观点为我们在实践中从不同角度去识别法的抵触提供了很好的参考，而将法的抵触与法的违反予以区分的主张不仅在我国《立法法》中有直接规范依据，而且按照相容性来界定法的抵触具有更强的可操作性和针对性，即只要不与法律、行政法规的同类规定发生冲突，地方立法就不应该轻易受到否定。[③] 由于法的抵触以存在两个或两个以上的同类法律规范为前提，因而当某一领域未制定法律或行政法规、或者虽有法律或行政法规但对某具体事项未作行政处罚规定时，地方性法规对此作出行政处罚规定就不可能出现不相容的问题，抵触也无从谈起。这样的认识不仅很好地体现了《宪法》确立的“充分发挥地方的主动性、积极性的原则”要求，而且也反映了地方性法规针对“地方性事务”设定行政处罚不以“尚未制定法律、行政法规”为前提的法律规定，因而对地方立法实践具有重要的指导作用。

由于《立法法》并未对地方性事务作出任何规定，因而何为“地方性事务”也是一个颇具争议的话题。例如，全国人大常委会编著的《〈立法法〉释义》指出，“地方性事务是指具有地方特色的事务，一般来说，不需要或在可预见的时期内不需要由全国制定法律、行政法规来作出统一规定”，并将风景名胜、非物质文化遗产、禁放烟花爆

---

① 参见胡建淼《法律规范之间抵触标准研究》，《中国法学》2016 年第 3 期。

② 参见袁勇《法的违反情形与抵触情形之界分》，《法制与社会发展》2017 年第 3 期。学界还有人将不同的主张概括为“依据说”、“直接抵触说”和“间接抵触说”等。参见孙波《地方立法“不抵触”原则探析——兼论日本“法律先占”理论》，《政治与法律》2013 年第 6 期。

③ 张千帆：《流浪乞讨与管制——从贫困救助看中央与地方权限的界定》，《法学研究》2004 年第 3 期。

竹等归为地方性事务。[①] 然而从立法实践来看，“具有地方特色的事务”不过是“地方性事务”的重复，并没有为区分地方事务确立清晰标准，而“不需要或在可预见的时期内不需要由全国制定法律、行政法规来作出统一规定”不仅外延模糊，而且与《立法法》第七十三条第2款规定的地方性法规的先行立法权存在冲突。鉴于正面界定“地方性事务”存在的这种困境，我们认为对“地方性事务”的认识和把握上可以从以下几方面予以明确。首先，我们不能将《立法法》第八条确立的法律保留外的事项均视为地方性事务。因为从法理上看，法律保留不仅限制地方立法权，而且还限制行政法规，即对于法律保留的事项，行政法规、地方性法规和规章等均不得涉足。而从《立法法》第七十三条第2款的规定看，法律保留事项以外仍有大量的非地方性事务，并允许地方性法规在“尚未制定法律、行政法规”的情况下根据本地区的实际需要先行作出规定。[②] 其次，我们也不能将《立法法》第七十二条第2款限定的设区的市立法事项范围看成地方性事务的全部。因为“地方性事务”不仅适用于设区的市地方性法规，而且对省一级的地方性法规同样适用。特别是从《立法法》第七十三条第3款的规定来看，[③] 即使是“城乡建设与管理、环境保护、历史文化保护等方面的事项”与“地方性事务”也只是交叉关系而非等同关系。最后，即使是“城乡建设与管理、环境保护、历史文化保护等方面的事项”可以视为地方性事务，其外延也是不确定的。因为立法机关对这里的“等方面的事项”的认识存在着从“等内”到“等外”的

---

① 全国人大常委会法制工作委员会国家法室编著：《〈中华人民共和国立法法〉释义》，法律出版社2015年版，第238页。

② 该款的规定具体为，“除本法第八条规定的事项外，其他事项国家尚未制定法律或者行政法规的，省、自治区、直辖市和设区的市、自治州根据本地方的具体情况和实际需要，可以先制定地方性法规。在国家制定的法律或者行政法规生效后，地方性法规同法律或者行政法规相抵触的规定无效，制定机关应当及时予以修改或者废止”。

③ 该款的规定具体为：“设区的市、自治州根据本条第一款、第二款制定地方性法规，限于本法第七十二条第二款规定的事项。”

认识变化，而且何为“城乡建设管理”的外延认识也是在发展变化的。① 在这样的背景下，“地方性事务”对地方性法规的限制、包括对设定行政处罚的限制明显刚性不足。例如，社会信用是近年来我国地方立法实践中一个非常活跃的议题，包括浙江、河北、湖北、上海、南京等地已经出台十多部地方性法规②，并在法律责任一章均设定了行政处罚③。显然，无论按照何种标准，社会信用都很难视为“地方性事务”，而在立法实践中类似社会信用这样颇有争议的事项在设区的市地方立法中绝非个案。可见，由于地方性法规的先行立法及纯粹的地方性事务立法均不以上位法为前提④，并且都要遵循宪法确立的“不抵触”原则，因而试图给“地方性事务”下定义或者厘清其外延，对于地方立法权的实际行使并未产生实质性意义。

第三，地方性法规可以对法律保留以外的非地方性事务创制行政处罚，但在遵循“不抵触”原则的同时，还必须以“尚未制定法律、行政法规”为前提。需要说明的是，无论是《行政处罚法》还是《立

① 例如，在《立法法》修改后的2015年9月召开的第二十一次全国地方立法论坛上，全国人大法工委主任李适时明确指出，“关于‘等’字是‘等内等’还是‘等外等’，我们认为，从立法原意上讲，应该是等内，不宜再做更加宽泛的理解”。在2016年第二十二次全国地方立法论坛上，李适时指出，对“等”去年已经作了解释，并强调可以根据党中央和国务院最新文件对城乡建设管理的外延作扩张解释，这实际上仍然坚持“等内”的认识。而在2018年12月13日下午，王晨副委员长在南京市人大常委会调研时则指出，《立法法》第七十二条第二款的“等方面的事项”是“等外”，设区的市地方立法不应仅仅局限于城乡建设与管理、环境保护和历史文化保护这三类事项，还可以对其他事项进行立法。

② 仅在江苏省内，就有四部地方性法规：2015年《无锡市公共信用信息条例》、2016年《泰州市公共信用信息条例》、2018年《宿迁市社会信用条例》、2019年《南京市社会信用条例》。

③ 有学者认为，地方信用立法中的失信惩戒是一种行政处罚，并且是在《行政处罚法》第八条规定的行政处罚种类以外由地方性法规创设的新的行政处罚种类。典型的例子如《上海市社会信用条例》第30条和第31条。参见李晴《论地方性法规处罚种类创设权》，《政治与法律》2019年第5期。实际上，失信惩戒是否为独立的行政处罚种类、是否为地方性法规创设等都是有争议的。因为从相关地方信用立法来看，在规定失信惩戒时往往强调“依据法律、行政法规规定”，或者“在法定权限范围内”等限制，并且很多名为“惩戒”，实为强化行政机关的审查义务或者是对行政机关给予相对人的一些行政便利予以限制，这些很难视为对相对人的制裁。

④ 余凌云：《地方立法能力的适度释放——兼论“行政三法”的相关修改》，《清华法学》2019年第2期。

法法》，都未要求地方性法规对地方性事务创制行政处罚时以“尚未制定法律、行政法规”为条件。然而由于《行政处罚法》对规章设定行政处罚，尤其是《行政许可法》和《行政强制法》对地方性法设定行政许可和行政强制措施都规定了“尚未制定法律、行政法规”这样的条件，因此，在立法实践中往往有意无意地将“尚未制定法律、行政法规”强加于地方性法规在任何情形下设定的行政处罚，全国人大常委会甚至也有此认识。例如，全国人大常委会官方网站2002年4月18日的“法律问答与释义”在回应“法律设定了义务性规范，但未设定行政处罚，法规或规章能否设定行政处罚”的疑问时，非常明确地给出了否定性答案。而在第二十三次全国地方立法工作座谈会上，全国人大法律委员会主任委员乔晓阳同样将“法律规定了管理制度但未规定违法情形及相应行政处罚，地方性法规根据当地情况增加规定了违法情形及相应行政处罚”视为违法设定行政处罚。①

必须指出的是，上述全国人大常委会有关同志的答复和在座谈会上的讲话，都不是立法解释。因此，这种见解在地方立法实践中虽然具有广泛的影响，但是地方立法机关并未完全以该认识为依归。例如，《江苏省种子条例》（江苏省第十届人民代表大会常务委员会第七次会议2003年12月19日审议通过，江苏省第十三届人民代表大会常务委员会第十二次会议于2019年11月29日修订通过）在修订论证过程中就有专家建议，针对引种其他省、自治区、直辖市的种子而不按该条例第17条规定进行备案的行为，应当设定相应的行政处罚，以提高该立法规定的威慑力。但立法机关最后认为，引种条款中的备案规定依据的是《种子法》第19条，但《种子法》法律责任一章并未对违反该备案规定的行为设定罚则，地方性法规若设定行政处罚便与上位法相抵触，因此《江苏省种子条例》最后文本中并未包含对上述违法行

① 参见乔晓阳《如何把握〈行政处罚法〉有关规定与地方立法权限的关系》，《地方立法研究》2017年第6期。

为的罚则。但是在此前颁布施行的《吉林省农作物种子条例》（吉林省第十三届人民代表大会常务委员会第六次会议 2018 年 9 月 21 日审议通过）则未受制于该种认识，该条例第六十二条就规定，违反本条例第二十条第 1 款关于备案管理规定的，由县级以上人民政府农业农村主管部门责令改正，并处二千元以上二万元以下罚款。显然，在全国人大常委会不断强化对地方立法备案审查的大背景下，部分地方立法仍然要对违反上位法设定的义务性规范行为创设行政处罚，并且还能够得到全国人大常委会的“默认”，究其原因还是在于地方立法的这种做法并未违反地方性法规设定行政处罚的立法规定。相反，限制地方性法规对违反上位法义务规范设定行政处罚的认识恰恰是没有严格区分行政法规、地方性法规和规章设定行政处罚前提方面的差异，没有能够注意到行政法规、地方性法规在设定行政处罚时并不存在“尚未制定法律、行政法规”的限制。因为在上位法设定了义务性规范而未设定行政处罚时，并不存在两个针对同类事项的规定，地方性法规创设的行政处罚与上位法对行政处罚未作规定之间不可能发生抵触。笔者认为，正是看到了地方性法规设定行政处罚与行政许可、行政强制的这种差异，吉林等地的地方性立法才有了这种更加合乎《行政处罚法》设定条款的要求，同时也满足地方行政管理实际需要的立法规定，这无疑是值得肯定的。①

本文的研究表明，“行政三法”都对设定权进行了配置，但《行政处罚法》是由全国人民代表大会制定，并先于《立法法》颁行，因而其设定权条款的地位及构成与行政许可、行政强制设定权条款并不完全相同。地方性法规在创设行政处罚时不仅要根据《行政处罚法》

① 值得关注的是，全国人大常委会法制工作委员会 2019 年 10 月 12 日发布的《中华人民共和国行政处罚法（修正草案）》（征求意见稿）第 2 条建议，“第十一条增加一款，作为第三款：法律、行政法规对违法行为未作出行政处罚规定，地方性法规为实施法律、行政法规需要增加行政处罚的，必须在该法律、行政法规规定的行政处罚种类和幅度的范围规定”。这里虽然使用的是“地方性法规……需要增加行政处罚的”这种不甚准确的表述，但至少说明了立法机关注意到了地方性法规在法律、行政法规之外创设行政处罚的正当性。

第十一条第1款的规定，而且还要全面考虑《立法法》对地方立法权的规范，甚至是宪法对地方立法权的原则要求。从立法实践来看，地方性法规设定行政处罚遭遇的挑战，既有《行政处罚法》立法滞后的问题，[①] 也与对行政处罚设定权条款理解上偏差密切相关。因此，在《行政处罚法》面临修改之际，正确认识和全面把握行政处罚法相关条款的内涵，弄清《行政处罚法》实施过程中出现的问题是立法方面缺陷还是理解上的偏差，对于推动《行政处罚法》的修改和完善，充分发挥地方立法机关的积极性、主动性，特别是在推进国家治理体系和治理现代化的过程中，最大限度地释放地方治理的能力与活力，有非常重要的意义。

（原载于《江海学刊》2020年第2期）

① 例如，有学者认为，基于地方治理实践的需要，应当向地方性法规开放创设行政处罚种类的限制。参见余凌云《地方立法能力的适度释放——兼论“行政三法”的相关修改》，《清华法学》2019年第2期；李晴《论地方性法规处罚种类创设权》，《政治与法律》2019年第5期。

城镇化对村民自治制度的影响与法治完善

韩　松*

城镇化过程中一部分农民转移到城市实现农民的市民化，而留在农村的农民也要通过城乡统筹一体化发展实现农民职业化和农业现代化。这必然对农村社会生活和秩序产生重大影响，从而影响村民自治制度。党的十九大报告明确提出实施乡村振兴战略，其中包括“加强农村基层基础工作，健全自治、法治、德治相结合的乡村治理体系”。本文拟在分析和认识城镇化对村民自治的影响的基础上，因应这种影响从自治与法治的结合上提出完善村民自治制度的建议，以期对乡村治理体系的完善有所裨益。

城镇化对村民自治制度的影响

我国村民自治制度是《宪法》和《村民委员会组织法》确立的，农村居民以按照居住状况划分的社区为单位，在基层党组织的领导下和基层政权的指导下，通过直接的民主选举、民主决策、民主管理、民主监督，在处理农村公共事务和公益事业中，有组织地实现自我管

* 作者简介：韩松，1962 年生，西北政法大学民商法学院教授、博士生导师。

理、自我教育、自我服务的制度。城镇化对村民自治制度的影响主要体现在以下方面。

（一）对自治社区性质的影响

城镇化引起村民自治社区性质的变化。村民自治是农村居民的社区自治，就是居住生活在农村一定地域范围的居民对社区内的公共事务和公益事业的自治。传统的农村社区是城乡二元分割的区别于城市社区的农村社区，其特点是以户籍固定的农业人口在生产生活区域的自治。但随着城镇化的发展，按照城乡统筹一体发展的模式，乡村人口大量进城，城市社区因素进入乡村，改变了原来的农村社区结构。例如，中共中央 2017 年 1 号文件就明确提出："在控制农村建设用地总量、不占用永久基本农田的前提下，加大盘活农村存量建设用地力度。允许通过村庄整治、宅基地整理等节约的建设用地采取入股、联营等方式，重点支持乡村休闲旅游养老等产业和农村三产融合发展，严禁违法违规开发房地产或建私人庄园会所。完善农业用地政策，积极支持农产品冷藏、初加工、休闲采摘、仓储等设施建设。支持进城农民工返乡创业，带动现代农业和农村新产业新业态发展。"还提出："鼓励高校毕业生、企业主、农业科技人员、留学归国人员等各类人才回乡下乡创业创新，将现代科技、生产方式和经营模式引入农村。整合落实支持农村创业创新的市场准入、财政税收、金融服务、用地用电、创业培训、社会保障等方面优惠政策。鼓励各地建立返乡创业园、创业孵化基地、创客服务平台，开设开放式服务窗口，提供一站式服务。"党的十九大报告在实施乡村振兴战略中也明确提出："促进农村一二三产业融合发展，支持和鼓励农民就业创业，拓宽增收渠道。"随着这些政策的贯彻落实，必然带来农村社区性质的变化，使农村社区由封闭的农业社区变为开放的现代农村社区。由于各地城镇化发展的不平衡，农村社区性质呈现多元形式，既有传统的乡村社区，也有具有城市社区特征的村民自治社区。如王续添教授总结："具体到基层社会，一方面，我国许多乡村地区不再是原来意义上的乡村社区，而是兼具城市社区特征的，或者说乡村社区特征逐步淡化而城市社区特征逐步增加的‘过渡型社区’，如‘超级村庄’‘城中村’、城乡结合部、小城镇社区等。这种‘过渡型社区’是一种兼具乡村社区和城市社区某些成分与特征的独特形态的社区；另一方面，由于农村人口进入城市，也使一些城市社区变为‘混居社区’，即当地市民与尚未‘市民化’的进城农民混居的社区。”① 因此，村民自治的社区基础呈多元形式，不再是原来单一封闭的农村社区。在不同的社区，其自治内容、自治形式就会有很大的不同。

（二）对自治主体的影响

城镇化改变了村民自治主体的结构。村民自治的主体是居住于农村社区的居民群体，即村民群众。在城乡二元结构下，农村居民是以户籍固定在农村的农民群众，即农业人口。城镇化过程中首先是农业农村人口向城市的转移。转移在城市的农村人，由于户籍将其身份固化在农村，他们仍然是生活在城市的农村人，不是城市人，不能取得市民的社会公共服务。因此，在法律上进入城市而尚未市民化的农村人也是村民自治主体的构成部分。但是，他们由于常年生活工作在城市，远离乡村生活，在客观上不便参与或者在主观上也不愿参与村民自治，而这部分人是乡村户籍人口中年富力强的，相对于留守在农村的老人、妇女，本应成为村民自治的中坚力量，但他们流失于乡村，显然弱化了村民自治的群众基础。在户籍制度未改变的情况下，他们与乡村的户籍身份联结，使得他们在法律上具有的村民身份，以及与乡村的财产关系联结、乡情联结，他们参与村民自治还具有合理性、合法性和可能性。但随着户籍制度的改革，允许进城的农民在城市落户、买房、子女随迁，享受同城市人一样的待遇从而实现市民化的情况下，他们就不可能积极关心村民自治的乡村公共事务和公益事业，更不可能参加村民自治了。即使他们愿意参加村民自治，其在身份上

---

① 朱佩娴：《基层治理须重视“盲点”》，《人民日报》2017 年 4 月 10 日。

的合理性也值得思考。另外，随着城乡一体化的发展，政策上已经明确规定了推行农地的“三权分置”，允许农地经营权流转，城市人也可以到农村创业，经营农业；在符合规划和用途管制的前提下，允许集体经营性建设用地直接入市，城市人也可以到农村取得集体经营性建设用地使用权，经营工商业、服务业等，同时政策上也允许农民开发宅基地。因此，在乡村从事农业、加工业、服务业的经营者和从业者也将可能进入农村社区，成为农村非原户籍意义上的社区居民。他们也因为居住生活在社区，与原居村民有共同利益参与公共事务的自治。他们能否参加村民自治，如何参加村民自治，殊值研究。

（三）对村民自治内容的影响

村民自治就是村民对自己村内公共事务民主决策、自我管理。村民自治的内容包括经济和社会事务的各个方面。经济自治方面包括：依法发展集体经济，为各种形式的合作经济和其他经济做好生产服务和协调工作，促进农村生产建设和经济发展；管理属于本集体农民集体所有的土地和其他财产，保障集体经济组织和村民、承包经营户、联户或者合伙的合法财产权和其他合法权益。社会自治方面要做好人民调解、治安保卫，维护村民的合法权益，发展文化教育，普及科技知识，改善公共卫生，保护环境，美化村容村貌；开展精神文明建设，树立文明村风等。传统村庄的村民自治主要是围绕发展农业经济开展，主要是农地承包经营方案的确定和为承包经营提供服务活动。随着城乡一体化的发展，村民自治内容发生重大变化。陆益龙教授指出：“首先，目前村民自治组织所承担的基层公共管理的功能需要纳入统一的公共管理体制之中。在地市一级的行政辖区内，按照城乡一体化和基本民生公共服务均等化的原则，统一配置交通、文化教育、医疗卫生、水利、环境等公共基础设施及公共服务，并实施统一管理。打破城市与农村分离的财政体系，将农村公共领域里各项投入，编入到城乡一体的公共财政预算体系之中。对于偏远贫困地区农村，基础设施建设、公共服务及公共管理的支出，可由地方政府申报中央财政资金的扶持。其次，改革农村土地制度和集体产权制度，让村民自治组织逐步退出管理村集体土地和村级经济。”① 由此村民自治的内容就是“按照城乡一体化方式，建设和完善乡村基层社会生活领域里的村民自治。农村的村民自治组织建设可以参照城市居委会建设模式，由村民直接选举，组织的运行经费纳入到统一的财政支出之中，以确保村民自治得以普遍地、统一地、正常地运行。与此同时，村民委员会主要致力于服务村民生活”②。

诚然，城镇化的确对农村社会生活产生重大影响。农村经济活动和社会活动都极大丰富，村民自己的公共事务和公益事业的内容也极大丰富。在经济事务自治方面不仅有农业，还有农村工商业、服务业等；不仅存在家庭承包经营的传统农业，更多的是合作经营和多产业融合发展的现代农业；还有集体经济。这样村民自治的经济内容就会有很大的变化。例如，原来为家庭承包经营服务的公共事务，在一些村庄还可能存在，而在有些村庄则会因家庭农场、合作社、农业企业而不再存在，但也可能会发生为新型农业经营主体服务的新的公共事务问题。由于集体经济的发展，集体经济自治的公共事务问题会更加突出，会涉及集体与新型农业经营主体、其他经营主体的关系问题。例如集体经营性建设用地流转、利用，宅基地开发利用中集体与其他经营主体的经济事务处理的村民自治问题。传统村庄社会自治的内容主要是纠纷调解、社会治安维护等。但按照城乡一体化发展起来的新型农村社区社会文化活动丰富发展，涉及的公共社会事务也丰富多样，例如，社区群众文化活动，关爱老年人和留守儿童，养老、医疗，困难救助、帮助贫困人口脱贫，承担民事监护，农村生态建设和环境卫生保护，移风易俗，精神文明建设等。这些都可以成为村民自治的内容。就调解的治安纠纷和民事纠纷而言，原来主要是家庭、邻里的生

① 陆益龙：《新型城镇化与乡村治理模式的变革》，《人民论坛》2013年第26期。

② 陆益龙：《新型城镇化与乡村治理模式的变革》，《人民论坛》2013年第26期。

活纠纷，而现在更多是社区经营者、消费者、社区居民之间的经济纠纷和社会事务纠纷。

（四）对村民自治方式的影响

传统村庄的村民自治形式主要是党支部和村委会的组织治理，以及在两委会的领导和组织下，村民按照一事一议的原则通过村民会议或者村民代表会议的方式参与自治。这种方式适合于农业经济的村庄，所议事项简单，参与者都是熟人社会的村民。而在新型的农村社区，由于经济生活、社会生活的丰富多样，公共事务和公益事业自治内容的多样化，自治形式上也就应当多样化。例如，在农地“三权分置”的状态下，村民自治就涉及集体土地所有权的行使、承包人权益的实现、经营权人的利益，在决定有关公共事务中就有一个征求经营权人的意见或者经营权人直接参加议事的问题。在合作经营的情况下，许多本该由村民自治组织提供的公共服务，就可以由合作经济组织为合作社成员或者村民提供。在合作经济组织为村民提供公共服务的过程中合作组织也可以参与村民自治的决策和管理。在农村从事农业、工商业、服务业的经营者，都可能参与农村公共事务的自治。其自治的形式就不仅仅是村民会议或者村民代表会议，也可以是村民与驻村经营者、企业的联席会议；也可以是村自治组织与有关经营者的村域公共事务和公益事业的自治协商。在新型农村社区，建立有各种社区服务组织，还有养老、合作医疗、劳务中介、职业培训等政府社会职能的延伸服务机构，村民自治组织的自治形式就是支持社区服务组织和政府的社会服务机构的工作，组织村民承接各种服务。由于村域互联网的发展，村民利用电脑、手机参加视频会议，或者以电子邮件、微信等方式参与村民自治也成为可能。

应对城镇化影响对村民自治的法治完善

如何应对新型城镇化对村民自治制度的影响，完善村民自治，是必须认真研究的重大问题。一些研究成果认为，应当以社区治理应对城镇化对村民自治的影响。例如，有学者提出，以社区治理应对城镇化引起的村民自治职能的弱化。“新农村的社区治理主体应包括政府、社区居委会、社区居民和各种非营利组织。立足现实，在一定的时间内保留原来的村委会，又适度改革，使社区居委会一步一步地转变为适合新农村发展要求的管理组织，实现平稳过渡。另外，鼓励社区群众自发性组织的建立和发展，如邻里组织、老人协会等，以区别于政府和企业组织的活动方式，推动农村新社区发展。”① 中共中央办公厅和国务院办公厅于2015年5月发布了《关于深入推进农村社区建设试点工作的指导意见》。党的十九大报告也明确提出：“加强社区治理体系建设，推动社会治理重心向基层下移，发挥社会组织作用，实现政府治理和社会调节、居民自治良性互动。”可见，目前关于应对城镇化对村民自治制度的影响的基本观点和方向就是实行像城市社区一样的居民社区自治。但农村居民社区与城市的居民社区并不完全一样，城市的《居民委员会组织法》并不能当然适用于农村社区，适用于农村的《村民委员会组织法》也并不会因为实行农村居民社区自治而不发挥作用。因此，需要从法律制度的完善上研究适合于农村社区自治的法律制度。

（一）应当重新界定村民自治主体

村民自治的主体是村民。依据《村民委员会组织法》第三条的规定，村民委员会根据村民居住状况、人口多少，按照便于群众自治，有利于经济发展和社会管理的原则设立。村民委员会可以根据村民居住状况、集体土地所有权关系等分设若干村民小组。可见，村民委员会是在若干村民小组基础上设立的，各个村民小组又是依据村民居住状况和土地所有权关系设立的。村民分散居住于各个村民小组，以村民小组为单位享有集体土地所有权，参加村民自治。而新型的农村社

① 赵有声、刘柯妗、王正攀：《城镇化进程中的“村民自治”》，《理论视野》2014年第2期。

区除了传统的农村社区的村民以外，还包括新进入农村社区的居民。也就是说新型农村社区的居民除了传统村民以外还包括新加入农村社区的居民。这部分居民虽然在农村从事经济活动或者生活活动，但并不是享有集体土地所有权的集体成员，因而区别于传统村民，他们在村民自治中基本上是被排除于自治主体之外的。如果在过去这部分居民人数不多，被排除于自治主体之外也影响不大，但随着城乡一体化建设，这部分新进入农村社区通过承包地流转从事农业经营或者在农村社区从事工业、服务业等产业经营，或者回农村养老或者休闲生活的人员，不断增多，在人口占比达到一定程度的情况下如果仍将这部分人口排除在自治主体之外，显然就不符合农村社区自治的实际。依据《村民委员会组织法》第十三条规定，在村民选举前进行的选民登记中，户籍在本村并且在本村居住的村民或者户籍在本村，不在本村居住，本人表示参加选举的村民都当然列入选民名单；而对于户籍不在本村，在本村居住一年以上，本人申请参加选举，并且经村民会议或者村民代表会议同意参加选举的公民可以进行选民登记。但已在户籍所在村或者居住村登记参加选举的村民，不得再参加其他地方村民委员会的选举。可见，户籍村民是当然的自治主体，而对于非户籍的农村社区居住人口并没有当然地将其作为村民自治的主体，而是附加了本人申请、经村民会议或者代表会议同意，才能登记为选民，参加村委会选举。这实际上往往会排斥农村非户籍人员参加村民自治。依据《村民委员会组织法》的规定，所谓村民自治就是村民自我管理、自我教育、自我服务，自己的事情自己办；村民委员会是村民自我管理、自我教育、自我服务的基层群众性自治组织，实行民主选举、民主决策、民主管理、民主监督。村民委员会办理本村的公共事务和公益事业，调解民间纠纷，协助维护社会治安，向人民政府反映村民的意见、要求和提出建议。因此，居住于农村社区，在农村从事农业、工业、服务业等的社区居民，虽然不具有本村户籍，但也要与本村的公共事务和公益事业发生关系，也是本村民间纠纷、社会治安相关方，也有意见和建议向政府反映，因此，理应将这部分人纳入村民自治的主体范围。为此，建议修改《村民委员会组织法》，增加对村民自治主体的明确规定，本法所称的村民是指农村社区的下列人员：（一）居住在本村具有本村户籍的村民；（二）具有本村户籍的本村村民或本村村内集体土地所有制经济组织成员；（三）不具有本村户籍，但居住在本村社区，并在本村社区稳定从事经济活动和生活的人。同时修改《村民委员会组织法》第十三条，取消在村民选举的选民登记中对非户籍村民的限制性规定，将第十三条第（三）项修改为：户籍不在本村，在本村居住一年以上或者居住在本村从事稳定经济活动的人。同时在第三条关于村民委员会的设立原则中规定，居住在本村的非本村集体土地所有制成员的居民人数达到本村居住人口的1/3的村民委员会的名称应称为社区居民委员会。

（二）明确村民自治与集体土地所有权行使的关系

将村民委员会改变为社区居民委员会，以居委会代替村民委员会，是目前关于城镇化背景下农村基层治理的主流观点。有学者提出，“改革农村土地制度和集体产权制度，让村民自治组织逐步退出管理村集体土地和村级经济”①。但笔者认为，虽然随着城乡一体化的发展，村民自治会发生一些变化，但村民自治组织未必就要退出对集体土地和集体经济的管理。

建立新型农村社区后，以社区居委会取代村民委员会，也不能改变原由村民委员会承担的村民自治职能。也就是说村民自治的实质不能改变。城市的街道居民委员会与农村的村民委员会不同的基本点就是村民委员会组织村民开展的自治是以集体土地所有制为基础，将村民动员和组织起来开展自治的，其中围绕集体土地所有权的行使和集体经济发展开展的自治活动是村民自治的主要内容，在此基础上才有社会事务的自治。而城市街道的居民自治主要是在居住社区产生的居

① 朱佩娴：《基层治理须重视“盲点”》，《人民日报》2017年4月10日。

民公共事务，例如社区社会治安、民事纠纷调解、公共卫生、社区文化活动、帮扶救助等。城镇化产生的农村新型社区不仅有农业经济，而且有了工商经济和服务业，社区居民结构不仅有原来的村庄农民，也有了外来从业的居民，因此，城镇社区的因素注入新型农村社区，从村民自治到社区居民自治的主体和内容都发生了变化，但是必须看到这些变化并未改变新型农村社区的居民自治是以集体土地所有权和集体经济为基础的本质，农民集体成员是参与社区自治的主体部分，外来居民也参加社区自治，但不构成社区自治的主体。社区村民自治的内容更多的是集体所有权的行使和集体经济。

从我国农村社会治理的历史来看，在农民集体土地所有制建立以前，地主经济和小农经济中的农民处在一盘散沙的状态，不可能有乡村公共事务的民主自治，所谓的乡贤治理不可与村民自治相提并论。只有把农民组织起来才可能实现对农村公共事务的民主自治。因此，村民自治是随着农民集体土地所有制的建立而建立的，农村集体土地所有制是农民自治的基础。农村的村民自治是在农民集体土地所有权的基础上建立的，本来农村的集体所有权是通过合作化建立的，其组织形式就是农业生产合作社，后来成了政社合一的公社，在政社分离而将政权分立后，剩下的本来就应当是合作社，只是没有采取合作社形式而是建立了村民委员会自治组织。因此，在村民委员会和村民小组组织村民进行的自治活动中当然包括了本应由合作社进行的经济自治的内容。之所以不采取合作社的形式是因为农民集体所有制已经是完全的集体公有制，已经是高于保留股金分红的合作社阶段的经济形式。因此，村民自治组织在本质上首先是经济自治组织，同时也要进行社会事务的自治。村民委员会和村民小组代表本集体范围的农民集体行使集体土地和财产的所有权是村民自治的内容和基础。因此，在农村的社会治理中，不应该以村民委员会、村民小组不是经济组织而是村民自治组织，就认为村民委员会、村民小组不应是集体土地所有权的行使代表，而必须成立集体经济组织代表集体行使集体土地所有权。

从现实来看，在集体经济不够发达的村，村民委员会能够为村民提供的社会自治服务基本谈不上，自治能力很差，这些村庄也只有村委会，没有所谓的集体经济组织。而农村治理搞得比较好的村，都是村党支部、村委会以集体所有制为基础，积极行使集体所有权，有效地发展壮大集体经济的村庄。由于集体经济的有效实现，有力地支持了村民自治的全面开展，为村民提供了充分的公共服务和公益事业。在集体经济发展比较好的村庄未必都要设立集体经济组织，有的村庄直接就是村民委员会代表村农民集体行使集体所有权，管理集体经济；有的虽然设立了集体经济组织但在实质上与村民委员会是一套人马两个牌子；有的是把集体经济组织作为村民委员会管理村集体资产投资的组织，与村委会并无实质区分。无论从历史还是现实看，村民自治都以集体土地公有制为基础，坚持村民自治与集体土地所有权行使的结合是村民自治的基本经验，也是村民自治区别于城市居民委员会的居民自治的基本特点。

但是随着城镇化的发展和城乡一体化的推进，在新型农村社区，除了传统的具有农村户籍的农民集体成员以外，还有居住于农村社区的非集体成员也成为村民自治的主体。因此，村民自治的主体与集体所有制成员不再完全合一。建立新型农村社区后，以社区居委会取代村民委员会，村民自治的内容就可以包括两大块：一是面向全体农村社区居民（包括土地集体所有制成员）的村内公共事务和公益事业、民间纠纷调解、社会治安维护等自治内容；二是面向村集体土地所有制或者村民小组集体土地所有制的经济自治内容。因此就要界定村民自治与集体所有权行使的关系。为此，可以采取两种形式。一是农村社区居民委员会与村集体土地所有权、村民小组与村民小组集体土地所有权的行使主体合一，仍然由社区居民委员会、村民小组分别作为村集体土地所有权和村民小组集体土地所有权的行使代表，代表本集体范围的成员集体行使土地所有权。但在社区居民参与自治的范围上作出区分，明确规定涉及集体土地所有权和集体经济自治的事务，由具有集体土地所有制成员资格的村民参加，非集体成员居民不参加集体土地所有权行使事务的自治活动。采取这种形式的好处是继承了村民自治与集体土地所有权行使相结合的传统优势，不需要另外设立集体经济组织，从而节约制度成本，同时又能吸纳非集体成员的农村社区居民参加涉及全体村民的村内公共事务和公益事业的自治。二是采取村民自治与集体土地所有权行使主体分离的形式，就是在村民委员会和村民小组之外，另行成立村集体经济组织和村民小组集体经济组织分别行使村集体土地所有权或者村民小组集体土地所有权，村民委员会和村小组则作为村民自治组织办理本村的公共事务和公益事业，调解民间纠纷，协助维护社会治安，向人民政府反映村民的意见、要求和提出建议。在村民自治组织与村集体经济组织或者村民小组集体经济组织分设后，村民委员会或者村民小组不再行使集体土地所有权和经济自治职能，但要支持集体经济组织依法行使集体土地所有权，发展和壮大集体经济，实现集体成员的利益。村民委员会对集体经济组织的支持作用体现在帮助集体经济组织制定集体土地和财产管理规约、召集集体经济组织成员选举集体经济组织管理者、对集体经济组织管理者依法管理集体土地和财产实现集体成员利益进行监督。集体经济组织行使集体土地所有权，发展和壮大集体经济的活动，也是组织集体成员实现经济自治的活动。集体经济组织也要支持村民自治组织的自治活动。例如，按照村民会议或者村民代表会议的决议为村内公益活动和公益事业提供经费支持，或者完成公益活动或者公益事业行为。也就是说这种区分以不动摇村民自治的经济基础为前提，集体经济组织与自治组织的区分是相对的，集体经济组织必须承担支持村民自治组织的经济责任。采取这种方式的好处是农村社区的公益事务和公益事业的社会自治与集体经济组织以土地所有权行使为内容的经济自治分开，便于集体经济组织按照经济规律，依法管理集体土地和财产，发展和壮大集体经济，实现集体成员利益；也使村民委员会和村民小组作为村民自治组织，能够集中精力做好以公益事务和公益事业为内容的社会自治，为村民服务。自治组织和经济组织既明确分工，又相互支持。其缺点就是多出了一套组织，加大了管理成本。但是对于集体经济发达，同时农村社区公益事务繁多的农村社区，这种成本增加又是值得的。因为它能够带来农村集体经济效益和社会自治效益的双赢。因此，两种形式都不失为城镇化条件下处理农村新型社区村民自治与集体土地所有权行使关系的有效形式。在法律的制度供给侧，应当为农村村民自治提供多元选择，以便于各个农村社区和农民集体结合本社区公益事务和公益事业与本集体经济发展的实际，加以科学的取舍。因此，应当在村民委员会组织法中对这两种形式都加以规定。

（三）应当明确界定县级政府和乡镇政府与村民自治组织的职责

随着城镇化和城乡一体化建设的推进，政府的社会服务功能不断向农村延伸，政府承担了诸如村庄道路建设、文化体育设施供给、兴办教育卫生、养老、扶贫救助等社会公共事务和公益设施。村委会的干部有的也是政府下派的，村干部的工资也多是由政府发给。这样就造成一种错觉，似乎村民委员会是基层政府或基层政府的派出机构，不再是村民自治组织。如果基层政府有了这样的认识，就会把村委会当作政府的派出机构，以行政命令干涉村委会的工作，把自己职责范围的事情都推给村委会。如果村委会有了这样的认识，把自己当成了基层政府在村级的延伸，就会忙于政府的工作，不能做好对村民自我教育、自我管理、自我服务、自我监督的工作。因此，必须明确村委会的自治组织性质，应当明确村民自治并不是村民的自发而治，而是在党组织和基层政府的指导下，依法开展的群众自治。依法确定区县和乡镇政府与村民委员会的权责边界，促进区县和乡镇政府与基层群众自治组织有效衔接、良性互动。

按照城乡一体化的要求，县级人民政府应当将其公共服务职能延伸到农村，县级政府向社会提供的各项社会公共服务应当包括农村社会，例如作为基础设施的乡村道路、交通、农村教育、医疗、养老、文化体育、环境卫生、供电供水、灾害防治、扶贫救助等。这些公共事务，可以是政府提供的公共服务，也可以是村民自治组织对村民的公共服务。在原来的城乡二元结构下，政府一般不向农村地区提供这些公共服务，而是由村民自治组织自行解决。由于村民自治组织的能力有限，因此，农村地区的公共服务极为短缺。随着城镇化的发展，政府按照城乡一体化向农村地区提供这些公共服务后，村民自治组织对于这些公共服务的职责主要是承接和后续服务。例如，县级政府有关部门提供资金硬化村内道路，村民自治组织则应组织村民投劳修建，以及对日后的道路维修承担责任。县级政府部门为村民提供文化体育设施和器材，村民自治组织则应提供场地，组织安装、管理以确保村民享用。县级政府有关部门为村民提供医疗、养老服务，村民自治组织则应做好协助服务，方便村民享受到医疗、养老服务。现在各个农村社区建立的服务大厅就是承接政府各部门为村民提供的公共服务的。《村民委员会组织法》第二条规定“村民委员会办理本村的公共事务和公益事业”，因此村民自治组织承接政府为村民提供的公共服务，并不是为政府办事，而是为村民服务的，完全属于其自治职责内的事务。现行的《村民委员会组织法》仅仅在第五条规定，乡、民族乡、镇的人民政府对村民委员会的工作给予指导、支持和帮助，但是不得干预依法属于村民自治范围内的事项；村民委员会协助乡、民族乡、镇的人民政府开展工作；而对于县级人民政府及其有关部门和乡镇政府，为农村村民提供公共服务的职责与村民自治组织自我管理村内公共事务的职责衔接并没有条文规定。因此，建议在《村民委员会组织法》中增加一条规定：县级人民政府及其有关部门和乡镇人民政府，应当按照城乡一体化的发展要求，为农村居民提供教育、医疗、文化、体育、养老、环境卫生、救灾、扶贫、公用事业和公益设施等服务，村民委员会应当采取措施，做好承接、协助、管理工作，确保村民享受由县级人民政府及其有关部门或由乡镇人民政府为村民提供的公共服务。

（四）依法明确规定村民自治组织与其他社会组织的关系

随着城乡一体化的发展，许多社会组织也进入农村社区开展活动。农村社区的各类组织就包括了农村基层党组织；村民自治组织；农村群众组织，例如妇联、共青团组织；集体经济组织；各类合作经济组织，例如新型农村合作金融组织、新型农民合作经济组织等；企业经济组织，例如在农村社区兴办的工业、商业、服务业、旅游、文化产业的各类公司、合伙等企业组织；社会服务组织，例如，乡村社区建设基金会、扶贫基金会、农业技术服务组织、文化服务组织、法律服务机构等。农村基层党组织依据《党章》和《农村基层党组织条例》等党内法规，以及《村民委员会组织法》的规定，发挥领导核心作用，领导和支持村民委员会行使职权；依照宪法和法律，支持和保障村民开展自治活动、直接行使民主权利。因此，基层党组织是农村基层治理体系的核心。对于村民委员会与经济组织的关系，仅仅在《村民委员会组织法》第 8 条第 3 款规定，村民委员会应当尊重并支持集体经济组织依法独立进行经济活动的自主权，维护以家庭承包经营为基础、统分结合的双层经营体制，保障集体经济组织和村民、承包经营户、联户或者合伙的合法财产权和其他合法权益。而对于其他经济组织，并没有规定。对社会组织的关系仅仅在《村民委员会组织法》第 9 条第 2 款规定，村民委员会应当支持服务性、公益性、互助性社会组织依法开展活动，推动农村社区建设。这些规定的局限性很明显，一是对各种社会组织的涵括面不够，二是对两者关系缺少相互性界定，仅仅规定村民委员会应当支持经济组织和其他社会组织依法开展活动，但如何支持缺少内容。因此，需要有针对性地完善有关规定，克服这些不足，建立双向互动的支持和服务关系。建议就村民自治组织与村集体经济组织的关系规定为：在未设立集体经济组织的农村社区，由村民委员会、村民小组行使本村或者本小组农民集体土地所有权，发展和壮大集体经济，增强村民自治的经济基础。在成立了农民集体经济组织的农村社区，村民委员会、村民小组应当支持和尊重集体经济组织依法行使本集体土地所有权，自主开展经济活动，发展和壮大集体经济。集体经济组织应当支持本社区的村民委员会、村民小组依法开展村民自治，依据村民会议决议，为村民委员会和村民小组依法开展的社区公共事务和公益事业给予适当的经费支持。对于合作经济组织，应当规定村民委员会应当采取措施，积极扶持各类农民专业合作经济组织的发展。对于村内的群众组织，应当规定，村民委员会应当支持村内共青团、妇联会、民兵等群众组织开展工作，依据本村实际对群众组织开展工作给予必要的经费支持。村内群众组织应当配合村民委员会做好群众工作，支持各项村民自治活动的开展。对于各类社会组织应当规定，村民委员会应当支持服务性、公益性、互助性社会组织依法开展活动，协助社会组织服务社区居民。最后还应当给予总括性的规定，农村社区的各类经济组织和社会组织，应当积极支持村民委员会组织社区居民开展的社区自治事务，可以通过参加列席村民会议、专项听证会议，以及与村民委员会自治协商会议等形式，发表对社区自治事务的意见，促进社区公共事务和公益事业。农村社区经济组织和社会组织，都应当遵守村规民约，积极履行对于社区公共事务和公益事业的社会责任。

（五）依法健全村民自治的机制和方式

依据现有的《村民委员会组织法》的规定，村民自治的机制主要是村民对村委会成员的选举和村委会对村内自治事务的管理，村民参与自治的主要方式就是参与村委会选举和参与村民会议或者村民代表会议决定村内重大事项。这显然已经不适应城乡一体化发展引起的村民自治的实际情况。应对农村社区性质发生的变化，自治主体的多元化和自治内容的丰富，应当依法健全村民自治的机制和方式。具体包括以下几点。(1) 健全选举机制，主要是吸纳符合条件的非本村户籍居民参加村民委员会选举和享有农村社区基本公共服务的权利。(2) 健全村民自治民主决策机制，主要是区分集体经济事务决策和社区公共服务决策，前者主要是具有集体成员资格的户籍村民，后者是包括非户籍居民在内的全体社区居民，也可以“通过分担筹资筹劳、投资集体经济等方式，引导非户籍居民更广泛地参与民主决策”。民主决策的方式就是村民会议或者村民代表会议。对于外出务工村民，也可以采取远程视频会议、网络投票等方式实现其民主决策的权利。（3）建立自治协商机制，主要包括村民委员会与进入社区的经济组织和经营主体，以及社会组织就社区公共事务和公益事业的协商机制；户籍居民和非户籍居民共同参与的农村社区协调议事机制；基层政府与村民委员会和村民的协商机制。（4）健全村民自治管理和服务机制，村民委员会是村民自治的管理机构，依据《村民委员会组织法》第七条的规定，村民委员会根据需要设人民调解、治安保卫、公共卫生与计划生育等委员会，面对城乡一体化的农村社区治理需要，村民委员会还可以设立文化体育委员会、经济委员会、法治和道德教育委员会、儿童和老人关爱服务委员会、村民红白喜事理事会等自治管理和服务机构。（5）健全村民自治监督机制，包括村民民主监督、村务监督委员会的专门监督以及基层政府监督。

（六）依法明确村民自治和法治的关系

城镇化对村民自治制度影响的实质，是由传统农业社会生活的人治自治向现代农业、工商业和市场经济为基础的农村社区生活的法治自治的转变，应当正确处理村民自治与法治的关系。党的十九大报告针对乡村振兴战略的实施提出健全自治、法治、德治相结合的乡村治理体系。就自治与法治的结合而言，笔者理解有两个重要方面：一是自治的法治化，二是自治与法治的边界化。作为自治的法治化，就是自治有法可依、自治依法办事、自治受法律保护、村民具有良好的自治法律意识。所谓自治有法可依，就是要通过科学立法完善村民自治的法律制度。所谓自治依法办事，就是村民参与自治和村民自治组织开展自治活动，都要严格依法办事，切实履行职责。所谓自治受法律保护，就是村民自治的权利和村民自治组织开展自治活动受法律的保护，国家机关和其他组织不得侵害村民自治权利，不得非法干涉村民自治组织在自治范围内的活动，村民自治权利受到侵害、村民自治组织受到非法干涉都能得到法律的救济。所谓村民具有良好的自治法律意识，就是村民具有自治的法律知识，能够依法治思维和法治方法参与自治。所谓自治与法治的边界化就是自治与法治之间有边界、有区分，法治对于自治也是有限的，法治要为自治留下充分的空间，在乡村治理中要充分实现群众自治，不能把任何自治的事务都由法律规定，在法律之外要充分发挥村民自治章程、村规民约的自治作用。为此，要通过修改和完善《村民委员会组织法》或者制定乡村治理基本法，为村民自治提供科学立法；要通过法治政府建设，明确基层政府对村民自治的职责和权力边界，通过政府的严格行政执法保障村民自治；要通过司法的介入和公正司法，救济和保护村民自治的权利不受侵犯；要通过基层普法教育，提高农村社区居民法治意识，从而实现法治与自治的结合。

（原载于《江海学刊》2018 年第 6 期）

网络股东大会：中国实践与制度构建

王宗正*

信息化是当今世界发展的大趋势，也是当下我们所处时代的一个重要特征，其最为突出的标志之一就是信息技术的出现及网络应用的普及。互联网技术的应用与发展引起了“企业E化”，“从最初的联机上网进步到各种的网络应用”①，因此带来了公司治理结构与模式以及公司法理念的革新，“互联网对公司法最大的实际影响是公众公司的股东会议”②，网络股东大会就是互联网在股东大会领域高层次的应用。

网络股东大会：互联网时代股东大会的创新形态

随着网络技术的迅猛发展与安全水平的大力提升，利用网络召开视频会议的条件逐渐具备，其中就包括股份有限公司的股东大会，网络股东大会就是网络环境下股东大会的创新形态。所谓网络股东大会，

---

* 作者简介：王宗正，1971年生，法学博士，温州大学法政学院院长、教授。

① 冯震宇：《企业E化的新挑战——企业权益与员工隐私权保护的两难与调和》，（台湾）《月旦法学》2002年第6期。

② Elizabeth Boros, “Virtual Shareholder Meetings: Who Decides How Companies Make Decisions?”, *Melbourne University Law Review*, 28, 2004.

顾名思义就是借助于网络而召开的股东大会。

（一）网络股东大会的制度价值

最早召开网络股东大会的应该是美国的 BELL & HOWELL 公司。1996 年 5 月，该公司就在互联网上召开年度会议，该次会议有 230 个股东在线参与，15 人通过电子邮件提交了问题，公司的 CEO 将电子邮件的问题打印出来向股东宣读，并在互联网上进行在线回答，会议的有关讯息后来在网上提供。而会议的成本在 1 万—1.5 万美元，因此以一个相对低廉的价格，BELL & HOWELL 公司提前四年实现了特拉华州立法机关在 2000 年修正案的梦想。① 1997 年 5 月，BELL & HOWELL 又举行网络股东大会，这次投资者已经有机会在听取会议主席讲话的同时看到实际的幻灯片演示，会议信息在会后仍然通过其网站或 AudioNet 在线提供。1997 年的直播会议吸引了 1761 个“点击”，大大超过了 1996 年的 200 多人，有大约 25% 的股东在网上进行投票。

BELL & HOWELL 公司之所以以网络形式召开股东大会并不是偶然的，而是因为网络股东大会有着传统形态股东大会所无法比拟的优势。首先，网络股东大会可以促进中小股东参与。网络股东大会，导致传统股东大会在股东人员的物理聚集上已经不再是必须的了，从而刺激股东的参与，“因为可能位于任何国家的股东，能够以一个相对廉价的方式参加这次会议”②。这将促使中小股东提高参与公司重大事务管理的积极性，从而促进公司民主。其次，通过在网络上将股东大会相关信息向股东公开，确保了公司股东知情权的实现，从而有利于股东独立行使表决权。“由于电子信息的低成本分配，分配给股东的信息会增加。……虚拟股东大会并没有给股东新的权利，但允许他们通过增加信息的分配和提高采取集体行动的可能性，以改善现有的权

① Anatoli van der Krans, “The Virtual Shareholders Meeting: How to Make It Work?”, *Journal of International Commercial Law and Technology*, 2 (1), 2007.

② Anatoli van der Krans, “The Virtual Shareholders Meeting: How to Make It Work?”, *Journal of International Commercial Law and Technology*, 2 (1), 2007.

利行使。”[①] 再次，网络股东大会对于公司也有独特的价值。由于不需要物理的场所，可能发生的高额的场地租金得以免除，大量的纸质选票和委托书的印刷费用得以节省，同时大幅度降低邮寄会议材料和委托书的费用，从而大大降低了股东大会会议的成本。另外，尤其是股东可以通过提升自身的参与程度从虚拟股东大会上得益，股东参与的增加可能会改善公司治理，它可以促成更好的财务业绩。[②]

（二）网络股东大会的立法变革

实现网络股东大会开创性立法的是美国的《特拉华州普通公司法》。在2000年的修正案之前，特拉华州的股东会议立法规定，会议“可以在本州之内或者本州之外举行，可以在组织细则中指定会议地点，或按组织细则规定的方式来确定，如果没有指定，则在本州公司注册办事处”。因此，虽然公司可以在任何州举行会议，但是要求必须在一个“地方”（place）。立法没有界定这个名词，但推测立法机关用“地方”一词的意思是物理的地点，而互联网上因此也没有资格成为这样一个“地方”。

修正后的《特拉华州普通公司法》第211条规定，（1）股东大会可以在本州之内或本州之外举行，可以在公司章程中指定会议地点，或按公司章程规定的方式来确定，如果没有指定，则在本州公司注册办事处举行。如果依照本款或注册证书或公司章程的规定，董事会被授权决定股东会议的地点，那么董事会可以完全由其自己决定会议可以不在任何实际地点召开，取而代之以远程通信的方式召开。（2）如果授权董事会自行决定，并受董事可通过的准则和程序的管制，股东和不亲自出席的股东的代理书持有人，可通过远程通信（a）参加股东会议，（b）在股东会议上被视为亲自出席并参加表决，无论这样的

① Anatoli van der Krans, “The Virtual Shareholders Meeting: How to Make It Work?”, *Journal of International Commercial Law and Technology*, 2 (1), 2007.

② Anatoli van der Krans, “The Virtual Shareholders Meeting: How to Make It Work?”, *Journal of International Commercial Law and Technology*, 2 (1), 2007.

会议是在指定的地点召开或完全通过远程通信的手段，只要（ⅰ）该公司采取合理的措施，以确认通过远程通信被视为出席并允许在会议上投票的每一个人是股东或代理书持有人；（ⅱ）公司应采取合理的措施提供这些股东和代理书持有人合理机会参加会议并就提交股东的事项进行表决，包括有机会大体同时阅读或听到会议程序；（ⅲ）如果任何股东或代理书持有人在会议上通过远程通信投票或采取其他行动，这样的进行表决或采取其他行动的记录应由公司保存。特拉华州的这一立法就将进行股东会议所允许的通信技术的范围明显扩大了。只要符合特定的某些条件，会议就可以通过“远程通信”的方式来召开。在某些情况下，可以召开没有一个“物理概念场所”的会议。这不能不说是立法的一个重大突破，因此这一修改被认为是特拉华州普通公司法最重要的实质性变化。①

继特拉华州之后，美国的许多州纷纷修改其立法确认网络股东大会，目前美国已经有32个州以相应的方式规定了网络股东大会这个问题。② 2009年5月，德国通过《股东权指令转换法案》，修正15部法律及4部行政命令，其中《股份法》第118条第1项明文肯定公司可召开非实体地点的网络股东大会。此外，丹麦等国也有类似的立法。

（三）网络股东大会的具体形态

基于各国立法与实践中股东大会对网络的利用程度不同，网络股东大会通常可以分为部分网络股东大会和纯粹的网络股东大会两种。纯粹的网络股东大会又可称为虚拟的股东大会，因为这种股东大会并不存在传统之现场，所有与会人员的报告、质询、答复、审阅资料、投票等都是通过网络进行，因此又将其称为网络虚拟空间之股东大会。部分的网络股东大会是指传统的现场股东大会仍然存在，但允许不

---

① James L. Holzman and Thomas A. Mullen, “A New Technology Frontier for Delaware Corporations”, *Delaware Law Review*, 60, 2001.

② Lisa M. Fairfax, “Virtual Shareholder Meetings Reconsidered”, *Seton Hall Law Review*, 40, 2010.

愿前往现场的股东经由网络参与股东大会，可称为混合式的网络股东大会或由网络所架构之股东大会，混合式的网络股东大会亦可称为线上股东大会。[①] 美国学者 Lisa M. Fairfax[②] 以及日本学者都持类似观点。

从部分网络股东大会和虚拟股东大会的界定可以看出，两者的主要区别在于对网络的利用程度，或者说是股东大会会议全部在网上召开，还是仅仅部分利用网络。部分网络股东大会存在实体的会议现场，而虚拟股东大会则没有这样的现场。正因如此，在虚拟股东大会的场合，股东参与股东大会行使股东权利的途径只有一条——通过网络。而对于部分网络股东大会，股东除了通过网络参与股东大会这一途径，同时还可以用出席现场会议或者委托代理人的方式行使其权利。因为有了现场，公司的董事、监事、高级管理人员必须出席或者列席会议，当然在网络上他们也是可以“出现”的，但是在现场出现与在网络出现的一个重要差别在于现场是现实的，是不可回避的，而网络是虚拟的，是可以选择的。因为有了现场，这些董事、监事与高级管理人员必须接受股东面对面质询。而对管理层问责价值的发挥恰是学者钟情于现场会议的一个重要理由。[③] 对于部分网络股东大会，股东有权出席现场会议行使其权利，而对于虚拟股东大会，股东是无法以出席现场会议的方式来行使其股东权利的，这是两种网络股东大会的本质区别，也正是各国在虚拟股东大会问题上实践所担忧、立法所关注的。

（四）网络股东大会的现实挑战

对于类似特拉华州开创性的立法，各国也并非一概赞同，目前实

---

① 林克敬：《利用网际网路召开股东大会之可行性》，载《公司法修正议题论文集》，（台北）神州图书出版有限公司 2002 年版。

② Lisa M. Fairfax, “Virtual Shareholder Meetings Reconsidered”, *Seton Hall Law Review*, 40, 2010.

③ Anatoli van der Krans, “The Virtual Shareholders Meeting: How to Make It Work?”, *Journal of International Commercial Law and Technology*, 2 (1), 2007.

现网络股东大会立法的国家仍然是少数。从已举行的虚拟网络股东大会看，并没有获得巨大成功，“看上去似乎只是非常有限的实验”①。事实上，网络股东大会，尤其是虚拟股东大会，从其产生开始，一直伴随着质疑的声音，也不得不面对严峻的挑战。

对虚拟股东大会最多的质疑可能在于减少了股东与管理层的交流从而被管理层利用成为隔离股东的一种机制。由于现场会议的存在，股东与管理层之间产生一种面对面交流的机制，这样的机制有利于商议和问责，而这种功能是很难用电子方式来替代的。第一，虚拟股东大会无法保证股东对公司的提问与质询不被删除并得到回答。因为只有董事会才能决定是否将股东的提问切换到会议上来，股东的提问更多的结局是消失得无影无踪，股东的权益得不到保障。② 第二，股东提问回复的质量无法保障。管理层可能会对公司的提问进行选择性的回答，即只对那些对自己有利的问题做出回应，并且这些答复可能是照本宣科的，因为很多问题是在会议之前收到的。第三，降低股东对管理层与其他股东的动员能力。在现场会议中，有些股东可以凭借自己的游说能力使其他股东接受并支持其观点。而在虚拟股东大会中，股东的这种能力便无法发挥了。即使在特拉华州，也有许多人担心对股东的不利影响，有人说，特拉华州的股东会议立法让“特拉华州的公司永远不再……将其股东放在眼中”。因为股东在每年的年会有表达他们意见的基本权利，该会议可能是在这一年里股东能与公司经理见面的唯一一次，股东活动家将特拉华州的立法视为对股东权益的一次冲击。③

除了对股东与管理层之间互动的担忧，虚拟股东大会面临的另一

① Elizabeth Boros, “Virtual Shareholder Meetings: Who Decides How Companies Make Decisions?”, *Melbourne University Law Review*, 28, 2004.

② Elizabeth Boros, “Virtual Shareholder Meetings: Who Decides How Companies Make Decisions?”, *Melbourne University Law Review*, 28, 2004.

③ Daniel Adam Birnhak, “Online Shareholder Meetings: Corporate Law Anomalies or the Future of Governance?”, *Rutgers Computer & Tech. L. J.*, 29, 2003.

个质疑是可能会减少股东之间的沟通与交流。因为在虚拟股东大会里，股东更多的是使用邮件提问，而邮件是直接寄送到公司而不会送达给每位股东的，股东之间的交流沟通无法实现。一些公司也允许股东通过电话参与虚拟股东大会，但是一大群人在电话里进行有效的交流是难以实现的。①

事实上，这种担忧已经对现实产生了影响。2001 年，马萨诸塞州立法机关建议的法案授权在该州注册的公司举行网上股东大会，然而由于活动家基于网络股东大会可能的弊端提出的强烈反对，马萨诸塞州参议院最终放弃了通过条例草案。② 实践中虚拟股东大会一直以来相对低迷的事实表明，大多数的公司仍然认为这种会议的弊端绝对多过它所带来的益处。因此，确立网络股东大会的同时必须采取措施避免可能带来的弊端。

视频股东大会：网络股东大会在我国当前的具体实践

中国是全球信息化发展最快的国家之一，尤其是近几年信息化水平突飞猛进，互联网技术的广泛应用引起了我国上市公司股东大会诸多的实践创新，一个典型例证就是视频股东大会的出现。

（一）视频股东大会是网络时代股东大会在我国的有益尝试

我国最早实行视频股东大会的是在深圳证券交易所创业板上市的中山市松德包装机械股份有限公司。2013 年 2 月 18 日，该公司首次以视频的方式召开了 2013 年第一次临时股东大会，并全程直播。此视频会议吸引了近四千名投资者同步收看。4 月 18 日，首家年度股东大会视频直播于中银绒业成功举行。根据深圳证券信息有限公司上市公司

① Lisa M. Fairfax, "Virtual Shareholder Meetings Reconsidered", *Seton Hall Law Review*, 40, 2010.

② Daniel Adam Birnhak, "Online Shareholder Meetings: Corporate Law Anomalies or the Future of Governance?", *Rutgers Computer & Tech. L. J.*, 29, 2003.

股东大会直播平台的统计，目前共有 18 个上市公司借助该平台召开了视频股东大会。视频股东大会在我国的实践正是基于网络股东大会的独特价值，或者说其价值多多少少已经在我国实践中体现出来了，尤其是 2014 年 5 月 16 日召开的江苏三友 2013 年年度股东大会，会议利用深圳证券信息有限公司上市公司股东大会直播平台进行视频直播。该次会议在互联网技术运用上有以下看点：一是实现会议全程的网络直播，包括现场的表决情况、表决票的统计与结果公布；二是网络直播平台的网页同时设置了“我要投票”“我要提问”两个栏目，分别与网络投票系统、“互动易”平台链接，股东可以在线跟踪现场会议的同时进行投票与提问；三是实现了登录“互动易”网络平台股东与公司管理层的交流，会议由公司工作人员选取了两位网络平台登录者询问公司董事长的两个问题，并由公司董事长进行了回答。当前，我国视频股东大会的平台设置主要有两种模式：一种是利用自己开发或购买的平台，此往往为实力较强的网络媒体类公司所采用；另一种是利用第三方的平台，如 2013 年深圳证券信息有限公司开通的上市公司股东大会直播平台，目前我国的视频股东大会会议多采用后者。视频股东大会是网络时代我国上市公司股东大会的全新试验，与电子公告、网络投票不同的是，视频股东大会既是上市公司会议举行方式的一种革新，也是股东“出席”会议方式的一种变革，是互联网技术在股东大会中更深层的运用，甚至可以说是传统股东大会在电子化条件下的一种发展与创新。

（二）视频股东大会已经具备部分网络股东大会的实质内容

我国上市公司的视频股东大会是否属于网络股东大会？是一种单纯的称谓区别，还是具有实质性的不同？如果存在差异性，其差距究竟在何处？有必要在分析我国视频股东大会实践的基础上进行基本判断。

从我国上市公司视频股东大会实施情况看，尤其是前述江苏三友 2013 年年度股东大会，能够巧妙地利用股东大会直播平台将视频直播、网络互动、网络投票三者加以有机结合，其运行已经非常接近于部分网络股东大会，或者说已经基本具备了部分网络股东大会的实质内容。首先，我国的视频股东大会可以实现股东的同步收看。会议议程通过直播平台全程现场直播，股东可以利用自己的电子设备，包括电脑与其他电子终端，登录相关网站如深圳证券信息有限公司的上市公司股东大会直播平台，观看股东大会召开情况，并可以实现同步追踪。其次，观看视频股东大会的股东可以通过“互动易”平台向公司提出问题，公司管理层可以在视频股东大会现场作出解答，从而满足了股东在股东大会会场知情权、建议权、质询权等权利的行使。再次，股东可以通过网络投票平台实现即时投票。股东可以根据会议进行情况，根据自己的判断，独立作出意思表示，并通过网络投票平台进行投票，从而实现了股东表决权行使的需要。最后，我国的视频股东大会存在一个现场会议。公司董事长、相关高管和部分股东都按照规则出席现场会议，只是选择不出席现场会议的股东以网络视频的方式“参加”了会议，因此这与并不存在传统现场之完全虚拟股东大会不同，属于部分网络股东大会。

（三）我国视频股东大会仍然存在诸多实践缺失

需要说明的是，作出我国视频股东大会已经具备部分网络股东大会实质内容的判断，是基于我国上市公司视频股东大会的实践运行而言，尤其是那些充分整合现有网络平台资源的股东大会，但是这并不代表我国已经实现了网络股东大会。就当前立法而言，非但虚拟股东大会，哪怕部分网络股东大会，在我国《公司法》都是没有法律依据的。虽然说已经基本具备了部分网络股东大会的实质内容，但是，从总体上看，我国视频股东大会的实践还存在诸多问题。

一是实践的有限。其一，实行视频股东大会的公司数量极其有限。根据平台提供者深圳证券信息有限公司的统计资料，自 2013 年推出到 2017 年，近四年的时间，我国实行股东大会视频直播的只有 18 次，这与我国将近三千家上市公司四年总共几万次的会议相比，其数量实在不值得一提。其二，这仅有的18次会议分别是由18家公司采用的，也就是说没有一家公司在召开视频股东大会后选择继续以此方式召开。虽然有亲历者的交口称赞，也有组织者的积极推动，但是这有限的实践集中反映了我国推行视频股东大会动力的缺失。

二是运行的随意。首先，股东大会视频直播的议程范围是由公司任意决定的，因而实践中有的公司直播了从会议的开始到股东与公司高管的互动这一部分的议程，而有的则直播了从会议开始到会议结束的整个过程，显然其选择权是归属于公司的。其次，视频股东大会是否与网络互动同步也是由公司任意决定的，有的视频股东大会首页同时设置“我要提问”“我要投票”两个栏目，股东在收看视频直播的同时可以便捷地通过“互动易”与网络投票系统实现质询、建议、表决的权利，但是有的却未能见到。再次，通过网络提问的股东与问题的选择也是由公司任意决定的，唯一一个有网络提问的视频股东大会里，无论是股东的选择，还是问题的选择，都是由上市公司董事长指定公司的工作人员进行选择的，当然选择什么样的股东和什么样的问题也全凭公司工作人员的兴趣。

三是规则的背离。这主要体现在视频股东大会的具体召开与结束时间问题。根据《上市公司股东大会规则》第三十八条规定，股东大会会议现场结束时间不得早于网络方式。第二十二条规定，网络投票的结束时间不得早于现场股东大会结束当日15：00，上市公司网络投票的时间就是15：00。但是此18次视频股东大会中，有13次是在14：00或者14：30召开的，同时也有5次是在上午召开的，下午开始的股东大会自然不会有悖于此规则，但是那5次在上午召开的股东大会则显然不符合《上市公司股东大会规则》的规定。

从我国视频股东大会的实践看，利用网络技术的力度参差不齐，总体上来说不够充分，领域仍有待于进一步拓展，这反映了实行视频股东大会的意义并没有得到充分认识、积极作用并没有得到充分发挥、激励机制并没有真正建立，离真正的网络股东大会的实现还存在一定的距离。

（四）规范基础上推进视频股东大会是我国当前的现实选择

视频股东大会是优化我国上市公司治理结构、提高中小股东话语权的有效通道，也是我国将来实行网络股东大会的有益实验。鉴于我国实践的欠成熟，推进以“视频会议” + “电子表决” + “互动易”为模式的视频股东大会，是今后很长一段时间里我国上市公司股东大会的现实选择与发展方向。[①]

一是要实现系统的整合。实现电子信息技术应用的便捷性与股东大会功能有效发挥的有机结合，是股东大会电子化的最终目标。但是从我国电子化的具体应用看，会议视频直播解决的是股东亲历现场跟踪会议进程的问题，网络投票解决的是不在场股东的表决问题，“互动易”等互动平台解决的是股东部分信息的获取问题。从股东大会的过程看，会议的决议是在股东亲身体验会议进程与掌握充分信息的基础上，进行讨论、提问、质询，最后进行表决的结果。而视频直播、网络投票与互动平台各自仅仅实现了会议的部分功能，因此只有将这三者有机结合起来，才能够实现电子信息技术功效最大程度的发挥。从目前看，三者的整合是可能的，并且其各自的功能还没有完全发挥，尤其是需要进一步挖掘互动平台的建议质询功能和扮演电子股东论坛的角色，以促进股东大会电子化目标的最终达成。

二是要实行机制的激励。目前视频股东大会实践的首要问题在于参与数量太少，究其原因在于实施的动力不足。因此，一方面，要继续加强保护中小股东合法权益、发挥股东大会功能与完善公司治理意义的宣传；另一方面，监管机构和证券交易所应当建立相应的激励机制，如建立上市公司治理评估体系，把股东大会实施视频直播作为加分项目，适当减少实施视频直播的收费标准，降低公司采用视频直播

---

① 王宗正：《股东大会的“互联网 +”：技术创新与制度回应》，《社会科学研究》2017 年第 1 期。

的成本等。只有建立一套激励机制，让上市公司尝到实行视频股东大会的甜头，才能促使公司踊跃参与。同时，证券监督管理机构也要积极推进。目前在我国实行视频股东大会的公司中有相当数量是江苏的上市公司，其原因就在于江苏证监局的大力推动。

未来制度构建：我国网络股东大会的法律设想

股东通过网络系统行使表决权，已经被人们接受并广泛运用，在我国，从传统的股东大会发展到视频股东大会再到网络股东大会是可以预见的。随着信息技术的发展和进一步普及，总结视频股东大会相关实践的经验，实现从实践到规则、规则到法律的提升，我国完全可以在公司法中引入网络股东大会。

（一）网络股东大会立法的具体模式

对于网络股东大会，各国法律的态度并不一致，而美国接近3/4的州已经启用了两种形式的网络会议，其立法颇具代表性。美国对网络股东大会立法规定的差异，大致可以分为三种类型。

第一种类型是不限制网络股东大会的形式。其基本立法表述是《特拉华州普通公司法》第211条（a）的规定。此类型可以根据公司举行网络股东大会是否必须遵循特定程序区分为特定程序电子股东大会和无特定程序电子股东大会。[①] 前者规定实行网络股东大会需要遵循三个程序，包括股东身份认证、确保股东同步参与、会议记录的保存，如特拉华州；而后者则没有这样的要求，如科罗拉多州。又可以根据股东在决定能否举行网络股东会议时的作用发挥而区别，一种是董事会享有唯一决定权，如特拉华州；另一种是要求公司举行这样的会议不会遭到任何股东的异议，如马里兰州和加利福尼亚州。

第二种类型是依据公司类型规定不同的网络股东大会形式。通常

---

① Lisa M. Fairfax, “Virtual Shareholder Meetings Reconsidered”, *Seton Hall Law Review*, 40, 2010.

对于封闭公司允许两种形式的网络股东大会，而对于公开公司只能召开部分网络股东大会。如马萨诸塞州法律规定，除非注册章程或者法律有例外规定，如果经董事会授权决定：任何年度股东大会或者临时股东大会不必要在特定实体位置举行，而是可以仅仅以远程通信的方式取代，公开发行公司除外。马萨诸塞州法律的其余部分跟《特拉华州普通公司法》211（a）（2）几乎一字不差。

第三种类型是允许举行部分网络股东大会，而并不允许利用完全网络股东大会来代替在某一特定实体场所举行现场股东大会。但是，是否所有的公司都可以举行部分网络股东大会？由此又可以区分为两种模式：一种是允许所有的公司举行部分网络股东大会，如伊利诺伊州、印第安纳州、内华达州、北卡罗来纳州、俄勒冈州、弗吉尼亚州和华盛顿州；[①] 另一种是限定于部分公司，如纽约州的法案规定，股票在证券交易场所或者场外交易场所交易的公司，只要股东要求均得召开部分网络股东会议，而其他公司需要董事会决定。蒙大拿州法律限制股东人数在50人以下的公司举行部分网络股东大会，而规模更大的公司则不被允许。[②]

美国网络股东大会不同立法模式的区别主要体现在三方面：一是举行网络股东大会是否需要遵循相关的程序；二是决定是否召开网络股东大会尤其是虚拟股东大会的主体；三是公司章程对于举行网络股东大会的影响，这些因素当然也是我国网络股东大会立法所必须考虑的。

（二）网络股东大会立法的基本内容

1. 网络股东大会形式的具体选择

关于网络股东大会的形式选择，一个基本的看法是：对于人数众多的大型公司股东大会而言，纯粹的网络股东大会可能还需要相当一段时间才能普及，而混合式的网络股东大会似乎无上述技术上的难题，

---

① Lisa M. Fairfax，"Virtual Shareholder Meetings Reconsidered"，*Seton Hall Law Review*，40，2010.

② Lisa M. Fairfax，"Virtual Shareholder Meetings Reconsidered"，*Seton Hall Law Review*，40，2010.

现在应可立即实施。[1] 从我国实际情况来看，在总结视频股东大会实践的基础上确立部分网络股东大会的法律地位应当不是困难的事情。推行纯粹的虚拟股东大会虽然在技术上并不存在多大的问题，但是在实行上依然有种种障碍，哪怕在美国，完全虚拟股东大会并不是普遍现象。因此，对于我国而言，在缺少虚拟股东大会实践的情形下，不可能一步到位实现虚拟股东大会的立法，而是需要先行确立部分网络股东大会，在此基础上，通过总结实践经验，解决实践中的弊端，加强对股东大会运行的监督，从而最终在立法上实现纯粹的虚拟股东大会。

从立法体现观之，部分网络股东大会允许股东通过电子平台交流参与股东大会，因此对其判断标准就是该国公司法是否允许股东通过远程通信的方式参与股东大会。需要引起注意的是，此处用的是“允许”，其含义在于：一方面，公司必须提供远程通信参与的管道，以便于股东利用该管道参与；另一方面，是否以远程通信方式参与是股东的权利，是股东得以选择的方式之一，也就是说，即使公司提供了这样的管道，也并不意味着股东必须通过它参与。而对于虚拟股东大会，因其会议的全部过程都是通过网络进行，不存在一个实体的会议现场是其外在形式上的最突出特征。而在立法实现的标准上，关键是两点：一是不存在实体的现场会议，如美国立法经常出现的“可以不在任何实际地点召开”；二是股东只能通过远程通信的方式参与。与部分网络股东大会不同的是，虚拟股东大会中股东是无法选择的，远程通信是其参加股东大会的唯一方式。

2. 适用网络股东大会的公司范围

从我国实际情况看，客观上对网络股东大会有需求的首先是上市公司，目前在进行视频股东大会试验的也是上市公司，因此，适用网络股东大会的公司范围应当以上市公司为主。但在我国还有一类公司，

---

① 林克敬：《利用网际网路召开股东大会之可行性》，载《公司法修正议题论文集》，（台北）神州图书出版有限公司2002年版。

中国证监会称之为“非上市公众公司”，其数量远比上市公司大并且还在以极快的速度扩展，上市公司存在的问题在这类公司身上也或多或少地存在着，只是目前业界对这些公司的股东权保护与公司治理结构问题的关注度远没有上市公司来得高，网络股东大会在这些非上市公众公司也有其适用之必要。因而，我国公司法对于网络股东大会的适用公司范围不应限于上市公司，而应扩展至所有的股份有限公司。

3. 规定网络股东大会的规范限制

需要说明的是，我们说网络股东大会适用于所有的股份有限公司，并不是要求所有的公司实行网络股东大会，立法的确认主要在于给公司提供可能性，换句话说，这样的立法在规范性质上应该是任意性规范，而不是强制性规范，进一步说，许可适用规范应为我们所选择。对于许可适用规范，只有受其影响的人选择适用它时，才能起到管辖的作用，它所必须解决的首要问题是章程的“选入”，适用中最关键的问题是谁有权决定是否适用，当然前者相对简单，法律只要用上“如果章程规定”等字眼即可。谁有权决定是否适用网络股东大会？在特拉华州，赋予公司董事会决定是否举行虚拟股东大会的“唯一的自由裁量权”似乎是一条默示规则。因此如果一家公司的章程或者章程细则授予董事会决定召开股东大会地点的权力，则董事会自动享有了选择举行部分网上股东大会还是完全虚拟股东大会的权利，而股东唯一可以禁止举行此种会议的方法就是在公司章程或者注册证书中明确制定一个特定的物理会议地点，从而将会议举行的决定权从董事会手中转移出来。[①] 此外，这样的字眼也规制了法院在特殊情形下董事会决议缺失时处理这类问题时的干预。[②] 当然，唯一的授权可能会导致董事会的滥权。加利福尼亚州法律虽然也是以《特拉华州普通公司法》第 211 条为范本，但是根据加州法律的规定，除了要授权董事会，

① Lisa M. Fairfax, “Virtual Shareholder Meetings Reconsidered”, *Seton Hall Law Review*, 40, 2010.

② Lisa M. Fairfax, “Virtual Shareholder Meetings Reconsidered”, *Seton Hall Law Review*, 40, 2010.

还要求公司必须征得股东对举行完全虚拟股东大会的同意，否则会议还是应该按照章程细则的规定在某个特定物理场所举行。从我国立法的规定来看，召开股东大会，应当将会议召开的时间、地点和审议的事项于会议召开二十日前通知各股东，虽然没有说由谁来通知，但是公司法“股东大会会议由董事会召集”[①] 的规定实际上把会议的召集权基本上划给了董事会，这当然是符合公司机关权力分配机理的。这就意味着，在我国，如果章程许可，有权决定是否适用网络股东大会的主体是董事会。笔者认为，《马里兰州公司法》2－503（b）（2）在赋予董事会唯一决定权的同时，肯定股东要求提供实体位置的规定有其合理因素，可为我国所借鉴。在具体制度设计上我们可以赋予一定比例股东的异议权，允许这些股东阻止虚拟股东大会的召开。此比例可以参照股东提案权的要求，以单独或者合计持有公司3%以上股份为妥。

（三）网络股东大会的制度配套

基于前述网络股东大会可能的弊端，除非可以提供一些至关重要的保障性措施来打消持反对意见的股东的顾虑，否则，完全虚拟股东大会只会继续被阴霾笼罩。立法在确立网络股东大会的同时，至少需要加强以下配套制度的建设。

一是中立机构的介入。前述问题的存在显示了加强对虚拟股东大会进行监督的必要性，以使其运行不至于损害股东合法权利。因此有学者提出，公司可以决定任命一名“股东权利经理”，负责虚拟股东会议所有的技术、法律和组织程序，从而保障股东的权利。[②] 此“股东权利经理”能否发挥作用的关键在于能否保持独立性，但是，如果他的报酬和费用是由公司负责的，工作环境与条件也是由公司提供的，

---

① 《中华人民共和国公司法》第101条。

② Anatoli van der Krans, “The Virtual Shareholders Meeting: How to make it work?”, *Journal of International Commercial Law and Technology*, 2 (1), 2007.

实际上还是公司的一个特殊的职员，其行为能否保持公正是有疑问的。因此，由某个在经费上并非直接来自举行虚拟股东大会的公司的中介机构进行监督是有一定意义的。对我国来说，这样的机构应该是现成的，因为提供网络股东大会平台的就是一家由证券交易所建立的信息公司。

二是股东论坛的建立。“电子股东论坛”是一个股东之间、股东与公司之间信息交流的管道，透过这个管道，股东能与其他股东进行意见交流、提供表决权行使之建议，满足与其他股东合作行使权利的需要，也是股东与公司管理层进行对话、提出建议与进行质询的需要。在我国，“互动易”“上证 e 互动”等论坛已经具备了电子股东论坛的基本形态和基本功能。在此基础上，添加“互动易”“上证 e 互动”股东之间对话的功能，使之真正成为股东之间交流的平台，股东对公司建议、质询的途径。

通过配套制度的构建，有针对性地消弭网络股东大会的可能弊端，网络股东大会应该不再是公司治理的反常现象了，而是应当成为网络时代股东大会的发展方向。

（原载于《江海学刊》2017 年第 5 期）

中国重大公共卫生事件防控刑事政策研究

——以中国新冠肺炎疫情防控刑事政策为中心

赵秉志　袁　彬*

前　言

2020 年以来肆虐全球的新型冠状病毒肺炎（Corona Virus Disease 2019，简称“新冠肺炎”），是当前人类社会面临的一次重大公共卫生事件。相比于其他许多国家，中国新冠肺炎疫情防控的措施更为有力，有效遏制了新冠肺炎疫情的扩散，取得了疫情防控战役的重大胜利。与抗疫、防疫并存的是妨害疫情防控的犯罪频发。据最高人民检察院统计，2020 年 1—6 月，全国检察机关受理审查逮捕妨害新冠肺炎疫情防控犯罪 6624 人，经审查，批准和决定逮捕 5370 人，逮捕人数占审结的 84.7%，比总体刑事犯罪高 5.6 个百分点；受理审查起诉 8991 人，经审查，决定起诉 5565 人，起诉人数占审结的 94.1%，比总体刑事犯罪高 6.6 个百分点。随着疫情形势好转，这类犯罪案件也呈现了下降趋势，第二季度逮捕 2250 人、起诉 3321 人，环比分别下降 27.9%、

* 作者简介：赵秉志，1956 年生，法学博士，北京师范大学刑事法律科学研究院教授、博士生导师，中国刑法学研究会会长；袁彬，1976 年生，法学博士，北京师范大学刑事法律科学研究院教授、博士生导师。

上升48%。

为惩治妨害新冠肺炎疫情防控的犯罪行为，中国快速采取措施，有效地稳定了社会秩序。早在2020年2月3日，中共中央政治局召开的常务委员会会议即提出要依法严厉打击利用疫情哄抬物价、囤积居奇、趁火打劫等扰乱社会秩序的违法犯罪行为，严厉打击制售假劣药品、医疗器械、医用卫生材料等违法犯罪行为，坚决依法打击各类违法犯罪，维护社会稳定和国家安全。2020年2月5日，中共中央全面依法治国委员会通过《关于依法防控新型冠状病毒感染肺炎疫情、切实保障人民群众生命健康安全的意见》，提出要依法严厉打击抗拒疫情防控、暴力伤医、制假售假、造谣传谣等破坏疫情防控的违法犯罪行为，保障社会安定有序。2020年2月6日，最高人民法院、最高人民检察院、公安部、司法部联合发布《关于依法惩治妨害新型冠状病毒感染肺炎疫情防控违法犯罪的意见》（以下简称《惩治妨害疫情防控违法犯罪的意见》），提出要准确适用法律，依法严惩妨害疫情防控的各类违法犯罪。2020年3月10日至4月25日，最高人民法院发布了三批依法惩处妨害疫情防控犯罪典型案例。2020年2月11日至4月17日，最高人民检察院发布了十批依法惩处妨害疫情防控犯罪典型案例。在此基础上，许多地方司法机关也发布了依法惩治妨害新冠肺炎疫情防控违法犯罪的意见和典型案例。这一系列政治和法治政策举措，对于维护新冠肺炎疫情防控、稳定社会秩序和保障人民群众生命财产安全，起到了积极作用。

在刑事政策层面，与2003年抗击“非典”疫情期间中国着重突出“从严”惩治有所不同，此次抗击新冠肺炎疫情，中国始终坚持法治思维和法治方式，既在总体上体现依法从严打击的政策要求，又要求避免不分具体情况搞“一刀切”的简单操作；既考量行为社会危害性评价的一般标准，又关注防控疫情时期的特殊危害性及其恶劣情节。[①] 相关刑

① 徐日丹：《涉疫情犯罪系列典型案例背后的法治思考》，《检察日报》2020年3月9日。

事政策具有更强的灵活性和稳定性。新冠肺炎疫情防控的态势变化又对疫情防控刑事政策提出了新的要求。因此，对中国以新冠肺炎疫情为代表的重大公共卫生事件防控刑事政策进行系统梳理和探讨，有助于我们科学认识和正确发挥刑事政策在重大公共卫生事件防控尤其是当前新冠肺炎疫情防控中的积极作用。

中国新冠肺炎疫情防控的刑事政策定位

（一）重大公共卫生事件防控刑事政策的定位依据

刑事政策是国家基于预防犯罪、控制犯罪以保障自由、维持秩序、实现正义的目的而制定、实施的准则、策略、方针、计划及具体措施的总称。[①] 在现代任何法治国家，刑事政策都是一个整体系统。从不同的角度，可以对刑事政策做不同的分类。例如，按照层次的不同，刑事政策可分为基本刑事政策和具体刑事政策；按照内容宽严的不同，刑事政策可分为从严的刑事政策、从宽的刑事政策和宽严结合的刑事政策；根据政策适用的时间不同，刑事政策可分为长期性刑事政策和临时性刑事政策。[②] 对于中国当前以新冠肺炎疫情为代表的重大公共卫生事件防控的刑事政策而言，其政策依据主要包括以下几点。

第一，现实依据：防控新冠肺炎疫情的特殊需要。这种需要表现为要求对妨害新冠肺炎疫情防控的违法犯罪行为进行及时、精准打击。新冠肺炎疫情是人类遇到的突发灾难。这一重大灾难对人们的工作生活造成了多方面的重大影响，如打乱了人们正常的生活节奏、生活秩序，造成了人们心理和生活的不适应，使得人们对某些行为的判断发生改变。例如，对于不配合检测体温、佩戴口罩等轻微违法行为，人们容易因为对疫情的惧怕心理而放大其危害性和危险性。同时，人们

---

① 何秉松主编：《刑事政策学》，群众出版社 2002 年版，第 23 页。

② 马克昌：《论宽严相济刑事政策的定位》，《中国法学》2007 年第 4 期。

生活节奏的变化给某些罪犯以可乘之机，容易诱发新的犯罪或者导致某些犯罪的急剧增长。例如，一些不法分子利用疫情期间人们对口罩、药物的急需，哄抬物价、制假贩假、网络诈骗等。据最高人民检察院统计，2020 年 1—6 月，中国起诉妨害新冠肺炎疫情防控犯罪所涉罪名，以诈骗罪和妨害公务罪为主，诈骗罪起诉2417 人，占43. 4%；妨害公务罪 832 人，占 15%；非法狩猎罪 480 人，占 8. 6%；非法收购、运输、出售珍贵、濒危野生动物以及珍贵、濒危野生动物制品罪 336 人，占 6%；生产、销售伪劣产品罪 251 人，占 4. 5%；寻衅滋事罪 220 人，占 4%；六罪合占 81. 5%。2020 年 1—6 月，共受理审查逮捕妨害传染病防治罪 23 人，批捕 13 人，不捕 7 人；受理审查起诉 138 人，起诉 80 人，不起诉 8 人。中国新冠肺炎疫情防控的现实需要，要求对妨害新冠肺炎疫情行为进行精准、有效治理。

第二，政策依据：上位政策和以往政策的贯彻与继承。这包括两个方面。一是上位刑事政策的贯彻。众所周知，宽严相济的刑事政策是中国现阶段的基本刑事政策。该刑事政策的基本要求是该严则严、当宽则宽、宽严有度、宽严相济，是对中国刑事立法、刑事司法和刑事执行工作进行指导和约束的政策。中国对妨害新冠肺炎疫情犯罪的治理当然也应该在该刑事政策的指导下进行。但宽严相济刑事政策涉及的方面较多，对防控新冠肺炎疫情而言，该刑事政策的贯彻应当有所侧重。同时，疫情防控的刑事政策还应当贯彻国家对防控新冠肺炎疫情采取的整体政策。例如，2020 年 2 月 5 日中央全面依法治国委员会《关于依法防控新型冠状病毒感染肺炎疫情、切实保障人民群众生命健康安全的意见》提出，要“依法严厉打击抗拒疫情防控、暴力伤医、制假售假、造谣传谣等破坏疫情防控的违法犯罪行为”。这就要求在刑事司法层面对这些违法犯罪行为予以重点惩治。二是以往刑事政策的继承。中国 2003 年发生的“非典”肺炎疫情与此次暴发的新冠肺炎疫情很相似。当时中国针对防控“非典”肺炎疫情坚持了总体从严的政策并取得了积极成效。中国新冠肺炎疫情防控显然有必要继续延续过去防控“非典”肺炎疫情的成功做法和刑事政策，并根据当前违法犯罪行为的态势适当进行调整。

第三，法律依据：防控新冠肺炎疫情的刑事法根据。没有刑法的刑事政策，必将沦为不切实际的刑事政策；没有刑事政策的刑法，则不能触及刑事法律之根本。[①] 防控新冠肺炎疫情的刑事司法活动必须具有刑事法根据，必须依法进行。其刑事法根据主要包括两个方面。一是针对疫情防控的专门法律规定，如中国《刑法》第三百三十条妨害传染病防治罪、第三百三十二条妨害国境卫生检疫罪、第三百三十七条妨害动植物防疫、检疫罪。刑事政策要考虑这些法律条款规定的惩治范围和惩罚力度，合理确定对妨害疫情防控的违法犯罪行为打击力度。二是与疫情防控相关的一般法律规定，如对于疫情防控期间高发的网络诈骗、妨害公务、寻衅滋事、制假售假等违法犯罪行为，中国刑法都有规定。但这些规定本身并未考虑疫情防控因素，防控新冠肺炎疫情的刑事政策制定需要考虑刑事法律的预留空间，在刑法规定的范围内用好、用足法律。

（二）重大公共卫生事件防控刑事政策的具体定位

中国以新冠肺炎疫情防控为代表的重大公共卫生事件防控的刑事政策需要承上启下、瞻前顾后，既要考虑防控疫情的现实需要，又要考虑防控疫情的法律依据；既要考虑上位的刑事政策，又要考虑与以往刑事政策的衔接。在此基础上，中国重大公共卫生事件防控刑事政策的定位应当从纵向（层次）和横向（内容）两个方面进行把握。

第一，刑事政策的纵向定位：精准化刑事政策。纵向维度反映的是刑事政策的不同层次。一般而言，在纵向维度上，可以将刑事政策分为基本刑事政策（即总的刑事政策）和具体刑事政策（包括类罪的刑事政策和具体犯罪的刑事政策等）。前者是针对所有犯罪、所有情形而适用的刑事政策，后者则是针对某类犯罪、某些情形而适用的刑

① 许福生：《刑事政策学》，（台湾）元照出版公司 2017 年版，第 26—28 页。

事政策。中国新冠肺炎疫情防控在类型上具有两个明显的特殊性。一是涉及犯罪行为的特殊性。《中国刑法分则》根据犯罪客体的不同将犯罪分为十章。在此基础上，犯罪被区分为一般犯罪（总体犯罪）、类罪和具体犯罪。中国新冠肺炎疫情防控涉及的典型犯罪（如妨害传染病防治罪）属于中国刑法分则第六章妨害社会管理秩序罪第五节危害公共卫生罪下的一种具体犯罪，属于特别具体的犯罪。这种犯罪与该节中的其他危害公共卫生罪（如第三百三十五条的医疗事故罪）存在明显区别，需要予以特别考虑。二是涉及犯罪情节的特殊性。社会形势（特别是社会治安形势）是影响定罪量刑的酌定情节。与一般的社会形势不同，新冠肺炎疫情形势对社会的影响更为紧迫、全面和深刻，其影响的不仅是社会治安形势，而且会对国家的政治、经济和人们的工作生活等众多领域造成重大影响。因此，如果说紧迫的社会形势是影响定罪量刑的因素，那么新冠肺炎疫情的重大社会影响无疑会放大社会形势对定罪量刑的影响面和影响力度。在此基础上，中国新冠肺炎疫情防控的刑事政策应当更为具体、更为精准。

第二，刑事政策的横向定位：依法从严的政策。刑事政策的横向定位主要解决的是刑事政策的内容问题，主要涉及两个方面。一是刑事政策的内容指向，即指向的是立法、司法还是执行，指向是对犯罪行为的处理还是包括对违法行为的处理。一般而言，基本刑事政策的内容指向必须具有全面性，能够适用于所有方面。但具体的刑事政策则不可能涉及所有方面，而必须有所侧重、有所限制。对于中国新冠肺炎疫情防控而言，政策的重点是妨害新冠肺炎疫情防控犯罪的司法适用，侧重于刑事司法政策。二是刑事政策的内容侧重。作为一项基本刑事政策，宽严相济刑事政策既包括了从宽的内容，也包括从严的内容，还包括宽严有度、宽严相济的内容。中国新冠肺炎疫情防控的刑事政策是宽严相济刑事政策的具体化，但在内容上是否需要同时考虑政策的所有内涵，还是应该有所侧重？答案显然是应该有所侧重。从中国最高司法机关发布的指导意见和典型案例来看，中国新冠肺炎疫情防控的刑事政策在内涵上坚持的是“依法从严”，即总体上从严，但需依法有度。这种“度”主要体现在两个方面：“法”度和“情”度。前者要求在法律的框架内从严（从严的力度不能突破法律的限度，同时对于具备认罪认罚等从宽情节的，也要适用认罪认罚等从宽情节）；后者要求根据社会情势的变化合理从严（社会情势紧迫时从严力度相对较大，社会情势缓和时从严力度相对较小或者亦可不从严处罚）。

因此，中国新冠肺炎疫情防控的刑事政策应定位为精准化刑事政策，是具体刑事政策的进一步精准化。其政策制定需要综合疫情防控的现实需要、政策依据和法律依据等多种因素。

中国防控之刑事政策的表达

（一）重大公共卫生事件防控刑事政策的基本表述

对于中国以新冠肺炎疫情为代表的重大公共卫生事件防控的刑事政策，根据中央和“两高”等方面的规定，其主要存在两种不同的表述。

一是“依法严厉打击”。这主要体现在中央层面。习近平总书记在中央政治局常委会会议研究应对新型冠状病毒肺炎疫情工作时的讲话中明确指出：“要保持严打高压态势，依法严厉打击利用疫情哄抬物价、囤积居奇、趁火打劫等扰乱社会秩序的违法犯罪行为，严厉打击制售假劣药品、医疗器械、医用卫生材料等违法犯罪行为。”[①] “依法严厉打击”包含“依法”和“严厉打击”两个方面。一方面是“依法”。习近平总书记针对全面提高依法防控依法治理能力健全国家公共卫生应急管理体系指出：“实践告诉我们，疫情防控越是到最吃劲的时候，越要坚持依法防控，在法治轨道上统筹推进各项防控工作，

① 习近平：《在中央政治局常委会会议研究应对新型冠状病毒肺炎疫情工作时的讲话》，《求是》2020年第4期。

全面提高依法防控、依法治理能力，保障疫情防控工作顺利开展，维护社会大局稳定。”[①] 另一方面是“严厉打击”。习近平总书记在统筹推进新冠肺炎疫情防控和经济社会发展工作部署会议上的讲话中明确指出：“中外历史上，大疫大灾往往导致社会失序，社会失序又使抗疫抗灾雪上加霜。我们推动做好社会面安全稳定工作，妥善处理疫情防控中可能出现的各类问题，维护医疗秩序、市场秩序等，严厉打击涉疫违法犯罪，加强群众心理疏导和干预。”[②] “依法严厉打击”是中央惩治涉疫违法犯罪的基本要求。

二是“依法及时、从严惩治”。2020 年 2 月 6 日，最高人民法院、最高人民检察院、公安部、司法部联合发布的《惩治妨害疫情防控违法犯罪的意见》提出，要“始终将人民群众的生命安全和身体健康放在第一位，坚决把疫情防控作为当前压倒一切的头等大事来抓，用足用好法律规定，依法及时、从严惩治妨害疫情防控的各类违法犯罪，为坚决打赢疫情防控阻击战提供有力法治保障”。2020 年 3 月 7 日，最高人民法院、最高人民检察院、公安部、司法部、海关总署《关于进一步加强国境卫生检疫工作依法惩治妨害国境卫生检疫违法犯罪的意见》提出：“面对当前新冠肺炎疫情在境外呈现扩散态势、通过口岸向境内蔓延扩散风险加剧的严峻形势，要依法及时、从严惩治妨害国境卫生检疫的各类违法犯罪行为，切实筑牢国境卫生检疫防线，坚决遏制疫情通过口岸传播扩散，为维护公共卫生安全提供有力的法治保障。”“依法及时、从严惩治”是中国司法层面惩治涉疫违法犯罪的政策指引。

从内涵上看，“依法严厉打击”和“依法及时、从严惩治”略有不同，前者强调了“依法”和“严厉”，后者在“依法”“从严”的基础上增加了“及时”的表述，是对前者的进一步细化和司法贯彻。

---

① 习近平：《全面提高依法防控依法治理能力　健全国家公共卫生应急管理体系》，《求是》2020 年第 5 期。

② 习近平：《在统筹推进新冠肺炎疫情防控和经济社会发展工作部署会议上的讲话》，《人民日报》2020 年 2 月 24 日。

此外，“打击”侧重的是政策（包括社会政策和刑事政策）层面和政治维度的习惯用语；“惩治”则是侧重刑事政策和刑事法治领域的规范用语。考虑到刑事司法在中国当前惩治妨害新冠肺炎疫情防控中的关键作用和防控新冠肺炎疫情刑事政策的精准化要求，笔者认为，中国当下以新冠肺炎疫情为代表的重大公共卫生事件防控刑事政策的准确表述，应为“依法及时、从严惩治”。

（二）重大公共卫生事件防控刑事政策的具体贯彻

中国重大公共卫生事件防控的刑事政策“依法及时、从严惩治”在内容上强调了以下两个基本方面。

1. 刑事政策的精准性

这一基本方面要求刑事立法、司法精准地施用于犯罪。对于防控新冠肺炎疫情而言，这种精准性重点体现在两个方面：一是精准地“依法”，即在罪刑法定原则的要求下精准地把握法律的内涵，“用好”法律，不要逾越法律的边界；二是精准地“从严”，即在不逾越法律边界的情况下，“用足”法律，体现政策的从严要求。

第一，精准地“用好”法律。为了精准适用法律惩治妨害新冠肺炎防控违法犯罪，《惩治妨害疫情防控违法犯罪的意见》对抗拒疫情防控措施等十个方面涉疫违法犯罪的法律适用作了明确界定。该意见以提示性规定为主，但以下三个方面表明其注重精准适用法律。（1）严格以危险方法危害公共安全罪的适用。以危险方法危害公共安全罪在刑法理论上认为有“口袋罪”之嫌，相当于危害公共安全犯罪的兜底性罪名，很多涉及危害公共安全的犯罪行为习惯往这个“口袋”里钻。[①] 但上述《惩治妨害疫情防控违法犯罪的意见》对妨害疫情防控措施行为适用以危险方法危害公共安全罪作了严格限定，仅限于两种情形：即其一，“已经确诊的新型冠状病毒感染肺炎病人、病

① 陈兴良：《口袋罪的法教义学分析：以以危险方法危害公共安全罪为例》，《政治与法律》2013 年第 3 期。

原携带者，拒绝隔离治疗或者隔离期未满擅自脱离隔离治疗，并进入公共场所或者公共交通工具的”；其二，“新型冠状病毒感染肺炎疑似病人拒绝隔离治疗或者隔离期未满擅自脱离隔离治疗，并进入公共场所或者公共交通工具，造成新型冠状病毒传播的”。这样就依法合理地缩紧了以危险方法危害公共安全行为入罪的“口袋”，体现了对以危险方法危害公共安全罪的精准适用。（2）严格传播虚假信息犯罪的适用。在疫情防控期间，各种信息满天飞，其中很多属于虚假信息，对疫情防控和人们的工作生活造成了很大困扰。对此，上述《惩治妨害疫情防控违法犯罪的意见》规定：“对虚假疫情信息案件，要依法、精准、恰当处置。对恶意编造虚假疫情信息，制造社会恐慌，挑动社会情绪，扰乱公共秩序，特别是恶意攻击党和政府，借机煽动颠覆国家政权、推翻社会主义制度的，要依法严惩。对于因轻信而传播虚假信息，危害不大的，不以犯罪论处。”这体现了对传播虚假信息犯罪的精准适用。（3）严格破坏交通设施犯罪的适用。上述《惩治妨害疫情防控违法犯罪的意见》规定：“办理破坏交通设施案件，要区分具体情况，依法审慎处理。对于为了防止疫情蔓延，未经批准擅自封路阻碍交通，未造成严重后果的，一般不以犯罪论处，由主管部门予以纠正。”这充分考虑了疫情防控期间的现实，要求依法合理地区分罪与非罪的界限，体现了对破坏交通设施犯罪的精准适用。

第二，精准地“用足”法律。在从严的政策指引之下，如何在法律的范围之内“用足”法律，考验司法者的智慧。中国新冠肺炎疫情防控的法律适用，在从严“用足”法律方面，主要注重了以下两个方面。（1）从严量刑情节：将疫情防控期间紧迫的社会形势作为量刑的酌定从重情节。“治乱世用重典”，社会形势是定罪量刑的酌定情节。上述《惩治妨害疫情防控违法犯罪的意见》明确体现了这一立场，规定：“对于在疫情防控期间实施有关违法犯罪的，要作为从重情节予以考量，依法体现从严的政策要求，有力惩治震慑违法犯罪，维护法律权威，维护社会秩序，维护人民群众生命安全和身体健康。”这实际上是将疫情防控这一紧迫社会形势作为定罪量刑的酌定从严情节。（2）从严适用定罪标准：适当扩张特定犯罪的适用范围。上述《惩治妨害疫情防控违法犯罪的意见》对非法经营罪（由经营对象扩大到经营方式）、非法拘禁罪（由剥夺人身自由扩大到限制人身自由）、非法收购珍贵、濒危野生动物以及珍贵、濒危野生动物制品罪（由收购扩大到购买）等都做了扩张适用。这其中既有对过去做法的延续，又有结合当前实际需要的创新。例如，《惩治妨害疫情防控违法犯罪的意见》规定："对医务人员实施撕扯防护装备、吐口水等行为，致使医务人员感染新型冠状病毒的"，以故意伤害罪定罪处罚。因感染病毒本身在伤害程度上具有不确定性（可能无症状，也可能出现轻度、中度甚至重度症状），以往认为，对这类情形适用故意伤害罪有障碍。《惩治妨害疫情防控违法犯罪的意见》的这一规定富有创新性，体现了"用足"法律的政策精神。

2. 刑事政策的时效性

疫情的发生通常具有突发性，此次新冠肺炎疫情从发现到暴发只有不到一个月的时间。疫情的突发给人们的适应时间很短，容易造成人们的适应困难和社会失序。在此情况下，刑法要发挥作用，就必须作出快速反应。为了提高刑事政策和刑事法治的时效性，中国最高司法机关明确要求对犯罪的惩治要"及时"，并突出了对重点犯罪的惩治。这具体体现在以下方面。

第一，强调惩治犯罪的"及时"。上述《惩治妨害疫情防控违法犯罪的意见》规定："公安机关对于妨害新型冠状病毒感染肺炎疫情防控的案件，要依法及时立案查处，全面收集固定证据。""人民法院、人民检察院、公安机关、司法行政机关要加强沟通协调，确保案件顺利侦查、起诉、审判、交付执行。对重大、敏感、复杂案件，公安机关要及时听取人民检察院的意见建议。"当然，"及时"与"从快"、"快速"还是存在区别的，特别是要反对"一味从快"。在此基础上，最高人民检察院发布的第九批妨害疫情防控典型案例，强调了检察机关要依法提前介入侦查，引导取证，在最短的时间内完成批准逮捕、审查起诉等工作，并同时强调要反对“一味从快”。这也表明了中国最高司法机关“及时”惩治妨害疫情防控犯罪的决心。

第二，强调犯罪惩治的“重点”。为了在新冠肺炎疫情防控的特殊时期加强办案指导、警示犯罪和促进犯罪防范，迄今，最高人民法院先后发布了三批、最高人民检察院先后发布了十批典型案例。这些典型案例在指导全国司法的同时也强调了惩治的重点。被纳入重点惩治范围的犯罪，包括妨害传染病防治犯罪（最高人民法院典型案例第3批、最高人民检察院典型案例第3批）、产品类犯罪（最高人民法院典型案例第2批、最高人民检察院典型案例第4批）、诈骗犯罪（最高人民检察院典型案例第5批）、哄抬物价犯罪（最高人民检察院典型案例第7批）、妨害国境卫生检疫犯罪（最高人民检察院典型案例第8批）、严重暴力犯罪（最高人民检察院典型案例第9批）等。这与中国实际发生的涉疫违法犯罪重点相一致。根据前述最高人民检察院的统计，疫情发生以后全国检察机关办理的涉疫犯罪案件，罪名相对集中在诈骗罪、寻衅滋事罪、妨害公务罪、生产销售伪劣产品罪和生产销售不符合标准的医用器材罪等几个罪名上，这几类罪名占了全部案件的八成。

中国重大公共卫生事件防控刑事政策面临的挑战与完善

（一）重大公共卫生事件防控刑事政策面临的挑战

从时间上看，“依法及时、从严惩治”的刑事政策的提出是在2020年2—3月，是中国新冠肺炎疫情最严重时期，该政策对中国惩治危害疫情防控犯罪发挥了积极作用。不过，在当前环境下，该刑事政策也面临诸多新的挑战。

1. 新冠疫情防控的常态化挑战

新冠肺炎疫情暴发具有突发性、快速性和短暂性特点。与此相对应，新冠肺炎疫情防控措施具有应急性、短暂性的特点。“依法及时、从严惩治”的刑事政策也是针对新冠肺炎疫情防控的这一特点和需要做出的。但当前各个国家和地区在新冠肺炎疫情防控上遇到了共同的挑战，即新冠肺炎疫情防控的常态化。也许在未来一两年甚至更长时间内，新冠肺炎疫情防控措施仍然不能结束，新冠肺炎疫情防控将进入常态化阶段。新冠肺炎疫情防控的常态化对中国疫情防控刑事政策提出了多方面的挑战。

第一，挑战防控疫情的政策基础。“事急从权”，防控疫情刑事政策是建立在情势紧急的社会现实基础之上，也是因为疫情暴发容易导致的社会失序需要刑事法快速作出反应，进而才有了及时、从严惩治妨害新冠疫情防控犯罪的必要。但当新冠疫情防控进入常态化后，人们对新冠肺炎疫情和新冠肺炎疫情防控措施有了更进一步的认识和心理准备，社会心态逐渐趋向平和，社会形势和犯罪态势也逐渐趋于稳定，刑事司法的“及时、从严”示范效应是否还有必要，值得考虑。同时，新冠肺炎疫情防控的常态化只是新冠肺炎疫情防控的整体态势，并不排除在某个时间点、某个地区新冠肺炎疫情会出现反复。在此基础上，基于新冠肺炎疫情全面暴发时期犯罪态势急剧变化而确立的新冠肺炎疫情防控刑事政策是否有必要作出调整以及如何作出调整，就是一个挑战。

第二，挑战防控新冠肺炎疫情的政策内容。这包括两个方面。一是对“及时”的挑战。如前所述，中国最高司法机关将“及时”惩治妨害新冠疫情防控犯罪作为防控新冠疫情刑事政策的重要内容，最高人民检察院还发布了一批从快惩治妨害新冠肺炎疫情防控犯罪的典型案例。但这是建立在集中精力专办的基础之上的，也是为了提高刑事司法的示范效应。为了做到“及时”，新冠肺炎疫情防控期间中国很多地方司法机关都对不涉新冠肺炎疫情的刑事案件适用了诉讼中止制度，使他们有更多的精力集中办理涉新冠肺炎疫情防控的刑事案件。但当新冠肺炎疫情防控进入常态化后，刑事司法工作必将步入正常轨道，能否做到对所有涉新冠肺炎疫情防控的刑事案件都从快办理以及是否需要从快提升司法的示范效应，就是需要认真考虑的一个现实问题。二是对“从严”的挑战。对妨害新冠肺炎疫情防控犯罪治理的“从严”基础，是新冠肺炎疫情暴发的紧迫社会形势。《惩治妨害疫情防控违法犯罪的意见》也明确将新冠肺炎疫情期间紧迫的社会形势作为涉疫犯罪的从重处罚情节。但当新冠肺炎疫情防控进入常态化，社会形势不再紧迫时，社会形势能否再作为惩治妨害新冠肺炎疫情防控犯罪的酌定从严情节，以及能在多大范围、多深程度上作为惩治妨害新冠肺炎疫情防控犯罪的酌定从严情节，不无疑问。

2. 新冠肺炎疫情防控的法治化挑战

刑事法律是刑事政策运行的保障，但也是刑事政策运行的限制。所有刑事政策的运行都应当在刑事法律的框架下进行，正如习近平总书记提出的，“疫情防控越是到最吃劲的时候，越要坚持依法防控，在法治轨道上统筹推进各项防控工作”①。为了提升疫情防控效果、从严惩治妨害疫情防控犯罪，司法实践中提出了要“用足”法律。这在最高司法机关的解释和具体司法工作中已有所体现。但这方面也存在两个问题。

第一，关于“用足”法律的边界问题。实事求是地讲，“用足”法律往往就意味着要扩张法律的适用，这就有一个界限问题，扩张过度就有可能违反罪刑法定原则的要求。当前争议较大的是将《刑法》第三百三十条妨害传染病防治罪中的“甲类传染病”扩大至包括“按照甲类管理的乙类传染病”的法律适用问题。由于新冠肺炎被列为“按照甲类管理的乙类传染病”，因此对该问题的掌握涉及对妨害新冠肺炎疫情防治的行为能否按照妨害传染病防治罪进行治理的问题。对此，《惩治妨害疫情防控违法犯罪的意见》规定：“其他拒绝执行卫生

① 习近平：《全面提高依法防控依法治理能力　健全国家公共卫生应急管理体系》，《求是》2020 年第 5 期。

防疫机构依照传染病防治法提出的防控措施，引起新型冠状病毒传播或者有传播严重危险的，依照刑法第三百三十条的规定，以妨害传染病防治罪定罪处罚。”该规定延续了2008年最高人民检察院、公安部《关于公安机关管辖的刑事案件立案追诉标准的规定（一）》的规定，将“按照甲类管理的乙类传染病”纳入《刑法》第三百三十条规定的“甲类传染病”范围。

但有观点认为，甲类传染病与乙类传染病存在明确的区分界限，按甲类管理的乙类传染病仍然属于乙类传染病，对乙类传染病的妨害防治行为不能适用《刑法》第三百三十条的妨害传染病防治罪。[①] 在前置法上，中国《传染病防治法》第三条明确将传染病分为甲类、乙类和丙类，同时第四条第1款规定：“对乙类传染病中传染性非典型肺炎、炭疽中的肺炭疽和人感染高致病性禽流感，采取本法所称甲类传染病的预防、控制措施。”其他乙类传染病和突发原因不明的传染病需要采取本法所称甲类传染病的预防、控制措施的，由国务院卫生行政部门及时报经国务院批准后予以公布、实施。据此，甲类传染病包含了两种意义上的分类：一是传染病病毒类型上的甲类；二是传染病管理措施上的甲类。中国《刑法》第三百三十条涉及传染病类型的表述是“引起甲类传染病传播或者有传播严重危险的”，这涉及的是行为结果（包括实害结果和危险结果），而非管理措施，更符合病毒类型上的甲类传染病。2008年最高人民检察院、公安部《关于公安机关管辖的刑事案件立案追诉标准的规定（一）》将“按照甲类管理的乙类传染病”纳入“甲类传染病”范围，面临立法依据不足的问题。

第二，关于“用足”法律的前提问题。“用足”法律的前提是要有相关的法律，能够通过扩大解释的方法将相关犯罪行为纳入刑法的惩治范围。但针对有些违法犯罪，中国尚没有任何相关的刑法条款，

---

① 陈伟：《新冠疫情背景下妨害传染病防治罪的解释扩张及其回归》，《政治与法律》2020年第5期。

"用足"法律的前提不存在,"用足"法律也就无从谈起。例如,对于妨害传染病防治行为,中国《刑法》第三百三十条只列举性地规定了四种行为,即"供水单位供应的饮用水不符合国家规定的卫生标准的"、"拒绝按照卫生防疫机构提出的卫生要求,对传染病病原体污染的污水、污物、粪便进行消毒处理的"、"准许或者纵容传染病病人、病原携带者和疑似传染病病人从事国务院卫生行政部门规定禁止从事的易使该传染病扩散的工作的"和"拒绝执行卫生防疫机构依照传染病防治法提出的预防、控制措施的"。但除了这四种行为,还有一些其他妨害传染病防治的行为,如非法出售、运输疫区被污染物品等,对这些妨害疫情防控的行为,无法进行刑法上的惩治,而是需要刑法立法予以完善。因此,如何基于疫情防控的常态化和未来疫情防控的需要完善中国的刑法立法,是中国"依法"防控疫情面临的新挑战。

(二)重大公共卫生事件防控刑事政策的调整与完善

针对防控疫情刑事政策遇到的挑战,中国应当根据疫情防控的现实状况和需要,适当调整和完善重大公共卫生事件防控的刑事政策。

第一,防控疫情刑事政策的动态化。政策具有灵活性,可以适时进行调整;防控疫情的刑事政策亦然,可以进行动态调整。防控疫情刑事政策的动态调整包括两个层面。一是阶段性调整。按照以往的经验,防控疫情刑事政策的调整通常因疫情的暴发和结束而产生,往往发生在疫情开始和结束之时。但新冠肺炎疫情具有不同于非典疫情等以往疫情的特征,目前正经历"暴发—平稳—局部小暴发—平稳……"的过程,疫情防控呈现出常态化特征。对于常态化疫情防控形势下的防控刑事政策,最高人民检察院重申了"从严"的政策要求,要继续坚持依法防控,有关法律法规、政策措施必须严格执行,这是巩固来之不易的向好局面的前提和保障,并认为常态化疫情防控对法治提出了更高要求,对违反疫情防控管控秩序或在疫情期间进行其他涉疫违法犯罪,检察机关依然要从严惩处。应当说,这一提法在巩固初期是适当的。不过,一旦疫情防控进入较长的平稳期,不存在巩固防控效果问题时，疫情防控的刑事政策就应当适时进行阶段性调整。二是局部性调整。当前中国新冠肺炎疫情防控的整体形势良好，只在个别地区出现了疫情反复的问题，而且时间都较短。在此情况下，防控疫情的刑事政策也有必要根据不同地区的状况进行局部调整。

第二，防控疫情刑事政策的法治化。刑事政策的法治化是将刑事政策的要求贯彻、落实到法律之中，包括司法化和立法化。当前中国防控疫情刑事政策法治化面临的主要问题是立法化问题，即如何通过刑事立法为刑事政策的司法化提供法律依据。这主要包括三个方面。一是完善紧迫社会形势等作为量刑情节的刑法立法。中国刑法没有关于从宽处罚和从严处罚情节的系统性立法，只是分别规定了自首、坦白、立功、累犯等几项量刑制度。其他大量能够影响量刑的情节，如犯罪动机、主体身份、犯罪手段、危害后果，都只是酌定量刑情节。与这些常见量刑情节相比，紧迫的社会形势（包括社会治安形势）对犯罪的影响更为间接（更多的是一种纯政策考虑），将其作为影响定罪量刑的情节缺乏法律根据，有必要在刑法上予以明确。具体而言，中国可以借鉴一些外国刑法的规定，采用列举的方式，将犯罪动机、犯罪手段、社会形势等影响定罪量刑的从重处罚、从轻处罚情节都进行列举，明确司法适用的标准。二是完善妨害疫情防控犯罪的刑法立法。这主要涉及进一步严密中国惩治妨害疫情防控犯罪的法网问题。对此，中国已提交全国人大常委会审议中的《刑法修正案（十一）（草案）》对妨害疫情防控犯罪进行了立法调整，主要是修改妨害传染病防治罪，进一步明确新冠肺炎等依法确定的采取甲类传染病管理措施的传染病，属于该罪调整范围，补充完善构成犯罪的情形，增加规定拒绝执行人民政府依法提出的预防控制措施，非法出售、运输疫区被污染物品等犯罪行为。在此基础上，中国还有必要对《刑法》第三百三十二条妨害国境卫生检疫罪等相关犯罪的构成要件和处罚进行调整，适当提高处罚力度。三是完善可能引发疫情行为的刑法立法。鉴于非典疫情的暴发与食用野生动物及其制品有关，而新冠肺炎疫情也与食用野生动物及其制品高度相关，全国人大常委会审议中的《刑法修正案（十一）（草案）》增设了非法猎捕、收购、运输、出售陆生野生动物罪，即在《刑法》第三百四十一条增加一款作为第三款，规定“违反野生动物保护管理法规，以食用为目的非法猎捕、收购、运输、出售前两款规定以外的陆生野生动物，情节严重的，依照前款的规定处罚”①。不过，由于中国对野生动物实行分级保护，《野生动物保护法》也只保护“珍贵、濒危的陆生、水生野生动物和有重要生态、科学、社会价值的陆生野生动物”，该条所称的“陆生野生动物”范围不明确，且“以食用为目的”排除了其他目的的非法猎捕、收购、运输、出售行为，不甚合理，有必要予以进一步完善。

结　语

新冠肺炎疫情是当前人类社会共同面临的重大公共卫生事件。该疫情具有不同于以往疫情的一些特点，该疫情及相关社会情势、犯罪情况对中国防控疫情刑事政策提出了新的挑战和要求。总体而言，中国当前针对新冠肺炎疫情防控提出的“依法及时、从严惩治”刑事政策符合惩治妨害疫情防控犯罪的现实需要，并取得了积极成效。但新冠肺炎疫情防控的常态化和法治化趋势，要求中国新冠肺炎疫情防控的刑事政策进行动态化调整，同时也有必要完善刑法立法，将紧迫的社会形势等从重处罚情节、从轻处罚情节在刑法立法上进行列举式规定，并完善妨害疫情防控措施行为的刑法立法，严密法网。我们相信，当刑事政策与刑法能够充分兼容、相互配合时，中国重大公共卫生事件防控的刑事政策就一定能最大化地发挥其政策功能，取得疫情防控的最大效果。

（原载于《江海学刊》2020 年第 6 期）

---

① 张宝山：《刑法修正案（十一）草案：回应人民关切》，《中国人大》2020 年第 7 期。

民主政治研究

国家治理体系中审计监督的民主政治逻辑研究

高晓霞*

国家治理中的审计监督实质上是民主政治发展的根本要求。对于国家治理中的审计监督制度与民主政治之间的关系，杨时展（1913—1997）曾指出："近代审计是近代民主的产物。"① 秦荣生也认为，民主是现代审计的实质，审计是现代民主的表现；民主是现代审计的目的，审计是现代民主的手段。② 刘家义认为，国家审计的核心是推动民主法治。③ 石爱中认为，政治民主化是现代国家审计发展的动因。④ 张立民、张阳认为，国家审计既是实现政治民主的必要手段，也是政治民主的内在要求。⑤ 杨肃昌认为，审计监督是在财政领域建立和发展社会主义民主政治的必然要求。⑥ 郑石桥等人认为，国家审计既是民主法治技术，也是适应民主法治发展需要的组合制度装置，随着民

* 作者简介：高晓霞，1967 年生，政治学博士，南京审计大学外国语学院副教授，国家审计研究院研究员。

① 杨时展：《国家审计的本质》，《会计之友》2008 年第 2 期。

② 秦荣生：《审计与民主政治》，《中国审计》2003 年第 Z1 期。

③ 刘家义：《论国家治理与国家审计》，《中国社会科学》2012 年第 6 期。

④ 石爱中：《国家审计的政治思维》，《审计与经济研究》2003 年第 6 期。

⑤ 张立民、张阳：《国家审计的定位与中国政治民主建设——从对权力的制约和监督谈起》，《中山大学学报》（社会科学版）2004 年第 3 期。

⑥ 杨肃昌：《审计监督的政治学思考》，《审计与经济研究》2008 年第 2 期。

主法治的变迁，国家审计作为一种组合装置也会发生同方向的变迁。[①]总体来看，学界对于审计监督的研究已经开始逐步从过去的查账论、经济监督论向民主法治论和政治制度论方向发展，纠正了只局限于会计领域对于财务管理和经济责任进行监督的财政资金“守护者”的角色理解偏差，避免陷入工具理性的窠臼[②]。但是，对于国家治理体系中审计监督的民主政治逻辑尚缺乏系统深入的研究。鉴于此，本文拟从动因、目标与路径三个方面深入阐释国家治理体系中审计监督的民主政治逻辑。

国家治理体系中审计监督的民主政治动因

国家治理中的审计监督是国家治理体系中的公共问责和监督控制系统之一。审计监督因民主政治呼声而生，依民主政治体制而立，随民主政治发展而兴。离开国家审计的民主政治制度基础，我们就很难理解国家治理中审计监督制度的起源、发展和价值目标。

1. 审计监督因民主政治呼声而生

现代审计监督制度是在民主政治的呼声中应运而生的。众所周知，在专制王权时代，根本无法对统治者进行制度化的审计监督。实际上，审计制度最初在英国的形成就是为了实现对最高统治者专制王权的控制。1215 年，《大宪章》（Great Charter）确立的权力法治原则为现代审计制度奠定了政治基础，这说明审计监督不仅是民主政治体制的组成部分，而且是基于民主与法治的原则而确立的。换句话说，民主政治是审计监督的动因。由于现代社会分工的日益专门化和国家事务的日益复杂化，国家治理中所实行的民主政治并非直接民主制，而是普

① 郑石桥、马新智、张庆杰：《政治模式和国家审计：一个政治系统理论架构》，《经济社会体制比较》2012 年第 6 期。

② 鹿斌、沈荣华：《中国特色社会主义审计制度 70 年回顾与展望》，《社会科学研究》2019 年第 5 期。

遍地采用了代议制民主形式。民主政治中的代议制原则是建立在委托—代理关系之上的，而委托—代理关系中存在的信息不对称和道德风险等问题必然需要通过监督和问责等制度化方式加以防范，从而保护委托人的权益。这是分析政府问责制和有效性的通用理论框架。[①]在政府审计中涉及多层次委托—代理关系。第一，作为委托人的选民选举议会的代表作为他们的代理人。第二，议会作为政府的委托人。第三，政府是公共行政管理的委托人。第四，除其他措施外，议会作为委托人通过聘用审计人员作为其代理人核查政府账目并评估政府的绩效，确保其政策以负责任、高效率和有效的方式执行。为了避免审计人员与政府之间的共谋、勾结或不当行为造成负面影响，并确保实施中肯的和高质量的审计，立法者经常授权审计，并建立独立的审计机构，如最高审计机关。[②] 从这个意义上说，审计监督是因民主政治呼声而生并且是民主政治制度中的必要组成部分。社会主义民主政治的本质和核心是人民当家作主，而建立在人民主权基础上的公共财政管理与公共预算都必须依法全部纳入国家审计监督范围之内，因此，民主政治是现代审计监督制度的动力源。

2. 审计监督依民主政治体制而立

没有民主这一政治制度基础，就不可能有现代意义上的独立审计监督。审计是一个国家经济秩序的制度基础和制度保障，也是其实现良政善治的基石。在遵守社会公认的独立准则的基础上，国家审计人员还必须克服各种挑战，才能使审计监督为民主的运转作出贡献。[③] 对于民主

---

① Moe, Terry M., "The Positive Theory of Public Bureaucracy", In Dennis C. Mueller (Ed.), *Perspectives on Public Choice: A Handbook*, New York: Cambridge University Press, 1997, pp. 455 - 480.

② Streim, Hannes, "Agency Problems in the Legal Political System and Supreme Auditing Institutions", *European Journal of Law and Economics*, 1994, 1 (3).

③ Gendron, Yves & D. J. Cooper, and Barbara Townley, "In the Name of Accountability: State Auditing, Independence and New Public Management", *Accounting, Auditing & Accountability Journal*, 2001, 14 (3).

主义政治体制来说，从合规性审计到政策评估的转变，公共价值的形成有赖于审计机关职能的实现。审计机关所承担的职能已经不再是传统的管理和控制，而是公众参与的合意形成过程中及自由讨论和交往空间中的成员和参与者。[①] 因此，基于法治之上的审计监督从根本上体现了一种民主政治体制的精神和要求。如果说，民主实质上就是政治体制中的一种控权机制的话，那么，审计监督就是民主控权机制的具体方式之一。审计机关及审计人员的审计监督权力是民主政治体制中接受委托必须依法行使的服务于委托人利益的公共权力。中国特色审计监督制度是中国特色社会主义民主政治制度的重要组成部分，审计监督与纪律监督、监察监督、派驻监督、巡视监督、人大监督、民主监督、行政监督、司法监督、群众监督、舆论监督以及统计监督等各项监督制度一起构成了党和国家监督体系的“四梁八柱”，形成了一套具有中国特色的权力监督体系。从政治学理论视角来看，国家治理体系中的审计监督作为权力监督和权力制约的一项制度安排和制度设计，实质上是依民主政治体制而立的。

3. 审计监督随民主政治发展而兴

近年来出现的全球民主衰退现象表现为民众对传统的代议制政府体制越来越不感兴趣，对恶性党争政治深感厌恶，对传统的公民参与形式也不再抱有幻想。尤其是在英美国家，公民中普遍存在这样一种感觉，即建立在“管理主义”（managerialism）基础之上的新公共管理改革拉大了政府与公民之间的距离，而不是使他们更紧密地联系在一起。其结果是，公众对政府的信任不断下降构成了新的挑战，因为这意味着公众对政治和行政绩效的信心正在丧失。[②] 实际上，公众期望

① 深谷昌弘：『“公共価値”と財政民主主義』，会計検査院：「会計検査研究」5号【巻頭言】，1992年。

② Welch, Eric W., Hinnant, Charles C. and M. Jae Moon, “Linking Citizen Satisfaction with E-Government and Trust in Government”, *Journal of Public Administration Research and Theory: J-PART*, 2005, 15 (3).

与政府绩效之间的差距是导致公众信任下降的主要因素之一。[①] 总之，民主的衰退不仅造成民主政治参与的下降，而且导致政府行政绩效的下降和政府信任的丧失。但是，人类追求民主的脚步从未停歇。中国特色社会主义民主政治始终“坚持人民当家作主，发展人民民主”。审计监督制度作为民主政治中的一个组成部分，同民主政治的发展紧密相连，民主政治的挫折势必制约审计监督制度的发展，民主政治的发展必然推进审计监督制度的发展。同时，审计监督制度的发展也反过来影响着民主政治的发展进程。没有民主政治为审计监督奠定政治基础并且开辟权力制约与监督的民主政治发展道路，审计监督甚至根本无从谈起。同样，如果没有审计监督制度为民主政治发展提供作为民主制度支柱之一的控权机制支撑力，民主政治的发展进程难免受到干扰，从而影响民主政治的现代化步伐。因此，民主是现代审计监督制度的实质，审计监督是现代民主政治发展的一种表现形式和实现路径。在审计监督与民主政治实践的辩证关系中，民主政治实践是审计监督制度生成和发展的动因，审计监督则是随着民主政治实践的发展而发展的。

国家治理体系中审计监督的民主政治目标

现代审计监督制度作为民主与法治的产物，更是民主与法治建设的工具，是国家治理法治化、民主化和责任性的实现方式和重要手段之一。国家治理体系中的审计监督服务于民主政治目标，致力于实现民主治理。作为民主政治的制度支柱之一，审计监督促进民主政治制度的发展和完善，增进民主政治权利的维护和保障，推动民主政治责

① Mutz, Diana C. and Flemming, Gregory N. , “How Good People Make Bad Collectives: A Social-Psychological Perspective on Public Attitude”, in Joseph Cooper (Ed.), *Congress and the Decline of Public Trust*, Boulder, Co. : Westview Press, 1999, pp. 79 – 100.

任的履行和落实。

1. 审计监督促进民主政治制度的发展和完善

国家治理现代化进程中的制度建设是服务于民主政治根本要求的，并且始终以民主政治发展作为制度建设的价值导向。法国社会学家阿兰·图海纳（Alain Touraine）指出，“民主不是一种社会类型，更严格地说，是一种政治制度”[①]。在民主政治中，各种政治力量基于制度框架进行合作和竞争，“迈向民主的关键就是从一群人到一套制度的权力转移”[②]。在所有的民主制度下，都需要依赖国家机关担当违规行为的制裁者。国家是民主政治和民主治理的元主体。没有有效的国家，就没有民主和市场。[③] 国家治理的现代化就是要通过制度建设实现民主化、法治化和责任性的目标，彰显制度的公平性、公正性和正义性。莱因霍尔德·尼布尔（Reinhold Niebuhr）说：“人的正义能力（capacity for justice）使民主成为可能，但人的非正义倾向（inclination to injustice）使民主成为必要。”[④] 审计监督制度以服务于国家治理的民主化为价值导向，通过审计监督和民主控权推进民主治理。审计作为民主政治制度建设的组成部分，被认为是人类社会民主进程的推进器。从政治学理论视角来看，整个民主政治就是由一系列的委托代理关系构成的[⑤]。因而，民主政治的核心问题是建立有效的权力监督制度使监督主体有足够的力量来制约和监督国家权力的行使，促使国家机关切实根据人民的意志和愿望进行公共事务的管理，从而维护人民的政

---

① 参见［法］居伊·埃尔梅《导论：民主的时代》，赵慧译，载中国社会科学杂志社编《民主的再思考》，社会科学文献出版社2000年版，第7页。

② ［美］亚当·普沃斯基：《民主与市场——东欧与拉丁美洲的政治经济改革》，包雅钧、刘忠瑞、胡元梓译，北京大学出版社2005年版，第4页。

③ Przeworski，Adam and Barhan，Pranab and Pereira，Luiz Carlos Bresser，et al.，*Sustainable Democracy*，Cambridge University Press，1995，p. 11.

④ Niebuhr，Reinhold，*The Children of Light and the Children of Darkness*：*A Vindication of Democracy and a Critique of Its Traditional Defense*，University of Chicago Press，2011［1944］：XXXII "Foreword to the First Edition".

⑤ Moe，Terry M.，"The New Economics of Organization"，*American Journal of Political Science*，1984，28（4）.

治自由和公共利益，推进社会的政治文明建设。民主政治之所以要求对公共权力进行审计监督是因为委托代理关系中的信任与责任都需要通过审计监督对代理人履行责任情况进行鉴证和评价，消除信息不对称性，防止公共权力行使者垄断、控制甚至封锁公共信息。审计监督作为党和国家监督体系中的重要组成部分，就是致力于通过审计监督促进政府信息公开和政务透明。发展中国特色社会主义民主政治必然要求进一步发挥中国特色审计监督的制度优势和职能作用。总之，审计监督作为民主政治的手段说到底就是服务于民主政治的价值目标的。

2. 审计监督增进民主政治权利的维护和保障

公民的民主政治权利包括政治权利和民主权利，主要指公民依法享有的参与权、知情权和表达权，同时还有监督权等受到宪法和法律保护的权利。国家治理体系中的审计监督制度作为督促政府公共经济权力的一种重要的制度安排，实质上也是保障公民的民主政治权利得以实现的一种体现。

首先，审计监督增进民主政治中的知情权。国家治理中审计监督的关键在于信息公开，而政府信息管理的依据则在于公民的知情权。国家治理中的审计监督作为一种权力监督制度，实际上是民主政治中的制度安排，是在政治过程中确保公众的民主参与权和了解公共事务的知情权得以实现。政务公开是确保公共行政信息能够使国民知晓的基础。同样，国家审计也离不开政府拥有的公共信息的公开。[①] 的确，离开了政府公共信息公开制度的有效执行，一切审计监督都无从谈起。一方面，政府组织程序和权力构架必须是公开的。另一方面，依法制定的政府行政程序也必须是公开透明的，才具有可预期性、执行力和约束力。国家治理的法治化和民主化内在地要求通过发挥审计监督的信息处理功能对政府公共经济权力运行过程和结果进行鉴证、审查和

① 山地秀俊：『情報公開論の諸相』，会計検査院：「会計検査研究」第 26 号，2002 年第 9 期。

监督，实质上是要维护和保障民众的知情权，确保人民赋予的权力真正用来为人民谋利益，从这个意义上说，国家治理中的审计监督是建设民主政府、廉洁政府、责任政府和阳光政府的重要制度保障。

其次，审计监督也是民主参与权利的一种方式和体现。现代国家治理体系中审计监督作为民主与法制的产物，必然随着民主意识的增强而不断增强。这是因为，随着民主意识的不断增强，人们会更多地关注国家治理中审计监督所发挥的职能作用并参与到审计监督与公共问责之中，推动审计监督的民主化、公开化和责任性，协同推进审计监督制度与其他监督制度的协调与贯通。从世界范围来看，公众对政府信任度降低增加了人们对公民参与的关注度，因为公民参与是民主的核心组成部分。公民参与可以改善公民对政府的信任，提高政府合法性，并提高政府回应能力。所有这些都导致了社区主义、地方主义和公民参与的思想和价值观在学术话语和政治话语中的不断重现。甚至可以说，现在很难找到一个没有声称追求公民参与机会的政府。[①] 既然民主政治是基于信任的合作与竞争，而信任也是需要证明的，因而基于信任的民主也就离不开公众参与、民主监督与公共问责。

最后，审计监督是民主政治中监督权的题中之义。人民作为委托人不仅依法拥有对作为代理人的政府公共部门行使公共权力、履行公共责任情况要求知情的权利，而且有权在知情的基础上进行监督。约翰·基恩（John Keane）提出和倡导的“监督式民主”（monitory democracy）将过去以大会为基础的、代议的民主引向一种有着全然不同框架和机制的民主形式，致力于对各个领域权力进行公共监督[②]，实

① Dutil, Patrice A., Howard, C., Langford, J. and Jeffrey Roy, “Rethinking Government-Public Relationships in a Digital World”, *Journal of Information Technology & Politics*, 2007, 4 (1).

② Keane, John, “The Philadelphia Model”, in Takashi Inoguchi, Edward Newman, John Keane (eds.), *The Changing Nature of Democracy*, Tokyo: United Nations University Press, 1998, pp. 236 – 237.

现理应享有的民主政治权利。基恩指出，缺乏监督式民主是专制权力的最大弱点。运作良好的监督式民主作为一种预警系统和减少风险机制，旨在应对不确定性和意外情况。① 国家审计就是通过对政府公共权力运行过程进行监督促进公共部门信息公开，进而在维护公众知情权的基础上实现公众的民主监督权。

3. 审计监督推动民主政治责任的履行和落实

民主政治是责任政治，问责制度是民主政治中控权机制的一个组成部分。审计监督是指向公共问责的，问责是审计监督存在的理由。在民主政治下，人民主权意味着作为权力代理人的政府不仅要接受民主监督，而且要受到公共问责。因此，在国家治理中，必须通过依法独立实施的审计监督和审计问责，促进责任政治和责任政府建设。在委托人和代理人之间的经济契约中存在信息不对称的前提下，代理人愿意承担提供信息的成本来支持这种关系。审计通过提供减少不确定性的信息来支持代理关系。② 从这个意义上说，审计监督实际上是内嵌于民主政治体制之中的确保委托—代理关系得以维系的一种监督、评价与问责机制，其目标是使包括经济责任在内的民主政治责任得到认真的履行，委托人的利益得到保护和实现。可以说，对代理人受托经济责任的审计监督是民主政治体制中国家治理责任性的内在逻辑和题中之义。审计具有许多其他形式的评估所不具有的优点③，即审计监督的经济鉴证职能有利于清晰地厘清民主政治体制下的受托经济责任和政治责任。20 世纪 80 年代以来，英国政府引入市场机制和公民力量加强对公共部门的审计监督、绩效评估和公共问责。之后，各国政府迅速认识到审计可以提供的那些政治

① Keane, John, *The New Despotism*, Cambridge, M. A.: Harvard University Press, 2020, p. 253.

② Collis, Jill, "Audit Exemption and the Demand for Voluntary Audit: A Comparative Study of the UK and Denmark", *International Journal of Auditing*, 2010, 14 (2).

③ Funnell, Warwick N., "Performance Auditing and Adjudicating Political Disputes", *Financial Accountability & Management*, 2015, 31 (1).

利益。[1] 国家审计机关通过依法独立审计，在推动民主参与和公共问责过程中发挥着不可或缺的作用。因为，民主政治需要通过审计监督促进审计结果和审计报告的信息公开，进而推动公众参与，实现对公共权力的公共问责。在中国特色社会主义新时代，健全党和国家监督体系，强化国家治理中的审计监督，充分发挥审计监督职能作用，就是要促使社会公仆始终代表人民的公共利益行使公共权力。人民主权的民主政治原则要求作为权力代理人的政府必须对权力的委托人——人民负责，国家治理过程中产生的政治责任、行政责任、法律责任和道德责任，都必须受到公众监督和公共问责。其中，审计监督作为党和国家监督体系中的制度支柱之一，是民主政治的重要实现方式之一，因此，审计监督必须要以民主政治为价值导向，致力于服务民主政治的价值目标。

国家治理体系中审计监督的民主政治路径

现代国家审计发展的真实动因是政治民主化发展进程不断推动的结果，同时，民主政治的推进与发展需要各种制度的支撑和保障，审计监督就是民主政治的制度支柱之一。在国家治理体系中，审计监督的民主政治路径主要包括：基于民主政治制度提升审计监督的实效性，围绕民主政治权利推进审计监督的协同性，通过民主政治问责增强审计监督的责任性。

1. 基于民主政治制度提升审计监督的实效性

国家治理体系中的审计监督只有在党的集中统一领导下，基于民主政治体制实现依法独立审计才能有效发挥监督职能作用，才能提升制度执行力和实效性。审计监督制度作为国家政治制度和法律制度的

---

① Sharma, N.,“Interactions and Interrogations: Negotiating and Performing Value for Money Reports”, *Financial Accountability & Management*, 2007, 23 (3).

重要组成部分，是加强和改善党的领导、控制国家机关权力滥用、保障人民民主权利实现的重要制度保障，其核心是对权力的制约与监督。权力制约与监督是民主政治的重要原则和实现途径，更是政治文明得以实现的基石和支柱。依法独立审计是审计机关发挥审计监督职能作用，把政治制度优势转化为治理效能的基本条件。2018 年 5 月，习近平总书记在主持召开中央审计委员会第一次会议时强调指出："努力构建集中统一、全面覆盖、权威高效的审计监督体系，更好发挥审计在党和国家监督体系中的重要作用。"[①] 这实际上是基于顶层设计推进依法治权和民主控权的制度安排。首先，依法独立进行审计监督不仅是国家审计机关履行自身使命的前提条件，而且也体现了一种民主政治的精神和要求。其次，民主政治意识的普遍增强则是审计机关进行审计监督的社会环境和政治参与的内在推动力。审计作为一个客观性、独立性和原则性的活动，是代表委托人对作为代理人的被审计人所进行的审计监督活动，赋予审计结果公信力和道德合法性。[②] 然而，在对权力的制约和监督这两种控权逻辑和制度之间不能偏废。西方国家往往过于强调权力制约的价值而忽视了权力监督的作用，其结果是，在经过票决形式实现授权之后，民主就进入休眠期，那样的控权机制是不完善的。相反，授权之后还必须通过民主参与对权力的运行过程进行民主监督。中国特色社会主义审计制度与发展社会主义民主政治是有机统一的，因此，要在强化审计监督制度与民主政治制度执行中把社会主义民主政治制度优势转化为治理效能。

2. 围绕民主政治权利推进审计监督的协同性

元治理意义上的审计监督就是要克服"没有政府的治理"的碎片化趋势，在协同治理过程中形成统一性和整合性的监督力量，从而实

---

① 《习近平主持召开中央审计委员会第一次会议强调加强党对审计工作的领导　更好发挥审计在党和国家监督体系中的重要作用》，《人民日报》2018 年 5 月 24 日。

② Suchman, Mark C., "Managing Legitimacy: Strategic and Institutional Approaches", *Academy of Management Review*, 1995, 20 (3).

现审计监督的权威性、协同性和实效性。组建中央审计委员会，加强党对审计监督的领导，有利于解决管理流程割裂、管理碎片化等问题，有效推进国家治理的法治化和民主化进程。民主的范围越大，人民通过审计机关对政府公共部门行使公共权力的制约与监督也就越强有力。而民主政治参与的范围越扩大，对于建立在审计监督基础之上的审计结果公告等信息公开制度的需求也就随之扩大。在这种多元共治的格局中，必然要建立起完善的绩效评价体系。在协同治理中实施审计监督的关键是提高审计监督的精准性和实效性，其要义就是要使利益相关者共同参与到审计监督过程中来。正如日本横滨国立大学成田赖明所认为的，对于政府施政中的财政违纪、财务违规和管理不当的审计监督不仅包括国家审计、行政监察、国会质询和媒体报道，而且也必然包括公民参与制度，如住民监查请求、住民诉讼制度等。① 在中国特色社会主义新时代完善审计监督体制就是要围绕民主政治权利推进审计监督协同性。习近平总书记强调，在党和国家监督体系中，“要以党内监督为主导，推动人大监督、民主监督、行政监督、司法监督、审计监督、财会监督、统计监督、群众监督、舆论监督有机贯通、相互协调”②。对于协同治理中公共经济责任的审计监督，只有通过多元主体和多种监督制度的相互协调，才能实现精准监督和有效监督，不断提升不同监督制度的协同性和制度执行力，更好地发挥制度效能。同时，通过审计监督结果信息公开促进民主政治的发展。

3. 通过民主政治问责增强审计监督的责任性

问责是人民主权原则的体现。马克思主义人民主权理论认为，人民主权意味着政府的公共权力来自人民，因而必须体现政权的人民主体性，实现人民当家作主。只有在依法设置公共权力的同时，依法监

---

① 成田賴明:『行政の制度・システムの改革と会計検査のあり方』，会計検査院:「会計検査研究」22 号【卷頭言】，2000 年，第 5—7 页。

② 《习近平谈治国理政》第三卷，外文出版社 2020 年版，第 549 页。

督公共权力，实现民主问责，才能防止公共权力异化腐败，由“社会公仆”演变成为“社会主人”，使所有公务员真正成为人民的勤务员，认真做好本职工作，以更高的工作效率为人民群众提供更为优质的公共服务，从而实现公共目标，维护公共利益。人民民主是社会主义的生命。中国特色社会主义政治发展道路的核心，就是通过建立中国特色社会主义民主制度，实现人民当家作主。人民主权的行使需要通过对政府权力的监督特别是政府经济权力的审计监督才能实现。国家审计机关依法对政府公共部门经济责任进行审计监督体现了民主政治和责任政治的内在要求。建立一个对人民负责任的政府是人民民主的内在逻辑，也是现代国家治理的基本目标，而有效的问责机制是实现这一目标的根本保障。依托于政府公共部门组织而实施和运行的公共权力必须通过问责制对其进行约束。从委托—代理理论的视角来看，审计监督是人民主权和人民民主的实现方式和路径之一。

结论与讨论

在现代国家治理体系中，审计已成为权力监督机制中最重要的力量之一。国家审计不仅是民主政治发展的根本要求，而且是实现民主政治的手段，同时也体现了民主与法治的统一。国家审计民主化的具体路径就是要在党的领导下坚持依法独立审计、推进审计公开和强化审计问责。此外，在提升审计监督实效性的同时不断提高审计监督与民主问责的精准性，进而增强审计监督的客观性、公正性和公信力。

1. 在党的领导下实现依法独立审计

国家治理中的依法独立审计是民主政治发展的根本要求，其制度化建设、改革和发展的深层次动因与其说是经济的，不如说是政治的，其最真实的动因是政治民主化进程的推动。现代国家治理中的审计监督制度作为民主与法制的产物，更是国家治理民主化与法治化的制度化工具，其所发挥的职能说到底就是依法对公共权力及其受托公共责任履行情况所实施的民主监督。同时，也只有在法治化和民主化的制度框架内才能真正有效发挥审计监督的职能作用。

2. 回归审计监督的民主控权本质

基于人民主权之上的审计监督是在委托—代理关系中依法独立行使经济监督权，预防、制约和监督权力腐败行为，实现社会对于公平正义的期望。民主就是要实现对于权力的制约和监督。只有充分发挥审计监督的职能作用，回归审计监督的民主控权本质，对公共权力与责任进行有效监督和制约，实施民主化的公共问责，才能防止公共权力异化。中国特色社会主义新时代的一项重要的政治发展目标就是要“坚持和完善人民当家作主制度体系，发展社会主义民主政治”，以及“必须坚持人民主体地位”。毫无疑问，保证人民的民主权利的中国特色社会主义民主的实现需要基于健全的权力制约体系和监督体系。其中，一个重要的方面就是要充分发挥审计监督的职能作用，这是由审计监督的本质特征和法定职责所决定的。

3. 始终坚持审计监督的民主价值依归

国家治理中的审计监督在依法独立审计并且坚持独立性原则时，也具有明确的目的性和价值取向。在中国特色社会主义民主政治中，审计监督作为党和国家监督体系的有机组成部分是人民民主的实现方式之一，其目标就是要在国家治理的权力监督过程中始终坚持以人民为中心，致力于实现人民的利益。国家治理中的审计监督必须始终坚持以民主价值为依归，服务于人民当家作主的需要。从国家审计和国家治理应然的辩证关系视角来看，国家治理法治化、民主化、透明性、协作性和责任性等基本属性必然要求审计监督始终坚持以人民为中心，服务于人民的根本利益。

（原载于《江海学刊》2020 年第 6 期）

民主因何而衰退

——国外民主衰退成因研究的新进展

倪春纳*

近年来，“民主的衰退”成为国际政治的一个显著趋势。2016 年，经济学人智库（Economist Intelligence Unit）公布的“民主指数”报告指出，全球“民主”进入了“令人焦虑的时代”。无独有偶，其他几个重要的民主评估机构也得出了相同的结论。如德国贝塔斯曼基金会发布的 2016 年“贝塔斯曼转型指数”（Bertelsmann Transformation Index）显示，在过去的两年间，全球国家中民主质量显著下降的比例超过了 1/5，而显著提升的国家数量则不足 1/10。①“自由之家”（Freedom House）披露的最新数据也表明，2015 年，全球多达 72 个国家的“自由程度”在下降，而上升的国家仅有 43 个。更重要的是，全球“自由程度”已经连续十年处于下降之中，因此“自由之家”将过去的十年称为民主“衰退的十年”。② 长期致力于民主衰退研究的斯坦福大学著名学者拉里·戴蒙德（Larry Diamond）指出，波澜壮阔的“第

---

* 作者简介：倪春纳，1987 年生，法学博士，南京大学马克思主义学院助理研究员，南京大学马克思主义学院博士后流动站研究人员。

① 数据参见贝塔斯曼基金会的官方网站，www. bertelsman-transformation-index. de。

② Arch Puddington and Tyler Roylance, “Anxious Dictators, Wavering Democrats”, *Journal of Democracy*, Vol. 27, No. 2, 2016, pp. 86 – 100.

三波”在2006年前后进入拐点，全球民主在此之后陷入了一个漫长的停滞期。“自由民主国家”（liberal democracy）和“选举民主国家”（electoral democracy）的数量在2006年之后分别有所下降。戴蒙德指出，民主衰退还突出地表现为，近年来民主崩溃（democratic breakdown）的速度明显加快了。自1999年巴基斯坦发生政变颠覆民主政权以来，民主崩溃的步伐开始加速。[①] 民主崩溃的比例在21世纪最初的15年间为17.6%，而上一个15年则只有12.7%。总体来看，1974—2014年，全球所有民主国家中有29%发生了民主崩溃，在西方以外的民主国家中，民主崩溃的比例更是高达35%。在稳定的西方民主国家之外的重要国家中（人口超过8000万或者国民总收入超过1300亿美元的国家），民主不是处于停滞状态就是发生了倒退。即使那些未发生民主崩溃的新兴民主国家，目前也遭遇了各种危机和困境，如选举质量差强人意，同时还存在“非自由民主”发展不平衡的问题。[②] 此外，包括美国在内的老牌西方国家的民主有效性和活力及对民主的自信均在衰减。如美国的政治生活正陷入空前的政治极化和政治僵局之中。美国民众对国会的认同以及对政府的信任均处于历史低谷。竞选费用前所未有的增加，黑金政治影响的飙升以及公民投票率的新低等，都是美国民主制度处于“亚健康”的明显病症。“美国如今遭受政治衰败源自法治和‘民主’无法为国家能力所平衡。”[③]

民主衰退成因研究的学术谱系

与戴蒙德共同创建《民主杂志》的著名学者马克·普拉塔纳（Marc

① ［美］拉里·戴蒙德：《今日之民主第三波》，倪春纳、钟茜韵译，《天津行政学院学报》2012年第5期。

② 祁玲玲：《从乐观到审慎：新兴民主国家民主巩固困境的实证研究》，《江苏社会科学》2012年第5期。

③ 曹起曈：《美国政治衰败：经验事实与理论溯源》，《江海学刊》2016年第2期。

F. Plattner）认为，尽管全球民主国家的数量变动幅度不大，但是国际社会为何普遍认为民主处于衰退之中呢？普拉塔纳强调，应该探寻“民主衰退论”得以兴起的真正根源。[①] 早期国外学者对民主衰退的成因的探索主要可分为两条路径：一是讨论政治行为者尤其是精英在民主衰退过程中的作用；二是聚焦于经济、政治等宏观的结构性因素对民主衰退的影响。从过程视角分析民主衰退的代表性学者为胡安·林茨（Juan Linz）和阿尔弗莱德·斯泰潘（Alfred Stepan）。早在20世纪70年代末，他们对德国、西班牙和智利民主崩溃的案例研究发现，民主崩溃的主要原因在于政治主体之间的互动，其中民主国家的政治领袖、经济精英和军队等政治主体的选择，对民主政体的稳定性产生了尤为直接的影响。[②] 林茨和斯泰潘认为：“主要的政治团体不寻求推翻民主政体，或者脱离国家而独立，这样，在行为层面民主就成了最佳的政体选择。达到这样一种共识之后，在民主转型过程之中新生的民选政府，其所面临的主要问题就不再是如何防止民主崩溃。即使在面临严重的政治和经济危机之时，民众中的绝大多数也都相信，任何进一步的政治调整都必须在民主的制度框架之内进行，这样，在态度层面民主就成了最佳的政体选择。当国家之中的所有行动者都习惯于这么一种事实，即政治冲突必须依据既定规则加以解决，如果违反这些规则，很可能既没有效率又代价高昂，此时在制度层面，民主就成了最佳的政体选择。”[③] 斯科特·门瓦林（Scott P. Mainwaring）等学者对拉丁美洲“第三波”民主化浪潮的分析发现，主要的政治主体对民主的态度是民主制度能否存续的决定性因素之一。[④] 其他一些著名

---

① Marc F. Plattner, “Is Democracy in Decline?”, *Journal of Democracy*, Vol. 26, No. 1, 2015, pp. 5 - 11.

② Juan Linz and Alfred Stepan, *The Breakdown of Democratic Regimes*, Johns Hopkins University Press, 1978.

③ ［美］胡安·J. 林茨、阿尔弗莱德·斯泰潘：《民主转型与巩固的问题：南欧、南美和后共产主义欧洲》，孙龙等译，浙江人民出版社2008年版，第5—6页。

④ Frances Hagopian and Scott P. Mainwaring eds., *The Third Wave of Democratization in Latin America: Advances and Setbacks*, Cambridge: Cambridge University Press, 2005, p. 7.

的民主理论学者，如吉列尔莫·奥唐奈（Guillermo O'Donnell）、托马斯·卡罗瑟斯（Thomas Carothers）等也秉持相近的立场。近年来，异军突起的民主化“再分配主义理论”试图从财富分配的角度对民主制度如何巩固做出全新的解读。该理论认为，民主制度的建立和巩固取决于精英与大众之间的政治博弈。在收入分配相对平等的情况下，中间选民的税收偏好很少带有没收性质，精英因而不会惧怕再分配而选择接纳民主制度。反之，较高的财富不平等将导致有利于多数选民的再分配政策，从而加剧了阶级冲突和社会矛盾，最终将不利于民主制度的巩固。[①] 客观地说，民主衰退的过程分析在解释单个民主崩溃案例时十分有效，但是在观察群体案例时存在解释效力不足的缺陷。詹姆斯·罗宾逊（James A. Robinson）指出，在政治学和社会学领域中，充斥着大量关于民主生成与巩固富有深刻见解的案例研究，但是这些研究对于何种条件将引导一个社会成为和维持民主制度，并没有提供多少有益的理论总结。[②] 同时一些过程取向的研究所援引的案例年代较为久远，甚至是“第三波”之前的案例，在此基础上得出的结论是否具有普遍性值得商榷。如以往过程取向的研究认为，民主政体的崩溃主要是军事政变或行政政变造成的。但是自 2000 年以来，全球发生的 25 起民主崩溃案例，都不是由军事政变或行政政变引发，而主要是民主权利和民主程序的渐进衰退，最终将民主体制推向竞争性威权导致的。[③]

民主衰退的结构性分析主要侧重于讨论结构性因素如经济变量、政治制度等对民主衰退的影响。自李普塞特（Seymour Martin Lipset）提出良好的经济表现将有利于民主政体的延续之后，在很长一段时间

① 倪春纳：《民主化的“再分配主义理论”辨析》，《南京社会科学》2016 年第 3 期。

② James A. Robinson, “Economic Development and Democracy”, *Annual Review of Political Science*, Vol. 9, 2006, pp. 503 – 527.

③ Larry Diamond, “Facing up the Democratic Recession”, *Journal of Democracy*, Vol. 26, No. 1, 2015, pp. 141 – 155.

内，国外学者普遍相信经济发展与民主制度之间存在着显著关联。[①]亚当·普泽沃斯基（Adam Przeworski）等学者发现，民主政权对经济表现十分敏感，并且经济危机时间越长，民主崩溃的概率就越高。当人均收入连续增长三年或以上时，民主崩溃的概率为1/135；而当人均收入连续两年下降时，民主崩溃的概率为1/13。普泽沃斯基总结到，多数民主“死亡”时总有经济危机相伴：39个民主“死亡”案例中，有28个在前一年或前两年内人均收入处于下降之中。[②] 戴蒙德对此提出不同看法，他指出，2008年的全球经济危机引发了自大萧条以来最严重的经济衰退，但是却并没有发生大规模的民主衰退。他认为，导致这种状况的原因有三个。首先，遭受经济危机打击的重灾区，多数是富裕的工业化民主国家和欧洲新兴的市场经济国家。民主制度在这些国家中经历了数十年的成功运作之后已经得到了巩固。其次，在新兴和脆弱的民主国家中，经济危机往往造成了民选政府的倒台而非民主制度的崩溃。再次，在经济危机爆发之前，已经有民主崩溃的案例发生，同时令人意外的是，许多国家在发生民主崩溃时依然保持着稳健的经济增长。早期结构取向的民主衰退研究还忽视了深入探究向“民主”转型的步伐放缓甚至是停滞了的原因。严格来说，民主衰退既包括民主国家所遭遇的各种困境和危机，同时也包括向“民主”转型渐趋于停滞的问题。如卡莱斯·鲍什（Carles Boix）等指出，经济因素与民主之间的关联随着时间而不断削弱。从20世纪早期开始，经济现代化的各个变量，如收入水平、经济平等、城市化、教育等变量与民主之间的联系在逐渐减弱。他认为国际环境的变化可能是导致这种变化的原因之一。[③] 约尔根·默勒

---

① Geddes, Barbara, “What Causes Democratization”, in Carles Boix and Susan C. Stokes (eds.), *The Oxford Handbook of Comparative Politics*, Oxford: Oxford University Press, 2007, pp. 317 – 339.

② Adam Przeworski, Michael E. Alvarez, José Antonio Cheibub, and Fernando Limongi, *Democracy and Development: Political Institutions and Well-Being in the World, 1950 – 1990*, Cambridge: Cambridge University Press, 2000, pp. 109 – 111.

③ Carles Boix, Michael Miller, and Sebastian Rosato, “A Complete Data Set of Political Regimes, 1800 – 2007”, *Comparative Political Studies*, Vol. 46, No. 12, 2013, pp. 1523 – 1554.

(Jørgen Møller) 和斯文-埃里克·斯康宁 (Svend-Erik Skaaning) 两位学者也发现，自 1992 年起，结构性因素对民主的影响在变弱。[①]

在以往结构取向的研究中，国外学者还普遍认为，议会制还是总统制、联邦制还是单一制、两党制还是多党制等结构性差异对民主的稳定性产生了重要影响。事实上，有关政治制度对民主衰退的影响并没有达成共识。如利普哈特 (Arend Lijphart)、胡安·林茨等学者主张，议会制比总统制更有利于民主的稳定。但是鲍什等学者的研究发现，总统制或议会制本身与民主政权的脆弱性之间并不存在显著关联。[②] 门瓦林对 31 个能够长期维持民主政权的国家的分析发现，其中议会制和总统制国家的数量分别是 24 个和 4 个，他据此得出总统制不利于民主巩固的结论。但是在最近的研究中，门瓦林认为行政与立法之间的关系可能并不是影响民主制度崩溃或幸存的主要原因。他指出，当政治领导人对民主拥有强烈的价值偏爱和避免激进的政策立场时，民主制度就有可能会幸存下来；而当区域环境有利于民主价值的传播以及国内政治环境较为温和时，民主制度就会变得更为强健。[③] 近年来，有国外学者对介于"民主"和"独裁"之间的"部分民主"或"半民主"政权的持续性进行了探讨。其中，卡尔·亨利克·克鲁特森 (Carl Henrik Knutsen) 等学者发现，民主的程度差异而非军政府或主导政权的党派，是解释为何有的政权发生了崩溃而其他政权却能够延续下来的关键原因。[④] 此外，斯蒂芬·海哥德 (Stephan Haggard) 和

---

① Jørgen Møller and Svend-Erik Skaaning, *Requisites of Democracy: Conceptualization, Measurement and Explanation*, London and New York: Routledge, 2011, p. 103.

② Carles Boix, *Democracy and Redistribution*, Cambridge: Cambridge University Press, 2003; Jose Antonio Cheibub, *Presidentialism, Parliamentarism, and Democracy*, Cambridge: Cambridge University Press, 2007; Ming Sing, "Explaining Democratic Survival Globally (1946 - 2002)", *Journal of Politics*, Vol. 72, No. 2, 2010, pp. 438 - 455.

③ Scott Mainwaring and Aníbal Pérez-Liñán, "Democratic Breakdown and Survival", *Journal of Democracy*, Vol. 24, No. 2, 2013, pp. 123 - 137.

④ Carl Henrik Knutsen and Håvard Mokleiv Nygård, "Institutional Characteristics and Regime Survival: Why Are Semi-Democracies Less Durable Than Autocracies and Democracies?", *American Journal of Political Science*, Vol. 59, No. 3, 2015, pp. 656 - 670.

罗伯特·考夫曼（Robert R. Kaufman）也对以往单纯强调制度类型的研究提出了质疑。他们指出，对许多新兴的民主国家而言，问题并不是出在正式的体制安排上，而是这些体制安排不能对在任者或反对派形成真正的约束。也就是说，制度设计本身具有重要性，制度化水平的高低同样具有重要性。在制度化水平低的民主国家中，在任者不愿或不能向反对派做出可信的承诺，他们通过无视、改变和削弱宪法体制来追求政治目的或个人利益。这种行为预期同样适用于反对派。他们总结到，正是制度化水平低而非制度本身导致了民主制度的削弱和被推翻。①

民主衰退成因研究的新进展

民主衰退过程取向和结构取向研究中所存在的不足已经逐渐为国外学者所察觉。在近年来的民主衰退的归因分析中，国外学者在吸取和总结既有的研究基础上，更侧重于分析民主制度的绩效而非制度结构本身。与此同时，从民主国家外部的国际因素来思考民主衰退也是显著的特征之一。需要指出的是，没有任何单一变量即可有效预测民主衰退是否会发生，民主衰退是许多变量共同作用的结果。② 如戴蒙德发现，那些发生民主崩溃的国家具有一些相似的特征：多数是贫困的或收入中等偏下的国家；以世界银行的善治衡量标准来看，这些国家的排名很靠后；政治不稳定和暴力水平较高，并被阶级、种族等界线深深割裂；行政权力被严重滥用。③ 斯蒂芬·海哥德和罗伯特·考夫曼也认为，贫穷、不平等、资源寻租和族群异质性都可能对民主的

① Stephan Haggard and Robert R. Kaufman, "Democratization During the Third Wave", *Annual Review of Political Science*, Vol. 19, 2016, pp. 125 – 144.

② Abraham Diskin, Hanna Diskin and Reuven Y. Hazan, "Why Democracies Collapse: The Reasons for Democratic Failure and Success", *International Political Science Review*, Vol. 26, No. 3, 2005, pp. 291 – 309.

③ ［美］拉里·戴蒙德：《民主因何而退潮》，倪春纳、钟茜韵译，《国外社会科学》2012年第1期。

稳定性产生影响。在众多可能对民主衰退产生影响的因素中，以下几个原因在近年来的研究中被反复加以强调。

首先，治理困境削弱了民主制度的合法性。在许多国外学者看来，民主制度之所以具有合法性而被广泛认同，原因在于它是达致善治的必要前提。相反，治理不善无疑会影响公民对民主的满意度，同时也削弱了公民对民主的支持。① 如戴蒙德明确指出，民主衰退最重要的原因莫过于糟糕的治理。② 普拉塔纳认为，2008 年金融危机及其发酵至今的后果，致使当前发达民主国家在经济发展和政治合法性上深陷困境。与此同时，在新兴市场国家中，那种认为西方的制度和政策不值得效仿的观点越来越有吸引力，而困扰发达民主国家的政治紊乱及其应对失灵又进一步削弱了自身的吸引力。③ 卡内基国际和平基金会的副主席、民主援助和比较民主化研究的权威托马斯·卡罗瑟斯指出，民主的全球停滞是过去十年间国际政治发展最为显著的特征之一。“阿拉伯之春”曾被认为是新一波民主化浪潮的标志，然而最初迸发的乐观希望旋即被悲观主义情绪取代。卡瑟罗斯指出，当前美国和欧洲民主国家的“阵痛”，损害了其民主在世界各地人民心中的形象。在美国，政治极化导致的功能失调、政治中金钱作用的飙升以及不公正划分选区导致的代表性扭曲等成为美国特有的问题；在欧洲，欧元危机、极端主义政党的兴起以及对少数族群社会整合的挑战等，都对民主的兴盛产生了质疑。许多转型国家的人们开始相信，自由民主制度可能并不是影响治理和保持经济活力的决定性因素。④ 福山指出，

① Guillermo Cordero and Pablo Simón, “Economic Crisis and Support for Democracy in Europe”, *West European Politics*, Vol. 39, No. 2, 2016, pp. 305 – 325.

② Larry Diamond, “Facing up the Democratic Recession”, *Journal of Democracy*, Vol. 26, No. 1, 2015, pp. 141 – 155.

③ Marc F. Plattner, “Is Democracy in Decline?”, *Journal of Democracy*, Vol. 26, No. 1, 2015, pp. 5 – 11.

④ Thomas Carothers, “Democracy Aid at 25: Time to Choose”, *Journal of Democracy*, Vol. 26, No. 1, 2015, pp. 59 – 73.

很难判断全球是否正在经历一股民主回潮，但是不难判断的是，近年来全球民主国家的表现确实难以令人满意。全球最发达和成熟的民主国家——美国和欧盟国家正在经受巨大的经济危机，并且已然陷入增长缓慢和收入停滞的困境之中。许多新兴的民主国家，从巴西到土耳其再到印度，在诸多方面的表现也差强人意，并且爆发了层出不穷的社会抗争运动。福山认为，在过去数十年里，多数的民主倒退（democratic setbacks）与制度化的失败有关，许多新兴民主国家和老牌民主国家的国家能力滞后于民主问责的普遍要求。未能建设成为现代的、治理良好的国家是近年来民主转型的致命缺陷。福山指出，现代自由民主制度包括三个基本要素："国家"、"法治"和"民主问责"。"国家"在既定疆域内合法垄断强制权力的行使。国家集中和行使权力来维持和平；保卫群体防御外部敌人；执行法律和提供基本的公共物品。"法治"是一系列对公民和精英具有约束力并反映群体价值观的规章制度。"民主问责"试图确保政府为群体利益而非统治者的私利行事，它主要通过自由公正的多党选举等程序来实现，尽管"程序性问责"与"实质性问责"并不经常保持一致。福山强调，一个自由民主国家需要平衡这些制度之间的潜在冲突。国家产生和行使权力，法治和民主问责旨在约束权力和保证权力行使符合公共利益。他认为，现代国家与民主制度之间的发展失衡，导致了新兴民主国家和老牌民主国家不能满足公民对高质量公共服务的需求，这种状况进而也导致了民主制度合法性的不断丧失。[①] 一些学者也秉持相同的立场。如丹·史莱特（Dan Slater）等学者对139个国家横截面的分析显示，当代的民主崩溃均可以追溯到"弱国家"的政治根源上。[②] 约尔根·默勒和斯

---

① Francis Fukuyama, "Why Is Democracy Performing So Poorly?", *Journal of Democracy*, Vol. 26, No. 1, 2015, pp. 11 – 20.

② Dan Slater, Benjamin Smith, and Gautam Nair, "Economic Origins of Democratic Breakdown? The Redistributive Model and the Postcolonial State", *Perspectives on Politics*, Vol. 12, No. 2, 2014, pp. 353 – 374.

文－埃里克·斯康宁进一步指出，民主稳定性依赖于不同类型的国家能力。与威权政权完全依赖强制力量维持政权不同，“行政有效性”即执行政策的能力，对民主政权能否保持稳定最为关键。①

其次，在国外学者看来，民主衰退的发生还应该归咎于“威权主义的复兴”。如《民主杂志》自2015年第1期聚焦“民主衰退”话题以来，已经连续五期重点讨论了威权主义对民主的“负面”影响。戴蒙德认为，全球民主衰退的一个重要方面是威权主义的复兴。一方面，从国内来看，当前威权国家对民主衰退最突出的影响是，制定法律将民主国家对威权国家的政党、运动、媒体、选举监督和公民社会组织的国际资金流动和技术援助活动定罪，以及对非政府组织能力、形式和运作等方面施加诸多的限制。根据戴蒙德的统计，在西方世界之外的98个国家中，有51个禁止或限制国外对国内公民社会组织进行援助。与此同时，威权国家甚至包括民主国家在内，在压制网络自由方面变得资源更加丰富、手段更加娴熟和态度更加强硬。另一方面，从国际上来看，戴蒙德认为，威权主义正在逐步走向世界，他们试图重塑国际的价值和规范以削弱民主的影响。威权国家成立了资金雄厚的国际传播媒体来改变国际传媒环境。不过威权主义对全球民主的挑战并不仅限于对信息环境的操纵上，同时也在明显地削弱一些重要的民主和人权机构，如美洲国家组织、欧洲议会和欧洲安全与合作组织等。此外，威权国家还成立了新的国际组织，试图在国界线之外输出威权主义的价值规范。② 普拉塔纳赞同戴蒙德的判断，他指出，民主声誉萎缩的另一面相是许多重要的威权国家的影响力在与日俱增。尽管在21世纪最初几年里，流行的“民主胜利论”遭到了指责，但是仅就全球权力与合法性而言，民主并没有遭遇强有力的竞争对手。然而十年

---

① David Andersen, Jørgen Møller, Lasse Lykke Rørbæk and Svend-Erik Skaaning, “State Capacity and Political Regime Stability”, *Democratization*, Vol. 21, No. 7, 2014, pp. 1305－1325.

② Christopher Walker, Marc Plattner, and Larry Diamond, “Soft Power: Authoritarianism Goes Global”, *American Interest*, March 28, 2016.

之后，那种认为民主会继续保持霸权的信念被动摇了，最重要的原因是全球出现了强大的反民主力量。① 普拉塔纳认为，一些威权国家的成功实践表明，实现重大的经济进步并不以引进民主制度为前提，因此人们质疑民主可能只是适用于富裕国家的政治制度。普拉塔纳还认为，俄罗斯、伊朗、沙特阿拉伯和委内瑞拉等威权国家都在相互学习借鉴，甚至是合作共同反对民主进步。② 克里斯多夫·沃克尔（Christopher Walker）进一步指出，尽管威权国家彼此各异，在很多方面存在显著不同，但是在阻碍民主进步和削弱民主原则的世界影响力方面的立场则是一致的。在过去十年里，这些国家精于改进镇压和控制的技术手段。③ 此外，与西方政客（如希拉里）坚信互联网技术的发展将摧毁威权政权的乐观基调相反，有学者发现，威权政权不仅没有被网络技术的发展削弱，相反他们正在积极塑造具有战略优势的网络空间，已经掌握了包括技术手段、法律、政策和法规以及更为隐蔽和具有进攻性的技术。④ 2016 年 1 月，约翰·霍普金斯大学出版社发行了名为《走向世界的威权主义：民主的挑战》的论文集，集中了有关威权主义导致全球民主衰退的研究成果。该书的基本论调是，过去十年间，威权国家开始变得有恃无恐，并在国际舞台上拥有话语权。几个重要的威权国家采取了新的策略和方式，来控制民主的扩散和挑战自由主义的国际秩序；与此同时，发达民主国家正在逐步退缩，未能有效地回应威权国家造成的威胁。⑤ 不过也有学者指出，“非民主”的区

---

① Marc F. Plattner, “The Authoritarian Challenge”, *Journal of Democracy*, Vol. 21, No. 4, 2010, pp. 169 – 172.

② Marc F. Plattner, “Is Democracy in Decline?”, *Journal of Democracy*, Vol. 26, No. 1, 2015, pp. 5 – 11.

③ Christopher Walker, “The Authoritarian Resurgence”, *Journal of Democracy*, Vol. 26, No. 2, 2015, p. 21.

④ Ron Deibert, “Cyberspace Under Siege”, *Journal of Democracy*, Vol. 26, No. 3, 2015, pp. 64 – 78.

⑤ Larry Diamond, Marc F. Plattner and Christopher Walker, *Authoritarianism Goes Global: The Challenge to Democracy*, Baltimore: Johns Hopkins University Press, 2016.

域性大国不能简单地认定是“威权支持者”。当这些国家认为西方国家对第三国的民主输出，损害了其地缘政治利益或危及政权生存时，他们自然会做出相应的回应，因而不能武断地把这些国家的行为定性为“独裁输出”（autocracy promotion）。[①]

再次，恐怖主义蔓延及其引发的政治后果也被视为民主衰退的重要诱因。自“9・11”恐怖袭击事件之后，许多国家应对恐怖主义的措施对民主制度本身及其扩散形成了直接的威胁。在国内，公民的政治权利因“反恐”而受到了公权力的挤压和侵犯；在国际，“反恐”的安全议题压倒了民主输出。亚历山大・库利（Alexander Cooley）指出，过去十年间，国际社会对民主的强烈反弹力度在增加，并有不可遏制的发展态势，其中最强有力的反弹是后“9・11”时代的反恐与安全转向。自 2001 年发生恐怖袭击以来，国际社会不仅仅是美国普遍接受了这样的看法：安全和个人自由之间的平衡，需要进行调整以向前者倾斜。这种“国际紧急状态”赋权政府扩张行政权力；增加保密范围和国家特权；设置非法程序；扩大国内监控；绕过国家庇护程序以及安全部门进行各种合作以躲避监督。库利指出，21 世纪初，为了打击恐怖主义和加强国家安全，“反宪政”的举措逐渐在全球扩散开来。[②] 艾琳娜・波卡洛娃（Elena Pokalova）发现，“9・11”恐怖袭击之后，全球制定反恐法律的国家数量显著增加。一些国家修改了既有的刑法，其他国家则制定了专门的反恐法。许多国家以反对恐怖主义和加强国家安全为名，肆意扩张和滥用公共权力，如当前土耳其成为以传播恐怖主义宣传为名监禁记者最多的国家。[③] 事实上，不仅仅是

① Thomas Rissea and Nelli Babayan, “Democracy Promotion and the Challenges of Illiberal Regional Powers: Introduction to the Special Issue”, *Democratization*, Vol. 22, No. 3, 2015, pp. 381 – 389.

② Alexander Cooley, “Countering Democratic Norms”, *Journal of Democracy*, Vol. 26, No. 3, 2015, pp. 49 – 63.

③ Elena Pokalova, “Legislative Responses to Terrorism: What Drives States to Adopt New Counterterrorism Legislation?”, *Terrorism and Political Violence*, Vol. 27, No. 3, 2015, pp. 474 – 496.

土耳其，自诩为世界“民主灯塔”的美国也以反恐的名义滥施暴力，严重侵犯公民权利。在国际上，恐怖主义蔓延的全球氛围也不利于民主的扩散。卡罗瑟斯指出，尽管奥巴马的一些顾问坚持声称美国政府仍在竭力推动民主输出，但是大量令人信服的证据表明，美国对很多地方是否应该促进民主化犹豫不决。当前美国和欧洲正专注于中东、苏联和东亚地区令人堪忧的安全挑战，许多政策制定者主张，这些地区的政治稳定与民主变革相比具有绝对的优先性。① 也有学者认为，21 世纪初期的全球民主扩散与反恐战争密切关联。美国外交政策的制定者一直坚信，恐怖主义孕育于威权政权之下，因此输出更为开放的和经济繁荣的治理体系，将有助于根除恐怖主义赖以滋生的土壤。小布什政府是这种观点的积极鼓吹者和践行者，他将民主输出作为全球反恐战争的核心原则。在第二次就职演讲中，小布什更加明确地表达了“自由社会之下的宽容是解决激进主义和恐怖主义的一剂良药”。小布什用这一说辞为美国强行推动伊拉克和阿富汗的政权变更进行辩护，同时也向威权国家的民主改革施加了更大的外部压力。② 恐怖主义蔓延对民主的负面影响还可以通过“民主和平论”理论的“逆向因果解释”（reverse causality explanation）来解读。“民主和平论”的拥趸认为，民主国家相互间很少会发生战争，并且与“非民主国家”相比，民主国家也不容易发生内战和卷入国际冲突之中。“民主和平论”的“逆向因果解释”理论认为，“民主”与“和平”之间存在内生性问题，即民主对战争存在消极影响的同时，和平也对民主施加了积极作用。③ 一方面，由于缺少外部威胁，国内政治力量的扩散使得广泛的和平产生了更多的民主国家，从而使和平成为民主的前

① Thomas Carothers，“Democracy Aid at 25：Time to Choose”，*Journal of Democracy*，Vol. 26，No. 1，2015，pp. 59 – 73.

② Erica Chenoweth，“Terrorism and Democracy”，*Annual Review of Political Science*，Vol. 16，2013，pp. 355 – 378.

③ Rafael Reuveny and Li Quan，“The Joint Democracy-Dyadic Conflict Nexus：A Simultaneous Equations Model”，*International Studies Quarterly*，Vol. 47，No. 3，2003，pp. 325 – 346.

因；另一方面，战争冲突将推动国内政治权力的集中，公民权利和自由往往受到限制。在战争状态下，即使是民主政府也会推迟选举或施行军事管制法令。[①]“民主和平论”的逆向因果逻辑表明，民主的兴盛取决于适宜的尤其是和平的国际环境，而当前全球蔓延和猖獗的恐怖主义以及各国应对恐怖主义而采取的措施均对“民主”产生了不利影响。

最后，一些国外学者认为，当前的民主衰退是由民主国家与其竞争对手之间的政治地理位移导致的。布鲁金斯学会高级研究员罗伯特·卡根（Robert Kagan）认为，从民主“波浪”和“回潮”的历史来看，全球的民主衰退与地缘政治（geopolitics）密切相关。他指出，20 世纪 70 年代之所以会爆发“第三波”，是因为全球的权力和理念格局发生了重大变化，当时的国际氛围变得越来越有利于民主国家而对威权国家不利。罗伯特·卡根认为，在推动民主“大爆炸”方面，美国起到了关键性的作用。从 20 世纪 70 年代中期起，美国开始对独裁政权秉持一种更为批判的立场。由人权支持者领导的美国国会大幅削减和限制美国援助威权国家盟友。自葡萄牙“康乃馨革命”以来，美国在全球运用了各种手段，包括直接的军事干预、援助民主转型和阻止对脆弱民主国家的破坏活动。如 1989 年，在军事强人曼努埃尔·诺列加（Manuel Noriega）宣布大选无效之后，乔治·布什总统入侵了巴拿马并帮助建立了“民主政府”。与此同时，美国还利用自身的影响力阻止了洪都拉斯、玻利维亚、萨尔瓦多、秘鲁和韩国的军事政变。罗伯特·卡根指出，即使在美国没有发挥重大影响的情况下，全球和区域性的发展依然有可能会促成一波民主化浪潮。但问题是，这股民主化浪潮会不会规模如此庞大和持久？罗伯特·卡根认为，美国与民主国家盟友积极地在全球塑造出一个广泛的共识，他们更多地同情民

---

① William R. Thompson, “Democracy and Peace: Putting the Cart before the Horse?”, *International Organization*, Vol. 50, No. 1, 1996, pp. 144 – 174.

主价值观而非威权价值观。这对许多国家的国内政治过程产生了影响，使得威权政府越来越难平安地渡过政治危机与经济风暴，而各种民主运动则越来越具有合法性。罗伯特·卡根认为，在以美国为首的西方民主国家主导的世界格局中，国际层面的权力平衡自然向民主倾斜，这种情形有助于解释为何在此后的民主革命能够取得胜利。但是如果美国不再如此强大，向民主转型的国家就会骤减，已发生的民主转型也会昙花一现，在这种地缘政治背景下，更易于发生民主回潮。① 还有学者指出，美英的领导尤其是他们取得了两次大战和“冷战”的胜利，成为民主得以扩散的必要条件，同时超级大国间的权力转移带来的“霸权冲击”（hegemonic shocks）也催生出了更多的民主国家。② 此外，国外还有学者讨论了区域一体化和“民主限定性条件”（democratic conditionality）对某一区域或某个国家民主前景的影响。过去60年间，全球区域一体化组织（Regional Integration Organizations，RIOs）的数量急剧增加。各国组成RIOs，通过实现区域内的贸易自由化和提高资本与人力的流动性促进经济繁荣。推动区域一体化需要成员国能够保持稳定的状态。为了降低成员国的政治不确定性，RIOs施加了“民主”性质的条款。这些条款原则上要求，只有民主国家才能加入特定的RIOs，同时一旦获得成员国的身份，就必须继续维持民主制度。RIOs正式的民主限定性条件要求，成员国必须通过自由公正的选举而定期和有序地进行权力移转。当某个成员国违反民主原则时，RIOs会给予相应的制裁。③ 欧盟是利用民主限定性条件向其周边国家输

---

① Robert Kagan, “The Weight of Geopolitics”, *Journal of Democracy*, Vol. 26, No. 1, 2015, pp. 21 –31.

② Kevin Narizny, “Anglo-American Primacy and the Global Spread of Democracy: An International Geneology”, *World Politics*, Vol. 64, No. 2, 2012, pp. 341 – 373; Seva Gunitsky, “From Shocks to Waves: Hegemonic Transitions and Democratization in the Twentieth Century”, *International Organization*, Vol. 68, No. 3, 2014, pp. 561 –597.

③ Gaspare M. Genna and Taeko Hiroi, *Regional Integration and Democratic Conditionality: How Democracy Clauses Help Democratic Consolidation and Deepening*, London and New York: Routledge, 2015, p. 165.

出民主的典型代表。弗兰克·施美尔芬尼希（Frank Schimmelfennig）等学者发现，欧盟对周边国家的政治性附加条件——提供欧盟成员国的前景作为它们进行政治改革的回报，对民主有着强烈的影响。[①] 还有学者指出，当前东欧各国的民主前景取决于他们是选择站在俄罗斯这边还是欧盟那边，这种情形表明，一国保持在民主轨道行驶的能力受到其国际盟友和地理环境的限制。[②] 无独有偶，门瓦林对拉丁美洲的研究得出了同样的结论，他发现国际性因素如美国的政策和该地区民主国家的总数，是发生民主崩溃或民主转型的重要预报器。[③] 不过，简·图瑞尔（Jan Teorell）指出，由民主国家组成的区域组织的成员国身份确实有助于促进民主化，但是个案研究结果表明并非始终如此。[④]

启　示

尽管国外学术界普遍认为民主衰退是毋庸置疑的客观事实，但是国外也有学者对“民主衰退”命题提出了质疑，如民主理论权威菲利普·施密特（Philippe C. Schmitter）认为，当前有关民主处于危机和衰退之中的证据，都是源于不可靠的定量数据和从定性研究中得出的选择性推论。多数主张民主衰退研究援引的数据主要出自“自由之家”的年度报告，尤其是自2008年以来，“自由之家”屡次强调全球“民主在溃退”和“自由程度”在下降。施密特认为这个判断极具误导性。因为“自由之家”使用的变量受到区间的限制（1—7），民主

---

① Frank Schimmelfennig and Hanno Scholtz, “EU Democracy Promotion In the European Neighborhood”, *European Union Politics*, Vol. 9, No. 2, 2008, pp. 187 - 215.

② Alina Mungiu-Pippidi, “The Splintering of Postcommunist Europe”, *Journal of Democracy*, Vol. 26, No. 1, 2015, pp. 88 - 100.

③ Scott Mainwaring and Aníbal Pérez-Liñán, “Cross-Currents in Latin America”, *Journal of Democracy*, Vol. 26, No. 1, 2015, pp. 114 - 127.

④ Jan Teorell, *Determinants of Democratization: Explaining Regime Change in the World, 1972 - 2006*, Cambridge: Cambridge University Press, 2010, p. 99.

政权的得分没有继续提升的空间，而许多不民主政权也不存在继续下降的可能。[①] 哈佛大学肯尼迪政府学院教授斯蒂芬·列维茨基（Steven Levitsky）也认为，总体上看，全球民主在过去十年间保持稳定，并且相对于20世纪90年代亦有显著的进步，因此根本不存在所谓的“民主衰退”现象。[②] 施密特和列维茨基言辞凿凿、似乎证据充分，不过民主衰退成为当前国外民主化研究中最受关注的主题，如将“民主”与“崩溃”（breakdown）、“垮台”（meltdown）、“失败”（failure）、“回潮”（reversal）、“衰退”（decline）、“危机”（crisis）、“挑战”（challenge）、“退化”（regression）、“侵蚀”（erosion）、“停滞”（stagnation）、“撤退”（retreat）、“不满”（dissatisfied）、“赤字”（deficit）、“幻灭”（disillusionment）等负面词语联系起来的学术研究如雨后春笋般成长起来，数量更是不胜枚举。

国外学者对民主衰退的归因分析开始关注民主国家内部的治理危机，这一研究取向具有合理性。因为不论是老牌民主国家还是新兴民主国家，都必须解决好自身所面临的治理困境。如果不能推进经济发展，降低社会不平等、有效打击腐败和犯罪、切实保障自由和法治，民众不可避免地终将失去对民主制度的信心。[③] 需要指出的是，当前更多国外学者试图从民主国家外部来探寻民主衰退的根源，但是这些外部因素事实上并不是构成民主衰退的直接诱因。国外学者将矛头指向威权主义的复兴和地缘政治的影响上，是带有强烈的价值诉求和意识形态色彩的，如他们在分析中一致性地将中国崛起视为“民主”的重大威胁。戴蒙德指出，中国利用建立孔子学院、举办盛大会议和开展交流项目等“软实力”建设，输出自己的制度模式和

① Philippe C. Schmitter, “Crisis and Transition, but not Decline”, *Journal of Democracy*, Vol. 26, No. 1, 2015, pp. 32 – 44.

② Steven Levitsky and Lucan Way, “The Myth of Democratic Recession”, *Journal of Democracy*, Vol. 26, No. 1, 2015, pp. 45 – 58.

③ 陈尧：《民主衰落研究的兴起》，《江海学刊》2016 年第 2 期。

价值观。[①] 甚至有国外学者发明了"独裁输出"这个充满强烈贬抑色彩的术语"污名化"中国，将中国置于"民主"的对立面和导致全球民主衰退的"罪魁"而大申挞伐。在多数国外学者看来，民主是一种普适价值，但是他们将自由民主视为唯一价值可欲的制度模式，而拒绝和承认其他非自由主义的民主形态。近年来，斯泰潘·林德博格（Staffan Lindberg）和简·图瑞尔等几位学者发起了"民主多样性"（Varieties of Democracy）的研究项目，认为自 1900 年以来，实践中的民主模式并非仅有自由民主一种，同时还包括多头政体、协商民主、参与民主和平等民主。[②] 遗憾的是，"民主多样性"并没有得到国外主流学术界的认可，在政体划分上他们更多的还是沿袭"自由之家""民主—不民主"此类非此即彼的二分法。与此同时，多数悲鸣民主衰退的国外学者还希冀美国能够继续维持和强化其全球霸主的地位，这种心态在民主衰退的地缘政治解释中有赤裸裸的展现。如普拉塔纳明确指出，美国及其"民主盟友"绝对主导下的"单极化契机"（unipolar moment）是民主抗争备受瞩目并成为可能，但是如果缺失这一有利的国际环境，民主就很难昌盛起来。如果地缘政治平衡向威权国家倾斜，对其他国家而言，威权模式就颇具吸引力，而民主制度则会渐失光彩。[③] 这种论调看似在讨论民主衰退的地缘政治学，但同时也是在为美国遏制中国崛起制造舆论，为美国在国际事务中奉行更为强硬的路线进行背书。总之，国外学者对民主衰退成因的新近研究，为我们提供了一种域外的认知视角，但是其背后暗含的意识形态色彩，及其对我国国家安全的潜在威胁则值得重视和警惕。

（原载于《江海学刊》2016 年第 4 期）

---

① Larry Diamond, "Facing up the Democratic Recession", *Journal of Democracy*, Vol. 26, No. 1, 2015, pp. 141 – 155.

② Staffan I. Lindberg, et al. , "V-Dem: A New Way to Measure Democracy", *Journal of Democracy*, Vol. 25, No. 3, 2014, pp. 159 – 169.

③ Marc F. Plattner, "Is Democracy in Decline?", *Journal of Democracy*, Vol. 26, No. 1, 2015, pp. 5 – 11.

民主衰落研究的兴起

陈　尧*

近年来，中亚地区的政局持续陷入动荡，阿拉伯世界脆弱的民主政权接二连三遭遇解体。在短暂的民主化之后埃及重新回到军政权主政，也门陷入了内战的深渊，伊拉克、叙利亚则与极端组织“伊斯兰国”展开了艰苦的战争。2015 年，也门、伊拉克、叙利亚一起被纳入“失败国家”（failed states）的行列。① 短时间内，“阿拉伯之春”转变为“阿拉伯之冬”。在其他地方，泰国再次陷入了军政权的掌控、乌克兰则濒临国家分裂。亚洲、拉美、非洲地区的大量新兴民主国家表现不佳，腐败、经济衰退、部族冲突、社会不平等等现象日益严重。自 2000 年以来，全球至少有 22 个国家②出现了民主解体的现象。除了

---

* 作者简介：陈尧，1972 年生，法学博士，上海交通大学比较政治系执行主任、教授。

① “失败国家指数”由美国《外交政策》（双月刊）和美国和平基金会共同编制，根据社会、经济、政治和军事指标就各国总体的社会稳定性进行年度排名，分为“极严重警告”“严重警告”“警告”“极严重警戒”“严重警戒”“警戒”“不稳定”“稳定”“非常稳定”“可持续的”“非常可持续的”11 个等级，其中进入“极严重警告”和“严重警告”等级的国家属于“失败国家”。“失败国家”有几个特征，如丧失对领土的实际控制、无法完全掌握合法动用武力的权力、合法权力机构的集体决策能力遭到削弱、无法提供基本的公共服务、不能作为国际社会的正式成员与其他国家交往等。

② 这些国家包括巴基斯坦、斐济、吉尔吉斯斯坦、俄罗斯、尼泊尔、尼日利亚、委内瑞拉、所罗门群岛、泰国、孟加拉国、肯尼亚、格鲁吉亚、毛里塔尼亚、洪都拉斯、马达加斯加、尼日尔、莫桑比克、利比亚、伊拉克、埃及、乌克兰、也门等。

少数国家陷入民主解体外，大量新兴民主国家出现了民主发展停滞、民主质量下降的现象，就连老牌西方民主国家也遭遇了治理危机和民主信任危机。

在国际社会有着巨大影响的《经济学人》杂志于2014年3月发表封面长文，哀叹“西方民主在全球的发展陷入了停滞，甚至可能出现了逆转”。[①] 著名的《民主杂志》于2015年第1期聚焦的话题即“民主衰落了吗”，福山（Francis Fukuyama）、戴蒙德（Larry Diamond）、施密特（Philippe Schmitter）、卡罗瑟斯（Thomas Carothers）、斯蒂潘（Alfred Stepan）、普拉特纳（Marc F. Plattner）等十多位著名的民主研究者围绕民主衰落话题展开激烈的讨论。[②] 近年来，关于民主衰落的研究层出不穷，民主回落（democratic rollback）、民主垮台（democratic collapse）、民主失败（democratic failure）、民主解体（democratic breakdown）、民主腐蚀（democratic erosion）、民主恶化（democratic deterioration）、民主逆转（democratic reversal）、民主衰落（democratic decline）、民主衰退（democratic recession）、民主回潮（democracy in retreat）[③] 等术语在学术著作、大众媒体甚至民间流行开来。在最近的民主化研究中，关于民主衰落和威权回归的文章充斥着相关的专业学术刊物，研究者对全球民主前景的看法已经从先前的乐观主义转向了悲观主义的情绪。

何谓民主衰落

严格地讲，民主衰落并不是一个确切的（well-bounded）概念，而是一个综合性的（comprehensive）概念。迄今为止，研究者们关于民

① “What's Gone Wrong with Democracy”, *The Economist*, March 1st, 2014, pp. 47 – 52.

② Marc F. Plattner, etc., “Is Democracy in Decline?”, *Journal of Democracy*, 26 (1), 2015, pp. 5 – 155.

③ 陈尧：《理解全球民主衰落》，《复旦学报》2015年第2期。

主衰落的内涵并未达成共识。

关于民主衰落较早的研究为 20 世纪 70 年代林茨（Juan J. Linz）和斯蒂潘（Alfred Stepan）针对欧洲和拉美地区民主政体解体的分析。他们注意到在第一次世界大战、第二次世界大战后建立民主国家的浪潮中，均有一些国家出现了民主解体，并对这些案例解体的原因进行了分析。[①] 这实际上就是后来亨廷顿所指出的第一波、第二波民主化之后的民主回潮。[②] 不过，由于每一次民主回潮之后诞生了更多的民主国家，因而直到近年，研究者对历史上的民主解体现象并未予以充分关注。

大多数研究者在使用与民主衰落类似的概念时，将这些概念看作理所当然，而没有对相关概念进行厘清。除了民主解体或垮台这一术语相对明确外，不管是民主衰落、民主回落、民主退化、民主逆转还是民主失败，均面临着概念的模糊性。

一些研究者将民主衰落理解为民主政权的解体。戴蒙德就将民主衰退（democratic recession）理解为民主政体回到威权体制。[③] 根据梯利（Charles Tilly）的观点，民主衰落可称为“去民主化”（de-democratization）。[④] 但是，在第三波民主化进程中，大面积民主解体的现象并没有出现，更多的是民主体制遭到腐蚀和民主政权遭遇挫折，许多民主化国家从自由主义民主逐渐向选举民主发生倒退或者选举民主进一步恶化，并最终陷入选举民主的泥潭或变为“混合政体”（hybrid regime）[⑤]。

---

① Juan J. Linz and Alfred Stepan, *The Breakdown of Democratic Regimes*, Baltimore and London: The Johns Hopkins University Press, 1978.

② ［美］亨廷顿：《第三波：20 世纪后期民主化浪潮》，刘军宁译，上海三联书店 1998 年版，第 11—26 页。

③ ［美］拉里·戴蒙德：《民主的精神》，张大军译，群言出版社 2013 年版，“引言”第 55—97、14 页。

④ Charles Tilly, “Inequality, Democratization, and De-Democratization”, *Sociological Theory*, 21 (1), 2003, pp. 37 – 43.

⑤ Philip G. Cerny, “Globalization and the Erosion of Democracy”, *European Journal of Political Research*, 36 (1), 1999, pp. 1 – 26.

由此，研究者开始集中关注民主腐蚀现象。奥唐纳尔较早提出应警惕某些新兴民主国家中存在“对现存公民权利的行使空间和自由宪政保障的有效性逐步削减”的现象，并将其比喻为民主的“慢性死亡”。① 与民主遭遇挫折相对应的是，在民主化研究中涌现了大量“带有形容词的民主”（democracy with adjectives），例如“非自由主义民主”（illiberal democracy）、“半民主”（semi-democracy）、“形式民主”（formal democracy）、“代表性民主”（delegate democracy）、“假民主”（pseudo-democracy）、“弱民主”（weak democracy）、“部分民主”（partial democracy）等数十种民主的概念。② 这些所谓的概念创新，仅仅揭示了一个现象，即新兴民主国家的民主发展水平普遍遭遇了衰退。

20 世纪 90 年代，民主指数和民主质量研究的流行使研究者找到了更为精确的方法来理解民主衰落。有研究者指出，实际上，任何一种民主的衰落均表现为民主质量的恶化或下降。民主质量的恶化是指民主政体内部的消极变化，因而，从民主质量下降开始的整个过程被界定为“民主的衰落”（decline of democracy）。民主衰落的过程可以是快速、短暂的，也可以是缓慢、长期的。民主衰落可能在某一个更低的民主质量水平点上停止，例如变成有缺陷的民主或选举民主，也可能以建立一个威权政权而告终，这一过程被称为“民主的解体”（breakdown of democracy）。③

在一段时期内，不管是民主质量下降还是政体性质发生变化，人们主要从单个政体的角度来理解民主衰落。近年来，随着民主事业陷入困境的国家日益增多并发展为一种较为普遍的群体性现象，就需要将民主衰落的概念从单个政体变化向群体性政体变化进行修

① Guillermo O'Donnell, “Illusions about Consolidation”, *Journal of Democracy*, 7（2）, 1996, pp. 34 – 51.

② David Collier and Steven Levitsky, “Democracy with Adjectives: Conceptual Innovation in Comparative Research”, *World Politics*, 49（3）, 2002, pp. 430 – 451.

③ Gero Erdmann, “Transition from Democracy: Loss of Quality, Hybridisation and Breakdown of Democracy”, *German Institute of Global and Area Studies*, *Working Paper*, March, 2011.

正。对此，我们可以将现有民主衰落的概念进行如下整理（如表 1 所示）。

表 1　　　　民主衰落概念的分类

民主衰减（democratic diminution）、民主萎缩（democratic atrophy）、民主腐蚀（democratic erosion）、民主恶化（democratic deterioration）等	单个政体性质的衰减变化，即民主政体的质量虽然发生了衰减，但仍属于民主政体
民主垮台（democratic collapse）、民主失败（democratic failure）、民主溃败（democratic meltdown）、民主解体（democratic breakdown）、民主毁灭（democratic destruction）等	单个政体性质的根本性变化，即从民主政体向非民主政体发生了转变
民主回落（democratic rollback）、民主衰落（democratic decline）、民主衰退（democratic recession）、民主回潮（democracy in retreat）、民主逆转（democratic reversal）等	群体性民主政体质量的变化，主要是指大量民主政体的质量出现下降，其中一部分政体甚至陷入民主解体

当我们进一步审视民主衰落的内涵时，可以发现，全球性的民主衰落可以分为两种不同的现象：一种是民主逆转，即国际社会民主发展出现方向性的逆转，形成与民主化相反的趋势；另一种为民主回落，即除了少数国家出现民主解体外，国际社会中民主质量下降的国家数量超过民主质量提升的国家数量，即全球平均民主质量出现净减损，但民主发展的趋势不变。① 只有在厘清概念的基础上，才能对全球性的民主衰落现象进行客观的剖析。

民主衰落的测量

根据戴蒙德的看法，第三波民主衰落可以追溯到 1999 年巴基斯坦的军事政变。此后，许多新兴民主国家的民主事业遭受挫折，一些国家的民主质量出现严重下降甚至民主解体。② 今天，在不少学者和政

---

① 陈尧：《理解全球民主衰落》，《复旦学报》2015 年第 2 期。

② ［美］拉里·戴蒙德：《民主的精神》，张大军译，群言出版社 2013 年版，“引言”第 55—97、14 页。

治家的眼中，全球范围内的民主衰落已是事实。

支持民主衰落观点的主要代表戴蒙德曾总结了四个理由：(1) 国际社会出现了较明显的，甚至是速度加快的民主解体；(2) 在许多重要的、大的新兴市场国家中，民主的质量或稳定性在下降；(3) 在一些重要的国家中威权主义正在扩张；(4) 以美国为代表的老牌民主国家表现日益糟糕，越来越明显地缺乏促进国际社会民主的意愿和自信。[①] 显然，这些理由需要经验证据的支持。

近年来，研究者分析第三波民主衰落的一个重要方法就是对全球民主国家主要是新兴民主国家进行民主质量的测评，通常采用定类、定距等方法以及主观态度和价值观方面的调查。

定类方法的主要内容就是对全球民主国家的数量进行历时比较，通过民主国家数量上的变化或民主国家在全球所有国家中占据的比例来判断全球范围内民主发展的趋势。由于单个研究者对民主国家数量的追踪研究很难展开，因而有关民主国家的历时性统计主要由一些研究机构进行。著名的“自由之家”（Freedom House）、政体Ⅳ（Polity Ⅳ）、《经济学家》信息机构（The Economist Intelligence Unit）以及德国的贝塔斯曼基金会（Bertelsmann Foundation）多年来一直对民主国家的政治变迁进行追踪评估。列维茨基（Steven Levitsky）等人将四家机构有关民主国家的数量统计进行了汇总（见表2）。

表2　　民主国家的百分比和数量（四家机构的调查）[②]

机构＼年份	1990	2000	2001	2002	2003	2004	2005	2006	2007	2008	2009	2010	2011	2012	2013
自由之家	39%	45%	44%	46%	46%	46%	46%	47%	47%	46%	46%	45%	45%	46%	45%
	65	86	85	89	88	89	89	90	90	89	89	87	87	90	88

① Larry Diamond, "Facing up the Democratic Recession", *Journal of Democracy*, 26 (1), 2015, pp. 32 – 44.

② Steven Levitsky and Lucan A. Way, "The Myth of Democratic Recession", *Journal of Democracy*, 26 (1), 2015, pp. 45 – 58.

续表

年份/机构	1990	2000	2001	2002	2003	2004	2005	2006	2007	2008	2009	2010	2011	2012	2013
政体Ⅳ	39%	50%	52%	53%	53%	56%	58%	58%	57%	58%	57%	57%	59%	58%	57%
	56	80	83	85	84	90	93	95	92	95	93	93	96	94	94
《经济学家》信息机构	—	—	—	—	—	—	—	49%	—	48%	—	47%	47%	47%	47%
								82		80		79	78	79	78
贝塔斯曼基金会	—	—	—	—	—	—	55%	—	64%	—	62%	—	61%	—	59%
							65		76		74		72		70

从表2中可以看到，四家机构的统计表明，全球民主国家的数量在2005—2009年前后达到顶峰，之后稍有下降。但是，从民主国家数量减少来看，民主衰落的趋势并不明显。值得注意的是，在对民主国家的统计上，不同机构之间的差异较大。在政体Ⅳ和贝塔斯曼基金会的统计中，近年民主国家的比例为所有国家的60%左右，而“自由之家”和《经济学家》信息机构的统计比例中民主国家只有45%—48%左右。

用定距方法进行测量是在区分类别和等级的基础上，将不同国家之间民主水平或质量用数量差别和间距的方法表示。柯兰齐克引用“自由之家”、贝塔斯曼基金会和《经济学家》信息机构的统计指出，到2012年，全球自由程度已经连续7年下滑，创下连续下滑年数的纪录。截至2012年，“有缺陷的”和“严重缺陷的”民主政体数量高达52个，发展中国家的“民主制度的质量总体已恶化”。2010年全球所有地区的民主平均得分都低于2008年，在受调查的167个国家中，91个国家的民主状态出现不同程度的恶化。①

不过，同样利用上述机构的调查，列维茨基等人的统计却显示，如果从民主质量变化的角度，很难讲近十年来全球民主发展出现了明

① Joshua Kurlantzick, *Democracy in Retreat: The Revolt of the Middle Class and the Worldwide Decline of Representative Government*, New Haven: Yale University Press, 2013, pp. 1 – 33.

显衰落的现象，政体Ⅳ的得分甚至还呈现逐年提高的趋势（如表3）。

表3　　全球国家民主平均分数（四家机构的调查）①

年份 / 机构	1990	2000	2001	2002	2003	2004	2005	2006	2007	2008	2009	2010	2011	2012	2013
自由之家	0.53	0.59	0.59	0.61	0.61	0.62	0.63	0.63	0.63	0.62	0.62	0.62	0.62	0.61	0.62
政体Ⅳ	0.53	0.65	0.66	0.66	0.67	0.67	0.68	0.69	0.69	0.69	0.69	0.69	0.70	0.70	0.71
《经济学家》信息机构	—	—	—	—	—	—	—	0.55	—	0.55	—	0.55	0.55	0.55	0.55
贝塔斯曼基金会	—	—	—	—	—	—	0.53	—	0.54	—	0.54	—	0.53	—	0.53

另一个衡量民主衰落的指标来自民众对民主的价值观念和态度。从主观态度来看，民众对民主支持率的持续下降或民主支持率徘徊于较低水平可以判断为民主出现了衰落。

许多研究者引用全球民主晴雨表及其分支调查的数据来证明全球民主的衰落。戴蒙德曾援引拉美晴雨表（Latino barometer）的调查指出，在拉美，只有1/5的民众信任政党，1/4的民众信任立法机关，1/3的民众对司法机关抱有信心。而根据新兴民主国家“晴雨表”（New Democracies Barometer）的调查，在东欧，新兴民主国家的民众对政府的信任程度更糟糕。另外，戴蒙德还引用了“亚洲晴雨表”（Asian Barometer）中关于菲律宾的调查显示，该国民众相信民主是最好政府形式的比例从2001年的64%下降至2005年的51%，对民主的满意度则从54%下降到39%。“非洲晴雨表”（Afrobarometer）显示从2000年至2005年尼日利亚民众对民主的信心急剧降低。②

默克尔（Wolfgang Merkel）通过援引“欧洲晴雨表”（Eurobarom-

① 作者对四项调查中的指数均折算为0—1之间的数值。Steven Levitsky and Lucan A. Way, “The Myth of Democratic Recession”, *Journal of Democracy*, 26 (1), 2015, pp. 45 – 58.

② Larry Diamond, “The Democratic Rollback: The Resurgence of Predatory State”, *Foreign Affairs*, 87 (2), 2008, pp. 36 – 48.

eter）的调查，分析了从1976年到2011年欧洲国家民众对民主的满意度。除了20世纪90年代以外，大部分时期民众对民主的满意度均超过50%，2011年则达到60%。但民众对政府、议会和政党的信任度从2002年以来一直呈下降趋势，对政府和议会的信任度不足30%，对政党的信任度则在20%以下。①

从既有的经验分析来看，一些民主衰落研究在援引相关的统计数据时，往往将民众对政府或政党的态度作为衡量民众对民主制度态度的依据，这显然不符合现实情况。在西方国家中，民众对民主制度的态度与对政府、政党等的态度出现了较大背离。民众对民主价值和制度的较高支持度与对民主政府和政党的较低满意度并存，已经成为西方民主社会的常态。根据后者来判断西方国家出现民主衰落的现象，显然缺乏科学性。

同时，戴蒙德所引用的民主调查晴雨表的数据过于陈旧，未能反映近年国际社会民众的民主态度。实际上，根据各地区晴雨表的调查，对民主的态度并非十分糟糕。“拉美晴雨表”从1995年到2013年对拉美18个国家的调查表明，人们对民主的支持变化不大。在“民主优于其他政体”这一问题上，受访者赞成的比例在48%—63%之间徘徊，而最近几年则维持在60%上下。②“非洲晴雨表”在2011—2013年对16个非洲国家的民主态度和价值观的第五轮调查显示，71%的非洲人希望建立民主；超过一半以上的人坚信民主统治，这一比例从2002年的36%上升到2012年的51%。③“阿拉伯晴雨表”（Arab barometer）对14个伊斯兰国家进行了调查。在2010—2011年的调查中，83%的受访者支持民主制度，44.4%的人主张建立一种世俗民主制度。在

---

① Wolfgang Merkel，“Is There a Crisis of Democracy?”，*Democratic Theory*，1（2），2014，pp. 11 –25.

② Latinobarometer Report 2013，参见 http：//www. latinobarometro. org/latContents. jsp。

③ Afrobarometer，“Demand for Democracy is Rising in Africa，But Most Political Leaders Fail to Deliver”，*Policy Paper*，No. 11.

2012—2013 年的调查中，80% 的人认为民主是最好的政治制度，53% 的人支持一种世俗民主制度。[①] “东亚民主研究计划”（East Asia Barometer）对东亚 13 个国家和地区进行了民主调查。2012 年的调查发现，大多数国家对民主的支持水平出现了一定的下降。但是，除了个别国家外，仍然有超过 80% 的人表示“民主对于我们国家是值得追求的”，超过 60% 的人同意“民主适合自己的国家”，大多数国家中超过一半的人表示“民主优于其他政府形式”。[②]

综合现有的研究机构和学者对民主质量的分析以及有关民主态度的调查，可以看出，第三波民主化中出现的少数国家的民主解体和全球性民主质量的下降属于一种正常范围内的回落，没有出现全球性的民主逆转。[③] 或许，用施密特的表述——“危机与转型，而非衰落”[④]更为恰当一些，所谓的民主衰落不过是理想的民主与现实的民主之间差距的扩大。鉴于 21 世纪以来民主解体国家数量的增加，以及新、老民主国家均遭遇的治理危机，关于民主危机、民主衰落的原因以及影响民主生存的因素成为近年比较政治研究的热点话题。

民主衰落的归因

在第三波民主化进程中，那些备受困扰和失败的民主国家有着某些共同的关键特征：往往是贫困的或收入中等偏下的国家，人均收入在 5000 美元以下；从世界银行的善治衡量标准来看，它们的排名都很低；在政治上不稳定，具有政治动机的暴力水平十分显著；社会被阶

① Arabbarometer，参见 http：//www. arabbarometer. org/instruments-and-data-files。

② Yu-tzung Chang，Yun-han Chu，and Larry Diamond，“A Longitudinal and Comparative Analysis of Citizen's Orientations toward Democracy and Their Evaluation of the Overall Performance of the Democratic Regime in East Asia”，*Working Paper*，No. 53.

③ 陈尧：《理解全球民主衰落》，《复旦学报》2015 年第 2 期。

④ Philippe C. Schmitter，“Crisis and Transition，But not Decline”，*Journal of Democracy*，26 (1)，2015，pp. 32 –44.

级、种族或者其他界线深深割裂；行政权力遭到严重滥用。[①] 这些特征提供了分析民主衰落原因的来源。

关于民主衰落原因的研究与整个民主化研究紧密相关。20 世纪后期以来，国际社会民主化研究经历了民主转型和民主巩固两个阶段，施密特将这两个阶段的研究称为“转型学”（Transitology）和“巩固学”（Consolidology）。[②] 默克尔进一步将第三波民主化研究分为三种情绪主导下的三个阶段。第一阶段为乐观主义阶段，以行动理论为主要研究范式。该范式在历史目的论的指导下，强调战略行为者之间的互动推动威权政体向民主政体的转型。第二阶段为现实主义阶段，此阶段的主导研究范式为结构主义。该范式重申社会经济前提，认为人的行动受到经济和其他结构性条件的限制，社会关系被认为是决策者偏好的结构化。结构分析强调现代化理论的复兴、重新发现阶级作用以及国家作为民主巩固不可缺少的条件。第三阶段为悲观主义阶段，在这一阶段，历史制度主义发挥了重要的理论指导作用。2000 年以后，许多新兴民主国家未实现民主巩固而变为有缺陷的民主政权甚至退化为竞争性威权政权，一个重要原因就是转型之前的制度及其运行结果所产生的路径依赖。[③] 民主衰落研究仍然属于“巩固学”的范围或民主化的悲观主义阶段。

郑永年将西方社会主流研究中导致民主倒退的因素归结为几种威胁：一是来自非西方世界的“竞争性权威主义”和“模拟民主”等“非自由主义民主”政权越来越多；二是西方民主面临来自其他政体的威胁；三是来自西方国家本身，也即早期民主国家民主制度的衰落。

---

① Larry Diamond, “Why Democracies Survive?”, *Journal of Democracy*, 22 (1), 2011, pp. 17 – 30.

② Philippe C. Schmitter, “Transitology: The Science or the Art of Democratization?”, in Joseph S. Tulchin, ed. , *The Consolidation of Democracy in Latin America*, London: Lynne Rienner Publisher, 1995, pp. 11 – 41.

③ Wolfgang Merkel, “Are Dictatorships Returning? Revisiting the ‘Democratic Rollback’ Hypothesis”, *Contemporary Politics*, 16 (1), 2010, pp. 17 – 31.

支撑西方传统民主的基础，在当代社会已经不复存在，其中，中产阶级的衰落是一个主要因素；四是西方国家已无力把其价值观和外交政策有机地结合起来，西方国家在民主扩散过程中面临着政治动力危机；五是来自民主的简化，无论是西方内部还是非西方国家，民主越来越简化成为选举政治。这些因素可以归为三类：西方民主内部的缺陷（民主机制本身存在一定问题如民主选举化，支持民主运行的基础或有利条件减少）、非西方民主所面临的问题（治理问题、非民主政权的竞争）和民主从西方向非西方传播、扩散过程中遇到的障碍。①

由于民主衰落不是一个明确的概念，其含义之模糊而难以作为研究变量进行测量，因而，更多的研究者将民主解体或民主生存作为替代性研究变量，以回答民主国家为何解体、新兴民主国家何以生存等问题。

关于民主解体影响因素的研究大体分为两种路径（approach）：一是过程研究，即探讨民主解体的具体过程，集中关注政治行为者在这一过程中发挥的作用；二是结构研究，通过聚焦于宏观条件如现代化水平、经济发展、历史文化因素等来分析民主解体背后的根源。

在第三波民主化初期，林茨等人分析过民主解体的原因。在他们看来，欧洲、拉美地区民主解体的主要原因在于政治行为者之间的互动，经济精英、军队等政治行为者在民主政权的解体中发挥了能动作用。尽管社会的结构性特征对于组织行为者构成了一系列的机会或约束，但更重要的是，政治行为者的某些特定选择提高或降低了政体稳定或持续的可能性。②

在第三波民主化研究中，一些研究者如奥唐纳尔（Guillermo O'Donnell）、

① 郑永年：《当代民主危机：西方的认知》，《联合早报》2014 年 4 月 29 日。

② Juan J. Linz, *The Breakdown of Democratic Regimes: Crisis, Breakdown and Reequilibration*, Baltimore and London, M. D.: The Johns Hopkins University Press, 1978, p. ix.

卡罗瑟斯等人指出，政治行为者对民主或独裁的态度在解释民主生存或解体中具有关键作用。① 梅尔瓦宁（Scott Mainwaring）等人关注到政治行为者在政策制定时的激进主义程度和民主偏好对于民主生存的影响。当政治行为者对民主有着强烈的规范偏好时，民主更有可能生存。②

也有研究者从民主选举结果的角度来分析政治行为者在民主解体中的作用，认为，从本质上，新的民主选举导致分配性结果，即产生新的“赢者”和“输者”。“赢者”和“输者”均可能对民主构成威胁。“输者”由于对自己地位的不满，通常对新生民主政权构成最直接的威胁。任何团体均可能属于“输者”，但军队和商业精英通常在民主巩固过程中作为潜在破坏者的现象尤其突出。军队可能是民主巩固中最大的障碍，尤其如果他们曾属于前威权政府的组成部分时。“赢者”破坏民主的方式是操纵选举、延迟改革或打击潜在的反对力量，从而削弱了民主的质量。③ 在军事政变对于民主生存的影响研究中，有学者经过统计发现，1789—2008 年共有 90 次民主政权向威权政权的回归，其中有 55 次（占 61%）来自军事政变，其他则是在任者接管、内战、民众革命。④ 不过，有研究者指出，尽管政变仍然是解释民主政府解体最重要的原因，但冷战以后政变对民主的危害已经小于冷战前。⑤

---

① Guillermo O'Donnell, "Introduction to the Latin American Cases", in Guillermo O'Donnell, Philippe Schmitter, and Laurence Whitehead, eds., *Transitions from Authoritarian Rule: Prospects for Democracy*, Vol. Ⅱ (Latin America), Baltimore, M. D.: The Johns Hopkins University Press, 1986, pp. 3 - 18; Thomas Carothers, "Democracy without Illusions", *Foreign Affairs*, 76 (1), 1997, pp. 85 - 99.

② Scott Mainwaring and Aníbal Pérez-Liñán, Democratic Breakdown and Survival in Latin America, 1945 - 2005, *Paper for the conference "Guillermo O'Donnell and the Study of Democracy"*, Buenos Aires, March 26 - 27, 2012.

③ Jon C. Pevehouse, "Democratic Survival and the Third Wave of Democratization", *Working Paper*, Center for Democracy, Development and the Rule of Law, University of Stanford, 2013.

④ Milan Svolik, "Which Democracies Will Last? Coups, Incumbent Takeovers, and the Dynamic of Democratic Consolidation", *British Journal of Political Science*, 45 (4), 2015, pp. 715 - 738.

⑤ Nikolay Marinov and Hein Goemans, "Coup and Democracy", *British Journal of Political Science*, 44 (4), 2014, pp. 799 - 825.

过程分析在解释单个案例的民主解体时是比较有效的，但是，在观察群体案例时，过程分析便显示出解释力不足的缺陷。同时，过程研究也难以回答单个政体的历时性变迁。这使得研究者更多地选择从结构因素来分析，试图总结出具有更强解释力的理论。

在结构分析中，经济因素一直被认为在民主化进程中发挥着重要的作用。同样，在民主衰落研究中，许多学者指出，如果经济表现糟糕，民主政体更有可能解体。较早时就有研究者指出，“缓慢的、衰退的经济增长提高了政权解体的可能性”①。海哥德（Stephan Haggard）和考夫曼（Robert R. Kaufman）认为，民主巩固至少部分取决于执行可持续增长政策的能力。② 斯沃利克（Milan Svolik）通过实证研究发现，威权回归的主要影响因素是经济衰退。低水平的经济发展，政府的错误选择以及威权历史，使民主国家更容易遭受解体的风险，但它们对于威权回归的时间没有影响。现有的经验研究表明，威权回归的风险只是与经济衰退相关，经济衰退导致了民主解体。③ 有学者进一步统计了1870—2007年33个国家经济下滑与民主解体之间的关系后指出，民主解体的可能性在经济衰落时期的确提高了——至少在未巩固的和贫穷的民主国家中。但是，这种相关性还需要加上一个条件，即当左翼政府掌权时，经济衰落时期民主解体的可能性较高。当右翼政府执政时，经济衰落不一定明显增加民主政府向威权体制回归的机会。④

普沃斯基（Adam Przeworski）等人考察了经济衰退的极端情况即

---

① Mark J. Gasiorowski, “Economic Crisis and Political Regime Change: An Event History Analysis”, *American Political Science Review*, 89 (4), 1995, pp. 882 – 897.

② Stephan Haggard and Robert R. Kaufman, “The Political Economy of Democratic Transitions”, *Comparative Politics*, 9 (3), 1997, pp. 263 – 283.

③ Milan Svolik, “Authoritarian Reversals and Democratic Consolidation”, *American Political Science Review*, 102 (2), 2008, pp. 153 – 168.

④ Thomas Brambor and Johannes Lindvall, “Democratic Breakdown in Economic Crises: The Role of Political Ideology”, *Working Paper*, 2014.

经济危机对民主解体的影响。当人均收入低于4000美元的时候，民主政体对经济危机的反应要比威权政体更加敏感。一旦发生经济危机，民主政权的死亡率是0.05（1/20），而经济发展时只有0.0152（1/66），前者是后者的3倍多。不仅如此，经济危机持续时间越长，民主政体的死亡率越高：人均收入连续增长3年以上的民主政权，其死亡率只有0.0286（1/35）；当人均收入连续两年下降的时候，民主政权的死亡率则高达0.0769（1/13），后者是前者的2.7倍。当经济发展超过了人均收入7000美元的时候，民主政权对经济危机具有了强大的免疫力，至今还没有死亡的例子。①

针对经济衰退对于民主解体的影响，也有研究者提出了不同的看法。例如，戴蒙德认为，2008年全球爆发了自20世纪30年代经济大萧条以来最严重的经济衰退，然而，到目前为止，它看起来似乎对民主生存的影响甚微。原因有三。首先，在经济上受经济危机打击的重灾区绝大部分是富裕的工业化民主国家或欧洲新兴市场经济国家。民主从来没有在一个富裕的国家解体，因为在经历数十年的成功运作之后，民主在这些国家已得到了巩固和制度化。其次，在那些新兴的和脆弱的民主国家（包括中等收入的东欧国家和欠发展地区国家）中，经济动荡影响了民选政府的垮台而不是民主的解体。再次，在受全球经济衰退的打击之前民主解体就已经发生，其原因可归咎于国内治理不善，而非不利的国际环境。大量实例显示，当民主解体发生时，经济增长的增速依然相当强劲。②

鲍什（Carles Boix）、阿塞莫格鲁（Daron Acemoglu）和罗宾逊（James A. Robinson）等人的研究聚焦于民主政体向威权政体退化过

---

① Adam Przeworski, Michael E. Alvarez, Jose Antonio Cheibub and Fernando Limongi, *Democracy and Development: Political Institutions and Well-Being in the World, 1950 - 1990*, New York: Cambridge University Press, 2000, p. 113.

② Larry Diamond, "Why Democracies Survive", *Journal of Democracy*, 22 (1), 2011, pp. 17 - 30.

程中社会不平等和分配冲突发挥的作用。鲍什假定不平等的程度与民主政体倒退为威权政体的可能性两者之间存在着直接线性关系。他认为，不平等的财富分配提高了民众对于再分配的要求。当再分配的可能性提高时，富裕者对威权的偏好提升，民主的稳定性就会下降。[①] 阿塞莫格鲁和罗宾逊研究了不平等对于民主巩固和稳定的影响。由于反民主的威胁主要来自民主的再分配特性，与权贵利益相违背的再分配行为越显著，权贵越有可能为了自己的利益而发动反民主的政变。较高的不平等会推动民主化，但也会导致民主无法巩固，因为政变将变得更有吸引力。因此，在民主化研究中，基尼系数成为测量民主解体概率的一个重要指标。[②] 但是，海格德等人通过对第三波民主化国家的观察发现，分配冲突只是发生在高度不平等的国家中，在发生民主回潮的国家中不到 1/3 的案例是由精英和大众之间的分配冲突所导致的。不平等、再分配与民主解体之间不存在明显的因果关系。[③]

在结构变量中，政治制度也是研究者聚焦的话题。宏观制度结构主要集中于行政与立法之间的关系、政党制度、选举制度等对于民主稳定的影响。利普哈特（Arend Lijphart）曾指出制度选择对于民主维持的重要性，认为议会制比总统制、比例代表制比多数票制、联邦制比单一制更有利于民主的稳定。[④] 林茨较早研究了总统制与议会制的优劣。他认为，总统制产生了赢者通吃的选举竞争、行政机构任期的固化、行政与立法之间易出现僵局等不足，容易导致民主的脆弱性，

---

① Carles Boix, *Democracy and Redistribution*, New York: Cambridge University Press, 2003, p. 37.

② ［美］达龙·阿塞莫格鲁、詹姆士·A. 罗宾逊：《政治发展的经济分析——专制和民主的经济起源》，马春文等译，上海财经大学出版社 2008 年版，第 35 页。

③ Stephan Haggard and Robert R. Kaufman, "Inequality and Regime Change: Democratic Transitions and the Stability of Democratic Rule", *American Political Science Review*, 106 (3), 2012, pp. 495 – 516.

④ Arend Lijphart, "The Southern European Example of Democratization: Six Lessons for Latin America", *Government and Opposition*, 25 (1), 1990, pp. 68 – 84.

而议会制则是民主稳定更好的选择。[①] 关于总统制不利于民主巩固的说法也得到了一些经验支持。例如，梅尔瓦宁分析指出，自 1967 年以来连续 25 年维持稳定民主政权的 31 个国家中，只有 4 个实行总统制，24 个是议会制国家，2 个是半总统制国家，1 个是混合政体。[②] 里格斯（Fred. Riggs）等人也针对发展中国家收集了许多支持性数据。[③] 不过，一些学者质疑总统制对民主影响关系的脆弱性。鲍尔（T. J. Power）和加西奥罗斯基（M. J. Gasiorowski）在对 56 个转型国家调查后认为，政体类型与民主生存之间的关系远比人们想象得要弱。[④] 梅尔瓦宁和苏加特（M. S. Shugart）指出，即使实行总统制，还是存在许多不同的具体实践。在拉美，不同国家的总统权力差异巨大，与此相联系的政党制和选举制的差异也较大，这些差异甚至跟总统制与议会制之间的差异一样重要。他们认为，林茨关于总统制的结论是不确切的，总统制运行的结果在现实中往往受到其他变量的影响。[⑤]

另一个受到关注的制度变量是政党制度。许多研究表明，两党制有利于避免意识形态的极端化，因为两党制设置了一定的门槛将意识形态极端化的政党挡在门外，从而有利于民主的稳定。相比之下，多党制由于代表了不同的阶层、部族、宗教团体、语言团体，这些群体之间的分歧和矛盾不利于民主的稳定。但是，也有学者如利普哈特提出了不同看法，认为在一个存在着众多引起政治冲突问题的社会中，相比于两党制，多党制更有利于民主稳定，因为这些冲突必须有相当数

---

① Juan J. Linz, "Presidential or Parlimentary Democracy: Does it Make a Difference?", in Juan J. Linz and A. Valenzuela, eds., *The Failure of Presidential Democracy*, Baltimore, M. D.: The Johns Hopkins University Press, 1994, pp. 3 – 87.

② Scott Mainwaring, "Presidentialism, Multipartism, and Democracy: the Difficult Combination", *Comparative Political Studies*, 26 (2), 1993, pp. 198 – 228.

③ Fred. Riggs, "Fragility of the Third World's Regimes", *International Social Science Journal*, 45 (2), 1993, pp. 199 – 243.

④ Timothy J. Power and Mark J. Gasiorowski, "Institutional Design and Democratic Consolidation in the Third World", *Comparative Political Studies*, 30 (2), 1997, pp. 123 – 155.

⑤ Scott Mainwaring and Matthew S. Shugart, "Juan Linz, Presidentialism and Democracy: A Critical Appraisal", *Comparative Politics*, 29 (4), 1997, pp. 449 – 471.

量的政党来表达，而两党制无法像多党制那样可以容纳众多维度的问题。多党制可以使小党获得代表的机会，可以结成政党联盟进行执政。①

一些研究者注意到，在分析民主巩固中政党制度的作用时，不能只注意两党制与多党制的差异，一个国家中政党数量的多少对民主稳定并不会直接产生影响，必须将政党制度与政体形式结合起来观察。梅尔瓦宁认为，多党制与总统制的结合是现实中比较普遍的一种情形。但是，这一结合相比多党议会制或两党总统制更可能导致立法与行政之间的对立，因为总统总是力图确保自己所在政党在议会中的多数，但是在议会中自己所在的政党席位很少占据绝对多数，因而总统在每一个政策问题上被迫建立新的议会联盟，这就容易导致政府不稳定。相比之下，两党制与总统制民主更可能相容，因为意识形态的极端化在两党制下很少发生。极端化的政党被挡在门外有利于维护政治稳定。此外，总统制与多党制的结合由于政党之间联盟形成的困难而加剧了其脆弱性。议会制的多党联盟与总统制的多党联盟的不同之处在于三个方面：议会制中由政党选择总理和内阁，它们向政府提供支持，而总统制中由总统组阁，议会执政党就不一定支持政府；在总统制中许多拥有内阁成员的政党的议员不一定支持政府；在总统制中政党联盟解体的动机通常更加强烈。②

同时，梅尔瓦宁还分析了选举制度、政党制度与政体之间的关系，通过讨论比例代表制与多数代表制之间不同的作用机制，他指出，不是某种政府形式或选举制度，而是它们特定的结合将产生好的或坏的结果。在比例代表制中的政党分裂并不妨碍民主制度发挥功能，因为这些政党必须进行协商以结成一个政党联盟。但是，他看到了比例代表制与总统制结合的危险。在这一形式下，政党不需要建立稳定的政

---

① ［美］阿伦·利普哈特：《民主的模式：36 个国家的政府形式和政府绩效》，陈崎译，北京大学出版社 2006 年版，第 54—62 页。

② Scott Mainwaring, "Presidentialism, Multipartism, and Democracy: the Difficult Combination", *Comparative Political Studies*, 26 (2), 1993, pp. 198 – 228.

党联盟，一个分裂的、意识形态多极化的议会直接面对总统领导的政府，这一状况可能导致采取非民主的冲突解决方式，这对于民主稳定而言非常不利。①

鉴于制度作用机制的复杂，有学者总结指出，单独的制度变量不足以解释民主生存，制度对民主生存的影响往往不是直接的，而是根据社会经济表现的差异发挥着不同的中介作用，应当结合各种因素进行综合观察。②

还有研究者从文化的角度分析民主解体的原因，认为问题不在于反对在任政府，而是缺少对民主实践的支持。在民主化之前，人们指责威权政府主要是因为它们遭遇大量的治理问题，所以民主被看作一种替代。当前，尽管许多政府在形式上是民主的，但它们面临的问题与之前一样糟糕。民主化的最大困难在于如何使大多数公民不要推翻与他们所反对的政府相关的民主制度。大多数人非常关注影响他们生活的政府政策，而很少关心作为一种抽象价值的民主。只有当人们看重民主价值本身，而不是将民主政权看作一种变革工具，民主才得到巩固。③

有研究者将所有影响民主解体或生存的因素归结为四个方面的变量。一是制度变量，涉及总统制与议会制、比例代表制与多数票制、联邦制与单一制等对民主解体的影响。除了宪法的稳定性对于民主稳定具有积极作用外，很难讲哪种制度更容易导致民主解体。二是社会变量，包括社会分裂程度、经济发展状况、是否具有民主的历史等。研究认为，具有较深的社会分裂或平行分裂的国家，比分裂较小或交

---

① Scott Mainwaring, "Presidentialism, Multipartism, and Democracy: the Difficult Combination", *Comparative Political Studies*, 26 (2), 1993, pp. 198 – 228.

② Michael Bernhard, Timothy Nordstrom and Christopher Reenock, "Economic Performance, Institutional Intermediation, and Democratic Survival", *The Journal of Politics*, 63 (3), 2001, pp. 775 – 803.

③ Marina Ottaway, "Democratic Reversals", *Georgetown Journal of International Affairs*, 1 (2), 2000, pp. 113 – 118.

叉分裂的国家更容易解体，经济水平低、不稳定的经济体更容易导致民主解体，以及具有不民主或混合历史的国家比具有民主历史、文化或公民社会背景的国家更容易解体。三是中介变量，包括政党体系的分裂程度、政党组织的极化程度以及政府稳定状况等。显然，社会中存在着高度分裂的政党体系、大量意识形态极化的政党组织以及不稳定的政府或联盟政府更容易导致民主解体。四是外部变量，即受到严重外来干涉的国家更容易发生民主解体。显然，在这些变量中，没有一个单一变量可以预测民主解体，民主解体是众多变量综合作用的结果。①

在对民主衰落或解体的原因分析中，不管是运用过程方法还是结构方法，绝大多数研究从影响民主运行的外部因素或条件来分析，很少有研究者从民主自身缺陷的角度来反思（尽管国际学术界对西方民主的反思从未停止过）。

当代正统的民主理论认为，选举是政治合法性的主要来源，民主选举就是通过代议形式将选民偏好进行聚集的过程。然而，代议制在刚提出时其民主性就遭到了质疑。卢梭就曾批评代议制导致政治异化，减少了政治过程中人民的直接参与。首先，通过选举代表行使政治权利，意味着个人对政治体系的影响只能是间接的；其次，当主权者创造了政府并委托权力给政府，由选举产生的官员来管理社会事务时，选民在政治上就有可能变得消极；再次，当人口和国家的规模扩大，人们就会逐渐失去对法律的控制，行政人员对被统治者施加更具压制性的力量；最后，政府人员更可能是先追求自己的利益，追求自己作为政府成员的利益，最后才是社会的公益。如果政府被背离社会规范的利益左右，它就会异化于人民，陷入腐败的深渊。② 当代理性选择

---

① Abraham Diskin, Hanna Diskin, and Reuvan Y. Hazan, "Why Democracies Collapse: The Reason for Democratic Failure and Success", *International Political Science Review*, 26 (3), 2005, pp. 291 - 309.

② ［法］卢梭：《社会契约论》，何兆武译，商务印书馆 1980 年版，第 123—144 页。

理论进一步从技术层面予以质疑。理性选择理论所揭示的投票悖论表明，当全体选民进行投票时，虽然依照多数原则产生了一个执政党或执政党联盟执掌政权，这一过程的民主性却是不充分的。因为政党的纲领包含了一揽子的政策体系，但是，在该政策体系内部，选民可能赞成某些政策却反对其他政策，而选举的结果却让包含着选民意见分歧的某个政党或政党联盟上台。民主投票无法真正反映选民的公共利益，大多数选民对投票的结果是不满意的。正如政治学理性选择流派的代表威廉·赖克（William H. Riker）曾指出的，民主并非人们实现自治的方法，而仅仅是选民通过投票排除那些无能的领导者的方法而已。[①]

在当代西方政治生活中，民主日益遭到异化。政党和政客的首要目标不是选民，而是资助其竞选的财阀。政党不再是为了公共利益而致力于国家长远发展的人民代表，而逐渐蜕变为选举机器。为了获得选票，政党或候选人在表面上竭尽全力讨好选民，而一旦获选，对选民的所有许诺就变成一纸空文。吉伦斯（Martin Gilens）和佩奇（Benjamin I. Page）分析了美国1981—2002年1779项政策议题受影响的情况。研究表明，普通民众对政策的影响极小，甚至根本没有什么影响；富裕阶层则对政策有着极大的、重要的影响，比其他任何受调查者的影响都大；有组织的利益集团也对公共政策有着强大的、积极的影响。[②] 在西方国家，激烈的政党纷争使政府难以有效运作而经常性地瘫痪，已经成为一个系统性问题。

根据美国政治学者沃林（Sheldon S. Wolin）的观点，美国的民主正在经历一种逆转过程，蜕变成一种“逆转性极权主义”（inverted totalitarianism）的治理形式。在这种治理形式下，国家权力与公司权力

---

① William H. Riker, *Liberalism against Populism: A Confrontation between the Theory of Democracy and the Theory of Social Choice*, San Francisco: Freeman, 1982, pp. 244－246.

② Martin Gilens and Benjamin I. Page, “Testing Theories of American Politics: Elites, Interest Groups and Average Citizens”, *Perspectives on Politics*, 12 (3), 2014, pp. 564－581.

结盟，构造了一种反民主的趋势。尽管它没有公开压制不同意见或产生极权领导者，但是，如同公司权力逐渐成为市场社会的主要特征，它使政治权力日益极权化——公民变得消极、冷漠，大众媒体逐渐私有化，民主选举产生的领导者以神圣的法治名义治理国家的同时却可以不经过合法程序来使用监禁手段和酷刑。① 在“受管理的民主”（managed democracy）制度下，由于担心恐怖主义威胁以及其他任何危及社会稳定的事情，政治精英习惯地取消或管理民主权利，以确保民主制度的生存。② 这种情况同样发生在脆弱的新兴民主国家中，在这些国家中民主实践遭到扭曲的现象更为普遍、严重。

显然，老牌民主国家中这种所谓的选举民主并不是大多数普通民众的民主，而仅仅是少数精英的民主。在时代发展面前，“西方民主的制度和理论落后于实践，观念滞后于发展”③。许多新兴民主国家试图以自由主义民主为模板，最终只会导致同样的结局，这或许是全球民主遭遇困境的根本原因。从这个角度来讲，西方民主的衰落甚至全球范围内民主的衰落，或许真的不可避免。

民主衰落研究：一个持久的话题

在今天，民主衰落研究已经成为研究者乃至政治家们集中关注的话题。尽管不少学者对于民主是否真正衰落还存在着争议，但不可否认的是，民主的表现不尽如人意、民主正遭遇前所未有的困难已是不争的事实。

从研究范式来讲，民主衰落话题并未脱离民主化研究的第二阶段

---

① Sheldon S. Wolin, *Democracy Incorporated*: *Managed Democracy and the Specter of Inverted Totalitarianism*, Princeton, N. J.: Princeton University Press, 2010, pp. 44 – 46, p. xxi.

② Sheldon S. Wolin, *Democracy Incorporated*: *Managed Democracy and the Specter of Inverted Totalitarianism*, Princeton, N. J.: Princeton University Press, 2010, pp. 44 – 46, p. xxi.

③ 陈尧：《西方民主制度的结构性张力将动摇美国社会的根基》，《红旗文稿》2015 年第 22 期。

即民主巩固研究的视野，后者的主要内容就是分析影响民主稳定和生存的诸多因素。从研究方法或技术来看，较早时期的研究主要运用比较历史分析和阶级分析的方法[①]，其后的研究较多建立在质性比较研究的基础上[②]，近年的研究则大量使用了博弈方法和量化分析的技术[③]。此外，许多研究也运用了案例分析方法。不过，案例分析的缺陷在于，它只能解释单个国家或若干国家的民主解体，而难以解释更大范围的民主衰落现象。值得注意的是，民主衰落的原因与民主解体的原因差异很大。民主解体与结构性因素没有直接关系，更多地源于政治行为者对民主制度不满而产生替代性的愿望。民主衰落则是一个长期的过程，其中，结构性因素如经济发展水平、社会结构、制度安排、社会不平等乃至文化因素等具有较强的解释力。

目前的研究丰富了关于民主和民主持续的有利条件或不利条件的分析，但人们对于民主衰落的具体过程和特定行为者的动机了解仍然很少。研究者大体知道哪些因素与民主衰落或民主解体具有一定的相关性，但是无法确切了解导致民主衰落的因果过程。

至今为止的讨论集中于作为政体性质转变的民主衰落即民主解体，而较少围绕作为民主质量下降的民主衰落。就后者而言，民主衰落主要涉及的是政体民主水平的变化。这就要求首先对民主质量进行细致的界定。民主质量是一个综合的指标体系，尽管研究者基本达成的共识是，民主质量评估至少包括八个维度，即法治、参与、竞争、垂直

① James Mahoney, “Knowledge Accumulation in Comparative Historical Research: The Case of Democracy and Authoritarianism”, in James Mahoney and Dietrich Rueschemeyer, eds., *Comparative Historical Analysis in the Social Sciences*, Cambridge: Cambridge University Press, 2003, pp. 131 – 174.

② Benoit Rihoux and Charles C. Ragin, *Configurational Comparative Methods: Qualitative Comparative Analysis (QCA) and Related Techniques*, London: Sage, 2009, pp. 1 – 18.

③ Daron Acemoglu and James A. Robinson, *Economic Origins of Dictatorship and Democracy*, New York: Cambridge University Press, 2006; Stephan Haggard and Robert R. Kaufman, “Inequality and Regime Change: Democratic Transitions and the Stability of Democratic Rule”, *American Political Science Review*, 106 (3), 2012, pp. 495 – 516; Thomas Brambor and Johannes Lindvall, “Democratic Breakdown in Economic Crises: The Role of Political Ideology”, *Working Paper*, 2014.

和水平可问责性、公民自由和政治自由、政治平等、政府回应性等。[①]但是，大多数民主质量评估仅仅以民主制度及其运行过程作为主要内容，忽略了制度运行的结果。这也是导致人们曾经对第三波民主化的前景过于乐观的一个重要原因。民主质量的评估是一件复杂的事务，因为往往会出现非民主政权获得的社会、经济发展效果比民主政府更好的情况。因此，评估民主质量应当包括两个方面：一是集中于政体本身，测量民主政体相对于其他政体的民主程度；二是关注社会政治过程及其结果，即政府、公民社会、政治制度的民主过程和表现如何。显然，对民主质量的评估不能简单地从民主制度的存续来判断，而应更多地将民主作为一种治理体系，要重视民主治理的结果。正如普拉特纳所指出的，评估民主质量的困难在于民主不仅是一个目标，还是一种治理形式。无论它必须满足其他怎样的标准，它还必须能够提供人们所期望的福祉，从经济增长、教育到个人及国家的安全。[②]

近年来，在面对日益复杂的治理问题时，西方老牌民主国家显得捉襟见肘、力不从心，频频遭遇政府危机。这使得在西方社会中尽管民主制度看起来未有多大变化，但民主衰落之声不绝于耳。

毋庸置疑，不管是老牌民主国家还是新兴民主国家，都必须解决好自己所面临的治理问题。如果未能促进经济增长，减少社会不平等、有效打击腐败和犯罪、保障自由和法治，民众终将失去对民主制度的信心而可能寻求其他治理形式。通常，民主国家能够生存下去主要有两个原因：一是它属于民主巩固国家，因而民主解体的概率接近于零；二是民主还未得到巩固，但由于一些有利条件而维持下来，一旦有利条件失去，则可能回到威权政权或陷入政治不稳定。[③] 对于前者而言，

---

① Larry Diamond and Leonardo Morlino, *Assessing the Quality of Democracy*, Baltimore, M. D.: The Johns Hopkins University Press, 2005, pp. ix – xxxi.

② Marc F. Plattner, "The Quality of Democracy: A Skeptical Afterword", *Journal of Democracy*, 15 (4), 2004, p. 107.

③ Milan Svolik, "Authoritarian Reversals and Democratic Consolidation", *American Political Science Review*, 102 (2), 2008, pp. 153 – 168.

其面临的主要问题来自经济领域或社会领域，而非来自政治制度及其运行后果。经济困难通常不会危及这些国家的民主稳定，正如前述普沃斯基和他的同事所揭示的那样，民主从未在一个富裕的国家中解体。但是，对于那些新兴的、脆弱的民主国家而言，经济危机、社会严重不平等以及腐败猖獗等问题足以促发民主政府向威权政府回归。

当前国际社会众多国家民主发展遭遇困难甚至危机是否意味着自由竞争、法治的民主制度存在着根本性的缺陷，或者源于自由主义民主模式的缺陷？民主制度的巩固和有效运行是否需要严格的条件？这些问题目前尚无答案。但可以肯定的是，关于民主的争议从未停止过，未来也不会终止。

（原载于《江海学刊》2016 年第 2 期）

电子民主：网络时代的民主新形式

宋迎法　刘新全*

当代社会的信息化特征主要表现在以网络为运行平台的计算机、信息和通信技术的快速发展。这些新技术极大地改变了人类社会传统的活动方式，方便了人们的社会经济生活。同时，“由发达的技术程度所产生的复杂性，必然会影响其政治民主的运作形式”①。现在，网络技术对政治社会的影响已初现端倪，加拿大政治学会主席埃德温·布莱克（Edwin R. Black）认为：“计算机正在改变着我们的政府和选举政治，它不仅改变着政党引导选举的方式，改变着我们关注选举的轮换方式，而且还改变着我们选举出的代表为我们所作的选择，以及公务员们为实现这些选择与我们打交道的方式。”②网络技术对民主政治运作形式的影响问题就是本文要探讨的电子民主。

---

* 作者简介：宋迎法，1963年生，中国矿业大学文法学院副教授，南京大学政治学理论专业博士研究生；刘新全，1980年生，中国矿业大学文法学院硕士研究生。

① ［美］劳伦斯·迈耶等：《比较政治学——变化世界中的国家和理论》，罗飞、张丽梅等译，华夏出版社2001年版，第35页。

② C. I. Alexander and L. A. Pal, *Digital Democracy*: *Policy and Politics in the Wired World*, Toronto, Oxford University Press, 1998, p. xii，转引自刘文富《网络政治——网络社会与国家治理》，商务印书馆2002年版，第290页。

电子民主的基本特征

到目前为止，电子民主在理论上仅处于探讨和设想状态，在现实中尚未得以实际操作。虽然笔者认为随着社会的发展，其出现和成熟只是时间问题，但对这样的事物进行概念上的界定，也不免有些困难。

对于电子民主概念的界定，我们首先要界定民主的含义和本质，对于这个问题，学理上从来没有过统一的说法，但是对于下面几点大家是能够认同的。一是人民是国家权力的来源，既然权力来源于人民，人民就有权直接进行统治。二是民主作为一种政体形式、政府形式来讲，绝大多数国家实行间接民主体制，人民不能直接进行统治和管理，只是把权力委托给选举产生的公民机构去行使。公民通过保留的选举代表、选举政府和更替政府的权力，间接地实现上述内容。三是从体现民主的本质和基本制度的具体制度、程序、措施和操作手段上界定的民主。四是指上述三方面内容的演化、引申的民主含义。[①] 作为新技术平台下民主发展的一种新载体，电子民主对于民主的本质不会构成影响，但是对今天的民主运作形式的改变却是不可避免的，这也是一个不容回避的问题；电子民主至少在制度层面上改变现状。

在上述的前提下，笔者结合国外学者对电子民主的一些描述，认为：电子民主是完全网络时代的民主新形式，它以发达的信息技术、网络及其相关技术为运作平台，以直接民主为发展趋向，以公民的全体、主动、切实参与民主决策、民主选举等民主运作程序为典型特征的一种民主新形式。

具体来说，有以下几点。首先，电子民主依然体现“人民主权”“主权在民”的本质理念。电子民主作为民主的一种新载体形式，虽然在民主运作制度层面上有所变化，但是这种变化并没有影响到民主

① 李元书主编：《政治发展导论》，商务印书馆2001年版，第29页。

的本质，而且它在体现民主的本质方面较以前和现存的民主形式有很大的进步。公民通过电子民主，具备了“前所未有的查证和核对信息的能力”[①]，可以获得更多、更有效的信息，更有效地参与民主运作，更大程度上体现“人民主权”“主权在民”。从各个角度来看，电子民主确实具有许多目前民主体制不可企及的优势。

其次，电子民主以发达的信息和通信技术和网络为技术运作平台，这同时也是电子民主存在的物质技术基础。加拿大传播理论家马歇尔·麦克卢汉认为，“信息的即速即得创造着更深层次的民主”[②]，现代高科技特别是信息和通信技术和网络技术的发展，为民众参与政治和社会公共事务提供了新的手段，促使电子民主的发生，并且保障了电子民主的运行。譬如现在已经出现的电子投票箱[③]就是一种能够自动识别并统计票数，能让边远地区的人们借助因特网投票的新技术平台。应该说借助于发达的技术和完善的制度保障，电子民主的公正性是能够保证的。

再次，电子民主是公民切实、全面参与民主运作程序的民主。公民的切实和全面的参与是电子民主区别于以往民主形式的最典型的特征，同时也是电子民主发展的根本动因。现代信息和通信技术、网络技术为这种参与提供了技术上的支持。应该说，民主由间接民主——以目前的代议制民主为代表——向直接民主发展是历史的趋势，公民日益增加的政治参与热情要得到满意的解决，就必须解决好所谓民主“输入”和“输出”的关系，而间接民主在目前的条件下不能有效地解决这个问题，电子民主的优势，比如公民关于民主“输入”的无限制和处理这种“输入”的无限制，能够很好地达到这样的目标。电子民主自身的优势保障了公民切实、全面地参与民主的运作程序。

---

① 潘小娟、张辰龙主编：《政治学新词典》，吉林人民出版社 2001 年版，第 69 页。

② 金枝编：《虚拟生存》，天津人民出版社 1997 年版，第 246 页。

③ 参见《参考消息》2003 年 2 月 27 日相关报道。

同时，电子民主也是一种成本低廉、操作相对简单、快捷地实现公民民主要求的民主形式。以往的民主形式，特别是目前流行的代议制民主体制，由于民主实现的间接性，公民要求的传达和被接受需要一个中间环节——民选代表，这样势必迁延日久；因为电子民主不需要中间环节，这样的情况很少会在电子民主体制下发生。而且还有一个我们不能忽视的问题，这就是国家权力掌握在一小部分代表手中，权力的监督需要大量的成本；如果监督体制失灵，成本问题就会更加突出。而电子民主是一种程序性操作，如果程序设计得科学和完善，所有的信息被计算机化后，按照性质而言，很难为一小部分人所专有；这样基于信息专有而带来的国家权力就不会只掌握在少数人手里，类似监督失灵这样的问题发生的概率就会小许多，日常的监督成本也会非常小。这也是电子民主的一个典型特征。

作为一种新的民主运作程序或方式，借助于发达的信息和通信技术和网络技术，通过公民更切实、全面的政治参与，电子民主保持了民主的本质理念，而且更好地发挥积极效应，更好地体现这种理念，这是电子民主特征的核心所在。

电子民主的发展动因

任何一种新事物的出现必然有其出现的动因，对于还未成型的事物研究其动因更是必要，这对于我们以一种恰当的态度和方式对待这种新事物的出现及其以后的发展很有意义。

电子民主发展的动因，既有直接原因，也有深层次原因，笔者认为主要是以下几种。

第一，政治民主化趋势是推动电子民主发展的政治原因，也就是说，公民对于旧有的民主体制——代议制满意度下降，需要一种新的民主形式来承担公民日益增长的政治参与的要求。美国学者科恩认为，民主政治无论采取何种形式，其关键都在于政治参与，“社会成员多广多深以及在什么问题上参与共同有关的事务，这不是已经做了些什么的问题，而是现在正在做什么的问题。民主永远处于尚待改进的状态，而改进的过程是永远不会完成的”。[①] 现代代议制民主体制是与资本主义社会、工业社会和不发达的社会主义相一致的产物，它具有自身难以克服的局限性，“人民主权”“主权在民”在代议制下并没有得到理想的体现。这与现代社会公民政治参与的热情不协调。“从长期的眼光看，政治参与在人类政治历史上的不断扩大和加深是不可抗拒的，而且这种趋势也将是全球性的”[②]，针对这种情况，对于“何况这个世纪之交，世界局势不变……议会制民主主义本身也受到进一步民主化的压力”[③] 也就不难理解了。

代议制民主体制目前面临的信任危机的原因就在于，这种体制随着科学技术的发展，尤其是电子计算机为中心的第三次科学技术革命的到来，“资本主义制度和资本主义的民主结构都是工业社会的产物，它们都过时了，他们都将被信息社会及新的政治结构所代替，在新的政治结构中，人们将‘从依赖代表转为依赖人们自己’”。[④] 正是这种要求进一步民主化的趋势在客观上为电子民主的发展做好了政治上的准备。

目前关于公民对代议制民主体制的信任危机，主要是针对代议制的低效率、反应迟钝、腐败问题、传统的责任保障机制失灵[⑤]、与其相对应的庞大的财政支出等。比如，有调查表明，认为美国官员浪费纳税人缴纳款的人的比例在 1980 年达到了 78%，认为“候选人比较

---

① ［美］科恩：《论民主》，聂崇信、朱秀贤译，商务印书馆 1988 年版，第 40 页。

② 王浦劬主编：《政治学基础》，北京大学出版社 1995 年版，第 232 页。

③ 季卫东：《宪政新论——全球化时代的法与社会变迁》，北京大学出版社 2002 年版，第 1 页。

④ ［美］阿尔温·巴夫勒：《第三次浪潮》，朱志焱、潘琪等译，生活·读书·新知三联书店 1984 年版，第 530 页。

⑤ 传统的责任保障机制以间接性为特征，公众通过投票选举等手段来控制代表，代表再利用人民赋予的政治权力来控制社会运作。从理论上讲，任何环节出问题，都有可能导致责任保障机制运作失灵。

诚实”的人的比例，从59%下降到了30%。[①] 这导致了民众政治参与热情降低，比如选民投票率的持续走低。这从另一个方面反映了公民对于直接民主的要求，同时也是电子民主发展的土壤。

第二，现代信息通信技术和网络技术的快速发展是电子民主出现的技术推动力，亦即电子民主发展的最直接的外部拉动力。现代民主体制是公民与代表（国家权力的行使者）之间的互动，我们知道，任何一种新的通信和交流技术的出现都会使公民与他们的代表之间的对话和交流发生实质性的变化，但是在历史上，从来没有一种如今天的互联网（Internet）这样对社会交流产生了如此重大的影响。例如在民主选举时，选民通过网络可以每天24小时接触有关候选人的资料，而不用等待报纸信息以及避免报纸编辑和记者主观好恶的影响。这些高新技术不但影响民主，而且要改变民主。因为民主作为一种代表与民众之间的互动，而互动式通信交流技术上的革命不可避免地对这种最重要的互动机制——代表制度（即代议制）本身产生最大程度上的影响。

第三，社会经济的发展是电子民主得以发展的最根本原因。20世纪40—50年代人类社会进入了信息技术革命时代，它的标志是“1956年在美国历史上第一次出现从事技术管理和事务管理工作的人数超过了蓝领工人的人数”。[②] 信息时代的到来给现行的民主体制带来了前所未有的挑战和机遇。它首先引起产业结构和劳动结构的深刻变化，第三产业的比重越来越大，到1984年已经上升到69%。而白领工人的增多，推动了中产阶级力量的增强。经济的发展使公民的权利意识增强，导致更大规模的政治参与，而旧有的制度不能满足公民日益增长的政治参与热情。而电子民主恰恰在目前看来是最佳的替代品。

---

① 刘靖华等:《政府创新》，中国社会科学出版社2002年版，第86页。

② ［美］约·奈斯比特等:《2000年大趋势——九十年代的十个新趋向》，周学恩、魏得时等译，东方出版社1990年版，第11页。

当然，电子民主本身具有的操作简单、运作成本低廉的特点，也是电子民主发展和得到社会认可的一个重要原因。

电子民主的发展条件

要发展和运用电子民主，笔者认为需要下面几个方面的条件。

首先，公民投票创制权（Ballot Initiative）的实行。创制权作为公民按照自己的意愿和意思表示来制定法律制度和政策的一种手段或方式，是发展和实行直接民主的前提或者基础。公民通过创制权这种方式，作为践行直接民主的“演练”，为直接民主的实践积累政治参与的经验。例如直接的投票创制，公民把自己的意愿作为创制的理由申请合格，所建议的事项就可以交选民投票表决，如果获得通过，就具有了强制力。这是一种直接民主的表现。当然就目前而言，这种直接的投票创制，因为投票人数限制和地域限制，现在很少在国家的层面上实行，仅在区域或者地方的层次上实行。且因为上述原因，使用的频率和效率也不是很高。

如果要发展电子民主，就必须提高公民政治参与，特别是对直接民主的技巧和经验，这中间公民投票创制是很好的“演兵场”；同时，即使将来电子民主得以践行，公民投票创制也是继续存在的，而且还是公民参与直接民主的主要方式。当然中间的程序就可以在电子民主的程序上进行了。

其次，电子民主相关技术的发展。因为，“无论民主政治采取何种形式，其关键却是民众的参与，而民众的参与又是有条件的，这个条件不仅仅是民主的制度，还指相应的技术手段，尤其是快速乃至实时的参与，离开快捷的、可以交互的信息传输手段是不行的”①。如果要发展电子民主，首要解决的就是这种民主的“物质基础”或者说技

① 刘文富：《网络政治——网络社会与国家治理》，商务印书馆2002年版，第301页。

术平台，这已不是传统意义上的投票箱、数字统计设备、举行会议的场所等，而是电子投票箱、网络、网络终端设备、相关保障设备和技术等。

目前，这种“物质基础”已经得到了一定程度的发展，并且得到了实践。譬如，在德国的一些小城市中出现的通过因特网投票；加拿大执政党也在选举中使用电子投票箱这种高科技的设备；在爱尔兰、丹麦和荷兰等地，电子投票箱也用于那些不必数选票的大选[①]。

再次，电子民主下的制衡机制的完善。民主的最初形式即直接民主强调的是主体对权力的直接行使，但是随着时间的推移，间接民主，即对权力的监督成为民主的主要形式。在代议制民主体制下，为了保障民主“主权在民”的本质，防止国家权力为少数人所滥用，针对“权力产生腐败，绝对的权力产生绝对的腐败”，人们设计了诸如“三权分立”“司法独立”等制度，旨在对行使权力的主体实行监督与制衡。现在这种制度已被认为是必要的和不可缺的。而且这种设置也确实起到了人们当初设想的效果（当然这些制度也不是尽善尽美，作用和效果也不尽如人意）。但是在电子民主这种直接民主体制下，因为中介力量的消失，许多建立其上的监督主体和相应的制度也就不会存在；而此时，国家权力没有人行使时，是一种所谓的“真空”状态，如果许多人在一种无序的情况下通过电子民主的形式行使国家权力，容易造成电子上的“无序”，政治实体就会进入一种类似“无政府状态”的情形。所以电子民主体制下的制衡是践行电子民主的一个必要条件。这个问题不解决，电子民主体制即使硬件设施再先进，公民政治参与的呼声再高，恐怕也难以实施。

当然，电子民主的发展需要许多方面的支持，比如首先要修改相应的选举法，确认电子投票结果的法律效力，以及相关投票等程序的保证。

---

① 参见《参考消息》2003年2月27日相关报道。

电子民主的消极效应及其避免

对于电子民主的看法，一般分为支持和反对两种截然不同的态度。支持者认为，电子民主能够更好地体现民主的本质，使人民能以更方便、更快捷、更直接的方式去参与政治民主决策、政治民主的具体运行等。反对者认为，电子民主面临的一个不可避免的问题就是所谓的“数字鸿沟”，即公民因为物质财富、社会地位的差异而导致在接触信息、拥有信息、处理信息等方面的缺陷，也就是说公民在电子民主的物质或技术基础拥有和掌握方面的差异会影响政治参与的效果，而且这个缺陷对于未来的电子民主来说是致命的。

但是，笔者认为，对于现实政治生活中的民主运作，重要的是人民的参与。民主的最基本的含义就是多数人的统治，而这个多数人的统治的表现形式就是多数人意志形成的公共权力意志。在政治运作中，可以说形成这种公共权力意志的多数人的意志的表达和聚合过程是最关键的环节。在传统民主体制下，这种表达和聚合机制多依赖于各种代表机制或特定组织，比如政党、议会代表、游说集团等，这种方式在现代社会表现出其难以避免的弊端，比如代表的代表范围过于狭窄，不能囊括社会所有的利益诉求，以及表达程序烦琐，不能直接而高效地实现社会所需要的“输出”。在这种情况下，不能满足民众政治参与的热情和积极性。这样，电子民主作为一种实现更广泛的民众政治参与，实现更深层次的民主运作的手段或实现方式便浮出了水面。

在对待数字鸿沟问题上，固然物质上的差异会对民主的实质内容形成影响，但是这种影响首先是通过电子民主的物质基础或技术基础的差异形成的。而这种差异在任何社会、任何时代都是存在的，除非进入物质极度丰富的时代。正如我们无法根本消除在代议制民主体制下选民和议员的素质差异一样。我们知道，存在于网络上的信息，在形式上是公开的。从理论上讲，一经公布，任何人都不能单独占有，任何人都可以得到，都可以进行分析，得出个人的判断。同时，民众真正参与民主运作，参与民主决策和执行的机会应该比因为占有资源的多寡而导致的不民主的情形要现实得多。相信通过设计科学和完善的选举程序，其消极效应是可以避免或减少到最低程度的。

当然，尽管美国商务部2000年10月的《失落于网：面向数字鸿沟的发展》① 认为，互联网普及速度加快，数字鸿沟呈缩小的趋向，但是报告也明确指出部分存在数字鸿沟扩大的事例。防止数字鸿沟绝不是轻而易举的事情，我们必须谨慎地看待电子民主中存在的这一现实问题。防止数字鸿沟，我们一方面要克服物质基础上的障碍，另一方面要克服在使用方面的操作障碍。这就要求政府能够做到以下两点。一是做到电子信息接收装置的多样化。在现实世界中，我们不可能全部依靠连接网络的计算机进行信息接受和处理，而应该同时依靠数字电视等信息终端设施，要尽可能地提供接受信息和发送信息时可以利用的工具、手段和场所。这种工具的特点是能够实现传送和接受双向功能。二是要加强电子民主相关技术的教育普及，让公民能够在逐步的实践中接受锻炼，逐步适应，做到及时发现问题，逐步完善相关技术。

电子民主作为未来的一种民主发展形式，具有现代代议制条件下间接民主所不可比拟的优越性。当然其发展和成熟需要一个过程，也依赖许多信息技术和制度平台的支持，以及公民对电子民主这种新事物的接受和认可程度。同时，对于电子民主的消极方面，我们既要积极地予以重视，又不能因为存在操作上的问题而忽视电子民主的优势或价值所在。

（原载于《江海学刊》2004年第6期）

① ［日］白井均等：《电子政府》，蒋昌建等译，上海人民出版社2004年版，第262—263页。

美国政府监管制度的演进及其内在逻辑

笪素林*

现代意义的政府监管始于19世纪末期的美国。一百多年来，社会变动不居，监管制度也不断变革。现在，政府监管已被认为是公共政策最激动人心的领域之一，它实实在在地影响着人们生活的各个方面。本文对美国政府监管制度的演变过程进行梳理，旨在揭示这一制度演进的内在逻辑及其有效运行的社会机理，并希望这种努力能对当代中国的社会治理有所启发。

“进步党时代”与政府监管的生成

在19世纪末期以前，美国的重大商业纠纷是通过私人诉讼加以解决的。1877年以后，情况发生了巨大变化。这一变化始于两起重大事件。其一，联邦最高法院于1877年对马恩诉伊利诺伊州案的判决促使伊利诺伊州政府对粮食价格的监管，同时，这一判决宣布了一项重要原则：当私人将财产用于公共用途且对社会产生普遍影响时，出于公共利益的需要，必须接受公众监管。这项具有里程碑意义的判决为采

* 作者简介：笪素林，1968年生，南京大学公共管理学院讲师、在职博士研究生。

用政府监管防止垄断企业侵害消费者利益奠定了基础。其二，由于美国铁路公司对工业产品和农业产品的运输采取不同费率，导致那些被迫承担较高价格的农场主联合起来推动立法禁止价格歧视，而铁路业本身为稳定价格也在寻求政府支持。这些力量导致1887年《州际商业法》的出台，并促使成立了州际商业委员会。[①]《州际商业法》的出台以及州际商业委员会的成立被认为是现代意义的政府监管真正建立的标志。进入20世纪以后，政府监管扩展到了食品与药品生产、州际电话服务以及银行业、航道运输业等众多领域。

19世纪末20世纪初的这轮监管浪潮随着1917年进步党运动的结束而画上了句号。至此，政府监管已逐步取代私人诉讼而成为社会控制商业活动的重要形式。对于此变革，哈佛大学教授爱德华·L. 格莱泽（Glaeser）和安德烈·施莱弗（Shleifer）认为："无论社会选择什么样的执法策略，私人都将试图扭曲策略的实施以达到使自己受益的结果。作为结论，制度安排的最优选择在一定程度上取决于这些安排在面对此种破坏时的脆弱性。""由于诉讼体制需要投入很多而有效几率较小，所以这类体制较引入监管更易受到事后破坏的攻击，尤其是在那些缺少法律和秩序的国家。在此情势下，引入监管比事后诉讼更有效。"[②] 在19世纪上半叶，美国经济的主体是农业，制造业也集中在小农场上。当一家企业造成了社会危害时，司法体系通常都可以惩罚它。因为需要处罚的损害基本上比较小，企业没有很强的动机去破坏司法。另外，企业本身比较小，也没有破坏司法的资源。19世纪下半叶，情况发生了变化，经济的商业化和工业化催生了拥有丰富资源的企业。随着企业规模的迅速膨胀，由工业事故引发的损失相应增多，规避赔偿损失的动机也成比例增长，但破坏司法的成本却没有相应地

---

① 参见［美］W. 吉帕·维斯库斯、约翰·M. 弗农、小约瑟夫·E. 哈林顿《反垄断与管制经济学》，陈甬军等译，机械工业出版社2004年版，第174—175页。

② ［美］爱德华·L. 格莱泽、安德烈·施莱弗：《监管型政府的崛起》，载吴敬琏主编《比较》第2辑，中信出版社2002年版，第52、56、65、66页。

提高。“司法的意识形态取决于法官的选择，而工业家们则通过他们对政治机器的影响参与选择由谁坐在审判席上。”“经过选择，法官和检察官受到了财富和权势通过利用合法和非法手段的影响。”① 因此，在农业社会运作顺畅的司法体系在面对具有强大动机去破坏它的工业社会的实体时失灵了，而政府监管便是对这一社会危机的一种回应。

政府监管之所以能够替代私人诉讼成为救治市场失灵的主要方式，则与19世纪下半叶美国经历的重要社会和政治变革密切相关。

（1）工业化和城市化的迅速推进彻底改变了社会结构和人们的生存方式，越来越多的选民开始进入商业和工业经济并因此受到破坏司法行为的影响。“从政治的角度讲，在1840年，受害者愤怒的声音还很小，在1860年的时候也不大，到了1890年的时候，它就成为一种咆哮的力量了。”② 政府监管正是在此民意之下应运而生。

（2）文官改革运动使大批素质良好、知识丰富、受到更专业化训练并更具职业精神的技术官僚进入政府部门，他们长期从事某一专门领域的工作，职能相对单一，熟悉相关事务，富有经验。这些专业的监管者比多面手的法官具有更强烈的动机也更有能力进行复杂的调查以证实生产厂商出现了过失。此外，政府监管不同于法庭诉讼的重要之处在于，前者是进行事前防范，而后者则是在危害已经形成之后进行损害赔偿。因为这一不同之处，监管可以被设计得更能以低成本鉴别违法行为并且更为确定。因此，政府监管可以确保以较低的罚金让违法者服从处罚，这种方式也更容易被相关利益各方接受，其成本低，效率高。

（3）立法的程序既颇费成本，又变化缓慢，难以适应新的社会情况。这就使法律一方面难以对特定行为进行界定或仅能列举少数行为，

---

① ［美］爱德华·L. 格莱泽、安德烈·施莱弗：《监管型政府的崛起》，载吴敬琏主编《比较》第2辑，中信出版社2002年版，第52、56、65、66页。

② ［美］爱德华·L. 格莱泽、安德烈·施莱弗：《监管型政府的崛起》，载吴敬琏主编《比较》第2辑，中信出版社2002年版，第52、56、65、66页。

从而导致对行为结果的限定很宽泛；另一方面虽明确了应予制止的行为，却不能涵盖所有的行为。法庭和法官也仅在起诉之后才能行使职权，即使那些不当行为呈现在面前，如果没有受到起诉，他们也无权干预。政府监管的作用就在于能够弥补法律框架和法律执行之间的断层。监管者在事前、事中和事后都能执行法律，只要发现足够高的预期损害程度，他们就可以开展执法程序。而且，相对于司法程序的冗长繁杂，行政程序显得简便灵活，监管者可以改写或变更规则，以更有效的方式及时回应所观察到的社会经济和技术变革。[①]

（4）民主政治的发展使政府受到公众更有效的控制，当市场损害行为即将或已经发生时，政府能够基于公共利益进行制止或纠正。19世纪末，美国经历了广泛的重要政治变革，如直接选举议员及其他重要行政官员，以公民直接投票方式决定当地问题、公民服务改革、罢免法官，等等。出版行业的技术革新也促进了以揭露腐败丑闻为己任的杂志的流行，像*McClure's*这样的杂志能够在没有商业社团支持的情况下茁壮成长，实际上它们正是通过抨击工业而蓬勃发展的。在此背景下，当经济损害产生时，政府能够从维护公众利益出发，出面解决问题。当时，美国政府的“许多监管改革不仅受到工人阶级的支持，而且还受到城市名流的支持，平民的利益得到了致力于揭露丑闻的新闻记者以及西奥多·罗斯福和威廉·H. 塔夫脱的支持”[②]。

这一时期，市场的基础作用仍然得到强调，政府监管的目的不在于阻止企业的组织变革和集中联合，而在于限制它们利用市场力量损害公共利益，这种政策反对的只是过度的和不正当的竞争。因此，也有学者将这一时期的政府监管称为市场模式的监管。[③] 这种监管模式

---

① 参见卡特琳娜·皮斯托、许成钢《不完备的法律》（上），载吴敬琏主编《比较》第3辑，中信出版社2002年版。

② ［美］爱德华·L. 格莱泽、安德烈·施莱弗：《监管型政府的崛起》，载吴敬琏主编《比较》第2辑，中信出版社2002年版，第52、56、65、66页。

③ Marc Allen, *Regulatory Politics in Transition*, London: the Johns Hophins University Press, 1993, p. 74.

也存在局限性：一方面，这种监管源于进步主义者对专家行政的信仰，过分追求专业知识而忽视了政治方面的问题和性质；另一方面，实施监管的机构几乎都陷入了与法院的冲突之中，因为法院试图限制政府监管权力的扩展。另外，国会、法院的抵制以及有限的资源也限制了监管的效果，所以这种监管必须随着时代的发展而变革。

“新政”时期与政府监管的扩展

一战以后，美国经济的快速增长催生了大量自由证券市场，同时也带来了 20 世纪 20 年代的经济过热及信用滥用。那时几乎没有什么联邦法律或公共政策来规范证券行业，恶果终于产生。1929 年 10 月，纽约证券市场突然崩溃，并导致了持续四年的经济大萧条。在 1933 年的 Peara 听证会上，导致这场灾难的银行家和金融机构的不良行为纷纷被揭露出来：从虚假宣传到扰乱股市，从缺乏对质量的关注到信息的不完全披露，从内幕交易到明显欺诈，如此等等，不一而足。

经济危机以及企业的败德行为使人们丧失了对于整个经济体系及其控制者的基本信任，也宣告了自由市场神话的破灭，政府监管在救治市场失灵的名义下得以加速发展，从而掀起了第二轮监管浪潮。

1933 年 3 月上台的罗斯福政府在两年之内先后颁布了两部银行法、两部证券法以及保险法和公用事业控制法等重要法规，建立了联邦储蓄保险公司和证券交易委员会等机构，从而将各类金融机构纳入严格的政府监管之下。在“百日新政”期间，罗斯福政府还竭力促使议会先后通过了《农业调整法》和《全国工业复兴法》。这两部法律强化了政府对企业的生产规模、产品定价、销售范围等方面的监管，限制了垄断，促进了公平竞争。

1934 年，联邦最高法院对内伯亚诉纽约州案的判决则为政府监管的扩展排除了宪法障碍。此前，对马恩诉伊利诺伊州案例的通常解释是：政府对特定垄断行业的监管是符合宪法的，但政府监管只能用于公共事业。然而，在内伯亚诉纽约州案中，最高法院为政府监管划定了更宽的范围：考虑到需要有适当的程序，在缺少其他法律限制的情况下，政府有权采取任何被合理地认为有助于公共福利的经济政策，并以适应其用途的法令来执行其相关政策。①

此后，罗斯福政府接连促使国会通过了《全国劳工关系法案》《公平劳动标准法案》《1934 年通讯法》等重要法律，企业劳动用工、广播行业和城市间电信市场、州际地面货物运输、海洋货运业和民用航空业、电力和天然气等众多领域受到了更为严格的监管。到 20 世纪 30 年代末，政府监管的范围几乎扩展到了所有产业部门。

罗斯福新政的历史定位不仅在于它成功地带领美国走出危机，重建秩序与繁荣，而且在于它对美国的宪政体制进行了实质性改革。它改变了宪法结构的三个基石：第一，从联邦制来看，作为新政的结果，联邦政府的权力得到了异乎寻常的扩张，它拥有了处理重要事务的普遍权力，州和地方政府的权力相对受到削弱；第二，从国家机构间的制衡关系来看，总统的地位得到加强，他获得了极大的政策制定权，此外还创立了许多拥有很大自由裁量权的独立监管机构，这些机构拥有准立法权、准行政权和准司法权，从而打破了三权分立的传统惯例；第三，从个人权利来看，新政改变了人们关于个人权利的传统看法。人们认识到，个人权利不仅应当包括普通法中个人的各项权利，而且应当包括政府对市场经济的许多危害和灾难的防范，如减少失业、消除贫困等“新政”以后，美国已经成为实实在在的“行政国家”了。

“新政”的推行以及监管的扩展也得到了新的行政思想和经济理论的充分支持。1934 年，庇古（Pigou）提出了公共利益理论。该理论认为，市场失灵的广泛存在浪费了社会资源，损害了公共利益，政府作为公共利益的代表应该及时回应公众要求，通过有效监管约束不

① 参见［美］W. 吉帕·维斯库斯、约翰·M. 弗农、小约瑟夫·E. 哈林顿《反垄断与管制经济学》，陈甬军等译，机械工业出版社 2004 年版，第 174—175 页。

良商业行为，从而提高资源配置效率，增进社会福利。1936年，凯恩斯（Keynes）发表了《就业、利息和货币通论》一书。在该书中，凯恩斯提出，在经济萧条期间采取不干预的做法是不灵的。一旦收入和就业率开始下降，人们就会动用自己的储蓄，银行则试图通过提高利率来减缓这一过程。这样一来，就使得用于工商业扩展的贷款价格更为高昂，使工商活动减速，从而扼杀增加收入和提高就业水平的手段。这一僵局只能通过政府的直接干预来打破。凯恩斯的这一理论也被称为政府干预理论。公共利益理论和政府干预理论因其强大的道德与逻辑力量而获得了广泛的社会支持，在以后相当长的一段时间内占据了监管理论的统治地位，并为20世纪大量兴起的监管行为提供了政策依据。

1940年以后，政府监管的发展显得稳健而温和，政府监管的范围虽持续扩大，权力也不断增加，但速度却比较平缓，这种状况一直持续到20世纪60年代。在此期间，受到较大影响的主要是通信和能源两个行业。

与前一时期市场模式的政府监管不同，“新政”时期建立起来的政府监管是以政府监督为基础的自我监管，又被称作协会或团体的监管模式。比如，罗斯福政府对产业的监管并不是通过分裂产业或使产业受制于严格的监督的方式来进行，而是建立起行业协会，再由这些行业协会监管自己组织中的成员。组织起来的行业行为者，如贸易协会、大豆协会等，形成契约来阻止通货紧缩，保持基本的产出水平。在这里，政府并不进行直接监管，而是对利益集团的自我监管进行监督。在这种协会式的自我监管中，监管权力给予私人组织，监管的行政成本就由被监管者自己承担，任何抵制监管规则的成员都被迫离开这个协会，从而使他们面临压力。把协会视为自我监管的机构，证明比政府的直接监管更有效。①

① Marc Allen, *Regulatory Politics in Transition*, London: the Johns Hophins University Press, 1993, p. 74.

“权利运动”时期与政府监管的变革

由于积极有效的政府管理，在二战以后的二十多年里，美国经济稳定增长。随着物质生活的改善和教育水平的提高，人们越来越重视自身的生存质量和社会权益，各种公民合作组织纷纷建立，一些具有重要影响的公共利益集团开始形成和发展起来，公众的利益表达和政治参与趋于活跃，公共政策议程日益受制于民众意愿，因此，这一时期也被称为美国的“权利运动”时代。在此背景下，社会平等、个人自由、健康与安全等方面的问题更加受到关注并迅速成为公共政策中的焦点问题。到了 20 世纪 70 年代，由于经济发展陷入停滞状态，政府无所不能的观点受到普遍质疑，人们越来越多地希望市场在没有政府干预的情况下发挥作用。越南战争的失利与“水门”事件的爆发造成了严重的宪政危机，人们对过于膨胀的行政权力深感恐惧，强烈要求对政府行为进行有效约束。另外，由于技术进步，原来属于自然垄断的行业变成了竞争性行业，这些行业原先存在的大量政府监管被认为阻止了竞争，抑制了创新，从而妨碍了经济增长。社会环境的这些变化与对政府监管自身的反思相结合导致了政府监管在结构与体制上的重要变革。

监管结构改革主要体现为放松监管与强化监管并行不悖的发展态势。

放松监管运动主要源于监管本身所导致的分配不公。约翰·R. 迈耶（Meyer）、乔治·W. 道格拉斯（Douglas）以及托马斯·G. 穆尔（Moore）等学者对交通产业政府监管的研究表明，美国运输行业的政府监管不是保护了政府所称的受益者的消费者，而是使被管制企业的雇员和股东们从中受益。美国企业研究所关于医药监管、食品安全监管等方面的研究报告认为，政府监管的高额成本大多落在了消费者身上。为什么政府监管会导致分配不公？1955 年，政治学家马尔韦·伯恩斯坦（Bernstein）提出了政府监管俘获理论，其核心观点是：当仅有政治力量处在一个监管机构的稳定环境中时，产业的发展将最终迫使监管机构去适应其需要。1971 年以后，乔治·施蒂格勒（Stigler）、萨姆·佩尔斯曼（Peltzman）、加里·贝克尔（Becker）等人进一步发展、完善了这一理论，他们认为，政府监管很可能倾向于组织更好的利益集团，并使之从相关监管中获得更多利益，因为组织得更好的利益集团能够给监管者或立法者提供更大的政治支持。理论研究借助各种渠道迅速转化为社会舆论和公众运动。同时，放松政府监管也具有政治上的吸引力，因为这种做法使政策制定者不必付出政治代价就可以控制通货膨胀。这样，到了 20 世纪 70 年代后期，对减少经济监管的支持已经相当普遍。这些支持者包括公司总裁、律师和政治学家、经济学家以及诸如保守联盟和消费者联合会这样并无联系的集团。[①] 放松监管浪潮由此开始并一直持续到 20 世纪 90 年代，涉及的领域包括交通运输、电视与电信、金融、能源等众多产业。

在放松监管运动进行的同时，在另外一些领域，如环境污染、产品质量、职业健康与安全等，则强化着政府监管。从 1962 年开始，在十多年时间里，美国国会先后颁布了《空气污染控制法案》《交通安全法案》《煤矿安全法修正案》《国家环境政策法案》《职业安全和健康法案》《消费品安全法案》等几十部重要法律，根据这些法律，环境保护署、公路交通安全署、消费者产品安全委员会、职业安全和卫生委员会、矿山安全与健康监察局等几乎所有主要的风险与环境监管机构都建立起来了，对于环境保护、产品质量、职业健康与安全等方面的监管成了政府监管的重要内容。

监管体制改革旨在加强对监管机构的监督与控制，使监管政策的制定符合公共利益的需要。以前，虽然国会、法院能够对监管机构进

---

① ［美］默里·L. 韦登鲍姆：《全球市场中的企业与政府》，张兆安译，上海三联书店、上海人民出版社 2002 年版，第 221 页。

行一定程度的监督，但这种监督仅限于重大监管事项，监管机构的日常监管行为事实上处于不受监督的状态。这种状况导致监管机构屡屡被俘获，监管行为常常背离公共利益。为能有效约束监管机构，尼克松总统制定了一个非正式的“生活质量”审查过程。福特执政时期正式确定了规章审查程序，并建立工资与价格稳定理事会具体管理这一工作。里根执政以后，审查职能转移到了作为总统办事机构的管理与预算办公室（OMB）。通过改革，加强了总统对监管机构的监督与控制，削弱了监管机构的独立性与自主性，从此，政府监管步入了集权式的总统制监管时代。Demuth 和 Cinsburg 认为，集权式的总统制监管是减少监管机构滥用委任权发布规章的一种有效方式。OMB 集中审核规章，可以遏制监管机构与利益集团之间错综复杂的利益关系，可以克服监管机构之间各自为政、信息不通的弊端，可以避免各种规章的冲突与重复。就制度设计来说，相对于只发布规章而没有规章审核与规章协调的机制，信息与监管事务办公室（简称 OTRA，设于 OMB 内）的设立与运转体现了政治制度的成熟与进步。[①] 改革也扩大了公众参与：监管机构必须将监管规划、规章草案及其详细理由向社会公布并接受公众评议，从而加强了民众对监管机构的监督与控制。

“如果说前一时期的监管注重经济的监管，那么这一时期的监管则聚焦于社会的监管。新的思想、利益、制度的引进，产生了新的监管制度，即社会模式的监管。”[②] 这种监管制度也存在一定的局限性：管制政策过分依赖专业知识和科学假设的质量；管制程序和制度的设计还不成熟；复杂的外部性和风险的不确定性以及高昂的成本也使其受到很大的挑战。

---

① Christopher C. Demuth and Douglas H. Ginsburg, “White House Review of Agency Rulemaking”, *Harvard Law Review*, 1986, Vol. 99, No. 5, pp. 1075 - 1088.

② Marc Allen, *Regulatory Politics in Transition*, London: the Johns Hophins University Press, 1993, p. 118.

最近时期与效率模式的政府监管

20世纪90年代以后，全球化、信息化迅猛发展，国际竞争日趋激烈，社会变化更加迅速，民众的自主意识和行动能力进一步增强，他们的需求越发多样而多变。社会环境的新变化要求政府必须更有活力、更具效率、更负责任，由此掀起了新一轮改革政府运动的浪潮。这次改革不再争论政府的大小而力求政府的效率，不强求政府做什么而着眼于政府怎么做，不纠缠政府征税多少、花钱多少而讲究政府征税得当、花钱得体，不辩论政府办事的动机而看重政府办事的后果。[①]另外，监管理论研究也产生了许多重要成果。这样，在新的行政理念和监管理论指导之下，政府监管进行了一些重要变革。

（1）在一些原先放松监管的领域出现了重新加强监管的趋势。放松监管运动在整体上提高了经济的活力与效率，但并非每一项监管的解除都能产生令人满意的效果，航空业解除监管就导致了美国三家主要航空公司占有的国内市场份额由1981年的31%提高到1996年的55%。同时，市场环境也发生了重大变化，新的经济风险不断产生，而监管体系却没能作出相应改进，安然公司的轰然倒塌和世界通信、环球电讯、Qwest等美国大公司的会计丑闻暴露了这一体系在许多方面的严重缺陷。迫于公众的强大压力，美国国会接连通过了《商业欺诈法》《上市公司会计改革与投资者保护法案》等一系列重要法案，根据新的法律设立了新的监管会计行业的机构，代替了原来的业界自律监管组织，导致了某些经济领域的重新或强化监管。这被认为是美国监管思想的一次重大转变。

（2）在规章制定和审核过程中实行成本—收益分析。早在卡特政

---

① 参见［美］戴维·奥斯本、特德·盖布勒《改革政府》，周敦仁等译，上海译文出版社1996年版，第17—25页。

府时期，监管机构就被要求在准备监管影响分析报告时须进行成本—收益评价，在此后的几届政府特别是1995年以后，成本—收益分析作为监管规章制定和审核的原则、程序、标准和方法得到了更为严格的执行。成本—收益分析在一定程度上提高了政府监管的效率：它促使监管机构在制定规章之前必须进行全面的调查和深入的分析，只有在确定监管收益大于监管成本之后，才能颁布并实施新的规章；它使政府决策有了可靠的依据和可以评价的标准；它以量化成本和收益的方法将监管信息透明化，从而便于对监管机构进行监督，使监管机构难以操纵监管过程。当然，成本—收益分析不可能解决所有问题，因为许多东西根本难以量化，可以量化的东西也可能因为信息缺乏而存在偏差，这些因素限制了成本—收益分析的应用范围。

（3）广泛应用激励性监管。激励性监管是在保持原有监管框架的条件下，给予被监管企业提高内部效率的激励，目的在于通过设计科学合理的制度减少监管成本，提高社会资源配置效率与企业生产效率，其主要类型包括价格上限监管、特许投标制度、区域竞争制度、延期偿付率制度、利润分享制度、联合回报率制度以及菜单监管等。与传统监管方式相比，激励性监管只关注企业的产出绩效和外部效应，而较少控制企业的具体行为，从而有利于解决由监管者与被监管者之间的信息不对称所引发的逆向选择、道德风险、竞争不足以及设租、寻租等问题。20世纪80年代，在Litterchild等经济学家的努力下，激励性监管首先在英国开始实践，90年代在美国得到了广泛应用，并取得了良好效果。

这一轮的监管改革是在前一轮监管改革基础上的继续推进，是始于20世纪80年代的重塑政府运动在新的发展阶段和新的社会条件下的具体展开，改革的总目标依然在于彻底改造官僚主义模式，增强政府的回应性与责任感，改革的基本取向是市场功能、公众参与和社会自治。当然，这两轮改革还是存在诸多不同之处，主要体现为：上一轮改革侧重于监管结构与体制的调整，关注的是经济增长与社会公正，更多地体现为民主政治的产物；这一轮改革则侧重于监管程序与方式的改进，主要关注的是效率与效益，更多地体现为知识进步的产物。由于这轮监管将效率放在核心位置，所以，有的学者将由此建立起的监管模式称为“效率监管模式”[①]。

结　论

（1）市场经济是政府监管存在的前提，政府监管是对市场体制的优化。美国航线监管解除的主要设计者阿尔弗雷德·康恩认为，美国监管制度的演变所经历的道路“并不是一个完整的圆或摆线将我们带回原位；它是螺旋形的，有一定方向的”，它“力求沿着市场经济最优功能的方向，而不是朝第二优或第三优的集权社会方向前进”。[②] 一百多年来，由于技术因素和市场环境的变化，美国政府监管政策一直处于加强或放松的摇摆之中，但其坚守的精神和原则始终未变：政府监管应该是为弥补市场失灵而作出的一种制度安排，其功能定位是对市场的补充，而非替代，目的在于维护市场秩序，规范竞争行为，实现社会资源的优化配置，促进公共利益。美国经济和社会的长期稳定发展也证明了这种模式总体上的有效性，那种欲以监管取代市场的计划经济模式或命令经济模式也已被采用这种模式的国家的自身发展逻辑否定。

（2）政府监管改革是政府部门、利益集团和社会公众之间博弈的结果，政治发展水平与法律秩序条件是有效政府监管的决定因素。政府监管实质上是一种政府分配行为，其结果直接影响相关利益各方的福利水平，因此，各利益团体总会想方设法使监管政策的制定与实施

① Marc Allen, *Regulatory Politics in Transition*, London: the Johns Hophins University Press, 1993, p. 274.

② Alfred E. Kahn, “Deregulation: Looking Backward and Looking Forward”, *Yale Journal on Regulation*, 7 (Summer 1990), p. 325.

有利于自身利益，政府监管改革往往体现为相关利益各方讨价还价的博弈过程。产业利益集团因为拥有较多的信息、强大的财力、广泛的人脉和更高的组织程度而在监管博弈中占据优势地位，它们常常通过政治游说、提供竞选资金、允诺日后出路甚至直接行贿等方式把政府监管变成一种保护自己利益而非维护社会公共利益的体制。消费者由于与生俱来的分散性、弱组织性、“搭便车”心理以及与厂商间的信息不对称状态而往往成为政府监管中的弱势群体，政府监管所产生的种种成本最终大多由消费者来承担。由于受到政治力量、社会因素以及自身利益的影响，政府监管机构常常被“俘获”，其监管行为只是促进了某些利益集团的利益，而损害了其他群体的利益。监管机构、利益集团和社会公众之间的这些互动总是发生在一定的制度框架中，其展开的方式、运行的过程与最终的结果都会受到既定的政治结构和法律体系的复杂影响。随着民主政治的发展和法律体系的健全，政府在一定程度上能够受到民众有效控制，利益集团的不良行为也就可以得到有力约束，监管制度就会产生有利于公共利益的变革。

（3）政府监管改革深受技术进步、市场结构变化的影响，与思想的发展保持一致。美国政府监管制度的形成以及每一次重大变革都与技术进步、经济创新密切相关。同时，政府监管改革也受到思想变革的重要影响，监管模式的创新和监管制度的改进无不体现着理论创新与思想发展的成果。比如，19 世纪末 20 世纪初的监管模式便被认为是“官僚”理论的产物，监管制度的设计与实施体现了“官僚主义”对效率和平等的关注与追求。新近阶段，成本—收益分析和激励性监管的普遍应用则是监管经济学发展的直接成果。在思想发展以及监管变革的过程中，知识分子尤其是政治学、经济学领域的知识分子的作用举足轻重。他们修正着过时的理论，创造出新的理论，不断推动着行政理念的更新。他们积极投身社会运动，将思想的最新发展化为民众的实践活动，许多学者直接参与甚至领导了监管制度的设计或改革。

总之，政府监管制度的演进并不是孤立发展的过程，它由特定社会的政治发展水平、思想演变状况、社会利益格局以及法律秩序条件等因素的交互作用所推动，受到社会整体转型进程的制约。在没有认识到国家处于什么阶段的情况下，有效的监管制度是很难建立起来的。

（原载于《江海学刊》2007 年第 5 期）

政治献金：选举成本与民主原则的困局

陶文昭[*]

政治献金的蔓延与危害

金钱对政治的影响无所不在，形式多样。其中金钱与政治最直接和最显眼的关系体现在政治献金（Political Contributions）上，即社会各界提供给政党及其候选人的资金。

最近几十年，政治献金问题越来越突出，波及范围从发达国家扩展到发展中国家。美国大选备受关注，政治献金非常刺眼。每逢大选之际，民主党和共和党都开动机器进行金钱大战。2004 年总统竞选中，小布什手下的筹款班子被媒体称为“美元打包机”。另一位总统候选人克里也善于从特殊利益集团筹款，尤其是电信集团和金融服务部门。在 2008 年总统选举中，奥巴马在获得民主党总统候选人提名后，决定依靠自己庞大的捐款网络，从而不接受公共财政提供的竞选经费，私人总筹款数为破纪录的 7.5 亿美元。其他发达国家政治献金的风波也是此起彼伏。日本政坛屡曝政治献金丑闻。1976 年日本前首相田中角荣因洛克希德事件被捕。1988 年日本政坛爆发利库路特贿赂

---

* 作者简介：陶文昭，1965 年生，中国人民大学马克思主义学院教授、博士生导师。

案，时任首相竹下登被迫公开承认从中得到政治献金 1.5 亿日元而辞职。2009 年，日本首相鸠山由纪夫的两名前秘书因涉嫌政治献金而被起诉。在政治献金问题上，欧洲相对清明一些，但 2003 年法国有 37 名政客被推上被告席，因为他们从“埃尔夫”石油公司接受了 4.57 亿美元的政治献金。德国前总理科尔也受到政治献金丑闻的困扰。2007 年，英国工党秘书长彼得·瓦特因为政治献金丑闻辞职。随着选举在全球的扩展，政治献金也随之蔓延开来。由于一些国家相关的规范或是没有，或是不成熟，因而政治献金表现得更为混乱，金钱对政治的支配更为露骨。

政治献金形式多样。依照美国的划分，政治献金有“硬钱”（Hard Money）和“软钱”（Soft Money）之分。“硬钱”是指符合联邦选举委员会限额规定并接受其监管的政治献金。对于候选人来说，“硬钱”除了联邦政府的公共竞选资金外，还包括来自个体选民的捐款，来自各个公司、工会或其他民间组织设立的“政治行动委员会”（Political Action Committee）的捐款以及各政党对其候选人的资助。“软钱”是指那些绕过联邦选举委员会的监管而用于影响竞选的捐款。依照规定，个人、团体和企业捐给政党用于党务的钱，没有数量限制。美国选举法律规定，这些软钱不能为竞选人所直接支配，只用于选民登记、党的建设、行政开支等。然而，实践中各政党都将收到的软钱大量用于竞选，包括在传媒上刊播倾向性明显的所谓议题广告（Issue Ads），为候选人助阵；开展一些有利于候选人的活动，如雇人给选民打电话拉票等。在美国的政治献金中，最近 20 多年软钱上升趋势很快，相对比例大幅度提高。据赫里贝纳在《政党、利益集团和政治运动》一书中介绍，1991—1992 年，美国两党接受的软钱占政党竞选总支出的 16%，而 1995—1996 年这一比例上升到 30%。①

政治献金从来源上可分为个人捐款和集团捐款。富裕阶层和强势

① 姚芸竹：《总统选举的民主“技术”》，《环球》2004 年第 21 期。

集团是政治献金的主要源头。有报告显示，美国迄今政治捐款者向来不超过美国人口总数的4%。典型捐款者是律师、银行家、医生、公司主管等，而不是平常百姓。（1）个人捐款。美国相关法律规定个人每次最高捐款额为2000美元。但实际上富豪的各类捐款远远超过这一数字。小布什在2004年竞选筹款中，对那些能筹集到10万美元以上的筹款人给予“开拓者”的称号，对筹得20万美元以上的给予“守护者”的称号。这些超级筹款人多是公司总裁、高级主管、银行家等，他们不仅本人非常富有，而且掌控着大量的企业及其分支机构，社会关系资源丰富，能利用自身影响募集到大量竞选资金。曾担任海湾石油公司副总裁的小克劳德·维尔德，在12年间给上百位国会议员、18位州长、4位总统等政府官员一共提供了410万美元捐款。在2004年大选中，金融大鳄乔治·索罗斯花了2500万美元，保险大亨彼得·刘易斯捐出至少1500万美元，好莱坞制片家史蒂芬·宾捐出了超过800万美元。（2）集团捐款。集团包括企业组织和工会等团体。由于现代企业资本雄厚，而且企业也企图影响政府政策以获得自身的利益，所以企业理所当然地成为政治献金的主要捐献者。20世纪90年代以来，财团捐献的政治资金已占日本政界所获政治资金的98%。自1990年以来，美国安然公司及其员工共为各类政治选举提供过577万美元的捐款，其中3/4用在了共和党候选人的身上。美国石油和石化行业每年的游说费用就有7500万美元，并雇用600人在华盛顿全职游说，其中相当部分转化为政治献金。美国共和党倾向于代表大企业集团和上流社会的利益，因此历次总统竞选中共和党候选人筹得的资金一般远高过民主党。美国工会组织倾向于民主党。美国劳联及产联有1400万名会员，他们不仅是民主党的票仓，也给民主党候选人提供为数不少的政治资助。2004年为了支持民主党人克里，工会投入的资金达到4400万美元，这还不包括工会成员个人的捐款。

政治献金冲击着民主的基本原则。在民主政治中，选举最基本的要素就是每人一票，每票等值。而政治献金的泛滥造成金钱支配民主，

“一元一票”冲击着“一人一票”的基本原则。政治献金给候选人制造了一种奇怪的双重选区，一个是选民区，即自己所在的选民区；另一个则是金钱区，即获取选举费用的地方。金钱对政治的支配，还使越来越多的民众失去参与政治的热情。据统计，美国选民参加总统大选的比率在近40多年来总体呈下降趋势。1960年，总统大选的参选率为62.8%，到2000年只有51.2%。为了抗议大选中金钱泛滥的现象，美国马里兰州一位选民在Ebay网站上拍卖自己的选票。他的逻辑是，众议员和参议员们都投票给出价最高的人，为什么美国公民不能这样做，出售大选选票，出售民主！

政治捐款者并非只是出于对政治的关心，而是抱有一定目的。(1) 对个人来说，最常见的就是在政府中谋取一个位置。2000年美国总统大选期间，得克萨斯州有一个名为“先锋”的筹款俱乐部，共有成员212名，专门为小布什竞选筹集资金，每人为小布什筹得的款项都在10万美元左右。这些人之中，共有43人先后谋上了要职，其中有两人出任内阁部长，另有19名成员出任包括法国、荷兰、新西兰、挪威、葡萄牙、西班牙和瑞士等重要国家在内的美国驻外大使。富翁当大使的传统从尼克松政府时代就一直延传下来，一般他们的政治捐款至少要高达6位数。据美国外交人员协会统计，尼克松将30%的大使职务留给了政治捐款人，卡特表现最好，是24%，克林顿是30%。2004年小布什总统连任成功后，又有大约30名最大的捐款人分别被安排到阳光岛国或气候宜人的国家去当大使或其他外交官。(2) 对公司来说，更侧重于政策上的回报，以换取申请、合同、投标等。里根接受了石油公司的大量捐助，他执政后就努力推动取消石油和汽油的价格管制。克林顿的捐款靠山是信息通信产业，他上台后积极推动信息产业的自由化政策。2001年小布什上任不久，就决定放弃对二氧化碳的排放量实施法律限制，拒不执行关于防止全球变暖的《京都议定书》。有关人士指出，这是政治献金的效果，因为从美国的这一决定中受益的包括煤炭、电力、石油和天然气等多个行业，而这些行业的大公司都是小布什竞选时的主要赞助者。日本的国会议员拥有对财政预算的决定权，公司向议员提供政治献金以得到财政预算工程。需要强调的是，不少公司的政治献金不是投向一个政党或个人，而是双管齐下，从而达到不论是谁主政都会获取利益的效果。

政治献金的规范与规避

鉴于金钱对政治的广泛和巨大影响，许多国家很早就寻求对之进行限制和规范。美国早期相关的法律有1907年的《迪尔门法》、1910年的《联邦防腐法案》、1925年的《联邦防治贪污法》、1940年的《哈奇法》、1947年的《塔夫脱—哈特莱法》等，近期则有1971年制定并随后修改的《联邦竞选法》以及2002年的《麦凯恩—法因戈尔德法》等。日本也有《政治资金规正法》等，专门处理与政治献金相关的事务。

这些法律涉及政治献金的数量、方式、使用等方面内容。(1)在数量上，1971年美国法律对政治献金设定上限。对总统选举的募款活动，规定每人每年对某位候选人的政治献金以1000美元为上限，个人对所有联邦候选人的捐款最多不得超过25000美元。企业、工会等团体每份不得超过5000美元，候选人直系亲属的捐款不得超过5万美元。(2)在方式上，一般规定捐款人必须公开自己的真实姓名和捐款数额。美国1971年的规定是，对于100美元以上的选举捐款，各党派候选人都必须上交收据，并对选举开支进行核实。外国政府、公司和个人不允许参与政治献金，也不能参加与竞选有关的工作。(3)在使用上，一些国家限制政治献金的用途和数目。美国规定政党在其全国代表大会上的花费不得超过450万美元。所有捐给政党用于影响联邦选举的钱必须划拨到各政党的联邦账户上，由联邦选举委员会监督使用。然而，美国还是出现了一些议员用竞选资金购买小汽车，支付衣服、用餐、娱乐、假日旅行的费用，以及用于俱乐部、影剧票、体育比赛的开销等。为此，美国国会1989年还公布了一个候选人操守法规。该法规规范个人使用竞选资金的范围，并试图列举更为明细的支出。

美国政治献金问题最多的是“软钱”。自1980年以来，美国竞选中软钱日益泛滥，在一定程度上导致了1974年限制政治献金的法律失效。这引起了美国政界、学界、媒体和公众的关注和不满，有2/3的美国人要求改革竞选筹资制度。2002年3月，美国国会通过了禁止软钱的法案，也就是《麦凯恩—法因戈尔德法》。根据这个法案，州和地方竞选团体每年最多只能从一个捐赠人或团体那里接受1万美元的软钱。该法案还禁止竞选团体在选举前60天内、初选前30天内用软钱刊播议题广告。

这些法案对政治献金的规范，起到了一些效果。比如美国最近对软钱的禁止，迫使政治捐款转向了个人，以往大企业、大财团在筹款中的地位受到约束。各种政治行动委员会在选举经费募集中所起的作用开始变小，个人的力量日益显现。2004年向小布什和克里捐款的人数与2000年向小布什和戈尔捐款的人数相比，多出了70万名。

然而从总体上看，这些众多的规范政治献金的法案，远没有取得预期的效果。(1) 相关法规存在诸多漏洞。比如，2000年日本政府曾颁布新的政治献金规范，其内容包括全面禁止个人、企业或团体对政治人物提供政治献金，但却将政党排除在外。如此一来，只不过是让过去企业给政治家个人的政治献金转向政党，再透过政党来进行分配。该法案实施后，政党将其所收取的政治献金发放给其所属的候选人，变通地回到了原来的轨道。日本在政治献金问题上，曾对议员、地方行政长官和他们的公设秘书的行为作了限制，却没有涉及私设秘书。而实际上，为议员联系和掌管政治捐款的大部分是私设秘书，这使得限制形同虚设。又如，美国1974年的选举法虽然在个人捐款及候选人接受款项的数额上有明确规定，但对于政治行动委员会向政党全国委员会的捐款，该法案仅要求不得直接用于联邦一级的选举，却没有金额与用途上的限制。这实际上放任了软钱的膨胀。(2) 相关法规稽查不力。美国负责监管政治献金的是联邦选举委员会。其由 6 名专职成员组成。每位成员经总统提名、参议院表决同意产生。每人任期 6 年,每两年重新调换任命 2 人。6 名成员中,属于同一政党者不得超过 3 人。委员会的任何一项正式活动,必须至少获得 4 票同意,以减少其党派倾向性。委员会主席一职任期一年,在 6 名成员间轮值。委员会设有政务部、审计部、联络部、数据系统开发部、信息资料部、选举事务部、新闻办公室等部门。这个委员会名义上是个超党派的独立机构,但实际上几乎所有重要决策全部受政党利益主导。这个委员会经费有限、人力不足、缺乏职权,其冗长的监管流程,实际上决定了其很难完成相关的调查。

规范政治献金的法规之所以达不到预期效果,主要是因为那些需要政治献金的竞选者以及各怀目的的捐献者,针锋相对采取各式各样的规避措施。(1) 阻挠相关的法案。美国 1971 年立法限制联邦公职候选人竞选花费的上限以及用于媒体广告上的金额。有人认为这个限制侵害了宪法保障的言论自由,联邦最高法院也认为花费上限的规定违宪,致使后来以修正案的方式废去上限的规定。除此之外,还进行程序上的拖延。鉴于 1996 年大选中美国两大党竞选中软钱违规,于是参议员麦凯恩等推动选举改革以限制软钱。然而这项反映民意的提案,在提出后的数年中虽多次在众议院通过,但在参议院总无法取得所需的多数,或总被人从中作梗,或被修正案以及其他方法所瓦解。在 1997 年 2 月该提案的辩论和表决中,一些议员利用修正条文、无限延长演说等阻碍了该提案的通过。(2) 建立规避性组织。根据美国 1974 年选举法的规定,银行、公司、工会等不准直接捐款给候选人,但准许员工以自愿的方式成立政治行动委员会,筹集竞选基金。政治行动委员会在每次选举中,准予直接捐款给某位候选人不超过 5000 美元。因此美国雨后春笋般地出现了许多所谓的政治行动委员会。在现实政治生活中,所谓“员工以自愿方式成立政治行动委员会”只是掩人耳目，其实际由公司、非政府组织、工会或者各种利益集团组建，有明显的政党或议员背景。(3）打法律的擦边球等。美国选举法曾准予个人和组织捐款给政党，从事地方党务建设活动，原意是希望以此振兴政党的基层政治活动。然而，这个规定却成为软钱泛滥的一大漏洞。有的竞选广告借政治建设之名达到做政治广告的目的。总之，随着社会环境不断变迁，竞选技巧也在不断翻新，尽管相关的法规可以随之修正，但是法律总不可能尽善尽美，有关政治献金的规范总是密而有漏。对于那些刻意钻营者而言，总是有机可乘。

政治献金的控制与改革

民主政治的运作需要成本。就选举而言，候选人在多个方面需要花钱。除了耗费巨大的竞选广告费之外，还有必要的直接费用。这包括以下几种。(1）雇员费用。通过邮递与电话直接同选民进行交流，这需要雇用大量的人员。在这些人中，固然有一些志愿者，但对于大多数人来说，还是需要支付一定的薪金。(2）交通费用。议员选举需要到选区活动，而总统选举则涉及全国各地。他们往往要有自己包租的交通工具，小到汽车，大到飞机。(3）顾问、竞选班子的费用。候选人通常会配备一定数量的顾问，搭建一个属于自己的强有力的竞选班子。这些竞选专家涉及广告、公关、媒体、形象等事务，需要高薪聘请。(4）其他竞选费用，包括办公室租金、候选人在选区进行活动和招待会等费用。这些费用是竞选中不可或缺的，如果没有必要的金钱支持，选举的质量会相对下降。

随着时代的发展，选举费用越来越高。二战之后美国总统竞选经费呈加速上升趋势。1952 年两党总统竞选花了 1100 万美元，1972 年约 1 亿美元，1996 年是 9 亿美元。2000 年包括总统选举和国会选举的总费用约为 30 亿美元，2004 年的费用估计为 40 亿美元。需要指出的是，自 20 世纪 60 年代肯尼迪和尼克松在美国总统选举中首次借助电视作为宣传媒介之后，竞选中传媒费用急剧上升。电视的普及促使选举策略改变，候选人和政党借助电视传媒不但可以在短时间内将政见传播给大量未曾谋面的人，而且透过电视广告宣传也远比挨家挨户的宣传更快速、更广泛和更及时。现代传媒有利于整个选举过程的透明和公开化，但是这一切都需要金钱的支持。候选人与政党为了增加电视曝光率，必须购买较热门的广告时段。而黄金时间电视广告费用最近几十年呈直线上升。电视广告是美国竞选中最大的单项开支。据估算，参议员候选人的经费使用分配中，电子媒体的费用达到全部支出的55%，众议员候选人是40%。简单地说，有一半竞选费用投入了传媒上。

选举需要越来越多的金钱，但经费的来源却相对不足。各国竞选经费主要来自以下几个方面：政府补助、本党资助、候选人本人及其家族财产、政治捐款，但前三项经费远远不够。（1）政府补助是有限的。比如南非，曾经通过法律决定给政党提供一定量的资金，让竞选公平、合理。然而，拨款不过是杯水车薪，竞选中的金钱依然主要靠各政党募集。1999 年大选花费了 4000 万—6700 万美元，其中只有 700 万美元来自公共资金。有些国家甚至没有政府补助。（2）本党资助也不可靠。许多国家的政党本身也没有多少钱。如美国的民主党和共和党，既无党产，也无党费，维持政党自身的运转都成问题，对政治候选人也不可能拿出很多的资助。（3）个人财产也难以支撑。近年由于选举成本上升，富人参选成为一些国家较为突出的现象。美国历史上曾有亿万富翁罗斯·佩罗自掏腰包竞选总统。近来美国超级富豪迈克尔·布隆博格为谋求纽约市长之职，多次用个人资产作为竞选开支。布隆博格在 2001 年第一次竞选时总计花费了 7400 万美元，在 2004 年谋求连任的花费达到 1 亿美元，远远超过了其他候选人。由于选举经费数目巨大，一般的富有者无法独自承担。例如克里，在 2003 年的收入是 39.3 万美元，同时还有 4 家集团公司，价值在 43 万—210 万美元，也算是富裕阶层了。但是，克里为了参加总统大选，最初以自己在波士顿的一处房产作为抵押，从银行贷款 640 万美元，以支付竞选广告费用和工作人员工资。如果没有政治献金，单凭克里名下的资产还不足以清偿贷款。事实上，克里每年的工资连利息都偿还不了。何况竞选者中拥有巨额个人资产者总是少数，所以竞选经费主要还是依靠政治献金。

政治献金源于高额选举花费的需要。昂贵的选举虽然存在诸多弊端，但是人们尚未找到更好的能够取代选举的民主模式，选举制度将继续存在和发展下去。要选举就不能没有金钱。在当前的情况下，如果没有政治献金，一些选举实际上无法运作。因此，即使政治献金带来一些消极影响，也只能容忍下去。如果取消政治献金，又没有其他的资助，候选人只能依靠自己的财力竞选，就会将很多素质高但不富有的人排斥在竞选之外，选举更会变成少数巨富的游戏。正是基于多方面的考虑，各国对选举中完全禁止政治献金持谨慎态度。

政治献金的出路在于改革。这个改革的总体思路有两条：一是对政治献金加以控制和规范，二是寻求政治献金的替代方式。而在实践中往往是两者并举。

控制和规范政治献金的措施包括以下几种。（1）限额。这旨在遏制选举经费的恶性膨胀。如英国就对竞选经费的总额进行限制。自 1883 年以来，英国一直规定候选人的选举费用根据选区大小而有所区别。1949 年英国通过立法规定，每个选区的竞选费用以 450 英镑为基数，再各自按选民人数另加。按此计算，在一个拥有 7 万名选民的郡一级选区，每个候选人法定选举费用最高限额为 1033 英镑。（2）分散。这旨在遏制少数富人对政治的过度影响。美国对软钱的控制，其出发点是用众多的个人捐款替代少数公司集团的大额捐款，促使政党寻求更多的民众支持。政治献金的来源分散了，金钱对政治的影响也就相对分散了。（3）公开。这旨在扩大公众的监督。很多国家寻求政治献金来源的公开化和透明化。为了防止政治献金操纵政策，不仅需要系统的报告和审核，还需要让公众知晓。这包括政治献金的来源、金额大小以及每年支出的详细状况，以便社会广泛监督。（4）惩处。没有有力的惩处措施，相关规范可能成为一纸空文。日本政坛的惯例是，政客一旦出现金钱腐败问题，只要主要当事人退党便可了结。这种将大事化小的做法实际上规避了政党的责任。因此，应当强化对政治献金的违规者及其政党的处罚。

政治献金的替代措施主要是国家资助。目前有相当一部分国家实行这样的政策。这可以减少和削弱大垄断财团对竞选活动的影响。国家拨款资助，可以使知名度不高的人也能够走进竞选者行列。因为现在的政治捐款有利于现任者，而不利于挑战者。例如，在 2000 年的美国国会竞选中，政治行动委员会捐赠给现任议员竞选人的款项占其捐赠总额的 75%，捐给竞争空缺席位的竞选人的比例为 14%，而捐赠给国会外挑战者的仅占 11%。[①] 美国国会中众议院议员的连任成功率一般在 90%，参议院议员连任的成功率也一直保持在 70%—90%。美国有些州如缅因州、马萨诸塞州、佛蒙特州、亚利桑那州等已通过法律，实施全额竞选资助，即州选举中的候选人承诺不接受捐款，作为交换条件，州政府从公共基金中支付几乎全部竞选经费。当然，政府资助表面上是由国家花钱，其实这些钱也是来源于纳税人。而且采取由政府直接拨款给总统候选人的做法，也使候选人减少了对政党的财政依赖，从而削弱了政党对候选人的约束。因此，政府资助也需要谨慎。美国哥伦比亚广播公司 1999 年所做的民意调查显示，有 58% 的人反对用税收成立公共基金资助选举。[②] 另外，对于政府如何资助，目前还没有很好的办法。从公平角度出发，在美国总统选举中，两大党的候选人与小党的候选人的资助额度应该不一样。即便是在两大党之中，对在职者竞选连任的资助水平与在野党的挑战者应该不一样，因为挑

---

① 谭融：《美国利益集团政治研究》，中国社会科学出版社 2002 年版，第 164 页。

② 陈奕平：《美国“金钱政治”与竞选经费制度改革评析》，《世界经济与政治》2002 年第 10 期。

战者需要更多的资金获得一定的知名度。至于国会选举，情况就更复杂，在职者、挑战者、开放席位的竞争者所需要的资金是不一样的。另外选区大小、人口多少等也无法一一估量。耶鲁大学法学院教授布鲁斯·阿克曼还设想过政府资助的新方法：与其政府直接把钱给候选人，不如给每个选民 25 美元—50 美元的代用券（Vouchers）。候选人只有收集到一定数量的代用券才能用之兑付现金。① 他认为这样既能避免富人的操纵，也能避免政府对选票极少者资助而产生浪费。

当然，各种改革能否治本，依然令人困惑。历史上各国为了遏制政治献金，尝试过许多政策，今后还会出现一些新的政策。但似乎无论什么样的政策，都难以阻止政治献金在选举政治中无孔不入的渗透。一些人发出了“洁净金钱”（Clean Money）和“洁净选举”（Clean Election）的呼声，希望创造一个既没有“硬钱”也没有“软钱”的选举局面。然而，从目前情况看，这似乎还是一种乌托邦。对于政治献金，既不能完全取消，又无法有效约束，这就陷入了一种困局。也许真正的出路在于跳出既有的选举形式，探索出新型的民主道路。

（原载于《江海学刊》2010 年第 2 期）

① Derek Bok, *The Trouble With Government*, M. A.: Harvard University Press, 2002, p. 260.

民主代表的“标准解释”及其新进展

林奇富　王　钰*

近代以来，民主代表的主要功能是解决民主授权与政治责任，即权力的合法性来源和民意回应问题。可以说，近代政治理论家无论是霍布斯、柏克、西耶士、密尔，还是联邦党人和反联邦党人，争论的焦点都在代表与被代表者（选民）的关系层面，即代表如何产生和如何行动。当代政治理论家汉娜·皮特金对此给出了经典的、开创性的理论解释，她的解释包括“授权”、“责任”和“为他人利益而行动”等三个层面①，皮特金的理论阐释被后来的政治学者誉为民主代表“标准解释”②。这一标准解释是建立在委托—代理二元分析结构基础之上的，即代表必须经选民选举的正式授权、为选民的利益而行动并承担起相应的民意回应责任。尽管代表在如何为选民利益而行动的层面上，存在独立论与委托论的模式争论，但这一区别并没有改变上述判定民主代表的三个标准。从某种意义上，标准解释构成了理解民主

---

* 作者简介：林奇富，1975 年生，法学博士，吉林大学政治学系主任、副教授，国家治理协同创新中心副主任；王钰，1988 年生，吉林大学行政学院硕士研究生。

① Hanna F. Pitkin, *The Concept of Representation*, Berkeley: University of California Press, 1967.

② Andrew Refeld, “Towards a General Theory of Political Representation”, *The Journal of Politics*, 68 (1), 2006.

代表的制度（institutional perspective）和法理（juridical perspective）视角。①

伴随着民主化进程的发展，各国针对本国国情设计并发展出各具特色的政党、选举与代议制度，在民主实践中代表的模式也呈现诸多新变化和新特征，这就使既有的“标准解释”很难解释民主代表发展的新态势。如已当选代表为再次当选的需要，背离其初次当选承诺而弱化了传统的责任标准；有时候在一个选区提名的候选人并非在本选区当选，也使授权和责任呈现出新的特质；而具有鲜明党纪的国家，民主代表对本党信念和政策的忠诚远远高于对选民意愿的忠诚，这就在一定意义上稀释了“为他人利益而行动”的行动原则等。所有这些新出现的民主代表特征，从某种程度上都说明传统的标准解释已很难对民主代表的新发展做出准确、清晰而全面的回应，也就是说传统的标准解释遮蔽了民主代表的诸多新元素。这在20世纪80年代以来比较政治的经验研究成果中，已有较为充分的成果展示。哈佛大学政治学教授曼斯布里奇正是在检视80年代以来经验研究成果的基础上，提出了她对民主代表的新分类。这一分类标准甫一提出，就引发了政治学界的反思与争鸣。其中，美国华盛顿大学雷菲尔德教授就曾在《美国政治科学评论》上，就代表模式的分类标准与曼斯布里奇展开了充分的学术争论，并提出各自的分类标准以解释民主代表的新发展。②

目前，国内学术界对民主代表的讨论基本上还停留在传统的委托—代理二元分析结构，遵从独立论或委托论的模式分类标准，并没

① Nadia Urbinati, “Political Representation as a Democratic Process”, *Redescriptions* (*The Yearbook of Political Thought and Conceptual History*), Vol. 10, 2006, pp. 18 – 40.

② 《美国政治科学评论》在2003年、2009年和2011年相继发表了曼斯布里奇与雷菲尔德围绕代表模式及其分类标准的四篇学术争论，分别是：Jane Mansbridge, “Rethinking Representation”, *American Political Science Review*, 97 (4), 2003; Andrew Rehfeld, “Representation Rethought: On Trustees, Delegates, and Gyroscopes in the Study of Political Representation and Democracy”, *American Political Science Review*, 103 (2), 2009; Jane Mansbridge, “Clarifying the Concept of Representation”, *American Political Science Review*, 105 (3), 2011; Andrew Rehfeld, “The Concepts of Representation”, *American Political Science Review*, 105 (3), 2011。

有出现超越民主代表标准解释的相关主题。本文试图弥补国内学术界在民主代表分类标准上讨论的不足，拓展民主代表研究的视野。具体来讲，本文将在当代民主发展的视野下，阐释民主代表的新模式及其分类标准上存在的争议。论文包括两方面的内容，首先阐释皮特金对民主代表"标准解释"的理论内涵及其相关分析要素；其次是展示当代民主理论家在代表新模式和分类标准上的争论和理论进展，并将集中讨论曼斯布里奇和雷菲尔德这两位当代民主理论家对代表模式分类的新标准。

民主代表的"标准解释"

作为第一个全面、系统阐释代表概念的政治学者，皮特金的影响是巨大的。她从代表一词的语义出发，综合运用概念史的分析方法，以霍布斯的代表理论为切入点，考察了人们熟知的代表概念在不同语境下的多样性政治内涵及其冲突。皮特金对政治代表分析的突出贡献在于她细致地区分了代表的不同形态，并从形式和实质两个维度对代表做了类型学的划分：从形式维度上讲，代表包括授权和责任两个层面，这两个层面也从时间序列上界定了代表的起始与结束；从实质维度上讲，代表又包括象征与行动两个层面，分别体现选民对代表的心理认同与利益期待。此外，她还根据代表与选民间的关系，将行动层面的代表区分为独立模式与指令模式等两种类型。①

透过皮特金对代表概念分析的整体框架，可以发现她主要关注了以下主题：（1）形式维度的代表，关注的是代表如何获得被代表者的授权以及如何促进和检验代表对授权者的责任（如再次当选的压力）；（2）象征维度的代表，关注的是代表的主体资格与选民的心理认同，

① Hanna F. Pitkin, *The Concept of Representation*, Berkeley: University of California Press, 1967.

即什么样的人可以成为选民的代表；（3）行动维度的代表，关注的则是代表应如何行动，是自主按照他对公共利益的独立理解来促进公共福祉，还是仅仅充当选民的代理人、使者甚至仆人，进而传达和实现被代表者的意愿？由是观之，“授权”、“责任”和“为他人利益而行动”构成了皮特金对民主代表概念的三个基本解释标准。[①] 值得注意的是，皮特金对政治代表的讨论是基于民主的背景展开的。而且，她还有意识地提出，关于代表的争论非常复杂，每一种代表的形态都有其内在逻辑与理由，任何一种代表形态都不足展示代表的全部，所以唯有将各个层面的代表所展示的基本内涵和逻辑揭示出来，才能理解作为整体的代表概念体系。[②]

20 世纪 70 年代，伯奇（A. H. Birch）提出了另一种解释维度，即回应性。将回应性作为一种对民主代表的解释维度，在后来的学者中取得了较大的认同，20 世纪 80 年代以来大部分的研究和讨论，都将回应性纳入民主代表分析范畴之列。伯奇认为，以回应性为分类标准可以更接近代表概念体系的“真实本质”，并根据代表对选民的回应性程度的强弱，梳理了各种既有的代表模式。伯奇提出，在整个政治代表的概念体系中，依据代表对选民的回应性程度，由强到弱分别是：委任代表（delegated representation）、选举代表（elective representation）、微缩代表（microcosmic representation）、象征代表（symbolic representation）等。[③] 伯奇的贡献在于他从政治代表的现实经验中抽象出代表的回应性分类标准，并援引诸多具体案例给予充分的论证和说明，这为后来研究者侧重从实际政治过程和效果分析代表的模式变化提供了新思路。事实上，从 20 世纪 80 年代到 90 年代末，出现了众多

① Hanna F. Pitkin, *The Concept of Representation*, Berkeley: University of California Press, 1967.

② Hanna F. Pitkin, *The Concept of Representation*, Berkeley: University of California Press, 1967.

③ A. H. Birch, *Representation*, New York: Praeger Press, 1972.

以授权、责任以及回应性等维度为解释标准的实证研究成果。

对于民主代表的“标准解释”，哈佛大学的曼斯布里奇教授做了较好的总结。她认为，标准的代表模式始终着眼于这样一种观念：将代表首次竞选期间对选民做出的承诺（promissory）作为分析的立足点，这种承诺使投票人对远方的代表保持着一种法律上或道德上的约束。代表应基于承诺对他的选民负责、接受选民的约束。他们或遵循选民的指令行事，或按照选民的意愿履职，或致力于促进选民的长期或整体利益表达。这一模式从总体上使代表与选民呈现出线性（linear）权力关系：基于代表的当选承诺，选民在第一次选举期间对代表做出授权；而选民也将根据代表在第一次选举期间做出的清晰或模糊的承诺，在下一次选举中对代表是否再当选做出奖励或惩罚。曼斯布里奇将这种民主代表模式称为约定型代表（promissory representation）。① 通过曼斯布里奇的分析和总结，可以清晰地看出约定型代表中所内涵的皮特金“标准模式”的全部理论内涵，即代表和选民间权力关系，无论在时间上，还是在空间序列中，都确保了“授权”、“责任”和“为他人利益而行动”三者的有效统一。

民主代表的三种新模式

在总结过去20年实证研究成果的基础上，曼斯布里奇教授2003年在《美国政治科学评论》发表了《代表的再思考》一文，标志着民主代表模式的分类标准研究的新进展。② 曼斯布里奇提出，在过去20年来的实证主义研究成果中，至少已经形成了三种可辨明的、不同于“标准模式”的新模式，分别是预期型代表（anticipatory representa-

① Jane Mansbridge, “Rethinking Representation”, *American Political Science Review*, 97 (4), 2003.

② Jane Mansbridge, “Rethinking Representation”, *American Political Science Review*, 97 (4), 2003.

tion)、自主型代表（gyroscopic representation）和代理型代表（surrogate representation）。为了分析这几种代表模式，曼斯布里奇将选举分为三个时间段，Time 1（第一次选举）、Time 3（下一次选举）以及Time 2（两次选举之间的时期）。相应地，她把Time 1、Time 2和Time 3时的选民，分别定义为V_{T1}、V_{T2}和V_{T3}；将民主代表分别定义为R_{T1}、R_{T2}和R_{T3}。在民主代表的标准解释（约定型代表）中，人们关注的焦点在于代表竞选中对选民作出的承诺，即执政期间的民主代表应代表的是第一次选举阶段的选民V_{T1}，选民之于代表的权力关系是前瞻性的（forward looking）委托或代理关系，选民期望代表履行其竞选时所作出的承诺和责任。这种直线性的权力关系（$V_{T1} \rightarrow R_{T2}$），可以解释为选民通过选举（Time 1）将权力委托给代表R_{T1}，代表R_{T2}应基于当选时（Time 1）的承诺，对选举他的选民（V_{T1}）承担责任。

预期型政治代表重点剖析已当选代表R_{T2}在履职期间的表现，与约定型代表中选民的权力是前瞻性的相比，这类代表更加关注的下次选举时“未来选民”的偏好，即选民V_{T3}的偏好变化，并将这些偏好作为其行动的目标。在这种模式下，选民对代表的权力关系呈现出回顾性（backward looking）特征，即执政期间代表R_{T2}关注和分析的是下一次选举的选民（$R_{T2} \leftarrow V_{T3}$）。也就是说，控制和引导代表行动的主体实际上已经发生了变化，由第一次选举期间的选民V_{T1}转变为下一次选举的未来选民V_{T3}。当然，如果选民群体的偏好持续稳定，两次选举间的选民则没有重要区别；但是，当两次选民群体的偏好不稳定时，执政期间的代表会很容易产生这样的动机，即以主观把握下一次选民V_{T3}的偏好特征来指导其行动。这就使标准解释的责任对象在主体上发生了位移，在初次当选时代表对V_{T1}承诺的内容，也发生重要的变化：代表R_{T2}的行动并不完全根据自己当选时（Time 1）对选民的承诺，而主观地用下一次选举（Time 3）的未来选民V_{T3}偏好替代上次选举选民V_{T1}的偏好。也就是说，预期型代表的权力关系具有了较大互动性（$R_{T2}a \leftrightarrow V_{T2}a \leftrightarrow R_{T2}b \leftrightarrow V_{T2}b \leftrightarrow etc. \leftrightarrow V_{T3}$）。并且，在预期型代表模式中，代表与选民的协商关系明显，代表更关注变化中的选民偏好走向。①

自主型代表模式的政治实践来源于许多以鲜明党纪为特征的民主国家，这一类型的代表坚持特定的方向和目标，他们像陀螺一样在自己的轴心上轮流更替。他们之所以这样做，是源于他们对政党宗旨和原则的忠诚，因为如果违背了本党的原则和方向，他们会受到政党的惩罚而失去下一次被政党提名为候选人的机会。在自主型代表模式中代表的偏好由政党内部决定，而不为选民的偏好所诱导。选民对代表的控制，很大程度上就转变为选民对政党目标和行动的控制。在前两种代表模式中，选民投票会引起代表行为的变化，但在自主型代表模式中，选民投票改变的是立法机构或更大的政治组织，即系统（system）。也就是说在这种政治体系中，选民只有通过选举投票改换代替其执政的政党。所以，自主型代表模式中的选民权力是直接作用于政治系统之上的（$V_{T1} \rightarrow SYSTEM_{T2}$），选民通过改变系统来改变代表的构成。这就迫使选民想要做出改变的努力，必须放在参选政党的目标和行动上，而不是作为单个的民主代表。由此可见，这一类型的代表与选民关系分析，必须加入政党的因素，因为政治代表对政党的责任要远远高于他们对选民的责任，这是一种深层次的团体归属和行动目标。实际上，这也在很大程度上疏离了选民与代表间的紧密联系。有的分析就明确指出，这种选举制度的“国会议员不考虑选民”②“选民对代表的约束几乎不存在”③，传统标准解释中选举所内涵的责任和回应性

---

① Jane Mansbridge, “Rethinking Representation”, *American Political Science Review*, 97 (4), 2003.

② John W. Kingdon, *Congressmen's Voting Decisions*, New York: Harper and Row, 1981.

③ James D. Fearon, “Electoral Accountability and the Control of Politicians: Selecting Good Types Versus Sanctioning Poor Performance”, in *Democracy, Accountability, and Representation*, ed. Adam Prezworski, Bernard Manin, and Susan C. Stokes, Cambridge: Cambridge University Press, 1999.

价值也被大大降低了。曼斯布里奇认为，自主型代表也不同于柏克的独立代表。在柏克的独立代表中，代表被看作政治家，他们关心的是整个国家的利益，不是某个区域、团体或个人的利益偏好。但在自主型代表中，选民选举代表仅仅是因为代表与选民有着共同的政策偏好或目标，或者是为了选择这样的代表来增强自身的利益。①

代理型代表是指作为一个选区获得提名的代表，在本选区并没有得到多数支持，相反却在另一个选区中当选。这就使代表与本选区的选民没有产生直接的选举权力关系，而代表却与其他选区的选民存在着直接的权力与责任关系。这种代表模式源于维斯伯特（Robert Weissberg）的集体代表（collective representation）②、戴维·金（David King）的组织代表（institutional representation）和柏克的独立代表（virtual representation）③。选举经验表明，当代表在选区 A 没有当选时，可能在选区 B 获得多数票而成功当选。因而，代表与选区 A 的选民之间既然没有产生直接的责任关系，也没有发生直接的权力关系（$V_{T1} \to 0$）。民主代表只与对他的当选贡献了财物或其他好处的选区 B 的选民存在着直接的权力与责任关系。此外，代理型代表也有可能是某些特殊群体或组织的利益代表，这些特殊群体或组织如妇女群体、移民群体、环境保护主义组织或同性恋者等。④ 这些特殊族群团体成了代理型代表的坚定支持者，某种意义上他们的出现，不仅表征了全球化时代族群关系的多元与冲突状况，还能使少数族群的重要观点得到有效体现，并在客观上影响诸多立法和政策议程。

---

① Jane Mansbridge, "Rethinking Representation", *American Political Science Review*, 97 (4), 2003.

② Robert Weissberg, "Collective vs. Dyadic Representation in Congress", *American Political Science Review*, 72, 1978.

③ David King and Esther Scott, *Catastrophic Health Insurance for the Elderly*, Cambridge, M. A.: Kennedy School of Government Case C18 - 95 - 1278. 0.

④ Jane Mansbridge, "Rethinking Representation", *American Political Science Review*, 97 (4), 2003.

当代民主选举和政治生活中出现的这三种代表新模式，在不同程度上偏离了传统的以“授权”、“责任”和“为他人利益而行动”的解释标准（如表1所示）。甚至偏离了以选区为基础的聚合性利益表达的特征，纳入了更多的协商性民主要素，并从整体上将选民与代表的互动性层面呈现出来。曼斯布里奇指出，传统的立足于代表与选民关系的二元标准解释，已无法提供一套对民主代表新模式的系统解释。而且，在当代民主政治体制中，合理的代表方式应该是多元的，而不是一元的，这就需要我们提出一套更具系统性、兼容性的理论规范与解释标准。

表1　代表的模式（Forms of Representation）

	约定型代表	预期型代表	自主型代表	代理型代表
争论的焦点	委托选举	改选并先于期限	授权选举	立法机构的构成
权力的方向	作用于代表（前瞻性）	作用于代表（回顾性）	作用于系统	并非为了选民：仅仅为了贡献者
规范标准	遵守承诺	代表和选民间协商的质量	当选期间协商的质量；减少选择，维持和免职	与冲突利益的人口比例相适应的代表；重要观点的有效代表
传统责任	有	无	无	无

资料来源：Jane Mansbridge，“Rethinking Representation”，*American Political Science Review*，97（4），2003。

雷菲尔德的再分类

在对标准解释的传统“委托—代理”二元结构分析中，无论是坚持代表的独立模式，还是信奉代表的指令模式，评判代表的规范标准都聚焦在当选的承诺上，这种承诺或基于代表的独立判断，或遵从选民的指令行事，从本质上代表都不应偏离当选时所做出的承诺。应该讲，曼斯布里奇不仅总结出民主代表的新模式，还剖析了新模式对传统标准模式的冲击，揭示出每一种代表模式的内在潜在权力关系，从而突破了长期以来民主代表分析的二元结构。曼斯布里奇清晰地界定出代表与选民的权力关系在不同时间和空间上所呈现的变化特征，以及代表与选民间“协商模式”或“选择模式”[1] 在当代民主实践中的意义，从而在一定意义上赋予了民主代表分析以多元的视角。在民主代表新模式中，预期型代表需要与选民保持一种常态性的、有效的沟通与协商，以掌握未来选民的偏好，主动适应或改变选民偏好，从而实现再次成功当选。伴随全球化时代出现的诸如移民、人权或环境保护等多元族群团体，体现了各种基于不同文化或族群的结构性偏好、利益或价值，也需要在政治体系中以适当的自主型或代理型代表进行协商和调适，以确保这些结构性偏好出现在议会辩论和民主竞争的政治场域之中。曼斯布里奇还指出，三种代表新模式与传统的标准模式是兼容共存而非彼此对立的。标准模式期望的是代表能够及时有效地回应选区选民的聚合性偏好，在代表与选区选民间保持一种时间和空间上的持续性；预期型代表则重在改选时代表能与未来选民保持高度的一致性；在自主型代表中，选民经常性地期待代表能利用其重要的判断力，在立法层面建构起有效的协商与妥协，以重塑支持其选民群体的基本立场和偏好；而代理型代表则作用于整个系统，选民可期待他们来改变政体的组成部分。这四种类型的代表各有侧重，他们是对传统代表模式的有效补充而非替代，分别在代表体系的各个关键节点上发挥作用：选举时刻、（两次）选举期间和政治体系层面，他们的出现使选民（投票者）可以根据自己的偏好平等地加以衡量，如预期型代表可以较好地适应变革的社会秩序，自主型代表适宜对那些非具体化的利益展开有效的协商，而代理型代表则可以直接作用于系统层面的民主立法。此外，代表的不同模式间互相影响，可随着时间推移相互转化。一个约定型代表完全可能在任期内转变为预期型代表，而一个自主型代表也可能迫于信任危机，转变为约定型代表等。[2]

---

① Jane Mansbridge, “Clarifying the Concept of Representation”, *American Political Science Review*, 105 (3), 2011.

② Jane Mansbridge, “Rethinking Representation”, *American Political Science Review*, 97 (4), 2003.

曼斯布里奇从民主经验出发对代表模式的重新评估与分析，引发了学术界的反思。雷菲尔德指出，曼斯布里奇的分析尽管在批评传统的二元分析结构时有意义，但她也将代表的分析引入了更为复杂的境地，因为她将选民与代表的权力关系一分为二，既是武断的，也不合于实际。① 与曼斯布里奇一样，雷菲尔德也不认同传统“委托—代理”的二元分析结构，认为传统的分析已经无法适应当代情境。② 不过，雷菲尔德更赞同从规范角度提出分类标准和理由，他认为传统的二元分析结构，简化并遮蔽了对代表而言至关重要的三个核心层面，即“代表的目标”、“判断的来源”和“代表的回应性”。所谓代表的目标指的是代表致力于整体的善，还是部分人或选区的利益；判断的来源指的是由谁来决定代表的判断，是自恃地依赖自己的判断，还是遵从选区选民的观点进行判断；代表的回应性指的是代表基于再次当选压力，而产生的对选民制裁的回应程度（见表2）。雷菲尔德提出，如果不将这三个层面的内容加以清晰化，就很难对代表体系有一个准确的理解。相反，如果我们将“代表的目标”、“判断的来源”和“代表的回应性”等三个层次的所有内容都考虑进去并加以匹配，将呈现出更加清晰、全面和准确的八种代表模式。③

表2　　　　类型、名称和三者区别的描述

类别	名称	描述
立法的目的	共和主义的目标	旨在促成更大的利益（经常这样但未必是考虑国家利益）
	多元主义的目标	旨在促进一部分人的利益（但未必是选区选民的利益）
判断的来源	自恃的判断	依靠自己的判断
	依赖他人的判断	依赖于他人的判断

① Andrew Rehfeld, “Representation Rethought: On Trustees, Delegates and Gyroscopes in the Study of Political Representation and Democracy”, *American Political Science Review*, 103 (2), 2009.

② Andrew Rehfeld, “The Concept of Representation”, *American Political Science Review*, 105 (3), 2011.

③ Andrew Rehfeld, “Representation Rethought: On Trustees, Delegates and Gyroscopes in the Study of Political Representation and Democracy”, *American Political Science Review*, 103 (2), 2009.

续表

类别	名称	描述
回应能力	自主的回应	对惩罚的回应程度低
	诱导式的回应	对惩罚的回应程度高

资料来源：Andrew Rehfeld，“Representation Rethought：On Trustees，Delegates and Gyroscopes in the Study of Political Representation and Democracy”，*American Political Science Review*，103（2），2009。

从表2我们可以看出，雷菲尔德将代表的目标区分为两种类型，分别是共和主义的（其代表性思想家如佩迪特、森斯坦等）和多元主义的（其代表性思想家如达尔、杜鲁门），共和主义者强调最大的善（如国家的整体利益），而多元主义倡导部分的善（如选区选民的利益）；判断的来源分为自恃的判断和来源于他人（选民）的判断；代表对惩罚的回应也分两种，一种是较少回应惩罚的自主性代表，另一种是对惩罚有着较强回应性的诱导性代表。根据影响代表行动的三个核心层面的分解和组合，雷菲尔德得出了八种典型的代表模式，分别是：A. 柏克式受托人；B. 公务员；C. 麦迪逊式立法者；D. 反联邦党人；E. 志愿者；F. 使节；G. 专业人士；H. 简单的代理人①（如表3所示）。

表3　代表模式的概念图式

	对惩罚较少回应 如自主型代表、曼斯布里奇选择模型		对惩罚积极响应 如诱导式代表、实证研究的假设	
	依赖自己的判断	依赖他人的判断	依赖自己的判断	依赖他人的判断
共和主义者的目标，如佩迪特、森斯坦	A. 柏克式受托人	B. 公务员	C. 麦迪逊式立法者	D. 反联邦党人
	寻求整体利益、依赖自己的判断、对惩罚较少回应	寻求整体利益、依赖他人的判断、对惩罚较少回应	寻求整体利益、依赖自己的判断、对惩罚积极响应	寻求整体利益、依赖他人的判断、对惩罚积极响应

① Andrew Rehfeld，“Representation Rethought：On Trustees，Delegates and Gyroscopes in the Study of Political Representation and Democracy”，*American Political Science Review*，103（2），2009.

续表

	对惩罚较少回应 如自主型代表、曼斯布里奇选择模型		对惩罚积极响应 如诱导式代表、实证研究的假设	
	依赖自己的判断	依赖他人的判断	依赖自己的判断	依赖他人的判断
多元论者的目标，如达尔、杜鲁门	E. 志愿者	F. 使节	G. 专业人士（医生、律师、财务顾问）	H. 简单的代理人
	寻求部分人利益（通常是他们的选民）、依赖自己的判断、对惩罚较少回应（通常，因为认为是正确的做法）	寻求一部分人的利益（通常是他们的选民）、依赖他人的判断、对惩罚较少回应	寻求一部分人的利益（通常是他们的选民）、依赖自己的判断、对惩罚积极响应	寻求一部分人的利益（通常是他们的选民）、依赖他人的判断、对惩罚积极响应

资料来源：Andrew Rehfeld，“Representation Rethought：On Trustees，Delegates and Gyroscopes in the Study of Political Representation and Democracy”，*American Political Science Review*，103（2），2009。

简略评述

首先，雷菲尔德与曼斯布里奇的争论焦点主要集中在代表的分类标准和模式上，以及我们是否要建构一个实质性的代表概念。[①] 曼斯布里奇从经验出发，根据选民与代表权力关系的时空样式、责任的承担程度以及协商要素的融合要求等，提出了他的解释标准和分类模式；曼斯布里奇认为，如果我们不能找到一些逻辑上具有独立特征的经验性例证，任何对于代表的实质性概念在经验上是没有用的。[②] 而雷菲尔德则拒绝直接从经验出发，提出我们必须从规范的意义上把握代表的内涵，而不应被简单的经验限制，否则我们将无法清晰地理解代表的本质。雷菲尔德据此提出了代表概念所内涵的三个核心层面：代表

① Andrew Rehfeld，“The Concept of Representation”，*American Political Science Review*，105（3），2011.

② Jane Mansbridge，“Clarifying the Concept of Representation”，*American Political Science Review*，105（3），2011.

的目标、判断的来源以及对惩罚的回应性，并以此为基点，分析了三个核心层面的六个不同侧重点，总结出八种代表模式。雷菲尔德认为传统的独立与指令模式只是其中的两种，仅以这两种模式无法充分体现现实政治生活中代表的多样性。雷菲尔德承认从经验中总结代表模式具有一定的意义，但如果仅以经验来指导概念的设计会有很大缺陷，正如如果我们在1850年时从经验中总结民主代表模式时，就很容易陷入只有男性代表这一事实，从客观上拒绝女性成为代表的任何理由。所以，当我们在设计和评判代表模式时，还是应该从规范出发，因为"概念不应该只受限于实践的样式，而不告诉究竟我们应该如何发展它们"①。的确，自从民主代表出现伊始，这个概念本身就承载着太多的价值，如权威、责任、同意、利益、回应性、认同以及政策等，任何基于经验的简单提炼和分类都容易掩盖政治代表背后复杂的内涵。

其次，不论是皮特金对民主代表的"标准解释"，还是曼斯布里奇从当代实证研究中对"标准解释"所做出的拓展解释，都是把民主与代表的关系视为一个必然的、稳定的"联姻"，多多少少"把民主与代表划了等号，或者至少与代议制政府划了等号"②。也就是说，她们的研究成果很大程度上没有摆脱民主代议制的政治情境，还是以议会为中心、从民主视角理解政治代表。对于这一点，皮特金在后来的一篇论文中做了反思，她认为实际上民主与代表有着"完全不同甚至彼此冲突的历史"，它们存在一些"不确定的关系"。③ 也就是说，单纯在选举民主的议会制框架内对代表做出解释是不全面的。对于这个问题，雷菲尔德在2006年的一篇文章中，就意识到了。他在文章中指出，代表是一种普遍存在的政治现象，民主代表只是代表在拥有民主

---

① Andrew Rehfeld, "The Concept of Representation", *American Political Science Review*, 105 (3), 2011.

② Hanna F. Pitkin, "Representation and Democracy: Uneasy Alliance", *Scandinavian Political Studies*, 27 (3), 2004.

③ Andrew Refeld, "Towards a General Theory of Political Representation", *The Journal of Politics*, 68 (1), 2006.

制度的特定历史时期、特定国家中存在。如果我们从开始就预设民主与代表的内在联系性，从科学研究所崇尚的严谨性上说，是不全面的。① 这就要求我们提供一种更为宏观的、新的解释框架，以超越“标准解释”的民主局限。但是在这篇文章中，他也只停留于对政治代表的一般性概念讨论，并没有就普遍意义上的政治代表模式提出更细致的分类标准。②

最后，从雷菲尔德与曼斯布里奇的学术争论中，我们可以看到雷菲尔德重视从规范角度对代表做出重新分类，这在一定意义上超越了曼斯布里奇仅从经验中归纳和提炼出代表模式的局限性。应该讲，雷菲尔德对代表的再分类，体现了他对超越民主规范的解释政治代表，提出新的规范标准的宏伟学术理想，但也存在着一些不足。检视雷菲尔德与曼斯布里奇的争论，尽管雷菲尔德的八种代表模式中有几种与民主并无必然的联系，但他所提出分类标准的预设前提还是代议制民主中的“核心规范问题” （central normative problem of democracy）③，即公民偏好与法律的冲突问题，关注的重点仍然是选民与代表关系。也就是说，雷菲尔德首先是在民主的前提预设中，提出他的分类标准。这种从民主规范出发推演普遍性政治代表的分类标准，存在着从特殊性延伸普遍性的逻辑不当。应该指出的是，雷菲尔德反对将代表行动与选民偏好直接对应起来的分析是有意义的，正如他在文章中所指出的那样，“在公民偏好与法律之间并非简单的一一对应关系”④，之所以存在各种对于代表概念和分类标准的模糊性界定和争议，其中重要

---

① Andrew Refeld, “Towards a General Theory of Political Representation”, *The Journal of Politics*, 68 (1), 2006.

② Andrew Refeld, “Towards a General Theory of Political Representation”, *The Journal of Politics*, 68 (1), 2006.

③ Andrew Rehfeld, “Representation Rethought: On Trustees, Delegates and Gyroscopes in the Study of Political Representation and Democracy”, *American Political Science Review*, 103 (2), 2009.

④ Andrew Rehfeld, “Representation Rethought: On Trustees, Delegates and Gyroscopes in the Study of Political Representation and Democracy”, *American Political Science Review*, 103 (2), 2009.

的缘由是近代以来所引入的选举和民主代议制将代表作为调节立法、法律与公民偏好的政治设计，进而将代表推向了公民偏好、立法与法律关系的前台。这就使人们试图在整个民主政治体系中要解决的公民与法律关系，简化为简单制度层面上的代表与选民关系，使争议的论题远离了问题的本质，其直接后果就是使对民主代表的诸多理解变得更加复杂。

（原载于《江海学刊》2016 年第 1 期）

公共数据权和政治民主

程同顺　史　猛*

政府在自身运行和履行公共职能的过程中采集和掌握了巨量的数据资源，这些数据在一般情况下是一种公共资源。在大数据时代，数据已经成为关键性的增长与变革的驱动者，深度挖掘政府公共数据可以产生巨大的社会经济价值，公共数据权正逐渐成为人民的一项基本权利，它对政治民主和社会公平正义将发挥越来越重要的积极作用。

数据民主：一个新的透视

数据民主既可以被描述为一种社会思潮，也可以被理解为一种政治运动。就社会思潮而言，数据民主是民主理念在公共数据领域的延伸，强调公共数据资源的共享是信息社会一项基本的公民权利。作为一种政治运动，数据民主通过较为温和的社会动员运动，推动政府主动开放所独占的公共数据以共享于全社会，从而实现公共数据“取之于民而用之于民”的效用。此外，数据民主要想避免乌托邦式的悲剧，需要搭建较为完备的政府数据开放平台。

---

* 作者简介：程同顺，1969 年生，南开大学周恩来政府管理学院副院长、教授、博士生导师；史猛，1991 年生，南开大学周恩来政府管理学院博士研究生。

（一）民主理念在数据领域的延伸

人类从未停止对于民主的追求，并且不时地把政治领域的民主精神——自由、平等、参与和权利等——扩大适用到其他诸多领域，探索出诸如工业民主、生态民主和校园民主等新形式。当前人类社会已经步入了大数据时代，大数据在改善人们认知、交往和互动方式的同时，也日益成为影响现实政治权力结构与利益资源分配的重要因素。然而，对于普通民众而言，大数据的采集与应用尚处于被动的局面，尤其是与自身息息相关的公共数据更是难以获得，这与民主的精神内涵和时代价值是不同步的。蓬勃发展的大数据促使人们深刻思考有关数据政治的问题，在反思中萌发了数据权利的政治观念，对于掌握和使用公共数据的民主诉求日益强烈。人类对于民主的需求再次扩展，数据民主正是对这一强烈需求的回应。数据民主不仅仅是对公共数据采集、整合、开放、共享和增益的民主化要求，更是对“开放、自由、平等和共享”价值观念的倡导。

需要强调的是，数据民主既不等于网络民主，也不是一般意义上网络民主的次级属概念。网络民主是指“以网络为媒介的民主政治”，是通过网络媒介将现实民主活动在网络空间加以实践的一种形式，强调以高频度的直接参与和无层级的直接互动为主要途径，其突出特征是为公民参与政治提供了一个突破时空局限的“对话广场”①，比如“微博问政和议政”，再如中国政府网开通总理“留言板”开创网络问政新渠道等。不过，从工具理性的视角出发，网络民主只是拓展了现实民主政治的参与途径，算是对既有现实民主实践范式的补充。而数据民主则是聚焦于公共数据的民主化利用，虽在信息化格局下仍以网络为主要的实践平台，但以民主的精神、观念、规则和方式处理公共数据的形式却可以定义为一种独立的民主范式②，产生于人们对基于

① 郭小安：《网络民主的概念界定及辨析》，《天津行政学院学报》2009 年第 3 期。

② 徐圣龙：《大数据与民主实践的新范式》，《探索》2018 年第 1 期。

法治和程序原则收集、处理和开放公共数据和基于自由平等原则共享公共数据的新的民主需求，尤其是在近十年来大数据已经在很大程度上重塑了生产和交往的情况下，数据民主如果能够在具体实践中得以落实则会大大拓宽民主的外延。

（二）公共数据由独占向共享的进步

民主即“人民的统治”，意味着国家主权由君主独裁占有或少数贵族寡头共有向全体人民共享转变。近代以来，民主从思想理论向国家制度的转化伴随着反对神权、反对专制和争取选举权等一系列政治斗争，可以说，民主化就是一个争取权利的过程。在民主制国家中，政治上的独裁早已销声匿迹，但其他领域的权利独占却往往有迹可循，公共数据由政府各部门垄断的情况就是很好的例子。政府在履行公共职能的同时会收获体量巨大的公共数据资源，据统计，政府数据在全部数据中的占比很高，美国联邦政府商务部下属的美国普查局所拥有的数据总量远远大于全世界最大的零售巨头沃尔玛。然而，公共数据被严重地分割在不同政府部门之间，不同层级与不同部门间囿于缺乏数据存储规范标准而形成“数据孤岛”，加之有些数据因涉及部门利益而缺乏开放的动力，最终形成一个政府垄断但缺少整合与分析而严重浪费的公共数据格局。但是，就其本质来看，政府所拥有的公共数据是一种属于人民的公共财产，应该在保障国家安全、个人隐私和企业商业秘密的前提下，让这些数据回到人民群众中去。从这个意义上讲，数据民主就是一场争取公共数据权利由政府部门垄断向全体人民共享的运动。马太效应下的大数据进程很容易形成“信息鸿沟”，普通民众往往因处于数据边缘化的地位而不能够很好地享受到大数据所带来的科技红利，民众自身权益的“相对剥削感”日益强烈。与此同时，大数据时代的来临也促进了民众数据权利的觉醒，一场要求公共数据共享的数据民主化抗争运动已然在世界范围内悄然兴起。

数据民主化的抗争运动不同于传统政治民主化多采取诸如“暴力

革命”、“游行示威”和“集会抗议”等比较激进的抗争手段，往往采取较为缓和的方式进行巧妙的社会动员，是在现实民主政治的大框架内重新定义公共数据归属的社会运动。从推动运动的主体结构看，并没有明确清晰的阶级划分。以英国为例，为了能够让政府真正意识到开放公共数据的必要性，“万维网之父”蒂姆·伯纳斯·李除了奔走呼吁之外，更是举办了一次公共数据的开发应用大赛，以此彰显全民数据共享的效果。同时，《卫报》也一直在为数据民主摇旗呐喊，在2006年刊发了《把皇冠上的明珠还给我们》一文，并常年开设“自由数据”（Free Our Data）专栏，旨在向全社会推广开放公共数据的概念。此外，成百上千名程序员利用现有公开数据义务开发免费的便民软件以强化民众对于公共数据开放的认知和支持，更是起到了数据民主化运动中生力军的作用。

（三）数据民主的现实载体是开放政府

君权神授信念体系下的专制政府往往会采取信息控制的方式打造神秘政府以增强其神圣性与合法性。虽然专制政府的神秘性在近代以来被社会契约学说中的人民主权理论予以系统性的颠覆，但通过行政信息控制与独占以求制造政府与公众“信息不对称”的局面，进而强化行政权力和优势地位这一政治逻辑却被近代民主政府在很大程度上沿用。诚如奥巴马在推动数据民主时所言，很长时间以来，我们已经习惯了为华盛顿这个城市蒙上一层神秘的面纱，数据民主正是揭开这层神秘面纱的关键之举。同时，如同其他任何范式的民主一样，数据民主同样需要借助于一定的载体才能实现，开放政府之于数据民主犹如定期选举、政党政治和代议制等制度之于政治民主，是一种兼具价值、组织和制度为一体的复合载体。

开放政府并不是一个新概念，但把政府专有的公共数据上传到专门的政府数据门户网站上及时地向公众公开，却是始于2009年奥巴马政府的《透明和开放政府》总统备忘录和Data. gov网站的正式上线发布。虽然该网站只有47组数据和27个数据分析工具，却是落实数据民主的重要一步。英国于 2010 年上线了 Data. gov. uk 政府数据网站，公布了 3000 多项民生数据，相较于美国的 47 组数据而言，英国的 3000 多项数据可谓质的飞跃，这与英国风生水起的数据民主化运动不无关系。[①] 此后，开放公共数据的数据民主化得到了普遍认可，美国、巴西、英国、挪威、墨西哥、印度尼西亚、菲律宾、南非八国在纽约成立了“开放政府联盟”（Open Government Partnership），截至 2015 年 5 月，该联盟已经有了 65 个成员国。值得指出的是，积极推动数据民主的并非只是西方国家，一些新兴民主国家，甚至是民主制度尚未完善的国家也在掀起“开放”政府的浪潮。其中肯尼亚在 2011 年建设的 Open Data. go. ke 公共数据开放网站就是最好的佐证。对于中国而言，虽然尚未建立国家层面的政府数据开放平台，但对公共数据的整体开放已经完成了顶层设计和制度建设。2016 年 2 月，中共中央办公厅、国务院办公厅印发了《关于全面推进政务公开工作的意见》，强调推进政府数据向社会有序开放。同年 9 月，国务院办公厅印发的《政务信息资源共享管理暂行办法》为政务信息系统互联和公共数据共享提供了制度支持，并且各级政府也创建了政府网站。北京、上海、武汉、广州等政府及国家林业局、国家统计局和中国气象局等部门已经开展了公共数据开放的有益尝试，为国家层面的公共数据开放进行了必要的积累。总之，数据民主化已经在全世界范围内得到了各国政府的有效回应，形式各异的政府公共数据开放平台既是数据民主的有力载体，也是数据民主化运动的成果。

数据权：数据民主下的公民权利

数据民主的主要落脚点在于民众对数据权利的争取。那么，数据

① 涂子沛：《大数据：正在到来的数据革命》，广西师范大学出版社 2012 年版，第 271—274 页。

权是一种什么样的权利？学术界对这个问题的回应多从法学领域出发，比如，数据权包括个人数据权和数据财产权，涉及知识产权和商业秘密的提法。但是，这些定义是对私有数据的讨论，作为公共资源的政府公共数据更应该从民主政治的视角加以考察。因此，数据民主框架下的数据权应该是信息社会对公共数据资源的占有与使用的一项基本公民权利，这项权利一方面来源于公民履行的接受数据采集和支持数据采集而缴纳税款的义务，另一方面来源于政府数据从本质上属于人民的公共属性。按照主题分类，一般情况下公民对气象、水利等自然信息类，交通设施、旅游景点等城乡建设类，工商、人口等城乡治理统计类，水电气、出行等服务与民生类政府数据资源都有权知晓、使用和共享。当然，数据共享不包括涉及国家安全、商业秘密和个人隐私等的敏感数据。

数据权虽强调人民知晓数据的价值追求，但这并不意味着数据权是公民知情权在政府数据领域的翻版或简单升级。公民知情权是指公民依法享有要求国家机关公开某些信息的权利，更多地聚焦于政务信息的获得与知情，比如在决策、执行、管理、服务和结果方面的政务公开，落脚于透明政府的建设。而数据权强调的则是政府公共数据的共享与利用，一方面，在于人们对于公共数据的需求早已超越了提高政府运行透明度（知情）的阶段，更多的是利用和挖掘公共数据创造经济价值和社会价值；另一方面，公民拥有数据权则要求政府主动及时地公布数据，是从基于信息请求的被动公开走向数据主动公开的政府服务观念的升级。①

虽然在法理上尚未有关于数据权直接和明确的表述，但这并不妨碍数据权成为一项基本的公民权利，并且从数据权所覆盖的范围来看，其本质上是一个权利束，其利益来源于公共数据开放共享后利用数据

① 胡海波、高鹏：《面向用户服务的政府开放数据：一个概念性阐释框架》，《情报理论与实践》2018 年第 1 期。

所产生的价值增值。从这个角度看，数据权作为一种旨在分享公共数据开发成果的公民权利，其本质上是一个权利的混合体：它既可以是基于收益共享的发展权，也可以是行政数据化下的监督权，还可以是弥合信息不对称下的参与权。

（一）发展：数据流下的公共价值增值

每个人不仅要有生活的权利，更应该有权享受经济、社会、文化和政治发展所带来的更好地生活的权利，从个人发展的角度加以考察，数据权就是公民开发利用公共数据以及充分享受数据开放所产生的价值增值的权利。在大数据时代，数据已经成为推动社会进步的重要因素，通过对海量数据进行全局性的整理、深层次的挖掘和系统性的分析可以发现数据背后的规律和联系，能够在很大程度上重塑社会生产和生活的形态和方式，并创造巨大的社会效益，这个效益不仅应该更加公平地惠及全体民众，更应该在公共数据的不断开放中实现增值。从这个意义上讲，政府开放所掌握的公共数据是保障公民权利的义务和责任，反之，如果继续垄断公共数据则是阻碍公民权益实现的缺位行为，甚至是对公民应有权益的侵犯。因此，要明确人民是数据拥有者的权利主体地位，把对公共数据开放成果的追求内化为权利诉求，这就要求政府将垄断的巨量公共数据开放共享，在政府、公民、企业和社会组织协同开发下形成一条由原始数据收集、整理和分析转化为应用与服务的数据流，在这一过程中则会产生巨大的收益，对于与广大公众利益息息相关的公共价值的增值尤为关键。①

首先，对公共数据的应用开发，能够计算出民众的需求偏好从而为供给差异化的公共产品提供方案，也能够发现治安事件的发生规律以提升治安防控工作的预见性和立体性，还能够强化对各类公共安全风险的自动识别和预警能力来减少安全事故的发生，最终实现国家社

① Huber, S., The Fitness of OGD for the Creation of Public Value, *Conference for Democracy & Open Government*, 2014.

会治理的智能化。其次，对公共数据的应用开发能够培育出一系列多样化和聚合性的产品或服务。交通数据开放下的智慧交通就是很好的例子，智慧交通可以提供实时交通状况，让市民合理规划出行选择。总之，由开放公共数据衍生出的各类便民服务能够很好地提升民众的生活质量。最后，对公共数据的应用开发能够促进就业，一方面，信息技术产业会雇用大量的数据分析、开发人员促成直接就业；另一方面，公共数据开放所产生的经济效益对间接就业的促进更为显著。比如医疗数据的开放能够为美国带来超过三千亿美元的价值，这背后的就业十分可观，而就业是最大的民生。因此，民众能够依托数据权成为数据开放所产生的巨大公共价值的直接受益者，进一步实现更好地生活的权益。

（二）监督：原始数据的力量

民主社会中政府应该在人民的监督下行使权力，民主监督的广度和深度是考量一个社会民主程度的重要标准。信息之于民主，就如货币之于经济。信息不流通的社会民主制度只是个空壳，对政府的监督也就无从谈起，这意味着要想很好地实现对政府的监督，让政府官员更加负责任，人民就得掌握必要的政府信息。然而，信息在大多数情况下会保留解读者和加工者的主观意愿，同一个数据采用不同的加工、编码和解读方式会得到具有不同意义的信息，以行政事务信息、政策法规文件、办事流程为主要内容的政府信息公开虽然能够保障公民的知情权，但这些信息的可信程度有多高，对监督政府能起到多大作用，往往是不乐观的，世界范围内政府公信力呈现出普遍下降的趋势就是对这一问题的客观反映。

相比之下，数据是一种原始的和未经加工的记录，不带有明确意义，其真实性更加可靠，要求政府开放数据为人民监督政府开辟了一条新的且可行的通道。在大数据时代，政府运行的每一个节点包括职能履行、决策方式、工作效率、服务态度、任务落实和财政支出情况等都可以转化为数据，实现权力运行过程所有痕迹和记录可追溯、可查询。[1] 这些数据的力量不容小觑，通过这些数据可以看到政府各部门是如何运行的，它们该干什么、干了什么和干得怎么样，在数据面前一目了然，从而实现监督的智能化。并且，政府数据开放，尤其是行政和民生等领域的政府数据，不仅仅要开放一手的原始数据，更应该公布该数据的来源、产生和记录的方法等，以确保数据的真实性和有效性，起到深化监督的作用。

当前环境监测存在较为普遍的信任危机，人民群众并不相信政府公布的环保信息，一个很大的原因就是存在政府数据造假的现象，并且这类造假行为并不是直接篡改环保数据，而是在数据的采集上“暗下功夫”。如雾炮车对装有检测设备的地方重点关照，以至于出现了雾炮车冻住了环保大楼的尴尬现象；再如，把监测设备刻意安装在树林等地方，这样的数据根本就没有真实性可言。因此，如果政府在公布民生信息的同时将原始数据采集、处理等方式方法一同开放，上述造假现象必然会大大减少，政府就不会把数据当作“任人打扮的小姑娘”。总之，从监督的角度加以考察，数据权可以被描述为利用公共数据对政府公务活动开展民主监督的权利。

（三）参与：有效弥合信息不对称

人民主权并不意味着人民直接行使国家权力，只是对人民与国家的关系由服从—权威向委托—代理的重塑，在强调人民是国家权力主人的同时，并不否认政府是国家权力的实际运行者且拥有较为强势的治权。正因为如此，在政治现代化的民主进程中一直强调公民要有权参与国家和社会事务的管理，进而影响公共利益分配以实现自身利益诉求。从实践来看，人民的政治参与主要集中在以追求社会公共利益和公共需求为导向的社会公共领域，其中以参与公共决策为主要形式，如听证会、论证会和公民评议等。

然而，强势的治权往往会具有巨大的信息优势，出于自身利益考

---

① 殷剑:《大数据引领政府权力监督智能化》,《领导科学》2017 年第 36 期。

量的政府通常会有意隐瞒、虚构和片面处理一些信息，以便制造政府与人民之间信息不对称的事实，从而为人民的政治参与设置层层壁垒。以公用事业价格听证会为例，听证会是利益相关人参与决策的一种良好形式，但政府主导下的成本信息供给往往是从政府的视角出发的，能够在相当程度上营造一种“非涨不可”的氛围，严重打击了人民群众参与的积极性，甚至出现了听证会无人报名参加的局面。有些地方政府对此甚至持一种“乐见”的态度，使听证会囿于存在信息不对称而面临流于形式甚至操控民意的风险。

政府公共数据的开放能够很好地弥合信息不对称的难题。仍以公用事业价格听证会为例，政府公共数据开放能够清楚地披露公共产品的真实成本信息，价格上涨的根据及幅度再也不能是一本“糊涂账”，这样的参与才有意义，才能实现对切身利益的维护。除维护自身利益外，人民参与公共事务治理、承担公共责任同样需要公共数据开放，比如，志愿者可以根据社会治安数据编制治安地图提醒民众尤其是外来民众远离不安全区域。由此可见，数据权也可以是利用数据开放消弭信息不对称从而优化公民参与国家治理的权利。

推进数据民主面临的挑战及其对中国的启示

数据民主的理念在世界范围内得到较为普遍的认可，越来越多的国家也将政府公共数据予以开放共享，但推进数据民主仍然任重道远。具体到中国而言，数据民主所承载的共享发展、有效监督和深化参与等现实意义符合中国社会主义民主最广泛、最真实、最管用的价值取向，推进数据民主可以也应该成为不断发展社会主义民主政治的重要实践。

（一）推进数据民主面临的挑战

虽然数据民主时代的呼声，但是，如同政治民主发展一样，面临诸多挑战，只有正视这些挑战并予以正确的回应才能保持其快速发展的势头。总结来看，主要的挑战有如下三点。

第一，数据民主面临与国家信息安全之间的张力。数据共享和数据安全之间的张力是推进数据民主过程中不可回避的话题。数据安全，既是国家层面的安全也是个人层面的安全。在国家安全方面，数据公开坚持“以共享为原则，不共享为例外”，涉及国家秘密和安全的，按照相关法律法规予以保密。但即便如此，一些并非涉及国家安全与秘密的非敏感数据在大数据技术的聚合分析下仍然可能形成涉及国家安全的衍生数据，其破坏威力不可小觑。因此，除明确涉及国家安全的数据外，哪类数据应该保密也需要由国家安全部门去核实甄别，这样不但会加大安全部门的工作量，也会造成共享的不及时，甚至有些数据在安全审查的过程中早已失去了时效性。在个人数据安全层面，随着公共数据开放的程度加深，数据民主与个人隐私保护之间的矛盾日益显化。政府在收集公共信息的同时必然会采集到个人信息数据，即便在数据开放的过程中按照相关规定和法律将个人信息隐匿，但不同数据库之间的信息交叉会彼此印证，利用大数据技术同样可以分析出准确的个人信息和生活轨迹，政府公共数据开放共享可能会加剧对公民隐私权的侵犯。在政府公共数据开放共享的法律法规日益成熟的情况下，简单的安全和隐私数据直接泄露应该会极少出现，但利用大数据技术有意地去捕捉安全信息和隐私信息，却值得高度关注。因此，追求数据民主的过程中不能枉顾数据安全，在两者不可兼得的情况下寻找最佳平衡点就成为关键之举。

第二，现行体制对于数据民主缺乏激励。当前体制下尚未建立良好的数据开放的正向激励机制，现有体制反而成了阻碍数据开放的障碍。首先，公共数据被条块分割在不同部门和不同层级，且因各个数据库间存储标准不一、格式各异和接口不通的问题人为地制造了若干信息孤岛。要想消除信息孤岛，需要打通横纵不统一的环节，对现有数据的重新编排需要耗费大量的人力、物力、财力，并且开放公共数据也算是一种创新，具有一定的风险性。其次，数据是一种资源，其背后代表的是权力与利益，并且其开放程度与其所带来的权力及利益呈反比，有些部门基于自身利益的考量必然不愿意开放其所垄断的数据，甚至利用这些数据为其部门谋利。比如，查询一个身份信息需要3元的验证费，一些企业准确的基本信息只能到工商局大厅付费查询。更有甚者，一些与民生息息相关的数据根本就不开放。最后，数据开放会促使政府更加透明和更加高效，一些“懒政”、“怠政”和“不作为”、“乱作为”行为将在民众的监督下无所遁形，由数据开放所带来的倒逼机制会给政府官员造成很大的压力。因此，在上述三条“垄断逻辑”的负向激励下，理性的官员必然缺少主动开放公共数据的动力。在实践中，部门利益阻隔也是困扰公共数据开放的主要因素。

第三，技术鸿沟下的受益失衡。如果说数据的垄断尚且能够打破，但对数据处理技术的垄断尤其是对大数据技术的垄断破除却异常艰难。毫不夸张地说，大数据技术所依赖的高速运行计算机、云计算平台、无限扩展的储存系统和分布式数据库等基础设施从根本上注定了是一场仅向资本与技术开放的游戏，普通民众和一般程序员很难染指，技术垄断自此形成。因此，开放公共数据虽能够打破数据拥有方面的鸿沟，但在利用方面因技术垄断反而有扩大的趋势。与数据利用相对应的是增益价值的分配问题，公共数据的开放共享并没有瓦解不平等的收益分配，普通民众的收益有可能仅仅局限于便民服务的被动接受和政府更加高效的间接收益，而在技术上占有垄断优势的企业则会收获巨大的经济效益，这也就是华为和腾讯不惜撕破脸进行数据争夺战的重要原因。数据民主追求的是每个人能自由平等地拥有数据权，但囿于获取和利用数据的能力存在巨大差异，导致数据资源和新增价值进一步向少数资本和技术精英集中，从而形成新的特权阶层，这与数据民主的本意是不相符的。正因为此，数据民主的实际效果如何将受到技术垄断的严重制约。

（二）数据民主对中国的启示

首先，数据民主为提升中国政府公信力提供了一个思路。目前整个世界包括西方都处在一个“信任赤字”和“不信任政府”的时代，中国政府同样面临着政府公信力下降的困扰。造成政府公信力下降的影响因素是多样的，但政府职能转变不到位造成的服务能力差，神秘主义理念下的信息公开不透彻和行政主体的价值失衡等政府自身问题却是关键性的。因此，提升政府公信力的突破口在于政府自身，需要通过打造服务型政府、提升社会治理水平和以公开透明的方式减少腐败与权力不当运行来提高政府公信力。结合前文分析可知，上述办法可以在推进数据民主的进程中找到对应，创建中央政府层面的公共数据开放共享平台，既是对人民数据权利的保障，也是提升政府公信力的前提条件。虽然我国政府公共数据开放的工作在世界范围内处于相对落后的位置，但后发优势、各地各部门的试点经验和无可比拟的体制优势都将为共享平台建设起到保驾护航的作用，应该尽快予以落实。

其次，数据民主能够为中国特色社会主义民主提供有力支撑。党的十八大以来，以习近平同志为核心的党中央高度重视中国特色社会主义民主建设的问题，尤其是在党的十九大报告中大篇幅论及“人民当家作主”为核心的新时代中国特色社会主义民主理论体系。我国的社会主义民主具有最广泛、最真实、最管用的价值取向，其中，广泛性体现在人民能够通过各种途径和形式在各个领域参与管理国家事务、经济文化事业和社会事务，而把民主落实到制度体系中，人民能够实行民主选举、民主协商、民主决策、民主管理、民主监督则体现了中国特色社会主义民主的真实性，发展社会主义民主政治就是要体现人民意志、保障人民权益、激发人民创造活力，这是对管用性的对应。此外，发展社会主义民主不应该仅仅局限于现有的政治领域，还应该着眼于包括数据民主在内的能够促进人民参与、增进人民权益的其他领域，把“最广泛、最真实、最管用”的鲜明优势发挥得淋漓尽致。总之，数据民主是民主理念在数据领域的延伸，对数据民主概念的深入研究能够帮助我们拓展社会主义民主的践行领域和巩固人民当家做主的地位。

最后，数据民主能够为共享改革开放成果提供新途径。在中国特色社会主义迈入新时代的历史方位下，单纯地依靠经济快速发展已经不能很好地破除不平衡、不充分的发展对人民日益增长的美好生活需要的制约。只有坚持共享发展成果，让改革开放的成果更加公平地惠及全体人民，切实改善民生，才能逐步实现全体人民共同富裕。这既是对社会主要矛盾变迁的积极回应，也是社会主义制度公正的内在要求。除保障人民的政治参与，完善现有分配制度，遏制特殊利益集团和加强社会保障体系建设等常规措施外，推进数据民主或许也是共享发展成果的必要途径。

（原载于《江海学刊》2018 年第 4 期）

互联网络与民主的前景

李永刚*

根据国际电信联盟的统计，截至 1999 年 3 月，全球互联网络（Internet）用户已经突破了 1.67 亿，联入网络的国家和地区已有 187 个，预计到 2002 年，用户将增加到 3 亿—10 亿（不同的专家和机构给出的不同数据极其悬殊，反映出对未来不同的认知）。毫无疑问，互联网络的发展已经成为信息时代最外在也最扩张的特征，它不但创造了一个覆盖全球的“在线空间”（Cyberspace），而且正在深刻地改变全球政治经济文化的面貌。

随着互联网络的迅猛发展，在政治领域有两种关于民主的几乎对立的观念同时流传。乐观者认定，网络将带来权力的分散和直接民主的复兴。而悲观派则认为，与之相伴随的要么是日益严重的无政府状态泛滥，要么是变相的政治控制得到加强。

这个时代“技术正在变成全球性的力量。它开始染指于人类历史的根基，而且正在向人类历史注入极不稳定的因素”。① 我们在本文中试图讨论的就是互联网络的发展与民主的前景这个关系人类未来的初

---

* 作者简介：李永刚，1972 年生，南京大学政治与行政管理学系讲师。

① ［荷兰］E. 舒尔曼：《科技文明与人类未来——在哲学深层的挑战》，李小兵、谢京生等译，东方出版社 1997 年版，第 1 页。

见眉目却又有些不定的课题。

网络对政治民主的积极推动

“民主”是政治学中使用频率最高也最不能精确表述的主要概念之一。即使是《布莱克维尔政治学百科全书》用了相当长的篇幅也未能给出十分明朗的定义。[①] 为了使讨论不至于过多地被概念缠绕，我们把本文指称的民主更多地限定在政治参与和制度安排的层面。例如，我们既要从公众的角度考察，政治参与的广度和深度（手段和途径）改进了吗？利益表达和聚合的自由增强了吗？对政治候选人的了解和选择余地变多了吗？也要从制度的角度讨论，政治集权的程度减弱了吗？对政治信息的控制降低了吗？与民众沟通的渠道更畅通了吗？提供了更多的参与手段吗？等等。对上述问题的肯定回答看起来是推动民主的积极因素，反之则是民主的被削弱。

从当下可见的事实来看，我们可以从三个方面考察网络发展对民主的积极推动。

1. 网络发展削弱了集权控制的能力

被誉为信息时代思想家的麻省理工学院媒体实验室主任尼葛洛庞帝教授把权力的分散视为数字化生存四大特质之首，认为传统的中央集权的观念将随着网络的发展成为明日黄花。[②]

在互联网络出现以前，大型计算机及其对信息的垄断处理方式是权威、组织乃至技术精英统治的有力象征。反主流文化分子宣称，必须进行一场革命，以便使数百万人有机会调用世界上的各种数据库，这是大众获得自主权利不可或缺的条件。早在 20 世纪 70 年代，美国

---

① 参阅［英］戴维·米勒、韦农·波格丹诺编《布莱克维尔政治学百科全书》，邓正来译，中国政法大学出版社 1992 年版。

② 参阅［美］N. 尼葛洛庞帝《数字化生存》，胡泳、范海燕译，海南出版社 1996 年版，第 269 页。

就出现了诸如以“社区记忆”为代表的民用局部网络雏形，其创意者的核心观点就是打破信息垄断，竭力分享和传播信息，他们认为信息不仅是一种工业必需品或者商品，由于各种形式的权力包括公众的生计都一天比一天更加依赖于信息，对信息的了解与掌握就成了民主政治的生命线。事实上，一部电脑技术的发展史，就是一部从集权不断趋于分权的历史。其中有两个意义重大的转折，一个是电脑从中央控制式的大型主机转变为普通百姓也可使用的个人电脑，另一个就是网络的兴起。前者类似贵族专有向平民化的转变，它强化了分权和平等的观念；后者使亿万台计算机连同电缆和卫星技术一起，交互作用，这一不放过任何东西的庞大的“蛛网”对打破信息垄断和由此衍生的集权控制潜在地具有颠覆作用，它扩大公众的选择机会也天然地符合民主精神。

互联网络作为一种新的传播媒介，具有极其鲜明的特征。

一是扩大了社群的分化。与电视那种传统媒体的霸王相比，基于个人电脑的网络更加富有个性，电视传播是单向的、选择面窄、自由度低，而网络的异步传输与交互式沟通使个人能够更加从容地选择和吸纳信息，公民在面向世界的同时被尽可能地因兴趣爱好等而分化，它弱化了个人对于社团的相对依附，把权力分散到了更多的个人和群体当中。

二是促进了交流的平等。顺畅通达的电子访问大大削弱了严格的科层制等级观念，平民通过网络访问总统变得比从前容易了许多；身处偏僻乡野的孩子也可能与城市富裕的子弟访问同样的知识；无中心散布式的网络结构使平等自由的思想交流成为可能。

三是提高了参与的能力。比特（bit）能以光速无障碍传播这一特质，结合网络打不烂、堵不住的设计原则，开创了信息多元传递和言论自由的全新局面，政府审查制度在网络上形同虚设；由于传播成本相对低廉，它使财力有限的组织和个人通过网络广泛传播其思想的能力大大增强，完全受大众传媒控制的状况得以改观。

网络的分权、平等和能力特征，在削弱集权控制的同时明显拓宽了民主的内涵。

同样重要的是，网络这种可以把五大洲迅捷联系起来的无孔不入的传播形式，造就了更加有分量的全球舆论空间，一国内部的事务将越来越多地引发世界范围的讨论。它虽然还不具备使政府从此规规矩矩的作用，但它提高了藐视全球舆论的代价。我们已经看到一些精明的政府正在把全球舆论当作一种干预他国的有效武器加以运用，而大国的霸权也在遭遇强大的全球舆论的反击。

2. 网络发展改善了民主参与的技术手段

传播学界的天才学者马歇尔·麦克卢汉面对20世纪60年代大规模发展的电视就曾经预言："随着信息运动的增加，政治变化的趋向是逐渐偏离选民代表政治，走向全民立即卷入中央决策行为的政治。"① 而网络作为新的政治参与手段无疑更具威力，当电脑被广泛应用于连线政治后，它必然推动公民与政府官员的直接对话，提高民意在政府运作中的分量，从而在很大程度上改变未来政治参与的结构与模式。

1994年，加拿大政府公开了一份划时代的文件：《运用信息科技改造政府服务之蓝图》，使加拿大成为最早面对相关问题的国家。在美国这个率先跨入网络时代的国家，人们更是已经看到很多喜人的变化。几年前，在俄亥俄州的哥伦比亚市建立了世界上第一个"电子市政厅"，它通过一个双向的通信系统，使居民可以经由电子设备真正参与地方计划委员会的政治会议，他们在家中按一下按钮，就马上能对地方分区、建设高速公路等建议进行投票，还可以参与讨论，发表广播演说。现在，日趋完善的网络技术能够更加完美地实现这一过程，并把范围无限扩大。

① ［加］马歇尔·麦克卢汉：《人的延伸——媒介通论》，何道宽译，四川人民出版社1992年版，第234页。

美国众议院院长金里奇上任不久就主持开通了国会的网络系统；商务部国家信息技术中心则创建了一个名为“联邦世界”（Fed World）的全国性电子公告系统；正在建设的交互式“公民参与中心”（Citizen Participation Centre）则能把各种联邦机构的几千个地方办公室纳入其中，这样，公民可以很方便地同所有联邦机构的公共事务部门通信。

在美国国家信息基础结构（NII）计划中，一个更为健全的“电子公所”（Electronic Commous）将是未来“电子化政府”的重要组成部分。它使“一个国家能灵活自如，其政府高效、节俭，并由识广、明达的社会舆论所引导；能创造优质职位并造就出相应人才去担当此等职务；能促进终身学习、社会生活以及社区文化生活”。①

从公众的角度看，网络这种能够使信息传递不受时空阻碍乃至政治控制的互动的方式，使人们在感知与介入世界方面获得了前所未有的、痛快淋漓的感觉，它甚至提高了人们参与政治的兴趣。人们设想，一个连线的、一拨即可通达的议会，每一项议案都可能会引来大量电子邮件，民众的情绪会左右议会的局势。政治家们可以立刻看到对公众意见的调查，网络将成为进行政治对话的一条主要途径。

从技术上说，在不久的将来，美国（目前美国的家庭电脑普及率在40%以上，上网人数超过6000万）就具备了利用网络来进行政治投票或对重大问题实行全民公决的可能性，而别的后发国家也正在奋力追赶这种趋势。

A. 托夫勒夫妇把这种从依赖代表转为依靠人们自己的过渡称为“半直接民主”。② 而走得远的人欢呼，以前仅仅能在小国寡民状态实施的直接民主由于技术的进步已经能够在广袤的大国展开，以后议会和代议制民主都没有存在的必要。

---

① 国家科委科技信息司等编：《美国国家信息基础结构：行动计划》，科学技术文献出版社1994年版，第23页。

② ［美］阿尔温·托夫勒、海蒂·托夫勒：《创造一个新的文明——第三次浪潮的政治》，陈峰译，上海三联书店1996年版，第96页。

3. 网络发展凸显了少数派权力

自由主义大师哈耶克很多年前就睿智地看到："多数决策的权威性并非源出于即时多数的意志，而是源出于对某些共同原则的广泛同意。"如果"无视对多数权力加以限制，从长期来看，不仅会摧毁社会的繁荣及和平，而且还将摧毁民主本身"。① 换言之，只有数量缺乏质量的广泛参与对民主并不一定是好事。庆幸的是，网络的发展也有利于保护少数派的权利。

前面已经提到，网络作为一种全新的媒介，引发了传播从单向到交互的质变，人们既可以自由传播信息，也可以通过网络在开放而且丰富的资讯中很容易地查找、订阅或点播自己渴望知晓的商业、文化和政治信息。网络中信息的分布和流动不再是线性而是网状，不再是一律而呈现了个性化，人群被不断细化。由于利益的表达和聚合更加自由，兴趣爱好相投的人们在线上即使进行跨越国界的聚会和组织活动也相当容易，不必提交申请或支付任何有形的管理费，网民们甚至可以自己进行民意测验，围绕各种争论组成自己的"电子政党"或"电子院外集团"。政治活动"变得如此轻而易举，以致再没有什么规模太小、或太涣散的事业"。② 其后果是，公民参与热情的高涨与个体意见协调的艰难并存，传统意义上一呼百应的政治动员变得十分困难，甚至常常不可能实现了。

相反，在多数人难以形成共识的信息社会背景下，整合严密的少数派权力就会被充分凸显出来。"以那些能最有效地动员自己特殊利益的部队的人为特征的时代即将到来。少数派的否决代替了多数派的表决。"③ 还必须看到，那些现在和将来一段时间能够使用网络这种先

---

① ［英］哈耶克：《自由秩序原理》，邓正来译，生活·读书·新知三联书店 1997 年版，第 129、132 页。

② ［美］比尔·盖茨：《未来之路》，辜正坤主译，北京大学出版社 1996 年版，第 338—339 页。

③ ［美］莱斯特·瑟罗：《资本主义的未来——当今各种力量如何塑造未来世界》，周晓钟译，中国社会科学出版社 1998 年版，第 255 页。

进信息工具的人群，除去政府（含军队）外，主要集中在知识阶层和企业界，他们的社会影响力和参政水平远远高于普通民众。这就是为什么网民的绝对数量并不庞大而声势却已震撼世界的原因。

少数派权力的凸显将改变政治权力配置和系统运作的模式，并对民主制度一贯标榜的“多数同意”原则构成挑战。广泛的参与和少数派权力的互动也许将成为网络时代民主的主要特征，他们制衡的程度将影响民主的前景。如果乐观一点，它至少为弥补民主设计原则的美好与现实执行的差距提供了新的思考角度。

网络对政治民主可能的反作用

由于技术发展本身的矛盾性，在所有让人乐观的地方同时也可能让人悲观。人们有理由担心，在政府难以有效发挥作用的电子荒野上，亿万个网民有亿万种声音，多数同意的民主原则被伤害后难以找到有效协调社会整体利益的手段，可能导致日益严重的无政府状态，甚至是国家的崩溃；如果国家不愿意看到这样的后果，就会想方设法加强控制；在另一个极端，无法控制的技术进步和信息泛滥，可能把人变成技术的奴隶，表面上拥有无数信息却失去了思想，把分析和判断信息的能力拱手让给技术专家甚至电脑本身。

应该指出，与网络推动民主的可见事实相比，网络对民主的反作用还更多的是一种可能。具体来说，表现在以下几点。

1. 网络发展可能导致严重无政府状态或者更加隐蔽的信息集权控制

网络导致了国家作用的弱化，在意识形态的控制方面尤其明显。一些持不同政见者、恐怖组织甚至叛国集团已经开始在网络上大摆讲坛，并且获得了比以往严格控制时多得多的支持。由于密码技术的发展，以破坏国家为目的的罪恶计划可以在更大规模上策划、组织和实施。在经济领域，庞大的“恐龙”型跨国公司考虑问题的出发点越来越趋于全球眼光，而把祖国利益搁于次要，有时为了维护自身利益还不惜与政府抗衡。更让政府头疼的是一些网络公民把个人的自由看得高于国家安全和政府权威，计算机黑客就是典型的例子，他们为了展示自己的天才，屡屡以侵入甚至破坏政府信息系统为荣。与从前的井然有序相比，这自然要被视为无政府蔓延的先兆。

其实，无政府状态不可能是网络时代政治的宿命。与利益相伴随的永远有风险，人类自古以来从未生存在一个完美的时空，如今人类也横卧在足以毁灭自身多次的核弹之上。更真实的情况是，主权国家在推动信息革命中起着举足轻重的作用，甚至在很大程度上牢牢把握着它前进的节奏。政府的忧虑更像是加强控制的借口。

没有一个社会能够容忍完全的自由，国家为了维持政权，必定会寻找新的手段和方法来保持某种控制。目前，许多国家都已制定了严格的互联网络使用管理规定，对组织或个人联入网络进行仔细的资格审查，对信息的流通实施技术上可行的监管（如控制网络的国际出口数量等)。当然这些规定几乎没有效果。

更加有效也更加可行的办法有两种，一是“信息轰炸”，即在有限的时空内投放超密集的信息容量，使人们无从分辨，无法选择；二是“信息伪造”，即在网络中通过技术的方法伪造出一个以假乱真的信息环境来欺骗公众，计算机可以比手工更加巧妙地编辑和操纵信息，这一事实我们早已从好莱坞电影大片中电脑制作的惊人逼真效果中领教到，而相比之下信息及其传播的伪造还要容易得多。过去造谣者只有为数不多的听众，现在可以自由涂鸦的互联网却是全世界都在阅读的“一面大墙”。尽管普通公民也可以散布虚假信息，但是力量强弱的对比依然明显，一般组织和个人网上“涂鸦”的本领在很长时期内也不可能超过政府。把真实和虚假的东西区分开来将是对网络公民的巨大挑战。

另外，信息技术的发展，使超级计算机的并行处理能力足以实现记录人们所有行为的可能性，人们的每一笔电子消费、每一封电子邮件、每一次信息查询甚至私人生活，都能被电脑忠实记录，这使得权威当局监视和控制社会的能力空前强化。美国政府就一直试图通过政府强制性托管密钥的政策，以便在任何必要的时候检查电子记录的内容。尽管政府可以从保障国家安全的角度列举这样做的理由，但从民主的角度看，让政府掌握几乎可以了解自己全部隐私的密钥，应该不是一件太好的事。

2. 网络发展可能使有缺陷的技术官僚统治得到强化

有学者指出，“微电子革命引起的核心过程是信息渗透，即在所有领域内，越来越多的人类活动或者受到高技术信息机器的渗透，或完全为高技术信息机器所控制”。① 其实，更准确的说法是受到控制机器的技术官僚尤其是计算机专家的控制。

“经典的精英民主理论的一个核心前提是，在每一个社会里，少数人做出主要决策。”② 这种状况在网络时代也没有根本性变化。由于技术越来越复杂化，网络时代的权力明显地转移到掌握专门技术和保密信息的技术官僚手中。他们不但掌握行政权力，还掌握着计算机知识，指挥着大量被储存的信息。利用这种双重优势，他们可以发挥巨大的作用。一方面，包括总统在内的民选代表并不控制作出决策所需的各种信息，不得不依赖智囊和咨询机构，并只能根据他们提供的有选择的信息，推荐的有倾向性的备选方案作出决策，技术官僚在很大程度上成为真正的立法者。另一方面，利用掌握的计算机知识，技术官僚可以按照自己的愿望设计决策模型，可以改变某个程序以使信息或决策符合他们自己的想法，甚至可以在心怀不满时对政治系统进行致命打击。正如加州州立大学历史学教授西奥多·罗斯扎克所说：“官僚主义的经理、公司精英、军事当局、安全和监视系统都可以利

① ［爱尔兰］利亚姆·班农等：《信息社会》，张新华译，上海译文出版社 1991 年版，第 31 页。

② ［美］L. H. 奇尔科特：《比较政治学理论：新范式的探索》，高铦、潘世强译，社会科学文献出版社 1998 年版，第 403 页。

用计算机里的数据来制造混乱、散布神话、进行恫吓和控制别人。他们掌握了绝大部分计算机，公众对于信息的崇拜又给他们的优势地位蒙上了一层神秘的面纱。”① 兰德公司高级研究人员威利斯·韦尔更警告说，电子投票系统很容易被操纵，以致“有些选举中很可能会发生切尔诺贝利事件”。②

如果这种状况泛滥，其后果将是深远的和严重的。而防备这种情况却十分困难，因为这些专家们的工作超越了大量没有专门知识、没有专门设备的门外汉的判断能力。“民主制在这样一种计算机统治中就变成了一种怪物。”③

此外，技术官僚和民众对技术的过分迷恋还会使民主本身失去意义。以无休止的民意调查为特征的肤浅的电子民主制造了消费者和选民至高无上的地位，让领导者饱受民意测验专家和公众情绪的无情摧残。罗斯扎克写道：也许有朝一日会有这样一次民意调查，“调查的目的是了解公众是否同意以往计算总统支持率的方法。然后又有一次民意调查，这次是了解公众对上次调查会产生什么结果的看法。之后又会有对民意调查所进行的调查的调查。最后才是选举，然而选民选举的却是一次最准确的民意调查所反映的公共舆论”。④ 流于极端程序化的民主还是不是我们期望的民主？

3. 网络发展可能导致信息霸权与阶层差距的扩大

所谓信息霸权可以从两个方面来分析。

第一，从世界范围看，美国霸权和英语霸权表现得特别明显。互

---

① ［美］西奥多·罗斯扎克：《信息崇拜——计算机神话与真正的思维艺术》，苗华健、陈体仁译，中国对外翻译出版公司 1994 年版，第 195 页。

② ［美］阿尔文·托夫勒：《力量的转移——临近 21 世纪时的知识、财富与权力》，新华出版社 1991 年版，第 348 页。

③ ［荷兰］E. 舒尔曼：《科技文明与人类未来——在哲学深层的挑战》，李小兵、谢京生等译，东方出版社 1997 年版，第 1 页。

④ ［美］西奥多·罗斯扎克：《信息崇拜——计算机神话与真正的思维艺术》，苗华健、陈体仁译，中国对外翻译出版公司 1994 年版，第 195 页。

联网络上40%的网民在美国，80%的信息流量使用英语。美国人在网上的声音比其他所有国家加起来的总和还要大得多。因此，网络的民主更像是美国人的民主。起码在目前看来，这种不均衡的状况很难一下打破。其他国家和非英语世界面临的处境艰难，连法国都在呼吁反对英语霸权。

第二，在一国内部，网络的发展也在把人群迅速分化为技术精英和普通大众。两种人在获取和支配信息方面的能力是完全不平等的，人数不多的前者获得了信息霸权。一方面，计算机的日益普及掩盖了一个事实，即真正懂得计算机运作原理，能够在信息空间自由翱翔的人并没有大比例的提高，有关网络技术和管理的专门知识仍然掌握在少数精英手里。另一方面，在后发展国家，网上的驰骋毕竟还需要支付数额不小的金钱，这限制了网民的规模；即使是已经在网上的人，也有相当一部分并没有驾驭信息或参与政治的能力。因此，网络发展使得天下皆同的说法还不是现实，现实是网络把人群分解成两张网。一张是高高在上的小网，那是精英集团，他们相互之间没有层级结构而是网状；另一张是低低在下的大网，绝大多数人在这张大网里。①

托夫勒正确地指出：各个高技术国家的政府所面临的一种潜在的可怕威胁来自国民分裂成信息富有者和信息贫困者两部分。下层阶级与主流社会之间的鸿沟实际是随着新的传媒系统的普及而扩大了。这条大峡谷一样深的信息鸿沟最终会威胁到民主。②

对网络发展与民主前景的思考

通过以上的讨论，我们对网络与民主的关系有了初步的了解。但

① 参阅王小东《信息时代的世界地图》，中国人民大学出版社1997年版，第22—24页。

② ［美］阿尔文·托夫勒：《力量的转移——临近21世纪时的知识、财富与权力》，新华出版社1991年版，第348页。

究竟要把什么样的民主带入21世纪？这不仅与网络的发展有关，而且与我们的认知有关。

1. 技术的发展能够自动带来民主的重建吗

网络——一如过去曾经出现的革命性媒体，是这场宁静却又激进的政治与经济权力重新分配的中心。一些人对此抱有强烈的信心，他们认为国家既然控制不住网络的发展，而网络又控制不住个人的思想，还打开了政治参与的全新路径，那么人们要做的就是顺其自然，在它的引导下，社会系统的齿轮会自动作出相应的调整，民主的重建是水到渠成的事。

这种观念未免天真。我们不能指望新媒体能够以其科技上的力量，在一夕之间解决工业民主的慢性痼疾。姑且不谈前面提及的有缺陷的技术官僚统治控制，需要强大的制衡手段；更明显的是，这个时代的突出特征是工具高度完善而目标极度混乱，技术不会塑造价值，技术也不会产生理想，而“民主制要成功，需要一种乌托邦的远见——一条想走更加美好的社会的道路——一种超越狭隘的、宗派私利的远见”。[①]

我们尽早地为网络的发展设计规范，不单是为了民主，更是为了人类的未来。

2. 直接民主就是终极目标吗

一些人似乎认为，网络最终导致大范围的直接民主，就是一个美好的结局、辉煌的胜利，是人类政治所能实现的终极目标。仔细辨析，就会发现这种观念即使不是全错，也有大的谬误。这种观念必定有一个预设的前提，即每一公民都能够理性地表达自己的呼声。政府只需按照多数人的呼声行事，就会是好的或正确的。我们已经谈到过，这种抽象或剥离出来的所谓公意其实是靠不住的。卡尔·波普尔清醒地

---

① ［美］莱斯特·瑟罗：《资本主义的未来——当今各种力量如何塑造未来世界》，周晓钟译，中国社会科学出版社1998年版，第255页。

指出，“被称为公众舆论的那个不可捉摸、含糊不清的实体有时表现出一种质朴的敏锐，或者更典型地，表现出一种超过掌权政府的道德敏感。然而，如果没有一个更为强大的自由主义传统加以节制，公众舆论对于自由会是一种危险。公众舆论作为趣味的仲裁者是危险的，作为真理的仲裁者则是不可接受的”。① 民主的命运主要掌握在其成员自己的手中，这既是民主的优点，又是民主的弱点，既是民主的光荣，又是民主的危险。

我们应该确立这样一种观念，民主不过是一种手段，一种现在看起来还不错的制度安排，它并不是人类发展的目的。如果忽略了民主的实质内容，越是看上去完美的形式就越可能把人类导入深渊。

3. 如何处理自由与控制的关系

这个论题可以转化为一个更简单也更刺激的观点：非法侵入信息系统的黑客是十恶不赦的异端还是对绝对权力的制约？是个人自由的无限扩张还是民主政治的平衡器？对此难以作出简单划一的回答。但可以肯定的是，缺少了黑客，信息系统的安全就是无人挑破的神话，信息空间的秩序和安宁就是死寂，绝对的善与绝对的恶一样很难区别；同样，黑客没有伦理，就成了暴徒，自由没有疆域，就成了灾难。

或许，自由和控制都应确立一定的底线；或许，自由与控制斗争的空间恰恰是民主在成长。或许，“民主要想繁荣，就必须被看作一个双重的现象：一方面，它牵涉到国家权力的改造；另一方面，它牵涉到市民社会的重新建构”。② 把握一种尺度，否则，我们就会犯怀特海所说的“错置具体感的谬误”（fallacy of misplaced concreteness）。

从长远的角度看，人们应该对技术的进步抱有信心。从茹毛饮血

---

① ［英］卡尔·波普尔：《猜想与反驳——科学知识的增长》，傅季重、纪树立等译，上海译文出版社 1986 年版，第 505 页。

② ［英］戴维·赫尔德：《民主的模式》，燕继荣等译，中央编译出版社 1998 年版，第 396 页。

发展至今，技术的变革发生了无数次，总的来说，人类总是能够逐渐找到合适的生存方式，例如让世人担惊受怕的核武器，也因为核力量的均势而得以保持一种威慑下的平衡。看起来，人类把可能的后果设想得越可怕，出现那些可怕后果的可能性反而越小。

网络以及它影响的政治制度，也不例外。

（原载于《江海学刊》1999 年第 4 期）

论道穷理 赓续文脉

《江海学刊》特色专题论文选

主编◎韩璞庚

人学与人的现代化

本卷编辑◎韩璞庚

中国社会科学出版社

图书在版编目(CIP)数据

论道穷理　赓续文脉:《江海学刊》特色专题论文选:6卷/韩璞庚主编. —北京:中国社会科学出版社,2023.12
ISBN 978-7-5227-1425-7

Ⅰ.①论…　Ⅱ.①韩…　Ⅲ.①社会科学—文集　Ⅳ.①C53

中国国家版本馆CIP数据核字(2023)第025793号

出版人　赵剑英
责任编辑　郭晓鸿
特约编辑　杜若佳
责任校对　师敏革
责任印制　戴　宽

出　　版　中国社会科学出版社
社　　址　北京鼓楼西大街甲158号
邮　　编　100720
网　　址　http://www.csspw.cn
发 行 部　010-84083685
门 市 部　010-84029450
经　　销　新华书店及其他书店

印　　刷　北京明恒达印务有限公司
装　　订　廊坊市广阳区广增装订厂
版　　次　2023年12月第1版
印　　次　2023年12月第1次印刷

开　　本　710×1000　1/16
印　　张　202.25
字　　数　2839千字
定　　价　1199.00元(全六卷)

文集总序

韩璞庚

1957 年 11 月 18 日，中共江苏省委发文，批准创办哲学社会科学月刊。经过数月精心筹备与辛勤工作，1958 年 3 月 1 日，《江海学刊》在历史文化名城南京出版发行。

刊物取名《江海学刊》，是经过反复考量与斟酌的。江苏乃江海汇流之地，长江之滨，西有江渝，中有江汉、江淮，东有江海，属地考量是也，同时也展现了办刊人兼容并包、吞江纳海、江畅海阔的办刊气度。江海奔流，反映的是一种蓬勃的气象，一种前进的样态。百川归海，海纳百川，江和海唇齿相依，相互成就，彰显的是一种相互依存、相互包容的品质。“无海则江无所归依，无江则海难成浩瀚，江海之谊，源长流清。”这不就是学者与编者关系的真实写照吗？

《江海学刊》一经出版，就受到国内学术界的高度重视与关注，其高质量、高品位的办刊理念，创新创造的学术追求，志存高远的理论旨趣，为之后期刊事业的发展与进步奠定了稳固基础。

大半世纪风雨兼程，六十多载上下求索，《江海学刊》“践行使命，初心兢兢，引思想之风帆，举文脉之大纛，秉坚定立场之志，承明确定位之旨，风雨兼程，赓续文脉”，“办传世名刊，载精品力作”，终成一世之学术大观。

《江海学刊》经过几代编辑的不懈努力，广交天下学术朋友，共言天下学术大势，开风气之先，标新立异，推动学术争鸣，引领思想撞击，取得了辉煌的成绩。作为我国社会科学院系统中办刊历史最久、影响最大的综合性人文社会科学理论期刊之一，《江海学刊》第一批被确定为全国中文核心期刊、中国人文社会科学核心期刊、中国人文社会科学引文索引（CSSCI）来源期刊，获得了首届国家期刊奖、中国出版政府奖、全国百种重点社科期刊、全国百强报刊、华东地区最佳期刊、江苏新闻出版政府奖、江苏十佳社会科学期刊等一系列荣誉。“揽国奖，授府誉，拥百强，获百重，跻身名刊，誉满天下。”她既致力于中华优秀传统文化的传承，又着眼于当代中国现代化实践的研究，始终勇立时代潮头，立足江苏，面向全国，放眼世界，以吞江纳海的胸怀，推出一系列富有创见的学术精品，塑造了大批成就卓著的学术大家名家，为繁荣我国哲学社会科学事业，推动形成学术研究的中国风格、中国立场、中国气派作出了杰出贡献，赢得了崇高的社会声望与广泛的社会赞誉。

回顾六十多年的办刊历史，几代编辑人默默坚守学术理想，践行“办传世名刊，载精品力作”的宗旨，坚持“新颖、深邃、凝重、厚实”的办刊风格，走出了一条独特的办刊之路，彰显了鲜明的办刊特色，成就了本刊在中国期刊界的独立地位。

《江海学刊》刊物特色的第一个重要方面是：特色专题的策划，特色栏目的彰显。

何谓刊物特色，刊物特色就是此刊不同于彼刊的特质。学术期刊在激烈的学术争鸣环境中，如何冲出重围，形成自身不同于其他刊物的特质，形成自己独特的个性，是每个学术刊物弥久的追求和永恒的话题。特色就是个性，特色如何形成，个性如何彰显，这是一个值得探讨的课题。从刊物发展的实践看，刊物特色的形成，刊物个性的彰显，与编辑理念有不可分割的关系。《江海学刊》作为学术理论期刊，要想在激烈竞争的学术场域中突出重围，创出品牌，打出名气，做出

影响，必须确立精品意识，实施品牌战略。学术理论期刊要创出自己的品牌，必须抓精品、重策划。《江海学刊》的做法是，确保每期有精品，每个专栏有重点文章。但对于一本学术期刊来说，单个精品还不成气候，只能起到点缀作用，不能产生规模效应，要在单个精品的基础上，精心组织，精心策划，形成系列，形成规模，从而成就品牌选题、品牌栏目，创造出轰动效应，产生广泛社会影响。因此，从20世纪80年代末以来，《江海学刊》策划了包括主体性、实践哲学、本体论、人学、发展哲学、公共哲学、文学史学、中国经济学的创新、涉外法学、转型期的社会问题、突发事件与社会应急管理、公众史学、数字史学、地域文化与商业历史、世纪之交的文艺理论等上百个名牌选题和品牌专栏，产生了轰动效应，推动了国内学术的发展，也为刊物赢得了很好的社会声望。

《江海学刊》始终秉持主体理念与主体逻辑，立足自己刊物的主体立场、主体战略，按照自己的办刊逻辑组织专栏稿件，成就刊物风格，形成独特的“江海”品牌。

《江海学刊》的另一个重要特色是：秉持哲学情怀，成就中国学派。哲学是思想中的时代，是时代精神的精华，哲学标志着一个国家与民族对自身和世界的认识所达到的高度与深度。《江海学刊》一直重视哲学问题的研究，自创刊以来，尤其是进入21世纪以来，对哲学问题的关注与讨论一直是其主打品牌。据统计，自2000—2018年，《江海学刊》策划组织的专题哲学论文达到588篇，总被引频次达到4287次。作者队伍中，汇聚了张世英、黄楠森、陈先达、何兆武、高清海、刘放桐、孙正聿、韩庆祥、任平、张一兵、王南湜、孙利天、袁贵仁、姚大志、万俊人、吴晓明、何怀远、赵汀阳、崔平、徐长福、田海平、邹诗鹏、贺来等大批哲学领域的老中青专家。2000年以来，《江海学刊》策划哲学讨论上的“百家争鸣”，以学术问题为触发点和问题域，进一步加强自身学术话题锻造、议题设置和学术思潮引领作用，发起和推动了一场又一场学术争鸣和重大讨论，奏响了具有《江

海学刊》风格和气派的“学术交响乐”。先后成功策划“人学”“发展哲学”“实践哲学”“公共哲学”“公共理性”“网络时代的社会科学”“学术研究的中国风格与中国立场”“马克思主义出场学研究”“马克思主义哲学中国化研究”等具有全局性的重要专题栏目（笔谈）约80个，聚焦“中国问题”，坚守“中国立场”，创新“中国视域”，总结“中国经验”，诠释“中国道路”，充分彰显出《江海学刊》以问题为导向的办刊思路和策划意识，在全国强手如林的哲学社会科学期刊阵营中异军突起，独领风骚，在国外也引起强烈学术共鸣与学术回应，其办刊影响力蒸蒸日上，成为学术期刊界的翘楚。

在对哲学问题的反思与追问中，《江海学刊》一直推动中国学术话语的建构与中国学派的形成。学术话语是对学术问题的言说与表达，是一个民族精神与文化的载体，是一个民族、一个国家文明进步的符号表征与价值荷载，其对一个国家的发展具有重要的意义与价值。学术话语体系就是对学术话语符号元素的有机整合，是在一定价值观念、方法体系与理论体系支撑下，由合理有序的架构将话语符号整合在一起的有机语词体系。建构学术话语体系，是一个知识体发展进步的必然要求，也是取得学术话语权的标志之一。在现代传媒社会中，有了话语权，也就意味着有了言说的资格，掌握了话语权，就意味着主宰了意识形态与舆论的走向。今天，我们讨论中国学术话语体系的建构，就是为了使中国学术发展在开放环境中走自我创新与自主建构之路，能在世界学术大家庭中留下自己的声音与痕迹，从而推动世界文明的进步与发展。讨论中国学术话语体系的建构问题，既反映了中国学术在世界上的被动地位，也反映了中国知识界的理性反思与理性自觉。

《江海学刊》持续推动中国学术话语的创新与学术话语体系的建构，倡导中国自主知识体系的建构，在世纪之初开辟“原创学术空间”专题，推动中国学派的形成。诚如专家指出：“时绪纷争，突出学术围城；领衔人学，成就江海先声。公共价值，实践理性，原创哲学，发展理论，中国学派，于斯肇兴。”

近20年来，经过不懈努力，《江海学刊》的特色体现在以下几个专题上面。

（一）人学与人的现代化

20世纪八九十年代，中国社会开启改革开放的大门，踏上社会主义现代化的发展道路。在这样一个重要历史节点，各方思潮涌入中华大地，与本土文化交织在一起，在激起学者们思想涌动的同时也带来一个重要的问题，以马克思历史唯物主义为基础的中国学术，如何对各方有益思想进行兼收并蓄、创新发展，使之为我国的现代化发展提供思想动力？在许多学者看来，关键点就在于人的发展，并随之产生了观点各异的人学流派，历经数十年发展，其研究热度不但未减反而愈加热烈。这也证明了人学确实是一个于中国发展具有重要价值且具有长久生命力的研究话题。黄楠森先生曾动情地说："中国的人学研究绕不开《江海学刊》。"学术研究要把准时代脉搏，《江海学刊》较早地意识到人学研究必将成为带动中国学术兴起、呼应现代化发展需要的重要话题，由此持续组织策划了大量人学研究的相关专题，发表了一大批紧扣现实问题、体现学术争鸣的理论成果，为人学研究打造了一个各抒己见、碰撞交锋的高层次理论对话平台，发掘了许多值得进一步讨论的学术话题。习近平总书记在中国共产党与世界政党高层对话会上的主旨讲话中专门提到："现代化的最终目标是实现人的自由而全面的发展。"随着我国开启全面建设社会主义现代化国家新征程，我们相信，关于人与现代化的讨论仍将是中国学界至关重要的研究议题。

（二）当代中国马克思主义哲学

本卷撷选《江海学刊》哲学栏目近二十年来刊发的代表性论文，力求能从学术理论研究的层面展现当代中国马克思主义哲学的探索之路。全书共分五篇：原理篇集中于马克思主义哲学当代价值的理论思考；出场篇关注马克思主义哲学的本土化发展及现代化理论转向；反思篇对当代中国马克思主义哲学在发展中遭遇的困境及问题进行了较

为深入细致的研究；学派篇关注国内马克思主义哲学代表性学术群体的建立与发展；创新篇面向中国式现代化理论探索的新要求，从当代中国学术发展的基本问题、研究范式、学术坐标及框架等角度出发，试图对构建中国自主知识体系这一重大理论问题展开有益探索。希望通过对一系列有当代价值的理论成果进行再梳理，为中国式现代化背景下当代中国马克思主义、21 世纪马克思主义的理论发展提供学术支持。

（三）媒介、技术与文学艺术

本卷遴选《江海学刊》文学栏目近二十年刊发的专题性论文，旨在集中探讨传统与当代的媒介、技术和文学艺术之关系。共分上、下两编。上编“读图时代的文艺研究”，第一部分辨析图像与文学的关系，既有纲领式的总论，也有中国神话、插图本、汉字的图像学研究，以及西方“造型描述”、语图的符际冲突、符号表意原则等方面的考察；第二部分探究当代视觉文化与文学的互动，立足社会实践，考量彼此间的正向提升与应对挑战的具体举措。下编“数字传媒时代的文艺研究”，第一部分侧重以手机为载体衍生的文学新样态，从不同层面探讨短信文学、微信文学的特质与嬗变；第二部分关注数字化时代日新月异的网络、人工智能技术对文学艺术的驱动，涵盖数字人文、网络文学以及艺术与技术的跨媒介研究等领域。本卷将为人文学科内部的跨界研究以及人文与科学的跨学科研究探索新的路径。

（四）走向世界的中国史学

本卷旨在呈现近二十年国内外史学研究的新趋势，涵盖中国古代史、近现代史、世界史以及史学理论与史学史。共分为四部分：第一部分探讨历史与记忆之关系，包括记忆史研究的理论和创新、国家层面的记忆建构、地方层面的记忆叙事等；第二部分侧重于中外史学研究的趋势，从文化史、中国古典学术的现代转型、中外史学比较、史学理论的批判与反思等角度，系统呈现了迈向世界的中国史学；第三部分从抗战期间国内少数民族的民族化、中国社会状况以及日本侵华

政策与中国的反抗等视角，关注近年来抗日战争研究的新视野和新方法；第四部分涵盖明清江南地区的政治、经济、社会、文化等领域，既有对文化史的考察，也有对制度史和经济史的分析。这些论文产生了较好的社会反响，代表了国内学界史学研究方面的重要成就，为我国史学发展作出了原创性贡献。

（五）中国经济社会的转型发展：理论与前沿

中国经济社会转型发展的伟大实践，为学术研究提供了丰裕的资源和宽广的舞台，不断涌现的优秀学术成果，也为经济社会转型发展提供了重要理论支撑。进入21世纪以来，《江海学刊》经济学、社会学栏目发表了大批研究重大理论与现实问题的优秀论文，既有大量观照实践问题、紧扣战略任务的应用对策研究成果，又不乏聚焦学术前沿、引领思想争鸣的基础理论研究成果。本卷立足第二个百年奋斗目标新征程全面开启的时代背景，撷选所刊发的代表性论文，形成小康社会与现代化、新型城镇化、长三角一体化以及分支社会学、社会学学科范式与关键议题、历史社会学、社会学理论与前沿、中国经验与学科发展等专题，以期为推动中国式现代化行稳致远提供有益的智力支持。

（六）法治中国与民主政治建设

建设法治中国，发展社会主义民主政治，吸收人类一切政治文明的优秀成果，是实现中华民族伟大复兴的必然要求，是推进国家治理体系与治理能力现代化的题中应有之义。改革开放以来，我国民主政治和法治建设取得了举世瞩目的成就，在民主政治、全过程人民民主、全面依法治国、法治现代化、协商治理、民生保障等领域形成了一批具有重大价值的理论创新成果。本卷收录了《江海学刊》近二十年来刊发的关于我国民主政治、法治建设的部分优秀论文。

需要郑重说明以下几点。第一，从本刊近二十年发表的数千篇文章中挑选出有代表性的论文，殊非易事。囿于篇幅，许多具有分量和学术价值的文章未能入选，遗珠之憾，在所难免。第二，在编选过程

中，除改善体例、纠谬补缺外，其余部分尽可能留存原貌。第三，由于历史原因，个别文章的某些提法、观点在今天看来或许已不合时宜，但为尊重历史，未作删改，尚请读者明鉴。

有人说编辑是为人作嫁的行业，孤灯清影，辛勤耕耘，默默劳作，独守寂寞。其实，这是一个旁观者的视角，如果换成剧中人的维度，结论就会完全不同。当一位作者，将自己多年精心写作的文稿呈现在你面前的时候，当你成为他文稿的第二个读者甚至第一个读者的时候，你是否感觉到了一丝幸运、幸福、欣慰呢？所以，编辑行业既是一项崇高的学术事业，又是一项赓续文脉的事业。念兹在兹，赋诗存情。

七古·编研生涯

西辞武昌下江东，石头城巅意万重。
覃研精编卅六载，探纲赜纪四季风。
书坛共探省考深，蓬山独访思虑浓。
老枝总盼新枝美，化作绿叶伴春红。

二〇二三年八月十八日

目　　录

人学基本理论问题

人学与现实生活世界

人学与人的发展

人学基本理论问题

论主体的认知定式

夏甄陶

人之所以能够认识，是因为人有脑和作为它的工具的感觉器官，这似乎是不言而喻的。但人是社会性的现实主体，通过具体的历史联系和社会交往，通过社会中已经积累的历史经验和文化知识的具体的转移运动，在“天赋”神经生理基础上，必然会形成现实的认知定式。只是由于形成了现实的认知定式，“天赋”的脑和感觉器官才能发挥其作为社会性主体的认识器官的功能。认知定式是现实的认识主体完成一种认识所必需的现实的内部准备状态和主体性条件。它直接地影响、制约着主体接收信息、加工处理信息的感知过程和思维过程，进而影响、制约着主体掌握世界的范围和程度。因此，要从主体方面研究认识的可能性和认识发展的内部机制，就应重视对主体认知定式的考察。

一

现实的认知定式是一个属于主体的复杂的内部精神世界。它包括世界观、经验、知识和需要意识、价值观念以及意志、情绪等诸方面的因素。这些因素都是在一定的历史条件下和社会环境（包括文化知识背景）中，通过后天的社会实践、社会交往和历史继承而形成的。它们互相联系，协同作用，组成现实的认知定式结构。

一个主体，无论是个体主体、集团主体还是某个统一的社会主体，都有自己的精神世界，而世界观则是精神世界的核心和灵魂。人作为现实的主体，总是自觉或不自觉地按照某种世界观来认识世界、改造世界和创造自己的理想世界。世界观是在人们同外部世界长期发生关系的过程中逐渐形成的，并且可以通过历史的联系和社会的交往，在社会成员之间传播、渗透，以至成为构成人们精神世界的普遍的核心因素和维系精神世界的灵魂。世界观无论是以抽象理论的形态出现，还是以朴素直观的形态出现，都提供关于世界（包括自然、社会和人类自身）的一般图案。在人作为主体认识世界、改造世界和创造理想世界的过程中，它作为一般的思想前提、思维框架、方法论原则和信念起着十分重要的作用。世界观是人的自觉性的一种表现（尽管它可能甚至常常以不自觉的形式出现），是人同外部世界的关系在思维中的升华，往往从总体上无形地支配、制约着人们的活动及行为的方向、方式和追求。在现代的科学认识中，作为科学认识主体的科学家越来越认识到世界观对形成理论的指导意义。正如 E. 拉兹洛所说："各个领域带头的科学家们现在正清楚地认识到，没有指引科学家研究方向的基本世界观，就没有理论。"① 因此，在提高主体素质、建构主体认知定式的过程中，树立一种正确的世界观是十分重要的。这是从宏观上扩展和强化主体认知定式，"同化"和"顺应"外部世界的结构容积和功能的重要环节。

人们在认知活动、实践活动和交往活动中已经获得的经验，也是构成认知定式的一种重要因素。经验经过多次重复，就会形成一种经验模式。其重复的频率越高，这种模式也越具有稳定性，并成为一种

① ［美］E. 拉兹洛：《用系统论的观点看世界》，闵家胤译，中国社会科学出版社 1985 年版，第 2 页。

强有力的定式。这种定式对主体接收信息的选择性、加工整理信息的程序和方式以及外部行为的程序和方式，都有重要的影响和制约作用，以至于成为人们处理同外部世界的关系的一种习惯性常规和固定模式。人们习惯凭经验办事。由于每个人的智力感受性和情绪感受性不同，每个人的文化特性和社会角色不同，因而他们的经验也会不同。凭这些不同的经验去体验和理解世界也会有差异。同时，经验是具体主体同外部具体事物的一种具有明显的感性特征和直接性特征的联系方式。虽然它也是关于事物的一种认识，但是还没有达到对事物的普遍必然性的掌握。因此，它作为主体“同化”“顺应”外部世界、完成新的认识的定式，其空间容积和功能效应是有严重局限性的。这种局限性表现在：当环境和条件发生变化，事物超越了同原有经验发生直接联系的范围和程度时，原有经验的定式就会受到抗拒，以至失去“顺应”和“同化”的功能，认识也就不能突破原有经验所及的范围和层面。因此，在认知定式中早先的经验固然是重要的，但又不能把它固定化，不能一味迷信早先的经验。必须重视和随时总结那些新的即时经验，并把它向理论的高度加以提升，用以代替认知定式中的原有经验。

系统化、理论化并具有普遍必然性的知识，是认知定式中十分重要的组成因素。知识是事物（以及它们的关系）在意识、思维中的存在方式。具体地说，知识是人们观念地或理论地掌握的关于事物的某种有逻辑结构的系统化的信息组合。它不仅包括来自客观事物的信息内容，而且包括同事物的结构方式相一致的信息内容的组合方式，包括同事物的建构逻辑相一致的主体运用（以语言符号表达的）概念的思维操作程序和规则，即所谓思维逻辑和思维方法。它为主体接受和加工处理信息，提供内在的参照系统，提供操作的工具和方法、范本和样式，对完成新的认识起着准则、规范和范例的作用。没有这种知识背景、概念（理论）框架、思维模式，主体要在一种具有时代性的知识水平条件下有效地或经济地接受和加工处理信息，使思维以深广的容积和优化的功能来理论地“结合”和“同化”客体是很难设想的。

人类认识的实际情况表明，主体的知识水平和知识结构及其活化程度不同，其认知定式也不同。而认知定式不同，其所能接收和加工处理的信息及接收加工处理信息的方式方法也不同，其在思维中“结合”和“同化”的客体在广度和深度方面就会有区别。有时，人们对某些事物或现象虽然感觉到了，但并不认识和理解它们，或者获得了大量的信息材料而不能有效地进行深度加工处理，不能作出系统化的解释，有时人们对同样的客体或同样的信息，往往有不同的理解和解释方式，甚至可以建立不同的理论体系和学说，这往往是作为准则、规范、范例的知识背景、概念框架和思维模式不同所致。早先已经形成的知识结构和思维方法，作为现实的认知定式中的主要部分，是极大地影响和制约着主体在何等广度和深度上“结合”和“同化”外部世界的信息、获得知识内容的先在的主体性条件。因此，为了完善主体的认知定式，推进认识的发展和深化，必须坚持不懈地学习和接受教育，通过知识的转移运动，不断地吸收和消化新的知识，以更新和完善原有的知识结构和思维方法。这是充分显示自觉的主体性作用、加强主体塑造、提高主体素质的关键性环节，也是在完成新的认识过程中更加有效地发挥主体性作用、提高主体性效应的关键性环节。

主体的需要意识也是同现实的认知定式有密切关系的重要因素。认识本来就植根于人类生存和发展的需要。因此，作为完成一种认识的内部准备状态的认知定式总是包含关于需要的意识。一般地说，所谓需要是指一定有机动态系统在维持其积极平衡的动态过程中所表现出来的补充和更新某些要素的必要性。这种必要性通常表现为两种情况：首先是获取系统中缺乏的足以维持自身现存平衡状态的要素，这是存在或生存的需要；其次是获取系统中缺乏的足以促使其系统在更新更高的水平上建立平衡的要素，这是发展的需要。这两种需要的产生和满足，是一个具有不同等级水平的连续发展过程。

人是社会存在物，是在社会大系统中生存和发展的，其需要突破了直接的肉体生命的限制。不仅要保证自己作为有生命的存在物的生存和发展，而且要保证自己作为社会存在物的存在和发展。并且，对社会的人来说，前者的满足是以后者的满足为基础的。因此，人的需要可以说是社会大系统的需要，是社会性的需要，并具有极其复杂的多样性。因此社会的人按其社会性来说，总是按照社会的存在和发展所提出的需要来认识世界和改造世界的。但具体的个体主体或集团主体只能从具体的需要出发来认识世界和改造世界。这种具体的需要是总的社会需要的一个方面、一个部分。当具体的主体按照某种具体需要来认识世界和改造世界的时候，这种具体需要是被主体自觉地意识到的，因而形成关于这种具体需要的强烈意识，并成为主体现实的认知定式的重要构成因素。如果说，人的社会存在和发展的总体性需要决定了人类主体对世界的认识和掌握的不受物种限制的普遍性指向，那么，具体主体现实的认知定式中关于具体需要的意识，则往往决定着具体主体对世界的认识和掌握的具体的动机、目的、意向和选择性，决定着具体主体现实的认知定式发挥其作用和实现其功能的方向与方式。

价值是表征人的需要和满足人的需要的活动、手段以及对象之间的关系的一种意义标准或意义尺度。这种意义标准或意义尺度渗透在人们的全部物质的和精神的生活与活动之中。人的全部生活与活动可以说都是处理需要和需要的满足之间的关系。人的需要是否现实、合理，是否对人作为社会存在物的存在和发展具有积极意义，满足需要的活动、手段是否正确、正当，通过这种活动和手段所创造和掌握的对象是否具有满足需要的积极意义等，都有一个意义标准或意义尺度的问题，也就是所谓的价值问题。意义标准或意义尺度作为评价的根据，反映在人们的头脑中被意识到和被观念地掌握，就形成价值观念。价值观念可以说是意义标准或意义尺度在心理结构中的一种积淀。所以它在形成以后，具有相对的稳定性甚至惰性，以至于成为具体的个人、集团、民族甚至社会的心理结构的一种稳定的心理因素。这种因素对人们的需要的产生和需要的满足，起着十分重要的规范作用，因而它也是认知定式中的重要因素。

在认知定式中，价值观念和关于需要的意识有着十分密切的关系。需要和满足需要的活动、方式及对象往往受价值观念的调节和制约，而价值观念又往往渗透于需要和满足需要的活动、方式及对象中。需要的意识和价值观念共同决定着认识主体的动机、目的、意向、追求、态度，并导致某种信念的产生。主体的需要意识越强烈，价值观念越确定，他认知外部世界中同这种需要意识和价值观念有关的对象的定势也越强烈、越显著。一定的主体总是有选择地去认知和掌握那些同自己主导的需要和价值观念相一致的对象。对于同自己的需要和价值观念有关的对象，主体往往容易给予较多的注意。这时，认知定式的作用就特别明显地表现出来。由于具体的需要和价值观念不同，即使对同一对象，不同的主体也往往只注意同自己的需要、价值观念相一致的方面。当然，人们的需要往往是随着满足需要的能力的发展而变化的。满足需要的能力的发展，能够提供满足需要的新的对象，即扩大满足需要的对象域。随着满足需要的对象域的扩大，需要域本身也会扩大。而这种扩大了的需要域，又反过来促使人们要求扩大对世界的认识和掌握的领域与范围。有时外部环境的刺激，也可能引起突发性的需要。这种需要在一刹那之前还不存在，但它一产生就可能对行为的定向立即起着显著的作用。尽管如此，制约着对需要和满足需要的活动、手段及对象的评估的价值观念则仍可能不变。所以在认知定式中，价值观念是一种比较稳定的因素。它甚至作为一定集团、一个民族、一个国家的传统观念而长期地在人们的认知定式中起作用。

认识是为了获得关于对象的真实知识。这是通过理智的活动来实现的。所以人们通常都把认识看作一种理智活动。对于作为认识结果的知识，我们都直截了当地把它看作关于某些客体的观念映象或思维再现，而不附加任何主观的因素。这在原则上当然是对的。但人们获得关于外部对象的知识，归根到底是为人们能够根据这种知识并按照自己的需要和价值尺度来改造对象和创造对象，提供前景、开辟道路。关于需要的意识、价值观念虽不能直接作为内容附加到认识的观念结果即知识中去，但它们总是作为愿望、要求、动因对人们通过认识获取知识起着驱动作用。而对于知识的评价、利用方式及利用结果，它们更是作为人们的内在尺度渗透其中。需要的意识和价值观念还引发和制约着人们的意志和情绪，所以，在实际的认识过程中，绝不只是理智的因素在起作用。即使我们把认识看作一个理智活动的过程，其中也不可避免地渗透着意志、情绪等情感方面的因素的作用。人作为主体是一个受需要的意识和价值观念驱使和约束的能思维、有情感的主体。理智的思维活动和意志、情绪的感情活动总是交织在一起的。因此，在主体的现实的认知定式中，必然包含着意志、情绪这样一些感情因素。感情因素虽不直接构成作为理智活动的认识的结果即知识的内容，但它们可以说是使理智因素活动起来达到最佳结果的激活因素和支撑因素。在作为理智活动的结果的知识中，在知识的对象化的实践结果中，都在一定程度上折射出主体的意志、情绪、感情方面的因素的作用。

意志、情绪等作为一种情感因素，是外部环境世界的影响和刺激，以及人们为了实现某种目的、达到某种要求而力图支配、控制或避开这些影响和刺激，这种关系表现在人的头脑中的一种内部心理状态，并转化为人们的认知活动和一切对象活动的重要的内部激活、支撑因素和调节、控制因素。它们极大地影响甚至支配着人们对真理，对价值对象、理想对象的追求与创造。列宁指出："没有'人的感情'，就从来没有也不可能有人对于真理的追求。"① 马克思也强调："人作为对象性的、感性的存在物，是一个受动的存在物；因为它感到自己是受动的，所以是一个有激情的存在物。激情、热情是人强烈追求自己的对象的本质力量。"②

一般地说，意志总是表现为人们追求某种对象、实现某种目的、

---

① 《列宁全集》第20卷，人民出版社1958年版，第255页。

② 《马克思恩格斯全集》第42卷，人民出版社1979年版，第169页。

满足某种需要的意志。而这一切又都是在人们如何处理同外部环境世界关系的活动中表现出来的。外部环境世界是复杂多变的。它可以而且必然从众多的不同方面来影响和刺激人。这些影响和刺激是不以人们的好恶愿望为转移的。但人们又力图按照自己的愿望来支配和控制这些影响和刺激，并有一种能够实现这种支配和控制的信念和信心。在这种情况下，就会使主体产生一种意志的努力。这种意志的努力表现在主体按照自己的愿望和要求，从多样性的对象世界中有选择地确定自己活动的对象，在复杂多变的外部环境条件下，排除众多影响和刺激的干扰，以高度的注意力，把主体本质力量和认知定式的各种因素协同地组织起来，集中地和有指向地引起某种合目的性的运动和制止某种反目的性的运动，使自己的愿望和要求能够实现。所以，意志是主体有效地支配和控制环境的影响与刺激，激活和支持、调节自己的力量与活动来掌握一定对象、实现一定目的、满足一定需要的精神因素。

情绪也是由外部环境条件的影响和刺激所引起的一种心理状态。它对人的认知活动和一切对象性活动有重大的影响。情绪是十分复杂的领域，包含很多不同的情绪因素，而且每一种情绪因素的强度和紧张度都不一样，波动的幅度很大。情绪的强度和紧张度越大，整个自我被卷入的倾向和程度也越大。也就是说，整个自我为情绪所支配的倾向和程度也越大。情绪可以由意志加以调节和控制，但情绪的波动也会影响甚至动摇意志，从而妨碍主体对对象的追求、目的的实现和需要的满足。在认知定式中，应该有对所追求的对象和目的的坚定意志与积极情绪，应该克服情绪领域的消极因素，应该避免情绪的波动，应该将情绪置于理智的支配之下。情绪的强度和紧张度过大，使主体自我完全为情绪所左右，对发挥认知定式的功能和作用是不利的，以致妨碍主体对对象的认识和掌握。坚定、顽强、百折不挠的意志，饱满、美好、稳定的情绪，反映着人们对现实和对所追求的对象的一种高度觉醒的态度。一般地说，主体的意志越坚定、顽强，情绪越饱满、美好（在集团主体中，还必须保证每个成员在意志和情绪上的共同性、一致性），主体认知定式中关于需要的意识和价值观念就越清醒、越自觉，理智因素也越能有效地发挥其作用。这样就越能保持认知定势的最佳状态，具有完成一种认识或一种对象性活动的强有力的主体势。所以在认知定式中，不仅理智因素是重要的，而且情感的心理因素也是重要的。情感的心理因素不仅是决定即时定式的心理状态，而且是在认知定式中起恒常作用的精神力量。

二

认知定式是构成主体系统、形成主体势、发挥主体性的必要的内部精神世界，因而也是主体现实的本质力量的重要组成部分。认知定式本身又包括很多因素。在认识着的认识中，它们通过主体自我意识的机制，相互联系、相互制约，协同作用，形成一种统一的现实认知临场状态，或叫即时定式。一定的认知定式，既作为内在的准则、规范、范例起作用，又作为必要的内部动力、张力和内部调节、控制因素起作用；还作为一种现实的思维空间，提供接收和加工处理信息的结构容积，并具有对信息的选择功能和“结合”“同化”功能。这样，在完成一个认识过程时，认知定式一旦运动起来，就使主体处于一种现实的认知临场状态或即时定式下，能够以高度觉醒的态势有选择地接收信息，并在思维空间的多层次结构中，按照一定的程序、方式和模式进行思维操作，加工处理信息，从而导致某种知识、理论体系的建立。可以说，主体头脑中认知定式的运动，是外部现实客体的信息转化为主体思维内容，或主体思维观念地再现客体的内在机制。毫无疑问，作为主体的社会的人，要在认识过程中保持自己的主体势，发挥自己的主体性，必须有一定的、现实的认知定式，并在认识者的认识中使之运动起来，成为一种处于最佳状态的即时定式，充分、有效地发挥其临场作用。这是认识的可能性及这种可能性转化为现实性在主体方面不可缺少的内部条件。

认知定势是人们在历史的联系中和社会的交往中，经过学习、受教育，经过耳濡目染、潜移默化逐渐形成的。它一经形成就具有相对的稳定性。人虽然改变和创造环境，但人本身又是由环境塑造的，是一定环境的产物。人作为主体，既是现实运动的出发点，又是以往运动的结果。环境不仅包括既定的、现成的物质生活条件，而且包括既定的、现成的文化传统和知识背景。按照马克思主义的观点，人只能在不以他们个人意志为转移、不受他们个人任意支配的界限、前提和条件下来能动地表现他们自己。这在认识论的意义上首先就意味着他们作为认识主体，必须接受既定的现成的环境的塑造，在这种环境所规定的界限、前提和条件下形成自己的认知定势。比如，人们置身于某种传统的文化知识背景下，通过某种固定的教育模式和社会交往模式的熏陶和潜移默化，自觉或不自觉地学习和接受了某种传统的世界观、经验习惯和概念框架、观念模式和思维模式，在头脑中就会形成一种稳定的世界图景、经验范式、知识结构和思维方法，它们的结合，就可以成为强有力的定式。

特别值得注意的是，那些构成传统文化知识背景的基本因素及其结构，是通过社会遗传进化方式遗传下来的。它们的信息好像是一种已经“编码”的“社会遗传基因”，获得了一种稳定的模式，世世代代承继下来，变异很少或变异的周期很长。这就必然加强了认知定势的稳定性。这一点在人类历史的早期及以后的很长一段历史时期内（可以说一直到中世纪），表现得尤其突出。在近现代，由于科学认识突飞猛进的发展，传统文化知识的古老模式才受到了冲击。但是，在近现代的人们的认知定势中，古老传统的因素仍然有其影响。而且，新的文化知识背景又可以作为一种新的传统模式在认知定势中获得并保持其稳定性，不过变异的发生及其周期是越来越快和越来越缩短了，因而加速了认知定势的重组、重构和更新。但对具体的个体主体来说，其认知定势的稳定性还是强有力的。

价值观念是认知定式中的一种特别稳定的因素。它是在较长历史时期中，衡量人们处理同外部世界（包括自然界和社会）关系的活动及其结果的意义标准或意义尺度（包括功利的、道德的、审美的，全部物质的和精神的生活与活动的评价标准或尺度）在人们观念中的积淀。它在传统的文化知识背景中和社会心理结构中，是一个长期起作用的稳定因素。这种稳定因素同样作为一种已经“编码”的“社会遗传基因”为社会成员所继承，从而也成为现实的认识主体认知定式中的一种固定因素。在认知定式中，某种固定的价值观念，不仅制约着主体的需要、意志、情绪，而且往往影响着主体知识结构、思维方法等智力因素的建构、形成以及它们发挥作用的方向、程度和结果，成为认知定式结构模式的一种强化力量。例如，一般来说，需要是在一定的社会生活和社会生产（包括物质的、精神的生活与生产）条件下产生的，但需要和满足需要的活动、方式及对象，往往要接受已有的价值观念的评价。这种评价可以是否定性的，也可以是肯定性的，从而影响着人们需要的形成和发展。又如，人们往往是按照一定的价值观念从既定的文化知识背景中吸收、引入同这种价值观念相一致的知识结构和思维方法的，同时也往往是以一定的价值观念为尺度，运用已有的知识结构和思维方法来“结合”和“同化”外部世界的。

由于认知定式在形成以后具有相对的稳定性，特别是对具体的主体来说，认知定式在形成以后比较难于改变，或改变的幅度往往受到限制，因而原有的认知定式就像具有强烈的惯性一样，迫使人们不由自主地沿着这种惯性去看待事物，解决问题。这种认知定式又先在地规定了它能够“结合”和“同化”外部事物的空间容积和功能，规定了它能够处理和解决问题的格局和模式。这样，人们就只能在同认知定式所规定的空间容积和功能相适应的范围、层次、程度和方面来“结合”和“同化”外部事物，只能按照认知定式所规定的格局和模式处理和解决问题，从而限制着人们“结合”和“同化”外部世界的扩展与深化，限制着人们处理问题和解决问题的创造性的发挥，也必然使人们缺少“顺应”环境世界变化的能力。这表明，原有认知定式的空间容积和功能、格局和模式，在可容性、可塑性和普遍性方面都是有局限的，而这种局限意味着循环式的封闭性压倒了跃迁式的开放性。不仅如此，当原有的认知定式以一种强烈的惯性支配着人们的认知活动的时候，人们还往往通过关注适合于原有认知定式的事物（或其某个层次、某种属性、某个方面和规定），甚至把本来同原有认知定式不相适应的事物（或其各个层次、各种属性、各个方面和规定等），强行纳入原有认知定式的框架和模式，来保持和加强这种定式，并超越其原有的界限，无限制地扩大其可容性和普遍性。这不是以认知定式的可塑性来适应事物的多样性、变动性，而是削足适履地使复杂多变的事物适应僵化的认知定式；不是认知定式的开放性的展开，而是它的封闭性的吹胀。其结果是不但不能“结合”、“同化”和“顺应”它本来不能“结合”、“同化”和“顺应”的事物，而且势必造成谬误和失败。在整个人类认识史上，这样的经验教训是屡见不鲜的。

上述种种情况，就是认知定式的结构僵化、功能凝固的表现，往往使人们形成一种习惯性的、循环式的封闭型认知模式和思维模式。这是认知定式的消极保守方面。如果执着于原有的认知定式，就不能展开地和深化地“结合”“同化”外部世界多样性、多层次、多规定的事物，更不能准确地和有效地预见、“顺应”外部世界的运动变化。结构僵化、功能凝固了的认知定式，阻碍着主体思维空间的进一步开拓和思维功能的进一步增生，阻碍着主体创造潜力的进一步发挥，以致动摇认识结构系统中的主体势基础。这就必然造成主体接收信息在深度和广度两方面的局限性和加工处理信息的单一性、主观性，甚至使内外信息的交流发生阻塞性效应，从而会窒息认识中的主体性，窒息认识所固有的“同化”和“顺应”外部世界以保证自己不断发展、不断充实的生命力。

因此，我们不能执着或拘泥于某种早先的认知定式，不能使之僵化、固定化。我们要从已有认知定式的结构僵化和功能凝固中解放出来，就必须不断实现认知定式的更新、重组或重构，用新的认知定式代替早先的旧的认知定势。更新、重组或重构认知定式，最重要的是要以具有科学性、批判性的世界观为核心，不断扩展和更新知识结构，改进和完善思维方法。

具有科学性、批判性的世界观，不仅为主体认识世界和改造世界提供一般的思想、理论前提和方法论原则，而且还经常对这种前提和原则进行批判性的自我审查。根据这种自我审查，又能进一步对认知定式中具体的知识结构、概念（理论）框架和思维方法进行批判性审查。这样就能够使认知定式具有一种实现自我更新的内在活力。但是，世界观本身是有稳定性的，也不是任何世界观都有科学性、批判性或把科学性和批判性内在地统一起来。在现代，我们必须自觉地以真正体现科学性和批判性内在统一的马克思主义世界观，作为我们建构和不断更新认知定式的核心，而且要真正按照科学性和批判性相统一的本质来对待这种世界观。在认知定式中，世界观的这种科学性和批判性相统一的本质，就要求不断更新知识结构和完善思维方法。因为只有知识结构的不断更新和思维方法的不断完善，才能体现和确证世界观本身科学性和批判性相统一的本质，也才能使具有科学性和批判性的世界观实现和履行提供一般思想理论前提和方法论原则并批判地审查这种前提和原则的功能。

知识结构和思维方法是认知定式中的主要部分，为主体认知定式“同化”和“顺应”外部世界提供了智力方面的结构性基础和功能性基础。认知定式的其他因素，如需要的意识、价值观念以及意志、情绪等，都是在一定的知识结构和思维方法的基础上起作用的。知识结构越广博充实，思维方法越合理完善，认知定式的其他因素就越能发挥作用，其“同化”和“顺应”外部世界的容积就越深广，功能就越强化和多样化。要使我们的认知定式能够“顺应”和“同化”变化发展着的外部环境世界和时代精神，就必须在正确的世界观指导下，科学地、批判地审查和评价原有的知识结构和思维方法，并不断把新的科学认识成果和新的科学思维方法纳入我们的认知定式中。这样，人作为主体就能现实地置身于新的知识背景下，使内部的参照系统发生转换，并建立起新的概念和理论框架、观念和思维模式。这是人们开拓思维空间、强化思维功能的必然的途径。

认知定式中的知识结构和思维方法更新了、完善了，这就意味着产生了一种新的能力。这种新的能力必然导致新的需要的产生，并要求也可能扩展满足新的需要的对象域。在这种情况下，就有可能突破原有价值观念的局限性和固结力，甚至导致新的价值观念的产生，导致追求新的对象的意志和激情的产生，从而引起原有心理结构的改变。

上述这些变化的综合，就使原有的认知定式或者是被改造了，或者是重新组建了，因而形成一种结构更复杂、容积更深广、功能更灵活多样的认知定式。这种经过重组或重构而得到更新的认知定式，就能突破原有认知定式“同化”和“顺应”外部环境世界在空间和时间上的固有阈限。于是，认识中的主体性就能在更大、更多的对象域，现实地外化为自由的创造性，从而也使人的活动在更广阔的范围内和更深刻的程度上成为自觉自由的活动，使人的智力和思维在更广阔的空间内和更漫长的时间内自觉自由地驰骋。

然而，认知定式的重组或重构，并不是对原有认知定式的绝对排斥或否定。整个人类认识的发展，虽然经过多次革命性飞跃，但又是有连续性、继承性的。任何一个时代的认识主体的认知定式，都是在由发展到该时代的社会历史所给予的既定的文化知识背景的基础上建构起来的。一些在人类认识外部世界的长期历史过程中形成和积淀下来的，并证明是有效的基本的传统思维形式和思维方法，往往是构成新的认知定式所必须保留甚至是必不可少的基本因素。斩断或否定历史的传统，我们就不可能成为今天的认识主体，也不可能建构起现在的认知定式。这是因为，主体无论是建构还是重组或重构认知定式，都是在具体的历史传统和主体如何继承以及继承了多少这种历史传统的基础上进行的。历史传统及主体对这种历史传统继承的方式、途径和范围、程度，总是制约着认知定式的建构和重构。历史传统流传下来的某些基本因素及其关系集合，总是作为主体建构和重构认知定式的前提而出现的，并被它包含于建构和重构的结果之中。同时，主体重构认知定式，还同自己原有认知定式有历史联系。这样就必然使具体主体的认知定式在整体性方面表现出连续性特点。当然，这种连续性是在分析与鉴别的基础上舍其糟粕、取其精华的过程。但精华因素在历史上也可能是以胚胎、萌芽的形式，不成熟、不发达的形式或不充实、不完善的形式存在着。在建构或重构新的认知定式的过程中，必须使它们在新的科学认识的基础上得到发育、成长、展开，不断地充实和完善，以成熟、发达的形式出现于新的认知定式中。在现代，我们要重构和更新我们的认知定式，最重要的当然是要吸收现代的科学认识成果和科学思维方法，使我们认知定式中的知识结构和思维方法具有现时代的水平和特点。同时，又必须同我们国家的实际情况、同我们的历史传统的优秀形式结合起来，融为一体。当以这种形式把现代科学认识成果和思维方法“结合”和“同化”到我们的认知定式中的时候，也就使我们整个科学文化的传统以崭新的面貌出现于现时代。这正是这种传统有如一股生命洋溢的洪流越来越气势磅礴地奔腾于历史过程中的必然趋势。我们必须自觉地顺应这种趋势。

认识的主体性条件或主体性机制问题，历来是哲学家们所积极关注并不断探讨的问题。《荀子·解蔽》中就论述了认识主体之所以能够认识的心理准备状态和它的认知功能以及如何发挥这种认知功能的问题。这是中国古代哲学史上关于认识的主体性条件的一种比较突出的见解。在西方哲学史上，哲学家们更是注意从主体方面来探讨认识的可能性问题。对认识的主体性条件或主体性机制的考察和探讨，可以说构成了认识论史上的一条基线。而且这条基线还将越来越粗大地、越来越精细地延伸下去。在现代，科学技术迅猛的革命性发展，充分表现和确证了人的主体地位的突出和人的主体性的高扬。因为现代科学技术突飞猛进的发展和所取得的日新月异的成果，同作为现代主体的人的本质力量的空前强化、认知定式“顺应”和“同化”外部世界的结构容积的空前扩大与功能的空前优化，是密切相关的。这就是说，对现代科学技术的发展及其成果，必须从主体性方面，从主体的本质力量和认知定式方面，才能得到合理的解释。因此，在认识的实现和发展中，我们不能否认作为主体的人的主体性作用。而人的主体性作用，是以人作为主体对客体所具有的主体势特别是认知定式为基础的。主体性作用可以说是主体势，特别是认知定式所表现出来的一种“势能”。现代科学技术的发展及其所取得的成果，正显示了这种“势能”的强大威力。

（原载《江海学刊》1988 年第 2 期）

论中、西辩证法的生存论差异

邓晓芒

人对客观世界的一切看法最初都来自人对自身活动的看法，而人自身的活动作为一种主体生存活动，一开始就只能是能动的、辩证的。恩格斯说："人的思维最本质和最切近的基础，正是人所引起的自然界的变化，而不单独是自然界本身。"[①] 因此毫不奇怪，中国古代与古希腊的哲学在关于世界和人生的观点上自始就有许多惊人的一致，都洋溢着某种朴素辩证法的氛围。然而，由于各自文化背景的不同，中、西古代辩证法在相同之中又有着相当深刻的差异，这些差异直到今天还在影响着我们对西方思维方式和西方辩证法的理解。

一

我曾指出，古代希腊哲学从泰勒斯的"水"、阿那克西曼德的"无定形之物"、阿那克西米尼的"气"直到赫拉克利特的"火"，都体现为一种"生存突围"的努力，而"火"作为突围出来的生命能动性原则被看作世界本体，这成了纵贯西方古代、中世纪和近现代思想

① 恩格斯：《自然辩证法》，人民出版社1971年版，第209页。

的一个基本的哲学隐喻，其地位与“气”在中国哲学中的地位相当①。“火”与“水”、“气”一样都包含“无定形”原则，不同的是，“火”除此之外还包含“自己给自己定形”的能动原则（“活火”），“气”则只能由他物来定形，是被动的——这正是赫拉克利特超出阿那克西米尼的“气”的地方。至此，古希腊辩证法才完成了它的“生存论突围”。

与古希腊辩证法相比，中国古代辩证法的一个明显特点在于反对个体生存的倾向，使之消融于群体生存的整体氛围而无法突破出来。在这里，极少看到对个体生命冲动和内在能动性的积极表达，到处可见的是对个体生命的化解和放弃。当然，这种辩证法本身也是由生命体验才得以形成，但这种生命体验一开始就采取了血缘共同体“同心同德”的形式，它是群体的而非个体的，是自然的而非自由的，是伦理的而非道德的。古希腊（如柏拉图）对整体宇宙的生命观点只是个体生命观点的一种异化，中国古代辩证法则尚未从整体生命观中分化出个体生命观点，而是自始就让后者同化于前者之中，体现为天、地、万物和人的血缘关系，以及在无穷时间长河中生生不息、淹没个体的生命流。

如古希腊一样。中国古代哲学一开始就注意到了宇宙万物生灭、变化和“无定形”的特点。周代卜筮之书《易经》中就包含丰富的“变易”思想，并且不自觉地运用对立统一规律来推衍万物、预测未来。《易经》曰：“生生之谓易”“神无方而易无体”“易简而天下之理得矣”，则已将变化无形、单纯简易看成了“天下之理”的根据。但希腊人是先从探讨万物的本原（始基）开始，后来才意识到这始基的本质特征应是无定形和变，中国古代则是从确认变（易）是世界的本质特征出发，然后才去寻找这种变的本体的。因此，当中国古代哲人一旦有了本体意识，想要确定一个天地万物的本原时，他们几乎是

① 参见邓晓芒《思辨的张力——黑格尔辩证法新探》，湖南教育出版社 1992 年版，第 37—42 页。

毫不犹豫地就选定了一个最无定形、最变化不居的东西——气，以及在气之上或之中的、作为气的变化规律（即无定形、无为）的“道”。换言之，中国古代的生存本体论从某种意义上可说是跳过了希腊的泰勒斯和阿那克西曼德阶段，而直接从阿那克西米尼的“气”起步的。然而，西方哲学传统的主流却并不是“气”的哲学，而是自赫拉克利特之后的“火”的哲学，中国古代哲学则始终是“气”的哲学占据了统治地位。

周末的伯阳甫曾用天地之气及其阴、阳有序来解释地震和社会变乱，这时对“气”的本体意识还处于萌芽之中。明确的本体意识是在老子那里才出现的。老子提出了一个宇宙万物的生成模式：“道生一，一生二，二生三，三生万物。万物负阴而抱阳，冲气以为和。”（《道德经》第四十二章）又说：“天下万物生于有，有生于无。”（《道德经》第四十章）老子的“道”作为万物之所生所由的本体，其首要之义当推“无定形”，而“唯一”无定形的东西（道生一）则是气。气是作为物的道（道之为物），作为有的无，是无中之有，它有自己的变化规律和“道纪”，这就是“反者道之动”的辩证规律，即一切事物（有无、高下、生死、正反、美恶、强弱、损益、祸福等）都向对立方面转化、“物极必反”。老子辩证法吸收和发展了在他之前的史官、政治家在政治实践中提出的阴阳、和同、一两、倍贰等思想，但赋予了它们本体论和生存论的含义，使之提升为哲学范畴。其最高范畴“道”，近年有人考证本是“产道”，即生殖之意。[①] 无论此说当否，老子《道德经》处处以人类生养来说明道的产生万物，则是明显的事实。正是在这一生存本体论基础上，老子在中国哲学史上第一个系统创立了古代辩证法的基本原则。

老子这种生存本体论与古希腊哲学的差别在于：古希腊哲学到阿那克西米尼为止，世界本体（气）为无定形的东西总是面临着“谁来

---

① 参见石鹏飞《道》，载《读书》1989年第3期。

给它定形”的困境，亚里士多德曾批评他们“遗弃了动因”[1]，直到赫拉克利特提出自己给自己定形的“火”，这一矛盾才算解决，才使本体具有了造化万物的能动性，成了万物的质料因兼致动因，但上述矛盾在老子这里似乎并不存在。“道”本身不仅无形无象，而且是“无为”的，一切有为皆归于无为，所以才“无为而无不为”；道之造化万物，不是靠它具有什么能动性（有为）或定形的能力，而是靠它本身存在的自然性（道法自然）、永恒性（道乃久），靠它生殖系列上“先天地生”的古老性、原始性。在老子那里，这种血缘的理由便足可解释万物的起源，而不必去探究其物理学上的“致动因”。这体现出中、西思维方式的某种根本区别：老子的生存论并不具备古希腊生存论那种自由的能动性和生命冲动的特点，而是表现出自然的静观和无知无欲倾向。的确，老子的这种生存论只需要“气”作它的载体或象征就足够了。在这里，本体是给定的（而非创造出来的）：有一个气；气有阴阳两种；阴阳两气相参（谁将它们参合起来？不必问）成为“和”；阴阳之和则形成了万物。至于道、气流行的动因，则只要说是“自然的”，就被认为解决了。其实这个问题一直未解决。气在其自然形态中（水气、云气等）并没有自己使自己定形的能力，因而作为哲学隐喻，它也只能是被动的。

老子这种生存本体论给中国古代辩证法留下了深远的影响。后来的思想家虽从中演化出种种不同的解释，但大体上并没有超出老子的基本模式。张岱年先生指出，“中国哲学讲本根，却以无形之物说之，二千年中更无以有形之物说本根的”[2]，极是。中国哲学始终未能突破“气”论或“道”论的无定形阶段而上升到明确的规定性和语言的“逻各斯”[3]，正反映了对个体生存动力的追求，即对自我定形的欲望

① ［古希腊］亚里士多德：《形而上学》，吴寿彭译，商务印书馆 1981 年版，第 20 页。

② 张岱年：《中国哲学大纲》，中国社会科学出版社 1985 年版，第 12 页。

③ 参见邓晓芒《论中国哲学中的反语言学倾向》及由此引起的讨论，载《中州学刊》1992 年第 2 期，1993 年第 3 期、第 6 期。

之软弱无力。

庄子特别高扬了道的“无为无形”思想。在他那里，无形之气（道）将一切有形之物或有规定性的东西都化解了。遭到化解的又特别是人的生命个体：“人之生，气之聚也，聚则为生，散则为死……故曰通天下一气耳。”（《知北游》）古希腊如柏拉图在化解人的肉体生命之后，却并未化解人的灵魂，而是通过灵魂把个体生存的能动性转移到了宇宙整体上，这个整体作为神本身并不是“自然”，而是创造自然的普遍灵魂和精神；庄子的化解则是对个体生存的能动性本身地化解，即主张以无为或听其自然作为生活的原则，因为“夫虚静恬淡，寂寞无为者，天地之本而道德之至”（《天道》）。

当时对宇宙的变化还有“或使”与“莫为”两派的争执。“或使”说认为，宇宙生成有外在的力量在起作用。董仲舒将这一学说发挥成天意主宰的神学目的论。但与柏拉图和亚里士多德的目的论不同，董子的天、神最终并不是以自身为目的，而是以“爱利人”为目的，因而人无须去追求天，而只有畏惧天和享受天的恩惠。所以这种外在力量并不是个体生存的动力，个体则完全是上天的被动的承受者。

“莫为”说则以另一种方式表达了个体消极被动的本性，即认为宇宙生成没有什么外在动力，但也不是出自事物内在的特殊冲动或追求，万物自生，天道自然。当王充、王弼、柳宗元等人主张天、气、万物“自生”“自动”“自为”时，常常被今人误认为强调事物自己的“内在能动性”，但其实这里讲的只不过是自然而生、自然而动、无为而为，并没有将一个事物的运动归于它自身内在能动的生存冲动的意思。“天动不欲以生物，而物自生，此则自然也。施气不欲为物，而物自为，此则无为也。”（《论衡·自然》）可见，“莫为说”的理论根据其实仍是道家的“自然说”。当然，这种“自然说”也不排除某种意义的“内因论”，事实上，它引导一些人用事物本身的内部对立关系来解释万物的生灭变化，如郭象提出：“天地阴阳，对生也”（《则阳》注）；柳宗元认为：“吁炎吹冷，交错而动”（《天对》），王安石主张："盖五行之为物……皆各有耦，推而散之，无所不通。一柔一刚，一晦一明……耦之中又有耦焉，而万物之变遂至于无穷"（《洪范传》）；又如张载所说："凡寰转之物，动必有机，既谓之机，则动非自外也。"（《正蒙·参两》）由事物无限可分、矛盾或对立（耦、机）无处不在而得出事物的变化无穷，这实际上是中国古代辩证法的核心。直到今天，国内理论界一般还认为，只要将运动的原因归之于事物的"内在矛盾性"，即归之于事物内部两个对立面的时而对立、时而统一的关系，就算找到了运动的最终根源，达到了辩证的观点。

细究起来，这种看来颇为言之成理的"矛盾"学说其实是大有可商榷之处的。因为按照这种理解，一事物之所以运动，表面上似乎被归之于该事物的"内因"，实际上则是被归之于该事物内部两个对立因素（耦、机）之间的相互排斥，因而对每一方来说都是外因；"耦之中又有耦"或"无限可分"，只不过是将这种"外因论"无限延伸下去，永远无法获得运动的真正内因和能动的本原。我们为什么老是在"辩证法"的口号之下干着形而上学的蠢事，其奥秘就在于此。因为这种不断分析的方法实际上立足于一个形而上学的前提（它早已遭到过黑格尔的批判）①，即任何事物都并非一个单一而不可分的"个体"，而总是由两个事物或两个方面所"组成"的；矛盾双方（两个对立面）不是由同一个事物自己和自己相矛盾而发展出来的，而是一开始就给定了的，只是还未看出来而已。这就注定了对立面冲突的外在性和人为的设定性。反之，真正彻底的辩证法应当从同一个事物的自我否定性及其所导致的"差别的内在发生"出发，来考察事物的自我分裂又自我恢复的运动过程。中国古代辩证法从未认真研究过这种使一事物的自身差别内在发生的力量，即自我否定的力量，国内至今对"否定的辩证法"仍不够重视。相反，古希腊辩证法在柏拉图那里就已深入这一层次。在《巴门尼德篇》中，柏拉图并不是简单地提出

① ［德］黑格尔：《小逻辑》，贺麟译，商务印书馆1980年版，第227页。

一对对立范畴（一和多、有和无等），然后说它们是相对的、不可分的、相互转化的等，而是研究了同一个范畴自己与自身的关系（如一与一自身的关系，多与多自身的关系），揭示出该范畴的自我否定的本性，并通过这种自我否定而推演出它的对立范畴（从一推出多，从多推出一）。[①] 这样，辩证法就不是两个相互外在的东西被置于一个相互对立而又“统一”的关系之中，也不是从一个东西中去找出（分析出）两个组成部分，而是研究同一个东西与自身的真正矛盾关系。对比之下，中国古代讲两个对立面相互依存、斗争、转化，讲“物极必反”，讲“反者道之动”，唯独不讲一个事物能动的自我否定性。以“有、无”范畴为例，从老子讲有无相生，到后来崇有、贵无之争，从僧肇的“不有不无”的“不真”之“空”，到张载的气有而无，罗顺钦、王廷相的气聚而有、气散而无，直到王夫之的气显谓有、气隐谓无，都没有看出有既是有、同时又不是有，而是有的自我否定即无。又如阴阳关系，朱熹说，“阴阳只是一气，阳之退，便是阴之生，不是阳退了，又别有个阴生”（《朱子语类·卷六五》），的确很“辩证”。但谁使“阳退”？如果不说明阳之为阳本身就是一个“自退”（自我否定），即使自己成为“阴”的过程，就像生命之为生命即是一个走向死亡的过程一样，这种辩证法就仍不彻底。然而阳作为一种“气”所固有的被动性，使朱熹和别的人不可能将自我否定或“自退”的能动性赋予阳本身。

中国古代惠施、公孙龙一派“辩者”提出的一些命题，虽本身属诡辩范畴，但已包含着发展为辩证命题的可能性。然而，他们的学说并未像希腊诡辩学派那样被当作一个环节吸收进辩证思维中，而是被众口一词地批倒批臭。凡此种种都可以看出，中国古代辩证法未能深入个别事物真正内在的自我否定力量，未从这种自我否定出发把运动看作同一事物自我综合的能动过程，这与中国古代辩证法中缺乏个体

① 详见［德］黑格尔《哲学史讲演录》第2卷，贺麟、王太庆译，商务印书馆1981年版，第217—218页。

生存动力有最本质的联系。

二

在中国哲学中，儒家似乎从道德实践的角度提出了某种具有生存论倾向的学说。但正如中国哲学对个体事物的动因倾向于将个体事物化解为两个事物的关系（耦）来解释一样，儒家人生哲理的生存论倾向也总是通过将单一的、统一的个体人格分解为人与人的关系（仁）来表达。与中国古代没有产生德谟克利特那种不可入的“原子”概念相应，中国古代也没有自我封闭的个体人格概念，只有“二人关系”，即“仁”的观念，这就是儒家的“人”的观念。所以“仁者人也，亲亲为大”（《中庸》第二十章）。当孔子说“为仁由己，而由人乎哉”（《论语·颜渊》），“我欲仁，斯仁至矣”（《述而》）时，他指的是人有一种将自己化入二人关系的自然倾向。这种“化入”并不是对自己的自我否定，而正是人自己的自然本性的恢复和肯定，因此这不费什么力气，也没有什么痛苦，但它可导致“克己复礼”，甚至“杀身成仁”。显然，这不是一种个体生存动力，而是群体的生存动力。孟子同样把人看作这样一种单纯的、无矛盾的道德关系。他认为人皆有恻隐之心、羞恶之心，没有这种善心则“非人也”（《公孙丑上》），因而人只要出乎本心并好好保养它，都可以自然为善，即尽心知性以“事天”。这种本心不是一己之私心，而是充塞于天地之间的一股至大至刚的“浩然之气”。正因为“气”（与原子相反）是无限可入的，因此并无内外之分，人心之气即为天地之气。所以问题不在于到心外去追求什么，而在于保存、保养什么（“直养而无害”）。这样一种生存动力，从内容到形式都不是进取性的，而是保守性的，不是冲动型的，而是“岿然不动”型的（“富贵不能淫，贫贱不能移，威武不能屈，此之谓大丈夫”，《滕文公》）。这是一种使个体归于平静的动力，其力量不在于致动，而在于保持不动。

中国古代被认为最强调人的“主观能动性”的思想家是荀子。但荀子的“人定胜天”仍然是立足于儒家对“人”的群体性理解上的。单个的人是不能胜天的，人能宰制万物，唯在于人“能群”，而能群的体现就是义之辨、礼之分。与孟子相反，荀子认为礼义不是天生的，而是人为制定的，“人之性恶，其善者伪也”（《性恶》），顺从人的本性必导致争夺淫乱，“圣人”为了治理社会，才制定了礼仪法度，用来限制人的恶欲，调节人的需求，使社会摆脱悖乱，把人性导向人道。尽管荀、孟在性恶、性善的表述上不同，但在人的群体性导致善、人的个体性导致恶这点上是一致的。所以荀子所强调的“主观能动性”与孔、孟一样，也不是出于人的个体，而是群体共生的一种伦理意向，它在自然面前是能动的，对于个人却恰好是一种被动的限制（“以道制欲”）。毫不奇怪，尽管荀子最强调人的能动性，他对个体人心的看法却是被动的：“心未尝不两也，然而有所谓一；心未尝不动也，然而有所谓静……虚壹而静，谓之大清明。”（《解蔽》）《礼记·乐记》中也说，“人生而静，天之性也，感于物而动，性之欲也”。人对自己的动、欲不加限制则会导致“灭天理而穷人欲”。一切运动都是外来的（“感于物”），个人的本性则是取消一切原动力，这种观点对后来宋儒产生了很大影响。

被奉为儒家经典的《易传》中也有人的能动性思想，如“天行健，君子以自强不息”。张岱年先生提出：“老子的柔静学说对于中国文化有深远的影响，但是在中国文化的发展中发挥主要作用的还是《易传》的刚健学说。”① 这主要是从儒道对立的角度来立论的。但儒学本身不仅有刚健的一面，还有柔静温顺的一面。《易传》中就有与上述命题相对的另一命题，“地势坤（顺），君子以厚德载物”。《易传》重中道、中行，绝不偏重于一方（这也为儒家后学所继承），实

① 张岱年：《〈易经〉与中国文化的优良传统》，载《周易纵横录》，湖北人民出版社 1986 年版，第 21 页。

际上主张当健则健，当柔则柔，并不主张不看形势一味地“行健”。当然，一般说《易经》主张“天尊地卑”，以阳刚为正，阴柔为辅。但有时又说：“昔者圣人之作易也，将以顺性命之理。是以立天之道，曰阴与阳，立地之道，曰柔与刚，立人之道，曰仁与义。”（《说卦》）此处将阴、柔、仁置于阳、刚、义之前，且以“顺”为易之本旨，似乎更重视儒家温柔敦厚和服从顺命的一面了。更何况《易传》认为天地阴阳（两仪）之上还有“太极”，即“道”，也就是“易”（变易）之道。变易之道是不变易的，所以“易无思也，无为也，寂然不动”（《系辞上》），“夫乾，其静也专，其动也直，是以大生焉。夫坤，其静也翕，其动也辟，是以广生焉”，朱子注云：“乾坤各有动静……静体而动用，静别而动交也。”《易传》非一人所作，出现思想或表述上的分歧原不足怪。但在谈及最高本体和人生最终归宿时归于静止不动，这是符合儒学各派乃至道家诸脉的一个根本思想。由此来看“天行健，君子以自强不息”一语，朱子的注释还是反映了其中精义的：“但言天行，则见其一日一周，而明日又一周，若重复之象，非至健不能也。君子法之，不以人欲害其天德之刚，则自强而不息矣。”自强不息不是要去创造什么、欲求什么，而是要保持和巩固某种“重复之象”，这与受西方进化论影响后今人所理解的“文化是需要不断前进不断发展的，不前进就会陷于停滞、陷于偏枯”,[①] 是大相径庭的。

三

从秦汉到宋明，中经印度（佛教）文化的冲击，中国哲学在阐发人和物的个体生存能动性方面基本上没有突破先秦儒、道奠定的传统。以道学的“立人极”（周敦颐）、心学的“心外无物”或“一念发动

---

① 张岱年：《〈易经〉与中国文化的优良传统》，载《周易纵横录》，湖北人民出版社 1986 年版，第 21 页。

之处便是行”（王守仁）来说，实质上都未脱儒家“我欲仁”和“我善养吾浩然之气”的旧模式。所以理学导致“存天理而灭人欲”的对个性的压抑，心学导致“心无体，以天地万物感应之是非为体”的个性失落或存在遗忘。只有明清之际的一批叛逆传统的思想家，才第一次产生了对传统有威胁性的冲击力。明末李贽破天荒在肯定的意义上把人的本心看作一种“私心”，从而提出了崭新的个性解放要求。不过这种要求还是朦胧、幼稚的，它只能以“童心”的方式出现，而未能建立一套堪与强大传统相抗衡的成熟的伦理规范，甚至也常常未能真正与传统划清界限。因为他的“童心说”正如儒、道对婴儿、赤子之心的崇拜一样，仍是以人心的“清静本原”作为理论根据的。李贽不赞成道学对私情私欲的一味压制，而主张任其宣泄，但其最终目的仍在于恢复人的童心、真心、自然之心，消除人与人之间的个体性屏障。在这点上他并未超出传统，与道学所推举的“率性之谓道”（《中庸章句一》）还有某种暗合。

清初方以智受西方哲学、自然科学影响，把中国两千余年一贯的“气的哲学”向“火的哲学”推进了一步，提出了“火—气一元论”。当然，传统的气论在这里仍是理解的基础，但方以智终于看出，要解释万物运动的实际动因，就不能停留在太虚之气的无定形原则上，而必须引入“火”的能动性。火的作用在他这里主要就是解释万物的“自己运动”。“上律天时，凡运动，皆火之为也”（《物理小识·卷一》），火的特性是“内阴外阳而主动”，是弥漫于天地之间、永恒运动的元素。古希腊从阿那克西米尼到赫拉克利特的过渡，中国哲学竟走了两千余年。与赫拉克利特一样，方以智也试图通过对立面的斗争，即所谓“悖”“害”之“几”来解释“变之端”。但由于他对“火”的理解仍然未能摆脱“气”（火气、阳气）的古老传统，火仍只是气的一种形态，因而他最终并未真正贯彻“火”的自我定形的能动原则，而仍局限于对“气”的微妙动机（几）的无穷分析。方以智对运动变化的理解又落入了传统外因论的旧模式。

与方以智同时代的王夫之，虽然是中国古代辩证法的集大成者，但在对传统的突破方面还不及方以智。他主张“太虚即气”的气一元论，反对道家以无为本的虚无主义，但并没有否认太虚之气的本性是无定形，即“弥沦无涯而希微不形”。但这样一来，他以“太虚本动、气化日新”来反对道家虚静思想就失去了立足点。因为正如前面讨论“莫为说”时指出的，光是一般地说气“本来”就在运动（自动、自为），而不具体说明其动因，这只是回避问题，要么就陷入无穷追溯。王夫之也试图求助于“几”来解释“太虚本动”，但这种“几”或“机”究竟是什么？它怎样起作用？王夫之始终无法说明。他只是说：“机者，发动之由，只是动于此而至于彼意。”（《读四书大全说》卷一）这实际上是一个循环定义。“机”作为一个“动于此而至于彼”的机制或机关，总是仍然需要另一个居间的发动者或操纵者来开动它，而这个居间者又是一个更微妙的几或机，仍需要一个发动者，如此以至于无穷。但每次都不是诉之于一个自我定形的个体，而是诉之于一种机制、关系。可见，只要承认宇宙本体的无定形性，最终动因的问题就无着落，这是中国传统“气本根论”的必然归宿。

除宇宙观外，王夫之在伦理观上也仍然未给中国哲学带来个体生存动力。他虽对理学压抑人欲、扼杀人性极为反感，强调“人欲之各得，即天理之大同”（《读四书大全说》卷四），但他所谓的“人欲”，乃人人所同具之共欲：“饮食男女之欲，人之大共也。”（《诗广传》卷二）王夫之由这种生理需求的平均性得出平均主义的社会政治主张是不奇怪的。平均主义本身既有满足每个人起码的物质需求的一面，同时又有限制和剥夺个人超出平均线之上的物质的、特别是精神的追求的一面。王夫之的这种理欲观并没有给人的个性发展留下什么余地，也并没有与理学真正划清界限。古希腊伦理学的基本原则之一也是“勿过度”，但它是指个人欲望的放纵对自己有害（如饮酒太多则头痛），其标准（度）是个人幸福，而理学和王夫之对人的私欲的限制却是为了社会平均和“太平”，其标准是社会安定。

无须更多说明，我们已可以看出，中国古代辩证法由于缺乏个体生存论的动力，而不具有古希腊辩证法那种彻底性。比较之下，中国古代辩证法粗而不精、泛而不深，它从一开始就达到了相当的高度，但积两千余年尚未能摆脱其朴素性。因此总的看来，虽然中国古代有辩证思维因素的思想家比西方多得多，而更少形而上学的机械性、片面性和极端性，但每个思想家的辩证思维中又随时埋藏着形而上学的种子，总是导致人放弃和抹杀自己的个体生存，而听任于自然和社会早已给自己规定好了的命运。将这种形态的辩证法深化和彻底化，是当代中国人的使命。

（原载《江海学刊》1994 年第 3 期）

人类思想的哲学维度

孙正聿

一

哲学是人类思想的一种特殊维度，而不是人类关于经验世界的某种特殊知识。这是人类把握世界的哲学方式的本质特征，或者说，这是哲学区别于人类把握世界的其他基本方式（如神话的、常识的、宗教的、艺术的、科学的、伦理的和实践的方式）的本质特征。

哲学的这个本质特征，是在其不断地被科学“驱逐”出经验世界的三大领域——自然、社会和思维——的历史过程中，愈益清楚地显示出来的。在现代科学的背景下，从科学与哲学的相互关系中反省哲学，人们不能不首先面对下述三个假言判断：如果哲学是关于自然界的知识，那么它已经被自然科学取代；如果哲学是关于社会历史的知识，那么它已经被社会—人文科学取代，如果哲学是关于思维本身的知识，那么它已经被现代的心理—思维科学取代。构成知识内容的全部经验对象，已经为现代科学所垄断。在现代人类的自我意识中，真正的知识就是科学，科学才是真正的知识。是否“科学”，这是现代人类评价和取舍“知识”的原则和标准。

科学垄断了知识。对此，现代哲学作出了两个方向的反应和选择：

一是以科学的理论和方法改造和重塑哲学，使哲学本身“科学化”，这就是以“拒斥形而上学”为出发点的科学主义思潮。一是以人的自我理解为旨趣对抗科学主义思潮，使哲学本身“人本化”，这就是以思考人的存在为出发点的人本主义思潮。

对于科学主义思潮来说，它比较清楚地显露了科学思维的自我驯服，已经无力为哲学开拓出一条区别于科学的生存之路。费耶阿本德说，科学哲学是一个有着“伟大过去”的学科，这对于当代哲学的自我意识来说，可以视为一种适时的清醒剂。对于人本主义思潮来说，它试图以“人的自我理解”与现代科学分庭抗礼，给出一种科学所无法（无力）给出的关于人的存在的知识。这种努力，不管是现象学的，解释学的，还是存在主义的，在其试图给出关于人本身的“知识”的意义上，总是或者滑向某种形式的实证科学，或者导致某种形式的“形而上学的复归”。在这个意义上，人本主义或者成为科学主义有保留地默认的科学主义的变种，或者成为科学主义所讨厌的讨伐对象。

对于“知识”的渴求与驯服，似乎仍然像磁铁一样吸引着现代哲学的科学主义思潮和人本主义思潮。而寻求一条超越给出某种知识的现代哲学之路，则是包括这两大思潮在内的众多哲学家的共同思考。维特根斯坦提出，哲学只是给予知识的“幻相”，实际上不给予“任何知识”。其指斥的对象虽然是传统哲学，但却一语中的地提出了重新理解哲学的思路。

哲学不给予“任何”知识，因为它不是关于“任何”经验对象的科学，哲学给予知识的“幻相”，因为它必须以全部知识为“中介”来实现自身的存在。“不给予知识而又给予知识的‘幻相’”，这表明“知识”在哲学思考中是作为某种特殊方式的对象而存在的。

关于哲学方式的特殊性，黑格尔非常明确地提出，哲学是“对认识的认识”“对思想的思想”，是思想以自身为对象反过来而思之的“反思”。据此，黑格尔批评以往的哲学陷入了两种不符合哲学本性的思维方式。一种是所谓的“表象思维”，它完全沉浸于经验材料之中，无法从经验材料中挣脱出来而达到思想的自我反思，另一种是所谓的“形式思维”，它以脱离思想内容的形式推理实现思想的自我联系，因而也不是以思想为对象的思想自我反思。这就是说，反思的思维既不是以经验材料为对象而形成关于经验世界的知识，也不是以思维的形式推理为对象而形成关于思维的结构与规则的知识。正是在这个意义上，反思的对象不是经验，反思的结果也不是关于经验的知识。那么，究竟什么是人类思想的自我反思？或者说，究竟什么是人类思想的哲学维度？

二

“反思”是思维对存在的一种特殊关系。思维对存在的反思关系，就是思维把“思维和存在的关系”作为“问题”（对象）来思考。

思维与存在之间具有无限丰富的矛盾关系，这些矛盾关系是作为人类把握世界的全部方式的共同对象而存在的；或者反过来说，正因为人类是以不同的方式去把握思维与存在之间的矛盾关系，人类才形成关于思维与存在之间无限丰富的矛盾关系的自我意识。这表明，思维和存在的矛盾关系本身并不是哲学的重大的基本问题，而只有在思维把“思维和存在的关系”作为“问题”来思考时，这个关系才是作为哲学的重大的基本问题而存在。正是思维对存在的这种特殊关系，构成了人类思想的哲学维度。

对此，我们从三个方面说明。

首先，哲学的重大的基本问题是思维和存在的“关系问题”，而不是“思维”和“存在”的问题。这就是说，哲学不是以“思维”和“存在”为对象去形成关于它们的某种知识，而是把它们之间的“关系问题”作为对象去追究思维和存在之间的“关系”。这种区别对于哲学的自我理解具有重大的理论意义。

在通常的关于哲学及其基本问题的解释中，或者把哲学界说成“关于整个世界的科学”，或者把哲学归结为“关于思维规律的科学”。这正是把“思维”或“存在”视为哲学的对象，并要求哲学形成关于“思维”或“存在”的“知识”。这当然就不是把哲学理解为人类思想的一种特殊维度，而是把哲学归结为关于经验世界的某种特殊知识了。由此而构建的任何哲学，都只能是一种被实证科学取代的实证知识，由此而兴起的任何哲学思潮，都只能是各种不同形式的科学主义思潮。

其实，恩格斯在提出哲学基本问题的时候，就已经作出重要的提示：思维和存在的关系问题作为哲学的重大的基本问题，它只是在近代哲学才被“十分清楚”地提出来并获得了“完全的意义”。这就告诉我们，考察近代哲学如何提出和探讨思维与存在的关系问题，是理解哲学及其基本问题的必要前提。

近代哲学的总体特征，被后人简洁地概括为“认识论转向”。所谓“认识论转向”，就是从人的认识出发去反省思维对存在的关系，而把直接断言“思维”或“存在”的任何思想都指斥为“独断论”。正是在这种思想的自我反思的过程中，近代哲学以探寻思想的客观性为聚焦点，逐步深化地考察了客观世界与人类意识、意识内容与意识形态、对象意识与自我意识、简单观念与复杂观念、知性思维与理性思维、理论理性与实践理性等思维与存在之间的矛盾关系。显然，近代哲学对这些矛盾关系的追究与考察，既不是提供某种关于“存在”的知识，也不是提供某种关于“思维”的知识，而是为人类确立了关于思维与存在之间的矛盾关系的自我意识，也就是为人类提供了一种不断深化的辩证的思维方式。

其次，哲学的基本问题是反思“思维和存在的关系问题”，而不是实现思维与存在的某种方式的统一，甚至也不是提供关于思维与存在如何统一的理论与方法。

思维与存在之间虽然具有无限丰富的矛盾关系，但从人类思想的维度上看，思维与存在的关系却可以归结为两个最基本的维度：一是思维以人的认识活动和实践活动为中介而实现的思维与存在相统一的维度，一是思维以自身为中介而实现的对思维和存在关系问题的反思的维度。前者是以某种特定的方式（如神话的、宗教的、常识的、艺术的、伦理的和科学的方式）形成某种认知的、价值的或审美的关于存在的判断，并把这些判断作为某种目的性要求，以实践活动的方式使之取得某种形式的现实性。后者则是把人类把握世界的其他诸种方式及其全部成果作为反思的对象，追问思维与存在统一的根据，去考察断定思维与存在统一的标准，去揭示思维与存在之间的更深层的矛盾。在这个意义上，前者是思想以世界（神话的世界、常识的世界、宗教的世界、艺术的世界、伦理的世界和科学的世界）为对象，构筑这些对象世界；后者则是以思想所构筑的这些对象世界为再认识、再思想的对象，揭露这些对象世界的内在矛盾，以及这些对象世界之间的内在矛盾，从而为人类思想敞开自我批判的空间。这种区别对于哲学的自我理解具有更为深刻的理论意义。

在通常的关于哲学及其基本问题的解释中，总是从思维与存在相统一的思想维度理解思维和存在的关系问题，其结果，或者把哲学归结为以某种方式实现思维与存在统一的知识，或者把哲学视为说明思维与存在如何统一的理论和方法，并把这两者分别说成“本体论”和“认识论”。而在人类思想的反思维度中，“本体论”并不是思维关于存在（整个世界）的认识，“认识论”也不是关于思维与存在如何统一的描述与说明。反思维度中的“本体论”，是揭示人们据以确认思维与存在相统一的根据、标准和尺度；反思维度中的“认识论”，是对这些根据、标准和尺度的批判性考察。因此，反思维度中的本体论和认识论是统一的，其积极成果就是作为理论思维方式的辩证法。

再次，哲学的基本问题是“思维和存在”的关系问题，不能把它归结为（或等同于）“精神和物质”的关系问题。

显而易见，“存在”范畴不仅包括“物质”，而且包括“精神”。

与此相对应，“思维和存在”的关系至少包括“精神和物质”与“精神和精神”这两种关系。近代哲学所探讨的思维和存在的关系问题，在客观世界与意识内容的矛盾中，“存在”指的是客观世界即“物质”，“思维”指的是关于客观世界的“意识内容”。而在对象意识与自我意识的矛盾中，“存在”已经是“对象意识”即“意识内容”，“思维”则是构成、把握、统摄和反省“对象意识”的“自我意识”。这表明，在思维与存在之间的多重矛盾中，不仅“存在”范畴具有相对性和多义性，与之相对应的“思维”范畴同样具有相对性和多义性。正是这种相对性和多义性，表现了思维与存在之间的错综复杂的矛盾关系，表现了人类认识成分、方面、要素、环节的不断增长的多样性。如果把思维和存在的关系问题归结为（或等同于）精神和物质的关系问题，不仅是阉割了思维与存在之间的复杂的矛盾关系，而且回避了近代哲学围绕思维与存在的关系所提出的一系列重大理论问题。

但是，问题的实质并不在于承认思维与存在之间复杂的、不可穷尽的矛盾关系。从探索人类思想哲学维度的角度看，实质的分歧在于：哲学究竟如何提出和研究思维与存在的关系问题（其中包括精神和物质的关系问题）？通常之所以把思维和存在的关系问题归结为精神和物质的关系问题，其根源是由于人们以一种素朴实在论的观点，而不是从哲学反思的维度去理解哲学基本问题。在素朴实在论看来，思维与存在、精神与物质的关系只不过是一个“时间先在性”问题，即在时间上何者先在的问题，因而把这个问题当作一个毋庸反思的直接断言的知识问题。然而，在哲学反思的维度中，思维和存在的关系问题之所以构成哲学的重大的基本问题，正是因为它要把思维与存在的关系作为根本性的“问题”而予以“反思”。

恩格斯在明确提出关于哲学基本问题的论断之后，确实是把“思维对存在、精神对自然界的关系问题”相并列，并称之为“全部哲学的最高问题”。人们通常以“思维和存在，即精神和物质的关系问题”表述和解释哲学基本问题，甚至认为哲学的“最高问题”就是精神和物质“谁为本原”的问题，哲学的“实质内容”就是“唯物主义和唯心主义的斗争”，都是由此引申出来的。那么，这些引申是否符合恩格斯的原意？我的回答是否定的。

其一，“本原”问题。恩格斯说：“思维对存在的地位问题，这个在中世纪的经院哲学中也起过巨大作用的问题：什么是本原的，是精神，还是自然界？——这个问题以尖锐的形式针对着教会提了出来：世界是神创造的呢，还是从来就有的？”① 在这里，关于“本原”问题，恩格斯明确指出是“精神”和“自然界”谁为“本原”，“本原”问题的内容是“世界是神创造的呢，还是从来就有的”？

显然，恩格斯在这里所说的“本原”问题，只是“精神”和“自然界”孰先孰后的问题，也就是纯粹的“时间先在性问题”。对这个问题的有说服力的回答，只能是实证科学的，而不能是哲学反思的。就是说，我们只能是用自然演化和动物演变以及人类生成的科学理论来说明人是自然界的产物，因而人的精神也是自然界的产物。哲学无法独立地证明这个结论（尽管这个结论是正确的）。

但是，这个问题及其结论却具有特别重大的哲学意义。因为这个问题是恩格斯所说的“思维对存在的地位问题”。这里所使用的“思维”和“存在”，具有特定的含义，就是“精神”和“自然界”；这里所说的“地位问题”，也具有特定的含义，就是“谁为本原”的问题。这个问题本身，是作为哲学反思的常识基础或科学前提而存在的，它规定着哲学家在何种基础上反思“思维和存在的关系问题”。正是在这个意义上，“精神对自然界的关系问题”“思维对存在的地位问题”，构成了“全部哲学的最高问题”。

需要认真考虑的是，这个“最高问题”一旦成为哲学反思的对象，它就不再是需要科学来回答的“时间先在性”问题，而是哲学所追问的“思维和存在的关系问题”，即：我们断言精神与自然界孰为

① 《马克思恩格斯选集》第4卷，人民出版社2012年版，第220页。

本原的根据是什么？宗教与科学各以何种尺度或标准来作出它们的断言？应该怎样看待和评价宗教与科学？这就是思想自我反思中的哲学问题。

其二，“两大阵营”问题。恩格斯说，哲学家依照他们如何回答“本原”问题而分成了“两大阵营”：“凡是断定精神对自然界说来是本原的，……组成唯心主义阵营。凡是认为自然界是本原的，则属于唯物主义的各种学派。”① 对此，恩格斯又特别强调补充说：“除此之外，唯心主义和唯物主义这两个用语本来没有任何别的意思，它们在这里也不能在别的意义上被使用。”②

“精神对自然界的关系问题”，是哲学家反思“思维和存在的关系问题”的前提和基础，因而对这个问题的不同回答，构成了唯物主义和唯心主义“两大阵营”。但是，正因为唯物主义与唯心主义只是在这个意义上被区别开来的，所以“这两个用语本来没有任何别的意思”“不能在别的意义上被使用”。而如果我们把哲学的“实质内容”归结为“唯物主义与唯心主义的斗争”，就必然要在“别的意义上”去使用这两个用语，从而造成哲学自我理解的“混乱”。

这种“混乱”直接表现在：“精神对自然界的关系问题”本来仅仅是精神与自然界谁为“本原”的“时间先在性”问题，一旦进入人的现实活动的主观与客观、主体与客体的关系，则提出了主观对客观、主体对客体的“逻辑先在性”问题，而人们却经常未经反思地把这两个不同性质的问题混为一谈。

旧唯物主义仅仅抓住精神对自然界的“时间先在性”而不理解主体对客体的“逻辑先在性”因而“只是从客体的或者直观的形式去理解”“事物、现实、感性”，并把唯心主义视为纯粹的“胡说”。唯心主义则仅仅抓住主观对客观、主体对客体的“逻辑先在性”“抽象地

① 《马克思恩格斯选集》第4卷，人民出版社2012年版，第220页。
② 《马克思恩格斯选集》第4卷，人民出版社2012年版，第220页。

发展”“能动的方面”，并且把“认识的某一个特征、方面、部分片面地、夸大地……发展（膨胀、扩大）为脱离了物质、脱离了自然的、神化了的绝对”。

显然，唯心主义的错误并不在于它承认主体对客体的“逻辑先在性”，也不在于它研究认识的某个“特征、方面、部分”并发挥了“能动的方面”，而在于它从这种“逻辑先在性”出发否认了自然界对精神的“时间先在性”，在于它把认识的某个特征、方面、部分（如感觉、思维、情感、意志等）夸大为“脱离了物质、脱离了自然的、神化了的绝对”。同样，旧唯物主义的“主要缺点”也不是由于它承认自然界对精神的“时间先在性”，而是由于它不懂得人作为实践的、社会的、历史的存在，作为一种目的性和对象性的存在，主体对客体具有一种“逻辑先在性”，因而“只是从客体的或者直观的形式去理解”人与世界、思维与存在的关系。

以上的分析表明，如果我们把“思维和存在的关系问题”归结为“精神和物质的关系问题”，用自然界对精神的“时间先在性”否认主体对客体的“逻辑先在性”，用唯物主义与唯心主义的斗争代替对“思维和存在的关系问题”的反思，那么，我们就既不能克服马克思所批评的旧唯物主义的“主要缺点”，也不能真正理解列宁所揭示的唯心主义得以长期存在的“根源”，因而也难以切实把握反思“思维和存在的关系问题”的哲学维度。

三

人类思想的哲学维度是对“思维和存在的关系问题”的反思。这种反思在其基本指向性上，首先是对理论思维的前提批判。关于思维和存在的关系，恩格斯曾作出如下基本论断：“我们的主观的思维和客观的世界服从于同样的规律，因而两者在自己的结果中不能互相矛盾，而必须彼此一致，这个事实绝对地统治着我们的整个理论思维。

它是我们的理论思维的不自觉的和无条件的前提。”① 人类思想的哲学维度，就在于它不像各门具体科学和人类把握世界的其他方式那样，把理论思维的前提当作毋庸置疑的出发点，去实现思维和存在的某种形式的统一，而是把理论思维的这个“不自觉的和无条件的前提”作为考察的对象，去反思“思维和存在的关系问题”。因此，只有理解哲学对理论思维的前提批判，才能理解哲学基本问题的真实意义，才能把握哲学层面的思想自我反思。

思想的自我反思有两个基本层次：一是思想对自身的思想内容的反思，二是思想对构成其思想内容的根据和原则的反思。思想对自身内容的反思，是一切思想的共同任务之一。人们在思想活动中，总要不断地对思想进行再思想、再认识，以求得思想的拓宽与深化。科学的发展史，在一定意义上，就是科学思想的自我批判史。但是，一般意义的思想自我反思和科学自我批判，并不是对构成思想的根据和原则的反思，并不是对理论思维的前提批判，因而还不是哲学层面的思想反思和前提批判。哲学反思的特殊性，在于它是对构成思想的根据和原则的反思，是对理论思维的前提批判，而把对思想内容的反思作为哲学反思的中介。

任何思想（观念）都隐含着构成其具体内容、从而也是超越其具体内容的根据和原则。这种根据或原则，是思想构成其自身的一只“看不见的手”。它以文化传统、思维模式、价值尺度、审美标准、行为准则、终极关怀等形式构成思想的立足点和出发点。这种思想的立足点和出发点是作为一种既定的（既成的）思维与存在的统一性而隐含在思想过程中，并对思想构成其自身的进程与结果发挥逻辑的强制性力量——由既定的思想逻辑支点出发而形成特定的思想。

由此可见，思想构成其自身的根据和原则，有两个最基本的特点：一是它的“隐匿性”，二是它的“强制性”。因此，以思想构成其自身

① 《马克思恩格斯选集》第3卷，人民出版社2012年版，第564页。

的根据或原则为对象的哲学反思，也有两个最基本的特点：一是从哲学反思的思想维度揭示思想自身所隐含的根据或原则，使之由“幕后的操纵者”变为“前台的表演者”；二是以哲学反思的逻辑审视这个走上“前台的表演者”，迫使它对既定的思维与存在的统一性进行辩护，从而解除原有思想逻辑支点所具有的逻辑强制性。

哲学反思的这两个基本特点，决定人类思想的哲学维度本质上是批判的。康德曾经提出，哲学是一种“清理地基”的工作，哲学的事业是对“自明性的东西”进行分析，所以它给自己提出的任务是追究“认识何以可能”的前提。胡塞尔也提出，在自然的思维态度中，认识是深不可测的，而认识的可能性却是“自明”的，但在反思的哲学思维中，认识的可能性却成为理性批判的对象。他们都把哲学批判的锋芒指向了人类认识得以可能的前提，并迫使这个“前提”由“幕后”走上“前台”，遭受理性自身的无情的批判。

以“语言转向”为标志的现代哲学，充分地利用语言自身所具有的客观性、公共性、多样性、历史性、可分析性和可解释性，以一种前所未有的广阔视野展开了对各种文化形式的思想前提批判。构成神话世界、常识世界、宗教世界、艺术世界、伦理世界和科学世界的神话语言、常识语言、宗教语言、艺术语言、伦理语言和科学语言，在这种追究其根据或原则的哲学批判中，不得不一一走上思想自我反思的“前台”，暴露自身得以存在的前提，申诉自身继续存在的理由。因此，在“语言转向”的现代哲学批判中，隐匿在各种语言系统（文化样式）之中的文化传统、思维模式、价值尺度、审美标准、行为准则和终极关怀，不仅在“清理地基”的工作中被凸显出来，而且遭受了空前深刻的批判。因此我认为，以“语言转向”来标志现代哲学对近代哲学乃至整个传统哲学的变革，并非仅仅是指哲学的研究对象或研究重点的转换，而是表现了哲学反思维度的自觉与强化，反映了现代人类自我意识的深刻变革。

哲学反思维度的自觉与强化，同时就是哲学社会功能的自觉与强化。法兰克福学派的主要代表人物霍克海默提出："哲学认为，人的行动和目的绝非是盲目的必然性的产物。无论科学概念还是生活方式，无论流行的思维方式还是流行的原则规范，我们都不应盲目接受，更不能不加批判地仿效。哲学反对盲目地抱守传统和在生存的关键性问题上的退缩。哲学已经担负起这样的不愉快任务：把意识的光芒普照到人际关系和行为模式之上，而这些东西已根深蒂固，似乎已成为自然的、不变的、永恒的东西。"① 英国哲学家I·伯林从哲学批判与社会进步的视角更为明确地阐发了哲学的社会功能。他认为，"如果不对假定的条件进行检验，将它们束之高阁，社会就会陷入僵化，信仰就会变成教条，想象就会变得呆滞，智慧就会陷入贫乏。社会如果躺在无人质疑的教条的温床上睡大觉，就有可能会渐渐烂掉。要激励想象，运用智慧，防止精神生活陷入贫瘠，要使对真理的追求（或者对正义的追求，对自我实现的追求）持之以恒，就必须对假设质疑，向前提挑战，至少应做到足以推动社会前进的水平"②。新实用主义者罗蒂提出，他所说的"后哲学"就是指"克服人们以为人生最主要的东西就是建立与某种非人类的东西（某种像上帝，或柏拉图的善的形式，或黑格尔的绝对精神，或实证主义的物理实在本身，或康德的道德律这样的东西）联系的信念"③。

现代哲学批判意识的自觉与强化，其现实基础正如马克思所说，"彼岸世界的真理消逝以后，历史的任务就是确立此岸世界的真理。人的自我异化的神圣形象被揭穿以后，揭露非神圣形象中的自我异化，就成了为历史服务的哲学的迫切任务。于是对天国的批判就变成对尘世的批判，对宗教的批判就变成对法的批判，对神学的批判就变成对

---

① ［联邦德国］麦克斯·霍克海默：《批判理论》，李小兵等译，重庆出版社1989年版，第243页。

② ［英］布莱恩·麦基编：《思想家：当代哲学的创造者们》，周穗明、翁寒松译，生活·读书·新知三联书店1987年版，第4页。

③ ［美］理查德·罗蒂：《后哲学文化》，黄勇编译，上海译文出版社1992年版，"序"。

政治的批判”[①]。马克思正是以这种富有强烈的历史感和现实感的哲学批判意识，把批判的锋芒指向德国古典哲学、英国古典政治经济学和英法空想社会主义所预设的种种前提，空前深刻地揭露了人在各种“非神圣形象中的自我异化”，才创立了马克思主义，实现了人类思想史上的伟大变革。而整个现代哲学所进行的“形而上学”批判、“意识形态”批判、“科学技术”批判、“意义世界”批判、“话语方式”批判等，从根本上说，都是对现代社会的各种“非神圣形象”的前提批判。

哲学批判并不是思想的徒然否定，它在思想的自我反思中所形成的积极的、肯定的成果，在于它的重大的（甚至是巨大的）启示作用：修正或者转换构成思想的根据或原则，以思维与存在的新的统一性为逻辑支点建构新的思维方式、价值观念、审美意识和终极关怀，并永远敞开人类思想自我批判的空间。这就是人类思想的哲学维度所具有的推动社会进步的巨大的思想解放作用。

（原文载于《江海学刊》1994年第5期）

① 《马克思恩格斯选集》第1卷，人民出版社1995年版，第2页。

人学研究若干问题的回顾与展望

韩璞庚

一个充满纷争与辉煌的世纪即将过去，一个足以令人神往的新世纪就要来临。人类文明的历史车轮，碾过时代的沧桑巨变，把我们带到了反思自己历史的关口。综观西方文明发展的轨迹，可以发现，文艺复兴和启蒙运动以来，人的主体性得到了全面的弘扬，人类理性在科学领域里的巨大成功，使其以雄浑的气势范导人类的生活。然而，正是这种理性化的趋势，最终导致了人类生存的困境。人在享受高度的物质文明的同时，也感受到了环境污染、核威胁、生态失衡、能源危机的沉重压力。人类文明发展到了一个十字路口，人类将迈向何方？对人类命运的深切关注和反省，就是现代西方人学理论兴起的深层动因之一。与西方文明发展的轨迹不同，中国是后发展国家，中国古代与近代没有理性的凯歌高奏和科学的突飞猛进，数千年的封建统治，扼杀了人的个性，造成了中国古代人性的扭曲和科学技术的落后，历史发展到今天，我们面临着解放人和发展科学技术的双重挑战，市场经济与现代化建设需要有独立个性的人，这才是中国人学研究兴起的深层原因。由此观之，中西方人学研究成为热点，是大异其趣的，不能统而论之，归于一炉。近年来，国内人学研究取得了一些进展，然而只能说，还处于起步阶段，在这个时候，对人学研究中的一些讨论成果做一番检视是很有意义的。

哲学与人学

1. 一种观点认为，在20世纪的最后十年里，人们明显感受到了时代精神对世界共同体和人类文明发展的一种深切的召唤，哲学作为思想中的时代，典型地表达了时代精神的这种呼唤，它主要表现为20世纪哲学出现了面向现实生活世界的基本哲学转向。哲学是一种普遍的人学，人存在和他的世界的关系是哲学作为人学的真正起点，哲学对现实世界的追问蕴藏着深沉的人学动机。但是，无论是古代的直观本体论，抑或中世纪的神学本体论，近代的实体本体论，都是通过瓦解人的现实世界或将现实世界的矛盾抽象化来解决人类自我理解的困惑的。这使得哲学成了一种“对人的非人的思辨设计”，哲学亟须找到一条使自己人文化的途径。马克思的哲学变革，实质上揭示了一条哲学的人文化途径，它包括对传统哲学的双重超越：由“主体自觉”对“主体困限”的超越；由“实践观点”对“实体观点”的超越。

2. 有人认为，人是许多科学研究的对象。对人的哲学理解，也是哲学研究的对象，这是一个古老而常新的课题。自从哲学产生以来，人在世界中的地位、人的生活使命，就一直作为一个最广泛、最困扰人的哲学问题存在着。中国传统哲学的内容是以人事、人与人之间的关系为主题而展开的，人生哲学是它的最基本的内容。冯友兰先生说，哲学就是关于人的学问，这是对中国传统哲学最恰切的概括。西方古典哲学是一种智慧之学，在关于人与自然关系的论述中也包含十分丰富的人的学说的内容。早在古希腊，人类就提出了“认识你自己”的要求，形成了“人是第一重要的”“人是万物的尺度”的思想观念，产生了“人是政治动物”的哲学命题。西方古典哲学中人的学说包含一种人道主义精神。马克思主义人的学说的产生是人的哲学研究历史上的伟大变革，它实现了从抽象的人到现实的人，从生物的人到社会的人、从剥削者到劳动者、从少数人到多数人的转变。

3. 哲学是人类的自我认识。人类的认识是人类生活的一个方面或一种样态，而人类的一切知识也都是关于人类生活的知识。人类生活按其本质来说，就是人所具有的可能性在其活动中的实现，即把人类自身的目的实现于外部世界。人类知识的最高目的并不是对外部世界详尽无遗的认识，而只能是对人自身的认识，即对人类生活本质的认识，对人类生活本质的把握只有通过对全部人类知识的反思才能实现。反思是哲学思维的本质特征，从反思开始，我们也就开始了对人自身认识的自觉追寻，这就意味着我们超越了人的经验知识而进入了人的哲学。

4. 如果承认历史唯物主义中包含有价值论的内容，那么人的问题在历史唯物论体系中占有极其重要的地位，便是不言而喻的。至于“人是历史唯物论的中心”的说法，如果用它来强调人的问题在历史唯物主义研究中的地位，则是无可非议的。“人是（历史观的）中心”，无非是说，历史观研究的中心问题是人的世界。

5. 哲学，尽管它千流百派，迂回曲折，但纵览哲学的历史，人的问题像一条红线，自古至今贯穿其中。从远古的时代起，人们就开始思考这样的问题：人是什么？人为了什么？哲学的历史，在一定意义上就是人的自我认识的历史。当代哲学或者未来的下一世纪的哲学应当是价值论哲学。价值论哲学也就是人的哲学。世界上只是由于有了人，才有了价值，有了真、善、美。人是一切价值的尺度、根据和创造者。一个没有人的世界也就是一个没有价值的世界。当哲学研究价值的时候，它是以人为中心，归根到底是在研究人。它是把价值、把真、善、美当作对象化的人的本质来对待的。当代哲学应当成为真正的人学。

6. 哲学作为人对世界的认识与反思向来就具有人学性质。当人探讨世界的本原时，同时也就在探索人的本质。人总是不断地提出自己是从何而来的问题。神本论说人是上帝创造的，心本论说人是某种世界理性或绝对精神外化的，物本论说人是自然界长期发展的产物。人学思想在历史上是非常丰富的。马克思集以往人学思想之大成，在批判继承的基础上，将人学理论推向一个崭新的阶段，这就是在社会实践的基础之上，对人的本质和价值的深刻揭示。

7. 若就马克思哲学的形成和发展历程来说，不能不承认，对人的全面正确的认识和理解是贯穿马克思一生各个时期哲学研究的中心线索。马克思早期的哲学革命，中期《资本论》所达到的新的制高点，晚期唯物史观的新升华，都是以深化对人的正确理解为契机而实现的。这三个阶段可以分别界定为理想的人，现实的人，科学观点和价值观点相统一的人。针对这一观点，有人认为，这种说法忽略了马克思人学思想的内在逻辑结构，把马克思人学思想发展的动力和过程简单化了。事实上，在马克思人学思想的发展过程中，自始至终贯穿着三种内在逻辑：面向现实的逻辑、面向理想的逻辑、面向革命的逻辑，这三种内在逻辑是不可分割的。这种统一贯穿在马克思人学思想早、中、晚期的各个历史阶段，马克思的思想始终达到了对其内含的三种逻辑的科学的统一。

8. 哲学是世界观的学说，而世界就是人所生活的现实世界，哲学作为世界观理论是反省人存在和他的世界的现实关系的理论，它要获得对人所生活的现实世界的总体理解。所以，哲学是“人学”，是一种表达人文基础的世界观理论。生活，实践的观点，是人学世界观的哲学出发点。人学世界观的哲学作为一种实践论的哲学，实质上是一种“主体自觉”的哲学，也就是说，是一种“自由主体”的哲学。在当代，科学技术已渗透到社会生活的每一个角落，这使得对科学的人学意义的理解日益成为人们理解自己生活的现实世界的方式之一。

综上所述，在哲学与人学的关系上，各家观点有着内在的融通之处，那就是哲学就是关于人的学说，哲学是人类的自我认识，哲学在一定意义说，就是人学，随着科技的进步和人类实践的发展，人的问题在哲学中的位置越来越显著。当代哲学应当成为真正的人学，这是全部哲学发展合乎逻辑的结果。

人学研究方法

人学研究在当代成为热点问题之一，有其历史和现实的根源，而人学理论研究的千姿百态，理论纷争频仍，在一定意义上，可以归结为各家各派研究人的方法不同所致。

1. 有人认为，人是从动物界衍生出来的，人自独立为人以后，就是一种具有自然属性和社会属性的存在物，由人的这种双重属性所决定，就可以从人的生物因素和人的社会因素这两个方面来探讨人。在马克思主义以前的哲学史上，人学的研究总是在这两条轨道之间来回摇动着。唯心主义历来把人的精神本原绝对化，无视人的生物属性，因而完全从精神发展的方向来研究人；自然主义则赋予人的自然本性以首要的意义，无视人的社会属性，试图从人的自然本性入手揭示人的斯芬克斯之谜。这种把人的生物属性绝对化的自然主义人学观点的现代表现，就是社会生物主义。用这两种观点来研究人，其结果都只能得到歪曲的、单向度的人的画面。正确的态度应该是，在人学研究中，不应当把人的社会因素同生物因素绝对对立起来，而应当在坚持以社会因素为主导的前提下重视生物因素的作用。这就是我们在人学研究上要坚持的方法论原则。

2. 多年来，人学问题的诸多争论，都同解决人的方法论原则有关，有人提出“劳动—社会—人”这样一种解决人的问题的方法论原则。这就是说，第一，要想揭示人的奥秘，就必须揭示社会的奥秘。从辩证的观点看，在现实的世界里，社会与人是不可分割的，两者通过现实的人的实践活动辩证地综合在一起。脱离现实的社会，人是抽象的；脱离现实的人及其活动，社会也是抽象的。因此，第二，要想揭示社会的本质，就必须从分析现实的人的实践活动，特别是从分析劳动入手。劳动发展史既是理解全部社会史的锁钥，又是理解人的历史发展的锁钥。这个方法论原则是马克思解决人的问题的精髓，抓住了它，也就能够基本上站稳了人的问题上的历史唯物主义立场。

3. 有人提出人学研究的新思路，主张在理论分析上，采用“主体活动—主体中介—为我关系”三维一体的研究方法，以同传统人学研究中“以物观人”方法和“以心观人”方法相区别。这种三维一体的系统综合研究方法，对人的“主体活动—主体中介—主体关系”作三维结构的综合考察，从而再现活生生的“具体人”“系统人”。按照这种方法所建立的理论，主要有三大支点：主体活动论、主体中介论、主体关系论。在人学总体结构上，提出“一般主体论—现代主体论—社会主义新型主体论”的总体框架，体现了一条在人学领域中从抽象上升到具体、从本质进到现象的基本思路。这既超越了只谈论“抽象人”的思辨人学，也超越了只注重“具体人”的经验认识的实证人学。

4. 西方马克思主义人学研究的方法，对我们今天探讨人学问题，具有借鉴意义。西方马克思主义人学对不同的问题采取了不同的解决方法。直觉法，这是它们认识和理解人的存在及其根据时所使用的一种主要方法；现象学方法，这是它们在重建个人主体性问题上所采取的一种方法；微观—中介法，这是整个西方马克思主义者在分析人的存在状态的根源、解决种种关系以及使其超越二元论的局限，从而得以标新立异的情形下，所采取的一种主要方法。追本溯源法，这是西方马克思主义者在寻找人陷入困境的根源时所使用的一种主要方法。批判与建构并用的方法，这是西方马克思主义者在解决人摆脱困境的问题上所采取的一种方法。

5. 对于马克思主义人学方法论，有人认为，马克思在批判传统方法论的基础上，用动态的方法对人的本质作了完整的规定，即人的本质并不是永恒不变的抽象物，而是随历史的变化而变化的，这个变化的原因，就在于人改造自然、改造社会的实践活动；另外，人又是被现实关系和历史关系制约的存在，人的本质就包括这两方面的历史性。把人的“历史性”确立为人的本质，这是人学方法论发生转换的直接结果，也是建立新人学的基础。

6. 一种观点指出，人既是有个性的存在，又是社会的存在和类存在；既是有生命的存在，又是活动的存在；既是能动的存在，又是受动的存在。在这些存在中，包含价值因素和科学因素。人的本体中的价值因素和科学因素的统一，决定了我们对人的研究，既要采取价值认识方法，又要采取科学认识方法，这两种方法的统一则是人的问题研究中的一个方法论原则。正因为如此，在解决人的问题时，应该采取综合性的思维方法，处理好人的价值因素与科学因素，社会性与个性的辩证统一关系。马克思主义人学既要注重客体的外部世界，又要注重人的内心世界，既不否定人的存在的客观制约性，也不肯定人的绝对自由和不受任何限制的独立性，其使命是帮助人确定自己在现实中的地位，揭示人的生活中的主观与客观、主体与客体、价值因素与科学因素的辩证法。

7. 有人认为，对人学应加强总体研究。近年来，中国人学研究方法有两大局限：一是对人的研究多停留在理论层面上，对人缺乏实证研究；二是对人的研究多停留在哲学层面上，没有从哲学、社会学、心理学、经济学等综合的角度对人进行综合研究。这种研究方式既不完全符合社会主义市场经济的需要，也不符合人这一研究对象的特性。因此，我们一方面应力图通过对人的现实研究带动对人的理论研究；另一方面要加强对人进行哲学、经济学、社会学等多方位研究的联盟。

中西人学比较

中国的现代人学研究还处于起步阶段，但西方的人学研究则取得了丰硕的成果。回溯历史，可以看到，中西方古代哲学中都蕴藏着极其丰富的人学思想，因此吸收和借鉴古今中外的人学思想方法和研究成果，对于建立当代中国的人学理论无疑具有重要的理论意义和现实意义。

1. 有人认为，人类的发展史，就是一部人和自然作斗争，从自然中获得自己的生存条件，又继续创造出新的生存条件，从而使自己逐渐地从纯自然状态中走出来，并越来越得到独立发展的历史。人类对自己的全部认识，都是在这个过程中历史地形成和发展来的。一切时代和民族的人学都无法回避人与自然的关系问题，因此，天、人关系就成为所有人学理论的焦点之一。在古希腊，人们在现实生活中比较彻底地脱离了自己的自然状态，因此希腊人认识自己的道路是从明确区分人与自然，把人与自然当作各自独立甚至相互对立的对象分别加以研究开始的。所以，在西方传统中，就有所谓自然学术和关于人本身的学术的区分。在中国古代，文明的发生不是像古希腊那样比较彻底地摧毁了古老的氏族制度，以血缘宗法为基础的人伦关系控制了中国古代人们的生活，人被看作“人伦”的派生物，而不是平等独立的个体。因此，在中国传统的文化学术中，像西方人那样的彼此独立的关于自然和人本身的知识学问就一直没有发展起来。

2. 有人认为，中西文化有种种不同，在所有这些不同中，最根本也是最核心的还是中西文化对人的看法的不同，其他种种不同，最终都是由对人的看法不同所决定的，因此，中西文化的不同，从根本上说是两种人学理论的不同。中西人学理论的巨大差异，源于中西方人们的实际生存状况和条件的差异。因此，中西人论的比较研究，就不应该只是从概念到概念的抽象理论的对比，而要着重揭示和说明隐藏在概念和理论背后、植根于人的实际生活中的现实基础。只有在这样的基础上，我们才可能比较接近于对中西人论的客观认识，也才能比较真实地理解中西人论的发展及其内在线索和客观必然性。

3. 有些论者认为，西方文化中对人的研究注重人的个性和独立性的一面，而中国文化注重人的共性和依存性的方面。一般来讲，西方人本主义和西方马克思主义者大都注重人的概念中的价值因素——注重个人的应当性，超越性、个性和主体性等，忽视或否认个人的社会性和客观现实性。而中国古代哲学家和一些传统的哲学教科书大都注重人的概念中的科学因素——个人的社会现实性、客观性和受制约性，忽视人的价值因素。正是由于中西方对人的概念中的价值因素和科学因素的侧重不同，最终必然导致人们对人或个人的一系列问题的回答和解决不同。

4. 人对客观世界的一切看法最初都来自人对自身活动的看法，而人自身的活动作为一种主体生存活动，一开始就只能是能动的、辩证的。有人认为，西方哲学中的人学思想从古希腊开始，就体现为一种“生存突围”的努力，与古希腊相比，中国古代人学思想的一个显著特点在于轻视个体生存的倾向，使之消融于群体生存的氛围而无法突破出来。在这里，极少看到对个体生命冲动和内在能动性的积极表达，到处可见的都是对个体生命的化解和放弃。与中国古代没有产生“原子”概念相应，中国古代也没有产生自我封闭的个体人格概念，只有“二人关系”即“仁”的概念，这就是儒家“人”的观念。统一的个体人格分解为人与人的关系（仁），独立的个人淹没在族群的汪洋大海之中。

市场经济与人

当今中国社会正处于急速转型阶段，人的现代化和社会现代化是我们追求的目标。社会的现代化，意味着对传统体制的全面超越，从计划经济体制向市场经济体制的迈进，就是这一超越的一部分。人的现代化，则标志着对现实的人的超越，随着市场经济的全面推进，人的变革已显示出强大的生命活力和勃勃生机。人的现代化，是一场深刻的“人的革命”，这一场革命将带来社会全方位的变化，同时也将人推入一个热浪翻滚的熔炉中，社会的每个人都将面临挑战和考验。

1. 有专家指出，市场经济作为人类社会发展不可逾越的历史阶段，对人类具有多重意义和作用。从人的生成和发展这一历史视野去看。市场经济的根本意义在于促进普遍的独立个人的生成。社会的发展归根结底是人的发展，而人的发展，归根结底是个人的发展，而只有在市场经济条件下，个人才能获得独立的人格，形成具有自主性的独立个人。市场经济是个人独立活动的社会化交往形式：（1）它使人类原有的人身依赖关系变为对物的依赖关系，突破了血缘和地域纽带的历史局限性，在人们之间第一次建立起真正普遍的广泛社会联系；（2）它打破了社会关系对人的先天束缚，赋予人以更大的主动性和能动性；（3）它打破了人格从属的等级关系，把人们置于对等地位，因而使人获得了彼此平等的权利。

2. 一种观点认为，以社会主义市场经济为基础重建中国的经济、政治和文化，已成为当代大部分中国人的共识。与这一大趋势相适应，中国人的主体性也必然有一个大发展。社会主义市场经济的建立将对整个社会和人们的各个生活层面产生深刻影响，对人们的主体地位和主体意识起到重要作用。首先，它促进了人们的主体地位的确立。其次，它促进了人们主体意识的高涨。市场经济的大潮，从生产方式、生活方式、思维方式等方面促进着整个社会的变革，也促使人们的思想和价值观念发生巨大的变化。以市场经济为基础的社会既需要新的主体，又在改造和创造着新的主体，我们只能顺应这种趋势，自觉按照变化了的实际来塑造自己的主体性，完善主体性。

3. 有人认为，随着市场经济的发展，主体性问题更加突出了。实践和主体性是建设社会主义市场经济的重要理论依据：人的主体性是在实践中形成的，反过来，人的主体性使实践成为一种有方向的社会历史活动，实践是人的主体性活动的展开，两者相互促进着，相互联系、相互依存。有的学者指出，与计划经济比较，市场经济更加有利于发挥人的主体性：第一，市场经济可以更合理地配置社会的资源，调整社会经济体制的各个环节，使之更趋合理，以利于人的主体性的发挥，这是集体的主体性；第二，市场经济可以调动个人的主体性，这就是个体的主体性，个体的创造天赋和潜能可以得到展示和发挥。

4. 有人针对目前我国市场经济条件下出现的经济人与道德人分离的状况，指出这一状况将随着市场经济体制的成熟和公民意识的提高，社会法制的健全而被克服。“经济人”活动的目的是获取利润，追求最大的经济效益；“道德人”活动的目的是有利于他人和社会，为他人、社会谋求利益。在我国目前的社会主义市场经济条件下，一部分“经济人”与“道德人”呈分离态势，即某些“经济人”对个人或企业自身利益的追求是以损害他人或社会利益为代价的，这只是市场经济初级阶段出现的情况。从发展的眼光看，暂时的分离是不可避免的，他们的统一也将成为历史的必然归宿。要达到“经济人”到“道德人”的同一，需要全社会的共同努力，创造出必要的条件，它包括：市场经济的良性运行、生产力的高度发展、健全的法制和法规、高度的社会精神文明。

5. 对于市场经济对人的发展的历史作用，有学者认为，它通过商品和货币这种物的交换方式，一方面摧毁了原来的自然共同体和人身依附的等级从属关系，同时也就把每一单个的人融进了世界历史的活动之中。人们面向市场，在这里就是面向整个社会。人们参与市场的竞争，就必须吸纳和运用社会创造的最高生产能力。正是在这种条件的培育和锻炼下，才使个人获得自立和自主的能力，逐渐成长为自己主宰自己的独立主体。

6. 有人针对前一段时期我国学术界关于主体性研究大多注重概念性、原理性探讨的状况，提出应该从我国的实际现状出发，研究主体性问题。就人类主体意识的进化来看，起初人只能以群体方式发挥主体性，最先形成的是集群主体，随着个人走向独立才会形成个人主体，而作为最高统一性的类主体只能形成在这一切之后。就人类目前所处的时代来说，集群主体的意识已基本上属于历史的过去，以个人主体为本体的发展也已暴露出大量的矛盾，人们关注的是如何进一步发展类主体的问题。但是，回到我们的现状，情况则有些不同了，我们必须如实地承认我们的落后，这种落后不只是表现于经济和政治方面，更主要的是表现在人的发展的落后状态。长期的封建统治，使个人的主体特性遭到禁锢，得不到自由发展。因此，培植独立的个人主体是当前我国市场经济发展的迫切需要。经过市场经济的培育和锻炼，个人一定会形成具有自主、自立、自律能力的独立主体。

7. 有人认为，社会主义市场经济新体制的应运而生，从根本上开辟了一条崭新道路，为确立和发挥人的主体性提供了坚实可靠的宏观保障。这条新路的内在机理和深层奥秘，就在于从人的主体性源泉——劳动实践活动、社会交往活动、语言符号活动入手，并且特别注重从物质生产、精神生产中的生产方式和交往形式这两大环节的根本变革入手，去发掘、发挥人的主体性。社会主义市场经济新体制，归根结底是通过两大途径促进了人的主体性：一是推动了人的劳动实践活动的发展，增强了人的物质生产活动和精神生产活动的主体性；二是推动了人的社会交往活动的发展，增强了人在物质交往活动和精神交往活动中的主体性。人的主体活动体系，主体能力体系的增强，最后回归人自身，必然结晶升华为一代社会主义新人的主体性。

综上所述，在中国实行改革开放、社会处于大转型的重要历史时期，随着社会发展的需要，人的问题凸显出来，人学研究开始从自发走向自觉。然而回瞻人学研究的历程，可说是几度风雨，几度春秋，几多感慨。

由改革开放的社会实践所直接启动的20世纪80年代初期波及全国的人性、人道主义和异化问题的大讨论，带有较为浓重的政治启蒙色彩和思想解放的性质，就人学研究本身来说，它只能算是一个自发的阶段。这场大讨论直接导源于人们对中国社会当时人性遭贬低、个性受压抑状况的反思。西方人道主义思潮的传入为中国理论界大开了眼界，为这场讨论提供了理论参照系，人们在西方文化中找到了些许共鸣。人性、人道主义、异化、人的价值、个人与社会、个体与群体、小我与大我等问题开始引起全社会的广泛关注。然而，这场讨论只是对社会现实问题的反省，对人学理论问题还没有做深入细致的讨论，加上外在因素的干扰，有些问题未能展开研讨，已展开讨论的理论问题本身也比较分散和浅显，没有形成系统的理论研究方法、课题、成果。20世纪80年代中期，随着农村经济改革的巨大成功和城市改革的开始，改革开放的实践全方位铺开，中国的政治、经济、文化、科技等领域由此发生了急剧的变化，这些剧变要求全社会的成员跟上时代发展的步伐，迎接新时代的挑战。同时，对外开放的深入，东西方文明冲突加剧，中国文化面临西方文化的强有力挑战，在这个时候，中国的学术界开始站在更高的角度上，开始反思传统文化与人的现代化问题，人的主体地位和主体作用问题，等等。人学理论的许多问题开始得到深入探讨，人学研究进入自觉阶段。90年代以来，在以往已取得的人学理论研究成果的基础上，一部分学者开始构思建立当代中国的人学理论。学术界在一系列问题，如马克思主义哲学与人学，人的本质，人的主体性和主体性原则，人的价值，人的现代化等问题上展开了深入的讨论，取得了可喜的成果。

但是，这些研究虽是自觉的，成果都还是初步的，当代中国人学理论体系的建构还有赖于全国学术界的共同努力和开拓。在以往已经取得的学术成果的基础之上，还有一系列问题需要深化与展开。

我们认为，在未来的讨论中，以下六大问题将备受关注。第一，人学学科性质和体系的研究目前还是个薄弱环节，人们在学术著作和文章中经常运用“人学”一词，但在论及这一问题时总是讳莫如深。随着讨论的深入，人学学科的性质与体系终究要得到澄清与论证。第二，人学研究的方法将进一步丰富和多样化、实证化，多方位、综合系统的研究方法将得到运用，对人的现实研究将深化对人的理论研究，对人的多学科交叉研究将取代单一的研究。第三，对中西方人学思想的挖掘将为我们的人学研究提供重要思想素材和理论借鉴。西方人学思想极为丰富，特别是西方近代，许多思想家都系统论述和研究过人学问题，中国古代也有较丰富的人学思想，全面挖掘和清理中西方人学思想财富，进行中西人学的比较研究，将成为我国学术界的重大课题之一。第四，对马克思人学思想的发掘仍将是今后我国人学研究重要课题之一，随着研究的深入，马克思的人学思想将得到系统的展示。第五，现代西方人学理论中的积极成果，为我们进行人学研究提供了前鉴。现代西方资本主义市场经济高度发达，然而人的生存却面临困境，科学危机和人的价值危机等全球性问题日益严重，一些哲学大家，如海德格尔等人提出了“超越人类中心主义”的口号，这对刚开始进入市场经济的中国来说，不能不说是一副清醒剂。这些思想是有深刻的人学意蕴的，值得我们认真咀嚼和吸收。第六，市场经济体系是一种全新的经济体制，它将引起深刻的社会变化，人学研究将走出理论圈子，面向社会实践，面向市场经济，回答市场经济中提出的一系列人的问题。这些问题包括：人的本质的现代展现（科学因素与价值因素的统一），市场经济与人的主体性建设，人的自由、人格，人的价值，人的个性，科技发展与人的发展，等等。对这些问题的深入研究和回答，将促进人学学科的建构，为建立当代中国的人学做出贡献，同时也为我国的现代化建设提供理论指导，为世界人学思想宝库增添光彩的一章。

（原文载于《江海学刊》1995 年第 3 期）

有个性的人

——现代人的本质特征

王锐生

从科学技术发展看现代人的个性化趋势

我们即将进入 21 世纪。科学技术的发展将给 21 世纪带来一个新世界，一种新人。即使是未来学家，也很难对未来时代的新人作出全面描述。但我们至少可以预言，就个人来说，新人的一个本质特征将是有独立个性的人。

这样说的根据何在?

首先在于智力劳动在社会生产中的地位将变得越来越重要。在某些高科技产品的价值构成中，智力劳动已经占有决定性的份额。在现代产业结构中，知识密集型产业的份额越来越大。这种值得注意的世界经济发展趋势，正在改变工业发达国家中的传统的劳动力构成。美国人彼得·德鲁克预言，在未来社会中，由于能够被机器取代的劳动都交给机器，主要的劳动力将分为知识工人与服务工人。这两种工作都与人的脑力有关，要求具有创新性，不能被机器所取代。比如说，广告创意、服装设计师、新闻记者等属于前者。有人预言，未来社会中的那些知识劳工的脑袋构成了他们所属的公司或组织的最大资产。

如果有任何一个个体脱离了组织，即使再加入新人，工作成果也永远不会相同。售货员、国家公园的解说员（导游）、心理医生等属于后者。他们的工作是面对客户，当场解决不同客户的不同的需求，这种工作必须依赖个人的经验与临场反应，也无法用机器代替。总之，在未来社会的组织中，生产价值链中的每个环节，都必须具有独创性。这是精神生产的特点。

因此，在未来社会里，人们要做一个合格的劳动者，就要首先成为一个有个性的人。如果不是有个性的人，他的劳动如何有可能具备独创性？在19世纪产业革命的时代里，最重要的资产是机械力，它的劳动者还无须成为有独特个性的人；在未来的世纪里，最重要的资产将是人类无所替代、无法继承的脑力——以独创性为本质特征的智力劳动。那时候，机器留给工人去做的，就是需要进行思索和创新的能力。如果劳动者缺乏这种素质，他就注定要被机器排斥。因为此时生产过程所需要于他做的，就是机器所不能做的。在工业发达的国家里，需要创新能力的职业部门将会给求职者提供更多的就业机会。近年来，这一新趋势表现得十分明显。从1982年至1990年，美国制造业共增加了80万个就业机会，但是几乎所有的机会都属于经理和管理人员，第一线工人的就业机会日渐稀少①。

上面所说的高新技术产品价值构成的变化和劳动力构成的变化，归根到底是现代生产力革命的产物。所以现代人的个性化特征应当从生产力发展那里寻找根源。我们认为，正是生产力领域的革命迫使现代人非成为有个性的人不可。大家知道，生产力的发展已经从古代的手工工具生产力、近代的传统机器生产力进入现代的智能机器生产力的阶段。托夫勒作为未来学家敏锐地观察到：与智能机器生产力一起到来的，是人的需要和产品的个性化。他在《第三次浪潮》一书中反

① 《知识就是力量——未来属于用脑而不是用手的人》，载美国《新闻周刊》1993年6月14日。

复讲到：第一次浪潮（以手工工具为技术基础的中世纪工业）是非大量生产、非标准化、非群体化；第二次浪潮（以传统机器生产力为技术基础的近代工业）是大批量生产、标准化生产、群体化生产；第三次浪潮则是在高新技术（智能机器）基础上的小批量、非标准化和非群体化生产。

智能机器之所以能够做到在新的、更高技术水平上的个性化复归，要归功于现代信息革命的产物——柔性生产系统（或译灵活生产体系）。在该系统中，各个生产环节的人员只要把生产任务编制出程序号码输送到电子计算机控制中心，由一个人通过电视装置观察机器的运转就可以了。这样，白天、夜间都可以基本上实现无人化生产。在采用这种生产系统之后，大致可以减少职工 80%，降低生产成本 50%，而质量丝毫不降低。尤其重要的是，传统的大批量生产同一型号或几种型号的产品的做法，已无法适应国际市场日益激烈的竞争，市场需要应对迅速变化的新情况。而柔性生产系统却能根据市场需要在极短时间内（有的生产线甚至能在一两分钟内）生产出不同型号的新产品，而且是批量小、型号或品种多的“系列产品家族”。这样可以大幅度降低成本、大幅度提高短期和长期利润。

众所周知，在第二次浪潮的大批量、标准化、群体化生产中，企业长期生产数百万件同一标准的产品，而工人则终生在某一固定劳动岗位上重复着同样的、枯燥乏味的动作。以致人们激烈地指责近代工业技术是导致个性异化的根源。正如托夫勒所说的，“第二次浪潮文明的崩溃就是在人的个性危机的‘瘟疫’中形成的”①。如果说，第二次浪潮带来的是人的个性危机，那么第三次浪潮则要求社会生活多样化和人的个性化。因为当智能机器生产力（柔性生产系统）使生产和需要的个性化成为可能时，人的个性发展也就有了更多的现实可能性。

---

① ［美］阿尔温·托夫勒：《第三次浪潮》，朱志焱、潘琪、张焱译，生活·读书·新知三联书店 1983 年版，第 178 页。

人们的社会存在决定人们的意识。一旦这种个性化的生产和需要成为普遍化，那么从事这种生产劳动的人也就必然要成为个性化的人，或者说，有独创个性的人。

从社会关系发展看现代人的个性化历程

现代人的个性化固然植根于作为第一生产力的高科技的发展，但人的个性首先是社会关系演进的产物。因此现代人的个性化特征还需要从社会关系角度来考察。

从社会关系视角来考察的人的个性，也就是哲学（唯物史观）理解的人的个性（个体主体性）。动物有个体特征但没有个性，因为哲学理解的个性是同实践相联系的。大家知道，在动物与环境之间不存在主客体的关系。而人与环境之间则是一种主体与客体，改造者与被改造者的关系。人自身的发展事实上就表现为他作为主体对外部世界（客体）的改造活动以及他在这个改造活动过程中的自我改造。这就是主体客体化和客体主体化的双向运动。人作为实践主体所从事的这种活动使他具有人所特有的主体性。

人作为类、群体和个体都能动地参与改造外部世界和内部世界的活动，因而都表现出类的主体性、群体的主体性和个体的主体性。个体的主体性也就是哲学理解的人的个性。

人作为个体，先天地有个体性，但他的个体的主体性（或个性）则是后天的，是从社会实践中获得的。马克思说："个人怎样表现自己的生活，他们自己也就怎样。因此，他们是什么样的，这同他们的生产是一致的——既和他们生产什么一致，又和他们怎样生产一致。因而，个人（包括他的个性——引者）是什么样的，这取决于他们进行生产的物质条件"①。这里所说的"人们进行生产的物质条件"除了

① 《马克思恩格斯全集》第3卷，人民出版社1960年版，第24页。

生产资料外，主要是他赖以进行生产的物质社会关系（生产关系）。

抽象地说，每个人的自然天赋不同，他从后天中获得的本质力量不同，因而他把握、改造外部世界的能力也与他人不同。这样，每个人在理想化的社会条件下进行生产时，他在生产中就物化了他的个性和他的个性的特点。他的个性和个性特点的物化就表现为他的劳动产品的个性化，或者说，他的劳动产品所包含的与众不同的独创性。对于个人来说，他的这种独创性的劳动就是他的生命，就是他的自我价值的实现——因为社会、他人为他的这种独创性的劳动产品所带来的社会效益而尊敬他、表彰他。毫无疑问，这样有独创性的劳动和表现出个性的劳动产品，是个人的自由的生命表现，是他的生活的乐趣。

但是，人类的个性并不是从一开始就是在理想化的社会条件——也就是不会对人的个性造成束缚、压制的社会条件下进行生产。原因是，人从动物界走出来时，就单个人来说，他是如此的孱弱，以至于他必须与他所依附的群体（对他来说就是“社会”）融为一体。原始社会的个人没有独立性与个性。生产力的低下使原始社会的个体牺牲自己的独立性与个性来保证群体（氏族）的生存和发展。群体的主体性压倒了个体的主体性。随着生产力的发展和原始社会的解体，尽管出现社会发展与个人发展的逐渐分离，但社会的发展（类的发展）要求仍然无可置疑地成为历史的主宰。因为在生产力有所发展而又发展不足的条件下，社会只有采取内部分工的形式才能保证一定的生产效率，而分工对个人的发展无疑意味着某种限定。从类与个体关系的角度看，分工就意味着为保证类的才能的发展而牺牲多数的个人（甚至牺牲整个劳动阶级）。这种牺牲就表现为阶级的分化，即绝大多数过去的自由人被套上枷锁，而统治阶级自身也只能在分工中片面发展自己。

从历史哲学观点看，人作为独立的个体，作为有个性觉醒的人出现，是一个漫长的历史过程的产物。资本主义商品经济的出现是一个里程碑，标志着人作为独立个体的初步觉醒。在此之前，社会以家族集团而非以个人为本位。个人依附于某个共同体（宗法性家族、等级)，所以他不会有独立的意识。那时候，“人类只是作为一个种族、民族、党派、家族或社团的一员——只是通过某些一般的范畴，而意识到自己”①。当资本主义商品经济因素在封建社会内部出现时，此后的社会进步的运动便表现出这样一种共同特点：“个人”不断地代替了“家族”，即家族依附的渐渐消失以及代之而起的个人义务的增长。因为商品经济不可抗拒地要求个人（商品交换中的所有者“法人”）成为民事法律所考虑的单位。这时候，用以逐步代替源自封建性权利—义务的那种相互关系形式的，完全是个人与个人之间的利益关系，其形式就是当事人凭自己意志所签订的“契约”。

既然独立的个人出现了，也就必然会有相应的人的个性理论。

正如马克思所说的，18 世纪是产生孤立的（独立的）个人的观点的时代。在哲学上，18 世纪的法国唯物主义便是建立在这样一种孤立的个人之上的。在他们看来，社会是由无数孤立的个人组成的，就像物质世界是由无数原子所组成一样。个人就是“社会原子”，社会是这些“社会原子”的机械组合。但是，法国唯物主义者由于他们的机械性而没有能力从这个刚刚出现的“独立的个人”身上概括出人的“个性”。法国唯物主义者只是用自然因果关系来理解、规定这些“社会原子”。既然每个人的本质不是来自社会（社会关系），而是来自人的自然生物本性，所以法国唯物主义者根本不可能在哲学上把握到人的真实个性。

作为法国唯物主义对立面的德国古典历史哲学家，却在研究历史发展过程中的个人与个性问题上做了一些有益的工作。这是因为，第一，从德国古典哲学的奠基者赫尔德起到黑格尔，几乎都试图对人类总体的历史发展做出说明，试图寻找历史中理性的发展线索，即他们所说的历史规律性。比如说，在赫尔德那里，人类社会的发展也同自

① ［瑞士］雅各布·布克哈特：《意大利文艺复兴时期的文化》，何新译，商务印书馆 1979 年版，第 125 页。

然的发展一样，是具有规律性的。他把这种规律性称为“上帝的计划”。历史便是这一“计划”的实际展开。在康德那里，历史规律性被称为“自然的意图”（自然的计划）。在黑格尔那里，历史规律性就是世界精神的合乎规律的运动。

第二，德国古典历史哲学家所讲的历史规律性实质上是理性的规律性。它是在人之外的。但是，它的实现又要通过人（类）。然而人本身在实现这个理性的规律时又是不自觉的。康德说，“一般说来，人在行动中不像动物那样，仅仅根据本能行事，但也不像理性世界公民那样，根据一种预先的计划行事”。所谓“世界公民”是指理想的人，非现实的人。现实的人是怎样行事的呢？康德说：“个别的人以及整个民族本身很少想到，当他们每个都根据自己的想法，并且常常彼此矛盾地追随着他们自己的意图时，他们没有注意到那个隐蔽、陌生的自然意图，他们沿着一条引线前进，并且为促成它而劳作着。”

在黑格尔那里，历史的规律性便是世界精神（理性）。同康德一样，世界精神、理性的实现也要通过人，把人作为理性实现的工具。用黑格尔的话来说，人是“世界精神的实体性事业的活的工具”[①]。他还说，“理性统治世界，也同样地统治世界历史。同这个自在自为的普遍的、实体的东西比较起来，其余一切东西都是从属于它的东西，都是它的工具”。

既然历史规律（即理性的规律）要通过人的活动来实现，这就不能不触及社会历史进程中的类与个体的关系。比如说，按照康德的意见，历史规律性（“自然的意图”）是让人的自然潜能展现出来，但体现“自然的意图”的是类，而非个体。他说：“在人这个地球上唯一的理性创造物那里，这些潜能……应该仅仅在类，而不是在个体中全面发展起来。”那么个体呢？在康德看来，个体（每一代的个体）都要为实现他所寻求的理想的社会状态——公民自由、法律的秩序，永

① ［德］黑格尔：《法哲学原理》，范扬、张企泰译，商务印书馆1961年版，第354页。

久和平——的达到做出牺牲。康德明确指出：人们必须一代代艰苦劳动，以便将最后一代人推上幸福的峰巅，并通过他们最终完满地实现自然的目的。这里就包含了个体为族类（类的目的）而牺牲的思想（这个思想后来被马克思继承）。在论证个体怎样为类、为理想社会状态（“至善”）的实现而牺牲时，康德又发挥了“恶”在历史发展中起积极作用的思想——社会历史的最高目标是实现“至善”，但要达到“善”，首先要通过“恶”。历史发展就是从“恶”开始，以“善”告终。为什么“善”要通过“恶”来实现呢？这要从人的本性寻找说明。康德认为，“人有一种社会化的倾向，因为在这种状态中，他感到自己不仅仅是人，即比发展他的自然才能要更多一点什么”。就是说，人先验地具有联合在一起的社会性。同时，人又有追求个体欲求的本性。这是一种非社会性，也就是“恶”。这种“恶”不是指自然人欲，而是因追求个人利益而违反普遍立法的个体性。因为人出于个人利益而追求发展自己，所以恰恰是“恶”真正推动人展开其全部潜能。就是说，个人之间无休止的争斗反而是人的潜能得到发展的根源。一句话，恶在客观上有利于人展开其全部潜能，所以恶是为了实现“至善”（自然的意图）的手段。用通俗的话来说，历史规律所注定的人这个族类的目的是靠牺牲无数个体来实现的，是靠个体之间的残酷斗争作为手段来实现“全部发展人的潜能”这样一个目标。所以康德不仅仅认为人（类）是目的。而且认为人（个人）又是工具。“人是工具”即指通过个人的“恶”（争斗）达到人类的目的。

黑格尔不讲“人是目的”。在他的历史哲学中，康德上述历史观中的许多思想（如人是历史的工具、恶是推动历史的动力等）都被吸收了。在黑格尔看来，同理性（世界精神）相比，其他一切（个人、民族、国家）都是理性的工具。其实，黑格尔的“世界精神”无非历史领域中的“人类”，是人类这个范畴的非人格化。

第三，我们不难看出，从德国古典历史哲学的历史规律性思想中引发出这一哲学的基本问题之一——类的发展与个体的状况的关系。

而这个问题逻辑上必然同人的个性的发展有密切关系。这一点，我们在席勒那里得到了证明。

席勒对德国古典哲学的最大贡献在于他的《美育书简》(1793 年) 所提出的有关类与个体的关系的观点。席勒从一开始就接受了康德关于历史哲学的总体设想。但他作为一个浪漫主义诗人，不能不对康德历史哲学中关于类的发展以大量牺牲个体为代价以及“恶”是实现“至善”的手段感到震惊。席勒不能同意康德漠视和淡化个体的单向度发展及其恶果。他一方面欢呼人类总体在 18 世纪的伟大发展；另一方面他又看到人类的进步是以个体能力的片面发展为代价的。他指出，“我们的运动员比奥林匹亚运动会（指古希腊的奥林匹克——引者注）上的优胜者跑得更快，我们的数学家比阿基米德算得更细。但我们能否找到一个融杰出的政治家、历史学家、哲学家、战略家、演说家和牧师于一身的现代人，能否让现代人与古希腊人一对一地进行一场生活能力的全面比赛呢?”席勒把康德已经触及的个体与类的矛盾、个体为了族类的全面发展而不得不牺牲自己的消极后果（片面发展了的人的个性）突出地强调出来。他对这样一幅因分工而造成的人的片面发展自己个性的图画表示厌恶。他说：“为了培养（个体的）个别能力而必须牺牲他的整体，这种做法肯定是错误的。”在这一点上，他与康德和黑格尔是相左的。席勒在自己的著作中描绘出“审美国度”的人性状态。在这一国度里的个人身上，自由与必然的对立消融了，和解了。这样一种人是类与个体的和谐一致，是他的能力、个性的全面发展。这是“审美国度”中的“审美的人”。但是怎样从现实的人合乎历史规律地向个性全面发展的人的转变，则是作为诗人的席勒所未能解决的。解决这个任务的是马克思。

无论在马克思的早期著作还是晚期著作中，我们都可以看到，德国古典历史哲学中关于历史发展的规律性的思想、关于历史发展进程中类的发展要求个体作出牺牲的思想，分工导致人的片面发展思想以及未来理想社会里个体与类的对抗消解和人的个性因此而获得全面发展的思想——这一切都被马克思批判地继承了。当然，这是在马克思所制定的唯物主义历史观及其客观历史规律（生产力和生产关系矛盾运动规律）的基础上继承的。

与古典历史哲学家不同，马克思发现的真实的历史规律不是外在于人，而是人自身的活动规律即物质生产的运动规律。因为生产力和生产关系无非是人的活动的不同方面，在这一历史规律的支配下，人类社会发展到了一定的历史阶段（原始社会末期），在社会成员之间实行物质劳动和精神劳动的分工成为生产进一步发展的关键。这种分工从类与个体的关系上看，意味着人类自身的发展达到了这样一个转折：为了类的才能得到加速发展，就必须采取这样的劳动方式：使大多数个体处于片面发展状态，以保证族类获得较全面的发展与进步。这样一来，类与个体之间便难免发生对抗。个体的片面发展在席勒那里被指责为“错误的”，在马克思的历史哲学中都被看作合乎规律的。因为席勒只从个体自身着眼，所以他只看到“为了培养（个体的）个别能力而牺牲他（个体）的整体”的不对。但马克思是从整个人的族类出发，所以他看到，席勒称之为“错误”的东西，在历史哲学看来，恰恰是一种规律性的东西：“在人类，也象在动植物界一样，种族的利益总是要靠牺牲个体的利益来为自己开辟道路的，其所以会如此，是因为种族的利益同特殊个体的利益相一致，这些特殊个体的力量，他们的优越性，也就在这里。”① “因此，个性的比较高度的发展，只有以牺牲个人的历史过程为代价。”② 当然，人毕竟不同于动物。在动物，牺牲个体以保证种族的利益是一种永恒的现象。在人类，人的存在方式是实践，而实践可以改造环境和改变人自身。从而牺牲个体以求得整体（族类）发展并不是人的发展的永恒现象。所以马克思说：“‘人’类才能的这种发展，虽然在开始时要靠牺牲多数的个人，

① 《马克思恩格斯全集》第26卷（Ⅱ），人民出版社1982年版，第125页。

② 《马克思恩格斯全集》第26卷（Ⅱ），人民出版社1982年版，第125页。

甚至靠牺牲整个阶级，但最终会克服这种对抗，而同每个个人的发展相一致。”① 马克思预言，类与个人之间的对抗的克服，将在共产主义高级阶段实现。那时候，每个人的个性都将获得自由和全面的发展。“自由个性”是马克思所设想的未来社会的个人的本质特征。

就人的个性发展来说，“自由个性”的人是其理想状态。但是当我们把视线从遥远未来转向当前现实时，我们发现，作为现实社会关系产物的现代人的个性远不是很“自由”的，还没有成为真正的“自由个性”。原因是，我们还处在商品经济（或市场经济）的社会。在商品经济下，社会关系特征是：个人具有独立性。就商品经济使人身依附的人（身份的人）变成为独立的商品所有者来说，这是个性的发展或者说人格的提高。不仅如此，现代市场经济在生产关系上的特点之一是：这个独立的个人具有迄今为止最发达的社会关系——“最发达的社会关系”的含义，在今天，就是指全球性的经济、全球性企业和具有全球性社会交往关系的个人（从事全球经营的企业家）。而社会关系与社会联系越是发达，由此造成的个性便越是丰富。然而，商品经济社会里的独立的个人又是以受商品货币关系的支配为前提的。在这个意义上，独立的个人的个性仍是不自由的。我们可以说，现代人是有个性的人，但却不能说他已经是自由个性的人。个性的不自由突出表现在货币拜物教对人的个性的扭曲。没有一个拜金主义者能够说，他的个性是自由的。对金钱的顶礼膜拜使拜金主义者原有的个性被湮灭了。

但是，今天的人对商品货币关系的依赖，其实是为创造实现“自由个性”的物质条件而必须有的一个必要环节。因为创造“自由个性”的人需要有这样巨大的生产力，使整个社会只需要用较少的劳动时间就能占有并保持普遍财富，从而人们的自由时间（超出谋生的必要劳动时间之外的那种闲暇时间）极大地增加。没有极大量的自由时

① 《马克思恩格斯全集》第26卷（Ⅱ），人民出版社1982年版，第125页。

间，也就不可能形成自由个性。因此，在商品经济社会里，商品货币关系（资本）“作为孜孜不倦地追求财富的一般形式的欲望，驱使劳动超过自己自然需要的界限，来为发展丰富的个性创造出物质要素，这种个性无论在生产上和消费上都是全面的，因而个性的劳动也不再表现为劳动，而表现为活动本身的充分发展”①。资本的这种历史使命完成之日，商品货币关系及其对人的个性的局限（制约、束缚等）也就不再存在，因为那时候，人们可能不再需要它了。

中国社会主义现代化呼唤有个性的人

中国正在走向现代化，因此把有个性的人看作现代人的一个规定，对于我们有特殊的意义。

走向现代化，对于我们来说，至少包括两个转轨：一是从传统社会向现代社会转轨，一是从旧的高度集中的计划经济体制向市场经济体制转轨。而这两个转轨就个体来说，都同样意味着要成为有个性的人。

在人际关系上，传统社会与现代社会的一个明显区别就是前者依靠政治权力维持人们之间的支配与服从关系。后者则依靠商品货币所具有的社会权力来维系人与人之间的平等交换关系。人们之间拥有等量的货币——劳动结晶，他们就占有等量的社会权力，从而彼此是独立的、平等的。由于旧中国没有走完资本主义的发展历程，工业经济落后，所以尽管我们已经建立起社会主义基本制度，但传统社会的痕迹仍然依稀可见。而旧的计划经济体制则在客观上不利于这种传统社会的痕迹的消除。这样，要使现代社会的有个性的人出现，就不是一件容易的事情。

但是向市场经济的转轨在现阶段则是大大有利于人的个性发展的。

① 《马克思恩格斯全集》第46卷（上），人民出版社1979年版，第287页。

因为它可以为有个性的人的涌现创造比过去更加有利的环境。

市场经济之所以能够使社会资源得到合理的、有效率的配置，就是因为它要求生产要素（包括劳动力）处于不断的流动之中。这就为人的个性发展创造了两个条件：一是丰富的社会关系；二是广阔而多样的社会活动空间。企业家为了发展工商业，不得不到处奔走，到处建立贸易联系，到处开拓市场。逐渐地，他成长为一个精明强干的人。工人也是如此。他是自由的，但要靠出卖劳动力谋生。市场上对劳动力需求的变动，繁荣、萧条和危机的交替，迫使他不断变换职业。马克思在《资本论》中引用昂·科尔崩《论职业教育》中一段话：一个法国工人到了加利福尼亚，发现那里是“换手艺比换衬衫还要容易的冒险世界”。他被迫适应环境，先后换了许多职业，学会了许多手艺，终于体会到，“因为有了适合做任何工作的经验，我觉得自己不再像一个软体动物，而更像一个人了”①。同传统社会里墨守成规的愚钝小农相比，这个在商品经济环境中锻炼出来的工人是一个素质更高、个性发展的劳动者。这个道理，对于社会主义市场经济条件下实行的劳动合同制也是适用的。在这种制度下，企业与被雇者双向选择：用人单位根据生产经营、对活劳动投入的质量要求和数量要求，灵活地吞吐劳动力，以保证企业的经济利益。劳动者个人则根据个人的才能、特长、兴趣和意愿，独立自由地选择职业和工作岗位。这既有利于发挥劳动者的积极性，又有利于他个人的个性多方面发展。

商品经济的激烈竞争客观上也是驱使人去充分发挥自己的个体主体性（个性）的有效机制。在旧的计划经济体制下，企业和个人都可以捧着铁饭碗，坐着铁交椅，拿着铁工资。但市场经济下的企业就必须自主经营、自负盈亏、自我发展。因此企业和个人都必须不停顿地学习，以创造出新技术、新的经营招数。

发展社会主义市场经济同发展人的个性是互为因果的：要发展市

① 《资本论》第1卷，人民出版社1975年版，第534页。

场经济，就必须允许生产者有相对独立的经营地位（农村的联产承包责任制、城市的企业自主权），他们必须是个性发展的人。反过来，生产者和经营者的个性发展了，市场经济才能发展得更好、更迅速。整个中国的社会主义现代化事业与人的个性发展的关系也应当是如此的。

（原文载于《江海学刊》1995 年第 3 期）

论近代西方的人文哲学思潮

朱红文

在西方近代哲学史上，培根的“知识就是力量”的知识观、笛卡尔和牛顿的机械论世界观以及黑格尔的逻辑主义一直被置于十分显赫的地位。由这种极端的理性主义或唯科学主义所构成的哲学画面严重地歪曲了近代思想和文化的整体形象。作为近代知识或思想文化版图中十分重要的组成部分的历史学、语言学、浪漫主义的文学等，在这一画面中都没有得到反映。帕斯卡尔、维柯、赫尔德等重要的思想家很长时间内一直没有获得适当的地位，卢梭等思想家也一直是放在理性主义的画面中来描绘的。

当然，由于近代科学对中世纪神学的胜利以及在技术上的巨大成功，我们在某种意义上把近代标示为“理性的时代”或“科学的时代”也是可以的。但是，并不能由此否定近代西方思想和文化中的人文方面，特别是作为近代西方人文关怀之自觉反映的人文哲学。无视或否定这一方面，我们就不可能认识西方近代文化和哲学的真正本质。我们在设计现代化的蓝图和道路时如果仍然以这种“误读”的近代西方文化作为参照甚至当作唯一的模式，那必然会误入歧途。“现代科学危机”或“全球危机”已经把这一点充分地展示出来了。本文试图清理出近代西方哲学中的另一条思路，即从帕斯卡尔到赫尔德的人文哲学思潮。它不以科学（狭义的，即自然科学）为满足，认为在科学知识之外，人生尚另有其价值和意义，而那是科学所无能为力的。

与笛卡尔比肩的另一位人物

在17世纪的法国，除了笛卡尔以外，还有一位伟大的人物，即帕斯卡尔。他们都属17世纪最卓越的数理科学家的行列，但在哲学上却是根本对立的。帕斯卡尔指责笛卡尔哲学对科学的偏心，对人的忽视，强调理性不能认识人生。笛卡尔认为，理智是心灵的本质；而帕斯卡尔则认为，心灵有其自己的思维方式，那是理智所不能把握的。前者重思维的逻辑形式，后者则关注生命存在的内容；前者是唯理论者，后者则是一个人生哲学家。

帕斯卡尔在《思想录》和《几何的精神与说服的艺术》中都区分了两种精神，即几何性精神与敏感性精神。相应地，也有两种人，一种人习惯于依据原则进行推论，不理解感受性，能细致地探讨却不能洞穿事物的底蕴；另一种人则习惯于根据感觉来判断，不理解推理，想一眼看穿事物的底蕴而不屑作细密的探讨。帕斯卡尔这里所说的敏感性精神不同于笛卡尔的理智能力，亦并非英国经验主义者所说的感知能力，而类似于艺术家所拥有的一种精妙的感受性，一种敏锐的洞察力，或者说，一种直觉力。如果要帕斯卡尔作一次非此即彼的选择的话，笔者想，他会选择后者，他明确地说，敏感性精神只属于少数人。人们往往认为从事哲学和科学只需要一种依据经验进行逻辑的思维和推理的能力就足够了；在帕斯卡尔看来，这种观念无疑是十分片面的。他说："我们认识真理，不仅仅是由于理智而且还由于内心；正是由于这后一种方式我们才认识到最初原理，而在其中根本就没有地位的推理虽然也在努力奋斗，却仍是枉然。"帕斯卡尔也承认理性在科学领域中的作用，但不像笛卡尔等人那样把理性的作用估计得那么高。他着重强调理性思维、推理的不可靠性和局限性，并且肯定我们难以达到绝对的确定性，没有绝对的真理。这里隐约地展现出后笛卡尔主义的当代科学哲学的主题和思绪。因此，人们说，笛卡尔和帕斯卡尔他们一个在哲学上重新开创了一个理性主义的时代，而另一个则似乎要预告这一时代的危机。他们一个对近代有无可比拟的重大意义，而另一个对于人类的意义更多的是在当代。

如果说理性在认识自然时尚有不可克服的局限性，那么它对探讨人自身来说则更显软弱无力。而且，在帕斯卡尔看来，探讨人自身是哲学的又一个基本任务，其重要性远甚于认识自然，人生的问题远比知识的问题重要。帕斯卡尔曾对自己只有三十九载的虽然短暂却伟大的人生做过深刻的反省和批评，对关于人的研究被忽视的状况感到不满。他说："我曾经长期从事抽象科学的研究……当我开始研究人的时候，我就看出这些抽象科学是不适应于人的，并且我对它们的钻研比起别人对它们的无知来，更会把我引入歧途。""研究人""这是真正适宜于人的研究工作。"在他看来，人不是为了知而存在，相反，知是为了人而存在。理性和科学不能解决人生问题，相反，应该在人生哲学的意义上被审视。

帕斯卡尔划分出三种性质不同的秩序以及相应的三种不同的伟大：首先，是身体、物质方面的秩序；其次，是精神或理智方面的秩序；最后，是心灵、仁爱方面的秩序。在他看来，三者一个比一个高，而且不存在由此达彼的桥梁。物质不能产生精神，财富不会带来学识；仅仅通过科学也不能把握和理解仁爱的心灵，理智、知识都无法通达对上帝的信仰。帕斯卡尔把信仰和上帝置于其哲学的最高位置，但在近代唯科学主义形成之初就呼吁重视人的研究，强调理性与心灵的差异，这在人文科学史上无疑具有非常重要的意义。

还应该指出，帕斯卡尔已意识到要把自己的人文思想与关于人的群体或社会研究区别开来。他注意到人性可以通过两种方式加以考察，一种是根据他的目的，这时候人是伟大无比的；另一种是根据群体、多数，这时候人则是邪恶下流的。这样两种研究方式使我们对人作出了不同的判断，并引起了哲学家的无穷的争论。尽管帕斯卡尔没有给予关于人的社会研究一个恰当的地位，但完全可以肯定，他明确地认识到人文研究区别于社会研究的特殊性。这在人文科学方法论上应是一个不容忽视的历史事件。

遗憾的是帕斯卡尔英年早逝，没有完成对“笛卡尔主义”的系统批评，更没有进行系统的人的研究。

维柯的“反笛卡尔主义”

帕斯卡尔遗留的任务被18世纪意大利的维柯承继下来，力图在笛卡尔哲学或数理科学之外建立一门关于人的思想和行为，即人的文化活动的“新科学”。柯林武德曾把维柯的学说称为“反笛卡尔主义”，认为它是对笛卡尔主义的第一次进攻。① 我们知道，18世纪是启蒙的时代，是理性主义凯歌奋进的时代，这样一种时代氛围就已昭示出维柯的学说本该具有多么深刻的意义。因为维柯学说强烈的叛逆性，或者，如柯林武德所说的，维柯走在他时代的前面太远了，因而在当时并没有产生多少实际影响。②

笛卡尔主义的根本缺点，一是机械的世界观，一是唯科学主义或自然主义的科学观或知识观，两者是相互关联的。在笛卡尔“物理学”的范围内，物质或者说物体，是唯一的实体。在这种实体观或本体论中，精神或“心灵”没有独立的地位和特性。因而，在知识论上，笛卡尔认为，真正确定有效的知识仅限于对于具有广延性的事物的知识，自然科学，即数学（几何学）和物理学（机械力学）才是真正的科学。在他看来，诗歌更多的是一种天赋而不是学问；历史学不论多么有趣和富有教

---

① ［英］R. G. 柯林武德：《历史的观念》，何兆武、张文杰译，中国社会科学出版社1986年版，第72页。

② ［英］R. G. 柯林武德：《历史的观念》，何兆武、张文杰译，中国社会科学出版社1986年版，第80—81页。

益，不论它对于生活中的实践态度的形成多么有价值，都不能称为真理。“他根本不相信历史学是知识的一个分支。”① 诗歌、历史学等人文科学既然不是知识，不是科学，就不值得哲学去关心、去追问。

而维柯则以制定人文科学（历史学）的方法论原则为己任。首先，他批判了笛卡尔知识论的根本原则，即确定性原则。笛卡尔强调自然科学知识的确定性，认为真理的标准乃是清晰明白的观念。维柯指出，笛卡尔的真理标准实际上也只是一种主观的或心理的标准。“我”认为“我”的一些观念清晰而明白这一事实，仅仅证明“我”相信它们是这样的，而并不证明这就是真实的。

在批判笛卡尔的原则的同时，维柯也致力于确立自己的知识论或方法论原则。他说，我们所需要的是这样一种原则，借以能从不能认识的东西之中区别能认识的东西。这是一种人类认识的必然局限性的学说，即“真理与事实相互转化”的原理。维柯认为，“真”，即我们确凿地认识的东西，与“创造”，即我们所创造的东西，是共存的。根据这一原则，我们能够确切知道的只是我们认知者本人所创造的东西。说得更具体一些，能够真正认识一件事物，即能够理解它而非仅仅知觉它的条件，乃是它必须是我们自己所创造出来的。大自然不是我们的创造，因此人类理性绝不能获得对于物质实在的清楚明确的认识，物质实在绝不是以唯理论哲学所设想的方式存在的，它只对上帝才是可理解的。与此相反，历史的过程是人类用以建立起语言、习惯、法律和政府等体系的过程，历史完全是人类头脑所创造的东西，所以特别适于作为人类知识的一种对象。人不能理解自然却能理解历史，因为是人自己创造了历史。

通俗地说，在维柯看来，历史研究的对象本身是人类意志和计划的结果与表达，历史学家所研究和理解的是人的世界，在历史学家的

① ［英］R. G. 柯林武德：《历史的观念》，何兆武、张文杰译，中国社会科学出版社 1986 年版，第 67 页。

头脑和他所要研究的对象之间存在一种预定的和谐，这种和谐的基础不是莱布尼茨式的奇迹，而是把历史学家和作为他的研究对象的那些人结合在一起的普遍人性。维柯认为，历史学家需要关心的不是作为过去的那种历史，而是自己时代的现实生活。就是我们生活在其中的这个社会的结构，我们和我们周围的人所共享的风尚和习俗。因此，历史是历史学家凭借自己文明生活的经验和自己的人性就可以驾轻就熟地把握和理解的。历史学家能够在自己的头脑里重新构造出人们在过去借以创造这些事物的过程。历史学的方法，就是“想象”（fantasia）。由此，维柯证明，对于法律和语言等这类历史或文化事件的研究，也能给人以像笛卡尔归之于数学和物理学一样的确凿有效的知识，人文科学（历史学）是一个独立的知识领域。

不过，应该指出，维柯在确立“想象科学”（历史科学）在知识王国中的独立地位时，却把自然界当作神圣的、不可知的创造物交给了上帝。在确立起人文科学的地位的同时，却实际上否定了自然科学的科学性或科学地位。在自然实在的问题上同样犯了机械主义的错误，因而否定了自然实在的可知性和人文现象的客观性。

卢梭：启蒙思想的代表还是叛逆者？

卢梭也是18世纪的一位重要思想家，但对理性主义持一种尖锐的批评和反对态度。卢梭一般被看作18世纪法国重要的启蒙主义者。但是，事实上，“法国启蒙时代最具代表性的作家同让·雅克·卢梭之间有一道不可逾越的鸿沟”。这就是：“针对于理智、知识的增长和科学的进步——这些本是启蒙运动引为文明的唯一希望——他崇尚友好和仁爱的情感，崇尚善意和虔诚。”①

① ［美］乔治·霍兰·萨拜因：《政治学说史》（下册），刘山等译，商务印书馆1986年版，第645—648页。

启蒙思想的主旨是理性主义和自由精神。启蒙主义者把理性树为最高的权威，但仅仅在近代科学的形态中来理解理性，同时代的洛克派哲学已经表明科学知识的理性根据是可以怀疑的，这样，理性的权威就成了问题。更为严峻的是，启蒙主义者原本以为自由源于理性，借助科学理性的力量，人类社会将达到自由的理想状态。然而，卢梭发现，理性与自由自相矛盾，理性带来的不是更多的自由，而是更多的不自由。在《论科学和艺术的复兴是否促进了风俗的淳厚》一文中，卢梭认为，科学、艺术的发展使人们成为虚伪的时尚、习俗和偏见的奴隶，窒息了人类天生的自由情操，使人们不能遵循自己的天性。科学和艺术的发展并不能使人们变得更道德，而会产生道德上的堕落。他说："等到生活上的各种便利蒸蒸日上，各种艺术臻于完美，奢侈广泛流行的时候，真正的勇敢就衰退了，英武的美德就消失了；这种现象仍然是各种科学以及这一切在暗室中制造出来的艺术的产物。"①

虽然卢梭"重返自然"的结论并不可取，但他的确提出了一个极为深刻的问题：理性只是一种认识能力或认识形式，还需有所依托；科学技术只是一种工具而非人类终极的目的，需要价值取向来引导从而善加利用。若以为理性与自由一体，科学主宰一切，势必使科学技术的发展迷失方向，甚至成为毁灭人类自身的力量。这恐怕是启蒙思想家们始料未及的。如果说理性主义正如古希腊哲学中的一个根本命题——"美德即知识"——所表明的那样，把全部伦理问题还原为知识问题，或者说，把伦理学建立在知识论的基础之上，那么，卢梭则把苏格拉底的命题变成了"无知即美德"。卢梭撕裂了连接美德和知识的那条虚幻的纽带。在他看来，知识不仅不等于美德，相反却是人类道德沦丧的一个阶梯。卢梭的立场未免失之片面，但却使道德领域

① 《十八世纪法国哲学》，北京大学哲学系外国哲学史教研室编译，商务印书馆1963年版，第148—149页。

从科学和理性的支配下摆脱出来，使道德学等人文科学的独立发展成为可能。

康德的“哥白尼式革命”

正是卢梭启发了康德，使他从理智主义的迷梦中醒来，卢梭是康德眼中的道德世界的牛顿。康德曾写道：“卢梭是另一个牛顿。牛顿完成了外界自然的科学，卢梭完成了人的内在宇宙的科学，正如牛顿揭示了外在世界的秩序与规律一样，卢梭则发现了人的内在本性。必须恢复人性的真实现象。哲学不是别的，只是关于人的实践知识。”①

康德哲学的根本变革意义，首先在于它摆脱了对科学理性的盲从。在康德看来，就自然认识而言，我们既不是从个别偶然的感觉经验中概括出普遍的自然法则，也不是完全由理性自身中抽引出全部知识，科学知识的获得不过是我们按照主体中先天具有的认识形式加工整理外界事物提供给我们的感觉经验的结果。因此，科学的自然法则并不是在自然中发现的，而是我们赋予自然的，正所谓“理性为自然立法”，主体认识形式的“先天性”是科学认识的普遍必然性的保证。不过，既然只有通过主体的认识形式才能认识世界，那么，人所认识的世界就是人化的世界，是现象而非世界或物自体本身，事物自身究竟如何是无法知道的。

这种不可知论乍看之下是消极的，然而对道德领域而言却有着重要的积极意义。康德之所以作《纯粹理性批判》，某种意义上就是为了圈定科学理性的范围，防止它超越自己的疆界去蹂躏道德领域。在康德看来，理性的本性是追求某种超验的永恒理念，这种理念属于人的认识所无法达到的“彼岸”——本体界。既然永恒理念不能通过人的认识来感知和证明，那么就只有通过实践理性来信仰。康德看到了

① 《康德全集》，柏林，雷麦版，第20卷，第58页。

科学理性的局限性，所以他要限制知识的应用，为道德信仰保留地盘。这样，康德就在纯粹理性（科学理性）与实践理性（道德理性）、知识与信仰、必然与自由之间划出了严格的界限。一方面他证明了科学知识的真理性和科学理性的合法性；另一方面他又为自由留下了一个无限的领域，从而保证了道德学说的合法性。

不仅如此，康德还认为，实践理性优于或高于理论理性、道德重于科学，前者对后者具有“规范”作用。他强调不能颠倒次序，“而要求纯粹实践隶属于思辨理性之下，因为一切要务终归属于实践范围，而且甚至思辨理性的要务也只是受制约的，并且只有在实践运用中才能圆满完成”。[①] 因为就纯粹理性（自然科学）而论，我们所能认识的无非是宇宙森严的必然规律，地球不过是无限宇宙中的一粒微尘，而人类只是被偶然地赋予了生命，只是这粒微尘之上的微乎其微的存在物，不知何时又要把生命还给自然，重新加入永恒轮回的物质循环之中。在这里，任何人都无法逃脱这无情的必然法则。然而，另外，我们内心的道德律使我们独立于动物界，甚至独立于全部感性世界，追求崇高的道德理想，向往无限的自由世界。在康德看来，这才真正体现了人类的价值和尊严。

康德通过道德世界与自然世界、知识与信仰的分离摆脱了笛卡尔二元论的困境，也否定了霍布斯、斯宾诺莎以及法国唯物论者的机械决定论。然而，应该指出，在康德哲学中所谓思辨理性与实践理性并不是两种理性，而是一种理性的不同应用。而康德的理性概念与笛卡尔的理性主义一脉相承，是天赋的、抽象的，而不是具体的、人的理性。理性一旦失去了与具体的人、现实的人生的联系，就无从确定自己的真实身份，无从知晓自己的出生地。因此，在康德那里，道德原则不是人类自身的文化创造活动的产物，而是借助至上的权威强加于人的“绝对命令”，因而是绝对的、无条件的、永恒不变的。康德虽

---

① ［德］康德：《实践理性批判》，关文运译，商务印书馆 1961 年版，第 124 页。

然强调“人是目的”“意志自律”，但人在他的心目中仍旧是表演、实现“绝对命令”的木偶和工具。

赫尔德与康德的论争

康德的理智主义倾向遭到了他的学生赫尔德的批判，后者因为《关于人类历史哲学的思想》而获得了与前者比肩的地位。

赫尔德借助进化的观念重新恢复了人与自然的联系，而且他不是把自然看作纯粹做机械运动的物体而是看作从简单到复杂的进化序列。“赫尔德把人类生命看作是与其在自然世界中的背景密切相联系着的。他所设想的这个世界的普遍性质，是一个有机体的性质，这个有机体被设计成要在其自身之内发展出更高的有机体来。”① 赫尔德依据这种与有机自然的联系，进一步重新解释了人的理性以及人类不同种族的文化特性。在他看来，自然的进化过程在人这里达到了顶峰，人在其理性的和道德的生活中证明自身的存在，人性作为一种精神力量的体系而在不断地发展着自身。“这样，人类便是两个世界之间的一个连环，一个世界是人从其中成长起来的自然世界，另一个世界则是……现实存在的精神世界。”②

从人的这种自然与精神的统一和双重特征出发，赫尔德解释了人类的自然而历史的过程，把人类历史看作文化史。他因此而被称为“人类学之父”③。赫尔德认为，作为自然的生命，人分属于不同的种族，每一种族都和它的地理环境密切关联，并具有由那个环境所塑造的体质和精神的特征。但是，每个种族一旦形成，就成为人性的一种

① ［美］R. G. 柯林武德：《历史的观念》，何兆武、张文杰译，中国社会科学出版社 1986 年版，第 101 页。

② ［美］R. G. 柯林武德：《历史的观念》，何兆武、张文杰译，中国社会科学出版社 1986 年版，第 102 页。

③ ［美］R. G. 柯林武德：《历史的观念》，何兆武、张文杰译，中国社会科学出版社 1986 年版，第 104 页。

特殊类型，不再以它和环境的直接关系为转移。这样，不同种族的感觉能力和想象能力因此就分化了，每个种族都有自己的幸福观念和特有的生活方式。赫尔德在人类思想史上第一次以系统的方式证明和肯定了不同人种之间的差别，并且承认人性并不是一致的。举例来说，中国文明之所以成为中国文明，不是因为中国的地理和气候，而是因为中国人的特性。如果不同的人种被置于同样的环境中，他们就会以不同的方式开发那个环境的资源，从而创造出不同的文明来。因此，在历史中起决定作用的并不是一般人的特点，而是这种人或那种人的特点。可以看出，赫尔德的种族理论和人性理论既否定了启蒙运动以及康德哲学中的单一的、固定的人性概念，也超越了霍布斯式的自然决定论和孟德斯鸠式的地理环境决定论。“这就在有关人性的概念中迈出了重要的新的一步，因为它承认人性不是一个给定的数据而是一个问题；不是到处都一致的某种东西，它的基本特征可以一劳永逸地被人发现，而是可变的某种东西，它的特征要求在特殊的事例中进行单独的调查研究。”①

应该指出，《关于人类历史哲学的思想》一书中的人性理论仍然是不彻底的。赫尔德是在种族的范畴下考察人性的，因此，这里的人性概念还不是一种真正的历史概念。这里还没有一个民族的性格乃是那个民族的历史经验所造成的观念；相反，它的历史经验却被看作单纯是它的固定性格的结果。每一种人性不是被看作历史的产物，而是被看作历史的前提。正如柯林武德指出的：“人性是已经被区别了，但它仍然是人性，即仍然是天性而不是精神。”②

但是，这种虽说不彻底或不全面的思想，却遭到他的老师康德的责难。赫尔德并没有屈从康德的先天的或理智主义的人性论和普遍历

① ［美］R. G. 柯林武德：《历史的观念》，何兆武、张文杰译，中国社会科学出版社 1986 年版，第 104 页。

② ［美］R. G. 柯林武德：《历史的观念》，何兆武、张文杰译，中国社会科学出版社 1986 年版，第 105 页。

史的观念，相反，却朝着个体主义的方向深化了自己的人性观。赫尔德与康德的争论，实际上体现了社会科学与人文科学、方法论个体主义与方法论整体主义的分流。他们当时的争论与科学方法论相关的有两个问题。一是关于人和人类、个体与族类的关系问题。赫尔德强调前者，康德则强调后者。赫尔德指责批判哲学蔑视个人，抬高族类，认为族类不是普遍的概念，必须体现在具体的个体之中，否则就没有意义。康德认为，人类作为一个整体具有单个人所没有的特点，只有整个人类才能实现自己的使命，才能总是处于发展之中和达到自由的顶峰，而个人相对来说则是无能为力的。二是国家观。康德认为，由于人们滥用自由，因此就需要有统治者，也就是说，需要国家机构。赫尔德则认为，国家是和生命的本性相对抗的、死的、没有灵魂的机器，应当加以摧毁。争论的结果是加强了赫尔德要从根本上推倒康德的批判哲学，推倒康德树起的纯粹理性这座偶像的信念。赫尔德在其批判康德《纯粹理性批判》的《论知识和经验》一书中强调，根本不存在什么纯粹的理性，只有人的理性，因为只有人才具有理性。而且，赫尔德还认为，理性和人的精神的其他能力是相联系的，例如，思想具有语言形式，不可能有语言之外的纯粹理性。对于康德的不可知论，对于那个超越理性范围的“自在之物”，赫尔德更干脆地说：“滚开吧，让人眼花缭乱的东西!”赫尔德与康德的观点和方法虽然针锋相对，但实际上在各自的范围内都有其合理性。赫尔德强调理性的历史性、个体性和语言性的表现形式，强调理性的经验基础，相对于笛卡尔和康德的先验论或理性主义来说，无疑是哲学上的一个重大进步。但是，赫尔德否认族类、群体和社会是普遍的概念，否认国家作为一种社会组织形式的必要性则又是片面的。

综上所述，近代人文科学的哲学思想在与机械论世界观的对立中，肯定人文现象的独立性，反对把自然科学的观念和方法作为统一所有科学的原则，强调诗性智慧（想象）、实践理性和移情是人类理性或精神总体中的一个重要的组成部分，总算在机械的自然世界中发现了一片人文世界的绿洲。这些思想成为20世纪人文主义哲学的重要思想前提，也是我们今天解决“全球性危机”和建立市场经济体系时必须认真研究和汲取的宝贵的思想财富。

（原文载于《江海学刊》1995年第3期）

马克思人学研究的方法论原则

袁贵仁

马克思人学思想的产生，是人学研究史上的伟大变革。这种变革的实现有着深刻的社会背景和思想背景，但更主要的是由于马克思确立了唯物史观的理论基础，形成了科学的方法论原则。马克思人学研究的方法论原则，是马克思人学理论中最精彩、最有普遍意义的部分。这不仅有马克思关于研究方法的直接论述，还更多地包含和体现在他对人学理论问题的研究过程和结论之中。在当代，深入开展马克思主义人学理论研究，首要的就是掌握和运用马克思人学研究的方法论原则。

现实性原则

现实性原则是唯物主义客观性原则在人学理论中的具体体现。马克思的人学思想是建立在历史唯物主义理论基础之上的，现实性原则是马克思人学思想的首要原则。

马克思的人学思想包含十分丰富的内容，每一内容都贯彻和体现着现实性原则。马克思之所以是马克思而不是黑格尔，就在于马克思的全部人学思想都是以唯物主义理论为前提的。在人与自然的关系中坚持“自然界对于人的优先地位”；在物质和精神的关系中主张“物质决定精神，精神反作用于物质”；在人和劳动的关系中强调“人是劳动的前提，也是劳动的结果”；在人和社会的关系中提出“人就是人的世界、国家、社会”“社会决定个人的特质”；在人和历史的关系中认为“人是剧作者，也是剧中人”，等等。这是马克思主义人学思想区别于非马克思主义人学思想的最主要内容之一。

在马克思人学理论中，现实性原则集中表现在马克思所说的人是现实的人，具有现实性。一切旧哲学以及现代西方哲学，在人学理论上的一个根本缺陷就是把人抽象化，而马克思则根据唯物主义历史观始终把人看作从事现实活动的人。在《德意志意识形态》中，马克思、恩格斯指出：“我们不是从人们所说的、所想象的、所设想的东西出发，也不是从只存在于口头上所说的、思考出来的、想象出来的、设想出来的人出发，去理解真正的人。我们的出发点是从事实际活动的人。”又说“从现实的前提出发，而且一刻也不离开这种前提。它的前提是人，但不是某种处在幻想的与世隔绝、离群索居状态的人，而是处在一定条件下进行的、现实的、可以通过经验观察到的发展过程中的人”①。

由此可见，那种把马克思主义从“现实的人”出发有意或无意地简化为从“人”出发，是不正确的，它混淆了马克思与旧哲学家的本质不同。从人出发，可以说是所有人文科学的特点。马歇尔说经济学是关于人的科学，高尔基认为文学就是人学。美学、逻辑学、伦理学，甚至自然科学中的某些学科，在一定意义上都可以说是研究人的，是以人为对象的。在哲学史上，把人作为出发点也是大多数哲学家和哲学流派的共同特征。18 世纪启蒙学者狄德罗早就说过，人是唯一的，一切必须从这一点出发而又复归到这一点。施蒂纳把他的哲学研究对象归结为“唯一者——人”，认为“世界归根到底集中于人”。在现代西方哲学中，这一点更为明显。相比之下，公开反对把人作为出发点

① 《马克思恩格斯全集》第 3 卷，人民出版社 1960 年版，第 30 页。

的哲学家和哲学流派是很少的。去掉现实性原则，在从人出发这样笼统的提法背后，就实际隐藏着各式各样的以至互相对立的哲学流派和倾向。这不仅没有揭示相反却掩盖了马克思人学思想的特质。

什么叫“现实的人”？在马克思的人学思想中这不是一个简单的提法，它包含着丰富的内容。仅从字面上讲，哲学史上有的哲学家如费尔巴哈也说过“现实的人”“社会的人”诸如此类的话，然而由于他们对“现实的”“社会的”概念的不正确的理解，所以实际上仍然是抽象的人。恩格斯说，费尔巴哈“就形式讲，他是现实的，他把人作为出发点，但是，关于这个人生活其中的世界却是根本没有讲到，因而这个人始终是……抽象的人”①。

马克思所讲的“现实的人”包含哪些内容呢？我们再看看《德意志意识形态》中的两段论述。马克思、恩格斯写道：“我们开始要谈的前提……是一些现实的个人，是他们的活动和他们的物质生活条件，包括他们得到的现成的和由他们自己的活动所创造出来的物质生活条件。”“这里所说的个人……是现实中的人，也就是说，这些个人是从事活动的，进行物质生产的，因而在一定的物质的、不受他们任意支配的界限、前提和条件下能动地表现自己的。”②

这说明，“现实的人”，首先是“从事实际活动的”人，是“从事活动的、进行物质生产的”人。费尔巴哈从抽象的人出发，是因为他把现实世界理解为“感性直观”，而不是劳动实践的对象，他不了解实践活动是整个现实世界的非常深刻的基础。马克思把人理解为改造客观世界的能动的主体，认为人是什么样的，这同他们的生产是一致的，既和他们生产什么一致，又和他们怎样生产一致。这就克服了费尔巴哈的直观性和抽象性。

“现实的人”，还是属于一定的物质生活条件、一定的社会形态和

---

① 《马克思恩格斯选集》第 4 卷，人民出版社 1972 年版，第 232 页。

② 《马克思恩格斯全集》第 3 卷，人民出版社 1960 年版，第 24 页。

社会结构的人。马克思研究人，不是就“人本身”研究人，而是通过社会研究人，研究处于社会联系之中的人。离开了社会条件，关于人的问题什么也说明不了。马克思在《经济学手稿（1857—1858）》中深刻地指出：被斯密和李嘉图当作出发点的个人（孤立的猎人和渔夫），属于18世纪的缺乏想象力的虚构，完全是一种假象，一种错觉。事实上，个人并不是历史的起点，而是历史的结果，个人是由社会决定的。离开奴隶制的生产方式，就没有奴隶主和奴隶的区分，离开了资本主义生产方式，就没有资产阶级和无产阶级的区分。费尔巴哈由于“没有从人们的现有的社会联系，从那些使人们成为现在这种样子的周围生活条件来观察人们”，因此他“从来没有看到真实存在着的、活动的人，而是停留在抽象的‘人’上”①。

由此可见，从“现实的人”出发，如果脱离人的劳动和人的社会关系，就不可能得到科学的结论。现实性原则要求我们，必须研究人的劳动，研究人的社会，研究劳动和社会关系中历史地变化着的人性。马克思正是通过研究不同历史时期特别是资本主义条件下人的劳动和人的社会，才最终科学地解决了千百年来众说纷纭的“人性之谜”。

实践性原则

马克思是一个革命家，是一个“实践的唯物主义者”。在马克思看来，以往的哲学家们只是用不同的方式解释世界，而问题在于改变世界。马克思始终不愿意把自己禁锢在书房里，他说，科学绝不是一种自私自利的享受，一个有学问的人，不应该成年累月地把自己关在书斋或实验室里，像一条藏在乳酪里的蛆虫一样，逃避生活，逃避现实。“实践胜过一切理论”，马克思不止一次地这样说过。他用这样一句不容反驳的箴言突出地强调他对社会斗争的实践过程、对工人运动

① 《马克思恩格斯全集》第3卷，人民出版社1960年版，第50页。

的实践成果、对生动的历史实践所抱的强烈兴趣。不认真地观察作为学者和战士这一不可分割的马克思的形象，我们便无法了解马克思以及他的人学思想。

大家知道，马克思在几年乃至几个月之内便迅速地改变自己的观点，从黑格尔出发经过费尔巴哈的“中间环节”而成为伟大的马克思主义者，这根本的原因就在于现实的社会实践说明了以前的思想不能正确地解释世界，更不能有效地改变世界。马克思一生的理论兴趣和研究重点经常发生变化，这种变化如果离开无产阶级反对资产阶级的实践，就根本无法理解。马克思一生参与实际斗争，时时从理论上思考眼前正在发生的重大社会问题，他的理论来自实践又服务于实践，实践变化了，他的理论兴趣和研究重点也随之发生变化。马克思也研究历史，他曾广泛涉猎人类历史上的文化遗产，但即便如此，他的视线也始终凝注的是现实。恩格斯曾回忆说：我曾不止一次地听到马克思说，正是针对林木盗窃法和摩塞尔河地区农民处境的问题，推动他的研究由政治转向经济关系。

科学的实践观点是马克思人学理论的首要的、基本的观点。旧哲学关于人的理论研究之所以是不科学的，从根本上说，就是没有找到劳动实践这一现实的客观基础。人是什么？马克思回答：人是劳动的产物和主体，“人的类特性恰恰就是自由的自觉的活动”。社会是什么？社会是由人的劳动及其关系构成的，“社会生活在本质上是实践的”。要认识人，就要认识人的劳动实践及其成果，“工业的历史和工业的已经产生的对象性的存在，是一本打开了的关于人的本质力量的书”①；要认识社会，就要认识人的劳动实践及其历史，“在劳动发展史中找到了理解全部社会史的锁钥”②。总之，人的历史，社会的历

① 《马克思恩格斯全集》第42卷，人民出版社1979年版，第127页。
② 《马克思恩格斯选集》第4卷，人民出版社1972年版，第254页。

史，“整个所谓世界历史不外是人通过人的劳动而诞生的过程。”①

在马克思看来，正是劳动实践，把人和自然区分开来，把人和社会区分开来，把人和动物区分开来，由此决定人在自然、社会中的地位，决定人的个人特征、人的思维的内容，决定人的生存和发展、人的需要和价值。劳动实践是马克思人学思想的基础，是贯彻马克思人学体系的红线。用劳动实践的观点观察和处理人学理论的种种问题，是马克思主义区别于旧唯物主义和唯心主义的根本标志。

马克思人学思想的实践性原则，还体现在他的理论联系实际的研究特点上。早在中学毕业论文中马克思就提出：理论要“干预生活本身”，“那些主要不是干预生活本身，而是从事抽象真理研究的职业，对于……青年是最危险的”②。他认为真正的哲学是自己时代精神的精华，“要和自己时代的现实世界接触并相互作用”③。

正是根据这种原则，马克思不满意当时以鲍威尔为首的德国哲学家，坦率地要求他们“少发些不着边际的空论，少唱高调，少来些自我欣赏，多说些明确的意见，多注意一些具体的现实，多提出一些实际的知识”④。正是根据这种原则，马克思批判费尔巴哈：“有一点不能使我满意，这就是：他过多强调自然而过少地强调政治。”⑤还是根据这种精神，他批评青年黑格尔派中的某些人，特别是施蒂纳，他说：“在‘施蒂纳’那里，‘共产主义’是从寻找‘本质’开始的”，事实上，“共产主义是用实际手段来追求实际目的的实际运动，它只在德国，为了反对德国哲学家，才会稍微研究一下‘本质’问题”⑥。这当然不是说马克思不重视人的理论问题研究，而是说要把实际地改造外部世界作为自己理论研究的真实目的，着重研究共

① 《马克思恩格斯全集》第42卷，人民出版社1979年版，第131页。
② 《马克思恩格斯全集》第40卷，人民出版社1980年版，第6页。
③ 《马克思恩格斯全集》第1卷，人民出版社1956年版，第121页。
④ 《马克思恩格斯全集》第27卷，人民出版社1972年版，第436页。
⑤ 《马克思恩格斯全集》第27卷，人民出版社1972年版，第442—443页。
⑥ 《马克思恩格斯全集》第3卷，人民出版社1960年版，第236页。

产主义实际运动中人的问题，关注在争取解放斗争中的整个无产阶级以及全人类的命运。梅林在《马克思传》中的一段话很好地概括了马克思的这个特点，他写道：无疑的，马克思之所以伟大，主要是因为思想的人和实践的人在他身上是密切结合着的，而且是相辅相成的。同样无疑的是，在他身上，作为战士的一面是永远胜过作为思想家的一面的。

主体性原则

主体性原则是现实性原则、实践性原则的逻辑延伸，是马克思在现实性原则、实践性原则基础上提升出来并实际运用于人学理论研究的又一方法论原则。按照马克思的看法，人学理论的主体性原则主要包括以下三层意思。

首先，对事物要从实践的角度去理解。这是马克思在《关于费尔巴哈的提纲》中，针对包括费尔巴哈在内的旧唯物主义对事物、现实和感性“只是从客体的或者直观的形式去理解”而提出的。马克思认为，新唯物主义对事物、现象不仅从客体方面，而且要从主体方面，“当作人的感性活动，当作实践去理解”。

作为“提纲”，这一段话还比较概括、抽象，对于什么叫只从“客体”方面去理解，什么叫从“主体”方面去理解，当作“实践”去理解，以及这一种原则的适应范围，并没有展开论述。而在稍后的《德意志意识形态》中，马克思、恩格斯则对此作了进一步的说明。他们指出，由于费尔巴哈所说的人不是现实的活动者，因此“他没有看到，他周围的感性世界绝不是某种开天辟地以来就已存在的、始终如一的东西，而且是工业和社会状况的产物，是历史的产物，是世世代代活动的结果，其中每一代都在前一代所达到的基础上继续发展前一代的工业和交往方式，并随着需要的改变而改变它的社会制度。甚至连最简单的‘可靠的感性’的对象也只是由于社会发展、由于工业和商业往来才提供给他的”①。

其次，对实践要从人的角度去理解。在马克思的哲学中，实践有其特定的内涵，它不是黑格尔所说的绝对精神的活动，也不是费尔巴哈所说的卑污的犹太人的活动，而是现实的人的物质活动。人的实践活动是人和物的相互作用，其中人是最主要的，是实践活动的能动因素，始终处于主导地位。人是实践活动的主体，实践活动的成败得失都取决于人的主体性的大小及其发挥程度。

对实践要从人的角度去理解，不仅要把人当作实践的主体，而且要把人当作实践的目的。人的劳动实践是人与动物相区别的根本原因和标志，它有一个显著的特性，即目的性。也就是说，人在改变客观事物的存在形式的同时，也在实现自己的预期目的，满足自己的生存、享受和发展的需要。然而在阶级社会中，人是划分为阶级的，在剥削者和被剥削者之间，贡献和满足、权利和义务是分开的，人的劳动，以及人的目的的实现、需要的满足，并不直接联系在一起。劳而不获，获而不劳的现象大量地存在着。例如在资本主义社会，资本家并不把工人真正当作人去看待，对于资本家来说，工人不过是机器的一个零件，创造更多剩余价值的一个工具。对于工人来说，“这种劳动不是他自己的，而是别人的；劳动不属于他；他在劳动中不属于他自己，而是属于别人”②。强调人是劳动的目的，劳动及其工具不过是人的生存方式和手段，这是马克思从《1844 年经济学哲学手稿》到《资本论》一直贯穿其中的一个基本思想。

最后，对于人要从主体的角度去理解。人既是主体也是客体，是主体和客体的统一。但马克思始终把人当作活动主体来看待。有时，也把人当作客体来研究，强调人的受动性，受客体及其规律的制约，但其目的仍然是为了提高人的主体能力，巩固人的主体地位和增强人

① 《马克思恩格斯选集》第 1 卷，人民出版社 1972 年版，第 48 页。
② 《马克思恩格斯全集》第 42 卷，人民出版社 1979 年版，第 94 页。

的主体性。马克思主义哲学以人和世界的关系为其对象，在人和世界的关系中，“主体是人，客体是自然”①。哲学当然要揭示主观世界和客观世界的共同的东西、普遍的规律，但目的也是要揭示人作为主体认识世界和改造世界的原因和方法。

从本体论的角度看，人是自然界的一部分，人要适应自然界；而在实践论中，自然界则是人的活动的一部分，自然界要适应人的需要。这是一个问题的两个方面，不可偏废。马克思的人学理论是唯物主义的人学理论，但不是机械唯物主义的人学理论，而是辩证唯物主义的人学理论。

具体性原则

马克思研究人学的根本特点，是从现实的人出发，研究具体的人。马克思人学的一个突出贡献，就在于用现实的、具体的人及其历史的科学来代替对于抽象的人的空洞议论。在马克思看来，在不同的历史发展时期和不同的社会集团，人是不同的。在阶级社会中，人是划分为阶级的，人性是带有阶级性的。在谈到工人和资本家时，马克思指出：“这种生产方式的主要当事人，资本家和雇佣工人，本身不过是资本和雇佣劳动的体现者、人格化，是由生产过程加在个人身上的一定社会性质，是这些一定的社会关系的产物。”② 在谈到黑人时，马克思强调：“黑人就是黑人。只有在一定的关系中，他才成为奴隶的。”③

因此，《德意志意识形态》《反克利盖的通告》《共产党宣言》等著作对以抽象“人性论”为基础的“真正的社会主义”，进行了无情的嘲讽和系统的批判，马克思指出：按照“真正的社会主义”的说

① 《马克思恩格斯选集》第2卷，人民出版社1972年版，第88页。
② 《马克思恩格斯全集》第25卷（下），人民出版社1974年版，第995页。
③ 《马克思恩格斯选集》第1卷，人民出版社1972年版，第362页。

法，“我们都是人”，不要分什么资产者或无产者，那么，“为什么要分什么人、兽、植物、石头呢？我们都是物体！”用“全人类”“人道”等华丽的词句来解释历史，“这只会使一切实际问题变成虚幻的词句”。这种宣传“如果被工人接受，就会使他们的意志颓废”。无产阶级革命斗争的历史充分证明了这一点。在分析1848年的革命进程时，马克思认为失败的基本原因之一，是人民群众听信了“博爱”之类的甜言蜜语。1871年他剖析巴黎公社的错误时指出，“如果他们将来战败了，那只能归咎于他们的‘仁慈’。”①

是具体的人还是抽象的人，这是一个根本性的问题。在马克思创立和推进唯物史观的进程中，他不时地提出这个问题。1880年，他在一篇关于阿·瓦格纳的政治经济学教科书的书评中又强调了这个问题。瓦格纳在他的教科书中离开社会生产抽象地谈论人、需要和价值，马克思一针见血地指出：“‘人’？如果这里指的是‘一般的人’这个范畴，那么他根本没有‘任何’需要，如果指的是孤立地站在自然面前的人，那么他应该被看作是一种非群居的动物；如果这是一个生活在不论哪种社会形式中的人，——瓦格纳先生就是这样假设的，因为他的‘人’，虽然没有受大学教育，但至少会说话，——那么出发点是，应该具有社会人的一定性质，即他所生活的那个社会的一定性质，因为在这里，生产，即他获取生产资料的过程，已经具有这样或那样的社会性质。”②

按照辩证法的观点，现实世界中的任何事物都是个别和一般、个性和共性的统一，反映在理论上都是具体和抽象的统一。人也是这样。在社会关系中人和人是不同的，而人作为人，其间又存在某些共同点。否则，人就不成其为“类”，就没有“人类”之说。

这说明，抽象有两种，合理的抽象和不合理的抽象。对合理的、

① 《马克思恩格斯全集》第33卷，人民出版社1973年版，第207页。
② 《马克思恩格斯全集》第19卷，人民出版社1963年版，第404页。

科学的抽象，马克思主义是肯定和赞同的。因为，任何思想观点，都是一种抽象，都要从感性具体过渡到理论抽象。这种抽象比感性具体好像离客观现实更远了，但只要是合理的、科学的，就会更深刻、更正确地反映事物。列宁说：“物质的抽象，自然规律的抽象，价值的抽象及其他等等，一句话，一切科学的（正确的、郑重的、不是荒唐的）抽象，都更深刻、更正确、更完全地反映自然。”① 马克思以“生产一般”为例指出，任何生产，都是一定历史发展阶段上的生产，但生产的一切时代都有某些共同的标志、共同规定。通过比较，抽象出生产的一般特点，对于我们认识生产的共同本质是有价值的。他写道：“生产一般是个抽象，但是只要它真正把共同点抽象出来，定下来，免得我们重复，它就是一个合理的抽象。”② 根据同样的道理，一般人性或人性一般，只要真正把一切时代的人的某些共同点抽象出来，它也就是一个合理的抽象，一个科学的概念。

马克思之所以反对抽象人性论，是因为抽象人性论的“抽象”，是不合理的抽象。这里的“抽象”是有特殊含义的。

没有掌握好抽象的度。任何事物都有一定的度，超过度该事物就变成他事物。事物的度决定了理论抽象的度，决定了理论抽象只能在事物的度的范围内加以抽象，否则就不能概括事物的本质特性。例如，要把握不同阶级的人，如果只是抽象出人不同于动物的特性，那就是抽象人性论。正如马克思所说：“如果我抛开构成人口的阶级，人口就是一个抽象。如果我不知道这些阶级所依据的因素，如雇佣劳动、资本等等，阶级又是一句空话。”③

没有看到一般性和特殊性的转化。一般和特殊是相比较而言的，不是固定不变的。在某一范围内是具体的东西，在另一个更广的范围

① 《列宁全集》第5卷，人民出版社1986年版，第142页。

② 《马克思恩格斯全集》第12卷，人民出版社1962年版，第735页。

③ 《马克思恩格斯全集》第46卷（上），人民出版社1979年版，第37页。

内就可能成为抽象的东西，反过来也一样。抽象人性论否认人的一般和特殊之间的相互关系，把一个范围的东西固定化并到处乱套，使本来在大范围的科学抽象到了小范围后变成不科学的抽象。常见的错误是在阶级社会中放弃阶级观点和阶级分析方法，在错综复杂的阶级和阶级斗争面前奢谈人不同于动物的特性。孰不知，工人和资本家虽然确实具有不同于动物的共同性，但这只是在说明人和其他动物不同时才有意义；而在阶级社会中，他们的共同性不能掩盖和代替他们作为不同的阶级在人性方面的某些不同。

没有看到一般必须和具体相结合，把对人的认识只是停留在一般的抽象认识的水平上。按照马克思主义认识论，抽象还是对事物的某一方面特性的认识，从感性具体到抽象，由特殊到一般，认识并没有完结。要真正达到对具体事物的全面认识，还必须从抽象上升到具体，从一般再回到特殊。马克思的《资本论》中指出：“假如我们想知道什么东西对狗有用，我们就必须探究狗的本性……如果我们想把这一原则运用到人身上来……就首先要研究人的一般本性，然后要研究在每一个时代历史地发生了变化的人的本性。”① 抽象人性论的错误不在于它的一定程度的抽象，而在于它只是停留在抽象的层次上，停留在人的“一般本性”上，以一般代替特殊，以一般否定特殊，忘记了或者根本就不愿意去继续探讨“历史地发生了变化的人的本性”。

综合性原则

人是一个系统。人的生存和发展涉及自然、社会和思维等诸多方面。人是自然存在物、社会存在物和精神存在物的统一体，是自然属性、社会属性和精神属性的统一体。马克思研究人，始终坚持多种学科的综合研究，力求多角度、多层次地揭示“整体的人”。列

① 《马克思恩格斯全集》第 23 卷，人民出版社 1972 年版，第 669 页注释。

宁说过，马克思的思想有三个来源，是德国古典哲学、英国古典经济学、法国空想社会主义理论的直接继承和发展。但是不应当把列宁的话理解为，马克思的全部思想只是来自德国哲学、英国经济学和法国社会主义；更不能把马克思的哲学人学思想理解为只是来自德国古典哲学。马克思批判地吸取了人类历史上优秀的文化遗产。马克思主义是一个严整的体系，其中每一个组成部分都直接或间接地受到三个来源的影响。特别是对于人学来说，空想社会主义传统和古典经济学的意义，并不亚于古典哲学。马克思人学思想的形成，实际上是哲学、经济学和社会主义理论等多学科综合作用，以及理论与实际相互结合的结果。

从人类科学史来看，马克思是当之无愧的伟大科学家。他的研究领域非常广阔，自然科学领域中的成就也十分突出。他在《资本论》中广泛运用了自然科学的各种成果。正如恩格斯所说："马克思在他所研究的每一个领域（甚至在数学领域）都有独到的发现，这样的领域是很多的。"① 所有这些领域的研究及其独到的发现，都对他的人学理论发生了积极的影响和有益的作用。

这里我们要特别提及文学在马克思人学研究中的作用。文学即人学。马克思十分重视吸取用文艺作品中的思想和材料来丰富和充实自己对于人和社会的认识。他在读到19世纪小说家狄更斯、萨克雷、勃朗特、盖斯凯尔的作品时指出："现代英国的一批杰出小说家，他们在自己的卓越的、描写生动的书籍中向世界揭示的政治和社会真理，比一切职业政客、政论家和道德家加在一起所揭示的还要多。"② 他称法国伟大的现实主义作家巴尔扎克是"社会科学博士"，以其"对现实关系具有深刻理解"而著称。恩格斯也说，他从巴尔扎克的作品里"甚至在经济细节方面……所学到的东西，也要比从当时所有职业的

① 《马克思恩格斯选集》第3卷，人民出版社1972年版，第574—575页。

② 《马克思恩格斯全集》第10卷，人民出版社1962年版，第686页。

历史学家、经济学家和统计学家那里学到的全部东西还要多”①。

尤其是莎士比亚、歌德、埃斯库罗斯，在马克思的著作中，“他们处处以研究人学的大权威、历史的活见证人、沙场上的战友出现”②。马克思有一次嘲笑、埋怨资产阶级理论家说，即使两个半世纪前的莎士比亚也比他们对货币本质的了解要清楚得多。这样我们就不难理解，为什么在《1844年经济学哲学手稿》中，马克思要大段摘引歌德、莎士比亚关于金钱本质和资本主义社会中人的异化问题的论述。我们也就不难理解，在《资本论》那种种事实的清晰结构中间，在那展开的提纲和精确定义的科学公式中间，我们为什么突然遇到《亨利四世》中曾击败过福斯塔夫的机灵寡妇奎克尔，我们会听《无事生非》中的西柯尔的警吏——好心人道勃雷的教诲，我们会看到《威尼斯商人》中夏洛克那对贼溜溜的目光，我们还会听到雅典的泰门把金子的力量奉若神明的独白。马克思的人学理论是深刻、透彻的，也是生动和丰富的。

马克思的人学研究深刻地启示我们：“人”是世界上极特殊的现象，自然规律、社会规律和思维规律的统一是这种现象的突出特点。这种特点决定了人学理论研究必须综合运用人文科学、社会科学、自然科学以及技术科学的全部成果，多侧面、多层次地对人进行整体研究。哲学在对人的综合研究中具有特别重要的意义。

（原文载于《江海学刊》1995年第4期）

---

① 《马克思恩格斯全集》第37卷，人民出版社1971年版，第42页。

② ［苏］瓦·奇金：《马克思的自白》，蔡兴文等译，中国青年出版社1982年版，第147页。

人学主题：人生的原则与人生的张力

张曙光

人研究自身，直接而言是为了自我理解，根本目的却是为了自己生存、生活得更加自由、更有意义，或者说，是为了从人自身寻找这种自由和意义的根据与可能性。其实，人的存在就是人的生存、生活。人不能在自己的生存、生活之外存在，我们因而也不能撇开人的生存、生活来研究人和把握人。注目于人的生存、生活，我们固然应当重视那些具有感性、直观性的“历史前提”或“基本事实”，但是对于生发于这些“历史前提”或“基本事实”之中，并在人的生存、生活之中贯彻着的“基本原则”，我们也不应当轻视，并且，这些构成了人的生存、生活的内在规定的“基本原则”唯其不具有感性、直观的特点，就更应当引起我们的重视。笔者认为，正是这些原则揭示了人生的“张力”性质，显示了人性变化的大致走势。而人的自主自由的富有意义的生存、生活，也正在于人们对人生的张力能够自觉地把握、建构和推展。

一

人的生存、生活是具体的、现实的，即使它总要“进入”人的观念而人的观念又不乏幻想，人的生存、生活也只能具体地、现实地产生并展开于由人与自然和人与人的关系交织而成的经纬线上。于是，在人的生存、生活中便必定有以下两项基本原则的存在。

其一，“经济原则”。人作为生物，其第一要义是求生，即谋求自身的存活和种类的繁衍，因此，人类生存的第一个前提是人们所从事的生活资料的生产活动。人的生产活动具有自觉性、社会性和创造性的特点，这使它与动物本能的求生活动区别开来，但是人的生产活动的这些特点并不否定它的“求生”性质或功能，而只是为其开辟了自觉化、社会化、创造化的前景并因而使人“求生”的内涵突破了自然界的限定。由此，任何生物的求生活动都具有的经济性，即以较小的物质和能量的消耗换取较大的物质和能量的效益性，不仅成为人们在生产活动中自觉遵循的“经济”原则（“经济”的原义就是效益和节约——笔者注)，而且被人们提升为以世界和未来为取向即以自由为取向的价值准则。经济原则其实就是这一价值准则在人的物质生产领域中的表现。黑格尔有言，劳动的本质就在于“劳动总是想方设法以较少的努力支配整个自然”①。马克思则明确地把体现于人的生产领域的经济原则表述为“劳动时间节约规律”，并指出：“正像单个人的情况一样，社会发展、社会享用和社会活动的全面性，都取决于时间的节省。”② 他还认为，人类在物质生产“这个领域内的自由只能是：社会化的人，联合起来的生产者，将合理地调节他们和自然之间的物质变换，把它置于他们的共同控制之下。而不让它作为盲目的力量来统治自己；靠消耗最小的力量，在最无愧于和最适合于他们的人类本性的条件下来进行这种物质变换”③。可见，经济原则是人在物质生产活动即处理人与自然的物质交换关系的活动中必须遵循的基本原则。正

① 转引自［匈］卢卡奇《审美特性》，徐恒醇译，中国社会科学出版社 1986 年版，第 8 页。

② 《马克思恩格斯全集》第 46 卷（上），人民出版社 1979 年版，第 120 页。

③ 《马克思恩格斯全集》第 25 卷，人民出版社 1974 年版，第 926—927 页。

是由于这个原则的作用，或者说正是为了肯定与发展自身，所以人类才最为关注劳动生产率的提高和社会生产力的发展，而最能提高生产率、发展生产力的科学技术，便势必得到人们越来越高的重视和越来越有力的推进。

其二，“道德”原则。人是社会性的人，人的生产活动是社会性的活动，“社会性”概念本身就意味着人们的相互关联、相互依存，意味着人的存在的群体属性和族类属性。动物也有“群”，其群体内部也许存在某些“互助”“互利”的现象，但这不是动物的自觉所为。人却能够有意识地互助、互利，并且还必须形成这样的人际关系格局。在一个社会共同体内部，人们总是有分工有协作，分工说明人们各有自己的技能和需要，协作又意味着人们各自的技能和需要只有在互补互惠的情况下才能实现。正是人们生存、生活的这种社会性，正是人们利益的共同性，使“道德”原则得以在人们的社会交往活动中产生出来并贯彻下去。所谓“道德”原则，也就是在一个社会共同体内部人们互助互利的原则。单从一个方面来看，“道德”总是具有助人、利人亦即“为他”的性质，但从互相对待的两个方面来看，道德行为的总体效应就是互助、互利。一个方面的助人、利人是以另一个方面相应的行为为条件的。如果一些人助人、利人的行为所换来的总是受损、受害，他们就会中止自己的“善行”；同样，如果一些人总是损人、害人，这些人的“恶行”就会遭到受损、受害的那些人的反对乃至报复，到头来也就应了“搬起石头砸自己的脚”的谚语。所以，在一个社会共同体内部，人们不可能都奉行互损、互害的原则，而必须奉行互助、互利的“道德”原则。中国古代思想家孔子就是从社会的角度看待伦理和道德的，他所说的“夫仁者，己欲立而立人，己欲达而达人”①“己所不欲，勿施于人”②，就是从“己”与“人”两方面

① 《论语·雍也》。

② 《论语·卫灵公》。

的关系出发，要求人们推己及人，使自己和他人都能“立”、能“达”而不至于互受其害。他关于“君使臣以礼，臣事君以忠”以及“君君、臣臣、父父、子子”的思想和后来孟子在这方面的发挥推展，也是从互相对待的双方陈说伦理道德。当履行道德原则的“好处”被人们普遍意识到，合乎道德的行为就会被人们视为高尚之举而受到赞许，这样，久而久之，“道德”原则就会通过人们的道德践履和社会舆论内化为他们的道德信念或品质，道德作为人的自律、自我立法就有了康德所谓“绝对命令”的外观，似乎人们的一切德行善举都没有自我目的，而只是自发地为他人、为社会尽“义务”。即使具有这种道德信念或品质的人未按正比例增加，但希望人人都有良好的道德修养甚至圆满的圣贤人格，希望未来社会是“天下为公”的“大同”世界，也仍然是一代又一代人不可磨灭的美好理想和巨大的精神动力。可以说，正是由于道德原则的作用，或者说正是为了在社会关系中肯定和发展自身，所以人类也特别关注他们内部交往关系的和谐、融洽，而最有助于密切、凝聚社会共同体成员关系的道德、宗教，便获得了社会需要的强劲牵引和支撑，伦理学和宗教学也因之发展起来。

综上所述，可知“经济”原则和“道德”原则是人的生存、生活中的两项基本原则。然而，在人的生存、生活中还有一项似乎不具有客观性的“超越”原则，其重要性却足以与以上两项原则鼎足而立。

众所周知，人是具有意识的。人有意识意味着人与自身的生命活动并不直接同一，人的生命活动是他的意识和意志的对象。正是由于这个缘故，人的活动才与动物本能的活动区别开来，成为自觉自为的活动亦即自觉地执着于自己的生存和发展的活动；人与自然和人与人的关系才成为“为人而存在”的亦即服务于人的生存和发展的价值关系，并且在这两种关系中，才能产生并体现“经济”原则与“道德”原则。可见，人的意识是观念的却不是虚幻的，作为人之所以为人的内在规定性，它是人的一切现实的活动和关系赖以建立的中介、枢纽。只有通过它，人才能够在各个方面超越动物式的自在状态，突破源于自然的本能性、既成性和有限性的束缚，走向世界和未来，走向永无止境的真、善、美统一的“自由王国”。因此，人生的超越原则就是人们在观念和现实中力求超越现存状态的原则。只要人们在生活中怀有理想、希望、目的，就说明“超越”原则在他们那里发挥着作用。从历史上看，古代埃及的狮身人面像和中国上古的人首蛇身图腾，都反映了人类祖先自我超越的强烈意向。古代的神话传说表现了人类借助想象支配自然，宗教中的上帝则表明人类还要进一步借助信仰支配社会，而人的审美渴望则意味着人类超越现实功利的精神需求。中国古代的大哲老子认为，人们越是能动有为、孜孜于功利，就越要受到困扰、招致灾祸，只有顺乎自然、返璞归真，才能摆脱纷乱的现世。庄子进而认为，人们陷身于功名利禄构成的社会之中，就不可能有真正的超越，只有做到“无己”“无功”“无名”，摒弃现实，才能达到“逍遥游”；“若夫乘天地之正，而御六气之辩，以游无穷者，彼且恶乎待哉！”① 对于具有肉体生命的人来说，这种“无待”的状态，显然只能是精神上的境界，而中国的古人也正是在道德和审美的领域，求得精神上的彻底超越的。即使在今天，指向所谓“终极关怀”或“终极价值”的超越，也只能在作为物质的生产和生活领域彼岸的精神世界得到充分的实现。

二

在人的生存、生活中鼎足而立的“经济”原则、“道德”原则和“超越”原则，其实是人肯定和发展自身的价值准则的不同体现，换言之，这三项原则构成了统一的价值准则。人的生存与发展的全面性、人的文化创造的全面性，正源自这三项原则“三位一体”的关系：“经济”原则指导着人们处理他们与自然的关系，使文化的物质层面

① 《庄子·逍遥游》。

得以创造；“道德”原则引导着人们处理他们相互之间的关系，使文化的制度（规范）层面得以形成；“超越”原则在人们处理他们与其自身的关系时发挥着作用，使文化的精神层面得以产生。文化所具有的能够使人们应付环境挑战、实现内部认同、范导自身行为的功能，就是文化的这三个层面使然。

然而，上述三项原则的“三位一体”，却并非天然一致而是充斥着内在的张力的，用辩证法的语言说，它们是对立面的统一，是矛盾的集合体。

首先，这三项原则自身各有其矛盾。就“经济”原则而言，有“经济”与“不经济”的矛盾。“经济“原则的实现要凭借人们合理地处理他们与自然的物质变换关系，但人们未必能做到这一点。人们认识上的主观、片面、浅薄，会造成人的活动事倍功半甚至徒劳无益；自然界对人的“短期行为”的报复，则足以使人的活动前功尽弃或加倍付出代价。“经济”原则倘若能够得到实现，也会助长人们走“捷径”、图“便利”的心理，强化人的“好逸恶劳”和“惰性”，反转来钝化“经济”原则。并且，“经济”与“不经济”总是相对而言的。由此，“经济”与“不经济”便构成了“经济”原则自身的张力。就“道德”原则而言，有“道德”与“不道德”的矛盾。“道德”原则的实现有赖于道德主体助人、利人的行为。若道德主体“一味地”（即全心全意地）助人、利人，而使自身的能力、利益得不到补偿，生存陷于困窘（只要留心一下我们生活中有关的人和事，就可知这不是耸人听闻），道德原则在这些人身上就走向了反面。如果由于助人、利人而使别人的主体性受到了干扰、限制，或削弱了他们的自主、自立的能力，那么，道德同样也会走向不道德。并且，道德行为的对象是共同体内部的成员，一超出共同体，人们就不再讲道德，所谓“父为子隐、子为父隐，直在其中”；“非我族类，其心必异”；“攻乎异端”“党同伐异”等，就表明了这个事实。凡此种种，都说明道德原则之中也充斥着“道德”与“不道德”的张力。就“超越”原则而言，有“超越”与“非超越”的矛盾。超越是对现存状态的否定，是向未来的提升，然而超越总是受着它由此出发的现存状态的制约。狮身人面像和人首蛇身图腾中的“人面”“人首”，表征着人从动物界的提升、人对自由的向往，然而，它毕竟不能摆脱物性的、必然的“狮身”“蛇身”。并且，人的超越并非天马行空、无所依归，而是要寄托、附着于某一价值形态的，这又反映了超越自身的非超越性。总之，超越指向上的形上性、无限性和具体超越的现实性、有限性，构成了超越原则的内在张力。

其次，更为重要的是，由于人的生存、生活是一个统一的过程，人与自然、人与人和人与自身的关系也是互为中介、互相贯通的，所以上述三原则亦不可能各自为政、各行其是，相反地倒是处于互相干涉、彼此渗透的状态，由此形成这三项原则之间的矛盾。

经济原则虽然主要产生于人与自然的物质变换关系，但也体现在人与人的关系中。人本来就属于自然，人在原始阶段也往往把其他氏族、部落的人当作异己的自然物看待。即使进入文明时代，也仍然有人不被作为人看待；相对于人的生产和经济活动来说，人们相互之间的关系也不可能没有手段和形式的性质。这样，在人与人的关系中贯彻“经济”原则以便提高他们共同活动的效率、效益，就成为社会发展的需要。“经济”原则的取向是“自我”，是“自我”以尽可能小的努力得到尽可能大的收益，这与“道德”原则所要求的“自我”对“他人”的奉献，显然有矛盾之处。所谓“效率”与“公平”的关系问题即由此而来。然而，阶级社会的产生及其发展，政治、法律、军事、外交领域的出现及其开拓，却与此不无关系。“经济”原则体现在人的意识中，则既可以促进思维效率与规律的研究，也可以助长钱、权拜物教。

“道德”原则虽然主要产生于人与人的交往活动，但在人与自然的关系中也有体现。人与自然有相异的、对立的一面，也有相辅相成、俱损俱荣的一致性。如果只是简单地拿“经济”原则对付自然，乱砍滥伐、竭泽而渔，人们就不仅享受不到鸟语花香、湖光山色的怡人之美，而且会由于自然资源的枯竭、生存平衡的破坏，使人饱尝自己种下的苦果。同时，对自然界的敌视态度和只管索取的心态，也会影响、强化人们对同类的冷漠乃至仇视。于是，人们就会有意识地以道德的态度处理自己与自然的关系，顺应自然、保护环境、珍惜生命。然而，这种做法，与“经济”原则也不无矛盾。在当今，发展工业与保护环境的冲突，绿色和平组织与一些国家的经济和军事举措的对立，就是这个矛盾的体现。“道德”原则运用于人与自身的关系，道德会成为人的最高追求，这既可以收到净化和升华人的心灵之功，也可能禁锢人的欲望、蔽塞人的心智、束缚人的思想。

“超越”原则在人与自然的关系和人与人的关系中也发挥着作用，并且，它与“经济”原则和“道德”原则有重合、兼容之处，也有不一致的地方。

这三项原则各自的矛盾和这三项原则之间的矛盾，实际上表明了人的生存、生活的复杂的张力性质：人与自然、人与人、人与自身各有其矛盾，而人的这三重关系之间也是对立统一的。

或许正是因为看到了这些矛盾尤其是这些矛盾所导致的社会中大量的冲突、欺诈、腐败等“假”“丑”“恶”现象，所以中外许多思想家往往推崇上述三项原则中的一项，用这一项统率甚或取代另外两项，指望借此消除人生中的种种矛盾。

在这方面，中国古代思想家堪称典型。如儒家以“道德”原则为最高价值和思想纲领。墨家和法家则认为人生最重要的支点是体现了“经济”原则的“力”和“利”。

道家看重的则是“超越”原则，超越“经济”上的算计、财物，超越“道德”上的善恶、名声，摆脱一切身外之物，求得精神上的自由，求得与宇宙大道的同一。

在中国历史上，也有主张“天道”与“人道”同张、“德力”、“义利”并举的，但始终没有成为主流。成为主流并且长期处于统治地位的，是儒学。道德挂帅的儒学对于人心的教化和社会冲突的缓和固然有相当大的作用，但它所主张的“忠恕”之道却始终未见明显实现，而伪善道德、双重人格则由此而不断地滋长蔓延。法家在战国和秦朝也曾显赫一时，在促进耕战、统一天下方面发挥了积极的作用，但其“寡情少恩”的特质和“严刑峻法”的主张，却又加剧了社会对立、促成了社会分裂。道家在汉初受到推重，后来也曾被很多士人赏识。其“自然无为”的主张和“精神超越”的旨趣，对于减少统治者之侵扰百姓、平衡人的心理、开阔人的心胸乃至培养人的独立个性，均有相当助益，然而，对一切“身外之物”的轻视，也导致它的消极作用，阻碍了人们对自然和社会的改造以及对自身利益的追求。

由此可见，以上述人生三项原则中的任何一项来统率或取代另外两项，是很难行得通的。即使勉强推行，也要严重地妨害人及其社会正常的、健康的发展。其实，中国封建社会事实上所形成的“外儒内法”“儒道互补”的格局，正说明儒、法、道皆不能全面地引导人的生存、生活，相对于由“经济”原则、“道德”原则和“超越”原则所构成的人肯定与发展自身的价值准则来说，它们皆各得一偏。

三

比较而见高下。较之中国传统的思想理论，马克思关于人的学说具有大得多的合理性和解释力，这是任何以弘扬中国传统文化为己任的人士都难以否认的。

马克思关于人的学说之所以具有更大的合理性和解释力，笔者认为，就是因为它能够从人肯定和发展自身的价值必要性以及实现这一价值必要性的实践活动出发，正视并历史地看待人生的矛盾，较为全面地把握住了人生的张力性质。

我们知道，马克思关于人的学说的宗旨是“人的解放”。所谓“人的解放”，含义就是人凭借自己能力的发展，不断地从自然、社会和自身的束缚中解脱出来，最终达到自由全面发展。“人的解放”并不是马克思的一厢情愿，而是马克思对人类生存和发展的历史本身给予科学实证和价值批判揭示出来的人自身的真理。在马克思看来，“人的解放”既不是人的单纯的主观愿望，也不是人与生俱来的自然命定，而是人在生存、生活的实践中，不断地产生出来并促使人去认识、去实现的需要和可能性。可以说，“人的解放”的命题，就是“超越”原则在马克思那里的体现。

然而，“人的解放”的命题本身就意味着人的“解放”和“束缚”的交替发生。这种交替发生，在马克思看来，正是由人与自然的关系和人与人的关系的相互作用、相互制约所决定的，我们所熟悉的“生产力决定生产关系、生产关系反作用于生产力”“经济基础决定上层建筑、上层建筑反作用于经济基础”的“公式”，就是对这一问题的高度概括的说明。这个“公式”表明，“经济”原则是人生的经线，“道德”原则则是人生的纬线；随着经线的延伸，纬线势必不断变化，而纬线的变化又将规范经线的延伸。

当人刚刚从动物界脱离出来时，他们自身还处在半动物状态，“经济”原则、“道德”原则和“超越”原则也只是在萌发之中。在血缘共同体内部，固然没有人对人的剥削和压迫，但却有对丧失劳动能力的老人的诛除，而在不同的氏族和部落之间更有频繁的偷袭、猎杀。原始社会绝不是一首田园诗。随着原始人的劳动生产率的缓慢提高，一部分处于有利地位和掌握着有利条件的人终于从血缘共同体中“解放”出来获得了独立。另一部分人也随之成了这部分人的生产“工具”和“手段”。一个新的更大的社会共同体诞生了，而这个共同体一开始就陷入了利害冲突。于是，一部分人的发展与另一部分人的不发展互为条件，一部分人的自由与另一部分人的奴役互为因果，文明的长足进步与文明的惊人退步结伴而行。“经济”原则、“道德”原则和“超越”原则随着人的自我意识的觉醒和主体能力的发展而确立起来了，然而它们同时也就陷入错综复杂的纠葛之中。面对人生和社会的种种矛盾和异化现象，一些人提出了保存其“好的方面”、消除其

“坏的方面”的社会方案，马克思则明确地予以否定。他举例说：假如在封建主义统治时代，人们看到骑士的德行、权利和义务之间美妙的协调、城市中的宗法式的生活、乡村中家庭手工业的繁荣、各同业工会、商会和行会中所组织的工业的发展，“总而言之，看到封建主义的这一切好的方面而深受感动，抱定目的要消除这幅图画上的一切阴暗面——农奴状况、特权、无政府状态，那末结果会怎样呢？引起斗争的一切因素就会灭绝，资产阶级的发展在萌芽时就会被切断”。其实，在历史上真正具有进步意义的，往往是那些被人们视为“坏”的“恶”的东西。“封建的生产也有两个对抗的因素，人们称为封建主义的好的方面和坏的方面，可是，却没有想到结果总是坏的方面压倒好的方面。正是坏的方面引起斗争，产生形成历史的运动”。因此，“谁要给自己提出消除坏的方面的任务，就是立即使辩证运动终结”①。对资本主义社会，马克思也是作如是观。他指出：“李嘉图把资本主义生产方式看作最有利于生产、最有利于创造财富的生产方式，对于他那个时代来说，李嘉图是完全正确的。”“如果像李嘉图的感伤主义的反对者们那样，断言生产本身不是目的本身，那就是忘记了，为生产而生产无非就是发展人类的生产力，也就是发展人类天性的财富这种目的本身。”正如不能因为战争会造成个人的死亡而反对进行任何战争，也不能因为一些个人的福利得不到保障而反对社会发展的这个阶段。感伤主义者不理解：“‘人’类的才能的这种发展，虽然在开始时要靠牺牲多数的个人，甚至靠牺牲整个阶级，但最终会克服这种对抗，而同每个个人的发展相一致，因此，个性的比较高的发展，只有以牺牲个人的历史过程为代价。至于这种感伤议论的徒劳，那就不用说了，因为在人类，也像在动植物界一样，种族的利益总是要靠牺牲个体的利益来为自己开辟道路的，其所以会如此，是因为种族的利益同特殊个体的利益相一

① 《马克思恩格斯选集》第1卷，人民出版社1979年版，第118—119页。

致，这些特殊个体的力量，他们的优越性，也就在这里。”[①] 这当然不是说，被压迫、被剥削、被欺凌者应当逆来顺受，甚至心甘情愿地协助压迫者、剥削者、欺凌者来完成他们作为“历史工具”的“历史任务”，而不应当给予道义的抨击和行动的反抗，而只是说历史本身就是在矛盾中前进的，单单从道德感情出发来评价、取舍历史，就会陷入自欺的、虚幻的乌托邦。事实上，马克思以他终生所从事的理论研究和革命活动，表明了人类社会正是需要通过自我批判、自我改造才能前进的。一个能够公开地批评和抗议统治阶级的反对力量的存在，对于促使统治阶级改善其统治，对于社会向着较为合理、较为人道的方向的变化，显然具有巨大的历史推动作用。现代资本主义社会的文明的进步包括它的一些民主、自由的政治法律形式的确立，离不开无产阶级及其政党争取社会进步和自身解放的斗争。正如在资本主义社会雇用工人工资的数额和劳动条件的好坏，在很大程度上取决于工人阶级的斗争，整个社会人道和民主发展的程度，同样在很大程度上取决于工人阶级的觉悟和斗争水平。可以说，人类社会中的各种利益集团和政治派别的相互批评、相互制约，正是人的生存、生活的张力的重要表现。

人生的矛盾是消灭不了的，人生的三项基本原则也总是相反相成。那么，人应当做也能够做的是什么呢？这就是创设有利于矛盾的不断产生又不断解决的形式亦即推动矛盾沿着人肯定和发展自身的价值取向运动的形式，而这种形式也正是由人生的三项基本原则的合理划界与良性融合建构而成的。在今天，市场经济、民主政治、权力制衡、舆论监督、司法独立、公平竞争等社会体制，即是能够保障人生的矛盾沿着人们肯定和发展自身的价值取向运动的合适形式，而这些形式显然体现了人生三项基本原则的内在统一与相对区别。

（原文载于《江海学刊》1995 年第 5 期）

---

① 《马克思恩格斯全集》第 26 卷（Ⅱ），人民出版社 1973 年版，第 124—125 页。

神化人学与自然人学

——西方哲学史上的人学思潮

黄振定

哲学可以归结为人学，现当代西方关于人的理论可以溯源于西方哲学史上的人性论。概括地说，西方哲学史上的人性论有两种基本的或主要的观点：一是用先验理性规定人，二是用自然属性规定人，这也可以说是神化人学和自然人学两股思潮。这两股思潮各自的抽象片面性早已为我国学术界所公认，但对它们的历史发展和理论价值，尚有必要运用马克思主义观点加以深究。全面系统地研究它们，无疑将是一部完整的西方人学哲学史，所以本文只能就其基本发展线索、主要特征及彼此之间的比较，作一概述。

两种人学观的形成

作为西方哲学史之源的古希腊哲学始于对世界万物“始基”的探究，那种自然哲学可以说是广义的人学，并因而包含严格意义上的人学的萌芽。因为正如黑格尔说的，自然界乃是与人“不同质”但又与人“牵连在一起”的人的另一半。人类为了认识自己，首先必须认识其赖以生存的自然界，所以认识自然界也就是间接地认识人自身。当智者派把哲学从天上挪到人间，即直接着手“认识自己”并通过人自身去看世界的时候，便出现了普罗泰戈拉的自然人学与苏格拉底的神化人学的明确分野。普罗泰戈拉率先针对巴门尼德对感性自然的排斥，提出了“人是万物的尺度”的著名命题。在他看来，世界万物都必须接受人的感觉的标准和评价，要由现实的人的喜怒哀乐来决定真假、善恶和美丑。他要求人们重视现实的生活，公开怀疑神的存在，认为“有许多东西是我们认识不了的，问题是晦涩的，人生是短暂的”，[①]但他并非主张动物式地顺应自然，而是看到了人的优越性；他说：“要想成为有教养的人，就应当应用自然的禀赋和实践，此外还宜于从少年时就开始学习。”[②] 紧接着苏格拉底与普罗泰戈拉针锋相对，提出“作为思维者的人是万物的尺度”。他确认“美德即知识”，把人的道德生活摆在了首位；而美德、善、正义、勇敢等，都是属于“灵魂的性质”，属于理性，因为它们“如果有理性地来学来做，就是有益的，但若没有理性地来做，它们就是有害的”[③]。他欣赏阿那克萨戈拉的“奴斯”——心灵作为万物的“支配者和原因”，而且干脆把它改造为摆脱了一切感性特殊并凌驾于它们之上的“神”，它之作为万物推动者的力量也就成了神的目的性。于是，人心中理性的美德概念也就原本是神的安排，人对它们的追求就是把它们“回忆”起来；而他本人就是独具“灵异”——守护神的启示——而能帮助人们回忆美德概念的“助产婆”。

因此我们看到，普罗泰戈拉和苏格拉底分别抓住了人的现实的感性存在和人所特有的理性、普遍的道德精神；他们的出发点都是在寻找人在世界中的地位。前者立足于人的感觉、自然肉体的感受，也就

① 北京大学哲学系外国哲学史教研室编译：《古希腊罗马哲学》，商务印书馆1982年版，第138页。

② 北京大学哲学系外国哲学史教研室编译：《古希腊罗马哲学》，商务印书馆1982年版，第138页。

③ 北京大学哲学系外国哲学史教研室编译：《古希腊罗马哲学》，商务印书馆1982年版，第165页。

是要让属于自然的人充当自然万物的裁判，这无疑表现了人的精神想要冲出自然、超越自然的雄心和力量；而且这一思考的角度将被证明为更具有合理性；此外他由于崇尚自然而断言“主人对奴隶的统治是违背自然的”“非义的”①，乃是非常进步的民主意识。苏格拉底立足于人的理性能力、理性认识，直接把握了确能表现人的独特品质的精神、普遍的理性意识，以此确立人的能动性和支配世界的作用，理应是正确的思路。但是，非常不幸，他们两人都失足于自己的立足点的片面性。普罗泰戈拉的观点只看到人的孤立的个体性存在和千差万别的感觉，所谓人之作为万物的尺度成了一句空话，注定了由相对主义走向怀疑论和诡辩，因此它对现实的人的重视结果只是葬送了人的前途：人在自己无异于动物的感觉、自然禀赋面前毫无能动性和自主性。苏格拉底由对人的理性的崇扬、神圣化走向了树起神的绝对权威，实际上是把人的理性抽象、拔高、外化成了神；他虽然认为追求美德与敬奉神是一致的，但毕竟现实中有限的人的理性，要通过回忆和推演达到最高普遍性的神的目的性，乃是大有问题的。

对比之下，苏格拉底神化的人学观较之普罗泰戈拉的感性、自然的人学观，显然更符合人的哲学理性思维的要求，即更符合人类追求驾驭世界的欲望。因此继而便有了神化人学在整个古希腊罗马直到中世纪的主导地位，其中代表性的就是柏拉图和亚里士多德的思想及基督教神学。柏拉图的特点是神化理论的系统化，包括理念世界作为现实世界的客观本质及两者的截然二分，理念世界的等级划分和概念的初步辩证法，超脱一切理念的神的“至善”地位的确立，人的理性对这个“至善”的能动追求及其实现的彼岸性等。就人学来说，他在神化理念论的前提下，既揭示了人的理性的能动性又限制了这种能动性。他认为，人具有追求“至善”的一种“理性的迷狂”，它“急于高飞

① 北京大学哲学系外国哲学史教研室编译：《古希腊罗马哲学》，商务印书馆 1982 年版，第 144 页。

远举，可是心有余力不足，像一个鸟儿一样，昂首向高处凝视，把下界的一切置之度外”。这表现了“自动性是灵魂的本质和定义”①，又说明要达到“至善”，只能抛弃现世的幸福，寄希望于灵魂不朽。柏拉图典型的神化人学，既高扬了理性的普遍性尊严和威力，又完全扼杀了感性和现实的生命以及人的个体性，正如黑格尔所说：“柏拉图的理念一般是客观的东西，其中缺乏生命的原则、主观性的原则。”②

亚里士多德的杰出贡献就是致力于解决神化人学的矛盾。他把柏拉图的“理念”改造为具有自身目的性的“形式”，把事物的运动描述为形式按照自己的本质、目的能动地规范质料的过程，这个过程也就是质料追求自己的形式、本质的过程，这一过程既是以理性目的性的特征决定、支配后者的自然机械性，也是形式由“潜能”到“现实”达到完成（隐德莱希），强调形式作为目的也就是追求目的的活动，即理性的能动性也就体现于它追求自身目的的活动。因此，亚氏既较为深刻地揭示了理性自身的目的性活动，又给予了自然事物及其运动以应有的地位，而且一方面是后者从属于前者；另一方面又是前者由于有了后者才得以实现。这样，理性便是一种自为的生命：“人本自由，为自己的生存而生存，不为别人的生存而生存。”③ 所以在他的伦理学中，人人都可以达到道德上的自我完善，这种完善就是善与幸福、与个人享受并不分离的“中庸适度”。但是，亚氏又保留了那个“至善”的神作为自身不动的推动者，并最终使形式和质料处于分离状态，所以理性自身的目的性最后还是服从神的目的性。人在伦理生活上的“中庸适度”也就不过是折中调和而已。应该说，亚氏在理论的某些细节方面使人看到了人的理性生命自我实现的目的性力量，但他的最后结论又使人沮丧，因为他实际上并未超出柏拉图神学对人的压制。

① 《柏拉图文艺对话集》，朱光潜译，人民文学出版社 1983 年版，第 125、119 页。

② ［德］黑格尔：《哲学史讲演录》第 2 卷，贺麟、王太庆译，商务印书馆 1981 年版，第 289 页。

③ ［古希腊］亚里士多德：《形而上学》，吴寿彭译，商务印书馆 1983 年版，第 5 页。

我们还注意到，继承和发展了德谟克利特的原子论的伊壁鸠鲁对自然人学也作了修正。他在自己的自然人学框架里，肯定了人的理性力量，他的快乐主义之所以不是纵欲主义，就在于它包含着重要的理性因素。

两种人学观的发展

古希腊、古罗马时期作为主流的神化人学，在中世纪的社会历史条件下演化为基督教创世的人格上帝神学。在那个人性、人的理性备受压制的时代，神学、经院哲学虽然为论证上帝的存在和德行，为“净化”人的理性和灵魂、引导它们顺从上帝，也不可避免地涉及人的本性和地位问题，但这种烦琐的、纯粹亚氏形式逻辑化的哲学，总的来说是“不能生育的尼姑”，尤其在人学方面是毫无进展的。文艺复兴打破了这种局面。文艺复兴及其后的近代哲学，其理论精神的实质就是人类理性从异化为神回归于人自身，回归于人自己现实的理性，回归于人的自然基础。这一回归的过程是艰难曲折的，其间有宗教神学的残余，又有神化人学和自然人学的复杂交织。这两种人学观既矛盾、对立，又互相吸取思想养料，而且我们注意到，其中自然人学在这个时期占有主要地位。

众所周知，文艺复兴的旗帜是“人道”“理性”“科学”，而早期人文主义思想家首先集中关注的就是人的感性自然的属性，用人的现世幸福和肉体享受对抗宗教禁欲主义，用人的自然天性的完美对抗神的尽善尽美，这其中当然也包含对人的现实理性力量的强调。我们看到，从薄伽丘《十日谈》的“人间喜剧”到“维纳斯的腰肢”[①] 和蒙

① 德国诗人海涅赞美文艺复兴时的艺术时说：“提香油画里的鲜艳夺目的肉体，也都是在宣扬新教。他的维纳斯的腰肢是比德国修士张贴在威丁堡教堂门口的檄文更加彻底的檄文。”见《海涅选集》，第 24 页。

娜丽莎神秘的微笑，无不显示出人性的感性光辉和神圣。由此，他们一反神学彼岸世界的普遍精神，宣扬的是此岸自然的个性、个人和自我，声张的是人的自然情欲、人自身的自由、价值和尊严。在文学艺术激情奔放的同时，理论的冷静思考也出现了繁荣局面。皮科·米朗多拉认为“人可以自由地发展和战胜自己”①；爱拉斯谟宣称“大自然让你放纵情欲”②；蒙台涅提出伟人也平凡，把理性归结为自然习俗，把人的社会文化等同于动物的习性，又开始批评人性的卑污虚伪性；帕斯卡尔比较深刻地揭露了人性的两重性和矛盾：人是“思想的苇草”，是“一架奇特的风琴”③，人是伟大与下流的结合，他认为人既有巨大的理性力量，又无法超越无穷的自然。所有这些思想，构成了近代哲学的直接来源。

人文精神和科学精神的双重影响，集中体现在培根“人是自然的奴仆和解释者”的口号中。这个经典式口号的含义是：人既是属于、服从于自然的仆人，又是能认识、命令自然的主人，仆人之所以能成为主人，就在于人的理性认识，“知识就是力量”，因此要真正成为主人，就必须把握好人自身的这一知识理性。于是，他便以教导人们把握好理性认识的工具为己任，从此也就使树立人的理性主体性成了几乎所有后继者的哲学主题。这一认识论的取向当然就是对人的理性特征的专门探究，但我们注意到，这个理性基本上已不再是神化了的，而是立足于现实的人对自然——包括人自身的自然属性的科学认识，是作为科学认识工具的理性；所以他们所致力于建立的理性主体，也就是一种工具理性的主体。在此前提下，人自身、人性则完全是和外在于工具理性的自然物一样的对象。整个近代哲学就是试图论证这种主体与对象的统一，其

---

① 转引自［瑞士］雅各布·布克哈特《意大利文艺复兴时期的文化》，何新译，商务印书馆1979年版，第351页。

② 转引自北京大学西语系资料组编《从文艺复兴到十九世纪资产阶级文学家艺术家有关人道主义人性论言论选辑》，商务印书馆1971年版，第34页。

③ ［法］帕斯卡尔：《思想录》，何兆武译，商务印书馆1985年版，第59页。

实也就是解决人的理性特征与自然属性的统一。但问题是，他们把原本是内在地统一于人自身的理性与自然首先作为主体——工具与对象割裂开来了，这一知性科学主义的前提早已包含着深刻的矛盾。然而，就在他们坚持这一矛盾又力图克服它而造成的种种形式的矛盾对立中，既发展了自然人学又孕育了黑格尔神化人学的集大成。

近代经验论者和唯理论者总的来看都具有上述特征，但又表现出极为复杂的形式。培根既立足于把人视为“充满感性光辉”的自然的一部分，又重视人的理性的独特力量，他致力于理性与经验的不可分割的联系以说明人的认识和情感、意志活动，又终因理性不能“飞翔”而限制了人的能动和自由，最后只得求助于“天启真理”的神学残余，说明了他的自然人学的不彻底性和未能达到人的理性特征与自然属性的统一。霍布斯试图把人的理性、精神活动完全纳入自然机械运动系统，明确提出了“人是机器”的命题，作为“人造人”的国家则是一部庞大的机器，人的本性是趋利避害的“自我保存”，人类社会的自然状态是“人对人像豺狼”，现代国家以君主专制为合理。他这样就把人完全等同于机械自然了。

笛卡尔的二元论强调精神与物质的对峙，也就包含着人性的理性方面和自然方面的截然二分，他那个上帝“绝对实体”则是对神化人学的继承；但他的基本的自然人学观也是很突出的：在那个作为精神与物质接合点的、位于脑部的“松果腺”中，有着血液运动的物质性的“生命精气”与观念和精神的活动的置换与统一，这统一实质上就是他的理性演绎逻辑与自然机械必然性的统一，也就是非超越的理性——知性推理服从因果机械规律；于是，他所承认的人的“意志自由”也只是遵从上帝预先安排的一切。斯宾诺莎把笛卡尔的两个实体转换成自然或神的两种平行的属性，具有既把自然和人性完全理性化，又把理性自然化的特征；因此他一方面强调理性和自然的绝对必然性，自由就在于对这种必然性的认识和对情感、欲望的控制；另一方面又以自然实体的自因和能动性，在泛神论的外衣下，揭示了作为自然与理性的统一的人的精神能动性。洛克则从经验论的角度表现了理性与感性自然的尖锐对立：他在把一切观念和认识活动化归为经验心理活动的同时，保留了心灵的“任意虚构”和直观能力；在关于人的原始自然本性方面，他不同于霍布斯而强调人具有高于动物的理性特征，因而人不会自由放任，不会像豺狼一样，而是人因理性而遵守自然法则，处于完美无缺的自然状态；但他虽然揭示了人的理性的一定能动性，却终因其主观任意性同时又受制于经验自然的矛盾，使人处于自身普遍性的理性要求与个别性的自然本能之间左右摇摆的境地。

贝克莱和莱布尼茨从不同的出发点显著地继承了神化人学。前者一方面把自然包括人的理性精神归结、肢解为主观感觉观念；另一方面又把这些观念置于神的创造和支配之下。也就是说，人的理性既被划归为感性自然而遭取消，又以异化为神性的形式得到保留，而这种神性又体现于自然法则。莱布尼茨则把斯宾诺莎的自然实体改造为纯粹精神性的能动的“单子”，这种单子作为“力的中心”不再是牛顿式的机械力，而是类似亚里士多德的具有内在目的性的“隐德莱希”，即包含知觉、欲望和理性的“一股冲力”，其终极的源泉就在于神这个最高、唯一的单子。因此他主要是立足于对理性的神化来看待人和自然，而且把对理性能动性的认识提高到了一个新的水平。但他的精神单子作为自然万物运动的本质，又只有连续性而无间断性，“自然界不作飞跃”，所以他又是着眼于自然的机械运动限制了理性精神的能动性。

关于休谟的哲学必须特别加以说明。不难看到，休谟明确提出要以“人性科学”作为一切科学的基础，他的人性论一反传统的理性主体观而树立了一个情感主义的道德主体。也就是他在当时以卢梭为代表的启蒙运动精神的影响下，把人的情感道德当作人性的核心和基础，而这正是促使他把经验、理性“彻底”感性化的根本原因，也是他能以怀疑论的结论彻底否定宗教神学和理性形而上学的力量所在。因此可以说，休谟的人性论具有实质性的人学转折意义：理性主体变换为情感道德主体，自然人学真正彻底化了，而且人学成为哲学的直接的明确的主题。这种人性论对康德的道德主体学说有直接影响，并因此有了康德的哲学人类学，继而有了费尔巴哈的人本主义，休谟非理性因素对现代西方人本主义思潮的影响，也充分证明了它的重要历史地位①。但是，休谟又并没有摆脱那个时代知性对立的思维方式，他的“彻底的”感觉经验、人的丰富情感被分析为原子性的个别孤立的印象和观念，它们在人心中的习惯性推移服从的是偶然的机械碰撞规律；因此人的认识、情感和道德意志活动也就只服从不可知的机械必然性了。这样一来，人也就等同于物而谈不上什么道德主体性，自然人学的道路似乎走进了死胡同。

综上所述，经验论和唯理论在对人的本性基本立足于自然的探索中，由于方法论的根本局限，深刻地暴露了人的理性特征与自然属性的严重对立：自然由于纳入知性抽象分析的框架而失去了感性的丰富性和生命力，理性也由于受制于自然现象而只有形式逻辑推演的有限能动性，在这种对立之下，人的理性精神的自由和创造性或仍被异化为神（贝克莱、莱布尼茨），或被视为“不可理解的本能”（休谟）。从中我们既看到两种人学观的相互交叠、渗透，又看到了它们之间的实际矛盾和对立。

因此接着出现的是法国唯物论和费尔巴哈与康德—黑格尔德国先验理性主义，即自然人学与神化人学的再次明确分野。先来看后者，康德在卢梭和休谟的直接启发下，树起了具有“先验自由”的道德实践主体，这个主体的自由在于“人是目的”，即人作为最高的理性存在者意识到自己就是目的本身，自己就是自由的主体和本体。这样康德便从神那里夺回了人的自由；但又由于这种自由和人的理性的先验纯粹性，他终究以“公设”的形式请回了上帝，使他的道德神学有着不亚于理性神学和神学道德的对人的压制性。

① 现代哲学人类学作为从传统哲学分离出来的一个专门的人学学科，不仅与康德、黑格尔、费尔巴哈、马克思、尼采有密切的联系，也与休谟关系重大。

但康德毕竟开始打破了知性形而上学思维方式的局限，再经费希特和谢林，便由黑格尔完成了理性辩证方法的锻造，即从神化人学的角度，集其大成地深刻揭示了人的辩证理性本质。黑格尔辩证法的核心和灵魂是理性生命的自否定原则①，他认为，这个自否定原则“并不是一种外在的反思的行动，而是生命和精神最内在的、最客观的环节，由于它，才有主体、个人、自由的主体”②。正是由于这种自否定，才有绝对理念的自我运动、自我认识、自我超越的实现，才有主体与客体、精神与物质、理性与自然、理性与感性等的对立统一的由低到高的飞跃式运动、发展和历史。因此，这种发展的实质也就是理性生命的自由的自我目的性：自由就是追求自由的过程，目的就是“引起运动”的“手段”或“中介”过程③，因此，物质自然界的机械必然性也就是体现理性的目的性的向人的生成。这样，黑格尔便比亚里士多德更有力地论证了精神、人的目的性力量，使机械必然性“内在地”统一于人的目的性，也就是既把人的自然属性上升、包括于人的理性，又因此而使人的理性充满着“现实的”感性自然的丰富性和活力；并在此基础上天才地揭示了人的劳动的本质、私有制条件下的劳动异化等重要现象。

法国唯物论者费尔巴哈的自然人学的发展有两大特点：其一是在完全消除了理性神化的前提下给予了理性明确的特殊地位，但又明显地使人的理性特征与自然属性对立起来。如爱尔维修提出“人是环境和教育的产物”“意见支配世界”，费尔巴哈把人的本质规定为“理性、意志、心（爱）”，这都是试图在自然主义基础上解决人性的两重性的矛盾。其二是特别突出了对功利和经济利益及随之而来的人的现

---

① 邓晓芒的《思辨的张力——黑格尔辩证法新探》对这个问题做了深入的、有说服力的研究，见该书第三章。

② ［德］黑格尔：《逻辑学》（下），杨一之译，商务印书馆1976年版，第543页。

③ ［德］黑格尔：《精神现象学》（上卷），贺麟、王玖兴译，商务印书馆1981年版，第13页。

实社会性问题的关注。这个问题伴随着资本主义私有制带来的矛盾，早就是很多思想理论家们讨论的主题，各种空想社会主义和空想共产主义为解决资本主义私有制的矛盾提出过种种方案。法国唯物论和费尔巴哈则是首先在传统哲学中正式引入经济利益、人性自私和人与社会的关系原则——把黑格尔的绝对精神“归结为以自然为基础的现实的人”①。爱尔维修断言：“无论在道德问题或认识问题上，都只是利益宰制我们的判断。”② 费尔巴哈则提出了，人追求生理需要的利己主义本能和“社会实体性”（即“类本质”）也是人的重要本质。他们都是以主张“合理的利己主义”来解决人与人之间、人与社会之间的经济利益矛盾。当然，上述两个方面的特点并没有使他们对人的本性作出科学合理的解释，只是更充分地暴露了人性的两重性和矛盾，因为他们对人仍停留于自然主义的形而上学的经验直观。

两种人学观的比较

综上所述，西哲史上两种人学思潮形成和发展的大趋势是：神化人学从对人的理性力量的崇扬和神圣化，经过把它异化为客观本质和神及回归人自身，最后走到黑格尔的理性神学；自然人学则从对人的感性自然基础的笼统强调，直接到达近代从形而上学层次上的直观分析。因此前者的过程比较复杂，后者的过程比较简单，这恰恰可以说明，神化人学已经在马克思主义之前的西方哲学史上经过了较为充分的发展，而自然人学显然还一直处于较为初步的发展阶段——虽然它在近代有过它的鼎盛时期。之所以出现这样的情况，如我们前面提到，应该是由于哲学本身作为理性的思维、反思，它无疑首先关注理性自身，企望凭靠自身

---

① 《马克思恩格斯全集》第 2 卷，人民出版社 1957 年版，第 177 页。

② 《十八世纪法国哲学》，北京大学哲学系外国哲学史教研室编译，商务印书馆 1979 年版，第 457 页。

揭示人的根本本质，从而树立人的主体性。这一思路本身无可厚非，神化人学也确实在把理性神圣化、客体本质化、异化的形式下，逐步深入地阐明了人的理性的伟力和自由。但问题是，理性越被证明为具有巨大的自由活力，它就越成为统治、压抑人——感性自然中生动丰富的具体个人——的外在的普遍力量。其实，如黑格尔所揭示的，理性的生命活力不仅体现于它对感性自然的展现和超越，而且原本就潜藏在感性自然之中：逻辑理性与有机的生命是同一个东西[①]——但黑格尔颠倒地认为后者潜藏在前者之中，他的这一颠倒便成了要害所在：不是感性自然中的丰富的具体焕发出普遍的理性生命，而是理性生命作为普遍的精神统摄、吞没了或“堕落为”丰富生动的感性自然。

因此，把这被颠倒的东西重新颠倒过来的工作，其实早已不自觉地体现在自然人学的思路之中了。自然人学观或自然主义人性论立足于人的感性自然基础，这一立足点的正当性可以从亚里士多德和黑格尔那里得到间接的证明，因为至少他们显示了理性的力量离开感性自然的基础便只是纯粹的客观性、得不到体现和证实、“缺乏生命的原则”。而且自然人学观在其发展过程中，也逐步深入地探究了人的自然属性的方方面面：感觉、欲望、本能、经验、心理活动、习惯、情感、利己、功利、人的自然状态、人与人之间的现实社会关系等；同时还呈现出一种由纯粹感觉主义的相对论和怀疑论走向承认理性的应有地位的进程。当然，这一过程虽然对人的自然基础的探讨有许多细节方面的进步，甚至在法国唯物论和费尔巴哈那里开始走向了对人的现实社会性的重视，对理性的承认越来越具体、全面，但总的来说，它并没有取得神化人学那样具有重大突破性的进展。而且它不仅由于知性分析方法对丰富的感性的肢解，明显地表现了理性与感性的对立；最后还在费尔巴哈那里肯定了人具有先验的理性本质，表现了对神化

① 邓晓芒的《思辨的张力——黑格尔辩证法新探》新颖独到地挖掘了黑格尔的这一思想及其古希腊的“逻各斯”和“奴斯”精神之源。

人学的让步。但最为重要的是，自然人学观由于一直停留于人的感性自然现象，停留于对这种现象的知性分析，因此看不到这一现象中本来内在地包含的人的感性活动的能动性，而这种能动性其实就是神化人学所揭示的理性生命的自由之本原所在。正如马克思批评费尔巴哈时说的："能动的方面都被唯心主义抽象地发展了。"① 自然人学不能深入感性自然现象的本质，这正是它不能取得突破性进展的原因。

总之，自然人学抓住了人的感性自然基础，却丢掉了这个基础上深层本质的东西——理性生命的自由冲动或自否定性力量，而神化人学抓住了这个理性生命，却终归丢掉了它所赖以存在的"本根"。所谓这两种人学观的抽象性、片面性和它们之间的矛盾对立，其实质内容就在于此。因此我们说，自然人学作为人学是很不彻底的——没有也不可能实现对神化人学的颠倒，就连休谟那样的"彻底"感觉经验论，可以算是彻底的自然人学，但严格地说，按照马克思说的"完成了的自然主义等于人道主义"②，休谟连同费尔巴哈等人的自然主义人性论因为并未真正确立人之为本——人的主体性，所以并不是"完成了的自然主义"。但是，既然真正"完成了的自然主义"或"人道主义"与传统自然人学根本不同地深入到了理性生命的自由本质，那还是马克思的考虑合理：我们完全可以抛弃这些旧概念，而代之以更能表达实质内容的"共产主义""社会主义""实践的唯物主义"的新概念、新思想③。另外，神化人学对理性的自由的把握，因为丢掉了感性自然基础的本根，所以同样未能真正彻底揭示人的理性生命本质，实际上反倒使人的全部现实生活连同理性生命失去了真正的自由，因此神化人学与自然人学殊途同归，使人陷入了绝对的必然性之网，扼杀了人的情感、欲望和意志的丰富创造力。这种过分理性化、把理性奉为至尊神明的理

① 《马克思恩格斯全集》第3卷，人民出版社1960年版，第6页。

② 《马克思恩格斯全集》第42卷，人民出版社1979年版，第120页。

③ 《马克思恩格斯全集》第42卷，人民出版社1979年版，第120页。

论也是必须抛弃的。但同时我们已经看到，自然人学和神化人学又总是在相互的矛盾对立中互相吸取对方的思想材料，把对方的原则纳入自己的体系，以谋求对人的理性特征和自然属性得到统一合理的解释。这种交互作用最明显地表现在近代经验论和唯理论的争论之中；而特别突出的是，黑格尔若不是极大地重视了人的感性自然基础，他肯定不能锻造那么深刻系统的理性辩证法；费尔巴哈若不是明确承认人的理性本质的独特性，他那高于前人的系统的人本主义、爱的宗教、国家之作为“人的本质”的现实化理论，也无疑建立不起来。当然，他们的这种为我所用的吸取和结合毕竟是片面的、外在的、不成功的。

马克思主义创造性地继承、扬弃、结合了这两种人学观，以人的现实的自然为基础，以理性的能动辩证法为武器，把人的本质归结为感性实践活动；从而对人的本质、它的矛盾统一和历史发展性，作出了真正现实的、历史的、科学的阐明。马克思主义人学的划时代的变革意义无须赘述。最后只想指出，现当代西方哲学—人学的发展，也走着致力于神化人学与自然人学结合的道路：现代人本主义思潮从夸大人的非理性因素走向对理性作用的承认；科学哲学从专注于对经验、语言的实证、逻辑和语义分析，走向对知识的实用性、科学实践的方法的探讨，走向对科学发展的历史性研究，其中交织着对人的理性和非理性因素的作用的不同强调；西方马克思主义用关心现代人和现代社会的眼光去解说马克思的人学思想；哲学人类学既深化了人的自然本性的层次性，又扩展了对人的生物学、生理学、心理学、社会文化和历史的多方面研究。而且在研究方法上，现象学和解释学在尝试为现代人开拓出广阔的人学研究领域。在所有这些对人的拓展性探索中，都可以找到传统神化人学和自然人学的现代形式，这既表明了这两种人学观的价值所在，也可以使我们通过这种现代与传统的联系，正确地评价现当代种种人学理论的得失。

（原文载于《江海学刊》1995 年第 5 期）

人学与哲学

黄楠森

要把人学作为一门科学来建立和建设，首要的前提是弄清楚它研究的对象，其次是弄清楚它与相邻学科的区别和联系。其实，这两个问题是不可分的，弄清楚任何一个问题都有利于弄清楚另外一个问题。就目前来讲，特别需要弄清楚其间的区别和联系的，就是人学与哲学。

目前有一种十分流行的观点，即认为哲学就是人学。这种观点大致有两个理由：第一，近代西方哲学有一次哥白尼式革命。哲学已从本体论转变为认识论（笛卡尔、康德等）或实践论（马克思），本体论已经过时了，为认识论、实践论所取代了，而实践、认识都是人的实践、认识，因而哲学成了人学。第二，即使哲学作为一种本体论或世界观仍然有意义，那么，它们研究的本体或世界也是人的本体、人的世界，而不是离开人的本体或世界，而且这些研究也是为了人，因而哲学也是人学。我认为这两条根据都是不能成立的。

先谈第一点。从古到今所说的哲学实际上不是一门学科，而是一个学科群。不同学科及其内容是由它们的研究对象决定的，哲学按其对象和内容实际上包括本体论（世界观）、自然观、历史观、认识论、方法论、伦理学、美学、政治哲学、人学等，今天的马克思主义哲学也是如此。这些学科何时出现、何时形成、何时盛行，情况是各不相同的，但它们一旦出现，就不会被消灭，除非它们的对象消灭了。所谓“哥白尼式革命”不过是哲学内部研究重点的转移，历史上发生的不过是研究重点从本体论向认识论、实践论的转移，并没有发生认识论、实践论取代、消灭本体论的事实。如果说在西方哲学史中发生过哲学研究重点从本体论到认识论、实践论的转移的话，那么，在中国哲学史中还发生过哲学研究重点从政治哲学、伦理学向本体论的转移，这就是宋明理学吸收了道家和佛家的本体论思想而掀起的中国哲学史研究本体论的高潮。正如宋明理学没有消灭政治哲学、伦理学一样，西方近代哲学也没有消灭本体论。逻辑经验主义“拒斥形而上学”，即否定本体论，他们认为形而上学命题如“世界是客观存在的”等是没有意义的，是不能通过经验来肯定或否定的。但他们真正把形而上学排斥了吗？没有，因为他们也不得不回答现实是什么的问题，回答是：现实世界是我的经验。这不就唯心主义地回答了本体论问题了吗？

还有人认为“世界是客观存在的”当然是正确的，这已成为常识，还有谁去否定它？再讨论和研究这类问题还有什么意义呢？果真如此，那就谢天谢地了，今天仍有不少人在生活和实践中毫不怀疑世界的客观存在，但一谈到理论，他们就皱起眉头说：世界是否不依赖于“我”而存在理论上是说不清楚的。既然如此，为什么我们不能在理论上好好研究一下这个问题呢？可见本体论并未过时。再说，这不是本体论的唯一问题。就以物质与意识的关系问题来说吧，有人认为这只是一个认识论或实践论问题，所以近代哲学转向以来就只研究物质与意识的关系问题而不再研究物质世界本身了。其实，物质与意识的关系问题首先是一个本体论问题，其次才是一个认识论问题。物质世界和意识并不是两个平行的、并列的东西，意识是物质世界的产物，而且始终是物质世界的一个很小很特殊的部分，只是为了弄清楚它们之间的关系才把它们并列起来的。它们之间的关系的首要问题实际是谁从属于谁的问题，谁又独立存在的问题，是一个本体论问题，由于意识只存在于社会人的头脑中，这个问题实质是自然界与人类社会的关系问题。把自然界与人类社会并列起来研究，是为了研究它们之间关系的方便，其实人类社会是自然界的产物，是自然界的一个很小很特殊的部分。不是自然界从属于人类社会，相反，是人类社会从属于自然界，人类社会只在很小的范围内才对自然界有所作为，即社会实践。本体论研究作为整体的物质世界、自然界，当然要弄清楚它的基本组成部分怎样综合而成一个整体，其中包括研究人和物质世界、自然界的关系，这种关系对人来讲特别重要，因而在近代西方成为研究的重点，但能以这一问题（即使就其本体论意义上讲）代替本体论的其他问题的研究吗？显然不能。如果认为这个关系问题只是认识论问题，那就更不能以之取代本体论。没有本体论为基础的认识论只能走向唯心主义。总之，要消灭本体论是不可能的。

退一万步说，认识论、实践论取代了本体论，也不是人学取代了本体论。认识、实践都是人的，然而只是人的一些方面，人的方面很多，有自然的、社会的、精神的方面，而每一方面还有许多小的方面，如社会方面就包括生产、经济、政治、法律、文化等，人是所有这一切方面的综合体，怎能以对一个或几个方面的研究取代对人的综合整体研究呢？怎能以经济学、政治学取代唯物史观呢？

再谈第二点。本体论研究的是现实世界、物质世界，这个世界只能在一种意义下可以说是人的世界，即人所面临的世界。把作为本体论研究对象的世界理解为人所占有的世界、属人世界、依赖于人的世界都是不确切的。人所面临的世界在时空上都是无限的世界，而人所占有的世界则小得很，即小小的地球。人的占有当然会扩大，但有限得很。依赖于人的世界，即人化自然，是人的实践改造过的世界，是人把它变成如此的，它也有限得很。就是地球，它也只在某些方面依赖于人，它的整个存在是不依赖于人的。属人世界词意含糊，指人所占有的世界，还是依赖于人的世界，还是人的感官能感知的世界？前二者已经分析过，至于人的感官能直接感知的世界，从范围上看确实异常广大，即使是宏观物体，它的范围远远超出了地球，但还不是全部宇宙；从层次上看限于一定长度的光波，一定频率的声波，等等，而不是一切长度的光波、一切频率的振动，而且，光波在眼睛中显现为颜色，振动在耳朵里显现为声音，而光波本身是无所谓颜色，振动本身是无所谓声音的，也就是说，这个五光十色、众响齐鸣的世界只是人的世界。这个世界诚然是依赖于人的，但只限于某些方面，它的整体仍然是不依赖于人的，仍然是物质世界的一部分，而人并不是只研究这一部分，而是要通过人的感官能直接感知的东西把认识的范围扩大，把认识的层次深化，能够认识微观世界和遥远的天体，认识颜色背后的光波和声音后面的振动，尽管这些认识要借助仪器和推理。因此，把人的世界与物质世界分割开来，并把本体论的研究局限于人的世界，是难以成立的。退一万步说，即使本体论只研究人的世界，也不能叫作人学，因为人学研究人，而不是人的世界。

至于说哲学之所以是人学是因为它是为了人的，这个理由更难成立。请问人们从事的各种研究，哪一门学科不是为了人呢？天文学研究遥远的天体，物理学研究物理世界，一切学科都是在人类社会实践的基础上出现和发展起来的，归根结底都是为人服务的。有的学科看似与国计民生无关，但归根结底都是为了人。如果为了人的学科都叫人学，那就一切学科都是人学了，人学还有什么意义呢？

笔者认为哲学可以包括人学，但绝不可等同于人学。前已谈到，哲学是一个学科群，其中最高的是本体论，其次是自然观、历史观、意识论。而每一部门哲学又包括低一层次的部门哲学，如历史观（人类社会观）下又有科技哲学、经济哲学、政治哲学、文化哲学、伦理学、美学等，人学也可以说是它的部门哲学之一，如果把历史观比作生物学，那么，人学可以比作细胞学，人学是人类社会的细胞学。因此，不仅不能把哲学与人学混为一谈，也不能把历史观与人学混为一谈。哲学、历史观是整体；人学是局部，人学研究应该在哲学、历史观的指导之下。由于哲学的对象不明确，它不像其他学科那样顾名而知其对象（如历史观研究人类社会历史，生物学研究生物，等等），引起了许多歧义，如哲学就是历史观，哲学就是认识论，哲学就是方法论，等等，这些都是不确切的。由于世界观（本体论）是哲学的核心部分，说哲学就是世界观当然是可以的。

把哲学与人学混为一谈，既不利于人学的发展，也不利于哲学的发展。如果说哲学就是人学，那么，我们研究哲学就可以了，不必把人作为一个明确的对象进行专门的、科学的、整体的研究了。过去的情况正是这样，人学研究缺乏明确的对象，哲学家们都在研究人学，也都不在研究人学，人学作为一门相对独立的学科始终未能建立起来，这种情况应该改变了。如果哲学就是人学，那么，哲学中那些似乎与人无关的东西就不必研究了，哲学研究限于人的范围之内，这岂不限制哲学的发展，岂不是在人与客观世界之间人为地挖出一条不可逾越的鸿沟？哲学和科学的任务是要使人类的认识和实践向着人类还未达到的领域延伸，画地为牢是不可取的。

笔者主张把人学和哲学区别开来，绝无把二者分割开来之意。它们之间是局部与整体的关系，或者说，特殊与一般的关系，二者当然是无法分开的。没有明确的区分，就没有正确的结合。把人学和哲学明确区别开来，它们就可以正确地结合起来，这会使二者互相促进、相得益彰，两利而不致两伤。

（原载《江海学刊》1996 年第 1 期）

人学研究与哲学

高清海

人，可以说是人们最为熟悉而又最难于了解和把握的一个对象。时至今日，人以外的对象我们可以认为已有了很多很深入的了解，对人自身就难以这样认为了。

所以如此，不仅因为人认识自己有一个“自我缠绕”的矛盾在，这个问题还容易解决，人具有反思本领，能够在自我超越中把自己变作“客观对象”去认识；最困难之处是在于，人虽能把自己当作客观对象，而人之为人却根本不是一个特定客观对象的存在。

其他的客观对象都有自身的确定性质，我们从对象自身和对象之间，只要运用思维抽象找出它们的共同点和区别点，就能把握对象的本质和特点，例如动物的物种特性。对于人就不能这样认识了，因为人之为人的本质不是特定物的本质，人既同其他的一切对象有别，而又和这一切对象都密切地联系着。

我们一般都承认，人是宇宙精华的结晶，他是在经历了物质进化一切阶段之后形成为人的。这就意味着，人是一个缩微的小宇宙，在人身上什么都有过存在，人也曾经什么都“是”过，这在今日个体的胚胎发育中还可以看得出来；然而另一方面，人作为人又什么都不是，不能把人归结为他曾是过的任何一种存在。如果他是那一切，就不过仍是一物，正由于包含那一切而又不是那一切，他才能够是“人”。

其他事物作为自然存在，它们的本性为自然所规定，它们的活动方式和范围也由自然作了限定。动物的行为方式决定于自然形成的物种，动物的活动范围限定于物种的生存环境。人虽也是自然存在，但他同时又是超越了自然限制的存在。从体现于人创造自己的生活资料、自己的生存环境、自己的存在方式、自己的对象世界的劳动生产性质，可以说人不是因为顺从自然本性，恰恰是由于逆反了自然的本性才成为人的。突破自然物种的限定，人便为自己开辟了比一切存在都要广阔得无比的生存活动空间。世间唯有人是能够面对整个自然、同一切存在打交道、赋有开创新世界职能，即可以称作世界性质的一种存在。

保持生存是一切存在的天然本性，人当然也不例外。不仅如此，人还以自身的目的性而高出于一切其他存在。人要把一切都变成“为我的存在”这点，表明人是天生的“自我中心主义者”。人是怎样实现这点的？论人的自身自然能力，在动物中也是很低下的。人能做到这点，主要是靠本性外投去转化外界自然力量。在劳动生产中，当人把自身的本质、力量对象化于外界存在之时，自然的存在也就被人化，变成人的身体的无机组成部分。就这一意义说，人同时又是由他和为他的“最大开放主义者”。人的胸怀可以包容一切，从发展的无限可能来说，人最后必然会成为与世界融为一体的存在。

人作为生命存在，同其他生命之物一样，有生就会有死，这是自然的不易法则。人作为人却又创造了自己的第二生命，即超越个体局限的社会生命，这就不但使人的生命突破了自然局限，而且获得可以说与日月同辉的永恒、无限和绝对的价值与意义。

这一切表明，人已不是“种”的存在，而是属于“类”的存在；运用“种”的认识方法，当然也就难以把握人之为人的本性。

人作为面对整个自然的世界性存在，很明显，我们只有具备了有关世界各种学科的知识基础，然后才有可能彻底地认识人。所以对人必须多学科、多测度地进行研究。

人的“是一切又不归结为一切”的性质，表明人不是其他，“人只是人”。从这一意义说，即使我们认清了一切存在，也并不等于就是把握了人，对人又必须进行专门的研究。这里就是人学存在的必要和根据，而这样理解的人学，从根本上来说必然同时也就是世界观理论，即哲学。

人超越了物种限制，即意味着突破了形式逻辑的方法规则，从逻辑观点来看，人已变成非逻辑或超逻辑的存在。对于这样的对象，如果我们仍然按照通常的认识方法，从个体身上寻找共同点、从他物身上寻求区别点、把人解剖为构成因素进行分析，这样的认识不是不可以，只是由此得到的只可能是物而不会是人的结果。这可以说是认识人的最为困难之所在。在长时期里，人们总是把人的本质抽象化、以非人的形式表达人，这是一个重要原因。

哲学的重要作用就表现在这里。哲学作为人的自我意识理论，其意义不在于提供人的知识，正在于探求人的特殊本质，特别是探求把握这种本质的那个特殊的逻辑。

（原文载于《江海学刊》1996 年第 1 期）

我的人学观

韩庆祥

我国哲学界对人的研究在走过人道主义研究、人的现代化研究、人的主体性研究之后，目前把以下三个问题凸显出来：哲学与人学的关系；如何确定人学的对象；人学理论体系的基本框架是什么。在这里我谈谈对这些问题的理解，并提出“我的人学观”。

一 哲学与人学的关系

这一问题关系到哲学和人学的发展。在这一问题上，有两种代表性的观点：高清海教授认为，哲学就是人学。理由是，当代哲学应研究人的世界；哲学实质上是人理解自己的一种自我意识理论，对人的理解是什么样的，对世界及哲学的理解也就是什么样的；哲学应以实践论思维否定本体论思维，并以实践论思维来理解人、世界及人和世界的关系，这样来看，人是世界的主体，世界是人的对象。黄楠森教授不同意这种观点，认为，哲学包括人学，人学只是哲学的一个分支，二者是整体和部分的关系。根据是，哲学研究的是整个物质世界，人及人的世界不过是物质世界的一部分；哲学是关于整个世界的理论，对世界的看法不同，对人的看法也必然不同；哲学首先应以本体论的方式看待人和世界的关系，这就是把人看作物质世界发展的产物，是物质世界的一部分，他服从于物质世界发展的规律。高清海教授立足实践，把世界人化，黄楠森教授则立足于物质世界，把人世界化。

笔者的基本观点是：哲学既不是人学，人学也不只是哲学的一个分支，哲学的当代形态是人学。

哲学的当代形态是人学，有以下四层含义：（1）从研究对象上，当代哲学应克服以往对人进行片面研究的局限，自觉转向对完整的人的研究，但并不排除对其他问题的研究；（2）从观念体系及内容实质上，当代哲学应是一种以“完整的人”为核心的范畴体系，并通过对人的哲学诠释，旨在为科学研究人与世界的辩证关系提供一种解释框架，避免只把世界人化或把人世界化；（3）从哲学历史发展形态及当代本质特征上，人学只是哲学发展的一种形态，是当代哲学的主要表现形态，或是哲学的当代形态，而不是一般哲学或从古到今的整个哲学，因而，当代哲学既不排除和取代哲学在历史发展过程中曾有过的形态——本体论、认识论和实践论等，也不排除哲学发展的未来可能是其他形态，而不是人学形态，但应把其他形态的成果纳入人学当中重新理解；（4）从哲学的当代意义上，当代哲学应反映当今社会对人的深切关注的时代精神，建立一门人学，为人们把握这个时代提供一种人文观念。

提出“哲学的当代形态是人学”，其根据有以下几点。

哲学是时代精神的精华，因而没有一个适用于任何时代的孤立存在的抽象（一般）哲学，只有随着时代发展呈现出不同形态的哲学，即每一时代都有自己形态的哲学：古希腊时期主要是直观本体论；近代主要是认识论；马克思那里主要是历史观；当今时代应该是人学。因为当今时代精神体现为对人的强烈呼唤和关切：对个人的关切是当代西方社会生活的一个主题，这是不言而喻的；我国现实提出的、哲学界近年集中讨论的，也是人的问题。

当代哲学应转到对完整的人研究上来。因为：（1）哲学在以往都是以对人的某一方面的理解和认识为基础和前提的，在当代，哲学发展的内在逻辑必然要求综合这些对人的不同方面的认识，以对完整的人进行研究。(2) 自然科学和社会科学已积累了关于人的不同侧面的知识，哲学应在总结这些知识的基础上，对完整的人进行综合研究。(3) 当今社会提出的人的问题往往具有综合的性质，哲学必须运用综合方法对人的问题进行综合研究。

哲学发展到今天所达的最高成果是：明确把主客体关系作为哲学的根本问题，把人看作主客体关系的建立者、推动者、实现者和理解者；哲学总是力图在外部世界中找到人，又在人身上发现外部世界，即通过一方探索另一方。这里实质上是把对人的理解看作理解主客体关系的前提。当代哲学要继承这一成果，即在研究主客体关系时，首先研究人。提出哲学的当代形态是人学，其意义在于呼唤当代哲学要加强对完整的人的专门集中而深入系统的研究，以建立一门人学，并通过这种研究来发展自己，来为当代中国社会发展提供新的哲学观念和理解框架。

二　人学的对象

这是建立人学首先要弄清的根本问题。在此问题上，国内学术界达成一种共识：都认为人学要研究完整的人。但在如何理解“完整的人”上，却出现了分野：黄楠森教授认为，完整的人指的是具有完整图景的人，人学研究的是一般人的完整图景、本质和历史发展规律，其着眼点是一般人的完整图景。董武清同志认为，完整的人指的是具有完整图景的人类，其着眼点是人类整体图景。

笔者的观点是：人学是在“人的科学”的基础上，运用综合的方法，对完整的个人及其本质、存在和历史发展规律进行整体思考。其着眼点是完整的个人。根据如下。

作为完整的人，一般概括来说，其本质内容可归结为三大基本问题：存在状态、本质属性、历史发展。

人的存在状态指的是人的存在形式、存在形态和存在状况。就存在形式而言，人学不专门研究人类、群体，而着重对完整的个人作专门思考。(1) 人有三种基本存在形式——人类、群体和个人，人学所研究的主要是作为实体的个人。人类是对个人之共性的一种抽象，它只能在个人中存在，个人是人类特性的承担、表现和实现者，因而是人类的基础；群体，体现的是个人间的特殊的社会联系，是由这种联系构成的，这里，个人同样是基础；只有个人才是最直观、最现实、最具体和最基本的人，舍去个人，人类、群体不仅无法存在，而且会陷入空洞抽象。所以，从认识路线上，研究人，首先应研究现实的个人。马克思指出："只要'人'的基础不是经验的人，那末他始终是一个虚幻的形象……我们必须从个别物中引出普遍物。"① (2) 个人比人类、群体的内涵丰富广泛，他是人的"许多规定性的综合，因而是多样性的统一"。就是说，任何个人都是人的类特性、群体特性和个性的综合和统一，只有个人才是最完全、最丰富的，研究个人，必然包含对人类、群体及完整的人的研究，而研究人类、群体则不能达到对完整的人的研究，因为人类、群体不包含个人特性的内容。(3) 当代国内外社会现实向哲学提出要解决的最根本的问题，是"个人的存在和发展"问题。以独立个人为本位的西方发达社会自然不必多说。从中国现实看，培植个人的独立人格乃当务之急。(4) 迄今为止，还没有一门科学曾对完整的个人进行专门而系统的研究，这正是人学的任务。

人学不专门研究个人的某一属性，而力图对个人的完整本质属性作专门而系统的思考。根据马克思的思想，人的完整的本质属性是：作为类本质的生产劳动；作为社会本质的社会关系；作为具体本质的个性；作为内在本质的需要。

人学不专门研究个人发展的历史现象，而旨在透过这一现象揭示

① 《马克思恩格斯全集》第27卷，人民出版社1972年版，第13页。

个人发展的历史规律。这与从横的方面研究个人的存在和本质不同，而是从纵的方面研究完整的个人的历史发展。个人永远处在未完成、未确定因而需要不断实现其本质力量的自身生成的过程中，只有在这一过程中，个人才成其为人。迄今为止，还没有一门学科对个人本身的历史发展规律作专门系统的研究。这正是人学的任务。

这样，“完整的个人”就是：他是以可感知的实体个人为基础的人类、群体和个人相统一的人；他是个人需要、生产劳动、社会关系和个性相统一的人；他是个人存在、本质和历史发展相统一的人。

三　人学理论体系的基本框架

人学对象决定人学理论的基本框架。由此，人学理论体系的基本框架大致可分三大部分。

（一）本质论。主要解决“人应当是什么”的问题。自我认识是研究人的问题的前提，自我认识是对“人在本质上是什么”的认识；人的本质指的是人之所以成其为人的根据及其应具有的本质规定，它意味着人一生按其必然性来说，必须实现自己的本质；人的本质既是确定的，又是不确定的；自我实现必须有一个目标即人格设定，因此，对人的本质作人格设定，在逻辑上是先于个人的存在和发展的。

人作为生存着的实体，如前所述，具有需要、生产劳动、社会关系和个性四种不同的本质。所以，本质论部分主要包括四个基本内容：人的需要；人的生产劳动；人的社会关系；人的个性。

（二）存在论。主要解决“人现实上是怎样”的问题。人的自我实现在人的发展的历史过程中表现为不同的历史存在：不同的存在形式；不同的存在形态；不同的存在状况；不同的存在态度。由此，存在论主要包括四个基本内容：人的存在形式；人的存在形态；人的存在状况；人的存在态度。

（三）发展论。主要解决“人怎样成其为人”的问题。这一部分主要包含以下四个基本内容：人的发展的根据与基础；人的发展的条件与方式：人的发展的本质与规律；人的发展的作用与目标。

（原文载于《江海学刊》1996年第1期）

人的问题与历史唯物论

——80年代以来学科进步的重要因素

王锐生

笔者在《哲学动态》（1993年第10期）写过一篇短文《回顾与商榷：历史唯物主义在中国十五年》，文中提出了这样一个见解：十几年来，历史唯物主义之所以获得巨大进展，主要归功于我们在这门学科的研究中强调了：人、价值与实践。后二者归根到底又取决于对“人”的重视。没有对“人”的研究的重视，自然谈不上价值（价值本身就是主客体之间的一种关系）和实践的研究。

这篇短文其实并无什么新观念的提出，只不过是对笔者在20世纪80年代初的一些不成熟的观点的修正。那时候，“人”的问题刚刚开始成为学术热点。对于有的同志指责历史唯物主义忽视了“人”的研究，笔者当时不以为然，写过一两篇文章反对这种指责。今天看来，那些同志的指责不是没有道理的。所以这篇短文是对自己的修正。修正——如果被修正的观点是过时的、错误的或片面的，对个人来说，那就是一种进步。

在这里，笔者想进一步展开论述，何以在以往的历史唯物主义体系中，“人”相对来说是被忽视的。

人们只要翻阅一下若干年前的哲学教科书，在历史唯物论部分，勉强说谈到了“人”的，只有“人民群众是历史的主人”这一段了。但即使在这一部分，人民群众创造历史的作用仍然是最终被归结为他们是历史规律的体现，是生产力的要求的载体。总之，在原先的体系里，人不是作为历史的“主体”出现，历史也不是主体创造活动的产物，而是历史规律的自我运行。“人”呢，那只不过是社会关系的载体。历史规律体现在客观的、不以人的意志为转移的社会关系的运动上。因为人是社会关系的载体，所以只要讲了客观的社会关系是如何运动的，也就是讲了人。“唯物主义的社会学者把人与人间一定的社会关系当作自己的研究的对象，从而也就是研究真实的个人，因为这些关系是由个人活动组成的。”列宁的这段话本来是用来反驳民粹派把研究个人活动同研究社会关系对立起来的，却常常被用来证明旧的历史唯物论体系丝毫没有忽视“人的研究”，因为研究了社会关系，也就等于研究了“真实的个人。”

但是，这样的论据显然是站不住的。因为这种论证恰恰表明了旧的体系的一个致命弱点：只是把人当作社会关系的载体，而不是首先把人当作主体。作为主体，人是有主体性的，就是说，历史是人创造的。但人若只是社会关系的载体，我们就无法看到历史活动中的人的主体性。

人是历史的主体还只是社会关系的载体——这种区别可以在不同的学术观点上反映出来。举例来说，什么是“自由”的规定性？以往教科书的说法是：自由是对必然性的认识（后来又加了一句“对客观世界的改造”）。

说“自由是对必然性的认识”，并没有错。问题是这不能涵盖人的一切自由状态，因为它只是在认识论意义上的关于自由的理解。并不能涵盖从其他视角去理解的“自由”。比如说，不能涵盖作为权利的“社会自由”与作为主体自我实现的“个性自由”。后两种自由的存在并非以获得“对必然性的认识”为前提。由于教科书与某些专著长期以来一直把这个论断当作自由的唯一正确的定义，于是产生许多混乱和无法解释清楚的问题。

那么造成这种理论上混乱的根源何在呢？笔者以为在于人们不懂得把自由看作人在现实关系中的自主活动状态。一句话，不是从人是历史的主体的角度去考察自由问题。既然“人”在历史唯物论旧框架内只是充当社会关系的载体，人们又怎么可能从这样一个视角（人的自主活动状态）去考察“自由”的不同规定呢？

贾高建写了一本《三维自由论》，把这个自由问题上的混乱基本上澄清了，在该书看来，自由无非是人在现实关系中的自主活动状态，而人在现实关系中是多方面的。至少可以从三个基本方面、三个基本视角去看人的自由（人的自主活动状态）：（1）从人与外部世界的主体—客体关系看，就是人的主体自由——获得这种自由的前提是对必然的认识与对客观世界的改造，即认识论意义上的自由。（2）从人与他人的主体—主体关系看，就是作为人的权利的社会自由。（3）从人与自身存在和发展的主体—自身关系出发看的个性自由。这就是该书所说的自由的三维规定。

三维自由说之所以比原先的“自由即对必然性的理解和对客观世界的改造”高明些，说到底，就是该书作者对自由问题的考察是从人是历史的主体出发，而不是只把人归结为社会关系之载体（人当然是社会关系之载体，但人首先是创造历史的主体，这个主体创造历史，其中包括创造社会关系，同时充当了这种关系的载体）。

其实，类似这样的例子还可以列举出不少。这些例子都可以证明，不把“人是历史主体”的思想引入历史唯物论，我们就不能从根本上改变20世纪30年代以来从苏联引进中国，并支配中国哲学界达半个多世纪之久的旧历史唯物论框架。

用人的观念，人是历史主体的观念来充实、丰富、发展历史唯物论学科的任务还未完成。所以我借这个笔谈再次呼吁：要重视历史唯物论研究中的人的问题；人在这个研究领域中首先是主体，而不仅仅是社会关系的载体或历史规律借以实现自己的一种工具。

（原文载于《江海学刊》1996年第1期）

西方人学中的主体性原则

丁冬红

现代西方社会的发展，在哲学上有两块基石，这就是科学理性原则和人的主体性原则。自近代以来，这两个原则可以说是西方资本主义发展的内在精神动力，支撑着西方发达国家相继完成工业化进程并转向以高科技信息产业为特征的后工业社会。

从人本主义传统在当代西方的发展状况来看，如果说其外延是现代哲学人学的全方位拓展，那么其内涵便是以个体本位为核心的主体性原则的凸显。这一原则认为，每一个人都是独特的、不可重复的主体，因此他的个体生存状态、内心体验和自由意志必须受到重视。每个人都有着内在的主体冲动力，这是他生命潜能即主体能动性的自发表现。人生的价值就在于人的本质不断的自我超越。

围绕着主体性原则的建立，西方人学对人的存在方式和人的本质作了进一步的哲学思考，这主要体现为对人的精神现象、本能机制及个体特征三个方面的深入研究。在对人的精神现象的看法上，它突破了古典人本主义仅仅从认知理性的角度来理解人的精神生活的眼界，而把本能、直觉、意志、情绪等非理性的精神活动看作人更本真的生存状态，甚至认为这些对决定人的本质具有更重要的意义。

对人的本能机制的探讨，可以说是从动力论角度对主体性原则的论证。人的主体能动性被分解为具有可操作性的具体研究对象。在生命哲学中，生命的原始冲动是对本能的最初表述；弗洛伊德的精神分析学则直接把性本能作为主体的动力源进行研究；马斯洛的科学人本学更进一步引出“似本能”的概念，把主体的内在动力机制明确地描述为一个由物质性的生存需要到精神性的发展需要的阶梯层次。在另一个方向上，皮亚杰的发生认识论从探索主体的认知结构入手，认为激活原始认知图式的是主体本原性的“活动”，由此开启了真正属于人的理性建构历程。

现代西方人学的最大特征，还在于人的主体性原则内涵的变化，即由类本位向个体本位的转变。在古典人本主义时期，作为主体的人不过是一种抽象的理性，一种无差别的普遍人性，其存在的意义主要在于与神性的对立，所以人的本质只是类的规定。而随着现代社会的发展和个人独立地位的加强，一般地谈论抽象人性已不能满足每个人个性化自我意识的需要，于是个体本位的哲学观点逐渐成为时尚。主体性的最直接含义已被理解为个体人的“选择自由”和创造性潜能的实现。在这个意义上，人的本质呈现出复杂的层次性，即除了自然本质、社会本质之外，还表现出多样化的个体特征。我们一方面要看到，主体性原则的个体本位化，是人学理论发展中必经的一个阶段，它是现代西方社会主流意识形态的内在理论依据，比方说，西方政治学中的现代人权思想就生长在个体本位论的根基之上；另一方面我们也要看到，个体本位论在现实生活中的确造成了许多消极的后果，特别是它的极端形式，如自我意识的极度膨胀带来的极端利己主义、主观唯心主义等，又向人们提出了克服并超越这一理论形态的任务。

总的来说，主体性原则已成为一种行之有效的激励机制，为西方社会的发展注入了活力。以主体性原则为前导，西方人学理论不仅广泛渗透于社会人文学科各个领域，成为众多前沿理论如发展理论、科技文明理论、全球一体化理论、未来学理论的灵魂，而且已经深入企业文化、伦理规范、价值信念等社会生活的现实层面，发挥着主导的作用。然而，当我们前瞻西方人学未来的发展动向时，我们又不能不指出，面对个体发展的无限要求同社会制约性的矛盾，以及人类发展的无限可能性同自然条件有限性的矛盾，主体性原则正在接受新的挑战。在人与自然的关系方面，有为各种生态理论充当哲学基础的反人类中心主义；在人的思想意识形态方面，有冲击各派核心理论，消解各色主体意识的后现代主义观点；在人与人的关系方面，也有针对个体性原则而强调人际理解与沟通、强调交往合理性的种种理论。这些质疑与反思，正推动着以人的主体性为支柱的西方人学理论走向新的发展时期。

（原文载于《江海学刊》1996 年第 1 期）

人的天人一体本性

——转变对“人”的传统观念

高清海

“三位一体”乃人的本性

人是什么？这是很难断然作出回答的问题。这个问题历来被看作世间最大之谜，并非没有道理。

对人很难给出确定的答案，是因为人可以说什么都是、又什么都不是。人作为宇宙进化精华的结晶，他可以什么曾经都是过，然而又不能把他归结为任一是过的事物，即什么都不是。人就是这样奇特。一定要作出回答，我们只能说：人就是人。而这看来又像是同语反复，什么也没说出来。

对于其他各种事物，如果我们说山就是山、水就是水、树就是树，当然会被视为无谓之语，它同什么也不说并无多大的分别。然而对人却不同。其他事物彼此都有可比的确定关系，我们可以从对应物的联系和区别中指证出它们确定的性质来。对其他事物适用的方法并不都能适用于人，用到人的身上来，这点正是人之为人的特殊性质所在。

相对于人的特定物是什么，拿人同什么东西相比较足以表明人的确定性质？人不属于任何特定的环境，也没有专属于人的特定对象物。

就人的本性而言，人可以应付任何一种环境，也需要同所有的事物打交道，人所面对的是整个自然的世界。这就是人优越于其他一切事物的地方。要讲人的对应物，在这一意义上就只有自然界，我们也只能从相对于自然存在的关系去了解和把握人的性质。

自然是一个包容了一切存在也包括人在内的巨大全体，一切都在自然之中、属于自然所有。相对于这样的对象，可能有的只是两种关系，即对自然性的肯定关系和对自然性的否定关系，或者叫作自然性和反自然性的关系也可以。人的性质从根本上说来正是如此，也唯有人的性质才是如此。人就是既属自然存在，又超越自然的限定，即对自然具有肯定和否定两重化本质的一种存在。

人来自自然，生存在自然界中，同其他存在物一样，同样要受到自然法则的制约，并且一时一刻也不能脱离自然而存在。这是人身上的自然性质。人之为人、人之所以不同于其他的存在，是因为人身上同时还有一种逆反自然的性质。与其他存在不同，人的存在和生存方式不是完全顺从自然的性质、听命自然的安排，恰恰要在逆反自然性质、否定自然命运的自我创造活动中去实现和发展。

人需要的一切，不是依赖自然天赐，是由人自己参与、经人双手创造出来的。人虽存在于自然世界，却生活在自己的“王国”里。人是自然中迄今所知唯一敢向自然命运挑战、敢同自然力量抗衡的存在。人的乐园是自己建立的，人的命运前途掌握在自己手中，包括人自己也不是全由自然一手造成，同时也是人自己的劳动的创造物。人的这种既属自然又超越了自然的性质，就是人把自身从万物中提升出来因而区别于一切他物的根本性质。就这种性质而言，我们完全可以把人称作自然中的超自然物，就超自然性而言干脆称为“神性”也未免不可。

由此可以了解，如果我们要像对待其他物一样也必须给人找出相关的对应物，那么，这种对应物就只能一头是自然性，一头是神性，这就是人的两重化本质。

对于人的这一两重化本质，绝不能拆解开来理解。人如果只有自然性本质，没有超自然性本质，人就只是一个与其他存在同样性质的自然物，永远不会生成为人。相反地，如果去掉人的自然性，只承认人的超自然性，那样一来人就成了神，也不再是人。不仅如此，在人身上这两种性质还只能以这样的方式而存在：自然性只能存在于超自然性中，超自然性也只能存在于自然性中，即肯定性只能肯定自身于否定性，否定性又必然扬弃自身于肯定性中。

这就是人之为人的谜。来自自然却超越于自然，不是神却有力量与自然抗衡。这的确令人很难理解。过去，人们长时期找不到合适的答案，只好说人是那种“一半禽兽，一半天使”的东西。其实，这两样人哪个都不是，而又哪样都很相近、相似。终归还是只能回到那句话：人只是人。

要解开人这个谜，须具备解谜的条件。这个条件不在别处，归根结底还在人自身。当人性尚未充分展露和发挥之时，人们从外显的某些迹象，只能以抽象的和片面的形式去理解人。只有到了近代以后，通过大工业的发展，人性得到充分的展露，人们才有可能从全面了解人与自然的关系中，具体地把握人的本性，从而解开人之谜。为解开这个谜，历史上那些杰出的思想家都作出了各自不同的重大贡献，而具有转折意义、在这里值得特别讲到的，则是马克思的贡献。

马克思在哲学发展中的特殊贡献，就是提出并确立了哲学的实践观点和视角。这是一种把握人的本性的崭新的哲学思维方式，依据这种思维方式使我们不但能够理解人的真实生成本原、人类生存和发展的真实基础，而且还为全面具体把握人的本性、特别是把握人的两重化本质，提供了一个科学的理论和方法基础。

实践作为人自我生成的创造活动，它的本性就是集目的与因果、同化与异化、物质与精神、内化与外化、过去与未来、个体与社会种种两重矛盾于一身的活动。在实践活动中，人必须按照物的方式同外界事物打交道，这里体现了物对人的本原性的基础作用；而由此获得的，却是物以人的方式的存在，在物中灌注人的目的，使“自在之物”变成“为我之物”。实践就是对自然既肯定又否定，而且肯定只能实现自身于否定、否定只能实现自身于肯定的这样一种两重化的活动。

人由实践活动而生成为人，人的本性自然也只能是两重性的。人具有自然性却不归结为自然物，具有超自然性也并不归结为神，而人又兼有这两者的本性，实际说来，这种性质表明的正是：人是一种以实践为本性的存在。

人有多大本领、凭借什么力量，敢于并能够否定自然、同自然力量相抗衡呢？从实践的观点看来，这里并没有什么不可解的神秘，说穿了，人所利用和凭借的终归还是自然自身的力量。

人作为动物的一个种，本来是十分软弱的。人的优长之处只在于，他最善于利用他以外的力量来装备自己、充实自我，善于以自然的力量对付自然的存在。这就使人从软弱的存在能够变成最强大的存在。黑格尔把这点称为人的“理性狡计”，是有一定道理的。人以实践方式占有对象，不像动物那样直接占有，而总是先把自我的本质投射于对象之中，然后才去占有对象。这是一种本性外投的对象化活动，也可以看作先让自我为对象所占有；而当人的本质和力量对象化于外部存在之时，对象因而就被人化，变成如马克思所说“人的无机的身体”。所以对人而言，成为人的对象，也就意味着对象成了人自身，即变成“对象性的人”①。

这就是人的无尽力量的源泉。人以这种方式没有什么对象和力量不能转化为为人所有，因而也就可以认为人的力量是无限广大的；就发展的可能性而言，自然的力量有多么大，人的力量就会有多大，而且经人开掘还会比自然原来的力量更大。

人便是这样的奇特存在：一方面，人是世间或许唯一的自我中心主义者，很少有事物像人这样，对待一切都是从自我出发，要把一切

① 《马克思恩格斯全集》第42卷，人民出版社1979年版，第125页。

都变成为“我”的存在；而另一方面，人又可以说是世间最为外向和开放的为他主义者，也少有哪种事物像人这样，肯把自身本质投向外部对象，甘心让自我融化在其他存在里面。

人的这一本质便决定，人生成为人的活动，既是从自然分化、从他物剥离的过程，同时又是更加深入自然，与他物同化、结为一体的过程。人对自身也是既属肯定又具否定的两重关系，在人从否定自然而肯定自我的同时，人就把自我肯定于自身的否定形式之中。从这一意义说，人对自然的否定（这在一定发展阶段会形成全面的对立关系），变成不过是走向与自然更高统一形式（转化为自我否定）的一个步骤。进到人与自然的新的更高的类统一体，这才是人的发展的终极目标。而在这里，人的发展，自然的发展，两者不仅本质上是统一的，简直可以说就是一回事。

这里体现了关于人的一种全新的观念，即真正的天人一体化的观念。

按照过去的观念，对人的了解始终循环于对立的两极：通常把人看作不同于他物的高贵存在，按照这种观念认识人，就是要找出人与所有存在不同的那个独有本性，这样便把人归结成为“神”；当人们意识到这是一个虚幻的本质，试图把人实体化时，又折返回来走向相反极端，把人等同于其他的自然存在。以往人们始终找不到从两重本性把握人的现实基础。

从实践的观点才解脱了这一矛盾。按照这种观点，人之为人不只是由于他与其他存在具有的区别性，还在于他同时与这一切存在又有着内在的联系性，我们要了解人的真实本性，就必须在统一关系中把握这两个方面。人要把自己从一切其他的自然存在中区分出来、升华为主体，这是形成为人的首要的和基本的前提，但这只是为了走向与外界存在更深层次的融合、达到更充分地发挥自然潜能、建立与自然更高统一关系的必要步骤和必需形式。人的实践活动充分表明，人必须依靠和发挥自然固有的力量装备自己、充实自己、发展自己；反过来，自然蕴藏的巨大潜能也只有依赖人的开掘、利用才能充分展示、发挥出来，这两个方面属于同一个过程而且是不能分开来的一回事。

认同这种观点当然就不能不改变我们关于人的通常观念。既不能把人仅仅理解为生命本质，要承认他还具有非生命、超生命本质；也不能把人仅仅认作个体存在，要承认他同时也表现为非个体、超个体的存在形态。人以实践为本性，就意味着他没有预先规定的固定本性，在自我创造中不断超越自我就是他的本性。人从非人走来，又不断走向非人，自我超越就是人的自我实现。那种把人看作与一切他物完全不同的对立之物的观念，并不表明人的成熟，恰恰表明人的发展还不够成熟。人的本性必然会引人走向这样的发展结局，到那时人属于自然，自然也属于人，人即是世界、世界也即是人，人天融合为一体，成为普遍的类存在。

不能把“人”固定在某一个点上，这在过去关于人的单一本性的理解中也有所表露，虽然是以完全扭曲的形式表露。例如在把人理解为神性时，也需要赋予神以多种性质的矛盾本质。基督教信奉三位一体、一体三位的神，叫作上帝。在它的信经里规定，上帝是父一位、子一位、圣灵亦一位，而父、子、灵又属同一神性、同一上帝，“其位不紊，其体不分”①。上帝是一又是三，这个三位一体的存在曾经极大地困惑了它的信徒，神学家们也难以给出合理的解释，只好说上帝的本性超出了人的理解能力，所以才需要人们去“信仰”。倒是哲学家黑格尔破解了其中的奥秘，在他看来，三位一体表现的不过是“精神”具有的“否定之否定”的辩证本性。这个看法是很有见地的。实际说来，只有人才会具有这样的三位一体性质，人的实践本性就是如此。

人从自然分化出来，经过与自然的对立，复与自然结为一体。“人”是否定之否定的存在，是多重性、多义性、多向性、多面性的存在系统，绝非单义、单一、单纯的存在。人存在于自我、小我、大

---

① 《亚他那修信经》。

我之中，具有生命性、非生命性、超生命性多重本质，表现为个体、群体、类体多重形态，分属自然、社会、精神文化多重本性，如此等等。所以，唯人才是真正“三位一体”的存在。

天人合一与天人相分

无论中国哲学或西方哲学，人都是最高的主题、核心的内容。不过，中西哲学作为各具特色的不同文化系统，它们对人把握的重心和理解的方法却是有所不同的。

西方哲学比较看重人的理智本性，着眼于人性的理论层面的把握；中国哲学则看重人的人伦本性，更多侧重于人性的实践方面的发挥和运用。由此便形成中西文化的不同特质：西方属于外向型，以追求终极本体为主旨，注重逻辑分析方法，所谓“智慧之学”的哲学传统；中国则属于内向型，以人伦建树和道德修养为特征，注重把握生命整体本质的悟觉，所谓“人生哲学”的思想传统。中西哲学之不同特质，显然同各自形成的不同社会政治条件、人文条件乃至自然条件都有着密切的联系。

虽然有如许不同，天人关系却又是中西哲学共同关注的基本问题。不论它们把重心放在人性的哪一层面，也不论它们对人性作怎样的理解，要把握人的本性，就必须从人与自然关系入手，向天人关系寻求本原和根据，并最后归结到人对自然的矛盾本性上来。

传统的中国哲学很注重和谐人伦关系问题，关于“天”谈论得不多、也不很充分，这并不表明它不重视天的意义和作用。应该说天人关系始终是中国哲学建构人伦关系、凝聚群体精神的内在根据。中国哲学家较少谈论天的问题不是因为别的，这同他们把人伦和天道视为天然同一东西的观点是紧密联系在一起的。在中国哲学家看来，天人本来合一，物我原属一体；而且天的一切都体现在人的身上，人伦正是天道的现实的显露和展示。正是依据这样的认识，中国哲学家从一开始就特别强调并发挥了天人相通、天人一理、天人一心、天人合德、天人相类的思想，形成中国哲学一贯的“天人合一”传统。

中国思想家试图通过人与天地相通的和谐关系，以升华人之性德，提高人们向善之心性，强化人与人、人的心性与行为的和谐关系。然而，这毕竟是一个颇为抽象的原则，人们对天可以作这样的解释，也可以做那样的说明，从它既能引出向善的结论，也能导出为恶的根据。所以在进一步的发展中，作为一种补充必然会出现相反的观点与之对立。早在先秦时期，荀子就提出过“明于天人之分”和“制天命而用之”的思想。这种看法虽然一度被排斥，到唐代的柳宗元、刘禹锡则以天人不相预、天人交相胜等更为鲜明的形式作了表达。可惜的是，中国传统思想中天人合一的观念根基过深，否定性的观点难以充分展开和发挥，也很难取得优势地位。

西方哲学同样是以人物同源、天人同性的观念起点理解人与自然关系的。不过有一点不同，在这之前西方已有了把人分解为肉体之我和灵魂之我的对立观念为思想前提。因而当古希腊哲学家从自然存在追究人的始源本性时，同时也就把两个我的对立观念投射到了自然本体之中。这样，在他们关于自然本性的理解中，一开始就蕴含了不同观点的矛盾。古希腊哲学家力图把精神和物质的对立消融在同一哲学体系中，这曾造成西方古代哲学共有的物活论和二元论的矛盾性质。精神和物质作为两个对立原则不能相容共存，它们随后便走向分裂，不但分裂为唯心论和唯物论相互对立的哲学派别，而且演化、形成了西方文化中宗教与科学长时期的对峙和斗争。

宗教与科学的对立，实质是以两极化的形式表现出来的人与自然关系的对立。所以到了 17 世纪和 18 世纪，随着神学为科学所否定、神性被还原为人性、上帝的位置为人所取代，人就顺理成章地被看作万物的主宰者、自然的立法者，而自然则变成只是一个被认识、被征服甚至被掠夺的对象。西方近代也有与此相反的观点，一些哲学家试图把人归结于自然存在，倡导过“人是机器”的观点。也像在中国的天人相分观点一样，由于人与自然对立的观念在西方根基甚深，致使这种理论也难成主流。

从这个简略的分析我们可以看出，中西传统哲学在看待人与自然的关系问题上有明显不同特点。中国和西方都有主张相合与相分的不同观点和理论，这说明人的性质、人对自然的关系都不是单纯的和单一的；从主导的倾向说，中国哲学侧重强调合一的方面，西方哲学则突出了对立的方面。它们不只强调的重点不同，由此发挥的理论形式也不同。西方哲学自始至终都同宗教和科学的矛盾紧密相连，这两个方面，即宗教和科学在西方都得到了比较充分的发展。在中国，哲学与伦理问题紧密结合，伦理的理论统摄并兼有宗教和科学的性质，这使宗教在中国始终难以取得像在西方那样的支配地位，也影响实证科学的发展受到很大限制。

对这两种不同的文化传统，我们难以评论谁优谁劣，更不宜于简单地判定谁将战胜谁、谁应取代谁。各个民族和地域只能在自身文化传统的基础上向前发展；人类文化的发展只能在发扬各自优长传统的基础上走相互借鉴、相互吸纳、相互融合的道路。无论哪种文化都在走向未来，而且必将走向人类共同的未来。

中西哲学在天人关系上的不同取向，正是从不同的侧面表现出了人的两重化的矛盾本性。单独来看，相合与相分的观点都属对人的抽象化的观点。脱离开合一的对立，是抽象的对立观点；同样地，不以否定为内容的合一，也只是抽象的同一观点。抽象化，也就是绝对化、单一化、片面化，其结果都会导致现实人的失落。只强调同一关系，人便失去自身的肯定性，变成无个性、非自主的存在；只强调对立关系，人又会失去自身的否定性，变成无依托的孤立存在或非现实的虚幻存在。在认识发展的一定阶段，为了充分揭露不同侧面的矛盾内涵，这样的观点不但不可避免，而且都有其积极的历史作用。但要把握现实的具体的人，就必须把两者统一起来，从人的两重本性、两重关系去理解人。过去人们陷入抽象化、片面化的观点是不可避免的，因为那时人自身就还发育不完全；随着人在走向类统一体的未来，过去相互对立的观点也必将趋于统一。这就是哲学在当代已经显露的未来发展趋向。

一体化的理想类人格

人对自然的关系不是直接性的，而是经由中介间接建立起来的关系。这点与动物完全不同。人不但要借助工具的力量，而且必须凭借人的类力量实现生产活动，与自然建立关系。这就是实践本性所决定的人的社会本性。按照马克思的观点，“社会是人同自然界的完成了的本质的统一”。[①] 这就是说，人对自然的关系需要通过社会才能变成现实，这种关系也只能实现于一定的社会形式中。因此我们探讨人与自然的关系，绝不能脱离开人和人的社会关系的历史发展。

马克思曾经把人和社会的历史发展归纳为三个阶段或三种形态：（1）“人的依赖关系”为“最初的社会形态”；（2）“以物的依赖性为基础的人的独立性”构成“第二大形态”；（3）“建立在个人全面发展和他们共同的社会生产能力成为他们的社会财富这一基础上的自由个性，是第三个阶段”[②]。

这里所说的三种社会形态，是人的三种存在形态，即群体主体、个人主体和类主体的依次发展阶段；同时也就是人与自然的关系从肯定关系走向否定关系到否定之否定依次发展的三个阶段和三种形态。这三者，社会关系形态、人的存在形态、人与自然关系的形态，是彼此紧密联系、相互适应着存在的。

人和人的关系即社会联系只能通过分化而逐渐走向一体化。最初刚刚脱离动物家族的人，他们如果不结为群体从事共同的活动，便不

① 《马克思恩格斯全集》第 42 卷，人民出版社 1979 年版，第 122 页。
② 《马克思恩格斯全集》第 46 卷（上），人民出版社 1979 年版，第 104 页。

可能生存。这同时也就意味着人尚未达到独立性的存在，还处在与自然的天然联系之中。群聚性以及结为群体的纽带都具有自然性质。人的“依赖性”表现的实质就是人对自然性的依赖关系。在这之后人与人的关系走向分化，借助社会化的联系和力量，个人趋于独立；与此相适应，人与自然也必然会从原来的天然统一关系发展为彼此对立的状态。这两个方面的分化互为条件。人对自然的占有和掠夺，实质只是人对人的占有和掠夺，只有当个人在全面发展基础上走向类的联合之时，人与自然也才能进入更高一层的一体化关系。

人与自然的一体关系是两个肯定性实体之间的统一联系，它只能在经过分化使人成为人、获得自主的独立性，并且有了克服自身矛盾的能力之后，才会建立和实现。也就是说，这种一体关系只能是历史发展的产物和结果，绝不是一开始就存在的什么永恒关系或永恒本性。

由此我们便可以了解，形成于古代的“天人合一”命题同我们这里说的人天一体关系并不是一回事，它表达的主要是人对自然在始源意义上的天然依赖关系，即本有的自然关系而非人的关系。这种观念从最初群体本位的需要而形成，它的目的也只在于借助天的力量以巩固群体的人格支配地位。因为那时人群共同体就是“人”的化身，要发展人的力量就需要强化群体的凝聚性，巩固和提高人群共同体的主体权威性。从这一意义说，中国儒家以“仁”为核心的伦理道德理论在那时无疑有着重大的积极的意义，但也很明显的是，儒家所要巩固的人伦共同体只具有历史的价值性，当“人”被普及于每个个人、社会进入必须发展个人主体之时，这样的理论就不能不跟着走向反面，变成消极的包袱甚而重大障碍。

人天一体化或“天人合一”，按其真实内涵来说，只是在经过分化，人已高度社会化的今天，才真正成为迫切性的问题，也才有了真正实现的可能。在这一意义上，我们绝不能忽略、轻视历史上“天人相分”思想的重大意义和重要价值。没有相分，就不存在合一的问题。不包含天人相分的那种“天人合一”，绝不是科学性的命题。

人的实践是以类为本性的活动，人也就是一种类存在物。过去只是由于实践的不够发展，人才不得不被封闭于狭小的圈子，区分为不同的和相互对立的群体。在个人获得了独立的自主性质，人们有能力摆脱物对人的支配状态，开始自觉地主宰自己的命运，在这时人的类本性自然就会上升到主导地位，形成类主体。这也就是马克思所预见的人类发展的第三个阶段。

类状态是自由和自觉的人的自为存在状态。走向类主体，就意味着人将变成真正意义最广泛和最普遍而又包含最为丰富多样个性的大写的“人”。类存在的人是充分意识到自己为人，并能自觉地从人出发对待一切的人。在这里，不仅人和人趋于自觉的联合，能够建立相互谐调的一体化的社会关系；而且人和自然也达到自觉的融合，结束了相互敌对的状态，建立起了一体化的和谐关系。这是新的天人合一的状态。

人类到达这一步，从今天来看已不再是彼岸的远景，而是日益迫近的现实目标。

今天人类虽然仍被区分为不同的群体、群落、群域，群的界限仍在广泛地起着作用，但应该认为，结群主体支配一切的时代已成为过去。自 18 世纪以来，随着商品经济、自由贸易、现代工业和科学技术的高度发展，整个人类已在实际上连成一体，并处在了休戚相关、命运与共的统一体系之中。当前人类面临的是个人主体本位确立以后出现的诸多弊端和问题，诸如环境污染、生态失衡、人口爆炸、能源危机、粮食匮乏、南北差距、两极分化等，这些问题只有从全球利益考虑并在人类一体化关系中才能获得完全解决。因而它所预示的便是，人类将从个体本位时代向类主体本位时代转变，我们可以预计，下几个世纪必将是类本位逐渐取得优势的时代。

人为了成为人，原来是竭力要与其他事物区别开来，现在则面临要把自身与他物同一起来。这个变化表明，人要成为人首先必须从物的束缚中解脱出来，这构成人的第一次解放，有了这个解放，人才会有人的自我意识，才会去追求人的生活、创造人的关系，也才会把自己升华为高贵于他物的存在。而在另一方面，在人竭力把自己区别为人时，也就用人自己创造的绳索把自我捆绑起来，置自身于自己建造的牢笼之中。我们创造的社会，创造的国家，创造的文明，创造的观念体系，都具有这样的两重性质。人从自然的异化，也就是人的自我异化。因此，人要进一步发展自己，就还须经历第二次解放，打破自我的封闭状态，从自我设定的牢笼中解脱出来，从自身的异化中再异化自身，与自然重新结为一体。这不是简单地回到过去，也不是要抛弃已创造的一切；而是向更高形态的发展，要创造更新形态的文明和文化。

要达到这样的境地，人类当然要付出艰巨的努力，或许还要经历几代人甚或十几代人的艰苦劳作。但前景已经在望，马克思所预言的人将“以一种全面的方式，也就是说，作为一个完整的人，占有自己的全面的本质”① 的时代一定会到来，我们应该抱着乐观的态度，高举双手迎接未来的新世纪。

（原文载于《江海学刊》1996 年第 3 期）

① 《马克思恩格斯全集》第 42 卷，人民出版社 1979 年版，第 123 页。

马克思的人学现象学思想

邓晓芒

时至今日，否认马克思有自己的“人学”的人，特别是否认马克思早期著作《1844 年经济学哲学手稿》（又称《巴黎手稿》）中表达了一种崭新的、不同于以往的“人学”的人，已经不太多了。然而，马克思的这种人学究竟“新”在什么地方？它与黑格尔、费尔巴哈和国民经济学家对待人的观点究竟有何区别？这个问题却始终没有令人满意的回答。笔者在《胡塞尔现象学对中国学术的意义》中曾提示，马克思在《巴黎手稿》中实际上已是站在当代现象学的思维水平上来考虑人的问题了。在本文里，笔者将具体地从胡塞尔现象学的角度来剖析马克思在《巴黎手稿》中的人学观，以证明马克思的人学是哲学史上对人的本质的探讨的一次革命，因为它不仅在方法论上暗含着后来由胡塞尔等人阐发出来的一系列现象学思想，而且在本体论上第一次把对人的存在的研究提升到了现象学的层次。当然，本文的阐述还是极其粗略的。

马克思对自然主义人学的批判

青年马克思受费尔巴哈的影响，在《巴黎手稿》中是从人本主义立场来考察经济学和哲学问题的。但马克思实际上一开始就远远地超越了费尔巴哈，因为他把费尔巴哈的自然主义的、静观的感性直观提升到了现象学层次上的“本质直观”。他后来批评费尔巴哈“不得不求助于某种二重性直观，这种直观介于仅仅看到‘眼’的东西的普通直观和看出事物的‘真正本质’的高级的哲学直观之间”①，并说他“把人只看作是‘感性的对象’，而不是‘感性的活动’”②，说他的唯物主义的“主要缺点”是“对对象、现实、感性，只是从客体的或者直观的形式去理解，而不是把它们当作感性的人的活动，当作实践去理解，不是从主体方面去理解”③，所以只能把人的实践活动理解为“卑污的犹太人活动”。然而，在《巴黎手稿》中，马克思还没有针对费尔巴哈的这种自然科学的唯物主义，而是针对国民经济学家对人的片面物化的观点展开批判的；但他实际上已是从一个全新的立场来理解费尔巴哈的“从自身开始的实证真理”④，并由此建立自己的自明性和被给予性的出发点了。马克思对国民经济学的批判，在很大程度上已经暗含着对费尔巴哈的自然主义实践观的批判。他正是从“看出事物的真正本质的高级的哲学直观”来批判国民经济学家的“普通直观”的。

马克思指出，国民经济学把无产者“只是看作劳动者。因此，它才能提出这样一个论点，即劳动者应当和牛马完全一样，只得到维持他的劳动所必须的东西。因此，国民经济学不考察不劳动时的劳动者，不把劳动者作为人来考察，它把这件事交给刑事法院、医生、宗教、统计表、政治和乞丐监督去做”⑤；“国民经济学把劳动者只是看作劳动的动物，只是看作仅仅具有最必要的肉体需要的牲畜”⑥。这是因为，国民经济学所知道的劳动只是异化劳动，即片面的抽象劳动，也

---

① 《马克思恩格斯全集》第3卷，人民出版社1960年版，第48页。

② 《马克思恩格斯全集》第3卷，人民出版社1960年版，第50页。

③ 《马克思恩格斯选集》第1卷，人民出版社1995年版，第54页。

④ 《1844年经济学哲学手稿》，人民出版社1979年版，第3页。

⑤ 《1844年经济学哲学手稿》，人民出版社1979年版，第12页。

⑥ 《1844年经济学哲学手稿》，人民出版社1979年版，第13页。

就是马克思在《资本论》中所分析的那种用作价值尺度的“社会一般必要劳动”；它抽掉了劳动本应具有的感性具体特质（具体劳动），把它归结为平均劳动时间以及维持这种劳动所需的成本（劳动力的价值）。劳动本是人的“自由自觉的活动”、感性活动，但“国民经济学把劳动抽象地看作物；‘劳动是商品’”[①]。因此“人是不足道的，而产品是一切”[②]。马克思在这里批判的正是用科学理性的定量化标准来精确地看待和宰制一切，尤其是精确地看待和宰制人的自然主义偏见，这种将一切自然科学化和物化的倾向，最终导致了胡塞尔惊呼的现代“欧洲科学的危机”。

马克思进一步指出：“国民经济学不考察劳动者（即劳动）同他所生产的产品的直接的关系，借以掩盖劳动本质的异化。”[③] 当然，国民经济学家都是一些最讲实际、具有实证的经济头脑的学者，但他们所谓的现实、实证就是从“直接的”经济事实出发，特别是从可定量化的科学事实出发，并力图在实际运作中获得预期的经济效益，这也是作为一个经济学家的职分。然而，马克思批评他们其实并没有考察劳动中的直接关系，当他们把人这一复杂的统一体当作一个自然科学所规定的对象（牛马、会劳动的牲畜）来对待时，他们的经验和事实都是片面的、表面的和抽象的，并非真正的实证科学对象。人的完整的、直接的内在体验，他的感觉、他与对象的直接的“意向性”关系，对国民经济学家来说都是一个无法把握也用不着把握的“黑箱”，他们关注的只是劳动和资本这一系统的外部效应。在这里，劳动者和他的生产对象、产品被看作同样的“自然物”，而劳动者同这些自然物的本应是属人的关系却被忽略了，或被转移为有产者对自然物的间接的、抽象地拥有关系（私有制）了。当然，国民经济学也发现，

① 《1844年经济学哲学手稿》，人民出版社1979年版，第16页。
② 《1844年经济学哲学手稿》，人民出版社1979年版，第27页。
③ 《1844年经济学哲学手稿》，人民出版社1979年版，第46页。

“劳动为富人生产了珍品，却为劳动者生产了赤贫。劳动创造了宫殿，却为劳动者创造了贫民窟。劳动创造了美，却使劳动者成为畸形……劳动生产了智慧，却注定了劳动者的愚钝、痴呆”①。但国民经济学把这种现象当作国民经济学的必然规律而熟视无睹，甚至作为国民经济学刻意追求的最佳状态，因为它能带来最大经济效益。他们没有看出，这种现象本质上是劳动者同他的产品的异化关系所导致的，即他越是通过自己的劳动占有感性自然界，这个自然界就越是不属于他，他就越是失去生产资料和生活资料。

马克思还指出，劳动产品的这种异化，根源于劳动活动本身的自我异化，它表现在劳动本身对劳动者也成了外在于和强加于他的东西：“劳动者在自己的劳动中并不肯定自己，而是否定自己，并不感到幸福，而是感到不幸，并不自由地发挥自己的肉体力量和精神力量，而是使自己的肉体受到损伤，精神遭到摧残。因此，劳动者只是在劳动之外才感到自由自在，而在劳动之内则感到爽然若失。劳动者在他不劳动时如释重负，而当他劳动时则如坐针毡。”② 马克思的这些描述含有大量心理学的因素，这是另外一种经验、事实，即内在的经验事实，在国民经济学家眼中不属于严密科学的范围，而是由刑法、医院、牧师和社会救济所管的事。国民经济学使科学与人学分离，甚至建立起完全敌视人、敌视人的正常需要的合乎经济学规律的道德（资产阶级道德）。与此相反，马克思则把人看作肉体力量和精神力量的统一体，并特别关注人在劳动中的“感觉”，尤其是对自由的感觉。“结果，人（劳动者）只是在执行自己的动物机能时，亦即在饮食男女时，至多还在居家打扮等等时，才觉得自己是自由地活动的；而在执行自己的人类机能时，却觉得自己不过是动物”③。劳动异化，从根本上说无非

① 《1844 年经济学哲学手稿》，人民出版社 1979 年版，第 46 页。

② 《1844 年经济学哲学手稿》，人民出版社 1979 年版，第 47 页。

③ 《1844 年经济学哲学手稿》，人民出版社 1979 年版，第 48 页。

是人的精神力量和肉体力量在劳动活动中的分离、离异，从而精神力量失去了自己的对象和自然界，成为不幸的意识，肉体力量失去了幸福感，成为被强制、不情愿的活动。这是对人的肉体和精神双重的摧残①。

但马克思的这些心理描述只有出发点的意义，而绝不是心理主义。胡塞尔也说："原初的问题是主体的心理学的体验和在这体验中被把握的自在现实之间的关系。"② 心理主义却仍然是一种自然主义。马克思从心理学出发，是为了从中推出异化劳动的"第三个规定"，即哲学上的规定。换言之，他对劳动异化现象的自然主义描述和心理主义描述都进行了哲学的提升，运用"本质直观"将之归结为劳动产品的异化和劳动活动的异化，又通过"本质还原"而达到了对人的本质及其异化的现象学层次的规定。

对人的本质的现象学还原

马克思对异化劳动的第三个规定是说，劳动异化在哲学上意味着人的类本质的异化或人的本质的自我异化。那么，什么是人的本质或类本质呢？这从劳动异化已有的两个规定中即可以推出或"还原"出来："这不仅是说，人无论在实践上还是理论上都把类——既把自己本身的类，也把其他物的类——当作自己的对象；而且是说（这只是同一件事情的另一种说法），人把自己本身当作现有的、活生生的类来对待，当作普遍的因而也是自由的存在物来对待"③；"人较之动物越是万能，那么，人赖以生活的那个无机自然界的范围也就越广阔。从理论方面来说，动物、植物、石头、空气、光等，部分地作为自然科学的对象、部分地作为艺术的对象，都是人的意识的一部分，都是

---

① 参看邓晓芒《劳动异化及其根源》，载《中国社会科学》1983 年第 3 期。

② ［德］埃德蒙德·胡塞尔：《现象学的观念》，倪梁康译，上海译文出版社 1986 年版，第 64 页。

③ 《1844 年经济学哲学手稿》，人民出版社 1979 年版，第 48—49 页。

人的精神的无机自然界，是为了宴乐和消化而必须事先准备好的精神食粮；同样地，从实践方面来说，这些东西也是人的生活和人的活动的一部分”①。人在物质生活和精神生活上都与自然界不可分离，整个自然界都是人的“无机的身体”。这就是马克思所谓的“自然主义—人本主义”，两者的统一就是作为人的类本质的“社会”。社会并不像人们通常理解的，只是自然界中的一“部分”，相反，它是整个自然界与人的统一体。“社会是人同自然界的完成了的、本质的统一，是自然界的真正复活，是人的实现了的自然主义和自然界的实现了的人本主义”②。向这种“社会”、即向人的类本质的复归则称为“共产主义”③。

马克思对人的社会性本质的这一还原，与国民经济学和以往一切自然科学使人和自然、主体和客体、思维和存在相分离、相对立的自然主义有根本的区别，它还原了人与自然本原地相统一的“事情本身”，具有任何人无法否认、无法回避的直观的明证性。胡塞尔说：“真实的明证性伸展得有多远，被给予性伸展得也有多远。”④ 马克思也说：“我的对象只能是我的本质力量之一的确证……因为对我说来任何一个对象的意义（它只是对那个与它相适应的感觉说来才有意义）都以我的感觉所能感知的程度为限。”⑤

正是以人的这种直观本质为衡量标准，马克思才真正把握到了异化劳动的哲学本质：“人的异化劳动，从人那里（1）把自然界异化出去；（2）把他本身，把他自己的活动机能，把他的生命活动异化出去，从而也就把类从人那里异化出去：把它对人来说的类的生活变成维持个人生活的手段。”⑥ 换言之，劳动异化和人的本质的异化只是对

① 《1844年经济学哲学手稿》，人民出版社1979年版，第49页。

② 《1844年经济学哲学手稿》，人民出版社1979年版，第75页。

③ 《1844年经济学哲学手稿》，人民出版社1979年版，第73页。

④ ［德］埃德蒙德·胡塞尔：《现象学的观念》，倪梁康译，上海译文出版社1986年版，第62页。

⑤ 《1844年经济学哲学手稿》，人民出版社1979年版，第79页。

⑥ 《1844年经济学哲学手稿》，人民出版社1979年版，第49页。

人的本来的、本原的“类本质”即社会本质的一种偏离，一种“变样”；但正是这种偏离或变样本身，恰好直观地显现出了人的本原的普遍性本质；正是人在异化劳动中对自然从自身异化出去这点感到痛苦和不自由，恰好直观地表明人的本质本来应当是与自然界相统一的活动，即自由自觉的活动。“自由自觉的活动恰恰就是人的类的特性。”[①] 在这里，这种自由自觉的活动在人类历史上是否确实存在过这一点并不重要，而且很难说马克思在这里有意要用原始社会或人的“原始状态”作为衡量现代文明社会的标尺（如同卢梭和自然法派所做的那样），相反，他还批评了这种本质上仍是自然主义的做法，认为这“什么也不能说明”[②]。自由自觉的活动在马克思那里是一个基本的事实，但不是一个表面的、自然主义或心理主义的事实，而是更深层次即现象学层次的、透过自然主义和心理主义而呈现出来的普遍事实，是在不自由的、盲目的甚至动物式的人类活动（异化劳动）的种种变样中仍然顽强地体现着、并归根到底构成了这些不自由的活动的内在根据和背景的本质事实，它是凭借“看出事物的‘真正本质’的高级的哲学直观”才从“眼前的东西”中发现出来的。

人的本质的意向性结构：对象化和人化自然

通过这种本质直观的方法，马克思进一步确定了人的类本质的意向性结构。他指出：人“把自己的生命活动本身变成自己的意志和意识的对象。他的生命活动是有意识的。这不是人与之直接融为一体的那种规定性。有意识的生命活动直接把人跟动物的生命活动区别开来”；“实际创造一个对象世界，改造无机的自然界，这是人作为有意

① 《1844年经济学哲学手稿》，人民出版社1979年版，第50页。
② 《1844年经济学哲学手稿》，人民出版社1979年版，第44页。

识的类的存在物……的自我确证"[1]。因此，"动物只是按照它所属的那个物种的尺度和需要来进行塑造，而人则懂得按照任何物种的尺度来进行生产，并且随时随地都能用内在固有的尺度来衡量对象；所以，人也按照美的规律来塑造物体"[2]。这样，人的生命活动、他的类本质便体现为一个"对象化"的意向结构，即自然界"表现为他的创造物和他的现实性"，"劳动的对象是人的类的生活的对象化：人不仅象在意识中所发生的那样在精神上把自己化分为二，而且在实践中、在现实中把自己化分为二，并且在他所创造的世界中直观自身"[3]。所以，劳动作为人的类生活的对象化活动，必然在意识中和在现实中都具有自己的意向物，即目的[4]，并且必然按照自己"内在的尺度"（美的规律）来构造对象。未经人（在理论上和实践中）"构造"的自然界，与人相对立、相外在的自然界，是抽象的自然界，本质上是人的类本质的异化产物，它不具有直观的明证性或"自我确证"性。这种脱离人的活动和抽象自然科学的对象，作为"有别于我的另一个存在物"，在其抽象的追溯中必将导致上帝、神或金钱拜物教的幻觉。它并不具有表面上那种不可质疑性和被给予的事实性。我们必须将这种抽象的（独断的）存在置于括号之中，而从直接的明证性即人自己的感性活动出发，才能阐明这种存在的真正根基。也就是说，真正的自然是人化的自然界、感性的自然界，是人的感性的意向对象。"感性（参见费尔巴哈）必须是一切科学的基础。科学只有从感性的意识和感性的需要这两种形式的感性出发，因而，只有从自然界出发，它才是真正的科学。全部历史都是为了使'人'成为感性意识的对象和使'作为人的人'的需要成为〔自然的、感性的〕需要所做的准备"[5]。人作为

① 《1844年经济学哲学手稿》，人民出版社1979年版，第50页。

② 《1844年经济学哲学手稿》，人民出版社1979年版，第50—51页。

③ 《1844年经济学哲学手稿》，人民出版社1979年版，第51页。

④ "劳动过程结束时得到的结果，在这个过程开始时就已经在劳动者的表象中存在着，即已经观念地存在着"，见《马克思恩格斯全集》第23卷，人民出版社1972年版，第202页。

⑤ 《1844年经济学哲学手稿》，人民出版社1979年版，第81—82页。

自然的、感性的存在物，意思是说它一方面是有对象的存在物；另一方面又是“对象性的”（即作为其他存在物的意向对象的）存在物；换言之，他的对象同样是一个具有自己意向对象的存在物，是一个人化了的自然物或一个对象化了的人，是另一个人（或人—自然）。所以，说人是感性的，也就等于说人是社会性的，从本质上说，人是“主体间”的。

主体间性及对人—自然的存在的“本体论证明”

所以，人的感性与动物的感觉是不一样的。动物的感觉毋宁说是抽象的。异化了的人的感觉也是如此，例如“忧心忡忡的穷人甚至对最美丽的景色都无动于衷；贩卖矿物的商人只看到矿物的商业价值，而看不到矿物的美和特性”①。反之，人的感觉具有属人的类的特性，作为主体间的感觉，它是可传达、可沟通、可共享的，而没有“利己主义的性质”。于是“别人的感觉和享受也成了我自己的所有物”，人的感官便成了“社会的器官”②。这正如罗斯金所说的：“少女可以歌唱失去的爱情，守财奴不能歌唱失去的财产。”人只有作为真正的、感性的人，才能在对象身上、并通过对象而在他人身上确证自己，从而“以全部感觉在对象世界中肯定自己”③。马克思反对像黑格尔那样，把“社会”作为抽象物同个人对立起来，他认为“人的个人生活和类的生活并不是各不相同的”④。但只有在感性中，在全面、丰富地确证人的本质力量的“人的感觉、感觉的人类性”⑤ 中，人才能使自己的个体官能成为社会的器官并直接占有自己的对象，人才是真正的、

① 《1844 年经济学哲学手稿》，人民出版社 1979 年版，第 79—80 页。
② 《1844 年经济学哲学手稿》，人民出版社 1979 年版，第 78 页。
③ 《1844 年经济学哲学手稿》，人民出版社 1979 年版，第 79 页。
④ 《1844 年经济学哲学手稿》，人民出版社 1979 年版，第 76 页。
⑤ 《1844 年经济学哲学手稿》，人民出版社 1979 年版，第 79 页。

社会性的人。在这种意义上，人与自然界（对象）的结合就是人与人的结合，因为感性的自然界“直接地就是对他说来感性地存在着的另一个人”①。人在艺术中，在语言中，在自然科学中，更不用说在感性的实践活动中，处处都在使自然界“拟人化”或“人化”，并以这种方式把自然界据为己有。非人化的、非感性的、异己的自然界，以及从这种形式体现出来的凌驾于个人之上的“社会”，“对人说来也是无”，它只是一个抽象空洞的、没有意义的“非存在物”②。

感性的这种本质上的主体间性，在共时态（空间）上表现为社会性，在历时态（时间）上则表现为历史性。正是在感性的这种历史性中，包含着对人的存在和自然的存在的“本体论证明”③。换言之，人的对象性的实践存在（通常称之为“实践本体”）是一种在感性中直接给予的明证性，是通过现象学还原后真正的、终极的“现象学剩余”，它是不可追溯、不可诘问的，是第一性的。例如我不能再问：人的感性存在（实践）又是从哪里来的、由什么决定的？或者（这是同一个问题）作为感性对象的自然界“原先”（在感性之先）是怎样的、由什么产生的？这种问题只是作为自然科学（考古学）和心理学的问题才是有意义的，但作为哲学问题和存在论（本体论）问题则是无意义的，它将导致无限循环或自相矛盾，因为它抽掉了感性（人—自然）却想证明自然和人的感性存在。马克思说：“如果你抛弃你的抽象，那么你也就抛弃你的问题……不要那样想，也不要那样向我提问，因为只要你那样想并提问，那么你把自然界和人的存在抽象掉，就失去了任何意义。”④

马克思由此得出了他对人和自然的存在的“实践本体论”的证明：

---

① 《1844 年经济学哲学手稿》，人民出版社 1979 年版，第 131 页。

② 《1844 年经济学哲学手稿》，人民出版社 1979 年版，第 121 页。

③ 萨特《存在与虚无》一书副标题为“论现象学的本体论”，并在“导言”中列有“本体论的证明”一节。但萨特是由意识活动推出意识对象的存在，马克思则是由感性活动推出感性对象的存在。

④ 《1844 年经济学哲学手稿》，人民出版社 1979 年版，第 84 页。

> 全部所谓世界史不外是人通过人的劳动的诞生，是自然界对人说来的生成，所以，在他那里有着关于自己依靠自己本身的诞生，关于自己的产生过程的显而易见的、无可辩驳的证明。既然人和自然界的实在性，亦即人对人说来作为自然界的存在和自然界对人说来作为人的存在，已经具有实践的、感性的、直观的性质，所以，关于某种异己的存在物、关于凌驾于自然界和人之上的存在物的问题，实际上已经成为不可能的了①。
>
> 说一个东西是感性的，亦即现实的，这就等于说，它是感觉之对象，是感性的对象，亦即在自己之外有着感性的对象，有着自己的感性之对象②。

当然，马克思对于在有感觉的人之外客观存在着的感觉对象的这种本体论证明，不同于从意识、概念、思维推出存在的传统本体论证明（如笛卡儿的“我思故我在”的证明），更不同于从主观观念中推出一个客观上帝存在的本体论证明。因为它是从最具直接明证性和被给予性、最不可否认和无可辩驳的感性活动及其意向性出发，可称之为“我感故我在”“我行故我在”；不仅“我在”，而且作为“感”和“行”的对象、作为“我”的“无机身体”的整个感性自然“在”。这不再是从抽象物出发，像黑格尔那样由本体论证明从中推出上帝之后，凭借上帝之手把感性现实暂时恩赐给人，为的是最终又将这个现实克服、扬弃掉；相反，马克思从直接的感性来证明它的对象的必然存在，来证明感性对象性的活动如何在其内在发展中异化为抽象物，为的是最终通过感性实践将这个异化物扬弃掉，回复到人的感性活动本身。然而，尽管有这种根本的区别，马克思的证明在寻求那最直接的明证性，寻求认识论和本体论的交汇点，寻求一切事物、一切现象

① 《1844年经济学哲学手稿》，人民出版社1979年版，第84页。
② 《1844年经济学哲学手稿》，人民出版社1979年版，第122页。

之所以可能存在和被认识的条件这一点上，与其他那些本体论证明却具有同一形式。

马克思的人学现象学与胡塞尔现象学的区别

马克思的人学虽然并没有系统规定出一套现象学的方法，但由以上分析可以表明，它是立足于现代现象学所阐明的思维层次之上的，不从这一层次看问题，我们几乎不可能透彻地理解马克思的人学，必将落入自然主义或心理主义的片面的、肤浅的理解中。不过，这样说也并不意味着马克思的方法与胡塞尔现象学就没有任何区别了。本文只简略地指出几点最主要的区别。

1. 本体论和认识论

众所周知，胡塞尔是从笛卡儿—康德的知性传统中建立起自己的现象学方法的，其骨子里具有近代认识论和科学理性的特点；马克思则是吸取了黑格尔辩证理性中认识论与本体论相一致的主体能动性因素，并结合费尔巴哈感觉论的唯物主义而建立其人学的，本质上具有历史主义的特点。马克思在批判黑格尔辩证法及其哲学体系时，借助费尔巴哈的观点，揭示了黑格尔《精神现象学》的基本谬误在于：他并未真正从人的“感性确定性”即直接现实的、无可置疑的东西出发，而只是把它当作不确定的、需要证明的怀疑对象，他真正的出发点其实是神学的“抽象物”①。但与此同时，马克思也指出黑格尔“紧紧抓住人的异化，——虽然在《现象学》中人是以精神的形式出现的——那么，在它里面就潜藏着批判的一切要素，并且这些要素往往已经具有了远远超过黑格尔观点的完善的和成熟的形式”②；其“最后成果”就是“作为推动原则和创造原则的否定的辩证法”，它的

① 《1844 年经济学哲学手稿》，人民出版社 1979 年版，第 103 页。

② 《1844 年经济学哲学手稿》，人民出版社 1979 年版，第 115 页。

“伟大之处就在于，黑格尔把人的自我创造看作一个过程，把对象化看作非对象化，看作外化和这种外化的扬弃；因而，他抓住了劳动的本质，把对象性的人、真正的因而是现实的人理解为他自己的劳动的结果”①。这种辩证本体论的根基是胡塞尔片面的、静态的认识论立场所完全没有的。胡塞尔把具体现实的存在、历史都放进了“括号”之中悬置起来。马克思则只是把存在置于感性的基础之上，他把抽象的、非感性的即非人的对象放进括号之中，并非因为它们是真正的存在，而恰好是因为它们实质上是非存在，是真实存在的异化的变形，在真实存在被阐明之前它们不过是假象或幻象。

2. 社会性和“先验性”

因此，当马克思用人的真实存在来解释和说明这种存在的异化物时，他并没有像胡塞尔那样依赖于“先验还原”居高临下地俯视现实生活的变样，而是自下而上地用现实本身说明现实的规律。首先，人的本质的普遍性不是通过“先验意识”的艾多斯确立的，而是通过感性本身的社会性来实现的，“感觉通过自己的实践直接变成了理论家”②。这样一来，现实生活与普遍本质之间的关系就不是像胡塞尔所认为的那种偶然的、无关紧要的关系，它正是这个普遍本质由于其内在矛盾性而表现出来、实现出来的存在方式；其次，历史不单纯是某个永恒不变的绝对真理的“变样”，而是人的能动性本质的对象化、异化及扬弃异化的过程。胡塞尔的先验的“时间意识”尽管也具有纯粹意识的创造性和流动性特点，但作为现实的人类意识之所以可能的“条件”，仍陷入了康德式的形式主义的外在性和偶然性，而并不能（也不想）真实地说明人类意识的内在规律。马克思则正是通过批判这种形式主义的、无限式的时间意识③，而引出了自己的感性的、历

① 《1844年经济学哲学手稿》，人民出版社1979年版，第116页。
② 《1844年经济学哲学手稿》，人民出版社1979年版，第78页。
③ 《1844年经济学哲学手稿》，人民出版社1979年版，第83页。

史主义的时间意识。在这点上，马克思与海德格尔的时间意识倒有某种暗合[①]。正如海德格尔反对抽象自然科学的“流俗的”时间，马克思也批判了国民经济学的异化形式的劳动时间，即作为普遍价值标准的抽象一般劳动的时间、可以精确定量化的“平均社会劳动时间”。他们都主张还原到人的生命存在（此在）的具体时间。

3. 唯物主义和唯心主义

在这种意义上，马克思对黑格尔和“一般哲学”的唯心主义的批判也适用于胡塞尔：那种把直观现实的人和自然都置入括号中以确立某种先验的终极实在的人，在马克思看来无异于一个“认为一切都不存在，而自己却想存在的利己主义者”[②]。马克思则通过人的感性行动（实践）的“本体论证明”，而确立了人本身是直接对象性的、受动的存在物，它与其他存在物发生“关系”，成为其他存在物的“对象”。因此，“站在牢固平稳的地球上吸入并呼出一切自然力的、现实的、有形体的人”的生命创造活动并不是什么“纯粹活动”，并不是什么抽象的或先验的“主体”，而是“对象性的本质力量的主体性”[③]。人是“能动的自然存在物”；而正因为他是自然存在物，他又是受动的存在物。所以，针对黑格尔的纯粹思维或概念的抽象活动，马克思说：“如果没有人，那么人的本质的表现也不可能是属人的，而因此思维也不能被看成是人——这个生活在社会、世界和自然界中的有眼睛、耳朵等的属人的和自然的主体——的本质的表现。”[④] 因此，与胡塞尔（和黑格尔）的唯心主义现象学不同，马克思的现象学是一种唯物主义的现象学。

但这里要特别注意的是，马克思谈到人是自然存在物、对象性的

---

① 海德格尔在《存在与时间》（陈嘉映、王庆节译，生活·读书·新知三联书店 1987 年版）的一个注释中，似乎委婉地批评了胡塞尔时间意识的狭隘性，见该书第 428 页。

② 《1844 年经济学哲学手稿》，人民出版社 1979 年版，第 84 页。

③ 《1844 年经济学哲学手稿》，人民出版社 1979 年版，第 120 页。

④ 《1844 年经济学哲学手稿》，人民出版社 1979 年版，第 131 页。

存在物，谈到人的眼睛、牙齿、耳朵等器官时，绝不只是从单纯自然科学（生理学）的意义上来谈的，而是同时从“人的科学”（“这将是一门科学”①）的意义上来说的，是当作人的感性的、类的、社会的器官来说的。正因为自然主义和人本主义在他这里是不可分的，所以我不说马克思的人学现象学是“建立在唯物主义基础（或自然科学基础）”之上的现象学，而宁可表述为唯物主义（性质）的“人学现象学”，或具有“人学现象学性质”的唯物主义，即感性的、实践的和历史的（这三个词在马克思那里是可以互换的）唯物主义。因为毕竟，“感性”在马克思那里才是一切自然科学和人文科学的基础。

笔者以为，对人学的这种现象学唯物主义的理解，正是马克思的人学与以往一切唯物主义和唯心主义的人学的根本不同之点。

（原载于《江海学刊》1996年第3期）

① 《1844年经济学哲学手稿》，人民出版社1979年版，第82页。

马克思主义人学的新课题

张奎良

社会主义精神文明建设内蕴着深刻的人学意义，是马克思主义人学的新升华。中共十四届六中全会强调“以科学理论武装人，以正确舆论引导人，以高尚精神塑造人，以优秀作品鼓舞人”，这就把马克思主义人学从理论层面引向现实层面，提出了人学理论实践化的新课题。

马克思主义人学体现在唯物史观中，恩格斯曾把马克思发现的唯物史观称为“关于现实的人及其历史发展的科学”①。但是，在马克思的时代，人学具有鲜明的理想性质，是马克思主义关于人的本质、价值、解放和全面发展的学说。尽管实践唯物主义哲学把人的生命需求和生活存在作为理解现实人的出发点，也十分关注人的际遇和命运，但是，除了无产阶级的解放斗争从根本上体现了对人的终极关怀外，马克思主义不拥有任何其他物质手段来兑现自己对人类未来的美好承诺。十月革命开辟了人类历史的新纪元，从此，无产阶级有了自己的国家政权，可以从经济、政治、文化等各方面去实践马克思主义的人学理想。

苏联和中国的革命及建设成就表明，社会主义是人类解放的不可

① 《马克思恩格斯选集》第4卷，人民出版社1972年版，第237页。

逾越的阶段。广大人民群众不仅翻身解放，当家作主，从政治上体现了自己作为社会主人的权利和地位，而且随着经济和文化的发展，人自身的素质也不断地提高。社会主义给全体劳动者开辟了“对人的本质的真正占有”和“人向自身、向社会的（即人的）人的复归”的现实前景。①

但是不能不看到，无论是苏联还是改革开放前的中国，在马克思主义人学理想的实践中都存在巨大的缺憾。苏共领导对人的观念和意识淡薄，他们不尊重人的基本权利，不注重提高人民的生活水平，全力发展重工业，损害轻工业，牺牲农业，长时期物质匮乏，人民生活水平低下。中国在改革开放前，由于“左”的思想的干扰、放弃以经济建设为中心，无休止地大搞政治运动和批判斗争，其结果，生产力发展缓慢，经济滞后，上亿人口解决不了温饱问题。人的生命存在是人的最起码的价值体现，广大群众生活水平低下，温饱成问题，这就实际上把马克思主义人学思想和追求束之高阁了。

改革开放以来，中国共产党人努力提高人民的物质生活水平，改善社会生活的条件，为广大群众创造了展示自己智力和创造能力的环境，现在又创造性地提出建设社会主义精神文明的总体思路，把马克思主义人学推向了系统实践化的一个新阶段。

社会主义精神文明建设是马克思主义人学的新领域，它在提高人民物质文明水准的基础上，着眼于人的素质建设，并和前者相辅相成，成为“完整的人”的有机构成部分。现实的人都生活在物质和精神二重世界中，在科技发展、物质匮乏问题已经不难解决的今天，精神世界和精神生活越来越显示其突出地位与重要意义。在改革开放前，我国决策层和思想理论界虽然意识到了精神生产的重要性，但总的来说，认识模糊，而且主要是以追求思想上的“革命化”为宗旨，没有提出精神文明建设的概念，也缺少关于提高人的素质的意识。只有改革开

---

① 《马克思恩格斯全集》第 42 卷，人民出版社 1979 年版，第 120 页。

放，特别是建立社会主义市场经济的使命，才在物质文明大幅度提高的基础上，呼唤精神文明建设，发出提高人的素质的呐喊。

十四届六中全会的决议全面系统地论述了社会主义精神文明建设面临的形势和指导思想及奋斗目标，特别强调了精神文明重在建设，提出了一系列切实可行的方法和手段。这就不仅极大地扩展了马克思主义人学的视野，而且拓宽了其实践领域，使马克思主义人学第一次全面地从理论层面跃向实践的天地。

马克思主义人学作为一门相对独立的学说，体现了马克思对人的重视和理解。但它不具备现成形式，更多的是体现在马克思学说的整合中。这就要求我们更加重视马克思主义人学的后续和延伸，从时代的发展和实践的推进中丰富它的内涵，确定其完整的体系和框架。中国社会主义精神文明建设的实践是马克思主义人学发展的重要里程碑。现实召唤我们，要努力吸取精神文明建设的成果，为完善马克思主义人学而努力。

（原文载于《江海学刊》1997 年第 2 期）

人学与哲学：一个再思考

何中华

1. 何谓“人学”？这是一个难以回答的问题。人学若被了解为关于人的学问，显然它并不是一种处在人文学科和哲学之外，与其相并列的独立学科。其实，在一定意义上，人学应当是一切人文学科的泛称。凡是探索人及其存在的学科，均属于人学范畴。就此而言，人学与人文学科是等价的。有人提出：“哲学即人学。”这一判断过于宽泛。哲学只是人学中的反思层面。作为人学的内核，哲学仅仅是以反思的方式为人的存在立法。

2. 人学研究现已成为一个世界性和世纪性的论题，近年来也构成中国学术界的一个热点领域。这一趋势的出现并非偶然，而是有其深刻的历史文化背景。

首先，从历史的逻辑线索看，人的自我发现经历了三次重大转折：(1) 人类的诞生，标志着人的自我意识的觉醒。康德说：“人能够具有‘自我’的观念，这使人无限地提升到地球上一切其他有生命的存在物之上，因此，他是一个人。”[①] 这种对“自我”的自觉意识，使人类在反思层面上第一次开始了对“自我”的追问。古希腊哲学家苏格

① ［德］康德：《实用人类学》，邓晓芒译，重庆出版社 1987 年版，第 1 页。

拉底极力推崇镌刻在阿波罗神殿大门上的箴言："认识你自己!"从此以后，"人"这一古老的斯芬克斯之谜就一直伴随并困扰着人类自己。(2) 近代人文主义思潮的兴起，标志着人的重新发现。中世纪宗教神学的极端发展，造成了人的自我异化，使人性被神性遮蔽起来。卢梭发出了如此感叹，"我觉得人类的各种知识中最有用而又最不完备的，就是关于'人'的知识"①。值得注意的是，"人文学""人文学者""人文主义"这些词恰恰是在文艺复兴时代出现的。这并非历史的巧合，而是在西方社会经历中世纪之后人的自我发现的必然前奏。近代人文主义的兴起，极大地促进了人对自身的研究，但西方文化的理性主义传统，使这种研究所采取的视角受到理性立场的限制，从一开始就蕴含着内在危机。(3) 法国哲学家福柯提出"人死了"，则标志着当代人陷入了自我解构的境地。这才是人文学科真正危机的显露。因为"人之死"使人学本身的合法性成了一个悬而未决的问题。于是，人学的自我辩护被提上日程。这大概是当代人学热的一个最深刻的学理上的原因。

其次，从人类的当代境况看，全球性的市场化和技术化浪潮，正在实际地消解着人作为"人"的现实存在，它导致了人的自我遮蔽和自性迷失。作为人在肉体层面上的自我肯定方式，市场经济的泛化使人不断地向物的层面沉沦，从而游离超越的形而上学规定，遗忘人之为人的本性。市场化所塑造的交往模式把人抛入了生物学意义上的竞争和选择的情境之中，使人类所固有的动物性以最赤裸裸的方式被诱发并释放出来。技术化则使人同自然的关系越来越带有敌对的性质。全球性问题的出现，不啻是理性（科学和技术是其文化形态）走向危机的征兆。所有这一切，都造成了人之本性的遮蔽。这一事实使人的自我追问成为必要。这大概是当代人学热的又一原因。

---

① ［法］卢梭：《论人类不平等的起源和基础》，李常山译，商务印书馆 1962 年版，第 62 页。

3. 人学研究的永恒主题是什么？不同的人文学科都有其不可替代的视角，但它们在互补整合中共同指向了这样一些最基本的问题：（1）人的自我设问：人是什么？（2）人的存在的二重化：人类学本体论悖论。（3）人的自我定位：时空坐标及其意义。

严格地说，“人是什么”这一提问方式是一种本体论的设问。它不可能有某种终极答案，对它的回答也不是唯一的。按照逻辑实证主义的标准，这纯粹是一个假问题。然而，逻辑实证主义所标榜的证实原则，仅仅适用于科学论域。一旦超出这一范围，一切都将另当别论。没有答案的问题并不就是无意义的。因此，人学问题必须处在科学的论域之外。只有确立起不同于科学及其表达的意义标准，人学对人的追问才会获得合法性从而成为可能。在此意义上，人学研究所面临的最根本问题并不在于给出关于“人是什么”的某种答案，而在于为自己的独特提问方式做出恰当的辩护。

人类的诞生乃是一种独特的宇宙事件。它之所以不同于任何一种其他宇宙事件，就在于人类这种存在者一旦存在，就本然地陷入二重化的分裂之中。这是人的一种宿命，也是人的悲剧性之所在。但也正因此人类才获得了超越物的层面的规定，从而具有尊严。人的肉体层面和精神层面的分裂，造成了人的存在的二元化，它们一个无法被归结和还原为另一个。这就使人的一元存在成为不可能。这种分裂和冲突把人抛入了一种永恒的轮回之中。在一定意义上，人的存在本身就是这一悖论所固有的内在张力的展现；整个人类史则是为消解这一悖论所做的尝试和努力。就这一点来说，人学研究不过是对人的存在的二重化所造成的人类学本体论悖论的反思。

人的存在表现为特定的时空坐标。在空间维度上，人在宇宙中的位置就成为人类首先面对的问题。古希腊哲学家普罗泰戈拉提出“人是万物的尺度”，标志着人的自我中心化在哲学观念上的确立。这一定位普遍体现在不同民族的族类意识之中。几乎每个民族在其早期观念中，都把自己看作比一切异族更优秀的民族。在西方，随着近代人文主义的崛起，人的自我中心化观念得到了进一步强化。西方文化所特有的勘天役物的征服性格，借助近代实证科学、工业技术和殖民政策，表现得空前突出。然而，以理性自我为中心的存在格局已经日益遇到深刻的挑战，受到某种矫正。

首先，理性本身的进展使人的自我中心化结构面临内在危机。以哥白尼“日心说”为标志的天文学革命，改变了“地心说”所代表的那种把人类家园当作宇宙中心的传统观念。以达尔文进化论为标志的生物学革命，进而弥合了人与自然之间的鸿沟，打破了人类的自我优越感，消解了人的至上性。以弗洛伊德精神分析学说为标志的心理学革命，则凸显了人类行为的无意识和潜意识层面，从而使理性自我的独断地位发生动摇。经过这三次冲击，人的自我中心化结构开始走向消解。

其次，人的自我中心化的危机更深刻地则是来自理性本身自足性的破缺。哥德尔不完备性定理逻辑地证明了理性符号系统无法自明地给出其逻辑前提。这一特点使 K. 波普尔坦率地承认，“我的理性主义不是自足的，而是依赖于对理性态度的非理性信仰，我认为我们无法超越这一点”①，因此，“现代科学的局限是：每个臆说必然是一个假设，也就必然失去了它的绝对性”②。同时，理性并不能解决价值问题。对于理性来说，价值属于它的盲区。理性既无法提供人类的终极关怀，也无法给出“应当如何”的当下选择。因此，“科学知识不能给人生提供目的”；而且，“科学不能回答关于它本身意义的问题”③。此外，科学认知领域所蕴含的悖论（如量子力学中“测不准原理”所显示的认知悖论），以内在的方式凸显了理性能力的有限性。悖论乃是理性极限的表征。因为在理性视野内它是荒诞的、应当被消除的，

① ［英］卡尔·波普尔：《猜想与反驳——科学知识的增长》，傅季重、纪树立等译，上海译文出版社 1986 年版，第 509 页。

② ［德］K. 雅斯贝尔斯：《真理与科学》，《哲学译丛》1964 年第 5 期。

③ ［德］K. 雅斯贝尔斯：《真理与科学》，《哲学译丛》1964 年第 5 期。

但在理性范围内它又是无法被超越和克服的。理性自足性的破缺，瓦解了唯科学主义的基石，为打破理性自我的独断地位提供了契机。

在时间维度上，人的存在面临着生死问题。“死”具有浓厚的形而上学意味。对于人来说，“死”的意义远远大于肉体生命的终结这一生物学事实本身。因为只有死亡之镜才能映衬出生存的意义，从而使人向死而生。在这一绝对可能性同时又是绝对不可能性所决定的境况中，人们对自我存在的探究才成为必要和可能。就此而言，人的存在意义的赋予，恰恰源于对死之虚无的巨大恐惧和深切领悟。“死”之形而上学意味还在于，死亡事实上构成人摆脱生存悲剧性的唯一可能的途径。人的本体论悖论及其所引发的冲突，只有在死亡那里才能够被消解（不是解决）。一旦超越肉体层面而把死亡的意味升华为一种哲学洞见，那么它就成为人们走向超验性的契机。因为对死亡的领悟，使人们能够实现由“参与者”向“旁观者”的角色转换，从而进入“以道观之”的本体澄明之境。古希腊哲学家毕达哥拉斯极力推崇“旁观者”，苏格拉底则主张追求智慧的人所做的应是“像死了那样看待一切”（《斐多篇》），其目的无非是达到“神目观”（God’s eye），即像上帝洞察一切那样超然物外、审视大全。用中国哲学语言说就是“去执”“无待”“独化”，即超越一切相互对待关系以达到消解一切对象性的绝对本体。人始终无法逃避对本体境界的追寻，这是人的宿命。正因如此，它也成为人学的一个永恒主题。

4. 人学本身所蕴含的悖论在于：人的自我设定同人的不可定义性之间的二律背反。一方面，人必须自我追问、自我设定，以便使自己成其为“人”，同时这也是人学成为可能的前提。另一方面，人及其存在本身所特有的生成性，又决定了人是无法被先验地预设和把握的，从而人的自我追问和定位又永远不会有结果。

诚如赫舍尔所说：“自我认识是我们存在的一部分。”① 自我意识

---

① ［美］A. J. 赫舍尔：《人是谁》，隗仁莲译，贵州人民出版社1994年版，第6页。

本身参与了人的自我生成，因此，人的自我追问对于人的存在来说，就成为一种本然的前提。正是这种通过自我追问表现出来的自我意识，成为人不同于一切非人存在的一个内在标志。无论是对于个体来说还是对于一个民族来说都是如此。荣格通过心理学研究认为，人的自我意识同其个性化是同一过程的两个方面。在他看来，“一个人的意识逐渐变得富有个性，变得不同于他人，这一过程也就是所谓的个性化（individuation）”。而“个性化的目的在于尽可能充分地认识自己或达到一种自我意识”①。同样的，一个民族的自我意识类型也深刻地制约着该民族文化传统的历史生成和塑造。例如，中国文化自古以来就把有无德行作为人与动物的分野，而西方文化却把有无理性作为人同动物相区别的标志。这种自我意识类型的不同，极大地影响了中西文化的各自建构。把德行作为人的本质的预设，衍生出了道德本位主义传统，所以中国文化具有浓厚的伦理特征。西方文化把理性作为人的特质，则孕育了它的悠久的科学主义传统。这在一定意义上可以解释近代科学为什么未能在中国产生这一“李约瑟难题”。在对人性的预设上，中西文化也存在很大差别。中国文化在总体上更倾向于性善论的假定，西方文化则更倾向于性恶论的假定。这两种截然不同的假定演绎出来的政治结构和体制，也呈现出深刻的差异。以儒学为代表的中国传统文化，主张德治仁政，追求政治与伦理的一体化，从而缺乏权力制衡机制的设计，所以很难避免由人性恶所造成的专制主义后果。西方文化基于性恶论而建立起来的民主与法治的政治模式，强调外在约束，最后形成三权分立的权力制衡体系，但相对地忽视了道德在政治上不可替代的作用。中西文化之间这种利弊互现、长短互补的关系，恰恰说明一个民族的自我解释对于这个民族的文化塑造是至关重要的。

但是，人又是宇宙中唯一没有先验本质的存在物。就此而言，人

---

① 参见［美］C. S. 霍尔等《荣格心理学入门》，冯川译，生活·读书·新知三联书店 1987 年版，第 31—32 页。

又是不可定义的。因为人一旦存在，就开始处在不断制作中，因而是不定型的、向未来敞开着的可能性。正如萨特所说的：对人来说，“不存在 a priori 的本性；所以，人是什么还没有确定”[①]。值得注意的是，存在主义哲学家大都指出了人的生成性特征。这大概同存在主义的根本预设有关。“存在先于本质”的命题，意味着一种生成论的理解方式。它同黑格尔的“本质先于存在”形成鲜明对照。黑格尔的理解体现着一种预成论的、封闭的、完成了的视野。

人的不可定义性与人的自我设定之间悖论的存在，其意义并不是消极的。相反，人学恰恰是在这一悖论所显示的二律背反的张力结构中获得了展开自身的动力和意义空间。另外，经验与超验、生成与预成之间悖论的消解，在观念层面上只能诉诸哲学。这也正是人学最终必须从哲学那里援引自己的逻辑悬设和精神资源的根本理由所在。

5. 哲学与人的存在之间具有一种内在的始源性的本然联系。因为人是宇宙中唯一能够追问在者之在的在者。他因此才成其为“人”。而这种追问本身就显示为人的形而上学本性。在此意义上，人乃是形而上学动物。因此，哲学就是人的广义的存在方式。马克思的哲学观昭示我们，那种“被抽象地孤立地理解的、被固定为与人分离的自然界，对人说来也是无”[②]。显然，马克思在这里并不是否认物质自然界的实际存在，他所谓的“无”不是说外部世界变得“空无一物”(nothing)，而只是说这种与人的存在无关的抽象的物质自然界的设定，对于哲学视野来说没有意义。

也许，上述阐释会立即引起某些人的质疑，他们可能指出马克思在《德意志意识形态》中提到的“外部自然界的优先地位”问题。其实，细读马克思的那段论述就不难发现，马克思只是在自明前提的意

① ［法］让-保罗·萨特：《存在主义是一种人道主义》，周煦良、汤永宽译，上海译文出版社 1988 年版，第 47—48 页。

② 《马克思恩格斯全集》第 42 卷，人民出版社 1979 年版，第 178 页。

义上肯定这种“先于人类历史而存在的自然界”的，而且他明确区分了这种作为前提的自在自然同那种通过人的实践活动生成的自然①。事实上，自然界的优先性，不过是一个经验的事实，它的意义仅仅在于表明“没有自然界，没有感性的外部世界，工人就什么也不能创造”②。当然，在实证视野内和人的经验存在的层面上，确认这一点就带有根本预设的意义。正如爱因斯坦作为一位科学家所坦率确认的那样，“相信有一个离开知觉主体而独立的外在世界，是一切自然科学的基础”③。然而，马克思的旨趣并不在于此。马克思所选择的哲学视野，决定了他并不是用一种经验态度和知识论立场来确认自然界的存在，而是通过回到人的现实存在（即实践）来消解人与自然界之间的对象性关系。确如国外学者所指出的：“马克思对自然问题不是从自然科学的角度，而是从概念、批判意识的角度加以探讨的。”④ 所谓“从概念和批判意识的角度”，也就是从逻辑的视野而不是从发生学的视野，从实践批判的立场而不是从对象性直观的立场去看待这个问题。这种观点更接近马克思的原意。

6. 反观我国哲学研究现状，不难发现存在的误区。其中最大的缺陷在于哲学对人的存在的疏离。它妨碍了我们对马克思哲学精神的领悟和把握。结果要么拘泥于马克思“文本”的个别词句及其表层语义，而遮蔽或遗忘了它所负载的丰富意蕴；要么就是用一种前马克思的立场（旧唯物主义）来解读马克思，使我们陷入一种尴尬境地：一方面抽象地肯定马克思在思想史上实现的伟大变革；另一方面却又实际地否定马克思对前人思想的真正突破。于是，马克思宣布的“新唯物主义”之“新”便荡然无存。其后果是：在理论上，我们总是以一种经验的方式谈论超验问题，亦即用非哲学方式看待并解决哲学问题；

① 《马克思恩格斯全集》第3卷，人民出版社1956年版，第50页。

② 《马克思恩格斯全集》第42卷，人民出版社1979年版，第92页。

③ 《爱因斯坦文集》第1卷，商务印书馆1976年版，第292页。

④ ［美］N. 莱思：《马克思的科学哲学和科学辩证法》，《国外社会科学动态》1987年第3期。

在实践上,“人”的“缺席”和“退场”,使哲学日益敌视人,从而现实的人变成哲学所宣布的抽象必然逻辑赖以展开自身的抽象符码。人一旦脱离本体地位和目的性规定,就不可避免地沦为手段性存在。因此,人的工具化恰恰是哲学疏远人的存在的必然后果。

7. 离开人的存在,哲学就不可能再追问在者之在,而只能局限于对在者的关注。而把握在者的唯一可能的方式就是经验的实证视野,科学理性足以满足这种把握的需要。因此,目前国内哲学研究领域存在明显的实证化倾向。其主要表现是:在研究框架上选择发生学和还原论模式;在论证手段上选择经验事实的证明;在表征方式上选择形式化的表达。

8. 从宇宙演化史和生物学描述角度追溯人类精神的经验前提和历史起源,这是一切旧唯物主义的做法。问题在于,我们在阐释马克思哲学这一新唯物主义思想时,沿用的仍然是这种发生学视野。这不仅误解了马克思,而且陷入了一种经验的谈论方式。用这种方式处理哲学问题,就不能不导致这类混淆,即把前提和理由混为一谈。于是,“某物如何生成和怎样存在”同“某物如何可能”就变成两个完全等价的问题了。其实,这两种提问方式显示的乃是完全不同的境界和视野。前者只是描述性的,后者才是反思性的。这种基本的混淆使哲学研究者在很大程度上把反思降低为反映,把形而上学追问还原为科学式描述。例如,在对精神本质的阐释上,似乎揭示了它赖以发生的前提,描述了它的起源,就等于给出了精神的本质规定和它所以可能的理由。实际上,精神现象的复杂性不在于它的存在取决于什么,而在于它所包含的无法被还原和归结为物质的规定。这正是旧唯物主义难以驳倒唯心主义的地方。一切人造物在物质层面上无疑是自然界的一部分,但它所凝结的人的意志规定,却是为自然物质本身所无法充分解释的。这一特点造成了它的不可逆性和不可还原性。由于未能摆脱经验视野对哲学的桎梏,直到今天仍然有人宣称:“‘人是什么’是个只能由科学而不能由形而上学来回答的问题。……现代科学已经向我们昭示，人的一切属性和特征都能够从科学上找到答案。”① 这种科学式的自负与佞妄，使固守于它的人难以真正领悟形而上学问题，因而任何在这个意义上展开的争论对于真正的哲学来说总是缺乏建设性。所以，不解除经验视野的“洞穴假象”，就无法赋予哲学以合法地位，从而也不可能真正拯救哲学，恢复其本应具有的睿智和洞见。

9. 在论证手段上，人们在哲学研究中往往选择经验事实的证明。从根本上说，问题的提问方式已经预先规定了问题的回答和证明方式。经验式的提问，必然要求实证的证明。其实，“举例”具有“说明”和“证明”两种功能。前者属于修辞，它取例子的象征义，即让人通过喻指获得某种暗示，以便领悟文本的底蕴，其作用就像维特根斯坦所说的“梯子”。后者则属于逻辑，它取例子的指称义，其作用在于使命题获得充足的理由，以证明一种陈述为真。但是，经验事实的这种证明功能是极为有限的。因为它只是在单称判断的情况下才有效。正如 K. 波普尔的证伪主义科学观所指出的，“凡天鹅皆白”这样一种全称判断就无法由经验归纳来证明。因为有限的经验事实永远无法排除出现非白天鹅的可能性。迄今为止，“归纳跳越”所造成的证明困境在逻辑上并未出现被克服的征兆。因此，以把握无限、永恒、绝对为旨归的哲学，根本不可能借助经验事实来获得证明。诚然，哲学在其表征中也需要举例，但问题在于它的作用只是说明而非证明。在这方面，黑格尔的做法就具有启发性。在《逻辑学》中，黑格尔也运用一些生动有趣的例子，但他并不以此作为理论的证明，而只是用它们来启迪人们洞见辩证法的深邃意蕴。例如，他就曾使用数学上的事实说明“坏的无限”（知性的）和“真正的无限”（辩证逻辑的）之间的区别。黑格尔以 2/7 为例，认为这个分数式在形式上是有限的，在其展开中又表现为一个无限开放的小数值 0. 28571……正是这种有限与无限的统一，才构成他所谓的“真无限”。显然，黑格尔只是利用

① 杨友成：《科学世界观与形而上学世界观的较量》，《哲学研究》1996 年第 8 期。

实例暗示和诱导人们真正领悟辩证法范畴而已。他所援引的实例带有象征和隐喻的意味，其功能乃是说明而非证明。在哲学讨论中，如此运用例子才是恰当的。

10. 哲学固然离不开表达，但有其独特的表征方式。尽管哲学所追寻的本体澄明之境，乃是无法用指称性的描述语言来表征的，但哲学仍然需要说“不可说”。这正是哲学存在的理由。因此，选择一种怎样的表征方式，是哲学的自我建构所无法回避的问题。大概是受到西方分析哲学的影响，加上科学技术革命浪潮的冲击，以及消极地总结以往哲学在表达上的教训，早在20世纪80年代初，就有人主张“哲学也可以定量研究和实验研究”①。其目的就是追求哲学研究和哲学表达的形式化、定量化。值得指出的是，这种观点在今天已不仅是一种主观意向，而且已成为某种实际的尝试。例如，有人特别欣赏对哲学术语的词源学追溯，试图以此来寻求本义的凸显。殊不知，哲学范畴更多的乃是在引申的意义上被使用的。转义与本义之间的解释学距离，恰恰为意义空间的开放性提供了适宜的语义学根据。因此，意义的还原反而有可能脱离哲学的特定语境，从而遗忘或遮蔽对于哲学来说具有真实意义的东西。分析哲学为整个哲学设计的“诊疗学”方案，其作用是十分有限的，而且也仅对科学的陈述才是有效的。有人认为维特根斯坦主张哲学只是一种澄清语义的技巧，从而拒绝形而上学。这是一种误解。诚如马尔康姆所说：“维特根斯坦没有排除形而上学的东西；毋宁说他排除的是陈述形而上学东西的可能性。”② 而任何指称意义上的陈述，都不过是一种科学的话语方式，它总是包含着形式化表达的可能性。还有人提出“哲学操作”问题，并把操作模式概括为：

---

① 童天湘：《哲学也可以定量研究与实验研究》，《读书》1981年第11期。

② ［美］诺尔曼·马尔康姆：《回忆维特根斯坦》，李步楼、贺绍甲译，商务印书馆1984年版，第103页。

存在着思想需求X,

有思想方法a, b, c, …n,

为满足X, a是唯一的和最好的。[①]

耐人寻味的是,“操作”的结果却是所谓“无立场的思想”,实际上是完全拒绝了形而上学的可能性。由此可见,哲学的形式化努力,从根本上解构着哲学的形而上学本性和意味,从而使哲学不成其为哲学。

11. 哲学的上述实证化倾向,归根到底乃是由于把超验性混同于经验性所致。这一倾向给哲学研究本身带来的直接后果主要有两个:一是在目前的哲学讨论中存在一种回到现象、回到事实、回到具体的做法。应当承认,它对于打破过去曾经盛行的教条主义偏执,具有某种积极意义。但是,如果将其绝对化,就有可能走向另一个极端。这种做法往往为论证某种策略上的选择之合理性,而不惜牺牲哲学原则。这就无法避免在现存事物面前丧失判断能力和批判精神,甚至陷入实用主义的泥淖。有人就曾援引黑格尔“凡是现实的就是合理的”命题为现状作辩护,但他是在误解的意义上使用的,即把黑格尔所谓的现实当作现存事物加以肯定。二是种种所谓“应用哲学”的泛滥,降低了哲学的品位。这无论是对哲学本身的建构来说,还是对于人们的实践操作来说,都是一种不幸。过分强调哲学的实际应用,就有可能取消哲学与时代、哲学与经验事实之间必要的距离感,从而妨碍哲学思想本身的目的性追求。目前社会文化生活领域之所以出现理想主义的式微和英雄主义的没落,一个学理上的原因,就在于这种哲学态度的经验化取向。它使人们放弃了对绝对性的捍卫和对超验性的肯定,从而跌入了经验的陷阱。

12. 那么,走出上述哲学误区的出路何在呢?一条可能的途径就是使哲学重新回到人的存在本身。而这种向人的复归,有赖于哲学对

① 赵汀阳:《哲学操作》,《社会科学战线》1996年第1期。

人学的借鉴。人学对人的此在本身的关注，无疑能够为哲学亲近人的存在提供一种恰当的契机。它构成哲学与人学之间展开积极的建设性对话关系的一个重要方面。只有回到人的此在性，才能恢复哲学视野的超验性。首先，对人的独特存在方式的领悟，有可能塑造和培养一种真正的哲学致思取向，因为人的存在的非预成性特征，使经验的描述成为不可能。其次，人的此在的有限性，使人能够设想也必须设想人的“缺席”之情形，从而改变自己的存在角色，由“参与者”转变为“旁观者”，以摆脱一切相对规定的羁绊，达到对绝对境界的体验和领悟。于是，“在者”之隐退也就意味着“在”的澄明。最后，人的存在对于人本身来说所具有的本根性，消解了一切对象性的规定和知性逻辑架构，使实践成为不可还原的始源性和本然性规定。这就从“元”（meta）层面上消解了经验的因果还原和追溯，从而使超验的把握方式的确立成为可能，同时也成为必要。可见，哲学复归于自身，就必须返回到“人”的存在。这是哲学实现自我拯救的唯一出路。正是在这个问题上，人学及其特定视野对于哲学完成这一使命，具有不可忽略的启示价值。

（原载《江海学刊》1997 年第 3 期）

马克思主义与“人学”

孙伯鍨

20 世纪 80 年代初，以萨特存在主义为突出代表的当代西方人学思潮开始影响我国，形成了一股不小的冲击波。萨特的一句名言是：“马克思主义是人的空场。”这对刚刚从“文革”中解放出来的中国知识界，仿佛起到了震聋发聩的作用。于是一个以“人学”为中心的学术思潮勃然在我国思想界涌动起来。作为一种在特定历史时期和特定社会政治背景下涌现出来的这股思潮，一方面，固然鲜明地反映了那个时期我国社会的政治、经济和思想矛盾，但是另一方面，这种反映在很大程度上还带有情绪化的色彩。如同萨特存在主义不过是“对人的一声呼喊”，我国 80 年代的人学思潮大抵也只表现为一种对“左”倾思想统治时期我国社会政治现实的异议和抗争。不过从那时以后，哲学中的人学问题毕竟已经作为一个严肃的理论课题进入了哲学家的视野。当然，其中最首要的问题仍然是马克思主义哲学和人学的关系。

马克思主义哲学是不是一种人学？这并不是一个用简单的肯定或否定就可以解决的问题。如果我们真的想深化对马克思主义哲学的理解，简单地把它归结为人学，事实上也并没有使我们前进半步。如果我们说，马克思主义哲学是一种人学，这并不能排除其他的诸多哲学派别也同时是一种人学。例如萨特和海德格尔的存在主义哲学就被人们视为一种人学。这就如同花岗石是矿物，大理石也是一种矿物一样。我们不能像思辨的矿物学家那样，看到任何一种矿物都说，这是“矿物”。真正的矿物学家绝不会满足于天下有多少种矿物就重复多少遍“矿物”这个词，而是在肯定所有矿物都具有其共性的前提下，深入揭示它们彼此区别开来的质的差别和具体规定性。这一点，对于非思辨的哲学家来说一定也是适用的。如果说，只要是把人和人类的生存、活动和发展作为研究对象，关注人的命运，探求人的自由和解放的哲学就是人学，那么，马克思主义哲学当然也就是人学中的一种。但是，仅仅这样说，并没有揭示出马克思主义哲学不同于其他诸多哲学派别的本质规定性。正如马克思的唯物主义不同于以往的一切唯物主义一样，马克思的“人学”也完全不同于其他任何一种人学，不论是近代的还是当代的。

人们总应该熟悉那样一段历史，在一个时期里，马克思曾相当热烈地信奉过费尔巴哈的人学，认为费尔巴哈对人的发现是近代德国哲学最伟大的发现。其原因不是别的，就是费尔巴哈第一次用简单明白的唯物主义语言从思辨哲学的阴影中把人的问题重新凸显出来。但是时过不久，马克思便又发现，费尔巴哈对思辨哲学的批判并未使他彻底摆脱在人的问题上的形而上学抽象性。因为，如果真正想要把人和人类作为自己哲学研究的对象、关注的中心，那就必须把握到现实存在的、活生生的，既不是哲学的虚构，也不是在词句中存在的人和人类。正如费尔巴哈本人所要求的，必须“要研究跟思想客体确实不同的感性客体”，但是费尔巴哈自己许下的诺言却无论如何都没有做到。其原因就是他的唯物主义是直观的、形而上学的，而不是辩证的。用马克思的话说，直观的唯物主义“至多也只能做到对‘市民社会’的单个人的直观”。这样，根据费尔巴哈的唯物主义，作为哲学所必须把握到的“感性客体”的人只能是社会中的人类个体。作为一个道德学家，他深知这些人类个体的幸福绝不存在于他们的对立和分离之中，而只能存在于他们的联合和共存之中。为此，他竭力证明这种“联合”和“共存”是植根于人的本性之中的需要和欲望，是人之为人的普遍本质，即类本质。这样一来，费尔巴哈的人学唯物主义就立刻陷入自相矛盾的困境之中。最初，他竭力摆脱黑格尔“自我意识”的思辨阴影，把人作为“感性客体”来研究，结果却又不得不抛开这个最初的出发点，转而诉诸同样是抽象思辨的“类本质”。原因是什么呢？症结就在于他没有发现现实中的个人并不是彼此孤立的，他们之间同样存在一种感性的、客观的、现实的关系和联系。这些关系和联系同每个个人一样，不是哲学家幻想的、虚构的产物，也不是只有在宗教和道德情感中才能体验到的感情的需要和联系，而是实实在在存在着的客观的、物质的关系和联系。现实的个人不但不能脱离这些关系和联系，相反，他们正是通过这些关系和联系才获得了作为现实个人的存在规定性，从而也才具体地规定了他们的现实本质。在这里，马克思表达了一种似乎和存在主义者相同的思维进程，这就是“存在先于本质”，不过，和存在主义者不同，马克思所说的存在绝不具有任何思辨的性质。

真正困难的问题还不在于发现各个个人之间是存在关系和联系的，这些关系和联系的客观性在资产阶级经济学家的著作中就已经被发现并加以描述过了。问题在于，这些关系和联系既不能像以往的唯物主义者那样，看作植根于人的自然本质，仿佛是从人的自然本性中派生出来的；也不能像思辨的唯心主义者那样，看作纯粹精神活动的对象化和外化。能够肯定的是，人们之间的物质关系和联系是人们自己“创造”的，确切地说，是人们自己的感性的物质活动的产物，是在这些活动中产生，又在这些活动中发展的；同时它们又作为规律规定和制约着人们的活动。正是在这里，马克思意识到了费尔巴哈唯物主义的致命弱点：“费尔巴哈想要研究跟思想客体确实不同的感性客体，但是他没有把人的活动本身理解为客观的活动。所以，他在‘基督教的本质’中仅仅把理论活动看作是真正人的活动，而对于实践则只是从它的卑污的犹太人活动的表现形式去理解和确定。”[1] 因此，如果真正要停止在抽象层面上研究人，议论人，那就必须把人看作实践的、感性活动的人。马克思在谈到应当把什么作为哲学研究的出发点时说道：“我们不是从人们所说的、……思考出来的、想象出来的、设想出来的人出发去理解真正的人。我们的出发点是从事实际活动的人，而且从他们的现实生活过程中我们还可以揭示出这一生活过程在意识形态上的反射和回声的发展。”[2] 马克思的话当然不仅仅是针对费尔巴哈的。他批评费尔巴哈只是把人看作感性的对象，而不同时是感性的活动，说明他的唯物主义不是辩证的，因而还不够彻底。正是这种不彻底性使唯心主义仍然保留着地盘，得以滋生和发展起来。正如马克思指出的，由于费尔巴哈不是把人看作感性的活动，看作从事实际活动的，因而他就只能“把理论的活动看作是真正人的活动”，而实践不过是卑污的商业行为，是哲学家们不屑一顾的。然而，这恰恰是一个关键之点，正是在这一点上，一切人学唯心主义都表现出惊人的一致。无论近代的和当代的人学唯心主义，都无不把人的“理论的活动”（理性的和非理性的、意志的和情感的）看作“真正人的活动”，并由此去发现、理解、领悟、澄明“真正的人”，而绝对地拒绝把从事感性的实际活动的人当作他们研究的出发点。

根据马克思的观点，感性物质活动和思想理论活动，物质生活关系和精神生活关系，物质生活过程和精神生活过程，它们之间的关系是不能任意混淆、错乱和颠倒的。如果不首先正确地澄清和摆正这些关系，任何关于人学问题的研究都将步入歧途，变成没有休止的无谓争论。正如马克思指出的，人应该在实践中证明自己思维的真理性，关于离开实践的思维是否现实的争论，是一个纯粹经院哲学的问题。因此，绝不能把人学问题变成纯思维、纯意志、纯意识、纯情感的问

---

① 《马克思恩格斯全集》第 3 卷，人民出版社 1960 年版，第 3 页。
② 《马克思恩格斯全集》第 3 卷，人民出版社 1960 年版，第 30 页。

题，从康德、黑格尔、叔本华以来的许多近代西方哲学家曾经是这样做的，而包括海德格尔和萨特在内的许多当代西方哲学家还在变换花样继续这样做，然而结果是大家都知道的，除了层出不穷的新术语和无休止的争论之外，有多少是经过实践证明了的真理呢？在萨特看来，马克思主义似乎是人学的空场，为此，他致力于用他的存在主义来补充、修正马克思主义。他的这种把马克思主义存在主义化的努力固然也影响了一批哲学家和年轻学者，但对于我们这个时代的现实生活关系和历史发展进程却没有产生什么实际的影响。如果说萨特对马克思主义的批评也并非完全没有道理的话，那也只能从下述这个意义上去理解，那就是马克思主义哲学既不是“人学大全”，也不是什么“人学体系”，但它提供了科学地、真实地研究和解决关于人的问题的立场和方法论。

哲学的灵魂是方法，马克思主义哲学尤其如此。各种哲学派别的划分不取决于研究对象的不同，而取决于不同的立场和方法。马克思主义哲学的方法是辩证的、历史的唯物主义，运用这种方法来研究有关人的各种问题，也可以称之为马克思主义的“人学”。实际上，大凡近代和现代西方哲学所探讨过的重大人学问题，马克思和他的后继者们也都做过不同程度的探讨。不同的只是他们对于这些问题不是采取思辨的、抽象的、脱离实际生活的唯心主义的态度和方法，而是运用从实际出发的、密切结合实际生活内容的、辩证和历史的唯物主义的态度和方法。众所周知，马克思对诸如人的存在（社会存在）、人的异化、人的自由、人的解放（无产阶级和人类的解放）等重大哲学课题，都做过深入的、开创性的、富有成果的研究。关于“自由”，马克思曾说过如下一段话：“实际上，事情是这样的：人们每次都不是在他们关于人的理想所决定和所容许的范围之内，而是在现有的生产力所决定和所容许的范围之内取得自由的。但是，作为过去取得的一切自由的基础是有限的生产力；受这种生产力所制约的、不能满足整个社会的生产，使得人们的发展只能具有这样的形式：一些人靠另一些人来满足自己的需要，因而一些人（少数）得到了发展的垄断权；而另一些人（多数）……暂时（即在新的革命的生产力产生以前）失去了任何发展的可能性。”① 同时，由于“交往的发展范围的狭小以及因之造成的整个统治阶级的发展范围的狭小”，不仅使被统治阶级用以满足自己需要的方式变为“非人的”，而且也使统治阶级本身在其智力发展方面也表现为“非人的”，“所以‘非人的东西’也同样是统治阶级命中所注定的”。从当今时代来说，鉴于这些“非人的东西”都是“现代关系的产物”，因而真正自由的出路就在于彻底改造和扬弃“现代关系”。然而这是以生产力的充分发展为前提的。对于马克思主义哲学来说，人的自由也好，解放也好，不是没有前提的。没有前提的自由学说不能引导人类走向真正的解放，而只能像宗教和准宗教学说那样引导人们去寻求精神上的“超越”和“解脱”。

以上就是我们对于马克思主义哲学与“人学”的关系问题的一般见解。

（原文载于《江海学刊》1998年第5期）

---

① 《马克思恩格斯全集》第3卷，人民出版社1960年版，第507页。

西方后人学对人本主义的挑战

张一兵

在西方文化中，人的王位是从神那里夺回来的。从自然神到人格神的转换，标志着异化的人类中心主义的确立。中世纪结束，打倒上帝，就有了现实工业王国之上的人类霸主。知识就是权力，代表了一个全新的时代。一般理性与人的无声的类本质是以启蒙思想为核心的古典人本主义的基石。在对创造了一体化、标准化的工业文明的反抗与批判中，从卢梭到施勒格尔的浪漫主义，都是在诗意中拒绝物化，而从乌托邦走向现实科学的马克思则是在经济规律中反对人类的物役性。而走另一条反对类的自我强制之路，必然导引出新一轮以个人本位的新人本主义（克尔凯郭尔、尼采、弗洛伊德到萨特）。海德格尔的后期，新人本主义就开始步入它的冰冻期。后现代是一种新的后人学。以我的认识，从新人本主义到后人学，在学理层面也是从物役性批判向自拘性批判的转换。

1. 后人学在发生学上的根基

海德格尔对面向死亡并总处于一定现实关系中的人类个体的命名“定在”（也可为“亲在”），可能是新人本主义在现代西方思想史上一次最重要的思辨性内化。从“上手”始发的物役性到“常人”的无我之众役性，新人本主义的逻辑被极深刻的确立。但是，后来阿多尔诺发现，海德格尔的“存在”在证伪本质主义中重新坠回本质，反对遗忘就是最大的遗忘。因为，“谁拒绝跟着做，谁就会被怀疑为没有精神祖国、没有存在家园的家伙，谁就是‘卑鄙的’”。[①]“任何不顺从存在的意识都被当作‘忘却存在性’（Scinsvergessenheit）而取消资格。”[②] 如果不能从一定有汗味和脚臭的农妇鞋中闻出四重存在（天地人神）来，就必是蠢才。这难道不是暴力强制吗?！实际上，“海德格尔的批判没有认识到概念中人的关系，并把这些关系和认识的工具混淆起来。这种批判不断保留了它反对的东西、即它自己的纲领要求切除的遮掩的思想结构。……声称去压碎偶像的东西只不过压碎了它们当作偶像被识别的条件，虚假的越狱最终又回到了它想越出的地方”[③]。这是聪明的海德格尔最后回到大地的“看护人”的根本原因。晚期海德格尔的观点已经是反人本主义的后人学之开端。在现实层面上，他对现代技术的哲学反省已经不是反对物对人的奴役，而在走向后来生态伦理中那种消除人对自然和人对自己的奴役。

2. 后人学之思想先河

实际上，正是上面我们引述的法兰克福学派主将阿多尔诺的一些重要论著首开当代西方后人学之思想先河。在阿多尔诺反对同一性的哲学努力中，他明确批判了作为传统人本主义批判理论基石（其实也是整个西方工业文明本质）的人类中心主义和理性支配论。也是在这里，阿多尔诺发现了更大的敌人是人类主体理性对自身的奴役，即自拘性。我们来看他的论证。依阿多尔诺之见，文艺复兴以来被资产阶级意识形态捧上了天的启蒙理性（这也是整个资本主义工业文明的深层逻辑支撑点），在其历史发展中逐步地显现出自身具有的两重性质：首先，启蒙的直接目的是要打倒上帝，高扬人；打倒神性，恢复人性。

---

① ［德］阿多尔诺：《否定的辩证法》，张峰译，重庆出版社1993年版，第57页。
② ［德］阿多尔诺：《否定的辩证法》，张峰译，重庆出版社1993年版，第85页。
③ ［德］阿多尔诺：《否定的辩证法》，张峰译，重庆出版社1993年版，第81页。

其根本意图就是为了消除一切神话，使人通过握有认识事物本性的理性（知识）成为现实世界的“主人”。这是它解放的、革命的一面。但另一方面，由于启蒙的意志是“人具有支配定在的主权，是主人”，人要成为“自然界的主宰”。[①] 这就必然导致启蒙思想所追求的目的仍然是一种统治和奴役。原来是上帝统治世界，现在主人换成了人。如果上帝的本质是人的异化（费尔巴哈语），那这一次权力的转移就不过是人从无意识的幕后走到了前台。现在，人成了这世间的君主。这一点在培根的“知识就是力量（权力）”一语中已有透彻的表征。也正是在启蒙思想的逻辑法宝中，最重要的就是它客观地形成了一种新的统治尺度，它把原来异化在神和抽象主体那里的统治权交给了理性：它总是要求“统一的科学结构”和“统一现象的理想典范”。在他们看来，原来为了打倒神话的启蒙的理性现在却变成了人类主体奴役自然和自我奴役的工具，这就是自拘性的深刻本质。这样，启蒙走向了自己的相反一面，启蒙从神话中解放出来的同时又是新的奴役的制造者。所以，过去看来美好的启蒙思想走向了自己反对的东西，启蒙本身成了新的神话，这就是启蒙的辩证法。实际上到这里，阿多尔诺已经超越了以往一切人本主义（包括新人本主义，因为他们只是将理性和类本质置换成个人中心的意欲冲动）话语之罗网。当然，阿多尔诺自认为是在探索人的更彻底的解放，这种解放是从包括对人类主体中心主义的人本逻辑的解构开始的，这可以被指认为一种反对一切奴役性人本主义的后人学。这一观点后来在生态学的马克思主义者莱斯的《自然的控制》一书中得到了进一步的发挥。

3. 后人学何以可能

众所周知，自 20 世纪 50 年代末开始，在西方思想中就出现了一股反叛整个西方文化特别是作为其核心哲学理性框架（包括整个实证

---

① ［联邦德国］马克斯·霍克海默、特奥多·阿多尔诺：《启蒙辩证法》，洪佩郁、蔺月峰译，重庆出版社 1990 年版，第 7 页。

哲学为主线的科学主义和全部新人本主义）的后现代论（postmodernism）思潮。到了七八十年代，后现代思潮已经成为西方人文精神非主流思潮中的主导倾向之一，几乎成了所谓“晚期资本主义的文化逻辑”（杰姆逊语）。在这一新的哲学文化理性的涌动中，反人类中心主义和非主体化的后人学倾向尤其引人注目。在以消解为前提的后现代那里，人死了，作者死了，主体死了。任何人的“主义”和“中心”都死了！后现代在对我们周围人创造的一切说“不”（反对、否定、无和非）。直观上看，后现代是反对主体和人的，后现代就等于非人学。可是如果对后现代思潮真正进行一点哲学的追问，情况就会有大的不同。德里达反对人的逻各斯之役，可是没有人的世界中，真有黑格尔式的客观逻各斯？从追求在场到写上“存在”再抹去，从基础主义到无底棋盘上游戏，不是人是谁在写和游戏？Ghost？巴特尔反对符号之役，可无深度的互文本性离开了人同样是不可思议的废话。福科反对话语之役，将人说成“沙滩上面孔”，可是他毕竟有一个具体的同性恋肉体存在。其实，德里达和福科称自己是“零杂工”和“流浪汉”，并非真正要反对人，而是反对过去一切人本主义在解放人的口号下的加于人类自身的强制性奴役，他们正是要求一种更真实更自由人类个体生存。所以我们说后现代的本质正是一种更深刻的人本主义之后的人学。在我们这里的后人学思路上，我们看到了反对一切人加于自身的一切奴役，这是一场反对自拘性的全面战斗。相对以往反对物役性中人类主体的站立，这真的更重要。

（原文载于《江海学刊》1998 年第 5 期）

世纪之交的人学逻辑转换

——从古典人本主义到新人本主义

仰海峰

国内学界当下讨论的人学，必须有对西方人学逻辑的深层透视作为理论参照系，才能使我们的人学研究保持一种“对话性”的开放视野。在西方人学逻辑的历史嬗变中，世纪之交是西方人学研究的重要转折点，这既体现为对传统古典人本主义理性观的反对，也为后现代人学研究开辟出理论上的地平线。这种逻辑转换就是人学研究从古典人本主义转向新人本主义。

古典人本主义是一种理性人学观，它的理论建构主要有以下三个环节：一是文艺复兴时期人的观念的确立；二是人对自己地位的理性确证；三是“类”人学的理论证明。这三个环节是一个逻辑递升的过程，共同构成了近代人学观的核心内容。

现代意义上的人学，兴起于文艺复兴运动。对静思默想的神学生活方式的批判，对积极活跃的现世生活的弘扬，使“人”的观念深入每个人的意识中，以人为核心的认识自己、认识自然对象成为人类生活的主题。对中世纪的批判，一方面带来了人的解放；但另一方面也使人生的意义面临更为深刻的危机。在中世纪，尽管人依赖于上帝，但人是居住于宇宙之中心的次主人，当人刚刚摆脱了对上帝的仆人地位时，哥白尼日心说的提出，人的观念受到了严峻的威胁，使人从宇宙的中心地位滚向了一个未知数，也正是在这一基础上，蒙田与帕斯卡尔对人的主体地位提出了质疑。因此，如何从理论上论证人的主体地位，这是哥白尼之后西方人学逻辑中必须加以解决的难题。

布鲁诺首先把哥白尼的挑战变成了福音。他从对无限与有限关系的重新理解出发，认为哥白尼日心说虽然把人置于一个茫茫宇宙中，但同时也表明了人的认识能力的无限性。人只要从理性出发，按照数学理性的认知模式，就能实现认识能力的至上性。布鲁诺的论证是决定性的（这在牛顿三定律中得到充分的证明）。从他开始，古典人本主义获得了理论的基石。在后继者中，笛卡尔与斯宾诺莎都从数学理性出发，分别从哲学、伦理学等视角，全面论证了“理性人”的合法地位。这种“理性人”在现实生活中的意义，则由古典经济学全面论证了。虽然在 18 世纪，在人学逻辑中存在自然主义与理性主义的分野，一些人虽然对“理性人”的合法地位提出了非难（如卢梭以及当时的浪漫主义者等），但是理性对人的意义，却在这些论争中取得了全面的胜利。

从社会发展的意义来看，理性地位的确立是同资本主义社会的发展相一致的（韦伯、舍勒以及桑巴特等对此都作了精辟的论述，后现代思潮就更加清楚地揭示了理性与资本主义社会的关系），18 世纪之后西方资本主义社会的长足进步，科学的迅速发展更加确证了这一点。如果说 17 世纪的理性学说表现出思想上的敏锐的话，18 世纪之后，特别是 19 世纪由于科学的发展带来的生产力的提高，以及历史向世界历史的转变，使理性对人具有了“类”的意义。正是看到了这一点，德国哲人们的出发点，自康德开始，就是超越了市民社会原子式私利个人理性的“类”，他们认识到市民社会中具有原子特征的个性理性，只有置于“类”理性的统摄之中，才能真正地促进社会的良性发展，这在黑格尔哲学中得到了最完整的论证。这种追求“类”本质的人学，虽然到费尔巴哈才直截了当地提出来，但实际上它构成了近代西方人学逻辑的底蕴。尽管这一时期的哲学家们也谈个人的存在、个人的理性，但这种理性都是受制于“类”的。“类”人学的提出，标志着古典人本主义的最终确立。

但在古典人本主义的建构过程中，休谟开始了解构理性的基础地位。康德对理性的限定，一方面是想对理性进行基础性的论证；另一方面也表明以理性为基点的人学逻辑受到来自理性本身的挑战，这是与浪漫主义完全不同的理论话语。所以在康德之后的人学逻辑中，从费希特到黑格尔到费尔巴哈体现出“类”人学的建构过程。同时从个体体验出发、强调人的非理性方面的人学也开始出现在理论舞台上，这就是叔本华唯意志主义哲学，特别是克尔凯郭尔从个人出发的存在主义哲学的兴起。这是与传统人学逻辑完全不同的研究思路。到 19 世纪末 20 世纪初，这一对传统理性的颠覆、从人的体验出发的反理性人学，就成为时代的主题。尼采、柏格森是这一时期的主要代表，并影响到同时代的奥伊肯、舍勒、施畏泽和后来者海德格尔等一大批思想家。

与古典人本主义相比，新人本主义体现出不同的价值观。在思想上，当时的人们认为，他们的经验是独特的，与过去的连续性被打断了；在精神状态上，他们以异化和无连续性，以非理性、分裂和绝望的世界观代替理性、秩序和乐观的精神，强调的是人的内心体验和非理性的能量的释放。这一新的人学观，首先从达尔文的生物进化论中得到了论证，这一学说在一个层面上说明了所有生物的统一性。其次是从弗洛伊德的无意识学说中得到了心理学与病理学的确证。在社会生活中，世纪末的情绪骚动，第一次世界大战带来的痛苦，都似乎在表明新人本主义的合法性。

这一新人本主义的思路很快就波及西方马克思主义的研究。自卢卡奇的《物化与阶级意识》发表后，特别是马克思的《1844 年经济学哲学手稿》于 1932 年的问世，在西方马克思主义者中，尤其是弗洛姆、马尔库塞、列斐伏尔，后期萨特等，以人的异化为主题，展开对资本主义社会现实的批判、重构总体的人的理想就成为他们孜孜以求的目标。虽然在表述上，西方马克思主义者与尼采等不同，但他们都是对过去资本主义社会人学模式的反思，并都想寻求一个理论支点，超越现时的社会。所不同的是，西方马克思主义者直接针对的是现实的资本主义社会，而在尼采等人那里，则是指向西方文化。

实际上可以看出，在新人本主义的视野中，虽然他们还在谈人，但这个“人”已经是对“传统人”的解构后建构出来的“新人”，这个新人的生活主要是走出现实社会中对人的、物的思考方式，必须寻求人本身存在的意义。早期海德格尔《存在与时间》中的论述，实际上是集中体现出新人本主义的理论逻辑与论述内容，从沉沦的存在走向本真的存在，人的本真存在是天、地、神、人四重境界的合一，这是对传统人学逻辑与研究方法的批判，但海德格尔也只是将传统人学模式进行了摄影式的扩大，并没有走出古典人本主义的场所。正是在这一点，后现代思潮才有了对“人”这一概念的解构，走向人学研究的第三个阶段。

从西方人学逻辑的内在转换过程看，从古典人本主义到新人本主义，这是人学研究的深入。同时也表明在西方社会发展过程中，在不同的历史时期，他们所要讨论的问题是不一样的。这给我们的启示是，中国的人学研究中，问题的提出本身必须要有明确的指称，在现阶段的人学讨论，我们所讲的“人”，其含义到底是什么？这是讨论中必须提出来的问题。只有意识到这一点，才能使我们的人学讨论具有对话性，澄清讨论中概念的含糊使用，真正使我们的人学研究走向深入。

（原文载于《江海学刊》1998 年第 5 期）

西方马克思主义人学论争

陈胜云

学术如经济，其发展也离不开国际环境，中国学界近来人学讨论似有中国传统经济自我封闭之嫌。我们认为，及时冷静地反思一下20世纪西方人本主义马克思主义与反人学马克思主义的讨论及其向前苏东理论界辐射所产生的理论与现实效应，是有利于我们进一步深化人学讨论的。

早期西方马克思主义的奠基者们希望在新的环境里重新唤起无产阶级的革命意识；他们沿着列宁强调无产阶级革命能动性的基本思路——但脱离了列宁所强调的特殊历史环境——着意与第二国际的“经济决定论”作了理论上的斗争。由此，无论是卢卡奇的“总体性”理论、葛兰西的“文化霸权”理论还是阿尔施对哲学实践意向的表述都围绕着一个中心：呼唤无产阶级的革命主体意识。从理论的深层分析看来，早期西方马克思主义的基本立论虽然对马克思原有理论框架有所“创新”，但总体上还是比较接近马克思本人的理论思考主导意向的。这一点决定了他们更近乎马克思，没有仅仅以人作为整个理论逻辑与现实的出发点，他们清楚地看到：从纯逻辑角度是推演不出人的整个现实世界的，人类社会历史虽是主体人与现实客体的统一体，但这种统一是在主体努力克服客体异己性的条件下才达到的，否则呼唤主体意识——无产阶级意识——也就没有必要了。

我们认为，早期西方马克思主义那种通过哲学思辨强调主体性（更恰当的表达是：主体的意识性）的理论倾向是在第二代西方马克思主义者那里才凸显为区别于传统人本主义的新人本主义的。新近科学（如相对论、量子力学）对“客观规律”的主体性披露，战争毁灭人性的残酷表演以及现代西方人本主义（克尔凯郭尔、尼采、海德格尔为其代表）的兴起是西方马克思主义新人本主义凸显的内在原因；而马克思早年带有浓厚费尔巴哈式人本主义色彩的文本《1844 年经济学哲学手稿》的发表则是西方马克思主义新人本主义终成气候的直接契机。

西方马克思主义的新人本主义打破了传统人本主义强调人与自然的统一的思维框架，突出了人与物的异质性、人对自然物的超越性；它挣脱了类（本质）的奴役性，而提倡个体现实性；同时它又突破了传统人本主义理性权威而主张人的非理性、感性之真。这只是第二代西方马克思主义者所倡扬的新人本主义一般特性，从各位学者具体研究看来，他们的立论又大有不同：有把人喻为“他自己的渴望之箭”并持乐观态度的布洛赫，有主张“人在开端就是一种有自觉性的设计图，而不是一片青苔，一块垃圾或一朵菜花”的萨特，有主张“人就是发挥全面潜能而自我实现”的弗罗姆，更有主张人“只不过是个远景外的远景”的列斐伏尔……显然，西方马克思主义新人本主义思路在超越抽象类本质的传统人本主义方面是一大理论进步，然而与 1845 年之后马克思建立在物质生产之现实历史基础上的有关人的讨论相比，则只能是一种理论倒退。

本质上，主张新人本主义的西方马克思主义者是以“老年马克思”向新人本主义所依据的费尔巴哈式人本主义的“青年马克思”的理论“投降”为基本立论基础的。这正是西方马克思主义思潮中反人学理论倾向的矛头所指。

清楚地意识到批判斯大林“教条主义”导致了“自相矛盾地改变

了马克思主义哲学局面”的阿尔都塞，敏锐地感到在新人本主义的氛围中，有一种使马克思主义哲学走向人道主义的现实趋向，由此，阿尔都塞自觉地举起了反人学的鲜明旗帜：马克思主义哲学是一种实证的，与无产阶级的现实革命实践紧密相关的理论，而不是关于人的抽象哲学理论。

相对于西方马克思主义新人本主义基本思路，阿尔都塞是冷静而理性的，他从方法上对新人本主义的基本立论进行了一种历史的理论反拨。阿尔都塞以“意识形态”与“科学”的区别为标准界划了1845年前后马克思思想，明确把西方马克思主义新人本主义的典型文本依据即《1844年经济学哲学手稿》标明为被1845年之后马克思所科学地抛弃了的“意识形态”文本，并揭明：马克思主义是“理论上的反人本主义”：从1845年起，马克思开始同一切把历史和政治归结为人的本质的理论即“理论上的人本主义”作了彻底决裂。

阿尔都塞的反人学思想自有他的历史深刻性，但也有他的理论弱点。由于与结构主义的“调情”，阿尔都塞必然地把马克思对人本主义思路的清理简单化了。就像他自己后来所承认的：他的“断裂”说只是记录了一个事实，但对这一事实的具体发生、特别是马克思政治经济学研究的现实理论发生是无意而且也是无力加以说明的。从另一个侧面看，他的理论目的是反人本主义，但是他确实又犯了科学主义的独断论错误，历史证明，离开主、客体向度的历史辩证法去奢谈马克思必然是片面的，在这一点上阿尔都塞也不例外：人这一主体在他那里被“历史无主体过程”所湮没了，当他后来意识到自己已远离了马克思的阶级立场从而犯了“理论主义”的错误时，他实际上已没有能力挽回他最终走向“马克思主义危机”的可悲结局。

西方人本主义马克思主义与反人学的马克思主义的论争直接辐射到前苏东马克思主义哲学内部的理论讨论，特别是人本主义的基本思路颇受前苏东学者的欢迎。由“如何建成社会主义”的现实思考为其底蕴而生发出来的前苏东内部的哲学大辩论，面对西方发达资本主义繁荣的经济现实，受到了西方马克思主义理论的猛烈冲击，从中产生了以南斯拉夫的“实践派”、波兰的沙夫派等为首的异化人本主义马克思主义哲学诠释模式。这种思潮与前苏东渐成气候的民主社会主义政治思潮直接谋合，它的最高现实表现就是苏联领导人戈尔巴乔夫所倡导的“新思维”。

从本质上讲，中国大地上归根到底缘起于改革开放，在 20 世纪 80 年代逐渐兴起的有关美学价值讨论、实践唯物主义讨论包括至今方兴未艾的人学讨论，从来也没有脱离过这一世界范围的人本主义理论氛围，这一事实是不以我们中的某些学者自称其理论如何创新为转移的。我们认为，马克思主义哲学不能离开现实的人而只作抽象思辨，而应回到马克思原有立论中从历史的、现实的观点出发论说人的历史辩证法，在现实的历史辩证法中讨论人的问题，给历史的、具体的人以现实的关怀。

（原文载于《江海学刊》1998 年第 5 期）

人学方法论的嬗变

张　亮

在资本主义私有制条件下，无产阶级为什么要赢得解放，以及如何获得解放？这是作为共产主义者的马克思必须始终面对的两个人学问题。他的人学方法论就是为了解答这些问题而建立的。按照学界一般的见解，马克思曾建立过两种不同的人学方法论：以“异化劳动”为基础的人本主义人学方法论和以一定的“社会关系的总和”为基础的科学的人学方法论。这两种方法论的关系怎样？既有的许多意见是很难令人赞同的。笔者的看法是：在对市民社会的经济学解剖过程中，马克思确立了自己的人本主义人学方法论；随着他对政治经济学研读的深入展开，前者不可避免地走向自我否定、实现着向科学的人学方法论的过渡。

“异化劳动”是贯穿《1844年经济学哲学手稿》（以下简称《手稿》）全书的一个基本概念，虽然在黑格尔、费尔巴哈和古典政治经济学那里，我们可以寻找到这一概念这样或那样的“源头”，但就其现实性而言，它是马克思此时批判研究资产阶级政治经济学所独立获得的一个重要成果。根据最新的研究成果，我们可以非常有把握地说，国内学界以前对马克思该阶段经济学研究的看法是基本站不住脚的：对于经济学，马克思的批判立场不是一成不变的，而是曾发生了两次重大的转变。在《手稿》第一笔记本的第一部分（即工资、资本的利润和地租三行并列的部分）中，马克思实际是在追随青年恩格斯和蒲鲁东，希望能够通过对经济学内在矛盾的分析达到让经济学自我批判的目的。这一目的应当说是已经达到了①，但是它并没有让马克思感到满意。因为在经济学的瓦砾上，他当时所希望解决的社会主义必然性问题并没有真正得以确立。“劳动在国民经济学中仅仅以谋生活动的形式出现”，这意味着什么？马克思“超出国民经济学的水平”所提的两个问题表明了他当时的苦恼心情②。他的苦恼最终在《巴黎笔记》第四、五册对詹姆斯·穆勒《政治经济学原理》的摘要中出现了解决的转机。对交换的媒介、货币的摘要激发了马克思对赫斯金钱异化说的记忆，这极大地触动了他，使他感到：只有回到人本学的异化逻辑之中，对政治经济学实现“破”之后，社会主义才能得到“立”！在一定意义上说，这个突然的灵感使之必然地要回到人本主义中去。——事实上，人本主义也正是《手稿》中的显性主导话语；不过，它绝不是对费尔巴哈和赫斯的简单模仿，而是一次新的创造，因为作为“谋生活动”的劳动已经是马克思必须加以吸收的一个理论基础了。——我们看到，经过一个比较复杂的过程，马克思最终实现了对“谋生活动”或现实条件下的劳动的人本主义吸纳③，创立了著名的“异化劳动”学说。异化劳动首先导致异化在个体层面的发生，即导致“物的异化”和“自我异化”；其次则超越个体层面导致人的社会关系的异化，即人的类本质的异化和“人同人相异化”。按照马克思当时的想法，通过对异化劳动、实际就是对人的社会关系的异化的分析，即可以揭示私有财产的本质和起源④。这是一个能够引导马克思去追溯资本主义经济关系产生和发展的客观历史、进而发现人类历史发展的客

① 《马克思恩格斯全集》第42卷，人民出版社1979年版，第54—55页。
② 《马克思恩格斯全集》第42卷，人民出版社1979年版，第56页。
③ 《马克思恩格斯全集》第42卷，人民出版社1979年版，第24—29页。
④ 《马克思恩格斯全集》第42卷，人民出版社1979年版，第102页。

观规律的新课题。不过我们看到，在《手稿》第二、三笔记本中，马克思着眼最多的还是从人的本质及其异化出发，对资本主义私有制的批判和对社会主义的人本主义论证。

我们应当如何看待《手稿》中的人学方法论？国内有些学者认为，它和费尔巴哈的人本主义是“不可同日而语的”。情况果真如此吗？当马克思从物质生产（劳动）这个人类生存和发展的最基本层面来界定人的类本质时，他的确大大超越了费尔巴哈的意识本质论（同时也超越了赫斯的交往本质论）；但是，当他将劳动看作人的本质的时候，并不是指在一定历史阶段和社会关系中的具体的现实的劳动，而是抽象的劳动本身，这也就是说，《手稿》人学方法论的起点同样是一个抽象的理论悬设！至于社会主义的实现问题，情况就更清楚了，除了理论批判和伦理说教之外，它还能给无产阶级提供些什么呢？这种人学方法论就其实际功效而言，不过是一种期望以应有和实有之间的巨大反差和对比，来唤醒工人阶级的类意识以投身社会主义革命的宣传理论工具罢了。在其现实性上，它至多能够达到人在思想上灵魂上的解放即解脱。因此，《德意志意识形态》中批判费尔巴哈的一句话将是同样适用于青年马克思的，即“在共产主义的唯物主义者看到改造工业和社会结构的必要性和条件的地方，他却重新陷入唯心主义”。[①]

正如孙伯鍨教授和张一兵教授早已经指出的那样，《手稿》不是一个完整自洽的著作，其中存在人本主义异化逻辑和现实主义科学逻辑的隐性对立[②]。马克思当时的政治经济学研究就是其中科学逻辑的客观载体[③]。当时的政治经济学研究虽然还没有将马克思直接引导到

---

① 《马克思恩格斯选集》第1卷，人民出版社1995年版，第78页。

② 孙伯鍨：《探索者道路的探索》，安徽人民出版社1985年版，第177—180页。

③ 张一兵：《青年马克思经济学研究中的哲学思想转变》，《哲学研究》1997年第11期；《经济学批判中的人本学话语——青年马克思的〈穆勒笔记〉解读》，《马克思主义与现实》1998年第3期。

客观历史过程自身，但它已经使马克思通过对经济学说史的分析，感受到社会在“现代工业”基础之上的“现实运动”和发展、意识到历史独立于人的精神发展史之外的历史性。《手稿》之后，马克思的主要工作就是运用自己政治经济学的研究成果来批判哲学：起先是鲍威尔的自我意识哲学，后来就是费尔巴哈的人本主义。在这样的情形下，原先还是不自觉的经济学研究成果就显性化了，它们和马克思进一步的经济学研究一起，不断巩固和强化他既有的现实主义科学逻辑。异化劳动及其人学方法论最终被“工业用符咒招引出来（唤起）的自然力量和社会力量”炸了个粉碎，历史就在这爆炸声中变为一门真正的“科学”：历史唯物主义。

对于历史唯物主义所引发的人学研究中的革命，不少人缺乏应有的自觉。他们只知道人自身，因此当马克思将研究视域合乎逻辑地从人的本质转向社会时，就抱怨甚至指责成熟的马克思或马克思主义不再关注人、变得反人了。事实上，当他们以为马克思在关注人的时候，人恰恰是在马克思的视域之外的。——在《手稿》中，马克思反对把人的本质当作抽象的东西同个人对立起来①，但在实际运演中，人的本质还是作为“一种内在的、无声的、把许多人纯粹自然地联系起来的普遍性”“单个人所固有的抽象物”而处于人之外，他所看到的只是人的抽象性或抽象的人。只有历史唯物主义才真正抓住了人、将人作为科学研究的对象而加以确立：人的本质在现实性上就是以生产关系为核心的“一切社会关系的总和”②；人只有通过对“暂时的和历史性的”社会经济结构的分析才能得到具体的科学的界定；人的解放问题不是一个理论问题，而是一个实践问题，它只有在社会生产力的历史性发展基础上才能得到真正的解答。这样，人学就在一定的“社会关系的总和”基础之上由抽象的伦理批判转化为实证的科学研究，人

① 《马克思恩格斯全集》第42卷，人民出版社1979年版，第122页。

② 《马克思恩格斯选集》第1卷，人民出版社1995年版，第56页。

学问题也就因此而获得了全新的科学解答即科学共产主义。只是在此种意义上，马克思和恩格斯才说：“共产主义对我们来说不是应当确立的状况，不是现实应当与之相适应的理想。我们所称为共产主义的是那种消灭现存状况的现实的运动。这个运动的条件是由现有的前提产生的。”① 由此可见，远离人恰恰是为了更接近人，研究社会恰恰是为了更好地研究人。

（原文载于《江海学刊》1998 年第 5 期）

① 《马克思恩格斯选集》第 1 卷，人民出版社 1995 年版，第 87 页。

当代中国人学的前提和出发点

胡大平

当中国从“文革”中走出，我们第一次发现在现实的社会主义制度下竟然没有“人”的存在。《伤痕》等作品首先在文学中掀起历史批判运动——伤痕文学，同时引发了人学建构的前提讨论。文学本身的敏感，它直接提示我们“人”的问题发生的真实逻辑。如果对比一下和我们具有相似背景的苏联，那么我们便会发现“伤痕文学”和以《解冻》为先导的“解冻文学”现实批判运动之间的同构性：社会主义的人学问题是直接针对现实运动对狭隘的经济基础不合理的超越所引发的畸变。

文学仅是个方便的入口，由于脆弱和矫情，它不能提供人学建构之理性基础。它的问题在世纪末“人文精神”讨论中真实地显示出来：批判主体情绪化、话语随意性、对象误置，这些问题都不同轻重地存在着。哲学呢，同样没有摆脱文学的类似困境，集中表现在参照系的误设和前提的错置。基于“西方科技和工业发展的消极影响”“西方文化精神的瓦解”的后现代话语和以市场经济转型所造成传统人伦的分崩离析为前提的“类”哲学构成当代中国人学的主导话语[①]。

① 这里的“类”哲学只是泛指以马克思《1844年经济学哲学手稿》“异化劳动”为出发点的人学框架。

前者在“世界公民”的“个性”前提下着力于“人类发展状况批判”，后者则将“类”视为出发点全面反思中国人的现状。

这一理论状况，使我们不得不重新追问：作为时代人学建构的现实基础和出发点究竟是什么？

任何人都是在一定的生产方式下进行生产活动的现实的个人，因而他们都是在一定的物质的、不受他们任意支配的界限、前提和条件下活动着的，“如果他们在自己的观念中把自己的现实颠倒过来，那么这又是由他们的物质活动方式的局限性以及由此而来的他们狭隘的社会关系造成的”①。我们这个时代为人学提供了什么样的前提呢？我们发现，当代中国人学正是以打破“狭隘”的社会关系为出发点的。通过市场经济，取消一切以“人的依赖纽带、血统差别、教育差别”等为基础的狭隘的社会关系，建立人的全面发展的基础，这同时也就是它的前提。中国人学问题的反思不应超越这一时代的真实条件去建别的基础，正如有的学者指出的那样，“真正的人学是时代自己的声音”。

所以，后现代话语和“类”话语，虽然对于我们反思历史来说，体现了巨大的历史进步性，却不能以深刻的前瞻阻止曾经困守于“黄土地”、忍受贫穷的中国人冲入市场迷失自己的本性。因为，到目前为止，全球利益还只是一个以基于西方工业文明所产生的生态危机和发展极限而提出的命题。在包括发达与不发达之分的全球范围内，它仍然是个虚幻的认识，充其量也只是一个美好的理想，一种口号。如果能在这样一种美好的理想中获得人的问题的最后解答，中国的人学根本就不是个问题，因为社会主义理想无疑具有更大价值与诱惑力。“类”亦如此，在狭隘的生产力和贫穷的物质生活中，中国人拥有过“类”吗？20 年改革开放的实践道路使每一个老百姓都明白了这一点。事实上，正是一种获得“世界公民”身份的冲动和彻底解放的欲望支

① 马克思、恩格斯：《费尔巴哈》，中共中央马克思恩格斯列宁斯大林著作编译局编译，人民出版社 1988 年版，第 15 页。

配着中国人在市场之中淹没“个性”、抛弃“类”。所以，崇高的后现代境界，反而在中国失却了真实。应当说，这是中国人学建构的关键。

“类”不是一个价值预设，而是在历史发展过程中真实展开的人的社会本质。同样，“个性”也不是一个价值预设，而是作为时代条件的生产方式的完整体现。只有生产方式的全面进步，人的个性自由与全面发展才有可能。正是由于历史的局限，资本主义生产方式之下的个性自由才最后演变为彻头彻尾的利己主义的“唯一者”。

只有站到工业文明最高点，人的解放才具有最后的可能。当我们从一种直接超越工业文明市场经济的乌托邦幻想中回到通过工业和市场手段走向解放的真实道路上来的时候，它的目的首先就在于建立解放的基础！因而，在当前，问题的提法不是“市场经济条件下人性的假设是什么？”或者，“在这一条件下我们应当怎样建构人？”这种仍然试图在现实生产方式所构成的历史条件之外寻找“人”的本质的做法，没有从根本上超出费尔巴哈。

所以，马克思在建立历史唯物主义新的哲学视域之后，便开始科学地批判费尔巴哈的“类”和施蒂纳的“唯一者”。如果我们仅仅依赖《1844年经济学哲学手稿》来建构当代的中国人学，我们就不能将马克思与其同时代的哲学家区别开来。如赫斯，在马克思之前就极其深刻地指出：在资本主义市场经济生活中，类生活异化为货币。但是，他并没有深入历史发展的客观逻辑，而只是在人的历史之外设定了凝固不变的本质——“类”。因此，根据这种本质提出的对时代的简单否定，就看不到市场本身的合理性，而只能是一种落后于时代的要求——回到没有市场和交换的前资本主义时代。这只能是一种“感伤的人道主义”①。如果我们现在将这样的人学视为哲学的全部形态，那么毫无疑问，是要回到马克思之前去。

① ［法］奥古斯特·科尔纽：《马克思恩格斯传》第3卷，樊集译，生活·读书·新知三联书店1980年版，第23页。

在以商品交换为特征的市场经济条件下，活动和产品的普遍交换已成为每一单个人的生存条件，这种普遍交换使主体的互相联系，表现为对他们本身来说是异己的、无关的东西，表现为一种物。但在历史发展中，这种“以物的依赖性为基础的人的独立性，是第二大形态”。只有在这种形态下，才形成普遍的社会物质交换，全面的关系，多方面的需求以及全面的能力的体系。因而为“建立在个人全面发展和他们的共同的社会生产能力成为他们的社会财富这一基础上的自由个性”的第三个阶段创造条件①。正是因为这个原因，在无产阶级社会所必需的物质生产条件和与之相适应的交往关系形成之前，一切所谓彻底解放人的尝试“都是唐·吉诃德的荒唐行为”。历史已经证明了这一点。也正是这一原因，当我们通过改革而最终确立市场经济作为我们发展经济同时促进社会进步时，人的解放也就和现实的经济政治获得了直接的联系。这样看来，更进一步“解放思想，实事求是”就不仅仅是反对教条主义的政治运动，而是真实地回到历史辩证法本身，尊重生活和忠于历史。

当前中国人学的前提，只能从对这个时代的个人的现实生活过程和活动的研究中产生。当前中国在人的解放道路上，正是通过市场经济打破以往的“以自然血缘关系和统治关系为基础的地方性联系”，在工业化过程中实现“个人关系和个人能力的普遍性和全面性”。只有在这一基础之上，我们才能获得人学研究的真实对象。也只有如此，我们才能充分肯定市场经济作为人的解放的历史进步，同时也能看到它所带来的人对物的依赖性的历史局限。在充分借鉴资本主义在实现这一进步时所产生的全部优秀成果的同时，杜绝它的种种罪恶和丑陋，建设中国特色的社会主义，从而实现人的最后的解放。

（原文载于《江海学刊》1998 年第 5 期）

① 《马克思恩格斯全集》第 46 卷（上），人民出版社 1979 年版，第 103—104 页。

人的“自我中心困境”及其他

蒋旭峰

美国新实在论者培里在20世纪初为反对新黑格尔主义而提出的“自我中心困境”问题是否真正具有现代认识论的意义？对这一问题的不同回答关系到能否真正把握当代认识论范式转变的哲学意义，关系到在建构马克思主义哲学认识论时能否把握住正确的方向。实际上，培里提出“自我中心困境”概念本身就说明了他还没有真正站到现代认识论的逻辑视界上，还拖着一根传统认识论的“辫子”。从西方思想史的角度来看，认识论从近代向当代的转变，本质上体现了对传统认识论问题及兴趣的根本放弃。近代以来的传统认识论，不管是唯理论还是经验论，都追求一种对世界的本质的确定性认知，在问题形态上则表现为“心灵获得关于外部世界的知识的能力是什么?”“心灵观念对于表现和揭示世界的本质有多恰当”等。这种认识论的视界决定了在近代的认识论与本体论之间必然呈现出纠缠不清的状态，表现为认识论对本体论的控制。在本质上这是古代本体论哲学的一种自然延伸。因此，在传统认识论的思维境界上，主张认识对象离不开认识活动的学者是很自然地会倒向本体论上的唯心主义的。这种哲学范式的根本缺陷在于建立在近代科学理性无限膨胀基础之上的哲学形而上学性。

进入现代之后，随着人文文化领域对独断性科学理性的反叛，在哲学认识论领域也进行了一场范式上的革命。旧的认识论主题被对逻辑、语言的讨论取代，方法论的主题涵盖了当代认识论的问题域。这种当代认识论模式的深层意蕴在于把人们在科学认识活动中不断获得可靠知识的问题视为一个不争的事实，因此，问题不是要去了解是否可能获得知识，而是要表明获得知识的条件和过程。在这种认识论的视界上，像“物质实体”“精神实体”等概念及其整个旧式本体论思维方式都被消解了。西方科学哲学经历了从逻辑主义到历史主义的发展过程，如果说透过逻辑实证主义对规范方法论的追求还可以看到一点传统本体论式的（不是本体论本身）思维方式的残余的话，那么，在历史主义学派那里所体现出的超越方法论的趋向则足以表明旧式本体论对确定性追求模式的彻底消解。且不说西方科学哲学是否真的找到了克服传统认识论的正确方法，但可以肯定的是，用传统认识论的话语去解读当代认识论的问题是根本行不通的。培里把认识关系上的主客体并存视为一种“困境”，而且还是“自我中心的”，这表明他的哲学视界依然是传统式的。在当代认识论的思维视界中，以认识活动为中心是没有困境的，而且也不会倒向所谓的本体论唯心主义。培里的新实在论在实在论思想史上只是一个过渡的阶段，在普特南的人文实在论（科学实在论）中就根本没有这种“困境”式的话语了。因此，用培里的“自我中心困境”观点来诘难本质上属于现代认识论视界的马克思主义哲学认识论，只能是一种认识论认知水平上的倒退，这也是近几年我国哲学界实践唯物主义讨论中已经达成的一个基本共识。

然而，对“自我中心困境”问题在当前实践唯物主义讨论中的哲学价值性的否定，并不意味着实践唯物主义学术思潮中就不存在什么问题了。提出“自我中心困境”观点的同志实际上是看到了这场讨论中存在的问题，但由于其哲学视界上的滞后性，因而提不出问题，更不用说找出解决问题的方法了。这里的“问题”，就是指对实践的主体性维度作了不恰当的定位，使马克思主义实践观点的本质成了对主体活动特征的一种诠释性描述。实践观点与历史唯物主义之间的深层关系呢？没有了。让我们从国内学术界关于实践唯物主义的貌合神离的三种观点说起。

第一种观点认为马克思主义实践观点的本质是一种自由的、解放的观点，是彻底的人道主义学说。实践的思维方式是对本体论思维方式的否定，因此，人的实践活动是不受任何人之外的本质决定的，是人的自我生长、自我创造，同时也创造属于人的世界的过程。以此为理论立足点，这种观点认为马克思主义哲学的真正魅力在于它的不可战胜的道义力量。第二种观点认为在马克思的实践观点中除了人的主体创造性维度外，当然还包含社会关系对人的制约性的一面。这种观点进而反对在上述第一种观点中呈现出的在解读《关于费尔巴哈的提纲》（以下简称《提纲》）时只抓住其第一条和第十一条的做法，认为第六条中对社会性的强调是不可忽视的。在这种观点看来，马克思主义实践观点不仅在内容上而且在本质上都是指现实的人的一种主体性活动，因此，像时间、空间、物质、世界等哲学概念只有在主体性实践的话语中才能成立。第三种观点尽管也坚持实践观点在马克思主义哲学中的核心地位，坚持实践在内容上是指称历史主体的现实活动的，但在对马克思实践观点本质的诠释上却放弃了主体性的诠释模式，认为实践唯物主义哲学新视界的本质是对人类实践活动的客观历史规定性的一种强调。因此，马克思实践观点的本质不是一种对主体性活动进行诠释的话语体系，而是一种对由主体活动所构成的人类历史进行研究的科学方法论。正是在这一意义上，《德意志意识形态》中的“物质生产”和《关于费尔巴哈的提纲》中的“实践”概念之间的联系才能得到很好的解释。

第二种观点是当前实践唯物主义讨论中较为流行的观点。本着学术求真的态度，笔者在此提一些不同的看法。关于第一种观点，学术界的不少同志已经提出了一些有益的批评。以笔者之见，这种观点中存在的一个最大的问题是没有考虑人道的目标在马克思实践唯物主义哲学中的“载体”问题。马克思的实践观点当然会有一个指向“自由王国”的价值归宿，但这种价值原则难道非中介化地直接构成马克思学说的话语中心吗？这种观点显然没有看到马克思的实践唯物主义与赫斯的“实践的人道主义”之间的本质区别。为了与费尔巴哈的“理论的人道主义”区别开来，赫斯曾把自己的哲学称为实践的人道主义，其哲学的中心概念是“类”。笔者以为，如果把这种观点理解的实践作为马克思主义哲学的核心概念，那么，就会失去马克思实践唯物主义哲学中的一个最基本的观点，即从现实的实际出发的观点。如果用这样的理解模式指导现实的实践活动，那么，实践的观点将会“窒息”在实践的负效应之中。

关于第二种观点，笔者以为，它的问题在于在建构其实践唯物主义理论形态的基础时，没有提供防止操作主义、实用主义的“小狗”乘机溜进来的有效措施。如果仅从主体性的话语模式定位“实践”，把马克思的实践观点理解为存在论意义上的解释性体系，那么，马克思批判资本主义制度（即其实践活动模式）的理论张力来自何处？资本主义社会中，无产阶级和资产阶级共同处在资本主义的实践关系之中，无产阶级在资本主义的社会关系中从事创造物质产品的实践活动，资产阶级在同样的社会关系中从事剥削工人劳动产品的实践活动，大家各司其职，这样一来，批判资本主义制度的理论张力就无从说起了。如果有学者申辩说，随着无产阶级和资产阶级实践活动的深入，必然会产生资本主义生产关系所无法容纳的生产力水平，这是决定资本主义必然灭亡的根本原因，如果是这样，那么请想一下，这一思维视界是对实践的主体性解释视界所能容纳的吗？显然不能。在建构马克思主义实践唯物主义理论形态时，在理论视界的高度上如果停留在对实践活动的解释学诠释，而达不到历史认识论高度上对实践活动的深层剖析和把握，找不出实践活动中的客观规定性特征即历史发展张力的客观性理论基础，那么，即使提出观点的学者本人不承认，但就理论本身来说就难于抵御操作主义的进攻。从更深层次的角度上看，这实际上是能否赋予理论本身一个克服实践关系的物役性张力的问题。马克思的实践观点本身当然是具有这样的内在张力的，关键在于我们能否真正理解其理论的高度。笔者以为，上述这种观点没有很好地“消化”第一种观点出现问题的原因，在抛弃其实践问题上价值式诠释方法的同时，走向了另一个极端，消解了历史的价值指向问题，这样当然也就只能把马克思的实践唯物主义学说理解为一种对实践活动的解释学说了。实践活动可持续发展的动力来自何处？这一问题便落空了。

第三种观点是笔者赞同的。“自由王国”的价值承诺并没有直接构成马克思实践唯物主义理论的基础，但也不是被“消解”了，而是被“沉浸”在历史唯物主义的理论之中。马克思从《提纲》到《德意志意识形态》的转变中，在核心概念上呈现出从“实践”到“物质生产”的过渡（严格地说是一种深化），这正是为了要赋予实践观点一种向自由王国的价值承诺迈进的内在理论张力。实践活动的不断超越性的根据来自何处？在马克思看来，这种根据恰恰是来自表征历史客观性特征的生产力、生产关系之间的矛盾运动，这是规范和制约着历史主体的实践活动并真正构成历史发展的内在张力的东西。笔者以为，马克思实践观点的本质即在于对这一基本观点的界定。如果要说马克思的“实践精神”的话，那么，其本质在于对社会、历史发展中的结构性制约机制的强调。其实，就《提纲》本身来说，其实践观点也并非像现在大多数学者所理解的那样只是表征主体性特征的一个概念。笔者以为，要想深入理解《提纲》的精神，必须注意以下三个重要的理论环节：第一条提纲中对实践的主体性的强调，第六条中对实践主体的社会关系制约性的强调，第十条和第十一条中对实践活动的价值指向的强调。只要把这三者综合起来理解，我们便不难发现，马克思的实践唯物主义其实就是历史唯物主义。如果说在《提纲》中马克思对他的实践观点的本质表述得还不是很清晰的话（恩格斯讲《提纲》只是新世界观的天才萌芽，这一定位是准确的），那么，在紧接其后的《德意志意识形态》中，透过对物质生产这一基本实践活动的历史客观性的强调，马克思和恩格斯把他们的实践唯物主义观点的本质做了最彻底的说明。只有站在这样的思维视界上，我们才能理解为什么马克思在谈到人类解放事业时，一再说这是历史的事业，而没有说这是主体自身的事业的原因。

从现象的层面上看，实践当然是指人的主体性活动，但从本质的层面上看，实践观点却是客观的历史主义的观点，是历史唯物主义的观点。对实践问题上这两个层面之间的辩证法关系做准确的把握，是深刻理解马克思主义实践唯物主义理论的关键。针对以前实践唯物主义讨论中的一些流行意见，笔者以为应当认真提出对这么一个问题的探讨：人类实践情境中不可承受之轻。

（原文载于《江海学刊》1998 年第 5 期）

生命人学论纲

程广云

一

人是生命存在物，生命是人的自然本质。而所谓“生命人学”则是考察人作为生命存在物的人学。因此，人学的第一个问题：“什么是人？”就转化为生命人学的第一个问题：“什么是生命？”

我们首先考察一下“生命”这一词在日常语言中的用法。我们常说：“生命在于运动”“时间就是生命”。这两句话说的是生命与运动、时间的关联。

“生命在于运动”。但生命这一特殊的运动与一般的运动是不同的。众所周知，运动包括机械运动、物理运动、化学运动、生物运动、社会运动、思维运动等几种基本形式。生命运动是一般的生物运动。有别的是，生命运动的原动力主要不在外而在内。也就是说，生命内在的一种力（内在活力、张力）——“生命力”。而人的生命运动则是特殊的生物运动。也就是说，人的生命运动不是自发的生物运动，而是自觉的生物运动。

同时，“运动”与“时间”是两个等效的词。时间是运动的表现形式。

“时间就是生命。”生命作为运动在时间中表现自己。时间是一个“变化”的过程。用黑格尔的思辨哲学的话说，“变”是“有”与“无”之间的对立统一。这就是说，时间既是存在，又是虚无。时间既建构，又解构。而人的时间又尤其是一个“流逝”“绵延”的过程，如“意识流”（詹姆斯叫作“经验之流”，而柏格森则叫作“生命之流”）。因此，对人来说，生命的意识就是时间的意识，生命的体验就是时间的体验。

生命是在时间中的运动。生命在时间中运动的原动力是生命力。这是我们关于生命本质与根源问题的初步理解。现在我们应当继续探讨的问题是：生命力作为一种力量是如何被赋予的？

黑格尔是这样体认人生哲理的：“一个人想要成为真正的人，他必须是一个特定的存在（存在在那里 dasein），为达此目的，他必须限制他自己。凡是厌烦有限的人，决不能达到现实，而只是沉溺于抽象之中，消沉暗淡，以终其身。”①

因此，生命的力度就在于它的限度。有限是有力的表现，而无限则是无力的表现。有限是真正的有，而无限则是真正的无。

生命的限度就在于它的一系列负面的表现、一系列否定的表现：生理和心理的疾病、自然和社会的灾难，诸如此类。

生命的最终限度就在于死亡。所有的生物都有死亡，只有人才意识到死亡。这一点具有至关紧要的意义。“死亡”是一个哲学的问题，尤其是一个生命哲学的问题。从苏格拉底到海德格尔，哲学家们反复诉说着“死亡”的主题：“学习哲学就是学习死亡。”在某种意义上，死亡的确是生命的秘密所在。

从表面说，死亡是对于生命的最终否定，是生命的无化，是生命的意义和价值的解构。正是在这一意义上，人们总是向往永生，追求不朽。但是试问：人类不死，世界将会怎样？

---

① ［德］黑格尔：《小逻辑》，贺麟译，商务印书馆 1980 年版，第 204—205 页。

生命的力度是被它的限度赋予的。只要懂得这一道理，我们就会懂得，从深层说，死亡是对于生命的真正肯定，是生命的有化，是生命的意义和价值的建构。

总之，“生就意味着死”，这不仅是一个事实真理，而且是一个价值真理。死亡是通过对于生命的否定而实现的对于生命的肯定，是通过对于生命的无化而实现的对于生命的有化，是通过对于生命的意义和价值的解构而实现的对于生命的意义和价值的建构。这是真正的生命的辩证法。

二

刘小枫在《诗化哲学》中以“有限与无限的矛盾”为“诗化哲学”（即生命哲学）的中心问题。他以诗化的语言提出了这一问题：“终有一死的人，在这白日朗照、黑夜漫漫的世界中究竟从何而来，又要去往何处，为何去往？有限的生命究竟如何寻得超越，又在哪里寻得灵魂的皈依？……有限的、夜露销残一般的个体生命如何寻得自身的生存价值和意义，如何超逾有限与无限的对立去把握超时间的永恒的美的瞬间。”① 这是对于生命哲学的真正理解。这里，我们可以从对于生命限度的不同态度中区分不同的生命价值取向。

第一种是从对于生命限度的“认同”中获得的生命价值取向，如佛教的“解脱”人生观、叔本华的“生存”意志论等。

第二种是从对于生命限度的“淡漠”中获得的生命价值取向，如儒家的“中庸”人生观、道家的“超脱”人生观、禅宗的“平常”人生观等。

第三种是从对于生命限度的“超越”中获得的生命价值取向，如马克思主义的人生观、尼采的“强力”意志论、存在主义的“反抗”

① 刘小枫：《诗化哲学》，山东文艺出版社 1986 年版，第 6、11 页。

人生观等。

但是，各种不同的人生价值取向却包含着一个共同的价值指向：这就是对于有限的某种否定和对于无限的某种肯定。

在第一种人生价值取向中，生不如死。无限之死被当作有限之生的本体，虚无被当作存在的本体。死即永生，死即不朽，不死即死。这种人生价值观往往是悲观的。印度传统生命文化是这种人生价值观的典型。

佛教从现世人生的种种苦难中寻求“解脱”的途径，但却将苦难的根源归结为现世人生的种种欲求，因而以消灭欲求为消灭苦难的途径，以“涅槃”为最终的“解脱”。这是一种典型的极端厌世的悲观主义。

在第二种人生价值取向中，生死之间的界限被淡化或弱化了。有限被认作无限本身。这种人生价值观往往是乐观的或达观的。中国传统生命文化是这种人生价值观的典型。

中国传统生命文化在解决有限与无限的关系问题上大致具有如下三条基本路径。

第一条基本路径是儒家设计的。孔子首先表现了对于现世人生的关注：“未能事人，焉能事鬼?”“未知生，焉知死?”[①] 儒家既未“认同”死亡，也不指望“超越”死亡，而是保持“中庸”态度——“敬鬼神而远之”。因此，儒家不是在有限的现世人生之外构建无限的本体，而是在有限的现世人生之内构建无限的本体。这个本体首先是孔子的“仁”。孔子释“仁”：一曰“克己复礼为仁”；二曰“仁者爱人”；“夫仁者，己欲立而立人，己欲达而达人。能近取譬，可谓仁之方也已”。“己所不欲，勿施于人。”[②] “仁”，是指建立在人际（以血缘为基础）关系以及代际（以血脉为基础）传接上的人与人之间的亲

① 《论语·先进》。

② 《论语·颜渊》《论语·雍也》《论语·卫灵公》。

善关系。它在空间三维——人际（血缘）关系以及时间一维——代际（血脉）传接上均可无限伸展、延续。它将有限的人类个体之“己”（“私”）安置在无限的人类总体之“群”（“公”）：人际（血缘）关系的无限之“网”以及代际（血脉）传接的无限之“链”中。其基本原则是“将心比心”。它是调整人与人（人与自我、与他人、与社会）之间关系的基本伦理道德规范。其基本方法是“由近及远”。

“愚公移山”神话体现了儒家生命文化的基本精神。愚公移山的力量源泉是在于这样一种信念：“虽我之死，有子存焉；子又生孙，孙又生子；子又有子，子又有孙。子子孙孙，无穷匮也。”① 从人的生物超越性（血缘生殖）中构建人的社会超越性和人的精神超越性，是儒家生命文化的基本路径。其基本特征是伦理的“耻感”和审美的“乐感”，“人际情怀”和“历史情怀”。儒家人生价值观的渊源是所谓“三不朽”：“太上有立德，其次有立功，其次有立言。虽久不废，此之谓不朽。”② 由此引出“内圣”（孟子）和“外王”（荀子）两条人生基本路线，并以“内圣”为本，而以“外王”为末。但是，无论“立德、立功、立言”，还是“内圣、外王”，都是以人际—历史理性为根据。“孔颜乐处”以及孟子所谓“大丈夫”是儒家的理想人格典范：“居天下之广居，立天下之正位，行天下之大道，得志与民由之，不得志独行其道，富贵不能淫，贫贱不能移，威武不能屈，此之谓大丈夫。”③ 这是以伦理—审美主义为根据。这一人生理想境界反映了儒家的积极有为的乐观主义人生观。

第二条基本路径是道家设计的。在生与死之间，道家采取“超脱”立场，复归于原人或原生状态：无知无识、无欲无求。因此，道家是以无限的“浑沌”为有限的现世人生的本体。这个本体（“浑

---

① 《列子·汤问》。
② 《春秋左传·襄公二十四年》。
③ 《孟子·滕文公下》。

沌”）首先是老子的“道”。老子论“道”，恍恍惚惚，玄妙莫测，其基本含义是“道法自然”，“道常无为而无不为”[①]。“道”，是指一种自然无为的法则、规律。其基本原则是“自然而然”。它是人与自然界之间和谐关系的最高审美境界。

庄子行“道”，畅“逍遥”之游，发“齐物”之论。庄子所谓“大宗师”（“得道真人”）是道家的理想人格典范。这一人生理想境界反映了道家的消极无为的达观主义人生观。

第三条基本路径是禅宗设计的。庄学一变而为玄学，再变而为禅宗。禅宗同时是佛教的中国化、世俗化。禅宗以道家消极出世（避世）的达观主义甚至于儒家积极入世的乐观主义取代、消解了佛教极端厌世的悲观主义。“庄禅境界”是释道两家的典型人生理想境界。

禅宗的基本特点是关注普通人的日常生活，永葆“平常”之心。在解决有限与无限的关系问题上，禅宗要求人们认有限的日常生活为无限的本体：“瞬刻中见永恒、刹那间见终古”，认生活世界为本体王国。

“儒道互补”或“儒释道合流”是中国传统生命文化的基本特征。大略来说，中国传统生命文化的基本倾向是对于生命限度的这种“淡漠”态度。这种人生价值取向重“量”轻“质”，有利于生命能源的“节约”，但却不利于生命能量的“释放”。因此，在中国传统生命文化环境中，中华民族无论个体还是总体，都有延年益寿和源远流长的本领，但在生活质量上却未见高明。

在第三种人生价值取向中，生死之间的界限处于内在高度紧张状态之中，有限的此岸与无限的彼岸遥相对峙，不可通约。这种人生价值观往往是悲剧式的、喜剧式的或悲喜剧式的。西方生命文化是这种人生价值观的典型。

西方传统生命文化是希腊生命文化和希伯来生命文化的有机统一。

---

① 《老子》第二十五章、第三十七章。

按照尼采的说法，希腊生命文化精神是所谓日神（阿波罗）精神；希伯来生命文化精神是所谓酒神（狄俄尼索斯）精神。二者合一，构成所谓悲剧精神，即“痛苦的光辉”或“光辉的痛苦”。其实，西方生命文化不仅富有悲剧精神，而且富有喜剧精神以及二者合一的悲喜剧精神。按照尼采诠释，悲剧不同于悲观。悲观主义，是一种被苦难压倒的人生哲学；悲剧主义，是一种压倒苦难的人生哲学。同样，喜剧有别于乐观。乐观主义，是在与现世人生“和解”中的自我满足；喜剧主义，是在与现世人生“抗争”中的自我欢乐。鲁迅曾经指出：悲剧将人生的有价值的东西毁灭给人看，喜剧将那无价值的撕破给人看。因此，无论悲剧，还是喜剧抑或悲喜剧，都是一种内在高度紧张状态的反映。为了严格区分东方传统生命文化和西方生命文化的特质，笔者在谈论东方传统生命文化时，使用悲观主义、乐观主义和达观主义这些词汇，而在谈论西方生命文化时，则使用悲剧主义、喜剧主义以及悲喜剧主义这些词汇。

作为西方生命文化的一个源头的希腊生命文化反映了人类童年的天真浪漫的精神特质。希腊神话和希腊哲学是希腊生命文化的体现。早期希腊哲学是自然哲学，表现了希腊人对于自然界的浓厚兴趣，充满了童年的稚气；中期希腊哲学是人事哲学，“自然”问题转向“人事”问题，希腊人转而关注人本身；直到晚期希腊以及罗马哲学，“人事”问题进一步转向“人生”问题，方才出现人生哲学。希腊人以及罗马人对于人生问题的关注，反映了人类的成熟。但对于生命问题的探索却逐渐触及生命问题的核心：有限与无限的关系问题。原有的文化资源不能满足人们在精神觉醒后对于生命本体的强烈需求。正是在这种情况下，作为西方生命文化的另一个源头的希伯来生命文化发生了重大的影响。希伯来生命文化，亦即基督教生命文化确立了上帝信仰和天国理想。其基本特征是宗教的“罪感”和“终极关怀”。这是以宣告无限来“拯救”有限开始，但却以有限“屈服”于无限告终。否定有限的此岸，以便肯定无限的彼岸，大致是除东方某些宗教

（如佛教等）外大多数宗教（如基督教和伊斯兰教等）解决有限与无限关系问题的基本路径。

从文艺复兴运动到启蒙运动是人类真正的青春时期。这是有限的人从无限的神的桎梏、枷锁中解放出来，狂飙突进、凯旋胜利的伟大历史时期。恩格斯在评价这一历史时期时指出：“这是人类以往从来没有经历过的一次最伟大的、进步的变革，是一个需要巨人而且产生了巨人——在思维能力、激情和性格方面，在多才多艺和学识渊博方面的巨人的时代。”① 这些“巨人”的基本特征是“自信”：自我以自我为根据，敢于并且善于从有限的现实自我中充分发挥出无限的潜能来。然而，即使“巨人”也会“困惑”。他们“困惑”于生命的基本问题中。如同莎士比亚和贝多芬这样真正的文化英雄，在与命运的“抗争”中，最终还是发现了自我的局限，从而重新发出了对于无限本体的“呼唤”。

西方近代以至现代生命文化在解决有限与无限的关系问题上大致具有如下三条基本路径。

第一条基本路径是经过宗教改革形成的新教设计的。这是继续以“神”为“人”存在的本体。

第二条基本路径是自由派设计的。这是坚持以“自我”为“自我”存在的本体。

叔本华借鉴佛教，从自我“生存”意志中得出了极端厌世的悲观主义结论。尼采以所谓悲剧主义来反对悲观主义，鼓吹“超人”哲学，宣扬“强力”意志，认为“人生的意义就在于其无意义”。存在主义生命哲学的要义是确认存在的“荒诞”以及对“荒诞”的“反抗”。加缪正是这样诠释“西西弗斯”神话（类似“吴刚伐桂”神话）：西西弗斯面对“荒诞”，决心“反抗”，在无意义中确立自身的意义：“我反抗，所以我存在。”但存在主义的“反抗”却是极端个人

① 《马克思恩格斯选集》第4卷，人民出版社1995年版，第261—262页。

的、毫无实在意图的，是典型的现代颓废主义。

第三条基本路径是马克思主义设计的。这是坚持以“社会”为“个人”存在的本体。

马克思主义作为一种生命文化，反映了社会底层人民的生存境遇。其一，“斗争就是存在”。马克思的“自白”是“斗争就是幸福，屈服就是不幸”。对于社会底层人民来说，确实如此！马克思主义所谓“实践、劳动、交往、生产”等归根结底是人类存在的本体。其二，“团结就是力量”，这是“斗争”的途径。在马克思的“墓志铭”上镌刻着两句话：“哲学家们只是用不同的方式解释世界，问题在于改变世界。”“全世界无产者，联合起来！”列宁曾经指出：“无产阶级在争取政权的斗争中，除了组织，没有别的武器。”[①] 其三，“共产主义就是理想”，这是“斗争”的目标。《国际歌》最后反复叠唱的三句是：“这是最后的斗争，团结起来，到明天，英特纳雄耐尔就一定要实现！”无产阶级为共产主义理想而团结战斗，这是马克思主义生命文化的基本精神。马克思主义的“斗争”是社会的实践活动。

大略来说，西方生命文化的基本倾向是对于生命限度的这种“超越”态度。这种人生价值取向可以将生命能量“释放”到极限，但却往往走向极端，“浪费”生命能源，造成畸形人格。

无疑，中国近现代生命文化同时受到中国传统生命文化和西方近现代生命文化的影响，大致也有三条基本路径。

第一条基本路径是新儒家主张的。新儒家在儒学现代化过程中，对于儒家生命文化作了某些现代性诠释。

第二条基本路径是自由派主张的。“五四”前后新文化运动和新时期思想解放运动，在某种程度上是中国的“文艺复兴”和“启蒙”，是中华民族真正的青春时期。可惜好景不长，很快被现代颓废主义笼罩。

---

① 《列宁选集》第 1 卷，人民出版社 1976 年版，第 526 页。

第三条基本路径是马克思主义主张的。毛泽东在马克思主义中国化过程中，对于马克思主义生命文化作了某些中国性诠释。毛泽东提出了“毫不利己，专门利人”“为人民服务”的思想。在对“愚公移山”的诠释中，他甚至将“人民”比喻为“上帝”。这是以“人民”为“个人”存在的本体。

三

由于各自不同的社会和文化背景，形成了各自不同的生命文化特质，反映了生命价值取向的多元性以及多元化趋向。无疑，每一个人在各种生命价值取向中都有基于自身的偏好进行选择的充分自由。但是，在各种现实的生命价值取向中显然存在这样一种指向，由于它最为符合生命的本性，因此它应当成为最为理想的选择。这一生命价值取向同时也就应当成为最为合理的生命价值导向。因此，我们最后探讨的正是大家最为关心的问题：何种生命状态最有意义、最有价值？

应当指出的是，正是在这一问题上，我们往往偏离生命，从文化哲学、社会哲学等角度来谈论生命，结果往往不能令人信服。因为个人并非单纯为社会、文化而存在，而是首先为自己而存在。因此，这里我们坚持从生命哲学角度来谈论生命，从生命本身来谈论生命。我们已经指出，生命力是生命存在的本质与根源。这里我们应当进一步指出：有力度的生命就是有意义和有价值的生命。相反，无力度的生命就是无意义和无价值的生命。因此，最有力度的生命就是最有意义、最有价值的生命。同时，生命的力度为生命的限度所赋予。而这种限度也就是有限与无限之间的紧张程度。因此，最有力度的生命也是最有限度、最为紧张的生命。

如果我们从思辨中回到生活中来，我们立刻可以发现，这种生命状态就是：青春！青春是生命的极致。

“青春”这一词在日常语言中的用法，是指青年人天然应有的生命状态。每一个人都有他（或她）的青春年华，但是并非同等具有这一生命状态。有人未老先衰，有人返老还童，有人青春早逝，有人青春永驻，诸如此类。这一生命状态并非仅仅指生理上的，而是同时指心理以及思想意识上的。最后，每个民族、阶级等以及整个人类都有它的青春时期。

总之，青春是最有活力、最富张力的生命。青春是自由、欢乐的生命。

哲学若要摆脱它的老气、死气，就要关注生命、关注青春。从青年人天然应有的这一生命状态中，我们可以抽象出几项基本原则，上升到哲学高度。笔者将这样几项基本原则称为“青春化原则”。当然，人们不是按照原则生活，而是原则只有从生活中才能得到阐释。

第一项基本原则可称为“简单性原则”。哲学的本性是从“多”中求“一”：如“始基”“本原”等。亦称为“一元性原则”：“一切即一”。简单性就意味着反对复杂性。如同“奥卡姆剃刀”反对“烦琐哲学”：“如无必要，勿增实体”。作为哲学、科学和艺术的基本原则，简单性原则就是“思维经济原则”。作为生命本身的第一原则，简单性原则就是“行为经济原则”：复杂是生命处于衰竭状态的标志，简单是生命处于旺盛状态的标志。但真正的简单却并非浅薄而是深刻。

第二项基本原则可称为“纯洁性原则”。子曰：“吾道一以贯之”。亦称为“一贯性原则”：“一即一切”。同样，纯洁性原则既是哲学、科学和艺术的基本原则，也是生命本身的第二原则：无论在思维中，还是在行为中，纯洁性原则都要求人们始终如一，反对两边倒。始终如一、坚贞不二是生命旺盛的标志，犹豫不决、动摇不定是生命衰竭的标志。

第三项基本原则可称为“独立性原则”。这是“个性原则”。个性的强弱在一定程度上也意味着生命的强弱。

第四项基本原则可称为“创造性原则”。生命在于创造。创造的真谛是原创、创新。生命的创造性就意味着反对机械的重复性。重复是生命的敌人。无论“西西弗斯”神话还是“吴刚伐桂”神话，都说明了这一道理。

前两项基本原则可合称为“单纯性原则”，后两项基本原则可合称为“独创性原则”。单纯性和独创性是青年人的本然生命状态，作为青春化原则，是人类生命力的集中表现。我们以这些原则为尺度，可以测量一个人生命的力度和紧张程度，从而衡量一个人生命的意义和价值。生命人学的这一评价标准，是建立在对生命本身的关注这一基础上的。当然，它并不反对我们从文化人学、社会人学这些角度来评价生命的意义和价值，而是坚持从生命本身来认识生命、评价生命。

（原文载于《江海学刊》1999 年第 2 期）

哲学的终结与人类生存

高清海　孙利天

自黑格尔哲学解体以来，马克思、恩格斯、维特根斯坦、海德格尔、德里达等重要哲学家都曾宣告哲学的终结。但在当代世界上，哲学作为高等教育的学科、作为哲学家群体的职业学术活动仍然存在，并对人类生活的各个领域发生着广泛、深刻的影响。如维特根斯坦所意识到的悖论：取消哲学、终结哲学的话语仍是哲学，而且这种哲学也许对当代人类精神影响最为重大。这就需要我们认真思考哲学终结的真实意义：在何种意义上哲学终结了？哲学终结的诊断打开了怎样的思想视域？哲学终结吁求着怎样的人类生活？

哲学是思想把握世界的方式

20 世纪对西方传统哲学的批判，大都始自对黑格尔的反叛，这意味着黑格尔哲学即传统哲学的完成，哲学的终结就是黑格尔哲学的终结。思考哲学终结的真实意义，就必须破解黑格尔哲学的秘密，即黑格尔如何完成从而终结了传统哲学。

黑格尔以目的论的哲学史观概括了 2000 多年西方哲学的发展，哲学史上的众多学派和哲学家，以思想范畴运动的序列和必然性向黑格尔哲学聚集，终于被赋予了全体的统一性，从而获得了各自的生命和意义。在黑格尔看来，哲学作为思辨的真理与方法和表象的、意志的把握世界的方式不同，哲学是用思想把握世界或存在，而思想中的世界或存在其本质就是思想。当哲学用思想的形式把握人本身时，人的生命、欲望、意志、情感也就成为思想的规定，成为整个世界思想体系中的一个环节。在纯粹思想的理念世界中，思维与存在、主体与客体、人与世界、精神与自然、理性与非理性都达到了辩证的统一与和解，在这个半透明的整体中哲学完成了漫长的精神旅行，走到了自知其为思想的思想的尽头。黑格尔把哲学定义为对思想的思想。人类的一切文明活动都是思想，当哲学自觉地以纯粹思想为对象时，哲学即已开端。在这样的意义上他认为哲学始自巴门尼德。从思想的本性是永恒的活动性、否定性说，哲学始自赫拉克利特。而把纯粹思想自己运动的逻辑历史地揭示出来，并使其获得系统的理论形态，则是黑格尔的历史贡献。在这样的意义上，黑格尔不会否认哲学完成于黑格尔。

用思想的形式把握世界，亦即用范畴规定存在、赋予存在以思想的统一性，实际是把存在精神化、逻辑化。在康德之前的西方哲学尚未有哲学与科学的自觉区分，亦没有区别于科学的哲学的逻辑、真理与方法。从根本上说，是没有把普遍思维、纯粹思维或纯粹思想自觉地确立为哲学的对象。随着经验科学特别是牛顿物理学或自然哲学的发展，海德格尔所说希腊哲学开启的思维视界似乎将完成于经验科学，用思想的形式把握世界似乎即是用科学的方式把握世界。至此，才有康德的哲学革命，才有真理与方法的理论自觉。在康德看来，经验科学在经验世界或现象界已经充分证明了自身的有效性和真理性，需要哲学思考和证明的是经验何以可能一类的先验问题。康德哲学对经验可能的先天条件的追问，把哲学引入了纯粹思维和普遍思维的领域，即人的思维同作为人类思维的普遍的先天规律的思想视域。在这样的定义上，即思想以纯粹思想为对象，通过对思维规律的把握进而把握思想之中的世界，哲学的理论自觉或如胡塞尔所说的严格的科学的哲学始自康德以来的德国古典哲学。

康德哲学真正确立了不同于形式逻辑的先验逻辑，不同于科学真理、经验真理的先验真理，不同于经验科学方法的先验方法。哲学有了自己特殊的视域、主题和思维方式，从而才有哲学终结的可能性。但是，在黑格尔看来，康德虽然意识到普遍思维、纯粹思维的哲学主题，却没有摆脱主观主义、形式主义的局限，离开现实的、历史的经验和思想内容，只能获得对普遍思维的抽象的、主观的、形式的范畴规定，因而不能达到纯粹思想的一般真理。黑格尔提出思辨的逻辑、真理与方法，即不脱离思想内容的真理的逻辑，或者说是思想内容自己运动的一般真理，而这也就是存在的本质和世界的真理。

黑格尔的辩证法或思辨的真理至今仍是对哲学智慧的挑战：若考察思维的一般结构和规律，就必须对思想内容进行高度的科学抽象，结果获得的只能是思维的形式结构和规律，这就是现代形式科学；若关注思想内容或经验的科学性、真理性，就必须坚持感觉的特殊性、明证性，或者如逻辑经验主义所说的证实或证伪原则，而这获得的只能是经验科学、实证科学的真理。黑格尔所追求的“具体的普遍性”，包含了全部特殊性的普遍性的真理，恰是在人类思维对立的两极中（形式的普遍性、经验的特殊性）实现统一，这是否可能呢？黑格尔坚信可以通过对人类思想史、认识史、哲学史的思辨处理，发现纯粹思想自己运动的范畴演绎，这些范畴的必然进展既是思维规律的逻辑学，也是思想中或为思想把握的存在的本质和规律，即所谓存在论和形而上学。

如前所述，用思想把握存在、规定存在，必然把存在精神化、逻辑化，思维规定也自然成了存在自身的规定。抛开黑格尔唯心主义的本体论不谈，我们认为，德国古典哲学的最重要的意义在于提出了区别于科学的哲学真理，即一种关于纯粹思维的思辨的逻辑学。在我们今天这样一个较之康德、黑格尔更为科学的时代，科学和科学思维已经成为地球上大多数居民本能的习惯和信仰，此时若谈哲学，必须回答区别于科学的哲学的独有的真理和逻辑是什么。否则，我们只能接受哲学终结的必然结论。恩格斯说到自然科学的发展终结了自然哲学，唯物史观的创立从而社会科学的确立终结了历史哲学，留给哲学的任务只是关于思维规律的逻辑学和辩证法。[①] 在我们看来，辩证法即是思辨的或理论态度的思维科学，也就是哲学的真理和逻辑。

思辨地或反思地把握思维规律的永恒意义在于，不管经验科学如何高度发展，使经验得以可能或渗透于经验之中表现思维能动作用的思维范畴永远不能完全由经验做出解释，即便我们在基因水平上破解了人类思维的全部秘密，但认识、破解基因秘密的思维能动性仍需新的基因解释，这将陷入无限的循环。哲学作为黑格尔所说的绝对的真理和方法，作为一种非对象性的思维，即思想对自己的思想，思想的自我意识，也许是永远不可替代的思维方式，哲学也许就永远不能终结。

但自马克思以来，诸多伟大的哲学家不都明确地宣告了哲学的终结吗？在我们看来，哲学终结的真实意义是哲学思想霸权的终结，是西方传统哲学用思想把握世界的方式、特别是把思辨地把握纯粹思想的思维方式作为唯一的、绝对真理的思想霸权的终结。同任何职业生活难免夸大自己活动的意义一样，传统哲学家也难免产生虚幻的职业意识，为知识提供终极解释，为人生提供终极意义，为人类确定终极的福祉和尊严，如此等等，哲学构思了许多永远不能兑现的美丽的童话，被现代哲学家们嘲讽为形而上学的神话。也许最为重要的是，传统哲学本能意识到自身的界限，黑格尔即把哲学称为“无限的思维方式”。其实，相对于知性思维有限的思维方式的哲学的无限思维方式，也只是思想和理论的无限，它所把握到的只是思想中的无限世界，思想的界限就是哲学的界限。当马克思力求改变世界而诉诸实践时，当维特根斯坦思考到语言的界限而沉默时，当后现代主义顽强地揭示出

① 恩格斯：《路德维希·费尔巴哈和德国古典哲学的终结》，中共中央马克思恩格斯列宁斯大林著作编译局编译，人民出版社 1973 年版，第 11 页。

思想边缘的异质性或“他者”时，思想的界限显露出来，哲学作为思想把握世界方式的界限也显露出来。哲学的终结亦即哲学界限的划定，人类除了用思想把握世界的哲学家的生活样式之外，绝大多数普通人更多的是用情感、意志、行动、趣味、习惯生活于世界之中。当普通大众的生存和发展成为时代主题时，哲学并未终结，却退入了学院化职业生活之中。

历史性的人性自觉与哲学的转变

西方哲学作为一种以纯粹理论态度把握世界的方式，根源于人性作为理性的人性自觉。至少从苏格拉底以后，西方哲学家即开始自觉寻求一种经过系统理论反思、具有明确目的和意义的理性生活，并力求用一种普遍的公共理性的观念构造秩序良好的政治和社会生活。理性的发现、自觉和运用，是所有文明民族都经历的历史转变，但被胡塞尔准确地命名为希腊的普遍理性精神的东西，的确具有鲜明的特色。简要地说，其首要特色在于其普遍性。希腊移民城邦的思想家们，斩断了与本土宗法社会的关系，在自由民作为平等的公民的相互关系的理解中，希腊思想确立了一种等质的、均匀的、几何学式的人伦世界。按照法国学者韦尔南的看法，希腊哲学把从伦理秩序的理解投射到对自然的理解，形成了希腊特有的几何学式的宇宙观。[1] 排除了血缘亲情等自然倾向的特殊性，理性才能作为所有人（只是自由民）的普遍理性确立起来，才能有普遍的社会法则、社会秩序和宇宙的法则和规律的观念，也才能发展起形式思维、公理化方法、演绎推理等德里达称为逻各斯中心主义的东西。

希腊普遍理性精神的第二个特点是其纯粹性或超越性。世界各民

---

① ［法］让－皮埃尔·韦尔南：《希腊思想的起源》，秦海鹰译，生活·读书·新知三联书店1996年版，第95页。

族都是自觉运用理性能力的文明民族，人类学家关于原始思维的研究说明原始思维也有其逻辑和理性，但只是在希腊自由民中才出现亚里士多德所说为学术而学术的纯粹理论兴趣。亚里士多德只是指出这种自由学术的前提是人们的物质生活需要获得满足之后。但自脑体分离之后，其他民族的有钱且有闲者为什么缺少这种纯粹的理论兴趣？看来问题与希腊人对人性、理性的看法有关。只有把人性理解为普遍的理性，希腊人才能超越自身的家庭、社会关系、政治倾向等自然社会的特殊性，而专注于某种纯粹的自由学术。在亚里士多德看来，关于所有事物普遍原理和原因的形而上学，才是没有任何实用目的的自由学术。自由、理性和哲学，就是希腊普遍理性精神或希腊哲学乃至整个西方哲学的关键词或主题词。它作为海德格尔所说的思的“前视轨”或思之方向，从根本上规定了西方哲学的视域、完成或终结。

西方哲学始于和完成于对人的思维能力、理性能力的自由本性的自觉。西方哲学的人性论即是意识论，而意识能动性即是思维的理性，从而纯粹思维或普遍理性也具有人本主义的本体论和存在论意义。这种我们过去称之为“意识观点”的思维方式，在近代哲学特别是在德国古典哲学中得到完成。对人所显现的整个世界，都是为人的意识所表象的世界，或者说都是人的意识中的世界的所谓意识界。而用黑格尔的表达方式说，思维是意识的本质和真理，理念就是世界的本质和真理。普遍理性作为马克思所说的“无人身的理性”，弥合了思维和存在的分裂，实现了人与自然的和解，在“解释世界”或用思想把握世界的方式中，黑格尔完成或终结了哲学。在我们看来，西方哲学的终结是一种人性论的终结，即把人性理解为普遍性，把人的发展理解为自由思维能力的发展，把思想、理念理解为人和世界最高本质的主体形而上学的终结。而这种哲学人学、哲学人性论的终结的根本原因，也是因为新的人性自觉或者说历史变化了的人性自觉。

自工业革命以来，马克思和恩格斯在《共产党宣言》中所说的超过过去的一切时代全部生产力总和的巨大生产力日益发展，从而为满足所有人而不再是少数希腊自由人的基本物质生活需要的可能性显示出来，每个人的自由发展也具有了现实的可能性。从而，改变阻碍生产力发展，束缚人的解放的资本主义生产关系，成为马克思的思想主题和实践方向。马克思并不否定意识性、理性等所谓“一般人性”，马克思也曾把“自由自觉的活动”看作人的类本性，但马克思更关注的是历史变化了的人性，亦即人性的历史性。在我们看来，所谓历史变化的人性主要是历史变化的人性自觉或人性理解，即人的主体自我意识的历史变化。亚里士多德时代人们也需要满足基本的物质生活需要，而且还要“舒适”或富裕。只是在这个既定的前提下，自由人才有自由理性的人性自觉，并将其理想化为真正的人性。在马克思的时代，社会生产力在工业化国家已具备了满足所有人基本物质生活需要的可能，从而每个现实的具体人的物质生活需要的满足进而他的全面发展即成为新的人性要求和人性自觉。在马克思视野中的人性，是包括理论思维能力的丰富的具体的全面的需求体系，它的实现和发展即是人的解放和发展。所以，真正的理论问题不是思辨地构想理性的神圣和完美，而是具体地考察无产阶级和人类解放的现实条件和道路。

按照海德格尔的看法，马克思完成了西方传统哲学的颠倒，此后不会再有真正的哲学复兴。[①] 如何理解马克思对黑格尔辩证法、对传统哲学的颠倒？在马克思主义理论传统中人们多从社会存在和社会意识、唯物主义与唯心主义的关系理解这个颠倒，即把唯心主义的辩证法颠倒为唯物主义的辩证法，把哲学作为社会意识形式解释为社会存在的反映。这种理解可能没有错误，但却容易陷入公式化、简单化。在我们看来，马克思对黑格尔哲学和传统哲学的颠倒，即是对传统哲学的终结，亦即对传统哲学人性理解的颠倒和终结。不是满足了物质生活需要之后的自由理性的人性，而是如何现实地满足无产阶级基本的物质生活需要的实践人道主义。这种人性理解的根本颠倒，摧毁了全部西方哲学纯粹

① 孙周兴选编：《海德格尔选集》，上海三联书店1996年版，第1244页。

理性的人性根基，从而使其不可能再有真正意义上的复兴。

马克思之后的20世纪西方哲学，一方面对自己时代的工业化、现代化、文化世俗化和大众化、政治民主化等有所感应，很难接受传统哲学的精英化、贵族化乃至某种专利主义、学科帝国主义的傲慢之物，拒斥形而上学成为最响亮的哲学口号。另一方面，20世纪西方哲学仍难完全摆脱传统哲学纯粹理论态度的人性理解，难以摆脱形而上学话语的纠缠，这就导致了对哲学终结的种种不同的理解。

逻辑经验主义、维特根斯坦、海德格尔从不同的立场达到相同的结论，即哲学终结于现代科学技术。海德格尔认为这种终结是完成，希腊哲学的视界在现代科学技术中得到完全的实现，思的任务是在今天这样一个技术世界中开拓新的视界。逻辑经验主义则完全肯定科学技术作为人类理性最高成就的合理性和优越性，认为传统哲学因其自身不够“科学”而失去合理性和存在价值。维特根斯坦则从语言的界限、逻辑的界限、语言游戏的界限显示出那些不能问、不能说的“神秘的”东西。在我们看来，说哲学终结于科学是难以成立的。因为至少从康德以来，哲学即已自觉地坚持与经验科学的区分，自觉地寻求不同于经验科学的逻辑、真理与方法。黑格尔和胡塞尔虽然坚持哲学科学的信念，但他们所理解的哲学科学作为思辨的思维、理论态度的思维，是超越了经验科学的科学。所以，不管现代科学技术如何发展，哲学作为一种福柯所说的“别样的思维方式”仍然存在。

后现代主义哲学从个人自由、个性在生活方式的合理性、合法性，揭露和反抗传统哲学的话语霸权、学科霸权和思想霸权，传统哲学把人性理解为理性，把理性思辨构建的思想体系的统一性、同一性作为绝对的真理和规范。自由理性的运用产生了压抑、威胁乃至取消自由的后果。这就是福柯所说的形而上学作为权威话语系统的“权力”，或如利奥塔所说黑格尔的同一性哲学就是“死亡哲学”。我们认为，后现代主义哲学对形而上学话语权力的揭示是有积极意义的。怎样理解和规定人性，也就在一定程度上规定和规范了人应当怎样生活。从

“在”或“是”的形而上学规定中，必然包含“应当”或“应是”的规范和尺度。传统哲学把人性规定为普遍理性、纯粹思维的本质，也就现实地要求人们达到普遍理性的精神高度，从而人们的现实的欲求、特殊的存在经验和多样的生活方式，都必须为理性所扬弃，这就是形而上学的恐怖。如前所述，当工业化使普通大众的生活愿望、生活理想也具有现实权力的时候，人民群众对自己生活和人性的理解得到了大众文化层面的表达，或者说产生了群众性的主体自我意识，传统哲学的人性理解及其话语霸权理所当然地遭到了拒斥和拆解，当代哲学家所说的后形而上学时代到来了。

人的全面发展与哲学的精神维度

工业化所释放的巨大社会生产力，为每个人的自由全面的发展打开了可能的空间。普通大众的物质生活需要是无限差异、多样的偏好体系，它孕育着无限多样的生活方式。异质性、差异性、难以为普遍性所包容的不规则性，与工业文明或资本的逻辑所要求的普遍性、普世性、通用性、齐一性等发生对抗和冲突。由此产生了反思、批判现代性的后现代理论，产生了影响当今世界格局的文化冲突。在我们看来，这种生活方式、生活风格和文化的差异性和多样化，是人的全面发展的必然结果，是与人性自我意识互为因果的。人们怎样生活，就成就怎样的人性；人们怎样理解和规定自己的人性，就怎样生活。从马克思时代以来，现实的具体个人成为自己的精神的太阳①，个人主体自我意识空前觉醒，传统哲学作为人类主体自我意识的普遍理性精神的太阳已经陨落。古典经济学个人理性选择的人性假定成了新的形而上学。个人偏好、个人选择、个人权利等成为与个人财产神圣不可侵犯一样的神圣教条。在这种个人本位的人性理解中，必然导致生活

① 《马克思恩格斯选集》第1卷（上），人民出版社1972年版，第2页。

方式的多样化和文化的冲突。在马克思看来，这是人的发展必经的“以物的依赖性为基础的人的独立性”阶段。人的发展必将超越这个阶段，达到建立在个人全面发展基础上的“自由个性”的联合形态。从而关于人性的理解也将发生新的变化。

在工业文明的个人主义形而上学时代，“以物的依赖性为基础的人的独立性”，成为资本主义文化和个人自我意识的内在矛盾。一方面，个体自我意识的觉醒要求人的独立性、差异性和个性化的生活方式和生活风格；另一方面，人的独立性依赖于无差别的资本和货币，一切个人价值只有转化为无差别的一般劳动、转化为一般商品等价物即货币才能实现和交换。经济学和社会学的人力资本、社会资本、文化资本等概念，表达了在资本统治的社会中个人无法逃避的资本化、商品化或物化的命运。个人独特的精神价值与个人不可避免的物化的矛盾，成为后现代与现代、形上精神与形下欲望的文化冲突。从而，哲学终结或后形而上学时代的形上之思仍然是人的全面发展中的重要精神维度。

个人对资本、货币、商品或物的依赖，是个人获得独立性并进而获得体能、智能、技能等全面发展的必经环节，人的物化或异化同时也是人的对象化的自我实现和自身发展。随着世界市场的形成和发展或所谓经济全球化，世界范围的商品、劳务、信息交换，使个人日益成为世界历史的公民，人的本质力量在交换中获得更为强劲的发展。按马克思的看法，在物与物的交换背后，是人与人的社会关系。人的社会关系的全球化，意味着地域、民族、传统等时间和空间的界限对人的发展的限制日益减少，一种跨时空的全球性的人性理解具备了现实条件；另一种马克思所说的“世界的哲学”即人类普遍的自我意识或“类哲学”具有了可能性。

世界历史人性的生成和自觉必然是一个漫长的历史进程。正是因为人的社会关系的全球化和普遍的世界交往，使文化的、宗教的、哲学的等罗尔斯所说的“全整论说”的差异和冲突日益鲜明和尖锐。这说明即便是我们今天这个物化的时代或物质主义的时代，各民族的世俗的或宗教的世界观理论仍在发挥着强大的作用，广义的哲学或形上理论是所谓“文明的冲突”最深层次角逐的战场，文明的冲突或文化冲突，其根本是哲学的、宗教的世界观冲突。罗尔斯认为，在存在着“全整论说”差异的条件下，人们可以在事关重大的政治决策领域建立起公共理性，形成某些“重叠共识”，确立秩序良好的社会的正义原则。罗尔斯这种社会正义的证明理论，仍然显示出英美分析哲学的精神。把世界观信仰与公共理性区分开来，把实质性的、实在论的契约学说转变为思辨的设计，把私人领域与公共领域划清界限，等等，说明罗尔斯的政治自由主义难以摆脱某种“全整论说”的形而上学，他所寻求的“重叠共识”仍是西方主流哲学背景下的一种共识。哈贝马斯则寄希望于他的“普遍语用学”或“对话伦理学”，希望人们在遵循对话、交往的某些基本规则的基础上，能够产生实质性的共同理解，重建某种社会同一性。哈贝马斯与罗尔斯的思路较为接近，他自认为与罗尔斯的分歧是“家族内”的分歧。这就决定了他的理论也难以避免西方现代哲学这个家族的根本弱点。一方面，哈贝马斯也欣然接受哲学终结的论断，明确地断言今天的时代为后形而上学时代，传统哲学至多只留下了某些“语义学的潜能”①。另一方面，他似乎也难以避免德里达对伽达默尔的批评，对话、交往的前提是“真诚”，这种“真诚”或“善良意志”的先验设定难道不是康德的“绝对命令”吗?

中国有句古话：“解铃还须系铃人。”哲学的冲突、世界观理论和信仰的冲突，仍须以哲学或形而上学的方式加以解决。轻率地断言“哲学的终结”或“后形而上学时代”，实际是回避了令人头痛的哲学冲突，也忽略了形而上学对当代文明和人的全面发展的巨大作用。按照我们对哲学终结的理解，它只是用思想把握世界的方式的唯一性、

① ［德］于尔根·哈贝马斯：《后形而上学思想》，曹卫东、付德根译，译林出版社2001年版，第15页。

绝对性的终结，是对人性作为纯粹思想、普遍理性的唯一规定性的理解的终结，但不是思辨地把握世界方式的终结，不是说人没有纯粹思想、普遍理性的人性规定。哲学的终结只是意味着人类主体自我意识有了更为现实、丰富的人性内容，人的全面发展仍然包含着思辨能力或“理论思维能力”发展的重要维度。而且，某些基于人性理解的差异的哲学冲突，只能用哲学的发展来解决。

无论是个体生活方式的差异，还是不同生活方式作为不同语言游戏的差异，乃至不同民族文化的世界观差异，固然不能用黑格尔的世界精神和绝对理念思辨地给予同一性加以解决，这种同一性难免形而上学的专制和恐怖，但也不能认为哲学的思辨对这些差异完全无能为力。不难认为任何理解、化解这些差异的哲学思考都是同一性的死亡哲学，在充满差异、竞争、对抗的世界中，人类要生存、发展，就必须承诺或设定人同作为人的等质性和等价性，即必须承认人性的自然统一性。否则，不仅是哲学需要沉默，一切关于人类、文化的话语都是无意义的，只能凭弱肉强食的自然法则发挥作用罢了。如果承诺了先验的人性自然统一性，那么个体的、民族的、文化的差异，即是后天生活方式和人性自觉的文化差异，其中最根本的差异就是人性理解和人性信念的主体自我意识的哲学差异。所以，不是一般的对话和交往，也不是公共理性的“重叠共识”，仍然是哲学的对话和交往或者说是哲学的“他者”，才是人类共同生活的基础。这不是主张基础主义的形而上学，而是强调人类交往的哲学维度。如果人类共享自然人性的统一性，后天人性理解的文化差异就有了相互理解的自然基础。其结果不是西方的或东方的人性理解成为普遍的、普世的真理，而是在“以他平他”的“和而不同”中，东西方各自不同的人性视域有了向“他者”“异质性”扩展的可能，随着普遍的世界范围的人类交往的发展，历史生成的人类性或“类哲学”成为实际可以期待的东西。

（原文载于《江海学刊》2003 年第 5 期）

“人学”：专名还是摹状词

——对近年来人学讨论的一个质询

徐长福

“人学”是专名还是摹状词？这是笔者对近年来吸引了哲学界众多学者参与的人学讨论的一个质询。这样提问，不是要对“人学”作语言分析，而是想借一个方便的说法表达一个不易言明的疑惑：人学究竟是一个学科还是一种思潮？把人学作为学科来把握是否存在学术方向上的偏差？罗素的术语用在这里有如下意思：首先，“人学”这个词，从字面上看很像学科名称；说它是专名，就是说它确实是学科名称，具有学科指称功能，也就是说客观上存在或至少可能存在一个叫作“人学”的学科。其次，说它是摹状词，就是说它虽然像学科名称，但实际上不是；这个词不具有学科指称功能，只具有学科描述功能，也就是说它并不意味着存在或可能存在一个叫作“人学”的学科，而只意味着某些不叫作“人学”的学科中具有“人”的属性；退一步讲，即使“人学”作为摹状词可以有所指称，它所指称的也不是某个叫作“人学”的学科，而是那些具有“人”的属性但已有自己专名的学科，比如哲学、文学等，也就是说，它最多是别的学科的一个绰号。究竟“人学”是什么呢？

“人学”这个词，在《汉语大词典》、《中国大百科全书》和《简明不列颠百科全书》中都查不到，表明这是一个新词。文艺理论中过去就有“文学就是人学”的说法，其中的“人学”显然不是专名，即不是说存在一个与文学相区别的人学学科，而是说由于文学具有表现人这一属性，因而人们便用“人学”来描述它，“人学”在此是摹状词。不过，这句话中的“人学”还不是近年来在理论学术领域被广泛谈论的那个“人学”。

作为汉语词语和当今学者话题的“人学”，主要地是中国改革开放的产物。这一点应当没有疑问。改革开放，这场极其深刻的社会变革，跟任何其他变革一样，客观上动摇以至瓦解着人们先前对自身本质、各种人际关系以及生活意义的理解。同时，它作为一场以解放生产力为根本的变革，又有其他变革所不具有的特点。在这场变革中，人把整个世界都调动起来以满足自身的需要，从而使自己在世界中的位置日益中心化。不论站在社会整体的角度，还是站在每个个人的角度，都能强烈地感受到：吃的、穿的、用的、看的、听的，以及其他五花八门为人所欲的、为人所爱的，正以前所未有的规模和速度从四面八方在向我们手中聚集；每个人都在拼命追求这些，社会也从未像今天这样承认并鼓励这种追求。因此，这里说人正在“中心化”，还不是一个价值判断，而是一个事实判断。人在世界中的中心化趋势不仅彻底改变着人对自身的看法，而且要求任何新的看法都至少要做到这一点——将人在理解视界中完全突出出来。于是，就有了“人的哲学”“人的理论”“人的学说”“人的科学”以至“人学”这样一类词语及其所表达的各种观点和学说。可见，“人学”，以及其他类似词语，其最起码、最基本的含义是关注人、重视人的意思——关注人，就是在认识上把人作为焦点；重视人，就是在价值上把人作为目的。这两层意思，是由改革开放作为社会变革的普遍性和作为发展生产力的社会变革的特殊性所共同规定的，不啻为改革开放的精神实质。

大致来看，从70年代末到80年代末，改革开放关注人和重视人的这种精神实质主要是通过“主义之争”来表达的。人道主义、人文主义、人本主义、存在主义、异化理论、社会批判理论、实践哲学、“超越”哲学、后现代思潮、中国传统文化中儒释道等诸家的有关思想，都曾以“革命者”的姿态登台亮相，它们虽互相攻讦，但却有共同的靶子，即教科书哲学中忽视人、贬抑人的思想。哲学学科、文艺理论学科、历史学科和一些社会科学、自然科学学科，以及舆论界、教坛、日常生活的其他领域，都为参加“主义之争”的各路英雄提供了擂台。这期间，“人学”及相近词语频繁出现，但很少有人把它们当学科看。在一般人心目中，凡是跟“人学”沾边的东西，不管它是文艺评论，还是哲学著作，都一定是替人说好话的；而凡是替人说好话的，不管它在哪个学科说话，都总能博得人们的喝彩。至于那些敌视人的观点，无论其怎样抓住人不放，人们也不舍得给它“人学”之类的命名。由此看来，人学在这时与其说是一种“学”，不如说是一种“主义”，一种澎湃于人们内心世界，从各既有学科中奔涌而出的社会思潮。

90 年代初以来，“主义之争”不知不觉演变成了“学科之争”，由改革开放所引发的关于人的根本看法上的新旧冲突蜕变成了是否可能建立一个叫“人学”的学科以及如何建立这样一个学科的技艺切磋。对立的各方不再剑拔弩张，你来我往，为了“人”而不惜得罪人，而是大多刀枪入库，捐弃前嫌，把人学作为一块公共的处女地来共同开垦，即便也聚讼不已，但多半是关于地盘一类问题。人学不再是一个家园，人们走进去就感到亲切、温暖，而成了一个客栈，谁都可以寄居，甚至骗子和杀手也可以，让人一进去就提心吊胆。人学不再自觉地去标示改革开放的精神实质，不再以众多的学科为自己向旧思想、旧观念挑战的擂台，而是竭力自立门户，期望在其中可以从任意的立场上把人当作一个独占的东西去把玩和解析。这样一来，人学就日益成为一种单纯的学问，特别是成为哲学圈内一些学者的营生，从而拉开了与各学科对人的具体理解的距离，拉开了与改革开放对人的操作实践和广大民众对人的实际感受的距离。

从“主义之争”到“学科之争”，“人学”从自己的摹状词阶段进到试图变成专名的阶段。在摹状词阶段，关注人、重视人的时代精神洋溢于社会生活的各个方面，贯注于各学科之中，“人学”虽然不指称一个独立的学科，却几乎可以用来描述任何一个学科。不仅文学被称为人学，哲学也被称为人学，历史学、社会学、经济学、政治学、法学都被称为人学。这当然不是说众多的学科顷刻间都成了一个学科，而是说在所有的学科中都开始跃动着同一种新的精神，正如在它们之中同时还盘踞着各种旧的精神一样。摹状词阶段是一个自发的阶段，是“人学”被放在谓词位置的阶段；想成为专名的阶段则是一个自觉的阶段，是“人学”想将自己放到主词位置的阶段。在后面这个阶段，摆在人学面前无非有三种可能。首先，如果人学在客观上真的可能成为一门独立的学科，那么，我们在有关方面的努力，作为总结前一阶段人学思潮的一种特有方式，还是很有意义的，即便这种清理赛场的工作可能引不起观众的兴趣。反之，如果人学不可能成为一门学科，那么，我们在学科建设上多一分耕耘，就可能意味着在时代的“人”的精神的把握和弘扬上少一分努力。其次，我们也可能勉强建立起一门叫“人学”的学科，在其中，一切“人”的观点和非“人”的观点被一视同仁、兼容并蓄，——那样的话，人学就可能成为一座中立的思想博物馆，古往今来凡是有关人的主张都可以得到同样的展示和尊重；那样的话，由改革开放所掀起的“人”的思潮恐怕就只好改换名号，另辟蹊径，以别的名义和方式继续得到把握和推进了——不是人学抓住时代精神，就是时代精神抛弃人学。

本来，按“学科对象＋学”的构词法，人学作为学科是完全可以成立的，因为“动物学”“植物学”这些既存的学科的名称就是这样构词的。但是，这样构词的人学，跟动物学、植物学一样，必须具有两个特点：一是把研究对象作为自然物种去研究，二是必须研究该物种的方方面面。这两个特点在动物学、植物学那里是很自然的，但如果赋予人学，就极不自然了。之所以如此，有两方面的原因：其一是因为人不是一个普通的物种，而是一个既能研究一切物种又能研究自己的特殊物种，这使得人学只能是自我认为之学，或“主体之学”，从而与动物学、植物学之类的“客体之学”有了质的区别。其二是因为人在认识这个世界时不是搞平均主义，而是搞自我中心主义，他用于认识自己一个物种的学科在数量上抵得上用于认识全部其他物种的学科。既然人注定不可能把自己简单当作一个自然物种去研究，同时又有大量学科对人的不同方面做了分门别类的研究，与动物学、植物学具有相同学科特点的人学就毫无必要了。这种意义上的人学看似可以成立而事实上不可能成立，说明了人的特殊性和研究人的学科的特殊性。虽然在今天构造人学学科的人当中，基本上没有人主张搞这样的人学，但揭示这种人学不能成立的原因，对于理解其他意义的人学为何不能成立，不无裨益。

今天，明确主张人学是一门学科的人，共同的意思是把人学看作一种哲学，或者是哲学的一个分支学科，或者是哲学的一种历史形态。这样做，是比较客气的，人学因而没有成为跟动物学、植物学或哲学、文学一样的大的专名，而只是大的专名下面的小的专名。即便如此，人学作为学科也很难成立。把人学看作哲学，无非是说这是一门哲学地研究人的学科。哲学地研究人，就是从总体上研究人，就是研究人的各种形上本质、关系、活动和历史。在人们哲学地研究的各种事物中，如果极其直观地划分的话，确实可以划出两类对象，即人和物。不过，哲学地研究人，总是将人跟物联系起来对待的，要从这个联系的整体中划出专门研究人的部分作为分支学科，不仅十分困难，并且与人学从总体上研究人的这一宗旨自相矛盾。因此，如果人学是哲学，它只能是哲学这一整体，而不是哲学的某个部分，或者反过来说，哲学就整个都是人学，而并非只有一个部分叫作人学。但当我们将人学的哲学如此相提并论的时候，实际上就没有什么人学，而只有哲学了，因为一旦同哲学这个已存在2000多年的专名相比，人学就只能退避三舍，甘当哲学学科“人”的属性的摹状词，至多被人们当作哲学的一个符号来看待。并且，在哲学就是人学的意义上，“人学”即使作为摹状词亦已泛化，——它既然可以用来描述一切时代的哲学，也就不再是一个专门用来描述改革开放时代关注人、重视人的精神实质的特定词语了。至于把人学看成哲学的当代形态，虽然突出了人学的时代性内涵，但并不能因此使之成为专名，——既然在“哲学就是人学”的说法中，“人学”是摹状词，在“哲学的当代形态是人学”的说法中，“人学”自然也是摹状词。

形而下的人或人的形而下的方面，是由各具体学科分别加以研究的；形而上的人或人的形而上的方面，是由哲学（包括宗教哲学等）专门加以研究的。这种关于人的学科分工是由人这一认识对象的特殊性质所决定的。这些学科的名称都是专名。如果认为凡是研究人的都可以叫作人学，那么，这些学科无不名副其实，不过其间的“人学”只是摹状词。如果认为只有在形而上层面总揽人的全貌的才最配人学的美誉，那么，哲学就是这唯一的折桂者，但这丝毫不能改变“人学”的摹状词身份。如果认为在对人的形上研究中，只有不仅关注人而且重视人的学说，才最应该戴上人学的王冠，那么，当代不少哲学派别的理论已经达到了这一要求，但是，尤其在这里，“人学”比在任何其他地方更是一个摹状词，——不可设想，人学要是学科的话，怎么可以只准重视人，而不准轻视人或者敌视人呢？

“人学”不是专名，而是摹状词，这是本文的初步结论。“人学”不是专名而被当作专名来看待，不是学科而被当作学科来经营，无疑是一种学术误会。这种误会使有关研究偏离了人学发展的基本方向。虽然如此，学者们的有关探讨，包括建设人学学科体系的探讨，仍不无意义，——其对人的关注让一些对人学本已失望的人重新有了兴趣，许多学者对人的重视依然如故，理论见解不断深化，给了人们很多启发。

客观地讲，参加人学讨论的人，提出人学命题的人，并非都主张人学可以成为独立的学科。实际上，许多人都注意到了“人学”的摹状词性质，只不过没有明确讲出来罢了。更有一些学者，不管他们如何地去议论人学，其真正的兴趣却从未放在学科体系的构造上，他们始终不渝地以把握时代的“人”的精神为己任，开拓创新，给了人们很大激励。当然，要使人学研究深入下去，还必须进一步将“人学”作为摹状词的含义认真揭橥。

“人学”这个摹状词，描述的是改革开放以来关于人的思潮。这种思潮的源泉是改革开放的社会实践，实质是关注人、重视人的时代精神。它酝酿于社会心理之中，通过各种社会意识形式表现出来，在哲学学科中得到最高形式的理论实现。人学具有学科的敞开性，因而不是一门特定的学科；它不是一门特定的学科，却存在于所有学科当中，它是当今各学科，特别是人文社会科学学科的共同的灵魂。人学具有价值观的封闭性，因而不是某种任意的价值观；它不是某种任意的价值观，所以才捍卫了一种特定的价值观——从人出发、以人为目的，从而与各种非“人”甚至吃“人”的价值观严格区别开来。人学既是人的哲学、人的理论、人的学说、人的科学，又不是它们中的任何一个。说不是，一方面是因为它们都分别局限于某个或某类学科领域，并且加起来也远远不是人学的全部领域；另一方面是因为它们不标示特定的“人”的立场。说是，是因为人学只能在它们及其他意识形态中间显形现身，特别是在纯粹理论中彻底揭示自己。“人学”以其语词的极其简明、外延的足够宽广、内涵的强可塑性，确实较其他近义词语更具表达力，因此，充当各学科中“人”的思潮的摹状词，看来非“人学”莫属。

在过去的近二十年间，人学作为一种思潮，从滥觞以至壮大渐转沉缓，经历了一个曲折发展的过程。在改革开放发轫之初，人的解放是人学的主题，砸碎各种假“物”之名为人锻造的枷锁，把“物”役使人的关系颠倒为人支配“物”的关系，是其基本内容。接下来的主题是人的确立。首先是安身，——为吃饭穿衣的合理性及追求和拥有财产的合理性而抗争，从而给人的生存奠立最起码的“唯物”的基础。然后是立命，——高扬主体性，标榜独立人格，逐渐摆脱对各种

“虚幻的集体”的人身的或半人身的依附，学会自己掌握自己的命运。虽然确立人的主题还远未终结，但发展人的主题即已提上议事日程。追求生活质量，争取社会权利，呼唤道德感情，实现人生价值等，已成为很多人在价值观上的共识。这些主题纵向嬗递、横向交织，表达了人对自身从未有过的最充分肯定。与此同时，由于受工业化国家历史教训的警示，受批评工业文明的各种思想的劝诫，更受我们自己在现代化进程中所面临的许多新问题的困扰，我们很快又产生了另一种感受，即对人的失望。于是，发现人的缺陷，纠正人的偏差，便成为人学思潮的一个否定性副题。这个副题，当然不意味着从前轻视人和敌视人的做法的正确，而意味着人对自身的肯定具有了可贵的辩证性，意味着人在被解放、确立和发展的过程中开始走出乌托邦式的幼稚，正在迈向成熟。在90年代初以前，与激进主义思潮相激荡，人学思潮主题鲜明，气势雄壮，与改革开放的精神实质互为表里，相得益彰。此后，受保守主义思潮的阻遏，虽改革开放兴盛发展，但人学思潮却婉转低回，主题若明若暗，时现时隐。不过，只要改革开放不停止它的步伐，辩证地肯定人就永远是人学思潮的主题，并且这种肯定不是人被某种非人的权威肯定，而是每一个普通人通过自己挣钱发财、求学求官、修身齐家、报国为民等最切实的活动来自己肯定自己，任何补偏救弊的工作也都得以此为前提。

当然，在此以前，人学思潮几大主题的展开还主要在“体制外”运作，因而尚显单薄与表浅。眼下，改革开放正迫近一个前提系统大反思和大转换的关头，人的解放、人的确立和人的发展也将深入“体制内”进行，冲刷历史积淀、涤荡千年陈垢、毕露人类根性、重组世间关系、再塑社会生活，将使人学思潮重新勃发，并趋于壮阔和深厚。只要经济与社会发展的目标不动摇，发展经济与社会的各种传统方式就一定要动摇，支持这些方式的形上依据就会被连根拔起。与此同时，设计和构造新的经济与社会发展方式，以及为这种设计和构造提供必要的形上根据的支持，就成为历史性的重大课题。不论怎样看，在这一课题中，人的问题都是轴心。经济与社会的发展，归根到底就是人的发展。发展方式的旧的前提系统的错误，归根到底就是人性理解的错误。从前的改革和今后的改革，归根到底都是为了把我们生活的所有方面，无论是经济的方面，还是政治和文化的方面，都置于一种更加实事求是的人性理解的基础之上。比如，经济人就是经济活动的前提；在制度设计中完全拒斥这个前提，便是先前经济活动失败的形上原因；经济制度的改革和创新，就是全面彻底地引进这个前提。又比如，人的本质的矛盾性本是一个不争的事实，可形形色色的“圣人”学说偏要虚构无矛盾的乌托邦人格，以作为乌托邦制度的基础，结果使芸芸众生饱尝了“圣人”们矛盾本性的苦果；有关改革就是要在具有矛盾本性的人们之间，全面彻底地建构互相制衡的机制。如此等等。这些都可以看作今后人学思潮的具体内容。

综上所述，从语言形式讲，“人学”相对于现有的各学科专名来说，只是它们的摹状词；从“本体”讲，哲学、文学等是实际存在的学科，人学是流行于这些学科中的一种“人”的思潮，是这些学科被改革开放所赋予的一种属性；作为摹状词的“人学”，是用来描述各实存学科中作为属性的人学思潮的。需要申明的是：人学是思潮而不是学科，并非语言分析的逻辑结果；相反，“人学”是摹状词而不是专名，倒是“本体”论证的或然形式。若能虽涉理路但不落言筌，本文便算达到了目的。

人学研究是人学思潮的构成部分，是人学思潮的最自觉能动的方面。如果愚见不谬，对人学研究，特别是哲学中的人学研究来说，其方向就得有所校正。首先，必须弱化学科建设冲动，同时强化使命感、问题意识和“人”的精神。把人学作为学科来建设，也可能间接地推进人学思潮，但终究不免事倍功半。人学研究在今天不应被看作一件纯粹书斋里的工作，而应被当成我们民族审视和检讨过去，重新把握自身命运的一种努力。人学研究的对象除了各种语言本文外，更重要的是实践本文，特别是改革开放的问题本文。人学研究不能搞价值中立，它必须旗帜鲜明地跟各种非“人”的观念作斗争，从而在全社会倡导和树立“人”的观念；它尤其应当关心普通民众的生存状况和切身感受，成为社会的良知和人类灵魂的家园。其次，人学研究应当破除学科畛域，加强学科间方法的借鉴和成果的交流，特别是要实现哲学和其他各学科间的充分沟通，让哲学及时了解、领会和总结各学科的人学研究所得，同时给予各学科足够的形上理论支持。校正了人学研究的偏向，人学思潮才能得到更加自觉地引导，才能更加积极地汇入改革开放的大潮之中。当然，很有可能上述所有看法都执于一偏，不得要领，那样的话，本文关于“人学”是专名还是摹状词的质询就更值得人们重视，值得方家来回答了。

（原文载于《江海学刊》1998 年第 2 期）

人学与现实生活世界

论 20 世纪西方哲学变革的主题与当代中国哲学的走向

——转向现实生活世界的哲学变革

高清海　孙利天

在一片拒斥形而上学和哲学终结的喧嚣声中，20 世纪哲学即将走完它的历程。

20 世纪西方哲学究竟发生了哪些重大的事情？在我们看来，转向生活世界是这个世纪哲学变革的主题。在对传统哲学的拒斥、批判和摧毁中，哲学实现了“语言的转向”“解释学的转向”“新实用主义的转向”等，这些转向实质是使哲学的生活世界之根日益清晰地显露出来，先于本体论和认识论的生存论，先于科学和哲学的日常语言及其说话方式，先于逻辑和理论的日常生活信念和直觉，受到哲学从未有过的热切关注。

转向生活世界的哲学变革并不仅是现代西方哲学经历的事情，中国十几年哲学改革的探索也在悄然地实现着这种转向。从转向现实生活世界的总体趋向回顾和澄清我国哲学改革的思路，揭示出哲学改革与我国政治经济体制改革的某些关联，也是明确哲学研究的方向和任务，发挥哲学功能的必要条件。

一

伽达默尔认为，胡塞尔和海德格尔对20世纪的哲学转折做出了决定性的贡献。胡塞尔的后期著作中出现了“生活世界”这个神秘的词，这个词被人们所接受并由此把一种已经不为人所知或遗忘了的真理带进了语言。“生活世界”这个词使人想起存在于所有科学认识之前的前提①。究竟什么是生活世界？哲学为什么要转向生活世界？这显然是一个非常有意义却尚未得到澄清的复杂甚或有些神秘的问题。

在一些可能的区分中我们可以初步界定生活世界的含义。首先，生活世界不是科学认识所建构的科学世界，不是科学认识所描述的物理世界和心理世界，即它是一个未经科学术语作用而变形的日常语言和日常意识中的世界。生活世界是科学认识的前提，因为在科学认识之前已有了海德格尔所说的先行领悟，科学认识是哈贝马斯所说的一种认识旨趣，这种认识旨趣已经受到了生活世界的先验定向。其次，生活世界不是哲学反思建构的观念世界、本体世界或理想世界，它是未经反思的、主客统一的生活经验世界，是未经实体化概念和反思的逻辑所规范的生动鲜活的自在世界。生活世界也是哲学认识的前提，任何哲学理论都是生活世界本然具有的理想倾向的观念表达。再次，生活世界不是各种符号建构的文化世界，它是自然和文化、肉体和灵魂浑然一体的世界，也可说是自然文化或文化自然的世界，所以它也不是哲学解释学所说的文本世界。最后，生活世界也不是独立于职业生活的日常生活世界，各种文化形式和职业生活方式以生活世界为根基，并且渗透着生活世界的意义，日常生活也只是生活世界的一种形式。总之，生活世界的主要规定在于它是“活的”世界，不是观念或符号所建构的“死的”世界；是根源性的直接性的存在，不是反思规定和

① 《赞美理论——伽达默尔选集》，夏镇平译，上海三联书店1988年版，第68页。

建构的间接存在；是未分化的统一的人类生活的意义整体，不是分化的、专门的文化样式和生存样式。这是我们对生活世界的基本理解。

哲学为什么会出现生活世界的转向？转向生活世界的哲学变革意味着什么？在我们看来，生活世界总是先在地规定了哲学的价值态度和致思取向，任何哲学总是包含着生活世界给予的某些隐蔽的前提。因此，全部哲学都自觉或不自觉地表达着对生活世界的某种整体理解。这样看来，哲学总是面向生活世界的思考。但是，哲学要思考表达生活世界却必须一定程度离开生活世界，只有在一定距离中哲学才能反观生活世界，这就使哲学又总是包含着离异生活世界的倾向。此外，哲学把握世界的方式基本是概念认识的方式，它所建构的观念世界总是对生活世界的理想表达，这也使哲学的文本世界与生活世界有了差异。哲学按其本性只能以理想的形式参与生活世界的创造和发展，但是哲学文本和哲学的理想又可能遮蔽着人们和后来哲学家对生活世界的观照与思考。哲学转向生活世界的根本原因在于生活世界本身的发展和变化，它使哲学家获得了新的信念、旨趣和理想，这就必须对已有哲学隐蔽的前提进行批判，而这些隐蔽的前提是生活世界给予的。所以划时代的哲学变革在哲学前提批判中必然地转向生活世界。

古希腊哲学的科学智慧和哲学智慧都是直接面向生活这部大书的，它几乎没有什么可以参照的哲学文本作为思考世界和人生的工具或中介，最早的哲学家只能以自己直面事情本身的思考力量获得哲学的洞见。但是早期哲学家的思考必须说出某种新的话语或写下某种哲学语言才能为人们所理解，于是哲学文本的构建就不可避免了。这也就决定了后来哲学家工作的基本方式，他若作为一个真正的哲学家而不是哲学史家，就必须符合哲学本性的要求去思考现实的世界和人生，这就必须对已有的哲学文本进行反思性的消解，使哲学的生活世界之根显露出来；另外他又必须进行某种理论的建构，以表达自己对世界和人生的觉解和领悟，这又可能使哲学远离真实的生活世界。因而我们可以说转向生活世界始终是哲学固有的内在要求。笛卡尔以十分彻底的怀疑精神把全部哲学甚至事物和世界都加上了“括号”，力求从“我思故我在”的自明性的公理出发重建全部哲学，自独断论中醒来的康德也曾彻底清理一番哲学的“地基”，以使自己的哲学获得稳固的基础。即便是成为20世纪哲学众矢之的的黑格尔哲学，在伽达默尔看来也已开始了对传统哲学实体本体论的摧毁，而海德格尔则把黑格尔哲学看作“直面事情本身”的哲学。

如此说来“转向生活世界”是古已有之，20世纪哲学的呐喊是不是出于对哲学史的无知？抑或是它真的发现了某些重要的事情？在我们看来，20世纪哲学的转向和变革确有它的必然性和真实的历史内容，转向生活世界绝非哲学史类似变革的简单重复，它表达了现代哲学对自身使命和意义的新理解，表达了一种新的哲学观。

首先，在海德格尔看来，寻求事物普遍原理和原因的希腊哲学已为现代科学所完成，实际上恩格斯早已表达了同样的看法。哲学面向世界的科学解释和概括已成为各门实证科学的任务，直面事情本身的科学思辨和猜想虽然仍有意义，但却是科学的事情。因此可以说作为科学解释的哲学确实终结了。逻辑实证主义从哲学命题的不可证实或证伪的分析中看到了科学与哲学的区别，在哲学非科学的意义上坚决拒斥冒充科学的传统形而上学。但逻辑实证主义并不否认哲学作为意义的追问或澄清意义的价值。石里克甚至认为，苏格拉底式的生活意义的追问是哲学工作的典范形式，哲学的未来仍要从事这种澄清意义的活动。因此现代西方哲学转向生活世界的哲学变革就不再是在传统哲学的思路中重建形而上学的现代形态，而是对任何客观知识形态的形而上学及其尝试的拒绝，哲学必须自觉地成为某种不同于实证科学的文化形式。

其次，在现代西方哲学的发展过程中，转向生活世界的内在要求不仅是拒斥传统形而上学，而且也是对科学技术的新专制和统治一切的自然科学思维方式的反抗。胡塞尔从来不是反对科学的非理性主义者，但他晚年却洞见到单纯效法精密自然科学的思维方式给欧洲文明带来的危机。胡塞尔晚年提出的“生活世界”这个词，把久已被人遗忘的先于科学的领域带进了哲学思考的视野。海德格尔则明确地断言，科学活动只是人的多种存在方式之一，而且不是人的最本己的存在方式，先于科学的生存论的理解已经先行划定了科学的基本区域①。因此，转向生活世界就不仅是对传统形而上学的摧毁，也是对传统形而上学的超越，是对先于任何科学和哲学理论的更为原始的东西的追问。转向生活世界的哲学变革不是哲学思考的感性化和表象化，而是哲学理论思维深度的新拓展。

最后，转向生活世界的哲学变革从根本上说是生活世界本身变革的必然结果，或者说是时代精神和文化氛围变化的哲学表现。随着二战后新科技革命的兴起和生产力的发展，个人日益获得了较大的自由空间，日常生活和闲暇逐渐具有了重要的生活意义，从而文化的世俗化、大众化和多元化成为文化的主流。在这样一种文化总体趋势中，作为一种文化形式的哲学乃至科学的优先地位必然受到质疑。现代西方哲学激烈地反对学科帝国主义、概念帝国主义，反对哲学作为一级真理的特权地位，反对盲目的科学和逻辑崇拜，实际是哲学适应时代要求的自我约束和调整，是一种罗蒂所说的走向后哲学文化的哲学观。在否定了任何文化形式和社会主体的优先地位之后，哲学或者成为沟通不同文化形式的解释学，或者成为自然进化的文化和生活的一部分，或者成为一部分人特有的生活方式和存在方式，不管怎样，哲学转向生活世界是势所难免的。

二

20世纪西方哲学的转折大都是从反叛黑格尔开始的，因为黑格尔

① ［德］海德格尔：《存在与时间》，陈嘉映、王庆节译，生活·读书·新知三联书店1987年版，第15页。

哲学是西方形而上学的最终完成。[①] 一方面黑格尔着力于通过思想的辩证运动来消解和融化希腊的实体本体论及其概念方式；另一方面黑格尔的辩证法又保留着特有的本体论上的自我驯服，因而只是达到了精神和自由的概念，而没有从根本上超越传统哲学的思维方式[②]。黑格尔哲学作为一个绝对真理的体系受到现代西方哲学多方面的批判。英美经验主义和分析哲学从科学命题和形而上学命题的区分中，坚决拒斥无意义的形而上学的伪命题，并由此转向了语言分析和新实用主义。欧陆哲学反对黑格尔的泛逻辑主义。

现代西方哲学从生活世界的变革中获得了新的生活世界的根基，并在对旧哲学的拆解和解构中，重新获得对生活世界的哲学理解。从观念转向语言，从科学和理性转向文化，从逻辑转向体验或原始经验，是现代西方哲学转向生活世界的不同途径，这些转向共同地显示着生活世界的优先地位。

奎因认为，由观念转向语言是现代经验论哲学的一个重要转折[③]。后期维特根斯坦哲学明确地实现了向生活世界的转向。他认为，日常语言分析不仅是对形而上学的消解，也是对逻辑的积极显示，从观念转向语言也是从逻辑转向原始生活经验的一种努力。

当海德格尔在现象学研究中实现了语言的转向时，转向语言和转向原始生活经验的哲学变革就成为转向生活世界的直接组成部分。他在现代西方哲学的发展中，把生存论提升为本体论的基础环节，把人们的生存状态作为哲学思考的重要主题，把解释学作为一种方法转变为此在的本体论，都直接促成了转向现实生活世界的哲学变革。海德格尔之后的欧洲大陆哲学鲜明地呈现出转向生活世界的特点。无论是伽达默尔在历史的文本中寻求和唤醒沉睡的意义，还是德里达通过分

① 参见［美］怀特《分析的哲学》，第 1 章；［英］艾耶尔《二十世纪哲学》，李步楼、俞宣孟等译，上海译文出版社 1987 年版，第 2 章。

② ［德］伽达默尔：《摧毁与解构》，载《哲学译丛》1991 年第 5 期。

③ ［美］奎因：《实用主义者在经验中的地位》，载《哲学译丛》1990 年第 6 期。

裂和延迟对意义世界的埋葬，抑或是哈贝马斯关于交往与社会进化的研究，一方面都是对实体本体论的西方传统形而上学的摧毁和解构；另一方面是面向生活世界或直面事情本身的哲学思考。

在转向生活世界的哲学变革中，近代以来把自然科学作为哲学基础，把科学作为理性典范的信念开始动摇，哲学作为理性批判和知识论批判转向多向度的文化批判，英美哲学与欧陆哲学由此开始合流。在转向语言、转向生活经验的哲学变革中，卡西尔、海德格尔、利科尔、福科等人都实现了转向文化的变革。英美分析哲学通过转向语言也转向了文化，按照罗蒂的说法是转向了后哲学文化①。

总之，从反省的内在经验转向语言或书写的语言，从似乎自明的逻辑转向先于逻辑的原始经验或生活体验，从以自然科学为典范的理性转向人文科学和文化，哲学转向生活世界的实质是转向人或此在的"现身情态"，是在人的现实活动和生存状态中理解人本身，所以这就是对任何先在本质决定的拒绝。对于自由生成中的个人和历史来说，在自在的意义上当然是被规定的既成的存在，但在自为的意义上一切先在本质都是虚无，因而转向现实生活世界的哲学变革总是直接表现为对实体本体论先在决定的拒斥和摧毁，表现为从生活世界之中寻找人的自我理解和自身发展的根基。

三

在我们看来，转向现实的生活世界也是理解马克思主义哲学革命变革的实质、理解中国十几年哲学改革总体趋向的关键。马克思主义创始人在对传统哲学的批判中，对哲学的目标、使命、方法和形态都作出了全新的理解，实际上已经实现了向现实世界的转向。哲学的目标是改造世界，哲学的使命是为无产阶级解放提供思想武器，辩证法

① 参见［美］罗蒂《语言的机缘》，载《哲学译丛》1991年第2期。

的推动和创造原则是生产实践中人的自我生成和发展，哲学不是绝对真理的体系而是对实践和实证科学进行辩证批判的世界观，生活、实践的观点成为认识论的首要观点，等等，都表明一种哲学方向的转变，即从物质生产实践中，从人的现实活动中理解全部人类历史和人本身。海德格尔认为，马克思完成了对形而上学的颠倒。马克思之后人们还试图按照传统哲学思维方式尝试哲学思维，它只不过是谋求获得一种模仿性的复兴及其变种而已。

马克思主义是无产阶级和人类解放的学说，它已把改变人类生存状态的生存论提升为哲学的首要问题；人类生存状态的改善和发展也不再仅仅是精神自由的问题，而是实际地改造自然、改造社会关系的人的本质力量的自我确证和自身发展；人作为自己的根本已不再需要任何外在本质的先验决定，因而传统哲学的实体化本体论理所当然地应予以废止。马克思主义哲学对形而上学的颠倒即是向现实的生活世界的转向，它最早表达了现代哲学的基本精神。但马克思主义哲学对传统哲学特别是黑格尔哲学的积极成果有着更为自觉的继承态度，因此它避免了现代西方哲学反叛黑格尔的偏失。马克思主义看来，人们不可能达到终极的绝对真理，但仍需追求真理的热忱，仍要利用辩证思维概括实证科学成果去追求可能达到的相对真理；理想不能作为生活实践的先验原则，但形上的理想追求既是人的本然性向又是现实生活的一种真实力量；科学和理性并不具有绝对的权威，但“激情的理性”和科学理性仍是人类发展的重要力量；人的未来是人的全部潜能的实现和自由全面的发展，并没有唯一高贵的生活样式，但物质生产实践却是人类生活的“基底样式”。总之，马克思的哲学避免了现代西方哲学的怀疑主义、自然主义和非理性主义，但从根本思维方式上却都是对传统哲学思维方式的否定，是转向现实生活世界的哲学思考。

传统哲学思维方式及其生活方式基础并不是轻而易举就可以克服的，马克思的哲学变革不断地被曲解，甚至马克思的哲学本身也逐渐地被纳入传统哲学的框架之中。按照传统哲学思维方式去理解马克思主义哲学，马克思主义哲学成为和18世纪唯物论几乎完全相同的自然本体论学说。有鉴于此，列宁特别强调辩证法的认识论意义，并力图从辩证法作为认识工具的作用中重新获得辩证法的活力，使其葆有生活实践中的创造力量。但是按照传统哲学思维方式去理解作为认识论的马克思主义哲学，也同样把马克思主义哲学变成近代知识论或认识论的形态，生活和实践仅仅成为说明知识起源和标准的认识论概念，它同样遮蔽了马克思主义哲学作为改变无产阶级生存状态的生存论意义，导致了对马克思主义哲学最本己的东西的遗忘。可以肯定地说，不了解马克思主义哲学转向现实生活世界哲学变革的实质，势必或者如肤浅的英美经验论一样把哲学作为形而上学简单地予以拒斥，或者把哲学真的变成需要拒斥的形而上学。所以摆脱传统哲学思维方式的限囿，重新理解马克思主义哲学，把实践、日常生活和交往等现实世界的问题逐渐提升为马克思主义哲学本质的东西，成为中国十几年哲学改革的总体趋势。这实际上也是一场转向现实生活世界的哲学变革。

我们过去曾致力于哲学改革的思考，从哲学教科书体系的改革，到哲学理论内容和哲学观念的变革；从对马克思主义哲学的重新理解，到如何符合时代要求坚持和发展马克思主义哲学，在多年的思考中逐渐澄清了哲学改革的思路。我们今天的看法是，马克思主义哲学改革的实质是思维方式、说话方式和生活方式的变革，这既需要对传统形而上学的实体本体论进行消解和解构，非此即无法转向现实的生活世界；也需要面向生活的哲学治疗，不改变形而上学的说话方式，长期流行的假话、空话、大话和官话就不能真正根除，哲学也需要生活世界中的思考和建构，一种真正源于生活的统一性思想仍是国家强盛、人民幸福的精神条件，它将实际地参与生活世界的创造性发展和进步。

我们在对传统哲学教科书体系的改革中，逐渐意识到实体本体论思维方式是使马克思主义教条化、公式化的一个重要根源。把马克思主义哲学看作自然本体论虽然符合人们的经验常识和实证科学的结论，但却恰恰表明它没有超越常识和实证科学的思维方式，它缺少胡塞尔所说的不同于自然态度的理论态度。这种实体本体论的思维方式是一种还原论的思维方式，是一种先在本质决定即概念、术语决定的思维方式。因为不管把世界的本质归结为物质还是精神，它都是一种实体化的概念，而以一种实体化概念规定世界和历史的全部发展，必然导向公式化和教条化的哲学体系。实体化概念先行决定的哲学体系，既没有实证科学概念的经验校准，因而是无意义的形而上学独断；也遮蔽了它与生活世界的真正关联，成为脱离生活而又规范生活的形而上学教条。所以改变传统哲学的思维方式成为哲学改革的症结所在。

我们曾认为哲学理论内容和哲学观念变革的关键是思维方式的变革。哲学思维方式不是思维操作和运演的方法和技巧，而是内在地包含着基本价值态度的世界观的核心，它从根本上规定着人们的认知取向和实践态度，哲学思维方式的改变将带来全部哲学观点的变化。我们把马克思主义哲学革命变革的实质看作实践观点的思维方式的创立和发挥，并力求从这种新的思维方式看待全部哲学问题。这样我们与哲学界同行们取得了很多共识，在推动哲学向生活世界转向，把实践看作全部哲学的核心概念而不只是认识论概念等方面，我们与实践唯物主义和实践本体论的主张是一致的。但是在我们看来，马克思主义哲学的实践观点是哲学思维方式的总体变革，它已经改变了哲学提问的方式，因而也必然改变了哲学理论的形态。按照传统哲学的理论框架把实践规定为本原或本体的东西，仍是按照还原论的本体论思维方式去理解马克思主义哲学。这既难以回答自然本体论的诘难，因为在追本溯源的思路中自然的先在性是毋庸置疑的；也难以真正透彻地发挥马克思主义哲学实践观点的理论力量，因为实践作为一种创造和生成恰恰是对任何先在本质决定的消解、否定和融合。因此我们强调实践观点思维方式对传统本体论思维方式的超越，因而它也是对以往唯物主义与唯心主义抽象对立的超越，这个超越的实质就是从任何哲学虚构的本体或本原决定中挣脱出来，在转向现实生活世界的哲学思考中，在自为自主的实践中，重新发现和发展人的自由本性和可能性的限度，重新确立哲学思考的基点和使命。

在对哲学思维方式变革的思考中，生活方式的决定性作用显露出来了。马克思主义哲学实践观点的思维方式，是20世纪无产阶级改变生存状态实践过程的理论表现。20世纪现代西方哲学的变革，也是21世纪西方社会生活变化的必然结果。我国十几年来哲学改革的理论探索，无疑也是政治经济体制改革和生活方式迅速变化的理论反映。一方面，我国的经济体制改革和政治体制改革需要破除传统思维方式的束缚，需要从我国的具体国情和实际出发，这就呼唤着解放思想、实事求是的哲学向生活世界的转向。另一方面，改革及其所带来的生活方式的变化刺激和引导着哲学思考走向生活的深处，先于理论、先于任何本质决定的人民群众的深层渴望，既是改革的力量源泉，也是任何真诚的哲学思考必须首先面对的东西。维特根斯坦说过，“时代的病要用改变人类的生存方式来治愈，哲学问题的病要以改变人类的思维方式和生存方式来治愈”。[①] 我国十几年来人们生存方式的历史性改变已经医治了许多社会疾患，也有力地改变了人们的思维方式，因而哲学问题的病即实体本体论的思维方式也在不断地得到救治。其实，我国社会生活对哲学某种程度的冷落本身，就是对传统哲学思维方式的拒绝，也就是在对哲学进行着“冷处理”的治疗。但是哲学必须自救，一种面向生活的深刻思考虽然不再具有绝对真理的权威和形而上学的专断权力，仍然将具有理论的魅力和教化的力量。因为它在引人思、和人们一起思，并显示出人之所思可能达到的高度和惊人的洞见。问题还在于我们是否真的在思考和创造。

---

① 转引自［德］恩斯特·卡西尔《语言与神话》，于晓等译，生活·读书·新知三联书店1988年版，“代序”。

四

从生活方式和思维方式的改变理解转向现实生活世界的哲学变革，维特根斯坦的一个深刻洞见是不可忽视的：语言是生活方式的一部分，没有离开语言的纯粹思维和观念，思维方式的改变依存于说话方式的改变。因此，要改变传统形而上学的说话方式和思维方式，必须进行哲学治疗，把语词的形而上学使用还归于它的日常用法。在我们看来，维特根斯坦的这种消解形而上学的策略不是唯一的，把一切哲学语言都还归为日常语言也是偏激的，这实际上是取消了哲学话语的存在权利。但是作为改变传统哲学思维方式和说话方式的这种消解策略对我们也有积极的借鉴意义，我国的哲学改革也需要语言的转向和语言的治疗。

一些西方学者注意到汉语和西方语言表层句法的差别，甚至认为汉语避免了西方语言的主谓结构所带来的实体属性的形而上学。作为说着汉语的我们却深知，现代汉语的演变和规范化恰是向着西方语言的模式看齐的。这不仅是语言交往和互译的要求，从根本上说显然是世界经济、文化一体化过程的必然结果。因此现代汉语并未避免概念实体化的形而上学，而且由于经济体制和生活方式的深层原因我们的语言可能更多地充满着形而上学的东西。从改革开放以来，人们一再感受到传统的说话方式阻碍着社会的变革，人们对那些大话、空话、假话深恶痛绝，而改革中出现的新的话语系统正在逐渐生成。我国的社会主义改革是一场深刻的革命，也必然是一场语言的革命变革。因此，哲学的语言治疗是一项不能回避的任务。

我国多年的计划经济体制，“以阶级斗争为纲”的基本路线和人们的简单齐一的日常生活，造成了一种抽象规范的指令式语言、政治价值绝对优先的教条主义语言和高度概括的抽象语言系统，这就是人们通常所说的官话、大话和空话。这种典型的形而上学说话方式和传统哲学的思维方式相伴而生，相互助长，又巩固和强化着它们由以产生的生活方式。按照维特根斯坦的看法，各种语言游戏都是生活方式的一部分，因此改革开放以来人们生活方式的巨大变化也必然改变着人们的说话方式。实实在在的经济发展和人们的经济利益，要求一种实在、简洁、有效的说话方式，现实生活的实际过程正在消解着形而上学的说话方式和思维方式。但是哲学的洞见和哲学的治疗仍是有效的和必要的，哲学至少能警惕人们不要受形而上学说话方式的诱惑，或者也可以把形而上学说话方式的根源揭示出来给人们看。现代西方哲学的语言治疗能给我们一些有益的启示和借鉴：莫里斯关于语言交往的“陷阱”的分析，柯日布斯基关于避免语言“抽象病”的“外延五法”，维特根斯坦关于语言日常用法的分析技术，赖尔关于“系统地引人误解的表达式”的分析，等等，都会遏制大话、空话、官话、假话的泛滥和流行。从马克思主义的观点看，消解形而上学说话方式的简单而又根本的策略就是实事求是，说话要有证据，要有具体所指，要有需要传达的真实信息，要有实际的效果，这实际就是要求一种科学的说话方式。

按照我们对中国哲学改革思路的看法，从哲学原理教科书体系改革到哲学观念和哲学思维方式的变革，再到与思维方式密切相关的说话方式的变革，哲学正在实现着生活世界的转向。要实现这个转向，首先必须对传统哲学的思维方式和说话方式进行消解和解构，对实体本体论进行摧毁和拆解，非此哲学就看不到真实的生活世界，就不能走向事情本身。因此我们的哲学改革总是直接表现出批判、否定的思维向度，做的是一些破解的工作。在今天看来，这样的工作仍须继续和深化，因为传统形而上学的思维方式和说话方式不仅在哲学文化中发挥作用，而且是我们一些政治和经济失误的最深刻的根源。要防止“右”，主要是防止“左”，就要消除掉它得以滋生的思维方式和说话方式土壤。但是，康德的看法是正确的，没有建设性的批判是无效的。如果不能在面向现实世界和事情本身的思考中建设新的哲学思维方式和说话方式，就不可能克服掉传统形而上学的思维方式和说话方式，而且会重蹈现代西方哲学的种种失误。比如，从反对传统哲学的思维方式走向否定任何哲学思维方式，从拒斥形而上学的说话方式走向拒斥一切不同于科学说话方式的哲学话语，从否定哲学学科的帝国主义走向否定哲学学科本身，从文化的多元化走向否定文化统一性，从对实体本体论先在本质决定的批判走向自然主义和新实用主义，等等。

转向现实生活世界的哲学变革不是取消哲学，尽管哲学的对象、主题、形态和功能都发生了重大的转变。在我们看来，作为寻求事物普遍原理和原因的科学解释的哲学确实终结了，而对人生意义的追问，对包括科学在内一切文化形式统一基础的寻求，对人的自我理解和自身发展的关注，仍是哲学必须承担的“思想的任务”。面向生活世界和事情本身的创造性哲学思考，不仅是人的智慧的一种表现方式，也不仅是哲学家个人对智慧的热爱或思想的偏执，它仍有更为深刻的动机，也仍有其他文化形式不能完全替代的作用。哲学转向现实生活世界也不是哲学思维能力的蜕化，相反它要在清洗掉种种哲学文本的遮蔽之后重新获得对生活和世界的洞察力量。在自由的理性思考和不断反刍人生体验中，哲学将触及生活和世界得以可能的更为深远的思想源头。

我国的哲学改革和哲学发展已经开始了建设性的探索，关于交往、实践和日常生活的研究，关于发展问题的研究，关于社会心态的应用哲学研究等，虽然只是刚刚起步，但已开始显示出面向现实世界的建设性思考的取向。我们认为，若使我国的哲学改革和哲学创造富有成效，需要借鉴现代西方哲学研究的有益成果，甚至需要对哲学史文本在新的视野中作出创造性的转化，否则转向生活世界的哲学极易陷入肤浅、空疏和新的公式化陷阱。所以弄清转向现实生活世界的哲学变革的真实意义就是十分必要的。概括我们的理解，这个转向或变革的实质是对实体本体论思维方式、对哲学学科的文化特权的拒绝，也就是对任何外在于人的绝对权威的拒绝，这是个人主体自我意识逐渐强化的必然结果。因此，未来的哲学只能是在人的现实生活中理解人本身并有助于发展人本身的生活哲学，是不仅合理而且通情的富有感召力的哲学。哲学也不再具有一级真理的特权地位，它只能在真诚平等的对话和交流中，在思想的感召和教化中发挥它的作用。总之，转向现实生活世界的哲学变革是一种新的人文精神的兴起。

（原文载于《江海学刊》1994年第1期）

个体的文化价值世界论要

邹广文

就人类文化发展的目的指向说来，无论是社会的进步，还是人与自然关系的协调优化，最终总要落实到个体的自由自觉和全面发展上来。所以马克思特别强调："每个人的自由发展是一切人自由发展的条件。"① 当代文化哲学的广阔视野，为关注和思考个体存在的价值和意义问题提供了全方位视角，诸如个体需要、个体实践、个性与个性自由、个人价值、人的自由全面发展等。文化作为人类特有的进化和发展方式，个体的需要及相应的自由自觉的实践构成了其发展的最核心动力。

个体的现代文化生成

文化说到底是在满足人类需要的生存实践中形成的，作为人类生存实践的产物，文化必须从属于人的生存需要以及满足这种需要的实践。然而进一步看，"任何人类历史的第一个前提无疑是有生命的个人的存在"②，个体作为社会的细胞，是人类的基本存在方式。个体以

---

① 《马克思恩格斯选集》第 1 卷，人民出版社 1972 年版，第 273 页。

② 《马克思恩格斯选集》第 1 卷，人民出版社 1972 年版，第 24 页。

其需要为动力，在现实生存实践中逐渐展示自身的主体性与社会性品格。而个体的主体性与社会化过程，同时也是一种文化的生成过程。

我们先来考察个体的需要。我们知道，个人作为生命的特殊形态，首先是一种自然存在物。有机体是具有活力（生命力）的各构成部分或要素相互关联、协调的统一体。人作为这些要素的统一体所以具有活力和生命力，是因为这些要素在相互作用过程中具有新陈代谢的整体功能，“生命是蛋白体的存在方式，这个存在方式的本质契机在于和他周围的外部自然界的不断的物质交换”①，新陈代谢过程就是有机体对外界物质资料的摄取，经过同化作用使其转化为自身的建构和发展的物质和能量。在一般的意义上说，需要就是由有机体的存在方式决定的摄取外界物质资料的一种趋向。但是与其他动物直接利用自然界的既有生存资料的摄取方式不同，人是通过能动的变革自然来摄取生存资料的。在这一过程的发生和发展中，文化便开始生成，无论是人的社会关系的产生、人与人关系的形成，无一不在根本点上与个体的生存、欲望和追求相联系。而人的需要的丰富性、全面性是与人满足需要的方式相联系的，人的需要总体来说都是人的实践活动的产物，人创造了人的需要及其发展，“人类的正常生存，在他们刚刚从狭义的动物中分化出来的时候，还是完全没有的，人类的正常生存只是经过以后的历史的发展创造出来的”②。人的需要的内容和方式在不同的历史阶段上具有不同的表现方式，因为“我们的需要和享受是由社会产生的，因此，我们对需要和享受是以社会的尺度……去衡量的”③，需要的内容和满足方式是受人类社会的发展水平制约的。

“人猿相揖别，只几个石头磨过，小儿时节”④。人类历史发展到

---

① 恩格斯：《自然辩证法》，人民出版社 1984 年版，第 284 页。

② 恩格斯：《自然辩证法》，人民出版社 1984 年版，第 26 页。

③ 《马克思恩格斯全集》第 6 卷，人民出版社 1961 年版，第 491 页。

④ 毛泽东词：《贺新郎·读史》，见《毛泽东诗词鉴赏》，河北人民出版社 1992 年版，第 258 页。

今天，文化的发展与进步是划时代的。与这种现代文化发展相对应，现时代人的需要较之从前也不可同日而语，因为人类已经实现的需要客观上构成了人的文化创造能力内化于个体的机体中，从而为个体新的文化超越与追求注入了活力。可以说，人作为自然界进化阶梯上最高层次的存在物，机体内凝聚着亿万年生命演化的积极成果，积淀着人类自身百万年来文明进程的精华，二者的结合使人身上潜藏着种种创造潜能。在现时代文化发展中，个体发挥其创造能力的需要，则集中表现为追求具有自主性的、独立性的、富有创造性的活动，追求一种与个人的兴趣、能力相一致的有利于表现自身创造能力的活动，这也就是马克思所预示的，只有在生产力有了巨大的发展，人成为自然、社会和自身的主人——自由的人时，才进入“作为目的本身的人类能力的发展”的社会①，发展与创造才成为个体活动的动力。

现时代的个体文化生成同样也是与其生存需要密切相关的，人的生存需要既为现代文化的发展提供了内在的驱动力，同时又是现代文化发展的目标所在。与过去相比，现时代人的生存需要集中表现为以占有文化为手段的主体的自我发展与自我完善。时代越进步，个体文化规定性也就越丰富，现代人是一种文化的存在，对现代文化的接受、体认和创造构成了现代人格的基本生活态度和实践方式。具体来说，主体的现代文化生成是通过主体自我意识的确证、个性自由的追求和现代文化的体认这些环节实现的。

1. 主体自我意识的确证

自我意识是主体的本质规定之一，一般来说，人的主体性地位是在与客体的对象性关系中得以确证的，这种对象性关系总体来说是一种实践关系，“通过人的实践活动把其他存在物变为对象，而把人自己变为存在的主体，这是构成人的主体性的基础”②。人的实践行为的

① 《马克思恩格斯全集》第25卷，人民出版社1974年版，第927页。

② 高清海主编：《马克思主义哲学基础》（下册），人民出版社1987年版，第29页。

展开过程即是主体自我意识的确立过程。在马克思看来，人的自我意识就是人对自身的反思与确证，通过这种反思达到对自己区别于他物的性质、地位、作用以及由此形成的与他物关系的意识。

进一步看，主体自我意识的确立的意义不仅仅是意识论的，更重要的是价值论的。因为人的文化实践、人的价值创造等活动，都要以主体自我意识为前提和根据。马克思强调“有意识的生命活动直接把人跟动物的生命活动区别开来”[①]。以人的自我意识为前提，人才开始了真正的社会生活和文化生活。

主体自我意识是一个随着人类实践的展开而逐步深化的过程，20世纪人类的自我意识水平与19世纪以前是不能简单等同的，时代的发展与变迁，文化的进步，总要体现到人的自我意识中来。举例来说，19世纪以前人的主体自我意识的鲜明标志就是努力通过科学理性精神，确证自己在自然界的主人地位，强调人是宇宙自然的最高存在物，进而最终确证“人是目的”这一信念；20世纪的人则通过自我反省意识到协调人与对象的关系，致力于人与自然的共同进化才是最高目的，人的任何实践行为都应该以此为最高价值取向。这种价值观的转变体现了人的主体自我意识的深化。而就个体而言，现代人以时代文化实践为背景，在对主体自我意识的确证中特别凸显了个人生活意义的内涵，强调个体对现实文化的积极介入与参与，从中获得自己对人生的最真切理解。个人的生命价值、个人的自我价值、个人的社会价值，自我的社会角色、个人的情感价值、个人的日常生活价值，等等，这些问题日益成为哲学和文化研究的热点问题，现代社会的文化发展一方面加剧了个体间的矛盾与冲突；另一方面透过这种冲突我们感到了个位价值的被强调和重视，随着个体的主体自我意识自觉，人们会在更高的文化层次上达成社会的协调，并促成有个性的文化发展。如果说，人类个体的早期智力发展和身心水平一开始就受制于自己的活动

---

① 马克思：《1844年经济学哲学手稿》，人民出版社1979年版，第50页。

的话，那么越往后，主体能力的发展则越依赖各种文化实践活动的扩大、丰富和深化。实践是自我意识发展的动力，指向于客观世界的实践活动不仅使对象世界发生属人的逆转，成为主体化的世界，同时亦使人自身发生着改变，从而造成新的力量、新的观念、新的交往方式、新的需要，在实践中人的自我意识达到了拓展和深化，而发展深化了的自我意识又将主导着主体进行新的自我提高、自我超越和自我实现。

2. 个性自由的价值追求

个性化是当代文化发展的特征和趋势之一。而真正有个性的文化是由有个性的人创造的。心理学一般把个性概念解释为个人的心理面貌，即指一个人区别于他人的气质和性格。而从哲学的角度说，个性表征着一个人区别于他人的整个面貌和个人在社会关系中的主体性状，它包括个体的心理面貌、精神面貌、行为模式和社会特质等。马克思在揭示人的个性内涵时，特别强调个性发展的历史性，认为："人的依赖关系（起初完全是自然发生的），是最初的社会形态，在这种形态下，人的生产能力只是在狭窄的范围内与孤立的地点上发展着。以物的依赖性为基础的人的独立性，是第二大形态，才形成普遍的社会物质交换、全面的关系、多方面的需求以及全面的能力的体系。建立在个人全面发展和他们共同的社会生产能力成为他们的社会财富这一基础上的自由个性，是第三个阶段。"① 显然，真正的个性的形成是以社会文化及生产力的高度发展为前提的，人的个性表征着历史的发展和社会的进步。

在前资本主义社会的以"人身依附关系"为特征的社会条件下，个人基本上是无个性的，个性发展也就无从谈起。资本主义生产关系条件下的个性独立是以"物的依赖关系"为基础，这在现实上也导致个性解放的畸形和片面。当代西方的一些思想家如克尔凯郭尔、马尔库塞等人曾经对大工业文明导致人的个性的压抑进行过尖锐的批判。

① 《马克思恩格斯全集》第46卷（上），人民出版社1979年版，第104页。

真正的个性自由的实现必须以扬弃“人身依附关系”和“物的依赖关系”为前提，这有赖于社会经济文化的高度发展，进而使每个社会成员都有平等的机会来发展自身。当代中国的改革开放客观上为人的个性发展创造了条件，首先，改革开放使民族文化的发展拥有了世界文化的背景为参照，在文化的普遍性交往中，人的个性意识逐步觉醒，个人开始发现自身的价值而能动地发展自己。尤其是随着大众文化的普及，人与人之间的血缘、地域和等级界限被打破，个体开始摆脱对群体的依赖性而显示出自我的鲜明个性特征。其次，社会主义市场经济的推进，为每个人创造了越来越多的机会，不同的个人在不同的社会文化领域发展着不同的能力，“人不是在某一种规定性上再生产自己，而是生产出他的全面性；不是力求停留在某种已经变成的东西上，而是处在变易的绝对运动之中”①。文化的多元化发展从不同层面开拓了个人的认识视野，使人的精神潜能得以最大限度地开掘，进而丰富和发展自己的个性。

另外，健全的个性发展的顺利实现，有赖于社会的保障，社会作为每个个体共同利益的体现者，应该在提倡社会共性（主导价值趋向）的同时又要注意鼓励每个人的个性追求。一个生机勃勃的社会，必定是能够展现人的个性的丰富性的社会。一个社会要充分调动人们的积极性，使人们自由自主地发挥其创造精神，就既要发展其共性，又要发展其个性。没有共性的发展，主体的能动性就会失去范导，积极性的社会意义也就得不到保证，而如果没有个性的充分发展，人的潜能就得不到挖掘，每个人就无法贡献自己一份独到的价值，能动性和积极性就要落空。所以，全社会应该努力为个性的优化与健康发展创造条件。

3. 现代人类文化的体认

20 世纪以来，人类文化的发展在其精神实质上展示了与以往时代的不同特性，生活在现时代的每个人，只有积极地参与现实的人类文

---

① 《马克思恩格斯全集》第 46 卷（上），人民出版社 1979 年版，第 105 页。

化实践，并在时代文化的氛围中不断地矫正自己、完善自己，才能真正拥有现代意识并成为一个现代人。

对现代文化的体认是以对现代文化发展特色和趋势的把握和了解为前提的。现时代的文化发展突出呈现出三方面特征：其一，从主体占有文化转向文化占有主体。传统文化基本上属于精英文化，少数精英文化人是知识的拥有者，由他们来“传道、授业、解惑”，多数人则处于文化接受者的地位。然而在当代，信息无处不在，无时不在，乃至于文化成了人的生存方式，每个个体都处于现实各种文化的包围之中。在某种上意义可以说，文化主宰了我们的生活的一切领域，人们不能拒绝文化，现代人本质上是一种文化的存在。其二，从区域文化转向全球文化。信息一体化的直接结果是“地球文化村落”的形成，全世界成为一个密集的信息整体，传统视野中的文化封闭已不再可能，每个地区、每个民族的文化发展都必须以世界文化背景为参照。就个体而言，一个人只要自觉地介入现代文化的氛围，他就可以与整个世界同在，他就会超越狭隘的地域意识或民族意识，达到一种文化发展的全球意识。其三，从自信文化走向反省文化。传统文化在人类对科学理性精神的崇拜下，是一种以人类为中心的文化，这种文化加剧了人与自然的对立，因为在以人为中心的价值取向下，对象自然仅仅成了对人有用与否的工具，这预示着人的实践能力越强，对自然的破坏性也就越大。面对现实文化的一系列后果，20 世纪文化开始了自觉的反省，这种反省一方面是重新检讨人的实践意识，重新厘定当代人类的价值取向；另一方面是以接受和培养的态度达成与自然的和谐。

面对 20 世纪人类文化的深刻变革，现时生活中的每个人都不可能置身其外，因为每个人都是时代的创造者，每个人客观上都为时代所拥有，因此必须对现时代的文化发展趋势和特色有一种自觉的体认。这里，主体自我意识的确立以及人的个性自由的培养无疑为文化的价值认同创造了前提条件，这也就意味着，对现实文化的价值认同并不是一种被动的接受，而是积极主动的参与。每个人应该在对当代文化的认同中，同时进行积极的反省与参与工作，只有这样，全社会的文化发展才能够永远处于生动活泼的状态之中，反过来也才能给个体的文化生成提供优良的环境。

日常生活价值的凸显

日常生活是个体基本的存在世界，在人的文化生成与发展完善过程中，日常生活占有十分重要的地位。按照阿格妮丝·赫勒的理解，“日常生活”是指“那些同时使社会再生产成为可能的个体再生产要素的集合”①，这也就是说，日常生活作为个体再生产领域是社会再生产的前提和基础，任何时代的社会生活与文化发展都不能脱离日常生活这一根基。

一般来说，日常生活总是在个人的直接环境中发生的，每个人从出生，直接面对并感受到的就是他的日常生活世界。因而对个体的生成而言，日常生活世界具有原初性和自然而然性。随着个体的文化生成，日常生活逐渐被视为社会生活的背景，其价值和意义也往往被人们忽略和淡化。唯因如此，对“日常生活”的研究和观照曾几何时一直是文化哲学研究的空白点。在我国，由于众所周知的原因，个体的生活世界常常被理解和把握为社会的政治生活、经济生活及社会实践，人们往往在片面的层面上去理解马克思的这句话：“人的本质并不是单个人所固有的抽象物。在其现实性上，它是一切社会关系的总和。”② 似乎唯有人的社会生活才是体现人的本质的唯一价值尺度。其实，在马克思的视野中，人的日常生活一直是被作为重要的问题来思考的，它是人类生活实践的原初形式，“任何人类历史的第一个前提

---

① ［匈］阿格妮丝·赫勒：《日常生活》，衣俊卿译，重庆出版社 1990 年版，第 3 页。
② 《马克思恩格斯选集》第 1 卷，人民出版社 1972 年版，第 18 页。

无疑是有生命的个人的存在”①。随着文化的进步和个性的觉醒，以及人的自我意识的增强，对人的日常生活的价值探寻开始引起人们的注意，人们开始感到，正是人的日常生活代表了人类最具体、最真实的生命活动，日常生活作为人类的家园和诞生地，滋生着每个人未来文化成长的各种潜能，陶冶着人的情操。

日常生活作为个体再生产领域的表征，在其内涵上主要指：第一，衣食住行、饮食男女等以个体的肉体生命延续为宗旨的日常生活资料的获取与消费活动；第二，婚丧嫁娶、礼尚往来等以日常语言为媒介、以血缘和天然情感为基础的交往活动；第三，伴随着各种日常活动的日常观念活动。很显然，日常生活所指涉的这些领域，具有未分化的、自在的和自发的特征。也就是说，日常生活并非像人的社会生活实践那样，具有自觉的组织和计划目标，它往往是行为个体基于本能需求，在直接环境中（家庭、邻里和社区）展开的活动，因此是自在和自发的。另外，传统和习惯对人的日常生活具有重要的维系作用，也就是说，一代又一代人沿袭下来的日常生活习惯，常识和习俗，往往成为后人自然而然的继承物，人们一般很少对之提出疑问和思考。因此在人类文化生活的变迁当中，日常生活往往表现为最稳定的部分。

日常生活在其表现方式上一般是通过“闲暇时间”的行为体现的。这里的闲暇时间即指维持人们生存所必须的劳动工作时间以外的时间。生产首先是一种方式，因而人的工作和劳动是社会生活的基本形式。而闲暇时间是真正属于个人的时间，它一般无确定的内容，完全由个人的兴趣、爱好和环境所决定，一般可分为三类：（1）满足个人生理、心理健康发展需要，恢复和发展体力、脑力，提高个人的素质和品格；（2）满足家庭需要、夫妻生活、照顾老人、养育子女等；（3）满足社会交往需要、参加社会交往活动、承担社会义务等。马克思曾对闲暇时间问题进行过仔细的研究，他认为闲暇时间是满足绝对

① 《马克思恩格斯选集》第 1 卷，人民出版社 1972 年版，第 18 页。

需求所需要的劳动时间留下的从事其他活动的剩余时间，是劳动者用于消费品和利用与从事自由活动的时间，是为全体社会成员本身发展所需要的时间。在这里，马克思十分明确地肯定了闲暇时间对个体完善和发展的特殊意义。这也表明，闲暇时间的生活在其外延上即是我们这里所讨论的日常生活。

在我国，随着改革开放和社会主义现代化建设的发展，人的文化素质和个性人格逐渐得到重视和强调，相应地，日常生活这一关涉全体社会成员身心文化发展的文化课题也开始受到关注。可以预测，随着生产力水平的发展和必要劳动时间的缩短，人们的闲暇时间将进一步增加，相应地人的日常生活层面也将逐步扩大，这标示着对日常生活问题的研究将具有非常重要的现实文化意义。然而冷静地反观现实，似乎不容我们乐观，在现实人们的日常生活层面，尚有诸多内容是与现代文明发展相脱节的。

首先，从日常生活主体的文化心理结构层面看，传统和习俗还在发挥着重要的作用，中国正处于由农业文明走向现代工业文明的社会转型期，农民依旧占人口的绝大多数，对土地的依附和人身依附使很多人仍局限于狭窄的生活天地中，被束缚在自然的和血缘的关系之中，人们日常交往中的从众心理、等级观念、因循守旧、家族意识等，还具有很大的市场，这些现象表明传统的思维方式和活动方式还具有极大的惰性和顽固性，而这种惰性和顽固性，对人们现代意识的萌生是具有很大阻力作用的。

其次，从日常生活主体的消费层面看，在一些人的消费行为中，金钱和闲暇时间大都被原始的感官欲望支配，大吃大喝、聚众赌博、封建迷信，可谓无奇不有、奢华无度，各种畸形消费成为十分严重的社会问题。物质生活的改善并没有相应导致主体文化素质提高，从文化消费层面看，与原始的感官满足相对应，众多人满足于感性文化消费之中，所阅读的书多以感官刺激为目的，武打凶杀、诲淫诲盗、宫廷秘闻、匪警传奇等书刊充斥于大众传播领域。事实表明，追求低级的物质满足与沉溺于低级的精神享受是一对孪生兄弟，物质上沉湎于食与性的感官需要层次，精神上也必然沉湎于平面肤浅的感性刺激层面上。

再次，从日常生活主体的交往层面看，也表现出一系列与现代生活相背离的东西。一方面，传统的生活方式制约着人们的交往范围，人们在交往过程中，由于家庭、生活习惯、传统、个人经历等种种原因，产生羞怯心理、嫉妒心理、猜疑心理、自卑心理、攀比心理等心理障碍从而妨碍人的现代交往生活向更广阔的层次发展。另一方面，在人们的交往行为中，各种陈旧习俗和封建意识常常渗透于其中，导致一系列不正常、不健康的交往现象的发生，如请客送礼、行贿受贿、人情投资、讨好领导上级、阿谀奉承、吹吹拍拍等，这些现象正严重地败坏着我们的社会风气，污染着正常的社会交往环境。

凡此种种现象表明，当代中国公民的日常生活要想真正步入健康、文明、向上的现代化生活，尚需人们来一场深刻的日常生活观念变革。通过这种变革，从根本上消除传统习俗中封建落后的日常生活观念，使每个人真正告别传统日常生活的视界，通过主体的自由自觉的、富有创造性的生活实践，重新建构与时代精神相协调的日常生活，从而凸显人们日常生活的现代价值。着眼于此，我们认为现代日常生活价值的重建应该重点从以下几个方面进行：第一，注重对日常生活的价值检讨；第二，努力促成人的日常生活的多样化；第三，重视家庭精神文化的建设。

对当代人类现代化背景上的日常生活价值的研究，是一个有待开拓和深化的新领域，可以这样说，通过对日常生活价值的研究，既可以使我们对现时代文化精神的体认达到一个新的层次，又可以使我们的文化哲学思考更加贴近现实人生。

（原文载于《江海学刊》1994 年第 5 期）

市场经济与主体性建设

马俊峰

以社会主义市场经济模式为基础重建中国的经济、政治和文化，已成为当代大部分中国人的共识。人心所向即大势所趋，故这成了当代中国的一种不可逆转的大趋势。与此相适应，中国人的主体性也必然有一个大发展、大提高。近年来哲学界关于主体性问题的讨论，正是人们日益觉醒了的主体意识和要求在哲学上的反映。研究主体性是为了建设和完善主体性，因而，研究和探讨在现实条件下如何建设主体性就具有更重要的意义。

一

中国几千年来一直是一种自然经济占统治地位的社会，这种经济形态以及与之相适应的政治体制和意识形态都对人们的主体性有极大的压抑和束缚作用，它所需要和所培养的是奴性人格。中华人民共和国成立之后，我们一方面强调人民是国家的主体，但在另一方面，计划体制、政府管理一切的现实又使得作为人民一分子的个人、企业和基层单位缺乏应有的自主权，他们主要是执行上级命令和贯彻长官意志的“能动工具”。他们的主体地位和主体权利的严重削弱和得不到有效的法律保障，得整个中国社会的“细胞”普遍地缺乏活力，极大地浪费了中国的人力、物力资源，既阻碍了中国经济的发展，也使中国的政治、社会风气、人心、人气出现了某种畸形变化。

几十年的正反两方面的经验和教训，终于使我们认识到市场经济阶段的不可逾越性，终于找到了发展中国的正确航线。这是一个了不起的事变，它的重要的历史意义随着时间的推移会更加明显和突出。社会主义市场经济的建立，必然对政治、文化、科学，对整个社会风气、社会道德、人们的心理和生活方式都会产生深刻而广泛的影响，这是毫无疑义的，这里我们仅就它对人们的主体地位和主体意识的影响作一点考察。

首先，它促进了人们的主体地位的确立。从自在的意义上说，各种社会活动都是人来参加的，作为活动的担当者，人就处于主体地位。但若在这个意义上讨论主体性，就不过是指出人具有哪些特性，也就不过是把平常所说的“人性”这个概念换成“主体性”概念而已，过去我们关于主体性的讨论，多多少少是存在这个缺陷的。我们所说的主体和主体地位，自然不是在这种意义上而言的，它是指人的一种社会地位和权利，是同人在一定社会关系中所具有的自主权相联系的。市场经济怎样促进了人们的主体地位的确立呢？从历史上看，市场经济在要求市场上的交换者必须是一个有独立意志的主体因而能够为自己的承诺（签订合同就是一种承诺），为自己的行为负责的同时，也就肯定了交换者的主体地位。这种地位受到法律的保护，使主体的自主权利成为法律规定的权利。而法律为了能为保护这种自主权寻找合理的根据，就得假定人人都具有平等和自由这种基本人权，就得在理论上以法律面前人人平等为基本原则，也就必须摧毁以往的等级制的法理和原则。我们现在搞社会主义市场经济，同样也有这种过程和作用，否则，平等交换就根本无法实现，市场经济也就不过是一句空话。

其次，它促进了人们的主体意识的高涨，促进了人们对于自己的主体地位的新认识。人们的主体地位，不仅表现为他是社会活动的担当者，而且表现为他是各种社会角色的“本体”，是各种权利和责任的承担者。可是，在前市场经济时代，由于劳动尚未取得一般的形式，一个人往往一生就从事一种劳动、从事一种职业，一定的社会角色便固着于“本体”之上，所谓的权利从根本上表现为他所担任的那种社会角色的权利，道德也是一种“职业道德”或“角色道德”。人们根本不可能从人的“本体”即与社会角色相对而言的“自我”的角度去反思自己的主体地位。而在市场经济条件下，劳动获得了一般化的表现形式，各种具体的劳动不过是劳动的一种特殊表现，一个人可以而且必须时常得变换工作和职业，人们的职位才真正如戏剧舞台上的“角色”一样在不断地变换。只有到了这个时候，人们才从这种不断的角色变换中感觉到“我”与“我”所扮演的角色的区别，才能把反思的焦点对准“我”的“本体”，既从社会角色、社会职务的层面又从角色“扮演者”即“我”的层面上来思考自己的地位、自己的权利和责任。这才是一种真正意义上的主体意识。在思维达到了这个深度的时候，人们才可能树立起合理的平等、自由观念，才可能对自己作为一个人所应有的尊严和权利真正地重视起来并奋力去捍卫。

主体意识的觉醒和高涨在各民族都普遍地表现为对平等和自由的追求，在中国亦如此。市场经济体制的推行和成熟，改变着中国老百姓既羡慕做官又害怕官的心理，改变着人们不愿也不会用法律保护自己的权利和利益的观念，人们逐渐有了“纳税人”的意识，即是我们养活国家官员，官员理所当然就应该为我们服务的思想，不仅要求能批评官，能告官，而且要求能罢免官、选举官。无论在社会活动还是在家庭生活中，都强调自己的权利，都要求能得到平等的对待。简而言之，平等和自由作为基本人权已成为普遍的公识，追求平等和自由已成为一种普遍的社会性思潮和时尚。

毋庸讳言，市场经济在促进人们主体意识觉醒的同时也带来一些负面效应，例如，一些人只顾自己的权利和私利而践踏别人的权利，损害他人的利益；一些人只讲权利不讲责任，只讲自由不讲纪律，在一定程度上使自私自利的意识有所抬头甚至恶性膨胀。这种情况说明很有必要加强主体性建设，使人们的主体意识沿着健康的方向发展。

二

市场经济的核心和要义是市场，即以市场作为生产力要素和资源配置的基本手段或途径。市场俨然一个无情的法官，一定的计划是否合理，一定的私人劳动能否为社会所承认，什么样的人才是社会所需要的人才，什么样的作品是公众所需要的作品，都在市场上见分晓，都由市场“说了算”。无论人们怎样抱怨，也都得服从市场的“判决”。此外，市场又给人们提供了众多的机会和自由选择的可能，在市场面前，人人都是平等的。市场的平等是一种资格的平等和机会的均等，而不是结果的平等。相反，市场以结果的不平等为手段实现着优胜劣汰的规律。正因此，它在为人们提供发挥自己才能的广阔的自由天地的同时，也给人们加上了沉重的压力。这正是它能激起人们的活力、创造性和主动性的奥秘所在。

很显然，在这种以市场竞争机制为社会运作的基本原则的状态和条件下，人们为了能在竞争中取得有利地位，就必须努力用各种知识充实自己，不断提高自己的素质和能力。因为若缺乏必要的知识和能力，就难以对变化不定的局势做出正确的判断，难以对自己行为的利弊得失做出恰当的评价，从而无法做出正确的选择，这是其一。其二，人们既然是独立的行为主体，既然他是在根据自己的意志和评价做出选择，那么他也就必须为自己的选择及其后果负责。权利总与责任相联系，选择总伴随着一定的风险，而且越是重要的选择，越是带有创造性，能导致巨大成功的选择，其风险就越大。这就要求主体除了具备较好的知识结构外，还必须有良好的心理素质，其中就包括风险意识和责任心。风险意识和责任心不是“教”出来的，而是在竞争的实践中磨炼出来的，是在市场竞争中“逼”出来的。过去我们成天教育人们要敢字当头，要勇于负责，可最后人们还是唯唯诺诺、谨小慎微，还是谁都怕负责任。而在今天，小到在自己的地上决定种什么的农民，大到公司老总，都自觉负责任进行选择和活动。因为市场和利益构成了一种强制约，使他们不得不负起责任来。其三，要有较强的时间观念和效率及效益意识。市场竞争中法则是“优胜劣汰”，何为优何为劣，最主要的一点就是看劳动效率。在决策正确的前提下，劳动效率越高即劳动生产率越高，其效益就越好，劳动过程中越是节约，其效益也越好。而一切节约归根结底都表现为时间的节约。在自然经济时代，虽然也有“一寸光阴一寸金”的格言，但绝大多数人都缺乏时间观念和效率意识，因为在实践中没有惜时如金的必要性。只有到了市场经济时代，“时间就是金钱”才成了实实在在的经验和真理。时间和效率都与效益直接统一起来，因为与利益直接相关而受到人们的普遍重视。既然时间是财富，那么人们在珍惜自己的时间的同时也学会不浪费他人的时间。最后是要有较强的适应能力。市场如江湖，风云诡谲，变幻莫测，成功与失败、幸运与不幸，常常交替而来。这就要求主体既要把握时机，果敢决策，又要不断调整自我，适应形势的变化。适应性绝不是只有消极的意义，相反，它是主体力量强大的一种表现，是主体生命力旺盛的表现。

三

市场经济是一种法制经济，这一方面是说必须用法律的形式肯定并保护交换双方的平等权利；另一方面是说必须确立一定的市场活动规则以规范人们的行为，只有这样，交换活动才能顺利进行，市场才能健康发展。市场交换从现象形态上看是商品的易手和交换，而从社会关系上看则是一定商品的所有权或使用权的交换或转让。所有权和使用权都是一定法律所规定的权利，如果对它们没有明确的界定，或是缺乏统一的人人必须遵从的交换规则亦即法规，市场就必然处于一种混乱状态。法制化是市场经济的内在要求，社会从人治社会到法治社会的转化也是与市场经济取代自然经济相同步的。

不言而喻，在以市场经济为基础的时代，对主体的要求就不同于前市场经济时代。在以往，例如在20世纪五六十年代，我们也宣传和强调法制意识，但是，我们强调的重点是“守法”，那时的法律也比较简单，主要是宪法和刑法。改革开放以来，我们大力进行普法教育，强调的是“知法、守法”，因为这时颁布了许多法律和法规，“知法”是“守法”的前提。这些当然都不错，但是，它们没有概括出法制意识的完整内涵，甚至可以说是使用着传统的思维模式来理解法的本质。因为这种理解中，人们即公民只是被当作法律所规范的客体，最多也只是遵守法律的主体，法律对于公民还是一种外在的规矩。

造成这种情况的原因固然非一，但其中一个重要原因还是人们未能把自己当作法律的主人，把自己看作立法、护法、用法和守法的统一的主体。换句话说，只有在宣传教育中将立法、护法、用法和守法统一起来，才算是抓住了法制意识的根本，也才能使人们逐渐明白这四者统一的道理，树立起比较牢固的法制意识。

我们的国家是人民当家作主的国家，人民通过自己选举出来的代表即各级人大代表来执行立法，人大代表也只能根据人民的意志和要求来确立法律、修改法律或废除某一法律。这一点在理论上不成任何问题，问题是要能使人大代表与选举人即人民的关系明确化、公开化，人民能够真实地感觉到这些代表是代表他们的利益和意志的，他们有适当的办法来罢免那些他们认为不合格、不称职的代表。我们现在显然还未能做到这一点。随着市场经济的发展，随着各种法律与人们关系的日益密切，人们必然会关心立法问题，必然要求直接选举和有效监督人大代表。当人们真正感觉到法律是根据自己的利益和意志确立的这一点时，人们就会像保护自己的财产一样来保护法律，因为任何对法律的破坏都是对自己利益的破坏，任何人对法律的践踏都意味着对自己意志的践踏。在个体的层面上，一方面是自觉地遵守法律，因为这等于是遵守自己的诺言，是信守自己与他人所订的“协议”；另一方面，当自己的利益和权利遭受到他人的侵害时，他就要诉诸法律，用法律来保护自己的利益和权利。

由此可见，法制意识就是人们关于立法、护法、用法和守法四者统一的意识，是自觉地维护法律的尊严的意识。主体既需要用法律来明确地规定和保护自己应有的独立平等的地位，规定和保护自己的各种权利，同时也需要用法律来明确和规定各个主体应负的责任，各个主体就有义务履行法律规定的责任。法律既规定了公民应该享受的自由，也规定了公民自由活动的范围或界限。权利与责任、自由与限制的统一以法律的形式将之表现出来并固定下来，人们的主体地位有了可靠的保障，主体意识也得到稳固的发展和强化。

四

市场经济的发展，法制社会的形成，突出了利益关系和人们之间的权利—责任关系，相应地也就淡化了传统社会中人与人之间的血缘亲情关系。过去我们把这一点完全归罪于资本主义，现在看来是有点简单化了，在社会主义社会搞市场经济，也会伴随淡化血缘亲情关系的问题。过去我们把这种亲情关系的淡化看作一种恶，是坏事，现在看来也有点片面性。因为传统社会的浓厚的血缘亲情关系恰恰是法制社会形成的障碍，是遏制确立主体的平等独立地位和形成健康的主体意识的力量。在这种意义上讲，这种淡化应该说是一件好事，是一种历史的进步。这里涉及价值观和道德观问题，我们在这里不可能系统地讨论这些问题，但可以肯定地说，市场经济时代的主体绝不能按照自然经济时代流行的道德来塑造，相反，他必须在扬弃封建道德的基础上确立新的道德意识，必须通过反思将道德置于理性的基础上。

封建道德上以义与利、天理与人欲、利他与利己的僵硬对立为主线，以扬义抑利、存天理灭人欲、褒利他贬利己为基本特征，以成圣成贤为理想目标，它是封建统治阶级培养奴隶式的顺民的重要工具。这种道德根本否定个人作为独立平等的主体的地位，根本否定个人主体的权利，根本否定个人物质生活需要的合理性。表面上是以高尚的理想来提升人们的道德境界，其实根本不切实际也从来就没有收到实际的效果。倒是严重地损害了人性，培养出了许多不讲实话、心口不一的伪君子、假圣人。

合理的现代道德也是以规范人际关系为其使命，但它把人际关系理解为平等的主体之间的关系，是作为主体的人之间的平等的互相对待关系，它首先是完善人的主体性，其次起维护社会秩序、社会安定的作用。既然主体是一定的社会角色的实际承担者，也是一定的权利和义务的实际承担者，所以它自然也就以权利和义务的统一为前提，而且用权利来定义义务。这种道德不是从抽象的人和抽象的理想出发而是从现实的人和人的现实出发，它肯定人们争取自己的合法权益的合理性和正当性。它不期望人们去做圣人，做那种断绝尘根、灭净人欲的圣人，那是不可能的，它不是圣人道德而是常人道德，即要求人们做有益于社会的平常人的道德。在这里，为我为己并不是恶，只要不损人利己，不损公肥私就是好人就是善人；有德之人不再是高不可攀、可望而不可即，而是只要努力就可以做到的人。这是一种世俗道德、常人道德，也是一种符合现实的人的生活水平和思想觉悟水平的道德，它虽然不像以往的道德外观上显得那么“高尚”，但是它却切实可行，并行之有效，它虽然好像是降低了善的标准，可它却能培养出大量的名副其实的善人。这种善人也即是真人，是能够理性地对待及处理自我与他人、为我与为他关系的人，是既能够保持自己的尊严、坚守自己应享受的权利，又能够勇于承担责任、切实履行应尽的义务的主体。

市场经济的大潮，从生产方式、生活方式、社会交往方式、思维方式等方面促动着整个社会的变革，也促使人们的思想和价值观念发生巨大的变化。以市场经济为基础的社会既需要新的主体，又在改造和创造着新的主体，我们只能顺应这种趋势，自觉按照变化了的实际来塑造自己的主体性，提高主体性，完善主体性。这种自我提高、自我完善的过程既是人发展自身的过程，反过来又促进了社会的发展，是社会发展和人自身发展的统一，也是社会物质文明和精神文明建设与人的价值实现的统一。

（原文载于《江海学刊》1994 年第 5 期）

从人的生成发展看市场经济

高清海

促使人走向独立是市场经济发展的根本历史作用

市场经济的作用，不同的人从不同的视角和观点去认识，理解会各不相同。

在一些人看来，市场提供了能够选择多样花色品种商品的场所，而对另一些人则是一种赚钱发财的机遇，可以大显身手的乐园；从经济学观点去认识，市场经济是资源优化配置的经济运行体系，促进生产迅速发展的一种手段；按照政治学的观点，市场经济的发展又是推进政治民主化和法制化的基本前提；而从某些伦理学家的观点看，由于市场经济把人与人的关系变成金钱和利益关系，因而它却成了破坏情感联系、诱发道德败坏的一个根源。

历史上产生的任何一种经济活动形式，都有它一定的社会进步作用，也都不可避免地会有某种负面的社会作用，十全十美的东西是未曾存在过的。市场经济作为人类社会发展不可逾越的必经历史阶段，同样不能不是如此。它对人类社会的发展无疑具有多方面的作用，而且这种作用也必然是多重性质的。

现在我们需要弄清的是，它在历史上的根本作用是什么？只有把握了这一点，我们才有可能对它作出比较全面和客观的认识与评价。而在这样提出问题时，我们就不能仅限于从经济学、政治学、社会学、文化学和伦理学的具体方面去认识，同时还必须从哲学上去认识，也就是从人的生成和发展这一更为广阔、更为根本的历史视野中去思考和理解市场经济的社会作用。

如果从哲学的视角去认识，我们就会看到，市场经济发展最为根本的意义就在于促进普遍的独立个人的生成。解放个人，推动人走上独立发展的道路，这就是它的主要历史性作用。

社会发展史归根结底是人的个体发展史

社会发展归根结底是人的发展；而人的发展，归根结底来说也就是个人的发展。

人是以一个个生命个体形式存在的，现实中只有具体的人，并不存在抽象的人。因此马克思不仅把“有生命的个人的存在”看作人类历史的第一个前提，而且明确地指出，“人们的社会历史始终只是他们的个体发展历史，而不管他们是否意识到这一点”①。

然而，作为人的个人却并非自然给予的现成存在，而是在人的历史发展中逐渐形成的。自然赋予人的不过是一个生命个体，而人是有着双重本质的存在。除了生命本质，人还具有超生命的本质。超生命本质即社会的本质，它只能在历史和文化的发展中生成。从这一意义说，初期作为人类历史前提的那个“有生命的个人”不过是一种自然性的个体，还并不是真正意义的个人，这样的个人只能是历史的结果，不能够是历史的起点。

马克思曾把人类发展过程区分为三个大的阶段，称“人的依赖关

① 《马克思恩格斯选集》第1卷，人民出版社1972年版，第24页；《马克思恩格斯选集》第4卷，人民出版社1972年版，第321页。

系”为人的最初的社会形态；“以物的依赖性为基础的人的独立性”是第二大形态；“建立在个人全面发展和他们共同的社会生产能力成为他们的社会财富这一基础上的自由个性”是第三个阶段①。

这个分析是符合历史过程的。历史向我们表明，在人类发展的漫长阶段中，包括奴隶制和封建制时期在内，个人都是没有独立性的。那时由于力量软弱，人们为了谋取生存，不得不依赖群体的直接凝聚力去对付强大的自然。在这种状况下，人只能以群体形态存在，通过血缘或地缘的自然纽带结合于某种形式的人群共同体中。这就是说，人在最初形成的是族群主体，存在的是一个大写的“人”，个人那时只是“狭隘人群的附属物”，他们不但只能从族群中获得自己人的力量和性质，甚至也只在归属于族群的意义上才被称作人。这正像古希腊哲学家亚里士多德所说的那样，个人并不属于他自己，“个人是城邦的组成部分”“自然生成的城邦先于个人”②。

只是在经历了这个漫长的发展过程之后，在机器工业和市场经济发展的条件下，个人才获得独立的人格，形成具有自主性的独立个人。这就是马克思所说的人类发展的第二大形态。

在马克思看来，有了“世界历史性的、真正普遍的个人”之后，才可能进入人的真正历史，所以第二个形态只是一种历史准备，它的主要作用就是为人类进入个人全面发展、发挥“自由个性”这一更高历史阶段创造条件。这就是共产主义阶段。

人是只有在世界历史性的广泛社会联系中才能独立的动物

独立的个人需要何种条件，以至必须经历市场经济的发展才能形成这样的个人？

① 《马克思恩格斯全集》第46卷（上），人民出版社1979年版，第104页。

② ［古希腊］亚里士多德：《政治学》，吴寿彭译，商务印书馆1965年版。

独立的个人，是具有自立（能力）、自主（性质）、自律（意志）和自由（状态）性质即独立人格的个人，也就是充分社会化了的人。

作为这样的个人，首先要有能够自立的能力，没有能力自立，你让他独立他也独立不起来。那么，这种自立的能力是从何而来的？个人能力的大小固然同人的天赋有关，在根本上却不是由自然赋予，而是主要决定于同他人的联系方式即来源于社会关系中的。人要靠自然的和社会的力量来武装自己，这是人的力量的根本来源；单独的个人只有在广泛的社会联系中才能运用人类获得的这种共同能力来装备自己。一个人只有把一切他人包括前人创造的社会总体实践能力变成自己可以运用的能力，把一切他人包括前人创造的社会共同财富变成自己可以享用的财富，也就是说，只有把个人完全融进人类世界的统一活动中，使自己变成由于分工而形成的社会合成力量的人格化身，也就是使个人占有类的本质，人们才能获得独立的能力，成为自立性的个人。

要实现这点，必须打破人类初期由自然形成并限定的地域、族群的狭隘界限，把民族地域性的历史转变为世界性的社会历史。只有随着生产力的普遍发展，世界市场的形成，在人们之间建立起普遍的社会交往联系，狭隘地域性的个人才能为普遍性的个人所代替。所以马克思说，“每一个单独的个人的解放程度是与历史完全转变为世界历史的程度一致的”①。

自主和自律表现的是个人的自身关系。作为独立的个人，他必须是自身的主体，他的意志能够支配自己的生命活动，选择自己的命运、负责自己的行为，即自己成为自己的主人。只有个人自身人格化，他才能够成为自主的和独立的人。个人的这种自主性，在人们处于依附族群共同体、彼此从属的人身依赖关系的条件下当然是谈不到的。必须打破人身支配的从属关系，以社会化的联系取代自然性的联系，把

---

① 《马克思恩格斯选集》第1卷，人民出版社1972年版，第42页。

一切个人置于相互平等关系之中，才会有个人独立的人格。

所谓自由，从其实质来说，在这里表现的不过就是实现各自独立人格的一种自主和平等的关系。

由此可以了解，独立个人只能在世界历史性的活动和人们普遍的交往关系中生成。这里绝不是要摆脱对他人的依赖关系，也不是要削弱人们之间的社会联系。这里需要改变的是，打破那种固定化的人身依附关系，建立起个人间的全面和相互的依存关系；打破自然形成的那种狭隘性的联系，代之以社会性的普遍联系。而这些，正是市场经济所有的性质，它也只能由充分发展市场经济提供出来。

市场经济是个人独立活动的社会化交往形式

市场经济也就是市场化的商品经济。市场经济以社会分工的发展为前提，反过来它又进一步推动了社会分工的发展。

“社会分工”具有双重性质。一方面，由于分工，社会生产被区分为不同的行业和部门，社会劳动被分解为彼此独立的私人劳动，人们之间不仅形成各自差别的性质，而且造成相互对立的利益主体。这就是说，分工使人孤立化了，把人分离开了。但另一方面，分工又把人置于彼此全面依存的关系之中，使每个人都不可能脱离他人而单独生存，在这里每个人都只能从满足他人的需要中满足自己的需要。从这方面说，分工又把人联合起来了，使他们处于相互依赖的一体关系中。这两个方面是彼此补充、互为前提的。正因为个人孤立化了，使他们脱离开自然性狭隘共同体的限制，摆脱了等级从属、人身依附关系的束缚，才有可能使人们进入世界性的历史活动，建立起一体化的社会交往联系。市场经济正是这样一种活动体系，它是在高度分工基础上形成的独立个人之间一种社会化的交往形式和联系方式。

市场经济所以能够实现这一点，首先，是因为它在人与人的联系中以金钱关系取代了自然的联系，把对人身的依赖转变为对物的依赖。

市场关系作为一种交换关系，个人是商品或货币的所有者，他们各自是独立的活动主体，只有通过物和物的交换关系才建立起他们之间的社会关系。在这种形式中，社会关系已从自然人身依附剥离出来，体现为货币商品的物化形式，人与人之间通过物与物的联系发生关系，人的价值、地位也就不再表现为血统、出身等自然禀赋，而是决定于对于财富的物化关系。这就是马克思所说“以物的依赖性为基础的人的独立性”的基本内涵。

人身依赖变为对物的依赖，也就是人身支配为物的支配所取代、超经济统治为金钱的统治所取代。人变成了物的奴隶、金钱的附属物，这件事当然是有着两重性质的，由此不能不滋生人间许多为伦理学所指出的“丑恶”的现象。但从人的发展观点来看，这一步却也是不可避免的，而且它还是人类历史的一个重大进步。

这里的“物”，不是指自然之物，而是人化之物即人的劳动创造物。从人身依赖转向这种物的依赖，也就是从依赖自然的前定因素转向依赖自己的劳动和劳动产品。因而这个转变也就意味着突破血缘和地域自然纽带对于社会关系的狭隘局限，在人们之间第一次建立起了真正普遍性的广泛社会联系。在市场交换的这种联系中，面向市场就是面向整个社会；参与交换就是加入世界历史性的活动；交换物就是交换他人的不同劳动；占有物也就占有共同的社会生产能力。这样，个人也就与整个人类世界融为一体。

其次，这一转变也意味着打破了社会关系对人的先天束缚，赋予人以更大的主动性和能动性。建立于人身自然禀赋的社会关系对人具有先天强制性，人是无法去选择的。由物的联系所建立的社会关系则不同，它对个人已不再是无可改变的与生俱来的命运，而成为一种客观的偶然的东西，人们虽然也不能不服从它的支配，但毕竟多了一点行动选择的自由。

再次，这个转变还意味着打破人格从属的等级关系，把人置于对等地位，因而使人们获得了彼此平等的权利。所谓平等，真正来说，首要的是人格平等。在市场交换活动中只有一种身份，即物（商品、货币、资本、劳动力等）的所有者的身份起作用，它不允许超经济的特权，人们只能在协约关系中实现交换、在平等关系中进行竞争。在这里的每一个人都只有作为另一个人的手段，才能达到自己的目的；他也只有作为自我目的，才能成为他人的手段。个人身上这种目的和手段的统一，就意味着个人获得了独立性，人们之间的社会关系也转变为以个体为本位的联结关系。

市场经济的活动方式还同时为独立个人的成长、发展提供了学习和锻炼的场所。市场经济同自然经济在下面这点上一样，都有“一只看不见的手”在支配着人们的活动。但支配市场经济的这只“手”是价值规律，它同支配自然经济靠天吃饭的那种规律在性质上有着很大的不同。价值规律属于内在人们活动中的社会性质的规律，它对人们命运的支配不是先天性地决定，也不是固定不变的规定，而是同个人的行为状况密切关联着的。在市场活动中有人成功就会有人失败，这是确定不移的。究竟哪个人成功、哪个人破产，却不是由规律选择的前定命运，这要依个人的行为和机遇而定。在这里个人不同的智力、才能、努力乃至胆识，都起着重要的作用。因而可以说，市场活动中个人的命运由个人参与决定，属于自我行为选择的结果。在这一意义上，就是意味着个人掌握着自己的命运，因而也只能由自己对个人行为的后果负责。这就是市场活动通过价值规律的“选优汰劣”机制。它是一座“大学校”，人们正是通过它的培育和锻炼才学会运用和驾驭社会规律，逐渐成长为自立、自主、自律和自由的人的。

资本主义是市场活动自发联系方式的制度化产物

个人的解放，就是生命潜能的解放，就是人性的解放，也就是生产力的解放。

人所特有的创造能力，本属个人生命活动的本质，也必须通过个人生命活动去实现。个人，才是社会的创造性因素。人类文化的发展、工业技术的进步，乃至科学理论和文学艺术的创造，无一不是个体创造性活动的结果。“社会”作为处在相互关系中的个人本身，在这里不过是个体活动借以实现的社会形式而已。由此可以了解，只有发挥个人的主动性和创造性，社会才能进步和发展；而创造一种使每个人都能自由发挥主动性和创造性的条件，也就成为社会进步发展的内在本质和根本目标。

资本主义制度所以能够如马克思所说，在不到一百年的时间里创造出了比过去一切世代创造的总和还要大的生产力，秘密就在这里。这就因为，它是顺应市场经济发展和个人走向孤立化的历史趋势所建立的一种适于单个人自主活动的社会形式。巩固了市场经济的成果，促进了个人人格的生成，推动了独立个人的自由活动，这就是它的活力所在，也是它的根本历史作用。当然，资本主义的历史作用也只能以此为限。

如果说以往人们依赖狭隘共同体的联系是“自然形成”的，那么，在否定这种联系之后由交换而建立的市场经济的联系便是“自发形成”的。而资本主义不过就是这种自发活动形式、自发联系方式的“制度化”的产物。资本主义把统治权建立在物——金钱统治的基础上，以维护个人的私有财产和利己主义利益为宗旨，这就以制度形式巩固了外在于人的社会关系对人的支配，使人完全屈从于异己力量的统治之下。资本主义社会矛盾及其弊端就是由此产生的。这样的制度有利于推动个人走向独立自主的活动，却满足不了独立以后的个人走向全面发展、建立完整人格的要求。

一旦个人的人格普遍地建立起来，即一切个人自身都已人格化，也就是个人都成为“人”，这时人们就不再能够忍受异己力量的统治、屈从于物的权力的支配，而要求自觉地建立属于人们自己的社会关系，要把人的联系方式置于自己的支配和控制之下。在这样的条件下，资本主义就必然要为马克思所说的“每个人的自由发展是一切人的自由发展的条件"[1]的那种更高社会形态即共产主义社会所取代。

在我国社会主义现阶段，解放生产力首要的就是解放个人

建立社会主义市场经济的体制，涉及经济基础和上层建筑的许多领域，毫无疑问，它将引起我国整个社会生活的深刻变革。在这里，同样毫无疑问的是，人的变化将是最根本的变化。一切变革都要归结到这一根本变化上来，没有这一变化其他的一切变革到最后都难以发挥实效，甚至会落空。

人的变化，包括许多内容和方面，而就我国的历史和现实情况来说，核心问题就是要解放个人。因为独立的个人是我们最为需要而又甚为缺乏的。

封建宗法制的漫长发展历史，造成我国从未形成过真正具有独立人格的个人。靠天吃饭的自然经济状况使人不得不屈从于自然支配之下。封建宗法的政治文化传统又牢牢地把人系在自然血缘纽带之中。儒家的人伦道统几乎扼制了人的一切个性。封建国家不过是放大了的人伦家庭，天地、君臣、父子、夫妻、兄弟无一不被纳入礼教规范之中。说中国从未有过"个人"，我们有的只是皇帝、贵戚、达官、布衣或君子、小人，这句话并不算怎样过分。达官贵人看来可以我行我素、颐指气使颇令人欣羡，其实那都不是他们个人的人格，不过是一种身份、角色，离开他们所代表的族群，脱去他们的角色外衣，他们个人便什么也不是。在现代的中国，我们经历了政治的解放，经济、文化、社会等方面也发生了重大的变化，人当然也已不同。由于若干年来我们实行的中央集权的计划经济体制和"一大二公"的公社制度，"计划经济"是少数人拍板决策，多数人服从照办的体制，在这种体制下，个人不可能普遍地获得发挥创造才能的独立性；而且会使

---

① 《马克思恩格斯选集》第1卷，人民出版社1972年版，第273页。

一部分人养成只知向上伸手“等靠要”、依赖群体吃“大锅饭”、照本宣科来办事、听从口令迈步走路的依赖习性；而另一部分人又只习惯于充任群体人格化身的“一言堂”的生活方式，一切都要求划一、一律、统一，容不得不同的思想、意见、行为方式。个人缺乏自我独立人格，发挥不出个性的创造才能，这种状况就是我们的社会生产力长期落后、发展不快的根本原因。

按照马克思的观点，任何生产都是个人力量的物化，在相互联系中个人的力量就是生产力①。因而解放个人也就是解放生产力；要解放生产力，在今天的现实中也就是首先解放个人，使每个人都能充分发挥出他们的主动性和积极性、聪明才智和创造才能。

我国改革开放以来的历史性实践充分证明了这点。由于我们贯彻解放思想、实事求是的思想路线，实行下放自主权力、减少行政干预的改革方针，在调动起了基层生产单位和广大个人的积极性和主动性之后，我们的经济形势和生产面貌便立即改观，短短十多年中便取得了举世公认的重大进展。

解放个人不是解放少数的个别的人，而是解放每个个人、一切个人。论到个别人的优先发展我们早就做到了，现在已经如此。然而事实证明，在个人普遍地获得独立性之前，那些尽管处于优越地位的少数个人也不能真正独立，他们从群体获得的优越地位并不意味着他们个人的解放。个人解放的实质是要在一切个人之间建立一种真正人格平等的关系。多数人不作为人而独立，少数人也可能具有个人的独立人格。

个人解放的问题不是一个地位高低、权势大小的问题，甚至也不是一个生活优裕程度的问题；它的核心是要确立个人独立的自我人格，形成具有自我特征的特异个性。个人的解放会带来生活的富裕，但这并非唯一目的，如马克思所指出的，人的“任何一种解放都是把人的

---

① 《马克思恩格斯选集》第1卷，人民出版社1972年版，第73页。

世界和人的关系还给人自己”[1]。这里首要的是发挥人作为人的无限潜在创造能力，尊重每个人作为独立人格的主动性和创造性。

个人解放从本质说来是一种自我解放，他人无法代替，也绝非他人所能恩赐。但同时，它又不属于纯粹个人的问题，而是要决定于社会环境条件的。很明显，在一个“鸡犬相闻，老死不相往来”的封闭、保守的社会条件中是绝不可能生成这样的独立个人的；没有文化科学和社会教育的普及，在大批文盲和科盲中形成这样的个人也是不可想象的。

我们确立了市场经济的体制，可以想见，在它所提供的条件下我国人口素质定会迅速提高，个人的性质也会发生重大改变。但这要有明确的指导意识，在各项工作中都要把人的问题放在核心位置，而不能只去关注产值、利润等经济性的指标。如果说资本主义是市场活动自发联系的制度体现，那么“社会主义市场经济”的优越性就应当体现在这里，它可以通过市场联系自觉地理顺人的社会关系、有意识地培植具有高尚人格的独立个人。

市场经济的本性是以个人为本位的自主性经济，我们以前实行的计划经济则是主观决策的命令性经济，它们在性质上是根本不同的。自主性经济要求发挥一切个人的主动性和创造性。我们只有把立足点从少数人决策转移到依靠一切人的主动性即所谓“群众的首创精神”上来，才能真正实现向市场经济的转轨。我们绝不能把发展市场经济所需要的宏观调控同过去实行的计划经济等同或混同起来，以致期望运用习惯了的“命令”办法去推行“自主”经济、依靠少数个人的头脑去包办必须由一切个人共同完成的事业，这是不可能的。

确立个人为本位自然就要发展个人利益，但这并不意味着就是发展“利己主义”。作为社会化联系方式的市场经济既是利己的（个人是目的）也是利他（个人又是手段）的一种交往形式。这里容易滋生

---

① 《马克思恩格斯全集》第1卷，人民出版社1956年版，第443页。

利己的个人主义（因而这方面需要社会的导引和限制），这里同时也会产生真正社会性的集体利益。从这一意义说，发展个人利益与发展社会集体的利益并不是绝对不相容的。过去由于我们多年在计划经济体制下生活，已经习惯于一切听从组织、一切依靠群体的活动方式，观念上也形成了一种定式，似乎谁要是讲求个人利益、谋求个人发展谁就是背叛了“集体主义”原则。事实上，“集体”在历史上是有不同存在形式的，因而集体这个概念也就相应地有着两种不同的含义和理解。一种是以群体为本位的“集体”，一种是以个人为本位的集体。在个人获得独立性之前存在的实质是社会群体，只有在个人独立之后才会形成真正的社会集体。群体是超个人的存在。在马克思所说的“人的依赖关系”的发展阶段，群体凌驾个人之上，形成人格化的实体，它以集体为名义的利益是压倒一切的，个人必须无条件地服从这样的集体利益，这种服从本身也就是那时的个人利益，此外不应再有个人超越于此的利益。这在那时是必然也是必要的，但在人的更高发展阶段，即对人的真正集体来说情况就完全不同了。它不但不再与发展个人利益相抵牾，而且必须以个人的独立、个人的发展、个人的自我实现为其存在和发展的条件。马克思所说的在共产主义社会里“每个人的自由发展是一切人的自由发展的条件”就是这种“集体”的最高形式。

从这一意义说，解放个人也就是人的解放，也就是真正的集体的解放。个人与集体必然对立和不相容的观念是群体本位时代形成的观念；与发展个人利益相对立的那种“集体主义”观念实质上只是一种狭隘的群体主义观念。这些观念都已不再完全适于人走向独立的现时代，需要加以更新。

人的问题是个大问题，也是一个具有根本性质的问题。现代化的社会只能由现代化的人创造出来。现代化的人又只能在创造现代化社会的活动中去培养、锻炼和成长。这就是我们应当明确树立的基本观念。

（原文载于《江海学刊》1995 年第 1 期）

马克思实践人学观的现代解析

何　萍

早在《1844 年经济学哲学手稿》中，马克思就把实践与人的存在联系在一起，以实践规定人的存在方式，树立起他的实践人学观。然而，马克思的这一思想始终没有得到 19 世纪哲学家们的重视，其中深层的哲学蕴含远远没有得到发掘。直到 20 世纪，当哲学研究实现了由自然世界向人的生活世界、意义世界的转向时，哲学家们才在反思马克思的实践概念中重新认识了马克思，发现了马克思实践人学观的现代价值，并积极地用现代哲学思维去充实它、丰富它。马克思实践人学观的现代发现和现代发展表明，马克思的实践人学观本质上属于现代哲学范式，只有以现代哲学的问题、现代哲学的思维加以省思，才能得到充分而深刻的说明。本文正是立足于这一认识，对马克思的实践人学观作一探索性的考察。

实践是人的本体的存在

马克思实践人学观的一个最基本的规定就是：实践是人的本体的存在。

综观马克思的哲学著作，马克思曾在三个层次上使用过实践概念：

一是在认识论的层次上，把实践看作认识的基础和检验真理的标准，规定着人的观念本性，即人对外部世界的逻辑占有；二是在实在的层次上，把实践看作以工业为主要内容的人的社会历史活动。在这一活动中，人以对象化与非对象化的方式创造自己生活的自然环境和社会环境，表现了人的实在的创造性；三是在哲学本体的层次上，把实践看作创造人的存在的活动，与人的存在是同等意义的概念。在这三个层次中，哲学本体上的实践规定是最根本的，它决定着实践的哲学性质及其在马克思哲学中的首要地位，同时，也决定着前两个层次的实践意义和研究方式；如果没有哲学本体上的实践规定，认识论层次和实在层次的实践概念就只会是解决旧哲学体系中的难点问题的“技巧”，被支离破碎地安置于旧的哲学体系之中。这势必要抹杀马克思提出实践概念对于变革旧哲学的意义。传统的马克思主义哲学研究的局限性恰恰就在于只在认识论和实在的层次上研究实践，没有着手以本体层次的实践研究重建马克思主义哲学体系。现代马克思主义哲学在批判传统的马克思主义哲学研究方式的这一缺陷时，直接从哲学本体层次上研究实践，证明马克思的实践概念是一个具有哲学本体意义的范畴；这一哲学范畴的提出标志着一种全新的哲学形态的产生，意味着哲学研究方式和哲学思维变革的实现。现代马克思主义哲学研究的这一成果使马克思的实践问题研究从认识论和实在的层次深化到哲学本体层次，从而也奠定了我们思考马克思实践人学观的基础。

在马克思那里，实践与对人的本质的提问是结合在一起的。这种结合构造了实践与人的本质研究的相互界定，从而揭示了马克思实践人学的本体内涵。

从人的本质的研究对实践的界定看，实践是在对人的本质的提问中确立起自身的本体意义。在《1844 年经济学哲学手稿》《关于费尔巴哈的提纲》《德意志意识形态》等著作中，马克思曾经从经济、历史的运动出发考察人的实践活动。但是，在这些考察中，马克思并不去描述这些经济、历史运动的烦琐细节，而是努力发现蕴含于其中的人的活动的规律，揭示出人之成为人的东西。这就使马克思的实践研究超出了具体的限制，形成了对人的本质的提问。所谓对人的本质的提问，就是要从哲学上解答：人是什么？人具有什么样的类特性？人的生存方式何以不同于动物的生存方式？这些问题都是对人类存在，以及人类何以存在的形而上的追问，是对人的本体存在的探讨。马克思以实践解答这一问题，把实践看作构造人的存在的存在，就使实践具有了本体的意义。在这里，实践是哲学，是全体，而不是经济、历史、常识、科学，不是部分；它是人类区别于动物的存在方式，而不是人类存在的某些方面和某些特性。总之，实践是有别于自然本体的人的本体。

从实践对人的本质研究的界定看，马克思对人的本质的提问因其实践的解答而超越了近代哲学人学。

近代哲学在解答人的本质的问题上，曾出现过三种不同的人学观，一是以培根、霍布斯、伽桑狄和18世纪法国唯物主义为代表的唯物主义者，以自然界的运动规律规定人、人的本质，强调人的肉体存在，人的自然本性对人的精神活动的决定意义，创立了自然主义的人学观；二是以黑格尔为主要代表的唯心主义者以超现实的理性或精神实体规定人的本质，形成了理性主义的人学观；三是法国复辟时期的历史学家基佐、梯叶里、米涅等以社会的经济制度、政治制度及相互关系规定、揭示、说明人的本质，提出了社会人学观。这三种人学观尽管具体的说明不同，但在对人的本质的研究方式上却表现出两个共同点：其一，他们都力图从人生存的外部条件或外部环境追寻人存在的根据，认为作为人的存在的存在就是人的自然的或社会的生存环境；其二，他们把人的存在的存在看作实体。自然、理性和社会制度都是存在的实体。存在的实体在本体意义上，就是存在者。由此可以说，他们在人学本体上研究的只是存在者，并非存在者的存在。这两个共同点恰好表现了近代哲学人学观的研究特征。如果我们稍仔细地分析这些研究特征，就会发现近代哲学人学观的两个根本缺陷：一是以人的外在性取代人的内在性。这对于人的研究来说，本身就是不完全的、片面的。由这一缺陷引起的第二个缺陷是被动性。近代哲学人学观以人的外在性取代人的内在性时，实际上已把人的主动性、能动性诉诸外在于人的世界，而人本身则是消极、被动的，是被决定的。

马克思以实践的研究重新审视了人的本质，从根本上改变了近代哲学人学的研究方式。在马克思看来，实践是“自由的自觉的活动”。“自由的自觉的活动”是创造人的生命存在的活动。人因为这一活动把自己与动物的生命活动直接区别开来。“正是由于这一点，人才是类存在物。”① 马克思从对实践的这一规定出发说明人的本质、人的存在，实际上提出了一条与近代哲学完全不同的人学研究的思维路向。这就是：从人自身的活动、人对外部世界的活动和人自身的创造性、能动性、主动性的关系方面发现人存在的根据。按照这一思维路向思考人的本质、人的存在，人的本质、人的存在不再是自然肉体的存在者，也不是独立于人而存在的精神实体，或制约人存在的社会实体，而是人的生命意义的创造和存在。这样，马克思就把对人的考察从一味追寻人的外部世界转向了发掘人的内部世界，通过对人的内部世界的考察揭示人的内在规定性以及人的外在规定性，把人的本体从对存在者、对实体的关注转向了对存在、对人的意义世界的研究。由于这两个转向，马克思的实践人学观就克服了近代哲学人学观的两个根本缺陷，在一个全新的基础上发展开来。

以上分析表明，马克思正是在把实践与对人的本质的提问的结合中阐发了他的实践人学观的最深刻的哲学蕴涵：实践是人的本体的存在。这一哲学蕴含奠定了马克思实践人学观的全部哲学基础，也是我们今天研究马克思主义实践人学的基本出发点。

---

① 《马克思恩格斯全集》第42卷，人民出版社1979年版，第96页。

实践是人的文化的存在

当我们确立了马克思实践人学观的第一个基本规定，即实践是人的本体的存在后，我们还要进一步思考实践所确定的人的本体的性质问题。这一思考使我们得出马克思实践人学观的第二个基本规定：实践是人的文化的存在。

人的存在的本体性质是什么，在马克思那里，是以实践的哲学本性来解答的。实践的哲学本性决定着人的存在性质，从而也规定着人的存在的本体性质。

从人的生存的意义上分析，人的存在具有两种根本不同的性质：一种是人的功利性的存在，这是人的动物性的存在；一种是人的非功利性的存在，这是人的文化品格，表现为人的非生物性的、文化的存在。在人的活动中，人的功利性存在和非功利性存在具有极不相同的活动目的：功利性存在的活动目的是直接取得物质的或精神的生产产品，占有这些产品的形式和效用；非功利性存在的活动目的则是实现人的生命价值，它把物质的或精神的生产产品，以及产品的形式和效用看作只是实现人的生命价值的手段。由于活动目的不同，功利性存在与非功利性存在的活动方式、活动结果亦不相同：功利性存在的活动方式是以物质的手段创造出实在的产品，其活动的结果是产品的完成和实现；非功利性的活动方式是以符号的形式把人的意义雕凿在自然的材料上，使物质的、精神的产品成为人的生命价值的象征，其活动的结果是人的生命价值创造的实现。人的功利性存在与非功利性存在的这些区别表明，人的非功利性存在是决定人的本质的更有意义的方面，正是人的非功利性的存在才使人的功利性行为与动物的功利性行为有着本质的区别；同样的，如果看不到非功利性存在方面，只是从人的功利性存在方面思考人的本质，那么，就会把对人的说明降低到人的生物层次，因而也就不可能对人的存在、人的本质作出合理的解答。

从人的功利性存在与非功利性存在的区分出发反思马克思的实践规定，我们就会看到，马克思是以人的非功利存在规定实践的性质。

在《1844 年经济学哲学手稿》中，马克思为了说明实践，曾比较了人的生产与动物的生产：“动物只是在直接的肉体需要的支配下生产，而人甚至不受肉体需要的支配也进行生产，并且只有不受这种需要的支配时才进行真正的生产；动物只生产自身，而人再生产整个自然界；动物的产品直接同它的肉体相联系，而人则自由地对待自己的产品。动物只是按照它所属的那个种的尺度和需要来建造，而人却懂得按照任何一个种的尺度来进行生产，并且懂得怎样处处都把内在的尺度运用到对象上去；因此，人也按照美的规律来建造。”① 这一段话包含马克思对实践本性的三个规定。

第一，人的不受肉体需要支配的生产是规定实践性质的方面。马克思把人的活动依其目的划分为两种。一种是人为满足自身肉体需要而进行的生产。这是人为保持人的生物机体的存在而进行的生产，其活动目的是功利性的，因而也是人的功利性的存在。一种是不受肉体需要支配的生产。这是人的超生物属性、超生物机体的活动，其活动的目的是创造人的生命价值存在，具有非功利性的特性，表现了人的非功利性存在。两者相比，后者规定人的本质，是决定实践性质的方面。实践若缺少这个方面，就会被降低为动物式的活动或存在，在现实的历史发展中，就表现为人的异化、人的劳动的异化。这一规定揭示了马克思考察实践本性的基点和思路，即从人的非功利性存在、人的超生物机体的生命存在方面考察人的活动，揭示实践的哲学本性。

第二，人的生命活动是创造和赋予意义的过程。马克思不仅以人的生命活动作为人区别于动物的标志，而且还进一步考察了人的生命活动方式。在马克思看来，人的生命活动的方式就是把人的内在世界作为活动的尺度运用到对象上。这是一个创造和赋予意义的过程：一

① 《马克思恩格斯全集》第 42 卷，人民出版社 1979 年版，第 97 页。

方面，人的生命创造离不开外部自然，只能在改造外部自然的活动中实现；另一方面，人又不以获得自然产品的有用形式为目的，只是把自然“作为人的生命活动的材料、对象和工具——变成人的无机的身体”[1]，把人的内在世界，人的生命的价值、意义雕凿在产品上，使自身的自然和外部自然都成为人的生命创造的表现。比如，使人的耳朵成为“有音乐感的耳朵”，使人的眼睛成为“能感受形式美的眼睛”，使机器的使用、工业的发展成为整个人类文明进步的表现。通过对生命活动方式的考察，马克思揭示了人的活动的非功利性特征，从而把人的生命活动与动物的生命活动从根本上区别开来。

第三，人的生命活动“按照美的规律来建造”。这是马克思对人的生命活动的实质的规定。人的生命活动的非功利性的内涵是什么？马克思用“美”来概括。所谓“美”，就是人在文化—心理活动中的自我塑造，是人的心理意境的构造，体现了人的追求、人的自我完善的方向。因此，美的本质就是人的文化、人的自由。人的生命活动以美为尺度，“按照美的规律来建造”，实质上也就是以文化为尺度，按照文化的规律创造人的存在、人的本质。由此而得出的结论是：人的非功利性存在就是文化的存在。

通过分析马克思关于实践本性的上述三个规定，我们可以看到，马克思从人的超生物性、超功利性上规定人的活动，把人的活动与人的价值创造、人的本质、人的自由的实现联系起来，实际上已抓住了文化的实质内容。马克思实践的哲学本性即是文化，实践也就是人的文化的存在。

实践是人的构造的存在

文化不是自然的生成，而是人的创作品，只有在人的连续不断的创造中才能存在和发展。从文化的这一基本特点出发思考实践是人的

① 《马克思恩格斯全集》第42卷，人民出版社1979年版，第95页。

文化存在，我们就可以看到，实践是人连续不断地构造文化的活动。考察实践的这一构造活动，我们就得到了马克思实践人学观的第三个规定：实践是人的构造的存在。

实践构造人的存在是由实践的结构决定的。在马克思那里，实践的结构是活动的结构，由创造环境的活动和创造人的内在生活世界的活动构成改造环境的活动是实践的外显的、物化的形式，必须以物质的形式表现出来；创造人的内在生活世界的活动是实践的内在的、本质的显现，只能以符号、象征的形式实现。这两种活动对于人的存在、人的发展具有同等重要的意义：通过创造环境的活动，人获得感性的内容，扩大与外部自然的联系，发展自身的外在性，具有了现实性的力量；通过创造人的内在生活世界的活动，人积淀起理性形式、精神结构，发展自身的内在性，形成人的理想世界，激发人的创造性力量。这两种活动相互影响、相互作用，把人的内在性与外在性联结起来，在人的理想世界与现实世界之间构造了一种张力，展示了人的生命创造的方式。

首先，人在创造环境和创造人的内在生活世界的活动中把自己分裂为个体主体和类主体，形成实践主体的内在矛盾，并通过这种矛盾构造人的存在和人的发展。

由创造环境和创造人的内在生活世界活动的区别所决定，实践的人在这两种活动中有着不同的内涵和活动方式：在创造环境的活动中，实践着的人是一个个特殊的个体，其特殊性就在于他有具体的实践目的、具体的实践条件和具体的实践方式，创造着人与外部自然之间具体的、实在的联系，也正由于这些特殊性，实践的人必然以个体的形式活动，成为现实的、单个的存在物；在创造人的内在生活世界的活动中，实践着的人是具有智慧的人类。智慧是人类进行文化创造的想象力和批判力。用维科的话说："智慧是一种功能，它主宰我们为获得构成人类的一切科学和艺术所必要的训练。"① 作为一种功能，智慧

① ［意］维科：《新科学》，朱光潜译，人民文学出版社 1986 年版，第 152 页。

以其想象力不断推动人类构造理想、完善自身，以其批判力推动着每一时代、每一民族的人按照他们所设定的理想世界批判现实、批判常识、批判以往的知识，最终超越现实，走向未来，从而形成人的世代追求活动，积淀为一种类能力。正是这样，有智慧的人不论采取何种方式出现，个体的、集体的抑或民族的、时代的，都是人的类本性的积累和表现，都属于具有普遍性的人的类主体。

实践的改造环境和改造人的内在生活世界的活动把实践着的人分裂为个体主体和类主体，也就构造了实践主体的内在矛盾：一方面，实践的本性决定着实践的个体主体与类主体的内在统一性。实践是以感性形式构造人的生命的活动，就要求实践的个体主体和类主体在活动中相互作用：类主体以自身所具有的超生物族类的普遍必然性把实践个体主体的活动提升为体现人的生命的类活动，使具体、个别的实践活动无论如何都具有人的类的普遍性，从而把人获取自然物的活动方式与动物获取自然物的活动方式根本区别开来；个体主体则以个别具体的、物质的活动方式，表现、丰富类主体的活动，使类主体的活动获得感性的物质的现实性和具体性，从而把实践主体的活动方式与纯粹精神主体的活动方式区别开来。个体主体与类主体的这种统一表明，实践的主体是人的既具有感性的物质活动形式，又具有超生物族类、具有普遍必然性的主体性结构。正是由于这种主体性结构，实践才能成为创造人的生命存在的感性的物质活动。另一方面，实践的个别实现又构造了个体主体与类主体的相互排斥和内在矛盾。任何实践都必须通过个体主体的活动而实现。个体主体为获取对象物的有用性，在每一次实践中都必须确定具体的、带有强烈的实用性的目的。可以说，确立实用性的目的，是个体主体完成实践活动的内在的、必然的要求。没有实用性的目的，实践个体的活动就丧失了自主性、独立性，最终变得既无效果，亦无意义。然而，个体主体认可实用性目的的行为与类主体追求实践的目的的非实用性的行为毕竟是相排斥的，必然引起类主体与个体主体在实践的个别实现中的矛盾：类主体为借助实践个体主体的物质活动证明自己的感性存在，总是力图消解实践目的的实用性，把实践的物质系统全部纳入符号系统的意义结构之中，使其成为人的生命的物化形式；而个体主体受到具体的实践目的的制约，并不能完全地理解、接受类主体的目的，只能根据自身的需要有选择地吸收类主体的实践目的。类主体以非实用性目的改造、丰富个体主体，个体主体以实用性目的裁决、选择积淀起来的人类成就，部分地接纳、实现类主体的非实用性目的，这就构成了个体主体与类主体在具体实践中的相互排斥和相互矛盾。

实践个体主体与类主体的既相统一又相矛盾，构造了人的现实存在，也构成了人发展的内在推动力。

其次，人在创造环境和创造人的内在生活世界的活动中，把实践的对象分立为文化世界与物理世界，形成了实践对象的相互矛盾，人通过解决实践对象的这种矛盾而形成了人存在的广阔空间和无限发展的时间。

在实践中，实践的个体主体为了取得实践的效果，首先必须选择、确立实践的对象。但是，个体主体选择、确立实践的对象，不是孤立地面对自然对象，而一开始就要受到已有知识的限制，事先要选择和确定已有的经验。这样，人的任何实践都必然面临着两种极不相同的对象：一是经验世界，这是人的文化积淀，是人的感性化的客观世界；二是外部世界，这是按照自然规律运行的物理世界。个体主体在实践中以已选择的经验对象运用于外部世界，试图以“他所作出的改变来使自然界为自己的目的服务，来支配自然界”①。这是把人的文化世界运用于自然界，使自然界服从人的需要的过程，也是人的对象化活动，其结果必然引起人的文化世界与自然的物理世界的矛盾。人要获得实践的结果，就必须解决这两种对象之间的矛盾。

人在解决文化世界与物理世界的矛盾中，建立了文化世界与物理

① 《马克思恩格斯选集》第3卷，人民出版社1972年版，第517页。

世界的联系，确立起人存在的广阔空间。在实践中，文化世界与物理世界的矛盾表现了实践对象之间的相互制约联系：当人把经验运用于外部世界时，人总是力图把外部自然纳入人的生命创造系统之中，使其服从文化的发展规律，体现了文化世界对物理世界的主动性、制约性。然而，当人的经验运用与外部自然发生矛盾的时候，实践又揭示出人的经验运用不能违抗自然的发展规律，必须遵循自然发展规律，体现了物理世界对文化世界的主动性、制约性。文化世界与物理世界的这种相互制约性表明，在实践活动中，文化因素和物理因素都不是绝对积极或绝对消极地起作用的，而是在各自不同的方面起着积极的、主导的作用，从而形成了文化与自然之间的互动过程。这一过程表明，实践构造的人的存在空间既不沉湎于人的内在精神世界，也不消极地依赖于物理世界，而是介于文化世界与物理世界之间，依随文化世界和物理世界的发展而不断扩大。正是这样，我们可以说，人的存在的空间是实践的函数，它随着实践的发展不断扩大和拓深；它是人创造的结果，也体现了人的存在方式。

不仅如此，人在解决文化世界与物理世界的矛盾中，还形成了实践主体和文化世界的重构，创造了人存在的无限发展的时间。文化世界与物理世界的矛盾是实践主体运用经验于外部自然而引起的，主要表现为人对自然规律的盲目性、不自觉性，也证明了人的不完善性。于是，文化世界与物理世界每一次矛盾的产生，都必然引起人的非对象化，激活实践主体的再创造。实践主体的再创造主要通过两种方式实现：一是实践主体依据文化世界与物理世界的矛盾创造新的生存方式，建构人类生存、发展的新的理想世界；二是以已建构的新的理想世界改造经验，更新文化世界，建立文化世界与物理世界的新的联系，既为人的存在构造了新的空间世界，又为人的发展奠定了新的历史基础。在这两种方式中，前者着重人的理想与人的现实的联系，表明人是立足于现实的基础上构造人的理想，人的理想绝不是人的无聊的幻想，而是对现存矛盾的解决，有着非常现实的内容；后者着重人的现实的改造活动与自身传统的联系，表明人的发展离不开现实的基础，是在对已有传统的改造和更新中实现的。实践主体通过这两种方式进行再创造，就建立起了人的理想存在与人的现实存在、未来存在的联系。在时间上，这种联系则表现为人的生命存在从过去、现在到未来的发展。文化世界与物理世界的矛盾连续不断地产生和解决，就构造了人存在的无限发展的时间。

实践的创造环境的活动与创造人的内在生活世界的活动的相互区别和相互联系，构造出人的存在和发展，也构造出人存在的空间和时间，这一事实表明，实践不是简单地决定人的本质、人的存在，而是构造人的本质、人的存在。正是实践的构造性结构，规定人必定是构造的存在，从而也揭示出：实践是人的构造的存在。

从解析实践是人的本体的存在，到揭示实践是人的文化的存在，肯定实践是人的构造的存在，我们可以清楚地看到马克思以实践考察人的存在的独特思路。

其一，马克思从人的内在生活世界出发，把人的内在性与外在性结合起来，考察人的生存和发展。因此，在马克思那里，人的存在不是预成的、一成不变的，而是生成的，不断发展、不断完善的。

其二，马克思从人的意义存在出发，把人的意义联系与实在的、物质的联系结合起来，考察人的存在方式，从而把人存在的空间和时间看作实践的函数，既随着人的创造活动不断拓展和延伸，又在物化过程中经过历史积淀而具有客观性。因此，在马克思那里，人的存在是能动性与客观性、理想性与现实性、未来与历史、自由与必然的有机统一。

马克思实践人学观的思路，一方面表明马克思的实践人学观把人的研究转向人的内在生活世界，已彻底摒弃了近代科学主义的人学观，属于现代哲学人学；另一方面又说明，马克思并没有沉湎于人的内在生活世界、人的精神世界，而是努力以实践揭示人对外部世界的无限开放性，强调外部世界对人存在的意义和人对外部世界的改造，并把两者内在地结合起来。在这一点上，马克思的实践人学观又区别于尔后的现象学、解释学、现代文化哲学的人学观，而形成了自己的特色，在一个半世纪的哲学发展中独树一帜，产生了巨大的影响。正是这样，我们认为，从马克思实践人学观的三个基本规定出发，把握马克思实践人学观的基本思路，是我们今天思考、发展马克思主义实践人学的出发点。

（原文载于《江海学刊》1995 年第 4 期）

人学的世纪：解放与抗争

田海平

一个世纪以来，关于人存在和他的世界的普遍关注或思索激起了我们时代真正的哲学激情。不仅众多学派和学术思潮都从各自的立场出发指出一种关于人的解释的重要观点，而且由现实涌现出的各种人学问题，如文化冲突、民族矛盾、环境污染、世界战争、强权政治和信仰缺失等，也不断地呼唤人们关注人和人的实存本身并对人的概念重做诠释。这是一个人学的世纪，同时也是一个在热烈的人道主义背后隐藏着片面性病症的世纪。“发育不全的部分性思维限制了人的自我理解”①，导致了世纪末怀疑主义和虚无主义的灾难性流行。无论东半球还是西半球都在同样的困境中呼唤一种能够整体把握当代人的概念的健全人学的诞生。这是世纪之交最激发人们进行思考的事件。我们只有检讨20世纪哲学作为一种人学的“自觉”所走过的路，才能够真正回答在一个人学的世纪里哲学何为，并由此辨明21世纪哲学思想的方向。

---

① ［德］古茨塔夫·勒内·豪克：《绝望与信心——论20世纪末的文学和艺术》，李永平译，中国社会科学出版社1992年版，第3页。

哲学告别人类中心论

在上一个世纪之交，由于人类知识兴趣日益转向人自身和从事研究人的各种特殊科学的不断增长，由于哲学作为体系形而上学的崩溃和隐蔽其中的人的概念的嬗变，人的自我认识和自我理解出现了前所未有的危机。各种思想的对立不仅无助于缓解危机，反而加重了或加大了危机的程度。考察这种现象产生的根由，似乎不难发现，这是因为“我们不再具有任何清晰而连贯的关于人的观念”① ——这预示着2000多年来西方世界用来指导人们的伦理和文化生活的基本人论假定的丧失，从实质上看，即是欧洲自柏拉图以来人类中心主义的最终覆灭。我们看到，正是在它带来的巨大震荡中，20世纪哲学开始从各个方向上试图消解和摆脱那些在传统上与人的统一体或整体相关联的虚妄假定和前提，俾使哲学走上一条“自觉”思考人存在和他的世界的现实关系并由此达到“人学”“自觉”的道路。

毫无疑问，人类中心主义的覆灭绝不只是20世纪发生的事情。当哥白尼用“日心说”代替中世纪神学所信奉的“地球中心说”的时候，作为宇宙论形态的古代人类中心主义的覆灭就已经发生。近代西方哲学的进程，可以说是凭借科学理性和“我思主体”来诠释认知中的人性，将其提升到作为世界构造的“实体统一性”，并由此重建人类中心主义的进程。而进入现代，西方哲学则开始全面地转向针对近代认识论形态的人类中心论，并进而针对一切人类中心论进行清理或批判。这一时期出现的三种绝然不同的观点标志着人类中心主义的最终覆灭：第一种观点认为，传统的人类中心论代表了一种进步的人道主义思想，应坚决捍卫之（Robert Nozick，Corliss Lamont 等）；第二种观点认为，人不能被规定为某种“本质”或“实体”，传统人类中心主义将人性设想为某种

① ［德］恩斯特·卡西尔：《人论》，甘阳译，上海译文出版社1985年版，第29页。

“实体统一性”是虚妄的，现在应该用建基于“自我超越”、“自我选择”和“自我筹划”的存在论来超越之（如尼采、萨特、布洛赫等），这种观点试图用存在论的人类中心论来代替认识论的人类中心论；第三种观点认为，人类中心主义的现状（无论是对它的坚决捍卫还是超越）说明了它的崩溃，近代乃至现代生活的弊病可以直接或间接地追溯到这种人类中心主义的效应。我们看到，20 世纪哲学的所有争执都可以归结为上述三种观点。如果说对人类中心主义信念的捍卫只是为了重温已经消失的人道主义美梦，那么人类中心主义在经过了它的宇宙论危机、认识论重建和存在论的短暂“复兴”之后，到 20 世纪 50 年代实际上已正式宣告了这种梦想的破灭。人类中心主义的覆灭是西方历史乃至世界历史的大事，它所产生的影响是深远的。这主要表现为，它在理解人和更新人的概念并实际地面对人类境况时带来的革命。

这是一场关于人的观念的哲学革命。它的到来，在某种程度上，是由于人的自我理解和自我认识突破了各种类型的人类中心论的域限，而进至一全新的境界。这意味着西方人学观念的脱胎换骨的改变。主要表现为以下几个方面。

（1）从实体主义到非实体主义。从基本的思维逻辑看，对人性问题的实体主义阐释构成了人类中心主义的理论前提：它通过把人性诠释为作为“统一体”或“整体”的“实体”（如理念、心灵、我思主体等），并把它看作与人的现实世界分离、反过来构成现实世界之本质的“先验”因素，来论证人的理性、逻辑、知识和实存本身的优先地位。这样，“实体”原本作为“人性外投”的“思辨构造”，现在成为解释一切、评估一切的基础或核心。在这样一种思想的迂回设计中，人实际上成为一切的中心并到处围绕自身旋转。西方传统哲学，尤其是近代哲学，大都遵循着实体主义的这种人论假定，并最终使人类中心主义成为哲学形而上学思辨的核心。现代反人类中心论的最初的矛头所向就是对这种实体主义的人论假定的摧毁，在 20 世纪末，尼采（用透视主义的认识理论）、弗洛伊德（通过取消自我实体的真实性）和马克思

（用实践观点取代实体观念）就已经揭开了这一序幕。经过20世纪上半叶的语言转向、文化批判和现象学运动，已演变为一场声势浩荡的非实体主义的思想潮流。从实体主义到非实体主义的嬗变，在思维方式的层面上标志着人类中心论的彻底瓦解。同时，与此相关的，“人不再被看成是自在地存在着并且可以被它自身所认识的一种单纯的实体”①。在重新思考人存在和他的世界这一问题上，现代非实体主义哲学由于破除了人类中心论的限制，实际上已经引发了一场人学世界观的变革：即从主体性观念到非主体性观念的变革。

（2）从主体性到非主体性。从世界观的意义上看，实体主义的思维方式导致将人看成“同属两个世界的公民”，并在一种不言而喻的“主次关系”中将一者归结为另一者。这是人类中心论的形而上学的基本特征：它假定了人或人性作为主体或主体性的中心位置，当然这种假定往往采取了某种隐蔽乃至歪曲的形式，以至人们很难看得清楚。当代美国学者奥特加·加塞特在反思笛卡尔以来的主体性观念时曾预言：“假如这个作为现代性根基的主体性观念应该予以取代的话；假如一种更深刻更确实的观念会使它成为无效的话；那么这将意味着一种新的气候、一个新的时代的开始。”② 对此F. R. 多尔迈以《主体性的黄昏》一书作出了肯定性的回答，他断言“主体性观念已在丧失着它的力量”③，认为这由我们时代的具体经验所致。他列举了一批“先进哲学家”在这方面的工作，如胡塞尔、海德格尔、萨特、阿多尔诺、阿尔都塞、福科、德里达、哈贝马斯等④。多尔迈的论述表明，现代哲学对主体性观念的批评，“预定了对近代人类中心论的正式控诉的

---

① ［德］恩斯特·卡西尔：《人论》，甘阳译，上海译文出版社1985年版，第281页。

② ［美］弗莱德·R. 多尔迈：《主体性的黄昏》，万俊人、朱国钧等译，上海人民出版社1992年版，第1页。

③ ［美］弗莱德·R. 多尔迈：《主体性的黄昏》，万俊人、朱国钧等译，上海人民出版社1992年版，第1页。

④ ［美］弗莱德·R. 多尔迈：《主体性的黄昏》，万俊人、朱国钧等译，上海人民出版社1992年版，第13页。

程度"[①]，这将是一场全面的世界观革命。我们认为，从主体性到非主体性的嬗变，同时也指明了现代人学价值论的一个基本方向：即揭去了人类中心主义的蒙蔽之后，传统的人道主义价值体系必须经历一次彻底的改造，以往人们信奉的人类主义的人道主义或自我中心的人道主义必将为一种"人道主义的自然主义"或"自然主义的人道主义"所取代。

（3）从人道主义到反人道主义。自从尼采"重新评估一切价值"的跨世纪"请柬"赢得广泛的回应，传统人道主义的没落就是无可避免的了。人道主义曾经作为一个伟大的价值系统代表了人类对自身价值的肯定和全新的探索，它以理性的力量进逼专制的黑暗，冲决宗教的禁锢，带来了意义深远的理智启蒙。然而，这种理性的进军是由实体主义的思维方式和主体性观念相互推进的，在价值论上完全依附于人类中心论来诠释人的超越本性，人被定义为与自然分离的理性主体，并在追求对其环境的控制中成为存在的主宰。由此建立的一种价值论体系，在科学技术的稳步发展的帮助下，导致了人对自然的无限统治。传统人道主义关于人与环境、人和理性的一系列观念正好落入这样一种"占有性"的主体幻觉之中：人在追求成为主体的不懈努力中，走向对人类理性力量的盲目崇拜，它所导致的理性僭越和主体性的过度膨胀，必将严重威胁事物和人的存在，这不仅是人类主体意识由理性而来的自欺，而且它本身也由占有性的自大而表现为对世界的"片面"的控制。人道主义制造了自己的"他者"，变成现代世界的宗教。当人们还在为人道主义的美梦所陶醉的时候，种种隐患已汇聚为一场深刻的文化与社会危机。在尼采的"请柬"中早就一再地指出了这个愈益明显的转折：人道主义的消失将比上帝的死亡成为更为激烈、更为深远的转变，人在杀死了上帝之后并不能品尝到他的胜利，而是置身于灭亡的旋涡之中。这种洞见在福科的《物之序》和德里达的《人之终结》中得到酣畅淋漓的阐扬。而

① ［美］弗莱德·R. 多尔迈：《主体性的黄昏》，万俊人、朱国钧等译，上海人民出版社1992年版，第50页。

海德格尔《关于人道主义的信札》更进一步提出“人不是存在的主宰者，而是存在的看护者”的观点。20世纪西方哲学家在对启蒙运动以来的精神文化遗产进行反省和清理的时候，走向对传统人道主义的价值论体系的摧毁。当代反人道主义无论采取何种方式，激烈的或温和的，彻底的或保守的，其根本宗旨是要进行一场人学价值观念的革命，矛头直接指向传统的人的概念和人类中心主义观念。

上述情况足以表明，哲学在告别人类中心论的同时，也在告别一些由来已久的东西。实体主义、主体性和人道主义分别从思维方式、世界观特性和价值体系诸方面反映出人类中心主义的形而上学在理解人和人的世界问题上的特有本质：它在假定了人的统一体或整体的实体本质的同时，又把人诠释为总是处于心与物、灵与肉、思维与存在、理性与感性等构成的矛盾处境中；人被解释为一个纠缠于物性存在的精神本质，它唯有通过理性的思维活动而洞察一切，并将自己建立为主体；由此，人成为一切的中心，成为存在的主宰。这样一种人学观，实质上是人的主—奴概念的扩大化，它不仅在理解人类与自然和环境的关系问题时得出一种统治与奴役的观点，而且在理解人的理性存在与感性存在、人的认知理性与其他理智形式的关系问题时也得出了同样的观点。它由人类中心论的解释网络造成了传统哲学在“认识你自己”这一主题上的观念蒙蔽。事实上，20世纪哲学经历的人学观念的上述变化，就是要通过澄清种种虚假观念的蒙蔽以恢复人的本来面目。如果我们对实体主义—主体性—人道主义的人学观念的整体做进一步的追问，不难发现，其实质乃是一种理性僭妄的“解放神话”。因此，哲学揖别人类中心主义，作为激起全面人学观念变革的思想转向，必然动摇传统人学观念的总体性构架。这意味着“解放神话”的破除。

解放的神话和焦虑

从逻辑上看，追求人类的至高无上性或类的解放，是一切人类中心说的共同目标。“解放的神话”在人类中心主义的人学体系中是极根本和无处不在的。在人与自然的关系问题上，它表现为人从自然的奴役中解放出来成为自然的主宰的“主—奴”辩证法。当近代自然科学的迅速发展和社会生活领域的急剧变革充分证明人类的理性力量，作为“解放神话”的“主—奴”辩证法便越出了单纯的人与自然的维度，进入人与社会、人与自我的复杂领域，它成为近代以来哲学用来诠释人存在和他的世界的关系问题的理性信念：对自然的统治蕴含着社会的统治，同时也意味着个体理性对感情生命欲望的排拒。“解放神话”在这里充满了一种统治的冲动，其实质乃是一种“统治—奴役”的形而上学。实体主义作为一种“分裂争胜”[①]的思维方式，主体性作为一种“别具一格的个体主义”[②]，是制造“解放神话”的两个支柱。而人道主义作为以人为“存在的最高主宰”的价值体系则将这种“解放神话”转化为实际的社会进程。

然而，“解放神话”对人的至高无上性的推崇和对人类解放的最终承诺，更多地出于资产阶级意识形态的策略设计：“统治与奴役”的形而上学造成了工具理性的滥用，带来了对自然、社会和人自身的毁灭性暴力；人类中心论的观念体系直接成为欧洲中心论和文化帝国主义的理论来源，导致了对非欧洲文明的殖民地掠夺。事实上，自启蒙运动以来，“解放神话”无论在科技、政治、经济和社会生活领域，还是在人们的审美、道德和文化生活领域，都实际地参与了资产阶级意识形态的历史建构。对“解放神话”的破除和对人类中心主义意识的揭露是一个问题的两个方面，二者往往不可分割地构成了当代哲学对传统人学观念及其实践后果的全面清算。因此，哲学“告别”人类中心论，作为在思维方式、世界观特性和价值体系等方面经历的系统性人学观念的转变，

---

① 罗嘉昌、郑家栋:《场与有——中外哲学的比较与融通》第 1 辑，东方出版社 1994 年版，第 69 页。

② ［美］弗莱德·R. 多尔迈:《主体性的黄昏》，万俊人、朱国钧等译，上海人民出版社 1992 年版，第 324 页。

必然从总体上以“解放神话”的幻灭呈现出来。20世纪特有的焦虑就表现在这里。这是一种当“解放”被破除了遮蔽其上的“神话”色彩之后必然出现的焦虑：它包含双重意义：一是对“解放”“神话”的“实际后果”的焦虑；一是对解放理想能否实现的焦虑。真实地面对人类解放的双重焦虑，而不是沉湎于解放神话的虚幻设计，昭示了一条使哲学成为“自觉”形态的人学的道路。这里，对人类理性之“偏”的“矫正”和对意识形态之“蔽”的“解除”，成为当代哲学破除解放的神话、面对解放的焦虑并最终告别人类中心论的特有方式，它本身已是行进在这条人学自觉的道路上。

应该看到，解放的焦虑急切地呼唤人类理性信念的重建，这是“焦虑”避免沦为“绝望”并最终转变为“信心”的根本①。20世纪的思想历程证明：告别人类中心论的人学传统，破除解放的神话，绝不只是一、两句口号能完成的；它实质上是一场对人类理性的全面而深刻的反省；反省的目标在于通过“揭示”和“矫正”人类理性之“偏”重建我们时代的理性信念。第二次世界大战以来，西方思想至少从三个方面上贯彻着这样一个主题。它们分别揭示了人类理性的三种“偏失”：（1）对非理性的绝对排拒；（2）对自然的浅薄的傲慢；（3）对不同理性形式共存的偏见②。

人类理性自有它先于理性、先于逻辑、先于科学的渊源，这就是人的情感、意志、体验和本能构成的非理性领域。人类理性之“偏”首先表现为对其非理性渊源的排拒，这既是出于维护理性的纯洁性和至上性的需要，也是出于论证由它构成的人类中心论的观念体系的需要。然而，人类理性对非理性的绝对排拒必然斩断理性的生活世界的根基，使理性演变为抽象的“神”，进而使由理性的进步带来的“解放”成为君

① ［德］古茨塔夫·勒内·豪克：《绝望与信心——论20世纪末的文学和艺术》，李永平译，中国社会科学出版社1992年版，第3页。

② 潘叔明：《人道主义之累》，载《福建论坛》1989年第1期。

临一切的“神话”。这种片面的理性主义激起了现代非理性主义哲学的反叛。唯意志主义、存在主义、生命哲学和精神分析学派在战前的流行，就已向人们指明，人的精神生活的内在领域原本就是非理性的。现代人种学、文化人类学和心理学的研究也一再地指出了人类理性的具体性、历史性、相对性和非理性的本原。沿着这条思路，当代哲学试图重建人类理性与生活世界的联系。伽达默尔对人类的艺术经验的研究，海德格尔对人类诗意栖居的追问，福科对“癫狂史”的考古发掘，都旨在消解理性与非理性的界限，以便让人类理性回到人类生命的真实本原。福科的名著《癫狂与文明》的副标题是“理性时代的精神病史”，它提出的问题今天仍具有振聋发聩的意义：“理性对非理性的征服有没有胜利可言？理性在这一征服中有没有可能转化为非理性的强暴和专制?”

事实上，理性对非理性的绝对排拒，已经使理性在其专横发展中导向疯狂，它不但制造了借“正义”之名实施的人与人之间的迫害、流放和血腥屠杀，而且还制造了以“进步”作旗帜的人对自然的征服、控制和掠夺性开发。“解放神话”的隐秘本质就在这里，这是一种“敌视”人和自然的理性信念，而且对感情生命欲望的排拒与对自然的浅薄的傲慢紧密地结合在一起。西方理性主义未能谨慎对待自己的辉煌胜利，使得以理性为骄傲的人道主义满足于炫耀其技术之威力。人类理性对自然的浅薄的傲慢，构成了当今世界一切危机的总根源。对人类理性这一偏失的揭示导致了当代思想对启蒙运动的重新评判。法兰克福学派的两位杰出的代表人物霍克海默和阿多尔诺在战后合作发表的著作《启蒙辩证法（哲学片断)》是其中最有影响的成果之一。我们读到：“启蒙一直旨在将人类从恐惧中解放出来，并建立人的主宰，但充分启蒙了的世界却弥散着胜利的灾难……通过割裂自然来终止自然制约的每一次尝试，只不过是加强了这种奴役。这便是欧洲文明的进程。”① 该论著作出这一

① ［联邦德国］马克斯·霍克海默、特奥多·W. 阿多尔诺：《启蒙辩证法（哲学片断)》，洪佩郁、蔺月峰译，重庆出版社 1990 年版，第 1—13 页。

诊断的目的不仅仅是要指控作为解放神话的“主—奴”辩证法，而是要从理性上找到启蒙之自我毁灭的源泉以及可能的矫正方法：这就是启蒙的辩证法——既然“自然的奴役正是来自对自然的征服”，那么人类必须以一种辩证的态度看待自己的理性成就，“通过承认自己在支配自然的同时也在退入自然”，理性便可“抛弃主宰自然的要求，而使其隶属自然”。[①] 这种对在自然问题上的人类理性之“偏”的揭示与矫正，表明当代思想正在寻找已经失落的人与自然的和谐关系。“罗马俱乐部”的报告敲响资源枯竭和生态失衡的“警钟”。当代生态伦理学和环境保护主义则从加强人类理性的反省和人类道德的自律的角度倡导人对自然的尊重和守护。当代哲学家，如海德格尔、利科、梅劳·庞蒂、德里达等人，从反对人类中心主义、反对主体性和自我中心的人道主义的角度，试图重建人与自然和谐的思想。人与自然关系的重新确定，在我们这个世纪成为激发人学自觉的直接动力。这条道上集结着来自哲学人类学、哲学解释学、现象学、科学社会学以及自我批判的新马克思主义这样一些观点。

然而进一步分析就会看到，人类理性对自然的浅薄的傲慢还在于理性本身受到近代以来科学主义模式的宰制。理性沦为单纯的“算计”，着魔于“制造”和“控制”，并最终演变成为一种技术“座架”[②]。科学理性的独霸统治不仅导致了对自然的征服和统治，而且导致了对其他理性形式的野蛮干涉，由此形成了人类理性对不同理性形式同时并存的偏见。海德格尔据此看到这种导致技术崇拜的单一理性模式的危险性：“一切东西被共同洗刷成千篇一律的无差距的东西。”[③] 这是一种沉重的忧患。当代思想家们越来越清醒地意识到任何形式的理性崇拜或文化

---

① ［美］弗莱德·R. 多尔迈：《主体性的黄昏》，万俊人、朱国钧等译，上海人民出版社1992年版，第1页。

② ［德］冈德·绍伊博尔德：《海德格尔分析新时代的科技》，宋祖良译，中国社会科学出版社1993年版，第77页。

③ ［德］冈德·绍伊博尔德：《海德格尔分析新时代的科技》，宋祖良译，中国社会科学出版社1993年版，第214—215页。

权威都将再次把我们投入传统的历史幻觉中：人从彼岸幻影中崇拜自己的本质。因此，彻底消解技术筹划的科学理性必须在一种多元理性和多元文化的和谐共存中完成。海德格尔在后期的思考中通过对具有隐喻性质的中国道家思想的认同，尝试纠正欧洲近代以来的理性偏失。德里达主张拆解欧洲语言中逻各斯中心主义的传统，这一传统构成了统治与奴役的形而上学（即在场的形而上学）的语音学根据，德里达的拆解旨在使人类理性超出生态学和聚居地的限制。同样，罗蒂从反对基础主义的立场上倡导后哲学文化，试图将哲学从“知识基础”的科学主义模式中解救出来，“骑上文学的—历史的—人类的—政治的旋转木马”①。这些思考可以归属于这样一个信念：人类理性诸形式应不存偏见地和谐共存，任何一种理性形式都不能单独地充当人类的救星。这不单意味着不同地域文化所产生的不同理性形式可以互鉴互补，而且意味着科学理性、价值理性和艺术理性应平等共处、相互融合、共同建构人类的理性信念。人类的理性只有走出故步自封的独断偏执，才会真正地唤起这种伟大的文化觉醒。

这是当代思想的闪光之处。应该看到，揭示和矫正人类理性之“偏”不论在何种层次上展开，都是当今人类面对愈益突出的“解放的焦虑”所作出的真诚回答。它标志着曾经支撑“解放神话”的理性信念的失落。耐人寻味的是，西方人已经按照“理性动物”的定义生活了两千年，直到今天他们才突然发现这个被当作人的“代名词”的理性早已落入各种严重的“偏失”之中。当代思想的这种警醒赋予自身以重振乾坤的使命。暂且不论它所提示的重建人类理性信念的各种“策略”是否会导致新的理性“偏失”，但从其昭示的理性对非理性本原的自觉、人对自然和环境的隶属与守护，以及它试图唤起的人类理性的文化觉醒看，当代思想对理性之“偏”的揭示与“矫正”无疑是

① ［美］弗莱德·R. 多尔迈：《主体性的黄昏》，万俊人、朱国钧等译，上海人民出版社1992年版，第320—321页。

在展示西方人学观念的当代自觉。然而我们的疑虑是，人类理性之“偏”既然早已发生，为何要在它演变为当今文化与社会的严重危机之后才得到哲学家的揭示与纠正？难道哲学思想真的如黑格尔所言类似密发纳的猫头鹰要等到“黄昏”时才起飞吗？问题的关键是，什么原因妨碍了人们对理性之“偏”的认识。

意识形态的观念蒙蔽无疑是始作俑者。事实上，人类理性之“偏”往往以意识形态之“蔽”呈现自身。而对意识形态之“蔽”的解除和对人类理性之“偏”的揭示又是一个二位一体的互动过程。甚至在多数情况下，意识形态的策略设计也会转化为人们的理性信念，如“解放神话”所表现的那样。因此，对人类理性之“偏”的揭示与矫正必然伴随着对意识形态之“蔽”的解除。甚至可以说，没有意识形态的去“蔽”，人类理性之“偏”就不能得到真正的揭示。这在西方人学观念的当代自觉中得到了充分的体现。一方面，人类理性的三种偏失只有靠人类中心主义的观念蒙蔽的解除，才能得到有效的揭示与矫正。20 世纪的思想发展中，哲学揖别人类中心论的诸多表现，是此明证。阿尔都塞在《列宁与哲学》一书中从马克思哲学变革的角度指出了这一点。他写道：“由于哥白尼，我们知道了地球不是宇宙的中心，由于马克思，我们知道了人类主体——经济的、政治的或哲学的自我不是历史的‘中心’；与启蒙时期的哲学家和黑格尔相反，历史甚至是没有‘中心’的，除非在意识形态的错误认识中。”[①] 从这一点出发，我们就不难理解为什么人类中心主义的覆灭，或哲学告别人类中心论会激起当代人学观念的全面变革。另一方面，人类中心论意识及其“解放神话”作为意识形态之虚假观念的破除，如果不从人类理性之偏的揭示与矫正中得到具体的贯彻，它只能同它的近代先驱一样沦为一种思想的“口号”。这在

① ［美］弗莱德·R. 多尔迈：《主体性的黄昏》，万俊人、朱国钧等译，上海人民出版社 1992 年版，第 31 页。

我们的分析中是不难看到的。于此，我们可以得出一个大致的结论："解放神话"解体和幻灭，和"解放的焦虑"的急切呼吁，构成了西方当代人学自觉的经纬；它们各自从意识形态的"去蔽"和人类理性的"纠偏"，呼唤当代思想走出"主体性思想的黄昏"，克服人类中心论的人道主义的片面病症，通过回复人的生活世界的本原和人与自然的天然和谐，通过人类理性的文化觉醒，使理性、自然和文化重新回归于人。

在人学的世纪里哲学何为

20 世纪西方哲学在告别人类中心论和重建人类理性信念的主导方向上迎来了西方人学的当代自觉，但人的现实回归仍然是一个漫长的历程。人类理性之"偏"和意识形态之"蔽"将带着沉重的后果进入 21 世纪。当代思想注定了要肩负起这个思想的十字架。"解放神话"的幻灭和"解放的焦虑"的呼唤仍将构成 21 世纪人学观念的思想经纬。哲学在经历了 20 世纪人学观念的当代自觉之后，即将进入一个新的人学的世纪。于是，当我们以各种方式展望 21 世纪之际，一个疑问便跃然而出：在一个人学的世纪里哲学何为?

我们确实到了应该面对这个问题的时候了。20 世纪西方哲学对自身传统的清理虽然内含着某种建设性的意图，但总体上仍然是在从事一种破坏性的思想工作。它的基本格局是，几乎每一学派或是每一思想家都是从传统人论中的某一片面性出发实施消解和摧毁。这样就导致由于缺乏对当代人的概念的整体把握而落入相对主义、虚无主义和怀疑主义的魔圈。对实体主义的反拨使思想陷入游踪无定的"消解游戏"。反人道主义走向了对西方优秀文化传统的片面拒斥。哲学似乎除了参与毁坏一座金碧辉煌的"神殿"之外别无所为。于是，当代思想在不堪人学自觉的探索之累的重负下，出现了取消主义的消极对抗。"哲学的终结"、"人的终结"乃至"语言的终结"被无限放大。西方人学的当代自觉无疑伴随着某种致命的片面性病症。古茨塔夫·勒内·豪克对此写道："片面性是我们时代的一种病态，它应该被强有力地拒绝。人的'范围'有诸多的环节。在'完整的'人的范围内只把某个环节绝对化，这属于我们时代的精神分裂症。"① 有鉴于此，我们主张从"解放的焦虑"面对人的抗争，通过辩证法的实践精神的回归，重建人类理性信念。由此哲学在人学的世纪将大有可为。这里，我们并无意于将"人的抗争"从人类解放的"链条"中分解下来，而是希望不避当代人学对"解放神话"的摧毁，重新延续人类理性的"脉动"。

那么，哲学在人学的世纪里究竟何为呢？毫无疑问，对各种形式的理性之"偏"的揭示与"矫正"，对各种类型的意识形态之"蔽"的破除，仍然是哲学批判的任务。这种批判将吸取20世纪哲学探索的前车之鉴，走出语言批判、文化批判、意识形态批判的狭隘限制，而辅之以实践批判的广阔视野。如此，当能避免批判过于玄远、流于偏执。同时，由于契入了"实践"的视角，批判将切实地反映人类出于知识的困惑、存在的困惑和意义的困惑所展开的生命本原的抗争。人始终渴望着人自身，这决定了人是一个抗争的本性，在解除了人类中心主义的限制之后。人的抗争不再是一个自我折磨的主体性征服。人对自然的控制与隶属，人类理性对其非理性的限制与宽容、人类文化的和谐共存，自有其辩证的尺度。人的抗争正是要通过对人存在和他的世界的各种现实关系的辩证调停回归到人本身。因此，当"解放的神话"被破除之后，当代哲学作为人学自觉将在新的世纪里成为表达人的抗争的世界观理论。哲学的形式可能是多样的，但其内核必定是一种作为实践思维方式的辩证法，至少当代人类实践和人类精神生活的固有张力要求如此。或者，正如伽达默尔在他

① ［德］古茨塔夫·勒内·豪克：《绝望与信心——论20世纪末的文学和艺术》，李永平译，中国社会科学出版社1992年版，第3页。

90 寿诞时所彻悟到的那样,“也许哲学根本不像……以往所有哲学所说的那样,而完全是另外一个样子”①,但作为对 20 世纪的片面性的克服,哲学将会在对人的抗争的所有领域的辩证思考中发挥其应有的作用。

(原文载于《江海学刊》1996 年第 2 期)

① 郑涌:《也许哲学并不如我们所说》,载《读书》1992 年第 3 期。

论人的自我尊严

杨千朴

自我尊严作为人的精神素质的重要内容，是道德规范转化为个人信念和品行的特殊心理机制。启发和强化人们的自我尊严，不仅对个人的自身完善具有重要价值，而且对于整个道德建设也有突出的意义。

一

“尊严”一词除用以表达人的庄重、威严、独立而不可侵犯的地位和身份之外，还被用来表达人的特定意识、情感和心理。我们常指责那些丧失国格和人格的人，没有一点民族的尊严和起码的人的尊严。马克思和恩格斯也曾指责那些表现出萎靡、畏缩和自卑的德国人，是“不感到自己是人的人，就像繁殖出来的奴隶或马匹一样”“没有任何思维和人的尊严”①。很显然，“尊严”一词在这里指的是人的自尊意识、自尊情感和心理。这种自尊的意识、情感和心理，是生活于一定历史条件和社会环境中的人，对自身的社会地位和存在价值的主观反映。当人通过劳动“作用于他身外的自然并改造自然时，也就同时改

① 《马克思恩格斯全集》第1卷，人民出版社1956年版，第409—410页。

变他自身的自然。他使自身的自然中沉睡着的潜力发挥出来，并且使这种力的活动受他自己控制”[1]。人自身中的潜力包括人的认识能力。这就是说，人类的生产实践不仅是获得物质资料的客观实践活动，而且也同时伴随着一系列思维活动：在生产活动中，人类不仅取得了衣、食、住、行等方面物的成果，而且也发展了主体的认识能力。这种主体的认识能力，既表现为对客观的自然现象和社会现象的认识和把握，也表现为对自身的认识和把握。在改造客观世界与主观世界的长期活动中，这种自我认识和把握的能力又不断地得到丰富和发展，逐步使人认识到自己在宇宙中高于其他一切的崇高地位，认识到自己是万物之灵，因而便在内心中产生出族类的优越感。而且，人生活在与他人结成的各种社会关系中，还会由于认识到自己的独特地位与身份，以及对于他人的价值和意义，产生出肯定自己的思想意识。所以，“尊严”作为人的特定意识，是人们对自己的主体地位和社会价值的自我评价和确认；作为人的特定情感和心理，是由于认识和了解了自己的主体地位和社会价值而产生的自尊心和自豪感。

从不同的立场和角度看，人可以被区分为两个不同的自我：一个是作为认识者、评价者的自我；一个是作为认识对象、评价对象的自我。这两个自我，也可以称之为主体的自我与客体的自我。主体的自我是积极活动的观照审视精神，它凌驾在一切之上；客体的自我则只是存在着的我，作为主体精神观照审视的对象，对主体的我犹如外在的他人。这样，上述意义上的“尊严”，也就是主体自我对客体自我的存在、活动及其价值进行确认和评价，而获得的一种自我肯定性的意识、情感和心理。由此，我们也把这种意义上的“尊严”称作“自我尊严”。

人的自我尊严作为产生并存在于人们内心中的特定意识、情感和心理，主要包含这样几个方面的内容：（1）由于认识了自己的存在与活动

---

① 《马克思恩格斯全集》第23卷，人民出版社1972年版，第202页。

的社会价值，而得到的肯定自我性的评价；（2）由于自己的特定身份和社会职责，与由此体验到的荣光，而产生的自豪感；（3）由于认同了人格平等的价值观，和对于一般人心目中的以金钱、权势和地位为标准区分人的高低贵贱的庸俗观的超脱态度，而树立起来的自爱心和自尊心；（4）由于具有崇高的人生目的，和对他人、对社会作出的贡献，而感受到的快慰与满足，等等。这些内容不只是人的存在的共同性特征的一般表现，也不只是人的共同性活动及其价值的一般反映，而主要是个人由于认识到自身的特殊存在、特殊活动和所具有的特殊价值，在内心深处形成的纯属个人的情感、心理和意识。它既不是浑浑噩噩者所能体验和感受的，也不是所有在现实中存在和活动的人都必然具有的。

“尊严”所表达的人的庄重、独立而不可侵犯的地位或身份的这层含义，主要是指他人、群体和社会对个人的关心和爱护，对个人在社会中应有的地位、待遇、荣誉、名望给予的承认、肯定和赞赏。此种意义上的“尊严”，是建立在人们的社会关系之上的，具有他在客观性的特征。在现实的社会关系中，它究竟能在何种意义、多大程度上得到维护和实现，主要取决于社会政治、经济与思想文化关系的现实状况。一般地说，在政治制度进步、经济发展、思想文化健康繁荣的社会里，个人的地位、身份和荣誉就易于受到重视和得到保证；而在剥削阶级占统治地位的社会里，个人尤其是劳动群众的地位、身份和荣誉，常常是得不到承认和重视的。由此含义、特征及其社会制约性，我们特称这层意义上的“尊严”为个人的“社会尊严”。人的“自我尊严”是主体的自我对客体的自我的确认和评价，是自我肯定性的意识、情感和心理，因此，它是建立在个人的意识和心理之上的，具有自在主观性的特征。个人能否树立起自我尊严，关键不在他人和社会如何评价和对待个人，而主要是看个人如何评价和对待自己。只有当个人对自我的存在及价值有所觉解，他才能在与他人和社会利益的关系上发现自己、肯定自己，认识到自己的独特价值，体验到内心里的自我崇高、自我赞赏的情感和心理。所以，自我尊严作为个人的自我意识，具有突出的自在主体性。也正是在此意义上，马克思和恩格斯指责那些不感到自己是人的人，就像奴隶或马匹一样，没有任何人的思维和尊严。自我尊严和自我良心、个人荣誉所表现的，虽都是人的精神特质，同属于思想道德素质范畴，并且也都具有控制和调节意识、情感和行为的机能，但它又有区别于后二者的显著特点。自我尊严和个人良心都与人的主观内审机制相联系，所表现的也都是进行自我评价的能力。但个人良心是基于道德责任，侧重于个人对他人和社会的道德关系所进行的自我评价。而且，它是一种解剖性的、批判性的自我评价，对自己具有提示和警诫的作用；而自我尊严则是由于看到自己的现实存在，认识到自身的价值和意义而体验到的内心的感受。这是一个肯定性的自我评价，它能增强人们追求更大社会价值的自信心和进取心。个人荣誉是他人和社会对个人的存在、活动及其社会价值所作的公认的客观评价。自我尊严作为人们对自身存在、活动及其社会意义的肯定，与荣誉有相同之处。但荣誉反映的主要是来自他人和社会的肯定性评价；而自我尊严则是个人内心中对自我的肯定性评价，是对自身价值及其社会意义的自觉。因而，它是激励人们自主、自强，保持高尚人格的内在精神力量。

人的自我尊严不仅以其具有的特定含义和特征，区别于人的社会尊严，而且作为同是具有影响和制约人们思想和行为的个人意识和心理，它又以自己的特定内容和作用方式，区别于个人的良心和荣誉。因此，在个人的自我完善以至整个道德建设中，具有非常重要的意义。

二

马克思曾这样认为，“尊严就是最能使人高尚起来”，“并高出于众人之上的东西”。[①] 自我尊严是存在于人们内心中的一种精神力量，

① 《马克思恩格斯全集》第40卷，人民出版社1982年版，第6页。

它所具有的激励作用，贯穿于人们的理想追求、社会实践活动和品德修养的各个方面。

第一，自我尊严是人们树立崇高理想，并为之进行不懈努力的心理机制。所谓理想，是人们以现实的可能性为内在根据的关于美好未来的构思或设计，是人们向往并为之奋斗的目标。树立崇高的理想，对于人生具有多方面的意义。它是人的社会本质和主体性的确证，是人们立志改变现状的心理基础，也是人的理智和成熟的标志；它使人方向明确，精神振奋，不怕困难和挫折；人们的知识才能是在劳动创造中获得的，而劳动创造是理想的派生物，没有理想就没有追求、劳动和创造。所以，理想也是知识才能的源泉。人们能否树立起崇高的理想，并为之进行不懈的努力和执着的追求，现实的生活条件和社会的教育与引导固然会起到很大的影响作用，但起关键作用的因素是个人的自我尊严。因为自我尊严的自我意识和心理情感具有的自我控制和支配作用，必然会内在地决定个人的价值选择，使他做出最有意义、符合他内心中尊严的理想和行为的抉择。人也只有在具备了起码的自我尊严，现实的生活条件和社会的教育与引导被个人理解，并转化为尊严的意识和情感的时候，那些外在的因素才能对树立崇高理想和为之进行不懈的努力，起到促进的作用。事实表明，那些具有崇高理想，并在实际的劳动创造中表现出刻苦精神的人，尽管他们达到这种境界和行为表现的条件与方式各不相同，但一般都有很强的自我尊严意识，这一点是共同的。

第二，自我尊严也是激励人们钻研业务知识，提高业务技能的内在动力。生活于现实社会关系中的任何人，都负有一定的社会责任。马克思和恩格斯曾这样指出过："作为确定的人，现实的人，你就有规定，就有使命，就有任务，至于你是否意识到这一点，那是无所谓的。"① 在现阶段，我们共同基本的责任是努力实现我国的现代化。我

---

① 《马克思恩格斯全集》第 3 卷，人民出版社 1960 年版，第 329 页。

们应该以高标准的工作效率和服务质量，来证明自己正在履行着这样的责任。因此，这就要求我们每个人都应该刻苦钻研专业知识，熟练掌握本行业的劳动技能。引导和推动人们刻苦钻研专业知识，努力提高业务技能的，除了责任感和直接的个人利益，更有自我尊严这一内在的心理、情感机制。爱迪生为什么能够在举行婚礼后马上就去继续做他的实验？我国著名数学家陈景润为什么能长期带病研究数学难题，甚至在开会期间也躲进厕所去证明和演算公式？应该认为，除了他们对于科学的热爱和受发展科学造福人类的责任感驱使，在很大程度上还是由于他们的自我尊严意识的激励和支配作用的结果。一个人如果缺乏起码的自我尊严，没有自信心，就会菲薄自己进而形成自卑心理。这样，就必然会失去进取的信心和动力。这样的人不仅思想上放松对自己的要求，在业务知识和技能的学习上也必然不求长进，工作上得过且过。

第三，自我尊严也是人们加强修养，追求自身完善的精神因素。道德品质，作为个人在一系列的道德行为中表现出来的比较稳定的特征和倾向，既不是天赋道德观念的表现，也不是人的“良知”活动的结果。它是在后天的环境中，通过一定的社会生活实践和教育作用，以及个人自觉的磨炼和修养而逐步形成的。个人能否形成高尚的道德品质，关键在自己的修养和磨炼，因为离开个人内心中的积极的思想斗争与行为的锻炼，任何的行善意志、利他情感和始终如一的行为习惯都是不能形成的。那么，又是什么东西引导和激发人们进行道德品质的磨炼与修养呢？应该认为，个人的自我尊严是其重要的精神因素。自我尊严作为个人的肯定自我的思想意识和自尊的情感，它能使人获得一种特殊的精神上的快慰与满足，因此，人们一般都非常关心自己的尊严，注意维护和发展自己的尊严。维护和发展自我尊严，不仅可以通过运用个人的智力和体力创造物质和精神的财富的途径，还可以通过运用个人在道德领域内的活动方式和良好的道德修养与高尚品质的影响来实现。而且，人们还会由于认识到脑力、体力的天赋条件的差异会使自己的活动成果受到限制，而在道德领域每个人都是平等的，人人都可以在这个领域里创造出最高的道德价值，而对于自我尊严的形成，道德价值与物质财富价值的作用和意义是一样的。正因为如此，所以人们都特别重视自己的品德修养。一些人之所以对自己那样严格认真，时时处处都以很高的标准要求自己，并刻苦地磨炼自己，在很大程度上都是由个人的自我尊严意识推动的。

第四，自我尊严也是形成社会中协调、和谐的人际关系的情感保证。社会主义道德的基本规范要求社会成员之间要友爱团结，各行各业的人要相互尊重，相互支持。在建立和发展这种人际关系的过程中，整个社会的政治、经济状况和社会风气无疑会产生很大的影响作用。但起关键作用的，是广大社会成员自身的思想品质因素，而个人的自我尊严则是建立和发展这种关系的情感保证。具有强烈自我尊严的人，一般都非常珍视本单位、本地区以至自己的民族和国家的集体荣誉，希望自己所在的单位、地区和所属的民族和国家能有一个被羡慕、被赞誉的美好形象。因此，这样的人不仅能以努力工作和创造更大业绩的方式为自己所在单位、地区和所属的民族、国家添光增彩，而且在自己活动的范围内人际关系出现了矛盾和困难的时候，由于内在的自我尊严意识和情感的控制与支配作用，在绝大多数情况下，都能自觉地控制和消除造成这些矛盾和困难的自我因素，有时可能是强烈的个人意念和情绪的抑制，甚至是个人利益的牺牲，以争取本单位、本地区和所属民族、国家内部各种关系的协调与和谐，进而达到实现整体荣誉的目的。在对实际情况的考察中，我们发现那些具有自尊意识和尊严感的人，在处理与周围人的关系时，一般都能做到推己及人，由尊己到敬人，处处以平等的态度对待同事和他人。而那些缺乏自我尊严的人，不仅鄙薄自己，对自己的荣誉漠不关心，而且还会以同样的心理和情感对待本单位、本地区的人和所属的民族和国家。所以，没有自我尊严的人，往往也是没有民族尊严和国家尊严的人。这样的人，一般都疏远同行和自己周围的人，不关心他人，甚至产生蔑视和忌恨他人的心理。事实说明，在普遍缺乏个人自我尊严的集体中，其成员不仅自轻自贱，而且还互轻互贱。自己做不出成绩不在乎，而对那些工作努力并做出了贡献的人还会加以嫉妒和中伤，其结果必然会造成矛盾和紧张的人际关系，破坏集体的荣誉和团结。

总之，自我尊严在个人的道德修养和整个社会的道德教育中，具有特殊的心理情感机制的作用。在深入进行的精神文明建设的过程中，我们若能重视启发和引导社会成员树立和强化内心中的自我尊严，使他们普遍形成强烈的肯定自我的意识和自尊的情感，那么，整个道德教育和精神文明建设，就一定会取得更为理想的效果。

三

任何人的意识、心理和情感都是现实的社会关系和活动的反映。自我尊严作为个人的主体价值和社会意义在自我意识中的反映，其形成与发展变化自然会受到社会的利益关系和占主导地位的价值观念的影响和制约，但主要取决于个人的主体状态。

马克思曾这样指出过，能给人以尊严的“是最能为人类福利而劳动的职业”①。这句话深刻地揭示了形成自我尊严的根源。人们是由于对自身价值的发现和肯定，才产生出内在的自尊心和自豪感的，显而易见，人的主体价值和社会意义是自我尊严的前提条件，而个人创造性的劳动活动则是更为深刻的基础。人们是通过劳动活动为社会创造了物质财富和精神财富，赢得了他人和社会对自己的肯定、褒奖和尊重；人们在劳动活动中不仅锻炼和提高了自己的才能和智慧，而且也是在劳动活动的过程中显示了自己的才能和智慧。具有一定的才能和智慧的人，不仅能够得到他人和社会的承认和肯定，而且也更能在内心里形成自我肯定的情感和心理；人们的勤奋、毅力、刻苦和进取的

① 《马克思恩格斯全集》第40卷，人民出版社1982年版，第7页。

精神品格，只有在创造性的劳动活动中才能得到充分的表现。任何劳动活动都离不开一定的社会关系，并结成和表现为一定的社会关系，正是在这样的社会关系中才表现出人的刚直、公正和诚实的品质。这些可贵的品德素质全面地表现着一个人的具体形象，也因此赢得了他人和社会的敬慕与尊重，自然也内在地形成对自我的肯定与自尊。人们通过劳动活动不仅创造了人化的自然界和整个社会，而且也改造和发展了自身。正是在自己的创造性活动中，人才体验到自己是能动的主体，是“最为天下贵也”和主宰世界的“万物之灵”；体验到人生的真、善、美，进而肯定人是一切价值中的最高价值。在现实的社会生活中，我们可以更加清楚地看到，人们对自己的本职工作越是认真负责，对专业技能越是熟练精通，对岗位劳动越是刻苦努力，所创造的物质财富和精神财富就越多，为他人和社会作出的贡献就越大。当然，个人可能获得的自我尊严就越多。

确立正确的人生价值观，也是形成和发展自我尊严的重要条件。个人的创造性劳动及其社会意义和价值，只是形成自我尊严的前提和基础，但还不是个人的自我尊严。因为自我尊严是人们对自身价值的自觉意识和情感，所以，只有当个人的创造性劳动及其社会意义，不仅为他人和社会所承认，而且同时也为劳动者本人所觉识，他才能在个人与他人和社会整体的利益关系上发现自己，肯定自己，体验到自己内心的尊严意识和情感。有些人虽说没有很高的思想觉悟，但出于朴素的良心意识，对自己的工作一贯认真负责，成绩也很显著。但对于这些他们内心中只是认为“吃粮应差”“不能不如此”而已，认识不到其中具有的社会意义。至于那些把人生的意义限定在个人名利圈子里的人，即使有时也能实现一些个人的名利欲望，得到若干心理上的满足，但由于他们始终是在个人私利的基础上理解个人的存在及其活动的价值，所考虑的也只能是个人的一些恩怨得失，因此，根本谈不上有任何的自我尊严。自我尊严既是人们对于自身的主体价值和社会意义的自我意识，没有正确的人生价值观基础，健康的自我尊严意识无论如何是形成不起来的。马克思主义认为，人的价值是从人对于整个人类社会的关系中产生的，表明人具有某种能满足人类社会需要的属性。而实现人的价值，就是使人潜在的创造能力充分地发挥出来，为社会进步、人类的理想贡献出一切。因此，衡量一个人有无价值、价值大小，唯一的标准和尺度就看其对人类进步事业的贡献。接受并树立了这样的人生价值观的人，才会认真地履行自己对他人对社会的责任和义务，努力为人类幸福与社会进步作出自己的贡献，才能在社会的人际关系中获得应有的地位、荣誉和名望，同时也才能在自己的内心中形成对自我的崇敬与自豪。所以，树立起正确的人生价值观，提高认识和理解个人与他人和社会的种种关系及其意义的能力，则是树立和发展自我尊严的又一个必须认真解决的问题。

另外，更要有自我批评精神。人是难免不犯错的，出现了过错必不可免的会在一定的程度和范围影响个人的地位和名誉，造成个人内心里的过失感，甚至产生自卑情绪。但过错并不根本决定人的自我尊严，其关键是看个人如何看待自己的过错。能实事求是地承认自己的过错，进行认真的自我批评，并努力克服缺点和过错的人，不仅不会降低威信或尊严，相反，还会受到别人的敬重和钦佩，增强自己的自我尊严；而那些固执己见，坚持错误，不肯做自我批评，甚至文过饰非的人，不仅维护不了自己的面子，而且还会更加引起他人的反感，失去原有的信任与尊重。一些人缺乏自我批评精神，往往是由于不能严格区别尊严、自豪与傲慢、自命不凡的界限造成的。这样的认识对于树立和发展个人的自我尊严危害极大，是应该坚决纠正的。尊严、自豪与傲慢、自命不凡貌似相同，而实质相异。尊严和自豪是耸立在奉献之上的人格自觉，是人的主体性的勃动与昂扬；而傲慢和自命不凡则是由无知所造成的一种浅薄，是人的主体性的昏沉与盲失。所以，一个错把傲慢、自命不凡当作尊严和自豪的人，无论如何是不可能具有积极的自我批评精神的。另外，自我批评精神还有赖于个人的羞耻心。羞耻心是个人由于自己的言行违背社会公认的有关规范、准则和要求，并实际造成了对他人和社会的一定程度的危害，在内心里产生的一种内审、自责的心理体验。这样的心理体验会消沉情绪，引动悲怆，具有对心理与情绪的强烈制动作用。其结果，必然会对人的思想和行动起着自我控制、自我监督、自我调节的作用，一旦发现自己违背社会公认的有关规范、准则和要求，或感到自己尚未尽到自己应尽的社会责任和义务，并还由此造成了危害他人的结果，就会感到羞耻、内疚和悔恨，继而进行无情的自我解剖和自我批评。可见，羞耻心是人们之所以能够自觉进行自我批评的心理基础。毫无羞耻心的人，没有自我批评精神，对别人的指责和批评麻木不仁，泰然自若，甚至把自己的错误推给他人，也必然缺乏以社会公认的有关规范、准则和要求为标准的自律意识和自律能力。这样的人，无论如何是不会具有多少个人的自我尊严的。所以，道德修养和道德教育应该重视培养个人的羞耻心。

（原文载于《江海学刊》1996 年第 2 期）

迈向21世纪的人类中心视界：交往实践观

任　平

交往实践观：跨世纪之思

黑格尔曾经说过：哲学像密纳发的猫头鹰，只有在黄昏时才出来飞翔。的确，每当时代嬗变、世纪交替，人类总是将超越具体纷繁复杂的现象界、把握事物总体、总结历史和展望未来的精神使命赋予哲学。

今天，又值世纪之交，常常是“后思”却又为“先导”的哲学，面对的是怎样一幅世界图景呢？

第一，世界格局呈多极化发展趋势，全球主题是和平与发展；第二，改革、开放的中国，以东方巨人的雄姿走向世界，将在21世纪完成辉煌的现代化事业；第三，科学技术高度发展，全球一体化进程加速；第四，文化转型问题再度凸显，儒家文化的新命运和西方文化的走向将在21世纪备受关注；第五，马克思主义和社会主义的前途命运也将在21世纪全球实践中作出新的、决定性的“检验”，等等。因此，无论从何种角度上说，21世纪都将是20世纪问题的解答录。

跨世纪的解答需要有跨世纪之思——新的哲学观念，只有它才能科学理解21世纪全球巨变的深层意义，正确预测新世纪的未来进程。

这一新的哲学观念，便是笔者提出的“交往实践观”。

笔者曾在《广义认识论原理》一书中指出：所谓交往实践观，是指由多极主体通过改造相互关联的中介客体而结成主体际关系的物质活动。作为新哲学观念，它是在变革传统实践观基础上产生的。

就哲学观念变革来说，19 世纪末到 20 世纪末，发生过两次重大转折。19 世纪的转折可称为“实践哲学”的转向运动。这一运动的主旨或精神成果，就是将自然本体论和认识论排挤出哲学的中心位置，而取实践哲学代之。无论是马克思主义还是非马克思主义，也无论是美国的实用主义、操作主义还是欧洲大陆的实证主义、科学哲学，都将实践观作为哲学体系建构的基础，以实践原则作为哲学研究的总原则。然而，作为这一时期实践哲学体系中心观念的实践观念，其基本思路仍然是“主体—客体”两极框架，这集中地体现了工业化文明早期时代的“自我中心论”情结，并具有浓郁的单一线性思维方式特征，其根本缺陷，在于具有单一主体性、单一实践关系（即排斥“主—主”关系的“主—客”关系）、单一动力观和单一运行观等，从而受到人们的强烈批评。

今天，面临新的世纪之交，全球正经历新的转变，人类实践观亦再次发生重大变革，从传统单一主体论模式向多极主体间交往实践观转换。与传统实践观上述四种缺陷相反，交往实践观新特质在于：（1）多极主体性；（2）主体际关系与“主—客”关系的统一；（3）主体际关系与“主—客”关系构成实践的复合动力观；（4）多重实践进程；等等。进而，作为新哲学框架，交往实践观还包含更广阔的视野，即“三重结构、双向整合”。所谓三重结构，即交往实践的向度可分为三个方面：（1）实体结构（“主—客—主”结构，从自然交往转换入生存交往、生产交往、生活交往、政治交往等）；（2）意义结构（交往实践对于各极主体的意义不仅迥异，而且相互关联和缠绕）；（3）辩证结构（历史性交往实践存在着规范侧度和否定侧度）。所谓双向整合，则是指交往实践一方面内化为各极主体的存在方式，形成个性化特色；另一方面又不断整合出共同体、共性规范、一体化结构的存在。双向整合亦是递升的：从基础性交往实践层次上升到精神交往层次，进而可造就个体思维与社会意识形态，民族本土文化和世界文化，从而构成交往世界的总体图景。

“交往实践观的转向”已成为跨世纪的精神潮流，是其总格局、总趋向，并正在全球各重大领域内充分展现。

世界主题的全球学转向

和平与发展是当代世界的两大主题。就发展问题而言，由全球性发展实践的大潮推动，继而受蓬勃兴起、不断嬗变的发展理论和发展科学的冲击，终于突进世界哲学的视野，叩响了发展哲学的大门。各种发展观应运而生，作为在整体上解答全球发展之谜、探索发展内在逻辑的发展哲学，已成为全球各国研制发展战略、建构发展理论的观念前提和核心纲领，引起了包括联合国在内的全球社会的广泛关注。

然而，值得注意的是：发展观在20世纪末正经历着深刻的嬗变。这一变革被称为“全球学转向”，它包括“发展主体的转向”、“发展内容的转向”和“发展视界的转向”三个方面，其实质是走向多极化主体的交往实践结构。

发展主体的转向。从历史学意义上说，这一转向包括前后相继、性质迥异的两次转变；从逻辑指向来看，是从单一化主体向全球化主体即多极化主体转变扩展的历程。

众所周知，19世纪末至20世纪中叶，发展主体发生第一次大转变，即从西方发达国家“增长极”向不发达国家转移。早年完成了工业文明的西方国家，用商品和大炮轰开一个又一个古老封闭国土的大门，在全球建立起以西方为中心的世界发展体系，迫使附庸国、殖民地跟在西方国家后面亦步亦趋，走西方化道路。尔后，经过半个多世纪的苦斗，广大发展中国家终于摆脱了殖民统治，获得了发展主体的资格。但是，这些新起的发展主体在追求现代化之初大多未摆脱“西方中心论”观念，盲目模仿、照搬西方早期发展经验，缺乏自觉的独立自主意识，从而遭致严重挫折。相反，那些从本土实际出发独辟蹊径地探索发展道路的国家却获得了成功，这表明多极化主体的初步崛起。

第二次转向，则是从欠发达国家转向全球，西方发达国家又迫不及待地重新加入发展主体行列。究其原因，这是世界性发展的挑战和全球化竞争的必然结果。西方社会在经历了战后短期繁荣之后，相继陷入经济衰退，社会机体僵化，文明老化，活力锐减。而新兴工业国家和地区，如亚洲四小龙，则经济增长迅速，社会现代化速度惊人，呈咄咄逼人的态势。全球竞争使各国都成为发展主体。各国在发展目标、方向、道路和模式上均呈现多元化，因而发展主体在全球化的同时走向了多极化、异质化。多极化主体成为世界发展的跨世纪现象。

内容的转向。由于发展主体的多极化，引起了有关发展问题（如含义、道路、关系等）一系列传统观念的根本性改变。首先，发展含义的改变。传统观念对应于单一发展主体——不发达国家，因而认为发展是仅限指“那些处于传统或不发达状态的国家、地区和人民通过发展经济、变革社会文化形态而走向现代化、发达状态的历程”。而新的发展观对应于多极化主体，指称发展的含义也相应扩大：它不再仅仅指从不发达、传统状态走向发达、现代化的过程，而且包括发达国家从现代化向后现代化的跃迁和转型。因此，发展应是各发展主体从一种现存经济社会形态跃迁、转型为新的、更高的经济社会形态的过程。从传统走向现代化，从现代化走向后现代化，都被纳入发展的含义之中。其次，就发展的道路和模式而言，“西方中心论”被否弃，那种以西方发达国家为现代化标准模式，将现代化等同于西方化的时代已成为历史。全球发展模式既高度多元化又日益一体化。发展成为全球社会成员间交往与双向整合的产物。这一根本性变革，导致了全球“发展视界的转向”。

发展视界的转向。这一转向，在发展观层面上重演了人类认识史的逻辑，即从发展客体论到发展主体论，再到发展“主体—客体”统一论，最终达致多极主体论的全球学视界，交往实践观成为这一逻辑的回归点。

发展客体论是发展观的第一阶段的理论形态。其基本特征是将发展的本质归结为经济增长和财富的积累，将发展经济学视作发展理论的主导形式，它虽然作为“初级阶段”和逻辑起点的社会发展理论具有阶段性、合理性，但其先天缺陷十分明显：首先，将发展等同于“脱贫致富”，将外在的物当作发展的本质，见物不见人，见客体不见主体，忽视人的现代化在发展中的核心作用，用经济增长指标取代社会发展的全面指标，当然是片面的和有害的。其次，发展客体论固有的“现代化指标体系”和视界带有强烈的“单一中心论”——西方中心论的色彩，因而屡遭发展中国家的反对，因而要求其理论范式的变革。

发展主体论。以英格尔斯等人为代表的“人的现代化”学派，是发展主体论者。这一理论在以下两方面否定和超越了发展客体论：其一，认为发展、现代化的本质和关键不是像客体论所主张的是所谓物质财富的增长，经济指标的跃迁，而是人的现代化。离开了人的现代化，物、财富等客体的增长则是“一堆废铜烂铁”。人的现代化是发展的主题。其二，人的现代化则是人的价值观、心理、行为方式、思维方式从传统走向现代性的历程，具有“跨文化”、世界性标准。然而，这一理论也存在内在的缺陷：其一，走向另一极端，忽视客体的基础性作用对于塑造人的现代化的关键性意义；其二，在人格心理测量方法、标准方面仍带有“伪装的西方人”色彩，虽然其中不无“普适性”原则，但总体上大多取之于西方价值观，对于东方独有的现代文明不甚深解，因而也遭致许多批评。

“依附论”将研究的视角从纵向转换为横向，在全球空间关系上研究发展“中心”与“边缘”的关系，具有全球意识。但究其理论底蕴，仍然是将发展或不发展的根源归于“中心”一极，将“边缘”视为受“中心”控制、奴役的客体，这幅图景是消极的。

透析上述理论，扬弃它们，重构发展理论，关键在于模式变革：从单一主体论走向多极主体论。

多极主体论强调：其一，全球发展主体的多极性，反对以“西方中心论”为代表的单一主体论。各国无论大小强弱，都有同样的发展主体地位和发展权。其二，多极化主体具有各自的主体资质、特色、内容和目标。其三，多极化主体间的交往关系，是建构全球发展总格局的机制，只有在相互间的开放、交往和全球化结构中才能发展。其四，全球发展的总格局是在“一体化”与多极化之间保持张力，这是交往实践双向整合的最好证明。双向整合功能在于：一方面使各主体在发展中整合出各种联盟关系、伙伴关系，从欧共体到南亚联盟，从“非统”到世界贸易组织，直到联合国，都是这一交往整合的产物；另一方面又使参与交往的各国主体源源不断获得发展的机遇和挑战，经验、科技和资本并加以内化整合，使各主体保持着彼此间的个性。其五，形成了覆盖全球的发展主体间结构：“主—客—主”框架。每一发展主体都不可能脱离这一结构；主体面对的物质经济客体都处在与其他主体的交往中介关系之中。因此，这一框架将以交往实践为中心的多极主体性和双向整合性融为一体，遂成为跨世纪全球发展学的基本视界。

与此相应，和平观在国际政治多极化格局中也走向交往实践观的视界。和平本质上是各政治主体（国家、地区、阶级、文化民族、集团等）间非战的交往实践状态。当代全球和平格局正面临深刻的世纪性转折，即和平结构在重构，因而具有三大新特点：其一，冷战结束、苏联解体，国际社会正朝向多极化政治格局发展，当代和平赖以建构的基础发生了根本性改变，多极化主体已成为世界和平的支撑点；其二，和平的跨世纪目标是建立与多极主体化基础相适应、相匹配的国际政治、经济新秩序，即和平的交往实践关系与规则；其三，和平的实现与保障机制在于各主体间交往的双向整合：一方面不断克服传统的“霸权主义”“干涉主义”对各极主体平等地位的侵害行为，维护各极主体地位和尊严，发展主体资质和能力，另一方面又运用联合国等世界性组织来维护交往的合理规则，完善宏观整合机制。

总之，世界主题的全球学转向，本质上是交往实践的转向。

市场经济的哲学基础

在中国，建立社会主义市场经济体制，是中国改革目标和发展模式选择理论的中心环节。建立这一体制的哲学视界，正是交往实践观。

传统高度集权的计划经济模式的实践论正是单一主体或“主—客”两极模式论。这一体制的基本特征和弊端正在于：其一，单一实践主体性。只有计划制定人——中央才是实践主体，而地方和企业却是被主体计划支配的客体。一个主体支配无数客体——这就是计划经济体制的典型的实践结构。其二，无主体际横向自由交往关系，无市场，只有“主—客”两极的“支配”与“被支配”关系。其三，无主体际交往竞争的压力、动力功能，只有单向主体催化功能。企业没有市场，因而也无市场的机遇和挑战，亦无活力。其四，企业无主体际交往运动机制，亦无相应的交往规则，无论是经济的还是法律的。

社会主义市场经济体制的实践论正是交往实践论。这一体制的基本特征和优势正在于：其一，多极利益主体为市场发育和建立的基础。建立现代企业制度的核心是明晰产权，同时明晰劳权，确立各企业、利益群体（法人）的独立自主经营的主体地位，且彼此间都将对方视作另一极利益主体，承认对方所应有的一切合法权益和行事能力。没有这一多极化主体性，就不会有平等的交换，也就不可能有市场和市场经济。其二，发育市场，建立和完善各利益主体之间平等的交往实践关系体系。不仅要建立统一完善的国内市场，而且要与国际市场接轨——全球化经济交往体系。其三，企业发展的动力，主要靠市场竞争。企业主体与科技、产品的关系，即“主—客”关系，是靠介入市场竞争（“主—客—主”）关系来统摄、推动和完成的。高科技作为“第一生产力”的代表对于主体的推动作用，只有在市场化体系中才能真正实现利益、价值推动通过市场寻求（“主—客—主”）来刺激高科技发展和推广运用（“主—客”）。“主—客”实践关系只是市场化交往实践的一个片段环节。其四，市场运行机制是主导的经济运行方式，主体际交往成为实践运行的中心。不通过市场交换，不经过主体际交往的企业生产将不能实现其价值，也无法存在下去。市场运行需要有一整套合理约束各主体行为和交往结构的规则，即经济法则和法制规章，这乃是交往实践宏观整合的产物。交往实践的需要及其发展程度，是建立相应的法制化体系的原动力。

开放论的基础性哲学观念和总体思维框架仍然是交往实践观。开放的本质是国际社会成员之间、区域间、主体间的交往实践，包括交流、竞争与合作。笔者认为，开放论所包容的交往实践视界至少有以下几方面：其一，开放论的哲学前提是多极主体观。封闭的国家历来缺乏多极主体观念，开放则是以平等的主体际地位为前提的，而且是以异质性、多极性主体为前提。无平等的主体际地位，必受奴役，谈何开放；而同质主体也无须交流，只有多极异质性主体，才有交往、交换、交流的必要。其二，开放的过程是主体际的交往实践关系建立的过程。对内开放则建立统一完善的市场体系，对外开放则介入国际化市场体系。其三，开放的结构是主体际交往关系结构。开放的向度是否全面，开放的层次是否系统，开放的方式是否稳定，这都是依赖于主体际交往实践的状态。其四，开放的目标实现机制是主体际交往的双向整合。交往既有反身性功能，即主体在开放中汲取世界各国的精华融于自身，以发展自我，但也将拒斥糟粕，保持主体选择的自主性地位。此外还在宏观上建立国际政治、经济新秩序，即维系全球开放的合理格局，创造主体开放的良好环境。

综上所述，无论是市场论还是开放论，其核心观念和哲学基础都是交往实践观。

文化对话的深层底蕴

亨廷顿《文明的冲突》一文将当代全球性多极文明主体间的冲突图景展现于世人面前。无独有偶，1995年3月，哈佛大学杜维明教授邀请了伊斯兰教学者和印度教学者，在马来西亚等地共同主持了一个叫作“回儒对话”的主题讨论会，试图在被亨氏称为有一条“血淋淋的边界线”的伊斯兰教文明与儒学文明之间加强沟通和理解，以此证明是“交往与合作”而不是冲突将成为把握未来全球文明间关系的主范式。这一对话引起了相当的轰动。如果我们试比较二者，就不难发现：他们所持的解答结论虽然相异，但是面对的问题却是同一的：全球多极文明、文化间的交往关系问题。他们把握这一问题的主导视界也颇一致：都在突破“西方中心论”的大一统文化观，将多极文化视作多极主体；都力图在多极化文明主体间的交往关系中寻找把握全球未来发展总格局的方式。当然，亨廷顿理论建构的基点是为美国提供用于后冷战时期的新的全球战略，而且视界所限也颇多偏狭：他过多地强调冲突，而较少论及合作，因而是一种消极的多极主体观，这可能会对美国未来全球战略带来消极影响。反之，杜维明主张的是一种积极的多极主体观。当然，作为国学大师，儒学“第三期发展”的代表，他的理论志在弘扬中华儒学文明。

以“西方中心论”为主轴的文化学意义上的单一主体论，早在19世纪末已开始崩溃。尼采的“欧洲文化危机论”，斯宾格勒的“西方的没落”观，经过汤因比等人的弘扬和阐述，早已在西方世界广为流传。多极文化主体及其相互间的平等交往关系，已受到全球社会的共同关注。无论是发达国家还是发展中国家都普遍意识到：未来全球的文化格局与发展的总格局、总图景深切相关，当然也关系到世界各民族及其文化在未来中的生存地位，当然会令全球社会高度关注。今日之文化对话设计，可能便是明日之全球发展的蓝本。

作为占世界人口 1/5 强的泱泱大国，中国理当在关注自身发展进程的同时关注中国文化在未来的前途和命运，因而也特别地关注作为中国传统文化主脉的儒学文明的现代命运，她在 21 世纪与世界其他文明对话、交往的能力。

21 世纪，儒学文明的命运究竟如何？要回答这一个大问题，首先得问：儒学本质上究竟是什么？其文化的底蕴是什么？

几千年来，中国人不断地对这一类问题作出解经、释经式的释义，留下了浩瀚的著述。当代学者从与西方文化对比的角度，每每指出许多特征，如“人伦型”“人文精神”“模糊性”“入世精神”“血缘文化”“封建伦理文化”“整体性”，等等，其中有“人文精神”与“实践理性”两说最能得到学术界共鸣。所谓“人文精神”则指儒家文化缺乏对自然本体的彻悟，尝闻“六合之外存而勿论”，用括号包好存放，而着重探索人立自身，穷人伦之理，究社会之道，表现一种入世精神。所谓“实践理性”，则指儒学缺乏抽象的元逻辑化理论，而就是傍着日用人伦的实践来谈做人的道理，是一种人文化的“实践哲学”。

但这一实践理性文化的内核是什么呢？一个字：“仁”。仁者，“从人从二（多）”，多极主体；“仁”的着意层面在主体际的交往规则，探索如何由“礼”——外在化、规则化的交往关系、“义”——价值化、取向化的交往向度而达致交往的总体：仁本身。由此可见，仁的本质，乃至儒学的本质，皆是传统化的交往实践观。正因为如此，“人文精神”才得以显现：人主要的不是面对自然界，而是面对他人；儒学要论及的是人际关系、主体际关系；和谐有序是指主体际交往关系，而不独是“天人合一”；崇尚人伦，乃是交往规范的价值性向度。“实践理性”亦可如是阐述：这种实践哲学以人伦实践为本，它绝不是追求“主—客”（人与自然）的实践之功，而就是企划“主—主”交往关系之义，寻找社会人际关系上的道德完善。

当然，这种交往实践观还是基于自然性的血缘共生群体，即“家庭伦理文化”。所视交往共同体，无论是君臣、父子、朋敌、兄弟、夫妻，都被纳入一个血缘化交往共同体内加以判定。“家国一体”结构衍出的“血缘伦理观”，无非以亲缘化的交往共同体为文化主体，以这一交往规则和寓意为主范式，推及全社会的产物。交往实践观是这一切的轴心。

因此，“儒学走向21世纪”问题可以转换成另一个问题：这一传统的交往共同体的文化在当代的价值及其应如何变革的问题。

前者对于全球来说正有它迷人之处：“交往共同体的和谐和人伦向度”正可以矫治西方文化中“主客分裂”及其个体间离散化、孤独化所带来的现代社会病。西方文化从古至今发生了四次转向，最终指归交往实践观和 Intersubjectivety 问题。从古代客体至上论，到近代认识论转向中的主体至上论，到现代实践—语言学转向，到交往实践的转向，一次比一次深刻。交往和主体际问题，从当代哲学家胡塞尔提出之后，经人本哲学家海德格尔、萨特和科学哲学、语言哲学家卡尔纳普、拉卡托斯、费耶阿本德等人的努力，到解释学和拆构主义的反复搓洗，最后在罗蒂、哈贝马斯以及布劳、阿佩尔和利科等人手中完成，形成了多极主体间的交往的文化构造。当代西方文化视界从过去的单一主体性走向多极主体或主体际境界，又从主体际间消极个人主义走向“交往合理性”交往和谐共同体。出于这样的新视界，西方对儒学本质——交往共同体及其规则的极度热情就不足为怪了。后现代文化往往从前现代文化中寻觅到知音。

当然，儒学要真正成为21世纪全球的主导文化之一，还必须在与现代实践的碰撞中作脱胎换骨的变革，其方向是从传统自然化、血缘化的交往实践结构转换生成新的以多极主体（具有独立个性并具有高度社会化的主体性）为基础的社会化交往实践结构。后者当然挣脱了前者带有封建（甚至更古老）色彩的血缘纽带，建立其独立主体，使交往充分社会化、全球化，使交往实践更开放、因而更具有属人性，更有利于个人的全面发展。只有这样的新儒学，才会在未来有无限的对话能力。

全球问题的主导趋势

科技革命的浪潮、生态危机、人口爆炸、资源匮乏等全球问题正深刻地影响和改变着人类的生存方式。全世界都在关注：这些问题的主导趋势是什么，应以何种方式来理解和把握这一趋势？

问题的科学答案只能是：交往实践结构的革命。为了阐明这一点，我们不妨在上述问题中挑出两个具有代表性的问题作出较具体的分析，以便使我们看得更清楚些。

一是托夫勒所指认的由信息工业“潮头”所引发的信息社会问题，其中最核心的部分便是微电子技术革命的主导趋势和巨大意义问题。

电脑的出现和普及，曾经被哲学家们正确地概括为“人类实践方式和生存方式”的巨大革命。但是，对这一革命的内涵和意义的哲学理解，长期以来被限定在“主体—客体”两极框架之中。电脑出现的意义，在大多数情况下被人们仅限定在主体以扩大的智能（人工智能）方式来更有效地改造和把握客体方面，即速度更快，选择度更大，能力更强，范围更广，等等。实践观的“主体—客体”两极框架在这里便成为电脑应用开发研究的界限，成为人们理解微电子革命的实践方式变革的界限。

但是，微电子革命对于实践方式的变革意义远不止这一方面，甚至主要不在这一方面，而在于：对交往实践结构的变革，使之从传统媒介系统转型为微电子化系统；人们的交往进入了一个“多媒体社会”之中。

多媒体社会实质上是电脑化空间。在这里，电脑对于人类生存方式和实践方式的巨大变革意义首先体现在创造出一个电脑化交往社会的生存空间，这极大地改变了人类主体际交往实践的方式、时效、价值、内容和意义。全球交互式网络（Internet）有46000多个计算机网络联结在一起，人们只要通过本地的商业服务网络、大学或研究院所的网络以及其他网络的入口，就能进入全球交互网络，借助网络，人们就可以进行全球的信息交往，而这将是交往实践的电脑化方式。在全球交互式网络中，每一参与者绝不是单纯的主体或客体，即信息发送者或接收者，而是互主体性的交往者，因而是Intersubjectivety（主体际）。如果说，初始的电脑还被一台一台孤立地使用，在使用中人们还处在各自的“主体—电脑工具—客体”实践结构中，那么，全球交互式网络则昭示人们：任何个体主体所使用的电脑、面对的客体都早已处于另一极主体的关系之中；客体被中介化了，成为多极主体交往实践的中介。任何主体在实施“主—客”电脑化实践活动之时，就将自己同时拴系在全球交往网络之中了。这一网络就是人类的生存和实践空间，是社会存在方式。可见，微电子革命同样正处在“交往实践的转向”之中，不理解这一转向，就不理解信息革命的大趋势，就难免会成为时代的落伍者。

另一个是生态危机及环境保护问题。人类普遍意识到：全球发展进程所产生的负文明（即生态破坏）已经危及人类自身的存在，因此要探讨如何规范自己的行为以保护生态环境。然而，在为保护环境而提供怎样的哲学基础观念问题上，出现了两种对立的观点。其一是“人类中心主义”，认为人类总是主体，总是以自身的利益为价值尺度来规范、控制、调节与自然客体的关系。其二是“生态哲学”（伦理学）派，主张地球及其生物都有自己的主体性、权利和价值，人类不能以一己之私利而无端侵害之。

这两种思维，都是对人类实践本性的反思，是对实践传统框架的反思。只不过两者的反思各执一端、各有偏颇而已。前者“人类中心主义”观正确地坚持了只有人才能成为主体这一立场，阐明了人的实践出发点和归宿点离不开人的利益这一基本原理。但是，其实践结构观是“主—客”两极框架的，是单一主体论的，因而它具有极大的偏颇。其一，从单一主体论出发，极端的便走向人与自然、主体与客体关系上的“主体论”，以掠夺方式征服自然，表现“为一己之私”的“主体沙文主义”。其二，难以说明“自我”、自然、“他人”三者关系。反之，“生态哲学”则力图打破单一主体论，主张多极主体相互制衡，平等相处，但是却将主体归之于“客体”，将自然视作主体，这是找错了对象。正确的理解和把握方式应当是：“主—客—主”框架，即多极主体的交往实践观。每一极主体面对的自然客体，不仅与己有关，而且也与另一极主体有关，因而绝不能仅为一己之私而损害生态，进而损害他人的生存利益；另一极主体或者是同时代的他人，或是后代人。因此，每一主体与自然客体的关系实际上就是共时性和历时性两类交往实践中的一个片段环节而已。人类交往实践生生不息，因而在任何时候、任何场合每一主体对于自然客体的改造利用都要受制于此。只有不同资质、利益的人才构成多极主体；只有多极主体才构成交往实践的结构；只有合理的交往实践结构才能有效地进行生态保护。——这就是生态问题的科学解答。

马克思主义的当代主题

交往实践观不仅是对世界主题、全球问题、文化对话、市场经济的哲学基础等本质的概括，也是对马克思主义当代主题的阐明。

马克思、恩格斯早在创立自己新世界观大厦的标志著作《德意志意识形态》中，就对交往实践（物质交往）、精神交往、交往形式等一系列问题做了大量的论述。首先，马克思认为，交往实践是促使世界普遍联系、生产力得以传播、保存积累和发展的基本条件，是使分别孤立的历史转变为“世界历史”、全球一体化的基本动力。其次，交往实践所形成的交往关系及其交往方式，是交往实践中自主活动本身的一部分，并与之一起构成全部人类历史形态新旧更迭的本质内容。

其三，马克思还多次提到交往实践的“主—客—主”结构和“主体际”关系。其四，马克思的“世界历史”观成为观视人类社会规律性递嬗的基本眼界，也是尔后在《人类学笔记》中根据各民族国家和地区间交往实践所形成的世界普遍联系的观点，来论述东方落后国家可以借助于交往的反弹而超越“卡夫丁峡谷”的基础性观念。其五，共产主义是交往形式的创新，等等。马克思、恩格斯的上述观念，直到今天仍然是“时代的科学”。

当然，随着世纪交替和全球一体化进程的加速，人类交往实践的转向越来越快、问题越来越突出。作为时代精神精华的马克思主义，应当抓住这一主题，作出新的、更富有创造性的阐述，使自身真正成为无愧于时代、影响全人类的当代哲学观念。交往实践观，应当是全球新世纪的中心视界，也是马克思主义的新视界。

（原文载于《江海学刊》1996年第2期）

当代人学研究的人文视野

邹广文

人学研究在20世纪的中国几经风雨，历尽坎坷，终于在即将步入21世纪的历史时刻成为哲学关注的重要主题，并为越来越多的人所认同。从一定意义上说，这是当代中国哲学真正回归自身的标志。然而进一步的问题是，在人学研究取得了“合法性”存在地位之后，应该如何确立人学研究的学科属性？人学研究在关注当代中国人的生存与发展中应该展示一种什么样的理论思维品格？与其他学科对人的研究相比较，人学研究应追求一种怎样的价值和意义？不容否认，上述问题的解决直接关涉人学研究的进一步深化，因此也是人学研究获得实际性研究成果的前提性问题。

一

围绕人学的研究对象问题，国内外学界一直有不同的观点。比较通行的观点认为，人学是“关于作为整体的人及其本质的科学”①，这种理解突出强调人学研究应面对“整体的人”，然而究竟应该怎样理

① 参见黄楠森主编《人学词典》，中国国际广播出版社1990年版，第1页。

解“整体的人”，又是一个有待说明的问题。如“整体的人”究竟是“人类”的整体、特定群体（民族）整体还是“完整的个人”？还是人的文化价值层面的“全部本质之和”？不同的理解则会引申出不同的人学观念。另一种有代表性的意见是强调“人学就是哲学”，对人的理解是什么样的，对世界及其哲学的理解也就是什么样的。[①] 这种观点的深刻性在于从人文价值层面确定了人学的应有视角，即人学只能是哲学的一个分支，人学研究不能游离于哲学研究的视野之外，但是，如何在这种基本价值主导下，揭示人学在何种价值层面深化、发展了哲学，这是需要做的进一步工作。还有的学者强调：人学是“哲学的当代形态”，“哲学是时代精神的精华……当今时代精神体现为对人的强烈呼唤和关切”，因此“当代哲学应转到人的研究上来”[②]。这种观点在自觉的意义上注意到了人学与时代精神的关系，强调应结合时代的发展主题去研究人学，然而把人学视为“哲学的当代形态”，不符合哲学发展的现实。须知，在人类文化多元化发展的今天，当代哲学也呈现出了多元发展的态势，如生命哲学、文化哲学、环境哲学、政治哲学、价值哲学等，不容否认，这些哲学都从不同的层面表达着“时代精神的精华”，自然也具有不可替代的哲学意义。

应该说，上述诸种对人学研究对象的理解都具有合理性，然而都需要在一种时代视野观照下予以进一步的综合和提炼，从而对人学的研究对象进行准确的时代定位与价值定位。笔者认为，对人学研究对象的准确把握，在方法论层面应该实现两方面的自觉：哲学自身发展逻辑的自觉和现实时代精神的自觉。在这双重自觉观照下的人学研究，其指向应该是当代人类的生存状态及其精神建构，是对当代人类文化实践精神的自觉反省。兹逐一展开论述。

哲学作为人类的自我意识理论，从古至今，有一个不断向人自身

① 高清海：《人学研究与哲学》，《江海学刊》1996 年第 1 期。

② 韩庆祥：《我的人学观》，《江海学刊》1996 年第 1 期。

回归的发展逻辑。这诚如德国哲学家恩斯特·卡西尔所说："从人类意识最初萌芽之时起，我们就发现一种对生活的内向观察伴随着并补充着那种外向观察。人类的文化越往后发展，这种内向观察就变得越加显著。"① 以西方哲学的发展演化为例，古希腊哲学是素朴的宇宙论哲学，哲学的兴趣是对现实事物之存在本原和根据的把握。自苏格拉底之后，古希腊哲学发生了一种转折，人们发现对事物本原问题的合理说明，有赖于对作为认识主体的人自身的认识。近代西方哲学一开始就把认识客体与认识主体的矛盾关系展示出来，并且在以后的逻辑发展中，认识论一直是主旋律，康德十分深刻地提出，对客体对象的认识有赖于主体的认识能力，"先天综合判断"是人们认识事物的有效形式；20 世纪是主体论哲学的时代，与近代哲学从理性认识视角对人的主体地位的强调不同，20 世纪哲学以其鲜明的检讨反思理性的态势，试图肯定人作为主体的全面性本质，如人的情感、意志、审美、信仰等。正是在这种对人的主体地位的全面性肯定中，人学研究的价值被凸显出来。因此，人学研究说到底是 20 世纪主体论哲学时代的一种哲学思考形式，它是以关注当代人的生存状态，揭示当代人的合理精神建构为自己的哲学使命的。也正是在这种人学反思中，人类的自我意识水平达到了一个崭新的发展阶段。从另一层面看，任何哲学都是时代精神的精华，当代哲学对人的热切关注，还归因于 20 世纪人类文化实践的特殊历史境遇。如前所述，检讨反思理性是 20 世纪哲学的中心议题，自 17 世纪西方第一次科技革命以来，科学理性精神为人类创造了巨大的物质财富，改变了人类物质生活的各个方面。因而理性在对宗教蒙昧取得了决定性胜利的同时，又进而成为主导人们日常文化实践的基本价值尺度，人们坚信，理性不但是认识物质自然、判定事物真假的标准，而且也是社会进步和人类进步的希望之所在。然而历史发展到 20 世纪，随着科学理性和工业文明规模的不断扩大，理性

① ［德］恩斯特·卡西尔：《人论》，甘阳译，上海译文出版社 1985 年版，第 5 页。

所带来的一系列负面文化效应也日趋明显，使人最为难忘的莫过于两次世界大战，人们看到，正是人类科技理性的卓越成就，酿造出了人间的悲剧。严酷的现实告诫人们，科技理性对社会文化的影响是双重的：一方面，科学理性精神可以“敦风化俗”，它的批判创造精神激发了人的创造性；另一方面，理性也在“伤风败俗”，科学打破了宗教迷信，却又代之以自己的科学迷信。

检讨反思理性，是为了还给人类以丰富生动的全面人性，20 世纪西方许多思想家都从不同的角度反思着“如何重建现代人的精神世界”“如何找回人类与自然的和谐”“如何呼唤一种当代人文关怀以利于人的全面发展”等一系列深刻的哲学主题，并通过自觉对传统哲学的清理找回通往人文基础的道路。如科学哲学家库恩在对科学革命的研究中得出了历史主义的结论，并由此动摇了价值中立主义立场；乔治·萨顿主张建立一种“科学的人文主义”，认为哲学应该“赞美科学所含有的人性意义，并使它重新和人生联系在一起”①，以至于在海德格尔、梅洛·庞蒂、伽达默尔、德里达、马尔库塞等人文主义思想家那里，他们的哲学思考更是在一种自觉的人文学视野下展开的。正是由于 20 世纪思想家们的这种哲学努力，“人学”才逐渐从幕后走到人类生活的前台，肩负起了重建当代人文精神的历史重任。

二

上面我们通过从逻辑演进和现实关注两个视角的考察可以看出，关注现实人的生存状态及精神建构，通过反思现实人类的文化实践以致力于人的全面发展，这便构成了当代人学研究的对象和主题。显然，在这样一种人学研究思路中，确立和弘扬当代人文精神是其基本的价

① ［美］乔治·萨顿：《科学史和新人文主义》，陈恒六、刘兵等译，华夏出版社 1989 年版，第 124 页。

值取向和核心，质言之，人文视角应成为当代人学研究的主导视角。从价值层面认同这样一种人学研究思路，其意义是显而易见的，这种思路是充分显示人学研究的独特品格，防止人学研究感性化和泛化的有效措施。诚然，随着人类实践生活的广度和深度的不断拓展，今天在一定意义上可以说，我们所面对的世界已是“人的世界”，从自然层面到社会层面，无一不打上人的“印记”，我们如果在这种现实时空层面来建构和思考人学的研究对象，研究和把握“总体的人”，则可能是无所不包，不一而足——人的政治生活、人的经济生活，乃至宗教信仰、文学创作、科学实验等。如果我们把人学研究的视角指向人的这种全面的现实活动，则势必淡化和模糊人学研究的主导视角。因为其他一些社会科学和人文学科，如政治学、经济学、社会学、文学等，都在其各自的研究领域展示着它们对人的存在与发展的独到意义。问题在于我们的人学研究应时刻保持这样一个清醒认识：人学研究作为当代哲学发展的一个分支学科，它只能在人的主体自我意识以及人文精神建构层面确立自己的研究视界，只能是通过对人的现实文化活动之内在人文价值的自觉认识建构自己的价值评判系统，从而对当代人的文化实践行为予以价值范导，以此展示人学研究的独特魅力。

这里有一个问题需要说明。也许有人会说，当代哲学的主体论思考，一个重要趋势就是由抽象的主体性到具体的主体性，人学研究不正是这种具体主体性的哲学努力吗？“具体性”不就意味着要关注人的“整体生活世界”吗？对于这种诘难，笔者认为，人学研究的确体现了“具体主体性”的哲学追求，然而“具体性”却不能等同于现实时空或现象层面的“整体生活世界”，它应是指人的人文精神世界的丰富性和全面性，是指向人的全面发展的“具体性”。人学研究只有努力向人的主体精神层面开掘，揭示当代人类文化活动的精神理想，使人的素质和人格情操有一种现代化的历史生成，才是真正为今天的“主体论”哲学时代做出了突出的贡献。否则，我们如果不注意分析把握人学研究的这种人文性特点，一味地试图把一切与人相关联的文化现实都纳入人学研究的视野中来，这势必造成人学研究的泛化。其实这种情形在目前的人学研究中已经出现了，我们看到今天的人学研究中，尽管大家都开始注意到了开展这种研究的重要性，但由于人们在关于人学研究对象问题上难以达成一种共识，便形成“你念你的经，我布我的道”的局面，这势必影响和妨碍人学研究进一步走向深化，从而导致我们很难获得有创造性的人学研究成果。

那么人学研究所确立的这种人文视角，在其具体展开过程中应体现一种什么样的价值追求呢？

首先，自觉关注当代人的生存状态，从而为人的现实存在寻找一个精神家园。

如何拯救20世纪人类的精神危机，这是当代人学研究兴起的最深刻的动因，这一点无论是在西方还是中国，都引起了人们的密切关注。传统哲学为了实现对存在的理解，或者将作为人类活动和精神方面的成就，如理性、概念当作“最高存在”加以实体化，或者将人类活动的感性条件如自然、物质等视为“终极存在”，这种以“物的尺度”来诠释、类比“存在本性”的倾向，使哲学远离了人，成了“世界之外”的遐想，相应地，“人的存在”则为片面的理性僭妄所吞噬。这样我们看到在西方，与科学技术的进步相伴随的，是人生价值的贬值、思想观念的混乱和信仰的危机，两次世界大战的爆发加速暴露了西方文明的弊端。面对这种普遍的怀疑主义思潮在人生“荒原”上的蔓延，面对这种科学知识与人生价值的尖锐冲突，人学思想家们在深思：道德或人类共同价值的基本规定性是什么？现代人是否还要像近代人那样，再一次忍受精神失落的痛苦去换取客观历史的进步？

由研讨科学理性与方法的特质，进而在真理层面认同智慧与价值问题的重要，最后把关注的视角转向现代人的生存境遇和精神危机的拯救，这也许是当代人在思想领域中必须经历的心灵历程。当代人学研究的努力就在于确信这样一种价值原则：无论人类现代畸形文明的溃疡引起的痛苦与失落还要持续多久，我们仍然乐观地相信，一个重建人类理想世界和精神家园的时代已经来临，人们将在新的健康文明的基地上找回与自然和社会的和谐，找回人类心灵的内在和谐。总之，人作为自由自觉的存在，内在精神的充实圆满是其重要标志，现代人精神家园的重建就在于让每个人树立起自我的尊严、对社会的责任感和实现人生价值的使命感。

其次，自觉反思检讨当代人的文化实践方式，从而在弘扬人的超越创造意识的基础上培育一种全新的人类实践精神。

永恒的超越意识是人区别于其他动物的根本标志，人类的未完成性决定了人类永远不能满足现状而把超越的目标指向未来，人类只有追求超越、不断创造才能获得自我的发展与解放。当代人学研究应该正视人类的这种实践本性，在反思检讨现实人类的文化实践成果中，努力弘扬人的创造意识与超越精神。具体来说：第一，弘扬人的创造意识意味着要使人们自觉地摆脱对物、对人的片面依赖的不成熟状态，而积极地运用自己的主体力量，回应环境提出的种种挑战，克服种种违反人性、违背人的目的和愿望和不利于人的生存发展的限制和困境，以实现人类生活质量的提高和生存环境的改善。第二，在超越精神的观照下，应对当代人类文化创造的二重性本质有一种自觉认识。在人类文化实践飞速发展的今天，人们深切感到，文化作为人的对象化的活动成果，存在着与人既同一又分离、既协调又冲突的二重关系：作为手段和活动成果，文化与人是同一的、协调的，是人实现了的目的和能力；但作为独立于人之外的客观事实，文化与人又是分离的、与人的主观愿望相矛盾的。自觉意识到文化的这种二重性，我们才能在实践中注意对文化发展实施一种人文价值导向。第三，一种全新的人类实践精神，其指向应是个体与社会、人与自然的协调发展。人的自由自觉状态是人的超越精神与创造意识的集中体现，作为一个自由自觉的人，应该注意在个体的完善与价值实现的同时，努力弘扬社会整体的文化价值，注意在利用自然和改造自然的同时培养自然、优化自然，视自然为生命存在的家园。

最后，面向未来，应自觉地把人的全面发展作为最高的人文价值追求。

人的全面发展，是马克思学说的中心问题，也是当代人学研究的核心价值取向。面对当代人类文化的现代化转折，人的全面发展问题也越来越引起人们的重视。从一般的哲学层面来看，人的全面发展是指每个个体充分自由的发展、丰富多彩的发展。通过这些发展，人的主体性得到充分的发挥，个人发展与人类社会的发展达到和谐一致，每个人通过主体自我意识而普遍地、现实地认识到自我的价值，并在实践中充分展开自己的各种潜能。

从人学研究的人文视角关注人的全面发展问题，则应看到，人的全面发展是一个综合性概念，是作为人的基本价值追求的类特性、社会文化特性和个性在个体身上的具体统一和历史发展。全面发展的人，标示着人在自然体能、智力、道德情感、审美感觉诸方面发展的全面性与个体自由发展的内在联系。在现实实践层面，人的全面发展是对各种人的异化现象的彻底否定，亦是对实践主体特性的全面性肯定，因此，我们在人学研究中，应特别注意从一种系统的、发展的观点理解人的全面发展。具体说，第一，人的全面发展作为主体自由的表征，在其现实实践过程中，重心在于个体的自我追求和自我实现。每个人应该把全面发展的目的指向自身的不懈追求和创造中，以实现一种真正满足自己生命本质需要的生活，以充分展示人生的意义。第二，人的全面发展作为一个历史的生成过程，在不同的文化发展阶段上，会有不同的内容和要求。每个人应该立足时代精神，参与和投身现实的文化实践，用深沉宏大的历史眼光和主体意识，深刻反思现实社会的人道目标和人文精神，使个体的文化实践社会化。第三，人的全面发展也是真、善、美统一的哲学理想的现实表述。人对理想的追求，本质上就是对真、善、美的追求，即追求和创造体现着真、善、美相统一的现实生活世界。为此人们必须在生活实践领域和文化观念领域把现实世界的事物变为人的物质和精神的生活与活动的一部分，进而超越现实，用全部的理想、信念和热情投入对美好生活的追求和建设之中。

三

人学研究在当代中国具有怎样的价值和意义，这是每个思考人学问题的人都不应回避的问题。

我国自改革开放和社会转型以来，人的问题一直若隐若现地贯穿于我们的社会生活。无论是改革初期的人道主义和异化问题的研究，社会主义生产目的的讨论，还是改革深化过程中所展开的人的现代化研究和人的主体性问题的争论，都表明了人的问题是我国社会文化转型历史时期不可回避的精神关怀。而近年来兴起的“如何重建人文精神”的大讨论，更是从一个侧面把人们对人的问题的关注推向了新的高度。而这一切都表明，从哲学层面系统展开人学研究，进而建构当代形态的马克思主义人学，其条件已经成熟。但是，人学研究的人文视角要求我们在思考这一课题时，首要的是应有一种清醒的价值定位，以准确把握当代中国人学研究的整体路径。这具体包括以下内容。

第一，对当代人文精神的发展内涵有一明确共识，并将其贯彻到人学问题的思考中。人文精神问题作为中国 20 世纪 90 年代文化研究的热点，它是在中国社会转型的背景下展开的。随着讨论的展开，人们感到，人文精神作为特定时代社会文化生活的内在精神，体现了该时代社会文化主体的精神品格，表达了该时代文化生活的价值理想，因而它是指向人的主体生命层面的终极关怀，是支撑一个民族走向现代化的核心动力。正因为如此，当代中国改革的深化，必然要求在文化价值层面重建人文精神。我们的人学研究必须深刻认识社会变革与人文精神的这种内在联系，从而以一种开放的心态，以人文精神作为人学研究的主导性价值选择。这包括要站在时代的高度，重新发现和审视中国的人文精神传统；要热切关注当代中国的社会生活情势和历史命运，通过对现实人类实践生活的反思与检讨，为中国的未来发展提供一种价值参照和理想目标。

第二，努力推进当代中国社会生活的人文教化，全面增强人的现代素质。中国的现代化呼唤着现代人格的生成，因为人的现代化才是社会发展的中心目标。因此在现代化进程中，我们必须加强现代化人文教育，以促进人的全面发展。人学研究应该适应这种历史要求，努力把人文教育的实施纳入人学研究的内容之中。人文教育的目标是社会的每个人成为整体素质全面发展的现代文明人，使每个人既具有鲜明的个性意识，又具有开拓进取的人生态度，同时又拥有庄严的道德感、使命感和社会责任感。这里尤其须注意的是，在目前的社会转型中，人们的价值观念出现混乱。这无形中可能会淡化人们的理想价值追求，因此必须着力加强社会人文环境的优化，使当代中国人能真正拥有一个道德、情感和智慧融合一致的生活世界。

第三，面向当代中国的市场经济发展，通过人文精神培育为经济增长提供优秀的人力资源。任何经济实践都不是无主体的自发性行为，在某种经济活动和经济模式的背后，总存在着某种人文观念和文化意识的支配。在改革开放的今天，随着我国现代经济生活的不断拓展，人们的文化意识也在不断更新，并越来越明显地渗透于经济领域中，为现代经济的发展提供着精神动因。这从一个侧面也说明，现代市场经济作为一种高文化经济，它的运作需要具有现代意识的人力资源，因为毕竟人是生产力中最活跃的因素。而从经济与社会协调发展的角度要求，这种人类资源不但要有一流的科学知识，更应有一流的人文意识。人学研究应该发挥自身的人文优势，通过积极的文化参与造就和开发符合现代市场经济要求的人力资源，以保证中国的市场经济朝着健康、文明、有序的方向发展。

总之，自觉确立人学研究的人文价值视角，这既是面向21世纪人的发展与进步的必然要求，也是当代人学研究进一步走向深化的可能之路。

（原载《江海学刊》1997年第1期）

人学研究若干问题综论

林　剑

一

哲学的最初含义是“爱智慧”，这“智慧”既涵盖着人对身外世界之谜的破译，也包容着对自身世界之谜的破译。任何哲学都无不关注人自身的问题，自哲学诞生之日起，还没有哪一种哲学能够超然于人自身之谜的诱惑，即使是古希腊的自然哲学，在关于宇宙的“始基”究竟是“水”“火”，抑或是“气”与“原子”的探寻中，也依然浸透着对人的命运的关注。就哲学都关注人的自身之谜的破译之点上，应该说没有特别的例外。但哲学家们在对人自身之谜进行破译时，通常是循着不同的路径与方法，正是这路径与方法上的分野，牵引出对人自身之谜不同的解译，形成相互分野的人学理论与流派。

马克思主义的人学理论在人学发展史上是一个伟大的革命，在这一点上，理论界恐怕没有什么分歧。然而，马克思主义创始人是循着什么样的路径与方法才实现了人学革命的呢？对此，理论界存在着根本的分歧。有人认为，马克思主义哲学是一种唯物主义哲学，作为一种唯物主义哲学，在人和世界的关系中，坚持物质世界对人的客观实在性、先在性和自在性及其对人的活动的制约性的理论，把人首先看成物质世界发展的产物，是物质世界的一部分，他服从于物质世界发展的规律。笔者以为，对人与世界的关系做这样的阐释难以令人苟同。它既没有揭示出马克思主义哲学与旧唯物主义哲学的区别，更没有凸显出马克思主义的人学革命的实质。因为，把人直接看作物质世界的一部分，将人的世界与人的历史看作自然界与自然史的延伸，不过是重复着旧唯物主义哲学家们早已强调了的："永远在活动着的自然给人指出每个人在线条上应该描绘的点子；是自然酝酿并且配合着应该组成人的那些原素；是自然给人以存在、倾向。他的特殊活动方式……"① 或"动物是机器"（笛卡尔），"人也是机器"（拉美拉特）的古老原理。

从发生学的角度看，自然界较之于人自身的世界确实具有自在性、先在性，但人一旦将自己从自然界分离出来，提升出来时，他就不再是自然界直接的一部分，而是与自然界相对置的一部分；人不仅是一种对象性的自然存在物，同时更是一种能动性的类存在物；人的世界与自然世界有着本质的区别，人的历史并不是自然史的直接的、简单的进化与延伸；制约着人的生存与发展的规律与制约着自然界的发展规律有着本质性的差别。人作为人存在，并不是自然界的直接产物，而是人自我塑造的产物，这一原理曾被黑格尔以唯心主义的方式首先加以阐述，并被马克思主义创始人在进行革命性唯物主义改造的基础上加以继承。马克思在评价黑格尔的辩证法时曾经写道："黑格尔《现象学》及其最后成果——作为推动原则和创造原则的否定性的辩证法——的伟大之处首先在于，黑格尔把人的自我产生看作一个过程，把对象化看作失去对象，看作外化和这种外化的扬弃；因而，他抓住了劳动的本质，把对象性的人，现实的因而是真正的人理解为他自己的劳动的结果。"② 诚然，黑格尔否定性的辩证法对"人"及"人的实

① ［法］霍尔巴赫：《自然的体系》（上册），管士滨译，商务印书馆1964年版，第72页。
② 《马克思恩格斯全集》第42卷，人民出版社1979年版，第163页。

践”、“劳动”作了抽象的唯心主义的理解，他所说的人实际上是指人的自我意识，他所说的“实践”“劳动”不过是一种精神性的活动，对此，马克思的实践唯物主义哲学当然是不能同意的。但对黑格尔“把对象性的人，现实的因而是真正的人理解为他自己的劳动的结果”的见解，却给予了充分的评价，把它称为黑格尔否定性的辩证法的伟大之处。笔者以为，把人及人的历史看成人的劳动及劳动发展史的结果，从“人的实践”“人的劳动”出发，把握“事物、现实、感性”及其人自身的思维路径与方法，既是马克思的新唯物主义哲学革命的实质，也是马克思主义人学革命的实质，是马克思主义哲学与人学开启“事物、现实、感性”的本质之谜与人自身之谜的锁钥。

二

哲学与人学，以及马克思主义哲学与马克思主义人学是一种什么样的关系？这是时下的中国理论界正在争论的一个热门话题。有人认为哲学就是人学；有人认为人学只是哲学的一个分支学科；有人认为人学是哲学，但哲学并不仅仅是人学。上述几解似乎都有漏可指。

如果在哲学研究的所有问题都与人有关，并是为了人自身的意义上，说哲学就是人学也未尝不可。但这是一种广义的人学，广义的人学不仅可以指向哲学，也可以指向文学，以及一切社会科学，甚至还可包容着自然科学与技术科学，因为一切科学的目的都关切着人，为了人而存在的。一切科学都产生于人自身的需要并最终是为人服务的。

如果在哲学是以人为唯一研究对象或客体的意义上，说哲学就是人学，则不能令人同意。我赞成将马克思主义的科学唯物主义、新唯物主义、现代唯物主义冠以实践唯物主义的称谓，因为马克思主义哲学之所以是现代的、新的，新就新在这种唯物主义是实践的，马克思主义哲学之所以是科学的唯物主义，关键也在于它是实践的，实践性是马克思的新唯物主义具有科学性的深刻基础。我也同意马克思主义哲学关注的根本点是人与人的世界的关系，从人的感性实践活动出发把握“事物、现实、感性”是新唯物主义的奥秘的观点，但却以为，这并不能成为所谓马克思主义哲学即是人学的逻辑推论的根据。深刻的理由在于：马克思的新唯物主义关注的是人所面对的全部“事物、现实、感性”，即人所面对的感性世界；人作为一种感性的存在与对象，无疑也是实践唯物主义关注的对象，但他不等于人所面对的“事物、现实、感性”，即人的感性世界的全部。实践唯物主义虽然坚持对“事物、现实、感性”即人的感性世界应诉诸人的实践活动的把握，但“事物、现实、感性”即人的感性世界作为人的活动所涉与人的活动结果的客体性存在，与作为实践活动的人本身并不具有直接的同一性，而是一种以人的实践活动为中介的同一。马克思实践唯物主义的创始人极为关注人的问题，然而，马克思也好，恩格斯也好，都没有说过新唯物主义或实践唯物主义即是人学，这就值得我们马克思主义哲学的研究者们深思。

哲学不仅仅是人学，能否说人学是哲学呢？恐怕也不能作如此简单的断定。人学是可以纳入哲学范畴的，这是没有疑义的，如上所述，人作为一种感性的存在与现实，理应受到哲学的深切关注。但不能笼统不加限制地断言人学是哲学。笔者认为，不仅如上所述的广义的人学不是哲学，而且即便是以人为具体研究对象的人学也不全是哲学。因为对人的研究可以有不同的层次，可以从一般的层次进行研究，也可以从具体的层次上进行研究。哲学并不把有关人的一切方面都作为自己的研究对象，更不专门以人的某一方面或某一具体属性为自己的研究对象。哲学是从最高的或最一般的层次上研究人，主要是在考察人的存在方式、活动方式与发展方式的基础上，着重研究人的本质、人的本质性的属性、人的需要、人的价值、人的解放及人的产生、发展和变化的一般规律等有关人的最一般的问题。[①] 而以人的某一方面或

① 参见林剑《关于马克思主义人学的几个问题》，《哲学动态》1996 年第 2 期。

某一具体属性为研究对象的人学则是经验科学，经验科学则不是哲学。

在哲学与人学的关系上，无论是从全部哲学发展史上看，还是从马克思主义哲学本身看，人学都属于哲学的一个有机的组成部分。马克思主义哲学包容着马克思主义的人学，但不能把马克思主义哲学仅仅归结于马克思主义的人学。从马克思实践唯物主义哲学的逻辑体系看，无论如何，人作为它考察的客体，只是全部“事物、现实、感性”或全部感性世界的一部分。马克思的哲学革命是对全部“事物、现实、感性”诉诸人的感性实践活动的把握与理解的总体性思维方式的革命，马克思的人学革命是对人本身诉诸人的感性实践活动的把握与理解的革命，后一个革命是以前一个革命为基础的。

三

马克思主义以前的哲学与马克思主义哲学不能归结为人学，那么，哲学的当代形态是不是人学？近来有人提出了这样一种见解：认为“古希腊时期主要是直观本体论；近代主要是认识论；马克思那里是历史观；当今时代应该是人学”。因此“哲学的当代形态是人学”。①

作为一个哲学工作者，我似乎首先有一个这样的疑问，说古代哲学主要是直观的本体论，这是否适合于苏格拉底与柏拉图等人？说近代哲学主要是认识论，这是否适合于黑格尔、费尔巴哈这样的哲学家？即使是相对于康德这样的哲学家来说，这样的论断是否适合也值得质疑。康德虽然被哲学史家们誉为在哲学上是实现了哥白尼式革命的人物，但能否说康德哲学主要是一种认识论哲学？众所周知，康德一生写了三大批判，而且，从康德哲学的内在逻辑体系看，《实践理性批判》与《判断力批判》是高于《纯粹理性批判》的。我以为，康德关怀的是真、善、美三个方面问题的，而不仅仅关怀作为求真的认识论问题。

① 韩庆祥：《我的人学观》，《江海学刊》1996 年第 1 期。

持“哲学的当代形态是人学”的同志据以立论的根据是：“因为当今时代精神体现为对人的强烈呼唤和关切：当代发达资本主义社会提出的最迫切问题是工业化社会中个人的异化，与此相应，当今西方人文科学越来越把个人的存在与发展，人的革命问题置于思考的中心，尤其是人本主义哲学，其研究的主要对象就是个人的存在、本质和发展；我国现实提出的，并为哲学界集中讨论的，具有时代特征的重要问题，也是人的问题。”① 不能否认，哲学在其发展的历史进程中有发生研究对象转换的可能，马克思的实践唯物主义哲学从先前的包罗万象的所谓“科学的科学”转向关注“人的感性世界”，就是一次哲学研究对象与视角的革命性转换。问题也不在于我们是否有权宣布一种新的哲学形态的诞生，问题的关键在于，当人们宣布一种已经存在的哲学形态过时，一种新的哲学形态诞生时，它的全部根据是否合理与充足。笔者以为，持“哲学的当代形态是人学”的同志的上述论据至少在以下三点上值得磋商。其一，说“当代发达资本主义社会提出的最迫切问题是工业化社会中个人的异化”并不确切。人的异化问题并不仅是在当代发达资本主义社会才凸显。早在马克思从事革命与理论活动时就已凸显；人的异化问题是整个资本主义时代都存在的问题；当今资本主义社会人的异化现象与马克思生活的资本主义人的异化现象的区别只不过是程度上的区别，而不是本质的区别。马克思曾对资本主义社会人的异化给予过深刻的描述与分析，这是人所熟知的事实。然而，人的异化问题在当今资本主义社会中不管表现得如何突出，它始终只是一个表层次的问题，因为导致人的异化问题异常尖锐与突出的深层原因则是资本主义生产方式的内在矛盾。其二，当今西方人本主义哲学，其研究的主要对象就是个人的存在、本质和发展，这确实是一个不容否认的客观事实。然而，存在的并不就是合理的，以西方某些人本主义哲学家将哲学的视点聚焦在个人的存在、本质和发展上

① 韩庆祥：《我的人学观》，《江海学刊》1996 年第 1 期。

为由，主张“当今时代应是人学”，并否定马克思历史观继续存在与发展的可能和价值，其理由并不充分。笔者以为，当今西方某些人本主义哲学家将其研究的视野片面地集中在个人的存在、本质和发展上，不仅不是他们哲学的深刻性与合理性的所在，恰恰是他们在哲学上误入歧途与走进死胡同的表现。而导致这种片面性的除有思维方式上的原因之外，还有他们本人的阶级局限性的原因，他们充其量只能局限于对资本主义社会人的异化现象的描述与谴责，而不可能将其视野延伸到对资本主义社会生产方式内在矛盾的分析。其三，人的问题受到时下我国哲学界的关注，作为支持“哲学的当代形态是人学”的论据也是难以令人信服的。人的问题确实是时下中国哲学界的兴奋点，但人学成了哲学的热点，与哲学成了人学是两回事。哲学热点的转移在哲学发展的进程中是常有的事、正常的事，但哲学热点的转移并不意味着哲学研究对象的改变。

四

哲学研究的对象无疑是人，但哲学意义上的人学或人论不同于各种具体的“人的科学”，只研究人的某一方面或人的某一具体属性，它研究的是作为整体的人及其本质，提供的是人的完整图景和人的本质。应该说，在这一点上，学术界并不存在原则性的分歧。然而，人在现实性上具有多种的存在形态，人既可以指向个体的存在，也可指向群体与族类的存在。那么，“整体的人”或“人的完整图景”究竟指什么？问题的关键与分歧的焦点即在于此。有人认为，人学主要是关于个人问题的学说，“其着眼点是完整的个人”，马克思主义人学也就是“从个人的价值因素和科学因素的完整统一出发来研究个人问题。”[①]

① 参见韩庆祥《关于人学研究中的几个基本问题》，《哲学动态》1995 年第 12 期；韩庆祥《马克思主义人学思想发微》，中国社会科学出版社 1992 年版，第 6、7、12 页。

显然，在上面的界说中，所谓“完整的人”或人的整体图景，本质上即是指向个人的“完整”性。但也有人认为：“只研究人的个体形态的理论不能是人学的本质内容，而只是关于人的某种存在形态的学说，充其量只是人学的一个分支学科。”因而主张“整体的人也就是作为类存在或作为人类总体的人”[①]。上述两种对立的意见，似乎又回到了西方哲学史上一个长期争论不休的老问题上，重复着西方近代以来长期对峙的两种典型倾向：一种是以黑格尔为代表的着眼于人的“族类”而抹杀个人的泛逻辑主义的倾向；一种是以存在主义哲学家为代表的着重个人，并把个人绝对化而否认“类”本身的现实性的存在主义倾向。

笔者赞同哲学意义上的研究对象“整体的人”，人学或人论应该提供人的“完整图景和人的本质”。但这种“整体的人”不应理解成是单纯的人的族类总体，人的“完整图景和人的本质”也不应看成所谓的个人的“完整统一”。人是人的各种存在形态，即包括个体存在形态、群体存在形态和族类形态的有机统一。无论是离开个人的所谓族类，或是离开族类的所谓个人，都只是人的存在的一种片面抽象。因此，所谓“整体的人”就是包括人的各种存在形态有机统一的人，哲学意义上的人学所提供的关于人的“完整图景与本质”即是由人的各种存在形态有机统一的人的图景和本质。

无论是抽象的个人，还是抽象的族类，都是一种非现实性的存在。这是因为，一方面，“任何人类历史的第一个前提无疑是有生命的个人的存在”[②]。“人们的社会历史始终只是他们的个体发展史。”[③]“我们必须从‘我’出发，从经验的、肉体的个人出发……要我们的‘人’成为某种真实的东西时，我们必须从经验论和唯物论出发；

---

① 董武清：《人学的对象和性质研究》，《哲学动态》1995年第4期。

② 《马克思恩格斯选集》第1卷，人民出版社1972年版，第24页。

③ 《马克思恩格斯选集》第4卷，人民出版社1972年版，第321页。

必须从单个的引导一般的，不是从本身或像黑格尔一样从空中引导出来。”① 另一方面，“个人的发展取决于和他直接或间接进行交往的其他一切人的发展……单个人的历史决不能脱离他以前的或同时代的个人的历史，而是由这种历史决定的”②。人的存在与本质，必须从个体与类的对立统一，从两者的辩证联结上加以把握与认识，孤立地、抽象地考察人的个体或族类，都不可能真正地达到对人的“完整图景与本质”的科学把握。

实际上，即使当我们着眼于个人的考察时，我们也无法将个体与类完全分开。深刻的原因在于：个体的存在是这样的一种存在，“它把类看作自己的本质，或者说把自身看作类存物”③。“人是一个特殊的个体，并且正是他的特殊使他成为一个个体，成为一个现实的、单个的社会存在物，同样地他也是总体、观念的总体，被思考和被感知的社会主体的自为存在，正如他在现实中既作为社会存在的直观和现实享受而存在，又作为人的生命表现的总体而存在一样。”④ “特定的个体不过是一个特定的类存物。”⑤ 现实的人既是一种个体存在物，同时又是一种类存在物，这种双重存在的特性决定着在考察人的个体存在及其本质时，不可能撇开人的类存在及其本质。孤立的个人只是一种生物学上的存在，个人只有作为类存在物存在时，才能获得人之为人的规定，这即是马克思所讲的“人是人的最高本质”。⑥

黑格尔着重人的族类，轻视经验的个人，把个人看成不过是绝对精神实现自己目的的工具，最后导致了对人的本质的客观唯心主义研究。近现代西方存在主义及形形色色的人本主义哲学将视野绝对地聚

① 《马克思恩格斯通信集》第1卷，李季译，生活·读书·新知三联书店1957年版，第9页。

② 《马克思恩格斯全集》第4卷，人民出版社1958年版，第515页。

③ 《马克思恩格斯全集》第42卷，人民出版社1979年版，第96页。

④ 《马克思恩格斯全集》第42卷，人民出版社1979年版，第123页。

⑤ 《马克思恩格斯全集》第42卷，人民出版社1979年版，第123页。

⑥ 《马克思恩格斯选集》第1卷，人民出版社1972年版，第9页。

焦于个人，最后不得不归宿于仅仅是对自我的内心苦闷、焦虑、忧郁、恐惧的纯粹性的心理分析。这是一种必然的逻辑，也是一个深刻的教训。我希望，我们在进行马克思主义人学研究时应重视这个教训，不要重复他们的错误。

五

人学的研究不仅有一个如何确立其研究对象的问题，还有一个遵循什么样的路径与方法问题。哲学发展史与人学发展史的经验一再表明，在人的研究上，遵循不同的路径与方法，通常会有完全不同的结果，从而形成不同的人学流派。而人学研究的路径与方法是受一定的哲学理论基础制约与规定的。

那么，马克思主义人学对人的研究究竟应遵循一种什么样的路径与方法呢？由于人们对马克思主义哲学实质的理解与把握不同，人们对此的看法也就不一。有人反对从对存在的解释出发解释人的一切的理论，主张在人和世界的关系中，应坚持物质世界对人的客观实在性和自在性及其对人的活动制约性的理论，主张应从人首先是物质世界发展的产物，是物质世界的一部分，他服从于物质世界发展的规律的思路去研究人。也即是应把人和世界的关系纳入人和世界的自然关系当中去理解。也有人主张，人学的方法应是在“人的科学”的基础上，运用综合的方法进行整体思考的方法。笔者既不同意前一种见解，也不同意后一种见解。笔者以为，将人看成自然界发展进化的直接产物，以纯粹自然的眼光去直观人的思维方式，不是马克思实践唯物主义的思维方式，而是一种曾被马克思批评过的旧唯物主义的思维方式。综合的方法充其量只能算是人学研究中应该加以运用的一种具体方法，而不是马克思主义人学研究的根本方法。即使从马克思主义人学研究的具体方法看，综合的方法也不是唯一的，还应有逻辑与历史相统一的方法，与综合相统一的分析方法，经验的、实证的方法，哲学反思的方法，猴体解剖的方法……

人之为人，有着自己的本质规定。但正如“对事物、现实、感性”本质不能从它自身的直观中获得一样，对人的本质也不能诉诸简单的思维直观。人并不先天就具有人的本质，他有一个从动物到人的长期演进的过程；人的本质也不是一经获得便凝固不变的，而是不断发展变化的。在马克思的实践唯物主义历史观视野里，人不是自然界自然进化的直接产物，“对象性的人，现实的因而是真正的人”是人自己劳动的结果，无论是人之为人的本质规定的获得，还是人的本质的历史发展，都是以人的劳动或实践活动为基础的，是人的实践及其历史发展的结果。劳动、实践，既是人的生命活动方式，也是人的本质生成与展开的方式。人以何种方式展开自己的活动，人也就以何种方式塑造自己与表现自己。因此，研究人及其发展，唯一的途径是研究人的实践活动的发展以及在人的历史实践活动基础上所生成的社会关系的总和，研究人的实践活动所创造的一切“事物、现实、感性”。“人就是人的世界，就是国家、社会。”① 人的本质“在其现实性上，它是一切社会关系的总和”。② “人的世界”“社会关系的总和”作为人的实践活动的结果，是人的作品，是人的智慧与本质力量的历史沉淀与凝结，人是他的著作者。“人的世界”“人的社会关系的总和”是人的现实的一面镜子，正如马克思曾经指出的：“工业的历史和工业已经产生的对象性的存在，是一本打开了的关于人的本质力量的书，是感性地摆在我们面前的心理学。”③ 人唯有通过这面镜子反观自身，获得对自身的认识与理解，别无他途。

（原文载于《江海学刊》1997 年第 1 期）

---

① 《马克思恩格斯选集》第 1 卷，人民出版社 1972 年版，第 1 页。
② 《马克思恩格斯选集》第 1 卷，人民出版社 1972 年版，第 18 页。
③ 《马克思恩格斯全集》第 42 卷，人民出版社 1979 年版，第 127 页。

人学的实践唯物主义视界新探

唐正东

在西方人学思想史上，马克思的实践唯物主义人学显然具有独树一帜的个性，它既不同于传统的形而上学人学，也不同于后来的新康德主义、存在主义人学。马克思人学的独特视界是由它的历史使命所决定的。在对这一问题的理解中，准确地把握作为马克思人学思想基础的实践概念的内涵显得尤为重要。然而，毋庸讳言，近几年我国学术界在实践唯物主义的“共识”下，对马克思实践——人学内涵的理解显然已经产生了许多分歧。在我看来，导致这种状况的根本原因在于不能对马克思人学思想的几个维度之间的关系作准确的把握。不少学者单方面地抓住了马克思人学中的一个维度，并把它视为马克思人学的基础，其结果必然会导致无法正确地理解马克思实践唯物主义人学的丰富内涵。

我认为，马克思的人学思想在逻辑结构上是一种“三维结构”，它分别围绕着人与自然界的关系、人与人的关系、人的现实实践活动这三者来展开，这是一种类似长、宽、高三维坐标的立体结构。任何孤立地从一种或者二种维度对马克思人学思想的解释都将是片面的。下面我准备从马克思人学思想发展史的角度，结合对西方学者在这一问题上的观点的分析，说明马克思人学思想的这种三维特性。

第一维：人与自然界的关系

马克思人学的实践唯物主义视界的标志不仅在于把人与自然界的关系维度引入人学理论的研究之中，而且还在于对这一维度的内容在人学理论建构中的地位和价值作出了独特的、深层的把握。只要我们仔细地分析马克思人学思想的发展史，理解这一点应当是不困难的。

在马克思理论活动的早期，如《博士论文》和《莱茵报》期间，马克思的人学是滞留在这一维度之外的，“主观性在它的直接承担者身上表现为他的生活和他的实践活动，表现为这样一种形式，通过此种形式他把单独的个人从实体性的规定性引到自身中的规定”①。这样的人学当然不可能具备实践唯物主义的“色彩”。

自“巴黎笔记”开始，马克思把“人与自然界的关系”的维度注入他的人学思考之中，“劳动”成了此时马克思人学思想中的一个重要概念。尽管事实上马克思在“巴黎笔记”中的人学思想依然带有强烈的人本主义色彩，但这并不意味着就能抹杀把“人与自然界的关系”维度注入人学问题的研究对于马克思人学思想的成熟来说所具有的重要意义。马克思只是急于把理论诉诸批判，所以未能真正地“消化”人与自然界的关系在人的问题中的重要性，但他毕竟把仅仅在精神领域内游戏的“人”抛在了身后。

在1845年《关于费尔巴哈的提纲》（以下简称《提纲》）中，马克思找到了赋予“人对自然界的改造关系”真正的人学价值的理论立足点，即科学的实践观点。学术界有的同志认为《提纲》的第一条浓缩了整个《提纲》的精华，并以此为根据推论出马克思此时的“实践”与《1844年经济学哲学手稿》时期的“劳动”概念之间没有什么本质的不同，两者都是用来指称人类学意义上的、与人的主体性本

① 《马克思恩格斯全集》第40卷，人民出版社1982年版，第69页。

质的发挥相关联的劳动活动的。笔者不能赞同这种观点。在我看来，《提纲》中蕴含了下面三条不可分割的逻辑线索：人对外部环境的改造、人与人之间的社会关系性、现实的实践活动，它们分别体现在《提纲》的第一、第六、第八条中。因此，《提纲》中的“实践”在内涵上远远超出“手稿”时期的“劳动”概念，并且，这两个概念之间还有本质上的不同，“实践”是个社会历史性的概念，而“手稿”时期的“劳动”只是一个人类学意义上的概念。因而，“人与自然界的关系”的维度在此时的马克思看来，只有与人与人的关系、现实的实践活动的维度紧密结合起来，才可能具有真正的人学价值。在这一思维视界上，人与人的关系便不再是关于人对自然界的改造行为的规范性设定，这种关系的改变不是听命于人的价值认知水平，而是受制于现实实践活动的发展。

在《德意志意识形态》中，马克思对这一点做了更加直接而清晰的论述，“任何人类历史的第一个前提无疑是有生命的个人的存在，因此第一个需要确定的具体事实就是这些个人的肉体组织，以及受肉体组织制约的他们与自然界的关系”①。紧接着，马克思又做了如下界定：“任何历史记载都应当从这些自然基础以及它们在历史进程中由于人们的活动而发生的变更出发。”② 人们的活动当然是指现实社会中具体的人的活动，因此，马克思这里实际上是把“人与自然界的关系”置于由它自己以及“人与人的关系”“人的现实的实践活动”这三者构成的科学人学观的三维结构之中，这是对“人与自然界的关系”作出科学说明的保证。

从 1847 年《哲学的贫困》开始，马克思把他的实践唯物主义人学观凝练成了一种科学的方法论，体现在具体的政治学、经济学等研究中间。以经济学的研究为例，马克思集中探讨了由生产力、生产关

① 《马克思恩格斯选集》第 1 卷，人民出版社 1972 年版，第 24 页。
② 《马克思恩格斯选集》第 1 卷，人民出版社 1972 年版，第 24 页。

系、物质生产活动这三个维度所构成的资本主义经济的特征及其发展规律问题，其中，作为人类对外界自然界的改造能力之标志的生产力范畴当然是不可或缺的。“一切生产都是个人在一定社会形式中并借这种社会形式而进行的对自然的占有。”① “劳动作为使用价值的创造者，作为有用劳动，是不以一切社会形式为转移的人类生存条件，是人和自然之间的物质变换即人类生活得以实现的永恒的自然必然性”②。

现在我们来看看国外学术界在这一问题上的一些情况。在西方马克思主义者和西方马克思学者中，很少有真正否定马克思人学思想中的这部分内容的。他们大多保留人对自然界的改造这一理论环节，他们希望达到的只是在把人理解为个人或者在“合类性”的前提下把马克思的实践唯物主义人学人本主义化。真正希望否定这一理论环节的是一些西方马克思主义圈子之外的西方哲学家如新康德主义者。李凯尔特的“我们要把价值从一切现实的客观中分离出来”道出了新康德主义在人的问题上的全部本性。认真地汲取国外马克思主义理论研究界在这一问题上的经验教训，是我们深刻地把握马克思人学的实践唯物主义视界的必要前提。

第二维：人与人的关系

我们还是从马克思人学思想发展的角度，来看看在这一维度上怎样的理解才算是真正代表马克思实践唯物主义人学水平的思想。在理论活动的早期，马克思由于从精神自由的角度去理解人的特性，所以，从根本上说，他不重视并且就他当时的思想水平而言也无法理解人与人的关系的真实特性。譬如，在《博士论文》中，就像理解原子与原子之间的结合是“以外在的方式结合在一起”一样，马克思把个体与

① 《马克思恩格斯全集》第46卷（上），人民出版社1979年版，第24页。

② 《马克思恩格斯全集》第23卷，人民出版社1972年版，第56页。

个体之间的结合也理解为“无缘无故”的。

在《莱茵报》时期，从表面上看，马克思这时已经提出了“人民性”“人民精神”等概念，似乎他已经关注到了人与人之间的关系问题。其实不然，马克思这时关于人的主题思想仍然是个体的精神自由，他的理论指向无非是希望个体的精神能够像“每一滴露水在太阳的照耀下都闪耀着无穷无尽的色彩”一样，挣脱“官方的色彩”，达到完全的自由。因此，这时的“人民”概念只是“个体”概念的无限膨胀而已，并不具有它自己的本质内容。

在《巴黎笔记》中，马克思认真地研究了资产阶级政治经济学，从理论上说是应该能得出关于人与人的关系的正确结论的。然而，批判资本主义社会的迫切要求使他还没找到正确的批判方法就急于投入战斗，于是便不得不沿用他以前批判封建专制制度时的方法来批判资本主义制度。马克思此时经常提到“社会”“类”等概念，但他此时所理解的“社会”和“类”仅仅是一些个体凑在一起而已，它本身没有自己的特性，它的内容依然是个体的内容。马克思曾直截了当地指出，“人的本质是人的真正的社会联系……而社会本质不是一种同单个人相对立的抽象的一般的力量，而是每一个单个人的本质，是他自己的活动，他自己的生活，他自己的享受，他自己的财富……这些个人是怎样的，这种社会联系本身就是怎样的”①。这种情况在理论上的反映就是马克思这时是通过“物”这个“窗口”来批判资本主义社会的，在他看来，作为人的生产活动的产物的“物”本来应当是对人的个性的确证，可在资本主义社会中，“物”不再是人的个性的“直接语言”了，而是成了“异化语言”，即“物”导致人与人之间产生了赤裸裸的利害关系。显然，马克思这时还没有从（生产）关系的“窗口”得出对资本主义社会的历史的、科学的批判。在我看来，这是伦理的批判的一种必然，只要是基于伦理角度的批判，那么，其出发点

---

① 《马克思恩格斯全集》第42卷，人民出版社1979年版，第24—25页。

必然是个性，即使你谈论再多的“类”或“社会”，充其量也只不过是个体的“不再是无声的合类性”（卢卡奇语）而已。

即使在1844年的《神圣家族》中，马克思对人与人的关系的理解也不能说是完全清晰的。尽管在对资本主义社会的分析中，马克思已经明确地看到了利益关系的决定性，但尚没有足够的证据说明马克思对整个人类历史也是从这个角度去理解的。真正的转变发生在1845年3月的《评弗里德里希·李斯特的著作〈政治经济学的国民体系〉》之中。这里有一个重要的理论契机，纵观马克思1845年以前的思想发展，他始终认为，从市民社会出发必然会得出有利于资产阶级的结论，因为亚当·斯密、李嘉图等人都是从市民社会出发的。而李斯特对自由竞争的市民社会的恐惧（关税保护主义的提出）则从反面启发了马克思，使他看到从市民社会出发的理论研究并不一定会得出有利于资产阶级的结果。这一转折是关键性的，我们可以从马克思在评李斯特的这一手稿中对历史发展的现实剖析看出这一点。针对李斯特从纯人类学意义上把“劳动”美化为“促使头脑、胳膊和手从事生产”的观点，马克思说“谈论自由的、人的、社会的劳动，谈论没有私有财产的劳动，是一种最大的误解”①。“一种‘劳动组织’就是一种矛盾。这种能够获得劳动的最好的组织，就是现在的组织，就是自由竞争，就是所有它先前的似乎是‘社会的’组织的解体。”② 这里的观点应当说是很清晰的，在把“劳动”理解为现实的社会物质活动的前提下，马克思已经把人与人之间的关系理解成了现实的社会关系，即使这种关系再“异化”也无妨。

在与这一手稿同时期所写的《关于费尔巴哈的提纲》中，马克思对这一新思想有更直接的表述，“人的本质并不是单个人所固有的抽

① 《马克思恩格斯全集》第42卷，人民出版社1979年版，第254页。

② 《马克思恩格斯全集》第42卷，人民出版社1979年版，第255页。

象物。在其现实性上，它是一切社会关系的总和”[①]。马克思在这里明确地强调只有处于社会关系之中的人才是具有“现实性”的人，这是针对费尔巴哈，当然也是针对马克思自己的早期思想而言的。如果一般地说，人当然具有理想、伦理维度的特性，博学的马克思怎么可能不了解这一点？但问题在于，作为无产阶级革命的理论领袖，马克思在反对了宗教神学和资产阶级“永恒真理”式的意识形态之后，他的理论阵地在哪儿？只有从现实的历史的人出发的思维方式才能证明资本主义社会的暂时性和社会历史发展的规律性。马克思经过艰苦的理论摸索，努力想达到的理论目标就在于此。

跟上面的“第一维”的科学化过程一样，马克思对人与人的关系的正确认识也是建立在对另外两个维度的正确理解基础上的。马克思人学思想的这种三维立体特性在《德意志意识形态》中有更加详尽的阐述，“他们是什么样的，这同他们的生产是一致的——既和他们生产什么一致，又和他们怎样生产一致”[②]。“生产什么”是指人对自然界的改造能力，“怎样生产”是指在生产中人与人之间社会关系的发展水平，这二个维度和“生产活动”的一致，便构成了达到科学水平的马克思透过物质生产这一人类最基本的实践活动对人学问题的正确理解。

在此以后，马克思理论研究的对象尽管转移到了经济学等其他领域，但对人的问题的这一基本思维原则一直没有改变，“对人与人的关系”这一维度在人学问题中的地位的重视就更不必说了。《资本论》及其手稿中始终围绕的一个核心问题就是生产关系。这便说明任何脱离这一维度对马克思人学思想所作的解释都是不足取的。

西方和东欧的马克思主义者中的绝大部分在这一问题上栽过跟头。出于意识形态或者用自己的理论注解马克思的需要，他们大多把马克

---

① 《马克思恩格斯选集》第1卷，人民出版社1972年版，第18页。

② 《马克思恩格斯选集》第1卷，人民出版社1972年版，第25页。

思的科学人学观理解为基于人道主义的一种社会批判理论，“与许多存在主义者的思想一样，马克思的哲学也代表一种抗议，抗议人的异化，抗议人失去他自身，抗议人变成为物。这是一股反对西方工业化过程中人失去人性而变成自动机器这种现象的潮流”（弗洛姆语）①。“马克思已经超越了纯粹的哲学并创立了一种全面的批判社会理论”（马尔科维奇语）②。即使是自命为修正了早年理论错误的晚年卢卡奇也始终无法理解马克思理论中的批判性是怎么定位的，努力再三也还是把伦理上的“合目的性”和现实中的“因果性”视为马克思思想中并行的二条线索。基于上面的这种理解，他们或者把马克思的“人”理解为个人，如弗洛姆，“马克思的哲学……它的核心问题就是现实的个人的存在问题”；③ 或者把它理解为抽象的人类学意义上的类，如南斯拉夫“实践派”和卢卡奇等西方马克思主义者，晚年卢卡奇从“不再是无声的合类性”的角度去理解马克思的“人”，认为自然界和人都具有“合类性”，区别仅仅在于前者是“无声的”，后者是“不再是无声的”。④ 在对伦理学做哲学本体论论证的理论目的下，卢卡奇恐怕也只能得出这样的结论。

第三维：人的现实的实践活动

从对上面两个维度的分析中，我们可以看出，无论是从对人的内在价值的追求、伦理批判的活动还是对悬设的终极价值的实现的角度，

---

① 转引自复旦大学哲学系现代西方哲学研究室编译《西方学者论〈1844 年经济学哲学手稿〉》，复旦大学出版社 1983 年版，第 15 页。

② 参见［南］马尔科维奇波德洛维奇编《南斯拉夫“实践派”的历史与理论》，郑一明、曲跃厚译，重庆出版社 1994 年版，第 12 页。

③ 转引自复旦大学哲学系现代西方哲学研究室编译《西方学者论〈1844 年经济学哲学手稿〉》，复旦大学出版社 1983 年版，第 15 页。

④ ［匈］卢卡奇：《关于社会存在的本体论》（上卷），白锡堃、张西平等译，重庆出版社 1993 年版，第 42 页。

都不能达成对马克思人学理论的正确理解，因为，“人的现实的实践活动”的维度是马克思人学思想内在结构的第三个重要的组成部分。关于这一点在马克思思想发展史上的证明是非常清晰的，在此不再详述。

为什么在马克思人学思想的结构中非要这一维度不可呢？费尔巴哈和黑格尔在这一问题上的失败恐怕能说明这一点。跟其他青年黑格尔派分子不同，费尔巴哈在思考人的问题时天才地面对了人与自然界、人与人的关系这两个领域，但是，由于他在理论的指导思想上并没有从对宗教神学的批判转移到对现实社会的批判上来，因此，他没有把“人的现实的实践活动”的环节引入他的理论框架，这致使他在对上面两个领域的理解上也止步于前科学的水平。黑格尔也一样，尽管凭着辩证法的强劲力量，黑格尔把握到了人与自然界、人与人这两个领域的本质，但客观唯心主义的“神目”却阻碍了这一思想的表达和发挥，并且最后还是不得不停留于半途而废的地步。在我看来，这里的关键问题在于无论是黑格尔还是费尔巴哈都没有真正摆脱18世纪自然主义思维方式的遗风。自然或者透过自然而表现出来的上帝是自己理论建构的最后支柱，这分别是18世纪的这种思维方式在费尔巴哈和黑格尔身上的体现。而我们知道，以现实实践为基础的思维方式恰恰是跟这种自然主义思维方式直接相悖的。这是马克思在科学认识方法论上的超越，也是为什么只有他才能完成对人的科学把握的重要原因。

在对马克思人学思想这一维度的理解中，我们还要着重说明的是，为什么没有把人的价值追求的维度列入马克思人学的结构之中？我在这一问题上有以下两点基本看法：第一，马克思的人学思想（唯物史观）中是存在价值追求的维度的，正像许多学者所看到的，真理观和价值观在马克思那里是统一的；第二，但是问题是怎么统一？是像晚年卢卡奇理解的那样的外在统一呢，还是别的什么方式的统一？

马克思不是一个一般的人学家，他的人学思想并不指认关于人的所有问题。马克思是个历史—人学家，他关注的是历史活动中的人的特质。这是我们理解马克思人学思想的前提。近几年，国内学界的许多同志从实践的角度对马克思的思想做了新的理解，在学术进步方面的确取得了很大的成就。然而，其中也并非没有问题。在我看来，除了不多的几位学者之外，大多数人在这一问题上的观点无外乎下面两类：第一，根本没有考虑人的价值追求的维度与马克思科学人学观的关系问题；第二，考虑到了这两者的关系，但找不到理解这种关系的方法。

这牵涉到对马克思的《关于费尔巴哈的提纲》的一些段落的理解。在前三条提纲中，有些问题需要做完整的认识。譬如第一条，有些同志认为，费尔巴哈用“感性客体”取代了黑格尔的“思想客体”，马克思用“客观的活动”“感性的活动”取代了费尔巴哈的“感性客体”，于是，马克思的“客观的活动”自然而然地就和人的思维问题远不可及了。在第二条中，有的同志也以“人的思维是否具有客观的真理性，这并不是一个理论的问题，而是一个实践的问题”[①] 这句话宣布人的思维，即人与自己的意识的关系问题在马克思唯物史观中的“非法性”。于是，在考虑科学历史观和科学人学问题时便不需要考虑人的思维问题了。这种理解应当说是欠妥的。

马克思《提纲》的真正含义其实并非如此。第一条中，有什么证据可以证明仅仅因为费氏用直观的感性的客体取代了黑格尔能思的客体，而马克思用感性的活动取代了费氏的直观的客体，就断定马克思的“活动”跟人的思维（包括价值追求的向度）无缘了呢？这岂不是肯定了马克思和费尔巴哈是站在同一个思想水平线上的了吗？第二条中，马克思其实讲得很明确，“人应该在实践中证明自己思维的真理性，即自己思维的现实性和力量，亦即自己思维的此岸性”[②]。只要是具有“此岸性”的思维就有“现实性和力量”，这里哪有无原则地否

① 《马克思恩格斯选集》第1卷，人民出版社1972年版，第16页。
② 《马克思恩格斯选集》第1卷，人民出版社1972年版，第16页。

认人的思维在历史中的作用的痕迹呢？在第三条中，“环境的改变和人的活动的一致，只能被看作是并合理地理解为革命的实践”①。这句话应理解为在实践中，人创造了新的环境，创造了新的社会关系，也创造了人的新的认识思维能力和价值追求水平。

上面对马克思“提纲”前三条的分析，实际上也回答了人的价值追求在马克思理论中的定位问题。马克思的思路是，只要是“此岸”的思维，只要是对“此岸”的价值的追求，在历史观中便有其地位和力量。“此岸”的价值追求不是空泛的抽象人道主义式的对人之价值的追求，而是处在社会关系（在阶级社会中是阶级关系）中的人的具体的历史性的价值的追求。马克思否定的是把整个人类历史看成向一个悬设的终极价值回归的历程。上面这种历史性价值的追求在马克思的科学人学中当然是有重要地位的。再进一步，对这种价值的追求难道和人的现实的实践活动还是两个相互并列的东西吗？不。人们以物质生产为基础的整个实践活动本质上就是对人的具体的历史性价值的实现过程。

这便是我们没把人的价值追求的维度单独列入马克思人学思想之中的原因。

以上是我对马克思人学思想的一点理解。最后，我还想强调的是，应当对马克思人学思想的“文本”内容和它在现时代的理论发展这二个问题作有限度的区分。对经典作家的思想在现实的背景之中进行理论的发展，这应当说是十分可取的，但这不应导致对经典作家思想本身的任何不切实际的阐释。

（原文载于《江海学刊》1997 年第 1 期）

① 《马克思恩格斯选集》第 1 卷，人民出版社 1972 年版，第 17 页。

人学理论的三种形态

——费尔巴哈、萨特、马克思比较

岳　勇

人的“存在和本质”的关系问题，是人学思想史上的一个难解之谜。在哲学史上，费尔巴哈、萨特、马克思对这一谜题的解答具有典型性，分别代表了三种不同的解答方式和思维方法。而这三种方式或方法，在逻辑上构成一种“正、反、合”的关系，在历史上则标志着人学理论的三种形态。费尔巴哈人本学所代表的是一种“本质主义”的思维方式，即设定和追求一成不变的人的抽象本质，萨特人学所代表的则是一种“存在主义”的思维方式，消解和否定人的不变的本质。但无论是“本质主义”还是“存在主义”，都未能解决存在与本质的矛盾统一的辩证关系，而只有马克思的人学理论才做到了这一点。马克思的人学是在超越费尔巴哈人本主义哲学的基础上产生的。从时间上看，它晚于费尔巴哈的人本学而先于萨特的人学，然而从逻辑上看，它却是“晚出的哲学”，它扬弃了费尔巴哈的人本学和萨特的“人学本体论”所代表的两种认识模式，而建立起新的认识模式，从而完成了人学史上的一次巨大综合，成为具有超前性和先进性的新型人学形态。

费尔巴哈的“直接同一说”

人及其本质的问题，在费尔巴哈哲学中占有核心地位。费尔巴哈把自己的以人的本质作为“最高”对象的哲学体系叫作“人本学”，他说：“新哲学将人连同人的基础的自然当作哲学的唯一的、普遍的、最高的对象。”①

那么，费尔巴哈是怎样看待人、人的本质和本性的呢？

费尔巴哈对人的本质多有论述，归纳起来大致有以下几种说法：（1）“人就是人所吃的东西”；（2）“人的本质只包含在团体之中，包含在人与人的统一之中”；（3）“人的绝对本质”“就是理性、意志、心”。这几个方面是他对人的本质作出规定的整个思路的不同角度和环节，是相互关联、层层深入的：从人与自然的关系进到人与人的关系，再进到人与意识的关系。但由于他的自然主义的立论基础和方法论原则，使他看到的只是三方面的自然关系而非实践关系，他只懂得“感性的直观”而不理解“感性的活动”即实践，因而，他对人的理解终究局限在人的自然本性上。

费尔巴哈断言，人既然是自然的产物，人所具有的就只是自然所给予的，因而人的本质没有什么神秘的不可捉摸之处，就是人的自然存在。人之所以能够存在是因为依靠了自然界的各种东西，人的本质无非就是人们所吃喝的东西的本质。他说：“我所吃喝的东西，是我的‘第二个自我’，是我的另一半，我的本质，而反过来说，我也是它的本质。”② 他在1866年甚至以“人就是人所吃的东西”作为一篇文章的副标题，来强调人与自然在本质上具有同一性、不可分割性。可见，认为人的本质在于其自然性质，这是费尔巴哈对人的最基本看

① 《费尔巴哈哲学著作选集》（上卷），生活·读书·新知三联书店1959年版，第184页。
② 《费尔巴哈哲学著作选集》（上卷），生活·读书·新知三联书店1959年版，第530页。

法。费尔巴哈针对思辨哲学和神学对人的本质的歪曲，强调人的自然规定性，这有一定的合理性和积极意义，但他由此走向极端，把人赖以生存的自然条件和人的本质混为一谈，从而混淆了存在与本质这两个不同方面，用人的存在代替人的本质，犯了一个方法论的错误。当然，费尔巴哈并没有简单地把人和自然直接等同。他认为直接从自然产生的人，只是纯粹自然的本质，而不是人，他甚至说过："人是人的作品，是文化、历史的产物。"① 他还强调人的本质包含在团体之中，包含在人与人的统一之中，试图超出人与自然的关系而在人与人的关系中寻找人的本质，但他所理解的人与人的关系，主要是建立在两性差别基础上的自然关系，而不是人与人之间的实践关系、社会关系。结果，最终还是把人的本质归结为人的自然属性、自然关系。

自然主义是费尔巴哈人本学的前提和基础，同样也是他的人本学的方法论。为了同思辨唯心主义相抗衡，费尔巴哈唯一的武器就是诉诸感性、诉诸直观。费尔巴哈特别强调感性存在的直接性，而反对中介概念。他说："直接知识的秘密就是感性。黑格尔哲学说，一切都是经过中介的。但是一个东西只有当它不再是经过中介的东西，而是直接的东西时，才是真实的。"② 费尔巴哈在批判黑格尔思辨唯心主义的同时，却丢弃了黑格尔辩证法的合理因素，即摒弃间接性与中介作用，从而把对立面变成无中介的同一，绝对的同一。这样一来，费尔巴哈就必然把存在和本质的充满矛盾的统一简单化为单一的同一："存在并不是一种可以和事物分离开来的普遍概念。存在和存在的事物是一回事……存在是本质的肯定……只有在人的生活中，而且只有在反常的、不幸的情况下，存在才会同本质分离。"③ 结果，把人的存在和本质无差别地、绝对地等同起来，犯了方法论上的错误。正如马

① 《费尔巴哈哲学著作选集》（上卷），生活·读书·新知三联书店 1959 年版，第 247 页。
② 《费尔巴哈哲学著作选集》（上卷），生活·读书·新知三联书店 1959 年版，第 170 页。
③ 《费尔巴哈哲学著作选集》（上卷），生活·读书·新知三联书店 1959 年版，第 157 页。

克思恩格斯指出的："费尔巴哈在这些地方证明：某物或某人的存在同时也就是某物或某人的本质；一个动物或一个人的一定的生存条件、生活方式和活动，就是使这个动物或人的'本质'感到满足的东西。"[①]

萨特"存在先于本质"的命题

萨特的存在主义把"人的存在"作为其全部哲学的中心和基础，要把以往哲学所遗忘的"人"重新召回来，把"人的存在"当作基本的存在加以研究，从而建立起他的"人学本体论"。萨特的人学观集中体现在作为"存在主义第一原理"的著名命题——"存在先于本质"中。

萨特所谓"存在先于本质"是指"人的存在先于人的本质"。在他看来，人最初是在一个特定的时间、特定的地点来到世界上的，是作为一种单纯的主观性、虚无而存在的，没有什么本质。人所具有的各种特质和规定性，都是由这种主观性自行制造出来的。人的本质是人后来完全按照自己的意志进行选择和造就的结果。人能够自由地选择自己，造成自己的本质，这就是人与动物的区别的根本标志。萨特认为，人以外的事物是消极被动的，它们不可能选择和造就自己的本质，它们的本质和意义是由人给予的，所以，事物是"本质先于存在"。而人则不然，他是"存在先于本质"，即他不是由上帝或别人来决定自己的本质的，而是由自己的自由意志和自由行动来创造自己的本质，自己决定成为一个什么样的人。

萨特认为他的存在主义是人道主义，但他的人道主义与以往的人道主义不同，是建立在"存在先于本质"这个原理基础之上的。以往的人道主义包括费尔巴哈的人道主义是建立在人的普遍本性的基础上的，认为有一成不变的永恒的人类本性，而他则相反，否认有普遍的

---

① 《马克思恩格斯全集》第3卷，人民出版社1960年版，第47—48页。

人的本性或本质存在，认为“世界并无人类本性，因为世界并无设定人类本性的上帝”[①]。萨特说：“十八世纪法国哲学家的无神论抛弃了上帝的观念，但是还未抛弃‘本质先于存在’这个概念，”因而未能把人与动物区别开来；而他的人道主义则是从“存在先于本质”这个观点出发，即认为人的本质是自我选择决定的，这样他就把人与动物截然区分开来了，从而真正肯定了人的价值和尊严。

萨特“存在先于本质”的命题，不仅代表了存在主义的基本人学观，而且也代表和体现了现代西方人本主义的主要倾向和方法论特征。可以看出，这个命题一开始就是针对着西方古典哲学的抽象人性观点的，它鲜明地标示了存在主义的任务是探讨所谓“人的存在”的本义，而反对把探究“人的本质”作为自己的根本任务，因而成为存在主义的第一原理。自从柏拉图以来，西方的哲学思想就潜存于“本质先于存在”的命题中，把追求人的本质作为研究人的主要出发点。而在萨特看来，从普遍的人的本性或人的本质出发建立哲学的方法，阉割了人的存在的丰富性。因此，他企图以完全相反的方法来建立自己的人学。

萨特把“人的存在”作为其哲学的中心和基础，但他所关注的人不是作为客观存在的人，而只是作为主体的人；在他看来，这样的人是不能借助科学的方法加以研究的，而只能通过主观的体验来把握，所以萨特认为存在主义哲学是从主观出发的。由此可见，萨特提出人的“存在先于本质”的命题，意在强调人的主体性，强调人的自由，这有一定的积极意义；否定古典哲学抽象的先验的人类本质也有合理之处，对抗古典哲学的意图也是有理由的。但是，他所建立起的原理和所运用的方法却是完全错误的。

从内容来看，萨特的命题把人的存在理解为一种内容空洞、毫无

---

① ［法］萨特：《存在主义是一种人道主义》，周煦良、汤永宽译，上海译文出版社 1988 年版，第 18 页。

规定性的存在，使之成为一种纯粹的主观性，否定了人的现实存在的客观基础，人也就成了抽象的人。从方法论来看，萨特断言“物”是“本质先于存在”，而“人”是“存在先于本质”，这样，就不但把客观事物的“存在”与“本质”人为地割裂开来，而且也把人的存在和人的本质人为地割裂开来了，从而不能理解人的存在和本质的辩证统一关系，在方法论上犯了明显的错误。

马克思：人的存在和本质的“辩证统一观”

与费尔巴哈从人本身内在所固有的属性中寻找人的本质的方法根本不同，马克思则在实践的基础上，从主体与客体、人与自然、人与社会、存在与本质的相互关系把握人和人的本质。如果说费尔巴哈的方法是感性直观的方法，那么，马克思的方法则是实践活动的方法。从人的实践活动和社会关系来理解人，是马克思人学方法论的根本特征。

早在《黑格尔法哲学批判》中，马克思就指出，人的本质不是他的肉体本性、肉体存在，而是人的“社会特质”；强调人不是抽象的栖息在世界之外的东西，“人就是人的世界，就是国家、社会”①。在《1844年经济学哲学手稿》中，马克思从主体人与客体自然的关系出发，把人的一般本质规定为“自由自觉的活动”；在《关于费尔巴哈的提纲》中，又进一步从人与社会客体的关系角度，把人的现实本质归结为“一切社会关系的总和”。在标志着马克思主义哲学世界观诞生的著作《德意志意识形态》中，马克思则径直把现实的人的“存在与本质”的辩证统一关系表述为“人们的存在就是他们的实际生活过程”②。可以看出，这些论断和命题中一以贯之的线索就是“存在和本质”的相互关系。立足于“存在和本质”的辩证关系来理解和把握人

① 《马克思恩格斯全集》第1卷，人民出版社1956年版，第452页。
② 《马克思恩格斯全集》第3卷，人民出版社1960年版，第29页。

及其本质，这是马克思考察人的问题的一个基本方法。

马克思对人的“存在和本质”的相互关系的理解也经历了一个曲折的过程，只是在1845年春实现了根本“颠倒”之后，才达到了对二者关系的唯物的、辩证的理解。在《手稿》中，由于人本主义方法论的影响，人的“存在和本质”的关系是倒立地“悬在空中”的，就是说，马克思总是预先设定一个理想化的人的本质，以此作为参照标准来衡量、判断人的现实存在是否合理。而在1845年春以后，随着新世界观的现实前提和出发点的确立，人本主义方法论被代之以历史唯物主义的科学方法论，人的“存在和本质”的关系完全颠倒过来，回落到现实的基础上。马克思立足于人的存在，即从人的现实生活过程的实际前提和条件出发引出人的本质概念，把人的本质理解为人的现存状况的反映和理论表达。所以，在马克思的成熟著作中，仍然保留了人的存在和人的本质概念，但由于方法论的转变，原有概念所包含的内容、含义为之一新，两者的关系也发生了根本的变化。

根据马克思的观点，人的存在与人的本质的相互关系是双向对象化的关系。这包括两个方面：其一，人的存在决定人的本质；其二，人的本质规范人的存在。

人的存在决定和制约人的本质。人的本质不是与生俱来、先天固有的属性，也不是人为设定的理想目标，而是在现实的社会关系中生成和发展着的东西，它是人的现实实践活动的结晶。人的存在或人的现存是指人所生活于其中的物质条件、社会状况等，正是这些物质条件、社会状况决定着人的面貌和本质。所以，要探讨和把握人的本质，就必须研究、剖析人的实践活动及活动借以进行的物质条件和社会关系。人是什么样的，这同他们的生产相一致，同他们生产什么和怎样生产相一致。一句话，“人们的存在就是他们的现实生活过程”，而人的本质的概念也无非是人的生活和社会关系的理论表达。正如马克思恩格斯指出的，人们在其中进行生产的物质条件、生产关系，以及由此决定的个人关系和社会关系，当它们以观念形式表现出来的时候，

“即在意识中表现为从一般人的概念中、从人的本质中、从人的本性中、从人自身中产生的规定”①。这就清楚地表明，关于人的本质的概念，只是移植于人们头脑中的由生产的物质条件和生产关系所决定的个人关系和社会关系。也正是在这个意义上，马克思提出了“人的本质在其现实性上是社会关系的总和”的著名论断。这一论断不仅揭示了人的本质概念的实质内容，也指明了揭示人的本质的唯物主义方法论。因此，承认人的存在决定人的本质，坚持从人的存在出发说明人的本质，正是遵循了唯物主义的客观性原则。

人的本质规范人的存在。从人的本质的生成而言，它是由人的现存决定的，但人的本质一旦生成，就具有能动的反作用，即具有价值评判功能。人的本质作为对人的存在的理论映射和抽象概括，既有与现实相对应的一面，又具有超前反映的一面，也就是说，人的本质既具有现实性（现实本质），又具有理想性（一般本质）。人的本质作为理想，对现实具有规范、引导的作用和意义，可以从人的本质角度来衡量和评判人的现实存在状况是否合理。马克思超越人本主义而实现根本转变之后，并没有放弃从人的本质出发的价值批判向度，而是把它建立在科学的基础之上，使价值判断与事实判断相统一。如果说“存在决定本质”属于事实判断，那么“本质规范存在”则属于价值判断，它是从人的价值实现的角度，以人的本质为价值标准衡量、评判进而改变现存。当然，作为衡量现实存在标准的“人的本质”，不是具体的、现实的本质，而是人的一般本质。这里，人的一般本质或一般人性不等同于人的固有本性，它是从人的具体的、现实的本质中概括出来的，是人的现实发展所表现出的趋势，因而是有现实依据的。总之，坚持从人的本质评价和规范人的存在，正是坚持了辩证唯物主义的价值原则。

作为一对既相互区别又相互联系的范畴，人的“存在”和“本

① 《马克思恩格斯全集》第3卷，人民出版社1960年版，第119—120页。

质”实质上是指人的“现实”和“理想”、“现有”和“应有”的关系，即人“是什么”和“应如何”的关系，它们不仅应该统一，而且能够统一，统一的基础就是人的现实的、客观的革命实践活动。一方面，实践活动是直接的、现实的，这些活动的方式及其成果，包括在活动中所形成的社会关系，是造成人的本质的基础，是人所是的东西；另一方面，实践又具有对现存的超越性而不断指向未来，内在地包含着人“应如何”的导向。也就是说，人的现在和未来在实践中联结起来，人的发展和变化在实践中展开。这样，马克思就在实践的基础上实现了人的现实与理想、“现有”与“应有”的有机统一，科学地解决了人的存在与本质的矛盾。

结 论

综上所述，在人的“存在与本质”的关系问题上，费尔巴哈、萨特和马克思的理解既有本质的区别，又具有一种内在的逻辑递进关系，呈现为一种“正、反、合”式的关系。

费尔巴哈认为人的存在与其本质是“直接同一”的，他规定人的本质的方法就是自然主义的直观方法，把人的本质看成人自身内在所固有的“类”特性，从而把人的本质理解为一种“实体性”范畴。萨特虽然反对把人的本质理解为凝固不变的实体，而是看成一种不断生成着的东西，但他却把人的存在与其本质分离开来、对置起来，认为人的存在是偶然的，人是被抛到世界上的光秃秃的“存在”，而人的本质则是非决定的，是主观选择的结果，结果他所理解的人的本质概念最终是一种“主观性”的范畴。而在马克思看来，人的存在与人的本质既相互区别又相互联系，是对立统一的关系。马克思认为人的存在即人的现实活动及其方式，而人的本质既不是先天固有的，也不是完全由自己主观选择的，而是在具体的历史实践活动中逐步形成的，是实践活动的结果。他在实践活动中，在“存在”和

“本质”的感性 对象性关系中规定和把握人的本质，这样就把人的本质理解为一种“关系性”范畴和“过程性”范畴。

费尔巴哈坚持了唯物主义的一般原则，认为人是被决定的，但他完全看不到人的主体性，忽视了人的能动的方面，陷入了机械决定论的泥潭；萨特看到了旧唯物主义的缺陷，反对僵死的决定论，强调人的自由和能动性，有积极的意义，但他反其道而行之，根本否定一切决定论，过分夸大人的自由选择性，结果走向另一极端，重蹈主观唯心主义的覆辙；马克思既坚持了唯物主义的原则，承认社会历史对人的决定性、制约性，又坚持了辩证法，强调人的主体能动性，并在实践的基础上把两者有机地统一起来，开辟了实践唯物主义的新视野。

费尔巴哈的理论不仅没有批判现存社会关系，反而在客观上起到了为现实辩护的作用，最终沦为一种无批判的实证主义。萨特由于脱离人的存在的客观基础，把人变成主观的精神性存在，他的人本观就变成一种纯粹的道德说教和空洞的伦理判断，终究不能找到科学解决人的现实问题的正确道路。马克思从人的现实存在即人的现实生活过程的经验事实出发，来科学说明和解释人的本质及其历史发展；同时，又从人的本质、人的主体性方面来对社会存在进行价值评价，衡量现实是否合理、是否符合人性。这样就把价值评价建立在科学分析的基础之上，使两个方面有机地结合起来，从而体现了科学的逻辑分析和伦理的价值判断相统一的科学的方法论原则。

（原文载于《江海学刊》1997 年第 3 期）

论人学模式的“创新”构架

——哲学与经济学人性模式的比较分析

杨俊一

关于人的研究，从文化史的角度可以简要地划分为“人道”和“非人道”（非人道并非反人道）两种类型。“人道”的类型属于人文学科研究的范畴；“非人道”的类型属于自然科学。在“人道”的研究层面，有的侧重于规范研究，如哲学、伦理学；有的侧重于实证研究，如经济学、管理学等。如今，中国学者所提出的“人学”更多指向“人道”研究的层面。总的倾向是试图把“规范”研究和“实证”研究结合起来。在具体的操作中，经济学、管理学借助哲学的概念比较“自然”；哲学、伦理学诉诸经济的“模型”则较为鲜见。它表明两者对人的研究方式还存在很多差异。通过两者研究方式类型差异的比较分析，提出人学研究模式的“创新”构架是本文的主旨所在。

问题的提出：何谓“现实人”

1. 中国学术界对“现实人”的“通行”看法

哲学对人的研究是一个说来话长的题目，但自从马克思主义哲学“本土化”以后，学术界几乎都认同“现实人”这一解释构架。对于怎样才算“现实人”，虽然没有实证性的“细化”说明，但有两点却非常明确：其一，吃、喝等行为不是“现实人”的行为，因为这是17世纪、18世纪乃至费尔巴哈的“自然主义”以及“自然人本主义”的“人性模式”，即“自然人”。其二，理性选择等行为也不是“现实人”的行为。因为它是“唯理论”直至黑格尔“理性主义”的“精神人模式”，即“理性人”。这两种“人”都可以用一个笼而统之的词加以概括——抽象。任何关于人的研究，只要被冠以“抽象”一词，都被视为“片面”的同义语。唯一可以被视为“现实人”的定义是“经典”教科书中“生产关系总和”的概念。这一定义实际上把“现实人”理解为“经济关系”的存在。但“现实人”在经济关系（生产关系）中是如何“发生”的，怎样在生产、交换、分配、消费诸环节中“生成”，并没有得到系统的说明。只是以经济关系为背景，把人的本质规定为“阶级性”。在此基础上，探讨“阶级人”与“所有制”的政治关系，提出了人性发展的政治目标。这一目标有两层含义：其一是现实目标——“革命人”；其二是理想目标——“全面人”。

2. 具体学科对人研究的几种有代表性的观点，随着具体学科的发展，“人”日益被具体学科“分解”出来

虽然具体学科对人的研究不一定是哲学界所认同的“现实人”或有“片面性”之嫌，但具体学科对人研究的成果及其对世俗生活的应用，给人的感觉似乎越来越“现实”，反而哲学界关于人的“经典”定义似乎显得越来越“抽象”。至于这种“感觉”是否正确暂且不谈，仅就目前“哲学文章”中使用具体学科“……人”等词汇的日益增加而言，至少证明，具体学科关于“人”的研究成果，对哲学的影响越来越大。它表明，哲学与具体学科关于人的研究存在“互补”的可能性。但“互补”的前提是首先确认“差异”的合理存在，而不能简单地把“差异”视为“片面”。实际上，正因为具体学科对“人”的研究存在这种“差异”，才使每个具体学科对“人”的研究获得了存在的权力。

（1）心理学对人的研究。心理学对人的研究以行为科学的成果对

经济社会的影响最大。行为科学的理论假设非常简单，不过是一个日常生活中的心理经验：“刺激—反应”。到后来发展出一个“刺激—选择—反应”的三元理性模式。但其意义除了知识论的层面之外，更重要的是把这一简单的行为模型应用于行为控制的研究。“刺激”被拓展为各种“激励—约束”的信号，“选择”被拓展为理性的或非理性的“决策”机制。“反应”被拓展为以人性目标为根据的不同层次的实现方式。行为科学的这一研究成果，被广泛地应用于社会生活的各个领域。以至于今天改革开放对企业经营“转轨”机制的探讨，“信息—决策”机制、“激励—约束”机制成了最时髦的提法，应用起来也颇见成效。没有理由说，心理学对人的研究不“现实”。但把心理学所设定的“人”说成“自然人”（生物人）、“理性人”，还是“社会人”呢？不太好归类。

（2）社会学对人的研究。社会学对人的研究似乎与“正统哲学”的提法颇为接近，至少在“社会人”这一概念上有一致的地方，即人是社会的产物。但细究起来，出入也比较大。社会学虽然研究的是社会行为，但其出发点却是个人。群体行为被看作个人行为的“放大”。沿着“个人—社会化”（家庭、学校、群体、组织、社区）行为的思路研究人，其目的是对社会冲突的控制和协调。社会学通过统计调查的方法对行为选择的概率趋势进行研究，日益引起人们的重视。社会学虽然研究的是“社会人”，但其对“社会人”研究的模型更多是从“个人”行为的微观模型中“类比”衍化而来。抛开其概率的研究方法不谈，仅就其对“社会人”的定性研究来看，与“正统哲学”逻辑设定也有很大的差异。分歧的焦点在于：个人在社会关系中到底应如何“定位”。

（3）经济学对人的研究。如果说分歧，恐怕今天的市场经济学对人性的假设与“正统哲学”最不相容了。市场经济学为了论证其“看不见手”的原理，“明目张胆”地假设“经济人”，即以利己为动机的“理性人”，即以最小代价换取最大利益。市场经济学从研究人的需求和满足入手，但对需求和满足都做了一定条件的限制，即把需求和满足纳入价格机制的运作中加以理解。需求不是一种逻辑演绎的可能性，而是有“支付”能力的需求；满足不是概念推演的“合题”，而是一定“价格”下的供给。生产者在一定的价格机制下追求盈利最大化；消费者在一定价格机制下追求效用最大化。在“看不见手”的作用下，生产者与消费者在价格竞争中获得平衡。按照“正统哲学”的观点，“经济人”“理性人”的观点无疑具有“自然主义”和“理性主义”的色彩。但市场经济的经验表明，“经济人”的研究假设，具有很强的“现实性”。

3. 提问的答案：所谓“现实人”实质是“时代人”，即时代精神所凝聚成的人性特质

这一论点以如下思路为根据：“现实人”首先是个人，用莱布尼茨的话说，“单子就是世界”。人性无限丰富的特点都凝结在个人身上。其次，不同学科研究个人的某一方面的关系，就构成不同学科某一特定“人性模型”下的“现实人”。例如，研究个人的心理行为结构形成行为科学的“现实人”；研究个人的社会关系结构形成社会学中的“现实人”、研究个人经济关系结构形成经济学中的“现实人”。但不管何种学科，从何种角度对人进行研究，都以个人行为结构的简单模型为根据，区别只在于研究个人行为表现方式的层次，复杂程度的不同而已。最后，个人的哪一方面的特质被“孤立”出来作为特定学科的分析对象取决于时代精神的要求。因为科学的发展起源于不同时代的“需要”，而对“人”的研究也必然带有时代“需要”的特点。例如，把人看作“机器”和把人看作“自我实现”，显然具有不同时代精神“需要”的背景。

人性模式差异的比较分析

人性模式的差异有许多种，从时代精神的“需要”来看，哲学与经济学人性模式的差异最有代表性。如果把两者“差异合理性”互补起来，会给人性的综合研究带来“新思维”。另一个理由是因为哲学是今天“坚持”最多的学科；经济学是今天“发展”最快的学科。两

者的比较或许会带来“时差”效应。

1. 哲学的人性研究模式

哲学对人的研究，其总体构架，基本是两个对立的形而上学的逻辑“质点”。其一是人性善；其二是人性恶。从哲学“逻辑”的角度看，无论是“人性善”，还是“人性恶”，其本身很难构成逻辑的“演绎”实体，只有使之与人的存在模式结合起来，才有意义。“人性善”作为逻辑“质点”，形成“义务论”的人性存在模式。“人性恶”作为逻辑“质点”，形成“目的论”的人性存在模式。但无论是“义务论”，还是“目的论”，在其伦理实践中，其原则都无法贯彻到底。“义务论”最终不能解释“道德人不幸福，幸福人不道德”的矛盾，不得不引进“灵魂不朽”的形而上学设定。“目的论”无法解释“人对人是狼与社会平衡发展”的矛盾，不得不引入“克己原则”作为约束条件。尽管在哲学的思想发展中，提出过各种人性模型，如“机器人”“自然人”“理念人”“社会人”等，但其本身都没有构成独立的“人学”研究对象，都是一种解释人的“伦理存在”、“社会存在”、“政治存在”、“经济存在”乃至“阶级存在”的“研究理念”。从“元哲学”的角度看，这些人的存在模式，基本都是关于人的存在“形式方面”的研究，而不是“内容方面”或“实体—属性”的研究。因此，哲学对人的研究方法，更多的是理论钩玄的思辨，而不是实证经验的概括。在本质上没有超出“正、反、合”的三段论模式，即“人—非人—人”的模式。哲学的研究方法虽然是思辨的，但不是无意义的。其意义就在于对不同时代人的存在状态进行“批判”反思，提出超越于人的现实存在的理想标准和揭示其他具体学科人性假设模式的非完备性。总之，哲学研究方法的作用在于提出时代精神对“人”和“此在”的一种“后理解构架”。其目的是“人的现实”和“人的理想”的时空“间距”为“解释”。

2. 经济学的人性研究模式

经济学对人的研究与哲学的区别首先是文化的，其次才是方法的。所谓文化的是说，经济学在某种意义上是“文明学”。而现代文明开端于西方。现代经济学的标准“教本”是西方经济学。因此，经济学对人的研究不能不受西方文化的影响。西方文化不论从其发端的地域还是受希伯来文化的渗透来看，对人的总体观照至今仍受“原罪观”的影响。“人性恶”是其变化的总体“惯性”。但是与哲学不同的是，其对人的研究虽受“文化—哲学”的模式影响，但把哲学的“命题”，“转译”成了“经验研究”的对象。如“人是机器”作为哲学命题具有反宗教的意义，但作为经济学的假设却引发出对人的“动作研究”。其目的是如何合理地配置“人—机”系统，提高工作效率。“人是机器”的哲学命题在动作研究中把人看作一种“会说话的工具”。影片《摩登时代》中的“卓别林”就是这种“工具”的形象化的表现。到了20世纪30年代，“霍桑实验”纠正了“人是经济动物”的看法，提出人是“人际关系存在”的观点，即所谓的“社会人”。在“社会人”的行为结构中，经济收入只是其追求的一个层次，人的积极性还取决于人际关系的社会状态。由此引发了一场“经济组织”的“创新”运动。人的归属感和认同感的沟通成为“组织设计”的重要参量。人成为组织动作中的主体。但在“社会人”中，人的主体“自由度”只是在人际关系中得到量度。西蒙的“决策人”和马斯洛的“自我实现人”，才使这种“自由度”得到了极致的阐释。在其中，“创造性”和“成就感”成为对人“激励”的内生变量。人的主体性经过“收入”“人际关系”的“外在激励”直到“自我创造”才真正回归于个体主体的内部动力机制上来。与此相应的“组织”的激励与约束机制也发展为以“人”为中心的“结构设计”。这种以“人”为中心的“组织设计”从经济组织、社会组织直至文化组织的“外延”建构，形成了整个社区的“核心人”的模式。微观组织有效率，宏观组织协调，整个社区的发展既“合乎人性”，又“合乎规范”。两者的结合，促进经济社会的发展协调有序。

3. 人性模式的差异性比较

（1）哲学与经济学人性模式差异特征可以直观地概括为表1。

表 1　　哲学与经济学人性模式的类型差异

类型差异凸显特征	人性模式的差异类型	
	哲学模式	经济学模式
人性设定	性善、性恶人是“大全”	谋利人（x、y、超 y）人性模型
研究方法	思辨演绎 特征分类 本质分析	经验考察 现象描述 功能分析
调控方式	价值标准 形式规范 理念引导	因果关系 属性规范 行为机制
研究目的	社会伦理水平 社会变革	社会经济效益 人力资源配置
意义	理想社会	公平社会

（2）类型差异比较的几点结论。①哲学与经济学人性模式的差异比较表明，哲学主要探讨“人应该怎样”及其特征；经济学主要探讨“人如此行为”及其机制。“人应该怎样”有脱离现实时空“人如此行为”约束条件的可能，容易导致某种“空想”；“人如此行为”有可能缺乏“未来”的选择，限制其“理念”的想象力，使“人”成为一种“异化”的存在。二者“互补”的“综合”可以“创造”出“应该”与“如此”行为结合的存在模式。②对“人”的“大全”式研究，无疑是哲学的职能。但这种研究要想面对社会，除了阐释其理念的“公设”之外，还必须和时代精神对“人”的要求结合起来，侧重于某一时代下人的“特质”研究。否则只能解释“为什么”，却不能解决“怎么样”的问题。当年马克思提出“自觉自由人”的“公设”后，并未浅尝辄止，而是进一步凸显人的“社会关系”特质的分析，把人的自由和“自然力解放”“社会关系解放”“思想观念解放”的历史进程结合起来，才有了现实意义。③“人”是一种多向度的存在。因此，人学的研究，必须是经济的、社会的、伦理文化的综合考察才能超越于具体学科之上，获得其“存在”的意

义。这就需要从人“学”的角度进行带有“体系”性质的研究，才能使“人”作为“综合”的存在，有合理的根据。否则，只是某种“意见”——或在“形而上”中求“下”，或在“形而下”中求“上”，而不是“科学理论”的探讨。

人学模式的“创新”构架

所谓“创新”，是从人“学”的角度建立“人学”的操作“构架”，不只是一般地在哲学层面上研究人与自然、人与人、人与思想文化的关系。主要在这种“形式关系”的探讨之下，进一步研究人作为“实体”所表现出来的具体职能和功能。它既包括“人性”发展的“理念指导”——“应然”；也包括“行为互动的调控措施”——“实然”这两个方面的环节于其中。以此为根据，笔者认为，人学研究主要包括三个方面的基本问题。(1) 为什么：主要是对人的本质研究的“理念”探讨和人性假设的“模型”分析。(2) 怎么样：主要是对人的实证行为或经验行为的功能分析，这些功能所以可能的条件，功能调控的方式及其运作机制。(3) 应如何：主要是在“为什么”和“怎么样”的反差中对人性行为的价值与规范进行研究，探讨价值行为如何强化的可能性。人学研究构架可以图示如下：

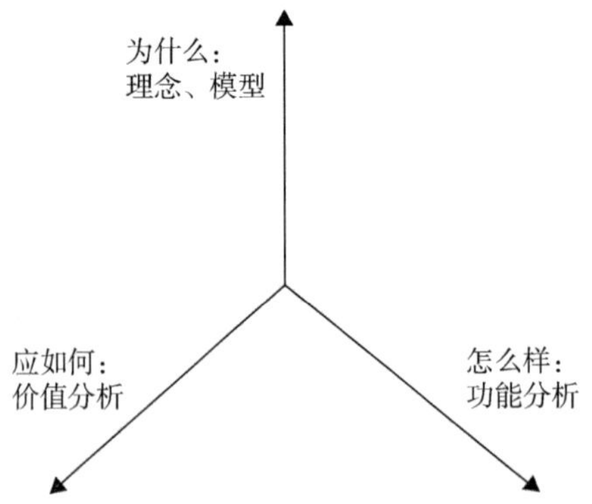

首先，为什么：理念、模式。人学研究的“为什么”侧重于人的存在和发展内在之理的层面，提供人的存在和发展所以可能的内在根据。它包括以下两个方面的内容。

第一，理念建构。研究人在宇宙中的地位和作用。以时间维度为根据，可以划分为三个方面。过去：人为什么成为万物之灵长。它涉及人与自然的关系、人与“上帝”（信仰）的关系。现在：认识人本身，研究人的存在方式各种要素的结构与功能；探讨人存在的现实形式。包括其一，人的意志—伦理结构；能力、智力—行为结构；情感—审美结构。其二，个体—群体的交往结构；组织—制度的协调结构；契约—律法的规范结构。其三，效率—公平的动力结构；平等—自由的权力结构；权利—义务的规则结构，等等。

第二，模式假设。对人研究的“科学性”或“准科学”的有效方式是建立“假设模型”，这种模型可以是一元的，也可以是多元的。之所以强调多元性是因为“现实人”的测度是多方面的。如果说，现实的世界是“人的世界”这一抽象假设成立，那么，任何人的存在领域都是“特殊”的。如果一个人的“假设模型”得到经验的证实，就具有“领域”的真理性，或具有学科的“真理意义”。

其次，怎么样。功能分析。从不同层面研究人的“特质”，其行为的规则是不同的，功能也不尽一致。与此相应，促使其行为强化或弱化的机制也有所区别。它包括以下几个基本层面的功能分析。

第一，人的经济行为的功能分析。经济行为的功能分析包括：其一，效用最大化的分析；其二，盈利最大化的分析；其三，等价行为的分析；其四，公平行为的分析；其五，人力投资的功能分析，等等。

第二，人的社会行为的功能分析。社会行为的功能分析包括：其一，社会化与个性化行为的分析；其二，群体与组织行为的分析；其三，交往与制度化行为的分析；其四，冲突与控制行为的功能分析；其五，阶层与社会流动行为的功能分析。

第三，人的政治行为的功能分析。政治行为的功能分析包括：其一，政治利益和阶级行为的功能分析；其二，政党与国家行为的功能分析；其三，革命与剥夺行为的功能分析；其四，立法与调节行为的功能分析；其五，“越轨”与管制行为的功能分析。

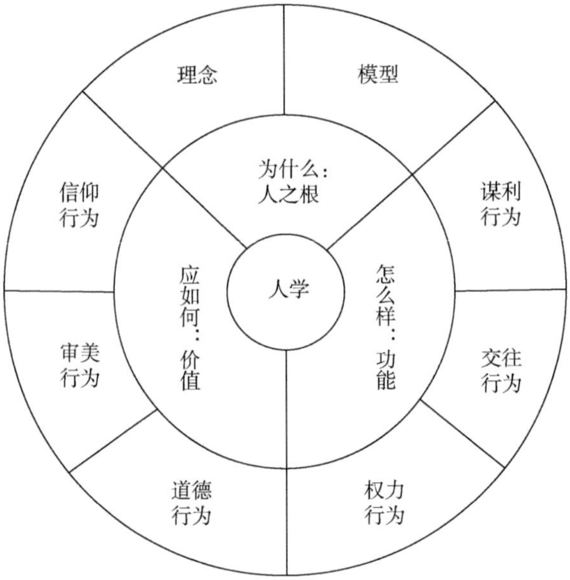

最后，应如何。价值分析。人不仅生活在“实在”中，也生活在“理想”中。正因为有了“理想化”的生活，“人”的生活才更有“价值”和“意义”。价值分析实质是分析人生应如何行为的“普遍合理”的标准。它包括以下几个层面的价值分析。

第一，人的伦理行为的价值分析。伦理行为的价值分析包括：其一，幸福与善德要求的价值分析；其二，目的与义务行为规范的价值分析；其三，伦理生活方式的价值分析；其四，荣辱行为的价值分析；其五，舆论、信念与传统习惯行为的价值分析；其六，道德力的价值分析，等等。

第二，人的审美行为的价值分析。审美行为的价值分析包括：其一，审美情感需求与审美形式的价值分析；其二，审美创造与审美形态的价值分析；其三，审美欣赏与审美批评的价值分析；其四，审美文化与审美体验的价值分析；其五，审美机制的价值分析，等等。

第三，人的宗教行为的价值分析。信仰行为无疑是人性行为的形式之一。从宗教人类学的角度看，宗教行为是人类行为较为普遍的方式。人学不研究宗教显然是不全面的。研究宗教行为的价值意义与提倡“信教”是两个不同的概念。宗教行为的价值分析包括：其一，信仰行为的价值分析；其二，宗教人格的价值分析；其三，宗教态度与体验的价值分析；其四，宗教隐喻与宗教箴言的价值分析；其五，宗教规范与宗教生活方式的价值分析。

（原载《江海学刊》1997 年第 5 期）

科学技术人学断想

肖　峰

一

从“人学”是关于人的学说这一界定来看，除了有一种总体上的人学理论之外，还必定存在若干分支的人学，科学技术人学就是这样的分支之一。

人是多种属性的集合体，人和周围的事物（包括自己的创造物）发生着多重的关系，正是在这种关系中他创造和被创造、展现和被赋予着自己的丰富性。然而在人身上集合着的丰富性又是可以分解或分析的，并且只有经过这样的分析，才能获得对于人的深入的、细节的知识；人学的分支就是探究这些分析的方面的，而科学技术人学就是探究在科学技术维面上人所展现出来的特性。

从“世界观就是方法论”的意义上，人学不仅是一种理论学说，而且也是一种思维方式，我们平常所说的“人文思考”就是这种思维方式的运用。科学技术人学，从方法论的角度，就是对科学技术的人文思考，就是以人为出发点和归宿观察科学技术的效用、意义和目标，等等。

如果科学技术人学是对科学技术的人文思考，而我们又知道科学技术哲学是对科学技术的哲学思考，那么就必然引发出科学技术人学和科学技术哲学的关系问题。其实，只要界定了一般的人学和哲学之间的关系，就不难归结科学技术人学和科学技术哲学之间的关系，那就是在一定程度上可以把前者也看作后者的分支，更具体地说，科学技术人学是对科学技术哲学的问题域的接续和扩展，是对科学技术哲学中涉及人和科学技术关系的那部分内容的详细展开。

由此看来，科学技术人学就是人学和科学技术哲学的结合，其论域就在于从人和科学技术的相互关系中研究人和科学技术，在它的视野中，人是科学技术化了的人，科学技术是人化了的科学技术，它们互相规定、互相影响和互相作用，从而使在科学技术作用下的人和在人“染指”下的科学技术都富集了深厚的哲学意蕴。探讨这种意蕴，既承接了历史文明的成果，又构成现实文化的一个重要课题。

二

科学技术人学的智力基础可以说是当代科学和人学经历漫长分野后的汇流。在历史上，尤其是西方的历史上，在漫长的文明演进过程中，作为关于外在对象的物性知识的科学和作为关于人自身的学问的人学基本上是分流发展的。尽管在文明时代以前，曾发生过将关于人的认识——主要是人对自身的种种体验和猜测——加诸人之外的对象之上的活动，那就是最早产生的原始宗教和巫术，但这种融合显然不具有真实的、牢固的基础。一旦最早的科学产生时，就以拒斥的姿态，专注于自然本身的运行，而将人自己排除在对象的范围之外。这种排斥到了近代科学那里曾达到了登峰造极的地步，正如著名科学史学家亚历山大·柯莱伊所评述的：“近代科学打破了隔绝天与地的屏障，并且联合统一了宇宙。而且这是对的。但正如我也说过的，它这样做的方法，是把我们质的和感知的世界，我们在里面爱着和死着的世界，代之以另一个量的世界，具体化了的几何世界，虽然有每一个事物的位置却没有人的位置的世界。于是科学的世界——现实世界——变得陌生了，并且与生命的世界完全分离。”① 最初人们意识到撇开人而专注于自然之不足时，并不是将人文融入科学认识以弥补其不足，而是采取另一种极端的做法：实行研究对象上的彻底转向，撇开自然而专注于人，所以“在苏格拉底和柏拉图的雅典学派兴起以后，形而上学就代替了爱奥尼亚的自然哲学。希腊人对于自己的心灵作用入了迷，于是就不去研究自然，而把目光转向自身”②。这样的转向，虽然深化了人对自身的认识，有了独立的关于人的学说（最早的人学或人本哲学），却限制了他们对外部自然界的认识，造成了对科学发展的阻滞。

科学与人学之间长期的互相“离异”，也导致了人们在认识世界的方法、观念和精神上的分野，形成了所谓科学主义和人文主义两种不同的视野，科学主义视野中对于人的看法和人文主义视野中对于科学的看法更是形成了水火不容的尖锐对立。一方面，在科学主义视野中没有人（文）学（说）的独立和崇高的地位，科学技术被视为可解决人的一切问题的手段，其价值甚至高于人本身的存在。另一方面，在人文主义视野中，科学技术则损害人的存在、吞并人的自由乃至毁灭人的前途和命运，由此构成了他们激烈批判的对象。从某种意义上，科学主义和人文主义都对科学技术进行了人文思考，可以说它们是科学技术人学中各走极端的两派观点；尽管它们的观点有失偏颇，但它们的思考中所触及的某些问题无疑有启发的意义。

今天，在步入现代文明的过程中，分化了的科学与人学两极文化成就越来越感到单方面的局限性，感到对方的互补性，感到一个新的综合时代正在到来。于是，我们有了知识部门之间的交叉对接、互贯互渗，形成了如同雨后春笋般的边缘学科、横断学科、交叉学科，它

① ［比利时］伊·普里戈金等：《从混沌到有序》，曾庆宏、沈小峰译，上海译文出版社 1987 年版，第 71 页。

② ［英］丹皮尔：《科学史》，李珩译，商务印书馆 1975 年版，第 10 页。

们横跨两门乃至更多的学科，使不同领域的知识、方法互相“杂交”，生长出“博采众长”的“后代产品”，使人类探索世界的视野中出现目不暇接的新世界图景，在这种图景中，既保持了分析时代的细节成就，也增加着使细节之间相互连贯的线条，形成一张普遍联系之网，构成一种分析与综合相统一的整体性把握，一种将深刻性和全面性结合在一起的把握。在这种新的综合之潮中，尤为值得我们注意的，便是科学知识与人文知识之间的交合互渗，形成跨越于“两个世界”的新的知识，产生出认识世界的新方法、新观念、新成就。而这种智力背景正是我们建构一种新的科学技术人学的基础。

三

科学与人学的汇流主要体现为科学向人文学科的渗透和人文精神向科学技术的融入两个方面。

科学向人文学科的渗透，首先大量地表现在科学的方法被应用于研究人文现象。

人在把自己区别于自然物性的体认中，形成了一套不同于科学方法的人文认识方法，并在科学与人学分野的时代，发挥着有效的认识人文现象的功能和作用。人文认识方法是我向性的、感悟的、形象的、具体生动的，因此缺乏科学那种客观性、普遍性、规律性等特点。人的丰富内在世界，本来也有着不可穷尽的个体差异性，因此也需要凸显这一特点的人文认识方法加以揭示。

然而在今天，随着科学及其成果向人的生活各个方面的广泛渗透，科学方法也成为揭示人的“另一面”的重要手段。人学领地也力图应用科学的方法，在具有个体差异性的人身上，发现某些在一定程度上可用普遍规律加以概括的东西，从而为人及社会的科学管理和生活质量的改善提供手段与根据。如“行为科学”便力求在人的有差异的行为中概括出一般规律，展现出因果锁链，从人的需要、动机和行为之间的内在关系层面把握人的各种活动（阶段）的内在联结，为科学高效地管理员工和群体提供了新思路。

此外，像语言学，原本作为纯粹的人文学科，现在则日益广泛地使用实验和数学方法，以至于有成为“语言科学”（Linguistic Science）的趋向。这种倾向，在心理学中也同样存在，甚至出现得更早。甚至像伦理学这样的千百年来难寻“公理”、带有极大不确定性和选择的困惑性的人文知识领域，也开始有如同罗尔斯那样的学者（在其《正义论》中）寻找其科学的“选择原则”，从而达到排除困惑、走向确定性的科学境界。这些探索性的成果尽管并不成熟，有的在将来还可能被证伪，但其展现的趋向却是很有价值的。

科学向人学的渗透，还表现为在人文探求的领域中，也开始注重以实证判据为手段为人文精神的合理性提供证明。长期以来，人文认识似乎只是一块“公说公有理，婆说婆有理”的领地，在纷争角逐的漫长历史中，也似乎没有哪一种人文学说真正、彻底被“打败”或“取胜”，“各领风骚若干年”使得谁也难保永远征服人心的地位，其原因之一便是缺少科学那种以实验为判据的准则和精神。而今对于人文认识的课题，也注重以“实验事实”来说服人，通过增加科学性的含量取得“合理性”“确切性”的身份。

用科学理性对人文现象进行解释，从而探究其发生演变的机制，也是科学向人学渗透的一种情形。科学在自身的发展中，对物性的许多微观机理作出了越来越清晰、透彻和令人信服的说明，而人的日常活动中所表现出来的一些宏观性状，从本原上说，也有着微观机理上的原因（当然不能全部归结为这样的原因），探讨这两者之间的关系，也就是用科学的成就部分地说明和解释人文现象的深层机制，也常能促进人文认识的深化，使其从仅仅描述现象进展到分析和阐释对象。科学利用其成果对人文现象的微观结构解释、历史起源解释、因果规律解释、功能作用解释等，确实使我们对这一对象得到了比以前更清楚明白的了解，并增加了人文认识的确实性和实在感，以便于使它能在人类生活中发挥出更大的功效。比如对美学进行某种科学解释而产生的“科学美学”，就不再满足于将审美仅仅看作感受性的东西，而是要探索美感发生的生理机制与心理机制，从而在科学的层面上给美以一种说明，并为计算机等现代手段的设计活动提供美学的理论根据。

此外，科学虽然不能对人文现象中的疑难问题提供终极答案，却能从它自己的角度引发人们对某些此类问题的“再思考”，在这种思考中借鉴科学的思路发现解决问题的新方向，受到来自另一个认识领域的智力激励，促进人文认识的新发展，这也是科学向人学渗透的一种方式。

总之，科学的发展和其扩张力的增强，使其以种种方式向人文认识的领域渗透，人学不再像以前那样是一个与科学完全绝缘的独立王国，在科学的催化下，它也扩大了自己的包容量，不断吸取着人类理性成就的养分，使传统的人文精神可以寻到新的生长点，可以部分地借助于科学的力量而获得更加旺盛的生命力。

人文精神向科学的融入，是科学和人学融合的另一种重要途径。

科学视野中的世界，历来是一幅以严格的科学方法和科学精神建构起来的客观的、严密的图景，在其中，一丝不苟地祛除了人所能意识到的自己的主观因素。然而随着现代科学的发展，尤其是量子力学诞生后，许多科学家领会到“纯自然现象”并不能用“纯科学方法”研究透彻，在对自然的研究中，总会牵扯到人，涉及与观察物体的相互作用，传统科学中被绝对化了的那种确实性、精密性、必然性，受到了人文精神的不确定性、模糊性等的“中和”，科学视野中的世界也浮现了人的影子，并从科学意识上看到了人文精神的重要性。

可以说，无论对微观世界，还是宏观世界，人在对自己的对象进行观察时，不可能超越生理学和心理学的限制，人所观察到的东西，本身就包含了自己的神经系统结构，从原则上讲，人不可能得到一种和观察者神经系统无关的对于认识对象的所谓客观描述和知识。于是我们发现在科学认识活动中，尤其是那些现代前沿学科中，出现了人化的趋势，只有和人的状况联系起来的科学解释，才是更有说服力的解释。同时，能动哲学中对人的主体性在认识中作用的说明，也必定科学化，与生理学、心理学和其他现代科学相结合，才能合理地解释在认识活动中，人究竟对自己的对象施加了什么样的作用，而不能只是朦胧地、模糊地、思辨地、凭本能和直觉来谈论“主体性”。

人文精神向科学的融入，更大量地表现在科学日益唤醒其内在的人性觉悟，在科学的视野中日益重视科学活动及其成就对于人的利弊功害，乃至对人类命运的影响，第二次世界大战期间，爱因斯坦、西拉德等科学家因倡导美国研制原子弹，后目睹其惨重后果而被唤醒的科学家的良心，越来越为更多的科学家所认同，将科学的兴衰与人类的发展紧密地结合，用科学造福人类而不是造祸人类，日益成为有良心的科学家们的共同准则，“为认识而认识”的科学正在走向“为人类的幸福而效力”的科学。

在现代科学思想的发展过程中，科学社会学的创始人萨顿早在30年代便提出过将科学人性化的思路，他认为要改变人类理性的分裂状态，提倡创造一种新的文化，即一种审慎地建立在科学——人性化的科学——之上的文化，他将赞美科学所包含的人性意义，并使它重新和人性联系在一起。另一位学者波拉尼也认为，那种标榜自己为“精确科学”的科学观已成为今天种种危险谬误的最大源头，他主张建立一种充满人性味的科学观，把人性融进科学研究和科学认识，这就是人性化的科学。倡导人本主义心理学的马斯洛则指出，科学是人类的创造，而不是自主的、非人类的东西；科学产生于人类的动机，它的目标也就是人类的目标，它的规律、结构以及表达，不仅取决于所发现的现实的性质，而且取决于完成这些发现的人类的性质。因此，科学就是人学。

有鉴于此，我们似乎可以说，科学的深化便包含着人化，客观性的全面化便会结合主体性，纯科学的终极必然与人相通，与人学汇流。正是这种汇流，使一种新的科学技术人学的产生成为必然。

四

科学技术与人学的当代融通，使新的科学技术人学致力于从总体上将关于两个世界（科学对象所构成的世界和人学对象所构成的世界）的一般知识结合起来，从人文的眼光去观察科学技术。它要全方位地揭示科学技术对于人的利弊功害效应，既包括其正面的、人性的效应，也包括其负面的非人性、反人性效应，从而对科学技术作用于人的直接效应有一个合理的、清醒的界定，由此确立我们对待科学技术的辩证理性态度；它还要揭示科学技术的人类学价值，阐明科学技术和人之间是如何互相创造、共同进化的，尤其是人在创制和发展科技时，是如何将自己从动物界中提升出来，又如何演进成为今天这种具有强大的实践和认识能力的主体的，这种演进的未来前景是什么，从而使科学技术对于人类的命运会产生什么样的影响；它更要探究科学技术和人文精神的关系，探究科学技术对于人的自由、尊严、主体性乃至“终极关怀”具有什么意义，它对于人的全面发展和整体幸福能够提供什么和不能够提供什么，从而如何与人文精神接缘才能为人类创造一个更美好的世界；或许，它还需要探讨科学技术与人的本性之间的深层关系，像人的善恶、人的“利他性”与“攻击性”、人性中的崇高方面和卑劣方面，是否曾经受到过科学技术发展的影响，以及在将来是否可以用科学技术作为手段加以改造，从而“人”的含义在科学技术的作用下能否发生本质性的改变，如此等等。

当然，它也要理性地审视人在科学技术发展中的作用，同样也包括正反两个方面的作用，即人在什么情况下是推动科学技术的能动主体，在什么情况下又会成为科学技术发展的阻碍。从实践意义上说，科学技术人学的宗旨是要寻找科学技术与人的最佳结合方式，即科技文明与人的发展、科学精神与人文精神的最佳结合方式，探究科学技术合乎人性的发展战略与道路，也需要探究有利于科学技术健康演进的主体精神风貌。

对这些问题的探讨所能展示的内容，不仅是用人文的眼光观察科学技术后对于科学技术的新认识，而且是对科学技术作用和影响下人被赋予的新的丰富性的展示。这反映着科学技术与人之间，确实有着双向互动的关系，揭示出两者之间相互作用的机制、本质、类型及演进趋势，无论是进一步理解科学及其内含的精神，还是把握人的特性及人文精神，都有不可低估的价值。因此，这样的考察，无疑可以将我们对物性与人性的认识引向幽深，并对人与世界的关系作出新的综合考察。

科学技术的不断演进，尤其是近现代以来不断发生的科学革命和技术革命，是将人类社会不断推向新纪元的强大动力，它极大地改变了人们的劳动实践方式、行为交往方式、生活情感方式以及思维认知方式，而且也对人的伦理道德、理想追求、政治期望、主体意识及社会责任感产生了重要影响。总之，科学技术的发展多方面地改变了人，一部科学技术发展史，可以说同时也是一部人的演变进化史。科学技术与人的各自的演进轨迹，有着相互映现与“感应”的密切关系。科学技术改变着人生的意味和价值，展示出人的发展新前景；而人的价值观念及生活态度，也无不影响着科技的命运及其效能，两者互渗互融到如此地步，以至于我们在今天，凡是提到科学技术的地方，必然联想到人，而凡是提到人的时候，也不可避免地要谈及映照在他们身上及其周围的科技文明之光。因此，将科学技术的发展与人的发展分别开来研究的做法，已经不再适合于具体地、全面地把握这两大对象，而必须有如像科学技术人学这样的领域对其作综合的考察。

这种综合的考察，也体现着西方的科学传统与东方的人文传统的高层次整合，抑或说是科学文化与人文文化走向互补的交融，是人对物质幸福的追求和对精神和谐的追求的统摄性把握，诚如普里戈金满怀信心地看到的：“我们相信，我们正在朝着一种新的综合前进，朝着一种新的自然主义前进。也许我们最终能够把西方的传统（带着它对实验和定量的强调）与中国的传统（带着它那自发的、自组织的世界观）结合起来。”①

总之，科学技术人学是科学的知识、方法、精神与人文的知识、方法、精神的汇合，它也有助于我们对人类文化现象作出更新的研究，正如威尔逊所展望的，“我希望，随着这种汇流的进行，一种真正的好奇心将重新进入变宽阔了的文化……科学家和人文学者能比过去更进一步努力明确各种伟大的目标，使有教养的人们能朝着这些目标展开发现的航程。”② 或许这也是大综合时代所必然产生的人类智力的跃迁。

（原文载于《江海学刊》1998 年第 2 期）

① ［比］伊·普里戈金等：《从混沌到有序》，曾庆宏、沈小峰译，上海译文出版社 1987 年版，第 57 页。

② ［美］威尔逊：《论人的天性》，林和生、吴福临等译，贵州人民出版社 1987 年版，第 191 页。

人学研究中的两种追问方式

宫敬才

一

古往今来，人们总是问：人是什么？人的本质是什么？人性是什么？本文把这种在“是什么”的思维框架内发问、探索、争鸣和求解的追问定名为“求真性追问”。

从特定的意义上说，这种追问方式有存在的必要，但不可否认的是，第一，这不是人学研究中的唯一的追问方式；第二，仅仅局限于这一种追问方式，会给人学研究带来弊端，实际上，这种追问方式本身就有弊端。

古今中外的人学史上，对人是什么的追问和界说可谓汗牛充栋。如果我们对这些界说进行总结性评价，那么，结论只能是：它们都是既有道理，又无道理。说某一种界说有道理，是因为它揭示和描述了人的完整存在的部分现实，如说人是理性动物，是社会政治性动物，是创造和运用符号的动物，是意识形态动物，更有甚者，有人以幽默的神情把人说成是唯一能仰面朝天睡觉的动物。说某种界说无道理，根据在于人是一种丰富多彩、复杂异常、变动不居、各具特色的存在物，此种情况下，仅仅揭示和描述出人的存在的部分现实，能说是对人的完整界说吗?

具体说，人学研究中的求真性追问，有三个难题永远无法解决。

1. 当人学研究中的求真性追问者从经验事实中归纳出“人是什么”的一般性结论时，经验事实与一般性结论之间，有一条无法逾越的鸿沟。经验事实存在中的个别事例，是永远无法穷尽的，否认这一点，就是否认现实世界的复杂性和变动性；而一般性结论，由于是全称判断，所以，它就涵盖了所有有关的经验事实和有的是并不存在的“经验事实”。况且，一般性结论中概摄的经验事实，只不过是无数种经验事实中的一种，而实际存在的经验事实，正好与此相反，是无数种，而不是一种。

由此看来，以求真性追问方式提出的任何一个“人是什么”的命题，不能得到证实，却能证伪，因为，彼此相反的例证太多。例如，当我们竭尽全力论证“人是天使”时，几乎可以找到同样多、甚至更多的例证证明相反的命题:“人是魔鬼”。德国法西斯屠杀犹太人、日本帝国主义的南京大屠杀，在这些行为的主体身上，我们能找出一点人的味道吗?更别说找到一点人的神圣性的影子了。这说明，求真性追问的根本目的是求到真，实际的结果恰恰相反，它求到的是假，即，与一般性结论相反的例证，证明了一般性结论的假。

2. 在现实生活中，人的存在是如此复杂、丰富和变动不居，我们根本不能在一个概念或一个判断中，把所有这些东西都包括在里面。进一步说，任何一个时代的人或一个国家、一个民族中的人，不仅仅是复杂、丰富和变动不居的，而且，还有过去的人我们在研究中已无法弥补的失真性，未来人的无法预测性，这些，求真性追问是无法顾及的，而无法顾及这些，也就根本不能达到全称性命题的可靠性。例如，假设我们把人界定为理性动物，由于这一界定是全称性判断，所以，它不仅涵盖了当下的“所有”，而且也涵盖了历时性的“所有”。但是，理性以概念、判断和推理能力为前提，原始社会中的人有这种能力吗?讲到未来的人，我们能预测出什么呢?预测，作为未来的“既定存在”，其根据是什么？有多少？用当下的事实为根据对未来的预测，它毕竟是预测，但不是事实，在这里，同样有难以逾越的鸿沟。

3. 当求真性追问提出自己的结论性命题时，命题中的“是什么”指称的客观事实确实存在，但这里的客观事实的功能和意义，必然地超出命题本身，否定了其他种类的客观事实的存在。例如，法国的阿尔都塞说，人是意识形态动物，这意思是说，人除了意识形态动物之外，就什么也不是。人的实际存在状况是如此吗？人的社会历史性不也是客观存在的吗？人的情感和理智，不也是客观存在的吗？但是，尽管这些属性客观地存在于人之中，可在求真性追问者提出的“人是什么”的命题中，不能把它们全部包容在里边。实际上，不能包容它们，因为，要包容它们，就有陷入逻辑混乱的危险。如果关于人是什么的命题中不包括本质上相异的两种以上属性，那么，这样的命题肯定与人的实际存在状况相矛盾，上述作为例子分析的命题，就是例证；如果关于人是什么的命题，其内容包括了本质上相异的两种以上属性，那么，这样的命题，会陷入逻辑混乱。例如，我们不能在同一个关于人是什么的命题中，说人是理性动物，又说人是非理性动物。当然，我们在关于人是什么的命题中，能说人既是理性动物，又是情感性动物，还是社会政治性动物。表面看，这在逻辑上没有什么问题，但是，我们必须意识到，这种并列连举，是没有穷尽的，一旦在人的某种属性上结束这一并列连举的过程，那么，肯定是有些人的属性被排斥在命题的表述之外的，这样，对人的完整存在的反映，同样是不完整的。在关于人是什么的命题中，表述一个属性和表述有限的多种属性，其性质是一样的，都会遗漏没有进入命题的人的其他属性，说得严重一点，都是对人的完整存在的肢解和割裂。

这里产生了问题，既然人学研究中的求真性追问方式中存在如此多的缺陷，为什么古往今来的这么多哲学家、思想家，总是在不停地、以同样的方式追问人是什么呢？或者说，这种追问以及这种追问连绵不断的深层原因是什么呢?

这里的深层原因，可能在于找一个思考和论证问题的逻辑前提，这个前提，以公理的面目出现，当人们在思考和论证与人有关的其他问题时，依据这个逻辑前提，就可以不假思索和论证地提出问题与确立出发点。但我们已经说明，这里的以经过证实的面目出现的逻辑前提，实际上是假设性的，因为它本身就需要证实而没有被证实。

二

人学研究中另一种不是以自觉而是以自发形式存在的追问方式是：不是直接追问人是什么，而是追问：如果我把人设定为什么，那么，从这个设定出发，会导致什么的理论结论？这种理论结论，会导致什么样的其他理论后果？这种理论影响和支配人的行为，会导致什么样的实践后果？我们把这种追问，定名为“功能性追问”。具体说，功能性追问，包括了四个方面的内容。一是设定自身；二是设定引导出的哲学结论；三是把哲学结论作为逻辑前提和方法论原则所得出的其他理论成果，如政治学理论、伦理学理论、经济学理论、社会学理论等；四是理论支配人的社会实践及其社会后果。

表面上看，求真性追问追求的是“是什么”的结论，但就其实际的存在状态而言，还是隐含了一个求真性追问者没有自觉意识到的功能性目的——为自己有待说明的其他问题，寻找逻辑出发点。对于这一点，张岱年先生说得很明确：“自来论性者（这里的‘性’指人之所以为人的本性——引者注）并非专为研究性而研究性，而是为讨论修养、教育、政治，不得不讨论性。”[①] 由此我们可以看出，尽管求真性追问勇往直前，不顾及其他，可功能性追问还是以自发的形式，像影子一样，寸步不离地伴随着求真性追问。

---

① 张岱年:《中国哲学史大纲》，中国社会科学出版社 1982 年版，第 250—251 页。

确实，人学研究中的功能性追问，其命题同样是以求真性追问的方式提出和论证，但其根本的目的和功用，则是不在于求真，而在于效用。在这里，命题的真假、对错，不是简单地用个别事例来证明，而是用社会实践及其后果来证明。

我们可以西方近代以来最著名、也是适用范围最广的四个人学命题为例来说明这一点：

1. 天赋人权论；

2. 自然状态和契约论；

3. 人性自私或趋乐避苦论；

4. 理性本质论。

这四个命题，是西方近代以来的精神文化支柱，抽掉了这四根支柱，西方文化也就失去了自己的质的规定性，因而，也就不成其为西方文化了。这是因为，近代以来的西方社会关于社会、历史和人的哲学理论，政治学理论，法学理论，伦理学理论，经济学理论，等等，几乎都是以这几个命题或其中的一个命题作为逻辑前提创设出来的。

虽然，近代以来的西方思想家们都是以求真性追问方式提出和论证这几个命题，但是，如果我们细加琢磨和考量便可发现，这几个命题中的哪一个都站不住脚。

天赋人权论。这一命题中的“天”是什么？假设天为上帝，此命题的含义与天主教理论如出一辙，显然这与命题提出者的反天主教初衷有天壤之别；假设这里的“天”为自然之天，它没有意识，也没有意志，因此，它与人权有什么相干？这里的天，既不能是拟人化的上帝，也不能是人生存于其中的自然，它应当是什么呢？实际上，它是被假设出来的逻辑“天”，即，是与天主教势力和封建统治势力正相反对的第三等级自己。就当时的历史条件而言，天主教会不给第三等级人权，封建统治者也不会给第三等级人权，这个“人权”，只能靠第三等级自己按照“应当”的模式去假定，假定之后去争取，在争取的过程中把“应当”变为客观的现实。

自然状态和契约论。这个命题，是近代以来西方政治思想家和法学理论家们创设自己的理论最根本的逻辑出发点之一。他们之间，可能有细微的差别，如，卢梭的自然状态是融洽和谐的，霍布斯的自然状态则是人与人之间像狼一样处于战争状态之中，但是，其理论功用和目的是一样的：为资产阶级的法制社会做论证。不过，我们在这里不能忘记的是，这两种自然状态及契约起源（即法制的起源）说，哪一个与原始社会的实际情况以及与阶级社会中法制起源的实际情况相符合呢？历史记载和考古发掘证明，这两种理论，哪一种都经不起事实的验证，哪一种都是十足的假设。就这两种假设的社会含义而言，并不比封建君主的君权神授论和天主教会的上帝代表说具有更多的事实根据和支持。以卢梭和霍布斯为代表的思想家们，何尝不深知这一点呢？他们的这种“明知故犯”，只不过是为了论证自己的理论而提出不需要论证，也根本不能论证的逻辑前提作为自己的理论出发点而已。

人性自私和趋乐避苦论。人性自私和趋乐避苦的命题，不管是在近代以来的西方还是在中国，都有大批的拥护者和运用者。虽然孟子的性善论成了中国两千多年来官方意识形态的支柱之一，但毕竟有“杨子取为我，拔一毛而利天下，不为也”[①]。到荀子时代，他不仅提出人性自私论，而且加以论证和应用，构造了有不小影响的理论体系。在近代以来的西方，人性自私和趋乐避苦的思想，其作用像孟子的性善论在中国的意识形态史中一样重要。例如，为近代以来的西方经济学确立框架和向度的亚当·斯密的经济学，其最根本的逻辑前提和理论支柱，就是这里的人性自私和趋乐避苦论。但是，如果我们仔细分析这一命题，显然会暴露出根本不能自圆其说的痛泪来。孟子对人性自私和趋乐避苦论诘难的四端说[②]，就能很好地说明这一点。孟子的

① 《孟子·尽心上》。

② 《孟子·公孙丑上》，《孟子·告子上》。

性善论，当然是带有像性恶论一样的不能自圆其说的毛病，但它毕竟证明了性恶论的偏颇之处和片面性的缺陷。

理性本质论。人是理性动物的命题，是西方从古代以来人学理论和其他人文学科理论的主要支柱之一。但是，如果我们用经验事实，永远无法证明人是理性动物这一命题的真，这也就是说，人是理性动物的名题，永远无法达到自圆其说的境地。从社会生活的角度看，人不仅仅是理性的存在，除此外，还有七情六欲，在不同的人那里和在特定的时刻，人的七情六欲的作用，其重要程度要远远超过人的理性。从学理的角度看，心理学的诞生和存在本身，浪漫主义文艺理论的出现，足以说明人是理性动物命题的偏颇和片面，而弗洛伊德的精神分析学所揭示出的隐藏于人的理性和情感世界之下的无意识天地，更是让我们不得不承认，人是理性动物的命题，只不过是反映了人的极为丰富的存在的一小部分现实。这说明，用求真性追问方式的标准衡量，这一命题从根本上说就站不住脚，因为它对人的存在的反映，犯了以偏概全、只顾一点、不及其余的毛病。

通过以上的分析，我们完全有理由说，以求真性追问方式提出和论证的人学命题，作为全称性判断，哪一个也站不住脚，最终的结果与命题提出者的初衷，背道而驰。但是，如果我们换一种追问方式，即用功能性追问的方式考察以求真性追问的形式提出的人学命题，也就是说，从理论功能和社会功能的角度考察这里的人学命题，不管真假，只问功能，其结果会大不一样。

我们还是以上述四个人学命题为例来说明这一点。尽管这几个人学命题对人的完整、丰富的存在反映片面，但它们以世界观、方法论的姿态出现，成了其他学科，诸如经济学、政治学、法学、伦理学、社会学等的不假思索、不用论证的逻辑前提和理论出发点。这些学科，依据这样的逻辑前提，从这样的理论起点出发，得出了一系列经世致用的理论观点，甚至构造出理论体系。这些理论观点和理论体系，以不同的方式和程度，影响或引导了近代以来西方人的思想和行为，这些思想和行为，构筑和创造出了近代以来西方人的社会现实。我们不得不承认，近代以来的西方社会现实中有弊端和罪恶，这些弊端和罪恶性，与西方人遵奉的理论，甚至与西方人思考问题的逻辑前提，如由人性自私和趋乐避苦论衍生出来的个人主义，有不可分割和不可推卸的内在联系。过去，甚至现在，我们往往是根据这些弊端和罪恶作为推断和指责西方人的理论及其理论依据的逻辑前提。但是，我们总是忽视或不顾与这些理论，以及与这些理论的逻辑前提同样有必然联系的另一部分社会现实，甚至可以说是主要和根本性的社会现实，这就是近代以来西方社会现实中好的和有力量的一面。

例如，从经济方面看，以亚当·斯密为主要奠基人之一的市场经济理论，使西方社会的经济发展和物质财富的增长，其速度令人难以置信，这一点，就连为了揭露和批判近代以来西方社会的弊端和罪恶奋斗了一辈子的马克思和恩格斯，也不得不以赞佩的口吻加以承认。到现在，西方社会中的物质财富的丰裕程度和人民生活的富足程度，我们自己根本无法与人家相比，就这一点而言，恐怕任何一个到过美国或西欧的人，都不会否认。从政治和法律角度讲，近代以来的西方人以洛克、卢梭、孟德斯鸠等人的理论为依据，创立了以三权分立、互相制衡为核心的政治法律制度，其社会后果，则是基本上人人平等的法治社会。从思想文化的角度看，近代以来的西方人在各个学科和领域，依据上述的逻辑前提，发挥各自的聪明才智，基本上造成了言论、思想自由，各抒己见和思想文化发达的局面。

总之，这些最终结果性的社会现实，用不着我们详加论证便可发现，与上述逻辑公设有必然的内在联系。

从以上的论证中，我们可以发现一个很有趣的现象，从求真性追问的角度看，对人的存在的反映有根本性缺陷的命题，从功能性追问的角度看，其结果正好相反。这里的实际价值，是有目共睹的社会现实，用社会现实作为衡量上述命题的标准，其结果是怎样评价也不会过高和过分的。实际上，这里之所以出现表面上看让人不可思议的结果，关键的因素是衡量标准不一样。求真性追问，衡量的标准是逻辑，这里的逻辑是以归纳逻辑的方式获得演绎逻辑的前提。毛病就出在这里，因为，仅从逻辑的角度看，归纳逻辑的结果与演绎逻辑的前提之间，有一条无法逾越的鸿沟，这就是归纳逻辑的结果和演绎逻辑的前提之间，永远不能画等号。而功能性追问，使用的是另一套思路，它问：设定某一演绎逻辑的大前提，会导致什么样的理论结果，用这个结果指导人们的社会实践，会造成什么样的社会后果。以社会现实作为标准，衡量出了设定出的演绎逻辑的大前提是好还是坏，是正确还是错误。当然，我们必须注意到，求真性追问，舍弃了价值因素，功能性追问，把价值作为根本性因素之一，但这并不是我们否认功能性追问方式及其作用客观存在的充分理由。区别只不过在于，这两者客观性的表现形式不一样。

三

本文的上述两小节，还了求真性追问和功能性追问的本来面目，接踵而来的问题便是：这两种追问方式的关系怎样？既然求真性追问在逻辑上面临诸多困境，这是否意味着求真性追问方式毫无价值和意义？既然功能性追问，不问命题在逻辑上的真假，这是否意味着功能性追问不需要逻辑上的论证作为自己的逻辑支撑点？

实际上，任何形式的理论，都需要逻辑支撑点，在叙述和论证这一理论时，起码要遵循形式逻辑的规则。从这个意义上说，人学研究中的功能性追问，也不例外，也不能例外，因为它首先要建构一种理论，并且是推理性的理论。这意思是说，虽然人学研究中的功能性追问，其根本目的在于效用，但功能性追问，起码在两个方面离不开逻辑。

其一，功能性追问所设定的演绎前提，不能保证普遍必然性意义上的完满，但必须做到归纳逻辑意义上的自圆其说，只有这样，功能性追问所设定的演绎前提才能深深扎根于社会现实之中，而不是漫无节制地脱离社会现实。例如，我们能说人是理性动物，人在本性上是自私的，因为现实生活中的人，确实具有理性的一面，也具有自私的一面，但我们不能说人是无理性的动物，人在本性上是毫不利己、专门利人的，因为现实生活中的人，基本的情况不是如此。在这里，归纳逻辑意义上的自圆其说，在两个方面保证了功能性追问的有效性，一是归纳过程中枚举出来的事实，使功能性追问中的逻辑前提与人的存在的现实必然地结合在一起，并有所反映；二是归纳逻辑是人类思维的基本规则之一，有了归纳逻辑意义上的自圆其说作为功能性追问的逻辑支撑点，可以坚定和增强功能性追问者以及其他人的理论信心。

其二，人学研究中的功能性追问，除了在设定前提时需要归纳逻辑外，在具体论证自己设定出来的命题及其演绎理论结果时，形式逻辑的规则也是要遵循的。这一点，恐怕用不着我们细加论证，人们便可明白。在这里，需要我们注意的地方是，把演绎过程中的大前提，误认为不需要用实践验证的普遍真理，而是应当充分地认识到，这里的大前提，是归纳逻辑运用的结果，所以，追求结果的普遍必然性是不可能的，我们真正能求助的，是社会实践的验证。

从社会意义或实践的角度讲，人学研究中的功能性追问，能够弥补求真性追问的缺陷和不足。具体说，这有两个方面的内容。

其一是学理意义上的。人学研究中的求真性追问，根本目的在于找到具有普遍必然性的真理，但由于这一追问方式自身的缺陷，便出现了仅仅局限于理论领域里的各执一端、互不相让、都有部分事实根据、又都有相反事实无法吸纳的困境和混乱局面。这样，此消彼长、你来我往的争论，给人一种吹毛求疵、永无尽头的印象。功能性追问，并不卷入这种无谓的争论之中，而是径直地把自己的根本目的凸显出来，这既便于人们集中精力思考该思考的问题，也便于人们在理论与实践相结合的向度上下功夫。

其二是社会实践意义上的。正是从功能性追问的设定出发，人们便不是相互攻讦和争论，而是关注自己的设定所导致的理论后果以及由理论后果所导致的社会实践，并通过实践来验证自己的理论及其前提一设定的正确与否，这样，相对于社会实践而言，理论真正发挥了自己应该发挥的作用。

（原文载于《江海学刊》1998 年第 2 期）

人学视角：外部不经济现象治理分析

张正军

一

外部不经济现象正困扰着人类。这不仅因为对于经济增长、国民财富的普遍追求使发源于经济活动的负面效应随着经济发展规模的扩大和经济增长速度的提高而日益突现与激增：环境污染、生态平衡、资源短缺、军事冲突等消极现象层出不穷，而且因为面对这种负面效应，人类所实施的干预以及矫正措施或应当做出的发展选择依旧是软弱无力、效果不佳的。一方面，人类投入了大量人力物力维持生态系统的平衡，治理污染了的环境，惩罚经济违约、侵权或犯罪，寻求可持续发展的生存与增长方式，抑制战争并保卫和平；另一方面却又在发展经济、追求财富中加速地制造着比原有问题远为众多而且严重的环境、资源、生态、道德等方面问题，人与自然及人与人关系恶化的事实，以致越来越多的社会成员对人类的未来忧心忡忡、焦虑不安。

应当承认，人类对于外部不经济现象治理的关注由来已久。私有产权的出现及保护决定了这种关注的久远与必要。数千年来，从古老的哲学、法学，到新兴的未来学、环境科学等，都产生或提出过不少治理外部不经济现象的见解与思路，但从对政府行为影响的强度以及是否将外部不经济现象当作一个明确的对象以特有的方式与深度加以系统研究来考察，经济学家所做的工作颇值得重视。

几十年前，经济理论关于外部不经济现象的治理结论总体来说是强调政府的否定性干预，即外部不经济现象产生的主体及其行为，或者被课税、缴费，或者被惩罚、被管制、被削减或消灭。譬如，为了使经济主体行为的私人成本与社会成本一致起来，有人提出过修正税方案，要求一方面给予外部经济性的生产者以相当于外部经济性价值的补贴，鼓励他们将产量扩大到对社会最有效的水平；另一方面，直接比例于外部不经济现象的数量对其产生的行为主体征收税款或费用，促使其私人成本与社会成本相等。譬如，为了限制外部不经济行为的出现，有人认为应当用行政措施，通过诸如规定外部不经济现象允许的数量，对超标者收费或予以处罚等方式对经济主体的特定行为进行指导与管制。1960 年发表的一篇题为《社会成本问题》的文章打破了外部不经济问题处理的这种否定性传统。在这部新制度经济学的经典著作中，科斯直截了当地指出了传统方法在外部不经济现象处理上存在的缺陷：掩盖了不得不作出的选择的实质。在传统方法中，人们一般将问题视为甲给乙造成损害，因而所要决定的是如何制止甲。但这是错误的。因为人们分析的问题具有相互性，即避免对乙的损害将会使甲遭受损害。必须决定的真正问题是：是允许甲损害乙，还是允许乙损害甲？关键在于避免较严重的损害。

这种起初看起来似乎正确的科斯见解实际上依旧是令人疑虑的。因为它归根结底于人之外的客体之物或客体系统。在此，经济行为、经济事件的分析处理所重视的不是它们对人类的合理生存、发展、享受需求的关系，即物或事件对人的效用关系，而是它们所带来的社会产品、所支付的社会成本的大小强弱，即物对物间的自然关系。这里，利益、损害等概念不是在人类生存、发展或享受状态的水平程度层面上、在客体对于主体的契合一致或矛盾冲突的意义上来使用，而是在产值增高、财富增加、利润增长、资产增值或相反的降低、减少、亏损、贬值等意义上来使用。一句话，科斯重视的是相互作用过程及其处理中人类或社会总体所拥有的产品、产值等物的变化，而忽略或轻视这种作用及处理过程中物对人的价值关系。只要总产品、总收益大于总成本、总支出，一定的外部不经济现象的发生是合理而应当允许的。科斯本人对此似乎并不否认，相反，在其对于诸多其他外部不经济事件的分析处理中，我们都很容易发现这种现象分析及问题解决的思路或思维倾向。例如，在涉及不同广播电台在同一频率或邻近频率的相互干扰问题上，科斯指出：以把干扰减少到最小作为无线电业管制目标的认识是错误的。目标应该是使产出最大化。因为，必须保证的不应是不同主体行为间的互不干扰，而只应是从干扰中所获得的收益大于所产生的损失。在涉及走失的牛损坏邻近农夫土地的谷物生长一案时，科斯认为：简单地禁止或取消养牛行为是不可取的。倘若有些牛难免要走失，而比起谷物来牛肉又存在较大的市场需要，以减少谷物的供给这一代价来换取肉类供给的增加便是可取的选择。在产权明晰、市场机制健全的情况下，养牛者可以通过支付给农夫一笔费用继续维持甚或扩大自己的养牛行为。不管这种给付是对农夫进行谷物损害的赔偿，是换得农夫对土地所有权的放弃，还是将农夫的土地租赁下来，“最终结果都是一样，即使产值最大化”。在涉及一个公寓的所有者和出租者与毗邻的一些小型别墅和一个庭院的所有者之间能否通过一个水井得到空气流通或限制空气从水井通过的纠纷处理上，科斯依然认为：水井排出的混浊空气虽影响邻居的舒适，但通过水井得到新鲜空气却有利于公寓所有者的啤酒生产，经济问题是要决定在两者之间做出选择。如果啤酒的低成本对于增加社会总产品是有利可图的，则以毗邻房屋主人不适的继续存在为代价来维持啤酒生产需要的通气条件是许可的。事实上，在科斯眼里，这里的邻居不适、农夫谷物的损失以及无线电波的干扰，已具有一种经济行为的要素意义。为了能得到更多的牛肉、更多的电视节目或更好的啤酒，必须允许一定的谷物损失、电波干扰、空气污浊等损害的发生，并将其视作产出的必要投入，只要这种投入的社会成本小于其社会收益①。

二

这是一种外部经济现象治理问题上典型的经济主义见解，其问题解决所依据的是社会收益最大化的经济原则。比起以伦理面孔表现的单一的否定性限制、禁止或消灭的传统做法，这种见解及原则的使用是进步的。它的从相互的角度来看待损害，以社会总产品、总收益的最大化为基点来对外部不经济现象进行有选择的取舍，在一定的问题解决上是合理可行的。但是，外部不经济现象所产生的结果绝非一个单纯的经济事实，它所带来的损害在许多场合已远远超过产品的减少、产量的降低、资本的贬值或财富的丧失等经济意义。在这种扩大了的外部不经济问题领域中，以经济利益或社会总产品的最大化为基点的问题解决方法便不再是合理普适的，因为人类并不是生活在一个纯粹由经济主体、经济行为、经济事件、经济产品所构成的社会。对于财富或物质利益追求的经济理性在现实生活中不仅不是饱和的，而且不是人所具有的唯一理性和最高理性；人所拥有的东西并非都可成为商品进行市场交易；人的利益的损害也并不仅仅局限于收入减少、财富丧失，因而可通过经济的方式予以补偿或使用计量经济物品的方法予以测度。即使某些人将财富的丰裕拥有看作至上的，并因此而对某些经济行为、事件给自身带来的利益损害视而不见，采取无偿自愿的放纵态度，或收费许可的容忍态度，且这种放纵、容忍导致的损害持续比起终止会使社会总产品有所增长，在道义、法律及人性力量的作用下，社会未必就允许这种损害行为发生与蔓延。人类社会中存在有比经济利益、经济物品更为珍贵的东西需要重视与保护。

---

① 参见［美］罗纳德·哈里·科斯《论生产的制度结构》，盛洪、陈郁译，上海三联书店1994年版，第97—191页。

这种更珍贵的东西就是人的存在本身。在所有社会构成中，人的存在是至高无上的。每一个生命个体，无论何人，白种人、黄种人还是黑人，健康人还是残疾人，管理者还是被管理者，也不管其财富创造的能力是高是低，在不侵害别人合理生存权利的情况下，都是应当尊重的独一无二的主体和终极存在。尽管人的存在离不开一定的经济行为，并通过众多的经济行为作为其展开形式，人的存在终究是目的，而经济则主要是手段，并且常常只是手段。在对于包括外部不经济现象在内的各种对人的利益损害事件的处理中，人类不仅不应当用经济物品、经济行为取代人的地位及人的多样性活动，与人的存在及生存样态进行交换，使人商品化或物化，而且不应用经济分析模式、用经济计量方法来审视或度量人的存在价值。在社会实践的很多方面，人实际上也是这么做的。设想一个智力和技能平庸、家境贫寒而体格健壮的成年男子正受到三个病危需做人体器官移植手术但又十分富有且才华出众的人的威胁侵害，一个人想要其心脏，另两个人则各需要其一个肾。假定该男子是三个病人所需要器官的唯一可能的供给者，没有其心脏和肾的移植，三个病人必死无疑，而移植的结果则会使他们起死回生。在这种情况下，社会或国家机关该怎样做出处理选择呢?是鼓励、诱劝健康男子自我牺牲做出奉献，或强迫他断送性命提交器官？还是允许三位病人与这一男子在自愿基础上进行讨价还价的交易谈判，并最终达成一个各方当事人意思表示一致的契约：病人支付给男子家属一笔丰厚的费用，男子将生命献出以提供病人所需的器官?从纯经济的视角看，这三种方法或许都是可取的，第三种方法似乎更优。通过双方自愿有偿交易，不仅三个病人可获得新生并可能在健康恢复后以自己的才能为社会创造比那位男子存活所能创造的多得多的财富，而且那位男子的家属从此会摆脱生活贫困的折磨。一人献身，多人得救。但实际上，在人类现实社会中，这三种方法无一是合理可行的。只是在野蛮、暴力统治或人性践踏、社会黑暗与不公的时期，这些方法才会被使用。在合理性的意义上，人类是不允许以有意识的诱使、强迫、威胁、合谋或交易等方式来断送或损害一个守法公民的生命的，不管这种断送会换回什么样的结果，是他人得救，还是社会财富的增加。个人生命的合理消亡和损害只能以这样的方式来出现：自然衰老、疾病折磨、偶然事故及当事人单方面自主的选择或有意所为的自残、自尽或献身。

显然，从损害后果看，至少存在两类性质有别的外部不经济现象。一类是单纯财产损失和可转化为财产损失的外部不经济现象：经济行为的始发者在其经济活动中将有害影响施与他人，造成他人财产、财富或物质性利益的减损，使该行为的社会成本大于私人成本。另一类是导致人的生存状态损害的外部不经济现象：经济行为的始发者在其经济活动中将有害影响施于他人，造成他人生命主体及其存在样态（如自由、人格、健康、快乐、存活等）的受损或破坏，使得该行为的社会成本大于私人成本。关于外部不经济现象治理的经济原则，在第一类损害问题处理上是可用的，在第二类损害现象处理时，则是失灵或不宜采纳的。一个化工厂的生产给位于隔壁的造纸厂的经营带来损害。它所释放的烟尘越过隔墙影响了纸张产出的质量，并导致纸张市场单位售价的降低。对于此类外部不经济现象，只要不损害人的存在，通过成本收益分析，以社会总收益、总产品最大化的经济原则进行处理是可行的。换句话说，当化工厂的污染行为不涉及对人的生命存在的侵害，且这种行为对于其产出的达成是必要的，当这种产出的社会成本比起社会收益是较小的，允许烟尘的继续存在对整个社会来说便是有利可图的。简单对化工厂的生产行为实施限制、禁止不一定可取。因为，在此条件下，存在更佳的问题解决方法。例如，在化工厂有自由释放烟尘的法定权利情况下，造纸厂自己会在利益机制驱动下搬迁厂址、转产经营、或增添防尘设施。相反，在造纸厂有享受清洁空气的法定权利情况下，化工厂会在法律约束下，或在本厂区安装消烟除尘设备；或承担费用在造纸厂配备消烟除尘设备；或一次性付给造纸厂一笔搬迁、转产费用；或每年付给造纸厂一笔不低于由空气污染带来的收益损失额的补偿金。通过这些方式，化工厂都可以保持其生产和规模在原有水平上的继续。但是，假定化工厂释放烟尘所产生的后果不是纯产值或经济物品的损害，而是造纸厂工人的生命健康、周围居民的人身安全或生存状态，且这种损害又不能通过付费的经济手段加以弥补或转换（如没有搬迁和烟尘防护的各种可能），在这种情况下，化工厂生产的停止或减产便是必要的，只要这种停产或减产行为不引起更严重的人的生存状态的损害。这表明，在涉及人的存在损害的外部不经济现象治理上，应当放弃或修正经济原则；意味着经济原则只是外部不经济现象治理问题上一个局部有效的特殊原则，而不是普遍适用的一般原则。从总体或一般的角度看，在外部不经济现象的治理上，应当有一个区别、高于且统摄经济原则的根本原则存在，这种原则重视强调的不应是经济物品的最大化，而应是人类生存及其样态的肯定和优化。

三

这种根本原则应是一种价值原则。当一种外部不经济现象产生的结果不是经济物品的损害而是人的生存状态的迫害。或不仅仅是经济物品的损害而是人的生存状态的损害，或不仅仅是经济物品的损害而同时伴有人的生存状态的损害，对其的治理应适用价值原则。即使是那些不直接涉及人的生存现状损害的外部不经济现象，虑及人的长远发展，在依据其他原则加以治理时，也应在价值原则规范下进行。

价值在本质上不是独立物或物性，也不是独立的人或人性，而是客体对于主体的一种契合关系，我曾将其概称为“合主体性事实”[①]。以价值为原则，也就是以客体对主体的这种契合关系或合主体性事实为分析问题的基点，以维持、保护、促进、增强或扩张这种契合关系

① 参阅张正军《社会进步评价的合理尺度》，载《哲学研究》1993 年第 10 期。

或合主体性事实的优化为目的对外部不经济现象进行治理。这里的主体是人而不是组织、机构、政府、国家或物，客体是行为事件或物，而不是人。以客体对主体的契合关系或合主体性事实为基点，即在外部不经济现象的治理上，治理者关注的焦点应当是该现象及其处理对于当事人和关联者的生命存在及其样态会产生什么样的效用后果，是损害还是保护，是否定还是肯定，是恶化还是优化；以维持、保护、促进、增强或扩张客体对于主体的契合关系或合主体性事实的优化为目的，亦即在外部不经济现象的治理上，治理者追求的目标应当是如何使该现象的处理结果更有利于当事人和关联者的生命存在及其样态或使该现象和处理朝着生存最优的状态转移。显然，价值原则在此涉及的“价值”既不简单地是经济学上决定不同商品间交换的量的比例或商品价格的“价值”，因为经济学的“价值”包含超越供给需求关系的成本内容；也不笼统地是哲学上客体对于主体的一般契合关系，因为对于经济物品的丰裕拥有已成为许多生存主体的一种社会性需求，成为经济主体通常的唯一追求，并构成主体结构的一种体外延伸。同时，在哲学一般的主客体关系中，主客体位置是可互换的，在一种关系中作为主体或客体的人，在另一种关系中则可能成为客体或主体。这里的“价值”从实质上来说指物对人的生命存在的一种关系，因而这里的“价值原则”是一种生命价值原则。人的生命是世界上最宝贵的东西，生存至上是生命存在的至高无上和不可侵害。生命的存在形式是多样的，出生、存活、健康、自由、认识、求知、思维、想象、活动、创造、信仰、言论等皆是其具体样态。以价值原则为依据对外部不经济现象进行治理，就是要使外部不经济现象的治理结果最大限度地肯定、优化人的生命存在的这些样态。概括地讲，依据价值原则，一种外部不经济现象究竟该怎样治理，是管制、惩罚或禁止，还是许可、放纵、或鼓励，是采取方案甲还是方案乙，应通过比较它们对生命存在的意义择优确立。一种方案是否可取，要看该方案与其他方案相比，其实施结果是否更能满足当事人及其关联者生命存在和生命存在样态具体展开的合理需要。当一个方案的实施结果能有效地满足这种需要时，这一方案是可取的，反之，则是应当抛弃的。

如果价值原则的核心的确是对生命存在及其样态的优化肯定，且这种原则在外部不经济现象治理中的使用是应当的，我们在此将面临两个问题必须回答。一是凡涉及人的生命存在损害的外部不经济现象的治理是否都应采取否定性的限制、削减、禁止或惩罚性措施；一是在外部不经济现象的问题解决过程中，该怎样确认一种方案比起别的方案更有利于人的生命存在及其展开样态。对于第一个问题的简单回答是：假若这种生命存在的损害是不可避免且不可消除的，对于外部不经济现象实施限制、削减、禁止或惩罚性处理是必要的。假若这种生命损害可通过经济的方式予以消除（不是简单的物质补偿），如通过外部不经济后果内部化的方式，由施害者付费使受害者摆脱生命存在的受损状态，或由受害者付费自我防护，使对生命存在的损害转变为一种单纯经济物品的耗费，则对于外部不经济现象是否实施否定性处理，视社会总收益与总成本比较的结果取收益最大化方案而定。对于第二个问题的回答应虑及人的生命优化存在的一些具体感性形式。在一般情况下，一种方案比起另一种方案的实施是否更有利于人的生命存在及其展开样态，可通过预测或经济方法对相应的人的生命及其样态的具体存在与展开状态进行考证，在此基础上进行比较而确定。但由于人的生命存在及其状态不仅仅表现为一种物理、生理或生物过程，也表现为一种心理或意识过程。在许多场合下，一种外部不经济现象的处理带给人们生命存在损害的具体情况如何，对于治理者会具有“黑箱”性质，难以及时捕捉或准确认识，对此，价值原则的应用应增加感性直观的内容。一方面，对于外部不经济现象的治理要以人的生命存在的优化肯定为目标；另一方面，在人的生命存在的具体状况难以捕捉时，可借助对那些既作为促成生命更好存在与发展条件、又作为生命存在与发展表征的可感的社会存在现象的考察间接予以把握。这种社会存在的具体样态虽是多样的，最为基本的却不外乎人与人及人与自然的关系两类。当一种外部不经济现象的治理方案比起其他方案更有利于人与人和人与自然关系的和谐时，这一方案是符合价值原则而可取的，反之则是违背价值原则应予以抛弃的。

不难看出，在外部不经济问题治理上，价值原则是一种至善性原则。这不仅因为价值原则的核心是人的生命存在，它别于、高于并统摄经济原则，而且因为这种原则强调外部不经济现象的治理要最大限度地肯定优化人的生命存在，与生命存在的肯定优化方向顺应一致。虽然，生命存在的具体样态及其内容受每一时代既定的社会条件限定而非抽象的，会随人的进化及社会的变迁而变化，就每一特定历史时期而言，生命存在却有其稳定的样态及发展趋势。价值原则强调各个时期、环境下的外部不经济现象的治理，在存在多种可供选择的治理方案时，应选择最有利于维持、优化这种稳定样态及发展趋势的方案，使这种方案的实施能最大限度地与人的生命进化存在的具体稳定样态或发展趋势相适应，成为弘扬、肯定生命的一种力量或生命存在与新进化的条件。价值原则也是一种规范性原则。它不仅强调从是的角度而且强调从应当的角度来理解外部不经济现象及其治理，并要求将现存纳入必然的轨道寻找外部不经济问题的解决方案。固然，在外部不经济现象的治理实践中，不同的治理主体或同一治理主体在不同的时间、范围中因其观念、利益、立场或主体结构的有别而对同类外部不经济现象会选择不同的治理方案，但这种现存的治理差别对人类的生存、发展和享受来说，却并非都是适宜的。现存的不一定是合理的，只有那些能最有利于人类生存、发展、享受，即有利于生命存在及其样态展开且有实施可能的治理，才是符合人类的根本需求的。价值原则所要求的就是这种治理，它立足现实而又超越现实。价值原则同时也具有客观性。它强调以客体对主体的契合关系为分析问题的基点，以肯定优化人的生命存在为目的对外部不经济现象进行治理，是把外部不经济现象及其治理对人类生命存在的契合状态作为一个客观的事实性存在对治理的意义进行评断，并对不同的治理方案进行对比和取舍的。由于人的生命存在及其样态并不是存在主义者所谓的“是其所不是”和“不是其所是”的瞬息万变的非理性精神存在，而是物质与精神的统一，一种外部不经济现象的处理结果对生命存在的价值关系如何，因而有着可测度的确定性内容。

（原文载于《江海学刊》1998 年第 2 期）

个人的现实性和有个性的个人

杨建平

正视现实，在反省理论界只从客体向度理解马克思的历史理论这一倾向的理论背景下，马克思主义的研究者们开始注意对唯物史观的形成过程做深入的历史反思，马克思的历史理论的价值取向问题自然成为理论界关注的焦点。与此相适应，研究者们开始重新审视马克思的历史理论中科学原则和价值原则（或客体向度和主体向度）的统一问题，大家不约而同地倾心于研读马克思的早期著作，提出了许多有启发性的解释思路。在这里，笔者提出一点看法：由于“新唯物主义”的创立，围绕着资本主义私有制前提下“个人的现实生活中的关系的异己性”这一根本问题的解决，马克思在方法论上辩证地统一了历史研究的科学分析和价值批判这两条逻辑思路。鉴于目前理论界一致将《德意志意识形态》作为唯物史观形成的标志加以注释和说明，本文将在重点解读《〈德意志意识形态〉第一卷第一章》的理论表述结构的基础上，试图从马克思的“新唯物主义”所开创的方法论革命这一分析视角入手，详细说明这一点。

一

马克思对其新历史理论的初次系统表述是以对费尔巴哈哲学人本

学的彻底清算为契机而展开的①。马克思认为，“全部人类历史的第一个前提无疑是有生命的个人的存在，因此第一个需要确定的具体事实是这些个人的肉体组织以及由此产生的个人对其他自然的关系”②。正是基于这一简单明白的事实，费尔巴哈紧紧抓住人和自然界的统一关系，直接把人的现实性规定为感性对象。从作为感性对象的人类个体相互需要的生物、生理特性出发，费尔巴哈逻辑地推定人的本质即是他们的类的共同性，并由此推论出宗教（上帝）的本质乃是异化了的人的类本质，人与上帝的关系不过是个体和类的关系在意识领域中的颠倒了的反映。为了结束宗教意识对人的控制，费尔巴哈发起了一场以人与人之间的爱代替人对上帝的爱的哲学革命。由于费尔巴哈没有试图回答“人们是怎样把宗教幻想塞进自己的头脑的”，他当然就未能进一步对人的现实存在方式作具体的历史考察和研究。这就是说，他想从抽象个人的类意识中直接导出宗教，却不知宗教乃是“在历史行动中的”个人的社会关系的产物。而马克思正是在费尔巴哈止步的地方开始自己的哲学探索的。

马克思认为，“人并不是抽象地栖息在世界以外的东西。人就是人的世界，就是国家、社会。国家、社会产生了宗教即颠倒了的世界观，因为它们本身就是颠倒了的世界”③。因此，在《德法年鉴》时期的文章中，马克思便不单单把人看作自然的人，而是强调要结合家庭、市民社会和私有财产等规定来说明人的“社会特质”，并以费尔巴哈对宗教的批判为前提，超越费尔巴哈而继续前进，提出了政治异化的新思想。然而，由于自觉地以费尔巴哈的哲学人本主义的思维方式作为批判的出发点和武器，马克思这时期对人的现实性的规定，主要是为反对黑格尔哲学的泛逻辑神秘主义而对所谓“真正的人”的“感性本质”作出一些

---

① 《马克思恩格斯选集》第 1 卷，人民出版社 1956 年版，第 63 页。

② 《马克思恩格斯选集》第 1 卷，人民出版社 1956 年版，第 67 页。

③ 《马克思恩格斯全集》第 1 卷，人民出版社 1956 年版，第 452 页。

哲学的概括和说明，还远没有把人放到现实的历史过程中去研究。

在《1844年经济学哲学手稿》（写于1844年6—8月，以下简称《手稿》）中，由于初次研究政治经济学和对黑格尔的历史辩证法的重新认识，马克思对费尔巴哈的感性—对象性原则作了根本性的改造和扩大，表现在他把劳动和劳动的产物看作人的本质力量的体现，从而第一次明确地把人的现实性规定为感性活动。于是，在马克思这一时期的思想发展过程中，具体到不同的理论语境，“现实的人”这一概念就同时兼有三种不同的含义：一是在批判黑格尔对人的本质的抽象思辨规定的意义上，强调人的感性本质和自然制约性而指称“感性的人”；二是在批判资本主义制度的非人道性质的意义上，指称恢复了被异化了自己的本质的个人，亦即实现了人与自然以及人与人的统一的所谓“真正的人”；三是在观察和描述社会历史事实的意义上，指称为私有财产关系所制约的“私人”。由于受到费尔巴哈的哲学人本主义思维方式的隐形制约[①]，前两种含义在马克思执着于对“异化劳动”的批判时被大量使用，属于马克思这一时期整体理论框架的显性话语层面，而第三种含义则是在马克思着眼于分析“对象化劳动”时被偶尔涉及，属于马克思此时整体理论框架的隐性话语层面。这样，我们在《手稿》中就发现一个隐性的逻辑悖结，即在方法论上，马克思已经开始把人当作在历史中行动的个人去研究，从而超出了费尔巴哈对人的本质及其现实存在方式的理解，但在对自己研究政治经济学的哲学方法论所作的自觉总结中，马克思却对费尔巴哈的“真正的人”的观点作了近乎崇拜的肯定性评介。与此相适应，围绕着人的本质（自由自觉的劳动）与其现实存在形式（异化劳动）的矛盾这一根本问题的解决，以异化劳动史观的形成为标志，《手稿》中便出现了马克思观察和描述历史的两条逻辑思路：一是从“真正的人”的观点出发，以人的类本质为价值悬设，批判资本主义的私有财产关系和论

① 参见张一兵《马克思历史辩证法的主体向度》，河南人民出版社1995年版。

证社会主义的伦理必然性的哲学人本主义解释思路，一是从人和社会财富的物质关系出发，具体地研究私有财产关系的历史起源的科学分析思路[①]。在《手稿》的写作期间，哲学人本主义的解释思路虽然受到了后一条思路的不断冲击，但在马克思此时的整体理论框架中，始终占据着逻辑分析的统摄地位。这种在方法论上观察和描述历史的两条逻辑思路的矛盾并存现象一直影响了马克思对《神圣家族》（1844年8—11月）的写作。这时，施蒂纳的《唯一者及其所有物》一书的出版（1844年11月），对马克思这一时期的思想发展过程产生了一种关键性的影响。

在青年黑格尔派的宗教批判运动中，施蒂纳的历史作用在于他明确地提出了以唯一的个人为中心的思维方式，为理解经验的个人的现实存在方式开辟了探索的新思路，使人们的目光从普遍转向个别，从“类”“共同本质”转向个体[②]。而他对费尔巴哈学说的毁灭性的批判以及由此而来的青年黑格尔派围绕着《唯一者及其所有物》一书所展开的哲学论战，使马克思有可能清醒地意识到，自己从“在历史行动中的个人”出发去观察和描述历史的科学分析思路，与费尔巴哈从抽象的“人”的类本质出发的哲学人本主义解释思路的实质性区别。因此，当马克思在《评李斯特的著作〈政治经济学的国民体系〉》（写于1845年3月）这一手稿中终于解决了“人类历史之谜”，从而可以把废除资本主义制度的革命要求合乎规律地从现实历史中的工业所唤起的物质力量与这种力量所依存的现存社会形式的矛盾关系中引发出来之后（这样，哲学便不能限于针对资本主义制度进行人道主义批判，它还应能为揭示这一制度的实质及其历史发展趋势的科学研究提供方法论基础），马克思便在《关于费尔巴哈的提纲》（以下简称《提纲》）这一笔记性的批判纲要的基础上，与恩格斯合著了《德意志意识形态》（写于

① 参见孙伯鍨《探索者道路的探索》，安徽人民出版社1985年版。

② 参见侯才《青年黑格尔派与马克思早期思想的发展》，中国社会科学出版社1994年版。

1845 年 11 月　1846 年 8 月，以下简称《形态》）。正是在《形态》的第一卷第一章这一未完成的手稿中，作为观察和描述历史的方法论前提，马克思在批判地否定了青年黑格尔派的理论家们（主要是针对费尔巴哈和施蒂纳）观察人的“非历史主义”观点之后，明确地提出了从“现实的个人”出发的“新唯物主义”。

二

着眼于人的感性活动，马克思认为，真正的人既不是费尔巴哈所研究的有着固定不变的共同本质的“类存在物”，也不是施蒂纳的所说的处在某种幻想的离群索居状态中的“唯一者”，而是处在一定条件下进行活动的具体的、可以通过经验观察到的发展过程中的“现实的个人”。人和人之间的相互交往和依赖关系是他们在各自的实践活动中发生的客观的社会物质联系；意识的异化不过是这些现实个人的社会物质联系，即他们的现实生活过程中的矛盾关系在意识领域中的反射和回声，而不是人的某种理想本质的自我分裂。

因此，在马克思看来，要想彻底地批判个人在现实中的不自由状况，必须以实际的手段对规定着个人的现实性的客观的社会关系进行实际的改变；而要想真正地改变现实的社会关系，就必须终结体系哲学，终结先验的价值判断，以科学的态度对这种社会关系进行具体的历史考察和研究。基于这种精神，马克思才致力于以“新唯物主义”哲学立场，代替包括费尔巴哈哲学人本学在内的全部旧哲学。他说：“在思辨终止的地方，在现实生活面前，正是描述人们的实践活动和实际发展过程的真正实证的科学开始的地方。关于意识的空话将终止，它们一定会被真正的知识所代替……”①

这样看来，“现实的个人”、“实践”和“社会关系”等范畴，只

① 《马克思恩格斯选集》第 1 卷，人民出版社 1956 年版，第 73 页。

是马克思在批判、终结旧意识形态哲学时，为凸显其历史观的方法论特征，针对德国哲学所特有的言说方式而不得不使用的哲学世界观范畴，它们具有针对传统哲学历史观和方法论的一般原则的批判功能和预示新型历史观的导向功能，但不具有创建新型历史观的具体操作功能。对马克思来说，如果仅仅把人理解为实践活动中的对象性存在，从而在统一人与自然界的动态关系的基础上规定人的现实性（“一定社会关系的总和”），这不过是作为方法论上的逻辑导引为进一步的研究方向指明途径，而不能具体地观察和描述人类现实历史。在马克思的思想发展过程中，它们只是意味着，为了实际地改变资本主义制度下的无产阶级的不自由状况，必须清除与各种形形色色的社会主义思潮相伴而生的意识形态哲学的虚幻性，从对宗教的分析和批判中转移到对一定的社会关系的分析和批判。

而当这一转移真正完成后，当马克思直接面对真实的历史时，他发现，虽然“个人向来是以自身为出发点的”，他们的关系是他们在生活过程中发生的客观的社会关系，然而，在资本主义制度下，这种个人生活于其中的客观的社会关系竟然成为一种独立的、与他们相对立的存在，他们自身的生活力量变成了统治他们的力量①。仅仅抓住“实践”或“社会关系”等范畴，囿于所谓历史主、客体统一关系之类问题的一般思考，是不能真正理解和批判这一历史事实的。为此，马克思还须再来一次彻底的转移，即以他在批判旧哲学时所提出的“新唯物主义”为方法论指导，遵循“逻辑和历史相一致”的原则，制订出历史科学的范畴，实际分析这一事实。

因此，在接下去的理论表述中，随着言说对象的置换——从分析和批判旧哲学到分析和批判资本主义制度，当马克思的研究视野回归到现实的社会生活过程中时，原来那种与对象相适应的一些基本范畴开始发生逻辑层面的微观分化，曾经确证人的主体能动性的“实践”

---

① 《马克思恩格斯选集》第1卷，人民出版社1956年版，第135页。

活动在新的理论层面上被确定为人类社会历史的客观物质基础——物质生产与再生产[①]。马克思认为，人类历史始于有生命的个人的生产活动。个人是什么样的，“这同他们的生产是一致的——和他们生产什么一致，又和他们怎样生产一致。因而，个人是什么样的，这取决于他们进行生产的物质条件”[②]。因此，马克思确立了新历史理论的起始性范畴（“生产”）。

与此相适应，“社会关系”被具体确定为“生产力”（人与自然界之间的关系）和“社会交往形式”（人与人之间的关系）这两个方面的具体的历史的统一。从人类历史中具体的实践活动（“物质生产活动”）出发，马克思扬弃了“异化劳动理论”对历史的哲学人本主义解释，开始提出新历史理论的另一个重要范畴（“分工”）。“异化”范畴的使用从此就仅限于对资本主义制度的非人道性质的价值批判，而不再具有解释历史规律的方法论意义和功能。通过对社会劳动分工及其后果的矛盾分析，马克思提出了“所有制”、“市民社会”、“利益”、“阶级”、“阶级斗争”、“国家”和“意识形态”等范畴，呈现了他关于人类客观的历史关系的一种具体的逻辑回归与历时性认识：生产力发展的基础上，市民社会与其相适应的社会结构、政治结构以及意识形态结构的矛盾发展过程。

由此可见，新历史理论虽然也把个人当作自己的前提，“但是这里所说的个人不是他们自己或别人想象中的那种个人，而是现实中的个人，也就是说，这些个人是从事活动的，进行物质生产的，因而在一定的物质的、不受他们任意支配的界限、前提和条件下活动着

---

① 张一兵教授认为，“实践本体论”者的失误在于忽视了马克思从实践向历史的客观基础的过渡，从而从广义的主体方面走向了抽象人的主体性。参见《马克思历史辩证法的主体向度》，河南人民出版社 1995 年版，第 106 页。此外，我认为，国内学界关于马克思主义哲学的本体论基础的讨论，在一定程度上忽视了马克思在《提纲》中所提出的“社会关系”这一范畴在方法论上的中介意义。

② 《马克思恩格斯选集》第 1 卷，人民出版社 1956 年版，第 68 页。

的”[①]。因此，为了用唯物主义的方法来观察这些个人，第一必须考察他们所达到的生产力状况；第二必须考察和这种生产力状况相联系的市民社会的结构；第三必须考察与这种市民社会相适应的人们的整个社会结构的矛盾发展过程。在此理论认识的基础上，马克思批判了传统历史观的“伦理目的论”的错误倾向，提出了从“个人的现实性”出发，以“社会关系”为本位观察和描述历史的科学分析思路，即“从直接生活的物质生产出发阐述现实的生产过程，把同这种生产方式相联系的，它所产生的交往形式即各个不同阶段上的市民社会理解为整个历史的基础；从市民社会作为国家的活动描述市民社会，同时从市民社会出发阐明意识的所有各种不同理论的产物和形式，如宗教、哲学、道德等等，而且追溯它们产生的过程。”[②]

照此分析思路观察历史，历史科学研究的核心所在，就既不是人的先验本质的异化和复归，也不是无人身的理性的自我认识史，而是个人与其生活于其中的并借以能动地表现自己的现实的社会关系之间的辩证发展关系。在马克思看来，生产力与交往形式的关系就是交往形式与个人的行动或活动的关系。一定的交往形式在其产生之初都是与同一时期的生产力发展，与个人现实的局限状态和片面存在相适应的，因而它是与个人的个性相适应的条件，只有“在这些条件下，生存于一定关系中的一定的个人独立生产自己的物质生活以及与这种物质生活有关的东西，因而这些条件是个人自主活动的条件，并且是由这种自主活动产生出来的”[③]。只是随着生产力的进一步发展，随着生产力与社会状况之间的矛盾的出现，这些条件才因为生存于其中的个人的存在的片面性的逐渐显著，被他们的后代看作个人的自主活动的桎梏。不同的交往形式的联系就在于：已成为桎梏的旧的交往形式被

① 《马克思恩格斯选集》第 1 卷，人民出版社 1956 年版，第 71—72 页。
② 《马克思恩格斯选集》第 1 卷，人民出版社 1956 年版，第 92 页。
③ 《马克思恩格斯选集》第 1 卷，人民出版社 1956 年版，第 123 页。

适应于比较发达的生产力，因而也适应于更进步的个人自主活动类型的新的交往形式所代替，新的交往形式又会变成桎梏为别的交往形式所代替。由此可见，“单个人的历史决不能脱离他以前的或同时代的个人的历史，而是由这种历史决定的”①，社会交往形式的历史同时也是发展的、为各个新的一代所承受下来的生产力的历史，从而也是个人本身力量发展的历史。

然而，由于与有限的生产力发展水平相适应的社会劳动分工的自发性（人和自然界之间的矛盾），由于私有制的产生（人和人之间的矛盾），在迄今为止的社会经济形态中，现实的个人只是作为“阶级的成员”生活在“虚幻共同体”的范围内，交往形式并不是个人真正自由的联合。因而，“个人关系向它的对立面即向纯粹的物的关系转变”，生产力的发展便因其自发性而成为在个人之外的力量，个人的自由仅仅表现为一些在统治阶级范围内发展的少数人有条件地享用偶然性的权力，而另一些人（多数）则要经常地为满足最迫切的需要而进行斗争，因而暂时（在与生产力的进一步发展相适应的新的社会交往形式产生以前）失去了任何发展的可能性。尤其“在现代，物的关系对个人的统治，偶然性对个性的压抑，已具有最尖锐普遍的形式”，这样就给现有的个人提出了十分明确的任务，确立个人对偶然性和关系的统治，以之代替关系和偶然性对个人的统治②。

因此，在接下去的理论表述中，我们发现，马克思的理论视野又从对个人与规定其现实性的社会关系的客观描述退回到新历史理论的方法论前提，以现实个人的个性发展为观察向度，重新向人类历史作具体的逻辑回归，提出了其观察和描述历史的另一条思路，即从“有个性的个人”出发的价值批判逻辑。在这条逻辑思路的进一步展开中，由于观察现实的个人的研究视角不同和与之相适应的历史研究的理论出发点的转

① 《马克思恩格斯全集》第3卷，人民出版社1960年版，第515页。
② 《马克思恩格斯全集》第3卷，人民出版社1960年版，第515页。

换，马克思开始向我们呈现出一种以“有个性的个人”为价值尺度、以“真实的集体”为价值理想和以“共产主义运动”为理想得以具体实现的现实途径的针对资本主义私有制的社会批判理论。由于“新唯物主义”的方法论指导，与《手稿》中的社会批判理论相比，在这里，作为价值尺度或批判向度的“有个性的个人”不再具有任何先验意义，而只是关于历史事实的科学抽象。如上所述，按照马克思的理解，在不同的历史发展阶段，在不同的社会条件下，个人的个性（主要指个人的自主活动）呈现为不同的具体存在形式；迄今为止的任何一种交往形式在其产生之初都是个人的个性唯一可能的现实发展条件，并为个人的个性的进一步发展准备着现实的物质基础，只是随着生产力的发展，这种交往形式才逐渐成为个人的个性发展的桎梏。这样，批判资本主义私有制，并不是因为它不符合哲学家所提出的个人的某种理想个性或其他什么价值悬设，而只因为它本身的历史局限性。

三

这样，依据不同的观察向度和理论出发点，当马克思用“新唯物主义”的方法具体观察和描述人类历史时，他实际上向我们展现了历史研究的两条逻辑思路，即从“个人的现实性”出发的、以“社会关系”为本位的科学分析逻辑和从“有个性的个人”出发的、以“个人的自主活动”为本位的价值批判逻辑。

在科学分析的逻辑思路中，针对资本主义私有制前提下社会关系的客观性，马克思遵循逻辑和历史相一致的原则，制订了“生产力”、“社会交往形式”、“所有制”、“阶级”、“上层建筑”和“意识形态”等范畴，提出了从一定的经济时期出发，而不是从人出发观察和描述历史的科学方法论①。在价值批判的逻辑思路中，针对资本主义私有

① 《马克思恩格斯全集》第19卷，人民出版社1963年版，第415页。

制前提下社会关系的异己性，“生产力”等范畴则褪去了方法论上的科学含义，成为对历史事实进行道德评判的价值术语，“生产力”是个人本身联合的力量，而“社会交往形式”、“阶级”、“上层建筑”和“意识形态”等也有了积极和消极之分，真实和虚假之别。

奠基于不同的逻辑思路，《形态》中的历史理论便有“狭义”和“广义”之分。在“狭义的历史理论”（奠基于科学分析思路的社会发展理论）中，着眼于私有制的本质及其产生根源，马克思认为，在真正的人类历史到来之前的时期，生产力决定社会交往形式，社会交往形式构成国家的基础以及任何其他观念的上层建筑的基础，整个社会关系的发展呈现为一种不依个人的意志和行为为转移的“似自然性”（即客观性和异己性的矛盾统一）的力量①，个人作为“阶级的成员”屈从于特定的生存关系范围内。依据社会劳动分工的每一发展阶段中个人与劳动的材料、工具和产品的关系，马克思描述了人类社会的这个“史前时期”社会经济形态的历时性更替过程，即部落所有制、古代公社所有制和国家所有制、封建的或等级的所有制与资本主义所有制。

在“广义的历史理论”（奠基于价值批判思路的社会批判理论）中，着眼于整个人类历史的发展趋势，马克思认为，生产力是人类历史存在和发展的永恒基础。在人类历史“史前时期”，社会关系的客观发展呈现出某种异己性，这是生产力发展到一定历史阶段的必然结果，是由于与不发达的生产力水平相适应的社会劳动分工导致了私有制的产生。在私有制的范围内，社会交往形式“异化”，生产力得不到合理运用而成为异己性的力量。随着以个人甚至整个阶级的牺牲为代价的社会生产力的进一步发展，随着社会劳动分工的消除，生产力必将冲破其异己性的历史表现形式而成为个人真正联合的力量（但社会关系的客观性依然存在）。依据个人之间的社会关系的性质，马克

① 参见张一兵《马克思历史辩证法的主体向度》，河南人民出版社 1995 年版。

思又把社会形态的历时性更替过程描述为自然形成的社会、自发形成的社会与自由联合的社会三大发展阶段。

批判必然以研究为基础，研究必须以批判为价值取向。根据上述对马克思的新历史理论的理论表述结构的逻辑分析，我们发现，《形态》中，由于“新唯物主义”的创立，当马克思解决“应有”与“现有”的对立这一问题时，他终于摆脱了人本主义思维方式的隐形制约，开始从对客观的社会关系的辩证分析中，寻找并提出其社会批判理论的价值尺度、价值理想和理想得以具体实现的现实途径；“应有”是“现有”的历史发展的现实可能性，而不仅仅是个人纯主观的善良愿望。而由于立足于无产阶级政治立场的社会批判理论的提出，马克思的社会发展理论也不再是对所谓外在于现实的个人的社会客观规律的旁观式的理解和顺从，而是时刻关注无产阶级的解放运动（对“自然历史过程”的实际超越），并为这一运动积极寻求现实条件和提供理论指导的革命学说。至此，马克思的社会革命理论、社会批判理论和社会发展理论在方法论上达到了一种总体性的统一。

（原文载于《江海学刊》1998 年第 3 期）

人文关怀：对人自身命运与价值的关注

卞　敏

在任何一个社会中，经济发展追求的总体目标应当是社会的全面进步，而社会进步应当走可持续发展的道路。所谓可持续发展，就是着眼于人类的长远发展而提出的一个具有丰富的人文内涵的问题。当一个社会在向现代化迈步的进程中，如何认识、处理经济发展与人文关怀的关系，尤其需要认真对待。

发展理论作为战后崛起的一门新兴学科，在半个世纪的自我批判进程中经历了“经济—社会—人”的发展观念飞跃。单纯经济增长发展观之所以为社会全面进步观和可持续发展的人文观所取代，正是源于人文精神对发展的重新定位。发展理论不仅要解释社会发展“应该是什么样”的表象问题，更要追问到“为什么是这样”的“元哲学”深度。这个元哲学涉及人文关怀的问题。社会怎样才能发展，应该怎样发展，发展的最终目标是什么等这些深层问题的合理解决，关键在于一种理性的文化精神——人文关怀的作用。

其实，在当今社会凡是注重国计民生的经济问题，同时又关注世道人心的道德问题的人，总难免不为“经济与道德的关系究竟怎样”一类问题所困惑。一方面，我们时常听到经济生活越进步则道德生活越退步的论调；另一方面我们又时常听到只要经济问题解决，政治问题、道德问题、文化问题则随之解决的说法。换言之，一方面有人持“经济万恶”说；另一方面有人持“经济万能”说。这两种看法未能正确把握经济与道德的关系，都具有片面性。

经济与道德的关系是一个老问题，中国古代的圣贤们对于这个问题曾发表过精透圆通的见解。孔子说：“足食足兵，民信之矣”；管子说：“衣食足而后礼义兴”；孟子说：“苟无恒产，将无恒心。”而在注重道德方面，且不说孔孟儒家对道德修养的重视程度，管子也说过“礼义廉耻，国之四维，四维不张，国乃灭亡”一类的话。从这些充满着哲学智慧的论述中，可以看出他们既不片面注重经济，也不笼统而宽泛地说道德与经济谁更重要，而是强调在丰衣足食的基础上努力营造一种人文关怀的社会环境。

纵观东西方社会文明发展的历程，如果说社会发展是人类对自己生存方式的一种理性选择，那么社会发展除经济因素外，人文关怀是其重要的精神动力。

从西方来说，一般认为近代工业革命主要得益于自由贸易和技术进步。但若作深层次的思考，就会发现其根须却深扎于近代西方的人文沃土之中。如果没有文艺复兴对人的本质、尊严、个性、自由的发现与肯定，没有人道、理性、科学的人文精神，人类文明的脚步就难以跨过中世纪人性枯萎的荒原，就不会有近代资本主义市场经济与科学技术的发展，也就不会产生工业革命。

就当代中国现实而言，改革开放以来中国社会之所以取得迅速发展，如果没有解放思想、实事求是的科学精神，没有社会的民主化、法制化的理性精神，没有对僵化的计划经济体制的突破，就不会有社会主义市场经济的发育，不会有以经济建设为中心实现社会全面进步的发展观。

中国哲学智慧历来有注重人文关怀的传统。汉语中“人文”一词的原始意义与“天文”相对应，表示与自然天象相对的人类文明或文化。《周易·贲辞》指出：“文明以止，人文也。观乎天文，以察天文，以察时变；观乎人文，以化成天下。”从哲学意义上说，“关怀”是对他人生存状态的关注，对他人权利的尊重。总之，“人文关怀”关注人自身的命运与价值，是对人生意义的思考。

真、善、美相统一的理想人格，是人类孜孜不倦追求的人生境界。人文关怀之所以与物质关怀同样必要，就在于人性具有追求真、善、美的精神欲望，有弘扬崇高情操、正直人格的道德感，有向往美好未来的历史感。人文关怀关系到民族的兴盛，历史的进步和文明的发达。

众所周知，宗教在西方文化传统中一直是人们的安身立命之地。当经济片面发展到危及人的精神家园时，尼采发出过骇人听闻的悲鸣：“上帝死了!”然而，上帝又何死之有？所谓“上帝死了”，无非是一种传统的“真理死了”，一种稳定的心理结构崩溃了。

在人文关怀中，美学和艺术曾经是人类的坚不可摧的避风港。甚至在最危险的时刻，海德格尔也仍然神谕般地宣称：只还有一个“上帝”能够救渡我们，这就是诗。在他看来，美学是生命的宣言、生命的自白。美学是人类精神家园的拳拳忧心——清醒地守望着世界，是它永恒的神圣职责。海德格尔的最大贡献是对时间的人文阐释，对人类“此在”生存状态的不满，对人类诗意栖居美景的肯定与向往。上帝退隐后，哲学要做的事就是重新发现存在的意义。

对文学、音乐或美术的爱好，是现代文明人的一项基本素质。一个人在吃饱喝足、建功立业后，总还有些审美的追求。文学艺术作为一个时代人文精神的重要表达渠道，是我们从直觉上把握生存境遇的一种基本方式，是每个人达到精神自由状态的基本途径。正是在这个意义上，文学艺术有着不可亵渎的神圣性，因为它集中展示人之为人的思考。

哲学、文学、艺术、宗教、史学等这些人文学科表明，人文关怀的内涵包含了人类精神世界的丰富性，诸如道德、信仰、自由、理想、审美这些内容，包含着承传这些内容的文化传统。人文关怀作为一种入世态度，是知识分子对世界、对社会独特的理解方式和介入方式，也是一个人潜在的与根本的生命态度。人文精神甚至体现在像王国维、蔡元培、陈寅恪这样的中国知识分子的人格生命中，而西方哲学家维特根斯坦能在一次世界大战的战火纷飞的战壕中潜心写作《逻辑哲学论》，并由此创立逻辑实证主义学派。这些哲人的风范都对后人产生了很大影响。人文关怀应当成为知识分子日常生活的一种规范，成为对生命的一种承诺。

赋予生活和生活经验以永恒的意义，这是人文知识分子还存在着并将继续存在下去的价值之所在。如何使个人经验获得历史感和普遍意义，如何使个人存在与历史存在相联系，这是一个永远需要解决的问题。人文关怀应当对人类的精神世界予以关切，应当为解脱人类的精神困境投入真诚与热情，应当表达对人类基本价值维护的愿望与义务，也应当以理想的光芒给人类的心灵以慰藉和照耀。

人文激情是宝贵的。人文环境的建设，单靠激情当然不行，还必须继之以理性的思考。但离开激情，理性就是一句空话，因为理性只有以激情为动力才能产生。马克思说，激情、热情是人强烈追求自己的对象的本质力量。列宁也说，没有“人的感情”，就从来没有也不可能有人对于真理的追求。

当然，人文关怀并不只是单纯地追求知识或讲求学问，而是既要问道学，也要尊德行。人类的自由精神和道德理想以及人类自我完善的可能性，体现在文化的自由创造之中。从一定意义上说，文化建设首先是自由思想的培养和建设。无论是中国的传统还是西方的传统，没有健全的头脑和自由的思想，都无法将“外在之物”变成“为我之物”。这就特别需要提倡理性精神。

人文关怀其实就是人立足于现实去追求理想、实现信仰。人类是理性的动物。理想出于理性，理性基于人类的本性。人类能够凭借他的理智，构造一个理想的世界，以提高生活，改造现实。当一个人用理想来指导他行为的时候，也就是他发挥最高的灵性以实现其自身价值的时候。

理想是构成人格的要素，而自由是人格的本质。有自由的人，我们才承认他有人格。然而，理想和自由不可分，理想是争取自由最不可缺少的条件。无理想便无自由的标准。行为合于理想，才能获得自由。假如没有理想作为我们争取自由的标准，那我们就可能随遇而安，当然也就无所谓自由。

理想是陶铸现实的模型，是创造现实的图案。现实是理想的材料，理想是认识现实的主观条件。没有远大的理想，就没有认识和改造现实的动力。科学知识，就是对于现实的认识。现实是被动的，受支配的，崇高的理想是主动的、处于支配地位的。人类任何有价值有意义的创造性活动，都是理想与现实相统一的产物。

人文关怀以人文精神为主导，其内涵包括实事求是、追求真理的科学精神，自由尊严、道义良知的人道精神，公正平等、民主法则和理性精神。正是这种人文精神，决定着社会发展的活力、导向及目标。

人文精神的核心是自由。自然状态是动物状态，而人文状态则是指人具有一种超越性。这种文化超越性的含义要比精神超越性广泛得多。有了这种超越性，人才能够去创造，才有了今天的文化，而这种超越性的核心就是自由。所以，无论从物质方面或是从精神方面而言，自由都是文化产生的一个根源。

康德在《道德形而上学》中认为，自由有两种形式。道德讨论的是人的内在自由，法律讨论的是人的外在自由。法律只过问人的行为，道德则过问人的信念，涉及人内心深处的动机与心境。

黑格尔有句名言：“善就是被实现了的自由。”自由是对必然的认识以及依据这种认识对客观现实的能动改造。这就意味着善是主观目的和客观现实的一致。理想人格中的“善”解决“我应当做什么”的问题，反映了社会个体自我完善与发展的需要，其本质是以人类社会内在关系为准则的道德价值。从价值论角度看，在人的主体活动中，总有一定的价值目标存在，人们总在追求一定的价值目标，并通过实践活动使自己成为合乎理想要求的人。

正确理解真与善的关系，才能认识理想人格中的“美”。美是人的本质力量的感性显现，而真与善的统一是其中最基本的内容。马克思对此有一段精辟的论述：“动物只是按照它所属的那个种的尺度和需要来建造，而人懂得按照任何一个种的尺度来进行生产，并且懂得处处都把内在的尺度运用于对象中去；因此，人也按照美的规律来构造。”①

马克思在这里提到两个“尺度”的问题。第一个“尺度”是“任何一个种的尺度”，这是指客观事物本身所具有的规律性，即事物的“真”；第二个“尺度”是人的“内在的尺度”，即人类自身发展的要求与目的。人类的实践活动过程，必然包括这样两方面的内容：一方面是“真”，即认识和遵循客观规律性，另一方面是“善”，即把握与实现主体的目的性。这种真与善的统一，合规律性与合目的性的统一，构成“按照美的规律来建造”的最基本的内容。

人们在实践过程中，把自己掌握和实现善的本质力量，通过感性形象在对象中显示出来，这个过程及对象就具有一定的审美价值。当具有审美价值的东西以历史感、现实感与价值感相统一的方式在个体生存经验中得到积淀时，就领悟了一种人生意义，实现了一种人生价值。

哲学发展的动力在于批判与思辨，而真正意义上的批判与思辨却需要在一种良好的人文环境中才能生成。哲学作为爱智之学追求的是人生的智慧，是对人自身命运与价值的关注；作为形上之学又必然要有深切的终极关怀。这种人生智慧与终极关怀构成哲学的主要特征与内涵，体现的是所谓人文精神。实际上，人文精神是一切文化学术的内在基础和根据。

人文精神作为一种人格力量的体现，是一个现代社会文明人所应当具备的基本素质；人文精神作为社会发展的一种价值坐标，是一个现代化社会发展成熟程度的基本标志。如果缺乏人文精神，对个人而言，是丧失了个体存在的根本依据；对社会而言，则意味着价值信念

① 《马克思恩格斯选集》第1卷，人民出版社1995年版，第47页。

的失落，民族文化传统得以延续的深层链条的断裂。

不同的社会群体由于价值观念、道德习俗、生活方式等差异，所选择的社会发展道路有所不同，但都得有一个价值参照系统，用以规范社会发展战略。以什么作为价值坐标不仅是个参照系统的选择问题，更重要的是它将决定社会发展方向是否合理的问题。那么，社会合理性发展的价值坐标是什么呢？这就是关注人自身命运与价值的人文精神及人文关怀。

人文关怀的现实目标是实现人的自由和平等，维护人的尊严和价值，着眼于培养人们树立开拓进取的人生态度，庄严崇高的道德感、使命感和社会责任感，鲜明的个性意识与集体主义风格，健康开放的文化心态与精神风貌。因此，对国民进行深层的人文启蒙，倡导社会的人文精神，形成公正平等的理性精神和追求真理的科学态度，这是中国稳健地迈向21世纪的重要精神动力。

（原文载于《江海学刊》1999年第2期）

论人学的生存论基础

邹诗鹏

近些年来国内哲学界有关人学及实践观研究对于转变长期以来哲学研究中存在的本体论及客体主义的思维模式，深化和提高哲学研究的总体水平，无疑起到了十分积极的推动作用。但是，公允地说，人学及实践观研究也在很大程度上陷入了主体主义及外在化困境。其实质是人们对于人学的生存论基础缺乏充分自觉。主要表现在：（1）在反叛形而上学的同时没有深入意识到传统形而上学所蕴含的生存论关怀；（2）仅仅在“个体性”、“需要”及“对象化”等意义上所张扬的“人”与“实践”日益遮蔽着人学本该承载的存在论（生存论）内涵，并反过来导致“人”与“实践”陷入一种“无根”状态。上述困境，使人学及实践观研究没有达到应有的理论深度，也难以应对当代人与社会发展以及人自身精神生活所面临的诸多真实问题。

笔者一直认为，人学及实践观研究需要在充分反省自身困境的前提下进一步深化。哲学的最根本的价值在于面对生活世界的信念关怀，而哲学的理论形式也都在自觉或不自觉地追求着这一关怀；之所以如此，就是因为哲学本身所存在的或隐或障的生存论基础。其实，如果真正立足于时下学界纷纷关注的“生活世界”，对人学及实践观的强调本身就应当昭显其生存论基础。本文实际上就是这一思路的一次尝试，具体展开为四部分：（1）揭橥传统哲学形而上学所内蕴的生存论关怀；（2）理解当代人学应有的生存论追求；（3）阐释生存论的内在结构；（4）分析生存论理解的当前困境，强调社会化的人的生成对于理解生存论的前提性意义。通过上述工作，庶几可以澄清一些基本的哲学理解，明确哲学发展的当下状态，尽可能为人学及实践观的深化做点实际工作。

一

生存论、或生活论，即生活的自我理解。生存论实际上表征着哲学作为理解活动所承载的元价值，是人的生活信念的根基所在。如果说哲学是人的存在状况的理性确认，是用某种“精神事实”所表达的人的生存与生活事实，那么透过哲学所采取的理论形式，我们必定能够发现哲学所承诺和维护的生存论根基。大体看来，传统哲学是以异在的理论方式对人的有限生存的确认；而现代哲学则试图以自觉的理论方式确认人的自为的生存。

相对而言，理解传统哲学的生存论关怀要困难得多，这主要是因为在传统哲学中，生存论常被哲学的外在表现形式（形而上学）深深地藏匿起来，以至于我们很容易因为传统形而上学在理论形式上的抽象性与异在性从而指责它缺乏面对生活世界的关怀。

我们今天对于传统形而上学的最深的误解可能就在这里。其实，生存论乃是传统哲学表面上看来异在、隐蔽，但其实却相当实在的基础。人的存在既是物性的存在，也是精神性的存在，而人作为存在物的特点恰恰在于通过精神性的存在去超越物性的存在，因而，要确立起人作为生存者的自我理解，必然要求在纯粹精神现象的层面确立起一种自在根据，这不过是确立形而上学的根据。但在人们的日常理解中，人作为精神性的存在（生存）却常常被忽略，人们习惯于仅仅视人的物性的存在为生存，而精神性的存在倒被视为生存或生活之外的东西，正是基于此，人们以为那抽象的、纯粹的形而上学不仅与人的切己的生存活动无关，而且还遮蔽和漠视着生存论关怀：人们无法发现在日常意识中所理解的物性的“生存”也是以一种被理解的、与人的精神性生存不再敌视的“关系”而内化于形而上学中的；更意识不到人的精神活动本身必定是一件无法回避的生存事实。

看起来形而上学是以一种与自身现实完全异在着的纯粹形式表达出来的，其实倒表现了人的一种要求穿过和超越自身物性的存在方式从而达到某种精神性存在（生存）的自我肯定的本性；看起来形而上学是在确立某种难以逾越的生存状态，实际上是对人的现实的感性生存的实体化的确认——它包含着人们对生存的外部境遇的无限性的臣服与敬畏。既然人自身尚未取得独立的生存能力，那么，人假之于一种抽象性的精神建构以解释并对抗外部必然性并且为人自身有限的生存确立起纯粹的形而上学根据，就是相当必要的。形而上学可能是抽象的，但并非对人的存在毫无意义。这不仅因为人自身所处的异在的生存状态决定了形而上学的抽象的本体论建构方式，而且还因为这种看起来抽象的形而上学建构本身就表达了一种试图用无限性、用精神的自我完善去肯定和超越现实生存之有限性的生活信念。因此，形而上学内在地关涉着生存论。

这样看来，我们对于形而上学的异在性的指责就可能是基于某种当下的浅薄。形而上学实际表现的不过是我们自身生存样态的实体化和本体化。在传统时代，生存的有限性十分明显，人必得凭借形而上学而取得在场权。这倒昭示一个人类生存的基本事实，只要生存状态尚处于为有限性所制约的状态，形而上学就应该是人类的一种无法舍弃的情结，我们现在拒斥形而上学，不过是因为其过于抽象的理论建构已越来越难以承载生活世界的变化，难以表达活生生的人的理想追求。但是，相对而言，形而上学的可能的理论形式要远远弱于其信念承诺，我们反叛或拒斥其理论形式，不过是要突出、还原并理解它对于生活本身的信念承诺。其实，生存的有限性是始终在场的，形而上学作为一种信念也同样始终在场。因而问题并不在于人们需要什么样的形而上学，而是人们竟需要形而上学。在人们的形而上学情结后面所隐蔽的正是那始终没有出场但却一直在场的生存论关怀。生存论是哲学的根本性立场，它本身是不可动摇、不可拆解的，能够动摇和拆解的不过是各种遮蔽生存论的方法以及种种遮蔽着对于生活世界真实理解的意识形态观念。当然，也正是在形而上学的失而复得的遭遇中，在存在意义的被放逐的体验中，我们才能够识别并排除某种生存无限性的迷障与假象，真正进入并理解生活世界，使生存从自在意识升华为自明意识，进而成为人学之自为的基础。

二

生存论从本质上属于现代哲学，因为现代哲学才把哲学的关怀对象从对象世界转向属人世界；把人的自为的生活与实践活动看作哲学的前提。当然，更重要的是，现代以来人类生存境遇已经发生的变化使生存论不再以抽象的形而上学形式，而是作为日益困窘的现实及理性问题摆在人类面前，需得主体作出抉择。

生存论的凸显，确实是由人自身的实践活动所造就的，但生存论对实践活动也具有深刻的阐释意义。生存论是向人的实践活动开放的，必然通过实践活动展开，但生存论本身并不以实体方式、而是以流动方式贯穿实践活动，因而作为实践活动赖以发生的来源的生存论又是实践活动所指出的目标：实践活动就其目的而言，总是在追求一种更加完满的生存。生存论不以实体形式存在于实践活动中，因而，我们在经验的及意识层面上对生存论的“知识”的、对象性的把握就可能是对生存论意蕴的局限与遮蔽。就其本性而言，生存论要求超越知性、超越外在性实践活动，并且拒绝知性化、对象化与实体化；“生存”不应该被当作被占有物看待，生存论不能只是理解为对象化的结果，更不能理解为对象本身；如果说人类实践活动必须通过对象化活动展开，那么，生存论则指向通过这一对象化活动所开显、所生成、所澄明的非对象化。仅仅凭着对象化是不足以确立起物我融一的生存论来的，因为单一的对象化活动只是人的外在的活动，具有物役性，恰恰是在人的对象化活动之上而又指向于自身存在价值的非对象性活动中，人的内在的生存论活动才完整地体现出来。

人的活动既有拓展的一面，也有内收的、能够被还原的一面。现代人作为物种的生存能力早已不是难题，但是，与人类所达到的前所未有的物质文明相比，我们却没有在自我适应能力方面达到应有的高度。人类日益尖端的技术与工业成就始终伴随着生存境遇的逼仄与危机感——它反过来动摇着人类对自身生存能力的自信并且导致了普遍的、挥之不去的精神焦虑。这种精神焦虑显然不是来自人们的物质生活的匮乏，相反，是由于发达却又远不协调的物质文明本身所陷入的严重的短视、无序及恶性循环状态以及人的总体性生命活动正在失去某种与其自然进化意义相符合的张力与协调性；它表现为生存论焦虑，其实质却是精神焦虑，即一种由于非对象性的诗性生活被遮蔽而又不得不直面缺乏精神指向的无根的生活现实的精神焦虑。从这个意义上说，建构自为的生存论也就是要建构一种肯定人的非对象性存在意义的生活形上关怀，从而把人的诗性的精神活动也理解为一种基本的生存事实。

生存论应该是我们满怀敬畏、小心恭护的意义根基；是需要我们通过“沉默”的情怀去“倾听”和“领受”的生命之流；面对着唯一的生存，我们才感到存在的真切的有限性；生存论意味着存在面向生命的开掘与还原、拓展与保全；意味着当我们置身于无法摆脱的异在的生存状况时那来自（竟在!）遥远天际的自身本质的吁请与召唤；意味着某种反复在场的匮乏感与幸存感；意味着那些总是摆在人们面前的种种追问自身存在根据的问题，正是这些令人惊疑的问题一次次把我们引向面对生存的反刍与觉醒。

人的非对象性活动突出地表达为人所特有的诗思活动。在这里，很明显，诗对于存在意义的内在表达要远远超过其表面的情感抒发意味，生存论的表达注定是诗性的而不是知性的或逻各斯的方式。因为知性仅仅表现为对象性和有限性，是客观精神与对立精神的反映；它只是适合于表达对象性的、异在的东西。而诗思活动更益于表现非对象性、内在性与无限性，更益于反映个体的差异性与整体的共在性融溶一体的生活价值，因而，诗思在本质上是存在与理性的忠实表达。

并不是说生存论仅只关涉非对象性活动，外在的、物质的活动同样是生存论的表现且是生存论的自在的、现实的前提。而且，非对象化活动本就置身于对象性活动之中，生存论作为人的实践活动被意识和理解的前提也在于人所特有的对象性活动；是对象化活动使人的非对象化活动及精神活动与动物的无意识区别开来，从而表现为生存论意义上的诗思活动。但是，当我们仅仅只是在外化和客体化的意义上去理解对象化活动时，存在于实践活动中的内在的、精神的活动，即非对象性活动就被自然而然地排斥于对象化活动之外；这种理解甚至导致一个不以为然的偏见：即把生存论完全看成仅仅与人的物质生活条件相关涉的领域，并视之为旧哲学的概念（这或许正是目前我们尚未对生存论给予充分关注的思维根源）。无视非对象性活动的对象化导致了对生存论的扭曲的而且是相当偏狭的理解，生存论不仅需要在外在的对象化活动中展开，更需要在内在的、非对象性活动中展开。我们之所以提出非对象性活动，就是希望通过对非对象化活动的合理理解从而真切而完整地展现和阐释生存论的内涵丰富性，在新的理性高度去阐释和理解人的诗性生活。当然，反过来说，也正是生存论的凸显，才使我们清醒地意识到非对象性活动对人来说的不可或缺的生活价值。①

---

① 关于非对象化在人的本质活动中的意义，因为篇幅所限，我将通过另外一篇文章专门分析。

无疑，生存论是相对于某种外在实践活动来说更为本原的关系。当然不能把实践观等同于外在活动，但是，当我们把生存论视为一种仅供认知操作并因此可以无条件占有的“对象”及“被动物”看待时，实践就已经被外在地理解了，也正是对实践的这种外在理解反过来加深了对生存论真实意蕴的遮蔽。在这个意义上，昭显人学的生存论基础，并不是要否定实践观、否定人学，恰恰是要通过扬弃对人及其实践活动的外在化理解、还原实践观的内在的生存论承诺，从而使得实践观的内涵真正丰满，使人学基础更为牢实。

旧哲学的物质本体论无法确立起生存论基础，而看起来高扬人的存在价值的现代存在主义也不可能。萨特曾把“人”以外的“物”的世界作为“自在的存在”及“存在的现象”悬置起来①，但这种做法却抽掉了人的生存的看起来无限、实则有限的境遇前提，这就必然使对于人及其实践活动的强调在本体论意义上陷入一种自我设定的荒诞境地。事实上，被摒弃掉的“自在的存在”在“直接的生命存在物”的意义上乃是实践活动必须承诺的生态环境基础。而我们所强调的生存论恰恰是把在存在主义哲学中作为外部的恶的无限性理解为生活本身的无限性，把在萨特看来的非理性的“自在的存在”理性地理解为生存论的内在要素，理解为人类发展必须作出前提承诺的生态环境。实践观当然有其本体论的追求，只是实践本体论所强调的本体已不再是物质本体论所说的抽象的、外在于人的“本体”，而是生存论意义上的“本体”，即生存本身。基于传统本体论是无法把“自在的存在”直接理解为生态环境的，因为生态环境本身注定是对于人的生存即实存现实来说的生成性的条件，或者是人类要葆有其族类长久存在必须接受的，并且也是靠自身努力去改善和创造的生存条件，而不是在人的活动之前就已经既定了的僵死的存在。所谓实践本体论应当被理解

① ［法］萨特：《存在与虚无》，陈宣良等译，生活·读书·新知三联书店1987年版，第5—7页。

为实践实存论或实践—生存论。

三

生存论的核心是人的在场性。正是这一点使生存论真正成为哲学的基础。如果说传统哲学是通过异在化的人，即精神形而上学取得在场权的，那么现代哲学则致力于让“人”自己出场，展开人的本质的内涵丰富性，亮出自己作为大写的人的三重身份：真实的个人、社会化的人、自然的人。

这三位一体、互相重叠的身份构成了生存论的内在结构。其间的差异大体是：如果说“真实性的个人”与“自然的人”乃是自为生存论所要追求的目的，那么，社会化的人则是达到自为生存论所必须满足的条件，在这个意义上，社会就是人本身。揭示这一点确实是马克思的贡献。按照马克思的理解，人之所以能够生活，首先是由于他是以社会性的方式存在，生活是人作为“社会性的存在物”才具有的生命活动方式，而社会乃是“人同自然界的完成了的、本质的统一，是自然界的真正复活，是人的实现了的自然主义与自然界的实现了的人本主义”①。马克思确实十分强调人的本质在现实性上的社会规定性，并视之为全面展现人的生存活动的前提。人作为社会性的存在物意味着作为生活主体的人与作为生命主体的人的完成了的统一，即“真实的个人”与“自然的人”的完成了的同一，那种用占有生命的方式所取得的生活其实是用“人本主义”的“人”去占有“自然主义”的“人”，所表征的不过是人在当下现实仍然所处的异在化的存在状况，亦即人的“自身本质”（“社会性的人”）尚未实现的异在的生存状况；在这种状况下，“人的感觉”实际上只是“非社会化的感觉”。而在马克思看来，只有在“社会化的感觉”中，人的那些“属人的本质

① 马克思：《1844年经济学—哲学手稿》，刘丕坤译，人民出版社1979年版，第75页。

的客观地展开的丰富性，主体的、属人的感性的丰富性，……简言之，那些感受人的快乐和确证自己是属人的本质力量的感觉，才或者发展起来，或者产生出来”①。

但马克思并无意于用社会去削弱和湮灭个人。相反，马克思非常强调个人的有差异的活动在人的生存论活动中的重要性。只是在个性的实际展开中，个人真实的活动包括主体间的交往活动往往被异化劳动所掩盖和阻碍，“我的劳动是生命的自由表现，因此是生活的乐趣。在私有制的条件下，它是生命的外化，因为我劳动是为了生存，是为了得到生活资料。我的劳动不是我的生命。……我的个性同我自己疏远到这种程度，以致这种活动为我所痛恨，它对我来说就是一种痛苦，更正确地说，只是活动的假象，因此，劳动在这里也仅仅是一种被迫的活动，它加在我身上仅仅只是由于外在的、偶然的需要，而不是内在的需要”②。正因为如此，需要从经济的、法的和政治的关系上扬弃私有制，扬弃“市民社会”，解放人作为私人及公民的个人独立性；基于此，马克思把共产主义看成“自由人联合体”即“联合起来的个人”，看成“交往形式本身的生产”。③

自为生存论是以个人真实的生命与生活体验活动为前提的。在张扬个人真实性这一点上，人本主义及后现代哲学功不可没。尽管个人体验并非某种难以理喻的、非理性的、神秘的直觉与感性，而是有其合理的、可以解释的，甚至于可称为本体论的根据。但是，就人的现身生存状况而言，个人真实性的展开总是要受到那反复在场的、来自理性符码的整体性的压制与遮蔽，因而，要努力展现个人真实性，就得不断地消解和敞开这一整体性。存在主义的合理意旨就在于对个人现身所处的异化状态的揭示从而强调个人存在的真实性；后现代哲学

① 马克思：《1844 年经济学—哲学手稿》，刘丕坤译，人民出版社 1979 年版，第 79 页。
② 《马克思恩格斯全集》第 42 卷，人民出版社 1979 年版，第 38 页。
③ 《马克思恩格斯全集》第 1 卷，人民出版社 1956 年版，第 77 页。

则把对个体性的非理性的张扬进一步拓展为富含自明性精神的哲学方法论，这种努力有益于破解某种虚假的整体性，促使人们识别并进入对生存论活动的内在理解中。

自然的人，或曰人的自然化，应当是生存论中最“本真”的结构。自然本身确实谈不上生命，它的生命是人作为存在者存在之后才确立起来的。然而，人既是自然生命的确立者，也就应当是自然生命的保护者。人保护自然的生命价值，同时就是保护人自身生命的也即文化与历史的价值。只有人才谈得上生活，并因此使生命赋予文化价值，但却不能由此抬高生活而贬抑生命，把生命看成纯粹物的存在方式。生活是从生命之流中领受的结果而不是占有的结果，生活本于生命，且体现和复归于生命之流。舍此，生活的极富生命关怀、且生生不息的价值就无从谈起。人确实是最高存在物、是万物之灵长。但人的存在的这种独特地位同时也天然地蕴含着一种伦理承诺，人既占有万物，也对万物的存在负有责任；万物的存在是他的存在的直接确证。在这个意义上，自然的人化只是人自身生成的也即生存论问题被提出的环节，只有在人通过自身的历史发展真正实现了“人的自然化”，即人把自身的优长之处不是作为手段，而是作为万物存在的根据时，人的生存才是成熟的。

四

生存论不仅是实践观的外源性基础，也应当是实践观的内源性基础。实践本当是还原和敞开哲学生存论基础的合理的环节。但我们对实践已经形成的主体主义化的和外在化的理解却在不断抛离和遮蔽哲学的生存论基础：一方面，“人”的世界被无限放大；另一方面，作为人类无限生存基源的外部世界又始终是以无“意义”的存在而被置于“人化世界”之外。人们对于外部自然并未确立起生存的与伦理的价值；对于人类生存关系已经发生的重大变化缺乏觉解，伦理仍被天然地局限于人与人之间的“社会性”关系；对现代性反省意识的缺乏以及作为常识存在的人类中心观的不断膨胀更使生存论难以成为人们自觉的理论思维。事实上，迄今为止，生存仍然只是被看作一种怀旧的情结而不是看成已经迫近我们眼前的困难重重的理性事实。另外，由于忽视了精神活动对人的生存活动的内在性，人们难以看到现代人自我异化的实质：单纯的经济活动的异化已经扩大到生存活动的全面异化，特别明显地表现在日益物性化的生活对内在精神活动的严重挤压。

我们尚未对实践进行真实的理论反思与内在批判，对实践的不经批判的盲从反过来又遮蔽着人学的生存论基础。这一情形又与下述事实密切相关：迄今为止，哲学对于生存论的理解仍然停留于自在的层面，即纯粹的人与自然关系层面，而没有上升到自为的层面，即通过社会化的人所拥有的“高级的哲学直观活动”（本质上是社会批判与改造活动）[①] 去肯定人与自然的“活动”统一性。20 世纪异彩纷呈的哲学派别大都显示出非常浓厚的感性化倾向——但却是主张无限拆解整体性与社会性的封闭的个体感性，这种“感性”其实是无法展现为能够真实地体现个体生命价值的生存论活动的；人们很难赋予生活以自为的理解，当代西方哲学并没有意识到社会批判对于理解生活世界的意义所在，因而即使提出“生活世界”、“生活形式”及“主体间性”，也只能局限于先验的或日常的理解，远不及马克思的“生活”、“实践”及“交往”概念的历史厚度；分析哲学之意旨显然在于对既定“范式”（语用与语义规则）的无批判的臣服，它为主体间的交往所提供的乃是一种工具性要求——显然与生存论的内在性要求相悖。究其原因，确实是如同马克思所指出的：“没有把感性世界理解为构成这一世界的个人的共同的、活生生的、感性的活动”，没有把对“感性对象”的批判转化为对“感性活动”的批判，没有把对“世界”

① 《马克思恩格斯全集》第 1 卷，人民出版社 1956 年版，第 48 页。

及其“生活关系”的解释转变成对“世界”及其“生活关系”的改造。[①] 在我们看来，马克思所说的“世界”，并不单指外部世界，更是指人通过自身的实践活动所形成的“世界”，即属人的、社会性的世界；因而，对世界的改造与批判同时必然包含着人的自我改造与批判，尤其包含着在其现实性存在方式之上的自我批判即社会批判。事实上，也只有社会化的人才不致于而且能够把人的实际的生存不再当成感性的对象，而是当成感性的活动并使这种感性获得合理性理解；只有社会化的人才不至于把人当作狭隘的“私人等级”，而是内在地包含着能够促使主体相互交往的主体间性资质，成为自身的生存发展与一切人的生存发展相同的联合起来的“个人”，并且现实地表达为人与自然的生成统一；只有社会化的人才能够把那些导致人自身异化的外在的东西（经济的、法的、政治的、技术的、工业的等）不再当作与自身本质敌对着的存在，而是作为人自身发展的内在要素扬弃在历史中，从而给现代人的发展提供一条切实可行的自我批判与自我改造向度。

因此，我们既应把实践活动看作成熟的现代文化的基础，也应把基于社会化的人的自我批判看成人学及实践观研究通达、澄明和昭示生存论基础的必经环节。

毋庸回避，生存论的确立迄今为止仍是人学与生活世界的难题，就是由于“社会化的人”本身尚在生成之中。个人的自我肯定尚未把“社会化”当作自觉的前提，“社会化”也经常是以异在的、“不堪忍受”的力量与形式强加在现实生活之上的。实际上，我们尚未学会为了生活而生存，而是为了“生存”在回避“生活”，对生存论的体认远未成熟。

社会化的人或自为的人尚待生成，生存论尚未成为哲学的自为的基础。或许我们只得说：哲学尚待转向于人学，“人学”也尚未成为

---

① 《马克思恩格斯全集》第1卷，人民出版社1956年版，第50页。

真正的人学。

说哲学尚未转向于人学，理由竟十分简单，我们尚未学会生存！

（原文载于《江海学刊》1999 年第 4 期）

人学、伦理学与后现代

田海平

人学的世纪回眸：面对人和人类处境的两难，呼唤对人的概念的整体把握

对我们今天的时代作一个恰如其分的描述是困难的。谁不顾及这种困难的程度而冒昧地用一种同一性的概念方式来谈论当今这个多样性的时代，都不能够避开“片面主义”的责难。值此世纪之交，如果对20世纪的重大问题作一个总结，我们不难看到，它的中心问题是人的问题。在此，我愿意冒昧地指出，即将结束的这个世纪是一个人学的世纪。这并不是说，人的问题在我们的这个世纪获得了很好的解决；实际情况毋宁是，人的问题从来没有像20世纪这样以一种异常尖锐的方式提了出来。回眸20世纪人类实践，我们多少可以看到现代人和人类处境中的一系列两难。

人从来没有像今天这样，有如此强大的控制世界的能力；然而，在一个“一切都旋转起来”的世界面前，人也从来没有像今天这样感到自己极端的无力。

当今日之人在享有空前丰富的物质财富的时候，我们从来没有像今天这样体验进步和发展的伟大力量。但是，进步和发展在不断地向人类开放出世界图景的新天地的时候，今日之人却前所未有地经受着

世界的陌化：一方面，世界变得越来越离我们而去，成为人的异己力量；另一方面，人越来越感受到自己的为世所弃，感受到自己的无家可归。因此，我们也从来没有像今天这样有一种大祸临头的感觉，“进步”对人类的存在而言越来越成为一种不能放下的包袱，甚至是一种巨大的破坏性的力量。

现代人不相信任何神、权威和未经批判的思想，他只相信自己的理性能力；可是理性并没有兑现它“创造美好生活”的诺言。从反叛一切权威中成长起来的现代理性作为一个新“神”并没有给人类带来福音，反而一再地给人类制造灾难。20 世纪人类实践表明，当理性演变成疯狂的时候，我们将不再拥有一个可以由人类的算计或筹划就能保障其安全的未来，人类的未来从未像今天这样受到各种不确定性因素的制约，它变得更加飘忽不定。现代人从追求自由和独立出发，却一再地陷入迷信和盲从。20 世纪的众多事件表明，对于以自由、独立、理性和正义之名动员起来的现代人来说，他们最终总是不断地走向目标的反面。

今天，人类在几乎所有的领域都能证明其主体性的身份或地位，人类的这种自我认同应该给人带来无比的自信和自豪。但事实恰恰相反。当人面对在其主体性征服中呻吟的自然界的时候，当人面对日益恶化的生态和环境以及日益枯竭的资源的时候，当我们检讨由主体性占用的合法观念滋养起来的人对待自然的态度或人对待人的态度的时候，我们看到，人类这种主体性身份的自我认同并没有给人类带来希望和信心，相反却将人类带到绝望的边缘。为弘扬人的主体性地位所做的每一分努力，几乎都是以对其他物种的内在价值和其他人的主体性地位的破坏来换取的。今天社会领域的不平等，人类对动物寄生地的毁灭性破坏，以及为了现代人的利益而剥夺我们子孙后代的权利，极度的贫富悬殊，等等，都是与这种个人主义的占有性的主体自我身份的认同相关联的。20 世纪的伟大哲学家在这个问题上可以说基本形成共识，那就是必须将人类从对主体性自我认同的狭隘自负的自信自豪中唤醒，以一种交互主体的观念和意识来看待一切他者。因此，人的主体性地位和身份的每一次证明，在今天并不能增强人类在世的自信，反而是我们今天活在世上更值得忧郁的事情。

可以说，20 世纪人类实践正在把两个世纪以前启蒙思想家们设计的东西付诸实施，这在人类文明史上是空前绝后的。启蒙的目的是使人们摆脱个人的“不成熟状态”和“被奴役状态”，其实质是将个人从一种宗教蒙昧主义和从属性、依附性生存处境下解放出来，它诉诸人类理性的威力，诉诸科学的伟大力量，倡导自由、平等、民主的社会生活。两个世纪以前，哲学家们用“启蒙”这个字眼指称的这种未来主义，是通过诋毁过去和传统使人们瞩目于面向未来的现代性筹划。但是，“历来启蒙的目的都是使人们摆脱恐惧，成为主人。但是完全受到启蒙的世界却充满了巨大的不幸”[①]。启蒙的精神实质是解放个人。但是，这种启蒙精神作为资产阶级借以掌权的工具，一旦变成资本主义制度的意识形态话语形式的时候，它就只是代表了少数富裕的资产者个人的解放。“启蒙”被说成“现代性”，而“完全受到启蒙的世界”则变成了资产阶级长期以来以启蒙精神为基础进行的欺骗。它的后果是，启蒙精神解放个人的主题，是以那种本性“对外扩张”、掠夺、奴役和经济自我利益为最高原则的资本主义的方式得以阐释的。应该说如此解放了的个人对整个地球乃至对整个人类来说都是一场灾难。

从形而上的意义来看，“人是目的”，因而人始终渴望人自身，这是毫无疑义的。但是，问题在于，我们是如何理解我们“始终渴望”的那个“人自身”的。在这个问题上，任何对人的概念的片面的理解都将导致与“目的”背道而驰，最终失落了“人”。20 世纪人类实践中的一切人论难题，足以指证这一点。而在思想的领域，20 世纪对人自身特有的忧患和焦虑也集中在这里。德国学者古茨塔夫·勒内·豪

① ［联邦德国］马克斯·霍克海默、特奥多·W. 阿多尔诺：《启蒙辩证法（哲学片断）》，洪佩郁、蔺月峰译，重庆出版社 1990 年版，第 1 页。

克写道："片面性是我们时代的一种病态，它应当被强有力地加以拒绝。人的'范围'有诸多环节。在'完整'的人的范围内只把某一个别环节绝对化，这属于我们时代的精神分裂。"① 回眸20世纪人类实践，只要稍加分析就会看到，我们今天为"人自身"担忧的真正所在是：关于"人自身"的现代性观点总是一再陷入各种片面性之中。当我们自觉或不自觉地由这种对人的片面性观点指导人类实践的时候，现代人和人类处境的一系列尖锐的两难冲突和内在分裂就发生了。我们看到，医治这种由片面性导致的现代性病症的最好办法，就是寻获对人的概念的整体把握。这是20世纪人类实践，同时也是20世纪人类思想，为"人的本性"担忧的方向及基本人学主题。

人类道德本体的丧失：解构现代伦理，并由道德的现代性重审现代人的概念

20世纪人类实践以前所未有的方式揭示了人和人类处境的两难。造成这一系列两难的根本原因在于，我们赖以构造我们的文化、生活和道德的人学观点是片面的。片面的人学观点必然导致片面的人类实践。整体把握当代人的概念，作为20世纪人类实践和人类思想一直以一种令人忧郁的紧迫性发出的呼唤，内含了一种重新审视以往关于人的各种重要观点的坚定意图。在这一点上，我尤其要强调麦金太尔在他的《德性之后》中阐释的一个基本思想："西方历史的关键性的一步是在18世纪启蒙运动的鼓舞下，企图发现一套合乎理性而又公正的道德原则。……《德性之后》的一个中心论题是：发现这类原则的运动已经决定性地失败了，认识到这一点的时代也已经来到了。"② 麦金

① ［德］古茨塔夫·勒内·豪克：《绝望与信心——论20世纪末的文学和艺术》，李永平译，中国社会科学出版社1992年版，第3页。

② ［美］阿拉斯戴尔·麦金太尔：《德性之后》，龚群、戴扬毅等译，中国社会科学出版社1995年版，麦金太尔为中文本所作的序言，第1页。

太尔把当代西方由种种情感主义主张所代表的道德危机归因于启蒙运动论证道德的失败。尽管我们很难赞同麦金太尔由此开出的拯救人类道德的“济世良方”，但从审视现代人道德生活和道德主张的混乱无序的根源出发对各种现代性的人论假定的片面性进行实质性的“解蔽”，则是麦金太尔极具锋芒的理论透视给予我们的有益启示：即通过“解构”现代伦理，对现代人学或人的片面性概念的病根进行诊治。

现代人类型首先表现为一种现代性道德的建构类型。那么，现代伦理是如何在一种现代人类型及其精神气质中确立人学主题的呢？现代人的伦理正当性和道德合理性是以何种方式得到论证的呢？解答这类问题必然涉及伦理学和人学的解释循环：从现代人的理念来诠释现代伦理，反过来又从现代伦理诠释现代人的理念。这种循环的反思告诉我们：人的片面性概念，本质上源自现代性对人类道德本体的迷失；由此可通过现代道德类型揭示现代人类型之实质，同时也可通过现代人类型揭示现代道德类型之实质。

第一，从现代人的理念看现代道德。现代人这一类型的出现是西方自文艺复兴以来逐步形成的，它最先在发达资本主义国家中慢慢成长起来，并随着资本主义的经济—文化机制的普遍化而渗透到世界各地。按照马克思·舍勒的观点，“资本主义类型的人”是这种现代人类型的代表，与之相关的“无产者类型之人”可看作它的一种特殊变种。尽管有民族的和阶级的变异，但现代人类型仍然是一种独特的可以确切描述的类型，“对这种类型及其生活感来说，世界不再是真实的、有机的‘家园’，而是冷静计算的对象和工作进取的对象，世界不再是爱和冥思的对象，而是计算和工作的对象。”① 现代人的特点是内在的宗教—形而上学根基的丧失，其基本动机结构是尼采所说的“冲动造反逻各斯”。在反叛古典人的理念中诞生的现代人类型，从

① ［德］马克斯·舍勒：《资本主义的未来》，罗悌伦等译，生活·读书·新知三联书店1997年版，第10页。

其精神气质和基本动机结构，构造了现代道德的鲜明形态。例如，（1）几乎所有的现代道德的设计者或解释者都强调个人主义的中心地位；（2）自然主义和感觉主义道德成为现代道德建构的主流；（3）经济自我利益的合法性构成了现代道德的一个独特的特征；（4）一种单向度的责任伦理是现代道德的一大特色，它强调每个自由的人个对自己负责，而忽略了我们对其他人和其他存在物所应承担的责任。可见，现代道德的一个方面是基于自然、物体、感官之人的需求来论证道德合法性，其目的是在重审古代和中世纪道德论证的人性论基础的同时，破除对人的超世俗的、超经验的解释模式，并由此通过正视人的正当的需要、权利、尊严和责任来重新论证道德。这是现代道德的长处。然而，由以资产者市民为代表的现代人类型刻画的现代道德，在寻求道德有效性的过程中诉诸感性经验的、个人偏好的或自然物理的原理或原因，根本无法获得道德有效性的普遍论证。这必然导致一种康德式的先验论的形而上学的道德设计。它又成为现代道德的短处。现代道德的两难以及现代性道德设计的诸种互相敌对或分歧的主张，正是源于现代道德既要求为人的个体性和“本能冲动”的正当权利辩护，又要求一种普遍有效的“逻各斯”力量。各种相互对立的主张为了便于道德有效性的论证，往往通过对人的实体设计作为切入点。如此一来，现代道德由于现代人的宗教—形而上学根基的丧失而失去了人类道德内在的坚实性，这同时也标志着人类道德本体的丧失。

第二，从现代道德看现代人类型。现代人类型构成了现代道德的基本建构方向。现代人的理念是一场“系统的冲动造反”，这在道德建构的主题上，表现为一种发动人身上一切晦暗的、欲求的、本能的东西反抗精神诸神的革命。① 现代道德并没有放弃对道德永恒性或道德普遍有效性根基的寻求，它事实上表现为一场论证道德有效性而最

---

① ［德］马克斯·舍勒：《资本主义的未来》，罗悌伦等译，生活·读书·新知三联书店 1997 年版，第 15 页。

终未获成功的探索史。因此现代道德仍然想为现代人寻找某种确定的、坚实的安身之基，某种至福的普遍有效的人类道德本体，但这种东西已经不存在了。从现代道德的人论立场看，由于本体的丧失，人成为“无家可归”的人，这导致现代道德即使在其宏大的体系综合（如黑格尔的绝对唯心主义体系）中也深蕴着对人的一系列的片面性观点。由于内在性人类道德本体的迷失，现代性道德建构隐蔽了现代人类型的诸种片面性诉求。（1）当现代道德引入自然科学方法探索社会问题的时候，道德主体就被置于一个认识论的主客二分图式之中了。由之形成了一个占有性主体之人的观念。（2）道德主体的个人诉求与它的社会诉求发生尖锐的冲突。社会经济领域的合作关系与将个人理解为孤立的单子式的个人是无法协调的，这就将现代人抛入个人利益和公共利益、个人权利和社会义务、个人自由和社会法权平等诸多方面的矛盾处境之中，而导致了现代人类型自我分裂的特性。（3）由于内在本体的丧失，现代道德对人的分裂导致了各种互竞互争的道德主张和道德立场的两难，摩尔将它概括为“自然主义伦理学”和“形而上学伦理学”的两难。但是，从实际上看，这个两难在现象层面的表现与其理论上的紧张冲突不同，其超验层面通过新教伦理转变为资产阶级禁欲苦行的生活方式和天命观及职业观念，其经验层面则通过市民道德转变为资产阶级对利润的无穷追逐。这两个方面构成了现代人类型的资产者市民的两个特性：禁欲苦行与贪婪攫取。这是现代人类型经常锁合在一起的两种本原性的冲动力。

可见，人的概念，由于现代道德的迷失而被抽象化或被片面化。人由于丧失了道德的本体，因而也丧失了善恶内在性的根基。人的这种处境，用陀思妥耶夫斯基的话说就是，“假如上帝不存在，那么一切都是正当的”。现代人意识到了人类道德本体的丧失对人的存在而言的灾难性后果，例如像康德这样伟大的哲学家也由于要替“老兰普”（康德的仆人）设想而最后决定“必须保留上帝”。虽然现代道德在其早期尚有着各种神圣的、崇高的目的，有着各种宏图大志的道德理想设计，但最终正如麦金太尔所证明的那样，都以失败而告终。现代人是属于这样的一种类型，其中形而上学的丧失魔力是以道德本体意义上的“上帝之死”昭示出来的，它预示着精神内在性的诸领域正在丧失其作为构造人的核心作用，而取而代之的是一种外在的物质性的生活。海德格尔有言：“形而上学是这样的一个历史空间，在其中注定要发生的事情是：超感性世界，即观念，上帝，道德法则，理性权威，进步，最大多数人的最大幸福，文化，文明等，必然丧失其构造力量并且成为虚无的。”① 在现代道德建构的诸多努力中，不论是对那些注定属于“虚无”的形上道德本体的徒劳无益的追寻，还是让道德的旨趣落于日常生活的世俗算计，都以其分裂人、将人抽象化或片面化的方式迷失了人类道德的善恶内在性的基础。人的内在的无根，人对一种工具性和占用性理性（技术理性、工具理性、实用理性等）的价值论认同，人对精神诸神的反叛以及对本能感性的道德赞美，人将经济命运同人本身等同，将“财产、收入、地位、机遇”看作一个人的价值实现，② 等等，这些动向又往往激起了一系列相伴而生的各种相反的极端，成为现代人由于内在的道德本体的迷失而陷入各种片面性的表证。由此，一个伦理学的视野，对于当代人学自觉，便是不可回避的。

伦理学的视野：现代性，后现代性，与整体把握当代人的概念

对现代性的描绘总是与那个莫测高深的所谓“后现代”相联系的。现代性常常被说成一个时代，在它之前是古旧的前现代，在它之后是对它进行颠覆的“后现代”。讨论现代性和后现代性的那些著名

---

① ［德］马丁·海德格尔：《尼采的话“上帝死了”》，见孙周兴编《海德格尔选集》，上海人民出版社 1997 年版，第 775 页。

② ［联邦德国］马克斯·霍克海默、特奥多·W. 阿多尔诺：《启蒙辩证法（哲学片断）》，洪佩郁、蔺月峰译，重庆出版社 1990 年版，第 201 页。

思想家大都对此进行了反驳。例如：丹尼尔·贝尔认为，后现代性是现代性发展的顶点，“它把现代主义逻辑推到极端”，将现代主义“曾经秘而不宣的东西公开宣布为自己的意识形态”；[①] 利奥塔则明确地批判了对现代性或后现代性的时代化的理解，他说：“后现代主义并不是现代主义的末期，而是现代主义的初始状态，而这种状态是川流不息的。”[②] 不论人们今天对后现代或后现代性有多少彼此相异甚至相互对立的不同理解，在我们看来有一点则是共同的：后现代主义或者后现代性是对人类的各种现代梦想的“解蔽”并通过这种“解蔽”使现代性的真实意图清楚明白地显现。因此，“解构”现代伦理，作为我们所说的“整体把握当代人的概念”所必经的环节，已经属于一种后现代的视域了。各种后现代主义，不论是哲学反省的，文艺批评的，历史解剖的，还是文学写作或者艺术创造的，等等，无非是以一种极端现代性的主张造成了对现代性梦想或现代性原则的摧毁。正如我们从现代道德的角度所论证的那样，现代性的一切设计或梦想都是以对人的概念的片面性把握为前提的，那么这种已经发生的“解构现代性”的运动不可逆转地引导我们思考一个基本的伦理学问题：即一种基于对人的概念进行整体把握的伦理建构如何从后现代主义对现代性问题的思考中展现？为此，我们首先要从伦理学的视野看看后现代论争究竟给我们带来了什么。

后现代哲学通过对现代哲学极力强调的“主体性原则”“理性”“同一性”“实体”“自由”“人道”等观念进行“解蔽”，指出了现代性的伦理核心或道德本体是一种虚假的设计。哲学上对现代性这种隐蔽的虚无主义的揭露颇具思想穿透力，它表明现代人在道德本体上的任何形式的“坚持”都是一种将人导向自我失坠的“虚骄”。

---

① ［美］丹尼尔·贝尔：《资本主义文化矛盾》，赵一凡、蒲隆、任晓晋译，生活·读书·新知三联书店 1989 年版，第 98—99 页。

② ［法］利奥塔：《后现代状况（关于知识的报告）》，岛子译，湖南美术出版社 1996 年版，第 207 页。

为此，要从语言、知识形式和叙事方式上寻求转变。后现代写作、后现代艺术和后现代美学，在这个问题上进行了具有强烈震撼性效果的尝试。对宏大叙事的批判，对秩序、整体性和统一性的破坏，对深度模式的拒绝，对本能的完全依赖，等等，以各种新颖的形式披露了现代性话语模式、叙事方式和知识类型的扩张性、虚妄和强制性的特征。“人”，在这种现代性的言说或表达中，被漫画式地抽象为某种观念或某种干瘪的“词语”。

后现代社会思想嵌入资本主义尤其是晚期资本主义的世界观构成，这对资本主义道德构成了挑战。资本主义类型之“人”是现代人类型的典型。现代道德在其三个多世纪里就是要为这种类型的人在各个方面提供道德合理性论证。因此，资产阶级社会在道德理念上缺乏对灾难的准备，丹尼尔·贝尔说：“自由主义气氛使人们习惯于把生存危机视作‘问题’，并寻求解决问题的‘方案’”，而乌托邦主义则相信“经济这一奇妙机器足以使人获得无限的发展”。[①] 然而，以往被现代市民资产者视为毋庸置疑的合法性问题事实上从一开始就隐蔽着一场根本性的危机：被资产阶级奉为圭臬的那些伦理价值理念是成问题的。后现代社会思想对合法性危机的论争表明：资本主义本性上的“对外扩张”、“掠夺”、“欺诈”和“在游戏中作伪”使它所宣扬的价值标准极不可信，“现代主义的真正的问题是信仰问题”[②]；因此，合法性危机表明了资产阶级世界观的消亡。[③]

美国学者乔·霍兰德说，“临近20世纪结束之际，我们以一种破坏性方式达到了现代想象（modern imagination）的极限”[④]，在后现代

① ［美］丹尼尔·贝尔：《资本主义文化矛盾》，赵一凡、蒲隆、任晓晋译，生活·读书·新知三联书店1989年版，第74页。

② ［美］丹尼尔·贝尔：《资本主义文化矛盾》，赵一凡、蒲隆、任晓晋译，生活·读书·新知三联书店1989年版，第74页。

③ ［美］丹尼尔·贝尔：《资本主义文化矛盾》，赵一凡、蒲隆、任晓晋译，生活·读书·新知三联书店1989年版，第100页。

④ ［美］大卫·格里芬编：《后现代精神》，王成兵译，中央编译出版社1998年版，第64页。

主义的解构性立场看来，现代性的那些宏伟蓝图不再是现代人梦中的“蓝花”，它的实现带给人类的是一系列的大小灾祸。当现代人从事那些目光远大的变革，给人类文明设计辉煌灿烂的未来的时候，现代性的难题就已经摆在我们的面前了。这个难题，说到底，是如何把握当代人的概念的难题。透过后现代主义那些异常复杂的外表，整个后现代文化景观其实质都在于凸显被现代性遮蔽了的这个难题。

当现代人将“人性”看成人类一切美好事物的代名词，甚至宗教家们也将人性看作对一切宗教完全有效的一个“总体伦理标准”的时候①，人作为一个物种受到了前所未有的赞美。现代性对人的理解正是基于这种对人的物种概念，它把人这个物种神圣化并让它担负起各种崇高伟大的职责，如此一来，现代性建立了人对一切他者的“狂妄”。人在以往是由于受到外部因素的威胁而为自己的生存而担忧，现代性就是要将人从这种威胁中解放出来，使人成为自己的主人，成为主宰者。实际地说，直到 20 世纪末的人类实践并没有使该课题具备完整的形式②。但是，现代人“为了人类美好未来”或者“为了人类的福利”所做的一切，以及为了“人的解放”所做的诸多努力，与他们欲求的目标恰好是南辕北辙。后现代思想对此所做的反省是独一无二的。它的纷纭复杂的多样性形式都指向一个中心：即深入现代性的核心，重新审视它赖以成立的人论前提。法国哲学家马赛在 1961 年写道：“今天，人为他的本性而担忧起来。他不能肯定，有时甚至否认有人性。人类，第一次，从内心里感觉到这种威胁。”③ 显然，对人的物种把握形成的人和人性以及人的概念，成了 20 世纪最令人忧郁的事情。

---

① 见［瑞士］汉斯·昆《什么是真正的宗教》，见刘小枫主编《20 世纪西方宗教哲学文选》（上卷），上海三联书店 1991 年版，第 21 页。

② 参见［法］蒂洛·夏伯特《现代性与历史》，《第欧根尼》1986 年创刊号。

③ ［法］马赛：《人性的观念和现代人的焦虑》，载法国《哲学研究》人性专辑，1961 年第 3 期。参见《现代外国哲学社会科学文摘》1962 年第 9 期。

后现代主义对现代价值理念、现代话语模式和现代人类型的解蔽，至少在伦理学的视野上将现代性把握人的概念的方式展现出来了：现代性对人的概念的片面性把握，是基于一种对人的物种把握。迷失了人类道德本体的现代伦理学因而是一种物种伦理学。以人的物种存在为基础，现代性关注的那些焦点实际上是人的物种特性。例如：（1）人作为一个物种，它与其他物种的区别或者在其超自然的、精神的、理性的方面，或者在其自然的、物质的、感性的方面，这样理解人便形成了构成现代性思维的二元性特征；（2）由此，寻求两者的统一或同一就成为一切现代性的终极关怀，但这一开始就注定了其失败的命运；（3）如此一来，把人理解为“纯精神的存在”由于丧失了其内在性道德本体的根基，与把人理解为“纯身体的存在”，在基本旨趣上是一致的了；（4）比如，为人类理性寻找超经验根基的努力，最终完成了对人（可以为自然立法，也可以为自我立法）的实体设计；而为人类理性寻找经验基础的努力，也同样完成了类似的对人（人的自我保存、自我完善、自我扩张的本能）的实体设计；（5）因此，道德的两极，自然主义道德和形而上学道德，趋向一致；（6）最后的逻辑必然是，本能冲动的造反，人从自己设计的“云端”中失坠；（7）与之相伴生的伦理学或现代道德以认同人的物种倾向而远离了真正的人性；（8）资本主义道德即是明证，在那里，理性演变为控制，主体性变成了占有，自由成为奴役，人道主义堕落为伪善，此类种种，不一而足；（9）如此，当可看到，现代人以强调“人”的方式失落了人，以对“人”的一再地“大写”瓦解了人，并以解放“人”的方式造成了对人的更为痛苦的奴役。

对人的物种把握是现代性对人的概念的片面性把握的症结所在。现代道德作为一种物种伦理学，在各种情感主义（麦金太尔）的设计中体现出来了，例如，功利主义、个人主义、工具主义、享乐主义、实用主，等等，是其典型代表。当现代性致力于从一种物种的视野中将人与其他物种作出区分，并由此获得对人的理解或把握的时候，就导致了由于对人的分裂而出现的各种观念的对立。这不仅是一个严重的理论问题，而且“对我们的伦理和文化生活的全部内容都有着急迫的威胁”①。事实上，我们可以从人类知识的任何一个部类出发获得我们关于人的物种定义，比如，科学，哲学，神学，都以自己特定的方式而且是彼此毫不通气地确立了自己的人类学。人的道德本性的丧失或宗教—形而上学的失魅，使现代人再也无法回到那个古旧的前现代超验的“沉静而永恒的安宁”中，不仅如此，对往昔这类经验的任何留恋都被证明是一种更为无奈的躁动。“至关紧要的是：现代人的宗教形而上学的绝望恰是产生向外倾泻精力的无止境活动渴望的根源和发端。”② 当现代精神由此一向度对人进行物种把握的时候，而且当人们以前所未有的狂热自我认同于这种片面性的把握的时候，人与人类处境的种种两难就以一种深刻的紧张性全面爆发出来了。西方后现代主义对父权制社会的抨击，对人类中心主义的人道主义的揭露，对占有性主体观念的解构，对各种现代梦想的毁坏；其矛头直接针对这种以人的物种存在为基础的片面性的人论观点。20 世纪 70 年代兴起的生态伦理学以及对人的生态观点或者生态世界观，是这种挑战的最直观、最鲜明的代表。20 世纪初，马克斯·舍勒就已经看到，现代性使人对自身越来越充满疑问，由于人的概念的片面零乱，现代人理念在人的生存规划中走向了一种“纯身体”的界面。这似乎是对人的物种观点的必然结果。问题必然是：如何超越这种物种把握的人的概念？

人类必须学会实现这种超越。今天，人类的这种意识正在觉醒。我国学者目前讨论的“类”哲学问题明确提出了这种主张：即通过对人的“类”的把握来超越对人的物种把握，并由此克服现代性对人的各种片面性。最近的西方后现代主义思想也走向了相近的建设性立场，

① ［德］卡西尔：《人论》，甘阳译，上海译文出版社 1985 年版，第 29 页。

② ［德］马克斯·舍勒：《资本主义的未来》，罗悌伦等译，生活·读书·新知三联书店 1997 年版，第 60 页。

例如倡导建设性后现代主义的美国学者大卫·雷·格里芬在他主编的《后现代精神》一书中就从反对现代性的个人主义、人类中心论、父权制、机械化、经济主义、消费主义、民族主义和军国主义①的价值理念出发，主张探寻人和自然共同的内在价值，以一种有机主义的生态世界观对待一切人与物，这实际上就是主张从人的类特性来理解人。回顾20世纪人类实践，我们对人性的现代性把握对我们的道德和文化生活造成了令人绝望的扭曲和片面化夸张；如果我们换一个视角，不从人的物种规定，而是从人的类本质特性来看人和人类道德，那么就会有这样的觉醒：人的本质或人性的真实并不在于那些将我们人类与自然界、与地球上的其他物种甚至与宇宙生命的任何一种形式相分离的因素，恰恰相反，是一种联合的力量而不是分离的力量才是真正源自人的类本质的力量。从这个意义上说，对人的类的把握而不是单纯的物种把握是走向对人的概念的整体把握的必由之路。“人类必须再一次学会把握那种伟大的、无形的、共同的、存在于生活中的人性的一致性”②，面对我们类的共同性，超越那种物种性的理性算计和工具性控制，重新担负人类的责任。对人的概念的整体把握，以及这种相关性的类意识的文化觉醒，是人类下一个世纪必须致力的人学主题。我们看到，作为对20世纪人类实践的一系列两难的反思与回应，这不仅仅是一个理论探讨的课题，它还须成为未来人类实践和交往的伦理基础。

（原文载于《江海学刊》1999年第4期）

---

① ［美］大卫·格里芬编：《后现代精神》，王成兵译，中央编译出版社1998年版，第237页。

② ［德］马克斯·舍勒：《资本主义的未来》，罗悌伦等译，生活·读书·新知三联书店1997年版，第231页。

人的哲学与生命哲学

张曙光

哲学人学的提出和研究在我国已有十余年，在关于人的存在论、本质论、价值论、发展论等问题的研究上已取得不少成果。然而，我以为，这些成果对于我们作为个体的人而言，既有一定的参考价值，又不无外在性和疏离感。因为在这些研究成果中，人基本上是作为客体和对象而存在的，学者们像论述外部世界的存在、本质、价值、发展一样来论述人的相关问题，虽能给人一些有用的知识，但却难以开启人的人生智慧，让人动情动心、有澄明之感。其实，研究人是研究我们自身，我们对自己的自我把握不但不能单靠外在实证，也不是一个单纯的认识论问题，这里更需要的是一种生存论的视界和态度，即着眼于人的自我感受、自我体验和自我确证。由此观之，我认为，人学研究应当从人的生命出发，并且实质上是关于人的生命的研究；换言之，哲学人学应当是关于人的生命哲学。

一

一个不容争辩的事实是，人始终是一个有生命的存在，生命结束了，人也就不复为人了。所以生死问题对人来说是最大的问题。然而，当人反躬自问、自我认识，追问“人是什么”这一自身之谜时，除少数思想家强调了人是生物学意义上的生命体之外，大多数学者却并未特别看重人的生命，而是以人的活动的某种特有功能或属性作为人的问题的答案。显然，不是学者们不知道人有生命，而是认为“生命”是人的不言而喻的内在条件或生理基础，因而不必特别看重；何况凡动物皆有生命，甚至如荀子所言草木亦有“生”。而人之高于草木禽兽者，在于他有特殊的功能或属性。因而便有了“人是政治动物”“人是语言动物”“人是工具动物”“人是符号动物”，以及人是有“义”有“辨”的动物等说法。然而，孰不知人的功能和属性可以无限地开发和变化，因而任何关于人的功能或属性方面的定义都不可能抓住人的一以贯之的根本规定性，而只能是片面的暂时的界定。更为要害的是，即使上述说法可以概括为人是“社会动物”“文化动物”这类最具一般性的定义，这类定义不仅仍未把人与动物从根本上区别开来，而且陷入自相循环，因为“社会”“文化”作为人创造出来的人的生存方式，正是要靠人来说明的，所以它们不能从根本上来界定人。一个颇为流行的说法是，人是不可界定的，因为他总是经由其活动而变化自己。“人怎样活动，他就是怎样的人”一语于是成为不少论者的托词。然而，人的“活动”可以不体现人所以为人的规定性吗？也没有任何秩序和逻辑可循吗？如果说人的活动总要受制于人的本性、体现人的常道，那么人就并非无从界定。而我国人学研究中存在的最大缺憾，正是对人的正确界定的缺位。

问题的关键在于，对人的界说不能只是着眼于人及其活动的功能或属性，因为这是从外部对人的实证，尽管我们说人是经由其活动而自我生成、自我发展的，因而从一定意义上说人是其活动的产物，但人的活动毕竟是由人自身所引发并外化着人的本质力量的活动。“人自身”“人的本质力量”不仅内在于人，而且应当为人所意识、所体验，我认为，这个内在于人并能够为人所意识、所体验的“人自身”“人的本质力量”就是人的自觉自为的生命。单说生命，固然不能把人和其他生物区别开来，但人的生命是具有自我意识的生命，意识作为人的生命的有机构成和内在标志而存在，“有意识的生命活动直接把人跟动物的生命活动区别开来”①。而意识作为自我意识，我认为首先是人的此在的生命意识：意识到自己现实的生亦意识到自己可能的死，人因而自觉地执着于生而力求推迟或超越死。这样，人不仅意识到自己生命的肉体需要，要过物质生活，而且意识到自己的生命还有精神需要，要过精神生活，因而，肉体和精神遂成为人的生命和生活的两个相互依存相互贯通的层面。人的生命和生活的这两个层面不仅使人超越了纯粹生物学的生命存在，而且将人与神学中永生不死的神灵区别开来，使人有了专属于自己的生命和生活。

更为重要的是，因为人的生命是有意识的生命，所以，人还能够有意识地把自己的生命活动变成自己意识和意志的对象。凭借对自己生命活动的自主支配，人不仅使自己的意识和意志获得了主体性和自由，也使这一主体性和自由体现于生命活动并进而实现于生命活动的对象之中。正因为如此，马克思指出：“动物的生产是片面的，而人的生产则是全面的；动物只是在直接的肉体需要的支配下生产，而人则甚至摆脱肉体的需要进行生产，并且只有在他摆脱了这种需要时才真正地进行生产；动物只生产自己本身，而人则再生产整个自然界；动物的产品直接同它的肉体相联系，而人则自由地与自己的产品相对立。动物只是按照它所属的那个物种的尺度和需要来进行塑造，而人则懂得按照任何物种的尺度来进行生产，并且随时随地都能用内在固有的尺度来衡量对象；所以，人也按照美的规律来塑造物体。”② 在这段话中，马克思首先指出人的生产是全面的，他要再生产整个自然界。人为什么要“全面”地生产即“再生产整个自然界”呢？因为这是人的生命及其活动的“自由自觉”性质的体现和需要，是人的生命最大

① 马克思：《1844 年经济学—哲学手稿》，人民出版社 1979 年版，第 50 页。
② 马克思：《1844 年经济学—哲学手稿》，人民出版社 1979 年版，第 50—51 页。

限度的自我实现、自我享受和自我确证。“人较之动物越是万能，那么，人赖以生活的那个无机自然界的范围也就越广阔。”“人的万能正是表现在他的整个自然界——首先就它是人的直接的生活资料而言，其次就它是人的生命活动的材料、对象和工具而言——变成人的无机的身体。”[①] 自然界在人的生命活动中变成人的无机的身体，也就是变成人的生命的非人格形式，变成人自身的对象化或者说“对象成了他本身”。正因为如此，在人创造的对象世界中，人不仅可以直观自身，亦即认识、理解和欣赏自己的生命机能，而且能够重塑自身，亦即充实、发展和创造自己新的生命。于是，人的生命活力不断得到增强、生命内涵不断得到丰富、生命境界不断得到提升，人的生命由此而赢得了向世界、向未来无限敞开的可能性。马克思在上文的最后指出“人也按照美的规律来塑造物体”。何谓“美的规律”？其实，美的规律也就是人的生命自由地活动、自由地舒展的规律，就是人的生命的自由旋律、自由舞蹈。在人的基本的生命活动形式劳动、实践中就蕴含并生发着美的规律，而人们的劳动、实践一旦达到自由创造状态从而使生命价值得以充分实现，劳动、实践就升华为最能体现生命的自由祈向的艺术活动亦即美的创造、鉴赏和体验活动。从现实的角度看，最接近这种美的创造、鉴赏和体验活动的是有别于职业的人们以生命相许的各种事业，如文学、艺术、体育、科学、政治、外交、经济等。在从事这些事业的生命活动中，人们不仅有了丰富多彩的社会文化生活，而且有了依托于个人肉体和精神生命的社会文化“生命”即各种事业“生命”，如艺术“生命”、学术“生命”、政治“生命”等。人的事业“生命”并不外在于人的肉体和精神生命，而就是它的社会文化形式或社会文化表征。人们之所以特别看重自己的事业“生命”并不惜耗尽自己的肉体和精神生命，正是因为后者只有通过前者才能得到最充分的展示和实现，才能使自己的生命与所属群体和族类的生命

① 马克思：《1844 年经济学—哲学手稿》，人民出版社 1979 年版，第 49 页。

融贯在一起，并因而使生命的意义得到无穷生发和高度澄明。由此，人才能生成为“具有人的本质的全部丰富性的人”，“具有深刻的感受力的丰富的、全面的人”①。

强调人的存在的生命本体，是否意味着贬低劳动、实践在人的生成中的作用？并非如此。因为劳动、实践本来就是人的“生命活动”，因而也就是人的“自我活动”“自由活动”。劳动、实践对于人的肯定、创造作用，其实是人的生命通过其发挥和展现的活动而进行的自我肯定、自我创造。除了人的生命的维系、充盈和生命价值的最大限度的实现，劳动、实践并没有其他目的，因为劳动、实践本来就是从属于人的自觉自为的生命的。可见，作为人的生命活动的劳动、实践和人的生命具有内在同一性。诚然，由于人的生命活动本来就有为环境和自身肉体需要所制约的受动性，以及与自己的意识和意志疏离的可能性，劳动、实践也能够变成“外在的东西”，变成“不属于他的本质的东西”，这就是“异化劳动”。异化劳动是人的“自我牺牲、自我折磨的劳动”，因为“劳动者在自己的劳动中并不肯定自己，而是否定自己，并不感到幸福，而是感到不幸，并不自由地发挥自己的肉体力量和精神力量，而是使自己的肉体受到损伤、精神遭到摧残”②。异化劳动使人的生命也成为“异化的生命”，使人也成为“异化的人”。因为“在这里，活动就是受动；力量就是虚弱；生殖就是去势；劳动者自己的肉体和精神的能力，他个人的生活，就是掉转头来反对他自身的、不依赖于他的、不属于他的活动。这就是自我异化”③。正是站在人的自觉自为的生命的立场上，马克思深刻地批判和分析了异化劳动及其“实践”原因（“异化借以实现的那个手段本身就是实践的”），揭示了扬弃异化劳动的人的生命活动的辩证法。在今天，劳动

① 马克思：《1844 年经济学—哲学手稿》，人民出版社 1979 年版，第 80 页。
② 马克思：《1844 年经济学—哲学手稿》，人民出版社 1979 年版，第 47 页。
③ 马克思：《1844 年经济学—哲学手稿》，人民出版社 1979 年版，第 48 页。

对于我们来说仍然具有谋生的性质，职业和事业也难以区分开来，这正说明我们需要立足生命本位，努力开发人的生命潜能、发展人的生命智慧、提升人的生命境界，使人的生命活动越来越彰显出人的生命的自由真谛。

二

生命是大自然的神奇现象，科学至今未能解开生命之谜。人的自觉自为的生命更是单凭科学理性所不能洞悉的。即使科学有朝一日能够解开生命的密码、说明人的自觉自为的生命的机制，那也仍然不能代替我们自己作为生命体对生命的体验和感受，不能解决生命的价值和意义问题。这也正是“人学”之所以不是科学（虽然人及其生命也是科学研究的对象）而是哲学（虽然哲学也要借鉴生命科学的研究成果）的根本原因之所在。

哲学的人学研究既是人的生命之自我理解、自我体验、自我把握的形式，亦是以人理解、体验和把握自己的生命为鹄的的。而我们对人的生命活动的外在认识和内在体验都表明，人的生命并不是一个现成的透明的结晶体，而是作为矛盾的关系和流变的过程而存在的。我们只有使生命的矛盾的诸方面形成和保持必要的张力，才能在促进生命的和谐的同时，使生命不断地焕发出新的生机和活力，最大限度地实现其价值和意义。我认为，关于人的生命哲学至少应当深入地探讨下列生命问题。

其一，生与死。生死问题是生命的最大问题，人的生命最初的自我意识也是对生与死的意识。一旦意识到自身的生与死，人的生存本能就会力求使自己想方设法避免和超越死亡，宗教产生的一个重要原因即在于此。人对生死问题认识上的进步则在于意识到生命短暂而珍惜生命，意识到死亡不可避免而敢于直面死亡；生命科学关于生命是新陈代谢过程的结论使人懂得生死的相互转化而能够长葆青春推迟衰老；人文和哲学关于人的生命是存在之敞开与显现的洞见则更使人觉悟到自己的生命与天地万物的息息相通、休戚相关而仁民爱物、生死以之。

其二，苦与乐。痛苦与快乐是人的生命的两大情态。痛苦一般来说通向死亡，而快乐则是生命顺遂充盈的表现。所以人们总是本能地趋乐避苦。然而，苦与乐又是相反相成的，且人们越是能够经受得住痛苦的磨炼并战胜痛苦，越会强化自己的生命意志和机能，赢得生命的大欢乐。而耽于快乐则可能使人意志松弛、身心懈怠。所以中国的孟子有“生于忧患，死于安乐”之言。当然，痛苦和快乐都是人的生命的发展所需要的。而苦乐并不只是人的生理感受，它还关乎人的精神境界、生存意义，只有像马克思那样把“为人类幸福而工作”作为人生最大的乐事，才能超越利己与利他的对立以及由此引发的个人狭隘的苦乐感受，在生命机能最大限度的发挥中体验到生命的高贵与伟大。

其三，灵与肉。心灵或精神与肉体是人的生命的两个层面。人的生命首先寓于肉体之中并表现为肉体的活力和健康，因而，体魄的强健和肉体的享受是人的生命自我确证、自我实现的重要内容。但人的肉体所具有的生物学意义上的自利性、受动性、有待性和有限性又的确限制了人的生命自由并成为人类内部“生存斗争”的一大起源。与此形成鲜明比照的是，人的心灵或精神却有着明显的超越性、能动性、自主性和无限性。只有在心灵或精神中，人的生命才能达到自足自适、自由自在、圆润无碍。这便有了灵肉的矛盾。但灵肉有矛盾更有统一，因为它们总是互相制约互相贯通的。由于心灵或精神是人的文化创造社会存在的内化与反映，在人的整个生命活动中起着激励和导向的作用，所以我们更应当重视心灵或精神的健康和提升，并从而使灵肉和谐、身心修美。

其四，感性和理性。感性和理性是人的生命的两大属性和机能，其差异也非常鲜明。感性体现了人的生命的个体性、具象性、生动性、自发性和随意性，是人文价值的发祥地；理性则体现了人的生命的社会性、抽象性、规范性、自觉性和逻辑性，是科学知识的主体根据。人的生命如果缺少感性，就会成为干瘪的木乃伊；而如果缺少理性，就会成为盲目的行尸走肉。但因为两者具有反身的性质和功能，因而往往陷入对立乃至冲突之中。西方思想史上理性主义和非理性主义之争以及中国古代的理欲之辨都说明了这个问题。但是，从实践的观点看，感性和理性又是互相渗透并能够统一起来的。人的感性和感觉器官是在社会实践这一人的生命活动中历史地生成的，“所以社会的人的感觉不同于非社会的人的感觉。只是由于属人的本质的客观地展开的丰富性，主体的、属人的感性的丰富性，即感受音乐的耳朵、感受形式美的眼睛，简言之，那些能感受人的快乐和确证自己是属人的本质力量的感觉，才或者发展起来，或者产生出来”。“五官感觉的形成是以往全部世界史的产物。”[①] 人的理性同样是在人的社会实践中发展起来的，并且同样体现了人的生命本质。认为人的生命本质上是非理性的，理性是对生命的外在限制的看法是相当片面的。即使动物的生命，其合目的性的活动也反映了它所赋有的规则性或理性的萌芽。人的生命的感性和理性之互补互济，是人成为感情丰富、头脑清醒、意志坚定、个性鲜明的人之内在要求。而这样的人才能既有真性情，又有平常心。

其五，表现和体验。人的生命是对象性存在物，外部对象是他所需要的对象，因而人必须通过生命力量的对象化来塑造外部对象并使之从属于自己。而生命的对象化同时就是生命的自我表现、自我证实。在人之外存在的人所需要的对象“是表现和证实他的本质力量所必要的、重要的对象”；“人只有凭借现实的、感性的对象才能表现自己的生命。”[②] 而一个闪耀着真善美光辉的对象世界，则是人的生命之自由

① 马克思：《1844 年经济学—哲学手稿》，人民出版社 1979 年版，第 79 页。
② 马克思：《1844 年经济学—哲学手稿》，人民出版社 1979 年版，第 121 页。

自觉的表现。生命的表现是生命外向的表达，而这种外向的表达反转来内化为生命自身的“属人的本质力量的感觉”，包括“五官感觉”“精神感觉”“实践感觉”。正是凭借这些感觉，人才能够感受和体验凝结了人的本质力量的对象的意义，“因为对我来说任何一个对象的意义（它只对那个与它相适应的感觉说来才有意义）都以我的感觉所能感知的程度为限”①。感受和体验“对象的意义”同时也就是感受和体验生命及其活动的意义。人的生命感受和体验是内在的、个人性的，它是人生意义、人生幸福的最终落实。然而，这并不意味着人们的感受和体验是互不通的、相互封闭的，因为人的生命感受和体验与人的生命表现是互相依存、互相转化的，只有在生命表现和体验被人为割裂的情况下，“体验”才会自我封闭并逐渐贫乏，而“表现”也将流为丧失和异化，——这正是生命及其活动自我分裂、自相反对的结果。在异化劳动中所发生的就是这种悲剧。而只要劳动真正成为人的自由自觉的生命活动，人类内部的对抗变成每个人都是施爱者和被爱者，人的生命感受和体验就会彻底消除“利己主义”性质，成为具有人类性即人人都可以共享的生命感受和体验，这就是马克思所说的“别人的感觉和享受也成了我自己的所有物”那样一种境界②。

其六，系统和过程。人的生命是一个极其复杂而巨大的有机系统，这个系统又由许多互相贯通互为因果的子系统构成，在整体上呈现为高度统一的自觉自为的主体。诚如黑格尔所言：生命的一切器官肢体，“均彼此在不同时间内互为目的，互为手段。所以生命既是开始的特殊化作用，又是达到否定的自为存在着的统一的结果，因而生命在它的肉体里只是作为辩证的过程和它自身相结合。所以生命本质上是活生生的东西，而且就它的直接性看来，即是这一活生生的个体”③。生

① 马克思：《1844 年经济学—哲学手稿》，人民出版社 1979 年版，第 79 页。
② 马克思：《1844 年经济学—哲学手稿》，人民出版社 1979 年版，第 78 页。
③ ［德］黑格尔：《小逻辑》，贺麟译，商务印书馆 1980 年版，第 404 页。

命作为“活生生的东西”必定是也只能是开放系统，因而它既是构成的，又是不断地生成着的；既是现实的，又是向新的可能进化着的，所以生命又是以未来为取向的过程。生命固然存在于当下，但“当下”不仅意味着未来的现在化而且意味着当下的非现在化，即成为过去。所以生命的最大价值和充分实现只能发生于奔向未来的时间之流中。时间由此而在生命中获得了充分的意义，因为“时间就是建设”①。诚然，时间是建设性的，又是破坏性的；人的生命在自我发展的同时，也在消亡着。但是，生命个体的死亡不仅是其族类生生不息的环节，而且人的生命个体通过“立德、立功、立言”的活动使自己的生命力量和智慧融入后人的生命活动中，从而在社会文化的意义上获得了长存和不朽。以此观之，古今中外整个人类又是一个绝大的生命系统和生命过程，这个人类生命总体与一切非人类的生命连同其无机自然界又构成无限进化着的生态系统和过程，它便是我们每个人的终极关怀所在。

我们还可以列举出更多的人的生命问题，但上述六大问题在所有的人的生命问题中，当更具根本性和普遍性。只有从哲学的高度深入地反思和澄明了这六大问题，人在当代的自我寻找与发现才算真正取得了进展。

（原文载于《江海学刊》1999 年第 4 期）

① 转引自［比利时］伊·普里戈津等《从混沌到有序》，曾庆宏、沈小峰译，上海译文出版社 1987 年版，第 359 页。

意义：在当代人学理论的视域内

袁祖社

人生于世，区别于动物者，无非在于人是追求意义的动物。人为意义而活着，在意义的指引和推动下又去创造新的意义。失去意义，人便复归于动物。那么，何谓意义，意义的本质是什么，人与意义是什么关系，意义生成的根本途径是什么呢？

西方哲学对意义的探索由来已久。自洛克和休谟提出观念论的意义论，穆勒和罗素提出指称论的意义以来，先后出现过早期维特根斯坦的图像论的意义论，戴维森的真理论的意义论，后期维特根斯坦的工具论的意义论，胡塞尔的意向论的意义论和海德格尔与伽达默尔的理解论的意义论。大致来说，分析哲学和现象学主要集中在对语言表达式的意义如何确定上，而解释学主要集中在对语言作品——文本（Text）的意义如何解读、理解和把握上。它们在这两个方面作出了积极而有益的探索，提出过不少精当见解和正确原则。这些见解和原则尽管是针对语言表达式和语言文体的，但对分析和解读其他符号表达式和其他文本载体仍然基本适用，并且对于我们在当代视野中研究意义问题是富有启发性的。

所谓意义，在当代人学理论的视域内，是指与人相关，由人类实践所构成，与自然、社会相联结的非实体世界。在汉语系统中，“意义”的含义是比较含混的。一般认为，它至少有两种含义：一是意思（Meaning），当我们分析某段话或某个“文本”有什么意义时，它所指的便是其中的“意思”，也即其“含义”。“意思”旨在对文本进行客观的、对象性的描述，表征的是所谓关于对象的“客观知识”。如何超越主体，在对对象的描述中剔除人的“主观偏见”而获得客观性知识，则是传统认识论的根本任务。二是意义（Significance），它所指称的是某物、某件事的重要性或其价值，即其所具有的“意义”。“意义”是主体参与其中的，对主体与对象之关联的领悟，并含有由此种领悟而对主体与社会产生的影响、作用。就是说，它不是纯粹、客观的，它包含了主体的认同。对于人与社会来说，意义意味着不应忽略的某些蕴含着“重要性”的东西。归纳起来，意义：（1）是关涉自然、社会与人生，联结理论与实际的关系范畴，是将自然、社会、人生有机整合起来的整体，是一切价值得以成立的基础或根据，因而是真正意义上的与人关联的本体。现实的人生意义、人类的命运体现为一定阶段人与对象之间具有什么样的关系，有哪些关系，以及对关系领悟到何种程度。（2）是稳定性和流动性相统一的范畴。承认自然和社会对人生有意义，承认人的生活是有意义的，这是肯定的，也是稳定不变的；但是历史对于我们今天的意义会随着时间性而流动，自然对于人类的意义也会随着时间性而流动，技术对于社会的意义更为时间性所制约。由于意义是稳定性和流动性的统一，对意义的发现、理解和诠释便成为人类精神活动的基本内容。（3）从价值论意义上说，意义又是规范性和自觉性的统一。一切意义，离开了人类之规范，离开了社会的普遍认可，它只能是意见而不构成意义；同时，无论对个体还是群体而言，意义的产生必须以普遍的自觉为前提，没有人的自觉，同样也不能构成意义。人生的意义在自我的绽放、展现中体现，在对象的进入与统摄中体现，是一个意义生成与规范相统一的过程，是一个自我不断领悟并跃入新境界的流动的过程。（4）意义对人类来说，又是现实性和理想性的统一，它既体现人的价值观念，又表达人的生活目的。我们说这个世界是有意义的，一方面是说它有现实的意义，同时也在说明它自身的价值与目的的统一。人生的发展是获取当下状态并不断超越状态，使自我进入可能性的过程。可能性高于现实性、理想性规定并提升着现实性。人的出现赋予世界以生生不已的活力，世界的生生不已又表征着生命的意义。

总之，意义作为本体，体现出自然、社会与人类命运的关联，指称着它作为关系范畴所具有着的流动性和稳定性、规范性和自觉性、现实性和理想性相统一的基本特征。

意义与人之间，存在着双向的辩证同构关系。从意义的观点看，领悟人与对象的关系就是了解对象对于人的影响和作用，也就是认识和把握自己的命运，从而追寻和获得人之为“人”的基本存在方式。正如海德格尔所言：人于何处对自己的存在有所作为，有所领悟，他就于何处实际存在。就人与对象的关系而言，意义存在于关系之中。人在多大范围内拥有关系，人对关系有什么样的理解，人就在何种“意义”上获得自我的规定，换言之，人在何种程度上拥有与对象的关系，他就在何种程度上拥有自身；人对其拥有的关系有何种理解，他就在何种程度上成为人。这表明，人自觉到对对象的拥有即拥有自己。据此，我们还可以对“意义”做如下的区别与理解：其一，在人与世界所构成的整体中，世界无疑构成一切个人所关注的境域和“投射”的开端，人通过对自身与世界整体关系的抽象思考而获得人的“终极意义”和“一般人性”，从而引导人朝着成为“人”的方向永恒进取。其二，人在对对象的现实关联的领悟中获取自身的性质与规定，从而实现各自差异的“自我”。其三，一般人性成为个性差异的基础，个性差异又表现着一般人性，人的发展就体现在人之“现实生存状态”向“终极意义”的永恒递进之中，体现在差异个体向一般人性的无限回归之中。超越现存的东西，具备未来意识是人最显著的特征。

意义问题的核心是人的意义问题。意义世界的意义，近乎不言而喻。因为，一方面，人之为人，不仅在于他有能力认识对象、改造对象，而且在于他有需要、能意识到需要、并为满足需要而认识和改造对象，换句话说，在于他能够产生和体验需要。并据此判定对象对人的功用，形成一套意义系统，从而，既为认识和改造对象提供动机性愿望动力，也为它提供方向、目的性导引；另一方面，意义是被创造出来的，人就是意义的创造者；意义需要被理解，人具有理解的能力；意义需要得到表达，人把握着表达的手段。人怎样创造意义、怎样理解意义、怎样表达意义，意义也就是怎样的。在实际生活中这三个方面是一个统一而不可分的过程。在这个过程中，意义才成为意义。而使意义成为意义的这个过程就是人之为人的过程，也就是人的意义。

从意义的生成途径来看，它一点也不神秘，而是有着其实践人类学的根据。马克思在《关于费尔巴哈提纲》的最后一条中指出，以往的哲学家只是以不同的方式解释世界，而问题在于改变世界。所谓改变世界，就是改造先在的自然界，打破它原有的结构和秩序，从而创造出自然界所不曾有的形式来。这个形式正是人所需要的，由于形式变成了与人的目的相一致的目的，从而使形式所表达的内容具有了属人的意义。因此，这一过程实质上又是人的心智、思想意识的外化，是内在符号的外化，如果我们把心智、思想意识称为内在符号的话，这个符号外化的过程就是人的各种实践活动的表现方式；这个表现方式对于不在具体活动情境中的其他人来说就是一种表达式，人们通过这个表达式就可以借助于猜测、推断、直觉等感性和理性的手段，理解和把握实践活动的主体之所以进行该活动的目的、动机和能力等。人类通过实践活动改变世界这种特有的方式可称为实践语言。实践语言是人类掌握世界的最基本的方式，因而也是人类文化体系中最基本的内容。

实践作为人类使用和制造工具的物质性活动，它是构成自然界与人类社会相互关系的桥梁，是构成世界对人生之意义的基石。我们知道，世界对人类的意义不是自然形成的，而是在实践中形成的。正是由于人类的实践活动，才使自然由自在的变成人化的，即与人有关系、对人有意义、被人类利用和改造过的自然；同样，也正是由于实践活动，才使人类自身这个自然存在物实现了自然的人化，使人真正成为有思想，有精神生活，有意义世界的人。所以，意义作为人与世界的一种关系，是由社会的实践所构成的，实践是意义世界的根据；同时，正是意义世界的构成，才体现、展示了人类实践活动的能力、过程和结果，才使人类的实践区别于黑猩猩的劳作或工蜂的筑巢。稍稍展开来说，人类的语言文字是在劳动中形成的一种具有认识功能和实践功能的符号；人类的知、情、意心理结构，也是人类亿万年的实践内化积淀而成，感知的人化、大脑的人化、意识的人化是人类亿万年实践活动的结果和展开。就社会而言，一切自觉性、规范性的观念系统，一切历史性、恒久性的意识形态，也都是历史实践的产物。虽然这种从实践活动到内化积淀再到族类获得性遗传逐步实现的链条极为漫长和复杂，但其内在的联系却是不能否认的。西方的实践哲学传统在这方面为我们提供了一系列可供发掘的思想资料，而自马克思以来的实践人类学的发展则为我们提供了哲学的支持。

在本文里，我们一方面承认意义世界与实践活动不可分离，意义是实践的结果和展开；另一方面又把意义看作本体，而不把实践作为本体。如此立论主要基于两个方面的考虑：一方面，实践作为一种活动，一种动态的过程，具有更大的流动性，无法通过理性的反思对它加以结构性界定，也不可能以之为中心，通过联系天地人之交互作用，结合社会精神生活面貌，推演出哲学的逻辑结构系统。这在时下诸多实践本体论著述中都有表现；另一方面，从哲学与人生的关系来看，抓住意义，通过对意义世界的理性分析和反思还原，更有益于引发人生对智慧的体悟与追求，从而引导人们的精神生活，进而熔铸和统摄时代精神。这显然是把实践作为本体所无法实现的。简而言之，在承认人离不开自然、社会而存在，社会实践活动对于人生有不可替代的作用的前提下，主张意义成为本体，是经过理性的反思与探究后的一种选择或取向。

人是一种意义的动物。动物则和它的生命活动是直接同一的，因此是自在的，无所谓意义的。可是，生存意义对于人来说则带有本体论意味，它使人是其所当是，从而按照意义所昭示的理想境界重塑自己，使自身趋向应当所是的样子。正因为如此，人类才成为宇宙中唯一没有等价物的存在。人的意义世界引导人不断地超越本能，提升自我，从而获得尊严。

意义世界为人们提供信仰之源。意义的缺乏必将导致人的存在本身的危机。其后果有二：在微观上，它将引发个体的人的信仰危机，从而使道德感缺乏必要的精神基础；在宏观上，意义的遮蔽还将危及整个社会的有机整合。首先，人的道德感的获得有赖于意义世界的确立。康德认为，道德必须基于某些基本预设，这些悬设就是永生、积极意义下的自由和神的存在。对“永生”的追求意味着理想境界的设定；“积极的自由”则是以自律为特征的意志自由的表现；“神的存在”则不过是被宗教外观所包裹的对绝对价值的信仰。这三者归根到底都取决于对人的生存意义的肯定和正视。但是，在整个社会的日益世俗化的过程中，它们都分别被消解掉了。永生的观念被及时行乐的世纪末情绪取代；积极的自由被以外在他律为特征的消极自由取代；“神的存在”则在去圣化的进程中土崩瓦解。于是，人们面临着道德崩溃的结局。其次，就操作层面来说，整个社会的有机整合，需要社会成员对意义尺度的普遍认同。这是一个社会保持真正稳定而非表面稳定的重要前提。社会整体系统对自然有机性质的维系，是一个社会赖以存在的前提。它除了需要某种必要的体制和制度保障之外，还需要更深层次的支撑，即社会的精神资源。其最深沉的基础即是人对意义世界的终极观照。

把“意义”作为当代人学理论的本体，同样从根本上体现了当今的时代精神。我们认为，意义的世界是一个开放的世界，它是一种人文观念的精神体现。从根源上说，它是人类社会实践的结果；从表现上看，它又是人类精神生活的折射。自二战以来的世界格局不断变化，由争而和，由和而分，由分而争，又由争而趋向新的缓和和融合，这种政治格局的变化为人类的精神生活提供了深厚的现实基础和丰富的养分。就社会生活而言，全球范围内经济的市场化取向，政治的民主化走向，科学技术的加速发展趋势，都促使人们的生活方式发生变化。由现代化带来的现代病，由东西交流带来的文化融合，由世纪交替引发而来的未来意识强化，都构成社会精神生活的必要要素。简单地用几句话无法统摄我们这个时代的精神，但透过一系列变化，却可以看出人类正在寻求新的生活方式，正处在寻求意义世界的十字路口。“怎样才能生活得更好?”这是个现实的问题，大家都在讨论它，但它还不能算是哲学的问题，“什么样的生活才是更好的生活”？“到底为什么而活着”？这才是具有永恒价值的问题，需要人类不断去解答它。我们今天的回答显然不同于昨天的回答。过去是“为了革命、为了斗争而活着”，现在则是“为了建设，为了发展而活着”。意义本体的实现正在于人类生活意义的转换。在现时代，斗争的哲学、革命的哲学正在转换为寻求生活意义的哲学，这就是意义本体论人学提出的时代背景。“生活世界”是“有意义”的世界。“生活世界”的意义，在于它是人类创造的、实现人类自身发展的世界。也正是从人类寻求新的生活意义的时代精神中，我们摄取了意义世界这个根本，并主张“意义”应成为当代人学理论视域的核心。

（原文载于《江海学刊》1999 年第 4 期）

“人”的双重生命观：种生命与类生命

高清海

一

人虽来自动物，却与动物有重大分别；人是生命存在，又从不满足于生命的生存。这可以说是人之为人的共有的认识和体验。当原始人意识到自己是人，并试图去追求人的生活时，就开始了寻找与动物“有别”的内容和根据的漫长的探索过程。人们在“人是动物”这一论断中加进各种词语，如思想动物、理性动物、社会动物、工具动物、语言动物、文化动物等，为的就是表明人与动物有别的高贵特质；在相当长的历史时期里，人把自己设想成为“神”的后代，以为人身上流淌着的是神圣的血液，也是为了显示人对动物的这种高贵性和优越性。

人与动物的分别究竟是什么，人之为人的高贵处究竟在哪里？

这个问题不只是有关人的论断问题、认识问题，而且是直接关系到人作为人的生存和生活的重大问题。人该怎样生活，人活着的意义何在，什么才是人的真正生活和能够称之为人的活法？人不会满足于庸碌无为的生存，人活着总要追求点什么，以实现人的自我价值。所以，对于动物，不存在“为动物之道”的问题，而作为人，却必须讲求“做人之道”，不断去审视、规划、校正自己的人生目标和生活道路。这件事的本身，应该说就体现着人与动物、人的生活与动物生存的分别，显示了人作为人的高贵性和优越性。

人不满足于生命支配的本能生活，人的生活是经过理解的生活，人要规划自己的人生、创造自己的价值，这说明“人”作为人已超越了“生命”的局限，要去追求高于生命、具有永恒意义的东西，已属“超物之物”“超生命的生命体”，这才所以称之为“人”；因此我们把握人，也就不能把他再看作单纯的生命存在，仅仅理解为不过是具有某种附加值的动物生命。

人自己创造自己的生活，也就在同时创造着自己的属人生命。人除了有与动物相同的生命以外，还有着与动物不同的生命。我们应当从两重性的观点理解人的本性，也必须以同样的观点理解人的生命，即把人看作有着双重生命的存在：他既有被给予的自然生命，又有自我创生的自为生命。我们可以称前者为“种生命”，称后者为“类生命”。种生命与类生命的分别，可以从我们平常所熟悉的个体生命与社会生命、物质生命与精神生命、自然生命与文化生命、自在生命与价值生命、本能生命与智慧生命等的区别中去理解，因为它们大体上是相当或相互对应的。

之所以提出人有双重生命而非单一生命的观点，这是因为，在我看来，只有从这种双重生命——“种生命”与“类生命”——的观点，才能把握人的真正本性，理解人之为人、人区别于他物，特别是区别于动物的那种特殊的本质和奥秘。

二

生命的产生，是自然进化的一次重大飞跃，人的产生，则是生命进化的一次重大飞跃。

物质发展到生命，一个显著特点就是它使存在具有了自我凝聚的中心，生命自体形成界面，有了它自己的“自在性”，能够和周围的存在区分开来，通过物质和能量的交换不断增生自己。但生命作为生命是仍然要受自然支配的，它的主动权并不在自身。自然创造生命是连同它所需要的环境一块儿创造出来的，特定的生命离不开特定的环境，离开它所需要的环境生命就无法生存，“生命”属于它的环境，自然就是通过环境来主宰生命的。

关于人，马克思有一段精彩的说明。他说：“可以根据意识、宗教或随便别的什么来区别人和动物。一当人们自己开始生产他们所必需的生活资料的时候（这一步是由他们的肉体组织所决定的），他们就开始把自己和动物区别开来。”①

自己生产自己需要的生活资料，不再依赖自然的现成天赐，这就意味着人虽也是生命存在，却根本改变了生命与环境的天然关系：（1）生命由原来依赖环境的生存方式，变成依赖自身活动的生存方式；（2）生命原来属于它的环境的组成部分，对于人的创造活动来说，环境现在变成被改造的对象，反而成为人的生命的组成部分（人的无机的身体）。

这些，也就意味着“生命”的本性发生了根本性的变化：由于人的出现，使自在的生命体同时具有了自为的本性；人把生命变成“自我规定”的自由存在，这样就使生命摆脱了自然的绝对控制和主宰；种生命是有限的，类生命则是无限的，由于人的产生便把有生有死的生命引向了永恒和绝对；原来生命被束缚于它的环境，属于狭小的封闭系统，人的创造活动使它变成能够广泛运用自然的能量充实自己，与万物一体、具有普遍意义的开放系统；如此等等。总之一句话，由于人的出现，使生命的性质、功能、价值、意义都发生了根本变化。

在动物身上，种的生命就是它的一切，动物忙碌一生没有别的追求，保持并延续种代生命，这就是它的最高规定和唯一目标。

对人来说就不同了。人也很宝贵从自然获得的种生命，但人宝贵

① 《马克思恩格斯全集》第3卷，人民出版社1956年版，第24页。

这一生命，只是因为以它为基础和前提，才有可能去创造和实现具有永恒价值的更高的类生命。通过人的生命活动，实现整个存在的一体化，发挥存在本身蕴含的内在潜能，进而赋予自然存在以生活意义，把宇宙渐渐变成生命的活物即类化的存在，这才是人的生命活动的最高目的和价值。所以，人作为人的生活意义，主要不在于他的第一生命，而在于第二生命的创造活动，人不会满足于仅仅活着——像动物那样的生存，而总是要把第一生命引向第二生命，通过第二生命的创造去实现第一生命的价值。

人的出现，赋予“生命”以全新的功能、价值和意义，生命的生存已不再仅仅是为生命本身，而是成为使整个存在走向活化的一个必要环节。不仅如此，人对生命性质的改变，既丰富了生命的内涵，同时也为宇宙的存在增添了新的联系方式，进一步丰富了宇宙存在的内涵。

无生命的存在处于普遍的联系之中，它们依照各自原有的性质也在彼此的相互作用中进行着物质和能量的交换，体现出某种自组织的功能，但这一切都是在随机联系中实现的，无机世界的存在并不具有特定的和稳固的对象性的关系。如果说，生命出现以后，在生物和环境之间建立起稳定的“对象性关系”，从而把事物的联系引向了内在化和有机化；那么，人的出现便又进了一步，他把对象性的关系提高为“自我对象关系”，由此不仅使对象关系普遍化到无限的范围，而且打通了生命与无生命的界限，使非生命存在也具有了某种活性。

从这一意义我们应该说，人是肩负着类化存在的使命来到世上的，所谓人的生命，也可以看作就是“宇宙生命的人格化身”。

三

在日常话语中，谈到一个人的生命，我们常常把它区分为生理生命、心理生命、社会生命、事业生命（如艺术生命、科学生命、体育生命、哲学生命、事业生命等），认为在一个人的身上，这些生命并不完全等同，有的人生理生命虽然很老了，他的心理生命却可以很年轻，或者处于相反的状态，至于事业生命的长短、久暂，在不同人身上的差别就更大了。这样的说法，便反映出人不止一重生命，人的类生命是由人自己的活动所创生这一事实。

“种生命”为人与动物所共有，它是我们通常所理解的“生命”。这种生命的根本特点是：由自然给予，具有自在性质，非人所能自主；服从自然的法则，与肉身结为一体，有生也有死，作为种性同等存在于一切个体身上。

“类生命”则是由人创生的自为生命，仅仅属于人所特有。这种生命作为对种生命的超越，已突破个体局限，与他人、他物融合为一体关系，因而也就获得了永恒、无限的性质；它体现在不同个体身上，由于人的创造活动有别，表现的价值是各有千秋、互不相同的。“类”这一概念与“种”的根本区别之一，就在它不是个体的抽象的统一性质，而是以个体的个性差别为内涵，属于多样性的甚至异质统一体的概念。

过去我们只承认前者是生命，不把类生命认作生命。在我看来，这是由于人们局限于生物学的观点去了解生命，往往以人的本原取代人的变化了的现实本质而形成的结果。如果我们承认人是具有超越生物本质的存在，而人的本质也像蛋白质分子一样具有自我组合生长的性能，那就必然要突破生物生命观点的局限，承认人是能够主宰生命的生命体，具有超出于生物本质的更高的生命本质。

按照马克思的说法，“动物和它的生命活动是直接同一的。动物不把自己同自己的生命活动区别开来。它就是这种生命活动。人则使自己的生命活动本身变成自己的意志和意识的对象。他的生命活动是有意识的”。马克思由此进一步指出，正是这一“有意识的生命活动把人同动物的生命活动直接区别开来”①。

---

① 《马克思恩格斯全集》第42卷，人民出版社1979年版，第96页。

“有意识的生命活动”，就是人所以高贵于动物之所在。动物与它的生命活动直接同一，动物只是属于它的生命即物种，严格来说，这就表明动物并不具有“我”性。只有人才形成了“自我”，能够把生命活动变成自我意志的对象，不仅超越生命本能的支配，而且还能主宰自己的生命活动。应该看到，人之所以为人，正在于对自然生命的这种主宰，在这一意义上，所谓“人”，也就是生命活动的主宰者和支配者的那个存在。[①] 这就是“类生命”的本质，也就是人的“自我”。

我们通常讲人是主体，“主体”这一概念最根本的含义，首先就是指人对自己生命的支配活动说的，人有一个自我的生命本质，支配自己的本能生命活动，才能进而支配人的活动对象、人的生存环境、外部世界存在。自为存在的生命体，就意味着人是自我创造、自我规定的生命存在，这也就是作为主体的自由性。

种生命从父母取得，类生命作为人的自我本质则要靠后天去形成、创造。动物获得生命就同时具有了它的本质，猫生来就是猫，人要成为人却必须经历二次生成。有了种生命只是具备了做人的基础条件，还不能算作真正的人；必须获得第二重生命的本质即类本质，才算有了人的完整生命，称得上完成的人。所以，猫无须去“做猫”，对人来说，却必须去“做人”，然后才能成为人。

我们常说的为人要有人格，“人格”从哲学的意义说，就是自我定位于类生命本质，具有自觉为人的意识和行为。人格含有做人的标尺、规范的意思，这个标尺不能是别的，如身份、地位、权势、智能、财富等，它只能是历史形成的人的“类本质”。类本质体现于生命中，形成个体的类生命。人把自我定位于类生命，自觉地以类的本质去支配自己的生命活动，这就叫人格。相反地，一个人如果缺乏这样的自

① 正是由此决定，动物的生存活动，用马克思的说法，只能遵循一个尺度即物种的尺度，人的活动则可以运用任何种的尺度，因为人除了种生命以外还有一个超越种生命的人自身的“内在的尺度”即“我”的尺度，或“类”的尺度。见《马克思恩格斯全集》第 42 卷，人民出版社 1979 年版，第 97 页。

觉，或者把自我定位于本能生命，使类生命完全屈从于种生命的需要，这样的人我们不能说他不是人，但可以认为，作为人他在人格上是有欠缺或者不足的。人格意识，就是自觉做人的意识，也就是以类生命为自我本质的意识，一个真正的人，必须具有这样的意识。

四

种生命作为本能生命是自然给予的，只能属于个体所有；类生命属于自为生命，虽然也存在于个体身上，它的内容却只能取自历史积淀的人类所共有的创造成果。

人的生存特点是，人作为生命个体而存在，能力虽然很有限甚至可以说很软弱，但他却能够把诸多个体生命凝聚为统一整体，并以内化的方式去转化外部世界的自然力量，这就使人具有了不可估量的无限巨大的能量和能力。个体生命所凭借和发挥的，实际是人的合成生命即大我的类能量，是内化于人自身的外部世界的强大自然力量。这里体现出人与人、人与自然的本质性的“一体关系”，并表现了人已超越物种限制，把生命变成自在与自为、自我与他我、内存在与外存在、小我与大我相统一的“类存在”的本性。人所具有的强大力量就来源于此。

个体必须获得类的规定，他才能够作为人而存在；种生命必须结合于类生命，它才能够作为人的生命而发挥作用。所以对人来说，肉体生命虽是可宝贵的，他并不具有单独的价值和意义，脱离开类本性和类生命的那种个体生命，与动物的个体生命便没有多大的差别。而从另一方面说，种生命一旦与类生命相结合，经过了类生命的开发，它也就与体现在动物生命中的性质根本不同，原来生命所蕴藏的巨大创造潜能，这时才会以奇迹般的形式迸现出来、发挥出来。从这一意义说，类生命也不具有单独的价值和意义，它也只有结合于个体生命才能发挥它的作为人的生命的价值和意义。

种生命与类生命，前者须以后者为性质规定，后者则以前者为实体依托，各自又只能从对方去实现自身的价值。这里便体现了人的两重生命的不可分割的内在统一关系。

真正说来，种生命和类生命并非两个生命，它们在人身上也不是单独存在的。它们之间及其与人的关系恰好用得上基督教用来形容上帝的那个说法，这里的种生命、类生命和人，正是一种“三位一体”的关系。分别来看它们各有不同的规定，实际上又属于一体的存在。“上帝”本来就是人的对象化存在，上帝的性质当然反映的也只能是人的本性。“三位一体”的性质，用黑格尔的话说，就是表现了人的自我的“否定之否定”的矛盾本性。

“人”不是单一本质的存在，而是充满着矛盾性质，并由矛盾因素所构成，具有开放性的存在系统；作为这一存在系统的核心的“自我”，也不是单一本质的存在，同样是一个“否定之否定”的矛盾系统。“我”的定位点何在？恐怕很难说得清。当“我”指称“我”时，已然超越了“我”，这里已经有了两个“我”：对象的我、说话的我。人们都在追求自我实现，“自我实现”是把我实现为什么？人们因为不满意于当下现实的“我”，才要去追求我的实现，这样实现出来的结果，只能是否定原来那个我、走向另外一个我，否则就是我还没有实现。自我实现的实质变成了自我否定，正是“自我”的这个矛盾本性，困扰了历史上的很多思想家，人们到处寻找自我，却不知究竟存在于何处。其实，自我的矛盾，从根本上来说，表现的正是人的双重生命本性的矛盾。

以往的哲学家在传统哲学观念的支配下，总要去追求人和自我的单一绝对本性，这使他们经常陷入理论的困境难以自拔。现代的哲学家意识到这条路难通，许多人都转向承认人和自我是具有矛盾本性的，不再去追求人的永恒本性。然而问题在于，在众多矛盾因素中，怎样去确定人和自我的基点？这又是一个很大的难题。精神分析学家弗洛伊德从心理过程提出了“自我”的组织结构学说，他把我分解为本我、自我、超我三个因素，认为“本我”是由遗传的本能和欲望构成的原始无意识的心理结构，属于我的本原存在，“自我”是通过知觉意识的中介由外部世界的影响所改变的“本我”的一部分，“超我”则是人性中道德的超个人的方面，代表人的内心中的理想、良知的成分。[①] 弗洛伊德的观点代表了现代人的认识。按照他的看法，自我要同时侍奉三个主子，当然会常常陷入矛盾的困境，处于压抑的状态。这些分析都是符合人的实际状况的。不过弗洛伊德把“我”的基点实际上是放在了“本我”里面，看重的是肉体生命的本能（生的本能，死的本能，特别是性的本能），“外部世界”与他的自我是完全对立的（没有把它也看作属于人和我的构成部分，这同他仅从心理学去理解自我的局限有关），因而他的“自我”不仅总是处于苦闷压抑状态，而且也必然是经常扭曲失真的。

从双重生命观去理解人的自我，这个“我”也是矛盾的，同样有着矛盾的本性、矛盾的构成；但双重生命这种矛盾导致的不光是苦闷和压抑，更重要的是人的永不停滞的自我否定、自我超越、自我发展的历史存在的本性。

“本我”，“自我”，“超我”，究竟哪个是真“我”？这是有关“自我”的基点定位的问题。按照双重生命观的理论，对这一问题只能历史地认识和历史地回答。在人的不同历史发展阶段，人的存在状态不同，自我的定位基点便不同，人的存在性质也因此而有所区别。在这里，绝不能孤立和静止地去看待人的自我，那样就会把自我本性绝对化，因而陷入旧日传统哲学的困境。

关于人的生成和发展，马克思提出过“三阶段”或“三形态”的理论。他认为“人的依赖关系”是最初的社会形态；“以物的依赖性为基础的人的独立性”是人的第二大形态；“建立在个人全面发展和他们共同的社会生产能力成为他们的社会财富这一基础上的自由个

① ［奥地利］弗洛伊德：《自我与本我》，载《弗洛伊德后期著作选》，林尘、张唤民等译，上海译文出版社 1986 年版。

性”是第二个阶段[1]。

这三个阶段，从人所体现的主体形态说，也可以把它们看作社群主体、个人主体和自觉的类主体的依次发展阶段。

人们在初期力量十分软弱的状态下，只能凭借合成生命所凝结的社群力量以求生存。这时个人完全附属于他所生活的群体，个体是没有独立性的。与此相适应，人们也没有形成与人群相分化的“我”的观念，如果我们问他是谁，他会回答他是“狼”或“袋鼠”，即他所属部落的图腾，直到亚里士多德的时代，还保留有“我们不属于自己”“个人是城邦的一部分”的说法。这就是说，“我”的基点那时是定位于社群共同体而非个体的本能生命。随着机器生产、商品贸易、市场经济的发展，人们的交往联系日益扩大，民族地域的历史转变为世界历史，这时个人才有可能成为独立的主体，自主的“我”才有可能成立，人们才会产生与以前完全不同的“我只属于我自己，不属于任何人，也不属于天使和上帝”的观念。这时的“我”才可以说定位在本能生命的基点上。

按照马克思的看法，以个体为本位的社会形态，只是走向“自由人格”联合体这一更高形态的准备阶段。随着人的进一步发展，人和人、人和自然、人和自我都会走向本质统一的一体关系，人们最终毕竟要跳出狭隘自我的局限，自觉定位于类生命本质，进入“大我”的无限广阔天地，因为只有这样才能使生命达到永恒、完全地实现自我。我认为我们今天已经迈进这一新时代的门槛，个体本位提高到自觉的类本位，已成为我们进入 21 世纪面临的主要任务。

五

“人”的问题，向来被看作世间最难解之谜，其所以难就难在他

① 《马克思恩格斯全集》第 46 卷（上），人民出版社 1979 年版，第 104 页。

既是一种生命体，又似乎有着超生命的本性和质能。过去人们无法解释这种性质，只好说“人是什么？一半天使，一半禽兽”。

今天，我们应当改变从单一本性、单一生命去看人的传统观念，确立起人的双重本性观、双重生命观，只有这样的观点才有可能解开人的奥秘。过去人们没有条件这样做，是因为不理解人的实践本性，缺乏把双重观点统一起来的现实基础，那时要说人有双重生命，就会陷入超现实的神秘本源；现在我们既已发现了升华生命本质的人的现实基础，就应坚决摒弃那些沿袭已久的片面化、绝对化的单一生命观念。

按照单一生命的观点，对人我们只能从物种的本性去理解，把人的性质理解为前定的、给予的、永恒的、绝对不变的等，即把人了解为“物”。在历史上，关于人的观点从来都是抽象化的，总是不能把人把握为人，根源就出在这里。人的物化，就是非人化，也就是抽象化。过去并不是完全没有意识到这点，人们也曾试图给人的生命附加这样那样的性质，以便使他超越物的限制，只是，这样做如果不走向神秘化，对问题也只能有少许弥补，无法根本改变问题的性质。如果我们不触及“生命”这一根本点的本质，不承认人已改变了生命的性质、能量、功能，并已把它提高到一种新质的境地，人就始终跳不出物种规定的局限，不可能摆脱人的物化观点，改变人的抽象化形态。

只有从双重生命的观点，才能理解并解释清楚，“人”何以来自物却能超越于物，具有动物生命却又高于动物本质，本属软弱存在却有强大力量，本要肯定自身却在不断自我否定，坚持自我中心却又最为开放外向。有生有死却能创造永恒价值，从自然分化自身反而更深入自然内里，如此种种的自我矛盾性质，进而把人把握为“人”。这是从理论范围说的。

双重生命观对于指导、推动人的现实发展，更有着重大的实际意义。

“人”是人们最熟悉的对象，也是人们最不了解的对象。人们常常以为，父母给了我生命，只要我活着，无论怎样的活法，都理所当然地是一个人，如果有人指责他“不是人，不像人，不够人”，他会看作对他人格的极大侮辱，虽然他在内心或许能够承认他并不是一个“完人，好人”。这是从单一生命观必然会形成的意识。在现实的生活中，我们不必去讳言，由于人们把“人”的标尺定得过低，把做人理解得很轻易，不具人格、不讲人格、缺失人格甚至交易人格的人和事，也就是那种“人形动物”的思想行为，应该说随处可见、比比皆是，至于缺乏时代文明素质的状况就更不必去说了。

当然，我们不能认为这些人就安于这种状况，人都有人的追求，都期望做一个像样的人，谁也不会甘心做人形动物。然而，很多人却并不真正了解人应该是个什么样子，人作为人的真正追求究竟是什么，做人的根本尺度在哪里，人之为人的真正价值如何这些问题。在我看来，要改变人的状况，提高人的素质，需要做很多的工作，其中根本的一件事，就是去重新理解“人”，提高人们“人”的观念，强化人们的人格意识，引导人们走出本能生命的局限，确立人的高尚价值追求。要做到这点，就需要从理论上把人的生命同动物的生命区别开来，建立起人的双重生命观点，使人人都懂得，“人”不是天然的产物，而是一种自觉的追求、要想无愧于人的称号，做真正的人，就要建立“人格意识”、讲求“做人之道”，这是很不容易的一件事，然而人的高贵之处也正在于此。

实际说来，不论人们理论上是否承认双重生命，在现实生活中谁也回避不了人在本性上的这一矛盾。人有善恶之分、好坏之别，为善为恶是好是坏，就要看如何对待和处理这两重生命的关系，特别是要看如何规划、设计、塑造自己的类生命本质。种生命作为自然本质，无所谓善也无所谓恶，它属于求生存的本能需要，关键是类生命如何导向：它既能被引导去向善，发挥出巨大的创造力，也可以被引导去作恶，成为严重的破坏力。古代哲学家试图为人找出一种或善或恶的先天本性，无论持性善说或持性恶说，人们都难以说服对方。但他们有一点是共同的，就是都主张对人要进行教化，为人要讲求修养，不能让生命自然生长，在这方面我国哲学家给我们留下了许多值得继承的宝贵遗产。

我们不能认为种生命的原始本能就是恶，善恶好坏、为己利公这些道德品质只属于类生命的本质规定。以往人们从生命本能得出"自私是人的天性"，明显是混淆了不同的问题；但从另一个方面说，由人的本能生命也不可能自然地生长出善来，对它如果不加以规范引导，任其自然膨胀泛滥，从人的尺度去看，那就是恶。因为人的本能生命总是在类生命的作用下从事活动的，这就意味着类生命放弃了应有的职责，成了本能生命"助纣为虐"的帮凶。所以人若是做起恶来，没有动物能够比得上，那种残酷性、贪婪性、凶暴性、翻新的花样性，最凶猛的野兽看了也会自叹弗如，因为这里发挥作用的实际是人的已经变性了的自为生命。

建立"人是高尚的"这一信念，是做人的起码基础，只有在这一基础上才能谈到培植人的其他文明素质的问题。

这就是我近年来形成的关于"人"的基本看法和主张。

（原载《江海学刊》2001 年第 1 期）

意志问题与人学研究

张明仓

一　意志是人的“感性活动”的内在要素

人，是一个复杂的统一体。按照马克思的观点，人既是一种自然的、个体的存在物，也是一种社会历史的、文化的存在物；既是一种处于传统中的存在物，也是一种面向未来的存在物；既是一种理性的存在物，也是一种非理性的存在物。“现实的人”不仅是一种“感性的对象”，而且应该被理解为一种“感性的活动”，即个体的、同他人结成一定关系的、以自己的实际力量改变着现实世界同时也改变着自身的活动。这样的人及其活动是与现实世界不可分的统一体，这种活动则是以“物质的感性的活动”为基础的“物质的感性活动”与“精神的活动”的统一整体。

意志是一种表示“我要……”（I will）的范畴，它激发于人的需要、愿望的未获满足，并含有一种通过努力来满足一定需要和愿望的“决心”。人的“意志”与本能、欲望、情感、理智一样，是人的精神活动的一部分，它是在人的物质的感性活动（个人的、肉体的、社会的）的基础上变化发展着的；并且，意志还总是渗透在人的观念地和实践地掌握世界的具体活动中，它最终需要通过具体的实践活动获得外化、对象化。人的意志与欲望既相关联又有区别。因为欲望基于本能的需要，受本能的驱使，它仅表现为一种需求，一般不具有鲜明的目的性，也不包含主动进取的意义；而意志则不同，它不仅表示一种意向，即“我需要什么”“我想得到什么”等，而且含有基于某种目的的决心和进取性，即“我要努力来满足这种愿望”。简言之，所谓意志，乃是人在实践基础上自觉地确定目的，并进而根据目的积极地激活和调节自己的力量与活动以掌握一定对象、实现预定目的的精神力量。

人的“意志”与“实践”是辩证关联的。一方面，两者间不是一种“等同关系”或“平行关系”，物质实践是意志的基础，脱离实践的意志必然是“抽象的意志”。具体地说，实践具有“客观现实性”、“自觉能动性”和“社会历史性”，它是人在一定的社会关系中能动地改造对象的社会性的客观物质活动，“是整个现存的感性世界的基础”。任何实践都不是决定于人自身的观念和意志，相反，实践是人的意志的来源和推动意志发展的根本动力，是检验人的意志的合理性的最高标准，是人的意志活动的最终目的和归宿，意志最终只能通过实践才能得以实现，各种意志问题也只有在实践中才能最终得到解决。因此，实践决定意志，对于意志的地位和作用不能片面夸大，更不能把意志本身当成社会历史或世界的基础和本质；应当始终站在现实历史的基础上，不是“从意志出发”解释实践，而要“从物质实践出发”解释意志。另一方面，在一定物质生活条件下，意志与实践又具有一种“互依”“互动”“互释”关系，意志是实践的一个内在要素，对于实践具有不可或缺的定向和调控作用，没有意志的实践必然是“抽象的实践”。作为一种有目的、有意识的自觉能动活动，实践绝不是什么“排除”“净化”了人的意志等主观因素的纯物质性活动。实际上，人的存在及其实践活动与意志作用从一开始就密不可分：现实的人总是有意志的人，现实的实践总是表现为人的观念和意志的物化过程，实践的发展总是内在地包含和要求意志的发展，实践的规律也总是要通过人的有意志活动而得以展开；人的意志通过选择、确定人的活动目的和活动方式，调节、控制着人的实践活动过程，并直接影响具体实践的效果、效能及对实践结果的评价，意志的发展也会促进实践的发展。不包含意志和不受意志影响的人的实践或人的生命活动是不存在的，在这个意义上，解释实践内在地包含着要解释意志，不能正确理解意志而要正确地解释人及人的实践是不可能的。

在实际生活中，人的意志在实践的基础上把需要、欲望、愿望、动机、兴趣、情感等的内容综合为“目的”，并且使之向一定持续性的行动转化；不仅如此，意志还能通过发动、调节或控制某些欲望、愿望、动机、兴趣、情绪、情感等，使之为达到既定目的服务，支配行动以使之符合目的的要求。马克思强调，“专属于人的劳动”的一个重要特征就是具有“有目的的意志”。人不仅使对象物发生形式变化，而且还在对象物中“实现自己的目的，这个目的是他所知道的，是作为规律决定着他的活动的方式和方法的，他必须使他的意志服从这个目的。但是这种服从不是孤立的行为。除了从事劳动的那些器官紧张之外，在整个劳动时间内还需要有作为注意力表现出来的有目的的意志，而且，劳动的内容及其方式和方法越是不能吸引劳动者，劳动者越是不能把劳动当作他自己体力和智力的活动来享受，就越需要这种意志”[①]。能把自己的生命活动变成自己的意志和意识的对象，这是人的生命活动与动物的生命活动的本质区别之一。一切动物的一切有计划的行动，都不能在地球上打下自己的意志的印记。这一点只有人才能做到。动物仅仅利用外部自然界，简单地通过自身的存在在自然界中引起变化；而人则通过他所作出的改变来使外部世界为自己的目的服务，来支配外部世界。这便是人同其他动物的最终的本质的差别。[②]

① 《马克思恩格斯选集》第2卷，人民出版社1995年版，第178页。

② 参见《马克思恩格斯选集》第4卷，人民出版社1995年版，第383页。

二　意志是人的主体势和主体性的内在根据

人的主体势和主体性与人的意志是密不可分的。在马克思主义哲学视域内，主体性是作为主体的社会的人，在观念和实践地掌握外部世界的活动中所形成、发展和显示、实现的对客体的一种实际的主体势作用。而主体势则是主体由自己的主体地位、本质力量和认知定势所决定的对客体的一种自主的、能动的态势和状态，这种自主的、能动的态势和状态表征着主体掌握或占有客体的动因、力量和程度。人在处理同外部世界的关系时之所以能够作为主体而设定客体并具有主体势，就是以人自己的内部世界及其本质力量为内在依托的。

人的内部世界和本质力量是主体势的内在基础和根据，而人的本质力量（即主体能力）则是在社会实践中形成而又潜在于主体内部并在主体和客体的对象性关系中表现出来的客观的能动的力量，是作为主体的人所具有的为了满足自己的一定社会需要而在一定的社会关系中从事对象性活动的内在可能性。主体能力是由多种要素结合而成的复杂结构，而意志就是其中之一，它与“人本身的自然力”“感知—思维力”、“经验—知识力”及“情感力”等一起构成了主体能力结构。如果说，人的感知—思维器官系统是主体能力结构中的物质方面，经验—知识力是主体能力结构中的信息方面，那么，意志与情感形成的“情感—意志力”则是主体能力结构中的能量方面，情感意志是主体能力结构中的动力因素。就此而言，片面强调“我思故我在”是对人的一种误解。罗洛·梅指出：“笛卡尔这一公式恰恰忽略了一个最重要的可变因素；它从思维一下子就跳到了存在，而实际情形则是其中有一个‘我能’作为中介”；罗洛·梅认为，“人的内在经验过程是这样的：‘我想—我能—我欲—我是’。其中，‘我能’和‘我欲’乃是存在的基本经验”；“正是在意向性和意志中，人才体验到他自己的存在。”① 在笔者看来，罗洛·梅上述观点中的合理因素与马克思主义哲学是暗合的。

就意志对于主体势和主体性的意义而言，在人与世界的相互作用中，人固然要受到外部世界的制约，具有受动性；但是，人为了追求自己的对象，实现自己的目的，满足自己的愿望和需要，又总是力图从自己方面去支配和控制这些影响和刺激，并有一种能够实现这种支配和控制的信念、决心与信心。在这种情况下，就会促使主体产生一种意志努力和意志作用。在主体的对象性活动中，其意志努力主要表现在：主体按照自己的愿望和要求，根据自己现实的能力和手段，从多样性的对象世界中有选择地确定自己活动的对象；在复杂多变的外部条件下，排除众多不利影响和刺激的干扰；以高度的注意力，通过发动或抑制某些欲望、愿望、动机、兴趣、情感等使之为达到某一目的服务，支配自己行动以使之符合目的的要求。特别是，当遭遇困难时，主体毅然直面困难，勇往直前，当价值目标发生冲突时，为了更为重要的需要、利益或更为高尚的目的，主体自觉地控制自己相对次要的利益和需要，甚至作出一定的牺牲。意志渗透于主体的一切对象性活动之中，它以主体的客观需要为基础，以主体对客体与自身的价值关系的认识为条件，直接控制着主体活动的发动与停止，调节着活动能量的强弱与速度，特别是激励着主体克服各种困难去争取活动目的的实现。通过意志努力和意志作用，主体对客体才具有了一种主动的和能动的态势即主体势，人的主体性才真正具有了现实意义：人的意志的批判性、激发性、选择性和超越性，使人具有了未完成性和自我创造性、自我超越性；人通过意志活动，不断地发展着自身的主体能力，使其主体性愈益完善。可以说，人的意志的发展过程，也即人的主体性不断完善的过程。换个角度来说，如果没有意志这种特殊的

---

① ［美］罗洛·梅：《爱与意志》，载《罗洛·梅文集》，冯川、陈刚译，中国言实出版社1996年版，第289页。

主体能力，就不可能有什么主体势，就不可能有任何形式的认识或实践活动，人的存在、人的主体性也无从谈起。由此可见，意志不仅是人的主体势和主体性的重要表现和确证，而且是人的主体势和主体性的内在根据。

三　意志问题是永恒的人性问题和哲学难题

意志问题是永恒的人性问题和实践问题。在哲学史中，柏拉图、亚里士多德、奥古斯丁、休谟、康德、黑格尔、叔本华、尼采、马克思、恩格斯等大思想家都曾对此做过非常深刻的阐述[①]。而在当代，随着人类大实践的发展，意志问题更是空前地凸显为举世瞩目的全球性问题和个性问题，因此，它也应该被重新确定为当代哲学研究的重要主题。

“完整的人”是理性与非理性的完美统一体。不过，在人的个性的发展进程中，“现实的人”往往距此有着很大差距。实际上，随着人的发展和社会文明的进化，人的内部构成在发展的过程中也发生了分化，人的理性方面和非理性方面逐渐分化为两个既相联系又相对峙的要素并以外化的方式表现出来，它们的片面发展导致了理性主义和非理性主义。人的理性和非理性的片面发展和理性主义、非理性主义各自的过度张扬，必然带来人性结构内部的严重失衡。人的片面化、平面化、单调化成为普遍现象，人性不健全、不完整带来人的个性的丧失或减弱，造成非常广泛而深刻的“个性问题”。

与片面理性相关的当代人类意志呈两个极端方向发展：一方面，这种片面理性与非理性主义、唯意志主义是相通的。随着科学技术的发展和人类认识、改造世界能力的增强，人们愈益自信甚至自满、自

① 参见张明仓《历史与意志——西方意志论的形态演变、误区及出路探析》，《广东社会科学》1999 年第 3 期。

负起来，许多人狂妄地以为当代人类依靠自身力量已经足以统治自然、控制世界。但是，这种唯意志论的泛滥和技术理性的片面发展，其所实现的却常常只是工具合理性而非价值合理性，并往往导致与人们的预期目的恰恰相反的结果，进一步加剧了人的畸形发展。雅斯贝斯这样描述时代的精神状况：现时代的人们都是一架机器的组成部分，无根生活着的人们对事物和人的爱减弱了，丧失了。“在机器跟前的工人只专注于直接的目标，无暇、也无兴趣去整个儿地思索生活”；“这里发生了一个悖论。人的生活已变得依赖于这架机器了，但这架机器却同时既因其完善也因其瘫痪而行将毁灭人类。”①

另一方面，疏远、烦、虚与委蛇、吸毒、暴力、乱伦、性放纵、冷漠、麻木不仁、沉沦等已经成为当代较为普遍的生活状态。许多人发现：过去曾经激发过他们情感、意志的那些对象和他们自身之间已经有了较大距离。西方有不少学者对这种现象深为关注，美国学者雷斯里·法伯在《意志之路》一书中甚至断言：意志的颓丧正是当今人类的症结所在，当今这个时代应该被称为“意志障碍的时代”②；美国心理分析专家艾伦·惠里斯也指出：在有知识的人当中，标榜“意志力量”已成为过分天真的标志，依靠个人自己的力量来摆脱神经官能症的不幸处境，已不合乎今日的时尚。因为意志力越强大，就越可能被说成是一种“对抗恐惧的策略”，意志的威望已被无意识取代。“意志既已贬值，勇气也一去无踪——因为勇气是为意志服务的，人们对它的评价不可能比它所服侍的主人更高。在我们对人性的理解中，失去的是意志力，得到的是决定论。”③ 罗洛·梅对此深有同感，他在《爱与意志》一书中感叹道：“的确，可以公正地说，现代人的‘神经

① ［德］卡尔·雅斯贝斯：《时代的精神状况》，王德峰译，上海译文出版社 1997 年版，第 43、53 页。

② Leslie Farber, *The Ways of the Will*, New York: Basic Books, 1965, p. 46.

③ Alan Wheelis, Will and Psychoanalysis, *Journal of American Psychoanalytic Association*, Ⅳ 2, April, 1956, p. 256.

官能症'，其核心症结就在于意志的丧失，决策能力的丧失，和个人责任感的丧失，意志的丧失远不只是纯粹的伦理学问题；因为，现代人往往这样想：即使我行使了我的'意志'（或无论什么类似于意志的幻像），我的行动仍然于事无补”；他指出，“意志和抉择的矛盾，是我们这个过渡时代心理动荡的一种不可避免的表现。我们意志和决策力的固有基础，已经遭到彻底的不可挽回的破坏。可笑的是（如果不说可悲的话），恰恰在这样一个万方多难的时代，当技术力量如此过分地膨胀，意志和抉择显得如此关键的时候，我们却发现自己缺乏任何新的意志基础”[①]。在他看来，意志的沦丧使当代人类瘫痪于进退两难处境。罗洛·梅还对法伯所谓的“意志障碍的根源”做了深入剖析，他认为：意志的对立面并非犹豫（实际上，正如威廉·詹姆士所说，犹豫可能表现了努力做出决定时的挣扎），而是“不介入、脱离和不与有意义的事件发生关系。否则意志的问题就根本不会发生”[②]；意志障碍的根源就在于“冷漠”，冷漠乃是情感的萎缩，它开始可能表现为虚与委蛇和不关切、不动心的旁观；冷漠犹如弗洛伊德所谓的“死亡本能”，乃是使主动精神逐渐地消退，直到人发现生命本身也随之而去。

上述现象在当代中国也以独特的形式存在着。在消极的意义上，随着中国现代化的发展，在许多人那里，当年的“政治挂帅”已经被“经济挂帅”取代，利益标准、物化机制、交换原则几乎渗透到一切非经济领域，理想迷失、信念倾斜、道德失范、艺术衰颓、意志薄弱、精神萎缩等已绝非盛世危言；而媚俗文化却凭借其利润效果和现代传媒而迅速播散，客观上操纵着文化主流，诱使文化平庸化、均质化、模式化，使大众在相当程度上丧失自由选择的空间和自我决断的禀赋。

---

① ［美］罗洛·梅：《爱与意志》，载《罗洛·梅文集》，冯川、陈刚译，中国言实出版社1996年版，第214—215页。

② ［美］罗洛·梅：《爱与意志》，载《罗洛·梅文集》，冯川、陈刚译，中国言实出版社1996年版，第33页。

而科技至上主义、自我中心主义、享乐主义与经济沙文主义等的合流更使一系列严峻的现代性问题空前凸显，它们都逐步成为当代中国人当下遭遇的情境。愈益严重的“人性问题”是人类意志的不合理性及人类生存方式的内在矛盾和危机的深刻反映，它迫使人们向文明的内在演进逻辑和人类的自决自控能力质疑，鞭策人们对人的意志进行反思、批判和规范，要求人们努力扭转“人性扭曲”的局面以实现人的全面自由发展。在积极的意义上，无论是发展社会主义市场经济，还是建设社会主义民主政治，都有赖于培育大量相对独立的、成熟的利益主体和意志主体，并在全社会“解放思想”的同时也“解放意志”“规范意志”。唯其如此，才能真正充分调动我国全体社会成员的积极性、主动性和创造性，并保证整个社会在相对稳定、有序、有利的环境中持续协调地发展。事实上，任何进步的社会革命、社会改革，都必然反映了大多数社会成员的共同利益和意志，而任何获得成功的社会革命、社会改革则都必须有效地调动、集中广大群众的意志和力量。相对于过去高度集权、高度僵化的体制来说，建设有中国特色的社会主义，既是对个体意志与集体意志、国家意志与社会意志之间关系的一种合理重建，也是促进中国公众意志自由和全面发展的一种必然的、合理的选择，而要实现这一宏伟目标，不对人的意志进行合理的反思、批判和规范是不可想象的。

四　意志研究是当代人学研究的重要生长点

在中外人学史上，形形色色的人学理论曾以自然、抽象的人、理性、情感、意志等作为自己的理论出发点，对人及其意志问题做了各具特色的论述。但是，由于种种原因，它们都不能全面地把握人的实践所固有的如下内在矛盾：一方面，实践是人的有目的的自觉能动活动，它含有意志等主观因素，并受意志的调控；另一方面，实践又是作为物质实体的人通过工具等物质手段与作为物质对象的世界之间进行物质变换的客观过程。对实践的内在矛盾的片面理解决定了旧哲学都不可能有科学的实践观，也不可能以实践的观点合理地理解人及人的意志。马克思哲学与这些抽象人学截然不同，它不再“只是从客体的或者直观的形式去理解”人和感性世界，也不再局限在精神范围内理解人的意志，或“从意志出发”理解和解释人与世界，而是自觉地“从物质实践出发”理解和解释人及人的意志。在坚持外部自然界的优先地位的前提下，马克思哲学强调在一定物质生活条件下物质实践对于意志的基础地位及意志对于实践的调控作用，强调在具体活动中实践与意志的交互作用、互含互释关系，强调从实践的内在本性出发理解、评价、批判和规范意志，从而通过规范意志进而规范实践，达到促进人的意志自由和实践合理化的目的。从物质实践出发理解意志，既充分肯定人的意志在社会历史实践中的能动作用，又强调物质生活条件对于意志的制约性，反对夸大意志的作用，反对把意志作为社会历史或世界的基础，这是马克思哲学的显著特点。

但是，出于对唯意志论的抵制及政治意识形态等多种因素的考虑，在当代中国，尽管马克思主义哲学居于主导地位，但是，“意志”却长期被排斥在主要哲学范畴之外，直至1987年出版的《中国大百科全书·哲学卷》中，“意志”仍然没有被列入条目。近年来，随着我国哲学研究的日益深入，意志问题在我国才引起一些有识之士的重视，他们从认识论、价值论、评价论、非理性因素研究等角度对意志作了一定探讨，有的大型哲学辞书终于也设了“意志”条目（如由黄楠森主编、1990年出版的《人学辞典》，由冯契主编、1992年出版的《哲学大辞典》，由李淮春主编、1996年出版的《马克思主义哲学全书》等）。

这些辞书虽在一定程度上突破了苏联意志观的束缚，不过，它们仍然偏重于从知识论、心理学角度解释意志，简短的“意志”词条中，关于意志与理性及实践的关系、意志与意志的相互作用、意志的评价问题、意志自由与历史必然的关系等重要问题都未充分展开；特别是，这些辞书对马克思主义意志论所实现的实践转向及其人道性、实践性都少有论及，这说明它们对马克思主义意志论的基本特征及其变革意义还没有予以特别关注。

但是，由于人的意志与人的本能、欲望、情感、理智等精神活动及实践这种客观物质性活动总是处于相互联系、相互作用之中，在人类社会生活中，作为全部人类历史的第一个前提的有生命的个人，无不是有意志的“以一定的方式进行生产活动的一定的个人”，现实的人的活动也无不是有意志的活动，而各种现实的物质生活条件则都通过人的实践活动而打上了人的意志的印记，整个社会历史无非是人们通过自己的有意志的对象性活动而创造的结果。可见，人、人的活动及由此而产生的一切人文社会现象都包含或浸透着人的意志。对于人性结构、人的能力结构、人的对象性活动、人的能动性和受动性、人的主体性和主体间性、人的行动规律及心理规律和社会规律、人的自由和解放等，都必须联系人的意志才能够得到科学、合理的解释；并且，就社会认识方法而言，人们对于人文社会现象的认识不仅要通过“实证”，而且要凭借“理解”。

因此，对于人学来说，无论是人学的研究主体、研究对象，还是人学的研究方法、研究目的，以及人学的性质等，都不可避免要受到人的意志的影响。在这个意义上，笔者认为，以实践的唯物主义为基础，对意志与世界、意志与实践、意志与人的本质、意志与人的主体性、意志与人的活动，以及意志与人的需要和价值、意志与人的解放、意志自由与社会责任等问题展开研究，是马克思主义实践人学研究的内在要求和新的重要生长点；而合理形态的当代人学只有在对人的意志作了全面系统深入的研究的基础上才能够应运而生。

（原文载于《江海学刊》2001 年第 1 期）

现代人的价值处境与"责任伦理"的自觉

贺　来

随着市场经济越来越深入地进行，"物化"的逻辑不可避免地侵入人们之间的社会关系与个体、群体的心性结构，并对人们的价值观念产生深远的影响。在这样一个时代，人们究竟应该如何进行价值判断和价值选择？生命个体如何为自己的生活意义寻求阐释和决断？这已越来越成为人文学者乃至普通人关心的重大问题。在笔者看来，要真正回答这些问题，重要的不是站在单纯道德主义的立场来谴责或痛心于"价值危机"、"信仰失落"和"意义毁灭"，而是要采取一种历史的态度，切实澄清现代社会和现代人所面临的特殊的"价值处境"，并在明确这种"价值处境"的前提下，审慎地考虑自己的价值定位。

在"祛魅"的世界中寻求价值：现代人基本的价值处境

要理解现代人的价值处境，必须先理解"现代社会"的特质。社会理论家马克斯·韦伯曾指出，现代社会之区别于传统社会，有两个最为基本的特质，第一是"理性化"，第二便是由这种理性化所导致的"世界的祛魅"。这两点，在很大程度上塑造了现代社会的面貌，支配了现代人的生存品性，现代社会和现代人特殊的价值处境，深深地植根于现代社会的这一特质之中。

这里所谓“理性”，指的是“工具理性”和“计算理性”，而非“价值理性”，它意指一种将特定目的、为达成特定目的所采取的可能手段、这种手段可能产生的结果等都一一纳入考虑和计算的态度，为了达到某种实际的经验性的目标而寻求和选择最有效手段，是其关注的中心。因此，严格地说，这里的“理性化”实质是“理智化”。

在现代性发轫之初，“价值理性”与“工具理性”两者之间存在一种相互推动、相互支撑的亲合力。新教的禁欲伦理精神，促使新教徒在世俗生活中采取一种理性化的生活态度，以便在世俗生活中通过成为一个尽职的职业人而回应上帝的召唤，这种理性化的生活态度，有力地推动了人类社会的“现代化”进程，现代社会赖以成立的社会经济组织、科学技术、科层制度、法律系统等，都深深植根于这种理性化的精神气质。丹尼尔·贝尔等人曾指出，在现代价值秩序的原初设计中，“宗教冲动力”（价值理性）与“经济冲动力”（工具理性）两种相互制约的因素，一开始保持着一种内在亲合力，前者为后者提供“神圣意义”与“终极目的”，后者则为前者提供实现途径，两者相互支撑、相互依赖，共同为现代价值秩序提供合法性基础。①

然而，随着时间的推移，两者的关系导向了一个充满悲剧意味的悖论。工具理性以价值理性为根据，大踏步地征服着人的现世生活，然而，这种征服的结果却是：工具理性逐渐远离作为其源动力的价值理性，手段压制了目的，工具理性“反客为主”，遮蔽、消解和否定了价值理性，“大获全胜的资本主义，依赖于机器的基础，已不再需要这种精神的支持了”②，财富的追求已被剥夺了其原有的宗教和伦理含义，只剩下赤裸裸的与世俗情欲的关联。作为“一个范围及于社

① 参见［美］丹尼尔·贝尔《资本主义文化矛盾》，赵一凡等译，生活·读书·新知三联书店1989年版，“导言”。

② ［德］韦伯：《新教伦理与资本主义精神》，于晓、陈维纲等译，生活·读书·新知三联书店1992年版，第142页。

会、经济、政治的过程，其组织与制度的全体朝向以役使自然为目标的系统化的理智运用过程”[①]，“现代化”对任何事物唯一的价值标准就是“效率”，任何社会政治、经济的过程，其制度与组织及理智的创造等是“好”还是“坏”，其终极价值在于擅用理智的功利性和效率性。[②] 于是“经济冲动力”逐渐占据主导地位，由它所代表的消费享乐的“贪婪攫取欲”越来越成为压倒一切的力量，与此相反，“宗教冲动力”所代表的超验的、神圣的意义维度则日益衰微。工具理性实现了价值理性，同时也谋杀和终结了价值理性。

“工具理性”的全面统治与“价值理性”的消退所带来的后果就是“世界的祛魅”。在前现代社会，人们相信世界是一个有意义的体系，在传统社会人们的意识深处，“包含着‘世界’作为一个‘宇宙秩序’的重要的宗教构想，要求这个宇宙必须是一个在某种程度上安排得‘有意义的’整体，它的各种现象要用这个要求来衡量和评价”[③]。世界上各种事件的安排都有其内在的根据和理由，都可以在某种神圣的秩序里发现和确定自己的位置。这种根据和理由或者是神的旨意，或者是“周行而不殆”的天道和天理，每个人的生活只要与这种神圣的秩序联系起来，就可以获得其目的和意义，个体生命也可在这种有意义的体系里获得安顿之地。然而，工具理性的单向发展，所摧毁的正是这一“目的论式的世界秩序”，工具理性只能告诉我们在确定了某一具体目标之后，什么是达到这一目标的手段和策略，在它的视野里所存在的只是“物”“事实”和“工具”，除了满足人们的工具性目的，世界不具有任何目的，人生价值和目的这种“超验”的问题，由于不具有“工具”的意义，因而是完全非理性和无意义的。

“世界的祛魅”在现代科学中达到了顶点。在现代科学看来，知

① ［美］艾恺：《世界范围内的反现代化思潮》，贵州人民出版社 1991 年版，第 5 页。
② ［美］艾恺：《世界范围内的反现代化思潮》，贵州人民出版社 1991 年版，第 5 页。
③ ［德］韦伯：《经济与社会》，林荣远译，商务印书馆 1997 年版，第 508 页。

识只有建立在可观察的事实和逻辑推理的基础上才是合理的，除此之外，一切都是无意义的“胡说”。它要求的是“价值中立”，关心的是“客观性”，强调的是“事实”和“逻辑”。如果说在中世纪，人们相信能够在“解剖跳蚤中看到上帝的证明”，那么，现代科学则彻底解除了一切“魔咒”，消灭了一切不能用科学语言说的“神秘之域”（维特根斯坦意义上的），“今天还有谁会相信，天文学、生物学、物理学或化学，能教给我们一些有关世界意义的知识呢？即便有这样的意义，我们如何才能找到这种意义的线索？姑不论其他，自然科学家总是倾向于从根底上窒息这样的信念：即相信存在着世界的‘意义’这种东西”①。“科学不思想”，它向人们呈现的是一个赤裸裸的机械化和数理化的宇宙。因此，在它所主宰的世界里“意义”和“价值”被抽象理智彻底驱逐，再也找不到其容身之所，人们可以充分发挥其“认知旨趣”去认识事物的因果规律，以满足人的功利需要，但整个世界已完全失去给人提供一个普遍的、客观的意义和价值秩序的功能，因而也再不可能为个体生命的安顿和生活的价值提供方向和目标。

以上所描述的景况，构成了我们生活于其中的世界的本质特征之一。无论对于西方人，还是中国人，这种“合理化”和“祛魅”的趋势已成为一种无法逃避的现实，它“以不可抗拒的力量决定着降生于这一机制之中的每一个人的生活，而且不仅仅是那些直接参与经济获利的人的生活。也许这种决定性作用会一直持续到人类烧光最后一吨煤的时刻”②。一个多世纪尤其是近几十年以来，中国社会已不可逆转地越来越深地卷入了这一进程。今天，当人们提出生命的意义、生活的价值等问题时，每一个人背后所耸立的巨大背景即是这样一个正不断“理性化”和“祛魅”的世界。

---

① ［德］韦伯：《学术与政治》，冯克利译，生活·读书·新知三联书店 1998 年版，第 33 页。

② ［德］韦伯：《新教伦理与资本主义精神》，于晓、陈维纲等译，生活·读书·新知三联书店 1992 年版，第 142 页。

“事实领域”与“价值领域”的分化：世界“祛魅”的重大后果

世界的“祛魅”给人们的生活价值和生活意义带来了十分严重的后果，其中最直接和最重大的便是它导致了价值的“分化”以及由于价值分化所导致的终极价值的“多神化”。

世界的“祛魅”，消解了统一的宇宙秩序和通过这种宇宙秩序所设定的价值原则，赶跑了前现代社会人们信奉的“唯一的必然之神”，把人的生活分裂为两个截然区分的领域，即“事实领域”（或“公共领域”）与“价值领域”。

“事实领域”是指依照工具理性的原则所组织起来的生活空间。在此领域，我们必须遵循理性的社会秩序，按照理性的法则和要求，在社会的分工体系中寻求自己的位置。这一领域最典型的表现便是现代官僚体系，它完全按照合理化的原则组织起来，通过这种组织方式，使现代社会大规模的、稳定持久的政治、经济活动成为可能。

“事实领域”要求排除私人性，“排除爱、恨和各种纯个人的感情，尤其是那些不合理的、难以预测的感情”① 而遵循“价值中立”的原则。在此领域，人们根本无须提出人生的“终极意义”是什么这类问题，也不可能从它出发推演出人“应该如何生活”“什么样的人生是真正有意义”等问题的答案。肇始于休谟的“事实”与“价值”两分，从“事实”不能推出价值的观点在这里被实践并获得了完全的胜利。

对于这一“事实领域”，尤其对于“现代官僚组织”，尽管已有为数甚多的现代哲人们从多方面做过声讨和批判，认为它给现代人制造了一个使人失去自由的“铁笼”，把现代人变成了机器上的“齿轮”，谴责

① 转引自［美］科瑟《社会学思想名家》，石人译，中国社会科学出版社 1990 年版，第 253 页。

其“非人化”的性质。然而，冷静务实地考察现代社会而不是采取浪漫主义的美学态度就不难发现，以官僚制度为代表的现代组织管理方式已成为现代社会演变中不可抗拒的趋势，因此，“问题不在于怎样才能改变这种演变，因为那不可能，问题在于这种演变会带来什么后果”①。这一点，对生活在中国社会的人来说只要稍加反省就可看得很清楚。

“事实领域”无须也无法解决“价值”问题。然而，作为每个生命个体总是要不断地追问生活的意义和价值，以使自己的生命获得安顿之所，而留给这一问题的合法空间，便只剩下属于个人良知决断的“私人领域”。

把生命价值和意义的问题归属于个人的“私人领域”，这意味着价值问题不具有“客观”与“普遍性”，它是主体赋予的，是由每个生命个体自由抉择的私人行为，关于人生意义、人生目的和人生价值的问题完全属于私人的信仰，个人灵魂深处的事情应由个人自己来负责处理，人生的终极意义问题是个人生活的基本信仰，在此领域个人拥有完全的“治权”，他是自己的“立法者”，个人必须自行建构自己生命的目的，为自己作出关于生活意义和价值的阐释。个人坚持何种价值信念，秉承何种生活态度，执着何种人生追求，完全属于他一己之事，没有任何外在权威为个体提供先定的价值知识，也没有任何外在的力量干涉个体对生命意义的阐释和选择。如果说在公共生活领域，个人作为社会的公民必须无条件地服从法律等社会公共规范，那么，在个人的私人生活领域则完全是其本己的“自由”领地，个人是生活的“终极意义”的唯一合法权威，社会没有合法性来规定一套关涉人的生命意义与终极眷注的思想体系，否则，就将被认为既是对个人自由的威胁，又是对社会正义的损害。这一点，正如德沃金指出的，现代社会最重要的特质便是所谓“中立性”原则，根据这一原则，政府

---

① 转引自［美］科瑟《社会学思想名家》，石人译，中国社会科学出版社 1990 年版，第 254 页。

应在公民的终极价值问题上保持中立，它不应该偏袒任何一种人生观和人生理想，更不应该把某种人生价值信念强加在个人身上。①

“事实领域”与“价值领域”、“公共领域”与“私人领域”的分离，导致了两个十分重大的后果：首先是“价值的多神化”，“终极价值”的私人化，使得生命意义和价值变成个体的自我认证和良知决断，统一性的价值原则消失了，“价值的多样性”变得不可避免；其次就是由“价值的多神化”所导致的“价值的争斗”，每个人坚持自己选定的价值信念，必然就会排斥其他人的价值信念，你“侍奉这个神，如果你决定赞成这一立场，你必得罪所有其他的神”，这里有“不同的神在相互争斗……那些古老的神，魔力已逝，于是以非人格力量的形式，又从坟墓中站了起来，既对我们的生活施威，同时他们之间也再度陷入了无休止的争斗之中”②。

这两者，以一种集中的方式凸显出了现代人所遭遇的特殊的价值处境：在一个祛魅的世界上，随着“事实领域”与“价值领域”的分化，生活的意义和价值这一安顿每一个人精神生活的重大问题，已不可推卸地落到每一个人自己身上，再没有神，也没有先知来为价值提供客观的基础，也无从在各种价值之中排出一个高下先后的顺序，来指导你应当如何生活，我们每个人是自己终极价值的“当事人”，我们必须自主地为自己寻觅和选择自己的生活目标和方向，这是现代社会带给每一个现代人的一个沉重的责任。

责任伦理：现代人所应确立的基本价值立场

以上所述，就是每一个现代人不得不面对的客观的价值处境。正

---

① Ronald Dworkin, Liberalism, edited by Stuart Hampshire, *Public and private moraltiy*, New York: Cambrige University Press, 1978, pp. 114 - 143.

② ［德］韦伯：《学术与政治》，冯克利译，生活·读书·新知三联书店 1998 年版，第 40—41 页。

如一个人无法脱离自己的皮肤一样，我们也不可能抛开现代社会造成的这一价值处境讨论生活的价值和意义问题。置此不顾，仅凭古道热肠或浪漫情怀，是不可能对问题作出恰切的判断和解决的。直面这一价值处境，实现“责任伦理”的自觉，才是现代人所应具备的基本价值意识。

“责任伦理”是与“信念伦理”相对的一种价值立场。“信念伦理”认为，伦理价值的根据在于行动者的意图、动机和信念，只要意图、动机和信念是崇高的，那么，行动者有理由拒绝对行动的后果负责。与此不同，“责任伦理”则强调伦理价值的根据在于个人行动的后果，它要求行动者为自己的行动后果义无反顾地承担起责任，前者注重的是行动者主观的“善良意志”，后者注重的是行动后果的价值和意义。

这并非说“信念伦理”等于不负责任，“责任伦理”等于毫无信念的机会主义，而是说，两者在思想前提和基本原则上存在重大区别。“信念伦理”具有鲜明的“彼岸性”，它把行动的价值完全置于主观意图和信念上，而对此岸的目的和手段之间的关联不予以考虑，他认为人只需考虑自己主观意图和动机的价值即可，行动的后果及其责任应交给人之外的彼岸的他者——那“唯一必然之神”去承担，因此，“信念伦理”所暗含的是一种“出世性”的思考方式，它在实质上把价值的最高权威归于彼岸的神圣实体，并要求人在主观动机、意图和信念上对彼岸的神圣价值实体保持绝对的虔诚和信任。与此不同，“责任伦理”则具有鲜明的“此岸性”，它充分考虑到采取行动的手段以及由这种手段所造成的后果，并对这种后果承担完全的责任，它要求对行动的手段与后果之间的关联进行充分的考察，强调行动者自身是唯一对行动的价值负责的主体。因此，“责任伦理”所暗含的是一种“入世性”的思考方式，它在实质上否认了彼岸的神圣价值实体的存在地位，认为生活价值只能由现世的个体来自我创造和负责。

不难看出，“责任伦理”与“信念伦理”的这种区别具有十分深刻的社会基础。“责任伦理”充分地自觉到，随着现代世界的“理性化”和“祛魅”，以及由此所导致的价值的“多神化”，前现代社会占据统治地位的“神”魔力已逝，客观的代表价值法则的宇宙秩序已经无可挽回地崩解，现代社会已无法找到可把生活的意义寄托皈依于斯的彼岸的绝对神圣价值实体。在此情势下，“信念伦理”仍然把行动的价值和意义委身于彼岸的价值之神，这一点注定了它在现代社会人们特殊的价值处境中必然是不合时宜和格格不入的。在“理性化”和“祛魅”之前的传统社会，它无疑有其重大的合法性，然而，如果在现代社会，仍然一厢情愿地偏执于“信念伦理”，那么就将遗忘现代人应该为自己行动所应承担的责任，甚至会导致为了实现“善”的意图而不惜采取“恶”的手段的灾难性后果。

因此，责任伦理是一种与现代人所面临的特定价值处境相适应的价值立场，它为现代人如何阐释生命的意义、如何做出自己的价值抉择提供了方向。

首先，“责任伦理”意味着一种敢于承担一己之命运的自我承担精神，它要求我们在世界的“多神化”与“多神争斗”的价值处境中，不逃避现代性特有的现实条件和要求，而是直面“时代肃杀的面容”，在一个“既无先知，也无神”的年代里，为每个人自己选择和确定所要侍奉的“神”，并且为之付出自己全部的忠诚和努力。

处身于祛魅化的世界这一“无神”的荒凉之野，有可能产生两种极端的态度，一是无法忍受这种悲凉之境，因此寄希望于某种能赐予终极意义的神圣实体的降临，来提供某种个人可委身皈依的现成的价值权威，以免除个体必须自行解决价值问题的“不能承担之重”；二是面对祛魅的世界，深感万念俱灰，“上帝已死，一切皆成可能”，对生命的意义和价值问题产生了一种麻木虚无的态度，于是选择了游戏人生、及时行乐，在随波逐流中推卸放弃本应承担的责任。

“责任伦理”的价值立场与这两者不同，它既不自欺欺人，也不怨天尤人，而是像一个真正的勇士，“敢于直面惨淡的人生”，自觉地意识到：既然没有神定的秩序给我提供意义，那么，就让我自己来勾画和赋予生活以意义，给自己规定和确立信仰。一旦作出决断，就不计成败利钝，以一种虔诚的、超功利的态度献身于这种信仰，按照这种信仰行动，并为行动的结果勇敢地承担起责任，譬如一个政治家，如果他选择了某种政治信念，那么，他必须“意识到了对自己行为后果的责任，真正发自内心地感受着这一责任。然后他遵照责任伦理采取行动，在做到一定的时候，他说：‘这就是我的立场，我只能如此’。这才是真正符合人性的、令人感动的表现……才构成一个真正的人——一个能够担当‘政治使命’的人”①。

在此意义上，“责任伦理”的价值立场代表着一种既抛弃幻想，又拒斥苟且的坚韧、冷静而现实的人生态度。

其次，“责任伦理”意味着一种恪尽职守的“天职”意识，它要求我们在一个工具理性占据统治地位的“祛魅”世界中，把自己所从事的专业或职业活动视为一项超功利的事业，以一种真正超然的态度、超越的精神，通过勤勉敬业、尽忠奉献的工作，在入世的热诚中展现出世的情怀。

如前指出的，“理性化”是现代社会的一个重要特质，“合理化”的社会是一个工具理性占据统治地位的社会，这意味着，专业化的分工是现代人必须面对的一个现实，每个人都不得不处身于一个庞大的专业分工系统中，并在其中占据一个极其精细的位置。对于现代社会所带来的专业化分工，社会理论家们评价不一，但人们一致同意，分工以及由分工产生的专业化和职业化，是现代人不可抗拒的“天命”，对此，浪漫的思古之幽情和逃避现实的犬儒主义均无济于事。

“责任伦理”的价值立场主张，既然专业化分工不可避免，那么，我们就应该诚实地直面现实，把自己所从事的工作视为神圣的“天职”，全身心地、不计利害地献身于它。例如，你从事的是科学研究的职业，

---

① ［德］韦伯：《学术与政治》，冯克利译，生活·读书·新知三联书店1998年版，第116页。

你应该清醒地意识到这一职业所蕴含的风险，你必须能承受“年复一年看着那些平庸之辈爬到你头上去”，估计到一生勤奋却无所成就的可能性，并能以一种泰然的态度投身工作中，要求自己“通过专业化学科的操作，服务于有关自我和事实间关系的知识思考”①，不靠祈求和等待，而是采取行动，去做其应当做的工作，以尽自己天职方面的“当下要求”。如果做到这点，那么，虽然所从事的是狭隘的专业工作，但由于把它视为一种“神圣”的“天职”，因而职业化的活动就被赋予了超越性的精神价值，人的生命也因此而获得了充实的意义。

最后，与上述两者相关，“责任伦理”的价值立场强调，承担一己之命运的自我承当精神、恪尽职守的“天职观念”，最根本的旨趣是为了在“祛魅”化的现代社会中，确立独立的、真正具有尊严的“人格意识”，它提醒和启示人们：在一个没有先知、没有神的年代里，我们究竟如何才能真正成为一个“人”。

按照“责任伦理”的要求，在现代社会这种特定的价值处境中，要“做人”，要“成为人”，最关键地体现在勤勤恳恳地“做事”，决定一个人人格的，是其把所从事的专业视为神圣天职的献身精神，是那种如醉如痴、超然物外的对事业的投入和执着态度。一旦选定了某种职业，就不仅仅把它视为一种谋生的手段，而是把它当成一种必须全心服膺的生存方式和生活方式，对它付出自己的全部热诚和努力。这样的人最后可能历经磨难仍遭失败，但由于其“职业性的献身”，由于敢于为其行动后果承担责任的无畏勇气，其生活获得了自足的意义，其人格也真正得以挺立和丰盈。

因此，确立自己的“人格”，不在于把自己所从事的专业当作“一项表演事业”，企图“说出点在形式或内容上前无古人的话”② 来，

① ［德］韦伯：《学术与政治》，冯克利译，生活·读书·新知三联书店 1998 年版，第 45 页。

② ［德］韦伯：《学术与政治》，冯克利译，生活·读书·新知三联书店 1998 年版，第 27 页。

更不在于遁入“神秘生活的超验领域”，乞灵于某种神圣的价值权威，作为自己生活意义的保护神，而在于通过不懈的行动，实践这样的信念：“我只为我的天职而活着！”

结 语

在上面，我们澄清了现代社会给现代人所带来的特殊的价值处境，并讨论了与这种特定价值处境相适应的基本价值立场，即责任伦理的立场。通过上述论述，我们可以获得如下启示。

首先，我们应该对现代社会特定的价值处境保持高度的清醒，并自觉地意识到：今天谈论一切价值问题，如果离开对这一特定的价值处境的考察，都将是无所作为和没有效果的。正如上面指出的，现代社会特定的价值处境，是“现代性”所带来的重大后果之一，从全世界范围来看，“现代性”的追求已成为事实上难以抗拒的趋势，中国目前的社会发展状况已十分典型地表明了这一点。自20世纪90年代以来，国内人文学界围绕着“市场经济条件下价值观念”进行了多次讨论，综观这些讨论中的众多声音，可以发现其中有不少是在对人们所处的基本价值处境完全缺乏省察的情况下发出的，它们或者表现为对高了还要再高的“人文精神”和“神圣价值”的单向吁求，或者表现为对“交换价值”和完全“世俗化”的热切渴望，而对现代社会特殊的价值处境的考察却被严重地耽搁了。在此意义上，我们有必要强调：今天思考人生的意义和生命的价值等问题时，合适的提问方式应该是：在一个业已“祛魅”的世界上，生活的价值究竟何以可能？

其次，在澄清现代社会特殊价值处境的前提下，我们必须自觉地拒斥那种不负责任的先知似的价值态度，并自觉地意识到：“祛魅”了的现代社会是一个再没有先知的世界，价值的“多神化”与“诸神的争斗”是现代社会不得不面对的价值现实。为了减轻“祛魅”世界“信仰失落”的焦虑，人们经常服膺于那些自命“先知”者所兜售的声称可克服现世一切缺陷和罪恶的“价值乌托邦”，然而，这不过是逃避时代命运的自我安慰，其结果有可能对人的生存造成更大的灾难。因此，在一个没有“先知”的世界上，我们有必要对种种虚假的偶像保持高度的警觉。

最后，接受现代社会特定的价值处境，并不意味着承诺价值上的虚无主义，而是要求我们信守责任伦理，以天职般的献身精神确证自己的尊严和人格。在生命价值和人生意义问题上，中国传统文化有着十分深厚的资源，但从总体而言我们偏重于“信念伦理”一脉而对“责任伦理”相对关注不够，今天，随着中国日益深化的市场经济建设，责任伦理的价值立场已越来越凸显其重要性和迫切性。当人们大声疾呼“价值危机”之时，我们应当自觉地意识到，与那些宏大的价值主张相比，同每个人生活最为密切的、最为基本的“责任伦理”对于克服“价值危机”其实具有更大的现实力量，因而恰恰是我们最需要予以弘扬的。

（原文载于《江海学刊》2004 年第 4 期）

人性科学何以可能

赵敦华

《西方人学观念史》一书的结束语题为“人的消解”，其中谈到“宗教人”、“存在人”、“自然人”、“理性人”、“文化人”、“心理人”和“生物人”等在西方流行了两千年的人学观念，一个个被后现代主义消解。我的最后结论是：“后现代主义者试图消解历史上一个个关于人自身的观念，但他们消解不了‘人的问题’。这就是人学的未来，‘人’的观念史还要继续写下去。”① 在《人学理论与历史》丛书的首发式上，有专家提出了这样的问题：人学的出路何在？未来的人学究竟如何写？经过一段时间的思考，我现在可以作出这样的回答：未来的人学将是自然科学、社会科学和历史科学相统一的人性科学。人性科学要依赖现有的科学研究成果，在现有的基础上对人性进行专门的研究。由此提出了一些新问题，比如，在现有科学的研究对象中，是否能够抽象出“人性”这一新的研究对象？现有科学中的哪些研究成果，可以提供研究人性的材料、观点和方法？这些问题的实质是：人性科学何以可能？本文将从科学研究对象和现有的科学基础之间的互动关系入手，回答这一问题。

① 赵敦华主编：《西方人学观念史》，北京出版社2005年版，第504页。

“人性”概念的逻辑学、生物学和社会学的意义

顾名思义，“人性”是人类特性的总称。但如果仔细琢磨，“总称”却是有异义的，它涉及个体与类之间两种不同的逻辑关系。一是特殊与普遍的关系，即，个人的特征是特殊的，人性是从特殊性中概括出的普遍性；二是个别与全体的关系，即，个人的特征是元素，人性是全部元素的集合。“人性”的普遍概念（general concept）和共同概念（common concept）是两种完全不同的概念。

传统的“人性”概念是普遍概念，如西方人长期把亚里士多德所说的“人是有理性的动物”当作人的经典定义；中国古代的人性论，不管孟子所说“性善”，还是荀子所说“性恶”都是一种普遍概括。普遍概念是对个体的相似特征的概括，以比较和区别为前提，在众多个体的众多特征中抽象出一些相似的特征作为普遍性，而舍弃另一些相似和不相似的特征。“人性”的普遍概念的外延不能包括所有个人的特征。比如，亚里士多德所谓的“理性”是只适用于希腊人的特征，不包括希腊人以外的“野蛮人”的特征。孟子说，没有“恻隐之心”等“四端”的人实质上不是人（“非人也”），因为他们没有人性。[①] 同样，把“罪”或“恶”当作普遍的人性，也不能包含现实中所有的个人，如基督教所说的“原罪”不适用于获得了上帝恩典的“选民”，荀子所说的“恶”不适用于“化性起伪”的圣人。

历史上并非没有关于人性的共同概念，比如，柏拉图认为，“人是无毛的两脚动物”。[②] 这一定义适用于所有的个人，因为“无毛”和

① 参阅《孟子·公孙丑上》。

② 柏拉图关于人的定义蕴含于他对政治家的定义：政治家是“一群无毛的两脚动物的管理者”，参阅柏拉图《政治家篇》，261c—268a。

“两脚直立”是共同概念。亚里士多德反驳说，这些概念没有指示人的本质，“无毛的两脚动物”不是说明人的本质的定义。[1] 再如，与孟子同时的告子说：“食色，性也。”“食”和“色”也是关于人性的共同概念。孟子也反驳说，这一说法没有区别“人性”与“犬之性”“牛之性”的本质差异。[2] 亚里士多德和孟子对“共同人性”的反驳说明，中西传统的“人性”概念是表示人的本质的普遍概念，传统的人性论是以本质论为特征的形而上学的一部分。

传统人性论混淆了“人性”和“人的本质”这两个不同的概念，它们所要阐明的人性实际上只是从一部分人的特征中概括出来的本质，如家族血统、种姓、民族性、某些道德属性和阶级性等。这些本质特征曾被不同的学说分别当作普遍的人性，没有这些本质特征也就没有人性，这无异于剥夺了另一些人的做人资格，或把一部分人置于另一部分人之上的优越地位。这样的人性论在方法上以偏概全，在理论上为社会等级制度产生的歧视和偏见服务，在实践上多次造成有害后果。与近代以来的科学相比，这些人性论属于前科学的学说，在现代条件下，它们作为非科学的意识形态而继续存在。

前科学的生物学也属于形而上学的本质论，与“血统论”和种族主义的人性论有着密切联系。达尔文的进化论使生物学成为科学，其中一个重要原因在于，达尔文摆脱了本质论的形而上学的思辨，“物种”不再是生物个体的普遍本质，而是具有相同适应特征的个体的群体。“群体”的共同特征构成了“物种”的生物学意义。

生物学中所说的“种”是一个共同概念，指这样一些个体的集合，它们之间的交配能够产生有生育能力的后代。地球上所有现存的人类群体，不管外表差异和文化差异，彼此都可以婚配生育，产生有生育能力的后代，因此，现在地球上所有的人都属于同一人种。

---

① 参阅［古希腊］亚里士多德《形而上学》，1039a35—b5，1040a15—28。

② 《孟子·告子上》。

生物学中所说的“群体”指“孟德尔式群体”，即服从孟德尔遗传规律的群体。孟德尔遗传规律是关于基因组合的统计学规律，而服从统计学规律的基因组合的一个前提性条件是，同种个体之间必须能够自由交配。因此，自由交配是划分物种的一个基本限定，个体能够自由交配的范围内，同一物种的个体的基因组成有大致相同的频率，每一物种有着相对稳定的基因库。人种的形成经过了不同的进化阶段，在距今 3 万多年前，地球上只剩下现代智人这个唯一的人种，其基因库已由前两年完成的“人类基因组”工程所测定。①

自然界中的同一物种的个体之间不能自由交配的主要障碍是地理上的隔绝，在不同地理区域，分布着同一物种的不同群体。人类的群体最早也是由于地理上的障碍而造成的，现代智人从非洲起源以后，最早迁移到世界不同地区的群体由于互不来往通婚，形成了相对独立的黑种人、白种人、黄种人和红种人等各种不同群体。但这些不同的群体既不是人种中的不同“种族”，也不是现代智人以下的亚种。生活在世界各地的现代智人有着共同的基因库，他们之间外表上的差别并不代表基因库的重大差异。基因分析告诉我们的事实是，只有全人类的基因库，而没有“白人基因库”、“黄种人基因库”或“黑人基因库”。控制肤色的基因只有 5 对左右，在一个人拥有的 3 万多对基因中所占比例微乎其微，没有任何理由把不同肤色的人群归于不同的人种或亚种。分子遗传学的基因分析表明，不同“种族”之间只有 10% 左右的基因差异。② 就是说，“种族”内的个体差异要比“种族”之间的差异大得多。

人类最早的群体形成之后，无一例外地组成了社会，不同的社会有不同的文化习俗。社会文化的因素是阻碍个人间自由婚配的主要障

---

① 参阅［肯尼亚］理查德·利基《人类的起源》，吴汝康等译，上海科学技术出版社 1995 年版。

② R. C. Lewontin, “The apportionment of human diversity”, in *Evolutionary Biology*, Vol. 6, ed. by T. Dobzhansky, New York: Plenum Press, 1972, pp. 381 – 398.

碍。这些障碍包括：社会等级（如印度不同“种姓”之间不能通婚），宗教信仰（如一些教派禁止其成员与其他教派的成员结婚），意识形态（如政敌之间不通婚）以及文化风俗习惯（如属于不同文化传统的家庭之间一般不通婚，现代社会中教育水平相差很大的人之间也很少通婚），等等。

由于自然界中生物群体与人类的社会群体的不同的形成机制，人类群体于是也有生物学意义与社会学意义之分。生物学意义上的人类群体与其他物种的群体一样，指能够在一定范围内自由婚配生育的个体的集合。社会学意义上的群体有着不同的划分标准，既可被限定为民族、族群，也可被限定为社会等级、阶级、阶层，还可被限定为宗教派别、政治团体、职业集团以及其他各种社会利益集团。按照不同标准划分的社会群体有重叠交叉关系，如某一民族在某一社会中，往往处于一定的等级或阶级地位，往往有着共同的宗教信仰和政治主张，甚至从事相同的或相互关联的职业。社会群体之间的关系错综复杂，需要从民族、宗教、经济、政治等各种层面和角度进行分析。

群体的社会学意义是复杂的，但它与生物学意义之间的联系更为复杂。社会群体内部实行自由婚配，社会群体之间却往往缺乏婚配的自由。但是，社会群体之间在婚配上的障碍是否影响到人类生物群体的基因频率？如果存在着这样的影响，不同的基因频率是否影响到人类群体的社会行为？对于这样一些问题，有两种极端的答案，一个极端完全否认这样的影响的存在，认为人的社会属性和行为与生物特征（可遗传的性状）无关；另一个极端把这样的影响视为决定性的作用，认为人的社会行为属于基因的表现型，在很大程度上被基因型和“自然选择”的相互作用所决定。在这两个极端之间，还存在着一系列不同程度的中间立场。

解决有无共同人性的问题的四个推理

人类群体的社会学意义与生物学意义有无联系的问题还引起了另一个问题：有无共同的人性？从历史上看，人类群体的社会学意义与“社会性”的观念有关，而人类群体的生物学意义与“人的生物性”的观念有关。一般来说，赞成人的社会性与生物性有联系的人同意“共同人性”说，而不同意把人的社会性与生物性联系在一起的人则否定“共同人性”说。这两个问题的两种不同答案之间的关联，实际上是以下两个逻辑推理。

推理一：

前提1：人性包括社会性和生物性两个方面；

前提2：人的生物性有着比较明显的共同特征，而社会性则表现出复杂的差异；

前提3：生物性对社会性具有决定性影响；

结论：存在着共同人性。

推理二：

前提1、2同上；

前提3：生物性对社会性没有什么影响；

结论：无共同人性的可能。

历史上关于人性的各种学说，都蕴含着推理一的论证。前述亚里士多德和孟子的观点和基督教的“原罪说”，都是蕴含着推理一的人性论。

历史上的形形色色的种族主义是一个例外。种族主义是推理一和推理二的结合。它把前提2修改为：不同的种族有不同的生物性；再通过推理一的前提3，得到了推理二“没有共同人性”的结论，但做了一个重要的补充：“只有不同种族的人性”。社会达尔文主义不像种族主义那样明目张胆地修改前提 2，但对前提 2 做了一个补充：人性由先进种族所体现，再按照推理一，得出了“有先进种族所代表的共同人性”的结论。这里的“先进种族”实际指西方民族的白种人，社会达尔文主义的结论实际上与种族主义并无区别。

现代哲学和科学共同批判传统的形而上学，同时也抛弃了传统的人性论，得出了“无共同人性的可能”的结论。推导出这一结论的推理二只改变了推理一的前提 3，认为人类的生物性对人的社会性没有实质性的影响，从而得出了“不同类型的社会有不同的人性、没有全人类共同的人性”的结论。

20 世纪 70 年代兴起的社会生物学改变了把人性等同于人的本质的传统观念。一些社会生物学家认为，人类也是生物学意义上的群体，“人性”表示这一群体可遗传的特征总和的集合概念，可用人类的基因库来衡量；因此，人性是最后可用基因加以解释的生物性。他们还认为，社会性不是与生物性相分离的本质，只是人的社会行为模式，最后也可用基因的表型加以解释。① 人类的生物性相同而社会性不同的反差最终也可用基因型和表现型的差别来解释，即人类各个群体的基因型虽然基本相同，但在不同的选择压力下，在“基因—文化的协同进化”过程中，各群体的基因表型的频率不同，因而具有不同的社会行为模式。② 社会生物性的人性论实际上是以下一个推理。

推理三：

前提 1：人性是人类可遗传的生物性；

前提 2：人类各群体的生物性的基因型基本相同；但基因的表型各不相同，因此产生不同的社会行为模式；

---

① 参阅［美］威尔逊《论人性》，方展画、周丹译，浙江教育出版社 2001 年版，第 6 页。

② 参阅［美］威尔逊《论契合：知识的统合》，田铭译，生活 · 读书 · 新知三联书店 2002 年版，第 3、260—261 页。

前提 3：人类生物性的基因型决定了社会行为的基因表型的性质和变化范围；

结论：存在着共同的人性。

从形式上看，推理三与推理一除了前提 1 不同，其余两个前提的意思相近，结论也一样。但如果以为人类社会生物学没有表达比传统人性论更多的东西，那就低估了社会生物学抛弃本质论的“人性”观念的根本变革。人类社会生物学把“人性”、“生物性”和“社会性”等在传统上表示人的本质的概念，都转化成表示生物群体特征的集合概念。从理论上说，这些集合概念不但起着规定群体一般性质的定性作用，而且可用基因频率来衡量，最终可被转变成群体遗传学的定量的概念或公式。能否用自然科学的精确的、定量的概念和公式来表达人性论，这是很可疑的。推理三的前提 2 和前提 3 把人的社会行为模式归结为人类基因的表型，这是未经证明的假设，在很多人看来，这是不可能被经验证据所证明的错误的假设。人类社会生物学引起的激烈争论，大多围绕这一假设而展开。

20 世纪兴起的进化心理学家也把人性视为人类进化过程中形成的生物特性，但避开了把人类的生物性归结为基因型、把人的社会行为归结为基因的表型的“强推理”。他们提出的人性论是用心理机制代替基因型和基因表型、用社会行为的直接心理动因代替基因学的终结解释的“弱推理”，其推理形式如下。

推理四：

前提 1：人性是人类可遗传的心理机制；

前提 2：从早期人类遗传至今的先天的心理机制是人类共同的，不同群体因适应不同的、变化了的进化环境，采取不同的后天反应模式；

前提 3：因环境因素刺激而出现的后天的心理反应也受先天

的心理机制的决定性影响；

结论：存在着共同的人性。[①]

推理四虽然弱化了推理三的科学主义的还原论的强度，但仍然有还原论的假设。第一，早期人类的社会行为的心理动因是否能够被归结为某种固定的心理机制；第二，这一心理机制是否能够以生物遗传的方式世代传递；第三，心理反应的后天模式是否受这一先天的固定心理机制的影响。从个人大脑发育史来看，后天的环境因素对人的社会行为的心理动因的影响似乎更大。

对以上关于有无共同人性的四种推理，总的评价是：第一，推理一、二采用了前科学的本质论的“人性”概念，两者关于生物性与社会性关系的争论是科学不能解决的；结论：蕴含着这两种推理的人性论是非科学的。第二，推理三、四以“人性”概念的生物学意义为基础，但它们关于人的社会行为或心理反应模式的生物学基础的假设，却是现有科学难以证明的。结论：蕴含着推理三、四的人性论尚未成为科学。

“人性”概念的科学含义

对人性的研究能否成为科学，在很大程度上取决于是否能够在现有科学的基础上，改进推理三、四。我们说，这两个推理关于人的社会行为受基因或先天心理机制控制的假设，是现有科学难以证明的；并且，将来的科学发展也不大可能证明这样的假设。哪怕是最简单的社会行为也是诸多复杂因素共同参与造成的后果，这些因素不大可能全被量化成数学模型的参数。即使未来的科学真的能够在生物化学的层次上，精确地描述人的神经、腺体、肌肉和感官活动，那时也不能完全解释人的心理活动和社会行为的性质、原因和后果。因此，我们

① 参见 *The Adapted Mind*, ed. by J. H. Barkow, etc. , New York: Oxford University Press, 1992。

不能指望未来科学的成果可以为推理三、四提供更多的科学证据。

改进推理三、四的方向，不是尽量满足自然科学的严格性、精确性和分析、量化的标准，而是弱化这些标准和还原论的解释。推理四已经弱化了推理三中还原论的“强推理”，但推理四中仍然有还原论的假设，需要继续弱化。然而，弱化要有一定的底线。在现代条件下，不能离开科学的基础研究人性；否则，倒退到前科学、非科学的人性论，是没有出路的。

人性论的科学底线是达尔文的进化论的“自然选择”理论。根据这一理论，人类在选择压力下形成的适应特征，即是人性。“自然选择”是对个体的选择作用，而不是“群体选择”，因此，被“自然选择”所保留的这些适应特征是人类的每一个体都具有的，“人性”是一个共同概念，而不是通过个体间差异的比较而概括出来的普遍概念，更不是表示人的类本质的抽象概念。“在选择压力下形成的人类适应特征”和“人类的每一个体都具有”是关于人性的科学概念的两个最低限度的规定性。

这两个最低限度的规定性分别肯定了人性在种系进化过程中的自然形成以及在个体发育过程中的自然禀赋。“人性”的传统观念指人的自然本性。因此，西文用 human nature 表示“人的本性”，“本性”和“自然”是同一个词；古代汉语的“性”与“生”同，表示与生俱有的自然禀赋。词源学虽然透露了“人性”的“自然本性”的基本含义，但只有达尔文的进化论才能揭示“人性”概念基本含义的科学性。

人的生物性是一种自然本性，但却不能反过来说，人的自然本性是生物性。“人性”的最低限度的规定性不包括人的生物性，因为生物学研究的有普遍意义的生物特征是可遗传的特征，即，通过基因复制的途径世代遗传的特征。为了避免把人性还原为基因的特征，最好不要把人的生物性归属于“人性”的范畴。这样尤其可以避免把人的社会行为归结为基因遗传的还原论。

人的社会行为或心理机制是不是可遗传的特征？这是悬而未决的

问题，未来的科学也不大可能解决这一问题。现在已知的人类的遗传特征一般都是生理的结构、功能和过程。但是，没有证据表明，人的社会行为方式也是可遗传的，或者被遗传特征所决定。

如果人的社会行为或心理机制不是遗传特征，也不被遗传特征所决定，那么，人类的所有个体如何可能有共同的人性呢？这里的关键是要理解“可遗传的特征”与“自然形成的特征”的关系：生物遗传只是形成人类的适应特征的一种自然方式，但不是唯一的自然方式。“自然”不等于“先天”或“天赋”。人的社会行为或心理机制是通过生物遗传（“天赋”）以外的自然方式，后天形成的适应特征。在大致相同的后天环境中，如果面临着大致相同的选择压力，有着相同的遗传特征的个体，可以自然地形成一些共同的适应特征。在此意义上，我们把人类共同的心理机制和社会行为模式归属于人的自然本性，并把它理解为人性的主要部分。

人类的心理机制和社会行为模式这两个人性的要素，不是相互分离的。如劳伦兹所说，动物的行为模式有“内在释放机制”，每一种模式化的行为都是由一系列的从神经到肌肉固定的传导活动所完成。[①] 行为模式的适应价值越大，则内在的释放机制越复杂，比如，哺养后代的行为模式比笑或哭有着更为复杂的内在释放机制。人的社会行为模式所需要的内在释放机制最为复杂，它就是以人的大脑中枢神经系统为基础的人类心理机制。需要注意的是，人类的心理机制与社会行为模式不是一一对应的。正如进化心理学所指出的那样，人类的心理机制是相对固定的，在几百万年的“进化适应的环境”中形成，至今没有根本的变化。人类的心理机制有相当大的弹性，可以适应变化了的环境，以不同的方式，释放不同的社会行为。这些社会行为具有不同程度的适应性，有些适应性较高，有些较低。在“自然选择”（包括社会环境的选择）的压力下，适应性较高的社会行为被保留，适应

① K. Z. Lorenz, *The Foundations of Ethology*, New York: Springer-Verlag, 1981.

性较低的则被淘汰。人类不同社会群体的不同文化传统或文明有着不同适应性的社会行为的固定模式，它们有的已经消亡，有的发生了重大变化。但这不一定意味着承载这些文化传统或文明的社会群体中的个体，也随之消亡或发生重大变化。如果这些个体能够调整自己的心理机制，找到相应的适应环境的行为模式，他们或者创造新的文化，或者在另一文化传统中生存。

进化心理学认为人类的心理机制是可遗传的共同特征，这却是一个不必要的假设。即使不通过生物遗传的途径，在后天的个体发育过程中，人的大脑也照样可以“嵌入”共同的心理机制。这是因为，人类教育后代的环境、过程、方法和基本内容是大致相同的。与史前时代相比，自然环境和人的社会环境发生了很大的变化和分化。但是，不同社会群体都在比较小的环境和熟悉的人际关系中，教育儿童，父母和长辈的言传身教有重要影响。教育的内容无非是语言能力、生活能力和劳动能力的基本训练，训练的基本过程和方法也大致相同。比如，人类传授语言的方式是大致相同的。在大脑发育的较早阶段，语言区的神经元的连接增多，最适宜学习语词的联结。乔姆斯基用天赋的、内在的生成转换语法来解释这一事实。[①] 但是，这里“天赋”的意思只能被理解为后天实现的“自然禀赋”，而不是“与生俱有”的意思。否则的话，在母体中只完成了大脑发育的1/4的婴儿大脑里，大多数的神经连接还没有形成，何来“生成转换”的内在功能呢？反之，如果在神经连接迅速形成的时候，没有相应的外在的语言联结，这些神经连接所具有的生成转换功能也不会形成内在的“语法”。按照我们的解释，“生成转换语法”属于人类共同的心理机制，与其他心理机制一样，是在早年的学习和大脑发育这两个同步的自然过程中形成的。

以上说明了“人性”的四个要素：（1）自然特征：在“自然选择”压力下形成的适应特征；（2）心理特征：这些适应特征主要是个

---

① 参阅 N. Chomsky，*Rules and Representations*，New York：Columbia University Press，1980。

人发育过程中自然形成的心理机制；（3）社会特征：这种心理机制与一定的社会行为模式相对应，并驱动适应的或不适应的社会行为；（4）人类共同特征：人类的每一个体所具有的自然禀赋。

第五种推理

上面从人类成功地生存和繁衍这一基本事实出发，按照“自然选择”的科学原理，探讨了“人性”概念的科学的含义。以下将换一个角度，用分析的方法，逐步推导出共同人性的结论。

推理五

前提1：人性是在选择压力下自然形成的人类适应特征，包括心理机制和与之相对应的社会行为模式；

前提2：人类的心理机制是相对固定的，有较大弹性；社会行为模式的适应程度却有相当大的不同；

前提3：一些社会行为模式在选择压力下的变化和人类心理机制的固定不变是相互对应的人类适应特征；

结论：存在着共同的人性。

这一推理与前面四个都不同。前提1与推理三、四的前提1一样，改变了把人性视为人类本质的抽象普遍性（如推理一、二的前提1所示），而把“人性”作为表示个体适应特征总和的集合概念。但与推理三、四不同的是，推理五不把人的生物性或可遗传性当作适应特征的必要条件，而是在更宽泛的意义上，用先天的或后天获得的自然特征作为人性的标志。

推理五的前提2和前面四个推理的前提2一样，都是为了区分人性中“一”与“多”、“变”与“不变”的因素。但不采用“生物性”与“社会性”（推理一、二）、“基因型”与“表现型”（推理三），以及“先天”与“后天”（推理四）等区分，而是采用了“心理机制”与“社会行为模式”的区分。这两者不能在人的具体活动中区别开来，因为心理机制是作为行为模式的“内在的释放机制”而存在的，人类的心理机制与社会行为模式的联系尤为密切。但是，两者却因适应性上的差异而区别开来。

长期进化过程所形成的人类心理机制对环境的适应是相对稳定的，有较大伸缩性，能够以不变的方式承受不同的、变化的外部环境刺激，其反应方式也不随环境中具体对象的改变而改变。例如，在史前时代和文明社会中，威胁人们生命的对象大不一样，但人类对生命威胁的心理反应却有着固定不变的机制。进化心理学从人类种系进化的角度，对人类心理机制的恒久性（“不变”）和共同性（“一”）做了很多研究；从个人大脑发育和意识发生史的角度，也可以说明人类个体心理机制的自然形成和共同性。

另外，人类社会行为模式的适应性是不稳定的，有程度高低的差别。史前人类行为模式体现在考古学发掘出来的不同类型的文化遗迹中，如“文化”体现了东非“直立人”的社会行为模式，“文化”体现了尼安德特人的社会行为模式，“文化”体现了西欧地区的现代智人的社会行为模式，“仰韶文化”和“大汶口文化”等体现了中国境内的现代智人的某些分支的社会行为模式，等等。在农业—畜牧业革命以后，不同类型的文明体现了更大规模和范围的社会行为机制。但不管一个文化或文明传统持续时间多么久远，它也不能恒久不变；不管它扩展范围有多大，也没有包含全人类。相对于人类社会的行为模式而言，人类心理机制是恒久的，共同的。

推理五的前提 3 与前面四个推理的前提 3 一样，也是对人性的“不变”与“变”、“一”和“多”因素之间关系作出规定，最后得出有无共同人性的结论。推理二的前提 3 认为，“不变”和“一”的因素不能解释“变”和“多”的因素，不同社会的不同成员有不同的人性特征，得出了“没有共同人性”的结论。推理五与推理一、三、四一样，都认为“不变”和“一”的因素能够解释“变”和“多”的因素，因此得出“存在着共同人性”的结论。但有一个重要的区别：推理一、三、四借助因果决定论的解释，认为“不变”和“一”的因素分别是“变”和“多”的因素的原因，或认为，前者对后者有决定性影响。这是希腊哲学和近代科学传统的解释模式。传统的人性论固然与这一解释模式相一致，社会生物学也没有摆脱同样的解释模式，如威尔逊所说，他深受“爱奥尼亚魅力”的吸引。① 我们知道，从爱奥尼亚的希腊哲学开始，西方思想家就一直在寻求“多中的一”、“变中的不变”的真理。“本原”“本质”“原因”和“人性”都被看作是这样的真理。

推理五的前提3不再用因果决定论处理“不变”与“变”、“一”和“多”的关系，而把它们解释为松散的对应关系。人类共同的、固定的心理机制与不同群体的多样的、变化的社会行为模式相对应，两者的对应既不是因果联系，也不是一一对应的逻辑关系，而是在不同环境的选择压力下形成的适应性，它服从进化论的科学解释。

人类心理机制与社会行为模式之间的对应关系是一种解释学的循环。一方面，我们需要用人类心理机制来解释人的社会行为如何形成模式、如何变化的过程。不管人类社会的行为模式有多少差异，它们总是指向一个共同的、固定的心理机制，人类心理机制可以解释人类社会行为模式的必要性和合理性。另一方面，我们也需要一定的社会行为模式来解释人类心理模式的现实性和可检验性。人类心理机制虽然是内在的，但却不是隐秘的；它不是隐秘的，不仅仅是因为它是神经生理学和生物化学的研究对象，而且是因为可以从人类社会行为模式来追寻它的踪迹。人类心理机制和社会行为模式相互解释的对应关系证明了这样的结论：人类共同的、固定的心理机制和与之相对应的多样的、变化的社会行为模式是每一个人类个体都具有的适应性特征，

---

① 参阅［美］威尔逊《论契合：知识的统合》，田铭译，生活·读书·新知三联书店2002年版，第3、260—261页。

这就是共同的人性。

推理五和前四个推理实际上有着相同的思路：前提 1 是关于人性的定义，前提 2 对人性中的共同和不同的因素作出区别，前提 3 指出不同的因素中有（或没有）共同的因素，最后得出有（或没有）共同人性的结论。推理五用不同的概念系统实现了这些步骤，因此与其他四个推理根本不同。

支持推理五的现有的科学基础

与前四个推理的前提一样，推理五的前提也是假设。它们的区别在于：推理一、二的前提是用前科学的概念表述的非科学命题；推理三、四的前提虽然是用科学的概念表述的命题，但这些命题却超出了现有科学所能提供的证据范围，并且未来科学也不大可能提供所需要的证据；推理五的前提既是用科学概念表述的命题，又能够在现有科学和未来科学的发展中获得所需要的证据。只有推理五使得人性科学成为可能。

人性科学的可能性现在尚未实现；就是说，现有科学中还没有一门专门的人性科学。我们说，推理五使人性科学成为可能，意思是说，推理五能够把各门科学中相关的证据和结论综合在一起，逐步证明各个前提，使关于人性的研究成为一个科学的推理系统。以下，我们将具体地说明，推理五的各个前提能够从现有科学的哪些领域，获得哪些方面的支持？

人类考古学证明了人类进化的同源性，人类的共同祖先是生活在五百万至二百万年前的非洲的南方古猿；现在所有生活在地球上的人都属于同一人种——现代智人。现代智人很可能也起源于非洲。人类的同源性解释了人类为什么具有共同的基因库，回答了所有人为什么具有相同的遗传特征——身体构造、发育过程和生理功能。这些相同的遗传特征是人类心理机制和社会行为模式的生物学基础。20 世纪 60

年代兴起的新考古学提出了用考古材料重建史前生活的主张，要求对早期人类社会和文化的特征做出科学的解释。新考古学揭示出石器时代遗物所处的生活世界，用生态环境的压力和人类的适应性反应解释群体的行为模式。80 年代兴起的进化心理学进一步研究在早期人类进化的适应环境中形成的人类心理机制。这些科学领域的新成果告诉我们关于人类社会行为模式和心理机制的起源、性质和相互关系的知识。这也是前提 1 关于人性的起源、性质和组成的假设所需要的科学证据。

在人类跨入文明门槛前后的一段历史时期，人类群体及其社会行为模式开始高度分化。人类考古学、生态学、民族学等学科回答了人类社会和文化为什么在这一时期高度分化以及如何分化等问题。人类文化学通过对现存的原始部落的田野调查，对分化所产生的社会行为模式的多样性和历史轨迹做了详细的描述和分析。文化人类学和神话学、比较宗教学和比较语言学等学科交叉在一起，对复杂、多样的文化习俗背后的心理模式和思维方式做了大量的探讨。这些领域的研究方法不一样，得出的观点和结论也不一致，甚至相互矛盾。但其中有很多材料，可以用来阐明和支持前提 2 关于人类心理机制的共同性的假设。

至于前提 3 关于共同的心理机制与不同的社会行为模式之间的对应关系的假设，需要在历史研究和行为科学这两大领域寻找证据。在历史学、观念史和哲学史领域，关于不同传统的共时性研究和同一文明的历时性研究的研究成果不少，但大多缺乏行为科学的理论视野。行为科学包括社会学、心理学等学科，在这一领域，关于个人与社会、行为与心理模式的研究很多，但大多局限于个案研究，而缺乏长期的、大范围的历史视野。虽然没有多少现成的证据，但经过综合和解释，这两大领域的很多材料可以转换成支持前提 3 的证据。

在不同的学科领域，人性科学所能获得的支持也不同：考古学、生态学和体质人类学能够提供较多的证据；文化人类学、社会学、心理学、民族学、神话学、比较宗教学和比较语言学能够提供一些间接的证据；而在历史学、观念史和哲学史等领域，现在所能提供的是有待解释的历史素材。严格地说，不同领域的这些成果还不能成为人性科学的证据，因为它们有各自不同的研究方法、不同的理论解释和不同的结论。只有当它们能够被综合在人性科学的推理系统之中，经过重新解释，才能转换成相互衔接的证据。现在问题的关键在于，如何“综合”“解释”和“转换”？不同领域的成果如何衔接？这些都是未来的人性科学首先需要解决的问题。

（原文载于《江海学刊》2005年第5期）

全球化、现代消费和人的认同

韩　震

在本文，我力图证明，在现代性的全球化时代，认同的最直接、最强有力的源泉已经从生产方式转变到消费方式。生产方式往往是碾平差异，把空间和时间压缩，但这却为消费方式的差异制造了相遇的场域，在这个场域中，消费在不断制造新的差异和不同的认同。

全球化构成认同形成的差异场域

所谓认同就是某个群体或个体达到自身的同一性的过程：群体成员言行的相似性，共同体在文化上的一致性以及个人意识的连贯性。可是，在生成的意义上，认同是与能够形成区分的差异性相关的，没有区别就没有必要进行认同。如果认同“这个特性”而不是另外的特性，这就划定了一个界限，使“我”（me）、“我们”（us）与“他者”（other）区分开来。因此，社会认同是在差异的场域中被界定的。

由于生产方式的变革和现代性的发展，资本和市场的逻辑使全球生活发生了深刻变革。按照原来的预测，资本主义的生产逻辑本来应该把经过的地方都变成抽象同一的工厂和市场，把不同的人群都变成工人，在这个基础上人们的精神世界也会出现“单向度”的一致性。

有的学者把马克思的话作为佐证，认为资本主义的全球化进程必然消除民族特性。马克思的确曾经指出：资本主义生产方式在其所到之处都消除着民族特性，破坏着传统的生活方式。民族文化也受这一进程的影响，“民族的片面性和局限性日益成为不可能，于是由许多民族的和地方的文学形成了一种世界的文学”①。我们应该如何理解民族的片面性和局限性之不可能，我们应该怎样理解世界文学的图景呢？我认为，消除了民族片面性和局限性的民族，并不是变成了没有民族特点的或没有民族性的民族，而是吸收了现代性之后的某种新的民族文化，这种文化消除了落后于时代的片面性和局限性，获得了民族性与现代性的统一。与此同时，一种世界文学的可能性与其说是被现代性的棱镜折射成为单色调的文化（单一形式的形态），倒不如说是由丰富多彩、五颜六色的民族文化构成的相互映照的彩虹。

现代性和全球化进程，似乎不是压制而是激发了各民族的存在自觉和文化自觉。实际上，东亚社会的崛起证明的不是民族文化的消失，而是证明了这些民族发现了使民族文化与现代性进程相互配合的契合点。无论是儒教文化圈还是佛教文化圈，东亚价值观显然已经转换成为现代性的动力，而不是像韦伯所说的那样是现代性的阻力。东亚价值观也出现进一步创新的迹象。

西方中心主义者曾经幻想世界的现代化就是西方化，而许多非西方学者也担忧全球化的结果必然是欧美化。可是，始料不及的是，现代性一方面把全球化变成用一种颜色涂抹其影响过的地方的过程；另一方面这种涂抹却与原来就有的不同底色创造出许多新的色彩来。在某些方面，不同地方的人似乎有了共同点，如钟表所规定的标准时间、流水线、超市、肥皂剧等；可是，在另外的方面，如全球经济体系从中心辐射的光，照射到不同的地方就有了亮度的差异。不仅原有的民族差异没有抹平，往往原来内部相对一致的民族或群体也被市场经济

---

① 《马克思恩格斯选集》第 1 卷，人民出版社 1995 年版，第 276 页。

割裂。因此，现代性的结果把人类带进了一个充满差异、“风险”和不确定的时代。在这样的时代，就如阿格妮丝·赫勒所说的，“不再有什么是稳定的，不再有什么被一致接受；在任何地方，对一切事物，都存在不同的意见。这就是现代生活”①。可见，现代性不仅创造一致和同一，而且也凸显差异和矛盾。不断有差异出现，才是现代性富有生命力的表征。

为什么世界文化没有在现代化进程中走向同质化，人类没有在技术化进程中走向“单向度”，反而越来越走向推崇多样性差异？按照历史唯物主义的观点，就时代的差异而言，重要的不是人们吃什么、穿什么、用什么，而在于怎样生产吃、穿、用这些东西。正如马克思指出的，“各种经济时代的区别，不在于生产什么，而在于怎样生产，用什么劳动资料生产”②。不同的生产方式划分了历史的发展阶段，划分了发达国家和发展中国家，划分了现代和前现代社会。然而，就人们的自我认同而言，似乎生产还不如消费来得直接。因为在生产方式高度一致的地方，消费反而成为人们相互区别、获得认同或特性的领域。大机器生产和流水线就像轧路机，所到之处似乎碾平了所有的差异、皱褶和起伏，使世界各地的工厂都变得毫无二致。可是，在消费领域，人们却并不受这种一致化趋势的左右。如果生产技术的逻辑是越来越同一化，那么消费的逻辑似乎越来越走向多样化。既然认同形成于差异，那么认同的动力当然就转向了消费的场域。

当然，生产方式仍然是人的本性生成或认同形成的最奠基性的根源。但是，在现代化和全球化进程日益深入的情况下，似乎消费方式在形成自我认同的作用方面越来越明显。尽管中国工人在同美国工人一样上班挣工资，但是，不同的消费水平和消费习惯塑造着不同的人。

① ［匈牙利］阿格妮丝·赫勒：《现代性理论》，李瑞华译，商务印书馆2005年版，第67页。
② 《马克思恩格斯全集》第23卷，人民出版社1972年版，第204页。

中国工人制造的物品很多销往欧美，甚至连美国国旗都是中国生产的，但是打着美国国旗在那里激动的却是美国公民。中国人在制造美国国旗时，其心情与制造毛巾之类的纺织品没有什么差别，可是中国人和美国人在购买美国国旗时的消费心情就大不一样了。为美国人制造物品的中国人仍然认同中国文化，而消费中国人制造的物品的美国人却认同美国文化。

市场经济和全球化进程在碾平生产方式的差异性的同时，也形成了一个差异相遇的空间或场域。人们在全球化进程中相遇了：在这里，人们发现与自己不同的种族、族群以及不同的文化传统；在这里，人们发现不同的语言、理论、歌曲、音乐、艺术风格；在这里，人们也发现不同的服饰、食物、日常用品。赫勒自认为是主张“反思的现代性”理论。这种反思的现代性伦理与朴素的现代性伦理的不同就在于：朴素的现代性伦理认为世界因理性的力量而变得越来越合理，因而也就越来越一致。不仅在韦伯眼里社会的合理性成为一种趋势，世界由此而“祛魅”，而且连富有诗意的海德格尔也屈从于技术“座驾”（Ge-stell）的力量。阿格妮丝·赫勒说：“与海德格尔的思想相反，我怀疑下面的观点：我们现代世界的随意行为都是受到同样的形而上学思想、主体/客体关系和技术想象所‘框范’的。与哈贝马斯学派相反，我怀疑是否存在一种支配性的世界解释，在我看来，现代世界确实在所有层面和所有方面都是零散的、冲突的，有时甚至是混乱的。”[①] 她在《历史哲学片断》中就表达了这种观点。现代人被日益变化的生活所困，而不同地方的生活都是一个独特的不可复制的历史境遇，这增加了海德格尔 Dasein 概念的说服力。不同历史情景下生存的人，不可能有相同的世界观。因此，与信仰神圣存在的古代人相比，现代人的世界观已经碎裂成为碎片。

① ［匈牙利］阿格妮丝·赫勒：《现代性理论》，李瑞华译，商务印书馆 2005 年版，第 101 页。

消费构成自我认同的最明显的动力

在现实生活中，自我认同与消费有着更加明确而直接的联系。在一定的意义上，你的消费就界定你存在的边界及其构成。在消费中，食物具有基础性的重要性。古人曾经说，“你是你吃的东西”，因此，以吃肉为主的人不同于以吃粮为主的人。前些年，在出国留学或进修学习的人们之间有句流行的话，即“肚子最爱国”，因为到国外最不适应的就是饮食。即使吃得很好，可以天天啃炸鸡，仍然特别想吃国内的咸菜。现在想来这实际是消费习惯所形成的稳固的认同。姜戎的《狼图腾》一书也告诉人们这样一个道理：吃不同的食物生成不同的人。这是有一定根据的，“因为吃与所有的消费一样是自我识别的行动”①。然而，按照历史唯物主义的观点，与其说是吃什么造就了人性，不如说获取不同种类食物的不同生产方式塑造了不同的人。如果说种地的农民有自己区别于放牧的牧民的特性，那是因为耕种土地的实践在生产方式上不同于放牧牛羊。而且即使都吃肉，用手撕和用刀叉也造就不同的人，而进餐的礼仪就更加塑造不同文明的人格了。

由于消费水平、习惯、内容和风格等的差异，现代性不仅没有像马尔库塞所说的那样把现代人变成为“单向度的人”，反而造就了许多新的亚文化。现代性借助消费的分化成为使人们认同分化的动力。鲍德里亚指出：“消费并没有使整个社会更加趋于一致，就像学校并没有使大家获得一致的教育机会一样。它甚至加剧了其分化。”② 而美国剧作家亨利·米勒曾经描写说：“所有的人都在汽车、房屋的消费中寻找自己的灵魂。”③ 现代化把一切有特色的生产都产业化、商品

---

① ［美］乔纳森·弗里德曼：《文化认同与全球性过程》，郭建如译，商务印书馆 2003 年版，第 156 页。

② ［法］鲍德里亚：《消费社会》，刘成富、全志钢译，南京大学出版社 2004 年版，第 45 页。

③ 参见钟和晏《在物质和审美之间》，《三联生活周刊》2005 年第 27 期。

化，生产先是机械化，现在又进入自动化、信息化、数字化，有特色的仅仅剩下消费了。尽管电视机的原理是一样的，可是不同民族的人所喜欢的节目仍然是有差异的。网络技术是一致的，但是网上的内容越来越个性化。手机的制式越来越一致，但是外观却越来越个性化，而且更加重要的是短信的内容越来越五花八门。可以这么说，至少现代人要比他们的祖辈、父辈更注重个性，因为他们的祖辈、父辈的消费是比较单一的和较少差异的。

有人认为现代青年人是虚无主义的，没有信仰和价值观。这种说法值得商榷。我觉得现代年轻人不是没有价值观，只是其价值观与前辈有所不同，他们的价值观甚至是有意识地相互区别的。德国学者乌尔里希·贝克指出：“有政治自由置于核心，现代性不是一个价值衰落的时代，而是一个价值时代。在这个时代里，本体论差异的等级制度的确定性，被自由的有创造力的不确定性所取代。”① 许多人习惯于过去的生活方式，因此适应这种不确定性的方法就是节俭、存钱，可是在这种生活方式下长大的人却把不确定性变成一种生活态度。所谓“月光族”就是典型的代表，尽管他们是每月有较高工资的白领，但每月的工资却花个精光，甚至到月底还经常成为“负翁”。可以说，他们是以自己不确定的态度来对待这个不确定性的时代。这些人仍然有他们的价值观，那就是对永恒现在的绝对投入，对目前生活的极端执着。

与依赖自然的时代、信仰的时代和相信绝对理性的大工业革命的初期时代不同，现在是一个不确定和差异涌现的时代。在这个根基不确定的时代，消费就是人们自己本性需要的表达，因而它必然体现和表征着人的本性，奠基并且塑造着人的认同。因此，有人说：“你就是你穿的东西！不是‘衣服造人’，而是因为衣服是个人拥有的生命

① ［德］乌尔里希·贝克：《世界风险社会》，吴英姿、孙淑敏译，南京大学出版社2000年版，第16页。

力的直接表达，生命力是无处不在的，且总是外在的。对衣服的消费包含在与提供财富、健康和政治权力的力量相连的全球策略中。”①《北京青年报》曾经发表的一则调查表明：在服饰背后，实际上还隐藏着一定的价值观念。如遵从群体服饰规范、自我表现、美学价值、声望价值和经济价值等。而且调查表明，家庭收入低的人更注重服饰的声望价值和用服饰来表现自我。家庭收入越高，越倾向于遵从大众的服饰规范。这种现象正好说明消费活动是自我认同的实践性表达，有了自信的人就弱化了这种表达，还没有确立认同目标的人必须时时注重这种符号表达。这就是说，越是还没有建立起自信的人，越是有意识地用消费来证明自己。调查还表明，服饰价值具有明显的年龄差异。19 岁以下和 20—29 岁的年轻人最注重用服饰来表现自我，分别为 52% 和 44%，远远高于其他人群。30—39 岁和 40—49 岁的人更注重遵从群体的规范，分别为 56% 和 40%。50 岁以上的人着装时更注重服饰的声望价值（45%）。② 这些都表明，消费表达并且塑造着人们的自我想象，从而构成自我认同的重要内容。

消费成为现代性自我认同的表征

消费已经成为全球化时代自我认同的主要的指示器和标尺。人们用消费界定自我认同的边界和内容。人高兴了消费，郁闷了也消费；相聚时消费，孤独时仍然消费。消费就成为生活本身。

（1）消费界定人的现代性程度。在现代化进程的不同阶段，人们通过消费现代性物品，如自行车、收音机、汽车、电脑、网络等，强化自己的现代性表征。“如果说消费对于我们是构造自身的生活空

① ［美］乔纳森·弗里德曼：《文化认同与全球性过程》，郭建如译，商务印书馆 2003 年版，第 158 页。

② 《收入越低越注重服饰声望价值》，《北京青年报》2002 年 2 月 16 日。

间”，那么人们在选择服装时，时尚就不仅表达我们的欲望，它还“在创造声望”，形成人的生存方式。譬如，对于白领阶层而言，倾其收入而消费“获得的满足肯定不在于生活风格的体验，而在于为他人建构自我、形成重要人物即强有力的精英的表象”①。实际上，人们常嘲笑别人：怎么还穿那种衣服，他们是以此认定别人生活在过去的时间里。消费成为人们生活在现代进程的时间历程中的里程碑。你怎样消费，就标志你进入了现代性的什么阶段。

（2）消费界定人的个性存在。消费活动体现人们实现自己欲望或需要的方式，在人性就是其需要的意义上，一个人消费风格就体现着他的人格。乔纳森·弗里德曼指出：“在最一般的意义上，消费是创造认同的特定方式，一种在时空的物质重组中的实现方式。就此而言，它是自我建构的一种工具……”② “我消费，故我在。”当现代性使自我意识增强，个人隐私成为敏感的问题时，人们必须在某些公开的消费空间展示自己的个性存在，而且他们也借助认同性消费的商品呈现自恋性的自我个性构造。如果过去大家都是某个家族或村落的人，那么现在你出入的消费空间就成为你的生存符号：音乐厅、咖啡馆、茶室、健身房、酒吧、小餐馆等。

（3）消费界定人的社会存在。鲍德里亚指出：“富裕、‘富有’其实只是幸福的符号的积累。”③ 消费成为界定地位、身份、权力、心境和身体状况的实践性表达。在某种意义上，消费甚至不单纯是表达，作为自我识别的符号，它还是自我的社会文化认同的构成。这些物品构成了“我是什么”或“我们是什么”的某种组合符号表征。事实上，这些符号表征不仅是表达，而且是对力量——身份、权力、声誉、

① ［美］乔纳森·弗里德曼：《文化认同与全球性过程》，郭建如译，商务印书馆2003年版，第160页。

② ［美］乔纳森·弗里德曼：《文化认同与全球性过程》，郭建如译，商务印书馆2003年版，第227页。

③ ［法］鲍德里亚：《消费社会》，刘成富、全志钢译，南京大学出版社2004年版，第9页。

生命力、创造力——的界定，力量的表现形式是财富、健康、优雅体形甚至白色的皮肤。可见，人的身体呈现不仅是审美的需要，它还在表达某种“社会面具”。

（4）消费界定人的政治存在。在超出自然需要的界限上，现代性的消费以作为权力象征的声望符号界定你的政治立场和社会地位。为什么官员对自己的配车那么在意，因为他怕别人小看他。为什么“9·11”之后美国人都买国旗？这是其政治立场的表达。为什么布什在竞选的时候跑到农业州买玉米啃？这是为了表达他对农场主和农场工人的态度。为什么有段时间许多美国人不喝法国葡萄酒，不吃法式面包？那是为了表示对法国不支持美国对伊拉克诉诸武力的不满。消费联系着政治，也表达着政治。政治家必须关心人民的消费，政治家甚至普通人也通过消费塑造自己的政治形象，并且通过消费行为表达自己的政治立场。

（5）消费界定人的文化存在。在温饱之后，消费本质上已经成为文化现象，因为超越生理需要之上的消费品和消费行为均是表达意义的象征和表征的符号体系。现在不仅是通过消费体现你的文化身份，许多年轻人更是在消费中获得或形成自己的文化身份认同。消费行为成为青少年社会化，形成自己的世界观、人生观和价值观的重要途径。按照鲍德里亚的理解，消费资本主义的活力在于它将物质消费转化为一种意识形态意义的美学消费。人们消费的不再是物，而是物所代表的符号意义，物品与人类的关系发生了巨大的转变，消费成为认识世界的方式。消费可以代表个体获得某种文化公民的资格。因此，在物的消费中得到的是精神满足，甚至是人生的幸福感。消费已经成为一种文化，不同的消费文化就构成不同的文化认同。

总之，在现代性发展到后期的反思阶段，在全球化进程日益深入的阶段，消费已经成为“自我认同”的外在标志，而自我认同是消费的内部依据。

全球消费的价值定位

到此，我们已经分析了消费在全球化时代的重要性，它构成文化认同的直接动力和自我认同的主要表征。我们必须重视消费问题的研究。我们应该提倡合理的消费、发展性消费和文化愉悦性消费。我在《关于消费的价值分析》[①] 一文中已经谈了我对不同消费的价值区分，在此就不再赘述。我只谈一下怎样重视消费而避免消费主义的问题。我们应该把人们的消费转向发展性消费，特别是精神发展的消费，只有这样我们才能借助现代性力量构筑人们的现代认同而避免消费主义的负面影响。

消费主义（consumerism）是把消费作为人生至上目标，从而过度占有和挥霍财富的价值取向和生活方式。就人性而言，发展是本性，这是不可阻挡的。然而，要发展就需要消费，而且消费的欲望是越来越大。面对这种现代性逻辑，仅仅靠道德教化是不够的。对于中国这个资源并不丰富而人口却众多的大国，不能走消费主义的道路。我们必须建立节约型社会：要绿色消费，不要挥霍性消费；要节约型消费，不要炫耀性消费。一句话，要消费，不要消费主义。中国社会在改革开放之后已经得到长足发展，如何对待发展和消费的问题是影响国家战略甚至全球命运的大问题。我们应该向什么方向发展呢？当我们满足温饱之后，消费是向骄奢淫逸的方向发展，还是向更具深刻意义的审美和精神愉悦的方向发展。我认为，应该提倡向文化消费和精神愉悦的消费方向发展。

文化消费需要培养，培养人们审美趣味的现存可以依赖的途径就是大众文化。通过文化消费，可以把人们的无限消费的冲动转向精神层面。但是，高雅文化不是一下子就能够打动普通大众的心灵的，我

---

① 参见韩震《关于消费的价值分析》，《光明日报》2003 年 7 月 29 日第 4 版。

们应该借助大众文化的阶梯。

就大众文化与所谓高雅文化的关系，我更多地对大众文化持同情的态度。我认为，文化批判的主要对象应该是精英文化或“高雅文化”，因为高雅文化往往确立文化的意义和标准。大众文化往往普及并且跟随高雅文化。另外，实际上，大众文化也是高雅文化滋生和发展的最直接的基础，高雅文化往往在提供精致的形式和意义的同时，通过改造，把大众文化富有生命力和创造力的内容提升为高雅文化的内容。大众文化是高雅文化的试验田。文化精英们要做的不是批判大众文化，而是研究和提升大众文化，丰富和醇化大众文化的内容。我们在精神性方面也不能持极端主义态度。查尔斯·泰勒曾经说过，“最高的精神理想和渴望也有给人类加上最沉重负担的危险。人类历史的伟大精神视野也是有毒的圣杯，是无数悲惨甚至暴行的原因”①。

就大众文化与消费及其认同的关系，我也对其功能持基本肯定态度。“大众文化（和艺术）确实是被消费的。消费在这里意味着快速吸收。”② 大众文化为所有阶层和文化水平的人生产消费品，因此大众消费品的好坏标准不是高深优雅，而是喜闻乐见。大众文化与其说是降低了文化水准，不如说是普及了文化，因为在没有大众文化的地方往往普通群众根本没有机会享受文化，因而就不能消费文化。通俗文化也比没有文化强，正如有能够消费的低廉食品要比没有任何食品可以消费强一样。有了大众文化就可以把高雅文化确立的文化意义以普通群众可以理解的方式加以传播，从而形成一个共同体连续而又有差异的有机认同。共同的文化消费形成了或塑造了具有相同思想或精神语境的人群。尽管大众文化的消费使许多人与那些所谓精英们有形式上的差异，但是都有文化消费这一点就使他们与精英阶层在精神上保

① ［加拿大］查尔斯·泰勒：《自我的根源：现代性认同的形成》，韩震等译，译林出版社2001年版，第815页。

② ［匈牙利］阿格妮丝·赫勒：《现代性理论》，李瑞华译，商务印书馆2005年版，第177页。

持着相互之间的可理解性。否则，这个群体的精英和普通群众之间就不再是高雅文化和大众文化的差异，而是有没有文化的差异了。如果这样，在他们之间建立认同就更加困难了。

更值得注意的是，大众文化阵地是国际争夺的战略重点之一。如果我们不去占领，就会由别人去占领。美国人早就发现："美国电影业具有对外输出宣传美国消费品和美国'生活方式'的潜能。"而且，"如果说自由贸易是强大经济国家借以渗透、统治经济弱小国家的机制的话，那么信息自由流通是借以将美国的生活方式和价值观念强加给贫穷、羸弱的社会的渠道"①。我们的青年人不会因为美国生产物品而发生认同危机，但是会因为消费美国的文化产品而产生认同危机。我们必须生产出大量人们喜欢消费的大众文化产品，占领这个精神消费阵地，巩固我们文化的认同资源。我们可以逐步提高大众的文化消费趣味，但是我们不能把自己的趣味强加给大众。在这里唱高调是没有用的。也许我们自以为高雅的东西，反而是真正的贫瘠的不毛之地。

（原载《江海学刊》2005年第5期）

① ［英］戴维·莫利、凯文·罗宾斯：《认同的空间：全球媒介、电子世界景观与文化边界》，司艳译，南京大学出版社2001年版，第301—303页。

马克思人的发展理论的内在张力

王南湜

在现今中国，人的发展问题以一种从未有过的极为醒目而迫切的方式呈现在人们面前。一方面，市场经济的初步建立使国人的物质生活条件从总体上得到了显著提高，人们有了更多的自由发展的可能性；但另一方面，市场经济的发展及其所带来的一切（分工的发展、社会的急剧变迁、贫富的两极分化），似乎又与马克思所设想的自由全面发展的理想王国之间有了更大的反差。面对这些，需要有一种与之相适应的理论创新，方能够给出合理的回答。但是，面对这样一个极为现实的重大问题，理论上的创新便既不能以机会主义的方式无原则地“适应”现实，亦不能以教条主义的方式为理论原则而不顾现实，而是必须基于现实的历史性变迁，对以往的理论进行一番检视，从而找出创新之突破点来。对于我们而言，马克思人的发展理论是一份极其珍贵的学术遗产，是我们无法回避的“前见”。

一

中国市场经济的发展所引发的种种问题，使理论界陷入深深的困惑之中。面对市场经济发展这同一个现实，人们在理论上却往往不能达成同一的理解。特别是在人的发展问题上，即关于市场经济的发展对于人的发展的关系问题上，理论界给出的往往是截然相反的观点。一种说法是，市场经济的发展有力地促进了人的发展；相反的观点则指出，市场经济的发展恰恰不利于人的发展。① 双方的论点不仅都能在现实生活中找到实证材料，而且各自都能在马克思那里找到理论上的依据。这种情况促使我们去考虑这么一种可能性，那就是马克思人的发展理论中蕴含着某种以往未被人们所认真对待的双重因素，这双重因素之间包含着一种内在的张力；而正是这种内在的张力的存在，才使得理论界有可能各自抓住马克思人的发展理论中的一个方面，而不顾在马克思人的发展理论中两个方面在一种特设的理论条件下是统一的这一事实。但为理解这一点，我们必须对马克思人的发展理论的双重因素及其理论渊源有一个观念。

任何理论都有其精神上的源头，马克思人的发展理论也不例外。马克思的学说是在吸收人类传统文化尤其是西方传统文化之精华的基础上发展起来的，因而在其关于人的学说中便不可能不包含着西方文化两大源头即希腊文化和基督教文化关于人的观念。众所周知，在基督教文化和希腊文化这西方文化的两大源头中，对于人在世界中的位置、人的发展等问题，都有着相当不同的想象。尽管在其后来的发展中，经过激荡磨合、相互吸收，彼此掺杂，二者在某种程度上有了融合，但其间的冲突或张力却未能也不可能彻底消除，而是存在明显可见的两种趋向。这两种文化传统在人的发展问题上的差别，大体上说来，希腊文化传统关于人的本质的想象是世俗的、入世的、有限的；而基督教传统关于人的本质的想象则是超越的、出世的、无限的。在希腊传统中，人既不是神，也不是动物，而是一种有理性的、政治（城邦）的动物；而在基督教传统中，则是上帝按自己的形象创造了人。就近代而言，文艺复兴哲学、法国启蒙哲学主要地继承了希腊传

① 参见亢安毅《人的全面发展问题的研究综述》，《求实》2003 年第 6 期。

统，强调的是有限的、作为感性存在的人在现实生活中的发展，而德国古典哲学则更多地继承了基督教关于人的形象，更多地把人的本质想象为一种超越的存在，而现实生活的有限性只不过是那神圣本质的异化而已。

马克思哲学是一种对于德国唯心主义的反叛，因而不可避免地要在某种程度上趋向于延续了希腊传统、注重现实生活的文艺复兴哲学和法国启蒙哲学这一传统，但作为一个德国哲学家，又不可能完全离开德国哲学之注重人的超越性这一传统。这样，在马克思的实践哲学中，便不可避免地存在一种现实性与超越性之间的张力。而这一点对于理解马克思人的发展理论有着十分重要的意义。一方面，既然马克思哲学是一种唯物主义的实践哲学，那么，对于人类社会之理想状态的探求和规定便只能从人的生活实践出发去进行，而不能想象一种超越于人类生活的状态（如天国之类），从而也就意味着，在马克思那里，人类的理想状态只能是一种特别的生活或生存状态，而不可能是一种超越于可能的人类生活的东西。另一方面，这样一种理想的生存状态，马克思称之为自由王国，一种与必然王国相对的自由王国，其核心内涵又是一种从根本上超越于现实生活的人的个性的自由发展。这样一种内在张力，在马克思的人的发展观的发展中十分引人注目地表现了出来。从实践哲学出发，马克思必然要将人的自由发展置于人类实践发展的历史中来理解。马克思给自己提出的问题是，在什么条件下才能实现“每个人的全面而自由的发展”。对此问题，马克思的规定经历了一个发展过程。在马克思的思想中，把作为人类终极理想的自由王国理解为人类能力的全面而自由的发展，这是终其一生都未改变过的，但对于人的能力发展得以实现的条件或形式，在其思想发展中却经历了多次变化。而这一变化的最终指向，受内在张力的引导，一方面趋于越来越现实地规定其实现条件或形式；另一方面则是使这一理想越来越具有一种趋于超越性的特征。大体上来说，《1844 年经济学哲学手稿》、《德意志意识形态》、《1857—1858 年经济学手稿》和《资本论》最后手稿构成了马克思人的发展理论发展的几个阶段。

马克思的人的发展观的第一次系统表述是在《1844 年经济学哲学手稿》之中。在这部早期著作中，马克思把人的类本质规定为“自由的自觉的活动”，在这种活动中，作为主体的人将获得全面的发展，实现其类本质。只是“异化劳动把自我活动，自由活动贬低为手段，也就把人的类生活变成维持人的肉体生存的手段”①。因此，人的全面发展的实现，就是扬弃异化劳动，恢复人的类生活的本质。在这个阶段，马克思认为人的全面发展，人作为一个完整的人，是直接地实现于扬弃了异化的自主劳动之中的。而这一点明显是继承了德国古典哲学关于人的本质之超越性的想象的，比较而言，人的现实性一面则基本上被忽略了。从马克思后来的思想来看，《1844 年经济学哲学手稿》中最明显的理论缺陷是只把劳动视为人的类本质的实现，而未把劳动作为满足人的物质需要这一最为基本的目的明白地揭示出来，这样就不仅无法合理地说明分工和私有制的起源，而且也使作为异化之扬弃的理想世界带有了十分明显的空想性。

在法国唯物主义哲学的影响下②，在《德意志意识形态》中，马克思从现实的个人出发，把劳动首先视为维持生存的手段，上述缺陷便得到了克服，从而对于人的全面发展的条件也都进行了新的规定。现在异化概念是建立在分工理论的基础之上的，因而异化的扬弃，自主劳动的实现首先是建立在生产力发展的基础之上的，异化的扬弃的内容因而也被规定为对于分工的消灭。在这里，虽然与在《1844 年经济学哲学手稿》中一样，物质生产领域或物质实践活动仍然被视为人的全面发展实现的主要领域，但由于把劳动首先视为维持生存的手段，

---

① 参见亢安毅《人的全面发展问题的研究综述》，《求实》2003 年第 6 期。

② 科尔纽指出：“在马克思思想发展的这一阶段，对他产生影响的主要是 18 世纪的唯物主义和法国社会主义。”参见［法］科尔纽《马克思的思想起源》，王谨译，中国人民大学出版社 1987 年版，第 79 页。

人的全面发展的含义也就相应地发生了变化。现在，自由活动与自主劳动仍然具有等同的意义，“完整的个人”“有个性的个人”与在消灭了分工和私有制的条件下联合起来的个人也具有等同的意义，即“这种自主活动就是对生产力总和的占有及由此而来的才能总和的发挥”[①]，但是，自由活动本身却有了新的含义，那就是，“在共产主义社会里，任何人都没有特定的活动范围，每个人都可以在任何部门内发展，社会调节着整个生产，因而使我有可能随我自己的心愿今天干这事，明天干那事，上午打猎，下午捕鱼，傍晚从事畜牧，晚饭后从事批判，但并不因此就使我成为一个猎人、渔夫、牧人或批判者”[②]。不难看出，马克思在这里对人的发展的规定转换了方向，更多地承续了源于希腊精神的法国唯物主义传统。在这里，人的自由全面发展不过是不局限于固定的分工而已。显然，这是一种更为现实的设想，并不存在多少超越性的想象，与《1844 年经济学哲学手稿》中更多地体现了源于基督教超越精神的德国古典哲学传统是十分不同的。

但作为德国古典哲学的传人，马克思是不会长久地停留在那种过于现实的非超越性传统之中的。我们看到，在《1857—1858 年经济学手稿》中，马克思对于人的全面发展的条件又从另一个方面或另一种角度提出了新的规定，这就是从“可以自由支配的时间”或自由时间的角度对于人的全面发展的条件的规定。他指出，“个性得到自由发展，因此，并不是为了获得剩余劳动而缩减必要劳动时间，而是直接把社会必要劳动时间缩减到最低限度，那时，与此相适应，由于给所有的人腾出了时间和创造手段，个人会在艺术、科学等方面得到发展。”而“那时，财富的尺度决不再是劳动时间，而是可以自由支配

---

① 参见《马克思恩格斯选集》第 1 卷，人民出版社 1972 年版，第 74、75、78 页。

② 参见《马克思恩格斯选集》第 1 卷，人民出版社 1972 年版，第 37 页。

的时间”。[①] 在自由时间中，人们就真正获得了全面发展的条件，即“所有自由时间都是供自由发展的时间”，或“使个人得到充分发展的时间”。[②] 这一新的探索在《资本论》的最后手稿中得到了发展，马克思由此最终达到了对于人的全面发展的具体规定，这就是要在人类活动的不同样态的关系变化中去寻求人的全面发展的具体条件。[③] 在这里，马克思认为，在物质生产的领域，人类不可能摆脱自然必然性的支配，而只能够通过消灭分工和私有制而扬弃历史必然性，使之不再作为盲目的力量来统治自己，在最合理的条件下，进行物质生产，因为“不管怎样，这个领域始终是一个必然王国”[④]。因而，人类在物质生产领域最终所能够实现的只是一种人类能力的有限发展，一种有限的自由，而人类能力全面而自由的发展的领域作为“真正的自由王国”，“只是在由必需和外在目的规定要做的劳动终止的地方才开始；因而按照事物的本性来说，它存在于真正物质生产领域的彼岸”。[⑤] 这就表明，马克思最终认为，人的全面发展得以充分实现的领域，不在于物质生产领域，而在于其外，即“真正物质生产领域的彼岸”。那么，这一领域是什么呢？笔者以为，在马克思看来，这一能够使人的全面而自由的充分发展实现的领域，就是人类艺术活动的领域。无论在早期还是在晚期，马克思在规定人的全面发展的条件时，都是把人的全面发展与审美活动联系在一起的，都是把艺术活动作为真正自由的劳动的典范看待。因而，当马克思最终认为物质生产的领域“始终是一个必然王国”，而不是人类能力全面发展的领域时，在他的心目中，真正的自由王国就只能是艺术活动的领域，只能是审美的王国。

---

① 《马克思恩格斯全集》第46卷（下），人民出版社1980年版，第218、222页。

② 《马克思恩格斯全集》第46卷（下），人民出版社1980年版，第139、225页。

③ 这些思想主要体现在由恩格斯根据马克思写于1864—1865年的手稿整理而成的《资本论》第三卷之中，在这之后，马克思没有再回到这一问题上来。故这些思想可视为马克思关于这一问题的最后考虑。

④ 《马克思恩格斯全集》第25卷，人民出版社1974年版，第927页。

⑤ 《马克思恩格斯全集》第25卷，人民出版社1974年版，第926页。

自由王国也就是美的王国。[1]

在这里，我们看到，马克思自由发展观中现实性与超越性的内在张力以一种类似于康德的奇妙方式获得了理论上的完满解决：一方面，理想世界完全基于现实的物质生产力发展所带来的自由时间的增长，但在这个现实王国里，人类只能实现一种有限的自由，获得有限的发展；而另一方面，“存在于真正物质生产领域的彼岸”的“真正的自由王国”，则是一个“作为目的本身的人类能力的发展”[2] 的理想世界。但是，理论上的完满解决绝不意味着这一张力不再存在，而是以一种更为深刻的方式走进了历史。

二

马克思以一种极为高妙的方式完满地解决了他的人的发展理论中现实性与超越性的内在张力问题，但这种解决毕竟只是一种理论上的解决，而在现实生活中，人们还必须面对这种张力。在马克思之后，社会主义运动并不是如他所设想的首先在发达国家取得胜利，而是相反，首先在欠发达的俄国取得了成功，随后又在中国等东方落后国家获得胜利。这些国家极其落后的生产力状况显然无法提供马克思所设想的工作日的大幅度缩短和自由时间的大幅度增长。而且，即便不是首先在落后国家取得胜利，而是在发达国家建立社会主义制度，恐怕这些国家的生产力水平也无法提供能够使人自由发展的自由时间。面对这些现实问题，既然无法使马克思人的发展理论与现实直接对接，人们对这一理论便只能考虑进行各种新的阐释。就本文所关注的问题，我们这里主要考虑三种阐释：一是计划经济时代的一般阐释，一是毛

① 关于这一问题的较为详细的讨论可参见韩震《马克思的自由观及其当代意义》，《现代哲学》2004 年第 2 期。

② 参见《马克思恩格斯全集》第 25 卷，人民出版社 1974 年版，第 927 页。

泽东“五七指示”中的独特阐释，三是现今社会主义市场经济时代人们的阐释。

社会主义计划经济时代的新阐释总的说来是要适应生产力落后状况而极力强调生产力发展的重要性，但一般并不是强调生产力发展对于可供用于自由发展的自由时间的增长作用，而是将生产力的发展所带来的物质生活水平的提高直接视为人的发展之积极内容。最为著名的提法当属列宁关于共产主义就是苏维埃加电气化的说法，以及20世纪50年代流行于中国的关于共产主义为“楼上楼下、电灯电话”的通俗版本。在此理解的基础上，迅速提高物质生产力便成了当务之急。于是便有了“大跃进”，有了“超英赶美”“二十年里实现共产主义”等“豪言壮语”式的发展目标。在这一阐释中，虽然共产主义被频繁地提及，但由于被视为一种在近期（几十年内）即可达到的目标，因而，所关注的便必然只能是现实的物质生产力发展水平，而不可能顾及那“存在于真正物质生产领域的彼岸”的，“作为目的本身的人类能力的发展”的“真正的自由王国”。这样一来，马克思人的发展理论中现实性与超越性的内在张力便以一种淡化其超越性的方式被忽略，从而也就使这一理论得到了新的阐释。

但在现实社会主义的发展中，对马克思人的发展理论的新阐释并不止于此。当毛泽东发现单纯地强调生产力的发展有可能使人们忘记革命的理想，从而滑向资本主义之时，他对人的发展问题给出了另一种新的阐释。这就是毛泽东在其“五七指示”中所阐发的人的发展理论。1966年5月7日，毛泽东在给林彪的一封信中指出：只要在没有发生世界大战的条件下，军队应该是一个大学校，即使在第三次世界大战的条件下，很可能也成为一个这样的大学校，除打仗以外，还可做各种工作，第二次大战的八年中，各个抗日根据地，我们不是这样做了吗？这个大学校，学政治、学军事、学文化，又能从事农副业生产，又能办一些中小工厂，生产自己需要的若干产品和与国家等价交换的产品。这个大学校，又能从事群众工作，参加工厂、农村的社会主义教育运动；社会主义教育运动完了，随时都有群众工作可做，使军民永远打成一片；又要随时参加批判资产阶级的文化革命斗争。这样，军学、军农、军工、军民这几项都可以兼起来，当然要调配适当，要有主有从，农、工、民三项，一个部队只能兼一项或两项，不能同时都兼起来。这样，几百万军队所起的作用就是很大的了。在这封信中，毛泽东还指出，学生也是这样，以学为主，兼学别样，即不但要学文，也要学工，学农，学军，也要批判资产阶级，学制要缩短，教育要革命，资产阶级知识分子统治我们学校的现象再也不能继续下去了。这就是著名的“五七指示”。有论者指出，这一指示勾勒了毛泽东心目中的分配大体平均、自给自足、限制商品生产、逐步消灭社会分工的共产主义社会的大致轮廓。不难看出，毛泽东的“五七指示”与马克思、恩格斯在《德意志意识形态》中关于未来社会的设想有某种类似之处，即看重旧式分工的消灭，把人的发展理解为不受旧式分工束缚的“全面”或“多面手”状态。但在一点上是根本不同的，那就是，马克思强调分工的发展受生产力发展的制约，人的自由发展只能在生产力发展状况所制约的范围内实现，而不能超越于这种制约；而毛泽东的“五七指示”中则并未提及生产力水平问题，至少是不重视这一点的。总之，毛泽东这一新的阐释的特点是，生产力发展的条件这一现实性方面不再受到重视，而是着重于直接实现“全面性”理想，但这种“全面性”又不是一种超越的理想性，而是在现实中只要主观上有此愿望，就有可能实现的“全面性”理想。不难看出，毛泽东的这一阐释具有浓厚的中国传统文化中关于人的本质和理想社会想象的特色。

在经历了“文化大革命”的狂热与幻灭之后，国人似乎又趋向另一个极端，不再对任何理想性的东西感兴趣，人们似乎从此只愿牢牢地抓住现实的东西，埋头于发展经济，获取越来越多的物质利益。因此，当中共中央在十六大报告中提出：“把坚持党的先进性和发挥社会主义制度的优越性，落实到发展先进生产力、发展先进文化、实现最广大人民的根本利益上来，推动社会全面进步，促进人的全面发展”① 时，理论界在对“人的全面发展”一语感到惊愕之余，对这一观念的阐释却又陷入某种混乱之中。在中国社会主义市场经济初步建立之际，理论界本该在这一新的历史条件下重新思考马克思人的发展理论中现实性与超越性的内在张力问题，但遗憾的是，在绝大多数阐释中，人们只是抓住了现实性这一方面，而对超越性一方面却少有留意，对于其间张力问题的考虑，就更付之阙如了。这一点从人们在谈及马克思人的全面发展理论时，大多只是从偏向于现实性方面的《德意志意识形态》中寻找文献依据，而基本上未曾涉及偏向超越性的《1844 年经济学哲学手稿》和最终又向超越性回归的《资本论》最后手稿，就能够看得出来。② 一般而言，理论界多是将人的全面发展作一种现实性的理解，即与物质生活水平的提高和人的能力的多方面发展联系起来，作为社会发展的一种现实性目标来规定。也有少数论者径直将人的全面发展作为马克思主义的最高命题和根本价值，当代中国社会主义价值系统的最高目标，甚至21 世纪全人类的最高宪章，但仔细体会起来，这里的“最高”一类形容词并不是指其超越性，而仍是一种较为长远的总体性现实目标。当然，确实也有论者比较敏锐地意识到了马克思人的发展理论中存在着某种差异或张力，从而将人的全面发展分为初级目标或初级纲领与最终目标或最高纲领，认为现今更为有现实意义的是前者而非后者。但是，这样一来，人的发展的现实性与超越性之间的张力也就被放在漫长的历史之流中化解了。但这种对于现实性与超越性之间张力的化解并非是马克思在《资本论》最后手稿中的那种解决，而是一种借历史长河之手的隔离，一种对问题

① 江泽民：《全面建设小康社会，开创中国特色社会主义事业新局面》，人民出版社 2002 年版，第 5 页。

② 笔者检索了近 5 年来国内学界关于人的全面发展问题研究的上千篇论文，发现凡是涉及马克思人的发展理论问题的论文，所依据的经典文本基本上是《德意志意识形态》，还有少量的论文涉及《1857—1858 年经济学手稿》，而基本上未见从《1844 年经济学哲学手稿》和《资本论》最后手稿中有关人的发展理论来进行立论的。

的取消。我们看到，社会主义市场经济时代阐释的特点，仍然是一般地抹杀马克思发展观中的超越性与现实性之间的张力，特别是倾向于取消其中的超越性之维。当然，在不同的历史条件下，人们之采取近乎相同的阐释趋向，并不意味着有着相同的直接的现实理由或动机，而是可能更为深层地受制约于我们不同于马克思的文化传统。①

三

那么，我们应当如何看待马克思人的发展理论中的内在张力呢？笔者以为，首先是我们必须正视这一内在张力，而不是以各种方式去抹杀之，并进而对马克思在《资本论》最后手稿中对于这一内在张力问题所作的理论上的解决进行认真的省思，检讨其理论得以成立的条件。在这之后，我们才有可能正确地看待这一内在张力，正确地看待西方文化传统中两种关于人的想象对于当今我们理解人的发展问题的现实意义。

马克思人的发展理论中存在着现实性和超越性之间的内在张力，如前面所述，可以说已是一个理论史上的事实。甚至可以说，从一个方面看，马克思思想的发展，就是一个从不同方向上解决这一内在张力的思想历史。而只有到了《资本论》最后手稿中，这一内在张力问题才得到了某种理论上的完满解决。但是这一理论上的完满解决并不意味着它在实践上也将导向完满的解决。从马克思生活时代的历史背景看，马克思的解决方式在理论上是十分完满的，但如果我们从今天的立场来看，则马克思的这一理论面临着两个方面的挑战。而这两个方面的挑战正是分别针对这一理论的两个方面的假设提出来的。首先

① 例如，中国不曾存在过像基督教这样的超越性宗教，便可能是一个根本性原因。中国式的理想社会或乌托邦想象，如桃花源，便从根本上不同于基督教文化传统中的乌托邦想象。但这里不可能对这一极富争议的问题展开讨论。

是生产力无限增长的可能性。马克思论证中的关键一环是自由时间的增长依赖于科学发展所导致的生产力水平的持续发展，而生产力水平的持续发展则又是以资源可无限地支撑生产力的发展为前提的。关于自然资源的无限性，对于19世纪的人来说，是不成问题的，但对于已迈进21世纪的人们来说，恐怕已不再不成问题了。如果资源不能支持生产力的无限发展，则我们应当如何看待建基于生产力无限发展之上的“作为目的本身的人类能力的发展”的自由王国的实现问题。其次是即便生产力能够得到极大的甚至无限的增长，是否必然带来人的自由发展问题。这一点又涉及马克思自由王国理论的另一设定，那就是人的物质生活资料需求的有限性。因为只有当设定人的物质生活资料的需求是有限的时候，必要劳动时间以及由其决定的工作日，才可能会随着科学在生产中的使用，随着生产力水平的不断提高而逐步得到缩短，从而可“供自由发展的时间”或“使个人得到充分发展的时间”的“自由时间”才可能获得相应的增长。这一人的物质生活资料需求有限性的设定在马克思生活的时代应该说是不言而喻的，至少是未受质疑的。然而，随着经济发展所带来的消费水平的增长和消费社会理论的兴起，这一理论设定在现今也受到了某种质疑。在消费社会理论看来，“我们处在‘消费’控制着整个生活的境地”①。在消费社会中，人们对消费品的占有不再以消费品的使用价值为目的，而是以炫耀消费品的附加价值为主要目的。以使用价值为目的的消费行为是有限的，而以炫耀行为为目的的消费行为则是没有限制的。这样一来，即便是生产力能得到无限制的发展，所得的结果却并不是可用于自由发展的自由时间的增长，而只是炫耀性消费能力的增长。果如此，生产力的发展带来的便并不是向自由王国的接近，而只能是一幅令人沮丧的消费社会图景。

面对这两个极具挑战性的问题，一个严肃的马克思主义者是不能

① ［法］鲍德里亚：《消费社会》，刘成富、全志钢译，南京大学出版社2000年版，第6页。

回避的。简单地认为马克思的理论已经彻底过时，或同样简单地坚持这一理论，都是不负责任的。理论的良心要求我们重新检视这一问题。但重新检视这一问题却并不意味着我们要再次寻求将现实性与超越性两个方面统一起来的某种理论方式，而是相反，是要首先检视这一理论上的统一是否必要，即是否必须将两个方面统一起来才能满足规范人的发展的需要；其次是要进而检视现实性与超越性这两个方面是否都为人的健康发展所必需，是否我们可以抛开其一，特别是在这个亵渎崇高的后现代主义盛行的时代，我们是否不再需要任何超越性的理想。

我们先看前一个方面的问题。从一种理论所要求的完备性来看，这种统一无疑是非常必要的，它是保证理论具有单一视角从而具有确定性的根本前提。但从马克思本人所开创的实践哲学立场来看，这种理论上的统一对于现实实践而言并无必要。因为即便能够实现某种理论上的统一，从前述马克思所做的统一来看，这种统一也只是意味着要求我们站在历史的终点上去看问题，而不是站在现实的历史中看问题。但历史的终点并不是有限的人能够实际地达到的位置，现实的人能够达到的位置只可能在历史的过程之中，也就是说，实践的视域只能是现实的，历史的终点不可能成为现实实践的视域。因此，对于处在历史过程之中的现实实践来说，这种统一既是不可能实现的，也是没有现实意义的。但不能实现理论上的统一，却并不意味着这种两方面的并存在现实实践上没有意义。理论对统一性的追求，源自理论由于其脱离任何具体情境的普遍性而只能在单一视角的逻辑一义性中去求取确定性的特性，而实践由于其直接的现实性或情境性便自有其确定性而无须外求，因而作为指导实践之实践智慧便能够允许多重视角的并存，而并不恐惧由此会引起确定性的丧失。[1] 既然如此，那么我们就没有必要像以往那样，以放弃马克思人的发展理论中现实性与超

① 参见王南湜《作为实践智慧的辩证法》，《社会科学战线》2003 年第 6 期。

越性中的一方来求取理论上的一致性，而是完全可以让两个方面并存，使其在不同方向上发挥作用，从而在实践上获得两个方面的益处。

就后一个问题而言，其现实性一方面的必要性人们是没有疑义的。人们完全可以根据现实生产力水平所能够提供的条件，设想人们在现实社会生活中所能够实现的物质生活水平的提高和各种现实能力的发展，特别是各种兴趣的发展，而没有必要羞羞答答地将其限制为一种初级目标或纲领，更没有必要将马克思的自由王国降格为某种富裕社会的图景。这种研究可以为人们重构一种新的适合于现实生活的有限的发展图景，即现实生活中个人的尽可能地健康发展观，而不至于在一种文化空白中纵容人们以一种非人的方式挥霍财富。这方面的研究在今天已吸引了人们的极大关注，研究成果可谓汗牛充栋，各种旨在提高人们的生活品位的研究，甚至已细化到各种消费指南和休闲指南的程度，在此似不必多说。

而另一方面，即马克思人的发展理论中的超越性方面，在此我们却不能不多说几句。笔者想特别提出质疑的是，即便由于生产力发展的限制，马克思所设想的“作为目的本身的人类能力的发展”的自由王国的实现被悬置了起来，马克思人的发展理论中的超越性方面就不再具有现实的意义了吗？不然。关键是我们必须重新认识马克思人的发展理论中超越性的一面，认识到它不只是一种只能被置之于历史终点的高不可及的理想，而同时亦是一种密切相关于现实生活的悬设于我们面前的理想，是一种衡量任一现实社会的理想化的标准，从而构成对于现实生活进行批判的动力源泉。这样，作为马克思主义者，面对市场经济社会之时，才能不再只是与之暧昧地调情，而是能够对之有所批判，并认识到这亦是促使市场经济健康发展的必不可少的方面。一般而言，市场经济社会，其特征必定是一切为获利而存在，而一般地遗忘了人类生存的根本意义。这样，对于这种社会存在方式进行一种警示性的批判，对于这一社会的健康发展便是绝对必要的。这样一种批判是一种矫正。那么，我们用什么标准去矫正这个完全陷入财富崇拜之中的社会呢？我们不能像黑格尔那样，将一切都委托于世界历史的进程，视现实的都是合理的，而只能以一种非现实的人类理想的生存形态及艺术活动的完满性来对照现实，使人们意识到人的神性之维，意识到现实的有限性，从而提升人们的存在质量。

这样一来，我们就对马克思人的发展理论基于现实生活的变化进行了一种新的阐释。这一阐释虽然放弃了现实性与超越性两个方面在理论上的统一，但在实践中却有可能使两个方面各得其所，共同从不同方面为现实生活的健康发展服务。

（原文载于《江海学刊》2005 年第 5 期）

人的生命质量是经济学最根本的价值前提

——关于经济学与人学关系的思考

张　雄

经济学与人学的关联一直是学术界争议颇多的问题。不少主流经济学家常常抱怨某些经济学家用人的尺度来进行经济分析和思索的学术态度，并怀疑他们的学术观点的纯洁性。经济学似乎与价值判断无涉，它需要关心的是，如何用分析的和数学的精确性来仔细设计变量函数的模型，以解决对象系统的资源配置的合理性和有效性问题。笔者以为，这种认知至少存在着两个方面的局限性：一是舍本逐末，去除学科以人为本的价值内涵，实际上把工具实体化和主体化，它极易导致把经济学变成无意义世界的数字游戏；二是大大削弱理论对现实的穿透力，在现实生活中，任何事实判断理应包含着价值判断，无价值指向的理论只能是“黑板经济学”。实际上，我们在严格区分经济学与人学两种不同学科性质的同时，也应当辩证地理解这两个学科之间的内在联系：从某种意义上说，经济学首先是一门人学，它与一般意义的人学既有联系又有区别。从强调把人放在研究的中心位置、注重人性的发展与进化来说，它是一般意义的人学的延伸和具体化，人的生命和生命的质量是经济学最根本的价值前提；但从经济理论的社会效应，尤其是重点关注和解决人的生活境况，如恶化的工作环境、贫困和饥饿、毫无理由的不公平、种族和性别歧视、出售人体器官以及收养市场等问题的视角来看，它又是一门特殊的人学，即关于人的生存欲望、利益和需要及其满足的学问。当然，经济学对人学的关注，不是学科对学科意义上的搬用，更多的是，人学所提出并包含的基本原理对于经济学来说始终是难以回避、并要作出解答的基本问题。

一切经济活动，首先是现实人的活动

“经济”，在希腊语中被解释为对家庭事务的管理，特别是指对家庭收入的供应和管理。由于在财产的获取和支出中，最重要的是如何避免劳动及产品的浪费，因此，“经济”一词又可以被解释为用尽可能少的支出，以取得所希望达到的目的的原理和方法。到了 18 世纪末，政治经济学的概念有了特定的内涵，它已不再是早期亚里士多德所解释的语义内容——政治经济学是作为政府的艺术或政府经济活动中财政金融部门的一个适当的专有名词而出现，它特指政治艺术不应去考虑如何为社会广大成员提供充裕的收入或生活资料，它所关注的是，政府和社会如何营造一种恰当的、自由放任的制度环境，通过广大社会成员之间自发的劳动分工而产生财富的生产、分配和交换过程，除了对市场败德行为实行必要干预外，政府不做任何干预，而只留作科学研究的对象。从 19 世纪下半叶开始，人们越来越多地开始运用“经济科学”的概念，以此描述作为人类实践活动的最重要形式——经济实践活动的基本实质：经济活动是人与人之间社会关系的一个重要方面，是人类生存必然聚合的“社会性”特征的一个重要向度，也是满足人类欲望的物质资料的生产、占有和使用的必不可少的过程。经济活动集中地体现在市场活动领域，市场乃是供需双方、供给者与供给者以及需求者与需求者之间的关系，是微观经济运行的交织点和网结。长期以来，经济学家对市场概念的释义众说纷纭，莫衷一是，但都离不开“人是活动的主体”这一内涵。譬如有的学者把市场定义为买卖双方进行自由交换的地方，马歇尔指出，“一个市场是一个区域，在这里买者和卖者彼此相互交往非常紧密，市场的价格在全区域内趋于一致”①。也有学者把市场定义为商品交换关系的总和，如杰文斯认为市场是“处在密切的商业关系中，并且从事各种商品的广泛的交易的个人的总和”②。康斯坦丁内斯库也指出，在商品交换买卖过程中人与人之间建立的经济关系的总和构成市场经济范畴。从人学的角度看市场，人是市场的“存在的存在”之根据，市场为什么会存在？市场存在深层的本质是什么？作为现实人的经济活动的市场，它绝不仅仅是一个简单的价格机制、交换制度、买卖关系的问题，它应当是现实人的能动的经济活动的交换过程及其结果。这种能动的交换不仅仅表现在价格信号的驱动上，更重要的是它充分体现了现实人的（交换参与者）自由交换的欲望、需要、利益、意志等。市场是属人的市场，市场行为者乃是市场的主体；市场的胚胎发育、生长环境、结构功能、作用范围、运行规则、参数体系、组织管理、宏观监控、状态转变等一切机制、法则和运作过程都可以在现实人的活动中找到根据。

马克思在《德意志意识形态》中指出：“现实中的个人，也就是说，这些个人是从事活动的，进行物质生产的，因而是在一定的物质的、不受他们任意支配的界限、前提和条件下活动着的。”③ 严格意义上说，现实的人应当是现实中的个人，一般存在于个别之中，离开个别的一般只能是虚幻的存在。在这里一般即个别，个别即一般。依笔者之浅见，马克思所论述的“现实的人”主要包含五层意思。

一是现实的人不是单纯抽象的人，既不是费尔巴哈的抽象自然的人，也不是亚当·斯密的“渔夫和猎人”，而是从事现实感性的实践活动的人。这种活动包括三个方面：物质生产活动、精神生产活动和

---

① 参阅［美］雷诺兹《微观经济学》，马宾译，商务印书馆 1982 年版，第 33 页。

② 参阅［英］G. M. 霍奇逊《现代制度主义经济学宣言》，向以斌等译，北京大学出版社 1993 年版，第 207 页。

③ 《马克思恩格斯选集》第 1 卷，人民出版社 1995 年版，第 71—72 页。

人的自身生产活动。其中物质生产活动是最根本的，它是一切人类生存的第一个前提，也是一切历史的第一个前提。因为“人们为了能够‘创造历史’，必须能够生活。但是为了生活，首先就需要吃喝住穿以及其他一些东西。因此第一个历史活动就是生产满足这些需要的资料，即生产物质生活本身”①。这种活动、这种连续不断的感性劳动和创造、这种生产，正是我们生活世界存在的根据。一旦实践活动的主体被确认为如此活动的人，经济活动就不是一个简单的物物交换的过程，它与人的物质生产力状况相联系；它随着人类生产实践活动的产生而产生，发展而发展。人类的实践活动主要是以人的经济活动为根本，人的经济活动是指人们以自身的实践活动来引起、调整和控制人与自然之间的物质变换过程，是人类通过有目的的活动来改变自然物、谋取物质生活资料的过程。

二是现实的人是有血有肉的人，是有激情、有欲望的人。他的思想和行为，主要受自身欲望、需要及其利益的驱使。人的生存与发展，一刻也离不开人的自身欲望和需要。欲望是指人基于一定的需要而产生的对一定的物质或精神事物的渴求。人的欲望不同于动物式的本能欲望，它不管显得多么潜在和原初性，但它的确是驱动人的一切活动和行为的根本动力。动物的欲望单纯受客观性驱使，它是本能的、盲目的；人的欲望除了客观性本能的一面以外，还有着主观上的指向性，受精神因素的影响。这就比动物增添了更为多样化的色彩。因此，人类的高明正在于他能自觉创造“为多样化而多样化的市场经济活动”，前一个多样化意指人的欲望的多样化，后一个多样化意指人类为满足多样化欲望的需要而从事生产并提供消费的多样化商品。马歇尔指出，人类的欲望在数量上是无穷的，在种类上是多样的，他不仅希望他惯常消费的东西有较大的数量，而且希望那些东西有较好的质量，同时还希望东西有较多的花色可供选择，并且希望有满足他心中产生的新

① 《马克思恩格斯选集》第1卷，人民出版社1995年版，第79页。

欲望的东西。这就决定了人的欲望是市场中的一个重要的内生因素，没有人的欲望，就没有人的经济活动，就没有人的市场行为，更没有市场的交换机制。照此理解，市场的存在与发展和现实人的欲望、需求相关联，市场的需求信号说到底，也就是人的欲望、利益、需要及其满足程度的信号。

三是现实的人，是社会的人，而不是孤立的人，因此，他们总要结成一定的社会关系才能进行他们与自然之间的物质交换，以求得自己的生存和发展。从现实的人在自然进化过程中作为人出现之时起，他们就在向自然界谋取生存资料的同时，创造出相应的生产力，生产关系以及一整套的社会制度、习俗和观念形态，也就是说，创造出了相应的社会环境。社会环境被创造出来以后，又对现实的人发生着巨大的反作用力，甚至在某些方面，某些时候发生着决定性的反作用力。照此理解，经济活动的本质，不仅是人与自然关系的交换，而且同时也是人与人之间的社会关系的交换，经济活动的买者和卖者，市场的中介人的决策与行为都直接或间接地受社会关系的制约。因此，了解经济活动的状况，仅仅从商品交换价格符号进行推论，是远远不够的，应当对人的社会关系及其社会制度要素、文化要素给予充分的关注。

四是现实的人不是一个机械受动的人，也不是一个“消极的、精神空乏的”载体，而是“能动地表现自己的人”，不间断地从事着变革现实的“自主活动”的人。在《资本论》中，马克思明确指出，如维科所说的那样，人类史同自然史的区别在于，人类史是我们自己创造的，而自然史不是我们自己创造的。和维科不同，马克思把历史的创造原理不是理解为人的“诗性智慧”，而是人的社会实践，唯有这种活动，这种连续不断的感性劳动和创造，这种生产，是整个现存感性世界的非常深刻的基础。历史哲学家康德曾把人的发展追求自主活动的能动性理解为人性之中的内在矛盾的推动：一方面人具有一种要使自己社会化的倾向；另一方面人又具有一种强大的、要求自己单独化（孤立化）的倾向，正是这两种相互对立的矛盾倾向交织运动，构成了历史进化过程的阻力，也正是这种阻力唤起了人类的全部能力，并推动着他们去克服自己的懒惰倾向，并且由于虚荣心、权力欲或贪婪心的驱使，使人类的聪明才智随之发展起来，文明的历史才有着百废俱兴、百端待举的可能。马克思指出，现实的人之所以具有能动的创造性，是因为任何属人的活动都是有意识、有目标、有意志的活动，都是人借助一定手段，通过主观设计和意志的介入，既改变客体的形式，使主体的需要获得满足，又在对象中实现了自身预定的目的和意志。照此理解，人类的经济活动是一个最能凸显人类追求自由自觉活动的领域：从原始的以物易物到现代电子货币交换；从手工作坊到机器工业生产；从自然经济的自耕产品到功能完备、技术先进的市场经济的多样化商品；从自发的集市贸易到便捷多样的超市购物，没有人类对经济活动的能动创造与设计，没有人类对自身的生存欲望的不断整合与提升，所有这些都不可能发生。

五是，现实的人有着完整的精神整体结构。人的精神结构大致分为三个层面：生理层面、心理层面、意识层面。生理层面是人的精神产生的自然物质基础；心理层面统括感觉、知觉、情绪、意念、人格等，是人对于外部世界的初级反映形式，也是精神构成的基本内容；意识层面包括人的观念及其观念体系，是人的精神结构的高级形态，是精神构成的最核心的内容。因此，无论是个体存在的人，还是群体存在的人，其精神都是一个不可分割的整体。其中有较为完善的整体和不甚完善的整体，有人的理性方面和非理性方面，理性建立在非理性基础上，而非理性亦相对于理性而言，受到理性的制约和观照。照此理解，市场既然是现实人活动的市场，是现实人架构的市场，就必然充满着人的精神活动的特征：经济理性与经济非理性因素交互存在、交互影响、交互制约、交互作用。这就要求我们在探讨市场问题时，既要重视市场行为的理性因素，也要重视市场行为的非理性因素。

从人学的角度看经济学历史

在经济思想史上，柏拉图的理论代表了早期经济思想的重要方面。他的经济观点无不与人性论相联系。在《理想国》中，他论述了人的需要和需要满足的问题。他指出，一国的兴起是出于人们的需要，没有人可以自给自足，但我们中所有的人都有许多欲望，只有通过国家的形式组织必要的分工和生产，才能满足所有人的欲望。可以说，他的理想国的第一个“模型”是维持基本的人类需求。他首次明确地把人的需要按次序排列为：“我们的第一也是最主要的需要是为了保证生存和生命提供食物。第二需要是住房，第三需要是衣服以及诸如此类的东西。”① 这种排序似乎在后来经济学家的著作中都能找到类似观点的痕迹。在叙述分工和城市的起源时，他从人的需要的角度把分工理解为：“城市之所以兴起是因为有分工，而分工本身是人们的天赋不平等的技巧和人类需要多样化所造成的。专业化之成为必要是因为某一件工作不能等待哪一个工人去做，怕的是质量变坏（如果人们要做多种多样的工作就必须如此）。可是，当人走上专业化的道路之后，就不再自给自足，那时，商业组织就应运而生。”② 分工是经济学史上最具重要性的概念，柏拉图的最初诠释显示了人性视角：分工来自人类的不平等，而不平等又导致专业化。

阿奎那是中世纪最具权威的理论家。尽管他以神学见长，但他的经济学观点不乏以人为本的闪光处。亚里士多德相信人的本性是属于社会的，阿奎那接受这种看法，认为社会是个有机体，而对人则必须从他与有机体的关系来考察。他对别人正像对他自己那样，都有一种

① ［美］卢兹：《人本主义经济学的挑战》，王立宇、栾宏琼等译，西南财经大学出版社 2003 年版，第 31 页。

② ［英］罗尔：《经济思想史》，陆元诚译，商务印书馆 1981 年版，第 27 页。

义务。在阿奎那的著作中，经济事务是在人性的标题下来考虑的。中世纪学者通常把商业和商业利润合法性问题的解决，理解为通过“商人的良心”并由其精神顾问或忏悔者来处理，而在看待价格体制的问题上，阿奎那主张善行与德性。在《神学大全》中讨论价格制定如何合理时，他明确指出，一种商品的所值或价值就是它的公平价格。如果卖价偏离了它，买者或卖者就会欠情。如果不作相应的补偿，就不会有交换和社会。一切商业行为都要本着如此人道原则：无论何事，你们愿意人怎样待你们，你们也要怎样待人。阿奎那还在评论亚里士多德的《伦理学》时专门谈到价格体制制定受人的心理驱动的问题，认为商品价值的差别既受客观因素的影响，更受主观因素的制约，一种想象的价值，即从单个的买卖人的主观评价中产生出来，它变成客观的是作为“共同的估计”的价格在市场交换中发生着作用。正是从这个意义上，后来的理论家们把他称为主观价值论的代表人物；也有人说他是劳动价值论的先驱。

魁奈被指认为是西方经济学理性主义传统的奠基人。他在经济学世界观和方法论的定位上的贡献在于：他率先指出了如何构建西方经济学理论体系大厦的脚手架及工具问题。在他看来，人类思想理念的陈述和说明是经济学一切公理、原则和逻辑演绎及推理的最根本的前提。这就否认了机械地模仿自然法的前提和上帝的心灵感应的前提的合法性存在。犹如维科宣布历史以人为主体这一箴言一样，魁奈也等于向世人宣布人类经济世界活动的主体乃是具有优秀理性认知品格的人。这位优秀的重农学派领袖人物，其思想体系涵盖着社会科学及自然科学并以自然规律为其基础。形式上看，他在解读自然秩序与人的理性设计秩序两者权重的问题时，似乎把后一种秩序看成对前一种秩序的校对，认为自然秩序由自明与有益的规律组成，而人的秩序反映了人类社会立法者的不适当。哪里存在人的秩序对完美而永恒不变的自然秩序的偏离，自然秩序的有益效果便不能充分显现。但是，魁奈有着更为重要的思想预设，如果人类有了理性之光的启迪，那么由法律带来的社会秩序就会组成完美和谐的整体世界。这里既显示了法国理性主义哲学传统的要义：相信从自明的前提中推出真理的推理能力；又睿智地体现了笛卡尔“我思故我在”的哲学内涵：任何由感官公开建立的数据资料都是不可靠的，而经人类自我反思所确立的思想理念和陈述是认识的可靠前提。这种以人为本的分析工具和作品，在当代经济学所用的理论模型和抽象概念中都有其对应物。

经济学古典体系创始人斯密，既是经济学家又是伦理学家，他的经济学理论中所体现的人学观点集中地反映在：他把经济学理论建立在哲学人性论的基础上。斯密早期担任了13年的逻辑学和伦理学教授，在1759年他的第一部巨著《道德情操论》里，就明确提及他对人的行为问题有着浓厚的兴趣。著名经济史学家罗尔在《经济思想史》中有过深刻说明：“我们不能忘记《国富论》的作者就是《道德情操论》的作者。如果我们不了解后者的一些哲学知识，就不可能理解前者的经济思想。在斯密看来，人类的行为是自然地由六种动机所推动的：自爱、同情、追求自由的欲望、正义感、劳动习惯和交换——以物易物以及以此易彼的倾向。”① 罗尔的分析抓住了斯密完整理论学说的实质和轴心，同时也回答了斯密为什么能够成为经济学之父的原因：没有厚重的人文底蕴，没有对人性的深刻洞察，就不可能创造出博学专精、气势宏大的社会科学产品。正是因为斯密拥有了这种素养和哲学人性论的经济分析方法，使斯密的经济理论包含两个重要价值指向：一是他的国富论本质上理应是追求“君民皆富”的经济人学论，在斯密看来，政治经济学真正重要的既非国王也非他的国库，而是普通人民的物质利益。即“让每一个社会成员去追求他自己的最大利益”；二是经济学分析的根本前提应当是人性的内在要素、内在原理。人的欲望乃是人的利益和需要产生的根本原因，物物交换是人性中所固有的倾向，商品的流转和市场价格的浮动都是现实人的欲

---

① ［英］罗尔：《经济思想史》，陆元诚译，商务印书馆1981年版，第145页。

望驱动和“交换倾向”带来的结果。换言之，人类的一切经济活动都是人性的积极张扬和发动的后果。“看不见的手”是属人的手，而不是上帝的手，更不是自然界的“手”，自然规律制约不了人的经济活动规律，交换关系中所产生的价格的客观定位，尽管不以哪一个人的意志为转移，但它仍然是现实人的交换活动的产物，没有现实人的活动，便没有这只手的存在。殊不知，人类活动规律的客观性与自然界发展规律的客观性毕竟是不同的，前者与人有关，后者与人无关。

被美国学者卢兹称为西方人本主义经济学的先驱的西斯蒙第，生活在“生产在不断增长而快乐却在递减”的经济萧条时代，他本着如此信条：“财富的增长不是政治经济的目的，而是为所有社会成员谋取幸福的工具。”① 他认为，经济学的目标应当是人，而不是财富。他对经济学的贡献之一在于，他第一个感到斯密的“人人自利，客观互利，财富充裕，社会和谐”的经济学乐观主义教条有着与现实社会状况不相一致性，并从社会需求和政府干预的角度提出了“穷人经济学”的文本。事实上，经济学只有在商业危机、经济萧条、社会严重动荡的情况下，才能更加显露出其人学底蕴的价值意义和客观重要性。西斯蒙第的“穷人经济学”包括三个内容：（1）经济学应当关注什么？他明确指出，以往的经济学只关注财富如何成功的问题，而没有过问财富的积累过程中所出现的社会两极分化问题，尤其是大多数人如何苦难、为什么苦难、怎样摆脱苦难的人道主义经济学问题。他的经济学就是要以苦难人为研究对象。（2）从社会总需求对于解决生产过剩问题的相关性方面，他提出了要不断增加消费者的购买力，以使更多的贫苦阶层的人能够购买国民产出的重要思想。（3）确立劳动保障和工人福利意识。他提出，通过立法的手段，工人应当被赋予新的

① ［美］卢兹：《人本主义经济学的挑战》，王立宇、栾宏琼等译，西南财经大学出版社2003年版，第36页。

地位和待遇：如工资中应当包括对疾病、失业和老年赡养的补贴部分，它们应纳入企业生产的成本；再如对工作小时施以上限，对工资施以下限；利润分享和其他制度安排为劳动阶级的成员向上流动提供条件和可能。应当说，西斯蒙第的思想是对“自由放任”教条的背叛，他是较早地对工业资本主义展开批判的经济学家之一。

在思想史上，马克思是一个非常重要的人学理论家，他的人学思想的鲜明个性在于，把人的哲学思考与现实人的生存状况紧密结合起来；把主体性人的生存本体论研究与货币化生活世界人的主体性遭遇和批判紧密结合起来；把人性的发展与无产阶级及全人类的解放事业紧密结合起来。从经济学的角度来说，他的理论经济学犹如他的哲学，无论是逻辑预设还是轴心原理，都同条共贯地实存着科学的人道主义精神和深厚的人本主义内涵。其思想最为深刻之处在于，对资本的人学解读及其批判。在马克思之前，早已有学者提出资本概念，但多数从金融层面（资本是一种流动资金，可以不太困难地从一种用途转换到另一种用途上去）和技术层面（资本是特定生产结构内进行的生产过程中所包含的一组生产要素）去理解它，马克思除了这两个层面的分析以外，还有着更为深刻的人本主义洞见：资本不是物，而是一定组合的人与人之间的社会关系，它属于人类发展的一定历史时期，并对这些关系网中的物体赋予社会物体的特殊内容。马克思破除了黑格尔的“普遍永恒资本”的“符咒”，不把资本理解为历史过程中的一种难以改变的极限，而是视为人类历史进化过程中的一种动态的运动，一种人与人之间的社会关系（重要的是经济关系和财产关系）。在马克思看来，黑格尔“普遍永恒资本”的逻辑框架，从根本上不可能直接导致人类利己主义的特殊性向历史进程的普遍性正义和谐地过渡。一方面，资本的出现有助于人性的发展和社会进步，但另一方面，由资本所产生的资本主义制度，暴露了作为一种社会关系的资本的历史局限性：商品拜物教、货币拜物教、资本拜物教；劳资关系的对抗；资本的张力和权力的张力对人性的杀伤等，这些都反映了资本的否定性哲学内涵。但是，人类正是通过资本和资本制度所带来的发展阶段的否定性，使人类真正发现了人类自身进化过程中存在着辩证的推移、转换和否定运动的历史事实，同时，这也促使人类去思考和建构扬弃这种人性异化的、合乎人性全面发展的理想社会制度。

（原文载于《江海学刊》2005 年第 5 期）

辩证法的辩论与人的研究

何　萍

20 世纪初，以科尔施、葛兰西、卢卡奇为代表的西方马克思主义哲学家们，以对马克思辩证法的重新阐释弘扬了马克思有关人的自由的学说。从此，阐发马克思主义的辩证法理论就成为 20 世纪马克思主义人学研究的一个重要环节，不论是赞成，还是反对马克思主义的人道主义的哲学家们都以辩证法的研究展开和评价马克思主义有关人的自由的学说，也可以说，20 世纪马克思主义哲学对人的研究是通过辩证法的讨论表现出来的。这一讨论在美国马克思主义哲学发展中是以辩证法辩论的形式表现出来的。美国马克思主义者开展这场辩论起先是分别针对苏俄马克思主义哲学和欧洲人道主义的马克思主义哲学对意识能动性的阐发。他们认为，苏俄马克思主义哲学只论及了意识能动性中有关政权活动的内容，而没有看到意识的文化批判的内容，欧洲人道主义马克思主义哲学虽然强调意识的文化批判，却没有把这种批判从意识领域拓展到经济领域。作为对这两种辩证法路向的扬弃，美国马克思主义哲学的任务就是在经济的和经验的层面上展开价值、文化批判。为了实现这一任务，美国马克思主义哲学在 20 世纪 20—70 年代展开了辩证法的辩论。当时参加辩论的主要有三派：实用主义的马克思主义哲学、分析的马克思主义哲学、现象学的马克思主义哲学。其中，实用主义马克思主义哲学属于美国本土哲学，分析的马克思主义哲学、现象学的马克思主义哲学是立足于美国消费社会的现实，结合美国的哲学传统，改造欧洲的分析的马克思主义哲学和现象学马克思哲学传统而形成的。这三个派别至今还主导着美国马克思主义哲学的发展，鲜明地体现了美国马克思主义哲学的特色。本文就是通过对这三派哲学的讨论，从一个方面展示马克思主义人学研究的当代风貌。

实践的辩证法与人的价值存在

在美国，实践辩证法是由实用主义马克思主义哲学阐发出来的。实用主义的马克思主义哲学产生于20世纪20—30年代的美国文化论战，是美国激进知识分子创造的一种既区别于苏俄马克思主义哲学，也不同于欧洲人道主义马克思主义哲学的新的马克思主义哲学传统。这一哲学传统的基本点就是在经验世界的基础上发展马克思主义的人道主义和历史主义思想，具体的内容可概括为三点：其一，强调文化、价值在马克思主义哲学中的核心地位。实用主义的马克思主义哲学的主导思想是以美国的价值观批判美国的现存社会，于是，文化、价值不仅与事实、实在区分开来，而且被当作马克思主义哲学的主要向度。当然，这一特点的形成最根本的还是由美国的文化批判任务所决定的；其二，以实践解释马克思的辩证法理论。实用主义马克思主义哲学家们认为，马克思主义哲学的根本任务就是要解决理论转化为行动、意识形态转化为现实的问题，而解决这个问题的理论，就是马克思的辩证法。与苏俄马克思主义哲学和欧洲人道主义马克思主义哲学不同的是，实用主义的马克思主义哲学不主张从认识论和人的精神能动性上来说明马克思的辩证法，而是要求把马克思辩证法当作一种历史进化的理论来研究：一方面，马克思的辩证法具有实证的意义，是对人的经验世界进化的说明；另一方面，马克思的辩证法具有把任何心理的、精神的力量转化为人的现实的行动。马克思辩证法的这两个方面的意义就是实践的意义。在实用主义的马克思主义哲学看来，实践作为人的能动活动不是抽象的，而是实证的，这种实证性就在于它能够通过效用得到测度和说明。据此，马克思的辩证法就是行动的辩证法。这与苏俄马克思主义哲学把马克思的辩证法定义为认识论和逻辑学、欧洲人道主义马克思主义哲学把马克思的辩证法定义为理论与实践的总体性有着根本的区别；其三，把经济当作经验世界的现实内容。实用主义的马克思主义哲学所说的实证化，不是在自然科学的意义上而言的，而是在社会科学的意义上而言的，而社会科学的最重要内容就是经济学，因此，马克思主义哲学的经验世界、实证的世界不是别的，就是人们现实的经济生活和经济的社会结构。这三个内容体现了实用主义马克思主义哲学从人本主义的角度阐发马克思主义辩证法的特色。

正如欧洲人道主义的马克思主义哲学在20世纪50年代经历了由早期研究阶级意识向研究个体的生存价值的转向一样，实用主义的马克思主义哲学也在20世纪70年代经历了由早期的阶级意识的辩证法向人的生存价值和交往理论研究的转向。

20世纪70年代以前，实用主义的主要代表人物胡克以强调实践、行动和历史的实用主义哲学传统阐发马克思主义哲学，讨论了阶级意识的辩证法。在《对卡尔·马克思的理解》一书中，他把马克思主义哲学定义为“一种社会行动的哲学；更加具体地说，它是一种社会革命的理论”①。他认为，马克思主义哲学绝不是一种思想体系，更不是一种现存的科学理论，而是一套创造历史的实践活动的方法，是无产阶级行动的指南和工具，因此，马克思主义哲学本质上是一种创造历史的方法，是主观和客观的综合辩证法。这一传统早在马克思那里就已经形成了：“马克思由于清算了他那个时代的各种各样的思想传统

① ［美］悉尼·胡克：《对卡尔·马克思的理解》，徐崇温译，重庆出版社1989年版，第13页。

和态度，而达到批判的自我意识。马克思并没有写什么教科书并把冷藏的真理装到它们里面去。他的著作都是一些行动的纲领；而他的分析则是一种为行动扫清道路的方法。”① 因此，实用主义的马克思主义哲学的全部原则，就是阐发马克思主义创造历史的辩证方法。具体地，胡克以考察马克思的辩证法而概括马克思主义创造历史的辩证方法的内容。

其一，马克思的辩证法是经验的、文化的历史方法。胡克指出，马克思辩证法同以往辩证法，尤其是与黑格尔辩证法的根本区别，就在于它把辩证法变成了经验的实在，并且是每一历史行动的具体的实在，而这种历史行动的具体的实在就是人类历史、文化和社会本身。正是在这一点上，马克思的辩证法不仅超越了古希腊到黑格尔的概念辩证法，而且具有根本不同于当代的其他文化哲学家的文化哲学的特点。现代文化哲学家，如斯宾格勒也承认文化的相对性，但是，斯宾格勒把每一种文化体系的形成归因于抽象的形上精神，“用‘精神’和‘灵魂’等等去解释文化中的各种差异”②。与之不同，马克思从相互联系的文化整体上、从人们的历史活动中寻找每一种文化结构形成的原因，更为重要的是，“马克思是在社会过程本身的范围内，而不是在形而上学的抽象的领域内，来探索文化变革的原因的。他的方法是实在主义的和唯物主义的”③。除此之外，马克思还用这一方法考察人们的文化意识、文化心理和人性的形成，创造了具有历史主义特征的未来辩证法。

其二，马克思的辩证法是一种具有历史性特征的逻辑形式。胡克认为，马克思辩证法的经验和文化历史性是以它的特有的逻辑形式表

---

① ［美］悉尼·胡克：《对卡尔·马克思的理解》，徐崇温译，重庆出版社 1989 年版，第 57 页。

② ［美］悉尼·胡克：《对卡尔·马克思的理解》，徐崇温译，重庆出版社 1989 年版，第 68 页。

③ ［美］悉尼·胡克：《对卡尔·马克思的理解》，徐崇温译，重庆出版社 1989 年版，第 69 页。

现出来的。也就是说，马克思的辩证法是概括和体现经验和历史的逻辑。正是在这一点上，马克思的辩证法根本不同于黑格尔的辩证法和传统的马克思主义哲学的辩证法。黑格尔的辩证法是概念的辩证法，缺乏经验和文化历史的内容；传统马克思主义哲学的辩证法把自然与社会割裂开来，强调自然对于社会的先在性和决定性，本质上是自然辩证法。马克思强调历史的辩证法，于是，把“能动的总体性”观念作为辩证法的核心范畴，即把辩证法看作一个处在社会发展中的运动整体。而贯穿于这个整体之中的是马克思历史辩证法的这一原则：“主要地表现历史意识和阶级活动的逻辑。自然的客观秩序只有当它暗含地涉及它制约着社会和历史活动的方式时，才是同辩证法有关的。”①

从胡克的上述论述看，他是把人的文化活动作为经验的历史，把阶级的意识作为马克思辩证法的能动因素。其中，他把马克思的历史辩证法定位于人的文化活动的思想是属于他那个时代的，也体现了他个人的哲学思想创造，而他把马克思的历史辩证法理解为人的经验活动，理解为阶级的意识和行动的思想则是属于实用主义哲学传统的。

70 年代以来，实用主义马克思主义哲学的主要代表人物是伯特尔·奥曼（Bertell Ollman）。奥曼在两点上继承了胡克的研究思路：其一，把马克思主义辩证法作为一种逻辑方法，研究其特殊的逻辑结构；其二，肯定和阐发马克思主义辩证法的经验性和历史主义特征。但是，由于受到西方马克思主义的人道主义思想的影响，奥曼采取了与胡克不同的研究方式。胡克主要集中于阶级的行动来阐发马克思辩证法的实践性和历史主义特性，而奥曼则主要以马克思《资本论》和异化劳动的思想为蓝本，从人的存在和异化的角度分析马克思主义辩证法的人本主义结构，从而展示出实用主义马克思主义哲学的当代风貌。

在奥曼看来，马克思的辩证法本质上是揭示事物变化、发展的学

---

① ［美］悉尼·胡克：《对卡尔·马克思的理解》，徐崇温译，重庆出版社 1989 年版，第 332 页。

说。但是，在马克思那里，事物不是实体的存在，而是多种多样的内在联系（internal relations），并且是人类社会的内在联系，其中生产关系是人们的最基本的联系。生产关系既是人们的生产、分工的内在物质联系，也是人们的物质活动与外部自然的联系，除此之外，人类社会的联系还有以国家形式出现的政治关系和以思想形式出现的宗教的、艺术的和哲学意识形态的关系，等等。马克思的辩证法就是揭示这些联系的学说。此外，马克思的内在联系概念还有另一层意思，即社会变化的不确定性和发展趋势，“先于各种关系的现实的可能性”①。马克思的“规律”就是在经验的基础上，根据各种关系的现实可能性揭示社会变化的不确定性和发展趋势。由于对内在联系的这些规定，马克思的辩证法作为内在联系的哲学，既不同于古希腊以来的强调观念联系的辩证法，亦不同于传统马克思主义哲学强调自然联系的辩证法。它本质上是关于社会联系的辩证法，尤其是关于资本主义社会联系的辩证法，亦可称之为“作为世界观的辩证法”或“关于世界的联系的观点”②。由此出发，奥曼说明了人的本质的观念和异化理论。他提出，人的本质的观念是马克思说明人与自然和人自身的内在联系的构架。马克思使用的基本范畴是“能力”（power）和“需要”（need）。人的“能力”和“需要”既包括人的自然特性，又包括人的类特性。人与自然的和社会的联系在各个阶段的发展、人的个体性的实现都是在人的“能力”和“需要”的自然特性与类特性的相互作用中展开的。异化理论是马克思揭示资本主义生产对于人的存在、人的肉体和精神状况以及人在其中的社会过程造成破坏性影响的一种理智的构造。马克思讨论异化的目的是要把人的存在的各个部分结合成一个有机整体。在这个有机整体中，各种因素之间存在着内在的联系，它们之间

---

① Bertell Ollman, *Alienation: Marx's conception of Man in Capitalist Society*, New York: Cambridge University Press, 1971, pp. 18 – 19.

② Bertell Ollman, *Alienation: Marx's conception of Man in Capitalist Society*, New York: Cambridge University Press, 1971, p. 52, p. 244.

的相互作用具有因果性，规律就与其相互作用的模式相关联。同时，马克思所说的有关各种因素的观念也都是这些因素之间的内在联系的表达，由此可以说，每一个因素都是整体的一种表达，各种因素之间相互联系的性质也可以通过相互作用而发生变化。这些便是马克思异化理论的框架（framework）。①

奥曼在阐述了马克思辩证法的上述内容后，提出了自己理解马克思主义辩证法的原则："这些理论的价值必须以有用性来测量，而不能用真理测量（当然，除非有用性与真理是同一的）。"② 他是根据这一原则把马克思的辩证法理解为关于内在联系的学说，因此，他所说的马克思辩证法的内在联系实际上是人的价值联系和人的交往关系。按照他自己的说法，对马克思辩证法的这种理解可以证明马克思的辩证法的有用性，如果把马克思的辩证法理解为实体的存在，真理的存在，那么，就很难揭示马克思辩证法的理论价值。

尽管胡克和奥曼代表了实用主义的马克思主义哲学在不同历史时期的思想，显示了马克思主义哲学的阶段性变化，但两者都是在人的经验活动、生产活动的层面上研究人的价值存在或功能。正是在这一点上，实用主义的马克思主义哲学扬弃了欧洲人道主义马克思主义哲学在人的价值研究上所采取的抽象思辨的方式，开辟了以生产的价值性说明马克思主义人学辩证法的思路。

分析方法与人的历史创造性的消解

分析的马克思主义哲学产生于20世纪60—70年代。它产生的重要理论前提是分析哲学出现了"应用的转向"，即从单纯的逻辑语言

---

① Bertell Ollman, *Alienation*: *Marx's conception of Man in Capitalist Society*, New York: Cambridge University Press, 1971, p. 131.

② Bertell Ollman, Alienation: *Marx's conception of Man in Capitalist Society*, New York: Cambridge University Press, 1971, p. 232.

分析转向对社会现实生活的关注。这种转向为分析哲学与马克思主义哲学的结合创造了一种理论的可能性；其次是60—70年代欧洲马克思主义哲学中以阿尔都塞为代表的科学马克思主义哲学反抗人道主义马克思主义哲学思潮的出现，为英语世界国家发展分析的马克思主义哲学创造了历史条件。正是在这两个因素的刺激下，分析的马克思主义哲学在英语世界国家中发展起来。

分析的马克思主义哲学的基本原则就是对传统马克思主义哲学①的基本理论给予科学的和微观的分析和说明。根据这一原则，分析的马克思主义哲学，一方面发挥传统马克思主义哲学中的科学和实践精神，以分析的方法对传统的马克思主义哲学的概念进行清理和论证，把传统马克思主义哲学中的结论贯彻到底。另一方面分析的马克思主义哲学把分析的方法运用于传统马克思主义哲学，给传统马克思主义哲学以概念明晰和论证严密，绝不只是一项技术性的工作，而是一项哲学形态的改造工作。正是在这个意义上，我们说，分析的马克思主义哲学与传统马克思主义哲学之间有着质的区别。这种区别既表现为东西方马克思主义哲学传统之别，也表现为马克思主义哲学发展的时代之差。从东西方马克思主义哲学传统之别看，传统马克思主义哲学代表了东方社会变革生产方式，实现社会形态更替的客观要求，而分析的马克思主义哲学则代表了西方社会在资本主义社会体系内进行文化改革的客观要求；从马克思主义哲学发展的时代之差看，传统马克思主义哲学代表了60—70年代以前整个世界寻求革命的需要。在这一点上，西方人道主义的马克思主义哲学，尤其是葛兰西、卢卡奇、柯尔施的马克思主义哲学与传统马克思主义哲学是一致的，而分析的马克思主义哲学则适应了60—70年代以后整个世界寻求和平和秩序的需要。分析的马克思主义哲学批判西方人道主义马克思主义的辩证法，论证生产力的首要性，不过是从哲学理论上论证革命在现阶段的不可

① 传统的马克思主义哲学是指以苏俄的辩证唯物主义哲学为典型形态的马克思主义哲学。

能性，证明资本主义存在和发展的合理性，分析的马克思主义哲学对传统马克思主义辩证法命题的分析也不外是以科学性和实证性来消解其中革命性的内容。分析的马克思主义哲学对西方人道主义的马克思主义哲学和传统的马克思主义哲学所持的相同态度证明，分析的马克思主义哲学与传统的马克思主义哲学之间绝不只是东西方马克思主义哲学传统之别，还有马克思主义哲学发展时代之差。可以说，分析的马克思主义哲学是马克思主义哲学从革命时代向和平时代转变的哲学表现。分析的马克思主义哲学的这一特点恰好适合美国60—70年代的和平发展的需要，于是，便在美国发展起来。

美国分析的马克思主义哲学的产生除了具备上述历史的和理论的前提之外，还有两个更重要的途径：一是与美国开展马克思主义辩证法的讨论相联系，把美国的分析传统运用于研究唯物主义辩证法的概念和问题，解决传统马克思主义哲学中有关自然和社会存在的辩证法问题；二是与英语世界的分析马克思主义相互交流、开展论战，重建马克思主义的历史理论。这两个途径使得美国的分析马克思主义哲学既能与英语世界的分析的马克思主义哲学保持着密切的联系，又具有鲜明的个性特征，即把哲学的研究与经济学的研究联系结合起来，通过经济学的分析建立分析马克思主义的历史理论。由于建立了这一研究视角，马克思的劳动价值论也被纳入了马克思主义的历史理论，作为分析阶级和剥削的客观基础加以研究。这就大大拓展了马克思主义历史理论的研究领域，丰富了马克思主义历史理论的范畴。

在历史唯物主义理论的建构方面，美国分析马克思主义哲学的研究有着十分广泛的内容：从物质的存在到个体的发展，从生产力和生产关系到意识形态，从政治到经济，传统马克思主义哲学中所论及的每一个范畴都成为分析马克思主义哲学研究的问题和领域。美国的分析马克思主义哲学家们研究这些范畴和理论时，始终坚持用分析的方法取代辩证的方法：凡是需要以辩证法来说明的问题，他们就以分析的方法将其化解，转变成分析方法可接受的问题；凡是用辩证法表述的概念，他们都明确要求停止使用，然后用分析方法重新阐发。通过这种研究，传统的马克思主义哲学中的许多范畴和问题的确丰满了、精细了，但是，这种研究所带来的另一后果也变得不可避免了，即马克思主义的辩证方法以及在这个方法中包含的人道主义、乌托邦精神也全部丢失了，由此，马克思主义哲学无可挽回地走向了“技术决定论”。这一结局在威廉姆·肖的《马克思的历史理论》一书中得到了鲜明的体现。威廉姆·肖在该书的开篇谈到马克思在《政治经济学大纲》中分析生产力和生产关系的辩证法思想时，明确地指出“马克思的著作确实揭示了这两个概念的‘辩证法’”，却“从来没有通过阐述‘生产力’和‘生产关系’的概念来展开”这两个概念的“界限”和“现实差别”。[①] 这样，他就把自己的理论目标定位于分析生产力和生产关系这两个概念本身，而不是分析这两个概念之间的辩证关系。我们知道，在马克思哲学中，分析生产力、生产关系的概念与考察生产力和生产关系之间的辩证关系是两个不同的理论问题：分析生产力和生产关系的概念，是就生产过程而言的，仅仅涉及人们的物质生产活动的问题，而考察生产力和生产关系之间的辩证关系则是就社会形态的变革而言的。社会形态是表达一定历史时期人的历史活动总体的概念，既包含一定历史条件下的人们的物质生产活动，也包含与该时期的物质生产活动相关的人们的阶级斗争和意识形态的批判活动。所以，考察生产力和生产关系之间的辩证关系是要解决人的总体的历史活动的问题。威廉姆·肖把马克思的生产力和生产关系之间的辩证关系问题转换成生产力和生产关系的概念分析问题，就把考察人的历史活动总体的问题转变成了孤立地考察人们的物质生产活动的问题，由此出发，他对生产力和生产关系中凡是涉及阶级行动和人的历史活动的内容，都作了删除和说明，在对生产力中有关人的重要要素——劳动力

---

① ［美］威廉姆·肖：《马克思的历史理论》，阮仁慧、钟石韦等译，重庆出版社 1989 年版，第 1 页。

的分析中，他批评柯尔施把“革命无产阶级也包括进生产力”① 中。为了彻底地删除生产力中的任何历史因素，他特别强调：“虽然人是劳动力的承担者，但是属于生产力的是劳动力，而不是人。”② 不言而喻，生产力中一旦删除了任何历史的和人的因素，生产力第一性和技术决定论的论证也就变得十分容易了。很明显，分析马克思主义哲学建构历史唯物主义理论无非是以物质生产力的第一性否定人的活动的历史能动性，否定革命对于改变生产力的作用和意义。

在历史唯物主义理论的建构中否定人的活动的历史能动性，否定革命对于改变生产力的作用和意义，在经济学层面的历史理论研究中就表现为否定马克思的劳动价值论，论证剥削的合理性。罗默把剥削的定义区分为非技术性的含义与技术性的定义：剥削的非技术性含义是指不公正地利用某人或生产资料，比如资本家不公正地对待工人，或不公正地占有和利用生产资料；剥削的技术性的定义是以社会必要劳动时间来定义剥削，即“在既定的经济中，如果某些成员必须从事超过社会必要时间（即多于社会必要劳动时间）的劳动才能挣得他们所需的消费品集，而其他人以少于社会必要时间的劳动就能挣得他们的消费品集，那就可以说剥削将会存在”③。罗默排除了非技术性含义，而从技术性定义上谈论剥削问题。在这里，罗默首先是从技术上修正了马克思的剥削定义。马克思的剥削定义是以他的劳动价值论为基础的。在马克思看来，资本家对工人的剥削来自资本家占有了工人的劳动力价值，是资本家不公正地利用了工人的劳动力价值，即资本家迫使工人在生产中付出高于劳动力价值的劳动，却只支付少于劳动力价值的工资，于是，资本家就从中获得了工人的剩余价值。罗默否

---

① ［美］威廉姆·肖：《马克思的历史理论》，阮仁慧、钟石韦等译，重庆出版社 1989 年版，第 9 页。

② ［美］威廉姆·肖：《马克思的历史理论》，阮仁慧、钟石韦等译，重庆出版社 1989 年版，第 12 页。

③ ［美］约翰·罗默：《在自由中丧失》，段忠桥、刘磊译，经济科学出版社 2003 年版，第 23 页。

认马克思的劳动价值论揭示剥削秘密的合理性，提出以资本的稀缺说明剥削的起源。这就把剥削的技术性说明诉诸劳动之外、阶级之外的因素，于是，剥削就与阶级分离开来，剥削不是阶级对立的原因，只是对人们活动及其分配关系的一种说明。罗默对马克思剥削理论作这种技术性的修正，突出了分析马克思主义的历史理论的缺陷，同时，也以否定的方式揭示了马克思主义辩证法的本质及理论价值，即马克思主义辩证法的实质就是说明革命的能动性和人的历史创造性，正是辩证法的这一本质是马克思劳动价值论的基石，否定它，就必然走向反劳动价值论。

至此，我们可以对美国分析马克思主义哲学做一些理论的分析，美国分析的马克思主义哲学代表了马克思主义哲学中力图把马克思主义哲学理论抽象化、一般化的走向。在这一点上，它的确与苏俄马克思主义哲学的走向相一致，而与西方马克思主义哲学中力图把马克思主义哲学理论具体化、特殊化的走向相对立。[①] 不仅如此，它以分析的方法凸显了马克思主义历史理论中的物质因素，论证了物质对于精神的决定作用和生产力的首要性，这些都加强了马克思主义有关物质的生产过程的理论研究。但是，它的全部理论论证和结论又是以丢失唯物史观学说中的人的历史活动因素为代价的，而这个方面是马克思主义哲学中最富有批判性和实践性的内容。从这一视角看，分析的马克思主义哲学又与苏俄马克思主义哲学是根本对立的，甚至可以说，它是一种不完全的马克思主义哲学。坦率地说，如果站在传统马克思主义哲学的立场上，分析马克思主义哲学的许多观点都是不可接受的，特别是罗默对马克思劳动价值论的否定和对剥削合理性的论证，在许多方面看起来都是反马克思哲学的。这些都似乎不允许我们把这种哲

① 关于苏俄马克思主义哲学与西方马克思主义哲学的不同走向的理论的和历史的考察，详见何萍《20 世纪马克思主义哲学中的两种传统——从 20 世纪初的一场马克思主义哲学论争谈起》，《哲学研究》2003 年第 8 期。

学称为马克思主义哲学。但是，如果从马克思主义哲学在20世纪下半叶所经历的时代变化看，分析马克思主义哲学所做的一切，又都可以看作对马克思主义哲学在和平时期从事理论建构的探讨，其中的许多问题都值得我们深思。在这个意义上，又需要我们对分析马克思主义哲学抱以更多的宽容和理解。而就美国马克思主义辩证法的讨论而言，我们依然可以把它看作马克思主义哲学的一种形态，尽管它是以否定辩证法的形式出现的。

现象学方法与文化批判的结构

现象学马克思主义哲学是欧洲大陆马克思主义哲学的典型形态。葛兰西、卢卡奇、萨特、梅洛·庞蒂、科西克等都是现象学马克思主义哲学的创始者。尽管他们的思想存在许许多多的差异，但在一些基本观点上是共同的：其一，强调辩证法是马克思主义哲学的轴心。这一点是与结构主义的马克思主义哲学和分析的马克思主义哲学的根本区别；其二，认为马克思和恩格斯的辩证法是根本不同的，马克思的辩证法采取的是表象主义模式，强调人的活动对于物质世界和思想、意识形态对于人类历史变革的优先性，本质上是行动的辩证法。恩格斯的辩证法则恰恰相反，它强调自然界自身的辩证发展，强调物质世界在历史变革中的优先性，从而走上了历史决定论的道路。可见，马克思与恩格斯的辩证法存在形态上的差别；其三，强调马克思主义哲学是方法而不是现存的理论。作为方法，马克思主义的辩证法永远置身于理论与实践的统一之中，即置身于历史的过程之中，因此，马克思主义辩证法本质上是反教条主义的。这三个方面的共同点构成了现象学马克思主义哲学的研究传统。这一研究传统与美国的分析哲学和实用主义哲学传统是不相容的。因此，在辩证法的讨论中，那些主张现象学马克思主义哲学观点的美国哲学家们虽然在强调马克思主义哲学辩证法的人道主义化方面，与实用主义的马克思主义哲学家们站在一个阵营，但在对马克思辩证法的理解和阐释上、在对待美国哲学传统的态度上，却与实用主义的马克思主义哲学是反向的：实用主义马克思主义哲学力图把辩证法的人道化置于人们的现实的活动和实在的社会关系之中，以价值和有用性来证明辩证法的人道主义解释的合法性，表现出对美国哲学传统的认同，而现象学马克思主义哲学则力图把辩证法的人道化抽象到思想和意识形态层面加以考察，凸显马克思辩证法的思想和意识形态功能，以此张扬欧洲的辩证思维传统，实现对美国的分析哲学和实用主义哲学思维方式的改造。

尽管如此，美国现象学马克思主义哲学还是保持了美国马克思主义哲学重视经济、经验和自然的传统，从而大大拓展了现象学辩证法的研究视野和研究内容。在研究视野上，美国现象学马克思主义哲学充分吸收了辩证法辩论中其他派别的成果，从欧洲的现象学辩证法和苏俄辩证法相互作用的整体上思考现象学辩证法的问题。不仅如此，美国学者还进一步把研究的视野扩展到毛泽东的辩证法，从 19 世纪到 20 世纪的马克思主义辩证法运动的整体上研究现象学马克思主义哲学问题。与研究视野的这种扩展相一致，美国现象学马克思主义哲学的研究内容也容纳了列宁和毛泽东辩证法的内容，并在此基础上，拓展了马克思主义现象学辩证法的内容。诺曼·莱文（Noman Levine）的《辩证法内部对话》（*Dialogue Within The Dialectic*）考察了辩证法从马克思、恩格斯、列宁、斯大林到毛泽东的发展。他认为，马克思的辩证法与恩格斯的辩证法属于两种不同的辩证法传统：马克思的辩证法是实践的辩证法，恩格斯的辩证法却是实用主义的辩证法。实践是一个创造过程，而实用主义则与验证过程相关。在马克思那里，实践的创造过程或者通过经济活动，或者通过意识的活动而实现，“经济活动和意识活动是相互联系的实践的表现方式”①，因此，马克思的实践

① ［美］诺曼·莱文：《辩证法内部对话》，张翼星等译，云南人民出版社 1997 年版，第 88 页。

辩证法只限于哲学、政治理论和经济学等领域，恩格斯则通过验证过程，把辩证法扩展到自然领域，使辩证法成为一种关于自然的哲学。马克思的实践辩证法传统在列宁和毛泽东那里得到了新的发展，列宁发展了马克思实践辩证法的政治行为和认识论的意义，毛泽东发展了马克思实践辩证法的政治策略、方法论和行动辩证法的范式。从马克思、列宁到毛泽东，实践辩证法的内容被建构为三个方面：一是思想和意识形态的内容；二是认识论、方法论的内容；三是政治改造活动的内容。这三个方面的综合就是实践辩证法的理论与实践的统一。与马克思辩证法的命运不同，恩格斯的辩证法在第二国际得到了发展，却受到了斯大林哲学的歪曲。

我们认为，诺曼·莱文对马克思主义辩证法的这一研究在两点上不同于欧洲现象学马克思主义哲学：其一，在研究的对象上，欧洲现象学马克思主义哲学把从普列汉诺夫、列宁到斯大林的马克思主义哲学看作一个整体，统称为教条主义的马克思主义哲学，而诺曼·莱文注意到苏俄马克思主义哲学传统下的列宁哲学与斯大林哲学的差别，也同时注意到毛泽东哲学与列宁哲学的差别，以此考察马克思辩证法在东方世界的发展及其意义。这是一个十分有意义的课题；其二，在现象学辩证法的内在结构上，欧洲现象学马克思主义哲学只关注与意识形态结构相关的内容，从而把意识形态的结构等同于辩证法的结构，而诺曼·莱文从理论与实践的辩证联系中发展了现象学辩证法的认识论和方法论，把辩证法的结构看作意识形态和认识论、方法论的统一。这两个方面的差别实际上体现了欧洲现象学马克思主义哲学家们和美国马克思主义哲学家们对待东方马克思主义哲学的不同态度。欧洲现象学马克思主义哲学家们对东方马克思主义哲学始终是持否定态度的，所以，把东方马克思主义哲学看作一个整体加以排斥，而没有认真地探讨其中的差别。美国马克思主义哲学家们始终重视列宁哲学和毛泽东哲学的研究，强调列宁哲学和毛泽东哲学对于马克思主义哲学发展的价值。

由于这两点差别，美国马克思主义哲学论证了马克思的表象主义模式在东方的特殊表现。如果说列宁和毛泽东的辩证法是以认识论和方法论的方式发展马克思的表象主义模式，那么，人的活动对于物质世界和思想、意识形态对人类历史变革的优先性，就不仅仅存在于意识形态领域，还存在于实践领域和人们的行动之中。这就意味着，表象主义不仅有意识形态的内容，有价值的功能，而且还有认识论和方法论的内容，有理性的功能。这一研究扬弃了欧洲现象学马克思主义哲学对人的文化批判功能的说明，对于我们重新思考列宁、毛泽东哲学，发掘东方马克思主义哲学中至今仍富有生命力的内容，具有重要的启发意义。

自20世纪70年代以来，西方马克思主义哲学创造的重心逐渐从欧洲移到了美国，美国已经成为当代世界马克思主义哲学的主流形态。我们如果从这一事实出发，就必然得出这样的结论：美国马克思主义哲学代表了当代马克思主义哲学研究人的基本走向，不仅如此，我们还可以根据美国马克思主义哲学内部这三个哲学派别之间的辩证法辩论，把这一基本走向概括为三点：（1）通过辩证法的重新阐释而走向人的文化价值批判。实用主义的马克思主义哲学、分析的马克思主义哲学、现象学的马克思主义哲学虽然对辩证法的理解不同，但它们在消解马克思主义辩证法的理性、工具的内容，发掘其价值、文化内容方面则是共同的。这表明，当代马克思主义的人学研究已经实现了技术向价值、文化批判的转向；（2）通过辩证法的阐释而走向意识形态与经济的综合的人的整体性研究。这一走向在美国的现象学马克思主义哲学那里得到了最突出的表现。在欧洲马克思主义哲学中，总体性只是相对于意识形态的批判活动而言的，而美国现象学马克思主义哲学则把经济作为人的实践的批判活动纳入辩证法的批判原则之中，把表象主义看作意识形态、认识论和方法论的统一。这一研究成果表明，经济的文化批判是当代人学研究中不可排除的内容，即使是现象学马克思主义哲学也不能把它排除于人的研究之外，而实用主义的马克思主义哲学、分析的马克思主义哲学强调经济的文化特性的人学内容就更显得合情合理了；(3) 马克思主义人学研究的多元走向。美国马克思主义结合经济的文化批判阐发马克思主义哲学有关人的研究本身就代表了当代非欧洲西方马克思主义哲学的人学走向，而它内部的实用主义的马克思主义哲学、分析的马克思主义哲学和现象学马克思主义哲学的辩论又进一步表明，即使在美国马克思主义哲学内部，由于对马克思主义辩证法的理解不同，也呈现出不同的路向。这说明，马克思主义的人学研究不可能有统一的、固定不变的模式，恰恰相反，随着时代的变化和发展，马克思主义的人学研究将会越来越走向多元化。既然如此，中国马克思主义哲学也应该立足于中国当下的实践，创造出自己的马克思主义哲学人学。

（原文载于《江海学刊》2005 年第 5 期）

作为产品和作为方法的个人

赵汀阳

每个人对于他人都是一个超越的存在。互为超越者的人们可能成为朋友也可能成为敌人。假如人们的心灵都属于同一个精神世界，即使因为利益的冲突或者意见的分歧使其互相仇恨，人们仍然能够互相理解，生活在传统共同体中的人们就是如此。属于不同精神世界的人们不仅互相超越，而且互相隔绝，不是因为遥远或者不相往来，而是因为无法互相理解，缺乏可以共享的精神。互相超越有可能导致无法解决的战争，而互相隔绝则有可能形成文明的冲突（像亨廷顿说的那样）。如果每个人都有一个专属自己的不可分享的精神世界，一个以维特根斯坦所不相信的私人语言写成的精神世界，那么，人的存在状况又如何呢？这其实并非设想，而是现代事实。现代人是一种被命名为“个人”的现代产品，现代给每人一个自己的精神世界，因此每个人可以只听从自己。莱布尼茨在现代个人尚未完工之时就预告了这个产品，他说，每个心灵就是一个“没有窗户”的自足的世界，称为单子（monads），单子所预告的就是后来被称为原子式个人的心灵。不过莱布尼茨的预告是乐观主义的，他相信单子们虽然是孤独的，但上帝却为单子们设计了皆大欢喜的“预定和谐”。这个想法太乐观了，事实似乎并非如此。

在个人被制造出来之前，人只是自然个体。每个自然人的自身

(self) 区别于他人的理由是身体的自然唯一性。身体是我的自然边界，这种意义上的我在本质上只是一个宾格的我 (me)，因为每个人尚未拥有仅仅属于自己的精神，就是说，尚未成为精神的我。在现代之前，精神是公共资源，公共精神代表着人们的精神，我总是属于“我们”而区别于“他们”。比如说，一个人的精神意义在于他所属的家庭、部族、城邦或者教会。在这种意义上，个体尚未由自身 (self) 转变为自我 (ego)，因此只是自然个体而不是个人。自然个体的价值是可以比较的，因为自然个体的价值体现为可比较的能力和行为。可比性意味着对人的认识和评价有着社会标准甚至客观标准，因此，传统社会更多地从品质 (virtues) 和道理 (logos) 的优劣去解释规范和法律以及对人的评价。

个体对自身的自然之爱也总是参照社会普遍承认的价值标准，而不是对自我的自由之爱。镜子早就让人能够认识自己并按照社会标准去调整自己的形象，苏格拉底就曾经让醉汉照镜子以便知道他是多么堕落。人类也早就会为自身辩护，柏拉图《申辩篇》里的苏格拉底就试图以普遍道理为自己行为的正当性辩护。可见，无论认识自己或为自己辩护，都是以社会标准为准。文艺复兴突出了对人的关注，这明显促进和加深了人们对自身之爱，但在成熟的自我出现之前，对自身之爱仍然按照社会标准的争风吃醋，无非是时尚性的竞争。镜子在现代如此流行，表面上是认识自己，其实是认识自己是否符合时尚。时尚给了人们规划自己形象的机会，齐美尔指出，时尚是“需要将自己与他人区分开来的诉求”[①]，“那些天性不够独立但又想使自己变得有点突出不凡、引人注意的个体”就特别喜欢时尚，因为“时尚甚至可以提升不重要的个体”。[②] 可是这种对特殊化的追求又会被大众模仿，于是就不再时尚了。化妆品工业和美容业诱导人们认同它们所定义的美、健康、青春、体型等概念，整形、节食、化妆、健身房成为“定

---

① ［德］齐美尔：《时尚的哲学》，费勇等译，文化艺术出版社 2001 年版，第 76—77 页。

② ［德］齐美尔：《时尚的哲学》，费勇等译，文化艺术出版社 2001 年版，第 78 页。

制自己”的方式，成为与众不同的根据。可是那些标准本身并非与众不同，而是试图导致千人一面的时尚潮流，因此，时尚貌似表达个性，可却是最没有个性的表达方式。时尚的这种悖论性不仅无法成就“自我”，还反而使“自身”也变得面目不清了，而时尚的不稳定性代替了传统关于真善美共识的稳定性，使价值标准失去可靠性。可见，塑造“自身”不足以定义个人，自身的独特性总是依赖可比性，依赖社会标准，因此，自身的独特性仍然缺乏不可还原的性质。

仅仅通过塑造自身不足以创制个人，更重要的事情是对自己内在世界的反思和发现，也就是从塑造身体性的自身转向创造一个精神性的自我，建立主体性而定义自己的主观世界。对于“我”的主观世界，“我”将拥有主权，即决定一切判断和价值的自主权。对内心世界的反思（反省）并不是现代的独特行为，古代人也重视反思，但有一个根本差别：古代人的反思是以社会标准或文化共识去检讨自己的观念和行为，力图向公共价值标准看齐，校正自己的错误或不良行为；现代人的反思是反社会、反传统、反历史的行为，试图以“我”为准去重新理解和定义价值标准。于是，“我”的现时性成为“我”的世界的标准和我的历史的起点，这样的反思性（reflectivity）就同时变成了自返性（reflexivity），就是说，当“我”的根据就是“我”自己的主观性时，也就形成了自相关（self-reference）。一旦反思性成为自返性，自身就开始转化为自我。

一些有趣的细节似乎暗示着从自身到自我的转化过程。古代人感兴趣的精神世界由神话、诗歌和戏剧构成，这些精神作品讲述了他人的故事及其内心（通常是共同感兴趣的英雄或伟人），几乎与己无关。自传是现代人的兴趣，尽管自传可以追溯到奥古斯丁的《忏悔录》（*Confessions*）——虽然并非现代意义上的自传，却明显涉及自己的内心世界。奥古斯丁的反思影响深远，甚至是笛卡尔的我思的理论根源。现代人对自传写作的热情更可能与卢梭的富有感染力的《忏悔录》有关，卢梭之后，自传写作风靡至今，现代人热衷于写作自己的内心世界和独特经验，即使不以自传为名的许多小说其实也是精神自传。另一个并非巧合的情况是，自画像成为类似自传那样的热门作品。自画像也许早已有之，但成为一个流行的画种却与文艺复兴有关。真正表现了内心精神世界的最早现代自画像据说属于范·艾克（Jan van Eyck）1433 年的作品。不过最为自恋的当属伦勃朗，据说其自画像多达 90 幅（含油画、铜版画和素描自画像），甚至更多。

关心人是文艺复兴的精神转向。彼得拉克嘲笑当时人们拥有一切似是而非的知识，却对人一无所知："有的人对野兽飞禽和鱼类的事情知道得很多，对狮子头上有多少鬣毛、鹞子尾上有多少羽毛、水螅下沉时要打多少个旋涡，了如指掌。还知道凤凰如何被芳香的火烧死后又会复活，刺猬能够阻止航船行驶，但一见水就失去力量，如此等等。所有这一切或大部分都是无稽之谈，即使这些说法都是真的，对我们寻找幸福生活又有什么用处？知道飞禽走兽的特性而对人的本性一无所知，不知道我们从何处来、到何处去、为什么生活，这又有什么好处？"[①] 在当时的背景下，彼得拉克的这番话就算是惊世骇俗了。1487 年皮科在罗马的哲学辩论会上以"论人的尊严"为题的讲演更彻底地摆明了现代问题，他预告了现代人的心声：任何动物都受其本性限制，狗只能像狗那样生活，狮子只能像狮子那样生活，如此等等，只有人没有自身限制的本质，人能够选择和创造各种生活，人是自己的主人，所以人能够是并且应该是自由的。[②] 关于人的这种理解在今天已经平淡无奇，甚至过时或恶俗，但在当时则是石破天惊。如果比较亚里士多德对人的传统理解就可以看出其中的重要变化，亚里士多德断言："人生来是政治动物……在城邦之外非神即兽。"[③] 所

① 转引自［意大利］加林《意大利人文主义》，李玉成译，生活·读书·新知三联书店 1998 年版，第 22—23 页。

② 转引自［意大利］加林《意大利人文主义》，李玉成译，生活·读书·新知三联书店 1998 年版，第 124 页。

③ ［古希腊］亚里士多德：《政治学》，1253a。

谓政治动物就是属于并且参与城邦公共生活的人，而“城邦以正义为原则”[①]，因此人的价值在于追求公共正义。皮科却相信人之所以异于动物在于自由，而不在于社会生活和公共价值。以自由去定义人的价值就是定义了现代人。

成为精神主体的人就是“自我人”。自我人意味着精神上独立自主的个人，他相信自己是自己的精神权威，自己有精神全权去进行价值判断，自己的精神不依赖他人而具有完整意义，而且，私人经验或私人知识是不可替代和不可还原的，于是“自我”就具有了绝对和至高的价值。这种夸张的自我追求显然有某种自恋倾向，浪漫主义者，例如卢梭，就是自恋的典型。不过，迷恋自我并不能证明自我拥有绝对至高地位的合法性，因此，自我的浪漫主义想象还需要理性主义的证明。这就不难理解为什么伯林把康德也纳入浪漫主义，把他称为拘谨的浪漫主义。[②] 也许康德是“拘谨的”，缺乏浪漫气质，甚至痛恨浪漫主义，但他其实是更为彻底的浪漫主义，他不是在情感上浪漫，而是在思想上浪漫，他试图让理性去证明一个最浪漫的人的概念，而这是一个几乎无法完成的任务。具体地说，康德试图证明自我具有毋庸置疑的主体性，而不是想象的主体性。假如自我真的具有对价值和行为的全权主体性，那么，自我的绝对地位就被证明了。

笛卡尔对自我的证明尚未完工，“我在”（I am）并不能证明自我的绝对地位，因此，康德试图进一步证明“我是主体”（I am the subject）。康德的问题是：人凭什么成为主体？何德何能成为主体？答案是理性。首先，康德试图证明理性有能力建立普遍必然有效的知识，因此人类有充分理由成为知识主体。人类性的知识主体只能证明人类的绝对地位，但仍然不能证明个人自我的绝对地位，因此，关键在于

---

① ［古希腊］亚里士多德：《政治学》，1253a。

② ［英］伯林：《浪漫主义的根源》，第四章，吕梁等译，译林出版社 2008 年版。

证明个人能够成为道德主体，也就是说，自我有全权为行为的正当性负责，能够仅凭理性而建立普遍有效的价值判断。可以看出，一旦证明了道德主体，就证明了个人的精神独立性，证明了每个人都是终极目的，证明了每个人等于最高价值，也就证明了自我的绝对地位。康德这个极端浪漫的论证虽然并不成功，但却很好地完成了自身向自我转变的想象，而康德的主体性原则成为个人的精神立足点。

关注个人尤其是浪漫主义地关注个人就必定强调个人经验。创造了自我就是创造了不可比的个人存在，于是，对于每个人来说，个人经验就高于共同经验，个人判断高于集体判断，个人价值观高于传统德性。康德的所谓“哥白尼式革命”其实很不像哥白尼革命，至少是貌合神离的，因为，哥白尼革命纠正了一个错觉，使人们知道其实太阳并非绕着地球转而是地球绕着太阳转，可是康德的“哥白尼式革命”却制造了一个错觉，使人们误以为世界以人甚至以自我为核心。这个想法确实过于浪漫了，尽管人人闻之心喜，但这个错觉却注定事与愿违：假如每个人的经验、判断和价值观都是优先的和绝对重要的，同时也就意味着绝对不重要，因为每个人的判断和观点都只能获得来自自己的唯一一票，结果是，人人重要就无人重要，听人人的就无人被听。个人主义是一个自我挫败型的概念，这个悖论在现代生活中逐步展开着。

从现代小说与古典文学（神话、戏剧和史诗等）的区别可以看出现代个人主义经验方式所遇到的困境。古代的叙事文学是故事，而小说是现代的产物，它虽然有所叙事，但不再是故事，小说的本质是叙心，是关于个人经验、感悟和情感的表达，而故事必须是关于他人的，因此故事构成了人们共同知识、共同经验和共同命运。关于这个区别，本雅明有着十分透彻的理解，他说，在现代，讲故事的人之所以越来越少，是因为现代人被剥夺了“分享经验的能力”①。故事总要包含一

① ［德］本雅明：《写作与救赎》，李茂增、苏仲乐译，东方出版中心2009年版，第79页。

些“有用的东西”，也就是能够给人的忠告，这些忠告凝结了共同的生活经验和世代相传的智慧，因此故事能够建立关于生活意义的共同理解，由神话、戏剧和史诗所表达的故事沟通了人们与他人，沟通了今人与古人，沟通了生者与逝者。可是到了现代，“无论对我们自己还是对别人，我们都没有忠告”①，因为“小说家封闭了自己。小说的诞生之地是孤独的个人”②，因此，小说在表达生活时，只是表达了属于自我不可通约的那一部分，于是，现代人人人都在独白。让现代人如此迷恋的自我到底有什么特别的东西可以表达或值得表达呢？假如那就是仅仅属于自我的、关于自我本身的体验，那么大概只能是迷茫，一种迷路或迷失的感觉，因为自我表达只不过是一种自相关，是表达的悖论状态，是任何道路都通向自我否定的状态，当自我转向自我本身就只能是此路不通。这是现代人的“先验的无家可归”状态（transcendental homelessness，据说是卢卡奇的用语）。当小说试图表达自我，所真正得以表达的是生活的困惑，而不是生活的意义。因此，在生活实践的意义上，小说毫无教益。例如卡森·麦卡勒斯的杰出小说《心是孤独的猎人》就深刻地揭示了现代的心灵困境：现代人的孤独是无法解决的问题，而孤独不是因为双方有着根本差异而无法理解，而是因为各自的自我都没什么值得理解的，所以才形成彻底的孤独。每个自我都没有什么特别意义或特别之处，每个自我由于孤独而空洞，除了一些大同小异不值一提的欲望，并无值得探索的内容。因此，心灵的鸿沟不是因为巨大的差异，而是因为渺小的相似。我们从戏剧的演变也同样可以看到人的心灵走向孤独的过程。希腊戏剧或古典戏剧表达的是人与命运的冲突，或悲或喜的命运是人们的共同问题或是普遍存在的问题，而现代戏剧转向表达人与人的冲突，极端现代的戏剧则表达个人自我内在的冲突或无从选择的荒谬状态。这一切表明，自

① ［德］本雅明：《写作与救赎》，李茂增、苏仲乐译，东方出版中心2009年版，第83页。
② ［德］本雅明：《写作与救赎》，李茂增、苏仲乐译，东方出版中心2009年版，第84页。

我既不是一条道路也不是家园。

自身到自我的演变还只是在精神上走向个人，但仍然不足以形成完整的个人。个人的建构不仅需要一个独立自主的自我，而且还需要一个获得合法承认的独立“自身”，也就是说，还必须承认自私欲求的合法性。于是，与自身到自我的演变几乎同步进行的是自私的合法化和合理化，其成果就是所谓“经济人”。这是一个相当委婉的说法，假如直陈其实质的话，自私的合法化就是把自私变成贪婪，而贪婪的学术表述是“排他利益最大化”或“自身利益最大化”。经济人的本质就是理性地追求排他利益最大化。自私乃自然天成，几乎不可改变，但作为自然事实的自私有其自然限度，这个限度就是自然需要，正如霍布斯指出的，自然人的需要无非是生存的需要。这意味着，在生存的自然需要被满足之后，自然人追求更多利益的积极性就减弱了。这种自然限制是大自然或上帝的精明设计，显然，去追求并非必要的额外利益而招致额外的危险并不合算。从动物或者早期人类的生存方式都可以看到这种自然自发的合理算计。贪婪不是自然人性，而是一种文化。现代人以为在理性的帮助下就能够更精明地计算各种机会，于是，利益最大化变成了一种信念和使命，因此甘冒奇险去追求利益最大化。个人主义承认自私是正常人性，这没有问题，事实上还有某种程度的解放作用，因为古代社会为了克制自私往往以宗教或伦理为名矫枉过正地压抑了正常人性。不过，现代性却也是对古代社会的一种矫枉过正，自私合法化制造了一个错误的文化事实，一旦把自私确认为正当的，人们就再也没有正当理由克制自私了，自私必定膨胀为贪婪。人类不是这样矫枉过正，就是那样矫枉过正，很少达到过（也许从来没有达到过）孔子想象的那种尽皆相宜的中庸，这是需要解释的悲剧。

现代的最大错误大概就是把自私合法化变成贪婪。人类的普遍贪婪已经威胁到自然资源、社会安定、世界和平甚至人类生存。贪婪几乎可以解释人类的全部悲剧，包括一切社会冲突和政治冲突，诸如“囚徒困境”、“搭便车”、公地悲剧和反公地悲剧、争权争霸、国际无政府状态和文明冲突等至今无计可施的困境。并非人类理性不够发达，问题在于，当排他利益至上，个人利益永远优先，这就在逻辑上排除了解决冲突问题的可能性。在这种情况下，理性越发达，人们越懂得如何谋取利益的最大化，就越深陷于各种困境。这其中有个理性本身的悖论。理性的执行者是个人，因此，理性只是被用于为自己谋幸福而不是为人民谋幸福。不难看到，人类种种困境的共同原因是：个人理性很难导致集体理性，更准确地说，个人理性的结果几乎必然是集体非理性。我们有理由怀疑，个人主义游戏本身就是错的，因为在这个游戏中，人们玩得越精明，就越陷入共同的灾难，各种机关算尽的个人主义策略都只能使人们在集体非理性的陷阱中越陷越深。根本原因在于，一旦个人存在同时成为方法，成为一种思维和行为方法，集体悲剧就几乎无法避免。作为方法的个人主义思维是单边主义的，由单边主义的视野和追求所支配的个人理性一心追求排他利益的最大化，可是也必定导致他者的不合作和反击，结果人人所为总是事与愿违。这是个人主义的宿命或自身逻辑。

从自身到自我的演变加上从自私到贪婪的演变已经使个体非常接近个人了，但仍然欠缺一个决定性的最后环节，这就是从个体的自然存在（natural being）演变为个人的政治存在（political being），也就是说，从自然人发展为自我人，再发展到经济人，最后还必须发展为政治人，才能够完成“个人”这个产品。事实上，有一部分人很早就成为政治人，但最初的政治人不是个人的政治人，而是属于共同体的“人们”，也就是属于城邦（polis）并有权利参与城邦事务的人们，而那些无权参与城邦事务的人就是奴隶、未开化的人或者神（所谓非神即兽云云）。现代所创造的是一种新型的政治人，是政治个人，即对个人事务拥有全权的个人，是人人都有资格成为的那种政治人。正是这种人人皆是的政治人彻底改变了社会的存在论状态。假如个人主义仅仅是一种道德主张或者一种价值主张，就未必能够改变社会，而一旦落实为政治事实，生活就发生实质改变。很显然，如果个人的独立价值（即独立于家庭、共同体和社会而仅仅以自我而被定义的价值）没有得到政治—法律制度的保证和保护，那么就只是一厢情愿的主观想象。自我所想象的个人边界是无法设防的，只有政治制度才有可能为个人划定存在论意义上的个人边界，从而建立并且保卫个人的领地。个人的政治边界就是个人权利，个人权利就是个人的主权。

创造个人权利的前提条件是创造人人平等的身份。平等身份的创造与基督教有着极其密切的关系，在这个意义上说，个人的基因可以追溯到基督教的基本精神，尽管基督教是通过创造了群众而迂回地创造了个人的基因。基督教的社会革命首先在于它发明了具有普遍通用心灵的群众，从而打破了人在家庭、共同体和社会中的传统身份，使任何人都可以获得一种通用身份（基督徒），而基督教的信仰就成为通用心灵，信徒就是最早的群众。破坏自然形成的社会关系所定义的特定身份是残酷的，就像一个人被逐出家庭和村庄那样失去依靠。不过基督教给出了一种新身份作为诱惑，鼓励人们为了这种新身份而去主动超越家庭和共同体。与被逐不同的是，主动背弃虽然也是痛苦的，但却是为了一种想象的更高诱惑。耶稣给出十分夸张甚至恐怖的说法："凡是为了我和福音的缘故而撇下房屋、父母、兄弟和财富的人，必得到百倍的回报"①，甚至"若不恨自己的父母、妻子、儿女、兄弟姐妹和自己生命的，就不能作我的门徒"②。背弃家庭、社会关系和共同体而后获得一种新身份，一种人人相同、人人平等的身份，一种以基督教信念作为普遍精神的通用身份，这就是基督教发明的群众。群众的魅力在于，每个人在这种新身份中似乎分享了所有人的力量，每个人都似乎因此变得强大而且安全。人们迷恋成为群众，正是谋求力量感和安全感，它比传统共同体的安全感更加通用。每个人只需要相信上帝而不再需要依赖特定共同体，每个人都有了不依赖任何他人的精

① 《新约·马可福音》10：29。
② 《新约·路加福音》14：26。

神独立性，这种独立性不是他人给的，而是上帝给的。这一点蕴含着从群众到个人的奇妙转变。

人人拥有一模一样的平等身份，这个情况导致了双面结果：人们变成了群众的同时，人人也都变成了孤独存在。正因人人平等，是以每个人独立于他人，人人无须通过他人去定位自身，每个人就开始悄悄地变成“个人”。创造群众的同时势必创造个人，这就是基督教的社会革命的深层变化。路德的宗教改革（实际上是恢复原教旨）使人向现代意义上的个人逼近了一步。路德重新指出，在上帝面前人人平等（相当于真理面前人人平等或法律面前人人平等），这是一个决定性的突破。只有当每个人是平等时，才有可能拥有独立于他人的自我意识，才可能成为仅仅因其自身而具有独立价值的“个人”。既然平等，就没有人在作为人的价值上高于别人，于是，每个人的社会地位、社会关系、特定身份就变得相对次要了，每个人都获得了一种超越社会关系的新身份，即上帝给予的信徒身份。既然人人都可以获得这个平等身份，每个人就无须由别人来代表，每个人也不能代表别人而只能代表他自己，所以说，人人平等因而人人独立。可见，平等是个体变成个人的一个关键条件。

从一个有趣的历史变迁可以看出人们多么喜欢平等。在欧洲古代，座椅（chair）是地位和权力的象征。文艺复兴之后，座椅才开始慢慢变成人人可以使用的普通生活用品，人人都喜欢座椅，因此座椅成为时尚。从人们对座椅的热爱还可以看出，平等的隐性本质是独裁者的梦想或者是对权力的嫉妒。人人都想成为独裁者，但显然不可能，而且绝大多数人毫无希望，于是退而求其次，人人都想在自己的地盘里当个小小独裁者。成为个人就是成为独裁者，尽管是一个权力非常有限的小独裁者。可见，成为个人是在追求一种特权，一种受制度保护的有限特权。个人无论在精神上还是在物质上都坚决与他人划清界限，与社会划清界限，与国家划清界限，就好像自己是一个拥有主权的独立王国，所以现代人一定要明确个人的经营范围和地盘边界，以便有效地保卫个人。传统人总是属于他人、社会和国家的存在，当人们试图与他人、社会、国家划清界限，就意味着反对传统，反对古代，反对权威，反对等级，反对一切高于个人或者压缩私人空间的事物，力图把自己从种种对自由的限制中解放出来——所谓“解放”（liberation）就是解脱束缚而获得自由（liberty），使自己属于自己，让自己拥有对自己的主权，这是人所以成为现代人的关键条件。在这一点上，自我人与经济人的意图是一致的，都是试图通过解放而获得自由，因此，不切实际的自我人与唯利是图的经济人终究能够合二为一。

正如前面分析的，仅仅作为意图或价值观的个人概念是不够的，自我无法保卫自身，因此，个人必须获得制度确认而由一种意向性的存在变成一个制度性的存在，想象的自由必须被确认为落实的权利。自由是权利的实质，但权利却是自由的一个悖论性表现：权利是人人互相普遍承认的有限自由，它既是对自由的保护也是对自由的限制。前面我们分析过，充分实现的自由是权力，或者说，自由的本身是权力，但权力不可能普遍拥有，因此人们宁愿要一种不太自由的自由，即权利所允许的自由。权利是对权力的否定，也就是对充分自由的否定而获得有限自由。霍布斯对自由有着透彻的认识，他把天然的自由看作是“自然权利”。霍布斯相信，在无法无天的自然状态中，每个人都有一种天然许可的自由，想干什么就干什么，但结果是灾难性的：每个人成为每个人的敌人（bellum omnium contra omnes），每个人都饥寒交迫、孤立无援、危在旦夕、在劫难逃，于是必须有个强大的政府对每个人的自由有所管制。

霍布斯的政治意图其实很不现代，但其理论却成为现代性的奠基理论，其中奥妙在于，人的自我保全欲望是自然事实，而霍布斯从这个自然事实推论出普遍有效的自然权利。毫无疑问，这个“推论”根本不是逻辑推论，而是命名，即把自然人性命名为自然权利，这可能是自私合法化的最早理论。既然自然权利的内容等于自然人性，那么就意味着，只要是为了自身生存，一切不择手段的行为都是合法的，就是说，贪生怕死、见利忘义、损人利己甚至损人不利己等一切自私的选择都因为是天然的因而是合法的。可以看出，此种自私的合法化创造了一种全新的权利概念，它认定了自然权利并不需要承担对等的相关义务，甚至根本不需要承担任何义务，它是一种没有义务的权利。这是自然权利的要害之处。列奥·施特劳斯对此分析得十分清楚："如果自我保全的欲求乃是一切正义和道德的唯一根源，那么，基本的道德事实就不是一项义务，而是一项权利。所有义务都源于自我保护这一根本的和不可转让的权利。因此，不存在什么绝对的或无条件的义务；只有当履行这些义务而不至于危及我们的自我保护时，这些义务才是有约束力的。唯有自我保护的权利才是无条件和绝对的。按照自然，世间只存在一项不折不扣的权利，而不存在不折不扣的义务。确切地说，构成人的自然义务的自然法并非一项法律。既然基本的绝对道德事实是一项权利而非义务，那么公民社会的职能和界限就必须以人的自然权利而非自然义务来界定。"① 正是这种无须义务的权利概念奠定了"权利为本"的现代政治文化，而权利优先或权利为本的现代文化为社会和生活埋下了深刻的隐患。

自由本身是空话，只有能够真实兑现的自由才是自由，所以自由必须落实为权利。能够被声称为权利的东西实在太多，因为人们想要的东西实在很多，那么，什么权利是一切权利之中最重要或最优先的？或者说，何种权利最能够保证自由的真实兑现？这是关键问题。如果不能对权利有个正确排序，就不可能最有效地实现自由。有一种权利是不言而喻的，那就是生命权，对此没有争论。除了生命权，什么是诸种权利的重中之重，就是问题的关键了。关于这一点，洛克的见识极为朴实又切中要害，洛克发现，除了生命权，保证个人自由的最重要条件就是在政治和法律上得到保护的私有财产权利。财产是个人实

① ［美］列奥·施特劳斯：《自然权利与历史》，彭刚译，生活·读书·新知三联书店 2003 年版，第 185 页。

际可支配的自由空间的边界，只有当个人拥有“神圣不可侵犯的”私有财产，他才有能力去实现各种自由，显然，一贫如洗的自由只是一纸空文的自由。人们之所以需要国家和政府，根本上说是因为国家和政府有可信能力防止对私有财产的侵犯，从而人们能够“安稳地享受他们的财产”①。

当自我人、经济人和政治人三者为一，就形成了充分的原子式个人，这样，创造个人的工程就完工了。这个完工的个人拥有全方位的边界，其中，身体是个人的自然边界，自我是个人的精神边界，财产是个人可支配空间的边界，而权利是个人的政治边界。个人堪称现代所创造的首要产品，它从根本上改变了人的生活状态，现代的各种价值都是附着于个人概念而生效的，现代生活也是以个人作为基本存在单位而展开的。但是，个人这个产品并非无懈可击，个人的存在边界虽然划分得很清楚了，可是个人的存在基础却很不牢靠，个人的存在基础有着两个悖论性的存在论困难，或者说，个人是一个非良基存在（non well founded existence）。这两个存在论的困难分别是“自我悖论”和“无效率的方法论”。

首先，自我是个悖论，也可以说，主体性是个悖论。有必要回顾笛卡尔的“我思故我在”。作为思想行为的我思无疑是“我的”，这一点没有问题，但我之所思虽然在心理意义上是我的，但在观念意义上不可能仅仅是我的，而必须同时可以成为他人之所思，就是说，所思的内容必须是公共可理解的。维特根斯坦的“私人语言反论”已经无可辩驳地证明了思想内容必然依存于公共标准。于是，我虽然拥有某个观念的专利，但这个观念却必须是公共产品，否则无意义。这意味着，我思不是所思的标准。接下来的问题更加严重，我在（I am）意味着什么呢？首先，我的存在意味着我是什么。假如自我是自足的，我就必须能够决定我是什么。我之所是能否由我而推出？这里遇到一

① ［英］洛克：《政府论》（下册），叶启芳、瞿菊农译，商务印书馆2003年版，第59页。

个自相关问题（self-reference）：我试图由我推出我之所是，可是我之所是却必须事先定义了我。于是，我是什么？我是谁？就是一个必然难倒我自己的问题。现代人们喜欢说的“我做我自己”是典型的自欺欺人，这是一个毫无内容毫无意义的命题。也许可以把我看作一个未来时态的存在，于是说“我尚未是……”那么，我能够是什么？很显然，“我是”（I am）必须落实为“我做”（I do）才能够获得内容。

康德意识到了这个困难，当康德试图解释“人是什么”这个问题时，他就是在实践层面去建构个人主体性的，就是说，人是什么最终落实为我是什么，而我是什么取决于我的实践选择。不过康德的解释方案却有些奇怪，在康德看来，个人主体性就是个人自由加上普遍理性，既然理性是普遍的，并无个人特征，那么，个人主体性的“我性”（I-ness）就只是落实为个人自由意志了。“我愿意如此这般”（I will）的宾语会是什么呢？康德为了保证意志的纯粹自由，于是让意志拒绝听从任何欲望和利益，身体被抛弃了，自身被排除了，只剩下听从普遍理性的那个作为纯灵的自我，可是这样的自我是毫无特色的，无法区别于其他自我，于是，康德对个人主体性的论证反而使个人主体性消失在普遍主体性之中。

康德要求人们听从普遍理性的原则（绝对命令），这个要求是不切实际的，事实上人们往往见利忘义。假如对自我采取现实主义的理解，自我就大概相当于个人事务的独裁者，类似于人们喜欢说的“我的事情我做主”。既然自我有全权去决定价值，那么，自我就具有这样的逻辑形式：“×是我的选择”意味着“×是好的”。这是试图由事实推出价值，休谟已经证明这是不可能的。事实上，假如每个自我都认定我的主观意向等于价值标准，每个自我的价值也就同时互相解构了，每个自我的价值就都成为不被他人承认的价值。而且，假如自我就是衡量价值的尺子本身，那么又如何衡量自身呢？自我的这种自相关状态一方面貌似建立了自我的绝对价值，其实同时又消解了一切价值，因为没有一把尺子可以衡量自身。在不存在可比性的情况下，也就没有一种价值是可以确定的。自我是一把无刻度的尺子，而主体是个最大的虚构作品，因此，基于自我或主体性之上的个人是非良基的存在。

个人概念的第二个困难与其方法论相关。除了自我或主体性，个人概念的另一个基础是作为方法论的个人主义（methodological individualism）。作为方法论的个人主义与作为价值观的个人主义虽然关系密切，但不可混为一谈，其中一个重要的区别是，作为价值观的个人主义显然不是中立的思维方式，而是专门立意为个人主义进行辩护和解释的立场，而作为方法论的个人主义则被假定为中立的，经常也被说成是“政治上清白的”（politically innocent）。尽管作为方法论的个人主义这种“中立的”分析方法往往有利于个人主义的主张，但仍然被认为不是故意所为，而是“碰巧”证明了个人主义观点的正确性。这一点相当可疑，最为可疑之处就是，方法论的个人主义与价值论的个人主义明显地共享了最重要的一些基本假设（个人理性和排他利益最大化的优先地位）和基本分析单位（原子式个人），而这些假设和分析单位正是需要被考察和被论证的，不能未加证明地自动成为理所当然的理论前提。此种基本假设的共享形成了理论上的暗度陈仓，因此，方法论的个人主义恐怕并非如其声称的那样中立或政治清白。

方法论的个人主义的核心假设是个人理性（individual rationality），它意味着从个人出发、为个人着想、以个人为准、谋求个人利益最大化的理性思考方式。它通常被假定为一种“心同此理”的普遍思维方式（尽管不排除存在个别大公无私的人，但人数太少因而对于整个社会来说可以忽略不计）。自霍布斯、洛克、亚当·斯密以来的大多数现代哲学家和经济学家都承认此种个人理性。个人理性也许没有一个标准定义，但人们大致都承认以下假定：（1）个人是自私的，总是谋求排他利益的最大化；（2）个人总是能够选择实现排他利益最大化的最有效策略，也就是能够对所有可能的有效策略进行排序；（3）个人对有效策略的理性排序是逻辑协调的（consistent），即不会出现循环排序。

此种个人理性很难说能够实现理性的目标。由于每个人的知识、信息的局限性，加上个性化偏好的影响，因此，每个人所意识到的策略集合并不一定等于他可能采用的策略集合，就是说，某个人的“实际所思”往往小于其“可能所思”，既然眼界有限，某个人的实际所思的策略集合有可能全都是愚蠢策略，或者可能把最佳策略漏掉了。在此情况下，所谓的“最佳策略”其实是个含糊不定的概念，它只是主观意识所以为的最佳选择，并不一定就是客观情况下的最佳策略；所谓的经济人的算计有可能很不经济；理性选择有可能其实是非理性的。正因为人们自以为是的策略选择，所以产生了许多得不偿失、自取其祸、两败俱伤的无效率决策。事实上，人们愚蠢的选择似乎远多于正确的选择，所以历史主要由各种悲剧构成。最典型的就是战争（包括军事战争、经济战争和文化战争），历史表明，大多数战争都是灾难性的，而且得不偿失，但人们却从来没有吸取教训。更为可疑的是，即使在拥有充分信息的情况下，个人理性也无法保证集体理性的结果，更多时候导致了集体非理性的结果。经济学家和政治学家们发现的“囚徒困境”、“搭便车”、公地悲剧和反公地悲剧之类就是个人理性难以克服的典型困境。显然，个人理性无法理性地解决人类冲突问题，甚至反而助长了冲突，因此我们有理由怀疑个人理性并没有能够正确表达理性概念，就是说，在个人理性（rationality）与理性本身（reason）之间存在着明显的距离。

每个人拥有自己的世界，同时却又构成了世界之间的深刻分裂，这意味着个人不是一个完善产品。基于自我概念和个人理性概念的个人是个排他存在，它解构了一切可共享的价值，而且难以与他人达成协调合作，因此这种排他性的个人在存在论意义上是无效率或者低效率的。正如我们所分析的，个人的排他性甚至使得个人在使用理性时反而错过最好的可能选择，这说明，理性是否能够实现其最优选择，这并不完全取决于理性本身，而还需要一个正确的使用方式。

（原载《江海学刊》2012 年第 2 期）

人学与人的发展

论人格

杨千朴

当今，无论是在人文科学的研究中，还是在人们的一般言语表述中，人格已是最经常、最广泛使用的概念之一。但理论界对其本质含义的理解还不一致，以致最一般的人格定义及其结构与特征等问题，尚在进一步的讨论和研究之中。

一

人文科学中的不同学科对人格概念的理解和规定是不一样的。心理学侧重于个人之间的差异，重视个人稳定的内在特征，把人格看作人的心理特征，文化学则偏重于文化与习俗的角度，认为人格是内在化和个体化的文化精神，法学一般是从社会等级和财产隶属关系上表达人格，把人格看作受到法律保护的个人利益，社会学将人格视为社会或某个团体中的角色特征，伦理学将人格主要理解为人的品质，人格基本等同于人品。这些从不同的角度来理解和使用人格的做法，不仅早已为人们所接受，而且对于表述各自的理论观点具有重要的作用。但也造成了人们在其本质含义理解上的歧义性和多样性，从而为概括出一个公认的人格概念，带来了一定的困难。

查阅我国近年编纂出版的《辞源》《辞海》《中国大百科全书·哲学卷》，均未见列有独立的“人格”词条。《简明不列颠百科全书》对“人格“的解释是：“每个人所特有的心理—生理性状（或特征）的有机结合，包括遗传的和后天获得的成分，人格使一个人区别于他人并可通过他与环境和社会群体的关系表现出来。”（见该书第六卷，第743页）把“人格”解释为主要是心理和生理的性状，显然是不全面的。1976年伦敦出版的《朗曼现代英语词典》（*Longman Modern English Dictionary*），对“人格”（Personality）词条的解释是：（1）一个人心理、智力、情感和身体的特点；（2）一个人各方面具有的特点；（3）杰出的著名的人；（4）一个人所具有的品质、心理状态；（5）个性、特性。（见该书，第835页）我国商务印书馆近年修订出版的《现代汉语词典》，对“人格”词条的解释是：（1）人的性格、气质、能力等特征的总和；（2）个人的道德品质；（3）人的能作为权利、义务的主体资格。显而易见，这两种解释都只是对人格概念多种含义的一般罗列，还不是更高的概括和抽象。为概括和抽象出人格的一般概念，应该在各门具体人文科学研究的基础上，归纳主要辞书罗列和表述的各种含义，并进行理论的综合确切把握人格的本质意义。

人们通常这样通俗地说：“人格就是作为人的资格。”这里是指人们做人的尊严、价值、地位和作用的总和。人之所以都有自己的人格，首先是因为每个人都在他们的族类那里获得了人的特殊规定性，具备了人的基本特征。从这个意义上说，人格就是人与动物区别的规定性。这种规定性，使得每个人都获得了做人的尊严和权利，因而在社会中都应当受到人的待遇和尊重。这种意义上的人格，是社会中的每个人都具有的。而且不论职位的高低、财富的多少、相貌的美丑、健康状况的好坏，不论种族的差异及其文明发展的程度，都具有完全平等的意义。正因为如此，每一个人的人格尊严都应该得到社会的尊重，不容任何人污辱和亵渎。人格的这种规定性，也就是西赛罗所说的人的优越性和尊严；康德所说的我们本性的崇高性的显示；荀子所说的人

“最为天下贵也”。一般来说，人的这种特质和规定性，是人与生俱来的。所以，人格首先是被用来表征人的族类特征的一个概念，它把人从世界万物中区分出来。

现实生活中的人都是各有形体、独立存在的个人，都具有独特的形体特征和自我的意识，并具体表现为个人的外貌特色、气质脾气、知识才能、道德品质、情感意志和行为方式等方面的特征。个人的这些方面的特质，不仅由于包含一般人不同于动物的一般规定性，因而使他具备区别于动物而属于人的一般特征和资格，还由于它所包含的纯属于个体特有的特质，又使他区别于其他人，成为人类中特定的“他“或“她”。比如，我们之所以认某人是“他”，绝不是因为认识到“他”是一个人，而是由于认定了“他”具有如此的身材、容貌、性情、修养、智慧和才能，是“他”的这些种种特性给我们造成了一个特定的“他”，而不是别的印象和认识。“人格”作为与“人类”相对的概念，与个人、某人、个性等词义是相近相通的，指的是单个人的存在。这样，“人格”概念就又进一步被确定为个人的特殊样态。经常出现的稳定特征才是事物本质属性的表现。任何人单个和偶尔表现的某种精神或行为的特质，都不能说是本质特征，都不足以称为人格。例如，某人在特定场合下做了有利于他人和社会的好事或犯下了意外的错误和过失，我们无论如何都不能凭此任何一端，就断定他的人格状况。因此，个人的特殊样态，是他的形体面貌、气质脾气、谈吐行为、知识悟性、道德品质、情感意志等多种特质的稳定的组合。

综合以上分析，可以这样说，所谓人格是指人与其他动物相区别的内在规定性，是个人在社会环境和实际活动中形成，并在行为和各种社会关系中表现出来，决定个人整体样式的精神特质。笔者认为，这样规定人格，基本上概括出了人格概念的本质。既确定了它的不可替代的信息内容和信息功能，又涵盖了它的多义性，既言简意赅、内涵明晰，又避免了外延边际的模糊性与不确定性。

二

关于人格的含义问题，当前我国理论界特别是伦理学界，有两种差异很大的观点。一种观点认为，人格即人的品质。它侧重强调人格的道德意义，而抹杀了其他，另一种观点认为，人格只是一个法律和心理学方面的用语。它则完全否认人格具有伦理道德的含义。如果仅从词源考察、日常习惯用法和词义演变的角度分析论证，是很难消除分歧取得共识的。笔者认为，通过人格构成因素的深层认识和分析，可以打通隔阂，建构起连接和综合两派观点的中介和基础。

人的精神特质，是人的理性、道德和意志三个方面的统一，所以一般来说，人格是由三方面的因素构成的。一是智慧的因素，指人的知识、智力和能力的状况。如博学多才或才疏学浅，才思敏捷或迟钝愚笨，远见卓识或目光短浅，专业技能精深或能力平庸，等等。二是道德或情感的因素，指个人对自己、他人和社会三者的关系，特别是利益关系的态度和倾向性。如公正或偏私，诚实或虚伪，利己或利他，合群或孤傲，守法或犯纪，等等。三是意志的因素，指个人克服内心障碍的自制力和克服外部环境困难的坚韧性。如积极或消极，刚毅或屈服，果断或犹豫，坚韧或柔顺，自制或任性，等等。此三种精神素质，也就是康德所讲的精神具有的“认知”、“情感”和“欲求”的三种能力。认知能力使人能知是非、辨真伪；情感的能力使人有喜怒，有爱憎，意志的能力则形成人的欲求的意向和力量。它们相互影响，相互依存，共同构成人的统一的精神特质。不同的人，由于生理、心理的差异，以及社会环境和个人实践活动内容和方式的差异，必然造就不相同的精神特质，形成一个个纯属某个特定个人的特殊样态，即具体人的人格。尽管人们知、情、意的情况各不相同，体现在特定个人身上的三种因素又不会自然均衡与和谐一致，但任何具体人格都是理智、道德和意志三种因素的共生体。所以，把某一个因素从统一的精神特质的整体中提取并独立出来，再把它定为人格的内涵，断言人格就是人的道德品质，或断言人格就是指人的心理生理特征，显然都是片面的。

按照人格全面发展的要求，人格的塑造应当使人格素质三方面的因素得到协调一致的发展。也就是要同时注重智慧因素、情感道德因素和意志因素的培养与提高，不能有所偏废。但在历史上，由于政治、经济和文化的种种原因，这三种因素往往不能协调一致，而是其中的一个方面被片面地发展了，相应地其他方面却被忽视或偏废了，从而形成非健全型的特殊人格。根据人格三因素所呈现的显隐、强弱情况的不同，可以把非健全人格划分为片面理智型、片面道德型和片面意志型三个方面。片面理智型人格，是由于偏废了对道德和意志要求，单一地追求理智能力，致使理性追求的畸形发展所形成的特殊人格。片面道德型人格，是由于偏废了对理智和意志的要求，单一地追求道德发展致使道德追求畸形发展所形成的特殊人格。片面意志型人格，是由于偏废了对理智和道德的要求，单一地追求意志力量，致使意志追求畸形发展所形成的特殊人格。需要指出的是，这里所说的三种片面型人格，只是就现实中存在和可能出现的人格状况而言的，不是讲它们就是独立类型的人格范式，而且，即便是由于某一构成因素畸形发展所形成的特殊人格，也有其他两方面因素存在并实际表现出来的。因而，“片面型人格”或“畸形人格”的提法，与断言人格就是人的道德品质，或断言人格就是指人的心理特征的观点，是根本不同的。

总之，理智的因素，道德情感的因素和意志的因素，是人格构成的基本因素，缺失或偏废其中的任何一个方面，都会导致不健康的畸形人格。研究和认识人格的构成因素，不仅有利于克服片面性，消除人们对于人格含义的分歧，而且对于贯彻德、智、体全面发展的方针，培养改革开放和现代化建设所需要的一代新人，具有现实的理论意义和实践意义。

三

人格定义概括的是人格的本质含义，人格的结构展示的是人格的深层内容。在此基础上，人格理论还需进一步揭示它的基本特征。笔者认为，人格的基本特征有以下的三点。

1. 社会性特征。它指的是人格形成中的社会制约性，这是人格的基本特征。马克思和恩格斯曾这样指出："'特殊的人格'的本质不是人的胡子、血液、抽象的肉体的本性，而是人的社会特质"。[①] 人的生理机体是人格的物质载体；由气质类型、性格特点、行为倾向、内在的动力组织、知觉反应等因素整合而成的身心系统，也无疑是人格形成的最根本的基础。但这些决不说明人格是先天的和人与生俱来的东西。从根本上讲，人格是在一定的社会环境和物质条件下，在个人的实践活动中逐渐形成的；从本质上说，人格是社会关系在个人身上内化的产物和表现。从人格的基本内容来说，它是社会文明积累和发展的产物，人只有吸收这些成果，内化为个人的精神特质，才能形成人格；从人格的历史形态和发展程度来说，它随着社会关系的变化和文明的发展，不断地演变，不断地得到丰富、完善和提高；从人格的类型和特点来说，社会条件和文化环境的不同，会形成不同类型和特点的人格，不同阶级必然会形成不同的人格；从人格的表现来说，人不仅只有在社会关系中才能形成一定的人格，而且只有在社会关系中才能表现出人格。总之，人格绝不是人的生理和个性心理的自然特质，而是一定的社会特质。因此，社会性是人格的首要的基本特征。

2. 主体完整性特征。它指的是建构人格主体统一体的各种因素、成份的关联性和全面性。人格是个体人的全部特质的总和，是个体通过其全部行为确立起来的完整的存在样式。"总和"是多个成份相加

① 《马克思恩格斯全集》第1卷，人民出版社1956年版，第270页。

的结果；外在的行为活动被内在的思想意识决定。因而，人格主体必然包含人格诸因素的有机关联性与统一，进而表现为人格主体的整体性特征。人的身材、形体、容貌、仪表等生理特点，构成人的生理形象。人的生理形象与人格没有太多的必然联系，但其中的外表仪容也具有一定程度的后天习得性，也能反映出人格的某些特征；人的技能本领、各种社会实践和习惯性动作等行为特征，构成人的动作形象。动作不是人格，但动作表现人格特征；人的科学知识、文化素质、思想、信念、价值观念、思维方式等，构成人的精神特征和理性形象。理性形象中蕴含着的人的自主性、创造性、责任心等人格中最本质的东西；人们如何处理自己与他人、自己与群体、自己与社会的利益关系，是利己主义还是利他主义，这些构成人的道德形象。道德价值观念必然渗透于人的行为活动中，并支配人的情感和行为，道德实践是人生最重要的社会实践，因此，道德形象成为一种重要的人生形象和人格的重要表现。总之，人有各种各样的形象，这些多样式、多侧面、多重性的形象表现着人的不同部分不同方面的特征。这些不同方面的特征不是分散杂陈的，而是融为一体，表现为一个完整的人生形象。这交融综合的整体，就是人格，也才是人格。

3. 价值本体性特征。它指的是人格主体所以有其价值的内在基源。人格不单是一个对人生形象进行综合性描述的概念，而且也是一个对人生形象进行价值判断的概念。在现实社会生活中，人们常常以“有没有人格”“人格崇高或卑劣”等语言来议论人、评价人。每个人的人格，实际上都是一种客观的价值存在，既是社会、他人评价的对象，也是这种评价形成的价值导向和社会舆论所造成的结果。人们一般都认为，人的价值在于劳动、创造和贡献。那么，人们能够进行劳动和创造，并作出社会物质财富或精神财富的贡献，所依靠的又是什么呢？从客观方面说，当然要有一定的社会条件，其中最重要的是社会物质生活条件和精神文化的条件。从主观方面说，要靠个人的知识才能、道德力量和意志的力量。当然，离开一定的客观的社会条件，不仅不能形成个人的知识才能，道德力量和意志力量这些进行劳动和创造的主体能力，而且，即使主体具备了这些能力，也会由于缺失价值客体和进行创造的基本的必须的物质条件，而创造不出任何社会价值来。但在一定的社会条件下，人生价值的有无与大小，对社会和他人的贡献的多与少，则主要取决于个人的知识、能力、道德和意志的状况，及其被运用和发挥的程度。在此意义上，我们可以这样说：人生的价值和贡献都是以其人格的存在及其实现的状况为基础的，都是人格构成诸因素本质力量的显示和对象化的结果。说一个人实现了怎样的人生价值，实际上也就是说这个人实际和具备了何等的人格。

（原文载于《江海学刊》1994 年第 1 期）

人格自由论

沈晓阳

人格自由是人的完整自由的重要方面，具有其独特性和不可替代的价值。在发展科学技术、建立市场经济、建设社会主义现代化的过程中，人格自由的意义尤为重大。

一

人格是人在一定的历史条件和社会活动中产生和形成的，反映着一个人的道德水平并以自我意识为核心的内在特质和外在特质的总和。与此相应，人格自由，是指一个人按照自己的独立人格而行动的自由。具体说来，人格自由包含着互相联系的两层含义：第一层含义是指人按照自己的人格而行动，而不是单纯根据他人的意愿或外部条件而行动；第二层含义是指决定人的行动的人格必须是一种独立人格。这两层含义是紧密联系在一起的。从一般意义上说，任何个人的任何行为，皆是出自自己的人格。但这并不一定意味着出自自己的真实意愿。对于没有形成自己的健全的独立人格的人来说，他的行为往往不是出自自己的真实意愿，而只是迫于环境的压力、他人的影响等。但我们却不能说他的行为不是出自自己的人格。相反，他之所以会违背自己的真实愿望而按照环境或他人的意愿行事，本身就是由他的人格决定的。但这种由人格所决定的行为并不是自由的。只有对于那些形成了独立人格的人来说，他的人格决定了他会按照自己的真实意愿行事。他不会仅仅因迫于环境压力或惧怕、讨好他人而违心地做自己不愿意做的事情。很明显，只有由这样的独立人格来决定自己的行动，才是真正的人格自由。

人格自由的思想，不论在中国还是在西方，都早已产生。在中国，儒家主张“三军可夺帅也，匹夫不可夺志也”，主张“富贵不能淫，贫贱不能移，威武不能屈”，要求人们无论在任何外界条件下都要坚守自己的人格立场，并据此而决定自己的行动。这显然是一种人格自由的思想。与此同时，道家要求人们超脱一切生死利害，实现“天地与我并生，万物与我为一”的自由境界。这也不失为一种人格自由的理想。在西方，人格自由的思想最早可见于柏拉图的著作中。在柏拉图看来，自由不外是超越人的感性欲求，使灵魂摆脱世俗的现实生活，追求精神上的真、善、美。康德的自由观是西方人格自由思想的典型代表。康德认为，在感性世界即现象界中，一切都是由因果性、必然性所制约的，因此人在现象世界中是没有任何自由的。但人不仅是感性的存在物，还是理性的存在物。人作为理性的存在物，作为本体世界的一员，作为道德的主体，人是自由的。这种自由就在于人可以根据道德来行动，根据理性的价值来判断自己。由此可见，康德所说的自由，就是作为理性的人通过超越现象世界的必然性的束缚而实现的人格自由。康德以后，柏格森认为，在自然科学的范围内，一切由必然性支配，而在心理学的范围内，只有自由而不服从任何规律。他明确地把自由与人格联系起来，认为如果我们的行动出自我们的整个人格，是那人格的表现，我们则是自由的。萨特认为，自由，就是选择的自由，这种选择的自由是不受任何外界环境的影响的，只有内在的主观的信念才是选择的目的性的唯一标准。既然人是绝对自由的，他就应该对自己所做的和世界上所发生的一切负起全部的责任。这种不为外界环境所影响而只根据自己的内在信念进行选择并因此而对自己的选择自觉负责的自由就是人格自由。马克思主义把“自由个性”“独立人格”“人的自由而全面发展”看成人类社会发展的最高理想。马克思主义肯定了“自由个性”“独立人格”，也就是肯定了人格自由。在马克思主义哲学自由观中，内在地包含着人格自由的思想。在国内外，不少研究马克思主义自由观的人都把自由分为哲学上的自由和社会政治方面的自由。这种划分，一方面把政治自由排除在哲学自由观的考察范围之外，使哲学自由观缺乏全面的概括；另一方面又把一些具有明显区别的自由笼统地称为哲学上的自由，使哲学自由观缺乏严密的分析。笔者认为，所有的自由，都可以从哲学上来加以考察，因而都可以称为哲学上的自由。但所有的自由又都具有各自的特点，需要做进一步的区分。大致说来，意志自由、活动自由、人格自由、人生自由，分别构成了历史上哲学自由观发展的四大阶段的研究重点，在马克思主义哲学自由观中，它可以作为自由的由低到高的四大基本层次。意志自由是指人按自己的意愿行动的自由。哲学自由观发展的第一阶段即从古希腊到文艺复兴时期的哲学自由观，着重讨论的就是人有没有意志自由的问题，其最后成果以意大利人文主义思想家皮科为代表，肯定了人的意志自由。马克思主义在坚持唯物主义决定论的前提下，承认人有一定程度的意志自由，并把它看成自由的最抽象的层次。活动自由是指人在法律道德规范所允许的范围内通过认识、利用必然性来达到自己目的的自由。哲学自由观发展的第二阶段即 16—18 世纪资产阶级哲学自由观，就是在前一阶段所讨论的意志自由的思想的基础上，着重讨论人是否可以无限制地利用自己的意志自由的问题。这一阶段自由观的主要代表为斯宾诺莎（认为自由是对必然的认识）和孟德斯鸠（认为自由是在法律范围内活动的权利）。在马克思主义哲学自由观内，内在地包含着活动自由的思想。而且由于活动自由是通过对意志自由的运用和限制来达到的，因而在马克思主义哲学自由观中，它是比意志自由更高层次的自由。活动自由是实现自己目的的自由，但人的具体目的只有以某种一以贯之的人格信念为依据，他的自由才是一贯的。这种一贯的自由就是人格自由。康德的自由观就是人格自由理论的代表，代表着哲学自由观发展的第三阶段即德国古典哲学自由观。马克思主义批判地继承了前人关于人格自由的思想，把人格自由看作自由的第三个层次。人生自由就是通过革命实践而实现的意志自由、活动自由、人格自由的统一。在一定的社会历史条件下，个人的人格信念与现实的社会环境往往是冲突的。因此马克思主义自由观要求人们通过对社会的改造和人的自我改造来使个人的人格信念与现实的社会环境相一致，从而使人们获得完整的人生自由。马克思主义自由观代表了哲学自由观发展的第四个阶段，而人生自由在其中成了自由的最高层次。

由此可见，人格自由是自由的重要内容，不仅在历史上为思想家、哲学家们所推崇，而且在马克思主义自由观中居于重要地位。

二

人格自由是一种内在的精神自由，因此必须从人的内在精神上来对它加以分析。在历史上，很多哲学家都把“理性”“自我意识”“成为自己的对象”“自我性”等作为人格的根本特征。这说明，人格作为人的特质的总和，其中最核心的内容是自我意识。自我意识是人格的基础，是人格的调控系统，把握着人格发展的方向，决定着人的形象选择和行为方式。既然人格的核心或基础是自我意识，因而人格自由也包含着自我意识性。从一般的意义上说，自由总是意味着自我意识性。但具体来说，最鲜明、最突出地体现出自由的自我意识性的则是人格自由。意志自由作为人按照自己的意愿行动的自由，固然是以人的意愿为前提的，但人的意愿并不一定是人所自觉意识到的，也不一定是合乎理性的。活动自由是用理性来对意志自由作出自觉的限制，但这时理性还只是人们认识、利用外部必然性和了解、遵守法律、道德规范的工具，只是表现为一种工具理性。而在人格自由的层次上，理性不仅表现为工具理性，而且更主要地表现为目的理性，它不仅是用来认识外部必然性和理解法律、道德规范的工具，而更是对自己的活动目标、人生理想所进行的反思。一个人达到了人格自由的境界，他对自己的需要、欲望、理想、信念、尊严、价值等都获得了深刻的理解和严肃的评价，因而他的任何行动都出自深刻的自我理解，他所获得的自由也就具有深刻的自我意识性。

人格的核心是自我意识，而一个人的自我意识总是相对稳定的和统一的。人格作为个体特质的总和，是内在精神和外在行为方式的综合。一个健全的独立人格，总是具有不可分割的内在一致性。与此相适应，以独立人格为前提的人格自由也必定具有高度的内在一致性。人格自由的内在一致性是指人的一切行为都出自主体的统一的完整的人格，从而使他们不仅在实现自己的各项具体目标上是自由的，而且在实现自己的整个人生目标上也是自由的。在人格自由的内在一致性中，人生理想起着十分重要的作用。人生理想是人们在一定价值观念基础上所形成的自己生活所追求的最高价值目标。人生理想与人格境界是密切相连的。人们在树立起一定的人生理想之后，不仅按照这一理想来改造外部客体，使之符合自己的理想目标，而且也按照这一理想来进行自我教育、自我改造、自我完善，确立起自己的健全人格。正因为人生理想是独立人格的一面旗帜，所以它对实现人格自由起着重要的指导作用。意志自由是人按自己的意愿而行动，活动自由是人利用必然性来达到自己的目标。不过，不论是人按自己的意愿而行动，还是人利用具体规律来达到某一具体目标，都还只是一种局部的或暂时的自由。如果在确定自己的各项具体目标的时候缺乏原则的统一性和目标的一致性，而仅仅根据当时的需要和外部条件来作出决定，那么虽然每一项具体活动可能是自由的，但这些具体活动的目标可能会互相冲突、互相抵消，从而使人失去从总体上把握人生方向的那种自由。人在确定每一项活动的具体目标的时候，只有遵循某种统一的原则和始终一致的总目标，才有可能真正从总体上把握自己的命运，实现自己的自由。这样实现的自由，就是人格自由。而人生理想，就是为人格自由的实现提供了一种统一的原则和始终一致的总目标。当然，人格自由的这种内在一致性，并不是绝对的机械的一致。一个人随着社会实践的锻炼，思想修养的提高，精神生活的丰富，价值观念的改进，其人生目标、人生理想也可以得到进一步的升华。一个人只要不是盲目轻率并且过于频繁地改变自己的人生目标，而是有根据地、逐步地修正自己的人生目标，就不能说他没有人格自由。相反，它会使一个人的人格自由不断地达到新的更高的境界。

人格的核心是自我意识，而所谓自我意识，无非是用某种价值观念、道德准则来审视自我、反思自我、解剖自我、约束自我。可见，人格具有道德属性。人格的高下反映了人的道德水平和自身修养的程度。正因为如此，有些思想家把人格理解为“完善的理想”“最高的价值”“使每个人具有价值的那种品质”等。与此相联系，人格自由也具有道德价值性。人格与道德的关系可以有两种情况。一般意义上的人格虽然都具有道德意义，但这种道德意义可以是一种正面的道德意义（善），也可以是一种反面的道德意义（恶）。而特殊意义上的人格即健康的人格，则只有正面的道德意义，即善的意义。由于人格自由只与健康的独立人格有关，因此人格自由也就只具有正面的道德意义、道德价值。人格自由也可以称为一种道德自由。即用自己自觉的道德观念来评价自己或他人行为的道德价值，决定自己的行为方式和人生目标。道德价值性是人格自由区别于意志自由、活动自由的重要特征。意志自由作为最抽象层次上的按照自己的意愿行动的自由，不论这种行动是与现有的社会道德规范相巧合还是相违背，都不是出于自己自觉的道德意识，而往往只是出于一时的冲动，出于低层次的需要，因而是非道德的或不道德的。而在人格自由层次上，人的一切行动皆是出于自觉的人格信念、道德准则和人生理想，出于高层次的精神追求，因而是道德的。在活动自由的层次上，只要人的活动的结果符合自己的目标，他就是自由的，而不论这个目标本身是不是道德的。而人格自由则必须要对自己活动的目的进行自觉的反思和评价。因此，一个人如果确立了一种个人主义、利己主义、享乐主义的价值观，只把追求自己个人的、物质的、享乐的需要作为自己的人生目标，并运用客观事物的必然性来实现这些目标，那么虽然在活动自由的层次上可以说是自由的，但在人格自由的层次上却是不自由的，他只是个人物质需要的奴隶。只有一个人培养起集体主义、利他主义的价值观，树立起远大的人生理想，把社会的、创造的、长远的需要置于个人的、物质的、享乐的需要之上，按照这一原则确定自己各项活动的具体目标，他才能实现和享有高层次的人格自由。这说明活动自由在道德上是中性的，而人格自由具有道德价值性。

三

实现人格自由需要有较高的精神境界。但人的精神境界是在人与外部世界的相互作用中形成、发展并发挥作用的。因此，人格自由也只有在人与外部世界的关系中才能得以实现。

自由与外部世界的关系问题，尤其自由与必然的关系问题，是自由理论的关键。在意志自由的层次上，自由是对外部世界及其必然性的无知或无视；在活动自由的层次上，自由是对外部世界及其必然性的认识和利用；而在人格自由的层次上，自由是对外部世界及其必然性的扬弃和超越。人格自由具有对外部世界的超越性。由于人格自由具有自我意识性和内在一致性，因而在人格自由的层次上，人的行为就不仅仅是从外部世界的规律、条件出发，而更主要的是从自己的自觉的和统一的人格信念和人生理想出发。在人格自由中，一个人为了坚持自己的人格信念，就不能单纯地遵循和利用必然性，有时候还要勇敢地冲破必然性的束缚。闻一多拍案而起，横眉怒对国民党的枪口，宁可倒下去，不愿屈服。朱自清一身重病，宁可饿死，不领美国的救济粮。在这里，闻一多并不是不了解手枪是会打死人的这一必然，但他仍然拍案而起，横眉怒对。朱自清不是不了解不吃食物人就会饿死这一必然，但他还是不领美国的“救济粮”。这种为了恪守自己的人格信念而不惜向物理、生理必然性挑战的行为，表现出了崇高的人格自由。这种对必然性的态度并不是对必然性的违背。因为一个具有高尚人格的人，为了维护自己的人格信念，他可以不惜放弃其他一切——金钱、地位、物质享受甚至生命。而对于一个准备着牺牲自己的生命的人来说，面对手枪拍案而起当然不是违背必然，宁愿饿死不领“救济粮”也不能说是违背必然，但他们的态度也不能说是遵循必然。因为闻一多并不是为了求死而拍案而起，朱自清也不是为了求死而不领“救济粮”。这种对必然性的态度，就是对必然性的超越。

外部世界还包括社会的法律、道德规范。对于个人来说，服从社会法律、道德规范可以使他获得免于法律制裁和舆论谴责的自由。但是一个具有独立人格的人不会仅仅满足于这种低层次的自由。为了坚持自己的人格信念，追求自己的人生理想，他不是仅仅消极地顺从社会规范，而是根据自己的人格信念和人生理想对现有的社会规范进行批判考察，作出独立的判断。如果认为这种社会规范不符合自己的人格信念和人生理想，他就不惜违反这些社会规范，并宁愿承受由此而来的舆论谴责和法律制裁。这种对社会规范的态度，也是一种超越的态度。马克思和恩格斯，就是为了自己的共产主义人生理想而向资产阶级法律制度和道德规范挑战的典范。古今中外的一切革命者也都是为了自己进步的人生理想而向旧的法律、道德规范挑战的。

人格自由对必然性和社会规范的超越不同于意志自由层次上的对必然性和社会规范的违反。意志自由意义上的对必然性和社会规范的违反是以无知或以逃脱惩罚的侥幸思想为基础的，因而人们对这种行为的后果既缺乏准备也不愿承担责任，而人格自由意义上的对必然性和社会规范的超越是以对必然性和社会规范的深刻理解为前提的，因而人们对自己的行为所必然带来的后果具有充分的思想准备，并宁愿承担由此而来的后果和责任。

在人格自由与外部世界的关系上，西方思想家认为人格自由是对外部世界的躲避（柏拉图）、否定（萨特）、限制（康德）。躲避外部世界的自由是消极的自由，否定外部世界的自由是盲目的自由，限制外部世界的自由是片面的自由，它们都不是一种健全的人格自由，只有马克思主义才在坚持外部世界的客观性必然性的基础上，把人格自由理解为对外部世界的超越。这就正确地解决了人格自由与外部世界的关系问题。

马克思主义一方面把人格自由理解为对外部世界的超越；但另一方面又肯定人格自由本身是由外部世界（社会历史条件）所决定的。这二者并不是矛盾的而是统一的。正是特定的社会历史条件决定了各个历史时期的进步人士能够为了坚持自己进步的人格信念而超越外部世界的必然性和现成的社会规范。马克思指出，人格的本质是“人的社会特质”。人格是在一定的社会历史条件中形成和发展的。既然人格具有社会历史性，人格自由也就具有社会历史性，马克思主义不像西方思想家那样把人格自由看成单独个人对社会的独立性，而是看成个人在社会关系之中的一种自由。意志自由是人的类特性，是每个人都具有的，活动自由虽然只有在社会的法律、道德规范允许的范围内，在一定的社会条件下才能实现，但由于这种自由只问手段与目的之间的关系而不问目的本身是什么，所以也没有直接地明显地表现出社会历史性。只有在人格自由的层次上，社会历史性才鲜明地表现出来。人格自由是以一个人的价值观念、人生理想为出发点的。而一个人的价值观念、人生理想又是与人的需要、利益直接相关的。不同的个体，处于不同的社会关系之中，具有不同的利益和需要，也就具有不同的价值观念和人生理想，从而决定着人们对于客体的不同价值评价和不同改造方向，制约着人格自由的实现及深度。人格自由是以独立人格的形成为前提的，但人“是只有在社会中才能独立的动物”。因此，一个人只有投身社会实践，投身人民大众之中，才能形成健全的独立人格，实现真正的人格自由。

人格自由的社会历史性还表现为，人格自由必须有合理的社会条件来加以保障。个人为了追求自己的人格信念和人生理想而不惜向外界环境、向落后的社会规范挑战，固然是一种高尚的人格自由，但个人因为追求自己合理的人格信念和人生理想而受到法律制裁或非法迫害，却又是一种极端的不自由。这一矛盾要求我们通过革命实践来逐步消除个人自由与社会环境之间的尖锐对立。正因为如此，马克思主义不是把人格自由作为自由的最高层次，而是通过人格自由而提出运用革命实践来实现人的完整的人生自由。

四

提出并正确解决人格自由问题，具有不可低估的重大意义。它扩展和加深了对自由问题的研究，指导人们追求和逐步实现高层次的完整的自由，激励人们在困难的条件下坚持自己高尚的价值观念、道德准则、人生理想和人格境界，要求人们在任何环境条件下都要负起自己的责任。所有这些，都有助于社会的进步和人的发展。

今天，我们要进行社会主义现代化建设，根本任务是要发展生产力。科学技术是第一生产力。科技进步对生产力的发展起着关键性的作用。同时，要解放和发展生产力，还必须进行改革开放，引进市场机制，大力发展社会主义市场经济。科学技术和市场经济的发展，推动了生产力的发展和劳动生产率的提高、社会财富的增长和闲暇时间的增多。而且科学技术尤其是市场经济的发展，使个人从对国家、集体的消极的依赖关系中解脱出来，增强独立意识、自强意识、竞争意识，发展和发挥自己的才能，扩展自己的联系和交往，从而使独立人格的形成成为可能。所有这些，都为实现人的人格自由提供了基本前提。今天，我们要形成独立人格，实现人格自由，必须自觉地与科技进步、改革开放的历史潮流相一致。

但是，科学技术和市场经济的发展在为人的独立人格的形成和人格自由的实现奠定了基本前提的同时，也对人的独立人格的形成和人格自由的实现产生了一定的消极影响。科学技术是一把双刃剑。从活动自由的层次上说，利学技术为人的活动自由提供了关于事物必然性的知识，还为人的活动自由提供了物质技术手段，因而是人的自由的一种积极的推进力量。但是从人格自由的层次上看，人们利用科学技术所实现的目的，既可能是有利于社会进步和人的发展的，也可能是有害于社会进步和人的发展的。市场经济作为一种资源配置方式，它能促进社会效率的提高和经济的发展，但这种效率的提高和经济的发展既可能为全体人民服务，也可能只为少数人服务，既可能促进社会全面进步，也可能取代甚至阻碍社会的全面进步。

虽然科学技术和市场经济具有一定的消极作用，但我们可以设法减少甚至逐步消除它们的消极作用。在我国社会主义条件下，要消除科学技术和市场经济的消极作用，首先必须进一步大力发展科学技术和市场经济，以科学技术和市场经济的进一步发展来消除它们在自身发展过程中的消极作用。其次，我们在大力发展科学技术和市场经济的同时，也要对它们加以合理的调节和控制。而坚持和追求人格自由，不论对于发展科学技术和市场经济，还是对于调节和控制科学技术和市场经济，都具有重大的作用。

第一，坚持和追求人格自由，可以推进科学技术和市场经济的发展。要发展科学技术和市场经济，推进社会主义现代化建设，需要充分发挥和调动人的积极性、创造性，而要发挥和调动人的积极性、创造性，一方面固然需要一定的物质激励和利益引导；但另一方面还必须发挥人的内在的人格信念和人生理想的作用。在我国现阶段，各方面的条件还比较落后，面临的困难还很大。在这种情况下，只有坚持和发展人格自由，才能超越外部条件的限制和束缚，在自己的人格信念和人生理想的指导下，经过艰苦的劳动，来发展科学技术，发展市场经济，进行社会主义现代化建设。

第二，坚持和追求人格自由，可以弥补科学技术和商品经济之不足。进行社会主义现代化建设，必须全面推进社会主义社会的文明和进步以及人的全面发展。要促进社会的全面进步和人的全面发展，除了必须以科学技术和市场经济的发展来促进效率的提高外，还必须解决社会的正义、公平、秩序以及人的价值观念、道德准则、生活目标、人生理想等问题。而这些问题的解决是超出科学技术的范围的，也不是市场经济的发展所能自发解决的。试图用科学技术和市场经济的机制、方法和态度直接解决这些问题，只能造成社会和人的片面发展。片面地将科学技术和市场经济运用于人生问题，会损害人的人格自由，而反过来，坚持人格自由可以限制科学技术和商品经济的适用范围，我们只有坚持人格自由，才能弥补科学技术和市场经济之不足，全面推进社会主义现代化建设，促进社会的全面进步和人的全面发展。

第三，坚持和追求人格自由，可以控制科学技术的应用，调节市场经济的运行。科学技术的发展给人类带来了改造自然的强大动力，同时也给人类带来了一系列严重的问题，如核威胁、环境污染、生态破坏、能源短缺等。同样，在改革开放和市场经济发展过程中，也出现了偷税漏税、假冒伪劣商品泛滥、贪污盗窃、行贿受贿，以及精神污染等不法行为和丑恶现象。所有这些，都严重地威胁着人的生存、自由和发展。这说明，人类要获得自由，不仅要大力增强改造自然的力量，而且要大力增强主体控制这些力量的自觉性；不仅要拥有各种先进的技术手段、经营手段、管理手段，而且要不断地反省自己的本性、需要和目的；不仅要改造外部自然，而且要改造人的内部世界；不仅要发展主体的智力因素，而且要促进主体的全面发展。一句话，不仅要发展活动自由，而且要坚持人格自由。只有这样，才能超越外部世界的客观条件和人的感性欲求，在更高的层次上对它们进行反思，从而控制科学技术的合理应用，调节市场经济的健康运行，消除科学技术和市场经济的消极作用，使社会主义现代化建设沿着正确、健康的轨道发展。

（原文载于《江海学刊》1994 年第 1 期）

人的自由与人的世界

林　剑

人作为类存在，在本质上是一种自由的存在物，自由自觉的活动，是人的最根本的类特性。然而，人的自由并不是一个永恒的常数，而是一个循序渐进，从低级到高级，逐步拓展，拾级而升的历史过程。作为这一过程的历史沉积的产物就是人的世界。“人就是人的世界”，人的世界既是人的自由活动的产物，也是人的自由发展程度的测量器与标志。人在塑造着人的世界的过程中，也就在塑造着人自身及其自由；同样，人在塑造着自身及其自由，也就在塑造着人的世界。人的自由与人的世界的关系，犹似物体的形与影的关系，失去一方，另一方就不存在，至少是难于理解的。

天然世界·人涉世界·人的世界

“世界”范畴在一切范畴中属于涵盖面最广的范畴，它包罗万象，囊括着宇宙间的一切事物与现象。然而，对于科学研究者（包括自然科学、工程科学和社会科学）来说，他所面对的通常不是这个总体性的世界，而是有着特殊性质的具体世界，或曰子世界。人们在考察世界时，可以从不同的角度，以不同的坐标将总体性的“世界”区分为具体的子世界。如果我们从世界与人的活动的关系的角度去看世界时，可以将其区分为：自然世界、人涉世界和人的世界。

受本文论题主旨的约束，在这里将主要考察自然世界、人涉世界与人的世界三大子系统的内涵与外延及各自的最基本的特征。

（一）天然世界

世界的历史先于人类的历史，早在人类出现之前，世界就已经存在了。不过，那时的世界具有纯粹自然天成的性质，它自己产生，自己运动，自己满足，自己代谢，自然演进，一切都靠自己系统内部存在的各种事物与现象间的相互作用维持其自身的运动与存在；那时的世界具有单一的性质，这种单一性当然不是指它内部各部分间没有质的差别，而是就其发生学的意义上说，它们之间具有一致性。只是大自然在其漫长岁月的自然演进的一定阶段，人从自然界中脱颖而出，运用自己的理性、意识与能力，塑造出一种在其发生学的意义上与原来的世界具有不同性质的文化世界时，世界才发生了分裂，产生了天然世界与人化世界的区别。

天然世界范畴，是一个被人们广泛使用的范畴，但是，在人们的理解中，天然世界的界定并不一致。有人认为，天然世界是指人及其人的实际活动尚未影响过的，完全不依赖于人类世界而存在的天然自然界，或原始的自然界。也有人认为，对天然世界的理解不能过于狭窄，除了人类活动尚未影响到的自然界外，还包括作为生物体的人，一切人造物的自然质料。还有人认为，天然世界除了应容纳自然界、生物体的人之外，还应包括人类社会在内，其理由是：人类社会与自然界有着不可分割的联系，是从自然界的发展中衍生出来的一种特殊运动形式。那么，天然世界范畴究竟应怎样理解才比较确切呢？这就需要确立一个合理的思维逻辑坐标，弄清楚提出天然世界的逻辑前提问题。

当马克思主义经典作家提出“天然世界”的概念时，首先它的逻辑前提是，在与天然世界相对立的不仅有一个精神世界的存在，而且在物质世界本身中也存在着一个有别于天然世界的人为世界的存在。其次，提出天然世界范畴的主旨不在于要将世界上的一切事物与现象划分为两大类，即一类是物质性的，另一类是精神性的，它的主旨在于，要将世界上的一切事物与现象（包括物质现象与精神现象）区分为这样的两大类，一类是与人的活动无关的，另一类是与人的活动有关的，更确切些说，一类是天然造化，离开人及其活动独立自存的，另一类则是以人的活动为中介，通过人的活动而产生的。在马克思主义哲学的视野中，天然世界无疑归属于物质世界的范围，但物质世界则不能与天然世界画等号，物质世界在内涵上与外延上都与天然世界有着明显的差别。物质世界范畴既涵盖着天然世界，也涵盖着人为世界的物质世界。

人本身究竟是属于天然世界还是属于“人的世界”呢？有人将之归属于天然世界，因为人同动物一样，属于自然之子；有人将之归属于“人的世界”，因为人同动物有着根本性的差别，人具有社会性的规定。两种观点不能说全没道理，但也有值得推敲的地方。人本身的进化也经历了一个长期发展的历史过程，当人还没有理性，缺乏对象意识与自我意识的时候，人与其他动物并没有什么不同，那时的人，是纯粹生物学意义的人，他与自然界浑然一体；当人还没有从自然界提升出来时，这样的人无疑是属于天然世界范畴的。然而，当大自然的长期造化，锻造出人的理性，使人的活动具有明确的目的性，从而使人从自然界中提升出来成为真正意义上的人，人与自然的关系发生了裂变之后，就再也不能将人归之于天然世界了。“人就是人的世界”，“人的世界”的含义一方面涵盖着人化世界的内容；另一方面也包容着人本身的世界的内容。人成为人存在之前的动物时期，其进化机制完全受自然规律的约束；人作为人存在的动物时期，其进化机制一方面不能完全脱离自然规律的约束，但在更大的程度上则受他自身活动机制的影响，人的生理器官，人的活动能力，人的多方面的素质，都是伴随着自己活动的发展而发展的，正如黑格尔曾经深刻指出的，真正的人是自己劳动的结果。循着上述思路，我们应有充分的理由认为，人作为人存在之前的动物时期，他是大自然进化的产物，所以应归属于天然世界范畴；人作为真正的人是自我塑造的产物，因而应排斥在天然世界范畴之外。

当我们以是否受到人的活动的影响与作用为坐标区分世界时，天然世界的含义显然是指那些尚未被人类的实践所改造，完全不依赖人的理性与活动而独立自存的原始的或原生的自然界。

（二）人涉世界

人涉世界的概念在传统的马克思主义哲学教科书与研究文章中是一个极少使用的概念，然而，在我们论及天然世界与“人的世界”的区分时，这又是一个不可忽视的概念，因为“人涉世界”既不同于天然世界，也不同于“人的世界”，是二者难以涵盖的概念。我们之所以要提出人涉世界的概念，还由于在过去的研究中，人们常常将人涉世界与“人的世界”概念混淆，误把“人的世界”等同于人涉世界。

所谓人涉世界即是人类所面对的世界，或人所生活其中的世界。它既包括那些虽未经人的活动改造，但已经进入人的生活范围，成为人们认识与审美对象的天然世界，也包括经过人类的感性实践活动所创造的“人的世界”。如果从主客体活动及其关系的视角方面看，人涉世界是指以这样那样的方式已经纳入了主体活动结构，与主体的人构成一定的对象性关系，成为人们活动客体的世界。人涉世界之所以不等于天然世界，因为人涉世界并没有涵盖天然世界的全部内容，那些在人的活动视野之外的事物与现象，由于并不现实的与人的活动构成主客体的对象性的关系，因而不属于人涉世界的范围，只有那些纳入了主体的活动范围，成为主体的认识、审美等活动对象的事物与现象才属于人涉世界的涵盖域。人涉世界也不能归结于“人的世界”，不错，按照我们上面对人涉世界的界定，人所改造的“人的世界”都属于人涉世界的内容，但无论是就其内涵看，还是就其外延看，两者都有着质的差别。人涉世界指向人的一切活动的客体，是人生活于其中的世界，而人的世界仅指向那些经过人的改造与创造，作为人的智慧结晶的事物与现象。人涉世界既统括着那些打上了人的智慧印记的事物与现象，也统括着那些已进入了人的活动视野，但还没有打上人的智慧印迹的事物与现象。

（三）人的世界

“人的世界”的概念是马克思主义哲学中的一个重要范畴。“人的世界”有时也可以用人为世界、人化世界、人造世界来表达与代称。如果我们用一个教科书式的界定来表达的话，则可把“人的世界”界定为：人类通过自己的实践活动（感性的与精神的实践）所改造与创造的世界。

在我们过去的研究中，常常把“人的世界”简单地看成“人工自然”“人化自然”。人们这样指称“人的世界”时，其用意是明确的，通常是为了与“天然自然”“原始自然”相对应，用以说明“人化自然”与“天然自然”的性质差别。但人们似乎忽视了，用天然自然指称天然世界是可以的，天然自然与天然世界的确具有一致性，如果用“人工自然”“人化自然”指称“人的世界”则是片面的。“人的世界”不仅涵盖着人所创造与改造过的自然，同时也包括在人的实践活动基础上所诞生和裂变出的一切社会事物与现象，还包括由人的自我活动塑造出的人本身的世界。

总之，人的世界有着丰富的内容，既不是指单纯的人工自然，也不是单指人的社会历史，当然也不仅仅是人自身的世界，而是指人改变、重塑过的一切事物与现象。“人的世界”是人所创造的自然，人所创造的社会历史，人所创造的人的自身世界的完整与有机的统一。更概括地讲是人所创造的身外世界与自身世界的统一。

“人的世界”是人发展的一面镜子

上面，我们先后澄清了有关“世界”的几个重要概念，概略考察了天然世界、人涉世界、人的世界诸范畴间质的差别，对于我们来说，上面的讨论虽然不属于本文的正题，但为本文下面的讨论创造了前提。

人作为人存在，自由自觉活动是他的类特性，但正如我们曾经指出的，人的这种自由特性，并不是大自然的恩赐，而是他通过自己的劳动获得的；人的自由并不是一个形而上学的恒数，而是一个不断扩张的变量。诚然，人的自由及其扩张，离不开天然自然的存在，但是，对于建立在实践基础上的马克思主义自由观来说，思维的兴奋点则主要的集中在“人的世界”上。深刻的原因在于：真正表现与确证人的自由及其发展程度的是“人的世界”及其发展。在《1844年经济学哲学手稿》中，马克思曾写下过样一段著名的论断：“抽象的，孤立的，与人分离的自然界，对于人说来也是无。”由于理解角度的不同，这段话曾引起过学术界的长期争论。与人分离的自然界作为一种独立自存的实体，当然不是无，而是实实在在地存在，然而若从人的活动的角度看，这种与人分离的存在，既不能作为人的自由活动的客体，也不确证人的自由，因而对于人的自由来说，确实不构成现实的价值关系，只是从它对人的意义的角度看才可以将其视为无。

“人就是人的世界，就是国家”①。“人的世界”首先表现为人的自由活动的作品，表现为人的自由发展的一面镜子，它是人的自由发展程度的测量器。人是通过自己所创造的“人的世界”来反观自身的自由度的。当人将自己从天然世界中提升出来与天然世界对峙的时候，人所直面的第一个对象无疑也是天然世界。人作为人存在之始，就与大自然展开了不屈的斗争。人总是根据自己的需要，自己的意志，自己的能力，选择自己的活动方式，力图对自然进行改造与重塑，使自然界的变化适合于自己的需要。人与自然界的关系不仅仅是单纯受动的关系，同时也是一种能动与自由的关系。正是在世代不绝的人类在与自然界的斗争中创造着一个有别于天然世界的“人化自然界”。这

① 《马克思恩格斯选集》第1卷，人民出版社1972年版，第1页。

个“人化自然界”，是人将自己的目的、需要、愿望、理想、情感、智慧、意志、才能、想象力与创造力融铸于其中的自然界，是“人的现实的自然界”“人类学的自然界”。一部人类的历史是一部自然界对人来说生成的历史，人以自己自觉的感性活动创造着人化自然界，人的自由达到何种程度，他也就在何种程度上创造着他的感性自然界、人的现实的自然界。“因此，通过工业——尽管以异化的形式——形成的自然界，是真正的、人类学的自然界”①。“而人所创造的”人类学的自然界“作为人的自由活动的结果和产物则是人的自由历史发展的反映与确证”。“人类学的自然界”具有何种性质，人化到何种程度，人对自然的自由就发展到何种程度，“工业的历史和工业已经产生的对象性的存在，是一本打开了的关于人的本质力量的书，是感性地摆在我们面前的人的心理学”。

然而，人与自然界的对峙并不是以个体的形态存在的，人对自然界的斗争也不是单个人的行为，真正的人同时也是一种社会的，“自然界的人化”，“人类学自然界的”诞生与演进不是个别人的杰作，而是以社会为中介的人与自然的统一。正如马克思所说的：“自然界的人的本质只有对社会的人来说才是存在的；因为只有在社会中，自然界对人说来才是与人联系的纽带，才是他为别人的存在和别人为他的存在，才是人的现实的生活要素；只有在社会中，自然界才是人自己的人的存在的基础……社会是人同自然界的完成了的本质的统一”。②人在使天然自然向人化自然转化，创造着属人的自然和“人类学的自然”的同时，人也创造着人的社会和社会的历史。首先，人将自然界人化的过程，本质上是人的生命的生产，而人的“生命的生产——无论是自己生命的生产（通过劳动）或他人生命的生产（通过生育）立即表现为双重关系：一方面是自然关系，另一方面是社会关系……一

① 《马克思恩格斯全集》第42卷，人民出版社1979年版，第128页。

② 《马克思恩格斯全集》第42卷，人民出版社1979年版，第122页。

定的生产方式或一定的工业阶段始终是与一定的社会阶段联系着的，而这种共同活动方式本身就是生产力……人们所达到的生产力的总和决定着社会状况。”① 在马克思实践唯物主义历史观的思维理路中，人在创造“人类学的自然界”的活动是一种共同活动的行为，而人们共同活动方式本身就是生产力，而生产力归根到底决定着社会状况，生产力的性质与水平决定着人们的交往方式及其他的一切社会关系，决定着社会的经济结构、政治结构、意识结构、文化结构以及人们的心理结构。正如马克思在另一个地方曾经指出的：“人的本质是人的真正的社会联系，所以人在积极实现自己本质的过程中创造、生产人的社会联系，社会本质。”② 其次，人不仅是人的社会的创造者，也是人的社会历史的创造者。人的生命的生产，或人创造“人类学的自然界的过程，从一开始就表明人们之间是有物质联系的。这种联系是由需要和生产方式决定的，它的历史和人的历史一样长久；这种联系不断采取新的形式，因而就呈现出历史”。人的社会与人的历史是人的劳动过程中所产生的各种联系的不同方面，人们之间的各种联系从横的方面看即是人的社会，从纵的方面看即是人的历史。人在创造着“人类学的自然界”的同时，创造着自己的社会，也创造着自己的历史。“整个所谓世界历史不外是人通过人的劳动而诞生的过程，是自然界对人说来的生成过程。”正如“人类学的自然界”与天然的自然界存在本质的区别一样，人的社会与人的历史也与天然自然与纯粹的自然也有着本质的不同。“人类学的自然界”，人的社会，人的历史作为人的合规律性与合目的性的自由活动的结果，都是人作为人存在的现实。人的自由意识与自由能力，犹如一种普照的光照耀着人们生活的社会和他们创造的历史；人的社会和历史样犹如一面镜子映现出人的自由的光辉。

---

① 《马克思恩格斯选集》第1卷，人民出版社1972年版，第34页。

② 《马克思恩格斯全集》第42卷，人民出版社1979年版，第24、131页。

人不仅是“人类学的自然界”的创造者，是自己所生活的社会与历史的创造者，人也是自身的创造者。真正的人必然是“成为自己的社会结合的主人，从而也成为自然界的主人，成为自己本身的主人——自由人”。因此，人的自由的发展，不仅表现在他们创造的人类学的自然界上，表现在他们创造的社会与历史上，而且同样表现在他自身的进化上。“人类学的自然界”，人的社会和历史的进化，以及人本身的进化，属于同一个过程，三者之间有着一种剪不断、理还乱的关系，三者又都是随着人的实践活动与自由活动的演进而发展，并从三个不同的维面确证着人的自由的演进。

“人的世界”是人的自由发展的“杠杆”和“加速器”

人的自由活动创造了“人的世界”，人是“人的世界”的著作者；但人的自由与“人的世界”的关系又不是单向度的，而是互相影响、互相促进、互为因果的双向度的，人也是“人的世界”的剧中人。人作为“人的世界”的剧中人，他的自由的发展又离不开“人的世界”的发展，“人的世界作为人的自由活动的结果，常常又成为人的自由在历史中继续发展的新起点，成为人的自由继续发展的“杠杆”。人的自由活动的真正使命就是要使人直面的世界革命化、属人化；使之显现为文化的性质与意义，而人的文化上的每一个进步，都是迈向自由的一步”。人也是在使“人的世界”不断地膨胀，扩张的历史过程中，使人的自由从低级到高级、从有限到无限的。

人通过自己的自由活动，创造出了有别于“天然自然”的“人类学的自然界”，也通过自己的自由活动使“人类学的自然界”不断地再裂变，再人化。就其基本性质讲，“人类学的自然界”是一个历史变化着的概念，是一个具有发展无限性的开放系统，只要人的活动不停滞，这个开放性的系统就不会凝固化。“人类学的自然界”历史性的膨胀与扩张的过程，也即是为人的自由继续发展创造条件与动力的过程。第一，“人类学的自然界”的扩大，为人的自由活动创造日益增多的活动对象，扩大着人的自由活动的范围，为人的自由的历史发展提供着日益广阔的舞台，人通过自己的自由活动，塑造出“人类学的自然界”，当“人类学的自然界”又成为人们自由活动新的出发点和基础时，它又激发出人们新的创造兴趣，游离出新的需要与欲望；新的兴趣、需要与欲望又引导着人们向新的自由目标迈进，这是一个既是终点，又是起点；既是结果，又是原因的周而复始、无限延伸的历史过程。正是在这个无限可塑的历史过程中，人与自然界的关系从简单走向复杂，从狭窄走向广阔，人对自然界的自由性的占有从个别走向普遍。第二，“人类学的自然界”在性质上的变化，也为人对自然界的自由的历史发展绵延不断地创造和提供新手段和新工具。人与外部自然界的斗争，必须凭借一定的工具与手段，人们凭借的工具与手段直接地决定着人对外部自然界的自由度的高低。然而，人与自然作斗争的工具、手段的进步与“人类学的自然界”的发展具有极其明显的同轨的性质。“人类学的自然界”的扩大与分化，促进着劳动工具与手段的分化，也为劳动工具、手段的趋向精致与完善提供着新材料。第三，“人类学的自然界”的发展为人的自由发展起着一种加速器的作用。自然的人化，与人对自然界的自由的发展，不是均质的，通常表现为一种加速度或指数扩张的形式。在这个过程“自然的人化”与人的自由的发展，互为因果，双向互动，彼此促进。自然的人化，“人类学的自然界”的膨胀与扩张，使越来越多的自然物质与非自然物质进入人的活动的结构，变成属人的能力与力量。第四，“人类学的自然界”的发展促进着人自身的潜能的开发，人的生理器官向着日益属人化的方向进化，为人的自由的发展创造出日益有利的主体条件。人的自由的发展是以人的素质、人的能力的发展为基础的；人的素质、能力与自身生理器官的进化有着密切的关系，但人的生理器官的进化与人化自然的进化又有着密切的相关性。人正是在改造自然界，使天然自然转变为人化自然，并在人化自然的基础上，日益减少大自然留给自己的烙印，使自己的潜能得到开发，使确证自己感觉力量的各种感觉能力产生与发展起来。

人是社会与历史的剧作者，社会与历史是人的自由活动的作品；人也是社会与历史的剧中人，只有在社会与历史的舞台上，人才能演出丰富多彩、威武雄壮的自由的话剧。

人作为人存在，能动性是他的本质属性之一，人的能动性是人的活动具有自由性质的可能性的前提。但人的能动性又是建立在与活动客体的对象性关系基础之上的，没有外部客体的存在与对客体的改造，人的能动性与自由也就无从谈起。因此，人也是一种对象性的存在物，他不仅以外部自然界为其存在对象，也以自己创造的并生活于其中的社会与历史为其存在的对象。社会条件、历史环境一方面是人活动的结果；另一方面又是人的现实活动得以展开的物质的、精神的现实基础。

首先，对于一定历史阶段上的人类整体与个体来说，是在一定的物质条件和基础上进行活动、表现自己的自由的。“历史的每一阶段都遇到一定的物质结果，一定生产力总和，人对自然以及个人之间历史地形成的关系，都遇到前一代传给后一代的大量生产力、资金和环境，尽管一方面这些生产力、资金和环境为新的一代所改变，但另一方面，它们也预先规定新的一代本身的生活条件，使它得到一定的发展和具有特殊的性质……人创造环境，同样，环境也创造人。每个个人和每一代所遇到的现成的东西：生产力、资金和社会交往形式的总和，是哲学家们想象为“实体”和“人的本质”的东西的现实基础……”①

其次，对于特定历史阶段的人类与个体来说，人类在历史上积淀而成的精神成果也是他的精神活动及其自由创造得以进行与展开的现实基础。一定历史阶段的人，不仅生活在一定的物质关系中，以一定的物质成果为其活动基础和出发点；也生活于一定的精神环境与精神

---

① 《马克思恩格斯选集》第1卷，人民出版社1995年版，第92—93页。

关系之中，以一定的精神成果作为自己的活动出发点，哲学、道德、文学、艺术乃至于宗教……作为人类历史上形成的一定的思想关系与精神成果，都在一定程度上制约着人的现实的物质活动与精神活动，起着积极的与消极的作用。

最后，人的活动与自由创造还有着民族心理结构和文化传统的基础。不同的民族和国家，虽然在其总体上要遵循历史发展的共同规律，在其基本发展趋势上具有普遍性与共同性，但也应承认，由于各个民族与国家在地理环境和生活条件上的差异，由于各个具体的民族与国家历史发展的不平衡性，因此，在历史发展的总过程中也呈现出各自的特殊性或个性。不同民族存在风俗习惯、文化传统、价值观念、民族心里结构上的差异，各自有着相对的独立性。而这些在历史上积淀下来的传统也会在一定的程度上，作用于人们的活动，对其自由的发展起着积极的与消极的反作用。

社会、历史环境与条件作为人的现实的活动得以展开的物质基础与精神基础，对人的自由的发展的制约作用是明显的。但我们在过去研究中，人们常常只是从受动的意义上去理解这种作用，其实，人们赖以作为活动基础的社会、历史环境与条件对于人的活动及其自由的发展不仅仅具有受动与规定的意义，同时它也是人的自由发展的基础、条件与杠杆。“历史不外是各个世代的依次交替。每一代都利用以前各代遗留下来的材料、资金和生产力；由于这个缘故，每一代一方面在完全改变了的环境下继续从事所继承的活动，另一方面又通过完全改变了的活动来变更旧的环境。”① 人们的物质关系与精神关系，是人们自主活动借以实现的现实形式，人们对自己的物质关系与精神关系的改变与革新，实质上不过是在追求一种更加适合自己的自主活动的有效的可能的形式。

当然，“人类学的自然界”，人的社会与人的历史，作为人的自主

① 《马克思恩格斯选集》第1卷，人民出版社1995年版，第88页。

活动的现实基础，对人的自主活动及其自由确有规定与制约的作用，每一时代的人类总体及其个人，只能在历史给他提供的现实的基础上进行活动，只能去追求可能作与可能达到的目标，而不能脱离这个基础随心所欲地行动。正是由于“人的世界”对人的自由发展具有这种作用与规定，人的自由对“人的世界”的关系具有能动与受动的双重性质，决定了人的自由发展的过程是一个绝对与相对、无限与有限的辩证统一过程。就人类的总体及人类总体自由发展的可能性而言，人的自由发展的前景是无限的，不可能有一个形而上学的极点，只要人类不因地球的毁灭而灭亡，就不可能停止其迈向新的自由的步伐。但相对于每一具体时代的人类总体，尤其是个人来说，他们达到的自由度又是定在的，有限的；他只是在前人的基础上向自由的更高程度的发展迈进了一步，但这一步又不过是人类整体自由无限发展的一个具体环节。“人的世界”是一个不断扩张的过程，人的自由也是一个不断拓展的过程，在这个过程中，两者携手共进，比肩而立，相互创造着对方前进的基础，为对方的发展提供着条件与动力。

（原文载于《江海学刊》1995 年第 1 期）

超越生命：人类生成及其本质的哲学阐释

刘福森

关于人类的生成问题，一直是人类自我认识的重要方面。这其中既有远古时代素朴的“神创论”的神话，也有中世纪宗教教条关于“上帝造人”的神圣承诺。自然科学从生物进化论的观点证明了动物是人类的祖先，而恩格斯则以他的“劳动创造人”的著名论断进一步揭示了人类生成的现实基础。本文在承认生物进化论和“劳动创造论”观点的前提下，吸收当代哲学人类学的研究成果，从对人类特有的生命功能结构的分析出发，力图从哲学上说明从生物的生存方式和进化方式向人的生存方式和进化方式转变的逻辑必然性。并进一步揭示人类区别于生物的特殊本质及其进化规律。

本能的缺乏：人类生命功能的欠缺

同一般动物相比，人的身体也是由自然物质构成的；生命规律（如新陈代谢规律）在人身上同样起着支配作用。在这个意义上说，人也是一种自然存在物。但是，当我们这样说时，还必须承认：人是一种非常特殊的自然存在物。人不仅具有主体性、社会历史性，从而把人同一般动物区别开来，而且只就人的自然本性来说，也与一般动物具有根本不同性质的区别。我国传统的哲学研究似乎没有注意到这一点，一讲人的生物性，就把它等同于动物性。如果我们不承认人同其他动物在自然性上的区别，就无法解释下面的问题：既然人同其他动物在生物性上没有区别，那么，为什么其他动物不用通过劳动来获取生活资料，而人类则必须如此呢？人类必须从事生产劳动的内在根据（可能性和必要性）是什么？很显然，传统哲学虽然可以正确地说明劳动创造了人，但却不能说明为什么只有人才通过劳动创造了自己，而其他动物为什么没有必要、也没有可能通过劳动把自己变成人。要说明这个问题，我们就必须找到人与一般动物在生物学上相区别的根本特征。

当代哲学人类学的研究成果为我们回答这个问题提供了可能。在生物哲学人类学看来，人和动物在生物学上也具有不同的本质特征，即动物的生命结构是“专门化”的，而人的生命结构则是“非专门化”的。[①]

动物的专门化，主要是指其活动器官的专门化，即每一物种都有其专门适应某种特殊环境的专门化器官。正是这种特殊的专门化器官，才把某一物种同其他物种区别开来。例如，适应水中生活的鱼类必有鳃，而适合于天空飞翔的鸟类则长着翅膀和羽毛。每一物种的特殊的生存方式都是由它的特殊的专门化器官的功能结构决定的。

人的生命器官从其功能结构上看却是非专门化的。这里所说的人的器官的非专门化，并不是在人的各种器官的自然分工意义上讲的，从自然分工的意义上说，人的器官也是专门化的，例如，人也有运动器官、消化器官等分工上的区别。这里所说的人的器官的非专门化，是指人的器官并非为专门适应某一种特定环境而产生的，因而它们也不具备适应某种特定环境的特殊功能。人没有专门适应在寒冷地带生活的厚厚的皮毛或脂肪层，没有老虎那种得心应手的捕食器官——锋

---

① ［德］兰德曼：《哲学人类学》，彭富春译，工人出版社 1988 年版，第 210 页。

利的牙齿和爪，没有鸟那样的专门适于飞翔的翅膀，也没有鱼类的专门适合于水中呼吸的鳃。人的器官，无论对于哪一种特殊环境来说，都不是完全适合的。正是在这个意义上，我们说人的生命结构是非专门化的。

人的生命结构的非专门化，造成了人的生命功能的欠缺——本能的缺乏，动物的专门化，决定了动物具有适应其所在环境的生命功能，即本能。每一物种都有其专门适应某种特定环境以维持生存的“绝招”，这一绝招是其他物种所不具备的，这就是生物本能。所谓本能，就是指物种的专门化器官所具有的维持种族及个体存在的特定的生物功能。它是专门化的生命结构的功能属性。它在物种长期适应某种特定环境中逐步形成，并通过遗传密码继承下来。“每一种本能都是特有的（一个物种的特点）和先天的，本能不是通过试验或错误就能学会的。”① 与此相反，由于人的生命器官是非专门化的，因而人不具有专门应付某种特定环境的“绝招”。如果只靠天然的生命器官，人在任何特定环境下都不能生存。在这个意义上说，人没有任何特殊的生物本能。“人不是靠本能制导的生物，不仅如此，人类根本没有本能，只有本能的残余。这些残余只表现在一些需要最低限度的智力的协调动作中；并且像达尔文早就说过的那样，这些残余也处于遭到毁灭的过程中。”②

因此，人是大自然创造出来的在生物学意义上毫无生存能力的、最软弱的一个物种。就每一物种的动物来说，都有祖辈留下的本能作为武器去应付环境。自然选择规律给每个物种都创造了一个适合自己生存的特定“家园”。但是，自然却没有给人划分一块确定的“领地”，没有专属于人特有的环境。人好像一个无家可归的孩子，他赤

---

① ［法］米歇尔·弗伊：《社会生物学》，殷世才、孙兆通译，社会科学文献出版社 1988 年版，第 8 页。

② ［匈牙利］艾格妮丝·赫勒：《人的本能》，邵晓光、孙文喜译，辽宁大学出版社 1988 年版，第 26 页。

条条地来到这个不属于自己的世界，没有任何生命的“遗产”来维持生存。因此，卢梭说人是被剥夺的、腐烂的动物，巴斯卡称人为会思考的芦苇，尼采说人是有病的动物，格伦称人为有缺陷的存在，莱辛认为，人具有不可抵御的虚弱，一条生命的死巷，具有根本不治之症，赫尔德也认为，人类物种的本性，包含了实际上的“空白和缺陷”，是“自然界最孤独的儿童”。“人是裸体无衣的，脆弱的和渺小的，胆怯和无防卫力的。人的最大弱点是剥夺了任何导向生活的本能。”①

寻求再生之路：生存方式的革命

人在生物学上的弱点，使人适应环境的能力达到了最低点。这就决定了：人类这个特殊的物种要维持其自身的生存，就必须超越生物的（生命的）生存方式，另辟新径，在超生命的生存方式中求得生存和进化。这种超生命的、非本能的生存方式即实践的方式，生产劳动的方式。

人对超生命的生存方式——生产劳动的需要，首先根源于人类生物学上的需要。人的身体也是一个生物体，因而同其他动物一样也具有共同的生命需要。人同其他动物一样，也必须同外部自然界进行物质的和能量的交换才能维持生命的新陈代谢。人的生命需要（自然需要）就是人为了维持个体生存而对外部自然环境的依赖关系，它是人类生存的第一需要。

但是，人类个体又是一种非常特殊的生命个体。人的生命功能（本能）的欠缺，决定了人不能依靠其生物功能来满足生命需要。正是由于人的生命功能的欠缺同生命需要的矛盾，才使人产生了一种新的、超越生命功能的需要，即对生产劳动的需要。人类只有满足了第二个需要（超生命需要），才能满足第一个需要（生命需要）。第二个

① ［德］兰德曼：《哲学人类学》，彭富春译，工人出版社1988年版，第241页。

需要是满足第一个需要的必要的前提和手段，因而生产、劳动才成为人类生存和发展的基础。正如马克思所说：“一切人类生存的第一个前提也就是历史的第一个前提，这个前提就是：人们为了能够‘创造历史’，必须能够生活。”“因此，第一个历史活动就是生产满足这些需要的资料，即生产物质生活本身。”①

人对生产劳动的需要，反映的是人的生命存在与劳动这一超生命的生存方式的内在联系，一方面，它反映了人的特有的生命存在对劳动的依赖性；另一方面，它又反映了劳动对人的特有的生命结构的依赖性。人的生命结构同生产劳动是相互依赖、相互规定、内在一致的。人的非专门化、非本能的生命功能结构本身就反映了人性的一面，从而预设了劳动的必要性，内在地设定了对一般生物性的超越。因此，人的生命功能结构本身就与一般动物的生命功能结构不同，是一种超越性存在。同时，劳动这种超生命的生存方式，只有对于人的非专门化、无本能的生命功能结构才是必要的和必然的，它只同人的特殊生命功能结构发生关系，而与一般动物的纯粹生命功能结构没有必然联系。因此，“劳动创造了人”的论断是有前提的。这个前提就是对人的区别于其他动物的特殊的生命功能结构的设定。劳动只有对人的特殊的生命功能结构才有意义。因此，只有人才通过劳动创造了自己的人的本质，而其他动物没有可能、更没必要进行劳动、生产，因而不能通过劳动把自己变成人。劳动对人类特殊生命功能结构的绝对必要性的理论设定，是“劳动创造了人”的论断的理论前提。我们在前面对人类特有的生命功能结构的理论分析，正是这一前提的逻辑证明。

生产劳动既是人类形成的基础，也是人类特有的一种超生命的生存方式。这种生存方式的结构是一种超生命的功能结构，它同一般动物的生存方式相比较具有如下特征。

第一，生产劳动是一种目的性活动。目的的形成，依赖于人对自

① 《马克思恩格斯选集》第1卷，人民出版社1972年版，第32页。

身需要的自觉意识和对外部世界的规律性的认识，是价值意识和科学意识的统一。与此不同，动物的本能活动是一种无意识活动。它既没有对需要的自我意识，也没有对外部世界的自觉认识。动物是依赖于内部（生理需要）和外部（环境）的刺激进行活动的。在活动中，动物所感知的外部刺激物“作为一般内在形式已载于动物自身”。因此，“动物对这个世界的知识是它先天就知道的”①，它本能地知道它必须知道的东西，它的知识早已先天地存在于它的生命规律中。“动物对这个世界的印象只是释放预先决定行动的机制的‘信号’。这种感知内容并没有将‘世界’传达给动物，而只是传播了这种信号的作用者。”② 动物的这种无意识的活动是一种合规律的本能活动。动物的生命同环境是天然统一的，它们服从着同一的规律（因此，动物的活动也不会犯错误）。动物如何活动，早就由物种先天地设定了。与一般动物不同，人的劳动直接依赖于对外部对象规律的自觉意识，他的活动是既合规律性又合目的性的。

第二，“外部工具”的制造和使用，也是人生存方式的本质特征。专门化的动物天生就具有适应某种特定的环境的器官。它依靠这种天然器官就能维持生存。人的活动器官则是非专门化的，因而如果只靠天然器官，人类在任何环境中都不能生存。外部工具的制造和使用，弥补了人类在生物学上的弱点。工具是一种人工“器官”，即人造的人的身外器官。工具的制造依赖于两个尺度：一是依据人的需要和目的，二是依赖于被改造对象的性质和规律（通过认识）。根据不同的需要和外部对象的不同性质和规律，人制造出他的生命所不具备的“专门化”的工具，从而弥补了人的生命器官的弱点。

工具的制造和使用，不仅弥补了人类生物学上的弱点，而且还使人超越了动物。动物的专门化的生命器官及其特定本能，决定了每一

① ［德］兰德曼：《哲学人类学》，彭富春译，工人出版社1988年版，第232页。
② ［德］兰德曼：《哲学人类学》，彭富春译，工人出版社1988年版，第231页。

物种的动物只能适应某种特定环境。因此，每一物种的生存环境不仅是狭隘的，而且是固定的。“每一物种都以一个有限的范围为它自己的无机自然界，这个无机自然界完全是它自己支配的领域。”① 动物正是靠有限的特定的本能同有限的、狭隘的、固定的外部环境发生关系来维持生存的。从浅显的观点看来，似乎动物和人面对的是同一个世界，而实际上每一物种的动物所面对的都是一个非常狭小的世界，即整体自然的一个部分或一个方面。只有与物种生存和本能直接相关的世界才能现实地成为它的世界。相反，由于人的天然器官是非专门化的，因而在生物学上并没有被固定在某种特定的环境中。动物是特殊（个别），人则是一般、普遍。人的生命器官在应对哪种特殊环境时都不如动物（在水中不如鱼，在空中不如鸟），但是，这种生物学上的缺点又是一个优点，它为人类突破固定的、特殊的环境的限制提供了可能性。外在工具的制造和使用，使生物学上的可能变成了现实：人们根据改造众多不同特殊环境的需要制造出适应多种不同改造活动需要的多种不同工具，就使人在现实性上能够面对整个世界，使人成为唯一的在任何环境中都能生存的一个物种。

第三，生产劳动是人自己创造自己的生存环境的活动。人的非专门化的生物学特征，使人摆脱了少数固定环境的限制，使人的生存的环境成为开放的、可变的。但是，这只是就可能性来说的。人类只有通过自己的生产劳动，自己创造出自己的生存环境，才能使生物学上的可能性变成现实。

活动与消费在时空上的完全同一，决定了动物的活动不能生产任何东西。动物只是根据内部生理需要的直接刺激进行本能的消费活动，因而其活动成果完全被它们消费了。与此不同，人的劳动则把活动同消费在时空上分离开来。活动与消费在时空上的分离，为人类摆脱直接消费进行生产提供了可能。人的活动摆脱了当下生理需要的直接刺

① ［德］黑格尔：《自然哲学》，梁志学、薛华等译，商务印书馆1980年版，第542页。

激，为了未来的目标进行活动。人可以勒紧裤腰带，忍受着生理上的饥饿煎熬，把种子撒到地里（而不是吃掉），以期望秋天的收获。这样，人的活动成果才有可能被保存下来，成为未来活动的条件。工具的制造也是以活动与消费在时空上的分离为前提的。工具不能在生活中消费，只能在生产中消费。工具作为人的此次活动（制造工具）的成果，只有在未来（下次）活动中才能消费（使用）。因此，制造工具的活动同消费工具的活动在时空上是分离的。这就使得只在当下的生理需要刺激下进行活动的动物不具有制造工具的可能性。

如果说活动与消费在时空上的分离为生产活动提供了可能的话，那么，目的对活动的直接决定作用，则使人的生产活动成为现实。动物的消费活动是在生理需要的直接刺激下发动的。因此，动物不具有为了未来理想进行活动（生产）的动力。生产活动是一种为了未来而进行的活动，而未来只有通过目的的中介，才能对现在的活动发生现实的作用。在生产中，人通过目的的中介，把自己的理想灌注到外部世界中，生产出适合人类自己生存的外部条件。外部世界没有天然地适合人类生存的环境，但是，人通过自己的对象化活动，使自然界人化，从而自己创造出自己的生存环境。

第四，人的生产劳动是一种自我创造活动。动物的活动器官和环境都是固定的，因而其自然本性和生存方式也都是固定的、确定的。相反，人的生命结构是非专门化的。人的器官并没有被固定在少数几个生命功能上，人并不指向单一的活动。“自然并没有规定人应该做什么或不应该做什么”“自然没有把人制造完整便把人放在世界上了。自然没有最终决定人，而是让人一定程度上尚未决定”。[①] 这就是动物本性的“确定性”和人的自然本性的“非确定性”、“非决定性”和“未完成性”。动物物种的生存方式早就被自然地决定了，它们没有可能改变自己的命运。与动物不同，人在生物学上都是非决定的、非确

① ［德］兰德曼：《哲学人类学》，彭富春译，工人出版社 1988 年版，第 245—246 页。

定的，这就为人类的自由发展提供了广阔的可能性空间。人通过自己的超生命的创造活动，自己创造着自己的本性。动物无力改变自己的命运，它只演奏由物种早已谱写好了的乐章，而人类所演奏的乐章却要由演奏者自己去谱写。人的劳动不仅生产了生活资料，生产了自己的生存环境，而且也生产了自己的超生命的本质。人既是自我的生产者，又是自我活动的产品。人通过自己的创造性活动，自己选择自己，自己决定自己，自己创造自己，自己完善自己，自己发展自己。现在我们终于发现：创造人的上帝不是神，不是自然，也不是绝对精神。人就是人自己的上帝。上帝原来就是人自己！

走上新的起跑线：进化方式的革命

实践、生产劳动是人的生存方式。人的进化就是人的生存方式的进化，它具体表现为生产方式的进化以及在此基础上形成的人的认识能力及社会关系的进化，即文化的进化。人的进化方式的生成，是物质世界进化方式上的一场革命。同自然发生的生物进化相比较，人的进化方式具有如下特点。

（1）人的进化是一种超机体的进化。生物的进化是生物在适应外部环境变化的过程中所发生的机体的进化，即生命的功能结构的变化，具体表现为天然器官的进化。与此不同，人的进化则是人的超生命的功能结构的进化，即超机体的进化。人的进化的基础是人的身外器官或人工器官——工具的进化，在此基础上，还发生了认识能力以及社会关系的进化。这是一种文化的进化。在人类进化中，生命的进化终结了，代替它的是一种超生命的进化。同古代人相比较，现代人的大脑和活动器官的生命功能和结构并没有显著的变化，但人改造自然的主体能力却得到了飞速发展，这是超生命的功能结构进化的结果。在人的进化中，生命的、机体的方面是一个相对不变的常数，进化只是发生在超机体的方面。不仅如此，人的天然器官还遵循着“用进废退”的原则，许多生命潜能都处于退化之中。

人的超机体进化是“种内进化”，即在人的物种不变前提下发生的主体能力的进化。动物的进化是机体进化，它表现为旧物种的灭亡和新物种的形成。这是一种“种间进化”。就种内个体来说，并没有任何进化。现代老鼠同几千年前的老鼠一样，其功能结构没有什么不同。人的进化却是超生命的功能结构的进化，它决定了人类可以在不改变自己的物种的前提下实现自身的进化。

（2）支配生物进化的规律是自然选择规律，而支配社会进化的规律则是“社会选择规律”。我在 1988 年曾提出：社会规律是自为规律。[①] 自为规律就是社会选择规律。它既是人类进化的规律，也是社会发展规律。

社会规律作为社会有机体的自组织规律不同于无机界的自然规律。社会规律不仅具有自在性、客观必然性，而且对人类的生存与进化来说又具有应然性、必要性，即自为性，是两者的内在统一。这里的自为性指“为我性”。这里的“我”不是指人类个体，而是人类整体本身，即社会规律是为人类的生存与进化而存在的。因此，社会规律在其客观必然性之中就包含选择性、价值性，其选择的尺度就是人类的生存与进化。“生产关系必须适合生产力、上层建筑必须适合经济基础”的规律是社会的基本规律。这两个基本规律就是社会选择规律。为什么“生产关系必须适合生产力、上层建筑必须适应经济基础”能成为社会的基本规律，而在社会现实中也存在的生产关系不适合生产力、上层建筑不适合经济基础的现象不能成为社会规律呢？其原因就在于：只有生产关系适合生产力、上层建筑适合经济基础，才能促进生产力的发展，最终促进人类的进化。在历史发展中之所以先进的生产关系和上层建筑会得到巩固，而落后的生产关系和上层建筑最终都被历史所淘汰，就是这两个基本规律决定的社会选择的结果。可见，

① 参见刘福森《社会历史过程的主体性、合目的和规律性》，《哲学研究》1988 年第 10 期。

这两个规律自身之中就包含一种选择，即对适合生产力的生产关系、适合经济基础的上层建筑的肯定和对不适合生产力的生产关系、不适合经济基础的上层建筑的一种否定。这里一个肯定一个否定就是选择，其尺度是保证生产力尽快地发展，最终是促进人类的进化、社会的进步和历史的发展。对于人类的生存与进化来说，这两个规律不仅是客观的、必然的，而且是应当的和必要的。在规律中，“是”与“应当”、必然性与应然性是内在统一的。在历史理论中，它也决定了决定论与选择论的内在统一。

从上面的分析可以看出，人的进化方式与生物进化方式具有根本不同的性质和特点。从这个意义上说，人类进化方式的出现，是物质世界进化史上的一场革命，是生物进化方式在人类进化中的中断，是对生命进化方式的超越。

但是，当我们这样说时，绝不意味着人类的进化是对生命进化的根本逆转。人类的进化既是生命进化的中断和超越，又是生命进化的继续，二者在总体方向上是一致的。从这个意义上说，人类进化方式是自然采取的超自然（非自然）的进化方式，是超生命的生命进化方式。

生命进化的总体方向是向非专门化和本能减弱的方向进化的。动物的进化程度越低，其专门化程度和本能就越强。这是因为，生命越低级，就越需要对外部专门环境的适应。非常专门化的本能同非常特定化的环境的天然统一，是低等动物生存的必要条件。生物学家居维叶说：“动物越高级，本能就越不发达。”[①] 这是因为，动物越专门化，适应某种特定环境的能力越强，其适应环境变化的能力就越差，因而就越容易被变化的环境所淘汰。因此，生物进化中能够保存下来的是那些在当时专门化程度不太强的物种。进化是一种选择，自然选择的尺度是选择专门化程度较弱的动物。

① ［德］黑格尔：《自然哲学》，梁志学、薛华等译，商务印书馆1980年版，第565页。

专门化和本能的减弱意味着头脑的发达。“动物本能越不健全，不固定，那它的头脑就越发达，从而进行学习的能力就越强”。[①] 许多高等动物已经具有了一定程度的非专门化的特征和后天学习的能力。例如黑猩猩在初生的几年里它们有与人类一样的好奇心，它们做游戏与我们的孩子一样好。[②]

因此，我们可以说，人的非专门化的生物学特征，是在生物进化中通过自然选择逐步形成的；人的非本能的生存方式和超生命的进化方式，是生命进化的必然结果和继续，是总的自然演化过程的一个特殊部分。人类是在生物进化到“本能适应性达到最低点时出现的”。[③] 人类的非专门化、非本能的生物学特征是生物进化的顶点。在生物学上，不会再出现比人类更非专门化的物种了。因此，生物进化到人之后，只能在超生命的进化方式中继续进化。

首先，社会进化的总体方向，是沿着人的天然器官的作用逐步减弱而身外器官的作用逐步强化的方向进化的。人类的社会发展程度越低，其天然器官的生命功能在生产力发展中的作用就越大，反之，社会发展程度越高，身外器官（工具）的作用就越大。人的生产能力的进化过程，表现为人的天然器官的劳动功能不断外化的过程，即不断由超生命的身外器官代替生命器官功能的过程。这一过程正是在生产发展中天然器官的功能弱化和人工器官强化的过程。

在人类进化过程中，从手工生产向大机器生产的转变，由于用机器代替了人手的功能，就使生产的发展突破了手的生理功能的局限，使生产力获得了一次飞跃。可见，在人类的生产能力的进化中，其总的方向是人的生理功能在生产中逐步减弱的过程。这与生物进化中本能适应性逐步减弱（本能的弱化）的方向是一致的。生物进化到人类

---

① ［美］弗洛姆：《寻找自我》，陈学明译，工人出版社 1988 年版，第 51 页。

② ［英］苔丝蒙德·莫里斯：《裸猿》，余宁、周骏等译，学林出版社 1987 年版，第 83—84 页。

③ ［美］弗洛姆：《寻找自我》，陈学明译，工人出版社 1988 年版，第 51 页。

形成之前时，动物的本能之所以不能再继续弱化，是因为动物没有找到一种代替生物本能的超生命的东西，但是人找到了，这就是工具。正因为如此，在人类生成以后，才可以沿着生命进化的方向使生理功能继续减弱，把生物进化的成果保持下来，并在超生命的进化方式中继续发扬光大。

其次，人类的超生命的进化，是沿着精神功能不断强化的方向进化的。这与生物进化中动物的后天学习能力逐步强化的方向也是一致的。

生命进化的基本方向是本能的弱化，而本能的弱化就意味着后天学习能力的强化，后天学习能力的强化又依赖了头脑的进化。人类的实践能力的发展也依赖于人的精神能力的发展。在人类的生产实践中，人类的精神的作用也起着越来越大的作用，以至于使科学成为第一生产力。因此，从这个方面来看，人类的进化方向也是与生命的进化方向一致的。

因此，人类的进化，既是对生命进化方式的超越，又是在生命进化方向上的继续；既保持了生命进化的成果，又超越了生命进化的局限。因此我们可以说，人类的进化是生命采取的超生命的进化，是生命进化在超生命进化方式中的继续。

（原文载于《江海学刊》1995 年第 6 期）

社会转型与人的主体性建构

韩民青

社会转型中人的主体性迷失

社会的现代化转型，要求造就现代化的人。必须承认，由于改革开放，人们的自主意识增强了，权利观念提高了，竞争意识也大大强化了，这在很大程度上提高了人的主体性。然而我们也必须看到同时发生的负面效应：信仰危机、理想淡薄、道德滑坡、社会责任感下降，拜金主义、享乐主义盛行等。这些现象的本质是：人性在物化，人性在泯灭。对于这种现象，可以把它统称为“人的主体性异化或迷失”。人的主体性的迷失：信仰、理想、情感、道德、人格等诸方面出现的问题，表明人被一种巨大的异己客体力量所支配，极大地削弱了人作为社会活动主体的自觉力量。

马克思曾经说过：“人的根本就是人本身。”[①] 人之区别于动物，就在于人本身是一种具有主体性的社会存在。主体性就是人性之所在，这表现在信仰、理想、情感、价值观、道德、人格等诸多方面。在目前的社会转型中，人们的信仰、理想、情感、价值观、道德、人格等

---

① 《马克思恩格斯选集》第1卷，人民出版社1972年版，第9页。

诸方面发生了跌落，从根本上讲就是人性的迷失、人的主体性的迷失。我们必须从人性的迷失、人的主体性的迷失的高度，认识目前社会转型中出现的信仰危机、道德滑坡等现象。只有从人的主体性建构的视野去寻求解决办法，才能找到走出信仰危机、道德滑坡的迷宫的正确途径。说得再明白一点，这是社会转型中人的变化中出现的问题，就必须从人的主体性建构入手正确引导和把握人的转变。

人的主体性不是先天的，而是后天的，是在社会和文化环境中获得和形成的。所以，在某些特定的社会文化环境中，人的主体性就会缺失。在西方现代文明中，一方面科学技术高度发达，物质财富极大丰富；另一方面被一种与人的人性、人格、尊严相异化的文化氛围所支配，发生了道德沦丧、人性泯灭的现象。这是西方文化给予我们的警示。然而，西方文化除其某些因素之外，现在已不再是某种地域文化，而是一种世界性的现代文化，即工业文化、科学技术文化。我国社会的现代转型，正是要汲取这些先进的文化因素。问题的困惑正在于此：物质生产力和科学技术的高度发达带来了物质文明的极大提高，这本来是人类的巨大进步，然而与此同时却又发生了人性物化、人性泯灭的主体性迷失现象，这不能不使人感到惊诧。由此可见，我们对于人的主体性及其建构还缺乏深入的认识，尤其缺乏对于现代文化（科学、技术、工业化生产力、物质财富极大丰富）与人的主体性建构的内在关系的深入认识。

现代社会、现代文化中的人的主体性迷失，在西方早已尖锐地表现出来，并形成了巨大的社会弊病。目前，在我们的社会转型中，人的主体性迷失现象也逐渐暴露出来，已经带来了一些负面效应，这些负面影响，正在或将会严重破坏我国现代化事业的顺利进行。这不能不引起我们的高度警惕。为了使我们的社会主义现代化顺利实现，并避免重蹈西方社会的旧辙，必须深入地研究人的主体性结构，研究人的主体性建构与现代文化的关系，从中寻找到社会转型中如何建构人的主体性的正确方法。

客体意识与主体意识

对于作为活动主体的人来说，意识是一个十分重要的因素。人的意识是一个观念性的主观世界，人的主体性在很大程度上表现在人的意识性上。然而，对于意识在人的主体性建构中的作用，却不能一概而论，必须给予具体的分析。

从意识的组成上讲，大体可以划分为两个方面：一是客体意识，二是主体意识。列宁说过："人的意识不仅反映客观世界，并且创造客观世界。"① 列宁这是从功能上对意识作用能力的划分：反映与创造，也可叫作"反映意识"与"创造意识"。"反映意识"是对客体的认识，所以又表现为一种"客体意识"。"创造意识"则显示的是主体的意志而不是客体对象，所以又表现为一种"主体意识"。列宁在转述黑格尔关于"观念是以……作为认识和意志的真和善的观念"的说法时写道："观念是（人的）认识和意图（意欲）……"② 在这里，列宁更明确地把意识分为两个方面：认识和意图。认识显然是一种"客体意识"，而意图则显然是一种"主体意识"。

客体意识从本质上讲即是关于客体的知识，包括关于自然、社会等诸方面的各种知识，它是人的意识对客体的把握方式。由于客体意识向主体提供的是各种关于客体的知识，因此，客体性和知识性就是客体意识的特点。人作为活动主体，离不开各种知识，否则不能把握客体对象。知识是人的智力因素，因而参与了主体智力的构成，知识的获得就是一个智育过程。

主体意识，有时被人称为自我意识，应该说主体意识包含自我意识，除此之外还有其他内容，并且从本质上讲它不是关于主体的知识，

① 《列宁全集》第55卷，人民出版社1990年版，第182页。
② 《列宁全集》第38卷，人民出版社1986年版，第208—209页。

也就是说，它不是知识，而是主体的意识状态、对实践活动和客体对象的主体态度、意图。主体意识的具体表现，是人的信仰、理想、意志、情感、道德、尊严等，它们参与构成了人的主体态度。因此，主体性、意向性就是主体意识的特点。人作为活动主体，务必具有自身的意识态度，否则就不能作为主体去活动。主体意识是人的品质、品格因素，因而参与了主体的人格的构成，信仰、理想、意志、情感、道德、尊严的获得，就是一个德育、美育的过程。

客体意识与主体意识在人的主体性建构中，均是不可或缺的。客体意识作为知识，是人的主体性建构的基础，绝不能设想没有知识的主体性。然而，与客体意识相比，主体意识在人的主体性建构中具有更为重要的作用。这种重要作用表现在两方面：一是人的主体性主要表现为主体意识的意向性，否则实践活动便失去了内驱力，人也不可能具有实践的本体性，实践的主体性起因于人的主体意识；二是人有主体意识对于客体意识即知识具有支配作用，知识是被动的中性的，能否运用知识和如何运用知识要取决于主体意识。所以，主体意识是人作为活动主体的关键，人的主体性建构的最要害环节就是主体意识的建构，亦即信仰、理想、情感、道德、尊严等的建构。

现代文化本质上是一种科学文化，十分重视科学知识的作用。我国社会向现代化的转型，首先就包括向科学现代化的转变，否则就不可能有其他社会领域的现代化转型。因此，在社会转型中重视科学知识的研究、普及和提高，重视科学知识的应用，都是十分必要的。但是，如果在重视科学知识的同时忽视了人的信仰、理想、情感、道德、尊严等主体意识的教育与建构，就必然会出现人的主体性迷失的现象，并最终形成社会性的人性物化、人性泯灭的病症，社会文明水准下降。难以说得上是社会的进步。我们看到，目前在学校教育中，普遍存在重智育、轻德育美育的倾向，大大削弱了对年青一代的理想道德教育，这正在和已经导致了年青一代的主体性迷失：信仰危机、理想淡化、道德滑坡、人格扭曲。在社会其他领域，也或轻或重地存在重知识轻理想道德的现象，因而形成了普遍的人的主体性迷失。为了使我们的社会转型能够顺利实现，必须在重视客体意识即科学知识的同时，重视信仰、理想、情感、道德、尊严等主体意识的教育，加强人的主体性建构，真正提高社会的文明水准。

客体理性与主体理性

人与动物相区别的一个重要标志是人的理性，以至于有人把人类定义为“理性动物”。关于什么是理性，在不同时代的不同哲学家那里，其含义是不同的。一般来讲，理性是相对于感性、知性而言，是一种高级的思维方式和思维状态。通过一番归纳分析工作，各种关于理性的概念可以划分为两类，即客体理性和主体理性，亦可叫客体思维和主体思维。如韦伯的工具理性与价值理性，伽达默尔的方法理性与实践理性，法兰克福学派的客观理性与主观理性。客体理性或客体思维，又叫做科学理性、技术理性、工具理性。主体理性或主体思维，又叫做生命理性、价值理性、道德理性。

客体理性起因于客体意识或知识，表现为对知识的追求、对工具的追求、对效率的追求和对各种行动方案的正确抉择。客体理性的特点是它的工具性和手段性，关心手段的适用性、有效性。相反，客体理性不关心以至于忽视目的及其合理性。所以，客体理性尊重的是人的活动的客观规律性。在西方现代文化崛起之时，不少思想家就倡导“知识就是力量”，倡导现代科学的实验方法，突出的就是一种客体理性。因此，西方现代文化本质上就是一种重视客体理性的文化，也就是说，现代科学技术文化本质上是一种客体理性文化。

主体理性起因于人的信仰、理想、情感、道德、尊严等主体意识，它表现为对世界意义、人生目的、道德价值、人格尊严的追求，具有明确的目的性和终极关怀性。因此，主体理性本质上是生命理性，即主体价值理性。主体理性尊重的是人本身的价值性，寻求的是主体意识的自由展现，即对善与美的追求，它关心目的及其合理性，而不是只限于手段及其有效性。主体理性在文化上，主要表现在哲学、伦理、艺术、宗教中，而不是像客体理性那样主要表现在科学技术中。

客体理性与主体理性，在人的主体性建构中都具有不可取代的作用。客体理性使人能够冷静地对待客体对象并有效地选择手段和工具。没有客体理性，人就缺少了面对客体对象进行实践的能力，实践能力尤其是改造自然环境的能力的发展依赖于客体理性（技术理性、工具理性）的提高。显然，没有客体理性就不能建构人的主体性。但是，若没有主体理性（生命理性），人就失去了活动的内驱动力，失去了目的和意义，主体性也是难以建构的。而且从根本上讲，如果人的活动失去了生命理性对世界意义、人生目的的追求，人的合规律性（客体理性）活动本身也就失去了动力、目的和价值，与自然物的因果决定性运动也就没有什么区别了。所以，人的主体理性（生命理性、价值理性、道德理性）在人的主体性建构中具有比客体理性（技术理性、工具理性）更为重要的地位。如果仅仅重视客体理性而不重视主体理性，人的主体性就会出现迷失：重视手段而丢弃目的，重视必然而丢弃应然，重视物性而丢弃人性。

现代文化起源于西方，本质上是一种科学技术文化，是一种十分重视技术、工具和手段的文化。在我国社会的现代化转型中，重视客体理性或技术理性的作用是十分必要的，舍此便没有现代化。但是，如果仅仅重视客体理性，重视技术与工具，忽视主体理性，忽视人生目的、生命价值，就会发生人的主体性迷失。在西方社会科学技术高度发达的同时，出现了人的精神空虚、人格分裂、生命压抑等主体性迷失的现象，究其原因就在于忽视了主体理性的建构。在目前我们的社会转型中，也出现了对技术理性的重视：重视自然科学、重视量化方法、追求适用和效率、追求物质需要等；同时也出现了对生命理性的忽视：不重视人文学术、不重视精神文明、不重视理想道德；并出现了相应的人的主体性迷失：人们普遍感到精神空虚、生活紧张、人生茫然。

所以，在社会转型中，我们不仅要重视客体理性的作用及其建构，也要重视主体理性的作用及其建构，使人们始终保持着激昂的生活热情和充实的精神状态，始终朝向生命的意义、人生的价值、道德的追求而努力，保持一个火热的主体状态而不是冷冰冰的机械（自然）状态。

客体精神与主体精神

“精神”一词，经常用于两种含义。其一是与“意识”一词的含义相同，如“意识与物质”也被称作“精神与物质”。其二是意识的状态、趋向，如“革命精神”“刻苦精神”。我们这里讲的精神，是第二种含义上的，即意识的状态与趋向。人的意识状态和趋向的具体表现是多种多样的，但基本上可以划分为两类，即客体精神与主体精神。

客体精神，指的是人的意识对客体的尊重精神和追求精神。客体精神的具体表现有：求真精神、求实精神、求利精神，即意识对真、实、利的追求精神。客体精神，也可以叫作科学精神。科学的求真精神，是对真理的执着求索和尊重；科学的求实精神，是对客观实际与实用的追求与尊重；科学的求利精神，是对真实利益的追求与尊重。客体精神或科学精神，其特点就是对外在客观事物的尊重与追求，把客观事物作为至高无上的对象去尊重和追求：认识要以客观事物为最高反映准绳，实践要以客观事物为最终活动目的。所以，从本质上讲，客体精神或科学精神就是一种把客观事物作为最高认识和实践准则与目的的精神。在这种精神中有一条内在支配法则，这就是：从求真开始，走向求实，最终到达求功利。追求真实的利益是客体精神的归宿，否则，追求真理、追求实际就没有意义了。因此，由“真”而“实”至“利”，是不可违抗的科学精神逻辑。由此可见，求“利”是客体精神或科学精神的“灵魂”。

主体精神，指的是人的意识对主体自身的尊重精神和追求精神。

主体精神的具体表现是：求善的精神、求美的精神和求自由的精神。所谓善，指的是那些有利于自身以及他人和社会的目的和行为，既包括人与人之间的关系，也包括人与自然、人与自身之间的关系。善的本质在于合目的性，也就是客体（包括人的行为及其结果）符合主体目的，是主体改造客体的一种理想。求善的精神，就是一种对于人与人、人与自然的协调关系与作用的追求与尊重，它注重的是相互协调的关系而不是客观事物对人的利益。美，是人的本质和主体意识在客观对象中自由展现，是一个超功利超客观现实的意识境界。求美的精神，就是一种对主体意识自由展现的追求与尊重，它注重的是人的主体意识的感受而不是实际的功利。自由，是人的彻底解放状态，是真正获得自觉、自主、自为的状态。自由的最大特点在于，它永远只能是目的，而绝不是手段。善与美也是目的，也不是手段，自由不是空洞的，它具体化为善与美。所以，自由是至善至美的境界。求自由的精神，是人对自身的社会和自然中的彻底解放，对自觉、自主、自为的追求与尊重。求善、求美、求自由的主体精神，也可叫作人文精神。

作为客观精神的科学精神和作为主体精神的人文精神，在人的主体性建构中均有重要作用。科学的求真、求实、求利精神，使人面对客观世界能够积极地认识与改造，从而获得科学知识和物质财富。求善、求美、求自由的人文精神，则使人牢记人的价值、精神的价值，牢记人永远是目的而不是手段，人的目的就在人自身。从而使人成为一种崇尚精神，追求自觉、自为的真正主体。科学精神只有以人文精神为灵魂，才能使求真、求实、求利不至于走向极端，才能真正发挥出主体力量。人若无人文精神做支柱，单凭科学精神去活动，就会成为追逐功利的“经济动物”，丧失其做人的主体性。所以，在人的主体性建构中，科学精神是基础，而人文精神是灵魂。

现代文化是一种科学文化，崇尚的是求真、求实、求利的科学精神。如果放弃人文精神而单凭科学精神去活动，人的主体性就会迷失，沿着科学精神的内在逻辑“真—实—利”，最终成为只关心物质利益的“经济动物”。在西方社会中，这种把人蜕变成“经济动物”的主体性迷失现象，已成为社会性病症。在我国社会转型中，重视科学的求真、求实、求利精神是十分重要的，否则就绝不会成为经济强国。但是，如果仅仅重视科学精神而忽视人文精神的作用，人的主体性就会迷失，社会文明就会出现退化。目前，社会性的重科学轻人文，正在导致人的“经济动物化”现象的出现：唯利是图、人情淡漠、不讲道义和气节、丧失人格的事情屡见不鲜。因此，在社会转型中，我们必须在大力培养科学精神的同时，大力倡导和培植人文精神，使人不仅求真、求实、求利，而且要求善、求美、求自由，并且要以后者为主导去统帅前者。

客体价值与主体价值

“价值是什么？在生成方面，价值是人的本质力量或主体性的对象化；在功能方面，价值是客体对于增强人的本质力量和提高人的主体性、人的自由度的作用和意义。”[①] 关于价值的形态，传统的价值观只看到物的价值，而马克思主义价值观不仅看到物的价值，还看到了劳动的价值，尤其是看到了“人的价值”。人是劳动主体，是一切价值物创造者，人也有价值。物的价值，对人而言是客体价值。人的价值，对人而言是主体价值。价值就是客体价值与主体价值的统一。

客体价值，本质上是物质的价值，包括各种人化物、人造物的价值。人对客体价值的追求，就是人的客体价值观念。客体价值存在于物质客体与人的关系之中，而客体价值观念则存在于人的主体意识之中。客体价值作为物质价值，其特点在于以自身的物质性为作为主体的人提供特定的物质效用。从物质效用上讲，它又区分为人的生产资料效用和生活资料效用。生产资料效用与生活资料效用对人而言都是

① 袁贵仁：《价值学引论》，北京师范大学出版社1991年版，第66页。

物质消费效用。物质消费过程，实际上就是人的享用过程。所以，归根到底物的价值对人而言是一种“消费—享受”价值。不能为人提供“消费—享受”作用，物就失去其客体价值。

主体价值，本质上是人的价值。人的价值可以分为人生价值和人格价值。人生价值，体现在人与人、人与集体、人与社会的关系中，表现的是一个人对于他人、对于集体、对于社会的价值。人格价值是人自身的价值，或者说是人之为人的尊严，是一个人能否作为一个人而存在于社会之中的价值，人格价值强调人应该尊重人的自由自觉的活动的族类本质，也就是尊重人的做人的资格与权利。失却人生价值，人在社会生活中就失去了存在的意义。失却了人格价值，人也就失去了做人的起码条件。人生价值与人格价值，既要依靠社会又要依靠自身才能生成与保持。所以，人生与人格的主体价值，是人的最重要价值。对于人生与人格价值的追求，是人的主体价值观念，也是人的主体意识的重要因素。

价值只存在于人类社会。究其原因，就在于人是一种具有主体性的存在，在人与自然、人与社会、人与自身之间形成了价值关系。当然，价值观念也构成了人作为主体的重要因素。客体价值及其对它追求所形成的客体价值观念，对于形成人的主体性有很重要的作用、从客体对象讲，若无客体价值，人就不会对其实行实践作用，人的主体性也无从谈起。客体的物质价值即“消费—享受”价值，是人生存和发展所必需的价值，舍此，人也就不可能作为主体而存活下去。所以，不论什么时候，客体价值对于作为活动主体的人都是不可缺少的。从客体价值观念上讲，它是人的主体意识的重要内容，形成人去从事改造客体活动的内驱力。没有对客体价值进行追求的客体价值观念，人是不能形成活动和活动主体的。

主体价值及其对它的追求所形成的主体价值观念，对于人的主体性建构具有更为突出的作用。这是因为，客体物质的价值在于对人的“消费—享受”作用，它是人的生存基础，然而人生存下来的意义又并不仅仅在于生存本身，而在于通过自身的活动为类的存在与发展作出贡献，这就是人的主体价值。对于一个人而言，最终的结果只能是死亡，他对物质客体价值的“消费—享受”本身只具有个体生存意义，而无类的发展意义。唯有人的主体价值，即人生的贡献价值，才会在类的延续中保持下来并发扬光大。人生价值的实现，又必须使人能够作为一个人自由自觉地生活，也就是说，必须同时具备人格尊严的价值。因此，人生价值与人格价值是统一的，最终都表现为人对类的存在与发展的价值，这是人的主体价值之所在，也是一个人作为一个活动的历史的主体的根本。所以，人的主体性建构要害在于主体价值的建构，要害在于对主体价值的追求。在价值观念中，只有把人生价值与人格价值放在首位，时时刻刻追求着自己的人格价值和人生价值，人才能作为一个真正具有自主、自觉、自为力量的主体而存在。

在我国的社会转型中，重视对客体价值亦即物质文化的价值是十分重要的，这将使我们重视科学技术的发展和经济建设事业的发展，并使我们的国家和人民迅速地走向富裕生活。这是必须肯定的。但是，同时也不要忘记对主体价值的追求，即对人生价值和人格价值的尊重与追求。应该清醒地看到，在我们的社会生活中，拜金主义、享乐主义已泛滥开来。平民百姓醉生梦死、当权者贪赃枉法，都不乏其人。这种主体性严重迷失的根源，就在于过分重视客体价值而忽视了主体价值。所以，我们要想使社会真正发展起来，就必须十分重视主体价值和人的主体性建构，坚决反对做物的奴隶，努力克服拜金主义和享乐主义，弘扬主体精神和人文价值。

（原文载于《江海学刊》1995 年第 6 期）

对人的存在理解的两次视角转换

——从“孤独的个体”到“此在”

王为理

人本主义发展的不同时期对人的存在有不同的理解。古希腊哲学的重点经历过由自然向人的转变，但并未形成真正意义上的人本主义流派，对人的存在的人本主义的理解尚处于萌芽状态。近代人本主义作为成熟的人本主义形态，铸就了对人的存在理解的理性传统，这一传统在现代西方哲学中受到挑战。本文认为，这一挑战来自现代人本主义和反人本主义。对人的存在的理解在西方现代哲学中实际上经历了两次视角转换，本文试图对这两次视角转换的理论得失做出分析，并对人本主义的未来发展方向做出判断。

理性：近代人本主义的传统

人是哲学的永恒主题，早在古希腊哲学中就已出现“人是万物的尺度”（普罗泰戈拉）的命题，对人存在做出了最初的理解。这本是智者派的相对主义思想的反映，但其中包含着对人的存在的理解的潜在意义：一方面显示出了人与自然相分离的朦胧的独立主体意识；另一方面则埋藏着把人视为某种特殊的经验抑或是普遍理性的未来分歧。

巴门尼德提出的“能被思维者和能存在者是同一的”命题在一定意义上也可以视为对人与存在的关系的理解，尽管海德格尔在《形而上学导论》中对这一命题做过令人耳目一新的分析，认为巴门尼德所说的“思维”不能从主观意义上去理解，思维与存在的关系不能简单理解为主体对客体的关系，但是就哲学发展的实际历程而言，海德格尔不愿看到的对巴门尼德的误解却深深影响着对人的存在的理解。巴门尼德的“思维”不仅被从主观意义上理解，而且还被从概念思维、理性的意义上理解。既然能被思维者与能存在者是同一的，不能被思维者也就不可能是真实存在的。如果存在不能被思维而只能被体验，那么思维也就势必要将存在驱逐出它的疆界，理性也就势必要将存在化为空无。所以，对巴门尼德的命题的这种理解意味着对人的存在的理解问题上的某种单一的导向，即人将被主要地从能被思维的方面“从普遍理性而非特殊经验的方面去理解。柏拉图对理念世界与现象世界的划分尽管仍然没有将主体与客体真正区分开来，但其对理念的颂扬使人的重点由感觉的实在转移到超感觉的实在之上，人的本质作为一个普遍观念从此显得要比任何单独的个人都更为真实，柏拉图由此开创了以理性方式认知人的传统。亚里士多德提出的“‘何谓实是’亦即‘何谓本体’”[①] 之论，进一步将存在问题归结为本质问题，人的存在问题也就进而被等同于人的本质问题，而理性则被视为人的存在所依赖的本质，人被定义为“理性的动物”。

尽管人在亚里士多德那里被从理性角度加以理解，但仍然具有某些理性之外的成分，因为在亚里士多德的人的定义中，“动物”二字仍然界定着人。当哲学发展到近代，笛卡尔确立了“我思故我在”的第一哲学原理，根据对人的自我的无可怀疑的“我思”来确定人。尽管笛卡尔声称“思想”指的是在我们身上发生而为我们所直接意识到

① ［古希腊］亚里士多德：《形而上学》，吴寿彭译，商务印书馆 1959 年版，第 126 页。

的一切，理解、意欲、想象、甚至知觉都在思想的范围之内[①]，但其基本成份是理性。由于对“我思”的特别强调，理性也就取得了不同寻常的优先地位，人由“理性的动物”转而被理解为纯粹的理性实体，人的理性思维的主体性原理得以确立，近代人本主义对人的存在的理解的基本框架得以形成。结果是一方面对人的主体觉醒、理性发展的认识在逻辑上超过了对人的自然生物性的认识，与人的具体存在形式相比，人的理性本质处于优先地位。另一方面人被理解为一个认知的主体，人以普遍理性的形式存在并与客体相对立，人处在抽象的理性本质中而与世界相分离，主体与客体明确区分并对立起来，人与世界的关系变成了征服与被征服、利用与被利用的关系。

康德敏锐地觉察到了笛卡尔哲学所造成的分裂，在笛卡尔的“我思”基础上，康德第一个系统论证了人的自然方面与人的自由意志方面的两重性，试图对人的存在做出全面的理解，但由于对人的主体性的强调，康德扩大了人的这两个方面的差别，使它们分属于可知领域的必然世界和不可知领域的自由世界。因而，虽然康德给理性划定界限，为信仰留下地盘，启迪了现代人本主义，但他并未最终突破笛卡尔的“我思”模式。当德国古典哲学演进到黑格尔那里时，康德为人的存在所划出的非概念、理性所能把握的地盘遭到侵占，近代人本主义对人的存在的理解的理性模式发展到顶峰。作为整个西方近代哲学传统的代言人，黑格尔把自古希腊以来西方哲学所隐含的对人的存在的理性预设大声张扬出来。在黑格尔看来，宇宙是逻辑的、理性的，“理性是世界的灵魂，理性居住在世界中，理性构成世界的内在的、固有的、深邃的本性，或者说，理性是世界的共性”[②]。因此整个宇宙，包括人类历史和精神，都是遵循一种逻辑或理性秩序运行发展的。“人的规定是思维的理性：一般思维是他的单纯规定性，他由于这种

① 参见［法］笛卡尔《哲学原理》，关文运译，商务印书馆 1958 年版，第 3 页。
② ［德］黑格尔：《小逻辑》，贺麟译，商务印书馆 1980 年版，第 80、198 页。

规定性而与兽类有区别。”[①] 正是思维使人与动物区分开来，人本质上就是精神，是思维的理性。在黑格尔哲学中，人的理性本质被提高到本体论高度并被纳入其辩证法中加以解释，精神、理性被规定为独立于肉体之外，能自我运动、自我认识、自我实现的“精神实体”，作为思维与存在相统一的基础，这一实体创造世界、体现真理，是能够牵引历史进步的“能动主体”，人的精神、理性也就被拔高、膨胀为所谓“绝对精神”，人的存在也因而成了黑格尔所建构的绝对理念发展的逻辑体系中的一个环节。

黑格尔所阐发的英雄史诗般的人的理性本质的神话将近代人本主义对人的存在的理解的理性模式推向极致。在这种抽象理解中，人的存在被扭曲地理解为抽象理性，主体与客体、人与世界的对立不仅未被消除，反而变得更加尖锐。近代人本主义以理性理解人的存在的立意本在于弘扬人的主体性，追求人的自由发展，但当理性被无限膨胀成为绝对权威，并在黑格尔那里以泛逻辑主义形式出现时，人的存在被看成普遍的、纯思维的东西的某种偶然的表现，人被赋予纯粹的社会性的意义，具体的个体则被随之吞灭，人的自由被视为一种被理解、被认识了的必然性，人的道德、情感、意志等被当成普遍理性的附属品，人也就实际上失去了自主性和独立性，失去了作出选择的可能性，失去了个性，从而也就最终失去了自由。因而，近代人本主义对人的存在的理解有其局限性，近代人本主义所形成的人的存在问题上的理性传统必然受到挑战。

“孤独的个体”：现代人本主义的滥觞

在对人的存在的理解上，克尔凯戈尔曾经深受黑格尔的影响，并因而指责苏格拉底“毫不顾及全体，而只看到个人”。对此，克尔凯

---

① ［德］黑格尔：《逻辑学》（上卷），杨一之译，商务印书馆 1974 年版，第 118 页。

戈尔深感惭愧并磋叹自己“当初是怎样一个黑格尔派大傻瓜”。[①] 实际上，整个克尔凯戈尔哲学都是对黑格尔所建构的绝对理性体系的反抗。在克尔凯戈尔看来，黑格尔只看到通过逻辑范畴说明的一般的历史运动，却忘记了在特殊的具体的历史进程中存在的个人，黑格尔所建立的是一个滑稽地排斥他自身存在的思想体系，在这个体系中，人把自己理解为一个抽象的、普遍的、永恒的范畴，人因此丧失了自身的具体的、特殊的、现世的存在。因此克尔凯戈尔认为，黑格尔所建立的实质上是一个关于存在的理论，真正的存在则被忘得一干二净。

在克尔凯戈尔看来，存在的理论与存在根本不是一回事。在对存在的理解上，克尔凯戈尔极力推崇苏格拉底，认为苏格拉底的本性在于“讽刺”，讽刺不仅是揭露他人无知的手段，而且是存在的方式，其实质在于“无限的否定性”，它消解了一切确定性，消解了理性是通向绝对真理之路这一可靠信念，从根本上肯定了一种包含无限意义的不确定性。对苏格拉底的推崇表露出克尔凯戈尔对存在的基本体验：存在是讽刺的。一方面，存在是排斥理性的；另一方面，存在完全不是一个思辨问题，存在需要去体验、实践。在对基督教所宣称的上帝化身为耶稣的讨论中，克尔凯戈尔对存在的这种体验得到进一步强化。永恒的、超越时空的上帝化身为人，化身为暂时的、现世的存在，这是一个“绝对的悖论”，克尔凯戈尔认为这一悖论在理性上是不能消除、克服的，从理性出发，上帝化身为人是荒谬的，是没有逻辑上的可能性的，但对信仰者来说，通过信仰它获得了最高的必然性。因而信仰的对象是不能为逻辑证明或其他任何手段所客观地认识的，信仰是高于理性的。克尔凯戈尔对“绝对的悖论”的确认的哲学意义在于，一方面揭示了“绝对的悖论”正是人自身所处的真正境地；另一方面在理性之外开辟了一个存在的无限可能的领域。正是由此出发，

① ［丹麦］彼得·罗德选编：《克尔凯戈尔日记选》，晏可德、姚蓓琴译，上海社会科学院出版社 1992 年版，第 89 页。

克尔凯戈尔认为，存在是一个可怕的矛盾，理性不能把握存在，“一个逻辑的体系是可能的”“一个存在的体系是不可能的”。

正因为存在并不是像黑格尔所设想的那样能从理性中演绎出来，存在不能用概念思维来表达，存在只能是一种主观的体验，存在也就必然与人相关。但人不是普遍概念意义上的人，在克尔凯戈尔看来，存在不是以属或种的形式存在，而是以具体的个人的形式存在，存在在本质上是个人的，因而人是“孤独的个体”，存在作为一种主观的体验只有作为“孤独的个体”的人的亲身经历才能领略到它的境界。人的存在是由个体性、变化、时间和死亡所规定的，这决定了人的本质不是被给予的，不是从理性中演绎出来的，而是通过决定、选择而获得的，人的伟大正在于拥有或此或彼的选择。克尔凯戈尔认为人的存在以三种方式出现：在审美的存在方式中人为追求瞬间快乐而生活，在伦理的存在方式中人为责任而生活，在宗教的存在方式中人为服从上帝而生活。人的这三种存在方式都只是对人的存在的可能性的一种描述，面对存在的各种可能性，人必须做出或此或彼的选择。

以“孤独的个体”理解人的存在是克尔凯戈尔对黑格尔的绝对理性主义模式批判的直接结果，其意义不仅在于揭露了黑格尔的理性体系的谬误，更重要的在于其代表着对整个西方哲学特别是近代人本主义的理性传统的反抗，在于其实现了对人的存在的理解的一次重要的视角转换。首先，他通过对存在的重新诠释，否定了从理性、思维中推演出存在的可能性。其次，克尔凯戈尔以“孤独的个体”对人的存在的理解在一定意义上可以视为对康德哲学的意义的重新挖掘。康德说：“‘存在’（Sein）显然非一实在的宾辞，即此非能加于事物概念上之某某事物之概念。”① 这就是说，存在不是一个概念，理性的范围是有限的。如果说康德揭示出理性陷入二律背反的必然命题，实际上剥夺了理性至高无上的权威，为不同于理性形态的哲学的出现提供了

① ［德］康德：《纯粹理性批判》，蓝公武译，商务印书馆1960年版，第430页。

契机，那么克尔凯戈尔则使这种哲学的出现由可能变成了现实。克尔凯戈尔由此对人做出了现代式的理解，并与叔本华、尼采一道，开启了以非理性形态出现的现代人本主义对人的存在的理解的基本思路。最后，克尔凯戈尔强调个人对自己存在的关注，强调人的存在完全不是一个思辨问题，而只能是一种个人必须热情介入即自由选择的实在，克尔凯戈尔由此在探求消解抽象的理性主体的理论途径上迈出了重要一步，他已经意识到单纯以人的非理性情绪来否定理性容易落入传统模式的案臼，即仍然不能改变“人是理性的，还是非理性的”这样一个“人是什么”的提问方式。尽管以非理性形式存在的“孤独的个体”并未真正跳出这个圈子，但克尔凯戈尔对选择在人的存在中的意义的关注仍不失为改变哲学对人的存在的追问方式的一次有益尝试。

克尔凯戈尔的“孤独的个体”实现了对人的存在的理解上的一次视角转换，但也带来了新的矛盾。“孤独的个体”表明每个人都是独特存在着的个人，克尔凯戈尔称这种“孤独的个体”为“主观思想家”。“孤独的个体”的实质在于每个人的主观性，而主观性表现为每个人内心中独一无二的生存经验感受。因此，克尔凯戈尔的“孤独的个体”只能听到他自己的声音，他本质上只与他自己一个人相关，而与他人无关，他不能参与其他人的社会。当笛卡尔视心灵和肉体为实体时，必然使心灵和肉体无法沟通，因为实体之间不存在本质上的依赖关系，克尔凯戈尔摒弃了实体观念，但他视个人为主观性的存在，“孤独的个体”作为纯粹主观性的人也就带上了某种隐蔽的实体性质，人与人之间的联系也因而被割断。这样，“孤独的个体”一方面使人返回到生活世界；另一方面又使人与世界隔绝开来。因此，以“孤独的个体”理解人的存在只解决了传统理性模式中一个层面的矛盾，即理性不是人的全部，人也是作为特殊经验的存在，而传统理性模式导致的人与世界的分裂问题不仅未得到解决，反而在另一个层面上被进一步加深。克尔凯戈尔自己意识到了这一问题，提出了“交往”概念，试图解决“孤独的个体”与他人的关系问题，但他所说的交往是一种“间接交往”，这种源于其本人的心理体验和交流宗教真理的必要性的间接交往，最终被归于上帝自身和上帝与人的关系上。个人在孤独中面向上帝，对上帝的皈依被视为人的最高存在和最有价值的上存方式。克尔凯戈尔最终得出的这种以宗教方式解决人的存在的矛盾的结论，从学理上说是对他自己所倡导的人作为“孤独的个体”的无限可能性的扼杀，因为在这种情况下，如他自己所深信的那样，只有成为基督徒的人才算是一个完全意义的人。克尔凯戈尔以“孤独的个体”理解人的存在，在一定程度上可以看作对早期工业社会对个人的侵犯即现代人处于异化境地的一次敏感的反抗，但这种反抗本身是以异化的形式出现的，人对上帝的皈依实质上是“孤独的个体”的悲哀叹息。

“此在”：反人本主义的争辩

与克尔凯戈尔一样，海德格尔不满于近代人本主义对人的存在的理性解释。在他看来，人的本质在于，人比单纯的被设想为理性的生物的人要更多一些。与从主观性来理解自身的人相比，又恰恰更少一些。一方面，理性并不能反映出人的全部，对人需要有“更多一些”即更本源性的理解；另一方面，近代人本主义突出的是人的主观性，[①]其实质是畸形膨胀了的人的理性主体性，与之相比，真正的人应该“更少一些”。克尔凯戈尔一反近代人本主义的理性模式，以“孤独的个体”理解人的存在，海德格尔予以高度评价，认为克尔凯戈尔“把生存问题作为一个生存状态上的问题明确加以掌握并予以透彻的思考”。[②] 但是“孤独的个体”凸显出人的非理性层面，并以之作为排斥

① 关于人本主义的主观性的分析，可参阅王为理《海德格尔的“此在”与人本主义的主观性》，载《学术月刊》1994 年第 5 期。

② ［德］海德格尔：《存在与时间》，陈嘉映、王庆节译，生活·读书·新知三联书店 1987 年版，第 283 页。

理性的根据，这并不能真正解决人的存在的问题。“非理性主义唱的是理性主义的对台戏，理性主义盲目以待的东西，非理性主义也不过眄顾而言罢了。”① 克尔凯戈尔确立的仍然是作为主体的人，只是主体的内容由普遍理性改换成人的情绪体验，主体的经典概念并未破除，因此克尔凯戈尔仍然停留在传统哲学的范围之内，“从存在论角度看来，他还完全处在黑格尔的以及黑格尔眼中的古代哲学的影响之下。”② 作为“孤独的个体”的人仍然是与存在相去甚远的。

理性的人和非理性的人都只不过是在传统哲学的主客对立二分的思维框架中对人的存在的片面的理解，海德格尔则试图超越传统哲学的格局，铲除这两个对立面赖以存在的根基。克尔凯戈尔通过回到苏格拉底而阐释其对人的存在的理解，海德格尔则一直追溯到希腊时代西方思想的源头。在他看来，西方哲学的发展是一个“存在的遗忘”的过程，这一过程肇始于柏拉图以理念对存在的理解，人本主义即形而上学传统由此形成，以后的所有形而上学包括其反对者实证主义都说着“柏拉图的语言”，存在与存在者的“存在论差异”也被从此忽略，人因而与存在相分离。海德格尔认为本原性的人应到柏拉图以前的哲学中去寻找，那时人与存在是浑然一体的，人是存在的出现、显示、去蔽。正是在西方哲学的开端，已经很明显的是，存在的问题必然包含此在的根基。对西方哲学的源头的回溯使海德格尔走上了以“此在”理解人的存在的思想之路。

Dasein 本是沃尔夫以来的德国哲学中用以指个别事物的具体存在，以区别于一般的抽象的存在的范畴。黑格尔用“定在”指有与无的统一是变易的结果，是一种片面的、有限的存在。③ 海德格尔摒弃了“定

---

① ［德］海德格尔：《存在与时间》，陈嘉映、王庆节译，生活·读书·新知三联书店 1987 年版，第 167 页。

② ［德］海德格尔：《存在与时间》，陈嘉映、王庆节译，生活·读书·新知三联书店 1987 年版，第 283 页。

③ ［德］黑格尔：《小逻辑》，贺麟译，商务印书馆 1980 年版，第 80、198 页。

在”的所有这些内涵，用“此在”指称人的存在。海德格尔避免称人为“人”的良苦用心在于试图避免落入人本主义的俗套，因为人本主义的主体形而上学确立以来，人与主体两个概念已无法分开来理解。此在则具有根本不同于主体概念的内涵，此在的基本机制即基本存在状态是“在世界之中”，这就是说此在不是一种孤立的、单独的存在，它总是处于世界之中，而“在世界之中”并不意味着此在与世界的空间关系，而是指此在与世界处于一种不可分割的浑然一体之中。“世界”也并非通常意义上的客观世界，“世界”在“在世界之中”这个规定中的意思根本不是一个存在者，也不是一个存在者的范围，而是存在的敞开状态。所以此在与世界并不是两个不同的相互对立着的存在者，此在与世界的关系不能理解为主体与客体的关系。近代人本主义的作为理性主体的人和克尔凯戈尔的“孤独的个体”都是人为设定的、孤立的、与世界相分离的人，因而都未能对人的存在作出正确的理解。

此在“在世界之中”，即此在在世，本质上就是“烦”，烦是此在在世的基本结构，作为一种本质上不可分割的处于整体性中的生存论上的现象，烦不能理解为人因某种特殊的行动或欲望等而产生的忧烦心理或情绪。海德格尔从此在被抛入世，与世内存在者打交道的两个方面剖析此在之烦：“寓于上乎事物的存在可以被理会为烦忙，而与他人的在世内照面的共同此在一起的存在可以理会为烦神。”① 一方面，此在在世因与他物打交道而烦忙，此在与其使用的用具发生关系而与他物相关，构成“周围世界”，表明此在与他物不可分离，“无世界的单纯主体并不首先存在，也从不曾给定。”② 另一方面，此在在世因与他人打交道而烦神，此在因而与他人相关，此在在世不是孤独的个人的在世，而是与他人一道在世即共同在世，从而构成“共同世界”。这表明“无他人的绝

---

① ［德］海德格尔：《存在与时间》，陈嘉映、王庆节译，生活·读书·新知三联书店 1987 年版，第 233 页。

② ［德］海德格尔：《存在与时间》，陈嘉映、王庆节译，生活·读书·新知三联书店 1987 年版，第 143 页。

缘的自我归根到底并不首先存在”①。海德格尔剖析此在在世的基本结构的主旨在于，他不愿预先设定一个孤立的主体，然后把一个个孤立的他人或他物附加到这个主体之上。近代人本主义的谬误正在于首先将人从存在的整体中抽象、分离出来作为主体，然后再去论证、认识与之相对立的客体，去建立所谓“思维与存在的同一”。克尔凯戈尔的“孤独的个体”则干脆在对人的主观性的特别强调中将人与他人、人与世界彻底割裂开来。

烦作为此在在世的基本结构是由“畏”显示出来的。畏与“怕”有根本区别，怕指向某种确定的存在者，怕之所怕者是某种确定的、具体的危害或威胁，它只是此在在存在者状态上的现身方式，而“畏之所畏者不是任何世内存在者，因而畏之所畏在本质上不能有任何因缘”②。畏是没有确定的对象的，正是在这个意义上，海德格尔说：“畏启示着‘无’。”③ 畏显示的不是任何具体的东西，而只是无。畏所启示出来的这种虚无境界正是“在世”本身，因此畏作为此在的现身方式将世界作为一个整体的世界，即此在在其中的世界展开来，此在的存在也因而得到了揭示。克尔凯戈尔对人的畏惧现象做过深入的探讨，海德格尔认为“在对畏的现象分析中向前走得最远的是索·克尔凯戈尔，不过这一分析是在对与神学相关联的原罪问题作‘心理学’的解说时进行的”④。在对“畏”的带有神学背景的体察中，克尔凯戈尔主要表明了畏惧是对人的个性的一种磨炼，畏惧使人的生命个体化，海德格尔则将对畏的揭示引向无的概念，并在无的概念背后展露出作为一个整体的世界，人因

① ［德］海德格尔：《存在与时间》，陈嘉映、王庆节译，生活·读书·新知三联书店 1987 年版，第 143 页。

② ［德］海德格尔：《存在与时间》，陈嘉映、王庆节译，生活·读书·新知三联书店 1987 年版，第 225 页。

③ ［德］海德格尔：《形而上学是什么?》，参见洪谦主编《西方现代资产阶级哲学论著选辑》，商务印书馆 1964 年版，第 350 页。

④ ［德］海德格尔：《存在与时间》，陈嘉映、王庆节译，生活·读书·新知三联书店 1987 年版，第 230 页。

此再也不被理解为一个个自我封闭的“孤独的个体”，人本来就在其自身之外，人与世界本为一体。正是在此基础上，海德格尔进一步揭示了此在的最本己的、无关涉的、不可超越的、不确定的可能性的“死”，在此在的“向死而在”中显现出此在的“完整的”“本真的生存”，并进而将此在的存在的意义理解为时间性，使此在的存在在时间中展开，从而揭示出人的存在的有限性和人的存在的深刻的历史性。

海德格尔以“此在”理解人的存在与克尔凯戈尔以“孤独的个体”理解人的存在具有许多共同的意义，因为两者都是对近代人本主义的理性传统的反抗，两者对破除人的存在的理解上的理性模式发展发挥过十分积极的作用，海德格尔对此在的阐释在客观上进一步开启了现代人本主义特别是存在主义的思路。但海德格尔的“此在”实现了对人的存在的理解的又一次视角转换。首先，此在突破了追问人的存在的“人是什么?”的传统方式，人的存在不再被描绘为以理性为核心的精神性存在，也不再被理解为非理性的个人的情绪体验，理性与非理性的分歧被超越。克尔凯戈尔通过强调人的存在所面临的或此或彼的选择的意义在改变追问人的存在的方式上做出过有益的尝试，但只有“此在”对人的存在的整体结构的把握才真正改变了哲学的提问方式，人的存在再也不是从作为“什么”意义上的存在者去理解。其次，通过对此在的基本机制“在世界之中”、此在在世的基本结构“烦”以及“畏”、“死”等的揭示，海德格尔摒弃了传统的主体概念，拒绝了人本主义的主客对立二分的认识图式，孤立的主体被消解，主体与客体、人与世界之间的鸿沟被填平，人既被从抽象的思维与存在的同一中解救出来，重新回到具体的生活世界之中，又避免了成为克尔凯戈尔式的孤独的，与他人、世界隔绝的个体。再次，由此在出发的对主体形而上学的批判一直影响着海德格尔的思想，晚期海德格尔所表现出的对以主体征服客体方式对待世界的危险性、对人的活动的全球性后果以及人与自然的关系的特别关注，是与早期海德格尔对人的存在的理解有深刻联系的，更重要的是海德格尔以反人本主义的形式提出了人本主义发展中所必然面临的新课题。最后，海德格尔通过此在对人的存在做出的理解，摒弃了克尔凯戈尔那里所有宗教和超验的东西，通过此在，海德格尔描述的是一个上帝不在场的世界，这清除了对人的存在的理解的异化形式，疏通了被克尔凯戈尔堵塞住的通往现实的生活世界的道路。

当然，此在是否准确把握了人的存在，人的存在是否就此被昭明，这是一个值得进一步探讨的问题，海德格尔晚期思想的变化不管是根本性的，还是一定程度上的，都反映出海德格尔对此在的重新认识。柏格勒指出："《存在与时间》朝着拔除西方本体论的世界遗忘状态正走在半路上。这部著作把此在考虑为存在于世，并不就已经达到了这样的一步：为把存在规定为存在，规定为世界，展开存在的意义和先验的视野。也许世界还没有如此本源地被思考，使得它与存在的意义的同一能够显露出来。"① 柏格勒的话不无道理，但尽管如此，海德格尔以此在对人的存在的理解代表着一条既不同于近代人本主义，也不同于现代人本主义的路线，反形而上学即反人本主义是其基本特征，此在所寻求的人与世界的统一、主体与客体对立的消除、人与自然的和谐代表着对人的存在的理解的新方面。

（原文载于《江海学刊》1995 年第 6 期）

① ［德］奥托·柏格勒：《海德格尔的思想之路》，（台北）仰哲出版社 1994 年版，第 225 页。

人的深度张力：浪漫性与现实性

黄宏伟

本文提出并讨论人的精神中的深度张力——浪漫性与现实性问题。应该说，关于此问题，曾经有一些文献资料、哲学经典或直接或间接论及，具有一定生活经验的人们对此问题也往往会有一些或正面或侧面、或具象或抽象的感悟乃至沉思。然而，我们认为，在人学及哲学主体论研究中，超越经验思维或准经验思维的羁绊，对此问题做系统而深入的探讨，具有重要的理论价值和现实意义。

主体基本意向性：一个哲学主体论概念

浪漫性与现实性，不宜仅仅作为文艺学中的一对概念，实际上，它也可以作为一对哲学主体论的范畴。浪漫性与现实性，即可以指人类的两种精神状态、两重基本特性（无论就人类整体主体、还是就个体主体而言），还可以指主体最深层的两重基本意向性。在前一意义上，即人生观、价值观中的两重性以及普遍存在的这两类精神现象，均可以说是深层基本意向性的外化和实现，而后者，既不可能完全来自天赋遗传，也不可能从其他别的什么途径获得，只能是在生活、实践的整合中，由前者的积淀而来。因之，本文侧重讨论其中的主体基本意向性。

所谓主体基本意向性，是指多维（文化的、心理的、历史的等）多层的主体性结构中最深层次的能动的意向性或指向性。作为主体的基本意向性，它与普通意识的意向性（或曰主体意图、意识的指向性）、动机是基本与非基本、深层与表层的关系。① 普通的意向即是人的意愿所向，包括注意、欲念、意图、情绪、意志、理想等各种状况与水平。具体的意向具有偶发性、短暂性，而基本意向性则是深藏的、恒久的。基本意向性也可以说是人类的主题动机，它与人类的根本需要、根本目的相依存。作为主题动机的基本意向性，往往不是每个具体的现实的人可以自觉地把握到的，往往不会清晰地浮现在每个具体的现实的人的意识之中，也往往不直接对应于某一具体的需要、某一具体的目的。即恒久性、深层性和根本性是我们首先必须注意到的主体基本意向性的基本特征。本文所言的“主体基本意向性”，可以说是主体性中的元点之一，这一元点一分为二即是浪漫性与现实性这一对元概念。

所谓浪漫性，是指人类精神中，基于非理性因素的涌动，从主体精神生发、喷射而出，力图摆脱客体对主体的限制，超越历史与现实的意向。即，浪漫性是对客体现实及其历史沉积的超越和否定，是对主体现实性的超拔和否定。②

所谓现实性，是指人类精神中，基于理性力量的正视现实、遵循利用客体规律，整合内心非理性冲动的崇实、务实的意向。即现实性是对客体现实性直至历史状况的认同，是对主体盲目性、随意性乃至浪漫性的校正和否定。

西方文化中的酒神精神与日神精神；中国文化传统中的道家精神

---

① 在心理学中，意向与动机也是有区别的。可以说，动机是意向、驱动的聚合，它最终导致行为，而意向则不一定导致具体的行为。

② 我们绝不能因为有消极的浪漫性，而导致意识形态及其价值观念方面的过于敏感，进而压制、放弃浪漫性及主体基本意向性这一课题的研讨。

与儒学精神；形而上的终极关怀与形而下的功利欲求；文艺中的浪漫主义与现实主义；创造性的想象与逻辑性的论理；尼采的泛诗情化与黑格尔的泛逻辑化，等等。前项属人的浪漫性，后项属人的现实性。上述各对都是主体基本意向性的具体展现，与主体基本意向性都是个别与一般、个性与共性的关系。

主体的两重基本意向性，不仅分别呈现于人类活动纵横所有领域，而且，在总体上是以一定的张力，辩证地联结在一起的：不仅蕴含于人类多姿多彩的精神现象，深藏于每个现实人的内心世界，而且，还与波澜壮阔的人类的心灵历程同始共存、演变发展着。从总体上看，人类主体性的进程主要是由原始主体性经异化主体性再到自由主体性。与此相同步，主体基本意向性历史演进的主要轨迹，也可以概括为由原始形态经异化形态再到自由形态。在这个历史进程中，始终包含着主体浪漫性与现实性的对立统一、双重变奏和回旋。

主体基本意向性的人类普遍性及其对立统一是根植于实践活动、根植于实践过程中主客体的基本矛盾的。就人类在各种形态的实践中的基本需要、根本欲求而言，人类既要充实富裕的物质生活，又要丰富多彩的精神生活；既要改造、征服外部世界，又要提升、超越自我。矛盾着的主体基本意向性，还与其他人性矛盾（诸如，人的双重存在形态——既是个体，又是超个体；人的双重本质——既是生命的，又是超生命的）交织在一起。简言之，主体两种基本意向性对立的根源，就在于实践目的的两重性，在于实践过程中主客体、精神与物质、个人与社会、感性与理性的矛盾，还在于人的深层心理结构的理性与非理性的矛盾。

从广义信息论与主体论哲学的角度看，主体基本意向性是主体在认识、改造世界及其社会生活中发出的最深层的有序性的信息。从哲学的角度理解信息论，可以把信息论中的某些基本问题更加普遍化，提升到哲学高度。信息，不仅是物质世界的客观存在，也是主体的存在状态之一。作为主体的人和人类，不仅是客体信息的获取者、加工者和组织者（即信宿），而且还是一种特殊的信宿与信源（主体信息的发出者、提供者）的统一体。即信息之于主体是双向的，由于生活和实践，双向的信息流程历史地形成多维多层的主体的结构与功能，其中最内在最深层的结构是主体的理性与非理性，与此结构相对应的便是最内在最深层的主体的基本意向性信息。

在人类实践的总体以及人类主体性的整体结构中，主体基本意向性似乎是很微弱的，然而，从主体论哲学而言，确乎是十分重要的。主体基本意向性的主要功能，可以概括为定向性和原动力性。由上述对主体两重基本意向性的界定中可见，浪漫性从主体最深层次反映着主体对客体的深层的矛盾斗争性，而现实性则从主体最深层次反映着主体对客体的深层的矛盾同一性。在主客体的矛盾过程中，这种对立统一的两重基本意向性与实践活动一起，使主体形成了知情意结构的基本格局与定式、主体的基本价值取向、从态度到行为的基本定向。主体基本意向性是形成具体意向（或意图）、具体目的乃至理想、实践观念的最深层的主体性依据，它是人们在实践中逻辑地先在的、最深层的“定向器”。同时，两重基本意向性的矛盾，也使主体获得、形成了最深层的原动力或内驱力。不同的实践范型、不同的历史前提和条件、不同的民族、国家及个人，由于主体基本意向性上的差异，必然导致主体定势及其原动力上的差别，这也就是人类在历史上形成不同文化类型或不同个性状况的主体自身的内在原因之一。

综上所述，主体基本意向性是哲学主体论中的元概念，主体的浪漫性与现实性是这一元概念中的两个对立面。主体基本意向性问题是我们深化哲学研究、主体性课题研究，不可回避的基本论题之一。

主体基本意向性的心理结构

主体基本意向性具有深层的文化、心理结构。在历史的演进中主要涉及其文化的结构。在此，我们来讨论其心理结构及两者的结构与功能的内在关系。

（一）理性与非理性之哲学心理学界定

我们可以从人的心理结构的深层积淀中分析出理性因素与非理性因素。并且认为，这一哲学心理学意义上的含义又是最基本的，其他众多的含义是人类精神在复杂的实践活动中形成的，是作为深层心理结构的理性与非理性因素的各种不同的外化和具体化。

所谓理性因素（或要素），是指主体心理中智力和逻辑的深层积淀。主体的智力与逻辑的具体因素包括：知识结构、思维方式、认知理性、思辨理性、价值理性和艺术理性尤其是逻辑思维能力（是智力与逻辑的统一）等。

所谓非理性因素，是指主体心理中非智力和非逻辑因素的底蕴，是指潜意识、欲望、情爱、信仰、自由意志等非智力因素与想象、灵感、顿悟、直觉等非逻辑因素的深层积淀。

人类的理性与非理性因素，在历史进程中，是一个不断分化与整合、不断积淀的过程。[①] 深层心理结构是人类的文化积淀与心理元素的某种契合、化合的产物。理性与非理性因素的矛盾运动也有一个演变过程。起初，在原始主体性中，非理性因素处于主导地位，理性因素闪烁的智慧之光还很微弱。随着人类劳动实践和社会的发展，理性由星星之光逐渐成了人类精神中的太阳，理性的主导地位被确立，理性使人类不断走向辉煌。然而，绝对的理性主义的破绽、纰漏也越来越多地呈现出来。未来社会，将一改理性时代人们对非理性的鄙视态度，在一定意义上将承认非理性应有的地位和作用，更好地把握理性与非理性的内在关系。

（二）深层心理因素与主体基本意向性具有结构与功能的内在关系

曾有文献比较朦胧地在本文所言的主体基本意向性的意义上使用理性或非理性。在此，我们来讨论一下，作为深层心理因素的理性与

① 关于整合，参见黄宏伟《整合概念及其哲学意蕴》，《学术月刊》1995 年第 9 期。

非理性和本文提出的主体基本意向性之间所具有的结构与功能的关系。

复杂事物的质与本质、属性与本质属性、功能与结构，常常是多与一、次与主的关系。在特定的相互关系中，无论复杂的事物如何与众多的其他事物发生关系，由特定的具体关系（在人类实践活动中，则主要是由具体的实践）所确定的此一事物所承担的主要角色是相对确定的，此一事物在众多的质中的本质、众多功能中的主要功能，是相对确定的。因此，任何复杂的事物，尽管它的内在结构可以有众多具体的功能，我们依然可以把握其中主要的功能（即其中的主要矛盾或矛盾的主要方面），也可根据研究的需要，分析出其中的一维或多维，把握其中结构与功能的关系。

首先，深层心理因素与主体基本意向性指称有别，是两个不同的概念。人们常常把心理与精神混为一谈，进而，也就容易将本文的深层心理因素与主体基本意向性合二为一了。尽管这两个概念具有十分密切的内在关系，但是，假如不把这两者区分开来，其中的学术问题也就无处依托了。众所周知，动物具有一定的心理，但绝无精神可言。对人类来说，虽精神包含着意识及心理，但也不宜将精神完全等同于心理。至于人类深层心理与基本精神的差别，理应是学界的共识。中国古代文化中，作为深层心理的非理性因素不弱，然而，在总体上，其基本精神，其主体基本意向性是以世俗现实性为中心的。有的学者强调了“酒神精神与强力意志的内在一致”，认为“强力意志是酒神精神的形而上学别名”[①]，这自然有其特定的内涵。不过，需要注意的是，“强力意志”属于心理要素，或是一种心理结构的主导，而“酒神精神”则是与强力意志相对应的精神现象及功能，在本文的视野里，它从属于主体的浪漫性的概念。简言之，深层心理因素与主体基本意向性，在本文的逻辑关系中，是结构与功能的关系。

其次，作为功能的主体基本意向性与作为结构的深层心理因素，

① 周国平:《尼采：在世纪的转折点上》，上海人民出版社 1986 年版，第 70 页。

两者之间是辩证的关系，具有矛盾同一性。

第一，作为结构的深层心理因素在一定意义上制约着主体的基本意向性及其实现程度。主体基本意向性演进的根本原因，是实践的发展、实践的整合，然而，深层心理因素始终是上述演变过程的心理基础。在一定意义上，演进过程受制于主体深层心理的结构及发展水平。中西文化的差别，不仅表现在基本精神、基本意向性方面，而且也表现在深层心理因素的差异及其对前者的作用上。在人类文明史上，总体而言，理性因素制约着主体意向性的现实性方面，使人类越来越能科学地运用理智，认识和改造自然、社会和人自身；非理性因素则制约着主体基本意向性的浪漫性方面，使人类永葆旺盛的创造性、锲而不舍的毅力，为人类精神提供能量源。就个体主体性而言也是如此。

从内在的基本意向性的外化、实现过程而言，深层心理因素对于人们的判断和抉择是起着举足轻重的作用的。凡是理性因素强，常常采取客观冷静的理智之举，能够正确对待主客体的矛盾，遵循利用客观规律，多考虑如何克服困难和曲折——主体基本意向性的现实性方面也强。凡是非理性因素强，则往往采取唯意志的、主观的态度与方法，很少或不考虑各种困难——主体基本意向性的浪漫性方面也强。理性强者，现实性亦强，常居安而思危，能化险为夷；而非理性强者，则浪漫性强，容易随心所欲，常常自找麻烦。实践的整合作用，最终使得人们将理性与非理性、浪漫性与现实性统一起来，将两方面的优势结合起来，以达到最佳效果。由此可见，深层心理因素的或强或弱、或偏或全对基本意向性的制约作用。

第二，在主体实践过程中，主体基本意向性一旦形成，作为功能便反过来作用于深层的心理因素及结构。诸如：定向地调配组合内心的各种因素；有选择地从外部摄入有关的、对应的养分，等等。孟子的现实性、庄子的浪漫性，使他们对自身内在因素或控制或张扬恰成相反，尤其是当他们各自按照既定的选择，把思想倾向外化为文章、语言及行为之后，或自成一格、或被社会承认，总之有了一定的实现

(对象化)后，他们越是向各自的方向各行其道，越走越远，趋于成熟和定型。中西文化的差别，亦可作如是观。

在上述行文中，把非理性与浪漫性、理性与现实性分别对应起来，只是用来确认深层心理因素与主体基本意向性这两系列之间所具有的结构与功能的内在关系，并不绝对地分别在非理性与浪漫性、理性与现实性之间认定结构与功能的关系。在相对的意义上，应是成立的(本文前述关于浪漫性和现实性的界定，就是如此)，然而，一旦绝对化就会得出与事实相悖的结论。事实上，理性因素也是浪漫性的深层心理结构之一，其在结构中的比重随着人类实践和主体性的发展而有所增加；人的真正意义上的自由自觉，将使理性成为人不断超越(即浪漫性意向)的直接动力之一。同样，非理性也是现实性的深层心理结构之一，它作为现实性意向的直接动力，不仅有一个由隐性到显性的过程，而且一直是为现实性提供最基本的心理能量的。

主体基本意向性的内在关系及类型

以上，我们已经提及主体两重基本意向性在历史上和现实中的矛盾运动。下面，我们具体来讨论一下这一矛盾运动及其形成的某些基本类型。

(一) 主体两重基本意向性的内在张力及矛盾运动

首先，作为主体两重基本意向性的浪漫性与现实性是彼此相反、相互排斥、相互否定的。浪漫性不仅对客体现实性，而且对主体现实性从来都是具有超越和否定的作用和意义的；浪漫性反映着主体对客体的矛盾斗争性。而现实性，从来就不断地限定和否定浪漫性；现实性反映着主体对客体的矛盾同一性。同样面对主客体关系，浪漫性以情抑智，选择情感、欲望、信仰、直觉等主体非理性的内容，加以发挥、渲染和强化；而现实性则以智抑情，权衡主客关系，按照客观规律办事，加速主体的客体化。人的浪漫性的强化，常常以排斥、否定现实性的发展为直接前提、为代价；反之亦然，在阶级社会条件下尤其如此。两者的对立，广泛地表现在各自的内容、形式、作用力的大小、方向、在历史上对文明进步的不同作用与地位等方面。就其内容而言，我们可以从社会实践场主体真善美的活动中，找出两者对立的深度与广度：

主体的现实性	主体的浪漫性
1. 功利意向：在实际有用的形态上占有对象物的意向性； 2. 求知意向：在社会共享的范式中认识、利用科学文化知识的意向； 3. 信奉相对伦理观，注重他律中的善； 4. 以实用之美为审美的指归； 5. 总之，是现世的、入世的人性与人格欲求，属凡人心态	1. 非功利意向：凡事并非以功利实用，而是以人性价值的实现、精神美感的圆满为最高欲求； 2. 求真意向：超越社会共识，探索、追求真理；绝不以已有的知识为满足，而充盈着怀疑、批判的精神； 3. 选择绝对伦理观，在自律中求善； 4. 以自由之美为审美的最高境界； 5. 总之，是对超凡脱俗的、出世的人性与人格的追寻，属求圣之道

主体的现实性与浪漫性对立的根源，既有一分为二的深层心理因素所提供的可能性，更有人性分裂、社会分裂的实践根源。

其次，浪漫性与现实性，又是相互联结、相互依存的。这两方面，从来就共存于人类特定的主体性之中，自原始主体性始，双方总是相依相伴，共享信息、携手共进，具有历史的同步性。每个历史进程、每件人类事业中，都包含着两重基本意向性的共同作用。即使在阶级社会条件下，两者的不平衡，也只是一强一弱、一显一隐而已，并非一有一无。开国元勋们的浪漫性与接踵而来的和平时期治国安邦的现实性；创造性论题的提出主要凭借浪漫性，而实证研究、论题的完成则主要凭借现实性，都是前后衔接、不可分割的。虽然工作进展的不同阶段各有侧重，但毕竟不是决然分离。事实上，任何有效的创造性思维和创造性实践都是统摄于浪漫性与现实性的张力之下的。

再次，浪漫性与现实性，不仅在前后不同阶段（不同空间）相互联结，而且在同一时空相互联结乃至相互贯通。在人类心灵历程中，两者之间从来就是共享信息、互相渗透、不断演奏着回旋和递进的双重变奏的。对人道主义理想的执着追求，是19世纪资本主义条件下自主浪漫性和批判现实性的共同旋律；人的自由，则将是自由主体性中的浪漫性与现实性的共同主题。两重基本意向的相互贯通，尤其表现在最高境界的人类主体性和个体主体性那里，在那里，主体浪漫性与现实性将高度统一。现当代社会的发展，越来越呈现出高度社会化和高度个性化相统一的趋势，这也就从社会实践的客观方面，使主体浪漫性与现实性的高度统一的可能性越来越大。

主体两重基本意向性的矛盾同一性的根源，在于人的心理因素及人类精神在总体上是合二而一的，缺一不可；社会实践的进程也是在既对立又统一的矛盾运动中展开的，这种对立统一同时整合着主体两重基本意向性。

主体两重基本意向性，在历史进程中，同社会历史基本矛盾的运动具有相仿的特点，即在总体上是客观辩证的，而这种历史必然性的具体实现则是复杂的、有代价的，尤其在阶级社会，往往以走极端、物极必反为其形式。对当代中国而言，如何在浪漫性与现实性之间保持必要的张力？如何把握好这一问题上的历史决定论与历史选择性之间的关系？这固然是社会实践中的大问题，但本课题的研讨对此是否具有一定的启发意义呢？

（二）主体基本意向性的基本类型

由于种种内外因的相互作用，由于具体历史条件和实践整合的不同，使主体基本意向性的内在关系，以及自我建构在各民族及其个体那里存在种种复杂的具体表现。在这众多的具体表现中，大致可以抽取、划分出三个基本类型。

1. 浪漫型——浪漫性强而现实性弱

此类型的深层心理结构是非理性居于主导地位，起着支配作用。非理性的涌动异常活跃，理性的规范相对薄弱。在价值取向上，以个性的、感性的为主，而以社会的、理智的为辅；是审美的而非伦理的。它常常置物质利益、文化传统、大众时尚和社会潮流于不顾，崇尚精神价值、张扬个性主体性对现实的和历史的种种超越。

以职业论，艺术家中的第一流的音乐家、画家和诗人，多属此类。以民族论，法兰西等欧洲的一些民族和国家，属此类型或属此类型的亚型。

2. 现实型——现实性强而浪漫性弱

与前一类相反，此类型的深层心理结构是理性强于非理性，理性起着统辖的作用。其价值取向，主要是伦理的、政治的和经济的，而个性的、感性的、审美的居于次要地位。它把物质功利、国家和集体的利益、社会政治和伦理奉为绝对命令，首要考虑的是文化传统的承继、人际关系的融洽，努力认识外部世界的客观规律，并利用这规律造福于人类的社会生活，等等。

以职业论，科研人员、商人、企业家、政治家是此型的典型。他们最讲现实性。以民族论，中华民族是此类型的典型。几千年来，在华夏大地上，世俗现实性成了全民族的文化基因，代代相传，历久不衰。令人担忧的是，中国人的世俗现实性在现阶段，出现了某些消极的、短视的趋向。诸如：极端的个人主义、拜金主义和腐化行为等。看来，在走向21世纪的进程中，倡导在现实性与浪漫性之间保持必要的张力，是至关重要的。此类型也包括几种亚型，在此就不多赘述。

3. 现实性与浪漫性的高度统一型

前两型在主体基本意向性的内在关系上，或者浪漫性强或者现实性强，未能充分体现其辩证的张力，而此型则是主体基本意向性最理想的形态，也是主体性的最高境界。

此类的深层心理结构是非理性与理性的高度发展、高度统一。既有理性的高度锤炼，又有非理性的有序激荡；既有自觉的辩证逻辑，又有浓郁的诗性、富有创造力的想象；既有对客体的深入洞察分析，又有对主体情状的自觉把握；既有超一流的胸襟、超一流的审美，又有超一流的道德自律、超一流的坚韧毅力，等等。在价值取向上，超度个人而为普天下大众，牺牲自我而融小我与大我为一体，渐近或达到真善美圣的统一。上述种种统一，必须消融主客体的二元对立、消解物我对峙，达到物我一而不二，人我和而不敌的最高意境、最高智慧。

以职业论，历史上曾经有的大哲学家、大科学家、大政治家属于此型。

在全社会，此型的大量涌现，只有到共产主义社会才能成为现实。

以上三个基本类型，既有典型形态，又都有亚型形态。三个基本类型，虽是横向的、静态的一种划分与把握，但是，三者从总体上能够反映主体基本意向性的纵向的、历史的演进的内在规律。横向形态是纵向发展的一种呈现。可以说，三型大体上是历史演进的一种简缩，而历史的发展则是不断地产生新的类型及亚型的过程。

除了上述基本类型外，我们还可以从其他角度对主体基本意向性作某种划分与把握。从价值取向上，可以划分出以下四类。

积极的浪漫型，在价值取向上是进步的，乃至革命的。

积极的现实型，价值取向与历史进程相一致。

消极的浪漫型和消极的现实型，在价值取向上，均显负值。前者如：法西斯主义，后者如：保守主义、现实中国社会中的拜金主义、极端的个人主义等。

我们提倡积极的浪漫性和积极的现实性及其两者的统一，反对消极的浪漫性和消极的现实性。

综上所述，主体基本意向性是人类多维多层的主体性的内涵中最深层的精神元，也是主体把握世界最深层、最基本的精神方式之一。这一问题，是哲学主体论中的基本课题之一，具有广泛的理论和实践的价值和意义，有待结合人类文化史、思想史、人类精神现象等层面，加以研究，有待结合哲学及其他学科中诸多的问题，作更为具体、详尽的论述。

（原文载于《江海学刊》1996 年第 5 期）

关于人的生成发展的几个理论问题

顾乃忠

社会的发展，归根结底是人的发展。因此，马克思非常重视对人以及人作为主体的生成和发展的研究。我国开始向市场经济过渡以后，理论界也开始重视对人的生成和发展问题的研究，有关市场经济与人的生成、发展关系的著述日见其多。但是，纵观我国理论界在这方面的研究状况，不难发现，论者们在一些重要的和基本的问题上分歧颇多，并且存在不少理论上的混乱。有鉴于此，本文拟就人的生成和发展的几个理论问题略呈管见，以求教正。

目前我国处在人的生成和发展的哪个阶段

对人的生成、发展划分阶段的理论起源于马克思。马克思在《政治经济学批判》中指出：自然发生的“人的依赖关系”，是最初的社会形态；“以物的依赖性为基础的人的独立性，是第二大形态”，“建立在个人全面发展和他们共同的社会生产能力成为他们的社会财富这一基础上的自由个性，是第三个阶段”。[①] 那么，目前我国处在人的生

① 《马克思恩格斯全集》第46卷（上），人民出版社1979年版，第104页。

成和发展的哪个阶段呢？

要回答这个问题，首先必须考察一下人的发展与它赖以发展的基础即社会交往形式之间的联系。

历史表明，在人类发展的漫长的阶段中，包括奴隶社会和封建社会在内，社会交往形式是直接的人的依赖关系，就是说，人与人之间不通过任何非人格的中介物而直接发生联系。这种联系是自然形成的，并且是在狭小的范围内发生的。这时由于力量的软弱，人们为了谋求生存，只能以群体形式存在，通过血缘或地域的自然纽带结合于家庭、部落、公社等形式的人群共同体之中。这种交往形式如果用经济形态来名之，就是自然经济。在这种人的依赖关系或自然经济的基础上，个人无独立性可言，体现人的主体性的不是个人而是群体，群体支配着个人的一切，包括个人的生命活动，个人只能从属于群体，用马克思的话说，个人只不过是“一定的狭隘人群的附属物”[①]。这个阶段上人的发展状况可称为群体本位。

取代人的依赖关系的是物的依赖关系。物的依赖关系不是自然形成的，而是社会形成的，它不是人与人之间的直接关系，而是间接关系。马克思和恩格斯在描述这种物的依赖关系同人的依赖关系的区别时指出：“在前一种情况（指人的依赖关系——引者注）下，所有者可以依靠个人关系，依靠这种或那种形式的共同体来统治非所有者；在后一种情况（指物的依赖关系——引者注）下这种统治必须采取物的形式，通过某种第三者，即通过货币。”[②] 这种通过物或货币而发生的人与人之间的联系形式，其经济形态也就是商品经济或市场经济。市场经济是个人独立活动的社会交往形式。在市场经济中，个人是商品或货币的所有者，他们各自是独立的活动主体，只有通过物和物的交换才能建立起他们之间的社会关系。在这种关系中，个人脱离了自

① 《马克思恩格斯全集》第46卷（上），人民出版社1979年版，第18页。

② 《马克思恩格斯全集》第3卷，人民出版社1960年版，第73页。

然性的狭隘共同体的限制，建立起广泛的世界性的社会联系；摆脱了等级从属、人身依附关系的束缚，建立起以对于财富的物化关系来表现人的价值的平等关系。因此，物的依赖关系取代人的依赖关系的过程就是至高无上的群体逐步瓦解、独立自主的个人逐步生成的过程。与市场经济相应的人的发展状况是个人本位。

独立个人的生成并不是人的发展的理想状态，因此，在马克思看来，人的发展的第二阶段只能为第三阶段创造条件。而所谓第三阶段，就是个人的全面发展，作为社会财富的不再是物化的产品而是人们共同的社会生产能力，以及建立在这两者基础上的自由个性。有的论者把人在这个阶段上的发展状况称为类主体或类本位。很显然，这种类主体或类本位只有在消灭了商品货币关系的产品经济社会即共产主义社会中产生。

以上分析表明，人的生成、发展进程与社会交往方式或社会经济形态的演化进程是完全一致的，可以说，有什么样的社会交往方式或经济形态，就有什么样的人，那么，对于目前我国人的发展阶段的确认就取决于对目前我国社会经济形态的确认了。正是从这一逻辑前提出发，在改革开放之前的很长时期内，人们认为我国社会经济形态的发展不仅超过了自然经济（统制经济）阶段，而且超过了商品经济（市场经济）阶段，正在向产品经济（计划经济）阶段过渡；与此相适应，则认为人的发展不仅超过了群体本位时代，而且超过了个人本位时代，开始向“自由人联合体”即类本位时代过渡。改革开放以后，特别是市场经济机制产生以后，人们发现以前对我国社会经济形态的历史定位是错误的，认识到目前我国社会的经济形态不是处在由商品经济向产品经济过渡的阶段，而是处在由自然经济向商品经济过渡的阶段。既然如此，我们就有充分的理由得出结论：目前我国社会人的发展不是处在由个人本位向类本位过渡的阶段，而是处在由群体本位向个人本位过渡的阶段。发展市场经济，培植个人主体，分别是我国社会发展和人的发展的各自独立的目标，也是两者的相互联系的共同目标。

对于目前我国人的发展阶段的确认，还可以从我国社会人的发展状况本身来考察。我国是一个封建主义统治了几千年的国家，封建主义对人的生成、发展的影响是有目共睹的。在封建社会中，靠天吃饭的自然经济使人屈从于自然的支配之下，家国同构、宗法一体的封建政治文化传统牢牢地把人系在自然血缘的纽带之中，儒家的伦理道德几乎扼杀了人的一切个性。几千年来，人们的言行举止无不纳入君君、臣臣、父父、子子的礼教规范。虽然皇亲国戚、达官贵人看起来可以我行我素、颐指气使，其实，他们并不是按照他们自己的意志在行事，“他们只是作为具有某种（社会）规定性的个人而互相交往”而已①。离开他们所代表的家族、等级等群体，脱去他们的种种角色外衣，他们个人便什么也不是。这种扼杀个性的社会关系造成了中国封建社会长期的停滞不前。在现代中国，政治、经济、文化都经历了重大变化，人当然也有所不同。但是，若干年来我们实行的是计划经济（实为统制经济）体制和“一大二公”的公社制度，在这种体制和制度下，个人对于群体的依附关系不可能改变，个人施展创造才能的独立性不可能得到发展。在这种情况下，虽然有时也出现某些企图摆脱群体禁锢、追求独立发展的个人，但这些个人往往遭到代表群体的传统势力的摧残而不能健康成长。所以，从目前我国人的生成、发展状况本身来看，群体本位的思想依然根深蒂固，个人本位的思想从来没有得到发展，具有真正独立人格的个人主体根本没有形成。正因为如此，有的论者才大声疾呼：“培植个人主体是当前我国社会发展的迫切需要”。

能否超越个人本位的发展阶段

个人本位的主体形态同它赖以产生的社会交往方式市场经济一样，

---

① 《马克思恩格斯全集》第46卷（上），人民出版社1979年版，第160页。

是一把双刃的剑，就是说，它既有积极的作用又有消极的作用。当人们从人身依赖中解脱出来把自己推上独立发展道路时，也就把自己置于金钱的依赖关系，使人不得不屈从在物的依赖之下；当个人本位的社会格局得以确立，并由此调动了个人的主体积极性时，也就加深了利益分割，强化了社会分工，造成了个人之间的矛盾冲突，使个人向片面方向发展。正是考虑到个人本位的这些消极的社会作用，于是，人们思考一个问题，即能否超越个人本位的发展阶段，直接从群体本位过渡到类本位。我们认为，这种想法的愿望是良好的，但却是不符合事物发展的客观规律的。

首先，不经过个人本位的发展阶段就不能冲破群体本位的束缚。群体本位是人的生成发展的初级状态，也是落后状态。在群体本位的发展阶段，人们都以群体形式进行生产和生活，每个人都是一定狭隘人群的附属物，个人没有独立性，社会的主导意识是权威主义，人们崇拜偶像和各种世俗权力；虽然人与人之间的关系具有浓厚的人情味，但个人却缺乏自我意识。这种处于群体本位的人的状况只有在个人走向独立的过程中才能彻底瓦解。人们只有在广阔的范围内流动并建立起广泛的社会联系，才能摆脱自然共同体的束缚；人们只有建立起物的依赖关系才能摆脱人身依附关系的羁绊；人们只有相信自己的力量才能不再崇拜偶像和各种世俗权力。这些人们在广阔的范围流动，建立物的依赖关系，相信自己的力量，等等，无疑都是个人走向独立性的表现。因此，个人本位是群体本位的破坏力量，它的生长就意味着群体本位的消亡。

其次，不经过个人本位的发展阶段，就不能实现向类本位的过渡。人的类本性是以人的无限丰富性和独立个性相统一为内容的普遍人性。它的内容决定了它必须具备两个前提：一是人的丰富性，二是人的独立性。这两个前提分别产生于人的生成和发展的第一阶段和第二阶段。在人的发展的第一阶段即群体本位的阶段中，由于体力劳动和脑力劳动尚未完全分离，人们能在多个领域内活动，因此人是丰富的，当然这是一种缺乏个性的原始的丰富。在人的发展的第二阶段即个人本位的阶段中，由于物的依赖关系对人的依赖关系的取代，人变成了具有独立性的个人，但是，由于社会分工的发展，人在变得独立的同时也变得片面和畸形。而人的生成发展的第三个阶段即类本位阶段则是对第一阶段和第二阶段的扬弃，它继承了第一阶段的人的丰富性但克服了这一阶段上人的缺乏个性的弱点，它继承了第二阶段的人的独立性，但克服了这一阶段上人的片面性弱点，使这个阶段上的个人成为既有独立个性的又全面发展的个人。在这里，第三阶段上的人与第一阶段上的人有共同之处，即他们都是丰富的个人；他们也有不同之处，即前者为具有独立性的丰富的个人，后者为没有独立性的丰富的个人。所以说，由人的发展的群体本位向类本位过渡，必须经过个人本位这一发展阶段，只有独立个人的生成才能为类主体的产生创造必要的条件。如果企图超越个人本位的发展阶段，从天然的群体联系直接过渡到类联系，可以想见，那样建立起来的“类主体”很可能成为群体主体的变相复活，我国在“一大二公”和所谓计划经济体制下培养出来的种种群体并没有使人得到真正解放的事实则从实践上证明了这一点。

与个人本位的发展阶段能否超越的问题相联系的还有一个钱本位的发展阶段能否超越的问题。有一种很有代表性的观点总是希望超越钱本位，比如这种观点主张，在社会主义市场经济条件下，应该“弱化权本位和钱本位”，认为社会主义市场经济的核心价值观念是，以人的能力充分正确发挥为本位（简称‘能力本位’）。我们认为，这种企图超越钱本位的观点与企图超越个人本位的观点一样是值得商榷的。

我们知道，在人类历史的发展中，关于以什么为本位的问题主要有两个系列：一是以人之作为主体的历史形态为参照系，二是以人的社会交往方式的历史形态为参照系。在前一参照系下，有群体本位、个人本位和类本位；在后一参照系下，有权力本位、金钱本位和能力本位。对于前一系列的各发展阶段我们已经作了较多的分析，这里我们主要分析一下后一系列的各发展阶段。所谓权力本位，就是人们通常所说的“办事认人（的权力）不认钱”；所谓金钱本位，就是人们通常所说的“办事认钱不认人（的权力）”；所谓能力本位，就是作为社会财富的和作为人们活动目的的既不是政治权力，也不是物质金钱，而是人们的生产能力，亦如马克思所说的人们“共同的社会生产能力成为他们的社会财富”① “作为目的本身的人类能力的发展”②。“办事认钱不认人”的金钱本位固然并不高尚，但它比起“办事认人不认钱”的权力本位来无疑是一个巨大的历史性的进步，这种进步的实质就是物的依赖关系对人的依赖关系的取代，个人本位对群体本位的取代。而能力本位取代金钱本位，只有在共产主义社会的“自由人联合体”那里才能成为人们主导的价值观念。所以，不难看出，在人类社会的发展过程中，人之作为主体形态的发展阶段与人的社会交往方式的发展阶段存在一一对应的关系，即与群体本位的发展阶段相对应的是权力本位，与个人本位的发展阶段相对应的是金钱本位，与类本位的发展阶段相对应的是能力本位。而上述观点主张“把人的能力本位作为社会主义市场经济条件下人的核心价值观念”，主张在市场经济条件下既要弱化“权本位”的观念（这当然是对的），又要弱化“钱本位”的观念，只能强化“能力本位”的观念，这就把社会生活中的社会交往方式同由这种交往方式决定的人的价值观念搞错位了。市场经济是什么？市场经济就是商品经济。货币（金钱）与商品都是等价交换物，其区别只不过货币是一般等价物而已。因此发展市场经济就是发展商品经济，在一定意义上也可以说，就是发展货币（金钱）经济。既然如此，在市场经济条件下怎么能不以金钱为本位反而以能力为本位呢？我们这样讲，当然不是把以金钱为本位同人的能力的充分发挥对立起来，其实在市场经济条件下这两者不是对立的而是统一的。因为商品是人的劳动创造的产品，金钱（货币）是人类抽象劳动的结

① 《马克思恩格斯全集》第46卷（上），人民出版社1979年版，第104页。

② 《马克思恩格斯全集》第25卷，人民出版社1974年版，第927页。

晶。因此以金钱为本位的社会关系在其本质上就是以人的劳动为纽带、以劳动能力为基础的社会关系。这种社会关系既以人的能力的充分发挥为前提，又以人的能力的充分发挥为结果。但是，人的能力的这种发挥不是以人的能力为本位，作为社会关系本位的仍然是金钱，因为人们发挥能力的动力和目的都在于创造社会财富的交换价值（金钱），而不在于发挥能力本身。因此，那种在市场经济条件下企图超越“钱本位”的发展阶段，直接由“权本位”阶段向“能力本位”阶段过渡的理论主张，是不现实的。其结果不仅会使弱化“钱本位”、强化“能力本位”的目标成为空想，而且会阻碍市场经济的发展。

个人本位毕竟不是理想的人的生成状态，它迟早要被更高层次的人的生成状态代替。在西方发达国家，人们已经充分注意到个人本位所显示出来的种种弊端，提出了克服个人本位向类本位过渡的任务。但是，这不意味着我们应该向自己提出同样的任务。这是因为我们与西方发达国家无论在人的生成发展状况方面，还是在制约人的生成发展的社会交往方式方面都处在不同的发展阶段。在西方发达国家，商品经济已经高度发达，局部的已经开始向产品经济过渡（“福利社会”的本质就是产品经济社会中“按需分配”的萌芽），在这种情况下，人们提出逐步克服受物的依赖关系制约的个人本位，培植以发展人的能力为本位的类主体，这是十分自然的事情。我国则处在由自然经济向商品经济过渡的阶段，与发展商品经济即市场经济的任务相适应，在人的发展方面只能提出消解群体主体、培植个人主体的任务。虽然消解个人主体、建立类主体也是我国人的发展的最终目标，从这一点上说，它同我国目前发展市场经济在根本上并不是相矛盾的，但它不是我国人的生成发展的直接目标。当前我国人的生成发展的直接目标是培植个人主体，这应该是毋庸置疑的。那种以发达国家已经提出克服个人本位向类本位过渡为理由，认为我国应该超越个人本位直接向类本位过渡的观点，既没有看到人的主体形态生成发展的客观规律性即受社会交往方式的制约性，又没有看到我国同发达国家在社会交往方式的发展程度方面的差异性。如果我们客观地历史地分析这个问题，那么结论应该很清楚，个人本位的发展阶段是不能也不应该超越的。

从群体本位向个人本位的转变，是价值观念体系的重大变革。在这一变革的过程中，人的多年来受到压抑的欲望会喷射而出，一时形成泛滥，这是难以避免的。我们不能运用以往那种在既有自然经济又有计划经济的生活中形成的虚幻的道德标准去衡量市场经济条件下的道德问题。同时还要看到，我国当前社会生活中的人的欲望的某种程度的过度膨胀包括某些畸形表现主要是由于市场经济不规范造成的。因此，要阻止当前社会生活中人的欲望的过度发展，特别是某些畸形发展，首先要做的应该是规范市场经济本身。在规范的市场经济的基础上表现出来的人的正常欲望，只要配之以适当的教育和引导，一定会沿着积极的方向去提高，成为社会发展的推动力量。因此，对于当前我国社会生活中表现出来的人的欲望，我们一定要全面分析，正确看待，绝不能因为它的充分表现包括某些畸形表现而动摇我们向个人本位的发展阶段前进的步伐。

如何理解“集体”的存在条件

在人的生成发展中，另一个颇有分歧的理论问题，就是关于“集体”的存在条件的问题。这里分歧的焦点在于，在市场经济条件下，或者说在“以物的依赖性为基础”的人的发展阶段，能否产生真正的集体?

要回答这个问题，必须明确究竟什么是集体。通过考察，不难发现，集体必须具备如下的本质和特征。

第一，真正的集体是由独立的个人所组成的。集体在历史上有两种，一种是由没有获得独立性的个人组成的，一种是由已经获得独立性的个人组成的。马克思和恩格斯在论述两种集体的区别时指出：“某一阶级的个人所结成的、受他们反对另一个阶级的那种共同利益所制约的社会关系，总是构成这样一种集体，而个人只是作为普通的个人隶属于这个集体，只是由于他们还处在本阶级的生存条件下才隶属于这个集体：他们不是作为个人而是作为阶级的成员处于这种社会关系中的。在控制了自己的生存条件和社会全体成员的生存条件的革命无产者的集体中，情况就完全不同了。在这个集体中个人是作为个人参加的。”[①] 马克思和恩格斯把前一种集体称为“冒充的集体”和“虚构的集体”，认为后一种集体才是“真实的集体”[②]。

第二，真正的集体解决了个人和集体自身的矛盾。马克思和恩格斯在论述集体的这一特征时指出：“只有在集体中，个人才能获得全面发展其才能的手段，也就是说，只有在集体中才可能有个人自由。”[③] 马克思和恩格斯在这里所说的获得自由的个人，不是指少数的个人，而是指所有的个人，一切的个人。无产阶级只有解放全人类才能最后解放自己。在个人获得普遍的自由之前，少数人的解放不是真正的解放。所以，集体的这一特征反过来也就成了集体必须具备的一个条件：只有能使一切个人获得全面发展其才能的手段的社会组织，或者说，只有能使一切个人获得自由的社会组织才是集体。正是在这个意义上，马克思和恩格斯认为即使像阶级、国家这样一些社会的、政治的组织也只能是“冒充的集体”或“虚构的集体”，而不是“真实的集体”，因为在这些集体中，“个人自由只是对那些在统治阶级范围内发展的个人来说是存在的，他们之所以有个人自由，只是因为他们是这个阶级的个人”。[④]

第三，集体必须控制了自己的生存条件和社会全体成员的生存条件。集体“是个人的这样一种联合……这种联合把个人的自由发展和运动的条件置于他们的控制之下”[⑤]。在集体中，人们周围的、至今统

---

① 《马克思恩格斯全集》第3卷，人民出版社1960年版，第84页。
② 《马克思恩格斯全集》第3卷，人民出版社1960年版，第84页。
③ 《马克思恩格斯全集》第3卷，人民出版社1960年版，第84页。
④ 《马克思恩格斯全集》第3卷，人民出版社1960年版，第84页。
⑤ 《马克思恩格斯全集》第3卷，人民出版社1960年版，第85页。

治着人们的生活条件，现在却受到人们的支配和控制；人们第一次成为自然界的自觉的和真正的主人，因为他们已经成为自己的社会集合的主人了；直到现在都如同异己的、统治着人们的自然规律一样而与人们对立的社会规律，那时将被人们熟练地运用起来，因而将服从他们的统治。马克思主义认为，能否控制自己和社会全体成员的生存条件，是衡量人是否最终脱离动物界，从动物的生存条件进入真正人的生存条件的重要标志，也是区别真假集体的重要标志。

以上考察表明，集体不是若干普通个人的自然地任意组合，而是有着严格的科学内涵的社会组织。所谓集体，就是由独立的个人所组成的、解决了个人同自身矛盾的并且控制了自己和社会全体成员生存条件的社会组织。很显然，这种社会组织实际上就是共产主义社会中的“自由人联合体”。这种“自由人联合体”是绝对不能在物的依赖关系的条件下产生和存在的。因为在物的依赖关系的条件下，个人或者还没有获得普遍的独立性（在它的前期），或者获得独立性的个人尚未联合起来（在它的后期），每个个人的自由发展还没有成为所有个人的自由发展的条件，人们还远远没有能够控制自己和社会全体成员的生存条件。当然，在市场经济条件下，在日常生活的意义上，我们仍然可以使用集体、集体主义这样的概念，但必须明确，在严格的和科学的意义上，即在哲学和科学社会主义的意义上，集体就是“自由人联合体”的同义语，集体主义就是共产主义的同义语。如果看不到这一点，将这些概念不恰当地到处乱用，弄得不好，就可能在“集体”和“集体主义”的口号下强化群体和群体主义，从而阻碍独立的个人主体的生成。

（原文载于《江海学刊》1996 年第 5 期）

人学研究的历史学转向

韩　震

一

人学是人类自我认识的知识形态。自人类产生以来，人就不只是想认识作为外部环境的客观世界，而且也试图认识自己。近代人本主义和主体性哲学，甚至强调关于人性的认识在整个知识体系之中占据中心位置，认为没有关于认识主体自己本性的真实知识，人们关于其他事物的知识也就不会是完备的。譬如，在休谟看来，任何学科，不论它们看起来与人性离得多远，终究都会通过这样或者那样的途径回到作为认识主体的人性上来。因此，一切科学都或多或少地与人性相关，对人性的认识是其他一切认识的前提。对于这种人本主义哲学的主体性原则来说，人性似乎有某种形而上学的先验结构，这种结构就是人类认知能力的基础和条件。这就是说，只要弄清了人性的结构、性质和功能，就能更好地认识其他客观存在。笛卡尔把“我思故我在”当作一切真理性认识的认识论前提，康德更喊出了“人为自然立法”的口号。

从某种意义上说，人本主义的主体性原则是有根据的。因为有实践活动能力的人不只是满足于认识世界，他们更要改造世界。人们的认识也不是静态地反映世界，而是主观能动地重构关于世界的观念。人们对外部世界的注意不仅总是以人自身的需要为转移，而且这种关注的认知方式也不可避免地带有主体的投射性质。因此，不了解人的主体性质，就不能深入地理解人对外部世界的认识。在这个意义上，人学处于哲学世界观和一切科学认识的关联点上，具有不可替代的中心地位。笔者认为，20 世纪 80 年代以来，国内学术界对主体性和人学问题的关注和研究之所以经久不衰，其认识论上的根据就在于此。我们只有透过我们人的眼光，才能看外部世界。

然而，只看到认识对主体的依赖性，还是片面的。人的主体本质并不是单个人生物学意义上所固有的抽象物，人本身是一种历史性存在，是处在不同历史时期的社会关系中的活动者。如果说整个历史无非是人类本性的不断改变，那么人类本性也只能是历史地生成的东西。这样一来，原来被当作知识的稳固基石的人性，本身却成了不稳固的东西，成了在历史中或以时间的方式不断生成和变化的存在，成了某种有待于按社会历史条件的变化加以阐释的开放的“视界”。人学或人性理论不仅不能独立地扮演一切人文科学、社会科学和自然科学的基础的角色，而且它本身也需要为自己的建立和发展找到某种赖以立足和吸取营养的基础。脱离开社会历史条件谈人的主体性，或把主体性上升为本体论概念，都不是历史唯物主义的观点。

二

笔者认为，由于人在本质上是生成性的历史存在，所以认识方法的人本主义连同人学本身都要引入历史主义的原则。当然，一切存在只有对人而言，它们才能有意义。一切认识也只能是人的认识，它们必然带有人的印迹。但问题在于，人性结构本身以及它的印迹并不是固定不变的，我们对人性印迹的探索只能是一种对历史性存在的历史性认识。人们可以谈论人性、人的本质和人的需要，但只有在客观历史的和现实的关联之中，我们才能科学地认识它们。人们可以建立各式各样的人学，但只有历史地看待人的存在和人的自我认识，才能为科学的人学奠定基础。在这个意义上，如果说所有的科学都可直接或间接地归结于人学的话，那么人学本身实质上应该说是一种历史科学。

当然，对一切事物的认识都有一个无限深入的过程，因此所有各门科学的认识都有一个历史的发展过程。不过，人学或对认识者本身的认识具有更加复杂的特点。比如，关于某种物质元素的认识，尽管人们对其属性和功能可以不断地有新的发现和新的理解，可这更多的是一个固有属性逐渐被认清的问题。也就是说，尽管客观世界也是运动变化的，但在这里问题更多地是认识的时间性和历史性问题，而不是对象本身的时间性和历史性问题。然而，对人来说就不同了。人性不是抽象的既定性质，而是在历史中生成和发展的东西，它处于永恒的流动之中。人性也不仅仅是流动的，而且是一个不断迈向未来的开放性生成的过程。海德格尔的 Dasein 概念之所以引起人们的深思，就在于它显现了人的生存与一般存在物的存在之间的区别。在这里，不仅认识有一个时间性问题，而且人的存在本身就是在时间中生成的。由此可见，历史本质上不只是人们可以生活于其中的外在时空形式，它更是人性及人的本质的构成性力量。人学的本体论基础不是主体性，而是历史性；在人学之中，主体性是十分重要的，但只是在其历史境遇中，它才能得到科学的说明。

三

正是由于人的存在的历史性和开放性，决定了人类自我认识的历史性和无限性。这种无限性更多地不是指对既有人性的无限探索，而是指对人性不断认识的同时，伴随着人性自身的不断生成。作为一种以自觉理性为明显特征的动物，人的自我意识水平的提高和自我认识的发展都必定推动人性结构的生成和发展。人类自我认识每向前迈进步，人性也就有了新的变化和生成。在这里，不仅我们的认识是历史的，而且认识对象本身也是历史的，甚至这种对历史性存在的历史性认识本身又生成着新的历史。所以，我认为，作为人类自我认识的知识形态，人学在三重意义上均是历史性的。无怪乎以研究人类社会为己任的马克思和恩格斯认为：历史科学是他们仅仅知道的一门唯一的科学。

首先，人的本性是在实践活动中产生的，而历史性是实践活动本身得以展开的方式。在一个没有时间或历史的世界中，人们无法进行任何活动。人无法跳出历史，因为没有历史他就根本不能做出跳的动作。一个没有时间的世界，将是一幅静止的画面；一个没有历史的人类社会，也是不可想象的。历史是人类的活动方式，因而它也就制约着人类实践活动的对象、水平和性质。如果说动物的活动是一种内在本能的实现，因而可以进行生物学的抽象，那么人类的活动则需要超出本能的外部设计。人必须通过自己的劳作（doing），才能满足自己的生活需要，这就必定引出新的需要和活动方式。就此而言，人类社会绝不是“存在”（is），而应当是“生成”（becoming）。因此，历史不是一种空洞的历时性时间抽象，它是人类的第一生命，而且随着人类生命在时间中的延续，它将不断地改变其性质。真实的人都生活于一定的历史境遇之中，他是一定地域、一定时期和一定社会关系中的具体个人；他只有在一定的历史联系中才能取得人的现实存在。如果没有历史的支撑，我们的生活方式、思想感情和自我意识就不会是今天这个样子。有了前人的历史经验和思想财富，我们就能以已经达到的高度为起点，创造新的历史，而不必从结绳记事、品尝百草做起。我们比我们的原始人祖先更加有力量，就因为我们拥有更丰富的历史。是连同原始人经验在内的历史财富，使我们成为当今的文明人。

其次，人的活动和存在的历史性，决定了人学的历史性质。实际上，人学就是人类自我认识和自我造就的一种观念性活动，它必须以历史为自己的基础和前提。马克思主义创始人在创立关于人类社会及其发展的理论时，坚持从分析历史事实开始，而不是从一般结论开始。马克思认为，没有深厚的历史知识，就无法理解人的经济的、法律的和道德的活动规律。人是一种历史性存在，所以只有熟谙历史的人学才能把握这种存在。没有历史知识，没有历史的态度，我们既不能理解人，也不能解决人类社会发展中的任何问题。科学的人学知识都应是历史性的知识，历史判断应当是人学研究的本质。由于人学研究内容的历史性，从结构的意义看，人学必须建立在世代人们积累的知识之上。如果抽去了世代相传的历史经验和历史知识，人们将发现人学甚至全部人文科学会变得空空如也。人，不是一种天然的东西，他是历史地成为人的。因此，我们不仅要历史地发现和认识人，还要不断地发现和认识仍在历史地生成着的人。在这里，既没有先天规定的知识，也没有抽象同一的性质；有的只是不断的生成和生生不息的历史。从这个意义上说，人学就是人类对自己生成史的认识史。

最后，人的自我认识也创造新的历史。人学是对生成着的人的观念把握，但这种把握本身也加进了人们对历史的批判性审视和对未来的理想憧憬。人生活于历史境遇之中，是一种历史性存在，所以只有借助于历史人才能走向未来。谁若忘记过去，谁也就失去了未来；谁若拥有历史，谁也就拥有希望。历史传统，只是对那些因循守旧的人，才成为一种包袱；对于有创造力的民族来说，历史传统是永恒的财富。恩格斯说“历史就是我们的一切”，这就是说，历史是我们赖以生存的家园。我们不能超出历史，但我们可以认识历史、理解历史和创造历史。在连接过去、现在和未来的过程中，人文学科特别是人学起着关键的作用。这是因为，我们的每一次自我认识，都对我们的生存施加了历史性的力量，这种自觉的历史意识会反过来推动现实的历史。满足于已有的历史，并不是历史的态度，因为历史的本质就是不断地变化、生成和发展。因此，科学的人学应当以自己观念的生成反映并引导历史；只要有科学的人学，历史本身就不是僵死的凝固化的东西，更不是束缚我们甚至使我们窒息的“历史牢狱”（the prisonhouse，海勒语），而是一个有待于人们不断开发的家园。历史是人类的故园，也是人类的希望之乡。

总而言之，人本主义不是人学的根据，因为人本身是在历史中生成的，并继续处于生成过程中。离开了历史性，就没有人的主体性；只有在历史之中，我们才能生成为主体。人学，就其实质来说，是历史性的范畴。人学若走向科学，就必须来一次历史学的转向。只有在这种转向之中，我们才能建立不断生成的科学的人学。

（原文载于《江海学刊》1997 年第 2 期）

当代中国人学逻辑僭越和缺失的反思

——黎明、黄昏与月亮的辩证法

张一兵

“人学何以可能”问得好，这是康德那种理性自省在我们今天人学研究中的一种深化。之所以康德的提问本身就是一次“哥白尼式革命”，因于它对人类理性妄自僭越的科学限定。中国当代人学研究应该有这样深一层的反思，何以可能首先就得界说何为不能，有了前提，自然也会彰显中国人学真正的现实可能性。我以为，中国当代人学建构的唯一可能性路径就是面对中国人现实生活情境及其真实发展的世界文化史大背景，摒弃那种抽象概念移植、推演和叠加之套路，只有这样，才会看清我们人学研究的真实语境和缺失之处。以笔者之见，这可有一人学之黎明与黄昏、太阳与月亮的喻说。

首先，现实中国土地上正照亮理论地平线的人学日出之黎明。中国当代人学研究发展的每一步，其实都是我们真实生活之映照。20 世纪 70 年代末兴起的人学大潮（伤痕文学、人道主义、异化讨论），80 年代出现的文学、哲学主体性讨论、价值哲学与实践哲学，一直到今天的人学建构。究其根据，实为我们这块土地历史发展中多种复杂生活交错形成的多重语境结构。从现实层面看主要有二：一是“文革”结束时，对“左”的专制下中国人正常生存被粗暴践踏的一种感性反抗和直接反思的结果；二是改革开放之后，随着经济责任制的实施，特别是市场交换中法人主体的出现，对人之责任和权利的呼唤。从文化本体上看，这种人学的自然浮现只能是历史性的启蒙意识形态。因为从市场交换中形成的物化主体性与形式上的平等权利，必然会以抽象的人类本质建构出新的价值悬设，这种同样以“无声的类”联结起来的人是无法超越市民社会视域的。说这种人学之建构是中国人的主体意识觉醒之黎明，是特指其对我们这块农业土地（自然经济）的现实批判。可是，问题的复杂性在于我们的一些论者却是以青年马克思的人本主义来遮蔽这一真相的，而无视马克思在1845年已经实现的科学革命，特别是对一定历史条件下人的现实的历史的确证。这就使我们这种人学日出的起始蒙上了很浓的历史阴影。

其次，中国人学初升的真实世界文化背景却是当代西方人学的黄昏。西方的人学太阳在文艺复兴时期喷薄跃现，经过几个世纪的发展，历经文艺复兴时期的人文主义、17—18世纪政治上冲击专制的人道主义和19世纪德国人本主义的古典理性主义和类本体人学阶段，20世纪后进入个人本位的新人本主义（尼采、弗洛伊德到萨特）发展，20世纪30—50年代上升达及顶点。60年代后，这一轮新日开始西斜逐步至黄昏。笔者认为我们今天关于人与主体性的讨论，远远落伍于当代人学逻辑发展的进程。从胡塞尔和海德格尔的“他性”与“主体间性”，经过弗罗姆和阿尔多诺的“非占有”与“非支配”，以生态学和后现代思潮为语境的当代后人学思潮已经喊出了防止“人道主义的僭望”这样限定性的口号。而我们对主体性与人的新一轮确证，却仍然仅仅停留在古典人本主义（至多是新人本学）那种抽象的人类中心主义和控制主义的旧框架之中。一些论者虽然正确地把握了马克思的科学“异化”（物役性）范式，但却在扬弃异化的过程中又错误地走到了相反的非生态境地。当然，这不是要将当代西方人学的逻辑直接延伸到我们的讨论中来，而是说我们不得不正视这一新的逻辑参照系。

最后，是关于人学之月亮的喻说。在本文的前述中，笔者沿用了当代西方学者对人学发展描述的隐喻，即太阳（人学）升落的黎明与黄昏。可是当代人学研究中一个最新的成果，就是女性主义人学理论的质疑：即女性在传统人学逻辑中的缺席。我们发现，20世纪60年代以后，经过波伏娃、弗里丹等人的努力，特别是米列特、芭古与佩格利亚的后现代语境中，过去一切人学研究的本体实质上仅仅是一部男人的文化父权制的历史。女性主义有理由尖锐地发问："history为什么不能写成herstory?！上帝为什么是一个男人?!"换到我们自己的话语，也可以发问道："男人为什么就是太阳？女人就一定是月亮（阴)?!"所以，我们中国今天的人学研究"何以可能"如果是一个真问题，它就不能仅仅是一条"man"或者"human"的男性中心主义的理论逻辑。这个问题，实际上在中国的人学研究中迄今仍没有被提出，这本身就意味着问题的严重性。如果我们人学理论逻辑始终存在这一重大缺失和无意识盲点，这也同时意味着我们研究中持存着的一种巨大的逻辑非法性。难道不是吗？

（原文载于《江海学刊》1997年第2期）

哲学的“人学”形态之可能

张曙光

1. “人学”的确是一个充满疑窦、歧义丛生的名词。因为“人”并不是一个既定的、有限的客体，只消我们从外部研究就可以了。人是要自己把握自己，并且，人又总是生发着新的可能性。但尽管如此，笔者认为，“人学”还是能够成立的，这里关键在于对“人学”作何理解。笔者的基本看法是：一个非哲学意义上的“人学”学科是不可能的，一个与“世界”观完全外在的哲学“人学”也是难以成立的，“人学”只能作为哲学发展的一个形态而存在，下面试述理由。

2. 东方和西方的古代思想家们早就给人们提出了“认识自己”的任务，然而，直到今天，一个非哲学意义上的独立的“人学”仍未建立起来。经验科学如经济学、伦理学、政治学、心理学、法学等无疑都是以“人”以及“人事”为研究对象的，但它们都无力对人作总体的把握。把这些学科“综合”为一门“人学”显然是不可行的，因为那不过是“知识总汇”，“人”的“面目”仍然模糊不清。除非进行高度的抽象概括并能转化为哲学（其实哲学单靠经验知识的“概括总结”是达不到的）。正是在哲学中我们可以发现“宇宙”和“人生”这两个主题的互相缠绕。哲学自古至今都不是单纯的“世界观”或单纯的“人学”，在哲学里面，“世界观”（或“宇宙学”）与“人学”

（或“人类学”）总是相辅相成并且彼此渗透。这是中西哲学史所证明了的。

3. 在古代和近代，有不少哲学家主张哲学主要应当关注、研究“人”而非“自然”。然而，尽管这些哲学家做了很大努力也很有贡献，却均未能建构出一个相对完备的“哲学人学”。众所周知，西方哲学的早期形态是自然本体论，后来则转向认识论。这是为什么？道理其实并不复杂。如同马克思所说，人来到世上并没有携带镜子，他首先是从自然这个对象中“发现”自己的，而人自身在生理上属于自然，生活资料也取自自然，所以早期哲学才以“自然”为本体，中国哲学也大致是这样。后来哲学家们意识到了本体论“背后”的认识论根据，社会也迫切需要提高认知能力更有效地改造外部世界，创造财富，这就导致了认识论问题在哲学中的突出。可以说，这时人们对“人”的理解主要是对人作为“认知主体”的理解。到了康德才明确提出从“知”“情”“意”这三个层面阐发人的主体性并解决“人是什么”这个最难也最有价值的问题，虽然康德解决得不理想，但他关于“人是目的，而不只是手段”的思想却有重大的历史转折意义，因为它将哲学的世界观（或“宇宙学”）内在地导向了人学。后来，黑格尔实际上形成了关于“精神的”“理性的”人的哲学。费尔巴哈则经由否定黑格尔哲学的抽象性、神秘性提出了关于“感性的人”的“人本”哲学。诚然，随着马克思对于人的特有生存方式——实践——的揭示，哲学的人学转向才变得清晰起来，而与此同时，“人”与“世界”的关系也开始获得实践的从而也是社会历史的理解，马克思由此预言：关于人的科学和关于自然的科学将成为一门统一的科学。

4. 预言从提出到实现是需要时间的。20 世纪上半叶，出现了以“哲学人类学”和“存在主义”为中坚的人文主义潮流，科学主义也甚嚣尘上，人及其世界都变得更加支离破碎。有感于此，英国科学家和作家 C. P. 斯诺疾呼：“文学”和“科学”这“两种文化”都只能是片面的“子文化”，它们必须统一到“表征人性的本质和才能的和谐发展”的同一人类文化中来。[1] 德国哲学家卡西尔则试图从“文化”出发对人的各种创造和表现形式给予总体的把握，从而建构真正的哲学人学。他说：“人的突出特征，人与众不同的标志，既不是他的形而上学的本性也不是他的物理本性，而是人的劳作（work）。正是这种劳作，正是这种人类活动的体系，规定和划定了‘人性’的圆周。语言、神话、宗教、艺术、科学、历史，都是这个圆的组成部分和各个扇面。因此，一种‘人的哲学’一定是这样一种哲学：它能使我们洞见这些人类活动各自的基本结构，同时又能使我们把这些活动理解为一个有机的整体。”[2] 这段话的基本精神和马克思是一致的，并应当承认是从文化的视界对“人”的整体把握的推进。

5. 这里不妨再看看我们的传统哲学。不少学者曾指出，中国哲学就是“关于人的学问”。按说，中国传统哲学早该形成关于“完整的人”学说了，其实不然。中国传统哲学看重的是以伦常关系为纽带的群体，这里并没有独立个体的地位。不错，它也讲个体的人，但所讲的是个体的心性修养，是个体在所从属的群体中的名分。这里有“君臣父子”，却没有“人”，充其量也只有一般的“人格”。这又是为什么？这是因为中国传统社会是以农业自然经济为基础的血缘宗法社会，人的社会实践活动——生产和交往——的广度和深度都很有限，个人缺少独立性，人与外部自然的关系也缺少深层的分化，所以中国古代许多哲学家总是喜欢把“天”与“人”直接类比、契合，董仲舒不就讲什么“天”“与人相副、以类合之，天人一也”[3] 的话么。“人文”与“天文”在中国倒是未出现西方那样的分裂，但这绝非充分发展后的整合。中国传统哲学中的“人”学和“天”学内容也是如此，不可抬得过高。

---

① ［英］斯诺：《两种文化》，纪树立译，生活·读书·新知三联书店 1994 年版，第 60 页。

② ［德］卡西尔：《人论》，甘阳译，上海译文出版社 1985 年版，第 87 页。

③ 《春秋繁露·阴阳义》。

6. 基于上述简略的考察分析，笔者认为，哲学人学的确立需要两个前提条件：一是人的现实实践条件。人的活动要相当全面，人与周围世界形成多方面的、普遍的联系；人的职业和身份规定不是终生不变的，它可以由个人自主选择；二是理论条件，人的各种活动形式和各种关系都得到了深入研究并形成了相当完整的理论，因而“人”在各个论域各个层面都被彰显、被观照，对“人”的全方位把握或各视界融合，业已成为理论自身发展的内在要求。这两个条件现在已基本具备，因此笔者认为建立哲学人学已具有现实可能性。换言之，哲学发展的“人学”转向已是顺理成章之事。但笔者要强调指出一点：人的“自然化”“世界化”和自然、世界的“人化”总是在同时地进行着，因而，哲学人学既不可撇开人的世界这一人的非人格存在形式来把握人这一世界人格存在形式，亦不可能建构关于人的终极性理论模式。如何避免独断论并使理论具有开放性，是人学研究特别需要注意的一个问题。

（原文载于《江海学刊》1997 年第 2 期）

人的发展规律

黄楠森

十多年来，我国理论界关于为什么要建立一门学科叫作人学，什么是人学，人学应包括什么内容，人学的科学体系应该怎样，已经议论得很多了，而且已有一些学者写出了人学的专著，但作为一门科学，人学应包括人的发展规律，而已发表的论著对此却谈得很少。笔者认为这是人学研究中的一个薄弱环节，甚至可以说是一块空白。笔者最近做了一点尝试，现在谈一谈，想引起有兴趣的学者们的关注，借以推动大家共同讨论，看能不能有所突破。

第一个问题是：是否存在人的发展规律？唯物史观已经揭示了人类社会发展的规律，而人类社会就是由人构成的，还有不同于人类社会发展规律的人的发展规律吗？笔者认为是有的。人类社会是由许多人构成的，但人类社会不仅是个体的人的加和，而且是由人构成的有机体，正如生物体不仅是细胞的加和一样。人类社会与人不能相等，人类社会的规律与人的规律当然也不能相等。这两类规律的关系无疑至为密切，人类社会规律应该涵盖人的规律，但不能代替人的规律。因此，我们不能满足于或停留在人类社会规律，而应在人类社会规律的指导之下揭示人的规律。

第二个问题是：怎样在唯物史观指导下揭示人的发展规律？笔者

认为可以从两个方面着手：一是揭示作为个体的人的发展规律，这种规律只适用于一个人的短短的一生，即几十年，最多一百多年；二是揭示作为类的人的发展规律，这种规律适用于自有人类以来的个体人的发展，其时限有几十万年之久，甚至更长，但它又不等于人类社会的发展规律。当然，有的规律可能既适用于个体的人，又适用于作为类的人；既是人的发展规律，又是人类社会的发展规律，究竟怎样，应具体对待。

第三个问题是：人有哪些发展规律？笔者认为以下几条可以说是人的发展规律。

1. 人类社会的形成和发展是一个过程，个体的人的形成和发展也是一个过程。初生婴儿只是一个自然人，其体力、实践力和智力是在人类社会的影响下逐渐成长，最后才能形成为人，即社会人的。一般把 18 周岁作为成人的标志。

2. 人的实践力，即改造自然、改造社会和改造自我的能力，是不断增长的。对个体的人来说，人的实践力的增长由于体力和年龄的限制，总是有限的；对作为类的人来说，则是无限的，它只有一个限制，即不可能超越自然。

3. 随着人类社会的生产力的不断增长和人的实践力的不断增长，人的平均必要劳动时间在日益缩短，从而使人的平均劳动时间日益缩短，人的自由时间在日益增加，当然人的平均劳动时间不会缩短为零。

4. 随着人类社会的发展，人的主体地位，从而人的主体性即自觉性，在日益增强，而自发性、盲目性在日益减弱。个体的人亦如此，随着年龄的增加，人的主体地位和主体性也是在日益增强，其自发性、盲目性在日益减弱，但不会减至零。

5. 人的自然存在（人体）是人的意识的自然基础，但决定人的意识的内容的是人的自然环境、社会环境和社会存在（实践活动、社会因素和各种社会关系），在此基础上的人的意识本身具有相对独立性，即有其继承性和历史，并对存在发挥着或大或小的反作用。这个规律，历史唯物主义理论早已论述过。

6. 随着人类社会的发展，随着人民群众的作用的扩大与加强，杰出个人的作用在日益减弱。从根本上讲，人类社会的历史都是人民群众的历史，但在古代，历史更多地表现为英雄的历史，而越到近、现代，历史越多地表现为人民群众的历史。

7. 随着人类社会的发展，随着各地区交往的发展，人际关系在日益扩大、加深、多样化、复杂化，人与人更加相互依赖与相互作用，出现日益加强的多样化和复杂化的人际关系网络。

这几条作为规律能成立吗？怎么论证？还有没有其他规律？这些都是要进一步研究的。笔者的这些思考的的确确是不成熟的尝试，的的确确是抛砖引玉。我愿意与有兴趣的同志们共同探讨。

（原文载于《江海学刊》1997 年第 2 期）

人的自由个性

王锐生

再过3年，人类又将进入一个新的世纪。在这个跨世纪的年代来谈人学，笔者不禁想起在19—20世纪之交的年代里，一位社会主义者向恩格斯提出的请求。

那是在1894年1月3日意大利社会党人朱泽培·卡内帕致信恩格斯，请他为将于当年3月起在日内瓦出版的周刊《新时代》寻找一段题词，用以显示未来的社会主义纪元的基本特征。卡内帕认为，新纪元的特征应当区别于佛罗伦萨诗人但丁所描述的“一些人统治，一些人受苦难”的旧纪元的特征。

恩格斯1894年1月9日从伦敦回信，写道：“我打算从马克思的著作中给您寻找一行您所要求的题词。马克思是当代唯一能够和伟大的佛罗伦萨人相提并论的社会主义者，但是除了从《共产党宣言》中摘出下列一段话外，我再也找不出合适的了：‘代替那存在阶级和阶级对立的资产阶级旧社会的，将是这样一个联合体，在那里，每个人的自由发展是一切人的自由发展的条件。’”①

恩格斯这里用人的个性自由来表达新时代的基本特征，是完全符

① 《马克思恩格斯全集》第39卷，人民出版社1974年版，第189页。

合马克思的理论的。尽管自恩格斯写下这些话已经过了102年，马克思和恩格斯的这一伟大理想尚未实现，但这并不意味着它在未来是实现不了的。有人预言，21世纪的显学将是“人学”。笔者完全同意。但这个人学的目标仍然应当是马、恩在《共产党宣言》中的这段话，否则那将不是笔者所赞成的人学。

人们会问，在未来的世纪中，“每个人的自由发展是一切人的自由发展的条件”的社会（“联合体”）能够实现得了么？也许不能。也许还需要好几百年乃至上千年。但马克思所憧憬的“自由个性”的理想社会绝不会是他本人所激烈反对过的“空想社会主义”。

从今天的世界现实来看，笔者以为马克思的这一理想离开我们似乎仍然很远，但又似乎比过去近得多了。说它离开我们还很远，因为世界贫富差距越来越大。根据联合国最近公布的关于工业国和发展中国家收入差距的报告，358个大富翁的收入超过23亿穷人的收入。在最近30年，世界20%最贫困者的收入由占世界总收入的2%下降为1.4%，而20%的富人的收入由占世界收入的70%增加到80%。[①]“每个人的自由发展”的理想实在离开我们太远了。但是此外也要看到，科学技术的最新发展正在向人们预示这样一种公认的事实：现代人的个性化趋势，21世纪的新人将具有这样一种本质特征——有独立的个性。笔者在《江海学刊》1995年第3期的文章《有个性的人——现代人的本质特征》中曾经指出，许多高科技产品出现说明，“智力劳动在社会生产中的地位将变得愈来愈重要”“在未来社会的组织中，生产价值链中的每个环节都必须具有独创性，这是精神生产的特点。因此在未来的社会里，人们要做一个合格的劳动者，就要首先成为一个有个性的人”。此外，未来的生产力将是“智能机器生产力”已是确定无疑的。而当这种生产力“使生产和需要的个性化成为可能时，人的个性发展也就有了更多的现实可能性”。在这个意义上，笔者又有

① 引自《参考消息》1996年11月9日报道。

理由说，同过去的时代相比，马克思和恩格斯的这个自由个性的理想离我们更近些了。

这个理想的实现，我们这一代人在有生之年肯定是看不到的。但它的意义并不因此而丝毫减少。因为它是全人类最合理、最有价值的走向。然而可悲的是，尽管马、恩提出这个理想已经有一百余年，但直到现在，它仍然未能为一些人（包括有的宣传和研究马克思主义的人）真正理解和接受。典型的例子是在1983年的一次讨论人的问题的学术会议上，有一位笔者尊敬的学者坦白承认，他对马、恩的这段话的合理性始终未能弄清楚。至于把马克思主义和社会主义当作一种社会本位主义（即社会始终高于个人、整体始终优先于个人；只讲人的合群性、依赖性，不讲人的独立性和个性）来宣传的，更是所在多有。他们不能理解的是：怎么可以把个人的自由发展作为“一切人的自由发展的条件”呢？他们认为，只能是社会和集体作为个人存在、发展的前提，而不可以反过来。

不错，社会、集体同个人之间会发生矛盾，在这种场合，后者要服从前者。但这只是一种处理特殊情况的原则。作为支配一个合理社会正常发展的基本原则应当是：社会与个人不是被抽象地对立起来，社会不是由自然和历史从外部强加给人们的“结合体”，而是人们自觉联合而成的“自由人联合体”。这样的联合体之所以能够“自由发展”，首先是因为联合体的每一个成员都是“自由和全面发展”的。这正是联合体根本区别于以往的阶级对立社会的地方。在阶级对立社会里，社会整体的发展是以牺牲无数个体（甚至整个劳动阶级）为条件。而在新的联合体，“一切人”（联合体）的自由发展是以“每个人的自由发展”为条件。这就是《共产党宣言》里那段话的真实意思。马克思主义既反对个人本位主义，也不是社会本位主义。因为在这两种场合，社会与个人都是割裂的，相互抽象地对立起来的。许多人不能理解自由个性在马克思的理想社会中的地位。其实，只要不把社会同个人抽象对立起来，重视人的自由个性是合乎共产主义的价值观的。

马克思本人重视自由个性到这样的程度，以至于他把人类社会三大形态划分中的“第三大阶段”界定为：“建立在个人全面发展和他们共同的社会生产能力成为他们财富这一基础上的自由个性。”①

为什么马、恩的真正思想不能为某些人所理解和接受呢？笔者认为，这里有很深刻的根源。首先，几千年的整体主义为轴心的儒家文化渗透到民族肌体的里里外外。这不能不妨碍许多人对马克思主义的理解。其次，以高度集权为特征的苏联社会主义模式及其高度集中的计划经济体制曾一度移植到中国。在这样的社会存在基础上，自然会产生出与马、恩的理想有差异和距离的价值取向。

作为马克思主义信仰者，我们的责任是恢复马克思的本真。如果要从马克思的著作中寻找一句最能表达他的未来理想的话，除了《共产党宣言》中这段话外，再也找不出更合适的了。

（原文载于《江海学刊》1997年第2期）

① 《马克思恩格斯全集》第46卷（上），人民出版社1979年版，第104页。

马克思主义人学的新课题

张奎良

社会主义精神文明建设内蕴着深刻的人学意义，是马克思主义人学的新升华。党的六中全会强调以科学理论武装人，以正确舆论引导人，以高尚精神塑造人，以优秀作品鼓舞人，这就把马克思主义人学从理论层面引向现实层面，提出了人学理论实践化的新课题。

马克思主义人学体现在唯物史观中，恩格斯曾把马克思发现的唯物史观称为“关于现实的人及其历史发展的科学”①。但是，在马克思的时代，人学具有鲜明的理想性质，是马克思主义关于人的本质、价值、解放和全面发展的学说。尽管实践唯物主义哲学把人的生命需求和生活存在作为理解现实人的出发点，也十分关注人的际遇和命运，但是，除了无产阶级的解放斗争从根本上体现了对人的终极关怀外，马克思主义不拥有任何其他物质手段来兑现自己对人类未来的美好承诺。十月革命开辟了人类历史的新纪元，从此，无产阶级有了自己的国家政权，可以从经济、政治、文化等各方面去实践马克思主义的人学理想。

苏联和中国的革命及建设成就表明，社会主义是人类解放的不可

---

① 《马克思恩格斯选集》第4卷，人民出版社1995年版，第237页。

逾越的阶段。广大人民群众不仅翻身解放，当家作主，从政治上体现了自己作为社会主人的权利和地位，而且随着经济和文化的发展，人自身的素质也不断地提高。社会主义给全体劳动者开辟了“对人的本质的真正占有”和“人向自身、向社会的（即人的）人的复归”的现实前景。①

但是不能不看到，无论是苏联还是改革开放前的中国，在马克思主义人学理想的实践中都存在巨大的缺憾。苏共领导对人的观念和意识淡薄，他们不尊重人的基本权利，不注重提高人民的生活水平，全力发展重工业，损害轻工业，牺牲农业，长时期物质匮乏，人民生活水平低下。中国在改革开放前，由于“左”的思想的干扰、放弃以经济建设为中心，无休止地大搞政治运动和批判斗争，其结果，生产力发展缓慢，经济滞后，上亿人口解决不了温饱问题。人的生命存在是人的最起码的价值体现，广大群众生活水平低下，温饱成问题，这就实际上把马克思主义人学思想和追求束之高阁了。

改革开放以来，中国共产党人努力提高人民的物质生活水平，改善社会生活的条件，为广大群众创造了展示自己智力和创造能力的环境，现在又创造性地提出建设社会主义精神文明的总体思路，把马克思主义人学推向了一个系统实践化的新阶段。

社会主义精神文明建设是马克思主义人学的新领域，它在提高人民物质文明水准的基础上，着眼于人的素质建设，并和前者相辅相成，成为“完整的人”的有机构成部分。现实的人都生活在物质和精神两重世界中，在科技发展、物质匮乏问题已经不难解决的今天，精神世界和精神生活越来越显示其突出地位与重要意义。在改革开放前，我国决策层和思想理论界虽然意识到了精神生产的重要性，但总的来说，认识模糊，而且主要是以追求思想上的“革命化”为宗旨，没有提出精神文明建设的概念，也缺少关于提高人的素质的意识。只有改革开

① 《马克思恩格斯全集》第42卷，人民出版社1979年版，第120页。

放，特别是建立社会主义市场经济的使命，才在物质文明大幅度提高的基础上，呼唤精神文明建设，发出提高人的素质的呐喊。

十四届六中全会的决议全面系统地论述了社会主义精神文明建设面临的形势和指导思想及奋斗目标，特别强调了精神文明重在建设，提出了一系列切实可行的方法和手段。这就不仅极大地扩展了马克思主义人学的视野，而且拓宽了其实践领域，使马克思主义人学第一次全面地从理论层面跃向实践的天地。

马克思主义人学作为一门相对独立的学说，体现了马克思对人的重视和理解。但它不具备现成形式，更多的是体现在马克思学说的整合中。这就要求我们更加重视马克思主义人学的后续和延伸，从时代的发展和实践的推进中丰富它的内涵，确定其完整的体系和框架。我国社会主义精神文明建设的实践是马克思主义人学发展的重要里程碑。现实召唤我们，要努力吸取精神文明建设的成果，为完善马克思主义人学而努力。

（原文载于《江海学刊》1997 年第 2 期）

人学与精神文明建设的实效性

韩庆祥

精神文明建设本质上是人的建设或人的塑造问题。对人的科学理解，是马克思主义人学的任务。人学研究人，表明人学是一门最现实的学问，是最关注人的现实生活世界的，而当前我国人的现实生活世界最突出的一个问题，就是与人直接相关的精神文明建设问题。因此，人学通过对人的理解和关注而进入对精神文明建设的理解和关注，这便是人学在当代中国实践生活中的意义和作用。

马克思主义人学理解人，其中一个重要的着眼点，就是理解怎样的情境才能充分发挥人性的优点，克服人性的弱点。这正是精神文明建设的实质意图。精神文明建设的最终实质，就是塑造具有完善人格的人，改造病态人格的人。

人性之最大优点是，他总是力图在和谐的关系中实现其创造个性和能力，它最大弱点是，如果没有外在约束，他就会注重自我私利进而发生堕落。问题的关键，是应尽力发扬其优点克服其缺点。对这一点，东西方都有其特殊的解决办法。一般来说，中国传统文化不大注重制度和法制对人性弱点的限制和约束，较注重伦理和人治对人性的制约关系。相对而言，西方传统文化较注重制度和法制对人性弱点的抑制。这是两种不同的思路：中国相对注重内在人格修养；西方比较注重外在制度约束。这只是比较而言，不能绝对化。东西方在人性问题上之所以会有两种不同思路，其原因主要有二：一般来说，西方传统文化对人性的理解多着重于人性的弱点或恶的方面，而中国传统文化则多着重于人性的优点或善的方面；西方搞市场经济，要求注重制度和法制对人的制约作用，而中国几千年的自然经济与权力经济，则多注重伦理和人治对人性的作用。

我们今天是在社会主义市场经济条件下搞社会主义精神文明建设。这一事实本身要求我们必须把东西方文化有机综合起来：既不能割断我国的历史和传统在空中建设精神文明，由此我们必须吸取中国传统文化中的精华；又要在市场经济条件下通过制度和法制对人性的规范约束来进行精神文明建设，由此我们应吸纳西方文化在制度建设和法制建设方面的优秀成果。这种综合能促使我国社会主义精神文明建设达到实效。

（一）在制度建设上下功夫，加大精神文明建设的力度

制度建设，是保证社会主义精神文明建设达到实效性的一种重要手段。这是制度保证。

人是一种受制约的受动存在物。他受自然制约，受社会制约，受文化制约，受他人制约，但最强硬的，是受制度制约。因为制度以其强制性约束机制而对人发生制约作用。制度建设对人的建设进而对精神文明建设的有效作用在于：制度是硬件，它以其强制性和硬约束使人必须怎样，不怎样不行，因此有什么样的制度就会有什么样的人，制度对人的制约具有长期性和可持续性，只要制度存在，这种制度对人的制约就自然存在。这样，制度对人的塑造就具有强硬性、直接性和决定性，即具有力度。在西方，制度对人的制约，其中之一是通过市场机制来实现的，即靠市场机制调节和控制人的行为，把自主选择、责任和利益在人身上统一起来，以此最大限度地发挥人的精力以及积极性、主动性和创造性，克服人的惰性，避免主观臆断。我们在市场经济条件下进行社会主义精神文明建设并使其富有实效，也应注重制

度建设，利用市场经济机制锻造人。由此，我们应有这方面的自觉：既要充分把市场平等竞争和优胜劣汰机制引入精神文明建设活动中，并制定相应的具体制度以保证这种机制有效发挥作用，又要积极主动地把市场经济对人的发展的积极影响实现出来，把它所孕育出的积极要求升华为人的普遍意识，塑造出积极的人格，比如，把市场经济所孕育出的对人的独立人格的要求升华为人的独立意识，塑造一种具有独立人格的人。可以说，通过制度建设来促进精神文明建设，是精神文明富有成效的关键一环。有些地方的精神文明建设之所以难以收到实效，其重要原因之一是忽视制度建设，缺乏机制保证。

（二）在法制建设上下功夫，使精神文明建设具有深度

把精神文明建设建立在法制基础上，纳入法制化轨道，是精神文明建设达到实效性的另一种重要方法。这是法制保证。

法律是采取强制性手段来调节人和人的社会关系的，属于硬件，“刚性”是法律武器的本质特性。法律要保持刚性特征，就必须较少弹性，不仅如此，法律还对消除人的主观随意性，确立人的行为的持续规范性，具有重要作用。尤其是在市场经济条件下，法制对人的作用显得更为直接和重要。我国在传统社会比较注重人治，对人的约束多是通过人治来实现的，即使今天，我国的社会主义精神文明建设，在许多地方也往往是将其置于人治基础上并通过人治来实现的，这主要表现在注重依靠个别领导人及其权力意志行精神文明建设。这种方式对精神文明建设有一定意义，但在人治基础上开展精神文明建设，往往做表面文章，难以达到真正实效，主观主义和形式主义就是精神文明建设中实行人治而产生的两种后果。只有在法制基础上进行精神文明建设，才有助于使精神文明建设达到深度和实效。因为人的自觉性毕竟是有限的，只有靠强有力的法制约束，才能促使和保证人们去深入持久地努力开展精神文明建设。

（三）在文化建设上下功夫，拓宽精神文明建设的广度

如果在制度建设上利用市场经济机制是运用经济方式进行精神文

明建设，实行法制建设是运用政治方式进行精神文明建设的话，那么，文化建设则主要是运用文化的方式来进行精神文明建设。

人是文化的产物，人创造文化，文化然后又作为人活动的一种环境和氛围来影响人、塑造人。文化的实质就是塑造人。文化对人的塑造，主要在于它以各种活动、信息、氛围、环境和精神，深入持久地影响人的生存（生活）和发展方式，影响人的日常生活习惯和思维习惯。人在自己的生活中，往往自觉或不自觉地受着文化的影响。文化所形成的环境主要是文化氛围，文化氛围是由各种文化活动、文化传播和文化交流而形成的。文化对人的影响虽没有制度和法制那样具有强制性和硬约束，但它却具有易接受性、长久性、广泛性、潜移默化性和积淀性，文化一旦对人形成一种人格，就具有相对稳定性。由此，通过文化的方式进行精神文明建设，更易于被平民大众所接受因而会富有成效。以文化的方式进行精神文明建设，一要加强文化设施建设，开展各种有益的文化活动，为精神文明建设提供有效的载体；二要营造一种积极向上的文化环境和文化氛围，为精神文明建设提供良好的环境；三要确立一种健康的文化价值观念，为精神文明建设提供价值导向。

（原文载于《江海学刊》1997 年第 2 期）

文化：人的第二天性

车玉玲

在人类所有的科学研究中，没有比对“人自身”的研究更为奇特了。几千年前，标志着古希腊文明的阿波罗神庙镌刻了“认识你自己”的神谕，它象征着人类对自身命运的深切关怀，表达了人类需要认识自己的迫切渴望。多少个世纪过去了，沧海桑田，斗转星移，然而，哲学人类学家们仍然对“人是什么”这一绪论性质的问题众说纷纭，不能定论。有趣的是，这丝毫无损于人们探究这一问题的热情，假如别的学科纠缠于自己的对象问题，恐怕早就夭折了。这其中的奥秘也许就在于“自我解释”是人的天性，动物无须自我理解，它在周围环境中要安适自足地活下去，上帝也无须对自己说明，它本身尽善尽美，包容一切。唯独人这种特殊的生物才会有这种需要，才会碰到自我说明的难题，因为“人在本质上是不确定的，人的生活并不遵循一种被事先确定的过程，自然只完成人的一半，另一半留给人自己去完成”①。人类的不完善要由自我理解来补偿，它告诉人们怎样才能使自己完美。因此，人以无比的热情思考自己存在的意义，他从何处来，他又要到何处去。

---

① ［德］M. 兰德曼：《哲学人类学》，阎嘉译，贵州人民出版社 1988 年版，第 8 页。

自我认识正是使人类高贵而伟大的真正核心。17 世纪的思想家帕斯卡尔在《赞美诗》第八章的评论中说：人是如此软弱和渺小，以至一滴水都能淹死他。然而他却比那杀害他的东西高贵，因为他知道他将死去，懂得宇宙比他强大。宇宙除了其所有的宏伟壮观之外，并不知其宏伟壮观之缘，而人虽渺小于宇宙之宏大，但能反思自己存在的可能与现实。因此，人通过认识，即使只是对他的点滴的认识，也依然超越于宇宙。人是一根脆弱的芦苇，但是人确是一根“会思想”的芦苇。

在以往的西方思想家对人进行自我解释时，提供了这样几种典型的答案。从基督教把人理解为上帝的造物，到理性主义把人理解为理性的产物；从生物哲学人类学把人看作有生命的特殊个体，到实证主义主张人是制造工具的动物；从尼采对人是道德生物的抨击，及至存在主义对人类个体本性的分析等，各个不同时代的思想家都试图解释“人是什么”这一亘古之谜。

哲学人类学家舍勒认为，尽管人们对“人是什么”的问题给出无数的解答，但是，这个问题并没有得到真正的解决。相反，“在人类知识的任何其他时代中，人从未像我们现在那样对人自身越来越充满疑问。我们现在有一个科学的人类学、一个哲学的人类学和一个神学的人类学，它们彼此之间都毫不通气。因此我们不再具有任何清晰而连贯的关于人的观念。从事研究人的各种特殊科学的不断增长的复杂性，与其说是阐明我们关于人的观念，不如说是使这种概念更加混乱不堪。”① “我们再度变得对我们自己一无所知。”尤其是自 19 世纪以来的实证主义的兴起，科学的分工越来越细，又出现了肢解人的倾向，使得人们对人的自我形象的理解更加支离破碎。

为此，当代文化哲学人类学家宣称，它不研究人的某一特殊方面，不在实体的层面上描述人，而是力求从功能上、从文化的角度建构

① ［德］马克斯·舍勒：《人在宇宙中的地位》，达姆斯塔特，1928 年，第 13 页。

“完整人的形象”。作为对人类普遍关注的人的问题的解答，可以说，文化哲学人类学代表着当代哲学人类学的最高成就。

非特定化与创造性

人的觉醒本身就是一种否定性的举动，他被抛出与自然原有的一体性之外，失去了原有的家——大自然。在这样一个陌生的环境中，人似乎首先是最孤独无靠的自然之子，他最大的痛苦是丧失了对生命的任何本能的引导。因为，从人的生物学领域来看，人与动物的最大区别是非特定化，即动物的生命结构是特定化的，而人的生命结构是非特定化的。“特定化的效果和范围是动物的本能，它规定了动物在各种形式下的行为。”① 非特定化造成了人的生命功能的欠缺——本能的缺乏。人在生物学意义上的这一弱点，使人适应自然条件的能力达到了低点，这就决定了人这种特殊物种要维持其自身的生存，就必须超越生物的（生命的）生存方式，在超生命的、非本能的生存方式中求得发展与进化。正是非特定化使人的器官并没有片面地为了某种行为而被定向，自然中没有对人规定他应做什么或不应做什么。人是以本能“匮乏”为其特征的，他不可能自然而然地生活在自然界中，他是易受损害、易遭风险的脆弱的生物，以至于生物学人类学家格伦把人称为“被剥夺的存在”、有缺陷的存在。在这一点上，未特定化被作为人与动物相区别的标志，同时也是人不为环境所封闭、面向世界开放的条件。

哲学人类学家兰德曼认为，创造性与自我解释补偿了非特定化带给人类的不完善性。正是非特定化使人获得了双重自由。“即一方面从本能的统治下获得自由；另一方面又在趋向创造性的自我决定中走

① ［德］M. 兰德曼：《哲学人类学》，阎嘉译，贵州人民出版社 1988 年版，第 195 页。

向自由。”[1] 由于人不受本能所控制，所以人能够决定自己的行为方式，他本身就能思考和发明。他天性中的空缺，恰好是使他具有创造性的东西。自然界中最脆弱的造物也是最骄傲的。人的灵魂的力量跨越了整个世界，其思想绝不只关注一件事物。神学家米兰德拉借上帝之口描述了人在宇宙中的创造性与优越性。他写道：“我们没有给你任何确定的形式，这样可以使你得到与拥有你期望的装备。我们已使一切别的造物服从于一定的法则，只有你完全不受限制，你可以凭你的意志去选择你所决定的东西，你是你自己的主人与建设者。你能把自己贬低为动物，也可以把你提升到像神一样的最高地位。”[2] 可见，人能够成为他所渴望的一切东西，而动物一出生就已经被规定了存在的形式。

可以说，非特定性本身意味着不完善与不确定性。动物在天性上比人更完善，它一出自然之手就达到了完成。而自然把尚未完成的人放逐到世界之中，它没有对人作出最后的限定，给他留下了一个开放的空间，人必须靠自己完成自己。创造性和自我认识始终根植于人本身存在的结构之中。这是人完善自身的必要条件，他通过创造活动形成自己的文明世界，这种人自身及世界的创造不只出现一次，而是在无限的、未预定的历史过程中一再出现。人类在趋向一个遥远目标的过程中始终在变化，他没有不可改变的现实性，正如柏格森所说：“成为一个人，就是处在成为一个人的过程中。”[3]

完整的人

可见，人借助创造性来完善自身，正是依靠这种能动的创造性

---

① ［德］M. 兰德曼:《哲学人类学》，阎嘉译，贵州人民出版社 1988 年版，第 227 页。
② ［德］M. 兰德曼:《哲学人类学》，阎嘉译，贵州人民出版社 1988 年版，第 231 页。
③ ［德］M. 兰德曼:《哲学人类学》，阎嘉译，贵州人民出版社 1988 年版，第 58 页。

活动，才产生出了一切文化，塑造了人之为人的东西。人的本质与文化的本质，只能以这种能动的创造性活动为中介，才能得以结合与统一为整体。文化补偿了人的未特定化与他生存于其中的世界的裂痕。

作为文化哲学导论，恩斯特·卡西尔所著的《人论》的任务就是从精神、从文化本质出发，给人作出一种全新的定义。因为以往的“每一位思想家都给予了我们他自己关于人类本性的描述。所有这些哲学家都是彻底的经验主义者：他们总是告诉我们事实而且仅仅限于事实”①。卡西尔自称他的文化哲学体系是对人的一种功能性的说明，并不想去寻找关于人的形而上学的实体。功能性定义和实体性定义的区别在于：不是由某种人类的固有本质决定人类的活动方式，也不是靠经验的观察来确定的天赋能力或本能给人下定义，而是就人类活动形式的基本结构来看待人类。

卡西尔提出：“人的突出特征，人的与众不同的标志，既不是他的形而上学本性，也不是他的物理本性，而是人的劳作。”② 把人界定为理性的生物，或界定为能制造工具的动物，都不是功能性的定义，而是劳作结果的定义或劳作性质的定义，这不足以区分人和动物。人与动物的根本区别在于他在劳作过程中产生的符号功能，人的劳作活动就是一种符号活动。符号系统改变了人的生活，使人从动物的物理世界进入人的文化世界。人类生活的典型特征，就在于能发明、运用各种符号，从而创造出一个“符号的宇宙——人类文化世界”。人类的诸文化形态，语言、神话、宗教、艺术、科学、历史构成了人的活动范围，这些活动的形式都是人的符号功能的不同体现，它们就是不同形式的符号。并且应把各种不同的文化形式，理解为一个有机的整体，他们共同构成了人性的圆周。

---

① ［德］恩斯特·卡西尔：《人论》，甘阳译，上海译文出版社 1985 年版，第 87 页。
② ［德］恩斯特·卡西尔：《人论》，甘阳译，上海译文出版社 1985 年版，第 87 页。

可见，人作为活动的主体，他的活动就是创造与运用“符号”的过程，这种活动的实现就是文化与文化世界。而“作为一个有机整体的人类文化，可以被称作是人不断解放自身的历程”①。

现代文化哲学人类学家继承并发扬了卡西尔的“符号哲学”的观点，并进一步指出：人性并不是一种实体性的东西，而是人自我塑造的一种过程。人的本质永远处于制作之中，它只存在于不断创造文化的辛勤劳作之中。真正的人性无非就是人的无限的创造性活动。人只有在创造文化的活动中才成为真正意义上的人，也只有在文化活动中，人才能获得真正的自由。

他们还从另一方面说明人是文化的产物，即我们不仅是文化的创造者，同时我们也为文化所塑造。人是一种必以其生活环境来决定的生物，人类自我决定的这个方面就是文化。尽管这是一个事实，但是人们一般都不会意识到它，都认为是必然的。然而，这种习惯和传统都是人自己创造出来的，而不是自然所决定的。人是用自身的力量创造出他们的习俗，人自己就是普罗米修斯。“大多数人被其所依赖的文化形式所塑造，这是因为他们有着那种与生俱来的巨大的可塑性。面对他们降生于其中的社会的模铸力量，他们是柔软可塑的。”②

个体作为一种文化存在，首先必须是社会的存在。因为社会群体本身不仅是文化范围，同时也是全部文化的保存者和传递者。技术文明和物质文明被创造出来后，不会很快消失，而是成为一种伴随着民族的永恒的财富。它们作为一种稳定的惯例和传统价值被社会群体保存下来。“我们把被凝结了的人类创造力的积淀，叫做客观精神。”③ 这种凝固的文化成果补偿了人在适应自然时的匮乏，使人不

---

① ［德］恩斯特·卡西尔：《人论》，甘阳译，上海译文出版社 1985 年版，第 87 页。

② ［美］露丝·本尼迪克特：《文化模式》，何锡章、黄欢译，华夏出版社 1987 年版，第 197 页。

③ ［德］M. 兰德曼：《哲学人类学》，阎嘉译，贵州人民出版社 1988 年版，第 241 页。

必每时每刻从头开始，这正是人类社会不断进步的基础。

客观精神作为凝结了的文化成果是独立于人之外的。作为文化创造的个人必然要走向死亡，但是文化成果确是不朽与永恒的，它们被一代代向下传递。因此“客观精神站在脱离于我们的，如同自然界那样的先天形式上。我们惯常不可避免地处在我们自己创造的文化世界中，就像我们处在自然中一样”①。任何人降生于世后，他必然要面对两个世界，一个是自然界；另一个是文化世界。人不可能一开始就完全在虚无中创造，也不必每时每刻从头开始，从而获得对世界上事物的观点和认识，并决定自己的行为。人类依赖于自然属性的生活要远少于对文化生活的依赖。对人来说，文化世界才是更加本质的。“生活很少以自然的安排为基础，而是以在文化上被塑造成的形式和惯例为基础。我们已历史地获悉不存在自然的人，甚至最早期的人也生活在文化之中。”② 因而人一旦脱离了社会，脱离了他生长的群体而生活在异类中，他得不到文化精神的影响，他的文化才智必然泯灭，而他的心理也只能停留在孩童水平。

可见，人类总是生活在双重历史意识之中，一方面他被所生活的文化环境界定；另一方面又不断创造新的文化形式，为文化世界增添新的内容。因此完整的人是创造文化和为文化所塑造的人，他作为文化的产物是社会的，而作为文化的创造者则是个人的。

拯救的知识

恩格斯指出：“任何哲学只不过是在思想上反映出来的时代内容。”③ 文化哲学人类学的兴起正是对本世纪以来西方社会现实的反映。近一

① ［德］M. 兰德曼：《哲学人类学》，阎嘉译，贵州人民出版社 1988 年版，第 241 页。
② ［德］M. 兰德曼：《哲学人类学》，阎嘉译，贵州人民出版社 1988 年版，第 242 页。
③ 《马克思恩格斯全集》第 41 卷，人民出版社 1982 年版，第 211 页。

百年来，文明已渐渐丧失了自决能力，一直徘徊在知识的密林里，看不见智慧的光辉。以技术乐观主义为特征的启蒙精神追求一种使人能够统治自然的知识形式。“但是那个旨在征服自然和把理性从宗教镣铐下解放出来的启蒙运动，由于其自身内在的逻辑而转向到了它的反面，成了新的神话。启蒙走向了自杀的道路。”① 科技理性的发展在加强对自然统治的同时，也完成了对人的统治。人日益成为社会这架机器中的一个“零件”，思想本身已被摧毁了。“今天，并不仅仅是某些政治制度才威胁到个人，并力图把人降低为一个巨大机器中的从属因素，危险更存在于技术文明本身。”②

再者，在发达工业社会，科学技术已成为一种新的意识形态。统治的形式已不再表现为野蛮的人身压迫，而表现为对人的意识思想的操纵与控制，即统治者通过技术手段和大众传媒将自己的意志内化为被统治者的心理意识。人由此成为丧失否定能力、麻木不仁的“单面人”。因此，哲学人类学家舍勒明确指出：即使科学完成之后，人作为一个精神的存在仍然是绝对空虚的。事实上，他将陷入与古代人相似的野蛮状态中，而得到科学支持的野蛮状态，是所有能令人想象的野蛮状态中最令人惊骇的。

正是由于20世纪实证主义的极度膨胀与人文精神的日益失落，在现代西方哲学中产生了不可阻挡的“人类学”思潮。人类学实际上代表的是一种关于自由、个体独立、恢复人类尊严的哲学。文化作为一个有机的、和谐的整体，它是从不同侧面对人类创造性活动的一种反映。文明的倾斜已引导人类走向畸形的发展道路，人性已被扭曲。因此文化哲学人类学试图为一切与人发生关系的具体科学提供统一的人性的基础。“只有这样的人类学才能重建那些所有与‘人’这个对象

---

① ［联邦德国］马克斯·霍克海默、特奥多·W. 阿多尔诺：《启蒙辩证法（哲学片断）》，洪佩郁、蔺月峰译，重庆出版社1990年版，“导言”。

② ［德］M. 兰德曼：《哲学人类学》，阎嘉译，贵州人民出版社1988年版，第68页。

打交道的科学的基础，并为这些科学的研究确定特殊的、固定的目标。”因此，舍勒把“人类学”称为“拯救的知识”。这种知识能把人从赤裸裸的物欲中拯救出来，把人从与现实世界相接触时产生的异化和紧张状态中拯救出来，从而恢复人的尊严与文化的整体性。

可以说，在当代西方哲学对“人”的研究中，文化哲学人类学独树一帜，它所描述的“完整的人”的形象，是从文化的角度所理解的兼个体与总体于一身的全面的人。它既不同于只能提供关于人的片面描述的具体知识；也不同于存在主义——它仅仅从个体、从内心情感来探索人类自身的奥秘。事实上，文化哲学人类学要求把自然科学、人文精神和形而上学结合为一个有机的文化整体，力图给人类提供一种比以前所知的更好地把握自身未来的思维方式，实际上，它体现了人文精神和实证主义思潮的合流，两者兼而有之，因而优于它们。这一思潮的合理内核，对于当代中国物质文明和精神文明的共荣共进——形成完整的人的目标，无疑具有借鉴意义。

（原文载于《江海学刊》1998 年第 4 期）

科学精神与人文精神的整合

林德宏

1. 什么是科学精神？人们从不同角度对它进行了说明，但尚未取得比较一致的看法。有人强调科学精神是科学方法，如李醒民说："科学精神及其哲学和文化意蕴也集中地通过科学活动中所运用的方法体现出来。"① 有人强调科学家的素质，如刘大椿说："科学精神包括：怀疑一切既定权威的求实态度；对理性的真诚信仰，对知识的渴求，对可操作程序的执着；对真理的热爱和一切弄虚作假行为的憎恶；对公正、普遍、创新等准则的遵循。"② 有人强调行为规范，如 R. K. 默顿说："科学的精神气质是有感情情调的一套约束科学家的价值和规范的综合。这些规范用命令、禁止、偏爱、赞同的形式来表示。"③ 当然，这里所讲的"科学"不包括社会科学和人文科学。

2. 关于人文精神，近年来我国学术界、文艺界也进行过讨论，提出了不同的见解。有的理解为对人的关注，如王蒙说："人文精神我们姑且可以假定为一种对人的关注。"④ 有的理解为人对自己命运的把握，如曲卫国说："所谓'人文精神'，一般指的是人对自身命运的理

---

① 李醒民：《科学精神的文化意蕴》，《光明日报》1995 年 1 月 26 日。

② 刘大椿：《人文背景下的科学精神》，《哲学动态》1995 年第 4 期。

③ ［美］默顿：《科学的规范结构》，《科学与哲学》1982 年第 4 辑。

④ 王蒙：《人文精神偶感》，《东方》1994 年第 5 期。

解和把握。”[①] 有的理解为人的追求，如吴滨等说：“有的人把人文精神弄得很玄虚，其实它就是人立于现实去追求理想、实现信仰。”[②] 有的理解为生活规范，如陈思和等说：“人文精神应该成为知识分子日常生活的一种规范。”[③]

以上各种说法虽不尽相同，但强调的都是一种追求、信仰、关注、理解、态度，并涉及规范、准则和方法，简言之，都是一种价值观念以及建立在这种观念基础上的行为规范。

3. 科学精神与人文精神是两个内容丰富、界线模糊又互相对应的概念。它们是两个系列的价值观念，由一组信仰、观点和行为准则构成。它们的基本内容是：我们在推动社会进步的事业中，应当重视什么、依靠什么。

科学精神尊重科学技术的价值，重视科学技术的作用，强调依靠科学技术推动社会发展。这种观念注重人的物质生活，强调社会的物质基础和经济发展的重要性，强调物质力量和物质手段的作用，强调依靠科学技术来发展生产力，重视生产的经济效益、产品的技术含量，重视自然环境的作用，强调掌握科学方法，掌握客观规律，追求科学真理，强调理性的作用。

人文精神尊重人的价值，重视人文文化的作用，强调依靠调动人的积极性推动社会发展。这种观念注重人的精神生活，强调社会的精神支柱和文化繁荣的重要性，强调人自身的作用、精神力量的作用，强调依靠人和人文文化推动社会进步，重视生产的人文效益、产品的文化含量，重视人文文化氛围的作用，强调教育与组织人的方法，发挥人的主观能动性，追求人生真谛，重视情感的作用。

4. 为什么人的价值观念可以分为这两类基本的、相应的价值体

---

① 曲卫国：《危机？进步?》，《读书》1994 年第 8 期。

② 白烨、王朔、吴滨、杨争光：《选择的自由与文化态势》，《上海文学》1994 年第 4 期。

③ 张汝伦、王晓明、朱学勤、陈思和：《人文精神：是否可能与如何可能》，《读书》1994 年第 3 期。

系？这要从人的本质，从人的需要与能力来寻找根源。

大自然演化出人类以后，人类就开始创造世界。创造是人的本质。人创造故人存在。自然只能演化，唯有人是创造者。

人为什么要创造？是为了满足自己的需要。

人类有两种基本需要：物质需要和精神需要。在宇宙芸芸众生中，唯有人同时具有这两种需要。人既是一种物质实体，又是一种精神载体；既有物质属性，又有精神属性；既是一种动物，又是一种文化；既有体，又有“魂”。所以人既有经济需要，又有文化需要，这两种需要永存，缺一不可。

5. 人靠什么来创造？靠自己的能力。

马克思说人类的劳动能力包括体力和智力两类。① 人自身的一个秘密，是两种劳动能力不对称，即同体力相比，智力具有很多优点。② 人的体力极其有限，绝对体力比不过大象，相对体力比不过蚂蚁。人单凭体力是没有什么作为的。体力需要取代和放大，这就必须借助体外的工具。要制造工具，首先要由智力来进行设计。工具越高级，越是智力的创造。但智力必须物化，否则智力不可能变为物质的力量。当然，智力也需要强化，智力的强化是智力在物化过程中得到的放大。体力的强化与智力的物化都离不开物质工具。从这个意义上说，工具的性能是人的能力的量度。

除了智力以外，人的精神力量还包括意志力，即控制自身的能力。人的创造能力的发挥，同人的精神面貌、精神状态，同人的意志力密切相关。但意志力只有同物质工具相结合，才能转化为控制物的能力。

所以人类既具有物质的力量，又具有精神的力量；既具有内在的力量，又能应用外在的力量。它们相互配合，相互促进。

物质力量与精神力量的发挥，又促进了物质需要和精神需要的增

① 《马克思恩格斯全集》第 23 卷，人民出版社 1972 年版，第 190 页。

② 林德宏：《高科技：第一生产力》，南京大学出版社 1993 年版，第 114—119 页。

长。要充分发挥物质力量的作用，充分满足人的物质需要，就要重视科学技术的作用（因为各种工具都是科学技术的物化），就要重视科学技术的发展和向物质生产力的转化。重视科技文化的作用，就要发扬科学精神。

要充分发挥精神力量的作用，充分满足人的精神需要，就要重视人的信仰、观念、品德、精神面貌的作用，重视人文文化的作用，重视灵魂的铸造，重视人的主观能动性，就要弘扬人文精神。

因此，科学精神与人文精神是并存的，犹如人的两只手或两个半脑。

6. 科学精神与人文精神是统一的，这是因为人的物质力量与精神力量，人的主观作用与工具的客观功能具有统一性。

唯有人才同时具有物质力量与精神力量。人类做任何工作都需要这两种力量。对于人类来说，同精神力量不发生任何关系的物质力量、同物质力量不发生任何关系的精神力量都是不存在的。人的力量必须通过工具才能充分发挥，才能大大强化。物质工具只有被人应用，才能从潜在的力量变为现实的力量。我们所说的人的力量，是掌握了一定工具的人的力量；我们所说的工具的力量、是被人所应用的工具的力量。人的作用必须通过工具来体现，工具的作用必须由人来实现。有了人，就有了工具；有了工具，才有完整的人。由人掌握的工具，是主体化了的客体；掌握了工具的人，是客体化了的主体。人掌握了科学，是人的科学化；科学被人所掌握，是科学的人化。

7. 科学精神与人文精神又有相互限制、相互排斥的一面。

既然物质力量与精神力量是两种不同的力量，既然人与工具是两种不同的实体，那人们就有可能在观念和实践中因强调其中一面，而忽视甚至否定另一面。

科学技术具有人的属性，又具有非人的属性。

科学技术是人的创造，是人的智力的物化。它是人的工具，实现的是人的目的，体现的是人的价值。它只能由人来研究、应用、管理和控制。它的发展和功能的发挥，是人的体外进化的重要内容。

说科学技术具有非人的属性，主要是指在科学技术的研究中，常会排除人的因素，这在自然科学的研究中尤为突出。自然科学是基础性的、理论性的研究，它有两个特点。第一，它所研究的自然界，是没有人的作用的纯自然界；它所揭示的自然规律，是同人的存在无关的规律。所以，在很长时期里，人们认为科学家是站在自然界之外来研究自然界的，在认识自然界时必须假定自己的不存在。自然科学本质上是关于物质的科学，容易见物不见人。第二，自然科学研究需要理性，似乎同人的情感无关。自然科学家几乎都成了“理性动物”“思维机器”。自然科学本质上是理性的事业，容易见理不见情。

科学精神与人文精神既相互促进，又相互限定，所以如何协调两者的关系，对社会进步和人的发展具有重要的意义。

8. 人类进化的历史，就是人的作用与物的作用相互渗透、相互配合的历史。两者的综合作用是社会进步的根本动力。科学精神与人文精神发挥作用的程度，是社会进步程度的重要标志。

在农业社会，人与物结合的水平很低。农业生产是生物型生产，其生产过程本质上是植物发育、生长的过程。人类在农业生产中必须顺应自然变化的规律和生物遗传、生长的规律[①]。所以农业生产主要靠天，古代科学技术和古代人文文化所起的作用不大，科学精神与人文精神均未形成。

在欧洲的中世纪，封建宗教势力既压抑科学技术，又压抑人性，所以社会发展的速度很慢。

近代科学技术诞生在欧洲的文艺复兴运动之中。这场运动的实质是价值观念的转变。这种转变首先发生在人文文化领域，呼吁人性的解放，尊重人的价值、权利和作用。文艺复兴运动是工业生产诞生的思想基础。工业生产的本质，是改变自然物的原有结构、状态和变化

---

① 林德宏、张相轮：《东方的智慧》，江苏科学技术出版社 1993 年版，第 433—440 页。

方向，使其按人的设计变化，转化为大自然自身进化中永远也不会出现的人工物。农业生产是生物的自然生长，工业生产是无生命物质的人工制造。工业使人的能动作用得到了空前的发挥。研制一系列的生产工具是工业生产的前提。所以大工业第一次大规模地、富于创造性地实现了人的作用与物的作用的结合。科学精神与人文精神就是在文艺复兴运动、近代科学技术形成与大工业创建的时期形成的。

9. 机器生产是近代工业生产的基本形式，机器是人的体力强化、智力物化的基本物质手段。机器是高效益的源泉和象征。这既刺激了机械力学的发展，又在哲学上导致了机械论，在社会文化领域形成了机器文化。机械论哲学与机器文化的核心是崇拜机器。于是，在生产领域人成了机器的奴隶，在哲学领域人被看作机器，在社会生活领域，国家、各种组织都被看作机器的不同形态，人与人的关系被看作机器与机器、零件与零件之间的关系。用物性来说明人性，成为不可阻挡的思潮，这实际上是否定人性。

于是，自然科学家在强调科学技术、工具、机器作用的同时，忽略了人的地位；而从事人文文化的专家则对此愤愤不平，有的甚至贬低科学技术的作用。文化被割裂成两种对立的文化：科学文化与人文文化。人的价值观念开始出现了大分裂。西方哲学也分成了科学主义与人本主义两大思潮。

在资本主义社会工人运动的早期，工人普遍砸毁机器，这既是工人阶级对资产阶级剥削的反抗，又是人性对机器的反抗。

10. 高科技的推广将导致后工业社会的到来。社会的深刻变革提出了科学精神与人文精神相结合的历史任务。

高科技进一步满足了人的不断发展、日趋多元化和个性化的需要。高科技产业实行的是柔性生产，其特点是小批量、多品种、多规格、短周期、产品个性鲜明，能充分满足各种不同人的多方面、多种需求。在近代工业生产中，人的需要的满足服从于经济效益；而在未来的生产中，经济效益服从于人的需要的满足。人的精神需要上升，并逐步成为主导需要。物质需要具有一定的自发性，精神需要则是人的自觉的需要。同物质需要相比，精神需要更能反映人的本质。精神需要的进一步满足，意味着人的本质的完善和升华。人们对信息的需要也将超过对物质的需要，并逐步成为人的主要需要。这既是精神需要发展的动力，又是满足精神需要的重要手段。

高科技使劳动者在生产中的作用得到进一步的发挥，使生产者变为生产过程的控制者，进一步确立和强化了人在生产中的主体地位。同生产劳动相比，控制是更高层次的劳动，是人的品格的升华。在传统工业生产中，工人的劳动受机器的控制；在高科技产业中，生产者退居第二线，控制机器的运转。自动化是在人的控制下实现的，“无人工厂”恰恰空前体现了人的作用。

高科技使人的智力作用的发挥提高到一个新阶段。以往的科技革命与产业革命的本质是动力革命，其基本任务是突破人的肉体的局限性，解放人的体力。新科技革命与产业革命的本质是智能革命，其基本任务是突破人的大脑的局限性，解放人的智力。唯有智力才是人的本质力量。人的体力没有“个性”，人们之间的体力可以相互取代。但人的智力具有一定的“个性”，人们之间的智力很难取代，特别是从事创造活动的智力。唯有充分发挥智力的作用，才是充分发挥人的作用。

11. 越是复杂的事物，其个性就越鲜明。人的个性越是得到充分的发展，人自身就越完善。高科技既满足了人的个性需要，又充分发挥了人的个性劳动能力——智力，同时又为人的个性发展提供了大量的自由支配时间和有力的物质手段。例如，人的个性的兴趣、个性的才能可以在电脑中得到充分的满足和发挥。科学技术在过去，主要是开发物的力量；在未来，主要是开发人的力量。

高科技为解决生态危机，维护人类的根本利益提供了有力保证。近代工业虽然创造了丰富的物质生活资料，但人类为此也付出了沉重的代价。环境污染是同人文精神的压抑相联系的，它本身就是对人文文化的侵蚀。人们在生态危机中已逐渐认识到，人与自然的矛盾，说到底是人与人的矛盾。要协调人与自然的关系，首先要协调人与人的关系。要解决生态危机，首先要解决精神、观念上的危机——消除科学精神与人文精神的对立。此外，高科技人类劳动资源的使用发生了根本变化，从物质资源为主转向信息资源为主。信息资源的使用一般不会造成自然环境的污染。

12. 高科技呼唤着高文化。高科技的研制和应用，需要相应的文化环境。高科技的推广需要人的丰富感情。约翰·奈斯比特说：“我们周围的高技术越多，就越要人的情感。”“我采用了高技术与高情感相平衡这个说法来描述人们对技术的反应。每当一种新技术被引进社会，人类必然会产生一种要加以平衡的反应，也就是说产生一种高情感，否则新技术就会遭到排斥。技术越高级，情感反应也就越强烈。”① 高科技的发展会引起生产的人文文化，人文文化对物质生产活动的渗透日益广泛和深入，使物质生产具有越来越多的文化特征、文化属性和文化功能，人文文化对物质生产发展所起的作用越来越大。这主要表现在：生产者的人文文化素质越来越高；物质产品的文化含量越来越高；生产环境更富有人文文化的色彩；管理者具有更高的人文文化素养，注意协调经济、科技、文化各种因素的关系，从物的管理为主转向人的管理为主。企业管理也日趋人文化，既是物质生产单位，又是企业文化建设单位。企业文化的兴起雄辩地表明时代需要科学精神与人文精神的结合。所以高科技必须同高文化相匹配、相协调。这里所说的“高文化”，是一种高水平、高境界、高投入、高社会效益和高度多样性的文化，是科学精神与人文精神相结合的新型文化。

13. 高科技是科技发展的新阶段。在这个阶段，由于社会、经济、科技文化与人文文化的发展，不仅需要而且可能实现科学精神与人文精神的结合，形成推动社会全面发展的强大合力。高科技呼唤着人文

---

① ［美］约翰·奈斯比特：《大趋势》，梅艳译，中国社会科学出版社 1984 年版，第 53 页。

精神的复兴，有助于我们克服近代科学技术带来的见物不见人和见理不见情的片面性。这是高科技的哲学品格和文化属性。

科学技术越发展，人类就越会依赖科学技术，它的负面效应也更加突出，因此需要更加重视人的作用。在人与物相互协调的发展过程中，现在是到了更需要强调人的作用的时候了。

当然，高科技既然是科学技术的一个发展阶段，它就不可能完全排除非人的属性。高科技是否会造成信息资源共享、智能差距缩小，从而导致人的个性淡化、趋向齐一化的倾向？是否会使人信息化，人在自动化装置、电脑、信息的面前异化，成为它们的奴隶？这都是值得我们注意和研究的问题。

从 20 世纪中叶起，人类开始进入一个历史上罕见的大变革、大调整时期，国际社会的政治、经济、文化、科学技术、观念都发生了深刻的变化，许多国家都在调整自己的政策。人类发展到今天，是需要对一系列基本问题进行认真的反思了。在科学技术中更多地引进人文精神，努力实现科学精神与人文精神的结合、人文科学化和科学人文化，是这种调整的一项重要内容。未来的带头学科将是人学，在人学的基础上实现自然科学、工程技术、社会科学、人文科学和其他学科的新综合。

（原文载于《江海学刊》1998 年第 4 期）

论人的目的实现过程中的否定之否定

周国琴

目的实现活动是目的的观念实现活动与目的的现实实现活动的统一

所谓目的的观念实现活动，是指主体根据自身需要的内在尺度和外部事物的对象尺度建构实践目的的思维操作或思想试验活动。这一活动形成实践的观念目的，并实现了目的实现过程中的第一次否定，即对作为目的前提的直接客观性的否定；所谓目的的现实实现活动，是指主体在实践中凭借物质中介，把主观的目的转化为物质现实的活动。这一活动形成实践的现实的结果，并实现了目的实现活动过程中的第二次否定，即对观念目的的直接主观性的否定。

目的的观念实现活动和目的的现实实现活动是统一的目的实现活动过程中的两个不可分割的阶段。过去，人们往往只把目的的现实实现活动即目的的现实化看作目的实现活动，而把建构实践目的的活动排斥在外，这是不恰当的。实际上，目的实现活动早在建构实践目的时就已经开始了，只不过建构实践目的的活动还不是目的的现实实现活动，而只是目的的观念实现活动。目的的观念实现活动是整个目的实现活动中的第一阶段，目的的现实实现活动是第二阶段，目的的观念实现活动是目的的现实实现活动的前提和基础，目的的现实实现活动是目的的观念实现活动的继续和完成。如果没有目的的观念实现活动，就不会有目的的现实实现活动。没有实践目的，就没有目的的实践。反之，如果没有目的的现实实现活动，主体的实践目的即使制定得再好，那也只能是纸上谈兵。从这个意义上讲，目的的现实实现活动是整个目的实现活动过程中的最重要的或者实质的阶段。

目的实现活动过程中的第一次否定：对客体的直接客观性的否定

目的实现活动的第一阶段是目的的观念实现活动即建构实践目的。那么，主体是怎样建构实践目的的？主体建构起来的实践目的有何特点？

主体在建构实践目的时，必须遵循两个尺度，即主体自身需要的内在尺度和外部客观事物的对象尺度。首先，实践目的必须反映主体的需要，实践目的是主体需要的产物。需要是目的的客观基础，它被主体自觉地意识到，才转化为具体目的。恩格斯说过："推动人去从事活动的一切，都要通过人的头脑，甚至吃喝也是由于通过头脑感觉到的饱足而停止。"① 这就是说，如果没有饥渴的客观需要，即便吃喝这样的活动也是不可能发生的。马克思也曾指出："任何人如果不同时为了自己的某种需要和为这种需要的器官而做事，他就什么也不能做。"② 即是说，只有当主体意识到自己的一定需要和利益之后，才会引起活动的动机和实践的目的。其次，主体建构实践目的还必须以客观规律为前提，以客观现实为基础。因为实践目的作为未来实践的观念模型是要去指示和规定即将进行的实践，从而将现存世界的现成客体形式改变成人们所需要的理想客体。然而，现存的世界并不是一个

① 《马克思恩格斯选集》第 4 卷，人民出版社 1995 年版，第 228 页。
② 《马克思恩格斯全集》第 3 卷，人民出版社 1960 年版，第 289 页。

为人任意打扮的小女孩，它按照自身内在的规律而自己运动，永不休止地走着自己的道路。现存世界的这种“自己的道路”作为客观的规律，作为对象尺度规定和制约着人们的活动。正如列宁所说：“事实上，人的目的是客观世界所产生的，是以它为前提的——认定它是现存的、实有的。但是人却以为他的目的是从世界以外拿来的，是不以世界为转移的（‘自由’）。”①

实践目的具有超前性、批判性和创造性三大主要特点。它的超前性，是指它对事物的一种超前反映。实践目的和理性认识是有区别的。理性认识是“按照事物的本来面目及产生情况来理解事物”②，而“不附加任何外来成分”③。正是在此意义上，我们才把它称为“摄影”“印象”等。实践目的虽说是反映现实的，但它不是现存事物的简单反映，而是对经过实践改造以后将要出现的事物的一种超前反映。所以，实践目的的本质特征是超前反映。它的批判性（否定性），是指它对现实（客体）的一种否定性反映。实践目的是由现实所产生并反映现实的，但它不是单纯地、直接地反映现实，它是客观现实和主观需要的统一，是主体结合自己的需要对现成现实的一种否定性的反映。因为它意味着主体对现成事物的不满足，包含着改变现成事物的要求。它所提供的是现实世界中并不现成存在也不会自然产生的理想客体的规定。因此，实践目的既以现实为前提，又否定客观现实。它的创造性，是指它对现实的一种创造性的反映，包含着超越现实，创造更能满足人、更完善美好的理想对象的要求。因此，实践目的应该是批判性和创造性的充分体现，即在可能条件下充分运用想象力和创造力而建构起来的。

人的需要和外部世界不能满足人的需要的矛盾，是推动主体建构

---

① 《马克思恩格斯全集》第38卷，人民出版社1972年版，第201页。

② 《马克思恩格斯全集》第1卷，人民出版社1956年版，第49页。

③ 《马克思恩格斯全集》第20卷，人民出版社1971年版，第539页。

实践目的，对客体的直接客观性进行否定的根本动力。人建构实践目的，这表明人对客观现实的不满足，或者说现成客体形式不能满足人的需要。表明主体和客体的矛盾。一方面，人是一种有基本的物质需要和更高级的精神需要的社会动物；另一方面，客观世界的现成客体形式又不能满足人的需要。因为客观世界走着自己的路，它不会自动地满足人的需要。黑格尔认为，如果世界已是它应该那样，则意志的活动将会停止。因此，意志自身就要求它的目的还没有得到实现。列宁也指出，世界不会满足人，人决心以自己的行动来改变世界。因此，主体为了满足其需要，就必定要求对这些不能满足其需要的现成客体形式予以“否定”，以达到建立一种符合其需要的客观形式的“肯定”。这种“否定”和“肯定”开始是在观念中实现的，这就是观念目的。观念目的的建立，是对客体的直接客观性的否定。

目的实现活动过程中的第二次否定：对目的的直接主观性的否定

实践目的的建构是目的实现活动的开始，是在思想领域中实现实践目的，此时目的还没有现实地实现。因此，目的实现活动还要继续进入到物质领域，使观念的实践目的变成现实的结果。这一进程将对目的的直接主观性加以否定。

首先，这种否定（转化）是必要的。这种否定（转化）是为了满足主体的需要。主体在头脑中所建立的实践目的，只是一种观念中的实践“结果”。这种“结果”，虽然是一幅富有魅力的蓝图，但它并不是主体最终所追求的那个结果。因为主体从这里得不到任何实际利益。“望梅”毕竟不能“止渴”，“画饼”毕竟不能“充饥”。黑格尔指出，如果思想仅仅是某种主观的和偶然的东西，那么它们当然没有任何更多的价值。马克思更明确指出：“要想站起来，仅仅在思想中站起来，而现实的、感性的、任何观念都不能解脱的那种枷锁依然套在现实的、感性的头上，那是不行的。”[①] 因此，为了现实地满足其需要，主体必须否定目的的主观性。其次，这种否定（转化）也符合主体的初衷。主体建立实践目的是立志于运用一定的物质手段来实现自己的目的、满足自身的需要。实践目的的意义就在于指导人们在物质领域里的实践活动，而不能把它当作神物供奉起来。也就是说，主体观念中的实践目的只是一个应当实现的模型，要使这个模型现实化，就要通过物质领域里的实践活动，使其变成对主体有用的现实的结果。这个现实结果是在对目的的直接主观性的否定中获得的。

这种否定（转化）是可能的。实践目的是主体需要的反映，它就可以调动主体的情感，增强主体的意志，使之产生一种为理想而拼搏的坚强信念和强大的精神动力。马克思指出：“激情、热情是人强烈追求自己的对象的本质力量。”[②] 同时，实践目的是以客观现实为根据，并对其某种发展可能性的潜在反映。因此，在主体看来，它就不仅是应当实现的，而且是能够实现的。由此可见，实践目的不仅有丰富的内涵，而且蕴藏着一股巨大的力量。正是这种内在动力，推动主体实现其目的。

如何实现这种否定（转化）呢？主体利用物质中介作用于客体，是实现这种转化的根本和关键。在实践中，第一个充当实践目的和客观现实中介的是从事实践活动的人。马克思指出：“思想根本不能实现什么东西。为了实现思想，就要有使用实践力量的人。”[③] 思想掌握了人，人就可以通过其身体直接作用于客观对象。然而，人的物质力量是有限的。所以，人为了实现其目的，必须借助自身以外的物质手段（主要是劳动工具）。马克思说过：在生产过程中劳动工具是实际用来达到某种目的的手段。由此可见，在目的现实化的活动中，主体

① 《马克思恩格斯全集》第 2 卷，人民出版社 1957 年版，第 105 页。
② 《马克思恩格斯全集》第 42 卷，人民出版社 1979 年版，第 169 页。
③ 《马克思恩格斯全集》第 2 卷，人民出版社 1957 年版，第 152 页。

不仅借助精神手段（意志、情绪等），而且借助物质手段（劳动工具）。由于这双重手段的并用，目的的实现，就不只是必要的、可能的，同时也是现实的。目的的实现，是对目的自身主观性的否定。

目的实现活动过程的普遍性和特殊性

目的实现活动过程，同其他否定之否定过程一样，揭示了事物发展是前进性和曲折性的统一。目的实现过程的前进性表现为：实现了的目的必定是一种新的现实客体，这种新客体是对作为目的前提的旧客体的否定和超越。这是因为，在目的实现过程的双重否定中，新客体既抛弃了前两个阶段的不完善性，吸收了其积极成果，又加入了新的现实内容。一方面，旧客体预先给予的不能满足人的需要的客观形式被否定了，实践目的原先存在的主观形式也被否定了，但这种否定不是全盘否定。另一方面，新客体在否定旧客体的同时，又加入了主体的需要和愿望，因而新客体就包含了旧客体所没有的新内容，即新客体是渗透了主体精神的、经过实践改造的“人造”理想客体。目的实现活动的曲折性表现为：同其他否定之否定过程一样，目的实现活动过程包括三个阶段、两次否定，最终才完成自身发展的一个周期。具体讲有如下几点。

首先，正确的实践目的的建立既要求主体对外部客观事物的结构方式、内外联系形式及属性、本质特征等有一个相当深刻的认识，又必须正确地、充分地反映主体自身的多种多样的需要。但客观事物同人们的需要和愿望，并不总是一致的。这就要求主体在建构实践目的时，必须不断地权衡这两个方面的关系并使之协调一致。客观现实具有多种规律性，主体的需要与愿望也是各式各样的。所以人们在确立实践目的时，一方面要借助理智的思考作出恰当的分析与判断；另一方面，还要借助意志的力量来调节自己的愿望。只有这样，才能使实践目的建立在合理的、有效的基础上。这是一个复杂的认识过程。这就是说，实践目的的建立，是一个要求把求实精神和创造精神、科学和理想紧密结合起来的复杂过程。

其次，目的的现实化也是一个曲折的过程。实践目的是一种超前反映，是尚未变成现实的目的，它要在外部世界中实现。然而，客观世界是按照其固有的规律发展的。因此，客观事物的定向发展和合理的目的的意向之间就存在着矛盾。这一矛盾，使目的的实现产生困难。正如列宁所说，客观世界走着自己的路，人的实践面对着这个世界，因而目的的实现就会遇到困难，甚至碰到无法解决的问题。为了解决这一矛盾，这就要求主体在实践中使用物质手段，但物质手段并不总是十分充分和完善的，这就使目的难以顺利实现，从而使目的的实现活动呈现出曲折性。在实践中，由于客体受到主体所使用的工具的作用，便会发生改变，而产生出阶段性的结果，目的实现活动的最终结果就是实践过程中每个阶段性结果的综合。因此，目的实现活动不是一蹴而就的，它要经过量的逐步积累。这种量的积累过程，也是目的实现活动曲折性的表现。

目的实现活动过程还有其自身的特点。其主要表现为以下几点。

其一，以人为主体。自然的否定过程，在没有任何人参与的情况下，也能实现。然而，在社会领域中，社会活动的规律，必须通过人的活动来实现。恩格斯指出：“在自然界中（如果我们把人对自然界的反作用撇开不谈）全是不自觉、盲目的动力，这些动力彼此发生作用……没有任何事情是作为预期的自觉的目的发生的。反之，在社会历史领域内进行活动的，全是具有意识的、经过思虑或凭激情行动的、追求某种目的的人，任何事情的发生都不是没有自觉的意图、没有预期的目的的。”① 具体地说，在目的实现活动中，如果没有人这一实践主体，就不会形成既反映主体需要又反映客观对象的实践目的，也就没有目的实现活动中的第一次否定。即使是有了实践目的，如果离开了

① 《马克思恩格斯选集》第4卷，人民出版社1995年版，第243页。

掌握物质手段的人，实践目的也无法转化为现实，也就没有目的实现活动过程中的第二次否定。

其二，以实践为基础。实践是建构实践目的的前提，主体是在实践中认识客观对象和自身需要的。主体对客观对象的认识是在改造客观对象的实践中进行的。同样，主体对自身需要的认识也是在实践中发展的。实践是联系主观和客观的中介或桥梁。诚然，物质手段也是联系主观和客观的中介，但是，物质手段只有在实践中才能发挥作用。因此，实践中介和物质手段中介是一致的。在具体的实践中，主体把自己作为一种物质力量，并借助一定的物质手段，把自己的目的实现出来。正是在这个意义上，列宁说：主体和客体、精神和物质的“交错点 = 人和人类历史的实践”[①]。实践还是检验实践目的正确性的唯一标准。在实践中，如果人们实现了预期的目的，就证明了目的具有科学性，即真理性（正确反映了客观对象）和价值性（正确反映了主体需要）的统一；如果主体的目的不能实现或不能得到完全实现，就证明了目的不够科学，不具备真理性和价值性。这时，就要通过信息反馈，对目的进行修改或补正。

其三，目的实现活动是在实践基础上，主体和客体、主观和客观、精神和物质相互转化的过程。首先，主体通过实践，把握客体的本质、规律，形成对客体的真理性认识；同时主体不断地调整自己的认识和需要，建立实践目的。实践目的的建立，就实现了由客体到主体、由客观到主观、由物质到精神的转化。其次，主体在实践中，把自己作为一种物质力量，并借助一定的物质手段传导给客体，以便在改变客体形式的过程中实现其目的。预期目的的达到，就实现了由主体到客体、主观到客观、精神到物质的转化。

黑格尔写道：目的通过实现的手段作为中介与其自身相结合，而主要的特点则是对两极端的否定。这种否定性即刚才所提到的否定性，

① 《列宁全集》第 38 卷，人民出版社 1986 年版，第 310 页。

它一方面否定了表现在目的里的直接主观性；另一方面又否定了表现在手段里或作为前提里的直接客观性。本文就是对黑格尔这一思想的详尽阐述。

（原文载于《江海学刊》1998 年第 4 期）

“他心”的证明与认识问题

——西方心灵哲学中的他心知研究

高新民

西方心灵哲学的认识论，反思的主要是自我意识和他心知问题。随着心灵哲学的发展，这一分支取得了许多值得重视的成果。本文拟通过对他心知问题及其有代表性的理论的考察分析，论述心灵哲学认识论问题研究的必要性和重要性，探讨进一步开展这一研究的途径与思路，如果能为国内一般认识论研究提出一些新的问题和思路，那当然也是笔者所企盼的。

1. 他心知问题、民众心理学与怀疑论。所谓他心知问题是由下述问题集合而成的问题域：我心以外是否有他心存在？如果有，如何予以证明？我们能否认识他心及其活动、过程、状态和事件？如能认识是怎样认识的？其基础、根据、性质和过程是什么？一个人如何确定自己以外的某种东西如异己的造物、复杂的机器人、他人等是不是社会的、有感情的、有意识的存在？如何判断一种无意识的自动机，它的行为是不同于真正的心理状态的某东西引起的？怎样把这种行为与人的行为区别开来？

对这些问题作出最爽快回答的是西方心灵哲学家们所谓的民众心理学（Flok Psychology）。它不是学者们所持有的理论，而是积淀在大众心理的、解释说明心理现象的常识模式，由一些说明行为的理由、预言行为的根据及其常识与原则所构成。它认为：我以外的他人有同我心一样的心，通过他的行为尤其是他的言语行为可认识他心及其内容，如从他人身体的伤害和呻吟中可推知他处在痛苦中；从他的微笑中可推知他很高兴；从他在一定环境中的作为可推断他有什么愿望、意图和信念。每个人都有这样的常识心理学，因而能认识他人及他心，从不产生怀疑。

哲学是注定要超越常识的。每当我们反思民众心理学，特别是当我们问：有什么根据证明它的推知时，问题便出现了。从某类行为的发生推断某类心理状态的发生，这就是假定，在它们之间有普遍的、一一对应的联系，就像天上某处的雷声和闪电的联系一样。

不错，一个人可在自己身上经验到行为与心理的联系，但有什么理由将它套在别人身上呢？一个人在他人身上观察到的只是此联系的一半即行为，另一半即心理是看不到的。因此我们在这里就得不到所需的经验根据。雷声与闪电都是可经验到的，因而推理的有效性可诉诸经验予以证明。而在认识他心时则没法这样去证明，因为我们没有关于他心的经验。因此我们没法证明根据行为所推论出的关于他心的知识的合理性，或说没有确实可靠的理由相信他人也有心及其状态！

民众心理学还认为：心理与行为是时间中先后发生的事件，不能等同，两者不是必然地联系在一起的。既然如此，就有这样的可能即有一个而没有另一个，如有行为发生而没有心理发生是完全可能的。即使有行为，我们又有什么办法理解他人的内省报告呢？唯一的办法是从自我出发去理解，如要理解他人的疼痛概念，不得不从自己的疼痛出发。但是任何人都没有办法把他人的痛苦与自己的痛苦加以比较，因此对他人关于他心的报告是无法理解的。

这就是他心知问题上的怀疑论论证。它不符合常理，但强而有力，很难驳倒。因为对他心的信念依赖于根据行为的推论，而这种推论需要对许多他人的抽象概括，这种概括又只能通过他人的经验予以证明。

但是我们每个人只能得到关于自心的经验，对他心没有确切的知识，因此一般的概括、进而对他心的推知便是不可能的。这是他心知问题上的最大难题，也是现代心灵哲学家研究这一问题的出发点和攻克的目标。

2. 类比论证及其难题与辩护。人们意识到，要克服怀疑论，关键是要说明关于他心的认识是怎样得到的，找到认识他心的基础和根据。按照罗素等人的看法，对他心的认识是建立在类比推理的基础之上的。因为借助于类比，他心知才有了可能性和一定的合理性、确定性。这一论证的古典表达是 J. S. 密尔提出的。他说：“我在自身中意识到由统一次序所联结的一系列事实。在这个次序中，我的身体是调整的开端，中间是理智、情感和意志，终端是外向行为。就他人来说，……首尾两个环节之间的次序如同我自身的情况一样是有规律的、恒常的。我知道：在我自己的实例中，第一个环节通过中间环节产生了终端环节，……因此经验使我得出必然有中间环节的结论”[①]，在他人身上也是这样。

罗素对此作了更明确的论述。他说：“我们必须求助于某种比较合理地叫作‘类推’的东西。别人的行为在许多方面与我们自己的行为类似，因而我们假定别人的行为一定有着类似的原因。”“正如我清楚地知道那些支配我的行为的因果律一定与‘思想’有关一样，我们很自然地推论同样的因果律适用于我的朋友们的类似行为。”[②] 简言之，对他心是能够得到知识的，其可能的根据是他人行为与我的行为的类似性，其方法论基础是类比推理。

罗素认为，通过他的研究，他得以超越于怀疑论之上。不过他又坦率承认：由类推所得的关于他心的知识具有可疑的性质。另外还有

① ［英］J. S. 密尔：《W. 汉密尔顿哲学之研究》，转引自 J. 丹西《当代认识论导论》，周文彰、何包钢译，中国人民大学出版社 1990 年版，第 77—78 页。

② ［英］罗素：《人类的知识》，张金言译，商务印书馆 1983 年版，第 576 页。

一些问题值得进一步探讨，如是否可根据计算机具有同我一样的行为而断定他有同我一样的心？怎样把在特定条件下具有同样行为的人与动物区别开来，进而得到关于他心的具体知识？从某人的行为推论他具有如此这般的心理合理吗？建立他人心理与行为之间联系的根据是什么？为了解决这些问题，罗素又为他的上述理论提出了一些辅助性的条件和规定，如认为：在把类比推理用于认识人和他物时，要注意人类行为对于刺激作出反应时变化的特点；另外他还提出了保证作为思想的 A 和作为行为的 B 之间合理联系的所谓公设："如果每当我们能够观察 A 和 B 是否出现时，我们发现 B 的每个实例都有一个 A 作为原因上的先行事件，那么大多数 B 有 A 作为原因上先行的事件，这一点就具有概然性，即使在观察不能使我们知道 A 出现（或不出现）的情况下也是这样。"① 如果这个公设可以接受，那么就可以给那个能推出别人心理存在的推论以及常识中不假思索所作出的许多判断提供合理的根据。

可以肯定：根据类比对他心知的论证批判了怀疑论，对人们事实上拥有的关于他心的知识作了哲学上的说明。但它又存在着许多理论上的困难，因而受到了尖锐的批评。正如 J. 奥斯汀所说，以我的行为与他人行为的类似性为根据反对怀疑论，为认识他心作辩护只会遭到进一步的怀疑。维特根斯坦、艾耶尔、N. 马尔科姆等也具体揭露了类比论证的无法克服的困难。首先，根据行为的类似性推出的关于他心的知识，其基础极其脆弱，因为它是基于一种情况而做的概括，就像看到一只熊是白的就断言所有熊皆白容易误入歧途一样。其次，如果关于他心的知识是这样得到的，那么这类知识难以跳出唯我论的怪圈，因为一个人对他心的知识是根据关于自心的知识推论出来的，对他人的知识永远受自我认识的限制，如果自己是色盲，那么就会否认他人也有彩色感觉。再次，类比论证最终会陷入两难困境，举例来说，

① ［英］罗素：《人类的知识》，张金言译，商务印书馆 1983 年版，第 580 页。

“我”能理解“我有一点疼痛”的意思，通过类推“我”知道“他有一点疼痛”，其意思是说“他有像我疼痛时一样的东西”。马尔科姆指出：基于类推所作的这种等同是行不通的，除非为某人具有同我一样的东西提供一个标准。但是如果你提供了，那么你就没有用类比论证，如果你不能提供，那么你就不能理解那论证假定的结论。

面对类比论证所遭受的批评，许多人表示赞成，但也有一些人通过对解决他心知问题的各种方案的比较，宣称类比论证是最好的方案，并作出了辩护。英国语言分析哲学家 S. 汉普夏针锋相对地指出：对类比论证的批评是建立在严重的逻辑错误的基础上的，因为每个人的心都是他人的“他心”，因而没有固定不变的他心的类，也没有什么理由去解释为什么关于他心的知识不能建立在类比的基础上。所要求的类比不是在我的感觉和感觉征兆之间的类比，而是不同的人在不同场合对同一论证方法的不同使用之间的类比。只要你的论证与我的感觉有关，那么在认识了我自己的感觉时，我就能检验你的论证方法。每个人都能根据自己的经验对他人关于自心的论证作出检验。通过检验，人能修正对他心的认识。事实上，这样的检验已表明：由类推所得的关于他心的知识常常是正确的。

3. 行为主义：认识他心 = 认识他人的行为倾向。在行为主义看来，他心知问题上的怀疑论错误的根据在于把心理与行为分离开来。其实根本就没有这种界限。心理学行为主义认为：如果说有心理的话，那么作为科学的对象，它不过是客观的、可观察的行为，或内隐的行为。既然如此，认识他心实际上就是认识他人的行为。而行为可分解为刺激与反应的单元。反应是有规律地在环境中完成的某种结果，而不是肌肉成分的集合。刺激有单个的刺激，也有情境刺激，它可被分解为组成它的各个特殊的刺激。因此只要同有机体的环境联系起来，通过把整个刺激和反应的复合体分解为组成它们的刺激元素，就可发现行为的特殊规律，从而像认识物理学的对象一样认识他人的行为，最终获得像物理学知识一样的关于他心的客观知识。

行为主义中还有所谓的哲学行为主义，由于其本身不是一个学派，只是一种体现在许多哲学派别中的具有某种共同观点和方法的倾向，因此我们这里只分析赖尔的看法。

赖尔首先说明了他心知问题的性质，认为认识他心并无什么特殊之处，与认识自心在性质上并无不同。他说："我附带提供一种慰藉，这就是根据我对自我认识的说明，对他人的认识将恢复到与自我认识相差无几的地位。"① 他根据他对自我认识的看法，强调没有什么"形而上学的铁幕，使我们永远视他人为陌路人"②。为什么呢？因为作为一种特殊认识对象的他心不是幽灵般的另一个世界，而是行为或行为倾向。他说，心不是非物质的东西，而是组成人的"某种生活中的种种事件的某些方式"，谈论一个人的心就是谈论他的行为倾向③。言语行为也是一种行为，它正是认识他心的便捷之路，是了解被认识者的基本信息来源。

既然心理活动、状态、事件等是行为倾向，或形象地说是"内心的独白或言语"，是"说者与听者之间的社交性交谈"，那么认识他心的形式、过程和方法与认识其他物理过程也没有什么根本的不同，借助眼睛的观察、耳朵的倾听就能认识它们。他说：对他心的认识问题"纯粹是一个方法论问题，也即我们怎样确立和应用某些类型的表达人的公开和内心行为的类法则命题。我通过观看这个棋手与别的棋手的对弈而评价他的技能和策略，我通过批改我的学生的作业，注意听取他的申辩和他与别人的谈话，将他的行为与别人作比较，便可以得知他是懒散的、野心勃勃的和聪明机智的"④。

这里有一问题不可回避，即对行为倾向的认识为什么就是对心理能力的认识？其逻辑根据或基础是什么？赖尔认为：是归纳，即从所观察的行为和反应向类法则命题的归纳。我们确定了那些长期存在的

---

① ［英］赖尔：《心的概念》，刘建荣译，上海译文出版社 1988 年版，第 161 页。
② ［英］赖尔：《心的概念》，刘建荣译，上海译文出版社 1988 年版，第 188 页。
③ ［英］赖尔：《心的概念》，刘建荣译，上海译文出版社 1988 年版，第 174 页。
④ ［英］赖尔：《心的概念》，刘建荣译，上海译文出版社 1988 年版，第 176 页。

品质后，就通过将这些归纳应用于新的材料来解释一定的行为。当然这种归纳不是在实验条件下作出的，因而具有概然性，不过也有较大的可靠性。事实说明，有经验的人在判断、评价和解释行为活动时，总是既迅速又可靠。

4. 维特根斯坦的论证及其发挥性解释。维特根斯坦对他心知问题的讨论均属批判性的，他没有、也不打算提出取代那些被他否定的学说。他的分析是从唯我论和怀疑论开始的。他认为，这类理论可以这样典型的予以表述：“如果有人根据自己疼的模式去想象别人的疼，这可不是一件容易的事情，因为我必须根据我感觉到疼的模式来想象我没有感觉到的疼。这就是说，我要的不只是简单地在想象中把一个地方的疼转移到另一个地方，就像把手上的疼转移到手臂上。”[①] 也就是说，我最多只能说感觉到我自身以外的某个地点发生了疼痛。因而那种认为“疼痛”表示一类人的感觉的假定就会引出下述荒谬结论：我绝不能懂得另外某人感觉到疼是什么意思，我只知道我意识中的事，对其他人的意识我不可能有确定的知识。

他认为：尽管我们无法进入他心，检验别人的经验是否与我的相同，但这并不排斥存在着谈论心理现象的共同语言。即使某人用特殊的记号如S表示自己的特定感觉，似乎只有他自己才能理解，但“感觉”是日常语言中的一个词，具有主体间性，其使用是大家能理解的。总之，只要用符号和一定的语法形式表示自己的内心经验，尽管他努力让符号和语法不为别人理解，但由于它们不可能完全与公共语言没有关系，因此它们及其所表达的东西总有为他人理解的方面，我以外的他心及其内部信息对我是敞开的。维特根斯坦还用一个形象的比喻说明了类似的道理。疼等内部经验就像甲虫，人体就像装甲虫的盒子，每个人都有一个盒子，盒子里有甲虫。假如每个人都不能看别

① ［英］维特根斯坦：《哲学研究》，汤潮、范光棣译，生活·读书·新知三联书店1992年版，第302页。

人的盒子，那么他只有看自己的盒子才知道甲虫是什么样子。也许有这种情况，各人盒子中的甲虫互不相同。因而似乎不能为他人认识。但是只要用“甲虫”“疼痛”之类的公共语言指称、描述它们，那么这些表达式就有一种主体间的用法，就必然向人暴露一些内部信息。因此他人的心对我是可被认识的。

维特根斯坦认为，没有只为自己所知道的隐秘自我、内心经验和用以描述它们的隐私语言，唯一讲起来有意义的语言是主体间的公共语言。当然语言在不同语境中有不同的用法，如表示心理的动词作谓词用时就有第一人称和第三人称用法的区别。他针对行为主义和心理主义在他心知问题上各持一端的片面性，对这两种用法作了细致分析。他认为：第一人称单数现在时如“我感到疼痛”就不是对内心状态的描述或报告，而是一种如同呻吟、哭喊等行为的表达方式。第三人称单数现在时如“他疼痛”表示的不是他人内在的状况，而是报告他表达疼痛的表情和行为，如果没有先于语言的疼痛行为，就不可能有这类表达式的使用。可见这类表达式不是对个人意识世界中的事件、过程、状态和经验的描述，因为根本就没有这类独立存在的东西。那么这类表达式指的是不是行为主义所说的行为呢？也不是。要明白这一点，就须认识到：这里涉及“标准”问题。首先需要有一个识别某人的标准，然后要求有一个判定某某是否真的感到疼痛的标准。他认为：别人的行为方式是用来鉴别他是否疼痛的标准。当然这离不开一定的环境，即疼的行为只有在特定的环境下才是这样的标准。例如演员表演时的呻吟就不一定是这样的标准；有时有的人有痛苦而没有行为表现。这就为我们识别他人的内心经验带来了困难。因此必须认为下述命题是正确的，即“某人有疼痛这件事不仅需作出某种行为，而且他还得真的感到了疼痛”，换言之，内在过程需要外在标准[1]。只看到一

① ［英］维特根斯坦：《哲学研究》，汤潮、范光棣译，生活·读书·新知三联书店 1992 年版，第 580 页。

方面，不是陷入行为主义，就是滑向心理主义。必须把两方面结合起来，才能认识他心。一方面，要推知他人的牙痛（或思想感情），必须有可被观察的外在行为标志。但另一方面，仅有此，还不够，尤其是在伪装之类的情况下更是如此，还必须肯定相应的内在过程发生了。而要有这种确认，必须联系到特定的环境和条件，对行为和表情作细致的分析，同时还必须考虑到生活形式。因为我们对他心所抱的信念或知识是我们生活形式的整体行为的一个组成部分。

维特根斯坦的弟子马尔科姆对此作了发挥性的解释，试图在类比论证和行为主义之间找到出路。他认为：哲学家们对他心知感到困惑，是因为他们总是首先假定他们从自己身上了解到了心理现象，接着困惑他的便是怎样超越自我将心理现象推及他人。然而从自我出发，必然陷入唯我论，这当然无法理解他心知。类比论证实际上并未跳出这一窠臼。极端行为主义尽管走向了另一极端，把心理与行为等同起来，但与唯我论也有相似性，它们都假定：第一人称现在时态的心理陈述是可通过自我观察而得到检验的。

马尔科姆认为：要解决他心知问题，首先要搞清第一人称心理陈述的意义问题。如果“我头疼”这样的句子没有表达观察，那么我说出“我头疼”与我头疼这一事实是什么关系呢？如果前者没有报告观察，这一来他心知问题就变成了关于自己心理的句子的意义问题。这个问题又可表述为这样的问题：当一个人说他头疼时，他是怎样知道的？可以设想，一个人生下来后不知道头疼，有一天被给予了有关头疼的各种条件和标志，他便跳起来说：“我感到了头疼”。于是人们便问：他怎样把那个新的感觉当作头疼？马尔科姆认为：这个问题是不恰当的。

上述想象的情况产生一种去追问“怎样”的倾向。这一事实表明：我们有这样的观念，即给人的初次感觉以正确的名称是困难的。为什么会这样？能不能这样说：那个人在那以后便有了头疼的图式，把它与某一感觉相比较，便能判断此感觉是不是头疼？但是图式不是外在的就是内在的。如果是前者，那么他便错用了第一人称句子，如果是后者，那么他是否把现在的感觉与头疼的图式做比较这一问题就没有意义。因此第一人称句子的运用由图式所决定这一观点应予放弃。因为它是第一人称句子依赖于对自心观察辨认这一错误观念的翻版。

这些给我们以这样的教训：我们必须从完全不同的角度设想第一人称心理句子，即像维特根斯坦那样把它当作类似于心理状态的、自然的、非言语的行为表达，而不是报告或描述，如把“我头痛”当作一种新的痛苦行为。马尔科姆认为：维特根斯坦的说明至少有两种优点：第一，它使这样的问题成为无意义的问题，即当说“我头疼”时，一个人是怎样知道的呢？第二，它说明，一个第一人称心理句子为另一个人说出时对我们有何等的重要性，因为根据类似性，它与自然行为具有同样的重要性，可作为我们判断他人心理经验的前语言标准。有了它，我们就有了通向他心的桥梁。

5. “现象论”及其辩护。英国哲学家 A. J. 艾耶尔在否定类比论证的基础上提出了一种新的论证即归纳论证，他将这一关于他心知的理论称为现象论。之所以如此称呼，是因为它否认现象之幕背后隐藏着一些永不可知的客体，否认有隐秘的非物质的心灵实体，主张关于他心的谈论实际上是关于实际的或可能的感觉经验的谈论，因而借助于对这些经验的观察和归纳，便可认识他人的心。

首先，艾耶尔认为有充分的理由相信他人及他心的存在。那么怎样知道他人是人而不是机器呢？他回答说：是行为。尽管人的行为与机器人有相同之处，但在类别上是不同的。机器人的行为不能满足足以决定它具有意识的经验检验，而人的行为能如此。因为当我们断定一个对象是有意识的时，我们仅仅是断定它对任何可以设想的检验都会有所反应，显示出它是有意识的那种经验表示①。

其次，艾耶尔认为：他心知问题的特点是：它“不是用论证去肯

① ［英］艾耶尔：《语言、真理与逻辑》，尹大贻译，上海译文出版社 1981 年版，第 150 页。

定完全不能观察到的东西的存在的不能解决的和确实虚构的问题，而只是指出经验地证实某一类型的假设的方式问题”①。这里的假定是，我们能将内心经验归于他人，我们能认识他心。表面上看，这一假定很难或无法证实，因为他人内心经验不能被直接观察。其实并非如此，因为对古代历史我们没有直接观察，但还是有办法认识的，对他心的认识也是如此，一样能得到可检验的陈述。

怎样用归纳去证明关于他心的陈述呢？他说：“如果承认：一个人能把一意义赋予指称了他人经验的陈述，而且同样的意义也能被那些享有这些经验的人归之于这些陈述，那么我们通过归纳论证去证明接受这种陈述就是公开的了。”② 即是说陈述的意义、陈述所表达的他人的内心经验是主体间的，既可为作出陈述的人、又可为被陈述的人理解，在搜集一定数量的理解和反应材料的基础上，就可对上述陈述作出归纳证明。例如要决定他人是否有某种色觉，我们就可去了解他们的感觉，观察他们在遇到一切有色空间时是否以同样的方式加以分类，如果是色盲，他的分类方式与别人的就会不同。

对归纳论证，福多（J. A. Fodor）等提出了尖锐责难，他们认为：这一论证所依据的事例是个别的，不足以保证其结论的普遍有效性；其次它违背了这样的原则，即它的样本总类中必须包含反例，因为只有这样，这一论证才是可接受的。

针对责难，施莱辛格（G. Schlesinger）指出：这些责难本身是有问题的，因为在单个或少数事例的基础上，并不一定不能作出科学的结论，例如所有铅在327℃的温度下熔化这一结论就是在对一个样本实验的基础上得到的。同样，对一个人或一些人身心的联系、内部经验及其表现和外部标志进行研究，运用归纳法可得到具有普遍性的结论。因此他说：我自己的情况应当是一种基础，他人有心这一假说的

① ［英］艾耶尔：《语言、真理与逻辑》，尹大贻译，上海译文出版社 1981 年版，第 151 页。
② ［英］艾耶尔：《关于他心陈述的分析与证明》，见汉福林《哲学基本问题》，第 37 页。

有效性就建立于其上。每个人包括他人都有个“我自己”，通过对“我自己”的情况作出归纳无疑能形成有一定有效性的结论。

6. 假说—演绎证明与“云室痕迹”类比。新近有些学者如 J. A. 福多、P. M. 丘奇兰德等试图用解决科学问题的方法，如假说—演绎法和科学类比去解决他心知问题，提出了一些发人深省的思想。

丘奇兰德指出，他心及其经验的确在观察之外，但是科学研究的对象中也有不可观察的东西。科学家假定不可观察的实在如基本粒子，以及控制它们的特殊规律，这一来就产生了一种理论，它允许我们据此对可观察的、但尚未得到说明的现象作出解释和预言。如果我们承认这种假说，使它们与可观察的环境的信息结合起来，我们就能演绎出进一步的陈述。如果它们与已知现象相一致，能比其他竞争理论更好地解释预言可观察的现象，那么关于不可观察的实在的假说就是可信赖的。这就是通常所说的假说—演绎证明。它也可用来解决他心知问题。

根据这种主张，断言我之外有他心及其内部经验这一假说也是一种解释性假说。如果它能比其他理论更好地解释和预言可观察的现象如他人的行为，那么它就是一可信的假说。事实上，他人的连续的、复杂的行为可用他的愿望、信念、知觉、情感等加以解释和预言。既然它们是理解大多数人的行为的最好办法，因此它们在人身上的存在就是值得相信的。

他们还用“云室痕迹”（cloud chamber track）类比进一步论证了他心的存在及其认识的方法。所谓云室是一种含有带饱和水蒸气的空气的密闭容器。在容器突然膨胀的同时，致电离子（如电子或质子）通过容器，蒸气冷却的结果便留下了可见的白色小水球痕迹。这些小水球是水蒸气冷凝在游至电离子产生的离子上而形成的。而痕迹通常能被拍摄下来，通过它们，我们便能推知另一极的粒子的存在和运动。同样，他人的行为能被看到，而它的存在则表明处在另一极的、与它同时发生的心理状态的存在。因此他心存在，并且是可认识的。以疼痛行为为例，正如英国物理学家威尔逊（C. Wilson）把云室痕迹的出现当作经过云室的一极的粒子的通道的标志一样，痛苦行为也可当作内在于心理的、被经验到的疼痛的存在的指标。不仅如此，描述心理现象、并把它们相互关联起来的概念体系也类似于物理理论，它也有一定的可靠性、解释预言力。事实上，人们正是求助于这一概念体系，用动机、信念等解释和预言人的行为。由于这种概念体系是在正常的过程中形成和固定下来的，因此有理由认为它们是关于他心及其活动、状态、过程与事件的概括，具有有效的解释和预言作用。

7. 启示与初步思考。

（1）“他心”是一极其广大的认知领域，是客体世界中最有个性特征的组成部分。但长期以来，它要么是怀疑论滋生的温床、盘踞的堡垒，要么是民众心理学高谈阔论、耀武扬威的场所。哲学认识论要开发、传播认识世界的智慧、破除怀疑论、超越常识而揭示宇宙万象的本来面目和真谛，闯入并驰骋于他心知领域势在必行。

（2）他心知问题是一非常特殊的认识论领域，由其对象的不可直观性、与“我”的相互转化性、被认识时的主动性、易于伪装性等所决定，它与主体有特殊的关系，对它认识的可能性及其条件、根据、方法、过程、途径以及检验等都有不同于其他领域的认识的特点，必须用特殊的方法予以具体研究。认识论在形成关于一般认识的普遍理论时无疑应顾及这一领域，不然的话，要么丧失其一般性、普遍有效性，要么将永远面对这一领域中无法同化的反例或反常。

（3）中国哲学开展他心知研究有良好的契机与条件。一方面，中国哲学有对人重视的传统，有对人及其心的深入独到的了解和知识，因而有丰富明确的反思对象。另一方面，西方心灵哲学对他心知问题的长期探索，不仅提出了许多极有意义的问题、前沿课题，而且还积累了大量可资借鉴的思维资料和成功失败的经验教训。当代认知科学、脑科学、人工智能研究则为我们准备了以前无法比拟的科学材料，尤其是日新月异的计算机为我们认识他心他脑提供了可以直观、“解剖”的类比模型与“活化石”。

（4）从现当代西方他心知研究与争论我们不难找到进一步研究的切入点和突破口。第一，在开展对他心知问题研究的过程中，要重视对心的本质、心理与行为、心理过程与大脑过程的关系等本体论问题的研究，并把它们结合起来。因为上述考察已表明，不同观点分歧与对立的一个重要的根源是它们各有不同的“本体论承诺”。第二，要注意进一步研究“他心”作为认识对象的特殊性。一方面，“他”与“我”没有绝对不移的界限，其角色变换在他心知过程极其迅速；另一方面，“他心”不是被动的客体，而是能动的、能说话的、能及时作出评判的对象，他能帮助我对他的认识，并可及时提出修正和检验。这是他优于其他客体的地方，也是他好认识和不好认识的根源，因为他既可作实证，也可作伪证。第三，应对他心知问题作层次上的区分，如知他心的形式和知他心的内容的问题，前者主要是运用哲学思辨的方法搞清他心有无同我一样的各种机能及结构，后者主要是用哲学方法和具体科学方法把握特定环境下特定的心理过程、状态与事件。第四，要研究关于他心的知识的性质问题，即能否得到关于它的具有普遍必然有效性的知识的问题。第五，在对他心认识过程作哲学反思时，要倡导和鼓励对这一问题的科学研究，并及时对有关科学成果作出哲学的反思。事实上，有关实验研究如脑电波破译思维语言的研究已向我们展示了这方面的令人欣慰的前景。70 年代末，美国科学家约克（D. York）和金森（T. Jenson）利用一台脑电图机和一台能自动分析、挑选出脑波类型并记录下来的装置对人思维时所卷入的语言进行了研究。当要求受试者重复说出一特定语词时，同时记录下刚好发生在说时的脑波类型。他们发现，不同语词有其特定的脑波变化。经过多次实验，他们能破译 27 个词语。这不仅说明了认识他心的可能性，而且表明认识他心的方式是多种多样的，物理学的方法并不与他心相隔绝，同时它还涉及思维与脑过程、与语言的关系问题，一并值得我们深思。

（原文载于《江海学刊》1998 年第 4 期）

“后人类”进化

张之沧

自人类社会产生以来，自我意识、人类思维、语言符号、文化样式、社会实践与人的生物机能一起作用于人的进化过程。结果，仅在几十万年时间内，人类就凭借其智慧使地球发生翻天覆地的变化。这恰如哈佛大学生物学家 S. 高尔顿所言：“当你考虑到在如此短的时间内，发生如此多的事件的时候，你就会认识到人类为了生存，不仅发明了新事物、新战略，并把这些发明传递给子孙后代，而且人类创造出来的这些东西，还反过来加速度地创造人类自身，并改变着人的进化路程。”① 换句话说，自从自然界把生物进化的接力棒交给人类，人类进化中的统治力量就不再只是自然界，而是包括人自身。人类也不再被动地受各种自然力支配，而是依赖自己的能动性认识和科学技术去积极地发现规律、利用规律，为自身服务，使自己逐步成为由自我意识主宰的“自为存在”。尤其是人类极度适应的天赋，使之能够在地球上的任何地方生存，遇到任何环境变化都能够做出创造性反应。正是借助这种极强的适应性，人类才在诸多方面获得巨大成功：发明了畜牧业、农业、工业；建造了乡村和城市；给日益增多的人口提供

① P. Donahue, *The Human Animal*, New York: BBC Pubns, 1985, p. 65.

了衣食住行和生活用品；发明医学拯救了无数岌岌可危的生命，延长了人的寿命；制造了发达的通信和交通工具传播着人类文明，推广着先进文化，使世界上许多落后部落迅速跟上文明步伐；又创造了各种社会机构和组织，使人类社会日益变得秩序井然、富丽辉煌和魅力四射。但是，所有这些都还没有能够改变人类的自然进化性质，致使人类进化迄今还基本上是纯粹自然人、生物人和社会人的进化。人作为一种生命，还是一种纯粹的生物体，而非“自然 + 技术”的综合体。只是到了 20 世纪下半叶，借助生物工程和人工智能，人类的进化历程才开始逐渐发生转折，进入一个新的“后人类”进化时期。

何谓“后人类”

“后人类”（post-mankind），就是指 20 世纪 60 年代，一些发达国家进入以信息社会为特征的后现代之后，利用现代科学技术，结合最新理念和审美意识对人类个体进行部分的人工设计、人工改造、人工美化、技术模拟以及技术建构，从而形成的一些新社团、新群体。这些人再也不是纯粹的自然人或生物人，而是经过技术加工或电子化、信息化作用形成的一种“人工人”。他是一种将人造器官、人造物件或电子软件和人的自然肉体有机结合的人—物系统或人—机系统。具体地说，数千年来造成的人的身体和精神、肉体和心灵、生和死以及自然和技术之间的对立与分离，随着当代高科技的新进展、新实践以及人类心灵对超自然的自由主体的强烈渴望与热切向往，将日益趋向弥合与统一。特别是今天高度发展的虚拟技术、网络世界、赛博时空、机器人、电子人、基因工程、器官移植、克隆技术、试管婴儿、变性手术、激光整容术、全面整容术、相异性的人工合成等极富想象力的高难度科技手段，不仅正在与日俱增地中断上述成对范畴之间的区别，而且也日益有力地证明上述各种二元论的对立既不是自然生成的，也不是永恒不变的，而是经由一种形而上学的世界观建构起来的。

事实上，自20世纪70年代第四次科技革命之后，有关自然和技术之间势不两立的陈词滥调就开始不攻自破。比如技术创造的物质财富不仅极大地丰富了人类的日常生活，而且还要改变和替代人类的自然生活，使处于相互竞争中的自然人日益变成更具竞争力、生命力以及更具智慧和能力的“机械人”或“电子人”（注：这两类“技术人”本质上是人而非机器）。也就是说，当代高科技正日益将肉体和物体、人体和机器、人脑和电脑、生命和技术、生物和文化相互融合，构成新的人体，使人们普遍成为自然和科技的共同产品；这种“技术人”再也不是原先那种纯粹的自然肉体，而是对自然和机器的双重否定和超越。当然，今天及早些时期的“变性人”“人造美女”“人造特工”以及替换上各种人造器官或移植器官的人都属于这类，但是典型的后人类主要指那些能够将机械、电子制品、电子软件和人体融为一个有机整体，而且标示着整个人类未来演变方向的人群。

关于目前人类通过人工智能、生物技术、虚拟技术、遗传工程和电子人技术导致自身由纯粹的自然人、肉体人向机器人、电子人的进化，在发达国家已经得到许多科学家、科幻小说家和哲学家的认同与支持。尤其是许多从事赛博虚构的作者十分感兴趣地探讨了未来“电子人”的可能性以及相关问题。比如英国学者马多克斯（T. Maddox）就将这种由自然和技术共同缔造的人类称为“后达尔文的生命概念”或“后人类”。

在后人类社会，由于人类的肉体不再是原先纯粹的自然肉体或生物肉体，它被镶嵌进许多高科技物质、高科技产品，诸如各种人造器官、人造血液、人造皮肤、人造肢体、人造基因、人造软件；精神也不是原先纯粹的肉体精神或社会精神，而是镶嵌进许多后天的人造精神、人造大脑、人造记忆、人造思维，比如后人类的眼睛可以同时是一架照相机、摄像机，后人类的耳朵可以同时是一台收录机，后人类的大脑可以同时是一部快速和大容量的记忆与储存装置。总之，后人类的人将成为一个用后现代的科学技术全副武装了的人，因此后人类社会也必然被镶嵌进许多与人工技术、人造物品相关联的要素和成分。

比如在科学技术方面，20 世纪以来新开发的电子技术、生物技术、空间技术以及新材料和新能源的发现与发展，都将通过对人体或人类自身的改造而极大地提高人类的生存质量和文明进程。特别是 21 世纪有望创造出的利用脑神经线路原理与结构的生物电子计算机以及与生物集成电路相结合发展起来的生物电子技术，将会更好地改造人类、创造人类和服务人类。今天正在兴起的基因重组技术、细胞融合技术、生物反应堆技术、克隆技术以及遗传密码的解读等，将会广泛应用于医药工业、化学工业、食品工业和农业、畜牧业，应用于疑难病症的根治、人类质量的提高、遗传特征的改造，应用于延年益寿、器官移植、大脑嫁接。另外，新材料的发展，将会推动超导合金和形状记忆合金的实用化变成普遍的现实；新能源的发现，也会给人类提供更多的能量；至于飞速发展的空间技术，将会给后人类社会开发出更多和更新的生存空间。为此有人预言：新技术对 21 世纪的人类将产生革命性作用，其中利用“硅物质、电子、DNA、语言”等复合势力制造出的“超人”、“后人类”或有关人的“新形式”将会大大胜过迄今人们所理解的“上帝和人”。

社会存在决定社会意识，有什么样的人类就有什么样的观念。后人类个体在肉体和精神享有充分自由的基础上，往往都会以自我为中心，幻想按照自己的方式来改变整个生活世界，使自己作为一个自由、独立的主体，完全生活在自己的各种意识状态中；超越所有的外在形态，不受任何对象和观念的束缚；采纳一种完全超脱的生活方式，让内在精神能够无限地舒展；让生命主体能够自由自在和随心所欲；让后人类社会能够充满无穷无尽的生机。

后人类的进化方式

后人类进化除了遵循一般的自然规律、生物规律和社会规律之外，还同时伴随着一种加速推动人类发展的技术过程。这种技术上介入的人类进化通常由三种不同的方式组成：一是借助基因工程或无性繁殖（如克隆技术）；二是通过技术种植或人工种植；三是利用虚拟技术制造虚拟主体、改造现实主体，将虚拟世界和现实世界、虚拟人和现实人合二为一。

关于第一种进化方式，毋庸置疑，是20世纪50年代兴起的分子生物学和遗传工程学共同作用的结果。正是从那时起，人类开始利用基因工程优化人体结构，完善人体功能，改进人体素质，去除遗传疾病，增强人体适应自然的能力，产生人类所希望的人体，以保证在未来社会能够进行有效竞争，促进人类进化，推动人类文明。今天人类通过对遗传物质DNA进行重新编码，不仅可以促使肉体不断生长，而且可以将身体部分地更替和置换。

至于第二种技术种植方式，显然属于后人类进化的又一个阶段。在这一阶段，人类不仅可以通过外科手术给一双眼睛配上眼穴，装上一架照相机，可以将一种微通道形象的高级移动电话安装在他的眼睛中，将一个削尖了的读书器放入他的视神经，将一只发音器连接在他的耳朵后面的插座里；而且可以利用类似的技术改造或加工一个人的四肢或其他组织器官，以强化他的四肢和整个躯体。如此技术化和电子化的人机系统，既可以谓之为一个“后人类之人”，也可以看作一个非常完整的生物性综合软件系统。

对此，美国学者基伯逊等认为，这种从自然人到电子人的进步是历史进程中的必然，人类必须接受这个现实。尽管今天的多数人会继续把能够繁殖的“机器人或电子人当作进化的强大潮流中的一件稀奇事，然而他却是不可避免的结果”①。因为，“这种电子人时代的到来并不是不切实际的。它是自然界的下一个进化阶段。我们完全可以设想：人类一定会在不久以后就能够在他们的头脑中携带百万个字节的

---

① Martin Dodge, Rob Kitchin, *Mapping Cyberspace*, London: Routledge, 2001, p. 204.

计算系统，进行直接的脑对脑的交流和沟通。另外，生活在那个世纪中的人们还能够改变自己的身体，以适合于他们所喜欢的衣服”。[①] 这不仅会使人类个体变得更加优雅、美丽，而且会克服自然人或生物人固有的主体间性。当然，要进入这种状态需要付出巨大代价，但是这类“改造人”的事件无疑证明人类正在日益将后现代的人性强加给人类的日常生活和社会实践。

关于第三种有关虚拟主体的探究，不仅主张利用电子技术、器官移植或人工智能来改造人体，而且主张后现代技术的目标是超越身体，放弃身体，以便在机器中和网络中实现身体的不朽，让技术使人类不朽的梦想变为现实。届时，自然和技术之间的界限会完全变得模糊，以至连人类自己都难以区分究竟何种事物属于自然，何种事物属于技术。在这种背景下，赛博空间将会给人类提供一种理想化的前景。这正如普拉特（C. Platt）在1991年详细描述的：总有一天，人类的头脑将最终被转换或被转变，即从保证我们物质身体得以生存的肉体性实体转变为纯粹智力性的电子实体。这时候，高度发展的人类技术将完全摧毁人和机器之间的区分，而且从此之后人类也将不再需要满足这种老的动物的食物、掩蔽处和性。

特别是在符号化、数字化、信息化以及主要是借助语言打造出来的虚拟主体、无性别主体的隐蔽状态中，现实中的两性关系、两性界限几乎完全模糊不清，性别角色在虚拟的舞台中不再被大家看重，因为起作用者、行为者完全是“代号”、“代码”、“概念人”或“电子人”，而不是现实中“强悍”的男人和“柔美”的女人。

此时，与作为一个实体的电子人程序不同的是，进入机器中的非现实存在只不过是该种机器利用虚拟现实时的一种经验状态。在这种情况下，大脑或心灵，在机器内部与空间相互作用时，将会离开身体获得自由。因此对于赛博空间，人们是经常地将其描述为一种无实体

① W. Gibson, *Count Zero*, London: HarperCollins, 1986, p. 138.

的空间，一种由心灵占据而不是由身体占据的空间；是通过插座进入一个惯常的赛博空间的甲板或覆盖物，这个覆盖物投射了他的无实体意识进入矩阵。在这里，身体和精神的二元论变得无意义，因为这种等式的一半——身体正在失去，即正在化作纯粹的信息和符号。在现代社会中，所有的空间都被具体化，所有的身体都占据空间；而在赛博空间中，将不再是这种情况。那些进入机器的上载意识都是想象的延长和某种幻想的经验的许诺。在一些赛博小说中，一个人的意识和记忆只要被上载进入一种机器，就能够实现它旨在成为“新人”的本质。

毋庸置疑，构成这种机器人或电子人的身体是具有自我消耗性质的，而且正是这种机器人的头脑详细地界定和说明了人性。在这里，灵魂就是软件；而软件就是计算、习性和记忆。这时大脑和身体全都是肉体和器官槽（organ-tanks）中的“种子”。为了上载进入一个机器人，一些作者还考察了这种机器人软件中，一个人脑的捕获物和储存量。至于《硅人》、《置换城市》和《光路》等小说的作者，则主要是思考了上载进入一个单独的计算机之后，又输入一个分散的网络中的情况。在所有这些情况下，头脑都将变成类似于电脑软件一样的东西，字面上变成 0 和 1 的组成，模仿着心理学的计算和联结模式。这种机器人软件显然与一幅画不相干，而是常常像一个凝结的立方体，被安放在一个僻静的储藏室的拱顶里面的架子上。这不是一本没有人看的书，或是一种纯粹的柏拉图式的理念形式，而是一种由 0 和 1 组成的数以亿计的字节群集。它超越和扬弃了一个旧世界，构造或创建了一个新世界。

在这些创建中，作家们利用现在电视机器人的意图，旨在允许上载的意识与电脑的外部空间相互作用，或者说，电视机器人（telepresence）让拷贝与物理世界相互作用，以便它们能够更充分地相像于人类。在那里，交通工具与现实世界中的所有交通工具都极为相像。你能够租用它，用管道输送你的头脑进入其中；只要你需要和现实世界相互作用，就可以去你想去的任何地方。这样一来，电脑建构，继基因工程与技术种植之后，在本质上就变成创造后人类的第三种途径或第三个场所。

概括上述对于科学技术与人类进步之间紧密关系的分析可以清楚地看出，在人类走进一种新的社会空间关系的时候，可以说是从根本上重新改装了现代主义。特别是赛博空间作为一种强有力的变形力量，瓦解了许多现代主义者的思想系统。它在许多层次上，弄得现实和虚拟、公众和私人、地方和非地方、自然和技术、精神和肉体、生存和死亡、天性和文化之间的界限模糊不清。当然这不是说，这种瓦解和破坏就是件好事，正如我们已经概述的，一种后现代社会的逻辑结果常常是强化了不平等和不公正的发展。但是面对赛博空间和虚拟世界这一最富有挑战意味的现实，我们可以进一步思考这些变化的结果和可能性。

事实上，近年来一些最具影响力的学术分析也一直在利用这些分裂的和毁坏的空间（spaces of disruption），以探索批判性的政治理论。比如著名的海拉维（Donna Haraway），在她的有关“电子人政治”发展的前景分析中，就详细地考察了“自然和技术相结合或相合并”的可能性问题。因此可以肯定：赛博虚构不论是对于人类的现在还是未来都是重要的，因为它打开了一个新的世界空间，为人类更加广泛的深思和实践提供了新的场所。当然，它们的重要性眼下还只是部分的和选择性的，有关未来的反乌托邦的寓言故事，还只是立足于现在所做的推断，要将其变为现实还有很长的路要走。

然而，赛博虚构和赛博空间肯定会有一个非常广阔的前景，因为这些“沉思的场所”已经显露出巨大的魅力和潜能；这不仅表现在它们的有关未来空间性的一般显示上，也表现在它们与那构成这种空间性的社会空间过程的一致性上。与此同时，所有未来社会空间关系的精确形式也都在发生变化。特别是为许多作者一致看重的一种由自由意志和资本主义所统治的未来，在那里，全球的财富和权力都将为跨国公司所拥有，而且“国家—地区”结构将被逐步削弱，走向消亡。一种二元经济将得到繁荣，而且会通过管理和监督的社团模式而得到加强。社会将日益变得都市化，同时也将日益变得支离破碎，或是被分化，或是变成一个模拟城市。至于其中的居民，其身体将通过利用基因工程和技术种植而被加强。这样一来，必将给眼下的人类提出更广泛的挑战。特别是那些批判主义的理论家和基础论的激进主义者将要构建一系列相反的政治学，不仅旨在阻止一种反常的乌托邦前景变成现实，而且将与公众空间的侵蚀相结合，去竞争新的监视、管理和被构造的贫乏的空间性。这种政治学将会识别和促进有可能变成现实的后现代性的乌托邦。

后人类进化的前景

后人类进化有一个远大、美好的前景。就目前而论，它至少可以在不久的将来做到以下几点。

一是去除精神残障、根治肢体残疾。后人类进化过程中，所要承受的一个最艰巨的使命就是去除阻碍人类文明进步，危及人类生存的各种疾病。其中包括每年都夺去几百万人生命的艾滋病、心血管病以及各种各样的癌症和精神疾病。未来社会的人造器官，包括人造的各种生物性器官、生理性器官，都可以用来替换被各类顽症病蚀了的器官，使人类机体重获新生。未来社会的人造大脑、人造记忆“芯片”，或人工移植“智能系统”“思维系统”可以用来根治各种精神疾病或替换那些生病的脑神经部件或脑神经系统。

肢体残疾无疑是影响人口质量的一个重要因素。当然，迄今为止人类还没有能够很好地解决残缺的肌体和智力“生命化”或“有机化”问题，许多残肢还要取决于金属制品或合成材料，但是我们相信不久以后，人类的智慧和技术会从各个方面根治肢体残疾。人类完全有能力通过基因移植、基因重组等手段，把这类疾病消灭在基因层次或胚胎状态。这将既有利于个体生命的至善，也有利于整个人类的文明进程。

二是渴求人格完美、追求个性多样。在后人类社会，人们的“爱美之心”和渴求完美的自由意志同样会继续关注自己的内心和精神、自己的素质和人品、自己的教育和修养以及自身的容貌、形象和体魄；使生活的中心由此转向自我意识的内在组织系统，使生活不断地得以更新和美化，使人生不断地产生青春般的新鲜感和各种全新的魅力；在塑造肉身的同时，也将个体审美主义推向极致。届时，更多的人将会不惜代价地根据需要和兴趣来设计、改造和包装自己。这其中将会包括利用各种最先进的技术进行个体整形，也一定会兴起更多的从事人造器官、人造肢体、人造容貌、人造形体以及基因重组、基因治疗等方面的职业和行业。那时的人造形体、人造容貌会像今天人们走进理发店任意选取自己感兴趣的发型一样，让形体师们自由构造自己所喜爱的形体。这个难度当然要比构建一种发型困难得多，但是人类的智慧、高超的技艺和由审美燃烧起来的激情会创造出一切令人不可思议的奇迹。

在这个时代，人们当然也不必杞人忧天，担心所有的人都会拥有舞蹈演员的体形，电视明星的容貌，篮球运动员的身高，或健美运动员的体格。多元的审美观和价值观一定会继续保持人的个性特征和整个人类的多样性属性。只是有一点可以肯定，在后人类的进化过程中，女性将会变得愈来愈美丽、动人，男性将会变得越来越健美、强壮，而且这种变化是不可扭转的趋势。届时，每个人的心中都会有一架审美的天平，他们会从更深的层面理解什么是美丑善恶，什么是健康病态，什么应该选择和淘汰。自然、生物、文化和科学技术的进化将会一起作用于人类的整体进化过程，作用于人的自我选择，作用于人的价值观、人生观、审美观以及伦理道德，并进而将盲目和自然的人生提升为自觉和科学的人生。

三是普遍信仰身体、重视情感、悦生轻死。面对几千年空泛说教制造的虚假人格，抽象理性编织的虚幻主体，在后人类社会，人们将极力消除意识和精神的异化，积极倡导回归被理性和意识疏离了的身体，以恢复人的真实本性。届时，人们将普遍相信“信仰身体比信仰精神更具有根本意义”。以身体为准绳，而不是以传统的伦理道德和陈旧的灵魂为基准，将是一种令人惊异的思想和举动。这种从身体，即生命本身的角度重新审视一切，将历史、艺术和理性都作为身体弃取的动态产物的人生观，将有着颠覆乾坤的价值。以往蔑视身体的人实质上是憎恨生命和大地，本末倒置地将心灵看作大理智，把身体看作小理智。实际上，强调身体就是强调生命力，就是在医治贫血的灵魂。对于真正的觉醒者来说，“我全是身体，其他什么也不是；灵魂不过是指身体方面的某物而言罢了”。因此后人类社会，人们不会只倾听死亡的声音，相反会更多地倾听健康身体的声音，因为那是更诚实、更纯粹的声音；因为只有健康、完美的身体，才会说话更诚实，行动更纯粹，才会真正地言说大地和生命的意义，才会摆脱所有外在的束缚，消除一切压迫，追求一种更加崇高的人生目标。

由此，在后人类阶段，人们对待生死的态度也会发生巨大改变。人们彻底觉悟生和死的辩证法，认识到生是死的前提，死是生的基础；正是生和死的不断交替构成生命界和人类社会不断演化的进程；也正是基于这种认识，后人类将既不畏死也不恶生，而是更加看重生命，更加关注生存质量，坦然对待生死，形成一种悦生轻死的人生观。

四是消除种族差异，融合民族文化。后人类进化的另一个前景就是导致肤色、种族和文化差异的日渐消除。首先，过去的纯粹种族不再存在。民族主义、纳粹主义或白人至上主义将失去存在根基。只要看看今天的美国民族是如何具有世界性和人类性，就不难得出结论，世界种族的一体化必将以不可阻挡的趋势吞噬着世界民族的多样性。其次，世界文化和世界语言的一体化，也必将淹没世界文化和世界语言的多样化。当然，现实中也同时充溢着人类不断变化的观念、意识和希望以及不可尽数的实践手段和无穷多样的真理形式，但是，现实社会却存在反对多样化的强大力量。这种趋向统一的力量不仅主张用道德法则和物理学规律对多样化进行限制，而且在西方日益扩张的商业和科学技术的步步紧逼下，对越来越多的民族文化的作用与改造，都是在消灭多样化，使现在文化的差异正渐趋消失；具体地说，现实中“环境的高度贫瘠化和普遍的齐一化已经成为当今世界所有政治和经济制度下的工业社会的特征”。迟钝、乏味、单调、齐一像弥漫的浓雾一样正在覆盖着许多国家。

这种趋向统一性的好处是，更利于全人类拥有统一的伦理道德标准、意识形态标准、文化审美标准，或真理性和实用性标准，以衡量全人类所有个体的行为、道德、认识和审美；坏处则可能是抹杀人的个性、民族性、多种多样的文化传统、审美上的多样性以及广泛存在于行为实践中的自由意志。当然，人们不愿意看到这种大综合、大统一的局面和趋势，但是世界的发展往往不是以人的主观意志为转移的：熵增原理不仅适用于自然界，也适用于人类社会的发展演化趋势。因此人类要想保证世界的多样性、生命的持久性、生活的丰富性、精神的自由和肉体的欢愉，就必须时时处处自觉地锤炼自己的筋骨，陶冶自己的心智；不断地创造新生活，发现新形式；不断地推动政治文化的多元化，提升人的自由度，使人类精神和生存现状得到改善；既充分体现人类理智的能动性和发自内心的善良意志，也同时展示人类对自然秩序的依赖和尊重。即便在后人类社会，人类作为“自由的理性行为者，也能认识和遵循道德性的种种规定”，让人类背负着各种义务和责任日趋至善至美之人间胜境。

（原载《江海学刊》2004 年第 6 期）

“人”“我”“心”“身”

——兼论哲学的性质与现代哲学的特点

张曙光

一

金岳霖先生在《论道》中说的一段话是大家熟知的，他说：研究知识论让我可以站在知识的对象范围以外，我可以暂时忘记我是人。凡问题之直接扯到人者我可以用冷静的态度去研究它，片面地忘记我是人适所以冷静我的态度。研究元学则不然，我虽可以忘记我是人，而我不能忘记“天地与我并生，万物与我为一”，我不仅在研究对象上求理智的了解，而且在研究的结果上求情感的满足。[①]“元学”就是哲学。为什么哲学的研究不同于科学知识的研究？为什么研究者不能忘记“大自然”与“我”的并生共存？就是因为哲学不是研究外在于人的某种对象，不是以求得具体的知识为目的，而是要对人自身及其生存于其中的世界做一根本性的把握，并以之支撑和引导人的生活。这种把握不可能在世界之外观察描述，只能由“我”在“世界之中”做出，则我作为“人”的特性，与世界作为“它自身”的特性，就势

① 参见金岳霖《论道》，商务印书馆1985年版，第16—18页。

必关联在一起。于是，一方面，“人生天地间”；另一方面，“万物皆备于我”。我由此求得知情意的全方位满足。一个没有“人”即没有“我”的世界和一个没有“世界”的孤零零的我，即使存在，由于它们的非对象性，也是无从研究和了解的。即使前者呈现于自然科学之中，后者呈现于神话或某种神学之中，也仍然说明“世界”与“人”不可能无关。

所以，笔者一向认为，哲学是“人”学也是“世界”观。人与世界的相互规定与转化，和人学与世界观的相互说明与贯通，互为因果。不消说，哲学的世界观是不同于科学的“世界观”即“世界图景”的。因而也就不存在哲学要么是人学要么是世界观的非此即彼的答案。也不宜说哲学主要的是人学或主要的是世界观，那还是把人与世界分离并分别地对待了。只要分别地对待，就会取主客二分的认知态度，那就不再是完整的哲学研究了。至于说哲学在历史上曾主张主客对立的认识论或知识论是不错的，因为人与对象世界、主体与客体毕竟不同且有矛盾，人们必须正视这一矛盾，解决这其中的对立，为此就要采取客观的即理性的态度。但哲学一开始就高于这一见解，当它的思想触角伸展到主客关系时，它既意识到两者的区分与对立，又能够发现这一区分与对立的相对性，所以哲学在根本上将主客关系理解为内在相通、差异互补、相互转化的关系，并且认为这一关系不过是人与世界的关系的一个层面，要全面地把握人与世界的关系，除了依靠人的认知能力，更要凭借人的情感、意志和直觉；而在人的生活实践中形成的“相信”这一心理机能，已然表明了人与周围世界根本上的一体性、一致性。

当古代哲学家以某种自然物作为世界万物之本原，提出“一是一切，一切是一”的本体论命题时，哲学就肯定了人与世界的一体性和一致性。然而，这时的哲学还没有明确地意识到人是异于乃至高于自然万物的，而有意无意地把人混同于万物中的一物、一切中的一分子。我们知道，哲学思想最初沿袭了上古神话的“创世”思维，究诘的是世界的“本原”问题。这时的哲学固然能够说明人和万物一样地从本原中“产生”而又“复归”于它，却未能揭示人不同于其他生物的特性及其历史命运。而人一旦成为人，即有了自我意识和主体性的活动，他（她）们就一步步走出自在的自然状态，开始谋划自己的生活，并为此思考自己与对象世界之间的关系。因而，哲学思想不可能总是停留在自然本体论阶段。事实上，时间不长，世界本原问题中的“一”和“多”、“变”与“不变”的矛盾，就被一些思想家（如巴门尼德）所发现并促使他们考虑各种“本原”论作为人们认识的结论，与人的认识能力和认识形式（感觉与思维）的关系。这样，通过否定感觉的可靠性和肯定理性思维的真理性，“思维”与“存在”连同“人”与“世界”的关系便进入了哲学的视野，智者们关于“人是万物尺度”的命题则从另一方面明确地说明了这一点。直白地说，人学之“学”也好，世界观之“观”也罢，都只能是从人生在世的活动中生发出来的人的生存观念、生活态度。因而，就让我们从“人”“自己”出发——而“人”这一“自己”恰恰是他自己，又不是他自己。且看下面的分解。

二

当我们说“这个房间有桌子”和“这个房间有人”时，这些表述都是关于对象的判断，两句话没有任何语法上的区别。然而，在前面的表述中，表述者与表述对象不仅彼此外在，还有人与物的质的区别，而在后面的表述中，表述者与表述对象却都是人，即使他们是不同的人，也仍然是“人一类”。“人”是一种“类”的意识与称谓。而类意识和类称谓，其实就是“普遍的我”“大写的我”的意识。当我们写出或说出“人”字时，我们不是自己在指称自己吗？“人”是人的自我意识、自我命名。因而，“人”本然地通向“我”。

当然，人作为类意识是普遍的我、大写的我；但人又是以个体生命的形式存在的。“我”是人类，亦是个体。我或自我的表达就有两种：我是一个人；我是张三。前者将自己与从属的类联系起来。后者呢？似乎在作无谓的重复。但张三不是无缘无故地说自己是张三，不是对着一块石头，而是对李四或王五来介绍自己。这样的语境本身就说明，张三与李四或王五拥有同一个交谈的前提，即他们都是人，这是他们对“类”的认同；但他们又是彼此不同的“个体”，不能互相取代或归结，所以，每个人才需要不同的专名或称呼。而这些个人也正是在相互的交往活动中，意识到作为个人的“我”的相对性，在“类”这一“大我”的范畴内，“我”与“你”、“我”与“他”相互区分、相互规定并相互转化。

这种关于自我的表达清楚地说明，人这种世间的存在者异质于一切非人的存在者。一方面，人是自我相关的，人内在地指向自身，指向“我”，因而，人有一个属于“我”的意识的世界、内在的世界；另一方面，人这个自我意识者，具有“类”和“个体”的双重性，这双重性不只是普遍与特殊、整体与部分这两个相互对待的方面，还是两种相反相成的指向：类属性指向个人对类的“从属”和个人之间的“平等”，个体性则指向个人对类的“独立”与个人自身的“自由”；类属性指向“普遍”“无限”“永恒”，个体性则指向“个别”“有限”“暂时”。人的类属性和个体性显然是相互区分并相互规定的，因而也相互渗透并转化。所以，人的真正的自由只能生成并实现于人类社会中，且与平等不无矛盾；生命短暂的个人，只有作为类的环节并通过对类的贡献才能达到“不朽”，而类的永恒也只能是一代代人的生死嬗递。

从人这一自我称谓中，我们分析出类与个体或者说自我显示为类与个体。表面上，这种分析或显示是超历史的，实际上，它却是自笛卡尔以来的现代自我观所强调的。笛卡尔的“我思故我在”似乎是一个不需要身体、能够摆脱身体的功能性“实体”，因而既不必考虑人所属的民族，也不必考虑人的性别、年龄、性格等特殊的具体规定。

虽然笛卡尔说到“思维”时还包括人的情感和心理因素，但“思”既然不需要“身”，并且思的主要功能在于理性思维，所以它其实是充分地体现在数学、几何学、物理学中的概念的、逻辑的思维。它当然也很容易通向超验之域。笛卡尔以我思怀疑了哪怕是“魔鬼”的骗术，却最后肯定了“上帝”的存在。他在肯定了无身的“超验之我”的同时，也不得不承认有身的“经验之我”的存在。当然，自笛卡尔以来的西方哲学和科学的进展，凭借的首先是无身之我的理性思维。这种思维不是要解决人的实际生活问题，而恰恰是对人的现实生活的超越，是能够不动声色地俯瞰整个世界的绝对的主体。这一主体所揭示的逻各斯也不是人之情理，而是纯粹普遍必然的世界之物理。这种“理”本来掌握在上帝手中，现在却由人的思维破解了、敞开了，人由此得到了上帝造物的奥秘，这是何等的自豪，又是何等的荣耀！而掌握了包括人之生理的世界物理，却不期然地给有身之我即经验之我带来了实际的好处，那就是技术与效率。事实上，无论思想家把人想象成什么，人在现实中总要食人间烟火，像其他生命一样离不开空气、水与阳光，像其他动物一样生老病死，并且为了生活的舒适愉快，还不能不受趋利避害、好逸恶劳的“天性”的制约。当这种天性因宗教改革而可以为“善”即借助各种技术条件创造财富以荣耀上帝时，就更会成为驱使人的需要不断扩大膨胀的动机。于是，抽象的思维与人的肉体欲望的结合，成了资本主义现代化的强大动力，也是现代人追逐金钱财富、声色犬马的强大动力。

而在传统社会，“人”与“我”却非简单地区分为超验与经验、类与个体这两个方面。我们不妨回忆一下中国传统社会，或者中国当下的某个偏远乡村。那里对个人还有一种称呼，就是“我”或“他”是“谁谁家”的，老陈家的、老王家的，或刘庄的、李桥的等。人们往往知道一个人是某个共同体的成员就行了。在依靠血缘、姻缘和地缘组织起来的社会中，如果只是知道某个人叫张三、李四，那几乎没有任何意义，只有把他（她）落实到某一村庄某一家族，人们才掌握了关于他的有用信息：这里包含着可以“信任”或需要“警惕”、可以“亲近”或必须“疏远”，等等。这就是传统社会关于人的文化规定性。显然，在这种社会，“共同体”是构成自我的重要方面。更远的时代，还讲“非我族类，其心必异”。那时，现代意义上的“人类”是一个抽象的符号（虽然这个符号不乏积极的想象力），真实存在的是文化性民族性的“族群”，而个人只有作为族群的成员才有身份、价值与归宿。吉登斯如是说：“人们对其群体或共同体的看法与他们对他群体、他共同体和局外者的特性的看法密切联系，在许多部落文化中，用来指共同体成员的词汇同用来指‘人’的词汇完全相同。在这种用法中，局外人被当成连人的基本尊严都没有的物种。”① “局外人”之所以不被作为人看待，就是因为他们与这一群体存在着很大的文化差异，彼此隔膜，而又不时地发生野蛮的冲突。

共同体或族群的维度就是“我们”的维度。“我们”是相对于“他们”而言的。我们之中虽然也有我与你的区分，相对独立并竞争，但我们处在同一关系网络中，根本上是一体的，尤其是与他们发生利益的对立和冲突时，我们更要携起手来，加强合作，共同对付他们。这就是为什么在传统社会，“人类”要么是个空洞的名词，要么指的只是个人所从属的共同体或族群的根本原因。所以，前现代社会绝非人们想象的那样，“天下”一片和谐太平，在不同的族群之间其实充斥着对立、冲突，至少是互有戒心、彼此防范的。

这种情况，在世界范围内，是随着资本主义经济的全球性扩张而逐渐改变的。市场经济及其法权关系呼唤着每个人独立自主，传统共同体不是成为束缚，就是变得无足轻重，共同体的维度在人的自我意识中也逐渐淡化。这时，自我才表现为类与个人。资本主义世界市场的形成，一方面，使世界上各民族的生存竞争和利益冲突进入常规状

---

① ［英］安东尼·吉登斯：《民族—国家与暴力》，胡宗泽等译，生活·读书·新知三联书店1998年版，第140页。

态（在初期甚至酿成世界大战）；另一方面，它也使这些不同的民族互通有无、相互依存，逐步生成了与他们各自的利益内在相关的共同利益。在全球化时代，任何阶级与民族的压迫虽然直接指向其他阶级与民族，但最后也将指向自身；而任何阶级与民族要获得最后的解放，就不能不寻求与其他阶级和民族的和解。因而，“人类”才逐渐生成为一个包括所有地球人在内的具体概念。这无疑构成了马克思恩格斯强调全人类的解放和共产主义的世界历史性的时代语境。

中国近代以来的启蒙也是突出类与个体。它要中国人从传统的纲常伦理中解放出来，走出几千年“君君、臣臣、父父、子子”的上下尊卑的等级关系，破除把人束缚在其中的身份规定，让每个人都真正成为普遍的人、大写的人，而又是能够自己思考、自主选择、自担责任的“这一个人”，从而实现整个民族的觉醒与振兴。于是，就有了像鲁迅先生那样的呼声：中国人的当务之急，是争得“做人”的资格。这里所讲的“人”，既是作为类的人，包含有人的通性、人的平等，又是每个独立与自由的人。

然而，处于东西方文化冲突中的中国人，却难以直接成为人类的一员或世界公民。某位中国人自以为成了摆脱中国的文化传统和社会组织的自由个体，成了一个大写的人，但在外国人眼里，即使你头上的辫子没有了，你会说外语了，也会仅仅因为你与生俱来的黑头发黄皮肤，而被“归类”于东方民族。如果一个人硬要完全否定自己从属的社会和文化共同体，那结果他就会成为一个抽象的存在。

这就是西方的启蒙进入东方的问题。东方的启蒙不能只要类与个体，还必须在类与个体之间重建共同体。当然，从现代的观点看，即使前现代社会的伦理道德，也有着显著的狭隘性、排他性，因为那不可能是全人类的道德，而只是这一族群的道德，“道德以群体为尺度”（黑格尔），所以，在不同的群体之间发生冲突时，他们往往以“真”“善”“美”“圣”自居，把“假”“恶”“丑”“俗”指派给对方，从而制造并强化着人类内部的分裂和对立。在普遍性上，传统道德远远比不上以宇宙为尺度、以人类为尺度的自然科学，所以人文与社会科学就有了一个“普遍性”问题。但是，传统共同体内部的道德毕竟要求每个个体之“小我”走向代表共同体所有成员的“大我”，这一取向有利于个人的社会化和普遍化程度的提升。我们今天在道德上所要努力的目标之一，就是突破传统共同体的界限，甚至民族国家的界限，将这一逻辑贯彻到全人类。

马克思说过，商品是天生的平等派，而货币则是最大的共同体。相对于自给自足的农业经济，相对于皇权专制制度，也相对于斯大林模式的“社会主义”体制，市场经济和民主政治的优越性正在于它能够将个人及其民族的能力调动出来并使之在全世界流动，世界历史即人类的历史由此才能真正展开。人类的历史不只是全人类的主动的或被迫的参与，在根本上它是指“人类”之于自身的“内涵”与“外延”的接近。从外延方面看，人类是生活在地球上所有个人的集合，人的发展必须表现为每个人的发展；着眼于内涵，人类自成目的，因而也就是每个人都以自己为目的，又互为目的。这必须经过人类各民族、各社群、各个人之间长期的普遍的交往实践，彼此才能沟通、了解，消除陌生感和异己感。如果说这种交往必然会伴随利益的纠纷和冲突的话，那么，在持续的交往活动中，人们不只会认识到彼此的分歧和对立，还完全能够发现合作的可能与共同的利益所在，从而通过谈判、协商，寻找合理的解决争端、减少摩擦、避免对抗的途径，这就是中国人常说的“不打不相识”。正是在这个过程中，各民族内部的逻辑逐渐成为不同民族之间的逻辑，即彼此意识到“人”与“己”、“我”与“你”（或“我们”与“你们”、“我们”与“他们”）的相对性：他人不过是另一个我，我不过是对方眼中的他人。因而双方只有相互承认人格上的平等，并像尊重自己一样尊重对方，每个人、每一方才能走出本能的欲望阶段——其实也是“自我中心”阶段，形成真正社会化的自我意识，即将自己与对方统一起来的、寓类意识于个体意识之中的自我意识。此即黑格尔所说的“真实的自我意识”：“因为在这里自我意识才第一次成为它自己和它的对方的统一；那本来是它的概念的对象的自我，现在事实上不是对象了（即不是与它相对立的现象了）。”从这一自我意识中于是产生出“人”的普遍的“精神”：“精神是这样的绝对的实体，它在它的对立面之充分的自由和独立中，亦即在互相差异、各个独立存在的自我意识中，作为它们的统一而存在：我就是我们，我们就是我。”所以，“真正的自我意识是自在自为的，这由于并且也就因为它是为另一个自在自为的自我意识而存在的；这就是说，它所以存在只是由于被对方承认”①。正是切身的普遍的交往，人们才能产生感情，建立互信，形成具体而丰富的“类情感”和“类意识”。在这个意义上，已故哲学家高清海教授提出的“类哲学”完全具有合理性和正当性。

于是，自我的规定性，就包含了个体、民族和人类这三个维度。

那么，自然呢？自然是非人格的存在，所以似乎与自我毫不相干。然而，自然，自己如此、自为因果、自然而然，不就是没有我的我或潜在意义上的自我吗？个人是小我，则人类是大我；人类是小我，则天地万物是大我。但是，有感觉和有意识的我，毕竟是人；也只有人，才能把天地万物作为一个大我来看待，自觉地做大自然的看护者。所以，即使主张超越人类中心主义的海德格尔，也仍然以人作为通达存在的“此在”，虽然在可能（能在）的意义上，人才是此在。

三

人生在世。我们也常说人生天地间。地在下，天在上；人身生息于大地，而人心却向往着天空；人也就有了“形下”和“形上”的双重维度：一方面，人有物质需要，且不得不服从因果必然律；另一方面，人又有自由的憧憬，并能够超脱自己当下本能的需要而进入道德、

① 参见［德］黑格尔《精神现象学》（上卷），贺麟等译，商务印书馆1979年版，第122页。

审美和信仰的境界。而所谓的形下和形上，显然系于人的肉身和心灵的区分。

当人有了自我意识，反躬自省，他首先就会发现自己的肉身，肉身是物性的、被动的、必死的，与动物看不出多大的区别，如由物欲生出贪婪，则更是“衔接着一切的恶德”。而发现了这一点的意识，则似乎轻盈灵动，可以自由自在地浮想联翩、高飞远举，人的梦境似乎尤其表明意识可以摆脱肉体的束缚。于是，人的意识或思想就被人自己想象为与肉身迥然不同的心灵实体，身心就成了人的两个性质和取向相反的部分，使人常常处于自相矛盾的悖论状态。而既然“心”“身”的区分本身就包含了价值的褒贬，所以，无论中西，先哲们无不认为心高于身并主张以心驭身。西方的哲人特别是柏拉图更是视心身关系为“灵”“肉”的对立，他认为，肉体如同灵魂的坟墓，只有肉体死掉了，人失去了肉体生命，灵魂才获得自由；相应地，感性的可见世界是虚假的，不可见但可知的理念世界才是真实的。柏拉图这种灵肉对立的二元论在西方影响很大，特别是通过基督教神学而成为西方两千年的思想主流。后来笛卡尔将心灵从认知的角度进一步抽象化为“思维”，思维是不占有空间的实体，包括人的肉身在内的物质则是占有空间的实体，“思维与存在”的关系于是演变为“精神与物质”的关系，主客二分的认识论思维模式即由此确立。

中国哲学思想虽然也认为心高于身，却反对心身二分。在中国先贤那里，身心关系不是褒贬分明的灵肉关系，而是相辅相成的形神关系。荀子曾谓：“心者，形之君也，而神明之主也。出令而无所受令：自禁也，自使也，自夺也，自取也，自行也，自止也。”[①] 这相通于我们所说的自觉自主的“主体性”。《黄帝内经》亦曰：“心者，君主之官也，神明出焉。”后人解释说：“心为一身之君主，禀虚灵而含造化，具一理而应万几，脏腑百骸，惟所是命，聪明智慧，莫不由之，

① 《荀子·解蔽》。

故曰神明出焉。”① 可见人之“心”之所以主导“身”，不在于它是身外幽灵般的神秘之物，而在于它就是人的生命的精华和中枢，是人的身体最为灵活机动的所在；人是万物之灵，心则是身之灵。因而可以说，身正是通过其心来发动自己、支配自己和彰显自己的。心不等于单纯的思维，就在于心首先是“心性”“心志”“心情”。孟子主性善说，性善也就是心善，所谓心之“善端”。在他看来，“尽其心者，知其性也。知其性，则知天矣。存其心者，养其性，所以事天也。”② 因而，修身也就是修心，正心也就是正身。由此不只身心和谐，而且天人合一。身心一如，就是情理相契，世界由人身感而心知，并无柏拉图式的感性世界与理性世界的二分。诚然，由于中国传统思想文化总是强调身心和合，不重视其分化，身心之间形不成较大的张力，意识特别是理性认识的能动性不能充分展开，加之儒家所主张的礼教对人的身心两方面的束缚，非礼勿视，非礼勿言，中国人身心活动整体上囿于日常生活及其经验的樊篱内，严重限制了个性的发展和创新精神。近代以来更是受到西方文化致命性的冲击，这不能不说是一个严重的教训。然而，中国思想关于身心的上述见解却并非一无是处，在今天反倒呈现出更根本的意义，在作为人的理性思维产物的工业文明给人类带来巨大的福祉，也将人类引入灾难丛生的风险世界时，它提示我们，人无论把自己想象成什么，他都是一个只能靠大自然的水分、空气和阳光为生的生命；人的生命固然需要通过自身的二重化形成张力，激励和鞭策自己不断地超越，但这种超越应当是生命整体的提升，而不能只是精神层面的事情，也不应导致生态不可修复的破坏；人与自然的和谐与人的身心和谐是互为中介、互为因果的。

那么，我们究竟应该如何看待人的身心关系呢？

---

① 《中国思想宝库》编委会编：《中国思想宝库》，中国广播电视出版社 1990 年版，第 1229 页。

② 《孟子·尽心上》。

我们不妨先来看一下马克思的有关论述。马克思认为，动物与它的生命活动是直接同一的，而人与自己的生命活动不再直接同一，由于有了意识，人能够把自己的生命活动变成自己的意识和意志的对象，从而使生命本能的活动成为有意识的感性对象性活动。就是说人的意识不仅以自身为对象，以外物为对象，还能动地把自己的生命力量投射到外物上去，使人与外物在相互作用中相互转化，彼此扬弃着异质性和陌生性；于是，人与外部世界打成一片，如果说这时外部对象是人的非人格形态的话，那么，人则成为外物的人格形态。所以马克思说："人不仅像在意识中那样在精神上使自己二重化，而且能动地、现实地使自己二重化，从而在他所创造的世界中直观自身。"马克思同时也意识到，人的有意识的活动固然是人的优点，但这一优点又恰恰成为人的最大缺点："人正因为是有意识的存在物，才把自己的生命活动，自己的本质变成仅仅维持自己生存的手段。"① 在马克思看来，人的异化的产生及其解决，不只系于个体的身心关系，还关涉着人与自然和人与人的关系。因为每个人自身的分化，不仅联系着人与自然的分化和人与人的分化，甚至就是这种分化在个体身上的体现。换言之，个人身心的二重性，就是人与自然和人与人既分化又整合这一矛盾关系的内化形式；人们的生产、交往活动以及在这一活动中形成的意识和语言，既是这一矛盾关系不断发生与发展的动力，也是这一矛盾关系不断得到解决的形式和手段。而既要"顺"着人的肉体本能"起念"，又要"逆"着人的肉体本能"起念"的意识，更是充当了人的生命活动从而也是人与世界矛盾关系的内在机制。如果说每个人的个体意识更多地反映着他个人的肉体需要的话，那么，整个共同体的社会意识则反映着族群的共同命运与使命，所以，像社会学家涂尔干等人才会认为普遍的道德意识和宗教的偶像是社会共同体的投射与象征。当然，事情还有另一面。我们知道，追求自由的个人总是试

① 《马克思恩格斯选集》第 1 卷，人民出版社 1995 年版，第 46—47 页。

图既超越自身肉体的需要和牵累，又超越群体道德的束缚，像庄子那样逍遥于心灵世界或精神的天空。这说明人的心灵或精神世界一旦产生，就有着对于一切现实世界的独立性和自足性。所以，那些意识到现实世界总有缺陷和不义、人生总有无奈和遗憾的哲人，就总会强调哲学是理解宇宙人生的学问，是精神“境界”之学。的确，有了阔大高远的境界，人就会出淤泥而不染，在滚滚红尘中保持独立人格；而心灵的充实与自由，不仅使自己的精神得到安顿，还将反转过来坚定自己追求真善美的人生志向，使自己的生命机能持续地得到调动和激发。

按照笛卡尔“我思故我在”的思路，当然可以说，人之所以为人全在于其自我意识，凡有自我意识者即为人，而不管他有着什么样的形体。然而，人只是从类人猿这一种动物发展而来，其他动物都不具有成为人的实际可能性。这要求我们在思考人的问题时，不能只是取形上的、超验的态度，而必须参照包括人的生理的和文化的经验性特征。人的历史本身就是经验性的，它清楚地表明，人并非像笛卡尔所说的那样，一开始就有自明的“我思”，似乎“我思”如同创造自己又创造世界的上帝，而是类人猿在特定的自然选择压力下所发生的生命结构与功能的质变，因而人的诞生是自然与人“共同”创造的结果，也只有在大自然所提供的环境和条件下，人才能够有所作为。因而，我们说人的“自我创生”也好、“自我依赖”也罢，都是有条件的、相对的。即使说人凭借自己的感性的对象性活动创造自己、发展自己，感性的对象性活动本身就意味着他不仅受制于对象，还将在使对象人化的同时，使自身对象化。人的自觉的主体性首先不是属于认知意义上的主客二分，而是现象学意义上的人对自身的“发现”：呈现于人的感觉和意识中的自身的生命体，立于天地之间，相互依存又彼此独立；于是人格意识便在人们对自己身体的感知和意识中生成。人的自我意识就是围绕自己的身体活动这一轴心或半径所形成的人格意识，它是对自己作为人类个体的认同，也意味着人对其身体和行为的权力与责任。所以，人一旦发现自身，反身自省，从而有了我与你的相互指认、男与女的性别区分，他（她）就要给予自己以规定，从而在某种尺度上限制自己，又在另外的尺度上彰显自己；人们也就会为自己的肉体穿上“衣”物，并通过与异性的结合建立一个“家”；而对家园的耕耘、看护，对家人的帮助、呵护，既是他们生命的实现方式，也是他们对自己负责的表现。——人的肉身这才成为赋有文化和社会属性的身体。马克思所看重的人的“对象性活动”，海德格尔所说的“现身情态”，正是人的身体向万物的敞开和人的身体的相互照面，是人的身体的生命活力、潜能和灵性的“绽出”；人的生活与人生的意义就生成在他们身体的分工与合作的交往活动、他们对于自己身体自主的支配和对象化产物的欣然接纳之中。由此，人的“在场”才成为“亲在”或“亲身”性之在，是全神贯注、全身心地投入，而不是“神情恍惚”“心不在焉”的。所以伽达默尔说：“人的此在在自己的存在中对自己的理解不是黑格尔的绝对精神那样的自我认识。它不是自我外化。相反地，它知道它并不是自己以及自己的此在的主人，而是必须在存在者中间才能遇见自己，并且当它遇见自己时不得不接管自身。它是‘被抛—筹划’。”[①] 经验的事实已然说明，人与世界的关系是一个由感觉的全方位性和意识的超越性和普遍性所决定的极其丰富并不乏各种可能性的关系，认知的关系只是其中的一个维度，情感的、意志的和信念的关系倒更为根本。我们自己的感受、直觉以及当代科技都告诉我们，单纯的认知和计算，我们乐意也能够交付计算机，但我们对生活的感受、情感和意志，既无法由计算机替代，我们也绝不愿意让渡出去。我们之所以重视“亲在”“亲身”，突出一个“亲”字，正在于人生在世，就是人基于自己的感性生命活动所营造出的人与世界的高度融通、亲密无间的一体性关系，就是我们所追求的身心一如、情景交融、物我两忘的审美境界。所以金岳霖先

① 《伽达默尔集》，邓安庆等，上海远东出版社 2003 年版，第 463 页。

生说研究元学时我不能忘记“天地与我并生，万物与我为一”，不仅在研究对象上求理智的了解，而且在研究的结果上求情感的满足。而现代哲学更是主张从人的身体活动、从人的生存经验出发来理解我们自己及其生活于其中的世界。

四

张世英先生借鉴海德格尔和梯利希的思想，认为人生在世有两种关系或称结构，一是“人—世界”的在世结构，这种关系的特点是“内在性”“非对象性”和“人与天地万物相通相融”；二是“主体—客体”的在世结构，这种关系的特点则是“外在性”“人类中心论”和“认识桥梁型”。前者优先于后者，后者是从前者派生而来。[①] 笔者对此表示赞同。而于赞同之外，所要补充的一点是“人—世界”的结构即人“融身”于、“依寓”于世界之中，虽然相通于世间万物，而又与之不同。世间万物之在世是“天然自在”，而人之在世则有了“自觉自为”的性质，与世界是有“分别”的，庄子所谓“天地与我并生，而万物与我为一”，即使“并生”“为一”，物我毕竟有别。正因为如此，在很大程度上，世界才成为由人“建构”起来的世界。而人与世界的分别，不过是世界自身的差异、分化与矛盾在人的身体活动中的表现而已。

所以，笔者更倾向于用中国的一句俗语，即“亲兄弟，明算账”来表示人生在世的两种关系，如果说“亲兄弟”是本体论的，“明算账”则是“认识论”的。亲兄弟表明人与自然、人与他人、人心与人身，如同一母同胞的兄弟姐妹，有着先天的自然血缘关系，血肉相连、情同手足、休戚相关，所以首先不是对象性的认知关系，而是信靠、情感关系；兄弟姐妹不是陌生人，无须用冷眼打量、客观研究，而彼

① 参见张世英《哲学导论》，北京大学出版社 2008 年版，第 3—8 页。

此已然声息相通，理解默契。然则兄弟姐妹的身体生命毕竟是分立的，他们（她们）各有自己的意识和意志，各有其独立性和不可替代性；一旦长大成人，就都要安家立业，营建自己的小家庭、小生活。所以亲兄弟还须“明算账”，即理性地、冷静地看待各自和相互之间既统一又分化的关系，特别是在经济生活等方面划出界限，分出你我。这既是相互承认对方的独立人格，也是相互尊重对方的劳动和权益。兄弟姐妹之间还应当也必定有竞争，在友善的竞长争高中共同发展。然而，这种属于“工具理性”的明算账，却不应该主导他们（她们）之间的关系，更不应成为关系准则，使他们形同陌路，损害手足之情，破坏彼此信任。在某些特殊情况下，他们（她们）甚至还要为“大家”而弃“小家”，乃至杀身成仁、舍生取义。这样的“杀身”和“舍生”，恰恰使其得以“不朽”“永生”，因为他们（她们）已将自己的生命转换为族类生命的生生不息。

那么，人类能否实现前述金岳霖先生所引述的庄子所称许的“天地与我并生，万物与我为一”那样的一种境界？其实，这一境界远不是现实的境界，而是理想的境界。我们知道，人类进入现代以来，社会已很难再以原来共同体的道德原则引导人们由“小我”走向“大我”，原来主客二分的认识论关系也向着“主体间”关系变化。当今，“他人”的原则越来越受到人们的重视，他人是另一个我，而又是一个不同于自己的陌生之人，“他”永远需要“我”的关注，而又永远不能与我合二为一。这突出地表明，越是随着人的个体性的提升和人的自我意识的发展，人越会不断地进入自我的分化与认同、独立与依赖的矛盾关系中。在当代世界性交往过程中所出现的人类的统一性和多样性、全球化与地方性的矛盾，也是其表现形式。凡此种种，无不说明人类正是由于自身的二重性、自我的悖论性，而总是处于问题之中，因此也处于解决问题的开放过程中。所以无论人类如何发展，都不会“万事如意”，从此天下太平，只需睡大觉。正如人作为族类与个体的两重性已然设定了“平等”和“自由”的双重目标，人就要不断地去解决“平等”和“自由”这两种价值之间的矛盾和冲突。这是人的命运，也是人的使命。

可见，人类的问题虽然聚焦于“自我”或“自我意识”，却不是单纯的意识范围内的事情，它所要面对和处理的，是人与包括自身在内的整个世界的现实的矛盾关系，这一矛盾关系对于人自身而言，既是内在的又是外在的，是先天的也是后天的，是能动的也是受动的，是必然的又是充满偶然性的，是人的命运也是人的使命所在。因而，作为扬弃了对象意识于自身的自我意识，只有密切地联系着、参照着感觉经验才能真正作为人的生命活动的内在机制发挥作用，不断地追寻并实现着老子所说的“自知者明”“自胜者强”。人类历史永远不会终结，因为那将是人类生存的终结；而人既要知其不可为而为之，又要在精神上确立起自足的境界，这大概就是哲学的双重任务吧。

（原载《江海学刊》2010 年第 4 期）

论道穷理　赓续文脉

《江海学刊》特色专题论文选

主编◎韩璞庚

走向世界的中国史学

本卷编辑◎潘　清

中国社会科学出版社

图书在版编目(CIP)数据

论道穷理 赓续文脉:《江海学刊》特色专题论文选:6卷/韩璞庚主编. —北京: 中国社会科学出版社, 2023. 12
ISBN 978-7-5227-1425-7

Ⅰ. ①论… Ⅱ. ①韩… Ⅲ. ①社会科学—文集 Ⅳ. ①C53

中国国家版本馆CIP数据核字(2023)第025793号

出 版 人 赵剑英
责任编辑 郭晓鸿
特约编辑 杜若佳
责任校对 师敏革
责任印制 戴 宽

出 版 中国社会科学出版社
社 址 北京鼓楼西大街甲158号
邮 编 100720
网 址 http://www.csspw.cn
发 行 部 010-84083685
门 市 部 010-84029450
经 销 新华书店及其他书店

印 刷 北京明恒达印务有限公司
装 订 廊坊市广阳区广增装订厂
版 次 2023年12月第1版
印 次 2023年12月第1次印刷

开 本 710×1000 1/16
印 张 202.25
字 数 2839千字
定 价 1199.00元(全六卷)

文集总序

韩璞庚

1957 年 11 月 18 日，中共江苏省委发文，批准创办哲学社会科学月刊。经过数月精心筹备与辛勤工作，1958 年 3 月 1 日，《江海学刊》在历史文化名城南京出版发行。

刊物取名《江海学刊》，是经过反复考量与斟酌的。江苏乃江海汇流之地，长江之滨，西有江渝，中有江汉、江淮，东有江海，属地考量是也，同时也展现了办刊人兼容并包、吞江纳海、江畅海阔的办刊气度。江海奔流，反映的是一种蓬勃的气象，一种前进的样态。百川归海，海纳百川，江和海唇齿相依，相互成就，彰显的是一种相互依存、相互包容的品质。“无海则江无所归依，无江则海难成浩瀚，江海之谊，源长流清。”这不就是学者与编者关系的真实写照吗？

《江海学刊》一经出版，就受到国内学术界的高度重视与关注，其高质量、高品位的办刊理念，创新创造的学术追求，志存高远的理论旨趣，为之后期刊事业的发展与进步奠定了稳固基础。

大半世纪风雨兼程，六十多载上下求索，《江海学刊》“践行使命，初心兢兢，引思想之风帆，举文脉之大纛，秉坚定立场之志，承明确定位之旨，风雨兼程，赓续文脉”，“办传世名刊，载精品力作”，终成一世之学术大观。

《江海学刊》经过几代编辑的不懈努力，广交天下学术朋友，共言天下学术大势，开风气之先，标新立异，推动学术争鸣，引领思想撞击，取得了辉煌的成绩。作为我国社会科学院系统中办刊历史最久、影响最大的综合性人文社会科学理论期刊之一，《江海学刊》第一批被确定为全国中文核心期刊、中国人文社会科学核心期刊、中国人文社会科学引文索引（CSSCI）来源期刊，获得了首届国家期刊奖、中国出版政府奖、全国百种重点社科期刊、全国百强报刊、华东地区最佳期刊、江苏新闻出版政府奖、江苏十佳社会科学期刊等一系列荣誉。“揽国奖，授府誉，拥百强，获百重，跻身名刊，誉满天下。”她既致力于中华优秀传统文化的传承，又着眼于当代中国现代化实践的研究，始终勇立时代潮头，立足江苏，面向全国，放眼世界，以吞江纳海的胸怀，推出一系列富有创见的学术精品，塑造了大批成就卓著的学术大家名家，为繁荣我国哲学社会科学事业，推动形成学术研究的中国风格、中国立场、中国气派作出了杰出贡献，赢得了崇高的社会声望与广泛的社会赞誉。

回顾六十多年的办刊历史，几代编辑人默默坚守学术理想，践行“办传世名刊，载精品力作”的宗旨，坚持“新颖、深邃、凝重、厚实”的办刊风格，走出了一条独特的办刊之路，彰显了鲜明的办刊特色，成就了本刊在中国期刊界的独立地位。

《江海学刊》刊物特色的第一个重要方面是：特色专题的策划，特色栏目的彰显。

何谓刊物特色，刊物特色就是此刊不同于彼刊的特质。学术期刊在激烈的学术争鸣环境中，如何冲出重围，形成自身不同于其他刊物的特质，形成自己独特的个性，是每个学术刊物弥久的追求和永恒的话题。特色就是个性，特色如何形成，个性如何彰显，这是一个值得探讨的课题。从刊物发展的实践看，刊物特色的形成，刊物个性的彰显，与编辑理念有不可分割的关系。《江海学刊》作为学术理论期刊，要想在激烈竞争的学术场域中突出重围，创出品牌，打出名气，做出

影响，必须确立精品意识，实施品牌战略。学术理论期刊要创出自己的品牌，必须抓精品、重策划。《江海学刊》的做法是，确保每期有精品，每个专栏有重点文章。但对于一本学术期刊来说，单个精品还不成气候，只能起到点缀作用，不能产生规模效应，要在单个精品的基础上，精心组织，精心策划，形成系列，形成规模，从而成就品牌选题、品牌栏目，创造出轰动效应，产生广泛社会影响。因此，从20世纪80年代末以来，《江海学刊》策划了包括主体性、实践哲学、本体论、人学、发展哲学、公共哲学、文学史学、中国经济学的创新、涉外法学、转型期的社会问题、突发事件与社会应急管理、公众史学、数字史学、地域文化与商业历史、世纪之交的文艺理论等上百个名牌选题和品牌专栏，产生了轰动效应，推动了国内学术的发展，也为刊物赢得了很好的社会声望。

《江海学刊》始终秉持主体理念与主体逻辑，立足自己刊物的主体立场、主体战略，按照自己的办刊逻辑组织专栏稿件，成就刊物风格，形成独特的“江海”品牌。

《江海学刊》的另一个重要特色是：秉持哲学情怀，成就中国学派。哲学是思想中的时代，是时代精神的精华，哲学标志着一个国家与民族对自身和世界的认识所达到的高度与深度。《江海学刊》一直重视哲学问题的研究，自创刊以来，尤其是进入21世纪以来，对哲学问题的关注与讨论一直是其主打品牌。据统计，自2000—2018年，《江海学刊》策划组织的专题哲学论文达到588篇，总被引频次达到4287次。作者队伍中，汇聚了张世英、黄楠森、陈先达、何兆武、高清海、刘放桐、孙正聿、韩庆祥、任平、张一兵、王南湜、孙利天、袁贵仁、姚大志、万俊人、吴晓明、何怀远、赵汀阳、崔平、徐长福、田海平、邹诗鹏、贺来等大批哲学领域的老中青专家。2000年以来，《江海学刊》策划哲学讨论上的“百家争鸣”，以学术问题为触发点和问题域，进一步加强自身学术话题锻造、议题设置和学术思潮引领作用，发起和推动了一场又一场学术争鸣和重大讨论，奏响了具有《江

海学刊》风格和气派的“学术交响乐”。先后成功策划“人学”“发展哲学”“实践哲学”“公共哲学”“公共理性”“网络时代的社会科学”“学术研究的中国风格与中国立场”“马克思主义出场学研究”“马克思主义哲学中国化研究”等具有全局性的重要专题栏目（笔谈）约80个，聚焦“中国问题”，坚守“中国立场”，创新“中国视域”，总结“中国经验”，诠释“中国道路”，充分彰显出《江海学刊》以问题为导向的办刊思路和策划意识，在全国强手如林的哲学社会科学期刊阵营中异军突起，独领风骚，在国外也引起强烈学术共鸣与学术回应，其办刊影响力蒸蒸日上，成为学术期刊界的翘楚。

在对哲学问题的反思与追问中，《江海学刊》一直推动中国学术话语的建构与中国学派的形成。学术话语是对学术问题的言说与表达，是一个民族精神与文化的载体，是一个民族、一个国家文明进步的符号表征与价值荷载，其对一个国家的发展具有重要的意义与价值。学术话语体系就是对学术话语符号元素的有机整合，是在一定价值观念、方法体系与理论体系支撑下，由合理有序的架构将话语符号整合在一起的有机语词体系。建构学术话语体系，是一个知识体发展进步的必然要求，也是取得学术话语权的标志之一。在现代传媒社会中，有了话语权，也就意味着有了言说的资格，掌握了话语权，就意味着主宰了意识形态与舆论的走向。今天，我们讨论中国学术话语体系的建构，就是为了使中国学术发展在开放环境中走自我创新与自主建构之路，能在世界学术大家庭中留下自己的声音与痕迹，从而推动世界文明的进步与发展。讨论中国学术话语体系的建构问题，既反映了中国学术在世界上的被动地位，也反映了中国知识界的理性反思与理性自觉。

《江海学刊》持续推动中国学术话语的创新与学术话语体系的建构，倡导中国自主知识体系的建构，在世纪之初开辟“原创学术空间”专题，推动中国学派的形成。诚如专家指出：“时绪纷争，突出学术围城；领衔人学，成就江海先声。公共价值，实践理性，原创哲学，发展理论，中国学派，于斯肇兴。”

近20年来，经过不懈努力，《江海学刊》的特色体现在以下几个专题上面。

（一）人学与人的现代化

20世纪八九十年代，中国社会开启改革开放的大门，踏上社会主义现代化的发展道路。在这样一个重要历史节点，各方思潮涌入中华大地，与本土文化交织在一起，在激起学者们思想涌动的同时也带来一个重要的问题，以马克思历史唯物主义为基础的中国学术，如何对各方有益思想进行兼收并蓄、创新发展，使之为我国的现代化发展提供思想动力？在许多学者看来，关键点就在于人的发展，并随之产生了观点各异的人学流派，历经数十年发展，其研究热度不但未减反而愈加热烈。这也证明了人学确实是一个于中国发展具有重要价值且具有长久生命力的研究话题。黄楠森先生曾动情地说："中国的人学研究绕不开《江海学刊》。"学术研究要把准时代脉搏，《江海学刊》较早地意识到人学研究必将成为带动中国学术兴起、呼应现代化发展需要的重要话题，由此持续组织策划了大量人学研究的相关专题，发表了一大批紧扣现实问题、体现学术争鸣的理论成果，为人学研究打造了一个各抒己见、碰撞交锋的高层次理论对话平台，发掘了许多值得进一步讨论的学术话题。习近平总书记在中国共产党与世界政党高层对话会上的主旨讲话中专门提到："现代化的最终目标是实现人的自由而全面的发展。"随着我国开启全面建设社会主义现代化国家新征程，我们相信，关于人与现代化的讨论仍将是中国学界至关重要的研究议题。

（二）当代中国马克思主义哲学

本卷撷选《江海学刊》哲学栏目近二十年来刊发的代表性论文，力求能从学术理论研究的层面展现当代中国马克思主义哲学的探索之路。全书共分五篇：原理篇集中于马克思主义哲学当代价值的理论思考；出场篇关注马克思主义哲学的本土化发展及现代化理论转向；反思篇对当代中国马克思主义哲学在发展中遭遇的困境及问题进行了较

为深入细致的研究；学派篇关注国内马克思主义哲学代表性学术群体的建立与发展；创新篇面向中国式现代化理论探索的新要求，从当代中国学术发展的基本问题、研究范式、学术坐标及框架等角度出发，试图对构建中国自主知识体系这一重大理论问题展开有益探索。希望通过对一系列有当代价值的理论成果进行再梳理，为中国式现代化背景下当代中国马克思主义、21 世纪马克思主义的理论发展提供学术支持。

（三）媒介、技术与文学艺术

本卷遴选《江海学刊》文学栏目近二十年刊发的专题性论文，旨在集中探讨传统与当代的媒介、技术和文学艺术之关系。共分上、下两编。上编“读图时代的文艺研究”，第一部分辨析图像与文学的关系，既有纲领式的总论，也有中国神话、插图本、汉字的图像学研究，以及西方“造型描述”、语图的符际冲突、符号表意原则等方面的考察；第二部分探究当代视觉文化与文学的互动，立足社会实践，考量彼此间的正向提升与应对挑战的具体举措。下编“数字传媒时代的文艺研究”，第一部分侧重以手机为载体衍生的文学新样态，从不同层面探讨短信文学、微信文学的特质与嬗变；第二部分关注数字化时代日新月异的网络、人工智能技术对文学艺术的驱动，涵盖数字人文、网络文学以及艺术与技术的跨媒介研究等领域。本卷将为人文学科内部的跨界研究以及人文与科学的跨学科研究探索新的路径。

（四）走向世界的中国史学

本卷旨在呈现近二十年国内外史学研究的新趋势，涵盖中国古代史、近现代史、世界史以及史学理论与史学史。共分为四部分：第一部分探讨历史与记忆之关系，包括记忆史研究的理论和创新、国家层面的记忆建构、地方层面的记忆叙事等；第二部分侧重于中外史学研究的趋势，从文化史、中国古典学术的现代转型、中外史学比较、史学理论的批判与反思等角度，系统呈现了迈向世界的中国史学；第三部分从抗战期间国内少数民族的民族化、中国社会状况以及日本侵华

政策与中国的反抗等视角，关注近年来抗日战争研究的新视野和新方法；第四部分涵盖明清江南地区的政治、经济、社会、文化等领域，既有对文化史的考察，也有对制度史和经济史的分析。这些论文产生了较好的社会反响，代表了国内学界史学研究方面的重要成就，为我国史学发展作出了原创性贡献。

（五）中国经济社会的转型发展：理论与前沿

中国经济社会转型发展的伟大实践，为学术研究提供了丰裕的资源和宽广的舞台，不断涌现的优秀学术成果，也为经济社会转型发展提供了重要理论支撑。进入21世纪以来，《江海学刊》经济学、社会学栏目发表了大批研究重大理论与现实问题的优秀论文，既有大量观照实践问题、紧扣战略任务的应用对策研究成果，又不乏聚焦学术前沿、引领思想争鸣的基础理论研究成果。本卷立足第二个百年奋斗目标新征程全面开启的时代背景，撷选所刊发的代表性论文，形成小康社会与现代化、新型城镇化、长三角一体化以及分支社会学、社会学学科范式与关键议题、历史社会学、社会学理论与前沿、中国经验与学科发展等专题，以期为推动中国式现代化行稳致远提供有益的智力支持。

（六）法治中国与民主政治建设

建设法治中国，发展社会主义民主政治，吸收人类一切政治文明的优秀成果，是实现中华民族伟大复兴的必然要求，是推进国家治理体系与治理能力现代化的题中应有之义。改革开放以来，我国民主政治和法治建设取得了举世瞩目的成就，在民主政治、全过程人民民主、全面依法治国、法治现代化、协商治理、民生保障等领域形成了一批具有重大价值的理论创新成果。本卷收录了《江海学刊》近二十年来刊发的关于我国民主政治、法治建设的部分优秀论文。

需要郑重说明以下几点。第一，从本刊近二十年发表的数千篇文章中挑选出有代表性的论文，殊非易事。囿于篇幅，许多具有分量和学术价值的文章未能入选，遗珠之憾，在所难免。第二，在编选过程

中，除改善体例、纠谬补缺外，其余部分尽可能留存原貌。第三，由于历史原因，个别文章的某些提法、观点在今天看来或许已不合时宜，但为尊重历史，未作删改，尚请读者明鉴。

有人说编辑是为人作嫁的行业，孤灯清影，辛勤耕耘，默默劳作，独守寂寞。其实，这是一个旁观者的视角，如果换成剧中人的维度，结论就会完全不同。当一位作者，将自己多年精心写作的文稿呈现在你面前的时候，当你成为他文稿的第二个读者甚至第一个读者的时候，你是否感觉到了一丝幸运、幸福、欣慰呢？所以，编辑行业既是一项崇高的学术事业，又是一项赓续文脉的事业。念兹在兹，赋诗存情。

七古·编研生涯

西辞武昌下江东，石头城巅意万重。
覃研精编卅六载，探纲赜纪四季风。
书坛共探省考深，蓬山独访思虑浓。
老枝总盼新枝美，化作绿叶伴春红。

二〇二三年八月十八日

目　　录

历史与记忆

迈向世界的中国史学

抗日战争研究

明清江南研究

历史与记忆

德国大屠杀纪念日刍议

孟钟捷

1945年1月27日，苏联红军解放奥斯维辛－比克瑙集中营（Auschwitz-Birkenau）。51年后，每年的1月27日被确立为联邦德国的国家纪念日，其官方名称为“纳粹主义受害者纪念日”（Tag des Gedenkens an die Opfer des Nationalsozialismus，简称“大屠杀纪念日”［Holocaust-Gedenktag］）。时至今日，“1月27日”已经在德国第二次世界大战记忆中占有重要地位。

纪念日的确立是同国家记忆的建构策略息息相关的，又承担着推广国家记忆的使命。对于德国而言，“1月27日”及其所蕴含的奥斯维辛、大屠杀等意象，究竟是为何以及如何被吸纳到国家记忆中的呢？在其确立后，又怎样对德国二战记忆文化持续性地施加影响呢？对此，本文将首先简要回顾德国社会对大屠杀的接受史，然后在其基础上聚焦1996年确立纪念日的前因后果，最后以德国国会议长在纪念日的历年演讲为分析对象，探讨德国官方在二战记忆文化建构中的态度变化。

一

正如美国历史学家诺威克（Peter Novick）所言，大屠杀记忆是历史文化现象中的特例。一般而言，历史事件总是在其发生后不久便会成为舆论谈资的。在大约四十年后，它们会“跌入记忆之洞”，等待历史学家“在黑暗中凿开光明”。但“对于大屠杀而言，节奏却变得完全不同”。人们对大屠杀的兴趣并未出现在战后最初的20年间，而是从20世纪70年代开始才隐约出现的。[①] 在德国，对“1月27日”及其背后大屠杀记忆的历史意义加以升华，并将其正式确立为国家纪念日，正是从1996年才开始的，距今不过20年时间。这种国家记忆的滞后性，首先反映了90年代以前德国社会对大屠杀的接受进程是漫长而曲折的。

对于德国学界而言，大屠杀研究在过去70年间从未停滞过。最初，他们主要是从盟军报道与一些国外学者的著作中获悉大屠杀情况。从60年代起，他们开始从机制运行的角度来讨论“为什么会发生大屠杀”的问题。阿伦特的“平庸之恶”与阿多诺的“奥斯维辛之后”都成为举世瞩目的现代性反思话题。80年代后，优生学、灭绝营、突击队、武装部队、外交部等话题陆续被纳入大屠杀个案研究中，它们旨在解决“怎么进行大屠杀”的问题。90年代以来，“谁是加害者”（即普通德国人在大屠杀中所扮演的角色）与“谁是受害者”（即犹太人之外还有哪些受害群体）的问题越来越受到关注。[②] 总体而言，学术研究是层层推进的。

对于德国政治家而言，大屠杀话题则是敏感而棘手的。民主德国的领导层自视为反法西斯主义战士的继承者，一方面，不承担大屠杀的认罪责任；另一方面，主要致力于宣扬德共党员和苏联战俘是大屠杀主要受害者的观念。联邦德国领导层的立场则呈现迂回往复的特征。

---

① Peter Novick, *The Holocaust and Collective Memory: The American Experience*, London: Bloomsbury Books, 2000, p. 2.

② 德国历史研究的进展，可参见 Otto D. Kulka, “Die deutsche Geschichtsschreibung ueber den Nationalsozialismus und die Endloesung. Tendenzen und Entwicklungsphasen 1924—1984”, in *Historische Zeitschrift*, 240, 1985, S. 599 – 640; Dieter Pohl, “Die Holocaust-Forschung und Goldhagens Thesen”, in *Vierteljahrshefte für Zeitgeschichte*, 45. Jahrg., 1. H., 1997, pp. 1 – 48。

第一任总理阿登纳对外认罪，坚持向犹太受害者赔偿，并同以色列建立特殊外交关系，对内却大赦前纳粹高官，改变集中营的用途，试图“返回正常状态”。70 年代，勃兰特的“新东方政策”及其颇具历史突破意义的“华沙之跪”，强化了官方认罪立场。从 80 年代起，科尔以“晚生的幸福”为名，支持右翼历史学家让“大屠杀”历史化的做法。① 此举引发巨大争议后，时任总统魏茨泽克在二战胜利 40 周年之际，把欧战结束日“5 月 8 日”提升为“（德国人的）解放日”，并再次确立德国人的认罪意识：“我们所有人，无论有罪还是无罪，无论年长还是年少，都必须接受过去。我们所有人都受其后果的影响并且为其承担责任。”②

对于德国公众而言，大屠杀意识多少处于模糊不清的状态。在盟军占领时期，经过“再教育”的普通德国人看上去对集中营的惨景“感到震惊”，并多数赞成纽伦堡审判的结果，③ 但这种高压之下的调查结果显然缺少可信性。50 年代，联邦德国爆发多起反犹主义案件。直到 60 年代法兰克福审判（主要针对奥斯维辛集中营）、70 年代左翼学生运动和 1979 年美国连续剧《大屠杀》（*Holocaust*）热映之后，德国人的反思闸门终于被打开。许多年轻人为自己的民族身份感到羞愧——如历史学家迈尔（Christian Meier）所言，历史终于

---

① 德国政治家的态度变化，可参见 Jeffrey Herf，“Memory and Policy in East Germany from Ulbricht to Honecker”，in Jeffrey Herf，*Divided Memory*，*The Nazi Past in the Two Germanys*，Cambridge：Harvard University Press，1997，pp. 162 – 200；Norbert Frei，*Vergangenheitspolitik. Die Anfaenge der Bundesrepublik und die NS-Vergangenheit*，Muenchen：C. H. Beck，1996；Edgar Wolfrum，*Geschichtspolitik in der Bundesrepublik Deutschland. Der Weg zur bundesrepublikanischen Erinnerung 1948—1990*，Darmstadt：Wissenschaftliche Buchgesellschaft，1999。

② Richard von Weizsäcker，“40. Jahrestag der Beendigung des Zweiten Weltkrieges. Ansprache des Bundespräsidenten am 8. Mai 1985”，in *Bulletin des Presse-und Informationsamtes der Bundesregierung*，52（1985），S. 441 – 446.

③ 根据美占区的调查，66% 的受访者都认为必须将那些“以任何方式推动纳粹的人”登记在册；84% 的人表示自己从纽伦堡审判中知道了原先一无所知的事情；78% 的人认为纽伦堡审判进程是公正的。Anna J. Merritt and Richard L. Merritt，*Public Opinion in Occupied Germany*：*The OMGUS Surveys*，*1945 – 1949*，Champaign，Illinois：University of Illinois Press，1970，pp. 34 – 35。

"侵入骨髓"[①]。不过，这种"大屠杀的美国化"氛围让德国人过于关注"奥斯维辛"的犹太特征，对其他受害者群体仍然一无所知。[②]

正是由于德国社会在大屠杀接受进程中步调不一，所以直到两德统一前夕，对于大屠杀受害者的纪念仍然未能达成共识。

民主德国早在1951年便宣布把9月10日设立为"法西斯主义受害者日"（Tag der Opfer des Faschismus），并在20世纪50年代末60年代初把东部的三个集中营确定为"国家警示与记忆场所"，且将其纳入官方管理系统。民主德国纪念日的主旋律是英雄崇拜，强调的是法西斯主义受害者团结一致进行抵抗，实现"自我解放"。[③]

相比之下，联邦德国在纪念日上面临更多选项与争议：

（1）恢复魏玛时期的"民族哀悼日"（Volkstrauertag）传统。该节日曾在纳粹时期被改为"英雄纪念日"（Heldengedenktag），现在则恢复原意，以纪念所有在世界大战和暴力统治下的受害者。它设立在基督降临节前的第二个周日，从1952年开始推行。不过，由于它与纳粹时期存在着相继关系，不少人对此保持距离。

（2）在9月的第一个周日新设一个纪念日，将之作为纪念战争受害者和庆祝《基本法》颁布的共同节日。它从1955年起出现在部分城市，但没有被普遍接受。

（3）把民主德国发生骚乱的（1953年）6月17日作为德国统一日。20世纪50年代末就已经出现了数百万人在这一天举行庆祝仪式的景象。自"新东方政策"出台后，该节日的吸引力有所衰落。到科

① ［英］布衣：《罪孽的报应：日本和德国的战争记忆和反思（1945—1993）》，戴晴译，社会科学文献出版社2006年版，第92—94页。

② ［德］曼弗雷德·基特尔：《纽伦堡和东京审判之后——1945—1968年日本与西德的"历史清算"》，吕澎、王维江译，上海交通大学出版社2014年版，第190—198页。Peter Reichel, "Auschwitz", in Etienne Francois, Hagen Schulze, *Deutsche Erinnerungsorte*, Bonn: bpd, 2005, S. 309－331.

③ Bill Niven, *Facing the Nazi Past*, *United Germany and the Legacy of the Third Reich*, London and New York: Routledge, 2002, pp. 19－24.

尔上台时，又出现复兴迹象。

（4）把保守派刺杀希特勒的（1944年）7月20日作为拯救德国荣誉日，但直到60年代中叶，仍有25%的人把刺杀者视作“叛徒”而对该提议加以抵制。

（5）把1945年5月8日设立为“民族纪念日”。但在大多数德国人看来，这一天多少与战败相关，不值得举国庆祝。正因如此，即便在1985年魏茨泽克演讲之后，它也没有及时上升为官方纪念日。

（6）把1918年十一月革命的爆发日“11月9日”作为受害者纪念日。在1958年11月9日，受害者联合会举行了第一次纪念仪式，各地报刊也发表了大量纪念性文章。但是，在德国历史上，“11月9日”蕴含着太多的负面意义：因为它还是1923年希特勒发动啤酒馆政变的日子，甚至是1938年“水晶之夜”的发生日。当1989年11月9日柏林墙倒塌时，这一天突然又被赋予了民族统一的意义。最终由于科尔政府选择10月3日建立新德国，所以11月9日仍然未能上升为国家纪念日。①

于是，选择一个恰当的纪念日，来反映德国人对于大屠杀历史的统一认识，不得不交给新德国来处理。

二

1996年确定大屠杀纪念日的行动，被视作新德国政府在当时的国际压力与国内形势变化的复杂局面下所做出的积极回应，同时又与时任总统赫尔佐克（Roman Herzog）的个人决定密不可分。

两德统一后，国际社会对新德国的未来走向充满疑虑。在美国，

① Rita Martens und Matthias N. Lorenz, “Gedenk-und Nationalfeiertag”, in Torben Fischer, Matthias N. Lorenz (Hg.), *Lexikon der “Vergangenheitsbewältigung” in Deutschland*, *Debatten-und Diskursgeschichte des Nationalsozialismus nach 1945*, Bielefeld: transcript Verlag, 2007, S. 75 – 77.

虽然有 6/7 或 7/8 的人欢迎两德统一，但对德国的负面评价却在 1991—1993 年间直线上升，到 1993 年，41% 的受访者认为德国将威胁欧洲，54% 的受访者相信德国会出现纳粹主义复兴，一半受访者把德国人归类于反犹主义者。在以色列，1992 年不相信“另一个好的、没有纳粹的德国存在”者多达 1/3。[①] 同年，在英国的受访者中，53% 的人认为“纳粹主义或类似的东西”有可能在德国变得更为强大。[②]

恰在此时，新德国内部确实也出现了一股令人担忧的右翼风潮。在学术层面上，突破大屠杀唯一性的声音变得更为响亮，奥斯维辛被用来同奥岑（东德政治犯监狱所在地）、古拉格（苏联时代的集中营）做比较。在政治层面上，极右翼政党快速成长，反犹主义案件从 1990 年的 208 起上升到 1996 年的 719 起。[③] 在社会层面上，有关大屠杀的历史话题越来越成为公共争议的对象，例如 1995 年开始的“武装部队罪行展览之争”、1996 年爆发的“戈德哈根之争”等。[④]

1995 年，正值二战胜利 50 周年之际，新德国政府的国家表态便受到国内外舆论的高度重视。年初，总统赫尔佐克亲赴波兰参加奥斯维辛集中营解放 50 周年纪念仪式。当年，各地集中营都举行了官方悼念活动——值得一提的是，在布痕瓦尔德（Buchenwald）还出现了第一座被害吉卜赛人纪念碑。全国各大媒体都加强了报道有关纪念主题的力度。针对保守派提出的“摆脱历史重负”的号召，甚至渲染战后

---

① Andrei S. Markovits and Simon Reich, *The German Predicament. Memory and Power in the New Europe*, Ithaca and London: Cornell University Press, 1997, pp. 66, 82.

② Peter Watson, *The German Genius. A History of Ideas, from Bach to Hitler to Ratzinger*, New York: HarperCollins Publishers, 2010, p. 3.

③ Michael Minkenberg, *Die Neue Radikale Rechte im Vergleich. USA, Frankreich, Deutschland*, Opladen/Wiesbaden: VS Verlag fuer Sozialwissenschaften, 1998, S. 291.

④ 参见拙文《从德国范式看公众史学争议的起因、进程与影响》，《江海学刊》2014 年第 2 期；《统一后德国的身份认同与大屠杀历史争议——1996 年的“戈德哈根之争”》，《世界历史》2015 年第 1 期；《公共历史教育和德国的战争罪责观——以 1990 年代末“武装部队罪行展览之争”为中心的考察》，《历史教学问题》2015 年第 2 期。

德国难民命运的伎俩，时任国会议长聚丝慕特（Rita Suessmuth）特别强调，德国必须承担对牺牲者、被残杀者和幸存者的义务。[①] 当然，有关纳粹主义受害者的界定及其获得赔偿的可能性，仍然未能在国会中达成共识，例如国内被强制绝育者、吉卜赛人、捷克及东南欧国家的受害群体等，都不属于《联邦赔偿法》所规定的“受害者”。[②]

在此背景下，德国政府于 1996 年初提议把 1 月 27 日设立为国家纪念日，定名“纳粹主义受害者纪念日”，正是上述一系列自证行动的自然延续。不过，就目前所见资料来看，这一行动还同总统赫尔佐克存在着密切关联。

把 1 月 27 日作为纪念日的想法，最早来自德国犹太人中央委员会（Zentralrat der Juden in Deutschland）主席布比斯（Ignatz Bubis）。此人从 1994 年开始便要求在德国为大屠杀记忆而设立一个“欧洲纪念日”。1995 年，在奥斯维辛集中营解放 50 周年的纪念仪式上，他再次提出这一想法，对当时在场的赫尔佐克产生了影响。[③] 赫尔佐克后来承认，这一想法是他在访问波兰的旅行中得到的，并希望 1995 年二战胜利 50 周年之后德国记忆文化不会出现“断档”。[④]

赫尔佐克回国后，如何与各大党派领袖沟通、是否遭遇到反对意见，我们目前还不得而知。现在可以确定的是，把 1 月 27 日设定为国家纪念日的方案，并未通过国会决议，而是由赫尔佐克在 1996 年 1 月 19 日的国会演讲中所确定的。但赫尔佐克强调，该想法“获得了所有政党的同意”。

---

① 理声：《德国纪念二战结束 50 周年综述》，《德国研究》1995 年第 2 期。

② 参见德国国会讨论纪要，1994 年 1 月 20 日、4 月 14 日、4 月 29 日，1995 年 3 月 17 日、3 月 29 日、5 月 11 日等。上述材料均可在德国国会网站下载，引用日期：2015 年 1 月 10 日。

③ Nike Thurn und Arnd Walgenbach，“Holocaust-Gedenktag”，in Torben Fischer，Matthias N. Lorenz（Hg.），*Lexikon der “Vergangenheitsbewältigung” in Deutschland*，*Debatten-und Diskursgeschichte des Nationalsozialismus nach 1945*，S. 322.

④ 1996 年 1 月 19 日赫尔佐克在国会中的演讲。不过十分奇怪的是，时任国会议长聚丝慕特却在接下来两年的纪念演讲中，都强调“总统是基于议会和政府的建议”而提出想法的。但这种说法并未出现在后来的议长演讲及相关辞典中。

赫尔佐克在演讲中谈了三个问题：

第一，设立大屠杀纪念日的必要性。他认为，没有记忆，就不会克服“恶”，也不会获得有助于未来的教训。奥斯维辛是“数百万起谋杀……残忍、非人性举动、驱逐与压迫”等所有人类恶行的象征，因而值得未来健康成长的青年一代警惕。他之所以建议定名为“纳粹主义受害者纪念日”，而非“犹太大屠杀受害者纪念日”或“纳粹主义种族屠杀受害者纪念日”，则是考虑到犹太人之外的广大受害者群体（也包括德国人自己）。

第二，大屠杀纪念日与其他纪念日之间的关系。他特别强调，大屠杀纪念日并不取代其他纪念日，特别是“民族哀悼日”。但新纪念日应该更多固定在德国人的意识中，以此来反省极端种族主义信念的问题。

第三，大屠杀纪念日的未来形式。总统尤为期待，该纪念日能够“发现一种在未来还将发挥影响的记忆形式……它应该表达对于痛苦与损失的哀伤，对受害者致以思念之情，并抵制任何重现（上述痛苦与损失的）危险”。为此，1 月 27 日既不是德国人承认集体罪责的时刻，也绝不能成为右翼分子自我辩护的契机。相反，它应该是德国人承认集体责任的纪念日，并为青年一代加强反思提供教育平台。①

这三点后来成为大屠杀纪念日运行的基本准则。当然，赫尔佐克演讲后也曾受到批评。大屠杀幸存者吉奥达诺（Ralph Giordano）认为，这种国家举动虽然是抵制沉默态度的正确一步，但其动力不是“来自自下而上的压力”，也不是“民众记忆的集体需求”。此外，该节日的缩写形式“大屠杀纪念日”也在无形中意味着其他受害者群体被遗忘的命运。②

---

① 1996 年 1 月 19 日赫尔佐克在国会中的演讲。不过十分奇怪的是，时任国会议长聚丝慕特却在接下来两年的纪念演讲中，都强调“总统是基于议会和政府的建议”而提出想法的。但这种说法并未出现在后来的议长演讲及相关辞典中。

② Nike Thurn und Arnd Walgenbach，“Holocaust-Gedenktag”.

三

1996年以来，“纳粹主义受害者纪念日”已经成为德国历史政策的重要展示平台，是外界观察德国二战记忆文化的一种渠道。每年的1月27日前后，德国官方都会举行一系列活动。这些活动可分为两类：第一类由国会举办，称为“纳粹主义受害者纪念日仪式”（Gedenkstunde zum Tag des Gedenkens an die Opfer des Nationalsozialismus），其中包括国会议长演讲、特邀嘉宾演讲和80名欧洲青年人历史体验等三项内容；第二类是中央与地方政府组织的一系列纪念活动，其中涵盖所有公共建筑降半旗、在公共教育机构内举行悼念仪式、历史学家举行讲座、带领学生走访不同集中营、设计各类展览会等多种项目。[①]以下我们以历年“纳粹主义受害者纪念日仪式”，特别是国会议长的演讲为分析对象[②]，来探讨德国官方如何借助大屠杀纪念日来回应当代问题、塑造公众的历史意识。

从1996年到2015年，“纳粹主义受害者纪念日仪式”一共举行过20次。除1996年、2001年、2002年、2007年、2008年和2013年因恰逢周末而提前或延后外，该仪式都是在1月27日举行的。历届特邀嘉宾除三位在任德国总统外，均为拥有大屠杀幸存者身份的国内外知名人士，其中包括欧洲议会前主席韦伊夫人（Simone Veil）、以色列总统佩雷斯（Schimon Peres）、匈牙利诺贝尔文学奖获得者伊姆雷·科尔特斯（Imre Kertesz）等。

外界更为关注的是德国国会议长在该仪式上的演讲词，因为那是国家记忆的代表。在这二十年间，代表德国致辞的国会议长只有三位。

① 关于第二类活动安排，可参见不来梅州政府网站发布的2015年大屠杀纪念日系列活动方案，其中包括讲座、展览、讨论、城市游行、电影和书展等多种类型，兼顾总体认知与地方史。

② 国会议长的演讲词均收录在德国国会网站的议长演讲集中，2015年1月18日。

他们是聚丝慕特（1988—1998 年在任）、提尔泽（Wolfgang Thierse，1999—2005 年在任）和拉梅特（Norbert Lammert，2006 年至今在任）。他们来自不同党派，但都深受人文学科的熏陶（分别在哲学、文化学和政治学中获得学位），他们的发言必定带着自己的理解，但也存在共性，反映了德国二战记忆文化中的基本特征。

第一，他们都拥有回应当下问题的意识。正如赫尔佐克在首次演讲中所强调的，“历史是当下的前提”，三位议长都在发言中把历史认知与热点争论结合起来：1999—2001 年连续三次演讲都提到“欧洲被害犹太人纪念碑建设之争”，并表达国会支持建碑的立场；2002 年演讲谈及“9·11 事件”，强调它让德国人“加深了对于奥斯维辛的纪念……我们必须对暴力行动者和暴力体制所发出的威胁做出适当的政治回应”；1998 年、2004 年和 2008 年演讲提到了德国的认罪态度与欧洲一体化之间的正向关联；2005 年演讲特别批评了右翼政治家们滥用历史的伎俩；2006 年和 2007 年两次演讲连续批评伊朗总统否认犹太大屠杀的不当言论。

第二，他们都做出融合历史记忆的努力。1 月 27 日虽然是奥斯维辛集中营被解放的日子，但大屠杀纪念日可以同更多历史记忆结合在一起：2003 年演讲涉及纳粹时期《授权法》通过 70 周年，以此警示国会议员珍惜自己的权利；2008 年演讲提到一系列纪念日，如柏林墙倒塌 20 周年、《基本法》通过 60 周年、德国入侵波兰 70 周年、《魏玛宪法》颁布 90 周年，以此来串联 20 世纪德国的重大历史时刻；2014 年演讲首先是对列宁格勒战役结束 70 周年的纪念，以此强调侵苏战争的“灭绝性”；2015 年演讲提醒人们想起 50 年前德以签署国家协议的伟大时刻，以此重申德以关系的特殊性。

第三，他们都表达强化罪责意识的态度。所有演讲都会谈到德国人的使命，如 2015 年演讲所言，“对于我们国家的恐怖历史，后生者并无责任，但与这些历史打交道，后生者责无旁贷”，“始终存在的使命是去纪念纳粹主义时代中所发生的事情，并且在此后成长起来的一代代人中继续保持警惕之心”。所有演讲也会列举青年一代必须警惕的那些错误观念：极端民族主义、反犹主义、排外情绪等。

第四，他们都呈现讨论记忆形式的自觉。所有演讲都主动回应赫尔佐克最初提出的有关记忆形式的问题：一是指出国家记忆确有必要，如 1997 年演讲指出“国会行动的意义在于表明，解放奥斯维辛不是没有意义的，而是打开了希望之门，并让我们承担了相应的责任”，2006 年演讲强调“纪念日仪式是为了公开制造记忆，让私人记忆得以传播到公共纪念中”；二是保证纪念日充满新意，而不会被“仪式化”，如 1997—2001 年演讲都提醒民众关注身边的多种纪念项目，2002 年演讲指出“如果谁批评本纪念日只是一种仪式的话，那么他就低估了纪念日为青年人所提供的机会”；三是讨论记忆文化的传承问题，自 2000 年德国历史学家维塞尔（Elie Wiesel）说过“今天聆听见证人的人，明天就是见证人”后，历年演讲都会重复这句话，以此来自证纪念仪式的必要性。

当然，历年演讲并不是同语反复，它们还承担着不断吸收学界研究心得，逐步推进公众历史认知的使命。因此，通过比较，我们也能发现，在二十年间，德国对于二战的国家记忆至少出现过两方面的变化。

一方面，国家认可的受害者名录不断增加。尽管议长们多次强调，在短短的演讲中，不可能罗列所有受害者，也没有必要对受害者群体进行排序，但事实上每次演讲都会把“犹太人”或“欧洲犹太人”列为受害者之首。名录的变化同样会引起人们关注。简言之，“吉卜赛人”在受害者序列中仅次于犹太人，而被陆续增加到受害者名录中的群体有苏联与东欧国家的非犹太人（或斯拉夫人）、优生学的受害者、军事法庭的受害者（或逃兵）、前线老年与儿童士兵等。从 2009 年开始，“由于保护别人而受到迫害乃至献出自己生命的人”也被列为纪念对象。上述变化是与德国扩大赔偿范围的举动同步发生的。

另一方面，演讲内容的重心随时间而发生变化。1996—1997 年间的演讲主要致力于融合两个德国的不同记忆，所以“如何加工共同历史”当时被视作一种挑战；1998—2002 年间的演讲转而重点解决代际更迭所造成的历史理解差异，因而强调“加害者与被害者的后代要携手共同对待过去”；2002 年以来的演讲侧重于强化欧洲一体化进程，例如“大屠杀是欧洲身份的基石”、“没有幸存者，欧洲联合是不可想象的”，“从德国的灭绝战中，出现了欧洲统一的观念”，“今天的纪念日是去纪念一个毫无希望的时代，但却是一个希望的开端”等。

德国历史学家施坦恩巴赫（Peter Steinbach）曾指出，“对于过去的解释，在任何时候，在任何政治体制下，都不仅仅是一种学术实践，也不仅仅是历史学家高度职业化的工作目标……那些拥有政治权力者，才能够掌握解释过去的权力”[①]。正因如此，记忆文化与斗争场景密不可分。不过，历史记忆的政治化，并不总是导致糟糕的结局。从大屠杀纪念日的二十年运行历史来看，这种国家记忆对于普通德国人形成正确的历史观起到了积极作用。它既以明确的责任意识来抵制国内蠢蠢欲动的右翼势力，又通过形式多样的青年人活动项目来拒绝“仪式化”的窠臼。从这一点而言，大屠杀纪念日作为官方立场的体现，反映了当代德国政治文化严谨而不失灵活的特征。

不仅如此，在 2005 年 11 月 1 日，联合国大会通过第 60/7 号决议，决定 1 月 27 日为一年一度的“缅怀纳粹大屠杀遇难者国际纪念日”（International Day of Commemoration in Memory of Holocaust Victims）。[②] 这多少受到了德国大屠杀纪念日的影响。2006 年，拉梅特议长便在演讲中

---

① Peter Steinbach，“Postdiktatorische Geschichtspolitik. Nationalsozialismus und Widerstand im deutschen Geschichtsbild nach 1945”，in Petra Bock（Hrsg.），*Umkaempfte Vergangenheit*，*Geschichtsbilder*，*Erinnerung und Vergangenheitspolitik im internationalen Vergleich*，Goettingen：Vandenhoeck & Ruprecht，1999，S. 17.

② 潘光：《纳粹大屠杀对犹太民族和文明的影响》，载潘光等主编《纳粹大屠杀的政治和文化影响》，时事出版社 2009 年版，第 13 页。

证实，联合国曾专程派代表观察过德国国会的纪念日形式。这一细节表明，德国的二战记忆文化不仅得到了国际认可，而且还产生了国际影响力。这在二战战败国中是绝无仅有的，足以对其他国家提供借鉴。

（原载《江海学刊》2015 年第 4 期）

法国的大屠杀纪念

肖　琦

第二次世界大战是人类历史上规模最大、破坏力最强的一场战争，它留给人们的不仅是那些天文数字的伤亡、对人性极限的挑战，还有对战争的彻底反省。在法国，这一反思还包括对维希政权、反犹主义与共和模式的认识。围绕着这些问题产生的争论，其敏感性，即使在现在也足以使这个国家陷入分裂的泥潭。①

与此相关，“二战”反思的复杂性同样体现在大屠杀纪念日的确定上。在法国，大屠杀纪念日至少有三类，第一类是国际纪念日，即1月27日的“国际大屠杀受害者纪念日”②。第二类是国家层面的纪念日，包括4月最后一个星期日的“集中营受害者国家纪念日”和7月16日的“法兰西国家种族主义和反犹行动受害者及社会公正纪念日”。第三类是针对个别事件或地方层面的纪念日，包括6月10日的“奥拉杜尔大屠杀纪念”③。

---

① 如2015年初发生的查理周刊事件，围绕着“我是查理”和“我不是查理”所展开的关于宗教信仰与民主共和模式的思想论辩。

② 2005年11月1日，第60届联大全体会议通过决议，将每年的1月27日（即奥斯维辛集中营解放时间）定为“国际大屠杀纪念日”。

③ 1944年6月10日，党卫军在法国中部小村庄奥拉杜尔（Oradour）进行大屠杀，杀死642名无辜村民，其中包括200多名儿童。整个村庄只有6人幸免于难。这样的大屠杀还有很多，但奥拉杜尔大屠杀因其惨烈性有着特殊的地位。半个多世纪以来，奥拉杜尔村一直拒绝一切与德国的官方交往，直至2013年9月，德国总统高克在法国总统奥朗德陪同下访问了该村大屠杀遗址，标志着法德和解达到了一个历史新高度。

本文着重对第二类国家层面的大屠杀纪念日进行探讨，这不仅因为相对于国际纪念日，国家纪念日的确定体现了更多的法国特殊性，还因为相对于地方性纪念日，国家纪念日是全国所有政治争论和社会派别角力的结果。本文将梳理法国大屠杀历史的重建，在此基础上考察大屠杀国家纪念日的选择、确定及其根据，最后分析大屠杀纪念之复杂性背后蕴含的社会和文化因素。

一　大屠杀历史的重建

法语中有许多词表示大屠杀，一般意义的大屠杀是 Massacre，而 Holocauste 源于希腊语，指犹太教中的一种宗教献祭仪式，英美学界用这个词来指“二战”中纳粹对犹太人、吉卜赛人、同性恋者、精神病患者、残障人士、政治和宗教反对派等犯下的罪行和进行的屠杀；Shoah 在希伯来语中意为“灾难”，后被用来代指纳粹对犹太人进行的种族大屠杀。考虑到以上两个词与犹太教的密切联系，法国历史学家更喜欢用 Génocide 这个词来指死亡集中营里或纳粹进行的针对全人类的大屠杀，部分史学家用 Judéocide 来专指“二战”中纳粹对犹太人进行的大屠杀。[①] 大屠杀词汇的丰富性，从一个侧面反映出大屠杀本身的复杂性。

对大屠杀和集中营的认识，在战后法国国家历史的建构中，经历了几个发展阶段。有学者认为有三个阶段：1945—1947 年，记忆的稀释；1948—1984 年，集中营与抵抗运动；1984 年至今，对大屠杀和集中营的认识上升到人权的高度。[②] 有观点认为，对犹太人种族大屠杀的认知分四个时期，第一个时期是战后到 20 世纪 60 年代，在这段时间内，法国的首要任务是经济和社会的重建，这就要着力建构一个抵抗运动的

---

① 参见薛建成编译《拉鲁斯法汉双解词典》，外语教学与研究出版社 2001 年版。

② Serge Barcellini，“Sur deux journées nationales commémorant la déportation et les persécutions des ‘années noires’”，*Vingtième Siècle*，*Revue d'histoire*，No. 45，Jan. -Mars.，1995.

神话，因此人们避免提及战争中对犹太人的大屠杀。就犹太人自身而言，他们也不愿意作为种族主义的受害者而与抵抗运动的英雄们相区分开来。第二个时期从 20 世纪 70 年代开始，受害者们，包括犹太人开始加强了对自身身份认同的研究。战后成长起来的年青一代开始研究自己民族的历史，因而这个阶段主要是诉说和倾听。第三个时期为 20 世纪 90 年代，法国从对犹太大屠杀的承认转向民族记忆的重构。最后一个时期为进入新世纪，大屠杀纪念的重点从颂扬英雄主义和纪念受害者转向记忆的世界化。① 也有学者重点分析了 20 世纪 90 年代初期到中期，法国社会和政界在反思大屠杀上取得的重要进展。② 无论三个阶段还是四个时期，可以肯定的是，战后法国社会对大屠杀历史的认识，在各派力量的角逐中，经历了从建构、推翻到重建的转变。

这一认识过程始于对抵抗运动神话的建构。根据这一神话，维希政权是法国一小撮投降派创立的，他们是纳粹德国的应声虫和合作者，法国大部分人站在以戴高乐为代表的抵抗运动一边，戴高乐的自由法国才是法国正统的政权，抵抗运动是正统法国的延续，维希政权是不值得一提的插曲。③ 确实，法国本土解放后，抵抗运动是戴高乐政权合法性基础的最强证明，也是其用以凝聚人心开展战后重建的最有力号召。因而与抵抗运动的神话相对应，戴高乐派在大屠杀记忆上选择的是一种英雄主义的记忆。比如 1945 年 11 月 11 日在瓦莱里安山（Valérien）为 15 位在“二战”中牺牲的烈士举行了葬礼。值得注意的是，这 15 位死难者中有为法国而战的埃及人、意大利人、突尼斯人、摩洛哥人、塞内加尔人，有空军也有海军，还有抵抗运动的参加者，基本涵盖了参加战斗的所有群体，却唯独没有普通的平民。

---

① Nicole Lapierre, “Le cadre référentiel de la Shoah”, *Ethnologie française*, nouvelle série, T. 37, No. 3, Mémoires plurielles, Mémoires en conflit（Juillet-Septembre 2007）.

② Annette Wieviorka, “1992. Réflexions sur une commémorat-ion”, *Annales*, *Histoire*, *Sciences Sociales*, 48e Année, No. 3, Présence du passé, lenteur de l’histoire vichy, l’occupation, les juifs（Mai-Juin., 1993）.

③ 沈坚：《记忆与历史的博弈：法国记忆史的构建》，《中国社会科学》2010 年第 3 期。

法共对“二战”的回忆五味杂陈。《苏德互不侵犯条约》的签订，法国普通民众为保护法共党员而遭到屠戮，使得法共处于一种尴尬的境地；战后的东西方冷战格局，也影响到法共大屠杀纪念的策略。法共同样选择了一种全民抵抗的记忆①，只不过是将其放在工人运动和民族记忆的框架下，突出工人阶级的牺牲。他们最终选择了在拉雪兹公墓中的公社墙来举办纪念活动，意在唤起人们对巴黎公社运动的记忆。②

20世纪50年代，大屠杀历史的重建取得了重要的进展。1955年，反映奥斯维辛集中营的纪录片《夜与雾》上映，获得巨大成功。③ 但是在法国的维希研究专家亨利·鲁索看来，1954—1970年间，法国社会是有意对维希历史避而不谈。据他分析，50年代中期，法国处在战后光荣的30年经济增长期中，同时法军在越南节节败退，一直被视为法国本土自然延伸的阿尔及利亚爆发了反抗法国殖民统治、争取民族独立的战争，法国社会在战争问题上已经出现了分裂。此时，对维希那段并不光彩的历史的触碰势必雪上加霜，导致更大的分裂。④

到了1968年，这一分裂不可避免。年青一代开始对他们的父辈们清算旧账，父辈们出于各种原因（愧疚、仇恨、悲伤）遮掩起来的伤口被一层层撕裂开来。这些年轻人不仅包括犹太裔知识精英，还包括非犹太裔的青年人。他们意识到有责任将父辈们的记忆挖掘出来。1969年，电影《悲哀和怜悯》上映。该片记录了法国克莱蒙－弗朗镇在纳粹占领时期的历史。片中出现了对德国军官、法国合作者、抵抗

---

① Conan Eric, Rousso Henry, *Vichy: An Ever-present Past*, Lebanon: University Press of New England, 1998, p. ix.

② Madelaine Rebérioux, “Le mur des fédérés”, in Pierre Nora, *Les lieux de mémoire*, T. I, Paris: Gallimard, 2013, pp. 551–552.

③ 《夜与雾》(Nuit et brouillard, 1955) 是一部关于奥斯维辛集中营的纪录片，曾被新浪潮的领军人物弗朗索瓦·特吕弗（François Truffaut）誉为“史上最伟大的电影”。电影采用了大量“二战”的新闻片和图片，对纳粹的残暴屠戮、民众的反犹主义行为和集中营内的各种惨状等进行了深入的刻画。

④ Conan Eric, Rousso Henry, *Vichy: An Ever-present Past*, Lebanon: University Press of New England, 1998, pp. 9–10.

者和普通老百姓的采访，再现了德军占领下法国社会的真实情景。1973年，美国历史学家罗伯特·帕克斯顿的著作《维希法国》[①] 出版，在法国一石激起千层浪。该书从学术的角度系统地剖析了维希政权的全貌，开启了重新审视维希法国历史的序幕。抵抗运动的神话在社会、学界和电影界的共同推动下，开始被逐步解构。新的观点认为，最初大部分法国人支持维希政权，维希的一些措施也不完全是出于德国方面的压力，甚至在反犹方面也是如此。维希其实是法兰西第三共和国内部保守主义和新法西斯派力量的延续。[②]

与此同时，为维希和反犹主义辩护的声音从未消失。[③] 1978年10月28日，维希犹太问题总警监路易·达基耶尔（Louis Darquier）在接受法国《快报》访问时说："在奥斯维辛集中营，被毒气杀害的只有虱子。"这一言论极大地刺激了民众的情感，引发了法国社会对被占领时期的历史真实问题的激烈辩论。1985年6月，亨利·罗克（Henri Roques）在南特大学成功地以一篇论述库尔特·格施泰因[④]的论文通过了论文答辩。1992年4月，巴黎上诉法院对保罗·图维耶做出免于起诉的判决引发了激烈的社会反应。[⑤] 6月，请愿者们要求总统承认在

---

① Robert Paxton, *Vichy France: Old Guard and New Order, 1940—1944*, New York: Alfred A Knopf, 1972.

② 沈坚：《记忆与历史的博弈：法国记忆史的构建》，《中国社会科学》2010年第3期。

③ Pierre Vidal-Naquet, *Les Assassins de la mémoire*, "*Un Eichmann de papier*" *et autre essais sur le revisionnisme*, Paris: la Découverte, 1987; Valérie Igounet, *l'histoire du négationisme en France*, Paris: Seuil, 2000.

④ 库尔特·格施泰因（Kurt Gerstein, 1905—1945），纳粹党卫队军官，他曾经向一位瑞典外交官和罗马天主教廷告知过大屠杀的情况，并在投降后，把自己在大屠杀期间，尤其是在贝尔赛克灭绝营目睹纳粹用毒气杀害3000多名犹太人的经历写成了《格施泰因报告》。该报告成为战后纽伦堡审判的重要证据之一。

⑤ 保罗·图维耶（Paul Touvier）是在纳粹占领法国期间与纳粹合作的里昂警察官员，被指控对1944年6月29日在里略（Rillieux）枪杀7名犹太人负有罪责。1992年4月13日巴黎上诉法院参考1988年克劳斯·巴比（Klaus Barbie）案件的判例，认为反人类罪的指控必须是以国家的名义进行的，且这个国家必须奉行的是一种意识形态的霸权。法庭认为，维希并没有实施这样一种政策，维希的官员也不应该被判与第三帝国的官员同样的罪责，此外维希政权也没有将犹太人定义为国家的敌人。尤其值得注意的是，审判的三位法官都为维希法国辩解。该审判结果在当时引发了社会的激烈反应。1992年，法国最高法院撤回原判，认定图维耶反人类罪成立。

维希法国时期，法兰西国家对屠杀犹太人负有责任。但时任总统密特朗坚持认为“1940 年的维希法国并不是法兰西共和国”，不能要求共和国为这段历史负责。[①] 直至 1995 年，希拉克才以共和国总统的身份正式承认法国对屠杀犹太人负有罪责。[②] 从 1945 年到 1995 年的半个世纪里，在政府、学界、影视界及社会各方面的共同作用下，大屠杀的历史被建构、推倒、重建。进入 21 世纪，随着欧盟一体化进程的加快，对大屠杀的纪念增添了更多欧洲化和国际化的色彩。

二　纪念日的纪念

在 1 月 27 日国际大屠杀纪念日确定之前，法国已经有两个大屠杀国家纪念日，分别设立于 1954 年和 1993 年。为什么在已有一个国家纪念日的基础上，时隔 40 年后又设立一个国家纪念日呢？这两个纪念日有何区别？法国人在纪念日会举行何种仪式？

1953 年 11 月，法国部分参议员建议将 4 月的最后一个星期日规定为集中营受难者国家纪念日，该法令经参众两院一致批准，于 1954 年由总统签署颁布。[③] 这一国家纪念日的批准直接得益于两个民间协会组织——“遣送集中营难民、集中营拘禁者及失踪者家庭协会全国联盟”（UNADIF）[④] 和“记忆网络”（Reseau du Souvenir）[⑤] 的不懈努力。1952 年 2 月，UNADIF 副主席里凯（Riquet）神父向协会办公厅

---

① 据亨利·鲁索考证，密特朗曾经为维希政府工作过，之后才加入抵抗运动。Conan Eric, Rousso Henry, *Vichy: An Ever-present Past*, Lebanon: University Press of New England, 1998, p. 10。

② 也有观点认为希拉克是在为其总统选举争取支持。但不可否认的是，法国现在的 12 个国家公共纪念日中，有 6 个是希拉克在位时期设立的。

③ Loi n°54 – 415 du 14 avril, 1954.

④ l'Union Nationale des Associations des Déportés, Internés et Familles de disparus.

⑤ 该组织因其成员的重要社会地位，贡献了 20 世纪 50—60 年代所有重要的纪念大屠杀和集中营受害者的建议，其中包括设立国家集中营受害者纪念日的建议。类似组织还有具有官方背景的“抵抗运动被拘禁者及集中营被关押者全国协会” F. N. D. I. R. （La Fédération Nationale des Déportés et Internés de la Résistance）、有法共背景的“抵抗运动成员、爱国者、被羁押及集中营被关押者全国协会” F. N. D. I. R. P. （La Fédération Nationale des Déportés et Internés, Résistants et Patriotes）。

提出建议，提议将每年 4 月的最后一个星期日定为集中营受害者国家纪念日。之所以选择这个日期是因为它和每个集中营的解放日都很接近，且不会与复活节假期冲突。设立这个纪念日的目的则是“启发后代们进行反思，为宗教信仰者提供一个祈祷和哀悼的机会”①。这一年的 4 月 27 日，在 FNDIRP、ANFROM② 协会的组织下，在巴黎的犹太教堂和天主教堂分别举办了纪念仪式。5 月，著名的天主教作家保罗·克洛代尔（Paul Claudel）在《费加罗报》上发表了一封写给法国犹太教大拉比的信，号召天主教徒和犹太人联合起来，对大屠杀这一人类的浩劫进行救赎。③ 在大屠杀面前，两大宗教达成共识，设立国家纪念日的时机业已成熟。最终向议会提交立法建议的参议员大多来自“记忆网络”协会。他们既是曾经的集中营难民，也是政府的官员，拥有相当的政治权力和资源，所以这一纪念日的设立多少具有一定的政府背景。

在纪念日的组织上，随着各个时期对大屠杀记忆的侧重点的转变，仪式呈现出不同的特点。法共的抵抗运动成员、爱国者、被羁押及集中营被关押者全国协会在 1954 年单独组织了去布痕瓦尔德集中营遗址的朝圣之旅，并发布了《布痕瓦尔德白皮书》，用大量的证据还原了集中营当时的地下网络。④ 1957 年前，国家纪念仪式主要在圣罗克天主教堂、巴黎圣母院、瓦莱里安山的地下墓穴和凯旋门下的无名士兵墓举行。之后，纪念仪式增加了三个纪念场所，分别是犹太无名烈士纪念碑、战斗法国纪念碑和集中营烈士纪念碑。其中西岱岛上的集中

① Serge Barcellini，“Sur deux journées nationales commémor-ant la déportation et les persécutions des ‘années noires’”，*Vingtième Siècle*，*Revue d'histoire*，No. 45，Jan. -Mars.，1995，p. 80.

② l'association nationale des familles de résistants et otages morts pour la France，法国抵抗运动参加者和死难人质家属全国协会。

③ Serge Barcellini，“Sur deux journées nationales commémor-ant la déportation et les persécutions des ‘années noires’”，*Vingtième Siècle*，*Revue d'histoire*，No. 45，Jan. -Mars.，1995，p. 81.

④ Regula Ludi，*Reparation for Nazi Victimes in Postwar Europe*，New York：Cambridge University Press，2012，pp. 42 – 43.

营烈士纪念碑是“记忆网络”协会主持修建的，1962 年戴高乐为其揭幕。纪念碑从一开始就被定位成“所有为法国而牺牲的集中营难民纪念碑”，用以纪念那些在“二战”的纳粹集中营被关押和杀戮的所有法国人，不论他是犹太人还是吉普赛人，或是其他普通的民众。这样，犹太人和吉普赛人的“二战”记忆都被整合进了一部法兰西民族国家抵抗纳粹法西斯的历史。[①] 从 1963 年开始，在瓦莱里安山举办的纪念仪式成为各派争夺的要地。一场关乎记忆的没有硝烟的战争悄然打响。战争的双方，一方主张不分种族和人群，纪念全部集中营难民；另一方主张突出抵抗运动在“二战”中的作用，纪念因参加抵抗运动而牺牲的集中营难民。两派都试图在纪念活动中体现自己的意图。最后妥协的结果是，在纪念仪式的第二部分——纪念游行中，由双方派代表轮流担任火炬手。[②]

到 80 年代，集中营纪念仪式的组织形式基本固定下来，分为四个部分。在 4 月最后一个周六或周日的早上，各省首先开始地方性或团体性的纪念，由各地的行政首脑或各团体的代表主持。此外，在德朗西举行被关押犹太难民纪念仪式，在罗亚利奥（Royallieu）举行抵抗运动纪念仪式，在蒙特勒伊·贝莱（Montreuil Bellay）纪念吉普赛难民，在圣罗克教堂纪念集中营难民中的基督徒，在弗雷瑞斯（Fréjus）纪念在日本集中营中关押的法国难民。每个仪式上都有大致相同的程序：首先是敬献花圈，然后是一分钟的默哀，诵读诗文，吟唱《沼泽之歌》[③]，最后是点燃火炬。在这六个地点点燃的火炬在纪念日这天 16 点传送到巴黎，开始第二部分的纪念。第二部分是在巴黎的犹太无名烈士纪念碑，首先仍然是在纪念碑前的草坪上敬献花圈，然后是鸣钟

---

① Peter Carrier, *Holocauste Momuments and National Memory Cultures in France and Germany since 1989*, New York: Berghahn Books, 2005, p. 58.

② Serge Barcellini, “Sur deux journées nationales commémor-ant la déportation et les persécutions des ‘années noires’”, *Vingtième Siècle*, *Revue d'histoire*, No. 45, Jan. -Mars., 1995, p. 86.

③ 《沼泽之歌》是一首诞生于集中营，在集中营难民中广为传唱的歌曲。

向死难者致意，默哀一分钟。随后纪念仪式转到地下墓室，为逝者念诵犹太教祈祷文，在名册上签名留念。此后，静默的人群向集中营烈士纪念碑行进，走在游行队伍最前面的是共和国军乐队和6名火炬手。到达目的地后，先在纪念碑前的广场上，退伍军人事务部部长从6名火炬手手中采集火焰，同时，由集中营难民幸存者和少年们一起升起象征着14个集中营的旗帜，共和国卫队唱响《沼泽之歌》。在地下墓室，人们还是照例敬献花圈，鸣钟默哀，向逝者致敬。最后在纪念碑前的广场上，献上三色花环，聆听诗文诵读和《游击队之歌》。[①] 将纪念活动推向高潮的是第四部分，在凯旋门的无名烈士纪念墓举行的添加火焰仪式。这部分仪式照例由退伍军人事务部长主持。[②] 当然并非每年的纪念日都会严格按照这套流程组织，但大致的内容基本一致。在某些具有特殊意义的年份，也会有共和国总统等这样重要的政治人物来主持仪式和发表讲话。略显戏剧化的仪式是必要的，正如德国学者J. C. 吕尼格所说："形象化的印象在平民百姓中……要比用以启智讲理的语言具有更大的影响力。"[③]

第二个大屠杀国家纪念日的确定发生在法国犹太人群体要求清算维希对犹太人的迫害这个背景下。20世纪80年代末90年代初的一系列维希战犯审判、维希犹太人档案事件[④]过后，1992年，迎来了"冬季赛车

① 《游击队之歌》是抵抗运动名曲。

② Serge Barcellini, "Sur deux journées nationales commémorant la déportation et les persécutions des 'années noires'", *Vingtième Siècle*, *Revue d'histoire*, No. 45, Jan. -Mars., 1995, pp. 88 – 89; Annette Wieviorka, "La construction de la mémoire de la déportation et du génocide", *Storia e memoria della deportazione*: *modelli di ricerca e di comunicazione in Italia ed in Francia*, Firenze: Giuntina, 1996, pp. 42 – 43.

③ ［英］彼得·伯克：《制造路易十四》，郝名玮译，商务印书馆2007年版，第9页。

④ 保罗·图维耶（Paul Touvier）是在纳粹占领法国期间与纳粹合作的里昂警察官员，被指控对1944年6月29日在里略（Rillieux）枪杀7名犹太人负有罪责。1992年4月13日巴黎上诉法院参考1988年克劳斯·巴比（Klaus Barbie）案件的判例，认为反人类罪的指控必须是以国家的名义进行的，且这个国家必须奉行的是一种意识形态的霸权。法庭认为，维希并没有实施这样一种政策，维希的官员也不应该被判与第三帝国的官员同样的罪责，此外维希政权也没有将犹太人定义为国家的敌人。尤其值得注意的是，审判的三位法官都为维希法国辩解。该审判结果在当时引发了社会的激烈反应。1992年，法国最高法院撤回原判，认定图维耶反人类罪成立。

场大搜捕事件”50 周年纪念。50 年前的 7 月 16 日、17 日，13152 名犹太人被维希警察抓捕，关押到今天巴黎 15 区的冬季赛车场的位置，后被遣送至奥斯维辛集中营，绝大多数人惨死在那里。[①] 1992 年 7 月 16 日这天，密特朗总统出席了在冬季赛车场举行的悼念活动并敬献了花圈。国民议会财政委员会主席、社会党人让·勒加雷克（Jean le Garrec）向国民议会提出立法动议，建议将 7 月 16 日定为维希法国迫害犹太人国家纪念日。这项提议得到了社会党和共产党人的支持。终于，在各方的努力下，1993 年 2 月 4 日，密特朗总统颁布总统令，确定设立“‘维希法国’（1940—1944）种族迫害和反犹行动受害者国家纪念日”。这一决定在媒体中引起了热烈反响，从左派的《世界报》到右派的《十字架报》，纷纷给予高度评价。也有质疑认为，总统此举是为了竞选而向选民特别是犹太裔选民和左派人士抛出的橄榄枝，甚至这一纪念日的设立会削弱之前的集中营国家纪念日的地位。法案的支持者则指出，7 月 16 日并不是对集中营受难者国家纪念日的复制，而是补充。

随着法国社会对维希历史认识的进一步深入，2000 年，“‘维希法国’（1940—1944）种族迫害和反犹行动受害者国家纪念日”被更名为“法兰西种族主义和反犹行动受难者及社会公正国家纪念日”。这一名称的变动，重要意义在于：其一，“维希法国”中的“维希”被去掉，维希的历史不再被遮遮掩掩，而是成为法国历史的一部分。其二，增加“社会公正”这样的字眼意在向灾难发生时勇于挺身而出救助受害者的法国人致敬，从而倡导社会的正义之气。

三　社会和文化根源

如何看待法国在大屠杀纪念方面展现出来的复杂性，特别是对大屠杀的否定和刻意回避？按照年鉴学派的三段论，在短时段上，我们

① The Vel’ d’Hiv Roundup 是“二战”中法国最大规模的一次犹太人搜捕行动。

可以讨论不同时期的法国政府对大屠杀的认识、去殖民化战争的影响，或者总统选举的需要。中时段内，例如在战后，法德和解，特别是经济建设的需要促使法国对大屠杀采取一种回避的态度。从长时段来看，对大屠杀的否定有着根深蒂固的思想来源。在法国，人们把那些否认纳粹大屠杀的人称为“否定主义者”（négationisme）。[①] 否定主义的思想主要源自反犹主义、极右思潮和穆斯林群体。

首先，欧洲反犹主义的传统古已有之，作为“天主教的长女”，法国在历史上多次充当了反犹的急先锋。中世纪，法国国王约翰二世曾多次驱逐犹太人，但后来又因为财税收入的需要，将犹太人召回。法国大革命被认为是犹太人的第一次解放，法国共和传统也由此开启。此后虽然历经曲折，总体原则并无二致。共和模式的精髓是契约精神，人们通过契约组成国家，将自己的部分权利让渡给国家，并认同国家的基本立国原则——自由、平等和博爱。但这又造成了一种两难，即在共和模式中，个人对共和国的认同优先于传统上的个人对某一特定的宗教或社会团体的认同。共和价值在某种意义上负有一种同化的使命。格雷瓜尔神甫曾经在1787年的一本著作《犹太人的身体、精神和政治的再生产》中阐发过要最终使犹太人同化，消融在法国市民社会中的观点。[②] 犹太团体因其对共同体生活的强调，不可避免地表现出一种对自身特殊性的坚持。这就形成了一种紧张。现在法国穆斯林的社会问题频发也与这种共和模式自身的特殊性相关。一方面是共和模式以其程序方面的开放性，接纳了越来越多的外国移民。20世纪30年代，法国人口中的外国移民比例达到了5%。第二次世界大战前夕，法国是西欧犹太人最多的国家，境内生活着大约35万犹太人。[③] 另一

---

① Henry Rousso, “The Political and Cultural Roots of Negationism in France”, *The English Historical Review*, Vol. 118, No. 475 (Feb., 2003), p. 67.

② Robert O. Paxton, “La spécificité de la persécution des Juifs en France”, *Annales*, *Histoire*, *Science Sociales*, 48e Année, No. 3, (May-Jun., 1993), pp. 607 – 608.

③ Gérard Noiriel, *Le creuset français*, Paris: Seuil, 1988, pp. 333 – 343.

方面是犹太人在表面上享有共和国公民身份，同时与这个社会仍有隔阂。这种隔阂在一些特殊时刻，容易被民粹主义者放大。

其次是极右翼传统。法国著名政治思想家蒂博岱（Albert Thibaudet）把法国的政治思想分为六个流派，分别是传统主义、自由派、工业主义、社会基督教派、雅各宾主义和社会主义。传统主义在他看来是一种思考的模式、行动准则和政治态度。这种态度注重效仿和延续过去，尤其尊重旧法国的君主和教会，强调家庭、既有财产、军队建制、法兰西学院、上流社会的风俗这些要素，认为这些要素有助于解决社会问题、进行阶级间的和解和培育人道主义的文化精英。但是这一切都是在反动和守旧的名义下进行的。① 勒内·雷蒙（René Rémond）在《法国的右派：从 1815 年至今》中将法国右翼势力分成了三个派别：正统主义者（或曰反革命者）、奥尔良主义者和波拿巴主义者。每个派别都在一定的历史时期占据主导地位，也自成一套体系。比如，他认为戴高乐派就是波拿巴主义者，他们是些需要一位权威领导人的独裁主义者，他们的运动也呈现出更多的民粹主义性质。而正统派指的是那些在 19 世纪拒绝接受共和国体制的保王主义者，20 世纪初期的“法兰西行动派”和勒庞党（国民阵线）可以归入此类。总的来说，极右翼思想强调回归土地、回归传统（包括天主教的传统）以及坚持种族的纯洁性。这也是 20 世纪 30—40 年代民族革命思想的主要内容。极右翼因这部分内容而与反犹主义者不谋而合。他们不仅仅反犹，还反对外来人口（如法国在 1893 年出现的反对意大利人的事件），反对同性恋者及反对所有被传统、被天主教教义禁止的行为。值得一提的是，“二战”的大屠杀受害者中还有相当多的同性恋者。近年来，对“二战”中受迫害的同性恋群体的研究也在兴起。在官方层面，2001 年法国总理若斯潘和 2005 年总统希拉克都在官方的演讲中承认了占领时期对同性恋者的迫害与屠戮。纵观“二战”后的法国历史，保守主义、

① Albert Thibaudet, *Les idées politiques de la France*, Paris: Librairie stock, 1932, p. 14.

极右派势力从未远去。每逢经济危机、外来移民问题凸显的时候，往往也是保守主义呼声最为高涨的时候。近年来，法国的极右派势力不断在全国和地方选举中获得较高的民众支持率，呈现出上升的发展趋势。根据鲁索的判断，对维希问题的认识和态度取代了曾经的德雷福斯事件，成为法国左右翼新的分水岭。①

最后是穆斯林群体。19 世纪 30 年代，法国在北非部分地区开始殖民活动。“一战”中，北非殖民地青壮年大量充实到法国军队里，为法国获得战争的胜利做出了巨大贡献。殖民地的士兵们为法国而战，为法国牺牲。“平等地去战斗”本应换来“平等的公民权利”，但和平回归时，法国却完全忘恩负义，并没有信守其承诺。20 世纪 50 年代，由于阿尔及利亚国内的局势日益紧张，再加上法国战后建设对劳动力的需求，出现了穆斯林举家移民法国的浪潮。法国政府也为此采取了一系列包括修建低租金住宅在内的措施来改善阿尔及利亚移民的生活条件，并吸引了其他“法兰西联盟”的移民。② 后来，随着劳动力市场的饱和、70 年代经济危机的出现，移民政策的弊端显现出来，延续至今。目前，法国人口中的穆斯林人口已经占到其人口总数的十分之一。值得注意的是，法国还有五十多万犹太人。法国同时拥有欧洲最大的犹太人群体和穆斯林群体。一方面是在人口中占相当比例的穆斯林，另一方面是富甲一方、在法国的政商高层都十分有影响的犹太人。穆斯林与犹太人的恩怨情仇既是宗教的，也是历史的。中东地区的一举一动，巴以地区的每一次冲突，都牵动着遍布世界各地的穆斯林和犹太人的神经。2015 年 1 月发生在巴黎的“查理周刊事件”中，犹太人的杂货店也在穆斯林极端分子一系列的袭击事件中成为被袭击目标。

---

① Richard J. Golsan, “Review The Vichy Syndrome: History and Memory in France since 1944 by Henry Rousso”, *Substance*, Vol. 22, No. 2/3, Issue 71/72: Special Issus: Epistémocritique, 1993, p. 373.

② ［法］多米尼克·马亚尔：《从法国穆斯林移民的生存现状透视法国的移民模式》，刘常津译，《阿拉伯世界研究》2011 年第 2 期。

在这种情况下，法国的大屠杀记忆、对大屠杀的反思和纪念，必然要综合涉及各个群体的情感。

一个国家的历史书写往往是国家意志的体现。国家意志在不同的历史阶段，在不同的党派执政时各有侧重。一向被认为是与国家相抗衡、相对立的市民社会，也不排除在特殊时刻会与国家意志达成某种默契，与政府一起携手上演“罗生门”。抵抗运动的神话最早正是这么构建的，大屠杀的历史最早也是这么被选择性遗忘的。历史真实在国家利益、民族团结、民众心理创伤的恢复面前曾经如此无足轻重。所幸的是，历史或历史学家不再能垄断对过去的话语权①，因为还有“记忆”。在对大屠杀的认识上和在维希历史的重建上，正是集中营受难者的记忆，被逮捕羁押的犹太人的记忆，同性恋者的记忆……这些集体的记忆将历史的真实抽丝剥茧后，呈现出来。且“记忆”的崛起，一方面在历史学内部引致作为历史学分支的“记忆史学”和“公共史学”② 的革命。如法国记忆史学的先驱人物之一菲力浦·茹塔尔（Philippe Joutard）所说，今天“记忆不仅是历史学最得宠的题目，而且在公共领域和政治界甚至有取代历史学的趋向”③。另一方面，“记忆史”还引发了对人文社会科学方法论的重新思考。④ 如果说以上这些由大屠杀纪念和记忆史研究所引发的学科效应还停留在科学研究的层面，那么更为重要的是，这些研究的结果，都是关乎人类对世界的根本认识——何为善？何为恶？要做一个怎样的人？如何去做？大屠

---

① Régine Robin, “Un passé d'où l'expérience s'est retirée”, *Ethonologie française*, nouvelle serie, T. 37, No. 3, (Juillet-Septembre 2007), p. 398.

② 亨利·鲁索对维希综合症所作的研究（*le Syndrome de Vichy*, 1987）被认为是“法国记忆史确立”的“决定性阶段”，参见沈坚《记忆与历史的博弈：法国记忆史的构建》，《中国社会科学》2010 年第 3 期。有趣的是这一倡导记忆史研究的历史学家群体与在法国不遗余力地倡导发挥历史学的公共作用，或美国意义上的“公众史学”的学者群体大体是重合的。历史的公共性正是“le devoir de mémoire”（记忆的责任）的题中之义。参见肖琦《法国的公众史学》，《历史教学问题》2014 年第 4 期。

③ 转引自沈坚《记忆与历史的博弈：法国记忆史的构建》，《中国社会科学》2010 年第 3 期。

④ 如法国思想家保罗·利科的《记忆、历史与遗忘》（*La mémoire, l'histoire, l'oubli*, 2000）等。

杀的纪念并非总是救赎和谅解，也有仇恨和审判。对过去的反思和审判，是为了更好地面对现在和未来。对大屠杀历史的认识和纪念，作为民主价值观的一部分，在欧洲一体化进程中俨然成了一条准入标准。① 在历史不断远去、记忆的见证人逐渐离世、青年们不再像他们的先辈那样对政治怀抱热情的今天，对于大屠杀的纪念，树立正确的价值观显得尤其必要而紧迫。

（原载《江海学刊》2015 年第 4 期）

① Emmanuel Droit，"Le Goulag contre la shoah：Mémoires officielles et cultures mémorielles dans l'Europe élargie"，*Vingtième Siècle*，*Revue d'histoire*，No. 94（Apr. -Jun.，2007），p. 105.

唤起的空间

——南京大屠杀事件的记忆伦理

孙　江

一　引　言

有关“南京大屠杀”事件的研究已经从事实层面转向记忆层面。记忆视角的导入有助于深化对事件及其影响的理解，同时也对研究者的理论自觉提出了更高要求。

自从哈布瓦赫（Maurice Halbwachs）创立现代集体记忆理论以来，围绕记忆与历史的关系主要循着将二者区隔开来的路径展开：记忆是记忆，历史是历史。[①] 与此相对，另一条可称为“历史即记忆”的思路也受到研究者关注。如同古希腊神话中历史女神克里奥（Clio）为记忆女神尼莫赛尼（Mnēmosynē）之女所隐喻的，历史自诞生始即与记忆缠绕不清。记忆通过唤起形象、再确认以及主体的实践等途径，使自己成为孕育历史的母胎。如果说哈布瓦赫的路径告诉人们记忆的框架外在于历史的话，后一种路径则揭示了记忆本身涵育了历史这一事实。因此，针对具体的案例，即本文所讨论的有关南京大屠杀事件

① ［法］莫里斯·哈布瓦赫：《论集体记忆》，毕然、郭金华译，上海人民出版社 2002 年版。

的记忆，有必要区分两种不同的记忆：一是构成事件本身的记忆，即事件现场与亲见亲闻者的记忆表象；二是远离事件的记忆，即对记忆表象的再表象。本文研究的是前一种记忆，使用的资料自然皆为关于事件的即时记录。

构成事件本身的记忆以证言形式出现。证言是从诉之语言的记忆开始的，被讲诉的记忆从一个集体向另一个集体流动，最后进入公共领域。证言须经得起诘问，否则就不能构成事件。① 关于南京大屠杀事件的各种证言——外国人的和中国人的、加害者的和受害者的，在给予一定的阐释和确认之后，方可成为关于事件的证言，成为书写历史的史料。但是，无论是历史与书写，还是记忆与书写，皆难若合符节。追根究底，乃是历史/记忆不在场所致。当书写者试图唤起“不在”（Abwesen）并将其呈现于“现在”（Anwesen）之时，书写的局限性便展露无疑。此外，书写行为不单面对过去，还跟主体的情感、意识乃至政治背景相关，诚如日本学者高桥哲哉所言：“记忆的困难已经不单单是时间之流逝和证人之死，以及源于日常性的支配——‘自然地’忘却，还有试图占有死者的意志和其‘作品’的修史=历史叙述的暴力。”②

基于上述理由，本文与将记忆视为不证自明的物（thing）之存在的研究旨趣别异，试图截取两个断面，从个体层面考察死者的记忆和伤者的记忆，通过对这两种记忆的探究揭示记忆不仅是被叙述的客体，还是会说话的主体。南京大屠杀事件的记忆研究不仅属于历史学范畴，还关乎记忆的伦理和政治之问题。

二　死者的记忆

有关南京大屠杀事件的记忆首先是死者的记忆。所谓南京大屠杀，

① Paul Ricœur, *La mémoire, l'histoire, l'oubli*, Paris: Éditions du Seuil, 2000, pp. 201 – 208.

② 高橋哲哉：『記憶のエチカ』、（東京）岩波書店、1995 年版、4 頁。

其地理范围并非仅限于城墙内外，还包括郊县的广大空间。死于南京这一符号空间的，既有被集体屠杀的死者，也有被个体屠杀的死者。这些由一长串冰冷的数字所表征的死者，无法用语言将生命终结的体验直接告诉他人，与生者的交流似乎终止了。文化记忆理论大家扬·阿斯曼（Jan Assman）在论及“交往记忆”（das kommunikative Gedächtnis）时认为，交流记忆是以个体生平为框架和日常交往为基础的记忆，是一种非正式的、尚未成型的记忆，可存储于他人鲜活的回忆中。但交往记忆无法附着于不断扩大的过去，随着记忆主体的逝去，交往记忆也随之消亡。① 在笔者看来，如果扬·阿斯曼所说的记忆交流是生者之间的互动关系的话，那么还存在着另一种交流记忆，即死者与生者（目击者和加害者）之间的交流记忆。死者以沉默的声音——尸体以及伴随肉体成为尸体的暴力——向生者传递记忆的痕迹，在此，交流记忆虽然不是双向流动的，但并未短路。生者将死者的记忆纳入自身的情感和意识后由此形成一种与死者交流的记忆功能。当生者正视内在化的死者的记忆时，会产生一定的心理和生理反应，甚至出现“心灵创伤”（trauma）症状。

在南京大屠杀期间，成立于 1937 年 11 月 22 日的“南京安全区”是一方相对“安全”的空间。安全区位于南京城西北部，相当于城内面积的八分之一，在南京沦陷前后收容了大量难民。安全区的成立虽然没有得到日本方面的明确承认，但接到美国政府的外交照会后，日本驻上海总领事表达了尊重的意向。② 尽管如此，1937 年 12 月 13 日南京沦陷后，安全区里的外国人仍要时刻提防乱兵的骚扰和暴力。浩劫中，南京迎来了新的一年，在日军授意下燃起的稀稀落落的爆竹声更衬托出肃杀的氛围。1938 年 1 月 1 日上午 8 时，安全区国际委员会

---

① ［德］扬·阿斯曼：《文化记忆：早期高级文化中的文字、回忆和政治身份》，金寿福、黄晓晨译，北京大学出版社 2015 年版，第 51 页。

② 笠原十九司：『南京難民区の百日——虐殺を見た外国人』、（東京）岩波書店、1995 年版、71—75 頁。

秘书、金陵大学社会学系教授史迈士（Lewis S.C. Smythe）在家书中写道："今天是我见过的最嘈杂、最令人不悦的新年。"① 确实，不必说连日来耳闻目睹的暴力，就在前一天（1937 年 12 月 31 日），一位中国籍牧师的死亡，让国际安全区里的美国人悲痛不已，两位传教士在第一时间记下了自己的感受。美国牧师福斯特（Ernest H. Forster）在当天给妻子的信中写道：

有一个悲惨的消息。今天早上我醒来，发现卢先生的钱包和一张便条（他曾在汤山和东流当过传道师）。在这种恶劣的形势下，他变得抑郁、孤僻，在便条上他暗示已决定投水自杀。他应是今天登记，这个倒不用担心，他已 40 多岁。他早上是一个人出去的，我去附近的池塘查看，没有找到他的尸体，我希望他已改变了主意。我听说他最近一直存有轻生之念，昨晚休息前我还鼓励他要为了中国而活下去，上帝要他这样。他是个沉静温和的人，但我担心他一旦下了决心，任何人也不可能轻易动摇他。②

安全区国际委员会另一位委员美国人马吉（John G. Magee）——曾拍摄记录了日军暴行的 12 卷影片——在当天稍晚的日记中从另一个角度写道：

今天我们都很悲伤，在汤山和东流工作的福音传教士卢小庭投水自杀。在日本人来到以前他对局势就相当悲观：从昨天他同我和福斯特谈话的内容及他所写的东西看，他深受中国历史上那些以死来抗争黑暗社会的人的影响。这是典型的东方人的观点。

---

① 章开沅编译：《天理难容：美国传教士眼中的南京大屠杀（1937—1938）》，南京大学出版社 1999 年版，第 316 页。

② 章开沅编译：《天理难容：美国传教士眼中的南京大屠杀（1937—1938）》，南京大学出版社 1999 年版，第 142 页。

昨天福斯特告诉他，面对黑暗，基督教的观点是活着而不是死。今天一大早他就出去了，留给福斯特一张便条、一首小诗和他的钱包。福斯特过去一直同他睡在一个房间里。这确实令人悲伤，因为在这些考验人的日子里，他显示了良好的助人及无私的精神品质。福斯特和我都对他有很好的印象，而我曾想过要推荐他去神学院学习。在他的信中，他说上帝不会把他的这一行为视为罪过的。①

死者卢小庭，时年40岁，是南京大屠杀期间不多的留下自己姓名的死难者。汤山位于南京东郊，因温泉著名，是国民政府军队溃败、日军攻入南京前的重要地带，日军“中支那方面军”最高司令官松井石根12月17日入城前一天曾落脚于当地。南京陷落前，日军军机的轰炸让卢小庭对形势极度悲观；南京陷落后，他协助救援工作，“显示了良好的助人及无私的精神品质”，乃至马吉打算将来送他到神学院学习，将他培养成一位高级牧师。然而，频发的暴力让这位“沉静温和”的基督徒的身体和精神饱受伤害，变得“抑郁、孤僻”，产生了轻生念头。

12月31日一大早，卢小庭留下一张便条、一首小诗和钱包，掩门而去。同室而居的福斯特发现便条后大吃一惊，立刻告知马吉，他们陷入了“悲伤”中。1月3日，福斯特从邻居那里获知，“他们在附近池塘里看见一具尸体，想必就是他的，但我们尚未得到当局允许去打捞尸体。这是使人非常悲伤的。他似乎早就有些想法，南京沦陷后民众的痛苦增加了他的决心”②。一个星期后（1月10日），在水中久泡变形的卢小庭尸体被打捞上来。福斯特和马吉没有表述自己对于尸

① 章开沅编译：《天理难容：美国传教士眼中的南京大屠杀（1937—1938）》，南京大学出版社1999年版，第204页。

② 章开沅编译：《天理难容：美国传教士眼中的南京大屠杀（1937—1938）》，南京大学出版社1999年版，第144页。

体的感受，但是，透过他们此前表达的文字，不难推测死者的记忆痕迹——死者尸体与生者的交流，无疑传递了“悲惨”“悲伤”的感受和“以死来抗争黑暗社会”的声音。

在南京大屠杀事件中，卢小庭之死只是一个小小的片段。南京城沦陷后，从不同方向破城而入的日军开始了疯狂的屠杀、抢劫、性暴力等行为。安全区与暴力现场稍有距离，只能说相对安全。身处其中的外国人群体（传教士和其他人员）在安置难民、与日军艰难周旋的同时，很多人在日记和家书中都留下了关于屠杀——死者记忆的即时记录，这些记录和卢小庭之死一样，都是解读生者与死者交流记忆的文本。记忆文本中的死者的记忆，当然是生者回忆的产物。回忆是生者对于外在刺激的反应，反映在听觉、嗅觉和视觉等方面。

听觉中的死者的记忆和枪炮声联系在一起。日军的枪炮声并非无的放矢，而是有针对性的。12 月 14 日，金陵女子大学教育系教授、美国传教士华群（即魏特琳，Minnie Vautrin）（华群即魏特琳的中文名）在日记中这样写道：

> 早上 7 时 30 分。昨夜外界似乎很平静，但在人们的潜意识里存在着一种莫名的恐惧。天亮前似乎又有猛烈的炮火轰击城墙——也许是在轰掉那些阻碍日军主力入城的路障，不时还夹杂有枪声，也许是日军士兵在向撤退的中国士兵开枪，或者是向抢劫者开枪。我还能听见下关方向的枪声，在我的想象中，这些子弹是射向坐在拥挤的舢板上、拼命向江北划去的中国士兵们的。可怜的人啊，他们几乎没有机会逃脱这些无情的子弹。[①]

枪炮声的传来、远去和消失，其含义并不仅仅是听觉的变化和中

---

① 张连红等编译：《南京大屠杀史料集·魏特琳日记》，江苏人民出版社 2006 年版，第 147 页。

断，它意味着暴力正将生者变为死者，从而牵动生者的心，让魏特琳悲叹“可怜的人啊!”这种消失的枪炮声很快在日记中转换为视觉中死者的记忆：“当我们返回时，在山谷附近看到一具尸体，考虑到南京所经历的炮击，周围的尸体还不算多。”① “街上和山上不时传来的枪声，使我意识到一些人的悲惨命运，而且他们很可能不是中国士兵。”② 魏特琳继续写道：“你们曾在南京住过的人永远也想象不出面前的街道是什么样子，那是我所看到的最悲惨的景象。公共汽车、小汽车翻倒在街上，东一具、西一具地躺着脸已发黑的尸体，到处都是被丢弃的军服，所有的房子和商店不是被洗劫一空就是被烧毁。安全区内的街上挤满了人，而在区外，除了日本兵，看不到其他人。”③ 很快，日军闯进安全区，理由是抓捕脱下军装、放弃抵抗的国军士兵。金陵大学副校长、历史系教授、安全区国际委员会委员贝德士（Miner Searle Bates）这样总结 12 月 27 日和 28 日的所见所闻：“被带走的一部分人，被 5 个一组或 10 个一组捆绑起来，命令他们一组一组地从一个大屋子第一个房间走进另一个生了一团大火的房间或庭院。当每一组人向前走，他们的呻吟和哭泣能够被剩下的人听见，但是没有枪声。”④ 这是面对死亡的呻吟和哭泣。这些疑似放下武器的士兵在逃入安全区后，本以为能够得到保护，结果还是被一个个强行绑走，他们无助的呻吟和哭泣留在了剩下的难民心中，记录在贝德士的笔端。

在集体大屠杀中，大批国军士兵丧失了抵抗能力。日军第 16 师团第 33 联队第 1 大队的田中次郎在日记里记录了 12 月 14 日屠杀俘

① 张连红等编译：《南京大屠杀史料集·魏特琳日记》，江苏人民出版社 2006 年版，第 148 页。

② 张连红等编译：《南京大屠杀史料集·魏特琳日记》，江苏人民出版社 2006 年版，第 151 页。

③ 张连红等编译：《南京大屠杀史料集·魏特琳日记》，江苏人民出版社 2006 年版，第 158 页。

④ 章开沅编译：《天理难容：美国传教士眼中的南京大屠杀（1937—1938）》，南京大学出版社 1999 年版，第 16 页。

虏的场景：

> 小队配合重机枪队在扬子江畔将俘虏干掉。俘虏在货车里哇哇大叫，车里弥漫着窒息的气息。俘虏一个个被拉出来，他们一丝不挂，呼呼地喘息着，“大人、大人，水、水”，指着水壶。“笨蛋!”我大声骂道。于是他们捧起低洼处的泥水喝了起来。第一次看到人被蒸成这样。让他们分为4组，举起双手，50人一批地赶到江边。脚上绑着滚动的手榴弹，极其危险。只有小队的士兵，人数很少，下士官与某某两人。如果俘虏拼命反抗，就无法控制。也许俘虏绝望于“没法子”，只能接受眼下的命运，但当我说“救命、救命”，他们就哇地欢呼并鼓掌。我们把他们从车厢里赶出来，让他们在没膝的泥土中面向河边坐下，1200人，一声令下，隐在后面壕沟里的重机枪一起发射，俘虏一个个倒下，血肉如棉絮般横飞。[①]

士兵们不想抵抗？否。他们正处在生不如死的境地，在被迫接受死的过程中表现出求生的欲望——喝泥水，并在日军士兵生的诱惑面前本能地做出身体反应。

视觉伴随嗅觉。尸体腐烂后会发出恶臭，掩埋尸体是一项极其艰难的工作，令许多人望而止步。宗教慈善组织红卍字会在上海“一·二八事变”中掩埋尸体就遇到过这种情况。[②] 在南京大屠杀事件中，红卍字会帮助掩埋尸体的行为令人瞩目，但研究者的关注点似乎都集中在尸体的具体数字上。就死者的记忆而言，比数字更有意涵的是死者尸体所传达的记忆。尸体在腐烂，被野狗撕扯，以特殊的气息和惨

---

① 松岡環编：『南京戦閉ざされた記憶を尋ねて——元兵士102人の証言』、（東京）社會評論社、2002年版、82頁。

② 孙江：《战场上的尸体——“一·二八事变”中红卍字会的掩埋尸体活动》，《江海学刊》2015年第2期。

状困扰着生者。安全区国际委员会骨干、美国传教士费吴生（George Ashmore Fitch）在12月15日的日记里写道："城市一带恶臭熏天——到处是大嚼尸体的野狗。"① 安全区国际委员会主席、德国人约翰·拉贝（John Rabe）在日记中写道：

> 我在这本日记里多次写到一名被枪杀的中国士兵的尸体，这具尸体被捆绑在一张竹床上，自12月13日起一直横躺在我的房子附近，没有掩埋。我对日本大使馆提出抗议，请求他们派人或是准许我进行掩埋，至今仍没有结果。……既然我为安葬这具可怜的尸体所付出的种种努力没有任何结果，我只好作罢，但是随着时间的流逝，我越来越意识到，这个人虽然死了，但他的尸体将永远留在这个人间。②

"这个人虽然死了，但他的尸体将永远留在这个人间。"这是一种生者与死者交流不止的状态，死者的死困扰着生者的生。

对于以安全区为活动中心的外国人来说，呈现在视觉中的死者的记忆十分有限，他们笔下的死者都是无名的、符号化的。卢小庭的死亡方式跟被屠杀者不同，但对福斯特、马吉等外国人的震撼也许更大。作为一个有血有肉、有名有姓、与他们朝夕相处的人，卢小庭让他们见证了一名生者在饱受肉体和精神折磨后选择自杀的过程。卢小庭之死，还有田中次郎笔下的俘虏之死，犹如镜像，反射出一个更为广大的死亡场域。透过死者的记忆空间，可以深入抽象化为南京大屠杀事件的现场，进而捕捉死者的记忆痕迹。

---

① 章开沅编译：《天理难容：美国传教士眼中的南京大屠杀（1937—1938）》，南京大学出版社1999年版，第103页。

② ［德］约翰·拉贝：《拉贝日记》，本书翻译组译，江苏人民出版社、江苏教育出版社1999年版，第476—477页。

三 伤者的记忆

记忆与回忆是两个不同的概念，记忆保存过去，回忆唤起过去。对死者的记忆进行诠释，困难之处在于死者只有沉默的声音，不能对生者的声音予以回应，不能生动地展示“我在说”的记忆的主体性。这种极端状态告诉人们，死者的记忆既可以唤起，也可能永远无法唤起。比较而言，活着的受害者则可以通过回忆对生者的询问予以回应，倾诉或者捍卫自己的记忆。

卢小庭死后不到一个月，安全区附近发生了一起性暴力事件。1月24日晚，三名日军士兵闯入胡家菜园11号金陵大学农学系农具店，当着众人的面将一名女子抓走，在小粉桥32号日本宪兵曾经使用的建筑物里将其强暴三次后始放还。这名女子回来后，立刻将受害经历告诉了贝德士和金陵大学社会学系教授林查理（Charles H. Riggs）等人。这样的性暴力在安全区屡见不鲜，受害者都是无奈地承受伤害，即使向人倾诉亦无下文。但是，这次不同，倾听者不仅是贝德士、林查理等激愤于日军暴行的美国人，更重要的是碰上了一位执着于维护美国人在南京权益的新领事爱立逊（John Moore Allison）。爱立逊刚从日本调至南京，初来乍到，似乎以为凭借在日本的经验可以阻止日军的暴行，为受害者讨回公道。1月26日，爱立逊带着林查理和受害女性前去指认现场，结果爱立逊和林查理分别被日军第16师团第33连队中尉天野乡三手下的士兵掌掴。爱立逊是美国外交官，蛮勇的日本士兵由此酿成了一桩震惊国际舆论的外交纠纷——“爱立逊事件”①。

在爱立逊事件的波澜中，小粉桥32号的性暴力事件似乎隐没无闻。其实，在美国政府的抗议下，日军军法处一方面逮捕了肇事者天

① 孙江：《痕迹·事件·证言——侵华日军第十六师团第三十三联队中尉天野乡三在南京》，《南京大学学报》（哲学社会科学版）2016年第3期。

野乡三等人，另一方面日本驻南京大使馆总领事福井淳又以取证为名试图掩盖大曝天下的暴力。1 月 27 日，福井在向爱立逊作出保证后，将受害女性带往大使馆讯问。金陵大学医院医生威尔逊（Robert Wilson）在 1 月 28 日的家书中写下了具体经过：

> 她被强留了三十个小时，而不是原先承诺的两个小时，显然她在他们面前表现得有点太机智了。他们在昨晚大约十点将她送回我们的房间，列举了有关她的故事的五点错误。这些错误包括墙壁的颜色、她走过的台阶数、房间灯的位置以及她被劫持的时间。至于故事的核心似乎并无意见分歧。通过指出这些错误，他们保住了自己的面子，该妇人被送回，我想此事告一段落了。[①]

威尔逊“至于故事的核心似乎并无意见分歧”的看法过于主观，日本领事通过将一起明白无误的性暴力事件转换为一个需要取证的事件，指出女子回忆中的所谓“错误”（error），实则质疑了事件的真实性。对于此次讯问，《拉贝日记》也有大致相同的记录：

> 1 月 26 日下午，两名日本宪兵、一名翻译及高玉先生为调查此事，与里格斯及爱利生（即爱立逊——引者）先生一起去了该农具店以及日军宪兵区队部。这名妇女得去日本大使馆接受讯问，可她在那里被拘留了 28 小时，直至 1 月 27 日 20 时 30 分才被放回。她讲述了如下情况：她提供的一楼至二楼间的台阶数目不对，在描述当时现场的铺盖以及照明情况时也说错了，因为她把煤油灯说成了电灯。此外，她也说不清楚被带走的具体时间（商店里愤怒的群众所提供的时间和她说的不一致）。因此认定，强奸不

① 耶鲁大学图书馆藏，Letters from Bates to American Embassy，NMP 0163，RG 10：Box 102 Folder 863：Nanking during Sino-Japanese conflict 1937 Dec. 16 – 20。

是发生在那所房子里，并由此推定不是日本宪兵所为，而是一些在此期间已经受到惩罚的普通士兵所为。既然已经认定此事不在日本宪兵区队部发生，那么这起举报以及美国大使馆的抗议便当然地被视为反日宣传。[①]

关于女子被拘留讯问的时间，拉贝与威尔逊的说法略有差异，其他仅有详略之不同，他们均认为日方意欲模糊事件的性质。

拉贝最后提及日方高玉先生及其翻译到平仓巷3号向贝德士和林查理通报了讯问的结果。28日，贝德士在致美国领事爱立逊的信函中详细记录了与日本领事交涉的经过。[②] 原来，该女子26日晚被带到日本大使馆后，确实如威尔逊所说“在他们面前表现得有点太机智了（a little too smart for them）”，让日方始终无法得到需要的证词。贝德士写道：“该女子非常普通，没受过任何教育，但有一种与生俱来的勇敢和倔强，比讯问者更有智慧。”[③] 结果，远远超出预定的两个小时讯问时间，历时30个小时，直到27日晚8时45分，这名女子才被送还。当晚，日本方面的杉本翻译官、高玉和另外一人与美国方面贝德士、林查理就讯问结果进行了30分钟会谈。第二天，贝德士将自己的记录与林查理的记录进行对照之后，给爱立逊发去一封信函。

日方在对该名女子的反复诘问中得到如下细节内容：（1）煤油灯的位置，是摆放在窗子旁，而不是从天花板吊下来的；（2）床的颜色，女

---

① ［德］约翰·拉贝：《拉贝日记》，本书翻译组译，江苏人民出版社、江苏教育出版社1999年版，第524—525页。

② 耶鲁大学保存的关于南京大屠杀的主要档案皆在网络上公开，但没有贝德士这封信。张生等编《南京大屠杀史料集》第12册《英美文书·安全区文书·自治委员会文书》（江苏人民出版社、凤凰出版社2006年版，第119—122页）所录该信系转译自日译文：［南京事件調査研究会編『南京事件資料集·アメリカ関係資料編』，（東京）青木書店1992年版、167—170頁］。本文相关引文，系直接译自英文原件。

③ Suping Lu，ed.，*A Mission under Duress：The Nanjing Massacre and Post-Massacre Social Conditions Documented by American Diplomats*，University Press of America，2010，pp. 107－108. 原文：“The woman is highly unprepossessing and utterly uneducated，but had plenty of raw courage and stubbornness plus rather more intelligence than her questioners.”

子说是白色，实际是黄色的；(3) 楼梯的位置，在建筑物的左侧，而不是右侧；(4) 台阶数，不是女子回忆的3个，而是11个；(5) 女子进入那所房子的次数，一次是被士兵挟持，一次是与贝德士、林查理等人去指认，最后一次是讯问中被领事、警察带去；(6) 女子说被强制带到那所房子后被一名士兵护送回去，其他时间则是一个人回去的。

就上述内容，贝德士的记载和评论如下。对于 (1)，贝德士事后询问女子，女子告称电灯是从天花板吊下来的，在窗子旁边另有煤油灯。对于 (2)，贝德士未加置评。对于 (3)，女子和贝德士一致认为是在右侧，而不是左侧。女子称自己是在被讯问时才知道的。对于 (4)，贝德士认为门口和玄关之间有3个混凝土台阶，屋内的楼梯有11个，日方采取了与 (3) 完全不同的把戏 (trickery)，“明显是一种儿戏的手法 (a childishly obvious device)”。[①] 对于 (5)，女子一共去过那所房子三次，其中一次是贝德士和林查理陪同去的，贝德士认为日方把不同性质的事情放在一起，“是试图损害我们及女子的名誉”。对于 (6)，贝德士没有置评。

日方对事件现场细节的纠缠，旨在将对事件的追究引入歧途，解构事件的“真实性”。对于六点中的四点，贝德士逐一评论；对于 (2) 和 (6)，贝德士未加评论。笔者认为 (6) 十分重要，日方伪造这一细节，谎称女子不知道事件究竟何时发生，而且不止一次去过那所房子，其实意在暗中污蔑受害者是性交易者。果然，杉本翻译官随后宣读了日方的三点声明：第一，美国大使馆指责犯人是“宪兵”，这一指责乃“是谎言”；第二，“那女子说不知道事件发生的最初时间，我（贝德士——引者）竟武断地说是在11点。女子本人不知道，也没有报告过，何以我能知道呢？”第三，“这一事件不过是美国大使

---

① Suping Lu, ed., *A Mission under Duress: The Nanjing Massacre and Post-Massacre Social Conditions Documented by American Diplomats*, University Press of America, 2010, p. 108. 原文：“The woman is highly unprepossessing and utterly uneducated, but had plenty of raw courage and stubbornness plus rather more intelligence than her questioners.”

馆的反日宣传而已”。[①]

对于日方这种自欺欺人的做法，贝德士当即予以反驳。关于第一点，杉本认为美国领事所说的“宪兵”与事实不符，这的确是安全区的美国人误将日本士兵当作了宪兵。日本宪兵不同于军队的士兵，相当于警察，旨在保护欧美人士免受日本士兵的侵扰，他们往往被配置在国际安全区附近。但是，这个细节并不能改变此次事件的性质。而且此前正是日本宪兵一直在使用小粉桥32号建筑物，他们未能阻止日本士兵进入其中，本就属于失职。关于第二点，贝德士强调说，具体时间是根据很多人的证言得出的。杉本于是辩解道：“你不能这么说，除非将那些人带到我们这里进行讯问。”贝德士进而讥讽道：“是不是说要拘留30个小时？那不是调查，是惩罚。”杉本听后慌忙表示没有这个意思，但还是强调贝德士关于具体时间的报告没有确凿证据。对于第三点，贝德士强调没有反日的想法，只是反对犯罪，无论哪国人都如此。杉本尽管不断狡辩，却不小心说漏了嘴，透露日方的确有“犯罪行为”，而且犯案者已经受到了处罚。[②]

在给爱立逊信函的最后，贝德士记录了该名女子对贝德士等人所说的几句话，这是整个事件中第一次出现受害女性的声音。她说：“他们在灯的种类和形状上，给我找麻烦。但是，当我画了一张图之后，事情就了结了。”[③] 比照前述日方所指出的所谓“错误”可知，日

① Suping Lu, ed., *A Mission under Duress: The Nanjing Massacre and Post-Massacre Social Conditions Documented by American Diplomats*, University Press of America, 2010, pp. 108 – 109. 原文：“The woman is highly unprepossessing and utterly uneducated, but had plenty of raw courage and stubbornness plus rather more intelligence than her questioners.”

② Suping Lu, ed., *A Mission under Duress: The Nanjing Massacre and Post-Massacre Social Conditions Documented by American Diplomats*, University Press of America, 2010, p. 109. 原文：“The woman is highly unprepossessing and utterly uneducated, but had plenty of raw courage and stubbornness plus rather more intelligence than her questioners.”

③ Suping Lu, ed., *A Mission under Duress: The Nanjing Massacre and Post-Massacre Social Conditions Documented by American Diplomats*, University Press of America, 2010, p. 109. 原文：“The woman is highly unprepossessing and utterly uneducated, but had plenty of raw courage and stubbornness plus rather more intelligence than her questioners.”

方试图通过一个与事件无关紧要的细节，将受害者的回忆引入歧途。日方指出灯的位置的“错误”，其实是在曲解和狡辩。

女子的第二句话是：“他们带来四五个士兵，命我指认谁挟持了我。我说不是这些士兵，于是他们开始骂我。但是，我告诉他们别指望我按照他们的意思从中指认，因为你们昨天说在房间里有超过40个士兵。”[①] 日方带来与事件无直接关系的士兵让受害女性指认，其居心实在险恶，但被这名女子机智地驳回去了。

女子的第三句话是，“他们问的问题非常少，每个问题后嘀咕很长时间，考虑接下来该问什么，我回答了他们提出的每一个问题”。[②] 看来，日方虽然带走这名女性进行讯问，但既不能抹消人所共知的事实，又无法动粗；受害女子机智而倔强，以30个小时的韧性规避了日方所设置的话语陷阱。

四 结语

记忆并非不证自明的物之存在。记忆不仅是被叙述的客体，还是会说话的主体。随着南京大屠杀事件研究的“记忆转向”（the turn of memory），记忆伦理这一被淡忘已久的基础理论问题的重要性愈发明显。本文截取死者的记忆和伤者的记忆两个断面，对此问题进行了初步的探讨。

严格地说，死者的记忆在死者生命终结、意识活动停止之时，即

---

① Suping Lu, ed., *A Mission under Duress: The Nanjing Massacre and Post-Massacre Social Conditions Documented by American Diplomats*, University Press of America, 2010, p. 109. 原文：“The woman is highly unprepossessing and utterly uneducated, but had plenty of raw courage and stubbornness plus rather more intelligence than her questioners.”

② Suping Lu, ed., *A Mission under Duress: The Nanjing Massacre and Post-Massacre Social Conditions Documented by American Diplomats*, University Press of America, 2010, p. 109. 原文：“The woman is highly unprepossessing and utterly uneducated, but had plenty of raw courage and stubbornness plus rather more intelligence than her questioners.”

已不在场。生者通过感觉和意识活动对死者记忆的再构，是一种代理表象行为，即使出于真诚的动机，表象行为也不可能“复原”，从而替代死者的记忆。对于死者的记忆，本来最有能力予以代理书写的是加害者，作为在场的施暴者，他们有可能耳闻目睹死者之死的具体情形。但是，即便施暴者的情感和意识中会残留死者的记忆痕迹，其文字表现也多为虚饰、弱化乃至曲解，最终主观呈现的不是记忆，而是忘却。田中次郎日记是一个例外，这位加害者的即时书写记录了死者的记忆，讽刺地成为被害者的记忆代理人。

从死者和加害者之外的第三方的视角，将死者之死置于其所处的情境中，通过生者的感受和代理书写来诠释死者的记忆，这是一项有待深入的探究。安全区里的外国人出于救死扶伤的人道信念留在了南京，他们在日记的自言自语和在家书中向亲人的诉说发乎人之本真的情感，因而所记录的死者的记忆虽然星星点点，却成为死者的记忆的代理人，具有毋庸置疑的真实性。遗憾的是，在众多关于南京大屠杀事件的即时记录中，很少出现如卢小庭那样有名有姓，且留下一定生之痕迹的个体，这就使讨论的深入受到很大限制。

就伤者的记忆而言，小粉桥 32 号案具有反复咀嚼的意义。这不仅是因为它引发了美日之间的外交纠纷，乃至与日军“中支那方面军”最高司令官松井石根的被解职不无关系；更重要的是，从日方讯问受害女子的取证方式中，依稀可见历史修正主义的狡计。围绕事件的解读，历史修正主义者以事件不在场为由，试图将对事件本质的认识引向对细节的争论上。由此，历史与记忆问题已不再是纯粹的历史学范畴的问题，而是关乎记忆的伦理和记忆的政治之问题：为何记忆？谁在记忆？

小粉桥 32 号性暴力案表明，伤者的回忆——记忆主体的发声——十分重要，这是死者所无法做到的。受害女子通过回忆和讲述受害经过，使得贝德士等第三方人士获得了“共同记忆”，借用以色列学者玛格利特（Avishai Marglit）的术语，这还是一种“共享记忆”（shared memory)，是在伤者和接受者之间流通的交流记忆。[①] 受害者和加害者之间原本可能存在“共同记忆”，但无论是加害者本人还是站在加害者立场的日方其他人员，都拒绝这种记忆的存在，因而他们与伤者以及第三方的贝德士之间不可能共享相同的记忆。唯其如此，加害者与受害者在事实的认定上自然会出现差异，细节遂成为认定事实的重要手段。不过，细节的准确固然可以强化事件的真实性，但却无法改变事实的性质。反过来说，该案告诉人们，在书写死、伤者的记忆时，细节具有不可小觑的作用。可靠的、符合常识的细节，可以回击历史修正主义者的狡计，也可以回应后现代主义关于历史看起来像文学这一诘难[②]。在历史的实在性与历史不在场的断裂中，搭建事实与证据之间的关联是代理表象永无止境的工作。哲学家保罗·利科（Paul Ricœur）在晚年写就的巨著《记忆、历史、忘却》末尾写道：

> 历史的背后，有记忆与忘却。
> 记忆与忘却的背后，是生。
> 但，书写生则是另一种历史。
> 未完成。[③]

（原载《江海学刊》2017 年第 5 期）

---

① ［以］阿维夏伊·玛格利特：《记忆的伦理》，贺海仁译，清华大学出版社 2015 年版，第 46—47 页。Avishai Marglit, *The Ethics of Memory*, Cambridge, Massachusetts and London: Harvard University Press, 2002, pp. 50 – 51.

② 2009 年 10 月 24 日，海登·怀特（Hayden White）在日本东洋大学的演讲中承认，对于“事实”与“虚构”的关系这一问题，“我曾犯过错误，现在清楚了。也许这样论述与话语（历史学）的关系较为妥当：即在试图忠于指示对象的同时，产生了文字记述以外的意义，就其结果而言，虽不能说是虚构，但无论如何看来，都承继了文学表象习惯的话语”。ヘイドン・ホワイト：『実用的な過去』，《思想》2010 年第 8 号。

③ Paul Ricœur, *La mémoire, l'histoire, l'oubli*, Paris: Éditions du Seuil, 2000, p. 657.

南京大屠杀与南京市民的创伤记忆

张连红

20 世纪 80 年代以来，随着战后冷战体制的突然瓦解，对战争创伤的不同记忆与解读逐渐演化为原战争加害国与被害国民众之间相互信任的重要障碍，研究和寻求共同的战争记忆已成为社会各界共同关心的重要话题。但是，在中日两国之间，由于加害国与被害国民众战争体验的不同、战后冷战体制的长期影响以及狭隘民族主义的冲击，人们对诸如南京大屠杀等战争创伤出现了截然背向的记忆。显然，寻求中日两国对战争创伤的共同记忆已成为构筑中日友好关系中十分重要的一环。

近几年来，笔者围绕南京大屠杀对南京市民社会心理影响的问题先后做过一些问卷调查和口述访问，内容涉及南京市民对南京大屠杀的史实认知与情感记忆，本文试图以此为基础，从南京大屠杀被害者的角度，对南京市民的创伤记忆作一讨论。

一　南京市民创伤记忆的通道

南京大屠杀之后，在日军高压恐怖统治之下，南京市民的创伤记忆被深深地掩埋在心底。但是，每逢到了清明祭扫亲人和大屠杀周年之时，他们都会以最简便、最隐晦的方式去记忆无法忘却的创伤。[①] 1945 年 8 月 15 日，当日本宣布投降之时，南京市民压抑已久的创伤记忆终于得到释放，人们以最大的热情参与了调查和审判南京大屠杀战犯的全过程。但就在人们还沉浸在胜利喜悦之中，尚未就如何永久性记忆遇难亲人之时，时局却发生了惊人的剧变，国民政府溃逃台湾，其后东西两大阵营的对峙局面又在冷战中拉开帷幕。在政府倡导中日人民友好的主旋律下，以及受 20 世纪五六十年代极“左”思想的影响，南京市民对南京大屠杀的记忆受到政治扭曲。在政治挂帅的年代里，人们对南京大屠杀的记忆再次受到压抑。[②]

1982 年，日本教科书事件发生之后，日本国内否定侵略战争特别是否认南京大屠杀的言行，激起了南京市民的强烈愤慨，他们纷纷给南京市政府、新闻媒体写信，呼吁政府：“为历史也为未来，为南京人民、中国人民也为世界上所有爱好和平的人民”，就南京大屠杀事件编史、建馆和立碑，以纪念死者、教育后人。南京市民龚仕明在来信中说：“为了让孩子们更形象地清楚地知道什么是侵略和被奴役，南京为什么不可以尽快地修建纪念馆和纪念碑?”“这不仅是缅怀死去的人，更重要是让后代不忘记过去。”[③] 在广大市民的强烈要求下，1983 年 10 月，建馆、立碑和修史计划得到省市政府的关注和支持。同年 12 月 13 日，在纪念南京大屠杀遇难同胞 46 周年之际，各界群众前往江东门南京大屠杀遗址举行了建馆奠基仪式，1985 年 8 月 15 日，侵华日军南京大屠杀遇难同胞纪念馆提前建成，并作为公共记忆的场所正式对外开放。在建馆的同时，南京市政府还根据相关史料，在全市城郊各南京大屠杀遗址树立了 13 个纪念碑，其后又相继树立了 4 个纪念碑。南京市民创伤记忆的通道，由于受到日本否定论

---

① 参见［美］明妮·魏特琳《魏特琳日记》，南京师范大学南京大屠杀研究中心译，江苏人民出版社 2000 年版，第 534、717 页。

② 参见［日］笠原十九司《南京事件与日本人》，柏书房 2002 年版，第 232—233 页。

③ 孙宅巍主编:《南京大屠杀》，北京出版社 1997 年版，第 639、640 页。

者言行的激活，在民众强烈呼吁之下，经过近半个世纪历史的激荡终于得以畅通。

纪念馆建成之后，纪念馆成了南京市民连接历史与现实的记忆通道，成了纪念和凭吊遇难亲人同胞的重要场所。每年清明前后，许多南京市民特别是一些大屠杀幸存者都要前往献花凭吊，纪念馆建成后，死里逃生的大屠杀幸存者唐顺山，每年清明节都要骑上三轮车为遇难同胞乡亲送来亲手制作的花圈。在每年南京大屠杀周年祭日，江苏省暨南京市政府还要在纪念馆广场上举行盛大的悼念仪式。据不完全统计，每年前往参观的人数达到 50 万人次，建馆 18 年来，参观合计近 1000 万人次。2001 年 12 月 13 日，笔者主持过一次问卷调查，408 位南京市民中，有 105 人曾去过一次南京大屠杀遇难同胞纪念馆，有 122 人曾去过一次以上，根据这一比例，南京市民中有一半以上的人曾去过纪念馆一次或一次以上。除了纪念馆之外，遍布市区和郊区各地的遇难同胞纪念碑也是南京市民创伤记忆的通道，在被调查的 408 名南京市民中，能说出南京市内纪念南京大屠杀遇难同胞纪念碑一处的有 107 人，说出两处的有 65 人，能说出两处以上的有 145 人，而不知道者为 87 人，约占总数的 21.3%，有 4 人未明确回答，也就是说有近 80% 的南京市民了解遇难同胞纪念碑。在南京，作为公共记忆的场所，纪念馆和每一处纪念碑随时都可以带参观者缓缓走进创伤记忆的深处。

除了有形的纪念性建筑物之外，许多无形的因素也会激活南京市民的创伤记忆，从而开启创伤记忆的通道，诸如 20 世纪 80 年代以来日本右派连续不断否认南京大屠杀的言行、日本政要屡次上演参拜靖国神社的风波、东史郎诉讼案、李秀英诉讼案、拉贝日记的发现等。事实上，任何与南京大屠杀甚至与日本军国主义相关联的现实事件，事无巨细都会触及南京市民敏感的神经。在南京市民的创伤记忆中，南京大屠杀的史实与现实生活中的民族情感，两者相互缠绕，共存共生。

二　南京市民创伤记忆中的情感与史实

2000年诺贝尔奖获得者肯戴尔（Eric R. Kandel）及神经科学家史奎尔（Larry R. Squire）从“分子生物”的角度，将记忆划分为陈述性记忆和非陈述性记忆。① 如果用这一理论来分析创伤记忆，笔者以为所谓陈述性记忆主要是指有意识的史实记忆，而非陈述性记忆则可理解为潜意识的情感记忆。也就是说，在创伤记忆中，史实记忆和情感记忆是创伤记忆中不可分割也不可相互取代的两个组成部分。随着时间的推移和民族情感及现实政治的影响，南京市民对南京大屠杀在情感与史实记忆方面的情形如何呢？

南京市民对东史郎诉讼案的反应，是观察南京市民对南京大屠杀情感记忆的个案。东史郎诉讼案中争论的焦点是南京大屠杀期间日本兵桥本残杀中国人的真相，为了证实桥本残杀方式的可能，南京市民一方面为东史郎诉讼案提供各种物证，如为了证明最高法院门口有一水塘，南京市民提供的地图就有60余件；另一方面，他们对诉讼案整个过程倾注了巨大的激情，为支持东史郎继续上诉，在横幅上声援签名者达到6万人。② 一些市民还以各种不同的方式来表达对东史郎的支持，家住光华门的退休工人张怀成将自己多年搜集的有关南京大屠杀的珍贵资料无偿赠给南京师范大学南京大屠杀研究中心，他指着一本载有侵华日军松井大将一些诗词的《支那》杂志对该中心的研究人员说：“我不会写文章，但多年来我搜集了一些关于日本侵华方面的资料，请你们专家写文章来声援东史郎。”曾在珠海东大集团工作的

---

① ［美］史奎尔、肯戴尔：《透视记忆》，洪兰译，（台湾）台北远流出版事业股份有限公司2001年版，第53页。陈述性的记忆是事实、念头、事件的记忆——是那些可以把记忆带回意识界去回忆出来的，如所说的话和视觉的影像。非陈述性的记忆也是来自经验，但系以行为的改变来表达，而非以回忆来表达，它是潜意识的。

② 朱成山、山内小夜子主编：《〈东史郎日记〉案图集：正义与邪恶交锋实录》，新华出版社2000年版，第142、179页。

石女士从报上看到相关报道后，则主动愿将其下海经商用的写字楼无偿提供给研究中心做办公场所，并愿无偿为中心服务；家住六合县龙袍镇的退休人员李恩相老人则主动给研究中心寄来长达万字的信函，探讨东史郎诉讼案的前景与对策，他在来信中说：“作为退休老人的我，近日对东史郎诉讼案被日本东京高等法院草草驳回，异常气愤，因此想通过你们提几点建议，以作参考，由于心情难以平静，不得不多写点，望请谅解。”①

为了全面客观了解南京市民对东史郎诉讼案的情感反应，1999 年 1 月 15 日至 17 日，笔者曾组织部分大学生，在南京市民中做了一次问卷调查，这次调查范围十分广泛，20 名大学生和部分工作人员分成 12 个调查小组，深入南京六个城区的各主要街道、社区、公共场所和部分工厂、机关。这次调查共发放调查问卷 480 份，收回有效问卷 444 份。这次调查具有一定的代表性，比较真实地反映了南京市民对东史郎诉讼案的史实认知和情感反应情况。②

调查结果显示：南京市民主要是通过电视、报纸和电台三个主要传媒渠道得知“东史郎诉讼案”这一事件的，其中对这一事件非常了解的有 56 人，基本了解的有 251 人，了解但不太多的有 87 人，三者之和为 394 人，占总调查人数的 89%，不知道者 49 人，占总数的 11%。在情感反应方面，在 394 人中，对日本东京法院判决东史郎败诉，91.6% 的人表示非常气愤和气愤，90.6% 的人认为东京法院的判决是不公正的。在回答“您对东史郎先生继续上诉东京最高法庭的行

---

① 《李恩相致南京师范大学南京大屠杀研究中心信》（1999 年 1 月 16 日），该研究中心藏。

② 调查的对象有工人、学生、国家公务员、科教文卫人员、服务行业人员、军人以及自由职业者，还有一些退休人员，其中学生 89 人，国家公务员 57 人，工人 117 人，教科及医务人员共 63 人，军人 9 人，自由职业者为 31 人，服务人员 33 人，其他职业者 45 人。调查对象的年龄从 20 岁以下到 60 岁以上均有分布。其中 20 岁以下 59 人，20 岁至 30 岁 120 人，31 岁至 40 岁 86 人，41 至 50 岁 70 人，51 至 60 岁 51 人，60 岁以上 58 人。调查对象的文化程度问卷统计分成四个档次，其中小学和小学文化程度以下计 34 人，初中文化程度 96 人，高中文化程度 144 人，大专或大专以上文化程度 166 人，另有 4 人未填明。在性别比例上，男性为 245 人，女性为 199 人，性别比例基本适合。

动表示什么态度”时，90.6%的人表示支持，有21人表示不关心。对东史郎继续上诉的前景，认为东史郎不会胜诉的人占23.7%，认为会胜诉的人占40.8%，认为法庭将故意拖延不作判决的占30.5%。认为东史郎继续上诉不会胜诉的原因中，列第1位的是“日本东京法庭不会作出公正判决”，“中国政府和人民未能施加影响”列第2位；认为东史郎继续上诉会胜诉的原因中，“东史郎提供的证据充分确凿”列第1位，“中国政府和人民施加影响”列第2位，“东京法庭作出公正判决”列第3位。日本东京最高法庭对东史郎案最后将如何裁定，南京市民明确表示关注的人达84.2%。[①]

在东京最高法庭驳回东史郎上诉后不久，2000年1月23日，日本右翼团体在大阪举办了“南京大屠杀是二十世纪最大的谎言”的集会，2001年4月3日，日本文部科学省通过右派团体编撰的教科书，8月13日，小泉首相参拜靖国神社。这一切都极大地强化了南京市民对南京大屠杀的情感记忆。在2001年12月13日纪念南京大屠杀遇难同胞64周年之际，笔者又组织了一次社会调查。这次调查发放问卷420份，收回有效问卷408份。[②] 调查的内容主要涉及南京市民对南京大屠杀的史实与情感记忆两方面的内容。

调查结果显示：在史实记忆方面，能准确说出南京大屠杀发生在1937年的有210人，占总人数的51.5%，有87人不知道南京大屠杀发生的时间，知道发生在几十年前的有95人。有300人知道南京大屠杀中遇难同胞人数在30万人以上，占总人数的73.5%，有63人表示

① 《新华日报》1999年1月22日。

② 调查对象的职业包括学生、工人、职员、自由职业者等，其分布比较适中。在408人中，209人为男性，199人为女性。年龄在20到40岁之间有193人，占总人数的47.3%，20岁以下的36人，占总数的8.8%，40岁到60岁之间的93人，60岁以上的86人。被调查者的文化程度，有156人为大专或大专以上学历，97人为高中毕业，92人为初中毕业，63人为小学或小学以下文化。408名调查对象中，有185人表示自己是南京人，占总人数的45%，有76人居住在南京20年以上，27人居住在南京10年以上20年以下，79人居住在南京10年以下，有35人居住在南京不到1年。据最新资料表明，2002年3月，南京市流动人口达到48万人，因此，在社会调查中，有一部分接受调查的人在南京居住的时间很短。

不清楚，12 人表示遇难同胞人数在十几万人，13 人表示在 40 万人以上。调查中有 344 人知道目前日本还有很多人不承认南京大屠杀这一事件，有 58 人表示不知道，占总人数的 14.2%。有 321 人表示愿意进一步了解南京大屠杀的历史事实，占总人数的 78.7%，65 人表示无所谓，14 人表示不愿意。对自 1997 年开始每年 12 月 13 日 10 点钟全城拉响的纪念警报，有 16 人认为是防空演习，306 人知道是为了纪念南京大屠杀遇难同胞，占总人数的 75.0%，什么也不知道者有 73 人，其他原因者 10 人。

在情感记忆方面，对在 12 月 13 日这一天南京有人举办婚礼和开业庆典的态度，有 216 人持反感态度，占总数的 52.9%，持无所谓态度的人有 126 人，不反感的人为 39 人。有 171 人表示看到日本旅行团在南京参观访问时，会联想到南京大屠杀事件，占总人数的 41.9%，87 人表示没有注意这一问题，137 人表示不会联想到南京大屠杀。在购买和使用日本商品时，有 77 人表示会联想到南京大屠杀，82 人表示偶尔会，232 人表示不会和没有注意，占总人数的 56.8%，还有 17 人未表示。对南京市用拉警报的方式来纪念遇难同胞，367 人表示赞成，占总人数的 90.0%，17 人表示不赞成，15 人表示无所谓。值得一提的是，在调查者中，346 人表示其家庭和亲戚中没有成员是南京大屠杀的直接受害者或幸存者，占总人数的 84.8%，有 50 人表示有，占 12.3%，其他人则表示不太清楚。

上述两次社会问卷调查的基本数据在一定程度上揭示了南京市民对南京大屠杀情感与史实记忆的现状。当然，从调查中我们也发现，由于不同年龄、不同文化程度、不同性别、不同职业和在南京居住时间不同等因素的影响，南京市民对南京大屠杀的记忆在史实和情感方面也存在一定差异。如在 1999 年 1 月开展的东史郎诉讼案社会调查中，有 49 名被调查者对东史郎诉讼案填写了“不知道”，他们主要是 20 岁以下的学生和 60 岁以上小学以下文化程度的老年人，其中前者为 15 人，后者为 8 人。中小学生由于功课紧张，平时没有时间看报纸和电视，因此，对东史郎案很少了解。另外，笔者在同许多南京大屠杀幸存者接触后，发现没有亲身经历过南京大屠杀的市民同南京大屠杀幸存者相比，其创伤记忆的差异则更大。

三　南京大屠杀幸存者的记忆

随着岁月的流逝，南京大屠杀幸存者的人数已越来越少。资料显示：1938 年 3 月底，即在侵华日军南京大屠杀之后，南京城里约有 23.5 万人侥幸生存下来。[①] 而在 60 余年后的今天，经历过南京大屠杀的幸存者已不足 3000 人。据 1997 年的不完全调查，经历过南京大屠杀的幸存者、目击者与受害者尚有 2630 余人。[②] 在笔者调查的过程中，深感幸存者对大屠杀的记忆，人们绝非能从史料中读出，也很难从影视媒介中去体验，也许再伟大的历史学家也不能让读者克隆移植这种记忆，文字之于记忆确有无能之力。

南京大屠杀对于每个幸存者个人而言，日军的残暴、恐怖与丧失人道的恶作剧永远也无法从他们的记忆中遗忘消失，每个幸存者都有一个相似而又不同的悲惨记忆，在他（她）们的记忆中那恐怖的一页永远也无法抹掉。家住头条巷的张奶奶今年已 78 岁了，她在丈夫去世之后，经过多次犹豫还是第一次向笔者讲述了她 12 岁时为保住爷爷的性命而被迫遭受三名日本兵轮奸的痛苦经历；[③] 幸存者张玉英老人尽管现在处于精神分裂期，但她却能清晰地讲述她的父亲被日军用刺刀

---

① 辽宁省档案馆：《满铁档案中有关南京大屠杀的一组史料》（续），《民国档案》1994 年第 3 期。

② 目前南京尚有多少南京大屠杀幸存者并无精确统计，1997 年南京市教委和南京大屠杀遇难同胞纪念馆组织万名学生寻访侵华日军南京大屠杀幸存者的夏令营活动，共走访了 15 个区县、153 个乡镇，寻访了 29456 户的老人，共发现 2630 位南京大屠杀的幸存者、目睹者和受害者。但从后来笔者进行的调查情况来看，仍有许多区和街道、乡村没有能够调查到，因此，2630 位幸存者可视为最低人数。

③ 2001 年 3 月 26 日，笔者采访笔记。

刺死倒靠在她身上的那一幕悲剧；在常志强老人的记忆中，刻骨铭心的痛是，她的母亲被日军刺刀刺得全身鲜血直流，但在临死之前还挣扎着解开衣服为同样受伤不满周岁的弟弟喂奶，乳房旁边伤口的鲜血还在不停地往外流，他的父亲则被日军刺刀刺死而僵硬地跪在不远处的墙角，当时只有10岁的常志强不知他的父亲已死，一把拉他起来去救妈妈的时候，他的父亲却倒了下去再也没有起来……

但幸存者记忆的内容又不仅仅是日军南京大屠杀期间的残暴与恐怖，使幸存者终生难忘的还有大屠杀之后她（他）们生存下来的痛苦经历与一种无望的期盼。因南京大屠杀而失去丈夫的妻子、失去父母的孤儿、失去妻子的丈夫、失去儿女的父母和成千上万被日本兵糟蹋后心中永留伤疤的妇女来说，他（她）们劫后生存经历虽然不是战争创伤本身，但是这无疑也是战争记忆的主要内容。杜奶奶8岁时在孝陵卫遭到一名日本兵的强奸，从此之后她再也没有能够摆脱噩梦般的阴影，三次嫁人都以失败告终。[①] 在大屠杀中，常志强、姜根福、倪翠萍等人都失去了自己的亲人，作为大屠杀的孤儿，他们都有属于自己的永远无法忘记的生存经历。在1999年采访中最令人心碎的一例是笔者采访84岁高龄的韩秀英老人，1937年12月日军进城时，她已有孕在身，在日军进城后的一天晚上，她的丈夫肖直刚突然被日军抓走了，从此之后，她每时每刻都在期盼她的丈夫回来，儿子生下来后也一直期盼见到自己的父亲，笔者采访她的时候得知，她一直和她的儿子住在一起，终身未改嫁，我们无法想象失去生活依靠的她，是如何将自己的儿子拉扯长大的，我们更无法想象她是如何熬过这么多苦难的日日夜夜的，漫漫60多年的等待啊！[②]

20世纪80年代以来，日本国内否定南京大屠杀的言论日益猖獗，

---

① 2001年2月18日，笔者采访记录。

② 1999年10月12日，笔者采访记录。

也深深地刺伤了南京大屠杀幸存者本已无法痊愈的伤痛。一些幸存者如李秀英、夏淑琴、姜根福等人愿意接受国内外媒体和爱好和平人士的采访调查，为历史做证。在他们内心深处，他们也试图希望生活在和平年代的人们来了解他们悲惨的记忆。还有许多南京大屠杀幸存者由于无法忍受日本右派对历史事实的挑衅，主动打电话要求讲述他们在大屠杀中的遭遇与经历。下关区安乐村的夏瑞荣和屈慎行夫妇是主动打电话给报社要求接受采访的，他们告诉笔者，看到日本右派的言行，他们再也忍不住了，他们觉得有责任将自己在大屠杀期间的经历告诉年轻人。常志强老人则在1997年主动跑到纪念馆讲述自己一家的悲惨遭遇，而在这之前他没有向其他人包括他的家人讲述过大屠杀恐怖的历史，他说："我一家10口人，在大屠杀期间就死了7口人，但是很长时间没有告诉别人，因为我提起这样的事，我就很痛苦，1997年我从电视里看到日本人不承认南京大屠杀，我忍不住了，于是我一个人跑到纪念馆去，将自己的经历告诉了他们。"①

当然，也有许多幸存者并不一定都愿意将自己的苦难记忆告诉人们，包括试图希望通过搜集资料为历史做证的调查者，甚至包括他（她）们的亲人，他（她）们在心中祈求这种恶梦一样的过去再也不要停留在自己的记忆之中，在他（她）们的内心里，他们不愿别人去触及这一根伤痛的神经。在调查中，笔者被幸存者拒之门外的例子并不少见。他（她）们一直在试图远离甚至躲避任何有可能引起其悲惨记忆的一切导因。

对于大屠杀幸存者而言，大屠杀的史实刻骨铭心，当他们从媒体中得知日本右派还在不断否定历史事实之时，他们无法容忍，甚至异常愤怒。但是，当他们面对前来访问的日本青年时，他们唯一的愿望便是希望日本青年人将南京大屠杀的真相带给日本人民。

① 2002年2月25日，笔者采访记录。

四 余论

侵华日军南京大屠杀是人类历史上最为残暴的惨案之一，它不仅是南京市民心中难以痊愈的痛，而且也是人类历史上不能忘却的耻辱。在南京，通往南京大屠杀创伤记忆的通道随时随地都有可能被打开，任何同南京大屠杀相关联的事件在南京市民中随时都会引起强烈的反响。1995 年 3 月，当南京市发出为南京大屠杀遇难同胞纪念馆二期工程捐赠一元钱的倡议后，南京市民纷纷踊跃响应，在一个多月的时间里，参与捐款的市民达到 100 万人，捐款总额达到 160 余万元。2000 年 12 月，当盛岛酒店拆移侵华日军南京大屠杀正觉寺遇难同胞纪念碑而为市民获悉后，立即引起市民的强烈反对。2002 年 3 月，有关侵华日军南京大屠杀遇难同胞纪念馆的更名讨论，也在市民中引起轩然大波。作为公共记忆场所的纪念馆和纪念碑，它们无疑已成为南京市民凭吊缅怀遇难同胞的神圣象征和市民创伤记忆深处的一种情感寄托。

调查表明，随着时间的推移，南京市民对南京大屠杀的记忆已超越了原始复仇阶段，从某种程度上已被置换为一种“落后就要挨打”的自责和自强意识。自 20 世纪 50 年代以来，“发动侵略战争的是日本军国主义分子，而不是日本人民，日本人民也是战争的受害者”这一观念已深入人心、家喻户晓。在纪念馆和纪念碑的文字说明中，“前事不忘，后事之师”、“以史为鉴，面向未来”、“奋发图强，振兴中华”等字句随处可见。即使是九死一生的南京大屠杀幸存者，在他们情感记忆中，他们对待历史的态度更多的也是宽容，绝大多数幸存者的共同心愿是希望日本政府及民众能真正承认和反省这一真实的历史，防止悲剧重演。前文社会调查结果也表明，南京市民对南京大屠杀情感记忆深处的反日情结并不占据主导地位。

然而，日本国内一部分人士却以狭隘的民族主义的眼光来看待南京大屠杀纪念馆等公开记忆场所，他们将馆中陈列的有关日军残杀中国人的图片解读为中国的反日政治宣传，将纪念馆视为“开展反日洗脑教育的重要设施”，2002 年 7 月，日本鹿儿岛县议会甚至通过一项提案，限制日本学生前往中国参观南京大屠杀遇难同胞纪念馆。[①] 在冷战体制瓦解、东亚政治格局重建的今天，当中日两国民众重新面对战争悲剧之时，如何相互理解过去的历史和如何寻求共同记忆，显然已成为制约中日两国未来走向最为重要的因素之一。

南京大屠杀悲惨的历史已经过去 65 年了，但是，“南京大屠杀”并没有事实上也永远不可能从南京市民的记忆中消失。当然，南京大屠杀这一悲惨历史，它不仅属于南京市民，也属于中日两国民众，这一惨痛教训也应让全世界人民共同记取。人类社会特别是日本人民应该同南京市民一起，不仅要将这一创伤记忆视为人类过去的共同耻辱，也要将它置换为指引人类未来和平走向的共同财富。

（原载《江海学刊》2003 年第 1 期）

① 《南京晨报》2002 年 7 月 4 日。

个体记忆何以可能：建构论之反思

李里峰

1925 年，法国社会学家哈布瓦赫（Maurice Halbwachs）发表了他的经典著作《记忆的社会框架》，在书中首次提出并详细阐述了“集体记忆”的概念。此后，集体记忆（或称社会记忆）逐渐成为西方社会学界关注的热点之一，并演变为一个跨学科的研究领域。记忆研究的主流范式随之发生了显著转移，越来越多的研究者开始强调集体与社会框架对个体记忆的制约和塑造，由此形成了“建构论”的研究视角。时至今日，几乎已没有人能够或者愿意在集体和社会框架之外谈论记忆，似乎舍集体和社会则无记忆。然而，这无疑是一种错觉，因为无论如何，终究只有具备认知能力和思维能力的活生生的个人才能记忆，所谓集体记忆之存在，必须以每一个集体成员的个体记忆为载体。有鉴于此，本文试图在集体记忆、社会记忆的强势话语下，对个体记忆之主体性何以可能、何以可为的问题略作探讨。[①]

① 对集体记忆与个体集体之关系的反思性述评，尤其是“记忆的微光”（相对于“记忆的强光”）之于强势社会记忆研究范式的启迪与矫正作用，参见刘亚秋《从集体记忆到个体记忆：对社会记忆研究的一个反思》，《社会》2010 年第 5 期。

一 实存的个体记忆与隐喻的集体记忆

在建构论者看来，记忆绝非纯粹的个人行为，而是一种集体社会行为，人们从社会中得到、拾回、重组记忆；每一种社会群体皆有其对应的集体记忆，该群体借此得以凝聚及延续；人们对过去事情的记忆常常是选择性的、扭曲的或是错误的，因为每个社会都有一些特别的心理倾向，或是“心灵的社会历史结构”，记忆无法脱离此种倾向或结构的制约；集体记忆依赖各种媒介（如实物、图像、文献等）或各种集体活动而得以保存、强化或重温。① 简言之，记忆乃是集体和社会建构的产物，因而一切记忆都是集体记忆、社会记忆。

然而，集体记忆并不是一个不言自明的概念。在现代心理学中，记忆通常指个人对过去活动、感受、经验的印象累积和再现。记忆之形成，须经过编码（将外在刺激转换成各种代码以备贮存）、贮存（将编码后的讯息留存下来以备检索）、检索（在必要时将贮存的讯息进行解码还原）三个步骤。在此过程中，脑神经细胞和细胞之间的突触扮演着至关重要的角色，当神经细胞受到刺激时，细胞之间的突触就会生长和增加，使与之相邻的神经细胞联结、沟通，达到一定程度后会出现“神经回路”，由此形成人们所说的记忆。② 显而易见，任何一个群体都不具备这样的生理前提。

针对群体自身能否记忆的问题，社会学家和心理学家们有过诸多探讨。哈布瓦赫的老师、现代社会学的奠基人之一涂尔干（Emile Durkheim）基于对社会现象的细致观察，相信社会群体构成独立的心理单位，并拥有人类个体的几乎一切特征。心理学家、分析心理学的

---

① 参见王明珂《华夏边缘：历史记忆与族群认同》，（台湾）允晨文化 1997 年版，第 50—51 页。

② 张春兴：《现代心理学——现代人研究自身问题的科学》，上海人民出版社 1994 年版，第 258—272、282 页。

创始人荣格（Carl G. Jung）阐述了“集体无意识”的概念，意指包括祖先在内的世世代代的活动方式和经验库存在人脑中的遗留痕迹，它是人格结构最底层的无意识，能在特定人群所有成员的心中找到。在此基础上，哈布瓦赫不仅强调个体记忆受制于集体框架，而且明确提出“群体自身也具有记忆的能力”，这种群体记忆“好像植根于许多不同的土壤一样”，在“群体各个成员的意识中生发出来”。[①]

另一些学者则对“集体记忆”概念采取更为谨慎的态度。英国心理学家巴特莱特（Frederic C. Bartlett）对哈布瓦赫关于集体记忆的观点提出质疑，认为他所论述的只是“群体中的记忆”而并非“群体的记忆”，前者是指个体记忆受到社会的导向和控制，这一点是无须争论的；后者是指群体自身的记忆，这一点既无法被证明也难以被否定。群体成员拥有相似的认知和记忆这一事实，与其说证明了群体记忆的存在，不如说是群体与个体在相似地运用社会“图式”（schema）。[②] 事实上，哈布瓦赫自己的看法也是颇为矛盾的，他虽然肯定集体记忆之存在，却又不得不承认，“尽管集体记忆是在一个由人们构成的聚合体中存续着，并且从其基础中汲取力量，但也只是作为群体成员的个体才进行记忆”。社会阶级、家庭、协会、公司、军队都拥有不同的记忆，而这些记忆“都是由其各自的成员通常经历很长的时间才建构起来的”。[③]

在强调个人记忆受制于集体和社会的概念框架这一点上，建构论者无疑是正确的，因为作为记忆之前提的语言、逻辑、概念都不是与生俱来的，而是个人在集体和社会之中不断习得的结果。但集体和社会框架对个体记忆的制约和支配作用并非不可逾越，而是有大小和强

---

① ［法］哈布瓦赫：《论集体记忆》，毕然、郭金华译，上海人民出版社 2002 年版，第 95 页。

② ［英］弗雷德里克·C. 巴特莱特：《记忆：一个实验的与社会的心理学研究》，黎炜译，浙江教育出版社 1998 年版，第 385—389 页。

③ ［美］科塞：《导论：莫里斯·哈布瓦赫》，载哈布瓦赫《论集体记忆》，毕然、郭金华译，上海人民出版社 2002 年版，第 39—40 页。

弱之分的。心理学家对经历性记忆（episodic memory）和语意性记忆（semantic memory）进行了区分，前者是指有关个人生活经验的记忆，后者是指个体对周围世界中一切事物的认识，特别是对代表事物之抽象符号意义的了解。[①] 集体框架对个体记忆的制约，主要体现在语意性记忆上，更具个人色彩的经历性记忆所受的束缚则要少得多。

至少就其本初含义而言，记忆的真正主体只能是个人，“集体记忆”的概念则只能在隐喻的意义上成立。哈布瓦赫及其后继者极力强调个体记忆只有在集体的概念框架下才能形成，而其另一面则是，集体记忆只有以个体记忆为载体才得以存在和传承。唯其如此，个体记忆方有可能在建构论视角一枝独秀的记忆研究领域觅得一席容身之地。

二　时间、空间与记忆的质感

科塞（Lewis Coser）曾经指出，哈布瓦赫提出集体记忆的概念是为了填充“集体欢腾”时期与日常生活时期之间的空白，“这种集体记忆以各种典礼性、仪式性的英雄壮举的形式出现，并且在诗人和史诗性的诗歌中得到纪念，它们使记忆在除此之外单调乏味的日常生活的常规实践中保持鲜活”[②]。然而哈布瓦赫没有意识到，这些“典礼性、仪式性的英雄壮举”恰恰是“集体欢腾”的重要表现形式，它们无法弥合非常规状态与日常生活之间的缝隙，反倒会使集体记忆不可避免地走向同质化、刻板化。真正能够保持鲜活状态的，是群体成员既有共同基础又各不相同、丰富多彩的个体记忆。个体既能作为群体成员参加各种仪式性活动，使集体记忆得以生成和维系；又会在具体

① 张春兴：《现代心理学——现代人研究自身问题的科学》，上海人民出版社 1994 年版，第 258—272、282 页。

② ［美］科塞：《导论：莫里斯·哈布瓦赫》，载哈布瓦赫《论集体记忆》，毕然、郭金华译，上海人民出版社 2002 年版，第 44 页。

的时间和空间中形成更为具象、更富质感的个体记忆。

哲学家们对时间有着不同的认知模式。一种模式（时间 B 系列）强调“空洞而均质的”钟点时间，时间被当作许多彼此同一的瞬间的无限接续，各个事件相互分离并沿着时间维度延伸，可以按照彼此间或前或后的关系来确定它们的位置。另一种模式（时间 A 系列）则关注过去、现在与未来之间的关系，时间不是一个瞬间而是一段绵延，过去的时间融入现在然后又被带往未来。在现代性的背景下，时间开始从日常社会活动中脱嵌，活生生的时间消失了，时间被测量工具、被钟表取代，与社会时间和空间相分离。[①] 人类记忆乃是过去与现在之间不断交融互动的结果，具有与生俱来的怀旧特质，可以成为对抗现代社会“空洞化”时间的有效工具。但集体记忆往往要以象征符号、纪念仪式等为载体，对群体成员的个体记忆进行润饰、削减或完善，从而呈现出同质化的面貌，终究难以抗拒空洞化时间的殖民。例如，以“革命”和“解放”为核心的集体记忆总是蕴含着这样的时间观：将现在视为一个历史转折点，一边是我们身后黑暗、压迫的过去，另一边是我们前方光明、开阔的未来[②]，鲜活的个人生活史则在宏大时间中销声匿迹。相比之下，个体记忆中融入了更多的主观要素，其时间特质更接近于一种经历的、生成的时间，而在某种程度上了超越了那种可分割、可量化的时间。

空间也不是一种自然的几何现象，而是被不断地生产和再生产，是体现着斗争的场所。法国哲学家巴什拉尔（Gaston Bachelard）曾提出一种质性的、异质的空间概念，借助形象的“回荡”（reverberation），记忆主体可以从视觉上实现对客体的占有。在这种有质感的空间中，人们可以“通过白日梦和记忆，从过去中重新拾回长久遗忘的

---

① ［英］特纳编：《Blackwell 社会理论指南》，李康译，上海人民出版社 2003 年版，第 508、517 页。

② ［英］德兰迪、［英］伊辛主编：《历史社会学手册》，李霞、李恭忠译，中国人民大学出版社 2009 年版，第 593 页。

东西，生活在它那被忆起的私密性的回荡之中”①。个体记忆可以通过对空间的独特感知获得某种独立性，在一定程度上摆脱集体框架的束缚。在当前的集体记忆研究中，纪念空间是众人瞩目的热点之一，纪念堂、纪念馆、纪念碑以及具有纪念性名称的道路、公园、广场等，都被视为集体记忆的重要载体。列斐伏尔（Henri Lefebvre）则认为，在种种空间实践中，既有国家借助规划技术进行的操控，也有对主导实践的抵抗，以及由此导致的各种形式的个人和集体越界。② 在此视点下重新考察国家、集体、个人围绕纪念空间而进行的种种实践，不难发现，国家和集体固然会通过种种权力技术来塑造和操控个体的历史记忆，个体却也会赋予这些纪念空间以各不相同的意义，或者对国家、集体试图加在其上的象征意涵无动于衷，从而对集体记忆形成一种对抗或逃避。

个体记忆之所以能凭借对具象化时空的占有来维持其独立性，身体是一个重要的媒介，因为身体既是记忆不可或缺的物质载体，又不可化约地融入记忆之中。哈布瓦赫指出，人们对过去的回忆可以通过两种方式进行，一种是回忆那些对应着过去的事实或场景的特定意象，一种是回忆来自过去的“熟悉的感觉”。③ 康纳顿（Paul Connerton）则对认知记忆（recognition memory）与习惯记忆（habitual memory）、刻写实践（inscribing practice）与体化实践（incorporating practice）进行了区分，他特别强调体化实践和习惯记忆的力量，在体化实践中，不仅是我们的大脑而且是我们的身体在理解和记忆。④ 当具体的时空场

① ［英］特纳编：《Blackwell 社会理论指南》，李康译，上海人民出版社 2003 年版，第 526 页。

② ［英］特纳编：《Blackwell 社会理论指南》，李康译，上海人民出版社 2003 年版，第 528 页。

③ ［法］哈布瓦赫：《论集体记忆》，毕然、郭金华译，上海人民出版社 2002 年版，第 122—123 页。

④ ［美］康纳顿：《社会如何记忆》，纳日碧力戈译，上海人民出版社 2000 年版，第 94、117 页。

景与感性的体化实践和习惯记忆结合起来，就可以有效克服认知记忆和刻写实践易于抽象化、固定化的危险，使个体记忆以一种鲜活生动的形式得以内化和延续。诚如论者所言，我们的身体不曾忘记我们最初遭遇的那处居所，它们之间“充满感情的交契”会以一种物理的方式铭刻在我们身上，记忆以身体为中介在时间和空间上扎下了根。没有活生生的空间，没有活生生的时间绵延，就没有活生生的质感的记忆。①

舒衡哲（Vera Schwarcz）曾经说过：“抽象是记忆的最狂热的敌人。它杀死记忆，因为抽象鼓吹拉开距离并且常常赞许淡漠。”② 这话极其生动地道出了集体记忆的致命缺陷，那就是抹杀了记忆鲜活、质感、多元的本真特质，将充满情感体验、负载丰厚意涵的个体记忆刻板化、抽象化、同质化。隐喻的集体记忆、公共记忆为现代政治认同提供了所向披靡的利器，其代价则是真实存在的个体记忆被湮没，记忆的原初意涵和本真特质被抹消。

三　日常生活实践与记忆的消费

个体记忆诚然要受制于集体的概念框架，但二者之间绝非简单的对应关系，个体记忆会在细节层面呈现出各不相同的面貌，会在给定的舞台上充分展演自己的生命力和创造性。借用塞托（Michel de Certeau）关于“日常生活实践”和“消费者的生产”的理论③，我们不妨把提供概念框架和记忆规则的种种群体视为生产者，而那些在此框架和规则之下进行记忆实践的个体则是特定的消费者。各种层次的群

① ［英］特纳编：《Blackwell 社会理论指南》，李康译，上海人民出版社 2003 年版，第 526—527 页。

② ［美］舒衡哲：《第二次世界大战：在博物馆的光照之外》，《东方》1995 年第 5 期。

③ 参见［法］塞托《日常生活实践：1 · 实践的艺术》，方琳琳等译，南京大学出版社 2009 年版。

体（小到家庭、宗族、村庄，大到阶级、民族、国家）为个体记忆提供了基本的概念框架，每一个活生生的人却并非全然被动、一成不变地接受它，而会在消费和使用的过程中赋予记忆产品以打上了个人烙印的新情感、新意义，从而，个体记忆既受制于又不等同于集体记忆和公共记忆。唯其有共同的概念框架，个体之间才能分享、交流相同或相似的记忆，使集体记忆得以形成和传承；唯其有不同的理解和感知、不同的情感和意义，才能在集体与社会的框架中继续保持记忆的质感、多样性、鲜活性，才使记忆不至于变成僵化、刻板、抽象的符号。

在“消费”集体记忆的过程中，人们往往表现出巨大的创造性。最常见的做法是叠加，即在给定的记忆框架中添加更具个人色彩的新内容，从而稀释了集体记忆的同质性。在中国革命进程中，革命政党和社会主义国家借助“诉苦”“忆苦思甜”等群众运动，为千百万贫苦农民塑造了以阶级和阶级斗争为核心的苦难记忆框架，借此大大提升了党和国家的合法性与有效性。然而近年来的口述史研究却发现，中国农民的苦难记忆内容远为丰富，例如，陕北骥村女性在回忆“土改”时提到了“带头苦”“开会苦”“婚姻苦”“战争苦”等，而“阶级苦”只是其中较为模糊的一种，甚至于“地主好着了”成了村中许多人关于“土改”前乡村日常生活的记忆基调。① 在河北西村的口述史材料中，一位饱受苦难的农村妇女显得十分平静，丝毫“不觉得‘苦’”，对访谈者也“没有什么‘苦’可谈”，另一位妇女谈的则是在“四清”和“文革”中受的苦、被迫与傻子结婚的苦、独自照料婆婆和孩子的苦。② 这些日常生活中的苦难长期积淀、潜藏在人们的记忆中，并未因阶级话语的支配和政治运动的荡涤而销声匿迹。

---

① 姚映然：《受苦人——骥村妇女对土地改革的一种情感体验》，硕士学位论文，北京大学，2003年。

② 方慧容：《“无事件境”与生活世界中的“真实”》，载杨念群编《空间·记忆·社会转型——“新社会史”研究论文精选集》，上海人民出版社2001年版，第486—487页。

另一种做法是逃离，即把作为集体记忆之载体的象征符号日常生活化，将其仅仅视为可供消费的设施或环境，而对其中的象征意涵置若罔闻、视而不见。哈布瓦赫认为，只有在梦境中，人类的体验和记忆不是植根在社会情境与结构之中的，因为梦缺乏结构、缺乏连续性、缺乏井然有序的进程，没有规律可循，从而与所有其他的人类体验区分开来。① 但事实上不难想象，在日常生活中，梦的这些特征完全可能以潜伏的方式继续存在并发挥作用，弗洛伊德的精神分析理论在某种程度上证明了这一点。本雅明（Walter Benjamin）曾经颇为赞赏地描述过那些在城市里四处闲荡的人，他们以一种心不在焉、丝毫不带盘算的方式拾取着生活的片段，这意味着某种正在发生的事件可以点燃有关过去的记忆，而过去与现在之间这种偶然的联结，正可以破坏过去传统的压迫。② 当群体成员以这种“心不在焉”的方式来看待集体的记忆框架时，他们虽然没有与之直接对抗，却可以在一定程度上“逃离”集体记忆的束缚，成为日常生活中的隐士。

一个典型的例子是，旨在强化和延续集体记忆的纪念性、仪式性活动往往会成为群体成员的狂欢节，他们消解了集体记忆载体中的象征性意涵，把它变成了可供自己使用的消费品。近年来，社会记忆研究者热衷于对纪念性场所、物品、仪式等进行详尽的数目统计，以此来证明社会记忆的普及程度和其中所呈现的权力关系。这样的做法无疑十分重要，但是如果缺乏对意义的阐释，尤其是不同群体和个人对这些场所、物品、仪式的不同理解和认知，那么纯粹的量化分析可能并不具有充分的说服力。换句话说，倘若民众只是在使用和消费这些符号，把它们仅仅当作道路去通行、当作公园去游玩，而毫不在意其纪念性名称和象征性意涵，则这些符号的普及何以能证明国家和集体

---

① ［法］哈布瓦赫：《论集体记忆》，毕然、郭金华译，上海人民出版社 2002 年版，第 73—75 页。

② ［英］特纳编：《Blackwell 社会理论指南》，李康译，上海人民出版社 2003 年版，第 528 页。

对个人记忆的有效操控呢？

借助记忆及其负载的情感和意义的生产，普通人可以对集体记忆、公共记忆进行既微不足道又卓有成效的“微抵制”，使集体记忆、公共记忆的权力控制在这里发生迁移，从而为个人带来同样既微不足道又卓有成效的“微自由”。他们在表面上似乎服从并顺应了国家、集体的规则和期待，事实上却将这些规则和期待“隐喻化”，使其在自己的范围内运行。在记忆的角逐场上，处于绝对弱势地位的普通人借助自己的智慧、创造性和“悄无声息的巧妙的战术”，与强大的集体记忆框架展开“无足轻重的抵制”，并获得“实践的逃离的自由”。①

四 结语

回顾百余年来的记忆研究，起先是心理学家对个体记忆的研究一枝独秀，具有健全心智的个人乃是无可置疑的记忆主体；自哈布瓦赫以降，社会学家的集体记忆研究逐渐占据上风，群体不仅成为个体记忆框架的塑造者，而且被赋予了与个体相同的认知和记忆能力，个体记忆的主体性受到质疑。就其历史观而言，前者倾向于将记忆与历史相等同，是一元论的本质主义视角；后者强调历史与记忆的对立和博弈，是二元论的建构主义视角。就其方法论而言，前者强调个体行动者的独立性和能动性，体现了方法论个人主义的基本特征；后者深受结构主义和社会决定论的影响，倾向于贬低行动者实际拥有的认知能力和实践能力。

建构论者将记忆视为社会建构的产物，强调集体框架对个体记忆的塑造和支配，无疑极具创造性和冲击力，为记忆研究开辟了一个新天地，但他们反对把个体视为能动的记忆主体，将集体记忆与个体记

① ［法］塞托：《日常生活实践：1·实践的艺术》，方琳琳等译，南京大学出版社 2009 年版，第 10—11 页。

忆相对立，进而剥夺个体记忆的主体性甚至可能性，却似乎走过头了。法国心理学家布隆代尔曾为哈布瓦赫《记忆的社会框架》撰写书评，一方面称赞该书是“社会学能为心理学服务的一个新的、重要的范例”，一方面又对作者“以抽象的方式用社会学的人（homo sociologicus）来批驳心理学的人（homo psychologicus）”的研究旨趣表示不满。[①] 这种看法多少是有些道理的。

20 世纪 80 年代，英国社会学家吉登斯（Anthony Giddens）提出“结构化”（structuration）理论，试图以结构的“二重性”（duality）来调和社会理论中客体主义（objectivism）与主体主义（subjectivism）之间的二元对立。对于记忆研究者来说，这种尝试或许可资借鉴。记忆的产生和传承既要以个人为载体，又必然受制于集体框架。集体框架强有力地制约和塑造着个体记忆，个体记忆也以一种更隐晦、更微观的方式支撑和塑造着集体记忆。我们与其在个体记忆与集体记忆之间做非此即彼的二元区分，不如将记忆视为个体在集体框架下不断“结构化”、不断“生成”（becoming）的结果；与其为个体记忆之主体性与集体记忆之建构性孰轻孰重而喋喋不休，不如去寻绎、理解、阐释记忆之于不同群体和个人的多元意义及其互动关系。

（原载《江海学刊》2012 年第 4 期）

① ［美］科塞：《导论：莫里斯·哈布瓦赫》，载哈布瓦赫《论集体记忆》，毕然、郭金华译，上海人民出版社 2002 年版，第 19 页。

历史变迁中的文化记忆

连　连

作为强调社会事实和集体意识的涂尔干的学生，哈布瓦赫的集体记忆理论是在“记忆的社会框架”之中讨论个体记忆如何在集体互动中得以塑造，集体如何通过决定其成员记忆的方式来获得并保有记忆。这一社会学的研究路径既被阿斯曼继承又被其发展，作为历史学家，阿斯曼不满足于哈布瓦赫以交往记忆为特点的集体记忆理论，提出了以客观的物质文化符号为载体、以超越日常生活的距离为特点的文化记忆理论，从而开辟了通过文化记忆来考察历史变迁与社会变动的新视角与新途径。

一　集体记忆与文化记忆

作为文化记忆理论来源之一的集体记忆，是社会学家哈布瓦赫对心理学以个体心理为研究对象的记忆理论的重大修正，也是他从柏格森的个体主义立场进入涂尔干社会学阵营的标志性转向。他确信，“记忆事实上是以系统的形式出现的。……记忆联合起来的诸种模式，源自人们联合起来的各类方式。只有把记忆定位在相应的群体思想中时，我们才能理解发生在个体思想中的每一段记忆"[①]。虽然个体记忆仍然是集体记忆的一部分，但是记忆的过程却始终与观念体系中的社会思考相关联，从而导致"集体记忆的框架把我们最私密的记忆都给彼此限定并约束住了"[②]。在此，哈布瓦赫明确表达了作为涂尔干忠实信徒的理论旨趣，并将集体记忆视为社会事实的又一呈现，从而赋予涂尔干理论以新的内容。

"集体记忆不是一个既定的概念，而是一个社会建构的概念"，这是哈布瓦赫对该理论作出的最有价值的贡献。有关犹太守卫者与罗马征服者殊死抗争的梅察达之役两千年来从湮没无闻到广泛传播，成为集体记忆理论最有力的诠释。然而，以现在中心观为特征的社会学研究，在为我们提供具有想象力和穿透力理论的同时，却因聚焦于当下而无法有效地沟通过去与未来。尽管集体记忆的社会和文化取向使记忆从个体层面上获得解放，但是其交往记忆所具有的日常性、口头性、流动性、短暂性以及不稳定性和非组织化[③]，却无法呈现集体记忆在历史长时段中的持续与变迁，也难以展示更为丰富而持久的人类社会进程，其原因在于长期以来社会学研究范式对时间维度和历史意识的忽略和轻视，自动放弃了对上述问题的关注和探究，而阿斯曼的文化记忆理论则在集体记忆理论裹足不前之处，跨越学科边界开辟了一个更为广阔的研究空间。

阿斯曼将文化记忆界定为"所有通过一个社会的互动框架指导行为和经验的知识"，而这些知识"都是在反复进行的社会实践中一代代地获得的"。[④] 它与集体记忆的区别，一是与日常生活的距离；二是

---

① ［法］莫里斯·哈布瓦赫：《论集体记忆》，毕然、郭金华译，上海人民出版社 2002 年版，第 93 页。

② ［法］莫里斯·哈布瓦赫：《论集体记忆》，毕然、郭金华译，上海人民出版社 2002 年版，第 94 页。

③ 陶东风：《主编的话》，陶东风主编：《文化研究》第 11 辑，社会科学文献出版社 2011 年版，第 3 页。

④ ［德］简·奥斯曼：《集体记忆与文化身份》，陶东风主编：《文化研究》第 11 辑，社会科学文献出版社 2011 年版，第 4 页。

客观化的文化形构（文本、仪式、纪念碑、建筑等）和机构化的交流（背诵、实践、观察），经验和意义在时间维度和组织化情景中得以固定，从而连接起了过去、现在与将来。在阿斯曼看来，文化记忆的客观化表达是身份固化和群体认同的重要来源，因为群体的整体性意识就建立在这种知识之上，并从中获得形式冲动与规范冲动，从而再生产出自己的身份认同。因此，文化记忆的存储和传播都会受到权力和价值体系的严格控制，并通过教化的作用来稳定和传达社会的自我形象与整体认同。

文化记忆理论对集体记忆理论的发展，一方面，在于拓展了记忆理论的研究领域，将记忆的客观化载体纳入研究视野并予以重点关注，考察其与社会的价值体系、行为准则和知识传承之间的内在关联；另一方面，在于引入时间维度与结构维度，将记忆理论在方法论上向前推进了一步。阿斯曼文化记忆理论中的主体，是一种超越个人具有“凝聚性结构”的文化体系，这样的认识既来自哈布瓦赫有关集体记忆的研究路径，同时又综合了历史学与社会学的分析视角。因此，文化记忆研究不仅有赖于类似年鉴学派的长时段研究方法，而且还需要将记忆、文化与群体（社会）联系起来考察，去发现基于时间和结构双重维度中的历史变迁图景。阿斯曼的研究表明，文化记忆不仅具有规范和约束的功能，并且还具有重构的能力和反思的特性，这样的特质不仅赋予文化记忆以实践性、开放性和变化的潜力，而且还为我们提供了观察社会构成及其历史变迁的又一途径，并由此使社会学、历史学和文化研究的携手合作真正成为可能。

二　历史变迁中的文化记忆

文化记忆与文明的演进一路相随，只有当文字、城市和国家出现之际，文化记忆才得以呈现。从集体记忆到文化记忆，从口语记忆到文字记忆，从听觉记忆到视觉记忆成就了一次次历史性的飞跃。各种材质的书面文献、碑文、日历、家谱、图书馆、博物馆、建筑物、仪式和节日等构成了文化记忆的一系列制度性表征，它是一套可反复使用的文本系统、意象系统和仪式系统。

文化记忆对于传统社会的存在价值不仅在于人类集体性探究过去的成果有了更为牢固和精确的储存、记录方式，更在于它对维护君权神授、宣扬文治武功、实施道德教化和确立集体认同所具有的重要作用。它不仅导致了历史学的源远流长，而且也使得知识的生产和传承主要依赖于对经典的解释和背诵，并在此过程中实现道德内化与意义世界的建立。无论是基督教的《圣经》、伊斯兰教的《古兰经》，还是中国传统的“四书”“五经”，作为一个社会或团体公共信奉的圣典或经典，都具有不容置疑的权威性和主导性。在过去既意味着权威也代表着完美的社会里尊崇过去、敬重祖先、爱戴长者不仅是一种传统，更是一种美德，它保证了社会秩序和道德秩序的稳定与延续。文化记忆使文明的薪火跨越时空代代相传，并以制度化的形式为君主和王朝提供统治合法性的依据和支持。大卫·格罗斯谈到，关于社会与个体记忆的价值在古希腊很少受到怀疑，像柏拉图及其后来的思想家，也强调记忆的重要性，甚至把记忆与永恒的真理连在一起。古罗马人比古希腊人更看重记忆与过去。在他们看来，传统包含着一种持续感，一种无法言说的与过去的连接。一个人的先辈传递给子孙的观念或价值一定是最好的，而且也必须用来解释当下或当下遇到的任何事情。忘记传统，不仅会损害整个继承下来的意义世界，而且被看作是一种忘恩负义的行为，一种无法原谅的对诚实的背叛。同时，罗马的教育机构和修辞传统在强化公众的道德意识中也起了重要的作用。[①] 此外，罗马皇帝们热衷于以公共纪念物和铭文的形式来独占记忆，而元老院则以“除忆诅咒”，即从纪念碑以及档案文件中将已故皇帝的名字抹

① ［美］大卫·格罗斯：《逝去的时间：论晚期现代文化中的记忆与遗忘》，陶东风主编：《文化研究》第 11 辑，社会科学文献出版社 2011 年版，第 41—42 页。

去作为对抗皇帝暴虐的武器，以毁灭记忆来对抗记忆权力。[①]

工业革命使一个飞速变化的时代降临，传统的知识、经验和价值观已难以应对层出不穷的新生事物。启蒙与现代性使进步主义历史观开始独步天下，传统与现代二元对立的早期现代化观念和文化反哺社会的到来使记忆的价值开始沦落。遗忘被重估为积极之物。记忆是通向真理之路的社会已不复存在，即使是文艺复兴的回归过去，也只是由当下需要所创造出来的一种现实。心理学家、生物学家和医生也从研究的角度对记忆的可靠性进行质疑，在他们看来，记忆的唤起经过了大脑对它们的选择、编辑、修改、解释、修饰、具体化和重构，因而所谓真实的记忆在很大程度上是虚构的，“记忆在多大程度上失去其精确性，那它就在多大程度上失去其价值”[②]。与此同时，记忆与创造力的关系被重新认识，在传统社会里记忆是创造的源泉，然而在19世纪早期，“感知的新鲜性或视野的即时性是创造性的核心要素”，到19世纪晚期20世纪早期，“想象更是成为创造力及独创性的一个重要的乃至核心性的要素”[③]。在此，遗忘的价值被凸显出来，因为没有“积极的遗忘”，就没有任何新的东西被创造出来，遗忘不仅是一种解放的力量，也是一种再生性的力量，并使人开启新的可能和方向。[④]

历史变迁使文化记忆的价值和功能开始受到挑战，工业革命与技术变革则改变了文化记忆的形式和载体。报纸、杂志、书籍、图片、影像、计算机和互联网等的出现，不仅导致知识获取和传承方式的变化，而且使文化记忆具有了大众参与和市场化的新特征。在印刷术、

---

① ［法］雅克·勒高夫：《历史与记忆》，方仁杰、倪复生译，中国人民大学出版社2010年版，第76页。

② ［美］大卫·格罗斯：《逝去的时间：论晚期现代文化中的记忆与遗忘》，陶东风主编：《文化研究》第11辑，社会科学文献出版社2011年版，第45—46页。

③ ［美］大卫·格罗斯：《逝去的时间：论晚期现代文化中的记忆与遗忘》，陶东风主编：《文化研究》第11辑，社会科学文献出版社2011年版，第48页。

④ ［美］大卫·格罗斯：《逝去的时间：论晚期现代文化中的记忆与遗忘》，陶东风主编：《文化研究》第11辑，社会科学文献出版社2011年版，第47—48页。

计算机和互联网解放了记忆的同时，国家博物馆、档案馆和公共图书馆的建立以及向公众开放，改变了传统文化记忆作为制度性表征的单一性和操控性。尤其是中产阶级的壮大和大众文化的兴盛，由权力单向操控意识形态和建构文化记忆的历史被改变。葛兰西的“文化霸权”理论，揭示出统治阶级通常不是通过直接强迫，而是通过被认可的方式，将意识形态加诸其他阶级。因此，现代社会文化记忆的建构更为复杂和多元，它是一个在冲突中不断达成妥协的动态过程。霍尔通过对电视话语的分析，展示了电视话语“意义”生产中的制码与解码是如何进行的，并提出了“主导霸权立场”、“协商的代码立场”和“对抗立场”三种解码立场。德塞图强调在文化意义和象征意义上大众进行的自下而上的创造性抵抗行动。费斯克认为，大众文化进步、微观的政治与激进的宏观的政治常常相通，“它能赋予大众以力量，使他们有能力去行动……而且大众可以通过这种行动，来拓展他们的社会文化空间”①。因此，全球化时代的大众文化进一步削弱了传统文化记忆的作用。格罗斯指出，地理上分隔的犹太人依靠文化记忆在精神和信仰上聚合起来，获得一种自我意识和集体认同。然而悲观主义者认为，现代的年轻犹太人越来越远离和忘记犹太人的遗产，开始转向大众媒介和大众文化来寻求新的兴趣，从而走向了与其他民族的同质化进程。② 当代文化研究也证实，年轻人越来越多地通过大众文化和文化消费实践来确认自己的身份，它也许导致一种新的社会结构和阶级关系的再生产方式以及一种新的文化记忆模式的产生，从而改变了以知识的储存、传承和教化为主的传统文化记忆特征。

文化记忆理论以历史发展的整体性和统一性认识为基础，这使它在当代还遭遇了后现代理论的质疑和批判。由于后现代理论拒斥社会

---

① 陈立旭：《重估大众的文化创造力：费斯克大众文化理论研究》，重庆出版社2009年版，第329页。

② ［美］大卫·格罗斯：《逝去的时间：论晚期现代文化中的记忆与遗忘》，陶东风主编：《文化研究》第11辑，社会科学文献出版社2011年版，第54—55页。

和历史的总体化观念、一致性观念以及因果观念，赞成多元性、异质性、差异性、片段性与不确定性，其主旨是解构“现代性”。因此，它不仅要从根本上颠覆记忆，而且要彻底终结历史。虽然后现代理论拒绝总体性、割裂历史的非理性主义受到了许多学者的批评，但后现代理论诞生于现代性危机与当代信息技术革命和消费革命所造就的后工业社会里，其“现实转化为影像，时间割裂为一连串永恒的当下”的认知正是对后工业社会境况的直接回应。在詹明信看来，历史感的消失在于整个当代社会系统开始渐渐丧失保留它过去的能力，开始生存在一个永恒的当下和一个永恒的转变之中，从而把之前各种社会构成曾经需要去保存的传统抹去。[①] 就此而言，后现代理论的意义并不在它表现出的种种与现代性的决裂与反叛，而在于它对现代性症结的批判和揭示，有助于我们认清文化记忆在当代面临的挑战和困境。

文化记忆在传统社会凸显出重要功能和价值，今天的变化却使我们需要重新审视其表现形式与作用，文化记忆、集体记忆与个人记忆的关系也需要进行新的界定。在当代社会文化记忆的权威性、稳定性和连续性是否已经动摇？文化记忆所具有的身份固化功能是否已经削弱？文化记忆区别于集体记忆的特点和形式是否有所变化？文化记忆、集体记忆能否为个体记忆留下立足之地？也许上述问题只有在具有重构能力和反思特性的文化记忆的实践中才能找到最终的答案。

三　中国语境下的文化记忆

具有悠久文明历史的中国，是研究文化记忆的丰沃土壤。不同于世界其他地区文明断裂或消失的经历，中国是唯一文明延续至今的国度，这使得它的文化记忆研究具有极为难得的样本意义。

---

① ［美］詹明信著，张旭东编：《晚期资本主义的文化逻辑》，陈清侨等译，生活·读书·新知三联书店 1997 年版，第 418—419 页。

中国语境下的文化记忆无论在内容还是形式上均具有不可多得的延续性、丰富性与多样性。典籍汗牛充栋，宗谱编撰源远流长，宫殿与寺庙建筑风格独特，它们构成了文化记忆丰厚的载体与表征。尽管数千年来屡经王朝更迭与政权变换，但是与欧洲由古典文明转向基督教文明时期，封建形态的政治社会结构下政权与教权相互颉颃的历史不同，经学自公元前2世纪晚期成为统治学说以来，虽然具有重构性和反思性的内部冲突和变化不断，但作为王朝的理论基础和行为准则，却始终是两千年来专制统治的主导思想，并通过太学和科举选士制度得以进一步的强化，文化记忆在权力的严格控制下实现了有效运作，中华文明成为世上唯一延续至今的古老文明，其文化辐射力波及整个东亚和东南亚地区。

与此同时，家国同构的社会结构和泛孝主义政治伦理使家族成为传统中国社会、政治的基础和精神文化的堡垒，家谱也因此与国史、方志共同构成了中国历史学的支柱，成为文化记忆重要的载体之一。家谱编修和家族礼仪从早期的政治功能向后期的伦理功能转变，使三纲五常的道德教化进入日常生活实践，内化为个体最基本的人伦规范和行为准则。成书于隋代、被誉为“古今家训之祖”的《颜氏家训》，包括了家庭伦理、品德智能、思想方法、处世养生、杂艺知识五个方面的教育内容，其目的在于用家训的形式传承儒家思想，将其贯穿于家庭生活的每一言行中，“业以整齐门内，提撕子孙”①。自《颜氏家训》之后，编写家训逐渐成为社会风气。比较完整的家训，经整理后成为家族法规。作为宗祧继承重要内容之一的祭祖既是沟通人神、培养怀念祖先的情感并受到伦理孝悌教育的仪式，同时也是在祖先面前确认族人间尊卑有序血缘关系的活动。② 在家国同构的社会组织里，家谱及其仪式所承载的文化记忆有着怎样的关系和表现形式与特点，

---

① 王长金：《传统家训思想通论》，吉林人民出版社2006年版，第66—68、37—38页。

② 程维荣：《中国近代宗族制度》，学林出版社2008年版，第143、47页。

它与家族中的集体记忆和个人记忆又有着怎样的关联，家谱对中国人的身份认同又起到怎样的作用，对这些问题的探讨无疑将有助于推进文化记忆的本土化研究。

中国语境下的文化记忆除了表现为历史长时段中的延续性和整合性外，还具有丰富性和多样性的特点。华夏早期的各个部族和不同文化经过一代又一代的融合与统一，到汉代以后形成了费孝通先生所说的“中华民族多元一体格局”①。王明珂的研究表明，自春秋时代文献出现“华夏”的自我称号之后，逐渐形成了华夏认同的意识并借助历史记忆来凝聚这种认同，在近代国族主义以及民族危机刺激下，传统华夏与其边缘人群为一邦的国族意识形成并被划入中国而包容于一新的“中华民族”之中②。因此，今天的文化记忆包括了五十六个民族的文化记忆，其丰富性与多样性自不待言。此外，就中国地区的广泛性和不平衡性而言，以地方性知识和民间文化为表征的形态各异的本地记忆和社会记忆，也同样构成了文化记忆的重要源泉之一。赵世瑜等人通过对一直流传于东南沿海一带的太阳生日及其信仰习俗的研究，发现在旧历三月十九日太阳生日习俗的背后实则隐含着当地明遗民对灭亡的明王朝的怀念，这是一个由士绅创造出来，却由民众传承下去的民间文化，通过民俗的形式寄托着他们对朝代鼎革的历史记忆。③“在这里，我们看到了一个凝聚为习俗和传说、或者说转化为习俗和传说的历史记忆，它反映了一种与征服者的历史记忆不同的状态，也反映了一种凝聚了特殊经历的地方性色彩。”④

中国语境下的文化记忆还具有自身的复杂性特点，在社会转型的

① 费孝通：《文化的生与死》，上海人民出版社2009年版，第309页。

② 王明珂：《华夏边缘：历史记忆与族群认同》，社会科学文献出版社2006年版，第120、208页。

③ 赵世瑜、杜正贞：《太阳生日：东南沿海地区对崇祯之死的历史记忆》，《北京师范大学学报》1999年第6期。

④ 赵世瑜：《传说·历史·历史记忆——从20世纪的新史学到后现代史学》，《中国社会科学》2003年第2期。

今天，文化记忆呈现出更加多元的面向，并突出地展现了传统与现代、东方与西方、乡村与城市、外来文化与本土文化之间的矛盾冲突与融合变迁。传统社会结构被打破之后中国人的身份认同如何确立，全球化时代的文化身份又如何获得，主流价值体系和意识形态通过怎样的文化记忆来建立合法性及其认同，传统文化、现代文化、西方文化在今天的文化记忆中各占据着怎样的位置，又有着怎样的表现，大众文化在文化记忆中起着怎样的作用，后现代主义对文化记忆产生了怎样的影响，如何从历史的长时段和社会结构变迁的双重视角来揭示中国文化记忆的历史演变及其特征，并从中透视中国社会变迁的基因和密码，这些都是当今中国文化记忆研究所面临的课题。它一方面给文化记忆研究的本土化探索带来了挑战和机会，另一方面也为文化记忆研究提供了一个古老国度现代转型的独特经验，从而为进一步检验、修正和提升文化记忆理论奠定了实践基础，并因其可能具有的普遍性而获得在方法论上的借鉴和启示意义。

（原载《江海学刊》2012 年第 4 期）

“国都记忆”与晚明南京的地方叙事

——兼论明清时期的国家与城市关系

罗晓翔

晚明南京城市繁荣，人文昌盛。以往研究多认为，这既是 16 世纪江南社会经济变迁的结果，也与永乐迁都后南京政治地位的衰落相关。随着城市政治氛围淡化、消费主义抬头，一种弱化政治性，强调地方性，并指向商业、逸乐与世俗趣味的城市观与都市意象日趋彰显。① 这种观点反映了明清城市研究领域长期以来的主流范式，即从工商业发展、地方主义中寻找城市“反封建性”或“早期现代性”的历史意义。该范式虽然意在摆脱韦伯对“东方型城市”的定义②，展现明清城市的多元面向，但在理论上则未摆脱韦伯学说的影响，隐含的逻辑仍是国家/地方以及政治属性/经济属性的对立。正如夏明方指出，以反西方中心论为目的的研究，却导致了西方中心论的延续。③ 在此框

---

① 参见王正华《过眼繁华——晚明城市图、城市观与文化消费的研究》，载李孝悌主编《中国的城市生活》，新星出版社 2006 年版；Si-yen Fei（费丝言），*Negotiating Urban Space*：*Urbanization and Late Ming Nanjing*，Cambridge and London：Harvard University Press，2009。

② Max Weber，*The City*，translated and edited by Don Martindale and Gertrud Neuwirth，Glencoe，Illinois：The Free Press，1968. ［德］马克斯·韦伯：《城市：非正当性支配》，阎克文译，江苏凤凰教育出版社 2014 年版；［德］马克斯·韦伯：《中国的宗教与世界——韦伯作品集》，康乐、简慧美译，广西师范大学出版社 2004 年版，第 43—51 页。

③ 夏明方：《十八世纪中国的现代性建构——“中国中心观”主导下的清史研究反思》，《史林》2006 年第 6 期。

架内，被视为城市发展动力的工商业、市民运动、地方自治长期占据研究热点，而国家权力、行政控制则被视为城市化的阻力而较少引发学界兴趣。

然而，中国传统城市的主体是行政中心，只有了解国家行政与城市发展之关系，才能更为全面地认识中国城市化进程的规律与历史意义。更重要的是，绝大多数传统行政中心城市并未被近现代化的浪潮淘汰，而是保持了在地方乃至国家城市体系中的地位。这就需要我们认真思考此类城市与都市化、现代性之关系。笔者以为，只有摆脱韦伯学说的影响，重新审视国家与地方的关系、政治与经济对城市的影响，不做二元对立的简单预设，才能建立具有本土特色的城市理论。

明代南京是个典型的行政城市，永乐北迁后该城仍为东南政治军事中心。① 正是这一城市属性吸引着跨区域的人力、物力及其他资源不断涌入，弥补了南京腹地自然地理条件的不足，为明中后期的城市繁荣提供了动力。与此同时，城市政治地位也是地方自豪感与认同感的基础。晚明南京的地方叙事非但没有“去政治化”的趋势，反而刻意强调“国都史”对“地方”的意义。② 通过对相关文学与图像文本的再解读，本文试图揭示晚明南京“地方叙事”的内在逻辑，并以此为基础，探讨国家与城市之共生关系。

一 国都记忆与城市叙事

16 世纪既是明代社会经济与思想文化发展的黄金时期，也见证了

① 关于留都南京政治军事功能的最新研究，参见 Jun Fang, *China's Second Capital: Nanjing under the Ming, 1468—1644*, London and New York: Routledge, 2014。

② 人文地理学将“地方”定义为“一个有意义的地点（a meaningful location）”，即强调除地理方位与客观环境之外，人赋予地方的意义、价值及情感依附，也是“地方”的构成要素，参见［英］克雷斯韦尔（Tim Cresswell）《地方：记忆、想象与认同》，徐苔苓、王志宏译，（台北）群学出版有限公司 2006 年版，第 15 页。

“地方转向（localist turn）”的浪潮：地方人士热衷于书写地方，建构/重构地方人文传统与认同感。[①] 嘉隆万时期的南京文人留下了大量歌咏、记录城市之过去与现在的文献。如果将这些文本视为“地方叙事”，我们该如何解读时人对于城市传统的建构/重构呢？

昆廷·斯金纳（Quentin Skinner）曾指出，文本是作者有意识的交流行为，解读文本的关键是把握作者的意图，即其与当时的思想现实与目标读者之间的互动。[②] 或者说，只有将文本回归到历史语境中，才能更为准确地理解作者介入讨论的目的、立场与策略。笔者认为，南京地方叙事的基本脉络是“金陵王气”说，而明初的国都史以及之后的迁都，造就了关于“金陵王气”的新历史语境。建构城市意象、地方认同以及赋予“地方”以“意义”的文本，都应置于这一语境下进行解读。

“金陵王气”说始于六朝，但六朝历史却为“金陵王气”蒙上一层阴影。至唐宋时期，借由“金陵怀古”诗建立起了文学中的“六朝意象”，“金陵王气”亦成为典故之一。作为诗歌母题的“金陵”既靡丽动人，又交织着战争、偏安与悲剧宿命，正所谓“金陵王气黯然收”“一片降幡出石头”。宇文所安（Stephen Owen）指出，“一旦诗歌中的金陵获得了完整意象，就成为一种静止、稳定，且无法回避的文学遗产。后世的作者注定要以固有的金陵意象来刻画金陵”[③]。

然而明人并未完全受制于这一“文学遗产”，而“以固有的金陵意象来刻画金陵”。朱元璋建都南京，“独壮京华之外观，用昭天下之共主”[④]，

---

① Peter K. Bol, “The ‘Localist Turn’ and ‘Local Identity’ in Late Imperial China”, *Late Imperial China*, Vol. 24, No. 2 (December 2003), pp. 1 – 50.

② Quentin Skinner, “Meaning and Understanding in the History of Ideas”, *History and Theory*, Vol. 8, No. 1, 1969, p. 48.

③ Stephen Owen, “Place: Meditation on the Past at Chin-ling”, *Harvard Journal of Asiatic Studies*, Vol. 50, No. 2 (Dec., 1990), p. 421.

④ 黄佐：《南京赋》，载屈大均编《广东文选》卷二四《赋》，《四库禁毁书丛刊》集部，第 137 册，北京出版社 1997 年版，第 75 页。

为重塑金陵意象提供了可能。作为天下一统时代的都城，应天“非古之金陵，亦非六朝之建业”①。洪武初，高启（1336—1374）即在雨花台上咏叹：“从今四海永为家，不用长江限南北。”② 可南京的国都史毕竟过于短暂。永乐迁都后，金陵意象逐渐具有了双面特征。一方面，“新金陵”意象依然有其拥趸。景泰元年（1450）丘濬（1421—1495）过南京时作《金陵即事》，结尾有“此日江南非昔比，吴山辞赋莫兴衰”之句，次年得见高启之诗，“不意暗与之合，有如剽窃”，甚为尴尬。③ 正嘉时期，杨循吉（1458—1546）《金陵篇》中盛赞：“浑浑国初风，根本重南畿。仰思受命主，功德天地垂。”④ 直至崇祯年间，范景文（1587—1644）仍在《金陵》诗中写道：“莫比风流六代时，周官礼乐汉威仪。前朝离黍今丰芑，不作金陵吊古诗。”⑤ 另一方面，迁都也导致对“金陵王气”的再度质疑，“六朝意象”有回头之势。如郑晓（1499—1566）言：“南京城大抵视江流为曲折，以故广袤不相称，似非体国经野、辨方正位之意。大内又迫东城，且偏坡卑洼，太子、太孙宜皆不禄。江流去而不返，山形散而不聚，恐非帝王都也。”⑥

而南京本地文人则更为积极地介入这场论战，其作品中常充斥着敏感、焦虑与急于自辩的复杂情绪。如周晖《金陵琐事》中称：“郑淡泉谓金陵形势，山形散而不聚，江流去而不留，非帝王都也。亦无

---

① 《御制阅江楼记》，《金陵玄观志》卷三《中观·狮子山卢龙观·敕赐》，《续修四库全书》第719册，上海古籍出版社1995年版，第160页。

② 高启：《登金陵雨花台望大江》，《高太史大全集》卷一一《长短句体》，《四库提要著录丛书》集部，第114册，北京出版社2010年影印本，第293页。

③ 丘濬：《金陵即事》《岁庚午来自金台寓新河有〈金陵即事〉之作明年复至因观高槎轩诗不意暗与之合有如剽窃然初实不知也用广其意为杂咏二首云》，《重编琼台稿》卷五《七言律诗》，影印《文渊阁四库全书》第1248册，台湾商务印书馆1986年版，第81—82页。

④ 杨循吉：《松寿堂集》卷二《古诗·四言五言七言》，蔡斌点校，上海古籍出版社2013年版，第441页。

⑤ 范景文：《文忠集》卷九《诗·石城游草》，影印《文渊阁四库全书》第1295册，台湾商务印书馆1986年版，第591页。

⑥ 郑晓：《今言》卷三《二百二十一》，《四库全书存目丛书》史部，第48册，齐鲁书社1997年版，第709—710页。

状元、宰相者，因世禄之官太多，亦被他夺去风水。余极喜其论。及万历己丑、乙未，连中状元，乃知书生之言不足深信。”① 然而更多人则从明初国都史中汲取历史与文化资源，于是在地方意识上升、离“圣祖开国”时代越来越远的晚明，“国都记忆”与“新金陵”意象成为地方叙事的核心内容。如盛时泰（1529—1578）在《南京赋》中使用大段篇幅证明，金陵临江通海，为京师大利，足符“体国经野，辨方正位”之意：

> 唯我圣祖，在淮之阴，据河之阳。曲淮泗而奠金陵，亦以此为足王也。是故九州之内，四渎环绕，今之畿土，得其三焉。河入于淮，汉入于江，皆东入海，以为势雄。……时或经营四方，此为重地。赤山长淮为东南之成皋伊洛，大江钟山为西北之黄河曲阜。三吴为门，荆蜀为户，闽广蜀海又为之府。江汉二水之朝宗，金焦两山之雄峙。高辛云阳，世代邈漠，不可得而称矣。②

继盛时泰之后，顾起元（1565—1628）又进一步阐发此观点。顾氏引用王宗沐（1523—1591）之言：“唐都长安，有险可依，而无水通利。有险则天宝、贞元乘其便，无水则会昌、大中受其贫。宋都汴梁，有水通利而无险可依。有水，则景德、元祐享其全，无险，故宣和、靖康当其害。”由此，顾起元总结为：

> 要而论之，唐不如宋，宋不如今之京师，而京师又不若南都。何也？京师惟有潞河与海可以挽漕耳，且河势逆而海势险。南都则长江上下，皆可以方舟而至。且北有銮江、瓜洲，东有京口，

① 周晖：《金陵琐事》卷一《形势》，《中国方志丛书》（华中地方·第440号），成文出版社1983年版，第36—37页。

② 盛时泰：《南京赋》，康熙《江宁府志》（于成龙本）卷三八《艺文五·赋》，《金陵全书》（甲编·方志类·府志），第18册，南京出版社2011年版，第679—680页。

> 而五堰之利，或由东坝以通苏、常，或由西坝以通宣、歙，所谓取之左右逢其源者也。自古都会之得水利者，宜亡如金陵，惟思所以固守其险，则可与京师并巩固于万年，而唐、宋真不及万万矣。①

而南京人余光在所作《金陵赋》中则极力渲染“金陵当南北之均”的地理区位特征：

> 以今观古，度其广仄，形偏北而不中，民恒劳而不息。相惟兹今，际运丕恢，疆域极于八表，幅员遍于九垓。金陵当南北之均，气运钟佽黄之胎。西南东北各疆七千有余，西北东南各疆五千以上。北陆车骑，平达江壤。万艘云趋，千廪积穰。贡琛浮舫，既富斯强。万邦丕享，洞视俯仰，猗欤都哉！②

为了树立“新金陵”意象，地方文人不仅要论证“金陵王气”的合法性，还要处理另一历史遗留问题，即业已深入人心的六朝意象。对六朝历史的复杂心态，是晚明南京文人特有的情结。如果说“在影像时代之前，一个地方主要是通过文本及特殊意象，而为人所认知、记忆，并获得声名的”③，那么六朝历史无疑是构成国人对南京认知的重要部分，六朝遗迹、掌故也是地方文化中不可割弃的宝贵遗产。然而“新金陵”是建立在对六朝意象的批判之上，二者不能并存。正如施纯琳（Catherine Stuer）指出的，对于晚明南京地方文人而言，“六朝”既非定格于过去的历史，亦非仅靠时间累积起来的记忆，而是用

---

① 顾起元：《客座赘语》卷二《水利》，中华书局1997年版，第57页。

② 余光：《金陵赋》，康熙《江宁府志》（于成龙本）卷三八《艺文五·赋》，《金陵全书》（甲编·方志类·府志），第18册，南京出版社2011年版，第673页。

③ Stephen Owen, “Place: Meditation on the Past at Chin-ling”, *Harvard Journal of Asiatic Studies*, Vol. 50, No. 2 (Dec., 1990), p. 420.

以建构并表述当代认同的符号，正可衬托南都的辉煌。①

盛时泰《南京赋》中即直白地表述了对六朝历史的批判：

> 虽有航名朱雀，桥号乌衣，渡称桃叶，台纪凤仪，繁华靡丽，为世所悲。惟夫茅君以弃官而入道，葛玄以白日而上仙。稚亭留子文之续，宝志著灵异之伭。紫岩勒天玺之谶，左思著吴赋之编。东山胜谢安之筑，西塞传翠微之牵。史女以投金名濑，习母以树桔为贤。何姬以养孤为义，王妇以贞敬成妍。虽淑婉之可述，亦空取于垂怜。况夫方伎草木，尤不足表。风角以偶中为占，覆射以一命为巧。夸天水之为碧，惊鬼目之作草。纵人才之众多，亦无取于扬表。②

顾起元在为王野《金陵篇》所作序文中，亦毫不掩饰对六朝遗产的鄙视。王野，字太古，歙县布衣诗人，万历时寓居南京③，其《金陵篇》“举六朝二百五十余年山川城郭之美、宫掖府寺之盛，以至名人韵事之风流，妖姬明童之纤丽，靡不总而载之”④，可谓皇皇巨制。然而顾起元对时人迷恋六朝的心态则不以为然：

> （六朝）遗文轶事，往往令人心慕形追，色飞肉奋，虽乐令申其名教之论，李生格以亡国之音，吊古者犹艳称之不置，良有已也。国家开天于此，隆平之祚，喻胜丰镐，固已一洗六朝淫靡

① Catherine Stuer, *Dimensions of Place: Map, Itinerary, and Trace in Images of Nanjing*, Ph. D. dissertation, Chicago University, 2012, p. 115.

② 盛时泰：《南京赋》，康熙《江宁府志》（于成龙本）卷三八《艺文五·赋》，《金陵全书》（甲编·方志类·府志），第18册，南京出版社2011年版，第679—680页。

③ “太古儿时习为诗，稍长弃博士业，从其兄贾江淮间，兄死不能归，入吴。……诗益有名，游于金陵，不轻谒人。贵人慕其名访之，累数刺始一报谒，蹇驴造门，称布衣王野，投刺径去。”钱谦益：《列朝诗集·丁集》卷一四《王山人野》，《续修四库全书》第1624册，第157页。

④ 顾起元：《王太古金陵篇序》，《遯园漫稿·戊午》，《四库禁毁书丛刊》集部，第104册，北京出版社1997年版，第130页。

> 之陋。而学士大夫沐浴膏泽，歌咏勤苦，乃多有访其旧事而形诸诗篇者，岂非以侈曼相高，倾辀接踵，闻之者足以戒，不徒惟是，风华之代扇已哉。

序文结尾写道：“有不愿其但以遒文丽藻，被诸蔓草寒烟者，夫太古之紫电青霜具矣，尚其摩历以须之。”①“蔓草寒烟”出自唐代诗人吴融《秋色》诗中“曾从建业城边路，蔓草寒烟锁六朝”句，是金陵六朝意象的经典之一。对于顾起元而言，六朝历史已无法赋予当代金陵以意义。

或许是为了回应王野之《金陵篇》，顾起元亦作有一首拟古《金陵篇》②。开篇写道：“缓唱采莲曲，停讴折柳辞。听我歌金陵，何如京洛时。”“采莲”与“折柳”都是六朝时期的重要文学母题。“缓唱采莲曲，停讴折柳辞”明确表达了作者弱化六朝意象的目的。在将南京比为“京洛”之后，顾起元描写了帝都时代的金陵：

> 金陵此日称京洛，虎踞龙蟠势参错。
> 江水建瓴西抱城，淮流如带东萦郭。
> 云中双阙双芙蓉，天上五楼五鳷鹊。
> 西园公子旧应徐，东第将军新卫霍。

此段描写除以“虎踞龙蟠”暗示“金陵王气”之外，全部使用了当代典故。“江水建瓴西抱城，淮流如带东萦郭”，为明初国都建设后的新城郭范围。“西园公子”即徐达，而朱元璋的“东第将军”常遇春等则被比作卫青、霍去病，不仅烘托了太祖功业，也强调了南京为

① 顾起元：《王太古金陵篇序》，《遯园漫稿·戊午》，《四库禁毁书丛刊》集部，第104册，北京出版社1997年版，第129—130页。

② 顾起元：《金陵篇》，康熙《江宁府志》（于成龙本）卷三七《艺文四·诗·诗余》，南京出版社2011年版，第531—532页。

大明王朝“根本重地”的地位。在全诗结尾处，诗人以对“神都”宏伟气势的渲染，结束其“京洛”之歌：

一自神都莫丽雄，水光山色日冲融。
五城禁烟白浩浩，二陵佳气青濛濛。
秦城楼阁那足拟，汉主河山讵可同。
试向朝阳门上望，彤云长捧大明宫。

值得注意的是，“秦城楼阁”“汉主河山”来自杜甫《清明》诗中“秦城楼阁烟花里，汉主山河锦绣中”一句。顾起元抛弃了唐宋诗歌中的六朝金陵典故，而创造性地将长安城形象融入金陵意象中，这或许正是其不愿“以遒文丽藻，被诸蔓草寒烟”的心态使然。

概言之，晚明南京的城市意象与地方认同，主要建立在城市与国家关系这一话题之上。地方文人努力维护“金陵王气”的合法性，通过国都记忆创造属于其时的“新金陵”意象，并以此建构地方认同。而被当代学者认为更具“都市性”的城市商业、娱乐消费，却是从属于政治的存在，正如六朝偏安、繁华靡丽沦为“淫靡之陋”，“为世所悲”，大明一统，金陵仙都乐土的形象才更值得称颂。这一政治隐喻，在城市图中表现得更为明显。

二　图像中的城市观

在明清城市研究领域，图像资料早已受到学界关注。就南京而言，反映明代城市风貌的《南都繁会图》最为人所熟知。该图核心部分描绘了南市街到北市街一段的市井百态：“商肆、酒楼、茶社、当铺、书铺、钱庄、古玩店、手工作坊等鳞次栉比，官衙、庙宇、民房、卜卦命馆、戏台等也杂处其间，街巷纵横，车水马龙，喧嚣熙攘，可谓热闹非凡，蔚为大观。”画卷中有不同身份人物逾千个，各种肆铺店招、招幌达109个，堪与《清明上河图》媲美。[1] 尽管学界对《南都繁会图》的作者与绘制年代尚无定论，但该画对明代南京城市社会研究的史料价值毋庸置疑。此外，王正华还从图像与城市观的关系入手，指出明《南都繁会图》中的城市既是一个“杂乱喧闹、无阶级秩序的地方，也是一个男女群集、娱乐消费的地方”，“呈现了一种非官方观点的城市感”。[2]

然而以上两种解读，却无法回答这样一个疑问：如果此类城市图的主旨只是表现都市繁华及更具地方色彩的城市感，为何苏州、杭州等江南大都会未能成为主角？值得注意的是，除《南都繁会图》外，现存另一幅明代城市图为《皇都积胜图》[3]。二者一画皇都，一画南都，主题上的呼应十分明确。从构图上看，两幅画作皆以张择端《清明上河图》为蓝本，而作为中国城市图像原型的《清明上河图》，“在明代是被理解为首都的城市图”[4]。故对明人而言，《南都繁会图》与《皇都积胜图》并不仅仅是描摹市井百态的“风俗画”，如将之视为艺术语言创作的“京都赋”或许更为贴切。董应举（？—1643）正是在欣赏《皇都积胜图》之后创作了《皇都赋》[5]，他对画作的解读以及观画时的心态，在序文中交代得十分清楚：

> 昔宋人有作《汴京清明图》者，寓思颇远，穆乎有丰豫之警。国家定鼎金陵，成祖改卜，取象北极，盖示星拱之义，兼以

---

① 周安庆、张宏：《堪与〈清明上河图〉媲美的明代〈南都繁会景物图〉》，《东方收藏》2011年第5期；另参见王宏钧、刘如仲《明代后期南京城市经济的繁荣和社会生活的变化——明人绘〈南都繁会图卷〉的初步研究》，《中国历史博物馆馆刊》1979年第1期。

② 王正华：《过眼繁华——晚明城市图、城市观与文化消费的研究》，载李孝悌主编《中国的城市生活》，新星出版社2006年版，第26页。

③ 两图现皆藏于中国国家博物馆。见《中国国家博物馆馆藏文物研究丛书·绘画卷（风俗画）》，上海古籍出版社2007年版。

④ 马雅贞：《中介于地方与中央之间：〈盛世滋生图〉的双重性格》，《美术史研究集刊》2008年第24期。

⑤ 翁燕珍：《董应举〈皇都赋〉与〈皇都积胜图〉图文关系研究兼〈皇都积胜图题跋〉考》，（新北）《书画艺术学刊》2010年第9期。

压迫异类，显扬灵威。有警则烽火易传，地近则虩雷易震。赫哉圣谟！奠于世世矣。侍御某公深得此意，绘之缥素，名曰“积盛”。予反复流览，仰圣神之无竞，见皇图之有奕，抚卷吮毫，不觉娓娓。①

正是城市图被赋予的政治隐喻，使得苏州、杭州无法嵌入这一构图模式。直至清代宫廷画师徐扬于乾隆二十四年（1759）完成《盛世滋生图》，非首都城市图像“只能专注于当地名胜，而不是该城的繁荣商业景况”②。王正华亦认为，明《海内奇观》中对于江南名城的描绘，多选择城内外名山胜景，唯一以全城形象出现的是南京。这表明“当时苏、杭等地的意象以城内或城外著名景点为主，作为一个城市的城市感不及南京”③。城市图制作中的“都城”霸权，以及时人对规则的恪守，实超出我们的想象。

理解《南都繁会图》的政治隐喻，有助于我们更为全面、客观地解读图像。该图以上南下北的视角，将位于城东的“旧内”置于图卷的末端。这不仅契合了《清明上河图》的构图模式，也似乎暗示了观画者坐北朝南的方位，体现出画家“献赋”于朝廷的心态。因此，今人感受到的“非官方观点的城市感”，在明人眼中或许只是传统的“皇城城市观”④。通过帝京景物，《南都繁会图》确立了城市在帝国政治版图中的地位。

除长卷城市图外，明中后期日渐增多的地景图、导览图也越来越

---

① 董应举：《皇都赋》，陈元龙辑：《历代赋汇》卷三五《都邑》第3册，北京图书馆出版社1999年版，第601—602页；另参见《皇都积胜图》，载《中国国家博物馆馆藏文物研究丛书·绘画卷（风俗画）》，上海古籍出版社2007年版，第77页。

② 马雅贞：《中介于地方与中央之间：〈盛世滋生图〉的双重性格》，《美术史研究集刊》2008年第24期。

③ 王正华：《过眼繁华——晚明城市图、城市观与文化消费的研究》，载李孝悌主编《中国的城市生活》，新星出版社2006年版，第10、14页。

④ 翁燕珍：《董应举〈皇都赋〉与〈皇都积胜图〉图文关系研究兼〈皇都积胜图题跋〉考》，（新北）《书画艺术学刊》2010年第9期。

为城市史研究者关注。从社会经济与文化史视角观之，此类作品折射出晚明商业出版与旅游文化的兴盛[①]，而以“景观政治”为切入点，则可分析地方景观如何被不同权力主体塑造、改写并赋予意义，以此展现地方史与时代大背景之互动。[②] 结合雕版印刷、商业出版，且最成熟的明代南京地景总汇为朱之蕃（1558—1624）天启三年（1623）刊印的《金陵图咏》，又名《朱状元金陵四十景图像诗咏》。该书以图、记、咏相配建构金陵地景，具有多维度的解读空间。[③] 而与本文主旨相关的，则是如何理解地景中反映的城市与国家之关系。

费丝言（Si-yen Fei）认为，与洪武时期礼部绘制的《京城图志》相比，《金陵图咏》对城市空间的表述从帝王视角转向地方文人视角，将士人品味乃至家族历史融入了地方意象，“完成了南京从一个想象的帝都空间向南都（southern metropolis）转变的过程”[④]。这一解读强调了“帝王都城”与“南方都会”在空间意象上的差别，并暗示迁都对城市特性的影响。然而仔细分析四十景承载的历史文化含义，则不难发现作者对金陵“帝都”意象的精心维护。多位学者都注意到，“金陵王气”是四十景试图建构的地方叙事主线，朱之蕃“著书的目的不仅是为了搜寻胜景，更重要的是要追溯金陵作为帝王之都的尊崇地位”[⑤]。正如朱之蕃自序中写道：

---

① 马孟晶：《名胜志或旅游书——明〈西湖游览志〉的出版历程与杭州旅游文化》，《新史学》2013 年第 4 期。

② 胡箫白：《文人，和尚与皇帝——明清南京栖霞山的文化形塑与景观政治》，《新史学》2016 年第 16 卷第 2 期。

③ 历史、文学、艺术史领域的相关研究，参见胡箫白《胜景品赏与地方记忆——明代南京的游冶活动及其所见城市文化生态》，《南京大学学报》2014 年第 6 期。

④ Si-yen Fei, *Negotiating Urban Space: Urbanization and Late Ming Nanjing*, Combridge and London: Harnard University Press, 2009, p. 187.

⑤ 吕晓：《明末清初金陵画坛研究》，广西美术出版社 2012 年版，第 151 页；另参见胡箫白《胜景品赏与地方记忆——明代南京的游冶活动及其所见城市文化生态》；Catherine Stuer, *Dimensions of Place: Map, Itinerary, and Trace in Images of Nanjing*; Lee Lin Chiang, Local Identity in a Capital: Negotiating the Local and the National in Late Ming Nanjing, MA thesis, National University of Singapore, 2010.

> 宇内郡邑有志，必标景物以彰形胜、存名跡。金陵自秦汉、六朝，夙称佳丽，至圣祖开基定鼎，始符千古王气，而龙蟠虎踞之区，遂朝万邦、制六合，镐洛、殽函不足言雄，孟门、湘汉未能争钜矣。相沿以八景、十六景著称，题咏者至有去取，观览者每叹遗珠。①

尽管“江南佳丽地，金陵帝王州”的说法始自六朝，而朱之蕃却以秦汉作为金陵历史叙事的起点，这显然联系着秦始皇“泄金陵王气”的传说。而“圣祖开基定鼎”，则是叙事的高潮。为避免破坏“朝万邦、制六合”的形象及“金陵王气”的合法性，朱之蕃甚至回避了“銮舆北指”的尴尬话题。② 这一叙事模式几乎与洪武《京城图志》中的表述一般无二。

相比之下，朱之蕃并未着意体现城市的“都会感”。或许在他看来，帝京景物繁华是不证自明的，亦或许士人的文化自觉要求他与城市世俗、奢靡、功利的一面保持距离。无论如何，《金陵图咏》没有像《南都繁会图》那样尽情展现“男女群集、娱乐消费”的都市场景，甚至试图淡化都市意味。如“青溪游舫”一景的诗咏写道：“烟水五湖徒浩渺，香风十里自氤氲。百壶送酒油囊载，鸥鹭无惊泛作群。”③ “鸥鹭无惊”典出白居易《立春日酬钱员外曲江同行》中“机尽笑相顾，不惊鸥鹭飞”一句，强调了野趣与归隐的意境，与世人眼中“青溪游舫”的狎游意趣大相径庭。更为奇特的是，“秦淮渔唱”“桃渡临流”“青溪游舫”“长桥艳赏”四景皆在内秦淮河自通济门至金陵闸一段，为十里秦淮最繁华的区域。然而空间上首尾相连的四景

---

① 朱之蕃：《金陵图咏·序》，天启三年（1623）刊本，南京图书馆藏。

② 叶向高《雅游编叙》则体现了更为常见的叙事模式，即金陵名胜“自六朝以来甲于天下”，“入国朝而神圣宅中，缀旒九有。其后銮舆北指，钟簴不移。衣冠文物，声光翕赫，风水镐京，方之犹逊，此开辟以来之一时也”。叶向高：《雅游编叙》，《苍霞草》卷七《四库禁毁书丛刊》集部，第124册，北京出版社1997年版，第192页。

③ 朱之蕃：《金陵图咏》，天启三年刊本，第31页，南京图书馆藏。

在书中却被分列为第四、十三、三十一、四十景。可见《金陵图咏》试图让读者了解的是城市的历史与人文积淀，或曰“大历史中的地方”，而非其时的都市风貌。

尽管《南都繁会图》与《金陵图咏》只是明代南京图像资料中的两例，却分别代表了明清之际图写城市的两种模式：城市图与胜景图。城市图具有强烈的写实风格与都会感，但却是都城的专利，以帝京景物呈现太平盛世的主题，非首都城市无法僭越。直至18世纪中叶，才出现以苏州为主角的《盛世滋生图》。为了将苏州嵌入城市图，宫廷画师徐扬改变了图像最后山塘至虎丘一带风光的表现形式：苏州传统地景中的标志元素，如千人石，被有意略去，代之以御碑亭、南巡行宫等建筑，使之符合首都城市图卷末必须出现的宫殿、阅兵场景。帝王的“在场”使《盛世滋生图》得以淋漓尽致地描绘苏州城的繁华，也是“首次一个非首都城市的商业繁荣得以在图像与题跋文字上同时得到认可”①。从景观政治的角度而言，“苏州作为一个地方，被大清政权重新解释，而苏州的形象自此改观，不再是太湖流域的山光水色或人文色彩，而是商业繁荣与建设完善，这也是帝国眼中太平盛世的象征”②。该图被命名为《盛世滋生图》，或许是为了模糊处理苏州的非首都身份，而该图收藏单位辽宁省博物馆将其更名为《姑苏繁华图》，实际上忽略了画作原有的政治寓意。

胜景图以自然、人文景观为载体，书写地方传统，建立地方认同。而地方叙事往往以政治史为主线。如田汝成《西湖游览志》二十四卷，《志余》二十六卷，实乃围绕杭州的“都城记忆”编纂而成。《西湖游览志》“虽以游览为名，多记湖山之胜，实有关于宋史者为多，故于高宗而后，偏安逸豫，每一篇之中三致意焉”；《志余》二十六卷，“则摭

---

① 马雅贞：《中介于地方与中央之间：〈盛世滋生图〉的双重性格》，《美术史研究集刊》2008年第24期。

② 王正华：《乾隆朝苏州城市图像：政治权力、文化消费与地景塑造》，《“中央”研究院近代史研究所集刊》2005年第50期。

拾南宋逸闻，分门胪载，大都杭州之事居多，不尽有关于西湖，故别为一编，例同附录”①。地方叙事又是易受政治影响的。如乾隆南巡对苏州地景的改造，即由宫廷画家、地方官员、地方佚名画家及图书、版画出版商合作完成。在苏州人郭衷恒于乾隆二十四年（1759）首次刊印的《苏州名胜图咏》中，“所谓的名胜不再是明代地志图中的景点，而是乾隆皇帝所曾巡幸的地方”。这种改造甚至比宫廷画家更为彻底。事实上，在整个江南地区的“名胜图咏”系列中——无论经由宫廷监制还是地方商业出版——只要是与皇帝南巡有关的景点，不论新旧，都是“名胜”；未被皇帝临幸的旧地景，则不再被视为“名胜”。② 王正华指出，这一现象体现了“中央政治权力与地方文化消费的纠结转借”，在此过程中，地方景点“转换成代表帝国普世成就的政治符码，更汇入以南巡为中心的图像中，形成中央与地方共同的历史记忆”。③

由此可见，地方对其时或过往政治地位的珍视，以及极力融入国家政治版图、与帝国视角保持一致的心态，并非南京所独有。④ 造成这种文化心理特征的物质基础是什么？国家权力与地方利益的“纠结转借”，究竟折射出怎样的城市发展机制？这需要我们进一步思考国家与城市的关系。

三　明清时期的国家与城市

长期以来，明清城市研究的主流范式是从工商业发展、地方主义中寻找城市的“资本主义萌芽”或“早期现代性”。尽管大多数城镇

① 《钦定四库全书总目（整理本）》，中华书局1997年版，第956—957页。

② 马雅贞：《中介于地方与中央之间：〈盛世滋生图〉的双重性格》，《美术史研究集刊》2008年第24期。

③ 王正华：《乾隆朝苏州城市图像：政治权力、文化消费与地景塑造》，《“中央”研究院近代史研究所集刊》2005年第50期。

④ 李林江认为这是南京区别于其他城市之处。参见Lee Lin Chiang, *Local Identity in a Capital: Negotiating the Local and the National in Late Ming Nanjing*。

实际上都兼有行政与商业功能，但研究者仍倾向于对“行政城市”与“工商业城市”作类型区分，强调二者在城市特质上的差别。而施坚雅（William Skinner）使用“经济层级”和“官僚行政层级”两种指标界定城市在地方体系中的地位①，更激发学者对行政层级较低的商业市镇之研究兴趣。城镇社会经济活力与国家行政控制之间似乎具有此消彼长的关系，工商业城市、新型市镇的兴起是对传统行政城市的反动，并指向一种可以预见的“内生现代化”。

城市研究的这一范式，显然是为了修正韦伯对中国城市之“东方型城市”属性，及其与现代化转型失败之关系的论述。研究路径则是在“工商业城市”中寻找与“西方型城市”相似的特征，以打破明清中国社会停滞论。然而这一范式并未建构起具有本土特征的现代性理论。正如赵轶峰指出：“关于明清时代中国社会基本形态与变迁趋势的研究一直是参照‘现代’社会如何生成这样一个话题被提出的，而‘现代’社会又一直被预设为以西方现代社会情态为标准模式——这意味着现代社会是单一模式的。”② 时至今日，学界越来越意识到建构新理论与新话语体系的重要性。

事实上，已有学者对明清工商业城市的发展机制进行了更为理性的分析。在“工商业城市”这一大类中，苏州无疑独占鳌头。然而迈克尔·马默（Michael Marmé）的研究表明，苏州并没有超越帝国秩序，它仍是“保守的、农业的、官僚政治的国家”之组成部分，而非孕育“自治的、商业资本的传统”的温床。苏州的发展既不能完全归结于地方努力，也不完全得益于国家政策，而是一种“共生关系”的成功。③ 这类似于王家范对明清江南商品生产发展的解释：“某种程度上由‘黄宗

---

① 施坚雅：《城市与地方体系层级》，载施坚雅主编《中华帝国晚期的城市》，叶光庭等译，中华书局2000年版，第327—417页。

② 赵轶峰：《明清帝制农商社会论纲》，《古代文明》2011年第3期。

③ ［美］迈克尔·马默：《人间天堂：苏州的崛起，1127—1550》，载林达·约翰逊主编《帝国晚期的江南城市》，成一农译，上海人民出版社2005年版，第25页。

羲定律’压迫所造成，算是‘坏事可以变好事’的一个意外收获。”①可见工商业和市场化并不必然是反封建的。吴滔在讨论陆家浜、安亭这两个棉布专业市镇兴起机制时亦指出：“在一定意义上，所谓‘专业市镇’或许是贡赋系统下‘改折财政’的一种延伸”，“‘专业市镇’兴起的机制，显然要比‘劳动分工’和专业化等经济理性的‘逻辑’促发起来的市场复杂得多”。②

另一方面，行政功能与城市发展之间也没有必然冲突。工商业不是城市化的全部内涵。城市化还体现在与城市生活相关的基础建设、公共设施，以及相关制度、法律，乃至行为方式、文化心理的完善与成熟，这就需要政府的介入与引导。在前近代西欧城市中，市政机构承担管理职责；而在帝制时代的中国，城市管理则融入了国家行政。在受到国家强控制的同时，行政中心城市也获得更多资源，这是一种国家与城市发展之间的“共生关系”。各历史时期的都城都体现出城市建筑、规划、管理方面的最高成就。1598年初到南京的利玛窦（Metteo Ricci）认为，论秀丽和雄伟，很少有城市可与南京匹敌，“它真正到处都是殿、庙、塔、桥，欧洲简直没有能超过它们的类似建筑。在某些方面，它超过我们的欧洲城市”③。1868年访问北京的德国地理学家李希霍芬（Ferdinand von Richthofen）对这个首都的破败和贫困感到震惊，但却不得不承认“从残留的一些宏伟的建筑，特别是一些桥梁、城墙和庙宇，可以看出这座城市昔日的辉煌。城市的设施十分发达、令人惊叹。宽阔的街道、沟渠和排水无不显示出伟大的建筑灵魂”④。

---

① 王家范：《复杂的历史，需要复杂的头脑——从“黄宗羲定律”说开去》，《探索与争鸣》2010年第1期。

② 吴滔：《清代江南市镇与农村关系的空间透视——以苏州地区为中心》，上海古籍出版社2010年版，第74页。

③ ［意］利玛窦、［比］金尼阁：《利玛窦中国札记》，何高济、王遵仲、李申译，何兆武校，中华书局2005年版，第286—287页。

④ ［德］费迪南德·冯·李希霍芬：《李希霍芬中国游记》，李岩、王彦会译，商务印书馆2016年版，第18页。

事实上，被归为“工商业城市”的苏州也具有重要的行政功能。“明代时，作为朝廷差官的巡抚都御史、巡按御史经常性地驻在苏州，从而使苏州实际上具有了超越府级城市的行政职能。”[①] 清代的苏州则正式成为省会城市，只是这一属性常常被有意忽略，因为现有的理论框架无法解释这种分裂特征。

可见，将“行政中心城市”与“工商业城市”视为两种城市类型的分析方式，无法全面合理地总结明清城市的发展机制。笔者认为，明清城市研究应回归到“帝制”而非“自治”的框架之下，重新审视国家政权与城市发展之关系，尤其是上文提到的“共生关系”。马敏认为：“过去的现代化研究，对代表市场和自由经济的‘市民社会’的作用强调比较多，而对国家政权本身的作用和国家治理能力现代化的研究则相对薄弱，这是以西方现代化模式为范本研究世界近代化历史进程的无可避免的弊病之一。”[②] 这也是城市史研究需要再思考的问题。对于国家与城市“共生关系”的系统研究，或许有助于建构一个统一的分析模式，帮助我们理解中国城市发展的历史规律以及城市与现代化的关系。

国家与城市的共生，首先体现在利益上。程念祺指出，研究中国古代经济必须注意“大国效应”。城市工商业发展需要的市场机会、水路交通设施，都不是凭“城市”一己之力可以创建的。当然，国家基础建设，如大运河、驿路、驿站的修建，绝不是以发展地方经济为目的的，但地方却可从国家的政策与投资倾斜中获利。明清时期的“运河城市”就是典型例证。晚明议修泇河，欲使运河绕开问题最多的宿迁、徐州一段，转向山东滕县、峄县。然而“徐、邳人恐徙河无业，每阻之”[③]。时人论道：“惟泇一成，漕向滕、峄、郯、沭，而背

① 王卫平：《明清时期江南城市史研究：以苏州为中心》，人民出版社1999年版，第59页。

② 马敏：《现代化的“中国道路”——中国现代化历史进程的若干思考》，《中国社会科学》2016年第9期。

③ 顾炎武：《天下郡国利病书》第15册《山东上》，《续修四库全书》第596册，上海古籍出版社2002年版，第381页。

徐、邳、桃、宿。向者日渐纷华则辗然喜，背者日渐寥落则穆然嗟。”[①] 晚清至民国，随着国家战略的转移与漕运废除，新的格局出现了。运河城市普遍衰落甚至被边缘化，国家着意发展沿海城市成为新的核心。彭慕兰（Kenneth Pomeranz）对华北的研究表明，在新核心区，国家与市场共同发展，体现了“国家建构合理成功的模式”，而在国家放任自流的区域，则“不仅承受着内卷化，而且还承受着退化”。[②]

国家政策对地方经济的刺激，还体现在官营、采办与专营制度上。这是一种更具悖论性的共生机制。一方面，官营工场、采办带有封建劳役、掠夺性质，专营制度也体现了中央集权对市场的垄断。而另一方面，由于官营制造在质量与技术上不惜工本、精益求精，最终带动地方专业生产水平不断提高，促进了城镇经济繁荣。景德镇的制瓷业，南京、杭州、苏州的丝织业，皆受益于官营制造。清代宫廷对苏州经济发展的推动尤其显著。乾隆皇帝利用税收支持苏州丝织生产，皇帝的个人喜好也影响着士大夫、官员在苏州办贡、投资生产、行销，甚至推动了会馆、行会组织的发展。“宫廷样，苏州匠”的谚语正折射出北京与苏州的关系。“苏州织造局每年承办的各项活计达数百件以上，连藏于清宫10万余件的戏服都来自苏州，不难想象皇帝好货，而影响苏州经济发展。”[③] 而明清时期扬州的发展，除其作为运河城市的身份外，更重要的刺激因素则是食盐专卖制度；这一制度也让“四大镇”之一的汉口收益良多。“四大镇”的另一成员佛山，以冶铁业闻名。明清朝廷虽然未实行铁器专营，但佛山冶铁业却存在“官准专利”，即官府以行政手段保证佛山原料的供应，满足朝廷对贡品和武器的需求，廉价取办各种官营器物，并获得赋税。

---

① 周之龙：《漕河说》，陈子龙等撰：《明经世文编》卷四七八，中华书局1962年版，第5264页。

② 彭慕兰：《腹地的建构：华北内地的国家、社会和经济（1853—1937）》，马俊亚译，社会科学文献出版社2005年版，第232页。

③ 赖惠敏：《寡人好货：乾隆帝与姑苏繁华》，《“中央”研究院近代史研究所集刊》2005年第50期。

"'官准专利'是佛山冶铁业得以存在发展的一个因素，同时又是佛山冶铁业的一大特点。"① 在一定程度上，佛山兴起的机制与景德镇有相似之处。

国家与城市利益的另一契合点，是对地方秩序的维护。传统时期，地方社会由官员、民众、地方精英构成。广义上说，地方精英包括宗族、士绅、商人与豪强势力，有时一人兼具几种身份。地方精英不仅掌握财富、特权，还在一定程度上控制地方社会。在城市研究中，精英阶层常与地方能动主义、市民社会、事实自治等概念联系起来。然而精英本身具有两面性，借用杜赞奇（Prasenjit Duara）的概念，即存在"保护型经纪"与"赢利型经纪"两种可能。② 因此，国家对地方精英的制约显得格外重要。在这一点上，民众与国家可能站在同一阵营。夫马进在对万历十年（1582）杭州民变的研究中指出，在暴动者看来，由于地方精英垄断了地方事务，普通民众与地方官员的利益都受到了损害，"故而丁仕卿和他的支持者消除地方精英的同时，意味着官方的统治还是受欢迎的"③。明清鼎革后，江南士绅受到朝廷整肃，晚明权焰熏天的情形一去不返，这对于江南社会的稳定不无正面作用。

在行政级别较低的市镇中，居民对官方统治的渴望似乎更为强烈。以浙西第一大镇乌青为例，由于杂隶浙直两省三郡六县间，"别驾常檄，委无宁居，以故盐盗魁桀，此追彼遁，日以滋蔓。捕卒以玩愒，相与为奸。……豪右因之肆其虚诞。有以睚眦而呈巨寇者矣，有以逋负而告劫掠者矣。庭无两造，而柔懦之肉削矣。故弄兵之赤子易知也，腠民之貍虎难办也"。嘉靖间，镇民施儒请立县治，以辑

① 参见罗红星《明至清前期佛山冶铁业初探》，《中国社会经济史研究》1983年第4期。

② ［美］杜赞奇：《文化、权力与国家：1900—1942的华北农村》，王福明译，江苏人民出版社2003年版。

③ ［日］夫马进：《晚明杭州的城市改革和民变》，载林达·约翰逊主编《帝国晚期的江南城市》，成一农译，上海人民出版社2005年版，第91页。

盗安民，未获朝廷批准。万历三年（1575），终创建浙直分属，以湖州府同知常驻乌镇，“乡父老子弟咸颂之”。[①] 顺治四年（1647）浙直分属被裁撤；康熙元年（1662）以湖州府督捕同知驻镇；康熙中，督捕同知回驻府城；雍正四年（1726），在地方士绅的努力下，准循旧例，以同知驻镇。[②] 胡恒认为，乡镇居民对于佐杂移驻积极踊跃，与各地居民对设县之踊跃与撤县之反抗相似，“与其说是反映了区域意识的觉醒，毋宁说是对援借国家权力，以实现地方安宁的渴望，甚至可能还包括对于未设立佐杂地域的某种‘优越心理’”[③]。国家控制缺失带来的不是自由的空气，而是“朘民之貍虎”与秩序之沦陷。

不仅“赢利型经纪”需要国家权力制约，“保护型经纪”也需要来自国家的支持才能真正有所作为。在远离国家视线的地方，他们的雄心往往化为乌有。位于嘉兴府海盐县的澉浦镇，“宋元时因通番舶，地方庶富”，入明后“禁革海道，自是居民惟赖田产。缘因四周皆山，状如天井，不接下河，常遭旱患，商货不通，名为绝地”[④]。有明一代，镇绅为疏浚永安湖多方奔走，最终一事无成。嘉靖时期的镇民董沄感叹道：“以百六十年大患，屡经勘准，而抑不行”，首要原因即“地方偏处海角，府县隔远，上司不到，危苦之状不能上闻”，次则“吏胥之弊，非钱不行，而地方公务，钱何从出?”[⑤] 澉浦镇距县城陆路36里，水路50里，“土民上纳税粮，里甲到县卯酉，常苦路遥，风寒暑雨，最为不便”。而由镇至县原另有水路，长仅25里，只因一段约7里长河道淤塞而废弃。董沄之子董谷认为，“有能奏请动支官银七

① 吴秀：《〈浙直分署纪事本末〉后序》，《乌青镇志·旧序》，乾隆《乌青镇志》，1918年铅印本，第9页。

② 乾隆：《乌青镇志》卷三《建置》，1918年铅印本，第1a—b页。

③ 胡恒：《皇权不下县？——清代县辖政区与基层社会治理》，北京师范大学出版社2015年版，第213页。

④ 从吾道人：《澉川钟楼图跋》，董谷：《续澉水志》卷九《艺文·文》，西泠印社2012年影印本，第60页。

⑤ 从吾道人：《与吴南溪先生论水利书》，董谷：《续澉水志》卷九《艺文·文》，西泠印社2012年影印本，第62页。

八百两，专委廉能民职亲量佔计，雇请萧山土工，不过一月，连接雪水港”，便可减少一半路程，所费不多而有无穷之益，“顾地方僻处，下情无由上达耳”。[①]

由此可见，国家与城市的“共生关系”超越了利益冲突。迈克尔·马默认为，苏州“资助了政府而不是相反”，这过于片面。事实上，城市与国家相互需要，但国家是“政策”决定者，城市却只因地制宜给出“对策”。城市是否有“谈判”的资格，取决于城市在国家政治经济版图中的地位，以及地方精英在国家范围内的影响力。因此，正如包弼德（Peter Bol）指出，“地方转向”本身不一定是“反国家”的。“地方认同话语要在其与国家之关系中进行解读，建构/重构地方认同的目的既是为了地方社会转型，也是为了增加地方参与国家政治生活的机会。”[②] 这不仅可以让我们把“行政中心城市”与“工商业城市”的发展整合到同一分析框架之下，也有助于我们理解城市在现代化转型中的不同命运。

四 结语

对于南京而言，明初国都史在其城市发展史中的意义是深刻而长久的。朱元璋时代的城市规划，直到民国“首都建设”时期才被真正修订、改写。而统一王朝首都的短暂经历，也足以使南京成为排在西安、北京、洛阳之后的中国第四大古都。直至今日，学者们仍在华夏历史的脉络中讨论南京城的历史特质，南京也仍以六朝古都、十朝都会为其城市符号。我们无法想象晚明南京文人能够抛开城市的政治属性，赋予“地方”以新的意义；相反，融入帝国“宏大叙事”中的金

① 董谷：《续澉水志》卷一《地理》，西泠印社2012年影印本，第4—5页。

② Peter K. Bol，“The ‘Localist Turn’ and ‘Local Identity’ in Late Imperial China”，*Late Imperial China*，Vol. 24，No. 2（December，2003），p. 41.

陵城及其形胜、历史，也成为明代政治文化中的一个特殊母题，不断出现在关于帝国政治、两都、地理、堪舆的论题中，深刻地影响了时人对南京城市的认知与想象。

南京的城市发展也实实在在地受益于其政治地位。就自身条件而言，明清时期的南京与江南“核心区”的城市相差悬殊：其腹地农业经济落后，商品生产不发达，甚至没有真正意义上的专业市镇。由明至清，再至太平天国后的城市复兴、民国时期的“黄金十年”，这个城市的发展一直依靠政策与资源的倾斜。因此，南京不仅从正面诠释了国家与城市的共生关系，也为我们建构本土化的城市理论提供了范例。

（原载《江海学刊》2017 年第 6 期）

地方展览与辛亥革命记忆塑造（1927—1949）

陈蕴茜

展览是近代由西方传入的新型空间形式，对传播科学技术、宣传历史文化、促进商品交流等发挥了重要作用。近年有关近代中国展览的研究逐步成为史学界的新热点，成果主要集中在博览会和国货展览的研究。① 而关于展览与宣传辛亥革命纪念的关系，只有一篇论文涉及，主要考察了西湖博览会中的革命纪念馆，为今年杭州举行辛亥革命百年纪念提供历史依据。② 事实上，展览具有多重功能，其中政治记忆的塑造功能尚未引起学界的重视。本文力图对南京国民政府时期各地方展览进行考察，揭示国民党如何利用展览这一新型空间形式来对人们进行辛亥革命记忆的塑造，展现出现代国家政权在记忆塑造方面所做的努力及取得的成效。

---

① 参见马敏《张謇与近代博览事业》，《华中师范大学学报》2001 年第 5 期；马敏《中国近代博览会事业与科技、文化传播》，《历史研究》2004 年第 2 期；马敏主编《博览会与近代中国》，华中师范大学出版社 2010 年版；付海晏《"跑调"的国货展览会：1935 年无锡国货流动展览会研究》，《近代史研究》2008 年第 4 期；张在刚《试述北平国货陈列馆的国货宣传活动》，《首都师范大学学报》2010 年第 1 期。

② 参见王佩良《论西湖博览会与辛亥革命百年庆典》，《湖南师范大学社会科学学报》2011 年第 1 期。

一　纪念馆与辛亥革命常年展

1911 年的辛亥革命结束了中国两千多年的传统帝制，开创了现代新型国家。这场革命不仅改变了中国的历史走向，而且影响着中国未来的走向，它是国民党进行政治统治的合法性来源，因此，南京国民政府建立后，国民党开始举办各类专门的革命史展览，传播革命记忆，从而使民众形成对国民党的认同。

从展览举办的时间长短进行划分，一般有两种形式：一为常年展，一为临时展。常年展大多是纪念馆或博物馆中的固定陈列，这一形式在民国时期辛亥革命史展览中发挥了重要作用。早在南京国民政府成立之前，人们已经充分认识到博物馆的功能在于“促进民众知识，完成普及教育”[①]，因此，各类博物馆也陈列展览革命纪念物。1922 年，浙江省立西湖博物馆历史文化部就已经陈列了如“孙中山先生墨迹(石印)”“徐烈士祠堂碑记拓片”“邹容照片”“革命诸先烈照片”“福建省黄花岗纪念币”等革命文物。[②] 后来西湖博物馆历史文化部进一步发展出专门陈列革命文献的第七陈列室，展品“大都为中国国民党前期之革命史料，计有同盟会成立、晚晴园聚会、中华革命党成立、孙总理攻惠州城等摄影多帧。此外并有北伐军路线地图、辛亥革命烈士遗物等”[③]。南京国民政府成立后，对辛亥革命的纪念更为重视，各地出现了更多的革命博物馆或纪念馆、纪念室，各博物馆或纪念馆均举办辛亥革命常年展。

江苏省作为辛亥革命的重要基地，对辛亥革命纪念尤为重视。早

① 浙江省立西湖博物馆编印：《浙江省立西湖博物馆历史文化部物品目录》，1922 年 12 月，“引言”第 3 页。

② 浙江省立西湖博物馆编印：《浙江省立西湖博物馆历史文化部物品目录》，1922 年 12 月，第 21、36、45、81、91 页。

③ 浙江省立西湖博物馆编印：《浙江省立西湖博物馆概况》，1948 年 6 月，第 7 页。

在1928年，江苏省政府即开始筹建“江苏革命博物馆”，由民政厅“派员兼办征集物品”，物品种类“以整个的国民革命史为标准”，包括“甲：革命以来之史迹；乙：革命以来之宣传物；丙：革命先烈遗像及造像影片；丁：革命先烈遗物；戊：革命以来各大战争图及重要物品；己：革命各大纪念日之重要物品及档案”①。如1930年征集到“赵伯先烈士广州起义时所用之私章一方并陈列”“辛亥攻宁一月小册一本，又赵伯先烈士追悼会摄影一幅”。该馆还向汕头梅县启化图书馆征集到原藏品《民报》第3号和《天讨》杂志一本。不仅向各单位征集，纪念馆也向个人征集，曾向浙江嘉兴早期同盟会成员方於笥征集了旧藏《革命问答》、《章炳麟驳康有为论革命书》多册以及《黄兴传记》。1929年6月1日，孙中山奉安南京，为此，博物馆向中央党部宣传部征集了《总理奉安实录》2部。②

创立革命博物馆的目的就是举办展览，让人们膜拜先烈，牢记先烈的革命精神，《江苏博物馆馆刊》发刊词对此进行了阐发：

> 吾人之所以永念夫先烈，思有以昭示夫国人也。且夫在天之灵，亦自完其天职而已，宁望后人之必崇报我也？然而我国民之得以处于今日党国下者，端由诸先烈之不惜躯命誓死力争，前仆后继，壮往不二，以造成兹日之庄严。则我国民纵不能一一馨香俎豆以竭其顶礼膜拜之忱，而瞻仰遗容，留连故物，自不胜其徘徊眷恋，肃然有以，立懦而廉顽，宁得谓为世变日新，往昔牺牲无足挂我齿颊哉？……重念之，而吾总理在天之灵如在其上，如在其左右，重念音容宛在。而诸先烈在天之灵，亦如在其左右，音容虽邈，肝蠁犹通。夫又奚必登紫金山头，过黄花岗畔，而后

① 《江苏革命博物馆筹备处组织章程》（1928年2月10日），《大学院公报》1928年第3期。
② 《本馆纪事·本馆大事记》，《江苏革命博物馆月刊》1930年第13期。

始致其哀，悲抒其感慨也……[①]

在举办者看来，展览可以让参观者有身临其境之感，甚而促使人们形成革命记忆。该博物馆的部分陈列成为最早的辛亥革命专题展览。

建立革命纪念馆、举办常年展览是各地方政府的设想，但实际上存在着许多困难，不少地方只得在历史博物馆内建立革命纪念部，这样既可举办展览，又比较节约财力、物力。如南京市立历史博物馆曾计划建立革命纪念馆，后因经费难筹，于 1930 年在馆内建革命纪念部并征集各类纪念物予以陈列展览，以“灌输革命思想，适应现代潮流……引起民众观摩研究”[②]。后来该馆又设中国革命历史等 6 部，陈列各类文物，分类注释；还敦请党国名人书写国民党政纲、总理遗训，并请画家绘制革命历史写真、先烈遗像以举行革命文献展览会，进而“引起首都人士之观感”[③]。至 1936 年，该博物馆已收藏革命纪念物共计 321 件，其中不少为辛亥革命纪念物[④]，这使常年展内容日益丰富。

杭州西湖旁的白云庵曾是辛亥革命志士们集会的地方，政府在白云庵大殿侧建立辛亥纪念馆，时人题额制联，以表纪念。[⑤] 1927 年，江西省政府将建于忠烈祠的纪念会改为革命纪念馆，因“该馆地址偏僻房屋狭小，且时有军队驻扎，湫隘嚣尘，殊不足以安先烈英灵而资民众观感”，遂对纪念馆重新进行整顿。[⑥] 该馆向全国各地征集革命史料进行陈列，如四川省东川道道尹公署就曾转饬所属各县教育局协助江西革命纪念馆征集革命物品。该文件还包括向陕西革命纪念馆征集

① 巢南：《发刊词一》，《江苏革命博物馆月刊》1929 年第 1 期。

② 《市立历史博物馆添设革命纪念部》，《首都市政公报》1930 年第 70 期。

③ 《市立历史博物馆力谋扩充》，《首都市政公报》1930 年第 72 期。

④ 中国博物馆协会编印：《中国博物馆一览》，1936 年 1 月，第 45 页。

⑤ 黄元秀：《西湖白云庵与辛亥革命之关系》，政协全国文史委员会编：《辛亥革命回忆录》第 4 集，文史资料出版社 1963 年版，第 151 页。

⑥ 《江西省政府委员会报告》(编印者不详) 民政 · 第 12 页，1929 年 12 月。

革命物品，这说明陕西省也曾建有革命纪念馆。[1] 建立革命纪念馆并常年展览革命文物，是当时较为普遍的做法。1929 年，济南市政府因“趵突泉风景幽雅，游人众多”，将其旁之四面亭及吕祖庙改建为革命纪念馆并举办展览，“以广宣传”[2]。1930 年，广州市博物馆设革命纪念部，并陈列革命纪念品（包括总理遗像、手书、生前所用文具、墨迹、委任状、印信，及各先烈遗像等）17 种 72 件。[3] 后来，广州市政府“为保存革命先烈遗物起见”，饬令工务局“将粤秀山启秀楼修葺，以作革命先烈遗物陈列所”，工程完竣后“特令教育局主管该所，并征集先烈遗物，一俟征集完竣及布置安善后，即可开始陈列”[4]。湖北作为首义之省，自然不能落后，省政府于 1932 年筹建湖北革命纪念馆，并专设征集股，“征集有关于革命先烈之遗物”[5]，以便纪念馆举行陈列展览。此外，上海市立博物馆也陈列了革命纪念品 465 件。[6]

南京国民政府时期，民众教育发展迅速，各地利用陈列展览来进行社会教育，不少民众教育馆设有陈列室，有的则专设“革命纪念室”，常年陈列革命遗迹史料。如 1935 年广东省梅县建立民众教育馆，内设有革命纪念室。[7] 江苏省立镇江民众教育馆常年设有公民教育展览室，其中陈列有“革命纪念、史、地”等 3 项展览。[8] 安徽省立第二民众教育馆设革命纪念陈列室，常年陈列革命史迹图片 493 幅，“以

① 《东川道奉省令转饬道属各县教育局长征集革命物品寄陕西、江西革命纪念馆陈列》(1928 年 12 月 6 日)，四川省档案馆藏，卷宗号：民 191 - 01 - 1309。

② 《呈省政府奉令将趵突泉之四面亭及吕祖庙改建革命纪念馆一案已令行职府社会局拟具计划俟呈覆再行具报由》，《济南市政月刊》1929 年第 3 期。

③ 中国博物馆协会编印：《中国博物馆一览》，1936 年 1 月，第 97—98 页。

④ 《启秀楼将陈列革命先烈遗物》，《广州市市政公报》1931 年第 378 期。

⑤ 《湖北革命纪念馆筹备委员会组织简章》，湖北省档案馆藏，卷宗号：LS1 - 3 - 129，《革命纪念馆筹备主任呈吴醒汉为拟具组织简章及规则仰乞备案由》，1932 年 5 月 27 日。

⑥ 中国博物馆协会编印：《中国博物馆一览》，1936 年 1 月，第 86 页。

⑦ 程志远：《梅县图书馆发展情况》，政协广东省梅县文史资料委员会编印：《梅县文史资料》第 6 辑第 2 册，1993 年 3 月，第 64 页。

⑧ 江苏省立镇江民众教育馆编印：《四年来之江苏省立镇江民众教育馆》，1934 年 8 月，第 35 页。

供民众观览”[①]。由于从兴中会成立到民国建立之间，牺牲的烈士在国民党历史上占重要地位，且事迹尤为突出，因此，辛亥革命纪念物是构成纪念馆（室）常年展的陈列主体。

对于各地革命纪念馆及陈列展览情形，张继曾有过概括：“值此国难方殷切，全国上下勠力复兴民族之际，则此发扬党史精神之陈列馆事业，自有要求其普遍之必要。现各省市之中山纪念堂，及类似革命历史博物馆之设立者，亦日有兴起。”[②] 可见，民国时期革命历史博物馆或纪念馆在全国城市已经兴起，为当地革命史包括辛亥革命史常年展奠定了基础。

二　西湖博览会中的辛亥革命纪念展

除常年展外，南京国民政府时期各地的临时展也在纪念和宣传辛亥革命中发挥了重要作用，其中影响最大的是西湖博览会里的革命纪念展览，对于塑造人们的辛亥革命记忆具有积极影响。

1929 年，为了推动社会经济发展、庆祝北伐成功，浙江省政府特地举办规模宏大的西湖博览会。博览会的举行应该“饮水思源”，这“不得不归功到革命军，由革命军而联想到革命诸先烈，所以就设立革命纪念馆，为八馆二所之冠”[③]。

该纪念馆建立的目的就是纪念和宣传革命精神：“革命纪念馆担负着精神建设的责任……所陈列的多是先烈血迹、本党精华，非但昭往例而示来兹，扬党徽而光先烈，而且在训政时期为物质建设之南针，所以这馆不是如其他各馆所徒然欣赏其物质之奇巧，而在于精神之灿

① 安徽省立第二民众教育馆编印：《安徽省立第二民众教育馆概况》上编，第 13 页；下编，第 88、131 页，美丰祥印书馆 1936 年版。

② 张继：《党史陈列馆与社会教育》（1937 年 5 月 17 日在中央纪念周的演讲），《中央党务月刊》1937 年第 105—106 期。

③ 张寄涯：《革命纪念馆记游》，《旅行杂志》1929 年第 7 期。

烂——发动革命的情绪，确定革命的立场，坚决革命的意志，遵本党的主义，用革命的手段和步骤以精神来领导物质，建设三民主义的国家。这就是本馆真正的意义。”①

革命纪念馆属于党务工程，馆长自然由党务系统的人担任，即由浙江省党部执行委员兼监察委员李超英担任，体现出国民党对革命纪念馆的重视与控制。纪念馆位“设西湖孤山之唐庄平湖秋月及浙军克服金陵阵亡将士纪念墓一带。除浙军克服金陵将士纪念墓为天然革命纪念地外，于白堤末端建骑街牌楼一座，遥望作平正雄伟态者是也”②。该纪念馆设有总理纪念厅一座，陈列室 6 间。③ 虽然该馆是各馆中最小的，但因位列展览会之首而引人注目。为了突出这一纪念馆的革命纪念功能，展览会又在西湖著名的景点平湖秋月处建革命纪念塔一座，塔“以三民主义奠其基，以五权宪法结其顶”④，即塔基下部为三角形，象征三民主义，塔身上作五角形，象征五权宪法，将孙中山的思想通过象征手法加以呈现。⑤

纪念馆最重要的功能是陈列展览，革命纪念馆“把革命过程中，种种有价值，可以留为纪念的东西，如先烈遗像、遗墨、遗物、战争摄影，还有其他珍贵物品，一类一类的陈列起来”⑥。革命纪念馆“门左右有对联一，上联为‘革命精神　大智大仁大勇’，下联为‘救国主义　民族民权民生’”⑦。对联道出了筹办者对革命纪念馆功能的定位。社会各界对此都有明确认识，连《商业月报》介绍西湖博览会的文章也都认为，设立革命纪念馆是极为必要的，因为“今吾国已直隶

---

① 李英超：《革命纪念馆特刊发刊词》，《中国早期博览会资料汇编五》，全国图书馆文献缩微复制中心 2003 年版，第 606 页。

② 潘起凤：《西湖博览会八馆二所概况》，《旅行杂志》1929 年第 7 号。

③ 张寄涯：《革命纪念馆记游》，《旅行杂志》1929 年第 7 期。

④ 潘起凤：《西湖博览会八馆二所概况》，《旅行杂志》1929 年第 7 号。

⑤ 张寄涯：《革命纪念馆记游》，《旅行杂志》1929 年第 7 期。

⑥ 《西湖博览会之概况》，《江苏省政府公报》1929 年第 100 期。

⑦ 自平：《各馆所参观记》，西湖博览会编：《西湖博览会参观必携》，商务印书馆 1929 年版，第 21 页。

于青天白日旗帜之下。关于国民革命军成功之史迹，至足珍贵，亦至足以为奖掖后进之良剂，故此馆之设立，使命綦重”[1]。革命纪念馆是西湖博览会排列位置最前的展馆，也是民国时期革命纪念馆中最具影响和特色的临时展馆。

此馆以陈列孙中山遗物和革命纪念文物为中心。人们进入革命纪念馆后首先进入总理纪念厅。纪念厅内有孙中山遗像，参观者进门无须门票，但先要签字，并“向总理纪念厅中山先生遗像三鞠躬”，如不鞠躬，则易被视为异类，当时的游记中说“或许会当你是反革命”[2]，孙中山作为辛亥革命及国民党领袖的至尊地位在此跃然呈现。“总理一生坚忍不拔之志行，尽萃于斯，厅内设革命书籍阅览室[3]”。另外，厅中展出各类孙中山遗物，如“总理命令”等，还有孙中山奉安南京北上迎榇所用的丧车模型等，这些都让人们联想到孙中山为中华民族而奋斗的一生。

《西湖博览会参观必携》记载了革命纪念馆有关先烈的文献与文物陈列目录，包括：

> （一）先烈所有遗像、（二）先烈所有遗著遗墨、（三）先烈生平所好读之书籍，及其形成革命所性及革命思想之书籍、（四）先烈生平之遗物、（五）先烈临难之殉难物（略如断头刀、绞台、执行枪决时所用之枪）、（六）临难地点及一切情形之照片、（七）先烈革命所用之武器（如手枪炸弹刀及其他武器）、（八）先烈死后之荣哀、（九）祭堂照像、（十）追悼会及出殡照相、（十一）坟墓及铜像石像照像、（十二）挽词、（十三）国家各种褒典、（十四）先烈名单及传略。[4]

① 王宪煦：《西湖博览会之鸟瞰》，《商业月报》1929 年第 8 期。
② 张寄涯：《革命纪念馆记游》，《旅行杂志》1929 年第 7 期。
③ 潘起凤：《西湖博览会八馆二所概况》，《旅行杂志》1929 年第 7 号。
④ 西湖博览会编：《西湖博览会参观必携》，商务印书馆 1929 年版，第 7—9 页。

据纪念馆保管部所列的重要的先烈纪念物，多数是辛亥革命先烈的遗物。先烈遗像有陆皓东、史坚如、杨衢云、刘道一、彭家珍、赵声、温生才、林觉民、方声洞、陈敬岳、蒋翊武等烈士遗像，遗物则主要有徐锡麟刺杀恩铭的手枪、马宗汉刺杀恩铭的杖式手枪、秋瑾常用的小刀、傅国英的剑等；先烈遗墨则包括徐锡麟供词、马宗汉传、秋瑾手迹、朱执信集、林觉民遗墨、方声洞绝笔书等；摄影作品则有宋教仁赤身伤痕、灵榇及殓前各照片、孙中山就任大总统职摄影、同盟会入会证书、中华革命党证书等。[①] 这些构成革命纪念物的主体。

与此同时，一些特殊的历史事件也成为展览的内容，如“伦敦蒙难情形、袁世凯窃国情形、护法诸役”等。一般历史展览往往透过时间序列来呈现，革命纪念馆的展览也是如此，特别强调革命沿革史，即按“兴中会史、同盟会史、国民党史、中华革命党史、中国国民党史、各省市县自秘密至公开之党史、海外党务史”来陈列。[②] 当人们结束革命纪念馆的参观活动时，依然要受到革命教化，因为出口处又有一对联，上联是“恪守总理遗教，努力奋斗”，下联为“继承先烈伟迹，慷慨牺牲”。[③]

西湖博览会革命纪念馆是革命纪念物集中陈列的空间，但实际上，展览会还有一些场馆也陈列孙中山纪念物，革命纪念已经渗透进了整个博览会其他空间。如参考陈列所“正殿中供银制总理遗像，上端四字曰：‘天下为公’，下端题曰‘知难行易’”[④]。特种陈列馆中有一亭，南北两壁各悬大画一幅，“一为孙总理建国大纲铁道计画，一为东方大港，测绘至为精密”，另一陈列室中，有中山陵模型。[⑤] 工业馆

---

① 《陈列物品撮要》（原载《西湖博览会革命纪念馆参观指南》，1929 年），王国平主编：《西湖文献集成》第 16 册《西湖博览会专辑》，杭州出版社 2004 年版，第 809—813 页。

② 西湖博览会编：《西湖博览会参观必携》，商务印书馆 1929 年版，第 7—9 页。

③ 自平：《各馆所参观记》，西湖博览会编：《西湖博览会参观必携》，商务印书馆 1929 年版，第 22 页。

④ 凤子：《参考陈列所》，《旅行杂志》1929 年第 7 号。

⑤ 钱壮飞：《特种陈列所概况》，《旅行杂志》1929 年第 7 号。

中有孙中山半身塑像模型[①]，艺术馆中有孙中山全身塑像，丝绸馆内则有一个模范结婚礼堂，上面悬挂着孙中山遗像。[②] 孙中山纪念物随处可见，以至著名文人周瘦鹃在参观西湖博览会三日后说：“如今西子不但是著西装，并且著了中山装了。”[③] 可见，中山符号在展览中的呈现对人产生的影响。

三　地方临时展与辛亥革命纪念

西湖博览会作为特殊的临时展，在纪念辛亥革命、塑造革命记忆方面的确起到了积极作用，但民国时期各地方还有大量规模不等的临时展，这些展览都包含了辛亥革命纪念。抗战全面爆发后，国民党进一步加强对辛亥革命精神遗产的挖掘以服务于抗战，临时性纪念展览随之增多。在国民党看来，“辛亥革命是抗战建国的前提，而抗战建国就是辛亥革命之继续和完成”[④]。辛亥革命“开辟了一条独立解放的光明大道，这一个反抗压迫民族的国民运动的拓荒者，是我们今天今日民众纪念辛亥革命的重大意义”[⑤]。由此，各地将举办辛亥革命展览作为动员民众抗战的手段之一。

1936 年 11 月 1 日，浙江省图书馆举办“浙江省文献展览会”，并设专室“陈列民族革命文献，由明代至现代浙省民族英雄遗物，足资观感”[⑥]。举办这一展览的目的就是在“国运方艰，外侮孔棘”之际，发扬“伟大磅礴之气”及“爱乡爱国之精神”，使其“发扬以光大之

① 冯俊主编：《西湖博览会》，杭州出版社 2004 年版，第 43、52 页。

② 谢辉：《记 1929 年西湖博览会》，《文史精华》2011 年第 1 期。

③ 周瘦鹃：《湖上的三日》，《旅行杂志》1929 年第 7 号。

④ 黄旭初：《继续辛亥革命的精神——为二十九年版国庆纪念合作》，《建设研究》1940 年第 2 期。

⑤ 潘公展：《辛亥革命与抗战建国》，《中央党务公报》1940 年第 7 期。

⑥ 简又文：《浙江文献展览会》，《逸经》1936 年第 19 期。

丁全国”[1]。总之，在国难来临之际，举办这样的展览就是要激发民族主义精神。

展览所陈列文物包括陶成章遇刺前三天所留遗墨、陈英士血衣、秋瑾遗物等。除这些全国知名的烈士遗物外，还有嘉兴革命七烈士之一敖梦姜[2]秘密时期的宣传品：木刻祖宗教 56 福书祷词四纸。[3] 这些革命文物和文献是世所不见的珍品，引起参观者极大的兴趣。

1937 年 10 月 10 日，上海博物馆与通志馆也联合举办了一次“上海文献展览”，其中专门陈列辛亥革命前后的史料：孙总理与哈同等人的照片、总理手札、中国同盟会上海支部总章、军国民教育会捐启、军国民教育捐册、南汇县党狱始末记、上海光复诸先烈事略、沪防福字营光复上海纪念歌、沪军都督府收支报告、辛亥革命纪念品手卷、辛亥沪军攻宁战利品笔刻一方、沪军都督府通用笺、沪军都督陈赠战胜纪念徽章、沪军都督命令二道、海上光复竹枝词、大革命写真图第五集、辛亥革命时上海各会之鳞爪、吴淞光复军纪略、黄克强祭吴禄贞文钟架、徐自华重建秋社、辛亥年后改革政治被难人事实清册之档案、万福华事略、沪南商团祭九松熊沛如俞志伟像赞、《共和周刊》、民国新闻“宋教仁被害记”、中国社会党对宋教仁暗杀案宣言、陈英士殉难血衣（袄）、陈英士殉难血衣（裤）、上海镇守使郑汝成往还电稿、大总统悬赏缉拿黄兴等告示摄影、炮筒、肇和举义殉国烈士陈可均遗像、陈英士手札横幅、陈英士手迹对联、影印“总理遗嘱”等。[4]

---

① 陈训慈：《浙江文献展览会之旨趣》，《图书展望》1936 年第 1 期。

② 敖梦姜，即敖嘉熊，生于 1874 年，字梦姜，平湖人，清末曾以秀才习吏，1903 年赴上海，入中国教育会和爱国学社，立志反清革命，次年，在嘉兴成立温台处会馆，作为浙江革命党机关。嘉熊在江、浙、皖三省的会党中极有号召力，被陶成章、秋瑾等倚为浙江反清起义的重要力量，但为清廷所恨。1908 年 3 月 11 日，敖嘉熊不幸死于城东乌桥港河中。

③ 祖宗教（一说黄帝教），由敖嘉熊创立，是以宗教名义号召组织汉族同胞进行反清革命的组织。参见《祖宗教首领敖嘉熊及其温台处会馆的兴亡》，谢一彪《光复会史稿》，人民出版社 2009 年版，第 92—98 页。

④ 上海市博物馆、上海市通志馆等编印：《上海文献展览会陈列目录》，《上海文献展览会概要》，1937 年 7 月，第 61 页。

这样的展览虽然只是地方文献展览的一部分，但也起到了宣传辛亥革命的作用。

地方临时展中影响最大的是在香港举办的广东文物展。1940 年元宵节，国民政府前经济委员会委员、香港中国文化协进会发起人叶恭绰等在香港举办“广东省文物展”，特设革命室，陈列革命遗物和太平天国遗物。这次展览的目的之一是利用文物展激发国人热爱中国文化之情，进而支持国内的抗战。筹备委员会认为：“汉族的革命思想，竟能从广东文化孕育滋长，卒至由孙总理倡导国民革命以成三百年兴汉倒清之大功，此革命精神之发展即广东和全国民族精神之成功也。现在抗战期间，此种同一精神，又要充分发展和表现出来。”在香港举办展览，为使“这个特殊环境下旅居的中国人，得有极深刻的印象”，“确是抗战期间发扬民族精神增加民族信念的最高最妙的法门”。①吴铁城在致辞中也表明了举办广东文物展的宗旨：“现在我们进行着民族解放，独立自由的神圣抗战已经踏进最严重的阶段，最后胜利已在接近的当中。……我们所恃的是中华立国的精神，以及先烈先哲忠勇刚毅的气概，给我们以很大的激励，继有今日的‘抗建’表现。所谓立国的精神，就是我们民族讲气节，崇尚忠孝仁爱……这就是大会所标举的‘发扬民族精神’的意义……在这处历史演变的中心人物，领导我们国民革命的孙中山先生，就可以做我们民族精神的典型。他感受异族束缚的痛苦，起而推翻专制，创造三民主义，我们可以说完全受我们先烈先哲忠勇刚毅的熏陶……现在遭遇着外族侵凌，国家存亡是在千钧一发之际，大家所需要的，正是以上所说的民族精神的扩大化，与深刻化了。”②

在所陈列的文物中，孙中山和辛亥革命文物占据相当大的比重。

① 陆丹林：《广东文物展览会纪录》，广东文物展览会编：《广东文物》（上册），（香港）中国文化协进会 1941 年印，第 214 页。

② 吴铁城：《对于广东文物展览会的感想》，广东文物展览会编：《广东文物》（上册），（香港）中国文化协进会 1941 年印，第 218 页。

在革命室中，摄影图片非常形象生动地再现了辛亥革命历史。孙中山自然是展览的中心，围绕他的展品最为丰富，如孙中山与四大寇的合影、孙中山求学时的课本、革命时发行的债券和借据。①

展品生动地叙述了孙中山领导中国革命的艰辛。除了孙中山纪念物外，辛亥革命烈士的遗墨、遗像、墓影等也引起人们的关注。

抗战之后，各地继续举办临时性革命纪念展览会，而且展览大多选择在国民党历史上重要的纪念日，如国父诞辰、黄花岗起义暨革命纪念日、双十国庆等，这是将纪念空间与纪念时间有机结合，进一步起到彰显纪念孙中山和革命先烈的功能。如 1946 年 11 月 12 日为孙中山诞辰纪念日，上海市立博物馆特举办“国父事迹文物展览会”，“陈列国父之手札墨迹著作以及有关国父事迹之记载等”共 200 余件，展期 3 天。② 同日，由广东省各文教团体联合发起的“国父文物展”在广州开展，展期一周。展览主要包括孙中山遗像（有照片、画片、石膏像、铜像等）、遗物、遗著、遗墨以及国父一切史迹。③

1947 年 3 月 29 日革命先烈纪念日，上海市立博物馆联合中央党史会、上海市党部举办革命文物展览会，共有 1000 多件革命文物参展，分“国父文献、先烈文献、革命史迹、革命纪念物四类”④。除做系统陈列外，展览会还“印有陈列品目录，以供参观者参考。展览共一星期，前往参观者异常踊跃，颇极一时之盛”⑤。

革命文物展览一般由官方机构举办，少数由民间自发举办，组织者多为辛亥革命参加者或烈士后裔。如 1947 年 10 月 10 日，辛亥革命老同志钱化佛、王养吾等“为纪念卅六年国庆节，特发起革命文献展

---

① 陆丹林：《广东文物展览会纪录》，广东文物展览会编：《广东文物》（上册），（香港）中国文化协进会 1941 年印，第 214、214 页。

② 陆丹林：《国父诞辰纪念上海市立博物馆举行国父事迹文物展览会之意义》，《文物周刊》1946 年第 1—40 期合刊。

③ 《国父文物展览》，《申报》1946 年 10 月 20 日。

④ 上海市立博物馆编印：《上海市立博物馆要览》复馆后第一版，1948 年 8 月，第 5 页。

⑤ 《中央宣传嘉勉革命文物展览会》，《上海教育周刊》1947 年第 11 期。

览会，将各人珍藏之先烈遗物数百件，陈列于本市南昌路法童学校内，公开展览。陈列品中以先烈遗墨最多，国父手书之‘修身岂为名传世，作事惟想利及人’楹联，陈英士烈士贻果夫立夫二氏之家书，宋教仁及蔡锷等之诗词，黄兴手书之单屏，于右任经营《民立报》时代之画幅，俱极为名贵。其他如起义之图片，秋瑾烈士之手卷真迹，陈英士烈士之血衣，攻克南京天保城时所用之炮弹等，更为革命史上极有价值之光荣史料”①。纵观各类展览中，革命先烈的遗墨和遗物一直是最为重要的展品，特别是陈英士的血衣（包括照片），多次出现于各类展览中，成为核心展品，具有震撼人心的作用。

该展览得到政府的支持，上海市市长吴国桢为展览会题词：“鼎新革故，取义成仁，廉顽立懦，光国垂勋。”国民党要员潘公展为展览会专刊题词：“先烈之血，革命之花，灌溉培育，缔造国家，三十六载，日月光华，名山文献，永宝无瑕。”②这次展览虽然由民间组织策展举办，但得到了国民党的支持。而对于烈士后裔所办展览，政府则进行管理，如秋瑾女儿秋灿芝于1948年在上海举办“秋瑾遗迹展览会”，上海市社会局进行严格的审批。③

国民党不仅重视利用革命纪念临时展进行社会教育，而且希望将其制度化。如国民党元老陈果夫曾在书中倡导要纪念革命先烈，而且要求在革命先烈纪念日这一天，“革命先烈祠墓开放，唱革命先烈纪念歌，图书馆书坊展览关于革命先烈之书籍及纪念物”。他还说：“时至今日，革命诸先烈之躯壳虽亡，音容虽渺，然其出生入死，继续不懈，始终不屈之精神，虽与日月争光可也。后人之纪念先烈，亦不过纪念其此种精神而已。故是日凡有其祠墓之处，皆当开放，以供各界

---

① 《革命文献今起展览一星期》，《申报》1947年10月10日。

② 辛亥革命同志会编：《辛亥革命文献展览会纪念册》，建新印刷厂1947年10月10日，扉页。

③ 《据请举行先烈秋瑾遗迹展览会批仰知照由》，上海市档案馆藏，卷宗号：Q6-12-214-1，《上海市社会局有关举办秋瑾遗迹展览会、追悼教育家陶行知、省立台湾大学文学系主任许寿裳、郑国洞将军大会的有关文书》（1947年11月—1948年10月）。

人士前往瞻仰致敬，其遗墨遗物有收藏者，亦当展览……至其遗著及有关之书籍，应减价展售，用资激发而广流传。”① 事实上，将革命史迹展览融会于民众教育之中，这是民国时期较为普遍的做法。江苏省立镇江民众教育馆遇到孙中山纪念日或革命先烈纪念日，都举办纪念展览。如1931年3月12日举行纪念孙中山逝世展览，民教馆汇集了孙中山北上、病况、逝世、奉安等历史事件，“制作图表模型，分别陈列”，并在孙中山逝世纪念日这一天开幕，展览一星期，参观人数达9200余人。后民教馆又“汇集黄花岗七十二烈士遗像及史略制作陈列”，并于3月29日黄花岗起义纪念日开展，展览也是一星期。② 江西省立民众教育馆也在10月举办围绕中华民国国庆的纪念展览，而11月则举办以孙中山纪念为中心的展览。③ 这些临时展使辛亥革命纪念深入下层社会。

总体而言，各类展览中，孙中山遗墨与遗物，无论是在数量上，还是在空间布局所占据的位置，都是其他革命先烈文物所无法超越的。不惟如此，在其他的展览中，也能“遭遇”孙中山纪念物。如一些市立博物馆，尽管陈列的主体都是自然物质遗存，但也会有孙中山和革命纪念品等。广州市博物院大量陈列地矿标本、动植物标本，也到各地“征集革命纪念品”，并在五楼布置有“总理遗像，陈列其中，以资崇敬”。④ 1930年，上海举办第三届国货运动大会暨国货时装展览会，举办时间定在了辛亥革命纪念日，展会入口对联为：“提倡国货，会值三周，运动宣传图发展；纪念共和，节逢双十，欢欣鼓舞庆升平。”展馆内，总理遗像与总理遗嘱位于突出位置。展览会开幕式的仪式中也包括对孙中山的纪念：向党国旗及总理遗像三鞠躬、瞻仰总

① 陈果夫、邱培豪：《中华国民生活历》，正中书局1947年版，第93—94页。

② 江苏省立镇江民众教育馆编印：《四年来之江苏省立镇江民众教育馆》，1934年8月，第35、37页。

③ 江西省立民众教育馆编印：《江西省立民众教育馆设施概况》，1937年，第51页。

④ 《五层楼之布置陈列》，《广州市市政公报》1929年第316—317期合刊。

理遗像、默哀三分钟。不仅总会如此，即使分会也是如此，如10月9日举行的国货时装展览会、13日的国产丝绸展览会，开幕仪式均包含孙中山纪念仪式；展览会标语中有“提倡国货是总理民生主义的实行”，而展览中则有制成表格的孙中山《实业计划》。[①]

此外，一些烈士祠中也举办展览。如浙江绍兴徐公祠陈列有徐锡麟遗像、刺杀恩铭的手枪和他的血衣，“使来展拜者，得以反复观览，有足启迪其心志，不徒以神道偶象目之”[②]。

四 视觉、感知与革命记忆的形成

一般而言，展览的目的是让人们对展品、陈列产生感知与认识，但革命纪念展览则不仅仅局限于一般性的感知与认识，而是要让人们形成深刻的革命记忆，以达到教化民众、传播意识形态的作用。如何通过物品陈列让参观者形成革命记忆，则有赖于展览对参观者产生的视觉冲击，促使人们形成当下的感知，进而形成记忆。

西湖博览会革命纪念馆通过雕塑与绘画来宣传孙中山与辛亥革命。总理纪念厅有孙中山演讲的雕塑，布展者的目的是以此“表示总理毕生从事宣传，唤起民众共同奋斗的精神”，两壁悬挂油画，其中一幅为“黄花岗七十二烈士进攻的情状”，策展者的目的是让参观者“想象到诸先烈奋勇杀贼、舍生取义的精神，是多么值得我们瞻仰和起敬呀!”[③] 生动、形象的空间展示让参观者深有感触并形成了深刻记忆，形象地描绘于记述中：“厅中为演讲台，雕刻家王静远女士所制之总

① 《本市第三届国货运动大会暨国货时装展览会开幕记详》，上海市国货陈列馆编查股编印：《上海市国货陈列馆十九年年刊》，1930年，第149、159、161页。

② 《先烈遗迹》，《文华艺术月刊》1929年第3期；蔡元培：《徐烈士祠堂碑记》，政协浙江省绍兴县文史资料委员会编印：《绍兴文史资料选辑》第4辑《徐锡麟史料》，1986年8月，第74页。

③ 吴山：《对于参观诸君的小贡献和本馆的希望》，王国平主编：《西湖文献集成》第16册《西湖博览会专辑》，杭州出版社2004年版，第798页。

理遗像在焉。左右两壁饰以林风眠所绘之‘黄花岗烈士’及‘五三惨案’之油画。绘影绘声，令人气张而神夺。”①

革命纪念展览一般以先烈的遗物为陈列主体，因为遗物可以拉近参观者与先烈的距离。西湖博览会革命纪念馆众多的先烈遗物，清晰地反映出有关辛亥革命的历史叙述。策展者也表明了其目的是让人们看到“革命诸先烈的遗像、遗著、遗物、供词、血衣等”后，能够“触目惊心，不但使参观者俯仰今昔，瞻望依违，更进一层要使全国的同胞，都认识本党从前奋斗的精神，一致兴起，共同牺牲，来完成诸先烈未竟之功，以造三民主义的新中国!”② 事实上，参观者也的确明白先烈遗物的意义，有人在游记中写道：“诸先烈的遗墨很多，大抵都是激昂慷慨之作”，并在游记中列举了“种种革命历史上有价值的珍品”，如陈伯平和马子畦的遗照、孙中山在1914年7月8日的亲笔誓约、黄花岗七十二烈士遗墨、秋瑾遗诗、黄兴致泽如先生函、陆皓东供词等。③ 如此详细的记述，实际上就是记忆深刻的表征。还有参观者这样表白看到革命先烈遗物的感受：“吾人看见，不期然而然会表一种景仰和敬慕的同情。革命的精神，因此可以焕发起来。”④ 著名文人周瘦鹃也说：“我心中所念念不忘的就是要一观革命纪念馆，因为内中有许多很名贵的先烈遗物，是我们所轻易瞧不到的。……先参谒了中山先生遗像，就由第一室起一间一间的参观过去。壁间张挂诸先烈的遗影以及有关革命的各种图像，密密层层的，多得不可胜数，可惜既苦短视，又因时间匆促，不能一一细看。那留在我心中的印象最深的，其一是徐锡麟烈士谋刺恩铭的一枝藏有手枪的手杖，也很足动人。”⑤ 这些游记文字发表于报刊，集体性的革命记忆也随之传播。

---

① 潘起凤：《西湖博览会八馆二所概况》，《旅行杂志》1929年第7号。

② 吴山：《对于参观诸君的小贡献和本馆的希望》（原载《西湖博览会革命纪念馆参观指南》，1929年），王国平主编：《西湖文献集成》第16册《西湖博览会专辑》，第798页。

③ 张寄涯：《革命纪念馆记游》，《旅行杂志》1929年第7期。

④ 《西湖博览会开幕》，《工商半月刊》1929年第12期。

⑤ 周瘦鹃：《湖上的三日》，《旅行杂志》1929年第7号。

民国时期声光电技术尚不发达，但已成为展览重要的表现手段，西湖博览会革命纪念馆利用声音来强化展览的效果。在总理纪念厅旁的休息室，策展者放置了孙中山演讲录音，表面上休息室是让参观者休息的，而实际上，演讲及歌曲留声片在纪念馆中发挥着调节身心进入另一种革命情境的功能，以至“游人于此未有不感发革命情绪者也”①。纪念馆还有馆歌，进一步通过音乐来强化人们对辛亥革命的记忆：“珍重共抛汗血，国花点染星星！”② 正是透过革命纪念物的陈列、声音的调动等，使革命纪念馆成为塑造辛亥革命记忆的重要空间。正如策展者所言：“革命纪念馆，是一部革命史实体的记述，饱含富有刺激性的革命材料，所以我们一到革命纪念馆，不觉悲壮热烈，慷慨激昂，而赤血丹心。雄胆浩气的先烈遗物像，及其他革命所遗留的陈迹，齐扑我们的眼帘，使我们热血奔腾，戟刺兴奋，猛烈地警醒环境的灰黑、过去的黯黝及未来的渺茫，不得不继续先烈的遗志，辟出未来的生路，救中国于危难飘摇之境。”③

在所有先烈纪念物中，血衣毫无疑问是原质的直接暴露，它给予观者以不可抗拒的冲击力。人们的视线所及曾经是历史人物身体的一部分——鲜血！正如有学者在分析新四军纪念馆时所指出的：“过去的历史事件在这里升级为高度的、无须实证的华美存在（死亡）。崇高客体也找到恰当的形式：不可见，但就在我们眼前；它既是现实，又刺激着想象；更重要的是，它还是永恒精神的唯一身体对应物。”④展览透过经典叙事和原质冲击，来营造历史真实氛围，让参观者能够直

① 张寄涯：《革命纪念馆记游》，《旅行杂志》1929 年第 7 期。

② 江东小谢：《革命纪念馆馆歌》（原载《西湖博览会革命纪念馆参观指南》），王国平主编：《西湖文献集成》第 16 册《西湖博览会专辑》，第 816 页。

③ 管举先（革命纪念馆保管课主任干事）：《革命纪念馆的意义和特点》（原载《西湖博览会革命纪念馆参观指南》，1929 年），王国平主编：《西湖文献集成》第 16 册《西湖博览会专辑》，杭州出版社 2004 年版，第 799 页。

④ 胡恒：《革命史、快感、现代主义》，《文化研究》2010 年第 10 辑，社会科学文献出版社 2010 年版，第 304 页。

接感受、触摸历史，它的叙述模式是单一的，它的陈列也是单线的，在原质化文物陈列的视觉冲击下，参观者形成了深刻的革命记忆。学生对革命先烈遗物充满敬意，一位学生在参观浙江文献展后这样写道：“最后又看到女学生争看着的秋瑾女侠的和服……车中还不住的追想着陈英士烈士的血衣。”①

浙江文献展开放共计 18 天，前往参观的人数达 8 万人，后因参观者太多，展览会又延长 3 天。② 据简又文记述，有“扶杖的老妪，列队的学生，执笔的文士，颟顸的乡民，和一般市民……各色人等络绎前去，我知他们参观以后爱乡土，爱民族，爱国家的精神必大为兴起，较前振奋”③。辛亥革命文物与文献在浙江文献展览会上具有很大的影响。该展览会虽然主要展览的是浙江地方文献，但因《申报》《中央日报》《大公报》均详细报道④，因此，其影响随着媒介而广泛传播。

广东文物展对于促进人们形成革命记忆、动员港人支持抗战发挥了重要作用。展览吸引了众多港人：“人人一登二层楼，即仰见高悬当中的孙总理遗像在党国旗之中，左右则有历代名贤鸿哲烈士大儒的遗像……各人瞻仰遗容自起敬仰之心，其爱国爱种的精神，没有不油然兴起的。遗容影响之大，真是不可言喻。……更有革命文献，陈列品比广州市展览者为尤多。……从各方面实际的观察，则大多数人都注意‘革命室’的陈列品，日日时时室伫立数百人，简直无从转身，甚至无容足之地，可见影响之大而深了。”⑤

在陈列文物中，先烈遗物最能激发人们的情绪：“义烈之士的遗像，遗物，著述，墨迹，琳琅满目，我们瞻仰起来，分外觉得我们乡

---

① 海：《参观浙江文献展览会归来》，《蕙兰》1937 年第 8 期。

② 《浙文献展览会延长三日》，《申报》1936 年 11 月 14 日。

③ 简又文：《浙江文献展览会》，《逸经》1936 年第 19 期。

④ 《浙江文献展览会特刊》，《申报》1936 年 11 月 1 日；《浙江文献展览会特刊》，上海《大公报》1936 年 11 月 3 日；《浙江文献一瞥》，《中央日报》1936 年 11 月 7 日。

⑤ 陆丹林：《广东文物展览会纪事》，广东文物展览会编：《广东文物》（上册），（香港）中国文化协进会 1941 年印，第 214 页。

邦文化的可敬可爱，亲切有味，真足唤起我们民族精神的认识，同时绝对的坚定我们抗战建国的信仰，由于这种精神的感召，相信我们民族复兴，绝对的有了一个很大的把握。”① 因时代较近，人们对这些革命文物更感兴趣，“人多好欣赏。因之这一室，观众最为拥护”。当然对于众多的参观者而言，如果文物与真情故事相融一体则更为感人：“星期日的一天，有一妇人浏览最久，竟至晕去。后有人说，他的丈夫，是三月廿九之役殉难的烈士，感从中来，凄怆昏厥了。”② 这一故事作为展览会的花絮被刊登到报刊上，引起人们更深的感慨。

革命文物展不是仅仅让人们认识革命文物，策展者的目的是要让人们透过参观对革命先烈产生景仰之情，形成深刻的革命记忆，进而转化为积极参与抗战的精神动力。应该说这次展览达到了这一目的。一位参观者写下了发自内心的感触：

> 至于创造中华民国的革命史实，这是谁都应该知道的，这自然不须作甚么的叙述。不过当我看到史坚如烈士供状的照片时，联想到我们的先烈，毅然的牺牲一切，为民族求解放，凭这种大无畏的精神，奠立了中华民国的基础。我们身为国民一份子，当怎样的警惕？怎样的负起我们的责任？此后应怎样的努力？才对得起我们的国父和无数的烈士呢！③

另一位观众在参观记中叙述了深刻的记忆：

> 孙总理创造民国之艰辛，史坚如之忍苦牺牲，奠定国基，先

① 吴铁城：《对于广东文物展览会的感想》，广东文物展览会编：《广东文物》（上册），（香港）中国文化协进会 1941 年印，第 219 页。

② 思丝：《粤文物展花絮》，《真光》周刊 1940 年第 1 卷第 3 期。

③ 张聘渭：《参观广东文物展览会述评》，广东文物展览会编：《广东文物》（上册），（香港）中国文化协进会 1941 年印，第 302—303 页。

烈之舍己为国，睹物思人，直可启人愚梦，发人深省。须知，比者国难未已，国家之倚赖忠勇者，以资卫国，殊不负先烈当日之壮烈牺牲也。相信此次之展览，当可启发一般迷梦者。灯红酒绿，笙歌满夜之香岛，更宜多所展览。诚使人人寸心不愧天，则我中华民族之精神，将重振国光，而照耀世界，而先烈之壮志，永兴日月而不朽也。……以言图像，此次陈列，类皆名儒烈士，追维先贤，令人肃然起敬，流连瞻仰，景行行止，不禁感慨系之！①

其实这与举办展览的官方意图极为吻合。

广东文物展影响巨大，港九许多中小学特地放假由老师带领学生参观展览，为了让更多的青少年参观展览接受教育，筹备会还举行了征文比赛，并评出了10名优胜奖，获奖的每篇征文中都详细记述了参观革命室的感想，其中一篇征文详细记述如下：

这充满了血和泪的一个小房间——第四室——窒息的气氛是特别显得紧张而严肃。这充满了壮烈史迹的先烈遗物，是深深地感动了每一个中华儿女底心灵。这儿有先烈被捕时不屈的供状，有用血写成的画，有孙总理行医时代的器具，广告和毕业证书，还有那初期革命的四大寇合照……是兴奋了醉生梦死者萎靡底心儿。……他们像呼唤着正在年青的我们说：“我们是没用了，新生的祖国底寿命，是永远地寄托在你们年青人底身上……”

……

我们目睹先烈先贤用血肉和脑汁创造出来底遗物，我们一方面起了崇高向上的心理，一方面油然而兴救国救乡的观念；这样

① 苏肇鎏：《参观广东文物展览会述评》，广东文物展览会编：《广东文物》（上册），（香港）中国文化协进会1941年印，第306页。

是“文展会”最初的意义和最终底目的了。[1]

可见，参观者深深地被辛亥革命先烈遗物打动，并立志要抗日救国。此次展览在香港社会引起广泛的反响，当地报刊竞相报道，其中《星岛日报》《国民日报》《循环日报》《华侨日报》《越华报》《国华报》《真光周刊》等不仅进行报道，而且刊登参观记，进一步扩大了展览的影响。

抗战之后的革命文物展，依然具有塑造人们革命记忆的功能。上海革命文物展仅举办“一星期，前往参观者异常踊跃，颇极一时之盛”[2]。“观众对于黄花岗殉难烈士之照片及文物，更感兴趣，有多幅名贵之墨迹长卷，因限于陈列设备，未能全部展览，观众咸以不能一睹全貌为憾。该会遂应观众之要求，将逐日更换展览。”[3] 国民党中央宣传部对此次展览所产生的社会影响非常满意，特别予以嘉奖：“查本年革命先烈纪念日举办革命文物展览会，宣扬主义，表彰先烈，收效颇宏，具见工作切实，极表欣慰，特电嘉勉，并希转知全体工作同志为荷。”[4] 由此可见，这些展览在社会中具有广泛的影响，对人们革命记忆的塑造发挥着不可或缺的作用。

在一些日常与革命史无关的展览中也会出现纪念孙中山或辛亥革命的物品，这一方面是强化人们的革命记忆，另一方面则表明人们已经形成革命记忆。1936 年 4 月 15 日，南京在夫子庙图书馆举办“首都名胜及新建设摄影比赛”，其中也有与孙中山、辛亥革命元老谭延闿、辛亥革命纪念等相关的作品，包括《中山路》（2 件）、《总理陵》（3 幅）、《陵园黄昏》《谒陵已罢》《谭陵》《革命纪念馆》《远眺中山

① 胡汉辉：《参观广东文物展览会述评》，广东文物展览会编：《广东文物》（上册），（香港）中国文化协进会 1941 年印，第 329—330 页。

② 《中央宣传嘉勉革命文物展览会》，《上海教育周刊》1947 年第 11 期。

③ 《文物展览会揭幕》，《申报》1947 年 3 月 30 日。

④ 《中央宣传嘉勉革命文物展览会》，《上海教育周刊》1947 年第 11 期。

陵》《史料陈列馆》等众多作品，这些作品占了整个展览的三分之一。[1]这是革命记忆的再传播，同时也是参加摄影比赛者自身辛亥革命记忆的呈现。

五　结语

南京国民政府时期地方革命史展览多由公立的博物馆、纪念馆、图书馆等官方机构举办，是国民党宣传辛亥革命历史的重要渠道，具有塑造人们革命记忆的功能。由于一些地方革命博物馆或纪念馆并不是依托于辛亥革命遗址建立的，它们与历史事件没有天然的联系，因此，其辛亥革命史知识的传输更依赖于史料陈列与展览。文物资料的陈列，主要是透过空间编排、路径设计、场景布置来建构叙事性结构，从而让展览的内容生动地呈现出来。在这个意义上，展览就是一个"叙事"文本，纪念物、史料、空间布局、陈列方式构成文本的主要元素，它们互为上下文，参观者进入展厅，就开始了展览文本的阅读。而在阅读过程中，他们被符号化的先烈遗物——血衣刺激着、感动着，从而形成了不可磨灭的革命记忆。这种记忆背后是关于国民党合法性来源的叙述，正潜移默化地影响着人们。

必须强调的是，国民政府时期的革命史展览一直以孙中山为中心，即使如西湖博览会这样的展览也是如此，这与国民党以总理遗教为基本精神准则相一致。政治意识形态对民国时期展览的隐性控制昭然若揭，人们在展览中遭遇着"革命史叙述"，也在形成着辛亥革命记忆。而革命史本身附属于党史，因此，地方性展览建构起的国民党历史叙事成为国民党宣传策略的重要组成部分，成为党国一体化和合法化的工具。

（原载《江海学刊》2011 年第 4 期）

---

① 《首都名胜及新建设摄影比赛今日起公开展览》，《中央日报》1936 年 10 月 15 日。

迈向世界的中国史学

谁拥有过去

——兼谈法国公众史学的发展

赖国栋

历史意识的表达形式多种多样，专业历史学研究是其中之一。历史知识和文化知识的产生，是否“可以并列为后代提供跨文化交流方法的目的问题?”吕森的回答是“需要各种努力”①。这些努力能否成为特殊的历史实践和跨文化交流方法呢?事实已经表明，公众史学在加拿大、美国、英国、德国、印度、新西兰等国的发展带有“史学运动”的特征，即持续讨论社会正义、政治实践和社区参与。法国年鉴学派作为引领20世纪西方史学的主要流派，其在拓展公众史学方面是不是一个例外呢?

为了回答这些问题，本文在评述法国公众史学发展路径的同时，试图厘定历史和社会之间的关系，分析公众史学兴起的原因，展现公众史学中人们对过去—现在、民族、遗产等问题的思考。

公众史学涵盖了科学认知、审美以及教育三个层次，兴起于20世纪70年代，与西方社会的民主化、福利国家的衰落、历史教育“危机”等因素紧密相关。而20世纪下半叶产生的大量的“历史记忆”作品，以及创伤的普遍化、视觉化是公众史学的重要体现，为史学公

① 吕森主编:《跨文化的争论》，陈恒等译，山东大学出版社2009年版，第8页。

共性的题中之义。公众史学和学院史学共享权威，可以构成一门职业。

一 概念的旅行

历史作品作为“文化工厂”的载体，是否需要大众化一直存在争议。批评者持精英主义的看法，认为历史著作最重要的是保持它的科学特性，历史性则是他们关注的主要目标，而摒弃在历史研究中工具化的做法。乐观派则认为，随着时代的变迁，作为道德和政治行动的历史作品本身处于“制作”（fabrication）当中，大众问题一直没有离开他们的视野。然而具体到该如何界定它们，是大众记忆、公众史学、应用史学，还是对过去的运用、对历史的运用？专家们的意见形成大致经历了一个过程。20 世纪 70 年代，福柯提出了“大众记忆”概念。他关注的对象是电影，然而接下来的一段话揭示了更广泛的问题：

> 一趟真正的班机正在航行。越过什么？越过我们大概可以称为“大众记忆”之地。的确，人们……有记录历史、回忆历史、使历史保持鲜活和运用历史的方式。某种程度上说，这种大众的历史更生动，在 19 世纪得到了更为清楚的阐述。例如，19 世纪就有一套冲突的传统，它们通过口头或书写、歌唱等方式传播。①

福柯从未严格地界定过“大众记忆”，但是从这里还是可以大致看出，他在指某一群体的记忆与主流话语构成对照。在福柯看来，这些群体讲述的大众故事没有进入官方的历史写作；20 世纪的市民小说、历史电影中仍然充斥着此类冲突的记忆。福柯运用“谱系学”的方式，由现在看过去，肯定普通人记录的“鲜活历史”。他对记忆和历史的看法，更似从人类学的视角，而不是从他偏爱的考古学方法

① “Interview with Michel Foucault”, *Cahiers du Cinema*, No. 251/252, 1974, pp. 5 – 6.

得出。

福柯“向着平民”的思想强调了史学工作的经验性质，在法国史学界、美国思想界产生了一定的影响。相反，美国公众史学的兴起为法国展开类似的论述提供了便利。一般认为公众史学包括两层含义：历史研究的服务对象是普罗大众，主要面对社区；研究的主题是政府实践和公共决策。不过，公众史学在法国的调适，还是有一个过程的，原因之一可能在于 public 一词很难翻译成法语。但在当时刚进入现时史研究所（IHTP）的鲁索看来，美国对公众史学的定义并不能充分反映当时法国的实际情况，应用史学（histoire appliquée）“更激进”，也能更清晰地界定这种实践。[①] 其中的原因可能在于史学的功用问题对法国学者来说是一个“古老论争”。

历史学家从 20 世纪 80 年代开始谈论“应用史学”的概念。鲁索作为实践者同样没有严格界定应用史学，只认为它是“在开始回应一种困境的局面，其中繁荣的经济和文化市场与趋于衰退的史学职业共存”[②]。1982 年 9 月 15—18 日，在伊拉斯谟大学（荷兰鹿特丹）召开了一次欧洲公众史学讨论会，现时史研究所的贝达里达（François Bédarida）作为法国的唯一代表，在会上试图推动公共决策者和历史学家的对话，强调促进“现时史”的研究，认为公众史学和应用史学没有多大的不同，应用史学“以客户为导向也不一定就是危险的”[③]。1983 年，出版商马洛里（Guillaume Malaurie）和托雷（Félix Torres）在巴黎的普伊（Pouy）大街成立了第一个以应用史学为主题的工作室，致力于企业咨询和地方史研究，至今该工作室已经走过了三十年的历程。值得注意的是，他们受亨利·鲁索的影响，将工作室的名称

① Henry Rousso, “l'histoire appliquée ou les historiens thaumaturges”, *Vingtième Siècle. Revue d'histoire*, No. 1, 1984, pp. 107 – 108.

② Henry Rousso, “l'histoire appliquée ou les historiens thaumaturges”, *Vingtième Siècle. Revue d'histoire*, No. 1, 1984, p. 108.

③ G. Wesley Johnson, “Public History in Europe: Maiden Voyage”, *Newsletter of the National Council on Public History*, Vol. Ⅱ, No. 4/Vol. Ⅲ, No. 1, 1982.

定为“公众史学”，但工作室的研究内容接近美国的“商业史”，这也算是回应了贝达里达的看法。2001 年，阿尔托格（F. Hartog）等学者提出，应用史学比美国的“公众史学”更精确，且应用史学的“这种需求不大可能不对历史学家的地位和立场产生影响”①。戴维森（G. Davison）在比较了英美两国的公共史家之后指出，美国的公众史学强调社会共识，英国则多谈及社会不公的环境。② 由此观之，法英两国的公众史学有类似之处。

概念的演变，暗示了界定历史功用这种“古老论争”的一些因素发生了变化。后来，一些学者认为较之公共历史或“应用史学”，“对过去的运用”的提法似乎更恰当。③ 它的发生与哈贝马斯的“公共领域”话题有关。阿尔托格等在 2000 年前后就指出：“过去的运用？实际上主要是这样的，不过也不排除这种最近的过去，它没有‘过去’，或者说是一种‘现在’。如我们所见，它不再为学院史家专享。”④ 这个概念主要集中在“现时史”的研究上，后来也引导了《过去的政治性》和《过去的反复》两本著作的出版，它们共同强调过去是公共的财产，表明了过去的开放性。⑤

对历史的运用（application de l'histoire）指向历史而非前述的过去，因为历史研究面对的是过去遗留下来的痕迹。2005 年，法国在历史学家努瓦利耶（Gérard Noiriel）、里奥 – 萨西（Michèle Riot-Sarcey）和欧分斯坦德（Nicolas Offenstadt）的倡导下，成立了历史的公共用途警觉委

---

① François Hartog and Jacques Revel, “Note de conjoncture historiographique”, in François Hartog and Jacques Revel (eds.), *Les usages politiques du passé*, EHESS, 2001, p. 18.

② Graeme Davison, “Paradigms of Public History”, in J. Rickard & P. Spearritt (eds.), *Packaging the Past? Public Histories*, Melbourne University Press, 1991, pp. 4 – 15.

③ 它似乎是在呼应应用人类学，参见 Jean-François Baré (eds.), *Les applications de l'anthropologie*, Karthala, 1995, p. 11。

④ François Hartog and Jacques Revel, “Note de conjoncture historiographique”, in François Hartog and Jacques Revel (eds.), *Les usages politiques du passé*, EHESS, 2001, p. 21.

⑤ Claire Andrieu, Marie-Claire Lavabre (eds.), *Politiques du passé*, 2006; Maryline Crivello, Patrick Garcia, Nicolas Offenstadt (eds.), *Concurrences des passés*, Provence 2006.

员会（CVUH），由 G. 努瓦利耶任主席。[①] 委员会宣言提到："历史研究和集体记忆关系密切，但这两种理解过去的方式不能相混淆。"委员会意在维护历史学的自律性。2006 年 3 月 4 日委员会第一次召开会议并大获成功，吸引了三四百人参加。2005 年 12 月，法国还成立了历史自由协会（LPH），以"维护历史学家的自由言说，反对政治介入和来自意识形态的压力"。协会的第一任主席是雷蒙（Réne Rémond），后由诺拉（Pierre Nora）接任，参加者包括多斯（François Dosse）、阿泽玛（Jean-Pierre Azéma）、马克·费罗（Marc Ferro）等 19 名历史学家。许多历史学家同意自由协会的说法：历史反映记忆，但两者不可化约，"历史不应该成为当代政治的奴隶，也不应该受竞争记忆的控制。在一个自由的国家，没有政治权威有权界定历史真实，以及用刑事处罚的威胁来限制历史学家的自由"[②]。换句话说，国家的政治，即使它怀着极大的善意，也不是历史的政治。

意大利史家加莱拉诺认为，凡是用第一人称谈论且怀有明确的政治教育目的的人，他们都是在运用历史。[③] 这种界定指出了历史的政治性，但有失偏颇。那么，对历史的运用的基本要素以及"科学"特征又是什么呢？贝达里达认为，坚持这个行当的一些规则（自律性），对历史的运用便可以实现它的合法性："历史学的建构应该尊重两个基本标准：能揭示痕迹的资料和指称性现实之间建立起逻辑一致和说明性关系；基于受控制的科学方法获得且遵循一种可理解和可交流的逻辑而符合其目标的知识。"[④] 也就是说，历史学要坚持自律性，又要追求真实性。这种看法仍然视学院史学和公众史学为统一体。

---

① Gérard Noiriel, "De quelques usages publics de l'histoire", *Tracés*, No. 9, 2009, pp. 123 – 132.

② Liberation, 13 décembre 2005.

③ ［意］尼古拉·加莱拉诺：《历史学与历史的大众运用》，载《对历史的理解》，商务印书馆 2007 年版，第 126 页。

④ ［法］弗朗索瓦·贝达里达：《历史实践与责任》，载《对历史的理解》，商务印书馆 2007 年版，第 187 页。译文有改动。

王希教授指出，公共历史学家问题是美国公众史学面临的困境之一。[①] 马克·费罗在1987年指出，文化著作可能包含四种话语：官方话语；“反历史”的民间话语；“社会记忆或历史记忆”；原创的解释话语。[②] 依照这种分类，我们也可以区分出四类公众史家：（1）有广泛受众的专业史家；（2）介入媒体、解释过去的名人；（3）积极与公众合作、组织各种群体参与“管理”历史遗产的实践者；（4）意识形态的宣传者。[③] 例如，勒高夫、马克·费罗、诺拉都属于第一类，他们撰写专业历史著作，也非常注重普及历史。例如，他们均为少年撰写“给我的孩子讲××”丛书，包括“二十世纪”“欧洲”“中世纪”“法国大革命”等20多个主题。[④] 诺拉于2011年10月在伽利玛出版社出版了两部个人文集：《公共史家》（*Historien Public*）和《现在、民族、记忆》（*Présent*，*Nation*，*MéMoire*）。“公共史家”这种表达直接显示了他对自己的定位。

一些历史学家还经常出现在公共媒体上，例如菲雷（F. Furet）之于《法兰西—观察家》（*France-Observateur*），肖努（Pierre Chaunu）、克里格尔（Annie Kriegel）之于《费加罗》（*Figaro*），奥祖夫（Mona Ozouf）、比尔吉埃（A. Burguière）、勒韦尔（J. Revel）之于《新观察家》（*Nouvel Observateur*），以及里乌（Jean-Pierre Rioux）和夏蒂埃（Roger Chartier）之于《世界报》（*Monde*）。《法兰西—文化》（*France-Culture*）“说史星期一”栏目每个星期都邀请历史学家来介绍他们的工作，并邀请研究同类主题的专家参与讨论。2013年9月23日讨论的就是“历史与记忆”，由佩罗（M. Perrot）主持，受邀嘉宾包括口述史专家茹塔尔（Philippe Joutard）和文化人类学家科恩（Evelyne Cohen），主要探

---

① 王希：《西方学术与政治语境下的公众史学》，《天津社会科学》2013年第3期。

② ［法］马克·费罗：《电影与历史》，彭姝祎译，北京大学出版社2008年版，第152—153页。

③ 布洛维（Michael Burawoy）对公共社会学的区分可资参考，参见“For Public Sociology”，*American Sociological Review*，Vol. 70，2005，pp. 7－8。

④ 重庆大学出版社在2011年翻译出版了其中的16种。

讨口述史、视频、声音等的“保存、传递、使用材料”问题，以及“记忆和历史的区别”“记忆和历史竞争或冲突之处”“公共和私人之间的关系”。

二 可用的过去

一般的说法是，历史的公共运用是将历史展现在公共空间的所有形式，它尤其关注记忆的多重展示。换句话说，对历史的运用问题可以转换成历史与社会、历史与共同体的关系。从历史和社会的关系的视角看，通过专业历史知识在社会不同阶段所起的不同作用来界定公众史学似乎有利于说明问题。这种转换也更有利于说明法国历史学的发展，尤其是史学公共性的展开。

社会需求并不是一个新颖的概念。1986 年，罗什（Daniel Roche）在《二十世纪》杂志 10—12 月号刊登的《今天的历史学家：评一场争论》“似乎可以认为是讨论当代历史学家职业和社会维度的开端”①。罗什对当时的史学怀有忧虑：高校教师和中学教师之间对立，传媒对史学合法性产生影响。在罗什看来，社会需求主要是“编辑需求”。在此前后，一些研究机构［如国家科学研究中心（CNRS）］也促使研究者思考“社会需求”。

对于历史学家的社会作用，存在一系列程式，在 20 世纪下半叶最重要的表现是大众对过去的兴趣逐渐增强，其中以“历史记忆”问题最受瞩目，维希综合症，犹太人的回忆又是其中讨论的重心。② 在“面对过去”“寻求谅解”这种纪念性的时间里，历史学家讨论的重心向下转移，中世纪、近代早期的历史研究有所衰落。例如，1990—2005 年间，《历史评论》（*Revue historique*）杂志刊发的 328 篇文章中，

① 转引自陈启能《二战后欧美史学的新发展》，山东大学出版社 2005 年版，第 455—457 页。
② D. Voldman（ed.），*Les Cahiers de l'IHTP*，No. 21，Novembre，1992.

除了述评及书评，讨论1900—1945年的论文占33篇，1946—1970年的占13篇，但没有文章讨论1970年以后的历史；《现当代史评论》（*Revue d'Histoire Moderne et Contemporaine*）486篇文章中，讨论1900—1945年的占68篇，1946—1970年的占41篇，1970年以后的11篇。出版商刊出了系列丛书，例如维诺克（Michel Winock）从70年代起在瑟伊出版社创立“新当代法国史”等丛书，P. 诺拉1971年又发起“历史丛书”，旨在面向大众。20世纪90年代，历史学家的社会责任问题凸显出来，如何书写法国史成了重点讨论的对象。布罗代尔两卷本《法兰西的特性》（1986年）是这一时期最引人注目的作品，《年鉴》杂志1995年第6期也回应了这个问题。①

历史的社会运用体现了不同的影响，既体现在学院的环境中，也体现在区域或地方环境中；学院史家与专家、权威相连，体现在介入公共场所上，以为某些社会问题作出决策。② 公共参与为历史叙事的建构提供了新的维度，而这种叙事融合了理论和实践。③ 一战跨国博物馆便是例子，也成为比较史学的范本。博物馆建立于索恩河的佩罗讷，由法国国家财政资助，聘请法国史家贝克尔（Jean-Jacques Becker）、德国史家蒙森（Wolfgang Mommsen）和美国史家温特（Jay Winter）为顾问。博物馆于1992年7月16日开馆，每年大约吸引8万人参观。当然，有些行为对大众史学产生影响，却无法渗入大学里的历史学，其中法兰西行动（Action française）便是例子，原因在于它的保皇性质。

民族认同的界定是围绕创伤而建构起来的，痛史是通史的重要组成部分。杜莫林（O. Dumoulin）在《历史学家的社会角色》一书中比

---

① Henry Rousso, *La hantise du passé*, Textuel, 1998, pp. 81 – 84.

② François Bédarida, “La responsabilité de l'historien ‘expert’”, in Jean Boutier and Dominique Julia (eds.), *Passés recomposés. Champs et chantiers de l'histoire*, Autrement, 1995, pp. 136 – 144.

③ Bogumil Jewsievicki, “Pour un pluralisme épistémologique en sciences sociales”, *Annales HSS*, No. 3, 2001, pp. 625 – 630.

较了 1898 年德雷福斯案和 1998 年莫里斯·帕蓬案，认为史家的社会角色在考察历史学家的实践，它可能会改变“史家实践的认识和伦理基础”，这种看法实际上接续了 20 世纪初社会和政治论辩者的传统。他还认为历史学家既是专家又是见证者。[1] 托多罗夫（Tzvetan Todorov）对此的认识有些不一样：帕蓬案不是历史，而是当代政治。在托多罗夫看来，痴迷于声名狼藉的个体和过去的暴行，不仅会破坏当下的建设性行为，而且可能在理解过去上产生妥协。因此，历史学家只能是博学的专家。不过，在偏右翼的律师德·维勒（Jacques Trémolet de Villers）看来，一些历史学家的证词只是过去的一个版本，与其他证词相比，它既不多，也不可靠。

之后的争论便是关于法国过去殖民的历史（2005 年）以及诸多历史学家请愿反对“记忆法案”（*lois mémorielles*，2005 年）。所谓的“记忆法案”是针对某一历史事件，通过法案形式来宣布官方的观点，以禁止其他观点的表达。法国存在四份著名的“记忆法案”：1990 年 7 月 13 日的盖索法案（loi Gayssot），压制种族主义、反犹主义言论；2001 年 1 月 29 日法案，承认亚美尼亚大屠杀；2001 年 5 月 21 日的多比拉法案（loi Taubria），反对奴隶制和奴隶贸易。2005 年 2 月 23 日通过的法案是第四份，它保护法国殖民史中的土著，其中第四条写道：“学校大纲尤其认识到法国在海外，尤其是北非中的积极作用。”2005 年法案通过之后，历史自由协会请愿要求废除上述法案，它们是历史学家和记忆所有者之间正面交锋的又一诠释，同时展现了历史学家对社会需求问题的不信任态度。

公众史学在本质上是集体的，与私人史学并非完全对立。2010 年 9 月，法国总统萨科齐声称要在巴黎建立国家历史博物馆，以给法国民众强烈的民族认同感，同时回应国家的“意识需要”。实际上，这项计划包含了萨科齐的右翼思想目的。N. 欧分斯坦德问的一个问题

---

① Olivier Dumoulin, *Le Rôle social de l'historien*, *Paris*: Albin Michel, 2003, pp. 107 - 146.

是："为什么要限制在法国？"在作者看来，这场对法国史的争论应该放到法兰西和整个欧洲，甚至放到更宽广的范围去理解，而不是把它限定在法国国内。这也说明，民族的框架并没有从大众的视野中消失，移民和多元文化主义受到关注，"欧洲"概念得到凸显。与欧分斯坦德持相同看法的还有夏尔（Christophe Charle）、罗什。夏蒂埃则认为，从民族国家的框架理解历史整体是一种"回溯性的计划"。皮埃尔·诺拉、勒高夫等9位历史学家在10月22日的《世界报》上刊文签名反对萨科齐的计划，认为它是"危险的"。① 这项计划以失败告终。

历史学家提问的依据之一就是社会关切："这份职业［历史学］实际上完全嵌在社会之中，它为这个社会服务，这个社会养活它。"② 作为行动的历史学家，马克·布洛赫在20世纪30年代中期成型的《历史学家的技艺》开篇就提到他儿子的问题："爸爸，告诉我历史有什么用？"布洛赫在言及历史要有"娱乐价值"的同时指出："面对百姓的好奇心，应当把史学的不确定公布于世。史学不确定性正是史学存在的理由，它使我们的研究不断更新。"③ 他在1930年甚至不忘提醒我们，公众回忆与历史事件之间存在差距："让我们逆着时间的流向而进吧；一个阶段一个阶段地推进，永远细致入微地摸索运动曲线中不规则及变异之处，而不要希望——可惜人们经常这样做——一步就从18世纪跳向石器时代。"④ 布洛赫主张采取"回溯法"，从当前的社会去观测历史的变化，强调"由今知古"的重要性，试图寻找历史学家提问的社会文化根基。一般认为，1932年卡尔·贝克尔在美国历史协会的主席演说《人人都是他自己的历史学家》是美国公众史学的开端。像美国公众史学那样，将法国公众史学的起源追溯至20世纪

① Nicolas Offenstadt, "Le musée de l'histoire rance", *Libération*, 15 Octobre 2010.

② ［法］安托万·普罗斯特：《历史学十二讲》，王春华译，北京大学出版社2012年版，第75页。

③ ［法］马克·布洛赫：《历史学家的技艺》，张和声、程郁译，上海社会科学院出版社1992年版，第18页。

④ ［法］马克·布洛赫：《法国农村史》，余中先等译，商务印书馆1991年版，第8页。

30 年代也是可以的，有其依据。

阿尔托格近来在《相信历史》（*Croire en l'histoire*，2013）一书中提到，今天的历史学有些不同了，记忆成了能提供更多信息的导师：它是权利、责任、武器。在阿尔托格看来，历史到记忆的转变以及记忆推动历史使得记者、法官、见证者的地位逐渐凸显。他认为这里凸显了责任原则和预防原则：当下的人有责任将一个美好的世界交给后代，某种行为长远来看会产生潜在的严重后果就不应该加以实施。[①] 看来，理想的历史学家是他不断地在“当下”审视过去，批判性地检查他的研究前提、方法，考虑各语境间的对话。历史学家的社会关切使得每个时代都有重写历史的必要。

三　政治的关联

撇开是否存在公共领域问题的争论，我们有必要关注公众史学兴起的社会、文化因素以及其中蕴含的政治性。归纳起来，以下几点值得关注：1968 年之后西方社会的民主化问题，历史研究主题的多样化、碎片化问题，历史教育问题，而 20 世纪末广布的“历史记忆”作品则是公众性的表现。如果我们一定要区分出第五点的话，就是由前面几点引申出来的公共舆论调查、草根写作（例如历史网站、家谱写作等）。在福利国家衰落和消费社会要求技术革新的背景之下，它们共同推动了公众史学的发展。

1968 年“五月风暴”对历史学产生了重要的影响。专业历史学家涉入左派运动，试图在他们的史学实践中引入更为民主的思考。一些尝试性的努力便是源于六七十年代的社会运动，例如历史影片、口述历史栏目、历史旅游景点。从那时起，“民主化”历史产品，或者说成为“公共领域”的呼声越来越高，以至 80 年代兴起了寻根期、谱

---

① Joël Drogland，“review of F. Hartog's Croire en l'histoire”，avril 2013，La Cliothèque.

杀潮、纪念热，确立了遗产年（1980），建立了诸多博物馆。

1975年，埃利亚（Pierre-Jakez Hélias）出版了一本带有自传性质的著作《骄傲的马》（*Le Cheval d'orgueil*），至1980年，该书的发行量已经超过60万册。还有勒华拉杜里的《蒙塔尤》（至1989年发行量超过20万册）以及《法国农村史》，都超过了一般学术出版物的预期。它们的成功表明社会在祭奠“辉煌的30年”中遭毁坏的大众文化和乡村生活，同时又对那种进步和光明的未来表示怀疑。许多人表露出对“寻根”的兴趣，“心态史”在此期间达到顶峰有其时代因素。[①]

这种民主化在80年代演变成民族遗产，政治诉求得以进一步体现。瓦约（P. Hoyau）在援引了文化部的言论之后指出，遗产不再是由学院组织的，它现在围绕三种模式展开：“家庭（礼仪和习惯，家庭的饮食和生活方式），宴会交际（共同体的生活、节日、成果展等），以及民族国家（文字和俚语、建筑、符号表征、技术、文化认同等）。”[②] 1980年成为了法国的遗产年，1984年设立“历史遗迹开放日”，后来又设立“欧洲文化遗产日”。民族遗产似乎与日常生活对立，同时“社区”概念也在20世纪50年代到70年代之间经历了转变。“社区”概念在50年代体现了工人阶级融入中产阶级文化，70年代变成反对此前的改革论调。在后一个时代，它更多地强调文化自律。[③]

法国的失业率从1981年的7.4%上升到1986年的10.4%，1994年达到12.5%（2010年仍然有10%）。70年代中期，大学就业危机使得历史学家对历史学科有一种重新考量。这种考量在20世纪80年代演变成了“史学的危机”。1986年成立的法国经济与金融史委员会（CHEFF）

---

① 参见让-皮埃尔·里乌等编《法国文化史》（第四卷），吴模信等译，华东师范大学出版社2011年版，第374—375页；又参见陈启能《二战后欧美史学的新发展》，山东大学出版社2005年版，第456页。

② Philippe Hoyau, “l'année du patrimoine ou la société de conservation”, *Les Révoltes logiques*, No. 12, 1980, p. 72.

③ “五月风暴”如何转变了文化研究的对象，参见努瓦利耶《社会历史学导论》，王鲲译，上海人民出版社2009年版，第27—29页。

就曾回应危机。1989 年，《年鉴》题为“批判性转折”的编者导言更为直接，它倡导历史学家转变方向，重新关注“分析的规模与历史写作问题”①。在许多史家的意识中，学院史家如果局限在学院里，那么就是不合格的历史学家。努瓦利耶后来综合历史学家的行当和批评视角（知识），创造了“历史学家—知识论”（historien-épistémologues）一词，认为历史的“去专业化”将付出代价，他实际上是试图重新审视布洛赫的范式，即获得读者广泛认可、历史学家的政治参与意识、无须哲学反省。②

多斯认为，历史已经处于碎片化阶段。新史学发展所带来的重要影响之一便是研究主题的深化、细化。从 20 世纪 70 年代起，一些视角开始取代传统的历史编纂：妇女史、自下而上看历史、微观史、环境史、感觉史、全球史、新全球史等。它带来的问题便是：这些历史写作形式是现时主义的表达吗？确实如此。时代的变迁使得历史学的问题也发生了变化，因为问题确立了历史学的研究对象。历史写作的多元化使传统的民族叙述更加复杂，那种同质的民族范式不再是法国史家追求的目标。话说回来，也有学者认为史学危机并非民主化的产物，例如美国史家塔尔（Joël Tarr）就持这种看法。

历史教育中对当代的反映体现在课程设置、学生人数和教师的职位上，也反映在“现时史”的需要和成功上。法国的历史学教授职位从 1966 年的 627 席增加到 1974 年的 1447 席。同时近三十年来，“当代史已经从学科的边缘转移到了中心。现代、中世纪、古代这样的‘他者’历史……现在似乎退居二线，不大有意义了”③。勾勒“过去的现在”/“今天的现在”的结合点是目前学校历史教育的重心，它展现出“认同政治”，“欧洲”也越来越成为一个重要议题。在德·多

① “Histoire et sciences sociales; un tournant critique”, *Annales ESC*, No. 6, 1989, pp. 1317 – 1323.

② Gérard Noiriel, *Les origines républicaines de Vichy*, Paris: Hachette Littératures, 1999.

③ François Hartog and Jacques Revel, “Note de conjoncture historiographique”, in François Hartog and Jacques Revel (eds.), *Les usages politiques du passé*, EHESS, 2001, p. 21.

克看来，目前的教育人概可以在学院里区分出四种叙事类型：神话叙事、遗产叙事、现代化叙事和传记叙事。① 这些叙事都是集体叙事，揭示出历史教育的侧重点在于建立集体认同。

“历史记忆”概念首先源于20世纪那些悲剧事件中的幸存者，还有那些参加过革命的老兵。1945年之后的历史叙述整体上由二战记忆及其遗留问题所主导，例如90年代备受关注的阿尔及利亚战争议题。从意识层面讲，我们对待过去主要有两种态度：记忆与历史。记忆立足于认同过去，历史则相反，是尊重过去，将过去视作外在的研究对象，试图与过去保持距离。后来诺拉主编的7卷本《记忆的场所》（*Lieux de mémoire*，1984—1992）将象征性因素作为物质或观念单元，为团结社会不同群体提供了一些神话或历史表现物。② 它和前述的“记忆法案”一样，诠释了历史与公民信仰或民族信仰的关系，展现了“对过去的政治运用”。法国导演朗兹曼（Claude Lanzmann）的《浩劫》（*Shoah*，1985）则诠释了大众文化和媒体在利用历史时如何创造新空间。从方法论的层面上说，记忆、媒介这些问题标识了社会、文化和政治在视觉计划中的多种可能。

阿尔托格在记忆泛滥的情境下甚至认为，西方世界已经进入了一种新的“历史性体制”，其中现在无处不在。阿尔托格提出了“现时主义”（présentisme）概念，认为过去由现在决定，即后者可以将自身看作“过去的将来”，有意为将来的历史学研究提供材料。③ 我们不能把公众史学仅仅看成是历史的普及化、娱乐化或宣传，而是要拓展学院史学、机构（例如博物馆）和大众文化之间的承接关系，突出它们的伦理判断。

---

① Laurence De Cock, “A propos de la difficile intrusion des vies anonymes dans la ‘vulgate scolaire’ en France”, *Revue Les cartables de Clio*, 2009.

② 关于《记忆的场所》，参见沈坚《记忆与历史的博弈：法国记忆史的建构》，《中国社会科学》2010年第3期。

③ François Hartog, *Régimes d'historicité. Présentisme et expériences du temps*, Seuil, 2003.

四　结论

公众史学是过去、“历史学家”和公众之间的互动，探讨的是过去和现在之间的关系。“过去”这个关键词预示着它仍然夹杂着对历史时间的思考。“历史学家”涉及公众史学的学科定位；公众涉及它研究的对象。的确，鲁索在“现时史”问题上提到勿将公众史学看作多学科的杂糅。[①] 然而，公众史学要坚持历史学的方法，同样要借鉴其他学科，例如社会学、人类学、民族学等。叙事策略上，公众史学注重修辞技巧、论证层次、心理策略。社会实践及其研究对象（人类社会的过去），以及它所赋予的教育功能，都使得历史学处于“制作”中。至少从学院的层面上说，公众史学是多方合作的产物，较之大众记忆、公共史学，“对历史的运用”似乎更契合它在内容和实践上的含义。

文类（genre）是理解公众史学的一个核心概念。费罗按照用途及其运作方式区分出四类历史：记忆史（团体、集体）、通史（国家、政党、民族）、实验史和虚构历史。[②] 这里的通史属官方的历史，起着意识形态宣传的作用，虚构的历史包括小说、电影等。记忆史、实验史与这里的公众史学最为类似，它看重的不是过去，而是现在，其中还涉及政治。下表将结合费罗的说法，尝试性地界定公众史学。

分析公众史学，还涉及爱国主义、遗产、纪念碑等主题，甚至有必要重新考量“民族”“事件”等概念。不过 20 世纪 70 年代以来法国的史学发展已经大致表明，学院史学和公众史学“共享权威”。从法国的情形来看，历史和社会结合得比较紧密，多涉及合作或抵抗运

---

① Henry Rousso，“l'histoire du temps présent，vingt ans après”，Dossier：l'histoire du temps présent，hier et aujourd'hui，*Bulletin de l'IHTP*，No. 75，2000.

② ［法］马克·费罗：《电影与历史》，彭姝祎译，北京大学出版社 2008 年版，第 147 页。

动、阿尔及利亚战争等政治事件，历史学家频繁介入公共事件。用前面努瓦利耶的话说，学院史学回应公众的要求，是更好地保持历史学的自律性，警惕历史的滥用、误用。公众史学的兴起实际上是提醒学院史家，要他们在从事历史研究时平衡公众的易变性，兼顾公众的政治趣味和审美取向。同时，历史学家负有政治、伦理责任，不把“现时”领域托付给记者、时评家，但又不必陷入精英主义的圈套。

	学院史学	公众史学
目标读者	学院人士	特定组织、普罗大众
目标	分析“真相”	“真相”、教育、认同建构
潜在目的	尊严和知识	荣誉、身份、自恋倾向
方法	历史主义以及人文学科的其他方法	文学建构、接受美学
组织原则	时间顺序	美学原则，戏剧化效果
产品	学术著作、论文、讲座、会议论文、专业期刊书评、研究报告等	历史教科书，随笔、时评、杂文，档案馆、博物馆展品介绍，等等
信息选择	等级原则	与现实紧密结合

（原载《江海学刊》2014 年第 2 期）

世界眼光与中国特色

瞿林东

中国史学进一步走向世界，要在两个方面做出新的努力。一个方面是要有新的世界眼光，一个方面是要更加自觉地彰显中国史学的民族特色。这两个方面的结合，将会推进中国史学的发展并使其以更大的步伐迈向世界。

史学工作者的世界眼光和彰显中国史学的民族特色，关键在于史学工作者高度的自觉意识。

关于世界眼光。依我的肤浅认识，这里有三个问题需要加以强调。

首先，中国史学家的世界眼光，有一个从不自觉到自觉的发展过程。司马迁著《史记》，写张骞通西域，到达大夏、康居、乌孙[①]；又写到张骞见到身毒（天竺）的物品，并打听其所在地等[②]。范晔著《后汉书》，涉及域外史事甚多，他关于“倭国”的记载，成为今人研究日本古代历史的重要参考文献。欧阳修、宋祁撰写的《新唐书》，在《西域传》中写到天竺、师子、波斯、大食等域外风貌等。[③]

---

① 参见《史记》卷一一一《卫将军骠骑列传》、卷一二三《大宛列传》，中华书局 1959 年版。

② 参见《史记》卷一一六《西南夷列传》，中华书局 1959 年版。

③ 参见《新唐书》卷二二一上《西域传上》、卷二二一下《西域传下》，中华书局 1975 年版。

止史如此，即使是私人撰述，也多有涉及域外史地的。法显的《佛国记》、玄奘的《大唐西域记》、杜佑《通典》中引用杜环的《经行记》①，以及元代徐明善撰写的《安南行记》、周达观撰写的《真腊风土记》、汪大渊撰写的《岛夷志略》（原称《岛夷志》）等，都广泛地涉及域外的历史地理面貌。

近代以来，史学家们的世界眼光有了新的发展。魏源的《海国图志》、徐继畬的《瀛寰志略》、王韬的《法国志略》和《普法战纪》、黄遵宪的《日本国志》等，都是史学家们在自觉的世界意识下撰写的世界史和国别史著作，成为中国史学走向近代的标志之一。20 世纪的中国史学，可以说是面向世界的史学。西方的欧美史学，东方的日本史学，以及 20 世纪五六十年代的苏联史学，都在很大程度上影响了中国史学的发展。

其次，主体意识的变化。从 20 世纪以前的中国史学来看，史学家们的世界眼光，虽有从不自觉到自觉的发展过程，但总的说来都是在“以我为主”的历史视野下发生和发展的。而 20 世纪的中国史学，尽管面向世界的规模扩大了，但“以我为主”的视野却发生了变化，太多以他人为主，即以我们自己的史学去适应他人史学的模式。在这个过程中，得与失兼而有之。所得者，在历史观、方法论方面，中国史学进入了一个新的发展阶段；所失者，中国史学的历史传统和民族风格未能得到相应的发扬，优秀的史学遗产未能受到应有的重视。这种情况的出现，有其历史的必然性，但也有值得后人反思的问题和空间。

再次，什么是新的世界眼光？当世界历史进入 21 世纪的时候，尤其是中国史学工作者在经历了 20 世纪中国史学的巨大变革的今天，中国史学工作者的世界眼光势必有新的发展、新的取向和新的视野。是否可以认为，这种新的发展、取向和视野主要反映在以下几个方面。

第一，从一般性的引进和模仿，走向合理的引进和理性的借鉴。

① 参见《通典》卷一九一《边防九》，中华书局 1988 年版。

这是在新的历史条件下，史学家们在更高的层次上“以我为主”的自觉的世界眼光的反映。换言之，中国史学家已经走过了“拿来主义”的阶段，从而走上择善而取之的路向。这是对“他山之石，可以攻玉”的更深刻的认识。

第二，在对外国史学的借鉴过程中，中国史学家在世纪之交进一步提升了自己的辨析能力，越来越显示出其高水平的学术含量，从对外国史学的一般性介绍走向研究和判断的层面，从而提供了中外史学家真正“对话”的可能和前提。

第三，中国史学家将更加意识到，在考察外国史学的历史和现状时，应当把中国史学的历史和现状作为参照物；反之，在考察中国史学的历史和现状时，应当尽可能地把外国史学的历史和现状作为参照物。这种互为参照物的方法和视野，才是真正的世界眼光。在这方面，中外史学家要研究的问题很多，发展的空间很宽阔。应当强调的是，对于中国史学的历史和现状，外国同行和公众确有进一步了解、认识的必要。这是外国同行所要做的工作，而中国史学家也应为此提供准确的信息和必要的条件。在这里，所谓“世界眼光”，更能表现出一种平常的心态和实事求是的学风。

第四，新的世界眼光，还反映在一个十分重要的方面，即关注世界史学发展的趋势。20 世纪 70 年代，英国历史学家杰弗里·巴勒克拉夫写出了《当代史学主要趋势》一书，就关于变动世界中的历史学、探索新概念和新方法、社会科学对历史学的影响、历史学的新领域，以及国别史、比较史学和“元历史学”等问题作了阐述和分析。20 世纪 80 年代，此书被译成中文在中国传播，产生了很大的学术影响，足以表明中国史学家对世界史学发展趋势的关注。近三十年来，中国史学家对“趋势”的关注与日俱增，其具体表现在对“全球史”问题、环境史问题、后现代思潮对历史学的影响问题等许多前沿问题上，都敏锐地作出反应，提出了中国史学家的独立见解。这种对“趋势”的高度关注和学术热情，必将促进中国史学家以更大的步伐参与到对"趋势"的认识和把握的行列，并发挥应有的学术作用。

最后，关于中国特点。诚然，当中国史学家以新的世界眼光看待当今世界史学的时候，势必也会以同样重视和严谨的态度对待中国史学的民族特色。史学，追求历史的真相和发挥其社会功能方面，是其普遍的本质和品格。但由于各国、各民族历史研究的对象与内容都是具体的或特定的，且又多有自己的传统，故而必定呈现出不同的特点和风格。就中国史学来说，它具有以下几个特点。

历史记载和历史撰述的连续性，是中国史学最突出的特点。就目前考古学成果所确认，甲骨文记事是中国现在所知最早的历史记载，《尚书》中有的篇章大致与此时代相仿佛。西周时期，周王室与各诸侯国出现了"国史"的撰述，虽其名称各异，但从《春秋》《左传》《礼记》等文献来看，"国史"记事与撰述原则当大致相同。"国史"出于官修，而自孔子据鲁史作《春秋》，则首开私人撰史的先河。此后，官修、私撰连绵不断，相得益彰，成为中国古代史学发展的两大脉络。魏晋南北朝时期，私人著史蔚为风气；而唐初设史馆撰写前朝史与本朝史，则把官修史书推向高潮并进而形成制度。这种重视修史的传统，直至明清而不曾中断。史家的层出不穷和史著的丰富积累，为中华文明之连续发展的历史，留下了翔实的记录，成为世界史学史上的宏伟奇观和伟大创造。中华文明的发展不曾中断，记述中华文明发展史的中国史学两千多年来不曾中断，这是世界文明史上所仅见的。

中国史学在两千多年前确立了人本主义传统，这是中国史学之民族特点的又一个突出表现。中国古代史学重视天人关系的探讨，人们在关于"天命"与"人事"、"天道"与"人道"之关系的漫长的思考之后，到了司马迁撰写《太史公书》即《史记》时，奠定了中国古代史学的人本主义传统的基础。《史记》由本纪、表、书、世家、列传五种体例综合而成，史学上称为纪传体。纪传体史书的特点，是以人物为记事的中心。《史记》的本纪、世家、列传都是记述历史人物的言论、行事，表明司马迁不仅认识到而且在历史撰述中充分反映出人在历史中的中心位置。其后，历代“正史”都以纪传体为撰述宗旨，从而贯穿了中国古代史学的人本主义传统。可以认为，在历史撰述中写出了成千上万的各阶层代表人物的历史活动及其作用，中国史学的这一特点在世界各国史学发展上是罕有其匹的。

内容的丰富性和体裁的多样性的结合，也是中国史学民族特点之一。中国有三千多年有文字可考的历史，自秦朝以后形成了一个统一的多民族国家，历史内容非常丰富。对于丰富、复杂的历史内容，中国史学在历史编纂方面有广泛的创造，以反映丰富、复杂的社会历史进程。从历史内容来看，唐初成书的《隋书·经籍志》著录的史部书，按内容分为13类。从史书体裁来看，《春秋》《左传》开编年体史书之先河，司马迁《史记》、班固《汉书》是纪传体史书的前驱，杜佑《通典》创制度史规模，袁枢《通鉴纪事本末》立纪事本末体史书之体例，都是源远流长，传承不断。此外，民族史、学术史、传记、史论、史评、史注、史考、长编、笔记等，可谓浩如烟海、汗牛充栋，构成了中国史学遗产的宏伟的宝藏。举例来说，如关于纪传体史书，刘知幾这样概括它的内容，指出：“纪以包举大端，传以委曲细事，表以谱列年爵，志以总括遗漏，逮于天文、地理、国典、朝章，显隐必该，洪纤靡失。”① 又如关于不同体裁的通史所记述的历史内容的特点，章学诚作了这样的概括，他写道：“总古今之学术而纪传一规乎史迁，郑樵《通志》作焉。统前史之书志而撰述取法乎《官礼》，杜佑《通典》作焉。合纪传之互文而编次总括乎荀、袁，司马光《资治通鉴》作焉。汇公私之述作，而铨录略仿乎孔、萧，裴潾《太和通选》作焉。此四子者，或存正史之规，或正编年之的，或以典故为纪纲，或以词章存文献，史部之通，于斯为极盛也。至于高氏《小史》、姚氏《统史》之属，则撙节繁文，自就隐括者也。罗氏《路氏》、邓氏《函史》之属，则自具别裁成其家言者也。范氏《五代通录》、熊

① 《史通·二体》，上海古籍出版社1978年版。

氏《九朝通略》，标通而限以朝代者也。李氏《南北史》，薛、欧《五代史》，断代而仍行通法者也。其余纪传故事之流，补辑纂录之策，纷然杂起，虽不能一律以绳，要皆仿萧梁《通史》之义而取便耳目，史部流别不可不知也。”① 由此可见，把丰富的历史内容和多样的史书体裁结合起来，以反映纷繁复杂的历史进程，中国史学家显示出可贵的创造才能。

中国史书的文字表述，不论在语言艺术方面，还是在文风传承方面，更是鲜明地反映出中国史学的民族特点。《春秋》在遣词造句上的用例，《左传》的擅长写辞令，《史记》的写历史场面和种种人物的特征，《资治通鉴》的写战事过程及胜败之机，等等，都是准确而凝练，真实而生动。用晦、尚简、两两对照、寓论断于序事之中，是这方面的几条基本经验。②

中国史学还有一个突出的民族特点是应当予以重视的，这就是它的理论成就。在历史理论方面，中国史学重视天人关系、古今关系、时、势、理、道的探讨，同时在国家职能、民族关系、人物评价标准、地理条件与历史进程之关系等方面，都有许多真知灼见。在史学理论方面，唐人刘知幾所著《史通》、宋人编纂的《册府元龟·国史部》、清人章学诚撰写的《文史通义》等书，提出了几十个史学方面的范畴或概念，显示出了中国史学发展中对于自身反省和总结的自觉性及理论上的创造精神。尤其是中国古代史家不离事而言理和对于重大理论问题的连续不断的探讨，从一个重要方面反映了中国古代史家的思维方式、语言风格和中国史学发展的连续性特点。③

在21世纪的历史条件下，中国史学进一步走向世界，怎样以新的

① 《文史通义·释通》，中华书局1961年版。

② 参见刘知幾《史通·叙事》，上海古籍出版社1978年版；白寿彝《史记新论》，求实出版社1981年版，第86—91页；顾炎武《日知录》卷二六“史记于序事中寓论断”条，岳麓书社1994年版。

③ 参见瞿林东《中国史学的理论遗产》，北京师范大学出版社2005年版，第29—47页。

世界眼光看待史学的发展，怎样使中国史学带着自身的民族特点参与21世纪世界史学的建设和创造，是相辅相成的两个方面。就世界眼光来说，是一种开放意识；就民族特点来说，是一种主体意识。应当强调的是，在当今中国史学的发展中，如何在世界眼光的视野下合理地彰显中国史学的固有特点，既使中国史学的特点有其连续性的新发展，又使外国同行对中国史学的特点之本来面貌有基本的了解，这对于中外史学的交流和对话，是非常重要的。

（原载《江海学刊》2007年第1期）

学术宗旨与史学批评

——关于中国古代史学理论的一个考察

刘开军

学术宗旨是在学术活动中逐渐形成的核心学术理念和研究取向，它一旦形成便会对学术研究产生长久且深刻的影响，成为学术的方向与灵魂，并鲜明地投射到学术思想、学术评价和学术关怀等方面。古代大思想家黄宗羲已明确提出："大凡学有宗旨，是其人之得力处，亦是学者之入门处。天下之义理无穷，苟非定以一二字，如何约之，使其在我。故讲学而无宗旨，即有嘉言，是无头绪之乱丝也。学者而不能得其人之宗旨，即读其书，亦犹张骞初至大夏，不能得月氏要领也。"① 黄宗羲强调学术要有宗旨；宗旨是为学的根本，是以简驭繁之道；学人无宗旨则无"得力"处；后人不知前人宗旨，则无法得其要领。这番话是有根据的。从司马迁的"究天人之际，通古今之变"②，到司马光的"关国家盛衰，系生民休戚，善可为法，恶可为戒"③，再到章学诚的"吾言史意"④、龚自珍的"欲知大道，必先为史"⑤，中

① 黄宗羲：《明儒学案·发凡》，沈芝盈点校，中华书局 1985 年版，第 17 页。

② 班固：《汉书》卷六二《司马迁传》，中华书局 1962 年版，第 2735 页。

③ 司马光：《进书表》，《资治通鉴》卷末，中华书局 1956 年版，第 9607 页。

④ 章学诚：《章学诚遗书》卷九《家书二》，文物出版社 1985 年版，第 92 页。

⑤ 龚自珍：《龚自珍全集》第一辑《尊史》，上海人民出版社 1975 年版，第 81 页。

国古代史学家始终重视学术宗旨的提炼、表达与贯彻。而这些宗旨也的确是前代史家治史的法宝和后人揣摩前史的门径。

学术宗旨、史学批评和史学理论三者之间具有紧密的联系。这表现为中国古代史学理论史上那些精粹的表述往往与学术宗旨的批评有关，比如会通与断代、史法与史意、撰述与记注、良史与信史等。而且“中国古代史学理论的发展，虽非全然是但却往往是在史学批评中实现的”[①]。围绕批评家的学术宗旨来讨论史学批评问题，对于中国古代史学理论研究或可有新的认识。

一　宗旨对立引发史家争议

史学批评何以发生？史学理论何以提出？关于史学的理论认识又何以被继承、覆盖和超越？这自然要考虑多种因素，比如时代的变化、思潮的涌动、政治的介入，甚至门户的偏见等。而由学术宗旨对立所引发的批评，也是其中一个亟待讨论的问题，因为它能够显现出争论的思想底色，并推动史学理论的创新。

魏晋至隋唐间，史注之风盛行，裴松之的《三国志注》是这一时期享有盛名的史注。众所周知，陈寿作史“微而显”[②]，《三国志》也素以“简净”[③] 著称。但在裴松之看来，《三国志》却存在诸多不尽如人意之处，故于《三国志》“所不载，事宜存录者，则罔不毕取以补其阙。或同说一事而辞有乖杂，或出事本异，疑不能判，并皆抄内以备异闻。若乃纰缪显然，言不附理，则随违矫正以惩其妄。其时事当否及寿之小失，颇以愚意有所论辩”[④]。裴松之对于《三国志》“补

① 瞿林东：《中国古代史学批评纵横·后记》，中华书局 1994 年版，第 270 页。

② 魏收：《魏书》卷四三《毛脩之传》，中华书局 1974 年版，第 960 页。

③ 赵翼：《廿二史札记》卷六“《三国志》书事得实处”条，王树民校证，中华书局 1984 年版，第 125 页。

④ 以上引文皆见裴松之《上三国志注表》，《三国志》附录，中华书局 1982 年版，第 1471 页。

阙”“备异闻”“惩妄”和“论辩”的批评固然是奉了宋文帝的旨意，但裴氏注史自有其宗旨，即“务在周悉”，这才是他发表上述批评的学理依据。一百多年后，另一位史注大家颜师古却与裴松之的宗旨大相径庭，提出了相反的意见，说：“近代注史，竞为该博，多引杂说，攻击本文，至有诋呵言辞，掎摭利病，显前修之纰僻，骋己识之优长，乃效矛盾之仇雠，殊乖粉泽之光润。”① 有意思的是，争论到此并未结束。又过了一千多年，在乾隆年间官修的《四库全书总目》中，关于裴注的评价又发生了转向，认为裴注“网罗繁富，凡六朝旧籍今所不传者，尚一一见其崖略，又多首尾完具，不似郦道元《水经注》、李善《文选注》皆剪裁割裂之文。故考证之家，取材不竭，转相引据者，反多于陈寿本书焉”②。陈寿与裴松之的学术宗旨不同，故而裴松之批评《三国志》疏漏。颜师古与裴松之在史注旨趣上迥异，所以人们看到了颜师古的反驳。而史学发展到清代，在推崇征实考信的四库馆臣眼中，裴注又成了文献渊薮，自然功不可没了。

唐宋时期，中国古代史学理论史上的一个重要问题是关于“会通”与“断代”的优劣之争。这一争论具体表现为刘知幾关于司马迁和班固的评论以及郑樵对于刘知幾、班固的批判，也是一桩因学术宗旨不同而引发的经典批评案例。

刘知幾在史学上推崇断代为史，这在《史通·六家》篇关于“《史记》家”和“《汉书》家”的评论中有非常清楚的表达。他说：

> 《史记》疆宇辽阔，年月遐长，而分以纪传，散以书表。每论家国一政，而胡、越相悬；叙君臣一时，而参、商是隔。此其为体之失者也。兼其所载，多聚旧记，时采杂言，故使览之者事罕异闻，而语饶重出。此撰录之烦者也。况《通史》以降，芜累

① 颜师古：《汉书叙例》，《汉书》卷首，中华书局1962年版，第3页。

② 永瑢等主编：《四库全书总目》卷四五《〈三国志〉提要》，中华书局1965年版，第404页。

尤深，遂使学者宁习本书，而怠窥新录。且撰次无几，而残缺遽多，可谓劳而无功，述者所宜深诫也。[1]

在这百余字中，刘知幾指责了通史三个方面的缺憾，即“为体之失”“撰录之烦”和“劳而无功”，依次指向通史的体制之失、叙事繁冗和事倍功半。尽管刘知幾在《史通》中也肯定过《史记》，但其“基本格调是纠谬规过，锋芒所向直指司马迁”[2]。相比之下，《汉书》“究西都之首末，穷刘氏之废兴，包举一代，撰成一书。言皆精练，事甚该密，故学者寻讨，易为其功。自尔迄今，无改斯道”[3]。这恰与前述对《史记》的三重批驳一一对应。

刘知幾重视断代、轻视会通的倾向引来了与其学术宗旨不同的郑樵的激烈反驳。郑樵为学的宗旨可以概括为：“天下之理，不可以不会，古今之道，不可以不通。会通之义大矣哉!”[4] 在《通志·总序》中，郑樵再三高扬“会通之义”的旗帜，认为《春秋》之后，“惟《史记》擅制作之规模。不幸班固非其人，遂失会通之旨。司马氏之门户自此衰矣！班固者，浮华之士也，全无学术，专事剽窃。……后世众手修书，道傍筑室，掠人之文，窃钟掩耳，皆固之作俑也。固之事业如此，后来史家，奔走班固之不暇，何能测其浅深！迁之于固，如龙之于猪，奈何诸史弃迁而用固，刘知幾之徒尊班而抑马”。虽唐宋相隔，但郑樵把断代为史说得一无是处，显然是要与刘知幾一较高下。郑樵还意犹未尽地说道：

自班固以断代为史，无复相因之义。虽有仲尼之圣，亦莫知其损益。会通之道自此失矣。语其同也，则纪而复纪，一帝而有

① 刘知幾：《史通》卷一《六家》，浦起龙通释本，上海古籍出版社1978年版，第19页。
② 林时民：《中国传统史学的批评主义——刘知幾与章学诚》，（台湾）学生书局1992年版，第36—37页。
③ 刘知幾：《史通》卷一《六家》，浦起龙通释本，上海古籍出版社1978年版，第22页。
④ 郑樵：《郑樵文集》卷三《上宰相书》，吴怀祺校补，书目文献出版社1992年版，第37页。

数纪；传而复传，一人而有数传。天文者，千古不易之象，而世世作《天文志》；《洪范》五行者，一家之书，而世世序《五行传》。如此之类，岂胜繁文？语其异也，则前王不列于后王，后事不接于前事；郡县各为区域，而昧迁革之源；礼乐自为更张，遂成殊俗之政。如此之类，岂胜断绠？①

郑樵认为会通之可贵，在于它呈现了历史发展的连续性和礼乐文明的损益之迹。而断代修史既重复烦琐，又割断了历史的内在联系。在今天看来，刘知幾对于断代和会通的上述看法，不能说没有一点道理，但二者的优劣并非全如刘知幾所言。同样，断代为史也不像郑樵所说的毫无意义。

这类由于宗旨对立而发生的争议，虽不无偏颇，但既要批评他人，便需摆事实、讲道理，势必对旧有的理论作纠谬与商榷的工作，力求有所突破，这样便推动了史学理论的发展。

二　宗旨歧路，批评殊途

史学批评是一项主体性鲜明、思想性突出的学术活动。学术宗旨不同，对于事物的评价自然有所区别。

《史记》是中国史学史上的名著，但班固父子却批评司马迁“是非颇谬于圣人，论大道则先黄、老而后六经，序游侠则退处士而进奸雄，述货殖则崇势利而羞贱贫”②。刘勰继而论司马迁有“爱奇反经之尤”③。到了明代，评论界则发出了另一种声音。以“咸以孔子之是非为是非，故未尝有是非”④ 为旨趣的李贽反戈一击，讥讽班固父子关

① 以上引文皆见郑樵《通志·总序》，中华书局 1987 年版，第 1 页。
② 班固：《汉书》卷六二《司马迁传》，中华书局 1962 年版，第 2738 页。
③ 刘勰：《文心雕龙·史传》，周振甫注本，人民文学出版社 1981 年版，第 170 页。
④ 李贽：《藏书·世纪列传总目前论》，中华书局 1959 年版，第 1 页。

于司马迁的批评“适足以彰迁之不朽而已。使迁而不残陋，不疏略，不轻信，不是非谬于圣人，何足以为迁乎？则兹史固不待作也。迁、固之悬绝，正在于此”[①]。可见，他们所发表的评论或褒或贬，不过是基于不同宗旨的一种学术表达。这从史学批评的纵向维度上证明了学术宗旨对于批评的决定性影响。

若从史学批评的横向维度来看，宗旨对于批评的制约亦极大，甚至会出现同一时期不同学派对相同问题的看法尖锐对立的情况。

清乾嘉时期史家辈出，若以学术宗旨划分，则有比较明显的两大学派：以钱大昕、王鸣盛为领军的考据派和以章学诚为中坚的浙东学派。两派在宗旨上的分歧可以用章学诚的一句话来概括：“高明者多独断之学，沉潜者尚考索之功。”[②] 何谓“高明”和“沉潜”呢？“高明者由大略而切求，沉潜者循度数而徐达。”[③] 浙东学派服膺“独断之学”，推崇的是思想；考据派醉心于“考索之功”，则偏向于功力。再读章学诚与汪辉祖的信，有“近日学者风气，征实太多，发挥太少。有如桑蚕食叶，而不能抽丝”[④] 之说，这也折射出浙东学派与考据派的学术分野。而考据派和浙东学派关于《通典》《通志》和《文献通考》的评论，就生动地体现了宗旨歧路而导致的批评殊途。

王鸣盛晚年的重要著作《蛾术编》中有一篇《通典通志通考》，专门评论“三通”[⑤]，认为《通典》虽有可议之处[⑥]，但它“条贯古

① 李贽：《藏书》卷四〇《司马迁传》，中华书局1959年版，第692页。

② 章学诚：《文史通义》卷五《答客问中》，叶瑛校注本，中华书局1985年版，第477页。

③ 章学诚：《文史通义》卷二《博约下》，叶瑛校注本，中华书局1985年版，第165页。

④ 章学诚：《章学诚遗书》卷九《与汪龙庄书》，文物出版社1985年版，第82页。

⑤ 乾隆十二年江南乡试的一道策问正是关于“三通”评论的。这道策问一连串地提出了如何评价“三通”的十个问题，包括“三通”的短长、精粗、难易等，涉及有关“三通”成书背景、门类、前人评论、体例与内容、因袭与创新，是一道非常专业的史学批评题目。时年26岁的王鸣盛恰好参加此次江南乡试，并中了举人。王氏的对策见《西庄始存稿》卷二七《乾隆十二年江南乡试策第三道》（《嘉定王鸣盛全集》第十册，中华书局2010年版，第439—443页），《通典通志通考》一文便是据此次乡试对策而作的修订稿。

⑥ 王鸣盛在《十七史商榷》（上海书店出版社2005年版）卷九〇“杜佑作《通典》”条中也对《通典》作了批驳。

今，端如贯珠”，“诚有不可及者”。《文献通考》继《通典》而作，“凡叙事则本之经史，而参以会要及百家传记；凡论事则取当时臣僚奏疏及名流燕谈、稗官记录，其史传可疑，论辨未当者，则以己意附其后，庶几可辅翼《通典》者欤！”相比之下，尽管郑樵自视甚高，却属自我吹捧，《通志》着实乏善可陈，“于‘三通’为最下”。[①] 这是王鸣盛给“三通”排出的名次。

那么，四库馆臣又怎样评价“三通”呢？他们批驳《通志》的纪传部分“删录诸史，稍有移掇，大抵因仍旧目，为例不纯”，至于郑樵“平生之精力，全帙之菁华”所在的《二十略》，也是错讹百出。“《六书》《七音》乃小学之支流，非史家之本义。矜奇炫博，泛滥及之，此于例为无所取矣。”同样，“《礼》《乐》《职官》《食货》《选举》《刑法》六略，亦但删录《通典》，无所辨证”。总之，“宋人以义理相高，于考证之学，罕能留意。樵恃其该洽，睥睨一世，谅无人起而难之，故高视阔步，不复详检，遂不能一一精密，致后人多所讥弹也”[②]。这条提要绕了一大圈，重点还是说《通志》考订粗疏，而矛头所指则是“宋人以义理相高”，现出了宗旨之争的端倪。四库馆臣评价《通典》时又是另一种口吻了。《通典》“博取五经群史及汉魏六朝人文集奏疏之有裨得失者，每事以类相从，凡历代沿革，悉为记载，详而不烦，简而有要，元元本本，皆为有用之实学，非徒资记问者可比。考唐以前之掌故者，兹编其渊海矣”[③]。评论的落脚点是可以借此考订“唐以前之掌故”，恰与上述有关《通志》的评价相互映衬。至于《文献通考》，虽有小疵，然全书“条分缕析，使稽古者可以案类而考。又其所载宋制最详，多《宋史》各志所未备。案语亦多能贯穿古今，折衷至当。虽稍逊《通典》之简严，而详赡实为过之，非郑樵

① 以上引文皆见王鸣盛《蛾术编》卷一三《通典通志通考》，商务印书馆1958年版，第212页。

② 以上引文皆见永瑢等主编《四库全书总目》卷五〇《〈通志〉提要》，中华书局1965年版，第448—449页。

③ 永瑢等主编：《四库全书总目》卷八一《〈通典〉提要》，中华书局1965年版，第694页。

《通志》所及也”[①]，肯定《文献通考》史料翔实，可供考史之用。显然，《四库全书总目》关于“三通”的品评都是围绕是否有益于考证而发的，这与其重“考索之功”的宗旨是一致的。对王鸣盛、四库馆臣关于“三通”的评论作必要的梳理和分析之后，可以得出这样的结论：在考据派的评价体系中，《通典》与《文献通考》远胜《通志》。

再来看看浙东史家章学诚对“三通”的看法。

章学诚关于《通典》的评论，较重要者有三处：一是《通典》“谈言有中，存其名理。此则著书之独断，编次之通裁”[②]。二是杜佑“叙典章制度，不异诸史之文，而礼文疑似，或事变参差，博士经生，折中详议，或取裁而径行，或中格而未用，入于正文，则繁复难胜，削而去之，则事理未备；杜氏并为采辑其文，附著礼门之后，凡二十余卷，可谓穷天地之际，而通古今之变者矣”[③]。三是《通典》“博采异同，归于实用。故其文虽简直，而指实开通。体虽旁摭旧闻，而义则裁以独见”[④]。尽管浙东学派和考据派都推重《通典》，但理由却不同。章学诚称赞的是《通典》在编纂上的匠心和史意上的通达，与前述考据派强调的为考证之渊薮的意思已呈对峙之势。在郑樵被乾嘉学术主流大批判的背景下，章学诚却对郑樵及其《通志》情有独钟，不遗余力地维护、提升郑樵的学术地位。乾隆三十八年（1773），当章学诚在杭州听到戴震痛诋郑樵后，讥讽“其言绝可怪笑”[⑤]。《文史通

---

① 永瑢等主编：《四库全书总目》卷八一《〈文献通考〉提要》，中华书局1965年版，第697页。

② 章学诚：《章学诚遗书》外编卷一三《永清文征一·奏议叙录》，文物出版社1985年版，第526页。

③ 章学诚：《文史通义》卷一《书教中》，叶瑛校注本，中华书局1985年版，第40页。

④ 章学诚：《章学诚遗书》卷一三《代拟续通典礼典目录序》，文物出版社1985年版，第109页。

⑤ 章学诚：《文史通义》卷五《答客问上》，叶瑛校注本，中华书局1985年版，第470页。戴震关于郑樵的评论，有“远如郑渔仲，近如毛大可，只贼经害道而已矣”（《戴震文集》卷九《与任孝廉幼植书》，中华书局1980年版，第138页）；又有“前人之博闻强识，如郑渔仲、杨用修诸君子，著书满家，淹博有之，精审未也”（《戴震文集》卷九《与是仲明论学书》，中华书局1980年版，第141页）。

义》中的《答客问》《申郑》和《释通》等篇皆极力表彰郑樵。《文史通义·申郑》写道：

郑樵生千载而后，慨然有见于古人著述之源，而知作者之旨，不徒以词采为文，考据为学也。于是遂欲匡正史迁，益以博雅，贬损班固，讥其因袭，而独取三千年来，遗文故册，运以别识心裁，盖承通史家风，而自为经纬，成一家言者也。学者少见多怪，不究其发凡起例，绝识旷论，所以斟酌群言，为史学要删；而徒摘其援据之疏略，裁剪之未定者，纷纷攻击，势若不共戴天。古人复起，奚足当吹剑之一吷乎？……原未尝与小学专家，特为一书者，絜长较短；亦未尝欲后之人，守其成说，不稍变通。夫郑氏所振在鸿纲，而末学吹求，则在小节。①

在章学诚看来，郑樵是别出心裁的史学大家，非一般辞章家和考据家所能比肩。郑樵继承了中国史学的通史家风，发凡起例，自成一家。那些批判郑樵的人虽勤于考据，却无见识，他们不懂得《通志》本不是要与小学家的著作争一时的短长。郑樵瞩目于史学之大要，批评者却吹毛求疵。章学诚又说：

有好学深思之士，能自得师于古人，标一法外之义例，著一独具之心裁，而世之群怪聚骂，指目牵引为言词，譬若猵狙见冠服，不与龁决毁裂，至于尽绝不止也。郑氏《通志》之被谤，凡以此也。②

章学诚还特意回应了考据派对郑樵的批判，说：“今人大抵全尚

① 章学诚：《文史通义》卷五《申郑》，叶瑛校注本，中华书局 1985 年版，第 463—464 页。
② 章学诚：《文史通义》卷五《答客问上》，叶瑛校注本，中华书局 1985 年版，第 471 页。

名数……夹漈体大而材疏，今人于其材疏则诟詈之，其体大之处，全不解也。”① 言语之间，对考据派的批判不以为然，且有愤恨不平之意，又盛赞郑樵将一家之言寓于史裁之中，乃是千古不朽之业。

那么，《文献通考》在章学诚的史学批评中又居于怎样的位置呢？“《文献通考》之类，虽仿《通典》，而分析次比，实为类书之学。书无别识通裁，便于对策敷陈之用。”② 在章学诚看来，《文献通考》不过是备科举之需：“进士之科，多问礼、乐、兵、农、政令、制度，故马氏贵与广辑历史书志成迹，附以前人评论，汇为《文献通考》，以为有备之无患焉。”③ 章学诚还为此设计了一个问答题：“马氏《通考》之详备，郑氏《通志》之疏舛，三尺童子所知也。先生独取其义旨，而不责其实用，遂欲申郑而屈马，其说不近于偏耶？”④ 章学诚答道：“郑樵无考索之功，而《通志》足以明独断之学，君子于斯有取焉。马贵与无独断之学，而《通考》不足以成比次之功，谓其智既无所取，而愚之为道，又有未尽也。且其就《通典》而多分其门类，取便翻检耳。因史志而裒集其论议，易于折衷耳。此乃经生决科之策括，不敢抒一独得之见，标一法外之意，而奄然媚世为乡愿，至于古人著书之义旨，不可得闻也。”⑤ 章学诚反复批评马端临不明史意，认为《文献通考》实在没有什么可取之处。

综括上述诸论，章学诚对郑樵的褒扬主要集中在其“发凡起例”和“独具心裁”上。他欣赏郑樵不拘于程式，不泥于成规，批评考据派只盯着《通志》中的疏漏，却全然不去理会郑樵的“独断之学”。与此相对应，章学诚对考据派所欣赏的《文献通考》则嗤之以鼻，显露出几分不屑与傲慢。

---

① 章学诚：《章学诚遗书》外编卷一《信摭》，文物出版社 1985 年版，第 373 页。
② 章学诚：《文史通义》卷四《释通》，叶瑛校注本，中华书局 1985 年版，第 374 页。
③ 章学诚：《章学诚遗书》佚篇《清漳书院留别条训》，文物出版社 1985 年版，第 679 页。
④ 章学诚：《文史通义》卷五《答客问中》，叶瑛校注本，中华书局 1985 年版，第 476 页。
⑤ 章学诚：《文史通义》卷五《答客问中》，叶瑛校注本，中华书局 1985 年版，第 478 页。

浙东学派与考据派关于“三通”针锋相对的判词，归根结底是因为两派的学术宗旨不同，以及因此而产生的视角差异。在“独断之学”与“考索之功”这两种宗旨引领下的批评话语中，存在着无法调和的矛盾，“三通”的学术地位自然也就有了天壤之别。不过，若跳出对“三通”的评价窠臼，是否可以这样认为，正是有了考据派和浙东学派等宗旨各异的史学家们的相互商榷与辩难，才告别了理论的单调与单薄，构建出一幅古代史学理论的多元图景。

三　关于宗旨与批评之关联的反思

世间本无尽善尽美之史家与史书，长于论断者或乏史学，善于考索者或短于史识。更何况宗旨相异，批评之分歧自然无法避免。回顾史学批评史，结合中国古代史学理论的流变，梳理学术宗旨与史学批评之间的学术关联，更需检讨宗旨对批评的影响，思考其中的得失与启示。

第一，就批评的对象而言，史学批评大概可以划分为三个层次：关于史料来源、记载真实性、准确性的批评是第一层次；关于史书编纂、修史制度、叙事艺术的批评是第二层次；关于史家素养、史学思想、学术宗旨的批评是第三层次。这三个层次呈现出从具体到抽象、由微观而宏观的批评次第，构成了古代史学理论的主要内容。但三者却不宜等量齐观，一般来说，关于学术宗旨的批评高于其他层次的批评，尤能体现史学理论的新动向。

以欧阳修的《新五代史》为例。关于《新五代史》的史料价值、纪传体例、文风、史论等方面的批评固然重要，且有理论意义，但最引人瞩目的还是《新五代史》的书法问题。这就不能不提到欧阳修的作史宗旨了。欧阳修在史学上崇拜《春秋》，《新五代史》效仿《春秋》笔法，制作义例，书与不书皆有所指，正所谓：“自即位以后，大事则书，变古则书，非常则书，意有所示则书，后有所因则书。非此五者，则否。”① 然而，到了清代，史学理论的方向已经发生了明显的转折，义理史学不再被主流学术界看重，欧阳修的修史理念受到了强有力的挑战。钱大昕甚至直截了当地说：“欧阳公《五代史》自谓‘窃取《春秋》之义’，然其病正在乎学《春秋》。”② 欧阳修认为史家叙事的笔法能够惩恶劝善。钱大昕却主张“史家纪事唯在不虚美，不隐恶，据事直书，是非自见。各若出新意，掉弄一两字以为褒贬，是治丝而棼之也”③。无怪乎以严谨著称的钱大昕会这样毫不掩饰他对《新五代史》书法的不满。事实上，在这些对立的评论表象之下，涌动着的是史学理论的暗流。

第二，对学术宗旨的理解越深刻，则批评越有效，理论价值也就越高。反之，不明白或不从学术宗旨出发而作出的批评，则可能沦为无效批评。顾炎武与好友李因笃之间关于《资治通鉴》的对话，为理解这个问题提供了很好的素材：

> 李因笃语予：“《通鉴》不载文人。如屈原之为人，太史公赞之，谓‘与日月争光’，而不得书于《通鉴》。杜子美若非‘出师未捷’一诗为王叔文所吟，则姓名亦不登于简牍矣。”予答之曰：“此书本以资治，何暇录及文人？”④

李因笃长于文，故有“《通鉴》不载文人”之论，这看似击中了司马光的要害，实际上却是强人所难。顾炎武深知《资治通鉴》之宗旨“本以资治”，也就不以它缺载文人而为憾事了。一部史书无论卷帙多么庞大，也无法囊括全部的历史，若一味追求面面俱到而不突出

① 钱大昕：《潜研堂文集补编·元史本证序》，陈文和主编：《嘉定钱大昕全集》（增订本）第十册，凤凰出版社 2016 年版，第 413 页。

② 钱大昕：《十驾斋养新录》卷六“五代史”条，江苏古籍出版社 2000 年版，第 141 页。

③ 钱大昕：《十驾斋养新录》卷一三“唐书直笔新例”条，第 275 页。

④ 顾炎武：《日知录》卷二六“《通鉴》不载文人”条，黄汝成集释本，上海古籍出版社 2006 年版，第 1485 页。

修史宗旨，则难逃史料拼凑和毫无章法的误区。作为一部帝王政治教科书，《资治通鉴》在北宋特定的政治环境下出现，以“资治”为要义，于人物和史事上自然有所选择。李因笃的批评没有考虑到《资治通鉴》的撰述宗旨，所谓“《通鉴》不载文人”也就成为一条无效批评了。

相反，王夫之对《资治通鉴》作出了大量的有效批评，理论色彩十分突出，这不能不归因于他对《资治通鉴》的宗旨具有的深刻领悟：

> 旨深哉！司马氏之名是编也。曰“资治”者，非知治知乱而已也，所以为力行求治之资也。……得可资，失亦可资也；同可资，异亦可资也。故治之所资，惟在一心，而史特其鉴也。“鉴”者，能别人之妍媸，而整衣冠、尊瞻视者，可就正焉。……其曰“通”者，何也？君道在焉，国是在焉，民情在焉，边防在焉，臣谊在焉，臣节在焉，士之行己以无辱者在焉，学之守正而不陂者在焉。虽扼穷独处，而可以自淑，可以诲人，可以知道而乐，故曰“通”也。①

这大概是古往今来对“资治通鉴”四个字最透辟的理解和评论了，反映了王夫之对史学的独到见解。倘若王夫之不深谙司马光之宗旨，仅仅是对《资治通鉴》所载史事作具体评论，则《读通鉴论》的史学理论价值将大打折扣。可见，史学批评的有效性与对评论对象学术宗旨理解的深浅有直接的关系。

第三，学术宗旨鲜明，批评往往犀利，但也易于走向偏颇、武断，即便是一流的史学家也不能例外。上面提到的郑樵批驳班固和章学诚批评考据派即属此类情况。郑樵关于“会通”的理论不可谓不高明，但在他的笔下，纪传体断代史的开创者班固成了窃书之贼、浮华之士。

---

① 王夫之：《读通鉴论》卷末《叙论四》，中华书局1975年版，第1113—1114页。

他一味指责陈寿、范晔以下的史家沿用班固的断代史体例，但却没能深刻分析后世史家为何如此。倘若班固真的一无是处，何以东汉以降的史家竞相效法呢？郑樵大概也感到费解，只能说一句“范晔、陈寿之徒继踵，率皆轻薄无行，以速罪辜”[①]。在这个问题上，郑樵的论述就显得苍白无力，甚至是错误的。更有甚者，郑樵把司马迁比作龙，而将班固斥为猪，言辞几乎不堪入耳目。同样，在上引章学诚为郑樵所作的辩护中，辩词十分精彩，但他把驳郑者比作“猵狙”和“群怪聚骂”，称考据派因少见故而多怪，就不能不说是有失分寸、流于表面了。与章学诚同时期的疑古史家崔述，对诸史的批评也是得失兼有、是非杂糅：

> 周道既衰，异端并起，杨、墨、名、法、纵横、阴阳诸家莫不造言设事以诬圣贤。汉儒习闻其说而不加察，遂以为其事固然，而载之传记。若《尚书大传》《韩诗外传》《史记》《戴记》《说苑》《新序》之属，率皆旁采卮言，真伪相淆。……虽以宋儒之精纯，而沿其说而不易者盖亦不少矣。至《外纪》《皇王大纪》《通鉴纲目前编》（原注：六字共一书名，与温公《通鉴》、朱子《纲目》无涉）等书出，益广搜杂家小说之说以见其博，而圣贤之诬遂万古不白矣！……若徒逞其博而不知所择，则虽尽读五车，遍阅四库，反不如孤陋寡闻者之尚无大失也。[②]

崔述的疑古辨伪成绩当然是无可非议的，但他以“六艺”为考信的准则，在他眼中，不仅先秦诸子“诬圣贤”，《史记》等书也“旁采卮言，真伪相淆”，而且《通鉴外纪》更使“圣贤之诬遂万古不白”，

① 郑樵：《通志·总序》，中华书局1987年版，第1页。

② 崔述：《考信录提要》卷上《释例》，顾颉刚编订：《崔东壁遗书》，上海古籍出版社1983年版，第3页。

这就有些亏人了。倘若圣贤之证真的已万古不白，那么崔述又何以能够“维护儒家经典的纯洁性”①，崔述甚至认为与其“不知所择”，还不如孤陋寡闻，这也是比较片面的看法。如果仅将此归咎于批评家的学养浅陋或知识偏见，是缺乏说服力的，或者说把问题简单化了，这其中起根本作用的还是批评家的学术宗旨。

学术宗旨是史学批评的理论出发点和立场所在，对于批评的价值取向和感情倾向具有直接影响。鲜明的学术宗旨是一柄双刃剑，它让批评者形成了明确的评论标准，但也会构成难以逾越的理论障碍——凡与其宗旨不合者，多在被弹射之列，而被批评者的合理性却被遮蔽了。对于这类极高明而又有破绽的史学批评，研究者当作何处理呢？首先应保持高度的警惕，不可随其批评陷入偏执。其次，既提炼其批评中蕴含的理论，又指出存在的问题，不因其高明而无视缺失，也不因其疏漏而一概摒弃。而面对相互矛盾、对立的批评时，研究者又须探究批评背后的宗旨，才能知其然进而知其所以然，并有所鉴别和判断。

消弭宗旨的批评既无可能，亦无必要。问题的关键在于，宗旨总是随着时代变迁和学术革新而变，其间有渐变、有剧变、有回归、有突破。研究者能否总结、洞悉、阐释这些变化，并对产生于特定时代和学术氛围中的史学批评作出准确和深刻的评论，这关乎能否对古代史学理论的演进做细致的考察，并指引当代的史学批评与学术发展。

（原载《江海学刊》2018 年第 3 期）

---

① 刘家和：《崔述与中国学术史研究·序》，人民出版社 1998 年版，第 2 页。

论历史批评

陈　新

在汉语中，“历史批评”一词有可能带有两种含义，其一是对我们通常所说的作为过去之事的“历史”进行批评和评论，如西汉贾谊的《过秦论》；其二是对种种“史学”原则的评说和论述，如刘知幾的《史通》、章学诚的《文史通义》。在英语中，“historical criticism”一词通常用在论及史学研究方法的文献中，它更多地涉及对史料的批判和对历史编纂法、史学认识、史学观念的批判。显然，在上述两种语境中，“历史批评”一词的使用存在着差异。它在汉语中的含义要更宽些，或者说更不精确，其原因就在于“历史/history”一词的使用在汉语中更为模棱两可。中国人习惯将“史”或者“历史”视为过去所发生的事，而在英语国家，人们使用“history”一词时，它所指的往往是人们对于过去发生的事所作的表述，套用现代汉语中“历史”的那种含义，它就更应译为“被叙述的过去”。

我们处在汉语的语境中，若论述“历史批评/historical criticism”这个主题，却不愿为这个主题加上“中国的”“西方的”或者“中国古代的”这样的定语，那就是在表明，我们希望在下文对“历史批评”进行一种一般的、普遍的说明。这意味着，我们必须弥平“历史批评”一词在汉语和英语中存在的差异。

这是可以做到的。因为它可以基于当前的这样一种认识，即历史学家具有怎样的历史认识（一些学者所称的构成历史Ⅱ的认识原则），就会构成怎样的“历史”（即过去之事，许多学者称之为历史本体，或者历史Ⅰ）。换句话说，“历史/history”的双重含义，即“过去之事”和“历史认识”可以融为一体，在这个意义上，历史认识之中蕴涵了一切与历史相关事物的本质特征。“过去之事”将被确定为某种“历史认识”表现的成果，它根本不可能是某种脱离历史认识的所谓“历史本体”。不过，“历史本体”作为一个理论预设，一个完美历史的理想，它却有必要存在，这不仅是因为它作为一种精神上的存在而实际存在着，而且，它的存在还是历史认识的前提，同时为“历史批评”提供了合法依据。当一位历史学家认为自己在历史认识中获得的“历史本体”更为真实时，他和其他历史学家不同的认识原则之间存在的差异，就生成了历史批评的温床。

我们下面讨论的历史批评将围绕四个问题展开，历史批评：批评什么？谁来批评？为什么批评？批评的标准如何确定？在对这些问题进行理论探讨之前，让我们看看现实中学者们讨论的历史批评（包括史学批评、史学评论）是处于一种怎样的认知结构中的。

一　现有“历史批评”讨论中的认知结构

在当前的历史写作中，人们通常可以归入历史批评、史学评论或者史学批评的文献有如下类型：

1. 对历史作品（及其主题）的批评：如书评、商榷文等；

2. 对史学家的批评：如史学史研究中对某位历史学家的评论或批判；

3. 对史学思潮的批评：如对某个史学流派、某种史学思潮的评论；

4. 对史学理论问题的批评：如对历史客观性等史学理论问题

的评论。①

作品、史家、思潮、理论，这是一个由具体而抽象的序列，它们构成了当前历史批评的对象系统，属于我们习惯上所称的认识客体，而认识主体自然是批评者。因此，我们可以将现有“历史批评”讨论的认知结构图示如图1。

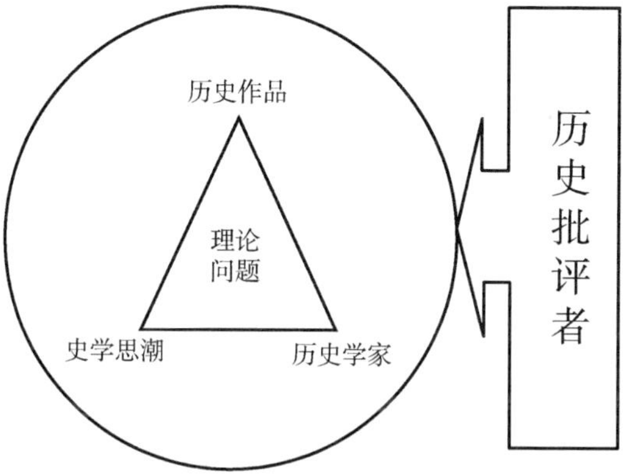

图1　现有“历史批评”讨论的认知结构图

在这个结构中，对象系统的四个要素是彼此关联和贯通的：例如，历史学家是某部历史作品的编纂者、某种史学思潮的体现者和某个理论问题的解释者。在理论问题上采取不同的态度往往是我们分辨历史作品、历史学家和史学思潮之特征的根据，因而，它可以安置在这个

① 此处的讨论，参考的文献有徐松巍《关于史学评论的几点思考》，《史学理论研究》1992年第4期；游翔《史学批评若干基本问题研究》，《湖北大学学报》1994年第6期；雷戈《史学批评学论纲》，《史学理论研究》1997年第3期；邓鸿光《论史学评论的标准》，《学习与探索》1999年第6期；张晓校《史学评论：史学研究中不应有的薄弱环节》，《北方论丛》1998年第2期；白云《史学批评与史学发展》，《学术论坛》2000年第2期；周祥森《1997年—1999年史学评论状况评析》，《史学月刊》2001年第2期；邓鸿光《对史学批评性质与作用的再思考》，《华中师范大学学报》2000年第4期；陈士军《史学评论散议》，《北方论丛》2006年第6期；郭超《史学评论的价值标准》，《河南师范大学学报》2007年第4期；李庆祥等《当代中国史学评论理论的研究述评》，《唐山师范学院学报》2008年第1期；瞿林东《谈中国古代的史论和史评》，《东岳论丛》2008年第4期；张越等《史学批评与史学发展》（笔谈六篇），《河南师范大学学报》2008年第6期。

对象系统的核心位置。总体而言，这是一个简单的二元结构，尽管在历史批评的对象系统中包含了四个要素，但它不会改变现有历史批评的讨论中体现出的整体认识结构基本的二元框架。

我们太习惯这种二元结构了。认为历史批评包含的是客体和主体的对立关系，这似乎更容易明确主体（历史批评者）的位置，从而令人感受到主体发挥其主观能动性，通过历史批评树立各式新标准的这一过程。因为有了这样一种认识，不少史学家呼吁，历史批评（或史学批评、史学评论）理应成为一门相对独立的历史学分支学科。

在当代的学科制度下，成为一门专业学科意味着可以有一批专业人士从事这一专门领域的研究；历史批评者和他的批评对象在上述认知结构中可以得到清晰认定，这自然为历史批评学科的确立提供了可能。可是，我们下文会证明，这个历史批评的二元结构多少有些简单化，而为历史批评争取一个专门学科的位置，其实矮化了历史批评在历史学实践乃至整个社会实践中的真正地位。让我们回到历史批评最根本的问题。

二　历史批评的核心问题

对历史批评做理论分析，所关注的问题不外乎以下几个：历史批评要“批评什么?”“谁来批评?”“为什么批评?”“批评的标准如何确定?”这些是历史批评的核心问题。

差异与认同无疑是回答这些历史批评核心问题的关键词。

差异是批评之母；批评为的是表达异见，或者说试图建构新的认同，这种认识不难获得。历史批评所要批评的与其说是作品、史家、思潮、理论，不如说是批评者不可接受的差异。也正是对差异的感知，使得一位普通读者上升为历史批评者。他/她力图将阅读过程中存在的自我与他者之间的冲突化解，并通过批评将这种化解的结果传播出去，期望在新的阅读群体中建构新的认同。

对于“谁来批评?”这个问题，理论上，任何人都有权利充当批评者，因为无论此人是否接受过专业历史学训练，他都会有自己的历史观。我们称之为外行的多数人可能会放弃对于历史的批评，那是因为他们对专业化的尊重和确信使得自己将批评的权利让渡给了他所认同的权威——历史学家和其他知识分子。

让我们在历史学的学科内部来考虑这个问题。对于“谁来批评?”我们可以换一个视角来思考。有没有不包含批评的历史文本?有没有不进行批评的历史学家?我们若是能够说明一切历史文本①之中都包含着历史批评，那就表明所有的历史学家都介入了历史批评。

我们在现有的学术资源中可以获得这种论证。20 世纪 50—70 年代，在西方有关历史叙事的研究中，对于是否存在不包含意义表达的叙事语句进行了深入的探讨，其结论是，类似于沃尔什提出的在叙事中区分平淡叙事与意蕴叙事的观点难以成立；即便是历史学家们进行最客观、最朴素的事实陈述，其中也不可避免地会带入历史学家的主观意识和价值判断；并且，史学理论家有充分的理由证明，那些只认为自己在建构事实的历史学家（如考据学家），实际上在表达历史的哲学意义方面要比他们自认为的做得更多。② 历史文本中意义的呈现与其表述者的主观性之间的关联，我们在此毋庸赘言。我们甚至可以说，意义和主观性某种程度上就是差异的另一种表现形式。那些我们认为是客观的历史事实，根本上就是在历史学家群体之间不再存在差异和争议，不再会产生批评，也不再能够成为意义和主观性之载体的东西。然而，我们最终获得了这样的客观事实吗?如果是的话，那么历史学研究也将随之终止。既然没有人可以确定某个历史学研究的主

---

① 书写文本之外，包括有关历史的谈话、授课等以声音的方式流传的文本。

② 相关论述可参照［英］沃尔什《历史哲学导论》，何兆武、张文杰译，北京大学出版社 2008 年版；W. H. Walsh，“Truth and Fact in History Reconsidered”，*History and Theory*，Vol. 16（1977），Beiheft，pp. 53 – 71。对该主题的综述性的分析可参见陈新《叙述主义历史哲学》，载《西方历史叙述学》，社会科学文献出版社 2005 年版。

题是无须叙述便能够确立的，那么，又有哪一个历史文本不是在叙述的同时进行论证，即用批评以往研究或观点的方式来澄清事实或建构事实的呢？

在对于具体问题的史学研究中，存在着大量的批评。例如，布罗代尔的《地中海与菲利浦二世的地中海世界》、雅克·勒高夫的《圣路易》等，哪一部历史作品会不包含作者对于相关历史主题研究的态度和立场呢？这种态度和立场的表达，是要证明作者正在为该主题的研究带来新的内涵；标新立异定是在批评的基础上完成的，尽管某些作品中可能并不将所破之“旧”、所弃之“同”呈现在批评的文本中，但我们也不难分析出历史学家的写作是以批评作为其前提的。

柯林伍德曾经对历史批评做过较为细致的分析，他的一个结论是：“史学批评家和历史学家两个词是同义词。”① 历史批评家必定有能力分辨良史和莠史，对于不断提出新的历史解释的历史学家而言，也是如此。他们提出新的历史解释，一定是认为自己正在提出的这种解释比原有的解释更好，这之中蕴涵的批评原则，与史学批评家具有的原则毫无二致。

每一位历史学家在进行研究和写作时都在实践历史批评的职责，由此推论，历史学研究的目的也自然而然成为了历史批评的目的。柯林伍德赋予历史学以认识人类自己这样一个宏伟的目的，虽然我们不必将它直接嫁接在“为什么要历史批评？”的回答之中，但历史批评的存在，却是以追求更完美的历史认识作为自己的目标。

留下来的问题是，“什么样的历史认识是更完美的历史认识？”或者将这个问题上升为“什么样的历史批评能够实现人类对自我的认识？”这些问题回答的同时将是“历史批评的标准是什么？”在柯林伍德的讨论中，问题乃是“何谓良史？何谓莠史？”

有关历史批评的标准的问题是历史批评过程中的核心问题。因为

---

① R. G. Collingwood, *The Idea of History*, Oxford: Oxford University Press, 1993, p. 342.

假定 A 标准是历史批评的标准，那么历史批评就是把握了 A 标准的历史学家为了使历史学研究满足 A 标准而对于未满足 A 标准的批评对象进行的批评。良史正是具有历史学本质特征的东西，也就是我们在此所说的 A 标准。这样，历史批评的核心问题与历史学理论的核心问题就合为一体了。

在本文中，我们不需要再回答历史批评的标准到底有哪些，因为过往有关史学理论的所有研究，都可以说是在探讨或阐述历史批评的标准。例如：托波尔斯基在《历史叙述的真实性及条件》中认为，历史叙事中存在一个纵向结构：历史叙事表面的清晰事实层 A、与事实层 A 相关联并能够得到叙事文本之外的证据支持的事实层 B、作为深层的理论层。托波尔斯基的结论是：一个历史叙事的真实性总体上取决于其理论层次的真实性。虽然事实层陈述的真实性也很重要，但是，如果我们将自己限制在事实层内，我们至多就单独使用的单个陈述的真实性得出一种统计性结论，而不能得出结论说一个作为整体的特定叙事是真实的。[①] 如果历史批评者持有托波尔斯基的观点，他就会以这样一种历史真实的观念去充当历史批评实践中的准则，不满足于历史批评对象表面上的事实陈述，而要更努力去判断它深层的理论建构是否能够支撑起历史叙事整体上的真实，即一种史观的真实。

托波尔斯基指出："并不是每一个历史学家都明确地提出一种确定的普遍理论，但每一个历史学家，即使他声称要简洁地表述而不承担评价的责任，他都涉及一种确定的有关人与世界的看法。"[②] 这种观点也曾经在海登·怀特于 1973 年发表的《元史学：十九世纪欧洲的历史想象》中得到证明。它与历史批评的标准之间存在的关联就是：既然每一位历史学家都有着自己对于人与世界的看法，由此奠定自己的

① Jerzy Topolski, "Conditions of Truth of Historical Narratives", *History and Theory*, Vol. 20, No. 1 (Feb., 1981), pp. 47 - 60.

② Jerzy Topolski, "Conditions of Truth of Historical Narratives", *History and Theory*, Vol. 20, No. 1 (Feb., 1981), pp. 47 - 60.

理论或历史认识原则的根基，那么，个体的自我中心主义就将使得历史批评的标准堕入相对主义的深渊。恰恰是在理论和认识上存在的相对主义，我们不可能对历史批评的标准做出精确的规定，不过，这并不意味着我们面对多重标准会茫然不知所措；每一位历史学家，都会根据自己的主观倾向在其中做出自己确定的选择，从而逃出相对主义的困境。

在实际的历史研究中，历史批评会遇到如下问题：（1）谁有权利进行批评？（2）谁有资格进行批评？

对于一位从未经过专业历史学训练，甚至是目不识丁的人，如果要去批评先秦史研究，我们可能会认为他有权批评，因为谁都有胡说八道的权利，而先秦史家也有忽视他的批评的权利；我们往往不会认为他有资格批评，因为这种资格事实上会是先秦史家们共同约定的“家法”，或者史学研究的基本规范。“家法”和规范就共同构成了这类批评的起步标准。可是，如果此人的言论是“先秦史研究离现实生活太遥远，毫无用处”，我们可就无法将他视为没有资格进行批评的人了，因为此时，资格的内涵却是：我们进行的实践活动应该有利于现实。或许我们认为此人的认识浅薄，但他正是以自己在生活中的实践效果来充当批评的标准。面对这样的批评，历史学家需要提出反批评，而不是保持高高在上的姿态加以回避，更不能以一种讥讽的口气说一句“历史研究确实无用”，背后再加一句“无用乃为大用”。我们可以否认此人的批评是一种“历史批评”，毕竟什么是“历史的”这个问题，是需要在历史学实践中给予规范的。

事实上，历史批评的标准从来都是我们心中不断生成和变化着的那个有关历史学的理想。作为历史批评对象的那些已经完成的历史作品、已经表述的史家思想、已经流行的史学思潮、已经给出的理论回答，它们都是历史学实践的产物。实践与理想的差异，恰恰是促成历史批评、推动历史研究的根本动力。至于这个理想具体是什么，那与回答何谓良史、何谓莠史的本质仍然是同一的。

三　历史批评等同于历史研究

我们如果仿照托波尔斯基的做法，简单地将历史研究分为事实研究和理论研究，那么，考据学家、历史文献学家，以及针对特定历史现象和事实进行研究的历史学家，他们就在事实的层面实践着历史批评的职责；而对于一切历史文本中涉及的理论问题，则有史学理论与史学史家实践批评的职责。历史批评的核心问题所涉及的批评对象、批评者、批评目的、批评标准，也正对应了历史研究中的研究对象、研究者、研究目的和研究准则。因此，我们认为历史批评完全等同于历史研究。我们不需要再有一个专门学科来完成历史批评的工作，致力于将历史批评或史学批评、史学评论培养成历史学科中的一个分支学科，这完全没有必要，因为历史批评已经融入整个历史研究之中，成为它的灵魂。不过，历史学家们却有必要在历史研究中对历史批评有着充分的自觉，它是作为理性思维支撑的学科所必需的，在此意义上，批评与反思又有着共同的内涵。

面对前文图示的那个历史批评的二元结构，它的重要缺陷就在于以一种静态的方式截取了历史批评过程中的一个断面，这好比飞矢不动的悖论。在实践着的历史学研究中，我们看到，无论是事实层面的批评还是理论层面的批评，历史批评都在实践它的标准。如果这种标准同时是历史认识的原则，那么历史研究的具体实践同时也是历史认识原则进行调整和修正的依据，若非如此，我们就需要证明历史认识的原则乃是取自历史研究之外了。这是一项不可能完成的任务。

不可否认，历史批评的过程同时也是历史认识的过程。历史批评者事实上无力承担历史终结者的任务，这就意味着，历史批评者无法将自己置身于被批评者之外。被批评不仅包括被其他历史学家批评，也包括自我的批评。历史批评者在依据理想的标准进行批评之时，也在建构历史，同时促成新的历史批评对象系统的产生。如果说历史学科中的知识生产是在历史批评中实现的，这并不为过。在整个历史研究或历史批评系统中，对于史学理论或者历史批评标准的任何讨论，都不可能脱离它要批评的对象，而这个对象的存在有其历史性①，所以我们可以认为，在当前学科体制下作为历史学二级学科的史学理论与史学史，乃是历史批评的典范，它更容易将历史批评的内容（事实）与形式（理论）彰显于外。

抛弃前述历史批评的二元认知结构，我们可以用另一个历史研究或历史批评共有的结构来替代它。图示如下：

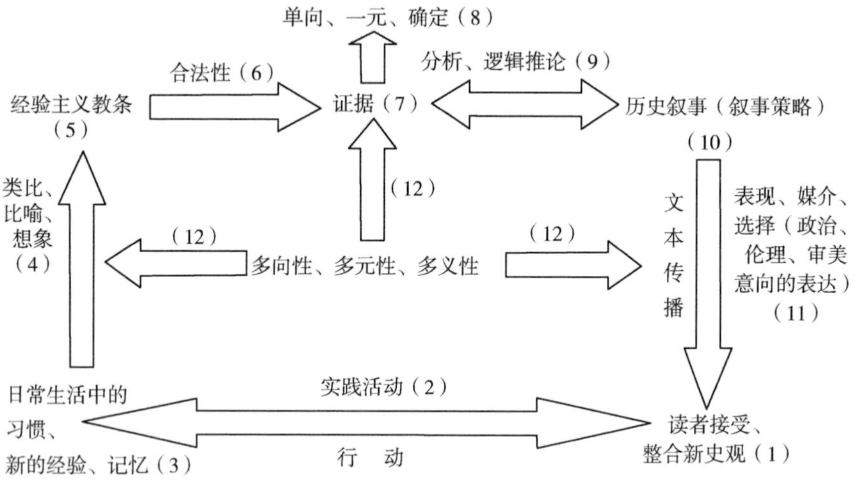

图 2　历史认识形成过程结构图

在这幅历史认识形成过程的结构图中，我们描绘的是整个历史研究的认知结构，它是一个历史认识生成的动态循环。其中的每一个环节、每一个要素都处在历史学家进行的历史认识过程中，因而不会呈现那种认识客体（对象）与认识主体的二元对立。

在这个历史认识过程中，每一个环节都可能激发起历史批评。由

① 例如在讨论历史真实性的问题时，我们不可能抽象地谈论它。我们唯有论及修昔底德如何表述历史真实、伏尔泰如何看待历史真实、沃尔什如何批评某些具体史家持有的符合论真理观等，才可能进行言说。

于历史学家自身也处在这个历史认识的循环之中，他/她进行的历史批评便不过是促成其历史认识进展的一个事件。

传统的历史认识结构是一个比较粗糙也不够健全的结构。在其中，历史学家的注意力集中在对于从证据到历史叙述这个过程的分析，例如史料搜集与考证的原则、历史分析和解释的方法、历史编纂的规范；至多在论及历史学研究作为整体对于社会的效用时，还会讨论史家的素养与历史学社会功能的实现方式。因此，我们看到许多历史学家在谈论历史批评的标准时，所谓的事实标准、学术标准、价值标准、社会标准等，都暗含着历史批评者掌握了这样的标准。可我们无法断定有哪位历史批评者是持有这种标准的，我们知道的只是他持有他个人认可的事实标准、学术标准、价值标准、社会标准等。

在历史认识生成和变迁的动态循环中，对于个体认识者而言，循环是从读者开始的。历史学家（或历史批评者）首先曾是一位读者和接受者（1），他/她根据自己接受的史观在社会生活中开始自己的实践（2），形成习惯、获得经验、保留记忆（3）；然后从这些杂多的习惯、经验和记忆中，通过类比、比喻和想象（4），形成自己的经验主义教条（5）；史料之所以能够成为证据，其合法性依据便是这种经验主义教条（6）；一旦史料成了证据，这意味着它就与某个历史研究的主题关联在了一起（7），这种史料原来具有的多样解释的可能性就在这种关联中被确定化了，成了一元的和被确定了的（8）；在证据确定的前提之下，历史学家依据理性和逻辑的原则进行历史分析（9），编纂构成叙事，同时会采取各种叙事策略和表现方式（10），向他/她的理想读者表达自己的政治、伦理和审美的意向（11）；而读者却是以自己原有的史观为理解的前提，来接受新的历史文本，从而构成自己新的历史认识、新的历史观（1）。在这个循环中，有三个环节具有多向性、多元性和多义性（12）的认识可能，认识者经过选择，将多种可能性中的一种现实化来完成这个认识过程，同时也通过这种选择来克服多向性、多元性和多义性带来的相对主义。

这幅结构图只是笔者对历史认识形成过程的理解，它不可能是一个完美形态，需要面对他者和自我的批评。通过这幅结构图，笔者只是希望读者大致可以知晓每一位历史学家在自我的历史认识生成过程中会遇到哪些环节。很明显，其中的每一个环节所涉及的内容及其理解和解释，在不同的读者或历史学家之间，甚至在同一位历史学家的不同阶段，都可能存在差异，这也就为历史批评敞开了无限的可能。

反思与批评从来都是促成历史学研究继续的动力，历史学家们若是在自己的史学实践的每一个步骤和环节中，都时刻怀着反思和批评的意识，那么，历史批评在历史研究之中就不只是历史研究的某个组成部分，而是历史研究的全部了。

（原载《江海学刊》2009 年第 4 期）

抗日战争研究

日本对华侵略与所谓“支那国民性研究”

王向远

一　对中国人的歧视与偏见

关于“国民性”或“民族性”的研究，是明治维新以后日本学术界在西方学术的影响下兴起的一个学术研究领域，当时研究日本人的国民性的著作较多，如三宅雪岭的《真善美日本人》和《假恶丑日本人》（1891）、芳贺矢一的《国民性十论》（1909）、野田义夫的《日本国民性的研究》（1914）等；同时也有人热衷于研究外国的国民性或民族性，特别是在当时日本意欲侵华的背景下，研究所谓“支那[①]国民性”“支那民族性”几乎成为一种时尚和潮流，出现了大批文章与著作。

这其中有三种基本情况。

第一种情况是，对中国国民性的研究基本是学术性的客观的研究，其中虽然含有偏见和不当，但也不乏一些有参考价值的见解，如著名中国历史研究专家白鸟库吉在1908年发表的《关于清韩人的国民性》一文中，通过对史料的概括和提炼，总结了中国的五条国民性特征。

---

① 当时日本人认为中国具有“中心之国”之意，而拒绝使用“中国”这一概念，而是将中国称为“支那”，含有蔑视、贬低之意。

认为中国人是“民主的”而不是“贵族的和阶级的”，是保守的而不是进步的，是和平的而不是侵略的，是实际的而不是空想的，是自尊的、唯我独尊主义的。虽然白鸟库吉在他的《支那古代史批判》中对中国文化给予严厉批判，在许多文章中也鼓吹侵华，但这篇阐述中国国民性的文章基本还算是学术性的。又如川合贞吉在《支那的民族性与社会》（1937）一书中，对中国民族、社会和历史做了较认真的考察，他认识到了“支那民族性的复杂性”，并试图寻求内在的答案，具有一定的学术价值。此外渡边秀方的《支那国民性论》虽然对中国及中国人没有什么好感，但对中国国民性中的正面负面、优点缺点的认识基本上还是客观的。

第二种情况是，有的研究者虽力图体现其学术性，但由于受蔑视中国的军国主义思想影响，在“支那国民性”研究中想方设法地贬低中国，有意无意地放大中国国民性中的负面。如安冈秀夫的《从小说所见支那国民性》[①] 一书，从中国古典小说如《金瓶梅》《水浒传》《聊斋志异》等作品的人物描写中来发现和归纳“支那国民性”，这也还算是学术研究的一种途径。但作者却专从中国小说中发掘那些能够反映中国人负面、缺点乃至丑陋一面的例子。我们只要看一看该书的目录就清楚了。该书共有十篇，除第一篇是“总说”外，以下各篇标题依次为：“过度重视体面仪容”，“安于命运，遇事容易丧气断念”，“有耐性，善于忍耐”，“缺乏同情心，富于残忍性”，“个人主义、事大主义”，“过度的节俭和不正当的金钱欲”，“拘泥于虚礼，流于虚文”，“迷信很重”，“耽于享乐，淫风炽盛”。光看这些标题，就完全可以看出安冈秀夫眼中的“支那国民性”实在是糟糕，九条中只有“有耐性、善于忍耐”勉强不算是缺点，其他不是野蛮愚昧，就是虚伪好色，中国人在他的笔下显然是丑陋的。

还有的人热衷研究中国人中的野蛮习俗，如著名中国问题和中国

① ［日］安冈秀夫：《从小说所见支那国民性》，聚芳阁1926年版。

历史研究专家桑原骘藏写了《支那人发辫的历史》（1913）、《支那人的吃人肉风习》（1919）、《支那人的文弱与保守》（1917）、《支那人的妥协性和猜忌心》（1921）、《支那的宦官》（1924）等一系列文章。其中在《支那人的吃人肉风习》一文中，列举历代文献中的有关资料，说明中国人“从上古时代就有吃人肉的风习”，还“决不是稀有偶然的事件，在历代的正史中，随处都有记载”，并提醒日本“为了很好地领会支那人，一定要从表里两面进行观察”，不能光看到他们的诗文中表现出的优点，还要看到相反的一面，云云。

二 丑陋的中国人的描画

第三种情况，就是赤裸裸地为日本侵华张目、寻求理论根据的所谓“支那国民性”“支那民族性”的“研究”。这类书大都出笼于20世纪30—40年代，较为典型的有原惣兵卫的《支那民族性的解剖》、加藤虎之亮的《支那的民族性》、山崎百治的《这就是支那——对支那民族性的科学的解析》、大谷孝次郎的《支那国民性与经济精神》等。

原惣兵卫的《支那民族性的解剖》[①] 发表于1932年，即在伪满洲国刚刚成立时出版的。作者在序言中称：“汉民族是满洲国三千万民众的一大部分，他们究竟是些什么东西，当此紧要关头，对于这一问题加以说明，我相信决不是一件无意义的事情。”说他写此书的目的就是要“能够为关心对支问题的人提供一点参考”。实际上此书绝不是严肃的学术研究所得，而是为侵华服务的应时之作。全书充满了对中国人的厌恶之情，作者首先指出日本人所谓的支那与日本“同文同种”论，是“错误的对支观念”。在他看来，日本人与支那人既不同文，也不同种，因此也就没有“亲善”的基础，“不研究支那人的民族性而与之讲什么亲善，就像和手里拿着针的人握手一样，是自讨苦

① 该书的中文译本见《三只眼睛看中国——日本人的评说》，中国社会出版社1997年版。

吃”。接着，他分章全面地论述了他眼里的“支那民族性”。只要看看各章节的标题就知道他要说什么了，如“天命观”“没法子”“服大性”“利己主义”“侥幸心理”“和平主义”“非科学性”“法律意识的缺乏”“残虐性”“猜疑性”“变态心理”“国家观念的缺乏”“形式主义”“保守性”“面子”“排外性”等。他还无视中国人的“排日”、抗日是日本侵华的必然结果的史实，却说中国人排日是由于“服大”的心理所致。在他看来，日本侵略中国不是中国人“排日”的原因，原因是在中国人眼里日本还不够“大”，而办法只有日本对中国显得更强更“大”，中国才能“服”，排日自然停止。作者在谈到中国人的“和平主义”时，认为“支那民族在本质上是爱好和平的，他们的自然的生活只要有保障，就不会过问谁来统治”，然而他却在另一章中大谈中国人的“残虐性”，举出的例子有：中国人从小愿意看宰杀家畜，爱看杀人的场面，刑场上往往围满了观众；说中国人对日本兵的杀戮如何惨不忍睹，说“饥食倭奴肉，渴饮倭奴血”的诗句，就隐藏着中国人的残虐性。然而读者不禁要问：中国人既“爱好和平”，为什么又要杀人？为什么对日本兵实施所谓“残虐”？原惣兵卫不从日本侵华这一本质角度看问题，却用他心目中的所谓“支那民族性”强作解释。他说中国人“爱好和平”，是为了要说中国人懦弱，不喜欢打仗，没有国家观念，谁来统治都无所谓，日本人来统治当然也无所谓；又说中国人“残虐”，是为了说明日本军人在中国被杀，是出于中国人“对残虐本身抱着一种快感的”的“动物性”，却不提日本军人如何在中国烧杀抢掠，又如何引起中国人的必然反抗。这样的“支那民族性”的“解剖”，实际上已经与“支那民族性”的“解剖”没有多大关系了，他拿出来“解剖”的，不过是他那军国日本的强盗心理罢了。

加藤虎之亮在他的《支那的民族性》[①] 一书的序言中则明确说明，

① 加藤虎之亮：『支那の民族性』、（東京）国民精神文化研究会、1937 年版。

之所以研究“支那民族性”，目的就在于服务日本侵华的现实。他写道：“如今皇军勇猛果敢地活跃于陆海空中，对傲慢不讲信义的支那给以膺惩。此次事变的原因，就在于南京政府为了营一己之私，以巧妙的手段投合支那的民族性，使十年来培养起来的侮日、排日、抗日结出恶果。支那的国民性究竟是怎样的？……正如‘知彼知己，百战不殆’是兵法秘诀一样，彼我之间互相了解，是互相敬爱和亲的要谛。所以我相信现在我们来思考支那的国民性，并不是徒劳无益的事情。”他接着声称：“自己对蒋政权的不法非道的行为所怀有的敌忾心，并不在别人之下，但又恐怕出于义愤而〔对支那民族性〕过于贬斥，故努力平心静气，慎阿谀，戒迁怒，尽力把支那民族性正确地传达给青年诸君。”通观全书，不难看出加藤虎之亮在这里玩的不过是“此地无银”的把戏，是为自己的“支那民族性”论披上客观的外衣罢了。全书所论述的“支那民族性”，包括“自尊排他”“乐生怕死”“缺乏国家观念”“尊文卑武”“兴奋性”等，无不渗透了对中国人的偏见。

例如，关于“缺乏国家观念”，这是日本研究中国民族性问题的通行看法。加藤虎之亮认为“支那人是利己的”。他说在中国，统治阶级和下层民众的关系很淡薄，作为国家组织的朝廷，实际是君主和群臣百官结为一体，休戚与共，而他们的“国家”却与下层的民众没有关系。“就好比海水，君与臣是表面的波澜，虽然波浪起伏，但底层却是什么动静也没有。这就是‘民’，这就是支那的历史，也是现在支那人的思想。此点与皇国〔日本〕实在是天壤之别，因此需要极大的注意。”他还将中国与日本做了进一步对比，说：“皇国的臣与民没有差别，一生下来就是臣也就是民，在朝廷做官是臣，在野就是民这样的差别更是没有。臣就是民，民就是臣，这就是我们的国体。而支那却不同，臣与民有着截然的区别。我国是一君万民，他们是二君一民。民从来都是固定不变的，而君临他们的君是谁，都没有关系，民众只需要安稳的生活。”加藤的这些结论显然是皮相之见。他把日本天皇“万世一系”“一君万民”的固定不变看成是“国家观念”的体现，而不知中国的民众为了改朝换代的起义与革命，更是一种“国家观念”，日本人有日本人的“国家观念”，中国人有中国人的“国家观念”。在该书的“自尊排他”一章中，加藤又说：“汉族在黄河流域立国的时候，四周的诸民族在文化上远远劣于它，于是汉族就生起了非常的优越感，自称中华、中国、华夏，把四方的民族称为东夷、西戎、南蛮、北狄，呼为夷狄禽兽。所谓‘中’，是指位于世界的中央，考虑到适合诸蛮来朝贡；所谓‘华’，就是文华的意思，就是自负其文化卓绝于世界；所谓‘夏’，可以训为‘大’，解释为国土广大……就是大国、强国，以文化优越自任的名称。”加藤的这些说法没错，但却暴露了他在逻辑上的先后矛盾，因为这些恰恰可以反过来证明，中国人是不“缺乏国家观念”的。加藤极力强调中国人“缺乏国家观念”这一命题，无非是为了用这一命题来解释当时的现实。以当时中国人的所谓“侮日、排日、抗日”，当然无法说明这是中国人“缺乏国家观念”的表现，但加藤却极力把这个归结为中国政府的煽动。在他看来，中国民众的抗日并非自发自觉的抗日，而是因为中国政府“将侮日、排日作为国策的基调”，是政府“实行抗日政策”的结果。而举出“自尊排他”，又是为了说明“自尊心伴随着卑他心，特别来源于他们在历史上与其他民族的竞争，阻止北方戎狄的南进，而自己却自由进出南方沃野。这种竞争的结果，不单单是自尊卑他，更是排外之心膨胀。由此可以看出，国家观念缺乏的他们，民族的结合心却很强。允许外国人设租界，是不屑与禽兽般的外国人共同生活，而把他们圈在一定的区域中栖息，这可以说是他们的主要意思”。然而谁都知道“租界”是外国列强入侵中国的一种方式，加藤对租界的设立作如此解释，不是无知便是偏见。重要的是，这些看法又与他所提出的中国人“缺乏国家观念”自相矛盾——面对外国势力的侵入，“自尊排他”岂不是“国家观念”的一种表现吗？所谓“民族的结合心”，难道不是“国家观念”的基础吗？加藤在这里之所以表现出这样的矛盾和混乱，都是因为他要说明：中国人的“排日”和“抗日”是由“民族性”所决定的，“支那民族性”中天生地就“排外”，因而“排日”“抗日”不是日本侵略的结果，而是由“支那民族性”所决定、所造成的！

加藤虎之亮的《支那的民族性》以客观公正自诩，而山崎百治在《这就是支那——对支那民族性的科学的解析》① 一书中又进一步打出了“科学”的幌子。实际上，此书却充满了对中国人的歧视、敌视与偏见，可以说是山崎百治所描绘的“丑陋的支那人”之大全。作为一个研究农业科学的农学博士，山崎百治在《这就是支那》的写作上，别具一格地采用了自然科学著作的那种形式，即每一章先分条罗列能够体现有关“支那人”某方面“民族性”的“事例”，然后是“摘要·考察·概括”，并在其中做出自己的结论。全书分两编，第一编是《现实中的支那民族性》，第二编是《支那民族性的史的考察》，共分十六章，从现实而及历史，罗列出了他眼中的“支那民族性”的方方面面，亦即“支那人”的丑恶形象。包括“现实·现世·实利主义·商人根性”；“诡辩·谎言·强辩·矛盾·婉曲”的语言方式；“掠夺·盗窃·抢劫·走私进口·欺骗·共产”的行为习惯；“伪和·伪造·模造”的以假乱真的才能；人人都想做“官宪·官僚·统治阶级”的官本位思想；“兵·兵匪·军阀”横行、兵与匪不分的黑暗现状；善于鼓吹和“宣传”，言论与实践、形式与实际相分离的言行不一；对与自我无关的事物概不顾及的冷漠；追求性欲刺激的、常常处于饥渴状态的强烈性欲；鸦片泛滥、吸烟成瘾、赌博成风、吃喝玩乐成风；为了生存与享乐而不择手段的忍耐与执着；没有国家观念、只有帮派意识的拉帮结伙；只顾眼前利害得失的鼠目寸光的“机会主义”等，在十六章中用了十五章历数“支那民族性”的恶劣。山崎百治认为，要改正中国人的这些民族性，除了由日本人“来领导他们以

① 山崎百治：『これが支那だ——支那民族性の科学的解析』、（大阪）栗田書店、1941 年版。

外，别无办法”。在“总结”中，山崎百治称：“没有绝对的善人，也没有绝对的恶人。活着的人总有善恶两面，不过是善的素质多的被称为‘善人’，恶的素质多的被称为‘恶人’罢了。”或许他自己也觉得把“支那民族性”说得一无是处，有损于他的“科学的解析”之“科学”，所以他把上述的“支那民族性”分为“支那恶”和“支那善”两类。其中，“支那恶”共占十五条，“支那善”只占七条，而且在这七条中，有些“善”在山崎笔下实际上已经不是“善”如“宣传”“直观”“中华思想”之类，他本来已基本上做了否定。看来所谓“支那善”，不过是山崎标榜“科学解析”“支那恶”的几条陪衬罢了。

山崎百治对“支那国民性”的所谓“科学的解析”，在今天几乎没有再予以“解析”的价值，因为全书基本上是道听途说加恶语中伤。作者抱着对中国人民的偏见乃至敌意，露骨地丑化中国及中国人，简直把中国及中国人描绘成了堕落的泥潭和罪恶的渊薮。他有意识地将旧中国社会中的丑恶现象加以集中放大，进而将人类社会——也包括日本社会——中普遍存在的负面文化说成是“支那人”特有的“民族性”。例如，“实利主义、商人根性”，稍懂日本历史文化的人，都可以轻而易举地从日本的历史文献乃至现实中，找出大量的事例；“掠夺、盗窃、欺诈、兵匪、军阀”等在日本历代横行的例子更是举不胜举，荒淫无耻的“性欲”在日本从古到今的所谓“好色”文学中更是俯拾皆是。山崎如此“解析”“支那民族性”，不但使他丧失了一个常人应有的理性，也丧失了作为一个“博士”的起码文德和良知。究其根源，则显然出于他对坚持抗日的中国人民的仇视心理，于是就以所谓“国民性解析”的方式在日本读者中煽动反华和侵华的狂热。他还在该书“结语”中，把“抗日”的中国人民说成“支那恶”的代表，把投降的汉奸说成是“支那善”的化身，把侵入中国的日本军队说成是“日本善”。

在该书的“后记”中，山崎又说：

> 现在的支那事变，是日本民族对于支那民族的直接的报恩的行动。
>
> 一，“日本善”彻底打倒“支那恶”的元凶、巨魁，把被统治者从数千年的涂炭之苦中解救出来。
>
> 二，以“日本善”，援助远见卓识之士，使其发挥“支那善”。
>
> 三，让支那民族实现数千年来憧憬的孔〔子〕、孟〔子〕、老〔子〕的愿望。
>
> 自有史以来，如此大规模的国际的报恩行动绝对没有。我把它叫做“圣战”，意味就在这里。①

山崎百治的这些画龙点睛的“点题”之语，明确地说明了他的“支那民族性”的“解析”及他罗列、凸显所谓“支那恶”的最终目的，是为了以“日本善”来打倒“支那恶”，为了服务于对中国的所谓“圣战”，为此，他把“科学的解析”变成了所谓“文武两战”中的“文战”，亦即文化侵略的工具，并且还无耻地把日本的侵华称为对中国的“报恩”行动。由此，强盗加无赖的丑恶嘴脸跃然纸上。

三　直接为侵华战争服务的“支那国民性研究”

将所谓“支那国民性”研究与侵略中国密切结合起来的典型案例，是大谷孝太郎的《支那国民性与经济精神》② 一书。大谷孝太郎曾在东亚同文书院做过教授，也是一个专门“研究”中国问题的教授，此前著有《现代支那人精神构造研究》《最近支那经济要论》等书。经济学的背景使他的“支那国民性”研究与现实问题、与日本侵

---

①　山崎百治：『これが支那だ——支那民族性の科学的解析』、(大阪）粟田書店、1941 年版、476 页。

②　大谷孝太郎：『支那国民性と经济精神』、(東京）严松堂書店、1943 年版。

华的需要更加贴近。该书由绪论“支那国民性的实体性”和前后两编构成。前编是“支那人的性格与世界观”，后编是“支那人经济生活及其经济精神”。其中“前编”观点较为集中，因篇幅所限，这里只分析其前编。

大谷孝太郎认为：“典型的支那人的精神是群的保身的散文的构造。构造形式是散文的，基本的内容是群的保身。”在这里他用了“散文的”“群的保身”两个概念。他解释说：“支那人的生活的根本形式是散文的。支那人从来不试图把人生世界整体地统一起来，不把人生世界的各个部分结合起来达到全体的统一。……支那人的世界复杂而散乱，各个部分可以发出美妙的音乐，而整体却没有和谐的旋律。这就是我用‘散文的’这个词来比喻的原因。从支那人根本生活形式的散文性中，可以看出尊大、虚无、无自信和过分自信，冷漠和激情，安分、合理、矛盾、乐天等诸种属性。”什么是“群的保身”？大谷孝太郎说：“在这散文式的状态中，支那人最为追求的是群的保身。支那人的生活是以群的保身为基础发出旋律并运转着的。”“支那人最追求的是群的保身，是在群体中安居乐业，是把安居乐业置于群之中，而不是为了安居乐业而群。群居、经济与生命维持是浑然的复合。”他还将“支那国民性”与日本做了比较，说：“我们日本人生活在对国体的信仰中，具有自信力，具有感动的精神的生产力，带有英雄的狂醉的要素，缺乏安分性，虽有点沉不住气，但决不歇斯底里；具有人性而不残忍，也有因不太矛盾的矛盾而发生的烦恼，比较起来〔与支那人〕颇有不同。”大谷孝太郎认为，这种“支那国民性”在“支那事变”（即七七事变）的发端时期和经过时期都有表现。

关于“支那国民性”在“支那事变”发端期的表现，大谷孝太郎归纳为六条。第一，“支那人本来就有民族结合的基础，加上近来炽烈的民族意识的爆发，其民族意识是激情式的，所以民族运动也从内部建设而转向对外”，使“准备并不充分的民族主义者和与之同床异梦的共产党人一起，驱使族人走向对日战争”；第二，“由于支那人自身并不能产生民族自信力，所以一旦从外部获得了自信，就具有了超过其实力的极端的自信，因此，依靠时代思潮和列国对支那的媚态而获得自信力，自己不顾自身的实力而自信力膨胀，热衷于对外反拨，疯狂抗日侮日，反反复复，终于酿成了事变”；第三，“支那人一旦遇上强大对手……出于憎恶而发生歇斯底里症，破罐子破摔，甚至不惜‘饮鸩解渴’，敢于‘吃了砒霜毒死老虎’”；第四，“支那人长于局部富有合理性的算计，但过犹不及，却导致非合理的、捡了芝麻丢了西瓜的后果，从全局看采取的是歇斯底里发作时的行动”；第五，“支那人只注意局部的合理性却堕入非合理性，从而陷于矛盾境地，越陷越深，终于成为不可自拔的喜剧人物”；第六，“支那人是一种无感动的合理主义者，缺乏英雄狂醉的要素，因而支那人中难以出现真正的英雄。蒋介石被封为‘民族英雄’，但他没有创造精神，不是个真正的英雄，如上所说，毋宁说他是蹩脚的喜剧演员”。

关于“事变经过中表现出的支那人的世界观”及“支那国民性”的表现，大谷又归纳了十二条，他断言中国人民的顽强抗日是出于一种“歇斯底里”的心理，认为“支那人性极尊大……稍有得意的事情便得意洋洋，是矛盾的乐天派，因而，即使一朝被攻下了一城，一夕被拔掉了一堡，节节败退，一般也没有失败感。失败时也以善战相安慰，无论遭遇多大的倒霉事也不气馁，看上去就是高高兴兴地失败”。在他看来，中国人都是些妄自尊大、顾此失彼、歇斯底里、性格矛盾、自暴自弃的人，而这些“支那国民性”对于“日、满、支新秩序”或“大东亚新秩序”的建设是“一个制约因素”，是一个“障碍”。所以他建议日本应该想方设法地完成“现代支那人性格的超克”。可见，大谷孝太郎是站在侵略者立场上对中国人民抗战、对所谓“支那国民性”加以观察和总结的，他所指出的中国人民在抗日战争中焕发的强烈的民族意识、不妥协的战斗精神、对最后胜利的乐观信念等，都是不得不正视的事实，但他以一个侵略者的角度和眼光，对这些事实做了歪曲的、荒唐的解释，断言这是中国人尊大、非理性、自暴自弃、盲目乐观的“国民性”的表现。大谷孝太郎把中国人的国民精神看成是“群的保身的、散文的构造”，试图以此来解释抗战期间中国人民的抗战行为，但他最终也不会理解、当然也不能解释为什么作为“群的保身”的中国人，那么希望“安居乐业”的中国人，面对日本的侵略又会奋不顾身，有着“与汝偕亡”“吃了砒霜毒死老虎”的斗志，和日本进行所谓殊死的“彻底战”!？大谷只能把这些他不能理解的东西，归结为“散文的构造”，即认为中国人的性格不具备所谓“性格性”，即矛盾、混乱、不统一、非理性、歇斯底里等。满脑子日本军国主义侵略思想的大谷孝次郎面对中国人民的决死抗战，在惊诧、困惑之中，只能做出如此皮相、荒谬的解释，这并不奇怪。

大谷进一步运用他的这种“支那国民性理论”来解释侵华——抗日战争。在该书的第三章《在大陆上的彻底战》中，他惊诧于中国人民抗战的英勇卓绝，写道：“我国军人在谈到自己体验的时候，认为在我们的敌人中，支那兵最强，苏联兵次之，英国兵再次，澳洲兵又次，最后是印度兵，这是值得三思的。”大谷把战争分为“不彻底战”和“彻底战”两种类型，而把中日这场战争称为“彻底战”，并把“彻底战”作为“蒋共支那在支那大陆和日本展开的一种特异的战争类型”，认为此种“彻底战”是“发自于支那人的世界观，支那人独特的世界观才是‘彻底战’的基础”，即“尊大”的心理和“信义”观念。为了自尊，为了信义，生命财产在所不惜；对不讲“信义”者，“支那人”厌恶至极，一旦对手逼上来，就会“歇斯底里、破罐子破摔的症状大发作”，鉴于这种国民性格，“支那人突入对日战争，以非人性的、物性的‘彻底战’应敌，是完全不可避免的”。面对这种“彻底战”，大谷认为要改变这种“支那国民性”极不容易，而要“超克”这种“彻底战”，“所能够想出的办法有两条，第一，就是面对蒋共的‘彻底战’，我方亦挥泪以‘彻底战’应对之。要攻入重庆和昆明，‘彻底’地把蒋共歼灭。可以考虑的第二种办法，就是要把支那人认为日本没有信义道义的误解清除干净、予以根绝，以此把他们拉到信义道义的共同地盘上来，由‘彻底战’变为‘不彻底战’”。他强调不论使用哪种方法，都必须增强日本在中国大陆的实力。

大谷孝太郎的“支那国民性”理论是在日本侵华战争正明显走向失败的1943年出笼的，因而书中处处流露出了对中国人民抗日斗志的恐惧和无可奈何的心态。他从战争现实中总结出的这些“支那国民性”，当然毫无学术价值可言，而且，与其说他总结的是“支那国民性”，倒不如说他很好地总结了日本的国民性。要问在侵华战场上“歇斯底里、破罐子破摔、自暴自弃、妄自尊大”的究竟是谁？历史早已经做出了回答。在日本败相毕露时，却扬言“攻入重庆和昆明，彻底地把蒋共歼灭”——岂不正是暴露了大谷孝太郎们的“歇斯底里”“妄自尊大”吗?!

最后，还有一位名叫杉山平助的文学评论家所写的《支那、支那人与日本》[①] 一书也值得一提。杉山平助在“七七事变”后作为“笔部队”的成员被派往中国前线采访，这本书是杉山平助在华北各地观察采访而写成的随笔文集。其中，有一组文章题为《论支那人》，对中国人及其国民性问题的议论，对中国及中国人的辱骂，集中代表了当时一些日本文人在目睹了中国人民的顽强抗战后而产生的一种气急败坏的心态。他提出了这样一个口号：“军人用刀剑来刺支那人，我们文化人就是要用笔把他们的灵魂挖出来。”在这种心态下，他“挖支那人的灵魂”的办法其实就是辱骂。他认为中国的古典和文化虽然伟大，但几经亡国，早已没落，体面和自豪丧失殆尽，“他们在性格中的某些地方含有高贵的东西，但另一方面，却是怪癖的、变态的、阴暗的、受虐的”；“从总体上看，他们不过是一个老废的民族而已。我们所敬畏的古代支那人，和今天的支那人毫无相似之处”。杉山平助尤其对中国人的“自尊”感到难以忍受。他说：“支那人开口闭口轻蔑地说日本没有固有的文化，一切都是模仿的，是从自己的祖先这

① 杉山平助：『支那、支那人と日本』、（東京）改造社、1938年版。

里传去的。然而，他们所引为骄傲的文化，不过是几千年前的人留下来的糟粕。”他写道：“像支那人那样，具有那么强烈的自尊心，除了惊叹之外没有办法。假如我们这样想：此次日本军队大振武威，打击他们，会使他们觉醒来，尊敬日本吧？可是这样想的话就大错特错了。”“在被打得七零八落的今天，他们从心底里仍然顽固得很，深信自己和日本之类的国家比起来要优秀得多，所以从老妈子到下人仆从，尽管表面上恭顺，内心里是瞧不起日本人的。”“即使等到黄河水变清的时候，指望支那人从内心里向日本人屈服，那是绝对不可能的。早一点看透这一点非常重要。”他还把中国人与日本的性格做了一番对比，说：“正直、性急、喜怒形于色的阳性的日本人，面对富有耐性、口是心非的阴性的支那人，在搞阴谋方面绝对会败给他们。在支那人眼里，日本人简直就是黄口孺儿”；“古典支那人的优秀的头脑，到了现代支那人就变成了可怕的罪恶”。杉山平助一方面认为日本人在智谋方面不是中国人的对手，提醒日本人小心，一方面又认为这没有什么可怕，他说：“最初我错把他们的性格看得坚硬，而后来我才明白事实上支那民族的动脉已经硬化了，是交织着老年的狡黠和冥顽的那种硬化。看起来是强硬处，实际上是不能适应新时代的妨碍生命的癌变。”为此他提出，针对中国人的这种性格，日本在战术上应避实就虚，既然“玩阴谋”玩不过中国人，那就在军事上狠狠打击他们；既然中国人不会从内心屈服，那就只有彻底战胜他们。他在该书前言中叫嚷：“抛弃优柔寡断的态度，转为积极的进攻。”

杉山平助并不是中国问题及“支那国民性”的研究者，而只是一个肆意放言的文学评论家。他在中国转了一圈后，被中国人民的英勇顽强的抗战激怒，于是就有了上述的气急败坏的詈骂。但杉山在“支那国民性”的评论中颇有代表性，他的言论表明，站在侵略者立场上对“支那国民性”的“研究”，与站在侵略者立场上对“支那人”及其性格的詈骂，本质上没有多大区别。

由以上评述和分析可以看出，日本近现代特别是 20 世纪 30—40

年代的所谓“支那国民性研究”，不同程度地充满了对中国及中国人民的傲慢、偏见、歧视、蔑视和仇视，具有明显的日本军国主义思想背景，其中有不少“研究”为日本侵略中国寻求理论根据，成为日本侵华的舆论工具及对华文化侵略的一种方式和手段。这些所谓的“支那国民性研究”也是今天的日本右翼学者、文人的反华、蔑华的思想渊源之一。

（原载《江海学刊》2006 年第 3 期）

日本早期的对华策略：甲午战争前后日本对东北地区的调查状况

曹　雯

众所周知，签署于1895年4月的《马关条约》是中日甲午战争的结果。《马关条约》第二款有如下内容："下开划界以内之奉天省南边地方，从鸭绿江口溯该江以抵安平河口，又从该河口划至凤凰城、海城及营口而止画成拆线，以南地方所有前开各城市邑，皆包括在划界线内，该线抵营口之辽河后即顺流至海口止，彼此以河中心为分界；辽东湾东岸及黄海北岸在奉天省所属诸岛屿亦一并在所让境内。"① 这便是条约中文本内关于割让辽东半岛的叙述。虽然上述割让在俄、德、法三国的干涉下最终未能得以有效执行，然而日本早在要求中国割让上述土地之前已感受到来自俄国的强大压力，但是日本依然提出了该项要求。那么，日本是据于何种理由要求中国割让这块土地的呢？换而言之，日本是建立在何种东北地区印象之上要求上述割让的呢？具体而言，日本对于东北地区，尤其是辽东半岛的印象或者理解是如何形成的呢？近代时期的日本是一个非常善于调查、整理、分析，继而提出相应对策的国家。日本之所以能够逐渐由小渐大，由弱渐强，与

① 《中外旧约章大全》编撰委员会编（海关总署）：《中外旧约章大全》第一分卷（下），中国海关出版社2004年版，第1216页。

其脚踏实地、步步为营的行事风格密切相关。目前，对于日俄战争后满铁调查状况的研究非常丰富，但是很少有研究者注意到甲午战争前后，尤其是19世纪七八十年代的日本对华调查状况。其中原因，不外乎缺乏可供参考、研究的系统资料。然而笔者以为自中日缔结修好条规至中日甲午战争爆发前这一时期的日本对华调查状况实不可忽略。这种印象随着笔者对这一时期相关资料的挖掘而不断得到加深，并使得笔者确信，日本19世纪90年代以后确立的许多重大对华政策均是建立在这些调查的基础之上。所谓“知己知彼，百战百胜”之方略，近代日本似乎尤能领略，并忠实贯穿于其对外政策的实践之中，而对华调查由最初的零散形式发展至有步骤、有组织、有计划地实施，便是此类实践中最具标志性意义的活动。本文正是以一批明治时期出版的日本人的中国纪行作为观察、分析对象，粗略揭示了日本对于东北地区，尤其是辽东半岛的印象或者理解的形成过程。而日本也正是以上述印象或理解来确立自己的对华东北政策。

一 对于东北南部初步印象的建立

中日修好条规签订于1871年，生效于1873年。随着该条约的生效，中国东北地区唯一对外开放口岸——牛庄也相应对日本开放。这意味着，日本人可以自由出入中国对日本的开放口岸，如果有中国官方颁发的通行证，还可以出入开放口岸以外的地区。那个时期，日本在华经营的能力非常有限，仅有的几家日本洋行大多将其精力投注在上海这座贸易繁盛的新兴港口城市，而对于东北地区，当务之急是建立初步印象，至于应如何打开贸易局面，尚未成为话题。本文则借助曾根俊虎撰写的中国纪行——《北中国纪行清国漫游志》，可以初步揭开日本对东北地区的早期认识状况。曾根俊虎是日本著名中国谍报专家之一，受日本军部派遣，自1874年起，前往中国刺探各种情报。《北中国纪行清国漫游志》就是他在1875年至1876年间游历中国期间根据实际观察到的情报汇编而成。其中，《北京中国纪行前编》的前半部是曾根于1875年7月4日至8月9日，从天津游历至盛京的旅行记录，据该书序言，此行主要目的是“探视辽东马贼割据的地方”，但通读全书，我们可以清楚地知道这更是一本日本人首次对中国东北地区进行实地考察后所写成的报告书。在通过山海关后，他留下这样的记述：“中国人通过此关时，门吏必问其姓名、住居和年龄，行人不以满语回答就不让通过，这是山海关的定则。”[①] 据此，我们可以知道，即便到了19世纪70年代，汉人通过正常渠道出山海关依然比较困难。这是一个反映关于禁止汉人移民东北地区政策的鲜活例证。而通过曾根关于牛庄与营口的叙述，我们可以发现日本对于东北地区的印象几乎处于空白状态。书中如是说道：“1875年7月14日晚至牛庄城，叫来客店主人询问道台署以及外国领事馆所在地，回答说这些都在营子（营口），营子离此地90里。起初我们以为牛庄城是开港之地，到当地才知道领事馆等不在此地而在营子。”[②] 牛庄在第二次鸦片战争后开港，但是外国人在要求牛庄开放之际并不知道，曾经是东北地区货物进出口主要集散地之一的牛庄，最迟在道光年间已经完全退出贸易舞台。这是因为随着辽河河底的逐年淤塞，海船无法通过内河——辽河直接到达距离海口较远的牛庄，导致货物必须在距离海口很近的营口装卸，长此以往，营口便取代了牛庄的地位，但源于习惯，当地人将营口、牛庄混称为牛庄。英国人在勘察实地、了解情况后，果断放弃了牛庄，将领事馆设置在营口。[③] 通过《清季中外使领年表》，我们知道日本首位牛庄领事至1875年11月方到任，也就是说曾根是先于领事前往牛庄的，故有上述记述。另外，《清季中外使领年表》还简明反映出，日本起初并没有往牛庄派驻专任领事，最初的领

① ［日］曾根俊虎：《北中国纪行清国漫游志》，范建明译，中华书局2007年版，第47页。

② ［日］曾根俊虎：《北中国纪行清国漫游志》，范建明译，中华书局2007年版，第62—63页。

③ 参见张博《营口代牛庄开埠考》，《历史教学》2005年第9期。

事即由天津领事池田宽治兼任，1876年至1880年7月间的领事一职，先由美领鼐德、后由英国人班迪诺代任，其后两年虽然又由天津领事竹添进一郎兼任，但1882年9月起仍由英国人班迪诺代任，直到1897年6月以后才完全由日本人充任领事。[①] 这一惊人信息透露出，日本人对于东北地区有步骤的周密经营应该起自甲午战争以后。不过据此我们可以得知，日本迟迟不在营口派驻专任领事，其主要原因大概在于，在营口，既没有什么日本居民，也没有什么日本商行，需要领事管理的日常性事务实在太少。

通过曾根的记述，我们知道他对营口的初步印象非常糟糕。即，“此地肮脏不堪，臭气冲天，苍蝇之多，无处不在；水也不好，无益于身体”[②]。但是对于非开放口岸的辽阳城，曾根却抱着极好的印象，“与天津、上海相比，我觉得这里最好。虽然商店甚少，但居民住房都不错”[③]。在游历过盛京城后，他对东北形成了一个初步印象。即，在盛京，没有领事，但有神父。奉天府所属盛京城，与天津城内相比，道路宽阔而整洁，房屋亦呈殷富之状。人口据说有50万。和辽阳城一样，城墙上禁止人步行。奉天府位于京师之东1500里。东西距离5100里，南北长2000余里；东临大海，西有山海关，北与俄罗斯为界，东南接界希喀塔山；管辖兴京、承德、海城、盖平、开原、铁岭、辽阳等县外，还管辖宁古塔、黑龙江二城。（盛京城）西边距离山海关800里，南边距离旅顺港730里，至开原340里，东边与朝鲜接界，至鸭绿江530里。特产有珠玉、人参、貂皮、海龙、益母草、松花石、熊、虎、元狐、沙狐、灰鼠、花狗、海狗、火狐、熊胆、鹿茸、鱼、海参、桃花米、石耳、豹尾、蘑菇、香水梨、肉脯等。[④]

---

① 故宫博物院明清档案部、福建师范大学历史系合编：《清季中外使领年表》，中华书局1985年版，第203页。

② ［日］曾根俊虎：《北中国纪行清国漫游志》，范建明译，中华书局2007年版，第66页。

③ ［日］曾根俊虎：《北中国纪行清国漫游志》，范建明译，中华书局2007年版，第77页。

④ ［日］曾根俊虎：《北中国纪行清国漫游志》，范建明译，中华书局2007年版，第81—82页。

上述印象部分出于实地考察，但更多来自间接获得的信息。这次旅行，曾根并未越过盛京以北地区，而当他再转回营口，希望获得前往大孤山的通行证时，却遭到当地地方官的拒绝。理由是在双方签订的条约中，有“不许两国人民互到有贼之地方”的规定，而“自此而东，盗贼颇多”[①]。不过在营口逗留期间，通过与当地人的闲聊，他却获得如下信息：“七年前，美、法进攻朝鲜，清朝派兵帮助朝鲜，从盛京地方派兵15000人。因为极为保密，驻北京的美、法公使皆不知晓。现在如若朝鲜有事，他日日本动用兵马，清朝也必定重蹈旧辙，以兵相助。然其兵如若从盛京近地派出，亦该通报上海贵国的领事。”[②] 曾根是名军人，游历中国的主要目的即在于收集各类情报，在他的记述里时常会透露出一些战略意识，比如在游历盛京城外的北陵时，他不禁发出如下感慨：“若与清国交战，攻占盛京时，可先取此北陵，屯兵于此，在后面小山上建造望远楼，配备哨兵，堵住吉林方面的要道，控制通往北京的道路，此可谓上策。”[③] 曾根此次东北之行，更多是一种地理意义上的考察，这从他对中朝边境地区怀有浓厚兴趣的举动上得到证实。

在进行短暂休整后，1875 年 10 月 15 日，曾根再次离开天津，前往登州。此行目的在于探访登州蓬莱阁的驻兵情况，拜访迟氏、梁氏，物色熟知朝鲜内地之人。迟氏、梁氏在 1874 年日本出兵台湾之际曾大力协助过日本。其中迟氏与日本陆军省的冈本监辅一同到过日本。据曾根说，这些人视清朝为仇敌，等待时机，以期覆灭清朝。[④]

将登州与东北，尤其是辽东半岛结合起来考察，可想见日本已经清晰认识到登州与东北地区的密切地域关系。对于登州水城，即海域

---

① ［日］曾根俊虎：《北中国纪行清国漫游志》，范建明译，中华书局 2007 年版，第 88 页。

② ［日］曾根俊虎：《北中国纪行清国漫游志》，范建明译，中华书局 2007 年版，第 96 页。

③ ［日］曾根俊虎：《北中国纪行清国漫游志》，范建明译，中华书局 2007 年版，第 88 页。

④ 这两人后来的下落分别为：梁氏名维舛，后与曾根前往日本；迟氏名相书，后在日本驻中国北京大使馆供职。参见［日］曾根俊虎《北中国纪行清国漫游志》，范建明译，中华书局 2007 年版，第 134 页。

防范工事的状况，在当地线人的帮助以及引领下，曾根获得了一些初步的感官印象。“水城在府城的正北，相距三、四十米，中间夹着护城河，宽十一、二米。城墙高五米有余，厚五余米，其周长据说 8 里。南北开门，北门就是水门，舟船随潮进城出海。城内十分之六是大池，中央有板桥。城的西北方有座山丘，蓬莱阁便建筑在山丘下。炮台在水门的正东，面对大海。门关着，不能窥见里面的情况。依凭着山与海，为东陲奥区之要地。距离北京 1860 里，距离省城 920 里。”①

在登州，他殷勤款待迟氏、梁氏，向他们请教去朝鲜考察的方法，并把日本军舰炮击朝鲜的事件（江华岛事件）告诉了他们。迟氏回应说：“这事太容易了。我家兄住在凤凰城，常与朝鲜人做贸易。我的一个儿子也跟着家兄在那里九年了，通晓朝鲜语，今年六月回来了，现在正在家中。”② 在迟氏的安排下，他的儿子相臣向曾根详细介绍了自己所掌握的中朝边境状况：爱州城周长 12 里，开有东西南北四个城门，守城兵有 2000 余人，城的东西各有炮台，备有中国旧制的大炮数门。城内的买卖并不兴盛。鸭绿江横亘在爱州城与凤凰城间，从爱州城至凤凰边门的渡口宽有两余里，深约两丈许，从渡口至海有 120 里。凤凰边门就是清国与朝鲜互市之地，也是清国与朝鲜交界之地。其地人口，清国人有千余，朝鲜人有 200 余名，交易品有金银、布类、人参等。另外，从爱州城至凤凰边门交易所的途中并无大山，虽有几条河流，但除了鸭绿江外，余者皆可徒步而过。再者，凤凰城有九旗兵护城，一旗 90 人，所用枪为中国旧制的水绳枪，也使用旧制的刀枪。③

从以上信息我们非常明确地了解到，登州与辽东半岛之间不仅存

① ［日］曾根俊虎：《北中国纪行清国漫游志》，范建明译，中华书局 2007 年版，第 145—146 页。

② ［日］曾根俊虎：《北中国纪行清国漫游志》，范建明译，中华书局 2007 年版，第 149—150 页。

③ ［日］曾根俊虎：《北中国纪行清国漫游志》，范建明译，中华书局 2007 年版，第 150 页。

在着地理上的天然紧密联系，而且，缘于地利之便，登州人跑到中朝边境上做买卖在当地竟是一种普遍现象。实际上，到了那个时候，在辽东，满族人基本迁往重镇居住，而新移入东北的汉族人多集中在尚未获得很好开发的地区，比如在辽东半岛，就有很多来自山东的移民。与中国缔结条约不久的日本人已经意识到这种地区间的紧密关系，并开始努力在登州人中发展自己的间谍。比如，在发展了迟氏、梁氏后，通过此行，曾根又与迟氏约定，以开拓使名下的农民身份，把他的儿子送往日本，如果将来日本与朝鲜一旦发生变故，就让他的儿子做向导。[①] 通过上述事例，我们或多或少可以观察到，日本日后所拥有的强大情报系统是如何逐步而缜密地建立起来的。即利用一切可能利用的机会，再去创造新的机会。

在《北中国纪行前编》里，就满洲地势以及民俗方言，曾根尚作了如下概略：满洲分为三部分，即辽东、吉林和齐齐哈尔，简称则为南部、中部和北部。南部就是辽东，可分为山地和平地两个部分。假如从西边锦州经过东北盛京，再折而经过辽阳，直到盖州海边，划一条曲线，那么此线的南边皆为平地，其北和东都是山地。而此平地除了靠近海岸的土地含有盐碱外，其他都是丰饶之地。（中略）此地原来都是满洲人居住，因为满洲人逐渐移居北方，现今从山东移居来的人较多，不过满洲人仍占据当地人口的三分之一。该地满汉混居，虽互相不通婚，风俗却彼此相通，乍看之下，满人、汉人不能区分。与汉人相比，满人的脸色虽稍显锐气，但不及朝鲜人彪悍。在汉人与朝鲜人之间比较，满人与汉人更近。该地深受汉人影响，民间一般通用汉字和北京话。虽然偶尔有使用满语的长者，也只不过限于一般会话，而辽东一地的青壮年多接受汉籍教育。据说也有人长大后学满洲语的，但寥寥无几。政府机关虽然没有放弃使用满语，但民间满语使用如此衰微，他觉得不久的将来满语当销声匿迹，在清国的北方将减少一个

① ［日］曾根俊虎：《北中国纪行清国漫游志》，范建明译，中华书局2007年版，第151页。

特别的语种。①

曾根的东北印象，随着第二年再访牛庄，进一步得到加深。在1876年5月当他第二次到访牛庄即营口时，接待他的是当时代任日本副领事的美国人纳伊特，通过这层关系，他对营口的印象不再仅仅停留在直观上，他了解到：这里很少有蒸汽船来，虽然有军舰来停泊，但不超过半月；煤炭从辽东运来，每吨8美元，煤质很差。一个叫作天桥厂的地方有煤矿，其煤质很好，但清政府不允许开采；木材价格昂贵，非常缺乏，均从盛京或朝鲜运来；从营口至鸭绿江，骑马三天可到，坐车需要五六天；日本人如果要在当地经营买卖，必得其利。不过一定要先送一人过来住下，在了解当地各方面情况后才能有所开展。②

总之，曾根俊虎为日本首先建立了一个初步的东北印象，虽然这个印象里的很多画面是模糊而不准确的。需要注意的是，在曾根的纪行里，并没有提及日后对日本产生过重大影响的东北大豆。

二　对于东北地区印象的形成与对策

虽然在1876年曾根到访牛庄之际，代任日本副领事的美国人纳伊特曾建议，日本如果想要在牛庄开展商贸活动，应向牛庄派遣一名常驻人员，但是上述建议至1891年方得以付诸实践。1891年夏，受日本政府大力支持的对外贸易公司——三井物产会社下的上海支店的山本条太郎为调查东北贸易状况前往营口，此次调查的结果使三井决定今后将计划组织东北大豆对日本的输出。1892年，三井在营口设置常驻办事员。1893年，三井开始在牛庄收购大豆。1895年9月5日，三

① ［日］曾根俊虎：《北中国纪行清国漫游志》，范建明译，中华书局2007年版，第161—162页。

② ［日］曾根俊虎：《北中国纪行清国漫游志》，范建明译，中华书局2007年版，第267—268页。

井在营口正式设立办事处，开始加大东北大豆对日本输出的力度。[①]以上事实表明，自牛庄正式对日本开放的1873年至三井向牛庄派遣观察员的1891年间的将近20年里，日本对于牛庄的贸易经营基本上处于空白状态，甚至直到甲午战争后的1897年，日本在牛庄的领事馆才有了日本人常驻领事。

不过，对于东北的经营虽然迟迟未列入日本对华事业发展的计划中，但并不表明日本对于东北的调查或探究处于漠视状态。笔者从出版于1892年的《清国通商综览》[②] 里，找到了一些关于东北的叙述。这些叙述虽然很有限，并且多集中于对牛庄的描绘，但其深度较曾根俊虎的调查显然有所拓展，最引人注目的就是开始提及东北的大豆生长情况以及营口的众多制油作坊。

就牛庄的整体面貌，书内言道：牛庄属满洲盛京省的清国所有开放口岸中位置最北的一个口岸，也是可以与我国（日本）通商的口岸之一，与其东北部的牛庄城相距1.5里，位居奉天府咽喉之处。牛庄与牛庄城并不是一处，就像烟台被误称为芝罘。其实此地应被称作营口，或没营口。营口又被分成两个街区，当地民人多居于西部即属于下游区域的街区，称作西营子；外国人多居于东部即上游区域的街区，称作东营子。因镇海营设置在东营子，该地又被称作镇海营，依据当地风俗，又有叫没沟营的。自10月下旬起，北风逐渐凛冽，至11月下旬，进入结冰期，为期三个月之久。在结冰期内，除电报外，该地与世隔绝，交通完全处于断绝状态；结冰期外，汽船每周一次或不定

① 参见［东京］近代日中关系史年表编集委员会编《近代日中关系史年表》，岩波书店2006年版，第160、164、168、184页。

② ［日］日清贸易研究所编：《清国通商综览》，日清贸易研究所1892年版。该书是又一名中国谍报专家荒尾精组织下的产物，所汇集的情报由多位调查者提供。其刊刻的重要性不在于仅仅讲求日本如何于中国的贸易口岸获取经营上的成功，而是日本如何最终在中国整个区域获得成功。很显然，该书情报的收集者们不是以中国沿海某个口岸城市为自己的调查大本营，而是立足于集九省利益为一体的汉口，去深入观察了解中国广大腹地的社会状况，所收集到的庞大资料确实为日本在华长远发展的蓝图设计提供了可靠依据。

期的、可能两周一次来到此地，且多为与上海、芝罘间的往来航班，甚少见由天津来的航班。但因该地进入结冰期后汽船航运便陷于停顿，极大妨碍了当地商业的发展。开港以来，其市街并未得到充分扩展；当地虽富藏金银铁煤等矿产，却因交通不便而输出量很小。①

就东北大豆状况，书内如此说道：因该地周边皆为湿地，故盛产蚕豆。蚕豆，又叫大豆或马料豆。收获于养蚕时节，故称蚕豆，食用方法与豌豆等相同。② 当地商人多为山东籍，山海关周边之人仅占到五分之一。当地商人中的大户多经营油坊，即从豆类以及芝麻类作物中榨取食油后再运往各地。其粗具规模者约有20户，每家均雇有工人百余名，并饲养着上百头牛马，每年的交易额在五六万两，主要的输出品为豆油、豆饼、豆子、兽皮以及人参等；输入品则为绸缎、南纸、陶器、砂糖等洋货。③ 其实，东北向关内输送大豆和大豆制品以换取日常生活用品是长期以来东北与中国关内地区间的贸易状态。在牛庄成为开放口岸之前，前来经营的贸易者多为浙江、福建一带的商人；牛庄开放后，因东北禁止移民，人口发展迟缓，以致日常生活用品的消耗非常有限，加上西方商人对大豆以及其制品并没有浓厚兴趣，所以外国商人多将目光转向牛庄的货运利益，而随着外国商船的参与，中国商船确实逐步退出了牛庄货物进出口运输的舞台。在英国驻牛庄领事的报告中就有以下叙述：“（营口）最大的输出品为大豆、豆饼以及豆油，这些货品现在不可能为运往英国的回头货，但是却给从上海装运洋货的外国轮船提供了回头货。此外，还要雇佣放空的外国轮船，把大豆运往上海、宁波和更南边的口岸，这对外国航运是很有利的。”④ 据此，我们可以知道，牛庄在其开放的最初三十年里，除了随着外国

---

① ［日］日清贸易研究所编：《清国通商综览》，日清贸易研究所1892年版，第242—243页。

② ［日］日清贸易研究所编：《清国通商综览》，日清贸易研究所1892年版，第777页。

③ ［日］日清贸易研究所编：《清国通商综览》，日清贸易研究所1892年版，第242—243页。

④ 姚贤镐编：《中国近代对外贸易资料1840—1895》第2册，中华书局1962年版，第1411页。

船运的加入，牛庄的大豆出口较从前有所增长外[①]，并未发生其他巨大变化，这从《清国通商综览》里对于牛庄即营口市街的描述就能得到证实。据该书的统计，1889 年，当地输出总额为 557 万 235 两，其中，蚕豆为 191 万 6877 担，豆饼为 189 万 3334 担；输入总额为 220 万 4041 担，主要为鸦片和棉布。[②] 相较其他中国开放口岸，上述贸易额显然非常有限。

另外，《清国通商综览》还提到了东北地区的盐业状况。即：当地制盐场属盖平县管辖，于二道沟、三道沟处设收税站，其总局设在头道沟，以佐领管之。又设蓝旗厂和黄旗厂，以防范逃税，属盛京道管辖。其交易多在冬季三个月内进行，届时来往车辆纷多，多来自东北各地，每日出入市街的车辆多达数百。由鸭绿江、吉林、黑龙江、内蒙古等地来的车辆多运来杂粮；归去时则装满食盐。因此，当地做食盐买卖的商人多达千余人。[③] 据此，我们知道，东北的食盐不仅可以自供，而且可以满足内蒙古等地区的部分需求。

《清国通商综览》毕竟不是一本专门针对东北地区的情报调查汇编书，而刊刻于 1894 年 11 月、由日本参谋本部编写的《满洲地志》则让我们有机会一窥日本在发动甲午战争前到底拥有怎样的东北印象。

《满洲地志》是日本参谋本部编写的资料，其内容当然会涉及东北地区方方面面的情况。在有关地理范畴的叙述中，笔者注意到它对辽东半岛的精确描绘。即：满洲海岸始于与朝鲜国相邻的鸭绿江口，由此至金州厅旅顺海角约有 336 海里，海岸延伸至此时为一个大海湾，再由此至直隶省的山海关约有 240 海里。就此处海域名称而言，由鸭绿江口至旅顺海角一带的海域被称为黄海；其西北方的海域被称为渤

---

① 据郭予庆统计，牛庄的大豆出口，至 1876 年达到 142 万担，比 1868 年增加了近 80%。参见郭予庆《近代日本银行在华金融活动》，人民出版社 2007 年版，第 91 页。

② ［日］日清贸易研究所编：《清国通商综览》，日清贸易研究所 1892 年版，第 246—247 页。

③ ［日］日清贸易研究所编：《清国通商综览》，日清贸易研究所 1892 年版，第 244 页。

海。渤海又被分为二部分，湾向东北的海域被称为辽东湾，湾向西南的海域被称为直隶湾。①

就东北贸易状况以及物产分布，该书言道：因人烟稀少，故其地制造业未开。与外界的通商贸易，除二、三府外，其他地方极为冷清，而输入当地的商品多为日常生活用品。主要物产有木材、杂粮、药材、兽皮、蓝靛、麻、鸦片、家畜、煤炭、沙金等。木材产于盛京东部及吉林南部，经大孤山港输往中国各地，因此大孤山处的木材交易非常兴旺，有20余户大商铺，年成交额在2万两上下。豆类则到处都有种植，且品种非常丰富。在营子口，有20余户油作坊，每户均雇有百余人，饲养百余头牲口。这些作坊主要用豆类榨取豆油，残剩油渣被制成豆饼。据说，豆油被输往各地，年交易额在五六十万两，而作坊的牲口则以豆饼为饲料。② 尽管如此，满洲内地的贸易中心其实在奉天府，即以奉天府为中心，向其他城镇作辐射状。③ 换而言之，经营口进口的货物，其消费地或者说东北中国人的主要活动区在以盛京城为中心的各城镇地域。由此，了解营口与上述地域间的联系方式或交通方式将显得尤为重要。

就东北地区的矿藏，该书较其他种类的纪行有比较丰富的介绍。书中说道：盛京省矿产极为丰富。锦州、开原、兴京一带有金矿；辽阳、海城、复州、岫岩一带有铁矿；辽阳的本溪湖、牛心台、王子沟、红沟等数处有无烟煤矿，而这些地区的运输都比较便捷。以前，地方官禁止开采这些矿产，只允许开采一些铁矿，以供应民用④。而对于东北煤矿的储藏状况，该书有进一步的描述。比如，据某位欧洲人说，盛京地方的煤矿矿脉向各处延伸着；辽阳、岫岩、金州、复州南部沿海一带以及铁山岛均富藏煤矿，尤其是，辽阳城东北方的马

① ［日］日本参谋本部编纂课编：《满洲地志》，（东京）博闻社1894年版，第74页。
② ［日］日本参谋本部编纂课编：《满洲地志》，（东京）博闻社1894年版，第197—198页。
③ ［日］日本参谋本部编纂课编：《满洲地志》，（东京）博闻社1894年版，第205页。
④ ［日］日本参谋本部编纂课编：《满洲地志》，（东京）博闻社1894年版，第134—135页。

家沟以及棚西富等处的煤块，质地相当优良，这些产区的煤炭可以通过价廉的船舶输往各地。另外，北纬39°30′、东经121°50′处的孛罗，其煤质获得极高评价。而一些老矿则分布在金州西南的杏圆岛或金州东南大连湾的海滨以及大洋河东岸地区。金州半岛东部富藏泥煤，居住在皮子窝海岸一带的人家都用这种泥煤，每户人家的院内都是堆积如山，如果沿着道路行走数里，就能看到泥煤沼。[①] 至于铁矿，该书谈到辽阳、铁岭、凤凰城等一带的铁矿已被成功开采[②]，而辽阳东北方约1里处的撒马集所产铁矿石，其质地坚硬，富有光泽。另外，金州半岛海面上的铁山岛藏有磁石铁，当船舶靠近该岛时，罗盘针会改变方向[③]。

从以上叙述我们可以观察到，当时的人们只知道盛京周边富藏煤炭，且矿脉向四周延伸，但像抚顺这样的煤炭大矿区尚未得到确认。不过就上述描述，表明日本人已清醒地认识到辽阳周边以及向南的辽东半岛，其物产可谓富饶。

在《满洲地志》里，俄国与东北地区的关系是一个受到极大关注的话题。该书先是谈到满洲土地辽阔，大江支流流向各方，形成巨大水系，可将三省联为一体。然而当地民人并不了解利用水运搬运货物的便捷之处，依然沿用旧俗，安守于陆运。其方式是在各主要城市均设有被称为镖局的货物寄存处，专门负责、担保货物的搬运。这样的镖局在盛京有三家，而吉林及其他各城均设有分局，以便为地方上的货物搬运提供方便。[④] 而与东北邻接的俄国却在大力经营俄领贸易口岸与东北地区各城镇间的水运系统。比如俄国人在极力推动黑龙江水系与松花江水系相贯通，以及海参崴港口与乌苏里江水系相贯通等计划的实施，而以上计划如果获得实现，俄领各口岸通往东北重要城镇

① ［日］日本参谋本部编纂课编：《满洲地志》，（东京）博闻社1894年版，第136—137页。
② ［日］日本参谋本部编纂课编：《满洲地志》，（东京）博闻社1894年版，第201页。
③ ［日］日本参谋本部编纂课编：《满洲地志》，（东京）博闻社1894年版，第133页。
④ ［日］日本参谋本部编纂课编：《满洲地志》，（东京）博闻社1894年版，第201页。

的通道将完全被打开。[①] 如此前景着实令日本感到万分不安。其实，现时期的状态也已经表明，就东北地区的对外贸易而言，俄国凭借地利占尽优势。比如，吉林省出产的牛、羊、鸡、鸡蛋等经珲春输往海参崴，而各类兽皮或运往中国内地，或输往海参崴[②]；蒙古产的牛、羊、猪、鸡等，首先被集中运到齐齐哈尔，然后再被运往黑龙江城，卖给布拉戈维申斯克附近的俄国人。[③] 日本商行虽然也参与海参崴港口的对华贸易，但经日商输往东北地区的主要商品停留在织物、漆器、陶器、精米、砖茶、肥皂等奢侈品上，其输入额虽有增长趋势，但此类商品的消费者多为当地的富裕者，因消费者有限，这些商品不可能成为大宗交易品。[④]

该书还详细列入了东北各城与俄领海港间的距离以及交通状态。即：从营口至吉林府约 180 里，至宁古塔约 296 里；从山海关至吉林府约 260 里，至宁古塔 339 里。从俄领波西耶特港至吉林府约 160 里，至宁古塔约 100 里；宁古塔距离俄领海参崴 126 里。如此，俄领波西耶特港至吉林府的距离与营口至吉林府的距离大致相同；波西耶特港与宁古塔间的距离相较于营口与宁古塔间的距离，短 196 里，而相较于山海关与宁古塔间的距离，短 239 里。[⑤]

这里所提到的营口、山海关、吉林府、宁古塔均是东北地区的重要城镇，而俄领的两个海港——波西耶特港与海参崴港，均与这些重要城镇保持交通畅通的状态，如果今后黑龙江以及松花江的航运再得以开发利用，俄国在东北贸易的优势就绝非他国所能比肩了。原本就地势而言，吉林、黑龙江与俄国相邻，中俄边境贸易的展开经年持久，日本人欲参与其中，并有所作为，其困难程度等同于日本商行在上海

① ［日］日本参谋本部编纂课编：《满洲地志》，（东京）博闻社 1894 年版，第 209 页。
② ［日］日本参谋本部编纂课编：《满洲地志》，（东京）博闻社 1894 年版，第 199 页。
③ ［日］日本参谋本部编纂课编：《满洲地志》，（东京）博闻社 1894 年版，第 200—201 页。
④ ［日］日本参谋本部编纂课编：《满洲地志》，（东京）博闻社 1894 年版，第 206 页。
⑤ ［日］日本参谋本部编纂课编：《满洲地志》，（东京）博闻社 1894 年版，第 207—209 页。

与欧洲商行的竞争。反而在新开发地，比如天津，日本就取得了不小的收获。[①] 在天津所获得的经验同样适用于中国其他地区，包括对东北地区的贸易经营。日本在真正进入东北地区之前，因为有了上述调查所打下的基础，它的关注点并不是盲目的，它把未来的发展眼光投向了辽东半岛这块尚未获得充分开发的地域，而不是东北内地商业比较活跃的城镇抑或中俄贸易繁茂的边境城镇。辽东半岛，不仅物产丰富，而且与朝鲜连为一体，又南眺山东，西望直隶，因未得开发，而人烟稀少。最重要的是，不同于与俄国接壤的东北北部和中部地区，俄国人的影响尚未进入辽东半岛。如此，它显然满足了日本的种种需求而成为其追逐的目标。

《满洲地志》出版于 1894 年 11 月，当年 9 月中日甲午战争爆发，至 11 月，中国提出讲和。这种时间上的吻合也恰恰说明，在后来的条约谈判中为什么日本会强行要求中国割让辽东半岛。在这项割让协议中，日本避开了已获得较好开发的辽阳以及辽阳以北的区域，在它所要求的区域内，仅营口（对外开放口岸）、大孤山（木材集散地）以及凤凰城（中朝贸易口岸）等三个城镇有较为频繁的贸易活动，其他区域基本处于待开发状态。日本的用意很明显：一方面要确保日本的长线利益，在俄国势力未渗透进辽东之前先夺得辽东半岛；一方面又试图降低因土地割让给各方所造成的震动程度。不过日本凭借自己当时的实力状态显然无法一步实现这样巨大的愿望：俄国不能容忍日本在东北的野心，因为它打乱了俄国在东北经营的步伐；其他西方国家似乎也无法漠视日本对开放口岸——营口的占有，虽然营口并不是什么重要的贸易口岸。尚未确立强势地位的日本最后不得不为自己的操之过急而放弃割让协议，但是它却获取了可观的金钱补偿，而以后的事实表明，巨额的赎地款极大带动了日本近代化事业的发展，日本开

---

① 参见曹雯《明治时期日本在华的调查状况与对华贸易的调整》，《清华大学学报》（哲学社会科学版）2010 年第 4 期。

始蒸蒸日上，日趋强盛，终发展至与俄国一战。

三　组织东北大豆的对日输出与日本对华经营

如前所述，日本商行——三井物产株式会社正式进入东北开展贸易经营是在1891年夏，那个时候《清国通商综览》即将刊行，而《满洲地志》的刊发则要等到三年之后。日本人为何迟迟不进入营口展开贸易活动呢？这大概是有鉴于在上海早期经营的失败经验，在找到很好的切入点之前，日本商人不愿贸然进入，而进入营口的时机，直到上述1891年的到来，方才相对成熟起来。不过有意思的是，首位三井特派员前往营口调查的目的非常明确，即察看三井物产可否直接经营东北大豆对日输出。为什么日本进入营口的契机是经营东北大豆的对日输出呢？

这是因为，早在日本商行进入牛庄即营口之前，东北的大豆制品就已经大量输往日本。比如，根据Trade Reports的观察，1871—1872年两年中，运往日本的豆油，1871年占牛庄豆油输出总数的3/5，1872年占4/5，余者则以不同的比例分别运往中国的其他口岸；到了1880年，豆类占牛庄输出总值的52%，当年输出额比上年超出267000担，但每担平均价格比1879年减少15%，除香港外，日本是唯一的海外消费地，共运去134000余担；此后牛庄对日本的大豆和豆饼贸易持续增长，1882年由牛庄运往日本的豆类，比1881年多出244%。[①] 虽然有如此大量的大豆以及豆制品运往日本，但贸易商却并不是日本人。而且有意思的是，1871年后运往日本的豆油虽然来自牛庄，但那个时候日本对于牛庄基本处于无知状态，甚至直到1875年首个日本人前往牛庄之前，日本尚不知牛庄并非牛庄城，实际指称的是营口。在东北

① 姚贤镐编：《中国近代对外贸易资料1840—1895》第2册，中华书局1962年版，第1134—1135页。

大豆成为日本长期稳定的输入商品后，为帮助日本商行的日本政府曾试图支持日本航运公司经营牛庄至日本港口的航线，不过均遭失败。第二次鸦片战争以后，中国沿海运输业逐步为外国货运公司所掌控，中国船商无法与他们竞争，日本亦不能幸免。这在曾根俊虎的调查报告里就已经有所说明。直到 1891 年 3 月，在日本政府的财政支持下，由日本邮船会社开设的神户至牛庄的航班①，才首次具备了生存力。而恰好在这年夏季，三井把自己首位观察员派往牛庄。三井物产于考察后的第二年即 1892 年正式在牛庄设置常驻办事员，并于 1893 年开始经营东北大豆对日本的输出。根据前述 Trade Reports 的观察，1893 年前四个月，牛庄输往日本的大豆共计 724302 担，而 1893 年全年共输出 1060538 担；1894 年前四个月所输出的豆饼，比 1893 年全年输出总量增加了 5%。② 显然，随着三井物产的参与，东北大豆对日本输出呈剧增状态。据此，我们可以认为，由日本商行组织东北大豆的对日输出是日本的一种国家行为，它的实现需要国家调节各方面的力量。换言之，三井物产在营口经营大豆输出之所以获得成功，其依靠的是日本国家的力量。由于大豆是牛庄即营口最重要的交易品，日本商行的成功参与，表明自此日本在营口贸易中开始占据不可或缺的地位。

那么，日本为何对东北大豆以及豆制品的需求如此旺盛呢？理由不外乎有以下几条：一是，日本人同中国人一样，食用大豆油和大量的豆制品，比如豆腐等；一是，制作豆油后剩下的残渣即豆饼，或作为饲料或作为肥料，可被有效利用；一是，东北大豆种类齐全，产量丰盛，价格低廉，加上营口至日本港口的航线距离并不遥远，运输成本有限。另外，据郭予庆的研究，日本农业原本一直用鱼粉肥田，后

① ［东京］近代日中关系史年表编集委员会编：《近代日中关系史年表》，岩波书店 2006 年版，第 148 页。

② 姚贤镐编：《中国近代对外贸易资料 1840—1895》第 2 册，中华书局 1962 年版，第 1134—1135 页。

日本鱼粉歉收，遂改用豆饼肥田。而日本的土地大多缺乏磷肥，用豆饼肥田更有利于农作物的增长。① 因此，东北大豆对日本的输出满足了日本农业的强烈需求。

日本对华贸易的经营是否成功意味着日本是否能成功转型为工业化国家。在早期对华贸易中，日本处于弱势，既没有资金，也没有中国人所需求的大宗商品。就如何开展对华贸易，日本商人举步维艰，这导致日本涌现一批调查中国现状的观察家们，纷纷提出各自的对华方略。其中，就有沼田正宣提出的北方贸易论：与其将目光放在繁荣的南方贸易口岸——上海，不如转向更具有开拓空间的北方，比如天津。内藤湖南于1899年到访过天津。他如此写下对天津的印象：居留天津的日本人大约在70人。有正金银行、三井、武斋号等商行。听说棉纱的进口，当年已经超过了印度棉纱，金额达到了印度棉纱的两倍，其中有八成经三井输入，经中国人输入的很少。居住在当地的日本人虽然不多，但地位很高，与其他外国人（白人）不相上下。这与其他开放口岸不同，是天津所特有的一种状况。② 日本在天津的这种成功不能不说是得益于沼田正宣的提示，而其在营口的成功亦是北方贸易论继续拓宽、拓深的结果。

日本商行进驻营口虽然较晚，但其成效却很显著。甲午战争后的1895年9月，三井物产在营口正式成立办事处，继续加强组织东北大豆对日本的输出。不过，在日俄战争爆发前，东北大豆主要供应中国内地和向日本出口的局面一直不曾改变过。但是，日俄战争后，上述情况发生变化。即1908年，俄国商人开始尝试将东北大豆经海参崴销往欧洲；同时，三井物产也通过德国商会的介绍，将东北大豆运往英国进行推销。这是因为，欧洲一向以印度、埃及、美国的棉籽为榨油原料，但1908年这些地方的棉花歉收，造成欧洲棉籽市场价格暴涨，

① 郭予庆：《近代日本银行在华金融活动》，人民出版社2007年版，第128页。
② ［日］内藤湖南：《燕山楚水》，吴卫峰译，中华书局2007年版，第28页。

而三井正好抓住时机将100吨东北大豆样品运往伦敦，价格比棉籽低廉的大豆在伦敦市场上受到欢迎，被大量订购，从此成为欧洲油脂工业的重要原料。大豆的国际化使得东北大豆的对外输出急剧增长：1907年东北大豆的出口量为338万担，1909年则猛增至1328万担，增幅近3倍。① 再看1909年东北大豆的出口结构：34%运往欧洲，18%运往日本，25%运往中国内地。② 这足以说明东北大豆已成为一种国际交易商品，而三井会社在其中起到了决定性作用。1907年至1910年的统计数据表明，三井物产一家商行就经营了东北大豆出口的1/7以上。③

在夏目漱石撰写的中国纪行——《满韩漫游》里，记述着他对东北大豆的印象。他当时去了满铁下属的大豆研究所，看到研究者展示给他的研究成果——用大豆提炼出的油，然后听着研究者如是介绍：在外国，动物性油脂很贵，如果我们的产品生产出来就方便了。首先非常便宜，价格只有橄榄油的几分之一，而且效果几乎相同，这种油的特点和其他植物油一样好消化。④ 这是1909年的情形。当时，在日本满铁的大力经营下，大豆主要输出港开始由营口逐步转向大连。满铁所实施的有效方法就是大力实行有利于大连的特定铁路运价制度，规定从铁岭到营口（相距260里）和铁岭到大连（相距450里）的货运费每吨同为7.4元，如此到1912年，大连的吞吐量终于超过营口，成为东北第一大港⑤。其中原因大概与税收有重要关联。日俄战争后，大连为日本所有，其关税即为日本所占有，而营口的关税收入则要与中国平分。大连的成长和兴旺无疑是在日本的经营下促成的。夏目漱石描述着如此情景：在大豆上市的旺季，大连码头每天平均到货量在

---

① 郭予庆：《近代日本银行在华金融活动》，人民出版社2007年版，第136—137页。

② 郭予庆：《近代日本银行在华金融活动》，人民出版社2007年版，第138页。

③ 郭予庆：《近代日本银行在华金融活动》，人民出版社2007年版，第140页。

④ ［日］夏目漱石：《满韩漫游》，王成译，中华书局2007年版，第168—169页。

⑤ 郭予庆：《近代日本银行在华金融活动》，人民出版社2007年版，第132页。

5000吨上下[①]。不过，日本人却无法直接从中国农民手中收购大豆，他们必须与中国的大豆收集商们合作。夏目漱石就介绍了他所看到的现象：古村君在此地（大连）与中国人联合做大豆生意，由于买卖上需要跟从内地来大连卖大豆的货主交往，按照当地的习惯，这样的货主绝不能住普通的旅馆，如果到了大连一定要住在客户那里，直到办完事。[②]

如此，大豆不再仅仅是一种地区性的专用品，在日本有效的经营下，它演化成一种具有近代色彩的国际商品，并通用于世界各地，就像英国人对世界各地所推广的机织棉纱一般。对于大豆的刻意经营反映出日本人在绝境中求生存的一种韧性。比如，在小林爱雄撰写的、于1908年出版的《中国印象记》里，作者谈到对奉天的印象：到处能看到日本式的商店，不过都是些不起眼的小店。听说此地有3000左右的日本人，但能发财的人很少。原本以为只要到了奉天就会像回到日本国内一样，但出乎意料的是，日本人的势力只在战争期间短暂维持了强劲的势头，现在日语也不通用了，纸币的信用度不断下降，而且听说正金银行的交易客人都是中国人，看来能和银行打交道的日本人几乎没有。[③] 据此，作者预测：如果日本人不拼命努力，奉天的将来必定会陷入绝望的境地。首先是商业萧条的现状，出口只有大豆和豆饼之类的东西，进口也没有什么大的进展，再加上马贼经常出没于长春到此地的列车上，尽管车上配备了士兵，但听说外国人于此很反感，而且那些士兵会干出拉扯中国人发辫之类的事情，因而也招致中国人的反感，中国人为此会专门绕远路去营口。[④]

我们从这些叙述里可以充分感受到日本人所时常具备的危机意识：他们绝不回避问题，相反在认识到问题后，会义无反顾地找寻解决问

① ［日］夏目漱石：《满韩漫游》，王成译，中华书局2007年版，第191页。
② ［日］夏目漱石：《满韩漫游》，王成译，中华书局2007年版，第188页。
③ ［日］小林爱雄：《中国印象记》，李炜译，中华书局2007年版，第119页。
④ ［日］小林爱雄：《中国印象记》，李炜译，中华书局2007年版，第123页。

题的有效方法。比如，一些中国观察家们会经常自发地向政府提交对华方略，而只要是行之有效的建议，政府定然会予以采纳。内藤湖南在1899年游历中国后即向政府提出以下建议：目前最重要的经营之一是内河航路的扩张。日本在华经营中，除了北清贸易大有起色外，像小汽船内河航路的成功（指沪杭、沪苏间的两条日营航线）这样的事例还很少见到，就日本人进入中国内地，和善于牟利的中国人竞争而能迅速发展的事业而言，大概唯能称道的就此一种。是不是可以说，只有小汽船航运业，或者说小资本经营才是日本在华经营的突破口？比如洞庭湖周边的航线、鄱阳湖周边的航线，甚至大运河航线，都应该是日本航运业者努力的方向，如果政府给予适当的资助和奖励，该方面的利益所得必定属于日本。而于此方面的成功，或许比外海、长江的大航线经营更加切合实际。[①] 我们由此看到，从小处做起，认真严谨，逐步累积，由小渐大这一行动方针不正是日本人不断取得进步、超越他者的法宝吗？这大概可以说是日本人的一种精神。

四 余论

内藤湖南在其《燕山楚水》中这样谈到日本的天职：不是介绍西洋文明，把它传给中国，也不是保护中国的旧物，将其卖给西洋，而是使日本的文明、日本的风尚风靡天下。我们国在东亚，而东亚各国中又以中国为最大，所以我们在履行天职的时候，必须以中国为主要对象。[②] 这是一位日本知识分子在1899年的言论。时值甲午战争之后4年，日俄战争之前5年。我们从中看到日本的自信：日本由弱变强的原因并不仅仅在于其追随了西方近代化的发展道路，最根本的缘由大概在于日本自身不屈不挠或者说夹缝中求生存的精神，即内藤湖南

① ［日］内藤湖南：《燕山楚水》，吴卫峰译，中华书局2007年版，第20页。
② ［日］内藤湖南：《燕山楚水》，吴卫峰译，中华书局2007年版，第183页。

所言之“日本的文明、日本的风尚”。就像本文所展现的，日本对于中国东北，由最初的茫然不知，至建立初步印象，至加深印象，至形成稳定印象，至发展有效的贸易经营，又至逐步殖民，这一过程中无不透露着日本人的这种精神。然而，笔者想要强调的是，当这种精神所激发出的强大动力旨在保全自我时，是值得赞赏的；而其目的在于蚕食他者，摧毁另一个文明状态时，它必然会失掉自身的光彩，而不再具备文明性。

（原载《江海学刊》2011 年第 4 期）

全球视野下的中日关系

汤重南

至2018年，《中日和平友好条约》已经签订40周年。作为对这一重要历史节点的纪念，本文拟从历史、现状及未来三个时段对“全球视野下的中日关系”进行叙述，换言之，将从古至今的中日关系置于宏观视野，从世界的视角加以阐述。不仅铺陈基本史实，更欲作出评估、判断和思考。

迄今为止，深入研讨中日关系历史及现状的论著可谓汗牛充栋，而探讨世界中的中日关系的专文，却不多见。文章肯定存在诸多不当及缺漏之处，诚望各位师友批评指教。

一　从世界历史的角度考察复交前的中日关系

从世界历史角度考察1972年中日邦交正常化、1978年《中日和平友好条约》签订前的中日关系，概括地说主要内容有三：一是从远古走来的民族起源、形成和融合史；二是古代（包括日本史的中世、近世）两千多年占主流地位的友好交往，特别是文化交流三次高潮的历史，还有古代倭寇、三次战争和“锁国”“海禁”史；三是近代日本侵华七十年史和中国人民抗日战争史。

(一)古代(中世、近世)中日关系的世界历史地位

如果从世界史的角度来观察，早在两千多年前，中日两国已开始交往，即有了两国间的关系。在近两千年间，日本从中国吸收、引进了大量的先进科学、技术和文化、艺术，甚至中国在政治、经济方面的一些制度、规章，亦被日本照搬、借用或参考、借鉴。

若从更久远的洪积世、旧石器、新石器时代考察，则可以发现两国间早有通交关系，大量的出土文物和遗迹等考古学、地质学成果充分证明了这一点，这也是两国学术界的共识。就是日本民族的族源问题，亦有中国大陆的“江南说”“云南说”和“东北说”，而“日本人种中杂有中国人种血统”，则是两国民族学、人类学学者基本一致的观点。就是说，在世界人类形成发展史上，在国家及民族形成、发展过程中，中日关系已经存在，并且应该有其科学的准确定位。既不能拔高，也不应忽视。当然，这尚属于世界史的史前史阶段，科学意义上的世界历史尚未开始。

还是回到两千多年前，从古代中日关系谈起。秦汉时代的中国已发展到封建社会历史阶段，日本尚处于原始社会末期的氏族社会后期和部落联盟的历史阶段，即“野蛮、蒙昧”阶段。中日间最初的交往是以日本多方面受到中国经济、文化影响而开展的，使日本发展成“东亚文化圈”“汉字文化圈”或“儒学文化圈”的重要一环，日本社会在从“野蛮”向“文明”飞跃时，中国是起了巨大作用的；日本国家在从落后逐渐发展到先进时，其受惠于中国是不争的事实。当然，国家间的直接交往十分重要，也不可忽视民间的往来交流，特别是通过东北亚的朝鲜半岛到日本去的大量中国移民所起的巨大作用。中国移民到日本后，所发挥的文化传播作用在隋唐时代前甚至超过正式的两国官方的直接交流，民间商人、僧侣在宋代至明代、清初时期的交流作用亦基本取代了两国官方的交流关系。

古代中日关系，除占主流地位的两国友好交往史外，还有过三次规模较大、影响较深的中日间的战争。第一次是 663 年唐朝与日本在

朝鲜白江口（今锦江口）进行的战争；第二次中日战争则称为“元军征日”，元朝忽必烈于1274年和1281年两次东侵日本，惨遭失败；第三次是丰臣秀吉于1592年和1597年两次侵朝，明朝政府两次出兵援朝。还有两百多年间中日基本断绝正式往来的时期，即日本江户幕府推行“锁国”和清朝政府实行“海禁”政策的时期；日本战国时期，即中国明朝中后期时的日本“倭寇”侵扰中国沿海地区及中国抗倭斗争时期。

从世界历史的角度看这一时期的中国，确有其不可动摇且极其重要的历史地位；而日本，在日本以外的与世界历史相关著作中，仅有关于大化改新、武士、德川幕府等极为简略的记述话语。古代、中世纪时期的日本，似乎在世人关注的视野之外，于世界史的意义确实不大。

但是，这一时期的中日关系，却与日本在世界史上的地位不尽相等。中国建立的朝贡册封体制中有日本，“中国文化圈”“儒学文化圈”和“汉字文化圈”中也有日本，日本是当时东亚世界中的重要一员，有其不容忽视的历史地位。中日关系源远流长，文化交流中隋唐、宋代两次高潮在世界文明史、世界文化交流史中具有不可轻视的地位和作用。古代三次中日战争，因均与朝鲜半岛有密切关系，中国被卷入其中，因此就不仅是两国，实为东北亚地区间的冲突、战争。在古代中世纪时，开疆拓土、对外征战被视为封建帝王的功业伟绩，且当时中日战争的影响也局限于东北亚地区，故在世界历史中几乎查找不到对中日古代三次战争的具体记载。又因中日战争亦未涉及领土疆域变化，而只是战斗后即相互撤兵，故易被世界历史忽视。从这里，似乎显现出中日关系在古代中世纪时期，被载入世界历史的占主导地位的是友好交往和文化交流史部分，即中日文化交流史在古代中世纪世界历史上占有一定的地位。这一点值得我们记住并进行理性的思考。

（二）近代时期中日关系的世界历史定位

长达千年不受世界历史关注的日本，在进入近代后，却如耀眼的彗星，划破沉沦中的世界东方的沉沉黑夜，在亚洲迅速崛起，成功地实现了经济现代化。这一时期的日本，摆脱了沦为殖民地半殖民地的危机，通过国内各项改革和对东亚弱小邻国的侵略、扩张和吞并，“脱亚”入欧，与西方欧美列强为伍，成为争霸亚洲和世界的重要资本主义国家和帝国主义国家。而作为老大的中国，在进入近代前已经腐朽没落，1840 年被欧美列强用坚船利炮轰开国门后，逐渐沦为半封建半殖民地国家，很快亦受到日本侵略，备受欺凌。

这一时期的日本及中日关系，正式进入世界历史的视野，受到全球关注。我们知道，近代的国际社会是世界资本主义、帝国主义主导的世界体系，有其民主化、法制化的一些正面作用，更有“社会达尔文主义”的优胜劣汰、弱肉强食的理论和行动。尤其是“以军立国”，走上军国主义道路的日本，不仅接受西方的种族主义、社会达尔文主义等理论，而且将传统的“天皇中心主义”“皇国史观”及武士道与之杂糅，把军国主义发展到极端形式——日本法西斯主义。近代日本对中国进行了长达 70 年的侵略。这一时期的中日关系史，主要是从 1874 年日本出兵侵我国台湾至 1945 年间的七十年侵华史和中国人民反抗斗争史。当然，其间还有 1896 年开始的以中国人到日本留学热为中心的第四次中日文化交流高潮，达二十年之久。

对近代时期的中日关系，从世界视角考察，大体可从三个方面进行简要概述。

一是面对欧美列强的东侵，中日两国的应对及结果不同。

首先，两国在 19 世纪中期有着共同的历史命运。此时两国基本上均处于封建社会末期，面对西方列强的东侵，也有过一些抵抗，不过都以失败告终，被迫与欧美列强签订了一系列不平等条约；两国也共同面临着沦为殖民地半殖民地的命运和危机。

这一时期，由于日本处于德川幕府末期的“锁国”状态，而清政府亦延续明政府推行的“海禁”政策，所以中日两国仅有长期维持的勘合、信牌交往和贸易，没有建立正式外交关系。直到明治维新后的

1871年，两国始签订《中日修好条规》及《中日通商章程》。但这一时期的条约基本上是平等条约，在世界上无甚地位和影响。在1874年日本侵我台湾和1879年日本吞并琉球过程中，特别是日本在1876年迫使朝鲜签订不平等的《江华岛条约》前后，日本开始走上军国主义道路，对外实行扩张侵略，中日关系实际上开始向不对等的方向倾斜。

其次，两国关系从1868年明治维新后开始发生逆转。日本通过走资本主义发展道路，推行开国和“失之西方，补偿于满鲜（中国东北和朝鲜）”的政策，在国内以富国强兵、殖产兴业和文明开化三大指导方针，积极应对西方列强的东侵，加之有极为有利的国际条件，最终“脱亚”成功，避免了沦为殖民地半殖民地的命运。而中国在这一时期，老大腐朽的封建清王朝面对新锐的西方列强，举措失误、应对无方，加之国内太平天国运动的严重冲击，虽有洋务运动和近代启蒙运动的开展，也无力回天，逐渐走上沦为半封建半殖民地的道路。

在这一时期，中日关系已开始发生较大逆转：无论在朝鲜问题还是在琉球问题上，日本均逐渐占据上风，而中国已处处被动，应对乏术。在两国内政外交上，日本迅速发展崛起，中国日渐沉沦，中日关系凸显出巨大的、根本性的转折：中国在世界上任列强宰割，日本开始与西方为伍，而且更加疯狂和残忍地对付中国。中日关系在世界史中地位提升，却表现为日本开始与列强一起，掀起共同瓜分中国的狂潮。

二是日本发展成为列强的重要成员，并积极参与瓜分中国。

日本成为列强中对中国最为凶恶、为害中国最甚、妄图独占灭亡中国的东洋霸主。

首先是于1894年至1895年发动侵略中朝的甲午战争，迫使清政府签订丧权辱国的《马关条约》。该条约规定，日本割我台湾、澎湖，索我巨额赔款，迫我开放口岸，强夺我国利权，等等。以此为标志，在世界史上掀起了瓜分中国的狂潮。接着是每五至十年日本军国主义都要对华进行武装侵略：1900年派兵镇压义和团运动，与列强一起迫使清政府签订《辛丑条约》，长期在我国占地、驻军；接着于1904至1905年在中国东北与沙俄为争夺朝鲜和中国东北而进行日俄战争，通过“朴次茅斯条约”，私相授受中国东北的各种权益；1914年日本参加第一次世界大战，占我山东，1915年提出灭亡中国的“二十一条”；1927年三次出兵山东；1931年悍然发动“九一八”事变，开始了14年侵华战争，更在1937年发动“七七”卢沟桥事变，进行全面侵华战争。这是日本羽翼渐丰、加倍疯狂侵略中国的时期，也是中国任日本侵略，不断丧失领土、权益的时期。这时的中日关系是日本侵华，中国备受欺凌。当然，也有中国政府不思进取、腐败无能，致使中国积贫积弱，面对列强束手待毙的问题。

其次是在这一时期，中国从1896年开始派遣留学生赴日学习，掀起第四次中日文化交流高潮。在1904—1905年日俄战争时，中国竟然宣布“局外中立”，还曾有过将日本战胜沙俄，误认为黄皮肤亚洲人战胜白皮肤欧洲人而备觉兴奋之世界级别的怪现象。

这一时期的中日关系，已具有世界历史的某种意义，即日本资本主义、帝国主义对中国殖民扩张、掠夺，在世界殖民史中占有重要的一页。从全球视野看，日本迅速发展为列强中的一员，具有资本主义国家向外侵略扩张的共性；其个性则是走向了军国主义、法西斯主义道路。日本对中国，则狂妄到妄图像对琉球王国、朝鲜一样，完全侵占，彻底吞并。

三是1931—1945年，日本侵华战争和中国人民抗日战争时期。这一时期，特别是从1937年日本发动“七七”事变，开始全面侵华战争，中国人民开始了全民族抗战时期。正如毛泽东在1939年所指出的：日本已成为“世界性的敌人，中国的抗战是世界性的抗战”①。中国人民抗日战争成为世界反法西斯战争的重要组成部分，日本成为德日意法西斯轴心国重要成员，中国则成为反法西斯同盟国的四大国之

---

① 《毛泽东军事文集》第2卷，军事科学出版社、中央文献出版社1993年版，第448—449页。

一。战后中国废除了一系列过去与列强签订的不平等条约，亦成为战后联合国的常任理事国。中国人民的抗日战争，为世界反法西斯战争做出了巨大牺牲和重大贡献。中国人民的抗日战争具有重要的世界历史地位，是世界历史中的重要篇章。

这一阶段的中日关系，已完全具有世界意义，中日关系在世界历史中亦具有重要意义。

（三）战后初期（1945—1972 年）中日关系的世界地位

1945 年 8 月 15 日，日本天皇宣布接受《波茨坦公告》，无条件投降。9 月 2 日，日本正式签署无条件投降书，宣告日本侵华战争结束，大日本帝国败亡，日本军国主义、法西斯彻底覆灭，也宣告中国在百多年来抗击侵略的斗争中首次取得了完全的最后胜利。中国作为反法西斯同盟国中的重要成员，以胜利者的身份参与了同盟国于 9 月 2 日举行的日本签署投降书的仪式和对日本战犯的东京审判。这些均具有世界意义。

战后世界形势发生了巨大变化，进入了和平与发展的新时代。日本在被美国事实上单独占领后，进行了历史性的民主改革，特别是制订了“和平宪法”，保证了日本七十多年来的和平与发展。中国的变化更是翻天覆地，1949 年中华人民共和国宣告成立，以全新的形象登上世界舞台。

战后初期，世界的政治格局“雅尔塔体制”，实质是美国（世界资本主义阵营的代表）和苏联（世界社会主义阵营的代表）的“冷战体制”。中华人民共和国成立后，中日两国由于在冷战体制下分属两大不同阵营，官方正式关系长期处于断绝状态。美国从中作梗，中国未能参加旧金山对日和约的签订。中国政府发表声明宣布：《旧金山和约》“是非法的、无效的，因而是绝对不能承认的”①。《旧金山和

① 《周恩来外长关于美国及其仆从国家签订旧金山对日和约的声明》，载《国际条约集（1950—1952）》，世界知识出版社 1959 年版，第 387—389 页。

约》条约签订后，日本得以重返国际社会；又由于《美日安保条约》的签订，日本成为美国东亚战略中的小伙伴。日本政府长期坚持敌视新中国的态度和实行反华政策，中日政府间无外交关系，中日邦交一直处于极不正常的状况中。

但值得大书一笔的是，在中华人民共和国成立不久，日本就建立了"日中友好协会筹备会"，到1949年底筹备会已达400多人。1950年5月协会正式成立。1952年参加莫斯科国际经济会议的日本代表高良富、帆足计、宫腰喜助三位国会议员、原议员，到北京与中国国际贸易促进委员会订立了第一次中日民间贸易协议。还有在侵华战争结束后滞留中国的三万多日本人，至1958年全部回到日本。他们中的许多人，为新中国的革命和建设事业作出了许多贡献，中国中日关系史学会编写的《友谊铸春秋》第一、二卷，对其中近百人的事迹作了记述。大量的民间团体、个人的交流活动就此频繁开展，两国人民间的政治、经济、文化各方面的友好往来不间断地迅速发展，极大地促进了两国官方外交。人民间的友好使者的作用和意义十分重要且巨大，"以民促官"、半官半民，成为发展中日关系极为宝贵的经验。这一经验，不仅在当时，就是在现在与未来，对处理世界国家间的关系亦有很大的现实意义和深远广泛的影响。

二　1972—2012年间世界视角下的中日关系

1972年9月，中日两国政府发表联合声明，宣布实现了中日邦交正常化，距今已46年。

其中第一阶段是从1972年至1989年。

在这一时期，中日于1978年签订了《中日和平友好条约》，今年适逢40周年。当年，邓小平副总理为参加交换条约批准书仪式访问了日本，揭开了中日人民间空前广泛规模宏大的交流以及政府间往来空前频繁的历史大幕。两国首脑互访，都是在相隔半年左右进行，充分反映了两国在政治、经济、文化各方面密切交流的迅速发展。

从 1978 年 10 月邓小平访日开始，互访情况简列如次：1979 年 12 月，大平正芳首相访华；1980 年 5 月，华国锋总理访日；1982 年 9 月，铃木善幸首相访华；1983 年 11 月，胡耀邦总书记访日；1984 年 3 月，竹下登首相访华；1985 年 4 月，彭真委员长访日，1985 年 7 月，日本木村睦男参议院议长访华；1986 年 11 月，中曾根首相访华；1988 年 6 月，日本原健三郎众议院议长访华，1988 年 8 月，竹下登首相访华；1989 年 4 月，李鹏总理访日。其间，还有 1981 年 10 月，福田纠夫前首相访华，等等。

这一时期的中日关系，无论在中日两国，还是在东亚、亚洲和世界，都促进了亚洲和世界的和平与稳定，产生了广泛而深远的积极影响。

第二阶段是从 1990 年至 2000 年。

在这一时期，雅尔塔体制和冷战国际格局结束，国际形势变化巨大，中日两国和两国关系亦发生了巨大变化。

首先是中国 1989 年春夏之交的政治风波后，日本虽和其他西方国家一起对中国进行了指责和制裁，但日本主张尽快恢复与中国的接触，迅速解除了日本国民来华的禁令，派出国会代表团访华。接着，恢复对华援助，1990 年 11 月，日本解除了被冻结的对华第三次贷款。特别是 1991 年 8 月，日本首相海部俊树访华，标志着中日关系全面恢复。日本这一时期处理中日关系的主张和行动，自然受到了中国的肯定和欢迎。

也正是在海部首相访华期间，日本提出了“世界中的中日关系”这一概念。当时，海部在北京中日青年中心发表题为“新的世界与日中关系”的讲演，在讲演中他首次提出了“世界中的中日关系”的新概念。海部说：“在我国对世界和平与繁荣将发挥更大作用之际，从全球的观点重新考虑同中国的友好关系至关重要。换言之，我们现在已进入应该从世界范围的观点重新探讨两国关系的时代。”[①] 但是，海部在与中国总理李鹏会谈中亦改变了过去在对华政策上的某些做法，首次向中国提出了民主、人权、裁军、环保等地区或全球问题。综合而论，海部提出“世界中的中日关系”新概念，是有双重作用和正负两面影响的，标志着日本对华基本姿态“经济合作、日中友好、政治反省”开始改变，试图加重对华外交的政治色彩；标志着日本大国战略的形成；亦显示出日本限制中国的意图。当然，希望建立超越中日双边关系，立足于亚太甚至世界的中日关系，加强两国在地区及全球问题上的合作，发展更为广泛和更高层次上的关系等，则是具有积极意义的。

海部后的日本历届政府基本上也都肯定和继承了“世界中的中日关系”这一对华政策方针。而中国政府虽未直接评价，但亦未表示异议。

更为重要的是，在这一时期，以中共中央总书记江泽民访日和日本明仁天皇访华为标志，中日关系进入了新的历史时期。其实质性的进展是中日的双边合作向多边合作发展，逐步形成并确立了“亚太中的中日关系”和“世界中的中日关系”。

1992 年 4 月 6 日至 10 日，江泽民总书记访日期间，中日首脑会谈后日方在首相官邸举行盛大宴会，在宴会上江泽民说：“我们愿意积极吸收和参考包括日本在内的世界各国的成功经验。中国加快经济发展，将会使中日友好关系在更高层次上向纵深发展。”宫泽喜一首相说：“今天的日中关系不仅是两国间或地区性的关系，而且已经进入‘世界中的中日关系’的时代”，“希望两国今后在军备控制、裁军、地球环境等问题上加强政策性的对话，建立‘为世界作贡献的日中关系’”。这是中日两国首脑第一次共同提出“世界中的中日关系”这一命题，标志两国“世界中的中日关系”的确立。[②]

① 参见刘江永主编《跨世纪的日本》，时事出版社 1995 年版，第 466—467 页。
② 参见吴学文、林连德、徐之先《当代中日关系》，时事出版社 1995 年版，第 249 页。

对“世界中的中日关系”，江泽民总书记提出的是“对世界和平和发展产生积极影响的中日友好关系”，宫泽首相提出的是“为世界作贡献的日中关系”。不同的话语，讲的都是同样的含义，目标是相同的。即在冷战结束后，中日两国发展稳定和良好的中日关系，是世界和平稳定、繁荣发展的重要前提；两国不仅在亚洲，而且在建构和平的国际环境方面，都有责任和义务；稳定良好的中日关系不仅对两国的和平、繁荣极为重要，而且对亚太地区及世界的和平发展亦是十分重要的，换个角度看，世界潮流和冷战后国际环境的新变化均要求两国建立能有利于世界和平发展的“世界中的中日关系”①。

第三阶段是从 2001 年至 2012 年。

这一时期是构筑 21 世纪初新的中日合作关系的重要时期，也是中日结构性问题凸显的时期。

面向和跨入 21 世纪，中日关系的世界定位亦日益提升，两国均负有为东亚、亚太地区乃至世界的和平与稳定彼此合作的历史使命。然而，由于 21 世纪初期日本小泉纯一郎首相顽固坚持参拜供奉有东条英机等 14 名甲级战犯亡灵的靖国神社，日本政府提升与台湾地区关系的地位，在钓鱼岛及东海海洋经济区域划界，在我国开采春晓油田方面不断挑衅，制造事端，加之文部省悍然放行日本右翼教科书和妄图绕开中国硬闯关成为联合国安理会常任理事国等原因，中日关系出现诸多问题，其影响亦波及东亚乃至亚太地区及世界，而其责任确实在日本。

在 21 世纪初期，中日两国在经济合作方面取得了令人瞩目的发展势头，连续四年创新高，两国贸易额在 2004 年达到 1680 亿美元，2005 年则接近 2000 亿美元，在政治、经济、文化、军事、外交方面的合作亦迅速向纵深发展，呈现良好势头。

只是由于小泉首相顽固坚持参拜靖国神社（至 2005 年 10 月已是五次“拜鬼”），两国最高层领导人未能实现互访，且让两国国民感情

---

① 参见吴学文、林连德、徐之先《当代中日关系》，时事出版社 1995 年版，第 249—250 页。

蒙受了不良影响，两国民间均有一些感情用事之事发生。

从过去的历史和未来发展考察，在与国际社会合作方面，中日两国已经做出并在将来更应该做出自己的努力和贡献。

首先，是两国均在东亚地区和国际合作中具有重要而巨大的作用。这些作用，有的甚至可以说是关键的决定性作用，这种地区大国的作用必然影响世界。1972 年实现中日邦交正常化时的两国联合声明、1978 年签订的《中日和平友好条约》和 1998 年中日两国建立致力于和平与发展的友好合作伙伴关系的联合宣言三个重要文件已表明，让意识形态影响国家间的关系是不明智的。企图把一方的意识形态、价值观念和社会制度强加于另一方，甚至为此使用政治、经济压力，则只会恶化两国关系。可以说，没有任何建设性的国家关系能够建立在这种基础之上，世界中的中日关系亦是如此。两国似均有可以自我反省、反思之处。

其次，在经济全球化的浪潮中，中日在东亚及世界国际合作中已呈现许多新景象。一系列构想已经提出：如首先建设东亚自由贸易区，而长期目标则是建立东亚共同体的报告书已在制订并将呈送新一届 10 +3 非正式首脑会议审议。又如，中、日、韩三国学者近年来每年均定期举行东亚合作问题的研讨和分析，提出实现东亚经济共同体分三步走的分阶段计划，即第一步在 10 +3 框架下进行地区整合与具体合作计划，第二步是东亚大区域的框架整合，第三步是逐步过渡到共同体机制。再如，三国民间学者共同合作编著了《东亚三国的近现代史》（社会科学文献出版社 2005 年版），进而考虑并进行了中日历史共同研究的官方组织等类似合作，2014 年 10 月由社会科学文献出版社出版了《中日共同历史研究报告》（古代史卷、近代史卷）中文版，日本的出版社也同时出版了日文版。这些都表明从经济、文化合作可以发展到政治、军事合作、协调；从民间实践可以发展到促进官方的合作发展。这些合作，不仅涉及东亚，更扩大到了在亚太地区乃至世界的合作。两国在各个方面都做出了各自的努力和贡献。

环渤海区域的中日韩经济合作论坛已举办多届，2004 年 8 月在天津召开时，就有三国政界和经济界人士共同探讨国际合作新形式的重要内容。

中日两国领导人在出席各种多边国际会议时保持着接触，会见、谈话涉及国际合作及中日关系几乎成为惯例，亦利用一切多边会议进行合作。只是由于小泉首相于 2005 年 10 月，悍然第 5 次参拜靖国神社，才导致多边会议中双边的会见中止。

2004 年 1 月，北京举行了“亚太议会论坛”第十二届年会。11 月，中日领导人又参加了亚太经合组织领袖非正式峰会，胡锦涛总书记在圣地亚哥会见了小泉纯一郎。

2004 年 10 月召开的以“友好互信，合作共赢：构筑东亚安全新秩序”为题的首届中日韩和平发展与安全保障高层研讨会，涉及军事安全、外交战略及媒体作用等广泛内容。

最后，中日两国还与国际社会合作，为建立世界新秩序发挥作用。中日两国同心协力，为解决冷战遗留的种种问题和协商解决面对 21 世纪的种种问题，作出了各自的努力和贡献。

21 世纪初期，新一届中日友好 21 世纪委员会成立并召开了第一、第二次会议。两次会议均结合当前中日关系形势，研讨和交换了对推动中日关系健康稳定发展的意见。中日政府间的两国战略对话也已进行了四轮。只有从长远角度、战略高度考虑和发展中日关系，才有出路，才有各自的尊严、利益和安全，才有地区乃至世界的共同利益，才能对世界的和平与发展共同作出贡献。

三　当前“世界中的中日关系”及对未来的展望

从 2012 年安倍第二次上台开始，他本人及其阁僚们的错误言行，不断激起中、朝、韩等国的愤慨和批判，其历史认识和历史观亦令曾遭日本侵略的国家、人民忧心不已。

这里仅简略列举如下：（1）安倍在2012年10月竞选时，公然表示2006—2007年任首相时“不得不放弃参拜靖国神社，这让我一直悔恨不已”。果然，他再次上台的第二年4月，就怂恿副首相麻生太郎等多名阁僚率上百名国会议员参拜靖国神社，他自己也向神社献上了祭物。5月，到缅甸访问时，他专门去参拜侵略缅甸的日军墓地；2013年8月15日，又有多名安倍内阁的大臣和百余名议员参拜靖国神社，安倍还特意送上了“祭祀费”。（2）他提出了“侵略定义未定论”。（3）他公然声称“自己是宪法的修改论者”，把修改宪法作为自己的“历史使命”。他身穿96号运动上衣，以显示修改和平宪法96条的改宪第一步的决心，声称，“日本修改和平宪法，不需要向邻国解释”，进而在7月中旬公开提出了要修改和平宪法第9条；更有其得力心腹副首相麻生太郎，竟然在7月公开讲话中引用德国纳粹政权修改宪法的例子，说什么，“我们可以学习德国魏玛宪法在不知不觉中就发生变化的这种方式”。（4）他冒天下之大不韪，登坐731号战斗教练机，向人性、人道、人权公然挑衅。（5）8月15日，他率阁僚参加第68次“终战纪念日”，发表为历史翻案的讲话，并当面三呼“天皇陛下万岁”。（6）安倍政府扬言要“修正”“村山谈话”和“河野谈话”。（7）安倍在12月26日公然参拜靖国神社。（8）安倍加紧解禁日本“集体自卫权”的行动，于2015年获通过，并且于2016年3月29日正式实施，即能行使“集体自卫权”。（9）在2015年，不顾国民反对，通过新安保法案，强化日美同盟，充当美国推行“亚太再平衡”战略的马前卒。（10）搅局中国南海问题，借菲律宾关于南海的所谓“仲裁案”闹剧，打压中国。（11）拼凑新的澳印圈，围堵中国，等等。

安倍2012年年底上台后，一反第一次当首相的做法，很快抛出了所谓“战略外交”“价值观外交”和“积极主动外交”三原则。安倍的外交三原则不外乎是重弹冷战思维的老调，打意识形态之牌。再次上台后，安倍多次极力表白：日本将大力巩固和加强日美同盟。2013

年2月访美后，他明确表示普天间机场（驻日美军基地）将在县内搬迁，并会积极参加“跨太平洋战略经济伙伴关系协定”（TPP）谈判；更在2013年底给美国送上“大礼包”——普天间基地在县内搬迁。安倍还频繁展开针对中国的一系列外交活动，图谋构筑“制华包围圈”。安倍及其阁僚几乎访遍东南亚各国和澳大利亚，试图打造所谓的“安全保障菱形圈”，强化与菲律宾在军事安全领域的合作。他走访了中国周边30多个国家；又前后邀请印度、缅甸等十多个国家领导人访日，还特别安排了11月30日的天皇夫妇对印度的访问。安倍政府在突出经贸的同时，也在经济上通过减免债务、增加援助、增加投资等“甜头”，挤压中国的经济影响力和空间；更在政治、安全方面下力气，政治上联合菲律宾、越南、印度等同中国有领海或领土之争的国家，博取同情和支持，打造其“统一战线”。安倍不惜大把撒钱，大造声势，表面上看似乎一时也取得了一定效果，最终一定是“竹篮打水一场空”。

尤其不能不令人警觉的是，安倍上台后，极力推动解禁“集体自卫权”，制订扩军计划，加速扩军步伐。他大量扩充军备，增加防卫预算和人员编制，购买、研究发展和建造最先进的军机、军舰，积极谋划改自卫队为国防军，全面、整体推进日本的军事力量。在2013年7月的国会讲话中，安倍强调全面解禁集体自卫权的必要性，并积极推进实际解禁。更有甚者，在11月26日众议院通过后，于2013年12月6日深夜，安倍的自民党和联合执政的公明党，不顾在野党和国民的强烈反对，在参议院全体会议上强行通过了《特定秘密保护法案》（“密保法”）。而在2013年12月4日，安倍已启动了日本国家安全保障会议（“国安会”）。“密保法”与“国安会”的结合，使首相和首相官邸有了极大的权限，也使日本政府的最终决策更易于倾向军事手段，从而增加了“以军治国”“以军立国”的危险性。安倍内阁17日通过了首个外交与安全政策综合方针的《国家安全保障战略》和未来十年防卫力建设方针的《防卫计划大纲》。2014年防卫预算拟定为

4.88 万亿日元，之后又连续两年增加军费，而且毫不隐讳地将其矛头指向中国、朝鲜。

安倍的所言所为，从国际大环境看，是为追随和充当美国“亚太再平衡”的马前卒，是遏制中国发展势头的极端表现；从国内看，是日本新保守主义和民族主义思潮泛滥的必然结果及维持自民党长期执政的政治需要，也是日本强军，走向政治大国、军事大国的必然反映，特别是日本右倾化社会思潮的结果。尽管东南亚个别国家因觊觎中国南海的一些岛屿和开采石油之便，暂时会与日本沆瀣一气，但从大局看，大多数东南亚国家还是认同在《南海共同宣言》的框架下通过双边协商解决分歧，而且没有一个国家公开支持日本对钓鱼岛拥有主权。更重要的是，当今的中国，经济、军力、国力与以往已不可同日而语，世界的繁荣与稳定也离不开中国。

海峡两岸的关系在马英九时期是 60 多年来最好的时期，19 项协定和习近平总书记、吴伯雄荣誉主席的会谈，更标志两岸关系进入了“全面发展”的新时期，“潮平两岸阔，风正一帆悬”，政治对话的“破冰”，使创造更多的合作红利正当其时。然而，蔡英文上台后，大搞台湾“独立”，死不承认“九二共识”，使两岸关系发生了根本变化，形势极其严峻。中美习奥会的积极成果曾经令世人瞩目：不冲突、不对抗；相互尊重，合作共赢。中美对新型大国关系的内涵已经达成共识，中美将保持强有力的合作关系；特朗普上台近两年来，形势复杂多变，刚刚宣布不打贸易战（有太多的经验教训），又在台湾军售、台海关系等问题上突破中国的底线，更反“言必信行必果”的承诺而行之，毫无信义可言，“翻脸比翻书还快”；日本也不断在台湾问题上，违背中日四个政治文件，不断升级日本和台湾的关系，向半官方，甚至实际上的官方关系迅速发展，挑战中国。

我们认为：中日关系的前景从长远看仍然是谨慎乐观的。中日两国永远是一衣带水的邻邦，在和平与发展的时代主题和潮流之中，只要我国持续发展，实力不断增强，虽然中日间将长期存在矛盾、摩擦、竞争，甚至对抗，但尚不至于出现最严重的局面，中日关系仍会长期、稳定地向前发展。中日关系的发展，只有遵循四个政治文件的原则，正视历史、面向未来，才能不断巩固两国关系的政治基础，从而推动政治军事、经济贸易、文化科技关系的全面发展。而两国关系的全面发展，又更要求夯实政治基础。这种相互促进、共同推动的良性发展是具有战略性的。中日两国是永远搬不走的邻居，钓鱼岛问题不是中日关系的全部。当今时代，求和平、谋发展、促合作，依然是不可抗拒的世界潮流。安倍政府逆潮流而动，绝没有好结果；只有改弦易辙，修补中日战略互惠关系，才是明智的。

为防止中日关系出现停滞和倒退，中日双方一定要积极进行对话，加强沟通，尤其是高层政要，只有顺应时代潮流，勇于突破，才能重开新局面，出现改善和发展的良好新局面。两国要以民间交流为基础，以两国领导人决策为关键，这是决定中日关系发展的枢纽。最近中日韩领导人在日本的会面及李克强总理成功访问日本，标志着中日关系的转暖、向好。来之不易，值得珍惜。

四　对全球视野下中日关系的五点认识和思考

面向未来，既要清醒、理智，又要面对现实，未雨绸缪。

有鉴上述，笔者提出以下五点不甚成熟的认识，既有对中日关系所存问题的认识、解决方法和对保证两国关系稳定、健康发展的建议，亦有对未来“世界中的中日关系”发展前景的展望。

第一点，对中国而言，究竟应如何看待当前世界和中国、中日关系形势？窃以为，既要力避两个极端，又要正视现实，特别是从防范方面考虑。

认清世界潮流和时代主题没有根本转变，但也是世界共运、社会主义运动受挫，处于低潮的历史时期。所以，依然是机遇和挑战并存：既是中国走向复兴、富强的大好时代，又是中国备受围堵、遏制、打压和被妖魔化、抹黑、唱衰的艰难时期；既是难得的战略机遇期，又是充满危机、挑战的困难时期。中日关系也是既有合作共赢，又充满矛盾博弈；认清国际与国内形势，应该既坚持四个自信，又保持和增强危机意识；认清中国相当一段时期是处于三个被“绑架”状态：金融被美国，外交被周边，舆论被网媒，虽然经过努力已有向好发展趋势和一定的转变，也亟待解决；认清世界大势：美国并未完全走出危局，欧洲仍处于困局，中东依然呈现乱局，东亚则凸显变局。这是我们考虑问题的大背景和出发点，也是准确定位中国、中日关系的重要依据。

第二点，中日关系的结构性三大矛盾（日本窃取我国领土钓鱼岛争端，日本不能正确认识、对待侵略历史问题和不断突破与中国台湾民间关系的承诺）一个也没有解决，而且在相当长的一段时期内是不可能得到根本改变和彻底解决，我们要将中日关系放在更长时段，即放到 21 世纪后半叶甚至 22、23 世纪进行审视。我们只能根据地缘政治学、经济学和文化方面的久远关系处理两国关系。中日两国是邻居，至少应该做相安无事及和平共处的邻居，争取做好邻居，长期友好合作。中日两国在经济全球化时期只能是多元共存，不仅有观念、认识的问题，也有现实、利益的问题。“机遇和挑战并存”“斗而不破”将是可以预见的现实和未来较长一段时间的基本状态。两强并立于东亚，必有矛盾、摩擦、竞争、斗争和对抗，甚至会有局部的冲突，但总会有战略的、根本的、长远的全局利益来抑制和制约中日两国关系的失控，中日两国将长期在崎岖、坎坷的道路上曲折地向前发展，中日关系是一种必然会有矛盾、又相互依存之关系。安倍 2012 年上台伊始，就用悍然参拜供奉有日本甲级战犯的靖国神社关闭了中日高层交往的大门，成为“不受欢迎”的人物。现在，安倍为摆脱国内丑闻困境，服务选举，打出“三步走”计划，已开始进行。李克强总理访问日本标志中日关系开始转暖。但是，安倍实用主义的目的十分明显，我们必须保持清醒、冷静。而在增强互信、互惠，构筑中日战略关系问题上，又是双方都有需求，可以合作共赢的，我们应该，也一直在作出自己的努力和贡献。

第三点，中美日三角应该总体动态把握。我们也应该更进一步深入地思考：当今的美国、日本，是上升、攻势为主导，还是衰退、守势为主导？美国基本放弃“亚太再平衡”后，特朗普要收缩战线，使美国更加富强，推行“美国第一”战略和“美国优先”策略，不惜“川（有将特朗普翻译为川普者）剧变脸”；日本的所谓正常“普通国家”诉求不可化解而只能引发对抗、冲突？如何建立中美新型大国关系？如何建立东亚中日两强并立、和平互利的关系，考验着中、美、日三国，更需要中日两国的努力和聪明智慧。加强各层次广泛的沟通和交流，增进相互理解，加深相互的准确认识，特别是民间的广泛、深入的友好交流，“以民促官”“以经促政”和“以文促情”的传统及经验，正可大显身手。还有保持中日两国间高层不拘形式的接触，利用多边会见促进双边关系的改善和稳定发展。这主要取决于安倍及今后日本政府领导人的言行。而中日双方的传媒，应如实反映和注意正面报道两国的真实情况，减少乃至消灭情绪化的、不负责任地恶意歪曲报道对方的负面信息，传达负责任的、有利于中日关系稳定发展的信息，以免误导民众情绪。还想再次强调指出：首脑外交是关键的、首位的。

第四点，中日双方要恪守中日间的四个政治文件，而决不允许大幅度倒退。两国均应强化世界意识、经济国际化意识，以国际规则、公认的国际法为依据，不应只强调自己国家的某些习惯而违背国际法，更应摒弃“双重标准”。这方面，日本问题很多，应更加注意和改进。

在中日三大原则分歧问题上，只要涉及我国核心利益、国家安全和尊严，就绝不能作无原则妥协，但也要注意斗争的有理、有利、有节，一定要建立危机掌控、管理机制。

首先是妥善处理好历史认识问题、遗留问题。这一问题主要出在日本方面，应该拿出诚意，以实际行动来解决问题。中国方面亦要更有耐心和有长期斗争仍颇难彻底解决的思想及精神准备。解决这一问题应放在中日关系总的长远战略利益和关系方面来考虑。当然，同样亦有正确、错误，正义、反动的是非问题，也要遵循国际准则这一共同的标准。其次是日本应该遵守承诺，停止将与中国台湾的关系向准官方、半官方、官方推进的冒险做法。再次是两国共同努力推动中日韩、东亚及亚太经济贸易等各方面的区域合作，共同维护东亚、亚太和平；顺应和平发展的国际潮流，应时代之要求而相互协调，倡导和加强国际合作，致力于亚洲的繁荣、振兴，致力于世界的稳定、和平与发展，推进世界中的中日关系进一步发展。未来“世界中的中日关系”，其追求的只能是、仍会是健康稳定的中日关系，而只有稳定健康的中日关系才能对世界的和平与发展作出贡献。倘能如此，也才不愧称为世界中的中日关系。

第五点，中日关系的根本保证、关键的关键，是中国坚持和平发展、可持续发展，增强国力，真正富起来、强起来，从容应对东亚和世界风云变幻。一定要采取有效举措，确实避免和有效化解当前发展可能遇到的四大陷阱（中等收入陷阱、修昔底德陷阱、塔西佗和西化分化陷阱），抓住机遇，排除干扰，迎接挑战。我国学人一定要从战略高度为国家的对日工作，提出可供参考、借鉴的建设性意见和可行性建议；让我们为构建人类命运共同体，完善推进“一带一路”倡议等全球合作理念与实践而努力，使中国重振辉煌，早日建成国富民强的真正的世界大国、强国，实现中华民族复兴的伟大理想。

（原载《江海学刊》2018 年第 5 期）

抗战洗礼下少数族群的中华民族化

吴启讷

一　导言

伴随第二次世界大战结束，亚洲国家纷纷脱离殖民宗主国的宰制，开启转型为近代民族国家的进程。七十年过去了，其中多数国家仍然陷于国内严重的种族、宗教冲突之中，难谓转型成功。与多数亚洲国家相较，中国从未完整沦为单一列强的殖民地，但却在第二次世界大战前夜，提前遭受出身亚洲的新兴帝国——日本的侵略。这一不幸，使得中国人民比其他亚洲殖民地人民更早投入反抗帝国主义和殖民主义的斗争，将危机化为转机，恢复了被日本占领的国土，更从思想、文化、政治、军事和经济各个角度加强了由各民族组成的国族——中华民族的认同和团结，构筑起中华民族的民族国家。

20 世纪 30—40 年代日本对中国的侵略，乃是以中国的少数民族为突破口，经由少数民族聚居的中国边疆深入中国的堂奥，抗战因而成为一场包括少数民族在内，真正意义上的“全民”抵抗外敌侵略的战争。中国的边疆少数民族聚居区域比汉人聚居区更早面对日本的渗透和侵略，边疆少数民族民众甚至比汉人更直接、更深入地参与对抗日本侵略的行动。

清末，列强利用传统农业国家纷杂的族群和文化现象，以及农业王朝并不直接控制其边缘地区的统治形态，介入、操纵中国边疆和非汉人族群的政治，意图从四缘拆解中华帝国。面对危机，清朝被迫朝着改变间接统治边疆的传统政治模式，封堵列强插手缝隙的方向，推动国家的近代转型。[①] 中国境内的汉民族革命打断了尚处在起步阶段的新政，为列强提供了进一步介入中国边疆的新契机。[②] 在列强的侵略和威胁面前，清朝臣民和中华民国国民的国族意识萌芽，但距离成熟的中国人国族意识，或曰中华民族意识，尚有相当距离。其中，汉人与南方丘陵地带少数族群的国族意识，比较明显地倾向于中华民族一体化的方向，但在清末为止仍处在半自治状态下的西藏、蒙古，甚至在清朝后期完成行省化的新疆，当地非汉人的民族意识萌芽与成长却未能同步，甚至步上相反的方向。

垂涎中国广袤国土的日本，在清末即有意利用汉民族主义革命，促成清朝崩解，顺势夺取满蒙。辛亥变局发生后，革命派与立宪派达成妥协，放弃了狭隘的汉民族主义，改宗包容性较高的中华民族主义，尝试以“五族共和”的模式，维护王朝留下来的广袤领土与多元族群人民的遗产，将汉人以外其他族群的政治资源整合到以汉人为核心的民族国家政治体系之内，一时阻断了日本的扩张路径，日本乃将目标转向中国的边疆与非汉人族群，试图复制西方列强利用非突厥人群体的民族主义肢解奥斯曼帝国的模式，拆卸中国。

1928 年民国在形式上完成全国统一，国家所面对的国际政治、地

① 清军于 19 世纪末期规复新疆后，引进与内地一体化的政治和行政制度，将新疆改建为行省，使这个广袤的边疆省份未来与中央之间得以维持一种疏远但并不断绝的关系。清末新政针对边疆的政治目标，即是比照新疆模式，去除蒙古事务、藏语区事务和其他边疆事务中的特殊设计，达成国家的行政统一。参见吴启讷《面对以汉人为主体的中华民国——辛亥变局下少数族群的困惑与抉择》，载裴京汉编《东亚史上的辛亥革命》（Seoul：Hanul Books，2013），第 262—299 页。

② 俄、英的身影映照在中国政权更迭之际的外蒙古独立和西藏独立议题中。民国建立后仍然必须面对蒙古事务、西藏事务和延续近 3 个世纪仍未完成的西部山地“改土归流”进程这几个国家最为敏感的议题。

缘政治局势较之清末更形严峻。日本染指北中国“满蒙”地区的步伐加快；苏联除扶植外蒙古共产主义政权，实质控制外蒙古外，也极力巩固它在中国东北和新疆的势力范围；英国对西藏政治的涉入和对云南西部中国领土的兴趣始终不减。面对此一情势，国民政府延续清末应对边疆危机的政策方向，一面持续推动边疆与内地的行政一体化，加强中央对边疆非汉人地区的政治影响力；一面标举中华民族同血缘、共命运的主张，借普及近代教育的名义，持续推动针对汉人以外少数族群的同化政策，冀望从内部消除边疆非汉人区域无法抵御外来利诱、侵略的潜在危机。到30年代初，国民政府已基本完成对内蒙古地区和藏语区东部的行省化，并确定未来十年间将行省以下残留的传统地方行政制度，包括蒙古盟旗、以“行政区”为名的土司辖区制度等，彻底转换为州县制的方向。

对在清朝与中华民国政权更迭之际，并未试图脱离新国家而自立，之后相对顺利地纳入中华民族国族建构进程的华南、西南山地众多的非汉人群体，国民政府也坚持推动废止土司制度，完成改土归流的目标。[①] 政府不再承认土司制度的合法性，并动手废除土司制度的两项核心内容，即“封委承袭”制度和领主征税制度。具体而言，是将民国建立后改以“行政区”为名的原土司辖区改制为“准县”——“设治局”，由设治局统计人口、编订户籍、清丈土地，直接征收赋税。[②]

中央政府的政治目标和政治作为，无疑触及了蒙、藏和其他非汉人群体传统政治势力的利益，他们以各自的方式抵制国家的行政统一和政治统一举措。事实上，汉人地方军政势力为维护各自的势力范围，对中央政府同样采取既合作又对抗的姿态。这种对峙的态势，给外国

---

① 内政部于1929年12月“制定土司调查表式，咨请广西、云南、湖南、湖北、贵州、四川各省政府，饬民政厅切实查明，依式填报，并且改革意见，以供参考”。“1930—1931年间又迭谘仍存土司制度各省，切实力行改土归流，嗣后各省政府如有呈报补官袭职之事，不再核准。”

② 例如，1932年将云南西部的干崖、盏达、勐卯、芒遮板行政区改设为盈江、莲山、陇川、瑞丽、潞西设治局，褫夺土司的职权和统治。

政治势力介入中国地方、边疆和少数族群政治事务提供了另一种契机。近代以来，对于中国有最全面侵略企图和计划的日本，当然不会放弃这样的契机。日本对中国的威胁，在以侵略行动指向满蒙边疆的同时，也在政治上强烈质疑以汉人为主体的“支那共和国”统治非汉人地区的正当性。可以说，中日战争的爆发，在一个意义上，是以中国的边疆危机为导火线的。

日本发动“九一八”事变，占据中国东北，进窥内蒙古以至关内，即以“民族自决”相号召，建立“满洲国”，运用“五族协和”的口号，动员非汉人族群，抵消汉人反满抗日的能量；其后，进一步发起扶持、操控内蒙古自治、独立运动；介入新疆穆斯林反抗汉人行动；并借宗教联系笼络西藏。“七七”事变前后，日本大力鼓吹汉语穆斯林建国，在侵华战争中分化回汉关系；与其盟国暹逻合作，试图以“泛泰主义”渗透广西、云南；1941 年，日军实施南进政策，占领中南半岛，于 1942 年 5 月进占中国云南西部边地。但是，由于日本始终立足于征服者的地位，对于中国长久而复杂的族群政治史也缺少深入的理解，其高调动员并未在大部分中国少数族群间造成深度的影响，不足以全面瓦解中国古代王朝长期延续和近代中国国族建构过程之下的国家政治结构。

在日本的军事与政治威胁面前，国民党领导的中国政府、地方政治势力和中国共产党等政治力量并未坐以待毙，他们以各自的方式，展开对少数族群的动员。这样的动员，在一定程度上，较为贴近少数族群自身（包括族群意识和国家意识同步建构在内）的民族化过程的节奏，较为贴近少数族群对于自身利益与中国、日本之间利益关系的切身感受，因而与少数族群自发的抗日行动有所衔接，结成对抗日本军事、政治攻势的共同阵线。从包含“国族”与“族群”两重含义的“民族”角度来看，抗战可被视为中国历史上第一次“全民”动员的战争。

相较于汉人聚居的内地省份，边疆和非汉人群体与抗战之间，有更多超越军事层面的联结。广袤的西南、西北地区，从荒远落后的边鄙一跃成为接近国家政治核心的战略、经济、文化要地，步入以“边疆开发”为名目的近代化进程。尽管在这样的进程背后隐藏着突发人为因素下的不稳定，还隐藏着“国难”与“国难财”的道德冲突；西南、西北边疆的非汉人群体更面临在汉人的国族认同与边界另一侧血缘、文化近亲的国族认同之间做出选择的严峻考验①，这些“边鄙”之地无疑步入了近代中国文化、经济、政治演进的共同轨道，当地人民与内地、沿海人民间的互动和相互了解也达到前所未有的程度，汉人与少数族群各方都创造性地延续、更新了历史上的互动，“我们中国人”的观念由抽象转为具体。最值得注意的是，在新的互动、融合的过程中，少数族群主动、创造性地参与其中的机会和比例显著提升，中华民族的包容力和凝聚力也随之进一步提升。

二　日本有意利用中国少数族群的政治资源，分裂中国

尽管日本国内几乎不存在复杂的族群现象，但却对邻国中国的族群现象中所隐含的政治资源产生兴趣。20 世纪初，日本基于拆解中国的政治动机，对于邻近内陆亚洲的中国西北、西南边疆展开考察，从中体悟到“五族共和”论述在近代中国族群政治中的意义，乃于此后炮制的“满洲国”中，模仿“五族共和”的外貌，设计出一个所谓“五族协和”的政治架构，借以动员中国东北的族群政治资源。

（一）“民族协和”口号下的主从结构

面对族群生态复杂的中国东北，日本放弃简单的殖民同化政策，改采在帝国体制内，考虑殖民地的文化、政治传统，制定符合殖民地现实条件的特殊政策。20 世纪 30 年代初，由满铁青年组成的右翼

① 抗战期间，汉人中出现为数众多的“汉奸”，少数族群面对日本的威胁利诱，实行与之“合作”姿态者的比例也不下于汉人。

团体“满洲青年联盟”揭橥“以日本民族为中核”的“民族协和”的构想。[①] 1932 年 3 月，日本利用前清宣统逊帝，在清朝的“龙兴之地”制造了傀儡政权“满洲国”[②]，年号“大同”，揭橥“王道乐土”和“五族协和”的口号，将代表日、朝、满、蒙、汉五个民族的五色旗定为国旗，《满洲国建国宣言》声称将在“新国家”内推行种族平等。[③]

“五族协和”政策在形式上具备各族平等的设计，但其实质内容，是“以日本民族为中核”，确立日本人的统治地位[④]；在此之下，再建立围绕中核—顶端的金字塔形族群政治地位架构。“五族协和”的直接政治目标，是将原本并不是满洲民族的日本人与在日本殖民政治之下大量移入满洲的朝鲜人纳入满洲国的族群体系之中。日本人是“五族”中享有一切优先权的统治民族[⑤]；朝鲜人则被设定为日本人的“协力者”（伙伴）；满人、蒙古人也可参与“协力”；而人口最多，但政治上最不可靠的汉人，则处在金字塔的最底部。在此，非汉人族群地位的提升和利益的保障，是与日本压制东北和全中国抗日的

① “九一八”前夕，“满洲青年联盟”草拟《实现满蒙现住诸民族协和之件》，见《满洲青年联盟史》，（东京）原书房 1933 年版。

② “满洲国”以清末设置的东三省、民国前期业已步入行省化轨道的内蒙古东部盟旗和民初曾短暂独立的东蒙古为其“国境”范围，这一范围内原本即存在多样的原始族群生态，19 世纪后半期以来，汉人与朝鲜人大量移入；20 世纪以来，日本的移民也日渐增加，族群生态更为复杂。

③ 郑孝胥、盐谷温等撰：《满洲国建国宣言》，收入郑孝胥等撰《王道政治的原理：孔教新编释义》，（东京）深川母子园出版部 1934 年版，第 91—95 页。

④ “九一八”前夕，“满洲青年联盟”草拟《实现满蒙现住诸民族协和之件》，见《满洲青年联盟史》，（东京）原书房 1933 年版。

⑤ 日本统治当局将日本民族置于其他民族之上，宣称日本民族是世界上最优秀的民族，是“满洲国”各民族中的“中核分子”，是五族中的“先进者”和“领导者”。在关东军发给任职“满洲国”各级官府之日本官吏的《日本人服务须知》秘密手册中，直指“日本人在满洲的地位，不是侨民而是主人。虽具有日本与满洲的二重国籍，但不是要使‘日本人满洲化’，而是要使‘满洲人日本化’”。在这个政策核心下，日本人独揽“满洲国”政治、军事、经济、文化等方面的大权，还享有诸多特权、利益和优厚待遇。据《满洲经济年报》调查：“日满人劳动者的薪资比率虽因汇率的变动、供给关系的差异、劳动者的素质、调查时期的差异而发生变化，但大体上还是相当于 4∶1 以至 3∶1 之间。”

政治利益联结在一起的。针对朝鲜、满、蒙古和其他非汉人族群，日本分别采取优待与利用结合的策略，巩固“满洲国”的族群政治整体结构。

针对朝鲜裔的策略是，推动其“皇民化”，冀其成为日本政治力量的延伸。① 针对满人的策略是，许以建国美景，但不放弃操控。② 针对蒙古人的策略是，利用与控制并举，从支持内蒙古“独立”“自治”的态度转为废除盟旗。③ 对满、蒙以外，锡伯族、达斡尔族、鄂温克族、鄂伦春族和赫哲族等其他少数族群上层以及流亡在东北的白俄，也实行怀柔与驱使并行的政策。④

---

① 日本占领东北之初，作为“五族”领导者的日本人仅居东北人口的1%，迫切需要可靠的羽翼，较早成为“臣民”的朝鲜人，乃成为日本的首选。日本论证自古朝鲜人与日本人同根同祖，现在都是天皇的子民；在政策上更让朝鲜裔成为拥有日本和“满洲国”双重国籍的“民族”，是仅次于日本人的“准高等”族群。在朝鲜裔内部，以教育手段强化忠君（日本天皇）爱国（日本）观念，引导朝鲜人体会日韩合并的宗旨，与内地（日本）同胞互敬互爱。日本推动“内鲜融合”，实现“鲜人”日本化的具体措施，则包括以日语为国语，限制朝鲜语文的学习和使用；强力推动“创氏改名”，要求朝鲜裔放弃朝鲜式姓名，改用日式的复姓；鼓励“内鲜通婚”等。

② 20世纪初，中国革命派倡导汉民族主义，标举“驱除鞑虏，恢复中华”的口号，视满人为仇敌。民国建立后，以汉人为主体的社会依旧延续了排斥满人的态度，这种态度刺激满人上层产生“独立满洲”的想象。贵族出身的满人熙洽，即将提倡“满洲民族主义”视为恢复清朝的必要步骤。1932年3月，日本方面推出前清宣统逊帝在满人“祖先的发祥地”建立“满洲国”，鼓励以推动“满洲民族复兴”为目标的“满洲民族主义”，但并不愿意配合熙洽有关建立庞大的满洲国武力的设想，仅在规模有限的“满洲国军”中设置由满人士兵组成的警卫连，用以监视汉人士兵。而且，在“满洲国军”中，日系军官和满系军官的待遇殊异，前清逊帝和他领导的政府更已注定傀儡的角色。

③ “九一八”事变后，日本曾以“内蒙古独立”为诱饵，支持蒙古贵族甘珠尔扎布和正珠尔扎布建立“蒙古自治军”，指挥其镇压东北的抗日武装。“满洲国”建立，将东蒙古与内蒙古东部盟旗纳入“国境”，日本不再乐见“内蒙古独立”或“内蒙古自治”，更担忧东蒙古、内蒙古与外蒙古的血缘、文化关系，乃转而加强对蒙古人的控制。日本人通过“满洲国国务院”宣布废除原有盟旗之部，代之以在“国务院”内设立的行政机构“兴安局”，下辖兴安东、兴安南、兴安北三个分省；将“蒙古自治军”余部改编为“满洲国兴安军”。同时，实施一系列措施确立对蒙古人部队的有效指挥，兴安军就此成为镇压东北抗日武装的前锋。1944年夏正式编入关东军序列，更名为“满洲第二游击队”。

④ 1936年，日满当局笼络鄂伦春首领，组织熟悉山林、精于骑射的全部鄂伦春青壮年猎民，依照地区编成鄂伦春山林队，共在“黑河省”建立了十数个“山林队”，各山林队皆设一名鄂伦春人队长，但服从日本指导官的指挥。在指导官运筹下，鄂伦春山林队数度袭击、重创抗联三支队。除鄂伦春部落外，日满当局也在赫哲、鄂温克等部落中组建了一些“警察队”“狩猎队”等民兵武装，防杜抗日反满活动。

在一系列分化中国人的措施之外，日本人作为征服者和“五族”领导者的角色并未改变，在“满洲国”，朝鲜、满、蒙古等东北各少数族群与汉人的次等地位也未改变。①

（二）拒苏制华——“满蒙”、“内蒙古工作”和窥探新疆

日俄战争后，日本攫取了南满的权益，并三度与俄国划分各自在中国东北和内蒙古地区的势力范围。“满蒙”这一政治地理名词，是日本于1912年7月与俄国签订第三次密约时形成的，当时仅指涉日本分到的东北南部与内蒙古东部，但在日本日益扩张的过程中，其内涵逐渐扩大为整个东北和曾被视作“北满”一部分的哲里木盟北半部与呼伦贝尔，最终还涵括内蒙古中、西部盟旗。② 1912年到1915年期间，日本曾两度策划“满蒙独立”，均告流产。③ 国民革命军北伐期间，日本扩张派对中国统一的前景感到忧惧，更急于加速推动其“满蒙计划”。④

“九一八”事变后，日本占据了东三省和内蒙古东部，1932年扶植傀儡在这一范围内建立“满洲国”。事变之初，日方曾设想建立一个独立的内蒙古，但评量短期内看不到控制内蒙古西部地区的前景，

---

① “满洲国”推行的治安肃正、保甲连坐、集团部落、归屯并户、收缴武器、实施国兵法等严苛政治措施；以及粮谷出荷、勤劳奉仕、金属献纳、廉价劳工等经济掠夺政策，各少数族群无一幸免。在日本的同化教育政策下，各族群都要将日语课程纳入义务教育之中；还要在一切原有宗教之外，加奉日本“天照大神”，将本族意识与日本意识联结在一起。

② 同期，日本派出情报人员到内蒙古从事情报与政治活动，与蒙古王公联络，声言愿协助“复兴蒙古民族”，向王公出售武器。庚子之变期间，日本军队以不触犯蒙古王公利益的行动，得到蒙古王公的好感，进而派遣情报人士前往蒙古王公家中担任家教，兴办学校，邀请王公访问日本，为王公提供借款，与王公合作兴办企业。

③ 1912年，日本利用中国内部革命之机，试图在台面上推出由满洲贵族组成的“宗社党”，和卓索图盟喀喇沁右旗扎萨克贡桑诺尔布等蒙古王公，在东北建立“满蒙独立王国”，川岛浪速等人策划的这一行动，由于种种原因流产。1915年，川岛浪速再度与肃亲王和卓索图盟叛军首领巴布扎布合作，策划第二次满蒙独立运动，也以失败告终。巴布扎布死后，日本则继续扶持其子甘珠尔扎布和正珠尔扎布。

④ 1927年4月，在“南京事件”中执行“不干涉外交”的宪政会内阁受到政友会、军部和舆论的抨击下台，田中义一领导的政友会登台执政，祭出“满蒙领有”的主张，否定中国对“满蒙”的主权，确立当北伐波及“满蒙”时，日本将以“自卫”的名义出兵阻止中国统一。植原悦二郎：《日本与支那》，（东京）国际知识1928年版，第591—593页。

乃决定先将内蒙古东部建置为隶属于满洲国之下的一个“自治区域”——兴安局；同时积极推动“内蒙古工作”。“内蒙古工作”由日本陆军与日本政府直接指导，关东军负责推动，其目标是向内蒙古中西部地区推展日本的政治影响力，建立“蒙古国”。① 德高望重的锡林郭勒盟盟长、西乌珠穆沁旗札萨克索王受到日本重视，但索王对日方的企图未做任何响应，日本才将“工作”目标转向年轻干练、充满政治企图心的锡林郭勒盟副盟长德穆楚克栋鲁普（时人称为德王）。德王揭橥“复兴蒙古民族”的口号，并于1933年7月发动“百灵庙（贝勒庙）高度自治运动”，成为内蒙古自治运动领袖，受到日方的关注。德王向国民政府要求内蒙古自治的主张遭受挫折，为日方的介入提供了契机。

1936年，德王在日本全力支持下成立“蒙古军总司令部”；同年4月底，召开“蒙古大会”，决定成立“蒙古军政府”，“整军经武，收复蒙古国固有疆土”，建立以内外蒙古和青海为一体的蒙古国。“七七”事变后，日本侵占包头以东的内蒙古广大区域，扶植德王的“蒙古联盟自治政府”、于品卿的“察南自治政府”和夏恭的“晋北自治政府”，1939年9月1日合并三个政权，成立“蒙古联合自治政府”（蒙疆政府）。②

值得注意的是，日本统治东北三省与内蒙古部分区域期间，为适应其统治的需要，复制、实施了清末以来中国政府几项重要的边疆和族群政策。包括：

一在“满洲国”实行满、蒙、日、鲜（朝鲜）、华（汉）“五族

---

① 关东军司令本庄繁和板垣征四郎邀请甘珠尔扎布前来沈阳，商议内蒙古独立事宜，甘珠尔扎布主张建立内蒙古独立军，由关东军提供枪支弹药，板垣答应提供步枪3000支、子弹60万发，由甘珠尔扎布担任内蒙古独立军总司令。1932年10月，关东军驻热河特务机关长松室孝良向东京提交《有关建设蒙古国的意义》一文，谋划建立“蒙古国”。松室孝良并开立一份“蒙古实权者名单”，以便从中挑选支持对象。

② 金海：《从地域概念看日本“满蒙政策”的演变及其实质》，《内蒙古大学学报》（人文社会科学版）1997年第2期。

协和”；在“蒙古联合自治政府”辖境实行“蒙、回、日、华（汉）”“民族协和”。[①]

二在“满洲国”范围内的内蒙古东部盟旗与呼伦贝尔（东蒙古）地区，实行“废盟部、设行省”政策，废除“旗县并存”制和王公制度。

三在西部“蒙疆政府”控制区，实行北京政府和国民政府于20世纪20年代末在东部盟旗实施过的盟旗与省、厅、县并行政策。

四对藏传佛教实行去政治化改革。

五推行近代文化教育，而其中的殖民色彩远超清末以来中国政府的汉化政策。[②] 这一切，更呼应了日本基于与汪伪政权合作和减轻站在外蒙古背后的苏联的疑虑，对内蒙古民族运动由支持改为抑制的整体政策方向。[③]

日本“满蒙工作”的转向，昭示出外来势力介入中国族群政治的根本限制，即当外来政治生态侵入现代中国境内原生性的族群政治生态系统时，势必面临原生生态系统的反抗；中国族群现象的多元性，并未改变中国族群政治强烈的本土特性和传统特性。

19世纪末，日本即对作为其地缘政治竞争者的俄国势力深入新疆颇为警觉，曾尝试游说新疆当局排拒俄国的影响。[④] 在杨增新、金树仁相继主政时期，日本进一步派出情报人员，如渗透到马仲英部队的大西忠，试图介入新疆的政治，包括接触由突厥伊斯兰右翼民族主义者于1933年在喀什建立的“政权”。短命的喀什政权结束后，奉命皈

① 卢明辉：《德王“蒙古自治”始末》（下），内蒙古语文历史研究所1977年版，第276—277页。

② 相关研究，可参考金海《日本在内蒙古殖民统治政策研究》，社会科学文献出版社2009年版；《日本与内蒙古》（蒙古文版），内蒙古教育出版社2004年版。

③ 当日方于1939年主导三个内蒙古傀儡政府整合成立“蒙疆联合委员会”时，德王即感受到日人工具性利用内蒙古民族运动的本质，明了日本并不乐见一个独立的“蒙古国”，只得于1941年8月在蒙疆政权内部改称“蒙古自治邦”。德穆楚克栋鲁普：《德穆楚克栋鲁普自述》，中国人民政治协商会议内蒙古自治区委员会文史资料委员会1984年编印，第79—82、112页。

④ 房建昌：《近代日本渗透新疆述论》，《西域研究》2000年第4期。

依伊斯兰教的日本情报人员铃木住子，嫁给右翼民族主义者奥斯曼，负责协助并监视其夫的政治活动。[①] 日本明了自身实力的局限，其控制新疆的设想仅停留在蓝图阶段，但仍对新疆的穆斯林成为包围苏联的一环抱持期待。

（三）放大对中国的包围圈——“西藏工作”

尽管在地缘上，日本与西藏相距遥远，但日本与满蒙的关系，以及日本的密宗佛教传统，拉近了日本与西藏间的心理距离。20 世纪 30 年代，日本与中国政府间敌对的政治关系，促使日本将同样排斥中国中央政府的西藏地方置于其分化中国的大战略之下。

早在明治时期，日本外务省与军方即已派遣间谍潜入西藏，搜集西藏政治情报，并试图借日藏间的佛教渊源，达成“日藏邦交”的目标。[②] 中华民国建立初期，日方基于维系与英国关系的考虑，仅默默致力经营与西藏间的民间关系。[③]“九一八”事变和卢沟桥事变相继爆发后，西藏在日本对华战略中的地位日益升高，除了它在地理上扼制着中国的战略后方之外，西藏佛教上层在满蒙的影响力更是不可忽视的资源，日本军政系统乃重回明治时代政策轨道，扩大对西藏的渗透。日本情报机关多次派遣情报人员潜入青康藏语区和西藏，其中特别针对亲中央并流亡内地的九世班禅集团多方笼络。[④] 日本外务省专立“西藏工作”，负责搜集西藏政治情报，并推动西藏地方政府代表、内地藏传佛教政教高层于中日战争激烈进行中的 1942 年夏初以“观光”

---

① 朱永彪、杨恕：《二战结束前日本地缘政治视野中的新疆》，《新疆大学学报》（哲学社会科学版）2006 年第 3 期。

② 参见木村肥佐生《成田安辉西藏探险行经纬》，收入《亚细亚大学アジア研究所纪要》第 8 号（1981 年 12 月），第 33—38 页；第 9 号（1982 年 12 月），第 139—192 页；第 10 号（1983 年 12 月），第 183—238 页；秦永章《近代日本渗透西藏述论》，《近代史研究》2005 年第 3 期；Wilhelm Filcher，*Sturmüber Asien*：*Erlebnisseeines Diplomatischen Geheimagenten*（Berlin：Neufeld & Henius，1924），Kapitel 10。

③ 秦永章：《近代日本渗透西藏述论》，《近代史研究》2005 年第 3 期。

④ 《蒙藏委员会为转难民陈宗敬函称京中班禅办事处有人为日本人工作事与军政委员会等来往函电》；《国民政府军事委员会为告知班禅行辕卓尼堪布覆桑登与日本人夙有勾结事致蒙藏委员会代电》，中国第二历史档案馆藏藏事档案。

名义访日。西藏政教高层访日期间发表的言论显示，日方在一定程度上达到了它所期待的政治目标。① 但对藏汉、藏英关系、中英在第二次世界大战当中的结盟关系对西藏地缘政治利益的影响和西藏政治传统有复杂考虑的热振摄政当局，并不愿冒险站在日本一边。相反，拉萨选择重庆作为（至少是形式上的）效忠对象。

（四）渗透与分化——“回教工作”

除极少数皈依伊斯兰教的个人外，日本境内并不存在穆斯林社群。但基于解构中国的政治企图，日本于20世纪初即对中国内部的伊斯兰社群表现出高度兴趣。20世纪10—20年代，日本外交、军事与情报部门，以及大连“关东都督府”殖民当局，即广泛搜集中国各地穆斯林社区的情报，达成一致的结论：中国回教是中国的一个分裂因素，有必要加以积极利用。而日本还有更进一步的内陆亚细亚战略，即一方面隔断苏联援助中国的路径，另一方面对苏联形成战略包围，也需要联络整个中亚和西亚的穆斯林。基于此政治目的，军部、外务省等机构派遣若干名负有政治使命的日本人皈依伊斯兰教，成为“政策上的信徒”，他们几乎全部投入包括组织成立以“回教”为名目的各类团体在内的种种渗透、影响中国伊斯兰教和穆斯林社会的工作之中。② 卢沟桥事变后，整个“回教工作”是由东京最高层级军政机构直接督导的要务，日本在其控制区成立的“回教”团体所举办的活动，都密切配合日本的军事、政治行动，在中国穆斯林当中厚植亲日观念，实质上成为日本情报机关和军部的派出单位。③

“九一八”前后，日本的满蒙回藏政策、非汉人政策，是日本整体战略计划的一部分，目的在于分化中国、包围中国。日本针对国民

---

① 秦永章：《近代日本渗透西藏述论》，《近代史研究》2005年第3期。

② 王柯：《日本侵华战争与“回教工作”》，《历史研究》2009年第5期。

③ 1937年11月22日在察哈尔省会张家口成立的“西北回教民族文化协会”；1938年2月7日，在北平（日军于卢沟桥事变占领北平后，更名“北京”）成立的“中国回教总联合会”；1938年5月7日在热河省省会承德成立的“防共回教徒同盟”。中生胜美编：『植民地人类学の展望』、（東京）风声社、2000年版、230—240頁。

政府的北方封锁计划，在东起察（哈尔）、绥（远），经宁夏、甘肃、青海，西至新疆的地带建立一个亲日、或至少中立的地带，隔绝中苏之间的陆上联系。在日本军部的成功运作下，西蒙古阿拉善旗、额济纳旗地区进入日本的势力范围，但绥远傅作义部的敌对态度，让日本的封锁战略受阻，日方乃寻求与宁夏马鸿逵、青海马步芳和河西马步青势力政治合作，冀形成夹击傅部，贯通西部封锁链的局面。与掌控青海、甘肃、宁夏三省的穆斯林地方军政势力（“五马”）建立有效的联系，遂成为“回教工作”的另一个核心。日本军方规划在甘肃、宁夏、青海，甚至包括新疆在内的穆斯林聚居地区建立类似“满洲国”和“蒙古自治联合政府”那样的“回回国”，但军中较为务实的一派，主张在宁夏、绥西一带先行建立“回回国”，再伺机扩展，决定从紧邻“蒙疆”额济纳、阿拉善二旗的宁夏省军政首脑马鸿逵处入手。但从 1935 年到 1939 初，日本方面屡败屡试，多次试图笼络马鸿逵，皆功亏一篑，最后只能派飞机轰炸宁夏省城，马鸿宾与马鸿逵出兵绥西抗日，日本对马鸿逵的策反最终流产。

“九一八”后，日方派遣情报人员进入绥远、宁夏、河西与青海，在马鸿逵、马步芳、马步青的眼皮底下从事情报活动，包括设立情报据点、运输机构和车队等，同时也将触角伸到新疆。

宁夏马鸿逵抱持在公开场合呼应全民抗日，但在具体事务并不高调反日的态度，一方面尽量避免与日本人公开接触，甚至祭出为难日人规定①，但私下与日本情报据点保持沟通管道②。青海方面则在两方面都做得更极端。1935 年至 1936 年间，到青海活动的日本人数量显著增加③，对外部势力介入青海事务颇为忌惮的马步芳，乃授意青海

① 马鸿逵下令宁夏省公路局不得向日本人出售车票，将售票给日人的职员和司机公开处决。刘景华：《抗战时期的西北诸马》，《青海社会科学》1995 年增刊。

② 见中国人民政治协商会议甘肃省委员会编《甘肃文史资料选辑》第 16 辑《马鸿逵史料专辑》，甘肃人民出版社 1983 年版。

③ 1935 年至 1936 年间，以“学者”“商人”等诸种名义申请到青海，经国民政府核发签证的日人达 9 名。

商会、农会、工会、妇女协会、回教促进会、蒙藏文化促进会和蒙藏王公、千户、百户等联名上书国民政府外交部，诉请停止签发日人来青签证。1938 年，青海保安部门捕获由驻归绥、包头日本情报机关首脑松井恒白派到青海的情报员马选三、白旦迫、杉荣等人，并解送兰州第八战区长官公署。①

中日战争爆发前夕，马步芳、马步青势力所面临的主要威胁，来自红军二、四方面军，尤其是有意占领河西走廊，打通接收苏联军事援助“国际通道”的红四方面军“西路军”，但南京国民政府对于西北鞭长莫及，并不乐见西北汉语穆斯林势力的壮大，对于这些地方军政势力的军事装备需求，通常抱持应付的态度。马家军有意通过对穆斯林聚居区抱持高度兴趣的日本方面，取得步、骑兵装备与弹药。②

“西安事变”发生时，马步芳、马步青部仍在河西激战红军西路军，马步芳对张学良、杨虎城二人联袂号令西北素有戒心，对张、杨与红军结盟更为排斥，事变趋势明朗后，决定公开拥护中央。③ 中共在此际也与青海马家展开接触。“西安事变”后，中共代表周恩来会晤甫自麦加朝觐归来路经西安的马麟，此后，又利用与中共交好的回民上层、文化教育人士等接近马麟等。④ 马步芳兄弟并未正面响应中共，而是以所部在河西剿匪大幅减员为由，向国民政府军事委员会要求扩编三个师，未获允准。

日本当然注意到1000 万穆斯林分布在中国各地这一事实背后的意味，军方和外交、情报机构，也针对普通穆斯林民众下了一番功夫。

---

① 青海省志编纂委员会编：《青海历史纪要》，青海人民出版社 1987 年版。

② 1936—1937 年，马步芳、马步青方面数度向日本军方订购武器、弹药，具体见秦永章《关于马步青、马步芳与日军进行秘密武器交易的几条史料》，《青海社会科学》2003 年第 5 期。

③ 谨慎的马步芳在事变事态明朗前，避免明确表态，直至事件趋势明朗，方决定公开拥护中央，采倒填日期的办法，假称在闻知事变消息后，立即宣示“誓以血忱，在中央统一指挥之下，誓死杀贼，以定人心而奠国基”。中国人民政治协商会议全国委员会、中国人民政治协商会议青海省委员会文史编辑委员会编：《青海三马》，中国文史出版社 1988 年版，第 144—145 页。

④ 杨效平：《马步芳家族的兴衰》，青海人民出版社 1986 年版。

军方通过公开管道和耳语传播，将日本描述为伊斯兰教和穆斯林的保护者、帮助回民自治的盟友；在回民中建立对抗日本人是“替汉人卖命”的印象。①

“七七”事变后，日军在部分军事和非军事行动中，也会有意顾及穆斯林社区，甚至故意制造回、汉之间的猜疑与冲突。1938 年秋，驻北平日军计划修建市区通向西郊山区的公路，规划路线经过阜成门外回民公墓，北平回民闻讯聚众阻挠测量人员的行动，并在牛街清真寺等处集会抗议，日本军方很快向回民妥协，放弃原定路线。② 1938 年 7 月，日军士兵在察哈尔多伦掘毁回民墓地，也在回民抗争下，以日方妥协、赔偿告终。③

囿于诸多客观条件的限制，日本军政上层所从事的“回教工作”，无法迅速改善日军中下阶军官与士兵对伊斯兰的极度无知。1938 年 1 月，攻占山东的日军进入济宁附近的一个回民村落，竟强迫村民杀猪劳军，被冒犯的村民奋起杀死缺乏防备的日军士兵 200 余人。④ 伴随战况的加剧，穆斯林的抵抗时有发生，日军或无暇或不屑分辨回汉差异，或针对抵抗采取报复行动，在华北、西北地区乡村地区甚至城镇的无差别杀戮日益增加。⑤ 回民亦起而反抗，1937 年秋季，河北文安县夏村回民击沉在大清河上游弋的日军汽船，掳获日军官兵数人。面对回民的抵抗，日军则还以用猪油、猪血涂污清真寺墙壁，强迫阿訇在清真寺

① 据 20 世纪 30 年代研究甘青回藏历史与文化互动的美国学者记述：“日本在满洲发动政变后，西北的穆斯林中开始盛传一个流言，说奥斯曼苏丹阿卜都·哈米德二世（Abdul Hamid Ⅱ）的一个侄子已得到东京的支持，日本将藉复苏泛伊斯兰思想之名，培养亲日情感，让日本而不是德国，扮演穆斯林保护者的角色。是当穆斯林将军马占山拼死抵抗日本军队并成为民族英雄时，幸运再次落入中国政府手中。这不仅因为马占山身为穆斯林这一事实使得中央政府重新审视不可靠的穆斯林，而且也因为他的浴血奋战，使穆斯林再也无法赞同日本人。”Robert B. Ekvall, *Cultural Exchanges between Tibetans and other Ethnic Groups*，引见苏发祥、洛赛编译《藏族与周边民族文化交流研究》，中央民族大学出版社 2013 年版，第 38 页。

② 汪梅琪：《抗战时期少数民族的英勇斗争》，《近代史研究》1988 年第 3 期。

③ 张瑞祥：《多伦回族抗战史话》，《回族文学》2012 年第 4 期。

④ 甘宁青抗日救国宣传团：《告全国回教同胞书》，《回教大众》1938 年第 2 期。

⑤ 周瑞海：《侵华日军队对回族人民犯下的罪行》，《黑龙江民族丛刊》2005 年第 4 期。

杀猪，不从则屠村①，甚至屠杀礼拜中的300余名教徒等残暴行径②；火烧回民房屋、抢掠回民财物、强奸回民妇女的事件也时有发生。

（五）面对陌生世界的低效举动——日本对中国南方少数族群失败的分化与动员

20世纪40年代初，日本将战火延烧到拥有人类学博物馆之称的中南半岛，这里的族群政治现象更为多元复杂。为了从西南方向进一步包围、裂解中国，日本祭出其盟友泰国③的泛泰主义主张④，质疑中国统治西南、华南非汉人聚居区域的合法性，为其入侵广西、云南等地的行动寻求政治支持。然而中国的傣、僮等“侗台语族”族群，对于虚构的“泛泰记忆”缺乏直接感受，也缺乏政治兴趣。日军在1942—1945年占领滇西期间也对士兵和民众双方宣示“不杀戴包头、戴大耳环、嚼烟染牙齿、穿笼箕”者，只杀支那汉人⑤，也未能消弭滇西各族民众自发的抵抗。

三　中共和地方政治势力动员少数民族政治资源

（一）中共对东北、内蒙古、西北等地少数族群民众的动员

20世纪20年代初，成立不久的中国共产党即将北京蒙藏学校作

① 《孟村回族自治县概况》编写组：《孟村回族自治县概况》，河北人民出版社1983年版，第42页。

② 甘宁青抗日救国宣传团：《告全国回教同胞书》，《回教大众》1938年第2期。

③ 近代泰国长期抱持亲日的姿态。国际联盟就“九一八”事变提出谴责日本之议时，唯一弃权的国家就是泰国；太平洋战争爆发后，日本即与曼谷当局签订《日暹同盟条约》。

④ 泛泰主义是20世纪前半期兴起于泰国的泛民族运动，它借用语言学对汉藏语系内部语族划分的研究，将其中使用“侗台语族”语言的群体，如泰国的泰人，寮的老人，英属缅甸的掸人，英属印度阿萨姆邦的阿洪人，法属印度支那的依人、岱依人，越南泰人和中国云南的（傣人），广西、贵州、湖南的傣人、僮人、布依人等一律视作“泛泰民族”；有些泛泰主义者还将历史上的南诏、大理国视为泰人国家。陈吕范：《中泰关系若干问题研究课题小结》，《泰族起源与南诏国研究文集》代序，中国书籍出版社2005年版，第2—4页。泛泰主义的政治目标是将一切“泛泰民族”及其居住地“重新”纳入“泰人国家”的领土范围。

⑤ 中国人民政治协商会议云南省德宏傣族景颇族自治州委员会编：《德宏州文史资料选辑》第1辑，德宏民族出版社1987年版，第142—150页。

为其在边疆民族中建立党组织的前进基地[①]。北平蒙藏学校一群左倾蒙古裔学生，在北平成立“蒙古共产党”，接受共产国际暨其旗下的（外蒙古）蒙古人民革命党、中国共产党和中国国民党的指令与协助，改组为内蒙古人民革命党，开始在内蒙古推动左翼色彩的民族主义运动，这一运动又被导向苏联的亚洲战略与国际战略路线的方向。

20 世纪 30 年代初，苏联即已明确了优先苏维埃国家利益的政策，鼓励各国共产党将“反对帝国主义侵略”置于革命的优先位置。1934 年夏，斯大林明显感受到来自德、日的威胁，针对苏联与日本和中国间的错综的敌友关系，斯大林力促中国团结抗日，以尽力牵制、消耗日本的侵略能量，最大可能地避免日本直接进攻苏联。斯大林力主中共建立“抗日民族统一战线”，吸引日本的关注。“九一八”事变后第四天，中共即发表文告，声言“组织东北游击战争，直接给日本帝国主义以打击”。[②] 此后，共产国际和中国共产党在与少数族群有密切关联的东北抗日联军武装抗日活动中扮演了关键角色。

朝鲜裔居民的反日武装活动，始于 20 世纪 20 年代初期。[③]“九一八”事变后，朝鲜裔人士成为吉林省图们江—海兰江流域武装抗日组织与活动的主角。[④] 对于在满洲的朝鲜人而言，“九一八”事变前后所从事的抗日活动，实质上是自 1895 年日军进驻和 1910 年“日韩合邦条约”签订后，朝鲜半岛抗日活动的延续。东北朝鲜民族主义者以参与中国人抗日活动乃至抗日战争，作为追求朝鲜独立的途径。中共深知亡国的朝鲜人对日本势力抱持天然敌意，乃多方联络、动员。

---

① 乌兰夫：《乌兰夫回忆录》，中共党史资料出版社 1989 年版，第三、四、五章。

② 具体参见《中华苏维埃共和国临时中央政府宣布对日战争宣言》（1932 年 4 月 15 日），《中共中央文件选集》第 8 册，人民出版社 2013 年版。

③ 赵履谦、刘晓等：《五四运动与少数民族》，载陈理、彭武麟主编《中国近代民族史研究文选》（中册），社会科学文献出版社 2013 年版，第 820—830 页。

④ 20 世纪 30 年代，旅居满洲的朝鲜人，仍未取得中国公民的身份，但日本的傀儡政权“满洲国”建立后，朝鲜人被日本人赐予满洲国中社会地位仅次于日人的第二级地位，加以笼络和利用，但朝鲜菁英和知识分子对亡国和寄人篱下的境况耿耿于怀。

1933 年 5 月，中国共产党奉苏联之命在东北组建抗日武装“东北人民革命军”，由于长征，该部与中共中央一度失去联络。1936 年 2 月，中共满洲省委依共产国际和王明从莫斯科发出的指令，将所属部队联合地方义勇军筹组东北抗日联军，1938 年改由共产国际领导组建东北抗日联军，并提供相关武器军饷，连级以上建制均比照苏联红军。抗日联军自成立之日起即与朝鲜裔居民的反日武装活动建立了联系，从 1931 年到 1945 年 14 年间，朝鲜裔人士参与武装抗日的人数逾 10 万。①

1932 年 4 月，中共在绥远成立“反帝大同盟”、农民抗日“十人团”；在热河、察哈尔成立“蒙汉抗日同盟会”“牧民抗日会”“农民抗日会”等。1933 年 2 月，中国共产党内蒙古特别委员会在张家口建立“蒙汉抗日同盟军事委员会”，成立“蒙汉抗日同盟军”“蒙古抗日联军”。由蒙古裔组成的“蒙古民众抗日自卫军”和绥远土默特旗的蒙民地方武装“骑兵老一团”，也被纳入中共的政治侧翼。1935 年 12 月 27 日，毛泽东在陕北瓦窑堡会议上指出：“少数民族，特别是内蒙民族，在日本帝国主义的威胁下，正在起来斗争。其前途，将和华北人民的斗争和红军在西北的活动，汇合在一起。”②

“七七”事变后，中共宣示“现时对国内少数民族的政策，首先和基本的应该是团结抗日”③，不仅在一定程度上主导内蒙古的蒙古民众抗战，也对宿敌马步芳、马步青和马鸿宾、马鸿逵抛出统一战线的橄榄枝，再介入川、滇、康、黔、桂等西南地区的族群政治中，强化针对少数族群上层的统战工作。中共主张应“改变国民党政府大汉族

① 东北抗日联军编为 11 个军，其中由朝鲜裔组成、总数超过 4000 人的“南满游击队”改编为第 1 军第 1 师，该部朝鲜裔的领袖李红光膺任联军参谋总长。朝鲜裔官兵构成抗日联军第 2 军的大多数、第 1 军和第 7 军约半数，同时也遍布抗日联军其他 8 个军当中。从 1931 年到 1945 年 14 年间，朝鲜裔参与武装抗日的人数逾 10 万，抗日联军的武装活动从长白山、图们江流域，扩展到黑龙江、乌苏里江流域。抗联朝鲜裔将领金日成，更在武装活动之外，加入对日军中朝鲜籍士兵的策反。《苏日中立条约》签订后，苏联命东北抗联进入苏联远东地区，并将部队改编为国际红军特别独立第 88 旅。

② 《毛泽东选集》第 1 卷《论反对日本帝国主义的策略》，人民出版社 1991 年版，第 151 页。

③ 中共中央统战部：《民族问题文献汇编》，中共中央党校出版社 1991 年版，第 682 页。

主义的立场及其企图利用回族反共的错误，同时克服回族中狭隘的回族主义倾向”[①]。“西安事变”后，在抗战先于革命的情势下，中共又调整其抗日基本路线和少数民族动员方针，主张此际少数民族上层与下层民众之间的矛盾、少数民族与国民党统治当局的矛盾皆已处于次要地位，应“根据少数民族内部的具体状况和广大人民目前的迫切需要，实行各种必要与可能的民主改革与民生改善，以激发少数民族的抗战热忱与生产热忱”[②]，“必须建立民族统一战线……把王公军人喇嘛知识分子也都团结在内”[③]。

中共在重庆的舆论阵地《新华日报》多次在少数族群与“中华民族”团结抗战之间建立联结。[④] 1938 年 4 月 24 日，《新华日报》发表题为《巩固国内各民族的团结》的社论，号召国内各抗日政治力量，共同正视少数民族的抗战热诚与潜力。并且，中共将华北平原上数十支回民抗日武装收之旗下，最著名的有马本斋的冀中回民支队和刘震寰等人指挥的渤海回民支队。[⑤]

（二）盛世才与中共对新疆少数族群政治资源的利用

新疆在空间上远离抗日战场，但深深涉入 20 世纪 30—40 年代苏联与中国、日本间复杂的竞和关系之中。

20 世纪 30—40 年代，新疆在地方军政实力派盛世才主政之下，受苏联支持，奉行依附苏联、配合斯大林政治需求的政策。盛世才标榜“反帝、亲苏、民族平等、清廉、和平、建设”的“六大政策”，与中共结盟，接纳中国共产党方面的干部到新疆工作。1934 年 8 月 1 日，盛世才在中共的协助下，于迪化成立以“巩固地建设抗战后方、

① 中共中央统战部：《民族问题文献汇编》，中共中央党校出版社 1991 年版，第 652 页。

② 中共中央统战部：《民族问题文献汇编》，中共中央党校出版社 1991 年版，第 68 页。

③ 中共中央统战部：《民族问题文献汇编》，中共中央党校出版社 1991 年版，第 605 页。

④ 《新华日报》为 1938 年 1 月济南回民袭杀数百名日军事件发表社评称，“由回民抗战，令人想起遍布我国西北华北一带的体魄强健富有团结力的回族同胞，他们是中华优秀儿女，是抗战中一支潜伏着的伟大力量”。《新华日报》1938 年 2 月 2 日。

⑤ 马彦瑞：《回族在中国抗日战争中的贡献》，《回族研究》1996 年第 2 期。

保护国际交通线、组织和训练广大民众，尽一切可能援助抗战胜利”为宗旨的“新疆民族反帝联合会”（简称“反帝会”），意在借重中共长于组织动员的能力，在新疆各族中展开抗日救亡的宣传和组织动员。抗战爆发后，新疆城乡各处都粉刷大型标语：“各民族一律平等地联合起来，打倒日本帝国主义！”①

1935 年，中苏关系有所改善，苏联基于其战略棋局的考虑，有意对中国抗日提供援助，新疆的战略地位陡然提升。② 中国政府与苏联达成协议，合作修建萨雷奥泽克（Sary-Ozek；Сары-Озек）—迪化—兰州公路，以便从苏联输入武器、弹药、飞机与零件等。③ 1937 年 7 月后，苏联方面数量可观的军事物资、援华人员以及中国偿付苏联的物资，基本上都是从这条国际大动脉上通过的。④ 1938 年 8 月，新疆边防督办盛世才访问苏联，斯大林当面向其阐述新疆的地位及使命：“对日作战时期中，新疆的地位是很重要的。在目前，新疆的使命，就是成为抗战的最内陆的基地。它将来的使命，就是保护这条国际交通线，使不受攻击。”⑤

1936 年 12 月，内地省份援助绥远抗战之际，反帝会即在新疆发动抗日募捐。⑥ 抗战爆发后，反帝会、抗日救国后援会更于 1937 年至

---

① 《抗战中的新疆现状》，延安《新中华报》1938 年 1 月 15 日。

② 新疆是中国的边疆省份，西邻苏联，其地理位置及当时的国际政治、地缘政治情势，使之在抗日战争中位居超乎寻常的战略地位。

③ 沈志华主编：《中苏关系史纲 1917—1991 年中苏关系若干问题再探讨》（增订本），社会科学文献出版社 2011 年版，第 66 页；杜宾斯基：《抗日战争时期苏联对中国的援助》，《国外中国近代史研究》第 11 辑，中国社会科学出版社 1988 年版。

④ 从 1937 年 10 月至 1939 年 9 月两年内，苏联援华的 985 架战斗机（先折零运到哈密，再装配飞往前方基地）、82 辆坦克、1300 门大炮、14000 多挺机枪以及大量弹药皆经由霍尔果斯—迪化—哈密—星星峡公路运往抗日前线。1940 年，又有苏联大卡车 300 辆满载武器、弹药、汽油等开到哈密，返程时运回中国作为抵偿的锡、铅、钨、镍、铜等战略金属和生丝、棉花、茶叶、皮革、羊毛等货物。美英两国在 1942 年至 1944 年间也将部分物资由印度经新疆运往内地。邵力子：《出使苏联回忆》，中国人民政治协商会议全国委员会文史委员会编：《文史资料选辑》第 60 辑，中国文史出版社 1979 年版，第 188—193 页。

⑤ Allen S. Whiting & General Sheng Shih-Ts'ai, *Sinkiang: Pawn or Pivot?* (East Lansing, MI: Michigan State Univ. Press, 1958), p. 203.

⑥ 《反帝总会关于踊跃捐款援助绥东抗日将士的通告》，《新疆日报》1936 年 12 月 11 日。

1944年间，在绿洲各族民众中展开常态募捐活动，山区和蒙古部落民众同时组织抗敌后援会展开募捐。到1944年8月为止，新疆各族民众仅捐献飞机即达154架之多。[①]

1940年7月，英国屈从日本的压力，关闭滇缅间的陆路，新疆成为国际援华的唯一孔道，中苏遂达成假道苏联中亚输运援华物资的协议。第一次滇缅战役失利，日军完全封锁滇缅公路，“驼峰”航线运量受限，中、美、英协议开通印度至新疆的国际驿运。新疆方面的接运人员基本上都来自维吾尔等非汉族民众。[②]

新疆抗日活动的背后，隐藏着斯大林阻止德、日夹攻苏联的战略目标。若仅就短期结果论，新疆各族民众的牺牲和奉献，巩固了中国抗战后方，保障了中美英苏同盟国之间战时国际通道的通畅，但就长期效应论，苏联的过度介入，仍决定了新疆成为战后中国动荡因素的命运。

从中国国家整合的角度看，新疆各族民众在强大政治力量的动员下，长期沉浸在抗日政治和抗日文化活动中，在一定程度上，补充了该地因远离20世纪前期影响中华民族形塑的几个重大历史事件和思想潮流，而未能与内地同步进入中国人意识逐步强化过程的缺憾。新疆各族民众抗战经验的真正价值，还将在历史的进一步沉淀中，显现更清晰的视野。

四　国民政府对少数族群的抗战动员

直到北伐前夕，国民党仍未萌生动员非汉族群参与国民革命或共同抵抗外国侵略的自觉意识。国民政府奠都南京之初，面临国土完整

① 朱杨桂、高新生：《新疆各族人民在抗日战争中的贡献》，《新疆大学学报》1985年第3期。

② 杨甬明：《周折转运美援物资》，载《盟国军援与新疆》，新疆人民出版社1992年版，第212页。

与国家整合方面的挑战。在边疆非汉人聚居区域，外国势力仍然基于从中国攫取利益、资源的目的，以不同的方式介入中国边疆的政治，威胁中国的国家整合。然而，此时国民政府的政治军事实力，仍不足以驱逐外国势力、消除国内地方势力和非汉人族群离心倾向。国民政府的族群政治设计与执行，在不断适应内外局势变化中调整、妥协。

（一）对蒙、藏的妥协与互动

面对日本对中国边疆非汉人聚居区的军事和政治威胁，“九一八”事变前，国民政府边疆政策的主要方向，是致力于推动内蒙古地区和藏语区东部行省化进程。具体设计是，将蒙古各盟旗分别划入省、县辖下；将藏语区东部划入新建的青海与西康二省。内蒙古和藏语区东部的行省化，以及针对西部山区少数族群的改土归流，招致蒙、藏和西南少数族群的非议和反弹；热河、察哈尔、绥远三省的设立，加剧了内蒙古利益与国家权力之间的冲突。1931 年“九一八”事变后，“势单力孤”[①] 的东蒙古和内蒙古东部盟旗很快被纳入“满洲国”的范围，日本大有将势力伸向内蒙古中西部之势。国民政府针对内蒙古的行省化政策，等于对蒙古人做了反动员[②]，内蒙古王公和上层菁英在时任内蒙古锡林郭勒盟副盟长、锡林郭勒盟苏尼特右旗扎萨克郡王（后晋升亲王）德穆楚克栋鲁普（德王）的率领下，对此展开抵制，于 1933 年，发起“民族自治”运动，抵制国民政府针对内蒙古的行省化政策。一部分非传统贵族出身，业已跻身革命的新菁英步上南京的政治舞台后，也与各盟旗的地方菁英结盟，反对国民政府的行省化政策[③]，迫使南京做出修正与妥协，中断将盟、旗全

① 徐世昌撰：《东三省政略》卷二《蒙务下·筹蒙篇》，文海出版社 1965 年依宣统三年刊本影印。

② 内蒙古自治运动活跃分子此际即指责政府不仅不扶持蒙古，“反从而穷困之，始而开荒屯垦，继而设县置省。每念执政者之所谓富强之术，直吾蒙古致命之伤”。德王等：《要求自治呈文通电》（于内蒙古自治第二次会议决议呈国民政府，1933 年 9 月 28 日），引自范长江《塞上行》，（上海）大公报社1937 年版，第 118—199 页。

③ 黄奋生：《蒙藏新志》（下），中华书局 1938 年版，第 525 页。

部纳入省、县行政体制的进程，承认内蒙古和青海等地蒙古人的有限自治。

清末对西藏的新政，在尚未达成提升清朝权威、强化直接统治的目标之际，即伴随中国的革命一起殉葬。十三世达赖喇嘛乘机靠拢英国，并宣布西藏断绝与中国的政治关系，等于在事实上宣布西藏独立。但英国人基于整体利益的考虑，对西藏的支持有其底线，西藏的国家地位无法得到任何国家的承认。国民政府建立后，国家统一的程度有所提升，十三世达赖必须面对这一现实，与南京的新政府维持一定的互动。①

"九一八"事变发生之际，九世班禅、十三世达赖的驻京代表等都表达了支持中央政府抗日的立场。② 此刻在东北，忧心日本控制内蒙古东部的九世班禅，于 1931 年 10 月 11 日从海拉尔赶赴锡林郭勒，向蒙古信众揭露日人图谋，警示蒙古人向日人妥协的危险③，并峻拒日人笼络，再通电全国，呼吁中央安抚蒙民。④

1932 年 1 月"一·二八"事变发生，十三世达赖喇嘛下令西藏各大寺庙数十万僧人诵经，"冀中央政府取得最后胜利"。九世班禅则在巡视上海、北平、察哈尔、绥远、甘肃、青海等地的过程中，一路号召僧俗民众抗日救国，并强烈要求亲赴热河蒙民中倡导抗日。自此到

---

① 1928 年，西藏政教当局驻五台山的堪布罗桑巴桑前往南京拜见蒋介石，面呈十三世达赖的亲笔信函，稍后，又派特使向国民政府表达"达赖不亲英人，不背中央，愿迎班禅回藏"的新立场。1929 年，十三世达赖再度致函国民政府，表达服从新的、稳固的中央政府，愿与中央间建立有效联系的意向。国民政府把握机会，于 1930 年派员赴拉萨宣慰，十三世达赖方面则在南京、北平与康定三地设立办事处，负责西藏与中央之间的联系事宜，并于 1931 年派 6 名代表出席在南京召开的国民会议，正式承认"中藏一家，恢复旧制"。

② 1931 年 10 月 7 日，十三世达赖及九世班禅驻京代表及办事处长、藏族旅京人士等即组成"康藏旅京同乡抗日救国会"，作出一致抗日的决议，并发表《告全国同胞书》，表示"与我全国同胞同立一条战线，赴汤蹈火，在所不辞"。《蒙藏旬刊》（1932 年 9 月 20 日改版）第 3 期。11 月，业已加入国民党的西藏驻京办事处主要官员出席国民党第四次全国代表大会，在会议期间表达抗日决心，同时提交"改善蒙藏军事政务、宗教、教育以御外侮案"。会后，贡觉仲尼、阿旺坚赞等集结在京藏族人士，集会表达对政府抵抗日本行动的支持。喜饶尼玛：《民国时期出席全国性政治会议的西藏地方代表》，《中国藏学》1989 年第 2 期。

③ 《蒙藏旬刊》（1932 年 9 月 20 日改版）第 1 期。

④ 《九世班禅内地活动及返藏受阻档案选编》，中国藏学出版社 1990 年版，第 38 页。

“七七”事变前后，九世班禅在内地举办多次抗战倡导活动，也直接捐赠金钱财物资助抗战。[①] 1933 年 10 月 18 日，国民政府颁布褒扬令，推崇九世班禅对号召蒙古民众抗战的贡献。[②] 1933 年 12 月 27 日，十三世达赖喇嘛圆寂，西藏地方摄政热振活佛依其遗愿举办三次祈祷法会，祈求中国军队获胜。[③] 热振又于 1939 年 7 月 7 日致电蒋介石，表达支持抗战的意愿，通报在拉萨举办抗战祈祷法会的过程与内容。[④]

有必要指出，从国民政府建立到抗战爆发，正值中央政府积极寻求与此前具有分离倾向的十三世达赖喇嘛重建关系之际，南京权衡达赖与班禅间实力的明显差距，对在日本威胁之下维持西藏这个后方中的后方的稳定抱持如履薄冰的心情，有意阻滞亲汉、亲中央但与达赖不合的九世班禅返回西藏，致使九世班禅直到圆寂都未达成他后半生最大的心愿。[⑤]

1938 年 12 月，拉萨哲蚌寺僧众表示愿在国家需要兵员时，持枪从军。1939 年 5 月，西藏僧民代表团到达重庆，向蒋介石献旗，立誓继承班禅遗愿，实行抗战建国纲领，尽藏族一分子之天职。四川松潘藏人土司联名具呈政府，表示“愿率夷兵驰赴前线杀敌”。川康青边土官、活佛等纷纷捐献财物表达抗日决心。甘肃拉卜楞地区土司兼保安司令黄正清于 1938 年 8 月召集各寺僧官及头人，要求与会者发动所属支持抗战。[⑥] 1944 年 10 月，西藏僧俗民众捐献国币 500 万圆，这笔款项可购买 25 架飞机。四川、西康、青海、甘肃、五台山的僧俗民众，在抗战期间更捐献了可观的财物。

---

① 喜饶尼玛：《论战时藏传佛教界僧人的抗日活动》，《抗日战争研究》2003 年第 2 期。

② 《蒙藏旬刊》1932 年第 46 期。

③ 《蒙藏旬刊》1934 年第 5 期。

④ 喜饶尼玛：《论战时藏传佛教界僧人的抗日活动》，《抗日战争研究》2003 年第 2 期。

⑤ 林孝庭：《国民政府与九世班禅喇嘛——一个近代中国汉藏政教权力关系之剖面》，《传记文学》2010 年第 2 期。

⑥ 周正龙：《略论西南少数民族上层人士的武装抗日活动》，《乐山师范学院学报》2007 年第 6 期。

（二）少数族群政策的调整与抗日动员

“九一八”事变后，面对日本利用少数族群民族意识和民族主义运动的局势，令蒋介石一度萌生建立“五族联邦”的设想，准备于10年之内在满、蒙、藏地区展开自治实验。1932年4月，前清宗室，奕山玄孙恒钧（字诗峰）在洛阳国难会议上提交“为欲抵抗外侮必先团结内部应使满蒙回藏在政治经济教育上一切平等案”，直指“民族不能协调”是边疆危机的一大根源。恒钧以满族代表的身份建议，国民会议宜仿苏维埃之例，让各民族在国会中都有自己的代表。[①] 恒钧的提案也得到与会代表和国民政府的正面响应。

“七七”事变后，国民政府族群政治设计与执行的重点，转向与日本竞争边疆和少数族群民众的政治资源，动员少数族群民众投入中华民族共同抗战的行列。

日本利用或挑动少数族群民族主义情绪的论述与政治行动，尤其是“满洲国”的建立，给中国学界和国民政府带来相当大的震撼。面对国家沦亡的危机，有识之士一方面强调“凡中国人都是中华民族”[②] 的“国族”论，另一方面强烈主张不再区分“汉、满、蒙、回、藏、苗、夷、蛮、番、猺、猡、獞”等，至少必须改变对少数族群以“犬”做部首的侮辱性称谓。国民政府接纳了有关改、废对边疆同胞侮辱性族称的建议，以国家行政命令的形式，规定在学术研究中更改对边疆同胞侮辱性族称；在其他文献、媒体和出版品中，对边疆同胞仅区分地域，不区分族别，并将“回族”一词正名为“回教徒”。[③]

1937年7月，出身滇东北彝人（罗罗）社区、主导云南政务的云南省主席龙云即在南京向蒋介石表示，云南愿出兵两个军参加全

① 国难会议秘书处编：《国难会议纪录》，沈云龙主编：《近代中国史料丛刊》续编第49辑，文海出版社1977年影印，第120页。

② 顾颉刚：《中华民族是一个》，《益世报》（昆明）《边疆周刊》1939年2月13日第9期。

③ 娄贵品：《国民政府改废少数民族称谓的历史考察》，《贵州民族研究》2013年第3期。

国抗战。[①] 龙云新编成的第60军，员额4万多人，约1/10的官兵来自大理附近的少数族裔社区。60军曾参加台儿庄、滇南、接收越南等战役、任务。由云南子弟组成的第58军、新3军等则长期坚守湖北、湖南、江西前线；老3军守卫中条山数年之久。抗战8年间，云南曾将42万各族子弟送到抗日战场。[②]

1937年“七七”事变后，中国赖以进出口的东南沿海遭到日本全面控制，海上对外交通断绝，位居西南的云南省，因可连接英属殖民地缅甸的对外口岸，成为国民政府国际运输线的替代选择。为保障作战物资的运输，国民政府接受云南省主席龙云的建议，先后规划修建滇缅公路与滇缅铁路，云南西部各族民众在动员之下几乎都参与了修筑公路[③]和铁路的艰巨工程。[④]

---

① 龙云：《抗战前后我的几点回忆》，载中国人民政治协商会议云南省委员会文史委员会编《云南文史集萃》第二卷“出滇抗战”卷，云南人民出版社2005年版。

② 中华民国国防部档案。该数字为大陆出版的《云南抗日战争史》所引用，见孙代兴、吴宝璋《云南抗日战争史》，云南大学出版社2005年版，第1页。

③ 滇缅公路由云南昆明通往缅甸腊戍，与缅甸中央铁路相接。沿途翻越云岭、怒山、高黎贡山、漾濞江、澜沧江与怒江，沿线彝（罗罗）、白（民家）、傣（摆夷）、苗等族民众自备粮食、被服和最原始的工具，参加人数近30万人，有时全路段每日即有20万人同时施工。日夜赶工下，于1937年12月至1938年8月短短8个月间筑成包括惠通、功果、漾濞三座大桥和其他533座桥梁、3292孔涵隧在内，中国境内长960公里，全长1146公里的战时交通大动脉。日军为破坏滇缅公路，从1940年10月下旬开始对沿线桥梁、渡口实施大规模轰炸；1941年初，更建立“滇缅路封锁委员会”，以100余架飞机夜以继日轮番轰炸、破坏公路。滇缅公路养护工、桥工和各族民工在炸弹威胁下冒险抢修路面，艰难维持运输畅通。

④ 1939年，国民政府进一步决定，修建滇缅铁路，计划由昆明向西南延伸，经祥云、孟定出境缅甸接到腊戍，再通往仰光。这条计划中的铁路在云南境内长886公里。末段100余公里经过阿佤山区，仅临沧阿佤山区一地投入修筑作业的阿佤等族民工即达数万人。周家瑜：《简论佤族在抗日战争中的贡献》，《临沧教育学院学报》2005年第3期。滇缅铁路缅甸境内段，经外交协议，由当时英属缅甸当局负责修筑。1940年，英国寻求与日本修好，下令关闭滇缅公路，滇缅铁路也延宕不愿动工，国民政府只好暂停修筑滇缅铁路，将人力转用于连接四川、西康与云南的西祥公路。1941年4月，英方态度转变，滇缅铁路复工，1942年春季完成部分铺轨与土石整建。日本偷袭珍珠港后，美国对日宣战，1942年1月24日，云南省主席龙云致电蒋介石建议，“国际情势剧变，滇缅铁路似可停修”。不到两个月后，日军攻陷缅甸首都仰光，存放于此的滇缅铁路器材随之失陷，日军并继续向北推进，国民政府除先行派遣中国远征军，进入缅甸境内协助英军作战，也于同年3月中旬，宣布滇缅铁路全线停工。由于日军进展迅速，占领缅甸全境，并于1942年5月间，进逼中缅边境上的惠通桥，为了避免滇缅铁路遭敌人利用，蒋中正下令自行炸毁除昆明到平浪一段以外滇缅铁路其余完工的工程。

1940年9月日军占领法属印度支那后，地处广西、云南境内中越、中寮边境地带的哈尼、彝（罗罗）、僮、苗、傜、汉人，出动数千民工，在边境构筑了183公里的国防工事；红河哈尼人和彝人（罗罗）群体也组建边防游击队，担任救护与搜集情报的工作，配合中国军队正规部队修筑战壕、桥梁、隧道。①

抗战爆发后，中国空军经过浴血奋战，仅存的少许实力撤往大后方，随后，美国志愿飞行队来华助战，基地也设在四川。因应这一局面，国民政府在四川建立33处机场。四川境内土家、苗、藏等少数族群民众是修建机场的主力。机场往往地处偏僻，少数族群民众民工以最简陋原始的工具，奉献血汗与生命，换来抵抗日军的机场。

“珍珠港事件”爆发后，日军更迫切地寻求封锁滇缅通道，遂将战火扩大到缅甸。中国远征军入缅作战失利，日军进一步向云南方向推进，于1942年5月攻入滇西。②

滇西沦陷地带多数居民分属傣（摆夷）、阿昌、彝（罗罗）、白（民家）、苗、哈尼、景颇（山头）、佤、怒、独龙、拉祜等30多个族群，人口100多万，分别由24家“世袭其职、世守其土、世长其民”的土司统辖。民初，中华民国北京政府延续清朝“改土归流”的政策，有意进一步推动对西部山区部落、土司政治的改革；国民政府完成全国统一初期，更规划在10年左右的时间内，彻底废除中国西部残留的土司制度。但西部土司等地方传统政治势力并不甘于自动让出权力和利益。③

---

① 中共云南省委党史研究室编，卓人政主编：《中共中央南方局的群众工作》，中共党史出版社2009年版，第144—145页。

② 1942年5月3日，日军第56师团侵入云南，以装甲部队为前驱，沿滇缅公路直驱滇西，连陷德宏、畹町、遮放、芒市、龙陵、腾冲等地，炮击怒江东岸村落，从空中轰炸滇缅公路向东的路段和下关、保山、祥云、昆明等城市。

③ 以云南潞江傣人线氏土司为例，1913年，云南省尊奉北京政府的政治设计，在潞江坝设立潞江县佐，隶属于龙陵县，这是国家在潞江设立流官之始。当时的潞江安抚司司官线庆祥表面上接受，但在台面下架空县佐的权力，再以县佐不谙摆夷习俗、不能适应边寨生活为由，将其礼送到龙陵居住，实质维持独自统治潞江坝的状态。省政府欲在南甸设立弹压委员之际，线庆祥强烈反弹，待任弹压委员也惮于潞江坝生活条件恶劣，不愿赴任，设弹压委员之议遂告流产。30年代初，国民政府在设立设治局时，潞江坝归入莲山设治局。设治局在滇西土司地区开始清丈土地，准备直接征收赋税，遭到线家以外其他土司的抗拒。

日军入侵，怒江两岸各族民众一跃成为滇西抗战的主要后援力量，面对大敌当前、日人对土司威逼利诱的危局，出身腾冲的云贵监察使李根源接受蒋介石之命，亲赴前线协助宋希濂部第 11 集团军组织民众抗战。在动员滇西民众加入牵制日军行动的迫切需要面前，李根源体悟到当地少数族群政治资源的价值，“若不及时体察土司意图，示以殊恩，发其忠义，诚恐被敌利诱威胁，则心志稍移，凝结无术”[①]。基于抗战的需要，国民政府悄然中止了以缓进方式推动的改土归流进程，甚至重新恢复了土司封委承袭制度。[②] 李根源遂于 6 月 1 日发出《告滇西父老书》，号召滇西民众投身抗战[③]，继而派出同样出身滇缅边境地带的外交部专员尹明德深入滇西各土司驻所，向各土司颁发国民政府委任状，得到土司输诚效力的承诺。[④] 日军逼近云南之际，阿佤山区部落首领也标举“抗日保土”“抗日守卫阿佤山”的口号，动员阿佤山区民众配合国军抵挡日军的进攻。[⑤]

滇西土司主动参与抗战，有出于爱国热忱的一面，也有维护自身世有之地传统利益的考虑。国民政府重新肯定土司制度的合法性，消除了土司对自身权利存续的忧虑，使政府得以顺利动员、组织边疆各族民众投入抗战；国民政府对土司参与抗日的表彰与嘉奖，也提升了土司的威望。抗战胜利后，很多边民“只知昔日之土司衙署，而不知有县局政府者”，土司制度意外得以延续。不过，在土司制度继续沿袭的同时，土司内部的政治制度正随着时势的演变趋向流官化。很多土司司官及司署官吏被军事委员会和第 11 集团军授予“自卫军”“游

① 李根源辑：《永昌府文征》（重排点校本），云南美术出版社 2008 年版，《文录》第 6 册，第 30 卷。

② 王文成：《滇西抗战与龙潞边区土司制度的延续》，《抗日战争研究》1994 年第 2 期。

③ 具体见常绍群《滇西敌后军民抗战纪实》，收入中国人民政治协商会议云南省委员会文史资料研究委员会编《云南文史资料选辑》第 25 辑，云南人民出版社 1985 年版。

④ 尹明德具体的工作经历见常绍群《滇西敌后军民抗战纪实》，收入中国人民政治协商会议云南省委员会文史资料委员会编《云南文史资料选辑》第 25 辑，云南人民出版社 1985 年版。

⑤ 具体见《大中华民国云南省接缅边区卡佤山十七头目联防协会立盟书》，载云南省西盟佤族自治县县志编纂委员会编《西盟佤族自治县志》，云南人民出版社 1997 年版，第 419 页。

击队”指挥职务及军阶，所统辖的游击部队也接受国军的指挥，并向国民政府提出装备补给的要求。① 如此一来，土兵制度与国军军政制度相互交叠，使土司封委、承袭制度与土兵制度开始转型。

滇西抗战是全民抗战的经典范例。参加滇西抗战的武装力量同时有国家军队和地方部队；正规军、游击队及民众武装；汉人武装和少数族群武装、土司武装等，滇西各族群、部落几乎都参加抗战。远征军在南面败退后转到滇西战场的东西两面，滇西具有独立作战能力的抗日游击队即有 12 支②，此外，还有 20 支土司抗日自卫队及数以百计的民众抗日自卫队。③ 从 1943 年初，日军表面上已控制怒江以西，北达怒江泸水、南到孟定等地，约 3 万平方公里的中国领土，但同期抗日武装力量也活跃于怒江以西、腊戍以北的日本占领区。少数族群民众频繁多样的游击袭扰行动，将日军压缩在腊戍、芒市、龙陵、腾冲、密支那、八莫、南坎等战略据点附近，陷于全民抗战的汪洋之中。④ 1944 年 5 月，中国远征军对日军发动全面反攻，滇西各族民众勠力支持、配合。⑤

1942 年 2 月至 1945 年 5 月滇缅抗战期间，云南从抗战的大后方变

---

① 尹明德：《抗日战争时期日记片段》，收入《德宏史志资料》第 2 辑，德宏民族出版社 1988 年版。

② 12 支游击队和其他武装及其抗日经过具体见常绍群《滇西敌后军民抗战纪实》，收入中国人民政治协商会议云南省委员会文史资料委员会编《云南文史资料选辑》第 25 辑，云南人民出版社 1985 年版。

③ 12 支游击队和其他武装及其抗日经过具体见常绍群《滇西敌后军民抗战纪实》，收入中国人民政治协商会议云南省委员会文史资料委员会编《云南文史资料选辑》第 25 辑，云南人民出版社 1985 年版。

④ 在历时 3 年多的滇缅抗战中，阿佤山区的少数族群抗日武装多次有效延滞日军的进攻，迫使日军与泰国“征缅方面军”放弃取道阿佤山区勐董、孟定攻入中国境内的计划，日军对阿佤人的勇猛强悍留下强烈的印象。具体参见陈明富、马汝慧《云南各族军民在抗日战争中的突出贡献》，《保山学院学报》2010 年第 1 期。

⑤ 5 月 11 日，第 20 集团军强渡怒江，进入高黎贡山，腾冲抗战政府和保山、龙陵等地的抗日组织动员各族民众支持国军，仅腾冲县应征民众即有 46000 多人。其中 38000 余人为数万大军提供物资、给养，运送弹药；5000 多人加入转运伤员服务队；3000 多人投入修复腾龙公路的工作；大量熟悉地形和敌情的当地青壮年民众担任国军向导，主动侦察敌情。9 月 14 日，第 20 集团军收复腾冲。

为抗战的最前方，考验并加速了云南各非汉少数族群国族认同的建立。在各族军民的共同奋战下，于1945年1月将日军逐出3万多平方公里的滇西国土，云南成为中国最早逐出侵略者的国土之地。

五　少数族群与中华民族、抗战建立联结

日本侵华，也让中国少数族群中的部分菁英敏感地体认到其身份、权力、利益与“中华民族”的关联，一些人把握这一政治机运，为族群生存和前途做出重大的选择。

（一）满、蒙民众的抗日行动

“九一八”事变后，“满洲国”境内的满洲旗人投入抗日活动者很多。满人对国民党甚至中华民国不见得有好感，但却在清一代形成了中国意识。“满洲国”的傀儡性质和日本人的差别待遇政策，使得设想中的“满洲人国家”未能如愿对满人发生足够的民族号召力，日本对北平等处关内旗人的动员也不成功，自发反抗日本人的满人比例甚高。[①] 广布东北的满、朝鲜、鄂伦春、达斡尔、蒙古等族民众中，都有人组建或参与救国军、义勇军、抗日会、红枪会等抗日组织，在这些组织的抗日宣示中，都包含了对“中华民族”概念的正面想象和接纳。

1932年4月，蒙、汉抗日人士在绥远成立“反帝大同盟”，在热河、察哈尔成立“蒙汉抗日同盟会”；1933年2月，在张家口又建立“蒙汉抗日同盟军事委员会”和蒙古抗日联军；1934年8月，在迪化（今乌鲁木齐）成立“新疆民族反帝联合会”。1936年1月，当日本方面笼络德王，推动内蒙古亲日自治之际，百灵庙蒙政会的蒙古军人脱

① 如黑龙江省宁安县世环镇70%的满人居民加入反日会，满族简史编写组：《满族简史》，中华书局2009年版，第210页。满人出身者，有邓铁梅、唐聚五、李春润等，分别于1931年到1932年间建立“东北民众抗日义勇军”“辽宁民众抗日救国会”“辽宁民众自卫军”等，展开武装抗日活动，满人的抗日活动具体可见中国少数民族社会历史调查资料丛书《满族社会历史调查报告》，辽宁人民出版社1985年版，第64页。

离德王阵营，加入抗日行列。

（二）汉语穆斯林的族群动员与地方军政实力派的抗日行动

尽管咸同之际汉语穆斯林（回民）与清廷之间的冲突牵涉宗教、族群方面复杂的因素，但回民在19世纪“争教不争国”，无意脱离清朝国家自立门户，在20世纪前半期同样正面响应了中华民族国族建构的目标和进程。一如回民知识分子丁竹园在民初所言“保国即是保教，爱国即是爱身”①；白崇禧在抗战时也说“争教必争国，国存教乃存”②。同治回民事变后崛起于西北的回民军政势力，仍然要依靠清廷的政治支持，此一模式延续到回民与中华民国政府的关系和互动中。

抗战爆发后，回民纷纷成立包括“中国回民救国协会”在内的诸多全国性③和地方性④抗日救国团体，通过多样的宣传、服务行动支持抗战。伊斯兰宗教人士面对信徒，也强调“国家兴亡，穆民有责”的伊斯兰教义，在宗教仪式中为抗战祈祷。⑤

抗战期间，回民菁英最重要的贡献之一，是利用宗教交流、民间外交的管道，对抗日本在阿拉伯世界的舆论宣传，在中东、北非和东南亚伊斯兰世界展示日本侵华对于中国穆斯林与世界穆斯林的

---

① 《正宗爱国报》1912年正月初六日。

② 白崇禧：《要用殉教精神挽救中国民族的沦亡》，《回教大众》1938年创刊号。

③ 针对日军在其占领区建立“中华回教联合总会”的举动，1938年1月，全国性的穆斯林抗日团体“中国回民救国协会”在汉口预备成立，发表动员全国回民救亡的宣言。同年5月，协会正式成立，理事长白崇禧发表《敬告全国回教同胞书》，激励回民救国的决心（白崇禧：《敬告全国回教同胞书》，《回民言论》1939年创刊号）。协会随即在陕西、甘肃、青海、宁夏和新疆等17个省成立分会，分会下以县、区为单位再成立支会（孙颖慧：《中国回教救国协会宁夏分会述评》，《回族研究》2005年第4期）。并协助各地成立穆斯林青年抗日团体，通过包括动员穆斯林青年从军在内，大量、多样的宣传、服务行动支持抗战（白友涛、柴静：《中国回教救国协会述论》，《回族研究》1995年第4期）。经白崇禧建议，该会于1938年10月改名为“中国回教救国协会”，1943年又改称“中国回教协会”。

④ “七七”事变后的7月29日，北平的汉语穆斯林组建“北平回民抗敌守土后援会”，通电全国。通电刊登于《北平晨报》1937年7月29日。绥远包头的回民公会动员穆斯林市民组成“西北回民救国会”，发表《告西北回民书》。回民公会负责人、回民小学校长等捐款支持抗战。

⑤ 朱杨桂、高新生：《新疆各族人民在抗日战争中的贡献》，《新疆大学学报》1985年第3期。

危害，推动伊斯兰世界抗日联盟的形成。面临对日本抱有好感的印度抗英运动，回民菁英促成其中的印度穆斯林对中日战争采取了不同的态度。由王曾善等人组成的“中国回教近东访问团”和维吾尔人艾沙·阿尔普特勤、新疆汉语穆斯林马斌良的“中国国际联盟同志会”于1938年访问中东各国后，国民政府陆续与土耳其、伊朗、沙特阿拉伯、伊拉克等国建立了外交关系，民间外交乃上升为国家外交。[①]

分别实质统治青海、甘肃部分地区和宁夏汉语穆斯林的地方军政势力，在权衡日本方面的实力、自身权力的来源与其地缘限制以及未来的政治前景之后，决意投入抗战的军事行动之中。

抗战军兴，穆斯林军政领袖马步芳以青海省代主席的名义向中央请缨杀敌。军事委员会委员长即命马步芳、马步青部出省参战。正有意扩编部队的马步芳，乃组成暂编骑兵第1师，于1937年9月开赴陕西，突袭晋南豫西一带的日军与附日地方民团。[②] 1938年7月，暂编骑兵第1师奉调河南黄泛区尉氏、扶沟、鄢陵和西华一带[③]，1939年8月，暂编骑兵第1师移防河南周口到界首一带，进击淮阳方面的日军。[④] 暂编骑兵第1师战斗减员严重，1940年5月，经过补充兵员，扩编为骑兵第8师，于当年8月移防安徽北部涡阳、蒙城、怀远一带，负责牵制津浦铁路蚌埠段的日军。[⑤] 1943年末至1944年初，日军在攻占洛阳后，转攻阜阳。骑兵第8师加入阜阳保卫战，从颍上一带迂回

---

① 《吉达设领与近东外交》，《中国回教协会会刊》1940年第1卷第6期；《本会理事艾沙马斌良访问近东各国报告》，《中国回教协会会刊》1940年第1卷第10期。

② 马步芳骑兵师具体参战经过见马有光《青海骑兵师参加抗日战争前后纪略》，《青海文史资料》第12辑，第68—74页。

③ 暂骑1师2旅3团1营1连排长马元林与河东伪军约定，击杀本团一位营长，率数十名士兵投日，引日伪军千余人攻打暂编骑1师驻地。师长马彪决趁风雪追击，连续收复日伪军所占村庄，歼灭驻守敌军，擒杀马元林。马有光：《青海骑兵师参加抗日战争前后纪略》，《青海文史资料》第12辑，第68—74页。

④ 马有光：《青海骑兵师参加抗日战争前后纪略》，《青海文史资料》第12辑，第68—74页。

⑤ 马步芳部队豫皖参战经历见马有光《青海骑兵师参加抗日战争前后纪略》，《青海文史资料》第12辑，第68—74页。

攻击日军侧翼。[①]

“卢沟桥事变”爆发后，国民政府将甘肃、宁夏、青海二省划定为第八战区，宁夏军政实力派马鸿逵的15路军和马鸿宾的35师组成第17集团军。1938年，马鸿宾率81军暨马鸿逵部三个旅开往绥西，守御由内蒙古通往西北的门户。1939年夏，81军在乌拉脑包抵御日军板垣师团的进攻，初战告捷。1940年1月中，日军集中晋、察、绥附近兵力约4万人，对绥西展开陆空联合攻击，甚至施放毒气，于2月初突破马鸿宾部防线，攻占五原。是役，40集团军顽强抵抗日军，付出重大伤亡。[②] 从1938年5月到1943年间，17集团军在沙漠地带长期坚持与日军周旋。在1942年5月的五原之战中，马鸿宾部81军与傅作义配合，最终收复伊克昭盟东北部地区。

（三）南方和西南少数族群：族群利益与抗战的联结

20世纪初中国西南的非汉人群体，为了在宣示“五族共和”的民族国家内获得承认，并取得与“五族”平等的政治地位，多数主动参与了现代中国的国族建构，具体而言，是将本族群的身份建构和本族群与国家的整合联结在一起。[③]

---

① 马有光：《青海骑兵师参加抗日战争前后纪略》，《青海文史资料》第12辑，第76—77页。

② 被俘的该部伤兵面对日军嘲笑国军汉阳造步枪，声言，武器粗劣，甚至赤手空拳，“照样可以打倒你们”。西北回教救国会：《绥西前线的回回军》，《中国回教协会会刊》第1期；西北回教救国会：《绥西穆斯林的爱国动态》，《中国回教协会会刊》第2期。

③ 与蒙古人、藏人和新疆突厥语穆斯林相较，20世纪初中国西南的非汉人群体的知识菁英，为了在新的、以汉人为主体但宣示汉满蒙回藏“五族共和”的民族国家内获得承认，并取得与“五族”平等的政治地位，多数主动参与了现代中国的国族建构，具体而言，是将本族群的身份建构和本族群与国家的整合联结在一起。清朝在中国西部推行“改土归流”（化间接统治为直接统治）与“化夷为汉”（族群同化）两项政策，除畲、土家、白、僮、纳西等在清初业已相当汉化的族群外，苗、彝、黎、傜、哈尼等族群的汉化程度也逐渐加深。更令人讶异的是，自19世纪后期起，天主教、新教等教会势力渐次进入中国西南省份，影响日增。传教士在针对“苗”等族群的启蒙教育中，一方面透过提升族群内部成员对本族语文的运用能力，间接促成“在上帝面前人人平等”的个人意识和族群意识；另一方面，为了淡化各族群原始信仰体系中原初的祖先意识，竟也致力将“中华民族”意识注入其中。可参考张坦《“窄门”前的石门坎——基督教文化与川滇黔边苗族社会》，云南教育出版社1992年版；Siu-woo Cheung（张兆和），“Appropriating Otherness and the Contention of Miao Ethnic Identity in Southwest China”，in *The Asia Pacific Journal of Anthropology*，Vol. 13，No. 2，pp. 142 – 169。

1936—1938年，湖南西部的“革屯”运动，即致力营造自身与抗战的联结。1936年，包含永绥、凤凰、乾城在内的湘西“屯田”7县苗人，展开以抗缴“屯租”、革除剥削苗民的“屯田”制度为诉求的“革屯”运动。1937年8月以后，湘、川、黔边“革屯”运动纷纷打出“抗日革屯”军的旗号①，1938年2月，湖南省政府会议决议废止屯租。3月，以湘西苗人为主体的“革屯”军8000人全数改编为湖南省新编保安部队，1939年在桃源扩编为国军暂编第6师，开赴抗日前线，此后6年间，参与了十余次大小战役。②

吊诡的是，对于国民政府和“革屯”苗民双方而言，“抗日”在很大程度上都成为工具和筹码。“革屯”苗民本来有意利用“抗日”的名义，强化政治运动和武装抗争的正当性。国民政府则借用苗民表达的意图，借由“改编”和移出湘西直接参与抗日，一面根除苗人区域草根抗争的隐患，一面运用苗民武装增加了抗日力量，同时又假战争过程削弱苗民武装的实力。“革屯”运动的领袖对此也了然于心，如梁明元即直指官方玩弄“阴谋诡计”，并曾拒不接受移防离开湘西的命令。

抗战期间，不同程度汉化的族群，如以龙云为首的彝人领袖阶层，充分展现出认同华夏文化和近代中华民族的姿态③；较汉人更早接触到

---

① “革屯”运动领袖龙云飞祭出“革屯抗日救国军”的旗号；同年9月，苗民武装抗争达到巅峰，另一领袖梁明元也将所部正名为“湘西苗民革屯抗日军”；稍后，四川东部的苗民武装也组建“革屯抗日军”，几支武装又合并整编为“湘川黔革屯抗日军”，并吸纳保靖土家人的“革屯”武装。是年底，国民政府任命张治中代替何键主持湖南省政，张确定了针对苗民武装“剿抚兼施”的策略，与“革屯”军方面谈判达成“废屯升科”和“收编抗日”两项共识。

② 1937年初，和平诉愿转变为遍及湘西和湘、川、黔交界地带的武装抗争，由何键主持的湖南省政府派军镇压。但当年7月抗战爆发，省军迫于舆论对于何键对内用兵多所非议的压力，撤出湘西。相关研究可参考伍新福《湘西“革屯”运动述评》，载陈理、彭武麟主编《中国近代民族史研究文选》（中册），社会科学文献出版社2013年版，第842—858页。

③ 1927年至1949年间，出身滇川黔边区彝人社区的地方政治势力，掌控了云南省的军政大权。相关研究可参考潘先林《民国云南彝族官僚统治集团研究》，云南大学出版社1999年版。受到这一局面鼓舞的四川、贵州的彝人社区，纷纷寻求龙云彝人军政大员的支持或庇护，在强调本族群尊严的同时，也与汉人通婚。与“苗”一样，执掌云南省政的彝人上层建立“竹王会”“佉卢学会”，意在将彝人的祖先追溯到传说中来自楚国的“竹王”，更将彝人的文化 （转下页）

列强扩张，但基本未汉化的族群，如阿佤部落，也出现了国家意识。[①] 1926年，英军侵入滇缅边界云南一侧时，即引诱当地土司前往伦敦，但众多土司头人出示元、明、清时代中国朝廷颁发的委牌，声言只知孔明而不知耶稣。1934年初，长期觊觎阿佤山矿产资源的缅甸英国殖民当局出动军队，占领云南省沧源县境内班洪、班老的银矿。班洪王胡玉山乃于1月间召集阿佤山十七个部落的首领齐聚班洪，建立由佤、汉、摆夷（傣）人组成的武装力量，并与当年6月间由滇西南地区佤、拉祜、傣、汉等族群民间人士组成的“西南边防民众义勇军”合力将英军逐出班洪、班老，是为“班洪抗英事件”，国民政府则迫于英国的压力，命义勇军撤出班洪。班洪事件令中英双方都感受到界务问题的压力，1935年，由瑞士军官伊斯兰上校担任中立委员，中英二度会勘滇缅边界，英军同时进占阿佤山芒国部落。班洪王乃再度联络阿佤山十七个部落的首领，领衔向英缅当局、国民政府与国内各界宣示：“卡佤山为中国土地、卡佤山民为中华民族之一部分”、“卡佤山地与中国为一体，不能分割”。[②] “我佧佤十七王地……自昔远祖，世

(接上页）追溯到传说中与仓颉同时代的佉卢（安恩溥：《我所了解的龙云统治集团中的部分彝族上层人士的活动情况》，收入中国人民政治协商会议云南省委员会文史资料研究委员会编《云南文史资料选辑》第11辑，云南人民出版社1989年版）。并鼓励彝民加速汉化（林耀华：《凉山彝家》，商务印书馆1947年版，第120—121页；邵献书、刘苗生等：《镇雄县塘房区凉水井乡和平沟下寨彝族社会调查》，收入中国少数民族社会历史调查资料丛刊云南省编辑组《云南彝族社会历史调查》，云南人民出版社1986年版，相关内容见第222—224页）。甚至刻意将家族的源头追溯到先秦的华夏（龙云辑：《贞孝褒扬录》第1册，1936年石印本）。

① 云南西南阿佤山区的阿佤部落（20世纪50年代在“民族识别”后，称为“佤族”），是近代中国边疆少数族群中保持原生状态最完整的族群之一。然而，与内陆农村的多数汉人相较，沿边的少数族群民众，更早接触到列强的扩张。阿佤部落更是首当其冲。数百年来，人口爆炸的华中甚至华南的汉人移往西南非汉人族群聚居地带的趋势加快。在地势较为平缓、宜农的地带，汉人人口居相对优势，但在靠近边境地区的丘陵、山地，汉人移民在人数上仍居相对弱势，在与当地非汉人群通婚数代后，即融入当地人群中。这样反复频繁的文化交流与族群融合现象，强化了族群间的纽带，也有助于边境地带非汉人群体中原型国家意识的形塑。可参考李诚《国家建构与边疆稳定——基于中缅边境阿佤山区的实证研究》，云南人民出版社2013年版，第120—124页。

② 《告祖国同胞书》，段世琳主编：《班洪抗英纪实》，云南人民出版社2013年版，第362—366页。

受中国抚绥，固守边疆，迄今千数百年。世传弗替，不但载诸史册，并发现尚有历朝印信可资凭证。我佧佤人民，虽属云南极边夷族，未受中国文化教育之熏陶，致语言文字殊异各类，但男勤耕耘，女重纺织，日夜作息，则与汉人大同而小异。……英帝逞其野心，步步压迫，种种手段无所不用其极。我佧佤山数十万户，虽血流成河，断不作英国之奴隶。今者，中英会勘缅甸界务，我佧佤山百姓，请愿我委员，保全我佧佤地。若以我佧佤让与英人，虽则我委员迫于威势，隐忍退让，然我全卡佤山民众，决不愿听英帝之驱使，愿断头颅，不愿为英帝之牛马。”[①] 班老、班洪的阿佤部落首领，拿出历代王朝颁发的印信、命服等，举证阿佤山区向属中国；数百名阿佤民众聚集在勘界委员会驻地勐梭，高举青天白日满地红国旗抗议英国的侵略，让参与勘界的中立国代表与中华民国代表为之动容，停止与英人合作，勘界之议，遂无疾而终。

滇西抗战开始后，云贵监察使李根源有感于滇西土司对抗战动员的正面响应，慨叹说，“目今敌军压境，人心易惑，而各土司同仇敌忾，得来请命，数百年怀柔抚绥之德，效忠明耻之教，事效已见”。南甸土司龚绶强调因家族“世效诚节”，才得到政府“如此恩赐铭鼎”，故不论日寇如何利诱，终能不失民族气节。当年31岁的潞江土司线光天，幼年受业于腾冲王举人，及长又毕业于实施近代教育的腾冲县立中学，在他的观念中，传统汉文化中的儒家忠孝意识和近代的国族意识合为一体。干崖土司刀京版之父刀安仁则曾参加辛亥起事，让他的家族与中华民国建立了直接的渊源。抗日国军将领在致书各土司时，也把握这一联结，以王朝时代土司保国保境的事迹激励当代土司参与对抗外敌入侵的行动，宋希濂在致线光天的信函中即谓，“执事世受国恩，谊同休戚，亟盼领导边民与国军切取联络，起而杀敌，

① 《告祖国同胞书》，段世琳主编：《班洪抗英纪实》，云南人民出版社2013年版，第362—366页。

共策殊勋。昔石柱司官女将秦良玉，为国杀敌立功，今平四川营，赫然有驻兵遗迹，史册流传，勋名不朽。执事宏识远略，万流仰镜，当能绍此前徽而发扬光大之也”。南甸土司龚绶在呈蒋介石的电文中说，“职司世受国恩，同仇敌忾，当仰体德意，誓死抗战，与疆土共存亡”。线光天还提出策略说：“抗战期间，军食为重，腾龙沿边各土司地产米最丰，如国军能迅速将腾龙克复，驱敌境外，将丰富米粮内移，以助军食，于抗战裨益甚大。”①

六　结论

抗战期间，国民党和国民政府的政治、军事实力不足，组织效能和动员能力亦不足，或者需要通过与清末民初以来形成的地方军政势力的利益交换，来编织党国的权力网络；或者需要借用传统资源，一定程度上感化、羁縻那些无法直接控制的政治势力；或者，无法将少数群体利益的论述与中华民族国族论述作出有说服力的联结，只能期待战争状态下少数族群的利益与国家整体利益的权宜结合。这样，间接面对边疆非汉少数族群，国民党未能充分激发民众的国族意识，未能有效地将少数族群的政治资源转化为对自身的长期支持。但无论如何，国民政府在中国由古代王朝国家向近代民族国家的转型过程中，面对所遭遇的空前考验，以艰难重建政治军事机构，在能力范围内尽最大的努力汲取边疆和少数族群的政治能量，未在困局面前向强敌妥协，其历史地位已然不可磨灭。

相较之下，共产党于抗战期间在敌后根据地展开真正意义上的制度创新与组织布建，动员民众，充实党的基层组织，将党的力量深入社会的血脉中，弱化乃至消除了传统宗族组织和乡绅阶层对地方的控制，造成社会能量与政治力量间的有效互动。中共通过与少数族群民

---

① 王文成：《滇西抗战与龙潞边区土司制度的延续》，《抗日战争研究》1994 年第 2 期。

族自决、民族解放论述和族群现实具体利益的巧妙接轨，将上述模式灵活应用到少数族群动员工作中，将少数族群的政治资源转化为对自身的支持。

无论从结果还是从过程来看，日本针对中国少数族群所从事的“工作”都归于失败。究其原因，首要在于，日本人并未在日本的利益与汉人以外的中国少数族群人民的利益间做出有效联结，而尽管国民政府的动员力和影响在某种程度上都小于日本甚至中共，但古代王朝中国的多元族群、多元文化遗产，近代初步国族建构过程中庞大的惯性，都是阻碍日本与中国少数族群之间建立共同立场的障碍，而列强等外来势力的威胁，又催生出少数族群与中国国家之间共同利益的纽带。

在外国军事入侵面前，少数族群在某种角度和一定程度上体认到其利益与中国国家或其他中国政治力量间利益的一致性，将为桑梓、群体的生存奋斗与奉献国家联结起来，为抗战中的国家开辟了战略纵深地带和后方；为被围困的国家维持了通向盟邦和国际社会的最后生命线；为全民的奋战提供了人力和物资保障；更重要的是瓦解了日本分裂、拆解中华民族的图谋。同时，少数族群也借由空前动员、参与现代战争的经验，大幅提升了自身对现代社会的适应力。

抗日战争对于近代中国的边疆事务、国族整合，对于中国的边疆地区本身和少数族群，都产生了意外而巨大的影响。战争爆发前，日本威胁的步步加剧，已迫使国民政府调整其国族论述，同时向蒙、藏等族群的自治要求做出妥协，事实承认“五族”以外其他更弱势少数族群的存在与他们的政治权力。[①] 战争爆发后，日本占领了中国东部的政治、经济核心地区，国民政府被迫迁移到偏远多山、少数族群密

① 吴启讷：《蒋介石的中华民族论与中华民国的边疆自治实践》，载黄自进、潘光哲主编《蒋介石与现代中国的形塑》（上册），台北：“中央研究院”近代史研究所 2012 年版，第 161—212 页。

集的西部。国民政府在西部重建了政治军事体系，并意外获得与少数族群密切接触的空前经验①，包括动员少数族群政治资源支持抗战的需求和与少数族群间互动模式的重新建构。中国的少数族群本身，也在严格意义上真正获得与汉人生死一体、命运与共的历史经验，在自觉或不自觉的族群意识之外，建立了中华民族意识的雏形，正面推动了近代中国的国族建构、国家整合，以及境内非汉人人群身份的“中国国民”化与“少数民族”化。蒙古族人、维吾尔族人、傣族人等由清朝的臣民转为中华民国的国民，又进一步转变为中华人民共和国的少数民族，是一类例子；中国东北的朝鲜人由境外移民转为“满洲国国民”，再转为中华民国境内的外国侨民，又进一步转变为中华人民共和国的少数民族，则是另外一类的例子。

（原载《江海学刊》2015 年第 2 期）

① See Hsiao-ting Lin, *Modern China's Ethnic Frontiers*, New York: Routledge, 2011.

蒋介石与1935年法币政策的决策与实施

吴景平

1935年11月初，国民政府宣布实施法币政策。目前学术界对于这次币制改革基本持肯定态度。如《民国社会经济史》指出："币制改革是中国货币史上一次重大的变革，它的实施对于当时和以后的中国经济均产生了重大影响"，进而言之，"从币制改革实施到抗战爆发前的这段时间里，中国的国民经济呈现上升的趋势，具体表现为外汇平稳，物价回升，金融安定，工农业生产水平有所上升，外贸入超相对减少……所有这一切都同币制改革的实施有一定的关系。"① 较早问世的金融史教材的评述是："法币政策规定废除银元，流通纸币，适应了发展商品市场的需要。法币政策是中国纸币制度确立的标志，也是近代中国货币集中发行的开始。"② 不过，上述著作都没有提及蒋介石与法币政策的关系，即便是近年出版的《中国金融通史》，也只是简单写道："蒋介石找宋子文与孔祥熙一起策划币制改革和解决金融重大问题。"③ 而在近年问世并且得到普遍关注的关于蒋介石研究的两部新著中，则完全未涉及法币政策。④

---

① 陆仰渊、方庆秋主编：《民国社会经济史》，中国经济出版社1991年版，第343—344页。

② 洪葭管主编：《中国金融史》，西南财经大学出版社1993年版，第313页。

③ 洪葭管：《中国金融通史》第4卷，中国金融出版社2008年版，第279页。

④ 杨天石：《找寻真实的蒋介石：蒋介石日记解读》，山西人民出版社2008年版；[美]陶涵（Jay Taylor）：《蒋介石与现代中国的奋斗》，林添贵译，（台湾）时报文化出版企业股份有限公司2010年版。

本文拟通过梳理美国斯坦福大学胡佛研究所藏蒋介石日记、台湾“国史馆”典藏蒋介石档案的相关内容，结合其他资料文献，探讨蒋介石对于1935年法币政策的决策和实施所起的作用。

一

1928年6月国民革命军各部进入京津，奉张势力退至关外，南京国民政府成为中央政权。起初蒋介石身兼国民政府主席和陆海军总司令，还一度兼任行政院长；1931年底蒋介石下野，旋于1932年初复出，先是以军事委员会委员长的身份与出任行政院长的汪精卫合作；待到1935年10月底汪精卫遇刺离开行政职位之后，蒋介石重新兼管行政院，成为国民党内外重大政策的主导者。蒋介石对于该时期货币领域问题所持态度和对币制改革所起的作用，需要进行具体的研究。

民元之后，随着本国新式银行业的崛起，统一币制尤其是废两改元的呼声日益高涨，成为中外关注所在。但由于政局不稳，缺乏相应的财力，政府与金融业之间也没有形成共识，币制改革始终未能实施。由于币制的不统一和落后，金融业的有形无形的经营成本居高不下。南京国民政府成立后，便朝着统一币制的目标，从确立制度、建立机构、制定政策等方面予以推进。而蒋介石也意识到，无论是以军事手段实行政治统一还是在巩固政治统一的时期，币制的统一都是非常重要的。

1928年10月即蒋介石出任国民政府主席的当月，便由国民政府颁布了《中央银行条例》，核准公布了《中央银行章程》①，成立了资本由国库全额拨付的中央银行。11月1日，蒋介石以国民政府主席的

① 《国民政府颁布之中央银行条例》（1928年10月5日）、《国民政府核准公布之中央银行章程》（1928年10月25日），《中华民国金融法规档案资料选编》（上册），档案出版社1989年版，第529—538页。

身份出席了在上海举行的中央银行开幕式，并在训词中宣称："中央银行为中国人民银行，即为国家之银行，致中央政府基础巩固、政治之建设，实有赖此。"① 而中央银行总裁宋子文在致辞中则明确把统一币制列为中央银行三大目标之首："今日我国所以需要此银行者，其目标有三：（一）为全国统一之币制。盖我国币制，紊乱已达极点，以言主币，则用银用元，尚未确定，即于上海一隅，规元之势力，远过于银元，长此不变，大足阻碍国民经济之发展，故废两为元，实为今日之急务，又如辅币，则市面流通，仅有粤省之双毫（即两角）一种，成色恶劣参差，真伪难别，且无一角辅币，商民咸感不便，至于北方习惯，则喜用铜元，因此钱铺当铺皆自由发行铜元票，紊乱情形，难以尽述。总之，各地币制，情形不同，国内汇兑，辗转盘剥，中外商人，痛苦万分，今欲辅助政府整理而统一之，实为本行之职务。"② 就对银行与币制领域的把握，无论是学理还是实务，蒋介石都无法与宋子文相比，但是，蒋介石当时确实是以全力支持中央银行包括其钞票的发行流通，尤其是命令各部队长官不得以任何借口拒绝领用中央银行钞票。③

另一方面，国民政府加强了对于普通商业银行的准入和货币发行方面的监管。如1929年初颁行的《银行注册章程》要求凡开设银行，均需先拟具章程，呈财政部核准；核准之后，方得招募资本；再经验资注册、发给营业执照后，方得开始营业；原有银行合并或增减资本，也需要另行核准注册。④ 1931年8月1日，蒋介石以国民政府主席的名义与立法院长邵元冲联名发布训令，规定：国民政府特许发行兑换

① 《蒋中正之训词》，《申报》1928年11月2日。

② 《宋子文之致词》，《申报》1928年11月2日。宋子文提到的设立中央银行的另外两个目标，分别是统一全国之金库和调剂国内之金融。

③ 《蒋介石致朱培德电》（1930年5月14日），《蒋中正总统档案——事略稿本》（以下简为《事略稿本》）第8册，"国史馆"2003年版，第132—133页。

④ 《财政部银行注册章程》（1929年1月12日），《中华民国金融法规档案资料选编》（上册），档案出版社1989年版，第561—563页。

券之银行，应完纳兑换券发行税；银行发行兑换券，应具十足准备金，以六成为现金准备，四成为保证准备；发行税率定为保证准备额的2.5%。[①] 该法规对各银行纸币发行流通的监控颇为有效，虽然翌年发行税率减少到保证准备额的1.25%。[②] 国民政府还颁布了《银行收益税法》，共8条，按照纯收益额占银行资本额的比率，税率分为5%、7.5%、10%和15%；另规定："中央政府及地方政府设立之银行免征收益税，但官商合办之银行不在此限。"[③] 上述法规政策，已经体现出以政府银行为本位的金融统制趋向。

此外，在1928年召开的全国经济会议和财政会议期间，朝野对币制的统一和改革较充分地交换了意见。1929年，美国经济专家甘末尔（Edwin K. Kemmerer）应国民政府邀请来华调查币制问题，提出了逐步实行金本位的币制改革方案，引发政府和金融业进一步的讨论和思考。同年6月，国民党中央三届二中全会通过决议，要求国民政府转饬财政部，须于同年底确定统一币制整理金融的计划。[④] 随后，针对长期以来中国银行业纸币发行失控、准备金不足的顽症，在与金融界尤其是银行界沟通的基础上，国民政府于1933年3月先在上海、4月推向全国，废除了银两制，推行银元本位制，确立了由中央造币厂铸发银本位国币的制度。废两改元虽然只是在银本位框架内的改革，但却结束了长期大量和普遍存在着的银两与银元之间的兑换业务，促使钱庄业进一步顺应潮流而改革（包括改制为小规模的银行），另外降低了银行业的经营成本，有助于确立新式银行业在金融业的主体和主

① 《中华民国金融法规档案资料选编》（上册），档案出版社1989年版，第372—373页。

② 《修正银行兑换券发行税法》（1932年11月12日），《中华民国金融法规档案资料选编》（上册），档案出版社1989年版，第375页。

③ 《国民政府颁布之银行业收益税法》（1931年8月1日），《中华民国金融法规档案资料选编》（下册），档案出版社1989年版，第875页。

④ 《中执会决议财政部须于本年底确定统一币制整理金融计划公函》（1929年6月22日），《中华民国史档案资料汇编》第五辑第一编《财政经济》（四），江苏古籍出版社1994年版，第269页。

导地位，为实现由政府银行统一发行的目标，提供了重要的准备。而蒋介石对于上述有关货币领域的法规与政策的颁行，基本上都是支持的。

1933年成功实行了废两改元之后，南京国民政府加快了金融统制的步伐。同年8月，著名金融专家顾翊群拟出了《中国货币金融政策草案》，认为国民政府必须一改货币金融上的“放任政策”，采行“货币管理制”，即首先应明确过渡时期，期间可由中央银行与商业银行共同发行，统一管理发行准备，但最终应将发行集中于中央银行，在财政部和中央银行之下附设一货币管理委员，“司通货管理之执行”；其次是设立汇兑平衡基金，司基金管理的财政部应与司发行的中央银行密切合作，汇兑基金之运用，在初期应以防止外汇过度之涨落为主。尽管这份草案认为中国实行货币管理并不需放弃银本位，这一点与后来的法币政策不同，但从中所提到的“一国之货币，不必即须金银”以及发行权移转中央银行、各行准备金存放中央银行、设立汇兑平衡基金等内容来看，业已与嗣后实施的放弃银本位、实行外汇汇兑本位的法币政策是一致的。上述草案受到了国民党中央当局的极大关注，时任军事委员会（委员长南昌行营）秘书长的杨永泰曾为蒋介石写有如下批语：“顾君为国内研究经济之有名学者，所拟货币金融政策确有商榷之价值，非普通条陈可比。请阅全文，如认为诚有可采之处，可抄交庸之总裁、子文部长，并另行指定数人切实讨论，再行具签呈核。”而蒋介石在阅读之后，立即批示：“可抄交宋部长、孔总裁采阅。”① 可以认为，蒋介石对于实施管理和统一货币发行，所持态度是积极的。

那么，作为当时国民政府决策层中的关键性人物，蒋介石究竟是何时开始考虑到经济金融局势紧迫、必须在废两改元的基础上进一步推行币制改革的呢？

---

① 《中国货币金融政策草案》，《中华民国史档案资料汇编》第五辑第一编《财政经济》（四），江苏古籍出版社1994年版，第39—46页。

按照时任国民政府经济顾问的美国人杨格（Arthur W. Young）的说法，蒋介石在1934年12月时，还公开否认将实施不兑现的纸币制度："以纸币为本位对中国是绝对不适宜的，而且财政也没有采取这一措施的意图。"① 但是，事实上此前蒋介石已经在与财政金融当局商议币制改革问题了。1933年5月，时任行政院副院长兼财政部长的宋子文在美国与之达成5000万美元的棉麦借款协定。当年10月底宋子文辞去本兼各职，中央银行总裁孔祥熙接任行政院副院长兼财政部长，直接负责该借款项下输华美棉麦的销售收入的支配。至迟在1934年3月初，蒋介石便与孔祥熙讨论过运用该销售收入整理币制金融。1934年3月3日，孔祥熙致电蒋介石："美棉麦款以销路不佳，仅存国币六千万元。除合同应付之款及保险运费外，尚有四千万元，依照前所商定四成整理币制金融，经委会仅可得二千四百万元。现已支付治标费百八十万元，及该会经费三个月三百万元，实际所存只二千万元。日前在京开会，对此颇为踌躇。经商定推弟赴赣与兄面洽将来分配办法。匪区治本费诚属必要，兹已先由麦面款内汇上一百万元，余数稍缓再拨寄。"② 同日蒋介石复孔祥熙电："如美借款减少，则二千四百万元既不能整顿全部币制与金融，不如暂将此款移缓就急之用。弟意当时能在美款项下拨出八千万元，改造全部金融之用。今则大失所望矣。弟认为近日财政与全部经济，非从改革统一币制与金融入手不可。若不乘此闽事平定中央威信恢复之余，全力注重此事，则时机难得而易失，过此又无办法矣。请兄积极行之。"③ 显然，早在1934年的白银风潮之前，蒋介石与孔祥熙已规划过整理币制金融一事。

1935年1月，基于当时中国的银本位币制受到美国白银政策的严

① ［美］阿瑟·恩·杨格：《一九二七至一九三七年中国财政经济情况》，陈泽宪、陈霞飞译，中国社会科学出版社1981年版，第241页。

② 《事略稿本》第25册，（台湾）"国史馆"2006年版，第33—34页。

③ 《事略稿本》第25册，（台湾）"国史馆"2006年版，第34页。

重冲击，蒋介石和孔祥熙曾密商派特使赴美，就中国废除银本位和“统一币制”与美方沟通。孔祥熙起初主张派宋子文前往美国，但蒋介石不赞成，他在致孔祥熙的电文中指出：“美国白银交涉，如文兄赴美，则日更妒忌破坏，以其必疑非纯为白银问题也。弟意不如推银行界中如公权或达铨二兄中之一人前往，于事或反有济。一面另推一二人同时赴日，以游历为名与之周旋，以安其心。如能请新之或光甫二兄中之一人赴日，则事更圆满。弟再三考虑，文兄此事赴美实无益也。”[①] 但是，无论是宋子文还是张嘉璈、钱新之和陈光甫等人，当时都没有为国民政府的币制改革方案出访美国、日本。

而业已开放的蒋介石日记显示，当时蒋介石经与孔祥熙等密商，已经确定了要实施“统一币制”。如：“下午商决政制、金融与币制入手办法甚久，得有解决，亦一大事也。”[②] “拟定统一币制步骤。”[③] “中央以统制金融与统一币制为财政之命脉，此策或亦不误也。”[④] 至3月上旬，蒋介石日记写道：“决定金融与钞币政策”[⑤]，尤其是明确提到“钞币政策”，表明在1935年3月，蒋介石等人已经考虑到统一发行的新货币将是脱离银本位的不兑现纸币。另外，当时在四川的蒋介石正在考虑该省财政金融的整理方案，四川地方当局提出发行地方公债的要求，蒋介石认为：“此时整理川中金融，应以统一币制与统制汇兑为唯一要件，财政尤在其次。对于整理川省金融与财政之公债，只要其币制与汇兑能照中央方案，则不妨由中央正式承认其发行如何。”[⑥] 可

---

① 《蒋介石致孔祥熙号巳机京电》（1935年1月20日），（台湾）“国史馆”藏蒋介石档案，“筹笔”126-016。

② 《蒋介石日记》1935年1月17日，斯坦福大学胡佛研究所藏蒋介石日记手稿影印件。

③ 《蒋介石日记》1935年1月19日“本周反省录”，斯坦福大学胡佛研究所藏蒋介石日记手稿影印件。

④ 《蒋介石日记》1935年2月28日“本月反省录”，斯坦福大学胡佛研究所藏蒋介石日记手稿影印件。

⑤ 《蒋介石日记》1935年3月9日“下周预定表”，斯坦福大学胡佛研究所藏蒋介石日记手稿影印件。

⑥ 《蒋介石致孔祥熙电》（1935年3月7日），《事略稿本》第30册，（台湾）“国史馆”2008年版，第64—65页。

见，蒋介石所考虑的统一币制，不仅是要集中商业银行的发行权，还将集中各地方当局控制的发行权。

二

应当指出，1935年初蒋介石与孔祥熙等谋划统一币制，是与“统制金融”即改组中国银行、交通银行，建立中央、中国和交通三大政府银行联系在一起的。然而，在1935年3月底实施了对该两行的增资改组之后，直到11月初之后国民政府才宣布施行法币政策。其间，蒋介石非常关注时局发展给货币金融领域可能带来的冲击，屡次催促财金主管当局加快实施币制改革。

1935年春夏，日本在华北屡屡发难，蒋介石颇为担心其将影响全局的稳定，曾急电孔祥熙要做好金融币制方面的应急措施：“急。即到。上海孔夫人亲鉴：转庸兄亲译：日本在华北最近似有箭在弦上之势，最近必有举动，彼之目的在扰乱我经济之发展与妨碍我军事之成功，此时我方军事与政治重心全在四川，请兄对于四川经济有关之各种问题从速解决，并早定川中金融之根本方策，不致发生根本之动摇。如能多解现银入川以备万一更好，务请急办为盼。”① 同年8月中旬，蒋介石便考虑“统一发行停止兑现之变化与预备”②。一周之后，蒋介石在日记中写道：“决定钞币统一发行政策。”③ 旋即，蒋介石在十天内两度致电孔祥熙，其一为：“孔部长勋鉴：亲译。统一发行令，有否发表，情形如何，实施后盼逐日随时电告，免悬念。”④ 其二为：“发行统一问题，何时实行，意阿开战之前此事务先发施如何

---

① 《蒋介石致孔祥熙电》（1935年5月），（台湾）“国史馆”藏蒋介石档案，革命文献－财政经济，002020200033066。

② 《蒋介石日记》1935年8月16日，斯坦福大学胡佛研究所藏蒋介石日记手稿影印件。

③ 《蒋介石日记》1935年8月23日，斯坦福大学胡佛研究所藏蒋介石日记手稿影印件。

④ 《蒋介石致孔祥熙电》（1935年8月27日），（台湾）“国史馆”藏蒋介石档案，革命文献－财政经济，00202020000033025。

盼复。”[1] 蒋介石还在比较一旦实施统一币制之后，收毁旧币与限制纸币发行两者之间的利弊：“上海孔部长勋鉴：总理钱币革命之办法，为何必须设纸币收毁局，烧毁已失效力纸币之死币。若限制纸币发行之数，使之无死币之发生，岂不减少一层手续。此收毁之利弊究竟如何，请将实际内容详告为盼。”[2] 他甚至还进一步阐释了以纸币取代金银本位币制的观点：“我们要完成政治建设，一定要先使国民经济能够发达；要经济能够发达，一定要使为交换中准百货代表之钱币，能够便利而充裕，金融能够活泼稳定。照社会进化的趋势，纸币一定会取金银之地位而代之，成为唯一的钱币。”[3] 作为国民政府最高军事领导人，蒋介石当时的判断是，一旦局势突变，如果政府银行不能统制发行不兑现的纸币，后果不堪设想。

然而，尽管蒋介石数度催促尽快实施由政府银行统一发行，负责拟定币制改革具体方案的财政部长兼中央银行总裁的孔祥熙，和参与币制改革方案谋划的宋子文，都反对仓促推出币制改革方案。他们很清楚，一旦宣布由政府银行统一发行不兑现的纸币，那么新币制的稳定有赖于充裕的外汇基金，而这必须与即将来华的英国政府代表李滋罗斯（Frederich W. Leith-Ross）进行充分的洽商。1935年9月29日，时在上海的孔祥熙致密电给在成都的蒋介石，其中提到：“统一发行事，前奉尊函及电嘱，本拟按照实施，嗣因子文主张，罗斯即将来华，拟俟接洽后，察看情形，再行酌办。惟此种办法，原系第一步，意在统一发行，集中准备，如将来实行第二步准备而不兑现之办法，始能奏效。若第二步不能实行，只此第一步，则属无益。盖此种办法，以之保障发行信用则可，欲利用之以为活动金融，其力仍有未足，因

① 《蒋介石致孔祥熙电》（1935年9月8日），（台湾）“国史馆”藏蒋介石档案，革命文献-财政经济，00202020000033026。

② 《蒋介石致孔祥熙电》（1935年9月14日），（台湾）“国史馆”藏蒋介石档案，革命文献-财政经济，002020200033027。

③ 蒋介石：《实施钱币革命》（1935年9月16日在峨眉军训团讲词），引自卓遵宏等编《抗战前十年货币史资料（一）》，“国史馆”1985年版，第91—92页。

（一）中中交二行，现既在我掌握，现金散在外间其他各行者，为数不多，实际已与集中相差无几。（二）六成现金准备，既经决定，统计各行现金不过三万万元，已发行五万万元，适合六成之数，即实施统一，若现金准备不能增加，仍不能扩充发行。（三）现在财部检查中交各行业务发行，尚可通融，如设立公库，公开检查，则两项现款，不便流用，其他各小银行，现金准备不足，令其补充，亦势有未能，真相一揭，必致发生恐慌。似此情形，恐金融益不活动，实于公家无甚利益。现在罗斯既已到华，拟俟整个办法尚有端倪，再行决定。特电奉复，仍希察酌。"[①] 孔祥熙担心蒋介石仍不理解不能仓促推出新币制的缘由，遂于次日再度致函蒋介石，坦陈国民政府所面临困难的解决办法："无论如何，非实行下列条件不可：（一）须清理旧日外债尤以铁道外债为要。（二）须有确实担保。（三）须平衡预算。（四）须改良币制发展生产。因欲借款非先清理旧债不可，否则信用不敷，难望成功，但海关现在收入偿还旧债尚感不敷，已无余力可资担保。假如能借长期外债偿还国内短债，腾出基金备作担保，虽为一种办法，又非先平衡预算，以谋收支之适合，整顿币制以免金融之紊乱不可。且平衡预算尤非改组军队不可，其困难亦属甚多。即就现在情形观之，为救济工商业亦非先整顿币制不可，整顿币制必须巨款，需款必须借款，循环关系，相互为用，更有待于兼筹并顾。目前财政危急，似又不能不先有救急之法。"孔祥熙最后表示，将"与罗斯继续商谈情形如何，再行报告"[②]。孔祥熙的意思很清楚：中国政府如果要实行币制改革，必须获得英国的大借款，这就是为什么必须与李滋罗斯商议币制改革方案的原因。对此蒋介石非常不满，他在日记中写道："庸之对于统一发行公库保管之政策，议决而不实行，必待英人李斯之到达，

---

① 《孔祥熙致蒋介石电》（1935 年 9 月 29 日），（台湾）"国史馆"藏蒋介石档案，特交档案 - 财政，002080109023001006X。

② 《孔祥熙致蒋介石关于货币节略》（1935 年 9 月 30 日），（台湾）"国史馆"藏蒋介石档案，特交档案 - 财政，002080109023001002X。

殊不知中国之政治经济之生死关头，皆在日本。今彼不估量倭寇之心理与毒计，而一意以英款为可靠，且不信己之政策，而遥望李斯洋鬼之赐惠，舍本逐末，可痛之至。”① 但是，在宣布实施法币政策的时机上，蒋介石最后没有坚持己见。在孔祥熙致函电蒋介石一个月后，蒋介石在日记中才明确提到“决定法币政策”②。这表明，蒋介石最终还是接受了孔宋的意见，即先就币制改革方案与李滋罗斯进行充分的洽商，而不是在与英方达成谅解之前予以宣布。

另一方面，在币制改革令颁布之前，蒋介石作为军事最高领导人，多次颁令严禁地方部队和地方政府擅自发行钞票，要求以中央银行钞票取代地钞。

1935年2月，蒋介石曾电令刘湘、刘文辉等驻川各军将领，禁止自行印铸票币，电文称：“查地方财政，关系国计民生，至为重要。该省各军师以往多有自由造币或发行钞票、券据情事，基本金既无一定之款，发行额亦无明确之限制，而一般奸商，又复因缘为利，操纵行情，以致流弊丛生，民商交困，影响之大，更什倍于匪祸。当此民穷财尽之秋，中央正力图设法整理，于以兴复农村，维系国脉。所有自由印铸票币券据办法，亟应立予纠正，俾免发生障碍，予人民以无穷之累，贻赤区以可乘之机。……务希查照切实制止，并严令所属一体遵照为要。”③这份电令还是基于维持地方财政的考虑，也没有提出如何制止擅发的具体规定，嗣后四川金融市场上地钞杂币泛滥的情况愈演愈烈。

至同年9月即催促孔祥熙尽快实施统一币制之际，蒋介石以军事委员会委员长行营的名义，颁发了收缴杂币办法布告。该布告首先历数了四川地方钞票泛滥导致金融市场的混乱状况，指出由中央银行之

---

① 《蒋介石日记》1935年9月30日，斯坦福大学胡佛研究所藏蒋介石日记手稿影印件。李斯，即英国政府首席经济学家李滋罗斯，当时应中国政府邀请来华考察币制改革事宜。

② 《蒋介石日记》1935年10月26日，斯坦福大学胡佛研究所藏蒋介石日记手稿影印件。

③ 《蒋介石“关于今后四川各军不得自行印铸票币电稿”》（1935年2月19日），《中华民国史档案资料汇编》第五辑第一编《财政经济》（四），江苏古籍出版社1994年版，第275—276页。

本钞调换所有地钞是唯一之途：“四川地方银行钞票发行以来，汇兑调换，价格时有涨落，骤高骤低，悬殊甚巨，市面金融，极形紊乱，工商百业以及公私收付，咸受影响，动滋纠纷。月来成、渝各地，洋水复激增不已，地钞调换川币，每千元竟须贴水一百余元至二百余元不等，尤为怪象。以致公私皆损，军民交困，市场混乱，人心惊疑，大有岌岌不可终日之势。倘仍听其转辗流通，则每遇交易一次，即须折合一次，亦每遇折合一次，即受损失一次。设非酌定地钞固定之比价，将其全数立即收缴，一律调换中央本钞行使，则金融纷扰，不特社会永无安定之日，且恐全川财物价格及贸易进出，日在反复折合计算之中。”

布告根据年来川省地钞申汇的平均水准，规定了以中央本钞调换地钞的具体方法：（1）自9月15日起，所有四川省内一切公私交易，均以代表国币之中央本钞为本位，地钞即停止行使。（2）凡持有地钞之军民人等，准以地钞十元，调换中央本钞八元，无论额面大小，均照此推算。自9月20日起，随时向中央银行重庆分行、成都分行、万县办事处暨中央银行所委托之其他银行、钱庄，分别就地调换，限于11月20日调换完毕，逾期不换者作废。（3）在9月15日以后，20日以前，其持有地钞而尚未能换得中央本钞以为交收者，准以地钞十元申合中央本钞八元计算。（4）在11月20日以前，各县偏远地方，国省各税之征收，凡持有地钞而未能换得中央本钞以为缴纳者，准以地钞十元申合中央本钞八元计算，由税收机关向第二条指定各处所换为中央本钞，再行解库。（5）依第三、四两条所定地钞申合中央本钞之计算标准，如有低价抑勒者，一经查明，概依军法从严惩办。（6）四川市面所有之银币，其成色、重量与银本位币条例规定相合者，得以一元兑换中央本钞一元行使，其余杂币，概照财政部所颁收兑杂色银料简则，各依其所含纯银实数，换给中央本钞。[①] 这份布

① 《军事委员会委员长行营关于收销地钞及收换杂币办法布告》（1935年9月10日），《中华民国史档案资料汇编》第五辑第一编《财政经济》（四），江苏古籍出版社1994年版，第281—282页。

告虽然没有宣布实施法币政策，但却包括了统一发行、调换地方纸币、收兑银币、财税征收限用中央纸币等内容，实际上体现了法币政策的基本原则。

三

1935年11月1日在国民党四届六中全会开幕的会场，发生了汪精卫遇刺事件。为了避免可能引发的金融市场动荡，11月3日，国民政府宣布实施谋划已久的法币政策，其主要内容包括：（1）自1935年11月4日起，以中央、中国、交通三银行所发行之钞票定为法币，所有完粮纳税及一切公私款项之收付，概以法币为限，不得行使现金。（2）中央、中国、交通三银行以外，曾经财政部核准发行之银行钞票，现在流通者，准其照常行使，其发行数额即以截至11月3日止流通之总额为限，不得增发，由财政部酌定限期，逐渐以中央钞票换回，并将流通总额之法定准备金，连同已印未发之新钞及已收回之旧钞，悉数交由发行准备委员会保管，其核准印制中之新钞，并俟印就时一并照交保管。（3）法币准备金之保管及其发行收换事宜，设发行准备管理委员会办理。（4）凡银钱行号商店及其他公私机关或个人，持有银本位币或其他银币、生银等类者，应自11月4日起，交由发行准备管理委员会或其指定之银行兑换法币。（5）旧有以银币单位订立之契约，应各照原定数额，于到期日概以法币结算收付之。（6）中央、中国、交通三银行无限制买卖外汇。①

法币政策是由孔祥熙以财政部长的名义颁布的，但蒋介石与孔祥熙都清楚，单凭一纸布告不可能使新的币制顺利为各地各界接受。根据当时的政治体制，法币政策必须得到国民党中央当局的正式通过。

① 《财政部关于施行法币布告》（1935年11月3日），《中华民国金融法规档案资料选编》（上册），档案出版社1989年版，第401—403页。

也就在11月3日当天，孔祥熙将法币政策各项内容电呈国民党四届六中全会，要求鉴核并通饬遵行。11月5日，国民党四届六中全会第三次大会追认币制改革，交国民政府通令遵行。① 11月6日，国民政府通令各省市政府、各军警机关一体布告遵行。② 上述体制内的程序对于确立法币的合法性是必要的，但是还不足以保证法币政策的各项规定得到遵行。尤其是各地方银行的发行权都将被废止，原有的发行准备金和各地收兑的白银都将集中到中央政府指定的机构，这些直接关系到中央与各地之间的利益关系的重大调整，需要代表中央政府的强势人物出面，令饬地方军政当局配合、支持财政部的相关规定；同时也向财政当局转达地方遇到的具体困难，要求财政当局酌予解决或说明。这个强势人物就是时任军事委员会委员长的蒋介石。

11月3日即颁布法币政策令的当天，蒋介石以军事委员会委员长的名义通电各行营主任、各绥靖主任、各总司令、各路总指挥、各军师长暨各省市政府，要求出面保护当地银行，通电指出："事关整顿币制，活动金融，救济工商，安定人心，对于该项办法，亟应协助实行，以期普及。惟当宣布之初，深恐一般人民不明真相，易滋误会，致令不肖分子乘机造谣，扰乱治安。务仰即日转饬所属军警，对于各地银行妥为保护，并剀切晓谕，俾明实情，是为至要。"③ 这一蒋介石名义的通电，就是时在南京的蒋介石和在上海的孔祥熙之间电话沟通的结果，并由孔祥熙安排发出的。事后，孔祥熙自上海致电蒋介石："限即刻到。南京。蒋委员长钧鉴：密。实行改良钱币、统一发行、集中准备办法案，顷已遵谕以兄名义，通电各行营主任、各绥靖主任、各总司令、各路总指挥、各军师长暨各省市政府，切实协助，保护施

---

① 《中华民国史事纪要》（1935年11—12月），中央文物供应社1990年版，第50、95—96页。

② 洪葭管主编：《中央银行史料（1928.11—1949.5）》（上卷），中国金融出版社2005年版，第328页。

③ 《蒋介石要求各地协助推行法币政策电》（1935年11月3日），《中华民国史档案资料汇编》第五辑第一编《财政经济》（四），江苏古籍出版社1994年版，第318—319页。

行矣。谨闻。弟熙叩。”[①] 而在收到蒋介石的通电后，各地军政长官便陆续复电蒋介石，表示已饬所属遵照办理。

另外，孔祥熙于11月4日致电在南京的蒋介石，报告为便利民众调换法币所采取的措施，希望蒋介石转令各地军警知照：“我国用银习惯为时已久，而人口众多，收藏或多属银类，值此法令新颁，乡僻地方或有稍感不便，三行钞票又或流通未遍，或至持有银币钞类无处兑换法币行使者，除函令三银行及各银行、各钱庄、各公会、各税收机关随时收换，并电请行政院转令交通铁道两部及各省市政府，转饬所属国营事业各机关，一律代为收换，藉谋一般人民之便利，并为剀切说明，以祛疑惑而利施行外，特电奉陈，即祈转令各军警机关一体知照为荷。”[②] 收到孔祥熙的来电后，蒋介石即于11月5日致电在西安的“剿总”副司令张学良、在重庆的军事委员会委员长行营主任顾祝同，以及各绥靖主任、各总司令、各路总指挥、各军长各师长，转达了孔祥熙电文的内容，要求“转饬所部属一体知照”。另复电孔祥熙，告知“已转令各军警机关一体知照矣”[③]。

法币政策颁行后，各地因情况不同，时有困难发生，无法严格遵照办理。蒋介石在收到这方面的报告后，便会及时转知孔祥熙。如11月8日，蒋介石致电孔祥熙，转知6日收到的甘肃省财政厅长朱镜宇来电要求中央银行赶运铜元票和请设支行的情况：“自集中现金令下后，人心虽极浮动，但情况尚安。惟甘省生活程度过高，而市面纸币又以五元十元居多，零星买卖几致无法交易，幸平市钱局存有铜元票，遂令尽量兑

① 《孔祥熙致蒋介石电》(1935年11月3日)，(台湾)“国史馆”藏蒋介石档案，特交档案－币制，002080109006002。关于蒋、孔电话洽商一事，可参见11月12日孔祥熙致蒋介石电：“介兄钧鉴：敬陈者，日前公布改革货币案，曾由电话请兄通电各军政机关协助保护。承示由沪代办，遵即发出江电一件。兹将原稿抄奉，敬祈察阅，饬存备查为荷。专此恭请勋安、弟孔祥熙。11月12日。”(“国史馆”藏蒋介石档案，特交档案－币制，002080109006002013a)

② 《孔祥熙致蒋介石电》(1935年11月4日)，(台湾)“国史馆”藏蒋介石档案，特交档案－币制，002080109006002087a。

③ 《蒋介石复孔祥熙电》(1935年11月5日)，(台湾)“国史馆”藏蒋介石档案，特交档案－币制，002080109006002098a。

换暂能维持。惟钱局所存有限，恐不足以维持远久，拟请钧座速令中行日夜赶将大宗铜元票专航运甘，以资维持，并令甘行于平凉、西峰镇、陇西、天水、清水、武都、临夏、凉州、肃州、甘州等处遍设支行或办事处，以通汇兑。”蒋介石并要求孔“请予照办为盼”。[①] 同日，蒋介石复电甘肃方面：“所请令中行运铜元票及设支行，已电孔部长照办矣。”[②] 而孔祥熙则于9日复电蒋介石：“已转中央银行核办矣。”[③]

11月9日，蒋介石又致电孔祥熙，转知7日收到的四川省主席刘湘来电四项要求：(1) 川省百八十县，中央银行仅设三处，中国银行仅设十二处，交行则一处俱无，使用中钞仅及数月，流通只有成渝万等地，数目亦尚不多，其他各县人民，一时无从兑换。若本月四日起即以法币为限，不得行使现金，则各地征收机关势将停止，市面金融立即断绝；拟请仍准人民缴纳现金，官府只收不发，是院令仍可逐渐办到，而目前亦免危险之虞。(2) 川省交通不便，必先运到多量法币，且必多备一元及五角二角等辅币，并须于各县酌设兑换所。(3) 为征信于民，表示法币有两重保障起见，拟请准将川省现金集中成渝两地，中央银行并仿沪组织保管委员会，以期安定人心，俾免惊惧。(4) 自鉴定川币成色以来，群情疑沮，形势岌岌，今既易以法币，若仍须鉴定成色，打折换钞，则民间受损，且恐藏匿现金，殊于奖励用钞有碍。川币差水无多，中央施行大计，似不宜惜此区区。恳请准其一律换钞，以资流通，而恤民力。蒋介石指示孔祥熙：“查所陈四项，均关重要，应即予分别解决，以维持川省金融，而免影响军事。特转达，请妥速核议迳复为荷。”[④] 孔

---

① 《蒋介石致孔祥熙电》(1935年11月8日)，(台湾)“国史馆”藏蒋介石档案，特交档案－币制，002080109006002011 4a。

② 《蒋介石复朱镜宇电》(1935年11月8日)，(台湾)“国史馆”藏蒋介石档案，特交档案－币制，002080109006002011 5a。

③ 《孔祥熙致蒋介石电》(1935年11月9日)，(台湾)“国史馆”藏蒋介石档案，特交档案－币制，002080109006002011 7a。

④ 《蒋介石致孔祥熙电》(1935年11月9日)，(台湾)“国史馆”藏蒋介石档案，特交档案－币制，002080109006002012 6a。

祥熙在回复蒋介石的电文中，认为对于刘湘的四点要求，应根据具体情况区别对待。对于容易引起误解的要求，则要强调法币政策的原则，如第一条“仍准缴纳现金，官府只收不发一节”，孔祥熙明确提出：“与本部公布兑换法币办法，尚属相符，自可照办。惟收进现金后，应即依照兑换法币办法之规定，从速送交中中交三行兑换法币，不得再为行使，以防流弊。”而对于有助于推进法币政策的要求应当大力支持，如第二条尽量多运法币和辅币入川；对于明显不符合法币政策的要求则不予支持，如第三条准将川省现金集中成渝两地并仿沪组织保管委员会一节，孔祥熙指出：“中央银行已在渝设立发行分局，足昭大信，勿庸再设保管分会。”又如第四条川币请准其一律换钞，毋庸鉴定成色一节，孔祥熙认为“凡川币向来在市照面额流通者，应准其一律兑换纸币，其成色过低历来市面须折扣行使者，仍应按所含纯银量，兑换法币，以重币政，而杜取巧”①。而蒋介石在初次收到刘湘来电后，即于11月9日复电告知“已转孔部长妥速核议迳复矣”。但在收到孔祥熙15日复电后，蒋介石即于16日把孔电转发刘湘知照。②

11月22日，蒋介石致电孔祥熙，转知宁夏省主席马鸿逵来电中关于当地情况：现在流通市面者除已收回及未发行者外，实有289万余元，业已遵令将已印未发与已发收回之钞票暂存。但此间民智落后，日来省钞票价日趋低落，军政各费既已积欠四月，因之更感困难，而地方均感不安。已电请财政部速派员接收省行，以法币换回宁钞，并将宁省银行现在存货概数状况，详报财部。蒋介石要求财政部“请即予核办为荷”③。孔祥熙处理时，没有简单照办，而是要求宁夏当局将“所有已发钞票二百八十九万三千四百余元之准备实况，仍盼详明报

① 《孔祥熙致蒋介石电》（1935年11月15日），（台湾）“国史馆”藏蒋介石档案，特交档案－币制，002080109006002013la。

② 《蒋介石致刘湘电》（1935年11月9日、11月16日），分别见于（台湾）“国史馆”藏蒋介石档案，特交档案－币制，002080109006002012５a、002080109006002013３a。

③ 《蒋介石致孔祥熙电》（1935年11月22日），（台湾）“国史馆”藏蒋介石档案，特交档案－币制，002080109006002014７a。

部，以凭核夺”。另鉴于宁夏省境内尚无中央、中国、交通银行，即以财政部名义“函令中中交三行推一行来宁设立分支行，以便推行法币”；另外“一面转令中央银行兰州分行经理前赴贵省，调查一切状况，一俟复到，再为核定接收办法”。[①] 实际上，孔祥熙是要明确宁夏当局来电中语焉不详的发行准备问题，而按照币制改革令，中中交三行之外各银行的发行准备必须加以集中。

由政府指定机构收兑民间银币银类，是法币政策的重要内容之一，但在实施过程中，私自交易及偷运一时难以禁绝，而在沿海地区一度十分猖獗。12 月 5 日蒋介石在致各省政府、各绥靖公署、各市政府、各警备司令的密电中，要求根据 12 月 4 日孔祥熙来电的要求，通饬所属，对沿海地各抬价收买银币银类、希图偷运出口牟利情事，“一体严缉，并于破获时立送法院，从严治罪，勿稍疏忽”[②]。但是，各地在查缉银币银类私自交易和偷运的过程中，也不时发生对于携带少数硬币者的留难，甚至对于携银币赴兑换法币者途中拦截没收。蒋介石在收到财政部 12 月 26 日密电后，即于 28 日转致各地军警机关：“近据密报，各地方时有军警未能明了法令用意，对于无知愚民携带少数硬币，往往藉端留难，或于携赴兑换法币途中拦截没收，无辜受累，群情惶惑，以致持有银币银类之人不敢出门兑换等语。如果属实，殊足影响法币推行，现当新旧年关，乡间小民纷往城市购买用品，上项情形尤应亟为纠正，所有各地军警对于无法币流通地方之人民携带银币购物，如确非携带牟利，不得率予没收，但应饬令收受铺户送交就近兑换机关兑换法币，其无知愚民不明政令，携带银币应即指示就近兑换机关令其兑换法币，至携赴兑换机关兑换法币者，尤不得中途拦截，致滋纷扰。如有故违，应准人民指控，严行究办。若故存隐匿，意图

① 《财政部致蒋介石电》（1935 年 12 月 2 日），（台湾）“国史馆”藏蒋介石档案，特交档案 - 币制，002080109006002015 0a。

② 《蒋介石致各地政军警机关电》（1935 年 12 月 5 日），（台湾）“国史馆”藏蒋介石档案，特交档案 - 币制，002080109006002015 5a。

偷漏，或收集贩运营私牟利，一经查觉仍应严予法办，庶于体恤之中仍寓杜弊之意。除分行外谨电陈察核，恳饬各军警机关一体遵办等语。”① 蒋电令各军警当局“转饬所属，一体遵照”。

抗战前后担任国民政府经济顾问的美籍专家杨格，后来在评价1935年的法币政策时指出：“1935年币制改革又是一个决定性的转折点，它成功地稳定外汇率，并制止通货紧缩，因而为经济注入新的力量，加强对未来的信心。”法币政策的实施废除了银本位制，实际上采行了汇兑本位，化解了自晚清以来国际金银比价波动对中国财政金融的冲击，在更合理的水准上确立了中国货币的国际汇率，有助于中国工商经济进一步摆脱世界性经济危机的负面影响，也为金融业的振兴提供了良好的制度安排。但是，法币政策对货币发行的统一，使得中央、中国和交通银行之外所有的商业银行、地方银行，均不得再行发行货币，这既意味着此后将由政府银行来承担维持通货稳定的责任，也标志着以蒋介石为代表的南京国民党中央政权对于地方实力派的合法性权威性，已经有了货币制度的保证。杨格对蒋介石的地位和作用有如下评述：“蒋介石是一个杰出的人物和领袖，但不是一般意义的独裁者，他的话对于政府的政策和行动有很大的而且是决定性的分量，不过作为一个力图控制全国的政府首脑，他的任务是煞费苦心而且十分困难的。”② 应当指出，就政治领域而言，当时蒋介石的政策取向还受到质疑甚至挑战，如1936年两广事变和西安事变的先后发生，就是例证。可是，对于评价战前蒋介石在金融制度和政策的制定与实施方面的作用，杨格的评价却不无启迪。蒋介石不是财金领域的专家，他的有关思想主张很难谈得上严格意义的学理性，许多具体观点也并非符合实际。但可以肯定的是，作为一位强势的政治与军事领导人，他

① 《蒋介石致各地政军警机关电》（1935年12月28日），（台湾）“国史馆”藏蒋介石档案，特交档案－币制，0020801090060020206a。

② ［美］阿瑟·恩·杨格：《一九二七至一九三七年中国财政经济情况》，陈泽宪、陈霞飞译，中国社会科学出版社1981年版，第456、476页。

对于货币金融领域有着敏锐洞察力，在该时期货币制度的改革、新币制的构建、相应法规政策制定与实施等方面，赋予了相当的重视；对于当时政府中承担财政金融行政责任的孔祥熙，蒋介石基本上是信任并且支持的[①]；他一方面要保证法币政策的推行，另一方面要协调与地方军政当局的关系，在两者之间求得基本的平衡。这一切对于法币政策的及时颁行和取得成功，起到了不可或缺的决定性的作用。

（原载《江海学刊》2011 年第 2 期）

① 1935 年 12 月上旬国民党五届一中全会期间，曾考虑调孔祥熙出掌监察院，但蒋介石担心“庸之辞财政，对于新币制政策恐不能实施”、“恐币制破坏，故未决定”［《事略稿本》第 34 册，（台湾）“国史馆”2009 年版，第 510 页］。最终五届一中全会决定蒋介石为行政院长，孔祥熙仍任行政院副院长，兼财政部长和中央银行总裁。

国民党与“九一八”时期的对日经济绝交运动

——以上海为中心的探讨

齐春风

“九一八”事变爆发后，国民党当局面临来自两个方面的压力。一方面的压力来自日本，国民党不得不谋划日本侵占东北的应付之道；另一方面的压力来自国内，包括民众要求政府出兵抗日和对日经济绝交。很明显，两方面的压力具有连带性，对日经济绝交运动的施行不可能不受政府对日策略的影响。

尽管就国内方面来说，政府将主要精力用于应付学生涌向首都南京要求政府马上出兵抗日的浪潮，但此际的对日经济绝交运动是中日全面战争爆发前最大的一场经济抵制运动①，对运动的掌控和日方不断要求取缔的压力也是空前的。国民党的麻烦还不止这些，党政由于立场不同，在处置问题时常处于不同调的境地，因此，在论述这一问

① 日方认为这是到1932年为止最大规模的抵货运动，参见［日］国際連盟支那調査外務省準備委員会編印『支那ニ於ケル対外ボイコット』、東京、1932年、29頁；美国学者雷麦也认为这是“最紧张、最有效、最绵长”的一次抵制运动，是中国抵货运动的“最高峰”，参见 C. F. Remer，*A Study of Chinese Boycotts*，*with Special Reference to Their Economic Effectiveness*（thereafter *A Study of Chinese Boycotts*），Baltimore：John Hopkins Press，1933，p. 155。

题时不能不注意区分党政双方对这一运动的不同态度。[①] 本文拟对这一问题做一些探讨。

一

1931 年的对日经济绝交运动在“九一八”事变之前就已经开始了，其导火索是万宝山事件后韩国境内的排华暴行。

1931 年 7 月初，在吉林长春北的万宝山，韩国侨民强行掘渠与中国农民发生冲突，在日本警察的袒护下，韩侨终于达到了目的。冲突中，韩侨没有死伤，但韩国日文报纸和韩文报纸造谣说，在中国东北有大量的韩侨死伤，由此煽起大规模的排华狂潮，大批中国侨民遇害。[②]

这一消息传回国内，激起中国民众的极大愤慨，中国民众认为暴行虽由韩国人施行，但煽动者是韩国的宗主国日本，因此民众理智而自然地将斗争的矛头指向日本。上海首先行动起来。1931 年 7 月 13 日，上海各界召开了声势浩大的反日护侨大会，大会通过宣言，号召要“以沉毅勇猛之精神，永远对日经济绝交”。国民党上海市党部从中起了组织领导的作用，一至十区党部及各分部都参加了这次大会，并通过决议，呈请国民党中央党部，通令各地党部，领导群众，一致行动，“为政府交涉后盾，即日全国与之经济绝交”。在会上，决定组

① 通论中国近代抵货运动、经济绝交运动的著作除前揭雷麦著作外，尚有［日］菊池貴晴『増補中国民族運動の基本構造——対外ボイコット運動の研究』、（東京）汲古書院、1974 年版。以“九一八”时期对日经济绝交为主题的著述有，郑丽榕《九一八时期上海的对日经济绝交运动》，硕士学位论文，政治大学历史研究所，1990 年；Jordan A. Donald，*Chinese Boycotts versus Japanese Bombs*：*the Failure of China's "Revolutionary Diplomacy" 1931—1932*，Ann Arbor：University of Michigan Press，1991；张华《1931 至 1933 年抵制日货运动研究》，硕士学位论文，山东师范大学历史系，2006 年；周石峰《抵制日货的计量检视：1931—1934 年》，《中国经济史研究》2009 年第 1 期。

② 近据崔喜兰研究，遇害人数为 1500 余人，受伤数千人。参见崔喜兰《万宝山事件之研究》，硕士学位论文，延边大学人文社会科学学院，2006 年，第 22 页。

织成立“上海市各界反日援侨委员会”，委员定为39人，其中市党部委派9人，其他各界30人，表面上看党的人员不占优势，但同时规定，各界产生的委员名单要送市党部审查。可以说，自始上海反日援侨会就被牢牢地掌握在党部手中。①

为了增加回旋余地，市党部决定不以团体名义参与反日援侨会，转而让党员以个人名义参加。因此，从表面上看，在反日援侨会中没有常委代表市党部②，但考察这7人的常委名单：王晓籁、王延松、陶百川、虞洽卿、后大椿、陈霆锐、陆京士，会发现这其中至少4人是公开的国民党员，如陶百川是上海市党部常务委员，王延松是上海市党部监察委员，后大椿是上海市党部候补执行委员，陆京士也是国民党员。③ 人员过半数意味着市党部在反日援侨会中已拥有了决策权。像虞洽卿、王晓籁等人虽然不是国民党员，但他们与国民党声息相通是众所周知的，如此一来，市党部的旨意推行起来就更加畅通无阻了。

反日援侨会成立后，日货的处置办法马上提上日程。处置办法制定后，市党部常委陶百川等负责审查。议定，7月14日以前定购的日货，到反日援侨会登记后可以售运；14日后24日前定购的日货需要登记并缴纳10%的救济金后才能售运；24日以后定购的日货，一律充公，即不准再售运日货。④

7月16日，市党部宣传部在《民国日报》上发表《对于韩民排华事件应有的认识与努力》一文，提出，“本市各界民众应在本党领导之下，作热烈持久而有效的反日运动，对日经济绝交，尤须在严密妥善的步伐中一致进行”。市党部还是具体的经济绝交事务的推动者。据报道，7月18日，市党部满腔热情地投入到运动中，当时它关注的

---

① 《反日护侨大会》，《申报》1931年7月14日。

② 《反日援侨会发出重要警告，禁止商界再进日货》，《民国日报》1931年7月16日。

③ 陶、王、后的身份见中国第二历史档案馆编《中华民国史档案资料汇编》第五辑第一编《政治》（二），江苏古籍出版社1994年版，第247页；陆的身份见张宪文、方庆秋主编《中华民国史大辞典》，江苏古籍出版社2001年版，第1069页。按，陆1925年即加入国民党。

④ 《处置日货办法》，《申报》1931年7月30日。

焦点是与各行会接触，敦促他们不要装卸日本货船的货物。[①]

尽管上海的对日经济绝交运动起初规模宏大，但到9月初，已呈有气无力的态势。一般认为，7月下旬武汉等地百年不遇的江淮大水吸引了全国各界的目光，各界投入到救灾当中，对日经济绝交相对地弱化了。[②] 不过，“九一八”事变很快为已显疲软状态的运动添加了薪火。

“九一八”事变发生的消息于事发第二天传到上海，上海各界顿时群情激愤，国民党上海市党部发表宣言，指出，“自救之道，在于唤起民族精神，团结民族力量，用全国民众之力，一致对日经济绝交，并请政府以革命手段，收复被占各地”[③]。可见市党部将对日经济绝交作为重要的反日手段来对待。

9月20日，上海市党部召开紧急扩大宣传会议，通过决议8条，其中包括“劝告全国同胞断绝与日本的一切关系”。9月21日，又召开特别会议，通过学、工、商界作业原则，在商界原则中，要求商会宣誓不卖日货。[④]

9月22日，反日援侨会发起的各界代表大会在市总商会召开，各界代表共5000余人参加，由王晓籁、王延松、后大椿、陶百川、陆京士等5人组成主席团。大会的主要成果，一是电请国民政府下令出兵收复失地；二是重申彻底对日经济绝交，“如有破坏者，格杀勿论”；三是反日援侨会变更名称为“上海各界抗日救国委员会”，并决定扩大组织，委员增加为60人，工作扩大为组织义勇军和对日经济绝交。[⑤]

“‘上海各界抗日救国委员会’为上海工商学各界在市党部指导下之组织。”[⑥] 市党部的指导作用表现在如下几个方面：

---

① C. F. Remer, *A Study of Chinese Boycotts*, p. 157.

② C. F. Remer, *A Study of Chinese Boycotts*, p. 159.

③ 《日军暴力强占沈阳》，《申报》1931年9月20日。

④ 上海日本商工会議所编印：『満州事変後の対日經濟絶交運動』、16頁。

⑤ 《今日全市下半旗志哀》，《申报》1931年9月23日第13版。

⑥ 中国第二历史档案馆编：《中华民国史档案资料汇编》第五辑第一编《政治》（四），第257页。

第一，会名由市党部常委陶百川提议确定。在召开筹备会议时，有人提出将会名更改为“上海市反日救国会”。陶提议将“反日”改为“抗日”，理由是“抗日”更显积极，而且，此意味着中国人并不是反对日本，而是抵抗日本的侵略。如日本撤退军队，还我河山，中国仍将与其为友。①

第二，市党部撮合各界在共同的组织中合作。在反日援侨会时期，该会（主要为学界）与商界处于貌合神离的境地，以致会务松懈，执行乏力。在筹备抗日会时，被目为上海“党皇帝”的吴开先与陶百川商议，要抵抗日本的侵略，必须发扬民气，组织民力，做政府的后盾。最好的办法就是抵制日货。为了消除学商两界的隔阂，他们分别拜访商界的钱新之、杜月笙、王晓籁，学界的刘湛恩、章友三，终于又将双方捏合到一起。②

第三，反日会主要成员或是市党部成员，或与市党部关系融洽者。9 月 22 日，反日会选出执委 60 名，又从中选出常委 11 人。他们是：王晓籁（上海市商会执行委员会主席）、虞洽卿（前上海总商会会长、现上海工部局参事会员）、王延松（上海市上海执行委员、上海市党部指导委员）、后大椿（中央党部委员、工会代表）、林康侯（全国商会联合会委员、主席，上海工部局委员，全国银行公会理事）、胡庶华（国立同济大学校长、中国工程学会会长）、陶百川（上海市党部委员、教育会代表）、方椒伯（上海市商会执行委员）、陈霆锐（上海律师公会会长、上海工部局委员）、陆京士（工会代表）、傅德卫（邮务工会执行委员）。③ 从上可见，后、陶、王是公开的国民党员；根据国民党时代的惯例，工会领袖均是国民党员，即陈、陆两人都具国民党员的身份；虞洽卿、方椒伯、王晓籁历来与国民党声气相投，就是

---

① 陶百川：《困勉强狷八十年》，东大图书股份有限公司 1985 年版，第 12 页。

② 陶百川：《困勉强狷八十年》，东大图书股份有限公司 1985 年版，第 11 页。

③ 上海日本商工会議所编印：『满州事变後の对日經濟絶交運動』、16 頁。

说，在11人中，至少有8人是国民党员或国民党的同路人。

第四，在市党部的推动下，抗日会制定了严格的对日经济绝交办法和对违犯者的惩戒办法。绝交办法分为8项：（1）不买日货，不卖日货，不运日货，不用日货。（2）不以原料及一切物品供给日人。（3）不乘日本轮船，不以货物装载于日本轮船，不起卸日货。（4）拒用日本银行钞票、拒提取日本银行存款，对日本银行停止收办。（5）不为日本人工作。（6）不雇用日本人。（7）不登载日人及日货广告。（8）不接待日本人。抵制范围空前地扩大了。惩戒办法分为：没收货物；公开警告；没收其财产全部或部分；拘禁示众；游街；穿卖国贼衣服，拍照示众；其他惩戒委员会认为必要的方法。[①]“九一八”前的惩戒方法都被重新采用。

在市党部的坚强领导下，10月以来，对日经济绝交工作取得了前所未有的成绩。在上海的日本商业差不多完全停顿了。在学生监视员的监视之下，在上海的华人商店里购买日货几乎是不可能的事情。在9月份之前，上海每个月进口的日货平均约为3万吨，而在这之后，这一数字直线下降为可怜的300吨。[②]

但自10月以后，抗日会走上了下坡路。一是商界与抗日会的纠纷愈演愈烈，商界背景的抗日会执委纷纷辞职求去，如王晓籁、方椒伯、叶惠钧、郑澄清等。缺少了商界的配合，抗日会的工作成效打了折扣。[③] 二是市党部自身已属自顾不暇，更没精力去管抗日会的事务。上海高校云集，在“九一八”人心激愤的时刻，大学生成为要求政府立即出兵收复失地的主力，一时间上海学潮风起云涌，上海市党政当局疲于应付。12月9日，上海大中学联合召开会议，听取北大学生南

---

① 第二历史档案馆：《中华民国史档案资料汇编》第五辑第一编《政治》（四），第266—267页。

② C. F. Remer, *A Study of Chinese Boycotts*, Baltimore: John Hopkins Press, 1933, p. 162.

③ 郑丽榕：《九一八时期上海的对日经济绝交运动》，硕士学位论文，（台湾）政治大学历史研究所，1990年，第26页。

下示威团代表和中大学生代表的讲演。陶百川到会监视。会后，学生代表被绑架。上海学生5000多人包围了市政府，在不得已的情况下，市长张群做出了将公安局长陈希曾停职查办和通缉陶百川归案的决定。陶不得不避走杭州10日。[①] 受此事件影响，张群不久即引咎辞职，吴开先和社会局长潘公展也分别请求辞去党、政职务。[②]

在这种情况下，日本的胁迫就成为1932年1月压垮抗日会的最后一根稻草。"一·二八"事变发生后，民众的注意力集中在援助十九路军抗日上。《上海停战协定》签订后，抗日会的环境并未改善，之后的对日经济绝交运动走向恐怖袭击的途径，反日运动已成为国民政府和各地政府的大麻烦（详后）。

值得注意的是，国民党中央的行动要晚于上海市党部。9月28日，邵力子在中央纪念周上做报告，他认为，"一致厉行经济绝交，则日本不到半年，必发生变化"[③]。9月30日，国民党中央宣传部制定了24条对日宣传标语，其中第16条即是"激励反日运动，厉行经济绝交"[④]。由此可见，国民党中央与地方党部的对日意见是一致的。

二

在国际联盟的攻防中，中国代表团声明，"今中国人民不顾其自己利益所受之重大牺牲，而以抵制货物为爱国精神之表示者"，直指抵制货物"出于民意"。[⑤] 对于日方倒果为因地不断指责抵货是中日战争爆发的原因，中国代表顾维钧郑重表示："中国政府一方面深觉中国所受日本之暴行，一方面乃不得不表同情于此等抵货运动而容忍之。

① 温济泽主编：《九一八和一二八时期抗日运动史》，中国工人出版社1991年版，第109—111页；陶百川：《困勉强狷八十年》，东大图书股份有限公司1985年版，第61页。

② 《吴开先电辞市党委职务》、《市商会挽留潘公展》，均载《申报》1931年12月29日。

③ 陈觉：《九一八后国难痛史》第3卷，东北问题研究会1933年版，第241页。

④ 上海日本商工会議所编印、『満州事変後の対日經濟絶交運動』、9—10頁。

⑤ 《参与国际联合会中国代表团说贴》，1932年，第186、21页。

尤有进者，抵货运动，为合法之自卫手段，政府绝不能加以取缔。”①

如果说上述说法有在辩驳中争锋的意思，那么蒋介石于1932年1月在他的家乡浙江奉化武岭学校的讲演则基本上将他的真实想法表达清楚了，在提到抵货运动时蒋表示：

且近代国家与国家间之抗衡，非仅限于有军事动作者之战争也。折冲樽俎，纵横捭阖，此抗争而出之以外交手腕者也。国民义愤奋发，不可退抑，为经济之不合作，断绝贸易，停止买卖，此以经济方式相抗争者也。自东北事变发生以来，政府揭发日人之暴行于世，抗争于国际联盟之庭，俾侵略之真相无所掩饰，此政府已对日为外交之抗争矣。抵货运动普遍全国，且进而为一切经济事业之不合作，据日本大藏省之统计，凡三一年一岁之中，对华贸易额约减一万四千万日金，是国民已自动对日为经济之抗争矣。近代之外交，既有国家外交与国民外交，而国与国间之交涉，即亦因之有国家之正式绝交，与民间本于爱国心之自动的经济绝交，此种自动的国民间之绝交，自非政府所能干涉。②

蒋介石与顾维钧的态度颇为吻合。

其实早在蒋介石被逼第二次下野前，他即对反日运动秘密地有所布置。1931年9月25日，蒋介石即以行政院密令的形式发布《各级党部指导反日救国行动工作纲要》，该文件包括救国行动的指导、调查、宣传、通讯四部分。在“指导”中规定：一各级党部应指导当地原有的民众团体组织反日救国会；二各地反日救国会应斟酌当地情形，拟订实际行动计划，商承当地高级党部的允许后努力实行；

① 罗贝：《中日纠纷与国联》，商务印书馆1937年版，第576页。

② 秦孝仪主编：《中华民国重要史料初编——对日抗战时期》绪编（一），“中国国民党中央委员会党史委员会”1981年版，第318页。

三党部委员及全体工作人员应一致参加反日行动、工作；四各地反日救国会活动时，对于日本商店及日人不能捣毁殴击。[1] 即在运动初起时，国民党行政机关与国民党各级党部对于对日经济绝交运动的态度还是一致的。

尽管政府认可包括经济绝交在内的反日运动是民众爱国热情的表现，然而无论是国民政府还是地方政府，都不可能恣意而为，不能给予对日经济绝交运动无保留的支持，因为它们体认中国尚无力对日开战，站在行政机关的位置上，不得不直面日方不断要求取缔经济绝交运动的压力。另外，自 1927 年“清共”以来，蒋介石始终保持对民众运动的警惕，这次也不例外。在这种情况下，政府对反日运动时而支持时而打压的情形就出现了。

1931 年 7 月 23 日，宋子文、张群联合致电蒋介石，对经济绝交运动表示了极大的忧虑：

> 日人包藏祸心，正思乘隙以逞，而薛笃弼、陈友仁、刘纪文等又正在日活动，诡谋可知。现在各地反日援侨运动办法，实有审慎将事之必要。若中央地方党政各界步骤不能一致，势必授人以阶，徒益纠纷。况反动之徒，惟恐不乱，难保不混迹各地，鼓煽风潮，发生意外。其各地规定办法之中，易引起纠纷者原为检查处罚两事。沪市群正向各方接洽，以期纳诸轨范。各地恐未必都明瞭中央意旨，万一意气用事，或受人煽惑，自乱步伐，将必增加外交应付之困难，拟请钧座电知中央党部，转令各地党部对于日货之检查及违章之处罚，不为苛求，并电政府通令各地方政府特别注意，如有不法行动，应即取缔，以免为反动派利用，藉安人心，而防意外。

---

① 『行政院密令』，1931 年 9 月 25 日，JACAR（アジア歴史資料センター）：B02030334500（第 24 画像目から），『満州事変　排日及排貨関係』第 24 巻（A－1－1－0－21－5），日本外務省外交史料館藏。

蒋接电后，于31日将来电转发中央党部秘书长丁惟汾及国府秘书长古应芬，令国民党中央及国府照办。8月4日，行政院按宋、张的意见发密电给各省市政府。①

1931年8月底，为了统一全国反日运动的步伐，上海反日援侨会委员郑澄清、叶家兴等人曾赴南京联络，筹划组织全国反日会。② 但是，由于国民党中枢态度消极，全国反日会胎死腹中。

“九一八”事变爆发后，9月22日，蒋介石在南京市全体党员大会上发表了著名的“暂取逆来顺受态度，以待国际公理之判断”的演讲。在演讲中，蒋不出意料地表露了他对民众不放心的心迹，“此时务须劝告民众，严守秩序，服从政府，尊重纪律，勿做轨外之妄动，而为有秩序、有步骤之奋斗”③。

10月22日，国民政府给上海、镇江、南京政府发布命令，要求各镇压当地“轨外”行动，撕毁张贴的所谓“侮日”标语。④

尽管政府在对待对日经济绝交问题上谨小慎微，日方还是步步进逼。1932年1月18日，日本特务在上海使用苦肉计，打死打伤日本僧人，嫁祸三友实业社工厂纠察队，然后纵火焚烧了工厂。⑤ 1月20日，日本领事村井仓松乘机向上海市市长吴铁城抗议，并提出4项书面要求：（一）市长须对总领事表示道歉之意；（二）加害者之搜查、逮捕、处罚，应迅即切实实行；（三）对于被害者五名须予以医药费及抚慰金；（四）关于排侮日之非法之越轨行动，一概予以取缔，尔其

① 第二历史档案馆：《中华民国史档案资料汇编》第五辑第一编《政治》（四），第141—142页。

② 《全国反日会在筹备中》，《中央日报》1931年8月31日。按1931年12月，在国民党四届一中全会上陈公博等14人提出“确定民众运动方案案”，其中“应准许民众团体成立全国的纵的组织”的提议未被通过。参见《中华民国史档案资料汇编》第五辑第一编《政治》（二），第346页。

③ 陈觉：《九一八后国难痛史》第3卷，东北问题研究会1933年版，第241页。

④ C. F. Remer, *A Study of Chinese Boycotts*, Baltimore: John Hopkins Press, 1933, p. 171.

⑤ 参见复旦大学历史系编译《日本帝国主义对外侵略史料选编》，上海人民出版社1983年版，第51—53页。

应将上海各界抗日救国会以及各种抗日团体即时解散之。吴市长口头答复，第二项关于伤害罪之处分，中国律有明文，自当依法办理，一三两项亦可考虑，唯第四项事关民众运动，其在法律以内者，无权取缔，如有非法行动自当依法制裁。

吴铁城已预料以上答复日领不会满意，日海军陆战队等必采取行动。23 日晚间，召集地方士绅讨论对策，大家的意见分抵抗及缓和两种。主张缓和者拟将抗日救国会解散，以求地方安全，有主张由政府命令解散者，有主张借辞改组自动解散者，唯多数主张采取缓和办法。

同日下午，孙科与汪精卫、蒋介石详商应付上海事件办法，都主张我方应以保全上海经济中心为前提，对日方要求只有采取和缓态度，应立即召集各界婉为解说，万不能发生冲突，致使上海被暴力夺取。至不得已时，可设法使反日运动表面冷静，或使秘密化，不用任何团体名义，使日方无所借口。①

这期间日本一直在实行恫吓的伎俩。1 月 21 日，日本驻沪海军司令通告，如对日本要求不予以满意答复并立即履行，则决定采取必要手段，以保护日本的权益。1 月 24 日，日本海军援兵开抵吴淞口外，日本总领事通知上海市长，称如果不在相当时刻内接到答复，或答复不能满意，则日本政府保留依照情势采取行动的权利。②

在严重的局势面前，1 月 27 日，上海市政府下令取缔抗日会，其办事处于 27 至 28 日夜由中国警察一一封闭。但日领事仍不满意，坚持非下令将凡有“抗日”字样的各种团体一律解散不可，并口头声明限 28 日下午 6 时以前圆满答复。③ 1 月 28 日，上海市政府屈服，上海市府答复日总领事抗议书由市府秘书长面递，表示：“至来函所提关

---

① 以上参见中央档案馆等合编《日本帝国主义侵华档案资料选编——九一八事变》，中华书局 1988 年版，第 529—531 页。

② 罗贝：《中日纠纷与国联》，商务印书馆 1937 年版，第 292 页。

③ 秦孝仪主编：《中华民国重要史料初编——对日抗战时期》绪编（一），“中国国民党中央委员会党史委员会”1981 年版，第 420 页。

于取缔抗日运动一项，现查本市各界抗日救国委员会有越轨违法行为，业经令行政主管当局将该会取消，以维法纪。关于类此之越轨违法行为，本市长仍当本法治精神，令行取消。至其他各抗日团体，业已令局予以取消。"①

即便如此，中国方面的退让仍未使日本稍戢其凶焰，在上海市政府全面接受日方要求的当天，日本的侵略战争就已开始了。

5月5日，中日签订《上海停战协定》，协定没有提到抵货，只笼统地提到了影响上海事变结束的条件。但是，日方的理解是，吴市长1月28日接受日方的最后通牒使日方坚持抵制中止有了充足的理由。事实上，5月6日中国政府发布了取缔所有抗日团体和结束抵货的命令。②

1932年7月，日军飞机到热河省朝阳上空投掷炸弹，东北稍事沉寂的战争硝烟再起。对日经济绝交运动也随之再起，但此后的运动有了显著的变化，即有团体以秘密投掷炸弹警告商人勿贩日货的形式来进行，亦即至此运动带有恐怖袭击的性质。这一风潮7月自上海兴起，迅速蔓延至天津、北平、南京、福州、厦门等地。从事这一活动的团体繁多，但以"血魂锄奸团"的名称最为常见。③

对于这一新情况，上海市政府的反应是，吴铁城于9月1日发布布告："本市自一·二八事变以来，人们激于爱国热诚，咸与为国家社会谋自救，其义愤所及，每行诸激烈之行为。惟爱国运动应严守法律范围，庶不致碍社会之安宁，贻他人之口实。否则爱国适足以误国，救民反足以害民。查迩来屡有以血魂锄奸团或其他名义投函恐吓，甚或在特区掷弹伤人，扰乱治安，破坏秩序，莫此为甚。本市长为维持

① 中央档案馆等合编：《日本帝国主义侵华档案资料选编——九一八事变》，中华书局1988年版，第534页。

② C. F. Remer, *A Study of Chinese Boycotts*, Baltimore: John Hopkins Press, 1933, p. 166.

③ 郑丽榕：《九一八时期上海的对日经济绝交运动》，硕士学位论文，（台湾）政治大学历史研究所，1990年，第31—34页。

地方治安，迭经谕饬取缔，倘仍置国家社会安危于不顾，自当执法以相绳。”[①] 蒋介石的反应是，于9月6日发布命令，令各军事机关积极取缔锄奸团。[②]

三

在国民党党政当局与对日经济绝交运动的关系中，有两点值得我们特别注意。

（一）国民党党政双方对待这一运动的态度差别

在运动初期，政府虽不否认民众的爱国热情，但对运动更多的是抱持温和的“忧虑”态度，担心激起日方的激烈反应是其考虑问题的出发点。但到后期，尤其是恐怖袭击阶段，政府对运动已不能容忍。党则自始至终认为经济绝交是抵抗日本侵略的消极手段，不应也不能取缔。由此双方由不同调走向对立。我们看一下首都南京的情况。

“九一八”事变后，南京成立许多公开、秘密的抗日团体，南京军警当局以事属爱国运动，未加以任何干涉；这些团体也没有越轨举动，与当局之间相安无事。这种局面自1932年9月20日起被打破，从此开始直到1933年9月，一年间分别有“铁血锄奸团”“驱日前线敢死队”“青年铁血锄奸团”等团体向商店、戏院等投掷炸弹，并留下恐吓信，要求到南京首都各界抗日会缴纳贩卖日货的罚款。南京警备司令谷正伦从恐吓信的内容判断，这些团体系首都抗日会的化名组织，“假借名义，恐吓商民，甚或抛掷炸弹，损毁物件，伤害他人，不独迹近诈财，抑且危害地方，关系首都治安，尤非浅鲜，倘不严予彻纠，其将何以维持法纪，而戢刁风”，因此认定首都抗日会“名虽

---

① 《上海市政府布告第42号》，《申报》1932年9月2日第9版。

② 日本外務省編：『日本外交文書—滿州事変』第三巻、（東京）日本外務省、754頁；转引自郑丽榕《九一八时期上海的对日经济绝交运动》，硕士学位论文，（台湾）政治大学历史研究所，1990年，第70页。

爱国，实足病民，若不严行取缔，不独无益于救国前途，亦复有害于地方秩序，似应依法严拿彻究”。但抗日会是市党部领导下的民众团体，取缔它要得到党部的首肯，于是谷备文军政部请转中央党部处理。①

国民党中央民众运动指导委员会将来函转到南京市党部，南京市党部回复，首都抗日会“并无不轨行动”，“并无诈财情事”，铁血锄奸团等与抗日会无关，这些组织“多系出于爱国热忱，制裁无耻奸商，并无扰乱治安、危害社会举动”，全盘否定了谷正伦的指责；并且认为，“若斤斤以法律为言，从而摧残之，则首都所在影响所及，将使爱国志士寒心，全国民众尤必深资疑虑，贻反动派以攻击中央口实，而无耻奸商必肆无忌惮，抗日运动从兹而隳”。② 由此可见，党政双方出发点不同，对问题的看法也南辕北辙，这个问题一直困扰着国民党。

（二）取缔对日经济绝交运动对国民党的影响

李新先生在晚年回忆《上海停战协定》签订时的情形时写道：“应该说，在当时情况下，中国既不可能对日全面开战，则对日的妥协就不可免。只是因为中国军队在沪战中的英勇表现，才取得协定中的那些条件。按这些条件妥协，并不是投降。但当时全国的抗日情绪特别高涨，只要是妥协，便认为是屈膝投降，便为举世舆情所不容。”③

这是半个多世纪以后睿智老人的持平之语。当时的人们则不这样想，陈独秀即愤怒地指出：

> 不用它手里的警察、法院、监狱，以惩办亲日卖国的官僚奸商和逃将，而用以逮捕审判拘禁爱国学生、日货检查员以及革命

① 《军事委员会致国民党中央民众运动指导委员会函》，1933 年 9 月，国民党中央民众运动指导委员会档案，卷号 721 - 029，中国第二历史档案馆藏。

② 《中国国民党南京特别市执行委员会公函执字第 727 号》，1933 年 9 月，国民党中央民众运动指导委员会档案，卷号 721 - 029，中国第二历史档案馆藏。

③ 李新：《流逝的岁月：李新回忆录》，山西人民出版社 2008 年版，第 64 页。

的工人与青年。……取缔排日排货及排日教育。“镇静”和“切实保护日侨”，国民党政府早已三令五申；最近天津及福州，都已明令禁止反日运动，上海、广州和湘潭，都枪杀过反日民众；上海法院惩罚过日货检查员；教育家竭力提倡“救国不忘读书”，“埋头读书即是救国”，“科学是救国要图”这些理论，甚至由学校通知学生家属“如来校读书，不准再作爱国运动”（一月十五日《申报》本埠增刊），这不是根本铲除了排日教育吗？

由此陈独秀得出结论，“由反日运动走到反国民党，这本是运动发展之极自然的逻辑”。[①] 取缔反日运动对国民党的杀伤力是不言而喻的。

其实蒋介石何尝不知道这些，后来他写道：“诚如报上所载‘对外不能肆应横逆，对内又岂易求谅民众？’处境之艰，立场之苦，并世国家绝无其匹者；余以为求之古今中外之历史，亦无其例也。”[②] 诚哉斯言，以国力不济而委曲求全，这是国民党在历史上的不能承受之重吧！

（原载《江海学刊》2012 年第 2 期）

① 任建树主编：《陈独秀著作选编》第 5 卷，上海人民出版社 2009 年版，第 5、8 页。

② 古屋奎二主笔，《蒋介石秘录》翻译组译：《蒋介石秘录》第 3 卷，湖南人民出版社 1988 年版，第 419 页。

明清江南研究

普济的理想与实践

——清代普济堂的经营实态

王卫平

清代是民间慈善事业日趋兴盛的时期。在清代民间慈善事业中，普济堂占有显著的位置。对此，国外学者已有较为深入的研究，日本学者夫马进的《善堂的官营化与善举的徭役化——从普济堂经营看“国家”与“社会”》①，即是一篇不可多得的论文。但是，迄今为止，国内学者对普济堂的研究尚未引起足够的重视。实际上，研究清代的普济堂，不仅可以看出清朝政府与民间社会的理念及其为实现“普济”理想所进行的努力，从中反映两者既对立又统一的关系，同时对于建设社会主义现代福利保障制度也具有重要的借鉴意义。

普济堂最初是由民间社会自发创立的以救助鳏寡孤独贫病之人为主的民间慈善机构。它的产生与流行是与官营慈善机构养济院的衰败密切相关的。因此在讨论普济堂的兴起与发展过程时，不能不先交代一下养济院的运作情况。

---

① 收入夫马进《中国善会善堂史研究》，（东京）同朋舍 1997 年版。

一 清代养济院的盛衰与普济堂的兴起

清朝政府继承了明代的社会福利政策，重视对社会上鳏寡孤独残疾贫民的救助。早在顺治五年11月，顺治帝即在诏书中要求“各处养济院，收养鳏寡孤独及残疾无告之人，有司留心举行，月粮依时给发，无致失所。应用钱粮，察明旧例，在京于户部、在外于存留项下动支”；顺治八年8月再次谕令：“京城内外，有鳏寡孤独贫苦无依者，该部院著五城御史、兵马司、宛（平）、大（兴）二县实察名数，酌量周恤。其顺天八府及各省府州县卫所，旧有养济院，皆有额设米粮，该部通行设立给养，该道府官从实稽察，俾沾实惠。”① 从上引二道诏书中可以知道，清初沿袭了明代的做法②，要求各地养济院收养“鳏寡孤独及残疾无告之人”，一应经费，照旧由政府支出。尤其从顺治八年开始，不仅要求旧有养济院照例运作，并号召没有养济院的地方也要“设立给养”。从此以后，各地陆续设置了养济院。

清代的养济院在州、县一级设置，奉行本籍主义原则，规定名额，完全由官方经营。可以说，基本上承袭了明代养济院的性格③。所不同的也许在于管理更加严格，不仅要求地方官时加督促，更把养济院的经营与地方官的业绩挂钩，对经营管理不善者加以处罚。乾隆六年7月，议定：“各处额设孤贫，令该管道府，每年遇查勘公事之时，即带原送册籍，赴养济院点验。如房屋完整，孤贫在院，并无冒滥，出具印结呈报上司。如房屋坍塌，孤贫不尽在院，或年貌不符冒给者，该管官照违例支给例，降一级调用。道府不行查验，遽行加结转详，

① 《清实录》顺治五年十一月辛未，顺治八年八月丙寅。

② 关于明代养济院的情况，可以参见星斌夫『明代の养济院について』，收入星斌夫『中国社会福祉政策史の研究——清代の賑濟仓を中心に』、（東京）国書刊行会、1985年版；王兴亚《明代养济院研究》，载《郑州大学学报》1989年第3期。

③ 参见夫马进《中国善会善堂史研究》，第507—510页。

照违例支给之转详官例，罚俸一年。若纵胥役，及令为首之孤贫代领，以致侵蚀，该管官照纵役犯赃例，革职。道府不行查出，照预先不行查出例，降一级调用。如道府徇庇容隐，及扶同出结，照徇庇例，降三级调用。”① 同时对胥吏营私舞弊的行为从制度上加以防范，规定在收养者中“应于十人内遴点一人为甲长，开明年貌姓名，呈报该管官，造册存案。至散给口粮，仍照旧于二、五、八、十一等月给放，届期不到，即将口粮扣除，不准补领”。② 即完全不让胥吏经手发放口粮。无论是加强管理抑或防止胥吏贪污舞弊，总而言之是希望养济院能够充分地履行职责，也就是要使真正的鳏寡孤独残疾无助之人得到实惠。反映出清朝政府济贫的理想主义色彩。

但是理念不等于现实。中央政策一到地方就会因各种情况而不能得到彻底的实行。其中一个重要原因是地方官的素质。致力于“仁政”的地方官毕竟是少数，更多的人是利用权力捞取私利。这在任何一个缺乏监督机制或监督机制不健全的国家或时代都是不可避免的现象。清代的中国尤其如此。嘉庆二十三年十二月丁卯的诏谕中曾经说道：“各府州县设立养济院，原以收养孤贫，惠及鳏寡。近日该管官视为具文，不认真经理，如该御史所奏，于口粮内扣给胥役使费及捏名冒领等弊，恐所不免。著通谕顺天府暨各督抚，严饬所属，确查养济院收养孤贫人数，随时亲往验放口粮，出示晓谕，俾穷黎均沾实惠，勿以朝廷矜恤茕独善政中饱奸胥欲壑。如查有侵扣捏冒情弊，从重惩办，毋稍姑息。”③ 可见，养济院运营过程中的腐败现象十分严重。如前所述，尽管朝廷针对养济院中胥吏的中饱私囊现象采取了相应措施，发放口粮不经胥吏之手，而由收养者中选出的甲长等直接向官府领取，但这些甲长在侵蚀、冒领口粮方面较之胥吏有过之而无不及，虞崇兴

① 光绪《钦定大清会典事例》卷269“户部·蠲恤”。

② 《清实录》，乾隆三十五年八月。

③ 《清实录》，嘉庆二十三年十二月丁卯。

《守禾日记》卷4谈及嘉兴的情况时说：“审得钱文等 班无赖，钻充甲头者也。查秀邑孤贫额载三百名，每名每年给银三两六钱，共银一千八十两。……乃钱交等托足卑田，雄称丐长，恃刁欺众，恣意侵吞。”当然，养济院的贪污腐败现象绝不是直到清代中期才出现的。事实上，早在康熙年间类似的情况已经发生。康熙《束鹿县志》的编纂者刘昆曾经说到养济院“有豪民、积蠹、老惫、巨奸吞食”，“其中养者非贫，贫者未养也”。当时的杭州，“近养济院有充院长者，虽瞽废而凶恶异常，领给口粮，每岁侵蚀”①。雍正十二年，鉴于山东省历城县养济院中近五分之四的人不在院（收养名额242名，实际在院人数为48名）、在院者中还有很多不符合收养条件且腐败现象严重的情况，河东总督（辖河南、山东二省）王士俊建议对全国的养济院进行清查，得到雍正帝的认可②。可以说，乾隆时期对养济院的严格管理及对胥吏贪污现象的防范对策，就是在这样的背景下出现的。因此，养济院经营不正的现象自它产生以后不久即已发生，并且愈演愈烈，终于导致了其机能的衰败。

普济堂的出现与养济院机能的不振和逐渐衰败有着内在的联系。至少养济院所奉行的定额主义（收养对象的名额限制），使得不少孤贫之人被排除在院外，致有普济堂的发生。如中国第一历史档案馆所藏内阁题本、“户科·赈济”中，乾隆三年四月十九日户部尚书海望等“遵旨行文事”提到：“虽各州县皆有养济院，而额粮有限。现在院内之孤贫俱已足数，地方虽有无告之民，无从编入”；乾隆十二年四月二十日户部尚书傅恒等“为愿捐己资以济孤贫以广皇仁事”更称：“当涂养济院，日久人多，栖止无所。恭逢父台独捐廉俸，启建普济堂，收养额外孤贫，……卑职查普济堂原以济养济院之不足，……以为收养额外孤贫之

① 康熙《杭州府志》卷12“恤政”。

② 参见夫马进《中国善会善堂史研究》，第506—507页。

所。"[1] 普济堂是为补养济院之不足而产生的这种观点在乾隆以后几成公论。

最早的普济堂出现于康熙年间的北京。光绪《钦定大清会典事例》卷二六九"收羁穷"载："康熙四十五年，京师广宁门外，士民公建普济堂，颁发御制碑文，及'膏泽回春'匾额。"由于得到朝廷的支持和褒奖，京师普济堂的影响逐渐扩大，如苏州普济堂就是在京师普济堂的影响下建立起来的。雍正二年上谕有谓："京师广宁门外，向有普济堂，凡老疾无依之人，每栖息于此。司其事者，乐善不倦，殊为可嘉。圣祖仁皇帝曾赐额立碑，以旌好义。尔等均有地方之责，宜时加奖励，以鼓舞之。但年力尚壮及游手好闲之人，不得借名混入其中，以长浮惰而生事端。"[2] 普济堂在收养"老疾无依之人"方面，以其成效显著，特别是不需动用国库的一分钱而完全由民间社会筹资兴办，在乐善好义、提倡社会好风俗方面起了典范作用，故得到雍正皇帝的肯定，并要求地方政府"时加奖励，以鼓舞之"。雍正帝的这一诏谕不管是否出于本心（在他看来，"育婴普济固属应行善举，然亦不过妇女慈仁之类，非急务也"。见《雍正朱批谕旨》雍正十二年二月八日赵弘恩奏），但对于唯皇帝之命是从的一方守土之臣来说，却被视为行动的准则。因此，普济堂的设置一时成为时尚，极为盛行。尤其河东总督王士俊，积极响应雍正的诏谕，通过行政手段，命令河南省"每一州县，必于境内建造普济堂一所，多置义田，以溥皇恩，以恤茕独。限文到一月内，鸠工庀材，先将兴工日期报查，再广置义产，续详查核"。[3] 在他的强力推行下，河南省 109 个州县共建立了 129 所普济堂，山东省 101 个州县卫所中也设置了 131 所普济堂[4]。与

① 参见夫马进《中国善会善堂史研究》，第 531 页。

② 《清实录》雍正二年闰四月癸未，并见光绪《钦定大清会典事例》卷二六九"户部·蠲恤"。

③ 王士俊：《河东从政录》卷 13"通饬普济堂置田檄"；转引自夫马进《中国善会善堂史研究》，第 527 页。

④ 参见夫马进《中国善会善堂史研究》，第 500 页。

其他地方通过行政手段建立的慈善组织不同，河南、山东二省各州县的普济堂“纤毫不需公项”，完全是用民间资金建立的。仅用一二年时间，筹集了数万两银钱及数万亩土地的资金（河南省官绅士商百姓捐银78912两1钱、义田11164亩、麦豆谷23912石；山东省官绅士商百姓捐银84246两7钱、义田15238亩、麦米谷4122石余[①]），建立起260所普济堂，在并不富庶的河南、山东二省，当地百姓再怎么“欣然慕义，咸愿捐输”，似乎也是不可能的。其奥妙正如夫马进先生所指出的，在于如雍正十一年五月己丑上谕中所许诺的，对于捐额多者加以议叙、少者由地方官给予匾额，同时登录在案免除差役。换言之，“捐输”可以得到政府的回报；而且，所谓“欣然慕义，咸愿捐输”无非冠冕堂皇的说法，其背后应是“官捐”，即带有半强制性质的“捐输”[②]。

二　普济堂的收养对象与性质

普济堂主要收养孤贫，即鳏寡孤独贫病之人。但它与养济院有所区别。养济院收养的是有着本地户籍的鳏寡孤独残疾贫病之人，而普济堂则不管本籍、外来，一概收容。日本学者星斌夫认为普济堂是“收养他乡孤病者的民间设施”[③]，恐怕未必。京师因五方杂处、外来人口较多、流动量大，而养济院又奉行本籍主义原则，很多外来孤贫人口只能进入幡竿、蜡烛二寺以及民间设立的普济堂。但在地方府县，情况有所不同。前引中国第一历史档案馆所藏乾隆十二年4月20日户部尚书傅恒等奏文，明显地反映出普济堂所收养的乃是未能进入养济院的“额外孤贫”之人。这种“额外孤贫”之人，毫无疑问是指具有

① 参见夫马进《中国善会善堂史研究》，第502页。

② 参见夫马进《中国善会善堂史研究》，第503—505页。

③ 星斌夫：「清代の养济院、普济堂の展开ろその相互关系」，收入星斌夫『明清时代社会经济史の研究』、国书刊行会、1989年。

本地户籍的鳏寡孤独贫病者。光绪《钦定大清会典事例》卷二六九“收羁穷”中有“本年直属歉收，普济堂收养人多，外来孤贫就食者亦众”的记载，更清楚地说明普济堂收养的孤贫中包括本地人口。星斌夫先生曾以苏州普济堂为例，说明其机能主要收容他乡之老病及行旅、以作养济院之补助[①]。但事实上，苏州养济院的机能早就趋于衰微，收养孤贫的责任主要落在了普济堂的身上。何焯《普济堂记》对此有清楚的说明：“吴四达之会，地大齿繁，商贾行旅之所走集，其值流离困乏、待于赈赡者，宜不減于京师。又当积岁歉俭，土著之民亦失所者众。于是，陈明智之徒，将谋作普济堂于虎邱之半塘，使之有以保其生而缓其死。”[②] 可见，苏州普济堂所收养的固然有“商贾行旅”中之“流离困乏、待于赈赡者”，也不乏众多的“土著之民”中的“失所者”。至于嘉庆二十年设置的平湖县普济堂，更是着重于收养本地“清白良民，年届七十、无儿女可靠、无亲族可依，栖息乏庐、饥寒交迫者”。[③] 因此，把普济堂说成是“收养他乡孤病者的民间设施”的观点是难以成立的。

普济堂与养济院收养对象的另外一个不同点，在于普济堂以收养贫病老人为主，而养济院则比较强调贫困的残疾之人，如前引乾隆四年上谕中所说：“各府州县设立养济院，原以收养鳏寡孤独疲癃残疾之穷民。”浙江省平湖县《普济堂规条》中也强调：“废疾目盲，例应归养济院者，无庸保呈（进入普济堂）。”[④] 由此可见，普济堂与养济院虽都以孤贫为收养对象，却是各有偏重的。

普济堂最初是由以士绅为主体的地方有力者自发创设的民间慈善机构。其经费由民间筹措而得。但自雍正二年发布倡议各地建立普济

---

① 星斌夫：「清代の养济院、普济堂の展开ろその相互关系」，收入星斌夫「明清时代社会经济史の研究」、（東京）国書刊行会、1989年、267頁。

② 同治《苏州府志》卷24“公署四”。

③ 光绪《平湖县志》卷4。

④ 光绪《平湖县志》卷4。

堂的“诏谕”以后，普济堂性质开始发生变化。前述王士俊在山东、河南两省推广设置普济堂，虽然“纤毫不需公项”，但已带有明显的半强制性质。就大多数地区来说，普济堂性质的转变是在乾隆即位以后。乾隆元年，杨名时代通州通判田尔易上奏称：“虽各州县皆有养济院，而额粮有限。现在院内之孤贫俱已足数，地方虽有无告之民，无从编入。……伏查各处省会及通都大郡，前奉世宗宪皇帝劝谕，开设普济堂，所赡养者，皆系实在老疾无依之人，存活颇众。且有绅士董司其事，规制井然，贫民乐就。但以费出捐助，不能遍设。……仰恳敕谕各该地方，一概设立普济堂，拨给入官田产及社仓积谷养赡。……再直省郡县，有设立育婴堂处所，亦系奉世宗宪皇帝上谕举行，诚慈幼恤孤之盛举。但其间有赀粮缺乏、难以持久者。仰乞皇上敕谕地方大吏，逐一查明，酌拨公款，永行接济。仍令各该地方，遴选好善绅士，充普济育婴两堂董事……”① 从普济堂的发展来看，杨名时代拟的这个奏折具有重要意义。这正如夫马进先生所分析的：“要而言之，在杨名时等官僚看来，与采取定额主义并且极为腐败的养济院相比，新出现的普济堂呈现出绚丽的色彩。正是普济堂的推广普及，解决了养济院所存在的上述两个问题，可谓是一石二鸟的妙计。”② 更应该注意的是，奏折中提出的“拨给入官田产及社仓积谷养赡”的方法，也即是通过国家或地方财政支助来推广普及普济堂。这个建议由于得到户部的支持并取得皇帝的裁可，而得以实施。从此以后，不少地方即由官方担负起创设、管理普济堂的责任。如光绪《钦定大清会典事例》卷269“收羁穷”中载：“乾隆元年议准，各省会及通都大郡，概设立普济堂，养赡老疾无依之人，拨给入官田产，及罚赎银两、社仓积谷，以资养赡。”苏州普济堂在乾隆二年，一次即得

① 赈济·户部尚书海望等“为遵旨行文事”，乾隆三年四月十九日，转引自夫马进《中国善会善堂史研究》，第531页，中国第一历史档案馆藏档。

② 参见夫马进《中国善会善堂史研究》，第511页。

到相当于购买8顷44亩土地的“没官房价银”的官方支助，至乾隆二十七年，更由“绅士经理”变为“归官经理”。[①] 太仓普济堂的情况大致类似，“清雍正二年奉旨劝谕开设。乾隆四年，知州江之炜、知县平其政奉文将入官房屋改为一州四县医赡老疾之所，计屋四十九间半，续又奉文拨给入官田产暨绅士前后捐田充用，……五十五年，奉两江总督孙士毅行令，停止董事，官为经理”[②]。由此可见，以杨名时的上奏为契机，随着官方经费的大量流入，普济堂由民间慈善机构一变而为官督民办乃至官办的慈善机构。

三　普济堂的运营

第一，组织管理。普济堂作为地方社会出资创建的民间慈善机构，经费主要来自地方士绅与有力者的捐助，其管理责任也由这些出资的人轮流担任。平湖县普济堂，系嘉庆二十年由邑人袁渤、吴嘉德、黄凤等公建，堂内设司岁1人，“总理征租、办赋、收发钱米及劝捐等事，择人品端方、身家殷实者于四月初公举接办”；司月6人，以一个月为期，轮流执事；司旬3人，“浃旬交管，周而复始”；司堂1人，“通年居停在堂，管理堂务，酌送薪水”[③]。一般来说，司岁是主要负责人，司月司旬为协办人员，他们不支薪水，由出资建堂者轮流担当；而司堂则由司事公请地方德行卓著之人担任，每月给以薪水。各地情况虽不可一概而论，但大都采取了董事负责制的形式。松江府华娄普济堂，设“经董管理堂务，向以华娄二邑绅富择其身家殷实、才具干练者四人，逐年轮当，定以八月二十五日交卸。嗣后或经董常川管理，或逐年照章轮办，均不得推诿”。[④] 每年由华亭、娄县二县地方士绅4

① 同治《苏州府志》卷24“公署四”，顾禄《桐桥倚棹录》卷6。
② 民国《太仓州镇洋县志》附录“自治”。
③ 光绪《平湖县志》卷4。
④ 光绪《松江府续志》卷9“建置志”。

人出任经董，全面负责，不支薪水。而具体操作，则有另聘的经账、外帐、走账等人，他们每月领取薪水。如前所述，普济堂的性质有一个变化的过程。一般来说，民办或官督民办者采取董事负责制，而官办时则采用聘任制，如苏州普济堂（按：苏州普济堂有男、女之分，这里仅以男普济堂为例），系康熙四十九年由陈明智、顾如龙等募金创建，至雍正三年时仍有“该堂董事”的说法[①]。乾隆二年以后，得到官方大力支助，并接受官府监督，转变为官督民办的慈善机构，堂中事务仍由“董事者”负责。具体情况，在乾隆五十二年《苏州府知府督粮同知为循例吁恩等事碑》、乾隆五十六年《禁派郡绅充董碑记》中有较为清晰的说明[②]。先是乾隆四十九年，因普济堂司总毛烜“经理不善，堂务废弛”，遂仿照江宁普济堂的方法，延请绅士轮流经管。举出身家殷实的绅士 12 人，到堂抽阄决定司总人选。司总有正、副之分，一年轮替。本年为副总者，下年即为正总，然后再抽阄决定副总。堂中承办具体事务（如收录、稽察等）的“散董”，由正、副司总“公延相信之人帮办，不得官为勒派”；既经推举而本人身故的绅士，如家境殷富而子嗣已经长大成人，也应该参与抽阄决定是否充任司总。司总一旦选定，“不得藉词推诿规避”。如因年老多病而不能担任，“必献重资，始准另派”。担任司总之人，除管理普济堂事务以外，还要填补堂中食用经费，“盈千累百，并不给还”，年复一年，“赔累无穷”。所以，本来有益于地方的善政变成了朘剥富户绅士的苛政，以致“绅士人等，视为畏途”。原来担任普济堂董事完全是出于个人自愿，而在官方介入后，变成了一种相当于徭役的负担。这样一来，严重地挫伤了地方士绅与有力者从事慈善事业的积极性，身受其害的吴周钤《司普济堂一周期满》诗中所说“善果不可为，归咎于官司”[③]，

① 雍正三年四月“为舍田以资普济、酬愿以慰先灵碑”，碑文收录于夫马进《中国善会善堂史研究》，第 534—536 页。

② 以上两篇碑文，收录于夫马进《中国善会善堂史研究》，第 537—539 页。

③ 顾禄：《桐桥倚棹录》卷 6。

即说明了这一点。有鉴于此，乾隆五十六年，经江苏巡抚及布政使司的批准，“总令官为经理”，普济堂完全官营化。在组织管理方面，“不许点派绅士暗地勒充，按年轮换”，同时“一切在堂司事医士，亦系官为延请，给辛（薪）造册”，即改为聘任制①。但乾隆以后，苏州普济堂的经营性质与管理方式仍有变化，清代后期基本采用了董事负责制②。

第二，经费来源。普济堂的经费情况，前已述及。乾隆以前创设的普济堂，一般由地方士绅及有力者出资捐助；乾隆以后创设的普济堂，情况较为复杂，官营者系由官方出资创建，民办者系由地方社会筹措费用，更多的是官督民办机构，既接受官方财政支助，也接受民间捐款。

第三，制度规定。各地普济堂一般订有堂规，对普济堂的具体运作有所规定，从中可以窥知普济堂的运营情况。这些堂规，通常包括组织管理、经费筹措、对国家的义务（如完纳国课）、经费使用及对收养对象的限制等。其中特别注意对收养对象的规定，从各个方面加以种种限制。如年龄限制，要求收养对象至少必须在 50 岁以上，平湖县规定为 70 岁以上。名额限制，一方面可能是受到养济院的影响，更主要的是受到经费的制约，不少地方的普济堂根据具体情况作出名额限制，如华娄普济堂在太平天国战争前所定名额为 220 名，战争后额定 160 名③；南汇县普济堂规定收养名额为 60 名④。在孤贫人数较多的情况下，往往采取补缺之法。在堂规定，在堂老民每人每天或为两饭一粥，或为两粥一饭，逢年过节加给荤菜；老民到堂，除自带衣服外，堂中提供蚊帐、棉絮、棉被等物，其他日常用品，也由堂供给；老民生病，堂中延医诊治，有些普济堂还设有供重病之人或易传染病

① 《禁派郡绅充董碑记》，引见夫马进《中国善会善堂史研究》，第 538—539 页。

② 参见民国《吴县志》卷 30“公署三”。

③ 光绪《松江府续志》卷 9“建置志”。

④ 光绪《南汇县志》卷 3“建置志”。

人休养的养病房；倘若身故，由堂中提供棺木葬具，有亲族者准其领棺埋葬，无亲族者由堂中代为掩埋；老民中如有手工艺人尚能从事生产者，听其操作，但不得出外交易，成品可托堂中工人代为出售；在堂老人不得私自外出，如确有要事，应向堂中办理请假销假手续。外出时一般不许在外过夜，特殊情况（如清明扫墓路远等），可酌定往返日期，逾期不归者即行逐革。有些普济堂如平湖普济堂，每月初二、十六两天允许在堂老人外出游览。外地之人生病送入堂中，由堂延医诊治，愈后提供路费，送其回乡①。

四 余论

在清代的民间慈善组织中，普济堂与育婴堂是最受官方重视的。不过，相对于育婴堂而言，普济堂的普及率较低。据梁其姿先生的统计，1850 年以前全国共建普济堂 362 所，以后建 37 所，合计 399 所。而同时期育婴堂的数量分别为 579 所、394 所，计 973 所。以江浙地区而论，两省计有育婴堂 313 所，占全国总数的 32. 2%，而普济堂仅 36 所，占全国总数的 9%②。政府对普济堂、育婴堂的政策，应该说并无差别，造成两者相差悬殊的原因，在于除普济堂外，国家已有养济院的组织，普济堂与养济院在收养对象方面较为接近。普济堂本就是为补养济院之不足而出现的，而养济院的存在又必然制约着普济堂的发展。

普济堂本来是由地方社会主持创设的民间慈善机构。但自雍正二年“诏谕”发布以后，情况开始发生变化，特别是以乾隆元年杨名时的上奏为契机，各地普济堂大都得到官方财力的支助，官营色彩日趋

① 参见光绪《松江府续志》卷 9、光绪《南汇县志》卷 3、光绪《平湖县志》卷 4。

② 梁其姿：《施善与教化：明清时期的慈善组织》，（台湾）联经出版事业公司 1997 年版，第 256、258 页。

浓厚，逐渐转化为官督民办的机构，而官营普济堂的数量也不在少数。但是，官营普济堂更容易滋生腐败、重蹈养济院的覆辙，因而太平天国战争以后，在慈善事业的复兴过程中，普济堂一般采取了官民合办（表现为官督民办）的方式。另一方面，官方的养济院也改变了过去的面目，地方社会在其中发挥的作用日益明显，如嘉兴府桐乡县养济院，毁于战火，“同治十三年，知县袁绩庆捐廉为倡，邑绅严辰募捐助之，建屋悉如旧制”。养济院的官营色彩渐趋淡薄，实际上出现了养济院与普济堂同质化的趋势。

普济堂与养济院的同质化趋势，是国家与社会的关系矛盾运动的产物。国家与社会的关系，历来是人们关心、议论的课题。这个课题的理论难度，不是本文所能解决的。而在清代慈善事业史上，两者的作用及其关系也得到了清晰的反映。当时使用频率颇高的“官为经理”与“民为经理”的用语，实际上即代表了国家与社会的概念[①]。国家与社会是既对立又统一的关系。国家的慈善机构，贪污腐败现象严重，机能日趋衰退。与之形成对照的是，民间慈善机构成绩非常显著。面对这样的情况，国家采取有效措施，把地方社会主持的民间慈善机构置于国家的控制之下。在慈善事业发展过程中，随着国家与社会的矛盾运动，慈善机构的性质不断发生变化。当两者处于对立时，发生国家与社会的分离，分别出现了“官为经理”与“民为经理”的慈善机构；当两者处于统一时，国家与社会相互影响、相互渗透，官督民办机构的广泛出现、普济堂与养济院的同质化趋势即是两者关系自我调整的结果。

（附记：承蒙日本京都大学夫马进教授惠赠大著并多次惠寄宝贵资料，本文也较多参考并引用了夫马进教授的研究成果，特此致谢！）

（原载《江海学刊》2000 年第 1 期）

① 参见夫马进《中国善会善堂史研究》，第 523—524 页。

明清地域商人与江南文化

范金民

明清时期的江南，商品生产持续发展，商品流通蔚为壮观，商人活动十分活跃，是全国极为重要的经济中心。高度发达的经济，必然带来文化的繁荣和社会的进步。江南教育发达，黉序崇宏，书院林立，书肆栉比，藏书宏富，文才辈出，文士汇聚，学术流派先后辉映，精英文化繁荣昌盛，大众文化精彩纷呈，地域文化璀璨夺目，又是全国极为重要的文化中心。

社会各个阶层共同创造了灿烂的江南文化，构筑了江南文化的宏伟大厦，也为江南文化的建设作出了相应的贡献。本文仅从商人活动的角度，考察外籍地域商人在江南的文化活动，探讨其与江南文化的关系，希望有助于丰富和深化明清江南社会经济的研究。

一　经营文化商品

明清时期的江南，苏州、南京、杭州、常熟、无锡、湖州等地是著名的刻书印书中心，刻印书籍数量之多，类别之众，校勘之精，堪为全国翘楚。万历时胡应麟说："吴会、金陵擅名文献，刻本至多，巨帙类书咸荟萃焉。海内商贾所资，二方十七，闽中十三，燕、越弗与也。然自本方所梓外，他省至者绝寡，虽连楹丽栋，蒐其奇秘，百不二三，盖书之所出，而非所聚也。”[①] 而南京、苏州等刻书中心汗牛充栋的书籍，不少就是由外地商人刻印的。

明末徽州休宁人胡正言，弃官后寓居南京，在其十竹斋中，雇佣了十数名刻工，用五色套印出了《十竹斋画谱》《笺谱》，不论花卉羽虫，色彩逼真，栩栩如生，成为学画的范本，“销于大江南北，时人争购”。光为十竹斋包揽经营的汪姓良工就成了巨富。明时杭州盛行雕板画，据说“殆无不出歙人手，绘制皆精绝”[②]。清中期南京的状元境，书坊有20余家，大“半皆江右人”[③]。明代南京有名的书坊，据今人研究，多达近60家，刻印书籍以戏曲、小说、医书、时义为多[④]。实际上，书坊还刻商业用书。如坊名为金陵唐氏文林阁的书铺，又名唐锦池（有时或称集贤堂唐锦池），就曾刊印过《新安原版士商类要》，署为文林阁唐锦池梓行。该书作者程春宇可能就是寓居南京的书商。而与程春宇同时的西陵憺漪子，编有《天下路程图引》一书。这个憺漪子，是明末侨寓杭州的徽州书商（祖籍休宁）。在程、汪二位徽商编书之前的50余年，另一徽商黄汴，就编成了目前所知明代第一部商业类用书八卷本的《天下水陆路程》一书。黄汴弱冠即随父兄外出经商，“后侨居吴会，与二京十三省暨边方商贾贸易，得程图数家，于是穷其闻见，考其异同，反覆校勘，积二十七年始成帙”[⑤]。黄汴很可能本身就是个书商。黄、程、汪三位徽商，都侨居在江南，都编写了商业书，其书或编于苏州，或刊刻、作序于南京。以经商的亲身经历写成，在商品市场发达、刻书印书的中心江南刊印的这些商业书，销路一定不错。若果真如此，则这些商人编写这类商业书，在有

① 胡应麟：《少室山房笔丛·甲部·经籍会通四》。

② 张海鹏主编：《明清徽商资料选编》，黄山书社1985年版，第206页。

③ 甘熙：《白下琐言》卷二。

④ 张秀民：《明代南京的印书》，《文物》1980年第11期。

⑤ 黄汴：《天下水陆路程序》，北京图书馆古籍珍本丛刊本。

裨实用的名义下，为的是谋取丰厚的商业利润。试观憺漪子《天下路程图引叙》所言，“凡疆理山川之轇轕，关津驿舍之次第，皆可以按程计里，纵横贯穿，回环往复，分率参合，无一抵牾，如躔度交会而辰宿次舍不失分寸，如营卫周布而经络节穴不差毫发。后之览者，必各随其所至，合符其所见而始信其工也，则行者篋之，以为针车之宝可也”，简直就是一段自我吹嘘的广告词。可以设想，商人自己编写商业书，绝不仅是简单的文献流布之事，而更是有意识的商业文化经营活动。

上述刻书中心耗用的不计其数的纸张，以及江南市场上的部分书籍，更是由江西商人、福建商人、安徽商人和浙南商人等地域商人直接贩运到江南的。清前期，经过浒墅关的外地纸至少有光古、灰屏、黄倘、连史、元连、白鹿、毛长、对方、毛边、江连、川连、黄表、桑皮、碑色、东坦纸等名品①。外地纸商是贩运这些纸的主力。康熙五十七年（1718），在苏州的上杭六串纸帮商人建立了汀州会馆，“其实为上杭纸业之一部分也”②。区区一县纸商就独力建立了会馆，这在会馆林立的江南也是不多见的，而且仅为该县“纸业之一部分”，可见福建纸商在江南的实力。在上海的建宁、汀州商人建立会馆，纸商是捐厘主要对象③。在江南的福建纸商也是很有名的。张应俞《杜骗新书》第六类《牙行骗》就描写，福建纸商施守训，“家资殷富，常造纸卖客。一日，自装千余篓，价值八百余两，往苏州卖……家中又发纸五百余篓到苏州……次年，复载纸到苏州”。看来这是个专门以苏州为市场的福建纸商。清代南京的江西商人，以瓷器、竹、纸为主要经营商品。嘉庆元年（1796），苏州重修江西会馆，捐银的江西纸商至少有南昌府纸货众商，捐银 700 两；山塘花笺众商，捐银 300 两；

---

① 道光《浒墅关志》卷五，《小贩则例》。有关明清江南纸张的来源，请参见拙著《明清江南商业的发展》，南京大学出版社 1998 年版，第 89—91 页。

② 《江苏省明清以来碑刻资料选集》，生活·读书·新知三联书店 1959 年版，第 358 页。

③ 《上海碑刻资料选辑》，上海人民出版社 1980 年版，第 280 页。

德兴县纸货众商，捐银105两；桐城县纸商，捐银80两，共捐银1185两，仅次于捐银1200两的麻货众商[①]。徽州纸商在江南也较活跃。乾隆三十八年（1773），苏州修建徽郡会馆时，皮纸帮是参与发起的三大帮之一[②]。浙东特别是龙游书商在江南颇有名气。明代归有光说："越中人多往来吾吴中，以鬻书为业。"[③] 他提到的童子鸣，即世为龙游人。清初，"龙游余氏开书肆于娄，刊读本四书字画无伪，远近购买"[④]。其时龙游书商在苏州似乎人数更众。康熙十年（1671），浙江书商在苏州建崇德公所，"为同业订正书籍讨论删原之所"[⑤]。道光二十五年（1845）复立行规以约束同行。专门经营粗纸箬叶一业的浙南商人则在南濠建成浙南公所，"为同帮议公宴会之区"，咸丰时毁于兵燹，同治十一年（1872）重建时仍有商号44家[⑥]。

外地商人特别是徽商喜欢凭借雄厚的财力收购积蓄书画册籍。如经商南京的陈姓徽商，"凡金石古文、名家法帖，手摹指画，务得其真，无所不习，绘事则自皇唐以迄胡元，名品则自宗器以迄玩物，无论百金之价，什袭之珍，无所不购"[⑦]。再如休宁商人吴用良，"其出入吴会，游诸名家，购古图画尊彝，一当意而贾什倍"[⑧]。万历时的袁宏道对徽商的总体看法是："徽人近益斌斌，算缗料筹者竞习为诗歌，不能者亦喜蓄图书及诸玩好，画苑书家多有可观。独矜习未除，乐道讼而愧言穷，是为余结耳。"[⑨] 以有无古玩衡量是否雅俗，所以徽商收藏之风最盛。这类事例不胜枚举。以往论者多将商人的这种行为认定为附庸风雅，装装门面。这未免小看了商人特有的眼力，低估了商人

---

① 《江苏省明清以来碑刻资料选集》，第362页。
② 《江苏省明清以来碑刻资料选集》，第377页。
③ 归有光：《震川先生集》卷九，《送童子鸣序》。
④ 民国《太仓州志》卷二五，《杂记》。
⑤ 《江苏省明清以来碑刻资料选集》，第74页。
⑥ 《明清苏州工商业碑刻集》，江苏人民出版社1980年版，第363页。
⑦ 汪道昆：《太函集》卷五九，《明封征士郎莆田陈长者墓志铭》。
⑧ 《太函集》卷五二，《明故大学生吴用良墓志铭》。
⑨ 袁宏道：《新安江行记》，《袁中郎随笔·游记卷》。

的商品意识和经营能力。商人购买书画文物，自有假充风雅者，但保值增值，作为文化投资者恐不乏其人。又有徽人郭次父者，住焦山，“所蓄器玩书画甚精宝，不啻拱璧，欲待价而沽，以射高利”[①]。看来，经营书画以射高利者大有人在。咸、同时期歙人黄崇惺说：“休、歙名族乃程氏铜鼓斋、鲍氏安素轩、汪氏涵星研斋、程氏寻乐草堂，皆百年巨室，多蓄宋元书籍、法帖、名墨、佳砚、奇香、珍药，与夫尊彝、圭璧、盆盎之属，每出一物，皆历来赏鉴家所津津称道者。”[②] 百年之物，历久弥贵，绝不是附庸风雅的结果，徽商之法眼看来不能以等闲视之。

明后期起，各地域商人齐聚于此，十分活跃，书画市场也极为红火。本身极喜收藏的太仓人王世贞感慨道：“书当重宋，而三十年来忽重元人，乃至倪元镇以逮明沈周，价骤增十倍。窑器当重哥、汝，而十五年来忽重宣德以至永乐、成化，价亦骤增十倍。大抵吴人滥觞，而徽人导之，俱可怪也。”[③] 艺术品价格飙升，推原其故，由吴人滥觞而徽人导引。徽人导引，其实并不可怪，他们看好的是赏鉴之风兴起后的潜在市场。王世贞身后，江南艺术品市场更为红火。只要官僚士大夫赏玩成风，工艺品市场就必然狼烟四起。万历后期的沈德符的看法是：“始于一二雅人，赏识摩挲，滥觞于江南好事缙绅，波靡于新安耳食。诸大估曰千曰百，动辄倾囊相酬，真赝不可复辨。以至沈、唐之画，上等荆、关，文、祝之书，进参苏、米，其敝不知何极。”[④] 赏鉴工艺品，本是雅事，江南缙绅群相效仿，附庸风雅，新安大估看准市场，开辟投资新途径，在收购贩卖工艺品过程中，与生产者特别是鼓吹者江南缙绅一起，哄抬价格，多方炒作，操纵控制着艺术品市场。江南工艺品市场的形成，工艺品行情的不断看涨，江南缙绅与新

① 《麈余》卷三。

② 黄崇惺：《草心楼读画集》，见《美术丛书》第5集。

③ 王世贞：《觚不觚录》。

④ 沈德符：《万历野获编》卷二六，《玩具》。

安大贾都是有力的推动者。耐人寻味的是，吴人滥觞而徽人导之，在工艺品行市中，最为活跃的是徽州商人，获利最丰的可能也是徽州商人。

二　推进戏曲文化

明清时期的江南是极为著名的戏曲中心，沈朝初《忆江南》词所谓“苏州好，戏曲协宫商”。其时的江南，先是海盐腔、昆山腔、弋阳腔三曲流行，后是昆曲一枝独秀，清中期后各种地方戏争奇斗艳。李伶、马伶等著名演员如群星璀璨，魏良辅、梁辰鱼、沈璟等剧作大家辈出。嘉靖时，南京的著名戏剧演员多达数十人。万历年间，苏州的职业昆曲戏班有“瑞霞班”和“吴徽州班”。而各地官僚的家庭昆班所在多有。康熙时，据说仅苏州一地戏班就多达千计，其中以寒香、凝碧、妙观、雅存四大戏班最为有名。雍正、乾隆时期，苏州“城内城外，遍开戏园”，戏剧演出，“昼夜不绝”[①]。乾隆中后期，苏州集中了70多个戏班，来自各地的30个左右[②]，地域广达十多个省。

这些戏班活跃在江南，很大程度上得力于商人的召请、赞助或捧场。商人为了洽谈商务，招待客户，奉承官府，交好士民，或者为了博取声誉，扩大名声，聘请戏班演戏是其重要手段。嘉靖时，南京戏班数十个，最著名的是“兴华部”和“华林部”。徽商“合两部为大会”，遍征金陵之贵客文人，与夫妖姬静女，莫不毕集。将“兴化部”与“华林部”东西分列，同时演奏《鸣凤》剧。实际是动用重金，聘用两个戏班，让它们互相竞争，分别高下。结果“兴化部”技不如人，“华林部”独著。“兴化部”主角马伶不甘失败，为了演好相国严嵩这一角色，特意进京投身可与严嵩相比的另一相国家，察言观色，熟悉言语。三年后回到南京，请求徽商再开戏宴，召集前次大会的宾

① 乾隆《长洲县志》卷一一，《风俗》。

② 《江苏省明清以来碑刻资料选集》，第284—294页。

客，与“华林部”再奏《鸣凤》剧，终于以惟妙惟肖和精湛的技艺胜过了“华林部”[①]。两大戏班的前后两次竞争性演出都是由徽商策划和赞助的。嘉靖时经营江南的歙商潘君南笃好戏曲，其子之恒，江南重要的戏曲活动均亲与其事，“从秦淮联曲宴之会凡六七举”[②]。毫无疑问，商人的策划和赞助是戏班提高知名度的重要条件，也促使演员不断提高表演水平。清代，商人资请戏班演出更为常事。乾隆时，苏州的大商人召集集秀班宴客。这个集秀班，是乾隆帝60大寿时苏州织造与两淮盐使听从苏州名角金德辉建议，从苏、杭、扬三府数百个戏班中精选出来的名演员组合而成的，原名集成班，因演员出类拔萃，又名集秀班[③]。可见，商人在著名戏班的组成、发展中起了不可或缺的作用。至于江南各地迎神赛会活动时商人出资演戏，更为活跃在江南城乡的大小戏班提供了谋生和发展的机会。

江南戏曲班子还应商人之聘到外地演出。昆曲自明后期改革一新后，流行全国各地，形成南昆、北昆两大支派，而又出现“四方歌者必宗吴门”[④] 的局面，这与各地商人的种种活动大有关系。苏州名优有端午后歇夏的习惯，清江浦大典商汪己山“则以重赀迓之来，留至八月始归”[⑤]。可见，江南昆曲在全国各地演出，商人出了大力。

据说苏州的戏园，也是因为商家会馆利用来宴客才产生的。人称“苏州戏园，明末尚无，而酬神宴客，侑以优人，辄于虎丘山塘河演之，其船名卷梢。观者别雇沙飞、牛舌等小舟，环伺其旁”。因为水上观戏有覆溺之险，“雍正时，有郭姓者，始架屋为之，人皆称便，生涯甚盛。自此踵而为之者，至三十余家，卷梢船遂废”[⑥]。演出场所由摇摆晃荡的水上卷梢船转移到岸上固定宏敞的戏园，正是因了商人

① 侯方域：《马伶传》，《虞初新志》卷三。
② 钱谦益：《列朝诗集小传》丁集下“潘太学之恒”条。
③ 龚自珍：《龚定庵全集类编》卷一一，《书金伶》。
④ 徐树丕：《识小录》。
⑤ 徐轲：《清稗类钞·豪侈类》“典商汪己山之侈”条。
⑥ 《清稗类钞·戏剧类》“郭某始创戏园于苏州”条。

的需要。乾隆《长洲县志·风俗》称，“苏州戏园，向所未有，间或有之，不过商家会馆借以宴客耳，今不论城内城外，遍开戏园”。倡设戏园演戏者，看来正是商人。乾、嘉之际，“盖金、阊戏园，不下十余处，居人有宴会，皆入戏园，为待客之便，击牲烹鲜，宾朋满座”①。“金、阊商贾云集，宴会无时，戏馆数十处，每日演戏。”② 金、阊一带是苏州最为繁华的商业区，各地商人云集在那里，戏馆也集中在那里，清楚地表明戏馆是因商人的需要开设的，利用者也主要是商人，戏馆因为商人的需要产生、增加、兴盛。江南戏曲表演，明末清初限于家班，清前期演变扩充为戏馆戏园，商人是这一转移过程的重要推动力量。

商人不但聘请、资助剧团演出，而且各地商人大多在会馆内筑有戏台，上演各种地方戏。苏州的潮州会馆，据说雍正四年（1726）就建立了楼阁戏台③，始建于乾隆初年（1736）的金华会馆，也有歌台④。上海的商船会馆大殿戏台，始建于康熙五十四年（1715）会馆成立之日，乾隆二十九年（1764）重加修葺⑤。他如浙绍公所、徽宁会馆、泉漳会馆、潮州会馆、四明公所、建汀会馆、江西会馆、浙宁会馆、揭普丰会馆、潮惠会馆等，均建有戏台⑥，山陕商人也建有戏园⑦。春秋良辰，岁时令节，商人在地域会馆的戏台上演家乡戏，祝厘祷神，畅叙情谊，聊慰乡愁乡思，增加了凝聚力和向心力。乾隆时人陈宗炎说佛山“会馆演剧，在在皆然，演剧而千百人聚观，亦时时皆然”⑧。这种情形用来描述江南当也完全适用。外地商人在会馆中演

① 顾禄：《清嘉录》卷七，《青龙戏》。
② 顾公燮：《消夏闲记摘抄》卷上。
③ 周昭京：《潮州会馆史话》，上海古籍出版社 1995 年版，第 8 页。
④ 《江苏省明清以来碑刻资料选集》，第 367 页。
⑤ 《上海碑刻资料选辑》，第 196 页。
⑥ 参见《中国戏曲志·上海卷》，第 653—656 页。
⑦ 《清稗类钞·戏剧类》“上海戏园”条。
⑧ 道光《佛山忠义乡志》卷一二《金石下》。

家乡戏，江南人千百聚观，撇开对于江南大众的生活文化影响，单是各地戏剧文化对江南戏曲的冲击影响就值得探究。

自昆曲流行到清乾隆中期，整整二百年间，江南文化市场上的上演戏曲，几乎清一色是昆曲，而且影响及于全国。但是昆曲布景简单，陈设冷清，一桌一椅，笛子清音，文字佶屈聱牙，吐词吴侬软语，曲调舒齐宛转，故事多谈忠说孝，情节半才子佳人，公子落难后花园，金榜题名大团圆的老套路，对文化水平大多不高的商人来说，听不懂，学不会，其思想意趣艺术表演又与社会大众日益脱节。较之昆曲这种雅部，秦腔、弋阳腔、梆子腔、罗罗腔、二黄调、弦索这些被称为乱弹的花部，广泛流行演唱于华北、华中、江淮大地，其音调大多激越高亢，以梆子按节拍，节奏鲜明，唱句整齐，行头艳丽花俏，场景繁多恢宏，音乐一板一眼，铿锵唱腔辅之以打斗动作，大锣大鼓，五音杂奏，气氛喧闹热烈，情节又大多反映了普通百姓的日常生活，自然日益受到人们特别是社会大众的欢迎。嘉、道时人钱泳说，其幼时号为昆腔中第一部的集秀、合秀、撷芳诸班，其时绝响已久，民间"视《金钗》、《琵琶》诸本为老戏，以乱弹、滩王、小调为新腔，多搭小旦，杂以插科，多置行头，再添面具，方称新奇，而观者益众。如老戏一上场，人人星散矣"①，就反映了这种情形。外地戏曲抢占了传统昆曲戏的市场，引得在昆曲市场日益萧条的情形下，苏州的 19 个昆曲戏班，居然于嘉庆三年（1798）禀请朝廷颁发了一道谕旨，旨称：乱弹等腔调，"虽起自秦、皖，而各处辗转流传，竞相仿效。即苏州、扬州，向习昆腔，近有厌旧喜新，皆以乱弹等腔为新奇可喜，转将素习昆腔抛弃。流风日下，不可不严行禁止。嗣后除昆、弋两腔，仍照旧准其演唱，其外乱弹梆子、弦索、秦腔等戏，概不准再行唱演"。苏州织造府闻风而动，查禁后认为，苏州流行的乱弹等戏，"俱系外来之班所演"②。禁

① 钱泳：《履园丛话》丛话十二，《演戏》。
② 《江苏省明清以来碑刻资料选集》，第 295—297 页。

令中提到的这些外地地方戏，开始流行在明末清初，很难设想，没有各地商人的赞助，它们能够在交流范围并不广的吴语区内站稳脚跟，并日益兴盛，与传统的昆曲争夺演出市场。可以毫不夸张地说，江南各地戏班林立，各种剧本精彩纷呈，各地戏曲交流会演，争奇斗艳，戏曲文化光彩夺目，正是由外地商人在会馆内外持久演出推动的。

三　营造地域文化

明清时期，各地商人在江南纷纷建立会馆，前代所无。这些会馆，结构考究，形式精美，本身就是有形的文化，也从不同程度上反映了各不相同的地域建筑文化。试以吴江盛泽镇上济宁商人的会馆金龙四大王庙为例。该庙建于康熙六十年（1721），吴江人陈王谟留意到其建筑形式是北方格局，感慨地说：“其庙制也，一仿北地祠宇，凡斧斤垩墁以及雕绘诸匠，悉用乎北，故其规模迥别，眼界聿新，有非寻常诸庙所得而伦比者。”[①] 为了建造典型的家乡风格的馆宇，济宁商人连泥水木匠雕漆匠都用家乡人。如果各地地域商人都像济宁商人一样，建造富有家乡特色的建筑，那么，有清一代江南各地外地商人建筑的大大小小220余所会馆，镶嵌在江南建筑群中，一定极为醒目，又融为一体。可以说，清代江南的建筑文化，已受到了全国各地的影响，又吸收包容了林林总总的各地建筑特色。

各地商帮在江南的会馆，也充分利用了江南的自然条件，吸取了江南人的选址构筑理念。清代江南建筑，较之明代，园林化的趋势更为突出。各地商人的会馆，可以说就是一处处景致宜人、造型独特、可资游览的园林佳构。如苏州的漳州天后宫，中为大殿，前辟大门，后置两堂，堂上为楼，凭眺轩豁，楼之后院及东偏，都有亭榭陂池之

① 《江苏省明清以来碑刻资料选集》，第442页。

胜，供游人游览[①]。苏州的三山会馆天后宫，“中有陂池亭馆之美，岩洞花木之奇，为吴中名胜”[②]。盛泽镇的济宁会馆大土庙，“前辟二门，又旁开甲门，筑石径以达焉，取便也。若夫崇乎其中者有台，峙乎其左右者有楼，敞乎其前者有轩。其囱偏为堂五楹，为轩三楹，疏池叠石，有亭翼然，岩洞幽邃。其东偏则起高楼，楼极闳敞壮丽，庭中列植嘉木。每春秋佳日，花卉映发，升高楼，望远山，白云缭绕，湖波淡滟，飞鸿灭没，渔歌款乃，皆庙中胜概也”[③]。似这样的佳构胜境，使得江南的园林更加精巧别致，令人流连忘返，江南园林文化更加大放异彩，意蕴无穷。商人会馆在江南园林史中应当占有一席之地。

明清地域商帮的神灵崇拜经历了由单一神到众神兼祀的发展演变，关圣天妃，财神土神，乡贤名宦，释祖先达，都作为了崇祀对象，反映出各地域商帮的多方面企求[④]。各地商帮崇祀的主神和附神及各种神灵，本身就是地域文化的体现，代表了各地的民俗文化，也使得江南地方神形象更为众多，或对某些神灵的崇拜更为普遍。这些乡土神，在现今的江南，均有不同程度的信仰崇拜。推其原故，皆与各地商人的崇奉有关，潜移默化，流风所及，波及江南各地，浸淫于一般百姓。江南的神衹崇拜，兼容并蓄，商人活动无疑是重要因素。

各地商帮在江南还直接从事各种民俗活动，弘扬民俗文化。在南京，每年正月有举办灯会的习俗，徽商特别是徽州木商承办的灯会最有气派，“矜奇斗胜，每周游城市，观者咸盛称徽州灯”[⑤]。同光之际，经济萧条，但江西商帮举办的正月灯会仍然灯火辉煌。每年四月上旬，徽商主持都天会灯会，赛会三天，展览的花灯，“旗帜、伞盖、人物、花卉、鳞花之属，剪纸为之，五色十光，备极奇巧，合城士庶往观，

① 蔡世远：《漳州天后宫记》，乾隆《吴县志》卷一〇六《艺文》。

② 余正健：《三山会馆天后宫记》，乾隆《吴县志》卷一〇《艺文》。

③ 《江苏省明清以来碑刻资料选集》，第442—443页。

④ 参见范金民《明清江南商业的发展》，南京大学出版社1998年版，第258页。

⑤ 程先甲：《金陵赋》。

车马填闉，灯火达旦”[1]。江南各地，凡节令时序，神灵诞辰，民间庆典，迎神赛会不断，成为大众文化的重要内容。迎神赛会之风到清中期尤盛。如整个江南，乾隆时每当神诞，“灯彩演剧……技巧百戏，清歌十番，轮流叠进……抬阁杂剧，极力装扮。今日某神出游，明日某庙胜会，男女奔赴。数十百里之内，人人若狂”[2]。迎神赛会，必定演戏。演戏所需，除了地方社会募集分摊，多半出于商人赞助。如江浙交界的枫泾镇，是著名的棉布加工地，“商贾丛积。每上巳，赛神最盛，筑高台，邀梨园数部，歌舞达旦。曰：神非是不乐也”[3]。无锡的城隍诞神赛会，热闹非凡，盖“由北塘商贾所集，出钱易也”[4]。原来江南迎神赛会演戏活动之所以如此兴盛，与商贾丛集、资金易措大有关系。

迎神赛会，本是社区居民春秋祈报的祷神禳灾活动，商人热衷于此，又最盛于商品经济发达之区，就使得功利色彩更为浓厚。每一次迎神赛会，活动本身耗费的商品，赴会者消费的物品，购买的商品，以及所需交通工具等，价值十分可观，商人自然会充分利用这些机会促销商品。因此，每一次迎神赛会，实际也是一次有利可图的商业机会。甚至可以设想，迎神赛会，规模日甚，次数日增，历时日长，恐怕就是商人千方百计不断创造出来的商机。所谓“神非是不乐”，很可能就是谋利的商人寻求生意使出的手段；所谓“好事者有所利而岁时牵率”[5]，道出了迎神赛会活动举办者的真实用意；所谓迎神赛会时“市肆之贸易较盛，乡间之盖藏渐绌”[6]，正是商人企求的结果。显然，商人是迎神赛会的积极策划者和大力支持者。商人迎合了江南迎神赛会的大众习俗，日甚一日的迎神赛会又为商人创造出日益众多的商业机会和可观的商业利润。诚然，迎神赛会由于商人的参与，次数更频，

---

① 甘熙：《白下琐言》卷四。
② 陈宏谋：《培远堂文檄》卷四五《风俗条约》。
③ 《莼乡赘笔》，参见光绪《枫泾小志》卷一〇《拾遗》。
④ 黄印：《锡金识小录》卷一《备参上》。
⑤ 郑光祖：《一斑录》杂述三。
⑥ 光绪《嘉定县志》卷八《风俗》。

形式更多，声势规模更为宏大，内容更加丰富多彩，对于地域社会和民众日常生活影响也更为深远。

商人以儒家的仁义为标榜，企图树立良贾义贾的形象，因此凡是地方庙宇寺观等宗教文化设施，每多外地商人的身影，不少寺观的建造、修葺乃至香火维持，就是由商人出资或赞助的。万历初年，乌青镇上重建的广福教院寿圣塔，捐助厚资的是徽商吴文明、吴文昭、程宪钦、孙懋忠、许仁辅、朱四德、汪湘等人，乡绅李乐为此还向官府呈文请求表彰[①]。上海有名的静安寺，乾隆初由歙人孙思望“出醵钱重修”。经过一百数十年后的光绪初年，又主要由宁波商人集资重修，大名鼎鼎的徽籍丝茶商胡雪岩捐款最多，为银500两，南北众钱业捐银200两[②]。盛泽镇上南京商人信奉的三义殿，“即山右诸商，亦无不树匾拈香，岁时瞻仰也”，康熙四十五年（1706）重修，“合镇士商与金陵诸护法，各捐资乐助”[③]。

江南的地方慈善设施，很多是由外地商人捐款或赞助而建立的。乾隆末年，杭州绅士试图依照苏州彭氏成立恤嫠会，苦于经费，没有成功。过了二年，由盐政出面，按盐一引捐银四厘的比例上交，才如愿以偿。杭州城内其他慈善设施普济堂、清节堂、育婴局、瘗局等也主要是由商人捐助的，所以人称“所有一切经费，大半皆出商捐”。以后直到光绪年间，无论直接间接，自愿还是强行摊派[④]，这些慈善设施的维持也要靠商人的资助。其他地方的情形与杭州相似。

四　交结文化名士

商人之于江南名士，各展其长各有所好。文士是舆论的重要制造

---

① 李乐：《寿圣塔院呈稿》，万历《乌青镇志》卷四《艺文志》。

② 《上海碑刻资料选辑》，第1—3页。

③ 《江苏省明清以来碑刻资料选集》，第441页。

④ 《善举盐捐案》。

者和传播媒介，毁誉之间，较一般民众具有更大的影响力。商人因其地位、风雅之外，也多攀附，有些商人本身雅有儒风，具有一定的文化素养，更易与文士诗文酬唱；文人因商人多金，利之所在，故趋之若鹜。歙县黄明芳，以资雄懋迁，“一时人望如沈石田、王太宰、唐子畏、文征明，祝允明辈皆纳交无间”[①]。歙商许鈇之季父经商江南，“好与某士大夫游”[②]。休宁商人程锁，“乃喜折节交当世贤豪巨儒”[③]。歙县鲍简锡，经商杭州，“结纳四方名流，缟纻往还，几无虚日”[④]。婺源李贤，“乐与贤大夫亲，故随所在，吴士大夫咸愿与之游”[⑤]。歙县方迁曦，“商于吴梁间，所至交纳豪杰，为江湖望，家业益以丕振”[⑥]。名士笔下的诸如此类商人传，动辄称某商“乐与士大夫”游，“乐与士人游”。这是站在文人、士人角度，羞羞答答，硬撑面子。站在商人角度，由商人看来，又何尝不是“士人乐与之游”呢？正嘉时徽商程楷兄弟，长者大度，东贾吴，北贾鲁，“乃吴鲁人皆乐与少君兄弟游”[⑦]。清初经商苏州的休宁人江太一，“遍交四方贤士大夫，凡士大夫至吴者无不造门投谒。公必盛供张，酒肴筐篚，具迎送之礼。公由是得好客声”[⑧]。清前期经商江南的歙人金公著，“贤士大夫习见其内行无失，外应有余，皆乐与之交游”[⑨]。

商人遍交四方大夫、江南名士，动机复杂。附庸风雅者自不待言，一旦得贵人名士只言片语，珍若拱璧，以抬身价。最为普遍的也许旨在培养子弟。嘉万时歙商赵宏就曾对独生子说，“黄金满籯，不如一

① 《明清徽商资料选编》，第 82 页。
② 《震川先生集》卷二三《敕赠翰林院检讨许府君墓表》。
③ 屠隆：《白榆集》卷一九《程处士传》。
④ 《明清徽商资料选编》，第 144 页。
⑤ 《明清徽商资料选编》，第 168 页。
⑥ 《明清徽商资料选编》，第 439 页。
⑦ 唐顺之：《荆川先生文集补遗》卷五《程少君行状》。
⑧ 汪琬：《尧峰文钞》卷一五《江太一墓志铭》。
⑨ 刘大櫆：《刘大櫆集》卷七《金府君墓表》。

经”[1]，经商谋利是为了打下攻读诗文科举应试的经济基础。大夫名士，饱读诗书，门生故吏遍天下，商人就在礼请馆师之外，再让子弟日游其门，成为通向科考成功之路的常见途径。当然商人与大夫名士诗酒往还，也有的是为了获得奥援靠山，无论竞争商务还是涉讼公庭，都能获胜。徽商培养子弟科举入仕最为成功，与人诉讼常操胜券，与其擅长交结当道、结纳广大名士不无关系。

文士因商人多金，利之所在，视商人为衣食父母、居停主人、赞助对象。嘉隆时人归有光说：“今为学者，其好则贾而已矣。”[2] 而稍晚的汪道昆辩证地表述两者关系是：“夫养者非贾不饶，学者非饶不给。”[3] 清代康乾时人刘大櫆甚至更激烈地说“士大夫名在仕籍，而所为皆贾竖事也”[4]。若如其所言，则士大夫一个个只是贾儒。清前期人董含论江南风尚说：“曩昔士大夫以清望为重，乡里富人羞与为伍，有攀附者必峻绝之。今人崇尚财货，见有拥厚资者，反屈体降志，或订忘形之交，或结婚姻之雅。”[5] 其说不无言过其实，但所指出的士人主动交好商人的现象则是极为普遍的。

在商人看来，商人凭才智经营谋利，文士凭文化文字谋生，其途虽异，其旨相同，因此，“良贾何负宏儒”。浸淫于金钱世界，以货利为急的江南名流，改变着对商人的看法，视与商人往来为平常事，从而与商人频繁往来，收取润笔，置酒高会，文思泉涌而钱财日进。

除觥筹交错、览胜赏景之外，撰写寿文志铭，成为另一非常普遍的文士与商人往来的重要内容。万历时公安人袁中道描写其情形道：“自新安多素封之家，而文藻亦附焉。黄金赀而白璧酬，以乞究于世

① 焦竑：《澹园集》卷三〇《赵翁仁卿墓志铭》。
② 《震川先生集》卷一九《詹仰之墓志铭》。
③ 《太函集》卷四二《明故程母汪孺人行状》。
④ 《刘大櫆集》卷五《乡饮大宾金君传》。
⑤ 董含：《三冈识略》卷六《三吴风俗》。

之文人。世之文人，征其懿美不得，顾指染而颖且为屈，相与貌之曰：'某某能为义侠处士之行者也。'"① 这类情形，江南名士最为典型，由其文集可知，钱谦益、归庄等人均有亲身经历，颇为苦恼。但形似苦恼，而仍乐此不疲。江南文史大家或达官名流如归有光、唐顺之、王世贞世懋兄弟、徐阶、茅坤、焦竑、冯梦祯、董其昌、申时行、陈子龙、陈继儒、顾炎武、归庄、钱谦益、汪琬、徐乾学、钱大昕等，或为徽商，或为宁波商，或为福建商人及家属等撰写过充斥褒美之辞的寿文、墓表墓志、家传类文字，这些达官名士为商人及其家属贺寿作传作铭，无论什么关系，不管认识、熟悉与否，也不管其事迹是否彰显，有无价值，几乎来者不拒，依人所言，胡写一气。这样作谀墓文字，名副其实是在卖文，其目的全在润笔而已。金钱驱使着这些声名显赫的高人大家保持着与商贾水乳交融的关系。

周晖在《二续金陵琐事》中记了这样一则逸闻："凤州公同詹东图在瓦官寺中。凤州公偶云：'新安贾人见苏州文人如蝇聚一膻。'东图曰：'苏州文人见新安贾人亦如蝇聚一膻。'凤州公笑而不语。"凤州公即王世贞，詹东图即詹景凤。江南文人蝇聚商人，才名之大、官位之崇、资产之厚如太仓王世贞也难避其嫌，为人诟言。而商人蝇聚文人，则"家业益以丕振"。名士以商人为经济后盾，可以照样风雅，照样赋诗度曲；商人由名士捧场，奸贪说成义廉，俗物成为雅士，生意越做越大，与民众的矛盾也得以缓和。一文一商，相得益彰。王世贞与詹景凤的对话堪为商人与文人关系的写照。可见这商人与文士，原是相互攀结、相互利用、各得其所的关系。

（原载《江海学刊》2002年第1期）

---

① 袁中道：《珂雪斋集》卷一八《新安吴长公墓表》。

清末江浙地区的茶馆

[日]铃木智夫

所谓“茶馆”，为以茶供客的店铺，也被称作“茶肆”“茶室”“茶坊”“茶铺”“茶棚”“茶社”“茶居”等，在中国特别发达。茶馆、茶肆在中国的出现，是饮茶日渐普及的唐宋时代以后之事。这种茶馆，与“酒肆”“酒坊”同样深受中国民众的喜爱。在清末，主要对于中下层的人们来说，茶馆作为休息和社交的场所、集会的场所、交易的场所等得到了广泛的利用①。

关于茶馆的风俗及其所起的作用，仅就其系中国特有之物这一点，很久以来就吸引了研究者们的关心。对于上海、苏州、成都这样的大城市里的茶馆，以前有井上红梅氏②和后藤朝太郎氏③，最近有竹内实氏④，都作了这样那样趣味盎然的介绍。此外，对于江浙地区和四川农村地带的镇、市、场中的茶馆，天野元之助氏⑤、福武直氏⑥和施坚

---

① ［日］竹内实：《茶馆》，大修馆书店1974年版，第4—7页。

② ［日］井上红梅：《支那风俗》（中），日本堂书店1920年版，第248—257页。

③ ［日］后藤朝太郎：《支那风土记》，（东京）章华社1935年版，第74—78页。

④ 李劼人：《暴风雨前》，《李劼人选集》第一卷，四川人民出版社1980年版，第337—340页。

⑤ ［日］天野元之助：《支那农村杂记》，（东京）生活社1942年版，第204—208页。

⑥ ［日］福武直：《中国农村社会的构造》，《福武直著作集》第九卷，东京大学出版社1976年版，第211—212页。

雅氏[①]等，也从农业经济及农村社会学的观点出发，做过极有意思的介绍。这些先行的研究，对于我辈后学来说是颇具指导意义的。本文就是在这些先行研究的引导下，对清末江浙两省的茶馆作若干考察。具体来说，本文的中心课题在于说明清末江浙地区的茶馆是如何经营的，又是通过怎样的社会势力的中介而得以维持的。在研究清末茶馆时以江浙地区作为对象，这是因为考虑到该地的茶馆数量最多，故而茶馆所起的作用也极大。

一

在清末中国，只要是可称为“人烟稠密”之所，就会开设各种大小茶馆。北京、天津、上海、苏州、南京、扬州、杭州、宁波、武昌、汉口、长沙、成都、福州、广州等大都市，都有难以计数的茶馆，直到深夜仍茶客云集，喧嚷热闹。在这些大都市之外，府城、县城一类的地方中心城市，镇、市之类的农村商业场所，也有这样那样的一些茶馆。在大城市中，据说达到“平均起来约一条街道就有茶馆一家”[②]，体现了茶馆的普及程度。

从地区来看，在清末这一时期茶馆开设得特别多的，是当时中国最先进的地区江苏和浙江。在浙江省，大城市杭州、宁波，还有湖州、嘉兴、绍兴等，都有着为数众多的茶馆。杭州西湖畔风景胜地等处，带有精致日用家具和装饰的高级茶馆鳞次栉比[③]；作为通商口岸的宁波，也是“上下三层，装饰尽善尽美”的“宏大美丽”的茶馆林立[④]。时值“蚕熟期”，热闹非凡的湖州和嘉兴等地的各县城，各个大小市

---

① ［美］施坚雅：《中国农村的市场与社会构造》，今井清一等译，法律文化社 1979 年版，第 50—69 页。

② 李劼人前揭书，第 337 页。

③ 郁达夫：《我的梦、我的青春》，冈崎俊夫译《中国现代文学选集》卷 5，平凡社 1962 年版，第 296 页。

④ 东亚同文书院第九期《孤帆双蹄》，东亚同文书院 1912 年版，第 258—259 页。

镇中，也是茶馆连着茶馆。在湖丝主要产地的乌程县南浔镇，据《同治南浔镇志》记载："农人……每入市，则茶寮、酒肆杂坐喧阗"[①]；《民国南浔志》也说："茶棚、酒肆纷纷话，纷纷尽是买与卖。"[②] 由此可知，对于来自周围村庄的农民来说，茶馆是生丝及农产品交易不可或缺的场所。

江苏省茶馆特多的地方，是上海（当时隶属江苏——编者）、苏州、扬州等地。在上海，从19世纪60年代初起，已经出现了能够容纳千余名茶客的大型茶馆[③]，到上海一跃而为中国最大的通商口岸兼中国最大的工商业都市的19世纪末，其繁华街道的四马路、五马路等处，高达三四层宏伟华丽的茶馆"青莲阁""一壶阁"并肩而立[④]。

到19世纪中叶为止，以工商业而闻名的苏州，作为淮盐的大集散地的扬州，茶馆的数量也很多。扬州直到清末，仍是名士麇集、赋诗垂钓、嗜茶赏花，因拥有众多高级茶馆而为时人所称道（扬州北门外丰乐街的茶馆就很出名[⑤]）。如同"吴中通衢僻壤，茗肆分开"[⑥] 所说的那样，苏州显然是江苏省的茶馆众多之处。此外，南京和新兴蚕业

① 《同治南浔镇志》卷二三《风俗》。

② 《民国南浔志》卷三一《风俗》。

③ 蒋寅生：《寅生目录》，《太平天国史料专辑》，第433页。

④ ［日］中村作治郎：《支那漫游谈》，切思会1899年版，第68—70页。由于本书对清末上海茶馆的风俗作了详细记载，为作参考，引录如下："上海的繁华街道，是一马路、二马路、三马路、四马路、五马路，其中又以四马路为最繁华。去四马路，就会见到茶馆。这些茶馆，约有二十家，大抵都是三层、四层的楼房。每日上午十时左右到晚上十二时左右，连三楼、四楼都坐满了茶客。大约一家茶馆有七八百茶客。茶客更多的时候会到千人以上，都坐在椅子上交谈。进入茶馆，首先就会拿来茶壶和茶碗。每日朋友同道谈话交游。如想吃点心的话，其处各种茶点应有尽有，可买来吃，若不想吃的话，不买亦可。此外，茶馆中又有吃烟室，此为吸食鸦片烟的场所。在这里抽烟一小时需付一定的钱，抽烟二小时付的钱亦相应增加。无论何时，入室抽烟之人或为30人，或为50人，总是一边吸烟，一边交谈。每个茶馆这样的场所约有几处。日暮之后，是茶馆营业最盛之时，馆中客满，各自一边饮茶一边喧闹交谈。其中亦有女子盛妆打扮来此，这是为的吸引茶客。茶馆中附设卧处，其中亦有椅子供坐，一边品茶，一边听艺妓弹奏琵琶，哼唱小曲，弹奏木琴，演奏音乐。这可由五人或七人轮流来作。这种艺妓如果色艺不精，花上一元钱，就可使其立刻来到茶客旁边递烟送水，想干什么就干什么。由于这样，支那人都愿前往茶馆饮茶，说无聊的话，以相互消遣。通常往来四马路者，多乘坐马车、人力车，艺者则或乘轿前往……"

⑤ 《申报》光绪二年五月一日《茶客还金》；《申报》光绪二年六月一日《开肆逃债》。

⑥ 丁日昌：《抚吴公牍》卷六八《禁妇女上茶馆》。

地带的无锡、新兴棉业城市的南通一带，也有很多茶馆[①]，连被作为清末茶馆丛生地代表的浙江省，与江苏省比较起来，也不过只落得个“尚属不多”[②]的评价。清末的江苏省，“无论贵贱贫富，类以论茗清谈为事，或有晨夕两次者，或有每日一次者，甚有甫游此间，倦而欲返，出门又遇他友，重入茶园者”[③]，出入茶馆几乎已经日常生活化了。

二

清末江苏、浙江地区的茶馆，被都市、城镇的居民犹如俱乐部似的利用着。商人及其伙计、掮客、手工业者等，每日几次出入茶馆。他们既可利用茶馆进行主顾之间重要的商谈，在因私事而不得不与熟人、朋友、亲戚相会之时，也可带来茶馆进行磋商，这已成为风气[④]。

同行业间协商本行业的重要事项之时，或举办“摇会”之时，也常利用熟悉的茶馆[⑤]。在上海这样的大都市里，各行业的商人们都在每天的一定时间会于一堂，谈笑之中达成交易。在上海的煤炭商人，棉花、棉籽商人等聚于青莲阁，杂粮商人等聚于杏花楼，颜料染料商人聚于长乐茶馆，洋杂货商人和面粉商人则聚于怡珍茶馆，诸如这般，每天各行业都于一定时间在特定的茶馆聚集[⑥]。

各行业将一定的茶馆用作集会场所，这在工匠、船夫、车夫等都市的“下等社会”成员中也同样如此。上海的船夫们把北河南路的日升茶楼，小车夫们把嘉兴路上的某个茶馆，用来作为这样那样的集会

① 《刘坤一遗集》第四册，书牍卷之九《复孙莲舫》；转引自名古屋商工会议所（高柳丰三郎）《清国新开场视察报告》，第77页。

② 《申报》光绪六年七月六日《书劝捐米以济直省工赈启后》。

③ 《申报》光绪六年七月六日《书劝捐米以济直省工赈启后》。

④ 井上红梅前揭书。

⑤ 《申报》光绪元年十二月十一日《摇小会》；《申报》光绪九年十二月廿九日《吴会琐言》。

⑥ 井上红梅前揭书。

场所[①]。苏州丝织机房的“匠人”们以临顿路的新园茶馆作为“早晚聚会之所”，每逢罢工，终日聚集此处，气势颇盛[②]。南京也是同样，临时雇佣的“织锦工”们，每天清晨聚集于丹凤街的三元茶馆或北门桥的顺兴茶馆，在这些茶馆处接受当日工作，这已经成为习惯[③]。

这样，连下层社会的民众也能对茶馆作日常利用，而且饮茶一次仅需费钱三四文或五六文。相对于茶馆来说，亦为民众所喜爱的酒肆，则需花费两倍于茶馆的钱财[④]。

饮茶的便宜，茶馆的随处可见，使茶馆的营业形态表现出甚为鲜明的特色。以《申报》所载天津的情况为例：

> 茶馆内卖茶，每杯六文。若是客人想多加一包茶叶的话，其价格亦仅增加一倍。所以虽然座上客常满，但仍生意式微，鲜有入能敷出者。以是城厢内外大小茶馆，每当春秋佳日，多有或杂剧或评书，或唱时新小曲，或说大鼓书词者。每座加价数文，或数十文不等。[⑤]

如上所记，可见茶馆的经营常有与杂剧团、说唱者等形形色色的艺人相结合的倾向。无论哪家茶馆，为了确保从一定数量的顾客及从茶客处获得特别高的消费，不得不讲求各种各样的经营方法，而上演杂剧、招引说唱艺人等，就是集客的最为有效的办法。

茶馆与艺人的结合，在茶馆特多的江浙地区表现尤为显著。在苏州，乾隆年间开始，评书、弹词已广为人们所喜爱[⑥]，当时提供给评

---

① 井上红梅前揭书。

② 《申报》光绪三年九月十八日《吴中琐事》。

③ 南京博物院民族组：《清末南京丝织业的初步调查》，《近代史资料》1958 年第 2 期。

④ 郁达夫前揭书，第 281—282 页。

⑤ 《申报》光绪五年二月二十九日《茶馆热闹》。

⑥ 王晓传：《元明清三代禁毁小说戏曲史料》，第 329—330 页，《吴县为光裕社维持公所慈喜暨学校经费以及整顿营业旧规准予备案碑》。关于苏州的弹词、评书，亦请参照未延保雄《从评弹看苏州方言》（一），《神户外国语大学论丛》23－3；波多野太郎《道情弹词木鱼书》（下），《横浜市立大学论丛》22－2. 3。

书、弹词艺人以最好的活动场所就是茶馆。苏州的评书、弹词艺人究竟从何时开始出入茶馆，目前尚不清楚，但至少在道光年间，苏州茶馆已在馆内附设曲艺场，馆内中央设置高台，招引评书、弹词艺人，由此吸引更多的茶客光顾[①]。苏州及其近郊，道光、咸丰年间以后，被称为“滩簧”的杂剧日渐流行，于是“近来，茶坊中又有弹唱一流。男女对白，所唱者多闺房丑事，竟与滩簧戏无异”[②]。由此可见，茶馆中既可见到酷似滩簧的某种弹词的演唱，又可见到滩簧戏的上演。茶馆招引评弹艺人以吸引顾客的情况，其后在上海等大都市中不用说，连苏州府、常州府下属各县的市镇等处也畅行无忌。从清末到民国初年，评弹、杂戏、杂艺的上演，成为江浙地区茶馆经营中不可或缺的一部分[③]。

三

茶馆诱引顾客的手段，还包括利用争执和辩论。在中国，当争执产生之时，本有当事者将自己的种种主张向大众诉说的习惯。清末的江浙地区，茶馆作为人们的聚集之地，对于调解争执，辩论来说可谓最适当的场所。发生争执时，由旁观者中出现仲裁者，无须进茶馆就把问题解决的情况固然也有，但较为常见的则是当事者们约定“饮茶之后，言归于好”，把解决问题的场所移到茶馆（时间由双方协议而定），在那里进行更为精彩纷呈的争论以解决问题。这种将争执、辩论带进茶馆，在众多茶客的注视下，当事者双方进行更为激烈争论的

① 例如江苏巡抚裕谦的布告（道光二十年二月）中所示“各处茶馆弹唱文词，亦毋许男女杂坐，闹至深更”。裕谦：《勉益斋续存稿》卷十六“训俗条约”，道光二十年二月，江苏。

② 余治：《得一录》卷十一，翼化堂《禁止花鼓串客戏议》。

③ 《申报》光绪三年一月十五日《争坐构衅》；《申报》光绪八年九月十六日《茶馆被毁》；《申报》光绪八年十二月二十日《论地方之害》；《申报》光绪九年四月十一日《淫戏宜禁》，转引自中村作治郎前揭书。

做法，被称为“讲茶”或“吃讲茶”①。

进行“讲茶”的茶馆，因有众多看热闹的人蜂拥而至，对于茶馆的经营者来说，“讲茶”在确保收入上具有重要的意义。吃“讲茶”之际，当事者，还有各种前来施援手之人，闻风来看热闹之人，正巧路过之人，等等，一齐涌入，挤满茶馆，因此对于茶馆来说，“讲茶”是一次得以获取大量收入而不可错过的机会②。

光绪八年（1882）十一月，在温州江西帮针店同行的“讲茶”，双方各纠合了数十人的援手，争论了两天，仅此一项，茶馆收入的茶费就达四千余文③。

在茶馆进行的争执和辩论，既有如上举温州之例那样，双方各纠集数十人的助阵者，进行激烈对决的情况，也有仅仅一方有援手，其对方则近于孤立无援，在这种情况下，依然会发生殊死的应战④。此外，一般来说，“讲茶”时，与当事者双方紧挨，相互瞪视相比，更多的是面向茶客，诉说对手如何不是，申述己方如何有理，直说得口沫横飞，耸动众听。“讲茶”的结束方法，也不一而足。如“众咸以甲为理直，乙亦自悔，愿赔礼释怨”⑤所示，既有当事者的一方不得违逆“旁听”茶客的意向而作罢的场合，也有混杂在茶客中的有权势者及其当事人的朋友、熟人等，作为仲裁者出现，经他们说服之后才得以解决的情况⑥。

在茶馆进行的“讲茶”中，并非单纯的争执和辩论，从内容来说，“讲茶”的当事者为原告和被告，茶客为旁听者，具有法律审判

---

① 井上红梅，后藤朝太郎，竹内实前揭各书。此外，沙汀的短篇小说《在茶馆》，尽管是以国民政府统治下的四川作为舞台的作品，但以写实的笔调描绘了“讲茶”的状况，可作参考。

② 井上红梅，后藤朝太郎，竹内实前揭各书。此外，沙汀的短篇小说《在茶馆》，尽管是以国民政府统治下的四川作为舞台的作品，但以写实的笔调描绘了“讲茶”的状况，可作参考。

③ 《申报》光绪八年十一月十日《温郡近闻》。

④ 《申报》光绪八年三月廿五日《苏台杂事》所记“讲茶”，为其一例。

⑤ 《申报》光绪八年三月廿五日《苏台杂事》所记“讲茶”，为其一例。

⑥ 后藤朝太郎前揭书等。

的性质。在中国，本来就有盗窃事件等无须经过官宪之手，而由村庄、街道的有权势者为中心的“民众审判”的“法庭”进行处理的强烈倾向[①]。在茶馆普及的清末江浙地区，茶馆作为这种审判的“法庭”，得到了广泛的运用[②]。例如光绪八年（1882）的上海，船篙被盗的渡船船夫，以自己的力量捕捉住犯人，并未将之诉于官宪，而是在求得同业支持之后，将犯人带到茶馆，经过“讲茶”了结此事。在这种时候，茶馆显然成了“民众审判”的“法庭”。这种“讲茶”，被害者为原告，犯人被置于被告席，旁听的茶客，则以“公众调解”的形式进行促使原告与被告之间和解的调停工作。其内容简单说来包括：（1）被告将盗窃的竹篙返还给原告；（2）被告负担全部参加这一“讲茶”者的茶水钱。由此，茶馆也就可以确保得到许多茶水费，从而实现营业上的目的[③]。

这样，在清末江浙地区，每一家茶馆，出于招徕茶客的目的，都欢迎作为调解争执和辩论的场所，从而被利用为“民众审判”的“法庭”。其结果，众多的茶馆就成为无须麻烦的手续、而能期待比较公平处理纷争的场所为民众所利用（尽管这是在有权有势者、或曰乡绅阶层所容许的范围之内的事情），从而也就聚集了越来越多的茶客，越发变得热闹起来。“讲茶”之风，据说“原为苏杭之陋习”[④]，由此想来，当初不过只是在苏州、杭州一带流行，到清末，上海、常州、南通、温州等处也都变得盛行起来。凡有茶馆之所，就有“讲茶”之事。官宪尽管经常加以禁止，但民间无视禁令，呈现出“随禁随犯，肆无忌惮”[⑤] 的状况。“讲茶”作为简单的仲裁、裁判的好处受到民众的喜爱，官宪屡次三番的禁令也就落得个无人闻问的结果。

---

① ［日］今堀诚二：《中国的社会构造——旧制度中的“共同体”》，（东京）有斐阁 1953 年版，第 115 页。

② 天野元之助前揭书，第 206 页，介绍了无锡荣巷镇的事例。

③ 《申报》光绪八年四月廿九日《窃篙送还》。

④ 《申报》光绪八年四月廿五日《讲茶滋事》。

⑤ 《申报》光绪八年四月廿五日《讲茶滋事》。

四

为了确保收入，茶馆会时时卷入种种非法的营利活动之中。比如暗中推销“淫书”“淫画”[①]，附设烟窟吸食鸦片[②]，并且连官宪所严厉禁止的妇女入馆之事也加以默认[③]。

也有些茶馆在馆内开设赌场，引诱茶客入内赌博，从中抽取“头钱”。

茶馆提供赌博用具，将之贷与茶客，抽取“头钱”的情况，在江苏省苏州府属下各县最为盛行。苏州府下的元和、吴、长洲三县，如同道光十五年（1835）巡抚的布告所说：“有茶馆酒肆，设置台桌，无论掷骰、抹牌，诱人入局，藉以抽头图利。”[④] 鸦片战争以前，在“城厢市镇”中，已是“茶馆抽头”普遍盛行了，其后，从事赌博的茶馆，在苏州府下各县与鸦片窟一起不断增多，到同治末年，更发展到由“市镇沿及各乡村”[⑤]，“每逢一村，必有烟灯、茶馆聚赌”[⑥]。

茶馆兼设赌场的情况，浙江省也很多见。在宁波，“近来，不特仅在郡庙内逐日摆摊，即各茶馆亦无不如是”[⑦]。在湖丝的主产地南浔镇，“茶坊彻夜局人丛聚，争赌竞博”[⑧]，可见清末茶馆内赌博之盛。

---

① 《民立报》庚戌十一月廿一日《茶馆里面之春宫》；《民立报》辛亥一月三日《茶馆内漏泄春光》。

② 中村作治郎前揭书。

③ 严禁妇女出入茶馆的布告，在苏州由巡抚裕谦于道光十九年十二月提出（《勉益斋续存稿》卷十六《江苏禁陋习各条示》）。其后，同治七年五月，巡抚丁日昌（《抚吴公牍》卷六八《禁妇女上茶馆》），光绪三年布政使谭钧培（《申报》光绪三年五月廿三日《苏垣近事》），光绪十七年布政使登华熙（《江苏省例四编》藩例《示禁妇女入馆吃茶》），等等，都揭出了相同趣旨的布告。至于茶馆默认妇女入馆之事，参见《申报》光绪五年二月廿五日《茶坊违禁》。

④ 裕谦：《勉益斋续存稿》卷七江苏《禁开场聚赌示》。

⑤ 《申报》同治十二年九月廿八日《记乡村茶馆聚赌烟灯小押事》。

⑥ 《申报》同治十二年九月廿八日《记乡村茶馆聚赌烟灯小押事》。

⑦ 《申报》光绪七年七月廿一日《认真拿贴》。

⑧ 《同治南浔镇志》卷二三《风俗》。

茶馆为确保收入而展开的赌博等业务，几乎都是为清朝官宪所禁止的。因此，茶馆的经营，自然带有与非法社会相结合的倾向。茶馆购入鸦片、赌博用具、淫书、淫画、招徕演唱“淫戏”的剧团等，这些都必须秘密地借助于“无赖”“流氓”“游民”之手。此外，由于茶馆所兼营的种种不合法业务时常遭受官宪的弹压，为在事前察知而加以逃避，与“无赖”“流氓”的结合也就成为必然。其结果，造成了清末“无赖”“流氓”“游民”“游棍”“游闲无业之人”频繁出入茶馆，“流氓、游手好闲之徒，多以茶馆为藏身之地”[①] 的状况。

茶馆之中，为确保至关重要的茶水费收入，也不得不依靠“无赖”“流氓”。光绪三十年（1904）发布的江苏署按察使司朱之榛的告示，这样说道：

> 又，有一等茶馆专藉流氓为生财之计。凡欲敲诈，必将其人圈至茶馆，名为“吃讲茶”，实则勾串嚇逼，恣意勒索，必致满其欲壑而后已。开茶馆者，又故昂其值，浮其数，甚有吃一讲茶，至数十余金者。盖揣其人之肥瘠为增减。然后，各流氓按成瓜分。虽曰茶馆，实为陷阱，败坏风俗，莫此为甚。此风不独常郡一处为然。……查此等棍徒，横行乡里，见人懦弱可欺，即遇事作风，圈入茶馆，以“吃讲茶”为名，鱼肉乡愚，勾串折捎嚇诈。甚有一等无赖生监，日坐茶肆，朋比为奸，随声附和，最为扰累良民之举。至到处皆有，而常郡通海一带尤甚。……[②]

这一告示，揭示了茶馆经营中与“流氓”“棍徒”完全结托，此辈故意寻找借口，以“到某茶馆去有话说”为由，强迫性地把良民拉入茶馆，以“讲茶”的形式恶意恐吓，进行敲诈的情况。在这样的场

① 《江苏省例四编》臬例，光绪三十年《严禁坐吃讲茶嚇诈良懦》。
② 《江苏省例四编》臬例，光绪三十年《严禁坐吃讲茶嚇诈良懦》。

合，对于“流氓”“棍徒”“游手好闲”者来说，在茶馆内实行的“讲茶”习惯，只不过是借助威势恐吓良民的手段；而对于结托“流氓”“棍徒”等的茶馆老板来说，“讲茶”则只不过是招徕茶客，特意获取非法茶水费的机会罢了。

同时，值得注意的还有，这一告示还指出了“无赖生监”每日聚于茶馆，“朋比为奸，随声附和”的情况。可以说，出入茶馆的生员、监生，本来是被期待作为“讲茶”之际的“公平仲裁者”而行事的地方上有权势者和领导阶层，但这一告示表现了他们当中亦有与“流氓”“棍徒”交相结托，把不利的仲裁强加于“良民”头上的情况。尽管尚未像“流氓”“棍徒”“游手好闲”“无赖生监”等那样以直接的暴力或凭借威势来维持经营，但以官宪再三再四发布禁令的赌博、“淫戏”、“讲茶”等手法来作为诱引茶客的有力措施的茶馆是极多的，因此，茶馆的经营，也就不可避免地与“无赖”“流氓”“棍徒”“游手好闲”“无赖生监”等以某种形式结合在一起，这样，由于清末茶馆的经营，具有某种显而易见的无赖性与投机性，由于茶馆的经营者出身于“无赖”的甚多①，甚至可以说，茶馆的经营，是以“无赖”“流氓”“游民”“棍徒”等的存在为前提，并且是通过这些社会阶层的存在才得以维持的。

五　结语

在民众暴动、革命党人的武装斗争接连不断，世情动荡不安的辛亥革命前夜，茶馆发挥了“如置邮送电”② 一般迅速传播与革命相关的种种消息的重要作用。这一时期出入茶馆的人们的话题，往往集中

① ［日］熊谷康：《支那乡镇杂话》，大连日日新闻社 1943 年版，第 30 页。

② ［日］中野孤山：『支那大陆横断游蜀杂俎』、郭举昆译、（東京）三协印刷株式会社、1913 年版、171 頁。

在与革命有关的问题上。清朝官宪对此甚为警戒，命令无论哪家茶馆都要在馆内贴出写着“勿谈国事”的招贴，强制茶客保持沉默，但是那些每天聚集在茶馆的人们，有时低声议论，有时则公然大谈“国事”①。

茶馆中亦有成为哥老会、青帮、红帮等秘密结社和同盟会的地下指挥部的。在光复上海时甚为活跃的张承槱，在与红帮势力共同组成革命军敢死队的过程中，就曾借法租界内的万安茶楼作为联络集会的场所②。在光复上海中大显身手的陈其美，辛亥革命前加入上海青帮，在上海的茶馆中拥有众多“党羽”③。哥老会员以“混堂子”的隐语称呼茶馆④，以之与“烟馆”、“赌场”、“小押”（小型当铺）一起作为其重要据点，茶馆老板身为哥老会员的例子随处可见⑤。

秘密会社与茶馆的这种结合，是茶馆经营由“无赖”“流氓”“游手好闲”等的存在而得以维持的情况所必然产生的。哥老会、青红帮等，时常“捏造谣言”以攻击地方当局，此时，秘密会社势力借以散布“谣言”，使之“口耳传播”的场所，就是茶馆⑥。

本文意在说明清末江浙地区林立的茶馆，是通过何种势力而存在，又是以何种形式来经营的。限于史料，分析尚不充分。茶馆研究中尚有一些未能解决的重要问题。如茶馆作为江浙地区民众生活中不可缺

---

① 在郁达夫前揭书（304 页）中可以看到，每日聚于茶馆之人，“头凑在一起低声议论，热心地谈论国事”的情况。在李劼人《暴风雨前》（《李劼人选集》第 1 卷，第 559 页）中可以看到在茶馆内公然谈论革命的情况。老舍创作的戏剧《茶馆》（《老舍剧作选》，人民文学出版社 1979 年版）第一幕幕启时，有茶馆内张贴“莫谈国事”招贴的场景。

② 冯自由：《革命逸史》第五辑，《辛亥革命上海光复实录》。

③ 中国社会科学院近代史研究所李新、孙思白主编《民国人物传》第一卷，第 106 页。四川省的情况，可参照西川正夫《辛亥革命与民众运动——四川保路运动与哥老会），《讲座中国近现代史》卷 3，东京大学出版会 1978 年版。

④ ［日］平山周：《支那革命党及秘密结社》、（東京）長陵書林、1980 年影印本、63 頁。

⑤ 陈锦：《勤余文牍》卷一，《与琴岩论善后余事书》，引自李文治《中国近代农业史资料》第一辑，第 944 页。关于四川的事例，陶奈恰可夫所著《邓惜华》一书（一条重美译，生活社 1942 年版）实乃有力的证据。

⑥ 《民立报》民国二年八月一日《茶楼酒馆之倒运》。

少的需要而出现和普及的时期，始于何时？茶馆老板多为何种阶层出身？等等，今后，本人打算深入研究这些方面，再一次对茶馆的问题加以论述。

（原载《江海学刊》2002 年第 1 期）

同光之际江南士绅与江南社会秩序的重建

徐茂明

太平天国战争之后，江南一方面承载了战争对旧的社会秩序的摧残，同时上海租界的发展又孕生着近代化的胚芽。19世纪60—70年代的同光之际，有“再造”江南之功的士绅阶层，积极配合地方政府，在政治防范、社会保障、思想灌输、道德整饬等方面积极采取措施，努力恢复先前的社会秩序。在久乱思静的特殊时期，这些措施虽然收到了一定的稳定效果，但随着社会近代化进程的加快，这种以复古为旨趣的秩序重建显然不能与历史的步伐合拍，光绪后期的“维新”与“新政”充分证明，新旧秩序的递嬗更迭已经成为历史的必然。以往学术界对这段历史较为关注的是洋务、保守之争，西学、中学之争，而从社会秩序变迁的角度进行分析的尚不多见。本文主要根据当时的报刊、官牍、方志等资料，力图重构这一时期江南社会秩序的实态，以期较为准确地把握江南早期近代化进程中江南士绅的社会角色。

一　道咸以来江南社会秩序的崩坏

江南地区素以社会安定、生活富庶、文化昌盛而为世人所艳羡。

但自1842年英军攻入上海之后，江南便进入了多事之秋。19世纪40—60年代，江南几乎每十年遭遇一次战争，而且规模一次比一次大，时间一次比一次长，破坏一次比一次严重。生活在这一时期的上海绅士毛祥麟亲历并记录了三次战乱的影响。第一次战乱是1842年的鸦片战争，这是上海同时也是江南“被兵之始，亦是人民转徙之始”①。第二次战乱是1853—1855年的小刀会起义，此次战乱由于清军的疯狂报复，上海“城内民房，存者仅半；城外则举目荒凉，尽成瓦砾”②。第三次战乱是1860—1864年的太平天国后期战争，四年鏖战对江南地区的社会经济造成了毁灭性的灾难，1860年太平军东征苏常，在传世文献中，一般称为“庚申之难”，这一年也成为近代苏州和江南许多市镇由盛转衰的分水岭。同治四年（1865）十月，毛祥麟送子侄赴金陵参加江南乡试，沿途所见，惨不忍睹：“自沪至昆，炊烟缕缕，时起颓垣破屋中，而自昆至苏境，转荒落，金阊门外，瓦砾盈途，城内亦鲜完善。虎丘则一塔仅存，余皆土阜。由是而无锡，而常州，而丹阳，蔓草荒烟，所在一律。”③ 事实上，这场战争留给江南的不仅仅是断壁残垣和荒烟蔓草，战后政府始终没有处理好的散兵游勇问题一直成为江南社会不安定的因素，官方和民间社会基层组织的瓦解则让整个社会陷于混乱无序之中。

与战乱相比，上海租界生活方式和价值观念的变革，对传统社会伦理道德秩序的破坏则显得平静而又势不可挡。上海自租界开辟以后，便迅速繁荣起来，至19世纪60年代，上海已完全取代江南原来的商业中心苏州，成为当时全国最大的“销金窝”。上海的商业繁荣是在特殊年代的畸形繁荣，它不是近代工业自然发展的结果，而主要以奢靡性商业消费为支撑。也正因为如此，生活在租界的居民面临着伦理

① 毛祥麟：《墨余录》，上海古籍出版社1985年版，第218页。
② 毛祥麟：《墨余录》，上海古籍出版社1985年版，第226页。
③ 毛祥麟：《墨余录》，上海古籍出版社1985年版，第18页。

道德、价值取向的新选择，传统的“重义轻利”的观念渐被“重利轻义”乃至“见利忘义”取代，专以诈骗为目的的“拆稍党”层出不穷，手段也不断翻新，社会人际关系日趋紧张；各类妓院和台基（即情人旅馆）大量涌现，严重冲击了儒学传统对妇女的“四德”要求，上海多悍妇的现象屡见报端；商人地位的迅速攀升也从根本上瓦解了传统的“四民”秩序，良贱相混，士风日衰，已经威胁到士绅的社会权威。时人撰文言：“夫今之士，古之贾也”；“夫今之贾，古之士也”。[①] 不仅如此，本应超脱于尘世的佛门道观也不能免俗，和尚道士贪淫好色巧取豪夺的现象已不鲜见。有人愤慨地说：“今秀才何尝讲仁义，和尚何尝说虚无，道家何尝爱清净，惟‘利’之一字是图!”[②] 一些酒肆干脆在门前挂出“僧道无缘”的告示，明确将和尚道士拒之门外。租界由于与江南各地之间存在着密切的商业贸易往来，因而租界的伦理道德和价值取向对江南其他地区起到了示范引导的作用，道德秩序的危机随之蔓延到整个江南。

除了人祸外，天灾也是诱发近代中国社会动荡的重要原因。据日本学者佐藤武敏不完全统计，1840—1911 年中国共发生灾害 1354 次，平均每年 18.8 次。[③] 近代灾害不仅频繁，而且规模大，后果严重。据邓云特估计，1846 年死于灾荒的人口约 28 万，1849 年高达 1500 万，1857 年 500 万，1876—1878 年 1000 万，1888 年 350 万。[④] 大灾之后，除了人口大量死亡外，就是大量逃荒的难民成为流民。有学者对近代淮北流民做过专门考察，发现其流向以江南为主。[⑤] 这些流民四处流浪，或佣工谋生，或行乞糊口，或流为匪盗，严重威胁着江南社会的稳定。光绪五年夏秋之际，《申报》曾对江南流民结队抢掠之事做过

---

① 文玉山人：《说贾》，《申报》1877 年 1 月 8 日。

② 松江慎独子：《三教同源》，《申报》同治癸酉（1873 年）正月十四日。

③ 转引自池子华《中国流民史（近代卷）》，安徽人民出版社 2001 年版，第 79 页。

④ 邓云特：《中国救荒史》，上海书店出版社 1984 年影印版，第 142 页。

⑤ 池子华：《中国流民史（近代卷）》，安徽人民出版社 2001 年版，第 260—262 页。

连续报道和评论。据载，这批流民有三四百人，先后在周浦、川沙、奉贤等地肆行骚扰，“每至一处，辄向冷僻村落人家或市镇铺户勒派钱文”，地方官员畏其人多势众，都是出钱打发他们离境，其余一概不问。[①] 地方官员明哲保身不负责任的办法，客观上也助长了流民的不法行为，加剧了社会秩序的动荡不安。从历代农民起义看，尽管原因不尽相同，但天灾总是与人祸相伴，流民的始终存在为社会的剧烈震荡埋下了深深的隐患。

二　江南社会秩序重建的主要内容

社会秩序是一个内涵非常广泛的概念，具体而言，战后江南士绅在秩序重建方面的努力主要表现在政治防范、社会保障、思想灌输、道德整饬等方面。

战后江南最严重的社会问题是散勇、盗匪、会党、流民、邪教、谣言等，这些问题往往又纠缠在一起，对社会稳定造成极大的危害。从战后江南士绅阶层的言论和实际措施看，政治秩序重建的最主要措施是恢复保甲的防御体系。19 世纪 60 年代，江苏巡抚丁日昌屡次督饬地方官员重新编审保甲，并要各州县结合实际情况制定具体的措施。他在《批苏藩司会详核议禁绝枪船收缴器械一案章程由》中规定：江南各地“应逐村编办保甲，责成印官督率绅董，于各乡都图，按户编造册，……仍填明人丁户口，每十家为一甲，派一甲长，取具互结，一家为匪，九家连坐。再将渔船并无陆居家口者，另编牌册，每船编写粉牌，填给户口船单，以十船为一甲，办法悉照陆路”。[②] 至 70 年代，江南各地又设立保甲局，以加强对保甲组织的督管。根据杭州的

① 《游民为患说》，《申报》1879 年 9 月 17 日。

② 丁日昌：《抚吴公牍》卷二七，第 842 页，《中华文史丛书》第六辑，（台湾）华文书局 1968 年版。

《保甲章程》："总办一员，为知府班；总巡三员，为同通州县班；分巡十八员，为佐贰各班。至冬防时，则每段添委分巡一员，又须每栅雇佣栅夫，各段添雇更夫，兼以修理栅栏更蓬。"[①] 苏州的情形也大致相似，"每逢冬季，城厢内外，添设巡防，编查户口，所以防宵小而靖闾阎"。[②]

除保甲外，团练也是士绅所积极提倡的地方保安措施，认为："保甲法行，可以止未来之盗贼，而盗贼之源以清；团练法行，可以杜将至之盗贼，而盗贼之流以塞"[③]，二者相辅相成，缺一不可。团练作为清政府镇压太平天国的重要帮手，曾经得到朝廷的大力支持。战后，团练虽然大多解散，但遇有紧急危机，地方团练仍会发挥其防范功能。光绪二年（1876），江南爆发了剪辫谣言大案，一时人心惶惶，社会大乱，江阴等地就自发地组建团练，严查过往客民。

然而，无论是保甲还是团练，都无法从根本上解决散勇、流民、盗匪所造成的社会危机。在秩序重建了十几年后，社会上的盗匪甚至比太平天国之前还要多，"几至无地不有，无时不有"。究其原因，是因为社会经济凋敝，人民生活境遇恶化，"大半皆系贫穷无业经营乏术者"，而"坐拥厚赀者大半皆显赫仕宦之人"，由于地位悬殊，这些人不愿或不能对下层民众实施救助，最后贫民只好铤而走险，沦为匪盗。[④] 另外，地方官员的贪婪聚敛和疲软无能，也是导致官民对立、盗匪猖獗的重要原因。[⑤] 当时，江南各地经常发生流民成群结队抢劫的事件，地方官员大多是破财消灾，送钱打发流民出境，这种息事宁人的办法实际上进一步助长了流民为盗的胆量。从同光之际的社会状况看，政治防范的根本出路，还在于经济的发展和社会保障措施的完

① 《杭垣保甲述闻》，《申报》1878 年 1 月 5 日。
② 《编查保甲》，《申报》1879 年 11 月 24 日。
③ 《论团练实为靖盗之法》，《申报》1877 年 3 月 26 日。
④ 《论盗》，《申报》1876 年 11 月 22 日。
⑤ 《论息盗》，《申报》1876 年 11 月 23 日。

善，也正因为如此，地方政府越来越倚重士绅阶层。

江南士绅作为传统社会的卫道者，同光之际还很难在经济发展上有什么积极措施，但在社会保障方面，他们则表现出空前的热情，战后各种血缘性的宗族义庄与地缘性的善堂善会组织的重建，充分说明了这一点。

义庄是宗族保障的物质基础，最初为范仲淹所创并为天下所法，苏州人也以此引为自豪，但苏州人淡漠的宗族观念严重制约了宗族义庄的发展。据范金民教授统计，苏州历经宋、元、明三朝，义庄义田仍是寥寥无几，迨至道光末年，苏州义庄虽设立较多，但仍有限，直至同光年间，苏州各地才普遍设立义庄，并成为江南义庄最集中的地区。清代苏州新设义庄185个，其中半数以上设在太平天国失败之后；再从清代义庄、义田捐置者的身份看，上自达官显宦，下至庶民百姓，各个阶层皆有，其中官员和生监占42.25%，居绝对多数。[①] 江南义庄在明代至清代前期一直处于缓慢发展之中，是因为里甲、保甲、乡约、社学、义仓、社仓等组织还基本上能够维持基层社会的管理和保障功能。然而时至道光，江南便天灾不断，咸丰以后，又遭战争摧残，庚申之役，江南士绅尤受重创，而战争之后，原有的基层组织网络，诸如保甲、乡约、社仓、义仓等大多废而不举，地方官员虽也敦促甚严，无如下官奉行不力，因而转向士绅求助。[②] 于是，宗族的义庄（血缘性）和乡里的善堂善会（地缘性）的各类组织迎来了发展的契机，江南义庄和善堂以及公所（业缘性）在同光年间空前发展，其根本原因还在于时代的需求，官方之倡导。在官方倡导下兴盛的宗族义庄无不体现着官方统治的意志，几乎所有义庄的第一条规都明确规定了“上完国课”的神圣责任。

江南名绅冯桂芬竭力鼓吹恢复宗法，他说：“宗法者，佐国家养

① 范金民：《清代苏州宗族义庄的发展》，《中国史研究》1995年第1期。

② 参见拙稿《明清时期江南社会基层组织演变述论》，《社会科学》2003年第4期。

民教民之原本也。”[①] 从江南宗族义庄的规条看，其宗旨不出“养”与“教”。所谓“养”，即对本宗族一定血缘关系内的族人实施救济，内容主要有资助丧葬、婚嫁、孤寡、医药、入学、考试等；所谓“教”，既是教导族众遵纪守法，同时也是以儒家伦理秩序训导族众。如《常熟邹氏隆志堂义庄规条》对救济对象做出限制：“不孝不悌、赌博、健讼、酗酒、无赖，并僧道、屠户、壮年游惰、荡费祖基，及为不可言事、自取困究者，概不准给。后或改革，族人公保，一体支给。”[②] 其余义庄均有类似规定，有的处罚更严，如《毗陵长沟朱氏祠规》规定了详细的体罚条例：“至为强盗者，赃事真确，合族公同打死。”[③] 由此可见，国家的统治正是借由伦理的教化才渗入社会基层，而儒学伦理教化因与封建政治本质的一致性而获得了统率族众的权力。在宗族组织中，教化与统治融为一体，文化与政治合而为一，文化因政治而获强权，政治因文化而无所不至。

封建时代的社区保障体系主要由各类善会善堂等慈善组织设施所构成。在江南各类善堂善会的创置人中，士绅是主导力量，这与当时善书对士绅阶层的要求是相符合的。清代江南的慈善机构种类繁多，施济内容除传统的施棺、掩埋、施药、收养弃婴、救济孤老残疾外，还有一些颇具时代特色和地方特色的清节堂、惜字会、洗心局、恤嫠会等新的善举，表现出强烈的教化色彩。事实上，社区保障就是士绅阶层的价值理念逸出血缘家族范围，向外扩张的结果，宗族义庄中所蕴含的“养民”与“教民”的宗旨同样存在于社区保障体系的善堂善会之中。且不说以教化不肖子弟为宗旨的洗心局和以救济寡妇令其保持节操的恤嫠会、清节堂，即使是收养弃婴的保婴会，也同样贯彻了士绅的伦理观念。1843 年，无锡绅士余治（1809—1874）在县城创设

① 冯桂芬：《校邠庐抗议》下篇《复宗法议》，中州古籍出版社 1998 年版，第 166 页。

② 王国平、唐力行主编：《明清以来苏州社会史碑刻集》，苏州大学出版社 1998 年版，第 232 页。

③ 费成康主编：《中国的家法族规》，上海社会科学院出版社 1998 年版，第 281 页。

新的保婴会局。与育婴堂相比，保婴会是以家庭而不是弃婴为救济对象，它所维护的不单是婴儿的生命，而是家庭的完整性。保婴会对年轻寡妇的遗腹子给予更优待的救济标准，如果寡母中途改嫁，保婴会便停给补助，其目的就在“于恤孤之中寓敬节之意”①。太平天国失败后，江南地方政府为重建地方秩序，积极敦促地方士绅恢复善堂组织，进一步提高了士绅及其他社会力量在社区保障体系中的地位。丁日昌任江苏布政使、江苏巡抚时，对苏州下属各县养济院、育婴堂、义仓的管理极为重视，反复强调要用公正绅董来经理此事。从江南各府县方志的记载看，江南的善堂绝大多数在太平天国期间被毁，战后的善堂基本上是重建或新创立的。如常熟、昭文二县共 38 所善堂，其中 22 所是同光年间重建或新建，6 所年代不详。② 松江府共有各类善堂 141 所，其中在同治光绪年间创建或重修的就有 84 所，另外 29 所年代不详者，估计也有相当一部分建于同光之际。③ 值得注意的是，同治前后江南士绅创建善堂的宗旨发生重大转变：同治以前，“士之为善者，率皆崇信神道，喜谈因果，同治以来，此风渐息”④。这表明在战后江南社会秩序重建的浪潮中，江南士绅创建善堂已经由先前的自发阶段进入自觉阶段。

思想控制历来是专制君主维持其统治的重要手段，也是中国封建社会长期延续的原因之一。思想控制的重要途径就是日常的灌输教化，将国家定为正统的儒家思想推向基层民众，从而达到统一思想，稳定社会的目的。这种化民成俗的责任，历来是封建朝廷和地方官府对士绅阶层的要求，士绅自身也以此相期许。明清时期，士绅化俗的途径主要通过制度化的乡约、社学、宣讲，以及非制度化的劝善宣传，如

---

① 梁其姿：《施善与教化：明清时期的慈善组织》，（台北）联经出版事业公司 1997 年版，第 194—195 页。

② 丁祖荫纂：《重修常昭合志》卷八《善举志》，1949 年铅印本。

③ 光绪《松江府续志》卷九《建置志·公建》，光绪十年刻本。

④ 光绪《松江府续志》卷五《疆域志·风俗》，第 16 页，光绪十年刻本。

功过格、戏曲等实现的。

乡约、社学都是明中叶社会危机出现后才大规模兴建的基层教化组织，其目的在于弥补官方基层组织对社会控制的不足。清代乡约的主要职能就是定期宣讲圣谕（即康熙《圣谕十六条》、雍正《圣谕广训》等），士绅因有强制性的宣讲责任和义务，因而开始直接参与到乡约的教化体系中去。康熙《圣谕十六条》为："敦孝弟以重人伦，笃宗族以昭雍睦，和乡党以息争讼，重农桑以足衣食，尚节俭以惜财用，隆学校以端士习，黜异端以崇正学，讲法律以儆愚顽，明礼让以厚风俗，务本业以定民志，训子弟以禁非为，息诬告以全良善，诫窝逃以免株连，完钱粮以省催科，联保甲以弭盗贼，解仇忿以重身命。"[①] 雍正二年（1724）又将"圣谕十六条"详细讲解，演绎为长达万言的《圣谕广训》。"圣谕"把儒家的礼教规范和道德观念通俗化、大众化，是一套清晰的教化人民的纲领。宣讲圣谕属于强制性的官方说教，每半月一次，朔望开讲。在清朝前期，各地宣讲一开始就基本上流于形式，但由于宣讲具有独占性和唯一性，人们经年累月终其一生封闭在这种老生常谈的说教中，尽管会心生反感甚至厌恶，但最终还是别无选择地接受了宣讲的内容。因此，有学者说："若18世纪中国社会较以前更具整合性与稳定性，此说可以成立，官绅士人在庶民教化上的努力实不可低估。"[②] 同治年间，为重建江南社会秩序，江苏巡抚丁日昌"通饬各州县及所属教职按月督率讲生，宣讲圣谕"，并规定："自戊辰年（1868）年九月起，每月终逐一胪开清折二分，送交该州县转报，将来年终汇计之期，即以此事之能否认真，定各教职之功。"[③]

在政府的倡导之下，一些由士绅创建的善堂也将"讲乡约"列为

---

① 康熙《圣祖仁皇帝实录》卷三四，"康熙九年十月癸巳"，中华书局1985年版，第461页。

② 游子安：《劝化金箴：清代善书研究》，天津人民出版社1999年版，第39—40页。

③ 丁日昌：《各学月送宣讲清折汇别等第分记功过》，《抚吴公牍》卷三三。

自己的活动内容，如上海的洋泾宝善堂，“光绪元年并行乡约”，南汇的三灶同仁堂“兼办惜字、讲乡约”，北六灶善堂“讲乡约，设义塾”。[①] 与此同时，一些乡约局也兼办善举，如上海“大马路虹庙有乡约局内外科，施医诊视辙效，遇有贫苦，捐廉施药”[②]。乡约与善堂的融会结合是同光之际的一大变化，乡约因为附丽于善堂而改变了先前说教的空洞无物，从而增强了乡约对基层民众进行思想灌输的渗透力，同样，善堂因为乡约的介入，进一步强化了它的教化功能。

乡约是对成人施教，社学则从儿童抓起，正所谓“王道莫急于教民，而养正莫先于童子”[③]。同治年间，江苏巡抚丁日昌对社学极为重视，说社学“上为国家储有用之才，下为闾里化不齐之俗，转移风化莫善于此”。他首先在省城苏州设立社学，同时制定《设立社学章程八条》，规定城乡村镇均应次第举办社学，“责成教官会同绅董经理一切”，社学宗旨是“教子弟以正其身心为首务”，“凡学徒入塾，须先读小学、孝经，以端其本。即已读经书者，亦令补读，尤须详细解说。就令学者向自己身上体贴，才有领会。每日功课毕时，将可法可戒故事解说两条，令之省惕”[④]。对于各县禀报举办社学的公牍，丁日昌都认真审阅，并对各地社学义塾的经费、师资、场所管理等具体问题都提出自己的意见，见到敷衍塞责者义愤填膺，严词切责，对实力奉行取得成绩者，则“开口而笑”[⑤]，大力褒奖。应该说，在乡约已经废弛的晚清，社学的举办在一定程度上弥补了乡村教化体系的缺失。

除制度化的乡约、社学之外，非制度化的善书刊印在江南也很盛行。这些刊印善书、创办善堂者被称为“善人”，他们包括官吏、士

---

① 光绪《松江府续志》卷九《建置志·公建》，光绪十年刻本。

② 《乡约施医分局》，《申报》同治癸酉（1873 年）二月二十三日。

③ 吕坤：《兴复社学》，《实政录》卷三，同治十一年浙江书局重刊本。

④ 丁日昌：《札苏藩司饬属设立社学》，《抚吴公牍》卷九，台湾华文书局 1968 年版。

⑤ 丁日昌：《萧县禀添设书塾情形录呈示稿条规由》，《抚吴公牍》卷四七，第 1537 页。

人、乡绅、商人等，但有一点是共同的，即“他们都是属于知识阶级的人”①。在这一善人群体中，科第世家如苏州的彭氏、潘氏，武进的庄氏皆是江南著名的世善之家。同治年间，苏州彭氏依然“乐善为怀，每与人言劝惩故事，辄娓娓不倦。尝请冯景亭先生桂芬正书《文昌阴骘文》，刊为屏幅，曾施送于鹤皋诸乡镇间，悬挂茶室，以寓醒世觉迷之意”。为了扩大影响，彭氏还在《申报》刊登广告，以纸墨印费的成本价发售《文帝惩淫文》《百字铭》《戒杀放生歌》《慎交劝业说》《悔罪改过文》等善书。② 另外，无锡善人余治的事迹亦很典型。1851 年之前，余治为乡间塾师，就积极设义塾、创保婴会。太平天国时期，他又宣讲乡约，撰写善戏，劝捐助赈官军，因此而受到清政府嘉奖。战后十年（1865—1874）中，余治一直往返于上海、浙江等地，创设和劝设善会，编善书，演善戏，以广劝化，由他汇编的善举资料集《得一录》在同光之际曾多次重印。③ 可以说，余治的善举一直持续到生命的终结，善举在余治的心中已经不是单纯的行善积德，在其孜孜为善的背后，是一个封建士人沉重的社会使命。

教化主要还是立足于正面防范，但面对上海租界急剧崩坏的道德秩序，传统的教化手段显然不够。为此，江南士绅一方面仍然以传统的义利观为理论依据，对租界以至整个江南地区嗜利趋商的社会风气进行舆论的抵制，利用其社会权威的资源力图恢复旧的儒家义利观。另一方面，他们又与地方政府联合起来，借助于法律的手段，强制性地维护旧的伦理道德秩序。典型的例子就是 1873—1874 年发生的所谓“杨月楼诱拐卷逃案”。上海名伶杨月楼与粤女韦阿宝两厢情悦，并经韦氏之母与媒妁约定婚期，韦氏之叔认为有辱门户，极力反对，杨月楼与韦氏母女协商后，决定以上海抢亲的方式先将韦氏娶进。结果，

---

① 游子安：《劝化金箴：清代善书研究》，天津人民出版社 1999 年版，第 62 页。

② 《姑苏刊印劝善屏幅》，《申报》1872 年 7 月 28 日。

③ 游子安：《劝化金箴：清代善书研究》，天津人民出版社 1999 年版，第 100—101 页。

“粤人怒，公诉之”，至婚礼进行之日，上海县差与巡捕齐至，将月楼夫妇与乳母一起捕至会审衙门，定以诱拐罪，并受到严刑责罚。[①] 此案逐级上诉，直至省按察司。最后，杨月楼受尽磨难，被递解回安庆原籍，交保管束。韦阿宝掌责后，“发善堂择配”[②]。此案在上海轰动一时，市民意见纷纷，“半说从严半说宽”[③]，同情者有之，谴责者有之，幸灾乐祸者亦不乏其人。总的来说，居于社会上层的士绅阶层与官府一致主张严惩此事。当时曾有人认为此案误判重判，记者却解释说：“野人不知政体，想邑尊必有深意于其间，非局外人所得知也。”[④] 其实，邑尊的所谓“深意”就是要维护国家法律所规定的良贱之别。另外，上海地方绅士也借题发挥，认为戏院有伤风化，主张禁止妇女入馆看戏。这一要求因为切合了地方官员的心意，立即获得批准，并形成正式文字禁令。

此外，当时江南士绅对于整饬女德尤为关注，主要表现为：禁止妇女外出冶游，禁止妇女到戏楼看戏，禁止妇女入庙烧香，禁止妇女入烟馆吸烟，禁止妇女到沪上佣工谋生（尤其是到妓院做大姐，到烟馆做女堂倌），禁止妇女参加赛会扮犯，禁止妇女背逃改嫁，取缔蚁棍（组织妇女诓嫁而骗取钱财，然后趁间逃脱，俗称放白鸽），查禁淫书、淫戏、台基等。丁日昌任江苏巡抚时，对淫书查禁的范围很广，“举凡男女私情、盗侠、秘密结社，以至怪诞不经之文字，认为其有导致伤风败化违法乱纪之作用者，均在禁毁之列”。所以，《北华捷报》将丁日昌谕饬中之“淫书”，译为“有害于道德之出版品”[⑤]。1873 年正月，上海租界的女堂倌周小大因为女扮男装，与男友上街兜风，竟被官府掌责数百，游街示众，受尽凌辱。由此不难看出，正统

① 《记杨月楼事》，《申报》1873 年 11 月 11 日。

② 《韦女发落》，《申报》1873 年 12 月 16 日。

③ 《感时诗》，《申报》1873 年 11 月 15 日。

④ 《杨月楼解郡》，《申报》1874 年 2 月 27 日。

⑤ 吕实强：《丁日昌与自强运动》，（台北）三民书局 1983 年版，第 142—143 页。

的三纲五常在江南士绅的道德伦理观中仍居于绝对的核心地位。

三 效果与评价

对于同光之际江南社会秩序重建的评价，应该将上层士绅的动机与下层民众的需求结合起来，同时还要将这一短时段的事件放置到近代化的中时段乃至中国传统社会结构的长时段中去考察，才能较为准确地判断其历史价值和意义。

从社会上层看，江南士绅的秩序重建，就是以儒家经典为根据，力图恢复到古代的理想状态。同光之际，江南士绅对西学的认识还停留在对西方器物层面的欣赏，即使像冯桂芬、王韬这样有见识，主张采西学的江南名绅，对于西方的社会制度还是不敢苟同。冯桂芬在《校邠庐抗议》的序言中明确声明："间有私议，不能无参以杂家，佐以私臆，甚且羼以夷说，而要以不畔于三代圣人之法为宗旨。"[①] 王韬所论洋务也只限于"练兵士，整边防，讲火器，制舟舰"，"至内焉者，仍当由我中国之政治，所谓本也。……而本根所系，则在乎孝弟忠信礼仪廉耻"。[②] 所以他们提出的复乡职、复宗法、重儒官等一系列社会政治的改良建议，都是以理想化的复古为宗旨。至于一般士绅，更是附和于冯王之后，如《申报》1878年3月9日刊登的《化民成俗须先复古圣教法论》认为："……必欲化民成俗，必须访延名师，纵不能日训以大学之道，亦须日课以小学之法，于一切孝弟忠信之事，日讲数则，使知为学之道不在虚文，而在实行，庶几人心风俗可为一变……"这种以复古为良方的重建思想，其实也是中国历代思想家和政治改革家的传统，在西学已经涌进中国的同光之际，江南士绅仍如鸦片战争之前的龚自珍一样，"药方只贩古时丹"，其结果可想而知。

---

① 冯桂芬：《校邠庐抗议》，中州古籍出版社1998年版，第68页。

② 王韬：《弢园文录外编》，中州古籍出版社1998年版，第82—83页。

从江南社会秩序重建的实际情形看，效果并不理想。首先是政治防范。19 世纪 60 年代丁日昌推行的保甲制并未得到认真执行，“各属非视为缓图，即多畏难苟安”[①]。至 70 年代，江南的保甲系统仍不健全。“苏城……虽有保甲各局分段编查，而在事诸人不过虚应故事。”[②]杭州保甲局因经费入不敷出，保甲组织也难以运作。[③] 直至 1898 年，光绪帝仍在责备：“各省办理保甲章程……率皆视为具文，并未将现办情形详晰覆奏，殊属因循废弛!”[④] 从严厉的圣旨中，我们可以看到光绪帝那无可奈何的心情，因为类似的谕旨，这不是第一道，也不是最后一道，就连责备的话语也都变化不大，看来，不仅地方督抚将保甲视为具文，就连为皇帝草拟谕旨的大臣也未尝不是视为具文。

其次是社会保障。战后江南宗族义庄和善堂的恢复发展是整个秩序重建中成就最大的，地方官员对善堂也格外倚重，由此也造成善堂董事权力的不断扩张，一些善堂董事是“恃其势力，以鱼肉乡里”，他们包揽诉讼，出入公署，私情请托，混淆是非[⑤]，非但不能履行其赈灾济贫稳定社会的功能，反而激化了社会矛盾，完全违背了创办善堂的初衷。

再次是思想灌输。丁日昌虽曾积极开展圣谕宣讲，但“各学官始则多方推诿，继则敷衍塞责，若以非分内事也者”[⑥]。甚且“各属教官讲生，往往有但领薪水，而未能按期宣讲者，玩忽欺蔽，殊堪诧异!”[⑦]尽管丁日昌屡次训斥切责，但效果甚微，最后竟也不了了之。

最后是道德整饬。1873 年，苏州庶几堂出重金组建一个善戏班子，

---

① 丁日昌：《萧县禀办过保甲情形由》，《抚吴公牍》卷四三。

② 《清查保甲》，《申报》1877 年 10 月 19 日。

③ 《杭垣保甲述闻》，《申报》1878 年 1 月 5 日。

④ 朱寿朋编：《光绪朝东华录》光绪二十四年六月甲子，中华书局 1984 年版，第 4148 页。

⑤ 《善堂司事不可倚势说》，《申报》1879 年 12 月 12 日。

⑥ 丁日昌：《各学月送宣讲清折汇别等第分记功过》，《抚吴公牍》卷三三，第 1039—1042 页。

⑦ 丁日昌：《教官讲坐月领薪水饬令印官加结报明》，《抚吴公牍》卷三四，第 1053 页。

到上海丰乐园演出，所演戏目，皆是“近时果报，劝忠劝孝，戒杀戒淫”。在演出之前，上海积善局同人还在报上刊登广告，要求绅商“广劝同人随时往看，以资观感而启圣心”①。然而，“未及来复之期，观者绝迹，卒至收场”。时人以为是角色无名，行头不新，唱工拙劣，所以无法吸引观众。② 次年，鸿秀班再进上海，出演善戏，所演细目“俱改昆腔，词曲既佳，而伶伦又复出色”③，但仍未见观众有何反响。

江南的秩序重建没有达到预期效果，是由当时江南社会发展的实际状况和基层民众的生活需求所决定的。同光之际是中国社会由传统向近代转型的开始阶段。在这一阶段，一方面，旧的社会秩序被打乱；另一方面，西方先进的物质文明让中国人为之折服，从而掀起了师夷长技的洋务运动。奥格本认为，“社会文化的各个部分是相互依存的。当各部分以不同速度改变时，其中的某一部分可能因变得过快或过慢而脱离整体，以致造成混乱，物质文化比非物质文化变化快，风俗习惯和规则的变化滞后于科技的变化，因为人们较容易接受新的工具而不是新的思想意识，这即是所谓的‘文化堕距’”。④ 在中国这样一个具有五千年文明史的国度，近代化过程中的“文化堕距”现象表现得尤为典型。早在 1922 年，梁启超就总结说，鸦片战争以来，中国的社会进化经历了三个阶段：甲午战争以前中国人在器物层面向西方学习，甲午战争之后从制度上向西方学习，1919 年以后则进而“觉得社会文化是整套的，要拿旧心理运用新制度，决然不可能，渐渐要求全人格的觉悟”⑤。梁氏的论述被现代许多学者引申发挥，从中我们可以清楚地看到这一“文化堕距”现象的发展轨迹。同光之际，当江南士绅享

① 《丰乐园新演善戏》，《申报》1873 年 2 月 19 日。

② 《拟开演善戏馆莫如禁绝各园淫戏论》，《申报》1873 年 3 月 12 日。

③ 《沪上将复演善戏》，《申报》1874 年 7 月 14 日。

④ 庞树奇、范明林主编：《普通社会学理论》（第三版），上海大学出版社 2000 年版，第 360 页。

⑤ 梁启超：《五十年来中国进化概论》，见申报馆编《最近之五十年（上）》，近代中国史料丛刊三编（893），文海出版社 2001 年版。

受着西方器物文明带来的种种便捷和舒适时，也在激烈批评器物文明所造成的追求功利、贪图享乐、女子开放、阶层紊乱等，力图将西方的器物文明整合到中国传统的儒家文化的秩序中去，这种意图上升到国家政治的层面，就化约为“中体西用”的理论主张，而后来的实践证明，这种方枘圆凿的结合是完全行不通的，形而下的器物层面的变化，终将推动形而上的制度、观念层面的变化。

“文化堕距”造成社会系统发展的不平衡，于是出现社会问题，其中有些社会问题是社会病态的体现，而另一些社会问题却预示着社会进步的方向，在社会转型期社会问题的这种双重性质表现得尤为突出。有学者通过对19世纪上海租界生活方式和价值观念变迁的研究，发现上海市民生活中形成的崇尚洋货、尊卑失序、崇尚享乐、妇女走上社会和男女自由结合等新的生活方式，都是民众根据现实生活需求而作出的自觉选择，“具有明显的近代性趋向”，“这些具有近代趋向的新生活方式，是民众生活近代化变革的最初体现，是民众参与、亲身感受到的近代化的最初启蒙，也是中国近代伦理观念孕育产生的温床”。[①] 源自生活的民间伦理的近代化指向，有力地动摇了来自士绅阶层的正统教化伦理，上海报刊舆论对新生活方式的意见不一，充分说明上层的“大传统”在下层社会的“小传统”中遭到质疑，士绅传统的社会权威的角色面临着新的挑战。19世纪90年代，上海人“竞用西物以为炫世”[②] 的价值取向，实际上宣布了同光之际江南士绅在文化道德秩序方面重建努力的完全失败。至于以保甲、团练为内容的政治防范措施，随着后来“新政”的推行、辛亥革命的爆发，也彻底失败了。

（原载《江海学刊》2003年第5期）

① 李长莉：《晚清上海社会的变迁——生活与伦理的近代化》，天津人民出版社2002年版，第532—533页。

② 《论习气》，《申报》1895年1月17日。

18 世纪苏松棉布业的管理架构与法律文化

邱澎生

18 世纪的江南已成为当时中国最主要的棉布制造、加工与贩售中心，无论是商业销售组织或是工业生产组织，都随棉布市场规模的扩大而有重要变化，特别是棉布字号的兴起，重组了棉布市场中既有的生产与销售组织。

在棉布字号与棉布工匠、棉布小贩乃至棉布纺织农户之间，其实存在不少重要的中介人，部分中介人甚至借着本身对棉布原料品质与棉布加工流程与相关技术知识的娴熟掌握，成为棉布字号不可或缺的重要职员，这些中介人常自称为“贾师”或是“看布朋友”。

三种不同版本的“布经”①，为探讨贾师在 18 世纪江南棉布的生

① 笔者目前所能读到《布经》版本计有以下三种：(1)（清）范铜《布经》，有乾隆十六年（1751）自序，收入《四库未收书辑刊》第 3 辑第 30 册（北京出版社 1997 年版，第 82—110 页）。本书虽是一部抄本，但在书前却同时收录有作者本人与其他人士题撰于乾隆十六年与乾隆十七年的 11 篇叙文，可证此书并不因为未曾刻印出版而只停留于个人欣赏层次，仍有其一定的流通范围与专门的读者群。(2) 清抄本《布经》，原藏安徽省图书馆，王振忠教授将其抄录原书慷慨借我阅读，谨此致谢。此抄本原无页码，本文征引抄本时，都依王教授借阅版本上标注的页码（全书共计 44 页）。(3)《布经要览》，（清）不著撰者，清汪裕芳钞本，收入《四库未收书辑刊》第 10 辑第 12 册（北京出版社 1997 年版，第 581—599 页）。本书亦为抄本，书末虽有“乙亥四月”与“汪裕芳写”的识语，但“乙亥”至少可是乾隆二十年（1755）或嘉庆二十年（1815），不易断定确定年代。综合看来，除范铜《布经》可确定为乾隆年间作品外，另两种“布经”的成书年代，笔者则依文义与内容将其都推定为 18 世纪前后的作品。至于在空间上，则三种《布经》主要讨论的棉布产区都集中于松江、苏州一带。

产与加工体系当中，如何同时兼负掌握原料品质的“配布”，以及检验染、踹等加工工序品质的“看布”两大工作职责，提供了关键史料。不少贾师直接受聘于字号商人，其在“配布”与“看布”职掌中所发挥的功能，足以减少商人面对棉布市场肇因于价格信息不完全以及交易对手信用程度不相同所带来的“讯息不确定”风险，因而构成一种可以降低棉布市场交易成本的“管理架构”。[①] 围绕这一主旨，介绍苏松棉布字号的经营概况及其对当时棉布产销结构的影响，分析贾师的“配布”与“看布”功能的具体运作，借以说明字号商人与贾师所共同构成的管理架构，铺陈并评估字号与贾师作为一种管理架构，如何与当时法律体系与文化理念产生某些重要关联。

一　苏松棉布字号对产销结构的影响

明清市场经济在16—19世纪间有不少重要的发展，不仅长程贸易的基本框架具体成形并有大幅成长，其商品结构也发生重要转变。至少到18世纪，中国国内长程贸易已具备清楚的基本框架，由三条最主要商业干道所构成：第一条为东西向干道，由长江下、中、上游水运所组成；第二条为南北向干道，由京杭大运河、钱塘江、赣江、珠江以及其间包含玉山、大庾岭山路在内的几段水陆联运线所组成；第三条主干道则为由东北至广州间的沿海海运线组成。在这个长程贸易网络里，商人组成不同的商帮团体，进行种种商品的长程贩卖活动，其中，尤以稻米、棉布、食盐等民生必需品为当时的最大宗商品，从而改变过去中国历史上长程贸易主要以奢侈品为大宗商品的结构。同时，虽然当时粮食仍占长程贸易商品的最大比重，但棉布已取代食盐，既成为长程贸易第二大商品，也是当时国内最大宗

---

① Oliver E. Williamson, “Transaction—cost economics: the Governance of Contractual Relations”, *Journal of Law and Economics*, 1979, 22, pp. 233 - 261.

的手工业产品。①

在16—18世纪的长程贸易扩张过程中，江南地区的棉布手工业发展最引人注目。据学者估算，在清代前期棉布盛产之时，每年由江南地区生产的棉布数量“多达7800万匹”，这些棉布大多进入市场贩卖，每年棉布“商品量”应当维持“在7000万匹之谱”②。至于一般所称的“江南”地区，大约指的是苏州、松江、常州、镇江、杭州、嘉兴、湖州七府和太仓一州，基本上包括了以太湖流域为中心的三角地带。③

江南棉布手工业产品大量进入市场贩售，至少自16世纪以来即已逐渐成为一种显著现象。随着棉布商品进入市场贩售，更多商人加入了江南棉布业的买卖活动，并表现为外来棉布客商以及本地中介牙行之间的交易行为。家居松江府的叶梦珠，在清初追忆晚明当地热闹的棉布贸易荣景，曾有对江南棉布贸易最著名的描写：“前朝标布盛行，富商巨贾，操重资而来市者，白银动以数万计，多或数十万两，少亦以万计，以故行奉布商如王侯，而争布商如对垒，牙行非藉势要之家不能立也。”④ 叶梦珠不仅记录了当时棉布贸易每年吸引巨大的外来商业资本，也透露当时牙行从事棉布中介生意的激烈商业竞争，牙行不仅要多方讨好客商，有时甚至还要援引政治势力作为奥援。

值得注意的是，吸引商业资本进入江南地区的商品，其实也不仅仅是棉布一项，其他诸如棉花、蚕丝、丝绸、稻米、豆饼、铁器和木材，也都是16—19世纪之间联结江南与全国其他地区长程贸易的重要

---

① 吴承明：《中国资本主义与国内市场》，中国社会科学出版社1985年版，第217—246、247—265页。

② 范金民：《明清江南商业的发展》，南京大学出版社1998年版，第29—30页。范金民将吴承明等学者估算江南每年进入长程贸易4000万匹商品棉布的数字，合理调高为7000万匹。

③ 洪焕椿：《长江三角洲经济区的历史变迁和历史问题》，载洪焕椿、罗仑主编《长江三角洲地区社会经济史研究》，南京大学出版社1989年版，第1—22页。另外，有学者主张另将明代应天府（清代改称江宁府）一并算入“江南”地区，参见李伯重《明清江南与外地经济联系的加强及其对江南经济发展的影响》，《中国经济史研究》1986年第2期。

④ （清）叶梦珠：《阅世编》，木铎出版社1982年版，第157—158页。

商品。[①] 这些商品的流通贩售与棉布一样，共同为江南地区带来巨额的商业资本以及活跃的商业活动。

在巨额商业资本进入以及牙行中介商业组织发展的同时，某些外地商人也开始经营与染布、踹布等棉布加工程序有关的手工业，遂出现了棉布“字号”这样一种同时结合生产与销售的经济组织。当时江南的棉布加工业，主要分布在苏州城内以及松江府、嘉兴府交界的枫泾、洙泾等城镇，这些地方逐渐成为全国性的棉布加工业中心。[②]

苏州城在18世纪已成为中国最大的棉布加工中心，三个最主要的原因为：一是苏州城在全国商贸网络的优越交通位置；二是苏州城地近全国棉布原料生产中心的松江府地区；三是苏州城内的染坊、踹坊工匠，对“青蓝布”等棉布加工工艺具有较高的技术水平。[③] 尽管开设踹坊的城镇可能不多，但许多江南市镇都存在一定数量的染坊[④]，不过，以加工技术和营业规模而论，苏州城的染坊与踹坊在江南地区都可算是独擅胜场，特别是在乾隆以后，苏州城的染坊业更加兴盛，不仅技术精良，并且能够印花，时称“苏印”。总之，由于苏州城聚集了一批优秀的染坊与踹坊工匠，再加上众多棉布字号为染坊、踹坊带来更多的商业契约与承揽机会，技术加上资本，共同推动了苏州城棉布加工业的兴盛。

以现有资料看，18世纪棉布字号最发达的地方，主要存在于苏州、松江与嘉兴的几个城镇。特别是苏州城内的棉布业“字号”，至

---

① 李伯重：《明清江南与外地经济联系的加强及其对江南经济发展的影响》，《中国经济史研究》1986年第2期。

② 全汉升：《鸦片战争前江苏的棉纺织业》，收入氏著《中国经济史论丛》，香港新亚研究所1972年版，第634页。

③ 王家范：《明清苏州城市经济研讨：纪念苏州建城两千五百周年》，《华东师范大学学报》1986年第5期。

④ 自16世纪以来，徽州商人即在江南城镇开设“染局”，现存一份《万历程氏染店查算账簿》，即可见到这所创设于明万历十九年（1591）5月1日的程氏染店直至万历三十二年（1604）5月之间的一些合伙经商资本额与盘存布匹数量的珍贵史料。相关介绍参见范金民《明代徽商染店的一个实例》，收入氏著《国计民生：明清社会经济研究》，福建人民出版社2008年版，第246—252页。

18 世纪即已成为城内颇为显著的地标。根据时人记载，棉布字号与绸缎业商铺，都聚集于苏州城西北郊内外的商业繁华地段：“金、阊市肆，绸缎与布，皆列字号，而布业最巨。”① 所谓的“布业最巨”，具体反映了当时棉布字号商人的资本规模已相当大。

苏州棉布字号并不始于 18 世纪，早在明末即已见诸记载。经营字号的棉布商人以预发资本的方式，逐渐加强对染坊、踹坊等棉布加工业者的直接控制，并且也对其所属众多工匠以及原先在各处乡镇收购棉布的中小商人渐渐增强各种影响力。② 17 世纪 70 年代的康熙初年，苏州棉布字号大约在四五十家到六七十家之间③，而康熙中后期乃至雍正年间则为棉布字号的最兴盛时期，当时连同苏州城、松江与嘉定所属城镇的棉布字号，据估计应在一百家以内。④

以苏州城棉布字号为例，这种棉布生产组织虽然并不采用集中所有工人在同一地点生产的现代“工厂”制度，主要是以相互订定承揽契约的方式，将散处于不同生产空间的各种生产与销售组织联结在一起。以乾隆年间对“字号”的描述来看，其组织与经营概况大概如下：“自漂布、染布及看布、行布，各有其人。一字号，常数十家赖以举火，惟富人乃能办此。”⑤ 这段描写具体点出众多以按件计酬方式领取字号商人发放工资的棉布从业人员，无论是职司漂白与染色的

① 乾隆《吴县志》，转引自洪焕椿编《明清苏州农村经济资料》，江苏古籍出版社 1988 年版，第 275 页。

② 傅衣凌：《论明清时代的棉布字号》，收入氏著《明代江南市民经济试探》，上海人民出版社 1957 年版，第 127—130 页；全汉升：《鸦片战争前江苏的棉纺织业》，收入氏著《中国经济史论丛》，（香港）新亚研究所 1972 年版，第 625—649 页；横山英：《踹布业·生产构造》，收入氏著《中国近代化·经济构造》，（东京）亚纪书房 1972 年版，第 63—143 页；寺田隆信：《苏州踹布业·经营形态》，收入氏著《山西商人·研究——关于明代的商人及商业资本》，（京都）京都大学东洋史研究会 1972 年版，第 337—410 页。

③ 许涤新、吴承明主编：《中国资本主义发展史》第一卷《中国资本主义的萌芽》（后文简称《中国资本主义的萌芽》），人民出版社 1985 年版，第 404 页。

④ 范金民：《清代江南棉布字号探析》，收入氏著《国计民生：明清社会经济研究》，福建人民出版社 2008 年版，第 255 页。

⑤ （清）许治修，沈德潜纂：乾隆《元和县志》卷一〇《风俗》，影印乾隆二十六年复旦大学原藏刻本，收入《续修四库全书》，上海古籍出版社 1997 年版，第 106 页。

“漂布、染布”者，还是负责验货与行销的“看布、行布”者，都由字号商人所雇募，他们并不聚集于一处共同的“工厂”厂房，而是分散或来往于各个染坊、踹坊。尽管不聚集工人在同一地点生产，但一些字号商人间接或直接雇用的工人总数却也十分众多，因而字号所需用的庞大资本也非常人可负担，是以时人称“字号”经济组织“惟富人乃能办此”。

在棉布字号兴起之前，商人委托踹坊、染坊加工生产，以及商人委托布庄、牙行在市镇收取农民生产的棉布，可以同时存在着各种短期或长期不等的生产与销售契约。这些契约都涉及买卖双方如何具体界定、确认、监督、修改与执行权利义务关系的复杂问题。而当棉布字号普及，并掌握更大的产销能力时，则包含棉布采购与委托加工在内的各种契约，便由短期而经常更换的形式，逐渐转变为长期而较稳固的形式。①

学者指出，江南棉布销售市场可区别为三个不同环节：第一，由外地客商通过牙行协助采购可以直接卖入市场的棉布成品，客商携带巨款来到江南，通过本地牙行的居间交易，购入大批已加工完成的棉布，并向全国各地甚或是海外输出（所谓“富商巨贾，操重资而来市者”②）；第二，本地布牙接受客商委托，代为收购棉布（所谓“代客收布”）；第三，由客商或牙行开设“布庄”，也就是在市镇开设店铺，或是直接派人下乡选购棉布，或是由外地进口棉布原料。③

准此而论，则棉布字号的出现，实意味某些商人开始对上述三个棉布销售环节进行垂直整合，形成一种同时整合第一类“操重资而来市”，第二类“代客收布”以及第三类开设“布庄”店铺的一种综合

---

① 清代前期苏州棉布字号出现之后，影响到江南棉布市场短期、长期契约中有关“测量与讯息成本、谈判成本、执行成本”等不同“交易成本”的个别变动，相关讨论可见邱澎生《由放料到工厂：清代前期苏州棉布字号的经济与法律分析》，《历史研究》2002 年第 1 期。

② （清）叶梦珠：《阅世编》，木铎出版社 1982 年版，第 157 页。

③ 徐新吾：《中国经济史料考证与研究》，人民出版社 1985 年版，第 167—174 页。

性商业组织。需要注意的是，字号兴起之后，客商、布牙与布庄三种商业组织并没有消失，而是形成一种字号、布庄、布牙、客商四者彼此合作而又彼此竞争的复杂互动。

开设字号的棉布商人，通过自身资本的运作，而使“漂布、染布、看布、行布”这些原先只是彼此各自私下建立买卖关系的生产者与销售者，共同形成一种更加长期而稳定的契约关系。棉布字号在苏州、松江地区的普及，致使越来越多的染坊与踹坊等加工业者，更加依赖特定字号的大量棉布委托加工，乃使这些与字号有长期契约关系的染坊、踹坊，逐渐转变成“为商人进行加工”的状况。[①] 随着字号将更多棉布原料交付经常来往的染坊、踹坊加工，一种更长期的承揽契约逐渐出现在棉布市场。

与长期契约同时出现的，即是字号派出专门负责“看布”的专门职员，作为连接字号与踹坊、染坊的中介人物，通过定期检查与登录专门“折子”的“写账”制度，验收染坊、踹坊加工棉布的品质高下。至于对那些在农村、市镇中从事棉业生产的广大农民家庭，字号也派出负责“配布”的专门职员，作为字号与农户的中介，亲身到苏州各处乡镇的棉布原产地，或是坐镇于字号在某些市镇开设的收布店铺[②]，等待小规模收购乡镇棉布原料的其他中介牙人上门销货，或直接与较大规模“布庄”派出的“庄客”相互议价，有效地鉴别各地农户生产的棉布品质，使农户与字号商人在收购棉布上形成更长期的契约关系，进而促使更多棉布农户被字号商人的商业资本间接地统整在一起。

字号的兴起，也连带影响了苏松地区棉布业的产销结构，主要是

---

① 徐新吾：《中国经济史料考证与研究》，人民出版社 1985 年版，第 89 页。

② 此情形正如《续外冈志》卷四《物产》的记载：“外冈之布，名曰冈尖，以染浅色，鲜妍可爱，他处不及，故苏郡布商多在镇开庄收买。”（转引自徐新吾主编《江南土布史》，上海社会科学院出版社 1992 年版，第 60 页）虽然，文中所谓“苏郡布商”也并不一定都限于字号商人，也可能包括专营收布、贩布生意而不直接涉入生产加工的类似“布庄”组织的商人。

乡村“男耕女织”生产模式的日益市场化，以及城镇染坊、踹坊加工业的劳资冲突加剧化。这两个领域的变化过程，可简述如下：一在苏松许多生产棉布原料的农村与市镇，字号依照其对不同时段棉布市场消费需求的评估，由贾师按市场消费倾向与行情变动进行“配布”，从不同地区农户购入不同材质与价格的棉布原料。贾师“配布”的基本原则即是棉布市场的价格波动与消费倾向。生产棉布的农户因为长期与字号贾师或相关的布庄、布牙打交道，而促使苏松地区农户的“男耕女织”家内人力资源配置模式越来越“市场化”，许多农户生产者也需要灵活地面对棉布市场的行情涨跌与消费时尚变动。二字号加速了批发商与加工生产者之间的垂直整合，使得任职分散各处的染坊、踹坊工匠，越来越将字号商人作为争取较高工资的抗争目标，苏松地区劳资关系也日益紧张；复以代表字号进行“看布”或是“质检验收”的贾师，持续性地以“写账”制度维系字号商标在市场上的价位水准，尽管没有集中式的工厂制生产，但也依然加剧了棉布工匠与踹坊老板对于字号商人的抗争力度。苏松地区地方政府官员也越来越广泛而深入地介入各种棉布商标与劳资纠纷、劳资讼案中。

（一）字号对“男耕女织”产销模式的影响

“男耕女织”既是一套有关“妇职”（womanly work）如何有机地构成理想社会秩序的政治论述[①]，也是一种家庭内部由“男女并作”演化为“男耕女织”的人力配置模式发展历程[②]，故而兼具了政治史与经济史的双重含义。然而，无论如何，棉布市场的发展促使“男耕女织”这种古老的政治论述在16—19世纪之间的江南社会落实成为一种特殊的家内人力配置模式，更多妇女可以不用再于田间与男子共同

---

① Francesca Bray, *Technology and Gender: Fabrics of Power in Late Imperial China*, Berkeley: University of California Press, 1997, pp. 173－272.

② 李伯重：《从“夫妇并作”到“男耕女织”——明清江南农家妇女劳动问题探讨之一》《“男耕女织”与“半边天”角色的形成——明清江南农家妇女劳动问题探讨之二》，二文都收入氏著《多视角看江南经济史》，生活·读书·新知三联书店2003年版，第269—288、289—314页。

从事农业劳动（所谓的“夫妇并作”），而专心致力于家庭内部的棉织与丝织业生产，以纺织劳动作为增加家庭收入的重要手段。越来越多的棉布原料，即通过“男耕女织”的家庭生产组织进入棉布市场，当棉布字号兴起，这些农村家庭生产的众多不同种类的棉布，也通过棉布字号商人的销售网络运往中国各地或是海外市场。

由众多妇女与男子共同参与生产的棉布，其生产技术应是掌握在家庭内部。整体来看，由棉花制成棉布，约可区分为“轧棉、弹絮、搓条、纺纱、摇筒纡、刷经、盘轴、穿筘、上机”九道基本工作程序，因为纺织者工作熟练程度的不同，故由棉花到棉布所需的时间其实无法一概而论，但若勉强抽取江南农家纺织一般技艺水准做估算，则上述九道工序所费的工作时间，约可折算如下：“纺纱”需四个劳动日；“织布”需一个劳动日；“织前一切准备工作”，则需一个劳动日，故此，总计织成一匹棉布约需六个劳动日。[①] 尽管是称为“男耕女织”，但在从事棉布生产的农民家庭中，这“六个劳动日”其实是由家庭内的男女成员共同协作完成的。

需要注意的是，农家织成的棉布主要都是素色，基本未经过染色等加工程序，当时统称之为“白布”。尽管纺织的白布技术并不复杂，但是，江南各地农村生产的白布品质、数量与市场价值，却是差距颇大。当时许多收买棉布的牙行或商人，对各地农村白布的品质优劣都有一定程度的了解与掌握。范铜《布经》即依松江府附近的“地里、桥梁方向”，详细记录各地不同棉布产区棉布的特征与品质，并强调这些棉布商品讯息都是经常变动（所谓“有革有因，或增或损”），故而需要做更为及时的更新与掌握。[②] 这些农户生产不同棉布商品的各

① 徐新吾主编：《江南土布史》，上海社会科学院出版社 1992 年版，第 216 页。但也有学者估计略微不同，认为一个成年劳动力从事由弹棉到成布的过程共需 7 个工作日，且其分配工时大体是：纺纱 4 日，织布 1 日，另 2 日则是弹花、浆纱、接头等准备工作，参见许涤新、吴承明主编《中国资本主义的萌芽》，人民出版社 1985 年版，第 390 页。

② （清）范铜：《布经》，第 82—83 页。

种信息，都成为字号、布庄以及其他参与棉布买卖活动的相关人士所注意的对象。

农民不仅是生产者，也经常是贩售者。江南棉布市场可区分为农村集镇与城市两层，在城市进行的棉布交易一般规模较大，而农村家庭生产的棉花、棉纱与棉布，则主要于农村集镇做交易。存在于棉布批发商人与生产棉布农户之间的，其实是遍布各地农村集镇市场上的棉业小贩、牙商等。这些中介商人在各地农村集镇上，负责与农民交易种类各异的棉纺织品。随着农户家庭对棉布市场依赖程度的加深，投入棉纺织业的农民也越来越要直接面对市场上季节性价格波动的折磨与考验。① 许多从事棉布中介的商人都可能故意压低棉布与棉花价格，从而侵夺了从事棉纺织业农户辛苦投入生产的经济利润。

农户的经济因为贩卖棉布而逐渐变好了或是变坏了，尚需要更多证据。但我们若由交易成本的角度看问题，则这个农民在市场贩售棉纺织品的过程，其实也反映了当时江南棉业市场上遍布着农民与棉业商贩之间的契约谈判与签订过程。各种买卖棉布契约的谈判技术，成为当时从事棉业生产的农民家庭以及各类商人所经常运用的相关知识。而当字号在 18 世纪越来越成为影响棉布市场的重要力量之后，字号收购的棉布原料经常是数量甚为庞大，与字号发生交易关系的农户数目也越来越多，在此意义上，由字号聘请的许多收买棉布专业知识甚为丰富的“贾师”，也会在收买棉布过程中与农户发生更密切的关系。

（二）字号对棉布加工业劳资纠纷的影响

字号的兴起，不仅使“男耕女织”的农村棉布生产家户越来越“市场化”，也使棉布加工业的劳资关系愈益紧张化。当字号开始更密切地进入棉布加工的生产流程，将那些长期合作的染坊、踹坊，统统

① 徐新吾：《中国经济史料考证与研究》，人民出版社 1985 年版，第 78—79、87 页。

纳入字号资本的经营范围，连带使得原本只是在所属各个分散染坊、踹坊工作的染匠与踹匠，也变得越来越像是这类棉布商业组织所直接雇用的工人。因而，字号这类“商业组织”也发展成为一种实质上的“工业组织”，一种同时结合棉布销售与生产的新型经济组织。

在 17—18 世纪之间，由棉布字号商人所发出的资本，支持了众多踹坊、染坊等加工业作坊的开设与运作，从而吸引了众多踹匠与染匠等棉布工人进入江南城镇。以苏州城为例，18 世纪由棉布字号间接雇用的踹匠，保守估计约有一万人，这些工人大多来自南京、安徽宁国府等外地，并且大多单身来到苏州[①]，可能大都是并不长期定居苏州的季节性移民。在雍正七年（1729）、八年（1730）由李卫所做的两次调查中，苏州阊门一带的踹匠已是“数盈万余”，而当时被称为“包头”的从事踹布加工业的作坊老板，其人数“共有三百四十余人”，这些包头“设立踹坊四百五十余处”，而每坊雇用的踹匠则“各数十人不等”，李卫对踹匠人数的估计是“有一万九百余人”。[②] 到了乾隆十七年（1752），另一份官方调查所记录的苏州踹匠人数则略有减少：“踹匠九千余人。”[③] 要注意的是，无论“一万余人”或“九千余人”，这两个数字都未算入棉布“字号”组织棉布加工生产所需“漂布、染布”与“看布、行布”等全部从业人员，特别是“染匠”，即很可能不在李卫等人调查的数字内。

---

① 也有官员估计棉布工匠人数已达到两万人，如雍正元年（1723）苏州织造胡凤翚的调查报告即称：“阊门、南濠一带，客商辐辏，大半福建人民”，棉布工人也聚集于阊门近郊：“又有染坊、踹布工匠，俱系江宁、太平、宁国人民，在苏俱无家室，总计约有两万余人”，《雍正朱批谕旨》，影印清刊本，文海出版社 1965 年版，15 函 4 册，第 5185 页。棉布工人来自外地的记载，自 17 世纪即然：如康熙九年（1670）史料即称：踹匠“从江宁属县远来雇工者甚多”；而康熙三十二年（1693）的史料，则记苏州踹匠多是“非有家土著之民”。《苏州碑刻》，苏州大学出版社 2003 年版，第 54、55 页。

② 分见《雍正朱批谕旨》，13 函 4 册，李卫奏（册 8，第 4457—4458 页）；13 函 5 册，李卫奏（册 8，第 4515 页），文海出版社 1965 年版。

③ 《宫中档乾隆朝奏折》，国立故宫博物院 1982 年版，第 5 辑，第 63—64 页。首先留意并介绍此条史料的研究，参见陈国栋《介绍一条有关长江下游踹布业的史料》，《思与言》1981 年第 2 期。

有记录显示，康熙五十九年（1720），苏州城染坊至少有六十四家[①]，就算染坊平均工人数目比不上踹坊的“数十人不等”，以每坊10人保守估算，则染坊工人也至少在六百人以上。若此，则取最保守估计，18世纪苏州城的踹布、染布工人总数，肯定在一万人以上。而18世纪苏州城市人口总数，一般估计有五十万，则单是从事棉布业加工的工人所占城市人口比重已达2%。

棉布工人人数众多，为苏州城的罢工运动提供了基本条件。根据学者的不完全统计，从康熙九年（1670）到道光二十五年（1845）间，苏州城内的踹布业至少发生了十次罢工事件。[②] 棉布业罢工在抗争人数规模与持续时间方面往往很可观，如康熙三十九年（1700）四月发起的棉布业罢工事件，据棉布字号商人事后描述，此次罢工在苏州城造成的“变乱之势”特别严重：“比诸昔年尤甚，商民受害，将及一载。”当时踹匠“成群结队，抄打竟无虚日”，承揽字号委托的“包头”也因害怕走避而使踹坊几乎都无法顺利加工棉布[③]，尤需注意的是，踹匠还自行发展了类似“罢工准备金”的制度：“或曰某日齐行，每匠应出钱五文、十文不等；或曰某匠无业……每匠应出银二分、三分不等，而众匠无一不出。……积少成多，已盈千万。”[④] “千百踹匠”靠着这笔“积少成多，已盈千万”的工人共同捐款，让这场罢工持续了一年。除了苏州城，松江府的枫泾镇、嘉定县的南翔镇，也曾发生多次罢工事件。[⑤]

---

① 许涤新、吴承明主编：《中国资本主义发展史》第一卷《中国资本主义的萌芽》（后文简称《中国资本主义的萌芽》），人民出版社1985年版，第404页。

② 苏州城在这期间发生了至少19次工匠抗争、罢工或是控告作坊商人事件，而这些事件大都与工资纠纷有关；以行业区分次数，则踹布业发生10次，丝织业2次，染纸业5次，印书业2次。参见许涤新、吴承明主编《中国资本主义的萌芽》，人民出版社1985年版，第719页。

③ 所谓“以致包头畏避、各坊束手，莫敢有动工开踹者”（《苏州碑刻》，苏州大学出版社2003年版，第63页）。

④ 《苏州碑刻》，苏州大学出版社2003年版，第63页。

⑤ 王江泾镇与南翔镇的棉布业工资纠纷与罢工事件，至少有康熙三十七年、康熙五十四年与乾隆四十年三次，参见《上海碑刻资料选辑》，上海人民出版社1980年版，第98—99页。

特别值得注意的是，这些棉布工匠罢工所针对的对象，主要都不是提供他们工作场所与加工工具的踹坊或染坊老板，反而都是开设字号的商人。尽管字号商人在诉讼文书中经常强调自己并不直接管理这些工匠，并宣称工匠“齐行、叫歇”的破坏社会与法律秩序行为，其实并不属于他们应该解决的问题，他们纯粹只是罢工事件的无辜受害人。字号商人的宣称，当然是他们试图划清自己在罢工事件引致社会秩序动乱中所可能需要负起的法律与政治责任，但罢工工匠之所以要针对字号商人做抗争，则有两个很重要的原因：一是工匠当然知道踹坊、染坊老板发给他们的工资基本上全来自字号商人；二是在工匠工作的日常生活情境中，影响他们工资收入甚巨的“看布”贾师，早就被认定是字号商人的代理人。这两个原因其实是一体之两面，而在贾师“看布”过程中，也早已长期累积出种种争议、抱怨与冲突（下文详述）。

无论如何，18 世纪苏州城内的罢工事件频发，驻节苏州城的各级江苏官员屡次发布管制踹匠的法令，反映出当时劳资关系的紧张。如康熙四十年（1701）颁布《苏州府约束踹匠碑》，官员以保甲制度编查管制踹匠，命令十家踹坊编成一“甲”，于各甲选立“老成者，充任坊长”，再令“坊长”约束踹匠。管制的具体措施如下：每家踹坊“设循环簿”，记录所有来到苏州踹匠的个人资料“何处籍贯、何人保引、何日进坊、何日出坊”，并规定这些踹匠资料都要由坊长负责定期更新：“分列旧管、新收、开除三项，每逢朔望，必与坊长倒换”，同时还设立专门官员负责稽查与弹压踹匠。康熙五十九年（1720）再次颁立《长洲吴县踹匠条约碑》，执行“连环互保”与“夜间禁闭在坊”等更为严苛的管束踹匠办法。[①] 苏州地方政府在 18 世纪不断颁布

① 《苏州碑刻》，苏州大学出版社 2003 年版，第 63—64、68—70 页。乾隆五十八年（1793），元、长、吴三县知县并援引康熙年间颁定的《踹匠章程例》，如法炮制一套防止苏州城纸业工人罢工的《纸匠章程》（《苏州碑刻》，苏州大学出版社 2003 年版，第 92—95 页）。

管理工人的法令，这应是中国都市史上极特殊的现象。

要之，伴随棉布字号的兴起，不仅冲击到既有的“男耕女织”家户经济，更改造了棉布加工业内的劳资关系。在字号兴起并愈益冲击棉布产销结构的经济社会与政治法律脉络下，伴随着产生了一批可以协助字号商人“配布”采买合适棉布原料，并以“写账”制度进行加工棉布品“看布”等质验收工作的专业人士，这些专业人士的自称即是“贾师”或“看布朋友”。

二　贾师“配布、看布”作为棉布市场的管理架构

开设棉布字号的商人由于拥有较丰厚的资本，故而既能收购更多足以行销市场的棉布，又能将预先购买的棉布原料送入踹坊、染坊进行加工，强力冲击并重组了棉布市场上的商业与工业组织。然而，字号商人单靠资本，并无法有效地重组商业与工业组织，这个工作仍然需要依赖一批娴熟棉布产销知识的专业人士，他们自称为“看布朋友”或是“贾师”，并把聘用他们的字号商人称为“东家”。①

字号商人雇用的“贾师”恐怕并非当时一种流行的专门称谓，而是编写“布经”的行业从业人员在写作时的一种自称之词，我们有理由怀疑这其实并非当时苏松地区通行的专门行业称呼。但无论如何，依主要职务分工而论，贾师可区分为“配布”与“看布”两类，或是区分为“看白布、看缸水、看光布”三类。尽管有两类与三类的区分方式，但事实上，“看白布”即类同于“配布”，而“看缸水”与“看光布”本可合并称为“看布”，故而，无论是两类或是三类的区分，其实相去不大。

所谓的“看白布”或是“配布”，主要是针对那些由农家纺织的

① 清抄本《布经》有谓：“盖朋友只为东家，代天行事，若东家疑贰，为朋友者，岂能尽心竭力耶！”第36页。

各种素色棉布及其原料，在采购与发卖过程中，进行品级、价格与数量的区分，其交易对象可以是贩售棉布的农村家户生产者（其中又可按交易地点不同而再细分为“居字号配布”与“入乡配布”）[①]，也可以是贩售棉布的小规模布牙牙人或是布庄“庄客”；除了购入棉布原料之外，贾师也代字号将多余的棉布原料贩售给批发客商。[②] 至于贾师“看缸水”的工作，是对染坊加工的“青蓝布、翠蓝布、月白布……”等数十种不同的色布，进行品质鉴别与成本控管。“看光布”则主要是贾师对棉布加工业者进行品质考核，针对踹坊加工“光布”的品质优劣，进行验收与“写账”，并再根据已有的棉布加工承揽契约，将踹坊设备费用以及踹匠工资，统统核发给予开设踹坊的老板。

无论是“看白布、看缸水、看光布”，贾师都需要掌握不同程度的棉布生产技术，并理解棉布市场价格变动的相关知识。

（一）“看白布、配布”贾师之成为“字号之栋梁”

“看白布”与“配布”大体上是同类工作，只是重点稍微有别：看白布强调的是识别各种不同棉布原料的品质高下，而配布则强调购入或卖出不同棉布原料的合宜成交价格与数量。贾师为字号收购农村集镇所产棉布原料时，要能从纺织技术上判别江南各地农家“织手、乡民”生产的棉布品质的优劣，这即是“看白布”。而贾师在字号内与上门客商谈判售卖棉布的价格与数量，并和布庄“庄客”、布牙乃至农户织手谈判收购的棉布价格与数量，即称为“配布”。不可能光“看”不“配”，也不可能单“配”不“看”，配布与看白布两者重叠处甚多，并不易截然区判，本文基本上将其混用。

范铜在《布经·择友》篇内，如此评价负责“看白布”的贾师：“要秉公无私，方可托此重任。如朝廷之用贤相，运筹帷幄之中，决

① 《布经要览》，第 592 页。

② 《布经要览》，第 591 页。有些贾师强调一些商场交易时的尔虞我诈实战技巧，如先拿“极低号充阵”，用意在测试上门的批发客人“识货不识”；而在谈价格时，还提醒初学者不要招待商客任何饮食，以免“提醒其神”而致使谈判不利己方（《布经要览》，第 591 页）。

胜千里之外。深明布内精奥，买者自然络绎，欲不久远，其可得乎！若误用不肖，情弊难以枚举，将布配低、价值颠倒，兼之目力欠精、布号不均，欲望生意久远，其可得乎！”[①] 清抄本《布经》也谓：“凡开字号，接看白布，朋友全在，要取为人正直，一无私心，布内精微，无不详细，方可交付重托。盖看白布一人，乃字号之栋梁也；譬如朝中用人，有宰相重任之称，运筹帷幄之中，决胜千里之外，不可误用奸邪，以伤国本。所以，看白布一业，原属清高之事，自有重权，东家托此大任，配号毋得容情，稍存私意，该与则与，照号配布。”[②] 这两种不同版本的“布经”编者，都不约而同地将“配布”必备棉布专业知识以及个人正直操守，比喻为负责中央政府施政的“宰相”或“贤相”。

简单地说，“配布”之所以需要慎选公平正直的看白布贾师，即是要责成其能以合理价格购入各种不同种类的棉布原料，不因人情请托买入不合宜棉布而致使“东家”利益受损，与此同时，还要借由白布贾师对棉布原料各项知识的精通，以买下更多品质好、价格公道、容易销售而又利润较高的不同棉布原料。

配布绝非简单工作，除了公平正直的人格操守以及判别棉布品质的专业知识之外，还要具备通晓棉布行情变动相关讯息的市场敏锐度。清抄本《布经》编者曾指出配布基本要诀在于：“高者宜取，然不可苛求；低者宜弃，又不可过弃。”[③] 在棉布品质高低以及市场价格涨落之间，必需要取得均衡，其取舍原则正是：“行情涨，即多买；行情将落，则宜少收。”编者再次提醒那些想学习贾师技艺者，“字号生意，赚钱折本，都在涨落之间”[④]。由此可见，根据何种棉布原料加工而来的棉布成品，会在未来不同时期卖得更好价格，这正是贾师运用

① （清）范铜：《布经》，第 102 页。
② 清抄本《布经》，第 13—14 页。
③ 清抄本《布经》，第 1—2 页。
④ 清抄本《布经》，第 13 页。

专业知识进行“配布”的最高原则。

为了在收购棉布原料时达到“行情涨，即多买；行情将落，则宜少收”的最高原则，理解不同地区的棉布特征与品质，会是一项重要的专业知识。范铜在《布经》“自叙”中写道：“松之所产，衣被天下，价值低昂悬绝，商贾安不疏其源哉！旧经叙事甚详，而繁文屡出，使初学者不知其所从来，几茫然莫识其指归也。然历年久远，人更物变，其中讹舛，难辨真赝。偶于长交余闲，潜心旧典，访诸里老，乡落产布优劣，地里、桥梁方向，有革有因，或增或损，皆有据依，纤悉条纲，具载于篇”①，可见范铜对他编写此书所附棉布产地相关信息的正确性感到颇为自豪。范铜《布经》共分八卷，其中第一卷附有 12 张地图，这些地图的主要作用，正是要为书中第二卷《乡落方向》列出的棉布产地，以及第三卷《土产》列出的不同种类棉布，提供具体的位置。②

相比之下，清抄本《布经》则并不特别罗列并标示不同棉布的产地③，但却以甚长篇幅，讨论贾师如何由棉布重量、外形、光泽等几种客观标准，选取品质真正良好的棉布原料，并附上一份甚为详细的专业名词解释。笔者此处所谓的客观标准，主要是反映在一份《门庄买布要诀》上，此要诀计有六句：“入手先评轻重，斜看经纬均匀；门面尺稍如式，子眼细紧光明；上下边道齐整，方称大号布魁”④，接在《门庄买布要诀》之后，则是一份篇幅长达将近九页的《指明布中一切条款》，针对“经、纬、筘、细、紧、匀、硬、软、重、阔、长、

① （清）范铜：《布经》，第 82—83 页。

② 范铜：《布经》，第 90—103 页。另外一种题作清人汪裕芳抄本的“布经要览”（二卷本，收入《四库未收书辑刊》第十辑，第 12 册，北京出版社 1997 年版，第 582—599 页），尽管篇幅不长，仅有 18 页，但也详细列出松江与苏州府属一带乡镇出产不同棉布的种类与特征（第 583—585 页）。

③ 清抄本《布经》，第 3、16—18 页。

④ 清抄本《布经》，第 4 页。

粗、夯……”等85个字词的60个名词，写上简要的解释①，很像是一份棉布纺织专有名词的小字典。

在《指明布中一切条款》中，清抄本《布经》的编者在解释名词之前，加上了一段自己何以要列出这些“布内条款”专有名词的按语：“如教书字法，先逐笔画讲明切究，然后合笼来论字体，必能精写矣。”② 尽管《指明布中一切条款》所列85个名词基本上确实涉及棉布纺织的许多工艺技术，编者也强调要如同教人“逐笔画”地写字，好像是要将棉布纺织技术传授给读者，但值得注意的是，编者描述这些工艺技术的重点，其实仍是放在如何评价棉布原料的好坏，而不是真要教人如何按部就班地纺织棉布。如在解释“忙纱”一词时，编者写道：“初夏农忙，或织或歇，必至逐段逐样，其纱线多毛糙”；又如“油纱”一词的解释：“织时，用菜油涂，筘有黄迹，猪油白迹。”③ 这些看似涉及纺织技术的名词解释，其实重点仍是在于防止收购计价过程中，出现棉布品质不好却“反作好布买之”的错误，不仅会被有识者耻笑自己“看布”不精，也可能因为日后棉布原料送赴加工出现染布时“入目有似好布，下缸必变”，或是踹布时“发石踹来，转成一片毡，不分经纬”等弊病④，从而招致金钱损失。可以这么说，“布经”编者记录棉布纺织技术的最主要用意，并不在于传授纺织上的实用技艺，而主要是要有助于找寻“踹来纱线不变，吃得石头起，愈踏愈好，因此人人皆爱”的高品质棉布原料。⑤

由此角度看，包括棉布字号聘用贾师在内的专业人士，他们在收购农户纺织棉布原料时所采用的评定等级标准，其实更多的是着眼于棉布送赴加工之后是否能够变成“人人皆爱”产品的特定市场取向。

① 清抄本《布经》，第5—13页。
② 清抄本《布经》，第5页。
③ 清抄本《布经》，第11—12页。
④ 清抄本《布经》，第15页。
⑤ 清抄本《布经》，第15—16页。

以“男耕女织”人力配置模式从事棉布原料生产的农户家庭，究竟如何受到字号与贾师“看白布、配布”上述特定市场取向的影响？棉布与成衣市场上的各种“时尚”，如何透过这个“配布”机制而延伸传递至农户家庭？都是值得继续探究的重要课题。

（二）贾师“看缸水、看光布”所形构的生产关系

如何有效检验送交染坊、踹坊加工棉布的品质？是棉布字号面临的另一项重要问题。如同徐新吾先生所指出的，棉布业“字号”与丝织业“账房”一样，都在自身产品上加附“机头、牌号”。康熙、雍正年间，凡经苏州、松江等地棉布字号加工的棉布，在布匹“机头”或包装上，都印有“某某某号监制”或是“某某某号自制”字样。①李伯重先生也强调，“机头、牌号”反映着江南棉布字号对棉布品质的“鉴择尤精”，从而能对棉织商品的生产流程有效地进行“严格的质检验收”。② 李伯重进而指出：江南棉布字号与丝业账房的生产方式，不仅“通过发料、收货这一基本形式”，而将“手工作坊、个体劳动者、家庭妇女、小生产者、各种手艺人”的各种工序都组织起来，“形成一个庞大的工业体系”，更通过上述“质检验收”手段，而对纺织工业起到以下重要贡献：“可以减少获取市场和货源信息所需费用，更有效地规划产销组织内部设备与人员的利用效率”，从而“提高了生产效率，并降低了成本”。③

由质检验收的角度看，贾师除在“看白布”的收购棉布原料方面起到重要作用外，更是协助棉布字号检验染坊、踹坊加工棉布品质的关键人物，这类工作在“布经”中被归为“看缸水、看光布”。

在贾师口中，染坊业者常被称为“缸上”，而踹坊业者则被称为“石上”。乍看之下，贾师常表露他们对染坊、踹坊业者的鄙视，如所

① 徐新吾：《中国经济史料考证与研究》，人民出版社 1985 年版，第 172 页。

② 李伯重：《江南的早期工业化（1550—1850）》，社会科学文献出版社 2000 年版，第 79—80 页。

③ 李伯重：《江南的早期工业化（1550—1850）》，社会科学文献出版社 2000 年版，第 83 页。

谓："缸上人，蠢者多，而好者少"、"石上小人，反复不常"[1]，但细究其实，这种鄙视其实并不必然关乎个人道德的高下，而是反映棉布字号生产方式所面临的一项结构性课题：在质检验收的过程中，因为贾师负责考核棉布加工品质以评定加工工资的这种"写账"制度的运作，促使贾师与"缸上、石上"等棉布加工业者之间，出现了一种结构性的紧张关系。

"写账"制度是造成这种结构性紧张关系的主要因素。每当贾师或是所谓"看布朋友"在分散各地的踹坊、染坊处检验出不合格的染布与踹布时，他们便需采取各种轻重不一的惩处手段：情节严重者，退还棉布不收；情节轻者，则"写账"罚款。"写账"罚款，则踹坊、染坊业者无法收到全额的加工费用；至于退布不收，则这次棉布加工劳作便等于白费工夫。无论是"写账"或退布，这种"看布朋友"基于字号"东家"委托而不得不做的"质检验收"，都使"看布朋友"与染坊、踹坊之间经常处于一种结构性的紧张关系。

以"看光布"这类主要检验踹坊加工棉布品质的工作而论，贾师即具体自述其间的种种艰辛：

> 看光布一事，俸金虽重，乃是非衙门，却好，亦不好也。既叨重任，不得不认真究工，岂知招怨。石上货不能出，而东家不悦；稍为宽容，布又不好，东家又不悦。此乃至难之事。盖石上原不知礼义，究工太甚，鬼计百出，或停工不踹，或私送礼物，谗言流语，甚至离间宾主。一俟东家辞出，轻则辱骂，重则谋害，于无人之处，被石上打伤者，亦往往而有。[2]

由此可见，如果检验棉布太过认真，则"看布朋友"是经常要面

① 清抄本《布经》，第20、36页。
② 清抄本《布经》，第44页。

临踹坊或送礼贿赂，或直接到字号商人“东家”处讲坏话，或罢工抗议，甚至是在私下无人处被踹坊派人“打伤”。“看布朋友”批评“缸上人，蠢者多，而好者少”而“石上小人，反复不常”，恐怕真有切肤之痛。但质检验收毕竟是贾师职责之所在，更是“缸上、石上”向字号“东家”按件计酬领取工资的主要根据，染坊、踹坊希望字号多收加工棉布，而字号则担心不良加工棉布无法在竞争激烈的棉布市场中顺利卖出，而且也要减少加工成本支出，双方有一定的利益冲突，贾师身处双方冲突的第一线，直接为字号商人维护利润，各种紧张冲突在所难免，这正是棉布行业内部因为质检验收流程而存在的一种结构性紧张关系。

如何减缓这种结构性紧张关系？有些贾师对此有所建议。基于实际经验，老于此道的贾师并不建议在质检验收中轻易采取重罚或退布手段，但这倒也不是真是要徇情放水，而是因为若验收踹布时一律采取“凡有破布，必写账，与包头扣算”的方式，则很可能会连累到踹坊内其他“好踹手”的工作意愿，反而让踹布品质更形低下。何以故？因为在这些看布朋友看来，踹坊之所以踹破棉布，经常肇因于踹坊内“低踹手”的技艺不良与不认真，而一座踹坊如果每月都因破布太多被“写账”扣算许多工钱，则不仅踹坊拿不到字号发下的全额工价，而低踹手也因自知踹破棉布将会被扣工资，故便预先向踹坊借钱而“透支工银”，环环相扣，最后必使每月结算工银时“连累好踹手无银支”用，如此一来，则此踹坊便将面临“好踹手去，而有低踹手在，则破者皆从此而不免”的不利结局。

为了避免出现此种两蒙其害的结果，有些贾师便建议采取尽量轻罚的方式：“有破碎甚者，或罚二、三分一匹”即可，或是建议验收时不要过于严格：“或有活绉破，可以去得，亦当收。”在这些看布朋友看来，这种较不严苛的验收方式，其实收效更宏：“包头省力，石上不致透支，而低踹手自然去，而高踹手自然来，破布之病，永无矣。”至于到染坊验布时，看布朋友也建议不要太严格：“朋友随机应变，不可执自己意见，妄听人言。要看本家生意多寡，亦要看天色及缸水高低，如其布色仿佛，即当收下，切勿误退”，“亦乃各人活变，不但东家生意好，而缸上亦极心服”。[①] 这也都是明显要求有志学习“看布朋友”技术的人，一定要以大局为重，要在保证“东家生意好”的同时，还要能既让“缸上人心服”，又让“石上不致透支”。

然而，对于有些品质太离谱的棉布加工成品，若明显肇因于“缸上”或“石上”所犯错误，则贾师仍强调“必要写账重罚”。而在验看棉布的当场也仍然有些可以实际操作的基本守则：“主意拿稳，不必多言，不可生火。惟以眼光射在布子眼内，好即收，次则带，不好即退，万勿狐疑。凡石上进来，叫他毋许啰嗹，只好言忍慰骗之。”同时，不仅要能掌握棉布加工过程中的各种细节，对于“石上、缸上”可能用来骗人的小把戏，贾师也必须要能洞察其间种种大小弊端。诸如“石上踹布”的技术，有贾师将其区分为“背地踹、抽套踹、削提踹、擦皮踹、擦纸踹”等五项，强调“看光布”时可以由踹匠运用不同踹布技艺的优缺点，看出该名工人是否是位“好踹手”：“背踹法极难，新学手不敢背踹”、“提削踹法，乃偷工踹也，容易发亮，重水不能踹干，则外面亮、内里黑，又绉破者多，不可取也”、“用擦皮、擦纸踹者，因人不识货，故将此法欺之，并害他生意，其布必然上霉也”。[②] 因此，验布时究竟要严格或要稍宽？这既是考验贾师对棉布产销与加工各项细节的熟悉程度，也能充分展现一位优秀贾师如何讲究人情世故，以及如何获致所谓“公私两利”的权衡技艺。[③]

与清抄本《布经》讨论踹坊的情形类似，范铜《布经》也强调，贾师到踹坊收布时，“总要目力拿得稳，亦要酌价取工，不可自妄主意、变迁无常，以致踹工不服”[④]。由此可见，如何在写账时拿捏收布

---

① 清抄本《布经》，第 39、20 页。

② 清抄本《布经》，第 42、41、43 页。

③ 清抄本《布经》，第 37 页。

④ （清）范铜：《布经》，第 107 页。

与退布的微妙均衡，确是当时“看光布”的贾师所要认真考量的一项重点。也正是为了取得此项微妙均衡以减少写账时的争议，贾师对于包含踹布技法在内的种种棉布加工专业知识，虽然不必亲身去实践，但总要有基本掌握，这才能在写账时“目力拿得稳”，既追求“公私两利”的境界，也避免自己成为踹坊的眼中钉或被东家认为是影响顺利出货的麻烦人物。

至于到染坊验布，也是贾师要学习的重要技术。抄本《布经》详细列出《看毛头大略总要》《青蓝布看法》《看翠蓝、月白秘言》《看法条列》《染坊总诀》，甚至还详细列举《染各样杂色每百匹该用颜料数目》，并列举全国各地出产染料的产地名称与大致评价。[①] 而范铜编辑的《布经》，也在《染色论》中强调：“染色者，乃白布之辅弼也。夫色染周到，兼之白胚细洁，另有一番华彩。若经承之人不敏，立即败北，岂儿戏哉!”范铜教导习者可用各色“样布”作为比对染坊制成棉布的参考依据，一旦发现加工品质不佳，便要立即“令匠覆染”。范铜强调学者具备这项技术本领可逼使染匠不敢轻易再犯：“彼见吾井井有条，自不敢欺，而吾亦当其任矣”，同时还建议对染坊管理人（“染司”）进行考核，作为未来是否继续与其签订承揽契约的标准：“劣者，黜；优者，赏。此惟有益于号。”[②]

除了平日加强训练自己看布的“目光”之外，《布经要览》编者则更加务实，要学者“以样布为师，再察天色”，手里多备不同颜色的“样布”，则无论天气或晴或阴，无论当下究系“白云”或“红云”自空中飘过，都可以降低自己“屈退布”的目光出错的危险[③]，以避免染坊主人与工匠的愤懑与抗议。

总之，贾师在棉布产销与加工方面所具备的各项商业与工业知识，

---

① 清抄本《布经》，第 20—35 页。

② （清）范铜：《布经》，第 106 页。

③ 《布经要览》，第 594 页。

以及应对人事方面的技巧，确实是当时棉布字号在实际执行“质检验收”工作时的经营成败关键，故《布经》编者曾针对踹坊加工的质检验收整体内容发表评论：“看光布一事，原不是勉强做的。如朋友手段高强，必然重俸。若不重，则不能遂朋友之心；若既重俸，而朋友实无手段，徒负虚名，又何以遂东家之意。自古道：为君、为臣不易，此事亦然。”①

我们虽然缺乏棉布工人自己记录的语言文字，但《布经》仍透露了当时棉布加工行业如何进行“质检验收”。在检验棉布时，不必向工人强调“时间即是金钱”，因为字号施行的这种“写账”制度，可迫使踹坊与染坊老板必须让因为技艺水平不佳以及不慎弄坏棉布的工人被“扣除”每月的工银。而在“写账”这种质检验收的按件计酬方式下，“看布朋友”其实十分看重城市的“好踹手”，也极重视部分农村与集镇的优良“织手”，但他们并不强调如何去直接管理或规训所有的“低踹手”与农村“织手”。当有“布经”编者提及“认真好踹手，一日只踹八匹；若踹手低者，要防他起不良之心，有鬼布放在内”，并提醒“看布者，必当时时留心”那些“低踹手”的种种“小人见识”与伎俩时②，这些贾师对于提升工人技术水平、工作道德与工作规训等问题，似乎显得漠不关心，好像认为只要自己验布与收布本领高强，则自然不会为“低踹手”或不良“织手”所骗。

与对待“看白布”时收购到“人人皆爱”棉布原料的实用技术取向颇为类似，贾师在“看缸水”与“看光布”的技术要求上，也并不特别重视亲身学会染布与踹布的各种技术，而是要用来评价加工棉布的市场价值。

贾师学习染布与踹布的各项相关技术，既是为了让“缸上、石上”的棉布加工业者不太抱怨自己“写账”时的退货与扣除工资，也

① 清抄本《布经》，第35页。
② 清抄本《布经》，第37页。

是着眼于如何让棉布字号可以在棉布市场上取得更大的利润。

尽管现存几种“布经”编者并未直接谈及 18 世纪苏州、松江踹匠罢工的真实情境，但至少我们可以合理地推测，在当时苏、松地区踹匠罢工频起的风潮下，贾师在踹坊评价棉布以对踹匠“写账”时，心中压力是巨大的。《布经要览》作者要求学者在“看布”时“必以和悦待人，切不可执己之性而慢人”①，这并非纯然是个人的道德修养问题，而是若不如此小心谨慎而“退布”太甚，则恐怕容易招致工匠报复甚至是字号商人的埋怨。②

总结来看，无论是“看白布、配布”时的收购与发售棉布原料，或是“看缸水、看光布”时的检查染布与踹布品质，贾师都为字号商人提供了种种服务，既为棉布原料市场上众多品质差异甚大的棉布品类提供判别，也让分散各处的农村小生产者可以更集中地探询买家，更让染布、踹布等种种不同棉布加工组织得以通过写账制度而形成较长期的承揽契约，贾师提供的这些“配布、看布”功能，降低了棉布市场上原来较为高昂的“交易成本”③，字号聘请众多职司不同角色的贾师，因而构成了一种有别于近代英国“工厂制”的特殊“管理架构”。

三　结语

本文论证了 18 世纪苏松地区棉布字号作为一种经济组织，究竟如

---

① 《布经要览》，第 594 页。

② 由此而论，当工匠或是踹坊老板为“退布”起而抗议时，则贾师要如何根据棉布加工品质的各项问题，具体地为自己登录写账时的种种决断进行辩护？这些都是考验当时贾师的重点，也是“布经”这类文本被编写与传播的重要原因之一。

③ “交易成本”在此处大概指称以下三类：一是预先探询与发现质优、价低商品的“测量与讯息成本”，二是现场比价、讲价与签订买卖契约的“谈判成本”，三是预测、评估如何签订、监督与修改长期契约的“执行成本”。R. H. Coase, *The Firm*, *the Market and the Law*, Chicago: The University of Chicago Press, 1988, pp. 38 - 39.

何通过众多贾师分工职司构成当时中国棉布产业的一种特殊管理架构。最后，笔者还想再做些补充，这个经济组织的管理架构背后，其实是有当时相应的法律制度与文化理念作支撑，有必要略作铺陈。

先谈文化理念方面。以明清商业经营形态而论，店东、伙计与学徒的关系较为常见，但贾师受雇于字号商人，却不称自己为“伙计”，而称自己为“朋友”“贾师”，从字面意义看，这些棉布业的“中介人”，其实是将自己视为字号商人的“朋友”或“老师”，这其实有些不太寻常。从某种意义看，贾师在《布经》中自称“朋友”，这种称谓至少取法自当时中国社会普遍存在的两种关系：第一种是塾师与学生家长的关系，特别是在江南等经济发达地区，家长既较有余力为子弟聘请塾师，而有能力与意愿从事塾师工作的人员数量也较多。第二种关系则是明清官场盛行的幕友与官员之间的“宾、主”关系。

而在“朋友”之外，还有“宰相”这一称谓也很值得注意。至少在两种版本的“布经”里，贾师都将自身工作比拟为“宰相”，这有点像是贾师将其从事棉布生产与经营的工作，模拟于“治国、平天下”的儒家政治与学术工作。贾师在受雇字号的过程中，将自身工作界定为一种不同于当时商业经营习见的“伙计”，这可谓一种在商业经营上新创的“工作伦理”，其背景则应该是来自塾师、幕友乃至于宰相等儒家政治文化的暗示作用，这些暗示作用可被视为支撑字号与贾师这套棉布市场“管理架构”的一种文化理念。

在文化理念之外，清代苏松地方政府在司法判案过程中形成的种种法律与政治基础，也不宜忽略。无论是清顺治十六年（1659）四月松江府棉布商号“金三阳”到“奉钦差巡抚江宁等处都御史”衙门控告棉布“奸牙沈青臣”侵犯“（金）三阳号记，私刊刷（布）”案件，或是同年由苏松两府布商朱嘉义、朱金兰、查弘义等人联名，向“江苏巡抚衙门”状告沈青臣，两件控案都得到官员积极正面的响应。如苏州知府很快传齐被告、原告与相关人证，调查清楚后，即将事证送呈江苏巡抚，江苏巡抚做出如下判决：“‘金三阳’字号历年已久，乃沈青臣勾同别商，射利假冒，奸徒伎俩，真难方物矣。念经悔过，处明归还，姑不深究外，该（苏州）府仍行严饬永禁，不许再行混冒，致起各商衅端。”① 江苏巡抚同意呈控布商的请求，下令苏州府将裁决结果移文松江府一体遵行。松江府接到移文后，为金三阳等棉布商人颁发一道可供“勒石示禁”的公文：“为照：商贾贸易布匹，惟凭字号识认，以昭信义，是处皆然，毋容混冒”，“为此，仰府属布牙知悉，自禁之后，各照本记字号印刷贸易，不许仍前构通混冒，致起衅端，取究未便！”② 这等于承认棉布市场上以布料所缝“字号”判别品牌的商业习惯具有不容冒用的法律效果。

更需注意者，地方官府并非只是简单地声明棉布商人的商标牌记不容“混冒”，而是将此禁令搭配到判决案例中的某种法律推理：“众商各立号记，上供朝廷之取办，下便关津之稽查，取信远商，历年已久，向有定例，不容混冒”；“如有奸牙地棍，觊觎字号，串同客贾，复行假冒，起衅生端，上误国课，下病商民，许即指名报府，以凭立拿究抚院，正法施行，决不轻贷！”③ 这种将保护商人商标提升到确保“朝廷之取办、关津之稽查”以及保障“国课”收入的法律推理，也同样出现在以后的判决里：如康熙九年（1670）“批发布牙”刘纯如、张斌候、姚辛等人呈请地方长官重申禁革小甲、月首的法令，并准其刻石立碑。这些松江布牙商人也同样援用类似诉求：“松属海隅，惟赖民间布匹，标商贸易，上□（笔者按：原文缺一字）国课，下济民生。”④ 再如康熙十一年（1672）六月的《奉宪勒石禁革索贴扰害碑记》，在记录松江府属各级长官保障当地批发布牙权益时，既登录有华亭县知县颁示的公文：“松（江府）属所产惟布，其所以上完国赋，下资民生，赖此商贾贸易”，也刊录了娄县知县保护布牙商人的文字：

---

① 上海博物馆编：《上海碑刻资料选辑》，上海人民出版社 1980 年版，第 84 页。

② 上海博物馆编：《上海碑刻资料选辑》，上海人民出版社 1980 年版，第 84 页。

③ 上海博物馆编：《上海碑刻资料选辑》，上海人民出版社 1980 年版，第 84—85 页。

④ 上海博物馆编：《上海碑刻资料选辑》，上海人民出版社 1980 年版，第 90 页。

“事关恤商美政，相应允其所请，听从勒石通衢者也。”至于这两位知县的上级松江知府，则在公文里写下如此裁定：“恤商既属美政，去害务绝根株”，从而批准了“批发布牙”的陈词。①

尽管上举康熙九年至十一年案例是在保护棉布牙行商人的权益，与前列顺治十六年保护棉布字号商人者的对象有所差异，但是，这些司法公文书所援用的法律推理则颇为一致，都很明显地将“国课”与“恤商”两相结合。由此可见，在17世纪后半叶，苏松地方政府已经在司法成案里，针对政府收取棉布税收的“国课”攸关，以及保护字号商人商标和其他棉布商人权益的“恤商美政”，建立了明确的因果关系。

进入18世纪，商标牌记在苏松地方政府司法体系中的地位，又通过商人具体提出相关讼案而得到更明确保障。乾隆元年（1736），松江府官员根据棉布字号商人的状纸内容而做成如下的公文书：“苏松等郡布业甚伙，但货有精粗长短之不齐，惟各立字号以分别。故从前盛行之字号，可以租、顶、售（卖）……乃有射利之徒，并不自立字号……或以字音相同，或以音同字异，窃冒垄断，以伪乱真，起衅生非，病累商民”，为保障被仿冒牌号布商的权益，这名政府官员重申过去的相关“成案”，在判决文字中写道：“苏松两府字号布记，不许假冒雷同，着有成案”，“（今）苏郡又有布商窃冒字号招牌”，“檄行苏、松两府查禁，并勒石永遵”。②“租、顶、售卖”棉布字号“布记、招牌”的商业习惯，经过政府判决的确认，融入了政府借以维护“苏、松两府字号”商人相关权益的“成案”。这里，棉布字号商人们不必经由清末与民国的“民商事习惯调查”，可经由联合诉讼的既有司法程序，确立包括“或以字音相同，或以音同字异”等假冒商标牌记的商业行为的非法性，并成为苏州、松江府一带地方官府援用的

① 上海博物馆编：《上海碑刻资料选辑》，上海人民出版社1980年版，第90页。
② 上海博物馆编：《上海碑刻资料选辑》，上海人民出版社1980年版，第86页。

“成案”。

17—18 世纪，随着棉布市场的成长以及字号商人与贾师“管理架构”的演化，苏松地方政府所发布的关于棉布商标等相关禁令、判决与成案，虽然并未列为全国通行的法律，但至少在当时的苏州、松江地区，都已构成极明确的地方司法传统。法律体系对商标牌记的种种支撑，其实也是字号贾师得以通过“看布”进行质检验收的重要凭借。这些正式法律的运作，仍是支撑 18 世纪棉布字号与贾师这套管理架构的制度基础。

另外，笔者还进一步指出，尽管商标牌记的既有成案与法律推理在 19 世纪末年清政府推行新政改革之前，似乎一直都只是苏松地区的地方司法传统，并未扩及全国，但我们仍应留意 17 世纪后半叶苏松地区棉布讼案与官府示禁文书中使用的“恤商既属美政，去害务绝根株”等文字，这些法律推理其实并非只是限江南一隅的孤立现象，对比晚明以来普为各地讼师利用的《折狱明珠》等讼师秘本，可见当时讼师为商人撰写词状时，也出现诸如“上完国课，下保残赀”或“身家切系，国课攸关”等法律修辞①，两者实相呼应，更有甚者，苏松地方政府用以保护棉布商人的前述法律推理，以及讼师秘本协助商人打官司时所运用的法律修辞，与学者指出晚明以来越来越多士大夫宣扬的“厚商以利农”等政策主张②，其实都相互契合，因而，“恤商既属美政，去害务绝根株”等苏松地方政府成案所使用的法律推理与法律修辞，绝非孤立现象，而是反映当时江南等地方社会与地方政治保护商人财产与商业利益的一种法律文化。

这种“恤商”政策与相关的法律文化，固然可在一定程度上保障棉布商人权益，但是与晚清强调联合全国商人以对抗国外帝国主义者

① 邱澎生：《也是“商法”问题：试论十七世纪中国的法律批判与法律推理》，《法制史研究》2005 年第 8 期。

② 林丽月：《试论明清之际商业思想的几个问题》，《近代中国初期历史研讨会论文集》，“中研院”近代史研究所 1989 年版，第 711—733 页。

的“重商”相比，两者确有不小差异。晚清“重商”实基于一种“经济民族主义”，在此全国性风潮下，“联官商以保利权”的思想与政策大大提升了商人在司法诉讼与产权保障上的地位。18—19世纪之间，苏松地方官员在司法领域认可并实践“恤商”的同时，仍然要面对社会其他经济弱势族群在对抗商人剥削方面的诉求，特别是17世纪末至18世纪苏州发生多起棉布踹匠罢工“齐行”以及踹匠联名上诉棉布商人的司法诉讼，政府不可能像工业革命时期西欧政府那般经常公然地站在剥削劳工的工厂老板阵营，而必须要在“恤商”以及维持“小民生计”或其他重视社会公平的法律核心价值之间，做出更多与更大的权衡。

而与政府“恤商”政策与法律文化相应出现的，则是棉布字号商人始终采取“放料生产”搭配“写账”制度。棉布商人将贾师或是类似贾师的督导工业生产的专业人物纳入字号经营的管理架构，在一定程度上能够减少棉布工人“齐行”罢工所导致的司法风险，进而也可能导致集中更多任务人在同一空间生产的“工厂”制度更不容易出现在18世纪的苏松地区。[①] 可以这么说，18世纪苏松棉布商人与贾师的生产管理架构，既涉及当时中国司法偏向“恤商”而非“重商”的政策立场，及其背后的法律文化问题；而若暂不考虑机器发明的科技因素的话，则这些棉布商人身处“恤商”法律文化之下为了在罢工与诉讼事件中降低自身法律责任的制度背景，也可能同样构成寇斯（Ronald H. Coase）所分析的“社会成本”（social cost）问题。[②]

然而，无论棉布字号商人与贾师的管理架构是否妨碍了工厂制度出现于江南，至少这套棉布生产管理架构仍然适应并且改变了当时苏

---

① 邱澎生：《由放料到工厂：清代前期苏州棉布字号的经济与法律分析》，《历史研究》2002年第1期。Ho—fung Hung（孔皓烽），“Agricultural Revolution and Elite Reproduction in Qing China：The Transition to Capitalism Debate Revisited”，*American Sociological Review*，2008，73（4）。

② 寇斯（Ronald H. Coase）：《社会成本问题》，收入寇斯《厂商，市场与法律》，陈坤铭、华夏译，远流出版事业股份有限公司1995年版，第113—179页。

松地方政府的司法系统。整体而论，18 世纪苏松棉布业特殊生产管理架构的出现，以及当地地方政府在“恤商”法律文化下所累积的司法成案，仍然是当时实存于中国的重要历史现象。许多学者惯于接受所谓“中央集权”或“封建专制”摧残商业发展或商人财产权的说法，但这些刻板印象实颇难说明 18 世纪江南棉布业生产管理架构与当时“恤商”法律文化有机互动的历史事实。

（原载《江海学刊》2012 年第 2 期）